MICHAELIS

DICIONÁRIO DE
TERMOS
MÉDICOS

MICHAELIS

DICIONÁRIO DE
TERMOS MÉDICOS

INGLÊS-PORTUGUÊS
COM GLOSSÁRIO PORTUGUÊS-INGLÊS

MELHORAMENTOS

Dados Internacionais de Catalogação na Publicação (CIP)
(Câmara Brasileira do Livro, SP, Brasil)

Michaelis dicionário de termos médicos / [editor
P. H. Collin ; tradução Rosamaria Gaspar
Affonso]. – São Paulo : Editora Melhoramentos,
2007. – (Dicionários Michaelis)

Título original: Dictionary of medical terms
ISBN 978-85-06-04822-1

1. Medicina - Dicionários - Inglês 2. Medicina -
Dicionários - Português I. Collin, Peter Hodgson.
II. Série.

07-3673

CDD-610.3
NLM-W 13

Índices para catálogo sistemático:

1. Dicionários : Termos médicos   610.3
2. Termos médicos : Dicionários   610.3

Publicado primeiramente na Grã-Bretanha em 1987 sob o título *English Medical Dictionary*
© P.H.Collin – 1987, 1993, 2000
Posteriormente publicado sob o título *Dictionary of Medical Terms*
© Bloomsbury Publishing – 2004
© A & C Black Publishers – 2005

© 2007 Editora Melhoramentos Ltda.
Tradução: Rosamaria Gaspar Affonso
Consultoria médica: Dra. Egle Costa Oppi (médica clínica com especialização em cardiologia)
Glossário: Antonio Carlos Marques
Diagramação: WAP Studio
Capa: Jean E. Udry

1.ª edição, junho de 2007.

ISBN: 978-85-06-04822-1

Impresso no Brasil

Atendimento ao consumidor:
Caixa Postal 11541 – CEP 05049-970 – São Paulo – SP – Brasil

PREFÁCIO

O Michaelis Dicionário de Termos Médicos apresenta ao leitor o vocabulário básico usado em uma vasta gama de situações que se apresentam na área de saúde. As áreas cobertas por esta obra incluem a linguagem técnica usada em diagnósticos, cuidados com o paciente, cirurgia, patologia, clínica médica, farmácia, odontologia e outras especializações, bem como os termos de anatomia e fisiologia. Termos informais, coloquiais e algumas vezes mesmo eufemísticos que são comumente utilizados pelas pessoas na discussão de sua situação de saúde com os profissionais da área também estão aqui presentes, além das palavras usadas na leitura ou redação de relatórios, artigos ou normas de procedimento.

O dicionário foi desenvolvido para qualquer pessoa que tenha necessidade de conferir o sentido ou a pronúncia de determinados termos, e serve especialmente àqueles que trabalham na área de saúde e áreas afins. Cada entrada de verbete é explicada em uma linguagem clara e direta. Pronúncia, plurais incomuns e formas verbais irregulares estão destacados. Incluem-se também ilustrações de alguns termos anatômicos básicos (pág. 519), além de um glossário, em português, que amplia o uso do dicionário (pág. 531).

Muitas pessoas contribuíram para a compilação e a revisão deste dicionário em suas várias edições. Agradecimentos especiais são devidos à Dra. Judith Harvey e à Dra. Marie Condon. Também agradecemos a Lesley Bennun, Lesley Brown e Margaret Baker, que fizeram o copidesque do texto; a Dinah Jackson, que revisou a fonética; e a Katy McAdam, Charlotte Reagan, Daisy Jackson, Sarah Lusznat e Ruth Hillmore, que foram responsáveis pela produção e leitura das provas.

Na edição em língua portuguesa, os profissionais Antonio Carlos Marques, Rosamaria Gaspar Affonso e Dra. Egle Costa Oppi tornaram este dicionário uma obra de referência essencial para a área médica brasileira.

Os editores

COMO USAR O DICIONÁRIO

O **Michaelis Dicionário de Termos Médicos** segue rigorosas normas de lexicografia na padronização dos verbetes, facilitando assim o acesso imediato à informação.

cabeçalhos: indicam
o primeiro e o último
verbete da página

exemplos que
esclarecem o
uso da palavra
na acepção
indicada

diferentes
acepções ou
sentidos da
palavra

remete à
ilustração
no final do
dicionário

citação
extraída de
publicação
da área
médica

informações
enciclopédicas

entrada do
verbete em
inglês, em
negrito

plural
irregular

tradução
da entrada
do verbete

---

anxious   28   **apicetcomy**

anxious /'æŋkʃəs/ ansioso: **1** muito preocupado ou receoso. *My sister is ill. I am very anxious about her.* / Minha irmã está doente. Eu estou muito ansiosa com relação a ela. **2** impaciente. *She was anxious to get home.* / Ela estava impaciente para chegar em casa. *I was anxious to see the doctor.* / Eu estava impaciente para me consultar com o médico.

aorta /eɪ'ɔːtə/ aorta: principal artéria do corpo, a aorta sai do coração e conduz sangue oxigenado para outros vasos sanguíneos do corpo. Veja ilustração em **Heart**, no Apêndice. Observação: a aorta mede aproximadamente 45 centímetros. Ela deixa o ventrículo esquerdo, se eleva onde as artérias carótidas se bifurcam, então desce em direção ao abdome e se divide em duas artérias ilíacas. A aorta é o vaso sanguíneo que transporta todo o sangue arterial que sai do coração.

aortic /eɪ'ɔːtɪk/ aórtico: referente à aorta.

aortic aneurysm /eɪ,ɔːtɪk ˌænjə'rɪz(ə)m/ aneurisma da aorta: aneurisma grave da aorta, associado à aterosclerose.

aortic arch /eɪ'ɔːtɪk ɑːtʃ/ arco da aorta: curva na aorta, que liga a aorta ascendente à aorta descendente.

aortic hiatus /eɪ,ɔːtɪk haɪ'eɪtəs/ hiato da aorta: abertura no diafragma através da qual a aorta passa.

aortic incompetence /eɪ,ɔːtɪk 'ɪnkɒmpɪt(ə)ns/ incompetência aórtica: condição na qual a válvula aórtica não se fecha de maneira correta, causando regurgitação.

aortic regurgitation /eɪ,ɔːtɪk rɪ,ɡɜːdʒɪ'teɪʃ(ə)n/ regurgitação aórtica: fluxo retrógrado do sangue, que é causado por mau funcionamento da válvula aórtica.

aortic sinuses /eɪ,ɔːtɪk 'saɪnəsɪz/ seios aórticos: dilatações da aorta. Desses seios, são originadas as artérias coronárias.

aortic stenosis /eɪ,ɔːtɪk ste'nəʊsɪs/ estenose da aorta: condição na qual a válvula aórtica é estreita, e que é causada por febre reumática.

aortic valve /eɪ,ɔːtɪk 'vælv/ válvula aórtica: válvula composta de três segmentos, a qual cerca o orifício aórtico.

aortitis /ˌeɪɔː'taɪtɪs/ aortite: inflamação da aorta.

aortography /ˌeɪɔː'tɒɡrəfi/ aortografia: radiografia da aorta depois que nela é injetada uma substância opaca.

a.p. abreviatura de *ante prandium*: antes das refeições. Compare com **p.p.**

apathetic /ˌæpə'θetɪk/ apático: referente a uma pessoa que não tem interesse por nada.

apathy /'æpəθi/ apatia: condição na qual a pessoa não se interessa por nada, ou não tem vontade de fazer nada.

aperient /ə'pɪəriənt/ aperiente: que, ou o que causa um movimento intestinal, por exemplo, um laxante ou purgativo.

aperistalsis /ˌeɪpərɪ'stælsɪs/ aperistalse: falta de movimento peristáltico no intestino.

Apert's syndrome /'æpɜːts ˌsɪndrəʊm/ síndrome de Apert: doença na qual o crânio cresce muito e a parte inferior da face é pouco desenvolvida.

aperture /'æpətʃə/ abertura: buraco.

apex /'eɪpeks/ ápice: **1** a parte superior do coração e do pulmão. **2** a terminação da raiz de um dente.

apex beat /'eɪpeks biːt/ ápice do coração: batimento cardíaco que pode ser sentido colocando-se a mão sobre o coração.

Apgar score /'æpɡɑː skɔː/ escore de Apgar: método de análise da condição de um recém-nascido, no qual se atribui ao bebê um máximo de dois pontos para cada um de cinco critérios: cor da pele, freqüência cardíaca, respiração, tônus muscular e reação aos estímulos. (Descrita em 1952 por Virgina Apgar [1909-1974], anestesiologista americana.)

> ...*in this study, babies having an Apgar score of four or less had 100% mortality. The lower the Apgar score, the poorer the chance of survival.* / "...neste estudo, a mortalidade dos bebês que receberam escore de Apgar de quatro pontos ou menos foi de 100%. Quanto mais baixo é o escore de Apgar, menor a probabilidade de sobrevivência." (*Indian Journal of Medical Sciences*)

APH abreviatura de **antepartum haemorrhage**.

aphagia /eɪ'feɪdʒiə/ afagia: condição na qual a pessoa é incapaz de deglutir.

aphakia /eɪ'feɪkiə/ afacia: ausência do cristalino do olho.

aphakic /eɪ'feɪkɪk/ afácico: referente à afacia.

aphasia /eɪ'feɪziə/ afasia: condição na qual a pessoa é incapaz de falar ou escrever, ou de entender a fala ou a escrita, por causa de lesão nas estruturas cerebrais que controlam a fala.

apheresis /ˌæfə'riːsɪs/ aférese: transfusão de sangue na qual parte de seus componentes é removida, sendo que o restante é reinjetado no paciente.

aphonia /eɪ'fəʊniə/ afonia: condição na qual uma pessoa é incapaz de emitir sons.

aphrodisiac /ˌæfrə'dɪziæk/ afrodisíaco: substância que aumenta o impulso sexual.

aphtha /'æfθə/ afta: pequena úlcera bucal branca, que aparece em grupos, característica de pessoas com uma doença fúngica denominada candidíase. Plural: **aphthae**.

aphthous stomatitis /ˌæfθəs ˌstəʊmə'taɪtɪs/ estomatite aftosa: aftas que afetam a mucosa oral.

aphthous ulcer /ˌæfθəs 'ʌlsə/ úlcera aftosa. ⇨ **mouth ulcer**.

apical /'æpɪk(ə)l/ apical: situado no ápice ou na extremidade de alguma coisa.

apical abscess /ˌæpɪk(ə)l 'æbses/ abscesso apical: abscesso localizado no alvéolo da raiz de um dente.

apicetcomy /ˌæpɪ'sektəmi/ apicetomia: remoção cirúrgica da raiz de um dente.

símbolo que indica outro nome pelo qual a entrada do verbete também é conhecida

símbolo que indica o nome ou a expressão mais conhecidos e onde consta a definição

abreviatura que remete ao nome por extenso e sua definição

maturing /mə'tʃuəriŋ/ em amadurecimento: que está se tornando maduro.

maturing egg /mə,tʃuəriŋ 'eg/ ovo em amadurecimento: um óvulo contido por um folículo de De Graaf. ⇨ **maturing ovum**.

maturing ovum /mə,tʃuəriŋ 'əuvəm/ ovo em amadurecimento. ⇨ **maturing egg**.

maturity /mə'tʃuəriti/ maturidade: **1** o estado de pleno desenvolvimento. **2** (psicologia) o estado de ser um adulto responsável.

maxilla /mæk'sɪlə/ maxilar; maxilar superior: o osso do maxilar superior. ☑ **maxilla bone** (maxilar superior). Plural: **maxillae**. Nota: é mais correto referir-se à mandíbula superior como **maxilar**; na verdade, ela é formada por dois ossos fundidos.

maxillary /mæk'sɪləri/ maxilar: relativo à maxila ou ao maxilar superior.

maxillary air sinus /mæk,sɪləri eə 'saɪnəs/ seio maxilar aéreo. ⇨ **maxillary antrum**.

maxillary antrum /mæk,sɪləri 'æntrəm/ antro maxilar: uma das duas cavidades aéreas no maxilar superior, que se comunica com o meato médio do nariz. ☑ **maxillary air sinus e antrum of Highmore** (antro de Highmore).

maxillo-facial /mæk,sɪləu'feɪʃ(ə)l/ maxilofacial: relativo ao osso maxilar superior e à face. *maxillo-facial surgery* / cirurgia maxilofacial.

MB abreviatura de **bachelor of medicine**.

McBurney's point /mək,bɜːniz 'pɔɪnt/ ponto de McBurney: ponto que indica a posição normal do apêndice no lado direito do abdome, entre o osso do quadril e o umbigo, onde a compressão causa dor aguda na apendicite. (Descrito em 1899 por Charles McBurney [1845–1913], cirurgião norte-americano.)

McNaghten's Rules /mək,nɔːtənz ,ruːlz/ Regras de McNaghten. ⇨ **McNaghten's Rules on Insanity at Law**.

McNaghten's Rules on Insanity at Law /mək,nɔːtənz ,ruːlz ɒn ɪn,sænɪti ət 'lɔː/ (plural) Regras de McNaghten: conjunto de princípios sobre responsabilidade criminal que explicam como as pessoas podem se defender legalmente de um assassinato alegando insanidade, ou que, portanto, as exime da responsabilidade por seus atos. Em 1957, foi adaptada para incluir a idéia de que a pessoa, mesmo tendo conhecimento de que aquilo que fazia era errado, agiu sob a influência de sua condição mental. Também chamadas de **McNaghten's Rules**.

MCP joint /,em si: 'piː ,dʒɔɪnt/ articulação metacarpofalangiana (MCP joint = *metacarpophalangeal joint*). ⇨ **metacarpophalangeal joint**.

MCU, MCUG abreviatura de **micturating cysto(-urethro)gram**.

MD abreviatura de **doctor of medicine**: doutor em medicina.

ME abreviatura de **myalgic encephalomyelitis**.

meal /miːl/ refeição: o alimento ingerido em um tempo específico.

measles /'miːz(ə)lz/ sarampo: doença infecciosa infantil, marcada por erupções maculopapulares de cor vermelha no corpo. *She's in bed with measles.* / Ela está de cama com sarampo. *He's got measles.* / Ele contraiu sarampo. *They caught measles from their friend at school.* / Eles contraíram sarampo dos amigos na escola. *Have you had the measles?* / Você já teve sarampo? ☑ **morbilli; rubeola.** Nota: o verbo pode ser usado no singular ou plural. Observação: o sarampo pode ser uma doença grave, uma vez que enfraquece o organismo e o deixa susceptível a outras doenças, principalmente bronquite e infecções do ouvido. Pode ser prevenido pela imunização. Em adultos, pode se tornar muito perigoso.

measure /'meʒə/ **1** medida: uma unidade de tamanho, quantidade ou grau. *A metre is a measure of length.* / O metro é uma medida de comprimento. / medir: a) determinar o tamanho de algo. *A thermometer measures temperature.* / O termômetro mede a temperatura. b) ser de um determinado tamanho. *The room measures 3 metres by 2 metres.* / O cômodo mede três metros por dois metros.

measurement /'meʒəmənt/ medida; medição: **1** tamanho, comprimento etc. de algo que foi medido. **2** determinação do tamanho, quantidade ou grau de alguma coisa.

meat /miːt/ carne: a carne de um animal, usada como alimento. Nota: usa-se no plural: *some meat* (carne), *a piece* ou *a slice of meat* (uma peça ou uma fatia de carne); *he refuses to eat meat* (ele se recusa a comer carne).

meat- /miərt/ **meat(o)-** /miːt/: relativo a um meato, passagem ou canal.

meatus /mi'eɪtəs/ meato: o orifício de um conduto do organismo, por exemplo, a uretra ou a cavidade nasal. Plural: **meatuses** ou **meatus.**

mechanism /'mekəniz(ə)m/ mecanismo: **1** alteração física ou química pela qual uma função é executada. **2** um sistema que executa ou controla uma função específica do organismo. *The inner ear is the body's mechanism for the sense of balance.* / O ouvido interno é o mecanismo do organismo responsável pelo sentido do equilíbrio.

mechanism of labour /,mekənɪz(ə)m əv 'leɪbə/ mecanismo do trabalho de parto: todos os fatores envolvidos na expulsão do feto durante o trabalho de parto.

mechanotherapy /,mekənəu'θerəpi/ mecanoterapia: tratamento de doenças por meios mecânicos, tais como massagens e aparelhos.

Meckel's diverticulum /,mekəlz ,daɪvə'tɪkjuˌləm/ divertículo de Meckel: formação congênita de um divertículo no íleo. (Descrito em 1809 por Johann Friedrich Meckel II [1781–1833], cirurgião e anatomista alemão.)

meconism /'mekəʊnɪz(ə)m/ meconismo: intoxicação causada por ópio ou morfina.

meconium /mi'kəʊniəm/ mecônio: as primeiras fezes, de coloração verde-escura, de um recém-nascido.

detalhe explicativo e complementar

transcrição fonética do inglês entre barras

Glossário

palavras em português que facilitam a busca do verbete em inglês

a (grande) distância → *distally*
a cada manhã → *quaque mane*
à noite → *nocte*
à prova d'água → *waterproof*
à prova de crianças → *child-proof*
a salvo → *safely*
AA → *AA*
AB → *AB*
abaixador de língua → *tongue depressor*
abaixo do peso (com) → *underweight*
abalar → *shock*
abalo → *concussion; jerk; twitch*
abalo do tornozelo → *ankle jerk*
abandonar → *give up*
abatido → *drawn; run-down; prostrate*
abaulada → *bulging*
abdome → *abdomen*
abdome agudo → *acute abdomen*
abdominal → *abdominal*
abdominopélvico → *abdominopelvic*
abdominoperineal → *abdominoperineal*
abdominoposterior → *abdominoposterior*
abdominoscopia → *abdominoscopy*
abdominotorácico → *abdominothoracic*
abdução → *abduction*

aborto espontâneo → *spontaneous abortion*
aborto habitual → *habitual abortion; recurrent abortion*
aborto ilegal → *illegal abortion*
aborto incompleto → *incomplete abortion*
aborto induzido → *induced abortion*
aborto legal → *legal abortion*
aborto recorrente → *recurrent abortion*
aborto terapêutico → *therapeutic abortion*
abrandamento → *light adaptation; lightening*
abrandar → *subside*
abrasador → *burning*
abrasão → *abrasion*
abrasão corneana → *corneal abrasion*
ab-reagir → *abreact*
abridor de boca; engasgar → *gag*
abrigo para idosos → *sheltered accommodation; sheltered housing*
abscesso → *abscess*
abscesso apical → *apical abscess*
abscesso crônico → *chronic abscess*

ação tampão → *buffer action*
acapnia → *acapnia*
acaríase → *acariasis*
acariciar → *stroke*
acaricida → *acaricide*
ácaro → *mite; tick*
ácaro de poeira doméstica → *house dust mite*
ácaro doméstico → *house mite*
acarofobia → *acarophobia*
acatalasia → *acatalasia*
acatisia → *akathisia*
acebutolol → *acebutolol*
acéfalo → *acephalus; anencephalous*
acentuadamente → *sharply*
acesso (de doença) → *spell*
acessório → *accessory*
acetábulo → *acetabulum*
acetabuloplastia → *acetabuloplasty*
acetaminofeno → *acetaminophen*
acetazolamida → *acetazolamide*
acetilcoenzima A → *acetylcoenzyme A*
acetilcolina → *acetylcholine*
acetona → *acetone*
acetonemia → *acetonaemia*

TRANSCRIÇÃO FONÉTICA

Os símbolos mostrados abaixo foram usados para indicar a pronúncia das palavras no dicionário.

Vogais		*Consoantes*	
æ	back	b	buck
ɑː	harm	d	dead
ɒ	stop	ð	other
aɪ	type	dʒ	jump
aʊ	how	f	fare
aɪə	hire	g	gold
aʊə	hour	h	head
ɔː	course	j	yellow
ɔɪ	annoy	k	cab
e	head	l	leave
eə	fair	m	mix
eɪ	make	n	nil
eʊ	go	ŋ	sing
ɜː	word	p	print
iː	keep	r	rest
i	happy	s	save
ə	about	ʃ	shop
ɪ	fit	t	take
ɪə	near	tʃ	change
u	annual	θ	theft
uː	pool	v	value
ʊ	book	w	work
ʊə	tour	x	loch
ʌ	shut	ʒ	measure
		z	zone

A marca ' indica a sílaba tônica, e a marca ˌ é usada para indicar a tonicidade secundária. Exemplo: **abdominal cavity** /æbˌdɒmɪn(ə)l ˈkævɪti/. É importante notar, no entanto, que se trata de normas gerais, pois as marcas de tonicidade podem mudar conforme a posição da palavra na frase.

DICIONÁRIO
INGLÊS – PORTUGUÊS

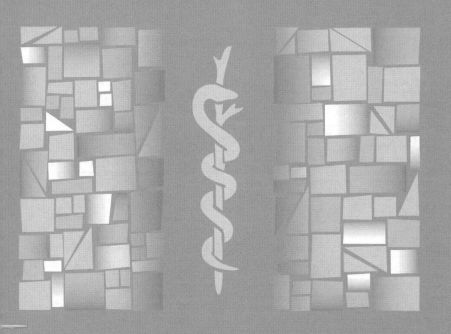

A /eɪ/ A: tipo de sangue humano, pertencente ao sistema ABO, que contém o antígeno A. Nota: pessoas que têm sangue tipo A podem doá-lo a pessoas do mesmo grupo ou do grupo AB, e podem receber sangue de pessoas do grupo A ou O.

AA AA: abreviatura de **Alcoholics Anonymous**.

A & E /ˌeɪ ənd ˈiː/, **A & E department** /ˌeɪ ə nd ˈiː dɪˌpɑːtmənt/ pronto-socorro. ⇨ **accident and emergency department**.

A & E medicine /ˌeɪ ənd ˈiː ˌmed(ə)sɪn/ nome que se dá às condutas médicas usadas nos prontos-socorros.

AB /ˌeɪ ˈbiː/ AB: tipo de sangue humano, pertencente ao sistema ABO, que contém os antígenos A e B. Nota: pessoas que têm sangue do tipo AB podem doá-lo a pessoas do mesmo grupo e receber sangue de pessoas dos tipos sanguíneos O, A, AB ou B.

ab- /æb/ ab-: fora, (para) longe de.

ABC /ˌeɪ biː ˈsiː/ abreviatura de **airway, breathing and circulation**.

abdomen /ˈæbdəmən/ abdome: parte do tronco localizada abaixo do diafragma, acima da pélvis e na frente da coluna vertebral. O abdome contém o estômago, os intestinos, o fígado e outros órgãos vitais. *pain in the abdomen* / dor no abdome. ☑ **belly**. Nota: para conhecer outros termos referentes ao abdome, veja os que começam com **coeli-, coelio-**. Observação: o abdome compreende de nove regiões: na parte superior ficam as regiões do hipocôndrio direito e esquerdo e, entre elas, o epigástrio; no centro, as regiões dos flancos direito e esquerdo e, entras elas, mesogástrio; na parte inferior, as regiões ilíacas direita e esquerda e, entre elas, o hipogastro.

abdomin- /æbdɒmɪn/ ⇨ **abdomino-**.

abdominal /æbˈdɒmɪn(ə)l/ abdominal: localizado no abdome, ou relativo ao abdome.

abdominal aorta /æbˌdɒmɪn(ə)l eɪˈɔːtə/ aorta abdominal: parte da aorta situada entre o diafragma e o local onde a aorta se divide nas artérias ilíacas. Veja ilustração em **Kidney**, no Apêndice.

abdominal cavity /æbˌdɒmɪn(ə)l ˈkævɪti/ cavidade abdominal: área do corpo humano situada abaixo do peito.

abdominal distension /æbˌdɒmɪn(ə)l dɪsˈten ʃ(ə)n/ distensão abdominal: estado no qual o abdome se acha distendido por causa de gases ou fluido.

abdominal pain /æbˈdɒmɪn(ə)l peɪn/ dor abdominal: dor no abdome, causada por indigestão ou doenças mais graves.

abdominal viscera /æbˌdɒmɪn(ə)l ˈvɪsərə/ vísceras abdominais: os órgãos contidos no abdome, por exemplo, o estômago, o fígado e os intestinos.

abdominal wall /æbˈdɒmɪn(ə)l wɔːl/ parede abdominal: tecido muscular que envolve externamente o abdome.

abdomino- /æbdɒmɪnəʊ/ abdomin(o)-: relativo ao abdome. Nota: antes de vogais usa-se **abdomin-**.

abdominopelvic /æbˌdɒmɪnəʊˈpelvɪk/ abdominopélvico: referente ao abdome e à pelve.

abdominoperineal /æbˌdɒmɪnəʊperɪˈniːəl/ abdominoperineal: referente ao abdome e ao períneo.

abdominoperineal excision /æbˌdɒmɪnəʊpe rɪˌniːəl ɪkˈsɪʒ(ə)n/ excisão abdominoperineal: operação cirúrgica em que há retirada de tecido tanto do abdome como do períneo.

abdominoposterior /æbˌdɒmɪnəʊpɒˈstɪəriə/ abdominoposterior: refere-se à posição do feto, cujo abdome dentro do útero está voltado para as costas da mãe.

abdominoscopy /æbˌdɒmɪˈnɒskəpi/ abdominoscopia: exame interno do abdome, feito normalmente com um laparoscópio.

abdominothoracic /æbˌdɒmɪnəʊθɔːˈræsɪk/ abdominotorácico: referente ao abdome e ao tórax.

abduce /æbˈdjuːs/ abduzir. ⇨ **abduct**.

abducens nerve /æbˈdjuːsənt ˌnɜːv/ nervo abducente: o sexto nervo craniano, responsável pelo controle do músculo que faz a rotação do olho para fora.

abducent /æbˈdjuːs(ə)nt/ abducente: referente a um músculo que separa partes do corpo umas das outras ou as afasta do plano mediano do corpo ou de uma extremidade. Compare com **adducent**.

abducent nerve /æb'djuːsənt ˌnɜːv/ nervo abducente. ⇨ **abducens nerve**.

abduct /æb'dʌkt/ abduzir (com relação a um músculo): distender uma perna ou um braço em direção afastada do plano mediano do corpo, ou distender um dedo do pé ou da mão em direção afastada do plano mediano do pé ou da mão. ☑ **abduce**. Compare com **adduct**.

abduction /æb'dʌkʃən/ abdução: movimento de uma parte do corpo em direção afastada do plano mediano do corpo ou de uma parte adjacente. Oposto de **adduction**. Veja ilustração em **Termos Anatômicos**, no Apêndice.

> *Mary was nursed in a position of not more than 90° upright with her legs in abduction.* / "Maria recebeu cuidados de enfermagem, sendo colocada em posição vertical, a não mais de 90°, com as pernas em abdução." (*British Journal of Nursing*)

abductor /æb'dʌktə/ abdutor: nome de um músculo que afasta uma parte do corpo do plano mediano do corpo ou de uma parte adjacente. ☑ **abductor muscle**. Oposto de **adductor**.

abductor muscle /æb'dʌktə ˌmʌs(ə)l/ músculo abdutor.

aberrant /æ'berənt/ aberrante: não comum ou esperado.

aberration /ˌæbə'reɪʃ(ə)n/ aberração: ação ou crescimento que não é comum ou esperado.

ablation /æ'bleɪʃ(ə)n/ ablação: remoção de um órgão ou de parte do corpo por meio de cirurgia.

abnormal /æb'nɔːm(ə)l/ anormal: que não é comum. *abnormal behaviour* / comportamento anormal. *abnormal movement* / movimento anormal.

> *...the synovium produces an excess of synovial fluid, which is abnormal and becomes thickened. This causes pain, swelling and immobility of the affected joint.* / "...a sinóvia produz um excesso de fluido sinovial, que é anormal e se torna espesso. Isso causa dor, inchaço e imobilidade à articulação afetada." (*Nursing Times*)

abnormality /ˌæbnɔː'mælɪti/ anormalidade: forma ou estado que não é comum. Nota: para conhecer outros termos referentes à anormalidade, veja os que começam com **terat-**, **terato-**.

> *Even children with the milder forms of sickle-cell disease have an increased frequency of pneumococcal infection. The reason for this susceptibility is a profound abnormality of the immune system in children with SCD.* / "Mesmo crianças com formas mais brandas de doença da célula falciforme apresentam freqüência mais elevada de infecção pneumocócica. A razão para essa susceptibilidade é uma profunda anormalidade do sistema imunológico em crianças com DCF." (*Lancet*)

abocclusion /ˌæbɒ'kluːʒ(ə)n/ aboclusão: distúrbio no qual os dentes da arcada superior e da arcada inferior não se tocam.

aboral /æb'ɔːrəl/ aboral: situado distante ou em sentido oposto ao da boca.

abort /ə'bɔːt/ abortar: expulsar ou causar a expulsão do embrião ou do feto, e, desse modo, pôr fim a uma gravidez antes de seu desenvolvimento total.

abortifacient /əˌbɔːtɪ'feɪʃ(ə)nt/ abortifaciente: droga ou instrumento que provoca aborto.

abortion /ə'bɔːʃ(ə)n/ aborto: situação em que o feto deixa o útero antes que esteja totalmente desenvolvido ou provocado que faz com que isso aconteça. ◊ **to have an abortion:** ter um aborto; ser submetida a uma operação para expelir o feto do útero durante o primeiro período da gravidez. Nota: segundo a Organização Mundial da Saúde (OMS), só existe tecnicamente um aborto quando o peso do embrião ou feto ultrapasse 500 gramas. Este peso é atingido em torno de 20-22 semanas de gravidez.

abortionist /ə'bɔːʃ(ə)nɪst/ aborteiro: pessoa que ajuda uma mulher a abortar, normalmente alguém que faz um aborto ilegal.

abortion pill /ə'bɔːʃ(ə)n pɪl/ pílula do aborto: droga que provoca aborto no início da gravidez.

abortion trauma syndrome /əˌbɔːʃ(ə)n 'trɔːmə ˌsɪndrəʊm/ síndrome do trauma do aborto: conjunto de sintomas que, algumas vezes, a mulher sente no período que se segue a um aborto, e que inclui culpa, ansiedade, depressão, baixa autoestima, distúrbios da alimentação e do sono, e pensamentos suicidas.

abortive /ə'bɔːtɪv/ abortivo: que não é bem-sucedido. *an abortive attempt* / uma tentativa malsucedida.

abortive poliomyelitis /əˌbɔːtɪv ˌpəʊliəʊmaɪə'laɪtɪs/ poliomielite abortiva: forma leve de pólio que afeta apenas a garganta e os intestinos.

abortus /ə'bɔːtəs/ aborto: feto que é expelido durante um aborto ou expulsão espontânea.

abortus fever /ə'bɔːtəs ˌfiːvə/ febre de aborto. ⇨ **brucellosis**.

ABO system /ˌeɪ biː 'əʊ ˌsɪstəm/ sistema ABO: sistema de classificação dos grupos sanguíneos. ☑ **landsteiner's classification**. Veja também **blood group**.

abrasion /ə'breɪʒ(ə)n/ abrasão: situação na qual as camadas superficiais da pele foram esfoladas por superfícies ásperas e apresentam sangramento. Observação: uma vez que a pele intacta é uma barreira eficiente contra as bactérias, mesmo abrasões pequenas podem permitir que uma infecção se instale no organismo; por isso, devem ser limpas e tratadas com um anti-séptico.

abreact /ˌæbri'ækt/ ab-reagir: liberar uma tensão psicológica inconsciente falando sobre ela ou lembrando-se habitualmente dos fatos que a causaram.

abreaction /ˌæbri'ækʃən/ ab-reação: tratamento de uma pessoa com neurose e que consiste em fazê-la relembrar experiências passadas ruins.

abruptio placentae /əˌbrʌptiəʊ plə'senti/ ablação da placenta: situação em que a placenta subitamente desprende-se do útero mais cedo do que deveria, freqüentemente causando choque e sangramento.

abscess /'æbses/ abscesso: área inflamada dolorida com formação de pus. *She had an abscess under a tooth.* / Ela teve um abscesso embaixo de um dente. *The doctor decided to lance the abscess.* / O médico resolveu lancetar o abscesso. Nota: a formação de um abscesso é freqüentemente acompanhada de temperatura elevada. Pode-se tratar um abscesso agudo abrindo-o e secando-o quando ele estiver em um estágio com formação suficiente de pus. Um abscesso crônico geralmente é tratado com drogas. Plural: **abscesses**.

absolute alcohol /ˌæbsəluːt 'ælkəhɒl/ álcool puro: álcool que não contém água. ☑ **anhydrous alcohol**.

absorb /əb'zɔːb/ absorver: infiltrar alguma coisa, especialmente um líquido, em um sólido; absorver. *Cotton wads are used to absorb the discharge from the wound.* / Chumaços de algodão são usados para absorver supuração de ferimento.

absorbable suture /əbˌzɔːbəb(ə)l 'suːtʃə/ sutura absorvível: sutura que acaba sendo absorvida pelo organismo e não necessita ser removida.

absorbent cotton /əbˌzɔːbənt 'kɒt(ə)n/ algodão absorvente. ⇨ **cotton wool**.

absorption /əb'zɔːpʃən/ absorção: **1** processo pelo qual um líquido é absorvido por um sólido. **2** processo pelo qual substâncias como proteínas ou gorduras digeridas dos alimentos são levadas para o organismo e penetram na corrente sangüínea via estômago e intestinos. ◊ **absorption rate**: velocidade com que um líquido é absorvido por um sólido.

abstainer /əb'steɪnə/ abstêmio: pessoa que não toma bebidas alcoólicas.

abstinence /'æbstɪnəns/ abstinência: ato deliberado de não fazer algo durante um período de tempo, especialmente não comer ou não beber. *abstinence from alcohol* / abstinência de álcool.

abulia /ə'buːliə/ abulia: falta de força de vontade.

abuse /ə'bjuːs/ abuso: **1** o ato de usar alguma coisa erroneamente. *the abuse of a privilege* / o uso abusivo de um privilégio. **2** o uso ilegal de uma droga ou a ingestão excessiva de álcool. *substance abuse* / o uso abusivo de uma substância. **3** ⇨ **child abuse**. **4** o ato de maltratar uma pessoa. *physical abuse* / maus-tratos físicos. *sexual abuse* / abuso sexual. **5** abusar: a) usar alguma coisa erroneamente. *Heroin and cocaine are drugs which are commonly abused.* / Heroína e cocaína são drogas comumente usadas de maneira errada. ◊ **to abuse one's authority:** a) abusar da autoridade; usar o próprio poder de maneira ilegal ou perniciosa. b) tratar mal alguém. *sexually abused children* / crianças que foram sexualmente molestadas. *He had physically abused his wife and child.* / Ele maltratou fisicamente sua esposa e filho.

a.c. abreviatura de **ante cibum**.

acanthosis /əˌkæn'θəʊsɪs/ acantose: doença da camada de células espinhosas da epiderme em que aparecem verrugas na pele ou dentro da boca.

acapnia /eɪ'kæpniə/ acapnia: condição em que o dióxido de carbono no sangue e nos tecidos é insuficiente.

acariasis /ˌækə'raɪəsɪs/ acaríase: presença de ácaros ou carrapatos na pele.

acaricide /ə'kærɪsaɪd/ acaricida: substância que mata ácaros ou carrapatos.

acarophobia /ˌækərə'fəʊbiə/ acarofobia: medo mórbido de ácaros ou carrapatos.

acatalasia /eɪˌkætə'leɪziə/ acatalasia: doença hereditária que resulta de uma deficiência de catalase em todos os tecidos.

accessory /ək'sesəri/ acessório: que, ou o que ajuda algo a acontecer ou funcionar, mas pode não ser muito importante por si só.

accessory nerve /ək'sesəri ˌnɜːv/ nervo acessório: o décimo primeiro nervo craniano, que se ramifica para os músculos do pescoço e dos ombros.

accessory organ /əkˌsesəri 'ɔːgən/ órgão acessório: órgão que tem uma função que é controlada por outro órgão.

accident /'æksɪd(ə)nt/ acidente: **1** evento desagradável, repentino e prejudicial à saúde. *She had an accident in the kitchen and had to go to hospital.* / Ela sofreu um acidente na cozinha e teve de ir para o hospital. *Three people were killed in the accident on the motorway.* / Três pessoas morreram no acidente na rodovia. **2** acaso, ou alguma coisa que acontece por acaso. *I met her by accident at the bus stop.* / Eu a encontrei por acaso no ponto de ônibus.

accidental injury /ˌæksɪdent(ə)l 'ɪndʒəri/ lesão acidental: dano sofrido em um acidente.

accident and emergency department /ˌæksɪd(ə)nt ənd ɪ'mɜːdʒənsi dɪˌpɑːtmənt/ pronto-socorro: setor hospitalar que trata de pessoas necessitadas de cuidados médicos urgentes, por terem sofrido acidentes ou apresentarem dores súbitas e muito fortes. ☑ **casualty department**. Abreviatura: **A & E**.

accident form /'æksɪd(ə)nt fɔːm/ formulário de ocorrência de acidente: formulário que deve ser preenchido com detalhes de um acidente. ☑ **accident report form**.

accident prevention /ˌæksɪd(ə)nt prɪ'venʃən/ prevenção de acidentes: medidas ou mudanças de procedimento que devem ser tomadas, a fim de prevenir a ocorrência de acidentes.

accident report form /'æksɪd(ə)nt rɪˌpɔːt fɔːm/ formulário de ocorrência de acidente. ⇨ **accident form**.

accident ward /'æksɪd(ə)nt wɔːd/ enfermaria de pronto-socorro: enfermaria para vítimas de acidentes que necessitam de cuidados urgentes. ☑ **casualty ward**.

accomodation /əˌkɒmə'deɪʃ(ə)n/ acomodação (do cristalino do olho): capacidade de focalizar objetos a diferentes distâncias, usando o músculo ciliar. ☑ **accomodation reflex**.

accomodation reflex /əˌkɒmə'deɪʃ(ə)n 'riːfle ks/ reflexo de acomodação. ⇨ **accomodation**.

accomodative squint /ə‚kɒmədeɪtɪv ˈskwɪnt/ estrabismo acomodativo: estrabismo que ocorre quando o olho tenta focalizar um objeto muito próximo.

accouchement /əˈkuːʃmɒŋ/ parto: período de tempo em que a mulher recebe assistência, porque seu bebê está nascendo ou acabou de nascer.

accretion /əˈkriːʃ(ə)n/ acreção: aumento gradual em tamanho, seja por meio de crescimento, seja por uma adição externa. *an accretion of calcium around the joint* / uma acreção de cálcio ao redor da articulação.

ACE /eɪs/ ECA: nome de uma enzima que aumenta a pressão sanguínea, e cuja forma completa é **angiotensin converting enzyme**.

acebutolol /‚æsɪˈbjuːtəlɒl/ acebutolol: droga que reduz tanto o ritmo cardíaco como a força de contração dos músculos cardíacos, usada no tratamento da pressão arterial elevada e do ritmo cardíaco irregular.

ACE inhibitor /ˈeɪs ɪn‚hɪbɪtə/ inibidor da ECA. ⇨ **angiotensin-converting enzyme inhibitor**.

acephalus /eɪˈsefələs/ acéfalo: feto ao qual falta a cabeça.

acetabuloplasty /‚æsɪˈtæbjʊləʊ‚plæsti/ acetabuloplastia: cirurgia para reparar ou reconstruir o acetábulo.

acetabullum /‚æsɪˈtæbjʊləm/ acetábulo: parte do osso pélvico, em forma de xícara, na qual se encaixa a cabeça do fêmur, a fim de formar a articulação do quadril. ☑ **cotyloid cavity**. Plural: **acetabula**.

acetaminophen /ə‚siːtəˈmɪnəfən/ acetaminofeno. ⇨ **paracetamol**.

acetazolamide /ə‚siːtəˈzɒləmaɪd/ acetazolamida: droga que aumenta a produção de urina, usada no tratamento de edema, glaucoma e epilepsia.

acetonaemia /ə‚siːtəʊˈniːmɪə/ acetonemia. ⇨ **ketonaemia**.

acetone /ˈæsɪtəʊn/ acetona: substância incolor volátil que é produzida no organismo após vômitos ou no diabetes. Veja também **ketone**.

acetonuria /ə‚siːtəʊˈnjuːrɪə/ acetonúria: presença de acetona na urina. A acetonúria é percebida pelo odor adocicado da urina.

acethylcholine /‚æsɪtaɪlˈkəʊliːn/ acetilcolina: substância liberada pelas terminações nervosas, a qual permite que os impulsos nervosos se propaguem de um nervo para o outro, ou de um nervo para o órgão que ele controla. Observação: os receptores da acetilcolina são de dois tipos: o muscarínico, encontrado nas articulações do nervo parassimpático pós-ganglionar; e o nicotínico, encontrado nas articulações neuromusculares e nos gânglios autonômicos. A acetilcolina age nos dois tipos de receptores, mas outras drogas agem em um ou em outro.

acetylcoenzyme A /‚æsɪtaɪlkəʊ‚enzaɪm ˈeɪ/ acetilcoenzima A: composto produzido no metabolismo dos carboidratos, ácidos graxos e aminoácidos.

acetylsalicylic acid /‚æsɪtaɪl‚sæləsɪlɪk ˈæsɪd/ ácido acetilsalicílico. ⇨ **aspirin**.

achalasia /‚ækəˈleɪzɪə/ acalasia: incapacidade de relaxar os músculos.

ache /eɪk/ **1** dor: dor que se prolonga por algum tempo, mas não é muito forte. *He complained of various aches and pains.* / Ele reclamou de várias dores e sofrimentos físicos. **2** doer: sentir dor em alguma parte do corpo. *His tooth ached so much he went to the dentist.* / O dente dele doeu tanto que ele foi ao dentista.

Achilles tendon /ə‚kɪliːz ˈtendən/ tendão de Aquiles (atual tendão calcâneo): tendão da parte de trás do tornozelo, que liga o músculo da panturrilha ao calcanhar, e que age estirando o calcanhar quando o músculo da panturrilha está tenso.

achillorrhaphy /‚ækɪˈlɔːrəfi/ aquilorrafia: cirurgia para suturar o tendão de Aquiles (atual tendão calcâneo), quando dilacerado.

achillotomy /‚ækɪˈlɒtəmi/ aquilotomia: separação do tendão de Aquiles (atual tendão calcâneo) feita por meio de cirurgia.

aching /ˈeɪkɪŋ/ dolorido: que causa uma dor leve e contínua. *aching legs* / pernas doloridas.

achlorhydria /‚eɪklɔːˈhaɪdrɪə/ acloridria: ausência de ácido clorídrico no suco gástrico. A acloridria é um sintoma de câncer do estômago ou anemia grave.

acholia /eɪˈkəʊlɪə/ acolia: ausência ou insuficiência de secreção biliar.

acholuria /‚eɪkɒˈluːrɪə/ acolúria: ausência de pigmentos biliares na urina.

acholuric jaundice /‚eɪkəluːrɪk ˈdʒɔːndɪs/ icterícia acolúrica: doença na qual há formação anormal de glóbulos vermelhos, o que leva à anemia, ao aumento do baço e à formação de cálculos biliares. ☑ **hereditary spherocytosis**.

achondroplasia /‚eɪkɒndrəˈpleɪzɪə/ acondroplasia: doença hereditária na qual os ossos longos dos braços e das pernas não crescem completamente, enquanto o resto dos ossos do corpo cresce normalmente, resultando no nanismo.

achromatopsia /‚eɪkrəʊməˈtɒpsɪə/ acromatopsia: doença rara na qual a pessoa não consegue ver as cores, exceto o preto, o branco e nuances do cinza.

achy /ˈeɪki/ (informal) dolorido: que sente dores no corpo inteiro.

aciclovir /eɪˈsaɪkləʊvɪə/ aciclovir: droga eficaz no combate ao vírus do herpes. ☑ **acyclovir**.

acid /ˈæsɪd/ ácido: composto químico que contém hidrogênio, que reage com um alcalóide para formar um sal e água.

acidaemia /‚æsɪˈdiːmɪə/ acidemia: estado no qual o sangue tem ácido em demasia. É uma forma de diabetes grave não tratada.

acid-base balance /‚æsɪd ˈbeɪs ‚bæləns/ equilíbrio ácido-básico: equilíbrio entre o ácido e a base, isto é, o nível de pH, no plasma.

acidity /əˈsɪdɪti/ acidez: **1** o nível de ácido em

um líquido. *The alkaline solution may help to reduce acidity.* / A solução alcalina pode ajudar a reduzir a acidez. 2 ⇨ **hyperacidity.**

acidosis /ˌæsɪˈdəʊsɪs/ acidose: 1 estado caracterizado por um acúmulo maior do que o usual de produtos ácidos, como a uréia, no sangue, devido a uma escassez de álcalis. 2 ⇨ **acidity.**

acidotic /ˌæsɪˈdɒtɪk/ acidótico: referente à acidose.

acid reflux /ˌæsɪd ˈriːflʌks/ refluxo ácido: estado causado por um músculo alterado do esôfago, o que permite que o ácido do estômago passe para o esôfago.

acid stomach /ˌæsɪd ˈstʌmək/ acidez estomacal. ⇨ **hyperacidity.**

aciduria /ˌæsɪˈdjʊərɪə/ acidúria: estado no qual a urina apresenta um nível mais elevado de acidez do que o desejável.

acinus /ˈæsɪnəs/ ácino: 1 porção diminuta, em forma de cacho, que constitui parte de uma glândula. 2 parte de um lóbulo pulmonar.

acne /ˈækni/ acne: inflamação das glândulas sebáceas durante a puberdade, que provoca o aparecimento de cravos na pele, normalmente da face, pescoço e ombros. Freqüentemente, esses cravos podem se infeccionar. *She is using a cream to clear up her acne.* / Ela está usando um creme para acabar com a acne.

acne rosacea /ˌækni rəʊˈzeɪʃə/ acne rosácea. ⇨ **rosacea.**

acne vulgaris /ˌækni vʊlˈɡɑːrɪs/ acne vulgar. ⇨ **acne.**

acoustic /əˈkuːstɪk/ acústico: relativo ao som ou à audição.

acoustic nerve /əˈkuːstɪk nɜːv/ nervo acústico. ⇨ **auditory nerve; vestibulocochlear nerve.**

acoustic neurofibroma /əˌkuːstɪk ˌnjʊərəʊfaɪˈbrəʊmə/ neurofibroma acústico: tumor na bainha do nervo auditivo, o qual causa surdez. ☑ **acoustic neuroma.**

acoustic trauma /əˌkuːstɪk ˈtrɔːmə/ trauma acústico: dano físico causado por ondas sonoras, por exemplo, perda de audição, desorientação, náuseas ou tontura.

acquired /əˈkwaɪəd/ adquirido: referente a uma predisposição que não é nem congênita nem hereditária e que uma pessoa desenvolve após o nascimento em reação ao ambiente que a circunda.

acquired immunity /əˌkwaɪəd ɪˈmjuːnɪti/ imunidade adquirida: imunidade que o organismo adquire após ter pego uma doença, que não é congênita, ou por imunização.

acquired immune deficiency syndrome /əˌkwaɪəd ɪmˌjuːn dɪˈfɪʃ(ə)nsi ˌsɪndrəʊm/ síndrome da imunodeficiência adquirida. ⇨ **acquired immunodeficiency syndrome**

acquired immunodeficiency syndrome /əˌkwaɪəd ˌɪmjʊnəʊdɪˈfɪʃ(ə)nsi ˌsɪndrəʊm/ síndrome da imunodeficiência adquirida: infecção viral que destrói o sistema imunológico. ☑ **acquired immune deficiency syndrome.** Veja

também **AIDS.** Nota: a abreviatura AIDS é usada mundialmente. Em português usa-se também SIDA.

acrivastine /əˈkrɪvə stiːn/ acrivastina: droga que reduz a quantidade de histamina produzida pelo organismo. É usada no tratamento de rinite, urticária e eczema.

acro- /ækrəʊ/ acr(o)-: refere-se a um ponto mais alto ou extremidade.

acrocephalia /ˌækrəʊsəˈfeɪlɪə/ acrocefalia. ⇨ **oxycephaly.**

acrocephalic /ˌækrəʊˈsefəli/ acrocefálico. ⇨ **oxycephalic.**

acrocyanosis /ˌækrəʊsaɪəˈnəʊsɪs/ acrocianose: coloração azulada das extremidades, isto é, dos dedos das mãos, dos pés, das orelhas e do nariz, causada pela má circulação.

acrodynia /ˌækrəʊˈdɪnɪə/ acrodinia: doença infantil causada por alergia ao mercúrio, na qual as mãos, os pés e o rosto da criança tornam-se inchados e rosados, e ela é acometida de febre e falta de apetite. ☑ **erythroedema; pink disease.**

acromegaly /ˌækrəʊˈmeɡəli/ acromegalia: doença causada por quantidades excessivas de hormônio produzido pelas glândulas pituitárias, que causa um aumento das mãos, pés e maxilares em adultos.

acromial /əˈkrəʊmɪəl/ acromial: relativo ao acrômio.

acromioclavicular /ˌækrəʊmaɪəʊkləˈvɪkjʊlə/ acromioclavicular: relativo ao acrômio e à clavícula.

acromion /əˈkrəʊmɪən/ acrômio: a crista da escápula, que forma a extremidade do ombro.

acronyx /ˈækrɒnɪks, ˈeɪkrɒnɪks/ acronixe: processo no qual a unha cresce encravada na pele.

acroparaesthesia /ˌækrəʊpærɪsˈθiːzɪə/ acroparestesia: estado no qual o paciente sente dores agudas nos braços e dormência nos dedos das mãos após o sono.

acrophobia /ˌækrəˈfəʊbɪə/ acrofobia: medo mórbido de altura.

acrosclerosis /ˌækrəʊskləˈrəʊsɪs/ acrosclerose: esclerose que afeta as extremidades.

ACTH abreviatura de **adrenocorticotrophic hormone.**

actinomycin /ˌæktɪnəʊˈmaɪsɪn/ actinomicina: antibiótico usado no tratamento de crianças com câncer.

actinomycosis /ˌæktɪnəʊmaɪˈkəʊsɪs/ actinomicose: doença produzida por fungos e transmitida ao homem pelo gado; causa abscessos na boca e nos pulmões (actinomicose pulmonar) ou no íleo (actinomicose intestinal).

action potential /ˈækʃən pəˌtenʃəl/ potencial de ação: mudança temporária no potencial elétrico que ocorre entre a parte externa e interna de um nervo ou fibra muscular quando um impulso nervoso é enviado.

active /ˈæktɪv/ ativo: 1 (com relação à pessoa): vivo, cheio de energia. *Although she is over eighty she is still very active.* / Embora ela tenha mais de oitenta anos de idade, é ainda muito ativa. Oposto de **passive**. **2** (com relação à doença): que exerce um efeito sobre o paciente. *experienced two years of active rheumatoid disease* / sofreu de doença reumatóida ativa durante dois anos. Compare com **dormant**. **3** (com relação a uma droga): que tem efeito medicinal.

active immunity /ˌæktɪv ɪˈmjuːnɪti/ imunidade ativa: imunidade que uma pessoa adquire após ter pegado e sobrevivido a uma doença infecciosa ou após vacinação com uma forma mais branda da doença, o que faz o organismo desenvolver anticorpos.

active ingredient /ˌæktɪv ɪnˈɡriːdiənt/ componente ativo: o principal componente medicinal de uma pomada ou loção, em oposição à base.

active movement /ˌæktɪv ˈmuːvmənt/ movimento ativo: movimento feito por uma pessoa pelo uso da própria força de vontade e dos músculos.

active principle /ˌæktɪv ˈprɪnsɪp(ə)l/ princípio ativo: o principal componente medicinal de uma droga, que faz com que ela exerça o efeito desejado.

activities of daily living /æk ˌtɪvɪtiz əv ˌdeɪli ˈlɪvɪŋ/ atividades do dia-a-dia: escala usada por médicos geriatras e terapeutas ocupacionais para medir qual a capacidade de independência das pessoas mais velhas ou com deficiência física. Abreviatura: **ADLs**.

activity /ækˈtɪvɪti/ atividade: **1** o que uma pessoa faz. *difficulty with activities such as walking and dressing* / dificuldade de exercer atividades como caminhar e vestir-se. **2** o comportamento característico de uma substância química. *The drug's activity only lasts a few hours.* / A ação da medicação dura apenas umas poucas horas. ◊ **antibacterial activity:** atividade antibacteriana; ação eficaz contra as bactérias.

act on /ˈækt ɒn/ agir sobre: **1** fazer alguma coisa como resultado de algo que foi dito. *He acted on his doctor's advice and gave up smoking.* / Ele seguiu o conselho do médico e deixou de fumar. **2** exercer um efeito sobre alguém ou alguma coisa. *The antibiotic acted quickly on the infection.* / O antibiótico teve um efeito rápido sobre a infecção.

act out /ˌækt ˈaʊt/ representar: indica sentimentos negativos expressos por um comportamento social inaceitável.

acuity /əˈkjuːɪti/ acuidade: clareza de visão, audição ou intelectual.

acupressure /ˈækjʊpreʃə/ acupressão: tratamento que se baseia no mesmo princípio da acupuntura, mas que, no lugar de agulhas, usa os dedos em pontos específicos do corpo, chamados pontos de pressão.

acupuncture /ˈækjʊpʌŋktʃə/ acupuntura: tratamento que se baseia na introdução de agulhas na pele, procurando atingir os centros nervosos, com o objetivo de aliviar a dor ou tratar uma doença.

acupuncturist /ˈækjʊpʌŋktʃərɪst/ acupunturista: pessoa que pratica a acupuntura.

acute /əˈkjuːt/ agudo: **1** relativo a uma doença ou situação que se desenvolve rapidamente e pode se tornar perigosa. *an acute abscess* / um abscesso agudo. Oposto de **chronic**. **2** relativo a uma dor intensa, lancinante (informal). *He felt acute chest pains.* / Ele sentiu dores agudas no peito.

acute abdomen /ˌəˈkjuːt ˈæbdəmən/ abdome agudo: qualquer doença grave do abdome, que necessite de cirurgia.

acute bed /əˈkjuːt bed/ leito de emergência para pacientes em estado grave: cama reservada, em hospitais, para pessoas que precisam de tratamento imediato.

...the survey shows a reduction in acute beds in the last six years. The bed losses forced one hospital to send acutely ill patients to hospitals up to sixteen miles away. / "...a pesquisa mostra uma redução no número de leitos para pacientes em estado grave nos últimos seis anos. A falta desse tipo de leito forçou um hospital a enviar pacientes gravemente enfermos para hospitais a vinte e seis quilômetros de distância." (*Nursing Times*)

---

acute care /əˈkjuːt keə/ tratamento de pacientes em estado grave: tratamento médico ou cirúrgico de pacientes com ferimentos graves ou doença aguda súbita, feito em hospital, geralmente por um período curto.

acute disseminated encephalomyelitis /əˌkjuːt dɪˌsemɪneɪtɪd enˌkefələʊmaɪəˈlaɪtɪs/ encefalomielite aguda disseminada: encefalomielite ou mielite que ocorre, supostamente, como resultado de um ataque auto-imune à mielina do sistema nervoso central.

acute glaucoma /əˌkjuːt ɡlɔːˈkəʊmə/ glaucoma agudo. ⇨ **angle-closure glaucoma**

acute hospital /əˈkjuːt ˌhɒspɪt(ə)l/ hospital para pacientes em estado grave: hospital em que os pacientes são internados para se submeter a cirurgias de vulto ou para tratamento médico ou cirúrgico intensivo.

acutely /əˈkjuːtli/ gravemente: **1** que tem ou causa uma situação que se desenvolve subitamente e que requer cuidados médicos. *acutely ill patients* / pacientes gravemente enfermos. *acutely toxic chemicals* / produtos químicos muito tóxicos. **2** extremamente (informal).

acute lymphocytic leukaemia /əˌkjuːt ˌlɪmfəsɪtɪk luːˈkiːmiə/ leucemia aguda linfocítica: forma de leucemia que representa o câncer mais comum em crianças.

acute nonlymphocytic leukaemia /əˌkjuːt ˌnɒnlɪmfəsɪtɪk luːˈkiːmiə/ leucemia aguda não linfocítica: forma de leucemia que se manifesta em adultos e crianças e é comumente tratada com quimioterapia. Abreviatura: **ANLL**.

acute pancreatitis /əˌkuːt ˌpæŋkriəˈtaɪtɪs/ pancreatite aguda: inflamação devida à autodigestão do tecido pancreático pelas suas próprias enzimas extravasadas, causando sintomas de dor abdominal aguda.

acute respiratory distress syndrome /əˌkjuːt rɪˌspɪrət(ə)ri dɪˈstres ˌsɪndrəʊm/ síndrome da angústia respiratória aguda: infecção dos pulmões, freqüentemente após lesão, que os impede de funcionar de maneira correta. Abreviatura: **ARDS**. Nota: em português usa-se a abreviatura **SARA**. Veja também **adult respiratory distress syndrome**.

acute rheumatism /ə͵kju:t 'ru:mə͵tɪz(ə)m/ reumatismo agudo. ⇨ **rheumatic fever**.

acute rhinitis /ə͵kju:t raɪ'naɪtɪs/ rinite aguda: infecção viral que causa inflamação das membranas mucosas do nariz e da garganta.

acute suppurative arthritis /ə͵kju:t ͵sʌpjurə tɪv ɑ:θ'raɪtɪs/ artrite supurativa aguda. ⇨ **pyarthrosis**.

acute toxicity /ə͵kju:t tɒk'sɪsɪti/ toxicidade aguda: nível de concentração de uma substância tóxica que torna as pessoas gravemente enfermas ou pode causar a morte.

acute yellow atrophy /ə͵kju:t ͵jeləu 'ætrəfi/ atrofia amarela aguda. Veja **yellow atrophy**.

acyclovir /eɪ'saɪkləuvɪə/ aciclovir. ⇨ **aciclovir**.

acystia /eɪ'sɪstiə/ acistia: condição em que o bebê nasce sem a bexiga.

AD abreviatura de **Alzheimer's disease**.

Adam's apple /͵ædəmz 'æp(ə)l/ pomo-de-adão: parte da cartilagem tireóide que se projeta do pescoço de um homem, abaixo do queixo. ☑ **laryngeal prominence**.

adapt /ə'dæpt/ adaptar: **1** mudar a própria maneira de pensar ou o comportamento, a fim de se adequar a uma nova situação. *She has adapted very well to her new job in the children's hospital.* / Ela se adaptou muito bem ao seu novo trabalho no hospital infantil. **2** mudar algo para torná-lo mais eficiente. *The brace has to be adapted to fit the patient.* / O aparelho ortodôntico precisa ser adaptado para se ajustar ao paciente.

adaptation /͵ædæp'teɪʃ(ə)n/ adaptação: **1** mudança que foi ou pode ser feita em alguma coisa. **2** o ato de mudar alguma coisa para que ela se torne adequada a uma nova situação. **3** processo pelo qual receptores sensoriais se acostumam a uma sensação repetida.

ADD abreviatura de **attention deficit disorder**.

addicted /ə'dɪktɪd/ viciado: física ou mentalmente dependente de uma substância nociva. ◊ **addicted to alcohol** ou **addicted to drugs**: viciado em álcool ou viciado em drogas (pessoa que necessita tomar álcool ou consumir uma droga nociva regularmente).

addictive /ə'dɪktɪv/ viciador: relativo a uma droga que se transforma em hábito e da qual as pessoas se tornam dependentes.

Addison's anaemia /͵ædɪs(ə)nz ə'ni:miə/ anemia de Addison. ⇨ **pernicious anaemia**. (Descrita em 1849 por Thomas Addison [1793-1860], de Northumberland, fundador da ciência da endocrinologia.)

Addison's disease /'ædɪs(ə)nz dɪ͵zi:z/ doença de Addison: doença das glândulas supra-renais, caracterizada por mudança na cor da pele, que se torna amarela e depois marrom-escura, e por

fraqueza geral, anemia, hipotensão e enfraquecimento. O tratamento é feito com injeções de corticosteróide. (Descrita em 1849 por Thomas Addison [1793-1860], de Northumberland, fundador da ciência da endocrinologia.)

adducent /ə'dju:s(ə)nt/ aducente: relativo a um músculo que une partes do corpo ou as conduz no sentido do plano mediano do corpo ou de uma extremidade. Compare com **abducent**.

adduct /ə'dʌkt/ aduzir (em relação a um músculo): mover uma perna ou um braço no sentido do plano mediano do corpo, ou estender um dedo do pé ou da mão no sentido da linha axial da perna ou do braço. Oposto de **abduct**.

adducted /ə'dʌktɪd/ aduzido: relativo a uma parte do corpo que é movida no sentido do plano mediano do corpo.

adduction /ə'dʌkʃən/ adução: movimento de uma parte do corpo no sentido do plano mediano do corpo ou de uma parte próxima. Oposto de **abduction**. Veja ilustração em **Termos Anatômicos**, no Apêndice.

adductor /ə'dʌktə/ adutor: músculo que move uma parte do corpo no sentido do plano mediano do corpo. Oposto de **abductor**. ☑ **adductor muscle**.

adductor muscle /ə'dʌktə ͵mʌs(ə)l/ músculo adutor.

aden- /ædɪn/ ⇨ **adeno-**.

adenectomy /͵ædɪ'nektəmi/ adenectomia: remoção cirúrgica de uma glândula.

adenine /'ædəni:n/ adenina: um das quatro substâncias químicas básicas do DNA.

adenitis /͵ædɪ'naɪtɪs/ adenite: inflamação de uma glândula ou linfonodo. Veja também **lymphadenitis**.

adeno- /ædɪnəu/ aden(o)-: relativo a glândulas. Nota: antes de vogais usa-se **aden-**.

adenocarcinoma /͵ædɪnəukɑː sɪ'nəumə/ adenocarcinoma: tumor maligno de uma glândula.

adenohypophysis /͵ædɪnəuhaɪ'pɒfɪsɪs/ adenohipófise: lobo frontal da glândula pituitária, que secreta a maior parte dos hormônios pituitários.

adenoid /'ædɪnɔɪd/ adenóide: semelhante a uma glândula.

adenoidal /͵ædɪ'nɔɪd(ə)l/ adenoidal: relativo a adenóides.

adenoidal expression /͵ædɪnɔɪd(ə)l ɪk'spreʃ (ə)n/ expressão adenoidal: sintoma comum da criança que sofre de adenóides, na qual a boca está sempre aberta, o nariz é estreito, e os dentes superiores parecem vir para a frente.

adenoidal tissue /͵ædɪnɔɪd(ə)l 'tɪʃu:/ tecido adenoidal. ⇨ **adenoids**.

adenoidectomy /͵ædɪnɔɪ'dektəmi/ adenoidectomia: remoção cirúrgica das adenóides.

adenoidism /'ædɪnɔɪdɪz(ə)m/ adenoidismo: estado de saúde da pessoa com adenóides.

adenoids /'ædɪnɔɪdz/ adenóides: massa de tecido na parte posterior do nariz e da garganta que, se estiver aumentada, pode limitar a respiração. ☑ **pharyngeal tonsils**.

adenoid vegetation /ˌædɪnɔɪd ˌvedʒəˈteɪʃ(ə)n/ vegetação adenóide: estado de saúde da criança na qual o tecido adenoidal é coberto com tumores ou vegetações e pode bloquear as vias nasais ou as tubas de Eustáquio.

adenolymphoma /ˌædɪnəʊlɪmˈfəʊmə/ adenolinfoma: tumor benigno das glândulas salivares.

adenoma /ˌædɪˈnəʊmə/ adenoma: tumor benigno de uma glândula.

adenoma sebaceum /ˌædɪnəʊmə səˈbeɪʃəm/ adenoma sebáceo: doença da pele em que a face apresenta pápulas vermelhas, e que se manifesta no fim da infância ou no começo da adolescência.

adenomyoma /ˌædɪnəʊmaɪˈəʊmə/ adenomioma: tumor benigno constituído de glândulas e músculo.

adenopathy /ˌædɪˈnɒpəθi/ adenopatia: doença de uma glândula.

adenosclerosis /ˌædɪnəʊsklɪˈrəʊsɪs/ adenosclerose: endurecimento de uma glândula.

adenosine /əˈdenəʊsiːn/ adenosina: droga usada para o tratamento da arritmia cardíaca.

adenosine diphosphate /əˌdenəʊsiːn daɪˈfɒsfeɪt/ difosfato de adenosina: composto químico que fornece energia para que os processos aconteçam dentro das células vivas, e que é formado quando o trifosfato de adenosina reage em contato com a água. Abreviatura: **ADP**.

adenosine triphosphate /əˌdenəʊsiːn traɪˈfɒsfeɪt/ trifosfato de adenosina: substância química que ocorre em todas as células, mas principalmente no músculo, onde produz uma reserva de energia. Abreviatura: **ATP**.

adenosis /ˌædɪˈnəʊsɪs/ adenose: qualquer doença ou distúrbio das glândulas.

adenovirus /ˈædɪnəʊˌvaɪrəs/ adenovírus: vírus que causa infecções do trato respiratório superior e dores de garganta, podendo ocasionar pneumonia fatal em crianças.

ADH abreviatura de **antidiuretic hormone**.

ADHD abreviatura de **attention deficit hyperactivity disorder**.

adhesion /ədˈhiːʒ(ə)n/ adesão: conexão estável entre duas partes do corpo, tanto em um processo de cura quanto entre partes que não estão normalmente conectadas.

adhesive dressing /ədˌhiːsɪv ˈdresɪŋ/ curativo aderente: curativo com uma substância aderente na parte de trás e que se fixa à pele.

adhesive strapping /ədˌhiːsɪv ˈstræpɪŋ/ faixa adesiva: faixas sobrepostas ou *band-aids* usados para proteger uma lesão.

adipo- /ˈædɪpəʊ/ adip(o)-: relativo à gordura.

adipose /ˈædɪpəʊs/ adipose: que contém gordura ou que é feito de gordura. Observação: o tecido fibroso é substituído por tecido adiposo quando se ingere mais comida do que o necessário.

adipose degeneration /ˌædɪpəʊs dɪˌdʒenəˈreɪʃ(ə)n/ degeneração adiposa: acúmulo de gordura nas células de um órgão, tais como o coração ou o fígado, que torna o órgão menos apto a exercer as funções que lhe são próprias. ☑ **fatty degeneration**.

adipose tissue /ˌædɪpəʊs ˈtɪʃuː/ tecido adiposo: tecido cujas células contêm gordura.

adiposis /ˌædɪˈpəʊsɪs/ adipose: acúmulo excessivo de gordura no organismo.

adiposis dolorosa /ˌædɪˌpəʊsɪs ˌdɒləˈrəʊsə/ adipose dolorosa: doença que costuma se manifestar em mulheres de meia-idade e na qual há formação de nódulos dolorosos de substância gordurosa. ☑ **Dercum's disease**.

adiposogenitalis /ˌædɪˌpəʊsəʊˌdʒenɪˈteɪlɪs/ distrofia adiposogenital. ⇨ **Fröhlich's syndrome**.

adiposuria /əˌdɪpsəʊˈjuːriə/ adiposúria: presença de gordura na urina.

adiposus /ˌædɪˈpəʊsəs/ adiposo. Veja **panniculus adiposus**.

aditus /ˈædɪtəs/ adito: abertura ou entrada para uma passagem.

adjustment /əˈdʒʌstmənt/ ajuste: movimento direcional de alta velocidade de uma articulação, realizado por um quiroprático.

adjuvant /ˈædʒʊvənt/ adjuvante: substância que é adicionada a uma droga para acentuar o efeito do ingrediente principal, ou relativo ao tratamento com drogas ou terapia radioativa após cirurgia de câncer.

adjuvant therapy /ˈædʒʊvənt ˌθerəpi/ terapia adjuvante: terapia que utiliza droga ou radiação após cirurgia de câncer.

ADL abreviatura de **activities of daily living**.

administer /ədˈmɪnɪstə/ administrar: administrar uma medicação ou um tratamento a alguém. ◊ **to administer orally:** dar uma medicação pela boca.

admission /ədˈmɪʃ(ə)n/ admissão: o ato de ser registrado em um hospital como paciente.

admit /ədˈmɪt/ admitir: registrar um paciente em um hospital. *He was admitted to hospital this morning. /* Ele deu entrada no hospital esta manhã.

> *80% of elderly patients admitted to geriatric units are on medication. /* "80% dos pacientes idosos admitidos nas unidades de geriatria estão em uso de medicação." (*Nursing Times*)
>
> *...ten patients were admitted to the ICU before operation, the main indications being the need for evaluation of patients with a history of severe heart disease. /* "...dez pacientes foram admitidos na UTI antes da cirurgia, e o motivo principal foi a necessidade de avaliação dos pacientes com histórico de doença cardíaca grave." (*Southern Medical Journal*)

adnexa /ædˈneksə/ anexos: partes anexas a um órgão.

adolescence /ˌædəˈles(ə)ns/ adolescência: período da vida em que uma criança está se transformando em adulto.

adolescent /ˌædəˈles(ə)nt/ adolescente: que, ou aquele que está se tornando adulto, ou que ocorre na adolescência. *adolescent boys and girls* / meninos e meninas adolescentes. *adolescent fantasies* / fantasias adolescentes.

adopt /ə'dɒpt/ adotar: **1** decidir usar uma idéia, um plano ou um determinado meio para fazer alguma coisa. *The hospital has adopted a new policy on visiting.* / O hospital adotou novos critérios para visitas. **2** tornar-se pai, por meios legais, de um filho não biológico.

adoptive /ə'dɒptɪv/ adoção: **1** que assumiu a tarefa de outra pessoa. **2** relativo a pessoas que adotaram uma criança ou a uma criança que foi adotada. *adoptive parents* / pais adotivos.

adoptive immunotherapy /ə,dɒptɪv ɪmjʊnə 'θerəpi/ imunoterapia adotiva: tratamento para o câncer no qual o sangue do próprio paciente é usado para combater as células cancerosas. Observação: esta técnica pode deter o crescimento das células cancerosas no organismo, mas pode causar efeitos colaterais tóxicos dolorosos.

ADP /,eɪ di: 'pi:/ abreviatura de **adenosine diphosphate**.

adrenal /ə'dri:n(ə)l/ adrenal: **1** situado perto do rim. **2** ⇨ **adrenal gland**.

adrenal body /ə'dri:n(ə)l ,bɒdi/ corpo adrenal. ⇨ **adrenal gland**.

adrenal cortex /ə,dri:n(ə)l 'kɔ:teks/ córtex adrenal: camada sólida exterior de uma glândula adrenal, a qual secreta uma série de hormônios que afetam o metabolismo de carboidratos e água.

adrenalectomy /ə,dri:nə'lektəmi/ adrenalectomia: remoção cirúrgica de uma das glândulas adrenais.

adrenal gland /ə'dri:n(ə)l glænd/ glândula adrenal: uma das duas glândulas endócrinas localizadas na parte superior do rim, que secreta cortisona, adrenalina e outros hormônios. ☑ **adrenal body; adrenal**. Veja ilustração **Kidney**, no Apêndice.

adrenaline /ə'drenəlɪn/ adrenalina: hormônio secretado pela medula das glândulas adrenais que tem um efeito estimulante similar ao do sistema nervoso simpático. ⇨ **epinephrine**. Observação: a adrenalina é produzida quando um indivíduo vivencia situações de surpresa, choque, medo ou excitação; ela acelera os batimentos cardíacos e aumenta a pressão arterial. É administrada como tratamento de emergência na anafilaxia aguda e na ressuscitação cardiopulmonar.

adrenal medulla /ə,dri:n(ə)l me'dʌlə/ medula adrenal: a parte interna da glândula adrenal, que secreta adrenalina e noradrenalina. ☑ **suprarenal medulla**.

adrenergic /,ædrə'nɜ:dʒɪk/ adrenérgico: relativo a células ou neurônios que são estimulados pela adrenalina. Veja também **beta blocker**.

adrenergic receptor /,ædrənə'nɜ:dʒɪk rɪ'septə/ receptor adrenérgico. ⇨ **adrenoceptor**. Observação: três tipos de receptor adrenérgico agem

de maneiras diferentes quando são estimulados pela adrenalina. Os receptores alfa contraem os brônquios, os receptores beta-1 aceleram os batimentos cardíacos e os receptores beta-2 dilatam os brônquios.

adrenoceptor /ə,drenəʊ'septə/ adrenoceptor: referente a células ou neurônios que são estimulados pela adrenalina. ☑ **adrenoceptor; adrenergic receptor**.

adrenocortical /ə,dri:nəʊ'kɔ:tɪk(ə)l/ adrenocortical: relativo ao córtex das glândulas adrenais.

adrenocorticotrophic hormone /ə,dri:nəʊ, kɔ:təkəʊtrɒfɪk 'hɔ:məʊn/ hormônio adrenocorticotrófico: hormônio secretado pela glândula pituitária, que estimula a produção de corticosteróides pelas glândulas adrenais. Abreviatura: **ACTH**. ☑ **corticotrophin**.

adrenogenital syndrome /ə,dri:nəʊ'dʒenɪt(ə)l ,sɪndrəʊm/ síndrome adrenogenital: condição causada pela superprodução de hormônios sexuais masculinos, na qual os meninos apresentam rápido desenvolvimento sexual e as meninas desenvolvem características masculinas.

adrenoleukodystrophy /ə,dri:nəʊ,lu:kəʊ' dɪstrəfi/ adrenoleucodistrofia: doença inata das glândulas adrenais nos meninos.

adrenolytic /ə'dri:nəʊ'lɪtɪk/ adrenolítico: que inibe a resposta à adrenalina.

adrenoreceptor /ə,drenəʊrɪ'septə/ adrenorreceptor. ⇨ **adrenoceptor**.

adsorbent /æd'sɔ:bənt/ adsorvente: que é capaz de adsorção.

adsorption /æd'sɔ:pʃ(ə)n/ adsorção: fixação de uma substância a outra, freqüentemente a aglutinação de um líquido com um gás ou vapor que está em contato com sua superfície.

adult /'ædʌlt, ə'dʌlt/ adulto: que, ou aquele que não é mais criança. *Adolescents reach the adult stage about the age of eighteen or twenty.* / Os adolescentes atingem a fase adulta por volta dos dezoito ou vinte anos de idade.

adult coeliac disease /,ædʌlt 'si:liæk dɪ,zi:z/ doença celíaca adulta: condição na qual as vilosidades do intestino de indivíduos adultos tornam-se menores, reduzindo, assim, a superfície que pode absorver os nutrientes.

adult dentition /,ædʌlt den'tɪʃ(ə)n/ dentição adulta: os trinta e dois dentes que uma pessoa adulta possui.

adulteration /ə,dʌltə'reɪʃ(ə)n/ adulteração: o ato de tornar uma substância menos pura pela adição de outra substância.

adult-onset diabetes /,ædʌlt ,ɒnset ,daɪə'bi:t i:z/ diabetes de início em adulto: forma de diabetes melito que se desenvolve lentamente em indivíduos mais velhos, fazendo como que o organismo se torne menos apto a usar a insulina de forma efetiva.

adult respiratory distress syndrome /,ædʌlt rɪ,spɪrət(ə)ri dɪ'stres ,sɪndrəʊm/ síndrome da angústia respiratória aguda: descrição de várias infecções pulmonares que reduzem a eficiência dos pulmões. Abreviatura: **ARDS**. Nota: em português usa-se a abreviatura **SARA**. Veja também **acute respiratory distress syndrome**.

advanced trauma life support /əd,va:nst ,trɔ:ma 'laɪf sə,pɔ:t/ assistênca médica após trauma agudo: tratamento de paciente durante as primeiras horas críticas após o trauma. Abreviatura: **ATLS**.

adventitia /,ædven'tɪʃə/ adventícia. ⇨ **tunica adventitia**.

adventitious /,ædvən'tɪʃəs/ adventício: que fica na parte exterior ou em um lugar pouco comum.

adventitious bursa /,ædvəntɪʃəs 'bɜ:sə/ bursa adventícia: cisto que se desenvolve como resultado de uma pressão contínua ou um atrito.

adverse /'ædvɜ:s/ adverso: nocivo ou desfavorável. *the treatment had an adverse effect on his dermatitis* / o tratamento teve um efeito adverso sobre a dermatite dele; o tratamento piorou a dermatite dele.

adverse ocurrence /,ædvɜ:s ə'kʌrəns/ experiência adversa: efeito nocivo que ocorre durante o tratamento.

adverse reaction /,ædvɜ:s ri'ækʃən/ reação adversa: situação na qual a pessoa sente os efeitos nocivos causados pela administração de uma droga.

advocacy /'ædvəkəsi/ advocacia: profissão que consiste em ajudar pessoas, por meio de aconselhamento, principalmente aquelas com dificuldade em conseguir apoio de outro modo.

adynamic ileus /eɪ,daɪnæmɪk 'ɪlɪəs/ íleo adinâmico. ⇨ **paralytic ileus**.

aegophony /i:'ɡɒfəni/ egofonia: ressonância particular da voz. É percebida, nos casos de pleurisia (líquido na cavidade pleural), pela auscultação do peito com um estetoscópio.

aer- /eə/ ⇨ **aero-**.

aeration /eə'reɪʃ(ə)n/ aeração: adição de ar ou oxigênio a um líquido.

aero- /eərəʊ/ aer(o)-: relativo ao ar. Nota: antes de vogais usa-se **aer-**.

aeroba /eə'rəʊbə/ aeróbio: nome de um organismo minúsculo que necessita de oxigênio para viver. ☑ **aerobe**.

aerobe /eə'rəʊb/ aeróbio. ⇨ **aeroba**.

aerobic /eə'rəʊbɪk/ aeróbico: que necessita de oxigênio para viver, ou que acontece na presença de oxigênio.

aerobic respiration /eə,rəʊbɪk ,respə'reɪʃ(ə)n/ respiração aeróbica: processo no qual o oxigênio inspirado é usado para converter energia em trifosfato de adenosina.

aeroembolism /,eərəʊ'embəlɪz(ə)m/ aeroembolismo. ⇨ **air embolism**.

aerogenous /eə'rɒdʒənəs/ aerógeno: referente a uma bactéria que produz gás.

aerophagia /,eərə'feɪdʒə/ aerofagia: hábito de engolir ar quando se tem indigestão, o que torna pior a dor de estômago. ☑ **aerophagy**.

aerophagy /,eərə'feɪdʒi/ aerofagia. ⇨ **aerophagia**.

aerosol /'eərəsɒl/ aerossol: minúsculas partículas de um líquido, por exemplo, uma droga ou um desinfetante, suspenso em um gás sob pressão em um recipiente e usado como *spray*.

aetiological agent /,i:tiəlɒdʒik(ə)l 'eɪdʒ(ə)nt/ agente etiológico: agente causador de uma doença.

aetiology /,i:ti'ɒlədʒi/ etiologia: **1** causa ou origem de uma doença. **2** estudo das causas e origens das doenças. Nota: no inglês americano usa-se **etiology**.

...a wide variety of organs or tissues may be infected by the Salmonella group of organisms, presenting symptoms which are not immediately recognised as being of Salmonella aetiology. / "...uma grande variedade de órgãos ou tecidos pode ser infectada por organismos do grupo *Salmonella*, apresentando sintomas que não reconhecidos imediatamente como pertencentes a esse grupo." (*Indian Journal of Medical Sciences*)

afebrile /eɪ'fi:braɪl/ afebril: sem febre.

affect /ə'fekt/ **1** afetar: causar mudança em alguma coisa ou em alguém, especialmente um efeito nocivo. *Some organs are rapidly affected if the patient lacks oxygen for even a short time.* / Alguns órgãos são rapidamente afetados se o paciente ficar sem oxigênio, ainda que por um curto período de tempo. **2** ⇨ **affection**.

affection /ə'fekʃən/ estado mental, sentimento: estado emocional geral de uma pessoa. ☑ **affect**.

> *Depression has degrees of severity, ranging from sadness, through flatness of affection or feeling, to suicide and psychosis.* / "A depressão apresenta níveis de gravidade, desde a tristeza, passando pelo nivelamento da afeição ou sentimentos, até a psicose e o suicídio." (*British Journal of Nursing*)

affective /ə'fektɪv/ afetivo: relativo ao humor ou aos sentimentos de uma pessoa.

affective disorder /ə'fektɪv dɪs,ɔ:də/ doença afetiva: condição que altera o humor da pessoa, tornando-a deprimida ou excitada.

afferent /'æf(ə)rənt/ aferente: que conduz líquido ou impulsos elétricos para o centro de certas artérias, veias e nervos. Oposto de **efferent**.

afferent nerve /'æf(ə)rənt nɜ:v/ nervo aferente. ⇨ **sensory nerve**.

afferent vessel /'æf(ə)rənt ,ves(ə)l/ vaso aferente: canal que conduz linfa para uma glândula.

affinity /ə'fɪnɪti/ afinidade: atração entre duas substâncias.

aflatoxin /,æflə'tɒksɪn/ aflatoxina: veneno produzido por alguns mofos em determinadas plantações, por exemplo, amendoim.

african trypanosomiasis /,æfrɪkən ,trɪpənəʊ səʊ'maɪəsɪs/ tripanossomíase africana. ⇨ **sleeping sickness**.

afterbirth /'ɑ:ftəbɜ:θ/ secundinas: os tecidos,

incluindo a placenta e o cordão umbilical, que estão presentes no útero durante a gravidez e que são expelidos após o nascimento do bebê.

aftercare /ˈɑːftəkeə/ pós-tratamento: **1** os cuidados médicos ministrados a uma pessoa que foi submetida a uma cirurgia. No pós-tratamento, enfermeiros fazem curativos nos pacientes e ajudam-nos a tomar conta de si mesmos novamente. **2** os cuidados médicos ministrados à mãe que acabou de ter o filho.

after-effect /ˈɑːftər ɪˌfekt/ pós-efeito: alteração que aparece apenas algum tempo depois da causa. *The operation had some umpleasant after-effects*. / A cirurgia teve alguns pós-efeitos desagradáveis.

after-image /ˈɑːftər ˌɪmɪdʒ/ imagem negativa: imagem de um objeto que persiste mesmo após a desaparição deste objeto.

afterpains /ˈɑːftəpeɪnz/ dores pós-parto: dores regulares no útero, que normalmente acontecem após o nascimento do bebê.

afunctional /eɪ ˈfʌŋkʃən(ə)l/ sem função: que não funciona adequadamente.

agalactia /ˌeɪgəˈlækʃə/ agalactia: condição na qual a mãe não é capaz de produzir leite após o nascimento do bebê.

agammaglobulinaemia /eɪˌgæməglɒbjulɪˈniːmiə/ agamaglobulinemia: deficiência ou ausência de imunoglobulinas no sangue, que resulta em capacidade reduzida de fornecer respostas imunológicas.

agar /ˈeɪgɑː/ ágar: meio de cultura que se baseia em um extrato de algas marinhas e que é usado para o crescimento de microorganismos em laboratórios. ☑ **agar agar**.

agar agar /ˌeɪgɑːr ˈeɪgɑː/ ágar-ágar. ⇨ **agar**.

age /eɪdʒ/ **1** idade: número de anos que uma pessoa já viveu. *What's your age on your next birthday?* / Quantos anos você fará no próximo aniversário? *He was sixty years of age.* / Ele tinha sessenta anos de idade. *The size varies according to age.* / O tamanho varia conforme a idade. **2** envelhecer.

age group /ˈeɪdʒ gruːp/ faixa etária: todas as pessoas de uma determinada idade ou dentro de um conjunto de idades. *the age group 20-24* / a faixa etária 20-24.

ageing /ˈeɪdʒɪŋ/ envelhecimento: o fato de estar se tornando mais velho. ☑ **aging**. Observação: alterações podem acontecer em quase todas as partes do corpo, à medida que a pessoa envelhece. Os ossos ficam mais quebradiços e a pele tem menos elasticidade. As alterações mais importantes afetam os vasos sanguíneos, que se tornam menos elásticos, favorecendo a ocorrência de trombose. O envelhecimento também diminui o suprimento de sangue para o cérebro, o qual, por sua vez, causa uma redução das faculdades mentais.

ageing process /ˈeɪdʒɪŋ ˌprəʊses/ processo de envelhecimento: alterações físicas que acontecem com as pessoas à medida que elas envelhecem.

agency /ˈeɪdʒənsi/ agência: **1** organização que executa trabalhos em benefício de outra organização, por exemplo, que recruta e emprega enfermeiras, e que as encaminha aos hospitais temporariamente, quando não há disponibilidade de *staff* em tempo integral. **2** o ato de fazer alguma coisa acontecer. *The disease develops through the agency of bacteria present in the bloodstream.* / A doença se desenvolve por intermédio da ativação de bactérias presentes na corrente sanguínea.

> *The cost of employing agency nurses should be no higher than the equivalent full-time staff.* / "O custo de se empregar enfermeiras de agências não deve ser mais alto do que o custo equivalente ao do *staff* em tempo integral." (*Nursing Times*)
>
> *Growing numbers of nurses are choosing agency careers, which pay more and provide more flexible schedules than hospitals.* / "Um número crescente de enfermeiras está preferindo trabalhar por intermédio de agências, que pagam mais e têm horários mais flexíveis do que o dos hospitais." (*American Journal of Nursing*)

agenesis /eɪˈdʒenəsɪs/ agênese: ausência de um órgão, que resulta de falha no desenvolvimento embrionário.

agent /ˈeɪdʒənt/ agente: **1** substância química capaz de produzir uma reação em outra substância. **2** substância ou organismo que causa uma doença ou condição. **3** pessoa que age como representante de outra ou executa certos tipos de trabalho em benefício dessa outra pessoa.

agglutinate /əˈgluːtɪneɪt/ aglutinar: constituir grupos ou aglomerados, ou fazer com que as coisas constituam grupos ou aglomerados.

agglutination /əˌgluːtɪˈneɪʃ(ə)n/ aglutinação: união ou agregação de uma substância a outra, formando um agrupamento, como as bactérias celulares na presença de soro, ou as células sanguíneas quando há mistura de um tipo diferente de sangue. ◊ **agglutination test**: teste de aglutinação. a) teste para identificar bactérias. b) teste para detectar gravidez.

agglutinin /əˈgluːtɪnɪn/ aglutinina: um fator presente no soro, que faz as células se agregarem.

agglutinogen /ˌægluˈtɪnədʒən/ aglutinogênio: um fator presente nos glóbulos vermelhos, que reage com uma aglutinina específica no soro.

aggravate /ˈægrəveɪt/ agravar: fazer alguma coisa piorar. *Playing football only aggravates his knee injury.* / Jogar futebol só agrava a lesão do joelho dele. *The treatment seems to aggravate the disease.* / O tratamento parece agravar a doença.

aggression /əˈgreʃ(ə)n/ agressão: sentimento violento de raiva contra alguém ou alguma coisa.

aggresive /əˈgresɪv/ agressivo: referente ao tratamento que envolve freqüentemente doses elevadas de medicação.

aging /ˈeɪdʒɪŋ/ envelhecimento. ⇨ **ageing**.

agitans /'ædʒɪtənz/ agitante; com agitação. Veja **parkinsonism; paralysis agitans**.

agitated /'ædʒɪteɪtɪd/ agitado: que se movimenta ou se contrai nervosamente por causa de preocupação ou outro estado psicológico. *The person became agitated and had to be given a sedative.* / O indivíduo tornou-se agitado e foi necessário administrar-lhe um sedativo.

agitation /ˌædʒɪ'teɪʃ(ə)n/ agitação: estado de uma pessoa que está muito nervosa ou ansiosa.

aglossia /eɪ'glɒsiə/ aglossia: condição na qual uma pessoa nasce sem a língua.

agnosia /æg'nəʊziə/ agnosia: distúrbio cerebral no qual o indivíduo perde a capacidade de reconhecer lugares, pessoas, gostos ou cheiros que ele costumava perceber bem.

agonist /'ægənɪst/ agonista: **1** um músculo em estado de contração com relação a seu músculo oposto. ☑ **prime mover**. **2** uma substância que produz um efeito psicológico perceptível pela ação de receptores específicos. Veja também **antagonist**.

agony /'ægəni/ agonia: dor física ou emocional muito grande. *He lay in agony on the floor.* / Ele está deitado no chão em agonia. *She suffered the agony of waiting for weeks until her condition was diagnosed.* / Ela sofreu a agonia de esperar durante semanas até que sua doença foi diagnosticada.

agoraphobia /ˌæg(ə)rə'fəʊbiə/ agorafobia: medo de permanecer em espaços abertos. Compare com **claustrophobia**.

agoraphobic /ˌæg(ə)rə'fəʊbɪk/ agorafóbico: pessoa que tem medo de permanecer em espaços abertos. Compare com **claustrophobic**.

agranulocytosis /əˌgrænjʊləʊsaɪ'təʊsɪs/ agrunulocitose: doença comumente fatal, na qual o número de granulócitos, um tipo de leucócito, diminui drasticamente por causa de uma doença da medula óssea.

agraphia /eɪ'græfiə/ agrafia: perda da capacidade de escrever.

AHF abreviatura de **antihaemophilic factor**.

aid /eɪd/ ajuda: **1** auxílio. **2** máquina, ferramenta ou medicamento que ajuda uma pessoa a fazer alguma coisa. *He uses a walking frame as an aid to exercising his legs.* / Ele usa um andador para ajudá-lo a exercitar as pernas. **3** ajudar: prestar auxílio a alguém ou alguma coisa. *The procedure is designed to aid the repair of tissues after surgery.* / O procedimento é concebido para ajudar o reparo dos tecidos após cirurgia.

AID /ˌeɪ aɪ 'diː/ abreviatura de **artificial insemination by donor**. ⇨ **DI**.

AIDS /eɪdz/ SIDA: abreviatura de **acquired immunodeficiency syndrome**. Observação: a AIDS é uma doença causada pelo vírus da imunodeficiência humana (HIV). É transmitida, na maioria das vezes, por relação sexual, e pode afetar qualquer pessoa. É também transmitida por meio de sangue infectado em transfusões de sangue, por meio de agulhas não esterilizadas utilizadas em injeções, e pode ser passada da mãe para o feto. Os sintomas da doença demoram um longo tempo, usualmente anos, para se manifestar, e muitas pessoas com HIV não têm consciência de que estão infectadas. A AIDS causa um colapso do sistema imunológico, tornando o paciente suscetível a qualquer infecção, e freqüentemente resulta no desenvolvimento de raros tipos de câncer de pele. A doença não tem cura.

AIDS dementia /ˌeɪdz dɪ'menʃə/ demência da AIDS: forma de degeneração mental que resulta da infecção pelo HIV.

AIDS-related complex /ˌeɪdz rɪˌleɪtɪd 'kɒmpleks/ complexo relacionado à AIDS: os primeiros sintomas apresentados por uma pessoa infectada com o vírus do HIV, por exemplo, perda de peso, febre e herpes zoster. Abreviatura: **ARC**. ☑ **AIDS-related condition**.

AIDS-related condition /ˌeɪdz rɪˌleɪtɪd kən'dɪʃ(ə)n/ condições relacionada à AIDS. ⇨ **AIDS-related complex**.

AIH abreviatura de **artificial insemination by husband**.

ailment /'eɪlmənt/ achaque: doença geralmente não muito grave. *Chickenpox is one of the most childhood ailments.* / Catapora é uma das doenças mais comuns da infância.

ailurophobia /ˌaɪlʊərə'fəʊbiə/ ailurofobia: medo do gatos.

air /eə/ ar: mistura de gases, principalmente oxigênio e nitrogênio, que não pode ser vista nem sentida, mas que existe ao nosso redor e que respiramos. *Open the window and let some fresh air into the room.* / Abra a janela e deixe que entre um pouco de ar fresco no quarto. *He breathed the polute air into his lungs.* / Ele levou o ar poluído aos pulmões.

air bed /'eə bed/ colchão de ar: colchão que se enche com ar comprimido, usado para prevenir a formação de escaras.

airborne infection /ˌeəbɔːn ɪn'fekʃən/ infecção transportada pelo ar: infecção que é propagada pelo ar.

air conduction /'eə kənˌdʌkʃən/ condução aérea: processo pelo qual o som é conduzido da parte externa para a parte interna do ouvido por meio do meato acústico interno.

air embolism /eər 'embəlɪz(ə)m/ embolia gasosa: bloqueio causado por bolhas de ar, o qual interrompe o fluxo de sangue nos vasos. ☑ **aeroembolism**.

air hunger /'eə ˌhʌŋgə/ falta de ar: condição na qual o paciente precisa de ar por causa de falta de oxigênio nos tecidos.

air passage /'eə ˌpæsɪdʒ/ passagem de ar: qualquer tubo que leva ar para os pulmões, por exemplo, as narinas, a faringe, a laringe, a traquéia e os brônquios.

air sac /'eə sæk/ saco aéreo: pequeno saco nos pulmões, que contém ar. Veja também **alveolus**.

airsick /'eəsɪk/ enjoado: pessoa que sente enjôo por causa do movimento da aeronave.

airsickness /'eəsıknəs/ náusea aérea: sensação de enjôo, que normalmente provoca vômitos, causada pelo movimento de aeronave.

airway /'eəweı/ via aérea: passagem que permite o fluxo de ar, especialmente a traquéia.

airway, breathing and circulation /'eəweıen 'bri:ðıŋ ,sɜ:kjʊ'leıʃ(ə)n/ via aérea, respiração e circulação: exames iniciais básicos de um quadro clínico provocado por acidente. Abreviatura: ABC.

airway clearing /'eəweı ,klıərıŋ/ desobstrução aérea: verificação das passagens de ar em um recém-nascido ou em uma pessoa inconsciente, para ter certeza de que elas estão livres de qualquer obstrução.

airway obstruction /,eəweı əb'strʌkʃ(ə)n/ obstrução aérea: alguma coisa que bloqueia as passagens de ar.

akathisia /,eıkə'θısiə/ acatisia: agitação motora.

akinesia /,eıkı'ni:ziə/ acinesia: ausência de movimentos voluntários, como na doença de Parkinson.

akinetic /,eıkı'netık/ acinético: sem movimento.

alacrima /eı'lækrımə/ alácrima. ⇨ xerosis.

alactasia /,eılæk'teıziə/ alactasia: condição na qual há uma deficiência de lactose no intestino, o que torna o paciente incapaz de digerir a lactose, o açúcar do leite.

alalia /eı'leıliə/ alalia: condição na qual a pessoa perde completamente a capacidade de falar.

alanine /'æləni:n/ alanina: um aminoácido.

alanine aminotransferase /,æləni:n ə,mi:nəʊ 'trænsfəreız/ alanina aminotransferase: enzima que é encontrada no fígado e que pode ser monitorizada como um indicador de dano ao fígado. Abreviatura: ALT.

alar cartilage /,eılə 'kɑ:tılıdʒ/ cartilagem alar: cartilagem do nariz.

alba /'ælbə/ alva, branca. Veja linea alba.

Albee's operation /'ɔ:lbi:z ɒpə,reıʃ(ə)n/ operação de Albee: 1 cirurgia para unir duas ou mais vértebras. 2 cirurgia para unir o fêmur à pélvis. (Este nome se deve a Frederick Houdlett Albee [1876-1945], cirurgião americano.)

albicans /'ælbıkænz/ albicante. Veja corpus albicans.

albinism /'ælbınız(ə)m/ albinismo: doença na qual a pessoa tem um deficiência do pigmento chamado melanina; sua pele é cor-de-rosa e os olhos e o cabelo, brancos. O albinismo é hereditário e não pode ser tratado. Veja também vitiligo.

albino /æl'bi:nəʊ/ albino: pessoa que tem deficiência de melanina e possui pouca ou nenhuma pigmentação na pele, cabelo ou olhos.

albuginea /,ælbju'dʒıniə/ albugínea: camada branca de tecido que cobre parte de um corpo.

albuginea oculi /,ælbjʊdʒıniə 'ɒkjʊlaı/ albugínea ocular. ⇨ sclera.

albuminometer /,ælbjʊmı'nɒmıtə/ albuminômetro: instrumento para medir a quantidade de albumina na urina.

albuminuria /,ælbjʊmı'njʊəriə/ albuminúria: doença na qual é encontrada albumina na urina, em geral sinal de doença renal, mas, algumas vezes, também de insuficiência cardíaca.

albumose /'ælbjʊməʊz/ albumose: produto intermediário na digestão de proteína.

alcohol /'ælkəhɒl/ álcool: líquido puro, incolor, formado pela ação da levedura em soluções que contêm açúcar, e que é usado em bebidas, tais como o vinho e o uísque. Observação: o álcool é usado em medicina para secar ferimentos ou para dar firmeza à pele. Quando é ingerido, o álcool é rapidamente absorvido pela corrente sanguínea. O álcool é uma fonte de energia; desse modo, os carboidratos que são ingeridos concomitantemente com ele não são usados pelo organismo e armazenados como gordura. O álcool é uma substância calmante, não uma substância estimulante, e afeta o funcionamento do cérebro.

alcohol abuse /'ælkəhɒl ə,bju:s/ abuso de álcool: uso excessivo de álcool, que causa efeitos nocivos à saúde de uma pessoa.

alcohol addiction /'ælkəhɒl ə,dıkʃən/ dependência alcoólica: doença na qual uma pessoa é dependente do uso de álcool.

alcohol-fast /'ælkəhɒl fɑ:st/ resistente ao álcool: referente a um órgão submetido à coloração, a fim de ser submetido a um teste, e que é resistente à descoloração pelo uso de álcool.

alcoholic /,ælkə'hɒlık/ alcoólico: 1 que contém álcool. 2 causado pelo alcoolismo. alcoholic poisoning / envenenamento por álcool. 3 pessoa que é dependente de álcool e que apresenta alterações de comportamento e personalidade.

alcoholic cardiomyopathy /,ælkəhɒlık ,kɑ:dıəʊmaı'ɒpəθi/ cardiomiopatia alcoólica: doença do músculo cardíaco que se manifesta como resultado de grande consumo de álcool a longo prazo.

alcoholic cirrhosis /,ælkəhɒlık sı'rəʊsıs/ cirrose alcoólica: cirrose do fígado causada por alcoolismo.

alcoholic hepatitis /,ælkəhɒlık ,hepə'taıtıs/ hepatite alcoólica: inflamação do fígado como resultado de grande consumo de álcool a longo prazo, freqüentemente levando à cirrose.

Alcoholics Anonymous /,ælkəhɒlıks ə'nɒnıməs/ Alcoólicos Anônimos: organização de ex-alcoólatras que ajudam as pessoas a superar sua dependência de álcool, encorajando-as a falar de seus problemas em terapia de grupo. Abreviatura: AA.

alcoholicum /,ælkə'hɒlıkəm/ alcoólico. Veja delirium tremens.

alcoholism /'ælkəhɒlız(ə)m/ alcoolismo: consumo excessivo de álcool, que leva à dependência.

alcohol poisoning /'ælkəhɒl ,pɔız(ə)nıŋ/ envenenamento por álcool: envenenamento e doença causados pelo consumo excessivo de álcool.

alcohol rub /'ælkəhɒl rʌb/ fricção com álcool: o ato de friccionar álcool na pele de uma pessoa confinada ao leito, para ajudá-la a se proteger de escaras e como tônico.

alcoholuria /ˌælkəhɒˈljuəriə/ alcoolúria: doença na qual há presença de álcool na urina. Observação: o nível de álcool na urina é usado como um teste para motoristas suspeitos de dirigirem alcoolizados.

aldosterone /ælˈdɒstərəʊn/ aldosterona: hormônio secretado pelo córtex da glândula supra-renal, que regula o equilíbrio de sódio e potássio no organismo e a quantidade de líquido corporal.

aldosteronism /ælˈdɒst(ə)rənɪz(ə)m/ aldosteronismo: doença na qual a pessoa produz aldosterona em excesso, de forma que há muito sal no sangue. Isso causa pressão alta e a necessidade de beber muito líquido.

alert /əˈlɜːt/ alerta: referente a alguém que mostra um interesse vivo por tudo que o rodeia. *The patient is still alert, though in great pain.* / O paciente ainda está alerta, embora sinta dores fortes.

aleukaemic /ˌeɪluːˈkiːmɪk/ aleucêmico: **1** referente a um estado em que não há presença de leucemia. **2** referente a um estado em que os leucócitos não estão normais.

Alexander technique /ˌælɪɡˈzɑːndə tekˌniːk/ técnica de Alexander: método usado para melhorar a maneira como uma pessoa fica de pé e se movimenta, fazendo com que ela tenha mais consciência de como os músculos agem.

alexia /eɪˈleksiə/ alexia: doença na qual o paciente não consegue entender a linguagem escrita. ☑ **word blindness**.

alfacalcidol /ˌælfəˈkælsɪdɒl/ alfacalcidol: substância relacionada à vitamina D, usada pelo organismo para manter os níveis corretos de cálcio e fosfato, e também como uma droga para ajudar as pessoas com deficiência de vitamina D.

algesimeter /ˌældʒɪˈsɪmɪtə/ algesímetro: instrumento para medir a sensibilidade da pele à dor.

-algia /ˈældʒiə/ -algia: elemento combinante que significa *dor*.

algid /ˈældʒɪd/ álgido: em uma doença, diz-se do estágio em que há manifestação de febre e durante o qual o corpo se torna frio.

algophobia /ˌælɡəʊˈfəʊbiə/ algofobia: medo pouco comum e intenso de sentir dor.

alienation /ˌeɪliəˈneɪʃ(ə)n/ alienação: doença de fundo psicológico na qual o indivíduo desenvolve o sentimento de isolamento da sociedade, e, como resultado, freqüentemente se torna hostil a outras pessoas.

alignment /əˈlaɪnmənt/ alinhamento: arranjo de alguma coisa em linha reta, ou na posição correta em relação a outra.

alimentary /ˌælɪˈment(ə)ri/ alimentar: que provê comida, ou relativo à comida ou à nutrição.

alimentary canal /ælɪˌment(ə)ri kəˈnæl/ canal alimentar: tubo que vai da boca ao ânus e inclui a garganta, o estômago e os intestinos, através do qual a comida passa e é digerida. ☑ **digestive tract; digestive tube**.

alimentary system /ælɪˈment(ə)ri ˌsɪstəm/ sistema alimentar. ⇨ **digestive system**.

alimentation /ˌælɪmenˈteɪʃ(ə)n/ alimentação: o ato de prover comida ou nutrição.

aliquot /ˈælɪkwɒt/ alíquota: parte de um todo, especialmente amostra de alguma coisa, que é submetida a exame.

alive /əˈlaɪv/ vivo: que não está morto. *The man was still alive, even though he had been in the sea for two days.* / O homem ainda estava vivo, embora tivesse passado dois dias no mar.

alkalaemia /ˌælkəˈliːmiə/ alcalemia: excesso de álcali no sangue.

alkali /ˈælkəlaɪ/ álcali: uma de muitas substâncias que neutralizam ácidos e formam sais. Nota: no inglês britânico, o plural é **alkalis**; no inglês americano, **alkalies**.

alkaline /ˈælkəlaɪn/ alcalino: que contém mais álcali do que ácido.

alkalinity /ˌælkəˈlɪnɪti/ alcalinidade: nível de álcali em um organismo. *Hyperventilation causes fluctuating carbon dioxide levels in the blood, resulting in an increase of blood alcalinity.* / A hiperventilação causa flutuação nos níveis de dióxido de carbono no sangue, resultando em aumento de alcalinidade sanguínea. Observação: a alcalinidade e a acidez são calculadas de acordo com a escala do pH. O pH7 é neutro e o pH8 e superiores a este número são alcalinos. As soluções alcalinas são usadas para contra-atacar os efeitos venenosos do ácido e também contra as picadas de abelhas. Se um álcali forte, como a amônia, for ingerido, o paciente deve tomar água e uma bebida ácida, por exemplo, suco de laranja.

alkaloid /ˈælkəlɔɪd/ alcalóide: uma de muitas substâncias venenosas encontradas em plantas e usadas em medicina, por exemplo, atropina, morfina ou quinina.

alkalosis /ˌælkəˈləʊsɪs/ alcalose: condição na qual o nível de álcalis nos tecidos do organismo é alto, produzindo cãibras.

alkaptonuria /ˌælkæptəˈnjuəriə/ alcaptonúria: doença hereditária em que há presença de pigmento escuro na urina.

allatoin /əˈlæntəʊɪn/ alantoína: pó que se extrai do confrei e que é usado para tratar problemas de pele.

allantois /əˈlæntəʊɪs/ alantóide: uma das membranas do embrião, em forma de saco, que se origina do tubo digestivo posterior embrionário.

allele /əˈliːl/ alelo: uma de duas ou mais formas alternativas de um gene, situada na mesma área de cada par de cromossomos e cada qual produzindo um efeito diferente.

allergen /ˈælədʒən/ alérgeno: substância que produz hipersensibilidade. Observação: os alérgenos geralmente são proteínas e incluem certos alimentos, poeira, pêlo de animais, bem como o pólen das flores. A reação alérgica ao soro é conhecida como anafilaxia. O tratamento de alergias depende da identificação correta do alérgeno ao qual o paciente é sensível. Isso é feito por meio de testes de contato, no qual gotas de diferentes alérgenos são colocadas sobre arranhões na pele. Alérgenos alimentares assim descobertos podem ser evitados, mas outros alérgenos, tais como a poeira e o pólen, são difíceis de evitar e devem ser tratados com uma série de injeções de dessensibilização.

allergenic /ˌæləˈdʒenɪk/ alergênico: que produz reação alérgica. *the allergenic properties of fungal spores* / as propriedades alergênicas dos esporos fúngicos.

allergenic agent /ˌælədʒenɪk ˈeɪdʒənt/ agente alergênico: diz-se de substância que desencadeia uma alergia.

allergic /əˈlɜːdʒɪk/ alérgico: que têm alergia a alguma coisa. *She is allergic to cats.* / Ela é alérgica a gatos. *I'm alergic do penicillin.* / Sou alérgica à penicilina.

allergic agent /əˈlɜːdʒɪk ˌeɪdʒənt/ agente alérgico: substância que produz uma reação alérgica.

allergic purpura /əˌlɜːdʒɪk ˈpɜːpjʊrə/ púrpura alérgica: forma de erupção cutânea caracterizada por manchas hemorrágicas, que se manifesta mais freqüentemente em crianças.

allergic reaction /əˌlɜːdʒɪk riˈækʃən/ reação alérgica: efeito produzido por uma substância à qual uma pessoa é alérgica, tais como espirros ou erupção na pele.

allergic rhinitis /əˌlɜːdʒɪk raɪˈnaɪtɪs/ rinite alérgica: inflamação no nariz e nos olhos, causada por uma reação alérgica ao pólen das plantas, esporos do mofo, ácaros ou pêlo de animais. Veja também **hayfever**.

allergist /ˈælədʒɪst/ alergista: médico especialista no tratamento de alergias.

allergy /ˈælədʒi/ alergia: sensibilidade anormal a algumas substâncias, tais como pólen ou poeira, a qual causa uma reação física, por exemplo, espirros ou erupção cutânea, à pessoa que entra em contato com elas. *She has an allergy to household dust.* / Ela é alérgica ao pó doméstico.

allergy bracelet /ˈælədʒi ˌbreɪslət/ bracelete de identificação de alergia. Veja **medical alert bracelet**.

alleviate /əˈliːvieɪt/ aliviar: diminuir a intensidade da dor ou do desconforto.

allied health profissional /ˌælaɪd ˈhelθ prəˌfeʃ(ə)n(ə)l/ profissional ligado à saúde: profissional que trabalha em medicina e que não é médico nem enfermeiro, por exemplo, um fisioterapeuta ou um paramédico.

allo- /æləʊ/ alo-: termo que antecede uma palavra e que significa diferente.

allodynia /ˌæləˈdɪniə/ alodinia: dor na pele, causada por algo, por exemplo, roupa, que normalmente não provoca tal sensação.

allogeneic /ˌælədʒəˈneɪɪk/ alogênico: geneticamente diferente e, portanto, incompatível, quando transplantado (com relação aos tecidos do organismo).

allograft /ˈæləʊɡrɑːft/ aloenxerto. ⇨ **homograft**. Oposto de **xenograft**.

allopathy /əˈlɒpəθi/ alopatia: tratamento de uma doença pelo uso de medicamentos que produzem sintomas contrários àqueles da doença. Compare com **homeopathy**.

allopurinol /ˌæləʊˈpjʊərɪnɒl/ alopurinol: droga que ajuda o organismo a interromper a produção de ácido úrico, usada no tratamento da gota.

all or none law /ˌɔːl ɔː ˈnʌn lɔː/ princípio do tudo-ou-nada: princípio segundo o qual o músculo cardíaco se contrai completamente ou não se contrai de modo algum.

allylestrenol /ˌælaɪlˈestrənɒl/ alilestrenol: esteróide usado para estimular a gravidez.

alopecia /ˌæləʊˈpiːʃə/ alopecia: doença na qual ocorre perda de cabelo. Compare com **hypotrichosis**.

alopecia areata /æləʊˌpiːʃə ˌæriˈeɪtə/ alopecia cicatricial: doença na qual ocorre perda de cabelo em áreas nitidamente definidas.

alpha /ˈælfə/ alfa: primeira letra do alfabeto grego.

alpha-adrenoceptor antagonist /ˌælfə əˌdriːnəʊ rɪˈseptə ænˌtæɡənɪst/ antagonista α-adrenoceptor: droga que pode relaxar os músculos lisos, usada no tratamento da retenção urinária e na hipertensão. ☑ **alpha blocker; alpha-adrenoceptor blocker**.

alpha-adrenoceptor blocker /ˌælfə əˌdriːnəʊ rɪˈseptə ˌblɒkə/ bloqueador α-adrenoceptor. ⇨ **alpha-adrenoceptor antagonist**.

alpha blocker /ˈælfə ˌblɒkə/ α-bloqueador. ⇨ **alpha-adrenoceptor antagonist**.

alpha cell /ˈælfə sel/ célula alfa: célula encontrada nas ilhotas de Langerhans, no pâncreas, que produz glucagon, um hormônio que eleva o nível de glicose no sangue. Veja também **beta cell**.

alpha-fetoprotein /ˌælfə ˌfiːtəʊˈprəʊtiːn/ alfafetoproteína: proteína produzida pelo fígado do feto humano, que se concentra no líquido amniótico. Faz-se uma aspiração transabdominal desse líquido para monitorar a concentração que, alta ou baixa, fornece o diagnóstico pré-natal de espinha bífida ou síndrome de Down, respectivamente.

alpha rhythm /ˈælfə ˌrɪðəm/ α-ritmo: padrão de atividade elétrica cerebral de uma pessoa acordada, mas relaxada ou sonolenta, registrado em eletroencefalograma de 8-13 hertz.

Alport's syndrome /ˈɔːlpɔːts ˌsɪndrəʊm/ síndrome de Alport: doença genética dos rins que algumas vezes causa perda da audição ou da visão.

alprostadil /ælˈprɒstədɪl/ alprostradil: droga que dilata os vasos sanguíneos, usada para tratar a impotência, prevenir a coagulação e manter temporariamente o ducto arterial patente até que possa ser realizada cirurgia em bebês com defeitos cardíacos congênitos.

ALS abreviatura de: **1** amyotrophic lateral sclerosis. **2** antilymphocytic serum.

ALT abreviatura de **alanine aminotransferase**.

alternative medicine /ɔːlˌtɜːnətɪv 'med(ə)sɪn/ medicina alternativa: tratamento de doenças pelo uso de terapias, tais como a homeopatia ou a naturopatia, que são consideradas ramos da medicina convencional ocidental. Veja também **complementary medicine**.

altitude sickness /'æltɪtjuːd ˌsɪknəs/ doença aérea: condição causada pela redução de oxigênio no ar em altitudes acima de 3.600 metros. Os sintomas incluem dor de cabeça, falta de ar, fadiga, náusea e inchaço na face, mãos e pés. ☑ **high-altitude sickness; mountain sickness**.

aluminium /ˌæləˈmɪniəm/ alumínio: elemento metálico extraído do minério da bauxita. Símbolo químico: **Al**. Nota: no inglês americano usa-se **aluminum**.

aluminium hydroxide /æləˌmɪniəm haɪˈdrɒksaɪd/ hidróxido de alumínio: substância química usada como antiácido para tratar a indigestão. Fórmula: $Al(OH)_3$ ou $Al_2O_3 3H_2O$.

alveolar /ˌælvɪˈəʊlə, ælˈviːələ/ alveolar: relativo aos alvéolos.

alveolar bone /ˌælvɪˈəʊlə bəʊn/ osso alveolar: parte do osso do maxilar à qual os dentes estão presos.

alveolar duct /ˌælvɪˈəʊlə dʌkt/ canal alveolar: canal localizado no pulmão, que vai dos brônquios respiratórios aos alvéolos. Veja ilustração em **Lungs**, no Apêndice.

alveolar wall /ˌælvɪˈəʊlə wɔːl/ parede alveolar: uma das paredes que separam os alvéolos no pulmão.

alveolitis /ˌælvɪəˈlaɪtɪs/ alveolite: inflamação de um alvéolo pulmonar ou dentário.

alveolus /ˌælvɪˈəʊləs, ælˈviːələs/ alvéolo: pequena cavidade, por exemplo, um saco de ar nos pulmões ou um alvéolo no qual um dente se encaixa. Veja ilustração em **Lungs**, no Apêndice. Plural: **alveoli**.

Alzheimer plaque /'æltshaɪmə plæk/ placa de Alzheimer: placa em formato de disco de amila encontrada no cérebro de pessoas com doença de Alzheimer.

Alzheimer's disease /'æltshaɪməz dɪˌziːz/ doença de Alzheimer: doença na qual a pessoa é acometida de demência progressiva devido à perda de células nervosas em áreas específicas do cérebro, resultando em privação das faculdades mentais, incluindo a memória. (Descoberta em 1906 por Alois Alzheimer [1864-1915], físico bávaro.) Observação: ainda não foi identificada nenhuma causa isolada da doença de Alzheimer, embora um tipo da doença, de início precoce, ocorra mais freqüentemente em algumas famílias, por causa de uma mutação em um gene ou cromossoma 21. Os fatores de risco incluem idade, genes, dano cerebral, estilo de vida e meio ambiente.

amalgam /əˈmælgəm/ amálgama: mistura de metais, tais como o mercúrio e o estanho, usada pelos dentistas para preencher as cavidades dos dentes.

amaurosis /ˌæmɔːˈrəʊsɪs/ amaurose: cegueira causada por doença do nervo óptico.

amaurosis fugax /ˌæmɔːrəʊsɪs 'fjuːgæks/ amaurose fugaz: cegueira temporária causada por problemas de circulação.

amaurotic familial idiocy /ˌæmɔːrɒtɪk fəˌmɪliəl 'ɪdiəsi/ idiocia familiar amaurótica. ⇨ **Tay-Sachs disease**.

amaurotic family idiocy /ˌæmɔːrɒtɪk ˌfæm(ə)li 'ɪdiəsi/ idiocia familiar amaurótica. ⇨ **Tay-Sachs disease**.

amb- /æmb/ ⇨ **ambi-**.

ambi- /æmbi/ amb(i)-: ambos. Nota: antes de vogais usa-se **amb-**.

ambidextrous /ˌæmbɪˈdekstrəs/ ambidestro: relativo à pessoa que pode usar igualmente as duas mãos e que não é destra nem canhota.

ambigous genitalia /æmˌbɪgjuəs ˌdʒenɪˈteɪliə/ genitália ambígua: condição congênita na qual os órgãos genitais externos não parecem típicos de nenhum dos sexos.

ambisexual /ˌæmbɪˈsekʃuəl/ andrógino. ⇨ **bisexual**.

amblyopia /ˌæmbliˈəʊpiə/ ambliopia: deficiência que ocorre na visão normal sem uma causa estrutural. Exemplos comuns são o estrabismo e outras formas de deficiência visual, que podem ser causadas pelo cianeto da fumaça do tabaco ou por bebidas alcoólicas metiladas.

amblyopic /ˌæmbliˈɒpɪk/ ambliópico: que é afetado pela ambliopia.

amblyoscope /'æmbliəʊskəʊp/ amblioscópio: instrumento para medir o ângulo de um estrabismo ou se uma pessoa usa de fato os dois olhos ao mesmo tempo. ☑ **orthoptoscope**.

ambulance /'æmbjʊləns/ ambulância: van para transportar pessoas doentes ou feridas para o hospital. *The injured man was taken away in an ambulance*. / O homem ferido foi levado por uma ambulância. *The telephone number of the local ambulance service is in the phone book*. / O número de telefone do serviço local de ambulância está na lista telefônica.

ambulant /'æmbjələnt/ ambulante: capaz de andar.

ambulation /ˌæmbjuˈleɪʃ(ə)n/ deambulação: o ato de andar. ◊ **early ambulation is recommended:** recomenda-se deambulação precoce (os pacientes devem tentar sair da cama e caminhar, tão logo seja possível, após a cirurgia a que foram submetidos).

ambulatory /ˌæmbjuˈleɪt(ə)ri/ ambulatorial: referente ao paciente que não está confinado à cama e que é capaz de caminhar.

> ...*ambulatory patients with essential hypertension were evaluated and followed up at the hypertension clinic*. / "...pacientes ambulatoriais com hipertensão essencial foram avaliados e monitorizados para a verificação de hipertensão clínica." (*British Medical Journal*)

ambulatory care /ˌæmbjuˌleɪt(ə)ri 'keə/ cuidados ambulatoriais: tratamento de um paciente cuja permanência no hospital durante a noite não é necessária.

ambulatory fever /ˌæmbjuˈleɪt(ə)ri ˌfiːvə/ febre ambulatorial: febre branda em que o paciente pode caminhar e agir como um portador da doença, isto é, durante os primeiros estágios da febre tifóide.

ameba /əˈmiːbə/ ameba. ⇨ **amoeba**.

amelia /əˈmiːliə/ amelia: ausência congênita de um membro ou sua atrofia desde o nascimento.

amelloration /əˌmiːliəˈreɪʃ(ə)n/ melhora: processo de tornar-se melhor.

ameloblastoma /ˌæmɪləʊblæˈstəʊmə/ ameloblastoma: tumor que ocorre geralmente no maxilar inferior.

amenorrhoea /ˌeɪmenəˈriːə/ amenorréia: ausência de um ou mais períodos menstruais, comum durante a gravidez e após a menopausa.

ametropia /ˌæmɪˈtrəʊpiə/ ametropia: doença ocular decorrente da má focalização da imagem sobre a retina, por exemplo, astigmatismo, hipermetropia e miopia. Compare com **emmetropia**.

amfetamine anfetamina: droga que causa dependência, similar à adrenalina, usada para proporcionar sensação de bem-estar e vigília. ☑ **amphetamine**.

amikacin /ˌæmɪˈkeɪsɪn/ amicacina: tipo de antibiótico usado no tratamento de infecções causadas por bactérias aeróbicas.

amiloride /əˈmɪləraɪd/ amilorida: droga que ajuda a aumentar a produção de urina e preservar o suplemento de potássio no organismo.

amino acid /əˌmiːnəʊ ˈæsɪd/ aminoácido: composto químico que é decomposto das proteínas no sistema digestório e então usado pelo organismo para formar suas próprias proteínas. Observação: todos os aminoácidos contêm carbono, hidrogênio, nitrogênio e oxigênio, bem como outros elementos. Alguns aminoácidos são produzidos no próprio corpo, outros precisam ser absorvidos dos alimentos. Os oito aminoácidos essenciais são: isoleucina, leucina, lisina, metionina, fenilalanina, treonina, triptofano e valina.

aminobutyric acid /əˌmiːnəʊbjutɪrɪk ˈæsɪd/ ácido aminobutírico. Veja **gamma aminobutyric acid**.

aminoglycoside /əˌmiːnəʊˈglaɪkəsaɪd/ aminoglicosídeo: droga usada no tratamento de infecções causadas por muitas bactérias Gram-negativas e algumas bactérias Gram-positivas. Nota: os aminoglicosídeos incluem drogas cujos nomes geralmente terminam em **-cina**: **gentamicin**.

aminophylline /ˌæmɪˈnɒfɪliːn/ aminofilina: droga que dilata os vasos sanguíneos, usada no tratamento da arritmia ventricular.

amiodarone /ˌæmiˈɒdərəʊn/ amiodarona: droga vasodilatadora, usada no tratamento da arritmia ventricular.

amitosis /ˌæmɪˈtəʊsɪs/ amitose: multiplicação de uma célula pela divisão do seu núcleo.

amitriptyline /ˌæmɪˈtrɪptɪliːn/ amitriptilina:

droga sedativa usada para tratar a depressão e a dor persistente.

amlodipine /æmˈlɒdɪpiːn/ anlodipina: droga que ajuda a controlar o movimento dos íons de cálcio através das membranas celulares. É usada no tratamento da hipertensão e da angina.

ammonia /əˈməʊniə/ amônia: gás que apresenta cheiro forte, composto de nitrogênio e hidrogênio, e que é um produto comum do metabolismo humano.

ammonium /əˈməʊniəm/ amônio: íon formado da amônia.

amnesia /æmˈniːziə/ amnésia: perda de memória.

amnihook /ˈæmnihʊk/ gancho aminiótico: instrumento em forma de gancho, que é usado para induzir o trabalho de parto, a fim de extrair o saco aminiótico.

amnio /ˈæmniəʊ/ âmnio. ⇨ **aminiocentesis**.

amniocentesis /ˌæmniəʊsenˈtiːsɪs/ amniocentese: procedimento para a realização de teste, durante a gravidez, que consiste na punção do líquido amniótico, e no qual são usadas uma agulha oca e uma seringa. Observação: a amniocentese e a amnioscopia, o exame e o teste do líquido amniótico, fornecem informações sobre possíveis doenças congênitas do feto, bem como o sexo do bebê.

amniography /ˌæmniˈɒgrəfi/ amniografia: radiografia do útero.

amnion /ˈæmniən/ âmnio: membrana fina que contém o líquido amniótico e que envolve o feto dentro do útero. ☑ **amniotic sac**. Plural: **amnia**.

amnioscope /ˈæmniəskəʊp/ amnioscópio: instrumento usado para examinar um feto através do canal cervical, antes do rompimento do saco amniótico.

amnioscopy /ˌæmniˈɒskəpi/ aminioscopia: exame do líquido amniótico durante a gravidez.

amniotic /ˌæmniˈɒtɪk/ aminiótico: relativo ao âmnio.

amniotic cavity /ˌæmniɒtɪk ˈkævɪti/ cavidade amniótica: espaço formado pelo âmnio cheio de líquido amniótico.

amniotic fluid /ˌæmniɒtɪk ˈfluːɪd/ líquido amniótico: líquido contido no âmnio que envolve o feto. ⇨ **waters** (plural).

amniotic sac /ˌæmniɒtɪk ˈsæk/ saco aminiótico. ⇨ **amnion**.

amniotomy /ˌæmniˈɒtəmi/ amniotomia: punção do âmnio para ajudar a induzir o trabalho de parto.

amoeba /əˈmiːbə/ ameba: forma de vida animal constituída de uma única célula. Nota: no inglês americano usa-se **ameba**

amoebiasis /ˌæmɪˈbaɪəsɪs/ amebíase: infecção causada por amebas, que pode resultar em disenteria amebiana do intestino grosso (amebíase intestinal) e que algumas vezes afeta os pulmões (amebíase pulmonar).

amoebic /ə'mi:bɪk/ amebiano: relativo ou causado por amebas.

amoebic dysentery /ə,mi:bɪk 'dɪs(ə)ntri/ disenteria amebiana: forma de disenteria que ocorre principalmente em áreas tropicais e que é causada pela *Entamoeba histolytica*, que penetra no corpo por meio da água contaminada ou alimentos não lavados.

amoebicide /ə'mi:bɪsaɪd/ amebicida: substância que mata amebas.

amorphous /ə'mɔ:fəs/ amorfo: que não tem forma regular.

amoxicillin /ə'mɒksɪsɪlɪn/ amoxicilina: um antibiótico.

amoxil /ə'mɒksɪl/ amoxil: nome comercial da amoxicilina.

amphetamine /æm'fetəmi:n/ anfetamina. ⇨ **amfetamine**.

amphetamine abuse /æm'fetəmi:n ə,bju:s/ uso abusivo de anfetamina: uso contínuo de anfetaminas que, na fase final, afeta as faculdades mentais.

amphiarthrosis /,æmfiɑː'θrəusɪs/ anfiartrose: articulação que apresenta apenas movimentos limitados, por exemplo, uma das articulações da espinha.

amphotericin /,æmfəu'terɪsɪn/ anfotericina: agente antifúngico usado contra *Candida*.

ampicillin /,æmpɪ'sɪlɪn/ ampicilina: tipo de penicilina, usada como antibiótico.

ampoule /'æmpu:l/ ampola: pequeno recipiente de vidro, fechado na parte de cima, usado para guardar drogas estéreis para uso em injeções. ☑ **ampule**.

ampule /'æmpju:l/ ampola. ⇨ **ampoule**.

ampulla /æm'pʊlə/ ampola: tumefação, em forma de garrafa, de um canal ou duto. Plural: **ampullae**.

amputate /'æmpjuteɪt/ amputar: extirpar um membro ou parte dele por meio de cirurgia. *The patient's leg needs to be amputated below the knee.* / A perna do paciente precisa ser amputada abaixo do joelho. *After gangrene set in, surgeons had to amputate her toes.* / Depois que foi constatada gangrena, os cirurgiões tiveram de amputar os dedos dos pés dela.

amputation /,æmpju'teɪʃ(ə)n/ amputação: remoção cirúrgica de um membro ou parte dele.

amputee /,æmpju'ti:/ amputado: pessoa que teve um membro (ou parte dele) extirpado por meio de cirurgia.

amygdala /ə'mɪgdələ/ amígdala: estrutura em forma de amêndoa na terminação do núcleo caudal do tálamo cerebral. ☑ **amygdaloid body**.

amygdaloid body /ə'mɪgdəlɔɪd ,bɒdi/ corpo amigdalóide. ⇨ **amygdala**.

amyl- /æm(ə)l/ amido-: referente ao amido.

amylase /'æmɪleɪz/ amilase: enzima que converte amido em maltose.

amyl nitrate /,æm(ə)l 'naɪtreɪt/ nitrato de amila: droga usada para reduzir a pressão arterial.

Nota: o nitrato de amila também é usado como droga recreativa.

amyloid /'æmɪlɔɪd/ amilóide: proteína cérea que se forma em certos tecidos durante o desenvolvimento de várias doenças, por exemplo, as placas cerebrais, em forma de disco, na doença de Alzheimer.

amyloid disease /'æmɪlɔɪd dɪ,zi:z/ doença amilóide. ⇨ **amyloidosis**.

amyloidosis /,æmɪlɔɪ'dəusɪs/ amiloidose: doença dos rins e do fígado em que há desenvolvimento de amilóide nos tecidos. ☑ **amyloid disease**.

amyloid precursor protein /,æmɪlɔɪd pri'kɜ:sə ,prəuti:n/ proteína precursora amilóide: composto encontrado nas membranas celulares do qual é derivada a β-amilóide. Uma mutação de gene é responsável pelo início precoce da doença de Alzheimer em um número pequeno de famílias. Abreviatura: **APP**.

amylopsin /,æmɪ'lɒpsɪn/ amilopsina: enzima que converte amido em maltose.

amylose /'æmɪləuz/ amilose: carboidrato do amido.

amyotonia /,eɪmaɪə'təuniə/ amiotonia: deficiência do tônus muscular.

amyotonia congenita /,eɪmaɪətəuniə kən'dʒenɪtə/ amiotonia congênita: doença congênita infantil, caracterizada por fraqueza muscular. ☑ **floppy baby syndrome**.

amyotrophia /eɪ,maɪə'trəufiə/ amiotrofia: doença caracterizada por enfraquecimento do tecido muscular. ☑ **amyotrophy**.

amyotrophic lateral sclerosis /eɪ,maɪətrɒfɪk ,lætər(ə)l sklə'rəusɪs/ esclerose lateral amiotrófica: doença do neurônio motor, na qual os membros superiores e inferiores se crispam e os músculos perdem gradualmente a sua força. ☑ **Gehrig's disease**. Abreviatura: **ALS**.

amyotrophy /eɪ,maɪ'ɒtrəfi/ amiotrofia. ⇨ **amyotrophia**.

an- /æn/ a(n)-: elemento combinante que significa privação, falta ou deficiência.

ana- /ænə/ an(a)-: elemento combinante que indica privação.

anabolic /,ænə'bɒlɪk/ anabólico: referente a uma substância que sintetiza proteína.

...insulin, secreted by the islets of Langerhans, is the body's major anabolic hormone, regulating the metabolism of all body fuels and substrates. / "...a insulina, secretada pelas ilhotas de Langerhans, é o mais importante hormônio anabólico do organismo, regulando o metabolismo de todos os combustíveis e substratos orgânicos." (*Nursing Times*)

anabolic steroid /,ænə,bɒlɪk 'stɪərɔɪd/ esteróide anabólico: droga que estimula a síntese de novos tecidos vivos, especialmente músculo, a partir dos nutrientes.

anabolism /æ'næbəlɪz(ə)m/ anabolismo: processo de formação de substâncias químicas complexas a partir de substâncias mais simples.

anacrotism /ə'nækrətɪz(ə)m/ anacrotismo: segundo batimento rítmico do pulso.

anaemia /ə'niːmiə/ anemia: doença na qual o nível de eritrócitos é menor do que o normal ou na qual há menor quantidade de hemoglobina, tornando mais difícil o transporte de oxigênio pelo sangue. Os sintomas são cansaço e palidez, especialmente dos lábios, unhas e parte interna das pálpebras. É uma doença que, se não for tratada, pode ser fatal. Nota: no inglês americano usa-se **anemia**.

anaemic /ə'niːmɪk/ anêmico: que tem anemia.

anerobe /'ænərəʊb, æn'eərəʊb/ anaeróbio: microorganismo que vive sem oxigênio, por exemplo, o bacilo do tétano.

anaerobic /ˌænə'rəʊbɪk/ anaeróbico: **1** que não necessita de oxigênio para o seu metabolismo. *anaerobic bacteria* / bactérias anaeróbicas. **2** sem oxigênio. *anaerobic conditions* / condições anaeróbicas.

anaesthesia /ˌænəs'θiːziə/ anestesia: **1** estado provocado deliberadamente em um paciente médico, no qual o paciente não sente dor, seja em parte do corpo ou nele todo. **2** perda de sensibilidade causada por dano aos nervos. Nota: no inglês americano usa-se **anesthesia**.

anaesthesiologist /ˌænəsθiːziˈɒlədʒɪst/ anestesiologista: especialista no estudo da anestesia.

anaesthetic /ˌænəs'θetɪk/ anestésico: que leva à perda de sensibilidade ou que é administrado a uma pessoa para eliminar a sensibilidade, de maneira que esta é submetida a uma cirurgia sem sentir dor.

> *Spinal and epidural anaesthetics can also cause gross vasodilation, leading to heat loss.* / "As anestesias espinhal e epidural podem também causar uma grande vasodilatação, levando à perda de calor." (*British Journal of Nursing*)

anaesthetic induction /ˌænəsθetɪk ɪn'dʌkʃən/ indução anestésica: método de indução de anestesia em um paciente.

anaesthetic risk /ˌænəsθetɪk 'rɪsk/ risco anestésico: risco de que um anestésico cause efeitos colaterais graves e indesejáveis.

anaesthetise /ə'niːsθətaɪz/ anestesiar: produzir perda de sensibilidade no corpo inteiro de uma pessoa ou em parte dele.

anaesthetist /ə'niːsθətɪst/ anestesista: especialista que administra anestesia.

anal /'eɪn(ə)l/ anal: relativo ao ânus.

anal canal /ˌeɪn(ə)l kə'næl/ canal anal: passagem que vai do reto ao ânus.

analeptic /ˌænə'leptɪk/ analéptico: droga usada para fazer uma pessoa recobrar a consciência ou para estimular um paciente.

anal fissure /ˌeɪn(ə)l 'fɪʃə/ fissura anal: rachadura na membrana mucosa do parede do canal anal.

anal fistula /ˌeɪn(ə)l 'fɪstjʊlə/ fístula anal: fístula que se desenvolve entre o reto e a parte externa do corpo após a ocorrência de um abscesso perto do ânus. ☑ **fistula in ano**.

analgesia /ˌæn(ə)l'dʒiːziə/ analgesia: redução da sensibilidade à dor sem que haja perda de consciência.

analgesic /ˌæn(ə)l'dʒiːzɪk/ analgésico: relativo à analgesia, ou que produz analgesia e reduz a pirexia. Observação: existem dois tipos de analgésicos: não-opióides, tais como o paracetamol e a aspirina (ácido acetilsalicílico), e opióides, como o fosfato de codeína. Os analgésicos opióides são utilizados para aliviar as dores muito fortes em pacientes terminais, para diminuir a motilidade intestinal em casos de diarréia, e como supressores da tosse. Os analgésicos são usados comumente como anestésicos locais, por exemplo, na odontologia.

anally /'eɪn(ə)li/ anal: que ocorre através do ânus.

anal passage /ˌeɪn(ə)l 'pæsɪdʒ/ canal anal. ⇨ **anus**.

anal sphincter /ˌeɪn(ə)l 'sfɪŋktə/ esfíncter anal: músculo anular rijo que fecha o ânus.

anal triangle /ˌeɪn(ə)l 'traɪæŋg(ə)l/ triângulo anal: parte posterior do períneo. ☑ **rectal triangle**.

analyse /'ænəlaɪz/ analisar: examinar alguma coisa em detalhes. *The laborartory is analysing the blood samples.* / O laboratório está analisando as amostras de sangue. *When the food was analysed it was found to contain traces of bacteria.* / Quando a comida foi examinada, constatou-se que nela havia vestígios de bactérias. Nota: no inglês americano, usa-se **analyze**.

analyser /'ænəlaɪzə/ analisador: máquina que faz a análise de sangue e de amostras de tecidos automaticamente. Nota: no inglês americano usa-se **analyzer**.

analysis /ə'næləsɪs/ análise: exame dos componentes de uma substância. Plural: **analyses**.

analyst /'ænəlɪst/ analista: **1** pessoa que examina amostras de substâncias ou tecido, a fim de identificar seus componentes. **2** ⇨ **psychoanalyst**.

anamnesis /ˌænæm'niːsɪs/ anamnese: histórico médico de uma pessoa, especialmente em suas próprias palavras.

anamnestic /ˌænæm'nestɪk/ anamnéstico: que apresenta resposta imunológica secundária a um antígeno algum tempo após a imunização.

anaphase /'ænəfeɪz/ anáfase: na divisão celular, estágio que ocorre após a metáfase e antes da telófase.

anaphylactic /ˌænəfɪ'læktɪk/ anafilático: relativo ou causado por extrema sensibilidade a uma substância.

anaphylactic shock /ˌænəfɪlæktɪk 'ʃɒk/ choque anafilático: reação súbita grave, que pode ser fatal, a alguma coisa, por exemplo, uma substância injetável ou a picada de uma abelha. ☑ **anaphylaxis**. Veja também **shock syndrome**.

anaphylaxis /ˌænəfɪ'læksɪs/ anafilaxia: **1** extrema sensibilidade a uma substância introduzida no organismo. **2** ⇨ **anaphylactic shock**.

anaplasia /ˌænəˈpleɪsɪə/ anaplasia: perda das características típicas de uma célula, causada por câncer.

anaplastic /ˌænəˈplæstɪk/ anaplástico: relativo à anaplasia.

anaplastic neoplasm /ˌænəplæstɪk ˈniːəʊ plæz(ə)m/ neoplasma anaplástico: tipo de câncer no qual as células não são semelhantes àquelas dos tecidos de que elas são derivadas.

anarthria /ænˈɑːθrɪə/ anartria: perda da capacidade de pronunciar corretamente as palavras.

anasarca /ˌænəˈsɑːkə/ anasarca: presença de líquido nos tecidos orgânicos. Veja também **oedema**.

anastomose /əˈnæstəməʊz/ anastomosar: conectar duas estruturas tubulares ou dois vasos sanguíneos um ao outro.

anastomosis /əˌnæstəˈməʊsɪs/ anastomose: conexão entre dois vasos sanguíneos ou estruturas tubulares, que é feita naturalmente ou por meio de cirurgia.

anat. abreviatura de **1 anatomical**. **2 anatomy**.

anatomical /ˌænəˈtɒmɪk(ə)l/ anatômico: relativo à anatomia. *the anatomical features of a fetus* / as feições anatômicas de um feto. Abreviatura: **anat**.

anatomical position /ˌænətɒmɪk(ə)l pəˈzɪʃ(ə)n/ posição anatômica: em anatomia, a posição padrão de um corpo em relação a todas as direções e posições de que ele deriva. Presume-se que o corpo deva ficar ereto, com os pés juntos, os braços ao lado do corpo, e a cabeça, os olhos e as palmas das mãos voltados para a frente.

anatomy /əˈnætəmi/ anatomia: **1** estrutura, especialmente interna, de um corpo. **2** ramo da ciência que estuda a estrutura do corpo dos seres humanos, animais e plantas. *They are studying anatomy.* / Eles estão estudando anatomia. ◊ **the anatomy of a bone**: a anatomia de um osso (descrição da estrutura e forma de um osso). Abreviatura: **anat**.

ancillary staff /ænˈsɪləri stɑːf/ corpo de funcionários auxiliares; servente, auxiliar: em um hospital, o corpo de funcionários que não é formado por administradores, médicos ou enfermeiros, por exemplo, faxineiros, porteiros, pessoal da cozinha.

ancillary worker /ænˈsɪləri ˌwɜːkə/ trabalhador auxiliar: alguém que presta serviços a um paciente e cujo trabalho, por exemplo, cozinhar ou limpar, serve de complemento aos cuidados médicos.

anconeus /æŋˈkəʊnɪəs/ ancôneo: pequeno músculo triangular localizado atrás do cotovelo.

Ancylostoma /ˌænsɪləˈstəʊmə/ ancilóstomo: gênero de parasita que se fixa às paredes do intestino com os dentes e vive no sangue e nas proteínas do hospedeiro. ☑ **Ankylostoma**.

ancylostomiasis /ˌænsɪləʊstəˈmaɪəsɪs/ ancilostomose: doença na qual os sintomas são fraqueza e anemia, e que é causada por um ancilóstomo que vive no sangue do hospedeiro. Em

casos muitos graves, a ancilostomose pode ser fatal. ☑ **ankylostomiasis**.

androgen /ˈændrədʒən/ androgênio: hormônio sexual masculino, testosterona ou androsterona, que aumenta as características masculinas.

androgenic /ˌændrəˈdʒenɪk/ androgênico: que produz características masculinas.

androgynous /ˌænˈdrɒdʒənəs/ andrógino. ➩ **hermaphrodite**.

andrology /ænˈdrɒlədʒi/ andrologia: estudo das características sexuais masculinas e de assuntos como impotência, infertilidade e menopausa masculina.

androsterone /ænˈdrɒstərəʊn/ androsterona: um dos hormônios sexuais masculinos.

anencephalous /ˌænenˈkefələs/ anencéfalo: sem cérebro e sem a abóbada craniana.

anencephaly /ˌænenˈkefəli/ anencefalia: ausência congênita do cérebro e da abóbada craniana, com falta completa dos hemisférios cerebrais ou com a redução destas partes a pequena massas; causa a morte do bebê poucas horas após o nascimento.

anergy /ˈænədʒi/ anergia: **1** estado de fraqueza extrema e falta de energia. **2** falta de imunidade.

aneurine /əˈnjʊərɪn/ aneurina. ➩ **Vitamin B₁**.

aneurysm /ˈænjərɪz(ə)m/ aneurisma: saco que se forma na parede de um vaso sanguíneo e que é causado pelo enfraquecimento deste. Observação: o aneurisma geralmente ocorre na parede da aorta e é chamado de "aneurisma aórtico". É freqüentemente causado por aterosclerose e, algumas vezes, sífilis.

angi- /ændʒi/ ➩ **angio**.

angiectasis /ˌændʒiˈektəsɪs/ angiectase: dilatação grosseira dos vasos sanguíneos.

angiitis /ˌændʒiˈaɪtɪs/ angiite: inflamação de um vaso sanguíneo.

angina /ænˈdʒaɪnə/ angina: dor no peito que se manifesta após a pessoa ter feito exercícios ou se alimentado, causada por um suprimento inadequado de sangue aos músculos cardíacos por causa do estreitamento das artérias. É comumente tratada com nitratos ou com bloqueadores dos canais de cálcio. ☑ **angina pectoris**.

anginal /ænˈdʒaɪnəl/ anginoso: relativo à angina. *He suffered anginal pains.* / Ele teve dores anginosas.

angina pectoris /ænˌdʒaɪnə ˈpektərɪs/ angina de peito. ➩ **angina**.

angio- /ændʒiəʊ/ angi(o)-: referente aos vasos sanguíneos. Nota: antes de vogais usa-se **angi-**.

angiocardiogram /ˌændʒiəʊˈkaːdiəɡræm/ angiocardiograma: série de imagens resultantes de uma angiocardiografia.

angiocardiography /ˌændʒiəʊkaːdiˈɒɡrəfi/ angiocardiografia: radiografia do sistema cardíaco feita após injeção com um corante opaco, a fim de que os órgãos sejam vistos claramente no filme.

angiodysplasia /ˌændʒiəʊdɪsˈpleɪziə/ angiodisplasia: doença na qual os vasos sanguíneos do cólon se dilatam, resultando em perda de sangue.

angiogenesis /ˌændʒiəʊˈdʒenəsɪs/ angiogênese: formação de novos vasos sanguíneos, por exemplo, em um embrião, como resultado de tumor.

angiogram /ˈændʒiəʊgræm/ angiograma: imagens radiográficas dos vasos sanguíneos.

angiography /ˌændʒiˈɒgrəfi/ angiografia: radiografia dos vasos sanguíneos feita após injeção com um corante opaco, a fim de que os órgãos sejam vistos claramente no filme.

angiology /ˌændʒiˈɒlədʒi/ angiologia: ramo da medicina que trata dos vasos sanguíneos e do sistema linfático.

angioma /ˌændʒiˈəʊmə/ angioma: tumor benigno constituído de vasos sanguíneos, por exemplo, um nevo.

angioneurotic oedema /ˌændʒiəʊnjuˌrɒtɪk ɪˈdiːmə/ edema angioneurótico: acúmulo repentino de líquido sob a pele, semelhante à urticária.

angiopathy /ˌændʒiˈɒpəθi/ angiopatia: doença dos vasos sanguíneos e linfáticos.

angioplasty /ˌændʒiəʊˌplæsti/ angioplastia: cirurgia plástica para reparar um vaso sanguíneo, por exemplo, uma artéria coronária que se estreitou.

angiosarcoma /ˌændʒiəʊsɑːˈkəʊmə/ angiossarcoma: tumor maligno de um vaso sanguíneo.

angioscope /ˈændʒiəʊskəʊp/ angioscópio: instrumento cirúrgico longo e fino que é introduzido nos vasos sanguíneos do paciente para permitir aos cirurgiões observar e realizar cirurgias sem fazer grandes incisões.

angiospasm /ˈændʒiəʊspæz(ə)m/ angiospasmo: contração espasmódica dos vasos sanguíneos.

angiotensin /ˈændʒiəʊtensɪn/ angiotensina: polipeptídeo que age na pressão sanguínea por causar vasoconstrição e aumentar o volume celular. Observação: a proteína precursora, α-2-globulina, é convertida em angiotensina I, que é inativa. Uma enzima conversora muda a angiotensina I para a forma ativa, a angiotensina II. As drogas que bloqueiam a conversão à forma ativa, os inibidores da ECA, são usadas no tratamento da hipertensão e da insuficiência cardíaca.

angiotensin-converting enzyme inhibitor /ˌændʒiəʊtensɪn kənˌvɜːtɪŋ ˈenzaɪm ɪnˌhɪbɪtə/ enzima conversora dos inibidores da angiotensina: droga que inibe a conversão da angiotensina I em angiotensina II, vasoconstritora, usada no tratamento da hipertensão e da insuficiência cardíaca. ☑ **ACE inhibitor**. Nota: os inibidores da ECA têm nomes que terminam em -**pril**: **captopril**. Observação: as contra-indicações incluem o uso de diurético, pois pode ocorrer hipotensão; a droga deve ser evitada em pacientes com doença renovascular.

angle-closure glaucoma /ˌæŋgəl ˌkləʊʒə glɔːˈkəʊmə/ glaucoma de ângulo fechado: pressão excepcionalmente alta de líquido no interior

do globo ocular, causada pela pressão da íris contra o cristalino, capturando o humor aquoso. ☑ **acute glaucoma**.

angular stomatitis /ˌæŋgjʊlə ˌstəʊməˈtaɪtɪs/ estomatite angular: doença dos lábios, boca e bochechas, caracterizada por rachaduras e fissuras, causada por uma infecção bactericida.

angular vein /ˈæŋgjʊlə veɪn/ veia angular: veia que dá continuação à veia facial ao lado do nariz.

anhedonia /ˌænhɪˈdəʊniə/ anedonia: doença de fundo psicológico na qual uma pessoa é incapaz de sentir prazer vivenciando as experiências com as quais a maioria das pessoas se diverte.

anhidrosis /ˌænhɪˈdrəʊsɪs/ anidrose: doença na qual a transpiração do corpo torna-se reduzida ou pára completamente. ☑ **anidrosis**.

anhidrotic /ˌænhɪˈdrɒtɪk/ anidrótico: relativo a uma droga que reduz a transpiração.

anhydraemia /ˌænhaɪˈdriːmiə/ anidremia: deficiência de água no sangue.

anhydrous /ænˈhaɪdrəs/ anidro: referente aos compostos ou cristais que não contêm água.

anhydrous alcohol /ˌænhaɪdrəs ˈælkəhɒl/ álcool anidro. ⇨ **absolute alcohol**.

anidrosis /ˌænɪˈdrəʊsɪs/ anidrose. ⇨ **anhidrosis**.

aniridia /ˌænɪˈrɪdiə/ aniridia: ausência congênita da íris.

anisocytosis /ˌænaɪsəʊsaɪˈtəʊsɪs/ anisocitose: variação no tamanho dos eritrócitos.

anisomelia /ˌænaɪsəʊˈmiːliə/ anisomelia: diferença no comprimentos das pernas.

anisometropia /ˌænaɪsəʊməˈtrəʊpiə/ anisometropia: estado em que a refração nos dois olhos é diferente.

ankle /ˈæŋkəl/ tornozelo: parte do corpo em que o pé é conectado à perna. ◊ **he twisted his ankle** ou **he sprained his ankle**: ele torceu o tornozelo (ele machucou o tornozelo por estiramento ou flexão).

anklebone /ˈæŋkəlˌbəʊn/ talo; osso do tornozelo. ⇨ **talus**.

ankle jerk /ˈæŋkəl dʒɜːk/ abalo do tornozelo: abalo súbito que ocorre como resultado de uma ação reflexa do pé, quando a parte traseira do tornozelo sofre um golpe.

ankle joint /ˈæŋkəl dʒɔɪnt/ articulação do tornozelo: articulação que interliga os ossos da coxa (a tíbia e a fíbula) ao tálus.

ankyloblepharon /ˌæŋkɪləʊˈblefərɒn/ ancilobléfaro: condição em que as pálpebras se grudam.

ankylose /ˈæŋkɪləʊz/ ancilosar: consolidar-se, ou causar a consolidação dos ossos.

ankylosing spondylistis /ˌæŋkɪləʊzɪŋ spɒndɪˈlaɪtɪs/ espondilite anciosante: doença que afeta mais freqüentemente homens jovens, na qual as vértebras e as articulações sacroilíacas se tornam inflamadas e rígidas.

ankylosis /ˌæŋkɪˈləʊsɪs/ ancilose: doença na qual os ossos de uma articulação se consolidam juntos.

Ankylostoma /ˌæŋkɪlˈstəumə/ ancilóstomo. ⇨ **Ancylostoma**.

ankylostomiasis /ˌæŋkɪləustəˈmaɪəsɪs/ ancilostomíase. ⇨ **ancylostomiasis**.

ANLL abreviatura de **acute nonlymphocytic leukaemia**.

annular /ˈænjulə/ anular: que tem forma de anel.

annulus /ˈænjuləs/ ânulo: estrutura em forma de anel.

ano- /ænəu/ ano-: referente ao ânus.

anococcygeal /ˌænəkɒksɪˈdʒiːəl/ anococcígeo: referente ao ânus e cóccix.

anodyne /ˈænədaɪn/ anódino: droga, ou relativo à droga que alivia a dor ou o desconforto, por exemplo, a aspirina ou a codeína.

anomalous /əˈnɒmələs/ anômalo: que não é comum.

anomalous pulmonary venous drainage /əˌnɒmələs ˌpʌlmən(ə)ri ˈviːnəs ˌdreɪnɪdʒ/ drenagem venosa pulmonar anômala: condição na qual o sangue oxigenado que sai do pulmão escoa para o átrio direito e não para o esquerdo.

anomaly /əˈnɒməli/ anomalia: alguma coisa diferente do usual.

anomie /ˈænəmi/ anomia: doença mental em que se torna difícil para a pessoa inserir-se nas situações cotidianas e em que ela se comporta como se não tivesse nenhum apoio social ou estrutura moral.

anonychia /ˌænəˈnɪkiə/ anoníquia: ausência congênita de uma ou mais unhas.

anopheles /əˈnɒfəliːz/ anófele: mosquito vetor do parasita da malária.

anoplasty /ˈeɪnəuplæsti/ anoplastia: cirurgia para reparação do ânus, por exemplo, em caso de hemorróidas.

anorchism /ænˈɔːkɪz(ə)m/ anorquismo: ausência congênita dos testículos.

anorectal /ˌeɪnəuˈrekt(ə)l/ anorretal: que se refere ao ânus e reto.

anorectic /ˌænəˈrektɪk/ anorético: droga, ou relativo à droga que tira o apetite, associada a risco de morte.

anorexia /ˌænəˈreksiə/ anorexia: perda de apetite.

anorexia nervosa /ˌænəˌreksiə nɜːˈvəusə/ anorexia nervosa: doença mental que afeta geralmente as meninas e mulheres jovens, na qual a pessoa se recusa a ingerir alimentos com medo de engordar.

anorexic /ˌænəˈreksɪk/ anóréxico: **1** relativo à anorexia. **2** que sofre de anorexia. *The school has developed a programme of counselling for anorexic students.* / A escola desenvolveu um programa de aconselhamento para estudantes anoréxicos.

anosmia /ænˈɒzmiə/ anosmia: ausência do sentido do olfato.

anovulant /ænˈɒvjələnt/ anovulante: droga que evita a ovulação, por exemplo, um anticoncepcional.

anovular /ænˈɒvjulə/ anovular: sem um óvulo.

anovular bleeding /ænˌɒvjulə ˈbliːdɪŋ/ sangramento anovular: sangramento do útero quando não ocorre ovulação.

anovulation /ænˌɒvjuˈleɪʃ(ə)n/ anovulação: condição na qual a mulher não ovula e é, portanto, estéril.

anoxaemia /ˌænɒkˈsiːmiə/ anoxemia: redução na quantidade de oxigênio no sangue.

anoxia /ænˈɒksiə/ anoxia: suprimento reduzido de oxigênio dos tecidos orgânicos.

anoxic /ænˈɒksɪk/ anóxico: relativo à anoxia ou falta de oxigênio.

anserina /ˌænsəˈraɪnə/ anserina. Veja **cutis anserina**.

antacid /æntˈæsɪd/ antiácido: que, ou o que previne a formação excessiva de ácido estomacal ou neutraliza a quantidade de ácido no estômago. Os antiácidos são usados no tratamento de problemas gastrointestinais, tais como úlceras. O carbonato de cálcio e o trisilicato de magnésio são exemplos de antiácido.

antagonism /ænˈtægənɪz(ə)m/ antagonismo: **1** força oposta que geralmente existe entre os pares de músculos. **2** interação entre duas ou mais substâncias químicas no organismo, que reduz o efeito que cada substância exerce individualmente.

antagonist /ænˈtægənɪst/ antagonista: **1** referente a um músculo que se opõe a outro em um movimento. **2** referente a uma substância que se opõe a outra, ou que age por meio de receptores específicos para bloquear a ação de outra substância, mas que não tem por si só efeito fisiológico perceptível. *Atropine is a cholinergic antagonist and blocks the effects of acetylcholine.* / A atropina é um antagonista colinérgico e bloqueia os efeitos da acetilcolina.

ante- /ænti/ ante-: forma combinante que significa antes.

ante cibum /ˌænti ˈtʃɪbəm, ˌænti ˈsiːbəm/ antes das refeições (usada em prescrições médicas). Abreviatura: **a.c.**

anteflexion /ˌæntiˈflekʃən/ anteflexão: curvatura em direção a um órgão, por exemplo, a curvatura do útero.

antegrade amnesia /ˌæntigreɪd æmˈniːziə/ amnésia anterógrada: perda de memória que ocorre com relação a coisas que acontecem após um evento traumático.

antemortem /ˌæntiˈmɔːtəm/ antes da morte: período compreendido antes da morte.

antenatal /ˌæntiˈneɪt(ə)l/ antenatal: período compreendido entre a concepção e o nascimento.

antenatal clinic /ˌæntiˈneɪt(ə)l ˌklɪnɪk/ clínica antenatal: clínica onde mulheres grávidas são ensinadas a cuidar dos bebês, fazem exercícios e são submetidas a *checkups* médicos. ☑ **maternity clinic**.

antenatal diagnosis /ˌæntiˌneɪt(ə)l ˌdaɪəgˈnəusɪs/ diagnóstico antenatal: exame do embrião ou do feto para verificação do seu desenvolvimento. ☑ **prenatal diagnosis**.

antepartum /ˌænti'pɑːtəm/ anteparto: período de três meses que antecede o nascimento, ou referente aos três meses que antecedem o nascimento.

antepartum haemorrhage /ˌæntipɑːtəm 'hemərɪdʒ/ hemorragia anteparto: hemorragia da vagina antes do trabalho de parto. Abreviatura: **APH**.

ante prandium antes das refeições. Abreviatura: **a.p.**

anterior /æn'tɪəriə/ anterior: em frente. Oposto de **posterior**.

anterior aspect /ænˌtɪəriə 'æspekt/ aspecto anterior: visão da frente do corpo ou da parte anterior de um órgão. Veja ilustração em **Termos Anatômicos**, no Apêndice.

anterior chamber /ænˌtɪəriə 'tʃeɪmbə/ câmara anterior: parte da câmara que contém o humor aquoso do olho, que fica em frente à íris. Compare com **posterior chamber**.

anterior fontanelle /ænˌtɪəriə fɒntə'nel/ fontanela anterior: cartilagem situada no alto da cabeça, onde o osso frontal se une com os dois ossos parietais.

anterior jugular /ænˌtɪəriə 'dʒʌgjulə/ jugular anterior: veia jugular pequena do pescoço.

anterior nares /ænˌtɪəriə 'neəriːz/ narinas anteriores: as duas narinas. Também chamadas de **external nares**.

anterior superior iliac spine /ænˌtɪəriə suˌpɪəriə 'ɪliæk spaɪn/ espinha ilíaca ântero-superior: projeção na extremidade anterior da crista ilíaca da pélvis.

anterior synechia /ænˌtɪəriə sɪ'nekiə/ sinéquia anterior: aderência da íris à córnea.

anterograde amnesia /ˌæntərəʊgreɪd æm'niːziə/ amnésia anterógrada: condição cerebral na qual a pessoa não se lembra de coisas que aconteceram recentemente.

anterversion /ˌænti'vɜːʃ(ə)n/ anteversão: inclinação de um órgão para a frente, podendo ser comum, como o útero, ou incomum.

antihelmintic /ˌænθel'mɪntɪk/ anti-helmíntico: substância que elimina os vermes intestinais, ou relativa aos vermes intestinais.

anthracosis /ˌænθrə'kəʊsɪs/ antracose: doença causada pelo depósito de poeira de carvão nos pulmões.

anthrax /'ænθræks/ antraz: doença do gado e carneiros, que pode ser transmitida ao ser humano. Observação: causada pelo *Bacillus anthracis*, a doença pode ser transmitida pelo contato com a pele infectada, carne ou outras partes do animal, incluindo osso triturado utilizado como fertilizante. Causa pústulas na pele ou nos pulmões. É também conhecida como **woolsorter's disease**.

anthrop- /ænθrəp/ antropo-: relativo aos seres humanos.

anthropometry /ˌænθrə'pɒmətri/ antropometria: estudo das técnicas de mensuração do corpo humano. Nota: os usos da antopometria incluem o desenho de móveis ergonômicos e a comparação das populações.

anti- /ænti/ anti-: forma combinante que significa contra.

antiallergenic /ˌæntiælə'dʒenɪk/ antialergênico: relativo a alguma coisa, como um cosmético, que não agravará a alergia.

antiarrhythmic /ˌæntieɪ'rɪðmɪk/ antiarrítimico: referente a uma droga que alivia ou previne a arritmia cardíaca.

antiasthmatic /ˌæntiæs'mætɪk/ antiasmático: referente a uma droga usada no tratamento da asma.

antibacterial /ˌæntibæk'tɪəriəl/ antibactericida: que destrói bactérias.

antibiogram /ˌænti'baɪəgræm/ antibiograma: técnica laboratorial que estabelece o grau de resistência de um organismo a um antibiótico.

antibiotic /ˌæntibaɪ'ɒtɪk/ antibiótico: que detém a propagação de bactérias, ou que é desenvolvido a partir de substâncias vivas e que detêm a propagação de bactérias, por exemplo, a penicilina. *He was given a course of antibiotics.* / Ele tomou uma série de antibióticos. *Antibiotics have no effect against viral diseases.* / Os antibióticos não são eficazes contra doenças virais. Observação: a penicilina é um dos antibióticos mais comuns, ao lado da estreptomicina, tetraciclina, eritromicina e muitos outros. Embora os antibióticos sejam usados largamente e com sucesso, novas formas de bactérias, resistentes a eles, têm se desenvolvido.

antibody /'æntɪbɒdi/ anticorpo: proteína que é estimulada pelo organismo a produzir corpos estranhos, tais como bactérias, como parte de uma reação imunológica. *Tests showed that he had antibodies in his blood.* / Testes detectaram a presença de anticorpos no seu sangue.

antibody-negative /ˌæntɪbɒdi 'negətɪv/ negativo para anticorpos: que não apresenta nenhum anticorpo específico no sangue. *The donor tested antibody-negative.* / O exame do doador revelou-se negativo para anticorpos.

antibody-positive /ˌæntɪbɒdi 'pɒzɪtɪv/ positivo para anticorpos: que apresenta anticorpos específicos no sangue. *The patient is HIV antibody-positive.* / O paciente é positivo para anticorpos do HIV.

anti-cancer drug /ˌænti 'kænsə drʌg/ droga anticancerígena: droga capaz de controlar ou destruir as células cancerosas.

anticholinergic /ˌæntikəʊlɪ'nɜːdʒɪk/ anticolinérgico: que bloqueia os impulsos nervosos que são parte de uma resposta ao estresse, ou que é usado para controlar o estresse.

anticholinesterase /ˌæntikəʊlɪn'estəreɪz/ anticolinesterase: substância que bloqueia os impulsos nervosos por meio da redução da atividade da enzima colinesterase.

anticoagulant /ˌæntikəʊˈægjʊlənt/ anticoagulante: que, ou o que retarda ou detém a coagulação do sangue, ou é usado para prevenir a formação de trombo. Nota: os anticoagulantes têm nomes que terminam em **-parin: heparin**.

anticonvulsant /ˌæntikənˈvʌls(ə)nt/ anticonvulsivante: que, ou o que ajuda a controlar convulsões, como no tratamento da epilepsia; a carbamazepina é um anticonvulsivante.

anti-D /ˌænti ˈdi/ anti-D: imunoglobulina Rh D, usada no tratamento de mulheres grávidas que desenvolvem anticorpos quando a mãe é Rh-negativa e o feto é Rh-positivo. ☑ **anti-D gammaglobulin** (gamaglobulina anti-D).

antidepressant /ˌæntidɪˈpres(ə)nt/ antidepressivo: que, ou o que ajuda a diminuir a depressão por meio da estimulação do humor da pessoa. São exemplos de antidepressivos: os antidepressivos tricíclicos, os inibidores seletivos de recaptação da serotonina e os inibidores da monoamina oxidase.

anti-D gamma-globulin /ˌænti ˌdi ˌgæmə ˈglɒbjʊlɪn/ gamaglobulina anti-D. ⇨ **anti-D**.

antidiabetic /ˌæntidaɪəetɪk/ antidiabético: usado no tratamento do diabetes, ou referente a drogas para combater o diabetes.

antidiarrhoeal /ˌæntidaɪəˈriːəl/ antidiarréico: droga usada no tratamento da diarréia, ou referente a drogas contra a diarréia. Nota: no inglês americano usa-se **antidiarrheal**.

anti-D immunoglobulin /ˌænti ˌdi ɪmjʊnəʊ ˈglɒbjʊlɪn/ imunoglobulina anti-D: imunoglobulina administrada a mães Rh-negativas após o nascimento de um bebê Rh-positivo, para prevenir doença hemolítica do recém-nascido na próxima gravidez.

antidiuretic /ˌæntidaɪjuˈretɪk/ antidiurético: substância que previne ou detém a produção excessiva de urina. *Hormones which have an antidiuretic effect on the kidneys* / Hormônios que exercem efeito antidiurético sobre os rins.

antidiuretic hormone /ˌæntidaɪjuˌretɪk ˈhɔːməʊn/ hormônio antidiurético: hormônio secretado pelo lóbulo posterior da glândula pituitária, que atua sobre os rins, regulando a quantidade de sal nos líquidos corporais e a quantidade de urina excretada. ☑ **vasopressin**.

antidote /ˈæntɪdəʊt/ antídoto: substância que contra-ataca o efeito de um veneno. *There is no satisfactory antidote to cyanide.* / Não existe um antídoto satisfatório para a cianida.

antiembolic /ˌæntiemˈbɒlɪk/ antiembólico: que previne o embolismo.

antiemetic /ˌæntiˈmetɪk/ antiemético: que, ou o que age na prevenção de vômitos.

antiepileptic drug /ˌæntiepɪˈleptɪk drʌg/ droga antiepiléptica: droga usada no tratamento da epilepsia e convulsões. A carbamazepina é um antiepiléptico.

antifibrinolytic /ˌæntifaɪbrɪnəˈlɪtɪk/ antifibrinolítico: que reduz a fibrose.

antifungal /ˌæntiˈfʌŋgəl/ antifúngico: referen-te à substância que suprime ou controla as infecções causadas por fungos e fermentos, por exemplo, *Candida* e vermes aneliformes. Nota: os medicamentos antifúngicos têm nomes que terminam em **-conazole: fluconazole**.

antigen /ˈæntɪdʒən/ antígeno: substância que estimula o organismo a produzir anticorpos, por exemplo, uma proteína na superfície de uma célula ou um microorganismo.

antigenic /ˌæntɪˈdʒenɪk/ antigênico: referente à substância que estimula a formação de anticorpos.

antihaemophilic factor /ˌæntihiːməˈfɪlɪk ˌfæktə/ fator anti-hemofílico: fator VIII, usado para estimular a coagulação do sangue em pessoas hemofílicas. Abreviatura: **AHF**.

antihelminthic /ˌæntihelˈmɪnθɪk/ anti-helmíntico: droga usada no tratamento de infecções causadas por vermes, tais como oxiúros e filárias, ancilóstomos, ou nematelmintos.

antihistamine /ˌæntiˈhɪstəmiːn/ anti-histamínico: droga usada para controlar os efeitos de uma alergia mediante liberação de histamina, ou para o tratamento da úlcera gástrica por meio da redução do ácido gástrico estomacal. Nota: os anti-histamínicos têm nomes que terminam em **-tidine: loratidine** para alergias, **cimetidine** para úlceras gástricas.

anti-HIV antibody /ˌænti ˌeɪtʃ aɪ vi: ˈæntibɒdi/ anticorpo anti-HIV: anticorpo que ataca o HIV.

antihypertensive /ˌæntihaɪpəˈtensɪv/ anti-hipertensivo: que, ou o que ajuda a reduzir a pressão arterial.

anti-inflammatory /ˌænti ɪnˈflæmət(ə)ri/ anti-inflamatório: referente à droga que reduz inflamações.

antilymphocytic serum /ˌæntilɪmfəʊˈsɪtɪk ˌsɪ ərəm/ soro antilinfocitário: soro usado para produzir imunossupressão em pessoas submetidas a transplante. Abreviatura: **ALS**.

antimalarial /ˌæntiməˈleəriəl/ antimalárico: que, ou o que é usado no tratamento e na profilaxia da malária.

antimetabolite /ˌæntiməˈtæbəlaɪt/ antimetabólico: substância que pode substituir o metabolismo celular, mas não é ativa.

antimicrobial /ˌæntimaɪˈkrəʊbiəl/ antimicrobiano: que age contra microorganismos que causam doenças.

antimigraine /ˌæntiˈmaɪgreɪn/ antienxaqueca: droga usada no tratamento da enxaqueca.

antimitotic /ˌæntimaɪˈtɒtɪk/ antimitótico: que previne a divisão de uma célula por mitose.

antimuscarinic /ˌæntimʌskəˈrɪnɪk/ antimuscarínico: referente a uma droga que bloqueia os receptores da acetilcolina encontrados nos músculos lisos dos intestinos e olhos.

antimycotic /ˌæntimaɪˈkɒtɪk/ antimicótico: que destrói fungos.

antinauseant antinauseante: referente a uma droga que ajuda a combater a náusea.

antioxidant /ˌænti'ɒksɪd(ə)nt/ antioxidante: substância que torna o oxigênio menos nocivo, por exemplo, no organismo ou em alimentos ou plásticos. *antioxidant vitamins* / vitaminas antioxidantes.

antiperistalsis /ˌæntiperɪ'stælsɪs/ antiperistaltismo: movimento no esôfago ou intestino que faz com que seu conteúdo se mova na direção oposta ao peristaltismo usual, levando ao vômito. Compare com **peristalsis**.

antiperspirant /ˌænti'pɜːsp(ə)rənt/ antiperspirante: que, ou o que previne a transpiração.

antipruritic /ˌæntipru'rɪtɪk/ antipruriginoso: que, ou o que previne o prurido.

antipsychotic /ˌæntisaɪ'kɒtɪk/ antipsicótico: tranqüilizante ou droga neuroléptica importante que, por meio do bloqueio dos receptores da dopamina no cérebro, acalma as pessoas perturbadas sem causar sedação ou confusão. Observação: efeitos colaterais extrapiramidais podem ocorrer devido ao uso de antipsicóticos, incluindo sintomas de parkinsonismo e agitação.

antipyretic /ˌæntipaɪ'retɪk/ antipirético: que, ou o que ajuda a abaixar a febre.

anti-Rh body /ˌænti ɑːr 'eɪtʃ ˌbɒdi/ anticorpo Rh: anticorpo formado no sangue da mãe em reação ao antígeno Rhesus presente no sangue do feto.

antisepsis /ˌæntɪ'sepsɪs/ anti-sepsia: procedimento destinado a prevenir a sepse.

antiseptic /ˌæntɪ'septɪk/ anti-séptico: que, ou o que previne o crescimento ou a propagação de microorganismos nocivos. *She gargled with an antiseptic mouthwash.* / Ela fez gargarejo com um anti-séptico bucal. *The nurse painted the wound with antiseptic.* / A enfermeira pincelou o ferimento com um anti-séptico.

antiserum /ˌænti'sɪərəm/ anti-soro, imunossoro. ⇨ **serum** (acepção 2). Plural: **antisera**.

antisocial /ˌænti'səʊʃ(ə)l/ anti-social: referente ao comportamento que prejudica outras pessoas. ☑ **dyssocial**.

antispasmodic /ˌæntispæz'mɒdɪk/ antiespasmódico: droga usada para prevenir espasmos.

antitetanus serum /ˌænti'tetənəs ˌsɪərəm/ soro antitetânico: soro que protege um paciente do tétano. Abreviatura: **ATS**.

antithrombin /ˌænti'θrɒmbɪn/ antitrombina: substância que está presente no sangue e que previne a sua coagulação.

antitoxic serum /ˌænti'tɒksɪk ˌsɪərəm/ soro antitóxico: agente que provoca imunização, formado pelo soro de um animal que desenvolveu anticorpos a uma doença, usado para proteger uma pessoa dessa doença.

antitoxin /ˌænti'tɒksɪn/ antitoxina: anticorpo produzido pelo organismo para contra-atacar um veneno.

antitragus /ˌænti'treɪɡəs/ antítrago: pequena projeção da cartilagem da aurícula, oposta ao trago.

antituberculous drug /ˌæntitjʊ'bɜːkjʊləs drʌɡ/ droga antituberculose: droga usada no tratamento da tuberculose, por exemplo, **isoniazid** ou **rifampicin**.

antitussive /ˌænti'tʌsɪv/ antitussígeno: droga usada no alívio da tosse.

antivenin /ˌænti'venɪn/ contraveneno: substância que ajuda o organismo a lutar contra os efeitos de um determinado veneno, por exemplo, picada de cobra ou de inseto. ☑ **antivenene; antivenom**.

antivenene /ˌæntivə'nɪːn/ contraveneno. ⇨ **antivenin**.

antivenom /ˌænti'venəm/ contraveneno. ⇨ **antivenin**.

antiviral /ˌænti'vaɪrəl/ antiviral: **1** referente à droga ou tratamento que elimina ou reduz o dano causado por um vírus. **2** ⇨ **antiviral drug**.

antiviral drug /ˌænti'vaɪrəl drʌɡ/ droga antiviral: droga com eficácia comprovada contra um vírus. ☑ **antiviral**. Nota: os medicamentos antivirais têm nomes que terminam em **-ciclovir**.

antral /'æntrəl/ antr(a)-: referente a antro.

antral puncture /ˌæntrəl 'pʌŋktʃə/ punção antral: abertura feita na parede do seio maxilar para drenar o líquido que nele se encontra.

antrectomy /æn'trektəmi/ antrectomia: remoção cirúrgica de um antro no estômago para prevenir a formação de gastrina.

antroscopy /æn'trɒskəpi/ antroscopia: exame de um antro.

antrostomy /æn'trɒstəmi/ antrostomia: cirurgia para fazer uma abertura no seio maxilar para drenar um antro.

antrum /'æntrəm/ antro: qualquer cavidade no interior do organismo, especialmente no osso. Plural: **antra**.

anuria /æn'jʊəriə/ anúria: doença na qual o paciente é incapaz de urinar, por causa de uma deficiência renal ou porque o trato renal está bloqueado.

anus /'eɪnəs/ ânus: pequena passagem após o reto, no final do canal alimentar, que conduz à parte externa do corpo, entre as nádegas, e através da qual as fezes são eliminadas. ☑ **anal passage**. Veja ilustração em **Digestive System; Urogenital System (male)**, no Apêndice. Nota: para outros termos relacionados ao ânus, veja **anal** e algumas palavras que começam com **ano-**.

anvil /'ænvɪl/ bigorna. ⇨ **incus**.

anxiety /æŋ'zaɪəti/ ansiedade: estado de alguém que está preocupado ou receoso de que algo aconteça.

anxiety disorder /æŋ'zaɪəti dɪsˌɔːdə/ doença de ansiedade: doença mental em que a pessoa se sente muito preocupada ou com medo de alguma coisa, por exemplo, uma fobia.

anxiety neurosis /æŋ'zaɪəti njuˌrəʊsɪs/ neurose de ansiedade: condição neurótica em que o paciente se sente ansioso e tem medos mórbidos.

anxiolytic /ˌæŋksiə'lɪtɪk/ ansiolítico: que, ou o que é usado no tratamento da ansiedade.

anxious /'æŋkʃəs/ ansioso: **1** muito preocupado ou receoso. *My sister is ill. I am very anxious about her.* / Minha irmã está doente. Eu estou muito ansiosa com relação a ela. **2** impaciente. *She was anxious to get home.* / Ela estava impaciente para chegar em casa. *I was anxious to see the doctor.* / Eu estava impaciente para me consultar com o médico.

aorta /eɪ'ɔːtə/ aorta: principal artéria do corpo, a aorta sai do coração e conduz sangue oxigenado para outros vasos sanguíneos do corpo. Veja ilustração em **Heart**, no Apêndice. Observação: a aorta mede aproximadamente 45 centímetros. Ela deixa o ventrículo esquerdo, se eleva onde as artérias carótidas se bifurcam, então desce em direção ao abdome e se divide em duas artérias ilíacas. A aorta é o vaso sanguíneo que transporta todo o sangue arterial que sai do coração.

aortic /eɪ'ɔːtɪk/ aórtico: referente à aorta.

aortic aneurysm /eɪˌɔːtɪk ˌænjə'rɪz(ə)m/ aneurisma da aorta: aneurisma grave da aorta, associado à aterosclerose.

aortic arch /eɪ'ɔːtɪk ɑːtʃ/ arco da aorta: curva na aorta, que liga a aorta ascendente à aorta descendente.

aortic hiatus /eɪˌɔːtɪk haɪ'eɪtəs/ hiato da aorta: abertura no diafragma através da qual a aorta passa.

aortic incompetence /eɪˌɔːtɪk 'ɪnkɒmpɪt(ə)ns/ incompetência aórtica: condição na qual a válvula aórtica não se fecha de maneira correta, causando regurgitação.

aortic regurgitation /eɪˌɔːtɪk rɪˌɡɜːdʒɪ'teɪʃ(ə)n/ regurgitação aórtica: fluxo retrógrado do sangue, que é causado por mau funcionamento da válvula aórtica.

aortic sinuses /eɪˌɔːtɪk 'saɪnəsɪz/ seios aórticos: dilatações da aorta. Desses seios, são originadas as artérias coronárias.

aortic stenosis /eɪˌɔːtɪk ste'nəʊsɪs/ estenose da aorta: condição na qual a válvula aórtica é estreita, e que é causada por febre reumática.

aortic valve /eɪˌɔːtɪk 'vælv/ válvula aórtica: válvula composta de três segmentos, a qual cerca o orifício aórtico.

aortitis /ˌeɪɔː'taɪtɪs/ aortite: inflamação da aorta.

aortography /ˌeɪɔː'tɒɡrəfi/ aortografia: radiografia da aorta depois que nela é injetada uma substância opaca.

a.p. abreviatura de **ante prandium**: antes das refeições. Compare com **p.p.**

apathetic /ˌæpə'θetɪk/ apático: referente a uma pessoa que não tem interesse por nada.

apathy /'æpəθi/ apatia: condição na qual a pessoa não se interessa por nada, ou não tem vontade de fazer nada.

aperient /ə'pɪərɪənt/ aperiente: que, ou o que causa um movimento intestinal, por exemplo, um laxante ou purgativo.

aperistalsis /ˌeɪperɪ'stælsɪs/ aperistalse: falta de movimento peristáltico no intestino.

Apert's syndrome /'æpɜːts ˌsɪndrəʊm/ síndrome de Apert: doença na qual o crânio cresce muito e a parte inferior da face é pouco desenvolvida.

aperture /'æpətʃə/ abertura: buraco.

apex /'eɪpeks/ ápice: **1** a parte superior do coração e do pulmão. **2** a terminação da raiz de um dente.

apex beat /'eɪpeks biːt/ ápice do coração: batimento cardíaco que pode ser sentido colocando-se a mão sobre o coração.

Apgar score /'æpɡɑː skɔː/ escore de Apgar: método de análise da condição de um recém-nascido, no qual se atribui ao bebê um máximo de dois pontos para cada um de cinco critérios: cor da pele, freqüência cardíaca, respiração, tônus muscular e reação aos estímulos. (Descrita em 1952 por Virgina Apgar [1909-1974], anestesiologista americana.)

> *...in this study, babies having an Apgar score of four or less had 100% mortality. The lower the Apgar score, the poorer the chance of survival.* / "...neste estudo, a mortalidade dos bebês que receberam escore de Apgar de quatro pontos ou menos foi de 100%. Quanto mais baixo é o escore de Apgar, menor a probabilidade de sobrevivência." (*Indian Journal of Medical Sciences*)

APH abreviatura de **antepartum haemorrhage**.

aphagia /eɪ'feɪdʒɪə/ afagia: condição na qual a pessoa é incapaz de deglutir.

aphakia /eɪ'feɪkɪə/ afacia: ausência do cristalino do olho.

aphakic /eɪ'feɪkɪk/ afácico: referente à afacia.

aphasia /eɪ'feɪzɪə/ afasia: condição na qual a pessoa é incapaz de falar ou escrever, ou de entender a fala ou a escrita, por causa de lesão nas estruturas cerebrais que controlam a fala.

apheresis /ˌæfə'riːsɪs/ aférese: transfusão de sangue na qual parte de seus componentes é removida, sendo que o restante é reinjetado no paciente.

aphonia /eɪ'fəʊnɪə/ afonia: condição na qual uma pessoa é incapaz de emitir sons.

aphrodisiac /ˌæfrə'dɪziæk/ afrodisíaco: substância que aumenta o impulso sexual.

aphtha /'æfθə/ afta: pequena úlcera bucal branca, que aparece em grupos, característica de pessoas com uma doença fúngica denominada candidíase. Plural: **aphthae**.

aphthous stomatitis /ˌæfθəs ˌstəʊmə'taɪtɪs/ estomatite aftosa: aftas que afetam a mucosa oral.

aphthous ulcer /ˌæfθəs 'ʌlsə/ úlcera aftosa. ⇨ **mouth ulcer**.

apical /'æpɪk(ə)l/ apical: situado no ápice ou na extremidade de alguma coisa.

apical abscess /ˌæpɪk(ə)l 'æbses/ abscesso apical: abscesso localizado no alvéolo da raiz de um dente.

apicetcomy /ˌæpɪ'sektəmi/ apicectomia: remoção cirúrgica da raiz de um dente.

aplasia /eɪˈpleɪzɪə/ aplasia: deficiência de crescimento de tecido.

aplastic /eɪˈplæstɪk/ aplástico: incapaz de desenvolver novas células ou tecido.

aplastic anaemia /eɪˌplæstɪk əˈniːmiə/ anemia aplástica: anemia causada pela incapacidade de a medula óssea produzir eritrócitos.

apnea /æpˈniːə/ apnéia. ⇨ **apnoea**.

apneic /æpˈniːɪk/ apnéico. ⇨ **apnoeic**.

apneusis /æˈpnuːsɪs/ apneuse: padrão respiratório característico de uma pessoa que sofreu lesão cerebral, no qual cada respiração é prolongada e os movimento expiratórios são curtos.

apnoea /æpˈniːə/ apnéia: cessação de respiração. Nota: no inglês americano usa-se **apnea**.

apnoeic /æpˈniːɪk/ apnéico: alguém cuja respiração cessou. Nota: no inglês americano usa-se **apneic**.

apocrine /ˈæpəkraɪn/ apócrino: referente às glândulas apócrinas.

apocrine gland /ˈæpəkraɪn glænd/ glândula apócrina: glândula que produz o odor corporal. As células dessa glândula, por exemplo, as glândulas sudoríparas, eliminam secreções.

apocrinitis /ˌæpəkrɪˈnaɪtɪs/ apocrinite: formação de abscessos nas glândudas sudoríparas.

ApoE abreviatura de **apolipoprotein E**.

apolipoprotein E /əˌpɒlɪpəprəʊtiːn ˈiː/ apolipoproteína E: composto encontrado em três variedades que transportam lipídeos dentro da célula e através das membranas celulares; os genes de duas dessas proteínas são associados ao risco aumentado da doença de Alzheimer. Abreviatura: **ApoE**.

apomorphine /ˌæpəʊˈmɔːfiːn/ apomorfina: substância derivada da morfina, usada como expectorante, hipnótico e emético. É administrada por injeção subcutânea e usada para combater a superdosagem de uma droga, envenenamento acidental e doença de Parkinson.

aponeurosis /ˌæpəʊnjʊˈrəʊsɪs/ aponeurose: bainha tecidual que conecta os músculos uns aos outros.

apophyseal /æpəˈfɪzɪəl/ apofisário: referente à apófise.

apophysis /əˈpɒfəsɪs/ apófise: crescimento ósseo fora da articulação.

apophysitis /æpəfɪˈsaɪtɪs/ apofisite: inflamação da apófise.

apoplexy /ˈæpəpleksi/ apoplexia. ⇨ **cerebrovascular accident**.

apoptosis /əˈpɒptəsɪs/ apoptose: forma de morte celular que é necessária tanto para dar espaço a novas células como para remover células cujo DNA se tornou nocivo e que podem se tornar cancerosas.

APP abreviatura de **amyloid precursor protein**.

apparatus /ˌæpəˈreɪtəs/ aparelho: equipamento usado em laboratório ou hospital. *The hospital has installed new apparatus in the physiotherapy department.* / O hospital instalou novos aparelhos no departamento de fisioterapia. *The blood sample was tested in a special piece of apparatus.* / A amostra de sangue foi testada em um aparelho especial.

appendage /əˈpendɪdʒ/ apêndice: parte anexa de um corpo ou pedaço de tecido.

appendectomy /ˌæpənˈdektəmi/ apendicectomia. ⇨ **appendicectomy**.

appendiceal /ˌæpənˈdɪsɪəl/ apendicular: referente a apêndice. *There is a risk of appendiceal infection.* / Existe um risco de infecção apendicular.

appendiceal colic /ˌæpəndɪsɪəl ˈkɒlɪk/ cólica apendicular: cólica causada por um apêndice inflamado.

appendicectomy /əˌpendɪˈsektəmi/ apendicectomia: remoção cirúrgica de um apêndice. ☑ **appendectomy**.

appendicitis /əˌpendɪˈsaɪtɪs/ apendicite: inflamação do apêndice vermiforme. Observação: a apendicite apresenta várias formas. Na apendicite aguda, há um ataque súbito de dor muito forte na parte direita inferior do abdome, acompanhada de febre. A apendicite aguda geralmente necessita de cirurgia urgente. Na apendicite crônica, o apêndice torna-se ligeiramente inflamado, causando uma dor contínua, mas sem intensidade, ou uma sensação de indigestão durante certo período de tempo (um "apêndice resmungão").

appendicular /ˌæpənˈdɪkjʊlə/ apendicular: **1** referente a partes do corpo que estão associadas aos braços e às pernas. **2** relativo a apêndice.

appendicular skeleton /æpənˈdɪkjʊlə ˌskelɪt(ə)n/ esqueleto apendicular: parte do esqueleto formada pela cintura pélvica, cintura peitoral e ossos dos braços e pernas. Compare com **axial skeleton**.

appendix /əˈpendɪks/ apêndice: **1** pequeno tubo localizado junto ao ceco. O apêndice não tem nenhuma função, mas pode se infecionar, causando apendicite. ☑ **vermiform appendix**. Veja ilustração em **Digestive System**, no Apêndice. **2** qualquer tubo pequeno ou saco que se projeta de um órgão.

apperception /ˌæpəˈsepʃ(ə)n/ apercepção: percepção consciente a um estímulo.

appetite /ˈæpɪtaɪt/ apetite: desejo de consumir alimentos. ◊ **good appetite:** bom apetite; interesse pela comida. **loss of appetite:** perda de apetite; falta de interesse pela comida.

applanation tonometry /æpləˌneɪʃ(ə)n təˈnɒmətri/ tonometria de aplanação: medição da espessura da córnea.

appliance /əˈplaɪəns/ dispositivo: aparelho que é usado no corpo. *He was wearing a surgical appliance to support his neck.* / Ele estava usando um aparelho cirúrgico para sustentar o pescoço.

application /ˌæplɪˈkeɪʃ(ə)n/ aplicação, requerimento: **1** processo em que se aplica uma medicação em parte do corpo ou nela se coloca atadura. *Two applications of lotion should be made each day.* / Todos os dias, a loção deve ser aplicada duas vezes. **2** solicitação oficial de alguma coisa, usualmente por escrito. *If you are applying for the job, you must fill an application form.* / Se você está se candidatando ao emprego, deve preencher um formulário.

applicator /'æplɪkeɪtə/ aplicador: instrumento para aplicar uma substância.

appointment /ə'pɔɪntmənt/ consulta, encontro: encontro com alguém em um horário especificado. *I have an appointment with the doctor on Tuesday.* / Tenho consulta com o médico na terça-feira.

apposition /ˌæpə'zɪʃ(ə)n/ aposição: **1** posição relativa de duas coisas. **2** crescimento celular no qual as camadas de novo material são depositadas sobre aquelas já existentes.

appraisal /ə'preɪz(ə)l/ avaliação: opinião ou julgamento sobre alguma coisa ou alguém, especialmente aqueles que decidem a sua efetividade ou utilidade.

apprehension /ˌæprɪ'henʃən/ apreensão: sentimento de ansiedade ou medo de que alguma coisa ruim venha a desagradável venha a acontecer.

approach /ə'prəʊtʃ/ abordagem: **1** maneira de lidar com um problema. *The authority has adopted a radical approach to the problem of patient waiting lists.* / As autoridades adotaram uma abordagem radical para o problema das listas de espera dos pacientes. **2** método usado por um cirurgião ao realizar uma cirurgia.

approve /ə'pruːv/ aprovar. ◊ **to approve of something:** aprovar algo. *I don't approve of patients staying in bed.* / Não aprovo a permanência de pacientes na cama. *The Medical Council does not approve of this new treatment.* / O Conselho Médico não aprova este novo tratamento.

apraxia /eɪ'præksɪə/ apraxia: condição em que a pessoa é incapaz de realizar movimentos intencionais.

apyrexia /ˌeɪpaɪ'reksɪə/ apirexia: ausência de febre.

apyrexial /ˌeɪpaɪ'reksɪəl/ apirexal: que não tem febre.

aqua /'ækwə/ água: solução aquosa.

aqueduct /'ækwɪdʌkt/ aqueduto: tubo que transporta líquido de uma parte do corpo à outra.

aqueduct of Sylvius /ˌækwɪdʌkt əv 'sɪlvɪəs/ aqueducto de Sylvius. ⇨ **cerebral aqueduct.**

aqueous /'eɪkwɪəs, 'ækwɪəs/ aquoso: **1** referente a uma solução feita com água. **2** líquido existente no olho e que fica entre o cristalino e a córnea. ☑ **aqueous humor.**

aqueous humor /ˌeɪkwɪəs 'hjuːmə/ humor aquoso. ⇨ **aqueous,** acepção 2. Veja ilustração em **Eye,** no Apêndice.

AR abreviatura de **attributable risk.**

arachidonic acid /əˌrækɪdɒnɪk 'æsɪd/ ácido aracdônico: um ácido graxo essencial.

arachnidism /ə'ræknɪdɪz(ə)m/ aracnidismo: envenenamento por picada de aranha.

arachnodactyly /əˌræknəʊ'dæktɪli/ aracno-

dactilia: doença congênita na qual os dedos das mãos e dos pés são longos e finos.

arachnoid /ə'ræknɔɪd/ aracnóide: a parte interior das três membranas que cobrem o cérebro. ☑ **arachnoid mater.** Veja também **dura mater.**

arachnoiditis /əˌræknɔɪ'daɪtɪs/ aracnoidite: inflamação de uma membrana aracnóide.

arachnoid mater /əˌræknɔɪd ˌmeɪtə/ aracnóide mater. ⇨ **arachnoid.** ☑ **arachnoid membrane.**

arachnoid membrane /ə'ræknɔɪd ˌmembreɪn/ ⇨ **arachnoid mater.**

arachnoid villi /əˌræknɔɪd 'vɪlaɪ/ vilosidades aracnóides: vilosidades na membrana aracnóide, as quais absorvem fluido cerebroespinhal.

arborisation /ˌɑːbəraɪ'zeɪʃ(ə)n/ arborização: ramificação terminal de fibras nervosas, de um nervo motor de fibra muscular, ou das vênulas, capilares e arteríolas. ☑ **arborization.**

arbor vitae /ˌɑːbə 'vaɪtiː/ árvore da vida: estrutura do cerebelo ou do útero que se assemelha a uma árvore.

arbovirus /'ɑːbəʊˌvaɪrəs/ arbovírus: vírus transmitido por insetos sugadores de sangue.

arc /ɑːk/ arco: **1** o trajeto de um nervo. **2** parte de uma estrutura curva do organismo.

ARC abreviatura de **AIDS-related complex** ou **AIDS-related condition.**

arc eye /'ɑːk aɪ/ arco do olho: cegueira dolorosa temporária, causada por raios ultravioleta, especialmente na união do arco.

arch /ɑːtʃ/ arco: parte curva do corpo, especialmente debaixo do pé.

arch- /ɑːtʃ/ arqui-: principal, mais importante.

arcuate /'ɑːkjuət/ arqueado: em forma de arco.

arcuate artery /'ɑːkjuət ˌɑːtəri/ artéria arqueada: artéria curvada do pé ou do rim.

arcuate ligaments /'ɑːkjuət 'lɪgəmənts/ ligamentos arqueados: três ligamentos que formam o arco fibroso ao qual o diafragma está ligado.

arcus /'ɑːkəs/ arco: qualquer estrutura que se assemelha a um arco.

arcus senilis /ˌɑːkəs sə'naɪlɪs/ arco senil: em pessoas idosas, círculo opaco que pode se desenvolver ao redor da córnea.

ARDS /ɑːdz/ abreviatura de **acute respiratory distress syndrome; adult respiratory distress syndrome.**

areata /ˌæri'eɪtə/ circunscrita. Veja **alopecia areata.**

areola /ə'riːələ/ aréola: **1** parte colorida ao redor do mamilo. **2** no olho, a parte da íris mais próxima à pupila.

areolar tissue /ə'riːələ ˌtɪʃuː/ tecido areolar: tipo de tecido conjuntivo.

arginine /'ɑːdʒɪniːn/ arginina: aminoácido que ajuda o fígado a produzir uréia.

argon laser /'ɑːgɒn ˌleɪzə/ laser de argônio: laser usado para vedar vasos sanguíneos e para destruir lesões específicas.

Argyll Robertson pupil /ɑːˌɡaɪl ˈrɒbətsən ˌpjuːp(ə)l/ pupila de Argyll Robertson: condição do olho na qual o cristalino é capaz de focalizar um objeto, mas a pupila não reage à luz. É um sintoma de sífilis terciária ou de ataxia locomotora.

ariboflavinosis /eɪˌraɪbəʊfleɪvɪˈnəʊsɪs/ ariboflavinose: condição causada pela falta de vitamina B₂. Os sintomas são pele muito oleosa e pequenos cortes na boca.

arm /ɑːm/ braço: parte do corpo que vai do ombro até a mão, formada pelo braço, o cotovelo e o antebraço. *She broke her arm skiing.* / Ela quebrou o braço esquiando. *Lift your arms above your head.* / Levante os braços acima da cabeça. Nota: para conhecer outros termos referentes ao braço, veja os que começam em **brachi-, brachio-**.

arm bones /ˈɑːm bəʊnz/ ossos do braço: o úmero, a ulna e o rádio.

armpit /ˈɑːmpɪt/ axila: cavidade sob o ombro, entre o braço e o corpo, onde o braço se articula com o ombro, e que contém vários vasos sanguíneos importantes, nodos linfáticos e glândulas sudoríparas. ☑ **axilla**. Veja também **pit**.

arm sling /ˈɑːm slɪŋ/ tipóia: suporte usado para evitar que o braço se movimente e que, para isso, o mantém amarrado de encontro ao peito.

Arnold-Chiari malformation /ˌɑːnəld kiˈeəri mælfɔːˌmeɪʃ(ə)n/ malformação de Arnold-Chiari: condição congênita na qual a base do crânio é malformada, fazendo com que parte do cerebelo se projete no canal vertebral. (Descrita em 1894 por Julius A. Arnold [1835-1915], professor de anatomia patológica em Heidelberg, Alemanha, e Hans von Chiari (1851-1916), professor de anatomia patológica em Estrasburgo e, mais tarde, em Praga, na República Checa.)

aromatherapist /əˌrəʊməˈθerəpɪst/ aromaterapista: pessoa especializada em aromaterapia.

aromatherapy /əˌrəʊməˈθerəpi/ aromaterapia: tratamento para aliviar a tensão e estimular o bem-estar, no qual óleos perfumados e cremes contendo extratos de planta são massageados na pele.

arousal /əˈraʊz(ə)l/ excitação: **1** sensações e sinais físicos de desejo sexual. **2** o ato de acordar do sono, inconsciência ou de um estado sonolento.

arrector pili /əˌrektə ˈpaɪlaɪ/ pêlo eretor: pequeno músculo que se contrai e faz o cabelo da pele se levantar quando a pessoa sente frio ou medo. ☑ **pili**.

arrest /əˈrest/ parada: cessação de funcionamento de uma função orgânica. Veja também **cardiac arrest**.

arrhythmia /əˈrɪðmɪə/ arritmia: variação no ritmo da freqüência cardíaca.

> *Cardiovascular effects may include atrial arrhythmias but at 30°C there is the possibility of spontaneous ventricular fibrillation* / "Efeitos cardiovasculares podem incluir arritmias atriais, mas a 30°C existe a possibilidade de fibrilação ventricular espontânea." (*British Journal of Nursing*)

arrhythmic /əˈrɪðmɪk/ arrítmico: ritmicamente irregular, com relação à freqüência cardíaca e respiração. Veja também **antirrhythmic**.

arsenic /ˈɑːsnɪk/ arsênico: elemento químico que forma compostos venenosos, por exemplo, o trióxido de arsênico, e que já foi utilizado em alguns medicamentos. Símbolo químico: **As**.

ART abreviatura de **assisted reproductive technology**.

artefact /ˈɑːtɪfækt/ artefato: alguma coisa que é produzida ou introduzida artificialmente.

arter- /ɑːtə/ ⇨ **arterio-**.

arterial /ɑːˈtɪərɪəl/ arterial: relativo a artérias.
◊ **arterial supply to the brain:** suprimento de sangue ao cérebro (suprimento de sangue para o cérebro feito pelas artérias carótidas internas e artérias vertebrais).

arterial bleeding /ɑːˌtɪərɪəl ˈbliːdɪŋ/ sangramento arterial: sangramento originário de uma artéria.

arterial block /ɑːˈtɪərɪəl blɒk/ bloqueio arterial: bloqueio de uma artéria por um coágulo sanguíneo.

arterial blood /ɑːˈtɪərɪəl blʌd/ sangue arterial. ⇨ **oxygenated blood**.

arterial haemorrhage /ɑːˌtɪərɪəl ˈhem(ə)rɪdʒ/ hemorragia arterial: hemorragia dos eritrócitos de uma artéria.

arteriectomy /ɑːˌtɪəriˈektəmi/ arteriectomia: remoção cirúrgica de uma artéria ou parte dela.

arterio- /ɑːtɪərɪəʊ/ arterio-: referente a artérias. Nota: antes de vogais usa-se **arter-**.

arteriogram /ɑːˈtɪərɪəʊɡræm/ arteriograma: radiografia de uma artéria, feita após injeção com um corante opaco.

arteriography /ɑːˌtɪəriˈɒɡrəfi/ arteriografia: radiografia das artérias após injeção com um corante opaco.

arteriole /ɑːˈtɪərɪəʊl/ arteríola: artéria diminuta.

arteriopathy /ɑːˌtɪəriˈɒpəθi/ arteriopatia: doença de uma artéria.

arterioplasty /ɑːˈtɪərɪəʊplæsti/ arterioplastia: cirurgia plástica para reconstruir uma artéria danificada ou bloqueada.

arteriorrhaphy /ɑːˌtɪəriˈɔːrəfi/ arteriorrafia: trabalho de sutura de uma artéria.

arteriosclerosis /ɑːˌtɪəriəʊskləˈrəʊsɪs/ doença arterial aterosclerótica: forma antiga para a aterosclerose.

arteriosus /ɑːˌtɪəriˈəʊsəs/ arterioso. Veja **ductus arteriosus**.

arteriotomy /ɑːˌtɪəriˈɒtəmi/ arteriotomia: punção feita na parede de uma artéria.

arteriovenous /ɑːˌtɪərɪəʊˈviːnəs/ arteriovenoso: referente tanto a uma artéria quanto a uma veia.

arteriovenous malformation /ɑːˌtɪərɪəʊˈviːnəs mælfɔːˌmeɪʃ(ə)n/ malformação arteriovenosa: condição na qual as artérias e veias do cérebro são malformadas, levando ao derrame ou à epilepsia. Abreviatura: **AVM**.

arteritis /ˌɑːtəˈraɪtɪs/ arterite: inflamação das paredes de uma artéria.

artery /ˈɑːtəri/ artéria: vaso sanguíneo que retira sangue do coração e o transporta aos tecidos do corpo. Observação: na maioria das artérias, o sangue sofreu oxigenação nos pulmões e tem coloração vermelho-brilhante. Na artéria pulmonar, o sangue não foi oxigenado e é mais escuro. O sistema arterial começa na aorta, que deixa o coração. Todas as artérias têm origem na aorta.

arthr- /ɑːθr/ ⇨ **arthro-**.

arthralgia /ɑːˈθrældʒə/ artralgia: dor em uma articulação.

arthrectomy /ɑːˈθrektəmi/ arterectomia: remoção cirúrgica de uma articulação.

arthritic /ɑːˈθrɪtɪk/ artrítico: que sofre de artrite, ou relacionado à artrite. *She has an arthritic hip.* / Ela tem artrite no quadril.

arthritis /ɑːˈθraɪtɪs/ artrite: inflamação dolorosa de uma articulação. Veja também **osteoarthritis, rheumatoid arthritis** e **reactive arthritis**.

arthro- /ɑːθrəʊ/ artr(o)-: relativo à articulação. Nota: antes de vogais usa-se **arthr-**.

arthroclasia /ˌɑːθrəʊˈkleɪʒə/ artroclasia: retirada de uma ancilose em uma articulação.

arthrodesis /ˌɑːθrəʊˈdiːsɪs/ artrodese: cirurgia na qual uma articulação é fundida na posição, prevenindo, assim, a dor que se origina de um movimento.

arthrodynia /ˌɑːθrəʊˈdɪniə/ artrodinia: dor em uma articulação.

arthrogram /ˈɑːθrəʊgræm/ artograma: radiografia do interior de um osso danificado.

arthrography /ɑːˈθrɒgrəfi/ artografia: radiografia de uma articulação.

arthrogryposis /ˌɑːθrəʊgrɪˈpəʊsɪs/ artogripose: grupo de doenças nas quais os movimentos se tornam progressivamente limitados.

arthropathy /ɑːˈθrɒpəθi/ artropatia: doença de uma articulação.

arthroplasty /ˈɑːθrəʊplæsti/ artroplastia: cirurgia para reparar ou substituir uma articulação.

arthroscope /ˈɑːθrəʊskəʊp/ artroscópio: instrumento que é inserido na cavidade de uma articulação para examiná-la.

arthroscopy /ɑːˈθrɒskəpi/ artroscopia: procedimento para examinar o interior de uma articulação por meio de um artroscópio.

arthrosis /ɑːˈθrəʊsɪs/ artrose: degeneração de uma articulação.

arthrotomy /ɑːˈθrɒtəmi/ artrotomia: procedimento que envolve o corte de uma articulação para drenar pus.

articular /ɑːˈtɪkjʊlə/ articular: referente a articulações.

articular cartilage /ɑːˌtɪkjʊlə ˈkɑːtəlɪdʒ/ cartilagem articular: camada cartilaginosa na extremidade de um osso, onde ela forma uma articulação com outro osso. Veja ilustração em **Bone Structure; Synovial Joint**, no Apêndice.

articular facet /ɑːˌtɪkjʊlə ˈfæsɪt/ faceta articular: ponto no qual uma costela se articula com a espinha.

articular process /ɑːˌtɪkjʊlə ˈprəʊses/ processo articulador: pedaço de osso que se projeta do arco neural de uma vértebra e se conecta com a próxima vértebra. ☑ **articulating process.**

articulate /ɑːˈtɪkjʊleɪt/ articular: estar ligado a outro osso em uma articulação.

articulating bone /ɑːˈtɪkjʊleɪtɪŋ bəʊn/ osso articulador: osso que forma uma articulação.

articulating process /ɑːˈtɪkjʊleɪtɪŋ ˌprəʊses/ processo articular. ⇨ **articular process**.

articulation /ɑːˌtɪkjʊˈleɪʃ(ə)n/ articulação: uma articulação ou série de articulações.

artificial /ˌɑːtɪˈfɪʃ(ə)l/ artificial: **1** que é feito pelo homem e não constitui parte natural de um organismo. *artificial cartilage* / cartilagem artificial. **2** que acontece não como um processo natural, mas pela ação de um médico ou outra pessoa, ou por meio de máquina. *artificial feeding* / alimentação artificial.

artificial insemination /ˌɑːtɪfɪʃ(ə)l ɪnˌsemɪˈneɪʃ(ə)n/ inseminação artificial: introdução de sêmen no útero de uma mulher por meios artificiais.

artificial insemination by donor /ˌɑːtɪfɪʃ(ə)l ɪnsemɪˌneɪʃ(ə)n baɪ ˈdəʊnə/ inseminação artificial doadora. Abreviatura: **AID**. ⇨ **donor insemination**.

artificial insemination by husband /ˌɑːtɪfɪʃ(ə)l ɪnsemɪˌneɪʃ(ə)n baɪ ˈhʌzbənd/ inseminação artificial pelo marido: inseminação que usa o sêmen do marido. Abreviatura: **AIH**.

artificial lung /ˌɑːtɪfɪʃ(ə)l ˈlʌŋ/ pulmão artificial: máquina na qual o sangue não oxigenado de uma pessoa é processado para absorver oxigênio que será levado de volta à corrente sanguínea.

artificial pneumothorax /ˌɑːtɪfɪʃ(ə)l ˌnjuːməʊ ˈθɔːræks/ pneumotórax artificial: método antigo para tratamento da tuberculose, no qual o ar era introduzido entre as camadas da pleura para fazer o colapso pulmonar.

artificial respiration /ˌɑːtɪfɪʃ(ə)l ˌrespɪˈreɪ ʃ(ə)n/ respiração artificial: modo de reviver uma pessoa que parou de respirar, por exemplo, a ressuscitação boca a boca.

artificial rupture of membranes /ˌɑːtɪfɪʃ(ə)l ˌrʌptʃər əv ˈmembreɪnz/ ruptura artificial das membranas: rompimento do saco amniótico com um instrumento apropriado, a fim de liberar o líquido amniótico.

artificial ventilation /ˌɑːtɪfɪʃ(ə)l ˌventɪˈleɪʃ(ə)n/ ventilação artificial: ventilação que é assistida ou controlada por máquina.

arytenoid /ˌærɪˈtiːnɔːd/ aritenóide: localizado na parte de trás da laringe.

arytenoid cartilage /ˌærɪˈtiːnɔːd ˌkɑːtɪlɪdʒ/ cartilagem aritenóide: pequena cartilagem na parte de trás da laringe.

arytenoidectomy /ˌærɪˌtiːnɔːdˈektəmi/ aritenoidectomia: cirurgia para retirar a cartilagem aritenóide.

asbestosis /ˌæsbeˈstəʊsɪs/ asbestose: doença pulmonar causada pela inalação da poeira de asbestos. Observação: os asbestos foram muito usados antigamente no cimento, em revestimentos e em outros tipos de materiais de construção à prova de fogo. Sabe-se hoje que a poeira de asbestos pode causar muitas doenças pulmonares, levando, em alguns casos, a certos tipos de câncer.

ascariasis /ˌæskəˈraɪəsɪs/ ascaríase: doença intestinal e, algumas vezes, pulmonar, causada pela infestação com *Ascaris lumbricoides*.

Ascaris lumbricoides /ˌæskɑrɪs lʌmbriˈkɔɪdiːz/ Ascaris lumbricoides: verme grande e redondo que é parasita do intestino humano.

ascending /əˈsendɪŋ/ ascendente: que sobe, que se eleva.

ascending aorta /əˌsendɪŋ eɪˈɔːtə/ aorta ascendente: a primeira parte da aorta, quando ela deixa o coração e se dirige para cima. Oposto de **descending aorta**.

ascending colon /əˌsendɪŋ ˈkəʊlɒn/ cólon ascendente: a primeira parte do cólon, que vai para o lado direito superior do corpo, a partir do ceco. Oposto de **descending colon**. Veja ilustração em **Digestive System**, no Apêndice.

Aschoff nodules /əˌsendɪŋ ˈkəʊlɒn/ nódulos de Aschoff: nódulos que, na febre reumática, são formados pricipalmente no coração ou perto dele.

ascites /əˈsaɪtiːz/ ascite: acúmulo anormal de líquido seroso na cavidade peritoneal, que ocorre na insuficiência cardíaca e renal ou como resultado de uma doença maligna.

ascorbic acid /əˌskɔːbɪk ˈæsɪd/ ácido ascórbico. ⇨ **Vitamin C**. Observação: o ácido ascórbico é encontrado nas frutas frescas, especialmente laranja e limão, e em vegetais. A falta de vitamina C causa anemia e escorbuto.

ASD abreviatura de **autistic spectrum disorders**.

-ase /eɪz, eɪs/ -ase: elemento combinante que significa enzima.

asepsis /eɪˈsepsɪs/ assepsia: ausência de microorganismos que causam infecção; essa assepsia é feita geralmente por meio de esterilização.

aseptic /eɪˈseptɪk/ asséptico: esterilizado, ou que envolve esterilização; portanto, sem infecção.

aseptic surgery /eɪˌseptɪk ˈsɜːdʒəri/ cirurgia asséptica: cirurgia que utiliza equipamento esterilizado, em que se confiar em drogas anti-sépticas para matar os microorganismos nocivos. Compare com **antiseptic**.

aseptic technique /eɪˌseptɪk tekˈniːks/ técnica asséptica: método de fazer alguma coisa utilizando equipamento esterilizado.

asexual /eɪˈsekʃuəl/ assexual: não sexual, que não envolve relação sexual.

asexual reproduction /eɪˌsekʃuəl ˌriːprəˈdʌkʃ(ə)n/ reprodução assexual: reprodução de uma célula por clonagem.

Asian flu /ˌeɪʒ(ə)n ˈfluː/ gripe asiática. Veja **flu**.

-asis /əsɪs/ -iase. Veja **-iasis**.

asleep /əˈsliːp/ adormecido. *The patient is asleep and must not be disturbed.* / O paciente está adormecido e não deve ser perturbado. ◊ **she fell asleep**: ela adormeceu. **fast asleep**: profundamente adormecido.

asparagine /əˈspærədʒiːn/ asparagina: um tipo de aminoácido.

aspartame /əˈspɑːteɪm/ aspartame: proteína derivada do ácido aspártico, usada como adoçante.

aspartate aminotransferase /əˌspɑːteɪt əˌmiːnəʊˈtrænsfəreɪz/ aspartato aminotransferase: enzima encontrada no músculo cardíaco, nas células hepáticas e do músculo esquelético, e em alguns outros tecidos. É usada no diagnóstico de doenças hepáticas e ataques cardíacos.

aspartic acid /əˌspɑːtɪk ˈæsɪd/ ácido aspártico: um tipo de aminoácido.

aspect /ˈæspekt/ aspecto: perspectiva da qual o corpo é visto; a vista de cima, por exemplo, é o "aspecto superior".

Asperger's syndrome /ˈæspɜːʒəz ˌsɪndrəʊm/ síndrome de Asperger: doença de evolução natural caracterizada pela dificuldade de interação social e um círculo restrito de interesses, mais comum em rapazes do que em moças. (Descrita em 1944 por Hans Asperger [1906-1980], psiquiatra austríaco.)

aspergillosis /ˌæspɜːdʒɪˈləʊsɪs/ aspergilose: infecção pulmonar causada pelo fungo *Aspergillus*.

aspermia /eɪˈspɜːmiə/ aspermia: ausência de espermatozóides no sêmen.

asphyxia /æsˈfɪksiə/ asfixia: condição na qual alguém é impedido de respirar, por exemplo, por estrangulação ou pela inalação de um gás venenoso, e, portanto, não pode conduzir oxigênio para a corrente sanguínea.

asphyxia neonatorum /æsˌfɪksiə ˌniːəʊneɪˈtɔːrəm/ asfixia neonatal: incapacidade que um recém-nascido tem de respirar.

asphyxiate /æsˈfɪksieɪt/ asfixiar: impedir alguém de respirar, ou ser impedido de respirar. *An unconscious patient may asphyxiate if left lying on his back.* / Um paciente inconsciente pode se asfixiar se for deitado de costas. Veja também **suffocate**.

asphyxiation /əsˌfɪksiˈeɪʃ(ə)n/ asfixia: condição em que uma pessoa é impedida de respirar ou o ato de impedir alguém de respirar.

aspirate /ˈæspɪreɪt/ aspirar: **1** remover líquido ou gás de uma cavidade do corpo por meio de sucção. **2** aspirar algo, especialmente um líquido, para os pulmões.

aspiration /ˌæspɪˈreɪʃ(ə)n/ aspiração: **1** o ato de remover líquido ou gás de uma cavidade do corpo, freqüentemente com uma agulha oca. **2** ⇨ **vacuum suction**.

aspiration pneumonia /ˌæspɪreɪʃ(ə)n njuːˈməʊniə/ pneumonia por aspiração: forma de pneumonia resultante da entrada de material infectado dentro dos brônquios ou do esôfago.

aspirator /'æspɪreɪtə/ aspirador: instrumento usado para aspirar líquido de uma cavidade, por exemplo, a boca ou o local de uma cirurgia.

aspirin /'æsprɪn/ aspirina: medicamento comum para eliminar a dor. ☑ **acetylsalicylic acid**.

assay /'æseɪ, ə'seɪ/ ensaio: teste de uma substância. Veja também **bioassay**, **immunoassay**.

assimilate /ə'sɪmɪˌleɪt/ assimilar: levar aos tecidos orgânicos as substâncias alimentares que foram absorvidas pelo sangue.

assimilation /əˌsɪmɪ'leɪʃ(ə)n/ assimilação: ação de assimilar substâncias alimentares.

assistance /ə'sɪst(ə)ns/ assistência: ajuda.

assistant /ə'sɪst(ə)nt/ assistente: pessoa que ajuda outra, geralmente como parte de um trabalho.

assisted conception /əˌsɪstɪd kən'sepʃ(ə)n/ concepção assistida: uso de uma técnica, por exemplo, a fertilização *in vitro*, para ajudar uma mulher a engravidar. ☑ **assisted reproduction**.

assisted reproduction /əˌsɪstɪd ˌriːprə'dʌkʃən/ reprodução assistida. ⇨ **assisted conception**.

assisted reproductive technology /əˌsɪstɪd ˌriːprə'dʌktɪv tek'nɒlədʒi/ tecnologia reprodutiva assistida. Abreviatura: **ART**.

assisted respiration /əˌsɪstɪd ˌrespə'reɪʃ(ə)n/ respiração assistida: uso de equipamento para ajudar uma pessoa a respirar.

assisted suicide /əˌsɪstɪd 'suːɪsaɪd/ suicídio assistido: suicídio de um doente terminal com a ajuda de um médico ou amigo, a pedido do doente.

associate /ə'səʊsieɪt/ associar: estar relacionado ou associado com alguma coisa. *Side effects which may be associated with the drug* / Efeitos colaterais que podem ser (ou estar) associados à droga. *The condition is often associated with diabetes.* / A condição está freqüentemente associada com diabetes.

associate nurse /əˌsəʊsiət 'nɜːs/ enfermeira associada: enfermeira que, com base em um acordo comum, ajuda a enfermeira-chefe a prestar serviços de assistência a alguém.

association area /əˌsəʊsi'eɪʃ(ə)n ˌeəriə/ área de associação: área do córtex cerebral que diz respeito a estímulos relacionados com diferente fontes.

association neuron /əˌsəʊsi'eɪʃ(ə)n ˌnjuərɒn/ neurônio de associação: neurônio que liga uma área de associação às partes principais do cérebro.

association tract /əˌsəʊsi'eɪʃ(ə)n trækt/ trato de associação: um dos tratos que interconectam áreas do córtex no mesmo hemisfério cerebral.

asthenia /æs'θiːniə/ astenia: condição na qual uma pessoa não tem forças e não sente interesse pelas coisas.

asthenic /æs'θenɪk/ astênico: referente a uma condição geral na qual a pessoa não tem força nem interesse pelas coisas.

asthenopia /ˌæsθɪ'nəʊpiə/ astenopia. ⇨ **eyestrain**.

asthma /'æsmə/ asma: doença pulmonar caracterizada por estreitamento dos canais brônquicos, na qual os músculos sofrem um espasmo e a pessoa tem dificuldade de respirar. Veja também **cardiac asthma**.

asthmatic /æs'mætɪk/ asmático: que, ou aquele que sofre de asma, ou relacionado à asma. *He has an asthmatic attack every spring.* / Ele tem um ataque de asma toda primavera. ◊ **acute asthmatic attack:** ataque súbito de asma.

asthmatic bronchitis /æsˌmætɪk brɒŋ'kaɪtɪs/ bronquite asmática: bronquite associada com asma.

asthmaticus /æs'mætɪkəs/ asmático. Veja **status asthmaticus**.

astigmatic /ˌæstɪg'mætɪk/ astigmático: referente ao astigmatismo. ◊ **he is astigmatic:** ele tem astigmatismo.

astigmatism /ə'stɪgmətɪz(ə)m/ astigmatismo: condição na qual o olho não consegue focalizar linhas verticais e horizontais simultaneamente, o que leva a uma visão desfocada.

astragalus /ə'strægələs/ astrágalo: termo obsoleto para o talo (osso do tornozelo).

astringent /ə'strɪndʒənt/ adstringente: substância que contrai os tecidos da pele e lhe dá firmeza, ou relativo a esta substância.

astrocyte /'æstrəsaɪt/ astrócito: célula asteróide do tecido conjuntivo do sistema nervoso.

astrocytoma /ˌæstrəsaɪ'təʊmə/ astrocitoma: tipo de tumor cerebral que se desenvolve vagarosamente no tecido conjuntivo do sistema nervoso.

asymmetric /ˌæsɪ'metrɪk/ assimétrico: moldado ou combinado de modo que os dois lados não se encaixem ou se equilibrem.

asymmetry /æ'sɪmətri/ assimetria: estado no qual os dois lados de um corpo ou de um órgão não se parecem um com o outro.

asymptomatic /ˌeɪsɪmptə'mætɪk/ assintomático: que não apresenta sintomas de doença.

asynclitism /æ'sɪŋklɪtɪz(ə)m/ assinclitismo: no parto, situação em que a cabeça do bebê penetra obliquamente na vagina.

asynergia /ˌæsɪ'nɜːdʒə/ assinergia: movimentos desajeitados e má coordenação, causados por uma doença do cerebelo. ☑ **asynergy; dyssynergia**.

asynergy /æ'sɪnədʒi/ assinergia. ⇨ **asynergia**.

asystole /eɪ'sɪstəli/ assístole: estado no qual o coração pára de bater.

ataractic /ˌætə'ræktɪk/ atarático: que, ou o que tem um efeito tranqüilizante. ☑ **ataraxic**.

ataraxia /ˌætə'ræksiə/ ataraxia: estado de uma pessoa calma e sem preocupações. ☑ **ataraxis**.

ataraxic /ˌætə'ræksɪk/ ataráxico. ⇨ **ataractic**.

ataraxis /ˌætə'ræksis/ ataraxia. ⇨ **ataraxia**.

ataxia /ə'tæksiə/ ataxia: impossibilidade do cérebro de controlar os movimentos. ☑ **ataxy**.

ataxic /ə'tæksɪk/ atáxico: que tem ataxia, ou relativo à ataxia.

ataxic gait /ə͵tæksɪk ˈgeɪt/ marcha atáxica: maneira de caminhar na qual a pessoa anda de modo vacilante por causa de uma doença do sistema nervoso.

ataxy /əˈtæksi/ ataxia. ⇨ **ataxia**.

atelectasis /͵ætəˈlektəsɪs/ atelectase: falha do pulmão em se expandir adequamente.

atenolol /əˈtenəlɒl/ atenolol: droga usada no controle da pressão arterial e angina.

atherogenesis /͵æθərəʊˈdʒenɪsɪs/ aterogênese: formação de depósitos de gordura (ateromas) nas artérias.

atherogenic /͵æθərəʊˈdʒenɪk/ aterogênico: referente a alguma coisa que pode causar um ateroma.

atheroma /͵æθəˈrəʊmə/ ateroma: aumento na espessura das paredes de uma artéria, causado por depósitos de substância gordurosa, tal como o colesterol.

atheromatous /͵æθəˈrɒmətəs/ ateromatoso: referente a ateroma.

atherosclerosis /͵æθərəʊskləˈrəʊsɪs/ aterosclerose: doença na qual há formação de depósitos de gordura e minerais nas paredes de uma artéria, especialmente a aorta, ou uma das artérias coronárias ou cerebrais, a qual impede o sangue de fluir com facilidade. ☑ **hardening of the arteries**.

atherosclerotic /͵æθərəʊskləˈrɒtɪk/ aterosclerótico: referente à aterosclerose.

atherosclerotic plaque /͵æθərəʊsklərɒtɪk ˈplæk/ placa aterosclerótica: depósito de gordura na parede das artérias.

athetosis /͵æθəˈtəʊsɪs/ atetose: doença caracterizada por movimentos lentos repetitivos dos dedos das mãos e dos pés, e que é causada por um distúrbio do cérebro, tal como a paralisia cerebral.

athlete's foot /͵æθliːts ˈfʊt/ pé-de-atleta: doença cutânea infecciosa, localizada entre os dedos dos pés, causada por um fungo. ☑ **tinea pedis**.

atlas /ˈætləs/ atlas: a primeira vértebra cervical, que dá sustenção ao crânio e gira em torno do áxis ou segunda vértebra.

ATLS abreviatura de **advanced trauma life support**.

atmospheric pressure /͵ætməsferɪk ˈpreʃə/ pressão atmosférica: pressão do ar na superfície da Terra. Observação: as doenças decorrentes de variações de temperatura incluem doença das montanhas (também conhecida como **mountain sickness**) e doença do caixão (também conhecida como **caisson disease**).

atomic cocktail /əˌtɒmɪk ˈkɒkteɪl/ coquetel atômico: substância líquida radioativa, usada para diagnosticar ou tratar câncer (informal).

atomiser /ˈætəmaɪzə/ atomizador: instrumento que serve para aspergir líquido na forma de gotas muito pequenas, como neblina. ☑ **nebuliser**.

atonic /eɪˈtɒnɪk/ atônico: referente à falta de tônus ou tensão muscular.

atony /ˈætəni/ atonia: falta de tônus ou tensão muscular.

atopen /ˈætəpen/ atopênio: alérgeno que causa atopia.

atopic /eɪˈtɒpɪk/ atópico: referente a uma predisposição genética de hipersensibilidade a alérgenos específicos, como no caso da febre do feno, a algumas doenças da pele e à asma.

atopic dermatitis /eɪˌtɒpɪk ͵dɜːməˈtaɪtɪs/ dermatite atópica. ⇨ **atopic eczema**.

atopic eczema /eɪˌtɒpɪk ˈeksɪmə/ eczema atópico: tipo de eczema causado por uma alergia de tendência familiar. ☑ **atopic dermatitis**.

atopy /ˈætəpi/ atopia: reação alérgica de tendência familiar.

ATP abreviatura de **adenosine triphosphate**.

atracurium /͵ætrəˈkjʊəriəm/ atracúrio: droga usada como relaxante.

atresia /əˈtriːziə/ atresia: fechamento anormal ou ausência de um tubo no organismo.

atretic /əˈtretɪk/ atrético: relativo à atresia.

atretic follicle /əˌtretɪk ˈfɒlɪk(ə)l/ folículo atrético: cicatrizes de um folículo ovariano.

atri- /eɪtri/ atr(i/o)-: referente a um átrio.

atrial /ˈeɪtriəl/ atrial: referente a um ou aos dois átrios do coração.

atrial fibrillation /͵eɪtriəl faɪbrɪˈleɪʃ(ə)n/ fibrilação atrial: tremulação rápida e descoordenada dos átrios ventriculares, que causa um ritmo cardíaco irregular.

atrial septal defect /͵eɪtriəl ˈsept(ə)l ͵diːfekt/ defeito septal atrial: defeito congênito no qual uma abertura na parede entre os dois átrios cardíacos permite que o sangue flua através do coração e pulmões. Compare com **ventricular septal defect**.

atrioventricular /͵eɪtriəʊvenˈtrɪkjʊlə/ atrioventricular: referente aos átrios e aos ventrículos.

atrioventricular bundle /͵eɪtriəʊven͵trɪkjʊlə ˈbʌnd(ə)l/ feixe atrioventricular: feixe de fibras musculares cardíacas modificadas que conduz impulsos do nodo atrioventricular ao septo e então se ramifica nos seus respectivos ventrículos. ☑ **AV bundle; bundle of His**.

atrioventricular groove /͵eɪtriəʊven͵trɪkjʊlə ˈgruːv/ sulco atrioventricular: sulco ao redor da superfície externa do coração, que mostra a divisão entre os átrios e os ventrículos.

atrioventricular node /æˈtriəʊvenˈtrɪkjʊlə nəʊd/ nodo atrioventricular: fibras musculares do átrio cardíaco direito que dão origem ao feixe atrioventricular do sistema condutor de impulsos dos átrios para os ventrículos. ☑ **AV node**.

at-risk /ət ˈrɪsk/ sob risco: exposto a perigo ou dano de qualquer espécie. *at-risk children* / crianças expostas a algum tipo de risco.

atrium /ˈeɪtriəm/ átrio: **1** uma das duas câmaras superiores do coração. Veja ilustração em **Heart**, no Apêndice. **2** cavidade do ouvido que fica atrás do tímpano. Plural: **atria**. Observação: os dois átrios do coração recebem sangue das veias. O átrio direito recebe sangue venoso das veias cava superior e cava inferior; o átrio esquerdo recebe sangue oxigenado das veias pulmonares.

atrophic cirrhosis /ˌæˌtrɒfɪk sɪˈrəʊsɪs/ cirrose atrófica: cirrose portal avançada, na qual o fígado se torna consideravelmente menor, e formam-se grupos de novas células na sua superfície, onde o tecido fibroso substituiu as células hepáticas danificadas. ☑ **hobnail liver**.

atrophic gastritis /æˌtrɒfɪk gæˈstraɪtɪs/ gastrite atrófica: inflamação do estômago, quando este não é capaz de produzir ácido suficiente para combater as bactérias.

atrophic vaginitis /æˌtrɒfɪk ˌvædʒɪˈnaɪtɪs/ vaginite atrófica: inflamação, adelgaçamento e atrofia do epitélio vaginal, causada por falta de estrógeno.

atrophy /ˈætrəfi/ **1** atrofia: enfraquecimento de um órgão ou parte do corpo. **2** atrofiar, definhar (órgão ou parte do corpo).

atropine /ˈætrəpiːn/ atropina: substância alcalóide derivada de uma planta venenosa, a beladona, e que é usada, entre outras coisas, para dilatar a pupila, reduzir as secreções salivar e brônquica durante anestesia, e como antagonista muscarínico.

ATS /ˌeɪ tiː ˈes/ abreviatura de **antitetanus serum**.

attack /əˈtæk/ crise, ataque: ocorrência súbita de uma doença. *He had an attack of fever.* / Ele teve uma crise de febre. *She had two attacks of laryngitis during the winter.* / Ela teve duas crises de laringite durante o inverno.

attempted suicide /əˌtemptɪd ˈsuːɪsaɪd/ tentativa de suicídio: tentativa mal-sucedida de suicídio.

attending physician /əˌtendɪŋ fɪˈzɪʃ(ə)n/ médico atendente: médico que toma conta de um determinado paciente. *He was referred to the hypertension unit by his attending physician.* / Ele foi encaminhado para a unidade de hipertensão por seu médico atendente.

attention deficit disorder /əˌtenʃən ˈdefɪsɪt dɪsˌɔːdə/ doença de déficit de atenção: condição na qual a pessoa não é capaz de se concentrar, faz coisas sem considerá-las corretamente e tem pouca confiança. Ocorre principalmente em crianças. Abreviatura: **ADD**.

attention deficit hyperactivity disorder /əˌtenʃən ˌdefɪsɪt ˌhaɪpərækˈtɪvɪti dɪsˌɔːdə/ doença de déficit de atenção e hiperatividade: condição na qual a criança apresenta incapacidade de concentração e um comportamento destruidor. Abreviatura: **ADHD**. Veja **hyperactivity**.

attention deficit syndrome /əˌtenʃən ˈdefɪsɪt ˌsɪndrəʊm/ síndrome de déficit de atenção. ⇨ **attention deficit disorder**.

attenuation /əˌtenjuˈeɪʃ(ə)n/ atenuação: redução no efeito ou intensidade de alguma coisa, tal como um vírus, seja por causa de condições ambientais seja como resultado de um procedimento laboratorial.

atticotomy /ˌætɪˈkɒtəmi/ aticotomia: retirada da parede do ouvido interno. ☑ **cortical mastoidectomy**.

attitude /ˈætɪtjuːd/ atitude: **1** opinião ou sentimento geral sobre alguma coisa. *a positive attitude towards the operation* / uma atitude positiva com respeito à cirurgia. **2** maneira de ficar de pé ou sentado.

attributable risk /əˌtrɪbjʊtəb(ə)l ˈrɪsk/ risco atribuível: medida do risco excessivo de uma doença devido à exposição a um risco específico. O risco excessivo de bacteriúria em mulheres que usam contraceptivos por via oral, atribuível a esses medicamentos, é de 1.566 em 100.000. Abreviatura: **AR**.

attrition /əˈtrɪʃ(ə)n/ atrito: condição de algo que está desgastado e que pode ser causada por fricção. *Examination showed attrition of two extensor tendons.* / O exame mostrou atrito de dois músculos extensores.

atypical /eɪˈtɪpɪk(ə)l/ atípico: não usual ou esperado. *an atypical renal cyst* / um cisto renal atípico.

audi- /ɔːdi/ ⇨ **audio-**.

audible limits /ˌɔːdəb(ə)l ˈlɪmɪts/ limites audíveis: limites superiores e inferiores das ondas sonoras que podem ser ouvidas pelo ser humano.

audio- /ɔːdiəʊ/ audi(o)-: referente à audição ou ao som. Nota: antes de vogais usa-se **audi-**.

audiogram /ˈɔːdiəʊɡræm/ audiograma: gráfico desenhado por um audiômetro.

audiologist /ˌɔːdiˈɒlədʒɪst/ audiologista: especialista no tratamento de doenças auditivas.

audiology /ˌɔːdiˈɒlədʒi/ audiologia: estudo científico da audição, especialmente para diagnóstico e tratamento da perda de audição.

audiometer /ˌɔːdiˈɒmɪtə/ audiômetro: aparelho para testar a audição, especialmente a extensão dos sons que o ouvido do ser humano é capaz de detectar.

audiometry /ˌɔːdiˈɒmətri/ audiometria: ciência que estuda a audição.

audit /ˈɔːdɪt/ auditoria: verificação de números, dados científicos ou procedimentos. *A medical audit regarding the outpatient appointment system* / Uma auditoria médica com relação às consultas de paciente externo.

audit cycle /ˈɔːdɪt ˌsaɪk(ə)l/ ciclo de auditoria: ciclo no qual tópicos médicos são selecionados para análise, observação e comparação com padrões estabelecidos e para a tomada de mudanças, quando necessárias.

auditory /ˈɔːdɪt(ə)ri/ auditivo: referente à audição.

auditory acuity /ˌɔːdɪt(ə)ri əˈkjuːɪti/ acuidade auditiva: capacidade de ouvir sons claramente.

auditory canals /ˌɔːdɪt(ə)ri kəˈnælz/ canais auditivos: as passagens externas e internas do ouvido.

auditory nerve /ˈɔːdɪt(ə)ri nɜːv/ nervo auditivo: o oitavo nervo craniano, que comanda a audição e o equilíbrio. ☑ **acoustic nerve; ves-**

tibulocochlear nerve. Veja ilustração em **Ear**, no Apêndice.

auditory ossicles /ˌɔːdɪt(ə)ri ˈɒsɪk(ə)lz/ ossículos auditivos: os três pequenos ossos do ouvido médio: martelo, bigorna e estribo.

Auerbach's plexus /ˌaʊərbɑːks ˈpleksəs/ plexo de Auerbach: grupo de fibras nervosas na parede intestinal. (Descrito em 1862 por Leopold Auerbach [1828-1897], professor de neuropatologia em Breslau, atual Polônia.)

aura /ˈɔːrə/ aura: sensação de aviso antes de um ataque de epilepsia, enxaqueca ou asma.

aural /ˈɔːrəl/ aural: relativo ao ouvido.

aural polyp /ˌɔːrəl ˈpɒlɪp/ pópilo aural: pópilo no ouvido médio.

aural surgery /ˌɔːrəl ˈsɜːdʒəri/ cirurgia aural: cirurgia no ouvido.

auricle /ˈɔːrɪk(ə)l/ aurícula: aurícula de cada átrio cardíaco.

auriculae /ɔːˈrɪkjʊliː/ auricular. Veja **concha auriculae**.

auricular /ɔːˈrɪkjʊlə/ auricular: **1** referente ao ouvido. **2** referente à aurícula.

auricular vein /ɔːˈrɪkjʊlə veɪn/ veia auricular: veia que conduz à veia facial posterior.

auriscope /ˈɔːrɪskəʊp/ auriscópio: instrumento para exame do ouvido e da membrana timpânica. ☑ **otoscope**.

auscultation /ˌɔːskəlˈteɪʃ(ə)n/ auscultação: ato de ouvir os sons do organismo utilizando um estetoscópio.

auscultatory /ɔːˈskʌltət(ə)ri/ auscultatório: referente a auscultação.

Australia antigen /ɔːˈstreɪliə ˌæntɪdʒən/ antígeno australiano: antígeno produzido na superfície das células hepéticas infectadas com o vírus da hepatite B.

autism /ˈɔːtɪz(ə)m/ autismo: condição desenvolvida na infância, caracterizada por dificuldade de interagir socialmente, problemas de linguagem e comunicação, dificuldades de aprendizado, comportamento repetitivo obsessivo. Nota: o autismo é mais comum em meninos do que em meninas.

autistic /ɔːˈtɪstɪk/ autístico: afetado pelo autismo ou relacionado a ele.

autistic spectrum disorders /ɔːˌtɪstɪk ˌspektrəm dɪsˈɔːdəz/ doenças do espectro autista: autismo em todas as suas diferentes formas e níveis de gravidade. Abreviatura: **ASD**.

auto- /ɔːtəʊ/ auto-: próprio.

autoantibody /ˌɔːtəʊˈæntɪbɒdi/ anticorpo próprio: anticorpo formado para atacar antígenos nas próprias células do organismo.

autoclavable /ˈɔːtəʊˌkleɪvəb(ə)l/ autoclavável: capaz de ser esterilizado em autoclave. *Waste should be put into autoclavable plastic bags.* / O lixo deve ser colocado em sacos plásticos autoclaváveis.

autoclave /ˈɔːtəʊkleɪv/ **1** autoclave: equipamento para esterilização cirúrgica de instrumentos, que utiliza vapor de água sobre alta pressão. **2** esterilizar: usar vapor de água sob alta pressão para esterilizar um equipamento. *Autoclaving is the best method of sterilisation.* / A autoclave é o melhor método de esterilização.

autogenic /ɔːˈtɒdʒənɪk/ autógeno. ⇨ **autogenous**.

autogenous /ɔːˈtɒdʒənəs/ autógeno: que é produzido tanto no corpo de uma pessoa quanto mediante o uso de tecido do corpo da própria pessoa. ☑ **autogenic**.

autograft /ˈɔːtəɡrɑːft/ auto-enxerto: transplante que usa partes do corpo da própria pessoa.

autoimmune /ˌɔːtəʊɪˈmjuːn/ auto-imune: referente a uma reação imunológica da pessoa contra antígenos de suas próprias células.

autoimmune disease /ˌɔːtəʊɪˌmjuːn dɪˈziːz/ doença auto-imune: doença na qual as células da própria pessoa são atacadas por auto-anticorpos. *Rheumatoid arthritis is thought to be an autoimmune disease.* / A artrite reumatóide é considerada uma doença auto-imune.

autoimmunisation /ˌɔːtəʊˌɪmjʊnaɪˈzeɪʃ(ə)n/ auto-imunização: processo que conduz a uma reação imunológica da pessoa aos antígenos produzidos pelo próprio corpo. ☑ **autoimmunization**.

autoimmunity /ˌɔːtəʊɪˈmjuːnɪti/ auto-imunidade: condição na qual as células do indivíduo são atacadas por anticorpos próprios.

autoinfection /ˌɔːtəʊɪnˈfekʃ(ə)n/ auto-infecção: infecção causada por um microorganismo já instalado no corpo, ou infecção de uma parte do organismo causada por outra parte dele.

autointoxication /ˌɔːtəʊɪntɒksɪˈkeɪʃ(ə)n/ auto-intoxicação: envenenamento do organismo por toxinas produzidas pelo próprio corpo.

autologous /ɔːˈtɒləgəs/ autólogo: referente a um enxerto ou outro material originário da mesma fonte.

autologous transfusion /ɔːˌtɒləgəs trænsˈfjuːʒ(ə)n/ transfusão autóloga: transfusão sanguínea na qual o sangue é retirado do organismo para futura transfusão após cirurgia. Veja também **transfusion**.

autolysis /ɔːˈtɒləsɪs/ autólise: condição na qual as células se autodestroem por meio das próprias enzimas.

automatic /ˌɔːtəˈmætɪk/ automático: **1** que é feito sem um pensamento consciente. *an automatic reaction* / uma reação automática. **2** (com relação a um processo ou máquina): que é capaz de funcionar por si próprio, sem instruções de ninguém.

automatism /ɔːˈtɒmətɪz(ə)m/ automatismo: estado no qual a pessoa age sem ter consciência disto. Observação: os atos automáticos podem acontecer após concussão ou ataques epilépticos. Em Direito, o automatismo pode ser usado como defesa em acusações criminais, quando o acusado afirma que agiu sem saber o que estava fazendo.

autonomic /ɔːtəˈnɒmɪk/ autônomo: que funciona de maneira independente.

autonomic nervous system /ɔːtəˌnɒmɪk ˈnɜːvəs ˌsɪstəm/ sistema nervoso autônomo: o sistema nervoso formado pelos gânglios associados à coluna vertebral. Regula o funcionamento autônomo dos principais órgãos, tais como o coração e os pulmões, e funciona quando uma pessoa está adormecida ou mesmo inconsciente. Veja também **parasympathetic nervous system**; **sympathetic nervous system**.

autonomy /ɔːˈtɒnəmi/ autonomia: estado de estar livre para agir conforme os próprios desejos.

autoplasty /ˈɔːtəʊplæsti/ autoplastia: reparação do corpo de uma pessoa usando tecido de outra parte do organismo da própria pessoa.

autopsy /ˈɔːtɒpsi/ autópsia: exame de um cadáver, feito por um patologista, a fim de descobrir a causa da morte. *The autopsy showed that he has been poisoned.* / A autópsia constatou que ele foi envenenado. ▣ **post mortem**.

autosomal /ˌɔːtəʊˈsəʊm(ə)l/ autossômico: referente a um autossomo.

autosome /ˈɔːtəʊsəʊm/ autossomo: cromossomo diverso de um cromossomo sexual.

autotransfusion /ˌɔːtəʊtrænsˈfjuːʒ(ə)n/ autotransfusão: reinjeção do sangue da própria pessoa.

auxiliary /ɔːgˈzɪliəri/ auxiliar: que, ou aquele que presta auxílio, assistência. *The hospital has an auxiliary power supply in case the electricity supply breaks down.* / O hospital tem um gerador auxiliar para os casos de queda de energia.

avascular /eɪˈvæskjʊlə/ avascular: que não possui vasos sanguíneos, ou que tem um fornecimento de sangue deficitário.

avascular necrosis /əˌvæskjʊlə neˈkrəʊsɪs/ necrose avascular: condição na qual as células dos tecidos morrem porque deixaram de receber sangue.

AV bundle /ˌeɪ ˈviː ˈbʌnd(ə)l/ feixe atrioventricular. ⇨ **atrioventricular bundle; bundle of His**.

average /ˈæv(ə)rɪdʒ/ média: **1** a quantidade, o tamanho, a taxa e outras medidas usuais. *Her weight is above (the) average.* / O peso dela está acima da média. **2** um valor calculado pela adição de várias quantidades juntas e depois pela sua divisão pelo número total de quantidades. **3** usual. **4** calculado pela adição de várias quantidades juntas e depois pela sua divisão pelo número total de quantidades. *The average age of the group is 25.* / A média de idade do grupo é 25.

aversion therapy /əˈvɜːʃ(ə)n ˌθerəpi/ terapia de aversão: tratamento no qual a pessoa é curada de um tipo de comportamento pela aversão desenvolvida a ele.

avitaminosis /eɪˌvɪtəmɪˈnəʊsɪs/ avitaminose: doença causada pela falta de vitaminas.

AVM abreviatura de **arteriovenous malformation**: malformação arteriovenosa.

AV node /ˌeɪ ˈviː nəʊd/ nódulo atrioventricular. ⇨ **atrioventricular node**.

AVPU sigla de um método de avaliação em que as letras têm os seguintes significados: A = *alert* (alerta); V = *verbal* (que responde aos comandos verbais); P = *painful* (que responde à dor); U = *unconscious* (inconsciente). Esse método é usado para avaliar se uma pessoa está consciente e qual é o grau dessa consciência.

avulse /əˈvʌls/ extrair violentamente: lacerar um tecido ou parte do corpo pelo uso da força.

avulsion /əˈvʌlʃən/ avulsão: arrancamento de tecido ou de uma parte do organismo.

avulsion fracture /əˌvʌlʃ(ə)n ˈfræktʃə/ fratura de avulsão: fratura na qual um ligamento é tracionado de um osso ao qual está ligado.

awake /əˈweɪk/ acordado: que não está dormindo. *He was still awake at 2 o'clock in the morning.* / Ele ainda estava acordado às duas horas da manhã. ◊ **wide awake:** completamente acordado.

aware /əˈweə/ ciente, sabedor, consciente: **1** consciente o bastante para saber o que está acontecendo. *She is not aware of what is happening around her.* / Ela não tem consciência do que está acontecendo ao seu redor. **2** que sabe de alguma coisa. *The surgeon became aware of a problem with her heart-lung machine.* / O cirurgião constatou que ela apresentava problemas cardíaco-pulmonares.

awareness /əˈweənəs/ consciência: o fato de se tornar ciente, especialmente de um problema.

> *...doctors should use the increased public awareness of whooping cough during epidemics to encourage parents to vaccinate children.* / "...os médicos devem usar o aumento da consciência pública a respeito da coqueluche durante as epidemias para encorajar os pais a vacinar as crianças." (*Health Visitor*)

axial /ˈæksiəl/ axial: pertencente ou relativo a eixo.

axial skeleton /ˌæksiəl ˈskelɪt(ə)n/ esquelo axial: os ossos que formam a coluna vertebral e o crânio. Compare com **appendicular skeleton**.

axilla /ækˈsɪlə/ axila. ⇨ **armpit**. Plural: **axillae**.

axillary /ækˈsɪləri/ axilar: referente à axila.

axillary artery /ækˌsɪləri ˈɑːtəri/ artéria axilar: artéria que conduz sangue da artéria subclávia localizada na axila.

axillary nodes /ækˈsɪləri nəʊdz/ nódulos axilares: parte do sistema linfático do braço.

axillary temperature /ækˌsɪləri ˌtemprɪˈtʃə/ temperatura axilar: a temperatura da axila.

axis /ˈæksɪs/ eixo: **1** linha imaginária ao longo do centro do organismo. **2** vaso central que se divide em outros vasos. **3** a segunda vértebra cervical, na qual está situado o atlas. Plural: **axes**.

axodendrite /ˌæksəʊˈdendraɪt/ axodendrite: apêndice semelhante a uma fibrila no axônio de um nervo.

axolemma /ˌæksəˈlemə/ axolema: membrana que cobre um axônio.

axon /'æksɒn/ axônio: fibra nervosa que envia impulsos de um neurônio a outro, ligando-se com os dendritos de outros neurônios. Veja ilustração em **Neuron**, no Apêndice.

axon covering /'æksɒn ˌkʌv(ə)rɪŋ/ bainha de axônio: bainha de mielina que cobre um nervo.

Ayurvedic medicine /ˌaɪəveɪdɪk 'med(ə)s(ə)n/ medicina aiurvédica: sistema tradicional hindu de cura que estuda as condições de saúde de uma pessoa e seu estilo de vida, e recomenda tratamento com base em produtos derivados de ervas, controle dietético e práticas espirituais.

azathioprine /ˌeɪzə'θaɪəpriːn/ azatioprina: droga imunossupressora da resposta imunológica, usada em transplantes, a fim de prevenir rejeição.

-azepam /æzɪpæm/ -azepam: terminação de palavras que designam os benzodiazepínicos. *diazepam* / diazepam.

azidothymidine /ˌeɪzɪdəʊ'θaɪmɪdiːn/ azidotimidina: droga usada no tratamento da AIDS. Abreviatura: **AZT**. ☑ **zidovudine**.

azo- /eɪzəʊ/ az(o)-: indica a presença de nitrogênio.

azoospermia /eɪzəʊə'spɜːmiə/ azospermia: ausência de espermatozóides.

azotaemia /æzəʊ'tiːmiə/ azotemia: presença de uréia ou outros compostos nitrogenados no sangue.

azoturia /ˌeɪzəʊ'tjʊəriə/ azoturia: presença de uréia ou outros compostos nitrogenados na urina, que causam doença renal.

AZT abreviatura de **azidothymidine**.

azygous /'æzɪɡəs/ ázigo: simples, que não faz parte de um par.

azygous vein /'æzɪɡəs veɪn/ veia ázigo: veia que traz sangue do abdome para a veia cava.

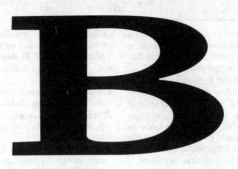

babesiosis /bəˌbiːziˈəʊsɪs/ babesiose: doença causada pela infecção com um protozoário, sendo a infecção transmitida por picada do carrapato.

Babinsk reflex /bəˌbɪnski ˈriːfleks/ reflexo de Babinski: crispação ascendente incomum do dedo do pé, devido a uma leve estimulação plantar feita com um dedo, enquanto os outros dedos se estendem e dobram-se, sinal de hemiplegia e doença do trato piramidal. Compare com reflexo plantar. (Descrito em 1896 por Joseph François Felix Babinski [1857-1932], nascido na França, filho de refugiados poloneses. Aluno de Charot, Babinski foi chefe de Clínica Neurológica do Hôpital de la Pitié, 1890-1927.)

Babinski test /bəˈbɪnski test/ teste de Babinski: teste para avaliar o reflexo de Babinski.

baby /ˈbeɪbi/ bebê: criança muito nova que ainda não é capaz de falar ou andar. *Babies start to walk when they are about 12 months old.* / Os bebês começam a andar quando têm cerca de um ano de idade.

baby blues /ˈbeɪbi bluːz/ depressão pós-parto. ⇨ **postnatal depression** (informal).

baby care /ˈbeɪbi keə/ cuidados com o bebê: o ato de cuidar de bebês.

baby clinic /ˈbeɪbi ˌklɪnɪk/ clínica infantil: clínica para atendimento de bebês.

bachelor of medicine /bækɪəˈlɒr əv ˈmed(ə)sɪn/ bacharel em medicina. Abreviatura: **BM**. Veja **MB**.

bachelor of surgery /bækɪəˈlɒr əv ˈsɜːdʒəri/ bacharel em cirurgia. Abreviatura: **BCh**.

bacillaemia /ˌbæsɪˈliːmiə/ bacilemia: infecção do sangue causada por bacilos.

bacillary /bəˈsɪləri/ bacilar: referente a bacilos.

bacillary dysentery /bəˌsɪləri ˈdɪs(ə)ntri/ disenteria bacilar: disenteria causada pelo bacilo *Shigella,* devida à comida contaminada.

bacille Calmette-Guérin /bæˌsiːl ˌkælmet ˈɡeræn/ bacilo de Calmette-Guérin. Abreviatura: **BCG**. (De A. Calmette [1863-1933] e C. Guérin [1872-1961], bacteriologistas franceses.)

bacilluria /ˌbæsɪˈljʊəriə/ bacilúria: presença de bacilos na urina.

bacillus /bəˈsɪləs/ bacilo: bactéria em formato de anel. Plural: **bacilli**.

back /bæk/ costas: **1** parte de trás do corpo, que vai do pescoço até a cintura, e que é constituída da espinha e dos ossos. Para conhecer outros termos referentes às costas, veja **dorsal** e os que começam com **dorsi-, dorso-**. **2** o lado oposto à frente. *She has a swelling on the back of her hand.* / Ela está com um inchaço nas costas da mão. Veja também **dorsum**.

backache /ˈbækeɪk/ dor nas costas: dor nas costas, freqüentemente sem causa específica. Observação: a dor nas costas pode ser ocasionada por má postura ou por esforço muscular, mas pode também ocorrer por causa de reumatismo (**lumbago**), febres, como a febre tifóide, ou osteoartrite. As dores nas costas também podem decorrer de pedras na vesícula ou doenças renais.

backbone /ˈbækbəʊn/ espinhaço; raque; espinha: série de vértebras ligadas umas às outras, formando uma coluna flexível que vai da pélvis ao crânio. ☑ **rachis; spine.** ⇨ **vertebral column.**

background carboxyhaemoglobin level /ˌbækɡraʊnd kɑːˌbɒksi hiːməˈɡləʊbɪn ˌlev(ə)l/ nível de carboxiemoglobina do espinhaço: nível de carboxiemoglobina no sangue de pessoas não expostas a altas concentrações de monóxido de carbono.

back muscles /ˈbæk ˌmʌs(ə)lz/ músculos traseiros: os músculos fortes das costas, que ajudam a manter o corpo ereto.

back pain /ˈbæk peɪn/ dor nas costas: termo utilizado para descrever dores nas costas em geral, especialmente quando duradouras ou muito fortes.

backside /ˈbæksaɪd/ nádegas: as nádegas de alguém (informal).

back strain /ˈbæk streɪn/ estiramento nas costas: condição na qual os músculos ou ligamentos das costas foram distendidos.

baclofen /ˈbækləʊfen/ baclofeno: relaxante muscular usado no tratamento de espasmos causados por traumatismo ou esclerose múltipla.

bacteraemia /ˌbæktəˈriːmiə/ bacteremia: presença de bactérias no sangue. A bacteremia não é necessariamente uma doença grave. Compare com **septicaemia**. Veja também **blood poisoning**.

bacterial /bæk'tɪərɪəl/ bacteriano: relativo ou causado por bactéria. *Children with sickle-cell anemia are susceptible to bacterial infection.* / Crianças com anemia de células falciformes são suscetíveis à infecção bacteriana.

bacterial plaque /bæk'tɪərɪəl ˌplæk/ placa bacteriana: película fina e endurecida formada por bactérias, e que se deposita na superfície dos dentes.

bacterial pneumonia /bæk₁tɪərɪəl nju:'məʊnɪə/ pneumonia bacteriana: forma de pneumonia causada por pneumococo. Veja também **bronchopneumonia**.

bacterial strain /bæk₁tɪərɪəl 'streɪn/ cepa bacteriana: grupo de bactérias diferentes de outras pertencentes ao mesmo tipo geral.

bactericidal /bæktɪərɪ'saɪd(ə)l/ bactericida: relativo à substância que destrói bactérias.

bactericide /bæk'tɪərɪsaɪd/ bactericida: substância que destrói bactérias.

bacteriological /bæktɪərɪə'lɒdʒɪk(ə)l/ bacteriológico: relativo à bacteriologia.

bacteriologist /bæktɪərɪə'lɒdʒɪk(ə)l/ bacteriologista: médico especialista no estudo das bactérias.

bacteriology /bæk₁tɪəri'ɒlədʒi/ bacteriologia: estudo científico das bactérias.

bacteriolysin /bæk₁tɪəri'lɪsɪn/ bacteriolisina: proteína, usualmente uma imunoglobulina, que destrói as células bacterianas.

bacteriolysis /bæk₁tɪəri'ɒlɪsɪs/ bacteriólise: destruição das células bacterianas.

bacteriolytic /bæk₁tɪərɪə'lɪtɪk/ bacteriolítico: relativo à substância que pode eliminar bactérias.

bacteriophage /bæk'tɪərɪəfeɪdʒ/ bacteriófago: tipo de vírus que afeta as bactérias. ☑ **phage**.

bacteriostasis /bæk₁tɪərɪəʊ'steɪsɪs/ bacteriostase: a ação de impedir a proliferação de bactérias.

bacteriostatic /bæk₁tɪərɪəʊ'stætɪk/ bacteriostático: relativo a uma substância que não elimina bactérias, mas as impede de se multiplicar.

bacterium /bæk'tɪərɪəm/ bactéria: um organismo microscópico. Algumas espécies estão presentes permanentemente no intestino e são capazes de destruir a gordura dos tecidos, mas muitas podem causar doenças. Plural: **bacteria**. Observação: as bactérias podem ter a forma de bastão (**bacilli**), bola (**cocci**) ou espiral (**spirochaetes**). As bactérias, especialmente os bacilos e os *Spirochaetes*, podem se mover e reproduzir com muita rapidez.

bacteriuria /bæk₁tɪəri'jʊərɪə/ bacteriúria: condição em que há bactérias na urina.

Bactrim /'bæktrɪm/ Bactrim: nome comercial do **co-trimoxazole**.

bad breath /ˌbæd 'breθ/ mau hálito. ⇨ **halitosis** (informal).

Baghdad boil /ˌbægdæd 'bɔɪl/ furúnculo de Bagdá: doença da pele, característica de países tropicais, causada pelo parasita *Leishmania*. ☑ **Baghdad sore; oriental sore**. Veja também **leishmaniasis**.

Baghdad sore /ˌbægdæd 'sɔ:/ úlcera de Bagdá. ⇨ **Baghdad boil**.

bag of waters /ˌbæg əv 'wɔ:təz/ bolsa de águas: parte do âmnio que cobre o feto no útero e contém o líquido aminiótico.

BAHA abreviatura de **bone-anchored hearing aid**.

Baker's cyst /ˌbeɪkəz 'sɪst/ cisto de Baker: protuberância contendo líquido sinovial, na parte posterior do joelho, causada por fragilidade da membrana da articulação. (Descrita em 1877 por William Morrant Baker [1838-1896], membro do *staff* do St. Bartolomew's Hospital, Londres, RU.)

Baker's dermatitis /ˌbeɪkəz ˌdɜ:mə'taɪtɪs/ dermatite de Baker. ⇨ **Baker's cyst**.

Baker's itch /ˌbeɪkəz 'ɪtʃ/ prurido de Baker: irritação da pele causada por contato com lêvedo. ☑ **Baker's dermatitis**.

BAL abreviatura de **British anti-lewisite**.

balance /'bæləns/ equilíbrio: **1** o ato de se manter ereto, sem cair. ◊ **he stood on top of the fence and kept his balance:** ele ficou de pé em cima do muro e manteve o equilíbrio. **2** a proporção das substâncias em uma mistura, por exemplo, em uma dieta. *to mantain a healthy balance of vitamins in the diet* / manter um equilíbrio saudável de vitaminas na dieta.

balanced diet /ˌbælənst 'daɪət/ dieta balanceada: dieta que provê todos os nutrientes necessários em proporções corretas.

balance of mind /ˌbæləns əv 'maɪnd/ equilíbrio mental: estado mental de uma pessoa. ◊ **disturbed balance of mind:** mente desequilibrada; estado mental em que a pessoa é, durante algum tempo, incapaz de agir de maneira razoável, por causa de doença ou depressão.

balanitis /ˌbælə'naɪtɪs/ balanite: inflamação da glande do pênis.

balanoposthitis /ˌbælənəʊpɒs'θaɪtɪs/ balanopostite: inflamação do prepúcio e da glande do pênis.

balantidiasis /ˌbæləntɪ'daɪsɪs/ balantidíase: infecção do intestino grosso pelo parasita *Balantidium coli*, que causa ulceração da mucosa do cólon, provocando diarréia e, finalmente, disenteria.

balanus /'bælənəs/ bálano: a glande peniana. Veja também **glans**.

bald /bɔ:ld/ calvo: sem cabelo, especialmente na cabeça. ◊ **he is going bald** ou **he is becoming bald:** ele está ficando calvo (começando a perder cabelo).

baldness /'bɔ:ldnəs/ calvície: estado de quem não tem cabelo. Observação: a calvície masculina é hereditária; ela pode também ocorrer, tanto em homens quanto em mulheres, como reação a uma doença ou a uma droga.

Balkan beam /ˌbɔːlkən ˈbiːɪm/ trave de Balkan. ⇨ **Balkan frame**.

Balkan frame /ˌbɔːlkən ˈfreɪm/ estrutura de Balkan: estrutura que é adaptada acima de uma cama e serve de apoio para uma perna engessada. ☑ **Balkan beam**.

ball /bɔːl/ bola: **1** parte macia da mão sob o polegar. **2** parte macia do pé sob o dedão.

ball and cage valve /ˌbɔːl ən ˈkeɪdʒ vælv/ válvula metálica tipo gaiola com bola: válvula cardíaca artificial, constituída de uma bola de silicone que se move dentro de um porta-esferas de metal para abrir e fechar a válvula.

ball and socket joint /ˌbɔːl ənd ˈsɒkɪt dʒɔɪnt/ articulação de bola e soquete: articulação onde a terminação esferoidal de um osso longo é ligada a uma concavidade em forma de xícara de outro osso, de maneira tal que o osso longo pode se mover em quase todas as direções. Compare com **ginglymus**.

balloon /bəˈluːn/ balão: artefato em forma de esfera, de material leve, inflado com ar ou gás, usado para desbloquear artérias.

balloon angioplasty /bəˌluːn ˌændʒiəˈplæsti/ angioplastia com balão. ☑ **coronary angioplasty**. ⇨ **percutaneous angioplasty**.

balloon catheter /bəˈluːn ˌkæθɪtə/ cateter balão: tubo que pode ser inserido em um vaso sanguíneo ou outra parte do corpo e inflado, para alargar uma artéria estreita, por exemplo.

ballottement /bəˈlɒtmənt/ baloteamento, rechaço: método empregado em exame físico por meio de uma batida leve ou mudança de posição, especialmente durante a gravidez.

balneotherapy /ˌbælniəʊˈθerəpi/ balneoterapia: tratamento das doenças pelo banho com água quente ou contendo produtos químicos naturais benéficos.

balsam /ˈbɔːls(ə)m/ bálsamo: mistura de resina e óleo com que se friccionam articulações doloridas; adicionada à água quente, é usada como inalante. Veja também **friar's balsam**.

ban /bæn/ proibir: afirmar categoricamente que algo não é permitido. *Smoking is banned throughout the building.* / É proibido fumar no prédio inteiro. *The use of this drug has been banned.* / O uso desta droga foi proibido.

bandage /ˈbændɪdʒ/ **1** atadura, bandagem: pedaço de tecido que é enfaixado em um ferimento ou membro machucado. *His head was covered with bandages.* / A cabeça dele foi enfaixada com ataduras. **2** enfaixar: envolver um pedaço de tecido em um ferimento. *She bandaged his leg.* / Ela enfaixou a perna dele com ataduras. *His arm is bandaged up.* / O braço dele está enfaixado.

Bandl's ring /ˈbænd(ə)lz rɪŋ/ anel de Bandl. ⇨ **retraction ring**. (De Ludwig Bandl [1842-1892], médico obstreta alemão.)

bank /bæŋk/ banco: local em que sangue ou órgãos de doadores podem ser estocados até que sejam necessários. Veja também **blood bank**.

Bankart's operation /ˈbæŋkɑːts ɒpəˌreɪʃ(ə)n/ operação de Bankart: cirurgia para consertar um deslocamento recorrente do ombro. (Foi realizada pela primeira vez em 1923. O nome deve-se a Arthur Sydney Blundell Bankart [1879-1951], primeiro cirurgião em ortopedia do Middlesex Hospital, Londres, RU.)

Banti's disease /ˈbæntiz dɪˌziːz/ doença de Banti. ⇨ **Banti's syndrome**.

Banti's syndrome /ˈbæntiz ˌsɪndrəʊm/ síndrome de Banti. ⇨ **splenic anaemia**. (Descrita em 1882 por Guido Banti [1852-1925], patologista e médico de Florença.) ☑ **Banti's disease**.

Barbados leg /bɑːˌbeɪdɒs ˈleg/ perna de Barbados: forma de elefantíase, caracterizada por grande inchaço da perna, devido a *Filaria*.

barber's itch /ˌbɑːbəz ˈɪtʃ/ coceira de barbeiro. ⇨ **sycosis barbae**. ☑ **barber's rash**.

barber's rash /ˌbɑːbəz ræʃ/ dermatite de barbeiro. ⇨ **barber's itch**.

barbital /ˈbɑːbɪtəl/ barbital. ⇨ **barbitone**.

barbitone /ˈbɑːbɪtəʊn/ barbitona: um tipo de barbitúrico. ☑ **barbital.**

barbiturate /bɑːˈbɪtʃʊrət/ barbitúrico: uma droga sedativa.

barbiturate abuse /bɑːˈbɪtʃʊrət əˌbjuːs/ uso abusivo de barbitúricos: uso contínuo de barbitúricos, que leva à dependência e que, na fase final, afeta o cérebro.

barbiturate dependence /bɑːˈbɪtʃʊrət dɪˌpendəns/ dependência de barbitúricos: necessidade de consumir barbitúricos regularmente.

barbiturate poisoning /bɑːˈbɪtʃʊrət ˌpɔɪz(ə)nɪŋ/ envenenamento por barbitúrico: envenenamento causado por superdosagem de barbitúricos.

barbotage /ˌbɑːbəˈtɑːʒ/ barbotagem: método de anestesia espinhal na qual o líquido cérebro-espinhal é aspirado e depois injetado novamente.

bare /beə/ nu, descoberto: sem nenhuma cobertura. ◊ **bare area of the liver:** área descoberta do fígado (grande porção triangular do fígado que não é coberta pelo peritônio).

bariatrics /ˌbæriˈætrɪks/ bariatria: tratamento médico da obesidade.

barium /ˈbeəriəm/ bário: elemento químico que forma compostos venenosos, usado como meio de contraste em raios-X de tecidos moles. Símbolo químico: **Ba**.

barium enema /ˌbeəriəm ˈenɪmə/ enema de bário: solução líquida contendo sulfato de bário, a qual é introduzida no reto, para aumentar o contraste no raio-X do intestino delgado.

barium meal /ˌbeəriəm ˈmiːl/ solução de bário: solução líquida contendo sulfato de bário, a qual é algumas vezes ingerida, para aumentar o contraste de raio-X do trato alimentar. ☑ **barium solution**.

barium solution /ˌbeəriəm səˌluːʃ(ə)n/ solução de bário. ⇨ **barium meal**.

barium sulphate /ˌbeəriəm ˈsʌlfeɪt/ sulfato de bário: sal de bário, não solúvel em água, que se mostra opaco em raios-X.

Barlow's disease /ˈbɑːləʊz dɪˌziːz/ doença de Barlow: escorbuto infantil, causado por falta de vitamina C. (Descrita em 1882 por Sir Thomas Barlow [1845-1945], médico em vários hospitais de Londres. Barlow também foi médico da rainha Victoria, do rei Edward VII e do rei George V.)

Barlow's sign /ˈbɑːləʊz saɪn/ sinal de Barlow: teste de avaliação da desarticulação congênita do quadril, na qual costuma ocorrer um movimento súbito, algumas vezes acompanhado por um som.

baroreceptor /ˌbærəʊrɪˈseptə/ barorreceptor: terminações nervosas sensoriais localizadas próximo da artéria carótida e do arco aórtico, sensíveis a alterações na pressão.

barotitis /ˌbærəʊˈtaɪtɪs/ barotite: dor de ouvido causada por diferenças na pressão atmosférica, por exemplo, em viagens aéreas.

barotrauma /ˌbærəʊˈtrɔːmə/ barotrauma: dano causado por aumento brusco na pressão.

Barr body /ˈbɑː ˌbɒdi/ corpo de Barr: aglomerado de cromatina encontrado apenas nas células femininas, que pode ser usado para identificar o sexo do bebê antes do nascimento. (Descrito em 1949 por Murray Llewellyn Barr [1908-1995], chefe do Departamento de Anatomia da University of Western Ontario, Canadá.)

Barré-Guillain syndrome /ˌbæreɪ ˈgiː jæn ˌsɪndrəʊm/ síndrome de Barré-Guillan. Veja **Guillain-Barré syndrome**.

barrel chest /ˌbærəl ˈtʃest/ tórax em barril: tórax semelhante a um barril, causado por asma ou enfisema.

barrier cream /ˈbæriə kriːm/ creme tipo barreira: creme aplicado na pele para prevenir que ela entre em contato com substâncias que causam irritação.

barrier method /ˈbæriə ˌmeθəd/ método barreira: método de contracepção no qual a entrada do espermatozóide no útero é bloqueada por um mecanismo de proteção, por exemplo, um preservativo ou um diafragma.

barrier nursing /ˈbæriə ˌnɜːsɪŋ/ enfermagem de isolamento: enfermagem que consiste na assistência a pessoas com doença infecciosa. Os procedimentos envolvem o isolamento do paciente e o cuidado para que as fezes e as roupas sujas de cama não transmitam a doença para outros pacientes.

> ...those affected by salmonella poisoning are being nursed in five isolation wards and about forty suspected sufferers are being barrier nursed in other wards. / "...pacientes com intoxicação por *Salmonella* estão sendo atendidos em cinco enfermarias tipo isolamento e cerca de quarenta suspeitos estão sendo assistidos em outras enfermarias." (*Nursing Times*)

bartholinitis /ˌbɑːθəlɪˈnaɪtɪs/ bartolinite: inflamação das glândulas de Bartholin.

Bartholin's glands /ˈbɑːθəlɪnz glændz/ glândulas de Bartholin: duas glândulas da vagina, localizadas entre esta e a vulva, que secretam uma substância lubrificante. Também chamadas de **greater vestibular glands**. (De Caspar Bartholin [1655-1748], anatomista dinamarquês.)

basal /ˈbeɪs(ə)l/ basal: localizado na base de alguma coisa, ou constituindo sua base.

basal cell /ˈbeɪs(ə)l sel/ célula basal: célula originária de um estrato germinativo. Veja também **stratum**.

basal cell carcinoma /ˌbeɪs(ə)l ˌsel ˌkɑːsɪˈnəʊmə/ carcinoma basocelular, carcinoma de células basais. ⇨ **rodent ulcer**.

basale /bəˈseɪli/ basal. Veja **stratum**.

basal ganglia /ˌbeɪs(ə)l ˈgæŋgliə/ gânglios basais: massas de matéria cinzenta na base de cada hemisfério cerebral, que recebem os impulsos do tálamo e influenciam os impulsos motores do córtex frontal.

basalis /bəˈseɪlɪs/ basal. Veja **decidua**.

basal metabolic rate /ˌbeɪsɪk metəˈbɒlɪk reɪt/ taxa metabólica basal: quantidade de energia usada pelo organismo na troca do oxigênio e do dióxido de carbono em pessoas em completo repouso físico. Foi utilizada antigamente para testar a atividade da glândula tireóide. Abreviatura: **BMR**.

basal metabolism /ˌbeɪs(ə)l məˈtæbəˌlɪz(ə)m/ metabolismo basal: a quantidade mínima de energia necessária para manter o funcionamento do organismo e a temperatura padrão em repouso.

basal narcosis /ˌbeɪs(ə)l nɑːˈkəʊsɪs/ narcose basal: administração de um narcótico antes de anestesia geral.

basal nuclei /ˌbeɪs(ə)l ˈnuːkliaɪ/ núcleos basais: massas de matéria cinzenta na base de cada hemisfério cerebral.

base /beɪs/ base: **1** a parte de baixo. *the base of the spine* / a base da espinha. ◊ **base of the brain:** a base do cérebro. **2** ingrediente principal de uma pomada, em oposição ao ingrediente ativo. **3** substância que reage na presença de um ácido para formar um sal. **4** basear: usar alguma coisa como base. ◊ **cream based on zinc oxide:** creme que usa como base o óxido de zinco.

Basedow's disease /ˈbæzɪdəʊz dɪˌziːz/ doença de Basedow: uma forma de hipertireoidismo. (Descrita em 1840 por Adolph Basedow [1799-1854], clínico geral em Mersburg, Alemanha.)

basement membrane /ˈbeɪsmənt ˌmembreɪn/ membrana de base: membrana na base de um epitélio.

basic /ˈbeɪsɪk/ básico: **1** algo muito simples, de que deriva tudo o mais. ◊ **basic structure of the skin:** estrutura básica da pele. Trata-se das duas camadas da pele, a derme interna e a epiderme externa. **2** referente a uma substância química que reage com um ácido para formar um sal.

basic salt /ˌbeɪsɪk ˈsɔːlt/ sal básico: composto químico formado quando um ácido reage com a base.

basilar /ˈbæzɪlə/ basilar: referente à base.

basilar artery /ˌbæzɪlə ˈɑːtəri/ artéria basilar: artéria situada na base do crânio.

basilar membrane /ˌbæzɪlə ˈmembreɪn/ membrana basilar: membrana coclear que transmite impulsos nervosos das vibrações sonoras para o nervo auditivo.

basilic /bəˈsɪlɪk/ basílico: importante ou proeminente.

basilic vein /bəˌzɪlɪk ˈveɪn/ veia basílica: grande veia que se estende ao longo do braço.

basin /ˈbeɪs(ə)n/ bacia: tigela grande.

basophil /ˈbeɪsəfɪl/ basófilo: tipo de leucócito que apresenta grânulos em seu citoplasma e contém histamina e heparina. ☑ **basophilic granulocyte; basophilic leucocyte**.

basophilia /ˌbeɪsəˈfɪliə/ basofilia: aumento no número de basófilos no sangue.

basophilic granulocyte /ˌbeɪsəfɪlɪk ˈɡrænjʊlə saɪt/ granulócito basófilo. ⇨ **basophil**.

basophilic leucocyte /ˌbeɪsəfɪlɪk ˈluːkəsaɪt/ leucócito basófilo. ⇨ **basophil**.

Batchelor plaster /ˈbætʃələ ˌplɑːstə/ gesso de Batchelor: molde de gesso que mantém as duas pernas afastadas. (De J. S. Batchelor [nascido em 1905], ortopedista e cirurgião inglês.)

bathe /beɪð/ lavar: lavar um ferimento. *She bathed the grazed knee with boiled water*. / Ela lavou o joelho esfolado com água fervida.

Batten's disease /ˈbæt(ə)nz dɪˌziːz/ doença de Batten: doença hereditária que afeta as enzimas cerebrais, causando a morte das células do cérebro e dos olhos.

battered baby syndrome /ˈbætəd ˌbeɪbi ˌsɪndrəʊm/ síndrome da criança espancada: condição na qual um bebê ou uma criança pequena é freqüentemente espancada, normalmente por um dos pais, ou pelos dois, sofrendo leões como múltiplas fraturas. ☑ **battered child syndrome**.

battered child syndrome /ˈbætəd ˌtʃaɪld ˌsɪndrəʊm/ síndrome da criança espancada. ⇨ **battered baby syndrome**.

battledore placenta /ˈbæt(ə)ldɔː pləˌsentə/ placenta em raquete: placenta com inserção marginal do cordão umbilical, no lugar de inserção central.

Bazin's disease /ˈbeɪzɪnz dɪˌziːz/ doença de Bazin. ⇨ **erythema induratum**. (Descrita em 1861 por Pierre Antoine Ernest Bazin [1807-1878], dermatologista do Hôpital St Louis, Paris, França.)

BC abreviatura de **bone conduction**.

BCC /ˌbiː siː ˈsiː/ abreviatura de **Breast Cancer Campaign**.

B cell /ˈbiː sel/ célula beta. ⇨ **beta cell**.

BCG /ˌbiː siː ˈdʒiː/ BCG: abreviatura de **bacille Calmette-Guérin**, vacina de imunização contra a tuberculose. ☑ **BCG vaccine**.

BCG vaccine /ˌbiː siː ˈdʒiː ˌvæksiːn/ vacina BCG. ⇨ **BCG**.

BCh /ˌbiː siː ˈeɪtʃ/ abreviatura de **bachelor of surgery**.

BDA abreviatura de **British Dental Association**.

bearing down /ˌbeərɪŋ ˈdaʊn/ esforço do parto: estágio do parto em que a mulher faz muita força para que o bebê deixe o útero.

bearing-down pain /ˌbeərɪŋ ˈdaʊn peɪn/ dor do parto: dor no útero durante a segunda fase do parto. Nota: as dores do parto são também associadas com prolapso do útero.

beat joint /ˈbiːt dʒɔɪnt/ trauma em articulação: inflamação de uma articulação, tal como cotovelo (cotovelo inflamado) ou joelho (joelho inflamado), causada por pancadas fortes freqüentes ou outras pressões.

Beck inventory of depression /ˌbek ˌɪnvən t(ə)ri əv dɪˈpreʃ(ə)n/ questionário de depressão de Beck: escala de classificação para depressão, na qual vinte e uma questões identificam atitudes freqüentemente apresentadas por pessoas que sofrem de depressão.

beclomethasone /ˌbekləˈmeθəsəʊn/ beclometasona: droga esteróide normalmente usada como inalante para o tratamento da asma ou da febre do feno.

becquerel /ˈbekərel/ bequerel: unidade SI de medida de radiação. Abreviatura: **Bq**. Nota: o becquerel é hoje usado no lugar do **curie**. Veja também **rad**.

bed bath /ˈbed bɑːθ/ banho no leito: o ato de lavar todo o corpo de uma pessoa incapaz de fazê-lo. ☑ **blanket bath**.

bed blocker /ˈbed ˌblɒkə/ cama bloqueada; leito bloqueado: paciente que não necessita de acompanhamento médico, mas continua no hospital, porque os cuidados de que precisa não estão disponíveis em outro lugar.

bed blocking /ˈbed ˌblɒkɪŋ/ uso de cama em hospital: o fato de pessoas serem mantidas no hospital porque não podem contar com assistência fora dali, o que impede que outras pessoas sejam tratadas.

bedbug /ˈbedbʌɡ/ percevejo: pequeno inseto sugador de sangue, que vive nas roupas sujas de cama.

bed occupancy /ˈbed ˌɒkjʊpənsi/ ocupação de leitos: a porcentagem de camas ocupadas em um hospital.

bed occupancy rate /bed ˈɒkjʊpənsi ˌreɪt/ taxa de ocupação de leito: estimativa do número de camas ocupadas em um hospital.

bedpan /ˈbedpæn/ comadre: recipiente no qual uma pessoa pode urinar ou defecar sem sair da cama.

bed rest /ˈbed rest/ repouso no leito: período de tempo em que o paciente fica na cama, a fim de se recuperar de uma doença.

bedridden /ˈbedˌrɪd(ə)n/ acamado: relativo a pessoas que estão muito doentes, o que as impossibilita de sair da cama por um longo período de tempo.

bedside manner /ˌbedsaɪd ˈmænə/ atendimento ao paciente acamado: modo como o médico trata o paciente, especialmente aquele confinado ao leito. ◊ **a good bedside manner:** bom atendimento médico ao paciente com a capacidade de fazê-lo se sentir seguro e tranqüilo.

bedsore /ˈbedsɔː/ úlcera do leito: inflamação da pele, que progride para úlcera, em pacientes há muito tempo no leito, e que resulta da pressão do colchão após algum tempo na mesma posição. Camas especiais, tais como colchão de ar, colchão com pequenas ondulações, e colchão de água são usadas para prevenir a formação da úlcera do leito. ☑ **pressure sore** e **decubitus ulcer**.

bedtable /ˈbedteɪb(ə)l/ mesinha para cama: mesa especialmente desenhada, que pode ser usada pelo paciente sentado na cama.

bedwetting /ˈbedwetɪŋ/ enurese. ⇨ **nocturnal enuresis**. Nota: este termo é usado principalmente com respeito a crianças. Veja também **wet**.

Beer's knife /ˈbɪəz naɪf/ bisturi de Beer: bisturi com uma lâmina triangular, usado em operações do olho. (De George Joseph Beer [1763-1821], oftalmologista alemão.)

behaviour /bɪˈheɪvjə/ comportamento: maneira de agir. *His behaviour was very aggressive.* / O comportamento dele foi muito agressivo.

behavioural /bɪˈheɪvjərəl/ comportamental: relativo a comportamento. Nota: no inglês americano usa-se **behavioral**.

behavioural scientist /bɪˌheɪvjərəl ˈsaɪəntɪst/ cientista comportamental: pessoa que se especializa no estudo do comportamento.

behaviourism /bɪˈheɪvjərɪz(ə)m/ teoria comportamental: em psicologia, teoria que propõe que apenas o comportamento de uma pessoa deveria ser estudado para descobrir os seus problemas psicológicos.

behaviourist /bɪˈheɪvjərɪst/ comportamentalista ou behaviorista: psicólogo adepto da terapia comportamental.

behaviour therapy /bɪˌheɪvjə ˈθerəpi/ terapia comportamental: forma de tratamento psiquiátrico na qual a pessoa aprende como melhorar sua condição.

Behçet's syndrome /ˈbeɪsets ˌsɪndrəʊm/ síndrome de Behçet: doença crônica do sistema imune, de etiologia desconhecida, que compromete os pequenos vasos sanguíneos e é caracterizada por ulcerações orais (boca) e, algumas vezes, genitais, lesões na pele e inflamação ocular. (Descrita em 1937 por Halushi Behçet [1889-1948], dermatologista turco.)

behind /bɪˈhaɪnd/ nádega. ⇨ **buttock** (informal).

bejel /ˈbedʒəl/ bejel: forma de sífilis não venérea, endêmica, que ataca crianças de algumas áreas do Oriente Médio e de alguns outros lugares, e que é causada pelo *Treponema pallidum*. ☑ **endemic syphilis**.

belch /beltʃ/ **1** arroto, eructação: o ato de soltar o ar do estômago pela boca. **2** arrotar: soltar pela boca o ar contido no estômago.

belching /ˈbeltʃɪŋ/ eructação: o ato de soltar pela boca o ar contido no estômago. ☑ **eructation**.

belladonna /ˌbeləˈdɒnə/ beladona: **1** planta venenosa com frutinhas silvestres, que contém atropina. ☑ **deadly nightshade**. **2** uma forma de atropina extraída da beladona.

belle indifférence /ˌbel ænˈdɪferɑːns/ a bela indiferença: estado excessivamente calmo de uma pessoa, em uma situação que normalmente causaria grande emoção.

Bellocq's cannula /beˌlɒks ˈkænjʊlə/ cânula de Bellocq: instrumento usado para controlar um sangramento nasal. (De Jean Jacques Bellocq [1732-1807], cirurgião francês.). ☑ **Bellocq's sound**.

Bellocq's sound /beˌlɒks ˈsaʊnd/ sonda de Bellocq. ⇨ **Bellocq's cannula**.

Bell's mania /ˌbelz ˈmeɪniə/ mania de Bell: forma aguda de distúrbio emocional acompanhado de delírio. (De Luther Vose Bell [1806-1862], fisiologista americano.)

Bell's palsy /ˌbelz ˈpɔːlzi/ paralisia de Bell: paralisia facial unilateral que impede um olho de se fechar. (Descrita em 1821 por Sir Charles Bell [1774-1842], cirurgião escocês que deu aulas de anatomia, primeiramente em Edimburgo e depois em Londres. Bell também foi professor de anatomia da Royal Academy.) ☑ **facial paralysis**.

belly /ˈbeli/ abdomen / ventre: **1** ⇨ **abdomen**. **2** a parte ampla e tumefada de um músculo.

bellyache /ˈbelieɪk/ dor de barriga: dor no abdome ou cólica.

belly button /ˈbeli ˌbʌt(ə)n/ umbigo: o umbigo (informal).

Bence Jones protein /ˌbens ˈdʒəʊnz ˌprəʊtiːn/ proteína de Bence Jones: proteína encontrada na urina de pacientes com mielomatose, linfoma, leucemia e alguns outros tipos de câncer. (Descrita em 1848 por Henry Bence Jones [1814-1873], médico do St. George's Hospital, Londres, UK.)

bends /bendz/ mal dos mergulhadores. ◊ **the bends:** mal dos mergulhadores. ⇨ **caisson disease**.

Benedict's solution /ˈbenɪdɪkts səˌluːʃ(ə)n/ solução de Benedict: solução usada para realizar o teste de Benedict.

Benedict's test /ˈbenɪdɪkts test/ teste de Benedict: teste para verificar a presença de açúcar na urina. (Descrita em 1915 por Stanley Rossiter Benedict [1884-1936], químico e fisiologista da Cornell University, Nova York, EUA.)

benign /bəˈnaɪn/ benigno: geralmente inofensivo, sem malignidade.

benign growth /bəˈnaɪn ɡrəʊθ/ neoplasma benigno. ⇨ **benign tumour**.

benign pancreatic disease /bəˌnaɪn ˌpæŋkriˈæ tɪk dɪˌziːz/ doença pancreática benigna: pancreatite crônica.

benign prostatic hypertrophy /bɪˌnaɪn prɒˌs
tætɪk haɪˈpɜːtrəfi/ hipertrofia prostática benigna: aumento não maligno da próstata. Abreviatura: **BPH**

benign tumour /bəˌnaɪn ˈtjuːmə/ tumor benigno: tumor que, se removido com cirurgia, não
crescerá novamente nem se espalhará para outras partes do corpo, mas que pode ser fatal se
não for tratado. ☑ **benign growth**. Oposto de
malignant tumour.

Bennett's fracture /ˌbenɪts ˈfræktʃə/ fratura de
Bennett: fratura do primeiro metacarpo, o osso
entre o polegar e o punho. (Descrita em 1886
por Edward Halloran Bennett [1837-1907], anatomista irlandês, mais tarde professor de cirurgia
do Trinity College, em Dublin, Irlanda.)

bent /bent/ curvado. ◊ **bent double:** completamente curvado, de modo que a face encontra-se
voltada para o chão. *He was bent double with
pain.* / Ele estava completamente curvado de dor.

benzocaine /ˈbenzəkeɪn/ benzocaína: droga
com propriedades anestésicas, usada em algumas infecções de garganta e em cremes para a
pele.

benzodiazepine /ˌbenzəʊdaɪˈæzəpiːn/ benzo-
diazepínico: droga que age nos receptores do
sistema nervoso central para aliviar os sintomas
de ansiedade e insônia, embora o seu uso prolongado deva ser evitado. Nota: os benzodiazepínicos têm nomes que terminam em **-azepam**:
diazepam.

benzoin /ˈbenzəʊɪn/ benzoína: resina usada na
fabricação de bálsamo do frade.

benzyl benzoate /ˌbenzɪl ˈbenzəʊeɪt/ benzoato
de benzila: líquido oleoso, incolor, que ocorre
naturalmente nos bálsamos, usado em produtos
medicinais e perfumaria.

benzylpenicillin /ˌbenzɪl penɪˈsɪlɪn/ benzilpenicilina: droga antibacteriana, usada contra infecções provocadas por estreptococos, meningite meningocócica e outras infecções graves.

bereavement /bɪˈriːvmənt/ perda: a perda de
alguém, especialmente um parente próximo ou
amigo, por morte.

beriberi /ˌberiˈberi/ beribéri: doença do sistema
nervoso causada por falta de vitamina B₁. Observação: a doença prevalece em países tropicais,
nos quais a dieta alimentar é constituída de arroz
branco, que é deficiente em tiamina.

berylliosis /bəˌrɪliˈəʊsɪs/ beriliose: envenenamento causado pela aspiração de partículas de
um composto químico venenoso, o óxido de
berilo.

Besnier's prurigo /ˌbenieɪz pruˈraɪɡəʊ/ prurigo de Besnier: erupção cutânea, acompanhada
de coceira, na parte de trás dos joelhos e na parte
interna dos cotovelos. (De Ernest Besnier [1831-
1909], dermatologista francês.)

beta /ˈbiːtə/ beta: a segunda letra do alfabeto
grego.

beta-adrenergic receptor /ˌbiːtə ˌædrəˈnɜːdʒɪk
rɪˈseptə/ receptor β-adrenérgico: terminação ner-

vosa sensorial na pele, que responde à adrenalina acelerando a freqüência cardíaca ou dilatando
os brônquios.

beta amyloid /ˌbiːtə ˈæmɪlɔɪd/ β-amilóide: proteína semelhante à cera, constituída de proteína
precursora amilóide nas células nervosas, que
se agregam na doença de Alzheimer, formando
placas.

beta blocker /ˈbiːtə ˌblɒkə/ β-bloqueador: droga que reduz a freqüência cardíaca. Nota: os
betabloqueadores têm nomes que terminam em
-olol: atenolol, propranolol.

beta cell /ˈbiːtə sel/ célula beta: células encontradas nas ilhotas de Langerhans, no pâncreas,
que produzem insulina. ☑ **B cell**. Veja também
alpha cell.

Betadine /ˈbiːtədiːn/ Betadine: nome comercial
de um tipo de iodo.

betamethasone /ˌbiːtəˈmeθəsəʊn/ betametasona: droga corticosteróide muito potente.

beta rhythm /ˈbiːtə ˌrɪθəm/ ritmo beta: padrão
de ondas elétricas no cérebro de uma pessoa que
está acordada e ativa, registrado em um eletroencefalograma a 18-30 hertz.

betaxolol /bɪˈtæksəlɒl/ betaxolol: droga beta-
bloqueadora usada no tratamento da hipertensão
e glaucoma.

bethanechol /beˈθænɪkɒl/ betanecol: droga antagonista usada para aumentar o tônus muscular
após cirurgia.

Betnovate /ˈbetnəveɪt/ Betnovate: nome comercial de uma pomada que contém betametasona.

bi- /baɪ/ bi-: forma combinante que significa duas
vezes.

bias /ˈbaɪəs/ viés: erro sistemático no desenho ou
condução de um estudo, o qual pode explicar os
resultados.

bicarbonate of soda /baɪˈkɑːbənət əv ˈsəʊdə/
bicarbonato de sódio. ⇨ **sodium bicarbonate**.

biceps /ˈbaɪseps/ bíceps: qualquer músculo constituído de duas origens ou cabeças, interligadas
para formar um tendão, especialmente os músculos da parte frontal do braço (*biceps brachii*) e
da parte posterior da coxa (*biceps femoris*). Veja
também **triceps**. Plural: **biceps**.

bicipital /baɪˈsɪpɪt(ə)l/ bicipital: **1** relativo ao
músculo bíceps. **2** que tem duas partes.

biconcave /baɪˈkɒnkeɪv/ bicôncavo: referente à
lente que é côncava dos dois lados.

biconvex /baɪˈkɒnveks/ biconvexo: referente à
lente que é convexa dos dois lados.

bicornuate /baɪˈkɔːnjuət/ bicórneo: que apresenta duas projeções. Nota: a palavra é usada
algumas vezes para indicar uma malformação
do útero.

bicuspid /baɪˈkʌspɪd/ bicúspide: **1** que tem duas
pontas. **2** dente pré-molar.

bicuspid valve /baɪˈkʌspɪd ˌvælv/ válvula
bicúspide. ⇨ **mitral valve**. Veja ilustração em
Heart, no Apêndice.

b.i.d. abreviatura de **bis in die**.

bifid /'baɪfɪd/ bífido: fendido em duas partes.

bifida /'bɪfɪdə/ bífida. Veja **spina bifida**.

bifocal /baɪ'fəʊk(ə)l/ bifocal: termo usado para designar lentes com dois focos diferentes, um para enxergar objetos próximos, outro para objetos distantes.

bifocal glasses /baɪ,fəʊk(ə)l 'glɑːsɪz/ óculos bifocais: óculos com duas distâncias focais diferentes na mesma lente; a parte superior é usada para enxergar objetos distantes, a parte inferior para visão próxima. ⇨ **bifocal lenses** (lentes bifocais) e **bifocals** (bifocais).

bifurcate /'baɪfəkeɪt/ **1** bifurcado: dividido ou ramificado em duas partes. **2** bifurcar: dividir-se ou ramificar-se em duas partes.

bifurcation /,baɪfə'keɪʃ(ə)n/ bifurcação: local em que alguma coisa se divide em duas partes.

bigeminy /baɪ'dʒemɪni/ bigeminismo, bigeminia. ⇨ **pulsus bigeminus**.

big toe /bɪg 'təʊ/ dedão do pé: o maior dos cinco dedos do pé. ☑ **great toe**.

biguanide /baɪ'gwɑːnaɪd/ biguanida: droga que diminui a taxa de açúcar no sangue, usada no tratamento do diabetes do Tipo II.

bilateral /baɪ'læt(ə)rəl/ bilateral: que afeta os dois lados.

bilateral adrenalectomy /baɪ,læt(ə)rəl ə,driːnə'lektəmi/ adrenalectomia bilateral: remoção cirúrgica das glândulas adrenais.

bilateral pneumonia /baɪ,læt(ə)rəl njuː'məʊniə/ pneumonia bilateral: pneumonia que afeta os dois pulmões. ☑ **double pneumonia**.

bilateral vasectomy /baɪ,læt(ə)rəl və'sektəmi/ vasectomia bilateral: cirurgia para seccionar os dois vasos deferentes, tornando o homem estéril. Veja também **vasectomy**.

bile /baɪl/ bile: líquido grosso e amargo, de coloração castanha, produzido pelo fígado e armazenado na vesícula biliar, usado para digerir substâncias gordurosas e neutralizar ácidos. ☑ **gall**. Nota: para conhecer outros termos referentes à bile, veja os que começam com **chol-**. **chole-** Observação: na icterícia, o excesso de pigmentos biliares flui para o sangue e resulta na aparência amarela do paciente.

bile acid /'baɪl ,æsɪd/ ácido biliar: tipo de ácido encontrado na bile, por exemplo, ácido coléico.

bile canal /'baɪl kə,næl/ canal biliar: vaso muito pequeno que liga uma célula hepática ao ducto biliar.

bile duct /'baɪl dʌkt/ ducto biliar: tubo que liga o ducto cístico e o ducto hepático ao duodeno.

bile pigment /'baɪl ,pɪgmənt/ pigmento biliar: matéria incolor presente na bile.

bile salts /'baɪl sɔːltz/ sais biliares: sais de sódio dos ácidos biliares.

bilharzia /bɪl'hɑːtsiə/ bilharzia: **1** verme que penetra na corrente sanguínea, causando bilharzíaze. ☑ **Schistosoma**. **2** ⇨ **bilharziasis**. Nota: embora estritamente falando, **bilharzia** seja o nome do verme, o termo é também usado, de modo geral, para designar a doença: *bilharzia patients* / pacientes com bilharzia. *six cases of bilharzia* / seis casos de bilharzia.

bilharziasis /,bɪlhɑː'tsaɪəsɪs/ bilharzíase, bilharziose: doença tropical causada por trematóideos no intestino ou bexiga. ☑ **bilharzia, schistosomiasis**. Observação: as larvas penetram na pele e se alojam nas paredes do intestino ou bexiga. Elas são eliminadas do organismo pelas fezes ou urina, e voltam para a água, onde se alojam e se desenvolvem no caracol, seu hospedeiro secundário, antes de retornar ao homem. Os pacientes têm febre e anemia.

bili- /bɪli/ bil(i)-: forma combinante relativa à bile. Nota: para conhecer outros termos referentes a bile, veja os que começam com **chol-, chole-**.

biliary /'bɪliəri/ biliar: relativo à bile.

biliary colic /,bɪliəri 'kɒlɪk/ cólica biliar: dor abdominal causada por cálculos biliares ou inflamação da vesícula biliar.

biliary fistula /,bɪliəri 'fɪstjʊlə/ fístula biliar: passagem anormal (fístula) que se comunica com a vesícula biliar, o canal biliar e o fígado.

bilious /'bɪliəs/ bilioso: **1** relativo a bile. **2** relativo à náusea (informal).

biliousness /'bɪliəsnəs/ biliosidade: sensação de indigestão e náusea (informal).

bilirubin /,bɪli'ruːbɪn/ bilirrubina: pigmento vermelho presente na bile.

bilirubinaemia /,bɪliruːbɪ'niːmiə/ bilirrubinemia: excesso de bilirrubina no sangue.

biliuria /,bɪli'jʊəriə/ biliúria: presença de bile na urina. ☑ **choluria**.

biliverdin /,bɪli'vɜːdɪn/ biliverdina: pigmento verde presente na bile, produzido pela oxidação da bilirrubina.

Billings method /'bɪlɪŋz ,meθəd/ método de Billings: método de controle da natalidade que usa a coloração e a consistência do muco cervical como indicadores para saber se a ovulação está ocorrendo.

Billroth's operations /'bɪlrɒθs ɒpə,reɪʃ(ə)nz/ operações de Billroth: cirurgia na qual a parte inferior do estômago é removida e a parte remanescente é ligada ao duodeno (Billroth I) ou ao jejuno (Billroth II). (Descrita em 1881 por Christian Albert Theodore Billroth [1829-1894], cirurgião prussiano.)

bilobate /baɪ'ləʊbeɪt/ bilobado: que tem dois lobos.

bimanual /baɪ'mænjuəl/ bimanual: feito com as duas mãos ou que precisa das duas mãos para ser realizado.

binary /'baɪnəri/ binário: constituído de duas partes.

binary fission /,baɪnəri 'fɪʃ(ə)n/ fissão binária: em alguns tipos de divisão celular, o processo de fender-se em duas partes.

binaural /baɪn'ɔːrəl/ binauricular: que utiliza os dois ouvidos, ou relativo aos dois ouvidos.

binder /ˈbaɪndə/ bangadem larga, especialmente usada para abdome: atadura que é enrolada em um membro para apoiá-lo.

Binet's test /ˈbɪneɪz test/ teste de Binet: teste de inteligência para crianças. (Descrito originalmente em 1905, foi posteriormente modificado na Stanford University, Califórnia, EUA. De Alfred Binet [1857-1911], psicólogo e fisiologista francês.)

binocular /bɪˈnɒkjʊlə/ binocular: relativo aos dois olhos. Compare com **monocular**.

binocular vision /bɪˌnɒkjʊlə ˈvɪʒ(ə)n/ visão binocular: capacidade de enxergar com os dois olhos ao mesmo tempo, o que produz um efeito estereoscópico e permite avaliar distâncias. Compare com **monocular vision**.

binovular /bɪˈnɒvjʊlə/ binovular: relativos a gêmeos que se originam de dois óvulos diferentes.

bio- /baɪəʊ/ bio-: forma combinante que significa vida.

bioactive /ˌbaɪəʊˈæktɪv/ bioativo: que produz um efeito nos tecidos vivos ou em um organismo vivo.

bioassay /ˌbaɪəʊˈseɪ/ bioensaio: determinação da potência de uma droga, hormônio, vitamina ou soro, mediante a comprovação de seu efeito sobre animais e tecidos.

bioavailability /ˌbaɪəʊəveɪləˈbɪlɪti/ biodisponibilidade: o grau a que um nutriente ou medicamento torna-se disponível ao organismo.

biochemical /ˌbaɪəʊˈkemɪk(ə)l/ bioquímico: relativo à bioquímica.

biochemistry /ˌbaɪəʊˈkemɪstri/ bioquímica: a química dos tecidos vivos.

biocide /ˈbaɪəʊsaɪd/ biocida: substância que mata organismo vivos.

biocompatibility /ˌbaɪəʊkəmpætəˈbɪlɪti/ biocompatibilidade: a compatibilidade de um órgão doado ou de um membro artificial com o tecido vivo no qual ele foi introduzido ou com o qual ele mantém contato.

biodegradable /ˌbaɪəʊdɪˈgreɪdəb(ə)l/ biodegradável: que é facilmente decomposto por organismos, tais como bactérias, ou pelo efeito da luz solar, do mar etc.

bioengineering /ˌbaɪəʊendʒɪˈnɪərɪŋ/ bioengenharia. ⇨ **biomedical engineering**.

bioethics /ˈbaɪəʊˌeθɪks/ bioética: estudo da moral e da ética na pesquisa médica e no tratamento de pacientes, especialmente quando se dispõe de uma tecnologia avançada.

biofeedback /ˌbaɪəʊˈfiːdbæk/ biofeedback: técnica de controle do sistema nervoso autônomo que, muitas vezes, capacita o indivíduo a ganhar algum controle voluntário, enquanto ele vê o resultado dos testes ou varreduras.

biogenesis /ˌbaɪəʊˈdʒenəsɪs/ biogênese: teoria segundo a qual os organismos vivos podem se desenvolver apenas a partir de outros orgnismos vivos.

biohazard /ˈbaɪəʊˌhæzəd/ risco biológico: um agente infeccioso ou venenoso potencialmente perigoso para os seres humanos ou seu meio ambiente.

bioinstrumentation /ˌbaɪəʊɪnstrəmenˈteɪʃ(ə)n/ bioinstrumentação: dispositivos geralmente ligados ao corpo humano para registrar e transmitir informações sobre as funções orgânicas.

biological /ˌbaɪəˈlɒdʒɪk(ə)l/ biológico: relativo à biologia.

biological clock /ˌbaɪəlɒdʒɪk(ə)l ˈklɒk/ relógio biológico: ritmo das atividades diárias e dos processos orgânicos, tais como comer, defecar ou dormir, freqüentemente controlados por hormônios, que se repetem a cada vinte e quatro horas. ☑ **circadian rhythm**.

biological parent /ˌbaɪəˌlɒdʒɪk(ə)l ˈpeərəmt/ pais biológicos: pai fisicamente envolvido na concepção de uma criança.

biologist /baɪˈɒlədʒɪst/ biólogo: cientista que se especializou em biologia.

biology /baɪˈɒlədʒi/ biologia: estudo dos organismos vivos.

biomaterial /ˌbaɪəʊməˈtɪəriəl/ biomaterial: material sintético que pode ser usado como implante em um tecido vivo.

biomedical engineering /ˌbaɪəʊmedɪk(ə)l ˌendʒɪˈnɪərɪŋ/ engenharia biomédica: aplicação de ciências da engenharia, tais como robótica e hidráulica, à medicina. ☑ **bioengineering**

biomedicine /ˈbaɪəʊˌmed(ə)s(ə)n/ biomedicina: **1** o uso dos princípios da biologia, bioquímica, fisiologia e outras ciências naturais para resolver problemas da medicina clínica. **2** o estudo da capacidade do corpo de suportar um meio ambiente extremamente hostil.

biometry /baɪˈɒmətri/ biometria: ciência que aplica os princípios da estatística ao estudo dos seres vivos. ◊ **biometry of the eye:** biometria do olho (medição do olho por meio de ultra-som). ◊ **biometry of a fetus:** biometria de um feto (medição dos parâmetros-chave de crescimento do feto por meio de ultra-som).

biomonitoring /ˈbaɪəʊˌmɒnɪt(ə)rɪŋ/ biomonitorização: a medição e o rastreamento de uma substância química em um organismo vivo ou material biológico, por exemplo, sangue ou urina, normalmente para checar a poluição ambiental ou a exposição química.

bionic ear /baɪˈɒnɪk ɪə/ orelha biônica: um implante coclear.

bionics /baɪˈɒnɪks/ biônica: o conhecimentos dos sistemas biológicos aplicado em aparelhos mecânicos e eletrônicos.

biopharmaceutical /ˌbaɪəʊfɑːməˈsuːtɪk(ə)l/ biofarmacêutico: droga que é produzida por métodos biotecnológicos.

biophysical profile /ˌbaɪəʊfɪzɪk(ə)l ˈprəʊfaɪl/ perfil biofísico: perfil do feto, com base em dados sobre sua respiração e movimentos.

biopsy /ˈbaɪɒpsi/ biópsia: retirada de um pedacinho de tecido vivo para exame e diagnóstico. *The biopsy of the tissue from the growth showed that it was benign.* / A biópsia do tecido do tumor revelou que ele era benigno.

biorhythm /'baɪəʊrɪð(ə)m/ biorritmo: variação cíclica, inerente a um estado dos organismos vivos, por exemplo, o ciclo do sono, do despertar ou o ciclo reprodutivo. Nota: algumas pessoas acreditam que o biorritmo afeta o comportamento e o humor.

biosensor /'baɪəʊˌsensə/ biossensor: aparelho que usa um agente biológico, por exemplo, uma enzima ou organela, para detectar, medir e analisar compostos químicos. Nota: os biossensores têm sido largamente usados em testes de diagnóstico de condições médicas, por exemplo, a pressão arterial.

biostatistics /ˌbaɪəʊstə'tɪstɪks/ bioestatística: a estatística usada em medicina e o estudo das doenças.

biosurgery /'baɪəʊˌsɜːdʒəri/ biocirurgia: uso de organismos vivos em cirurgia e tratamento póscirúrgico, especialmente o uso de gusanos ou de sanguessugas para limpar ferimentos.

biotechnology /ˌbaɪəʊtek'nɒlədʒi/ biotecnologia: **1** o uso de processos biológicos na produção industrial, por exemplo, na fabricação de drogas. **2** ⇨ **genetic modification**.

biotherapy /'baɪəʊˌθerəpi/ bioterapia: tratamento de uma doença com substâncias produzidas pela ação de organismos vivos, tais como soros, vacinas ou antibióticos.

biotin /'baɪətɪn/ biotina: um tipo de vitamina B encontrado na gema do ovo, fígado e levedura.

biparietal /ˌbaɪpə'raɪət(ə)l/ biparietal: relativo aos dois ossos parietais.

biparous /'bɪpərəs/ bíparo: que produz filhos gêmeos.

bipennate /baɪ'peneɪt/ bipenado: relativo ao músculo cujas fibras convergem de cada lado do tendão, a exemplo dos filamentos de uma pena.

bipolar /baɪ'pəʊlə/ bipolar: que possui dois polos. Veja ilustração em **Neuron**, no Apêndice.

bipolar disorder /ˌbaɪpəʊlə dɪs'ɔːdə/ distúrbio bipolar: condição psicológica na qual a pessoa oscila entre períodos de euforia (*mania*) e depressão, e experiências ilusórias. ☑ **manic-depressive illness; manic depression**.

bipolar neurone /baɪˌpəʊlə 'njʊərəʊn/ neurônio bipolar: célula nervosa que tem dois processos, um dendrito e um axônio, encontrada na retina. Veja ilustração em **Neuron**, no Apêndice. Compare com **multipolar neurone** e **unipolar neurone**.

birth /bɜːθ/ nascimento, parto: o ato de nascer. ◊ **to give birth:** dar à luz um bebê. *She gave birth to twins.* / Ela teve gêmeos.

birth canal /'bɜːθ kəˌnæl/ canal do parto: o útero, a vagina e a vulva.

birth control /'bɜːθ kənˌtrəʊl/ controle de natalidade. ⇨ **contraception**.

birth control pill /'bɜːθ kənˌtrəʊl pɪl/ pílula anticoncepcional. ⇨ **oral contraceptive**.

birth defect /'bɜːθ ˌdiːfekt/ defeito congênito. ⇨ **congenital anomaly**. Nota: atualmente, evita-se o uso do termo *defect* (defeito).

birthing /'bɜːθɪŋ/ nascimento, parto: **1** o processo de dar à luz uma criança por meio de métodos naturais. **2** que é projetado para auxiliar o parto.

birthing chair /'bɜːθɪŋ tʃeə/ cadeira de parto: cadeira especial na qual a mulher senta-se para dar à luz.

birthing pool /'bɜːθɪŋ puːl/ banheira de parto: banheira especial, grande, na qual a mulher pode relaxar e quando está dando a luz.

birthing room /'bɜːθɪŋ ruːm/ sala de parto: área reservada, em um hospital ou outro prédio, para proporcionar à mulher grávida um ambiente caseiro e confortável.

birth injury /'bɜːθ ˌɪndʒəri/ lesão de parto: lesão que o bebê sofre durante o nascimento, por exemplo, lesão cerebral.

birthmark /'bɜːθmɑːk/ marca de nascença: mancha pouco usual que uma pessoa traz na pele ao nascer. ☑ **naevus**.

birth mother /'bɜːθ ˌmʌðə/ mãe biológica, mãe natural: mulher que deu à luz uma criança. ☑ **natural mother**.

birth parent /'bɜːθ ˌpeərənt/ pai biológico, pai natural: os pais biológicos do recém-nascido. ☑ **natural mother**.

birth plan /bɜːθ plæn/ planejamento do parto: uma relação dos desejos da mulher grávida, por exemplo, onde gostaria de ter o bebê, qual o tipo de parto (natural ou cesariana) pensa ter, ou quais os analgésicos que deseja tomar.

birth rate /'bɜːθ reɪt/ índice de natalidade: número de nascimentos por ano, estimado por milhar ao ano. *a birth rate of 15 per thousand* / um índice de natalidade de 15 por mil. *There has been a severe decline in the birth rate.* / Atualmente, tem havido um grande declínio na taxa de natalidade.

birth trauma /'bɜːθ ˌtrɔːmə/ trauma de parto: lesão causada ao bebê durante o trabalho de parto.

birth weigth /'bɜːθ weɪt/ peso do recém-nascido: peso do bebê ao nascer.

bisacodyl /ˌbaɪsə'kəʊdɪl/ bisacodil: nome de um laxante.

bisexual /baɪ'sekʃuəl/ bissexual: que, ou aquele que se sente sexualmente atraído tanto por homens quanto por mulheres. Compare com **heterosexual** e **homosexual**.

bisexuality /ˌbaɪsekʃu'ælɪti/ bissexualidade: o estado de se sentir sexualmente atraído tanto por homens quanto por mulheres.

bis in die /ˌbɪs ɪn 'diːeɪ/ duas vezes ao dia (usada em prescrições médicas). Abreviatura: **b.i.d.**

bismuth /'bɪzməθ/ bismuto: um elemento químico. Símbolo: **Bi**.

bismuth salts /'bɪzməθ sɔːlts/ sais de bismuto: sais usados no tratamento da acidez estomacal e, antigamente, da sífilis.

bistoury /'bɪstəri/ bisturi: faca usada em cirurgia, de lâmina estreita e afiada.

bite /baɪt/ **1** morder: a) cortar alguma coisa com os dentes. *He bit a piece out of the apple.* / Ele mordeu um pedaço da maçã. ◊ **to bite on something:** a) morder alguma coisa; segurar algo com os dentes. *The dentist told him to bite on the bite wing.* / O dentista disse ao paciente para morder o *bite wing.* b) (inseto) furar a pele de alguém. **2** mordida: a) a ação de morder ou ser mordido. b) um lugar ou marca onde alguém foi mordido. *a dog bite* / uma mordida de cachorro. *an insect bite* / uma picada de inseto.

bite wing /'baɪt wɪŋ/ suporte para radiografias interproximais: suporte que a pessoa morde, e que permite a radiografia da coroa dos dentes superiores e inferiores ao mesmo tempo. É usado para verificar a presença de cáries dentárias.

Bitot's spots /ˌbiːtəʊz 'spɒts/ manchas de Bitot: pequenas manchas brancas na conjuntiva, causadas por deficiência de vitamina A. (Descrita em 1863 por Pierre A. Bitot [1822-1888], médico francês.)

bivalve /'baɪvælv/ bivalve: que, ou o que possui duas válvulas.

black eye /ˌblæk 'aɪ/ olho preto: equimose e tumefação dos tecidos ao redor do olho, usualmente causados por uma pancada. ☑ **shiner**.

blackhead /'blækhed/ cravo, comedão aberto. ⇨ **comedo** (informal).

black heel /'blæk ˌhiːl/ calcanhar preto: hemorragia na parte interna do calcanhar, caracterizada por manchas pretas.

black out /ˌblæk 'aʊt/ desmaiar: perder subitamente a consciência. *I suddenly blacked out and I can't remember anything more.* / Perdi subitamente a consciência e não me lembro de mais nada.

blackout /'blækaʊt/ desmaio: perda súbita de consciência (informal). *She must have had a blackout while driving.* / Ela deve ter tido um desmaio enquanto dirigia.

black spots /ˌblæk 'spɒts/ pontinhos pretos. ◊ **black spots in front of the eyes:** pontinhos pretos em movimento, vistos quando se olha para alguma coisa; são mais perceptíveis quando a pessoa está cansada ou enfraquecida, e mais comum em indivíduos míopes.

blackwater fever /'blækwɔːtə ˌfiːvə/ febre hemoglobinúrica: uma forma de malária em que a hemoglobina dos glóbulos vermelhos é liberada no plasma e escurece a urina.

bladder /'blædə/ bexiga: qualquer bolsa (saco) no organismo, especialmente aquela onde a urina se acumula antes de ser distribuída no organismo. *He is suffering from bladder trouble.* / Ele está sofrendo de problemas na bexiga. *She is taking antibiotic for a bladder infection.* / Ela está tomando antibióticos para uma infecção na bexiga.

Blalock's operation /'bleɪlɒks ɒpəˌreɪʃ(ə)n/ operação de Blalock: cirurgia para ligar a artéria pulmonar à artéria subclávia, a fim de aumentar o fluxo sanguíneo para os pulmões de pessoas com tetralogia de Fallot. ☑ **Blalock-Taussig operation**.

Blalock-Taussig operation /'bleɪlɒk 'tɔːsɪg ɒpəˌreɪʃ(ə)n/ operação de Blalock-Taussig. ⇨ **Blalock's operation**.

bland /blænd/ leve, ameno: relativo à comida que não é nem picante, nem ácida, e que não causa irritação estomacal.

bland diet /ˌblænd 'daɪət/ dieta leve: dieta na qual a pessoa come principalmente alimentos derivados do leite, vegetais cozidos e carne branca, usada no tratamento da úlcera péptica.

blanket bath /'blæŋkɪt bɑːθ/ banho no leito. ⇨ **bed bath**.

blast /blɑːst/ deslocamento de ar: **1** uma explosão de ar comprimido, que pode causar concussão. **2** uma forma de célula precursora imatura, antes do desenvolvimento de suas características distintas.

-blast /blæst/ blast(o)-: forma combinante que se refere a um estágio primeiro no desenvolvimento de uma célula.

blast injury /'blɑːst ˌɪndʒəri/ lesão por onda de choque de explosão: uma lesão grave no tórax após pancada.

blasto- /blæstəʊ/ blast(o)-: forma combinante que se refere a uma célula germinativa.

blastocoele /'blæstəʊsiːl/ blastocele: cavidade preenchida com líquido em uma mórula. No inglês americano usa-se **blastocele**.

blastocyst /'blæstəʊsɪst/ blastocisto: primeiro estágio no desenvolvimento de um embrião.

Blastomyces /ˌblæstəʊ'maɪsiːz/ Blastomyces: tipo de fungo parasita que causa infecção na pele.

blastomycosis /ˌblæstəʊmaɪ'kəʊsɪs/ blastomicose: infecção causada por *Blastomyces*.

blastula /'blæstjʊlə/ blástula: primeiro estágio no desenvolvimento de um embrião em animais.

bleb /bleb/ flictena: grande vesícula flácida. Compare com **bulla**.

bled /bled/ sangrado, que derramou sangue. Veja **bleed**.

bleed /bliːd/ sangrar: perder sangue. *His knee was bleeding.* / O joelho dele estava sangrando. *He was bleeding from a cut on the head.* / Ele estava sangrando por causa de um ferimento na cabeça.

bleeder /'bliːdə/ hemorrágico: **1** um vaso sanguíneo que sangra durante uma cirurgia. **2** uma pessoa hemofílica (informal).

bleeding /'bliːdɪŋ/ sangramento: perda incomum de sangue através da pele, de um orifício, ou de uma hemorragia interna. Observação: o sangramento causado por uma artéria é vermelho brilhante e pode sair apressadamente porque está sob pressão. O sangramento causado por uma veia é vermelho escuro e sai mais devagar.

bleeding point /'bliːdɪŋ pɔɪnt/ local de sangramento: lugar no organismo em que ocorre um sangramento. ☑ **bleeding site**.

bleeding site /'bliːdɪŋ saɪt/ ponto de sangramento. ⇨ **bleeding point**.

bleeding time /'bli:dɪŋ taɪm/ teste de coagulação sanguínea: teste da capacidade de coagulação sanguínea de uma pessoa, por meio da avaliação do tempo que o sangue demora para solidificar.

blenno- /blenəʊ/ blen(o)-: forma combinante referente a muco.

blennorrhagia /ˌblenəʊ'reɪdʒə/ blenorragia: **1** secreção de muco. **2** gonorréia.

blennorrhoea /ˌblenə'ri:ə/ blenorréia: **1** secreção de muco aquoso. **2** gonorréia.

bleomycin /ˌbli:əʊ'maɪsɪn/ bleomicina: antibiótico usado para tratar algumas formas de câncer, como a doença de Hodgkin.

blephar- /'blefər/ blefar(o)-: forma combinante relativa à pálpebra. Veja também **blepharo-**.

blepharitis /ˌblefə'raɪtɪs/ blefarite: inflamação da pálpebra.

blepharo- /blefərəʊ/ ⇨ **blephar-**.

blepharoconjunctivitis /ˌblefərəʊkənˌdʒʌŋktɪ'vaɪtɪs/ blefaroconjuntivite: inflamação da conjuntiva das pálpebras.

blepharon /'blefərɒn/ pálpebra: nome que se dá à pálpebra. ⇨ **eyelid**.

blepharospasm /'blefərəʊspæz(ə)m/ blefarospasmo: contração súbita da pálpebra, que acontece, por exemplo, quando entra uma partícula de poeira nos olhos.

blepharotosis /ˌblefərəʊ'təʊsɪs/ blefarotose: condição na qual a pálpebra superior fica parcialmente fechada, por causa de paralisia do músculo ou nervo.

blind /blaɪnd/ **1** cego: incapaz de enxergar. ◊ **the blind:** os cegos, as pessoas que não enxergam. Veja também **visually impaired**. **2** cegar: tornar uma pessoa cega. *He was blinded in the accident.* / Ele ficou cego no acidente.

blind gut /ˌblaɪnd 'gʌt/ ceco. ⇨ **caecum**.

blind loop syndrome /blaɪnd 'lu:p ˌsɪndrəʊm/ síndrome da alça cega: condição que ocorre em casos de diverticulose ou de doença de Crohn, acompanhada de esteatorréia, dor abdominal e anemia megaloblástica.

blindness /'blaɪndnəs/ cegueira: o fato de não ser capaz de enxergar.

blind spot /'blaɪnd ˌspɒt/ mancha cega: ponto na retina onde o nervo óptico se encontra com ela e que não registra a luz.

blind study /ˌblaɪnd 'stʌdi/ estudo cego: investigação conduzida a fim de testar uma intervenção, por exemplo, a administração de uma medicação, na qual a pessoa não sabe se está tomando droga ativa ou placebo.

blink /blɪŋk/ piscar: abrir e fechar as pálpebras rapidamente, uma ou várias vezes. *He blinked in the bright light.* / Ele piscou sob a luz brilhante.

blister /'blɪstə/ **1** bolha na pele, vesícula: empola com soro sanguíneo na pele, causada por fricção, queimadura ou doença, como catapora. **2** vesicar: produzir vesículas.

bloated /'bləʊtɪd/ inchado, intumescido: que tem a sensação desconfortável de estômago muito cheio.

block /blɒk/ bloqueio, obstrução: **1** cessação de uma função. **2** alguma coisa que obstrui. **3** pedaço grande de alguma coisa. *A block of wood fell on his foot.* / Um pedaço grande de madeira caiu no pé dele. **4** período de tempo. **5** um dos vários prédios de um hospital. *The patient is in Block 2, Ward 7.* / O paciente está no Bloco 2, Enfermaria 7. *She is having treatment in the physiotherapy block.* / Ela está em tratamento no bloco de fisioterapia. **6** obstruir: preencher o espaço de alguma coisa, impedindo a passagem de outras. *The artery was blocked by a clot.* / A artéria estava obstruída por um coágulo. *He swallowed a piece of plastic which blocked his oesophagus.* / Ele engoliu um pedaço de plástico que lhe obstruiu o esôfago.

blockage /'blɒkɪdʒ/ bloqueio, obstrução: **1** alguma coisa que obstrui. *There is a blockage in the rectum.* / Há uma obstrução no reto. **2** o ato de estar obstruído. *The blockage of the artery was caused by a blood clot.* / A obstrução da artéria foi causada por um coágulo sanguíneo.

blocker /'blɒkə/ bloqueador: substância que bloqueia uma ação. Veja **beta blocker**.

blocking /'blɒkɪŋ/ bloqueador: em psiquiatria, cessação súbita de pensamentos, geralmente quando ocorre um tema doloroso ou um complexo reprimido é abordado.

blood /blʌd/ sangue: líquido vermelho que circula pelo corpo inteiro por meio da ação de bombeamento do coração. Nota: para conhecer outros termos referentes a sangue, veja os que começam com **haem-, haemo-, haemato-**. ◊ **blood chemistry** ou **chemistry of the blood:** química do sangue. **1** substâncias que tornam possível a análise de sangue, que é utilizada para diagnosticar doenças. **2** registro de mudanças que ocorrem no sangue durante a doença e o tratamento. Observação: o sangue é constituído de células vermelhas e brancas, plaquetas e plasma. Ele circula pelo corpo inteiro, deixando o coração e dirigindo-se aos pulmões através das artérias, retornando ao coração através das veias. À medida que o sangue circula pelo corpo, retira oxigênio dos tecidos e remove material desnecessário, que é esvaziado nos rins ou dissipado através dos pulmões. O sangue também transporta hormônios produzidos pelas glândulas para vários órgãos que dele necessitam. O corpo de um adulto normal contém cerca de seis litros de sangue.

blood bank /'blʌd bæŋk/ banco de sangue: seção de um hospital ou centro especial em que o sangue de doadores é armazenado para uso em transfusões.

blood blister /'blʌd ˌblɪstə/ vesícula sanguinolenta: bolha com sangue, causada por esmagamento ou pinçamento da pele.

blood-borne virus /ˌblʌd bɔ:n 'vaɪrəs/ vírus de nascença: vírus que é conduzido pelo sangue.

blood-brain barrier /ˌblʌd breɪn ˈbæriə/ barreira hematoencefálica: processo seletivo que se opõe à passagem de algumas substâncias do sangue para os fluidos cerebrais.

blood casts /ˈblʌd kɑːsts/ cilindros sanguíneos: cilindros de sangue que são secretados pelos rins quando ocorre uma doença renal.

blood cell /ˈblʌd sel/ célula sanguínea: uma célula vermelha ou branca no sangue.

blood clot /ˈblʌd klɒt/ cóagulo sanguíneo: a massa mole de sangue coagulado em uma veia ou artéria. ☑ **thrombus**.

blood clotting /ˈblʌd ˌklɒtɪŋ/ cóagulo sanguíneo: processo pelo qual o sangue muda do estado líquido para semi-sólido ou pára de fluir.

blood corpuscle /ˈblʌd ˌkɔːpʌs(ə)l/ corpúsculo sanguíneo. Veja **blood cell**.

blood count /ˈblʌd kaʊnt/ contagem sanguínea: teste de cálculo do número de leucócitos ou hemácias em uma amostra de sangue, a fim de se determinar as condições do sangue de uma pessoa como um todo.

blood culture /ˈblʌd ˌkʌltʃə/ cultura de sangue: teste de uma amostra de sangue, que é colocada em um meio de cultura, para verificar o possível crescimento de organismos estranhos.

blood donor /ˈblʌd ˌdəʊnə/ doador de sangue: pessoa que doa sangue que é utilizado por outras pessoas em transfusões.

blood dyscrasia /ˌblʌd dɪsˈkreɪziə/ discrasia sanguínea: condição patológica do sangue, por exemplo, uma contagem baixa dos seus elementos celulares ou das plaquetas.

blood formation /ˈblʌd fɔːˌmeɪʃ(ə)n/ sanguificação. ⇨ **haemopoiesis**.

blood-glucose level /ˌblʌd ˈgluːkəʊz ˌlev(ə)l/ nível de glicose no sangue: a quantidade de glicose presente no sangue. O nível normal de glicose no sangue é de aproximadamente 60-100 mg de glicose por 100 ml de sangue.

blood group /ˈblʌd gruːp/ grupo sanguíneo: um dos diferentes grupos em que o sangue humano é classificado. ☑ **blood type**. Veja também **ABO system**. Observação: o sangue é classificado de várias maneiras. As classificações mais comuns são feitas pelos aglutinógenos (fatores A e B) nos glóbulos vermelhos e pelo fator Rhesus. O sangue pode, portanto, ter tanto um fator (Grupo A e Grupo B) quanto os dois fatores (Grupo AB) ou nenhum (grupo O), e cada um destes grupos pode ser negativo ou positivo para o fator Rhesus.

blood grouping /ˈblʌd ˌgruːpɪŋ/ agrupamento sanguíneo: o processo de classificar as pessoas de acordo com seu grupo sanguíneo.

blood-letting /ˈblʌd ˌletɪŋ/ sangria. ⇨ **phlebotomy**.

blood loss /ˈblʌd lɒs/ perda de sangue: perda de sangue por meio de sangramento.

blood picture /ˈblʌd ˌpɪktʃə/ contagem completa de sangue: termo usado nos Estados Unidos para contagem completa de sangue.

blood pigment /ˈblʌd ˌpɪgmənt/ pigmento derivado da hemoglobina. ⇨ **haemoglobin**.

blood plasma /ˈblʌd ˌplæzmə/ plasma sanguíneo: líquido aquoso amarelado que constitui a parte principal do sangue.

blood platelet /ˈblʌd ˌpleɪtlət/ plaqueta de sangue: pequena célula sanguínea que libera tromboplastina e que se multiplica rapidamente após uma lesão, estimulando a coagulação do sangue.

blood poisoning /ˈblʌd ˌpɔɪz(ə)nɪŋ/ envenenamento do sangue: condição na qual bactérias estão presentes no sangue e podem causar doenças (informal). Veja também **septicaemia**, **bacteraemia**, **toxaemia**.

blood pressure /ˈblʌd ˌpreʃə/ pressão arterial: pressão, medida em milímetros de mercúrio, a que o sangue é bombeado do coração para o corpo inteiro. ◊ **high blood pressure** ou **raised blood pressure:** hipertensão (nível da pressão sanguínea mais elevado do que o normal). Abreviatura: **BP**. Observação: a pressão arterial é medida com o esfigmomanômetro. Para esse procedimento, passa-se e aperta-se um tubo de borracha em volta do braço do paciente e, depois, infla-se esse tubo; a seguir, são feitas duas leituras da pressão arterial: a pressão sistólica, quando o coração se contrai e bombeia o sangue, e a pressão diastólica, quando o coração relaxa, e que geralmente é traduzida por um número mais baixo. Em adultos saudáveis, consideram-se desejáveis valores de 12/7, a menos que o paciente seja diabético ou cardíaco, quando se estabelecem valores mais baixos como alvo.

> ...raised blood pressure may account for as many as 70% of all strokes. The risk of stroke rises with both systolic and diastolic blood pressure in the normotensive and hypertensive ranges. Blood pressure control reduces the incidence of first stroke and aspirin appears to reduce the risk of stroke after TIAs. / "a pressão arterial elevada pode ser responsável por 70% dos derrames cerebrais. O risco de derrame surge tanto na pressão arterial sistólica quanto diastólica em pacientes normotensos e hipertensos. O controle da pressão arterial reduz a incidência do primeiro derrame, e a aspirina parece reduzir o risco de derrame após ataques isquêmicos transitórios." (*British Journal of Hospital Medicine*)

blood product /ˈblʌd ˌprɒdʌkt/ produto sanguíneo: substância, tal como plasma, extraída do sangue e usada no tratamento de várias condições médicas.

blood relationship /ˌblʌd rɪˈleɪʃ(ə)nʃɪp/ consangüinidade: parentesco entre pessoas que têm os mesmos pais, avós e antepassados, em oposição ao parentesco por casamento.

blood sample /ˈblʌd ˌsɑːmpəl/ amostra de sangue: amostra de sangue obtida para teste.

blood serum /ˈblʌd ˌsɪərəm/ soro sanguíneo. ⇨ **serum**.

bloodshot /'blʌdʃɒt/ congestão sanguínea: refere-se ao olho com pequenos pontinhos de sangue, e é causada por pequena lesão de um vaso sanguíneo.

bloodstained /'blʌdsteɪnd/ sanguinolento: que tem sangue. *He coughed up blood-stained sputum.* / Ele tossiu, expelindo um catarro sanguinolento.

bloodstream /'blʌdstriːm/ corrente sanguínea: o sangue que circula pelo corpo. *Hormones are secreted by the glands into the bloodstream.* / Os hormônios são secretados pelas glândulas na corrente sanguínea.

blood sugar /ˌblʌd 'ʃʊgə/ açúcar do sangue: glicose presente no sangue.

blood sugar level /ˌblʌd 'ʃʊgə ˌlev(ə)l/ taxa de açúcar do sangue: a quantidade de açúcar no sangue, que é mais alta após as refeições e em pessoas diabéticas.

blood test /'blʌd test/ teste sanguíneo: teste laboratorial de uma amostra de sangue visando analisar sua composição química. *The patient will have to have a blood test.* / O paciente precisará fazer um teste de sangue.

blood transfusion /'blʌd trænsˌfjuːʒ(ə)n/ transfusão de sangue: procedimento no qual o sangue doado por uma pessoa ou tirado do paciente em um estágio anterior é injetado na veia do paciente.

blood type /'blʌd taɪp/ tipo sanguíneo. ⇨ **blood group**.

blood typing /'blʌd ˌtaɪpɪŋ/ tipagem sanguínea: análise de sangue para transfusão e determinação de grupo sanguíneo.

blood urea /ˌblʌd juˈriːə/ uréia sanguínea: uréia presente no sangue. Após insuficiência cardíaca e doença renal, há um alto nível de uréia no sangue.

blood vessel /'blʌd ˌves(ə)l/ vaso sanguíneo: qualquer tubo que transporta sangue pelo corpo, por exemplo, uma artéria, veia ou capilar. Nota: para conhecer outros termos referentes aos vasos sanguíneos, veja os que começam com **angi-**, **angio-**.

blood volume /'blʌd ˌvɒljuːm/ volume sanguíneo: a quantidade total de sangue no corpo.

blotch /blɒtʃ/ erupção cutânea: uma erupção avermelhada na pele.

blot test /'blɒt test/ teste de Rorschach. Veja **Rorschach test**.

blue baby /ˌbluː 'beɪbi/ bebê azul: criança que nasceu com cianose, devido a um problema cardíaco ou pulmonar congênito, o que impede o suprimento adequado de oxigênio para os tecidos, fazendo com que o bebê tenha uma coloração azulada (informal).

blue disease /'bluː dɪˈziːz/ cianose. Veja **cyanosis**. ☑ **blueness**.

blue litmus /ˌbluː 'lɪtməs/ litmo azul: substância de coloração azulada que, ao ser tratada, torna-se vermelha e é um indicador da presença de ácido.

blueness /'bluːnəs/ doença azul. ⇨ **blue disease**.

blurred vision /ˌblɜːd 'vɪʒ(ə)n/ visão turva: condição na qual a pessoa não vê os objetos claramente.

blush /blʌʃ/ **1** rubor: coloração avermelhada da pele do rosto, causada pela emoção. **2** ruborizar-se: tornar-se vermelha (a face), por causa de uma emoção.

bm abreviatura de **bowel movement**.

BM abreviatura de **bachelor of medicine**.

BMA abreviatura de **British Medical Association**.

BMI abreviatura de **body mass index**.

BMJ abreviatura de **British Medical Journal**.

BMR abreviatura de **basal metabolic rate**.

BMR test /ˌbiː ˌem 'ɑ: test/ teste da taxa metabólica basal: teste para avaliar a função da tireóide.

BNF /ˌbiː en 'ef/ abreviatura de **British National Formulary**.

bodily /'bɒdɪli/ corporal: referente ao corpo. *The main bodily functions are controlled by the sympathetic nervous system.* / As principais funções do organismo são controladas pelo sistema nervoso simpático.

body /'bɒdi/ corpo: **1** a estrutura física do indivíduo, em oposição à mente. **2** a parte principal do corpo humano, excetuando a cabeça ou braços e pernas. **3** pessoa morta, cadáver. **4** certa quantidade de alguma coisa: a) a parte principal de alguma coisa. ◊ **body of sternum:** corpo do esterno (a parte central dos ossos do peito). ◊ **body of vertebra:** corpo da vértebra (a parte principal de uma vértebra, que suporta o peso do corpo). ◊ **body of the stomach:** corpo do estômago (a parte principal do estômago, entre o fundo e o piloro). Veja ilustração em **Digestive System**, no Apêndice. Veja **foreign body**.

body cavity /'bɒdi ˌkævɪti/ cavidade corporal: uma abertura no corpo, por exemplo, a boca, o esôfago, a vagina, o reto ou a orelha.

body fat /'bɒdi fæt/ gordura corporal: tecido com células de gordura. O tecido fibroso é substituído por tecido adiposo quando se ingere mais comida do que o necessário.

body fluid /'bɒdi ˌfluːɪd/ líquido corporal: líquido contido no organismo, por exemplo, água, sangue ou sêmen.

body image /ˌbɒdi 'ɪmɪdʒ/ imagem corporal: imagem mental que uma pessoa faz do próprio corpo. ☑ **body schema; schema**.

body language /'bɒdi ˌlæŋgwɪdʒ/ linguagem corporal: expressão de sentimentos e pensamentos por meio de expressões faciais e movimentos corporais de uma pessoa.

body mass index /ˌbɒdi 'mæs ˌɪndeks/ índice de massa corporal: número obtido pela divisão do peso de uma pessoa pelo quadrado da sua altura. O número usual é 19-25. Abreviatura: **BMI**. Observação: se uma pessoa mede 1,70 m e pesa 82 kg, seu índice de massa corporal é 28, portanto, acima da média.

body odour /ˈbɒdi ˈəʊdə/ odor corporal: cheiro desagradável causado por transpiração.

body scan /ˈbɒdi skæn/ varredura corporal: exame do corpo inteiro por meio de ultra-som ou outras técnicas de varredura.

body schema /ˌbɒdi ˈskiːmə/ esquema corporal. ⇨ **body image**.

body substance isolation /ˈbɒdi ˌsʌbstəns aɪsəˌleɪʃ(ə)n/ isolamento: o ato de fazer que uma pessoa vítima de trauma seja mantida isolada, a fim de evitar a possibilidade de uma infecção por substâncias corporais supuradas.

body temperature /ˈbɒdi ˌtemprɪtʃə/ temperatura corporal: temperatura interna do corpo humano, normalmente cerca de 37ºC.

Boeck's disease /ˈbeks dɪˌziːz/ doença de Boeck. ⇨ **sarcoidosis**. ☑ **Boeck's sarcoid**. (Descrita em 1899 por Caesar Peter Moeller Boeck [1845-1913], professor de dermatologia em Oslo, Noruega.)

Boeck's sarcoid /ˈbeks ˈsɑːkɔɪd/ sarcoidose. ⇨ **Boeck's disease**.

Bohn's epithelial pearls /ˌbɔːnz ˌepɪˈθiːliəl pɜːlz/ cistos epiteliais de Bohn. ⇨ **Bohn's nodules**.

Bohn's nodules /ˌbɔːnz ˈnɒdjuːlz/ nódulos de Bohn; cistos epiteliais de Bohn: cistos minúsculos encontrados na boca de crianças saudáveis. Também chamados de **Bohn's epithelial pearls**.

boil /bɔɪl/ furúnculo: nódulo mole e doloroso formado na pele, normalmente causado pela infecção de um folículo piloso pela bactéria *Staphylococcus aureus*. ☑ **furuncle**.

bolus /ˈbəʊləs/ bolo: **1** pedaço mastigado de alimento pronto para ser deglutido. **2** massa alimentar dentro dos intestinos.

bonding /ˈbɒndɪŋ/ vínculo, ligação: processo pelo qual se estabelece uma ligação psicológica entre a mãe e o bebê. *In authistic children bonding is difficult.* / Crianças autistas têm dificuldade de estabelecer vínculos com outras.

bone /bəʊn/ osso: **1** tecido conjuntivo calcificado. **2** cada tecido conjuntivo calcificado que forma o esqueleto. *There are several small bones in the human ear.* / Há vários ossos pequenos no ouvido humano. Veja ilustração em **Synovial Joint**, no Apêndice. ◊ **bone structure:** estrutura óssea. a) o sistema das articulações ósseas que formam o corpo. b) a disposição dos vários componentes de um osso. Observação: os ossos são formados de uma camada externa dura (osso compacto), que é constituída de várias camadas de tecido (sistemas haversianos) e de uma camada interna mais mole (osso esponjoso), que contém a medula óssea.

bone-anchored hearing aid /ˌbəʊn ˌæŋkəd ˈhɪərɪŋ eɪd/ dispositivo auditivo de âncora óssea: dispositivo auditivo que é implantado cirurgicamente no crânio, normalmente atrás da orelha. Abreviatura: **BAHA**.

bone conduction /ˈbəʊn kənˌdʌkʃ(ə)n/ condução óssea. Abreviatura: **BC**. ⇨ **osteophony**.

bone damage /ˈbəʊn ˌdæmɪdʒ/ lesão óssea: lesão causada a um osso. *extensive bruising but not bone damage* / hematoma grande, mas sem lesão óssea.

bone graft /ˈbəʊn ˌdæmɪdʒ/ enxerto ósseo: pedaço de osso retirado de uma parte do corpo para consertar outro osso.

bone marrow /ˈbəʊn ˌmærəʊ/ medula óssea: estrutura mole do osso esponjoso. ⇨ **marrow**. Nota: para conhecer outros termos referentes à medula óssea, veja os que começam com **myel-, myelo-**. Observação: existem dois tipos de medula óssea: a medula óssea vermelha, ou tecido mielóide, que forma os glóbulos vermelhos e é encontrada no osso esponjoso das vértebras, esterno e outros ossos achatados; e a medula óssea amarela, preenchida com gordura, e que se desenvolve na cavidade central dos ossos longos, à medida que a pessoa envelhece.

bone marrow transplant /ˌbəʊn ˈmærəʊ ˌtrænsplɑːnt/ transplante de medula óssea: transplante de medula óssea de um doador para um receptor.

bone scan /ˌbəʊn skæn/ / cintilografia óssea: varredura que acompanha o trajeto de uma substância radioativa injetada no organismo, a fim de detectar áreas em que um osso está quebrado ou se auto-restaurando.

Bonney's blue /ˌbɒniz ˈbluː/ azul de Bonney: corante azul usado como desinfetante.

bony /ˈbəʊni/ ósseo, esquelético: **1** relativo aos ossos, ou feito de ossos. **2** relativo a uma parte do corpo onde podem ser vistas as estruturas dos ossos. *thin bony hands* / mãos esqueléticas.

bony labyrinth /ˌbəʊni ˈlæbərɪnθ/ labirinto ósseo: porção petrosa do osso temporal, no ouvido interno, que circunda o labirinto membranoso. ☑ **osseous labyrinth**.

booster /ˈbuːstər/ reforço: dose de vacina administrada algum tempo depois da primeira dose para manter o efeito da imunização. ☑ **booster injection**.

booster injection /ˈbuːstər ɪnˌdʒekʃ(ə)n/ dose de reforço. ⇨ **booster**.

boracic acid /bəˌræsɪk ˈæsɪd/ ácido bórico: pó branco solúvel usado como desinfetante geral. ☑ **boric acid**.

borax /ˈbɔːræks/ bórax: pó branco usado para limpeza doméstica e como desinfetante.

borborygmus /ˌbɔːbəˈrɪgməs/ borborigmo: ruído semelhante a um gargarejo, causado pelo movimento dos gases no intestino. Plural: **borborygmi**.

borderline /ˈbɔːdəlaɪn/ limítrofe, duvidoso: **1** que não pertence claramente nem a uma categoria nem a outra. *a borderline case* / um caso duvidoso. **2** referente a uma doença que alguém pode desenvolver, a menos que seja feito um esforço para preveni-la. **3** caracterizado por instabilidade emocional e comportamento autodestrutivo. *a borderline personality* / uma personalidade limítrofe.

Bordetella /ˌbɔːdəˈtelə/ Bordetella: uma bactéria da família Brucellaceae. Nota: a *Bordetella pertussis* causa coqueluche.

boric acid /ˌbɔːrɪk ˈæsɪd/ ácido bórico. ⇨ **boracic acid**.

born /bɔːn/ nascer. ◊ **to be born:** nascer, começar a viver fora do útero da mãe.

Bornholm disease /ˈbɔːnhəʊm dɪˌziːz/ doença de Bornholm. ⇨ **epidemic pleurodynia**.

bottle-fed /ˈbɒt(ə)l fed/ alimentado artificialmente: referente ao bebê que é amamentado artificialmente. Compare com **breast-fed**.

bottle feeding /ˌbɒt(ə)l ˈfiːdɪŋ/ alimentação artificial: o ato de alimentar um bebê com leite de mamadeira, em vez de alimentá-lo no peito. Compare com **breast feeding**.

bottom /ˈbɒtəm/ parte inferior: **1** a parte do corpo que se usa para sentar. Veja também **buttock**. **2** o ânus (informal).

bottom shuffling /ˈbɒtəm ˌʃʌf(ə)lɪŋ/ andar de gatinhas: o processo pelo qual um bebê, que ainda não pode andar, se move usando as mãos e as nádegas.

botulinun toxin /ˌbɒtjʊˈlaɪnəm ˌtɒksɪn/ toxina botulínica: veneno produzido pela bactéria *Clostridium botulinum*, usado em pequenas doses para tratar cãibras musculares e espasmos.

botulism /ˈbɒtjʊlɪz(ə)m/ botulismo: um tipo de envenenamento, geralmente fatal, causado por uma toxina do *Clostridium botulinum* em alimentos enlatados ou conservados de forma inadequada. Os sintomas incluem paralisia dos músculos, vômitos e alucinações.

bougie /ˈbuːʒiː/ vela: tubo delgado, geralmente flexível, que pode ser usado em aberturas do corpo, tais como o esôfago ou o reto, e que serve tanto para permitir a aplicação de um líquido quanto para dilatar a abertura.

bout /baʊt/ surto: ataque súbito de uma doença, especialmente de uma doença recorrente. *He his recovering from a bout of flu.* / Ele está se recuperando de um surto de gripe. ◊ **bout of fever:** surto de febre (período de tempo em que uma pessoa está febril). *She has recurrent bouts of malarial fever.* / Ela tem surtos recorrentes de febre malárica.

bovine spongiform encephalopathy /ˌbəʊv aɪn ˌspʌndʒɪfɔːm enˌkefəˈlɒpəθi/ encefalopatia espongiforme bovina: doença cerebral fatal do gado. Abreviatura: BSE. Veja também **Creutzfeldt-Jakob disease**. ☑ **mad cow disease**.

bowel /ˈbaʊəl/ intestinos: os intestinos, especialmente o intestino grosso. ◊ **to open the bowel:** defecar, evacuar. Nota: atualmente usa-se com freqüência **bowels**, no plural.

bowel movement /ˈbaʊəl ˌmuːvmənt/ defecação: **1** o ato de eliminar as fezes pelo ânus. *The patient had a bowel movement this morning.* / O paciente evacuou esta manhã. ⇨ **faeces**. ☑ **motion** (acepção 2); **movement**. Veja também **defecation**. **2** a quantidade de fezes eliminadas pelo ânus. Abreviatura: **bm**.

bowels /ˈbaʊəlz/ intestinos. ⇨ **bowel**.

Bowen's disease /ˈbəʊɪnz dɪˌziːz/ doença de Bowen: uma forma de carcinoma em que aparecem placas vermelhas na pele.

bowl /bəʊl/ tijela: recipiente largo e pouco profundo para conter líquidos.

bow-legged /ˌbəʊ ˈlegɪd/ de pernas arqueadas: que tem pernas arqueadas.

bow legs /bəʊ ˈlegz/ pernas arqueadas: condição em que os tornozelos se tocam e os joelhos ficam separados, quando a pessoa está de pé, ereta. Também chamadas de **genu varum**.

Bowman's capsule /ˌbəʊmənz ˈkæpsjuːl/ cápsula de Bowman: início expandido de um túbulo renal que circunda um tufo glomerular no rim e filtra plasma, a fim de reabsorver alimentos úteis e eliminar os resíduos. ☑ **Malpighian glomerulus, glomerular capsule**. (Descrita em 1842 por Sir William Paget Bowman [1816-1892], que exerceu a cirurgia em Birmingham e, mais tarde, em Londres, e foi um pioneiro em trabalhos renais e oftalmológicos.)

BP abreviatura de **1 blood pressure**. **2 British Pharmacopoeia**.

BPH abreviatura de **benign prostatic hypertrophy**.

Bq /biː ˈkjuː/ abreviatura de **becquerel**.

brace /breɪs/ suporte: qualquer tipo de tala ou aparelho usado para dar sustentação, por exemplo, um suporte de metal usado nas pernas de crianças, para alinhar os ossos, ou nos dentes que não se desenvolveram corretamente. *She wore a brace on her front teeth.* / Ela usou um aparelho nos dentes da frente.

bracelet /ˈbreɪslət/ bracelete Veja **identity bracelet; medical alert bracelet**.

brachi- /breɪki/ ⇨ **brachio-**.

brachial /ˈbreɪkiəl/ braquial: referente ao braço, especialmente à parte superior.

brachial artery /ˈbreɪkiəl ˌɑːtəri/ artéria braquial: artéria que sai do braço, da artéria axilar ao cotovelo, onde se divide nas artérias radial e ulnar.

brachialis muscle /ˌbreɪkiˈeɪlɪs ˌmʌs(ə)l/ músculo braquial: músculo que faz o cotovelo se dobrar.

brachial plexus /ˌbreɪkiəl ˈpleksəs/ plexo braquial: grupo de nervos na axila e base do pescoço, que conduz aos nervos dos braços e mãos. Uma lesão causada ao plexo braquial durante o parto leva à paralisia de Erb.

brachial pressure point /ˌbreɪkiəl ˈpreʃə pɔɪnt/ ponto de pressão braquial: o local do braço onde uma pressão interrompe a hemorragia da artéria braquial.

branchial vein /ˈbreɪkiəl veɪn/ veia braquial: veia que acompanha a artéria braquial e escoa na veia axilar.

brachio- /breɪkiəʊ/ braqui(o)-: forma combinante referente a braço.

brachiocephalic artery /ˌbreɪkɪəʊsəˌfælɪk ˈɑːtəri/ artéria braquiocefálica: a maior artéria do arco da aorta, que continua como a carótida comum direita e as artérias subclávias direitas.

brachiocephalic vein /ˌbreɪkɪəʊsəˌfælɪk ˈveɪn/ veia braquiocefálica: uma das grandes veias localizadas nos dois lados do pescoço, que se juntam para formar a veia cava superior. ☑ **innominate vein**.

brachium /ˈbreɪkɪəm/ braço: o braço, especialmente o superior, entre o cotovelo e o ombro. Plural: **brachia**.

brachy- /bræki/ braqui-: forma combinante que significa curto.

brachycephaly /ˌbræki'sefəli/ braquicefalia: condição na qual o crânio é menor do que o usual.

brachytherapy /ˌbræki'θerəpi/ braquiterapia: tratamento que usa material radioativo na região afetada.

Bradford's frame /ˈbrædfədz freɪm/ estrutura de Bradford: estrutura retangular feita de metal, sobre a qual são distendidas duas faixas de lona, usada para dar suporte ao paciente, que deve permanecer imóvel na cama. (De Edward Hickling Bradford [1848-1926], ortopedista e cirurgião americano.)

brady- /brædi/ bradi-: forma combinante que significa lento.

bradycardia /ˌbrædɪˈkɑːdiə/ bradicardia: lentidão dos batimentos cardíacos, definida como uma freqüência de pulso inferior a 70 batimentos por minuto.

bradykinesia /ˌbrædɪkaɪˈniːziə/ bradicinesia: lentidão extrema nos movimentos e no andar.

bradykinin /ˌbrædɪˈkaɪnɪn/ bradiquinina: substância química produzida no sangue quando os tecidos sofrem lesão, e que desempenha um papel na inflamação. Veja também **kinin**.

bradypnoea /ˌbrædɪpˈniːə/ bradipnéia: lentidão anormal da respiração. No inglês americano usa-se **bradypnea**.

Braille /breɪl/ Braille: sistema de escrita que usa pequenos pontos em relevo no papel para indicar as letras, que uma pessoa cega pode ler passando os dedos sobre a página. *The book has been published in Braille.* / O livro foi publicado em Braille. (Introduzido em 1829-1830 por Louis Braille [1809-1852], cego, francês, professor de deficientes visuais. Ele apresentou o sistema que tinha sido originalmente proposto por Charles Barbier em 1820.)

brain /breɪn/ cérebro: a parte do sistema nervoso central situada dentro do crânio. ☑ **encephalon**. Veja ilustração em **Brain**, no Apêndice. Observação: a parte principal do sistema nervoso central é o cérebro, constituído de duas seções ou hemisférios, responsáveis pelo pensamento e sensações. Na parte posterior da cabeça e abaixo do cérebro, localiza-se o cerebelo, que coordena as reações musculares e o equilíbrio. Também no cérebro está o hipotálamo, responsável pela temperatura do corpo, fome, sede e desejos sexuais, e a minúscula glândula pituitária, que é a glândula endócrina mais importante do organismo.

brain covering /ˈbreɪn ˌkʌv(ə)rɪŋ/ membrana cerebral. Veja **meninges**.

brain damage /ˈbreɪn ˌdæmɪdʒ/ lesão cerebral: lesão causada ao cérebro como resultado da falta de oxigênio e açúcar, por exemplo, após hemorragia, acidente ou doença.

brain-damaged /ˈbreɪn ˌdæmɪdʒd/ com lesão cerebral: referente ao indivíduo que sofreu lesão cerebral.

brain death /ˈbreɪn deθ/ morte cerebral: condição na qual ocorre a morte do tronco cerebral, e a pessoa pode ser considerada morta, mesmo que o coração ainda continue a bater.

brain haemorrhage /breɪn ˈhem(ə)rɪdʒ/ hemorragia cerebral. ⇨ **cerebral haemorrhage**.

brain scan /ˈbreɪn skæn/ varredura cerebral: exame de varredura do cérebro, em que a incidência de raios-X na cabeça é feita por meio de máquina própria, e no qual as imagens são reconstituídas em computador.

brain scanner /ˈbreɪn ˌskænə/ dispositivo para varredura cerebral: máquina que faz a varredura do interior do organismo, usada para examinar o cérebro.

brain stem /ˈbreɪn stem/ tronco cerebral: porção inferior do cérebro, semelhante a um tronco, que liga o cérebro à medula espinhal.

brain tumour /ˈbreɪn tjuːmə/ tumor cerebral: tumor que se desenvolve no cérebro. Observação: os tumores podem se desenvolver em qualquer parte do cérebro. Os sintomas de tumor cerebral são dores de cabeça incomuns e náuseas, e, à medida que o tumor cresce, ele pode afetar os sentidos ou as faculdades mentais. Cirurgias para extirpar tumores cerebrais podem ser muito bem-sucedidas.

brain wave /breɪn stem/ onda cerebral: onda rítmica obtida por atividade elétrica no tecido cerebral. Trata-se de termo coloquial para designar o eletroencefalograma.

bran /bræn/ farelo: subproduto da casca da semente do trigo, usado sob a forma de cereal, constituindo também uma fonte importante de fibra nas dietas alimentares.

branch /brɑːntʃ/ **1** ramo, ramificação: divisão primária de um nervo ou vaso sanguíneo. **2** ramificar-se: bifurcar-se em pequenas porções. *The radial artery branches from the brachial artery at the elbow.* / A artéria radial deriva da artéria braquial no cotovelo.

branchia /ˈbræŋkiə/ brânquias: órgão respiratório similar à guelra dos peixes, encontrado nos embriões humanos nos primeiros estágios de desenvolvimento. Plural: **branchiae**.

branchial /ˈbræŋkiəl/ branquial: que se refere às brânquias.

branchial cyst /ˌbræŋkiəl ˈsɪst/ cisto branquial: cisto ao lado do pescoço de um embrião.

branchial pouch /ˌbræŋkiəl ˈpautʃ/ bolsa branquial: bolsa ao lado do pescoço de um embrião.

Braun's frame /ˌbraʊnz ˈfreɪm/ estrutura de Braun: estrutura de metal e tala, à qual são fixadas roldanas, usada para imobilizar fratura de perna, enquanto a pessoa está imobilizada no leito. (De Heinrich Friedrich Wilhelm Braun [1862-1934], cirurgião alemão.)

Braxton-Hicks contractions /ˌbrækstən ˈhɪks kənˌtrækʃənz/ contrações de Braxton-Hicks: contrações do útero, que podem ocorrer durante toda a gravidez, e que se tornam mais freqüentes e fortes no final dela. (O nome deve-se ao Dr. Braxton-Hicks, físico inglês do século XIX.)

break /breɪk/ quebradura: local no qual um osso se quebrou. ◊ **clean break:** fratura simples; quebradura sem gravidade de um osso, na qual as duas partes unir-se-ão facilmente.

breakbone fever /ˈbreɪkbəʊn ˌfiːvə/ febre quebra-ossos. ⇨ **dengue.**

break down /ˌbreɪk ˈdaʊn/ destruir, sucumbir: **1** ter uma doença física ou psicológica súbita (informal). *After she lost her husband, her health broke down.* / Depois que perdeu o marido, a saúde dela deteriorou-se. **2** começar a chorar e tornar-se transtornado (informal). *She broke down as she described the symptoms to the doctor.* / Ela ficou transtornada e começou a chorar, enquanto descrevia os sintomas ao médico. **3** dividir ou causar a divisão em compostos químicos menores, como na digestão dos alimentos.

breakdown /ˈbreɪkdaʊn/ esgotamento nervoso. Veja **nervous breakdown.**

breakdown product /ˈbreɪkdaʊn ˌprɒdʌkt/ produto derivado: substância que é produzida quando um composto é dividido em suas partes.

breast /brest/ peito: glândula que secreta leite. ☑ **mamma.** Nota: para conhecer outros termos referentes ao peito, veja os que começam com **mamm-, mammo-, mast-, masto-.**

breast augmentation /ˈbrest ˌɔːgmenteɪʃ(ə)n/ aumento de mama: procedimento cirúrgico para aumentar o tamanho dos seios, geralmente com propósitos estéticos.

breastbone /ˈbrestbəʊn/ osso do peito: osso que fica no centro da parte frontal do tórax e ao qual as costelas estão ligadas. ☑ **sternum.**

breast cancer /ˈbrest ˌkænsə/ câncer de mama: tumor maligno da mama.

Breast Cancer Campaign /ˈbrest ˌkænsə ˈkæmpem/ Campanha contra o Câncer de Mama. Abreviatura: **BCC.**

breast-fed /ˈbrest fed/ amamentado no peito: referente ao bebê que é amamentado no peito da mãe. *She was breast-fed for the first two months.* / Ela foi amamentada no peito da mãe nos dois primeiros meses. Compare com **bottle-fed.**

breast feeding /ˈbrest ˌfiːdɪŋ/ amamentação no peito: alimentação do bebê no peito da mãe, em lugar da alimentação artificial. Compare com **bottle feeding.**

breast implant /ˈbrest ˌɪmplɑːnt/ implante de mama: bolsa contendo silicone, implantada para melhorar a aparência dos seios.

breast milk /ˈbrest mɪlk/ leite de peito: leite produzido pela mulher que acabou de ter um bebê.

breast palpation /ˈbrest pælˌpeɪʃ(ə)n/ palpação das mamas: exame de palpação feito para verificar a possível presença de caroço, que pode indicar a existência de câncer de mama.

breast pump /ˈbrest pʌmp/ bomba da mama: instrumento de aspiração para tirar leite da mama.

breast reconstruction /ˈbrest ˌriːkənˈstrʌkʃən/ reconstrução da mama: construção de uma nova mama em mulheres que a extirparam por causa de câncer.

breast reduction /ˈbrest rɪˌdʌkʃ(ə)n/ redução da mama: redução do tamanho da mama por motivos estéticos.

breath /breθ/ respiração: ar que entra e sai dos pulmões quando a pessoa respira. *He ran so fast he was out of breath.* / Ele correu tão depressa que ficou sem fôlego. *Stop for a moment to get your breath back.* / Pare um momento, a fim de recuperar o fôlego. *She took a deep breath and dived into the water.* / Ela respirou profundamente e mergulhou na água. ◊ **to hold your breath:** prender a respiração (suspender a respiração após ter inalado o ar profundamente).

breathe /briːð/ respirar: inspirar e soltar o ar através do nariz ou da boca. *The patient has begun to breath normally.* / O paciente começou a respirar normalmente. ◊ **to breath in:** respirar (levar o ar para os pulmões). ◊ **to breath out:** expirar (soltar o ar dos pulmões). *He breathed in the smoke from the fire and it made him cough.* / Ele respirou a fumaça do incêndio, que o fez tossir. *The doctor told him to take a deep breath and breath out slowly.* / O médico lhe disse para inspirar profundamente e soltar o ar vagarosamente. Observação: crianças respiram cerca de 20 a 30 vezes por minuto, homens, 15 a 18 vezes por minuto, e mulheres, ligeiramente mais rápido. O índice respiratório aumenta se a pessoa está febril ou fazendo exercícios. Alguns bebês e crianças pequenas prendem a respiração e ficam com a face azulada, principalmente quando choram ou fazem birra.

breath-holding attack /ˈbreθ ˌhəʊldɪŋ əˌtæk/ ataque de interrupção respiratória (ou parada respiratória, apnéia): período em que uma criança pequena pára de respirar, normalmene porque está com raiva.

breathing /ˈbriːðɪŋ/ respiração. ⇨ **respiration.** *If breathing is difficult or has stopped, begin artificial ventilation immediately.* / Se a respiração se tornar difícil ou cessar, inicie imediatamente a ventilação artificial. Nota: para conhecer outros termos referentes à respiração, veja os que começam com **pneum-, pneumo-, pneumat-, pneumato-.**

breathing rate /'bri:ðɪŋ reɪt/ índice respiratório: durante um período especificado, o número de vezes que uma pessoa respira.

breathless /'breθləs/ ofegante: referente à pessoa que tem dificuldade de respirar uma quantidade suficiente de ar. *After running upstairs she became breathless and had to sit down.* / Depois que correu para o andar de cima, ela ficou ofegante e teve de sentar-se.

breathlessness /'breθləsnəs/ falta de ar: dificuldade de respirar uma quantidade suficiente de ar.

26 patients were selected from the outpatient department on grounds of disabling breathlessness present for at least five years. / "Vinte e seis pacientes foram selecionados no departamento de pacientes externos com base em falta de ar incapacitante havia pelo menos cinco anos." (*Lancet*)

breath sounds /'breθ saʊndz/ sons respiratórios: sons pulmonares surdos, que são ouvidos com o auxílio de um estetoscópio colocado no peito da pessoa, usado para diagnóstico.

breech /bri:tʃ/ nádegas: as nádegas, principalmente de um bebê.

breech birth /'bri:tʃ ˌbɜ:θ/ parto de nádegas ou parto pélvico: parto no qual as nádegas do bebê aparecem antes de sua cabeça. ☑ **breech delivery**.

breech delivery /'bri:tʃ dɪ'lɪv(ə)ri/ apresentação de nádegas. ⇨ **breech birth**.

breech presentation /bri:tʃ ˌprez(ə)n'teɪʃ(ə)n/ apresentação de nádegas ou pélvica: posição do bebê no útero, indicando que as nádegas aparecerão primeiro durante o parto.

breed /bri:d/ reproduzir, originar: reproduzir-se, ou multiplicar (animais ou plantas). *The bacteria breed in dirty water.* / As bactérias se reproduzem na água suja. *Insanitary conditions help to breed disease.* / Condições insalubres aumentam a propagação da doença.

bregma /'bregmə/ bregma: ponto na parte anterior do crânio onde as suturas entre os ossos do bebê endurecem. Veja também **posterior fontanelle**.

bretylium tosylate /brəˌtɪliəm 'tɒsɪleɪt/ tosilato de bretílio: agente bloqueador adrenérgico.

bridge /brɪdʒ/ ponte: **1** parte superior do nariz, onde ele se junta à testa. **2** dentes artificiais que são fixados aos dentes naturais e são mantidos presos no lugar. **3** parte que une duas ou mais partes.

Bright's disease /'braɪts dɪˌzi:z/ doença de Bright: inflamação renal, caracterizada por albuminúria e pressão alta. ☑ **glomerulonephritis**. (Descrita em 1836 por Richard Bright [1789-1858], médico do Guy's Hospital, Londres, RU.)

bring up /ˌbrɪŋ 'ʌp/ criar, educar: **1** cuidar de uma criança e educá-la. **2** expelir, eliminando substância como muco do pulmão ou garganta. **3** vomitar (informal).

British anti-lewisite /ˌbrɪtɪʃ ˌænti'lu:ɪsaɪt/ anti-lewisite inglesa: um antídoto para gases que causam bolhas, também usado em casos de envenenamento, por exemplo, por mercúrio. Abreviatura: **BAL**.

British Dental Association /ˌbrɪtɪʃ 'dent(ə)l əsəʊsiˌeɪʃ(ə)n/ Associação Britânica de Odontologia: no Reino Unido, uma associação profissional de dentistas. Abreviatura: **BDA**.

British Medical Association /ˌbrɪtɪʃ 'medɪk(ə)l əsəʊsiˌeɪʃ(ə)n/ Associação Médica Britânica: no Reino Unido, uma associação profissional de médicos. Abreviatura: **BMA**.

British Medical Journal /ˌbrɪtɪʃ 'medɪk(ə)l 'dʒɜ:n(ə)l/ Revista Médica Inglesa. Abreviatura: **BMJ**.

British National Formulary /ˌbrɪtɪʃ ˌnæʃ(ə)nəl 'fɔ:mjʊləri/ Formulário Nacional Inglês: livro que contém informações-chave a respeito de prescrição, distribuição e administração de drogas usadas no Reino Unido. Abreviatura: **BNF**.

British Pharmacopoeia /ˌbrɪtɪʃ ˌfɑ:məkə'pi:ə/ Farmacopéia Inglesa: livro que contém as drogas aprovadas no Reino Unido e suas dosagens. Abreviatura: **BP**. Observação: as drogas listadas na Farmacopéia Inglesa têm as letras BP apostas a elas nos rótulos.

brittle /'brɪt(ə)l/ fraco, quebradiço: que se quebra facilmente. *The people's bone become brittle as they get older.* / Os ossos das pessoas se tornam quebradiços à medida que elas envelhecem.

brittle bone disease /ˌbrɪt(ə)l 'bəʊn dɪˌzi:z/ osteoporose: **1** ⇨ **osteogenesis imperfecta**. **2** ⇨ **osteoporosis**.

Broadbent's sign /'brɔ:dbents saɪn/ sinal de Broadbent: movimento de retração da parede torácica a cada batimento cardíaco, indicando aderência entre o diafragma e o pericárdio, em casos de pericardite. (De Sir William Henry Broadbent [1835-1907], médico inglês.)

broad ligament /ˌbrɔ:d 'lɪɡəmənt/ ligamento largo do útero: dobras peritoneais que dão suporte ao útero de cada lado.

broad-spectrum antibiotic /ˌbrɔ:d ˌspektrəm ˌæntibaɪˈɒtɪk/ antibiótico de amplo espectro: antibiótico usado no controle de muitos tipos de microorganismos.

Broca's aphasia /ˌbrəʊkəz ə'feɪziə/ afasia de Broca: condição na qual a pessoa é incapaz de falar ou escrever, como resultado de lesão no centro de Broca.

Broca's area /'brəʊkəz ˌeəriə/ centro de Broca: área do lado esquerdo do cérebro responsável pelos aspectos motores da fala. (Descrita em 1861 por Pierre Henri Paul Broca [1824-1880], cirurgião e antropologista francês. Pioneiro no estudo da neurocirurgia, ele também inventou vários instrumentos, descreveu a distrofia muscular, paralisia de Duchenne, e declarou que o raquitismo era um distúrbio nutricional.)

Brodie's abscess /ˌbrəʊdiz 'æbses/ abscesso de Brodie: abscesso de um osso, causado por osteomielie estafilocócica. (Descrito em 1832 por Sir Benjamin Collins Brodie [1783-1862], cirurgião inglês.)

bromhidrosis /ˌbrɒmhɪ'drəʊsɪs/ bromidose: condição na qual o odor corporal tem um cheiro desagradável.

bromide /'brəʊmaɪd/ brometo: sal de brometo. Nota: os brometos são usados como sedativos.

bromine /'brəʊmi:n/ bromo: sal de bromo. Símbolo químico: Br.

bromism /'brəʊmɪz(ə)m/ bromismo: doença crônica causada pelo uso excessivo de brometos.

bromocriptine /ˌbrəʊməʊ'krɪpti:n/ bromocriptina: droga que funciona como a dopamina, usada no tratamento da lactação excessiva, dor na mama, algumas formas de infertilidade, distúrbios do crescimento e doença de Parkinson.

bronch- /brɒŋk/ forma combinante referente aos brônquios. ⇨ **bronchi-, broncho-**.

bronchial /'brɒŋkiəl/ brônquico: referente aos brônquios.

bronchial asthma /ˌbrɒŋkiəl 'æsmə/ asma brônquica: tipo de asma causada principalmente por um alérgeno ou por esforço.

bronchial breath sounds /ˌbrɒŋkiəl 'breθ ˌsaʊndz/ sons respiratórios brônquicos: sons brônquicos distintos, que ajudam o diagnóstico.

bronchial pneumonia /ˌbrɒŋkiəl nju:'məʊniə/ pneumonia brônquica. ⇨ **bronchopneumonia**.

bronchial tree /'brɒŋkiəl tri:/ árvore brônquica: sistema de tubos (brônquios e bronquíolos) que levam o ar da traquéia para os pulmões.

bronchiectasis /ˌbrɒŋki'ektəsɪs/ bronquiectasia: dilatação crônica dos brônquios, caracterizada por aumentos bulbosos terminais e expectoração de material purulento. Nota: a bronquiectasia pode levar à pneumonia.

bronchio- /brɒŋkiəʊ/ bronqui(o)-: forma combinante referente aos bronquíolos.

bronchiolar /ˌbrɒŋki'əʊlə/ bronquiolar: referente aos bronquíolos.

bronchiole /'brɒŋkiəʊl/ bronquíolo: tubo de ar muito fino, nos pulmões, que se dirige de um brônquio para um alvéolo.

bronchiolitis /ˌbrɒŋkiəʊ'laɪtɪs/ bronquiolite: inflamação dos bronquíolos, normalmente em crianças pequenas.

bronchitic /brɒŋ'kɪtɪk/ bronquítico: **1** referente à bronquite. **2** referente à pessoa que sofre de bronquite.

bronchitis /brɒŋ'kaɪtɪs/ bronquite: inflamação da membrana mucosa dos brônquios. ◊ **acute bronchitis**: bronquite aguda (crise de bronquite, causada por um vírus ou pela exposição ao frio e à umidade).

broncho- /brɒŋkəʊ/ bronc(o)-: forma combinante referente à traquéia.

bronchoconstrictor /ˌbrɒŋkəʊkən'strɪktə/ broncoconstritor: droga que torna os brônquios mais estreitos.

bronchodilator /ˌbrɒŋkəʊdaɪ'leɪtə/ broncodilatador: droga que torna os brônquios mais dilatados, usada no tratamento da asma e da alergia. Nota: os broncodilatadores geralmente têm nome que termimam em **-terol**; entretanto, o broncodilatador mais comum é o **salbutamol**.

> *19 children with mild to moderately severe perennial bronchial asthma were selected. These children gave a typical history of exercise-induced asthma and their symptoms were controlled with oral or aerosol bronchodilators* / "Foram selecionadas dezenove crianças com asma brônquica perenial grave de leve a moderada. Estas crianças forneceram um histórico típico de asma induzida por exercícios, e seus sintomas foram controlados com broncodilatadores de uso oral ou em aerossol." (*Lancet*)

bronchogram /'brɒŋkəʊgræm/ broncograma: raio-X dos tubos brônquicos obtido por broncografia.

bronchography /brɒŋ'kɒgrəfi/ broncografia: exame de raio-X dos pulmões depois que uma substância opaca é injetada nos brônquios.

bronchomediastinal trunk /ˌbrɒŋkəʊmi:diəˌstaɪn(ə)l 'trʌŋk/ tronco bronquiomediastínico: o conjunto de vasos linfáticos do tronco.

bronchomycosis /ˌbrɒŋkəʊmaɪ'kəʊsɪs/ broncomicose: infecção dos brônquios causada por um fungo.

bronchophony /brɒŋ'kɒfəni/ broncofonia: vibrações da voz ouvidas sobre um brônquio que está envolvido por tecido pulmonar que se consolidou.

bronchopleural /ˌbrɒŋkəʊ'plʊərəl/ broncopleural: referente aos brônquios e à pleura.

bronchopneumonia /ˌbrɒŋkəʊnju:'məʊniə/ broncopneumonia: inflamação infecciosa dos bronquíolos, que pode levar à infecção geral dos pulmões.

bronchopulmonary /ˌbrɒŋkəʊ'pʌlmən(ə)ri/ broncopulmonar: referente aos brônquios e aos pulmões.

bronchorrhoea /ˌbrɒŋkəʊ'ri:ə/ broncorréia: secreção de muco dos brônquios.

bronchoscope /'brɒŋkəʊskəʊp/ broncoscópio: instrumento que é introduzido ao longo da traquéia até os pulmões, e que o médico pode usar para inspecionar o interior da árvore traqueobrônquica.

bronchoscopy /brɒŋ'kɒskəpi/ broncoscopia: exame dos brônquios com o auxílio de um broncoscópio.

bronchospasm /'brɒŋkəʊspæz(ə)m/ broncospasmo: contração dos músculos brônquicos, causando estreitamento dos tubos, como ocorre na asma.

bronchospirometer /ˌbrɒŋkəʊspaɪ'rɒmɪtə/ broncospirômetro: instrumento para medir o volume dos pulmões.

bronchospirometry /ˌbrɒŋkəʊspaɪ'rɒmɪtri/ broncospirometria: processo utilizado para medição do volume dos pulmões.

bronchostenosis /ˌbrɒŋkəustɪˈnəusɪs/ bron-costenose: constrição incomum dos tubos brônquicos.

bronchotracheal /ˌbrɒŋkəutrəˈkiːəl/ bronco-traqueal: referente aos brônquios e à traquéia.

bronchus /ˈbrɒŋkəs/ brônquio: cada uma das subdivisões da traquéia, que leva ar aos pulmões, onde se divide em muitos bronquíolos. Veja ilustrações em **Lungs**, no Apêndice. Plural: **bronchi**.

bronze diabetes /ˌbrɒnz daɪəˈbiːtiːz/ diabetes bronzeado. ⇨ **haemochromatosis**.

Broviac catheter /ˈbrəuviæk ˌkæθitə/ cateter de Broviac: tipo de cateter fino que se insere em uma veia.

brow /brau/ testa, fronte: 1 ⇨ **forehead**. 2 ⇨ **eyebrow**.

brown fat /braun ˈfæt/ gordura castanha: gordura corporal de cor escura que pode ser facilmente convertida em energia e ajuda a controlar a temperatura do corpo.

Brown-Séquard syndrome /ˌbraun ˈseɪkɑː ˌsɪndrəum/ síndrome de Brown-Séquard: condição na qual a medula espinhal pode sofrer uma lesão ou compressão parcial, e que resulta na paralisia de um lado inferior do corpo e, do lado oposto, perda da sensibilidade à temperatura e à dor. (Descrita em 1851 por Charles Edouard Brown-Séquard [1817-1894], fisiologista francês.)

Brucella /bruːˈselə/ Brucella: tipo de bactéria em forma de bastão.

brucellosis /ˌbruːsɪˈləusɪs/ brucelose: doença que pode ser contraída pela ingestão de leite infectado da vaca ou da cabra, que transmitem um tipo de bactéria, a *Brucella*. Os sintomas incluem cansaço, artrite, dor de cabeça, sudorese e inchaço do baço. ☑ **abortus fever; Malta fever; mountain fever; undulant fever**.

Brufen /ˈbruːfən/ Brufen: nome comercial do ibuprofeno.

bruise /bruːz/ 1 contusão, equimose: hematoma dolorido que ocorre após uma pancada. ⇨ **ecchymosis**. ☑ **contusion**. Veja também **black eye**. 2 contundir: causar uma contusão em parte do corpo. *She bruised her knee on the corner of the table.* / Ela contundiu o joelho no canto da mesa. ◊ **she bruises easily:** ela se machuca facilmente (ela se machuca até mesmo com uma pequena pancada).

bruised /bruːzd/ machucado, com hematoma: dolorido após uma pancada ou mostrando marcas de uma contusão.

bruising /ˈbruːzɪŋ/ contusão, equimose: área contundida. *The baby has bruising on the back and legs.* / O bebê tem equimoses nas costas e pernas.

bruit /bruːt/ ruído: ruído incomum ouvido com o auxílio de um estetoscópio.

Brunner's glands /ˈbrunəz ˌglændz/ glândulas de Brunner: glândulas do duodeno e jejuno. (Descrita em 1687 por Johann Konrad Brunner

[1653-1727], anatomista suíço, em Heidelberg, mais tarde em Estrasburgo.)

bruxism /ˈbrʌksɪz(ə)m/ bruxismo: ação de ranger os dentes, como um hábito.

BSE abreviatura de **bovine spongiform encephalopathy**.

bubo /ˈbjuːbəu/ bubão: edema de um nodo linfático na virilha ou axila.

bubonic plague /bjuːˌbɒnɪk ˈpleɪg/ peste bubônica: doença infecciosa, normalmente fatal, causada no sistema linfático por *Yersinia pestis* e transmitida ao homem por pulgas de ratos. Observação: na Idade Média, a peste bubônica recebeu o epíteto de Morte Negra. Seus sintomas incluem febre, delírio, vômito e edema dos nodos linfáticos.

buccal /ˈbʌk(ə)l/ bucal: referente à boca ou bochecha.

buccal cavity /ˈbʌk(ə)l ˌkævɪti/ cavidade bucal: a boca.

buccal fat /ˈbʌk(ə)l fæt/ tecido adiposo bucal: tecido adiposo que separa o músculo bucinador do masseter.

buccal smear /ˈbʌk(ə)l smɪə/ esfregaço bucal: esfregaço obtido por raspagem da mucosa bucal lateral com uma espátula, a fim de se obter material celular para teste.

buccinator /ˈbʌksɪneɪtə/ bucinador: músculo da bochecha que ajuda o movimento do maxilar durante a mastigação.

Budd-Chiari syndrome /ˌbʌd kɪˈeəri ˌsɪndrə um/ síndrome de Budd-Chiari: doença do fígado, na qual ocorre trombose nas veias hepáticas. (Descrita em 1845 por George Budd [1808-1882], Professor de Medicina do King's College Hospital, Londres; Hans von Chiari [1851-1916], patologista vienense que foi professor de anatomia patológica em Estrasburgo e, mais tarde, em Praga.)

budesonide /bjuːˈdesənaɪd/ budesonida: droga corticosteróide administrada por inalação ou em comprimidos, usada no tratamento da febre do feno e pólipos nasais.

Buerger's disease /ˈbɜːgəz dɪˌziːz/ doença de Buerger. ⇨ **thromboangiitis obliterans**. (Descrita em 1908 por Leo Buerger [1879-1943], médico nova-iorquino de origem vienense.)

buffer /ˈbʌfə/ 1 tampão: substância que mantém o equilíbrio constante entre ácido e álcali. 2 solução em que o pH não se altera com a adição de ácido ou álcali. 3 tamponar: evitar que uma substância se torne ácida.

buffer action /ˈbʌfə ˌækʃən/ ação tampão: o processo de equilíbrio entre ácido e álcali.

buffered /ˈbʌfəd/ tamponado: em que se preveniu a formação de ácido. *buffered aspirin* / aspirina tamponada.

bug /bʌg/ virose: doença infecciosa (informal). *He caught a bug on holiday.* / Ele pegou uma virose no feriado. *Half the* staff *have got a stomach bug.* / Metade do *staff* contraiu uma virose estomacal.

build /bɪld/ constituição física: tamanho e formas de uma pessoa. *He had a heavy build for his height. /* Ele é pesado para a altura que tem. *The girl is of slight build. /* A moça tem uma constituição delicada.

build up /ˌbɪld 'ʌp/ contruir: formar gradualmente alguma coisa, por adição.

build-up /'bɪld ʌp/ formação, desenvolvimento: processo gradual de ser adicionado a algo. *a build up of fatty deposits on the walls of the arteries /* uma formação de depósitos gordurosos nas paredes das artérias.

built /bɪlt/ constituição física: referente ao tamanho geral do corpo de uma pessoa. *a heavily built man /* um homem de constituição forte. *She's is slightly built. /* Ela tem uma constituição delicada.

bulb /bʌlb/ bulbo: estrutura globular na extremidade de um órgão ou osso. ◊ **bulb of the penis:** bulbo do pênis (a extremidade arredondada do pênis). ☑ **glans penis.**

bulbar /'bʌlbə/ bulbar: **1** referente a bulbo. **2** referente à medula oblonga.

bulbar palsy /ˌbʌlbə 'pɔːlzi/ paralisia bulbar. ⇨ **bulbar paralysis.**

bulbar paralysis /ˌbʌlbə pə'ræləsɪs/ paralisia bulbar: forma de doença de um neurônio motor que afeta os músculos da boca, maxilar e garganta. ☑ **bulbar palsy.**

bulbar poliomyelitis /ˌbʌlbə ˌpəʊliəʊmaɪə'laɪtɪs/ poliomielite bulbar: tipo de pólio que afeta o tronco cerebral, tornando difícil o ato de engolir e respirar.

bulbospongiosus muscle /ˌbʌlbəʊspʌndʒi'əʊsəs ˌmʌsəl/ músculo bulboesponjoso: músculo localizado no períneo, atrás do pênis.

bulbourethral gland /ˌbʌlbəʊju'riːθrəl ˌglænd/ glândula bulbouretral: uma das duas glândulas localizadas na base do pênis e que secretam uretra. Veja **gland.**

bulge /bʌldʒ/ romper, sair de: expulsar, empurrar para fora, lançar. *The wall of the abdomen becomes weak and part of the intestine bulges up. /* A parede do abdome torna-se fraca e parte do intestino vai para fora.

bulging /'bʌldʒɪŋ/ protuberante, saliente, abaulado: que se estende para a frente. *bulging eyes /* olhos salientes.

bulimia /bu'lɪmiə/ bulimia: condição psicológica em que a pessoa tem o hábito de comer demais e é incapaz de controlá-lo. A ingestão da comida é seguida por medidas destinadas a evitar o ganho de peso, por exemplo, vômito, uso de laxantes ou exercícios em excesso. ☑ **bulimia nervosa.**

bulimia nervosa /bu'lɪmiə nə'vəʊsə/ bulimia nervosa. ⇨ **bulimia.**

bulimic /bu'lɪmɪk/ bulímico: **1** referente à bulimia. **2** que, ou o que sofre de bulimia.

bulla /'bʊlə/ bolha: uma vesícula grande. Plural: **bullae.**

bumetanide /bju'metənaɪd/ bumetanida: droga diurética, usada no tratamento de edema causado por acúmulo de líquido nos tecidos.

bump /bʌmp/ inchaço: edema leve na pele, causado por pancada ou ferroada.

bumper fracture /'bʌmpə ˌfræktʃə/ fratura de colisão: fratura na parte superior da tíbia. Nota: tem este nome porque pode ser causada por pancada de pára-choque (*bumper*) de carro.

bundle /'bʌnd(ə)l/ feixe: feixe de nervos que seguem na mesma direção.

bundle branch block /'bʌnd(ə)l brɑːntʃ ˌblɒk/ bloqueio de ramo: bloqueio intraventricular devido à parada de condução em um dos dois ramos principais do feixe de His.

bundle of His /ˌbʌnd(ə)l əv 'hɪs/ feixe de His. ⇨ **atrioventricular bundle; AV bundle** (Descrito em 1893 por Ludwig His [1863-1934], professor de anatomia sucessivamente em Leipzig, Basiléia, Göttingen e Berlim.)

bunion /'bʌnjən/ joanete: inflamação e edema do dedão do pé, causados por sapatos apertados, que forçam o pé para os lados, fazendo com que um calo se desenvolva sobre a articulação entre o dedão e o metatarso.

buphthalmos /bʌf'θælməs/ buftalmo: tipo de glaucoma congênito que ocorre em crianças.

bupivacaine /bju'pɪvəkeɪn/ bupivacaína: anestésico local potente, usado em anestesia epidural.

buprenorphine /bju'prenəfiːn/ buprenorfina: droga opióide usada no alívio da dor moderada a grave, e como um substituto opióide no tratamento de pessoas drogadas.

Burkitt's lymphoma /ˌbɜːkɪts lɪm'fəʊmə/ linfoma de Burkitt. ⇨ **Burkitt's tumour.**

Burkitt's tumour /ˌbɜːkɪts 'tjuːmə/ tumor de Burkitt: tumor maligno, normalmente do maxilar, que ocorre principalmente em crianças na África. ☑ **Burkitt's lymphoma.** (Descrito em 1957 por Denis Parsons Burkitt [1911-1993], outrora cirurgião sênior (decano) em Kampala, Uganda; posteriormente, tornou-se membro do Medical Research Council, do Reino Unido.)

burn /bɜːn/ **1** queimadura: lesão na pele e tecidos causada por luz, calor, radiação, eletricidade ou produtos químicos. **2** queimar: ferir ou destruir alguma coisa pelo fogo. *She burnt her hand on the frying pan. /* Ela queimou a mão na frigideira. *Most of his hair was burnt out. /* A maior parte do cabelo dele foi queimada. *Most of his skin was burnt out. /* A maior parte da pele dele foi queimada.

burning /'bɜːnɪŋ/ abrasador: referente a uma sensação similar àquela causada por fogo. *She has a burning pain in the chest. /* Ela sente uma dor abrasadora no peito.

burnout /'bɜːnaʊt/ esgotamento: sentimento de depressão, fadiga e falta de energia, causado por estresse ou excesso de trabalho. *He suffered a burnout and had to go on leave. /* Ele sofreu um esgotamento e teve de sair de licença.

burns unit /'bɜːnz ˌjuːnɪt/ unidade de queimados: em um hospital, departamento especial que trata de pessoas com queimaduras.

burp /bɜːp/ **1** arroto: o ato de deixar sair pelo boca o ar contido no estômago. **2** arrotar: permitir a passagem do ar do estômago para a boca. ◊ **to burp a baby**: fazer (bebê) arrotar; dar tapinhas nas costas do bebê para ele arrotar.

burr /bɜː/ trépano: instrumento com uma broca usado para fazer um orifício no crânio ou em um dente.

bursa /ˈbɜːsə/ bolsa, bursa: bolsa fechada, envolvida por uma membrana, e que contém líquido, encontrada nas articulações, tais como joelho e cotovelo, que protege estes órgãos de pressão e do atrito.

bursitis /bɜːˈsaɪtɪs/ bursite: inflamação da bursa, especialmente no ombro.

Buscopan /ˈbʌskəpæn/ Buscopan: nome comercial de uma forma de hioscina.

butobarbitone /ˌbjuːtəʊˈbɑːbɪtəʊn/ butobarbi-

tona: barbitúrico usado como sedativo e hipnótico.

buttock /ˈbʌtək/ nádega: as duas partes localizadas onde terminam as costas, nas quais a pessoa se senta, constituída principalmente dos músculos glúteos. ☑ **behind**; **nates**; **posterior**; **rear**.

buttonhole surgery /ˈbʌt(ə)nhəʊl ˌsɜːdʒəri/ cirurgia de botoeira: cirurgia realizada através de um pequeno osso do organismo, usando um endoscópio.

bypass /ˈbaɪpɑːs/ desvio, contorno, derivação: **1** cirurgia para redirecionar o sangue, normalmente usando um dispositivo mecânico, e feita usualmente quando um vaso sanguíneo está bloqueado. **2** um novo desvio para o sangue, criado por uma cirurgia de derivação.

byssinosis /ˌbɪsɪˈnəʊsɪs/ bissinose: doença pulmonar que constitui uma forma de pneumoconiose, causada pela inalação de pó de algodão.

c /si:/ símbolo de **centi-**.

C símbolo químico de **Celsius**.

CABG abreviatura de **coronary artery bypass graft**.

cachet /ˈkæʃeɪ/ cápsula: quantidade de uma droga contida dentro de um invólucro, de uso oral.

cachexia /kæˈkeksɪə/ caquexia: estado de saúde doentio, caracterizado por emagrecimento e fraqueza geral.

cadaver /kəˈdævə/ cadáver: um corpo morto, especialmente aquele que é usado para dissecação.

cadaveric /kəˈdævərɪk/ cadavérico: referente à pessoa muito magra ou que está definhando.

caecal /ˈsi:k(ə)l/ cecal: referente ao ceco.

caecosigmoidostomy /ˌsi:kəʊˌsɪgmɔɪˈdɒstə mi/ cecossigmoidostomia: cirurgia para estabelecer uma ligação entre o ceco e o cólon sigmóide.

caecostomy /si:ˈkɒstəmi/ cecostomia: procedimento cirúrgico para estabelecer uma ligação entre o ceco e a parede abdominal, a fim de permitir a passagem das fezes por outras vias que não o reto e o ânus.

caecum /ˈsi:kəm/ ceco: parte inicial do intestino grosso, que forma uma bolsa dilatada, dentro da qual se acham o íleo terminal, o cólon e o apêndice vermiforme. Localiza-se no lado inferior direito do abdome. Plural: **caeca**. Veja ilustração em **Digestive System**, no Apêndice. ☑ **blind gut**. Nota: no inglês americano usa-se **cecum**.

caesarean /sɪˈzeərɪən/ cesárea; cesariana: incisão cirúrgica feita nas paredes abdominal e uterina para extração do feto. ☑ **caesarean section**; **tomotocia**. Compare com **vaginal delivery**. Nota: no inglês americano usa-se **cesarean**. Observação: uma operação cesariana só é feita quando o parto normal se torna inviável ou coloca em risco a vida da mãe ou do bebê, e somente após vinte e oito semanas de gestação.

caesarean section /sɪˈzeərɪən ˈsekʃən/ operação cesariana. ⇨ **caesarean**.

caesium /ˈsi:zɪəm/ césio: elemento radioativo, usado em tratamentos médicos. Símbolo químico: **Cs**. Nota: no inglês americano usa-se **cesium**

caesium-137 /ˌsi:zɪəm wʌn θri: ˈsev(ə)n/ césio-137: substância radioativa utilizada em radiologia.

café au lait spots /ˌkæfeɪ əʊ ˈleɪ spɒts/ manchas café com leite: manchas amarronzadas na pele, indicativas da doença de von Recklinghausen.

caffeine /ˈkæfi:n/ cafeína: alcalóide encontrado no café, chá e chocolate, que age como estimulante. Observação: além de estimulante do sistema nervoso central, a cafeína tem um efeito diurético sobre os rins. É encontrada, quase nas mesmas proporções, no chá e no café. Também está presente no chocolate e outras bebidas.

caisson disease /ˈkeɪs(ə)n dɪˌzi:z/ acidente de descompressão: condição na qual a pessoa apresenta tonturas, dores nas articulações e no estômago, causadas pela presença de nitrogênio no sangue. ☑ **bends; compressed air sickness; decompression sickness**. Observação: a doença ocorre após redução rápida da pressão do ar em pessoas como, por exemplo, mergulhadores que voltam rapidamente à superfície da água após um mergulho muito profundo. Os primeiros sintomas, constituídos por dores nas articulações, são conhecidos como *the bends* (mal dos mergulhadores). A doença pode ser fatal.

calamine /ˈkæləmaɪn/ calamina: loção à base de óxido de zinco, usada como protetor para irritações cutâneas causadas, por exemplo, por queimaduras de sol ou varicela. ☑ **calamine lotion**.

calamine lotion /ˈkæləmaɪn ˈləʊʃ(ə)n/ loção de calamina. ⇨ **calamine**.

calc- /kælk/ ⇨ **calci-**.

calcaemia /kælˈsi:mɪə/ calcemia: condição caracterizada por excesso de cálcio no sangue.

calcaneal /kælˈkeɪnɪəl/ calcâneo: relativo ao calcâneo, osso do calcanhar.

calcaneal tendon /kælˌkeɪnɪəl ˈtendən/ tendão calcâneo: o tendão de Aquiles, localizado na parte posterior do tornozelo, que liga o músculo da panturrilha ao calcanhar, e que age estirando o calcanhar quando o músculo da panturrilha está tenso.

calcaneum /kælˈkeɪni:əm/ calcâneo. ⇨ **calcaneus**.

calcaneus /kæl'keɪniəs/ calcâneo. ☑ **calcaneum** ⇨ **heel bone**. Veja ilustração em **Foot**, no Apêndice.

calcareous degeneration /kæl,keəriəs dɪ,dʒenə'reɪʃ(ə)n/ degeneração calcária: em pessoas idosas, formação de cálcio nos ossos e articulações.

calci- /kælsɪ/ calci(o)-: referente ao cálcio. Nota: antes de vogais usa-se **calc-**.

calciferol /kæl'sɪfərɒl/ calciferol. ⇨ **Vitamin D₂**. Vitamina D

calcification /,kælsɪfɪ'keɪʃ(ə)n/ calcificação: processo de endurecimento, causado por depósito de sais de cálcio. Veja também **Pellegrini-Stieda's disease**. Observação: a calcificação geralmente ocorre nos ossos, mas pode estar presente, com menos freqüência, nas articulações, músculos e órgãos, onde é conhecida como calcinose.

calcified /'kælsɪfaɪd/ calcificado: que endureceu, calcificou. *Bone is calcified connective tissue. /* O osso é um tecido conjuntivo calcificado.

calcinosis /,kælsɪ'nəʊsɪs/ calcinose: condição médica na qual se formam depósitos de cálcio nas articulações, músculos e órgãos.

calcitonin /,kælsɪ'təʊnɪn/ calcitonina: hormônio produzido pela glândula tireóide. Acredita-se que a calcitonina regula a quantidade de cálcio no sangue. ☑ **thyrocalcitonin**.

calcium /'kælsiəm/ cálcio: elemento químico que constitui o principal componente dos ossos e dentes, e que é essencial para vários processos orgânicos, por exemplo, a coagulação sanguínea. Símbolo químico: **Ca**. Observação: o cálcio é um importante elemento para uma dieta balanceada. É encontrado principalmente no leite, queijo, ovos e certos vegetais. A deficiência de cálcio pode ser tratada com injeções de sais de cálcio.

calcium antagonist /'kælsiəm æn,tægɒnɪst/ antagonista do cálcio: droga que aumenta o calibre das artérias e diminui a freqüência cardíaca. É usada no tratamento da angina.

calcium blocker /'kælsiəm ,blɒkə/ bloqueador do cálcio. ⇨ **calcium channel blocker**.

calcium channel blocker /'kælsiəm ,tʃæn(ə)l ,blɒkə/ bloqueador do canal de cálcio: droga que afeta os músculos lisos do sistema cardiovascular, usada no tratamento da angina e hipertensão. ☑ **calcium blocker**. Nota: os bloqueadores do canal do cálcio têm nomes que terminam em **-dipine**: nifedipine. Essa droga não deve ser usada na insuficiência cardíaca, porque reduz a função cardíaca.

calcium deficiency /'kælsiəm dɪ,fɪʃ(ə)nsi/ deficiência de cálcio: falta de cálcio na corrente sanguínea.

calcium phosphate /,kælsiəm 'fɒsfeɪt/ fosfato de cálcio: o principal componente dos ossos.

calcium supplement /'kælsiəm ,sʌplɪmənt/ suplemento de cálcio: cálcio adicionado à dieta, ou administrado na forma de injeções.

calculosis /,kælkju'ləʊsɪs/ calculose: condição caracterizada pela presença de cálculos ou pedras em um órgão.

calculus /'kælkjʊləs/ cálculo: concreção semelhante a um pequeno pedaço de pedra, que se forma dentro de um órgão. ☑ **stone**. Plural: **calculi**. Observação: os cálculos são constituídos por colesterol e várias substâncias inorgânicas, e normalmente podem ser vistos na bexiga, vesícula biliar (cálculos biliares) e rins.

Caldwell–Lucoperation /,kɔːldwel 'luːk ɒpə,reɪʃ(ə)n/ operação de Caldwell-Luc: cirurgia para abertura e dreno do seio maxilar por meio de uma incisão na fossa canina. (Descrita em 1893 por George Walter Caldwell (1834–1918), físico americano, e Henri Luc [1855–1925], laringologista francês.)

calf /kɑːf/ panturrilha: dilatação muscular do dorso da perna, formada pelos músculo gastrocnêmio. Plural: **calves**.

caliber /'kælɪbə/ calibre. ⇨ **calibre**.

calibrate /'kælɪbreɪt/ calibrar: **1** medir o diâmetro interno de uma estrutura tubular oca (tubo ou passagem). **2** medir o tamanho de duas partes do corpo que precisam ser ligadas por meio de cirurgia. **3** ajustar um instrumento ou equipamento de acordo com um determinado padrão.

calibrator /'kælɪbreɪtə/ calibrador: **1** instrumento usado para aumentar o diâmetro de uma estrutura tubular oca (tubo ou passagem). **2** instrumento utilizado para medir o diâmetro interno de uma estrutura tubular oca (tubo ou passagem).

calibre /'kælɪbə/ calibre: o diâmetro interno de uma estrutura tubular oca ou de um vaso sanguíneo. Nota: no inglês americano usa-se **caliber**

caliectasis /,kælɪ'ektəsɪs/ caliectasia: dilatação dos cálices em geral. ☑ **hydrocalycosis**.

caliper /'kælɪpə/ compasso de calibre: **1** instrumento com duas pernas curvas, usado para medir a largura da cavidade pélvica. **2** instrumento com duas pontas agudas e pesos, usado na perna, a fim de tracioná-la. **3** talas feitas com varetas e correias, normalmente usadas na perna, fazendo com que os ossos do quadril, e não os pés, agüentem o peso da pessoa quando ela caminha. ☑ **calliper**.

calliper /'kælɪpə/ compasso de calibre. ⇨ **caliper**, acepção 3.

callisthenic /,kælɪs'θenɪk/ calistênico: referente à calistênica.

callisthenics /,kælɪs'θenɪks/ calistênica: programa de exercícios leves para melhorar o condicionamento físico e o tônus muscular.

callosity /kə'lɒsɪti/ calosidade: espessamento da camada de ceratina da epiderme, por exemplo, um pequeno foco inflamatório, em conseqüência de pressão ou atrito. ☑ **callus**.

callosum /kə'ləʊs(ə)m/ caloso. Veja **corpus callosum**.

callus /'kæləs/ calo: **1** ⇨ **callosity**. **2** massa de tecido fibroso não calcificado, cartilagem, e finalmente, osso, que se forma no local de um osso quebrado quando este começa a se consolidar. *Callus formation is more rapid in children and young adults than in elderly people.* / Formações calosas acontecem mais rápido em crianças e adultos jovens do que em pessoas idosas.

calm /kɑːm/ calmo: quieto, despreocupado. *The patient was delirious but became calm after the injection.* / O paciente estava delirando, mas ficou calmo após a injeção.

calomel /'kæləmel/ calomelano: cloreto mercuroso, substância venenosa usada para eliminar vermes intestinais. Fórmula: Hg_2Cl_2.

calor /'kælə/ calor: aquecimento, calor.

caloric /kə'lɒrɪk/ calórico: relativo a caloria e ao calor.

caloric energy /kə‚lɒrɪk 'enədʒi/ energia calórica: energia encontrada em certa quantidade de calorias.

caloric requirement /kə‚lɒrɪk rɪ'kwaɪəmənt/ necessidade calórica: a quantidade de energia diária, presente nas calorias, de que o indivíduo necessita.

calorie /'kæləri/ caloria: **1** unidade de medida de calor ou energia, equivalente à quantidade de calor necessário para aumentar a temperatura de 1 g de água por 1°C. Atualmente, a caloria está sendo substituída pelo joule. **2** (informal) unidade de medida de energia contida nos alimentos. *a low-calorie diet* / uma dieta de baixas calorias. **to count calories:** contar calorias (ter cuidado com a quantidade de comida que se come).

calvaria /kæl'veəriə/ calvária: a parte superior do crânio. ☑ **calvarium**.

calvarium /kæl'veəriəm/ calota craniana; crânio cerebral. ⇨ **calvaria**.

calyx /'keɪlɪks/ cálice: estrutura em forma de flor ou funil, de modo especial, uma das subdivisões da pelve renal, na qual se projetam os orifícios das pirâmides renais. Veja ilustração em **Kidney**, no Apêndice. Plural: **calyces**. Observação: a pelve renal é formada por três cálices maiores, os quais, por sua vez, são constituídos por vários cálices menores.

CAM /‚si: eɪ 'em/ abreviatura de **complementary and alternative medicine**.

camphor /'kæmfə/ cânfora: cristais brancos de cheiro forte, obtidos sinteticamente da madeira da canforeira, uma árvore de regiões tropicais. A cânfora é usada como inseticida; em produtos cosméticos e farmacêuticos, como ungüento.

camphorated oil /'kæmfətɪd ɔɪl/ óleo canforado. ⇨ **camphor oil**.

camphor oil /'kæmfə ɔɪl/ óleo canforado: mistura constituída de 20% de cânfora e óleo, usada como antipruriginoso tópico. ☑ **camphorated oil**.

Campylobacter /'kæmpɪləu‚bæktə/ *Campylobacter:* bactéria que pode produzir infecções humanas, por exemplo, envenenamento por alimentos, e aborto espontâneo em ovelhas e vacas.

canal /kə'næl/ canal: estrutura tubular que permite a passagem de alguma coisa.

canaliculitis /‚kænəlɪkju'laɪtɪs/ canaliculite: inflamação do canalículo lacrimal.

canaliculotomy /‚kænəlɪkju'lɒtəmi/ canaliculotomia: cirurgia para abrir um pequeno canal.

canaliculus /‚kænə'lɪkjuləs/ canalículo: pequeno canal, por exemplo, aquele que conduz aos sistemas haversianos, no osso compacto, ou o que leva ao ducto lacrimal. Plural: **canaliculi**.

cancellous bone /'kænsələs ‚bəʊn/ osso esponjoso: estrutura óssea ligeiramente esponjosa que se forma no interior do osso e também nas terminações dos ossos longos. Veja ilustração em **Bone Structure**, no Apêndice.

cancer /'kænsə/ câncer: tumor maligno que se desenvolve nos tecidos e os destroem, pode se espalhar por metástase para outros partes do corpo, e que este não consegue controlar. *Cancer cells developed in the lymph.* / Células cancerosas desenvolveram-se na linfa. *She has been diagnosed as having lung cancer.* / Ela recebeu o diagnóstico de câncer no pulmão. Nota: para conhecer outros termos referentes a câncer, veja os que começam com **carcin-**. Observação: há mais de um tipo de câncer: o câncer de pele (carcinoma) e o câncer de tecidos conjuntivos, tais como ossos ou músculos (sarcoma). Eles são provocados por várias causas, e muitos podem ser curáveis por meio de cirurgia, quimioterapia ou radiação, principalmente se forem detectados nos seus primeiros estágios.

cancerophobia /‚kænsərəʊ'fəubiə/ cancerofobia: medo mórbido de câncer.

cancerous /'kænsərəs/ canceroso: referente a câncer. *The X-ray revealed a cancerous growth in the breast.* / O exame de raio-X revelou um crescimento canceroso na mama.

cancer phobia /'kænsə ‚fəubiə/ fobia de câncer. ⇨ **cancerophobia**.

cancerophobia /'kænsərə'fəubiə/ fobia de câncer. ☑ **cancer phobia**.

cancrum oris /‚kæŋkrəm 'ɔːrɪs/ cancro oral: úlceras que começam no canto da boca ou bochechas, e podem se espalhar para os lábios, com necrose evidente. ☑ **noma**.

Candida /'kændɪdə/ *Candida:* gênero de fungo causador de micose. ☑ **Monilia**.

> *It is incorrect to say that oral candida is an infection.* Candida *is easily isolated from the mouths of up to 50% of healthy adults and is a normal commensal.* / "É incorreto afirmar que a *Candida* oral é uma infecção. A *Candida* presente na boca pode ser controlada facilmente em até 50% de adultos sadios, e convive normalmente." (*Nursing Times*)

Candida albicans /‚kændɪdə 'ælbɪkænz/ *Candida albicans:* tipo de *Candida* geralmente presente na boca e garganta. Não costuma causar nenhuma doença, mas pode provocar o aparecimento de aftas.

candidate /'kændɪdeɪt/ candidato: alguém passível de ser submetido a determinado procedimento médico ou cirurgia. *These types of patients may be candidates for embolisation.* / Pacientes com este perfil podem ser candidatos à embolização.

candidate vaccine /'kændɪdeɪt ˌvæksiːn/ vacina candidata: vacina que está sendo testada para uso em imunização.

candidiasis /ˌkændɪ'daɪəsɪs/ candidíase: infecção produzida por *Candida*, principalmente *Candida. albicans*. ☑ **candidosis; moniliasis**. Observação: quando a infecção ocorre na vagina ou boca, é chamada de "sapinho". Sapinhos na boca geralmente ocorrem em crianças pequenas.

candidosis /ˌkændɪ'dəʊsɪs/ candidose. ⇨ **candidiasis**.

canicola fever /kə'nɪkələ ˌfiːvə/ febre canicular: forma de leptospirose que provoca febre alta e icterícia.

canine /'keɪnaɪn/ canino: dente pontudo, situado entre o incisivo lateral e o pré-molar. ☑ **canine tooth; cuspid**. Veja ilustração em **Teeth**, no Apêndice. Observação: há quatro dentes caninos: dois no maxilar superior e dois no inferior. Os caninos do maxilar superior são chamados de *eyeteeth* (dentes oculares).

canine tooth /'keɪnaɪn tuːθ/ dente canino. ⇨ **canine**.

canities /kə'nɪʃiːz/ canície: perda de pigmentos, que causa o embranquecimento dos cabelos.

canker sore /'kæŋkə ˌsɔː/ cancro. ⇨ **mouth ulcer**.

cannabis /'kænəbɪs/ cânabis; cânhamo; maconha: droga feita com flores ou folhas secas da planta da maconha, a *Cannabis sativa*. O uso recreativo da maconha é ilegal e sua utilização para aliviar dores associadas a certas doenças, por exemplo, esclerose múltipla, é controversa. ☑ **hashish** e **marijuana**. Observação: a maconha possui propriedades analgésicas, e a legalização de seu uso para aliviar dores crônicas tem sido motivo de muitos debates.

cannabis resin /ˌkænəbɪs 'rezɪn/ resina do cânhamo: estrato purificado feito das flores da *Cannabis sativa*. É uma droga que causa dependência.

cannula /'kænjʊlə/ cânula: tubo com um trocarte ou uma agulha grossa e curta, para introdução em uma cavidade ou canal, a fim de fazer correr um líquido. ☑ **canula**.

cannulate /'kænjʊleɪt/ canular; canulizar: inserir uma cânula em veia ou cavidade, a fim de administrar drogas ou para retirar líquidos. ☑ **canulate**.

canthal /'kænθəl/ cantal: referente ao canto do olho.

cantholysis /kæn'θɒləsɪs/ cantólise. ⇨ **canthoplasty**.

canthoplasty /'kænθəplæsti/ cantoplastia: **1** cirurgia para reparar o ângulo do olho. **2** cirurgia para alongamento da fissura palpebral, feita por meio de uma incisão no canto lateral do olho. ☑ **cantholysis**.

canthus /'kænθəs/ canto: o ângulo do olho.

canula /'kænjʊlə/ cânula. ⇨ **cannula**.

canulate /'kænjʊleɪt/ canular; canulizar. ⇨ **cannulate**.

cap /kæp/ gorro, capuz: **1** qualquer estrutura que se assemelha a um gorro e que oferece proteção. **2** cobertura artificial protetora para um dente quebrado.

CAPD abreviatura de **continuous ambulatory peritoneal dialysis**.

capeline bandage /'kæpəlaɪn ˌbændɪdʒ/ atadura em forma de gorro: atadura que tem a forma de um gorro, usada para cobrir a cabeça ou o coto de um membro amputado.

capillary /kə'pɪləri/ capilar: **1** vaso sanguíneo diminuto entre as arteríolas e as vênulas, que transporta sangue e nutrientes para os tecidos. **2** qualquer tubo diminuto que transporta líquido no organismo.

capillary bleeding /kəˌpɪləri 'bliːdɪŋ/ sangramento capilar: sangramento no qual o sangue escoa dos pequenos vasos sanguíneos.

capitate /'kæpɪteɪt/ capitato: o maior dos oito ossos carpais do pulso. ☑ **capitate bone**. Veja ilustração em **Hand**, no Apêndice.

capitate bone /'kæpɪteɪt ˌbəʊn/ osso capitato. ⇨ **capitate**.

capitellum /ˌkæpɪ'teləm/ capítulo: cabeça pequena e arredondada de um osso, principalmente uma eminência na extremidade distal do úmero com a articulação do rádio. ☑ **capitulum of humerus**. Plural: **capitella**.

capitis /kə'paɪtɪs/ cabeça. Veja **corona capitis**.

capitular /kə'pɪtjʊlə/ capitular: que descreve a extremidade articular arredondada (capítulo) de um osso.

capitulum /kə'pɪtjʊləm/ capítulo: a extremidade arredondada de um osso, que se articula com outro osso, por exemplo, a extremidade distal do úmero. Plural: **capitula**.

capitulum of humerus /kəˌpɪtjʊləm əv 'hjuːmərəs/ capítulo do úmero. ⇨ **capitellum**.

caplet /'kæplət/ tablete: pequeno comprimido de forma oblonga, envolto em um revestimento, que se dissolve facilmente e que, normalmente, não pode ser quebrado ao meio.

caps abreviatura de **capsule**.

capsular /'kæpsjʊlə/ capsular: referente à cápsula.

capsule /'kæpsjuːl/ cápsula; comprimido: **1** membrana que envolve um órgão ou articulação. **2** envoltório solúvel que encerra uma dose de alguma droga. *She swallowed three capsules of painkiller.* / Ela tomou três comprimidos para aliviar a dor. *The doctor prescribed the drug in capsule form.* / O médico prescreveu a droga na forma de comprimidos. Abreviatura: **caps**.

capsulectomy /ˌkæpsjʊ'lektəmi/ capsulectomia: remoção cirúrgica de uma cápsula, principalmente a que está localizada em uma articulação.

capsulitis /ˌkæpsjuˈlaɪtɪs/ capsulite: inflamação de uma cápsula.

capsulotomy /ˌkæpsjʊˈlɒtəmi/ capsulotomia: procedimento cirúrgico envolvendo a abertura de uma cápsula, por exemplo, a excisão da cápsula do cristalino durante operação de catarata.

captopril /ˈkæptəprɪl/ captopril: droga que ajuda a prevenir o estreitamento das artérias. É um inibidor da enzima conversa da angiotensina, usado no controle da hipertensão.

caput /ˈkæpət/ cabeça: **1** a extremidade superior do corpo, contendo a face, o cérebro e os órgãos dos sentidos. **2** a parte superior de alguma coisa. Plural: **capita**.

carbamazepine /ˌkɑːbəˈmæzəpiːn/ carbamazepina: droga analgésica e anticonvulsivante. É usada no tratamento da epilepsia, dor e distúrbio bipolar.

carbenoxolone /ˌkɑːbəˈnɒksələʊn/ carbenoxolona: um agente derivado do alcaçuz, usado para o tratamento de úlceras gástricas.

carbidopa /ˌkɑːbɪˈdəʊpə/ carbidopa: inibidor da descarboxilação da levodopa, que permite que esta produza concentrações cerebrais mais altas de dopamina. É usada no tratamento da doença de Parkinson.

carbimazole /kɑːˈbɪməzəʊl/ carbimazol: droga que ajuda a inibir a síntese do hormônio tireoidiano, usada no tratamento do hipertireoidismo.

carbohydrate /ˌkɑːbəʊˈhaɪdreɪt/ carboidrato: **1** composto biológico contendo carbono, hidrogênio e oxigênio. Os carboidratos são derivados do açúcar e constituem uma fonte importante de alimento e energia. **2** alimento que contém carboidratos. *high carbohydrate drinks* / bebidas com alta taxa de carboidratos.

carbolic acid /kɑːˌbɒlɪk ˈæsɪd/ ácido carbólico. ⇨ **phenol**.

carbon /ˈkɑːbən/ carbono: um dos elementos não-metálicos, componente essencial de todos os tecidos vivos e dos compostos químicos orgânicos. Símbolo químico: **C**.

carbon dioxide /ˌkɑːbən daɪˈɒksaɪd/ dióxido de carbono: gás incolor produzido pela combustão de carbono com excesso de ar. É formado nos tecidos e eliminado pelos pulmões. Símbolo químico: CO_2. Observação: o dióxido de carbono pode ser solidificado a baixas temperaturas, e é conhecido como gelo seco ou neve carbônica, sendo utilizado para eliminar verrugas e outras afecções cutâneas.

carbon dioxide snow /ˌkɑːbən daɪˌɒksaɪd ˈsnəʊ/ neve carbônica; gelo seco: dióxido de carbono sólido, usado no tratamento de verrugas e outras afecções cutâneas, ou para preservar amostras de tecidos.

carbonic anhydrase /kɑːˌbɒnɪk ænˈhaɪdreɪz/ anidrase carbônica: enzima que atua como tampão, ajudando a regular o equilíbrio de água no organismo, incluindo secreção gástrica e produção de humor aquoso.

carbon monoxide /ˌkɑːbən məˈnɒksaɪd/ monóxido de carbono: gás venenoso emitido pelo escapamento dos automóveis, gases em combustão e fumaça de cigarro. Símbolo químico: **CO**. Observação: o monóxido de carbono é perigoso porque é facilmente absorvido pela corrente sanguínea; no sangue, ele toma o lugar do oxigênio e combina-se com a hemoglobina, formando a carboxiemoglobina e privando os tecidos de oxigênio. O monóxido de carbono não tem cheiro, e as pessoas não percebem que estão sendo envenenadas. Elas se tornam inconscientes, e a pele adquire uma coloração vermelha característica. O envenenamento provocado pelos gases emitidos pelo escapamento dos automóveis é, algumas vezes, usado como forma de suicídio. O tratamento para o envenenamento por monóxido de carbono consiste na rápida inalação de ar fresco, junto com dióxido de carbono, se for possível providenciar esse gás.

carbon monoxide poisoning /ˌkɑːbən məˈnɒksaɪd ˌpɔɪz(ə)nɪŋ/ envenenamento por monóxido de carbono: envenenamento causado pela inalação de monóxido de carbono.

carboxyhaemoglobin /kɑːˌbɒksihiːməˈɡləʊ bɪn/ carboxiemoglobina: composto de monóxido de carbono e hemoglobina, resultante da inalação de monóxido de carbono da fumaça do tabaco ou dos gases emitidos pelo escapamento dos automóveis. Veja também **haemoglobin**.

carboxyhaemoglobinaemia /kɑːˌbɒksihiːmə ˌɡləʊbɪˈniːmiə/ carboxiemoglobinemia: presença de carboxiemoglobina no sangue.

carbuncle /ˈkɑːbʌŋkəl/ carbúnculo: infecção profunda da pele e dos tecidos subcutâneos, causada por estafilococos.

carcin- /kɑːsɪn/ ⇨ **carcino-**.

carcino- /kɑːsɪnə/ carcino-: referente a carcinoma ou câncer. Nota: antes de vogais usa-se **carcin-**

carcinogen /kɑːˈsɪnədʒən/ carcinógeno: substância que provoca carcinoma ou câncer. Observação: os carcinógenos são encontrados em pesticidas, tais como DDT, em asbestos, tabaco, compostos aromáticos, como o benzeno, e substâncias radiativas.

carcinogenesis /ˌkɑːsɪnəˈdʒenəsɪs/ carcinogênese: processo de formação de um carcinoma nos tecidos.

carcinogenic /ˌkɑːsɪnəˈdʒenɪk/ carcinógeno: que causa câncer ou carcinoma.

carcinoid /ˈkɑːsɪnɔɪd/ carcinóide: tumor intestinal, principalmente no apêndice, que causa diarréia. ☑ **carcinoid tumour**.

carcinoid syndrome /ˈkɑːsɪnɔɪd ˌsɪndrəʊm/ síndrome carcinóide: grupo de sintomas que são associados ao tumor carcinóide.

carcinoid tumour /ˈkɑːsɪnɔɪd ˌtjuːmə/ tumor carcinóide. ⇨ **carcinoid**.

carcinoma /ˌkɑːsɪˈnəʊmə/ carcinoma: câncer derivado de tecido epitelial ou das glândulas.

carcinoma in situ /ˌkɑːsɪˌnəʊmə ɪn ˈsɪtju/ carcinoma *in situ;* carcinoma intra-epitelial: o primeiro estágio no desenvolvimento de câncer, quando as células epiteliais começam a sofrer alterações.

carcinomatosis /ˌkɑːsɪnəʊməˈtəʊsɪs/ carcinomatose: disseminação ampla de carcinoma para muitos órgãos ou tecidos do corpo.

carcinomatous /ˌkɑːsɪˈnɒmətəs/ carcinomatoso: referente a carcinoma.

carcinosarcoma /ˌkɑːsɪnəʊsɑːˈkəʊmə/ carcinossarcoma: tumor maligno que contém elementos tanto de um carcinoma como de um sarcoma.

cardi- ⇨ **cardio-**.

cardia /ˈkɑːdiə/ cárdia: 1 área do estômago próxima à abertura do esôfago. 2 o coração.

cardiac /ˈkɑːdiæk/ cardíaco: 1 referente ao coração. 2 referente à cárdia.

cardiac achalasia /ˌkɑːdiæk ˌækəˈleɪziə/ acalasia cardíaca: condição na qual o paciente é incapaz de relaxar a cárdia, músculo da abertura do estômago, o que retém os alimentos no esôfago superior dilatado, impossibilitando-os de chegar ao estômago. ☑ **cardiospasm**. Veja também **cardiomyotomy**.

cardiac arrest /ˌkɑːdiæk əˈrest/ parada cardíaca: condição na qual o músculo cardíaco pára de bater.

cardiac asthma /ˌkɑːdiæk ˈæsmə/ asma cardíaca: dificuldade de respirar, causada por insuficiência cardíaca.

cardiac catheter /ˌkɑːdiæk ˈkæθɪtə/ cateter cardíaco: cateter introduzido em uma veia e que passa dentro do coração, onde colhe amostras de sangue, mede as pressões dos grandes vasos ou das câmaras cardíacas, e examina o interior do órgão antes de uma cirurgia.

cardiac catheterisation /ˌkɑːdiæk ˌkæθɪtəraɪˈzeɪʃ(ə)n/ cateterização cardíaca: procedimento que envolve a passagem de um cateter dentro do coração.

cardiac cirrhosis /ˌkɑːdiæk sɪˈrəʊsɪs/ cirrose cardíaca: cirrose hepática, causada por doença cardíaca.

cardiac compression /ˌkɑːdiæk kəmˈpreʃ(ə)n/ compressão cardíaca: compressão do coração, causada pela presença de líquido no pericárdio.

cardiac conducting system /ˌkɑːdiæk kənˈdʌktɪŋ ˌsɪstəm/ sistema condutor do coração: sistema de fibras musculares cardíacas que liga o átrio ao ventrículo, de modo que os dois batam no mesmo ritmo.

cardiac cycle /ˌkɑːdiæk ˈsaɪk(ə)l/ ciclo cardíaco: movimento cardíaco completo, formado pela sístole e pela diástole.

cardiac decompression /ˌkɑːdiæk ˌdiːkəmˈpreʃ(ə)n/ descompressão cardíaca: incisão no pericárdio para retirada de sangue ou líquido.

cardiac failure /ˌkɑːdiæk ˈfeɪljə/ insuficiência cardíaca. ⇨ **heart failure**.

cardiac glycoside /ˌkɑːdiæk ˈɡlaɪkəsaɪd/ glicosídeo cardíaco: droga usada no tratamento da taquicardia e da fibrilação atrial, por exemplo, a digoxina.

cardiac impression /ˌkɑːdiæk ɪmˈpreʃ(ə)n/ impressão cardíaca: 1 área côncava na área superior do fígado, sob o coração. 2 depressão na superfície mediastinal dos pulmões, onde eles tocam o pericárdio.

cardiac index /ˌkɑːdiæk ˈɪndeks/ índice cardíaco: quantidade de sangue ejetada pelo coração por metro quadrado de superfície do corpo, normalmente entre 3,1 e 3,8 $l/min/m^2$ (litros por minuto por metro quadrado).

cardiac infarction /ˌkɑːdiækɪnˈfɑːkʃən/ infarto cardíaco. ⇨ **myocardial infarction**.

cardiac monitor /ˌkɑːdiæk ˈmɒnɪtə/ monitor cardíaco. ⇨ **electrocardiograph**.

cardiac murmur /ˌkɑːdiæk ˈmɜːmə/ sopro cardíaco. ⇨ **heart murmur**.

cardiac muscle /ˈkɑːdiæk ˌmʌs(ə)l/ músculo cardíaco: músculo do coração que provoca os batimentos cardíacos.

cardiac neurosis /ˌkɑːdiæk njʊˈrəʊsɪs/ neurose cardíaca; cardioneurose. ⇨ **disordered action of the heart**.

cardiac notch /ˌkɑːdiæk ˈnɒtʃ/ incisura cardíaca: 1 chanfradura na borda anterior do lobo superior do pulmão esquerdo, cuja parede em curvatura acomoda o pericárdio. Veja ilustrações em **Lungs**, no Apêndice. 2 chanfradura na junção do esôfago com a curvatura maior do estômago.

cardiac orifice /ˌkɑːdiæk ˈɒrɪfɪs/ orifício cardíaco: abertura na junção do esôfago com o estômago.

cardiac output /ˌkɑːdiæk ˈaʊtpʊt/ débito cardíaco: volume de sangue ejetado pelos ventrículos durante um tempo específico, normalmente entre 4,8 e 5,3 l/min (litros por minuto).

cardiac pacemaker /ˌkɑːdiæk ˈpeɪsmeɪkə/ marcapasso cardíaco: dispositivo eletrônico implantado no coração ou no tórax do paciente, que estimula e regula os batimentos cardíacos.

cardiac patient /ˈkɑːdiæk ˌpeɪʃ(ə)nt/ paciente cardíaco: paciente com doença cardíaca.

cardiac reflex /ˌkɑːdiæk ˈriːfleks/ reflexo cardíaco: reflexo que controla automaticamente os batimentos cardíacos.

cardiac surgery /ˌkɑːdiæk ˈsɜːdʒəri/ cirurgia cardíaca: cirurgia do coração.

cardiac tamponade /ˌkɑːdiæk ˌtæmpəˈneɪd/ tamponamento cardíaco: compressão do coração, que acontece quando a cavidade pericárdica se enche de sangue. ☑ **heart tamponade**.

cardiac vein /ˈkɑːdiæk veɪn/ veia cardíaca: uma das veias que vão do miocárdio ao átrio direito.

cardinal /ˌkɑːdɪn(ə)l ˈnʌmbə/ cardinal: o mais importante.

cardinal ligaments /ˌkɑːdɪn(ə)l ˈlɪɡəmənts/ ligamentos cardinais: ligamentos que formam uma faixa de tecido conjuntivo que se estende do colo do útero e vagina até as paredes pélvicas. Também chamados de **Mackenrodt's ligaments**.

cardio- /ˈkaːdiəu/ cardio-: referente ao coração. Nota: antes de vogais usa-se **cardi-**.

cardiogenic /ˌkaːdiəˈdʒenɪk/ cardiogênico: resultante de atividade ou doença cardíaca.

cardiogram /ˈkaːdiəgræm/ cardiograma: gráfico obtido por meio de um cardiógrafo, e que mostra os batimentos cardíacos.

cardiograph /ˈkaːdiəgrɑːf/ cardiógrafo: aparelho que registra os batimentos cardíacos em um gráfico.

cardiographer /ˌkaːdiˈɒgrəfə/ cardiógrafo: técnico que opera um cardiógrafo.

cardiography /ˌkaːdiˈɒgrəfi/ cardiografia: o ato de registrar os batimentos cardíacos em um gráfico.

cardiologist /ˌkaːdiˈɒlədʒɪst/ cardiologista: médico especialista no estudo do coração.

cardiology /ˌkaːdiˈɒlədʒi/ cardiologia: o estudo do coração, suas doenças e funções.

cardiomegaly /ˌkaːdiəuˈmegəli/ cardiomegalia: aumento do tamanho do coração.

cardiomyopathy /ˌkaːdiəumaɪˈɒpəθi/ cardiomiopatia: doença do músculo cardíaco.

cardiomyoplasty /ˌkaːdiəuˈmaɪəuˌplæsti/ cardiomioplastia: cirurgia do músculo cardíaco, a fim de melhorar o funcionamento do coração, usando o *latissimus dorsi* como estimulante.

cardiomyotomy /ˌkaːdiəumaɪˈɒtəmi/ cardiomiotomia: cirurgia para aliviar a acalasia cardíaca, e que consiste na secção do anel de músculos na junção do esôfago com o estômago. ☑ **Heller's operation**.

cardiopathy /ˌkaːdiˈɒpəθi/ cardiopatia: qualquer tipo de doença cardíaca.

cardiophone /ˈkaːdiəfəun/ cardiófono: estetoscópio projetado para registrar sons; normalmente, é usado para registrar os batimentos cardíacos do feto.

cardioplegia /ˌkaːdiəuˈpliːdʒiə/ cardioplegia: parada cardíaca temporária, provocada por hipotermia ou pelo uso de drogas, a fim de que uma cirurgia possa ser realizada.

cardiopulmonary /ˌkaːdiəuˈpʌlmən(ə)ri/ cardiopulmonar: referente ao coração e aos pulmões.

cardiopulmonary bypass /ˌkaːdiəuˌpʌlmən(ə)ri ˈbaɪpɑːs/ desvio cardiopulmonar: em operações cardíacas, método de desvio do fluxo sanguíneo por meio de máquina. A atividade do coração e dos pulmões é substituída por uma bomba.

cardiopulmonary resuscitation /ˌkaːdiəuˌpʌlmən(ə)ri rɪˌsʌsɪˈteɪʃ(ə)n/ ressuscitação cardiopulmonar: técnica emergencial para restabelecimento dos batimentos cardíacos. Envolve desobstrução das vias aéreas e então, alternadamente, massagem cardíaca fechada e respiração

boca a boca. Abreviatura: **CPR**. ☑ **kiss of life**; **mouth-to-mouth**.

cardiopulmonary system /ˌkaːdiəuˈpʌlmən(ə)ri ˌsɪstəm/ sistema cardiopulmonar: o coração e os pulmões, considerados como uma unidade funcional.

cardiorespiratory /ˌkaːdiəurɪˈspɪrɪt(ə)ri/ cardiorrespiratório: referente ao coração e ao sistema respiratório.

cardioscope /ˈkaːdiəskəup/ cardioscópio: instrumento constituído de um tubo com uma luz em sua extremidade, usado para inspecionar o interior do coração.

cardiospasm /ˈkaːdiəuspæz(ə)m/ cardiospasmo. ⇨ **cardiac achalasia**.

cardiothoracic /ˌkaːdiəuθɒˈræsɪk/ cardiotorácico: referente ao coração e à região torácica. *a cardiothoracic surgeon* / um cirurgião cardiotorácico.

cardiotocography /ˌkaːdiəutɒˈkɒgrəfi/ cardiotocografia: registro dos batimentos cardíacos do feto.

cardiotomy /ˌkaːdiˈɒtəmi/ cardiotomia: cirurgia que envolve a incisão da parede do coração.

cardiotomy syndrome /ˌkaːdiˈɒtəmi ˌsɪndrə um/ síndrome da cardiotomia: líquido presente nas membranas cardíacas após cardiotomia.

cardiotoxic /ˌkaːdiəuˈtɒksɪk/ cardiotóxico: que tem efeito nocivo sobre o coração.

cardiovascular /ˌkaːdiəuˈvæskjulə/ cardiovascular: referente ao coração e à circulação.

cardiovascular disease /ˌkaːdiəuˈvæskjulə dɪˌziːz/ doença cardiovascular: qualquer doença que afeta a circulação, por exemplo, a hipertensão.

> *...cardiovascular diseases remain the leading cause of death in the United States.* "...as doenças cardiovasculares continuam sendo a principal causa de morte nos Estados Unidos." (*Journal of the American Medical Association*)

cardiovascular system /ˌkaːdiəuˈvæskjulə ˌsɪstəm/ sistema cardiovascular: sistema que diz respeito aos órgãos e vasos sanguíneos como um todo, incluindo o coração, as artérias e as veias, e que é responsável pela circulação do sangue.

cardioversion /ˌkaːdiəuˈvɜːʃ(ə)n/ cardioversão: técnica de restabelecimento dos batimentos cardíacos por meio de choques elétricos. Veja também **defibrillation**.

carditis /kaːˈdaɪtɪs/ cardite: inflamação do tecido conjuntivo do coração.

caregiver /ˈkeəˌgɪvə/ pessoa que cuida de doentes. ⇨ **carer**.

care pathway /ˈkeə ˌpaːθweɪ/ via de tratamento: processo completo de diagnóstico, tratamento e cuidados de um paciente.

care plan /ˈkeə plæn/ plano de tratamento: plano elaborado pelo *staff* de enfermagem para o tratamento de cada paciente.

> *...all relevant sections of the nurses' care plan and nursing process had been left blank.* / "...todas as partes relevantes dos planos de tratamento e processos de enfermagem têm sido negligenciadas". (*Nursing Times*)

carer /'keərə/ responsável pelos cuidados com o paciente: pessoa encarregada de cuidar de indivíduos doentes ou incapacitados. ☑ **caregiver**.

> *...most research has focused on those caring for older people or for adults with disability and chronic illness. Most studied are the carers of those who might otherwise have to stay in hospital for a long time.* / "...a maioria das pesquisas tem se concentrado nas pessoas que cuidam de idosos ou adultos inválidos ou com doença crônica, e seu alvo principal são aquelas que tomam conta de doentes necessitados de hospitalização por um período prolongado". (*British Medical Journal*)

caries /'keərɪz/ cárie: necrose dos dentes ou deterioração dos ossos.

carina /kə'riːnə/ carina: estrutura anatômica que forma uma quilha, como o fundo de um barco, por exemplo, a cartilagem que separa as aberturas dos brônquios em sua junção com a traquéia.

cariogenic /ˌkeərɪəʊ'dʒenɪk/ cariogênico: referente a substâncias que provocam cárie.

carminative /'kɑːmɪnətɪv/ carminativo: que, ou o que alivia cólicas ou indigestão.

carneous mole /ˌkɑːnɪəs 'məʊl/ mola carnosa: massa amorfa que fica no útero após a morte do feto.

carotenaemia /ˌkærətɪ'niːmɪə/ carotenemia: grande quantidade de caroteno no sangue, normalmente como resultado da ingestão excessiva de cenoura ou tomate, e que dá à pele uma coloração amarela. ☑ **xanthaemia**.

carotene /'kærətiːn/ caroteno: pigmento alaranjado ou vermelho presente na cenoura, gema do ovo e alguns óleos e azeites, e que é convertido pelo fígado em vitamina A.

carotid /kə'rɒtɪd/ carótida: grande artéria localizada no pescoço, responsável pelo suprimento de sangue do cérebro. ☑ **carotid artery; common carotid artery**. Observação: a artéria carótida comum corre para cima no pescoço e se divide na borda superior em carótidas externa e interna. O corpo carotídeo está situado na bifurcação da carótida.

carotid artery /kə'rɒtɪd ˌɑːtəri/ artéria carótida. ⇨ **carotid**.

carotid artery thrombosis /kəˌrɒtɪd ˌɑːtəri θrɒm'bəʊsɪs/ trombose da artéria carótida: formação de coágulo sanguíneo na artéria carótida.

carotid body /kæˌrɒtɪd 'bɒdi/ corpo carotídeo: pequena estrutura na bifurcação da artéria carótida, que está relacionada aos reflexos cardiovasculares.

carotid pulse /kəˌrɒtɪd 'pʌls/ pulso carotídeo: pulso percebido na artéria carótida, na parte lateral do pescoço.

carotid sinus /kæˌrɒtɪd 'saɪnəs/ seio carotídeo: porção dilatada da artéria carótida, que monitora a pressão arterial do crânio.

carp- /kɑːp/ ⇨ **carpo-**.

carpal /'kɑːp(ə)l/ carpal: referente ao punho.

carpal bones /'kɑːp(ə)l bəʊnz/ ossos carpais: os oito ossos que formam o carpo ou punho. Também chamados **carpals**. Veja ilustração em **Hand**, no Apêndice.

carpal tunnel release /ˌkɑːp(ə)l 'tʌn(ə)l rɪˌliːs/ libertação do túnel cárpico: cirurgia para aliviar a compressão do nervo mediano.

carpal tunnel syndrome /ˌkɑːp(ə)l 'tʌn(ə)l ˌsɪndrəʊm/ síndrome do túnel do carpo: parestesia (formigamento, queimação e dormência), que ocorre geralmente à noite e é mais comum em mulheres. É causada por compressão do nervo mediano.

carphology /kɑː'fɒlədʒi/ carfologia: movimento involuntário de puxar as cobertas da cama, como se a pessoa estivesse agarrando tufos de algodão, no delírio causado por febre tifóide ou outros tipos de febre, ou sinal de aproximação da morte. ☑ **floccillation**.

carpo- /kɑːpəʊ/ carpo-: referente ao punho. Nota: antes de vogais usa-se **carp-**.

carpometacarpal joint /ˌkɑːpəʊmetə'kɑːp(ə)l dʒɔɪnt/ articulação carpometacarpal: uma das articulações entre os ossos carpais e os metacarpais. ☑ **CM joint**.

carpopedal spasm /ˌkɑːpəʊpiːd(ə)l 'spæz(ə)m/ espasmo carpopedal: espasmo das mãos e dos pés, causado por deficiência de cálcio.

carpus /'kɑːpəs/ carpo: os ossos que conectam o braço à mão. ☑ **wrist**. Veja ilustração em **Hand**, no Apêndice. Plural: **carpi**. Observação: o carpo é formado por oito ossos pequenos (os carpais): *capitatum, hamatum, lunatum, pisiforme, scaphoideum, trapezium, trapezoideum* e *triquetrum*.

carrier /'kæriə/ portador; transportador: **1** pessoa que porta bactérias de uma doença e que pode transmiti-la a outras pessoas sem mostrar sinais de que está infectada. *Ten per cent of the population are believed to be unwitting carriers of the bacteria.* / Acredita-se que 10% da população seja portadora assintomática de bactérias. **2** inseto que transporta doenças e infecta as pessoas. **3** pessoa saudável que carrega uma variação de cromossomo que enseja o aparecimento de doenças hereditárias, tais como hemofilia ou distrofia muscular de Duchenne.

carry /'kæri/ transportar; carregar: ter uma doença e ser capaz de infectar outras pessoas.

cartilage /'kɑːtɪlɪdʒ/ cartilagem: tecido conjuntivo de consistência firme, que delimita e amortece as articulações, e que constitui parte da estrutura de um órgão. Em crianças pequenas, a cartilagem é o primeiro estágio da formação dos ossos.

cartilaginous /ˌkɑːtɪ'lædʒɪnəs/ cartilaginoso: feito de cartilagem.

cartilaginous joint /ˌkɑːtɪˈlædʒɪnəs dʒɔɪnt/ articulação cartilaginosa. Veja também **primary cartilaginous joint; secondary cartilaginous joint**.

caruncle /kəˈrʌŋkəl/ carúncula: uma protuberância carnosa pequena.

cascara /kæˈskɑːrə/ cáscara: laxativo feito da casca dessecada de uma árvore tropical. ☑ **cascara sagrada**.

cascara sagrada /kæˈskɑːrə səˈgrɑːdə/ cáscara sagrada. ⇨ **cascara**.

case /keɪs/ caso: **1** ocorrência de uma doença. *There were two hundred cases of cholera in the recent outbreak.* / Houve duzentos casos de cólera na epidemia recente. **2** pessoa que tem uma doença ou está sob tratamento médico. *The hospital is only admitting urgent cases.* / O hospital está aceitando apenas casos urgentes.

caseation /ˌkeɪsiˈeɪʃ(ə)n/ caseificação: forma de necrose em que os tecidos se transformam em uma massa amorfa e seca. É característica da tuberculose.

case control study /keɪs kənˈtrəʊl ˌstʌdi/ estudo de controle de casos: investigação na qual um grupo de pessoas com uma doença é comparado com um grupo sem a doença, para estudar as suas possíveis causas.

case history /ˈkeɪs ˌhɪst(ə)ri/ estudo de caso: dados relativos a um paciente e detalhes do que acontece durante seu tratamento médico.

casein /ˈkeɪsiɪn/ caseína: uma das proteínas encontradas no leite.

caseinogen /ˌkeɪsiˈɪnədʒən/ caseinogênio: a principal proteína do leite, da qual a caseína é derivada.

Casey's model /ˈkeɪsiz ˌmɒd(ə)l/ modelo de Casey: parâmetro para os cuidados de pacientes infantis, em que os pais são envolvidos no tratamento.

cast /kɑːst/ cálculo; pedra: cálculo alongado ou cilíndrico, que se forma em um órgão oco ou estrutura tubular, e que pode ser observado em materiais excretados pelo corpo, tais como escarro e urina.

castor oil /ˈkɑːstər ˈɔɪl/ óleo de rícino: óleo extraído das sementes de uma planta e usado como laxativo.

castration /kæˈstreɪʃ(ə)n/ castração: remoção cirúrgica dos órgãos sexuais, normalmente os testículos, no homem.

casualty /ˈkæʒuəlti/ acidente; lesão acidental; vítima de acidente: pessoa que sofre um acidente ou que adoece subitamente. *The fire caused several casualties.* / O incêndio fez várias vítimas. *The casualties were taken by ambulance to the nearest hospital.* / As vítimas foram levadas de ambulância para o hospital mais próximo. ☑ **casualty department**. *The accident victim was rushed to casualty.* / A vítima do acidente foi levada às pressas para o pronto-socorro.

casualty department /ˈkæʒuəlti dɪˌpɑːtmənt/ departamento de acidentados. ⇨ **casualty; accident and emergency department**.

casualty ward /ˈkæʒuəlti wɔːd/ pronto-socorro. ⇨ **accident ward**.

CAT /kæt/ CAT. ⇨ **computerised axial tomography**.

cata- /kætə/ cata-: forma combinante que significa em posição inferior, para baixo.

catabolic /ˌkætəˈbɒlɪk/ catabólico: referente a catabolismo.

catabolism /kəˈtæbəlɪz(ə)m/ catabolismo: processo de decomposição de elementos químicos complexos em elementos químicos simples.

catalase /ˈkætəleɪz/ catalase: enzima presente no sangue e fígado, que decompõe o peróxido de hidrogênio em água e oxigênio.

catalepsy /ˈkætəlepsi/ catalepsia: condição freqüentemente associada à esquizofrenia, na qual a pessoa é incapaz de expressar sensações, o corpo se torna rígido, e ela não se move por longos períodos.

catalyse /ˈkætəlaɪz/ catalisar: agir como catalisador e incentivar uma reação química. Nota: no inglês americano usa-se **catalyze**.

catalysis /kəˈtæləsɪs/ catálise: modificação da velocidade de uma reação química (o catalisador) que não se altera durante o processo.

catalyst /ˈkætəlɪst/ catalisador: substância que produz catálise ou auxilia uma reação química sem alterar a si própria. *an enzyme which acts as a catalyst in the digestive process* / uma enzima que atua como catalisador no processo digestório.

catalytic /ˌkætəˈlɪtɪk/ catalítico: referente à catálise.

catalytic reaction /ˌkætəlɪtɪk riˈækʃən/ reação catalítica: reação química causada por um catalisador que não se altera durante o processo.

catamenia /ˌkætəˈmiːniə/ catamenia: menstruações ou regra.

cataplexy /ˈkætəpleksi/ cateplexia: condição, possivelmente causada por um choque, na qual os músculos tornam-se rígidos subitamente, e a pessoa caí, mas sem perder a consciência.

cataract /ˈkætərækt/ catarata: opacidade gradual do cristalino ou de sua cápsula. Observação: a catarata é mais comum em pessoas acima dos cinqüenta anos de idade. É causada, algumas vezes, por pancada ou choque elétrico. A catarata pode ser removida com facilidade e segurança por meio de cirurgia.

cataract extraction /ˈkætərækt ɪkˌstrækʃ(ə)n/ extração de catarata: remoção cirúrgica de catarata.

cataractous lens /kætəˈræktəs lenz/ cristalino cataratoso: cristalino que apresenta catarata.

catarrh /kəˈtɑː/ catarro: inflamação das membranas mucosas do nariz e garganta, que cria uma quantidade excessiva de muco.

catarrhal /kəˈtɑːrəl/ catarral: referente a catarro. *a catarrhal cough* / uma tosse catarral.

catatonia /ˌkætəˈtəʊniə/ catatonia: em psiquiatria, síndrome em que o paciente apresenta períodos de rigidez física ou de reações violentas aos estímulos.

catatonic /ˌkætəˈtɒnɪk/ catatônico: referente ao comportamento da pessoa que apresenta rigidez física ou violência extrema.

catatonic schizophrenia /ˌkætətɒnɪk ˌskɪtsəʊˈfriːniə/ esquizofrenia catatônica: tipo de esquizofrenia na qual o paciente tem um comportamento ora apático ora muito agitado e perturbado.

catching /ˈkætʃɪŋ/ (informal) contagioso; infeccioso. *Is the disease catching?* / A doença é contagiosa?

catchment area /ˈkætʃmənt ˌeəriə/ comunidade atendida por hospital: área nas proximidades de um hospital, pelo qual é atendida.

catecholamines /ˌkætəˈkɒləmiːnz/ catecolaminas: os hormônios adrenalina e noradrenalina, que são liberados pelas glândulas adrenais.

category /ˈkætɪɡ(ə)ri/ categoria: classificação; maneira pela qual as coisas podem ser classificadas. *His condition is of a non-urgent category.* / A doença dele pertence a uma categoria não urgente.

catgut /ˈkætɡʌt/ categute: material obtido originalmente da camada submucosa do intestino de carneiros. O categute é submetido a um processo que prolonga sua resistência e é usado em suturas cirúrgicas. Observação: o categute é absorvido vagarosamente pelos líquidos do corpo após cicatrização da ferida e, portanto, não precisa ser removido. O categute comum é absorvido em cinco a dez dias; o categute mais resistente, em três ou quatro semanas.

catharsis /kəˈθɑːsɪs/ catarse; purgação: purgação do intestino.

cathartic /kəˈθɑːtɪk/ catártico: agente com ação purgativa ou laxativa.

catheter /ˈkæθɪtə/ cateter; sonda: tubo que, introduzido no corpo, permite a passagem de líquido.

catheterisation /ˌkæθɪtəraɪˈzeɪʃ(ə)n/ cateterismo: o ato de inserir cateter ou sonda no corpo de um paciente. ☑ **catheterization**. ⇨ **intubation**.

> ...high rates of disconnection of closed urine drainage systems, lack of hand washing and incorrect positioning of urine drainage bags have been highlighted in a new report on urethral catheterisation. / "...altas taxas de desconexão do sistema de drenagem de urina, falta de limpeza das mãos e posicionamento incorreto dos recipientes de coleta de urina têm sido enfatizados em um novo relatório sobre cateterismo uretral." (*Nursing Times*)
>
> ...the technique used to treat aortic stenosis is similar to that for any cardiac catheterisation. A catheter introduced through the femoral vein is placed across the aortic valve and into the left ventricle. / "... a técnica usada para tratar estenose aórtica é similar às técnicas de cateterismo cardíaco. Um cateter introduzido na veia femoral é posicionado na válvula aórtica até atingir o ventrículo esquerdo." (*Journal of the American Medical Association*)

catheterise /ˈkæθɪtəraɪz/ cateterizar: passar um cateter. ⇨ **intubate**.

CAT scan /ˈkæt skæn/ tomografia axial computadorizada. ⇨ **CT scan**.

CAT scanner /ˈkæt ˌskænə/ escâner para tomografia axial computadorizada. ⇨ **CT scanner**.

cat-scratch disease /ˈkæt skrætʃ dɪˌziːz/ doença da arranhadura do gato: doença na qual o paciente apresenta febre e linfadenite regional; acredita-se que seja transmitida às pessoas pelo arranhão do gato, embora possam resultar também de arranhão com objetos pontiaguados. Já foram registrados alguns casos de pessoas que não tiveram contato com um gato e contraíram a doença. ☑ **cat-scratch fever**.

cat-scratch fever /ˈkæt skrætʃ ˌfiːvə/ febre da arranhadura do gato. ⇨ **cat-scratch disease**.

cauda equina /ˌkɔːdə ɪˈkwaɪnə/ cauda eqüina: grupo de nervos que descem da parte inferior da medula espinhal até a região lombar e o cóccix.

caudal /ˈkɔːd(ə)l/ caudal: referente à cauda eqüina.

caudal anaesthetic /ˌkɔːd(ə)l ˌænəsˈθetɪk/ anestesia caudal: anestesia aplicada no canal caudal ou sacro, para eliminar a sensibilidade da parte inferior do corpo. É usada freqüentemente no parto.

caudal analgesia /ˌkɔːd(ə)l ˌæn(ə)lˈdʒiːziə/ analgesia caudal: método de alívio da dor que consiste na aplicação de anestesia na base da espinha, para eliminar a sensibilidade da parte inferior do corpo.

caudal block /ˈkɔːd(ə)l blɒk/ bloqueio caudal: analgesia local dos nervos da cauda eqüina.

caudate /ˈkɔːdeɪt/ caudado: 1 que possui cauda. 2 que se assemelha à cauda.

caudate lobe /ˈkɔːdeɪt ləʊb/ lobo caudado: lobo situado na parte posterior do fígado. ☑ **posterior lobe**.

caul /kɔːl/ véu; coifa: 1 membrana que algumas vezes cobre a cabeça do bebê no nascimento. 2 ⇨ **omentum**.

cauliflower ear /ˌkɒliflaʊər ˈɪə/ orelha em couve-flor; orelha de boxeador: orelha permanentemente intumescida, por causa de pancadas recebidas em lutas de boxe.

causalgia /kɔːˈzældʒə/ causalgia: sensação de queimadura em um membro, causada por lesão de um nervo.

causal organism /ˌkɔːz(ə)l ˈɔːɡənɪz(ə)m/ organismo causal: organismo que causa uma determinada doença.

caustic /ˈkɔːstɪk/ cáustico: 1 substância química que destrói os tecidos com os quais entra em contato. 2 corrosivo, destrutivo.

cauterisation /ˌkɔːtəraɪˈzeɪʃ(ə)n/ cauterização: o ato de cauterizar. *The growth was removed by cauterisation.* / O tumor foi extirpado com cauterização. Usa-se também **cauterization**.

cauterise /ˈkɔːtəraɪz/ cauterizar: usar chama, radiação ou raios *laser* para extirpar tecidos ou para interromper sangramentos. Usa-se também **cauterize**.

cautery /'kɔ:təri/ cautério: instrumento cirúrgico usado para cauterizar uma ferida.

cava /'keɪvə/ cava. Veja **vena cava**.

cavernosum /ˌkævə'nəʊsəm/ cavernoso. Veja **corpus cavernosum**.

cavernous breathing sounds /ˌkævənəs 'bri:ðɪŋ ˌsaʊndz/ sons respiratórios cavernosos: sons pulmonares surdos, que são ouvidos com o auxílio de um estetoscópio colocado no peito da pessoa, e são usados para diagnosticar doenças.

cavernous haemangioma /ˌkævənəs ˌhi:mæn dʒɪ'əʊmə/ hemangioma cavernoso: tumor no tecido conjuntivo constituído de grandes espaços contendo sangue.

cavernous sinus /ˌkævənəs 'saɪnəs/ seio cavernoso: qualquer uma das duas cavidades localizadas no crânio, atrás da fissura orbitária, que fazem parte do sistema de drenagem venosa.

cavitation /ˌkævɪ'teɪʃ(ə)n/ cavitação: a formação de uma cavidade.

cavity /'kævɪti/ cavidade: espaço oco ou cavidade no interior do organismo.

cavus /'keɪvəs/ cavo. Veja **claw foot; pes cavus**.

CBC abreviatura de **complete blood count**.

cc /ˌsi: 'si:/ abreviatura de **cubic centimeter**.

CCU abreviatura de **coronary care unit**.

CD4 /ˌsi: di: 'fɔ:/ CD4: composto que consiste de uma proteína combinada com um carboidrato, encontrado em algumas células, e que ajuda o corpo a se proteger de infecções. ◊ **CD4 count**: contagem de CD4. Teste usado para monitorar o número de células CD4 que foi destruído em indivíduos infectados com o HIV.

CDH abreviatura de **congenital dislocation of the hip**.

cecum /'si:kəm/ ceco. ⇨ **caecum**.

cefaclor /'sefəklɔ:/ cefaclor: droga antibacteriana usado no tratamento de septicemia.

cefotaxime /ˌsefə'tæksi:m/ cefotaxima: uma cefalosporina sintética usada para tratar infecções bacterianas causadas por *Pseudomonas*.

-cele /si:l/ referente à tumefação. ⇨ **-coele**.

celi- /si:l/ referente à cavidade, normalmente do abdome. ⇨ **coelio-**.

celiac /'si:liæk/ celíaco. ⇨ **coeliac**.

celio- /si:liəʊ/ referente à cavidade, normalmente do abdome. ⇨ **coelio-**

cell /sel/ célula: a menor unidade da matéria viva, que constitui a base de todos os tecidos vegetais e animais. Nota: para conhecer outros termos referentes à célula, veja os que começam com **cyt-**, **cyto-**. Observação: a célula é uma unidade capaz de se reproduzir. É formada por uma substância semelhante à geléia (citoplasma), que envolve um núcleo e contém muitas outras pequenas estruturas, que são diferentes em cada tipo de célula. As células se reproduzem por divisão (mitose), e seu processo de alimentação e remoção

de resíduos constitui o metabolismo. É a unidade funcional e estrutural dos organismos vivos.

cell body /'sel ˌbɒdi/ corpo celular: parte da célula nervosa que contém o núcleo e onde começam os axônios e dendritos.

cell division /'sel dɪˌvɪʒ(ə)n/ divisão celular: a maneira pela qual uma célula se reproduz. Veja também **mitosis** e **meiosis**.

cell membrane /'sel ˌmembreɪn/ membrana celular: membrana que envolve o citoplasma de uma célula. Veja também **columnar cell**.

cellular /'seljʊlə/ celular: **1** referente a células, ou formado por células. **2** feito de muitas partes similares conectadas umas às outras.

cellular tissue /ˌseljʊlə 'tɪʃu:/ tecido celular: forma de tecido conjuntivo com grandes espaços.

cellulite /'seljʊlaɪt/ celulite: depósitos de gordura em bolsas sob a pele, especialmente nas coxas e nádegas.

cellulitis /ˌseljʊ'laɪtɪs/ celulite: inflamação bacteriana comum do tecido conjuntivo ou subcutâneo.

cellulose /'seljʊləʊs/ celulose: carboidrato presente na maioria das estruturas vegetais. Observação: a celulose não é digerível e é passada para o sistema digestivo como substância grosseira.

Celsius /'selsiəs/ Celsius: escala métrica de temperature na qual 0° é o ponto em que a água congela e 100° é o ponto em que a água entra em ebulição, sob condições atmosféricas normais. ☑ **centigrade**. Veja também **Fahrenheit**. Nota: normalmente, é escrito com um **C** depois do sinal de grau: **52°C** (52 graus Celsius). (Descrito em 1742 por Anders Celsius [1701–1744], astrônomo e cientista sueco.) Observação: para converter temperaturas de Celsius para Fahrenheit, multiplique por 1,8 e acrescente 32. Desse modo, 20°C é igual a 68°F. A escala Celsius é usada em muitos países, mas nos Estados Unidos ainda se prefere o sistema Fahrenheit.

Celsius temperature /'selsiəs ˌtemprɪtʃə/ temperatura Celsius: temperatura medida pela escala Celsius.

CEMACH /'si:mæʃ/ projeto de pesquisa do Reino Unido que investiga a causa de mortes entre crianças e partos de natimortos. Abreviatura de *Confidential Enquiry into Maternal and Child Health:* Investigação Confidencial sobre a Saúde Materna e Infantil. Veja **CESDI**.

cement /sɪ'ment/ cimento: **1** substância adesiva usada em odontologia para soldar uma coroa à base de um dente. **2** ⇨ **cementum**.

cementum /sɪ'mentəm/ cimento: camada espessa de material duro que cobre as raízes dos dentes. ☑ **cement**.

census /'sensəs/ censo: uma contagem sistemática ou pesquisa.

center /'sentə/ centro. ⇨ **centre**.

-centesis /senti'sɪs/ -centese: punção.

centi- /senti/ centi-: forma combinante que significa um centésimo (10^-2). Símbolo: **c**.

centigrade /'sentɪɡreɪd/ centígrado. ⇨ **Celsius**.

centile chart /'sentaɪl tʃɑːt/ gráfico centil; gráfico percentil: gráfico mostrando o número de bebês que se enquadram em cada área de distribuição, no que diz respeito, por exemplo, ao peso ao nascimento.

centilitre /'sentɪliːtə/ centilitro: unidade de medida de líquidos igual a um centésimo por litro. Símbolo: **cl**. Nota: no inglês americano usa-se **centiliter**.

centimetre /'sentɪmiːtə/ centímetro: unidade de comprimento igual a um centésimo por metro. Símbolo: **cm**. Nota: no inglês americano usa-se **centimeter**.

central /'sentrəl/ central: relativo ao centro.

central canal /ˌsentrəl kə'næl/ canal central: canal central da medula espinhal, que contém o líquido cerebroespinhal.

central line /'sentrəl laɪn/ linha central: cateter introduzido no pescoço, usado para monitorar a pressão venosa central em condições como, por exemplo, choque, em que o equilíbrio de líquidos está gravemente comprometido.

central nervous system /ˌsentrəl 'nɜːvəs ˌsɪstəm/ sistema nervoso central: o cérebro e a medula espinhal, que unem todos os nervos. Abreviatura: **CNS**.

central sulcus /ˌsentrəl 'sʌlkəs/ sulco central: um dos sulcos que dividem um hemisfério cerebral em lobos.

central temperature /ˌsentrəl 'temprɪtʃə/ temperatura central: a temperatura do cérebro, tórax e abdome, que é constante.

central vein /ˌsentrəl 'veɪn/ veia central: uma veia do fígado.

central venous pressure /ˌsentrəl 'viːnəs ˌpreʃə/ pressão venosa central: pressão arterial no átrio direito do coração, que pode ser medida por meio de um cateter.

centre /'sentə/ centro: **1** o ponto central, ou a parte principal de alguma coisa. *The aim of the examination is to locate the centre of infection.* / O objetivo do exame é localizar o centro da infecção. **2** um grande edifício. **3** o local em que vários nervos se encontram. Nota: no inglês americano usa-se **center**.

centrifugal /ˌsentrɪ'fjuːɡ(ə)l, sen'trɪfjʊɡ(ə)l/ centrífugo: que se afasta do centro.

centrifugation /ˌsentrɪfjuː'ɡeɪʃ(ə)n/ centrifugação: o processo de separação dos componentes de um líquido por meio de uma centrífuga. ☑ **centrifuging**.

centrifuge /'sentrɪfjuːdʒ/ centrífuga: aparelho para separar os componentes de um líquido por meio de um rápido movimento de rotação.

centrifuging /'sentrɪfjuːdʒɪŋ/ centrifugação. ⇨ **centrifugation**.

centriole /'sentriəʊl/ centríolo: pequena estrutura encontrada no citoplasma de uma célula, que está relacionada à organização do fuso acromático durante a divisão celular.

centripetal /ˌsentrɪ'piːt(ə)l, sen'trɪpɪt(ə)l/ centrípeto: que se move para o centro.

centromere /'sentrəmɪə/ centrômero: a constrição de um cromossomo durante a divisão celular.

centrosome /'sentrəsəʊm/ centrossomo: estrutura no citoplasma de uma célula, perto do núcleo, contendo os centríolos.

centrum /'sentrəm/ centro: a parte central de um órgão. Plural: **centra**.

cephal- /sefəl/ ⇨ **cephalo-**.

cephalalgia /ˌsefə'lældʒə/ cefalgia. ⇨ **headache**.

cephalexin /ˌsefə'leksɪn/ cefalexina: antibiótico usado no tratamento de infecções do sistema urinário ou do trato respiratório.

cephalhaematoma /ˌsefəlhiːmə'təʊmə/ cefaloematoma: hematoma (cisto de sangue) do couro cabeludo, visto principalmente em bebês cujo parto foi feito com fórceps.

cephalic /sə'fælɪk/ cefálico: relativo à cabeça.

cephalic index /sə'fælɪk 'ɪndeks/ índice cefálico: proporção da largura máxima com o comprimento máximo do crânio.

cephalic presentation /sə,fælɪk ˌprez(ə)n'teɪ ʃ(ə)n/ apresentação cefálica: posição comum do feto no útero, de modo que a parte apresentada primeiramente no parto é a cabeça.

cephalic version /sə,fælɪk 'vɜːʃ(ə)n/ versão cefálica: movimento feito para virar um feto que se encontre em posição errada, de modo a fazer com que a parte apresentada primeiramente no parto seja a cabeça.

cephalo- /sefələʊ/ cefalo-: relativo à cabeça. Nota: antes de vogais usa-se **cephal-**.

cephalocele /'sefələʊsiːl/ cefalocele: hematoma congênito localizado no cérebro, causado por um defeito craniano.

cephalogram /'sefələʊɡræm/ cefalograma: raio-X dos ossos do crânio.

cephalometry /ˌsefə'lɒmɪtri/ cefalometria: medição das proporções da cabeça.

cephalopelvic /ˌsefələʊ'pelvɪk/ cefalopélvico: relativo à cabeça do feto e à pelve materna.

cephalopelvic disproportion /ˌsefələʊˌpelvɪk ˌdɪsprə'pɔːʃ(ə)n/ desproporção cefalopélvica: condição na qual a abertura pélvica da mãe não é suficientemente larga para permitir a passagem da cabeça fetal.

cephalosporin /ˌsefələʊ'spɔːrɪn/ cefalosporina: droga usada no tratamento de infecções bacterianas.

cephradine /'sefrədiːn/ cefradina: antibiótico usado no tratamento de sinusite e infecções do trato urinário.

cerclage /sɜː'klɑːʒ/ cerclagem: ato que consiste em circundar parte de um órgão com um fio metálico ou um anel.

cerea /'sɪəriə/ cérea. Veja **flexibilitas cerea**.

cerebellar /ˌserə'belə/ cerebelar: relativo ao cerebelo.

cerebellar ataxia /ˌserəbelər əˈtæksiə/ ataxia cerebelar: doença na qual a pessoa cambaleia e não consegue falar claramente, devido a um distúrbio do cerebelo.

cerebellar cortex /ˌserəbelə ˈkɔːteks/ córtex cerebelar: a parte superficial cinzenta do cerebelo.

cerebellar gait /ˌserəbelə ˈɡeɪt/ marcha cerebelar; marcha cambaleante: maneira de andar em que a pessoa cambaleia, causada por um distúrbio do cerebelo.

cerebellar peduncle /ˌserəbelə pɪˈdʌŋk(ə)l/ pedúnculo cerebelar: faixa de tecido nervoso que liga as partes do cerebelo.

cerebellar syndrome /ˌserəbelə ˈsɪndrəum/ síndrome cerebelar: doença que afeta o cerebelo, cujos sintomas são falta de coordenação muscular, espasmos no globo ocular e fala prejudicada.

cerebellum /ˌserəˈbeləm/ cerebelo: massa cerebral que se localiza por baixo da parte posterior do cérebro. Veja ilustração em **Brain**, no Apêndice. Observação: o cerebelo é formado por dois hemisférios; no centro, fica uma estreita porção, o verme. As fibras entram e saem do cerebelo por meio dos pedúnculos. O cerebelo é a parte do cérebro responsável pelos movimentos voluntários, e este órgão é associado com o sentido do equilíbrio.

cerebr- /serəbr/ ⇨ **cerebro-**.

cerebral /ˈserəbrəl/ cerebral: relativo ao cérebro ou às partes do crânio em geral.

cerebral aqueduct /ˌserəbrəl ˈækwɪdʌkt/ aqueduto cerebral: canal que liga o terceiro e o quarto ventrículos ao cérebro. ☑ **aqueduct of Sylvius**.

cerebral artery /ˌserəbrəl ˈɑːtəri/ artéria cerebral: uma das principais artérias que levam sangue para o cérebro.

cerebral cavity /ˌserəbrəl ˈkævɪti/ cavidade cerebral: uma das quatro cavidades cranianas, delimitadas pelos ossos, contendo líquido.

cerebral cortex /ˌserəbrəl ˈkɔːteks/ córtex cerebral: membrana cinzenta que reveste o cérebro.

cerebral decompression /ˌserəbrəl ˈdiːkəmˈpreʃ(ə)n/ descompressão cerebral: remoção de parte do crânio para aliviar pressão no cérebro.

cerebral dominance /ˌserəbrəl ˈdɒmɪnəns/ dominância cerebral: condição comum em que os centros de várias funções estão localizados em um hemisfério cerebral.

cerebral haemorrhage /ˌserəbrəl ˈhem(ə)rɪdʒ/ hemorragia cerebral: sangramento de uma artéria cerebral. ☑ **brain haemorrhage**.

cerebral hemisphere /ˌserəbrəl ˈhemɪsfɪə/ hemisfério cerebral: uma das duas metades do cérebro.

cerebral infarction /ˌserəbrəl ɪnˈfɑːkʃən/ infarto cerebral: morte do tecido cerebral, como resultado da redução de suprimento sanguíneo ao cérebro.

cerebral ischaemia /ˌserəbrəl ɪˈskiːmiə/ isquemia cerebral: insuficiência de suprimento sanguíneo para o cérebro.

cerebral palsy /ˌserəbrəl ˈpɔːlzi/ paralisia cerebral: doença devida principalmente à lesão cerebral ocorrida antes do nascimento, ou deficiência de oxigênio durante o parto, associada à falta de coordenação dos movimentos musculares, fala, audição e visão prejudicadas, e, algumas vezes, deficiência mental. Nota: bebês prematuros apresentam um risco mais elevado de paralisia cerebral. ☑ **spastic paralysis**.

cerebral peduncle /ˌserəbrəl pɪˈdʌŋk(ə)l/ pedúnculo cerebral: massa de fibras nervosas que conectam os hemisférios cerebrais ao cérebro médio. Veja ilustração em **Brain**, no Apêndice.

cerebral thrombosis /ˌserəbrəl θrɒmˈbəusɪs/ trombose cerebral. ⇨ **cerebrovascular accident**.

cerebral vascular accident /ˌserəbrəl ˌvæskjulər ˈæksɪd(ə)nt/ acidente vascular cerebral (AVC). ⇨ **cerebrovascular accident**.

cerebration /ˌserəˈbreɪʃ(ə)n/ cerebração: atividade cerebral.

cerebro- /serəbrəu/ cerebro-: forma combinante relativa ao cérebro. Nota: antes de vogais usa-se **cerebr-**.

cerebrospinal /ˌserəbrəuˈspaɪn(ə)l/ cérebro-espinhal: referente ao cérebro e à medula espinhal.

cerebrospinal fever /ˌserəbrəuspaɪn(ə)l ˈfiːvə/ febre cérebro-espinhal. ⇨ **meningococcal meningitis**.

cerebrospinal fluid /ˌserəbrəuspaɪn(ə)l ˈfluːɪd/ líquido cérebro-espinhal: líquido que envolve o cérebro e a medula espinal. Abreviatura: **CSF**. Comentário: o líquido cérebro-espinhal é encontrado no espaço entre as membranas cerebrais aracnóide e pia-máter, dentro dos ventrículos cerebrais, e no canal central da medula espinhal. É formado principalmente de água, um pouco de açúcar e cloreto de sódio. Sua função é proteger o cérebro e a medula espinhal; sua produção e absorção são contínuas, a fim de manter a pressão cerebral adequada.

cerebrospinal meningitis /ˌserəbrəuspaɪn(ə)l ˌmenɪnˈdʒaɪtɪs/ meningite cérebro-espinhal. ⇨ **meningococcal meningitis**.

cerebrospinal tract /ˌserəbrəuspaɪn(ə)l ˈtrækt/ trato cérebro-espinhal: uma das principais vias motoras, localizada nos feixes de fibras brancas da medula espinhal.

cerebrovascular /ˌserəbrəuˈvæskjulə/ cerebrovascular: referente aos vasos sanguíneos cerebrais.

cerebrovascular accident /ˌserəbrəuˌvæskjulər ˈæksɪd(ə)nt/ acidente vascular cerebral: bloqueio ou comprometimento súbito de um vaso sanguíneo cerebral, resultando em paralisia, temporária ou permanente, ou morte. ☑ **stroke**; **apoplexy**.

cerebrovascular disease /ˌserəbrəʊˌvæskjʊlə dɪˈziːz/ doença vascular cerebral: doença dos vasos sanguíneos cerebrais.

cerebrum /səˈriːbrəm/ cérebro: referia-se originalmente à maior parte do cérebro; hoje, o termo é usado principalmente para indicar os dois hemisférios cerebrais (córtex cerebral e glânglios da base). O cérebro controla os principais processos mentais, incluindo a memória. ☑ **telencephalon**. Plural: **cerebra**.

certificate /səˈtɪfɪkət/ certificado: papel de cunho oficial que certifica algo.

certify /ˈsɜːtɪfaɪ/ certificar; afirmar: fazer uma afirmação oficial escrita sobre algo. *He was certified dead on arrival at hospital.* / Foi certificado que ele estava morto quando chegou ao hospital.

cerumen /səˈruːmen/ cerume; cerúmen: cera que se forma dentro do ouvido. ☑ **earwax**.

ceruminous gland /səˈruːmɪnəs ˌɡlænd/ glândula ceruminosa: uma glândula que secreta cera. Veja ilustração em **Ear**, no Apêndice.

cervic- /sɜːvɪk/ ➪ **cervico-**.

cervical /ˈsɜːvɪk(ə)l, səˈvaɪk(ə)l/ cervical: **1** referente ao pescoço. **2** referente a qualquer parte do corpo que tem o formato do pescoço, especialmente o colo do útero.

cervical canal /ˌsɜːvɪk(ə)l kəˈnæl/ canal cervical: estrutura tubular que se estende do cérvix até a abertura do útero na vagina. ☑ **cervicouterine canal**.

cervical cancer /ˌsɜːvɪk(ə)l ˈkænsə/ câncer cervical: câncer do colo do útero.

cervical collar /ˌsɜːvɪk(ə)l ˈkɒlə/ colar cervical: faixa ortopédica especial usada para suportar o peso da cabeça em pessoas com lesões cervicais ou doença, por exemplo, espondilose cervical.

cervical erosion /ˌsɜːvɪk(ə)l ɪˈrəʊʒ(ə)n/ erosão cervical: condição na qual o epitélio da membrana mucosa que alinha o colo do útero se projeta para fora.

cervical ganglion /ˌsɜːvɪk(ə)l ˈɡæŋɡliən/ gânglio cervical: um dos feixes de nervos do pescoço.

cervical incompetence /ˌsɜːvɪk(ə)l ˈɪnkɒmpɪt(ə)ns/ incompetência cervical: disfunção do colo do útero, constituindo freqüentemente causa de abortos espontâneos e nascimentos prematuros, e que pode ser curada por meio da operação de Shirodkar.

cervical intraepithelial neoplasia /ˌsɜːvɪk(ə)l ɪntrəepɪˌθɪliəl niːəʊˈpleɪʒə/ neoplasia intra-epitelial cervical: alterações nas células cervicais, que podem levar ao câncer cervical. Abreviatura: **CIN**.

cervical nerve /ˌsɜːvɪk(ə)l ˈnɜːv/ nervo cervical: nervo da medula espinhal cervical.

cervical node /ˌsɜːvɪk(ə)l ˈnəʊd/ nodo cervical: nodo linfático cervical.

cervical plexus /ˌsɜːvɪk(ə)l ˈpleksəs/ plexo cervical: plexo nervoso localizado na parte anterior das vértebras cervicais, que conduz aos nervos

da pele e dos músculos do pescoço, e também ao músculo frênico, que controla o diafragma.

cervical rib /ˌsɜːvɪk(ə)l ˈrɪb/ costela cervical: costela supranumerária, que se origina de uma vértebra cervical, e que pode causar síndrome da saída torácica.

cervical smear /ˌsɜːvɪk(ə)l ˈsmɪə/ esfregaço cervical: teste para detectar câncer cervical, no qual são retiradas células do muco cervical do útero para exame.

cervical spondylosis /ˌsɜːvɪk(ə)l spɒndɪˈləʊsɪs/ espondilose cervical: alteração degenerativa dos ossos cervicais. Veja também **spondylosis**.

cervical vertebrae /ˌsɜːvɪk(ə)l ˈvɜːtɪbriː/ vértebras cervicais: os sete ossos que formam o pescoço.

cervicectomy /ˌsɜːvɪˈsektəmi/ cervicectomia: remoção cirúrgica do colo do útero.

cervicitis /ˌsɜːvɪˈsaɪtɪs/ cervicite: inflamação do colo do útero.

cervico- /sɜːvɪkəʊ/ cervico-: **1** referente ao pescoço. **2** referente ao colo do útero. Nota: antes de vogais usa-se **cervic-**.

cervicography /ˌsɜːvɪˈkɒɡrəfi/ cervicografia: radiografia do colo do útero, usado como método de varredura para detecção de câncer cervical.

cervicouterine canal /ˌsɜːvɪkəʊˌjuːtəraɪn kəˈnæl/ canal cervicouterino. ➪ **cervical canal**.

cervix /ˈsɜːvɪks/ cérvix; colo: **1** qualquer parte restringida de um órgão. **2** o colo uterino, a parte inferior do útero que se estende até a vagina. ☑ **cervix uteri** (colo do útero). Plural: **cervices**.

cesarean /sɪˈzeərɪən/ cesárea; cesariana. ➪ **caesarean**.

CESDI abreviatura de Confidential Enquiry into Stillbirths and Deaths in Infancy: Investigação Confidencial Sobre Partos de Natimortos e Mortes na Infância. Veja **CEMACH**.

cesium /ˈsiːziəm/ césio. ➪ **caesium**.

cestode /ˈsestəʊd/ cestódeo: **1** espécime dos cestódeos, como a solitária. **2** pertencente aos cestódeos.

cetrimide /ˈsetrɪmaɪd/ cetrimida: uma mistura de compostos do amônio, usada como desinfetante e anti-séptico.

CF abreviatura de **cystic fibrosis**.

CFT abreviatura de **complement fixation test**.

chafe /tʃeɪf/ friccionar; esfolar; irritar: esfregar algo, especialmente sobre a pele. *The rough cloth of the collar chafed the girl's neck.* / O tecido áspero da gola irritou o pescoço da moça.

chafing /ˈtʃeɪfɪŋ/ atrito; irritação: irritação da pele devida à fricção. *She was experiencing chafing of the thighs.* / Ela teve uma irritação nas coxas.

Chagas' disease /ˈʃɑːɡəs dɪˌziːz/ doença de Chagas: doença que ocorre na América do Sul, causada por *Trypanosoma cruzi* e transmitida por picadas de percevejos. Vários animais domésticos e selvagens são hospedeiros. A doença afeta principalmente crianças e, se não for tratada, pode causar cardiomiopatia fatal no começo da vida adulta. (Descrita em 1909 por Carlos Chagas [1879–1934], cientista e físico brasileiro.)

CHAI abreviatura de **Commission for Healthcare Audit and Improvement**.

chalasia /tʃə'leɪzɪə/ calasia: relaxamento excessivo dos músculos esofágicos, que provoca vômitos.

chalazion /kə'leɪzɪən/ calázio. ⇨ **meibomian cyst**.

challenge /'tʃælɪndʒ/ 1 desafiar, provocar: expor alguém a uma substância para verificar a possível ocorrência de alergia ou outra reação adversa. 2 desafio, questionamento.

chalone /'keɪləʊn, 'kæləʊn/ calônio: hormônio que inibe uma secreção, em oposição àqueles que a estimulam.

chamber /'tʃeɪmbə/ câmara: câmaras do coração; cavidades dos átrios e dos ventrículos em que o sangue é recolhido.

chancre /'ʃæŋkə/ cancro: feridas nos lábios, pênis ou pálpebras, e que constituem o primeiro sintoma de sífilis.

chancroid /'ʃæŋkrɔɪd/ cancróide: doença venérea caracterizada por úlcera ou ferida dolorosa, situada na virilha ou nos órgãos genitais externos, causada por *Haemophilus ducreyi*. ☑ **soft chancre; soft sore**.

change of life /,tʃeɪndʒ əv 'laɪf/ (informal) mudança de vida, transformação. ⇨ **menopause** (forma antiga).

chapped /tʃæpt/ rachado; fendido: referente à pele que se racha por causa do frio.

characterise /'kærɪktəraɪz/ caracterizar: ser próprio, típico ou característico de alguém ou de alguma coisa. *The disease is characterised by the development of lesions throughout the body.* / A doença caracteriza-se pelo desenvolvimento de lesões no corpo todo. Usa-se também **characterize**.

characteristic /,kærɪktə'rɪstɪk/ 1 característica: qualidade que permite que algo seja reconhecido como diferente. *Cancer destroys the cell's characteristics.* / O câncer destrói as características das células. 2 característico: que é típico ou de qualidade distinta. *symptoms characteristic of anaemia* / sintomas característicos de anemia. *The inflammation is characteristic of shingles.* / Os sintomas são sinais característicos de herpes zoster.

charcoal /'tʃɑːkəʊl/ carvão: substância de alta absorção, obtida pela queima de madeira na ausência de oxigênio, usada no tratamento de diarréia ou gases intestinais, e em casos de envenenamento. Observação: comprimidos contendo carvão são usados no tratamento de diarréia e flatulência.

Charcot's joint /,ʃɑːkəʊz 'dʒɔɪnt/ articulação de Charcot: articulação que se torna deformada em virtude de doença articular destrutiva causada pela ausência de percepção, quando os nervos são danificados por sífilis, diabetes ou lepra. (Descrita em 1868 por Jean-Martin Charcot [1825–1893], neurologista francês.)

Charcot's triad /,ʃɑːkəʊz 'traɪæd/ tríade de Charcot: os três sintomas da esclerose múltipla: nistagmo, tremor, e fala em *staccato*.

charge nurse /ʃɑːdʒ 'nɜːs/ enfermeira encarregada; enfermeira responsável. Abreviatura: **C/N**.

charleyhorse /'tʃɑːlihɔːs/ (informal) rigidez muscular. Nota: no inglês americano usa-se para designar cãibra dolorosa na perna ou na coxa.

Charnley clamps /,tʃɑːnli 'klæmps/ prótese de Charnley: implante de metal para reconstrução cirúrgica de uma articulação gravemente afetada, a fim de reconstituir-lhe a mobilidade.

chart /tʃɑːt/ gráfico: representação gráfica de algumas variáveis, como temperatura, respiração e pulso. *a temperature chart* / um gráfico sobre a temperatura.

charting /'tʃɑːtɪŋ/ cartografia: preparação e atualização, por enfermeiras e médicos, do gráfico de um paciente.

CHC abreviatura de 1 **child health clinic**. 2 **community health council**.

CHD abreviatura de **coronary heart disease**.

check-up /'tʃek ʌp/ check-up: exame geral feito por médico ou dentista. *She went for a check-up.* / Ela foi fazer um check-up. *He had a heart check-up last week.* / Ele fez um check-up do coração na semana passada.

cheek /tʃiːk/ bochecha: 1 cada uma das protuberâncias carnudas ao lado da face. 2 (informal) cada um dos lados das nádegas.

cheekbone /'tʃiːkbəʊn/ osso da face; osso malar. ☑ **malar bone**. ⇨ **zygomatic bone**.

cheil- /kaɪl/ ⇨ **cheilo-**.

cheilitis /kaɪ'laɪtɪs/ queilite: inflamação dos lábios.

cheilo- /kaɪləʊ/ queilo-: referente aos lábios. Nota: antes de vogais usa-se **cheil-**.

cheiloschisis /,kaɪləʊ'ʃaɪsɪs/ quilosquise: fenda dupla no lábio superior.

cheilosis /kaɪ'ləʊsɪs/ quilose: crostas e fissuras dos lábios e cantos da boca, causadas por falta de vitamina B.

cheiro- /keɪrəʊ/ quir(o)-: forma combinante referente à mão.

cheiropompholyx /,keɪrəʊ'pɒmfəlɪks/ quiropomfólix: doença da pele, em que aparecem pequenas bolhas nas palmas das mãos.

chelate /'kiːleɪt/ quelar: tratar alguém com um agente quelante, a fim de eliminar um metal pesado, como o chumbo, da corrente sanguínea.

chelating agent /'kiːleɪtɪŋ ,eɪdʒənt/ agente quelante: composto químico que pode se combinar com alguns metais, usado em tratamentos quimioterápicos de envenenamento por metal.

cheloid /'kiːlɔɪd/ quelóide. ⇨ **keloid**.

chemical /'kemɪk(ə)l/ químico: 1 relativo à química. 2 substância produzida por um processo químico ou formada por elementos químicos.

The MRI body scanner is able to provide a chemical analysis of tissues without investigative surgery. / "O exame de imagem de ressonância magnética é capaz de fornecer uma análise química dos tecidos sem uma cirurgia investigativa." (*Health Services Journal*)

chemical composition /ˌkemɪk(ə)l ˌkɒmpəˈzɪʃ(ə)n/ composição química: os elementos químicos que compõem uma substância. *They analysed the blood samples to find out their chemical composition.* / Eles analisaram as amostras de sangue para descobrir sua composição química.

chemical symbol /ˌkemɪk(ə)l ˈsɪmbəl/ símbolo químico: letras que representam uma substância química. Na *is the symbol for sodium.* / Na é o símbolo do sódio.

chemist /ˈkemɪst/ farmácia; drogaria: loja onde se podem comprar medicamentos, pastas de dente, sabonetes e produtos similares. *Go to the chemist to get some cough medicine.* / Vá até a farmácia e compre um remédio para a tosse. *The tablets are sold at all chemists.* / Os comprimidos são vendidos em todas as farmácias. *There's a chemist on the corner.* / Há uma farmácia na esquina.

chemistry /ˈkemɪstri/ química: o estudo das substâncias, elementos e compostos, e suas reações umas com as outras. ◊ **blood chemistry** ou **chemistry of the blood:** química do sangue. **1** substâncias que compõem o sangue, podem ser analisadas em testes sanguíneos, e cujos resultados são usados para diagnosticar doenças. **2** registro de mudanças que ocorrem no sangue durante a doença e o tratamento.

chemo /ˈkiːməʊ/ (informal) quimio: quimioterapia.

chemo- /kiːməʊ/ quimi(o)-: forma combinante referente à química.

chemoreceptor /ˌkiːməʊrɪˈseptə/ quimiorreceptor: célula que responde à presença de um composto químico por meio da ativação de um nervo, por exemplo, células receptoras gustativas, que reagem à comida, ou células do corpo carotídeo, sensíveis à diminuição de oxigênio e aumento de dióxido de carbono no sangue.

chemosis /kiːˈməʊsɪs/ quemose: edema da conjutiva ocular.

chemotaxis /ˌkiːməʊˈtæksɪs/ quimiotaxia: o movimento de uma célula quando ela é atraída ou repelida por uma substância química.

chemotherapeutic agent/ˌkiːməʊθerəˈpjuːtɪk ˌeɪdʒənt/ agente quimioterapêutico: substância química usada para tratar uma doença.

chemotherapy /ˌkiːməʊˈθerəpi/ quimioterapia: o uso de drogas, tais como antibióticos, analgésicos ou loções anti-sépticas, para combater uma doença, especialmente com produtos químicos tóxicos, que destroem rapidamente células cancerosas em desenvolvimento.

chest /tʃest/ tórax: a parte superior frontal do corpo, entre o pescoço e o estômago. ⇨ **thorax.** Nota: para conhecer outros termos referentes ao tórax, veja **pectoral** e os que começam com **ste-th-, thorac-, thoraco-.**

chest cavity /ˈtʃest ˌkævɪti/ cavidade torácica: espaço do corpo contendo o diafragma, o coração e os pulmões.

chest examination /ˈtʃest ɪɡˌzæmɪneɪʃ(ə)n/ exame torácico: exame do tórax por meio de percussão, estetoscópio ou raio-X.

chest muscle /ˈtʃest ˌmʌs(ə)l/ músculo torácico. ⇨ **pectoral muscle.**

chest pain /ˈtʃest peɪn/ dor torácica: dor no peito (tórax), que pode ser causada por doença cardíaca.

chesty /ˈtʃesti/ fleimonoso; flegmonoso: que tem flegma nos pulmões, ou que mostra tendência a queixas no tórax.

Cheyne-Stokes respiration /ˌtʃeɪn ˈstəʊks respɪˌreɪʃ(ə)n/ respiração de Cheyne-Stokes: respiração irregular, que normalmente se vê em pessoas que estão inconscientes, caracterizada por respirações curtas, depois profundas, com períodos recorrentes de apnéia. ☑ **Cheyne-Stokes breathing.**

Cheyne-Stokes breathing /ˌtʃeɪn ˈstəʊks ˈbriːðɪŋ/ ⇨ **Cheyne-Stokes respiration.**

CHI abreviatura de **Commission for Health Improvement.**

chiasm /ˈkaɪæz(ə)m/ quiasma. ☑ **decussation; chiasma.** Veja **optic chiasma.**

chickenpox /ˈtʃɪkɪnˌpɒks/ catapora: doença infecciosa que geralmente ocorre em crianças e cujos sintomas são febre e manchas vermelhas na pele, as quais se transformam em lesões vesiculares pruríticas. ☑ **varicella.** Observação: a catapora é causada por um herpes vírus. Mais tarde, o herpes zoster normalmente se manifesta como um vírus latente da catapora, e um adulto com herpes zoster pode infectar uma criança com catapora.

Chief Medical Officer /tʃiːf ˈmedɪk(ə)l ˌɒfɪsə/ Diretor Médico Oficial: no Reino Unido, um oficial do governo que é responsável por todos os aspectos da saúde pública. Abreviatura: **CMO.**

Chief Nursing Officer /tʃiːf ˈnɜːsɪŋ ˌɒfɪsə/ Enfermeira Chefe Oficial: no Reino Unido, funcionária destacada pelo Departamento de Saúde para aconselhar os ministros do governo e comandar enfermeiras e parteiras. Abreviatura: **CNO.**

chilblain /ˈtʃɪlbleɪn/ geladura; frieira: condição na qual a pele dos dedos da mão, pés, nariz e orelhas torna-se vermelha, intumescida e com coceira, por causa de exposição ao frio. ☑ **erythema pernio.**

child /tʃaɪld/ criança: menino ou menina. Criança é o termo legal para uma pessoa com menos de catorze anos de idade. Plural: **children.** Nota: para conhecer outros termos referentes à criança, veja **paed-, paedo-** ou **ped-, pedo-.**

child abuse /ˈtʃaɪld əˌbjuːs/ abuso infantil: forma cruel de tratamento que um adulto dispensa a uma criança, incluindo maus-tratos físicos e abuso sexual.

childbearing /'tʃaɪldbeərɪŋ/ parto: o ato de carregar uma criança no útero e dar à luz.

childbirth /'tʃaɪldbɜ:θ/ parto: o ato de dar à luz um filho. ☑ **parturition**.

child care /'tʃaɪld keə/ assistência à infância; assistência a menores: a assistência às crianças e o estudo de suas necessidades especiais.

child health clinic /tʃaɪld 'helθ ,klɪnɪk/ clínica médica infantil: clínica especializada que cuida da saúde e do desenvolvimento de crianças pequenas, que ainda não atingiram a idade escolar. Abreviatura: **CHC**.

childhood illness /,tʃaɪldhʊd 'ɪlnəs/ doença infantil: doença que afeta principalmente crianças, e não adultos.

child-proof /'tʃaɪld pru:f/ à prova de crianças: projetado de tal forma que uma criança não pode usar. *child-proof containers* / recipientes à prova de crianças. *The pills are sold in bottles with child-proof lids or caps.* / Os comprimidos são vendidos em frascos com tampas à prova de crianças.

child protection /,tʃaɪld prə'tekʃən/ proteção à criança: medidas que visam a evitar qualquer tipo de abuso, negligência ou exploração de crianças.

children's hospital /'tʃɪldrənz ,hɒspɪt(ə)l/ hospital infantil: hospital especializado no tratamento de crianças.

chill /tʃɪl/ calafrio: sensação de frio e tremores, normalmente sintomas de febre, gripe ou resfriado.

chin /tʃɪn/ queixo: proeminência inferior da face, abaixo da boca.

Chinese medicine /,tʃaɪni:z 'med(ə)sɪn/ medicina chinesa: sistema de diagnóstico, tratamento e prevenção de doenças, desenvolvido na China há muitos séculos. A medicina chinesa usa ervas, produtos animais e minerais, exercícios físicos, massagem e acupuntura.

Chinese restaurant syndrome /,tʃaɪni:z 'rest(ə)rɒnt ,sɪndrəʊm/ (informal) síndrome do restaurante chinês: uma condição alérgica que provoca dores de cabeça intensas após a ingestão de alimentos contendo glutamato monossódico, muito usado para temperar comida chinesa.

chiro- /kaɪrəʊ/ quir(o)-: forma combinante referente à mão.

chiropodist /kɪ'rɒpədɪst/ quiropodista: pessoa especializada no tratamento de doenças simples dos pés.

chiropody /kɪ'rɒpədi/ quiropodia: estudo e tratamento de doenças e distúrbios menores dos pés.

chiropractic /,kaɪrəʊ'præktɪk/ quiroprática: tratamento e prevenção de doenças do sistema neuromusculoesquelético, mediante o alinhamento dos ossos da espinha dorsal. ☑ **chiropracty**.

chiropractor /'kaɪrəʊ,præktə/ quiroprático: pessoa que trata doenças musculoesqueléticas por meio do alinhamento dos ossos da espinha dorsal.

chiropracty (informal) quiroprática. ⇨ **chiropractic**.

Chlamydia /klə'mɪdiə/ Chlamydia: bactéria que causa tracoma e doenças urogenitais em humanos e psitacose em pássaros, que pode ser transmitida aos humanos. É, atualmente, a principal causa de doenças sexualmente transmissíveis.

chlamydial /klə'mɪdiəl/ clamidial: referente a infecções causadas por *Chlamydia*.

chloasma /kləʊ'æzmə/ cloasma: presença de manchas marrons na pele, provocada por causas diversas.

chlor- /klɔ:r/ ⇨ **chloro-**.

chlorambucil /klɔ:'ræmbjʊsɪl/ clorambucil: droga que destrói as células, usada no tratamento do câncer.

chloramphenicol /,klɔ:ræm'fenɪkɒl/ cloranfenicol: antibiótico potente, que algumas vezes causa um colapso da produção de células sanguíneas; portanto, é usado apenas para tratar doenças que podem levar à morte, tais como meningite.

chlordiazepoxide /,klɔ:daɪ,æzi'pɒksaɪd/ clordiazepóxido: pó amarelo cristalino, usado como tranqüilizante e no tratamento do alcoolismo.

chlorhexidine /klɔ:'heksɪdi:n/ clorexidina: um desinfetante bucal.

chloride /'klɔ:raɪd/ cloreto: um sal do ácido clorídrico.

chlorination /,klɔ:rɪ'neɪʃ(ə)n/ clorinação: esterilização pelo uso de cloro. Observação: a clorinação é usada para exterminar bactérias na água potável, nas piscinas e nas águas de esgotos rurais, e tem muitas aplicações industriais, tais como esterilização no processamento de alimentos.

chlorinator /'klɔ:rɪneɪtə/ clorinador: aparelho para adicionar cloro à agua.

chlorine /'klɔ:ri:n/ cloro: potente elemento gasoso de coloração esverdeada, usado para esterilizar água. Símbolo químico: **Cl**.

chlormethiazole /,klɔ:me'θaɪəzəʊl/ clormetiazol: sedativo usado no tratamento do alcoolismo.

chloro- /klɔ:rəʊ/ clor-: referente ao cloro. Nota: antes de vogais usa-se **chlor-**.

chloroform /'klɒrəfɔ:m/ clorofórmio: droga potente usada como anestésico.

chloroma /klɔ:'rəʊmə/ cloroma: um tumor ósseo associado com leucemia aguda.

chloroquine /'klɔ:rəkwɪn/ cloroquina: droga usada para prevenir e tratar malária, mas à qual foi desenvolvida resistência em algumas partes do mundo.

chlorosis /klɔ:'rəʊsɪs/ clorose: um tipo grave de anemia, devida à deficiência de ferro, que afeta principalmente meninas.

chlorothiazide /,klɔ:rəʊ'θaɪəzaɪd/ clorotiazida: droga que ajuda o corpo a produzir mais urina, usada no tratamento da hipertensão, edema e insuficiência cardíaca.

chloroxylenol /ˌklɔːrəʊˈzaɪlənɒl/ cloroxilenol: produto químico usado como antimicrobiano em cremes para a pele e desinfetantes.

chlorpheniramine /ˌklɔːfenˈaɪrəmiːn/ clorfeniramina: droga anti-histamínica. ☑ **chlorpheniramine maleate**.

chlorpheniramine maleate /ˌklɔːfenˈaɪrə miːn ˈmæliːt/ maleato de clorfeniramina. ⇨ **chlorpheniramine**.

chlorpromazine hydrochloride/klɔːˌprəʊmə ziːn ˌhaɪdrəʊˈklɔːraɪd/ cloridrato de clorpromazina: droga usada no tratamento da esquizofrenia e de outras psicoses.

chlorpropamide /klɔːˈprəʊpəmaɪd/ clorpropamida: droga que diminiu a taxa de açúcar no sangue, usada no tratamento do diabetes.

chlorthalidone /klɔːˈθælɪdəʊn/ cortalidona: um diurético.

ChM abreviatura de **Master of Surgery**: Mestre em Cirurgia.

choana /ˈkəʊənə/ coana: abertura em forma de funil, principalmente aquela que comunica a cavidade nasal com a faringe. Plural: **choanae**.

chocolate cyst /ˌtʃɒklət ˈsɪst/ cisto chocolate: cisto ovariano contendo sangue velho de cor amarronzada.

choke /tʃəʊk/ asfixiar; sufocar: parar de respirar porque a traquéia é bloqueada por um corpo estranho ou ingestão de água, ou fazer que uma pessoa pare de respirar por bloqueio da traquéia. ◊ **to choke on (something):** sufocar (com alguma coisa). Levar alguma coisa à traquéia, e não ao esôfago, causando, dessa maneira, a interrupção da respiração. *A piece of bread made him choke.* / Um pedaço de pão fez com que ele asfixiasse. *He choked on a piece of bread.* / Ele ficou asfixiado com um pedaço de pão.

choking /ˈtʃəʊkɪŋ/ asfixia; sufocação: condição na qual alguém é impedido de respirar. Veja também **asphyxia**.

chol- /kɒl/ ⇨ **chole-**.

cholaemia /kəˈliːmiə/ colemia: presença de uma quantidade anormal de bile no sangue.

cholagogue /ˈkɒləgɒg/ colagogo: droga que estimula a produção de bile.

cholangiocarcinoma /kəˌlændʒiəʊˌkɑːsɪˈnəʊmə/ colangiossarcoma: um tipo raro de câncer das células dos ductos biliares.

cholangiography /kəˌlændʒiˈɒɡrəfi/ colangiografia: exame de raio-X dos ductos biliares e da vesícula biliar.

cholangiolitis /kəˌlændʒiəʊˈlaɪtɪs/ colangiolite: inflamação dos ductos biliares pequenos.

cholangiopancreatography /kəˌlændʒiəʊˌpæŋkriəˈtɒɡrəfi/ colangiopancreatografia: radiografia dos ductos biliares e pâncreas.

cholangitis /ˌkəʊlænˈdʒaɪtɪs/ colangite: inflamação dos ductos biliares.

chole- /kɒli/ col-: forma combinante referente à bile. Nota: antes de vogais usa-se **chol-**

cholecalciferol /ˌkɒlɪkælˈsɪfərɒl/ colecalciferol: vitamina D₃, encontrada naturalmente nos óleos de peixe e gema de ovos.

cholecystectomy /ˌkɒlɪsɪˈstektəmi/ colecistectomia: remoção cirúrgica da vesícula biliar.

cholecystitis /ˌkɒlɪsɪˈstaɪtɪs/ colecistite: inflamação da vesícula biliar.

cholecystoduodenostomy /ˌkɒlɪsɪstəˌdjuːədɪ ˈnɒstəmi/ colecistoduodenostomia: cirurgia de ligação direta da vesícula biliar com o duodeno, a fim de permitir a passagem da bile para o intestino, quando o ducto biliar principal está bloqueado.

cholecystogram /ˌkɒlɪˈsɪstəɡræm/ colecistograma: radiografia da vesícula biliar.

cholecystography /ˌkɒlɪsɪˈstɒɡrəfi/ colecistografia: radiografia da vesícula biliar.

cholecystokinin /ˌkɒlɪsɪstəʊˈkaɪnɪn/ colecistocinina: um hormônio liberado pelas células do intestino delgado superior. Estimula a vesícula biliar, causando sua contração e liberação de bile.

cholecystotomy /ˌkɒlɪsɪˈstɒtəmi/ colecistotomia: cirurgia de incisão da vesícula biliar, normalmente para a retirada de cálculos.

choledoch- /kəledək/ coledo-: referente ao ducto biliar comum.

choledocholithiasis /kəˌledəkəlɪˈθaɪəsɪs/ coledocolitíase ⇨ **cholelithiasis**.

choledocholithotomy /kəˌledɪkəʊlɪˈθɒtəmi/ coledocolitotomia: cirurgia para remoção de cálculos biliares feita por meio de incisão do ducto biliar.

choledochostomy /kəˌledəˈkɒstəmi/ coledocostomia: cirurgia de incisão do ducto biliar.

choledochotomy /kəledəˈkɒtəmi/ coledocotomia: cirurgia para incisão do ducto biliar comum para a remoção de cálculos.

cholelithiasis /ˌkɒlɪlɪˈθaɪəsɪs/ colelitíase: presença ou formação de cálculos na vesícula ou nos ductos biliares. ☑ **choledocholithiasis**.

cholelithotomy /ˌkɒlɪlɪˈθɒtəmi/ colelitotomia: remoção cirúrgica de cálculos pela incisão da vesícula biliar.

cholera /ˈkɒlərə/ cólera: doença infecciosa aguda, a cólera dissemina-se por meio de comida ou água contaminadas com o *Vibrio cholerae*. *A cholera epidemic broke out after the flood.* / Houve uma epidemia de cólera após as enchentes. Observação: a pessoa infectada apresenta diarréia, cólicas intestinais e desidratação. A doença freqüentemente é fatal, e a vacinação só é eficaz por um período de tempo relativamente curto.

choleresis /kəˈlɪərəsɪs/ colerese: produção de bile pelo fígado.

choleretic /ˌkɒlɪˈretɪk/ colagogo: referente a substâncias que aumentam a produção e o fluxo de bile.

cholestasis /ˌkɒlɪˈsteɪsɪs/ colestase: condição na qual parte da bile fica retida no fígado, em vez de ir para o intestino, causando icterícia.

cholesteatoma /kəˌlestɪəˈtəʊmə/ colesteatoma: cisto contendo colesterol, encontrado no ouvido médio e também no cérebro.

cholesterol /kəˈlestərɒl/ colesterol: esteróide abundante nas gorduras e nos óleos, fabricado também pelo fígado, e que é parte essencial das células do organismo. Observação: o colesterol é encontrado nas células do cérebro, glândulas supra-renais, fígado e ácidos biliares. No diabetes, há altos níveis de colesterol no sangue. O colesterol é produzido pelo corpo, e níveis altos de colesterol são associados com dietas ricas em gordura animal, tais como manteiga e carne gordurosa. O excesso de colesterol pode se depositar nas artérias, causando aterosclerose.

cholesterolaemia /kəˌlestərəˈleɪmɪə/ colesterolemia: nível elevado de colesterol no sangue.

cholesterosis /kəˌlestəˈrəʊsɪs/ colesterose: inflamação da vesícula biliar, com depóstitos de colesterol.

cholic acid /ˌkəʊlɪk ˈæsɪd/ ácido cólico: um dos ácidos biliares.

choline /ˈkəʊliːn/ colina: composto hidrossolúvel envolvido no metabolismo da gordura e precursor da acetilcolina.

cholinergic /ˌkəʊlɪˈnɜːdʒɪk/ colinérgico: referente a um neurônio ou receptor que é estimulado pela acetilcolina.

cholinesterase /ˌkəʊlɪˈnestəreɪz/ colinesterase: uma enzima que catalisa a clivagem de vários ésteres de colina.

choluria /kəʊˈljʊərɪə/ colúria. ⇨ **biliuria**.

chondr- /kɒndr/ condr(o)-: forma combinante referente à cartilagem.

chondritis /kɒnˈdraɪtɪs/ condrite: inflamação de uma cartilagem.

chondroblast /ˈkɒndrəʊblæst/ condroblasto: célula do desenvolvimento de cartilagem em um embrião.

chondrocalcinosis /ˌkɒndrəʊˌkælsɪˈnəʊsɪs/ condrocalcinose: condição na qual há depósitos de sais de cálcio em estruturas cartilaginosas.

chondrocyte /ˈkɒndrəʊsaɪt/ condrócito: célula cartilaginosa matura.

chondrodysplasia /ˌkɒndrəʊdɪsˈpleɪzɪə/ condrodisplasia: doença hereditária que afeta as estruturas cartilaginosas e que é associada ao nanismo.

chondrodystrophy /ˌkɒndrəʊˈdɪstrəfi/ condrodistrofia: qualquer distúrbio relacionado à cartilagem.

chondroma /kɒnˈdrəʊmə/ condroma: tumor do tecido cartilaginoso.

chondromalacia /ˌkɒndrəʊməˈleɪʃə/ condromalacia: degeneração da cartilagem de uma articulação.

chondrosarcoma /ˌkɒndrəʊsɑːˈkəʊmə/ condrossarcoma: tumor maligno, de crescimento rápido, que envolve as células cartilaginosas.

chorda /ˈkɔːdə/ corda; cordão: um tendão ou corda. Plural: **chordae**.

chordae tendineae /ˌkɔːdaɪ tenˈdɪnɪaɪ/ cordas tendinosas: feixes de fibras que conectam cada cúspide das valvas atrioventriculares às paredes dos ventrículos.

chordee /ˈkɔːdiː/ corda venéra: curvatura dolorosa que ocorre no pênis em ereção, e que é causada por gonorréia.

chorditis /kɔːˈdaɪtɪs/ cordite: inflamação das cordas vocais.

chordotomy /kɔːˈdɒtəmi/ cordotomia: cirurgia para incisão de uma corda, por exemplo, o trato da medula espinhal, a fim de aliviar uma dor intratável. ☑ **cordotomy**.

chorea /kɔːˈriːə/ coréia: movimento súbito, espasmódico, normalmente da face e do ombro, que é um sintoma de doença do sistema nervoso.

chorion /ˈkɔːrɪən/ córion: membrana que envolve um óvulo fertilizado.

chorionic /ˌkɔːriˈɒnɪk/ coriônico: referente ao córion.

chorionic gonadotrophin /kɔːriˌɒnɪk gəʊnəˈdəʊˈtrəʊfɪn/ gonadotrofina coriônica. Veja **human chorionic gonadotrophin**.

chorionic villi /kɔːriˌɒnɪk ˈvɪlaɪ/ vilosidades coriônicas: projeções delgadas, semelhantes a dedos, que crescem em tufos na superfície do córion.

chorionic villus sampling /kɔːriˌɒnɪk ˈvɪləs ˌsɑːmplɪŋ/ amostra de vilo (vilosidade) coriônico: método pré-natal de ultra-som, para examinar as células do córion viloso da membrana externa do embrião, que tem o mesmo DNA do feto.

choroid /ˈkɔːrɔɪd/ coróide: a camada média de tecido que forma o globo ocular, entre a esclera e a retina. Veja ilustração em **Eye**, no Apêndice.

choroiditis /ˌkɔːrɔɪˈdaɪtɪs/ coroidite: inflamação da coróide do globo ocular.

choroidocyclitis /kɔːˌrɔɪdəʊsaɪˈklaɪtɪs/ coroidociclite: inflamação das coróides e do corpo ciliar.

choroid plexus /ˌkɔːrɔɪd ˈpleksəs/ plexo coróide: parte da pia-máter, formada por uma rede de pequenos vasos sanguíneos nos ventrículos cerebrais, que produz líquido cérebro-espinhal. Veja ilustração em **Eye**, no Apêndice.

Christmas disease /ˈkrɪsməs dɪˌziːz/ doença de Christmas. ⇨ **haemophilia B**. (O nome da doença deve-se a uma criança de sobrenome Christmas, o primeiro paciente com a doença que foi estudado em detalhes.)

Christmas factor /ˈkrɪsməs ˌfæktə/ fator de Christmas. ⇨ **Factor IX**.

chrom- /krəʊm/ ⇨ **chromo-**.

-chromasia /krəˈmeɪzɪə/ -cromasia: forma combinante referente à cor.

chromatid /ˈkrəʊmətɪd/ cromátide: um dos dois filamentos paralelos que formam um cromossomo.

chromatin /ˈkrəʊmətɪn/ cromatina: material genético do núcleo de uma célula, facilmente corável com tinturas básicas.

chromatography

chromatography /ˌkrəʊməˈtɒgrəfi/ cromato-grafia: método para separar substâncias quími-cas por meio de um sistema de duas fases, usado na análise de compostos e misturas.

chromatophore /krəʊˈmætəfɔː/ cromatóforo: qualquer célula pigmentar dos olhos, cabelos e pele.

chromic acid /ˌkrəʊmɪk ˈæsɪd/ ácido crômico: ácido que é um forte agente oxidante, existente em solução ou sob a forma de sal, algumas vezes usado na remoção de verrugas.

chromicised catgut /ˌkrəʊmɪsaɪzd ˈkætgʌt/ catagute cromado: catagute impregnado com trióxido de cromo para torná-lo mais resistente e retardar sua absorção, para que seja dissolvido mais lentamente no organismo.

chromium /ˈkrəʊmiəm/ cromo: elemento me-tálico que serve como marcador das hemácias, a fim de medir sua duração de vida. Símbolo químico: Cr.

chromo- /krəʊməʊ/ cromo-: forma combinan-te relativa à cor. Nota: antes de vogais usa-se chrom-.

chromosomal /ˌkrəʊməˈsəʊm(ə)l/ cromossô-mico: relativo aos cromossomos.

chromosomal aberration /ˌkrəʊməsəʊm(ə)l ˌæbəˈreɪʃ(ə)n/ aberração cromossômica. ⇨ chromosome aberration.

chromosome /ˈkrəʊməsəʊm/ cromossomo: es-trutura em forma de bastão no núcleo de uma célula, constituída de DNA, que contém os ge-nes. Observação: cada célula humana contém quarenta e seis cromossomos, vinte e três do pai, e vinte e três da mãe. A mulher tem um par de cromossomos X, e o homem, um par de cromos-somos XY, que são responsáveis pelas diferen-ças sexuais. O espermatozóide masculino possui tanto um cromossomo X como um cromossomo Y. Se o espermatozóide de um cromossomo Y fertilizar o óvulo feminino, a criança será do sexo masculino.

chromosome aberration /ˈkrəʊməsəʊm ˌæbə-reɪʃ(ə)n/ aberração cromossômica: alteração do número ou da estrutura dos cromossomos. ☑ chromosomal aberration.

chromosome mapping /ˈkrəʊməsəʊm ˌmæpɪŋ/ mapeamento cromossômico: procedimento pelo qual se estabelece a posição dos genes em um cromossomo.

chronic /ˈkrɒnɪk/ crônico: 1 referente à doença ou condição que dura muito tempo. He has a chronic chest complaint. / Ele se queixa de dores crônicas no peito. Oposto de acute. 2 (informal) referente a uma dor forte.

chronic abscess /ˌkrɒnɪk ˈæbses/ abscesso crô-nico: abscesso que se desenvolve devagar duran-te um certo período de tempo.

chronic appendicitis /ˌkrɒnɪk əˌpendɪˈsaɪtɪs/ apendicite crônica: condição na qual o apêndice vermiforme está ligeiramente inflamado. Veja também grumbling appendix.

chronic catarrhal rhinitis /ˌkrɒnɪk kəˌtɑːrəl raɪˈnaɪtɪs/ rinite catarral crônica: forma persis-tente de inflamação do nariz, com secreção ex-cessiva de muco pela membrana mucosa.

chronic fatigue syndrome /ˌkrɒnɪk fəˈtiːg ˌsɪndrəʊm/ síndrome da fadiga crônica. ⇨ myalgic encephalomyelitis.

chronic glaucoma /ˌkrɒnɪk glɔːˈkəʊmə/ glau-coma crônico. ⇨ open-angle glaucoma.

chronic granulomatous disease /ˌkrɒnɪk ˌgrænjʊˈləʊmətəs dɪˌziːz/ doença granulo-matosa crônica: tipo de inflamação em que os macrófagos são convertidos em células do tipo epitelial, e que é causada por infecção, tubercu-lose ou sarcaidose.

chronic obstructive airways disease /ˌkrɒ-nɪk əbˌstrʌktɪv ˈeəweɪz dɪˌziːz/ Abreviatura: COAD. Atualmente é chamada de chronic obs-tructive pulmonary disease. ⇨

chronic obstructive pulmonary disease /ˌkrɒnɪk əbˌstrʌktɪv ˈpʌlmən(ə)ri dɪˌziː/doen-ça pulmonar obstrutiva crônica: qualquer dis-túrbio dos pulmões, no qual a pessoa apresenta perda da função pulmonar e pouca ou nenhuma resposta ao tratamento com drogas esteróides ou broncodilatadores, por exemplo, enfisema e bronquite crônica. Abreviatura: COPD. ☑ chro-nic obstructive airways disease

chronic pancreatitis /ˌkrɒnɪk pæŋkriəˈtaɪtɪs/ pancreatite crônica: inflamação persistente que ocorre após repetidos ataques de pancreatite aguda, marcada por fibrose do pâncreas.

chronic periarthritis /ˌkrɒnɪk periɑːˈθraɪtɪs/ periartrite crônica: inflamação dos tecidos da articulação do ombro. ☑ scapulohumeral ar-thritis.

chronic pericarditis /ˌkrɒnɪk perikaˈdaɪtɪs/ pericardite crônica: condição na qual o pericár-dio torna-se maior e impede o coração de funcio-nar normalmente. ☑ constrictive pericarditis; Pick's disease.

Chronic Sick and Disabled Persons Act 1970 /ˌkrɒnɪk ˌsɪk ən dɪsˌeɪb(ə)ld ˈpɜːs(ə)nz ækt/ Lei de 1970 para Pessoas Fisicamente In-capacitadas e com Doenças Crônicas. Decreto do Parlamento inglês que beneficia pessoas com doenças de longa duração (crônicas). Tais bene-fícios incluem, por exemplo, reforma do imóvel onde vivem essas pessoas, para que ele se adapte às necessidades específicas delas.

chronic toxicity /ˌkrɒnɪk tɒkˈsɪsɪti/ toxicidade crônica: exposição a altos níveis de substância tóxica por um período de tempo.

chrysotherapy /ˌkraɪsəʊˈθerəpi/ crisoterapia: tratamento com injeções de sais de ouro.

Chvostek's sign /tʃəˈvɒsteks saɪn/ sinal de Chvostek: contração dos músculos faciais, pro-vocada pela percussão do nervo facial, que cons-titui um sintoma de tétano.

chyle /kaɪl/ quilo: o suco dos vasos linfáticos no intestino, que contém gordura, especialmente após uma refeição.

chylomicron /ˌkaɪləʊˈmaɪkrɒn/ quilomícron: presença de partículas de quilo na circulação sanguínea.

chyluria /kaɪˈljʊəriə/ quilúria: presença de quilo na urina.

chyme /kaɪm/ quimo: massa semilíquida de alimentos e sucos gástricos que passa do estômago para o intestino.

chymotrypsin /ˌkaɪməʊˈtrɪpsɪn/ quimotripsina: uma enzima que faz a clivagem de proteínas.

Ci símbolo do **curie**.

cicatrise /ˈsɪkətraɪz/ cicatrizar: sarar e formar cicatriz, ou fazer que uma ferida sare e se forme cicatriz.

cicatrix /ˈsɪkətrɪks/ cicatriz. ⇨ **scar**. (acepção 1)

-ciclovir /sɪkləvɪə/ -ciclovir: forma combinante usada em nomes de drogas antivirais.

-cide /saɪd/ -cídio: que mata.

ciliary /ˈsɪliəri/ ciliar: referente às pálpebras ou aos cílios.

ciliary body /ˈsɪliəri ˌbɒdi/ corpo ciliar: a parte do olho que conecta a íris à coróide. Veja ilustração em **Eye**, no Apêndice.

ciliary ganglion /ˌsɪliəri ˈɡæŋɡliən/ gânglio ciliar: gânglio parassimpático, localizado na órbita ocular, que supre os músculos oculares essenciais.

ciliary muscle /ˈsɪliəri ˌmʌs(ə)l/ músculo ciliar: músculo que faz o cristalino do olho mudar sua maneira de focalizar os objetos a diferentes distâncias. Veja ilustração em **Eye**, no Apêndice.

ciliary processes /ˌsɪliəri ˈprəʊsesɪz/ processos ciliares: pregas radiantes na superfície interna da íris, às quais o cristalino do olho está preso.

ciliated epithelium /ˌsɪlieɪtɪd epɪˈθiːliəm/ epitélio ciliar: epitélio simples que apresenta células com diminutos pêlos ou cílios.

cilium /ˈsɪliəm/ cílio: **1** pestana. **2** filamento vibrátil, fino como um cabelo, que prolonga certas células epiteliais e ajudam-nas a se mover pelo seu ambiente, ou movem películas líquidas ao longo de uma passagem. Plural: **cilia**

-cillin /sɪlɪn/ -cilina: forma combinante usada em nomes de penicilinas. *amoxycillin /* amoxicilina.

cimetidine /sɪˈmetɪdiːn/ cimetidina: droga que reduz a produção de ácido estomacal, usada no tratamento da úlcera péptica.

cimex /ˈsaɪmeks/ címex; percevejo da cama: percevejo do leito ou inseto afim, que se alimenta de pássaros, humanos, e outros mamíferos. Plural: **cimices**.

CIN abreviatura de **cervical intraepithelial neoplasia**.

-cin /sɪn/ -cina: forma combinante referente aos aminoglicosídeos. *gentamicin /* gentamicina.

cinematics /ˌsɪnɪˈmætɪks/ cinemática: ciência que lida com os movimentos, especialmente os do corpo.

cineplasty /ˈsɪnɪplæsti/ cineplastia: amputação plástica, na qual o coto do membro amputado é configurado de maneira tal que possa ser usado para fins motores.

cineradiography /ˌsɪnireɪdiˈɒɡrəfi/ cinerradiografia: série de raios-X mostrando um órgão em movimento, ou seu desenvolvimento, usada para diagnóstico.

cinesiology /sɪˌniːsiˈɒlədʒi/ cinesiologia: estudo dos movimentos musculares, particularmente em relação ao tratamento.

cingulectomy /ˌsɪŋɡjuˈlektəmi/ cingulectomia: cirurgia para retirada do cíngulo.

cingulum /ˈsɪŋɡjʊləm/ cíngulo: feixe longo e curvo de fibras nervosas cerebrais. Plural: **cingula**.

cinnarizine /ˈsɪnərəziːn/ cinarazina: um anti-histamínico usado no tratamento da doença de Ménière.

ciprofloxacin /ˌsaɪprəʊˈflɒksəsɪn/ ciprofloxacino: antibiótico potente, usado em colírios para tratar úlceras da córnea e infecções da superfície ocular, e no tratamento de antrax em humanos.

circadian /sɜːˈkeɪdiən/ circadiano: referente a um padrão que é repetido aproximadamente a cada vinte e quatro horas.

circadian rhythm /sɜːˌkeɪdiən ˈrɪð(ə)m/ ritmo circadiano. ⇨ **biological clock**.

circle of Willis /ˌsɜːk(ə)l əv ˈwɪlɪs/ círculo de Willis: círculo de artérias que se ramificam na base do cérebro, formado em direção anterior para posterior pela artéria basilar, as artérias cerebrais anteriores e posteriores, as artérias anteriores e posteriores comunicantes, e as artérias carótidas internas. (Descrito em 1664 por Thomas Willis [1621–1675], físico e anatomista inglês.)

circular fold /ˈsɜːkjʊlə fəʊld/ prega circular: grande prega transversa do intestino delgado, envolvendo a membrana mucosa.

circulation /ˌsɜːkjuˈleɪʃ(ə)n/ circulação. ◊ **circulation (of the blood)**: circulação (do sangue): transporte do sangue pelo corpo, partindo do coração pelas artérias e capilares, e voltando ao coração pelas veias. *She has poor circulation in her legs.* /Ela tem má circulação nas pernas. *Rub your hands to get the circulation going.* / Esfregue as mãos para manter a circulação. Observação: o sangue circula pelo corpo transportando oxigênio dos pulmões e nutrientes do fígado através das artérias e capilares para os tecidos. Os capilares fazem a troca do oxigênio por resíduos como o dióxido de carbono, que é levado de volta para os pulmões para ser expelido. Ao mesmo tempo, o sangue obtém mais oxigênio nos pulmões para ser levado aos tecidos. O padrão circulatório é o seguinte: o sangue retorna pelas veias ao átrio direito do coração. Do átrio direito, ele é bombeado através do ventrículo esquerdo para a artéria pulmonar, e então para os pulmões. Dos pulmões, ele retorna pelas veias pulmonares para o átrio esquerdo do coração, e é bombeado do átrio esquerdo através do ventrículo esquerdo para a aorta, e da aorta para as outras artérias.

circulatory /ˌsɜːkjʊˈleɪt(ə)ri/ circulatório: referente à circulação sanguínea.

circulatory system /ˌsɜːkjʊˈleɪt(ə)ri ˌsɪstəm/ sistema circulatório: sistema de artérias e veias que, junto com o coração, fazem o sangue circular pelo corpo todo.

circum- /sɜːkəm/ circun-: ao redor.

circumcise /ˈsɜːkəmsaɪz/ circuncidar: retirar o prepúcio do pênis.

circumcision /ˌsɜːkəmˈsɪʒ(ə)n/ circuncisão: a retirada do prepúcio do pênis por meio de cirurgia.

circumduction /ˌsɜːkəmˈdʌkʃən/ circundução: a ação de mexer um membro de forma que sua extremidade faça um movimento circular.

circumflex /ˈsɜːkəmfleks/ circunflexo: dobrado ou curvado.

circumflex artery /ˈsɜːkəmfleks ˌɑːtəri/ artéria circunflexa: ramo da artéria femoral na coxa.

circumflex nerve /ˈsɜːkəmfleks nɜːv/ nervo circunflexo: nervo sensor e motor na parte superior do braço.

circumoral /ˌsɜːkəmˈɔːrəl/ circum-oral; perioral: referente a erupções em torno dos lábios.

circumvallate papillae /sɜːkəmˌvæleɪt pəˈpɪli:/ papilas circunvaladas: grandes papilas na base da língua, responsáveis pelo paladar.

cirrhosis /səˈrəʊsɪs/ cirrose: doença hepática progressiva, freqüentemente associada ao alcoolismo, na qual as células sadias são substituídas por tecido fibroso. ☑ **hepatocirrhosis**. ◊ **cirrhosis of the liver:** cirrose do fígado; cirrose hepática: doença na qual as células do fígado morrem, sendo substituídas por tecido fibroso endurecido. Observação: a cirrose pode ter muitas causas: a mais comum é o alcoolismo (cirrose alcoólica ou cirrose de Laennec). Pode ainda ser causada por doença cardíaca (cirrose cardíaca), hepatite viral (cirrose pós-necrótica), doença auto-imune (cirrose biliar primária), ou por obstrução ou infecção dos ductos biliares (cirrose biliar).

cirrhotic /sɪˈrɒtɪk/ cirrótico: referente à cirrose. *The patient had a cirrhotic liver.* / O paciente tinha um fígado cirrótico.

cirs- /sɜːs/ cirs(o)-: referente à dilatação.

cirsoid /ˈsɜːsɔɪd/ cirsóide: referente a uma veia varicosa.

cirsoid aneurysm /ˌsɜːsɔɪd ˈænjərɪz(ə)m/ aneurisma cirsóide; variz arterial: dilatação das artérias com alongamento dos troncos.

cisplatin /sɪsˈpleɪtɪn/ cisplatina: substância química que pode ajudar no combate ao câncer pela capacidade de ligação no DNA. É usada no tratamento de câncer do ovário e testículos.

cistern /ˈsɪstən/ cisterna: espaço fechado que contém líquido. ☑ **cisterna**.

cisterna /sɪˈstɜːnə/ cisterna. ⇨ **cistern**.

cisterna magna /sɪˌstɜːnə ˈmægnə/ cisterna magna; cisterna cerebelomedular: o maior espaço contendo líquido cérebro-espinhal, situado sob o cerebelo e atrás da medula oblonga.

citric acid /ˌsɪtrɪk ˈæsɪd/ ácido cítrico: ácido encontrado em frutas, tais como laranjas, limões e *grapefruits*.

citric acid cycle /ˌsɪtrɪk ˈæsɪd ˌsaɪk(ə)l/ ciclo do ácido cítrico: importante série de eventos relacionados ao metabolismo dos aminoácidos, que ocorre nas mitocôndrias. ☑ **Krebs cycle**.

citrullinaemia /ˌsɪtrʊliˈni:miə/ citrulinemia: deficiência de uma enzima que ajuda a clivagem de proteínas.

citrulline /ˈsɪtrʊli:n, ˈsɪtrʊlaɪn/ citrulina: aminoácido formado durante o ciclo da uréia.

CJD abreviatura de **Creutzfeldt-Jakob disease**.

cl abreviatura de **centilitre**.

clamp /klæmp/ **1** clampe; pinça; grampo: instrumento cirúrgico usado para apertar alguma coisa e segurá-la, por exemplo, um vaso sanguíneo durante procedimento cirúrgico. **2** clampear: segurar fixamente.

clap /klæp/ (gíria) doença venérea. ⇨ **gonorrhoea**.

classic /ˈklæsɪk/ clássico: referente a um sintoma típico, bem conhecido. *She showed classic heroin withdrawal symptoms: sweating, fever, sleeplessness and anxiety.* / Ela apresentou os sintomas clássicos de abstinência de heroína: transpiração, febre, insônia e ansiedade.

classification /ˌklæsɪfɪˈkeɪʃ(ə)n/ classificação: o arranjo sistemático de referências ou componentes, a fim de que seja possível identificá-los facilmente. *the ABO classification of blood* / o sistema de classificação sanguínea ABO.

classify /ˈklæsɪfaɪ/ classificar: arranjar sistematicamente referências ou componentes, a fim de que seja possível identificá-los facilmente. *The medical records are classified under the surname of the patient.* / Os registros médicos são classificados pelo sobrenome do paciente. *Blood groups are classified according to the ABO system.* / Os grupos sanguíneos são classificados de acordo com o sistema ABO.

claudication /ˌklɔːdɪˈkeɪʃ(ə)n/ claudicação: condição caracterizada por manqueira ou rengueira. Observação: no começo, a pessoa manca depois de ter caminhado uma distância curta; a seguir, progressivamente, acha mais difícil caminhar e, finalmente, impossível. A condição melhora após repouso.

claustrophobia /ˌklɔːstrəˈfəʊbiə/ claustrofobia: medo mórbido de espaços fechados ou lugares com multidões de pessoas. Compare com **agoraphobia**.

claustrophobic /ˌklɔːstrəˈfəʊbɪk/ claustrofóbico: que tem medo mórbido de espaços fechados ou lugares com multidões de pessoas. Compare com **agoraphobic**.

clavicle /ˈklævɪk(ə)l/ clavícula. ⇨ **collarbone**.

clavicular /kləˈvɪkjʊlə/ clavicular: referente à clavícula.

clavus /ˈkleɪvəs/ clavo: **1** calo no pé. **2** dor intensa na cabeça, em que se tem a sensação de que um prego está sendo cravado nela.

claw foot /ˌklɔː ˈfut/ pé em garra: pé deformado, com hiperextensão dos dedos na articulação metatarsofalangiana e flexão nas articulações distais, formando um arco alto. ☑ **pes cavus**.

claw hand /ˌklɔː ˈhænd/ mão em garra: deformação dos dedos da mão, especialmente do anular e mindinho, com hiperextensão das articulações metatarsofalangianas e flexão das articulações interfalangianas. A condição é causada por paralisia muscular.

clean /kliːn/ limpo; asseado; imaculado: **1** livre de sujeira, resíduos ou substâncias indesejáveis. **2** esterilizado ou livre de infecção. *a clean dressing /* um curativo imaculado. *a clean wound /* uma ferida limpa. **3** que não usa drogas recreacionais.

cleanliness /ˈklenlinəs/ limpeza: o estado do que é limpo, asseado. *The report praised the cleanliness of the hospital kitchen. /* O relatório elogiou a limpeza da cozinha hospitalar.

clear /klɪə/ **1** claro; nítido; límpido; transparente: a) facilmente inteligível. *The doctor made it clear that he wanted the patient to have a home help. /* O médico deixou claro que o paciente precisava de ajuda em casa. *The words on the medicine bottle are not very clear. /* As palavras no frasco do medicamento não são muito nítidas. b) sem sombras, que se pode enxergar através de. *a clear glass bottle /* um frasco transparente. *The urine sample was clear. /* A amostra de urina estava límpida. ◊ **clear of:** livre de; desimpedido. *The area is now clear of infection. /* A área, agora, está livre de infecção. **2** desobstruir; limpar: desobstruir um bloqueio. *The inhalant will clear your blocked nose. /* O inalante desobstruirá seu bloqueio nasal. *He is on antibiotics to try to clear the congestion in his lungs. /* Ele está usando antibióticos para tentar desobstruir a congestão pulmonar.

clear up /ˌklɪər ˈʌp/ desaparecer; ir embora. *His infection should clear up within a few days. /* A infecção dele deve desaparecer dentro de poucos dias. *I hope your cold clears up before the holiday. /* Espero que seu resfriado vá embora antes do feriado.

cleavage /ˈkliːvɪdʒ/ clivagem: a divisão permanente das células de um embrião.

cleavage lines /ˈkliːvɪdʒ laɪnz/ linhas de clivagem. ⇨ **Langer's lines**.

cleft /kleft/ **1** fissura; fenda: pequena abertura ou depressão na superfície do corpo ou em parte dele. **2** rachado; fendido; dividido: referente à superfície ou porção do corpo que foi dividida em duas partes ou mais.

cleft foot /ˌkleft ˈfut/ pé em clava; pé torto. ⇨ **talipes**.

cleft lip /ˌkleft ˈlɪp/ fenda labial: defeito congênito resultante da malformação dos lábios superiores durante o desenvolvimento fetal. ☑ **harelip**.

cleft palate /ˌkleft ˈpælət/ fenda palatina; palato fendido: fissura congênita, causada por falha de fusão do palato durante o desenvolvimento fetal,

e que resulta, em casos graves, em uma fenda entre a boca e as cavidades nasais. Veja também **soft palate**. Observação: a fenda palatina está normalmente associada à fenda labial. As duas podem ser corrigidas, com sucesso, por meio de cirurgia.

cleido- /klaɪdəʊ/ clid(o)-: forma combinante referente à clavícula.

cleidocranial dysostosis /ˌklaɪdəʊkreɪniəl ˌdɪsɒsˈtəʊsɪs/ disostose clidocraniana: malformação óssea hereditária, com protuberância do queixo, ausência completa ou parcial das clavículas e anomalias dentárias.

clerking /ˈklɑːkɪŋ/ (informal) escrituração: o registro escrito completo dos dados de um pessoa quando de sua admissão hospitalar.

client /ˈklaɪənt/ cliente: pessoa que recebe a visita de um profissional de saúde ou assistente social.

climacteric /klaɪˈmæktərɪk/ climatério: **1** ⇨ **menopause**. **2** período de diminuição da atividade sexual em homens de meia-idade.

climax /ˈklaɪmæks/ **1** clímax: a) orgasmo. b) fase em que uma doença está no auge. **2** culminar: ter um orgasmo.

clindamycin /ˌklɪndəˈmaɪsɪn/ clindamicina: antibiótico potente usado no tratamento de infecções graves e acne.

clinic /ˈklɪnɪk/ clínica: **1** pequeno hospital, ou departamento de um hospital, que lida com pacientes admitidos para tratamentos especiais, mas que não ficam internados. *He is being treated in a private clinic. /* Ele está sendo tratado em uma clínica particular. *She was referred to an antenatal clinic. /* Ela foi encaminhada a uma clínica pré-natal. **2** exame de pacientes e discussão de seu tratamento por médico ou cirurgião diante de um grupo de estudantes.

clinical /ˈklɪnɪk(ə)l/ clínico: **1** referente à avaliação física e tratamento médico de pacientes, em oposição a procedimento cirúrgico, teste laboratorial ou experiência. **2** referente a instruções que os estudantes recebem ao lado dos leitos hospitalares, em vez de em salas de aulas, condição em que os pacientes estão ausentes. **3** referente a uma clínica.

> ...we studied 69 patients who met the clinical and laboratory criteria of definite MS. / "...estudamos sessenta e nove pacientes que satisfizeram os critérios clínicos e laboratoriais definitivos de esclerose múltipla." (*Lancet*)
>
> ...the allocation of students to clinical areas is for their educational needs and not for service requirements. / "...a alocação de pacientes em áreas clínicas destina-se as suas necessidades educacionais e não à necessidade de serviços." (*Nursing Times*)

clinical audit /ˌklɪnɪk(ə)l ˈɔːdɪt/ auditoria clínica: avaliação dos padrões de uma clínica.

clinical care /ˌklɪnɪk(ə)l ˈkeə/ tratamento clínico: a assistência e o tratamento de pacientes em enfermarias hospitalares ou em cirurgias médicas.

clinical effectiveness /ˌklɪnɪk(ə)l ɪˈfektɪvnəs/ eficácia clínica: capacidade de um procedimento ou tratamento para alcançar o resultado desejado.

clinical governance /ˌklɪnɪk(ə)l ˈgʌv(ə)nəns/ governação clínica: responsabilidade dada aos médicos para coordenarem auditorias, pesquisas, ensino, uso de diretrizes e riscos inerentes ao emprego de estratégias destinadas a aumentar a qualidade da assistência médica.

clinically /ˈklɪnɪkli/ clinicamente: que utiliza informações obtidas de tratamento hospitalar ou por meio de cirurgias. *Smallpox is now clinically extinct. /* A varíola hoje está clinicamente extinta.

clinical medicine /ˌklɪnɪk(ə)l ˈmed(ə)s(ə)n/ medicina clínica: estudo e tratamento de doenças pelo estudo direto de paciente internado em enfermaria hospitalar ou submetido a cirurgia, em oposição às palestras ou demonstrações feitas em grandes salas ou laboratório.

clinical nurse manager /ˌklɪnɪk(ə)l ˈnɜːs ˌmænɪdʒə/ enfermeira clínica gerente: gerente administrativa do *staff* de enfermagem de um hospital.

clinical nurse specialist /ˌklɪnɪk(ə)l nɜːs ˈspeʃ(ə)lɪst/ enfermeira clínica especialista: enfermeira com alto grau de conhecimento em área especializada de enfermagem clínica.

clinical pathology /ˌklɪnɪk(ə)l pəˈθɒlədʒi/ patologia clínica: estudo de doenças, especialmente a utilização de métodos de laboratório, em diagnóstico e tratamento.

clinical psychologist /ˌklɪnɪk(ə)l saɪˈkɒlədʒɪst/ psicólogo clínico: psicólogo que estuda e trata pacientes internados em hospital.

clinical thermometer /ˌklɪnɪk(ə)l θəˈmɒmɪtə/ termômetro clínico: termômetro usado em hospital, ou por um médico, para medir a temperatura de uma pessoa.

clinical trial /ˌklɪnɪk(ə)l ˈtraɪəl/ experiência clínica: estudo conduzido em laboratório médico, envolvendo seres humanos, a fim de avaliar a eficácia comparativa de dois ou mais tratamentos medicamentosos.

clinician /klɪˈnɪʃ(ə)n/ clínico: médico, normalmente não cirurgião, que tem grande experiência em tratar pacientes.

clinodactyly /ˌklaɪnəʊˈdæktɪli/ clinodactilia: flexão lateral permanente de um dedo.

clip /klɪp/ clipe: aparelho metálico usado para juntar os bordos de algo, por exemplo, uma ferida.

clitoris /ˈklɪtərɪs/ clitóris: órgão sexual, pequeno e erétil, da mulher, situado na parte anterior da vulva, que pode ser excitado sexualmente. Veja ilustração em **Urogenital System (female)**, no Apêndice.

cloaca /kləʊˈeɪkə/ cloaca: parte terminal do tubo digestivo posterior em um embrião.

clomipramine /kləʊˈmɪprəmiːn/ clomipramina: droga usada no tratamento da depressão, fobias e distúrbio obsessivo-compulsivo.

clonazepam /kləʊˈnæzɪpæm/ clonezepam: droga usada no tratamento da epilepsia.

clone /kləʊn/ **1** clone: grupo de células derivadas de uma única célula por reprodução assexual e, assim, idêntica à primeira célula. **2** clonar: reproduzir um organismo individual por meios assexuais.

clonic /ˈklɒnɪk/ clônico: **1** referente a clone. **2** que tem contrações espasmódicas.

clonic spasms /ˌklɒnɪk ˈspæz(ə)mz/ espasmos clônicos: espasmos que reaparecem regularmente.

clonidine /ˈklɒnɪdiːn/ clonidina: droga que produz relaxamento e dilatação das artérias, usada no tratamento da hipertensão, enxaqueca e insuficiência cardíaca.

cloning /ˈkləʊnɪŋ/ clonagem: reprodução assexuada de um organismo individual.

clonorchiasis /ˌklɒnəʊˈkaɪəsɪs/ clonorquíase: infecção do fígado, comum no Extremo Oriente, causada pelo trematódeo *Clonorchis sinensis*.

clonus /ˈkləʊnəs/ clônus: contração e relaxamento rítmicos musculares, normalmente um indício de lesão dos neurônios motores superiores.

close /kləʊz/ fechar; bloquear; unir: **1** cobrir-se de novo tecido como parte do processo de cura. **2** unir os bordos de um ferimento após cirurgia, a fim de permitir a cura e a cicatrização.

closed fracture /ˌkləʊzd ˈfræktʃə/ fratura fechada. ⇨ **simple fracture**.

Clostridium /klɒˈstrɪdiəm/ *Clostridium:* bactéria do gênero *Clostridium*. Observação: bactérias do gênero *Clostridium* provocam botulismo, tétano e gangrena gasosa.

clot /klɒt/ **1** coágulo: massa semi-solidificada de sangue coagulado em uma veia ou artéria. *The doctor diagnosed a blood clot in the brain. /* O médico diagnosticou um coágulo sanguíneo no cérebro. *Blood clots occur in thrombosis. /* Na trombose, ocorrem coágulos sanguíneos. **2** coagular: mudar de um estado líquido para um semi-sólido, ou ocasionar essa mudança. *His blood does not clot easily. /* O sangue dele não coagula facilmente. ☑ **coagulum**.

clotrimazole /klɒˈtrɪməzəʊl/ clotrimazol: droga usada para tratar infecções por fungos e lêvedos.

clotting /ˈklɒtɪŋ/ coagulação: a ação de coagular.

clotting factors /ˈklɒtɪŋ ˈfæktəz/ fatores de coagulação: substâncias plasmáticas que são designadas por numerais romanos, por exemplo, Fator I, Fator II, e assim por diante, que atuam sucessivamente e são essenciais para o processo de coagulação quando um vaso sanguíneo é danificado. Também chamados de **coagulation factor**. Observação: a falha em um ou mais fatores de coagulação resulta em hemofilia.

clotting time /ˈklɒtɪŋ taɪm/ tempo de coagulação: tempo que o sangue leva para coagular sob condições normais. ☑ **coagulation time**.

cloud /klaʊd/ turvação: o sedimento turvo em um líquido.

cloudy /'klaʊdi/ turvo; obscurecido: referente ao líquido que não é transparente, mas apresenta uma substância opaca.

clubbing /'klʌbɪŋ/ baqueteamento: alargamento das extremidades dos dedos das mãos e dos pés, indício de várias doenças.

club foot /ˌklʌb 'fʊt/ pé torto. ⇨ **talipes**.

cluster /'klʌstə/ agrupamento; grupo; feixe: **1** grupo de pequenos itens unidos, formando uma aglutinação. **2** padrão significativo em uma amostra estatística, por exemplo, o número de pessoas afetadas por uma doença ou condição específica.

cluster headache /'klʌstə ˌhedeɪk/ cefaléia em cacho: cefaléia caracterizada por dor lancinante sobre um olho por um curto período de tempo.

Clutton's joint /'klʌt(ə)nz ˌdʒɔɪnt/ articulação de Clutton: artrose simétrica, especialmente das articulações do joelho, que ocorre na sífilis congênita. (Descrita em 1886 por Henry Hugh Clutton [1850–1909], cirurgião do St Thomas's Hospital, Londres, Reino Unido.)

cm cm: abreviaturra de **centimetre**.

CMHN abreviatura de **community mental health nurse**.

CM joint /ˌsi: 'em dʒɔɪnt/ articulação carpometacarpal. ⇨ **carpometacarpal joint**.

CMO abreviatura de **Chief Medical Officer**.

CMV abreviatura de **cytomegalovirus**.

C/N abreviatura de **charge nurse**.

CNO abreviatura de **Chief Nursing Officer**.

CNS abreviatura de **central nervous system**.

COAD abreviatura de **chronic obstructive airways disease**.

coagulant /kəʊˈægjʊlənt/ coagulante: substância que ajuda na coagulação sanguínea.

coagulase /kəʊˈægjʊleɪz/ coagulase: enzima produzida por um estafilococo, que ajuda na coagulação sanguínea.

coagulate /kəʊˈægjʊleɪt/ coagular: mudar do estado líquido para semi-sólido, ou ocasionar essa mudança. *His blood does not clot easily.* / O sangue dele não coagula facilmente. Veja também **clot**. Observação: o sangue se coagula quando o fibrinogênio, uma proteína nele presente, se converte em fibrina sob a influência da enzima trombocinase.

coagulation /kəʊˌægjʊˈleɪʃ(ə)n/ coagulação: a ação de coagular.

coagulation factor /kəʊˌægjʊˈleɪʃ(ə)n ˌfæktə/ fator de coagulação. ⇨ **clotting factors**.

coagulation time /kəʊˌægjʊˈleɪʃ(ə)n taɪm/ tempo de coagulação. ⇨ **clotting time**.

coagulum /kəʊˈægjʊləm/ coágulo. ⇨ **clot**. Plural: **coagula**.

coalesce /ˌkəʊəˈles/ coalescer: combinar, ou fazer que as coisas se combinem, em um simples organismo ou grupo.

coalescence /ˌkəʊəˈles(ə)ns/ coalescência: o processo pelo qual os bordos de uma ferida se unem na cura.

coarctation /ˌkəʊɑːkˈteɪʃ(ə)n/ coarctação: processo de estreitamento ou contração. ◊ **coarctation of the aorta:** coarctação da aorta: estreitamento congênito da aorta, que resulta de hipertensão na parte superior do corpo e hipotensão na parte inferior.

coarse tremor /ˌkɔːs 'tremə/ tremor grosseiro: tremor grave, em que a amplitude é grande e as vibrações, lentas.

coat /kəʊt/ **1** casca; capa: material (membrana ou outra estrutura) que recobre um órgão ou cavidade. **2** cobrir; envolver: cobrir alguma coisa.

coated tongue /ˌkəʊtɪd 'tʌŋ/ língua saburrosa. ⇨ **furred tongue**.

coating /'kəʊtɪŋ/ cobertura: camada fina que recobre alguma coisa. *a pill with a sugar coating /* um comprimido com cobertura de açúcar.

cobalt /'kəʊbɔːlt/ cobalto: um elemento metálico. Símbolo químico: **Co**.

cobalt 60 /ˌkəʊbɔːlt 'sɪksti/ cobalto 60: isótopo radiativo que é usado em radioterapia para tratamento de câncer.

cocaine /kəʊˈkeɪn/ cocaína: droga narcótica, que normalmente não é usada em medicina por causar dependência, mas algumas vezes é utilizada como anestésico de superfície.

coccidioidomycosis /kɒkˌsɪdiɔɪˌdəʊmaɪˈkəʊsɪs/ coccidioidomicose: doença pulmonar, causada por inalação de esporos do fungo *Coccidioides immitis*.

coccus /'kɒkəs/ coco: bactéria em forma de bola. Plural: **cocci**. Observação: os cocos crescem juntos, seja em agrupamentos (estafilococos), seja em longas cadeias (estreptococos).

coccy- /kɒksi/ cocci(g)-: referente ao cóccix.

coccydynia /ˌkɒksiˈdɪniə/ coccidinia: dor aguda no cóccix, normalmente causada por uma pancada. ☑ **coccygodynia**.

coccygeal vertebrae /kɒkˌsɪdʒiəl 'vɜːtɪbreɪ/ vértebras coccígeas: os ossos que formam o cóccix.

coccygodynia /ˌkɒksigəʊˈdɪniə/ coccigodinia. ⇨ **coccydynia**.

coccyx /'kɒksɪks/ cóccix: osso na extremidade da coluna vertebral. Plural: **coccyges**. Observação: o cóccix é uma cauda rudimentar formada por quatro ossos que se fundiram em um osso em forma de triângulo.

cochlea /'kɒkliə/ cóclea: tubo espiral no ouvido interno, que constitui o órgão principal da audição. Veja ilustração em **Ear**, no Apêndice. Plural: **cochleae**. Observação: os sons são transmitidos como vibrações dos ossículos, através da janela oval, para a cóclea. A linfa presente na cóclea passa as vibrações para o órgão de Corti que, por sua vez, está conectado ao nervo auditivo.

cochlear /'kɒkliə/ coclear: referente à cóclea.

cochlear duct /'kɒkliə dʌkt/ ducto coclear: um canal espiral na cóclea.

cochlear implant /ˌkɒkliə ˈɪmplɑːnt/ implante coclear: tipo de aparelho auditivo usado em casos de perda muito grande de audição.

cochlear nerve /ˈkɒkliə nɜːv/ nervo coclear: uma divisão do nervo auditivo.

Cochrane database /ˌkɒkrən ˈdeɪtəbeɪs/ dados de Cochrane: dados de revisões regulares feitas em pesquisas.

code /kəʊd/ código: **1** um sistema de números, letras ou símbolos usado para representar uma língua ou informação. **2** ⇨ **genetic code**. **3** codificar: a) converter instruções ou dados em outra forma de mensagem. b) (códon ou gene) fornecer informação genética que faz que um aminoácido específico seja produzido. *Genes are sections of DNA that code for a specific protein sequence.* / Os genes são partes do DNA que codificam uma seqüência específica de proteína.

codeine /ˈkəʊdiːn/ codeína: droga analgésica comum, que também pode ser usada no alívio da tosse e no tratamento da diarréia. ☑ **codeine phosphate** (fosfato de codeína).

code of conduct /ˌkəʊd əv ˈkɒndʌkt/ código de conduta: conjunto de regras gerais mostrando como um grupo de pessoas, tais como médicos ou enfermeiras, devem trabalhar.

cod liver oil /ˌkɒd lɪvər ˈɔɪl/ óleo de fígado de bacalhau: óleo rico em calorias e vitaminas A e D.

-coele /siːl/ celi(o)-: referente à cavidade ou depressão do corpo. Nota: no inglês americano usa-se **-cele**.

coeli- /siːli/ ⇨ **coelio-**. No inglês americano usa-se **celi-**.

coeliac /ˈsiːliæk/ celíaco. Referente ao abdome. Nota: no inglês americano usa-se **celiac**.

coeliac artery /ˌsiːliæk ˈɑːtəri/ artéria celíaca: a principal artéria do abdome, que se origina da aorta abdominal e se divide nas artérias gástrica esquerda, hepática e esplênica. ☑ **coeliac axis; coeliac trunk**.

coeliac axis /ˌsiːliæk ˈæksɪs/ eixo celíaco. ⇨ **coeliac artery**.

coeliac disease /ˌsiːliæk dɪˈziːz/ doença celíaca. ⇨ **gluten-induced enteropathy**.

coeliac ganglion /ˌsiːliæk ˈgæŋgliən/ gânglio celíaco: gânglio sobre cada pilar do diafragama, conectado com o plexo celíaco.

coeliac plexus /ˌsiːliæk ˈpleksəs/ plexo celíaco: rede de nervos no abodome, atrás do estômago.

coeliac trunk /ˌsiːliæk ˈtrʌŋk/ tronco celíaco. ⇨ **coeliac artery**.

coelio- /siːliəʊ/ referente à cavidade, normalmente do abdome. Nota: no inglês americano usa-se **celio-**. Antes de vogais usa-se **coeli-** ou, no inglês americano, **celi-**.

coelioscopy /ˌsiːliˈɒskəpi/ celioscopia: exame da cavidade peritoneal por meio de um endoscópio introduzido através da parede abdominal. O abdome é previamente distendido para esse exame. Plural: **coelioscopies**.

coelom /ˈsiːləm/ celoma: cavidade no corpo do embrião, que se divide formando o tórax e o abdome. Plural: **coeloms** ou **coelomata**.

coffee ground vomit /ˈkɒfi graʊnd ˌvɒmɪt/ vômito em borra de café: vômito contendo pedaços escuros de sangue, que indica sangramento no estômago ou no intestino delgado.

cognition /kɒgˈnɪʃ(ə)n/ cognição: processo mental pelo qual adquirimos conhecimentos usando a mente ou os sentidos, ou os conhecimentos adquiridos dessa maneira.

cognitive /ˈkɒgnɪtɪv/ cognitivo: referente ao processo mental de percepção, memória, julgamento e raciocínio. *a cognitive impairment* / um dano cognitivo.

cognitive disorder /ˌkɒgnɪtɪv dɪsˈɔːdə/ doença cognitiva: deficiência de qualquer processo mental de percepção, memória, julgamento e raciocínio.

cognitive therapy /ˌkɒgnɪtɪv ˈθerəpi/ terapia cognitiva: tratamento das doenças psiquiátricas, tais como ansiedade ou depressão, que levam as pessoas a pensar de maneira negativa.

cohort /ˈkəʊhɔːt/ coorte: grupo de pessoas com características comuns, tais como idade ou sexo, e que são objeto de estudo ou investigação médica ou científica.

cohort study /ˈkəʊhɔːt ˌstʌdi/ estudo de coorte: investigação na qual um grupo de pessoas é classificado de acordo com sua exposição a vários riscos e são objeto de estudo por um período de tempo, a fim de se verificar se desenvolvem uma doença específica, com vistas a avaliar a ligação existente entre risco e doença.

coil /kɔɪl/ espira: aparelho que é introduzido no útero da mulher para evitar a concepção.

coinfection /ˌkəʊɪnˈfekʃ(ə)n/ coinfecção: infecção simultânea de um organismo por duas ou mais doenças ou vírus.

coital /ˈkəʊɪt(ə)l/ coital: referente à relação sexual.

coition /kəʊˈɪʃ(ə)n/ coito. ⇨ **sexual intercourse**.

coitus /ˈkəʊɪtəs/ coito. ⇨ **sexual intercourse**.

coitus interruptus /ˌkəʊɪtəs ɪntəˈrʌptəs/ coito interrompido: retirada do pênis da vagina antes da ejaculação, algumas vezes usado como método contraceptivo, embora não seja muito eficiente.

cold /kəʊld/ **1** frio: que não é morno nem quente. **2** resfriado: doença causada por inflamação das vias nasais, caracterizada por espirros e tosse, entupimento nasal e coriza. *She had a heavy cold.* / Ela teve um resfriado forte. Também chamado **common cold; coryza**. Observação: o resfriado começa normalmente com uma infecção viral, que causa inflamação da membrana mucosa do nariz e garganta. Os sintomas incluem coriza, tosse e perda do paladar e olfato. Vírus pertencentes à família *Coronaviridae* têm sido identificados em pessoas resfriadas, mas ainda não existe cura para a doença.

cold burn /'kəʊld bɜːn/ queimadura por frio: lesão da pele, causada por frio intenso ou pelo contato com uma superfície extremamente fria.

cold cautery /kəʊld 'kɔːtəri/ cautério frio; criocautério: eliminação de uma excrescência na pele por criocautério, por exemplo, neve de dióxido de carbono.

cold compress /kəʊld 'kɒmpres/ compressa fria: chumaço de algodão embebido em água fria, usado para aliviar dores de cabeça ou machucados.

cold pack /'kəʊld pæk/ envoltório frio; compressa fria: pedaço de gaze ou outro material umedecido com gel ou argila gelada, usado no corpo, a fim de alterar a sua temperatura.

cold sore /'kəʊld sɔː/ herpes simples: bolhas dolorosas de água, normalmente nos lábios ou nariz, causadas por herpes simples do Tipo I.

colectomy /kə'lektəmi/ colectomia: cirurgia para remover o cólon ou parte dele. Plural: **colectomies**.

colic /'kɒlɪk/ cólica: **1** dor em qualquer parte do trato intestinal. ☑ **enteralgia** e **tormina**. **2** nos bebês, dor estomacal acompanhada de irritabilidade e choro. Observação: embora a cólica possa ser atribuída a dores causadas por indigestão, ela também pode ser resultado de cálculos nos rins ou na vesícula biliar.

colicky /'kɒlɪki/ referente a cólicas. *She had colicky pains in her abdomen.* / Ela teve cólicas abdominais.

coliform bacterium /ˌkəʊlifɔːm bæk'tɪəriəm/ bactéria coliforme: qualquer bacteria similar à *Escherichia coli.*

colistin /kɒ'lɪstɪn/ colistina: antibiótico de amplo espectro, usado em infecções do trato gastrointestinal.

colitis /kə'laɪtɪs/ colite: inflamação do cólon. ☑ **colonitis**.

collagen /'kɒlədʒən/ colágeno: proteína que se apresenta sob a forma de fibras espessas, usada para reconstruir o tecido conjuntivo, ossos e cartilagens.

collagen disease /'kɒlədʒən dɪˌziːz/ doença do colágeno: qualquer doença do tecido conjuntivo. Observação: as doenças do colágeno incluem febre reumática, artrite reumatóide, periarterite nodosa, escleredema e dermatomiosite.

collagenous /kə'lædʒɪnəs/ colagenoso: **1** que contém colágeno. **2** referente à doença do colágeno.

collapse /kə'læps/ **1** colapso: a) condição na qual a pessoa está inconsciente ou extremamente cansada. *She was found in a state of collapse.* / Ela foi encontrada em estado de colapso. b) condição na qual um órgão se distende ou fica sem ar. *lung collapse* / colapso do pulmão. **2** prostrar-se; sofrer um colapso: a) cair em um estado semiconsciente. *After running to catch his train he collapsed.* / Depois de correr para pegar o trem, ele ficou prostrado. b) tornar-se flácido, distendido, ou sem ar.

collapsed lung /kə'læpsd lʌŋ/ colapso do pulmão. ⇨ **pneumothorax**.

collarbone /'kɒləbəʊn/ clavícula: osso longo, fino e duplamente curvo, que une a cintura escapular com os ossos do tórax. ☑ **clavicle**. Nota: a fratura da clavícula é uma das freqüentes.

collateral /kə'læt(ə)rəl/ colateral; secundário: colateral, subsidiário ou acessório ao objeto principal; indireto.

> ...*embolisation of the coeliac axis is an effective treatment for severe bleeding in the stomach or duodenum, localized by endoscopic examination. A good collateral blood supply makes occlusion of a single branch of the coeliac axis safe.* / "...a embolização do tronco celíaco, feita por meio de exame endoscópico, é um tratamento eficaz para sangramento grave do estômago ou duodeno. Um bom suprimento de sangue através de canais secundários torna a oclusão de um ramo simples do tronco celíaco um procedimento seguro." (*British Medical Journal*)

collateral circulation /kəˌlæt(ə)rəl ˌsɜːkjʊ'leɪʃ(ə)n/ circulação colateral: aquela que é feita através de vasos sanguíneos secundários quando o vaso principal está obstruído.

collection chamber /kə'lekʃən ˌtʃeɪmbə/ câmara cardíaca: parte do coração onde o sangue se recolhe antes de ser bombeado para outras partes do corpo.

Colles' fracture /'kɒlɪs(ɪz) ˌfræktʃə/ fratura de Colles: fratura da extremidade inferior do rádio, com deslocamento do pulso para trás, normalmente quando alguém estica a mão para tentar evitar uma queda. (O nome da fratura é devido a Abraham Colles [1773–1843], cirurgião irlandês.)

colliculus /kə'lɪkjʊləs/ colículo: uma das quatro pequenas elevações *(superior colliculi* [colículos superiores] e *inferior colliculi* [colículos inferiores]), no mesencéfalo. Veja ilustração em **Brain**, no Apêndice. Plural: **colliculi**.

collodion /kə'ləʊdiən/ colódio: líquido que se aplica na pele para fechar feridas pequenas; quando seca, forma uma cobertura flexível e transparante.

colloid /'kɒlɔɪd/ colóide: **1** massa de minúsculas partículas em que uma substância está dispersa em outra. **2** substância gelatinosa que armazena hormônios, produzida na glândula tireóide. **3** referente ou que se assemelha ao colóide. *colloid acne* / acne colóide.

collyrium /kə'lɪriəm/ colírio: solução usada para lavar os olhos. Plural: **collyria**.

colo- /kɒləʊ/ colo-: referente ao cólon.

coloboma /ˌkɒləʊ'bəʊmə/ coloboma: ausência de algum tecido ocular, por exemplo, a íris.

colon /'kəʊlɒn/ cólon: a parte principal do intestino grosso, que se estende do ceco, na porção terminal do intestino delgado, até o reto. Observação: o cólon mede cerca de 1,35 m de comprimento. Ele começa na válvula ileocecal e faz um movimento ascendente direito, então passa transversalmente sob o estômago, e faz um movimento descendente esquerdo até o reto. No cólon, a água é separada dos resíduos que passaram pelo intestino delgado, e ficam apenas as fezes que, por meio dos movimentos peristálticos, são eliminadas do organismo pelo reto.

colonic /kə'lɒnɪk/ colônico: referente ao cólon.

colonic irrigation /kə,lɒnɪk ɪrɪ'geɪʃ(ə)n/ irrigação colônica: lavagem do conteúdo do intestino grosso por meio de um tubo inserido no ânus.

colonitis /,kɒlə'naɪtɪs/ colite. ⇨ **colitis**.

colonoscope /kə'lɒnəskəʊp/ colonoscópio: instrumento cirúrgico para examinar o interior do cólon.

colonoscopy /,kɒlə'nɒskəpi/ colonoscopia: exame do interior do cólon por meio de um colonoscópio inserido no reto. Plural: **colonoscopies**.

colony /'kɒləni/ colônia: grupo ou cultura de microorganismos.

color [kəʊləʊ'r] cor. ⇨ **colour**.

colorectal /,kəʊləʊ'rekt(ə)l/ colorretal: que se refere ao cólon e ao reto.

colostomy /kə'lɒstəmi/ colostomia: criação de uma abertura, por intermédio de cirurgia, entre o cólon e a parede abdominal, a fim de permitir a passagem das fezes por outro meio que não seja o reto. Plural: **colostomies**. Observação: a colostomia é feita quando há bloqueio do cólon ou do reto, ou quando parte do cólon ou do reto teve de ser removida.

colostomy bag /kə'lɒstəmi bæg/ bolsa de colostomia: bolsa adaptada a uma abertura cutânea superficial feita no cólon (colostomia) para recolher as fezes.

colostrum /kə'lɒstrəm/ colostro: líquido rico em anticorpos e com pouco teor de gordura, secretado pelas glândulas mamárias anteriormente ou após o parto, antes que o leite comece a fluir.

colour /'kʌlər/ cor. Nota: no inglês americano usa-se **color**.

colour blindness /'kʌlə ,blaɪndnəs/ cegueira para as cores: condição na qual a pessoa é incapaz de reconhecer a diferença entre cores específicas. Observação: a cegueira para as cores é uma condição que quase nunca ocorre em mulheres. A forma mais comum é a incapacidade de distinguir a diferença entre o vermelho e o verde. O teste de Ishihara é usado para testar a visão de cores.

colour index /'kʌlər ,ɪndeks/ índice de cor: a proporção entre a quantidade de hemoglobina e o número de eritrócitos em uma quantidade específica de sangue.

colouring /'kʌlərɪŋ/ colorante: substância que dá cor a um órgão. ☑ **colouring matter**.

colouring matter /'kʌlərɪŋ ,mætə/ substância colorante. ⇨ **colouring**.

colp- /kɒlp/ ⇨ **colpo-**.

colpitis /kɒl'paɪtɪs/ colpite. ⇨ **vaginitis**.

colpo- /kɒlpəʊ/ colp(o)-: referente à vagina. Nota: antes de vogais usa-se **colp-**.

colpocele /'kɒlpəsi:l/ colpocele. ⇨ **colpoptosis**.

colpocystitis /,kɒlpəʊsɪ'staɪtɪs/ colpocistite: inflamação tanto da vagina como da bexiga urinária.

colpocystopexy /,kɒlpə'sɪstəpeksi/ colpocistopexia: recolocação do útero por cirurgia de fixação da vagina e bexiga à parede abdominal. Plural: **colpocystopexies**.

colpohysterectomy /,kɒlpəʊhɪstə'rektəmi/ colpo-histerectomia: cirurgia para extração do útero por via vaginal. Plural: **colpohysterectomies**.

colpopexy /'kɒlpəpeksi/ colpopexia: cirurgia para correção de um prolapso vaginal, que consiste na fixação da vagina à parede abdominal. Plural: **colpopexies**.

colpoplasty /'kɒlpəplæsti/ colpoplastia: cirurgia de recomposição da vagina. Plural: **colpoplasties**.

colpoptosis /,kɒlpə'təʊsɪs/ colpoptose: prolapso da vagina. ☑ **colpocele**. Plural: **colpoptoses**.

colporrhaphy /kɒl'pɒrəfi/ colporrafia: cirurgia de sutura da vagina para corrigir o prolapso dos órgãos genitais. Plural: **colporrhaphies**.

colposcope /'kɒlpəuskəup/ colposcópio: instrumento cirúrgico usado para examinar o interior da vagina. ☑ **vaginoscope**.

colposcopy /kɒl'pɒskəpi/ colposcopia: exame do interior da vagina. Plural: **colposcopies**.

colposuspension /,kɒlpəʊsə'spenʃən/ colpossuspensão: cirurgia para fortalecer os músculos pélvicos e prevenir a incontinência urinária.

colpotomy /kɒl'pɒtəmi/ colpotomia: cirurgia de incisão da vagina. Plural: **colpotomies**.

column /'kɒləm/ coluna. ⇨ **vertebral column**.

columnar /kə'lʌmnə/ colunar: referente à coluna.

columnar cell /kə'lʌmnə sel/ célula colunar: tipo de célula epitelial semelhante a uma coluna.

coma /'kəʊmə/ coma: estado de inconsciência do qual a pessoa não pode ser acordada com o uso de estímulos externos. Observação: o coma pode ter muitas causas: lesões cerebrais, diabetes, derrame ou dose excessiva de uma droga (*overdose*). Freqüentemente leva à morte, mas um paciente pode ficar em coma por um longo período, às vezes, muitos meses, antes de morrer ou de voltar à consciência.

comatose /'kəʊmətəus/ comatoso: **1** inconsciente ou em coma. **2** semelhante ao coma.

combined therapy /kəm,baɪnd 'θerəpi/ terapia por modalidades combinadas; terapia de associação: o uso de dois ou mais tratamentos ao mesmo tempo.

comedo /'kɒmɪdəʊ/ comedo: pequena lesão escura cheia de ceratina e sebo, freqüentemente associada à acne em adolescentes. ☑ **blackhead**. Plural: **comedones**.

come down with /ˌkʌm ˈdaʊn wɪθ/ (informal) adoecer: pegar uma gripe, resfriado ou doença sem gravidade.

come out in /ˌkʌm ˈaʊt ɪn/ (informal) sair; aparecer: ter alguma coisa, por exemplo, manchas ou erupções na pele.

come round /ˌkʌm ˈraʊnd/ restabelecer-se; recuperar-se: recobrar a consciência, por exemplo, após ter passado por uma situação muito difícil.

comfort /ˈkʌmfət/ confortar; consolar: ajudar uma pessoa a se tornar menos ansiosa ou infeliz, especialmente quando ela passou por situações muito difíceis.

comfortable /ˈkʌmf(ə)təb(ə)l/ tranqüilo; livre de cuidados: que está em condição física estável.

comforter /ˈkʌmfətə/ confortador; consolador: 1 alguém que ajuda uma pessoa a se tornar menos ansiosa ou infeliz. 2 chupeta de criança.

commando operation /kəˈmɑːndəʊ ˌɒpəreɪʃ(ə)n/ operação de commando: a maior operação de combate ao câncer da face e pescoço. Consiste na ressecção de porções da mandíbula e dissecação radical do pescoço. As feições são, mais tarde, reconstituídas. ☑ **commando procedure**.

commando procedure /kəˈmɑːndəʊ prəˈsiːdʒə/ procedimento de comando. ⇨ **commando operation**.

commensal /kəˈmens(ə)l/ comensal: animal ou planta que se alimenta de outro da mesma espécie, sem prejudicar o outro indivíduo. Os dois podem se beneficiar da associação. Candida *is a commensal in the mouths of 50% of healthy adults.* / Candida é um comensal presente na boca de 50% dos adultos saudáveis. Nota: se um comensal prejudica o outro, é chamado de parasita.

comminuted fracture /ˌkɒmɪnjuːtɪd ˈfræktʃə/ fratura cominutiva: fratura na qual os ossos se quebram em pequenos fragmentos.

Commission for Healthcare Audit and Improvement [kəˌmɪti ɒn fɔː ˈhelθkeə ˈɔːdɪt ən ɪmˈpruːvmənt] Comissão para Auditoria e Melhoria dos Planos de Saúde. Abreviatura: **CHAI**.

Commission for Health Improvement [kəˌmɪti ɒn fɔː helθ ɪmˈpruːvmənt] Comissão para a Melhoria da Saúde: no Reino Unido, órgão independente de inspeção do Serviço Nacional de Saúde, cujo papel é ajudar a estabelecer padrões de assistência ao paciente. Tem ainda como objetivo identificar onde as melhorias se fazem necessárias, compartilhando as boas práticas de medicina. Abreviatura: **CHI**.

commissure /ˈkɒmɪsjʊə/ comissura: ponto de junção de dois tecidos similares, por exemplo, o entrecruzamento de nervos do sistema nervoso central. Veja também **corpus callosum**; **grey commissure**; **white commissure**.

commit /kəˈmɪt/ confinar; internar: por meios legais, internar uma pessoa em hospital para doentes mentais, talvez até sem o consentimento dela.

commitment /kəˈmɪtmənt/ confinamento; internação: procedimento legal de internação de uma pessoa em hospital de doentes mentais.

Committee on Safety of Medicines /kəˌmɪti ɒn ˌseɪfti əv ˈmed(ə)sɪnz/ Comitê de Segurança de Medicamentos: órgão oficial que assessora o governo britânico sobre a segurança e a qualidade dos medicamentos.

commode /kəˈməʊd/ aparelho sanitário; cadeira higiênica: cadeira especial com uma bacia removível, usada como vaso sanitário por pessoas com mobilidade limitada.

common /ˈkɒmən/ comum: 1 que ocorre com freqüência. 2 que é compartilhado. ◊ **(in) common**: (em) comum: que pertence a mais de uma coisa ou pessoa. *These viral diseases have several symptoms in common.* / Estas infecções virais têm vários sintomas em comum.

common bile duct /ˌkɒmən ˈbaɪl dʌkt/ canal colédoco: canal que conduz ao duodeno, e que é formado pela união do canal cístico com o hepático.

common carotid artery /ˌkɒmən kəˈrɒtɪd ˌaːtəri/ artéria carótida comum: a artéria que corre para cima no pescoço. ☑ **carotid**.

common cold /ˌkɒmən ˈkəʊld/ resfriado comum. ⇨ **cold**.

common hepatic duct /ˌkɒmən hɪˈpætɪk dʌkt/ ducto hepático comum: parte do sistema do ducto biliar que é formada pelo encontro dos ductos hepáticos direito e esquerdo.

common iliac artery /ˌkɒmən ˈɪliæk ˌaːtəri/ artéria ilíaca comum: um dos dois ramos terminais da aorta, no abdome, que, por sua vez, se bifurca, formando a ilíaca interna, que se estende até a pelve, e a ilíaca externa, que se estende até a perna.

common iliac vein /ˌkɒmən ˈɪliæk veɪn/ veia ilíaca comum: uma das veias que fazem a irrigação sanguínea das pernas, pelve e abdome. No lado direito do corpo da quinta vértebra lombar, une-se com outra, para formar a veia cava inferior.

common salt /ˌkɒmən ˈsɔːlt/ sal comum: preparado em pó, de cor branca, usado no preparo dos alimentos, especialmente carne, peixe e vegetais, a fim de melhorar o seu sabor. ☑ **sodium chloride**. Observação: deve-se evitar o uso de muito sal na dieta alimentar, porque ele é um dos fatores de risco para hipertensão. Diarréia persistente e vômitos podem fazer com que o organismo sofra uma perigosa perda de sal.

common wart /ˌkɒmən ˈwɔːt/ verruga comum: verruga que aparece principalmente nas mãos.

communicable disease /kəˌmjuːnɪkəb(ə)l dɪˈziːz/ doença comunicável: doença que pode ser transmitida por infecção ou contágio direto entre pessoas ou de animal para pessoa. Veja também **contagious disease**; **infectious disease**.

communicating artery /kəˈmjuːnɪkeɪtɪŋ ˌaːtəri/ artéria comunicante: artéria curta que une as duas artérias cerebrais anteriores, fornecendo sangue a cada lado do cérebro. Constitui parte do círculo de Willis.

community /kə'mju:nɪti/ comunidade: grupo de pessoas que vivem e trabalham em um distrito ou bairro. *The health services serve the local community.* / Os serviços de saúde prestam serviços à comunidade local.

community care /kə,mju:nɪti 'keə/ assistência comunitária: assistência a pessoas idosas ou com doenças mentais, para que permaneçam em casa, em vez de ficarem internadas em hospitais ou casas de saúde.

community health /kə,mju:nɪti 'helθ/ saúde comunitária: a saúde da comunicade local, ou a prestação de serviços a uma comunidade local.

community health council /kə,mju:nɪti 'helθ ,kaunsəl/ conselho de saúde comunitária: órgão regulamentar de pessoas que não pertencem à classe médica, mas preocupam-se com a saúde comunitária e são encarregadas de expressar o ponto de vista dos pacientes em assuntos relacionados a questões de saúde. Abreviatura: **CHC.**

community hospital /kə'mju:nɪti ,hɒspɪt(ə)l/ hospital comunitário: hospital que serve a uma comunidade local.

community medicine /kə'mju:nɪti 'med(ə)s(ə)n/ medicina comunitária: estudo da prática médica, que avalia grupos de pessoas e a saúde da comunidade, incluindo habitação, poluição e fatores ambientais.

community mental health nurse /kə,mju:nɪti ,ment(ə)l 'helθ ,nɜ:s/ enfermeira da saúde mental comunitária: enfermeira especializada, que trabalha em um determinado bairro visitando e prestando assistência a pessoas com problemas de saúde mental. ⇨ **community psychiatric nurse.** Abreviatura: **CMHN.**

community midwife /kə,mju:nɪti 'mɪdwaɪf/ enfermeira-obstetriz comunitária: enfermeira-obstetriz que trabalha em uma comunidade como integrante de um grupo de cuidados clínicos primários.

community nurse /kə,mju:nɪti 'nɜ:s/ enfermeira de comunidade: enfermeira que presta assistência a pessoas de uma comunidade local.

community psychiatric nurse /kə,mju:nɪti ,saɪki'ætrɪk 'nɜ:s/ enfermeira da saúde mental comunitária. ☑ **community mental health nurse.** Abreviatura: **CPN.**

community services /kə,mju:nɪti 'sɜ:vɪsɪz/ serviços comunitários: serviços de enfermagem que a comunidade tem a sua disposição.

community trust /kə,mju:nɪti 'trʌst/ truste comunitário: órgão independente, sem fins lucrativos, que representa uma área de interesse público.

compact bone /,kɒmpækt 'bəun/ osso compacto: tipo de tecido ósseo que forma a camada externa compacta de um osso. Veja ilustração em **Bone Structure**, no Apêndice.

compatibility /kəm,pætɪ'bɪlɪti/ compatibilidade: **1** a capacidade de duas drogas de não interferir uma com a outra, quando administradas conjuntamente. **2** a capacidade de um corpo de aceitar órgãos, tecidos e sangue de outra pessoa sem apresentar rejeição.

compatible /kəm'pætɪb(ə)l/ compatível: capaz de funcionar juntos sem apresentar rejeição. *The surgeons are trying to find a compatible donor* or *a donor with a compatible blood group.* / Os médicos estão tentando encontrar um doador compatível *ou* um doador de um grupo sanguíneo compatível.

compensate /'kɒmpənseɪt/ compensar; contrabalançar: **1** oferecer a alguém uma quantia em dinheiro por perdas ou danos. **2** (órgão) tirar benefícios da falha de um órgão para construir outro órgão, ou fazer com que as partes lesadas do órgão tenham um desempenho melhor. *The heart has to beat more strongly to compensate for the narrowing of the arteries.* / O coração tem de bater mais forte para compensar o estreitamento das artérias. **3** enfatizar uma capacidade específica ou característica da personalidade, a fim de fazer com que um defeito pareça menos ruim.

compensation /,kɒmpən'seɪʃ(ə)n/ compensação: **1** alguma coisa que faz algo parecer menos ruim ou grave. **2** quantia de dinheiro (ou de outro bem) oferecida a alguém para compensar perdas ou danos. *The drugs caused him to develop breathing problems, so he thinks he's entitled to medical compensation.* / As drogas causaram-lhe problemas respiratórios; assim, ele pensa que pode pleitear uma compensação médica. **3** o ato de dar dinheiro para compensar perdas ou danos. *compensation for loss of a limb* / compensação pela perda de um membro. **4** situação em que o organismo ajuda a corrigir problemas em um órgão específico pela formação de outro órgão, ou em que as partes lesadas do órgão têm um desempenho melhor. **5** comportamento que enfatiza uma capacidade específica ou característica da personalidade, a fim de fazer com que um defeito pareça menos ruim.

competence /'kɒmpɪt(ə)ns/ competência: capacidade de fazer bem alguma coisa, avaliada de acordo com um padrão, especialmente a capacidade de terminar uma experiência ou treinamento. *encouraging the development of professional competence in the delivery of care to patients* / encorajar o desenvolvimento de competência profissional na administração de cuidados aos pacientes.

complaint /kəm'pleɪnt/ queixa: **1** expressão de insatisfação sobre alguém ou alguma coisa. *The hospital administrator wouldn't listen to the complaints of the consultants.* / O administrador hospitalar não atendia as queixas dos consulentes. **2** doença. *a chest complaint* / uma queixa de dor no peito. *a nervous complaint* / uma queixa de problemas nervosos.

complement /'kɒmplɪmənt/ **1** complemento: substância integrante do plasma sanguíneo, essencial para o trabalho dos anticorpos e antígenos. **2** complementar: completar alguma coisa com qualidades úteis ou agradáveis que ela não possui.

complementary /ˌkɒmplɪˈment(ə)ri/ complementar: **1** que é combinado com alguma coisa ou adicionado a ela. *Ultrasound and CT provide complementary information.* / Ultra-som e tomografia computadorizada fornecem informações complementares. **2** usado em, ou que usa medicina complementar. *complementary therapies* / terapias complementares. **3** referente aos genes que precisam um do outro, e cujo efeito só aparece quando atuam juntos.

complementary and alternative medicine /ˌkɒmplɪment(ə)ri ən ɔːlˌtɜːnətɪv ˈmed(ə)sɪn/ medicina complementar e alternativa. Abreviatura: **CAM**.

complementary medicine /ˌkɒmplɪment(ə)ri ˈmed(ə)sɪn/ medicina complementar: medicina alternativa, da maneira como é hoje aceita por profissionais da medicina convencional ocidental. A acupuntura e a medicina osteopática são exemplos de medicina complementar.

complement fixation test /ˌkɒmplɪˌment fɪkˈseɪʃ(ə)n test/ teste da fixação de complemento: teste para medir o consumo de complemento, muito usado na detecção de anticorpos ou antígenos. Abreviatura: **CFT**.

complete abortion /kəmˌpliːt əˈbɔːʃ(ə)n/ aborto completo: aborto no qual os conteúdos da concepção foram totalmente expelidos do útero.

complete blood count /kəmˌpliːt ˈblʌd kaʊnt/ hematimetria completa; hemograma completo: teste de contagem do número exato de cada tipo de célula sanguínea em uma amostra de sangue. Abreviatura: **CBC**

complex /ˈkɒmpleks/ complexo **1** (psiquiatria): idéias que se baseiam na experiência passada do indivíduo e que influenciam o modo como ele se comporta. **2** grupo de itens, edifícios ou órgãos. *He works in the new laboratory complex.* / Ele trabalha no novo complexo laboratorial. **3** a) sinais e sintomas que têm uma causa específica. Veja também **syndrome**. b) grave; complicado. *A gastrointestinal fistula can cause many complex problems, including fluid depletion.* / Uma fístula gastrointestinal pode causar problemas graves, incluindo depleção de líquido.

complexion /kəmˈplekʃən/ compleição; cútis; tez: a cor geral da pele do rosto. *People with fair complexions burn easily in the sun.* / Pessoas com cútis clara queimam-se facilmente ao sol.

compliance /kəmˈplaɪəns/ aderência: cooperação de um paciente com o tratamento.

complicated fracture /ˌkɒmplɪkeɪtɪd ˈfræktʃə/ fratura complicada: fratura com dano aos tecidos, por exemplo, quando um osso perfura uma artéria.

complication /ˌkɒmplɪˈkeɪʃ(ə)n/ complicação: **1** condição na qual duas ou mais doenças existem concomitantemente, quer estejam conectadas ou não. *He was admitted to hospital suffering from pneumonia with complications.* / Ele deu entrada no hospital com pneumonia associada a outras complicações. **2** situação na qual uma pessoa desenvolve uma segunda doença, que muda o curso do tratamento instituído a princípio. *She appeared to be improving, but complications set in and she died in a few hours.* / Ela parecia estar melhorando, mas surgiram complicações e ela morreu em poucas horas.

> ...*sickle cell chest syndrome is a common complication of sickle cell disease, presenting with chest pain, fever and leucocytosis.* / "...a síndrome da célula falciforme torácica é uma complicação comum na doença das células falciformes, e caracteriza-se por dor no peito, febre e leucocitose." (*British Medical Journal*)

> ...*venous air embolism is a potentially fatal complication of percutaneous venous catheterization.* / "...o embolismo aéreo venoso é uma complicação potencialmente fatal do cateterismo venoso percutâneo." (*Southern Medical Journal*)

compos mentis /ˌkɒmpɒs ˈmentɪs/ sadio; de mente sã: que não é acometido por nenhuma doença mental. Nota: a expressão vem do latim *compos*, ter o controle + *mens* (*ment-*), mente, e significa, literalmente, *possessão de uma mente*.

compound /ˈkɒmpaʊnd/ composto: que, ou o que é constituído de dois ou mais componentes, por exemplo, uma substância química formada pela união de dois ou mais elementos.

compound fracture /ˌkɒmpaʊnd ˈfræktʃə/ fratura composta: fratura em que a pele sofre lesão ou em que um osso quebrado penetra na pele. ☑ **open fracture**.

compress /ˈkɒmpres/ **1** compressa: gaze embebida em líquido quente ou frio, que é aplicada na pele para aliviar dor ou inchaço, ou para forçar o pus de um ferida infectada a sair. **2** comprimir: espremer ou apertar alguma coisa. Nota: na acepção **2**, a pronúncia é /kəmˈpres/.

compressed air sickness /kəmˌprest ˈeə ˌsɪk nəs/ doença da descompressão. ⇨ **caisson disease**.

compression /kəmˈpreʃ(ə)n/ compressão: **1** o ato de comprimir ou apertar alguma coisa. *The first-aider applied compression to the chest of the casualty.* / A pessoa que prestou os primeiros socorros apertou o peito da vítima do acidente. **2** condição grave na qual o cérebro é comprimido por sangue ou líquido cérebro-espinhal, que se acumulam nele, ou por fratura do crânio.

compression stocking /kəmˌpreʃ(ə)n ˈstɒkɪŋ/ joelheira; perneira: material elástico usado para dar sustentação a uma articulação do joelho ou para manter veias varicosas sob compressão.

compression syndrome /kəmˈpreʃ(ə)n ˌsɪndrəʊm/ síndrome da compressão: dor muscular após exercícios exaustivos.

compulsion /kəmˈpʌlʃən/ compulsão; coerção: **1** o ato de forçar alguém a fazer alguma coisa, ou o fato de ser forçado a fazer alguma coisa. *You are under no compulsion to treat a violent patient.* / Não se deve exercer nenhuma coerção ao tratar um paciente violento. **2** impulso intenso, irresistível, que leva uma pessoa a fazer alguma coisa, freqüentemente sem o desejar. *She felt a* sudden compulsion to wash her hands again. / Ela sentiu uma súbita compulsão de lavar as mãos novamente.

compulsive /kəmˈpʌlsɪv/ compulsivo: referente a um sentimento que é impossível deter. *She has a compulsive desire to steal.* / Ela sentia um desejo compulsivo de roubar.

compulsive eating /kəmˌpʌlsɪv ˈiːtɪŋ/ comer compulsivamente: condição psicológica na qual a pessoa tem um desejo contínuo de comer. Veja também **bulimia**.

compulsive-obsessive disorder /kəmˌpʌlsɪv əbˈsesɪv dɪsˌɔːdə/ doença obsessivo-compulsiva. ⇨ **obsessive-compulsive disorder**.

compulsory admission /kəmˌpʌlsəri ədˈmɪʃ(ə)n/ admissão compulsiva: processo de admissão de um doente mental em um hospital para tratamento, com ou sem o consentimento dele.

computed tomography /kəmˌpjuːtɪd təˈmɒɡrəfi/ tomografia computadorizada. ⇨ **computerised axial tomography**. Abreviatura: **CT**.

computerised axial tomography /kəmˌpjuːtəraɪzd ˌæksiəl təˈmɒɡrəfi/ tomografia axial computadorizada: sistema de exame anatômico que usa um computador previamente programado para guiar um feixe de raios-X, fotografando um órgão sob vários ângulos. Abreviatura: **CAT**. ☑ **computed tomography**.

-conazole /kɒnəzəʊl/ -conazol: forma combinante usada em nomes de drogas antifúngicas. *fluconazole* / fluconazol.

concave /ˈkɒnkeɪv/ côncavo: que possui relevo interior curvo. *a concave lens* / uma lente côncava.

conceive /kənˈsiːv/ conceber: **1** (mulher) tornar-se grávida. Veja também **conception**. **2** ◊ **to be conceived** (bebê): ser concebido: começar a existir por meio da fertilização de um óvulo. *Our son was conceived during our holiday in Italy.* / Nosso filho foi concebido durante nosso feriado na Itália.

concentrate /ˈkɒnsəntreɪt/ **1** concentrado: solução da qual a água foi removida. **2** concentrar: dar atenção total a alguma coisa. **3** ◊ **to concentrate on**: concentrar-se em: examinar alguma coisa em particular. **4** reduzir uma solução e aumentar sua força pela evaporação.

concept /ˈkɒnsept/ conceito: pensamento, idéia, ou algo que alguém possa ser capaz de imaginar.

conception /kənˈsepʃən/ concepção: momento em que uma mulher fica grávida e tem início o desenvolvimento do bebê. Observação: a concepção é normalmente considerada como o momento em que o espermatozóide fertiliza o óvulo, ou alguns dias mais tarde, quando o óvulo fertilizado se fixa à parede do útero.

conceptual framework /kənˌseptʃuəl ˈfreɪmwɜːk/ arcabouço conceitual: a estrutura básica em torno da qual alguma coisa é construída.

conceptus /kənˈseptəs/ concepto: produtos do óvulo fertilizado, incluindo o embrião ou feto, além das membranas. Plural: **conceptuses**.

concha /ˈkɒŋkə/ concha: uma parte ou estrutura do corpo em forma de concha. Plural: **conchae**.

concha auriculae /ˌkɒŋkə ɔːˈrɪkjuliː/ concha auricular: depressão do ouvido externo, que leva ao ouvido interno.

concordance /kənˈkɔːd(ə)ns/ concordância: **1** estado no qual duas ou mais coisas estão na relação correta ou esperada entre elas. Por exemplo, a concordância atrioventricular é a relação entre os átrios e os ventrículos do coração. **2** o fato de dois indivíduos que têm uma relação dividirem a mesma característica genética. *the concordance of schizophrenia in identical twins* / a concordância de esquizofrenia em gêmeos idênticos. **3** acordo entre profissional e paciente durante um tratamento, especialmente com respeito às medicações.

concretion /kənˈkriːʃ(ə)n/ concreção: massa de material sólido que se forma no corpo, por exemplo, pedra biliar ou depósitos nos ossos, na artrite.

concussed /kənˈkʌst/ sob concussão; em estado de choque: relativo à pessoa que teve um choque ou levou uma pancada na cabeça e perdeu a consciência, recuperando-a mais tarde. *He was walking around in a concussed state.* / Ele estava caminhando sem rumo, em estado de choque.

concussion /kənˈkʌʃ(ə)n/ concussão; abalo; pancada: **1** o ato de fazer força em qualquer parte do corpo. **2** perda de consciência por um curto período de tempo, resultado de pancada ou golpe na cabeça.

concussive /kənˈkʌsɪv/ concussivo: que causa concussão.

condensed /kənˈdenst/ condensado: que se tornou compacto ou mais denso.

condition /kənˈdɪʃ(ə)n/ condição: **1** estado específico de uma pessoa ou de alguma coisa. *in poor condition* / em condições ruins. *Her condition is getting worse.* / A condição dela está piorando. *The conditions in the hospital are very good.* / As condições hospitalares são muito boas. **2** doença, lesão ou distúrbio específicos. *He is being treated for a heart condition.* / Ele está sendo tratado de uma doença cardíaca.

conditioned reflex /kənˌdɪʃ(ə)nd ˈriːfleks/ reflexo condicionado: reação automática a um estímulo, como resultado de sua associação com experiências passadas.

conditioned response /kənˌdɪʃ(ə)nd rɪˈspɒns/ resposta condicionada: resposta a um estímulo, como resultado de sua associação com um estímulo anterior. Observação: o exemplo clássico de resposta condicionada é a experiência de Pavlov com cães, na qual um estímulo, representado pelo som de um sino, desencadeou uma resposta, a salivação, como resultado da associação desse som com ocasiões anteriores, em que os cães foram alimentados após o toque do sino.

condom /ˈkɒndɒm/ condom; camisinha; camisa-de-vênus: película fina de látex que se usa no pênis durante o ato sexual, como método contraceptivo e também para evitar doenças sexualmente transmissíveis. ☑ **contraceptive sheath**; **sheath**.

conducting system /kən'dʌktɪŋ ˌsɪstəm/ sistema condutor: sistema de fibras musculares cardíacas que faz a ligação dos átrios com os ventrículos, de modo que as batidas destes tenham o mesmo ritmo.

conduction /kən'dʌkʃən/ condução: processo de transferência de calor, ondas sonoras, ou impulsos nervosos de uma parte do corpo para outra.

conduction fibre /kən'dʌkʃən ˌfaɪbə/ fibra condutora: fibra que transmite impulsos, por exemplo, o feixe de His.

conductive /kən'dʌktɪv/ condutivo; condutor: referente à condução.

conductive deafness /kən'dʌktɪv 'defnəs/ surdez condutiva; surdez de condução: surdez causada por defeito do aparelho condutor do som, isto é, do canal auditivo externo para o ouvido interno. ☑ **conductive hearing loss**.

conductive hearing loss /kən'dʌktɪv 'hɪərɪŋ lɒs/ perda auditiva de condução. ⇨ **conductive deafness**.

conductor /kən'dʌktə/ condutor: **1** substância ou corpo capaz de transmitir calor, eletricidade ou luz. **2** em cirurgia, tubo com ranhuras, no qual uma faca é acoplada, por exemplo, para incisão de uma fístula.

condyle /'kɒndaɪl/ côndilo: superfície arredondada na extremidade de um osso, que se articula com outro.

condyloid process /'kɒndɪlɔɪd ˌprəʊses/ processo condilóide: parte protuberante em cada extremidade da mandíbula superior, que forma a cabeça da mandíbula, e se articula com a fossa mandibular do osso temporal.

condyloma /ˌkɒndɪ'ləʊmə/ condiloma: verruga que geralmente ocorre na vulva. Plural: **condylomas** ou **condylomata**.

cone /kəʊn/ **1** cone: figura com uma base circular e lados inclinados, que se encontram no topo, ou objeto com este formato. **2** um dos dois tipos de célula da retina, sensível à luz, indispensável para a visão nítida e a percepção das cores. Veja também **rod**. **3** produzir cones ou estróbilos: em condições neurológicas, piora rápida devida à hiernação do cérebro médio através do forame magno do crânio, causada por aumento da pressão cerebral.

cone biopsy /'kəʊn baɪˌɒpsi/ biópsia em cone: biópsia em que um cone de tecido é extraído do colo do útero para exame.

confabulation /kənˌfæjuˈleɪʃ(ə)n/ confabulação: o ato de inventar histórias, tornando-as plausíveis, em pessoas com amnésia, para cobrir a perda de memória.

confidentiality /ˌkɒnfɪdenʃiˈælɪti/ confidencialidade: obrigação de não revelar informação profissional sobre pessoa ou organização.

confined /kən'faɪnd/ confinado; preso: mantido em um lugar. *She was confined to bed with pneu-*

monia. / Ela foi confinada ao leito com pneumonia. *Since his accident he has been confined to a wheelchair.* / Desde que sofreu o acidente, ele está preso a uma cadeira de rodas.

confinement /kən'faɪnmənt/ confinamento: período no qual um mulher que vai ter um filho fica no hospital, desde o início dos trabalhos de parto até depois do nascimento do bebê. Hoje em dia, esse período é muito curto.

confounding factor /kən'faʊndɪŋ ˌfæktə/ fator confusional: fator que é associado tanto a uma doença como a um fator de risco, e, assim, complica a natureza da relação entre os dois.

confused /kən'fjuːzd/ confuso: que não é capaz de pensar claramente ou de agir racionalmente. *Many severely confused patients do not respond to spoken communication.* / Muitos pacientes incapazes de pensar com clareza ou de agir racionalmente não respondem à comunicação oral.

confusion /kən'fjuːʒ(ə)n/ confusão: o estado de ser ou estar confuso.

congeal /kən'dʒiːl/ (gordura ou sangue) congelar: tornar-se sólido.

congenita /kən'dʒenɪtə/ congênita. Veja **amyotonia congenita**.

congenital /kən'dʒenɪt(ə)l/ congênito: que existe ao, e normalmente antes, do nascimento.

congenital aneurysm /kənˌdʒenɪt(ə)l 'ænjəˌrɪz(ə)m/ aneurisma congênito: enfraquecimento das artérias na base do cérebro, presente ao nascimento.

congenital anomaly /kənˌdʒenɪt(ə)l ə'nɒməli/ anomalia congênita: condição médica que tem início durante o desenvolvimento do feto, presente ao nascimento. ☑ **congenital defect**; **birth defect**. Observação: uma condição congênita nem sempre é herdada dos pais através dos genes; pode ser devida a fatores como doença da mãe durante a gravidez, por exemplo, o sarampo alemão, ou à ingestão de uma droga.

congenital cataract /kənˌdʒenɪt(ə)l 'kætərækt/ catarata congênita: catarata presente ao nascimento.

congenital defect /kənˌdʒenɪt(ə)l 'diːfekt/ defeito congênito. ⇨ **congenital anomaly**. Nota: hoje em dia, evita-se o uso da palavra "defeito".

congenital dislocation of the hip /kənˌdʒenɪt(ə)l dɪsləˌkeɪʃ(ə)n əv ðə 'hɪp/ luxação congênita do quadril: condição na qual a pessoa nasce com ligamentos fracos do quadril, de modo que o fêmur não fica bem posicionado na pelve. Abreviatura: **CDH**.

congenital heart disease /kənˌdʒenɪt(ə)l 'hɑːt dɪˌziːz/ doença cardíaca congênita: condição cardíaca presente ao nascimento. ☑ **congenital heart defect**.

congenital heart defect /kənˌdʒenɪt(ə)l 'hɑːt ˌdiːfekt/ defeito cardíaco congênito. ⇨ **congenital heart disease**.

congenital hyperthyroidism [kənˌdʒenɪt(ə)l ˌhaɪpə'θaɪrɔɪdɪz(ə)m] hipertireoidismo congênito: doença causada por mau funcionamento da tireóide antes do nascimento e nos primeiros estágios da vida. Veja **cretinism**.

congenitally /kən'dʒenɪtli/ congênito: que acontece ao nascimento, ou antes dele. *The baby is congenitally incapable of absorbing gluten.* / O bebê tem uma incapacidade congênita de absorver glúten.

congenital malformation /kən,dʒenɪt(ə)l ,mælfɔ:'meɪʃ(ə)n/ malformação congênita: malformação presente ao nascimento, por exemplo, uma fenda palatina.

congenital syphilis /kən,dʒenɪt(ə)l 'sɪfɪlɪs/ sífilis congênita: sífilis que é transmitida da mãe para o feto.

congenital toxoplasmosis /kən,dʒenɪt(ə)l ,tɒksəuplæz'məusɪs/ toxoplasmose congênita: condição na qual o bebê foi infectado com toxoplasmose pela mãe enquanto estava no útero.

congested /kən'dʒestɪd/ congestionado: com uma quantidade anormal de sangue ou fluido. ◊ **congested face:** face congestionada: face vermelha, causada por acúmulo de sangue.

congestion /kən'dʒestʃən/ congestão: acúmulo de sangue em um órgão. Veja também **nasal congestion**.

congestive /kən'dʒestɪv/ congestivo: referente à congestão.

congestive heart failure /kən,dʒestɪv 'hɑ:t ,feɪljə/ insuficiência cardíaca congestiva: condição na qual o coração é incapaz de bombear sangue, que retorna ao coração rapidamente, causando congestão das veias.

conisation /,kɒnaɪ'zeɪʃ(ə)n/ conização: remoção cirúrgica de um cone de tecido. Usa-se também **conization**.

conjoined twins /kən,dʒɔɪnd 'twɪnz/ gêmeos unidos: gêmeos que nascem unidos. Também chamados de **Siamese twins**. Observação: os gêmeos siameses são sempre idênticos, havendo vários tipos de fusão: pela cabeça, tórax ou quadril. Em alguns casos, podem ser separados por meio de cirurgia, mas isso é impossível se eles compartilham um órgão importante, como o coração.

conjugate /'kɒndʒugət/ conjugado: diâmetro da abertura superior da pelve feminina; sua medida é usada para calcular se é bastante largo para permitir a passagem do bebê no parto. ☑ **conjugate diameter**.

conjugate diameter /'kɒndʒugət daɪəmɪtə/ diâmetro conjugado. ⇨ **conjugate**.

conjunctiva /,kɒndʒʌŋk'taɪvə/ conjuntiva: membrana que reveste a parte anterior do globo ocular e as pálpebras. Veja ilustração em **Eye**, no Apêndice. Plural: **conjunctivas** ou **conjunctivae**.

conjunctival /,kɒndʒʌŋk'taɪv(ə)l/ conjuntival: referente à conjuntiva.

conjunctivitis /kən,dʒʌŋktɪ'vaɪtɪs/ conjuntivite: inflamação da conjuntiva, devida a uma variedade de causas.

connective tissue /kə,nektɪv 'tɪʃu:/ tecido conjuntivo: tecido que junta várias estruturas do corpo, presente nos ossos, cartilagens, ligamentos e tendões.

Conn's syndrome /'kɒnz ,sɪndrəum/ síndrome de Conn: condição causada pela secreção excessiva do hormônio aldosterona, caracterizada por hipertensão e retenção de líquidos.

consanguinity /,kɒnsæŋ'gwɪnɪti/ consangüinidade: a relação sanguínea entre as pessoas.

conscious /'kɒnʃəs/ consciente: **1** acordado ou ciente do que está acontecendo. *He became conscious in the recovery room two hours after the operation.* / Ele recobrou a consciência na sala de recuperação duas horas após a operação. **2** deliberado e intencional. *a conscious choice* / uma escolha consciente.

-conscious /kɒnʃəs/ -consciente: que se preocupa com algo. *health-conscious* / consciente sobre a saúde. *safety-conscious* / consciente sobre a segurança.

consciously /'kɒnʃəsli/ conscientemente: de um maneira deliberada e consciente.

consciousness /'kɒnʃəsnəs/ percepção; conhecimento: o estado da pessoa mentalmente alerta e ciente do que está acontecendo. ◊ **to lose consciousness:** perder a consciência (tornar-se inconsciente). ◊ **to regain consciousness:** recobrar a consciência (tornar-se consciente após ter perdido a consciência).

consensus management /kən'sensəs ,mænidʒmənt/ terapia de consenso: forma de acordo para esclarecer e unificar a conduta que deve ser tomada face a um tratamento.

consent /kən'sent/ consentimento: acordo que permite a alguém fazer alguma coisa. *The parents gave their consent for their son's heart to be used in the transplant operation.* / Os pais deram permissão para que o coração de seu filho fosse usado no transplante.

consent form /kən'sent fɔ:m/ protocolo de consentimento: formulário que o paciente assina, concordando em ser submetido a uma determinada cirurgia.

conservative /kən'sɜ:vətɪv/ conservador: **1** relutante em aceitar coisas novas. **2** (tratamento) projetado para ajudar a aliviar os sintomas ou preservar a saúde com o mínimo de intervação médica ou risco. *Symptoms usually resolve with conservative treatment.* / Os sintomas normalmente são solucionados com tratamento conservador.

consolidation /kən,sɒlɪ'deɪʃ(ə)n/ consolidação: **1** estágio em que há formação de calo no local de uma fratura. **2** condição na qual parte do pulmão se torna firme, por exemplo, na pneumonia.

constipated /'kɒnstɪpeɪtɪd/ constipado: incapaz de eliminar as fezes com a freqüência desejada. ☑ **costive**.

constipation /,kɒnstɪ'peɪʃ(ə)n/ constipação: dificuldade de eliminar as fezes. Observação: movimentos intestinais difíceis causam desconforto e podem provocar dor no ânus. A constipação pode ser causada por preocupações ou dieta alimentar pobre em fibras, por falta de exercícios, ou, ainda, por doenças mais graves do intestino.

constituent /kən'stɪtjuənt/ constituinte: substância que é parte integrante de alguma coisa. *the chemical constituents of nerve cells* / os constituintes químicos das células nervosas.

constitution /ˌkɒnstɪ'tjuːʃ(ə)n/ constituição: o estado geral de saúde e o vigor de uma pessoa. *She has a strong constitution.* Ela tem uma constituição forte. *He has a weak constitution and is often ill.* / Ele tem uma constituição fraca e está freqüentemente doente.

constitutional /ˌkɒnstɪ'tjuːʃ(ə)nəl/ constitucional: referente à constituição de uma pessoa, ou à pequena caminhada ou exercício terapêutico.

constitutionally /ˌkɒnstɪ'tjuːʃ(ə)n(ə)li/ constitucionalmente: que ocorre por causa da constituição de uma pessoa.

constrict /kən'strɪkt/ contrair; apertar; constringir: **1** tornar uma passagem mais estreita. *a constricted bowel* / um intestino constringido. **2** diminuir ou interromper o fluxo de alguma coisa, por exemplo, sangue.

constriction /kən'strɪkʃən/ constrição: área estreitada, ou condição de ser estreitado. Veja também **stenosis**.

constrictive /kən'strɪktɪv/ constritivo: restritivo; limitativo.

constrictive pericarditis /kənˌstrɪktɪv periˈkɑːˈdaɪtɪs/ pericardite constritiva. ⇨ **chronic pericarditis**.

constrictor /kən'strɪktə/ constritor: um músculo que aperta um órgão ou faz este órgão contrair-se.

consult /kən'sʌlt/ consultar: perguntar a opinião de alguém. *He consulted an eye specialist.* / Ele consultou um oftalmologista.

consultancy /kən'sʌltənsi/ consultoria: o posto de consultante. *She was appointed to a consultancy at a London hospital.* / Ela foi designada para uma consultoria em um hospital de Londres.

consultant /kən'sʌltənt/ consultante; consultor: médico especialista sênior de um ramo específico da medicina, a quem os clínicos gerais pedem aconselhamento. *She was referred to a consultant at the orthopaedic hospital.* / Ela foi encaminhada a um consultor do hospital ortopédico.

consultation /ˌkɒnsəl'teɪʃ(ə)n/ consulta: **1** troca de opinião entre dois médicos a respeito de um caso. **2** encontro no qual o médico examina o paciente, discute a condição deste, e prescreve o tratamento.

consulting room /kən'sʌltɪŋ ruːm/ sala de consulta: aposento no qual o médico atende seus pacientes.

consumption /kən'sʌmpʃən/ consumo: **1** o ato de introduzir alimentos ou líquidos no organismo. *the patient's increased consumption of alcohol* / o aumento de consumo de álcool pelo paciente. **2** termo obsoleto para tuberculose pulmonar.

contact /'kɒntækt/ **1** contato: ato de tocar alguém ou alguma coisa, ou contato mútuo. ◊ **to have (physical) contact with someone** ou **something:** ter contato (físico) com alguém *ou* com alguma coisa. De fato, tocar alguém ou alguma coisa. ◊ **to be in** ou **come into contact with someone:** estar em contato *ou* entrar em contato com alguém (estar perto de uma pessoa ou tocando nela). *The hospital is anxious to trace anyone who may have come into contact with the patient.* / O hospital está preocupado em localizar qualquer pessoa que possa ter tido contato com o paciente. **2** o ato de estar em contato físico ou em comunicação com uma pessoa. **3** indivíduo que esteve em contato com pessoa portadora de doença infecciosa. *Now that Lassa fever has been diagnosed, the authorities are anxious to trace all contacts which the patient may have met.* / Agora que a febre de Lassa foi diagnosticada, as autoridades estão ansiosas para localizar todos os contatos que o paciente possa ter tido. **4** contatar: encontrar alguém ou manter-se em contato com alguém.

contact dermatitis /ˌkɒntækt ˌdɜːməˈtaɪtɪs/ dermatite de contato: inflamação da pele, causada pelo contato com alguns tipos de planta, sabonetes ou produtos químicos. ☑ **irritant dermatitis**.

contact lens /'kɒntækt lenz/ lentes de contato: lentes muito finas, feitas de material plástico, usadas sobre o globo ocular, no lugar dos óculos, para melhorar a visão. Também chamadas de **lens** (acepção 3).

contact tracing /'kɒntækt ˌtreɪsɪŋ/ rastreamento de contatos: processo de rastrear pessoas com as quais alguém com doença infecciosa esteve em contato.

contagion /kən'teɪdʒən/ contágio; doença infecciosa: **1** transmissão de uma doença pelo contato com pessoa infectada ou objetos que foram tocados por essa pessoa. **2** doença transmitida por contato com pessoa infectada ou objetos que foram tocados por essa pessoa. *The contagion spread through the whole school.* / A doença infecciosa espalhou-se por toda a escola.

contagious /kən'teɪdʒəs/ contagioso: capaz de se transmitir pelo contato com pessoa infectada ou objetos que foram tocados por essa pessoa. ◊ **contagious stage:** estágio contagioso: período em que uma doença, por exemplo, catapora, é contagiosa e pode ser transmitida.

contagious disease /kənˌteɪdʒəs dɪ'ziːz/ doença contagiosa: doença que pode ser transmitida pelo contato com pessoas infectadas ou objetos que foram tocados por essa pessoa. Veja também **communicable disease; infectious disease**.

containment /kən'teɪnmənt/ refreamento; controle: **1** tomada de ação para refrear a disseminação de alguma coisa indesejável ou perigosa, como uma doença. *government policy of containment of the SARS virus* / políticas governamentais de controle do vírus da SARS. **2** erradicação de uma doença global, como a varíola.

contaminant /kən'tæmɪnənt/ contaminante: substância que contamina alguma coisa.

contaminate /kən'tæmɪneɪt/ contaminar: **1** tornar alguma impura pelo contato com ela ou adicionado-lhe alguma coisa. *Supplies of drinking water were contaminated by refuse from the factories.* / As provisões de água potável foram contaminadas pelos depósitos de lixo das fábricas. *The whole group of tourists fell ill after eating contaminated food.* / O grupo inteiro de turistas ficou doente após comer alimentos contaminados. **2** transmitir uma infecção a alguém ou infeccionar alguma coisa.

contamination /kən,tæmɪ'neɪʃ(ə)n/ contaminação: a ação de contaminar alguma coisa, ou a condição de estar contaminado. *The contamination resulted from polluted water.* / A contaminação resultou da água poluída.

continence /'kɒntɪnəns/ continência: **1** capacidade de eliminar urina ou fezes. **2** autodomínio; autocontrole.

continent /'kɒntɪnənt/ continente; moderado: capaz de reter a urina ou as fezes.

continuing education /kən,tɪnjuɪŋ edjʊ'keɪʃ(ə)n/ educação continuada: cursos regulares de treinamento, projetados para atualizar os profissionais de várias áreas com os últimos aperfeiçoamentos em seu campo de trabalho.

continuous ambulatory peritoneal dialysis /kən,tɪnjuəs ,æmbjʊlət(ə)ri perɪtə,niːəl daɪ'æləsɪs/ diálise peritoneal ambulatorial contínua: diálise que é feita enquanto as pessoas caminham. Abreviatura: **CAPD**.

continuous positive airways pressure /kən,tɪnjuəs ,pɒzɪtɪv 'eəweɪz ,preʃə/ pressão positiva contínua das vias aéreas: técnica respiratória usada em terapia intensiva, por meio da pressurização do circuito ventilatório em pessoas com colapso pulmonar. Abreviatura: **CPAP**.

contra- /kɒntrə/ contra-: forma combinante que significa oposto, em contraste, contra.

contraception /,kɒntrə'sepʃən/ contracepção; anticoncepção: prevenção da gravidez, por exemplo, pelo uso de dispositivos, tais como preservativo feminino ou DIU, comprimidos contendo droga contraceptiva, ou injeções a intervalos regulares. ☑ **birth control**.

contraceptive /,kɒntrə'septɪv/ contraceptivo; anticoncepcional: que, ou o que previne a concepção. *a contraceptive device* or *drug* / um mecanismo contraceptivo *ou* uma droga anticoncepcional.

contraceptive sheath /,kɒntrə'septɪv ʃiːθ/ condom; camisinha; camisa-de-vênus. ⇨ **condom**.

contraceptive sponge /,kɒntrə'septɪv spʌndʒ/ esponja contraceptiva: pedaço de esponja sintética impregnada com espermicida, que é inserido na vagina antes da relação sexual.

contract /kən'trækt/ **1** contrair: tornar-se menor e mais apertado, ou tornar menor ou mais apertada uma parte do corpo. *As the muscle contracts the limb moves.* / Quando os músculos se contraem, os membros se movimentam. *The diaphragm acts to contract the chest.* / O diafragma age contraindo o tórax. **2** contrair (doença). *He contracted Lassa fever.* / Ele contraiu a febre de Lassa. **3** fazer acordo: firmar acordo formal ou união legal com alguém. *An outside firm is contracted to do the hospital cleaning.* / Uma firma externa está contratada para fazer a limpeza do hospital. **4** contrato: acordo formal ou união legal.

contractibility /'kɒntræktɪbɪlɪti/ contratilidade: capacidade de se contrair.

contractile tissue /kən,træktaɪl 'tɪʃuː/ tecido contrátil: tecido presente nos músculos, que provoca a sua contração.

contraction /kən'trækʃən/ contração; colapso: **1** ato de tornar alguma coisa menor, ou algo que fica menor. *the contraction of dental services* / o colapso dos serviços odontológicos. **2** encurtamento das fibras de um músculo, diminuição da pupila dos olhos, ou enrugamento da pele. **3** movimento dos músculos do útero, que ocorre durante o parto. *Her contractions began at one o'clock.* / As contrações dela começaram à uma hora da manhã.

contracture /kən'træktʃə/ contratura: contração muscular permanente, causada por fibrose.

contraindication /,kɒntrəɪndɪ'keɪʃ(ə)n/ contra-indicação: sintomas que tornam desaconselhável o uso de uma droga específica ou tratamento que, a princípio, parecia conveniente a determinada doença.

contralateral /,kɒntrə'lætərəl/ contralateral: localizado, ou que afeta o lado contrário do corpo. Oposto: **ipsilateral**.

contrast medium /'kɒntrɑːst ,miːdiəm/ meio de contraste: material opaco como tintura e, às vezes, gás, para exames de raios-X, que mostram claramente o órgão ou parte do corpo que se quer visualizar. *In an MRI scan no contrast medium is required; in a CAT scan iodine-based contrast media are often required.* / Em imagem de ressonância magnética (*magnetic resonance imaging* – MRI), não é necessário meio de contraste; em tomografia axial computadorizada (*computerized axial tomography* – CAT), um meio de contraste com iodo é freqüentemente necessário.

contrecoup /'kɒntrəkuː/ contragolpe: lesão em uma parte do corpo, por exemplo, o cérebro, causada por pancada recebida no lado oposto do órgão.

control /kən'trəʊl/ **1** controlar; dirigir: ter a capacidade ou autoridade de dirigir alguma pessoa ou algo. *Sometimes we need help to control people who think they have waited too long.* / Algumas vezes, precisamos de ajuda para controlar pessoas que acham que esperaram muito tempo. **2** controlar ou restringir alguma coisa. *administered drugs to control the pain* / drogas administradas para controlar a dor. **3** controle: a) capacidade ou autoridade para controlar alguma coisa. *After her stroke she had no control over her left arm.* / Depois do derrame, ela perdeu o controle do braço esquerdo. *The administrators are in control of the admissions policy.* / Os administradores estão no controle dos programas de admissão. b) paciente ou grupo cujos dados são usados para efeitos comparativos. c) padrão usado em estudos comparativos.

control group /kən'trəul gru:p/ grupo de controle: grupo de pessoas que não estão em tratamento, mas cujos dados são usados para efeitos comparativos.

controlled drug /kən,trəuld 'drʌg/ droga controlada: medicamento que não se pode adquirir livremente e é controlado por lei, classificado em categorias A, B e C, e cuja posse pode constituir transgressão. ☑ **controlled substance**.

controlled respiration /kən,trəuld ,respə'reɪʃ(ə)n/ respiração controlada: controle da respiração de um paciente por médico anestesista durante uma cirurgia, quando a respiração regular cessou.

controlled substance /kən,trəuld 'sʌbstəns/ substância controlada. ⇨ **controlled drug**.

controlled trial /kən,trəuld 'traɪəl/ experiência controlada: experiência em que os membros de um grupo são tratados com uma substância que se quer avaliar, e os membros do grupo de controle são tratados com placebo, para eficácia comparativa.

controls assurance /kən'trəulz ə,ʃuərəns/ garantias de controle: método projetado para fornecer evidência de que os membros do NHS estão fazendo o melhor possível para assumir a direção de sua oganização, a fim de atingir seus objetivos e proteger os pacientes, *staff* e público contra todos os tipos de risco.

contused wound /kən,tju:zd 'wu:nd/ ferida contusa: ferida causada por pancada, na qual não há descontinuidade da pele, mas esta fica machucada e apresenta sangramento.

contusion /kən'tju:ʒ(ə)n/ contusão. ⇨ **bruise**; **contusion**.

conus /'kəunəs/ cone: estrutura em forma de cone. Plural: **coni**.

convalesce /,kɒnvə'les/ convalescer: voltar a ter boa saúde gradualmente, após doença ou cirurgia.

convalescence /,kɒnvə'les(ə)ns/ convalescença: período de tempo em que alguém está convalescendo.

convalescent /,kɒnvə'les(ə)nt/ convalescente: referente à convalescença, ou àquele que está convalescendo.

convalescent home /,kɒnvə'les(ə)nt həum/ casa de repouso: tipo de hospital no qual as pessoas podem convalescer de doença ou cirurgia.

convergent strabismus /kən,vɜ:dʒənt strə'bɪzməs/ estrabismo convergente: condição na qual um ou os dois olhos da pessoa olham em direção ao nariz. ☑ **cross eye**; **convergent squint**; **esotropia**. Oposto de **divergent strabismus**.

convergent squint /kən,vɜ:dʒənt skwɪnt/ estrabismo convergente. ⇨ **convergent strabismus**.

conversion /kən'vɜ:ʃ(ə)n/ conversão: processo pelo qual uma coisa se transforma em outra. *the conversion of nutrients into tissue* / conversão de nutrientes em tecido.

convex /'kɒnveks/ convexo: que possui relevo exterior curvo. *a convex lens* / uma lente convexa.

convoluted /'kɒnvəlu:tɪd/ convulato: que tem uma parte dobrada e torcida sobre a outra.

convoluted tubule /,kɒnvəlu:tɪd 'tju:bju:l/ tubo convulato: segmento convoluto do néfron.

convolution /,kɒnvə'lu:ʃ(ə)n/ convulação: forma enroscada ou enrolada. *the convolutions of the surface of the cerebrum* / as convulações da superfície cerebral.

convulse /kən'vʌls/ convulsionar; sacudir: sacudir-se violenta e incontrolavelmente.

convulsion /kən'vʌlʃən/ convulsão: contração involuntária e instantânea, ocasionando movimentos nos músculos em várias partes do corpo. *The child had convulsions.* / A criança teve convulsões. Veja também **fit**. Nota: a palavra é usada freqüentemente no plural. Observação: as convulsões em crianças podem ser causadas por doença cerebral, por exemplo, meningite, mas também podem ocorrer, com freqüência, no início de uma doença como pneumonia, que é caracterizada por um súbito aumento de temperatura corporal. Em adultos, as convulsões são normalmente associadas com epilepsia.

convulsive /kən'vʌlsɪv/ convulsivo: referente a convulsões. *He had a convulsive seizure.* / Ele teve um ataque convulsivo. Veja também **electroconvulsive therapy**.

Cooley's anaemia /'ku:liz ə,ni:miə/ anemia de Cooley. ⇨ **thalassaemia**. (Descrita em 1927 por Thomas Benton Cooley [1871–1945], professor de pediatria do Wayne College of Medicine, Detroit, EUA.)

Coombs' test /'ku:mz test/ teste de Coombs: teste de anticorpos nos glóbulos vermelhos, usado para detecção de eritroblastose fetal e outras doenças hemolíticas. (Descrita em 1945 por Robin Royston Amos Coombs [1921–], professor de biologia e membro do Corpus Christi College, Cambridge, Reino Unido.)

coordinate /kəu'ɔ:dɪneɪt/ coordenar: **1** executar um trabalho conjunto. *He was unable to coordinate the movements of his arms and legs.* / Ele era incapaz de coordenar os movimentos dos braços e pernas. **2** organizar um procedimento complexo.

> ...there are four recti muscles and two oblique muscles in each eye, which coordinate the movement of the eyes and enable them to work as a pair. / "há quatro músculos retos e dois oblíquos em cada olho, que coordenam o movimento dos olhos, capacitando-os a trabalhar como um par." (*Nursing Times*)

coordination /kəʊˌɔːdɪˈneɪʃ(ə)n/ coordenação: **1** combinação de duas ou mais coisas em uma unidade efetiva, ou a maneira como as coisas combinam efetivamente. *requires coordination between nursing staff and doctors* / requer coordenação entre *staff* de enfermeiras e médicos. **2** capacidade de usar duas ou mais partes do corpo ao mesmo tempo, a fim de realizar um movimento ou tarefa. *The patient showed lack of coordination between eyes and hands.* / O paciente mostrou falta de coordenação entre olhos e mãos.

Alzheimer's disease is a progressive disorder which sees a gradual decline in intellectual functioning and deterioration of physical coordination. / "A doença de Alzheimer é um distúrbio progressivo em que se nota um declínio gradual na função intelectual e deterioração da coordenação física." (*Nursing Times*)

COPD abreviatura de **chronic obstructive pulmonary disease**.

coping mechanism /ˈkəʊpɪŋ ˌmekənɪz(ə)m/ mecanismo de enfrentamento: método de lidar com situações que causam estresse psicológico.

copper /ˈkɒpə/ cobre: elemento traçador metálico. Símbolo químico: **Cu**.

copr- /kɒpr/ copr(o)-: forma combinante que indica sujeira, excremento, em geral usada com referência a fezes.

coprolith /ˈkɒprəlɪθ/ coprolito: massa endurecida de fezes no intestino. ☑ **faecalith**.

coproporphyrin /ˌkɒprəˈpɔːfərɪn/ coproporfirina: porfirina excretada pelo fígado.

copulate /ˈkɒpjuleɪt/ copular: ter relações sexuais.

copulation /ˌkɒpjuˈleɪʃ(ə)n/ cópula; coito. ⇨ **sexual intercourse**.

cor /kɔː/ cor: o coração.

coraco-acromial /ˌkɒrəkəʊ əˈkrəʊmiəl/ cora-coacromial: relativo aos processos coracóide e acromial.

coracobrachialis /ˌkɒrəkəʊbrækiˈeɪlɪs/ cora-cobraquial: músculo na face mediana do braço, abaixo da axila.

coracoid process /ˈkɒrəkɔɪd ˌprəʊses/ processo coracóide: projeção curva situada na omoplata.

cord /kɔːd/ cordão: longa estrutura flexível, semelhante a uma corda, encontrada no organismo.

cordectomy /kɔːˈdektəmi/ cordectomia: extirpação de uma corda vocal por meio de cirurgia. Plural: **cordectomies**.

cordon sanitaire /ˌkɔːdɒn ˌsænɪˈteə/ cordão sanitário: isolamento de uma área, a fim de evitar a disseminação de uma doença.

cordotomy /kɔːˈdɒtəmi/ cordotomia. ⇨ **chordotomy**.

corectopia /ˌkɔːrekˈtəʊpiə/ corectopia: situação em que a pupila se encontra fora do centro da íris.

corium /ˈkɔːriəm/ cório. ⇨ **dermis**.

corn /kɔːn/ calo: calosidade dolorida, normalmente no pé, produzida por compressão de alguma coisa, como um sapato apertado, sobre uma saliência óssea. ☑ **heloma**.

cornea /ˈkɔːniə/ córnea: tecido transparente localizado na parte frontal do globo ocular. Veja ilustração em **Eye**, no Apêndice. Plural: **corneae**. Nota: para conhecer outros termos referentes à córnea, veja os que começam com **kerat-**; **kerato-**.

corneal /ˈkɔːniəl/ corneano: relativo à cornea.

corneal abrasion /ˌkɔːniəl əˈbreɪʒ(ə)n/ abrasão corneana: arranhão na córnea, causado pelo contato de um objeto cortante com o olho.

corneal bank /ˈkɔːniəl bæŋk/ banco de córnea: lugar em que ficam armazenados olhos de doadores mortos para uso em transplantes de córnea.

corneal graft /ˌkɔːniəl ˈgrɑːft/ transplante de córnea: **1** cirurgia para implantação de tecido corneano de doador ou pessoa morta em substituição à porção doente, com opacidade. ☑ **corneal transplant**; **keratoplasty**. **2** pedaço de tecido corneano usado em transplantes ou enxertos.

corneal reflex /ˌkɔːniəl ˈriːfleks/ reflexo corneano: fechamento reflexo das pálpebras, quando a córnea é tocada por um objeto.

corneal transplant /ˈkɔːniəl ˌtrænsplɑːnt/ transplante de córnea; enxerto de córnea. ⇨ **corneal graft**.

cornification /ˌkɔːnɪfɪˈkeɪʃ(ə)n/ cornificação. ⇨ **keratinisation**.

cornu /ˈkɔːnjuː/ corno: **1** em anatomia, qualquer estrutura em forma de corno. **2** cada um dos quatro prolongamentos da cartilagem tireóide. Plural: **cornua**.

corona /kəˈrəʊnə/ coroa: estrutura do corpo em forma de coroa.

corona capitis /kəˌrəʊnə ˈkæpɪtɪs/ coroa craniana: coroa que forma a parte mais alta do crânio.

coronal /ˈkɒrən(ə)l, kəˈrəʊn(ə)l/ coronal: **1** referente à coroa. **2** referente à coroa de um dente.

coronal plane /ˌkɒrən(ə)l ˈpleɪn/ plano coronal: plano vertical em ângulos retos com um plano mediano, dividindo o corpo nas metades dorsal e ventral. Veja ilustração em **Termos Anatômicos**, no Suplemento.

coronal suture /ˌkɒrən(ə)l ˈsuːtʃə/ sutura coronal: linha horizontal de junção na parte superior do cérebro entre os ossos frontais e os parietais.

coronary /ˈkɒrən(ə)ri/ (informal) **1** coronária: ⇨ **coronary thrombosis**. **2** coronário; coronariano: referente a qualquer estrutura semelhante a uma coroa, especialmente as artérias que fazem o suprimento de sangue para os músculos cardíacos.

coronary angioplasty /ˌkɒrən(ə)l ˈændʒiəʊplæsti/ anglioplastia coronariana. ⇨ **balloon angioplasty**.

coronary artery /'kɒrən(ə)ri ˌɑːtəri/ artéria coronária: uma das duas artérias que fazem o suprimento de sangue para os músculos cardíacos.

coronary artery bypass /ˌkɒrən(ə)ri ˌɑːtəri 'baɪpɑːs / *bypass* de artéria coronária. ⇨ **coronary artery bypass graft**.

coronary artery bypass graft /ˌkɒrən(ə)ri ˌɑːtəri 'baɪpɑːs grɑːft/ desvio coronariano; *bypass* coronariano: cirurgia para tratamento da angina, que consiste no enxerto de veia em torno de uma lesão obstrutiva da artéria coronária. Abreviatura: **CABG**. ☑ **coronary artery bypass**.

coronary care unit /ˌkɒrən(ə)ri 'keə ˌjuːnɪt/ unidade de tratamento coronariano: seção de um hospital que cuida de pessoas com doenças coronarianas ou que se submeteram à cirurgia cardíaca. Abreviatura: **CCU**.

coronary circulation /ˌkɒrən(ə)ri ˌsɜːkjʊ'leɪʃ(ə)n/ circulação coronariana: circulação sanguínea através das artérias e veias dos músculos cardíacos.

coronary heart disease /ˌkɒrən(ə)ri 'hɑːt dɪˌziːz/ cardiopatia coronariana: qualquer doença que afeta as artérias coronárias, e que pode levar a esforço excessivo do coração ou ataque cardíaco. Abreviatura: **CHD**.

> ...*coronary heart disease (CHD) patients spend an average of 11.9 days in hospital. Among primary health care services, 1.5% of all GP consultations are due to CHD.* / "pacientes com cardiopatia coronariana (*CHD*) ficam hospitalizados, em média, 11,9 dias. Entre os serviços de cuidados sanitários primários, 1,5% das consultas aos clínicos gerais (*GP – general practitioner*) deve-se à cardiopatia coronariana." (*Health Services Journal*)
>
> ...*apart from death, coronary heart disease causes considerable morbidity in the form of heart attack, angina and a number of related diseases.* / "além de morte, a cardiopatia coronariana é responsável por uma taxa considerável de morbidade, causada por ataque cardíaco, angina e várias doenças relacionadas." (*Health Education Journal*)

coronary ligament /ˌkɒrən(ə)ri 'lɪgəmənt/ ligamentos coronários: reflexões peritoneais que ligam a parte posterior do fígado ao diafragma.

coronary obstruction /ˌkɒrən(ə)ri əb'strʌkʃ(ə)n/ obstrução coronária: espessamento das paredes das artérias coronárias ou coágulo sanguíneo nas artérias coronárias, que impedem o sangue de alcançar os músculos cardíacos, levando à insuficiência cardíaca. ☑ **coronary occlusion**.

coronary occlusion /ˌkɒrən(ə)ri ə'kluːʒ(ə)n/ oclusão coronária. ⇨ **coronary obstruction**.

coronary sinus /ˌkɒrən(ə)ri 'saɪnəs/ seio coronário: veia que recebe a maior parte do sangue venoso dos músculos cardíacos, drenando-o para o átrio direito.

coronary thrombosis /ˌkɒrən(ə)ri θrɒm'bəʊsɪs/ trombose coronária: coágulo sanguíneo que bloqueia as artérias coronárias, levando ao ataque cardíaco. ☑ **coronary** (acepção 1).

coronary vein /'kɒrən(ə)ri veɪn/ veia coronária: veia que escoa o sangue dos músculos no coração.

coronavirus /kə'rəʊnəˌvaɪrəs/ coronavírus: tipo de vírus identificado em pessoas com resfriado comum.

coroner /'kɒrənə/ perito; médico-legista: funcionário encarregado de investigar mortes súbitas ou violentas. Observação: os peritos investigam mortes causadas por envenenamento, violência, negligência ou privação, mortes por causas não naturais, durante o período de recuperação após uma cirurgia, e quando são incapazes de afirmar com segurança a *causa mortis*. Investigam ainda mortes de prisioneiros e aquelas envolvendo policiais.

coronoid process /'kɒrənɔɪd ˌprəʊses/ processo coronóide: **1** projeção na extremidade proximal da ulna. **2** peça protuberante da mandíbula.

corpse /kɔːps/ cadáver: o corpo de uma pessoa morta.

cor pulmonale /ˌkɔː ˌpʌlmə'neɪli/ coração pulmonar: doença cardíaca, provocada por afecção pulmonar, na qual há dilatação do ventrículo direito.

corpus /'kɔːpəs/ corpo: qualquer tecido ou massa. Plural: **corpora**.

corpus albicans /ˌkɔːpəs 'ælbɪkænz/ corpo albicante: tecido fibroso branco que substitui o corpo lúteo no ovário.

corpus callosum /ˌkɔːpəs kə'ləʊsəm/ corpo caloso: camadas espessas de fibras nervosas que conectam os dois hemisférios cerebrais, permitindo que eles se comuniquem. Veja ilustração em **Brain**, no Apêndice. Plural: **corpora callosa**.

corpus cavernosum /ˌkɔːpəs ˌkævə'nəʊsəm/ corpo cavernoso: coluna de tecido erétil do pênis e clitóris. Veja ilustração em **Urogenital System (female)**, no Apêndice. Plural: **corpora cavernosa**.

corpuscle /'kɔːpʌs(ə)l/ corpúsculo: **1** pequena massa arredondada. **2** célula sanguínea ou linfática.

corpus haemorrhagicum /ˌkɔːpəs ˌhemə'rædʒɪ kəm/ corpo hemorrágico: coágulo sanguíneo formado no ovário, quando há ruptura de um folículo de De Graaf. Plural: **corpora haemorrhagica**.

corpus luteum /ˌkɔːpəs 'luːtiəm/ corpo lúteo: corpo que se forma no ovário, após ruptura de um folículo de De Graaf. O corpo lúteo secreta um hormônio conhecido como progesterona, a fim de preparar o útero para a implantação do óvulo fertilizado. Plural: **corpora lutea**.

corpus spongiosum /ˌkɔːpəs spʌndʒɪ'əʊsəm/ corpo esponjoso: parte do pênis na qual se encontra a uretra. Sua expansão forma a glande. Veja ilustração em **Urogenital System (male)**, no Apêndice. Plural: **corpora spongiosa**.

corpus striatum /ˌkɔːpəs ˌstraɪ'eɪtəm/ corpo estriado: massa de tecido nervoso em cada hemisfério cerebral. Plural: **corpora striata**.

corrective /kə'rektɪv/ corretivo: **1** destinado a corrigir uma irregularidade ou problema. *corrective lenses* / lentes corretivas. **2** droga que altera o efeito nocivo de outro medicamento.

Corrigan's pulse /ˌkɒrɪgənz 'pʌls/ pulso de Corrigan: pulso sentido no pescoço, no qual há um aumento visível da pressão e, em seguida, um colapso súbito, por causa de regurgitação aórtica. ☑ **water-hammer pulse**.

corrosive /kə'rəʊsɪv/ corrosivo: substância que causa a destruição de tecidos, por exemplo, um ácido ou álcali.

corrugator muscle /'kɒrəgeɪtə ˌmʌs(ə)l/ músculo corrugador: um dos músculos que contraem a pele, enrugando-a verticalmente.

corset /'kɔːsɪt/ colete: aparelho ortopédico usado no tórax ou tronco, por exemplo, após uma lesão.

cortex /'kɔːteks/ córtex: a camada externa de um órgão, em distinção à substância interna da medula. Plural: **cortices** ou **cortexes**.

Corti /'kɔːti/ Corti. Veja **organ of Corti**.

cortical /'kɔːtɪk(ə)l/ cortical: referente ao córtex.

cortical mastoidectomy /ˌkɔːtɪk(ə)l ˌmæstɔɪ'dektəmi/ mastoidectomia cortical. ⇨ **atticotomy**.

corticospinal /ˌkɔːtɪkəʊ'spaɪn(ə)l/ corticospinal: referente tanto ao córtex cerebral quanto à medula espinhal.

corticosteroid /ˌkɔːtɪkəʊ'stɪərɔɪd/ corticosteróide: **1** qualquer hormônio esteróide produzido pelo córtex das glândulas supra-renais. **2** droga que reduz a inflamação, usada para tratamento de doença gastrointestinal, insuficiência adrenocortical, e asma.

corticosterone /ˌkɔːtɪkəʊ'stɪərəʊn/ corticosterona: hormônio secretado pelo córtex das glândulas supra-renais.

corticotrophin /ˌkɔːtɪkəʊ'trəʊfɪn/ corticotropina. ⇨ **adrenocorticotrophic hormone**. Nota: no inglês americano usa-se **corticotropin**.

cortisol /'kɔːtɪsɒl/ cortisol. ⇨ **hydrocortisone**.

cortisone /'kɔːtɪzəʊn/ cortisona: hormônio secretado em pequenas quantidades pelo córtex adrenal. *The doctor gave her a cortisone injection in the ankle.* / O médico aplicou uma injeção de cortisona no tornozelo dela. Observação: a cortisona sintética era usada no tratamento de artrite reumatóide, asma e afecções da pele, mas hoje em dia foi substituída por outras drogas.

Corynebacterium /kəʊˌraɪnɪbæk'tɪərɪəm/ *Corynebacterium:* gênero de bactérias cuja espécie típica é a *C. diphtheriae*, causadora de difteria.

coryza /kə'raɪzə/ (termo técnico) coriza: condição caracterizada por inflamação, bloqueio e corrimento nasais, espirro e tosse. ☑ **cold; common cold**.

cosmetic surgery /kɒzˌmetɪk 'sɜːdʒəri/ cirurgia estética: cirurgia para melhorar a aparência da pessoa. Observação: a cirurgia plástica pode ser indicada por um médico para corrigir problemas de pele, ossos, efeitos de queimaduras, ou após uma operação em que a pessoa ficou desfigurada; observa-se, no entanto, que cada vez mais ela é realizada segundo a vontade do paciente, a fim de eliminar rugas, aumentar seios ou fazer qualquer outro procedimento para melhorar a aparência física.

cost- /kɒst/ ⇨ **costo-**.

costal /'kɒst(ə)l/ costal: referente à costela.

costal cartilage /ˌkɒst(ə)l 'kɑːtəlɪdʒ/ cartilagem costal: cartilagem pela qual a extremidade de uma costela liga-se ao esterno, ou às costelas superiores adjacentes.

costal pleura /ˌkɒst(ə)l 'plʊərə/ pleura costal: parte da pleura que reveste as paredes torácicas.

costive /'kɒstɪv/ constipado: **1** ⇨ **constipated**. **2** droga que provoca constipação.

costo- /kɒstəʊ/ cost-: referente à costela. Nota: antes de vogais usa-se **cost-**.

costocervical trunk /ˌkɒstəʊsɜː'vɪk(ə)l 'trʌŋk/ tronco costocervical: grande artéria do tórax.

costodiaphragmatic /ˌkɒstəʊdaɪəfræg'mætɪk/ costodiafragmático: referente tanto às costelas quanto ao diafragma.

costovertebral joint /ˌkɒstəʊvɜːtɪbr(ə)l 'dʒɔɪnt/ articulação costovertebral: articulação entre as costelas e a coluna vertebral.

cot death /'kɒt deθ/ morte no berço. ⇨ **sudden infant death syndrome**. Nota: no inglês americano usa-se **crib death**.

co-trimoxazole /kəʊ traɪ'mɒksəzəʊl/ cotrimoxazol: droga usada para combater bactérias no trato urinário. Veja **Bactrim**.

cottage hospital /ˌkɒtɪdʒ 'hɒspɪt(ə)l/ hospital em pavilhões: pequeno hospital com vários edifícios separados e que admite pacientes sob os cuidados de um clínico geral.

cotton bud /'kɒtən bʌd/ cotonete: vareta enrolada com algodão, normalmente usada nas duas extremidades, para limpar cavidades.

cotton wool /ˌkɒtən 'wʊl/ algodão hidrófilo: fibras purificadas da planta do algodão, usadas para limpar a pele ou como curativo cirúrgico. *She dabbed the cut with cotton wool soaked in antiseptic.* / Ela bateu levemente na ferida com algodão hidrófilo embebido em anti-séptico. Nota: no inglês americano usa-se **absorbent cotton**.

cotyledon /ˌkɒtɪ'liːd(ə)n/ cotilédone: uma unidade da placenta.

cotyloid cavity /'kɒtɪlɔɪd ˌkævɪti/ cavidade cotilóide. ⇨ **acetabullum**.

couch /kaʊtʃ/ cama para repouso: cama longa na qual a pessoa repousa enquanto é examinada pelo médico em uma cirurgia.

couching /'kaʊtʃɪŋ/ cataratopiese: operação que consiste no deslocamento do cristalino opaco para dentro da cavidade vítrea, no tratamento da catarata.

cough /kɒf/ **1** tosse: ação reflexa, causada por irritação da garganta, quando a glote se abre e o ar é enviado aos pulmões subitamente. *She has a bad cough and cannot make the speech.* / Ela está com uma tosse forte e não pode fazer o discurso. ◊ **barking cough:** tosse em latido: tosse semelhante a um latido. ◊ **dry cough:** tosse seca: tosse que não é seguida de expectoração. ◊ **hacking cough:** tosse curta: tosse contínua, débil e seca. **2** tossir: expelir o ar dos pulmões subitamente, por causa de irritação na garganta. *The smoke made him cough.* / Ele ficou com tosse por causa da fumaça. *She has a cold and keeps on coughing and sneezing.* / Ela está resfriada e continua tossindo e espirrando.

coughing fit /'kɒfɪŋ fɪt/ ataque de tosse: um ataque súbito de tosse.

cough linctus /'kɒf ˌlɪŋktəs/ linctura antitussiva. ⇨ **cough medicine.**

cough medicine /'kɒf ˌmed(ə)sɪn/ xarope antitussivo: medicamento em forma de líquido para diminuir a irritação que causa a tosse. ☑ **cough linctus; cough mixture.**

cough mixture /'kɒf ˌmɪkstʃə/ preparado antitussivo. ⇨ **cough medicine.**

cough suppressant /'kɒf səˌpresənt/ antitussivo: opióide ou sedativo anti-histamínico, por exemplo, folcodina, que suprime o reflexo da tosse.

cough up /ˌkɒf 'ʌp/ expectorar: tossir fortemente para expelir algum tipo de substância pela traquéia. *He coughed up phlegm.* / Ele tossiu, expelindo catarro. *She became worried when the girl started coughing up blood.* / Ela ficou preocupada quando a moça começou a tossir, expelindo sangue.

counselling /'kaʊnsəlɪŋ/ aconselhamento: método de tratamento que consiste no fornecimento de conselhos e instruções de como a pessoa deve lidar com a doença, principalmente no caso de problemas mentais.

counsellor /'kaʊnsələ/ conselheiro; orientador: indivíduo que dá conselhos e orienta uma pessoa sobre os problemas desta.

counteract /ˌkaʊntər'ækt/ contrapor-se; neutralizar: agir contra alguma coisa ou reduzir o efeito de alguma coisa. *The lotion should counteract the irritant effect of the spray on the skin.* / A loção deve neutralizar o efeito irritante do *spray* na pele.

counteraction /ˌkaʊntər'ækʃən/ ação contrária: ação de uma droga contra outra.

counterextension /ˌkaʊntərɪk'stenʃən/ contra-extensão; contra-tração: tratamento ortopédico no qual a parte superior de um membro é mantida fixa e uma tração é aplicada na sua parte inferior.

counterirritant /ˌkaʊntər'ɪrɪt(ə)nt/ contra-irritante: substância que alivia o processo inflamatório e a dor de um órgão interno por irritação de uma área da pele, cujos nervos sensitivos são próximos aos nervos do órgão na medula espinhal.

counterirritation /ˌkaʊntərɪrɪ'teɪʃ(ə)n/ con-

tra-irritação: método de tratamento no qual uma substância irritante é usada na pele, para aliviar (mascarar) uma dor em outra parte do corpo.

counterstain /'kaʊntəsteɪn/ **1** contracorante: um segundo corante de cor diferente, usado em amostras de tecidos, por exemplo, corante vermelho para identificar bactérias Gram-negativas, após utilização de um corante violeta. **2** contracorar: usar um segundo corante para realçar as partes que captaram o primeiro corante.

coupling /'kʌplɪŋ/ acoplamento: **1** o ato de acoplar duas coisas, juntar dois processos, ou o acasalamento de duas pessoas. **2** algo que encaixa uma coisa na outra, especialmente um aparelho usado para conectar duas peças de um tubo de borracha.

course /kɔːs/ curso; série: **1** programa de estudo ou treinamento. *went on a course to update his nursing skills* / ingressou em um curso para atualizar suas habilidades em enfermagem. **2** série de drogas que devem ser tomadas, ou série de sessões em um tratamento médico. *We'll put you on a course of antibiotics.* / Vamos ministrar a você uma série de antibióticos.

course of treatment /ˌkɔːs əv 'triːtmənt/ curso de tratamento: série de aplicações de um tratamento, por exemplo, série de injeções ou sessões de psicoterapia.

cover test /'kʌvə test/ teste de cobrir: teste de estrabismo, que consiste em cobrir um olho e observar seus movimentos quando ele é descoberto.

Cowper's glands /'kuːpəz glændz/ glândulas de Cowper: duas glândulas localizadas na base do pênis, que secretam seu produto na uretra. Também chamadas de **bulbourethral glands.** (Descritas em 1700 por William Cowper [1666–1709], cirurgião inglês.)

cowpox /'kaʊpɒks/ vacínia: doença infecciosa viral das vacas, com ocorrência acidental de infecção humana. As primeiras vacinas contra varicela utilizaram material de lesões de vacínia.

cox- /kɒks/ cox-: referente à articulação do quadril.

coxa /'kɒksə/ coxa: a articulação do quadril. Plural: **coxae.**

coxalgia /kɒk'sældʒə/ coxalgia: dor na articulação do quadril.

coxa vara /ˌkɒksə 'veərə/ coxa vara: deformidade que consiste no desenvolvimento anormal do osso do quadril, que torna as pernas arqueadas.

Coxsackie virus /kɒk'sæki ˌvaɪrəs/ coxsackievírus: vírus do gênero *Enterovirus,* que penetram nas células do intestino e podem causar doenças, tais como meningite asséptica e doença de Bornholm. (O nome da doença vem de Coxsackie, Nova York, onde o vírus foi isolado pela primeira vez.)

CPAP abreviatura de **continuous positive airways pressure.**

CPN abreviatura de **community psychiatric nurse.**

CPR abreviatura de **cardiopulmonary resuscitation**.

crab /kræb/ chato: um piolho, chamado *Phthirius pubis*, que infesta a região pubiana e outras partes do corpo que têm cabelo grosso. ☑ **pubic louse; crab louse**.

crab louse /kræb laʊs/ piolho das virilhas. ⇨ **crab**.

crack /kræk/ **1** rachadura: pequena fenda, fissura ou quebra. *There's a crack in one of the bones in the skull.* / Há uma pequena fratura em um dos ossos do crânio. **2** rachar; quebrar: causar pequena quebra ou divisão em alguma coisa. *She cracked a bone in her leg.* / Ela quebrou um osso da perna. ◊ **cracked lip**: lábios rachados: lábios que apresentam fissura por causa de frio ou seca.

cradle /ˈkreɪd(ə)l/ **1** berço; armação: armação colocada no leito, sobre o paciente, para proteger partes do corpo do contato com roupas de cama. **2** embalar (criança): carregar uma criança com um braço sob a coxa e o outro na parte superior das costas.

cradle cap /ˈkreɪd(ə)l kæp/ crosta láctea; touca de berço: dermatite seborréica de cor amarelada presente no couro cabeludo de recém-nascidos.

cramp /kræmp/ cãibra: espasmo muscular doloroso e involuntário, no qual os músculos podem ficar contraídos durante algum tempo.

crani- /kreɪni/ ⇨ **cranio-**.

cranial /ˈkreɪniəl/ craniano: referente ao crânio.

cranial bone /ˈkreɪniəl bəʊn/ osso craniano: um dos ossos do crânio.

cranial cavity /ˈkreɪniəl ˌkævɪti/ cavidade craniana: espaço do crânio delimitado pelos ossos.

cranial nerve /ˈkreɪniəl nɜːv/ nervo craniano: cada um dos doze pares de nervos diretamente ligados ao cérebro, responsáveis principalmente pelas estruturas da cabeça e pescoço. Observação: os nervos cranianos são: olfatório, óptico, oculomotor, troclear, trigêmeo (oftálmico, maxilar e mandibular), abducente, facial, auditivo (vestibular e coclear), glossofaríngeo, vago, acessório e hipoglosso.

cranio- /kreɪniəʊ/ crani(o)-: forma combinante referente ao crânio. Nota: antes de vogais usa-se **crani-**.

craniometry /ˌkreɪniˈɒmɪtri/ craniometria: medida do crânio para determinar diferenças em tamanho e forma.

craniopharyngioma /ˌkreɪniəʊfəˌrɪndʒiˈəʊmə/ craniofaringioma: tumor cerebral originário do ducto hipofisário. Plural: **craniopharyngiomas** ou **craniopharyngiomata**.

craniostenosis /ˌkreɪniəʊsteˈnəʊsɪs/ cranioestenose: em recém-nascidos, o fechamento prematuro das suturas cranianas, que causa cessação de crescimento do crânio.

craniotabes /ˌkreɪniəʊˈteɪbiːz/ craniotabes: na primeira infância, adelgaçamento e amolecimento dos ossos occipitais, parietais e temporais do crânio, cujas causas são raquitismo, marasmo ou sífilis.

craniotomy /ˌkreɪniˈɒtəmi/ craniotomia: cirurgia em que os ossos do crânio são seccionados, especialmente aquela que retira uma porção, por exemplo, um tumor. Plural: **craniotomies**.

cranium /ˈkreɪniəm/ crânio. ⇨ **skull**. Plural: **craniums** ou **crania**. Observação: o crânio é formado pelos ossos: occipital, dois parietais, dois temporais, frontal, etmóide, e esfenóide.

cream /kriːm/ creme: substância medicinal oleosa, usada para esfregar na pele.

creatine /ˈkriːɪtiːn/ creatina: composto de nitrogênio encontrado nos músculos, produzido pelo metabolismo das proteínas, e excretado como creatinina.

creatine phosphate /ˌkriːɪtiːn ˈfɒsfeɪt/ fosfato de creatina; fosfocreatina: forma de armazenamento de fosfato nos músculos, que constitui uma fonte de energia.

creatinine /kriˈætəniːn/ creatinina: o produto final da creatina, excretado na urina.

creatinine clearance /kriˌætəniːn ˈklɪərəns/ depuração de creatinina: depuração, pelos rins, da creatinina presente no sangue.

creatinuria /kriˌætɪˈnjʊəriə/ creatinúria: excesso de creatina na urina.

creatorrhoea /ˌkriːətəˈriːə/ creatorréia: presença de fibras musculares não digeridas nas fezes, que ocorre em algumas doenças pancreáticas.

Credé's method /kreˈdeɪz ˌmeθəd/ manobra de Credé: **1** método de espremer a placenta forçando o útero para baixo, de maneira que seu conteúdo seja expelido. **2** instilação de solução de nitrato de prata nos olhos do recém-nascido cuja mãe tem gonorréia, a fim de prevenir conjuntivite gonocócica. (Descrito em 1860 por Karl Sigmund Franz Credé [1819–1892], ginecologista alemão.)

creeping eruption /ˌkriːpɪŋ ɪˈrʌpʃən/ erupção arrastada: erupção cutânea com intenso prurido, causada pelas larvas de vários parasitas que se arrastam sob a pele.

crepitation /ˌkrepɪˈteɪʃ(ə)n/ crepitação: som pulmonar pouco comum, semelhante a uma crepitação, e que pode ser ouvido na auscultação dos pulmões. ☑ **rale**.

crepitus /ˈkrepɪtəs/ crepitação: **1** crepitações secas dos pulmões, presentes em pessoas com inflamação pulmonar, e que podem ser ouvidas por meio do estetoscópio. **2** som característico produzido por um osso fraturado ou por uma articulação inflamada.

crest /krest/ crista: projeção ou saliência de um osso.

crest of ilium /ˌkrest əv ˈɪliəm/ crista do íleo. ⇨ **iliac crest**.

cretinism /ˈkretɪnɪz(ə)m/ cretinismo. Este termo é considerado ofensivo. Atualmente, a doença é chamada de **congenital hyperthyroidism**.

Creutzfeldt-Jakob disease /ˌkrɔɪtsfelt ˈjækɒb dɪˌziːz/ doença de Creutzfeldt-Jakob: doença do sistema nervoso, causada por um príon (agente infeccioso) lento, que, por fim, afeta o cérebro.

Pode ser associada à encefalopatia espongiforme bovina. Abreviatura: **CJD**. Veja também **variant CJD**. (Descrita em 1920 por H.G. Creutzfeldt [1885–1964] e em 1921 por A.M. Jakob [1884–1931], psiquiatras alemães.)

crib death /'krɪb deθ/ morte no berço. ⇨ **cot death**.

cribriform /'krɪbrɪfɔːm/ cribiforme: que tem pequenas perfurações, como uma peneira.

cribriform plate /'krɪbrɪfɔːm pleɪt/ placa cribiforme: lâmina cribiforme constituída pela parte superior do osso etmóide, que forma o teto da cavidade nasal e as órbitas.

crick /krɪk/ (informal) torcicolo: rigidez dolorosa no pescoço ou nas costas.

cricoid /'kraɪkɔɪd/ cricóide: referente à parte inferior da cartilagem laríngea.

cricoid cartilage /ˌkraɪkɔɪd 'kɑːtəlɪdʒ/ cartilagem cricóide: cartilagem em forma de anel, na parte inferior da laringe. Veja ilustração em **Lungs**, no Apêndice.

cri-du-chat syndrome /ˌkri: dju: 'ʃɑː ˌsɪn drəʊm/ síndrome do miado do gato: síndrome congênita, causada por deleção de parte do cromossoma 5, caracterizada por doença mental grave em bebês, cujo choro característico agudo é semelhante a um miado.

Crigler-Najjar syndrome /ˌkrɪglə 'nædʒɑː ˌsɪndrəʊm/ síndrome de Crigler-Najjar: condição grave, que resulta da incapacidade de formar glicuronídeo a partir da bilirrubina, o que causa icterícia ou mesmo dano cerebral.

criminal abortion /ˌkrɪmɪn(ə)l ə'bɔːʃ(ə)n/ aborto criminoso: aborto que é feito ilegalmente. ☑ **illegal abortion**.

crisis /'kraɪsɪs/ crise: **1** situação ou período de dificuldades, que demandam uma ação. *Is there a crisis in the health service?* / Existe uma crise nos serviços de saúde? **2** ponto de virada de uma doença, em que o paciente pode começar a melhorar, ou piorar rapidamente. Oposto de **lysis**. Observação: muitas doenças evoluem até chegar a uma crise e, então, o paciente melhora rapidamente. A situação oposta, em que o paciente melhora muito devagar, é chamada de lise.

crista /'krɪstə/ crista: **1** uma projeção, por exemplo, o bordo de um osso. **2** dobramento da membrana interna de uma mitocôndria. Plural: **cristae**.

crista galli /ˌkrɪstə 'gælaɪ/ crista de galo: uma projeção do osso etmóide.

criterion /kraɪ'tɪərɪən/ critério: um padrão aceito na tomada de decisões ou julgamento sobre alguma coisa. Plural: **criteria**.

critical /'krɪtɪk(ə)l/ crítico: **1** referente a uma crise. **2** extremamente grave. *He was taken to hospital in a critical condition.* / Ele foi levado para o hospital em uma condição crítica. **3** que critica. *The report was critical of the state of aftercare provision.* / O relatório sobre as condições do auxílio pós-tratamento foi crítico.

critical list /'krɪtɪk(ə)l lɪst/ lista crítica: em um hospital, lista de pacientes cuja condição é muito grave, com risco de vida.

CRNA abreviatura de **certified registered nurse anaesthetist**: enfermeira anestesista diplomada registrada.

Crohn's disease /'krəʊnz dɪˌziːz/ doença de Crohn: doença inflamatória persistente do tratro gastrointestinal, mais comumente do íleo terminal, com espessamento e cicatrização da parede intestinal, levando à obstrução. (Descrita em 1932 por Burrill Bernard Crohn [1884–1983], médico nova-iorquino.) ☑ **regional enteritis**; **regional ileitis**. Observação: não foi encontrada uma causa certa para a doença de Crohn, na qual apenas uma parte do intestino torna-se inflamada e pode ser obstruída.

cromolyn sodium /ˌkrəʊməlɪn 'səʊdiəm/ cromolina sódica: droga que ajuda a prevenir a liberação de histamina e outras substâncias que causam muitos dos sintomas da asma e febre do feno.

cross-dresser [krɒs 'dresə] travesti: indivíduo que veste roupas normalmente usadas por pessoas do sexo oposto.

cross-dressing /krɒs 'dresɪŋ/ travestismo: prática de vestir-se com roupas normalmente usadas por pessoas do sexo oposto.

cross eye /'krɒs aɪ/ (informal) estrabismo. ⇨ **convergent strabismus**.

cross-eyed /ˌkrɒs 'aɪd/ (informal) estrábico: que tem estrabismo convergente.

cross-infection /krɒs ɪn'fekʃən/ infecção cruzada: infecção transmitida de um paciente a outro no hospital, diretamente ou pelas enfermeiras, visitantes ou equipamentos.

crossmatch /krɒs'mætʃ/ (cirurgia de transplante) prova cruzada: teste de compatibilidade de doador e receptor, que deve ser efetuado o mais rápido possível, a fim evitar rejeição do enxerto. Veja também **blood group**.

crossmatching /krɒs'mætʃɪŋ/ reação cruzada: o processo de testar a compatibilidade de doador e receptor o mais rápido possível, antes do transplante, a fim de evitar rejeição do enxerto.

cross-resistance /ˌkrɒs rɪ'zɪstəns/ resistência cruzada: desenvolvimento por um agente de resistência da doença a certas drogas similares ou substâncias químicas da mesma classe.

cross-section /'krɒs ˌsekʃən/ amostra representativa: **1** pequena parte de alguma coisa, tomada como representativa de um todo. *The team consulted a cross-section of hospital ancillary staff.* / A equipe consultou uma amostra representativa do *staff* auxiliar do hospital. **2** amostra obtida de um espécime para exame em microscópio. *He examined a cross-section of the lung tissue.* / Ele examinou uma amostra representativa do tecido pulmonar.

crotamiton /krə'tæmɪt(ə)n/ crotamiton: produto químico que mata ácaros, usado no tratamento da escabiose.

crotch /krɒtʃ/ virilha: local de junção das pernas com o tronco, onde se encontram os órgãos genitais. ☑ **crutch**.

croup /kru:p/ crupe: infecção aguda do trato respiratório superior, que bloqueia a laringe, e que ocorre em crianças. Observação: a laringe do paciente incha, ele respira com dificuldade, e apresenta tosse semelhante a um latido. Os ataques normalmente ocorrem à noite, podendo ser fatais se a laringe se tornar completamente bloqueada.

crown /kraʊn/ **1** coroa: a parte superior do dente, acima do nível das gengivas. **2** uma cobertura artificial adaptada ao dente. **3** a parte superior da cabeça. **4** coroar: colocar coroa artificial em um dente.

crowning /'kraʊnɪŋ/ coroamento: **1** o ato de colocar coroa artificial em um dente. **2** estágio no parto em que a parte superior da cabeça do bebê torna-se visível.

cruciate /'kru:ʃiət/ cruciforme: cuja forma é semelhante a uma cruz.

cruciate ligament /ˌkru:ʃiət 'lɪgəmənt/ ligamento cruciforme: qualquer ligamento em forma de cruz, especialmente os dois ligamentos na parte de trás do joelho, que evita que este se curve para a frente.

crude death rate /kru:d 'deθ reɪt/ índice estimativo de mortalidade: número de mortes em um ano, dividido pela população total.

crural /'krʊərəl/ crural: referente à coxa, perna ou canela.

crura of the diaphragm /ˌkrʊərə əv ðə 'daɪəfræm/ pedúnculos do diafragma: longas fibras musculares que unem o diafragma às vértebras lombares.

crus /krʌs/ perna; ramo; pedúnculo: qualquer estrutura longa, semelhante a um ramo. Plural: **crura**.

crus cerebri /krʌs 'serɪbraɪ/ pedúnculo cerebral: feixe de fibras nervosas que passam entre o cérebro e a medula oblonga. Plural: **crura cerebri**.

crush fracture /'krʌʃ ˌfræktʃə/ fratura por esmagamento: fratura por forte compressão do osso.

crush syndrome /'krʌʃ ˌsɪndrəʊm/ síndrome de esmagamento: condição na qual um membro foi fortemente comprimido, como num acidente, causando insuficiência renal e choque.

crus of penis /ˌkrʌs əv 'pi:nɪs/ raiz do pênis: parte do corpo cavernoso fixada ao arco púbico.

crust /krʌst/ crosta: camada seca de sangue, pus ou outra secreção, que se forma sobre um corte ou machucado.

crutch /krʌtʃ/ bengala: **1** bastão de madeira ou outro material, para ajudar na marcha, com a extremidade superior em forma de T ou meio círculo, que se adapta sob a axila. **2** ⇨ **crotch**.

cry- /kraɪ/ ⇨ **cryo-**.

cryaesthesia /ˌkraɪi:s'θi:ziə/ criestesia: sensibilidade ao frio.

cryo- /kraɪəʊ/ crio-: forma combinante referente ao frio. Nota: antes de vogais usa-se **cry-**.

cryobank /'kraɪəʊbæŋk/ criobanco: instalação onde substâncias biológicas, tais como sêmen ou tecidos, podem ser armazenadas a temperaturas extremamente baixas.

cryoprecipitate /ˌkraɪəʊprɪ'sɪpɪtət/ crioprecipitado: precipitado como o do plasma sanguíneo, que, quando congela, se separa ou liquefaz. Observação: o crioprecipitado sanguíneo contém Fator VIII e é usado no tratamento da hemofilia.

cryoprobe /'kraɪəʊprəʊb/ criossonda: instrumento com uma ponta extremamente fria, usado em criocirurgia para destruir tecidos.

cryosurgery /ˌkraɪəʊ'sɜ:dʒəri/ criocirurgia: o uso de instrumentos extremamente frios para destruir tecidos durante intervenção cirúrgica.

cryotherapy /ˌkraɪəʊ'θerəpi/ crioterapia: uso terapêutico do frio extremo, por exemplo, a remoção de uma verruga com gelo seco.

crypt /krɪpt/ cripta: uma pequena cavidade no corpo.

crypto- /krɪptəʊ/ cript(o)-: forma combinante que significa escondido.

cryptococcal meningitis /ˌkrɪptəkɒk(ə)l menɪn 'dʒaɪtɪs/ meningite criptocócica: condição na qual as meninges são atacadas por *Cryptococcus*.

cryptococcosis /ˌkrɪptəʊkə'kəʊsɪs/ criptococose: infecção que afeta principalmente o cérebro ou o sistema nervoso, causada pelo *Cryptococcus neoformans*. Ocorre mais freqüentemente em pessoas infectadas com o HIV.

cryptococcus /ˌkrɪptə'kɒkəs/ criptococo: organismos leveduriformes existentes na terra, e que podem causar doenças. Plural: **cryptococci**.

cryptomenorrhoea /ˌkrɪptəʊmenə'ri:ə/ criptomenorréia: retenção do fluxo menstrual, normalmente por causa de um bloqueio.

cryptorchidism /krɪp'tɔ:kɪdɪz(ə)m/ criptorquidia: condição observada em homens jovens, em que os testículos não descem para dentro do escroto. ☑ **cryptorchism**.

cryptorchism /krɪp'tɔ:kɪz(ə)m/ criptorquismo. ⇨ **cryptorchidism**.

cryptosporidiosis /ˌkrɪptəʊspəˌrɪdi'əʊsɪs/ criptosporidiose: doença infecciosa que ataca os seres humanos e os animais domésticos, disseminada por um parasita intestinal, o *Cryptosporidium parvum*. Os sintomas são febre, diarréia e cólicas abdominais.

cryptosporidium /ˌkrɪptəʊspə'rɪdiəm/ criptosporídio: parasita que contamina a água potável, causando infecção intestinal. Plural: **cryptosporidia**.

crypts of Lieberkühn /ˌkrɪpts əv 'li:bəku:n/ criptas de Lieberkühn: glândulas tubulares encontradas na membrana mucosa dos intestinos grosso e delgado, especialmente aquelas entre as bases das vilosidades do intestino delgado. Também chamadas de **Lieberkühn's glands**; **intestinal glands**. (Descritas em 1745 por Johann

Nathaniel Lieberkühn [1711–1756], médico e anatomista berlinense.)

crystal /'krɪstəl/ cristal: composto químico sólido, de formas regulares.

crystalline /'krɪstəlaɪn/ cristalino: claro como o cristal puro.

crystal violet /ˌkrɪst(ə)l 'vaɪələt/ cristal violeta. ⇨ **gentian violet**.

CSF abreviatura de **cerebrospinal fluid**.

CT abreviatura de **computed tomography**.

CT scan /ˌsiː 'tiː skæn/ tomografia computadorizada: exame de um órgão ou parte do corpo por meio de computador previamente programado para guiar um feixe de raios-X. ☑ **CAT scan**.

CT scanner /ˌsiː 'tiː ˌskænə/ escâner para tomografia axial computadorizada: aparelho que, com o auxílio de um computador previamente programado, guia um feixe de raios-X , fotografando um órgão sob vários ângulos. ☑ **CAT scanner**.

cubic centimeter /'kjuːbɪk 'sentɪmɪtə/ centímetro cúbico. Abreviatura: **cc**.

cubital /'kjuːbɪt(ə)l/ cubital: referente à ulna.

cubitalline fossa /ˌkjuːbɪt(ə)l 'fɒsə/ fossa cubital: depressão na região anterior do cotovelo.

cubitus /'kjuːbɪtəs/ cúbito. ⇨ **ulna**.

cuboid /'kjuːbɔɪd/ cubóide: um dos ossos tarsais do pé. ☑ **cuboid bone**. Veja ilustração em **Foot**, no Apêndice.

cuboidal cell /kjuː'bɔɪd(ə)l sel/ célula cubóide: célula epitelial em forma de cubo.

cuboid bone /'kjuːbɔɪd bəʊn/ osso cubóide. ⇨ **cuboid**.

cuff /kʌf/ manguito: **1** câmara inflável de borracha, que é enrolada e apertada no braço, a fim de medir a pressão arterial. **2** anel inflável de borracha usado ao redor de um tubo endotraqueal para fechar a abertura.

cuirass respirator /kwɪˌræs 'respɪreɪtə/ respirador de couraça: tipo de respirador artificial que circunda apenas o tórax.

culdoscope /'kʌldəʊskəʊp/ culdoscópio: instrumento usado para examinar as vísceras pélvicas femininas, introduzido pela vagina.

culdoscopy /kʌl'dɒskəpi/ culdoscopia: exame das vísceras pélvicas femininas por intermédio do culdoscópio.

culture /'kʌltʃə/ cultura: **1** os valores compartilhados e o comportamento de um grupo. **2** microorganismos ou células teciduais que crescem em um meio de cultura laboratorial, ou o ato de induzir a propagação de microorganismos ou células teciduais em um meio de cultura.

culture medium /'kʌltʃə ˌmiːdiəm/ meio de cultura: substância usada para a cultura de microorganismos ou células teciduais em laboratório, por exemplo, o ágar.

cumulative /'kjuːmjʊlətɪv/ cumulativo: que cresce por adição.

cumulative action /ˌkjuːmjʊlətɪv 'ækʃən/ ação cumulativa: efeito aumentado de uma dro-

ga que é administrada com mais freqüência do que pode ser excretada e, assim, se acumula nos tecidos.

cuneiform /'kjuːnɪfɔːm/ cuneiforme: um dos três ossos tarsais do pé. ☑ **cuneiform bone**. Veja ilustração em **Foot**, no Apêndice.

cuneiform bone /'kjuːnɪfɔːm bəʊn/ osso cuneiforme. ⇨ **cuneiform**.

cupola /'kjuːpələ/ cúpula: **1** uma estrutura em forma de abóbada. **2** cartilagem dos ductos semicirculares; o movimento do líquido faz com que ela se mova e a conecta com o nervo vestibular.

curable /'kjuərəb(ə)l/ curável: capaz de ser curado. *a curable form of cancer* / uma forma curável de câncer.

curare /kjʊ'rɑːri/ curare: extrato altamente tóxico de uma planta da América do Sul, o curare é um antagonista da acetilcolina. É utilizado cirurgicamente para paralisar os músculos sem que haja perda de consciência. Nota: originalmente, usado como veneno de flechas.

curative /'kjuərətɪv/ curativo: capaz de curar.

cure /kjuə/ **1** cura: maneira particular de tornar uma pessoa saudável ou de deter uma doença. *Scientists are trying to develop a cure for the common cold.* / Os cientistas estão tentando descobrir uma cura para o resfriado comum. **2** curar: tornar alguém saudável. *She was completely cured.* / Ela foi completamente curada. *Can the doctors cure his bad circulation?* / Os médicos podem curar a má circulação?

curettage /kjuə'retɪdʒ/ curetagem: procedimento de raspagem do interior de um órgão oco, freqüentemente o útero, para retirar um tumor ou tecido para exame. ☑ **curettement**.

curette /kjuə'ret/ **1** cureta: aparelho cirúrgico em forma de colher, usado para raspagem do interior de um órgão. Nota: no inglês americano usa-se **curet**. **2** curetar: raspar um órgão com cureta.

curettement [kjuə'retəmənt] curetagem. ⇨ **curettage**.

curie /'kjuəri/ curie: antiga unidade de medida da radioatividade, substituída pelo becquerel. Símbolo: **Ci**.

Curling's ulcer /ˌkɜːlɪŋz 'ʌlsə/ úlcera de Curling: úlcera do duodeno, acompanhada por graves lesões corporais.

curvature /'kɜːvətʃə/ curvatura: a maneira como alguma coisa se flexiona a partir de uma linha reta. *greater* or *lesser curvature of the stomach* / curvatura maior *ou* menor do estômago.

curvature of the spine /ˌkɜːvətʃər əv ðə 'spaɪn/ curvatura da espinha: curvatura incomum da espinha, para a frente ou para os lados.

cushingoid /'kʊʃɪŋɔɪd/ cushingóide: que apresenta os sintomas da doença de Cushing.

Cushing's disease /'kʊʃɪŋz dɪˌziːz/ doença de Cushing: condição na qual o córtex suprarenal produz corticosteróides em excesso. ☑ **Cushing's syndrome**. (Descrita em 1932 por Harvey Williams Cushing [1869–1939], cirurgião de Boston, EUA.) Observação: a síndrome tem várias causas: tumor na glândula supra-renal, estimulação excessiva das adrenais pelas células basófilas da glândula pituitária, ou tumor secretor de corticosteróide. A doença causa inchaço da face e tronco, enfraquecimento dos músculos, aumento da pressão arterial e retenção de sal e água no organismo.

Cushing's syndrome /ˈkuʃɪŋz ˌsɪndrəum/ síndrome de Cushing. ⇨ **Cushing's disease**.

cusp /kʌsp/ cúspide: **1** dente com uma longa raiz cônica. **2** saliência membranosa formando uma válvula no coração.

cuspid /ˈkʌspɪd/ cúspide. ⇨ **canine**.

cut /kʌt/ **1** corte: redução no número ou quantidade de alguma coisa. **2** lugar onde a pele foi perfurada por um instrumento cortante. *She had a bad cut on her left leg.* / Ela sofreu um corte grave na perna esquerda. *The nurse will put a bandage on your cut.* / A enfermeira colocará uma atadura no seu corte. **3** cortar: a) fazer uma abertura com faca, tesoura ou outro instrumento cortante. *The surgeon cut the diseased tissue away with a scalpel.* / O cirurgião cortou o tecido doente com bisturi. *She cut her finger on the broken glass.* / Ela cortou o dedo com o vidro quebrado. b) reduzir o número ou a quantidade de alguma coisa. *Accidents have been cut by 10%.* / Os acidentes foram reduzidos em 10%.

cut- cut-: referente à pele.

cutaneous /kjuːˈteɪniəs/ cutâneo: referente à pele.

cutaneous leishmaniasis /kjuˌteɪniəs liːʃməˈnaɪəsɪs/ leishmaniose cutânea: doença da pele causada pelo parasita tropical *Leishmania*. ☑ **Delhi boil**.

cutdown /ˈkʌtdaun/ dissecção: dissecção de uma veia para inserir uma cânula ou administrar uma droga intravenosa.

cuticle /ˈkjuːtɪk(ə)l/ cutícula: **1** ⇨ **epidermis**. **2** camada de pele na base da unha.

cutis /ˈkjuːtɪs/ cútis: a pele.

cutis anserina /ˌkjuːtɪs ˈænseraɪnə/ cútis anserina: alteração que ocorre na pele da pessoa que está com frio ou amedrontada, como resultado da contração dos músculos eretores dos pêlos, com elevação dos folículos pilosos. ☑ **goose bumps**.

CVA abreviatura de **cerebrovascular accident**.

cyan- /saɪən/ ⇨ **cyano-**.

cyanide /ˈsaɪənaɪd/ cianeto: substância muito tóxica, que mata rapidamente quando é bebida ou inalada. ☑ **prussic acid**.

cyano- /saɪənəʊ/ ciano-: azul. Nota: antes de vogais usa-se **cyan-**.

cyanocobalamin /ˌsaɪənəʊkəʊˈbæləmɪn/ cianocobalamina. ⇨ **Vitamin B₁₂**.

cyanosed /ˈsaɪənəʊst/ cianosado: que tem a pele azul. *The patient was cyanosed round the lips.* / O paciente tinha os lábios cianosados.

cyanosis /ˌsaɪəˈnəʊsɪs/ cianose: condição caracterizada por coloração azul da pele e membranas mucosas, sintoma de falta de oxigênio no

sangue, por exemplo, nas doenças cardíacas ou pulmonares.

cyanotic /ˌsaɪəˈnɒtɪk/ cianótico: referente à cianose, ou que tem cianose.

cyclandelate /sɪˈklændəleɪt/ ciclandelato: droga usada no tratamento de doença cerebrovascular.

cycle /ˈsaɪk(ə)l/ ciclo: série de eventos que ocorrem regularmente.

cyclic /ˈsɪklɪk, ˈsaɪklɪk/ cíclico: **1** que ocorre em ciclos. **2** referente aos compostos orgânicos que têm um anel de átomos em seu núcleo.

cyclical /ˈsɪklɪk(ə)l/ cíclico: referente a ciclos.

cyclical vomiting /ˌsɪklɪk(ə)l ˈvɒmɪtɪŋ/ vômitos cíclicos: ataques de vômito a intervalos regulares.

-cycline /saɪklɪn/ -ciclina: forma combinante usada em nomes de antibióticos. *tetracycline* / tetraciclina.

cyclitis /sɪˈklaɪtɪs/ ciclite: inflamação do corpo ciliar do olho.

cyclizine /ˈsaɪklɪziːn/ ciclizina: droga anti-histamínica que pode ser usada para controlar náuseas e vômitos.

cyclo- /saɪkləʊ/ ciclo-: forma combinante referente a ciclos.

cyclodialysis /ˌsaɪkləʊdaɪˈæləsɪs/ ciclodiálise: cirurgia para comunicar a câmara anterior do olho e a coróide, feita no tratamento do glaucoma.

cyclopentolate /ˌsaɪkləʊˈpentəleɪt/ ciclopentolato: droga usada para paralisar o músculo ciliar.

cyclophosphamide /ˌsaɪkləʊˈfɒsfəmaɪd/ ciclofosfamida: agente imunossupressivo, usado no tratamento da leucemia, linfoma, doença de Hodgkin e tumores.

cycloplegia /ˌsaɪkləʊˈpliːdʒə/ cicloplegia: paralisia do músculo ciliar, que torna o olho incapaz de focalizar as coisas corretamente.

cyclopropane /ˌsaɪkləʊˈprəʊpeɪn/ ciclopropano: hidrocarboneto inflamável, usado como anestésico geral e na síntese orgânica.

cyclothymia /ˌsaɪkləʊˈθaɪmiə/ ciclotimia: forma leve de doença bipolar, na qual a pessoa alterna períodos de depressão e excitação.

cyclotomy /saɪˈklɒtəmi/ ciclotomia: cirurgia que consiste na incisão do músculo ciliar. Plural: **cyclotomies**.

-cyclovir /saɪkləʊvɪə/ -ciclovir: forma combinante usada no nome de drogas antivirais.

cyesis /saɪˈiːsɪs/ (técnico) ciese. ⇨ **pregnancy**.

cylinder /ˈsɪlɪndə/ cilindro. Veja **oxygen cylinder**.

cyst /sɪst/ cisto: saco anormal contendo substância líquida ou semi-sólida.

cyst- /sɪst/ cist(i/o)-: forma combinante referente à bexiga.

cystadenoma /ˌsɪstədɪˈnəʊmə/ cistadenoma: adenoma com formação de cistos cheios de líquido. Plural: **cystadonomas** ou **cystadonomata**.

cystalgia /sɪ'stældʒə/ cistalgia: dor na bexiga urinária.

cystectomy /sɪ'stektəmi/ cistectomia: cirurgia para remover parte da bexiga urinária ou toda ela. Plural: **cystectomies**.

cystic /'sɪstɪk/ cístico: **1** referente a cistos. **2** referente a uma bexiga.

cystic artery /ˌsɪstɪk 'ɑːtəri/ artéria cística: artéria que se origina do ramo direito da artéria hepática e vai até a vesícula biliar.

cystic duct /'sɪstɪk dʌkt/ ducto cístico: ducto que leva bile da vesícula biliar para o ducto biliar comum.

cysticercosis /ˌsɪstɪsɜː'kəʊsɪs/ cisticercose: doença causada por infestação com uma larva do porco.

cysticercus /ˌsɪstɪ'sɜːkəs/ cisticerco: larva encistada de certas espécies de *Taenia*, encontrada no porco. Plural: **cysticerci**.

cystic fibrosis /ˌsɪstɪk faɪ'brəʊsɪs/ fibrose cística: doença hereditária com disfunção das glândulas exócrinas, tais como o pâncreas; o muco excessivo causa dificuldades respiratórias, infertilidade masculina e má absorção de alimentos no trato gastrointestinal. Abreviatura: **CF**. ☑ **fibrocystic disease; fibrocystic disease of the pancreas; mucoviscidosis**. Observação: as secreções mucosas espessas causam bloqueio dos ductos e muitos efeitos secundários graves nos intestinos e pulmões. Os sintomas incluem perda de peso, fezes anormais e bronquite. Se for logo diagnosticada, a fibrose cística pode ser controlada com vitaminas, fisioterapia e enzimas pancreáticas.

cystic vein /'sɪstɪk veɪn/ veia cística: veia que irriga a vesícula biliar.

cystine /'sɪstiːn/ cistina: um aminoácido. Às vezes, é encontrada na forma de cálculos urinários, em pessoas com uma rara doença metabólica hereditária.

cystinosis /ˌsɪstɪ'nəʊsɪs/ cistinose: doença que afeta a absorção de aminoácidos, resultando em quantidades excessivas de cistina nos rins.

cystinuria /ˌsɪstɪ'njʊəriə/ cistinúria: presença de cistina na urina.

cystitis /sɪ'staɪtɪs/ cistite: inflamação da bexiga urinária, que leva a pessoa a urinar freqüentemente, com uma sensação de queimação.

cystocele /'sɪstəsiːl/ cistocele: hérnia da bexiga urinária através da parede vaginal.

cystogram /'sɪstəgræm/ cistograma: raio-X da bexiga urinária.

cystography /sɪ'stɒgrəfi/ cistografia: exame de raio-X da bexiga urinária, após nela ter sido injetada uma solução opaca.

cystolithiasis /ˌsɪstəlɪ'θaɪəsɪs/ cistolitíase: condição em que há formação de cálculos na bexiga urinária.

cystometer /sɪ'stɒmɪtə/ cistômetro: aparelho para medição da pressão da bexiga.

cystometry /sɪ'stɒmɪtri/ cistometria: medição da pressão da bexiga.

cystopexy /sɪ'stɒpeksi/ cistopexia: cirurgia para fixação da bexiga à parede abdominal ou a outras estruturas. ☑ **vesicofixation**. Plural: **cystopexies**.

cystoplasty /'sɪstəˌplæsti/ citoplastia: cirurgia da bexiga. Plural: **cystoplasties**.

cystoscope /'sɪstəskəʊp/ cistoscópio: instrumento constituído de um longo tubo, que permite visualizar a bexiga, inspecionando seu interior.

cystoscopy /sɪ'stɒskəpi/ cistoscopia: exame da bexiga com um cistoscópio. Plural: **cystoscopies**.

cystostomy /sɪ'stɒstəmi/ cistostomia: cirurgia que consiste em fazer uma abertura entre a bexiga e a parede abdominal, para permitir a eliminação da urina sem passar pela uretra. Usa-se também a forma **cystotomy**. ☑ **vesicostomy**. Plural: **cystostomies** e **cystotomies**.

cystourethrography /ˌsɪstəʊˌjʊərɪ'θrɒgrəfi/ cistouretrografia: radiografia da bexiga urinária e da uretra.

cystourethroscope /ˌsɪstəʊjʊ'riːθrəskəʊp/ cistouretroscópio: instrumento usado para inspecionar a bexiga e a uretra.

cyt- /saɪt/ ⇨ **cyto-**.

cyto- /saɪtəʊ/ cit(o)-: forma combinante referente à célula. Nota: antes de vogais usa-se **cyt-**.

cytochemistry /ˌsaɪtəʊ'kemɪstri/ citoquímica: estudo da atividade química das células.

cytodiagnosis /saɪtəʊdaɪəg'nəʊsɪs/ citodiagnóstico: diagnóstico feito após exame celular.

cytogenetics /ˌsaɪtəʊdʒə'netɪks/ citogenética: ramo da genética que estuda as funções das células, especialmente dos cromossomos, na hereditariedade.

cytokine /'saɪtəʊkaɪn/ citocina: proteína secretada pelas células do sistema linfático, que age controlando a resposta à inflamação.

cytokinesis /ˌsaɪtəʊkɪ'niːsɪs/ citocinética: alterações no citoplasma de uma célula durante a sua divisão.

cytological smear /ˌsaɪtəlɒdʒɪk(ə)l 'smɪə/ esfregaço citológico: amostra de tecido obtida para exame ao microscópio.

cytology /saɪ'tɒlədʒi/ citologia: estudo da estrutura e função da célula.

cytolysis /saɪ'tɒləsɪs/ citólise: dissolução de uma célula.

cytomegalovirus /ˌsaɪtəʊ'megələʊˌvaɪrəs/ citomegalovírus: herpesvírus que pode causar graves doenças congênitas no feto, se infectar a gestante. Abreviatura: **CMV**.

cytometer /saɪ'tɒmɪtə/ citômetro: lâmina usada em um microscópio para medição e contagem de células em um espécime.

cytopenia /ˌsaɪtəʊ'piːniə/ citopenia: falta de elementos celulares no sangue ou tecidos.

cytoplasm /'saɪtəʊplæz(ə)m/ citoplasma: substância presente no interior da membrana celular que circunda o núcleo de uma célula.

cytoplasmic /ˌsaɪtəʊˈplæzmɪk/ citoplásmico; citoplasmático: referente ao citoplasma de uma célula.

cytosine /ˈsaɪtəʊsiːn/ citosina: um dos quatro componentes químicos do DNA.

cytosome /ˈsaɪtəʊsəʊm/ citossomo: o corpo de uma célula, excluindo o núcleo.

cytotoxic /ˌsaɪtəʊˈtɒksɪk/ citotóxico: **1** relativo à droga ou agente que inibe a divisão celular. **2** relativo a células do sistema imune que destroem outras células.

cytotoxic drug /ˌsaɪtəʊtɒksɪk ˈdrʌg/ droga citotóxica: droga que reduz a reprodução celular, usada no tratamento de câncer.

cytotoxin /ˌsaɪtəʊˈtɒksɪn/ citotoxina: substância que tem um efeito tóxico nas células.

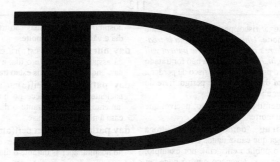

d /diː/ d: símbolo do decilitro.

da /dɑː/ da: símbolo do decalitro.

dab /dæb/ bater (de leve) com esponja; dar pancadinhas: tocar alguma coisa levemente. *He dabbed around the cut with a piece of cotton wool.* / Ela bateu levemente na ferida com um chumaço de algodão hidrófilo.

da Costa's syndrome /dɑː ˈkɒstəz ˌsɪndrəʊm/ síndrome de da Costa. ⇨ **disordered action of the heart.** (Descrita em 1871 por Jacob Mendes da Costa [1833–1900], cirurgião da Filadélfia, que identificou a doença em soldados da Guerra Civil Americana.)

dacryo- /dækriəʊ/ dacri(o)-: forma combinante referente a lágrimas.

dacryoadenitis /ˌdækriəʊædɪˈnaɪtɪs/ dacrioadenite: inflamação da glândula lacrimal.

dacryocystitis /ˌdækriəʊsɪˈstaɪtɪs/ dacriocistite: inflamação do saco lacrimal quando o ducto lacrimal, que se comunica com o nariz, torna-se bloqueado.

dacryocystography /ˌdækriəʊsɪˈstɒɡrəfi/ dacriocistografia: radiografia de contraste para determinar o local de uma obstrução nos ductos lacrimais.

dacryocystorhinostomy /ˌdækriəʊˌsɪstəʊraɪˈnɒstəmi/ dacriocistorrinostomia: cirurgia para desobstruir um bloqueio do canal lacrimal e restabelecer o trajeto das lágrimas para as fossas nasais. Abreviatura: **DCR.** Plural: **dacryocystorhinostomies.**

dacryolith /ˈdækriəʊlɪθ/ dacriólito: formação de cálculos no saco lacrimal.

dacryoma /ˌdækriˈəʊmə/ dacrioma: tumor benigno em um dos ductos lacrimais. Plural: **dacryomas** ou **dacryomata.**

dactyl /ˈdæktɪl/ dáctilo: um dedo da mão ou do pé.

dactyl- /dæktɪl/ ⇨ **dactylo-.**

dactylitis /ˌdæktɪˈlaɪtɪs/ dactilite: inflamação dos dedos das mãos ou dos pés, causada por infecção óssea ou doença reumática.

dactylo- /dæktɪləʊ/ dactil(o)-: referente aos dedos das mãos ou dos pés. Nota: antes de vogais usa-se **dactyl-.**

dactylology /ˌdæktɪˈlɒlədʒi/ dactilologia: linguagem dos dedos, usada na comunicação com pessoas surdas, ou empregada pelos surdos-mudos.

dactylomegaly /ˌdæktɪləʊˈmeɡəli/ dactilomegalia: condição que provoca um desenvolvimento anormal dos dedos, que são extremamente grandes.

DAH abreviatura de **disordered action of the heart.**

daily /ˈdeɪli/ diariamente: por dia; ao dia. *Take the medicine twice daily.* / Tome a medicação duas vezes ao dia.

Daltonism /ˈdɔːltənɪz(ə)m/ daltonismo: a forma mais comum de cegueira para as cores, na qual a pessoa é incapaz de identificar a diferença entre o vermelho e o verde. ☑ **protanopia.** Compare com **deuteranopia** e **tritanopia.** (Descrito em 1794 por John Dalton [1766–1844], químico e médico inglês. Fundador da teoria atômica, o próprio Dalton sofria de cegueira para as cores.)

damage /ˈdæmɪdʒ/ **1** dano; machucado: mal causado a alguma coisa. *The disease caused damage to the brain cells.* / A doença causou danos às células do cérebro. **2** danificar; predudicar: causar mal. *His hearing* or *his sense of balance was damaged in the accident.* / O seu sentido de audição *ou* o seu sentido de equilíbrio ficou prejudicado no acidente.

damp /dæmp/ úmido: ligeiramente molhado. *You should put a damp compress on the bruise.* / Você deve colocar uma compressa úmida no machucado.

D & C /diː ən siː/ abreviatura de **dilatation and curettage.**

dander /ˈdændə/ descamação; caspa: fragmentos muito pequenos que caem das penas, cabelo ou pêlo de animais ou pessoas.

dandruff /ˈdændrəf/ caspa: pedacinhos de pele morta do couro cabeludo que caem quando se penteia o cabelo. ☑ **pityriasis capitis; scurf.**

D and V /ˌdiː ən ˈviː/ abreviatura de **diarrhoea and vomiting.**

Dandy-Walker syndrome /ˌdændi ˈwɔːkə ˌsɪndrəʊm/ síndrome de Dandy-Walker: hidrocefalia congênita causada pela obstrução dos forames de Magendie.

danger /'deɪndʒə/ risco; perigo: a possibilidade de dano ou morte. *Unless the glaucoma is treated quickly, there's a danger that the patient will lose his eyesight.* / Se o glaucoma não for tratado rapidamente, o paciente corre o risco de perder a visão. ◊ **out of danger:** fora de perigo: livre do risco de perder a vida.

dangerous /'deɪndʒərəs/ perigoso; nocivo: que causa dano ou morte.

dangerous drug /'deɪndʒərəs 'drʌg/ droga nociva: **1** droga que causa danos e não está disponível para o público em geral, por exemplo, morfina ou heroína. **2** veneno que só pode ser vendido para determinadas pessoas.

dark adaptation /dɑːk ˌædæp'teɪʃ(ə)n/ adaptação à escuridão: alterações reflexas (por exemplo, a pupila se dilata e os bastonetes retinianos tornam-se mais ativos do que os cones) que permitem a adaptação do olho à visão no escuro ou na penumbra. Veja também **scotopic vision**.

darkening /'dɑːknɪŋ/ escurecimento: o ato de se tornar mais escuro. / *Darkening of the tissue takes place after bruising.* / Após uma contusão, há escurecimento dos tecidos.

data /'deɪtə/ dados: informações em palavras ou gráficos sobre um assunto específico, principalmente informações disponíveis em computador.

data bank /'deɪtə bæŋk/ banco de dados: armazenamento de dados em computador. *The hospital keeps a data bank of information about possible kidney donors.* / O hospital mantém um banco de dados sobre possíveis doadores de rins.

database /'deɪtəbeɪs/ banco de dados: dados armazenados em computador, que podem ser automaticamente recuperados e manipulados.

Data Protection Act /ˌdeɪtə prə'tekʃ(ə)n ˌækt/ Decreto para Proteção de Dados: ato parlamentar destinado a proteger informações sobre pessoas, que são mantidas em computador. Assegura que todas as informações sejam armazenadas com segurança e permite que as pessoas tenham acesso a elas.

daughter /'dɔːtə/ filha: criança do sexo feminino. *They have two sons and one daughter.* / Eles têm dois filhos e uma filha.

daughter cell /'dɔːtə sel/ célula-filha: qualquer célula resultante da mitose da célula-mãe.

day blindness /'deɪ ˌblaɪndnəs/ cegueira diurna. ⇨ **hemeralopia**.

day care /'deɪ keə/ cuidados diurnos: cuidados recreativos ou médicos supervisionados e disponíveis, durante o dia, a pessoas que necessitam de ajuda especial, por exemplo, idosos ou crianças pequenas.

day case /'deɪ keɪs/ caso diurno. ⇨ **day patient**.

day case surgery /'deɪ keɪs ˌsɜːdʒəri/ cirurgia de casos diurnos. ⇨ **day surgery**.

day centre /'deɪ ˌsentə/ centro diurno: local que oferece cuidados diurnos.

day hospital /'deɪ ˌhɒspɪt(ə)l/ hospital diurno: hospital onde as pessoas são tratadas durante o dia e vão para casa à noite.

day nursery /'deɪ ˌnɜːs(ə)ri/ creche: local que dá assistência, durante o dia, a crianças pequenas, enquanto seus pais estão trabalhando.

day patient /'deɪ ˌpeɪʃ(ə)nt/ paciente diurno: paciente que permanece no hospital, para tratamento, somente durante o dia, voltando para casa à noite. ☑ **day case**.

day patient care /'deɪ peɪʃ(ə)nt keə/ cuidados diurnos: assistência a pacientes que permanecem no hospital apenas durante o dia.

day recovery ward /deɪ rɪ'kʌv(ə)ri wɔːd/ pronto-socorro diurno: pronto-socorro onde os pacientes submetidos a cirurgias de pequeno porte se recuperam, antes de voltar para casa.

day surgery /'deɪ ˌsɜːdʒəri/ cirurgia diurna: cirurgia que não requer pernoite hospitalar. ☑ **day case surgery**.

dazed /deɪzd/ atordoado: que tem a mente confusa. *She was found walking about in a dazed condition.* / Ela foi encontrada caminhando, atordoada. *He was dazed after the accident.* / Ele ficou atordoado após o acidente.

dB abreviatura de **decibel**.

DCR abreviatura de **dacryocystorhinostomy**.

DDS abreviatura de **doctor of dental surgery**.

DDT abreviatura de **dichlorodiphenyltrichloroethane**.

de- /diː/ de-: remoção ou perda.

dead /ded/ morto: **1** que não tem mais vida. *My grandparents are both dead.* / Meu avô e minha avó já estão mortos. *The woman was rescued from the crash, but was certified dead on arrival at the hospital.* / A mulher envolvida no desastre foi resgatada, mas declararam-na morta ao chegar ao hospital. **2** sem sensibilidade; entorpecido: *The nerve endings are dead.* / As terminações nervosas perderam a sensibilidade. *His fingers went dead.* / Os seus dedos ficaram entorpecidos.

deaden /'ded(ə)n/ amortecer; atenuar: tornar alguma coisa, como dor ou barulho, menos intensa. *The doctor gave him an injection to deaden the pain.* / O médico deu a ele uma injeção para atenuar a dor.

dead fingers /ded 'fɪŋgəz/ dedos mortos. Também chamados de **dead man's fingers**. ⇨ **Raynaud's disease**.

dead on arrival /ded ən ærɪvæl/ já estava morto. Abreviatura: **DOA**.

deadly nightshade /ˌdedli 'naɪtʃeɪd/ beladona. ⇨ **belladonna** (acepção 1).

dead man's fingers /ˌded mænz 'fɪŋgəz/ acroasfixia. ⇨ **Raynaud's disease**.

dead space /ded speɪs/ espaço morto: inspiração, na parte final do processo respiratório, em que o ar não vai além dos bronquíolos. Veja também **ventilation**.

deaf /def/ surdo: incapaz de ouvir em circunstâncias em que a maioria das pessoas seria capaz de fazê-lo. *You have to speak slowly and clearly when you talk to Mr Jones because he's quite deaf.* / Você deve falar devagar e claramente com o Sr. Jones, porque ele é muito surdo. Veja também **hearing-impaired**. ◊ **the deaf**: os surdos.

deaf and dumb /ˌdef ən ˈdʌm/ surdo-mudo. Nota: este termo é considerado ofensivo.

deafen /ˈdef(ə)n/ ensurdecer; aturdir: tornar alguém surdo por um período de tempo. *He was deafened by the explosion.* / Ele ficou ensurdecido com o barulho da explosão.

deafness /ˈdefnəs/ surdez: o fato de ser incapaz de ouvir em circunstâncias em que a maioria das pessoas seria capaz de fazê-lo. ◊ **partial deafness** (surdez parcial): **1** condição em que se é capaz de ouvir algumas intensidades de som, mas não todas. **2** audição vaga e imprecisa de todas as intensidades de som. Observação: a surdez tem muitos graus e causas: idade avançada, vírus, exposição a barulho contínuo ou explosões intermitentes, e doenças, por exemplo, o sarampo alemão.

deaminate /diːˈæmɪneɪt/ desaminar; desaminizar: remover radicais amina de um aminoácido, formando amônia.

deamination /diːˌæmɪˈneɪʃ(ə)n/ desaminação: processo pelo qual aminoácidos são hidrolisados no fígado, formando uréia. Observação: após a desaminação, a amônia resultante é convertida em uréia pelo fígado, enquanto o carbono e o hidrogênio remanescentes do aminoácido fornecem calor e energia ao organismo.

death /deθ/ morte: o fim permanente de todas as funções naturais.

death certificate /ˈdeθ səˌtɪfɪkət/ atestado de óbito: documento oficial, assinado por um médico, atestando a morte de uma pessoa e a *causa mortis*.

death rate /ˈdeθ reɪt/ índice de mortalidade: número de mortes em um ano, dividido pela população (em milhar). *The death rate from cancer of the liver has remained stable.* / O índice de mortalidade de câncer do fígado tem permanecido estável.

debilitate /dɪˈbɪlɪteɪt/ debilitar; enfraquecer: tornar alguém ou alguma coisa mais fraca. *He was debilitated by a long illness.* / Ele ficou enfraquecido por causa de uma longa doença.

debilitating disease /dɪˌbɪlɪteɪtɪŋ dɪˈziːz/ doença debilitante: qualquer doença que enfraquece a pessoa.

debility /dɪˈbɪlɪti/ debilidade: fraqueza geral.

debridement /dɪˈbriːdmənt/ debridamento: retirada de matéria estranha ou tecido desvitalizado de uma ferida, a fim de ajudar o processo de cura.

deca- /dekə/ deca-: forma combinante que significa dez. Símbolo: **da**.

Decadron /ˈdekədrɒn/ Decadron: o nome comercial da dexametasona.

decalcification /diːˌkælsɪfɪˈkeɪʃ(ə)n/ descalcificação: perda de sais de cálcio dos dentes e ossos.

decannulation /diːˌkænjuˈleɪʃ(ə)n/ descanulização: retirada de uma cânula de traqueostomia.

decapitation /dɪˌkæpɪˈteɪʃ(ə)n/ decapitação: o ato de cortar a cabeça de uma pessoa ou animal.

decapsulation /diːˌkæpsjuˈleɪʃ(ə)n/ descapsulação: cirurgia para remoção de uma cápsula em algum órgão, especialmente no rim.

decay /dɪˈkeɪ/ putrefação; deterioração: **1** o processo pelo qual os tecidos apodrecem, causado pela ação de microorganismos e oxigênio. **2** dano causado aos tecidos ou dentes pela ação de microorganismos, principalmente bactérias. **3** (tecido) deteriorar; putrificar: decompor-se. *The surgeon removed decayed matter from the wound.* / O cirurgião retirou tecido putrefato da ferida.

deci- /desi/ deci-: forma combinante que significa um décimo (10^{-1}). *decigram* / decigrama. Símbolo: **d**.

decibel /ˈdesɪbel/ decibel: unidade usada para medir a intensidade do som. Símbolo: **dB**. Observação: numa conversação normal, o som corresponde a 50 dB. Barulhos muito altos, acima de 120 dB, por exemplo, o motor de aviões, podem provocar dor.

decidua /dɪˈsɪdjuə/ decídua: membrana que reveste o útero após a fertilização. Plural: **deciduas** ou **deciduae**. Observação: a decídua é dividida em várias partes: **decídua basal**, em que o embrião está implantado, **decídua capsular**, que reveste o embrião, e **decídua vera**, que fica afastada do embrião. A decídua é expelida após o nascimento do bebê.

decidual /dɪˈsɪdjuəl/ decidual: referente à decídua.

deciduoma /dɪˌsɪdjuˈəumə/ deciduoma: massa intra-uterina de tecido decidual, após o parto. Plural: **deciduomas** ou **deciduomata**.

deciduous /dɪˈsɪdjuəs/ decíduo: termo usado em odontologia, para designar os dentes da primeira dentição.

deciduous dentition /dɪˌsɪdjuəs denˈtɪʃ(ə)n/ dentição decídua: o conjunto de vinte dentes que são gradualmente substituídos pelos dentes permanentes à medida que a criança fica mais velha. ☑ **milk dentition**.

deciduous tooth /dɪˈsɪdjuəs tuːθ/ dente decíduo. ⇨ **primary tooth**.

decilitre /ˈdesɪliːtə/ decilitro: unidade de medida de líquidos que corresponde à décima parte do litro. Símbolo: **dl**. Nota: no inglês americano usa-se **deciliter**.

decimetre /ˈdesɪmiːtə/ decímetro: unidade de medida de comprimento que corresponde à décima parte do metro. Símbolo: **dm**. Nota: no inglês americano usa-se **decimeter**.

decompensation /diːˌkɒmpənˈseɪʃ(ə)n/ descompensação: condição na qual um órgão, tal qual o coração, não consegue lidar com um estresse extra, sendo incapaz de exercer sua função de maneira adequada.

decompose /ˌdiːkəmˈpəuz/ decompor-se: apodrecer; putrificar.

decomposition /ˌdiːkɒmpəˈzɪʃ(ə)n/ decomposição: destruição da matéria orgânica morta pela ação de bactérias ou fungos.

decompression /ˌdiːkəmˈpreʃ(ə)n/ descompressão: **1** redução da pressão. **2** redução controlada da pressão atmosférica, que ocorre quando um mergulhador retorna à superfície.

decompression sickness /ˌdiːkəmˌpreʃ(ə)n ˈsɪknəs/ doença da descompressão. ⇨ **caisson disease**.

decongest /ˌdiːkənˈdʒest/ descongestionar: eliminar secreções das vias nasais, seios da face ou brônquios.

decongestant /ˌdiːkənˈdʒestənt/ descongestionante: **1** que reduz a congestão e o inchaço. **2** droga que reduz a congestão e o inchaço, usada algumas vezes para desbloquear as fossas nasais.

decontamination /ˌdiːkəntæmɪˈneɪʃ(ə)n/ descontaminação: remoção de substância contaminada, tal como material radiativo.

decortication /diːˌkɔːtɪˈkeɪʃ(ə)n/ descortização: remoção cirúrgica do córtex de um órgão. ◊ **decortication of a lung**: descortização do pulmão: remoção cirúrgica de parte de uma pleura espessa ou fibrosa, em virtude de empiema crônico.

decrudescence /ˌdiːkruːˈdes(ə)ns/ decrudescência: diminuição dos sintomas de uma doença.

decubitus /dɪˈkjuːbɪtəs/ decúbito: a posição que uma pessoa assume ao deitar-se.

decubitus ulcer /dɪˌkjuːbɪtəs ˈʌlsə/ úlcera de decúbito. ⇨ **bedsore**.

decussation /ˌdiːkʌˈseɪʃ(ə)n/ decussação: cruzamento de fibras interligadas no sistema nervoso central. ☑ **chiasm**.

deep /diːp/ profundo: localizado em um nível mais fundo no organismo. Oposto: **superficial**.

deep cervical vein /diːp ˈsɜːvɪk(ə)l veɪn/ veia cervical profunda: veia no pescoço que segue para a veia vertebral.

deep dermal burn /diːp ˈdɜːm(ə)l bɜːn/ queimadura epitelial profunda: queimadura tão grave que necessita de enxerto para reparar a pele lesada. ☑ **full thickness burn**.

deep facial vein /diːp ˈfeɪʃ(ə)l veɪn/ veia facial profunda: pequena veia que segue da veia facial para o plexo pterigóide, atrás do pescoço.

deeply /ˈdiːpli/ profundamente: maneira de respirar, na qual uma grande quantidade de ar é levada aos pulmões. *He was breathing deeply.* / Ele estava respirando profundamente.

deep plantar arch /diːp ˈplæntər ɑːtʃ/ arco plantar profundo: artéria curva que atravessa a sola do pé.

deep vein /diːp ˈveɪn/ veia profunda: veia situada em um nível mais fundo do corpo, perto de um osso, em oposição a uma veia superficial, próxima da pele.

deep-vein thrombosis /ˌdiːp veɪn θrɒmˈbəʊsɪs/ trombose de veia profunda: condição em que um cóagulo das veias profundas da perna ou da pelve vai para o pulmão, podendo levar

à morte. A trombose de veia profunda pode afetar qualquer pessoa que fica inativa por longos períodos. ☑ **economy class syndrome; phlebothrombosis**. Abreviatura: **d.v.t., DVT**.

defecate /ˈdefəkeɪt/ defecar: eliminar as fezes do intestino pelo ânus. Usa-se também **defaecate**.

defecation /ˌdefəˈkeɪʃ(ə)n/ defecação: o ato de eliminar as fezes do intestino. Usa-se também **defaecation**.

defect /ˈdiːfekt/ defeito: **1** feição ou característica insatisfatória ou imperfeita de alguma coisa. **2** falta ou carência de alguma coisa necessária, essencial.

defective /dɪˈfektɪv/ **1** defeituoso: que trabalha de maneira insatisfatória ou que apresenta malformação. *The surgeons operated to repair a defective heart valve.* / Os médicos fizeram a cirurgia para reparar uma válvula cardíaca defeituosa. **2** deficiente: pessoa que sofre de doença mental.

defence /dɪˈfens/ defesa: **1** resistência contra o ataque de uma doença. **2** (pessoa) comportamento adotado para se proteger de um dano. Nota: no inglês americano usa-se **defense**.

defence mechanism /dɪˈfens ˌmekənɪz(ə)m/ mecanismo de defesa: reflexo subconsciente pelo qual a pessoa evita expressar suas emoções.

defense /dɪˈfens/ defesa. ⇨ **defence**.

defensive medicine /dɪˌfensɪv ˈmed(ə)s(ə)n/ medicina defensiva: medidas diagnósticas amplas, conduzidas para evitar a probabilidade de um paciente processar o médico ou o hospital por negligência.

deferens /ˈdefərənz/ deferente. Veja **vas deferens**.

deferent /ˈdefərənt/ deferente: **1** que se dirige para fora do centro. **2** relativo aos ductos deferentes.

defervescence /ˌdefəˈves(ə)ns/ defervescência: período de tempo em que há regressão de febre.

defibrillation /diːˌfɪbrɪˈleɪʃ(ə)n/ desfibrilação: procedimento para o restabelecimento do ritmo cardíaco por meio da aplicação de choque elétrico na parede torácica, principalmente em circunstâncias em que há risco de morte. Veja também **cardioversion**.

defibrillator /diːˈfɪbrɪleɪtə/ desfibrilador: aparelho usado para restabelecer o ritmo cardíaco por meio de choque elétrico.

defibrination /diːˌfaɪbrɪˈneɪʃ(ə)n/ desfibrinação: remoção de fibrina do sangue, a fim de prevenir a presença de coágulos.

deficiency /dɪˈfɪʃ(ə)nsi/ deficiência: falta de algo necessário, essencial.

deficiency disease /dɪˈfɪʃ(ə)nsi dɪˌziːz/ doença da deficiência: doença causada pela falta de elementos essenciais na dieta, tais como vitaminas, ou de aminoácidos ou ácidos graxos essenciais.

deficient /dɪˈfɪʃ(ə)nt/ deficiente: que não satisfaz os padrões estabelecidos. ◊ **deficient in something**: deficiente em algo: que não contém a quantidade necessária de alguma coisa. *His diet* *is deficient in calcium* or *he has a calcium-deficient diet.* / A dieta dele é deficiente em cálcio *ou* ele tem uma dieta deficiente em cálcio.

deficit /'defɪsɪt/ déficit: quantidade insuficiente de alguma coisa.

defloration /ˌdi:flɔ:'reɪʃ(ə)n/ defloração; defloramento: a rotura do hímen de mulher virgem, normalmente por meio do ato sexual.

deflorescence /ˌdi:flɔ:'res(ə)ns/ deflorescência: desaparecimento de uma erupção.

deformans /di:'fɔ:mənz/ deformante. Veja **osteitis deformans**.

deformation /ˌdi:fɔ:'meɪʃ(ə)n/ deformação: anomalia de uma parte do corpo. *The later stages of the disease are marked by bone deformation.* / Os últimos estágios da doença são assinalados por deformação óssea.

deformed /dɪ'fɔ:md/ deformado: que não tem, ou que perdeu, a forma original.

deformity /dɪ'fɔ:mɪti/ deformidade: imperfeição, ou falha de conformação, de parte do corpo.

degenerate /dɪ'dʒenəreɪt/ degenerar; piorar: mudar para um nível inferior, sendo incapaz de funcionar de maneira correta. *His health degenerated so much that he was incapable of looking after himself.* / A saúde dele piorou tanto que ele se tornou incapaz de cuidar de si mesmo.

degeneration /dɪˌdʒenə'reɪʃ(ə)n/ degeneração: mudança na estrutura de uma célula ou órgão que, dessa forma, deixa de funcionar corretamente.

degenerative disease /dɪˌdʒen(ə)rətɪv dɪ'zi:z/ doença degenerativa: doença em que há perda progressiva de função de parte do corpo, ou na qual uma parte do corpo é incapaz de se autoreparar. ☑ **degenerative disorder**.

degenerative disorder /dɪˌdʒen(ə)rətɪv dɪs'ɔ:də/ distúrbio degenerativo. ⇨ **degenerative disease**.

degenerative joint disease /dɪˌdʒen(ə)rətɪv 'dʒɔɪnt dɪˌzi:z/ doença óssea degenerativa. ⇨ **osteoarthritis**.

deglutition /ˌdi:glu:'tɪʃ(ə)n/ deglutição: o ato de deglutir comida, líquido, e, algumas vezes, ar. ☑ **swallowing**.

dehisced /dɪ'hɪst/ deiscente: relativo a uma ferida que se abriu, após ter sido fechada.

dehiscence /dɪ'hɪs(ə)ns/ deiscência: o ato de se abrir completamente.

dehydrate /ˌdi:haɪ'dreɪt/ desidratar: perder água, ou fazer com que alguém ou alguma coisa perca água. *During strenuous exercise it's easy to become dehydrated.* / Durante exercícios exaustivos, é fácil ficar desidratado.

dehydration /ˌdi:haɪ'dreɪʃ(ə)n/ desidratação: perda de água.

> ...*an estimated 60–70% of diarrhoeal deaths are caused by dehydrate.* / "cerca de 60 a 70% das mortes por diarréia são causadas por desidratação." (*Indian Journal of Medical Sciences*) Observação: a água é mais importante

do que a comida para a sobrevivência do ser humano. Se uma pessoa toma menos líquido por dia do que o que foi eliminado pela urina e pelo suor, ela começa a ficar desidratada.

dehydrogenase /ˌdi:haɪ'drɒdʒəneɪz/ desidrogenase: enzima que catalisa a retirada de hidrogênio por moléculas orgânicas.

déjà vu /ˌdeɪʒɑ: 'vu:/ *déja vu*: ilusão da memória que leva a pessoa à sensação de já ter visto alguma coisa, normalmente causada por doença cerebral.

Déjerine-Klumpke's syndrome /ˌdeɪʒɪ dʒənerɪn klu:mpkəz ˌsɪndrəum/ síndrome de Déjerine-Klumpke. ⇨ **Klumpke's paralysis**.

deleterious /ˌdelɪ'tɪəriəs/ deletério: perigoso ou nocivo.

Delhi boil /ˌdeli 'bɔɪl/ furúnculo de Délhi. ⇨ **cutaneous leishmaniasis**.

delicate /'delɪkət/ delicado; frágil: **1** que pode se quebrar ou se danificar facilmente. *The bones of a baby's skull are very delicate.* / Os ossos do crânio de um bebê são muito frágeis. *The eye is covered by a delicate membrane.* / O olho é coberto por uma delicada membrana. **2** que fica doente facilmente. *His delicate state of health means that he is not able to work long hours.* / O delicado estado de saúde dele significa que ele não pode trabalhar muitas horas. **3** que requer muito cuidado ou sensibilidade. *The surgeons carried out a delicate operation to join the severed nerves.* / Os cirurgiões fizeram uma operação delicada para unir os nervos rompidos.

delirious /dɪ'lɪriəs/ delirante; desvairado: acometido por delírio. Diz-se de pessoa que delira por causa de choque, medo, drogas ou febre.

delirium /dɪ'lɪriəm/ delírio: estado mental caracterizado por confusão, agitação e desassossego, além de alucinações.

delirium alcoholicum /dɪˌlɪriəm ˌælkə'hɒlɪkəm/ delírio de abstinência de álcool. ⇨ **delirium tremens**.

delirium tremens /dɪˌlɪriəm 'tri:menz/ *delirium tremens:* distúrbio das faculdades intelectuais, normalmente presente em pessoas dependentes de álcool, que estão tentando abandonar a bebida. É caracterizado por alucinações com insetos, tremores e agitação. Abreviatura: **DTs**. ☑ **alcoholicum; delirium alcoholicum**.

delivery /dɪ'lɪv(ə)ri/ parto: o nascimento de uma criança.

delivery bed /dɪ'lɪv(ə)ri bed/ leito para parturiente: cama especial na qual a mulher dá à luz o bebê.

delivery room /dɪ'lɪv(ə)ri ru:m/ sala de parto: aposento hospitalar destinado a mulheres em trabalho de parto.

delta /'deltə/ delta: a quarta letra do alfabeto grego.

delta hepatitis /ˌdeltə ˌhepə'taɪtɪs/ hepatite delta: tipo grave de hepatite, causado por partículas de ácido ribonucléico, com infecção simultânea pelo vírus da hepatite B. ☑ **hepatitis delta**.

delta virus /ˌdeltə ˈvaɪrəs/ vírus delta: vírus do ácido ribonucléico, que causa hepatite.

delta wave /ˈdeltə weɪv/ onda delta: padrão de onda cerebral típica do sono profundo, situada na faixa de freqüência de 3,5 hertz.

deltoid /ˈdeltɔɪd/ deltóide: grande músculo triangular que cobre a articulação do ombro, é ligado ao úmero, e permite o levantamento lateral dos braços. ☑ **deltoid muscle**.

deltoid muscle /ˈdeltɔɪd ˌmʌs(ə)l/ músculo deltóide. ⇨ **deltoid**.

deltoid tuberosity /ˌdeltɔɪd ˌtjuːbəˈrɒsɪti/ tuberosidade deltóide: parte protuberante do úmero, à qual o músculo deltóide está conectado.

delusion /dɪˈluːʒ(ə)n/ delírio: falsa crença que se tem e que não pode ser mudada por meio de argumentos racionais. *He suffered from the delusion that he was wanted by the police.* / Ele tinha delírios de que era procurado pela polícia.

dementia /dɪˈmenʃə/ demência: doença mental orgânica, com comprometimento da capacidade intelectual e alteração da memória, bem como desorientação e alterações da personalidade.

> *AIDS dementia is a major complication of HIV infection, occurring in 70–90% of patients.* / "A demência da AIDS é a principal complicação da infecção pelo HIV, e ocorre em 70 a 90% dos pacientes." (*British Journal of Nursing*)

dementia of the Alzheimer's type /dɪˌmenʃə əv ði ˈæltshaɪməz ˌtaɪp/ demência de Alzheimer: doença degenerativa mental devida, provavelmente, à doença de Alzheimer.

dementia paralytica /dɪˌmenʃə ˌpærəˈlɪtɪkə/ demência paralítica: doença degenerativa mental que ocorre no estágio terciário da sífilis.

dementia praecox /dɪˌmenʃə ˈpriːkɒks/ (forma antiquada) demência precoce. ⇨ **schizophrenia**.

dementing /dɪˈmentɪŋ/ demente: relativo à pessoa com demência.

demi- /demi/ demi-: relativo à metade.

demographic forecast /ˌdeməɡræfɪk ˈfɔːkɑːst/ estimativa demográfica: estimativa do número de pessoas do sexo masculino e feminino, de várias idades, e sua distribuição geográfica.

demography /dɪˈmɒɡrəfi/ demografia: estudo dos grupos populacionais e seu ambiente, ou de alterações que afetam as populações.

demulcent /dɪˈmʌlsənt/ demulcente: substância suavizante que alivia a irritação estomacal.

demyelinating /diːˈmaɪəlɪnetɪŋ/ desmielinização: relativo à destruição da bainha de mielina que circunda as fibras nervosas.

demyelination /diːˌmaɪəlɪˈneɪʃ(ə)n/ desmielinização: destruição da bainha de mielina que circunda as fibras nervosas, por exemplo, por lesão cerebral, ou como resultado de esclerose múltipla.

denatured alcohol /diːˌneɪtʃəd ˈælkəhɒl/ álcool desnaturado: álcool etílico, por exemplo, bebida metilada industrial, álcool de fricção ou álcool aditivado, para finalidades medicinais, tornado impróprio para consumo como bebida.

dendrite /ˈdendraɪt/ dendrito: ramificações de uma célula nervosa, que recebe impulsos das terminações nervosas de outras células nervosas ou sinapses. Veja ilustração em **Neuron**, no Apêndice. ☑ **dendron**.

dendritic /denˈdrɪtɪk/ dendrítico: relativo aos dendritos.

dendritic ulcer /denˌdrɪtɪk ˈʌlsə/ úlcera dendrítica: úlcera ramificada da córnea, causada por um herpes-vírus.

dendron /ˈdendrɒn/ dendrito. ⇨ **dendrite**.

denervation /ˌdiːnəˈveɪʃ(ə)n/ desnervação: interrupção de um suprimento nervoso para uma parte do corpo por ressecção ou ablação.

dengue /ˈdeŋɡi/ dengue: doença de regiões tropicais, causada por um arbovírus e inoculada pelo mosquito *Aedes aegyptii*. É caracterizada por dores de cabeça, erupção cutânea, febre alta, e dores articulares. ☑ **breakbone fever**.

denial /dɪˈnaɪəl/ negação: um mecanismo de defesa que consiste na recusa em aceitar uma doença grave.

Denis Browne splint /ˌdenɪs braun ˈsplɪnt/ aparelho de Denis Brown: aparelho de alumínio usado para corrigir um pé torto. (Descrito em 1934 por Sir Denis John Wolko Browne [1892–1967], ortopedista australiano e cirurgião geral na Inglaterra.)

dens /denz/ dente: um dente, ou alguma estrutura semelhante a um dente.

dent- /dent/ dent-: forma combinante relativa a um dente ou dentes.

dental /ˈdent(ə)l/ dental: relativo aos dentes ou ao tratamento dentário. *dental caries* / cáries dentais. *dental surgeon* / cirurgião dentista.

dental care /ˈdent(ə)l keə/ cuidados dentários: exame e tratamento dos dentes.

dental caries /ˌdent(ə)l ˈkeərɪz/ cárie dentária: o apodrecimento de um dente. ☑ **dental decay**.

dental cyst /ˌdent(ə)l ˈsɪst/ cisto dentário: cisto próximo à raiz de um dente.

dental decay /ˌdent(ə)l dɪˈkeɪ/ cárie. ⇨ **dental caries**.

dental floss /ˈdent(ə)l flɒs/ fio dental: linha macia que se passa entre os dentes para ajudar a mantê-los limpos. ☑ **floss**.

dental hygiene /ˌdent(ə)l ˈhaɪdʒiːn/ higiene dental: procedimentos para manter os dentes limpos e saudáveis.

dental impaction /ˌdent(ə)l ɪmˈpækʃ(ə)n/ impactação dental: condição na qual um dente é pressionado contra outro e não consegue crescer normalmente.

dental plaque /ˌdent(ə)l ˈplæk/ placa dentária: acúmulo não-calcificado de microorganismos orais nos dentes, provavelmente causado por cárie.

dental plate /ˈdent(ə)l pleɪt/ prato dental: prótese no formato da boca, que segura dentes artificiais.

dental prosthesis /ˌdent(ə)l prɒsˈθiːsɪs/ prótese dentária: um ou mais dentes artificiais.

dental pulp /ˌdent(ə)l ˈpʌlp/ polpa dentária: tecido macio dentro de um dente.

dental surgeon /ˈdent(ə)l ˌsɜːdʒən/ cirurgião dentista: pessoa que é qualificada para praticar cirurgias dentárias.

dental surgery /ˈdent(ə)l ˌsɜːdʒəri/ cirurgia dentária: cirurgia feita nos dentes.

dentine /ˈdentiːn/ dentina: substância dura que circunda a cavidade pulpar, abaixo do esmalte. Nota: no inglês americano usa-se **dentin**.

dentist /ˈdentɪst/ dentista: pessoa que é qualificada para tratar dos dentes e gengivas.

dentistry /ˈdentɪstri/ odontologia: profissão de dentista, ou ramo da medicina que lida com dentes e gengivas.

dentition /denˈtɪʃ(ə)n/ dentição: número, disposição e características especiais dos dentes de uma pessoa. Observação: crianças têm dentes incisivos, caninos e molares, que são substituídos depois de alguns anos pelos dentes permanentes: oito incisivos, quatro caninos, oito pré-molares, e doze molares; os quatro últimos molares são chamados de dentes do siso.

dentoid /ˈdentɔɪd/ dentóide: semelhante a um dente.

denture /ˈdentʃə/ dentadura: conjunto de dentes artificiais, fixados na boca com uma substância apropriada.

deodorant /diˈəʊd(ə)rənt/ 1 desodorante: substância que mascara ou previne cheiros desagradáveis. 2 desodorizar: mascarar ou prevenir odores.

deontology /ˌdiːɒnˈtɒlədʒi/ deontologia: ética do dever e do que é moralmente certo ou errado.

deoxygenate /diːˈɒksɪdʒəneɪt/ desoxigenar: remover o oxigênio de alguma coisa.

deoxygenated blood /diːˌɒksɪdʒəneɪt ˈblʌd/ sangue desoxigenado: sangue no qual a maior parte do oxigênio foi removida pelos tecidos. É mais escuro do que o sangue arterial oxigenado. ☑ **venous blood**.

deoxyribonucleic acid /diːˌɒksɪraɪbəʊnjuːˈkliːk ˈæsɪd/ ácido desoxirribonucléico: forma completa de **DNA**. Veja **RNA**.

Department of Health /dɪˌpɑːtmənt əv ˈhelθ/ Departamento de Saúde: no Reino Unido, departamento governamental encarregado dos serviços de saúde. Abreviatura: **DH**.

dependant /dɪˈpendənt/ dependente: pessoa da qual alguém toma conta ou que é sustentada por outra. *He has to support a family of six children and several dependants.* / Ele tem de sustentar uma família de seis crianças e vários dependentes.

dependence /dɪˈpendəns/ dependência: o fato de necessitar da ajuda de alguém ou de alguma coisa, tal como enfermeira ou médico, ou de ser

dependente de uma droga. Usa-se também **dependency**.

dependent /dɪˈpendənt/ 1 dependente: a) que precisa da ajuda de alguém ou de alguma coisa. b) viciado em drogas. 2 pendente: relativo a uma parte do corpo que está estendida sobre outra.

dependent relative /dɪˈpendənt ˈrelətɪv/ dependente da família: pessoa que está sob os cuidados de outro membro da família.

depersonalisation /diːˌpɜːs(ə)n(ə)laɪˈzeɪʃ(ə)n/ despersonalização: estado mental no qual a pessoa o sentido da própria identidade. Usa-se também **depersonalization**.

depilation /ˌdepɪˈleɪʃ(ə)n/ depilação: remoção do cabelo.

depilatory /dɪˈpɪlət(ə)ri/ depilatório: que, ou o que remove o cabelo de.

depletion /dɪˈpliːʃ(ə)n/ depleção: perda excessiva de alguma coisa.

Depo-Provera /dɪˈp(ə) prəˈveʃ(ə)/ Depo-Provera: o nome comercial de um derivado injetável da progesterona, usado como anticoncepcional e no tratamento da endometriose.

deposit /dɪˈpɒzɪt/ 1 depósito: substância que se deposita em uma parte do corpo. *Some foods leave a hard deposit on teeth.* / Alguns alimentos deixam um depósito sólido nos dentes. *A deposit of fat forms on the walls of the arteries.* / Forma-se um depósito de gordura nas paredes das artérias. 2 depositar: (substância) fixar-se em parte do organismo. *Fat is deposited on the walls of the arteries.* / A gordura deposita-se nas paredes das artérias.

depressant /dɪˈpres(ə)nt/ depressor: droga que reduz a atividade de uma parte do corpo, por exemplo, um tranqüilizante.

depressed /dɪˈprest/ deprimido: 1 que se encontra em uma condição mental que impede a realização das atividades diárias de maneira habitual. ◊ **clinically depressed:** clinicamente deprimido. 1 ⇨ **depressed**. 2 (informal): que se sente miserável e preocupado. *He was depressed after his exam results.* / Ele ficou deprimido após os resultados do exame. 3 relativo a alguma coisa que está abaixo do nível normal, por exemplo, uma taxa metabólica.

depressed fracture /dɪˌprest ˈfræktʃə/ fratura com afundamento: fratura de um osso chato, por exemplo, do crânio, na qual parte do osso está afundada.

depression /dɪˈpreʃ(ə)n/ depressão: 1 condição mental que impede a pessoa de realizar as atividades diárias de maneira habitual. 2 cavidade na superfície de um corpo.

depressive /dɪˈpresɪv/ 1 depressivo: a) relativo a, ou que causa depressão mental. *He is in a depressive state.* / Ele está em um estado depressivo. b) pessoa que está com depressão. 2 depressor: uma substância que causa depressão.

depressor /dɪˈpresə/ depressor: 1 músculo que pressiona uma parte do corpo para baixo. 2 nervo que diminui a atividade de um órgão, tal como o coração, e reduz a pressão arterial.

deprivation /ˌdeprɪ'veɪʃ(ə)n/ privação: **1** o fato de não conseguir ter alguma coisa que se quer ou necessita. *sleep deprivation* / privação de sono. **2** a falta daquilo que é necessário à vida.

deradenitis /dɪˌrædɪ'naɪtɪs/ deradenite: inflamação dos linfonodos no pescoço.

Dercum's disease /'dɜːkəmz dɪˌziːz/ doença de Dercum. ⇨ **adiposis dolorosa**. (Descrita em 1888 por François Xavier Dercum [1856–1931], professor de neurologia do Jefferson Medical College, Filadélfia, EUA.)

derealisation /diːˌrɪəlaɪ'zeɪʃ(ə)n/ desrealização: estado mental em que as coisas parecem irreais e estranhas. Usa-se também **derealization**.

derivative /dɪ'rɪvətɪv/ derivativo: substância que é derivada de outra.

derm- /dɜːm/ ⇨ **derma-**.

-derm /dɜːm/ -derm: referente à pele.

derma- /dɜːmə/ -derma: referente à pele. ⇨ **dermo-**. Nota: antes de vogais usa-se **derm-**.

dermal /'dɜːm(ə)l/ dérmico: relativo à pele.

dermatitis /ˌdɜːmə'taɪtɪs/ dermatite: inflamação da pele.

> ...*various types of dermal reaction to nail varnish have been noted. Also contact dermatitis caused by cosmetics such as toothpaste, soap, shaving creams.* / "vários tipos de reações cutâneas ao esmalte de unhas têm sido observados, bem como dermatite de contato causada por cosméticos, tais como pastas de dente, sabonetes, cremes de barbear." (*Indian Journal of Medical Sciences*)

dermatitis artefacta /ˌdɜːmə'taɪtɪs ˌɑːtɪ'fæktə/ dermatite artificial: erupção causada por lesão auto-infligida à pele.

dermatitis herpetiformis /ˌdɜːmə'taɪtɪs həˌpetɪ'fɔːmɪs/ dermatite herpetiforme: dermatite caracterizada por erupção grave e pruriginosa de vesículas na pele.

dermato- /dɜːmətəʊ/ dermato-: referente à pele.

dermatochalasis /ˌdɜːmətəʊkə'læsɪs/ dermatocalasia: pele que se dobra em pregas, com pálpebras inferiores evertidas, comum em pessoas mais velhas.

dermatographia /ˌdɜːmətəʊ'græfiə/ dermatografia. ⇨ **dermographia**.

dermatological /ˌdɜːmətə'lɒdʒɪk(ə)l/ dermatológico: relativo à dermatologia.

dermatologist /ˌdɜːmə'tɒlədʒɪst/ dermatologista: médico especializado no estudo e tratamento das doenças da pele.

dermatology /ˌdɜːmə'tɒlədʒɪ/ dermatologia: estudo e tratamento das doenças da pele.

dermatome /'dɜːmətəʊm/ dermatoma: **1** instrumento especial para cortar fatias de pele para enxertos. **2** área da pele suprida por fibras nervosas espinhais.

dermatomycosis /ˌdɜːməmaɪ'kəʊsɪs/ dermatomicose: infecção da pele, causada por fungos.

dermatomyositis /ˌdɜːmətəʊmaɪəʊ'saɪtɪs/ dermamiosite: doença do colágeno, caracterizada por inflamação da pele e atrofia muscular.

dermatophyte /'dɜːmətəʊfaɪt/ dermatófito: fungo pertencente a um dos três gêneros que afetam a pele ou os cabelos, causando tinha.

dermatophytosis /ˌdɜːmətəʊfaɪ'təʊsɪs/ dermatofitose: infecção da pele, causada por um dermatófito.

dermatoplasty /'dɜːmətəʊplæsti/ dermatoplastia: operação plástica da pele, com enxertia da pele destruída por outra da própria pessoa ou de um doador.

dermatosis /ˌdɜːmə'təʊsɪs/ dermatose: qualquer doença da pele.

dermis /'dɜːmɪs/ derme: camada de tecido vivo, abaixo da epiderme. ☑ **corium**.

dermo- /dɜːməʊ/ derm(o)-. ⇨ **derma-**.

dermographia /ˌdɜːmə'græfiə/ dermografia: tumefação na pele, produzida por pressão de um instrumento rombo, com presença de urticária. ☑ **dermatographia**.

dermoid /'dɜːmɔɪd/ dermóide; dermatóide: **1** relativo à pele. **2** semelhante à pele.

dermoid cyst /'dɜːmɔɪd sɪst/ cisto dermóide: cisto localizado sob a pele, normalmente médio-dorsal, contendo ceratina, sebo e pêlos.

Descemet's membrane /deʃə'mets ˌmembreɪn/ membrana de Descemet: uma das camadas profundas da córnea. (Descrita em 1785 por Jean Descemet [1732–1810], médico francês, professor de anatomia e cirurgia em Paris.)

descending aorta /dɪˌsendɪŋ eɪ'ɔːtə/ aorta descendente: a segunda parte da aorta, que corre para baixo. Oposto de **ascending aorta**.

descending colon /dɪˌsendɪŋ 'kəʊlɒn/ cólon descendente: a terceira parte do cólon, que se dirige para o lado esquerdo inferior do corpo. Oposto de **ascending colon**. Veja ilustração em **Digestive System**, no Apêndice.

descending tract /dɪˌsendɪŋ 'trækt/ trato descendente: feixe de fibras nervosas que desce da cabeça.

desensitisation /diːˌsensɪtaɪ'zeɪʃ(ə)n/ dessensibilização: **1** abolição da sensibilidade alérgica. **2** tratamento para diminuir a sensibilidade alérgica mediante a inoculação de doses graduais do antígeno que provoca alergia, durante um período de tempo, até que a pessoa esteja imunizada. Usa-se também **desensitization**.

desensitise /diː'sensətaɪz/ dessensibilizar: **1** enfraquecer um nervo, insensibilizando-o. *The patient was prescribed a course of desensitising injections.* / Uma série de injeções dessensibilizantes foi prescrita ao paciente. **2** tratar uma pessoa alérgica mediante a inoculação de doses graduais do antígeno que provoca alergia, durante um período de tempo, até que ela esteja imunizada. Usa-se também **desensitize**.

designer drug /dɪ'zaɪnə drʌg/ (informal) droga projetada: droga que foi modificada para aumentar suas propriedades.

desogestrel /ˌdesə'dʒestrəl/ desogestrel: hormônio usado como contraceptivo de uso oral.

desquamate /'deskwəmeɪt/ descamar: descascar ou remover camadas da pele.

desquamation /ˌdeskwə'meɪʃ(ə)n/ descamação: **1** processo contínuo de desprendimento de camadas de pele morta. **2** descamação da camada externa de uma estrutura. ☑ **ecdysis**.

detach /dɪ'tætʃ/ separar; desprender: separar uma coisa de outra. *an operation to detach the cusps of the mitral valve* / uma cirurgia para separar as cúspides da válvula mitral.

detached retina /dɪˌtætʃt 'retɪnə/ descolamento da retina: condição na qual a retina se separa do globo ocular, podendo causar a perda de visão. ☑ **retinal detachment**. Observação: o descolamento da retina pode ser causado por pancada no olho, ou simplesmente por problema ocorrido na velhice. Se não for tratado, o olho perderá a visão. No descolamento da retina, esta pode ser fixada à coróide pelo uso de raios *laser*.

detect /dɪ'tekt/ detectar: sentir ou descobrir alguma coisa que, normalmente, é muito pequena ou difícil de ser percebida. *an instrument to detect microscopic changes in cell structure* / um instrumento para detectar alterações microscópicas na estrutura celular. / *The nurses detected a slight improvement in the patient's condition.* / As enfermeiras detectaram uma melhora bem pequena nas condições do paciente.

detection /dɪ'tekʃən/ detecção: a ação de detectar alguma coisa. *the detection of sounds by nerves in the ears* / a detecção de sons pelos nervos auditivos. *the detection of a cyst using an endoscope* / a detecção de um cisco por meio de um endoscópio.

detergent /dɪ'tɜ:dʒənt/ detergente: substância que concorre para a limpeza de matérias graxas e bactérias. Observação: a maioria dos detergentes não causa alergia, mas alguns detergentes biológicos, que contêm enzimas para remover manchas e proteínas, podem causar dermatite.

deteriorate /dɪ'tɪəriəreɪt/ deteriorar; piorar: tornar-se pior. *The patient's condition deteriorated rapidly.* / A condição do paciente piorou rapidamente.

deterioration /dɪˌtɪəriə'reɪʃ(ə)n/ deterioração; piora: o fato de se tornar pior. *The nurses were worried by the deterioration in the patient's reactions.* / As enfermeiras estavam preocupadas com a piora das reações do paciente.

determine /dɪ'tɜ:mɪn/ determinar: descobrir alguma coisa pelo exame das evidências. *Health inspectors are trying to determine the cause of the outbreak of Salmonella poisoning.* / Os fiscais dos serviços de saúde estão tentando determinar a causa do surto de envenenamento por *Salmonella*.

detox /di:'tɒks/ (informal) detoxicação. ⇨ **detoxication**.

detoxication /di:ˌtɒksɪ'keɪʃ(ə)n/ detoxicação: remoção de uma substância tóxica, a fim de minimizar os seus danos. ☑ **detox**. Usa-se também **detoxification**.

detrition /dɪ'trɪʃ(ə)n/ detrição: o fato de desgastar-se pelo uso ou fricção.

detritus /dɪ'traɪtəs/ detrito: material produzido pela desintegração de uma substância.

detrusor muscle /dɪ'tru:zə ˌmʌs(ə)l/ músculo detrusor: o músculo que reveste a bexiga urinária.

Dettol /'detɒl/ Dettol: o nome comercial de um desinfetante que contém cloroxilenol.

detumescence /ˌdi:tju:'mes(ə)ns/ detumescência: **1** (pênis ou clitóris após ereção ou orgasmo): o processo de se tornar flácido. **2** (inchaço) o ato de regredir.

deuteranopia /ˌdju:tərə'nəupiə/ deuteranopia: forma de dicromatismo em que a pessoa não consegue distinguir a cor verde. ☑ **red-green colourblindness**. Compare com **Daltonism** e **tritanopia**.

develop /dɪ'veləp/ desenvolver-se; evoluir; contrair; ter: **1** tornar-se maior e mais forte, ou mais complexo. *The embryo is developing normally.* / O embrião está se desenvolvendo normalmente. *A swelling developed under the armpit.* / Um tumor desenvolveu-se sob a axila. *The sore throat developed into an attack of meningitis.* / A faringite evoluiu para um ataque de meningite. **2** fazer com que alguma coisa comece a acontecer. *We're developing a new system for dealing with admission to A & E.* / Estamos desenvolvendo um novo sistema com relação às admissões em pronto-socorro. **3** fazer com que alguma coisa comece a se tornar maior, mais forte, ou mais complexa. *He does exercises to develop his muscles.* / Ele faz exercícios para desenvolver os músculos. **4** apresentar os primeiros sintomas de uma doença. *The baby may be developing a cold.* / O bebê pode estar contraindo um resfriado. *He developed complications and was rushed to hospital.* / Ele teve complicações e foi levado às pressas para o hospital.

> *...rheumatoid arthritis is a chronic inflammatory disease which can affect many systems in the body, but mainly the joints. 70% of sufferers develop the condition in the metacarpophalangeal joints.* / "a artrite reumatóide é uma doença inflamatória crônica que pode afetar muitos sistemas orgânicos, principalmente as articulações. Setenta por cento das pessoas acometidas desenvolvem essa condição nas articulações metacarpofalangianas." (*Nursing Times*)

development /dɪ'veləpmənt/ desenvolvimento; fato (novo): **1** processo de crescimento, ou de tornar-se mais forte ou mais complexo. *The development of the embryo takes place in the uterus.* / O desenvolvimento do embrião acontece no útero. **2** alguma coisa que acontece e muda uma situação. *Report any developments to me at once.* / Comunique-me imediatamente quaisquer fatos novos.

developmental /dɪˌveləp'ment(ə)l/ desenvolvimental: relativo ao desenvolvimento de um embrião.

developmental delay /dɪ'veləpment(ə)l dɪˌleɪ/ atraso desenvolvimental: o fato de estar atrasado em relação ao desenvolvimento, tanto físico quanto psicológico.

deviance /'diːviəns/ desvio: comportamento sexual que é considerado incomum.

deviated nasal septum /ˌdiːvieɪtɪd ˌneɪz(ə)l 'septəm/ desvio do septo nasal: posição incomum do septo nasal, que pode bloquear o nariz e causar sangramentos nasais. ☑ **deviated septum**.

deviated septum /ˌdiːvieɪtɪd 'septəm/ desvio do septo. ⇨ **deviated nasal septum**.

deviation /ˌdiːvi'eɪʃ(ə)n/ desvio: **1** o fato de ser diferente do que é normal ou esperado, ou alguma coisa diferente do normal ou esperado. **2** posição incomum de uma articulação ou do olho, como no estrabismo.

Devic's disease /də'vɪks dɪˌziːz/ doença de Devic. ⇨ **neuromyelitis optica**. (Descrita em 1894 por Devic, médico francês morto em 1930.)

dexamethasone /ˌdeksə'meθəsəun/ dexametasona: droga esteróide sintética usada no tratamento de inflamações e do desequilíbrio hormonal.

Dexa scan /ˌdeksə' skæn/ abreviatura de **Dual Energy X-Ray Absorptiometry**.

dextro- /dekstrəu/ dextr(i/o)-: que está à direita, ou o lado direito do corpo.

dextrocardia /ˌdekstrəu'kɑːdiə/ dextrocardia: condição congênita na qual o ápice cardíaco está voltado para o lado direito. Compare com **laevocardia**.

dextromoramide /ˌdekstrə'mɔːrəmaɪd/ dextromoramida: droga narcótica usada para reduzir a dor.

dextrose /'dekstrəuz/ dextrose. ⇨ **glucose**.

DH abreviatura de **Department of Health**.

dhobie itch /ˌdəubi 'ɪtʃ/ tinha inguinal. ⇨ **tinea cruris**.

DI /daɪ/ abreviatura de **donor insemination**.

di- /daɪ/ di-: dois, o dobro.

dia- /daɪə/ dia-: **1** por meio de; através de. **2** transversalmente. **3** em direções diferentes ou opostas. **4** à parte, separadamente.

diabetes /ˌdaɪə'biːtiːz/ diabetes: **1** doença que faz o organismo produzir grandes quantidades de urina. Veja também **gestational diabetes**. **2** ⇨ **diabetes mellitus**.

diabetes insipidus /ˌdaɪəˌbiːtiːz ɪn'sɪpɪdəs/ diabetes insípido: doença rara da glândula pituitária, que provoca uma produção anormal do hormônio vasopressina, levando à excreção de grandes quantidades de urina, e provocando sede extrema.

diabetes mellitus /ˌdaɪəˌbiːtiːz 'melɪtəs/ diabetes melito: doença na qual o corpo não pode controlar a absorção de açúcar porque o pâncreas não secreta insulina suficiente. ☑ **diabetes**. Observação: o diabetes melito apresenta duas formas: o Tipo I, que pode ser desencadeado por um ví-

rus infeccioso que afeta as células pancreáticas produtoras de insulina: o Tipo II, que é causado por uma sensibilidade mais baixa à insulina, é comum em pessoas mais velhas, e está associado à obesidade. Os sintomas do diabetes melito são cansaço, sede incomum, micção muito freqüente, e urina com odor adocicado. Testes de sangue e urina mostram altas taxas de açúcar. O tratamento do diabetes do Tipo II requer uma dieta muito rigorosa e redução do peso, e, algumas vezes, drogas hipoglicêmicas de uso oral, por exemplo, a glibenclamida. O diabetes do Tipo I é tratado com injeções regulares de insulina.

diabetic /ˌdaɪə'betɪk/ diabético: **1** relativo ao diabetes melito. **2** relativo à pessoa que tem diabetes.

diabetic cataract /ˌdaɪəbetɪk 'kætərækt/ catarata diabética: catarata que acomete pessoas com diabetes melito.

diabetic coma /ˌdaɪəbetɪk 'kəumə/ coma diabético: estado de inconsciência causado por diabetes não tratado.

diabetic diet /ˌdaɪəbetɪk 'daɪət/ dieta diabética: dieta com restrição de carboidratos e açúcar.

diabetic retinopathy /ˌdaɪəbetɪk retɪ'nɒpəθi/ retinopatia diabética: doença da retina, causada pelo diabetes.

diabetogenic /ˌdaɪəbetə'dʒenɪk/ diabetogênico: que causa diabetes.

diabetologist /ˌdaɪəbe'tɒlədʒɪst/ diabetologista: médico especializado no tratamento do diabetes melito.

diaclasia /ˌdaɪə'kleɪziə/ diáclase: fratura intencional de um osso, feita por cirurgião, para reparar uma fratura anterior mal consolidada, ou para corrigir uma deformidade.

diadochokinesis /daɪˌædəkəukaɪ'niːsɪs/ diadococinesia: capacidade natural de fazer com que se sucedam movimentos opostos dos membros.

diagnose /'daɪəgnəuz/ diagnosticar: identificar uma condição, ou doença, pelo exame e anotação dos sintomas do paciente. *The doctor diagnosed appendicitis*. / O médico diagnosticou apendicite. *The patient was diagnosed with rheumatism*. / O paciente recebeu o diagnóstico de reumatismo.

diagnosis /ˌdaɪəg'nəusɪs/ diagnóstico: o ato de diagnosticar uma condição ou doença. *The doctor's diagnosis was a viral infection, but the child's parents asked for a second opinion*. / O médico diagnosticou uma infecção viral, mas os pais da criança pediram uma segunda opinião (uma opinião de outro médico). *They found it difficult to make a diagnosis*. / Acharam difícil fazer um diagnóstico. Compare com **prognosis**. Plural: **diagnoses**.

diagnostic /ˌdaɪəg'nɒstɪk/ diagnóstico: relativo a diagnóstico.

diagnostic and treatment centre /ˌdaɪəgnɒs tɪk ən 'triːtmənt ˌsentə/ centro de diagnóstico e tratamento: local que presta serviços a pacientes que necessitam de cirurgia sem hospitalização, tais como reposição de articulações, reparação de hérnia e remoção de catarata. Abreviatura: **DTC**.

diagnostic imaging /ˌdaɪəɡnɒstɪk ˈɪmɪdʒɪŋ/ diagnóstico por imagem: exame de exploração por imagens para propósitos de diagnóstico, por exemplo, de uma mulher grávida, para comprovar se o feto é saudável.

diagnostic process /ˌdaɪəɡnɒstɪk ˈprəʊses/ processo diagnóstico: medidas tomadas ao se fazer um diagnóstico.

diagnostic radiographer /ˌdaɪəɡnɒstɪk ˌreɪdiˈɒɡrəfə/ operador de raios X para diagnóstico. ⇨ **radiographer** (acepção 1).

diagnostic test /ˌdaɪəɡnɒstɪk ˈtest/ teste diagnóstico: teste que ajuda o médico a diagnosticar uma doença.

dialysate /daɪˈælɪsət/ dialisado: material que é submetido à diálise.

dialyse /ˈdaɪəlaɪz/ dialisar: submeter alguém à diálise, por meio de um rim artificial (hemodialisador).

dialyser /ˈdaɪəlaɪzə/ dialisador: aparelho que usa uma membrana para separar as substâncias sólidas das líquidas, por exemplo, um rim artificial (hemodialisador).

dialysis /daɪˈæləsɪs/ diálise: **1** método de depuração que consiste em extrair os resíduos tóxicos do sangue por meio de uma membrana semipermeável. **2** ⇨ **renal dialysis**.

diapedesis /ˌdaɪəpɪˈdiːsɪs/ diapedese: em um processo inflamatório, movimento de migração dos leucócitos através das paredes vasculares para os tecidos.

diaper /ˌdaɪəpə/ fralda. ⇨ **nappy**.

diaper rash /ˌdaɪəpə ræʃ/ erupção de fraldas; dermatite de fraldas. ⇨ **nappy rash**.

diaphoresis /ˌdaɪəfəˈriːsɪs/ diaforese: perspiração excessiva.

diaphoretic /ˌdaɪəfəˈretɪk/ diaforético: referente a, ou que causa transpiração.

diaphragm /ˈdaɪəfræm/ diafragma: **1** a fina camada musculomembranosa que separa o tórax do abdome e que, na inspiração, ajuda a levar o ar para os pulmões. **2** ⇨ **vaginal diaphragm**. Observação: o diafragma é um músculo que, na respiração, se expande e contrai as paredes torácicas. A taxa média respiratória é de aproximadamente dezesseis vezes por minuto.

diaphragmatic /ˌdaɪəfræɡˈmætɪk/ diafragmático: relativo ou semelhante a um diafragma.

diaphragmatic hernia /ˌdaɪəfræɡmætɪk ˈhɜːniə/ hérnia diafragmática: hérnia das vísceras abdominais através de uma abertura do diafragma para o tórax. Nota: no inglês americano usa-se **upside-down stomach**.

diaphragmatic pleura /ˌdaɪəfræɡmætɪk ˈplʊərə/ pleura diafragmática: parte da pleura que reveste o diafragma.

diaphragmatic pleurisy /ˌdaɪəfræɡmætɪk ˈplʊərɪsi/ pleurisia diafragmática: inflamação da pleura que reveste o diafragma.

diaphyseal /ˌdaɪəˈfɪziəl/ diafisário: relativo à diáfise.

diaphysis /daɪˈæfəsɪs/ diáfise: a parte alongada e cilíndrica de um osso longo. ☑ **shaft**. Veja ilustração em **Bone Structure**, no Apêndice.

diaphysitis /ˌdaɪəfəˈsaɪtɪs/ diafisite: inflamação da diáfise, freqüentemente associada à doença reumática.

diarrhea /ˌdaɪəˈriːə/ diarréia: condição na qual a pessoa freqüentemente elimina fezes líquidas. *attack of diarrhea* / crise de diarréia. *mild/severe diarrhoea* / diarréia leve/grave. Nota: no inglês americano usa-se **diarrhea**. ☑ **gippy tummy; runs**. Observação: a diarréia tem várias causas: tipos de alimentos, ou alergia a algum alimento; comida contaminada ou estragada; doenças infecciosas, tais como disenteria; e, algumas vezes, preocupação ou outras emoções.

diarrhoea and vomiting /ˌdaɪəˈriːə ən ˈvɒmɪtɪŋ/ diarréia e vômitos. Abreviatura: **D and V**.

diarrhoeal /ˌdaɪəˈriəl/ diarréico: relativo a, ou causado por diarréia.

diarthrosis /ˌdaɪɑːˈθrəʊsɪs/ diartrose. ⇨ **synovial joint**.

diastase /ˈdaɪəsteɪz/ diastase: uma enzima que decompõe o amido, convertendo-o em açúcar.

diastasis /ˌdaɪəˈsteɪsɪs/ diástase: **1** separação de dois ossos que estão normalmente conectados. **2** deslocamento dos ossos de uma articulação imóvel.

diastema /ˌdaɪəˈstiːmə/ diastema: **1** espaço anormal entre dentes adjacentes. **2** abertura anormal em qualquer órgão ou parte do corpo.

diastole /daɪˈæstəli/ diástole: expansão das cavidades cardíacas, quando elas relaxam e se enchem de sangue. O período de diástole (normalmente 95 mmHg) dura 0,4 segundo, na freqüência cardíaca média. Oposto de **systole**.

diastolic /ˌdaɪəˈstɒlɪk/ diastólico: relativo à diástole.

diastolic pressure /ˌdaɪəstɒlɪk ˈpreʃə/ pressão diastólica: pressão que é tomada durante a diástole. Nota: a pressão diastólica é sempre mais baixa do que a sistólica.

diathermy /ˌdaɪəˈθɜːmi/ diatermia: uso de corrente elétrica de alta freqüência para elevar a temperatura dos tecidos. Observação: a diferença entre os usos médico e cirúrgico da diatermia está no tamanho dos eletrodos utilizados. Dois eletrodos maiores proporcionarão calor sobre uma grande área (diatermia médica); se um dos eletrodos for pequeno, o calor terá uma concentração suficiente para coagular tecidos (diatermia cirúrgica).

diathermy knife /ˌdaɪəˈθɜːmi naɪf/ bisturi diatérmico: bisturi usado em diatermia cirúrgica.

diathermy needle /daɪəˌθɜːmi ˈniːd(ə)l/ agulha diatérmica: agulha usada em diatermia cirúrgica.

diathermy snare /ˌdaɪəˈθɜːmi sneə/ alça diatérmica: uma alça metálica que, aquecida por eletrodos, é usada para queimar e remover pólipos ou tumores.

diathesis /daɪˈæθəsɪs/ diátese: predisposição inata de uma pessoa a doenças específicas ou alergias.

diazepam /daɪˈæzəpæm/ diazepam: tranqüilizante usado, a curto prazo, no tratamento da ansiedade e como relaxante muscular. Seu uso a longo prazo pode causar dependência.

diazoxide /ˌdaɪəˈzɒksaɪd/ diazóxido: droga vasodilatadora usada para reduzir a hipertensão.

DIC /ˌdɪk/ abreviatura de **disseminated intravascular coagulation**.

dicephalus /daɪˈsefələs/ dicéfalo: feto que tem duas cabeças.

dichlorodiphenyltrichloroethane /ˌdaɪklɔːrəʊdaɪfenaɪltrɪklɔːrəʊiːθeɪn/ diclorodifeniltricloroetano. Abreviatura: **DDT**.

dichlorphenamide /ˌdaɪklɔːˈfenəmaɪd/ diclorofenamida: droga usada no tratamento do glaucoma.

dichromatism /ˌdaɪkrəʊˈmætɪz(ə)m/ dicromatismo: cegueira para cores, na qual apenas duas das três cores primárias podem ser vistas. Compare com **monochromatism**, **trichromatism**.

diclofenac sodium /ˌdaɪkləʊfenæk ˈsəʊdiəm/ diclofenaco sódico: droga antiinflamatória usada para tratar doenças reumáticas.

dicrotic pulse /daɪˌkrɒtɪk ˈpʌls/ pulso dicrótico: pulso que ocorre duas vezes em cada batimento cardíaco. ☑ **dicrotic wave**.

dicrotic wave /daɪˌkrɒtɪk weɪv/ onda dicrótica. ⇨ **dicrotic pulse**.

dicrotism /ˈdaɪkrətɪz(ə)m/ dicrotismo: condição na qual o pulso ocorre duas vezes em cada batimento cardíaco.

didelphys /daɪˈdelfɪs/ didélfico. Veja **double uterus**; **uterus didelphys**.

die /daɪ/ morrer: deixar de viver. *His father died last year.* / O pai dele morreu no ano passado. *She died in a car crash.* / Ela morreu em uma batida de carro.

diencephalon /ˌdaɪenˈsefəlɒn, ˌdaɪenˈkefəlɒn/ diencéfalo: a parte central do cérebro anterior, formada pelo tálamo, hipotálamo, glândula pineal e terceiro ventrículo.

diet /ˈdaɪət/ **1** dieta: quantidade e tipo de alimentos ingeridos. *a balanced diet* / uma dieta balanceada. **2** fazer dieta: reduzir a quantidade de comida, ou mudar o tipo de alimentos que se costuma comer, a fim de emagrecer e ter mais saúde. *He is dieting to try to lose weight.* / Ele está fazendo dieta para tentar emagrecer.

dietary /ˈdaɪət(ə)ri/ **1** sistema dietético: sistema de nutrição e energia. *The nutritionist supervised the dietaries for the patients.* / A nutricionista supervisionou o sistema dietético dos pacientes. **2** dietético: relativo à dieta.

dietary fibre /ˈdaɪət(ə)ri ˌfaɪbə/ fibra dietética: material fibroso presente nos alimentos, que não podem ser digeridos. ☑ **fibre; roughage**. Observação: a fibra dietética é encontrada em cereais, nozes, frutas e alguns vegetais verdes. Há dois tipos de fibras nos alimentos: fibras insolúveis,

presentes no pão e cereais, que não são digeríveis; e fibras solúveis, presentes nos vegetais e legumes. Alimentos com alta proporção de fibras incluem pão (de trigo) integral, sementes (grãos) e damascos secos. Acredita-se que as fibras sejam necessárias para o processo digestório e que elas ajudem a prevenir constipação, obesidade e apendicite.

dietetic /ˌdaɪəˈtetɪk/ dietético: relativo a dietas.

dietetic principles /ˌdaɪətetɪk ˈprɪnsəp(ə)lz/ princípios dietéticos: regras concernentes às necessidades que o organismo tem de comida, vitaminas ou elementos vestigiais (oligoelementos).

dietetics /ˌdaɪəˈtetɪks/ dietética: estudo da alimentação, nutrição e saúde, principalmente quando aplicado ao consumo que as pessoas fazem da comida.

dieting /ˈdaɪətɪŋ/ dieta: tentativa de emagrecer, mediante redução da quantidade de comida. *Eat sensibly and get plenty of exercise, then there should be no need for dieting.* / Coma com moderação e faça muitos exercícios, então, não haverá necessidade de fazer dieta.

dietitian /ˌdaɪəˈtɪʃ(ə)n/ dietista: pessoa especializada no estudo da dieta, principalmente aquela que, em hospitais, supervisiona as dietas dos pacientes, como parte do tratamento médico. Veja também **nutritionist**.

Dietl's crisis /ˈdiːt(ə)lz ˌkraɪsɪs/ crise de Dietl: bloqueio doloroso do ureter, causando pressão no rim, que incha e se enche de urina. (O nome se deve a Joseph Dietl [1804–1878], médico polonês.)

diet sheet /ˈdaɪət ʃiːt/ lista dietética: lista de sugestões de quantidade e tipos de alimento que uma pessoa deve ingerir.

differential /ˌdɪfəˈrenʃəl/ diferencial: relativo à diferença.

differential blood count /ˌdɪfərenʃəl ˈblʌd ˌkaʊnt/ contagem sanguínea diferencial: teste que mostra as porcentagens dos tipos de leucócitos em uma amostra de sangue. ☑ **differential white cell count**.

differential diagnosis /ˌdɪfəˌrenʃ(ə)l ˌdaɪəgˈnəʊsɪs/ diagnóstico diferencial: a identificação de uma doença entre outras similares por comparação da variedade de sintomas de cada uma.

differential white cell count /ˌdɪfərenʃəl ˈwaɪt ˌsel ˌkaʊnt/ contagem diferencial de leucócitos. ⇨ **differential blood count**.

differentiation /ˌdɪfərenʃiˈeɪʃ(ə)n/ diferenciação: diversificação das células do embrião.

diffuse /dɪˈfjuːz/ **1** espalhar; disseminar: espalhar-se por meio dos tecidos, ou causar a disseminação de alguma coisa. *Some substances easily diffuse through the walls of capillaries.* / Algumas substâncias se espalham facilmente pelas paredes dos capilares. **2** disseminado, espalhado: relativo à doença que se espalha pelo organismo, ou que afeta muitos órgãos ou células. Nota: na acepção **2** a pronúncia é /dɪˈfjuːs/.

diffusion /dɪˈfjuːʒ(ə)n/ difusão: **1** processo de

misturar um líquido com outro líquido, ou um gás com outro gás. **2** passagem de um líquido ou gás através de uma membrana.

digest /daɪˈdʒest/ digerir: decompor os alimentos no canal alimentar e convertê-los em componentes que são absorvidos pelo organismo.

digestible /daɪˈdʒestɪb(ə)l/ digestível: capaz de ser digerido. *Glucose is an easily digestible form of sugar.* / A glicose é uma forma de açúcar facilmente digestível.

digestion /daɪˈdʒestʃən/ digestão: processo pelo qual os alimentos são decompostos no canal alimentar em componentes que podem ser absorvidos pelo organismo.

digestive /daɪˈdʒestɪv/ digestório; digestivo: relativo à digestão.

digestive enzyme /daɪˌdʒestɪv ˈenzaɪm/ enzima digestiva: enzima que ajuda a digestão.

digestive juice /daɪˈdʒestɪv juːs/ (normalmente no plural) sucos digestivos. Veja **gastric juice**; **intestinal juice**.

digestive system /daɪˈdʒestɪv ˌsɪstəm/ sistema digestório: conjunto de órgãos, tais como estômago, fígado e pâncreas, que são associados à digestão dos alimentos. ☑ **alimentary system**.

digestive tract /daɪˈdʒestɪv trækt/ trato digestivo. ⇨ **alimentary canal**.

digestive tube /daɪˈdʒestɪv tjuːb/ tubo digestivo: tubo que vai da boca ao ânus e inclui a garganta, o estômago e os intestinos, através do qual a comida passa e é digerida. ☑ **digestive tract**. Nota: no inglês americano usa-se **alimentary canal**.

digit /ˈdɪdʒɪt/ dígito: **1** dedo da mão ou do pé. **2** número.

digital /ˈdɪdʒɪt(ə)l/ digital: **1** referente aos dedos da mão ou do pé. **2** que representa dados ou quantidades físicas em formas numéricas.

digitalin /ˌdɪdʒɪˈteɪlɪn/ digitalina: droga derivada das folhas da erva-dedal, usada em pequenas doses para tratar problemas cardíacos. Usa-se também **digitalis**.

digitalise /ˈdɪdʒɪtəlaɪz/ digitalizar: tratar com digoxina um paciente com insuficiência cardíaca. Usa-se também **digitalize**.

digital palpation /ˌdɪdʒɪt(ə)l pælˈpeɪʃ(ə)n/ palpação digital: exame de parte do corpo pelo toque dos dedos.

digital vein /ˈdɪdʒɪt(ə)l veɪn/ veia digital: veia que escoa nos dedos das mãos ou dos pés.

digitoxin /ˌdɪdʒɪˈtɒksɪn/ digitoxina: extrato das folhas da erva-dedal, usado como estimulante cardíaco, em casos de insuficiência cardíaca ou de batimentos cardíacos irregulares.

digoxin /daɪˈdʒɒksɪn/ digoxina: extrato das folhas da erva-dedal, que age mais rapidamente do que a digitoxina, quando é usado como estimulante cardíaco.

dihydrocodeine tartrate /daɪˌhaɪdrəʊˌkəʊdiːn ˈtɑːtreɪt/ tartarato de diidrocodeína: analgésico usado para aliviar dores muito fortes.

dilatation /ˌdaɪleɪˈteɪʃ(ə)n/ dilatação: **1** o ato de produzir dilatação ou alargamento de uma cavidade ou canal. *dilatation of the cervix during labour* / dilatação do colo uterino durante o parto. **2** aumento das pupilas como reação à falta de luz ou a drogas. Usa-se também **dilation**.

dilatation and curettage /ˌdaɪleɪˌteɪʃ(ə)n ən kjʊəˈretɪdʒ/ dilatação e curetagem: cirurgia que consiste na raspagem do útero para obter amostra de tecido ou para remover produtos de um abortamento. Abreviatura: **D & C**.

dilate /daɪˈleɪt, dɪˈleɪt/ dilatar: tornar-se maior ou mais largo, ou fazer com que alguma coisa se torne maior ou mais larga. *The veins in the left leg have become dilated.* / As veias da perna esquerda dilataram-se. *The drug is used to dilate the pupil of the eye.* / A droga é usada para dilatar a pupila.

dilator /daɪˈleɪtə/ dilatador: **1** instrumento usado para aumentar a abertura de uma cavidade. **2** droga usada para dilatar uma parte do corpo.

dilator pupillae muscle /daɪˌleɪtə pjuːˈpɪliː ˌmʌs(ə)l/ músculo dilatador das pupilas: fibras musculares que se estendem da pupila aos cílios e que causam dilatação da pupila.

diltiazem hydrochloride /dɪlˌtaɪəzəm ˌhaɪdrəˈklɔːraɪd/ cloridrato de diltiazem: um bloqueador do canal de cálcio, usado no tratamento da hipertensão.

diluent /ˈdɪljuənt/ diluente: substância usada para diluir um líquido, por exemplo, água.

dilute /daɪˈluːt/ **1** diluído: que se diluiu, ao ter um líquido, por exemplo, água, acrescentado. **2** diluir: acrescentar água a um líquido para torná-lo menos concentrado. *Dilute the disinfectant in four parts of water.* / Dilua o desinfetante em quatro partes de água.

dilution /daɪˈluːʃ(ə)n/ diluição: **1** a ação de diluir. **2** uma substância que foi diluída.

dimenhydrinate /ˌdaɪmenˈhaɪdrəneɪt/ dimenidrinato: droga anti-histamínica que alivia o enjôo causado por viagens.

dimethyl dupyridilium /ˌdaɪmiːθaɪl/ dimetildupiridílio. Veja **Paraquat**.

dimetria /daɪˈmiːtriə/ dimetria: condição na qual a mulher tem o útero duplo.

dioptre /daɪˈɒptə/ dioptria: unidade usada na medida da refração de lentes. Nota: no inglês americano usa-se **diopter**. Observação: uma lente de 1 dioptria tem distância focal de 1 metro; quanto maior a dioptria, menor a distância focal.

dioxide /daɪˈɒksaɪd/ dióxido. Veja **carbon dioxide**.

dioxin /daɪˈɒksɪn/ dioxina: gás extremamente tóxico.

DIP /ˌdiː aɪ ˈpiː/ abreviatura de **distal interphalangeal joint**.

diphenoxylate /ˌdaɪfenˈɒksɪleɪt/ difenoxilato: droga relacionada à petidina, usada no tratamento da diarréia, algumas vezes misturada com pequena quantidade de atropina em preparações encontradas à venda.

diphtheria /dɪfˈθɪərɪə/ difteria: doença infecciosa grave em crianças, causada pelo bacilo *Corynebacterium diphtheriae*, caracterizada por febre e formação fibrosa, como uma membrana, na garganta, o que limita a respiração. Observação: os sintomas de difteria são faringite, seguida por febre leve, pulso rápido e inchaço das glândulas do pescoço. A "membrana" que se forma fecha as vias aéreas, e a doença freqüentemente é fatal, seja porque o paciente fica asfixiado, seja porque o coração se torna muito fraco. A doença é altamente infecciosa, e todas as pessoas que tiveram contato com o paciente devem ser examinadas. O teste de Schick é usado para verificar se uma pessoa é imune ou suscetível à difteria. Em países em que as crianças são vacinadas, a doença é rara.

diphtheria, whooping cough, tetanus /dɪfˈθɪərɪə, ˈhuːpɪŋ ˈkɒf, ˈtet(ə)nəs/ difteria, coqueluche (pertússis), tétano. Abreviatura: **DPT**.

diphtheroid /ˈdɪfθərɔɪd/ difteróide: relativo a uma bactéria semelhante à da difteria.

-dipine /dɪpɪn/ -dipina: forma combinante usada nos nomes dos bloqueadores do canal de cálcio. *nifedipine* / nifedipina.

dipl- /dɪpl/ ⇨ **diplo-**.

diplacusis /ˌdɪpləˈkjuːsɪs/ diplacusia: distúrbio da cóclea, no qual a pessoa ouve um som como dois, de diferentes tons.

diplegia /daɪˈpliːdʒə/ diplegia: paralisia de partes correspondentes de cada lado do corpo, por exemplo, paralisia dos dois braços. Compare com **hemiplegia**.

diplegic /daɪˈpliːdʒɪk/ diplégico: relativo à diplegia.

diplo- /dɪpləʊ/ diplo-: forma combinante que significa duas vezes maior, duplo. Nota: antes de vogais usa-se **dipl-**.

diplococcus /ˌdɪpləʊˈkɒkəs/ diplococo: bactéria que normalmente ocorre em pares, como resultado de divisão celular incompleta, por exemplo, um pneumococo. Plural: **diplococci**.

diploe /ˈdɪpləʊiː/ díploe: camada central de um osso esponjoso, constituída de medula óssea vermelha, entre as lâminas compactas interna e externa do crânio.

diploid /ˈdɪplɔɪd/ diplóide: relativo a células que contêm dois conjuntos de cromossomos, exceto os cromossomos sexuais. Em humanos, o número diplóide de cromossomos é 46.

diplopia /dɪˈpləʊpɪə/ diplopia: condição em que a pessoa percebe os objetos duplicados. ☑ **double vision**. Compare com **polyopia**.

dipsomania /ˌdɪpsəʊˈmeɪnɪə/ dipsomania: desejo incontrolável de ingerir bebida alcoólica.

direct contact /dɪˌrekt ˈkɒntækt/ contato direto: situação na qual alguém ou alguma coisa tem contato físico com pessoa ou objeto infectado.

directions /daɪˈrekʃənz/ instruções: ◊ (frasco de remédio etc.) **directions for use:** instruções de uso: indicações de como e em que quantidade uma medicação deve ser usada.

director /daɪˈrektə/ diretor: instrumento usado com um bisturi para limitar uma incisão.

dis- /dɪs/ dis-: forma combinante que significa **1** desagregação ou reversão. **2** remoção de. **3** restrição ou privação.

disability /ˌdɪsəˈbɪlɪti/ incapacidade: condição na qual parte do corpo não funciona da maneira correta, tornando algumas tarefas difíceis ou impossíveis. Veja também **learning disability**.

> ...disability – any restriction or lack (resulting from an impairment) of ability to perform an activity in the manner or within the range considered normal for a human being. / "incapacidade – qualquer restrição ou privação (resultante de um dano) na capacidade de realizar uma tarefa da maneira, ou dentro da extensão, considerada normal para um ser humano." (*World Health Organization*)

disable /dɪsˈeɪb(ə)l/ incapacitar; aleijar: tornar alguém incapaz de exercer uma atividade. *He was disabled by a lung disease.* / Ele ficou incapacitado por causa de uma doença pulmonar.

disabled /dɪsˈeɪb(ə)ld/ incapacitado: pessoa que, por causa de incapacidade física ou mental, não consegue exercer determinadas tarefas.

Disabled Living Foundation /dɪsˌeɪb(ə)ld ˈlɪvɪŋ faʊnˌdeɪʃ(ə)n/ Fundação Assistencial aos Incapacitados: instituição de caridade cujo objetivo é ajudar pessoas incapacitadas a terem uma vida independente.

disablement /dɪsˈeɪb(ə)lmənt/ incapacidade; invalidez: condição que torna algumas tarefas difíceis ou impossíveis.

disabling disease /dɪsˌeɪblɪŋ dɪˈziːz/ doença incapacitante: doença que torna algumas tarefas difíceis ou impossíveis.

disarticulation /ˌdɪsɑːtɪkjuˈleɪʃ(ə)n/ desarticulação: amputação de um membro na articulação, sem cortar o osso.

disc /dɪsk/ disco: estrutura de forma achatada e redonda. Veja também **intervertebral disc**.

discharge *noun* /ˈdɪstʃɑːdʒ/ **1** descarga: a) secreção de um líquido de uma abertura. b) alta hospitalar de um paciente. **2** expelir; liberar; dar alta a: a) secretar líquido por uma abertura. *The wound discharged a thin stream of pus.* / A ferida expeliu uma fina corrente de pus. b) dar alta hospitalar a um paciente. *He was discharged from hospital last week.* / Ele recebeu alta hospitalar na semana passada. ◊ **to discharge yourself:** dar-se alta: decidir deixar o hospital e abandonar o tratamento. Nota: na acepção **2**, a pronúncia é /dɪsˈtʃɑːdʒ/.

discharge planning /ˈdɪstʃɑːdʒ ˌplænɪŋ/ planejamento de alta hospitalar: trabalho que envolve o planejamento da saída de um paciente do hospital.

discharge rate /ˈdɪstʃɑːdʒ reɪt/ taxa de alta hospitalar: registro do número de pacientes que recebem alta de uma área hospitalar específica (taxa baseada em uma população de 10.000 pacientes).

discoloration /dɪsˌkʌlə'reɪʃ(ə)n/ descoloração: alteração na cor.

discolour /dɪs'kʌlə/ desbotar(-se); manchar(-se): alterar a cor de alguma coisa. *His teeth were discoloured from smoking cigarettes.* / Os dentes dele mancharam-se por causa da fumaça dos cigarros. Nota: no inglês americano usa-se **discolor**. Observação: na fluorose, os dentes podem ficar manchados. Lábios manchados podem ser um indício de ingestão de veneno.

discomfort /dɪs'kʌmfət/ desconforto: sensação de dor leve, não intensa. *You may experience some discomfort after the operation.* / Você pode sentir algum desconforto após a operação.

discrete /dɪ'skriːt/ separado; distinto: individualizado, não unido a outro.

discrete rash /dɪˌskriːt 'ræʃ/ exantema individualizado: erupção cutânea constituída de muitas manchas separadas umas das outras.

disease /dɪ'ziːz/ doença: condição que impede o organismo de funcionar da maneira normal. *an infectious disease* / uma doença infecciosa. *She is suffering from a very serious disease of the kidneys* or *from a serious kidney disease.* / Ela está sofrendo de uma doença muito grave dos rins *ou* de uma doença renal grave. *He is a specialist in occupational diseases.* / Ele é especialista em doenças ocupacionais. Nota: o termo **disease** é usado para descrever todas as reações físicas e mentais que tornam uma pessoa doente. As doenças com características diferentes têm nomes distintos. Nota: para conhecer outros termos referentes a doenças, veja os que começam com **path-, patho-**.

diseased /dɪ'ziːzd/ doente: acometido por uma doença. *The surgeon cut away the diseased tissue.* / O cirurgião extirpou o tecido doente.

disfigure /dɪs'fɪɡə/ desfigurar; mutilar: alterar as feições de uma pessoa, desfigurando-a. *Her legs were disfigured by scars.* / As pernas dela foram desfiguradas por cicatrizes.

dish /dɪʃ/ prato: recipiente aberto e pouco profundo.

disinfect /ˌdɪsɪn'fekt/ desinfetar: tornar algo livre de microorganismos. *She disinfected the skin with surgical spirit.* / Ela desinfetou a pele com álcool cirúrgico. *All the patient's clothes have to be disinfected.* / Todas as roupas do paciente devem ser desinfetadas.

disinfectant /ˌdɪsɪn'fektənt/ desinfetante: substância que destrói microorganismos.

disinfection /ˌdɪsɪn'fekʃən/ desinfecção: destruição de microorganismos. Observação: as palavras **disinfect, disinfectant** e **disinfection** são usadas com relação a substâncias que destroem microorganismos presentes em instrumentos, objetos e pele. Substâncias que destroem microorganismos de uma infecção são chamadas de **antibiotics**.

disinfest /ˌdɪsɪn'fest/ desinfestar: eliminar insetos ou outras pragas.

disinfestation /ˌdɪsɪnfe'steɪʃ(ə)n/ desinfestação: eliminação de insetos ou outras pragas.

dislocate /'dɪsləkeɪt/ deslocar; luxar: deslocar um osso da sua posição normal na articulação, ou tornar-se deslocado. *He fell and dislocated his elbow.* / Ele caiu e deslocou o cotovelo. *The shoulder joint dislocates easily.* / A articulação do ombro desloca-se facilmente.

dislocation /ˌdɪslə'keɪʃ(ə)n/ luxação: condição na qual um osso é deslocado de sua posição normal na articulação. ☑ **luxation**.

dismember /dɪs'membə/ desmembrar: amputar um braço ou uma perna, geralmente de maneira violenta, por exemplo, em um acidente.

dismemberment /dɪs'membəmənt/ desmembramento: amputação de um membro.

disorder /dɪs'ɔːdə/ distúrbio: condição na qual parte do corpo não funciona de maneira correta. *The doctor specialised in kidney disorders.* / O médico especializou-se em distúrbios renais.

disordered /dɪs'ɔːdəd/ doente: que não está funcionando de maneira correta.

disordered action of the heart /dɪsˌɔːdəd 'æ kʃən əv ði: hɑːt/ transtorno da atividade cardíaca: ansiedade relacionada ao estado do coração, caracterizada por palpitações, dispnéia e tontura, e que é causada por esforço ou preocupação. ☑ **da Costa's syndrome; cardiac neurosis; effort syndrome**. Abreviatura: **DAH**.

disorientated /dɪs'ɔːriənˌteɪtɪd/ desorientado: estado de pessoa confusa e que perdeu o sentido de orientação.

disorientation /ˌdɪsɔːriən'teɪʃ(ə)n/ desorientação: condição na qual a pessoa sente-se confusa e perde o sentido de orientação.

dispensary /dɪ'spensəri/ dispensário: lugar em que as medicações são preparadas e distribuídas, segundo as ordens médicas, por exemplo, o consultório de um farmacêutico hospitalar ou um departamento hospitalar.

dispense /dɪ'spens/ aviar: fornecer medicamentos de acordo com a prescrição médica.

dispenser /dɪ'spensə/ farmacêutico; boticário: pessoa que fornece medicamentos de acordo com a prescrição médica, especialmente em um hospital.

dispensing optician /dɪ'spensɪŋ ɒpˌtɪʃ(ə)n/ oculista: pessoa que fabrica e vende óculos, mas que não faz exames de vista.

dispensing practice /dɪ'spensɪŋ ˌpræktɪs/ aviamento feito por médico: sistema adotado por médico que avia, ele próprio, os medicamentos que prescreve aos seus pacientes.

displace /dɪs'pleɪs/ deslocar: remover alguma coisa do seu lugar habitual.

displaced intervertebral disc /dɪsˌpleɪsd ɪntəˌvɜːtɪbr(ə)l 'dɪsk/ disco intervertebral deslocado: disco que se moveu ligeiramente, causando pressão em um nervo. ☑ **slipped disc**.

displacement /dɪs'pleɪsmənt/ deslocamento: o fato de ser removido da posição normal. *fracture of the radius together with displacement of the wrist* / fratura do rádio com deslocamento do pulso.

disposable /dɪˈspəʊzəb(ə)l/ descartável: projetado para ser descartado após o uso. *disposable syringes* / seringas descartáveis.

disposition /ˌdɪspəˈzɪʃ(ə)n/ disposição: o caráter geral ou a tendência de uma pessoa para agir de determinada maneira.

disproportion /ˌdɪsprəˈpɔːʃ(ə)n/ desproporção: falta de proporção ou harmonia entre duas coisas.

dissecans /ˈdɪsəkænz/ dissecante. Veja **osteochondritis dissecans**.

dissect /daɪˈsekt/ dissecar: cortar e separar os tecidos do corpo para análise.

dissecting aneurysm /ˌdaɪsektɪŋ ˈænjəˌrɪz(ə)m/ aneurisma dissecante: aneurisma que ocorre quando há rotura da íntima aórtica e o sangue penetra nas membranas.

dissection /daɪˈsekʃən/ dissecação: incisão e separação de partes do corpo, ou órgão, realizadas em cirurgia, autópsia ou aula médica.

> *...renal dissection usually takes from 40–60 minutes, while liver and pancreas dissections take from one to three hours. Cardiac dissection takes about 20 minutes and lung dissection takes 60 to 90 minutes.* / "a dissecação do rim leva normalmente 40 a 60 minutos, enquanto as dissecações do fígado e pâncreas levam de uma a três horas. As dissecações cardíacas levam cerca de 20 minutos, e a dissecação do pulmão, de 60 a 90 minutos." (*Nursing Time*)

disseminated /dɪˈsemɪneɪtɪd/ disseminado: amplamente espalhado pelo organismo, ou que ocorre em um órgão inteiro.

disseminated intravascular coagulation /dɪˌsemɪneɪtɪd ɪntrəˌvæskʊlə kəʊˌægjuˈleɪʃ(ə)n/ coagulação intravascular disseminada: distúrbio caracterizado por ampla formação de coágulos nos vasos sanguíneos, acompanhado de hemorragia. Abreviatura: **DIC**.

disseminated lupus erythematosus /dɪˌse mɪneɪtd ˌluːpəs ˌerɪθiːməˈtəʊsɪs/ lúpus eritematoso disseminado: doença inflamatória com placas eritematosas violáceas, associada a alterações disseminadas no sistema nervoso central, no sistema cardiovascular e em muitos órgãos. Abreviatura: **DLE**.

disseminated sclerosis /dɪˌsemɪneɪtd skləˈrə ʊsɪs/ esclerose disseminada. ⇨ **multiple sclerosis**.

dissemination /dɪˌsemɪˈneɪʃ(ə)n/ disseminação: o ato de espalhar-se pelo corpo todo.

dissociate /dɪˈsəʊsɪeɪt/ dissociar: **1** separar partes ou funções. **2** em psiquiatria, processo inconsciente em que se separa parte da mente consciente do resto dos pensamentos.

dissociated anaesthesia /dɪˌsəʊsiˌeɪtd ˌænəs ˈθiːziə/ anestesia dissociada: perda de sensibilidade à temperatura (calor, frio) e à dor, sem perda do tato.

dissociation /dɪˌsəʊʃiˈeɪʃ(ə)n/ dissociação: **1** separação de partes ou funções. **2** (psiquiatria) condição na qual parte da consciência separa-se do resto dos pensamentos, tornando-se independente.

dissociative disorder /dɪˈsəʊsiətɪv dɪsˌɔːdə/ distúrbio dissociativo: neurose histérica em que a pessoa apresenta alterações mentais, tais como múltipla personalidade ou amnésia, em vez de alterações físicas.

dissolve /dɪˈzɒlv/ dissolver: absorver ou dispersar alguma coisa em um líquido. *The gut used in sutures slowly dissolves in the body fluids.* / O categute usado em suturas dissolve-se vagarosamente nos líquidos corporais.

distal /ˈdɪst(ə)l/ distal: situado longe do centro do corpo.

distal convoluted tubule /ˌdɪst(ə)l ˌkɒnvəluː tɪd ˈtjuːbjuːl/ túbulo convoluto distal: parte convoluta distal do túbulo renal ascendente.

Distalgesic /ˌdɪst(ə)lˈdʒiːzɪk/ Distalgesic: o nome comercial do analgésico coproxamol.

distal interphalangeal joint /ˌdɪst(ə)l ˌɪntə fəˈlændʒiəl ˌdʒɔɪnt/ articulação interfalangiana distal: articulação próxima à extremidade dos dedos das mãos ou dos pés. Abreviatura: **DIP**.

distally /ˈdɪst(ə)li/ a (grande) distância: colocado longe do centro ou do lugar de origem. Oposto de **proximally**. Veja ilustração em **Termos Anatômicos**, no Apêndice.

distal phalanges /ˌdɪst(ə)l fəˈlændʒiːz/ falanges distais: os ossos mais próximos à extremidade dos dedos das mãos ou dos pés.

distended /dɪˈstendɪd/ distendido: aumentado pela ação de um gás, como o ar, por um líquido, como a urina, ou por um sólido.

distended bladder /dɪˌstendɪd ˈblædə/ bexiga distendida: bexiga que está cheia de urina.

distension /dɪsˈtenʃən/ distensão: o estado de algo que está distendido ou inchado. *Distension of the veins in the abdomen is a sign of blocking of the portal vein.* / A distensão das veias abdominais é um indício de bloqueio da veia portal.

distichiasis /ˌdɪstɪˈkaɪəsɪs/ distiquíase: fileira acessória de cílios, que algumas vezes crescem nas glândulas meibonianas.

distil /dɪˈstɪl/ destilar: separar as partes componentes de um líquido pela fervura e condensação de vapor.

distillation /ˌdɪstɪˈleɪʃ(ə)n/ destilação: a ação de destilar um líquido.

distilled water /dɪˌstɪld ˈwɔːtə/ água destilada: água livre de organismos pela destilação.

distort /dɪˈstɔːt/ distorcer; deformar: torcer alguma coisa de forma incomum. *His lower limbs were distorted by the disease.* / Os membros inferiores dele estavam deformados pela doença.

distortion /dɪˈstɔːʃ(ə)n/ distorção: o ato de torcer parte do corpo para fora da posição normal.

distraction /dɪˈstrækʃən/ distração: **1** algo que desvia a atenção da pessoa para outra coisa. **2** estado de grande aflição emocional e mental.

distress /dɪˈstres/ sofrimento; angústia: sofrimento causado por dor ou preocupação. *mental distress* / sofrimento mental.

district general hospital /ˌdɪstrɪkt ˌdʒen(ə)rəl 'hɒspɪt(ə)l/ hospital geral distrital: hospital que atende a população de um bairro específico.

district nurse /ˌdɪstrɪkt 'nɜːs/ enfermeira distrital: enfermeira que visita e trata pessoas em suas casas.

disturb /dɪ'stɜːb/ perturbar; interromper; incomodar: **1** interromper o que uma pessoa está fazendo. *Her sleep was disturbed by the other patients in the ward.* / O sono dela foi interrompido pelos outros pacientes da enfermaria. **2** aborrecer ou preocupar uma pessoa.

disturbed /dɪ'stɜːbd/ perturbado; transtornado: acometido por um distúrbio mental. *severely disturbed children* / crianças com transtornos muito graves.

disulfiram /daɪ'sʌlfɪræm/ dissulfiram: droga para o tratamento do alcoolismo; causa náuseas muito fortes quando é usada concomitantemente com bebida alcoólica.

dithranol /'dɪθrənɒl/ ditranol: droga antiinflamatória usada no tratamento de dermatite e psoríase.

diuresis /ˌdaɪjʊ'riːsɪs/ diurese: aumento na produção de urina.

diuretic /ˌdaɪjʊ'retɪk/ diurético: que, ou o que faz os rins produzirem mais urina. Os diuréticos são usados no tratamento de edema e hipertensão.

diurnal /daɪ'ɜːn(ə)l/ diurno: **1** que acontece durante o dia. **2** que acontece todos os dias.

divarication /daɪˌværɪ'keɪʃ(ə)n/ divaricação; bifurcação: **1** separação em ramos bem estendidos. **2** ponto no qual uma estrutura se ramifica ou divide.

divergence /daɪ'vɜːdʒəns/ divergência: **1** condição na qual um olho aponta para um objeto, enquanto o outro não o faz. **2** movimentação ou deslocamento em direções diferentes. **3** diferença entre duas quantidades, principalmente onde não é esperada. **4** desvio dos padrões de um comportamento típico ou de um desejo expresso.

divergent strabismus /daɪˌvɜːdʒənt strə'bɪz məs/ estrabismo divergente: condição na qual os olhos de uma pessoa divergem. ☑ **divergent squint**; **exotropia**. Oposto de **convergent strabismus**.

divergent squint /daɪˌvɜːdʒənt skwɪnt/ exotropia. ⇨ **divergent strabismus**.

diverticular disease /ˌdaɪvə'tɪkjʊlə dɪˌziːz/ doença diverticular: doença do intestino grosso, em que o cólon se expande, formando divertículos nas paredes e causando dor na parte inferior do abdome.

diverticulitis /ˌdaɪvətɪkjʊ'laɪtɪs/ diverticulite: inflamação dos divertículos formados nas paredes do cólon.

diverticulosis /ˌdaɪvətɪkjʊ'ləʊsɪs/ diverticulose: doença na qual há formação de divertículos no intestino, porém sem inflamação. No intestino delgado, pode levar à síndrome da alça cega.

diverticulum /ˌdaɪvə'tɪkjʊləm/ divertículo:

pequeno saco ou bolsa que se desenvolve nas paredes do intestino ou de outro órgão. Plural: **diverticula**.

division /dɪ'vɪʒ(ə)n/ divisão: a ação de cortar ou dividir em partes.

divulsor /dɪ'vʌlsə/ divulsor: instrumento cirúrgico usado para forçar a dilatação de uma cavidade ou canal.

dizygotic /ˌdaɪzaɪ'ɡɒtɪk/ dizigótico: que se desenvolveu a partir de dois zigotos separados.

dizygotic twins /ˌdaɪzaɪɡɒtɪk 'twɪnz/ gêmeos dizigóticos: gêmeos não idênticos, e nem sempre do mesmo sexo, porque se desenvolveram a partir de dois zigotos separados. Também chamados de **fraternal twins**.

dizziness /'dɪzɪnəs/ tontura: sensação que a pessoa tem de que os objetos que a circundam apresentam um movimento giratório, porque houve um distúrbio do equilíbrio.

dizzy /'dɪzɪ/ tonto; zonzo; vertiginoso: pessoa que tem a sensação de que os objetos circundantes apresentam um movimento oscilatório, porque houve um distúrbio do equilíbrio. *The ear infection made her feel dizzy for some time afterwards.* / A infecção do ouvido fez com que ela se sentisse zonza durante algum tempo mais tarde. *He experiences dizzy spells.* / Ele tem acessos de vertigem.

dl abreviatura de **decilitre**.

DLE abreviatura de **disseminated lupus erythematosus**.

dm abreviatura de **decimetre**.

DMD (inglês americano) abreviatura de **doctor of dental medicine**: doutor em medicina dentária.

DNA abreviatura de **deoxyribonucleic acid**: ácido deoxirribonucléico, um dos ácidos nucléicos, o material genético básico presente no núcleo de cada célula. Veja também **RNA**.

DNA fingerprint impressões digitais do DNA. ⇨ **genetic fingerprint**.

DNA fingerprinting impressões digitais do DNA. ⇨ **genetic fingerprinting**.

DNR abreviatura de **do not resuscitate**.

DOA abreviatura de **dead on arrival**.

dobutamine /dəʊ'bjuːtəmiːn/ dobutamina: droga usada para estimular o coração.

doctor /'dɒktə/ doutor: **1** pessoa treinada em medicina e qualificada para examinar pessoas doentes, a fim de descobrir o que há de errado com elas e prescrever um tratamento. **2** título dado à pessoa qualificada, que é registrada no Conselho Geral de Medicina. Abreviatura: **Dr.**, usada antes de nomes próprios. Observação: no Reino Unido, os cirurgiões não são tradicionalmente chamados de "Doutor", mas de "Sr.", "Sra.". O título de "Doutor" também é usado quando se dirige a pessoas com diploma universitário de outra profissão não relacionada à medicina. Assim, o Dr. Jones pode ter um diploma universitário em música ou qualquer outro assunto sem nenhuma ligação com a medicina.

doctor-assisted suicide /ˌdɒktə əˌsɪstɪd ˈsuː-ɪsaɪd/ suicídio médico-assistido: o suicídio de pessoa com doença incurável, praticado com a ajuda de um médico. Nota: a prática é ilegal na maioria dos países.

doctor of dental medicine /ˌdɒktə əv ˈden t(ə)l ˈmed(ə)s(ə)n/ doutor em medicina dentária. Abreviatura: **DMD**.

doctor of dental surgery /ˌdɒktə əv ˈden t(ə)l ˈsɜːdʒəri/ doutor em cirurgia dentária. Abreviatura **DDS**.

Döderlein's bacillus /ˈdɜːdələɪnz bəˌsɪlʌs/ bacilo de Döderlein: uma bactéria normalmente encontrada na vagina. (O nome se deve a Albert Siegmund Gustav Döderlein [1860–1941], ginecologista e obstetra alemão.)

dolicho- /dɒlɪkəʊ/ dolic(o)-: longo, comprido, largo.

dolichocephalic /ˌdɒlɪkəʊseˈfælɪk/ dolicocefálico: relativo à pessoa que tem a cabeça demasiadamente longa.

dolichocephaly /ˌdɒlɪkəʊˈsefəli/ dolicocefalia: condição em que a pessoa tem a cabeça demasiadamente longa, sendo o índice cefálico inferior a 75%.

dolor /ˈdɒlə/ dor: sensação desagrafável; dor.

dolorimetry /ˌdɒləˈrɪmətri/ dolorimetria: medida da dor.

dolorosa /ˌdɒləˈrəʊsə/ dolorosa. Veja **adiposis dolorosa**.

domiciliary /ˌdɒmɪˈsɪliəri/ domiciliar: em casa.

domiciliary care /ˌdɒmɪˈsɪliəri keə/ cuidados domiciliares: cuidados pessoais, domésticos ou de enfermagem, prestados na casa da pessoa que deles necessitam.

domiciliary midwife /ˌdɒmɪsɪliəri ˈmɪdwaɪf/ parteira domiciliar: enfermeira que possui treinamento em obstetrícia e ajuda mulheres a terem seus filhos em casa.

domiciliary services /ˌdɒmɪˈsɪliəri ˈsɜːvɪsɪz/ serviços domiciliares: serviços de enfermagem prestados às pessoas em seus lares.

domiciliary visit /ˌdɒmɪsɪliəri ˈvɪzɪt/ visita domiciliar: visita a um paciente em casa.

dominance /ˈdɒmɪnəns/ dominância: característica de um gene (alelo) de se manifestar em todos os casos: no homozigoto e no heterozigoto.

dominant /ˈdɒmɪnənt/ dominante: **1** importante ou poderoso. **2** (alelo): que manifesta seu efeito quer esteja presente no caso homozigoto quer no heterozigoto. Compare com **recessive**. Observação: uma vez que os traços físicos são determinados por dois genes, se um é recessivo e o outro, dominante, o traço dominante será o do gene dominante.

domino booking /ˈdɒmɪnəʊ ˌbʊkɪŋ/ contrato dominó: arranjo para que o nascimento do bebê aconteça no hospital, mas seja feito por uma parteira, voltando a mãe e a criança, pouco tempo depois, para casa.

Donald-Fothergill operation /ˌdɒnəld ˈfɒðə-gɪl ɒpəˌreɪʃ(ə)n/ operação de Donald-Fothergill: operação para fechar o colo da vagina.

donate /dəʊˈneɪt/ doar: concordar em doar sangue, tecidos, órgãos ou material reprodutivo para ser usado no tratamento de outra pessoa.

donor /ˈdəʊnə/ doador: pessoa que doa sangue, tecidos, órgãos ou material reprodutivo para ser usado no tratamento de outra pessoa.

donor card /ˈdəʊnə kɑːd/ cartão de doador: cartão que fica em poder da pessoa, dando permissão para que, após sua morte, seus órgãos sejam transplantados em outra(s) pessoa(s).

donor insemination /ˌdəʊnə ɪnsemɪˈneɪʃ(ə)n/ inseminação artificial doadora: inseminação artificial que usa o esperma de um doador anônimo. Abreviatura: **DI**. ☑ **artificial insemination by donor**.

do not resuscitate /dəʊ nɒt rɪˈsʌsɪteɪt/ não ressuscitar. Abreviatura: **DNR**.

dopa /ˈdəʊpə/ dopa: substância química relacionada à adrenalina e dopamina. Ocorre naturalmente no organismo e, na forma de levodopa, é usada no tratamento da doença de Parkinson.

dopamine /ˈdəʊpəmiːn/ dopamina: substância encontrada na medula das glândulas adrenais, que também age como um neurotransmissor. A falta de dopamina é associada à doença de Parkinson.

dopaminergic /ˌdəʊpəmɪˈnɜːdʒɪk/ dopaminérgico: referente a um neurônio ou receptor estimulado por dopamina.

Doppler transducer /ˈdɒplə trænzˌdjuːsə/ transdutor de Doppler: aparelho para medir o volume do fluxo sanguíneo, comumente usado para monitorar a freqüência cardíaca do feto.

Doppler ultrasound /ˌdɒplə ˈʌltrəsaʊnd/ ultra-som de Doppler: uso do efeito Doppler em ultra-som para detectar a presença de eritrócitos.

Doppler ultrasound flowmeter /ˌdɒplə ˌʌl trəsaʊnd ˈfləʊmiːtə/ fuxímetro para ultra-som de Doppler: aparelho para medir o volume do fluxo sanguíneo e verificar se ele está uniforme ou irregular, o que permite que sejam detectadas anormalidades ou bloqueios.

dormant /ˈdɔːmənt/ dormente: inativo durante algum tempo. *The virus lies dormant in the body for several years.* / O vírus fica dormente no organismo durante vários anos.

dorsal /ˈdɔːs(ə)l/ dorsal: **1** referente às costas. **2** oposto de **ventral**.

dorsal vertebrae /ˌdɔːs(ə)l ˈvɜːtɪbreɪ/ vértebras dorsais: as doze vértebras localizadas nas costas, entre as vertebras cervicais e as lombares.

dorsi- /ˈdɔːsi/ dors(i/o)-: referente às costas. ⇨ **dorso-**

dorsiflexion /ˌdɔːsɪˈflekʃən/ dorsiflexão: torção de uma parte do corpo para trás, por exemplo, torção do pé, com encurvamento do tornozelo. Compare com **plantar flexion**.

dorso- /ˈdɔːsəʊ/ dors(i/o)-. ⇨ **dorsi-**.

dorsoventral /ˌdɔ:səʊˈventrəl/ dorsoventral: **1** (corpo) referente tanto à frente quanto às costas. **2** (corpo) que se estende das costas para a frente.

dorsum /ˈdɔ:səm/ dorso: a parte posterior do corpo. Plural: **dorsa**.

dosage /ˈdəʊsɪdʒ/ dosagem: administração de uma droga na quantidade prescrita pelo médico. *a low dosage* / uma dosagem baixa. *The doctor decided to increase the dosage of antibiotics.* / O médico decidiu aumentar a dosagem dos antibióticos. *The dosage for children is half that for adults.* / A dosagem para crianças é metade da dosagem de adultos.

dose /dəʊs/ **1** dose: a) quantidade de uma droga a ser tomada, ou quantidade de radiação a ser aplicada em uma pessoa. *It is dangerous to exceed the prescribed dose.* / É perigoso exceder a dose prescrita. b) (informal) período curto de uma doença sem gravidade. *a dose of flu* / uma dose de resfriado. c) infecção causada por doença sexualmente transmissível. **2** (informal) medicar: dar remédio a uma pessoa, ou auto-administrar um remédio. *She has been dosing herself with laxatives.* / Ela está se automedicando com laxantes.

dosimeter /dəʊˈsɪmɪtə/ dosímetro: instrumento que mede a quantidade de raios X ou de outra radiação recebida.

dosimetry /dəʊˈsɪmətri/ dosimetria: o ato de medir a quantidade de raios X ou de outra radiação recebida, usando um dosímetro.

double-blind randomised controlled trial /ˌdʌb(ə)l blaɪnd ˌrændəmaɪzd kənˌtrəʊld ˈtraɪəl/ experiência controlada randomizada duplo-cega: experiência cujo objetivo é testar novos tratamentos, na qual os pacientes são distribuídos de modo aleatório para o grupo experimental ou para o grupo controle. O conhecimento sobre a alocação do paciente no grupo de controle ou experimental é ocultado tanto do paciente quanto do médico.

double blind study /ˌdʌb(ə)l ˈblaɪnd ˌstʌdi/ estudo duplo-cego: investigação para testar uma intervenção, na qual o conhecimento sobre se o paciente está recebendo droga ativa ou placebo é ocultado tanto do paciente quanto do médico.

double-jointed /ˌdʌb(ə)l ˈdʒɔɪntɪd/ (informal) com dupla articulação: capaz de flexionar as articulações de uma maneira incomum.

double pneumonia /ˌdʌb(ə)l njuːˈməʊniə/ pneumonia dupla. ⇨ **bilateral pneumonia**.

double uterus /ˌdʌb(ə)l ˈjuːt(ə)rəs/ útero duplo: condição na qual o útero é dividido em duas partes por uma membrana. ☑ **uterus didelphys**. Veja também **dimetria**.

double vision /ˌdʌb(ə)l ˈvɪʒ(ə)n/ (informal) visão dupla. ⇨ **diplopia**.

douche /duːʃ/ ducha: volume de líquido projetado em uma cavidade, para lavá-la, ou instrumento usado para lavar uma cavidade.

Douglas bag /ˈdʌgləs bæg/ bolsa de Douglas: grande bolsa para coleta de ar expirado pelos pulmões, permitindo a medição do seu volume.

Douglas' pouch /ˈdʌgləsɪz pautʃ/ fundo de saco de Douglas: fundo de saco peritoneal localizado adiante do reto.

douloureux /ˌduːluːˈrɜː/ doloroso. Veja **trigeminal neuralgia; tic douloureux**.

down below /daʊn bɪˈləʊ/ (informal) lá embaixo: maneira polida de se referir à área genital.

Down's syndrome /ˈdaʊnz ˌsɪndrəʊm/ síndrome de Down: condição de retardamento mental devida à existência de um cromossomo suplementar no par de cromossomos 21, na qual o bebê nasce com os olhos puxados e oblíquos com epicanto, face redonda e achatada, dificuldades na fala e, normalmente, alguma dificuldade de aprendizado. ☑ **trisomy 21**. (Descrita em 1866 por John Langdon Haydon Down [1828–1896], médico inglês do Normansfield Hospital, Teddington, Reino Unido.)

downstairs /daʊnˈsteəz/ (informal) lá embaixo: maneira polida de se referir à área genital.

down there /daʊn ðeə/ lá embaixo: maneira polida de se referir à área genital.

doxepin /ˈdɒksɪpɪn/ doxepina: droga usada como sedativo e antidepressivo.

doxycycline /ˌdɒksiˈsaɪkliːn/ doxiciclina: antibiótico derivado da tetraciclina, de amplo uso medicinal.

doze /dəʊz/ cochilar: dormir levemente por pouco tempo.

dozy /ˈdəʊzi/ sonolento. *These antihistamines can make you feel dozy.* / Estes anti-histamínicos podem fazer com que você se sinta sonolento.

DPT abreviatura de **diphtheria, whooping cough, tetanus**.

DPT immunisation /ˌdi: pi: ˈti: ˌɪmjʊnaɪˈzeɪʃ(ə)n/ imunização contra difteria, coqueluche e tétano. ⇨ **DPT vaccine**.

DPT vaccine /ˌdi: pi: ˈti: ˌvæksiːn/ vacina antidiftérica, antipertussis e antitetânica: vacina combinada ou imunização contra três doenças: difteria, coqueluche (pertussis) e tétano. ☑ **DPT immunisation**.

Dr abreviatura de **doctor**.

drachm /dræm/ dracma: medida usada em farmácia, correspondente a 3,8 g ou 3,7 ml.

dracontiasis /ˌdrækɒnˈtaɪəsɪs/ dracontíase; dracunculose: doença tropical causada pelo verme da Guiné, *Dracunculus medinensis,* que penetra no corpo por meio de água potável contaminada, causando tumores subcutâneos, freqüentemente levando à artrite secundária, fibrose e celulite.

Dracunculus /drəˈkʌŋkjʊləs/ *Dracunculus:* parasita que penetra no corpo, causando tumores subcutâneos. A infecção freqüentemente leva à artrite secundária, fibrose e celulite. ☑ **guinea worm**.

dragee /dræˈʒeɪ/ drágea: pípula ou comprimido envolvido com uma camada de açúcar.

drain /dreɪn/ **1** dreno: tubo para retirar líquido de uma cavidade do corpo. **2** drenar: retirar líquido de uma cavidade do corpo. *an operation* *to drain the sinus* / uma operação para drenar os seios (etmoidais, frontais etc.). *They drained the pus from the abscess.* / Eles drenaram o pus do abscesso.

drainage /'dreɪnɪdʒ/ drenagem: remoção de líquido do lugar de uma operação, ou de pus de um abscesso, por meio de um tubo (dreno).

drape /dreɪp/ cortina: tecido leve usado para cobrir pessoas que estão sendo preparadas para uma cirurgia, deixando descoberto o lugar da operação.

draw /drɔː/ aspirar; tirar: aspirar líquidos, tais como sangue, pus ou água, de uma ferida ou incisão.

drawn /drɔːn/ cansado; abatido: que parece fatigado e atormentado, normalmente por causa de ansiedade, mágoa ou doença.

draw-sheet /'drɔː ʃiːt/ (hospital) meio-lençol: lençol estreito colocado no leito, sob o paciente, com uma faixa de borracha por baixo, que ajuda a movimentar o paciente ou a trocar a roupa suja da cama. Veja também **sheet**.

drepanocyte /'drepənəʊsaɪt/ drepanócito. ⇨ **sickle cell**.

drepanocytosis /ˌdrepənəʊsaɪ'təʊsɪs/ drepanocitose. ⇨ **sickle-cell anaemia**.

dress /dres/ medicar (ferimentos); vestir: **1** limpar e cobrir um ferimento. *Nurses dressed the wounds of the accident victims.* / As enfermeiras medicaram os ferimentos das vítimas do acidente. **2** vestir-se, ou vestir alguém.

dresser /'dresə/ assistente cirúrgico: pessoa que presta auxílio a um cirurgião nas operações, normalmente fazendo curativo (*dressing*) nas feridas.

dressing /'dresɪŋ/ curativo: material, como uma atadura, usado para proteger feridas. *The patient's dressings need to be changed regularly.* / Os curativos do paciente precisam ser trocados regularmente.

dribble /'drɪb(ə)l/ salivar; gotejar; escoar: deixar um líquido escorrer vagarosamente de uma abertura, principalmente saliva.

dribbling /'drɪblɪŋ/ salivação; gotejamento: **1** o ato de salivar. **2** (informal) ⇨ **incontinence**.

drill /drɪl/ **1** broca; furadeira: instrumento que faz um movimento rotatório muito rápido, possibilitando a abertura de um orifício, principalmente um instrumento cirúrgico usado em odontologia para remover cáries. **2** brocar; furar: fazer orifício com uma broca. *A small hole is drilled in the skull.* / Faz-se, no cérebro, um pequeno orifício com uma broca. *The dentist drilled one of her molars.* / O dentista brocou um dos dentes molares dela.

Drinker respirator /'drɪŋkə ˌrespɪreɪtə/ respirador de Drinker: máquina metálica que envolve todo o corpo da pessoa, exceto a cabeça, e que induz à respiração artificial. ☑ **iron lung**.

drip /drɪp/ gotejamento; drip: instilação intravenosa vagarosa e contínua, em que um recipiente contendo líquido (soro fisiológico ou outra solu-

ção) é colocado em nível superior à cabeça do paciente, permitindo que o líquido flua vagarosamente por um tubo conectado a uma agulha inserida na veia ou no estômago. *After her operation, the patient was put on a drip.* / Após a operação, a paciente foi colocada em um *drip*.

drip feed /'drɪp fiːd/ alimentação por gotejamento: um *drip* contendo nutrientes.

drop /drɒp/ **1** gota; queda: a) pequena quantidade de líquido. b) redução súbita ou falha na quantidade de alguma coisa. *a drop in pressure* / uma queda na pressão. c) **drops** (gotas): medicação líquida para os olhos, nariz ou ouvido, administrada com conta-gotas. **2** diminuir; decair; abaixar: a) diminuir, ou causar a diminuição de alguma coisa. *Pressure in the artery dropped suddenly.* / A pressão arterial abaixou subitamente. b) diminuir subitamente.

drop attack /'drɒp əˌtæk/ ataque por queda: condição caracterizada por queda súbita, sem que a pessoa perca a consciência, provavelmente causada por espondilose cervical.

droperidol /drɒ'perɪdɒl/ droperidol: droga pré-anestésica, usada para diminuir a ansiedade do paciente antes da cirurgia.

drop foot /'drɒp fʊt/ queda do pé: fraqueza dos músculos do pé e do tornozelo, na qual o pé cai, arrastando os artelhos no solo.

droplet /'drɒplət/ gotícula: uma quantidade muito pequena de líquido.

droplet infection /'drɒplət ɪnˌfekʃən/ infecção por perdigoto: infecção adquirida pela inalação de gotículas contendo vírus, por exemplo, de um espirro.

drop off /ˌdrɒp 'ɒf/ (informal) **1** adormecer: pegar no sono. **2** cair: diminuir gradualmente.

dropper /'drɒpə/ conta-gotas: dispositivo de vidro ou plástico, com uma ampola de borracha na extremidade, com o qual se pingam gotas de um líquido.

dropsy /'drɒpsi/ (forma antiquada) hidropsia. ⇨ **oedema**.

drop wrist /drɒp 'rɪst/ punho caído: paralisia dos músculos extensores, em que as mãos ficam caídas.

drown /draʊn/ afogar: sufocamento e morte como resultado do enchimento dos pulmões com líquido.

drowning /'draʊnɪŋ/ afogamento: sufocamento e morte como resultado do enchimento dos pulmões com líquido.

drowsiness /'draʊzinəs/ sonolência. *The medicine is likely to cause drowsiness.* / O remédio pode causar sonolência.

drowsy /'draʊzi/ sonolento. *The injection will make you feel drowsy.* / A injeção fará com que se sinta sonolento.

drug /drʌg/ droga: **1** substância química natural ou sintética, que é usada em medicina e afeta o funcionamento dos órgãos e tecidos. *She was prescribed a course of pain-killing drugs.* / Foi prescrita a ela uma série de medicamentos para acalmar a dor. *The drug is being monitored for possible side-effects.* / A droga está sendo monitorada para a verificação de possíveis efeitos colaterais. **2** substância que se consome para diversão pessoal, e que produz um forte efeito nas sensações e no estado de espírito. *recreational drug* / medicamento recreativo. *controlled drugs* / drogas controladas. Observação: há três classes de drogas controladas: drogas Classe A, tais como cocaína, heroína, *crack* e LSD; drogas Classe B, tais como anfetaminas e codeína; e drogas Classe C, tais como maconha e benzofetamina. As drogas abrangem cinco esquemas, de acordo com o *Misuse of Drugs Regulations* (Normas Quanto ao Uso Abusivo de Drogas): **Esquema 1**: drogas que não são usadas em medicina, tais como maconha e LSD, cuja posse e fornecimento são proibidos; **Esquema 2**: drogas que são usadas em medicina, tais como heroína, morfina, cocaína, e anfetaminas; essas drogas são totalmente controladas, no que diz respeito aos médicos, tendo armazenamento seguro (em farmácias), registro de vendas etc.; **Esquema 3**: barbitúricos, que são controlados no que diz respeito às prescrições; **Esquema 4**: benzodiazepínicos, que são controlados no que diz respeito ao registro dos compradores; **Esquema 5**: outras substâncias, cujas faturas de compra devem ser guardadas.

drug abuse /'drʌg əˌbjuːs/ uso abusivo de drogas. Veja **substance abuse**.

drug abuser /'drʌg əˌbjuːzə/ que faz uso abusivo de drogas: pessoas que usam drogas regularmente, não para fins médicos.

drug addict /'drʌg ˌædɪkt/ viciado em drogas: pessoa que é física e psiquicamente dependente de uma droga. *a heroin addict* / viciado em heroína. *a morphine addict* / viciado em morfina.

drug addiction /'drʌg əˌdɪkʃən/ vício em drogas: o fato de ser física e psiquicamente dependente de uma droga. ☑ **drug dependence**.

drug allergy /'drʌg ˌælədʒi/ alergia à droga: reação a uma medicação específica.

drug dependence /'drʌg dɪˌpendəns/ dependência de droga. ⇨ **drug addiction**.

drug-related /'drʌg rɪˌleɪtɪd/ relacionado a droga: associado com a ingestão de drogas.

drug tolerance /'drʌg ˌtɒlərəns/ tolerância à droga: condição na qual o organismo não reage à ação da droga, por esta ter sido administrada durante um período prolongado, necessitando de aumento na dose.

drunk /drʌŋk/ bêbado: intoxicado pela ingestão de grandes quantidades de álcool.

dry /draɪ/ **1** seco: a) não molhado. *The surface of the wound should be kept dry.* / A parte exterior do ferimento deve ser mantida seca. b) que contém pouca umidade. *She uses a cream to soften her dry skin.* / Ela usa um creme para amaciar a pele seca. **2** secar: retirar a umidade de alguma coisa.

dry beriberi /ˌdraɪ beriˈberi/ beribéri seco: beribéri associado à perda de sensações e paralisia.

dry burn /ˌdraɪ ˈbɜːn/ queimadura seca: lesão provocada na pele pelo contato com uma superfície seca muito quente.

dry drowning /ˌdraɪ ˈdraʊnɪŋ/ afogamento seco: morte na qual as vias respiratórias ficam contraídas por água, embora a pessoa não tenha inalado este líquido.

dry-eye syndrome /draɪ ˈaɪ ˌsɪndrəʊm/ síndrome do olho seco. ⇨ **xerosis**.

dry gangrene /ˌdraɪ ˈgæŋgriːn/ gangrena seca: forma de gangrena na qual o suprimento de sangue para os membros é interrompido e os tecidos se tornam secos e escuros.

dry ice /ˌdraɪ ˈaɪs/ gelo seco: dióxido de carbono solidificado.

dryness /'draɪnəs/ secura; sequidão: condição do que é seco. *dryness in the eyes, accompanied by rheumatoid arthritis* / secura nos olhos, acompanhada por artrite reumatóide. *She complained of dryness in her mouth.* / Ela queixou-se de secura na boca.

dry out /ˌdraɪ ˈaʊt/ secar(-se) completamente: **1** ⇨ **dry** (acepção 2). **2** (informal) ministrar a alguém tratamento para o alcoolismo, ou submeter-se a tratamento alcoólico.

dry socket /ˌdraɪ ˈsɒkɪt/ alvéolo seco: inflamação que ocorre no alvéolo do dente após uma extração dentária.

DTC abreviatura de **diagnostic and treatment centre**.

DTs abreviatura de **delirium tremens**.

Dual Energy X-Ray Absorptiometry /djuəl ˈenədʒi ˈeks ˌreɪ əbˈsɔːpʃəmɪtri/ Absortância por Raios X com Emprego de Energia Dupla: técnica para avaliar alterações na densidade óssea, como na osteoporose ou na doença de Paget. Abreviatura: **Dexa scan**.

Duchenne /duːˈʃen/ Duchenne. ⇨ **Duchenne muscular dystrophy**.

Duchenne muscular dystrophy /duːˌʃen ˌmʌskjʊlə ˈdɪstrəfi/ distrofia muscular de Duchenne. ⇨ **pseudohypertrophic muscular dystrophy**; ☑ **Duchenne's muscular dystrophy**; **Duchenne**. (Descrita em 1849 por Guillaume Benjamin Arnaud Duchenne [1806–1875], neurologista francês.)

Duchenne's muscular dystrophy /duːˌʃenz ˌmʌskjʊlə ˈdɪstrəfi/ distrofia muscular de Duchenne. ⇨ **Duchenne muscular dystrophy**.

Ducrey's bacillus /duːˌkreɪz bəˈsɪləs/ bacilo de Ducrey: bactérias encontradas nos pulmões, causando cancros moles. (Descrita em 1889 por Augusto Ducrey [1860–1940], professor de dermatologia em Pisa, mais tarde em Roma, Itália.)

duct /dʌkt/ ducto: estrutura tubular que conduz líquidos, principalmente aquele que dá saída às secreções. ☑ **ductus**.

duct gland /'dʌkt glænd/ glândula com ducto. ⇨ **exocrine gland**.

ductless /'dʌktləs/ sem ducto: que não possui ducto.

ductless gland /ˌdʌktləs ˈglænd/ glândula sem ducto. ⇨ **endocrine gland**.

ductule /'dʌktjuːl/ dúctulo; canalículo: um ducto muito pequeno.

ductus /'dʌktəs/ ducto. ⇨ **duct**.

ductus arteriosus /ˌdʌktəs ɑːˌtɪəriˈəʊsəs/ ducto arterial; canal arterial: no feto, o vaso sanguíneo que liga a artéria pulmonar esquerda à aorta, impedindo, dessa forma, que o sangue vá para os pulmões.

ductus deferens /ˌdʌktəs ˈdefərənz/ ducto deferente; canal deferente: canal que secreta o esperma do epidídimo para as vesículas seminais, perto da glândula prostática. ☑ **sperm duct**; **vas deferens**. Veja ilustração em **Urogenital System (male)**, no Apêndice.

ductus venosus /ˌdʌktəs vɪˈnəʊsəs/ ducto venoso: no feto, vaso sanguíneo que liga os seios portais à veia cava inferior.

dull /dʌl/ **1** vago; impreciso: relativo a uma dor não muito forte, mas sempre presente. *She complained of a dull throbbing pain in her head.* / Ela queixou-se de uma vaga dor latejante na cabeça. *He felt a dull pain in the chest.* / Ele sentiu uma dor imprecisa no peito. **2** embotar(-se); atenuar: dar a sensação ou consciência de menos aguçado. *The treatment dulled the pain for a while.* / O tratamento atenuou a dor durante um tempo. *The drug had dulled her senses.* / A droga embotou-lhe os sentidos.

dumb /dʌm/ mudo: incapaz de falar.

dumbness /'dʌmnəs/ mutismo. ⇨ **mutism**.

dumping syndrome /'dʌmpɪŋ ˌsɪndrəʊm/ síndrome de esvaziamento rápido. ⇨ **postgastrectomy syndrome**.

duo- /djuːəʊ/ duo: forma combinante que significa dois, duas.

duoden- /djuːəʊdiːn/ duoden-: relativo ao duodeno.

duodenal /ˌdjuːəʊˈdiːn(ə)l/ duodenal: relativo ao duodeno.

duodenal papillae /djuːəʊˌdiːn(ə)l pəˈpɪliː/ papilas duodenais: pequenas projeções no local de abertura do ducto biliar e do ducto pancreático no duodeno.

duodenal ulcer /djuːəʊˌdiːn(ə)l ˈʌlsə/ úlcera duodenal: úlcera localizada no duodeno.

duodenoscope /ˌdjuːəʊˈdiːnəʊskəʊp/ duodenoscópio: instrumento usado para examinar o interior do duodeno.

duodenostomy /ˌdjuːəʊdɪˈnɒstəmi/ duodenostomia: abertura permanente feita entre o duodeno e a parede abdominal.

duodenum /ˌdjuːəˈdiːnəm/ duodeno: a primeira divisão do intestino delgado, que se estende do estômago ao jejuno. Veja ilustração em **Digestive System**, no Apêndice. Observação: o duodeno é a menor porção do intestino delgado, com cerca de 25 cm ou doze dedos (por isso, o nome) de comprimento. Ele recebe a bile da vesícula biliar e o suco pancreático do pâncreas, continuando os processos digestórios que começam na boca e no estômago.

duplex imaging /ˌdjuːpleks ˈɪmɪdʒɪŋ/ imagem dúplice: tipo de imagem, por ultra-som, que calcula a velocidade do fluxo sanguíneo.

Dupuytren's contracture /duːˌpwiːtrənz kənˈtræktʃə/ contratura de Dupuytren: doença em que a fáscia palmar torna-se mais espessa, produzindo flexão dos dedos da mão, normalmente o médio e o anular. (Descrita em 1831 pelo barão Guillaume Dupuytren [1775–1835], cirurgião francês.)

dura /'djʊərə/ dura-máter. ⇨ **dura mater**.

dural /'djʊər(ə)l/ dural: relativo à dura-máter.

dura mater /ˌdjʊərə ˈmeɪtə/ dura-máter: membrana resistente e fibrosa que envolve externamente o cérebro. ☑ **dura**; **pachymeninx**. Veja também **arachnoid**; **pia**.

duty /'djuːti/ dever; obrigação: atividades que uma pessoa tem de fazer como parte de seu trabalho. *What are the duties of a night sister?* / Quais são os deveres de uma enfermeira-chefe noturna? Plural: **duties**. ◊ **to be on duty**: estar trabalhando. *She's on duty from 2 p.m. till 10 p.m.* / Ela está trabalhando das 14 às 22 horas. ◊ **a duty of care**: requisitos exigidos: as condições necessárias para tratar um paciente de forma correta, como parte do trabalho de profissional da saúde.

duty nurse /'djuːti nɜːs/ enfermeira de plantão: enfermeira que está em serviço.

duty rota /'djuːti ˌrəʊtə/ escala de serviços: lista de obrigações que precisam ser feitas, e os nomes das pessoas encarregadas de fazê-las.

d.v.t., DVT abreviatura de **deep-vein thrombosis**.

dwarfism /'dwɔːfɪz(ə)m/ nanismo: condição de subdesenvolvimento do corpo, tornando a pessoa anormalmente pequena. Observação: o nanismo pode ser causado por acondroplasia, doença caracterizada pelo subdesenvolvimento dos ossos longos dos braços e pernas; o tronco e a cabeça do anão, porém, são do tipo médio. O nanismo pode ter outras causas, tais como raquitismo ou deficiência da glândula pituitária.

dynamic splint /daɪˌnæmɪk ˈsplɪnt/ aparelho dinâmico; aparelho ativo: aparelho que utiliza faixas elásticas para auxiliar os movimentos da pessoa.

dynamometer /ˌdaɪnəˈmɒmɪtə/ dinamômetro: instrumento para medir a força da contração muscular.

-dynia /dɪniə/ -dinia: forma combinante que significa dor.

dys- /dɪs/ dis-: forma combinante que significa dificuldade, dano.

dysaesthesia /ˌdɪsiːsˈθiːziə/ disaestesia: **1** comprometimento da sensibilidade, em particular do sentido do tato. **2** sensação desagradável de dor, quando a pele é tocada de leve.

dysarthria /dɪsˈɑːθriə/ disartria: dificuldade em pronunciar claramente as palavras, causada por lesão cerebral. ☑ **dysarthrosis**.

dysarthrosis /dɪsˈɑːθrəʊsɪs/ disartrose. ⇨ **dysarthria**.

dysbarism /ˈdɪsbɑːrɪz(ə)m/ disbarismo: qualquer distúrbio causado por diferenças entre a pressão atmosférica circundante e a pressão gasosa dos tecidos, líquidos e cavidades do corpo.

dysbasia /dɪsˈbeɪziə/ disbasia: dificuldade de caminhar, principalmente quando a doença é causada por lesão de um nervo.

dyschezia /dɪsˈkiːziə/ disquezia: dificuldade de defecar.

dyschondroplasia /ˌdɪskɒndrəʊˈpleɪziə/ discondroplasia: crescimento irregular dos ossos longos, que se tornam mais curtos do que o normal.

dyschromatopsia /ˌdɪskrəʊməˈtɒpsiə/ discromatopsia: anomalia visual em que a pessoa não consegue distinguir as cores.

dyscoria /dɪsˈkɔːriə/ discoria: 1 anormalidade da forma da pupila. 2 anormalidade na reação das pupilas.

dyscrasia /dɪsˈkreɪziə/ (forma antiquada) discrasia: qualquer estado geral doentio.

dysdiadochokinesia /ˌdɪsdaɪˌædəkəʊkaɪˈniːsiə/ disdiadococinesia: incapacidade de realizar movimentos rápidos, causada por distúrbio ou lesão do cerebelo. ☑ **dysdiadochokinesis**.

dysdiadochokinesis /ˌdɪsdaɪˌædəkəʊkaɪˈniːsɪs/ disdiadococinesia. ⇨ **dysdiadochokinesia**.

dysenteric /ˌdɪsənˈterɪk/ disentérico: relativo à disenteria.

dysentery /ˈdɪs(ə)ntri/ disenteria: infecção e inflamação do cólon, que causa diarréia, muitas vezes acompanhada de sangue. Observação: a disenteria ocorre principalmente em países tropicais. Os sintomas incluem diarréia, muitas vezes acompanhada de sangue, e dor intestinal. Há dois tipos principais de disenteria: disenteria bacilar, causada pela bactéria *Shigella* presente em alimentos contaminados, e disenteria amebiana, ou amebíase, causada pelo parasita *Entamoeba histolytica*, disseminada por meio de água potável contaminada.

dysfunction /dɪsˈfʌŋkʃən/ disfunção: funcionamento anormal de um órgão.

dysfunctional /dɪsˈfʌŋkʃən(ə)l/ disfuncional: 1 que não está funcionando ou trabalhando corretamente. 2 incapaz de se relacionar emocionalmente ou socialmente com outras pessoas.

dysfunctional uterine bleeding /dɪsˌfʌŋkʃən(ə)l ˌjuːtəraɪn ˈbliːdɪŋ/ sangramento uterino disfuncional: sangramento do útero, que tem outras causas que não a menstruação.

dysgenesis /dɪsˈdʒenəsɪs/ disgênese: desenvolvimento embrionário anormal.

dysgerminoma /dɪsˌdʒɜːmɪˈnəʊmə/ disgerminoma: tumor maligno do ovário ou testículos.

dysgraphia /dɪsˈɡræfiə/ disgrafia: dificuldade em escrever, causada por lesão cerebral.

dyskariosis /dɪsˌkæriˈəʊsɪs/ discariose: o fato de se tornar maturo de maneira defeituosa.

dyskinesia /ˌdɪskaɪˈniːziə/ discinesia: dificuldade em controlar os movimentos voluntários.

dyslalia /dɪsˈleɪliə/ dislalia: distúrbio da fala, causado por desenvolvimento defeituoso dos órgãos articuladores.

dyslexia /dɪsˈleksiə/ dislexia: distúrbio do desenvolvimento, no qual a pessoa é incapaz de ler ou escrever corretamente e confunde as letras.

dyslexic /dɪsˈleksɪk/ disléxico: 1 referente à dislexia. 2 pessoa que sofre de dislexia.

dyslipidaemia /ˌdɪslɪpɪˈdiːmiə/ dislipidemia: um desequilíbrio do metabolismo dos lipídeos.

dyslogia /dɪsˈləʊdʒə/ dislogia: nome genérico para os distúrbios da linguagem.

dysmaturity /ˌdɪsməˈtʃʊəriti/ dismaturidade: condição que afeta recém-nascidos, caracterizada por pele enrugada, unhas dos dedos das mãos e dos pés proeminentes, e gordura subcutânea relativamente ausente.

dysmenorrhoea /ˌdɪsmenəˈriːə/ dismenorréia: menstruação dolorosa.

dysostosis /ˌdɪsɒsˈtəʊsɪs/ disostose: desenvolvimento anormal dos ossos.

dyspareunia /ˌdɪspæˈruːniə/ dispareunia: na mulher, dificuldade ou dor nas relações sexuais.

dyspepsia /dɪsˈpepsiə/ dispepsia: digestão difícil, que provoca dor e desconforto estomacais.

dyspeptic /dɪsˈpeptɪk/ dispéptico: relativo à dispepsia.

dysphagia /dɪsˈfeɪdʒiə/ disfagia: dificuldade de deglutir.

dysphasia /dɪsˈfeɪziə/ disfasia: dificuldade da função da linguagem e de dispor as palavras de forma compreensível.

dysphemia /dɪsˈfiːmiə/ disfemia. ⇨ **stammering**.

dysphonia /dɪsˈfəʊniə/ disfonia: dificuldade de fonação, causada por dano às cordas vocais, ou por laringite.

dysplasia /dɪsˈpleɪziə/ displasia: anomalia de desenvolvimento dos tecidos.

dyspnoea /dɪspˈniːə/ dispnéia: dificuldade ou dor ao respirar.

dyspnoeic /dɪspˈniːɪk/ dispnéico: que sente dificuldade ou dor ao respirar.

dyspraxia /dɪsˈpræksiə/ dispraxia: dificuldade de efetuar movimentos coordenados.

dysrhythmia /dɪsˈrɪðmiə/ disritmia: distúrbio do ritmo, que afeta tanto a fala quanto os impulsos elétricos cerebrais.

dyssocial /dɪsˈsəʊʃ(ə)l/ dissocial. ⇨ **antisocial**.

dyssynergia /ˌdɪsɪˈnɜːdʒiə/ dissinergia. ⇨ **asynergia**.

dystaxia /dɪsˈtæksiə/ distaxia: dificuldade de coordenar movimentos voluntários.

dystocia /dɪsˈtəʊsiə/ distocia: parto difícil.

dystonia /dɪsˈtəʊniə/ distonia: distúrbio do tônus muscular, que chega a provocar contrações e que pode deformar os membros.

dystrophia /dɪsˈtrəʊfiə/ distrofia: comprometimento de um órgão, músculo ou tecido, devido à falta de nutrientes. ☑ **dystrophy**.

dystrophia adiposogenitalis /dɪsˌtrəʊfɪə ædɪ
ˌpəʊsəʊdʒenɪˈteɪlɪs/ distrofia adiposogenital. ⇨
Friedreich's ataxia; Fröhlich's syndrome.

dystrophia myotonica /dɪsˌtrəʊfɪə ˌmaɪəʊˈtɒ
nɪkə/ distrofia miotônica. ⇨ **myotonic dystrophy.**

dystrophy /ˈdɪstrəfɪ/ distrofia. ⇨ **dystrophia.**

dysuria /dɪsˈjʊərɪə/ disúria: dificuldade de eliminar a urina.

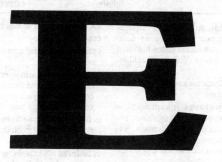

ear /ɪə/ ouvido: órgão da audição, que se situa nas duas partes laterais da cabeça. Nota: para conhecer outros termos relacionados ao ouvido, veja **concha auriculae**; **auricular** e palavras que começam com **ot-, oto-**. Observação: o ouvido externo possui a forma de uma concha, o que permite receber as ondas sonoras, encaminhando-as ao tímpano. Os três ossículos do ouvido médio, situados atrás do tímpano, vibram ao receber as ondas sonoras, transmitindo as vibrações para a cóclea, no ouvido interno. Da cóclea, as vibrações são levadas ao cérebro pelo nervo auditivo.

ear, nose & throat /ɪə ˌnəʊz ən ˈθrəʊt/ ouvido, nariz & garganta: o estudo do ouvido, nariz e da garganta. Abreviatura: **ENT**. ☑ **otorhinolaryngology**.

earache /ˈɪəreɪk/ dor de ouvido: dor no ouvido. ☑ **otalgia**.

ear canal /ˈɪə kəˌnæl/ canal auditivo: um dos vários condutos no ouvido, ou conectados a ele, especialmente o meato auditivo externo, que comunica o ouvido externo ao tímpano.

eardrum /ˈɪədrʌm/ tímpano. ⇨ **tympanic membrane**. Nota: para conhecer outros termos relacionados ao tímpano, veja os que começam com **tympan-; tympano-**.

early /ˈɜːlɪ/ **1** inicial; precoce: a) que acontece no início de um período de tempo. ◊ **early treatment:** tratamento precoce: tratamento administrado quase no início de uma doença. b) (condição ou doença) no seu estágio inicial. *early synovitis* (sinovite inicial). ◊ **during early pregnancy:** durante o início da gravidez: durante os primeiros meses da gravidez. **2** cedo, no começo, no princípio: no começo de um período de tempo. *The treatment is usually successful if the condition is diagnosed early.* / Geralmente, o tratamento é bem-sucedido, se o diagnóstico for precoce.

early onset pre-eclampsia /ˌɜːli ˌɒnset ˌpriːɪˈklæmpsiə/ pré-eclâmpsia de início precoce: pré-eclâmpsia que aparece antes de trinta e sete semanas de gravidez.

ear ossicle /ˈɪə ˌɒsɪk(ə)l/ ossículos auditivos. Veja **auditory ossicles**.

earwax /ˈɪəwæks/ cerume. ⇨ **cerumen**.

ease /iːz/ aliviar; diminuir: diminuir a dor ou a preocupação. *She had an injection to ease the pain in her leg.* / Ela tomou uma injeção para aliviar a dor na perna. *The surgeon tried to ease the patient's fears about the results of the scan.* / O cirurgião tentou diminuir o medo do paciente quanto aos resultados da tomografia.

eating disorder /ˈiːtɪŋ dɪsˌɔːdə/ distúrbio alimentar: distúrbio mental associado a hábitos alimentares anormais, por exemplo, anorexia ou bulimia.

eating habits /ˈiːtɪŋ ˌhæbɪts/ hábitos alimentares: os tipos e as quantidades de alimento que uma pessoa come regularmente. *The dietitian advised her to change her eating habits.* / A dietista aconselhou-a a mudar os hábitos alimentares.

Ebola virus /ɪˈbəʊlə ˌvaɪrəs/ vírus Ebola: vírus altamente contagioso encontrada na África Ocidental. Os pacientes apresentam vômitos, diarréia sanguinolenta e febre hemorrágica.

eburnation /ˌiːbəˈneɪʃ(ə)n/ eburnação: conversão de cartilagem em massa fibrosa, cuja superfície transforma-se em uma massa dura e brilhante como marfim.

EB virus /ˌiː ˈbiː ˌvaɪrəs/ vírus EB. ⇨ **Epstein-Barr virus**.

ecbolic /ekˈbɒlɪk/ ecbólico: que, ou o que produz contrações no útero e induz o parto ou um aborto.

ecchondroma /ˌekənˈdrəʊmə/ econdroma: tumor benigno na superfície de uma cartilagem ou osso.

ecchymosis /ˌekɪˈməʊsɪs/ equimose: área escura na pele, causada por extravasamento de sangue dos tecidos após uma pancada. ☑ **bruise; contusion**.

eccrine /ˈekrɪn/ écrino: relativo à glândula, especialmente as glândulas sudoríparas, cuja secreção é expulsa sem desintegração do protoplasma. ☑ **merocrine**.

eccyesis /ˌeksaɪˈɪːsɪs/ ecciese. ⇨ **ectopic pregnancy**.

ecdysis /ˈekdɪsɪs/ ecdise. ⇨ **desquamation**.

ECG abreviatura de **electrocardiogram**.

echinococciasis /ˌɪkaɪnəʊkɒˈkaɪəsɪs/ equinococose: infecção causada pela larva do *Echinococcus granulous,* que forma cistos hidáticos nos pulmões, fígado, rins e cérebro. ☑ **echinococcosis**.

echinococcosis /ɪˌkaɪnəʊkɒˈkəʊsɪs/ equinococose. ⇨ **echinococciasis**.

Echinococcus granulosus /ɪˌkaɪnəʊkɒkəs ˌgrænjʊˈləʊsəs/ *Echinococcus granulosus*: pequeno cestóide parasita de alguns animais. Sua larva pode desenvolver-se, algumas vezes, no homem, causando cistos hidáticos nos pulmões, fígado, rins e cérebro.

echo- /ekəʊ/ eco-: relativo ao som.

echocardiogram /ˌekəʊˈkɑːdiəgræm/ ecocardiograma: registro dos movimentos cardíacos pelo uso de ultra-sons.

echocardiography /ˌekəʊkɑːdiˈɒgrəfi/ ecocardiografia: o uso de ultra-sons no estudo dos grandes vasos e no diagnóstico de lesões cardiovasculares.

echoencephalography /ˌekəʊenˌkefəˈlɒgrəfi/ ecoencefalografia: o uso de ultra-sons na investigação do cérebro.

echography /eˈkɒgrəfi/ ecografia. ⇨ **ultrasonography**.

echokinesis /ˌekəʊkaɪˈniːsɪs/ ecocinesia. ⇨ **echopraxia**.

echolalia /ˌekəʊˈleɪliə/ ecolalia: repetição involuntária de palavras que acabaram de ser pronunciadas por outra pessoa.

echopraxia /ˌekəʊˈpræksiə/ ecopraxia: imitação involuntária dos movimentos feitos por outra pessoa. ☑ **echokinesis**.

echovirus /ˈekəʊˌvaɪrəs/ ecovírus: vírus que podem ser isolados do intestino, causando afecções graves, tais como meningite asséptica, gastroenterite e infecção respiratória em crianças pequenas. Compare com **reovirus**.

eclabium /ɪˈkleɪbiəm/ eclábio: eversão de um lábio. Veja também **eversion**.

eclampsia /ɪˈklæmpsiə/ eclâmpsia: condição grave que pode ocorrer no final da gravidez, causada por toxemia associada a hipertensão, podendo causar convulsão e até levar ao coma. Veja também **pre-eclampsia**.

ecmnesia /ekˈniːziə/ ecmnésia: condição na qual a pessoa não é capaz de se lembrar de fatos recentes, enquanto se lembra nitidamente de acontecimentos remotos.

E. coli /ˌiː ˈkəʊlaɪ/ E. coli. ⇨ **Escherichia coli**.

economy class syndrome /ɪˈkɒnəmi klɑːs ˌsɪndrəʊm/ (informal) síndrome da classe econômica. ⇨ **deep-vein thrombosis**.

écraseur /ˌeɪkrɑːˈzɜː/ esmagador: instrumento cirúrgico contendo um fio em forma de alça que, ao ser passado em torno de um tumor, o extirpa.

ecstasy /ˈekstəsi/ êxtase: **1** sensação de extrema felicidade. **2** (informal) droga de uso ilegal, poderoso estimulante e alucinógeno. ☑ **methylenedioxymethamphetamine**.

ECT abreviatura de **electroconvulsive therapy**.

ect- /ekt/ ⇨ **ecto-**.

ectasia /ekˈteɪziə/ ectasia: dilatação de um vaso ou órgão oco.

ecthyma /ekˈθaɪmə/ ectima: infecção cutânea que constitui uma forma grave de impetigo, com crostas sob as quais ocorrem ulcerações que deixam cicatrizes na pele.

ecto- /ektəʊ/ ecto-: forma combinante que indica por fora, exterior. Nota: antes de vogais usa-se **ect-**.

ectoderm /ˈektəʊdɜːm/ ectoderma: a camada externa de células do embrião. ☑ **embryonic ectoderm**.

ectodermal /ˌektəʊˈdɜːm(ə)l/ ectodérmico: relativo ao ectoderma.

-ectomy /ektəmi/ -ectomia: forma combinante utilizada para indicar a extirpação de uma estrutura anatômica mediante cirurgia.

ectoparasite /ˌektəʊˈpærəsaɪt/ ectoparasita: parasita que vive na pele ou na parte externa do corpo. Compare com **endoparasite**.

ectopia /ekˈtəʊpiə/ ectopia: condição na qual há deslocamento congênito ou má posição de um órgão ou parte do corpo de sua posição normal.

ectopic /ekˈtɒpɪk/ ectópico: fora de sua posição normal. Oposto de **entopic**.

ectopic heartbeat /ekˌtɒpɪk ˈhɑːtbiːt/ batimento cardíaco ectópico: batimento cardíaco incomum, que se origina em lugar diferente do nódulo sinoatrial. ☑ **extrasystole; premature beat**.

ectopic pacemaker /ekˌtɒpɪk ˈpeɪsmeɪkə/ marcapasso ectópico: qualquer marcapasso que não o nódulo sinoatrial.

ectopic pregnancy /ekˌtɒpɪk ˈpregnənsi/ gravidez ectópica: gravidez em que o feto se desenvolve fora do útero, freqüentemente nas trompas de Falópio. ☑ **extrauterine pregnancy; eccyesis**.

ectro- /ektrəʊ/ ectro-: ausência congênita de alguma coisa.

ectrodactyly /ˌektrəʊˈdæktɪli/ ectrodactilia: ausência congênita de um ou de vários dedos.

ectrogeny /ekˈtrɒdʒəni/ ectrogenia: ausência congênita de uma parte do corpo.

ectromelia /ˌektrəʊˈmiːliə/ ectromelia: ausência congênita de um ou mais membros.

ectropion /ekˈtrəʊpiən/ ectropia: rotação externa da borda das pálpebras. Veja também **eversion**.

eczema /ˈeksɪmə/ eczema: inflamação não contagiosa da pele, acompanhada de prurido e vesículas.

eczematous /ekˈsemətəs/ eczematoso: relativo ao eczema.

eczematous dermatitis /ekˌsemətəs ˌdɜːmə ˈtaɪtɪs/ dermatite eczematosa: inflamação pruriginosa ou irritação da pele, devida à reação alérgica a alguma substância que a pessoa tenha manuseado ou absorvido.

EDD abreviatura de **expected date of delivery**.

edema /ɪ'diːmə/ edema. ⇨ **oedema**.

edematous /ɪ'demətəs/ edematoso. ⇨ **oedematous**.

esophageal /iːˌsɒfə'dʒiːəl/ esofágico. ⇨ **oesophageal**.

edentulous /ɪ'dentjʊləs/ desdentado: que perdeu todos os dentes.

edible /'edɪb(ə)l/ comestível: que pode ser comido sem causar nenhum dano.

EDTA abreviatura de **ethylene diamine tetraacetate**.

Edwards' syndrome /'edwɔdz ˌsɪndrəʊm/ síndrome de Edward: doença genética grave que resulta em malformações do cérebro, rins, coração, mãos e pés. É causada por uma aberração cromossômica, com presença de um terceiro cromossomo no 18° par. A sobrevida geralmente não ultrapassa seis meses.

EEG abreviatura de **electroencephalogram**.

EFA abreviatura de **essential fatty acid**.

effacement /ɪ'feɪsmənt/ apagamento: no parto, o adelgaçamento do colo do útero, antes da dilatação.

effect /ɪ'fekt/ **1** resultado; efeito: resultado de uma droga, tratamento, doença ou ação. *The antiseptic cream has had no effect on the rash.* / O creme anti-séptico não produziu nenhum efeito na erupção cutânea. **2** (formal) realizar; produzir, levar a cabo: fazer com que alguma coisa aconteça. *They will have to effect a change in procedures.* / Eles terão de realizar uma mudança nos procedimentos. *In some circumstances these drugs can effect surprising cures.* / Em algumas circunstâncias, essas drogas podem produzir curas surpreendentes.

effective /ɪ'fektɪv/ eficaz: que exerce um efeito sobre algo. *Embolisation is an effective treatment for severe haemoptysis.* / A embolização é um tratamento eficaz para a hemoptise grave.

effective dose /ɪˌfektɪv 'dəʊs/ dose eficaz: quantidade de droga necessária para produzir o efeito esperado.

effector /ɪ'fektə/ efetor: tecido muscular ou glandular que recebe impulsos nervosos e produz um efeito, por exemplo, contração ou secreção.

efferens /'efərəns/ eferente. Veja **vas efferens**.

efferent /'efərənt/ eferente: que conduz algo para longe de parte do corpo ou do centro. Oposto de **afferent**.

efferent duct /'efərənt dʌkt/ ducto eferente: ducto que carrega secreção de uma glândula.

efferent nerve /'efərənt nɜːv/ nervo eferente. ⇨ **motor nerve**.

efferent vessel /'efərənt ˌves(ə)l/ vaso eferente: vaso que escoa linfa de uma glândula.

effleurage /ˌeflɜː'rɑːʒ/ deslizamento: forma de massagem que consiste em batidas suaves na pele, na direção da corrente venosa, para aumentar o fluxo sanguíneo.

effort syndrome /'efət ˌsɪndrəʊm/ síndrome de esforço. ⇨ **disordered action of the heart**.

effusion /ɪ'fjuːʒ(ə)n/ efusão: **1** escapamento de sangue, líquido ou pus para dentro de uma cavidade. **2** líquido, sangue ou pus que é derramado.

egg /eg/ ovo: **1** célula reprodutiva feminina, produzida pelo ovário; se fertilizado pelos espermatozóides, torna-se um embrião. **2** ovo das aves, especialmente da galinha, que é utilizado como alimento.

egg cell /'eg sel/ célula-ovo: um óvulo não fertilizado ou célula feminina.

ego /'iːgəʊ, 'egəʊ/ (psicanálise) ego: parte da mente que está conscientemente em contato com o mundo externo e é influenciada pelas demandas do ambiente.

Egyptian ophthalmia /ɪˌdʒɪpʃ(ə)n ɒf'θælmiə/ oftalmia egípcia. ⇨ **trachoma**.

EHO abreviatura de **Environmental Health Officer**.

EIA abreviatura de **exercise-induced asthma**.

eidetic imagery /aɪˌdetɪk 'ɪmɪdʒəri/ imaginação eidética: poder mental de visualização extremamente clara de objetos observados.

Eisenmenger syndrome /'aɪzənmeŋə ˌsɪn drəʊm/ síndrome de Eisenmenger: doença cardíaca causada por um defeito entre os ventrículos, com hipertensão pulmonar. (Descrita em 1897 por Victor Eisenmenger [1864–1932], médico alemão.)

ejaculate /ɪ'dʒækjʊˌleɪt/ ejacular: expelir o esperma das vesículas seminais.

ejaculation /ɪˌdʒækjʊ'leɪʃ(ə)n/ ejaculação: emissão de esperma das vesículas seminais.

ejaculatio praecox /ɪdʒækjʊˌleɪʃiəʊ 'priːkɒks/ ejaculação precoce: ejaculação que ocorre logo no começo da relação sexual.

ejaculatory /ɪ'dʒækjʊlətri/ ejaculatório: relativo à ejaculação.

ejaculatory duct /ɪ'dʒækjʊlətri dʌkt/ canal ejaculatório; ducto ejaculatório: porção das vias espermáticas ligando os ductos da vesícula seminal à uretra prostática. Veja ilustração em **Urogenital System (male)**, no Apêndice.

eject /ɪ'dʒekt/ expelir; ejetar: expelir alguma coisa com força. *Blood is ejected from the ventricle during systole.* / O sangue é expelido do ventrículo durante a sístole.

ejection /ɪ'dʒekʃən/ ejeção: o ato de expelir alguma coisa com força.

EKG abreviatura de **electrocardiogram**. Observação: esta abraviatura é mais usada nos Estados Unidos.

elastic /ɪ'læstɪk/ elástico: que pode ser esticado e comprimido, retornando à forma original.

elastic bandage /ɪˌlæstɪk 'bændɪdʒ/ bandagem elástica: bandagem de material elástico usada para dar suporte a uma articulação ou no tratamento de veias varicosas.

elastic cartilage /ɪˌlæstɪk 'kɑːtəlɪdʒ/ cartilagem elástica: cartilagem flexível, encontrada, por exemplo, no ouvido e epiglote.

elastic fibre /ɪˌlæstɪk ˈfaɪbə/ fibra elástica: fibra que pode se expandir facilmente, e é encontrada na cartilagem elástica, pele e paredes das artérias e dos pulmões. ☑ **yellow fibre.**

elastic hose /ɪˈlæstɪk həʊz/ mangueira elástica. ⇨ **surgical hose.**

elasticity /ˌɪlæˈstɪsɪti/ elasticidade: capacidade de se expandir e comprimir, retornando à forma original.

elastic tissue /ɪˌlæstɪk ˈtɪʃuː/ tecido elástico: tecido conjuntivo que contém fibras elásticas, por exemplo, nas paredes das artérias ou dos alvéolos, nos pulmões.

elastin /ɪˈlæstɪn/ elastina: proteína encontrada nas fibras elásticas.

elation /ɪˈleɪʃ(ə)n/ elação: sentimento de felicidade, excitação e jovialidade.

elbow /ˈelbəʊ/ cotovelo: articulação que conecta o osso do braço (**humerus**) aos ossos do antebraço (**radius** e **ulna**).

elbow crutch /ˈelbəʊ krʌtʃ/ muleta canadense: dispositivo usado para apoiar os cotovelos e ajudar na marcha.

elderly /ˈeldəli/ idoso: pessoa de idade madura, acima dos sessenta e cinco anos. *a home for elderly single women* / um lar para mulheres idosas solteiras. *She looks after her two elderly parents.* / Ela toma conta de seus pais idosos. ◊ **the elderly:** os idosos (pessoas que têm mais de sessenta e cinco anos de idade).

elective /ɪˈlektɪv/ eletivo: **1** referente a substâncias químicas que tendem a se combinar com uma substância em vez de outra. **2** referente à cirurgia ou tratamento escolhido pelo paciente, mas não necessariamente urgente (para salvar sua vida).

elective care /ɪˌlektɪv ˈkeə/ cuidados eletivos: cuidados hospitalares que são planejados com antecedência, e não como resposta a uma emergência.

Electra complex /ɪˈlektrə ˌkɒmpleks/ (psicanálise) complexo de Electra: condição na qual a filha se sente sexualmente atraída pelo pai, e vê a mãe como um obstáculo.

electric shock /ɪˌlektrɪk ˈʃɒk/ choque elétrico: passagem súbita de eletricidade para o corpo, causando um espasmo nervoso ou, em casos graves, a morte.

electric shock treatment /ɪˌlektrɪk ˈʃɒk ˌtriːt mənt/ (informal) eletroconvulsoterapia. ⇨ **electroconvulsive therapy.**

electro- /ɪˈlektrəʊ/ eletro-: relativo à eletricidade.

electrocardiogram /ɪˌlektrəʊˈkɑːdiəgræm/ eletrocardiograma: registro, por meio de gráfico, das correntes elétricas dos músculos cardíacos. Abreviaturas: **ECG; EKG.**

electrocardiograph /ɪˌlektrəʊˈkɑːdiəgrɑːf/ eletrocardiógrafo: instrumento para medir e gravar as correntes elétricas dos músculos cardíacos. ☑ **cardiac monitor.**

electrocardiography /ɪˌlektrəʊkɑːdɪˈɒgrəfi/ eletrocardiografia: registro, por meio de gráfico, das correntes elétricas dos músculos cardíacos.

electrocardiophonography /ɪˌlektrəʊkɑːdi əfəˈnɒgrəfi/ eletrocardiofonografia: o registro elétrico dos batimentos cardíacos.

electrocautery /ɪˌlektrəʊˈkɔːtəri/ eletrocautério. ⇨ **galvanocautery.**

electrochemical /ɪˌlektrəʊˈkemɪk(ə)l/ eletroquímico: relativo às reações químicas produzidas por eletricidade.

electrocoagulation /ɪˌlektrəʊkəʊægjuˈleɪʃ(ə)n/ eletrocoagulação: em cirurgia, controle de hemorragia por meio de uma corrente elétrica de alta freqüência nos vasos sanguíneos seccionados.

electroconvulsive therapy /ɪˌlektrəʊkənˌvʌl sɪv ˈθerəpi/ eletroconvulsão; eletrochoque: tratamento da depressão grave e alguns distúrbios mentais pela passagem de uma corrente elétrica no cérebro, a fim de provocar uma crise convulsiva. Abreviatura: **ECT.** ☑ **electric shock treatment; electroplexy.**

electrode /ɪˈlektrəʊd/ eletrodo: condutor, geralmente de metal, aplicado sobre o corpo, a fim de produzir uma corrente elétrica.

electrodesiccation /ɪˌlektrəʊdesɪˈkeɪʃ(ə)n/ eletrodessecação. ⇨ **fulguration.**

electroencephalogram /ɪˌlektrəʊɪnˈsefələ græm/ eletroencefalograma: registro, por meio de gráfico, das correntes elétricas do cérebro. Abreviatura: **EEG.**

electroencephalograph /ɪˌlektrəʊɪnˈsefələ grɑːf/ eletroencefalógrafo: aparelho para registro das correntes elétricas do cérebro.

electroencephalography /ɪˌlektrəʊɪnsefəˈlɒ grəfi/ eletroencefalografia: o registro das correntes elétricas do cérebro.

electrolysis /ɪlekˈtrɒləsɪs/ eletrólise: destruição de tecidos corporais, tais como cabelo, pela aplicação de uma corrente elétrica.

electrolyte /ɪˈlektrəlaɪt/ eletrólito: solução química que pode conduzir eletricidade.

electrolyte mixture /ɪˈlektrəlaɪt ˌmɪkstʃə/ mistura eletrolítica: 0,56 litro de água fervente com uma colher (de chá) de açúcar e uma boa pitada de sal, usada na prevenção da diarréia.

electrolytic /ɪˌlektrəˈlɪtɪk/ eletrolítico: relativo aos eletrólitos ou à eletrólise.

electromyogram /ɪˌlektrəˈmaɪəʊgræm/ eletromiograma: gráfico mostrando as correntes elétricas nos músculos ativos. Abreviatura: **EMG.**

electromyography /ɪˌlektrəʊmaɪˈɒgrəfi/ eletromiografia: estudo das correntes elétricas nos músculos ativos.

electronic stethoscope /ˌelektrɒnɪk ˈsteθəs kəʊp/ estetoscópio eletrônico: estetoscópio com um amplificador de sons.

electronystagmography /eˌlektrəʊˌnɪstægˈ mɒgrəfi/ eletronistagmografia: método de medição do nistagmo.

electrooculogram /ɪˌlektrəʊˈɒkjʊləɡræm/ eletroculograma: registro de correntes elétricas, no qual eletrodos colocados na área adjacente aos olhos medem modificações no globo ocular, à proporção que os olhos se movem.

electrooculography /ɪˌlektrəʊˌɒkjʊˈlɒɡrəfi/ eletroculografia: registro de correntes elétricas, no qual eletrodos dispostos na área adjacente aos olhos medem alterações no globo ocular, induzido pelos movimentos dos olhos, especialmente para uso em controle remoto.

electrophoresis /ɪˌlektrəʊfəˈriːsɪs/ eletroforese: análise de uma substância pelo movimento de partículas eletricamente carregadas em uma solução.

electroplexy /ɪˈlektrəpleksi/ eletroplexia. ⇨ **electroconvulsive therapy**.

electroretinogram /ɪˌkektrəʊˈretɪnəɡræm/ eletrorretinograma: resultado impresso de eletrorretinografia. Abreviatura: **ERG**.

electroretinography /ɪˌlektrəʊretɪˈnɒɡrəfi/ eletrorretinografia: registro das correntes elétricas produzidas pela retina, quando esta é estimulada pela luz.

electrosurgery /ɪˌlektrəʊˈsɜːdʒəri/ eletrocirurgia: cirurgia em que se usam correntes elétricas para seccionar ou cauterizar tecidos.

electrotherapy /ɪˌlektrəʊˈθerəpi/ eletroterapia: emprego de correntes elétricas de baixa tensão para tratar certos distúrbios, tais como algumas formas de paralisia, pela reanimação dos músculos.

element /ˈelɪmənt/ elemento: em química, substância básica que não pode ser decomposta em dois ou mais elementos. Veja também **trace element**.

elephantiasis /ˌelɪfənˈtaɪəsɪs/ elefantíase: condição na qual partes do corpo incham e a pele endurece (paquidermia), freqüentemente causada por infestação com várias espécies do parasita *Filaria*.

elevate /ˈelɪveɪt/ elevar; erguer; levantar: erguer ou levantar alguma coisa. *To control bleeding, apply pressure and elevate the part.* / Para controlar o sangramento, faça pressão e levante o membro atingido.

elevation /ˌeləˈveɪʃ(ə)n/ elevação: parte elevada; algo que se elevou.

elevation sling /ˌelɪˈveɪʃ(ə)n slɪŋ/ tipóia: bandagem que, atada no pescoço, mantém o braço ferido (ou mão) em posição elevada, a fim de controlar um sangramento.

elevator /ˈelɪveɪtə/ elevador: **1** músculo que eleva uma parte do corpo. **2** instrumento cirúrgico usado para elevar tecidos ou remover fragmentos de um osso.

eliminate /ɪˈlɪmɪneɪt/ eliminar: remover substâncias nocivas do organismo. *The excess salts are eliminated through the kidneys.* / Os excessos de sal são eliminados pelos rins.

elimination /ɪˌlɪmɪˈneɪʃ(ə)n/ eliminação: remoção de substâncias nocivas do organismo.

elimination diet /ɪˌlɪmɪˈneɪʃ(ə)n ˌdaɪət/ dieta de eliminação: dieta estruturada, na qual diferentes alimentos são retirados em seqüência, para verificar o efeito nos sintomas, usada para identificar alergia e doença de déficit de atenção e hiperatividade.

ELISA /ɪˈlaɪzə/ ELISA: processo para dosagem de antígenos e anticorpos, no qual o marcador radioativo é substituído por uma enzima, que causa alteração na cor e detecta a presença ou quantidade de proteína em uma amostra de material biológico. Abreviatura de **enzyme-linked immunosorbent assay**.

elixir /ɪˈlɪksə/ elixir: líquido adocicado que encobre o gosto desagradável de uma medicação.

elliptocytosis /ɪˌlɪptəʊsaɪˈtəʊsɪs/ eliptocitose: condição caracterizada pela presença de glóbulos vermelhos de formato oval, incomum, no sangue.

emaciated /ɪˈmeɪʃieɪtɪd/ emaciado: extremamente magro.

emaciation /ɪˌmeɪsiˈeɪʃ(ə)n/ emaciação: **1** o fato de estar extremamente magro. **2** perda de tecido muscular.

emaculation /ɪˌmækjʊˈleɪʃ(ə)n/ emaculação: remoção de manchas da pele.

emasculation /ɪˌmæskjʊˈleɪʃ(ə)n/ emasculação: **1** extirpação do pênis. **2** perda das características masculinas.

embalm /ɪmˈbɑːm/ embalsamar: preservar um cadáver por meio de substâncias químicas antisépticas especiais, a fim de prevenir a sua deterioração.

embolectomy /ˌembəˈlektəmi/ embolectomia: cirurgia para retirada de um coágulo sanguíneo.

embolisation /ˌembəlaɪˈzeɪʃ(ə)/ embolização: introdução de substâncias terapêuticas, por meio de cateter, em um vaso sanguíneo, a fim de estancar sangramentos internos. Usa-se também **embolization**.

> *...once a bleeding site has been located, a catheter is manipulated as near as possible to it, so that embolization can be carried out. Many different materials are used as the embolus.* / "uma vez que o local de um sangramento tenha sido identificado, coloca-se um cateter o mais perto possível desse local, a fim de que possa ser feita a embolização. Materiais diversos são usados como êmbolo." (*British Medical Journal*)

embolism /ˈembəlɪz(ə)m/ embolismo: oclusão de uma artéria por material estranho, geralmente um coágulo sanguíneo, que impede o fluxo de sangue.

embolus /ˈembələs/ êmbolo: **1** material estranho que oclui um vaso, por exemplo, coágulo sanguíneo, bolhas de ar ou glóbulo de gordura. **2** material inserido em um vaso sanguíneo por meio de cateter para tratar um sangramento interno. Plural: **emboli**.

embrocation /ˌembrəˈkeɪʃ(ə)n/ embrocação. ⇨ **liniment**.

embryo /'embriəʊ/ embrião: o organismo em desenvolvimento desde a concepção até o fim da oitava semana; após esse período, o embrião é designado feto.

embryological /ˌembriəˈlɒdʒɪk(ə)l/ embriológico: relativo à embriologia.

embryology /ˌembriˈɒlədʒi/ embriologia: o estudo dos primeiros estágios do desenvolvimento de um embrião.

embryonic /ˌembriˈɒnɪk/ embrionário: 1 relativo a embrião. 2 que está nos primeiros estágios de desenvolvimento.

embryonic ectoderm /ˌembriɒnɪk ˈektəʊdɜː m/ ectoderma embrionário. ⇨ **ectoderm**.

embryonic membrane /ˌembriɒnɪk ˈmem breɪn/ membrana embrionária: uma das duas membranas que envolvem o embrião, oferecendo proteção e suprimento alimentar, isto é, o âmnio e o córion.

embryonic mesoderm /ˌembriɒnɪk ˈmesəʊdɜː m/ mesoderma embrionário. Veja **mesoderm**.

emergency /ɪˈmɜːdʒənsi/ emergência: situação que requer a tomada de ação imediata.

emergency medical services /ɪˌmɜːdʒənsi ˌmedɪk(ə)l ˌsɜːvɪsɪz/ serviços médicos de emergência. Abreviatura **EMS**.

emergency medical technician /ɪˌmɜːdʒənsi ˌmedɪk(ə)l tekˈnɪʃ(ə)n/ técnico em medicina de urgência: paramédico treinado que presta assistência a vítimas no local do acidente ou em uma ambulância. Abreviatura: **EMT**. Observação: este termo é mais usado nos Estados Unidos.

emergency medicine /ɪˌmɜːdʒənsi ˈmed(ə)s (ə)n/ medicina de urgência: tratamento de pacientes cujas condições são graves e necessitam ação imediata.

emergency room /ɪˈmɜːdʒənsi ruːm/ pronto-socorro: departamento de um hospital que atende pessoas que necessitam de tratamento imediato. Abreviatura: **ER**.

emergency ward /ɪˈmɜːdʒənsi wɔːd/ pronto-socorro: departamento de um hospital que atende pessoas que necessitam de tratamento imediato.

emesis /'eməsɪs/ êmese. ⇨ **vomiting**.

emetic /ɪˈmetɪk/ emético: que, ou o que causa vômitos.

EMG abreviatura de **electromyogram**.

eminence /'emɪnəns/ eminência: projeção ou proeminência, principalmente uma protuberância óssea ou edema na pele.

emissary vein /'emɪsəri ˌveɪn/ veia emissária: uma das veias que atravessam o crânio, conectando os seios venosos com as veias do couro cabeludo.

emission /ɪˈmɪʃ(ə)n/ emissão: descarga ou emissão de um líquido.

emmenagogue /ɪˈmenəgɒg/ emenagogo: droga que induz o fluxo menstrual.

emmetropia /emɪˈtrəʊpiə/ emetropia: visão normal, em que os raios formam uma imagem sobre a retina. Compare com **ametropia**.

emollient /ɪˈmɒliənt/ emoliente: substância que amacia e acalma a pele, usada, por exemplo, para prevenir o desenvolvimento de eczema.

emotion /ɪˈməʊʃ(ə)n/ emoção: estado caracterizado por um sentimento forte.

emotional disorder /ɪˌməʊʃ(ə)nəl dɪsˈɔːdə/ distúrbio emocional: distúrbio causado por preocupação, estresse, desgosto ou outra emoção forte.

emotional immaturity /ɪˌməʊʃ(ə)nəl ˌɪməˈtʃ uərəti/ imaturidade emocional: carência de desenvolvimento emocional.

empathy /'empəθi/ empatia: capacidade de compreender os problemas e sentimentos de outra pessoa.

emphysema /ˌemfɪˈsiːmə/ enfisema: condição em que há ruptura dos alvéolos pulmonares, com infiltração gasosa e conseqüente redução do nível de oxigênio no sangue, além de dificuldade para respirar. Pode ser causado por cigarro, ar poluído, idade avançada, asma ou coqueluche. Veja também **surgical emphysema**.

empirical treatment /ɪmˌpɪrɪk(ə)l ˈtriːtmənt/ tratamento empírico: tratamento que se baseia nos sintomas, e que a experiência clínica provou ser benéfico, em vez de basear-se no perfeito conhecimento das causas da doença.

empowerment /ɪmˈpaʊəmənt/ delegação de poderes: o ato de dar a alguém autoridade e poder de tomar decisões em nome de outrem.

empyema /ˌempaɪˈiːmə/ empiema: coleção purulenta em uma cavidade do corpo, especialmente a cavidade pleural. ☑ **pyothorax**.

EMS /ˌiː em ˈes/ abreviatura de **emergency medical services**.

EMT abreviatura de **emergency medical technician**.

emulsion /ɪˈmʌlʃən/ emulsão: combinação de líquidos, tais como óleo e água, que normalmente não se misturam.

EN abreviatura de **enrolled nurse**.

EN(G) (*general* = geral) abreviatura de **enrolled nurse**.

EN(M) (*mental* = mental) abreviatura de **enrolled nurse**.

EN(MH) (*mental handicap* = incapacidade mental) abreviatura de **enrolled nurse**.

en- /en, ɪn/ en-: 1 em; sobre. 2 suprido de; abastecido de. 3 criar. 4 colocar em, ou cobrir com. 5 investigar.

enalapril /eˈnæləprɪl/ enalapril: droga usada no tratamento da hipertensão.

enamel /ɪˈnæm(ə)l/ esmalte dos dentes: substância branca, dura e brilhante, que cobre a coroa dos dentes.

enanthema /ˌenənˈθiːmə/ enantema: erupção que se observa nas mucosas, tais como boca ou vagina, produzida pela ação de substâncias tóxicas em pequenos vasos sangüíneos.

enarthrosis /ˌenɑːˈθrəʊsɪs/ enartrose: uma articulação de bola e soquete, por exemplo, a articulação coxofemoral.

encapsulated /ɪnˈkæpsjʊleɪtɪd/ encapsulado: encerrado em uma cápsula ou bainha de tecido.

encefalin /enˈkefəlɪn/ encefalina. Usa-se também **encephalin**.

encephal- /enkɪfæl/ ⇨ **encephalo-**.

encephalin /enˈkefəlɪn/ encefalina: peptídeo produzido no cérebro, que age como um analgésico natural. Veja também **endorphin**. Usa-se também **encefalin**. Nota: no inglês americano usa-se **enkephalin**.

encephalitis /enˌkefəˈlaɪtɪs, enˌsefəˈlaɪtɪs/ encefalite: inflamação do cérebro. Observação: a encefalite é causada por vírus (encefalite viral), e é também associada a doenças infecciosas virais, tais como sarampo ou caxumba. A **encefalite de St. Louis** é transmitida por mosquitos.

encephalitis lethargica /ˌenkefəlaɪtɪs lɪˈθɑːdʒɪkə/ encefalite letárgica. ⇨ **lethargic encephalitis**.

encephalo- /enkefələ/ encéfal(o)-: relativo ao cérebro. Antes de vogais usa-se **encephal-**.

encephalocele /enˈkefələʊsiːl/ encefalocele: condição caracterizada por hérnia de parte do cérebro, podendo ser de origem congênita ou traumática.

encephalogram /enˈkefələɡræm/ encefalograma: radiografia dos ventrículos e cavidades que contêm líquido intracraniano, depois da retirada desse líquido, por punção lombar, e insuflação de ar no líquido cérebro-espinhal. ☑ **encephalography; pneumoencephalography**.

encephalography /enˌkefəˈlɒɡrəfi/ encefalografia. ⇨ **encephalogram**. Observação: o ar toma o lugar do líquido cérebro-espinhal, tornando os ventrículos mais nítidos e facilitando a obtenção da radiografia. Esta técnica tem sido substituída pela tomografia computadorizada e pela imagem de ressonância magnética.

encephaloid /enˈkefələɪd/ encefalóide: semelhante ao tecido cerebral.

encephaloma /enˌkefəˈləʊmə/ encefaloma: tumor cerebral.

encephalomalacia /enˌkefələʊməˈleɪʃiə/ encefalomalacia: amolecimento do cérebro.

encephalomyelitis /enˌkefələʊmaɪəˈlaɪtɪs/ encefalomielite: grupo de doenças que causam inflamação do cérebro e da medula espinhal.

encephalomyelopathy /enˌkefələʊmaɪəˈlɒpəθi/ encefalomielopatia: qualquer doença do cérebro e da medula espinhal.

encephalon /enˈkefəlɒn/ encéfalo. ⇨ **brain**. Plural: **encephala**.

encephalopathy /enˌkefəˈlɒpəθi/ encefalopatia: qualquer doença do cérebro.

enchondroma /ˌenkənˈdrəʊmə/ encondroma: tumor, formado de cartilagem, que se origina dentro da cavidade de um osso.

enchondromatosis /ˌenkəndrɒməˈtəʊsɪs/ encondromatose: tumor formado pela proliferação de cartilagem dentro da cavidade de um osso.

encopresis /ˌenkəʊˈpriːsɪs/ encoprese: incontinência de matéria fecal, não associada com condição física ou doença.

encounter group /ɪnˈkaʊntə ɡruːp/ grupo de encontro: forma de tratamento de doenças psíquicas, em que as pessoas se encontram e falam sobre seus problemas para o grupo.

encysted /enˈsɪstɪd/ encistado: encapsulado em um saco, como um cisto.

end- /end/ ⇨ **endo-**.

endanger /ɪnˈdeɪndʒə/ pôr em risco; ameaçar: colocar alguém ou alguma coisa em risco. *The operation may endanger the life of the patient.* / A operação pode pôr em risco a vida do paciente.

endarterectomy /ˌendɑːtəˈrektəmi/ endarterectomia: remoção cirúrgica do revestimento endotelial de uma artéria obstruída. ☑ **rebore**.

endarteritis /ˌendɑːtəˈraɪtɪs/ endarterite: inflamação da túnica interna de uma artéria.

endarteritis obliterans /ˌendɑːtˌraɪtɪs əˈblɪtərænz/ endarterite obliterante: condição na qual a inflamação da túnica arterial é tão grave que causa oclusão da artéria.

end artery /ˈend ˌɑːtəri/ artéria terminal: a última seção de uma artéria, que não se ramifica em artérias menores e não se conecta a outras artérias.

endaural /endˈɔːrəl/ endaural: dentro da orelha.

endemic /enˈdemɪk/ endêmico: referente a qualquer doença presente em determinada área geográfica. *This disease is endemic to Mediterranean countries.* / Esta doença é endêmica nos países mediterrâneos.

endemic haemoptysis /enˌdemɪk hiːˈmɒptəsɪs/ hemoptise endêmica. ⇨ **paragonimiasis**.

endemic syphilis /enˌdemɪk ˈsɪfəlɪs/ sífilis endêmica. ⇨ **bejel**.

endemic typhus /enˌdemɪk ˈtaɪfəs/ tifo endêmico: febre transmitida por pulgas de ratos.

endemiology /enˌdiːmiˈɒlədʒi/ endemiologia: o estudo das doenças endêmicas.

end-expiratory /ˌend ɪkˈspaɪrətri/ pressão positiva expiratória final. Veja **positive end-expiratory pressure**.

endo- /endəʊ/ end(o)-: forma combinante que significa dentro; no interior de. Nota: antes de vogais usa-se **end-**.

endobronchial /endəʊˈbrɒŋkiəl/ endobraquial: dentro dos brônquios.

endocardial /ˌendəʊˈkɑːdiəl/ endocardíaco: relativo ao endocárdio.

endocardial pacemaker /ˌendəʊkɑːdiəl ˈpeɪsmeɪkə/ marcapasso endocardíaco: marcapasso implantado no endocárdio.

endocarditis /ˌendəʊkɑːˈdaɪtɪs/ endocardite: inflamação do endocárdio.

endocardium /ˌendəʊˈkɑːdiəm/ endocárdio: membrana que reveste o coração. Veja ilustração em **Heart**, no Apêndice.

endocervicitis /ˌendəʊsɜːˈvɪˈsaɪtɪs/ endocervicite: inflamação da membrana do colo do útero.

endocervix /ˌendəʊˈsɜːvɪks/ endocérvix: membrana que reveste o colo do útero.

endochondral /ˌendəʊˈkɒndrəl/ endocondral: situado dentro de uma cartilagem.

endocrine /ˈendəʊkraɪn/ endócrino: relativo às glândulas endócrinas ou aos hormônios que elas secretam.

endocrine gland /ˈendəʊkraɪn glænd/ glândula endócrina: glândulas sem canais, que produzem e secretam os hormônios diretamente na corrente sanguínea, por exemplo, a glândula pituitária, as glândulas supra-renais e as gônadas. ☑ **ductless gland**. Compare com **exocrine gland**.

endocrine system /ˈendəʊkraɪn ˌsɪstəm/ sistema endócrino: sistema de glândulas e outras estruturas sem ducto, que secretam e liberam hormônios diretamente na corrente sanguínea.

endocrinologist /ˌendəʊkrɪˈnɒlədʒɪst/ endocrinologista: médico que se especializou no estudo da endocrinologia.

endocrinology /ˌendəʊkrɪˈnɒlədʒi/ endocrinologia: o estudo do sistema endócrino, sua função e seus efeitos.

endoderm /ˈendəʊdɜːm/ endoderma: a mais interna das três camadas que envolvem o embrião. ☑ **entoderm**. Observação: o endoderma forma a maior parte do revestimento epitelial do trato respiratório, canal alimentar, algumas glândulas sem ducto da bexiga, e parte da uretra.

endodermal /ˌendəʊˈdɜːm(ə)l/ endodérmico: relativo ao endoderma. ☑ **entodermal**.

endodontia /ˌendəʊˈdɒnʃiə/ endodontia: ramo da odontologia que trata das doenças e do tratamento da polpa dentária e da raiz dentária.

endogenous /enˈdɒdʒənəs/ endógeno; endogênico: que se desenvolve dentro do organismo, ou que é causado por alguma coisa no interior do organismo. Compare com **exogenous**.

endogenous depression /enˌdɒdʒənəs dɪˈpreʃ(ə)n/ depressão endógena: depressão que não é provocada por fatores externos conhecidos.

endogenous eczema /enˌdɒdʒənəs ˈeksɪmə/ eczema endógeno: eczema que não é provocado por fatores externos conhecidos.

endolymph /ˈendəʊlɪmf/ endolinfa: líquido contido no labirinto membranoso do ouvido interno.

endolymphatic duct /ˌendəʊlɪmfætɪk ˈdʌkt/ ducto endolinfático: ducto que transporta a endolinfa dentro do labirinto membranoso.

endolysin /enˈdɒlɪsɪn/ endolisina: substância presente nas células, que destrói bactérias.

endometrial /ˌendəʊˈmiːtriəl/ endométrico; endometrial: relativo ao endométrio.

endometrial laser ablation /ˌendəʊmiːtriəl ˈleɪzə əbˌleɪʃ(ə)n/ ablação endrometrial a laser: em ginecologia, procedimento que utiliza raios *laser* para extirpar fibromas ou outros tecidos fibrosos do endométrio.

endometriosis /ˌendəʊmiːtriˈəʊsɪs/ endometriose: condição que afeta as mulheres, na qual tecidos contendo elementos endometriais são encontrados em outras partes do corpo.

endometritis /ˌendəʊmɪˈtraɪtɪs/ endometrite: inflamação do endométrio.

endometrium /ˌendəʊˈmiːtriəm/ endométrio: mucosa uterina; parte do endométrio que derrama sangue em cada menstruação. Plural: **endometria**.

endomyocarditis /ˌendəʊmaɪəʊkɑːˈdaɪtɪs/ endomiocardite: inflamação simultânea do miocárdio e do endocárdio.

endomysium /ˌendəʊˈmɪsiəm/ endomísio: tecido conjuntivo que envolve as fibras musculares.

endoneurium /ˌendəʊˈnjʊəriəm/ endoneuro: camada de tecido fibroso que envolve cada axônio no interior de um nervo.

endoparasite /ˌendəʊˈpærəsaɪt/ endoparasita: parasita que vive dentro do hospedeiro, por exemplo, nos intestinos. Compare com **ectoparasite**.

endophthalmitis /ˌendɒfθælˈmaɪtɪs/ endoftalmite: inflamação das estruturas internas do globo ocular.

endoplasmic reticulum /ˌendɒplæzmɪk rɪˈtɪkjʊləm/ retículo endoplasmático. Abreviatura: **ER**.

end organ /ˈend ˌɔːgən/ órgão terminal: a terminação de uma fibra nervosa com filamentos nervosos encapsulados.

endorphin /enˈdɔːfɪn/ endorfina: peptídeo produzido no cérebro, que age como um analgésico natural. Veja também **encephalin**.

endoscope /ˈendəskəʊp/ endoscópio: instrumento utilizado para examinar um canal ou cavidade do corpo. É constituído de um tubo ótico leve, com sistema de iluminação, e pode ter pequenos instrumentos cirúrgicos vinculados a ele.

endoscopic retrograde cholangiopancreatography /ˌendəʊskɒprɪk ˌretrəgreɪd kəˈlæn dʒɪəʊpæŋkriəˈtɒgrəfi/ colangiopancreatografia endoscópica retrógrada: método que utiliza um endoscópio, a fim de examinar os ductos pancreático e colédoco, para detecção de possíveis oclusões. Abreviatura: **ERCP**.

endoscopy /enˈdɒskəpi/ endoscopia: exame de qualquer cavidade do corpo com endoscópio.

endoskeleton /ˈendəʊˌskelɪt(ə)n/ endoesqueleto: estrutura interna dos ossos e cartilagens.

endosteum /enˈdɒstiəm/ endósteo: membrana que reveste a cavidade medular de um osso longo.

endothelial /ˌendəʊˈθiːliəl/ endotelial: relativo ao endotélio.

endothelioma /ˌendəʊθiːliˈəʊmə/ endotelioma: tumor maligno derivado de tecido endotelial.

endothelium /ˌendəʊˈθiːliəm/ endotélio: membrana de células epiteliais que reveste vasos sanguíneos e linfáticos, o coração, e várias cavidades do corpo. Compare com **epithelium; mesothelium**.

endotoxin /ˌendəʊ'tɒksɪn/ endotoxina: substância tóxica liberada após a morte de algumas células bacterianas.

endotracheal /ˌendəʊ'treɪkɪəl/ endotraqueal. ⇨ **intratracheal**.

endotracheal tube /endəʊ'treɪkɪəl tjuːb/ tubo endotraqueal: um tubo introduzido na traquéia, pelo nariz ou pela boca, durante anestesia ou para ajudar uma pessoa a respirar.

end plate /'end pleɪt/ placa motora: terminação de um fibra nervosa motora relacionada com uma fibra muscular esquelética.

end stage renal disease /ˌend steɪdʒ 'riːn(ə)l dɪˌziːz/ doença renal terminal: insuficiência renal crônica irreversível, com ocorrência de uremia e necessidade de diálise. Abreviatura: **ESRD**.

enema /'enɪmə/ enema: substância líquida contendo uma droga, injetada no reto, para limpeza do intestino antes de uma cirurgia ou para diagnóstico.

enema bag /'enəmə bæg/ bolsa de enema: bolsa contendo enema, presa a um tubo que é inserido no reto.

energy /'enədʒi/ energia: capacidade para trabalhar; energia para executar tarefas. *You need to eat certain types of food to give you energy.* / É preciso comer certos tipos de alimento para ter energia.

enervation /ˌenə'veɪʃ(ə)n/ enervação: **1** falta de força nervosa. **2** cirurgia para ablação de um nervo.

engagement /ɪn'geɪdʒmənt/ (obstetrícia) insinuação; encaixe: no parto, momento em que parte do feto, normalmente a cabeça, penetra no estreito pélvico.

engorged /ɪn'gɔːdʒd/ ingurgitado; congestionado: distendido por excesso de líquido, geralmente sangue.

engorgement /ɪn'gɔːdʒmənt/ ingurgitamento; congestão: distensão de um vaso por excesso de líquido, geralmente sangue.

enkephalin /en'kefəlɪn/ encefalina. ⇨ **encephalin**.

enophthalmos /ˌenɒf'θælməs/ enoftalmia: condição na qual o globo ocular recua para dentro da órbita.

enostosis /ˌenə'stəʊsɪs/ enostose: proliferação não patogênica de tecido ósseo, geralmente no crânio ou em um osso longo.

enrolled /ɪn'rəʊld/ inscrito; admitido: registrado em uma lista oficial.

Enrolled Nurse /ɪnˌrəʊld 'nɜːs/ enfermeira registrada. Veja **second-level nurse**.

ensiform /'ensɪfɔːm/ ensiforme: que tem a forma de espada.

ensiform cartilage /ˌensɪfɔːm 'kɑːtəlɪdʒ/ cartilagem ensiforme. ⇨ **xiphoid process**.

ENT abreviatura de **Ear, Nose & Throat**.

Entamoeba coli /ˌentəmiːbə 'kəʊlaɪ/ *Entamoeba coli*: bactéria intestinal não patogênica.

Entamoeba gingivalis /ˌentəmiːbə ˌdʒɪndʒɪ'vælɪs/ *Entamoeba gingivalis*: ameba encontrada nas gengivas e amígdalas, causadora da gengivite.

Entamoeba histolytica /ˌentəmiːbə ˌhɪstə'lɪtɪkə/ *Entamoeba histolytica*: ameba encontrada no trato intestinal, causadora da disenteria amebiana.

ENT department /ˌiː en 'tiː dɪˌpɑːtmənt/ departamento de otorrinolaringologia (Ouvido, Nariz e Garganta): departamento de otorrinolaringologia.

ENT doctor /ˌiː en 'tiː ˌdɒktə/ médico otorrinolaringologista (Ouvido, Nariz e Garganta). ⇨ **otorhinolaryngologist**.

enter- /entə/ ⇨ **entero-**.

enteral /'entərəl/ enteral; entérico: **1** referente ao trato intestinal. Compare com **parenteral**; **oral**. **2** referente a medicamento ou alimento administrado pela boca ou por meio de um tubo nasogástrico.

enteral feeding /ˌentərəl 'fiːdɪŋ/ alimentação enteral: alimentação administrada por meio de um tubo nasogástrico ou por infusão de alimento líquido diretamente no intestino. ☑ **enteral nutrition**.

> *Standard nasogastric tubes are usually sufficient for enteral feeding in critically ill patients.* / "Os tubos nasogástricos padrão geralmente são suficientes para alimentação enteral em pacientes gravemente enfermos." *(British Journal of Nursing)*

enteralgia /ˌentər'ældʒə/ enteralgia. ⇨ **colic** (acepção 1).

enterally /'entərəli/ de modo enteral: referente ao método de alimentação por meio de tubo nasogástrico ou por infusão de alimento diretamente no intestino.

> *All patients requiring nutrition are fed enterally, whether nasogastrically or directly into the small intestine.* / "Todos os pacientes que necessitam de nutrição são alimentados de modo enteral, seja por tubo nasogástrico seja por infusão de alimentos diretamente no intestino delgado." *(British Journal of Nursing)*

enteral nutrition /ˌentərəl njuː'trɪʃ(ə)n/ nutrição enteral. ⇨ **enteral feeding**.

enterectomy /ˌentər'ektəmi/ enterectomia: remoção cirúrgica de um segmento do intestino.

enteric /en'terɪk/ entérico: relativo ao intestino.

enteric-coated /enˌterɪk 'kəʊtɪd/ com revestimento entérico: revestimento especial de algumas cápsulas, que impede a liberação e absorção da droga até que esta atinja o intestino.

enteric fever /enˌterɪk 'fiːvə/ febre entérica: **1** o grupo de febres tifóide, paratifóide A e paratifóide B. Observação: termo mais usado nos Estados Unidos. **2** qualquer doença febril associada a problemas intestinais.

enteritis /ˌentə'raɪtɪs/ enterite: inflamação da mucosa intestinal.

entero- /entərəʊ/ enter(o)-: relativo ao intestino. Nota: antes de vogais usa-se **enter-**.

Enterobacteria/ˌentərəʊbæk'tɪərɪə/*Enterobacteria:* gênero de bactérias Gram-negativas, incluindo *Salmonella, Shigella, Escherichia* e *Klebsiella.*

enterobiasis /ˌentərəʊ'baɪəsɪs/ enterobíase: doença comum em crianças, causada pela presença de parasitas nematódeos no intestino grosso, acompanhada de coceira no ânus. ☑ **oxyuriasis.**

Enterobius /ˌentə'rəʊbɪəs/ Enterobius: pequeno parasita nematódeo, em que uma das espécies, o *Enterobius vermicularis,* infesta o intestino grosso, causando coceira no ânus. ☑ **Oxyuris; threadworm; pinworm.**

enterocele /'entərəʊsiːl/ enterocele: uma hérnia do intestino. Usa-se também **enterocoele.**

enterocentesis /ˌentərəʊsen'tiːsɪs/ enterocentese: punção do intestino, com uma agulha oca, para retirada de gases ou líquido.

enterococcus /ˌentərəʊ'kɒkəs/ enterococo: uma bactéria (estreptococo) que vive no intestino. Plural: **enterococci.**

enterocoele /'entərəʊsiːl/ enterocele. Usa-se também **enterocele.**

enterocolitis /ˌentərəʊkə'laɪtɪs/ enterocolite: inflamação do cólon e do intestino delgado.

enterogastrone /ˌentərəʊ'gæstrəʊn/ enterogastrona: hormônio liberado no duodeno, que inibe as secreções estomacais.

enterogenous /ˌentərəʊ'dʒɪːnəs/ enterógeno: que tem origem intestinal.

enterolith /'entərəʊlɪθ/ enterólito: um cálculo encontrado no intestino.

enteron /'entərɒn/ ênteron: o trato intestinal completo.

enteropathy /ˌentə'rɒpəθɪ/ enteropatia: qualquer distúrbio intestinal. Veja também **gluten-induced enteropathy.**

enteropeptidase /ˌentərəʊ'peptɪdeɪz/ enteropeptidase: enzima produzida pelas glândulas no intestino delgado.

enteroptosis /ˌentərɒp'təʊsɪs/ enteroptose: descida anormal do intestino na cavidade abdominal.

enterorrhaphy /ˌentər'ɔːrəfɪ/ enterorrafia: cirurgia para suturar um intestino perfurado.

enteroscope /'entərəskəʊp/ enteroscópio: instrumento usado para inspecionar o interior do intestino.

enterospasm /'entərəʊˌspæz(ə)m/ enteroespasmo: contração intestinal dolorosa e irregular.

enterostomy /ˌentə'rɒstəmɪ/ enterostomia: cirurgia para estabelecimento de uma abertura entre o intestino delgado e a parede abdominal.

enterotomy /ˌentə'rɒtəmɪ/ enterotomia: incisão cirúrgica no intestino.

enterotoxin /ˌentərəʊ'tɒksɪn/ enterotoxina: exotoxina que afeta principalmente o intestino.

enterovirus /ˌentərəʊ'vaɪrəs/ enterovírus: vírus que vivem no intestino. Os enterovírus incluem o poliovírus, os *Coxsackievirus* e os ecovírus.

enterozoon /ˌentərəʊ'zəʊɒn/ enterozoário: parasita que infesta o intestino. Plural: **enterozoa.**

entoderm /'entəʊdɜːm/ entoderma. ⇨ **endoderm.**

entodermal /ˌentəʊ'dɜːm(ə)l/ entodérmico. ⇨ **endodermal.**

Entonox /'entənɒks/ Entonox: gás que contém 50% de oxigênio e 50% de óxido nitroso, usado para aliviar a dor durante o parto.

entopic /ɪn'tɒpɪk/ entópico: que se situada em posição normal. Oposto de **ectopic.**

entropion /ɪn'trəʊpɪən/ entrópio: inversão, ou virada para dentro, da margem da pálpebra.

enucleate /ɪ'njuːklɪeɪt/ enuclear: remover alguma coisa completamente.

enucleation /ɪˌnjuːkliː'eɪʃ(ə)n/ enucleação: **1** cirurgia para remoção completa de um tumor. **2** cirurgia para remoção completa do globo ocular.

enuresis /ˌenju'riːsɪs/ enurese: eliminação involuntária de urina.

enuretic /ˌenju'retɪk/ enurético: relativo à enurese, ou que causa enurese.

envenomation /ɪnˌvenə'meɪʃ(ə)n/ envenenamento: o uso terapêutico do veneno de cobra.

environment /ɪn'vaɪrənmənt/ meio ambiente: as condições que influenciam o desenvolvimento do indivíduo.

environmental /ɪnˌvaɪrən'ment(ə)l/ ambiental: relativo ao meio ambiente.

Environmental Health Officer /ɪnˌvaɪrənment(ə)l 'helθ ˌɒfɪsə/ Oficial da Saúde Ambiental: oficial de uma jurisdição local que inspeciona o meio ambiente e verifica a poluição do ar, as más condições sanitárias, a poluição sonora e ameaças similares para a saúde pública. Abreviatura: **EHO.**

environmental temperature /ɪnˌvaɪrənment(ə)l 'temprɪtʃə/ temperatura ambiente: a temperatura do ar que envolve os seres vivos.

enzymatic /ˌenzaɪ'mætɪk/ enzimático: relativo a enzimas.

enzyme /'enzaɪm/ enzima: uma proteína, produzida pelas células, que catalisa reações químicas de outras substâncias no organismo. Nota: a maioria dos nomes de enzimas termina com o sufixo **-ase.** Observação: existem várias enzimas no organismo, envolvidas no sistema digestório, nos processos metabólicos, e que ajudam na síntese de certos compostos.

enzyme-linked immunosorbent assay /ˌenzaɪm lɪŋkt ˌɪmjʊnəʊˌsɔː'bənt 'æseɪ/ análise imunoabsorvente ligada a enzima. Forma completa: **ELISA.**

eonism /'iːənɪz(ə)m/ eonismo: travestismo; uso de trajes femininos por homem.

eosin /'iːəʊsɪn/ eosina: corante vermelho cristalino, usado em microbiologia.

eosinopenia /ˌiːəʊsɪnəʊ'piːnɪə/ eosinopenia: redução no número de eosinófilos no sangue.

eosinophil /ˌiːəʊ'sɪnəfɪl/ eosinófilo: célula que pode ser facilmente corada com eosina.

eosinophilia /ˌiːəʊsɪnəˈfɪliə/ eosinofilia: excesso de eosinófilos no sangue.

eparterial /ˌepɑːˈtɪəriəl/ epartéria: situado sobre ou acima de uma artéria.

ependyma /ɪˈpendɪmə/ epêndima: membrana delgada que reveste os ventrículos cerebrais e o canal central da medula espinhal.

ependymal /ɪˈpendɪm(ə)l/ ependimário: relativo à epêndima.

ependymal cell /ɪˈpendɪm(ə)l sel/ célula ependimária: uma das células que formam a epêndima.

ependymoma /ɪˌpendɪˈməʊmə/ ependimoma: tumor cerebral que se origina na epêndima.

ephedrine /ˈefɪdriːn/ efedrina: droga que alivia a asma e a obstrução nasal, por meio da dilatação das vias aéreas.

ephidrosis /ˌefɪˈdrəʊsɪs/ efidrose: uma quantidade anormal de suor.

epi- /epɪ/ ep(i)-: sobre, movimento para.

epiblepharon /ˌepɪˈblefərɒn/ epibléfaro: dobra cutânea anormal sobre a pálpebra, que pode causar inversão dos cílios para dentro do globo ocular.

epicanthic fold /ˌepɪˈkænθɪk fəʊld/ dobra epicântica. ⇨ **epicanthus**.

epicanthus /ˌepɪˈkænθəs/ epicanto: grande dobra cutânea, vertical, no ângulo interno do olho, comum em bebês e também em adultos de certas raças, como os chineses. ☑ **epicanthic fold**.

epicardial /ˌepɪˈkɑːdiəl/ epicárdico: relativo ao epicárdio.

epicardial pacemaker /ˌepɪkɑːdiəl ˈpeɪsmeɪkə/ marcapasso epicárdico: marcapasso implantado na superfície do ventrículo.

epicardium /ˌepɪˈkɑːdiəm/ epicárdio: a camada interna do pericárdio, que reveste as paredes do coração, fora do miocárdio. Veja ilustração em **Heart**, no Apêndice.

epicondyle /ˌepɪˈkɒndaɪl/ epicôndilo: projeção de um osso, situada acima do côndilo.

epicondylitis /ˌepɪkɒndɪˈlaɪtɪs/ epicondilite. ⇨ **tennis elbow**.

epicranium /ˌepɪˈkreɪniəm/ epicrânio: as cinco camadas do couro cabeludo, a pele e os cabelos que cobrem o crânio.

epicranius /ˌepɪˈkreɪniəs/ epicrânio: músculo do couro cabeludo.

epicritic /ˌepɪˈkrɪtɪk/ epicrítico: relativo aos nervos que governam as finas sensibilidades tátil e térmica. Compare com **protopathic**.

epidemic /ˌepɪˈdemɪk/ epidêmico: **1** que se espalha rapidamente por grande parte da população. *The disease rapidly reached epidemic proportions.* / A doença atingiu proporções epidêmicas rapidamente. **2** surto de uma doença infecciosa, que se espalha com muita rapidez e afeta um grande número de pessoas.

epidemic pleurodynia /ˌepɪdemɪk ˌplʊərəˈdɪniə/ pleurodinia epidêmica: doença viral que afeta os músculos intestinais, com sintomas semelhantes aos da gripe, como febre, cefaléia e dores torácicas. ☑ **Bornholm disease**.

epidemic typhus /ˌepɪdemɪk ˈtaɪfəs/ tifo epidêmico: febre alta com cefaléia, distúrbios mentais, como depressão, e erupção cutânea, causada por piolhos que são transmitidos pelo próprio homem. Veja também **scrub typhus**.

epidemiological /ˌepɪˌdiːmɪəˈlɒdʒɪk(ə)l/ epidemiológico: relativo à epidemiologia.

epidemiologist /ˌepɪˌdiːmɪˈɒlədʒɪst/ epidemiologista: pessoa que se especializa no estudo dos fatores que determinam a distribuição de doenças em seres humanos.

epidemiology /ˌepɪˌdiːmɪˈɒlədʒi/ epidemiologia: estudo das doenças na comunidade, em particular a maneira como elas se disseminam e de que modo podem ser controladas.

epidermal /ˌepɪˈdɜːm(ə)l/ epidérmico: relativo à epiderme.

epidermis /ˌepɪˈdɜːmɪs/ epiderme: a camada externa da pele, incluindo células mortas na sua superfície. ☑ **cuticle** (acepção 1).

epidermoid cyst /ˌepɪdɜːmɔɪd ˈsɪst/ cisto epidermóide. ⇨ **sebaceous cyst**.

epidermolysis /ˌepɪdɜːˈmɒləsɪs/ epidermólise: descolamento da epiderme, com formação de bolhas.

epidermolysis bullosa /ˌepɪdɜːˌmɒləsɪs bʊˈləʊsə/ epidermólise bulhosa: um grupo de doenças cutâneas com formação de bolhas.

Epidermophyton /ˌepɪdɜːˈmɒfɪtən/ *Epidermophyton:* gênero de fungos que crescem na pele e causam, entre outros distúrbios, o pé-de-atleta.

epidermophytosis /ˌepɪˌdɜːməʊfaɪˈtəʊsɪs/ epidermofitose: infecção cutânea, como o pé-de-atleta, causada por um fungo.

epididymal /ˌepɪˈdɪdɪm(ə)l/ epididimário: relativo ao epidídimo.

epididymectomy /ˌepɪdɪdɪˈmektəmi/ epididimectomia: remoção do epidídimo mediante cirurgia.

epididymis /ˌepɪˈdɪdɪmɪs/ epidídimo: estrutura alongada como um cordão, na parte posterior dos testículos, e cujo canal torcido armazena os espermatozóides antes da ejaculação. O epidídimo é contínuo ao canal deferente. Veja ilustração em **Urogenital System (male)**, no Apêndice.

epididymitis /ˌepɪdɪdɪˈmaɪtɪs/ epididimite: inflamação do epidídimo.

epididymo-orchitis /ˌepɪˌdɪdɪməʊ ɔːˈkaɪtɪs/ epididimorquite: inflamação simultânea do epidídimo e dos testículos.

epidural /ˌepɪˈdjʊərəl/ epidural: por fora da dura-máter. ☑ **extradural**. Veja **epidural anaesthesia**.

epidural anaesthesia /epɪˌdjʊərəl ænəsˈθiːziə/ anestesia epidural: anestesia local, na qual a substância anestésica é injetada entre o canal vertebral e a dura-máter. ☑ **epidural**.

epidural block /ˌepɪdjʊərəl ˈblɒk/ bloqueio epidural: analgesia produzida pela injeção de substância analgésica no espaço entre o canal vertebral e a dura-máter.

epidural space /ˌepɪdjʊərəl ˈspeɪs/ espaço epidural: espaço na medula espinhal localizado entre o canal vertebral e a dura-máter.

epigastric /ˌepɪˈɡæstrɪk/ epigástrico: referente à região superior do abdome. *The patient complained of pains in the epigastric area.* / O paciente queixou-se de dores na região epigástrica.

epigastrium /ˌepɪˈɡæstriəm/ epigástrio: a região superior do abdome, entre a caixa torácica e o umbigo. Veja **pit**.

epigastrocele /ˌepɪˈɡæstrəʊsiːl/ epigastrocele: hérnia situada na região epigástrica.

epiglottis /ˌepɪˈɡlɒtɪs/ epiglote: placa cartilaginosa, situada atrás da raiz da língua, que se move e obstrui a passagem da laringe, quando se está deglutindo, impedindo, desse modo, a entrada de alimentos na traquéia.

epiglottitis /ˌepɪɡlɒˈtaɪtɪs/ epiglotite: inflamação e tumefação da epiglote.

epilation /ˌepɪˈleɪʃ(ə)n/ depilação: o processo de remoção de pêlos pela raiz.

epilepsy /ˈepɪlepsi/ epilepsia: doença do sistema nervoso, marcada por convulsões e perda de consciência, devida à descarga neuronal muito intensa. Observação: a forma mais comum de epilepsia é a epilepsia maior, ou "grande mal", em que a pessoa perde a consciência e cai no chão, com convulsões. Uma forma menos grave é a epilepsia menor, ou "pequeno mal", na qual os ataques duram apenas alguns segundos, e a pessoa simplesmente parece hesitante ou profundamente perdida em pensamentos.

epileptic /ˌepɪˈleptɪk/ epiléptico: que tem epilepsia, ou relacionado à epilepsia. Nota: atualmente, tem-se evitado o uso da palavra "epiléptico" para descrever uma pessoa.

epileptic fit /ˌepɪleptɪk ˈfɪt/ crise epiléptica: ataque acompanhado de convulsões, e, algumas vezes, perda de consciência, devido à epilepsia.

epileptiform /ˌepɪˈleptɪfɔːm/ epileptiforme: que é semelhante à epilepsia.

epileptogenic /ˌepɪˌleptəʊˈdʒenɪk/ epileptogênico: que causa epilepsia.

epiloia /ˌepɪˈlɔɪə/ epilóia: doença cerebral hereditária, associada à incapacidade de aprendizado, epilepsia e tumores renais e cardíacos. ☑ **tuberose sclerosis**.

epimenorrhagia /ˌepɪmenəˈreɪdʒə/ epimenorragia: perda abundante de sangue, ocorrida durante a menstruação, a intervalos muito curtos.

epimenorrhoea /ˌepɪmenəˈriːə/ epimenorréia: menstruação que acontece em intervalos inferiores a vinte e oito dias.

epimysium /ˌepɪˈmaɪsiəm/ epimísio: tecido conjuntivo que envolve um músculo estriado.

epinephrine /ˌepɪˈnefrɪn/ epinefrina. Nota: no inglês americano usa-se **adrenaline**.

epineurium /ˌepɪˈnjʊəriəm/ epinério: bainha de tecido conjuntivo que envolve um nervo.

epiphenomenon /ˌepɪfəˈnɒmɪnən/ epifenômeno: sintoma incomum que aparece no curso de uma doença, mas não está necessariamente associado a ela.

epiphora /eˈpɪfərə/ epífora: lacrimejamento causado por bloqueio do ducto lacrimal ou por secreção excessiva de lágrimas.

epiphyseal /ˌepɪˈfɪziəl/ epifisário: relativo à epífise.

epiphyseal cartilage /epɪˌfɪziəl ˈkɑːtəlɪdʒ/ cartilagem epifisária: cartilagem encontrada nos ossos de crianças e adolescentes, que se expande e endurece à medida que os ossos atingem o tamanho máximo.

epiphyseal line /epɪˈfɪziəl laɪn/ linha epifisária: placa de cartilagem epifisária entre a epífise e a diáfise de um osso longo.

epiphysis /eˈpɪfəsɪs/ epífise: parte de um osso longo cujo crescimento se dá a partir de um local secundário de ossificação, sendo separada da diáfise por cartilagem, até que o osso atinja seu tamanho máximo. Veja ilustração em **Bone Structure**, no Apêndice. Compare com **diaphysis**; **metaphysis**.

epiphysis cerebri /eˌpɪfəsɪs səˈriːbri/ epífise cerebral: a glândula pineal.

epiphysitis /ˌepɪfɪˈsaɪtɪs/ epifisite: inflamação da epífise.

epiplo- /epɪpləʊ/ epiplo(o)-: relativo ao omento.

epiplocele /eˈpɪpləʊsiːl/ epiplocele: hérnia contendo parte do omento.

epiploic /ˌepɪˈpləʊik/ epiplóico: relativo ao omento.

epiploon /eˈpɪpləʊɒn/ epiploo; epíploon. ☒ **omentum**.

episclera /ˈepɪsklɪərə/ episclera: a superfície externa da esclera ocular.

episcleritis /ˌepɪsklɪəˈraɪtɪs/ episclerite: inflamação da superfície externa da esclera ocular.

episi- /əpɪzi/ epsio: relativo à vulva. Usa-se também **episio-**.

episiorrhaphy /əˌpɪziˈɔːrəfi/ episiorrafia: reparo da vulva, que consiste na sutura de um grande lábio lacerado.

episiotomy /əˌpɪziˈɒtəmi/ episiotomia: incisão do períneo, feita próxima à vagina, para evitar laceramento durante o parto.

episode /ˈepɪsəʊd/ episódio: ocorrência separada de uma doença.

episodic /ˌepɪˈsɒdɪk/ episódico: cujos incidentes acontecem separadamente, mas são relacionados, por exemplo, asma que ocorre em crises distintas.

epispadias /ˌepɪˈspeɪdiəs/ epispadia: malformação em que a uretra se abre na parte dorsal do pênis. Compare com **hypospadias**.

epispastic /ˌepɪˈspæstɪk/ epispástico. ☒ **vesicant**.

epistaxis /ˌepɪˈstæksɪs/ epistaxe. ☒ **nosebleed**.

epithalamus /ˌepɪˈθæləməs/ epitálamo: região do diencéfalo que contém o corpo pineal.

epithelial /ˌepɪˈθiːliəl/ epitelial: relativo ao epitélio.

epithelialisation /ˌepɪˌθiːliəlaɪˈzeɪʃ(ə)n/ epitelização: crescimento de epitélio sobre um ferimento. Usa-se também **epithelialization**.

epithelial layer /epɪˌθiːliəl ˈleɪə/ camada epitelial: o epitélio.

epithelial tissue /epɪˌθiːliəl ˈtɪʃuː/ tecido epitelial: células epiteliais dispostas em uma ou várias camadas contínuas.

epithelioma /epɪθiːliˈəumə/ epitelioma: tumor originário das células epiteliais.

epithelium /ˌepɪˈθiːliəm/ epitélio: camada celular que recobre um órgão, incluindo a pele e a cobertura de todas as cavidades ocas, exceto os vasos sanguíneos, os vasos linfáticos e as cavidades serosas. Compare com **endothelium**, **mesothelium**. Observação: o epitélio é classificado de acordo com o formato e o número de camadas das células. Os tipos de epitélio, de acordo com o número de camadas, são: **simple epithelium** e **stratified epithelium**. Os principais tipos de células epiteliais são: **columnar epithelium** (epitélio colunar: epitélio simples com células estreitas e longas, formando o revestimento dos intestinos); **ciliated epithelium** (epitélio ciliar: epitélio simples com células ciliares, formando o revestimento das vias aéreas); **cuboidal epithelium** (epitélio cubóide: epitélio com células semelhantes a um cubo, formando os revestimentos glandular e intestinal); e **squamous epithelium** ou **pavement epithelium** (epitélio escamoso ou epitélio pavimentoso: epitélio com células achatadas e em forma de escamas, formando o revestimento do pericárdio, peritônio e pleura).

epituberculosis /ˌepɪtjuˌbɜːkjuˈləusɪs/ epituberculose: edema de tórax, provavelmente por aumento de gânglios linfáticos, devido à tuberculose.

eponym /ˈepənɪm/ epônimo: doença, estrutura ou procedimento derivado do nome da pessoa que o(a) descobriu. Observação: um epônimo pode se referir a uma doença ou condição, tais como contratura de Dupuytren, ou síndrome de Guillain-Barré, a uma estrutura, como círculo de Willis, a um organismo, como *Leishmania,* a um procedimento cirúrgico, como operação de Trendelenburg, ou a um aparelho, como arame de Kirschner.

Epsom salts /ˌepsəm ˈsɔːlts/ sais de Epsom. ⇨ **magnesium sulphate**.

Epstein-Barr virus /ˌepstaɪn ˈbɑː ˌvaɪrəs/ vírus de Epstein-Barr: vírus que, provavelmente, causa febre glandular. ☑ **EB virus**. (Isolado e descrito em 1964 por Michael Anthony Epstein [nascido em 1921], patologista em Bristol; e Murray Llewellyn Barr [1908–1995], anatomista e citologista canadense, chefe do Departamento de Anatomia da University of Western Ontario, Canadá.)

epulis /ɪˈpjuːlɪs/ epúlide: pequeno tumor da gengiva, constituído de massa fibrosa.

equi- /iːkwɪ, ekwɪ/ equi-: forma combinante que significa igual.

equilibrium /ˌiːkwɪˈlɪbriəm/ equilíbrio: o estado do que está equilibrado.

equinovarus /ˌiːkwaɪnəuˈveərəs/ eqüinovaro. Veja **talipes**.

equipment /ɪˈkwɪpmənt/ equipamento: aparelhagem ou ferramentas necessárias para se fazer alguma coisa. *The centre urgently needs surgical equipment.* / O centro médico necessita urgentemente de equipamentos cirúrgicos. *The surgeons complained about the out-of-date equipment in the hospital.* / Os cirurgiões reclamaram dos equipamentos antiquados do hospital. Nota: a palavra não tem plural; quando se quer referir a um item apenas, diz-se *a piece of equipment* (um equipamento).

ER abreviatura de: **1 emergency room**. **2 endoplasmic reticulum**.

eradicate /ɪˈrædɪkeɪt/ erradicar; extirpar: acabar completamente com alguma coisa. *international action to eradicate tuberculosis* / ações internacionais para erradicar a tuberculose.

eradication /ɪˌrædɪˈkeɪʃ(ə)n/ erradicação: o ato de acabar completamente com alguma coisa.

Erb's palsy /ˌɜːbz ˈpɔːlzi/ paralisia de Erb: paralisia dos músculos do braço, devida a uma lesão do plexo braquial durante o parto. ☑ **Erb's paralysis**. Veja também **Bell's palsy**.

Erb's paralysis /ˌɜːbz pəˈræləsɪs/ paralisia de Erb. ⇨ **Erb's palsy**.

ERCP abreviatura de **endoscopic retrograde cholangiopancreatography**.

erect /ɪˈrekt/ ereto: rijo e reto.

erectile /ɪˈrektaɪl/ erétil: capaz de se tornar ereto.

erectile dysfunction /ɪˌrektaɪl dɪsˈfʌŋkʃən/ disfunção erétil: condição na qual o homem tem dificuldade ou impossibilidade de ter ou manter uma ereção durante o ato sexual.

erectile tissue /ɪˈrektaɪl ˌtɪʃuː/ tecido erétil: tecido vascular que pode se tornar erétil e rijo, quando ingurgitado por sangue, por exemplo, o corpo cavernoso do pênis.

erection /ɪˈrekʃən/ ereção: estado em que um órgão do corpo, como o pênis, se dilata por ingurgitação sanguínea.

erector /ɪˈrektə/ eretor: pequeno músculo que levanta uma parte do corpo.

erector spinae /ɪˌrektə ˈspaɪniː/ músculo eretor da espinha: músculo grande que começa na base da coluna vertebral e se divide em ramos posteriores.

erepsin /ɪˈrepsɪn/ erepsina: enzima produzida pelas glândulas intestinais, e que tem um papel na produção de aminoácidos.

erethism /ˈerəθɪz(ə)m/ eretismo: estado anormal de irritação de um órgão.

ERG abreviatura de **electroretinogram**.

ergograph /ˈɜːgəugrɑːf/ ergógrafo: aparelho que registra o trabalho de um músculo ou de vários músculos.

ergometrine maleate /ˌɜːɡəʊˈmetriːn ˈmælieɪt/ maleato de ergometrina: droga usada para acelerar a expulsão da placenta no parto e para controlar o sangramento pós-parto.

ergonomics /ˌɜːɡəˈnɒmɪks/ ergonomia: o estudo da relação do homem com o trabalho.

ergot /ˈɜːɡət/ *ergot*; esporo-do-centeio: doença do centeio, causada pelo fungo *Clariceps purpurea.*

ergotamine /ɜːˈɡɒtəmiːn/ ergotamina: droga que estimula os vasos sanguíneos e alivia a hemicrânia, derivada do esporo-do-centeio.

ergotism /ˈɜːɡətɪz(ə)m/ ergotismo: envenenamento causado pela ingestão de alimentos contaminados pelo esporo-do-centeio. Observação: os sintomas do ergotismo são cãimbras musculares e necrose das extremidades.

erogenous /ɪˈrɒdʒənəs/ erógeno: que produz excitação sexual.

erogenous zone /ɪˈrɒdʒənəs zəʊn/ zona erógena: parte do corpo que, quando estimulada, produz excitação sexual, por exemplo, o pênis, o clítoris e os mamilos.

erosion /ɪˈrəʊʒ(ə)n/ erosão: desgaste ou perda da substância de um tecido.

erotic /ɪˈrɒtɪk/ erótico: relativo a, ou que desperta desejo sexual.

ERPC abreviatura de **evacuation of retained products of conception**.

eructation /ˌiːrʌkˈteɪʃ(ə)n/ eructação. ⇨ **belching**.

erupt /ɪˈrʌpt/ estourar; sair: romper através da pele. *The permanent incisors erupt before the premolars.* / Os dentes incisivos permanentes nascem antes dos pré-molares.

eruption /ɪˈrʌpʃən/ erupção: **1** alguma coisa que se rompe através da pele, por exemplo, exantema ou pápula. **2** aparecimento de um novo dente.

ery- /erɪ/ eritr(o)-. ⇨ **erythro-**.

erysipelas /ˌerɪˈsɪpələs/ erisipela doença cutânea contagiosa, em que a pele se torna quente, vermelha e dolorida, causada pelo *Streptococcus pyogenes.*

erysipeloid /ˌerɪˈsɪpələɪd/ erisipelóide: celulite bacteriana da mão, causada pelo manuseio de peixes ou carne infectada.

erythema /ˌerɪˈθiːmə/ eritema: vermelhidão da pele, causada por hiperemia dos vasos sanguíneos próximos à superfície.

erythema ab igne /ˌerɪθiːmə æb ˈɪɡneɪ/ eritema ab igne: erupção vermelha reticulada, causada por exposição a calor radiante.

erythema induratum /ˌerɪθiːmə ˌɪndjʊˈreɪtəm/ eritema indurado: lesão da pele, caracterizada por nódulos ulcerosos na perna, e que afeta principalmente as meninas. ☑ **Bazin's disease**.

erythema multiforme /ˌerɪθiːmə ˈmʌltifɔːmi/ eritema multiforme: doença assinalada por uma súbita erupção de pápulas vermelhas e, algumas vezes, vesículas na pele.

erythema nodosum /ˌerɪθiːmə nəʊˈdəʊsəm/ eritema nodoso: doença caracterizada por for-

mação de nódulos inflamatórios vermelhos na região anterior das pernas.

erythema pernio /ˌerɪθiːmə ˈpɜːniəʊ/ eritema pérnio. ⇨ **chilblain**.

erythema serpens /ˌerɪθiːmə ˈsɜːpens/ eritema serpiginoso: doença cutânea bacteriana causada pelo manuseio de peixes ou carne infectada.

erythematosus /ˌerɪˌθiːməˈtəʊsɪs/ eritematoso. Veja **lupus**.

erythematous /ˌerɪˈθiːmətəs/ eritematoso: relativo a eritema.

erythr- /erɪθr/ ⇨ **erythro-**.

erythraemia /ˌerɪˈθriːmiə/ etritremia: doença caracterizada pela proliferação anormal das hemácias, bem como dos leucócitos, engrossando o sangue e dificultando o seu fluxo. ☑ **polycythaemia vera; Vaquez-Osler disease**.

erythrasma /ˌerɪˈθræzmə/ eritrasma: infecção cutânea bacteriana crônica que ocorre nas dobras da pele e membranas interdigitais dos pés. É causada por *Corynebacterium minutissimum.*

erythro- /ɪrɪθrəʊ/ eritr(o)-: relativo à cor vermelha. Nota: antes de vogais usa-se **erythr-**.

erythroblast /ɪˈrɪθrəblæst/ eritroblasto: célula que dá origem a um eritrócito ou glóbulo vermelho.

erythroblastosis /ɪˌrɪθrəʊblæˈstəʊsɪs/ eritroblastose: presença de eritroblastos no sangue, que geralmente ocorre na anemia hemolítica. Observação: geralmente, a eritroblastose ocorre quando a mãe é Rh-negativa e desenvolveu anticorpos Rh-positivos, que são passados para o sangue de um feto Rh-positivo.

erythroblastosis fetalis /ɪˌrɪθrəʊblæˌstəʊsɪs fiːˈtɑːlɪs/ eritroblastose fetal: doença hemolítica do recém-nascido, causada pela reação entre o fator *rhesus* da mãe e o do feto.

erythrocyanosis /ɪˌrɪθrəsaɪəˈnəʊsɪs/ eritrocianose: manchas simétricas, vermelhas e púrpura, na pele das coxas, freqüentemente acompanhadas de frieiras, e que pioram com a exposição ao frio.

erythrocyte /ɪˈrɪθrəsaɪt/ eritrócito: glóbulo vermelho do sangue; uma hemácia madura. ⇨ **red blood cell**.

...anemia may be due to insufficient erythrocyte production, in which case the corrected reticulocyte count will be low, or it may be due to hemorrhage or hemolysis, in which cases there should be reticulocyte response. / "a anemia pode ser devida à produção insuficiente de eritrócitos, caso em que a contagem de reticulócitos será baixa, ou pode ser causada por hemorragia ou hemólise, casos em que deve haver uma resposta reticulocítica." (*Southern Medical Journal*)

erythrocyte sedimentation rate /ɪˌrɪθrəsaɪt sedɪmenˈteɪʃ(ə)n reɪt/ taxa de hemossedimentação: teste para medir a velocidade de sedimentação das hemácias em uma amostra de sangue, usado para confirmar possíveis doenças. Abreviatura: **ESR**.

erythrocytosis /ɪˌrɪθrəsaɪˈtəʊsɪs/ eritrocitose: aumento no número de eritrócitos no sangue.

erythroderma /ɪˌrɪθrəˈdɜːmə/ eritrodermatite; eritrodermia: dermatose caracterizada por vermelhidão e descamação da pele.

erythroedema /ɪˌrɪθrɔɪˈdiːmə/ eritroedema. ⇨ **acrodynia**.

erythrogenesis /ɪˌrɪθrəˈdʒenəsɪs/ eritrogênese: formação de eritrócitos na medula óssea. ☑ **erythropoiesis**.

erythromelalgia /ɪˌrɪθrəmelˈældʒə/ eritromelalgia: inflamação dolorosa dos vasos sanguíneos das extremidades.

erythromycin /ɪˌrɪθrəˈmaɪsɪn/ eritromicina: droga antibiótica usada principalmente em pessoas alérgicas à penicilina.

erythropenia /ɪrɪθrəˈpiːniə/ eritropenia: condição na qual há deficiência no número de etritrócitos.

erythroplasia /ɪˌrɪθrəˈpleɪziə/ eritroplasia: formação de lesões papulares na membrana mucosa.

erythropoiesis /ɪˌrɪθrəpɔɪˈiːsɪs/ eritropoiese. ⇨ **erythrogenesis**.

erythropoietin /ɪˌrɪθrəˈpɔɪətɪn/ eritropoietina: hormônio que estimula a produção de eritrócitos. Observação: hoje, a eritropoietina pode ser produzida por métodos genéticos, e é usada para aumentar a produção de eritrócitos em pessoas com anemia.

erythropsia /ˌerɪˈθrɒpsiə/ eritropsia: anomalia da visão, na qual todos os objetos parecem ter a cor vermelha.

Esbach's albuminometer /ˌesbɑːks ˌælbjuːmɪˈnɒmɪtə/ albuminômetro de Esbach: aparelho para dosar a albumina presente na urina, usando o método de Esbach.

eschar /ˈeskɑː/ escara: crosta seca, por exemplo, aquela que se forma depois de queimadura.

escharotic /ˌeskəˈrɒtɪk/ escarótico: que produz uma escara; corrosivo.

Escherichia /ˌeʃəˈrɪkiə/ Escherichia: bactéria comumente encontrada nas fezes.

Escherichia coli /eʃəˌrɪkiə ˈkəʊlaɪ/ Escherichia coli: bactéria Gram-negativa associada com gastroenterite aguda. ☑ **E. coli**.

escort nurse /ˈeskɔːt ˌnɜːs/ enfermeira acompanhante: enfermeira que acompanha o paciente à sala de cirurgia e de volta à enfermaria.

Esmarch's bandage /ˈesmɑːks ˌbændɪdʒ/ torniquete de Esmarch: torniquete de borracha aplicado em torno de um membro, durante um procedimento cirúrgico, a fim de forçar o sangue para uma parte distal. (Descrito em 1869 por Johann Friedrich August von Esmarch [1823–1908], professor de cirurgia em Kiel, Alemanha.)

esophagus /iːˈsɒfəgəs/ esôfago. Plural: **esophagi**. ⇨ **oesophagus**.

esotropia /esəˈtrəupiə/ esotropia: tipo de estrabismo, no qual os dois olhos da pessoa olham em direção ao nariz. ☑ **convergent strabismus**.

espundia /ɪˈspuːndiə/ espúndia. Veja **leishmaniasis**.

ESR abreviatura de **erythrocyte sedimentation rate**.

ESRD abreviatura de **end stage renal disease**.

essence /ˈes(ə)ns/ essência: óleo concentrado de uma planta, usado em cosméticos, e, algumas vezes, como analgésico ou anti-séptico.

essential /ɪˈsenʃəl/ essencial; indispensável: **1** extremamente importante. *It is essential to keep accurate records.* / É indispensável manter cadastros exatos dos pacientes. **2** necessário à saúde. *essential nutrients* / nutrientes essenciais. **3** não-atribuível a uma causa externa óbvia. *essential hypertension* / hipertensão essencial. ☑ **idiopathic hypertension**. **4** extraído de uma planta. *essential oil* / óleo essencial.

essential amino acid /ɪˌsenʃəl əˌmiːnəʊ ˈæsɪd/ aminoácido essencial: aminoácido necessário ao crescimento, mas que não pode ser sintetizado pelo corpo humano, precisando ser absorvido dos alimentos. Observação: os aminoácidos essenciais são: isoleucina, leucina, lisina, metionina, fenilalanina, treonina, triptofano e valina.

essential dysmenorrhoea /ɪˌsenʃəl dɪsmenəˈriːə/ dismenorréia essencial. ⇨ **primary dysmenorrhoea**.

essential element /ɪˌsenʃəl ˈelɪmənt/ elemento essencial: elemento químico necessário para o crescimento ou função do corpo, por exemplo, carbono, oxigênio, hidrogênio e nitrogênio.

essential fatty acid /ɪˌsenʃəl ˌfæti ˈæsɪd/ ácido graxo essencial: ácido graxo insaturado, necessário para o crescimento e a saúde. Abreviatura: **EFA**. Observação: os ácidos graxos essenciais são: linoléico, linolênico e araquidônico.

essential hyperkinesia /ɪˌsenʃəl ˌhaɪpəkɪˈniːziə/ hipercinesia essencial: motilidade excessiva e repetida, em crianças.

essential hypertension /ɪˌsenʃəl ˈhaɪpəˌtenʃən/ hipertensão essencial: hipertensão não-atribuível a uma causa estabelecida.

essential oil /ɪˌsenʃəl ˈɔɪl/ óleo essencial: óleo medicinal ou para uso em perfumaria, destilado de parte de uma planta.

essential tremor /ɪˌsenʃəl ˈtremə/ tremor essencial: tremor involuntário e lento das mãos, freqüentemente observado em pessoas idosas.

essential uterine haemorrhage /ɪˌsenʃəl ˌjuːtəraɪn ˈhem(ə)rɪdʒ/ hemorragia uterina essencial: sangramento uterino intenso, não-atribuível a uma causa conhecida.

estradiol /ˌiːstrəˈdaɪɒl/ estradiol. ⇨ **oestradiol**.

estriol /ˈiːstrɪɒl/ estriol. ⇨ **oestriol**.

estrogen /ˈiːstrədʒən/ estrogênio. ⇨ **oestrogen**.

estrogenic hormone /ˌiːstrədʒenɪk ˈhɔːməʊn/ hormônio estrogênico. ⇨ **oestrogenic hormone**.

estrone /ˈiːstrəʊn/ estrona. ⇨ **oestrone**.

ethambutol /ɪˈθæmbjʊtɒl/ etambutol: droga usada no tratamento de infecções bacterianas, como a tuberculose.

ethanol /'eθənɒl/ etanol: líquido incolor, presente em bebidas alcoólicas, tais como uísque, gim e vodca, que é também usado em remédios e como desinfetante. ☑ **ethyl alcohol**. Veja também **pure alcohol**.

ethene /'i:θi:n/ eteno. ⇨ **ethylene**.

ether /'i:θə/ éter: substância anestésica, hoje raramente usada.

ethical /'eθɪk(ə)l/ ético: **1** relativo à ética. **2** relativo à droga que só pode ser adquirida mediante prescrição médica.

ethical committee /'eθɪk(ə)l kə‚mɪti/ comitê de ética: grupo de especialistas que monitoram experiências envolvendo seres humanos ou que regulamentam a conduta da classe médica.

ethinyloestradiol /‚eθɪn(ə)l‚ɪːstrə'daɪɒl/ etiniloestradiol: hormônio sintético, relacionado ao estrogênio, que é eficaz em doses baixas. É usado na terapia de reposição hormonal.

ethmoid /eθ'mɔɪd/ etmóide: relativo ao osso etmóide ou que fica próximo a esse osso. Usa-se também **ethmoidal**.

ethmoidal sinuses /eθ‚mɔɪd(ə)l 'saɪnəsɪz/ seios etmoidais: células de ar dentro do osso etmóide.

ethmoid bone /'eθmɔɪd bəʊn/ osso etmóide: osso que forma a região superior das fossas nasais e também se localiza entre as órbitas.

ethmoidectomy /‚eθmɔɪ'dektəmi/ etmoidectomia: cirurgia para remoção do revestimento mucoso entre os seios etmóides.

ethmoiditis /‚eθmɔɪ'daɪtɪs/ etmoidite: inflamação do osso etmóide ou dos seios etmóides.

ethnic /'eθnɪk/ étnico: relativo a um grupo cultural ou racialmente distinto.

ethyl alcohol /‚iθaɪl 'ælkəhɒl/ álcool etílico. ⇨ **ethanol**.

ethylene /'eθəli:n/ etileno: gás empregado como anestésico. ☑ **ethene**.

ethylene diamine tetra-acetate /'eθəli:n da ɪəmɪnə te'træ-eɪsteɪt/ ácido etilenodiaminotetracético: substância química incolor que pode ser aglutinada a metais pesados para removê-los da corrente sanguínea. Abreviatura: **EDTA**.

ethylestrenol /‚eθ(ə)l'estrənɒl/ etilestrenol: um esteróide anabólico.

etiology /‚iːti'ɒlədʒi/ etiologia. ⇨ **aetiology**.

eu- /juː/ eu-: forma combinante que significa bom, bem.

eubacteria /‚juːbæk'tɪəriə/ eubactérias: gênero de bactérias cujas paredes celulares rígidas são típicas do grupo.

eucalyptol /‚juːkə'lɪptɒl/ eucaliptol: substância obtida do óleo do eucalipto.

eucalyptus /‚juːkə'lɪptəs/ eucalipto: gênero de árvores de grande porte, que crescem principalmente na Austrália, e de cujas folhas se extrai um óleo de cheiro marcante.

eucalyptus oil /‚juːkə'lɪptəs ɔɪl/ óleo de eucalipto: óleo aromático medicinal destilado das folhas do *Eucalyptus*. Observação: o óleo de eucalipto é usado em produtos farmacêuticos, principalmente para aliviar a congestão das vias respiratórias.

eugenics /juː'dʒenɪks/ eugenia: estudo que visa a melhoria da raça humana pela seleção genética.

eunuch /'juːnək/ eunuco: indivíduo que foi castrado.

eupepsia /juː'pepsiə/ eupepsia: boa digestão.

euphoria /juː'fɔːriə/ euforia: sensação de extremo bem-estar.

euplastic /juː'plæstɪk/ euplástico: relativo ao tecido que se cicatriza bem.

Eustachian canal /juː'steɪʃ(ə)n kə‚næl/ canal de Eustáquio: conduto ao longo do osso poroso que forma a parte exterior da trompa de Eustáquio.

Eustachian tube /juː'steɪʃ(ə)n tjuːb/ trompa de Eustáquio: tubo que liga a nasofaringe à cavidade timpânica. ⇨ **pharyngotympanic tube**. ☑ **syrinx**. Veja ilustração em **Ear**, no Apêndice. (Seu nome é devido a Bartolomeo Eustachio [1520–1574], professor de anatomia, em Roma, e médico do papa.) Observação: as trompas de Eustáquio equilibram a pressão de ar em cada lado do tímpano. Quando a pessoa engole alguma coisa ou boceja, o ar entra nas trompas de Eustáquio e iguala a pressão interna à pressão atmosférica. As trompas podem ser bloqueadas por infecção, por exemplo, a de um resfriado, ou por diferenças de pressão, por exemplo, em viagens aéreas; quando isso acontece, a audição é prejudicada.

euthanasia /‚juːθə'neɪziə/ eutanásia: prática que visa a abreviar o sofrimento e a dor de uma pessoa com doença incurável ou em coma permanente. ☑ **mercy killing**. Nota: essa prática é ilegal na maioria dos países.

euthanise /'juːθənaɪz/ praticar a eutanásia: abreviar a morte de uma pessoa com doença incurável ou em coma permanente. Usa-se também **euthanize**.

euthyroid /juː'θaɪrɔɪd/ eutiróide: bom funcionamento da tiróide.

euthyroid state /juː'θaɪrɔɪd ‚steɪt/ eutiroidismo. ⇨ **euthyroidism**.

euthyroidism /juː'θaɪrɔɪdɪz(ə)m/ eutiroidismo: condição em que a glândula tiróide está funcionando normalmente. ☑ **euthyroid state**.

eutocia /juː'təʊsiə/ eutócia: parto normal.

evacuant /ɪ'vækjuənt/ evacuante: medicamento que ajuda a evacuação intestinal.

evacuate /ɪ'vækjueɪt/ evacuar: eliminar as fezes intestinais.

evacuation /ɪ‚vækju'eɪʃ(ə)n/ evacuação: o ato de eliminar o conteúdo de alguma coisa, principalmente as fezes intestinais.

evacuation of retained products of conception /ɪvækju‚eɪʃ(ə)n əv rɪ‚teɪnd ‚prɒdʌk ts əv kən'sepʃən/ evacuação dos produtos da concepção: cirurgia para dilatação e curetagem do útero após aborto, a fim de assegurar que todos os produtos da concepção foram eliminados e o útero está totalmente vazio. Abreviatura: **ERPC**.

evacuator /ɪˈvækjueɪtə/ evacuador: instrumento usado para esvaziar uma cavidade orgânica, tais como a bexiga ou os intestinos.

evaluate /ɪˈvæljueɪt/ avaliar: **1** examinar e calcular a quantidade ou o nível de alguma coisa. *The laboratory is still evaluating the results of the tests.* / O laboratório ainda está avaliando os resultados dos testes. **2** examinar alguém e determinar o tratamento requerido.

...all patients were evaluated and followed up at the hypertension unit. / "todos os pacientes foram avaliados e receberam acompanhamento médico na unidade de hipertensão." (*British Medical Journal*)

evaluation /ɪˌvæljuˈeɪʃ(ə)n/ avaliação: o ato de examinar e determinar a quantidade ou o nível de alguma coisa. *In further evaluation of these patients no side-effects of the treatment were noted.* / Em avaliações posteriores desses pacientes, não foram notados efeitos adversos relacionados ao tratamento.

...evaluation of fetal age and weight has proved to be of value in the clinical management of pregnancy, particularly in high-risk gestations. / "a avaliação da idade e do peso fetais têm se mostrado um procedimento valioso no tratamento clínico da gravidez, particularmente em gestações de alto risco." (*Southern Medical Journal*)

eventration /ˌiːvenˈtreɪʃ(ə)n/ eventração: protusão dos intestinos pela parede abdominal.

eversion /ɪˈvɜːʃ(ə)n/ eversão: ato de virar o lado de dentro para fora. Veja ilustração em **Termos Anatômicos**, no Apêndice. ◊ **eversion of the cervix**: eversão do cérvix: condição após laceração durante o parto, na qual as bordas do cérvix algumas vezes viram para fora.

evertor /ɪˈvɜːtə/ eversor: músculo que faz um membro virar para fora.

evidence-based /ˈevidəns beɪst/ baseado em evidências: que se baseia em resultados de experimentos bem planejados, cujo objetivo é estabelecer tratamentos específicos para condições específicas. *evidence-based practice* / prática baseada em evidências.

evidence-based medicine /ˈevɪd(ə)ns beɪst ˌmed(ə)sɪn/ medicina baseada em evidências: prática médica em que os achados de pesquisas são usados como base para a tomada de decisões.

evisceration /ɪˌvɪsəˈreɪʃ(ə)n/ evisceração: **1** remoção cirúrgica das vísceras abdominais. ☑ **exenteration**. **2** remoção do conteúdo de um órgão. ◊ **evisceration of the eye**: evisceração do olho: remoção cirúrgica do conteúdo do globo ocular.

evolution /ˌiːvəˈluːʃ(ə)n/ evolução: processo de desenvolvimento dos organismos, que acontece durante um período de tempo muito longo, envolvendo várias gerações.

evulsion /ɪˈvʌlʃən/ evulsão: extração forçada de alguma coisa.

Ewing's sarcoma /ˈjuːɪŋz sɑːˈkəumə/ sarcoma de Ewing. ⇨ **Ewing's tumour**.

Ewing's tumour /ˈjuːɪŋz ˈtjuːmə/ tumor de Ewing: tumor maligno da medula de um osso longo. ☑ **Ewing's sarcoma**. (Descrito em 1922 por James Ewing [1866–1943], professor de patologia na Cornell University, Nova York, EUA.)

ex- /eks/ ⇨ **exo-**.

exacerbate /ɪgˈzæsəˌbeɪt/ exacerbar: tornar um estado ou condição mais grave. *The cold damp weather will only exacerbate his chest condition.* / O tempo frio e úmido só irá exacerbar as condições torácicas dele.

exacerbation /ɪgˌzæsəˈbeɪʃ(ə)n/ exacerbação: **1** o fato de tornar um estado ou condição pior. **2** período de tempo em que um estado ou condição se torna pior.

...patients were re-examined regularly or when they felt they might be having an exacerbation. Exacerbation rates were calculated from the number of exacerbations during the study. / "os pacientes foram reexaminados regularmente ou quando sentiram que poderiam estar tendo uma exacerbação. As taxas de exacerbação foram calculadas com base no número de exacerbações durante o estudo." (*Lancet*)

exam /ɪgˌzæm/ exame. ⇨ **examination** (acepção 3).

examination /ɪgˌzæmɪˈneɪʃ(ə)n/ exame: **1** inspeção cuidadosa de alguém ou alguma coisa. *From the examination of the X-ray photographs, it seems that the tumour has not spread.* / Com base nos exames de raio X, parece que o tumor não se espalhou. **2** ato de examinar uma pessoa com fins diagnósticos. *The surgeon carried out a medical examination before operating.* / O cirurgião realizou um exame médico antes da operação. **3** teste escrito ou oral para avaliar o desempenho de um estudante. Nota: nesta acepção, usa-se geralmente a forma abreviada **exam**.

examine /ɪgˈzæmɪn/ examinar: **1** observar ou investigar alguém ou alguma coisa cuidadosamente. *The tissue samples were examined in the laboratory.* / As amostras de tecido foram examinadas no laboratório. **2** observar e testar alguém com fins diagnósticos. *The doctor examined the patient's heart.* / O médico examinou o coração do paciente.

exanthem /ɪgˈzænθəm/ exantema: erupção cutânea que ocorre em doenças infecciosas, tais como sarampo ou catapora.

exanthematous /ˌeksænˈθemətəs/ exantematoso: relativo ou semelhante a um exantema.

exanthem subitum /ɪgˌzænθəm ˈsʊbɪtəm/ exantema súbito. ⇨ **roseola infantum**.

excavator /ˈekskəveɪtə/ excavador: instrumento cirúrgico semelhante a uma grande colher.

excavatum /ˈekskəveɪtəm/ excavado. Veja **pectus**.

exception /ɪkˈsepʃən/ exceção: **1** alguma coisa que não se encaixa ou é excluída de uma regra geral ou padrão. **2** ato ou condição de ser excluído.

excess /ɪkˈses/ excesso: quantidade muito grande de uma substância. *The gland was producing an excess of hormones.* / A glândula estava produzindo um excesso de hormônios. *The body could not cope with an excess of blood sugar.* / O organismo não era capaz de dar conta do excesso de açúcar no sangue. ◊ **in excess of:** mais de. *Short men who weigh in excess of 100 kilos are very overweight.* / Homens baixos que pesam mais de cem quilos estão muito acima do peso.

excessive /ɪkˈsesɪv/ excessivo: mais do que o normal. *The patient was passing excessive quantities of urine.* / O paciente estava eliminando quantidades excessivas de urina. *The doctor noted an excessive amount of bile in the patient's blood.* / O médico notou uma quantidade excessiva de bile no sangue do paciente.

excessively /ɪkˈsesɪvli/ excessivamente; demais: em demasia. *She has an excessively high blood pressure.* / Ela tem uma pressão excessivamente alta. *If the patient sweats excessively, it may be necessary to cool his body with cold compresses.* / Se o paciente suar demais, pode ser necessário esfriar-lhe o corpo com compressas frias.

exchange transfusion /ɪksˌtʃeɪndʒ trænsˈfjuːʒ(ə)n/ exsanguíneotransfusão: método usado no tratamento da leucemia ou da eritroblastose em recém-nascidos, em que quase todo o sangue do corpo é removido e substituído por sangue de um doador.

excipient /ɪkˈsɪpiənt/ excipiente: substância adicionada a um remédio a fim de conferir-lhe consistência, transformando-o em pílula.

excise /ɪkˈsaɪz/ excisar: cortar alguma coisa fora; extirpar.

excision /ɪkˈsɪʒ(ə)n/ excisão: remoção cirúrgica de um órgão, ou parte dele, por exemplo, um tumor. Compare com **incision**.

excitation /ˌeksɪˈteɪʃ(ə)n/ excitação: estado de atividade física ou mental.

excitatory /ɪkˈsaɪtətri/ excitatório: que tende a excitar.

excite /ɪkˈsaɪt/ excitar: **1** estimular alguém ou alguma coisa. **2** impulsionar um nervo ou músculo.

excited /ɪkˈsaɪtɪd/ excitado: **1** animado e feliz. **2** sexualmente excitado.

excitement /ɪkˈsaɪtmənt/ excitamento: **1** o ato de estar excitado. **2** o segundo estágio da anestesia.

excoriation /ɪksˌkɔːriˈeɪʃ(ə)n/ escoriação: abrasão ou arranhão da pele após fricção ou queimadura.

excrement /ˈekskrɪmənt/ excremento. ⇨ **faeces**.

excrescence /ɪkˈskres(ə)ns/ excrescência: uma proliferação na pele.

excreta /ɪkˈskriːtə/ (plural) excreções: os resíduos da nutrição eliminados pelo organismo, principalmente fezes.

excrete /ɪkˈskriːt/ excretar: eliminar do organismo resíduos da nutrição, especialmente fezes. *The urinary system separates waste liquids from the blood and excretes them as urine.* / O sistema urinário separa os resíduos líquidos do sangue e os excreta como urina.

excretion /ɪkˈskriːʃ(ə)n/ excreção: o ato de eliminar do organismo resíduos da nutrição, por exemplo, fezes, urina ou suor.

excruciating /ɪkˈskruːʃieɪtɪŋ/ insuportável: extremamente doloroso. *He had excruciating pains in his head.* / Ele tinha dores insuportáveis na cabeça.

exenteration /ekˌsentəˈreɪʃ(ə)n/ exenteração. ⇨ **evisceration**.

exercise /ˈeksəsaɪz/ **1** exercício: a) atividade física ou mental, principalmente o uso ativo dos músculos, a fim de se manter em boa forma física, corrigir uma deformidade ou fortalecer uma parte do corpo. *Regular exercise is good for your heart.* / Exercícios regulares fazem bem ao coração. *He doesn't do* or *take enough exercise.* / Ele não faz exercícios suficientes. b) ação ou movimento específico destinado ao uso e fortalecimento dos músculos. **2** exercitar-se: fazer exercícios, ou usar uma parte do corpo no exercício. *He exercises twice a day to keep fit.* / Ele se exercita duas vezes ao dia, a fim de se manter em boa forma física.

exercise cycle /ˈeksəsaɪz ˌsaɪk(ə)l/ bicicleta ergométrica: bicicleta que é fixada ao solo, a fim de que a pessoa possa pedalar e se exercitar.

exercise-induced asthma /ˌeksəsaɪz ɪnˌdjuːst ˈæsmə/ asma induzida por exercício: asma que é causada por exercícios, tais como correr ou andar de bicicleta. Abreviatura: **EIA**.

exertion /ɪɡˈzɜːʃ(ə)n/ esforço: atividade física.

exfoliation /eksˌfəʊliˈeɪʃ(ə)n/ esfoliação: descamação da pele, por exemplo, em queimaduras de sol.

exfoliative /eksˈfəʊlieɪtɪv/ esfoliativo: relativo à esfoliação.

exfoliative dermatitis /eksˌfəʊliətɪv ˌdɜːməˈtaɪtɪs/ dermatite esfoliativa: forma típica de dermatite em que a pele se torna vermelha e começa a descamar.

exhalation /ˌekshəˈleɪʃ(ə)n/ exalação: **1** o ato de expirar. **2** o ar que é expirado. Oposto de **inhalation**.

exhale /eksˈheɪl/ exalar: expirar. Oposto de **inhale**.

exhaust /ɪɡˈzɔːst/ exaurir: cansar demasiadamente uma pessoa.

exhaustion /ɪɡˈzɔːstʃən/ exaustão: cansaço extremo ou fadiga.

exhibitionism /ˌeksɪˈbɪʃ(ə)nɪz(ə)m/ exibicionismo: desejo de mostrar os genitais à pessoa do sexo oposto.

exo- /eksəʊ/ ex(o)-: externo, para fora. Nota: antes de vogais usa-se **ex-**.

exocrine /ˈeksəkraɪn/ exócrino. ◊ **exocrine secretions of the pancreas:** secreções exócrinas do pâncreas: enzimas transportadas do pâncreas para a segunda seção do duodeno.

exocrine gland /ˈeksəkraɪn glænd/ glândula exócrina: glândula com ductos que transportam secreções para regiões específicas do corpo, tais como fígado, glândulas sudoríparas, pâncreas e glândulas salivares. ☑ **duct gland**. Compare com **endocrine gland**.

exogenous /ekˈsɒdʒənəs/ exógeno: que é originado ou produzido fora do organismo. Compare com **endogenous**.

exomphalos /ekˈsɒmfələs/ exonfalia. ⇨ **umbilical hernia**.

exophthalmic goitre /ˌeksɒfθælmɪk ˈɡɔɪtə/ bócio exoftálmico: hipertireoidismo acompanhado de hiperplasia da glândula tireóide e protusão dos globos oculares. ☑ **Graves' disease**.

exophthalmos /ˌeksɒfˈθælməs/ exoftalmia: protusão dos globos oculares.

exoskeleton /ˈeksəʊˌskelɪt(ə)n/ exoesqueleto: o esqueleto externo de alguns animais, como os insetos. Compare com **endoskeleton**.

exostosis /ˌeksəˈstəʊsɪs/ exostose: tumor benigno na superfície de um osso.

exotic /ɪɡˈzɒtɪk/ exótico: relativo à doença de natureza estrangeira.

exotoxin /ˌeksəʊˈtɒksɪn/ exotoxina: toxina produzida por bactérias, que afeta partes do corpo distantes do local de infecção, por exemplo, toxinas causadoras de botulismo ou tétano. Observação: a difteria é causada por um bacilo. A exotoxina liberada causa os sintomas generalizados da doença, tais como febre e pulso rápido, enquanto o próprio bacilo é responsável pelos sintomas locais na parte superior da garganta.

exotropia /ˌeksəʊˈtrəʊpiə/ exotropia. ⇨ **divergent strabismus**.

expectant mother /ɪkˌspektənt ˈmʌðə/ gestante: uma mulher grávida.

expected date of delivery /ɪkˌspektɪd ˌdeɪt əv dɪˈlɪv(ə)ri/ data provável do parto: o dia no qual o médico calcula que ocorrerá o nascimento de um bebê. Abreviatura: **EDD**.

expectorant /ɪkˈspekt(ə)rənt/ expectorante: droga que ajuda a eliminar os mucos das vias respiratórias.

expectorate /ɪkˈspektəreɪt/ expectorar: eliminar muco ou catarro das vias respiratórias.

expectoration /ɪkˌspektəˈreɪʃ(ə)n/ expectoração: eliminação de líquido ou muco das vias respiratórias.

expel /ɪkˈspel/ expelir: soltar alguma coisa para fora do organismo. *Air is expelled from the lungs when a person breathes out.* / O ar é expelido dos pulmões durante a expiração.

experiential learning /ɪkˌspɪərienʃəl ˈlɜːnɪŋ/ aprendizado experimental: processo de aprendizado baseado na experiência.

experiment /ɪkˈsperɪmənt/ experimento; expe-riência: teste científico conduzido sob uma série de condições. *The scientists did some experiments to try the new drug on a small sample of people.* / Os cientistas fizeram algumas experiências para testar a nova droga em uma pequena amostra populacional.

expert patient /ˌekspɜːt ˈpeɪʃ(ə)nt/ paciente conhecedor da sua doença: paciente com uma doença crônica que aprendeu a cuidar do seu tratamento médico.

expiration /ˌekspəˈreɪʃ(ə)n/ expiração; término: **1** o ato de expirar, soltando o ar dos pulmões. *Expiration takes place when the chest muscles relax and the lungs become smaller.* / A expiração acontece quando os músculos torácicos relaxam e os pulmões diminuem de tamanho. Oposto de **inspiration**. **2** morte. **3** moribundo.

expiratory /ekˈspɪrət(ə)ri/ expiratório: relativo ao processo da expiração.

expire /ɪkˈspaɪə/ expirar: **1** soltar a respiração. **2** morrer.

explant /eksˈplɑːnt/ **1** explante: tecido vivo retirado do organismo e transferido para um meio artificial de cultura em laboratório. **2** explantar: a) retirar um fragmento do organismo e fazer com que cresça em meio artificial de cultura em laboratório. b) remover um implante.

explantation /ˌeksplɑːnˈteɪʃ(ə)n/ explantação: **1** o ato de retirar um fragmento do organismo e fazer com que cresça em um meio de cultura artificial em laboratório. **2** a remoção de um implante.

exploration /ˌekspləˈreɪʃ(ə)n/ exploração: procedimento ou cirurgia em que o objetivo é descobrir a causa dos sintomas ou a natureza e extensão de uma doença.

exploratory /ɪkˈsplɒrət(ə)ri/ exploratório: relativo a uma exploração.

exploratory surgery /ɪkˌsplɒrət(ə)ri ˈsɜːdʒə ri/ cirurgia exploratória: cirurgia cujo objetivo é descobrir as causas dos sintomas apresentados por uma pessoa ou a natureza e a extensão da doença.

explore /ɪkˈsplɔː/ explorar; pesquisar: examinar parte do corpo para fins diagnósticos.

expose /ɪkˈspəʊz/ expor(-se): **1** mostrar algo que estava escondido. *The operation exposed a generalised cancer.* / A cirurgia expôs um câncer generalizado. *The report exposed a lack of medical care on the part of some of the hospital staff.* / O relatório expôs uma falha de cuidados médicos por parte de algumas equipes hospitalares. **2** colocar alguém ou algo sob influência de alguma coisa. *He was exposed to the disease for two days.* / Ele esteve exposto à doença durante dois dias. *She was exposed to a lethal dose of radiation.* / Ela foi exposta a uma dose letal de radiação.

exposure /ɪkˈspəʊʒə/ exposição: **1** o fato de ser exposto a alguma coisa. *his exposure to radiation* / a exposição dele à radiação. **2** o fato de estar úmido, frio e sem proteção contra as con-

E

dições climáticas. *The survivors of the crash were all suffering from exposure after spending a night in the snow.* / Todos os sobreviventes do acidente sofriam da exposição à neve durante uma noite inteira.

express /ɪkˈspres/ espremer; emitir (líquido): espremer líquido ou ar de alguma coisa, especialmente espremer leite do seio para, posteriormente, alimentar um bebê.

expression /ɪkˈspreʃ(ə)n/ expressão: **1** a aparência ou aspecto da face de uma pessoa, que mostra os seus sentimentos e pensamentos. *His expression showed that he was annoyed.* / A expressão dele mostrava seu aborrecimento. **2** o ato de expulsar algo do corpo. *the expression of the fetus and placenta during childbirth* / a expressão do feto e da placenta durante o parto.

exquisitely tender /ɪkˌskwɪzɪtli ˈtendə/ extremamente agudo e sensível: que produz uma dor localizada aguda ou sensibilidade quando é tocado.

exsanguinate /ɪkˈsæŋɡwɪneɪt/ exsanguinar: retirar o sangue do corpo.

exsanguination /ɪkˌsæŋɡwɪˈneɪʃ(ə)n/ exsanguinação: remoção do sangue do corpo.

exsufflation /ˌeksəˈfleɪʃ(ə)n/ exsuflação: o ato de esgotar o conteúdo de ar do corpo.

extend /ɪkˈstend/ estender; esticar; alongar: estender, ou fazer com que alguma coisa se estenda. *The patient is unable to extend his arms fully.* / O paciente é incapaz de esticar completamente os braços.

extension /ɪkˈstenʃ(ə)n/ extensão: **1** alongamento ou correção de um articulação. **2** alongamento de uma articulação por meio de tração.

extensor /ɪkˈstensə/ extensor: um músculo que tende a retificar uma articulação. ☑ **extensor muscle**. Compare com **flexor**.

extensor muscle /ɪkˈstensə ˈmʌs(ə)l/ músculo extensor. ⇨ **extensor**.

exterior /ɪkˈstɪəriə/ exterior: a parte externa de alguma coisa.

exteriorisation /ɪkˌstɪəriəraɪˈzeɪʃ(ə)n/ exteriorização: cirurgia que consiste em transpor um órgão interno para fora do corpo. Usa-se também **exteriorization**.

externa /ɪkˈstɜːnə/ otite externa. Veja **otitis**.

external /ɪkˈstɜːn(ə)l/ externo: que está do lado de fora, principalmente do corpo. Oposto de **internal**. ◊ **the lotion is for external use only**: a loção é para uso externo apenas (deve ser usada na parte externa do corpo).

external auditory canal /ɪkˌstɜːn(ə)l ˈɔːdɪt(ə)ri kəˌnæl/ canal auditivo externo: canal cerebral que faz a ligação do ouvido externo com o tímpano. ☑ **external auditory meatus**. Veja ilustração em **Ear**, no Apêndice.

external auditory meatus /ɪkˌstɜːn(ə)l ˈɔːdɪt(ə)ri miˈeɪtəs/ meato acústico externo. ⇨ **external auditory canal**.

external cardiac massage /ɪkˌstɜːn(ə)l ˌkɑːdiæk ˈmæsɑːʒ/ massagem cardíaca externa:

método de compressão manual rítmica dos ossos do peito, a fim de restabelecer os batimentos cardíacos.

external ear /ɪkˌstɜːn(ə)l ˈɪə/ ouvido externo. ⇨ **outer ear**.

external haemorrhoids /ɪkˌstɜːn(ə)l ˈhemərɔɪdz/ hemorróidas externas: hemorróidas localizadas do lado externo do ânus.

external iliac artery /ɪkˌstɜːn(ə)l ˈɪliæk ˌɑːtəri/ artéria ilíaca externa: artéria que se ramifica da aorta, no abdome, e vai até a perna.

external jugular /ɪkˌstɜːn(ə)l ˈdʒʌɡjʊlə/ veia jugular externa: a principal veia jugular, que se dirige para a veia temporal.

externally /ɪkˈstɜːn(ə)li/ externamente: do lado de fora do corpo. *The ointment should only be used externally.* / A pomada só deve ser usada externamente.

external nares /ɪkˌstɜːn(ə)l ˈneəriːz/ narinas externas. ⇨ **anterior nares**.

external oblique /ɪkˌstɜːn(ə)l əˈbliːk/ músculo oblíquo externo do abdome: músculo externo que reveste o abdome.

external otitis /ɪkˌstɜːn(ə)l əˈtaɪtɪs/ otite externa. ⇨ **otitis externa**.

external respiration /ɪkˌstɜːn(ə)l ˌrespɪˈreɪ ʃ(ə)n/ respiração externa: parte da respiração relacionada à troca de gases nos pulmões.

exteroceptor /ˈekstərəʊˈseptə/ exteroceptor: nervos que respondem aos estímulos externos, por exemplo, os nervos dos olhos ou ouvidos.

extinction /ɪkˈstɪŋkʃən/ extinção: **1** destruição ou cessação de alguma coisa. **2** diminuição ou cessação de uma resposta comportamental condicionada pela diminuição de reforço.

extirpate /ˈekstɜːˌpeɪt/ extirpar: remover uma estrutura, órgão ou excrescência por meio de cirurgia.

extirpation /ekstɜːˈpeɪʃ(ə)n/ extirpação: a remoção completa de uma estrutura, órgão ou excrescência por meio de cirurgia.

extra- /ekstrə/ extra-: fora de; posição exterior.

extracapsular /ˌekstrəˈkæpsjʊlə/ extracapsular: que fica fora de uma cápsula.

extracapsular fracture /ˌekstrəˌkæpsjʊlə ˈfræktʃə/ fratura extracapsular: fratura da extremidade superior do fêmur, mas que fica fora da cápsula da articulação coxofemoral.

extracellular /ˌekstrəˈseljʊlə/ extracelular: fora das células.

extracellular fluid /ˌekstrəseljʊlə ˈfluːɪd/ líquido extracelular: líquido que envolve as células.

extract /ˈekstrækt/ **1** extrato: preparação obtida pela remoção de água ou álcool de uma substância, deixando apenas a essência. ◊ **liver extract**: extrato de fígado (essência concentrada de fígado). **2** extrair: tirar alguma coisa. *Adrenaline extracted from the animal's adrenal glands is used in the treatment of asthma.* / A adrenalina extraída das glândulas supra-renais do animal é usada no tratamento da asma. Nota: na acepção 2, a pronúncia é /ɪkˈstrækt/.

> ...*all the staff are RGNs, partly because they do venesection, partly because they work in plasmapheresis units which extract plasma and return red blood cells to the donor.* / "todos os membros do *staff* são Enfermeiras Gerais Registradas (*RGN*), em parte porque fazem venissecção, em parte porque trabalham em unidades de plasmaferese, revomendo plasma e reinfundindo hemácias ao doador." (*Nursing Times*)

extraction /ɪkˈstrækʃən/ extração: **1** remoção de uma parte do corpo, especialmente um dente. **2** em obstetrícia, remoção do feto por ocasião do término da gravidez, geralmente na apresentação de nádegas, que necessita de assistência médica.

extradural /ˌekstrəˈdjʊərəl/ extradural. ⇨ **epidural**.

extradural haematoma /ˌekstrəˌdjʊərəl hiːmə ˈtəʊmə/ hematoma extradural: hematoma que se forma no cérebro, do lado externo da dura-máter, e que é causado por uma pancada.

extradural haemorrhage /ˌekstrəˌdjʊərəl ˈhem(ə)rɪdʒ/ hemorragia extradural; hematoma epidural: condição grave, na qual há acúmulo de sangue entre a dura-máter e o crânio.

extraembryonic /ˌekstrəembriˈɒnɪk/ extraembrionário: relativo à parte do ovo fertilizado não pertencente ao embrião, como o âmnio, a membrana alantóide e o córion.

extraembryonic membranes /ˌekstrəem briˌɒnɪk ˈmembreɪnz/ membranas extra-embrionárias: as membranas que envolvem o embrião, mas que são descartadas por ocasião do parto.

extrapleural /ˌekstrəˈplʊərəl/ extrapleural: que fica fora da cavidade pleural.

extrapyramidal /ˌekstrəpɪˈræmɪd(ə)l/ extrapiramidal: que fica fora do sistema piramidal.

extrapyramidal system /ˌekstrəpɪˌræmɪd(ə)l ˈsɪstəm/ sistema extrapiramidal: sistema motor que conduz os nervos motores para fora do sistema piramidal. ☑ **extrapyramidal tracts**.

extrapyramidal tracts /ˌekstrəpɪˌræmɪd(ə)l ˈtrækts/ sistema extrapiramidal. ⇨ **extrapyramidal system**.

extrasensory /ˌekstrəˈsensəri/ extra-sensorial: que envolve a percepção fora ou além dos cinco sentidos habituais.

extrasystole /ˌekstrəˈsɪstəli/ extra-sístole. ⇨ **ectopic heartbeat**.

extrauterine /ˌekstrəˈjuːtəraɪn/ extra-uterino: que ocorre ou se desenvolve fora do útero.

extrauterine pregnancy /ˌekstrəjuːtəraɪn ˈpregnənsi/ gravidez extra-uterina. ⇨ **ectopic pregnancy**.

extravasation /ekˌstrævəˈseɪʃ(ə)n/ extravasão: escape de líquidos corporais, tais como sangue ou secreções, para os tecidos.

extraversion /ˌekstrəˈvɜːʃ(ə)n/ extroversão. ⇨ **extroversion**.

extravert /ˈekstrəvɜːt/ extrovertido. ⇨ **extrovert**.

extremities /ɪkˈstremətiz/ (plural) extremidades: partes do corpo nas terminações dos membros, tais como dedos das mãos, artelhos, nariz e orelhas.

extremity /ɪkˈstremɪti/ extremidade: **1** uma extremidade. **2** parte de uma extremidade distante da linha central do corpo, especialmente a mão ou o pé. **3** situação ou estado de grande sofrimento ou perigo. **4** o auge (a maior intensidade) de alguma coisa.

extrinsic allergic alveolitis /eksˌtrɪnsɪk əˌlɜːdʒɪk ˌælviˈaɪtɪs/ alveolite alérgica extrínseca: inflamação dos alvéolos pulmonares por alergia a fungos e outros alérgenos.

extrinsic factor /eksˌtrɪnsɪk ˈfæktə/ fator extrínseco: termo com que antigamente se designava a vitamina B_{12}, que é necessária para a produção de hemácias.

extrinsic ligament /eksˌtrɪnsɪk ˈlɪɡəmənt/ ligamento extrínseco: em uma articulação, ligamento entre os ossos, que é separado da cápsula da articulação.

extrinsic muscle /eksˌtrɪnsɪk ˈmʌs(ə)l/ músculo extrínseco: músculo que é, de alguma forma, distante da parte do corpo que ele faz funcionar.

extroversion /ekstrəˈvɜːʃ(ə)n/ extroversão: **1** (psicologia) tendência do indivíduo a se voltar para as pessoas, para o mundo exterior, e não apenas para si mesmo. **2** (órgão) virado de dentro para fora. ☑ **extraversion**.

extrovert /ˈekstrəvɜːt/ extrovertido: indivíduo que se interessa pelo mundo exterior, pelas pessoas. ☑ **extravert**.

extroverted /ˈekstrəʊˌvɜːtɪd/ extrovertido: **1** (pessoa) voltada para as pessoas, e não apenas para si mesma. **2** (órgão) virado de dentro para fora.

extubation /ˌekstjuːˈbeɪʃ(ə)n/ extubação: remoção de um tubo após intubação.

exudate /ˈeksjudeɪt/ exsudato: líquido que escapou dos vasos sanguíneos e se depositou sobre os tecidos, como resultado de uma condição ou doença.

exudation /ˌeksjuˈdeɪʃ(ə)n/ exsudação: escape de material, tal como líquido ou células, para os tecidos, como um mecanismo de defesa.

eye /aɪ/ olho: órgão do corpo responsável pela visão. Nota: para conhecer outros termos relacionados ao olho, veja **ocular**, **optic** e palavras que começam com **oculo-**, **ophth-**, **ophthalm-**, **ophthalmo-**.

eyeball /ˈaɪbɔːl/ globo ocular: o bulbo do olho (bola formada de tecido), localizado na órbita e controlado por vários músculos, e que permite a passagem da luz. Observação: os raios solares penetram no olho pela córnea, atravessam a pupila e sofrem refração através do humor aquoso sobre o cristalino, que então enfoca os raios através do humor vítreo, formando uma imagem sobre a retina e voltando ao globo ocular. Os impulsos da retina passam ao longo do nervo óptico para o cérebro.

eye bank /'aɪ bæŋk/ banco de olhos: local em que córneas doadas são armazenadas para uso em enxertos.

eyebath /'aɪbɑ:θ/ copinho para lavar os olhos: copinho no qual se pode colocar uma solução para banhar os olhos.

eyebrow /'aɪbraʊ/ sobrancelha: linha de pêlos na borda superior dos olhos. ☑ **brow** (acepção 2).

eye drops /'aɪ drɒps/ (plural) colírio: solução medicamentosa para pingar nos olhos, em pequenas quantidades.

eyeglasses /'aɪˌglɑ:sɪz/ (plural, mais usado nos Estados Unidos): óculos para corrigir a visão.

eyelash /'aɪlæʃ/ cílio; pestana: pequenos cabelos que crescem nas bordas das pálpebras.

eyelid /'aɪlɪd/ pálpebra: dobra de pele na frente do globo ocular. ☑ **blepharon; palpebra**. Nota: para conhecer outros termos relacionados à pálpebra, veja os que começam com **blephar-, blepharo-**.

eye ointment /'aɪ ˌɔɪntmənt/ pomada ocular;

pomada oftálmica: pomada especial para aplicação no olho.

eyesight /'aɪsaɪt/ visão: a capacidade de enxergar. *He has got very good eyesight.* / Ele tem a visão muito boa. *Failing eyesight is common in elderly people.* / A deterioração da visão é comum em idosos.

eye socket /'aɪ ˌsɒkɪt/ globo ocular. ⇨ **orbit**.

eye specialist /'aɪ ˌspeʃəlɪst/ oftalmologista. ⇨ **ophthalmologist**.

eyestrain /'aɪstreɪn/ vista cansada; fadiga ocular: cansaço dos músculos oculares, caracterizado por cefaléia, cuja causa pode estar relacionada a certas atividades, como leitura em ambientes com pouca luminosidade ou trabalho prolongado no computador. ☑ **asthenopia**.

eye surgeon /'aɪ ˌsɜ:dʒ(ə)n/ cirurgião ocular: cirurgião especializado em operações do olho.

eye test /'aɪ test/ exame de vista: exame dos olhos, para constatar o seu correto funcionamento ou a necessidade de óculos.

eyetooth /'aɪtu:θ/ dente canino superior: dente canino, um dos quatro dentes de coroa cônica longa, próximos aos incivivos. Plural: **eyeteeth**.

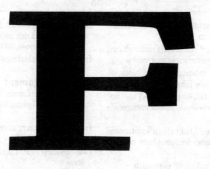

F abreviatura de **Fahrenheit**.

face /feɪs/ **1** face; rosto: a parte frontal da cabeça, onde estão localizados os olhos, o nariz e a boca. **2** olhar; encarar: ter a face voltada para alguma direção, ou olhar para alguma coisa. *Please face the screen.* / Por favor, olhe para a tela.

face delivery /ˈfeɪs dɪˌlɪv(ə)ri/ apresentação de face: parto em que a cabeça do bebê aparece primeiro.

face lift /ˈfeɪs lɪft/ ritidectomia: cirurgia para remover as rugas da face e do pescoço. ☑ **facelifting operation**.

face-lifting operation /ˈfeɪs lɪftɪŋ ɒpəˌreɪʃ(ə)n/ ritidoplastia. ⇨ **face lift**.

face mask /ˈfeɪs mɑːsk/ máscara para inalação: **1** dispositivo adaptado à boca e ao nariz, destinado à administração de anestesia. **2** bandagem de gaze adaptada à boca e ao nariz, para evitar infecção por perdigoto.

face presentation /ˈfeɪs prez(ə)nˌteɪʃ(ə)n/ apresentação de face: posição do feto no útero, indicando que a cabeça aparecerá primeiro no parto.

facet /ˈfæsɪt/ faceta: a superfície plana de um osso.

facet syndrome /ˈfæsɪt ˌsɪndrəʊm/ síndrome da faceta: condição na qual a articulação de uma vértebra torna-se deslocada.

facial /ˈfeɪʃ(ə)l/ facial: relativo a, ou que aparece na face. *The psychiatrist examined the patient's facial expression.* / O psiquiatra observou a expressão facial do paciente.

facial artery /ˈfeɪʃ(ə)l ˌɑːtəri/ artéria facial: artéria que tem origem na carótida externa e se distribui pela face e boca.

facial bone /ˈfeɪʃ(ə)l bəʊn/ osso facial: um dos catorze ossos que formam a face. Observação: os ossos da face são: dois maxilares, que formam o maxilar superior; dois nasais, que formam a parte superior do nariz; dois lacrimais, dentro das órbitas, perto do nariz; dois malares ou zigomáticos, que formam as bochechas; dois palatinos, que formam a parte posterior do palato duro; dois ossos das conchas nasais, ou turbinados, que formam os lados das fossas nasais; o mandibular ou osso do maxilar inferior; e o vômer, no centro do septo nasal.

facial nerve /ˈfeɪʃ(ə)l nɜːv/ nervo facial: o sétimo nervo craniano, que comanda os músculos da face, os corpúsculos gustatórios e as glândulas lacrimais e salivares.

facial paralysis /ˈfeɪʃ(ə)l pəˈræləsɪs/ paralisia facial. ⇨ **Bell's palsy**.

facial vein /ˈfeɪʃ(ə)l veɪn/ veia facial: veia facial que segue em sentido diagonal para baixo, indo desaguar na veia jugular interna.

-facient /feɪʃənt/ -faciente: que faz ou causa alguma coisa. *abortifacient* / abortígeno.

facies /ˈfeɪʃiːz/ fácies: expressão da face em algumas doenças, usada como um guia para o diagnóstico.

facilitation /fəˌsɪlɪˈteɪʃ(ə)n/ facilitação: o efeito de vários estímulos leves na ativação de um neurônio.

facilities /fəˈsɪlɪtiz/ (plural) facilidades: recursos especiais, tais como equipamentos, acomodação, tratamento ou ajuda, que são oferecidos às pessoas que deles precisam. *the provision of aftercare facilities* / a provisão de facilidades no cuidado dos convalescentes.

factor /ˈfæktə/ fator: **1** alguma coisa que influencia ou contribui para um acontecimento. **2** uma substância necessária para produzir um resultado, por exemplo, os fatores de coagulação, que são designados por numerais romanos (Fator I, Fator II, e assim por diante), que atuam quando um vaso sanguíneo é danificado.

Factor II /ˌfæktə ˈtuː/ Fator II. ⇨ **prothrombin**.

Factor IX /ˌfæktə ˈnaɪn/ Fator IX: proteína plasmática que promove a coagulação sanguínea e que é deficiente em pessoas com hemofilia B. ☑ **Christmas factor**.

Factor VIII /ˌfæktə ˈeɪt/ Fator VIII: proteína plasmática que promove a coagulação sanguínea e é deficiente em pessoas com hemofilia A.

Factor XI /ˌfæktər ɪˈlev(ə)n/ Fator XI: proteína plasmática que promove a coagulação sanguínea e é deficiente em pessoas com hemofilia C.

Factor XII /ˌfæktə ˈtwelv/ Fator XII: proteína plasmática que promove a coagulação sanguínea e é deficiente em pessoas com hemofilia. ☑ **Hageman factor**.

faculty /ˈfæk(ə)lti/ faculdade: uma capacidade de realizar alguma coisa.

fade away /feɪd əˈweɪ/ (informal) enfraquecer; desaparecer gradualmente: estar morrendo.

faecal /ˈfiːk(ə)l/ fecal: relativo às fezes. Nota: no inglês americano usa-use **fecal**.

faecal impaction /ˌfiːkl(ə)l ɪmˈpækʃən/ impactação fecal; comproestase: massa endurecida de fezes no reto.

faecal incontinence /ˌfiːk(ə)l ɪnˈkɒntɪnəns/ incontinência fecal: uma incapacidade de controlar a evacuação.

faecalith /ˈfiːkəlɪθ/ fecalito. ⇨ **coprolith**.

faecal matter /ˈfiːk(ə)l ˌmætə/ excrementos; fezes: resíduos intestinais sólidos.

faeces /ˈfiːsiːz/ (plural) fezes: resíduos sólidos que são eliminados dos intestinos através do ânus. Também chamadas **stool**; **bowel movement**; **excrement**. Nota: para conhecer outros termos relacionados a fezes, veja os que começam com **sterco-**.

Fahrenheit /ˈfærənhaɪt/ Fahrenheit: escala métrica de temperatura em que o congelamento e a ebulição da água ocorrem a 32° e 212° sob condições atmosféricas normais. Nota: é usada nos Estados Unidos, mas menos comum no Reino Unido. Normalmente, é escrita com um **F** depois do sinal de grau: **32° F** (32 graus Fahrenheit). ☑ **Fahrenheit scale**. Observação: para converter temperaturas de Fahrenheit para Celsius, subtraia 32 e divida o restante por 1,8.

Fahrenheit scale /ˈfærənhaɪt ˌskeɪl/ escala Fahrenheit. ⇨ **Fahrenheit**.

fail /feɪl/ ser reprovado em: **1** fracassar ao fazer alguma coisa. *The doctor failed to see the symptoms.* / O médico não conseguiu ver os sintomas. *She has failed her pharmacy exams.* / Ela fracassou nos exames de farmácia. *He failed his medical and was rejected by the police force.* / Ele foi reprovado no exame médico da força policial e recusado. **2** tornar-se mais fraco e com menos probabilidade de se recuperar.

failing /ˈfeɪlɪŋ/ enfraquecido; debilitado: que está enfraquecendo ou quase morrendo.

failure to thrive /ˌfeɪljə tə ˈθraɪv/ retardo de desenvolvimento. ⇨ **marasmus**.

faint /feɪnt/ **1** desmaiar: perder a consciência por um curto período de tempo. Essa inconsciência temporária normalmente é acompanhada de queda. **2** desmaio: perda de consciência por um curto período de tempo, causada por redução temporária de fluxo sanguíneo cerebral.

fainting fit /ˈfeɪntɪŋ fɪt/ síncope; desmaio. ⇨ **syncope**. *She often had fainting fits when she was dieting.* / Ela freqüentemente tinha desmaios quando estava fazendo dieta. ☑ **fainting spell**.

fainting spell /ˈfeɪntɪŋ spel/ vertigem. ⇨ **fainting fit**.

Fairbanks' splint /ˈfeəbæŋks splɪnt/ aparelho de Fairbanks: aparelho especial usado para corrigir a paralisia de Erb.

faith healing /ˈfeɪθ ˌhiːlɪŋ/ cura pela fé: tratamento de uma dor ou doença por meio da oração ou, ainda, imposição das mãos sobre o paciente.

falciform /ˈfælsɪfɔːm/ falciforme: que tem a forma de foice.

falciform ligament /ˌfælsɪfɔːm ˈlɪgəmənt/ ligamento falciforme: tecido que separa os dois lóbulos do fígado, ligando este órgão ao diafragma.

fall /fɔːl/ ocorrer; acontecer; tornar-se. ◊ **to fall pregnant; to fall for a baby:** ficar grávida.

fall asleep /ˌfɔːl əˈsliːp/ adormecer: cair no sono.

fallen arches /ˌfɔːlən ˈɑːtʃɪz/ (plural) arcos diminuídos: diminuição da concavidade plantar, resultando no pé chato ou plano.

fall ill /ˌfɔːl ˈɪl/ adoecer: tornar-se doente, ou começar a ter uma doença. *He fell ill while on holiday and had to be flown home.* / Ele ficou doente no feriado e precisou ser levado de avião para casa.

Fallopian tube /fəˈləupiən tjuːb/ tuba de Falópio; tuba uterina: uma das duas tubas que ligam o ovário ao útero. Veja ilustração em **Urogenital System (female)**, no Apêndice. ☑ **oviduct; salpinx; uterine tube**. Nota: para conhecer outros termos relacionados à tuba de Falópio, veja os que começam com **salping-, salpingo-**. (Descrita em 1561 por Gabriele Fallopio [1523–1563], médico italiano. Fallopio foi professor de cirurgia e anatomia em Pádua, onde também exerceu o cargo de professor de botânica.) Observação: uma vez por mês, os ovos (células sexuais femininas) não fertilizados deixam o ovário e se deslocam pelas tubas de Falópio para o útero. No ponto de junção das tubas de Falópio com o útero, um ovo pode ser fertilizado por um espermatozóide. Algumas vezes, acontece a fertilização e o desenvolvimento do embrião na própria tuba de Falópio, fato denominado gravidez ectópica, que pode ser uma ameaça à vida, se não for logo detectada.

Fallot's tetralogy /ˌfæləuz teˈtrælədʒi/ tetralogia de Fallot. ⇨ **tetralogy of Fallot**. [Descrita em 1888 por Etienne-Louis Arthur Fallot [1850–1911], professor de higiene e medicina legal em Marselha, França.)

false /fɔːls/ falso: que não é verdadeiro ou real.

false pains /ˌfɔːls ˈpeɪnz/ (plural) alarme falso: dores que simulam o trabalho de parto.

false pregnancy /ˌfɔːls ˈpregnənsi/ falsa gravidez; pseudogravidez: condição na qual alguns sintomas e sinais de gravidez fazem a mulher acreditar, erroneamente, que está grávida.

false rib /ˌfɔːls ˈrɪb/ falsas costelas: cinco costelas inferiores de cada lado que não se conectam diretamente com os ossos do peito. Compare com **true rib**.

false teeth /ˌfɔːls ˈtiːθ/ (plural) dentadura postiça: dentadura (dentes artificiais de material plástico) que são colocados na boca para substituir os dentes que foram extraídos.

false vocal cords /ˌfɔːls ˈvəʊk(ə)l ˌkɔːdz/ (plural) cordas vocais falsas. ⇨ **vestibular folds**.

falx /fælks/ foice: uma dobra da dura-máter, entre os dois hemisférios cerebrais. ☑ **falx cerebri**.

falx cerebri /fælks ˈserɪbraɪ/ foice do cérebro. ⇨ **falx**.

familial /fəˈmɪliəl/ familiar; familial: relativo à família.

familial adenomatous polyposis /fəˌmɪliəl ædəˌnɒmətəs pɒlɪˈpəʊsɪs/ polipose adenomatosa familiar: doença hereditária caracterizada pelo desenvolvimento de pólipos no cólon. Abreviatura: **FAP**. Veja também **polyposis**.

familial disorder /fəˌmɪliəl dɪsˈɔːdə/ distúrbio familiar: distúrbio hereditário que afeta vários membros da mesma família.

family /ˈfæm(ə)li/ família: grupo de pessoas que têm uma relação de consangüinidade, especialmente mãe, pai e filhos.

family doctor /ˌfæm(ə)li ˈdɒktə/ clínico geral; médico de família: um clínico geral.

family planning /ˌfæm(ə)li ˈplænɪŋ/ planejamento familiar: conjunto de medidas adotadas por uma família para controlar o número de filhos.

family planning clinic /ˌfæm(ə)li ˈplænɪŋ ˌklɪnɪk/ clínica de planejamento familiar: clínica que oferece conselhos e orientações sobre a contracepção.

family therapy /ˌfæm(ə)li ˈθerəpi/ terapia familiar: tipo de psicoterapia em que os membros de uma família em conflito encontram-se com o terapeuta para discutir o(s) problema(s), tentando encontrar uma solução.

famotidine /fəˈmɒtɪdiːn/ famotidina: uma histamina que reduz a acidez gástrica, usada no tratamento de úlceras duodenais.

Fanconi syndrome /fænˈkəʊni ˌsɪndrəʊm/ síndrome de Fanconi: doença renal caracterizada pela presença de aminoácidos na urina. (Descrita em 1927 por Guido Fanconi [nascido em 1892], professor de pediatria na University of Zurich, Suíça.)

fantasise /ˈfæntəsaɪz/ fantasiar: imaginar algo que não corresponde à realidade; devanear. Usa-se também **fantasize**.

fantasy /ˈfæntəsi/ fantasia: eventos imaginários que a pessoa acredita que tenham acontecido realmente.

FAP abreviatura de **familial adenomatous polyposis**.

farcy /ˈfɑːsi/ farcinose: uma forma de mormo, que afeta os nódulos linfáticos.

farinaceous /ˌfærɪˈneɪʃəs/ farináceo: referente à farinha, ou contendo amido.

farmer's lung /ˌfɑːməz ˈlʌŋ/ pulmão do fazendeiro: asma causada por inalação de poeira do feno mofado.

FAS abreviatura de **fetal alcohol syndrome**.

fascia /ˈfeɪʃə/ fáscia: tecido fibroso que recobre um músculo ou órgão. Plural: **fasciae**.

fascia lata /ˌfeɪʃə ˈlætə/ fáscia lata: faixa forte de tecido que envolve os músculos da coxa.

fasciculation /fəˌsɪkjuˈleɪʃ(ə)n/ fasciculação: pequenas contrações das fibras musculares, visíveis na pele.

fasciculus /fəˈsɪkjʊləs/ fascículo: feixe de fibras nervosas. Plural: **fasciculi**.

fasciitis /ˌfæʃiˈaɪtɪs/ fasciite: inflamação do tecido conjuntivo que recobre um músculo ou órgão.

fascioliasis /fəˌsiəˈlaɪəsɪs/ fasciolíase: doença causada por parasitas hepáticos trematódeos.

Fasciolopsis /ˌfæsiəʊˈlɒpsɪs/ *Fasciolopsis:* tipo de trematódeo hepático, encontrado freqüentemente no Extremo Oriente, que é transmitido aos seres humanos por plantas do gênero *Alisma* (tanchagem-aquática) contaminadas.

fast /fɑːst/ **1** jejum: período de tempo em que uma pessoa fica sem comer, por exemplo, para emagrecer ou por motivos religiosos. **2** jejuar; ficar em jejum: ficar sem comer. *The patient should fast from midnight of the night before an operation.* / O paciente deve ficar em jejum a partir da meia-noite da véspera de uma cirurgia.

fastigium /fæˈstɪdʒiəm/ fastígio: o ponto mais alto, ou acme, como a temperatura mais elevada durante um surto de febre.

fat /fæt/ **1** gordo: indivíduo corpulento, que tem a forma roliça. *You ought to eat less – you're getting too fat.* / Você deveria comer menos, pois está engordando muito. **2** gordura: a) substância branca oleosa encontrada no organismo, que armazena energia e protege o corpo do frio. b) tipo de alimento que fornece proteínas e vitaminas A e D, principalmente a parte branca da carne, e substâncias sólidas, como banha de porco ou manteiga, encontradas em tecidos animais e usadas no preparo de alimentos ou substâncias líquidas como óleo. *If you don't like the fat on the meat, cut it off.* / Se não gosta da carne com gordura, elimine-a. *Fry the eggs in some fat.* / Frite os ovos em um pouco de gordura. Nota: para conhecer outros termos relacionados à gordura, veja **lipid** e palavras que começam com **steato-**. Observação: a gordura é uma parte importante da dieta, por causa das vitaminas e das suas calorias, que fornecem energia. A gordura da dieta é encontrada tanto em tecidos animais quanto em vegetais. Gorduras animais, tais como manteiga, carne gorda ou creme, são ácidos graxos saturados. Acredita-se que a ingestão de gorduras saturada e poliinsaturada, principalmente óleos e gorduras vegetais, e óleo de peixe, na dieta, em vez de gordura animal, ajuda a manter o nível de colesterol baixo no sangue e, assim, diminui o risco de aterosclerose. Uma dieta com pouca gordura nem sempre ajuda a reduzir o peso.

fatal /ˈfeɪt(ə)l/ fatal: que causa morte; pertinente à morte. *He had a fatal accident.* / Ele sofreu um acidente fatal. *Cases of bee stings are rarely fatal.* / Casos de picadas de abelhas raramente são fatais.

fatality /fə'tælɪti/ fatalidade: morte resultante de causas não naturais, como catástrofes, acidentes, guerras. *There were three fatalities during the flooding.* / Houve três mortes durante a inundação.

fatally /'feɪt(ə)li/ fatalmente; mortalmente: de um modo que causa a morte. *His heart was fatally weakened by the lung disease.* / O coração dele foi mortalmente enfraquecido pela doença pulmonar.

father /'fɑːðə/ pai: pai biológico ou adotivo.

fatigue /fə'tiːg/ **1** fadiga: cansaço muito grande. **2** fatigar: tornar uma pessoa exausta. *He was fatigued by the hard work.* / Ele estava fatigado por causa do trabalho pesado.

fatigue fracture /fə'tiːg ˌfræktʃə/ fratura de fadiga. ⇨ **stress fracture**.

fat-soluble /ˌfæt 'sɒljub(ə)l/ solúvel em gordura: capaz de se dissolver em gordura. *Vitamin D is fat-soluble.* / A vitamina D é solúvel em gordura.

fatty /'fæti/ gorduroso: que contém gordura.

fatty acid /ˌfæti 'æsɪd/ ácido graxo: ácido orgânico pertencente a um grupo que ocorre naturalmente nas gorduras, óleos e ceras. Veja também **essential fatty acid**.

fatty degeneration /ˌfæti dɪˌdʒenə'reɪʃ(ə)n/ degeneração gordurosa. ⇨ **adipose degeneration**.

fauces /'fɔːsiːz/ fauce: passagem entre a boca e a faringe, situada entre as amígdalas.

favism /'feɪvɪz(ə)m/ favismo: doença hereditária, caracterizada por anemia, e que se deve à ingestão de feijões de fava.

favus /'feɪvəs/ favos; tínea favosa: infecção cutânea altamente contagiosa, causada por dermatófitos, que ocorre no couro cabeludo.

FDA abreviatura de **Food and Drug Administration**.

fear /fɪə/ medo; temor: estado emocional em que se tem receio de alguma coisa. *fear of flying* / medo de voar.

febricula /fe'brɪkjʊlə/ febrícula: uma febre branda.

febrifuge /'febrɪfjuːdʒ/ febrífugo; antipirético: que, ou o que previne ou ajuda a diminuir a febre, por exemplo, uma droga como a aspirina.

febrile /'fiːbraɪl/ febril: relativo à febre, ou causado por febre.

febrile convulsion /ˌfiːbraɪl kən'vʌlʃ(ə)n/ convulsão febril: em crianças, convulsão de curta duração, associada com febre.

febrile disease /'fiːbraɪl dɪˌziːz/ doença febril: uma doença que é acompanhada de febre.

fecal /'fiːk(ə)l/ fecal. ⇨ **faecal**.

fecundation /ˌfekən'deɪʃ(ə)n/ fecundação: união de um espermatozóide (gameta masculino) com um óvulo (gameta feminino). ☑ **fertilisation**.

feeble /'fiːb(ə)l/ fraco; débil: muito fraco.

feed /fiːd/ alimentar: dar de comer a alguém. *He has to be fed with a spoon.* / Ele tem de ser alimentado com uma colher. *The baby has reached the stage when she can feed herself.* / A nenê atingiu o estágio em que pode se alimentar sozinha.

feed back /ˌfiːd 'bæk/ fornecer informações; passar informações: fornecer informações ou comentários sobre algo realizado. *The patients' responses were fed back to the students.* / As respostas dos pacientes foram passadas aos estudantes.

feedback /'fiːdbæk/ feedback: retroalimentação: **1** informação ou comentários sobre algo realizado. *The initial feedback from patients on the new service was encouraging.* / O *feedback* inicial dos pacientes sobre o novo serviço foi encorajador. **2** o retorno do resultado de uma ação para a própria ação.

feeding /'fiːdɪŋ/ alimentação: a ação de dar de comer a alguém. Veja também **breast feeding**; **bottle feeding**; **intravenous feeding**.

feeding cup /'fiːdɪŋ kʌp/ concha alimentar: uma concha especial com uma biqueira, usada para alimentar pessoas que não podem comer sozinhas.

feel /fiːl/ sentir(-se); apalpar; achar: **1** tocar alguém ou alguma coisa, normalmente com os dedos. *The midwife felt the abdomen gently.* / A parteira apalpou suavemente o abdome da parturiente. ◊ **to feel someone's pulse**: verificar o pulso de alguém: verificar a freqüência de pulso de uma pessoa, normalmente segurando a parte interna do punho. **2** dar a impressão. *My skin feels hot and itchy.* / Minha pele parece estar quente e comichando. **3** ter uma sensação. *When she got the results of her test, she felt relieved.* / Quando recebeu o resultado do teste, ela se sentiu aliviada. *He felt ill after eating the fish.* / Ele se sentiu indisposto após comer o peixe. **4** acreditar ou pensar em alguma coisa. *The doctor feels the patient is well enough to be moved out of intensive care.* / O médico acha que o paciente está bem o suficiente para deixar a unidade de terapia intensiva.

feeling /'fiːlɪŋ/ sensação; sentimento: **1** a percepção de um estímulo *a prickling feeling* / uma sensação de picada. **2** um estado emocional ou atitude perante alguma coisa.

Fehling's solution /'feɪlɪŋz səˌluːʃ(ə)n/ solução de Fehling: solução usada no teste de Fehling, para detectar a presença de açúcar no sangue. (Descrita em 1848 por Hermann Christian von Fehling [1812–1885], professor de química em Stuttgart, Alemanha.)

Fehling's test /'feɪlɪŋz test/ teste de Fehling: teste para detecção de aldeídos e açúcar em uma amostra biológica por meio da solução de Fehling.

felon /'felən/ panarício; unheiro. ⇨ **whitlow**.

Felty's syndrome /'feltiːz ˌsɪndrəʊm/ síndrome de Felty: doença caracterizada por artrite reumatóide associada com esplenomegalia e leucopenia. (Descrita em 1924 por Augustus Roi Felty [1895–1963], médico do Hartford Hospital, Connecticut, EUA.)

female condom /ˌfiːmeɪl ˈkɒndɒm/ diafragma: preservativo feito de borracha, que cobre as paredes da vagina e o cérvix, usado antes do ato sexual para evitar a concepção.

female sex hormone /ˌfiːmeɪl ˈseks ˌhɔːməʊn/ hormônio sexual feminino. ⇨ **oestrogen**.

feminisation /ˌfemɪnaɪˈzeɪʃ(ə)n/ feminização: desenvolvimento de características femininas em um homem. Usa-se também **feminization**.

femoral /ˈfemərəl/ femoral: relativo ao fêmur ou à coxa.

femoral artery /ˌfemərəl ˈɑːtəri/ artéria femoral: continuação da artéria ilíaca externa, que desce para a região anterior da coxa, dirigindo-se, então, para a região posterior.

femoral canal /ˌfemərəl kəˈnæl/ canal femoral: parte medial da bainha que envolve a veia e a artéria femorais.

femoral head /ˌfemərəl ˈhed/ cabeça femoral; cabeça do fêmur: extremidade arredondada do osso da coxa, que une o acetábulo ao quadril.

femoral hernia /ˌfemərəl ˈhɜːniə/ hérnia femoral: hérnia do intestino que se projeta pelo orifício crural.

femoral neck /ˌfemərəl ˈnek/ pescoço femoral: uma barra estreita situada entre a cabeça e a diáfise do fêmur. ☑ **neck of the femur**.

femoral nerve /ˈfemərəl nɜːv/ nervo femoral: nervo que comanda o músculo da parte anterior da coxa.

femoral pulse /ˌfemərəl ˈpʌls/ pulso inguinal: pulso femoral: pulso que é perceptível na virilha.

femoral triangle /ˌfemərəl ˈtraɪæŋgəl/ triângulo femoral: pequena cavidade na virilha, contendo o nervo e os vasos femorais. ☑ **Scarpa's triangle**.

femoral vein /ˈfemərəl veɪn/ veia femoral: continuação da veia poplítea, a veia femoral situa-se nos dois terços proximais da coxa.

femoris /ˈfemərɪs/ músculo reto da coxa. Veja **rectus femoris**.

femur /ˈfiːmə/ fêmur: osso longo da coxa, que une o acetábulo à tíbia e a tíbia ao joelho. ☑ **thighbone**. Veja ilustração em **Pelvis**, no Apêndice. Plural: **femora**.

-fen /fen/ -fen(o): forma combinante usada em nomes de drogas antiinflamatórias não esteroidais. *ibuprofen* / ibruprofeno.

fenestra /fəˈnestrə/ janela: pequena abertura no ouvido.

fenestra cochleae /fəˌnestrə ˈkɒkliiː/ janela da cóclea. ⇨ **fenestra rotunda**.

fenestra ovalis /fəˌnestrə əʊˈvɑːlɪs/ janela oval. ⇨ **oval window**.

fenestra rotunda /fəˌnestrə rəʊˈtʌndə/ janela redonda. ⇨ **round window**.

fenestration /ˌfenəˈstreɪʃ(ə)n/ fenestração: intervenção cirúrgica para devolver a audição; é realizada por meio de uma pequena abertura no ouvido interno.

fenestra vestibuli /fəˌnestrə veˈstɪbjʊlaɪ/ janela do vestíbulo. ⇨ **fenestra ovalis**.

fenoprofen /ˌfenəʊˈprəʊfen/ fenoprofeno: analgésico antiinflamatório não esteroidal, usado no tratamento da artrite.

fentanyl /ˈfentənɪl/ fentanil: analgésico narcótico poderoso.

fermentation /ˌfɜːmenˈteɪʃ(ə)n/ fermentação: reação química provocada pela degradação dos carboidratos por enzimas de leveduras, produzindo álcool. ☑ **zymosis**.

ferric /ˈferɪk/ férrico: que contém ferro em sua maior valência, Fe^{3+}.

ferritin /ˈferɪtɪn/ ferritina: proteína encontrada no fígado, que se liga de forma reversível ao ferro; é armazenada no organismo e usada na formação de hemoglobina nos eritrócitos.

ferrous /ˈferəs/ ferroso: que contém ferro em sua valência mais baixa, Fe^{2+}.

ferrous sulphate /ˌferəs ˈsʌlfeɪt/ sulfato de ferro: elemento ferroso de coloração branca ou esverdeada, usado no tratamento da anemia.

ferrule /ˈferuːl/ **1** virola: anel metálico que aperta e reforça a extremidade superior de uma muleta ou bengala. **2** reforçar com virola: colocar virola em uma muleta ou bengala.

fertile /ˈfɜːtaɪl/ fértil: capaz de conceber filhos. Oposto de **sterile**.

fertilisation /ˌfɜːtɪlaɪˈzeɪʃ(ə)n/ fertilização. ⇨ **fecundation**. Usa-se também **fertilization**.

fertilise /ˈfɜːtəlaɪz/ (esperma) fertilizar: juntar-se com um ovo. Usa-se também **fertilize**.

fertility /fɜːˈtɪləti/ fertilidade: o estado de ser fértil, fecundo. Oposto de **sterility**.

fertility drug /fɜːˈtɪləti drʌg/ medicamento ovulante: medicamento que estimula a ovulação, usado em mulheres que se submetem à fertilização *in vitro*.

fertility rate /fɜːˈtɪləti reɪt/ taxa de fertilidade: número de nascimentos por ano, calculado com base em 1.000 mulheres, com idade entre quinze e quarenta e quatro anos.

FESS abreviatura de **functional endoscopic sinus surgery**.

fester /ˈfestə/ (ferida) ulcerar; infeccionar: tornar-se inflamada e com pus. *His legs were covered with festering sores.* / As pernas dele ficaram cobertas com úlceras dolorosas.

festination /ˌfestɪˈneɪʃ(ə)n/ festinação: maneira peculiar de andar, a passos curtos, observada em pessoas com doença de Parkinson.

fetal /ˈfiːt(ə)l/ fetal: relativo a feto. ☑ **foetal**.

fetal alcohol syndrome /ˌfiːt(ə)l ˈælkəhɒl ˌsɪndrəʊm/ síndrome alcoólica fetal: dano causado ao feto pela presença de álcool no sangue de mães alcoólatras crônicas. Afeta o desenvolvimento embrionário, causando anomalias craniofaciais. Abreviatura: **FAS**.

fetal distress /ˌfiːt(ə)l dɪˈstres/ sofrimento fetal: condição ameaçadora ao feto, por exemplo, um problema cardíaco ou respiratório. O feto pode não sobreviver se a condição não for monitorada e corrigida.

fetal dystocia /ˌfiːt(ə)l dɪsˈtəʊsiə/ distocia fetal: parto difícil, causado por anomalia ou posição anormal do feto.

fetal heart /ˌfiːt(ə)l ˈhɑːt/ coração fetal: o coração do feto.

fetalis /fiːˈtɑːlɪs/ anemia hemolítica do recém-nascido. Veja **erythroblastosis fetalis**.

fetal monitor /ˌfiːt(ə)l ˈmɒnɪtə/ monitor fetal: dispositivo eletrônico que monitora o feto no útero.

fetal position /ˈfiːt(ə)l pəˌzɪʃ(ə)n/ posição fetal: posição em que a pessoa, deitada de lado, permanece dobrada para a frente, tal como o feto no útero.

fetishism /ˈfetɪʃɪz(ə)m/ fetichismo: distúrbio mental em que a pessoa se sente sexualmente estimulada pelo contato com objetos inanimados (fetiches). Usa-se também **fetichism**.

fetishist /ˈfetɪʃɪst/ fetichista: pessoa que obtém satisfação sexual com um objeto inanimado (fetiche). Usa-se também **fetichist**.

feto- /fiːtəʊ/ fet(i/o)-: forma combinante relativa a um feto.

fetoprotein /ˌfiːtəʊˈprəʊtiːn/ fetoproteína. Veja **alpha-fetoprotein**.

fetor /ˈfiːtə/ fedor: cheiro muito ruim. ☑ **foetor**.

fetoscope /ˈfiːtəskəʊp/ fetoscópio: um estetoscópio usado em fetoscopia. ☑ **foetoscope**.

fetoscopy /fɪˈtɒskəpi/ fetoscopia: exame do feto no útero, para colheita de sangue e diagnóstico de doenças pré-natais. ☑ **foetoscopy**.

fetus /ˈfiːtəs/ feto: feto não nascido, produto da concepção, dos dois meses até o parto; antes dos dois meses, é chamado de embrião. ☑ **foetus**.

FEV abreviatura de **forced expiratory volume**.

fever /ˈfiːvə/ febre: **1** elevação da temperatura do corpo. *She is running a slight fever.* / Ela está com uma febre branda. *You must stay in bed until the fever has gone down.* / É preciso ficar na cama até que a febre desapareça. **2** condição em que a temperatura do corpo é mais elevada do que o normal. ☑ **pyrexia**. Observação: a temperatura oral média corporal é de 37°C, e a temperatura retal é de aproximadamente 37,2°C. A febre frequentemente provoca calafrios, e é acompanhada de dores nas articulações. A maioria das febres é causada por infecções. As infecções que causam febre incluem: febre de arranhadura do gato, dengue, malária, meningite, psitacose, febre Q, febre reumática, febre maculosa das Montanhas Rochosas, febre escarlatina, septicemia, febre tifóide, tifo e febre amarela.

fever blister /ˈfiːvə ˌblɪstə/ bolha de febre. ⇨ **fever sore**.

feverfew /ˈfiːvəfjuː/ matricária: uma erva, antigamente usada para diminuir a febre, mas hoje utilizada para aliviar a hemicrânia.

feverish /ˈfiːvərɪʃ/ febril: que tem febre. *He felt feverish and took an aspirin.* / Ele se sentiu febril e tomou uma aspirina. *She is in bed with a feverish chill.* / Ela está de cama com febre e calafrios.

fever sore /ˈfiːvə sɔː/ bolha de febre: herpes simples, normalmente nos lábios. ☑ **fever blister**.

fiber /ˈfaɪbə/ fibra. ⇨ **fibre**.

fibr- /faɪbr/ relativo a fibras; fibroso. ⇨ **fibro-**.

-fibrate /faɪbreɪt/- fibrato: forma combinante usada em nomes de drogas que dissolvem os lipídeos.

fibre /ˈfaɪbə/ fibra: **1** estrutura orgânica alongada, como um fio. **2** ⇨ **dietary fibre**. Nota: em inglês americano usa-se **fiber**.

fibre optics /ˌfaɪbər ˈɒptɪks/ óptica de fibra: transmissão de uma imagem por finos feixes de fibras que propagam a luz, a fim de examinar órgãos internos. Usa-se também **fibreoptics**.

fibrescope /ˈfaɪbəskəʊp/ fibroscópio: instrumento óptico munido de feixes de fibras ópticas, usado para examinar órgãos internos.

fibril /ˈfaɪbrɪl/ fibrila: uma fibra muito pequena.

fibrillate /ˈfaɪbrɪleɪt/ fibrilar: ter contrações rápidas, irregulares e incontroláveis, ou causar fibrilação cardíaca ou muscular.

fibrillating /ˈfaɪbrɪleɪtɪŋ/ fibriloso: com contrações dos músculos. *They applied a defibrillator to correct a fibrillating heartbeat.* / Aplicaram um desfibrilador para corrigir as contrações cardíacas fibrilosas.

fibrillation /ˌfaɪbrɪˈleɪʃ(ə)n/ fibrilação: contração muscular.

> *Cardiovascular effects may include atrial arrhythmias but at 30°C there is the possibility of spontaneous ventricular fibrillation.* / "Os efeitos cardiovasculares podem incluir arritmias atriais, mas a 30°C existe a possibilidade de fibrilação ventricular espontânea." (*British Journal of Nursing*)

fibrin /ˈfɪbrɪn/ fibrina: uma proteína derivada do fibrinogênio, que ajuda na coagulação do sangue. Observação: a remoção das fibrinas de uma amostra de sangue é chamada de desfibrinação.

fibrin foam /ˈfɪbrɪn fəʊm/ espuma de fibrina: uma substância branca, produzida artificialmente do fibrinogênio, usada como anticoagulante tópico.

fibrinogen /fɪˈbrɪnədʒən/ fibrinogênio: uma substância do plasma sanguíneo que é convertida em fibrina, quando sofre a ação da trombina.

fibrinolysin /ˌfɪbrɪˈnɒləsɪn/ fibrinolisina: uma enzima que digere a fibrina. ☑ **plasmin; plastin**.

fibrinolysis /ˌfɪbrɪˈnɒləsɪs/ fibrinólise: dissolução de cóagulos sanguíneos pela hidrólise da fibrina. ☑ **thrombolysis**.

fibrinolytic /ˌfɪbrɪˈnɒlɪtɪk/ fibrinolítico: relativo à fibrinólise. *fibrinolytic drugs* / drogas fibrinolíticas. ☑ **thrombolytic**.

fibro- /faɪbrəʊ/ fibr(o)-: relativo a fibras. Nota: antes de vogais usa-se **fibr-**.

fibroadenoma /ˌfaɪbrəʊˌædɪˈnəʊmə/ fibroadenoma: tumor benigno formado de fibras e tecido glandular.

fibroblast /ˈfaɪbrəʊblæst/ fibroblato: célula do tecido conjuntivo, alongada e achatada, que forma fibras colágenas.

fibrocartilage /ˌfaɪbrəʊˈkɑːtəlɪdʒ/ fibrocartilagem: cartilagem com tecido fibroso. Observação: a fibrocartilagem é encontrada nos discos da coluna vertebral. Ela é elástica como cartilagem e flexível como fibra.

fibrochondritis /ˌfaɪbrəʊkɒnˈdraɪtɪs/ fibrocondrite: inflamação da fibrocartilagem.

fibrocyst /ˈfaɪbrəʊsɪst/ fibrocisto: tumor benigno do tecido fibroso.

fibrocystic /ˌfaɪbrəʊˈsɪstɪk/ fibrocístico: relativo a um fibrocisto.

fibrocystic disease /ˌfaɪbrəʊˈsɪstɪk dɪˌziːz/ doença fibrocística. ☑ **fibrocystic disease of the pancreas**. ⇨ **cystic fibrosis**.

fibrocystic disease of the pancreas /ˌfaɪ brəʊˈsɪstɪk dɪˌziːz əv ðə ˈpæŋkriəs/ doença fibrocística do pâncreas. ⇨ **fibrocystic disease**; **cystic fibrosis**.

fibrocyte /ˈfaɪbrəʊsaɪt/ fibrócito: célula derivada de um fibroblasto, que é encontrada no tecido conjuntivo.

fibroelastosis /ˌfaɪbrəʊˌiːlæˈstəʊsɪs/ fibroelastose: proliferação excessiva de tecido fibroso e elástico, principalmente nos ventrículos cardíacos.

fibroid /ˈfaɪbrɔɪd/ fibrinóide: **1** semelhante a uma fibra. **2** ⇨ **fibroid tumour**.

fibroid degeneration /ˌfaɪbrɔɪd dɪˌdʒenəˈreɪ ʃ(ə)n/ degeneração fibrinóide; degeneração fibrinosa: mudança do tecido saudável para tecido fibroso, por exemplo, na cirrose do fígado.

fibroid tumour /ˌfaɪbrɔɪd ˈtjuːmə/ tumor fibrinóide: tumor benigno das fibras musculares do útero. ☑ **fibroid**; **uterine fibroid**; **fibromyoma**.

fibroma /faɪˈbrəʊmə/ fibroma: pequeno tumor benigno constituído de tecido fibroso.

fibromuscular /ˌfaɪbrəʊˈmʌskjʊlə/ fibromuscular: relativo aos tecidos fibroso e muscular.

fibromyoma /ˌfaɪbrəʊmaɪˈəʊmə/ fibromioma. ⇨ **fibroid tumour**.

fibroplasia /ˌfaɪbrəʊˈpleɪziə/ fibroplasia. Veja **retrolental fibroplasia**.

fibrosa /faɪˈbrəʊsə/ osteíte fibrosa. Veja **osteitis**.

fibrosarcoma /ˌfaɪbrəʊsɑːˈkəʊmə/ fibrossarcoma: tumor maligno do tecido conjuntivo, mais comum nas pernas.

fibrosis /faɪˈbrəʊsɪs/ fibrose: substituição de tecido danificado por tecido fibroso.

fibrositis /ˌfaɪbrəˈsaɪtɪs/ fibrosite: inflamação dolorosa do tecido fibroso que reveste os músculos e as articulações, principalmente os músculos das costas.

fibrous /ˈfaɪbrəs/ fibroso: feito de fibras, ou semelhante a uma fibra.

fibrous capsule /ˌfaɪbrəs ˈkæpsjuːl/ cápsula fibrosa: tecido fibroso que reveste o rim. ☑ **renal capsule**.

fibrous joint /ˈfaɪbrəs dʒɔɪnt/ articulação fibrosa: junção de dois ossos por tecido fibroso, de maneira que nenhum movimento é possível, como nos ossos do crânio.

fibrous pericardium /ˌfaɪbrəs perɪˈkɑːdiəm/ pericárdio fibroso: parte externa do pericárdio, que reveste o coração e é ligada aos principais vasos sanguíneos.

fibrous tissue /ˌfaɪbrəs ˈtɪʃuː/ tecido fibroso: tecido constituído de fibras brancas e fortes. Forma os tendões e ligamentos e também as aponeuroses.

fibula /ˈfɪbjʊlə/ fíbula: o osso menor dos dois ossos da perna, localizado entre o joelho e o tornozelo. Compare com **tibia**. Plural: **fibulae**.

fibular /ˈfɪbjʊlə/ fibular: relativo à fíbula.

field /fiːld/ campo; área de atividade: uma área de interesse. *He specialises in the field of community medicine.* / Ele está se especializando na área da medicina comunitária. *Don't see that specialist with your breathing problems – his field is obstetrics.* / Para tratar os seus problemas respiratórios, não consulte aquele especialista – o campo dele é a obstetrícia.

field of vision /ˌfiːld əv ˈvɪʒ(ə)n/ campo visual. ⇨ **visual field**.

fight or flight reaction /ˌfaɪt ɔː ˈflaɪt riˌækʃən/ reação de luta ou fuga: teoria segundo a qual o organismo, quando é confrontado com ameaças, reage, seja preparando-se para lutar, seja para escapar.

fil- /fɪl/ fi(l)-: relativo a um fio.

filament /ˈfɪləmənt/ filamento: estrutura longa e fina, semelhante a um fio.

filamentous /ˌfɪləˈmentəs/ filamentoso: semelhante a um fio.

Filaria /fɪˈleəriə/ *Filaria:* verme nematódeo que é encontrado principalmente no sistema linfático. É transmitido aos seres humanos por mosquitos. Plural: **Filariae**. Observação: a infestação do sistema linfático por vermes do gênero *Filaria* causa elefantíase.

filariasis /ˌfɪləˈraɪəsɪs/ filaríase: doença tropical causada por vermes nematódeos no sistema linfático, transmitida pela picada de mosquitos.

filiform /ˈfɪlɪfɔːm/ filiforme: cuja forma é semelhante a um fio.

filiform papillae /ˌfɪlɪfɔːm pəˈpɪliː/ (plural) papilas filiformes: projeções no dorso da língua, cuja forma assemelha-se a fios.

filipuncture /ˈfɪlɪpʌŋktʃə/ filipunção: tratamento de um aneurisma pela inserção de um arame em espiral, a fim de ajudar na coagulação.

fill /fɪl/ encher; preencher: ◊ **to fill a tooth:** preencher um dente (preencher o buraco de um dente com uma liga de metal, a fim de obturá-lo).

filling /ˈfɪlɪŋ/ obturação: **1** procedimento cirúrgico realizado por dentista para preencher o buraco de um dente com amálgama. **2** amálgama, mistura metálica colocada no buraco de um dente.

film /fɪlm/ filme: camada muito fina de substância que cobre uma superfície.

filter /'fɪltə/ **1** filtro: pedaço de papel ou tecido pelo qual se passa um líquido, a fim de remover quaisquer substâncias sólidas. **2** filtrar: passar um líquido por uma membrana, pedaço de papel ou tecido, a fim de remover as substâncias sólidas. *Impurities are filtered from the blood by the kidneys.* / As impurezas do sangue são filtradas pelos rins.

filtrate /'fɪltreɪt/ filtrado: uma substância que passou através de um filtro.

filtration /fɪl'treɪʃ(ə)n/ filtração: a ação de passar um líquido por um filtro.

filum /'faɪləm/ filamento: estrutura que se assemelha a um fio.

filum terminale /ˌfaɪləm ˌtɜːmɪ'neɪli/ filamento terminal: a porção terminal da pia-máter, na medula espinhal.

FIM abreviatura de **functional independence measure**.

fimbria /'fɪmbriə/ fímbria: uma franja, principalmente os processos semelhantes a uma franja, na porção terminal da trompa de Falópio, perto dos ovários. Plural: **fimbriae**.

final common pathway /ˌfaɪn(ə)l ˌkɒmən 'pɑːθweɪ/ via final comum: neurônios motores pelos quais os impulsos do sistema nervoso central passam para um músculo.

fine /faɪn/ bom; bem (de saúde); fino; delicado: **1** saudável. *He was ill last week, but he's feeling fine now.* / Ele esteve doente na semana passada, mas agora está se sentindo bem. **2** referente a alguma coisa muito fina, por exemplo, cabelo ou fio. *There is a growth of fine hair on the back of her neck.* / Há um aumento de cabelos finos atrás do pescoço dela. *Fine sutures are used for delicate operations.* / Em cirurgias de risco, são feitas suturas delicadas.

finger /'fɪŋgə/ dedo: cada um dos cinco prolongamentos articulados e móveis das mãos. Os nomes dos dedos são: **little finger**, **third finger** ou **ring finger**, **middle finger**, **forefinger** ou **index finger**. Observação: cada dedo é formado de três ossos (**phalanges**), mas o polegar tem apenas dois.

fingernail /'fɪŋgəneɪl/ unha do dedo da mão: lâmina córnea que recobre a parte terminal de cada dedo. *ridged and damaged fingernails* / unhas das mãos danificadas e sulcadas.

finger-nose test /ˌfɪŋgə 'nəʊz test/ teste dedonariz; prova do dedo-nariz: teste de coordenação motora, no qual a pessoa é solicitada a fechar os olhos, esticar o braço e, então, tocar o nariz com o dedo indicador estendido.

fingerprint /'fɪŋgəprɪnt/ impressão digital. ⇨ **genetic fingerprint**.

fingerstall /'fɪŋgəstɔːl/ dedeira: pedaço de couro, pano ou outro material com que se cobre um dedo infeccionado, a fim de protegê-lo.

fireman's lift /ˌfaɪəmənz 'lɪft/ (primeiros-socorros) levar ao ombro: maneira de carregar uma pessoa ferida, colocando-a sobre o ombro.

firm /fɜːm/ (informal) sociedade: em um hospital, grupo de médicos e especialistas, principalmente um grupo do qual faz parte um médico residente, durante estudos clínicos.

first aid /ˌfɜːst 'eɪd/ primeiros socorros: assistência emergencial por um não-médico a pessoa subitamente doente ou ferida, antes que possa ser administrado tratamento médico completo. *She gave him first aid in the street until the ambulance arrived.* / Ela administrou-lhe (a ele) os primeiros socorros na rua, até que a ambulância chegasse.

first-aider /ˌfɜːst 'eɪdə/ primeiro-socorrista: indivíduo que presta os primeiros socorros a pessoa subitamente doente ou ferida.

first-aid kit /ˌfɜːst 'eɪd ˌkɪt/ estojo de primeiros socorros: caixa contendo ataduras e curativos já prontos para serem usados em casos de emergência.

first-aid post /ˌfɜːst 'eɪd ˌpəʊst/ posto de primeiros socorros: local para o qual são levadas pessoas feridas, a fim de que recebam cuidados imediatos. ☑ **first-aid station**.

first-aid station /ˌfɜːst 'eɪd ˌsteɪʃ(ə)n/ estação de primeiros socorros. ⇨ **first-aid post**.

first-degree burn /ˌfɜːst dɪˌgriː 'bɜːn/ queimadura de primeiro grau: antiga classificação da gravidade de uma queimadura, em que a pele se torna vermelha.

first-degree haemorrhoids /ˌfɜːst dɪˌgriː 'heməroɪdz/ (plural) hemorróidas de primeiro grau: hemorróidas que ficam no reto.

first-degree relative /ˌfɜːst dɪˌgriː 'relətɪv/ parente de primeiro grau: um parente com o qual uma pessoa divide 50% de seus genes, por exemplo, pai, mãe, irmãos ou filho.

first-ever stroke /ˌfɜːst ˌevə 'strəʊk/ derrame de primeiro grau: um derrame que a pessoa tem pela primeira vez na vida.

first intention /fɜːst ɪn'tenʃən/ cura por primeira intenção: a cura de uma ferida em que os tecidos tornam a se formar rapidamente, e não ficam granulações.

first-level nurse /ˌfɜːst ˌlev(ə)l 'nɜːs/ enfermeira de primeiro grau: enfermeira que foi aprovada em exames de qualificação, possui registro no Conselho de Enfermagem e Obstetrícia, e tem poder de decisão. ☑ **first-level Registered Nurse**; **State Registered Nurse**. Compare com **second-level nurse**.

first-level Registered Nurse /ˌfɜːst ˌlev(ə)l 'redʒɪstəd 'nɜːs/ enfermeira registrada de primeiro grau.

fissile /'fɪsaɪl/ físsil: capaz de dividir-se ou ser dividido.

fission /'fɪʃ(ə)n/ fissão: o ato de se dividir em duas ou mais partes.

fissure /'fɪʃə/ fissura: uma fenda ou ranhura na pele, tecido ou órgão. ◊ **horizontal and oblique fissures**: fissuras horizontais e oblíquas: fissura entre os lobos dos pulmões. Veja ilustração em **Lungs**, no Apêndice.

fist /fɪst/ punho: a mão fortemente fechada.

fistula /ˈfɪstjʊlə/ fístula: passagem ou abertura fora do comum entre dois órgãos, freqüentemente próxima ao reto ou ânus.

fistula in ano /ˌfɪstjʊlə ɪn ˈænəʊ/ fístula anal. ⇨ **anal fistula**.

fit /fɪt/ **1** em boa forma; em boas condições físicas; apto: a) forte e fisicamente saudável. *She exercises every day to keep fit.* / Ela se exercita todos os dias para se manter em boa forma. *The doctors decided the patient was not fit for surgery.* / Os médicos decidiram que o paciente não estava em boas condições físicas para ser submetido à cirurgia. ◊ **he isn't fit enough to work:** ele não está apto o bastante para trabalhar (ele ainda está muito doente para trabalhar). b) ataque ou acesso súbito de uma doença, especialmente convulsões e epilepsia. *She had a fit of coughing.* / Ela teve um acesso de tosse. *He had an epileptic fit.* / Ele teve um ataque de epilepsia. *The baby had a series of fits.* / O bebê teve vários ataques. **2** a) adaptar; assentar: adaptar um aparelho corretamente. *The surgeons fitted the artificial hand to the patient's arm.* / Os médicos adaptaram a mão artificial ao braço do paciente. b) prover; equipar: fornecer um aparelho para alguém usar. *She was fitted with temporary support.* / Foi-lhe adaptado (a ela) um aparelho temporário. c) ter convulsões. *The patient has fitted twice.* / O paciente teve convulsões duas vezes.

fitness /ˈfɪtnəs/ capacidade; aptidão; boa forma física: o fato de estar forte e saudável. *Being in the football team demands a high level of physical fitness.* / É preciso estar em ótima forma física para jogar no time de futebol. *He had to pass a fitness test to join the police force.* / Ele teve de ser aprovado em um teste de aptidão física para ingressar na força policial.

fixated /fɪkˈseɪtɪd/ ligado: relativo à pessoa que tem uma relação muito próxima com outra, freqüentemente um parente.

fixation /fɪkˈseɪʃ(ə)n/ (psicanálise) fixação: **1** incapacidade de desenvolvimento em que a pessoa fica parada em uma fase particular. **2** apego anormal a uma pessoa ou objeto.

fixative /ˈfɪksətɪv/ fixador: substância química usada, por exemplo, na preparação de amostras de tecidos em lâminas de microscópio.

fixator /fɪkˈseɪtə/ fixador: dispositivo de metal adaptado a um osso para imobilizar uma parte do corpo.

fixed oil /ˌfɪkst ˈɔɪl/ óleo fixo: **1** óleo que se liquefaz a 20°C. **2** gorduras líquidas, principalmente aquelas usadas no preparo de alimentos.

flab /flæb/ (informal) flacidez: gordura localizada; pneus. *He's doing exercises to try to fight the flab.* / Ele está fazendo exercícios para tentar combater a flacidez.

flabby /ˈflæbi/ flácido: com gordura localizada; com flacidez. *She has got flabby from sitting at her desk all day.* Ela ficou flácida por sentar-se à escrivaninha o dia todo.

flaccid /ˈflæksɪd, ˈflæsɪd/ flácido: mole; sem tônus, relaxado.

flaccidity /flækˈsɪdɪti, flæˈsɪdɪti/ flacidez: o estado de estar flácido.

flagellate /ˈflædʒələt/ flagelado: protozoários, por exemplo, *Leishmania*, providos de flagelos e, às vezes, de uma membrana ondulante, que funcionam como órgãos locomotores.

flagellum /fləˈdʒeləm/ flagelo: projeção móvel, em forma de chicote, em um microorganismo. Plural: **flagella**.

Flagyl /ˈflædʒaɪl/ Flagyl: o nome comercial do metronidazol.

flail /fleɪl/ deambulação frouxa: deambulação acompanhada de movimentos incontroláveis ou violentos, principalmente dos braços, como se a pessoa estivesse dando golpes de bastão.

flail chest /ˈfleɪl tʃest/ tórax frouxo: instabilidade da caixa torácica, causada pela quebra de várias costelas.

flake /fleɪk/ floco; lâmina: pedaço minúsculo de tecido. *Dandruff is formed of flakes of dead skin on the scalp.* / A caspa é formada de lâminas de pele morta do couro cabeludo.

flake fracture /ˈfleɪk ˌfræktʃə/ fratura laminar: fratura em que o osso é quebrado em vários fragmentos.

flake off /ˌfleɪk ˈɒf/ descamar; lascar: cair como flocos.

flap /flæp/ retalho: pedaço de tecido, geralmente com pele, retirado de um parte do corpo e usado em enxertos.

flare /fleə/ rubor: coloração avermelhada da pele, como em uma lesão infecciosa ou na urticária.

flashback /ˈflæʃbæk/ retrospectiva: recordação muito vívida e repetitiva de um evento traumático.

flash burn /ˈflæʃ bɜːn/ queimadura por clarão: queimadura causada quando o corpo é rapidamente exposto a calor radiante intenso.

flat foot /ˌflæt ˈfʊt/ pé chato: condição caracterizada pelo achatamento do arco do pé, na qual a planta inteira do pé toca o chão. Plural: **flat feet**. ☑ **pes planus**. Veja **planus**.

flatline /ˈflætlaɪn/ **1** (monitor) nivelar: falhar em mostrar quaisquer correntes elétricas associadas à atividade cardíaca ou cerebral. **2** (monitor) nivelamento: leitura de um eletroencefalograma ou de um eletrocardiograma, mostrando cessação total da atividade cerebral ou cardíaca, respectivamente.

flatulence /ˈflætjʊləns/ flatulência. ⇨ **wind** (acepção 2). Observação: a flatulência geralmente é causada por indigestão, mas pode piorar se a pessoa engolir ar (**aerophagy**).

flatulent /ˈflætjʊlənt/ flatulento: que tem flatulência, ou causado por flatulência.

flatus /ˈfleɪtəs/ flatulência ⇨ **wind** (acepção 1).

flatworm /ˈflætwɜːm/ verme plano: um dos vários tipos de vermes parasitas com o corpo achatado, por exemplo, a tênia. Compare com **roundworm**.

flea /fli:/ pulga: inseto muito pequeno, sugador, parasita dos homens e animais. Observação: as pulgas podem transmitir doenças, mais especificamente a peste bubônica, que é transmitida por pulgas de ratos infectados.

flecainide /fle'keɪnaɪd/ flecainida: droga usada no tratamento da arritmia ventricular.

flesh /fleʃ/ carne: tecido muscular contendo sangue, que constitui parte do corpo, exceto pele, ossos e órgãos.

flesh wound /'fleʃ wu:nd/ ferimento superficial: ferimento que atinge apenas a parte carnosa do corpo. *She had a flesh wound in her leg.* / Ela teve um ferimento superficial na perna.

fleshy /'fleʃi/ carnoso: **1** feito de carne. **2** gorduroso.

flex /fleks/ flexionar; dobrar: flexionar alguma coisa. ◊ **to flex a joint:** flexionar uma articulação: usar os músculos para flexionar uma articulação.

flexibilitas cerea /fleksɪˌbɪlɪtəs 'sɪəriə/ flexibilidade cérea: condição em que os membros de certos pacientes, quando são movimentados, tendem a manter, durante algum tempo, a postura em que foram colocados.

flexion /'flekʃən/ flexão: o ato de flexionar uma articulação.

Flexner's bacillus /ˌfleksnəz bə'sɪləs/ bacilo de Flexner: bactéria causadora da disenteria bacilar.

flexor /'fleksə/ flexor: músculo que flexiona uma articulação. ☑ **flexor muscle**. Compare com **extensor**.

flexor muscle /'fleksə ˌmʌs(ə)l/ músculo flexor. ⇨ **flexor**.

flexure /'flekʃə/ flexura; prega: **1** uma curvatura em um órgão. **2** uma dobra na pele.

floaters /'fləutəz/ (plural) mosca volante. ⇨ **muscae volitantes**.

floating kidney /ˌfləutɪŋ 'kɪdni/ rim volante; rim móvel. ⇨ **nephroptosis**.

floating rib /ˌfləutɪŋ 'rɪb/ costela flutuante: uma das duas costelas inferiores de cada lado, que não se conecta diretamente aos ossos do peito.

floccillation /ˌflɒksɪ'leɪʃ(ə)n/ flocilação. ⇨ **carphology**.

flooding /'flʌdɪŋ/ inundação. ⇨ **menorrhagia**.

floppy baby syndrome /ˌflɒpi 'beɪbi ˌsɪndrəum/ síndrome do lactente flácido. ⇨ **amyotonia congenita**.

flora /'flɔːrə/ flora: microorganismos encontrados em uma parte determinada do organismo.

florid /'flɒrɪd/ florido: lesão cutânea cor-de-rosa ou vermelho-brilhante.

floss /flɒs/ **1** fio dental. ⇨ **dental floss**. **2** usar fio dental: limpar os dentes com fio dental.

flow /fləu/ fluxo: **1** movimento de um líquido ou gás. *They used a tourniquet to try to stop the flow of blood.* / Usaram um torniquete para tentar estancar o fluxo de sangue. **2** quantidade de líquido ou gás em movimento. *The meter measures the flow of water through the pipe.* / O medidor mostra o fluxo de água através do tubo.

flowmeter /'fləumi:tə/ fluxômetro: aparelho que mede a rapidez do escoamento de um líquido ou gás em um conduto, por exemplo, em equipamentos anestésicos.

flu /flu:/ gripe: **1** ⇨ **influenza**. **2** (informal) um resfriado muito forte. Nota: algumas vezes, usa-se **flu** para indicar que a palavra é uma forma reduzida de **influenza**.

flucloxacillin /flu:'klɒksəsɪlɪn/ flucloxacilina: uma penicilina usada no tratamento de pneumonia e infecções causadas por estreptococos.

fluconazole /flu:'kɒnəzəʊl/ fluconazol: droga usada no tratamento de infecções fúngicas, por exemplo, candidíase.

fluctuation /ˌflʌktʃu'eɪʃ(ə)n/ flutuação: movimento de ondulação em um órgão do corpo ou dentro de um cisto, quando pressionado pelos dedos.

fluid /'flu:ɪd/ líquido; fluido: **1** um líquido. **2** qualquer gás ou líquido que flui.

fluid balance /'flu:ɪd ˌbæləns/ equilíbrio hídrico: manutenção do equilíbrio hídrico no corpo durante a utilização de outros tratamentos médicos.

fluke /flu:k/ trematódeo: verme parasita achatado, que se instala no fígado, corrente sanguínea e outras partes do corpo.

flunitrazepam /ˌflu:naɪ'træzɪpæm/ flunitrazepam: droga tranqüilizante que, por causa de sua associação com casos de encontros que acabam em estupro, tem sua venda controlada no Reino Unido.

fluorescence /fluə'res(ə)ns/ fluorescência: emissão luminosa de uma substância que recebe radiação.

fluorescent /fluə'res(ə)nt/ fluorescente: relativo a uma substância que emite luminosidade.

fluoridate /'flɔːrɪdeɪt/ fluorar: adicionar flúor, geralmente à água potável, como prevenção à cárie dentária.

fluoride /'fluəraɪd/ fluoreto: composto químico de flúor e sódio, potássio ou estanho. *fluoride toothpaste* / pasta dental com fluoreto. Observação: o fluoreto ajuda a reduzir a cárie dentária e freqüentemente é adicionado à água potável ou às pastas de dente. Algumas pessoas fazem objeção quanto ao seu uso em concentrações muito altas, pois acredita-se que água potável e pastas dentais com grande quantidade desse composto podem descolorir os dentes das crianças.

fluorine /'fluəri:n/ flúor: elemento químico encontrado nos ossos e dentes. Símbolo químico: F.

fluoroscope /'fluərəskəup/ fluoroscópio: aparelho para examinar partes do corpo por meio de raios X; consiste em uma tela fluorescente, sobre a qual são projetadas imagens em movimento do órgão que se quer analisar.

fluoroscopy /fluə'rɒskəpi/ fluoroscopia: exame do corpo por meio de raios X projetados em uma tela.

fluorosis /flɔːˈrəʊsɪs/ fluorose: condição causada por excesso de fluoreto na água potável. Observação: em níveis baixos, a fluorose causa descoloração dos ossos; em níveis altos, pode provocar a calcificação dos ligamentos.

fluoxetine /fluːˈɒksətiːn/ fluoxetina: droga que aumenta os níveis de serotonina no cérebro, usada no tratamento da ansiedade e depressão.

flush /flʌʃ/ 1 rubor: vermelhidão da pele. 2 lavar com jato de água; ruborizar: a) lavar uma ferida com jato de água. b) (pessoa) ficar vermelha.

flushed /flʌʃt/ corado; vermelho: com vermelhidão na pele por causa de calor, emoção ou superalimentação. *Her face was flushed and she was breathing heavily.* / O seu rosto estava vermelho e ela respirava pesadamente.

flutter /ˈflʌtə/ *flutter;* flúter: movimento rápido, especialmente dos átrios cardíacos, que não é controlado por impulsos do nódulo sinoatrial. Usa-se também **fluttering**.

flux /flʌks/ fluxo: descarga excessiva de líquidos de uma cavidade corporal.

focal /ˈfəʊk(ə)l/ focal: relativo a um foco.

focal distance /ˌfəʊk(ə)l ˈdɪstəns/ distância focal: distância do centro do cristalino até seu foco. ☑ **focal length**.

focal epilepsy /ˌfəʊk(ə)l ˈepɪlepsi/ epilepsia focal: epilepsia cujo foco está em uma parte do cérebro; os ataques começam com um distúrbio isolado da função cerebral.

focal length /ˌfəʊk(ə)l ˈleŋθ/ comprimento focal. ⇨ **focal distance**.

focal myopathy /ˌfəʊk(ə)l maɪˈɒpəθi/ miopatia focal: destruição de tecido muscular causada por substância injetada por via intramuscular.

focus /ˈfəʊkəs/ 1 foco: a) ponto para onde convergem os feixes luminosos através de uma lente. b) (corpo) local de uma infecção. Plural: **foci**. 2 focar; focalizar: a) ajustar uma lente até obter uma imagem nítida e bem definida. b) ver claramente. *He has difficulty in focusing on the object.* / Ele tem dificuldade em focalizar o objeto.

focus group /ˈfəʊkəs gruːp/ grupo de discussão: grupo formado por pessoas leigas, sob orientação profissional, para discutir assuntos como cuidados aos doentes.

foetal /ˈfiːt(ə)l/ fetal. ⇨ **fetal**. Nota: a forma **foetal** é comum no inglês britânico, em geral, mas a forma **fetal** é aceita internacionalmente para uso técnico.

foetor /ˈfiːtə/ fetor. ⇨ **fetor**.

foetoscope /ˈfiːtəskəʊp/ fetoscópio. ⇨ **fetoscope**.

foetoscopy /fɪˈtɒskəpi/ fetoscopia. ⇨ **fetoscopy**.

foetus /ˈfiːtəs/ feto. ⇨ **fetus**. Nota: a forma **foetus** é comum no inglês britânico, em geral, mas a forma **fetus** é aceita internacionalmente para uso técnico.

folacin /ˈfəʊləsɪn/ folacina. ⇨ **folic acid**.

fold /fəʊld/ prega; dobra: uma parte do corpo que se dobra, ficando, assim, sobreposta à outra.

folic acid /ˌfəʊlɪk ˈæsɪd/ ácido fólico: uma vitamina do complexo vitamínico B, encontrada no leite, fígado, lêvedo e vegetais verdes, como espinafre, que é essencial para a produção normal de novos glóbulos vermelhos. ☑ **folacin**; **pteroylglutamic acid**. Observação: a falta de ácido fólico pode causar anemia e alterações do tubo neural do feto em desenvolvimento. Pode também ser causada por alcoolismo.

folie à deux /ˌfɒli æ ˈdɜː/ insanidade dupla; psicose a dois: condição rara, caracterizada por distúrbios mentais idênticos entre duas pessoas da mesma família que vivem juntas.

follicle /ˈfɒlɪk(ə)l/ folículo: uma pequena cavidade ou saco no corpo. Observação: um folículo ovariano passa por vários estágios de desenvolvimento. O primeiro estágio é chamado de folículo primordial, quando então se transforma em um folículo primário e torna-se um folículo maduro por volta do sexto dia da menstruação. Este folículo secreta estrogênio até que o ovo tenha se desenvolvido a ponto de romper-se, deixando para trás o corpo lúteo.

follicle-stimulating hormone /ˌfɒlɪk(ə)l ˌstɪmjʊleɪtɪŋ ˈhɔːməʊn/ hormônio foliculoestimulante: hormônio produzido pela glândula pituitária, que estimula os folículos de De Graaf, nos ovários, e induz a espermatogênese. Abreviatura: **FSH**.

follicular /fəˈlɪkjʊlə/ folicular: relativo aos folículos. Usa-se também **folliculate**.

follicular tumour /fəˌlɪkjʊlə ˈtjuːmə/ tumor folicular: tumor localizado em um folículo.

folliculin /fəˈlɪkjʊlɪn/ foliculina: estrona, um tipo de estrogênio. *She is undergoing folliculin treatment.* / Ela está em tratamento com foliculina.

folliculitis /fəˌlɪkjʊˈlaɪtɪs/ foliculite: inflamação dos folículos capilares, principalmente em uma área em que o cabelo foi raspado.

follow /ˈfɒləʊ/ acompanhar; seguir: fazer o acompanhamento de paciente após exame, a fim de avaliar o desenvolvimento da doença ou os resultados do tratamento. Também chamado **follow-up**.

follow-up /ˈfɒləʊ ʌp/ acompanhamento; *follow-up:* acompanhamento de paciente após exame, tratamento ou cirurgia. ⇨ **follow**.

> *...length of follow-ups varied from three to 108 months. Thirteen patients were followed for less than one year, but the remainder were seen regularly for periods from one to nine years.* / "a duração dos *follow-ups* variou de três a cento e oito meses. Treze pacientes foram acompanhados durante menos de um ano, mas os restantes foram examinados regularmente por períodos que variaram de um a nove anos."
> (*New Zealand Medical Journal*)

fomentation /ˌfəʊmenˈteɪʃ(ə)n/ fomentação. ⇨ **poultice**.

fomites /ˈfəʊmɪtiːz/ (plural) fomitos: objetos que, quando tocados por uma pessoa com doença transmissível, pode abrigar microorganismos patogênicos e transmitir a doença para outras pessoas.

fontanelle /ˌfɒntəˈnel/ fontanela: área macia cartilaginosa entre os ossos do crânio do recém-nascido. Usa-se também **fontanel**. Observação: a fontanela endurece à medida que os meses passam e, por volta dos dezoito meses do bebê, os ossos do crânio estão totalmente endurecidos.

food allergen /ˈfuːd ˌælədʒen/ alérgeno alimentar: uma substância alimentar que produz alergia.

food allergy /fuːd ˈælədʒi/ alergia alimentar: alergia a algum alimento específico, como amendoim, que causa uma reação grave, capaz de provocar choque anafilático com risco de vida.

Food and Drug Administration /fuːd ənd drʌg ədˌmɪnɪˈstreɪʃ(ə)n/ Administração de Alimentos e Drogas. Abreviatura: **FDA**.

food canal /ˈfuːd kəˌnæl/ canal alimentar; tubo alimentar: conduto que vai da boca ao reto e pelo qual a comida passa e é digerida.

food intolerance /fuːd ɪnˈtɒlərəns/ intolerância alimentar: reação adversa a alguns alimentos, tais como laranja, ovos, tomate e morango.

food poisoning /ˈfuːd ˌpɔɪz(ə)nɪŋ/ intoxicação alimentar; envenenamento alimentar: doença causada pela ingestão de alimentos contaminados.

foot /fʊt/ pé: a parte distal da perna, sobre a qual um pessoa fica em pé. Observação: o pé é formado por vinte e seis ossos: catorze falanges nos dedos, cinco ossos metatársicos, na sua parte principal, e sete ossos tarsais, no tornozelo.

footpump /ˈfʊtpʌmp/ bomba pneumática: dispositivo que reduz o risco pós-operatório de trombose de veia profunda incentivando o uso automático dos músculos da perna.

foramen /fəˈreɪmən/ forame; forâmen: abertura natural no interior do corpo, por exemplo, o orifício de um osso, pelo qual passam veias ou nervos. Plural: **foramina**.

foramen magnum /fəˌreɪmən ˈmægnəm/ forame magno: buraco na base do crânio, na junção do bulbo com a medula espinhal.

foramen ovale /fəˌreɪmən əʊˈvɑːleɪ/ forame oval: abertura que, durante o desenvolvimento fetal, faz comunicar as duas aurículas. Observação: o forame oval normalmente se fecha por ocasião do parto; caso não haja esse fechamento, o sangue das veias pode se misturar ao das artérias, causando cianose.

forced expiratory volume /ˌfɔːst ekˈspɪrə t(ə)ri ˌvɒljuːm/ volume expiratório forçado: o volume máximo de ar que uma pessoa pode expirar de uma só vez. Abreviatura: **FEV**.

force-feed /ˌfɔːs ˈfiːd/ alimentação forçada: fornecer alimentação líquida a uma pessoa, sem que ela assim o queira, por exemplo, por meio de um tubo colocado diretamente na garganta.

forceps /ˈfɔːseps/ pinça; fórceps: instrumento cirúrgico de vários tipos, com ramos articulados

(como uma tesoura) e cabos diferentes, usado para segurar tecidos ou extrair algo.

forceps delivery /ˈfɔːseps dɪˌlɪv(ə)ri/ parto a fórceps: extração do bebê do útero materno pelo uso de fórceps.

fore- /fɔː/ ante-: em frente de; antes de.

forearm /ˈfɔːrɑːm/ antebraço: segmento do braço que vai do cotovelo ao punho.

forearm bones /ˈfɔːrɑːm bəʊnz/ (plural) ossos do antebraço: a ulna e o rádio.

forebrain /ˈfɔːbreɪn/ cérebro anterior: a parte frontal do cérebro do embrião.

forefinger /ˈfɔːfɪŋgə/ dedo indicador: o segundo dedo da mão (o polegar é considerado o primeiro).

foregut /ˈfɔːgʌt/ intestino anterior: porção cefálica do intestino primitivo no embrião.

forehead /ˈfɔːhed/ testa; fronte: a parte da face situada acima dos olhos, entre as sobrancelhas e o couro cabeludo. ☑ **brow** (acepção 1).

foreign /ˈfɒrɪn/ estranho; estrangeiro: **1** que não pertence ao próprio país. *foreign visitors* / visitantes estrangeiros. *a foreign language* / uma língua estrangeira. **2** relativo a algo que se encontra onde, naturalmente, não deveria estar ou pertencer, principalmente alguma coisa que é encontrada no corpo humano e cuja causa vem de fora. *a foreign object* / um objeto estranho. *foreign matter* / substância estranha.

foreign body /ˌfɒrɪn ˈbɒdi/ corpo estranho: um corpo que não pertence ao tecido que o circunda e não deveria estar ali, por exemplo, areia em um corte, partícula de poeira no olho ou um alfinete que foi deglutido. *The X-ray showed the presence of a foreign body.* / O exame de raios X mostrou a presença de um corpo estranho. ◊ **Swallowed foreign bodies**: corpos estranhos deglutidos: alguma coisa que não deveria ter sido deglutida, por exemplo, alfinete, moeda ou botão.

foremilk /ˈfɔːmɪlk/ colostro: secreção leitosa com teor de gordura relativamente baixo e alto teor de açúcar, que é secretado pela mulher logo após o parto.

forensic /fəˈrensɪk/ forense: relativo ao uso da ciência na resolução de investigações criminais ou questões legais.

forensic medicine /fəˌrensɪk ˈmed(ə)sɪn/ medicina legal: ramo da ciência médica que trata das suas relações com o direito, cujo objetivo é encontrar soluções para crimes contra pessoas e envolve vários procedimentos, tais como realização de autópsias em indivíduos assassinados ou retirada de amostra de sangue das roupas.

foreskin /ˈfɔːskɪn/ prepúcio: pele que recobre a glande do pênis e que pode ser removida pela circuncisão. ☑ **prepuce**.

forewaters /ˈfɔːwɔːtəz/ (plural) bolsa de águas: líquido que sai da vagina no começo do parto, quando o âmnio estoura.

forgetful /fəˈgetf(ə)l/ esquecido: relativo à pessoa que freqüentemente se esquece das coisas. *She became very forgetful, and had to be looked*

after by her sister. / Ela se tornou muito esqueci-
da, e foi preciso que a irmã tomasse conta dela.

forgetfulness /fə'getf(ə)lnəs/ esquecimento:
condição na qual a pessoa freqüentemente se
esquece das coisas. *Increasing forgetfulness is a
sign of old age.* / O esquecimento crescente é um
sinal de idade avançada.

form /fɔːm/ **1** forma; formulário de inscrição:
a) formato. b) folha de papel com espaços em
branco para serem preenchidos. *You have to fill
in a form when you are admitted to hospital.* /
Deve-se preencher um formulário quando se é
hospitalizado. c) um estado ou condição. *he's in
good form today* / ele está em boa forma hoje
(ele está muito divertido, ele está fazendo bem
as coisas). **2** formar(-se): fazer parte, ou ser parte
principal de alguma coisa. *Calcium is one of the
elements which form bones* or *bones are mainly
formed of calcium.* / O cálcio é um dos elementos que formam os ossos *ou* os ossos são formados principalmente por cálcio. *An ulcer formed
in his duodenum.* / Formou-se uma úlcera no
seu duodeno. *In diphtheria a membrane forms
across the larynx.* / Na difteria, forma-se uma
membrana na laringe.

formaldehyde /fɔː'mældɪhaɪd/ formaldeído:
gás com cheiro desagradável, que constitui um
forte desinfetante. Quando é misturado à água,
dá origem à formalina, e é também usado como
fixador de espécimes de patologia.

formalin /'fɔːməlɪn/ formalina; formol: solução
aquosa com uma porcentagem de formaldeído,
usada como fixador de espécimes de patologia.

formation /fɔː'meɪʃ(ə)n/ formação: a ação de
formar alguma coisa. *Drinking milk helps the
formation of bones.* / Beber leite ajuda na formação dos ossos.

formication /ˌfɔːmɪ'keɪʃ(ə)n/ formigamento;
formigação: sensação de coceira na pele, como
se ela estivesse coberta de insetos.

formula /'fɔːmjʊlə/ fórmula: **1** maneira de indicar um composto químico por meio de letras e
números, por exemplo, H_2SO_4. **2** instruções de
como preparar uma medicação. **3** Nos Estados
Unidos, leite em pó para bebês. Plural: **formulas**
ou **formulae**.

formulary /'fɔːmjʊləri/ formulário: um livro
que traz os nomes dos medicamentos acompanhados de suas fórmulas.

fornix /'fɔːnɪks/ fórnix: estrutura semelhante a
um arco. Plural: **fornices**. ◊ **fornix of the vagina:** fórnix da vagina: espaço entre o colo do
útero e a vagina.

fornix cerebri /ˌfɔːnɪks 'serɪbraɪ/ fórnix do cérebro: parte do cérebro constituída de feixes de
fibras brancas, entre o hipocampo e o hipotálamo. Veja ilustração em **Brain**, no Apêndice.

fortification figures /ˌfɔːtɪfɪ'keɪʃ(ə)n ˌfɪgəz/
(plural) figuras de fortificação: padrão de faixas
cintilantes coloridas, que constitui uma forma de
aura, verificado antes de crises de enxaqueca.

foscarnet /fɒs'kɑːnət/ foscarnet: droga antiviral administrada por injeção intravenosa, eficaz

contra o herpesvírus resistente ao aciclovir. É
usado principalmente no tratamento de pessoas
com AIDS.

fossa /'fɒsə/ fossa: pequena depressão na pele, ou
cavidade de um osso.

foster children /'fɒstə ˌtʃɪldrən/ (plural) filhos
adotivos: crianças adotadas, criadas por pessoas
que não são seus pais verdadeiros.

foster parent /'fɒstə ˌpeərənt/ pais adotivos:
mulher ou homem que cria o filho de outros
pais.

Fothergill's operation /'fɒðəgɪlz ɒpəˌreɪʃ(ə)n/
operação de Fothergill: cirurgia para corrigir o
prolapso do útero. (De W. E. Fothergill [1865-
1926], ginecologista inglês.)

foundation hospital /faʊnˌdeɪʃ(ə)n 'hɒspɪt(ə)l/
fundação hospital: no Reino Unido, um tipo planejado de hospital, independente das Autoridades Locais de Saúde em assuntos financeiros.

fourchette /fʊə'ʃet/ fúrcula: prega na parte posterior da vulva, unindo os lábios menores.

fovea /'fəʊvɪə/ fóvea: uma pequena depressão no
centro da retina. É a área em que a visão é mais
nítida. ☑ **fovea centralis**. Veja ilustração em
Eye, no Apêndice.

fovea centralis /'fəʊvɪə 'sentrəlɪs/ fóvea central da retina. O mesmo que **fovea**.

FP10 /ˌef piː 'ten/ FP10: uma prescrição de um
clínico geral do Serviço Nacional de Saúde.
Observação: este termo é mais usado no Reino
Unido.

fracture /'fræktʃə/ **1** fraturar: a) (osso) quebrar.
The tibia fractured in two places. / A tíbia fraturou em dois lugares. b) quebrar um osso. *He
fractured his wrist.* / Ele fraturou o punho. **2** fratura: quebra em um osso. *rib fracture* or *fracture
of a rib* / fratura de uma costela.

fractured /'fræktʃəd/ fraturado. *He had a fractured skull.* Ele tinha o crânio fraturado. *She
went to hospital to have her fractured leg reset.* /
Ela foi ao hospital para tornar a engessar a perna
fraturada.

fragile /'frædʒaɪl/ frágil: que se quebra facilmente. *Elderly people's bones are more fragile
than those of adolescents.* / Pessoas idosas têm
os ossos mais frágeis do que os adolescentes.

fragile-X syndrome /ˌfrædʒaɪl 'eks ˌsɪndrəʊ
m/ síndrome do X frágil: síndrome hereditária
causada por compressão do cromossomo X, causando retardo mental.

fragilitas /frə'dʒɪlɪtəs/ fragilidade: fragilidade
ou facilidade de quebrar(-se).

fragilitas ossium /frəˌdʒɪlɪtəs 'ɒsɪəm/ fragilidade óssea: condição hereditária em que os
ossos são frágeis e quebradiços, similar à osteogênese imperfeita.

frail /freɪl/ debilitado; frágil: fraco, quebradiço.
*Grandfather is getting frail, and we have to look
after him all the time.* / O vovô está ficando debilitado, e nós precisamos cuidar dele o tempo
todo. *The baby's bones are still very frail.* / Os
ossos do bebê ainda estão muito frágeis.

framboesia /fræm'bi:ziə/ framboésia. ⇨ **yaws**.

frame /freɪm/ arcabouço; armação: **1** o tamanho e a forma particulares do corpo de uma pessoa. **2** um suporte firme para alguma coisa. Veja também **walking frame; Zimmer frame**.

framework /'freɪmwɜ:k/ esqueleto: os ossos principais, que constituem o arcabouço do corpo.

framycetin /fræ'maɪsətɪn/ framicetina: um antibiótico.

fraternal twins /frə,tɜ:n(ə)l 'twɪnz/ (plural) gêmeos fraternos. ⇨ **dizygotic twins**.

freckle /'frek(ə)l/ **1** sarda; pinta: pequenas máculas inofensivas na pele, de cor castanha, que se tornam mais visíveis após exposição ao sol. *Freckles are often found in people with fair hair.* / As sardas freqüentemente ocorrem em pessoas de cabelos louros. ☑ **lentigo**. **2** cobrir-se de sardas; pintalgar-se: fazer alguma coisa cobrir-se de sarda ou pintalgar-se.

freckled /'frek(ə)ld/ sardento: que tem sardas.

freeze /fri:z/ (informal) anestesiar por congelamento: congelar uma parte do corpo. *They froze my big toe to remove the nail.* / Congelaram meu dedo grande do pé, a fim de retirar a unha.

freeze dry /ˌfri:z 'draɪ/ dessecar a frio: congelar uma substância rapidamente e, a seguir, desidratá-la a vácuo.

freeze drying /'fri:z ˌdraɪɪŋ/ dessecamento a frio: método de preservação de alimentos ou tecidos do organismo pelo congelamento rápido e, a seguir, desidratação a vácuo.

Freiberg's disease /'fraɪbɜ:gz dɪˌzi:z/ doença de Freiberg: osteocondrite da cabeça do segundo metatarso. (Descrita em 1914 por Albert Henry Freiberg [1869–1940], cirurgião americano.)

Frei test /'fraɪ test/ teste de Frei: teste para detecção de linfogranuloma venéreo. (Descrito em 1925 por Wilhelm Siegmund Frei [1885–1943], professor de dermatologia em Berlim, Alemanha. Frei radicou-se em Nova York, EUA.)

fremitus /'fremɪtəs/ frêmito: vibrações ou tremores em alguma parte do corpo, perceptíveis por palpação ou por meio de um estetoscópio.

French letter /ˌfrentʃ 'letə/ (informal) condom. ⇨ **condom**.

frenectomy /frə'nektəmi/ frenectomia: cirurgia para retirar um freio.

Frenkel's exercises /'frenkəlz ˌeksəsaɪzɪz/ (plural) exercícios de Frenkel: série de exercícios a serem executados por pacientes com ataxia locomotora, para restaurar a coordenação dos músculos e membros.

frenotomy /frə'nɒtəmi/ frenotomia: cirurgia para divisão de um freio.

frenulum /'frenjʊləm/ frênulo. ⇨ **frenum**.

frenum /'fri:nəm/ freio: prega de membrana mucosa sob a língua ou na superfície inferior do clitóris. ☑ **frenulum**.

frequency /'fri:kwənsi/ freqüência: **1** o número de vezes em que algo acontece, num determinado período de tempo. *the frequency of mictu-*

rition / a freqüência de micção. **2** o número de vibrações nos movimentos oscilatórios.

fresh air /ˌfreʃ 'eə/ ar puro: ar livre. *They came out of the hospital into the fresh air.* / Eles escaparam do hospital para o ar livre.

fresh frozen plasma /ˌfreʃ ˌfrəʊz(ə)n 'plæzmə/ plasma fresco congelado: plasma de doadores, congelado pouco tempo após a colheita.

fretful /'fretf(ə)l/ desassossegado; rabugento: diz-se do bebê que chora, não consegue dormir e parece triste.

freudian /'frɔɪdiən/ freudiano: **1** compreensível segundo as teorias de Freud, principalmente com respeito à sexualidade humana. **2** pessoa que é influenciada ou segue as teorias ou os métodos psicanalíticos freudianos.

friable /'fraɪəb(ə)l/ friável: que pode se quebrar ou pulverizar facilmente.

friar's balsam /ˌfraɪəz 'bɔ:lsəm/ bálsamo do frade: resina aromática de várias árvores e vegetais, incluindo benzoína e bálsamo, usada em inalação, para aliviar bronquite ou congestão nasal.

friction /'frɪkʃən/ fricção; atrito: o ato de esfregar duas superfícies ou objetos.

friction fremitus /ˌfrɪkʃən 'fremɪtəs/ frêmito de atrito: um ruído de raspar, perceptível pela imposição das mãos sobre o peito de paciente com pericardite.

friction murmur /ˌfrɪkʃən 'mɜ:mə/ ruído de atrito; sopro de atrito: ruído de duas membranas serosas que se friccionam mutuamente, perceptível com o estetoscópio em paciente com pericardite ou pleurisia.

Friedländer's bacillus /'fri:dlendəz bəˌsɪləs/ bacilo de Friedländer: a bactéria *Klebsiella pneumoniae*, que pode causar pneumonia. (Descrito em 1882 por Carl Friedländer [1847–1887], patologista no Friedrichshain Hospital, Berlim, Alemanha.)

Friedman's test /'fri:dmənz test/ teste de Friedman: um teste para detectar a gravidez. (Deve seu nome a Maurice H. Friedman [nascido em 1903], físico americano.)

Friedreich's ataxia /ˌfri:draɪks ə'tæksiə/ ataxia de Friedreich: doença hereditária que afeta o sistema nervoso, com esclerose da medula espinhal, associada a pé torto, andar vacilante e comprometimento da fala. (Descrita em 1863 por Nicholaus Friedreich [1825–1882], professor de anatomia patológica em Würzburg, posteriormente professor de patologia e terapia em Heidelberg, Alemanha.) ☑ **dystrophia adiposogenitalis**.

frigidity /frɪ'dʒɪdɪti/ frigidez: na mulher, ausência de desejo e de prazer sexual, principalmente a incapacidade de alcançar o orgasmo.

fringe medicine /'frɪnʒ ˌmed(ə)sɪn/ (informal) medicina alternativa: práticas médicas que normalmente não são ensinadas em escolas de medicina, por exemplo, homeopatia ou acupuntura.

frog plaster /'frɒg ˌplɑ:stə/ aparelho gessado pelvipodálico: molde de gesso para manter as pernas afastadas após cirurgia de correção do quadril.

Fröhlich's syndrome /'frɜ:lɪks ˌsɪndrəʊm/ síndrome de Fröhlich: condição caracterizada por obesidade e hipoplasia genital, causada por um adenoma da glândula pituitária. (Descrita em 1901 por Alfred Fröhlich [1871–1953], professor de farmacologia na Universidade de Viena, Áustria.) ☒ **dystrophia adiposogenitalis**

frontal /'frʌnt(ə)l/ frontal: referente à testa ou à parte frontal da cabeça. Oposto de **occipital**.

frontal bone /'frʌnt(ə)l bəʊn/ osso frontal: grande osso que forma a fronte e a parte anterior da cavidade craniana.

frontal lobe /'frʌnt(ə)l ləʊb/ lobo frontal: o lobo frontal de cada hemisfério cerebral.

frontal lobotomy /ˌfrʌnt(ə)l ləʊ'bɒtəmi/ lobotomia frontal: antigamente, cirurgia cerebral usada no tratamento de distúrbios mentais, pela remoção de parte do lobo frontal.

frontal sinus /ˌfrʌnt(ə)l 'saɪnəs/ seios frontais: cada cavidade formada nos dois lados da face, acima dos olhos e próxima ao nariz.

front passage /frʌnt 'pæsɪdʒ/ (informal) vias frontais: **1** ⇨ **urethra**. **2** ⇨ **vagina**.

frostbite /'frɒstbaɪt/ geladura: lesão causada por frio extremo, com ulceração dos tecidos.

frostbitten /'frɒstbɪt(ə)n/ congelado; enregelado: que sofreu ulceração por frio extremo. Observação: em condições de frio extremo, os tecidos dos dedos, artelhos, orelhas e nariz podem se congelar, tornando-se brancos e entorpecidos. O descongelamento de tecidos enregelados pode ser muito doloroso e deve ser feito bem devagar. Casos graves de membros congelados podem necessitar de amputação, porque os tecidos são destruídos, dando lugar à gangrena.

frozen shoulder /ˌfrəʊz(ə)n 'ʃəʊldə/ ombro congelado: rigidez e dor no ombro, causadas por inflamação das membranas articulares, após lesão ou período de imobilidade, quando podem se formar depósitos nos tendões.

frozen watchfulness /ˌfrəʊz(ə)n 'wɒtʃfəlnəs/ expressão congelada: expressão petrificada de medo no rosto de uma criança, principalmente naquelas que sofreram maus tratos.

fructose /'frʌktəʊs/ frutose; açúcar de frutas: açúcar encontrado no mel e em algumas frutas e que, junto com a glicose, entra na composição da sacarose.

fructosuria /ˌfrʌktəʊ'sjʊəriə/ fructosúria: presença de frutose na urina.

frusemide /'fru:səmaɪd/ frusemida. ⇨ **furosemide**.

FSH abreviatura de **follicle-stimulating hormone**.

fugax /'fju:gæks/ fugaz. Veja **amaurosis fugax**.

-fuge /fju:dʒ/ -fuge: forma combinante que significa fuga.

fugue /fju:g/ fuga: condição na qual a pessoa perde a memória e abandona o lar.

fulguration /ˌfʌlgə'reɪʃ(ə)n/ fulguração: remoção de uma excrescência, por exemplo, uma verruga, por meio de corrente elétrica de alta freqüência. ☒ **electrodesiccation**.

full term /ˌfʊl 'tɜ:m/ gravidez a termo: diz-se da gravidez completa, que atingiu quarenta semanas. *She has had several pregnancies but none has reached full term.* / Ela teve várias gestações, mas nenhuma gravidez a termo.

full thickness burn /ˌfʊl ˌθɪknəs 'bɜ:n/ queimadura de terceiro grau. ⇨ **deep dermal burn**.

fulminant /'fʊlmɪnənt/ fulminante: relativo a uma doença perigosa, que se desenvolve com muita rapidez. Usa-se também **fulminating**.

> ...the major manifestations of pneumococcal infection in sickle-cell disease are septicaemia, meningitis and pneumonia. The illness is frequently fulminant. / "...as principais manifestações de infecção pneumocócica na doença da célula falciforme são septicemia, meningite e pneumonia. A doença é, freqüentemente, fulminante." (*Lancet*)

fumes /fju:mz/ (plural) fumaça; gases tóxicos: gás ou fumaça.

fumigate /'fju:mɪ geɪt/ fumigar: exterminar insetos por meio de fumaça ou gases tóxicos.

fumigation /ˌfju:mɪ'geɪʃ(ə)n/ fumigação: processo de exterminação de insetos por meio de fumaça ou gases tóxicos.

function /'fʌŋkʃən/ **1** função: o trabalho particular executado por um órgão. *What is the function of the pancreas?* / Qual é a função do pâncreas? *The function of an ovary is to form ova.* / A função do ovário é produzir ovos. **2** funcionar: trabalhar de uma maneira determinada. *The heart and lungs were functioning normally.* / O coração e os pulmões estavam funcionando normalmente. *His kidneys suddenly stopped functioning.* / Os seus rins subitamente pararam de funcionar.

> ...insulin's primary metabolic function is to transport glucose into muscle and fat cells, so that it can be used for energy. / "...a função metabólica primária da insulina é transportar glicose para os músculos e células gordurosas, de modo que esta possa ser usada como energia." (*Nursing '87*)
>
> ...the AIDS virus attacks a person's immune system and damages the ability to fight other disease. Without a functioning immune system to ward off other germs, the patient becomes vulnerable to becoming infected. / "...o vírus da AIDS ataca o sistema imunológico da pessoa e prejudica a sua capacidade de lutar contra outra doença. Sem um sistema imunológico que funcione para afastar outros micróbios, o paciente torna-se vulnerável às infecções." (*Journal of American Medical Association*)

functional /'fʌŋkʃən(ə)l/ funcional: relativo a distúrbio ou doença sem uma causa orgânica conhecida, podendo ser de origem psicológica, em oposição a um distúrbio orgânico.

functional endoscopic sinus surgery /ˌfʌŋk ʃən(ə)l ˌendəskɒpɪk 'saɪnəs ˌsɜːdʒəri/ cirurgia funcional endoscópica dos seios frontais: remoção de tecidos moles dos seios frontais usando o endoscópio. Abreviatura: **FESS**.

functional enuresis /ˌfʌŋkʃən(ə)l ˌenjʊ'riːsɪs/ enurese funcional: enurese de origem psicológica.

functional independence measure /ˌfʌŋkʃ ən(ə)l ˌɪndɪ'pendəns ˌmeʒə/ medida de capacidade funcional: método usado para a determinação de uma incapacidade física. Abreviatura: **FIM**.

fundus /'fʌndəs/ fundo: **1** o fundo ou a parte de baixo de um órgão oco, como o útero. **2** a porção superior do estômago, localizada acima da incisura cardíaca.

fungal /'fʌŋgəl/ fúngico: relativo a, ou causado por fungos. *a fungal skin infection* / uma infecção cutânea fúngica.

fungate /'fʌŋgeɪt/ (alguns cânceres de pele) crescer rapidamente (como um fungo): aumentar rapidamente para um estágio avançado de formação de um tumor.

fungicide /'fʌŋgɪsaɪd/ fungicida: substância que destrói fungos.

fungiform papillae /ˌfʌŋgɪfɔːm pə'pɪliː/ papilas fungiformes: papilas em forma de cogumelo, localizadas na base e lados da língua e dotadas de botões gustativos.

fungoid /'fʌŋgɔɪd/ fungóide: semelhante a um fungo.

fungus /'fʌŋgəs/ fungo: organismos, como lêvedos e mofos; alguns fungos provocam doenças. Plural: **fungi**. Nota: para conhecer outros termos relacionados a fungo, veja os que começam com **myc-, myco-**. Observação: alguns fungos podem se tornar parasitas do homem e causar doenças, por exemplo, a afta. Outros fungos, como o lêvedo, reagem na presença de açúcar para formar álcool. Alguns antibióticos, tais como a penicilina, são derivados de fungos.

fungus disease /'fʌŋgəs dɪˌziːz/ doença do fungo: uma doença que é causada por fungos.

fungus poisoning /'fʌŋgəs ˌpɔɪz(ə)nɪŋ/ intoxicação por fungo: intoxicação alimentar causada por fungos venenosos.

funiculitis /fjuːnɪkjʊ'laɪtɪs/ funiculite: inflamação do cordão espermático.

funiculus /fjuː'nɪkjʊləs/ funículo: uma das três colunas de matéria branca da medula espinhal. *The three parts are called the lateral, anterior and posterior funiculus.* / As três partes são denominadas funículo lateral, funículo anterior e funículo posterior.

funis /'fjuːnɪs/ cordão: o cordão umbilical.

funnel chest /ˌfʌn(ə)l 'tʃest/ tórax em funil. ⇨ **pectus excavatum**.

funny bone /'fʌni bəʊn/ (informal) osso esquisito. ⇨ **olecranon**.

funny turn /'fʌni tɜːn/ (informal): fala engraçada: uma fala na qual as palavras saem num ritmo vertiginoso.

furfuraceous /ˌfɜːfjə'reɪʃəs/ furfuráceo: relativo a uma esfoliação da pele.

Furley stretcher /'fɜːli ˌstretʃə/ maca de Furley: uma padiola feita com uma armação dobrável, sobre a qual é estendido um lençol de lona, dotada de alças e pequenos pés.

furor /'fjʊərɔː/ furor: crises de violência às quais estão expostas certas pessoas, principalmente os doentes mentais.

furosemide /'fʊrəʊ:səmaɪd/ furosemida: droga diurética, usada para diminuir a retenção de água no organismo. ☑ **frusemide**.

furred tongue /fɜːd 'tʌŋ/ língua saburrosa: condição na qual as papilas da língua são cobertas com uma substância esbranquiçada. ☑ **coated tongue**.

furuncle /'fjʊərʌŋkəl/ furúnculo. ⇨ **boil**.

furunculosis /fjʊəˌrʌŋkjʊ'ləʊsɪs/ furunculose: condição na qual vários furúnculos aparecem ao mesmo tempo.

fuse /fjuːz/ fundir: juntar, a fim de formar uma única estrutura, ou juntar duas ou mais coisas. *The bones of the joint fused.* / Os ossos da articulação fundiram-se.

fusidic acid /fjuːˌsɪdɪk 'æsɪd/ ácido fusídico: antibiótico usado na prevenção da síntese de proteínas.

fusiform /'fjuːzɪfɔːm/ fusiforme: relativo aos músculos cuja forma é semelhante a um fuso, com uma seção mediana mais larga, e com as duas extremidades afuniladas.

fusion /'fjuːʒ(ə)n/ fusão: o ato de unir, principalmente uma cirurgia para aliviar dores na articulação, com a junção permanente dos ossos ali localizados, de modo que não possam se mover.

Fybogel /'faɪbəʊdʒel/ Fybogel: o nome comercial da *ispaghula*.

g /dʒiː/ g: abreviatura de **gram**.

GABA /ˈɡæbə/ abreviatura de **gamma aminobutyric acid**.

gag /ɡæɡ/ **1** abridor de boca: em cirurgias de boca ou garganta, instrumento que é colocado entre os dentes para evitar que a boca se feche. **2** engasgar: ter um reflexo similar ao do vômito. *Every time the doctor tries to examine her throat, she gags.* / Toda vez que o médico tenta examinar-lhe a garganta, ela engasga. *He started gagging on the endotracheal tube.* / Ele começou a engasgar com o tubo endotraqueal.

gain /ɡeɪn/ **1** ganho: o ato de adicionar ou aumentar alguma coisa. *The baby showed a gain in weight of 25g* or *showed a weight gain of 25g.* / O bebê apresentou um ganho de 25 g no peso. **2** ganhar: obter algo ou aumentar alguma coisa. *to gain in weight* or *to gain weight* / ganhar peso.

gait /ɡeɪt/ marcha: uma maneira de andar.

galact- /ɡəlækt/ ⇨ **galacto-**.

galactagogue /ɡəˈlæktəɡɒɡ/ galactagogo: uma substância que estimula a produção de leite.

galacto- /ɡəlæktəʊ/ galact(o)-: relativo ao leite. Nota: antes de vogais usa-se **galact-**.

galactocele /ɡəˈlæktəsiːl/ galactocele: um cisto no peito contendo leite.

galactorrhoea /ɡəˌlæktəˈrɪə/ galactorréia: produção excessiva de leite.

galactosaemia /ɡəˌlæktəˈsiːmiə/ galactosemia: afecção hereditária em que o fígado é incapaz de converter lactose em glicose, o que pode afetar o desenvolvimento do bebê. O tratamento para a galactosemia consiste na retirada de galactose da dieta alimentar.

galactose /ɡəˈlæktəʊs/ galactose: açúcar do leite, que é convertido em glicose pelo fígado.

galea /ˈɡeɪliə/ gálea: **1** qualquer estrutura do corpo semelhante a um elmo, principalmente na faixa fibrosa do couro cabeludo. Plural: **galeae**. **2** um tipo de curativo para cobrir a cabeça.

gall /ɡɔːl/ bile. ⇨ **bile**.

gall bladder /ˈɡɔːl ˌblædə/ vesícula biliar: órgão em forma de saco, na região inferior do fígado, e que armazena a bile. Veja ilustração em **Digestive System**, no Apêndice. Observação: a bile é armazenada na vesícula biliar até que o estômago necessite dela para a digestão dos alimentos. Quando há ingestão de comida gordurosa, a bile é lançada no estômago por meio do ducto biliar. Uma vez que o fígado também secreta bile diretamente no duodeno, a vesícula biliar não é um órgão essencial e pode ser retirada por cirurgia.

Gallie's operation /ˈɡæliz ɒpəˌreɪʃ(ə)n/ operação de Gallie: cirurgia em que os tecidos da coxa são usados para manter uma hérnia no lugar. (Descrita em 1921 por William Edward Gallie [1882–1959], professor de cirurgia na University of Toronto, Canadá.)

gallipot /ˈɡælipɒt/ galipote: pequeno recipiente para pomada.

gallium /ˈɡæliəm/ gálio: elemento metálico radioisotópico que é usado na detecção de tumores ou inflamações. Símbolo químico: **Ga**.

gallop rhythm /ˈɡæləp ˌrɪð(ə)m/ ritmo de galope: ritmo dos sons cardíacos, em cadência tripla, indicativo de taquicardia.

gallstone /ˈɡɔːlstəʊn/ cálculo biliar: pequena pedra formada por depósitos insolúveis na vesícula biliar. Veja também **calculus**. Observação: os cálculos biliares podem ser inofensivos, mas alguns causam dor e inflamação, e podem ocorrer problemas sérios se o ducto biliar é obstruído por um cálculo. Dores súbitas, que vão do lado direito do estômago em direção às costas, indicam a passagem de um cálculo ao longo do ducto biliar.

galvanism /ˈɡælvənɪz(ə)m/ galvanismo: uso terapêutico de correntes elétricas de baixa freqüência.

galvanocautery /ˌɡælvənəʊˈkɔːtəri/ galvanocautério: remoção de tecido doente por meio de uma agulha ou arame em espiral aquecido por uma corrente galvânica. ☑ **electrocautery**.

gamete /ˈɡæmiːt/ gameta: qualquer célula sexual, seja ela um espermatozóide ou um óvulo.

gamete intrafallopian transfer /ˌɡæmiːt ɪntrəfəˌləʊpiən ˈtrænsfɜː/ transferência intrafalopiana de gameta: técnica de inseminação artificial em que, após a fertilização do óvulo, este é transferido para as tubas de Falópio. Abreviatura: **GIFT**.

gametocide /gə'mi:təusaɪd/ gametocida: droga destrutiva de gametócitos.

gametocyte /gə'mi:təusaɪt/ gametócito: célula que se divide, produzindo um gameta.

gametogenesis /gə‚mi:təu'dʒenəsɪs/ gametogênese: processo de formação de um gameta.

Gamgee tissue /'gæmdʒi: ‚tɪʃu:/ tecido de Gamgee: curativo cirúrgico que consiste em uma camada de algodão absorvente entre duas camadas de gaze.

gamma /'gæmə/ gama: a terceira letra do alfabeto grego.

gamma aminobutyric acid /‚gæmə ə‚mi :nəubju:‚tɪrɪk 'æsɪd/ ácido gama-aminobutírico: aminoácido que é um neurotransmissor importante. Abreviatura: **GABA**.

gamma camera /'gæmə ‚kæm(ə)rə/ câmara gama: dispositivo usado para formar imagens de partes do corpo em que foram introduzidos isótopos radioativos.

gamma globulin /‚gæmə 'glɒbjʊlɪn/ gamaglobulina: proteína encontrada no plasma, rica em anticorpos contra infecções. Observação: as injeções de gamaglobulina algumas vezes são úteis como uma proteção imediata contra uma ampla variedade de doenças.

gamma ray /'gæmə reɪ/ raios gama: raios emitidos por substâncias radioativas, cujos comprimentos de onda são mais curtos do que os do raio X.

gangli- /gæŋgli/ gangli-: relativo aos gânglios.

ganglion /'gæŋgliən/ gânglio: **1** amontoado de células nervosas e sinapses geralmente coberto com tecido conjuntivo, encontrado ao longo do sistema nervoso periférico, com exceção dos gânglios basais. **2** cisto indolor localizado em uma bainha tendinosa ou cápsula articular, normalmente no punho, contendo líquido. Plural: **ganglia**.

ganglionectomy /‚gæŋgliə'nektəmi/ ganglionectomia: remoção cirúrgica de um gânglio.

ganglionic /‚gæŋgli'ɒnɪk/ gangliônico: relativo a um gânglio. Veja também **postganglionic**.

gangrene /'gæŋgri:n/ gangrena: condição caracterizada por necrose e morte dos tecidos, como resultado de invasão bacteriana, em razão de perda de suprimento vascular por lesão ou doença arterial. *After she had frostbite, gangrene set in and her toes had to be amputated.* / Ela teve gangrena em conseqüência de geladura, e precisou amputar os dedos dos pés.

gangrenous /'gæŋgrɪnəs/ gangrenado; gangrenoso: referente a, ou afetado por gangrena.

Ganser state /'gænsə ‚steɪt/ síndrome de Ganser. ⇨ **pseudodementia**. (O nome se deve a Sigbert Joseph Maria Ganser [1853–1931], psiquiatra em Dresden e Munique, Alemanha.)

gargle /'gɑ:g(ə)l/ **1** gargarejo: solução anti-séptica usada na higiene oral. **2** gargarejar: agitar uma solução anti-séptica na boca, sem engoli-la, expelindo o ar pela laringe.

gargoylism /'gɑ:gɔɪlɪz(ə)m/ gargulismo: condição congênita do metabolismo, que provoca o acúmulo de polissacarídeos e células de gordura (ou células adiposas) no organismo, resultando em retardo mental, hepatoesplenomegalia e feições semelhantes a uma gárgula. ☑ **Hurler's syndrome**.

gas /gæs/ gás: **1** substância fluida, por exemplo, o nitrogênio, o dióxido de carbono ou o ar, que pode se expandir infinitamente. **2** ar que se acumula no estômago ou no canal alimentar, causando dores.

gas and air analgesia /‚gæs ənd 'eə æn(ə)l‚dʒi:ziə/ analgesia com gás e ar: sedação feita para aliviar as dores do parto, que consiste em uma mistura de ar e gás.

gas chromatography /‚gæs ‚krəumə'tɒgrəfi/ cromatografia gasosa: método em que os elementos químicos são separados e transportados por um gás, usado em análise de compostos e misturas.

gas exchange /'gæs ɪks‚tʃeɪndʒ/ troca gasosa: processo pelo qual o oxigênio do ar é trocado nos pulmões por dióxido de carbono transportado pelo sangue.

gas gangrene /‚gæs 'gæŋgri:n/ gangrena gasosa: necrose que ocorre em feridas infectadas pela bactéria *Clostridium welchi* e que se espalha rapidamente para os tecidos saudáveis, com formação de gás pela fermentação bacteriana.

gash /gæʃ/ **1** talho: corte profundo feito acidentalmente por um objeto afiado. *She had to have three stitches in the gash in her thigh.* / Ela precisou levar três pontos no corte que teve na coxa. **2** fazer talho em: fazer, acidentalmente, um corte profundo em alguma coisa. *She gashed her hand on the broken glass.* / Ela fez um talho profundo na mão com o vidro quebrado.

gasp /gɑ:sp/ **1** respiração entrecortada; arfada: respiração curta e difícil. *His breath came in short gasps.* / Ele tinha a respiração entrecortada. **2** arfar; ofegar: respirar com dificuldade. *She was gasping for breath.* / Ela ofegava, tentando respirar.

gas pain /'gæs peɪn/ dores de gás: dores causadas pela acumulação de gases no estômago ou intestino. Veja também **flatus**.

gas poisoning /'gæs ‚pɔɪz(ə)nɪŋ/ envenenamento por gás: envenenamento causado pela inalação de monóxido de carbono ou outro gás tóxico.

Gasserian ganglion /gə‚sɪəriən 'gæŋgliən/ gânglio de Gasser. ⇨ **trigeminal ganglion**. (De Johann Laurentius Gasser [1723–1765], professor de anatomia em Viena, Áustria. Gasser não deixou trabalhos escritos, e foi Anton Hirsch, um de seus alunos, que, em sua tese de 1765, deu este nome ao gânglio.)

gastr- /gæstr/ ⇨ **gastro-**.

gastralgia /gæ'strældʒə/ gastralgia: dor no estômago.

gastrectomy /gæ'strektəmi/ gastrectomia: remoção cirúrgica do estômago.

gastric /'gæstrɪk/ gástrico: relativo ao estômago.

gastric acid /ˌgæstrɪk 'æsɪd/ suco gástrico: ácido clorídrico secretado no estômago por células produtoras de ácido.

gastric artery /ˌgæstrɪk 'ɑːtəri/ artéria gástrica: artéria que se dirige do tronco celíaco ao estômago.

gastric flu /ˌgæstrɪk 'fluː/ (informal) gripe gástrica: qualquer distúrbio estomacal leve.

gastric juice /'gæstrɪk dʒuːs/ suco gástrico: a secreção das glândulas do estômago, constituída de ácido clorídrico, pepsina, fator intrínseco e muco, que ajuda na digestão dos alimentos. Nota: freqüentemente, usa-se o termo no plural.

gastric lavage /ˌgæstrɪk 'lævɪdʒ/ lavagem gástrica: lavagem do estômago, normalmente para remover uma substância tóxica absorvida. ☑ **stomach washout**.

gastric pit /ˌgæstrɪk 'pɪt/ depressão gástrica: depressão situada na mucosa gástrica, que forma as paredes do estômago.

gastric ulcer /ˌgæstrɪk 'ʌlsə/ úlcera gástrica: uma úlcera no estômago. Abreviatura: **GU**.

gastric vein /ˌgæstrɪk 'veɪn/ veia gástrica: veia que acompanha a artéria gástrica.

gastrin /'gæstrɪn/ gastrina: hormônio secretado pelas células do antro gástrico, quando elas são estimuladas por proteínas, e que passa para a corrente sanguínea, provocando a secreção gástrica.

gastrinoma /ˌgæstrɪ'nəumə/ gastrinoma: tumor de células das ilhotas produtoras de gastrina, acompanhado de hipersecreção de suco gástrico.

gastritis /gæ'straɪtɪs/ gastrite: inflamação do estômago.

gastro- /gæstrəu/ gastr(o)-: relativo ao estômago. Nota: antes de vogais usa-se **gastr-**.

gastrocele /'gæstrəusiːl/ gastrocele: uma protusão do estômago, causada por enfraquecimento de suas paredes. ☑ **stomach hernia**.

gastrocnemius /ˌgæstrɒk'niːmiəs/ gastrocnêmio: grande músculo da panturrilha.

gastrocolic /ˌgæstrəu'kɒlɪk/ gastrocólico: relativo ao estômago e ao cólon.

gastrocolic reflex /ˌgæstrəukɒlɪk 'riːfleks/ reflexo gastrocólico: peristaltismo súbito do cólon, que costuma ocorrer após a entrada de alimentos no estômago vazio.

gastroduodenal /ˌgæstrəuˌdjuːəu'diːn(ə)l/ gastroduodenal: relativo ao estômago e ao duodeno.

gastroduodenal artery /ˌgæstrəudjuːəudiː'n(ə)l 'ɑːtəri/ artéria gastroduodenal: artéria que vai da artéria gástrica em direção ao pâncreas.

gastroduodenoscopy /ˌgæstrəuˌdjuːəudɪ'nɒskəpi/ gastroduodenoscopia: exame do estômago e duodeno.

gastroduodenostomy /ˌgæstrəuˌdjuːəudɪ'nɒstəmi/ gastroduedenostomia: cirurgia para estabelecimento de uma comunicação entre o duodeno e o estômago, a fim de desviar um bloqueio no piloro.

gastroenteritis /ˌgæstrəuentə'raɪtɪs/ gastroenterite: inflamação da mucosa dos intestinos e estômago, causada por infecção viral, e que provoca diarréia e vômitos.

gastroenterologist /ˌgæstrəuentə'rɒlədʒɪst/ gastroenterologista: médico especialista na fisiologia e patologia do sistema digestório.

gastroenterology /ˌgæstrəuentə'rɒlədʒi/ gastroenterologia: estudo da fisiologia e da patologia do sistema digestório.

gastroenterostomy /ˌgæstrəuentə'rɒstəmi/ gastroenterostomia: cirurgia para estabelecimento de uma comunicação entre o intestino delgado e o estômago, a fim de desviar uma úlcera péptica.

gastroepiploic /ˌgæstrəuepɪ'plɔɪk/ gastroepiplóico: relativo ao estômago e ao omento maior (epíploon).

gastroepiploic artery /ˌgæstrəuepɪˌplɔɪk 'ɑːtəri/ artéria gastroepiplóica: uma artéria que une a artéria gastroduodenal à artéria esplênica.

Gastrografin /ˌgæstrəu'græfɪn/ Gastrografin: o nome comercial de um enema usado em raios X do intestino.

gastroileac reflex /ˌgæstrəuˌɪliæk 'riːfleks/ reflexo gastroilíaco: relaxamento automático da válvula ileocecal quando há alimentos no estômago.

gastrointestinal /ˌgæstrəuɪn'testɪn(ə)l/ gastrointestinal: relativo ao estômago e ao intestino. *gastrointestinal bleeding* / sangramento gastrointestinal. Abreviatura: **GI**.

gastrojejunostomy /ˌgæstrəudʒɪdʒuː'nɒstəmi/ gastrojejunostomia: cirurgia para estabelecimento de uma comunicação entre o jejuno e o estômago.

gastrolith /'gæstrəulɪθ/ gastrólito: um cálculo localizado no estômago.

gastrology /gæ'strɒlədʒi/ gastrologia: ramo da medicina relacionado ao estudo do estômago e suas doenças.

gastro-oesophageal reflux /ˌgæstrəu ɪˌsɒfə'dʒɪəl 'riːflʌks/ refluxo gastresofágico: regurgitação das substâncias alimentares, parcialmente digeridas e com sabor amargo, do estômago para o esôfago. ☑ **gastro-oesophageal reflux disease**.

gastro-oesophageal reflux disease /ˌgæstrəu ɪˌsɒfədʒɪəl 'riːflʌks dɪˌziːz/ doença do refluxo gastresofágico. ⇨ **gastro-oesophageal reflux**.

gastropexy /'gæstrəupeksi/ gastropexia: cirurgia para fixação do estômago à parede abdominal.

gastroplasty /'gæstrəuplæsti/ gastroplastia: operação plástica para correção de um defeito no estômago.

gastroptosis /ˌgæstrəʊˈtəʊsɪs/ gastroptose: condição em que o estômago desloca-se para baixo.

gastrorrhoea /ˌgæstrəˈrɪə/ gastrorréia: hipersecreção de sucos gástricos.

gastroschisis /ˌgæstrəʊˈsaɪsɪs/ gastroquise: uma rotura na parede abdominal, com protusão de vísceras.

gastroscope /ˈgæstrəskəʊp/ gastroscópio: instrumento utilizado para exame do estômago, constituído de um tubo ótico com sistema de iluminação, e que é introduzido pelo esôfago.

gastroscopy /gæˈstrɒskəpi/ gastroscopia: exame do estômago por meio de um gastroscópio.

gastrostomy /gæˈstrɒstəmi/ gastrostomia: cirurgia para estabelecimento de uma comunicação entre o estômago e a parede abdominal, de maneira que os alimentos passam por uma sonda, quando a alimentação não pode ser feita pelas vias normais.

gastrotomy /gæˈstrɒtəmi/ gastrotomia: cirurgia para abrir o estômago.

gastrula /gæˈstruːlə/ gástrula: o segundo estágio do desenvolvimento do embrião.

gathering /ˈgæðərɪŋ/ inchaço purulento: uma tumefação cheia de pus.

Gaucher's disease /ˈgəʊʃeɪz dɪˌziːz/ doença de Gaucher: doença enzimática caracterizada por sobrecarga de substâncias gordurosas nas glândulas linfáticas, baço e fígado, causando anemia, esplenomegalia e escurecimento da pele. A doença pode ser fatal em crianças. (Descrita em 1882 por Philippe Charles Ernest Gaucher [1854–1918], médico e dermatologista francês.)

gauze /gɔːz/ gaze: tecido leve e fino, usado em curativos.

gauze dressing /gɔːz ˈdresɪŋ/ atadura de gaze: um curativo feito de tecido fino e leve, a gaze.

gavage /gæˈvɑːʒ/ gavagem: alimentação forçada de uma pessoa que não pode comer, ou recusa-se a fazê-lo.

gay /geɪ/ homossexual: relativo à atração ou comportamento sexual entre pessoas do mesmo sexo.

GDC abreviatura de **General Dental Council**.

Gehrig's disease /ˈgeɪrɪgz dɪˌziːz/ doença de Gehrig. ⇨ **amyotrophic lateral sclerosis**.

Geiger counter /ˈgaɪgə ˌkaʊntə/ contador de Geiger: instrumento para detectar e medir a radiação. (Descrito em 1908 por Hans Geiger [1882–1945], médico alemão que trabalhou com Rutherford na Manchester University, Reino Unido.)

gel /dʒel/ gel: substância em forma gelatinosa, resultante da solidificação de uma solução coloidal.

gelatin /ˈdʒelətɪn/ gelatina: proteína derivada do colágeno, solúvel em água, usada em cápsulas de remédios.

gelatinous /dʒəˈlætɪnəs/ gelatinoso: relativo à gelatina, ou algo com textura semelhante à da gelatina.

gemellus /dʒɪˈmeləs/ gêmeo: um dos dois músculos que partem do ísquio. ☑ **gemellus superior muscle**; **gemellus inferior muscle**.

gemellus inferior muscle /dʒɪˈmeləs ɪnˈfɪə riə ˌmʌs(ə)l/ músculo gêmeo inferior. ⇨ **gemellus**.

gemellus superior muscle /dʒɪˈmeləs suːˈpɪ əriə ˌmʌs(ə)l/ músculo gêmeo superior. ⇨ **gemellus**.

gender /ˈdʒendə/ gênero: o sexo (masculino ou feminino) de um indivíduo.

gender identity disorder /ˌdʒendə aɪˈdentɪti dɪsˌɔːdə/ distúrbio de identidade sexual: condição na qual a pessoa sente grande desconforto com o seu sexo.

gender reassignment surgery /ˌdʒendə riːə ˈsaɪnmənt ˌsɜːdʒəri/ cirurgia transexual: cirurgia para mudar as características sexuais externas de uma pessoa.

gender reorientation /ˌdʒendə riːˌɔːriən'teɪ ʃ(ə)n/ reorientação sexual: alteração do sexo de uma pessoa por meio de cirurgia e tratamento medicamentoso.

gene /dʒiːn/ gene: segmento de uma molécula de DNA em um cromossomo, que dirige a síntese da seqüência de uma proteína e determina os caracteres de um indivíduo. Observação: um gene pode ser dominante, caso em que a característica que ele controla é sempre transmitida à criança, ou recessivo, caso em que a característica somente aparece se o pai e a mãe contribuíram com a mesma forma do gene.

general amnesia /ˌdʒen(ə)rəl æmˈniːziə/ amnésia geral: perda súbita e completa de memória, de tal extensão que a pessoa nem mesmo se lembra de quem ela é.

general anaesthesia /ˌdʒen(ə)rəl ˌænəsˈθiːziə/ anestesia geral: perda da consciência e da capacidade de sentir dor, provocada por uma droga.

general anaesthetic /ˌdʒen(ə)rəl ænəsˈθetɪk/ anestésico geral: agente utilizado para produzir uma perda de consciência e da capacidade de sentir dor, a fim de que uma grande cirurgia possa ser realizada.

General Dental Council /ˈdʒenrəl ˈdent(ə)l ˈkaʊnsəl/ Conselho Geral de Odontologia: no Reino Unido, órgão oficial que faz o registro dos dentistas e supervisiona o seu trabalho. Abreviatura: **GDC**.

general hospital /ˌdʒen(ə)rəl ˈhɒspɪt(ə)l/ hospital geral: grande hospital que presta atendimentos médicos gerais, independentemente do tipo de doença ou idade do paciente.

generalise /ˈdʒen(ə)rəlaɪz/ generalizar-se: espalhar-se para outras partes do corpo. Usa-se também **generalize**.

generalised /ˈdʒen(ə)rəlaɪzd/ generalizado: **1** que se espalha pelo corpo todo. Oposto de **localised**. **2** que não tem uma causa específica. Usa-se também **generalized**.

generalised anxiety disorder /ˌdʒen(ə)rə laɪzd æŋˈzaɪəti dɪsˌɔːdə/ distúrbio de ansiedade generalizada: um distúrbio mental contínuo de ansiedade, para o qual não existe uma causa específica.

General Medical Council /ˌdʒen(ə)rəl ˈmedɪk(ə)l ˌkaʊnsəl/ Conselho Geral de Medicina: no Reino Unido, órgão oficial que qualifica os médicos para a prática da medicina. Abreviatura: **GMC**.

General Optical Council /ˈdʒenrəl ˈɒptɪk(ə)l ˈkaʊnsəl/ Conselho Geral de Oftalmologia: no Reino Unido, órgão oficial que faz o registro dos oftalmologistas e supervisiona o seu trabalho. Abreviatura: **GOC**.

general practice /ˌdʒen(ə)rəl ˈpræktɪs/ clínica geral: a prestação de serviços médicos gerais à comunidade, com encaminhamento hospitalar, quando necessário, e promoção da saúde.

general practitioner /ˌdʒen(ə)rəl præk'tɪʃ(ə)nə/ clínico geral: médico que presta assistência à comunidade, encaminhando os pacientes ao hospital, quando necessário, e que incentiva o desenvolvimento da saúde. Abreviatura: **GP**.

gene replacement therapy /ˌdʒiːn rɪˈpleɪsmənt ˌθerəpi/ terapia de reposição de genes: reposição de genes ausentes ou variações danosas, a fim de tratar uma doença genética. ☑ **gene therapy**. Observação: a terapia de reposição de genes tem sido usada com sucesso em animais; em seres humanos, está nos primeiros estágios de pesquisa, mas pode ser útil no tratamento futuro da fibrose cística, talassemia e outras doenças genéticas.

generic /dʒəˈnerɪk/ genérico: **1** relativo aos medicamentos comercializados com o nome do seu princípio ativo, não protegidos por marca registrada ou nome do fabricante. **2** referente a um gênero. *The generic name of this type of bacterium is Staphylococcus.* / O nome genérico desse tipo de bactéria é *Staphylococcus*. Compare com **proprietary name**.

-genesis /dʒenəsɪs/ -gênese: forma combinante que significa produção ou origem.

gene therapy /ˈdʒiːn ˌθerəpi/ terapia genética. ⇨ **gene replacement therapy**.

genetic /dʒəˈnetɪk/ genético: relativo aos genes.

genetic code /dʒəˌnetɪk ˈkəʊd/ código genético: as características do DNA de uma célula, que são transmitidas por ocasião da divisão celular e, assim, herdadas pelos filhos. ☑ **code** (acepção 2).

genetic counselling /dʒəˌnetɪk ˈkaʊnsəlɪŋ/ aconselhamento genético: fornecimento de conselhos e instruções para orientar pessoas que possam apresentar doenças genéticas hereditárias, ou cujos filhos possam ser afetados por essas doenças.

genetic disorder /dʒəˌnetɪk dɪsˈɔːdə/ doença genética: qualquer distúrbio causado por uma variação genética defeituosa, que pode ser hereditária.

genetic engineering /dʒəˌnetɪk endʒɪˈnɪərɪŋ/ (informal) engenharia genética. ⇨ **genetic modification**.

genetic fingerprint /dʒəˌnetɪk ˈfɪŋɡəprɪnt/ impressões digitais genéticas: padrão de seqüências de material genético que é único para cada indivíduo. Também chamadas de **DNA fingerprint**.

genetic fingerprinting /dʒəˌnetɪk ˈfɪŋɡəprɪntɪŋ/ impressões digitais genéticas: método que revela o perfil genético de um indivíduo, usado em casos de incerteza de paternidade e investigações criminais. Também chamadas de **DNA fingerprinting**.

geneticist /dʒəˈnetɪsɪst/ geneticista: especialista em genética, isto é, no papel dos genes em doenças hereditárias.

genetic manipulation /dʒəˈnetɪk məˌnɪpjuˈleɪʃ(ə)n/ manipulação genética. ⇨ **genetic modification**.

genetic modification /dʒəˈnetɪk məʊˈdifikeɪʃ(ə)n/ modificação genética: a combinação de material genético de diferentes origens para produzir organismos com características alteradas. ☑ **genetic manipulation**; **biotechnology**; **genetic engineering**

genetics /dʒəˈnetɪks/ genética: o estudo dos genes e seu papel na hereditariedade (características do indivíduo e certas doenças).

genetic screening /dʒəˌnetɪk ˈskriːnɪŋ/ triagem genética: o processo pelo qual um grande número de pessoas é testado, a fim de verificar a possível ocorrência de uma doença genética específica. Veja também **screening**.

gene tracking /ˈdʒiːn ˌtrækɪŋ/ rastreamento genético: método usado para rastrear, em uma família inteira, a herança de um gene, por exemplo, o gene causador da fibrose cística ou da coréia de Huntington, a fim de diagnosticar e predizer doenças genéticas.

-genic /dʒenɪk/ -gênico: relativo à origem, descendência.

genicular /dʒeˈnɪkjʊlə/ genicular: relativo ao joelho.

genital /ˈdʒenɪt(ə)l/ genital: **1** relativo aos órgãos reprodutivos. **2** ⇨ **genital organs**. Plural: **genitals**.

genital herpes /ˌdʒenɪt(ə)l ˈhɜːpiːz/ herpes genital. ⇨ **herpes simplex** (tipo II).

genitalia /ˌdʒenɪˈteɪliə/ genitália: os órgãos genitais. ⇨ **genital organs**.

genital organs /ˌdʒenɪt(ə)l ˈɔːɡənz/ (plural) órgãos genitais: os órgãos externos da reprodução, isto é, o pênis e os testículos no homem, e a vulva nas mulheres. Também chamados de **genitals**; **genitalia**.

genital wart /ˌdʒenɪt(ə)l ˈwɔːt/ verruga genital: verruga na área genital ou anal, causada por um vírus sexualmente transmissível.

genito- /dʒenɪtəʊ/ genit(o)-: referente ao sistema reprodutivo.

genitourinary /ˌdʒenɪtəʊˈjʊərɪnəri/ geniturinário: relativo tanto ao sistema reprodutivo quanto ao urinário. Abreviatura: **GU**.

genitourinary system /,dʒenɪtəʊ'jʊərɪnəri ,sɪstəm/ sistema geniturinário: os órgãos dos sistemas reprodutor e urinário, incluindo os rins.

genome /'dʒiːnəʊm/ genoma: conjunto de todos os genes de um indivíduo.

genotype /'dʒenətaɪp/ genótipo: a constituição genética de um indivíduo. Compare com **phenotype**.

gentamicin /,dʒentə'maɪsɪn/ gentamicina: antibiótico de ação eficaz contra uma ampla variedade de bactérias. Geralmente, é administrada por meio de injeções, e pode causar reações adversas graves.

gentian violet /,dʒenʃən 'vaɪələt/ violeta de genciana: um corante azul, com propriedades antibacterianas, usado topicamente, e empregado também em amostras de tecidos, para identificar bactérias. ☑ **crystal violet**.

genu /'dʒenjuː/ joelho: a articulação entre a coxa e a perna; joelho.

genual /'dʒenjuəl/ genicular: relativo ao joelho.

genucubital position /,dʒenjuː'kjuːbɪt(ə)l pə,zɪʃ(ə)n/ posição genocubital: postura de repouso sobre os joelhos e cotovelos.

genupectoral position /,dʒenjuː'pektər(ə)l pə,zɪʃ(ə)n/ posição genopeitoral: postura de repouso sobre os joelhos e a parte superior do tórax.

genus /'dʒiːnəs/ gênero: uma categoria de organismos vivos semelhantes. *A genus is divided into different species.* / Um gênero é dividido em diferentes espécies. Plural: **genera**.

genu valgum /,dʒenjuː 'vælgəm/ joelho valgo. ⇨ **knock-knee**. Veja também **valgus**.

genu varum /,dʒenjuː 'veərəm/ joelho varo. ⇨ **bow legs**.

geri- /dʒeri/ geri-: relacionado à velhice.

geriatric /,dʒeri'ætrɪk/ geriátrico: **1** referente às pessoas idosas. **2** especializado no tratamento de pessoas idosas. *geriatric unit* / unidade geriátrica.

geriatrician /,dʒeriə'trɪʃ(ə)n/ geriatra: médico especialista no tratamento ou estudo de doenças relacionadas à velhice.

geriatrics /dʒeri'ætrɪks/ geriatria: o estudo das doenças e distúrbios relacionados à velhice. Compare com **paediatrics**.

germ /dʒɜːm/ germe: **1** (informal) um microorganismo causador de doenças, por exemplo, um vírus ou bactéria. *Germs are not visible to the naked eye.* / Germes não são visíveis a olho nu. **2** substância viva capaz de se desenvolver, dando origem a um novo organismo.

German measles /,dʒɜːmən 'miːz(ə)lz/ rubéola. ⇨ **rubella**.

germ cell /'dʒɜːm sel/ célula germinativa: célula capaz de se desenvolver em um espermatozóide ou óvulo. ☑ **gonocyte**.

germinal /'dʒɜːmɪn(ə)l/ germinal: relativo a um embrião.

germinal epithelium /,dʒɜːmɪn(ə)l epɪ'θiːliəm/ epitélio germinativo: camada externa do ovário.

germ layer /'dʒɜːm ,leɪə/ camada germinativa: uma das duas ou três camadas de células em embriões animais, que formam os órgãos do corpo.

gerontologist /,dʒerən'tɒlədʒɪst/ gerontologista: médico especialista em gerontologia.

gerontology /,dʒerən'tɒlədʒi/ gerontologia: o estudo do processo de envelhecimento e das doenças relacionadas à velhice.

Gerstmann's syndrome /'gɜːstmænz ,sɪndrəʊm/ síndrome de Gerstmann: condição caracterizada por não reconhecimento da própria imagem, confusão da lateralidade do corpo, agnosia dos dedos da mão e agrafia.

Gesell's developmental chart /gə,zels dɪ,veləp'ment(ə)l tʃɑːt/ gráfico de crescimento de Gesell: gráfico mostrando o desenvolvimento motor e os padrões de crescimento em crianças.

gestate /dʒe'steɪt/ estar grávida de; gestar: carregar um bebê no útero da concepção ao parto.

gestation /dʒe'steɪʃ(ə)n/ gestação: **1** o processo de desenvolvimento de um bebê desde a concepção até o parto. **2** ⇨ **gestation period**.

> *...evaluation of fetal age and weight has proved to be of value in the clinical management of pregnancy, particularly in high-risk gestations.* / "a avaliação da idade e peso do feto tem demonstrado ser valiosa no tratamento clínico da gravidez, principalmente em gestações de alto risco." (*Southern Medical Journal*)

gestational age /dʒe,steɪʃ(ə)n(ə)l 'eɪdʒ/ idade gestacional: a idade do feto, calculada a partir da última menstruação da mãe até a data do nascimento.

gestational diabetes /dʒe,steɪʃ(ə)n(ə)l ,daɪə'biːtiːz/ diabetes gestacional: forma de diabetes que ocorre em mulheres grávidas.

gestation period /dʒe'steɪʃ(ə)n ,pɪəriəd/ período de gestação: período, normalmente de 266 dias, desde a concepção até o parto, durante o qual o bebê se desenvolve no útero materno. ☑ **gestation**; **pregnancy**.

gestodene /'dʒestədiːn/ gestodene: um contraceptivo de uso oral.

get around /,get ə'raʊnd/ andar; locomover-se: andar de um lado para outro. *Since she had the accident she gets around using crutches.* / Desde que sofreu o acidente, ela caminha com o auxílio de muletas.

get better /,get 'betə/ **1** melhorar: tornar-se saudável novamente após uma doença. *He was seriously ill, but seems to be getting better.* / Ele esteve gravemente enfermo, mas parece estar melhorando. **2** (doença) deter-se ou se tornar menos grave. *Her cold has got better.* / O friado dela melhorou.

get dressed /,get 'drest/ vestir-se: colocar as próprias roupas. *This patient still needs helps to get dressed.* / Este paciente ainda precisa de ajuda para se vestir.

get on with /ˌget ˈɒn wɪð/ prosseguir com (algo); continuar: continuar a fazer algum trabalho. *I must get on with the blood tests.* / Eu preciso prosseguir com os testes de sangue.

get over /ˌget ˈəʊvə/ recuperar-se de: tornar-se melhor após uma doença ou um choque. *He got over his cold.* / Ele se recuperou do resfriado. *She never got over her mother's death.* / Ela nunca se recuperou da morte da mãe.

getting on /ˌgetɪŋ ˈɒn/ envelhecer: ficar mais velho. *Her parents are getting on.* / Os pais dela estão envelhecendo.

get up /ˌget ˈʌp/ levantar-se: **1** pôr-se de pé. *Try to get up from your chair slowly and walk across the room.* / Tente levantar-se da cadeira devagar e caminhar pelo quarto. **2** sair da cama. *What time did you get up this morning?* / A que horas você se levantou esta manhã?

get well /ˌget ˈwel/ ficar bom (de saúde): tornar-se saudável após uma doença. *We hope your mother will get well soon.* / Esperamos que sua mãe fique boa logo.

GFR abreviatura de **glomerular filtration rate**.

GH abreviatura de **growth hormone**.

Ghon's focus /ˌgɒnz ˈfəʊkəs/ foco de Ghon: um foco no pulmão, causado por tuberculose pulmonar primária. (Descrito em 1912 por Anton Ghon [1866–1936], professor de anatomia patológica em Praga, República Checa.)

GI abreviatura de **gastrointestinal**.

giant cell /ˌdʒaɪənt ˈsel/ célula gigante: qualquer célula de grande tamanho, por exemplo, um osteoclasto ou megacariócito.

giant-cell arteritis /ˌdʒaɪənt sel ˌɑːtəˈraɪtɪs/ arterite de células gigantes: doença que afeta as artérias retinianas, temporais ou intracerebrais. Ocorre em pessoas idosas.

giant hives /ˌdʒaɪənt ˈhaɪvz/ urticária gigante: grande bolha contendo líquido aquoso, causada por reação alérgica. Veja também **giant-cell arteritis**.

Giardia /dʒiːˈɑːdiə/ *Giardia*: protozoário parasita microscópico que causa giardíase. ☑ **lamblia**.

giardiasis /ˌdʒiːɑːˈdaɪəsɪs/ giardíase: doença intestinal provocada pelo parasita *Giardia lamblia*, normalmente assintomática. Em infecções muito fortes, porém, pode haver má-absorção de gordura, causando diarréia. ☑ **lambliasis**.

gibbosity /gɪˈbɒsəti/ gibosidade: um ângulo agudo na raque, causado por enfraquecimento de uma vértebra, como resultado de tuberculose dos ossos da coluna vertebral. ☑ **gibbus**.

gibbus /ˈgɪbəs/ giba. ⇨ **gibbosity**.

giddiness /ˈgɪdinəs/ tontura; vertigem: condição em que a pessoa sente dificuldade em ficar de pé e manter o equilíbrio, por causa da sensação de que os objetos que a circundam apresentam um movimento giratório. *He began to experience attacks of giddiness.* / Ele começou a ter acessos de vertigem.

giddy /ˈgɪdi/ tonto; vertiginoso: que sente como se os objetos circundantes tivessem um mo-

vimento giratório. *She has had several giddy spells.* / Ela pronuncia várias palavras num ritmo vertiginoso.

GIFT /gɪft/ abreviatura de **gamete intrafallopian transfer**.

gigantism /dʒaɪˈgæntɪz(ə)m/ gigantismo: condição caracterizada por crescimento exagerado, causada pela produção excessiva do hormônio do crescimento pela glândula pituitária.

Gilbert's syndrome /ˈgɪlbəts ˌsɪndrəʊm/ síndrome de Gilbert: doença hereditária do metabolismo da bilirrubina no fígado.

Gilles de la Tourette syndrome /ˌʒiː də læ tʊəˈret ˌsɪndrəʊm/ síndrome de Gilles de la Tourette. ⇨ **Tourette's syndrome**.

Gilliam's operation /ˈgɪliəmz ɒpəˌreɪʃ(ə)n/ operação de Gilliam: cirurgia para correção da retroversão do útero. (Deve seu nome a David Tod Gilliam [1844–1923], médico em Columbus, Ohio, EUA.)

gingiv- /dʒɪndʒɪv/ gingiv(o)-: relativo às gengivas.

gingiva /dʒɪnˈdʒaɪvə/ gengiva. ⇨ **gum**. Plural: **gingivae**.

gingival /ˈdʒɪndʒɪv(ə)l/ gengival: relativo às gengivas.

gingivectomy /ˌdʒɪndʒɪˈvektəmi/ gengivectomia: remoção cirúrgica de excesso de tecido gengival.

gingivitis /ˌdʒɪndʒɪˈvaɪtɪs/ gengivite: inflamação das gengivas, como resultado de infecção bacteriana.

ginglymus /ˈdʒɪŋglɪməs/ gínglimo: articulação que permite o movimento em um plano apenas, para a frente e para trás, por exemplo, o joelho ou cotovelo. ☑ **hinge joint**. Compare com **ball and socket joint**.

ginseng /ˈdʒɪnseng/ ginseng: raiz aromática de uma planta, muito usada como tônico. Na China, é um remédio tradicional.

gippy tummy /ˌdʒɪpi ˈtʌmi/ (informal) barriga trapaceira. ⇨ **diarrhoea**.

girdle /ˈgɜːd(ə)l/ cintura: um conjunto de ossos formando um anel ou arco.

Girdlestone's operation /ˈgɜːdəlstəʊnz ɒpəˌreɪʃ(ə)n/ operação de Girdlestone: cirurgia para aliviar uma osteoartrite grave do quadril. (Deve seu nome a Gathorne Robert Girdlestone [1881–1950], professor de ortopedia do Nuffield College, em Oxford, Reino Unido.)

give up /ˌgɪv ˈʌp/ abandonar; desistir: deixar de fazer alguma coisa a que se estava acostumado. *He was advised to give up smoking.* / Ele foi aconselhado a abandonar o cigarro.

glabella /gləˈbelə/ glabela: proeminência achatada na testa, entre as sobrancelhas.

gladiolus /ˌglædiˈəʊləs/ gládiolo: a porção média do esterno.

gland /glænd/ glândula: conjunto de células que secretam substâncias, tais como hormônios, suor ou saliva, que agem em qualquer parte do organismo.

glanders /'glændəz/ mormo: doença bacteriana dos cavalos, que pode ser transmitida ao homem, e cujos sintomas são febre alta e inflamação dos nódulos linfáticos.

glandular /'glændjʊlə/ glandular: relativo às glândulas.

glandular fever /ˌglændjʊlə 'fiːvə/ febre glandular. ⇨ **infectious mononucleosis; kissing disease; monocytosis**.

glans /glænz/ glande: estrutura arredondada na extremidade do pênis ou clitóris. Veja ilustração em **Urogenital System (male)**, no Apêndice.

glans penis /glænz 'piːnɪs/ glande do pênis. ⇨ **bulb**.

glare /gleə/ **1** fulgor; ofuscação; olhar fixo: a) olhar fixo que expressa uma emoção negativa, como raiva. b) luz desconfortável ou ofuscante. c) luz brilhante dispersa quando se examina alguma coisa no microscópio. **2** dardejar (o olhar); luzir; ser evidente: a) olhar com raiva. b) luzir vivamente, causando desconforto. c) ser óbvio ou visível.

Glasgow coma scale /ˌglɑːsgəʊ 'kəʊmə ˌskeɪl/ escala de Glasgow do coma: uma graduação de sete pontos, destinada a avaliar o grau de comprometimento da consciência. ⊠ **Glasgow scoring system**.

Glasgow scoring system /ˌglɑːsgəʊ 'skɔːrɪŋ ˌsɪstəm/ sistema de escore de Glasgow. ⇨ **Glasgow coma scale**.

glass eye /glɑːs 'aɪ/ olho de vidro: um olho artificial feito de vidro.

glaucoma /glɔːˈkəʊmə/ glaucoma: doença do olho, causada por pressão ocular muito elevada, devido ao escoamento anormal do humor aquoso, resultando em distúrbios da visão e cegueira.

gleet /gliːt/ corrimento: uma secreção leve da vagina, pênis, ferida ou úlcera.

glenohumeral /ˌgliːnəʊˈhuːmərəl/ glenoumeral: relativo tanto à cavidade glenóide quanto ao úmero.

glenohumeral joint /ˌgliːnəʊˈhuːmərəl dʒɔɪnt/ articulação glenoumeral: a articulação do ombro.

glenoid /'gliːnɔɪd/ glenóide: cuja forma é semelhante a uma xícara pequena e pouco profunda ou a um soquete.

glenoid cavity /ˌgliːnɔɪd 'kævɪti/ cavidade glenóide: soquete na articulação do ombro, que recebe a cabeça do úmero. ⊠ **glenoid fossa**.

glenoid fossa /ˌgliːnɔɪd 'fɒsə/ fossa glenóide. ⇨ **glenoid cavity**.

glia /'gliːə/ glia: tecido conjuntivo do sistema nervoso central, circundando as células, axônios e dendritos. ⊠ **glial tissue; neuroglia**.

glial cell /'gliːəl sel/ célula glial: célula localizada em uma glia.

glial tissue /ˌgliːəl 'tɪʃuː/ tecido glial. ⇨ **glia**.

glibenclamide /glɪˈbeŋkləmaɪd/ glibenclamida: droga do grupo das sulfoniluréias, usada no tratamento do diabetes melito Tipo II.

gliclazide /'glɪkləzaɪd/ gliclazida: droga antibacteriana usada no tratamento do diabetes melito Tipo II.

glio- /glaɪəʊ/ gli(o)-: relativo ao tecido cerebral.

glioblastoma /ˌglaɪəʊblæˈstəʊmə/ glioblastoma: tumor maligno que se desenvolve rapidamente no tecido glial do cérebro ou na medula espinhal. ⊠ **spongioblastoma**.

glioma /glaɪˈəʊmə/ glioma: qualquer tumor do tecido glial do cérebro ou medula espinhal.

gliomyoma /ˌglaɪəʊmaɪˈəʊmə/ gliomioma: um tumor tanto do nervo quanto do músculo dos tecidos.

glipizide /'glɪpɪzaɪd/ glipizida: droga que provoca redução na taxa de açúcar no sangue.

Glisson's capsule /ˌglɪs(ə)nz 'kæpsjuːl/ cápsula de Glisson: bainha de tecido conjuntivo que acompanha os vasos do fígado. (Deve seu nome a Francis Glisson [1597–1677], filósofo, médico e anatomista em Cambridge e Londres, Reino Unido.)

globin /'gləʊbɪn/ globina: uma proteína que se combina com outras substâncias, formando compostos, tais como a hemoglobina e a mioglobina.

globule /'glɒbjuːl/ glóbulo: uma estrutura pequena e arredondada, geralmente contendo gordura.

globulin /'glɒbjʊlɪn/ globulina: uma proteína, presente no sangue, pertencente a um grupo que abrange os anticorpos.

globulinuria /ˌglɒbjʊlɪˈnjʊəriə/ globulinúria: presença de globulina na urina.

globus /'gləʊbəs/ globo: qualquer estrutura do corpo semelhante a uma bola.

globus hystericus /ˌgləʊbəs hɪˈsterɪkəs/ globo histérico: sensação de que há uma bola na garganta e se é incapaz de deglutir, causada por preocupação ou perplexidade.

glomangioma /gləˌmændʒiˈəʊmə/ glomangioma: tumor cutâneo, localizado nas extremidades dos dedos e artelhos.

glomerular /glɒˈmerʊlə/ glomerular: relativo a um glomérulo.

glomerular capsule /glɒˌmerʊlə 'kæpsjuːl/ cápsula glomerular. ⇨ **Bowman's capsule**.

glomerular filtration rate /glɒˌmerʊlə fɪlˈtreɪʃ(ə)n reɪt/ taxa de filtração glomerular: quantidade de sangue filtrado pelos rins e eliminação de substâncias nocivas. Abreviatura: **GFR**.

glomerular tuft /glɒˌmerʊlə 'tʌft/ tufo glomerular: grupo de vasos sanguíneos renais que filtram o sangue.

glomerulitis /glɒˌmerʊˈlaɪtɪs/ glomerulite: inflamação que causa lesões nos glomérulos renais.

glomerulonephritis /glɒˌmerʊləʊnɪˈfraɪtɪs/ glomerulonefrite. ⇨ **Bright's disease**.

glomerulus /glɒˈmerʊləs/ glomérulo: grupo de vasos sanguíneos que filtram as substâncias nocivas do sangue nos rins. Veja também **Malpighian glomerulus**. Plural: **glomeruli**.

gloss- /glɒs/ ⇨ **glosso-**.

glossa /ˈglɒsə/ língua. ⇨ **tongue**.

glossal /ˈglɒs(ə)l/ glossal: relativo à língua.

glossectomy /glɒˈsektəmi/ glossectomia: remoção cirúrgica da língua.

Glossina /glɒˈsaɪnə/ Glossina: gênero de moscas hematófagas, encontradas na África, causadoras da tripanossomíase, por exemplo, a mosca tsé-tsé.

glossitis /glɒˈsaɪtɪs/ glossite: inflamação da superfície da língua.

glosso- /ˌglɒsəʊ/ gloss(o)-: relativo à língua. Nota: antes de vogais usa-se **gloss-**.

glossodynia /ˌglɒsəʊˈdɪniə/ glossodinia: dor na língua.

glossopharyngeal /ˌglɒsəʊfærɪnˈdʒiːəl/ glossofaríngeo: relativo à língua e à faringe.

glossopharyngeal nerve /ˌglɒsəʊfærɪnˈdʒiːəl nɜːv/ nervo glossofaríngeo: o nono nervo craniano, que controla a faringe, as glândulas salivares e parte da língua.

glossoplegia /ˌglɒsəʊˈpliːdʒə/ glossoplegia: paralisia da língua.

glossotomy /glɒˈsɒtəmi/ glossotomia: uma incisão cirúrgica na língua.

glottis /ˈglɒtɪs/ glote: uma abertura situada na laringe, entre as cordas vocais, que constitui a entrada principal para as vias áreas a partir da faringe.

gluc- /gluːk/ glic(o)-: relativo à glicose.

glucagon /ˈgluːkəgɒn/ glucagon: hormônio secretado pelas ilhotas de Langerhans, no pâncreas, que atua elevando a taxa de açúcar no sangue por meio da glicogenólise.

glucagonoma /ˌgluːkəgɒˈnəʊmə/ glucagonoma: tumor das células pancreáticas, secretoras de glucagon.

glucocorticoid /ˌgluːkəʊˈkɔːtɪkɔɪd/ glicocorticóide: qualquer corticosteróide que atua no metabolismo dos carboidratos e gorduras, usado pelo organismo, produzido pelo córtex suprarenal.

gluconeogenesis /ˌgluːkəʊniːˈɒdʒenəsɪs/ gliconeogênese: produção de glicose no fígado, a partir da de proteína ou reservas de gordura.

glucose /ˈgluːkəʊz/ glicose: monossacarídeo presente em algumas frutas, mas que pode ser hidrolisado do açúcar branco ou carboidratos, e que é absorvido pelo organismo ou secretado pelos rins. ☑ **dextrose**. Observação: a combustão da glicose com oxigênio para formar dióxido de carbono e água é a principal fonte de energia do organismo.

glucose tolerance test /ˈgluːkəʊz ˌtɒlərəns test/ teste de tolerância à glicose: teste para detecção do diabetes melito, no qual a pessoa é levada a ingerir glicose, sendo submetida a exames regulares de urina e sangue. Abreviatura: **GTT**.

glucosuria /ˌgluːkəʊˈsjʊəriə/ glicosúria. ⇨ **glycosuria**.

glucuronic acid /ˌgluːkjʊrɒnɪk ˈæsɪd/ ácido glicurônico: o ácido urônico da glicose, que se conjuga com a bilirrubina.

glue ear /gluː ˈɪə/ ouvido com cola: condição caracterizada pela formação de líquido viscoso na orelha média, ocasionando surdez. ☑ **secretory otitis media**.

glue-sniffing /ˈgluː ˌsnɪfɪŋ/ inalação de cola. ⇨ **solvent abuse**.

glutamic acid /gluːˌtæmɪk ˈæsɪd/ ácido glutâmico: um aminoácido.

glutamic oxaloacetic transaminase /gluːˌtæmɪk ɒksələʊəˌsiːtɪk trænsˈæmɪneɪz/ transaminase glutâmico-oxaloacética: uma enzima usada em testes de detecção de hepatite viral.

glutamic pyruvic transaminase /gluːˌtæmɪk paɪˌruːvɪk trænsˈæmɪneɪz/ transaminase glutâmico-pirúvica: uma enzima produzida no fígado, que é lançada na circulação quando há lesão hepática.

glutaminase /gluːˈtæmɪneɪz/ glutaminase: enzima que, nos rins, catalisa a glutamina.

glutamine /ˈgluːtəmiːn/ glutamina: um aminoácido.

gluteal /ˈgluːtiəl/ glúteo: relativo às nádegas.

gluteal artery /ˈgluːtiəl ˌɑːtəri/ artéria glútea: uma das duas artérias que deságuam nas nádegas, a artéria glútea inferior e a artéria glútea superior.

gluteal muscle /ˈgluːtiəl ˌmʌs(ə)l/ músculo glúteo: o músculo das nádegas. Veja também **gluteus**.

gluteal vein /ˈgluːtiəl veɪn/ veia glútea: uma das duas veias que deságuam nas nádegas, a veia glútea inferior e a veia glútea superior.

gluten /ˈgluːt(ə)n/ glúten: proteína encontrada em alguns cereais e que, quando adicionada a certos grãos e à água, forma uma pasta adesiva.

gluten enteropathy /ˈgluːt(ə)n ˌentəˈrɒpəθi/ enteropatia por glúten. ⇨ **gluten-induced enteropathy**.

gluten-free diet /ˌgluːt(ə)n friː ˈdaɪət/ dieta sem glúten: uma dieta que contém apenas alimentos sem glúten.

gluten-induced enteropathy /ˌgluːt(ə)n ɪn ˌdjuːst ˌentəˈrɒpəθi/ enteropatia induzida por glúten: **1** doença alérgica que ocorre principalmente em crianças, na qual a mucosa intestinal apresenta sensibilidade ao glúten, impedindo o intestino delgado de digerir gorduras. **2** em adultos, condição em que as vilosidades do intestino se tornam menores e, assim, reduzem a superfície que pode absorver os nutrientes. Os sintomas são abdome distendido, diarréia alba, dores abdominais e anemia. ☑ **coeliac disease**; **gluten enteropathy**.

gluteus /ˈgluːtiəs/ glúteo: um dos três músculos localizados nas nádegas, responsáveis pelo movimento dos quadris. O maior é o glúteo máximo, enquanto o glúteo médio e o glúteo mínimo são menores.

glyc- /glaɪk/ ⇨ **glyco-**.

glycaemia /glaɪ'si:miə/ glicemia: a taxa de açúcar presente no sangue. Veja também **hypoglycaemia**; **hyperglycaemia**.

glycerin /'glɪsərɪn/ glicerina: líquido incolor viscoso, de sabor adocicado, presente em todas as gorduras. Nota: a glicerina sintética é usada em várias preparações medicinais e também como lubrificante, em produtos como pastas de dente e remédios para a tosse. Usa-se também **glycerine**. ☑ **glycerol**.

glycerol /'glɪsərɒl/ glicerol. ⇨ **glycerin**.

glycine /'glaɪsi:n/ glicina: um aminoácido.

glyco- /'glaɪkə/ glic(o)-: relativo ao açúcar. Nota: antes de vogais usa-se **glyc-**.

glycocholic acid /ˌglaɪkəʊkɒlɪk 'æsɪd/ ácido glicólico: um dos ácidos biliares.

glycogen /'glaɪkədʒən/ glicogênio: tipo de amido, convertido em glicose pela ação da insulina, e armazenado no fígado como uma fonte de energia.

glycogenesis /ˌglaɪkəʊ'dʒenəsɪs/ glicogênese: processo de conversão da glicose em glicogênio no fígado.

glycogenolysis /ˌglaɪkəʊdʒə'nɒləsɪs/ glicogenólise: processo de conversão do glicogênio em glicose.

glycolysis /glaɪ'kɒləsɪs/ glicólise: a conversão da glicose em lactato, a fim de fornecer energia a vários tecidos.

glycoside /'glaɪkəʊsaɪd/ glicosídeo: composto químico que contém açúcar simples e um outro componente. Nota: muitas drogas feitas das plantas são glicosídeos.

glycosuria /ˌglaɪkəʊ'sjʊərɪə/ glicosúria: taxa elevada de açúcar na urina, um dos sintomas do diabetes melito. ☑ **glucosuria**.

GMC abreviatura de **General Medical Council**.

gnathic /'næθɪk/ gnático: relativo ao maxilar.

gnathoplasty /'næθəʊˌplæsti/ gnatoplastia: cirurgia plástica do maxilar.

gnawing /'nɔːɪŋ/ persistente; torturante: relativo a uma sensação física ou emocional contínua e desconfortável. *a gnawing pain* / uma dor persistente. *gnawing anxiety* / ansiedade torturante.

goblet cell /'gɒblət sel/ célula caliciforme: glândula mucosa epitelial que se distendeu, enquanto a extremidade permanece mais fina, dando-lhe o aspecto de cálice.

GOC abreviatura de **General Optical Council**.

go down /ˌgəʊ 'daʊn/ baixar; cair: tornar-se menor. *The swelling has started to go down.* / A tumefação começou a baixar. *The blood sugar level went down.* / A taxa de açúcar no sangue caiu.

goitre /'gɔɪtə/ bócio: aumento excessivo da glândula tireóide, que provoca um intumescimento no pescoço, causado por falta de iodo. Nota: no inglês americano usa-se **goiter**.

goitrogen /'gɔɪtrədʒən/ bociogênico: diz-se de substância que induz o bócio.

gold /gəʊld/ ouro: elemento metálico maleável e precioso, de cor amarela, usado como composto em várias drogas, e, algumas vezes, em obturações dentárias. Símbolo químico: **Au**.

golden eye ointment /ˌgəʊld(ə)n 'aɪ ˌɔɪntmənt/ pomada oftálmica dourada: pomada amarela feita de um óxido de mercúrio, que é usada no tratamento de inflamação das pálpebras.

gold injection /'gəʊld ɪnˌdʒekʃən/ injeção de tiomalato de sódio e ouro: injeção contendo uma solução aurífera, usada no tratamento da artrite reumatóide.

golfer's elbow /ˌgɒlfəz 'elbəʊ/ cotovelo do tenista: inflamação dos tendões do cotovelo.

Golgi apparatus /'gɒldʒi æpəˌreɪtəs/ aparelho de Golgi; complexo de Golgi: estrutura membranosa com sacos achatados dentro de um citoplasma, que armazena e transporta enzimas e hormônios. (Descrito em 1898 por Camillo Golgi [1843–1926], professor de histologia e, posteriormente, reitor da Universidade de Pavia, Itália. Em 1906, Golgi foi co-ganhador, com Santiago Ramón y Cajal, do Prêmio Nobel, em razão de seu trabalho sobre a estrutura do sistema nervoso.)

Golgi cell /'gɒldʒi ˌsel/ célula de Golgi: tipo de célula do sistema nervoso central, tanto com axônios longos (Golgi Tipo 1) quanto sem axônios (Golgi Tipo 2).

gomphosis /gɒm'fəʊsɪs/ gonfose: uma articulação que não se move, como o processo articular entre um dente e o maxilar.

gonad /'gəʊnæd/ gônada: glândula genital que produz gametas e também hormônios sexuais, por exemplo, o testículo e o ovário.

gonadotrophic hormone /ˌgəʊnədəʊˌtrɒfɪk 'hɔːməʊn/ hormônio gonadotrófico: o hormônio foliculoestimulante e o hormônio luteinizante, produzidos pela glândula pituitária anterior, que estimulam o funcionamento dos ovários, na mulher, e induzem a espermatogênese, no homem.

gonadotrophin /ˌgəʊnədəʊ'trəʊfɪn/ gonadotrofina: hormônio produzido pela glândula pituitária, que estimula as glândulas sexuais na puberdade. Veja também **human chorionic gonadotrophin**. Nota: no inglês americano usa-se **gonadotropin**.

gonagra /gɒ'nægrə/ gonagra: forma de gota que ocorre nos joelhos.

goni- /ˌgəʊni/ ⇨ **gonio-**.

gonio- /ˈgəʊniə/ Antes de vogais usa-se **goni-**.

gonion /'gəʊniɒn/ gônion: o ponto mais inferior, posterior e externo do ângulo da mandíbula.

goniopuncture /'gəʊniəʊˌpʌŋktʃə/ goniopunção: cirurgia para tratamento do glaucoma, na qual se faz um punção nos olhos, a fim de drenar líquido.

gonioscope /'gəʊniəskəʊp/ gonioscópio: lente com que se mede o ângulo da câmara anterior do olho.

goniotomy /ˌgəʊni'ɒtəmi/ goniotomia: cirurgia para abertura do canal de Schlemm, no tratamento do glaucoma.

gonococcal /ˌgɒnəˈkɒk(ə)l/ gonocócico: relativo a gonococos.

gonococcus /ˌgɒnəˈkɒkəs/ gonococo: um tipo de bactéria, a *Neisseria gonorrhoea,* causadora da gonorréia. Plural: **gonococci**.

gonocyte /ˈgɒnəsaɪt/ gonócito. ⇨ **germ cell**.

gonorrhoea /ˌgɒnəˈriːə/ gonorréia: doença sexualmente transmissível, que produz inflamação dolorosa da mucosa genital e corrimento uretral. ☑ **clap**.

gonorrhoeal /ˌgɒnəˈriːəl/ gonorréico: relativo à gonorréia.

Goodpasture's syndrome /gʊdˈpɑːstʃəz ˌsɪndrəʊm/ síndrome de Goodpasture: doença pulmonar rara, caracterizada por tosse com emissão de sangue, anemia, e que pode evoluir para insuficiência renal. (Descrita em 1919 por Ernest William Goodpasture [1886–1960], patologista americano.)

goose bumps /ˈguːs bʌmps/ pele anserina. ⇨ **cutis anserina; goose flesh; goose pimples**.

goose flesh /ˈguːs ˈfleʃ/ pele anserina; pele de ganso. ⇨ **goose bumps**.

goose pimples /ˈguːs ˌpɪmp(ə)lz/ pele anserina. ⇨ **goose bumps**.

Gordh needle /ˈgɔːd ˌniːd(ə)l/ agulha de Gordh: uma agulha cirúrgica presa a uma bolsa contendo medicamento, de modo que várias injeções possam ser aplicadas sucessivamente.

gorget /ˈgɔːdʒɪt/ gorjal: instrumento cirúrgico usado na remoção de cálculos biliares.

gouge /gaʊdʒ/ goiva: instrumento cirúrgico semelhante a um cinzel, destinado a fazer incisões ósseas.

goundou /ˈguːnduː/ gundu; gorondu: condição causada por bouba e caracterizada por edemas nasais bilaterais.

gout /gaʊt/ (moléstia) gota: doença caracterizada por produção anormal de ácido úrico, que forma cristais na cartilagem das articulações. ☑ **podagra**. Observação: antigamente, a gota era associada à ingestão de vinhos fortes, como o vinho do Porto, mas hoje acredita-se que ela se manifesta de três maneiras: excesso de ácido úrico na dieta alimentar, superprodução de ácido úrico no organismo, e excreção inadequada de ácido úrico. É provável que tanto a superprodução de ácido úrico quanto a sua excreção inadequada sejam devidas a um processo bioquímico hereditário. O consumo excessivo de álcool pode provocar uma crise, porque interfere na excreção de ácido úrico.

gown /gaʊn/ avental de cirurgia: um avental longo, usado sobre as roupas para protegê-las. *The surgeons were wearing green gowns.* / Os cirurgiões usavam aventais verdes. *The patient was dressed in a theatre gown, ready to go to the operating theatre.* / O paciente vestia um avental operatório, e estava pronto para ir para a sala de operação.

GP /ˌdʒiː ˈpiː/ abreviatura de **general practitioner**.

GP co-op /ˌdʒiː ˈpiː kəʊ ˌɒp/ cooperativa (*co-op* = *cooperative*) de clínicos gerais: cooperativa de clínicos gerais voluntários, que trabalham juntos prestando assistência médica fora do horário de trabalho, sem fins lucrativos.

gr abreviatura de **grain**.

Graafian follicle /ˌgrɑːfiən ˈfɒlɪk(ə)l/ folículo de De Graaf. ⇨ **ovarian follicle**. (Deve seu nome a Reijnier de Graaf [1641–1673], médico holandês.)

gracilis /ˈgreɪsɪlɪs/ músculo grácil: músculo fino que se origina no púbis e termina na tíbia.

graduated /ˈgrædʒueɪtɪd/ graduado: que tem marcas mostrando diversos graus ou níveis. *a graduated measuring jar* / uma jarra graduada para medidas.

Graefe's knife /ˈgreɪfəz ˌnaɪf/ bisturi de Graefe: bisturi de lâmina estreita, que é usado em cirurgias de catarata. (Deve seu nome a Friedrich Wilhelm Ernst Albrecht von Graefe [1828–1870], professor de oftalmologia em Berlim, Alemanha.)

graft /grɑːft/ **1** enxerto: a) o ato de tomar um órgão ou tecido saudável e transplantá-lo para um órgão ou tecido doente ou com mau funcionamento. *a skin graft* / um enxerto de pele. b) órgão ou tecido que é transplantado. *The corneal graft was successful.* / O enxerto de córnea foi bem-sucedido. *The patient was given drugs to prevent the graft being rejected.* / O paciente recebeu medicações para prevenir a rejeição do enxerto. **2** enxertar: tomar um órgão ou tecido saudável e transplantá-lo para um órgão ou tecido doente ou com mau funcionamento. *The surgeons grafted a new section of bone at the side of the skull.* / Os cirurgiões enxertaram um novo pedaço de osso na parte lateral do crânio. Veja também **autograft; homograft**.

graft versus host disease /ˌgrɑːft ˈvɜːsəs ˈhəʊst dɪˌziːz/ enxerto-versus-hospedeiro (operação): condição que se desenvolve quando células de um enxerto reagem contra os tecidos do hospedeiro, causando doenças da pele. Abreviatura: **GVHD**.

grain /greɪn/ grão: **1** partícula de uma substância dura, como o sal. **2** medida de peso igual a 0,0648 gramas. Abreviatura: **gr**.

gram /græm/ grama. Abreviatura: **g**.

-gram /græm/ -gram: forma combinante que indica um registro que é desenhado.

Gram-negative bacterium /græm ˈnegətɪv bækˌtɪəriəm/ bactéria Gram-negativa: bactéria que, quando tingida com corante violeta, adquire a cor púrpura-escura.

Gram-positive bacterium /græm ˈpɒzɪtɪv bækˌtɪəriəm/ bactéria Gram-positiva: bactéria que, quando tingida, retém o corante violeta e, ao microscópio, adquire a cor azul-escura.

Gram's stain /ˈgræmz ˈsteɪn/ coloração de Gram: método para coloração de bactérias, de modo que possam ser identificadas. (Descrita em 1884 por Hans Christian Joachim Gram

G

[1853–1938], professor de medicina em Copenhague, Dinamarca. Gram descobriu a coloração por acaso, quando era estudante em Berlim, Alemanha.) Observação: uma amostra de tecido é primeiramente tingida com um corante violeta, tratada com álcool, e então neutralizada com um corante vermelho.

grand mal /ˌgrɒn ˈmæl/ grande mal: um tipo de epilepsia em que a pessoa perde a consciência e cai no chão, enquanto os músculos se tornam rígidos, com contrações violentas. Compare com **petit mal**.

grand multiparity /ˌgræn mʌltiˈpærɪti/ grande multiparidade: o fato de ter dado à luz mais de quatro vezes.

granular /ˈgrænjʊlə/ granular: feito de grânulos.

granular cast /ˌgrænjʊlə ˈkɑːst/ cilindro granular: cilindro granular formado de células compostas de proteínas e grânulos gordurosos.

granular leucocyte /ˌgrænjʊlə ˈluːkəsaɪts/ leucócito granular. ⇨ **granulocyte**.

granulation /ˌgrænjʊˈleɪʃ(ə)n/ granulação: formação de grânulos vermelhos e ásperos na superfície de um ferida ou tecido inflamado, que constitui o primeiro estágio no processo de cura.

granulation tissue /ˌgrænjʊˈleɪʃ(ə)n ˌtɪʃuː/ tecido granular: tecido que cobre a superfície de uma ferida, e que consiste principalmente em pequenos vasos sanguíneos e fibras.

granule /ˈgrænjuːl/ grânulo: partícula de uma substância dura.

granulocyte /ˈgrænjʊləsaɪt/ granulócito: tipo de leucócito ou célula sanguínea branca que contém grânulos, por exemplo, basófilo, eosinófilo ou neutrófilo. ☑ **granular leucocyte**.

granulocytopenia /ˌgrænjʊləʊˌsaɪtəˈpiːniə/ granulocitopenia: doença normalmente fatal, caracterizada pela diminuição no número de granulócitos no sangue em virtude do mau funcionamento da medula óssea.

granuloma /ˌgrænjʊˈləʊmə/ granuloma: massa de tecido granular que se forma em locais de infecção bacteriana. Plural: **granulomata** ou **granulomas**.

granuloma inguinale /ˌgrænjʊˌləʊmə ˌɪŋgwɪˈneɪli/ granuloma inguinal: lesões ulcerativas no ânus e genitais, causada por doença sexualmente transmissível, e que geralmente ocorre em regiões tropicais.

granulomatosis /ˌgrænjʊləʊməˈtəʊsɪs/ granulomatose: inflamação persistente conduzindo à formação de granulomas múltiplos.

granulopoiesis /ˌgrænjuːləʊpɔɪˈiːsɪs/ granulopoiese: produção de granulócitos na medula espinhal.

graph /grɑːf/ gráfico: diagrama com linhas ou traçados que mostram a relação entre quantidades.

graph- /græf/ graf-: relativo à escrita.

-graph /grɑːf/ -graf: relativo à máquina que indica um registro que é desenhado.

-grapher /grəfə/ gráfico: técnico que opera uma máquina que faz registros (gráficos).

-graphy /grəfi/ -grafia: relativo à técnica do estudo por meio de desenhos.

grattage /græˈtɑːʒ/ raspagem; escovadura: remoção de granulações de uma úlcera por raspagem, a fim de acelerar a sua cura.

gravel /ˈgræv(ə)l/ cálculos: pequenas pedras que passam do rim para o sistema urinário, causando dor na uretra.

Graves' disease /ˈgreɪvz dɪˌziːz/ doença de Graves. ⇨ **exophthalmic goitre**. (Descrita em 1835 por Robert James Graves [1796–1853], médico irlandês no Meath Hospital, Dublin, Irlanda, onde foi responsável pela introdução do trabalho de enfermaria clínica para estudantes de medicina.)

gravid /ˈgrævɪd/ grávida: que espera um filho; grávida.

gravides multiparae /ˌgrævɪdiːz ˌmʌltiˈpɑːriː/ (plural) grávida multípara: mulher que deu à luz pelo menos quatro vezes fetos viáveis.

gravity /ˈgrævɪti/ gravidade: importância de uma doença ou situação, ou o seu potencial de perigo.

Grawitz tumour /ˈgrɑːvɪts ˌtjuːmə/ tumor de Grawitz: tumor maligno das células renais. (Descrito em 1883 por Paul Albert Grawitz [1850–1932], professor de patologia em Greifswald, Alemanha.) ☑ **hypernephroma**.

gray /greɪ/ gray: unidade de medida do Sistema Internacional de dose absorvida durante uma radiação. Corresponde a 100 rads (1 joule por quilograma). Símbolo: **Gy**. Veja também **rad**.

graze /greɪz/ **1** escoriação; esfoladura: um arranhão na pele, acompanhado de pequeno fluxo de sangue. **2** esfolar: arranhar a pele acidentalmente.

great cerebral vein /ˌgreɪt ˈserəbrəl veɪn/ veia magna do cérebro: veia média que se esvazia nos plexos coróides do ventrículo lateral e terceiro ventrículo do cérebro.

greater curvature /ˌgreɪtə ˈkɜːvətʃə/ curvatura gástrica maior: a borda curva do estômago.

greater vestibular glands /ˌgreɪtə veˈstɪbjʊlə glændz/ glândulas vestibulares maiores. ⇨ **Bartholin's glands**.

great toe /ˈgreɪt təʊ/ halus. ⇨ **big toe**.

green monkey disease /ˌgriːn ˈmʌŋki dɪˌziːz/ doença do macaco-verde. ⇨ **Marburg disease**.

greenstick fracture /ˈgriːnstɪk ˌfræktʃə/ fratura em galho verde: tipo de fratura que ocorre em crianças, na qual o osso se dobra, sem estar totalmente quebrado.

grey commissure /greɪ ˈkɒmɪsjʊə/ comissura cinzenta: uma faixa de substância cinzenta que rodeia o canal central da medula espinhal, no entrecruzamento dos axônios.

grey matter /ˈgreɪ ˌmætə/ substância cinzenta: o tecido nervoso cinzento do sistema nervoso central. Observação: no cérebro, a substância cinzenta envolve a substância branca; na medula espinhal, porém, a substância branca envolve a substância cinzenta.

grief counsellor /'gri:f ˌkaʊns(ə)lə/ terapeuta: pessoa que ajuda outra a tentar superar os sentimentos de perda, por exemplo, em casos de morte de pessoa próxima, como um parente.

Griffith's types /'grɪfɪθs ˌtaɪps/ tipos de Griffith: vários tipos de estreptococos hemolíticos, classificados de acordo com os antígenos neles presentes.

gripe water /'graɪp ˌwɔːtə/ solução para cólicas intestinais: solução de glicose e álcool, usada para aliviar cólicas intestinais em bebês.

griping /'graɪpɪŋ/ com cólicas intestinais: referente a dores intestinais súbitas, agudas e intensas.

grocer's itch /ˌgrəʊsəz 'ɪtʃ/ prurido dos merceeiros: forma de dermatite que ocorre nas mãos, causada pelo manuseio de farinha e açúcar.

groin /grɔɪn/ virilha: junção da face anterior da parede abdominal com as coxas. *He had a dull pain in his groin.* / Ele teve uma dor contínua, mas não intensa, na virilha. Nota: para conhecer outros termos relacionados à virilha, veja **inguinal**.

grommet /'grɒmɪt/ anilho: tubo que pode ser passado do meato auditivo externo para o ouvido médio, normalmente para permitir a drenagem de líquido, em casos em que a pessoa parece ter o ouvido grudado.

gross anatomy /ˌgrəʊs ə'nætəmi/ anatomia macroscópica: o estudo da estrutura do corpo, que pode ser vista sem o uso de microscópio.

ground substance /ˌgraʊnd 'sʌbstəns/ substância fundamental. ⇨ **matrix**.

group /gruːp/ **1** grupo: várias pessoas, animais ou coisas que são colocadas juntas. *A group of patients were waiting in the surgery.* / Um grupo de pacientes aguardava na sala de cirurgia. **2** agrupar: apresentar coisas ou pessoas em um grupo, ou reunir-se em um grupo. *The drugs are grouped under the heading 'antibiotics'.* / As drogas estão agrupadas sob o título 'antibióticos'.

group practice /gruːp 'præktɪs/ prática de grupo: prática da medicina por dentistas ou médicos de várias especialidades, que compartilham um conjunto de salas e equipamentos em um edifício.

group therapy /gruːp 'θerəpi/ terapia de grupo: tipo de psicoterapia em que um grupo de pessoas com os mesmos conflitos se reúne com o terapeuta para discutir seu(s) problema(s), tentando ajudar-se mutuamente.

growing pains /'grəʊɪŋ peɪnz/ (plural) dores do crescimento: dores atribuídas ao processo de crescimento (adolescência) e associadas a uma forma de febre reumática.

growth /grəʊθ/ crescimento; tumor: **1** o aumento de tamanho. *the growth in the population since 1960* / o crescimento da população desde 1960.

The disease stunts children's growth. / A doença tolhe o crescimento das crianças. **2** um cisto ou tumor. *The doctor found a cancerous growth on the left breast.* / O médico encontrou um tumor canceroso no seio esquerdo. *He had an operation to remove a small growth from his chin.* / Ele foi operado para retirar um pequeno tumor no queixo.

growth factor /'grəʊθ ˌfæktə/ fator de crescimento: substância química presente no organismo, principalmente um polipeptídeo, que estimula o crescimento de determinadas células. *a nerve growth factor* / um fator de crescimento do nervo.

growth hormone /'grəʊθ ˌhɔːməʊn/ hormônio do crescimento: hormônio secretado pela glândula pituitária durante o sono profundo, que estimula o crescimento dos ossos longos e da síntese de proteínas. Abreviatura: **GH**. ☑ **somatropin**.

grumbling appendix /ˌgrʌmblɪŋ ə'pendɪks/ (informal) apêndice resmungão: apêndice vermiforme que está sempre ligeiramente inflamado. Veja também **chronic appendicitis**.

GTT abreviatura de **glucose tolerance test**.

GU abreviatura de: **1 gastric ulcer**. **2 genitourinary**.

guanine /'gwɑːniːn/ guanina: uma das quatro principais substâncias químicas do DNA.

guardian ad litem /ˌgɑːdiən æd 'liːtəm/ procurador *ad litem*: advogado que trabalha voluntariamente para um programa de ajuda a menores que sofrem maus tratos ou negligência e cujos casos são levados aos tribunais.

guardian Caldicott /ˌgɑːdiən 'kɔːldɪkɒt/ inspetor Caldicott: funcionário designado por um hospital público, no Reino Unido, para garantir que as informações sobre os pacientes sejam mantidas confidencialmente, segundo o *Caldicott Report* de 1997.

gubernaculum /ˌguːbə'nækjʊləm/ gubernáculo: no feto, tecido fibroso que liga os testículos (as gônadas) à virilha.

Guillain-Barré syndrome /ˌgiːjæn 'bæreɪ ˌsɪndrəʊm/ síndrome de Guillain-Barré: distúrbio neuropático que se segue a uma infecção não específica, caracterizado por desmielinização dos nervos raquidianos e periféricos, ocasionando fraqueza generalizada e, algumas vezes, cessação da respiração. ☑ **Landry's paralysis**. (Descrita em 1916 por Georges Guillain [1876–1961], professor de neurologia em Paris, França, e Jean Alexandre Barré [1880–1967], professor de neurologia em Estrasburgo, França.)

guillotine /'gɪlətiːn/ guilhotina: instrumento cirúrgico para retirar uma amígdala hipertrofiada.

guinea worm /'gɪni wɜːm/ verme da Guiné. ⇨ **Dracunculus**.

Gulf War syndrome /gʌlf 'wɔː ˌsɪndrəʊm/ síndrome da Guerra do Golfo: conjunto de sintomas inexplicáveis, incluindo fadiga, doenças da pele e dores musculares, que afetam alguns soldados que lutaram na Guerra do Golfo em 1991.

gullet /ˈɡʌlɪt/ garganta. ⇨ **oesophagus**.

gum /ɡʌm/ gengiva: tecido mole que cobre parte do maxilar que circunda os dentes. *Her gums are red and inflamed.* / As gengivas dela estão vermelhas e inflamadas. *A build-up of tartar can lead to gum disease.* / A formação de tártaro pode ocasionar uma doença gengival. ☑ **gingiva**. Nota: para conhecer outros termos relacionados à gengiva, veja os que começam com **gingiv-**.

gumboil /ˈɡʌmbɔɪl/ abscesso dentário: um abscesso na gengiva, próximo de um dente. ☑ **parulis**.

gumma /ˈɡʌmə/ goma: um abscesso da hipoderme, de evolução aguda, que dá lugar a uma úlcera profunda, e aparece nos últimos estágios da sífilis.

gustation /ɡʌˈsteɪʃ(ə)n/ gustação: o sentido do paladar.

gustatory /ˈɡʌstət(ə)ri/ gustatório: relativo ao sentido do paladar.

gut /ɡʌt/ intestino: **1** órgão tubular para a digestão e absorção dos alimentos. ☑ **intestine**. **2** linha cirúrgica obtida da camada submucosa do intestino de carneiros. É usada em suturas internas, sendo absorvida vagarosamente pelo organismo; portanto, não precisa ser removida. Veja também **catgut**.

Guthrie test /ˈɡʌθri test/ teste de Guthrie: teste feito com bebês para detectar a presença de fenilcetonúria. (Deve seu nome a R. Guthrie [nascido em 1916], pediatra americano.)

gutta /ˈɡʌtə/ gota: uma gota de líquido, como colírio, usada no tratamento dos olhos. Plural: **guttae**.

gutter splint /ˈɡʌtə splɪnt/ tala em canaleta: aparelho em forma de canaleta, no qual se pode descansar um membro quebrado, sem que ele esteja completamente circundado.

GVHD abreviatura de **graft versus host disease**.

gyn- /ɡaɪn/ ⇨ **gynae-**.

gynae- /ˌɡaɪnɪ/ Nota: antes de vogais usa-se **gyn-**. No inglês americano usa-se **gyne-**.

gynaecological /ˌɡaɪnɪkəˈlɒdʒɪk(ə)l/ ginecológico: relativo ao tratamento das doenças femininas. ☑ **gyne**.

gynaecologist /ˌɡaɪnɪˈkɒlədʒɪst/ ginecologista: médico especialista no tratamento das doenças femininas.

gynaecology /ˌɡaɪnɪˈkɒlədʒi/ ginecologia: o estudo dos órgãos sexuais femininos e das doenças femininas em geral. ☑ **gyne**.

gynaecomastia /ˌɡaɪnɪkəˈmæstɪə/ ginecomastia: o desenvolvimento excessivo das glândulas mamárias masculinas.

gyne /ˈɡaɪni/ (informal) ginecologia; ginecológico. ⇨ **gynaecology**; **gynaecological**. *a gyne appointment* / uma consulta ginecológica.

gyne- /ˌɡaɪni/ ⇨ **gynae-**.

gypsum /ˈdʒɪpsəm/ gipsita; gesso: sulfato de cálcio que, quando calcinado, é usado como gesso.

gyrus /ˈdʒaɪərəs/ giro; circunvolução: pregas salientes situadas entre os sulcos do córtex cerebral.

H2-receptor antagonist /ˌeɪtʃ tu: rɪˈseptər ænˌtægənɪst/ antagonista dos receptores H2: droga que inibe a produção do suco gástrico aliviando, desse modo, a indigestão e as úlceras gástricas.

HA abreviatura de **health authority**:.

habit /ˈhæbɪt/ hábito; costume: **1** ação que constitui uma resposta automática a um estímulo. **2** maneira habitual de fazer alguma coisa. *He got into the habit of swimming every day before breakfast.* / Ele adquiriu o hábito de nadar todos os dias antes do café da manhã. *She's got out of the habit of taking any exercise.* / Ela abandonou o hábito de fazer exercícios. ◊ **from force of habit**: pela força do hábito: que acontece por causa de uma ação repetida com regularidade. *I wake up at 6 o'clock from force of habit.* / Eu acordo às 6 horas da manhã pela força do hábito.

habit-forming /ˈhæbɪt ˌfɔːmɪŋ/ que vicia: algo que torna alguém viciado.

habit-forming drug /ˈhæbɪt ˌfɔːmɪŋ drʌg/ droga que vicia: droga que causa dependência.

habitual /həˈbɪtʃuəl/ habitual: feito freqüentemente ou pela força do hábito.

habitual abortion /həˌbɪtʃuəl əˈbɔːʃ(ə)n/ aborto habitual: condição na qual a mulher tem abortos sucessivos e espontâneos em três ou mais gestações.

habituation /həˌbɪtʃuˈeɪʃ(ə)n/ habituação: dependência psicológica de uma droga, álcool ou outra substância que proporciona uma sensação de bem-estar; pode induzir à dependência física (vício).

habitus /ˈhæbɪtəs/ hábito: a aparência geral do corpo de uma pessoa, incluindo constituição física e postura.

hacking cough /ˌhækɪŋ ˈkɒf/ tosse pleurítica: tosse curta e repetida; tosse seca.

haem /hiːm/ heme: molécula ferrosa que se liga a proteínas, formando hemoproteínas, tais como hemoglobina e mioglobina.

haem- /hiːm/ ⇨ **haemo-**. Nota: no inglês americano usa-se **hem-**.

haemagglutination /ˌhiːməgluːtɪˈneɪʃ(ə)n/ hemoaglutinação: a aglutinação de eritrócitos, freqüentemente usada para verificar a presença de anticorpos.

haemangioma /ˌhiːmændʒiˈəʊmə/ hemangioma: tumor benigno desenvolvido a partir de vasos sanguíneos, que aparece na pele como uma marca de nascença.

haemarthrosis /ˌhiːmɑːˈθrəʊsɪs/ hemartrose: dor e tumefação causadas por derrame de sangue de uma cavidade articular.

haematemesis /ˌhiːməˈteməsɪs/ hematêmese: condição caracterizada por tosse sanguínea, geralmente por causa de um sangramento interno.

haematic /hiːˈmætɪk/ hemático: relativo ao sangue.

haematin /ˈhiːmətɪn/ hematina: substância derivada da hemoglobina, em casos de sangramento.

haematinic /ˌhiːməˈtɪnɪk/ hematínico: uma droga que aumenta a concentração de hemoglobina no sangue, usada no tratamento da anemia, por exemplo, um composto do ferro.

haemato- /hiːmətəʊ/ hemat(o)-: relativo ao sangue.

haematocoele /ˈhiːmətəʊsiːl/ hematocele: edema causado pelo extravasamento de sangue em uma cavidade, principalmente o escroto. Usa-se também **haematocele**.

haematocolpos /ˌhiːmətəʊˈkɒlpəs/ hematocolpos: edema vaginal devido à retenção de sangue menstrual, por inperfuração do hímen.

haematocrit /ˈhiːmətəʊkrɪt/ hematócrito: **1** ⇨ **packed cell volume**. **2** dispositivo para medir o volume de hematócritos.

haematocyst /ˈhiːmətəʊsɪst/ hematocisto: um cisto contendo sangue.

haematogenous /ˌhiːməˈtɒdʒənəs/ hematogênico: **1** que produz sangue. **2** produzido por sangue.

haematological /ˌhiːmətəʊˈlɒdʒɪk(ə)l/ hematológico: relativo à hematologia.

haematologist /ˌhiːməˈtɒlədʒɪst/ hematologista: médico especialista em hematologia.

haematology /ˌhiːməˈtɒlədʒi/ hematologia: o estudo científico do sangue, sua formação e suas doenças.

haematoma /ˌhiːməˈtəʊmə/ hematoma: massa de sangue extravasado sob a pele, causada por pancada ou devida a uma cirurgia.

haematometra /ˌhiːməˈtɒmɪtrə/ hematométria: 1 um acúmulo de sangue no útero. 2 massa uterina semelhante a um tumor, resultante de hematocolpos.

haematomyelia /ˌhiːmətəʊmaɪˈiːliə/ hematomielia: condição caracterizada por hemorragia da medula espinhal.

haematopoiesis /ˌhiːmətəʊpɔɪˈiːsɪs/ hematopoese. ⇨ **haemopoiesis**.

haematoporphyrin /ˌhiːmətəʊˈpɔːfərɪn/ hematoporfirina: profirina obtida da hemoglobina.

haematosalpinx /ˌhiːmətəʊˈsælpɪŋks/ hematossalpinge. ⇨ **haemosalpinx**.

haematospermia /ˌhiːmætəʊˈspɜːmiə/ hematospermia: presença de sangue no esperma.

haematozoon /ˌhiːmətəʊˈzəʊɒn/ hematozoário: parasita que vive no sangue. Plural: **haematozoa**.

haematuria /ˌhiːməˈtjʊəriə/ hematúria: presença anormal de sangue na urina, como resultado de lesão ou doença dos rins ou bexiga.

haemin /ˈhiːmɪn/ hemina: um sal derivado da hemoglobina, usado no tratamento da porfiria.

haemo- /hiːməʊ/ Nota: antes de vogais usa-se **haem-**. No inglês americano usa-se **hemo-**.

haemochromatosis /ˌhiːməʊkrəʊməˈtəʊsɪs/ hemocromatose: doença hereditária caracterizada por absorção excessiva de ferro no organismo, causando cirrose hepática e escurecimento da pele. ☑ **bronze diabetes**.

haemoconcentration /ˌhiːməʊˌkɒnsənˈtreɪʃ(ə)n/ hemoconcentração: aumento no número de eritrócitos devido à diminuição no volume do plasma. Compare com **haemodilution**.

haemocytoblast /ˌhiːməʊˈsaɪtəʊblæst/ hemocitoblasto: célula sanguínea embrionária encontrada na medula óssea, que dá origem aos eritrócitos, leucócitos e plaquetas.

haemocytometer /ˌhiːməʊsaɪˈtɒmɪtə/ hemocitômetro: pipeta de vidro para diluição de amostras de sangue e contagem de células sanguíneas.

haemodialyse /ˌhiːməʊˈdaɪələ/ hemodialisar: remover substâncias nocivas do sangue usando um hemodialisador (máquina que substitui o rim).

haemodialysed patient /ˌhiːməʊdaɪəlaɪzd ˈpeɪʃ(ə)nt/ paciente em diálise: paciente que é submetido à diálise.

haemodialysis /ˌhiːməʊdaɪˈæləsɪs/ hemodiálise. ⇨ **kidney dialysis**.

haemodilution /ˌhiːməʊdaɪˈluːʃ(ə)n/ hemodiluição: diminuição no número de eritrócitos devido a aumento no volume do plasma. Compare com **haemoconcentration**.

haemoglobin /ˌhiːməʊˈgləʊbɪn/ hemoglobina: pigmento respiratório dos glóbulos vermelhos, constituído de hemo e globina, que dá ao san-

gue a sua cor vermelha. Absorve oxigênio nos pulmões e os transporta, pelo sangue, para os tecidos. ☑ **blood pigment** Abreviatura: **Hb**. Veja também **oxyhaemoglobin**; **carboxyhaemoglobin**.

haemoglobinaemia /ˌhiːməʊgləʊbɪˈniːmiə/ hemoglobinemia: presença de hemoglobina no plasma.

haemoglobinopathy /ˌhiːməʊgləʊbɪˈnɒpəθi/ hemoglobinopatia: doença hereditária resultante de alteração molecular na estrutura da hemoglobina, por exemplo, a anemia de células falciformes.

haemoglobinuria /ˌhiːməʊgləʊbɪˈnjuːriə/ hemoglobinúria: presença de hemoglobina na urina.

haemogram /ˈhiːməʊgræm/ hemograma: representação gráfica ou registro escrito de um exame de sangue.

haemolysin /ˌhiːməʊˈlaɪsɪn/ hemolisina: proteína que destrói os glóbulos vermelhos.

haemolysis /hiːˈmɒləsɪs/ hemólise: destruição dos glóbulos vermelhos.

haemolysis-elevated liver enzymes–low platelet count syndrome /hiːˈmɒləsɪs-ˈelɪveɪtɪd ˈenzaɪms-ləʊ ˈpleɪtlət kaʊnt ˌsɪndrəʊm/ hemólise, elevadas enzimas hepáticas (liver), baixas (low) plaquetas: distúrbio grave que ocorre em associação com pré-eclâmpsia e que torna necessária a interrupção da gravidez. Abreviatura: **HELLP syndrome**.

haemolytic /ˌhiːməʊˈlɪtɪk/ hemolítico: que, ou o que destrói os glóbulos vermelhos, por exemplo, o veneno de cobra.

haemolytic anaemia /ˌhiːməlɪtɪk əˈniːmiə/ anemia hemolítica: anemia causada pela destruição dos glóbulos vermelhos (ela é cerca de seis vezes mais elevada do que o normal), na qual o suprimento de novas células pela medula óssea não pode atender às necessidades do organismo.

haemolytic disease of the newborn /ˌhiːmə ʊlɪtɪk dɪˌziːz əv ðə ˈnjuːbɔːn/ doença hemolítica do recém-nascido: anemia congênita causada pela destruição dos glóbulos vermelhos do feto por anticorpos da mãe.

haemolytic jaundice /ˌhiːməʊlɪtɪk ˈdʒɔːndɪs/ icterícia hemolítica: icterícia causada por hemólise dos glóbulos vermelhos. ☑ **prehepatic jaundice**.

haemolytic uraemic syndrome /ˌhiːməʊlɪtɪk juˈriːmɪk ˌsɪndrəʊm/ síndrome hemolíticourêmica: anemia hemolítica que causa insuficiência renal.

haemopericardium /ˌhiːməʊperɪˈkɑːdiəm/ hemopericárdio: presença de sangue no pericárdio.

haemoperitoneum /ˌhiːməʊperɪtəˈniːəm/ hemoperitônio: presença de sangue na cavidade peritoneal.

haemophilia /ˌhiːməˈfɪliə/ hemofilia: doença associada a um gene recessivo no cromossomo X, caracterizada por grande retardo na coagulação sanguínea, o que resulta em hemorragias mesmo em casos de pequenas lesões. O gene é transmitido pela mãe aos filhos do sexo masculino, e a doença atinge quase que exclusivamente os homens.

haemophilia A /ˌhiːməʊˈfɪliə ˈeɪ/ hemofilia A: a forma mais comum de hemofilia, devida à deficiência hereditária do Fator VIII, uma proteína que estimula a coagulação sanguínea.

haemophilia B /ˌhiːməfɪliə ˈbiː/ hemofilia B: uma forma menos comum de hemofilia, devida à deficiência hereditária do Fator IX, uma proteína que estimula a coagulação sanguínea. ☑ **Christmas disease**.

haemophiliac /ˌhiːməˈfɪliæk/ hemofílico: pessoa que tem hemofilia.

haemophilic /ˌhiːməʊˈfɪlɪk/ hemofílico: relativo à hemofilia.

Haemophilus /hiːˈmɒfɪləs/ *Haemophilus:* gênero de bactérias que necessitam de fatores específicos no sangue para crescer.

Haemophilus influenzae /hiːˌmɒfɪləs ˌɪnfluˈenzə/ *Haemophilus influenzae:* bactéria encontrada em vias respiratórias sadias, mas que pode provocar pneumonia se a resistência da pessoa estiver baixa, por exemplo, por causa de uma gripe.

Haemophilus influenzae type B /hiːˌmɒfɪləs ɪnfluˌenzə taɪp ˈbiː/ *Haemophilus influenzae* tipo B: uma bactéria causadora de meningite. Abreviatura: **Hib**.

haemophthalmia /ˌhiːmɒfˈθælmiə/ hemoftalmia: derrame de sangue no humor vítreo.

haemopneumothorax /ˌhiːməʊˌnjuːməʊˈθɔːræks/ hemopneumotórax. ⇨ **pneumohaemothorax**.

haemopoiesis /ˌhiːməʊpɔɪˈiːsɪs/ hemopoese: formação e desenvolvimento de células sanguíneas e plaquetas na medula espinhal. ☑ **blood formation**.

haemopoietic /ˌhiːməʊpɔɪˈetɪk/ hemopoiético: relativo à formação de células sanguíneas na medula óssea.

haemoptysis /hiːˈmɒptəsɪs/ hemoptise: tosse com emissão de sangue proveniente dos pulmões, causada por doença grave, por exemplo, anemia, pneumonia, tuberculose ou câncer.

haemorrhage /ˈhem(ə)rɪdʒ/ **1** hemorragia; sangramento: perda de grande quantidade de sangue, principalmente pelo rompimento de um vaso sanguíneo. *He died of a brain haemorrhage.* / Ele morreu de uma hemorragia cerebral. **2** sangrar: perder muito sangue. *The injured man was haemorrhaging from the mouth.* / O homem ferido sangrava pela boca.

haemorrhagic /ˌheməˈrædʒɪk/ hemorrágico: relacionado à hemorragia.

haemorrhagic disease of the newborn /ˌhemərædʒɪk dɪˌziːz əv ðə ˈnjuːbɔːn/ doença hemorrágica do recém-nascido: doença que, em geral, ocorre entre o terceiro e o sexto dias de vida, caracterizada por sangramento espontâneo devido à falta temporária de protrombina.

haemorrhagic disorder /heməˌrædʒɪk dɪsˈɔːdə/ distúrbio hemorrágico: um distúrbio com ocorrência de hemorragia, por exemplo, hemofilia.

haemorrhagic fever /ˌhemərædʒɪk ˈfiːvə/ febre hemorrágica: infecção viral que provoca hemorragia interna dos capilares, por exemplo, a dengue ou a doença por vírus Ebola.

haemorrhagic stroke /ˌhemərædʒɪk ˈstrəʊk/ derrame hemorrágico: derrame causado pelo rompimento de um vaso sanguíneo.

haemorrhoidal /ˌheməˈrɔɪdəl/ hemorroidal; hemorroidário: relativo a hemorróidas.

haemorrhoidectomy /ˌhemərɔɪˈdektəmi/ hemorroidectomia: remoção cirúrgica de hemorróidas.

haemorrhoids /ˈhemərɔɪdz/ (plural) hemorróidas: condição caracterizada pela dilatação anormal das veias do ânus e do reto. ☑ **piles**.

haemosalpinx /hiːməʊˈsælpɪŋks/ hemossalpinge: derrame de sangue nas trompas de Falópio.

haemosiderosis /ˌhiːməʊsɪdəˈrəʊsɪs/ hemosiderose: distúrbio caracterizado por aumento de depósitos de ferro nos tecidos, provocando hemorragia e destruição dos glóbulos vermelhos.

haemostasis /ˌhiːməʊˈsteɪsɪs/ hemostase: cessação de sangramento ou interrupção do fluxo sanguíneo.

haemostat /ˈhiːməʊstæt/ hemostato: instrumento que estanca uma hemorragia por compressão do vaso sanguíneo, por exemplo, uma pinça.

haemostatic /ˌhiːməʊˈstætɪk/ hemostático: **1** que detém um sangramento. **2** um agente anti-hemorrágico.

haemothorax /ˌhiːməʊˈθɔːræks/ hemotórax: presença de sangue na cavidade pleural.

Hageman factor /ˈhɑːɡəmən ˌfæktə/ fator de Hageman. ⇨ **Factor XII**.

HAI abreviatura de **hospital acquired infection**.

hair cell /ˈheə sel/ células ciliadas: células receptoras do labirinto membranoso que exercem um papel nos impulsos nervosos auditivos. Nota: para conhecer outros termos relacionados às células ciliadas, veja os que começam com **pilo-, trich-, tricho-**.

hair follicle /ˈheə ˌfɒlɪk(ə)l/ folículo piloso: a bainha de células e os tecidos que envolvem a raiz do pêlo.

hairline fracture /ˈheəlaɪn ˌfræktʃə/ fratura capilar: fratura superficial em um osso, causada por ferimento.

hair papilla /heə pəˈpɪlə/ papila pilosa; papila do pêlo: estrutura na pele contendo capilares que nutrem a raiz do pêlo.

hairy cell leukaemia /ˌheəri sel luːˈkiːmiə/ leucemia de células pilosas: forma de leucemia em que os leucócitos apresentam projeções finas como pêlos.

half-life /ˈhɑːf laɪf/ meia-vida: **1** tempo necessário para que a metade da quantidade de uma droga administrada seja eliminada pelo organismo. **2** período necessário para que ocorra a desintegração da metade dos átomos de uma substância radioativa.

halitosis /ˌhælɪ'təʊsɪs/ halitose: condição caracterizada por respiração fétida. ☑ **bad breath**. Observação: a halitose tem várias causas, sendo as mais comuns: cáries dentárias, gengivite e indigestão. A respiração também pode ter um odor desagradável durante a menstruação, ou pode estar associada a certas doenças, tais como diabetes melito e uremia.

hallucinate /hə'lu:sɪneɪt/ desvairar: ter alucinações. *The patient was hallucinating.* / O paciente estava desvairando.

hallucination /həˌlu:sɪ'neɪʃ(ə)n/ alucinação: perturbação caracterizada por sensações auditivas ou visuais imaginárias, tão claramente como se elas fossem reais.

hallucinatory /hə'lu:sɪnət(ə)ri/ alucinatório: relativo a uma droga que causa alucinação.

hallucinogen /ˌhælu:'sɪnədʒən/ alucinógeno: que, ou o que provoca alucinações, por exemplo, maconha ou LSD.

hallucinogenic /həˌlu:sɪnə'dʒenɪk/ alucinogênico: referente a substância que provoca alucinações. *a hallucinogenic fungus* / um cogumelo alucinogênico.

hallux /'hæləks/ halus: o dedo grande do pé. Plural: **halluces**.

hallux valgus /ˌhæləks 'vælɡəs/ halus valgo: desvio do dedo grande do pé para fora, formando um joanete. Veja também **valgus**.

haloperidol /ˌhæləʊ'perɪdɒl/ haloperidol: um tranqüilizante usado no tratamento da esquizofrenia, mania e psicoses.

halo splint /'heɪləʊ splɪnt/ colar cervical: aparelho usado para imobilizar a cabeça e o pescoço, de modo que eles possam se recuperar de um ferimento ou cirurgia.

halothane /'hæləʊθeɪn/ halotano: anestésico de uso geral administrado por inalação.

hamamelis /ˌhæmə'mi:lɪs/ hamamélis. ⇨ **witch hazel**.

hamartoma /ˌhæmɑ:'təʊmə/ hamartoma: tumor benigno contendo uma mistura de elementos teciduais.

hamate /'heɪmeɪt/ hamato: um dos oito pequenos ossos carpais do punho, cujo formato é semelhante a um gancho. ☑ **hamate bone**; **unciform bone**. Veja ilustração em **Hand**, no Apêndice.

hamate bone /'heɪmeɪt bəʊn/ osso hamato. ⇨ **hamate**.

hammer /'hæmə/ martelo. ⇨ **malleus**.

hammer toe /'hæmə təʊ/ dedo em martelo: flexão permanente da articulação média de um dedo para baixo.

hamstring /'hæmstrɪŋ/ tendões do jarrete: tendões situados na região posterior do joelho, que ligam os músculos da coxa aos ossos da perna.

hamstring muscles /'hæmstrɪŋ ˌmʌs(ə)lz/ (plural) músculos posteriores da coxa: os músculos localizados na região posterior da coxa, que flexionam o joelho e estendem o músculo glúteo máximo.

hand /hænd/ **1** mão: porção distal do braço, órgão da preensão. *He injured his hand with a saw.* / Ele feriu a mão com um serrote. **2** passar para; entregar: passar alguma coisa para alguém. Observação: a mão é formada por 27 ossos: 14 falanges nos dedos, 5 metacarpais na região principal e 8 carpais no punho.

hand, foot and mouth disease /ˌhænd fʊt ən 'maʊθ dɪˌzi:z/ doença da mão-pé-e-boca: infecção viral leve em crianças, causando pequenas vesículas na pele.

handicap /'hændikæp/ **1** deficiência (física ou mental); desvantagem: condição física ou mental que impede alguém de exercer as atividades do dia-a-dia. **2** dificultar; prejudicar: impedir alguém de exercer as atividades do dia-a-dia.

> ...handicap – disadvantage for a given individual, resulting from an impairment or a disability, that limits or prevents the fulfilment of a role that is normal for that individual. / "...deficiência – desvantagem apresentada por uma determinada pessoa, resultante de deficiência ou incapacidade, que limita ou impede a realização de uma função que é comum para outra pessoa." (*WHO*)

handicapped /'hændikæpt/ deficiente: relativo à pessoa que tem uma deficiência (física ou mental).

Hand-Schüller Christian disease /ˌhænt ˌʃʊlə 'krɪʃən dɪˌzi:z/ doença de Hand-Schüller-Christian: distúrbio no metabolismo do colesterol em crianças pequenas, caracterizado por defeito nos ossos membranosos, principalmente do crânio, exoftalmia, diabetes insípido, e coloração amarelo-castanho na pele. (Descrita pela primeira vez em 1893, depois em 1915 por Schüller e em 1920 por Christian. Deve seu nome a Alfred Hand Jr. [1868–1949], pediatra americano; Artur Schüller [1874–1958], neurologista austríaco; e Henry Asbury Christian [1876–1951], professor de medicina em Harvard, EUA.)

hangnail /'hæŋneɪl/ unheiro: uma inflamação de pele em torno da unha.

hangover /'hæŋəʊvə/ ressaca (de bebedeira): condição resultante de ingestão excessiva de bebida alcoólica, caracterizada por desidratação devida à inibição do hormônio antidiurético nos rins. Os sintomas incluem dor de cabeça, incapacidade para se manter de pé e tremor nas mãos.

Hansen's bacillus /ˌhænsənz bə'sɪləs/ bacilo de Hansen: a bactéria causadora da lepra, *Mycobacterium leprae*. (Descoberta em 1873 por Gerhard Henrik Armauer Hansen [1841–1912], médico norueguês.)

Hansen's disease /'hænsənz dɪˌzi:z/ doença de Hansen. ⇨ **leprosy**.

haploid /'hæplɔɪd/ haplóide: relativo a uma célula, como um gameta, em que cada cromossomo ocorre apenas uma vez. Em humanos, o número haplóide de cromossomos é 23.

hapt- /hæpt/ papt(i/o)-: relativo ao senso do tato.

hapten /'hæpten/ hapteno: elemento constitutivo de um antígeno que, isoladamente, não é capaz de produzir anticorpos, mas que associado a uma proteína tem um poder antigênico.

hardening of the arteries /ˌhɑːd(ə)nɪŋ əv ðə ˈɑːtəriz/ aterosclerose. ⇨ **atherosclerosis**.

hard of hearing /ˌhɑːd əv ˈhɪərɪŋ/ com audição prejudicada. ⇨ **hearing-impaired**.

hard palate /ˌhɑːd ˈpælət/ palato duro: a região anterior do palato, situada entre os dentes superiores.

harelip /'heəlɪp/ lábio leporino. ⇨ **cleft lip**.

harm /hɑːm/ **1** dano; mal: dano ou lesão resultante de alguma coisa que se fez. ◊ *there's no harm in taking the tablets only for one week* / não há nenhum mal em tomar os comprimidos durante uma semana apenas. **2** causar dano; fazer mal: lesar ou ferir alguém ou alguma coisa. *Walking to work every day won't harm you.* / Caminhar até o trabalho todos os dias não vai causar-lhe dano.

harmful /'hɑːmf(ə)l/ danoso; prejudicial: que causa lesão ou dano. *Bright light can be harmful to your eyes.* / A luz brilhante pode ser prejudicial para os olhos. *Sudden violent exercise can be harmful.* / Exercícios físicos súbitos e violentos podem ser prejudiciais.

harmless /'hɑːmləs/ inócuo; inofensivo: que não causa lesão ou dano. *These herbal remedies are quite harmless.* / Estes remédios herbais são totalmente inofensivos.

Harrison's groove /ˌhærɪsənz gruːv/ sulcos de Harrison. ⇨ **Harrison's sulcus**.

Harrison's sulcus /ˌhærɪsənz ˈsʌlk(ə)s/ sulcos de Harrison: depressões horizontais situadas dos dois lados do tórax, que se desenvolvem em crianças com dificuldades respiratórias, principalmente em casos de raquitismo. Também chamados de **Harrison's groove**.

Harris's operation /'hærɪsɪz ɒpəˌreɪʃ(ə)n/ operação de Harris: remoção cirúrgica da próstata. (Deve seu nome a S. H. Harris [1880–1936], cirurgião australiano.)

Hartmann's solution /'hɑːtmənz səˌluːʃ(ə)n/ solução de Hartmann: solução química usada em equipo (de soro fisiológico) para repor líquidos corporais perdidos na desidratação, principalmente como resultado de gastroenterite infantil. (Descrita em 1932 por Alexis Frank Hartmann [1898–1964], pediatra de St. Louis, Missouri, EUA.)

Hartnup disease /'hɑːtnəp dɪˌziːz/ doença de Hartnup: doença hereditária que afeta o metabolismo de aminoácidos e provoca erupção cutânea semelhante à pelagra, além de retardo no desenvolvimento mental. (Deve seu nome à família na qual a doença foi verificada pela primeira vez.)

harvest /'hɑːvɪst/ colher: retirar algo, por exemplo, pedaços de tecido de um doador para enxerto, ou óvulos para fertilização *in vitro*.

Hashimoto's disease /hæʃɪˈməʊtəz dɪˌziːz/ doença de Hashimoto: tipo de bócio em mulheres de meia-idade com sensibilidade às secreções da própria glândula tireóide. Em casos extremos, há ocorrência de edema da face e coloração amarelada da pele. [Descrita em 1912 por Hakuru Hashimoto [1881–1934], cirurgião japonês.)

hashish /'hæʃɪʃ/ haxixe. Veja **cannabis**; **marijuana**.

haustrum /'hɔːstrəm/ haustro: prega transversal do cólon. Plural: **haustra**.

HAV abreviatura de **hepatitis A virus**.

Haversian canal /həˈvɜːʃ(ə)n kəˌnæl/ canais haversianos: canais que correm longitudinalmente no centro do sistema haversiano do osso compacto, contendo vasos sanguíneos e ductos linfáticos. (Descrito em 1689 por Clopton Havers [1657–1702], cirurgião inglês.)

Haversian system /həˈvɜːʃ(ə)n ˌsɪstəm/ sistema de Havers; sistema haversiano: canal circundado por osso compacto, constituído de uma série de camadas em forma de cilindro. ☑ **osteon**.

hayfever /'heɪˌfiːvə/ febre do feno: inflamação dos olhos e das membranas mucosas do nariz, causada por reação alérgica ao pólen das plantas. ☑ **pollinosis**. Veja também **allergic rhinitis**.

HAZ abreviatura de **health action zone**.

Hb abreviatura de **haemoglobin**.

HBV abreviatura de **hepatitis B virus**.

hCG abreviatura de **human chorionic gonadotrophin**.

HCHS abreviatura de **Health and Community Health Services**.

HCN abreviatura de **hydrocyanic acid**.

HCV abreviatura de **hepatitis C virus**.

HDL abreviatura de **high density lipoprotein**.

HEA abreviatura de **Health Education Authority**.

head /hed/ cabeça: **1** a extremidade superior do corpo, contendo olhos, nariz, boca, crânio etc. Nota: para conhecer outros termos relacionados à cabeça, veja os que começam com **cephal-**, **cephalo-**. **2** extremidade arredondada de um osso, que se encaixa em um soquete. *head of humerus* / cabeça do úmero. *head of femur* / cabeça do fêmur.

headache /'hedeɪk/ cefaléia: dor difusa na cabeça, causada por alterações da pressão sanguínea cerebral, e que atua sobre os nervos. ☑ **cephalalgia**. Observação: as cefaléias podem ser causadas por pancada na cabeça, deficiência de visão ou comida, vista cansada, sinusite ou muitos outros motivos. Cefaléias leves podem ser tratadas com analgésico e repouso. Cefaléias intensas e recorrentes podem ser causadas por doenças cerebrais graves ou distúrbios do sistema nervoso.

head cold /hed kəʊld/ coriza: afecção sem gravidade, caracterizada por obstrução nasal, excesso de secreção e espirros.

head louse /hed laʊs/ piolho de cabeça: pequeno inseto sugador, pertencente ao gênero *Pediculus*, que vive no couro cabeludo. ☑ **Pediculus capitis**. Plural: **head lice**.

H

Heaf test /'hi:f test/ teste de Heaf: teste com injeção cutânea de tuberculina, a fim de descobrir se uma pessoa é imune à tuberculose. Veja também **Mantoux test**.

heal /hi:l/ sarar; cicatrizar: **1** (ferida) voltar a um estado saudável. *After six weeks, her wound had still not healed.* / A ferida dela ainda não sarou, após terem passado seis semanas. *A minor cut will heal faster if it is left without a bandage.* / Um pequeno corte cicatrizará mais rápido se for mantido sem curativo. **2** fazer alguém ou alguma coisa melhorar.

healing /'hi:lɪŋ/ cura; cicatrização: o processo de tornar-se melhor. *a substance which will accelerate the healing process* / uma substância que vai acelerar o processo de cura.

healing by first intention /ˌhi:lɪŋ baɪ ˌfɜːst ɪn'tenʃən/ cura por primeira intenção: a cura de uma ferida em que os tecidos voltam a se formar rapidamente.

healing by second intention /ˌhi:lɪŋ baɪ ˌsekənd ɪn'tenʃən/ cura por segunda intenção: a cura de uma úlcera ou ferida infectada, que acontece devagar e pode deixar uma cicatriz permanente.

health /helθ/ saúde: o estado geral do corpo ou da mente. *He's in good health.* / Ele goza de boa saúde. *She had suffered from bad health for some years.* / Ela teve problemas de saúde durante alguns anos. *The council said that fumes from the factory were a danger to public health.* / O conselho afirmou que a fumaça da fábrica constituía um perigo para a saúde pública. *All cigarette packets carry a government health warning.* / Todos os maços de cigarro trazem uma advertência governamental (sobre os danos que o fumo pode causar à saúde).

health action zone /helθ 'ækʃən zəʊn/ assistência à saúde no bairro: no Reino Unido, uma área na qual o governo implementa ações específicas para corrigir irregularidades nos cuidados sanitários. Abreviatura: **HAZ**.

Health and Community Health Services /ˌhelθ ən kə'mju:nɪti ˌhelθ ˌsɜːvɪs/ Serviços de Saúde à Comunidade. Abreviatura: **HCHS**.

Health and Safety at Work Act /ˌhelθ ən ˌseɪfti ət 'wɜːk ˌækt/ Estatuto de Saúde e Segurança no Trabalho: Ato Parlamentar, no Reino Unido, que estabelece as normas de proteção à saúde dos trabalhadores nas empresas.

Health and Safety Executive /ˌhelθ ən 'seɪfti ɪɡ'zekjʊtɪv/ Organização de Saúde e Segurança: organização governamental, no Reino Unido, responsável pela supervisão dos serviços de saúde e segurança dos trabalhadores.

health authority /helθ ɔː'θɒrəti/ departamento (público) de saúde. Abreviatura: **HA**. Veja também **Strategic Health Authority**.

healthcare /'helθkeə/ serviço de saúde; cuidados sanitários: assistência geral à saúde, principalmente o uso de medidas para erradicar uma doença. ⇨ **primary care**.

healthcare assistant /'helθkeər ə,sɪstənt/ assistente de cuidados sanitários: pessoa que ajuda profissionais da área de saúde a cuidar de doentes ou pessoa física ou mentalmente dependente.

healthcare delivery /'helθkeə dɪ,lɪv(ə)ri/ provisão de serviços médicos: a provisão, pelos serviços de saúde, de cuidados e tratamentos médicos.

healthcare professional /'helθkeə prə,feʃ(ə)n(ə)l/ professional de saúde: pessoa qualificada que tem uma ocupação relacionada à saúde, por exemplo, enfermeira.

healthcare system /'helθkeə ,sɪstəm/ sistema de cuidados sanitários: qualquer organização de serviço de saúde.

health centre /'helθ ,sentə/ posto de saúde: repartição pública em que um grupo de médicos presta serviços de saúde à população.

health education /helθ ,edjʊ'keɪʃ(ə)n/ educação sanitária: processo de conscientização de crianças e adultos das providências que podem tomar para melhoria da saúde, por exemplo, praticar mais exercícios.

Health Education Authority /ˌhelθ ,edjʊ'keɪʃ(ə)n ɔː,θɒrɪti/ Departamento de Saúde Educacional: agência governamental de serviços de saúde, em Londres, destinada a conscientizar as pessoas acerca das providências que podem tomar para melhoria da saúde. Abreviatura: **HEA**.

health food /'helθ fu:d/ alimento saudável: alimento tido como bom para a saúde, principalmente aqueles que contêm ingredientes como cereais, frutas secas e nozes, e produtos sem aditivos químicos.

health inequality /helθ ,ɪnɪ'kwɒlɪti/ desigualdade de assistência social: as diferenças que existem na saúde entre as classes sociais, em que as pessoas mais pobres contam com menos assistência médica.

health information service /ˌhelθ ɪnfə'meɪʃ(ə)n ,sɜːvɪs/ serviço de informação sanitária: serviço nacional gratuito de informações, por telefone, sobre os cuidados com a saúde. Abreviatura: **HIS**.

health insurance /'helθ ɪn,ʃʊərəns/ seguro de saúde: seguro que paga os custos de tratamento de uma doença.

Health Maintenance Organization /ˌhelθ meɪntənəns ɔː,gənaɪ,zeɪʃ(ə)n/ Organização de Manutenção da Saúde. Abreviatura: **HMO**.

health promotion /'helθ prə,məʊʃ(ə)n/ promoção da saúde: a melhoria da saúde de uma determinada comunidade ou das pessoas em geral, por exemplo, por meio do ensino de cuidados sanitários, imunização e triagem.

Health Protection Agency /ˌhelθ prə'tekʃ(ə)n ,eɪdʒənsi/ Agência de Proteção à Saúde: organização nacional na Inglaterra e País de Gales, fundada em 2003, dedicada a proteger a saúde populacional, principalmente pela redução do impacto de doenças infecciosas, produtos químicos, substâncias tóxicas e radiação. Conta com *expertises* em saúde pública, doenças transmissíveis, planos de emergência, controle de infecções, envenenamentos e riscos causados por radiação.

health service /ˈhelθ ˌsɜːvɪs/ serviço de saúde: organização encarregada de oferecer serviços de saúde a uma determinada comunidade.

Health Service Commissioner /ˌhelθ ˌsɜːvɪs kəˈmɪʃ(ə)nə/ Comissário do Serviço de Saúde: funcionário que, no Reino Unido, investiga as queixas dos cidadãos sobre o Serviço Nacional de Saúde. ☑ **Health Service Ombudsman**.

health service manager /ˌhelθ ˌsɜːvɪs ˈmænɪ dʒə/ gerente dos serviços de saúde: funcionário responsável pela provisão de assistência médica local, por meio do gerenciamento de hospitais, clínicos gerais e serviços à comunidade.

Health Service Ombudsman /ˈhelθ ˌɒmbʊdz mən/ Ombudsman do Serviço de Saúde. ⇨ **Health Service Commissioner**.

...the HA told the Health Ombudsman that nursing staff and students now received full training in the use of the nursing process. / "o Departamento de Saúde informou ao Ombudsman que o *staff* e os estudantes de enfermagem recebiam treinamento completo sobre os procedimentos de enfermagem." (*Nursing Times*)

health service planning /ˌhelθ ˌsɜːvɪs ˈplænɪŋ/ planejamento dos serviços de saúde: planejamento das necessidades de cuidados sanitários de uma comunidade, com a ajuda da estatística, e recursos que podem ajudar essa comunidade.

health visitor /ˈhelθ ˌvɪzɪtə/ enfermeira visitadora: enfermeira registrada com qualificação em obstetrícia e medicina preventiva, que visita mães, crianças e pessoas doentes em casa, e que dá conselhos sobre os tratamentos.

...in the UK, the main screen is carried out by health visitors at 6–10 months. / "no Reino Unido, a triagem principal é feita, de 6 a 10 meses, por enfermeiras visitadoras." (*Lancet*)

healthy /ˈhelθi/ sadio; saudável: **1** em boas condições físicas. **2** que ajuda a ficar em boas condições físicas. *People are healthier than they were fifty years ago.* / As pessoas são mais saudáveis hoje do que há cinqüenta anos. *This town is the healthiest place in England.* / Esta cidade é o lugar mais saudável da Inglaterra. *If you eat a healthy diet and take plenty of exercise there is no reason why you should fall ill.* / Se a pessoa comer alimentos saudáveis e fizer bastante exercício, não há razão para ficar doente.

hear /hɪə/ ouvir; escutar: a capacidade de ouvir os sons. *I can't hear what you're saying.* / Eu não consigo ouvir o que você está dizendo.

hearing /ˈhɪərɪŋ/ audição: a capacidade de ouvir os sons, ou o sentido pelo qual os sons são percebidos. *His hearing is failing.* / A audição dele está piorando. Nota: para conhecer outros termos relacionados à audição, veja os que começam com **audi-, audio-**.

hearing aid /ˈhɪərɪŋ eɪd/ auxílio auditivo; aparelho auditivo: pequeno dispositivo eletrônico

que é adaptado ao ouvido para melhorar a audição por meio da amplificação dos sons.

hearing-impaired /ˌhɪərɪŋ ɪmˈpeəd/ surdo: que tem enfraquecimento ou perda da audição. Abreviatura: **HI**. ☑ **hard of hearing**.

hearing loss /ˈhɪərɪŋ lɒs/ perda de audição: perda parcial ou completa da capacidade de ouvir. Veja também **total deafness**.

heart /hɑːt/ coração: o órgão principal do corpo humano, cujos batimentos permitem a circulação do sangue. *The doctor listened to his heart.* / O médico auscultou-lhe o coração (auscultou o coração dele). *She has heart trouble.* / Ela tem problemas de coração. Nota: para conhecer outros termos relacionados ao coração, veja os que começam com **cardi-, cardio-**. Observação: o coração está situado ligeiramente à esquerda da região central do tórax, entre os pulmões. É dividido em duas partes por um septo vertical: cada metade se divide em uma câmara superior (o átrio) e uma câmara inferior (o ventrículo). As veias conduzem o sangue do corpo para o átrio direito; de lá, o sangue flui para o ventrículo direito e é bombeado para a artéria pulmonar, que o conduz aos pulmões. O sangue oxigenado volta dos pulmões para o átrio esquerdo, passa para o ventrículo esquerdo e, de lá, é bombeado para a aorta, a fim de fazer a circulação pelas artérias. O coração se expande e se contrai na força do músculo cardíaco (o miocárdio), sob os impulsos do nódulo sinoatrial. A média dos batimentos cardíacos é de setenta vezes por minuto. O batimento de contração, quando o coração bombeia o sangue para fora (a sístole), é seguido por uma diástole mais fraca, quando os músculos relaxam, para permitir que o sangue retorne ao coração. Em um ataque cardíaco, parte do miocárdio é privada de sangue, por causa de um coágulo em uma artéria coronária. Isso afeta o ritmo dos batimentos cardíacos e pode ser fatal. No bloqueio cardíaco, os impulsos do nódulo sinoatrial não conseguem alcançar os ventrículos da maneira correta.

heart attack /ˈhɑːt əˌtæk/ (informal) ataque cardíaco: condição em que o suprimento de sangue para o coração é reduzido, porque uma das artérias é bloqueada por um coágulo sanguíneo, causando isquemia e infarto do miocárdio.

heartbeat /ˈhɑːtbiːt/ batimento cardíaco: som regular feito pelo coração quando ele bombeia o sangue.

heart block /ˈhɑːt blɒk/ bloqueio cardíaco: diminuição da atividade cardíaca, em razão da interrupção completa ou parcial dos impulsos do nódulo sinoatrial para os ventrículos. Há impulsos prolongados (bloqueio de primeiro grau), alguns impulsos, mas não todos (bloqueio de segundo grau), ou nenhum impulso (bloqueio cardíaco completo), caso em que os ventrículos continuam a bater vagarosa e independentemente do nódulo sinoatrial.

heartburn /ˈhɑːtbɜːn/ (informal) azia; pirose: indigestão que provoca uma sensação de queimação que parte do estômago, sobe pelo esôfago até a boca, e é acompanhada de um líquido ácido.

heart bypass /hɑːt ˈbaɪpɑːs/ *bypass* coronariano; desvio coronariano. ⇨ **coronary artery bypass graft**. ☑ **heart bypass operation**.

heart bypass operation /hɑːt ˈbaɪpɑːs ˌɒpə reɪʃ(ə)n/ bypass coronariano. ⇨ **heart bypass**.

heart disease /ˈhɑːt dɪˌziːz/ doença cardíaca; cardiopatia: qualquer doença do coração, em geral.

heart failure /ˈhɑːt ˌfeɪljə/ insuficiência cardíaca: deficiência do coração em atender as necessidades hemodinâmicas do organismo. Pode afetar o lado direito ou esquerdo do coração, ou os dois lados. ☑ **cardiac failure**. Veja também **congestive heart failure**.

heart-lung machine /hɑːt ˈlʌŋ məˌʃiːn/ coração-pulmão artificial: máquina usada para bombear o sangue através do organismo e manter o suprimento de oxigênio para o sangue durante uma operação cardíaca.

heart-lung transplant /hɑːt ˈlʌŋ ˌtrænsplɑːnt/ transplante coração-pulmão: cirurgia para transplante de coração e pulmão.

heart massage /ˈhɑːt ˌmæsɑːʒ/ massagem cardíaca: método de compressão manual rítmica dos ossos do tórax, para restabelecer os batimentos cardíacos.

heart murmur /ˈhɑːt ˌmɜːmə/ sopro cardíaco: um som incomum de turbulência do fluxo cardíaco, algumas vezes resultante de mau funcionamento da válvula cardíaca. ☑ **cardiac murmur**.

heart rate /ˈhɑːt reɪt/ freqüência cardíaca: número de vezes que o coração bate por minuto.

heart sounds /ˈhɑːt saʊndz/ (plural) bulhas cardíacas: dois sons diferentes verificados nos batimentos cardíacos. Veja também **lubb-dupp**.

heart stoppage /ˈhɑːt ˌstɒpɪdʒ/ parada cardíaca: situação em que o coração pára de bater.

heart surgeon /ˈhɑːt ˌsɜːdʒən/ cirurgião cardíaco: cirurgião especializado em operações cardíacas.

heart surgery /ˈhɑːt ˌsɜːdʒəri/ cirurgia cardíaca: cirurgia para curar um distúrbio cardíaco.

heart tamponade /hɑːt tæmpəˈneɪd/ tamponamento cardíaco. ⇨ **cardiac tamponade**.

heart transplant /ˈhɑːt ˌtrænsplɑːnt/ transplante cardíaco: cirurgia para transplante de coração.

heat cramp /ˈhiːt kræmp/ mialgia térmica; cãibra por calor: espasmo muscular relacionado à deficiência de sal no organismo, observado em indivíduos que trabalham sob calor intenso.

heat exhaustion /ˈhiːt ɪɡˌzɔːstʃ(ə)n/ exaustão de calor: colapso causado por exercícios físicos sob calor intenso, envolvendo perda de sal e líquidos orgânicos.

heat rash /ˈhiːt ræʃ/ exantema por calor; brotoeja. ⇨ **miliaria**.

heat spots /ˈhiːt spɒts/ (plural) manchas por calor: pequenas manchas vermelhas que se desenvolvem na pele sob condições climáticas muito quentes.

heatstroke /ˈhiːtstrəʊk/ insolação: condição em que a pele se torna quente e a temperatura corporal, muito elevada; algumas vezes, ocorrem dores de cabeça, cólicas estomacais e perda de consciência.

heat therapy /ˈhiːt ˌθerəpi/ terapia térmica. ⇨ **thermotherapy**. ☑ **heat treatment**.

heat treatment /ˈhiːt ˌtriːtmənt/ tratamento térmico. ⇨ **heat therapy**.

heavy period /ˌhevi ˈpɪəriəd/ dismenorréia: período mensal em que a mulher perde uma quantidade anormal de sangue. É freqüentemente doloroso e, algumas vezes, indica problemas de saúde, tais como tumor fibróide ou hipotireoidismo.

hebephrenia /ˌhiːbɪˈfriːniə/ hebefrenia: distúrbios mentais, normalmente na puberdade, com alucinações, ilusões e deterioração da personalidade. A fala se torna rápida e a pessoa geralmente age de maneira estranha. ☑ **hebephrenic schizophrenia**.

hebephrenic schizophrenia /ˌhiːbɪˈfriːnɪk ˌskɪtsəʊˈfriːniə/ esquizofrenia hebefrênica. ⇨ **hebephrenia**.

Heberden's node /ˌhiːbədənz ˈnəʊd/ nódulo de Heberden: pequena proliferação óssea nas articulações dos dedos, observada na osteoartrite. (Descrito em 1802. Deve seu nome a William Heberden [1710–1801], médico britânico, especialista em doenças reumáticas.).

hebetude /ˈhebɪtjuːd/ hebetude: um embotamento dos sentidos durante febre aguda, com incapacidade de responder a estímulos e desinteresse pelo ambiente circundante.

hectic /ˈhektɪk/ héctico: que ocorre com regularidade.

hectic fever /ˌhektɪk ˈfiːvə/ febre héctica: uma febre contínua, diária, em pessoas acometidas de tuberculose.

heel /hiːl/ calcanhar: a parte posterior do pé.

heel bone /ˈhiːl bəʊn/ osso calcâneo: o osso que forma o calcanhar, situado abaixo do talo. ☑ **calcaneus**.

Hegar's sign /ˈheɪɡəz ˌsaɪn/ sinal de Hegar: método de detecção da gravidez pelo exame bimanual (inserção do dedo na vagina e compressão da cavidade pélvica) para detectar o amolecimento do colo do útero. (O nome se deve a Alfred Hegar [1830–1914], professor de obstetrícia e ginecologia em Freiburg, Alemanha.)

Heimlich manoeuvre /ˈhaɪmlɪk məˌnuːvə/ manobra de Heimlich: procedimento médico emergencial para evitar a morte por asfixia, que consiste em enlaçar a vítima por trás, colocar um punho sobre o abdome e prendê-lo com a outra mão, com uma compressão violenta do epigástrio e um impulso rápido para cima, provocando a expulsão do corpo estranho da laringe.

helco- /ˈhelkəʊ/ helc(o)-: relativo a uma úlcera.

helcoplasty /ˈhelkəʊplæsti/ helcoplastia: enxerto de pele sobre uma úlcera, a fim de acelerar a sua cicatrização.

Helicobacter pylori /ˌhelɪkəʊbæktə paɪˈlɔːriː/ *Helicobacter pylori:* bactéria encontrada nas secreções gástricas, fortemente associada a úlceras duodenais e carcinoma gástrico.

helicopter-based emergency medical services /ˌhelɪkɒptə beɪst ɪˌmɜːdʒənsi ˈmedɪk(ə)l ˌsɜːvɪsɪz/ (plural) serviços médicos emergenciais por helicóptero: atendimento paramédico em casos de acidente ou emergência médica em que a equipe de resgate utiliza helicóptero para o transporte dos pacientes para o hospital ou unidade médica mais próxima. Abreviatura: HEMS.

helio- /hiːliəʊ/ helio(o)-: relativo ao sol.

heliotherapy /ˌhiːliəʊˈθerəpi/ helioterapia: tratamento de certas doenças que se baseia na incidência da luz solar sobre a pele.

helium /ˈhiːliəm/ hélio: um gás muito leve, usado em combinação com o oxigênio, principalmente para aliviar a asma ou doenças causadas por descompressão. Símbolo químico: **He**.

helix /ˈhiːlɪks/ hélice: a borda da orelha.

Heller's operation /ˈheləz ɒpəˌreɪʃ(ə)n/ operação de Heller. ⇨ **cardiomyotomy**. (Deve seu nome a E. Heller [1877–1964], cirurgião alemão.)

Heller's test /ˈheləz test/ teste de Heller: teste para detecção de proteína na urina. (Deve seu nome a Johann Florenz Heller [1813–1871], médico austríaco.)

Hellin's law /ˌhelɪnz ˈlɔː/ lei de Hellin: um achado que afirma que os gêmeos devem ocorrer uma vez em noventa nascimentos, trigêmeos uma vez em 8.100, quádruplos uma vez em 729.000, e quíntuplos, uma vez em 65.610.000. Nota: desde a década de 1960, estes números têm mudado, devido aos tratamentos de fertilização. Os gêmeos agora ocorrem uma vez em apenas trinta e oito nascimentos.

HELLP syndrome /ˈhelp ˌsɪndrəʊm/ abreviatura de **haemolysis-elevated liver enzymes – low platelet count syndrome**.

helminth /ˈhelmɪnθ/ helminto: parasita intestinal, por exemplo, tênia ou fascíola.

helminthiasis /ˌhelmɪnˈθaɪəsɪs/ helmintíase: infestação com vermes intestinais.

heloma /hɪˈləʊmə/ heloma. ⇨ **corn**.

helper /ˈhelpə/ ajudante: pessoa que ajuda outra a fazer alguma coisa, principalmente sem receber pagamento por isso.

helper T-cell /ˌhelpə ˈtiː sel/ célula T ajudante: tipo de leucócito que estimula a produção de células que destroem antígenos.

hem- /hiːm/ ⇨ **haem-**.

hemeralopia /ˌhemərəˈləʊpiə/ hemeralopia: condição congênita caracterizada por visão deficiente na luz forte e capacidade de enxergar melhor com luz fraca. ☑ **day blindness**.

hemi- /hemi/ hemi-: relativo à metade.

hemianopia /ˌhemiəˈnəʊpiə/ hemianopia: um estado de cegueira parcial em que a pessoa tem apenas a metade do campo de visão em cada olho.

hemiarthroplasty /ˌhemiˈɑːθrəʊplæsti/ hemiartroplastia: cirurgia na qual uma articulação é substituída por uma substância artificial, geralmente de metal.

hemiatrophy /ˌhemiˈætrəfɪ/ hemiatrofia: atrofia de metade do corpo ou de um órgão.

hemiballismus /ˌhemibəˈlɪzməs/ hemibalismo: movimentos involuntários e violentos, limitados a um lado do corpo, associados a doença dos gânglios basais.

hemicolectomy /ˌhemikəˈlektəmi/ hemicolectomia: remoção cirúrgica de parte do cólon.

hemicrania /ˌhemiˈkreɪniə/ hemicrânia: dor, como a enxaqueca, em um lado da cabeça.

hemimelia /ˌhemiˈmiːliə/ hemimelia: malformação caracterizada pela ausência de toda a extremidade de um membro, ou de parte dela.

hemiparesis /ˌhemipəˈriːsɪs/ hemiparese: paralisia leve dos músculos de uma metade do corpo.

hemiplegia /ˌhemiˈpliːdʒə/ hemiplegia: paralisia grave que afeta uma metade do corpo, por causa de lesão do sistema nervoso central. Compare com **diplegia**.

hemiplegic /ˌhemiˈpliːdʒɪk/ hemiplégico: relativo à paralisia de uma metade do corpo.

hemisphere /ˈhemɪsfɪə/ hemisfério: a metade de uma esfera.

hemo- /hiːməʊ/ ⇨ **haemo-**.

HEMS /hemz/ (plural) serviços médicos emergenciais por helicóptero. Abreviatura de **helicopter-based emergency medical services**.

Henderson's model /ˈhendəs(ə)nz ˌmɒd(ə)l/ modelo de Henderson: modelo de relacionamento enfermeira-paciente, baseado em catorze princípios de enfermagem. A idéia principal é a de que "a enfermeira fará para os outros o que estes fariam para si mesmos se tivessem a força, o desejo e o conhecimento ...mas ajudará o paciente a se tornar independente o mais cedo possível".

Henle's loop /ˌhenliːz ˈluːp/ alça de Henle. ⇨ **loop of Henle**. (Descrita em 1862 por Friedrich Gustav Jakob Henle [1809–1885], professor de anatomia em Göttingen, Alemanha.)

Henoch-Schönlein purpura /ˌhenək ʃɜːnlaɪn ˈpɜːpjʊrə/ púrpura de Henoch-Schönlein: condição caracterizada por inflamação e hemorragia dos vasos sanguíneos, causando uma erupção cutânea púrpura, além de dores no estômago e articulações, vômitos e diarréia. Ocorre freqüentemente após infecções das vias aéreas superiores, principalmente em crianças entre dois e onze anos de idade. ☑ **Henoch's purpura**. (Descrita em 1832 por Schönlein com e em 1865 por Henoch. Eduard Heinrich Henoch [1820–1910], professor de pediatria em Berlim, Alemanha; Johannes

Lukas Schönlein [1793–1864], médico e patologista em Würzburg, Zurique e Berlim.)

Henoch's purpura /ˌhenək:z ˈpɜ:pjurə/ púrpura de Henoch. ⇨ **Henoch-Schönlein purpura**.

hep /hep/ (informal) hep. O mesmo de **hepatitis**.

heparin /ˈhepərɪn/ heparina: substância anticoagulante encontrada no fígado e pulmões; é também produzida artificialmente para uso no tratamento da trombose.

hepat- /hɪpæt/ ⇨ **hepato-**.

hepatalgia /ˌhepəˈtældʒə/ hepatalgia: dor hepática.

hepatectomy /ˌhepəˈtektəmi/ hepatectomia: remoção cirúrgica de parte do fígado.

hepatic /hɪˈpætɪk/ hepático: relativo ao fígado.

hepatic artery /hɪˌpætɪk ˈɑːtəri/ artéria hepática: artéria que leva sangue para o fígado.

hepatic cell /hɪˌpætɪk ˈsel/ célula hepática: célula epitelial dos ácidos hepáticos.

hepatic duct /hɪˌpætɪk ˈdʌkt/ ducto hepático: canal que liga o fígado ao ducto biliar e que se esvazia no duodeno.

hepatic flexure /hɪˌpætɪk ˈflekʃə/ flexão hepática: curvatura no intestino, na qual o cólon ascendente torna-se o cólon transverso.

hepaticostomy /hɪˌpætɪˈkɒstəmi/ hepaticostomia: cirurgia para estabelecimento de uma abertura no ducto hepático.

hepatic portal system /hɪˌpætɪk ˈpɔːt(ə)l ˌsɪstəm/ sistema portal hepático: um ajuntamento de veias que formam a veia portal, conduzindo o sangue do pâncreas, baço, vesícula biliar e canal alimentar (parte abdominal) para o fígado.

hepatic vein /hɪˌpætɪk ˈveɪn/ veia hepática: veia que leva o sangue do fígado para a veia cava inferior.

hepatis /ˈhepətɪs/ hepática. Veja **porta hepatis**.

hepatitis /ˌhepəˈtaɪtɪs/ hepatite: inflamação do fígado, causada por doença ou medicamentos. ☑ **hep**. Observação: a hepatite infecciosa e a hepatite sérica são causadas por diferentes vírus, chamados A e B, sendo que um não confere imunidade contra o ataque do outro. A hepatite A é menos grave do que a B, que pode causar insuficiência hepática e morte. Outros vírus da hepatite foram identificados.

hepatitis A /ˌhepətaɪtɪs ˈeɪ/ hepatite A: forma relativamente leve de hepatite viral, que é transmitida por alimento contaminado e água.

hepatitis A virus /ˌhepətaɪtɪs ˈeɪ ˌvaɪrəs/ vírus da hepatite B: o vírus que causa a hepatite B. Abreviatura: **HAV**.

hepatitis B /ˌhepətaɪtɪs ˈbiː/ hepatite B. ⇨ **serum hepatitis**.

hepatitis B virus /ˌhepətaɪtɪs ˈbiː ˌvaɪrəs/ vírus da hepatite B: o vírus que causa a hepatite B. Abreviatura: **HBV**.

hepatitis C /ˌhepətaɪtɪs siː/ hepatite C: forma de hepatite viral que é transmitida pelo contato com sangue infectado ou outros líquidos corporais; freqüentemente, é assintomática. Nota:

antigamente, era chamada de **non-A** ou **non-B hepatitis**.

hepatitis C virus /ˌhepətaɪtɪs si ˌvaɪrəs/ vírus da hepatite C: o vírus que causa a hepatite C. Abreviatura: **HCV**.

hepatitis delta /ˌhepəˌtaɪtɪs ˈdeltə/ hepatite delta. ⇨ **delta hepatitis**.

hepato- /hepətəʊ/ hepat(o)-: relativo ao fígado. Nota: antes de vogais usa-se **hepat-**.

hepatoblastoma /ˌhepətəʊblæˈstəʊmə/ hepatoblastoma: tumor maligno do fígado, constituído de células do tipo epitelial, freqüentemente com áreas de cartilagem imatura e osso embriônico.

hepatocele /ˈhepətəʊsiːl/ hepatocele: hérnia do fígado através do diafragma ou da parede abdominal.

hepatocellular /ˌhepətəʊˈseljʊlə/ hepatocelular: relativo às células hepáticas.

hepatocellular jaundice /ˌhepətəʊˌseljʊlə ˈdʒɔːndɪs/ icterícia hepatocelular: icterícia causada por lesão ou doença das células hepáticas.

hepatocirrhosis /ˌhepətəʊsɪˈrəʊsɪs/ hepatocirrose. ⇨ **cirrhosis**.

hepatocolic ligament /ˌhepətəʊkɒlɪk ˈlɪgəmənt/ ligamento hepatocólico: extensão do ligamento da vesícula biliar com o cólon transverso.

hepatocyte /ˈhepətəʊsaɪt, hɪˈpætəsaɪt/ hepatócito: célula hepática que sintetiza e armazena substâncias, além de produzir bile.

hepatogenous /ˌhepəˈtɒdʒənəs/ hepatogênico: relativo ou originado no fígado. *hepatogenous jaundice* / icterícia hepatogênica.

hepatolenticular degeneration /ˌhepətəʊ lenˌtɪkjʊlə dɪˌdʒenəˈreɪʃ(ə)n/ degeneração hepatolenticular. ⇨ **Wilson's disease**.

hepatoma /ˌhepəˈtəʊmə/ hepatoma: tumor maligno do fígado, formado por células maduras e encontrado principalmente na cirrose.

hepatomegaly /ˌhepətəʊˈmegəli/ hepatomegalia: um aumento muito grande no tamanho do fígado.

hepatosplenomegaly /ˌhepətəʊˌspliːnəʊˈmegəli/ hepatoesplenomegalia: aumento tanto do fígado quanto do baço, que ocorre em casos de leucemia ou linfoma.

hepatotoxic /ˌhepətəʊˈtɒksɪk/ hepatotóxico: que destrói as células hepáticas.

herald patch /ˈherəld ˌpætʃ/ placa-mestra; mancha precursora: pequena mancha que antecede a erupção geral na pitiríase rósea.

herb /hɜːb/ erva: planta que pode ser usada na fabricação de remédios.

herbal /ˈhɜːb(ə)l/ herbáceo: relacionado às plantas que são usadas como remédio.

herbalism /ˈhɜːbəlɪz(ə)m/ medicina herbácea. Veja **herbal medicine**.

herbalist /ˈhɜːbəlɪst/ herbalista: pessoa versada em ervas, que trata doenças ou distúrbios com extratos de plantas.

herbal medicine /ˌhɜːb(ə)l ˈmed(ə)sɪn/ medicina herbácea: sistema de tratamento médico que envolve o uso de extratos de plantas.

herbal remedy /ˌhɜːb(ə)l ˈremədi/ remédio herbáceo: remédio feito de plantas, por exemplo, uma infusão de folhas secas ou flores em água quente.

herd immunity /ˈhɜːd ɪˌmjuːnɪti/ imunidade de grupo; imunidade de rebanho: o fato de um grupo de pessoas ser resistente a uma doença específica, porque muitos indivíduos do grupo são imunes, ou foram imunizados, contra os microorganismos causadores da doença.

hereditary /həˈredɪt(ə)ri/ hereditário: que é transmitido, por meio dos genes, de pais para filhos.

hereditary spherocytosis /həˈredɪt(ə)ri ˌsfɪə rəʊsaɪˈtəʊsɪs/ esferocitose hereditária. ⇨ **acholuric jaundice**.

heredity /həˈredɪti/ hereditariedade: processo pelo qual as características geneticamente controladas são transmitidas de pais para filhos.

Hering-Breuer reflexes /ˌherɪŋ ˈbrɔɪə ˌriːflek sɪz/ (plural) reflexos de Hering-Breuer: os reflexos que mantêm o ritmo normal da insuflação e desinsuflação pulmonares.

hermaphrodite /hɜːˈmæfrədaɪt/ hermafrodita: indivíduo com características tanto masculinas quanto femininas. ☑ **androgynous**.

hermaphroditism /hɜːˈmæfrədaɪtɪz(ə)m/ hermafrodismo; hermafroditismo: condição em que o indivíduo apresenta, ao mesmo tempo, características do sexo masculino e feminino.

hernia /ˈhɜːniə/ hérnia: extravasamento de parte de um órgão através de uma abertura, ou enfraquecimento da parede que circunda um órgão. ☑ **rupture**. ◊ **reduction of a hernia**: redução de uma hérnia: recolocação de uma hérnia na sua posição correta.

hernial /ˈhɜːniəl/ herniário: relativo a uma hérnia.

hernial sac /ˌhɜːniəl ˈsæk/ saco herniário: bolsa peritoneal que envolve uma hérnia.

herniated /ˈhɜːnieɪtɪd/ herniado: relativo ao órgão no qual se formou uma hérnia.

herniated disc /ˌhɜːnieɪtɪd ˈdɪsk/ disco herniado. Veja **displaced intervertebral disc**.

herniation /ˌhɜːniˈeɪʃ(ə)n/ herniação: o desenvolvimento de uma hérnia.

hernio- /hɜːniəʊ/ herni(o)-: relativo a uma hérnia.

hernioplasty /ˈhɜːniəʊˌplæsti/ hernioplastia: cirurgia para reparar uma hérnia.

herniorrhaphy /ˌhɜːniˈɔːrəfi/ herniorrafia: cirurgia para remover uma hérnia e consolidar a parede do órgão.

herniotomy /ˌhɜːniˈɒtəmi/ herniotomia: cirurgia para remoção de um saco herniário.

heroin /ˈherəʊɪn/ heroína: narcótico, na forma de um pó branco, derivado da morfina.

herpangina /ˌhɜːpænˈdʒaɪnə/ herpangina: doença infecciosa que ocorre em crianças, com inflamação das amígdalas e parte posterior da garganta, causada pelo coxsackievírus.

herpes /ˈhɜːpiːz/ herpes: erupções de vesículas na pele ou mucosa, causadas por um vírus.

herpes simplex /ˌhɜːpiːz ˈsɪmpleks/ herpes simples: **1** (Tipo I) um vírus que produz bolhas dolorosas de água, chamadas de herpes simples, normalmente nos lábios. **2** (Tipo II) doença sexualmente transmissível caracterizada pela formação de vesículas na região genital. ☑ **genital herpes**.

herpesvirus /ˈhɜːpiːzˌvaɪrəs/ herpes-vírus: um de um grupo de vírus que causam herpes e varicela (herpes-vírus do Tipo I), e herpes genital (herpes-vírus do Tipo II). Observação: uma vez que um mesmo vírus causa herpes e varicela, qualquer pessoa que teve varicela quando criança carrega um herpes-vírus latente na corrente sanguínea e, mais tarde, pode desenvolver herpes-zoster. Hoje, sabe-se que o herpes-vírus desencadeia o aparecimento de herpes-zoster, embora também se saiba que um adulto com herpes-zoster pode infectar uma criança com varicela.

herpes zoster /ˌhɜːpiːz ˈzɒstə/ herpes-zoster; zoster; cobreiro: doença infecciosa com comprometimento dos gânglios sensitivos e suas inervações, caracterizada por dor nevrálgica ao longo do nervo afetado. A doença causa uma erupção unilateral de vesículas na pele, principalmente no abdome, costas ou face. ☑ **shingles; zona**.

herpetic /hɜːˈpetɪk/ herpético: relacionado ao herpes.

herpetiformis /hɜːˌpetɪˈfɔːmɪs/ herpetiforme. Veja **dermatitis herpetiformis**.

hetero- /hetərəʊ/ heter(o)-: forma combinante que significa diferente, outro.

heterochromia /ˌhetərəʊˈkrəʊmiə/ heterocromia: condição na qual as duas íris têm cores diferentes.

heterogametic /ˌhetərəʊgəˈmetɪk/ heterogamético: que produz gametas com cromossomos sexuais diferentes, como no sexo masculino humano.

heterogeneous[1] /ˌhetərəʊˈdʒiːniəs/ heterogêneo: que tem características ou qualidades diferentes. Nota: não confunda com **heterogenous**[2].

heterogenous[2] /ˌhetəˈrɒdʒɪnəs/ heterogênico: que tem origem diferente. Nota: não confunda com **heterogeneous**[1].

heterograft /ˈhetərəʊɡrɑːft/ heteroenxerto: enxerto de um tecido ou órgão de um doador para um receptor de diferente espécie. ☑ **heteroplasty; xenograft**. Compare com **homograft**.

heterologous /hetəˈrɒləɡʌs/ heterólogo: de um tipo diferente.

heterophoria /ˌhetərəʊˈfɔːriə/ heteroforia: estrabismo latente, evidenciado quando um olho é coberto.

heteroplasty /ˈhetərəʊplæsti/ heteroplastia. ⇨ **heterograft**.

heteropsia /ˌhetəˈrɒpsiə/ heteropsia: condição caracterizada por visão desigual nos dois olhos.

heterosexual /ˌhetərəʊˈsekʃuəl/ heterossexual: 1 que, ou aquele que sente atração por pessoas do sexo oposto. 2 referente ao relacionamento entre homens e mulheres. Compare com **bisexual**; **homosexual**.

heterosexuality /ˌhetərəʊsekʃuˈælɪti/ heterossexualidade: atração sexual por pessoas do sexo oposto.

heterotopia /ˌhetərəʊˈtəʊpiə/ heterotopia: 1 deslocamento de um órgão de sua posição normal, ou malformação de um órgão. 2 desenvolvimento de tecido em qualquer parte onde normalmente não é encontrado.

heterotropia /hetərəʊˈtrəʊpiə/ heterotropia. ⇨ **strabismus**.

heterozygous /ˌhetərəʊˈzaɪgəs/ heterozigótico: que possui genes diferentes em um lócus ou mais. Compare com **homozygous**.

hex- /heks/ ⇨ **hexa-**.

hexa- /heksə/ hex(a)-: forma combinante que significa seis. Nota: antes de vogais usa-se **hex-**.

HFEA abreviatura de **Human Fertilization and Embryology Authority**.

hGH abreviatura de **human growth hormone**.

HGPRT abreviatura de **hypoxanthine guanine phosphoribosyl transferase**.

HI abreviatura de **hearing-impaired**.

hiatus /haɪˈeɪtəs/ hiato: uma abertura ou orifício.

hiatus hernia /haɪˌeɪtəs ˈhɜːniə/ hérnia de hiato: hérnia de uma parte do estômago através de abertura do músculo diafragmático esofágico. Usa-se também **hiatal hernia**.

Hib /hɪb/ abreviatura de **Haemophilus influenzae type B**.

Hib vaccine /ˈhɪb ˌvæksiːn/ vacina Hib: vacina usada como agente de imunização contra a bactéria *Haemophilius influenzae,* causadora de meningite.

hiccough /ˈhɪkɒf/ soluço. ⇨ **hiccup**.

hiccup /ˈhɪkʌp/ 1 soluço: uma contração do diafragma, que causa uma inalação súbita de ar e fechamento da glote, provocando um ruído rouco característico. *She had an attack of hiccups* or *had a hiccuping attack* or *got the hiccups.* / Ela teve um ataque de soluços *ou* ela teve soluços. ☑ **hiccough**; **singultus**. 2 soluçar: ter soluços. Observação: têm sido sugeridas muitas soluções para curar o soluço. Recomenda-se beber água, segurar a respiração e contar, respirar dentro de um saco de papel, mas o tratamento principal é tentar fazer a pessoa pensar em alguma coisa diferente.

Hickman catheter /ˌhɪkmən ˈkæθɪtə/ cateter de Hickman: tubo flexível introduzido na veia grande, acima do coração, para facilitar a administração de medicamentos e a coleta de sangue. ☑ **Hickman line**.

Hickman line /ˌhɪkmən ˈlaɪn/ linha de Hickman. ⇨ **Hickman catheter**.

hidr- /haɪdr/ hidr(o)-: relativo à transpiração.

hidradenitis /ˌhaɪdrədəˈnaɪtɪs/ hidradenite: inflamação das glândulas sudoríparas.

hidrosis /haɪˈdrəʊsɪs/ hidrose: a excreção do suor, principalmente quando excessiva.

hidrotic /haɪˈdrɒtɪk/ hidrótico: 1 relativo à sudorese. 2 substância que causa sudorese.

Higginson's syringe /ˈhɪgɪnsənz sɪˌrɪnʒ/ seringa de Higginson: seringa com bulbo de borracha no centro, que permite o fluxo direcionado de líquido, usada principalmente em enemas. (Deve seu nome a Alfred Higginson [1808–1884], cirurgião britânico.)

high-altitude sickness /haɪ ˈæltɪtjuːd ˌsɪknəs/ doença de altitude elevada; náusea das alturas. ⇨ **altitude sickness**.

high blood pressure /ˌhaɪ ˈblʌd ˌpreʃə/ hipertensão arterial. ⇨ **hypertension**.

high-calorie diet /haɪ ˌkæləri ˈdaɪət/ dieta hipercalórica: dieta que contém mais de 4.000 calorias por dia.

high density lipoprotein /haɪ ˌdensɪti lɪpəʊˈprəʊtin/ lipoproteína de alta densidade: lipoproteína com baixo teor de colesterol. Abreviatura: **HDL**.

high-energy food /ˌhaɪ ˌenədʒi ˈfuːd/ alimento de alta energia: alimentos como gorduras ou carboidratos, com alto teor de calorias, e que liberam muita energia quando processados no organismo.

high-fibre diet /haɪ ˌfaɪbə ˈdaɪət/ dieta rica em fibras: dieta que contém grande quantidade de cereais, nozes, frutas e vegetais.

high-protein diet /haɪ ˌprəʊtiːn ˈdaɪət/ dieta hiperprotéica: dieta contendo principalmente alimentos ricos em proteínas e com baixo teor de carboidratos e gorduras saturadas. Costuma ser usada para redução do peso.

high-risk /ˌhaɪ ˈrɪsk/ de alto risco: relativo à pessoa com grande probabilidade de contrair uma infecção ou desenvolver uma doença, por exemplo, câncer, ou de sofrer um acidente.

high-risk patient /ˌhaɪ rɪsk ˈpeɪʃ(ə)nt/ paciente de alto risco: paciente sob alto risco de contrair uma infecção ou desenvolver uma doença.

hilar /ˈhaɪlə/ hilar: relativo ao hilo.

hilum /ˈhaɪləm/ hilo: depressão de um órgão, por exemplo, rim ou pulmão, no qual penetram seus vasos sanguíneos e fibras nervosas. Plural: **hila**.

hindbrain /ˈhaɪndbreɪn/ metencéfalo: no embrião, parte do cérebro que forma a medula oblonga, a ponte e o cerebelo.

hindgut /ˈhaɪndgʌt/ intestino posterior: estrutura embrionária que dá origem ao cólon e reto.

hinge joint /ˈhɪndʒ dʒɔɪnt/ articulação dobradiça; gínglimo. ⇨ **ginglymus**.

hip /hɪp/ quadril: articulação de bola e soquete entre a cabeça do fêmur e o acetábulo do osso do quadril.

hip bone /ˈhɪp bəʊn/ osso ilíaco: osso formado pela fusão do íleo, ísquio e púbis, constituindo parte da cintura pélvica. ☑ **innominate bone**.

hip fracture /'hɪp ˌfræktʃə/ fratura do quadril: fratura do osso esferoidal do quadril ligado ao fêmur.

hip girdle /'hɪp ˌgɜːd(ə)l/ cintura pélvica. ⇨ **pelvic girdle**.

hip joint /'hɪp dʒɔɪnt/ articulação coxo-femoral: articulação entre a cabeça do fêmur e o acetábulo do osso do quadril. Veja ilustração em **Pelvis**, no Apêndice.

Hippel-Lindau /ˌhɪpəl 'lɪndau/ Hippel-Lindau. Veja **von Hippel-Lindau syndrome**.

hippocampal formation /ˌhɪpəkæmp(ə)l fɔː'meɪʃ(ə)n/ formação hipocampal: camadas sinuosas do córtex cerebral.

hippocampus /ˌhɪpəʊ'kæmpəs/ hipocampo: elevação convoluta de substância cinzenta que se projeta no ventrículo lateral cerebral.

Hippocratic oath /ˌhɪpəkrætɪk 'əʊθ/ Juramento de Hipócrates: um código de ética que deve ser observado pelos médicos, segundo o qual eles tratarão os pacientes de maneira igual, colocarão o bem-estar dos pacientes em primeiro lugar e não discutirão abertamente os detalhes do histórico dos mesmos.

hippus /'hɪpəs/ hipo: movimentos rápidos e alternados de contração e dilatação da pupila.

hip replacement /'hɪp rɪˌpleɪsmənt/ artroplastia do quadril: cirurgia destinada a substituir a articulação em bola e soquete do quadril por uma articulação artificial.

Hirschsprung's disease /'hɪəʃsprʌŋz dɪˌziːz/ doença de Hirschsprung: condição congênita caracterizada pela redução de células nervosas no intestino grosso inferior, impedindo a peristalse e, causando, dessa forma, acúmulo de alimentos no intestino grosso superior, que se torna distendido. (Descrita em 1888 por Harald Hirschsprung [1830–1916], professor de pediatria em Copenhague, Dinamarca.)

hirsute /'hɜːsjuːt/ hirsuto: que tem excesso de cabelo.

hirsutism /'hɜːsjuːtɪz(ə)m/ hirsutismo: quantidade muito grande de cabelos, especialmente o desenvolvimento de pêlos excessivos e de aspecto masculino na mulher.

hirudin /hɪ'ruːdɪn/ hirudina: substância produzida pelas glândulas salivares das sanguessugas, que, injetada na corrente sanguínea, age como um anticoagulante.

HIS abreviatura de **health information service**.

hist- /hɪst/ ⇨ **histo-**.

histamine /'hɪstəmiːn/ histamina: mediador da hipersensibilidade imediata, liberado pelos mastócitos. A histamina dilata os vasos sanguíneos, contrai as fibras lisas, e provoca aumento na secreção do suco gástrico.

histamine headache /'hɪstəmiːn ˌhedeɪk/ cefaléia histamínica. Veja **Horton's syndrome**.

histamine receptor /'hɪstəmiːn rɪˌseptə/ receptor histamínico: uma célula que é estimulada pela histamina. Os receptores H1 nos vasos sanguíneos estão envolvidos com as reações alérgicas; os receptores H2 no estômago estimulam a secreção gástrica.

histamine test /'hɪstəmiːn test/ teste histamínico: teste para medir a acidez do suco gástrico.

histaminic /ˌhɪstə'mɪnɪk/ histamínico: relativo à histamina.

histaminic headache /ˌhɪstəmɪnɪk 'hedeɪk/ cefaléia histamínica. Veja **Horton's syndrome**.

histidine /'hɪstədiːn/ histidina: aminoácido do qual a histamina é derivada.

histiocyte /'hɪstɪəʊsaɪt/ histiócito: macrófago do tecido conjuntivo, com atividade fagocitária.

histiocytoma /ˌhɪstɪəʊsaɪ'təʊmə/ histiocitoma: um tumor que contêm histiócitos.

histiocytosis /ˌhɪstɪəʊsaɪ'təʊsɪs/ histiocitose: presença de histiócitos na corrente sanguínea.

histiocytosis X /ˌhɪstɪəʊsaɪˌtəʊsɪs 'eks/ histiocitose X: qualquer forma de histiocitose de origem desconhecida, por exemplo, a doença de Hand-Schüller-Christian.

histo- /hɪstəʊ/ hist(o)-: relativo aos tecidos. *histology* / histologia. Nota: antes de vogais usa-se **hist-**.

histochemistry /ˌhɪstəʊ'kemɪstri/ histoquímica: estudo dos componentes químicos das células e tecidos, e também de sua função e distribuição, por meio de reações de coloração com radiação ou microscopia eletrônica.

histocompatibility /ˌhɪstəʊkəmpætə'bɪlɪti/ histocompatibilidade: identidade de tecidos de dois indivíduos, fator muito importante nos transplantes.

histocompatible /ˌhɪstəʊkəm'pætɪb(ə)l/ histocompatível: relacionado aos tecidos de dois indivíduos que têm antígenos compatíveis.

histogenesis /ˌhɪstəʊ'dʒenəsɪs/ histogênese: a formação dos tecidos e seu desenvolvimento a partir de células das camadas germinais do embrião.

histogram /'hɪstəgræm/ histograma: representação gráfica de distribuição de freqüências em colunas ou barras, cuja posição na linha (altura) é proporcional à freqüência correspondente. *a histogram showing numbers of patients with the condition in each age group* / um histograma mostrando números de pacientes com a doença em cada faixa etária.

histoid /'hɪstɔɪd/ históide: **1** feito ou desenvolvido a partir de um determinado tecido. **2** com estrutura semelhante à do tecido padrão.

histological /ˌhɪstə'lɒdʒɪk(ə)l/ histológico: relativo à histologia.

histological grade /ˌhɪstəlɒdʒɪk(ə)l 'greɪd/ grau histológico: um sistema de classificação de tumores de acordo com a sua malignidade.

histology /hɪ'stɒlədʒi/ histologia: o estudo da estrutura minúscula das células e tecidos.

histolysis /hɪ'stɒləsɪs/ histólise: a destruição dos tecidos.

histolytica /ˌhɪstə'lɪtɪkə/ histolítica. Veja **Entamoeba histolytica**.

H

histoplasmosis /ˌhɪstəuplæz'məusɪs/ histoplasmose: doença pulmonar causada por infecção pelo fungo *Histoplasma*.

history /'hɪst(ə)ri/ histórico: os antecedentes sobre a doença de uma pessoa. Veja também **case history; medical history**. ◊ **to take a patient's history:** obter o histórico de um paciente; pedir que um paciente diga, com as próprias palavras, o que o levou a ser hospitalizado.

> *...these children gave a typical history of exercise-induced asthma.* / "...estas crianças forneceram um histórico típico de asma induzida por exercícios." (*Lancet*)
> *...the need for evaluation of patients with a history of severe heart disease.* / "...a necessidade de avaliação de pacientes com histórico de doença cardíaca grave." (*Southern Medical Journal*)

histotoxic /ˌhɪstəu'tɒksɪk/ histotóxico: relativo a uma substância venenosa para os tecidos.

HIV abreviatura de **human immunodeficiency virus**.

> *HIV-associated dementia is characterized by psychomotor slowing and inattentiveness.* / "A demência associada ao HIV é caracterizada por redução da atividade psicomotora e desatenção." (*British Journal of Nursing*) Observação: o HIV é o vírus causador da AIDS. Três cepas de vírus HIV foram identificadas: HIV-1, HIV-2 e HIV-3.

hives /haɪvz/ urticária. ⇨ **urticaria**. Nota: usa-se o verbo no singular.

HIV-negative /ˌeɪtʃ aɪ ˌviː 'negətɪv/ HIV-negativo: relativo ao indivíduo que foi submetido a teste para detecção de vírus HIV e cujo resultado foi negativo.

HIV-positive /ˌeɪtʃ aɪ ˌviː 'pɒzɪtɪv/ HIV-positivo: relativo ao indivíduo que foi submetido a teste para detecção de vírus HIV e cujo resultado foi positivo.

HLA abreviatura de **human leucocyte antigen**.

HLA system /ˌeɪtʃ el ˌeɪ ˌsɪstəm/ sistema HLA (*h*uman *l*eucocyte *a*ntigen): sistema de antígenos do leucócito humano localizados nas membranas das células, de cuja histocompatibilidade depende a execução e o bom êxito dos transplantes. Observação: O HLA-A é o mais importante dos antígenos responsáveis pela rejeição de transplantes.

HMO abreviatura de **Health Maintenance Organization**.

hoarse /hɔːs/ rouco: relativo à voz rouca e áspera.

hoarseness /'hɔːsnəs/ rouquidão: qualidade da voz rouca e áspera, freqüentemente causada por laringite.

hobnail liver /ˌhɒbneɪl 'lɪvə/ fígado tacheado. ⇨ **atrophic cirrhosis**.

Hodgkin's disease /'hɒdʒkɪnz dɪˌziːz/ doença de Hodgkin: neoplasia maligna caracterizada por aumento dos gânglios **Pel-Ebstein fever**. (Descrita em 1832 por Thomas Hodgkin [1798–1866], médico britânico.)

hoist /hɔɪst/ guincho; guindaste: máquina com roldanas e fios metálicos, usada para erguer uma cama hospitalar ou o próprio paciente.

hole in the heart /ˌhəul ɪn ðə 'hɑːt/ (informal) buraco no coração. ⇨ **septal defect**.

Holger-Nielsen method /ˌhɒlgə 'nɪlsən ˌme θəd/ método de Holger-Nielsen: um antigo método de respiração artificial; com a vítima em pronação, o socorrista alternadamente levantalhe os braços e pressiona para baixo sobre as escápulas. Veja também **Silvester method**.

holism /'həulɪz(ə)m/ holismo: teoria segundo a qual as condições físicas, psicológicas e sociais de uma pessoa devem ser priorizadas no tratamento de sua doença.

holistic /həu'lɪstɪk/ holístico: relativo ao método de tratamento que busca o entendimento das circunstâncias familiares e condições psicológicas do indivíduo e não apenas de sua doença.

holistic care /həuˌlɪstɪk 'keə/ tratamento holístico: assistência e tratamento do indivíduo como um todo e não apenas dos seus sintomas médicos.

holo- /hɒləu/ hol(o)-: inteiro, completo.

holocrine /'hɒləkrɪn/ holócrino: relacionado a uma glândula em que as secreções são formadas a partir da dissolução celular da própria glândula.

Homans' sign /'həumənz saɪn/ sinal de Homans: dor na panturrilha quando o pé é dobrado para trás, sintoma de trombose de veia profunda. (Descrita em 1941 por John Homans [1877–1954], professor de cirurgia clínica de Harvard, EUA.)

homeo- /həumiəu/ homeo-: semelhante, da mesma natureza. ⇨ **homoeo-**.

homeopathic /ˌhəumiə'pæθɪk/ homeopático: **1** relativo à homeopatia. *a homeopathic clinic* / uma clínica homeopática. *She is having a course of homeopathic treatment.* / Ela está fazendo um tratamento homeopático. **2** relativo à medicação que é administrada em pequenas doses. Usa-se também **homoeopathic**.

homeopathist /ˌhəumi'ɒpəθɪst/ homeopata: médico que pratica a homeopatia. Usa-se também **homoeopathist**.

homeopathy /ˌhəumi'ɒpəθi/ homeopatia: tratamento médico que consiste na administração de pequenas doses dos agentes que produzem no homem sadio sintomas semelhantes aos da doença que se quer combater. Usa-se também **homoeopathy**. Compare com **allopathy**.

homeostasis /ˌhəumiəu'steɪsɪs/ homeostase: processo em que as funções e a química de uma célula ou órgão interno são mantidas estáveis, mesmo quando ocorrem grandes variações das condições externas.

homo- /həuməu/ hom(o)-: semelhante, o mesmo.

homoeo- /həumiəu/ Nota: antes de vogais usase **homeo-**.

homogenise /hə'mɒdʒənaɪz/ homogeneizar: dar a alguma coisa uma estrutura uniforme. Usase também **homogenize**.

homograft /'hɒməgrɑːft/ homoenxerto: enxerto de um órgão ou tecido de um doador para um receptor da mesma espécie, isto é, de uma pessoa para outra. ☑ **allograft**. Compare com **heterograft**.

homolateral /ˌhɒmə'læt(ə)rəl/ homolateral. ⇨ **ipsilateral**.

homologous /hɒ'mɒləgəs/ homólogo: **1** do mesmo tipo. **2** relativo aos cromossomos que formam um par.

homonymous /hə'mɒnɪməs/ homônimo: em oftalmologia, diz-se de lesão ou distúrbio que afeta igualmente os dois olhos.

homonymous hemianopia /hə,mɒnɪməs hemiə'nəupiə/ hemianopia homônima: perda de visão na mesma metade do campo visual de cada olho.

homoplasty /'həuməuplæsti/ homoplastia: cirurgia para reparo de tecidos pelo enxerto de tecidos similares de outra pessoa.

homosexual /ˌhəuməu'sekʃuəl/ homossexual: **1** relativo à homossexualidade. **2** pessoa que sente atração por outra do mesmo sexo. Compare com **bisexual**; **heterosexual**. Nota: embora o termo **homosexual** se aplique tanto a homens quanto a mulheres, é mais usado com relação aos homens; para se referir às mulheres, usa-se o termo **lesbian**.

homosexuality /ˌhəuməusekʃu'ælɪti/ homossexualidade: atração sexual por pessoas do mesmo sexo. Compare com **lesbianism**.

homozygous /ˌhəuməu'zaɪgəs/ homozigótico: que possui genes idênticos em um lócus ou mais. Compare com **heterozygous**.

hook /hʊk/ gancho: instrumento cirúrgico dobrado perto da extremidade para separar os tecidos durante cirurgias.

hookworm /'hʊkwɜːm/ ancilóstomo duodenal: um verme parasita.

hookworm disease /'hʊkwɜːm dɪ,ziːz/ ancilostomíase. Veja **ancylostomiasis**.

hordeolum /hɔː'diːələm/ hordéolo; terçol: inflamação de uma glândula da pálpebra. ☑ **stye**.

horizontal /ˌhɒrɪ'zɒnt(ə)l/ horizontal: que está deitado, nivelado, ou perpendicular à vertical.

horizontal fissure /ˌhɒrɪzɒnt(ə)l 'fɪʃə/ fissura horizontal: fissura horizontal que separa os lobos superior e médio do pulmão direito. Veja ilustração em **Lungs**, no Apêndice.

horizontal plane /ˌhɒrɪzɒnt(ə)l 'pleɪn/ plano horizontal. ⇨ **transverse plane**. Veja ilustração em **Termos Anatômicos**, no Apêndice.

hormonal /hɔː'məun(ə)l/ hormonal: relacionado aos hormônios.

hormone /'hɔːməun/ hormônio: substância formada em uma parte do corpo, principalmente as glândulas endócrinas, e que é transportada pela corrente sanguínea para outro parte, na qual exerce seus efeitos ou funções.

hormone replacement therapy /ˌhɔːməun rɪ'pleɪsmənt ˌθerəpi/ terapia de reposição hormonal: **1** tratamento de pessoa cujas glândulas endócrinas foram removidas. **2** tratamento com estrogênio para alívio dos sintomas da menopausa, com redução do risco de osteoporose. ☑ **hormone therapy**. Abreviatura: **HRT**.

hormone therapy /ˌhɔːməun ˌθerəpi/ hormonoterapia. ⇨ **hormone replacement therapy**.

horn /hɔːn/ corno: **1** (humanos) tecido que se projeta para fora de um órgão. **2** (humanos) configuração em forma de H do segmento posterior da medula espinhal em corte transversal. **3** (humanos) extensão da polpa dentária para dentro da cúspide.

Horner's syndrome /'hɔːnəz ˌsɪndrəum/ síndrome de Horner: condição causada por paralisia do nervo simpático cervical, com queda da pálpebra superior e constrição da pupila. (Descrita em 1869 por Johann Friedrich Horner [1831–1886], professor de oftalmologia em Zurique, Suíça.)

horny /'hɔːni/ córneo: relativo à pele com excrescências duras. Nota: para conhecer outros termos relacionados a tecidos córneos, veja os que começam com **kerat-**, **kerato-**.

horseshoe kidney /ˌhɔːsʃu: 'kɪdni/ rim em ferradura: anomalia congênita, resultante da fusão das extremidades inferiores e, às vezes, superiores, de dois rins.

Horton's syndrome /'hɔːt(ə)nz ˌsɪndrəum/ síndrome de Horton: cefaléia caracterizada por dor cruciante sobre o olho, que geralmente começa após poucas horas de sono. É causada pela liberação de histamina no organismo. (Deve seu nome a Bayard Taylor Horton [nascido em 1895], médico americano.)

hose /həuz/ tubo; mangueira: **1** tubo comprido de borracha ou plástico. **2** veja **support hose**.

hospice /'hɒspɪs/ asilo ou abrigo de doentes: hospital que oferece cuidados paliativos para doentes em fase terminal.

hospital /'hɒspɪt(ə)l/ hospital: local onde são tratadas pessoas doentes ou feridas. ◊ **hospital bed**: leito hospitalar; cama hospitalar: **1** cama especial usada em hospitais, geralmente com posições reguláveis para o conforto do pacientes. *A hospital bed is needed if the patient has to have traction.* / É preciso uma cama hospitalar se o paciente tiver de fazer tração. **2** local hospitalar que pode ser ocupado por um paciente. *There will be no reduction in the number of hospital beds.* / Não haverá redução no número de leitos hospitalares.

hospital acquired infection /ˌhɒspɪt(ə)l ə,k waɪəd ɪn'fekʃən/ infecção contraída em hospital: doença adquirida durante permanência hospitalar. Abreviatura: **HAI**.

hospital activity analysis /ˌhɒspɪt(ə)l æk'tɪ vɪti ə,nələsɪs/ análise de atividade hospitalar: relatório regular detalhado sobre pacientes hospitalizados, incluindo informações sobre tratamento, tempo de permanência e resultados.

hospital care /'hɒspɪt(ə)l keə/ cuidados hospitalares; assistência hospitalar: tratamento feito em um hospital.

hospital chaplain /ˌhɒspɪt(ə)l 'tʃæplɪn/ capelão hospitalar: sacerdote que pertence ao quadro de funcionários de um hospital, onde visita e conforta os pacientes e suas famílias, e ministra os sacramentos, se necessário.

hospital corner /ˌhɒspɪt(ə)l 'kɔːnə/ dobra de leito hospitalar: maneira de dobrar os cantos das roupas de cama, a fim de mantê-las fixas no lugar.

hospital doctor /ˌhɒspɪt(ə)l 'dɒktə/ médico hospitalar: médico que trabalha apenas em um hospital e que não atende pessoas em consultório médico.

hospital gangrene /ˌhɒspɪt(ə)l 'gæŋgriːn/ gangrena hospitalar: gangrena causada por condições hospitalares insalubres.

hospital infection /'hɒspɪt(ə)l ɪnˌfekʃən/ infecção hospitalar: infecção transmitida ao paciente no hospital por visitantes ou por membro do *staff* hospitalar. Observação: a infecção hospitalar é um problema comum que tem aumentado, em razão do uso incorreto de antibióticos e da crescente resistência bacteriana a vários tipos de antibiótico. Cepas de bactérias como o *Staphylococcus aureus* resistentes à meticilina (*MRSA – methicillin-resistant Staphylococcus aureus*) têm evoluído e parecem ter se tornado mais facilmente transmissíveis, além de difíceis de tratar.

hospitalisation /ˌhɒspɪt(ə)laɪˈzeɪʃ(ə)n/ hospitalização: o ato de internar o paciente em um hospital. Usa-se também **hospitalization**. *The doctor recommended immediate hospitalisation.* / O médico recomendou hospitalização imediata.

hospitalise /'hɒspɪt(ə)laɪz/ hospitalizar: internar o paciente em um hospital. Usa-se também **hospitalize**. *He is so ill that he has had to be hospitalized.* / Ele está tão doente que teve de ser hospitalizado.

hospital orderly /ˌhɒspɪt(ə)l 'ɔːdəli/ atendente de enfermagem: funcionário que faz trabalhos pesados em um hospital, como levar pacientes de maca para a sala de operação ou transportar equipamentos.

hospital trust /'hɒspɪt(ə)l trʌst/ hospital do governo; hospital público. ⇨ **self-governing hospital**.

host /həʊst/ hospedeiro: pessoa ou animal que abriga um parasita.

hot /hɒt/ quente: com temperatura alta ou muito quente.

hot flush /ˌhɒt 'flʌʃ/ rubor quente: sintoma do climatério, caracterizado por sudorese e sensação de calor, freqüentemente acompanhado de vermelhidão na pele.

hotpack /'hɒtpæk/ compressa quente: almofada cheia de grânulos ou gel, que pode ser aquecida e colocada sobre a pele para aliviar dores ou rigidez muscular.

hot wax treatment /ˌhɒt 'wæks ˌtriːtmənt/ tratamento com cera quente: tratamento para a artrite, consistindo na aplicação de cera líquida quente nas articulações.

hourglass contraction /'aʊəglɑːs kənˌtræk ʃən/ contração em ampulheta: condição caracterizada pela contração no meio de um órgão, por exemplo, o estômago.

hourglass stomach /'aʊəglɑːs ˌstʌmək/ estômago em ampulheta: condição caracterizada pela divisão do estômago em duas cavidades, cardíaca e pilórica, quando ocorre uma constrição central da sua parede.

hourly /'aʊəli/ de hora em hora: que acontece a cada hora.

house dust mite /haʊs dʌst ˌmaɪt/ ácaro de poeira doméstica. ⇨ **house mite**.

housemaid's knee /ˌhaʊsmeɪdz 'niː/ joelho da dona-de-casa. ⇨ **prepatellar bursitis**.

houseman /'haʊsmən/ médico da casa. ⇨ **house officer**.

house mite /haʊs maɪt/ ácaro doméstico: inseto minúsculo, causador de alergia, que vive principalmente nas roupas de cama e móveis estofados. ☑ **house dust mite**.

house officer /'haʊs ˌɒfɪsə/ médico residente: profissional que trabalha em um hospital como médico ou cirurgião, durante o último ano de residência, antes do registro no Conselho de Medicina. ☑ **houseman**. Nota: no inglês americano usa-se **intern**.

HPRT abreviatura de **hypoxanthine phosphoribosyl transferase**. Enzima deficiente em crianças, geralmente meninos, que apresentam a doença de Lesch-Nyhan. ☑ **HGPRT**.

HPV abreviatura de **human papillomavirus**.

HRT abreviatura de **hormone replacement therapy**.

Huhner's test /'huːnəz ˌtest/ teste de Huhner: teste que deve ser realizado algumas horas após a relação sexual, a fim de determinar o número e a motilidade dos espermatozóides. (Deve seu nome a Max Huhner [1873–1947], urologista americano.)

human /'hjuːmən/ humano: referente a qualquer pessoa, seja ela homem, mulher ou criança. *Most animals are afraid of humans.* / A maioria dos animais tem medo dos humanos.

human anatomy /ˌhjuːmən əˈnætəmi/ anatomia humana: estrutura, formas e funções do corpo humano.

human being /ˌhjuːmən 'biːɪŋ/ ser humano: qualquer pessoa.

human chorionic gonadotrophin /ˌhjuːmən kɔːriˌɒnɪk ˌgəʊnədəˈtrəʊfɪn/ gonadotropina coriônica humana: um hormônio produzido pela placenta, que impede o fluxo menstrual mensal durante a gestação. É encontrado na urina durante a gravidez, e pode ser injetado para estimular a ovulação e ajudar uma mulher a engravidar. Abreviatura: **hCG**.

human crutch /ˌhjuːmən ˈkrʌtʃ/ muleta humana: método de auxílio a uma pessoa ferida, no qual esta apóia um braço sobre os ombros da outra, que a ajuda a se locomover.

Human Fertilization and Embryology Authority /ˌhjuːmən ˌfɜːtəlaɪˈzeɪʃ(ə)n ənd ˌembriˈɒlədʒi ɔːˌθɒrɪti/ Departamento de Fertilização Humana e Embriologia. Abreviatura: **HFEA**.

human growth hormone /ˌhjuːmən grəʊθ ˈhɔːməʊn/ hormônio do crescimento humano. Abreviatura: **hGH**.

human immunodeficiency virus /ˌhjuːmən ˌɪmjʊnəʊdɪˈfɪʃ(ə)nsi ˌvaɪrəs/ vírus da imunodeficiência humana: o vírus causador da AIDS. Abreviatura: **HIV**.

human leucocyte antigen /ˌhjuːmən ˈluːkə saɪt ˌæntɪdʒ(ə)n/ antígeno do leucócito humano: qualquer um dos antígenos localizados nas membranas das células, de cuja histocompatibilidade dependem a execução e o bom êxito dos transplantes. Abreviatura: **HLA**. Veja também **HLA system**.

human nature /ˌhjuːmən ˈneɪtʃə/ natureza humana: as características comportamentais gerais dos seres humanos.

human papillomavirus /ˌhjuːmən pæpɪˈləʊ mə ˌvaɪrəs/ papilomavírus humano: um vírus que causa verrugas genitais em humanos. Abreviatura: **HPV**.

humectant /hjuːˈmektənt/ umectante: **1** capaz de absorver ou reter umidade. **2** substância que pode absorver ou reter umidade, por exemplo, uma loção para a pele.

humeroulnar joint /ˌhjuːmərəʊˈʌlnə dʒɔɪnt/ articulação umeroulnar: parte da articulação do cotovelo entre a tróclea do úmero e a incisura troclear da ulna.

humerus /ˈhjuːmərəs/ úmero: o osso superior do braço, que se estende do ombro ao cotovelo. Plural: **humeri**.

humid /ˈhjuːmɪd/ úmido: que contém vapor; úmido.

humoral /ˈhjuːmərəl/ humoral: relativo aos líquidos do organismo humano, em particular ao soro sanguíneo.

humour /ˈhjuːmə/ humor: um líquido do organismo. Usa-se também **humor**.

hunchback /ˈhʌntʃbæk/ corcunda. Veja **kyphosis**.

hunger /ˈhʌŋgə/ fome: necessidade de comer.

hunger pains /ˈhʌŋgə peɪnz/ (plural) dores de fome: dores abdominais causadas por fome; algumas vezes, essas dores são um sintoma de úlcera duodenal.

Hunter's syndrome /ˈhʌntəz ˌsɪndrəʊm/ síndrome de Hunter: doença hereditária causada por deficiência de uma enzima, que acarreta dificuldades de aprendizado.

Huntington's chorea /ˌhʌntɪŋtənz kɔːˈriːə/ coréia de Huntington; coréia hereditária: doença hereditária progressiva, causada por atrofia da camada exterior do cérebro, caracterizada por movimentos involuntários convulsivos e que leva à demência. (Descrita em 1872 por George Sumner Huntington [1850–1916], médico americano.)

Hurler's syndrome /ˈhɜːləz ˌsɪndrəʊm/ síndrome de Hurler. ⇨ **gargoylism**. (Descrita em 1920 por Gertrud Hurler, pediatra alemã.)

hurt /hɜːt/ **1** mágoa; machucado: a) dor emocional. b) (crianças) área dolorida. *She has a hurt on her knee.* / Ela tem um machucado no joelho. **2** magoar; machucar; doer: a) sentir dor. *He's hurt his hand.* / Ele machucou a mão. b) causar dor a alguém. *His arm is hurting so much he can't write.* / O braço dele está doendo tanto que ele não consegue escrever. *She fell down and hurt herself.* / Ela caiu e se machucou. **3** que causa ferimento, machuca, magoa: a) que sente dor física. *He was slightly hurt in the car crash.* / Ele foi ferido levemente no acidente de carro. *Two players got hurt in the football game.* / Dois jogadores se machucaram no jogo de futebol. b) que causa dor emocional. *Her parents' divorce hurt her deeply.* / O divórcio dos pais a magoou profundamente.

husky /ˈhʌski/ rouco: ligeiramente rouco.

Hutchinson-Gilford syndrome /ˈhʌtʃɪnsən z gɪlfəd ˌsɪndrəʊm/ síndrome de Hutchinson-Gilford. O mesmo que **progeria**.

Hutchinson's tooth /ˈhʌtʃɪnsənz ˌtuːθ/ dente de Hutchinson: malformação dos dentes incisivos superiores, causando retração da sua borda superior. Constitui um sintoma da sífilis congênita, mas pode também ocorrer naturalmente. Plural: **Hutchinson's teeth**. (Deve seu nome a Sir Jonathan Hutchinson [1828–1913], cirurgião britânico.)

hyal- /haɪəl/ Nota: usa-se antes de vogais.

hyalin /ˈhaɪəlɪn/ hialina: substância vítrea produzida pela degeneração do colágeno, presente nas paredes de vasos sanguíneos e cicatrizes, quando ocorre degeneração de certos tecidos.

hyaline /ˈhaɪəlɪn/ hialino: quase tão transparente quanto o vidro.

hyaline cartilage /ˌhaɪəlɪn ˈkɑːtɪlɪdʒ/ cartilagem hialina: tipo de cartilagem encontrada no nariz, laringe e articulações. Forma a maior parte do esqueleto fetal. Veja ilustração em **Cartilaginous Joint**, no Apêndice.

hyaline membrane disease /ˌhaɪəlɪn ˈmem breɪn dɪˌziːz/ doença da membrana hialina. ⇨ **respiratory distress syndrome**.

hyalitis /ˌhaɪəˈlaɪtɪs/ hialite: inflamação do humor vítreo ou da membrana hialóide do olho. ☑ **vitritis**.

hyaloid membrane /ˈhaɪəlɔɪd ˌmembreɪn/ membrana hialóide: uma membrana transparente ao redor do humor vítreo, no olho.

hyaluronic acid /ˌhaɪəlʊrɒnɪk ˈæsɪd/ ácido hialurônico: uma substância que liga tecidos conectivos e é encontrada no humor vítreo.

hyaluronidase /ˌhaɪəluˈrɒnɪdeɪz/ hialuronidase: uma enzima que faz a degradação do ácido hialurônico.

hybrid /ˈhaɪbrɪd/ híbrido: organismo resultante de cruzamento entre duas espécies geneticamente diferentes.

HYCOSY abreviatura de **hysterosalpingo-contrast sonography**.

hydatid /ˈhaɪdətɪd/ hidático: qualquer estrutura semelhante a um cisto.

hydatid cyst /ˌhaɪdətɪd ˈsɪst/ cisto hidático: forma larval de solitárias do gênero *Echinococcus*.

hydatid disease /ˈhaɪdətɪd dɪˌziːz/ doença hidática: infecção, geralmente nos pulmões ou fígado, causada pela presença de cistos hidáticos, que destroem os tecidos do órgão infectado. ☑ **hydatidosis**.

hydatid mole /ˌhaɪdətɪd ˈməʊl/ mole hidatiforme: gravidez anormal resultante de um óvulo patológico. É formada por uma massa de cistos semelhante a um cacho de uvas.

hydatidosis /ˈhaɪdətɪˈdəʊsɪs/ hidatidose. ⇨ **hydatid disease**.

hydr- /haɪdr/ ⇨ **hydro-**.

hydraemia /haɪˈdriːmiə/ hidremia: excesso de água no sangue.

hydragogue /ˈhaɪdrəgɒg/ hidragogo: laxativo ou substância que produz fezes aquosas.

hydralazine /haɪˈdræləziːn/ hidralazina: droga que reduz a pressão arterial. Geralmente, é administrada aos pacientes em combinação com outras drogas que estimulam a produção de urina.

hydramnios /haɪˈdræmnɪɒs/ hidrâmnio: quantidade anormal de líquido aminiótico.

hydrarthrosis /ˌhaɪdrɑːˈθrəʊsɪs/ hidrartrose: tumefação causada por excesso de líquido sinovial em uma articulação.

hydrate /ˈhaɪdreɪt/ **1** hidratar: dar água a alguém, restabelecendo ou mantendo, desse modo, o equilíbrio de líquidos. **2** hidratante: composto químico contendo moléculas de água, que geralmente podem ser expelidas sem alterar a estrutura do composto.

hydro- /haɪdrəʊ/ hidr(o)-: relativo à água. Nota: antes de vogais usa-se **hydr-**.

hydroa /haɪˈdrəʊə/ hidroa: erupção formada de pequenas vesículas, acompanhada de coceira, e causada pelo raios solares, por exemplo.

hydrocalycosis /ˌhaɪdrəʊˌkælɪˈkəʊsɪs/ hidrocalicose. ⇨ **caliectasis**.

hydrocele /ˈhaɪdrəʊsiːl/ hidrocele: coleção de líquido seroso encontrada em uma cavidade, por exemplo, o escroto.

hydrocephalus /ˌhaɪdrəʊˈkefələs/ hidrocefalia: quantidade excessiva de líquido cérebro-espinhal dentro do crânio.

hydrochloric acid /haɪdrəʊˈklɒrɪk ˈæsɪd/ ácido clorídrico: ácido encontrado no suco gástrico, que ajuda na decomposição dos alimentos.

hydrocolloid strip /ˌhaɪdrəʊkɒlɔɪd ˈstrɪp/ curativo hidrocolóide: curativo de gel à prova de água, usado para vedar uma ferida. Retém a umidade e evita o acesso de germes e sujeira.

hydrocolpos /ˌhaɪdrəʊˈkɒlpəs/ hidrocolpo: cisto vaginal contendo um líquido aquoso.

hydrocortisone /ˌhaɪdrəʊˈkɔːtɪzəʊn/ hidrocortisona: hormônio esteróide secretado pelo córtex supra-renal ou produzido artificialmente, usado no tratamento da artrite reumatóide e de condições inflamatórias e alérgicas. ☑ **cortisol**.

hydrocyanic acid /ˌhaɪdrəʊsaɪænɪk ˈæsɪd/ ácido cianídrico: um ácido que forma cianida. Abreviatura: **HCN**.

hydrogen /ˈhaɪdrədʒən/ hidrogênio: elemento químico gasoso que se combina com o oxigênio, formando água, e com outros elementos, formando ácidos, e está presente em todos os tecidos animais. Símbolo químico: **H**.

hydrogen peroxide /ˌhaɪdrədʒən pəˈrɒksaɪd/ peróxido de hidrogênio: solução usada como desinfetante.

hydrolysis /haɪˈdrɒləsɪs/ hidrólise: reação química de um composto quando ele reage com a água, formando dois ou mais compostos, como ocorre, por exemplo, na conversão do amido em glicose.

hydroma /haɪˈdrəʊmə/ hidroma. ⇨ **hygroma**.

hydrometer /haɪˈdrɒmɪtə/ hidrômetro: instrumento que mede a densidade de um líquido.

hydromyelia /ˌhaɪdrəʊmaɪˈiːliə/ hidromielia: condição caracterizada por aumento de líquido no canal central da medula espinhal.

hydronephrosis /ˌhaɪdrəʊneˈfrəʊsɪs/ hidronefrose: dilatação da pelve e cálices do rim, causada pelo acúmulo de água devido à infecção ou bloqueio da uretra por cálculo renal.

hydropathy /haɪˈdrɒpəθi/ hidropatia: uso da água no tratamento de ferimentos e doenças.

hydropericarditis /ˌhaɪdrəʊˌperɪkɑːˈdaɪtɪs/ hidropericardite: pericardite causada por derrame de líquido no interior do pericárdio. ☑ **hydropericardium**.

hydropericardium /ˌhaɪdrəʊˌperiˈkɑːdiəm/ hidropericárdio. ⇨ **hydropericarditis**.

hydroperitoneum /ˌhaɪdrəʊˌperɪtəˈniːəm/ hidroperitôneo: acúmulo de líquido na cavidade peritoneal. Plural: **hydroperitoneums** ou **hydroperitonea**.

hydrophobia /ˌhaɪdrəˈfəʊbiə/ hidrofobia. ⇨ **rabies**. Observação: a hidrofobia afeta o equilíbrio mental, e os sintomas incluem dificuldade de respirar ou engolir e horror à água.

hydropneumoperitoneum /ˌhaɪdrəʊˌnjuːməʊˌperɪtəˈniːəm/ hidropneumoperitôneo: acúmulo de líquido aquoso e gás na cavidade peritoneal.

hydropneumothorax /ˌhaɪdrəʊˌnjuːməʊˈθɔːræks/ hidropneumotórax: acúmulo de líquido aquoso e gás na cavidade pleural. Plural: **hydropneumothoraxes** ou **hydropneumothoraces**.

hydrops /'haɪdrɒps/ hidropsia. ⇨ **oedema**. Plural: **hydropses**.

hydrorrhoea /ˌhaɪdrəʊˈriːə/ hidrorréia: descarga de líquido aquoso de qualquer parte. Nota: no inglês americano usa-se **hydrorrhea**.

hydrosalpinx /ˌhaɪdrəʊˈsælpɪŋks/ hidrossalpinge: acúmulo de líquido aquoso em uma ou nas duas trompas de Falópio, causando tumefação. Plural: **hydrosalpinges**.

hydrotherapy /ˌhaɪdrəʊˈθerəpi/ hidroterapia: o uso terapêutico da água, em fisioterapia, por meio de banhos quentes de imersão ou natação.

hydrothorax /ˌhaɪdrəʊˈθɔːræks/ hidrotórax; pleurorréia: acúmulo de líquido na cavidade pleural.

hydrotubation /ˌhaɪdrəʊtjuːˈbeɪʃ(ə)n/ hidrotubação: injeção de um líquido através do colo uterino e da trompa de Falópio para eliminar um bloqueio.

hydroureter /ˌhaɪdrəʊjuˈriːtə/ hidroureter: acúmulo de água ou urina na uretra, por causa de um bloqueio.

hydroxide /haɪˈdrɒksaɪd/ hidróxido: composto químico que contém um grupo hidroxila.

hydroxyproline /haɪˌdrɒksiˈprəʊliːn/ hidroxiprolina: um aminoácido presente em algumas proteínas, principalmente no colágeno.

hygiene /'haɪdʒiːn/ higiene: **1** procedimentos e princípios destinados a manter hábitos de limpeza, promovendo condições saudáveis. *Nurses have to maintain a strict personal hygiene.* / As enfermeiras devem manter uma higiene pessoal rigorosa. **2** ciência que trata da saúde.

hygienic /haɪˈdʒiːnɪk/ higiênico: **1** limpo. *Don't touch the food with dirty hands – it isn't hygienic.* / Não toque na comida com as mãos sujas – isso não é higiênico. **2** que produz condições saudáveis.

hygienist /'haɪdʒiːnɪst/ higienista; sanitarista: especialista em higiene e sua aplicação.

hygr- /haɪgr/ ⇨ **hygro-**.

hygro- /haɪgrəʊ/ higr(o)-: relativo à umidade. Nota: antes de vogais usa-se **hygr-**.

hygroma /haɪˈgrəʊmə/ higroma: tipo de cisto contendo um líquido seroso. ☑ **hydroma**.

hymen /'haɪmen/ hímen: membrana que cobre parcialmente a entrada da vagina e que se rompe na primeira relação sexual.

hymenectomy /ˌhaɪməˈnektəmi/ himenectomia: **1** excisão do hímen, ou cirurgia para aumentar a abertura do hímen. **2** excisão de qualquer membrana.

hymenotomy /ˌhaɪməˈnɒtəmi/ himenotomia: incisão do hímen durante cirurgia.

hyo- /haɪəʊ/ hi(o)-: relativo ao osso hióide.

hyoglossus /ˌhaɪəʊˈglɒsəs/ hioglosso: músculo ligado ao osso hióide e que faz baixar a língua.

hyoid /'haɪɔɪd/ hióide: relacionado ao osso hióide.

hyoid bone /'haɪɔɪd bəʊn/ osso hióide: pequeno osso em forma de U localizado na base da língua.

hyoscine /'haɪəʊsiːn/ hioscina: droga usada como sedativo, em particular para tratar distúrbios do movimento.

hyp- /haɪp/ ⇨ **hypo-**.

hypaemia /haɪˈpiːmiə/ hipemia: volume insuficiente de sangue no corpo.

hypalgesia /ˌhaɪpælˈdʒiːziə/ hipalgesia: baixa sensibilidade à dor.

hyper- /haɪpə/ hiper-: mais alto ou demasiado. Oposto de **hypo-**.

hyperacidity /ˌhaɪpərəˈsɪdɪti/ hiperacidez: aumento na produção de ácido estomacal. ☑ **acidity; acid stomach**.

hyperacousia /ˌhaɪpərəˈkjuːziə/ hiperacusia. ⇨ **hyperacusis**.

hyperactive /haɪpərˈæktɪv/ hiperativo: muito ativo, ou extraordinariamente ativo.

hyperactivity /haɪpərækˈtɪvəti/ hiperatividade: condição na qual alguma coisa ou pessoa, por exemplo, uma glândula ou uma criança, é muito ativa.

hyperacusis /ˌhaɪpərəˈkjuːsɪs/ hiperacusia: sensibilidade extrema aos sons.

hyperadrenalism /ˌhaɪpərəˈdriːn(ə)lɪz(ə)m/ hiperadrenalismo: distúrbio caracterizado pela secreção exagerada dos hormônios supra-adrenais devido, por exemplo, ao mau funcionamento da glândula pituitária, tumor da glândula supra-renal, ou doses elevadas de esteróides.

hyperaemia /ˌhaɪpərˈiːmiə/ hiperemia: excesso de sangue em qualquer parte do corpo.

hyperaesthesia /ˌhaɪpərɪsˈθiːziə/ hiperestesia: extrema sensibilidade na pele.

hyperalgesia /ˌhaɪpərælˈdʒiːziə/ hiperalgesia: sensibilidade exagerada à dor.

hyperalimentation /ˌhaɪpərˌælɪmenˈteɪʃ(ə)n/ hiperalimentação: administração de nutrientes à pessoa com deficiência nutricional grave, em quantidades além das normais, pela boca ou por injeção intravenosa.

hyperandrogenism /ˌhaɪpəræˈdrɒdʒənɪz(ə)m/ hiperandrogenismo: produção de quantidades excessivas de androgênio, associada a vários problemas, tais como hirsutismo, acne, infertilidade e doença de ovários policísticos.

hyperbaric /ˌhaɪpəˈbærɪk/ hiperbárico: relativo ao tratamento com gases sob pressão mais elevada que a atmosférica, por exemplo, oxigênio hiperbárico, ministrado em casos de envenenamento por monóxido de carbono.

hypercalcaemia /ˌhaɪpəkælˈsiːmiə/ hipercalcemia: concentração excessiva de cálcio no sangue.

hypercalcinuria /ˌhaɪpəkælsɪˈnjʊəriə/ hipercalcinúria: concentração muito alta de cálcio na urina.

hypercapnia /ˌhaɪpəˈkæpniə/ hipercapnia: taxa anormalmente alta de dióxido de carbono na corrente sanguínea.

hypercatabolism /ˌhaɪpəkə'tæbəlɪz(ə)m/ hipercatabolismo: catabolismo anormalmente elevado dos tecidos orgânicos ou de uma determinada substância. Causa perda de peso e definhamento.

hyperchloraemia /ˌhaɪpəklɔ:'ri:miə/ hipercloremia: taxa muito elevada de cloreto no sangue.

hyperchlorhydria /ˌhaɪpəklɔ:'haɪdriə/ hipercloridria: quantidade excessiva de ácido clorídrico no estômago.

hyperdactylism /ˌhaɪpə'dæktɪlɪz(ə)m/ hiperdactilia: condição caracterizada pela presença de mais de cinco dedos nos pés ou nas mãos. ☑ **polydactylism**.

hyperemesis /ˌhaɪpər'emɪsɪs/ hiperêmese: vômitos excessivos. Plural: **hyperemeses**.

hyperemesis gravidarum /ˌhaɪpəremɪsɪs ˌɡrævɪ'deərəm/ hiperêmese da gravidez: vômitos incontroláveis da gravidez.

hyperextension /ˌhaɪpərɪk'stenʃən/ hiperextensão: extensão do braço ou perna além dos seus limites normais.

hyperflexion /ˌhaɪpə'flekʃən/ hiperflexão: flexão de uma articulação além do seu limite normal. *a hyperflexion injury* / uma lesão causada por hiperflexão.

hyperfunction /'haɪpəˌfʌŋkʃ(ə)n/ hiperfunção: atividade excessiva de uma glândula ou outro órgão do corpo.

hypergalactia /ˌhaɪpəɡə'læktiə/ hipergalactia: secreção excessiva de leite. ☑ **hypergalactosis**.

hypergalactosis /ˌhaɪpəˌɡælək'təʊsɪs/ hipergalactose. ⇨ **hypergalactia**.

hyperglycaemia /ˌhaɪpəɡlaɪ'si:miə/ hiperglicemia: taxa excessiva de glicose no sangue.

hyperhidrosis /ˌhaɪpəhaɪ'drəʊsɪs/ hiperidrose: secreção sudoral excessiva.

hyperinsulinism /ˌhaɪpər'ɪnsjulɪnɪz(ə)m/ hiperinsulinismo: reação de um indivíduo diabético a uma dose excessiva de insulina ou à hipoglicemia.

hyperkalaemia /ˌhaɪpəkæ'li:miə/ hipercalemia; hiperpotassemia: taxa excessiva de potássio no sangue, que pode resultar em parada cardíaca. Tem várias causas possíveis, entre elas, insuficiência renal e quimioterapia.

hyperkeratosis /ˌhaɪpəkerə'təʊsɪs/ hiperceratose: espessamento da camada córnea da pele.

hyperkinesia /ˌhaɪpəkɪ'ni:ziə/ hipercinesia: grande aumento da força ou da rapidez dos movimentos.

hyperkinetic syndrome /ˌhaɪpəkɪ'netɪk ˌsɪndrəʊm/ síndrome hipercinética: condição caracterizada por fadiga, respiração curta, dor sob o coração e palpitações.

hyperlipidaemia /ˌhaɪpəlɪpɪ'di:miə/ hiperlipidemia: aumento patológico da quantidade de lipídeos, ou gordura, no sangue.

hypermenorrhoea /ˌhaɪpəmenə'ri:ə/ hipermenorréia: menstruação cujo fluxo é excessivo.

hypermetropia /ˌhaɪpəmɪ'trəʊpiə/ hipermetropia: visão mais clara dos objetos à longa distância e impossibilidade de ver os objetos próximos. ☑ **longsightedness**; **hyperopia**. Nota: no inglês americano usa-se **hypertropia**.

hypernatraemia /ˌhaɪpənæ'tri:miə/ hipernatremia: condição grave que ocorre mais freqüentemente em bebês ou pessoas idosas, caracterizada pela presença anormal de sódio no sangue, como resultado de perda de água e eletrólitos na diarréia, sudorese excessiva, pouca ingestão de líquidos ou consumo excessivo de sal.

hypernephroma /ˌhaɪpənə'frəʊmə/ hipernefroma. ⇨ **Grawitz tumour**.

hyperopia /ˌhaɪpə'rəʊpiə/ hiperopia. ⇨ **hypermetropia**.

hyperostosis /haɪpɒ'stəʊsɪs/ hiperostose: crescimento excessivo de uma porção de osso, principalmente o osso frontal.

hyperparathyroidism /ˌhaɪpəˌpærə'θaɪrɔɪdɪz(ə)m/ hiperparatireoidismo: concentração anormalmente alta do hormônio paratireóide no organismo. Causa vários problemas de saúde, incluindo dano aos rins.

hyperphagia /ˌhaɪpə'feɪdʒiə/ hiperfagia: ingestão compulsiva de grande quantidade de alimento.

hyperpiesia /ˌhaɪpəpaɪ'i:ziə/ hiperpiese. ⇨ **hypertension**.

hyperpiesis /ˌhaɪpəpaɪ'i:sɪs/ hiperpiese: pressão anormalmente alta, principalmente do sangue.

hyperpituitarism /ˌhaɪpə'pɪtjuːɪtərɪz(ə)m/ hiperpituitarismo: atividade excessiva da glândula pituitária.

hyperplasia /ˌhaɪpə'pleɪziə/ hiperplasia: aumento no número das células de um órgão.

hyperpnoea /ˌhaɪpə'pniːə/ hiperpnéia: respiração mais profunda e rápida do que o normal, por exemplo, após exercícios físicos.

hyperpyrexia /ˌhaɪpəpaɪ'reksiə/ hiperpirexia; hipertermia: temperatural corporal acima de 41,1°C.

hypersecretion /ˌhaɪpəsɪ'kri:ʃ(ə)n/ hipersecreção: secreção superabundante de uma substância.

hypersensitive /ˌhaɪpə'sensɪtɪv/ hipersensível: relativo à pessoa que tem uma resposta exagerada a um antígeno.

hypersensitivity /ˌhaɪpəsensɪ'tɪvɪti/ hipersensibilidade: reação exagerada a alguma coisa, por exemplo, uma substância alergênica. *her hypersensitivity to dust* / a hipersensibilidade dela à poeira. *Anaphylactic shock shows hypersensitivity to an injection.* / O choque anafilático demonstra hipersensibilidade a uma substância injetada.

hypersplenism /ˌhaɪpə'splenɪz(ə)m/ hiperesplenismo: atividade excessiva do baço, que destrói as hemácias, tornando-o hipertrofiado.

hypertelorism /ˌhaɪpə'telərɪz(ə)m/ hipertelorismo: espaço anormal entre dois órgãos ou partes do corpo.

hypertension /ˌhaɪpə'tenʃən/ hipertensão: pressão sanguínea mais elevada do que o normal para o sexo e a idade. ☑ **high blood pressure; hyperpiesia**. Compare com **hypotension**. Observação: a hipertensão não tem uma causa específica em mais de 50% dos casos (**essential hypertension**), mas pode ser associada a outras doenças. É tratada com medicamentos, tais como betabloqueadores, inibidores da enzima conversora de angiotensina (*ACE inhibitors*), diuréticos e bloqueadores do canal de cálcio.

hypertensive /ˌhaɪpəˈtensɪv/ hipertensivo: relativo à hipertensão.

hypertensive headache /ˌhaɪpətensɪv ˈhedeɪk/ cefaléia hipertensiva: cefaléia causada por hipertensão.

hypertensive retinopathy /ˌhaɪpətensɪv ˌretɪnˈɒpəθi/ retinopatia hipertensiva: alterações na retina, causadas por hemorragia local e suprimento sanguíneo limitado, que ameaça a visão, se a pressão vascular for excessivamente alta.

hyperthermia /ˌhaɪpəˈθɜːmiə/ hipertermia: temperatura corporal muito elevada.

hyperthyroidism /ˌhaɪpəˈθaɪrɔɪdɪz(ə)m/ hipertireoidismo: atividade excessiva da glândula tireóide, com liberação de quantidades anormais de hormônio tireóideo na corrente sanguínea, ocasionando batimentos cardíacos rápidos, sudorese e tremor. Pode ser tratado com carbimazol. ☑ **thyrotoxicosis**.

hypertonia /ˌhaɪpəˈtəʊniə/ hipertonia: rigidez e espasticidade extremas dos músculos.

hypertonic /ˌhaɪpəˈtɒnɪk/ hipertônico: **1** relativo à solução que tem uma pressão osmótica maior do que uma solução de referência. **2** relativo ao músculo que está sob um grau muito maior de tensão.

hypertrichosis /ˌhaɪpətrɪˈkəʊsɪs/ hipertricose: crescimento excessivo de cabelo no corpo.

hypertrophic /ˌhaɪpəˈtrɒfɪk/ hipertrófico: associado com hipertrofia.

hypertrophic rhinitis /ˌhaɪpətrɒfɪk raɪˈnaɪtɪs/ rinite hipertrófica: rinite com espessamento da mucosa nasal.

hypertrophy /haɪˈpɜːtrəfi/ hipertrofia: aumento no número ou tamanho das células teciduais.

hypertropia /ˌhaɪpəˈtrəʊpiə/ hipertropia. ⇨ **hypermetropia**.

hyperventilate /ˌhaɪpəˈventɪleɪt/ respirar rápida e profundamente: respirar muito rápido. *We hyperventilate as an expression of fear or excitement.* / Nós respiramos rápida e profundamente, numa manifestação de medo e excitação.

hyperventilation /ˌhaɪpəventɪˈleɪʃ(ə)n/ hiperventilação: respiração muito rápida, acompanhada por tontura ou tetania.

hypervitaminosis /ˌhaɪpəˌvɪtəmɪˈnəʊsɪs/ hipervitaminose: condição causada pela ingestão de vitaminas sintéticas em excesso, principalmente de vitaminas A e D.

hypervolaemia /ˌhaɪpəvɒˈliːmiə/ hipervolemia: aumento anormal no volume de sangue do organismo.

hyphaema /haɪˈfiːmiə/ hifema: hemorragia na câmara anterior do olho.

hypn- /hɪpn/ hipn(o)-: relativo ao sono.

hypnosis /hɪpˈnəʊsɪs/ hipnose: estado semelhante ao sono, no qual a pessoa pode se lembrar de eventos passados e é influenciada pelas palavras do hipnotizador.

hypnotherapist /ˌhɪpnəʊˈθerəpɪst/ hipnoterapista: pessoa que pratica a hipnoterapia.

hypnotherapy /ˌhɪpnəʊˈθerəpi/ hipnoterapia: tratamento psicoterápico por meio da hipnose, como no caso de certos vícios.

hypnotic /hɪpˈnɒtɪk/ hipnótico: **1** relativo à hipnose e ao hipnotismo. **2** relativo a um estado semelhante ao sono, mas que é induzido. **3** referente a um medicamento que provoca o sono.

hypnotise /ˈhɪpnətaɪz/ hipnotizar: induzir uma pessoa a um estado em que ela parece dormir e é influenciada pelas palavras do hipnotizador. Usa-se também **hypnotize**. *He hypnotises his patients, and then persuades them to reveal their hidden problems.* / Ele hipnotiza os pacientes, persuadindo-os, então, a revelar seus problemas ocultos.

hypnotism /ˈhɪpnətɪz(ə)m/ hipnotismo: técnica usada para induzir a hipnose.

hypnotist /ˈhɪpnətɪst/ hipnotizador; hipnotista: pessoa que hipnotiza outras. *The hypnotist passed his hand in front of her eyes and she went immediately to sleep.* / O hipnotizador passou a mão na frente dos olhos dela, e ela dormiu imediatamente.

hypo /ˈhaɪpəʊ/ (informal) hipo: **1** ⇨ **hypodermic syringe**. **2** uma crise de hipoglicemia, por exemplo, em pessoas diabéticas.

hypo- /haɪpəʊ/ hip(o)-: menos, muito pouco ou embaixo. Nota: antes de vogais usa-se **hyp-**. Oposto de **hyper-**.

hypoacidity /ˌhaɪpəʊəˈsɪdɪti/ hipoacidez: acidez excessivamente baixa, principalmente no estômago.

hypoaesthesia /ˌhaɪpəʊiːsˈθiːziə/ hipoestasia: diminuição da sensibilidade tátil.

hypoallergenic /ˌhaɪpəʊələˈdʒenɪk/ hipoalergênico: cujo risco de causar uma reação alérgica é pequeno.

hypocalcaemia /ˌhaɪpəʊkælˈsiːmiə/ hipocalcemia: taxa excessivamente baixa de cálcio no sangue, que pode causar tetania.

hypocapnia /ˌhaɪpəʊˈkæpniə/ hipocapnia: diminuição da quantidade de dióxido de carbono no sangue.

hypochloraemia /ˌhaɪpəʊklɔːˈriːmiə/ hipocloremia: diminuição da quantidade de íons cloreto no sangue.

hypochlorhydria /ˌhaɪpəʊklɔːˈhaɪdriə/ hipocloridria: redução da quantidade de ácido clorídrico no estômago.

hypochondria /ˌhaɪpəʊˈkɒndriə/ hipocondria: estado no qual a pessoa encontra-se constantemente preocupada com sua saúde, acreditando-se vítima de doenças.

hypochondriac /ˌhaɪpəʊ'kɒndriæk/ hipocondríaco: indivíduo que se preocupa demasiadamente com sua saúde.

hypochondriac region /ˌhaɪpəʊ'kɒndriæk ˌri:dʒən/ região hipocondríaca: região abdominal superior, lateral ao epigástrio, sob as costelas.

hypochondrium /ˌhaɪpəʊ'kɒndriəm/ hipocôndrio: uma das duas regiões hipocondríacas situadas na parte superior do abdome.

hypochromic /ˌhaɪpəʊ'krəʊmɪk/ hipocrômico: relativo às células sanguíneas ou tecidos com pigmentação abaixo da normal. *hypochromic scars* / cicatrizes hipocrômicas.

hypochromic anaemia /ˌhaɪpəʊkrəʊmɪk ə'ni:miə/ anemia hipocrômica: anemia caracterizada pela diminuição da hemoglobina em proporção ao número de eritrócitos, dando ao indivíduo uma aparência muito pálida.

hypodermic /ˌhaɪpə'dɜ:mɪk/ hipodérmico: **1** situado sob a pele. **2** (informal) seringa, agulha ou injeção hipodérmica.

hypodermic injection /ˌhaɪpədɜ:mɪk ɪn'dʒekʃən/ injeção hipodérmica: injeção de um medicamento, principalmente para o alívio da dor, aplicada sob a pele. ☑ **subcutaneous injection**.

hypodermic needle /ˌhaɪpədɜ:mɪk 'ni:d(ə)l/ agulha hipodérmica: agulha própria para injeção subcutânea.

hypodermic syringe /ˌhaɪpədɜ:mɪk sɪ'rɪndʒ/ seringa hipodérmica: seringa especial, dotada de agulha hipodérmica, para injeção subcutânea. ☑ **hypo**.

hypofibrinogenaemia /ˌhaɪpəʊˌfɪbrɪnəʊdʒə'ni:miə/ hipofibrinogenemia; hipofibrinemia: redução da taxa de fibrinogênio no sangue, causada, por exemplo, por várias transfusões sanguíneas ou por doença hereditária.

hypogammaglobulinaemia /ˌhaɪpəʊgæməˌglɒbjulɪn'i:miə/ hipogamaglobulinemia: taxa excessivamente baixa da fração gama de globulina no sangue, causando deficiência imunitária. Pode ser hereditária ou adquirida.

hypogastrium /ˌhaɪpə'gæstriəm/ hipogástrio: região do abdome situada sob o estômago.

hypoglossal /ˌhaɪpəʊ'glɒsəl/ hipoglosso: **1** situado sob a língua. **2** relativo ao nervo hipoglosso.

hypoglossal nerve /haɪpə'glɒs(ə)l nɜ:v/ nervo hipoglosso: o décimo segundo nervo craniano, que governa os músculos da língua.

hypoglycaemia /ˌhaɪpəʊglaɪ'si:miə/ hipoglicemia: baixa concentração de glicose no sangue. Observação: a hipoglicemia afeta indivíduos com diabetes, que sentem fraqueza em decorrência da falta de açúcar. Quando isso ocorrer, pode-se prevenir a crise hipoglicêmica pela ingestão de glicose ou de um torrão de açúcar.

hypoglycaemic /ˌhaɪpəʊglaɪ'si:mɪk/ hipoglicêmico: que tem hipoglicemia.

hypoglycaemic coma /ˌhaɪpəʊglaɪˌsi:mɪk 'kəʊmə/ coma hipoglicêmico: estado de inconsciência que afeta pessoas diabéticas após uma superdosagem de insulina.

hypohidrosis /ˌhaɪpəʊhaɪ'drəʊsɪs/ hipoidrose: produção excessivamente baixa de secreção sudoral. Usa-se também **hypoidrosis**.

hypoinsulinism /ˌhaɪpəʊ'ɪnsjulɪnɪz(ə)m/ hipoinsulinismo: quantidade insuficiente de insulina no organismo, freqüentemente causada por distúrbios do pâncreas.

hypokalaemia /ˌhaɪpəʊkæ'li:miə/ hipocalemia: deficiência de potássio no sangue.

hypomania /ˌhaɪpəʊ'meɪniə/ hipomania: uma forma atenuada de mania ou superexcitação, principalmente num quadro maníano-depressivo.

hypomenorrhoea /ˌhaɪpəmenə'ri:ə/ hipomenorréia: quantidade insuficiente de fluxo menstrual.

hypometropia /ˌhaɪpəʊmɪ'trəʊpiə/ hipometropia. ⇨ **myopia**.

hyponatraemia /ˌhaɪpəʊnæ'tri:miə/ hiponatremia: deficiência de sódio no organismo.

hypoparathyroidism /ˌhaɪpəʊˌpærə'θaɪrɔɪdɪz(ə)m/ hipoparatireoidismo: produção diminuída de hormônios paratireóideos, com redução na taxa de cálcio sérico e espasmos musculares.

hypopharynx /ˌhaɪpəʊ'færɪŋks/ hipofaringe: a porção da faringe localizada entre o osso hióide e a borda inferior da cartilagem cricóide. Plural: **hypopharynxes** ou **hypopharynges**.

hypophyseal /ˌhaɪpə'fɪziəl/ hipofisário: relativo à glandula pituitária ou hipófise.

hypophyseal stalk /ˌhaɪpəfɪziəl 'stɔ:k/ pedículo hipofisário: pedículo em forma de funil que fixa a glândula pituitária ao hipotálamo.

hypophysectomy /haɪˌpɒfɪ'sektəmi/ hipofisectomia: remoção cirúrgica da glândula pituitária ou hipófise.

hypophysis cerebri /haɪ'pɒfəsɪs 'serəbri/ hipófise cerebral. ⇨ **pituitary gland**.

hypopiesis /ˌhaɪpəʊpaɪ'i:sɪs/ hipopiese: redução da pressão arterial.

hypopituitarism /ˌhaɪpəʊpɪ'tju:ɪtərɪz(ə)m/ hipopituitarismo: atividade diminuída da glândula pituitária.

hypoplasia /ˌhaɪpəʊ'pleɪziə/ hipoplasia: desenvolvimento insuficiente de um tecido ou órgão.

hypoplastic left heart /haɪpəʊˌplæstɪk left 'ha:t/ coração esquerdo hipoplástico: distúrbio cardíaco grave, no qual o lado esquerdo do coração não se desenvolve normalmente, levando à morte dentro de seis semanas após o nascimento, se não for realizada cirurgia corretiva.

hypopnoea /ˌhaɪpəʊ'pni:ə/ hipopnéia: deglutição diminuída e redução da ventilação pulmonar.

hypoproteinaemia /ˌhaɪpəʊprəʊtɪ'ni:miə/ hipoproteinemia: quantidade insuficiente de proteínas no sangue.

hypoprothrombinaemia /ˌhaɪpəʊprəʊˌθrɒmbɪ'ni:miə/ hipoprotrombinemia: taxa insuficiente de protrombina no sangue, com risco aumentado de hemorragia e hematomas.

hypopyon /ˌhaɪpəˈpaɪən/ hipópion: acúmulo de pus no humor aquoso, na câmara anterior do olho.

hyposensitise /ˌhaɪpəʊˈsensɪtaɪz/ hipossensibilizar: reduzir a sensibilidade de um indivíduo a alguma coisa, por exemplo, substâncias alergênicas. Usa-se também **hyposensitize**.

hyposensitive /ˌhaɪpəʊˈsensɪtɪv/ hipossensível: cuja sensibilidade é menor do que a normal.

hyposensitivity /ˌhaɪpəʊˌsensɪˈtɪvɪti/ hipossensibilidade: sensibilidade diminuída a estímulos, tais como substâncias alergênicas.

hypospadias /ˌhaɪpəˈspeɪdiəs/ hipospadia: malformação em que a uretra se abre no lado inferior do pênis e, na mulher, a uretra se abre dentro da vagina. Compare com **epispadias**.

hypostasis /haɪˈpɒstəsɪs/ hipóstase: acúmulo de líquido em uma região do corpo, por causa de má circulação.

hypostatic /ˌhaɪpəʊˈstætɪk/ hipostático: relativo à hipóstase.

hypostatic eczema /ˌhaɪpəʊstætɪk ˈeksɪmə/ eczema hipostático. ⇨ **varicose eczema**.

hypostatic pneumonia /ˌhaɪpəʊstætɪk njuːˈməʊniə/ pneumonia hipostática: pneumonia causada pelo acúmulo de líquido nos pulmões de pessoa acamada e com más condições cardíacas.

hyposthenia /ˌhaɪpɒsˈθiːniə/ hipostenia: perda anormal de forças; fraqueza.

hypotension /ˌhaɪpəʊˈtenʃən/ hipotensão: pressão arterial abaixo da normal. ☑ **low blood pressure**. Compare com **hypertension**.

hypotensive /ˌhaɪpəˈtensɪv/ hipotensivo: que tem pressão arterial abaixo da normal.

hypothalamic /ˌhaɪpəʊθəˈlæmɪk/ hipotalâmico: relativo ao hipotálamo.

hypothalamic hormone /ˌhaɪpəʊθəˌlæmɪk ˈhɔːməʊn/ hormônio hipotalâmico. ⇨ **releasing hormone**.

hypothalamus /ˌhaɪpəʊˈθæləməs/ hipotálamo: porção medial do diencéfalo, que controla a atividade hipofisária e a produção de hormônios. Regula importantes funções do organismo, tais como fome, sede e sono. ☑ **hypothalmus**. Veja ilustração em **Brain**, no Apêndice.

hypothalmus /ˌhaɪpəʊˈθælməs/ hipotálamo. ⇨ **hypothalamus**. Plural: **hypothalmuses** ou **hypothalmi**.

hypothenar /haɪˈpɒθɪnə/ hipotenar: saliência carnosa formada no bordo interno da palma da mão, sob o dedo mindinho.

hypothenar eminence /haɪˌpɒθɪnə ˈemɪnəns/ eminência hipotenar: massa pequena localizada na palma da mão, sob o dedo mindinho. Compare com **thenar**.

hypothermal /ˌhaɪpəʊˈθɜːm(ə)l/ hipotérmico: relativo à hipotermia.

hypothermia /ˌhaɪpəʊˈθɜːmiə/ hipotermia: redução da temperatura do corpo abaixo de 35°C, usada em certos procedimentos cirúrgicos.

...*inadvertent hypothermia can readily occur in patients undergoing surgery when there is reduced heat production and a greater potential for heat loss to the environment.* / "hipotermia inadvertida pode ocorrer imediatamente em pacientes submetidos à cirurgia, quando há diminuição na produção de calor e um potencial maior de perda de calor do meio ambiente." (*British Journal of Nursing*)

hypothermic /ˌhaɪpəˈθɜːmɪk/ hipotérmico; com hipotermia: que sofre de hipotermia. *Examination revealed that she was hypothermic, with a rectal temperature of only 29.4°C.* / O exame revelou que ela estava com hipotermia, apresentando temperatura retal de apenas 29,4°C.

hypothermic perfusion /ˌhaɪpəθɜːmɪk pəˈfjuː:ʒ(ə)n/ perfusão hipotérmica: método de preservação de um órgão para transplante, que consiste em nele injetar uma solução e, em seguida, armazená-lo em tempetura mínima.

hypothesis /haɪˈpɒθəsɪs/ hipótese: suposição ou explicação hipotética para uma observação ou resultado experimental, que é então aprimorada ou refutada para investigação ulterior.

hypothyroidism /ˌhaɪpəʊˈθaɪrɔɪdɪz(ə)m/ hipotireoidismo: atividade da glândula tireóide abaixo da normal.

hypotonia /ˌhaɪpəʊˈtəʊniə/ hipotonia: diminuição da tonicidade dos músculos esqueléticos.

hypotonic /ˌhaɪpəʊˈtɒnɪk/ hipotônico: **1** que apresenta hipotonia. **2** relativo à solução que apresenta pressão osmótica mais baixa do que o plasma.

hypotrichosis /ˌhaɪpəʊtrɪˈkəʊsɪs/ hipotricose: desenvolvimento dos pêlos inferior ao normal. Compare com **alopecia**. Plural: **hypotrichoses**.

hypotropia /ˌhaɪpəʊˈtrəʊpiə/ hipotropia: forma de estrabismo com desvio da visão para baixo.

hypoventilation /ˌhaɪpəʊventɪˈleɪʃ(ə)n/ hipoventilação: ventilação pulmonar muito lenta.

hypovitaminosis /ˌhaɪpəʊˌvɪtəmɪˈnəʊsɪs/ hipovitaminose: deficiência de vitaminas.

hypoxaemia /ˌhaɪpɒkˈsiːmiə/ hipoxemia: diminuição de oxigenação no sangue arterial. ☑ **hypoxia**.

hypoxanthineguaninephosphoribosyltransferase /haɪˈpɒzænθiːn ˈgwɑːniːn fɒsˌfɒrɪbɒsɪl ˈtrænsfəreɪz/ hipoxantina-guanina fosforribosiltransferase. Abreviatura: **HGPRT**. Veja também **HPRT**.

hypoxanthine phosphoribosyl phosphoribosyl transferase /haɪˈpɒzænθiːn fɒsˌfɒrɪ bɒsɪl ˈtrænsfəreɪz/ hipoxantina fosforribosiltransferase. Abreviatura: **HPRT**.

hypoxia /haɪˈpɒksiə/ hipoxia: **1** diminuição do volume de oxigênio distribuído aos tecidos, resultante da redução de oxigenação no sangue arterial. **2** ⇨ **hypoxaemia**.

hyster- /ˈhɪstə/ ⇨ **hystero-**.

hysteralgia /ˌhɪstərˈældʒə/ histeralgia: dor uterina.

hysterectomy /ˌhɪstəˈrektəmi/ histerectomia: remoção cirúrgica do útero, freqüentemente para tratamento de câncer ou extirpação de fibromas.

hysteria /hɪˈstɪərɪə/ (antiquado) histeria: termo usado antigamente em psiquiatria para designar uma neurose considerada de origem sexual, e que é hoje empregado informalmente para descrever uma condição de instabilidade, caracterizada por agitação motora, ou de repressão, em que a pessoa tem uma reação muito lenta aos estímulos externos.

hysterical /hɪˈsterɪk(ə)l/ (informal) histérico: cujo comportamento está relacionado à histeria.

hysterically /hɪˈsterɪkli/ (informal) histericamente: de uma forma histérica.

hysterical personality /hɪˌsterɪk(ə)l ˌpɜːsəˈn ælɪti/ (antiquado) personalidade histérica: condição em que uma pessoa imatura e egocêntrica apresenta um comportamento instável e dependente.

hysterics /hɪˈsterɪks/ (antiquado) histerismo: uma crise de histeria.

hystericus /hɪˈsterɪkəs/ histérico. Veja **globus hystericus**.

hystero- /hɪstərəʊ/ hister(o)-: relativo ao útero. Nota: antes de vogais usa-se **hyster-**.

hysterocele /ˈhɪstərəʊsiːl/ histerocele. ➪ **uterocele**.

hystero-oöphorectomy /ˌhɪstərəʊ ˌəʊəfəˈrektə mi/ histerooferectomia: remoção cirúrgica do útero e dos ovários.

hysteroptosis /ˌhɪstərɒpˈtəʊsɪs/ histeroptose: prolapso do útero.

hysterosalpingo-contrast sonography /ˌhɪs terəʊˌsælpɪŋgəʊ ˌkɒntrɑːst sɒnˈɒɡrɑːfi/sonografia histerossalpíngea de contraste: exame do útero e das trompas de Falópio por ultra sonografia. Abreviatura: **HYCOSY**.

hysterosalpingography /ˌhɪstərəʊˌsælpɪŋˈ ɡɒɡrɑːfi/ histerossalpingografia: radiografia do útero e das trompas de Falópio após injeção, na cavidade uterina, de uma solução opaca aos raios X. ☑ **uterosalpingography**.

hysterosalpingostomy /ˌhɪstərəʊˌsælpɪŋˈɡɒstə mi/ histerossalpingostomia: operação para restabelecer uma abertura entre a tuba uterina e o útero, em casos de infertilidade.

hysteroscope /ˈhɪstərəskəʊp/ histeroscópio: endoscópio usado para examinar a cavidade uterina.

hysteroscopy /ˌhɪstəˈrɒskəpi/ histeroscopia: exame da cavidade uterina por meio de um histeroscópio ou fibroscópio.

hysterotomy /ˌhɪstəˈrɒtəmi/ histerotomia: incisão do útero, por exemplo, em operações cesarianas, ou em alguns tipos de aborto.

hysterotrachelorrhaphy /ˌhɪstərəʊˌtrækɪəˈl ɒrəfi/ histerotraquelorrafia: cirurgia para reparo do colo uterino lacerado.

-iasis /ɑɪəsɪs/ -íase: relativo a um estado mórbido. *amoebiasis* / amebíase.

iatro- /ɑɪætrəu/ iatro-: relativo à medicina ou aos médicos.

iatrogenesis /ɑɪˌætrəuˈdʒenəsɪs/ iatrogênese: qualquer resposta desfavorável causada por tratamento médico equivocado.

iatrogenic /ɑɪˌætrəˈdʒenɪk/ iatrogênico: refere-se à resposta desfavorável a um tratamento médico equivocado. *an iatrogenic infection* / uma infecção iatrogênica. Observação: uma resposta iatrogênica pode ser causada por medicamento, isto é, um efeito colateral, por infecção, ou simplesmente pela preocupação sobre o possível tratamento.

IBS abreviatura de **irritable bowel syndrome**.

ibuprofen /ˌɑɪbjuːˈprəʊfən/ ibuprofeno: agente analgésico, antiinflamatório não-esteróide, eficaz no combate à dor e ao inchaço, principalmente em casos de artrite e reumatismo. Seu uso doméstico para o alívio da dor é muito difundido.

ice bag /ˈɑɪs bæg/ bolsa de gelo: compressa fria feita com tecido dobrado cheio de gelo esmagado, ou bolsa com gelo aplicada no corpo para diminuir a dor ou o inchaço. Usa-se também **ice-bag**. ☑ **ice pack**.

ice pack /ˈɑɪs pæk/ compressa gelada. ⇨ **ice bag**.

ichthamol /ˈɪkˈθæmɒl/ ictamol: líquido espesso, de coloração vermelho-escura, usado como analgésico e anti-séptico suave em distúrbios cutâneos.

ichthyosis /ˌɪkθɪˈəʊsɪs/ ictiose: distúrbio congênito caracterizado por má formação das células epidérmicas, que resulta em pele ressecada, com descamação semelhante a escamas de peixe.

ICM /ˌɑɪ siː ˈem/ abreviatura de **International Confederation of Midwives**.

ICN abreviatura de: 1 **International Council of Nurses**. 2 **infection control nurse**: enfermeira de controle de infecção.

ICP /ˌɑɪ siː ˈpiː/ abreviatura de **intracranial pressure**.

ICRC abreviatura de **International Committee of the Red Cross**.

ICSH abreviatura de **interstitial cell stimulating hormone**.

icteric /ɪkˈterɪk/ ictérico: acometido por icterícia.

icterus /ˈɪktərəs/ icterícia. ⇨ **jaundice**.

icterus gravis neonatorum /ˌɪktərəs ˌɡrævɪs ˌniːəʊnəˈtɔːrəm/ icterícia grave do recém-nascido: icterícia associada à eritroblastose fetal.

ictus /ˈɪktəs/ icto: uma convulsão ou ataque súbito.

ICU abreviatura de **intensive care unit**.

id /ɪd/ (psicanálise freudiana) id: os impulsos básicos inconscientes da personalidade.

ideation /ˌɑɪdiˈeɪʃ(ə)n/ ideação: ato ou processo de formação de conceitos e idéias.

identical twins /ɑɪˈdentɪk(ə)l twɪnz/ (plural) gêmeos idênticos: gêmeos que têm a aparência exatamente igual, porque foram desenvolvidos em um mesmo óvulo. Também chamados de **monozygotic twins**; **uniovular twins**.

identification /ɑɪˌdentɪfɪˈkeɪʃ(ə)n/ identificação: o ato de reconhecer ou afirmar a existência de alguém ou alguma coisa. ◊ **identification with someone**: identificação com alguém: mecanismo psíquico em que, inconscientemente, se assimilam os pontos de vista e o comportamento de uma pessoa ou grupo.

identity bracelet /ɑɪˈdentɪti ˌbreɪslət/ bracelete de identidade: faixa circular que envolve o pulso do recém-nascido ou paciente hospitalizado e que permite a sua identificação. ☑ **identity label**.

identity label /ɑɪˈdentɪti ˌleɪb(ə)l/ pulseira de identidade. ⇨ **identity bracelet**.

ideo- /ɑɪdiəʊ/ ide(o)-: relativo à idéia.

idio- /ɪdiəʊ/ idi(o)-: peculiar; próprio; relativo à determinada pessoa.

idiopathic /ˌɪdiəˈpæθɪk/ idiopático: 1 relativo à doença de origem desconhecida. 2 relativo à idiopatia.

idiopathic epilepsy /ˌɪdiəpæθɪk ˈepɪˌlepsi/ epilepsia idiopática: epilepsia que não é causada por distúrbio cerebral, e que se manifesta durante a infância ou adolescência.

idiopathic hypertension /ˌɪdiəpæθɪk ˌhaɪpə'tenʃən/ hipertensão idiopática. ⇨ **essential** (acepção 3).

idiopathy /ˌɪdi'ɒpəθi/ idiopatia: estado mórbido de origem desconhecida.

idiosyncrasy /ˌɪdiəu'sɪŋkrəsi/ idiossincrasia: um comportamento que é peculiar a determinada pessoa.

idiot savant /ˌɪdiəu 'sævɒŋ/ idiota-sábio; idiota-prodígio: pessoa com baixo nível de aprendizado que possui uma habilidade mental específica altamente desenvolvida, por exemplo, tocar música de ouvido, desenhar objetos de que se lembra ou fazer cálculos mentais.

idioventricular /ˌɪdiəuven'trɪkjulə/ idioventricular: relativo aos ventrículos cardíacos.

idioventricular rhythm /ˌɪdiəuven,trɪkjulə 'rɪð(ə)m/ ritmo idioventricular: impulsos ventriculares lentos, dissociados dos átrios.

IDK abreviatura de **internal derangement of the knee**.

Ig abreviatura de **immunoglobulin**.

Ig A antiendomysial antibody /ˌaɪ dʒi: eɪ ˌæntiendəu,maɪsɪəl 'æntɪbɒdi/ triagem de anticorpos antiendomisiais Ig A: um exame sorológico para detecção de doença celíaca.

IHD abreviatura de **ischaemic heart disease**.

IL-1 abreviatura de **interleukin-1**.

IL-2 abreviatura de **interleukin-2**.

ile- /ɪli/ ⇨ **ileo-**.

ileac /'ɪliæk/ ilíaco: **1** relativo ao íleo. **2** da natureza do íleo.

ileal /'ɪliəl/ ileal: relacionado ao íleo.

ileal bladder /ˌɪliəl 'blædə/ bexiga ileal: conduto urinário artificial que liga os ureteres a um segmento do íleo, e que é desviado para uma abertura na parede abdominal. ☑ **ileal conduit**.

ileal conduit /ˌɪliəl 'kɒndjuɪt/ conduto ileal. ⇨ **ileal bladder**.

ileal pouch /ˌɪliəl 'pautʃ/ bolsa ileal: bolsa formada por um pequeno conduto do íleo conectado a um novo ânus, a fim de ajudar na eliminação das fezes, sem necessidade de ileostomia.

ileectomy /ˌɪli'ektəmi/ ileectomia: remoção cirúrgica do íleo, ou de parte dele.

ileitis /ˌɪli'aɪtɪs/ ileíte: inflamação do íleo.

ileo- /ɪliəu/ íleo-: relacionado ao íleo. Nota: antes de vogais usa-se **ile-**.

ileocaecal /ˌɪliəu'si:k(ə)l/ ileocecal: relativo ao íleo e ceco.

ileocaecal orifice /ˌɪliəusi:k(ə)l ' ɒrɪfɪs/ orifício ileocecal: orifício entre o cólon e o intestino grosso.

ileocaecal valve /ˌɪli:əusi:k(ə)l 'vælv/ válvula ileocecal: válvula no íleo terminal que permite a passagem dos alimentos do íleo para o ceco.

ileocaecocystoplasty /ˌɪliəu,si:kəu'saɪtəuplæsti/ ileocecocistoplastia: cirurgia para reconstrução da bexiga por meio da utilização de parte do íleo e ceco.

ileocolic /ˌɪliəu'kɒlɪk/ ileocólico: relativo ao íleo e cólon.

ileocolic artery /ˌɪli:əukɒlɪk 'ɑ:təri/ artéria ileocólica: um tronco da artéria mesentérica superior.

ileocolitis /ˌɪliəukə'laɪtɪs/ ileocolite: inflamação das mucosas do íleo e do cólon.

ileocolostomy /ˌɪliəukə'lɒstəmi/ ileocolostomia: cirurgia para estabelecimento de uma comunicação entre o íleo e o cólon.

ileoproctostomy /ˌɪliəuprɒk'tɒstəmi/ ileoprotostomia: cirurgia para estabelecimento de uma comunicação entre o íleo e o reto.

ileorectal /ˌɪliəu'rekt(ə)l/ ileorretal: relativo ao íleo e reto.

ileosigmoidostomy /ˌɪliəusɪgmɔɪ'dɒstəmi/ ileossigmoidostomia: cirurgia para estabelecimento de uma comunicação entre o íleo e o cólon sigmóide.

ileostomy /ˌɪli'ɒstəmi/ ileostomia: cirurgia para estabelecimento de uma comunicação entre o íleo e a parede abdominal, para eliminação de material fecal.

ileostomy bag /ɪli'ɒstəmi bæg/ bolsa de ileostomia: bolsa ajustada em torno do orifício ileal, para coleta de fezes após ileostomia.

ileum /'ɪliəm/ íleo: a porção terminal do intestino delgado, entre o jejuno e o ceco. Compare com **ilium**. Veja ilustração em **Digestive System**, no Apêndice. Plural: **ilea**. Observação: o íleo é a porção mais longa de intestino delgado, medindo cerca de 2,5 metros.

ileus /'ɪliəs/ íleo: obstrução do intestino, geralmente causada por inibição da motilidade intestinal, acompanhada por distensão abdominal. Veja também **paralytic ileus**.

ili- /ɪli/ ⇨ **ilio-**.

iliac /'ɪliæk/ ilíaco: relativo ao íleo.

iliac crest /ˌɪliæk 'krest/ crista ilíaca: a borda superior curva do íleo. ☑ **crest of ilium**. Veja ilustração em **Pelvis**, no Apêndice.

iliac fossa /ˌɪliæk 'fɒsə/ fossa ilíaca: depressão situada na superfície interna da asa do íleo.

iliac region /'ɪliæk ˌri:dʒən/ região ilíaca: a região situada na parte inferior do abdome, de cada lado do hipogástrio.

iliac spine /'ɪliæk spaɪn/ espinha ilíaca: projeção na extremidade posterior da crista ilíaca.

iliacus /ɪli'ækəs/ ilíaco: músculo da virilha, responsável pela flexão da coxa.

ilio- /ɪliəu/ íli(o)-: relativo ao íleo. Nota: antes de vogais usa-se **ili-**.

iliococcygeal /ˌɪliəukɒk'sɪdʒiəl/ ileococcígeo: relativo ao íleo e cóccix.

iliolumbar /ˌɪliəu'lʌmbə/ ileolombar: relativo ao íleo e às regiões lombares.

iliopectineal /ˌɪliəupek'tɪniəl/ iliopectíneo: relativo ao íleo e ao púbis. ☑ **iliopubic**.

iliopectineal eminence /ˌɪliəupektɪniəl 'emɪnəns/ eminência ileopectínea: uma elevação na superfície interna do osso inominado. ☑ **iliopubic eminence**.

iliopsoas /ˌɪliəʊˈsəʊəs/ ileopsoas: músculo formado pelos músculos ilíaco e psoas.

iliopubic /ˌɪliəʊˈpjuːbɪk/ ileopúbico. ⇨ **iliopectineal**.

iliopubic eminence /ˌɪliəʊˌpjuːbɪk ˈemɪnəns/ eminência ileopúbica. ⇨ **iliopectineal eminence**.

iliotibial tract /ˌɪliəʊˈtɪbiəl ˌtrækt/ trato ileotibial: faixa de tecido fibroso que vai do íleo à tíbia.

ilium /ˈɪliəm/ ílio: a porção superior dos ossos do quadril, que forma a pelve. Compare com **ileum**. Veja ilustração em **Pelvis**, no Apêndice. Plural: **ilia**.

ill /ɪl/ doente: que não está bem de saúde. *If you feel very ill you ought to see a doctor.* / Se você se sentir muito doente, deve consultar um médico.

illegal abortion /ɪˌliːg(ə)l əˈbɔːʃ(ə)n/ aborto ilegal. ⇨ **criminal abortion**.

ill health /ˌɪl ˈhelθ/ mal de saúde; com a saúde debilitada: o fato de não estar bem de saúde. *He has been in ill health for some time.* / Ele está mal de saúde há algum tempo. *She has a history of ill health.* / Ela tem um histórico de saúde debilitada. *He had to retire early for reasons of ill health.* / Ele precisou se aposentar cedo por causa da saúde debilitada.

illness /ˈɪlnəs/ doença; enfermidade: **1** o estado de não estar bem de saúde. *Most of the children stayed away from school because of illness.* / A maioria das crianças falta às aulas por causa de doença. **2** um tipo de moléstia. *Scarlet fever is no longer considered to be a very serious illness.* / A febre escarlatina deixou de ser considerada uma doença muito grave. *He is in hospital with an infectious tropical illness.* / Ele está hospitalizado com uma doença infecciosa tropical.

illusion /ɪˈluːʒ(ə)n/ ilusão: uma percepção falsa dos objetos externos.

i.m., IM abreviatura de **intramuscular**.

image /ˈɪmɪdʒ/ imagem: reprodução mental de uma sensação experimentada anteriormente, por exemplo, imagem visual, olfativa, gustativa.

imagery /ˈɪmɪdʒəri/ imaginação: capacidade de reproduzir mentalmente objetos vistos anteriormente.

imaginary /ɪˈmædʒɪn(ə)ri/ imaginário; irreal; ilusório: relativo a alguma coisa que não existe realmente, mas é criada pela imaginação.

imaginary playmate /ɪˌmædʒɪnəri ˈpleɪmeɪt/ companheiro/a de brincadeira imaginário(a): um companheiro/a que não existe realmente, mas é criado(a) pela imaginação da criança.

imagination /ɪˌmædʒɪˈneɪʃ(ə)n/ imaginação: a capacidade mental de ver ou inventar coisas. *In her imagination she saw herself sitting on a beach in the sun.* / Na imaginação, ela se viu sentada numa praia, sob o sol.

imagine /ɪˈmædʒɪn/ imaginar; supor: ver, ouvir ou sentir alguma coisa mentalmente. *Imagine yourself sitting on the beach in the sun.* / Imagine-se sentado(a) na praia sob o sol. *I thought I heard someone shout, but I must have imagined it because there is no one there.* / Pensei ter ouvido alguém gritando, mas devo ter imaginado isso, porque não há ninguém naquele lugar. ◊ **to imagine things** imaginar coisas: ter delírios, ilusões. *She keeps imagining things.* / Ela continua imaginando coisas. *Sometimes he imagines he is swimming in the sea.* / Algumas vezes, ele imagina que está nadando no mar.

imaging /ˈɪmɪdʒɪŋ/ imagem; representação: obtenção de imagens do corpo por meio de *scanners* vinculados a computadores.

imbalance /ɪmˈbæləns/ desequilíbrio: falta de equilíbrio ou de igualdade entre uma coisa e outra, por exemplo, uma dieta alimentar.

imipramine /ɪˈmɪprəmiːn/ imipramina: droga usada no tratamento da depressão.

immature /ˌɪməˈtʃʊə/ imaturo: não maduro, sem capacidade de percepção ou estabilidade emocional.

immature cell /ˌɪmətʃʊə ˈsel/ célula imatura: célula que ainda está se desenvolvendo.

immaturity /ˌɪməˈtʃʊərɪti/ imaturidade: comportamento que denota falta de maturidade.

immersion foot /ɪˌmɜːʃ(ə)n ˈfʊt/ pé de imersão. ⇨ **trench foot**.

immiscible /ɪˈmɪsəb(ə)l/ (líquidos) imiscível: incapaz de se misturar.

immobile /ɪˈməʊbaɪl/ imóvel: que não se move, ou não pode se mover.

immobilisation /ɪˌməʊbɪlaɪˈzeɪʃ(ə)n/ imobilização: o ato de impedir alguém ou alguma coisa de se mover. Usa-se também **immobilization**.

immobilise /ɪˈməʊbɪlaɪz/ imobilizar: **1** impedir alguém de se mover. **2** usar um aparelho de gesso ou uma tala para impedir o movimento de uma articulação ou membro fraturado. Usa-se também **immobilize**.

immovable /ɪˈmuːvəb(ə)l/ imóvel; fixo: relativo à articulação que não pode se mover.

immune /ɪˈmjuːn/ imune: protegido contra doença infecciosa ou alérgica. *She seems to be immune to colds.* / Ela parece imune a resfriados. *The injection should make you immune to yellow fever.* / A vacina deverá imunizá-lo(a) contra a febre amarela.

immune deficiency /ɪˌmjuːn dɪˈfɪʃ(ə)nsi/ imunodeficiência: resposta imunodeficiente a uma doença. Veja também **AIDS**.

immune reaction /ɪˌmjuːn riˈækʃən/ reação imune: qualquer reação do organismo a um estímulo antigênico. ☑ **immune response**.

immune response /ɪˌmjuːn rɪˈspɒns/ resposta imune. ⇨ **immune reaction**.

immune system /ɪˈmjuːn ˌsɪstəm/ sistema imune: complexo sistema de células e seus componentes, cuja função é proteger o organismo contra doenças. Inclui: timo, baço, nódulos linfáticos, leucócitos e anticorpos.

...the reason for this susceptibility is a profound abnormality of the immune system in children with sickle-cell disease. / "...a razão para essa susceptibilidade é uma anormalidade profunda do sistema imune em crianças com doença das células falciformes." (*Lancet*)

...the AIDS virus attacks a person's immune system and damages his or her ability to fight other diseases. / "...o vírus da AIDS ataca o sistema imune da pessoa e prejudica a sua capacidade de lutar contra outras doenças." (*Journal of the American Medical Association*)

immunisation /ˌɪmjʊnaɪˈzeɪʃ(ə)n/ imunização: o processo de imunizar uma pessoa contra doença infecciosa, seja por injeção de anti-soro, imunização passiva ou inoculação. Usa-se também **immunization**.

...vaccination is the most effective way to prevent children getting the disease. Children up to 6 years old can be vaccinated if they missed earlier immunization. / "...a vacinação é a maneira mais eficaz de evitar que crianças contraiam a doença. Crianças de até seis anos de idade podem ser vacinadas, caso tenham perdido a vacinação anterior." (*Health Visitor*)

immunise /ˈɪmjʊnaɪz/ imunizar: tornar alguém imune a uma doença infecciosa. Usa-se também **immunize**. Veja também **vaccinate**. Observação: no Reino Unido, bebês são imunizados rotineiramente contra difteria, coqueluche, poliomielite, tétano, *Haemophilus influenzae* tipo B (Hib), caxumba, sarampo e rubéola, a menos que haja contra-indicações ou objeção dos pais.

immunity /ɪˈmjuːnɪti/ imunidade: capacidade de resistir aos ataques de uma doença pela ação de anticorpos. *The vaccine gives immunity to tuberculosis.* / A vacina confere imunidade contra a tuberculose.

immuno- /ɪmjʊnəʊ, ɪmjuːnəʊ/ imun(i/o)-: imune, imunidade.

immunoassay /ˌɪmjʊnəʊæˈseɪ/ imunoensaio: teste para detecção de anticorpos e do seu grau de resistência.

immunocompetence /ˌɪmjʊnəʊˈkɒmpɪtəns/ imunocompetência: capacidade de produzir uma resposta imunológica após exposição a antígeno.

immunocompromised /ˌɪmjʊnəʊˈkɒmprəmaɪzd/ imunocomprometido: indivíduo cuja capacidade de produzir uma resposta imunológica é deficiente.

immunodeficiency /ˌɪmjʊnəʊdɪˈfɪʃ(ə)nsi/ imunodeficiência: insuficiência dos meios de defesa do organismo contra doenças.

immunodeficiency virus /ˌɪmjʊnəʊdɪˈfɪʃ(ə)n sɪ ˌvaɪrəs/ vírus da imunodeficiência: um retrovírus que ataca o sistema imune.

immunodeficient /ˌɪmjʊnəʊdɪˈfɪʃ(ə)nt/ imunodeficiente: indivíduo cujo organismo não é capaz de produzir meios de defesa contra uma doença. *This form of meningitis occurs in persons who are immunodeficient.* / Este tipo de meningite ocorre em pessoas que são imunodeficientes.

immunoelectrophoresis /ˌɪmjʊnəʊɪˌlektrəʊfəˈriːsɪs/ imunoeletroforese: método usado para a identificação de antígenos em laboratório, por meio da eletroforese.

immunogenic /ˌɪmjʊnəʊˈdʒenɪk/ imunogênico: que produz uma resposta imunológica.

immunogenicity /ˌɪmjʊnəʊdʒəˈnɪsɪti/ imunogenicidade: a propriedade que torna uma substância capaz de produzir uma resposta imunológica no organismo.

immunoglobulin /ˌɪmjʊnəʊˈglɒbjʊlɪn/ imunoglobulina: globulina existente no soro sanguíneo, cujos anticorpos oferecem proteção contra infecções, sendo a mais comum a gamaglobulina. Abreviatura: **Ig**. Nota: as cinco classes principais são designadas **immunoglobulin G, A, D, E e M** ou **IgG, IgA, IgD, IgE e IgM**.

immunological /ˌɪmjʊnəˈlɒdʒɪk(ə)l/ imunológico: relativo à imunologia.

immunological staining /ˌɪmjʊnəlɒdʒɪk(ə)l ˈsteɪnɪŋ/ coloração imunológica: método usado para corar células, a fim de verificar uma possível reincidência de câncer.

immunological tolerance /ˌɪmjʊnəlɒdʒɪk(ə)l ˈtɒlərəns/ tolerância imunológica: capacidade de resistência dos tecidos linfóides a um antígeno.

immunologist /ˌɪmjʊˈnɒlədʒɪst/ imunologista: pessoa que se especializou em imunologia.

immunology /ˌɪmjʊˈnɒlədʒi/ imunologia: parte da medicina que se ocupa com os fenômenos imunes e a imunização.

immunosuppressant /ˌɪmjʊnəʊsəˈpres(ə)nt/ imunossupressor: agente que suprime as respostas imunológicas, utilizado no transplante de órgãos, a fim de evitar rejeição.

immunosuppression /ˌɪmjʊnəʊsəˈpreʃ(ə)n/ imunossupressão: supressão de resposta imunológica natural do organismo, a fim de evitar rejeição no transplante de órgãos.

immunosuppressive /ˌɪmjʊnəʊsəˈpresɪv/ imunossupressor: que se contrapõe ao sistema imune.

immunotherapy /ˌɪmjʊnəʊˈθerəpi/ imunoterapia. Veja **adoptive immunotherapy**.

immunotransfusion /ˌɪmjʊnəʊtrænsˈfjuːʒ(ə)n/ imunotransfusão: transfusão de sangue em que o doador é imunizado contra microorganismos isolados do receptor.

Imodium /ɪˈməʊdiəm/ Imodium: o nome comercial do cloridrato de loperamida.

impacted /ɪmˈpæktɪd/ impactado: fortemente apertado ou firmemente alojado em alguma coisa.

impacted faeces /ɪmˌpæktɪd ˈfiːsiːz/ (plural) fezes impactadas: fezes extremamente duras, que ficam retidas no cólon ou no reto e precisam ser removidas por meio de cirurgia.

impacted fracture /ɪmˌpæktɪd ˈfræktʃə/ fratura impactada: fratura na qual um fragmento do osso quebrado é projetado dentro do outro.

impacted tooth /ɪmˌpæktɪd ˈtuːθ/ dente impactado: dente cujo desenvolvimento normal é impedido por um dente adjacente.

impacted ureteric calculus /ɪmˌpæktɪd juər ɪterɪk ˈkælkjuləs/ cálculo uretérico impactado: pequena concreção formada por sais minerais que se alojam no ureter.

impaction /ɪmˈpækʃən/ impactação: condição do que está impactado.

impair /ɪmˈpeə/ prejudicar; afetar: causar dano a uma função ou órgão dos sentidos, impedindo o seu correto funcionamento.

impaired hearing /ɪmˌpeəd ˈhɪərɪŋ/ diminuição da audição: redução da capacidade auditiva, em que os sons não são percebidos clara e nitidamente.

impaired vision /ɪmˌpeəd ˈvɪʒ(ə)n/ diminuição da visão: visão que não é totalmente nítida.

impairment /ɪmˈpeəmənt/ dano; diminuição; deterioração: condição em que uma função ou órgão do sentido sofreu uma lesão, tornando-se incapaz de funcionar corretamente. *His hearing impairment does not affect his work.* / A diminuição da audição não afeta o trabalho dele. *The impairment was progressive, but she did not notice that her eyesight was getting worse.* / A deterioração foi progressiva, mas ela não percebeu que a visão estava piorando.

> *...impairment – any loss or abnormality of psychological, physical or anatomical structure or function.* / "...deterioração – qualquer perda ou anormalidade de estrutura ou função psicológica, física ou anatômica." (*WHO*)

impalpable /ɪmˈpælpəb(ə)l/ impalpável: que é incapaz de ser detectado pelo tato.

impediment /ɪmˈpedɪmənt/ impedimento; obstáculo: uma obstrução.

imperfecta /ˌɪmpəˈfektə/ osteogênese imperfeita. Veja **ossification; osteogenesis**.

imperforate /ɪmˈpɜːf(ə)rət/ imperfurado: sem abertura; ocluído.

imperforate anus /ɪmˌpɜːf(ə)rət ˈeɪnəs/ ânus imperfurado. ⇨ **proctatresia**.

imperforate hymen /ɪmˌpɜːf(ə)rət ˈhaɪmen/ hímen imperfurado: hímen cuja membrana não tem abertura para o fluxo menstrual.

impermeable /ɪmˈpɜːmiəb(ə)l/ impermeável: que não permite a passagem de líquidos ou gases.

impetigo /ˌɪmpɪˈtaɪɡəʊ/ impetigo: doença contagiosa muito frequente em crianças, causada por estafilococos. Provoca vesículas na pele, e se propaga rapidamente, mas pode ser tratada com antibióticos.

implant *noun* /ˈɪmplɑːnt/ **1** implante: algo que é inserido ou implantado no corpo de uma pessoa, por exemplo, cápsula de medicamento, material inerte ou aparelho, tal como um marcapasso. **2** implantar; enxertar: a) fixar-se em alguma coisa. *The ovum implants in the wall of the uterus.* / Os óvulos se fixam à parede do útero. b) inserir ou implantar tecido, cápsula de medicamento, material inerte ou aparelho. *The site was implanted*

with the biomaterial. / O local foi enxertado com o biomaterial. Nota: na acepção **2**, a pronúncia é /ɪmˈplɑːnt/.

implantation /ˌɪmplɑːnˈteɪʃ(ə)n/ implantação: **1** o ato de enxertar ou inserir tecido, cápsula de medicamento, material inerte ou aparelho no corpo de uma pessoa, ou a introdução de um tecido em outro por meio de cirurgia. **2** ⇨ **nidation**.

implant material /ˈɪmplɑːnt məˌtɪəriəl/ material implantado: substância enxertada ou inserida no corpo de uma pessoa.

implant site /ˈɪmplɑːnt saɪt/ local do implante: parte do corpo em que se faz um implante.

impotence /ˈɪmpət(ə)ns/ (homem) impotência: incapacidade de manter uma ereção ou ejacular, e, desse modo, de ter relações sexuais.

impotent /ˈɪmpət(ə)nt/ (homem) impotente: incapaz de ter relações sexuais.

impregnate /ˈɪmpregneɪt/ emprenhar; fecundar; impregnar: **1** engravidar uma mulher. **2** encharcar um tecido com líquido. *a cloth impregnated with antiseptic* / um tecido impregnado com anti-séptico.

impregnation /ˌɪmpregˈneɪʃ(ə)n/ impregnação; fecundação: a ação de engravidar.

impression /ɪmˈpreʃ(ə)n/ impressão: **1** molde dos dentes, feito com material próprio, a fim de reproduzi-los em uma dentadura. **2** depressão em um órgão ou estrutura do corpo, na qual se encaixa outro órgão ou estrutura. ◊ **cardiac impression:** impressão cardíaca: **1** depressão na área superior do fígado, abaixo do coração. **2** depressão na superfície medial do pulmão, causada pela presença do pericárdio.

improve /ɪmˈpruːv/ melhorar; aperfeiçoar: melhorar, ou tornar algo ou alguém melhor. *She was very ill, but she is improving now.* / Ela esteve muito doente, porém está melhorando.

improvement /ɪmˈpruːvmənt/ melhora: o ato de se tornar melhor. *The patient's condition has shown a slight improvement.* / O estado do paciente apresentou uma ligeira melhora. *Doctors have not detected any improvement in her asthma.* / Os médicos não detectaram nenhuma melhora na sua asma (na asma dela).

impulse /ˈɪmpʌls/ impulso: **1** mensagem transmitida por um nervo. **2** determinação súbita de querer realizar alguma coisa.

impure /ɪmˈpjuə/ impuro: que não é puro.

impurity /ɪmˈpjuərɪti/ impureza: substância que não é pura ou limpa. *The kidneys filter impurities out of the blood.* / Os rins filtram as impurezas do sangue.

in- /ɪn/ in-: **1** em, para dentro, em direção de. **2** negação; privação.

inaccessible /ˌɪnəkˈsesɪb(ə)l/ inacessível: **1** difícil ou impossível de alcançar fisicamente. **2** muito técnico e difícil de entender.

inactive /ɪnˈæktɪv/ inativo; inerte: **1** que não é ativo; que não se move. *Patients must not be allowed to become inactive.* / Não deveria ser permitido aos pacientes ficarem inativos. **2** que não funciona. *The serum makes the poison inactive.* / O soro torna o veneno inativo.

inactivity /ˌɪnækˈtɪvɪti/ inatividade: falta de atividade.

inanition /ˌɪnəˈnɪʃ(ə)n/ inanição: estado de extrema fadiga causado pela fome.

inarticulate /ˌɪnɑːˈtɪkjʊlət/ inarticulado: **1** sem articulações ou segmentos, como nos ossos do crânio. **2** incapaz de falar de maneira fluente ou inteligível. **3** (fala ou idioma) não compreensível; não inteligível.

in articulo mortis /ɪn ɑːˌtɪkjʊləʊ ˈmɔːtɪs/ *in articulo mortis*: frase latina que significa "no fim, na hora da morte".

inborn /ɪnˈbɔːn/ inato: congênito, que vem do nascimento. *A body has an inborn tendency to reject transplanted organs.* / O organismo tem uma tendência inata para rejeitar órgãos transplantados.

inbreeding /ˈɪnbriːdɪŋ/ endogamia: união entre homens e mulheres consangüíneos, ou que têm características genéticas muito semelhantes, permitindo, dessa forma, que doenças congênitas sejam transmitidas aos filhos.

incapacitated /ˌɪnkəˈpæsɪteɪtɪd/ incapacitado: que não é capaz de agir ou trabalhar. *He was incapacitated for three weeks by his accident.* / Ele ficou incapacitado durante três semanas por causa do acidente.

incarcerated /ɪnˈkɑːsəreɪtɪd/ encarcerado: relativo a uma hérnia que não pode ser corrigida sem cirurgia.

incest /ˈɪnsest/ incesto: relação sexual ou outra atividade sexual entre parentes muito próximos, condenada por lei ou não permitida culturalmente.

incidence /ˈɪnsɪd(ə)ns/ incidência: número de vezes em que um fato é registrado em uma população específica, ao longo de um período de tempo. *the incidence of drug-related deaths* / a incidência de mortes relacionadas ao medicamento. *Men have a higher incidence of strokes than women.* / Os homens têm uma incidência maior de acidente vascular cerebral do que as mulheres.

incidence rate /ˈɪnsɪd(ə)ns reɪt/ taxa de incidência: uma fração que determina a taxa de novos casos de doença durante um período de tempo; a taxa é, muitas vezes, multiplicada por um fator para dar o número de eventos por 1.000, 10.000 ou 100.000 de população.

incipient /ɪnˈsɪpiənt/ incipiente: que começa a existir ou que se encontra nos primeiros estágios. *He has an incipient appendicitis.* / Ele tem uma apendicite incipiente. *The tests detected incipient diabetes mellitus.* / Os testes detectaram diabetes melito incipiente.

incise /ɪnˈsaɪz/ incisar: cortar com faca.

incised wound /ɪnˈsaɪzd wuːnd/ ferida incisa; ferimento inciso: ferimento limpo, feito por objeto cortante, por exemplo, faca afiada ou tesoura.

incision /ɪnˈsɪʒ(ə)n/ incisão: corte cirúrgico feito com bisturi, ou qualquer corte feito com faca afiada ou tesoura. *The first incision is made two millimetres below the second rib.* / A primeira incisão é feita dois milímetros abaixo da segunda costela. Compare com **excision**.

incisional /ɪnˈsɪʒ(ə)n(ə)l/ incisional: relativo a uma incisão.

incisional hernia /ɪnˌsɪʒ(ə)n(ə)l ˈhɜːniə/ hérnia incisional: hérnia no local de uma incisão feita anteriormente na parede abdominal.

incisor /ɪnˈsaɪzə/ incisivo: um dos quatro dentes anteriores do maxilar superior e inferior, usado para cortar os alimentos. ☑ **incisor tooth**. Veja ilustração em **Teeth**, no Apêndice.

incisor tooth /ɪnˈsaɪzə tuːθ/ dente incisivo. ⇨ **incisor**.

inclusion /ɪnˈkluːʒ(ə)n/ inclusão: alguma coisa que é incluída dentro de algo.

inclusion bodies /ɪnˈkluːʒ(ə)n ˌbɒdiz/ (plural) corpos de inclusão: partículas encontradas em células infectadas por certos vírus.

inclusive /ɪnˈkluːsɪv/ (serviços de saúde) inclusive: diz-se de algo que é fornecido ao paciente, quer ele tenha ou não alguma incapacidade ou necessidades especiais.

incoherent /ˌɪnkəʊˈhɪərənt/ incoerente: incapaz de falar de uma maneira que faça sentido.

incompatibility /ˌɪnkəmpætɪˈbɪlɪti/ incompatibilidade: o fato de ser incompatível. *the incompatibility of the donor's blood with that of the patient* / a incompatibilidade do sangue do doador com o do paciente.

incompatible /ˌɪnkəmˈpætɪb(ə)l/ incompatível: **1** relativo a algo que não se concilia com outra coisa. **2** relativo a medicamentos que não devem ser administrados simultaneamente, porque sofrem alterações químicas e perdem seu efeito terapêutico ou ocasionam algum fato indesejável. **3** relativo a tecido que é geneticamente diferente de outro, o que torna impossível o seu transplante.

incompatible blood /ˌɪnkəmpætəb(ə)l ˈblʌd/ sangue incompatível: sangue do doador, cujo tipo não combina com o sangue do receptor.

incompetence /ɪnˈkɒmpɪt(ə)ns/ incompetência: incapacidade para fazer um determinado trabalho, principalmente falta de conhecimentos ou habilidades.

incompetent cervix /ɪnˌkɒmpɪt(ə)nt ˈsɜːvɪks/ incompetência cervical: colo do útero cuja disfunção resulta freqüentemente em abortos espontâneos e partos prematuros, e que pode ser reparado por meio de operação na qual o orifício cervical é fechado com uma sutura em bolsa.

incomplete abortion /ˌɪnkəmpliːt əˈbɔːʃ(ə)n/ aborto incompleto: aborto no qual os conteúdos da concepção não foram totalmente expelidos do útero.

incomplete fracture /ˌɪnkəmpliːt ˈfræktʃə/ fratura incompleta: fratura que não danifica a estrutura completa do osso.

incontinence /ɪn'kɒntɪnəns/ incontinência: in- capacidade de controlar a emissão de urina ou fezes. Nota: a incontinência simples é a inca- pacidade de controlar a bexiga. A incontinência dupla é a incapacidade de controlar a bexiga e os intestinos. ⇨ **dribbling**.

incontinence pad /ɪn'kɒntɪnəns pæd/ fraldão: pano de tecido macio para absorção de urina.

incontinent /ɪn'kɒntɪnənt/ incontinente: inca- paz de controlar a emissão de urina ou fezes.

incoordination /ˌɪnkəʊɔːdɪ'neɪʃ(ə)n/ incoorde- nação: incapacidade de coordenar os movimen- tos musculares, o que torna impossível a realiza- ção de certas tarefas.

incubation /ˌɪŋkjʊ'beɪʃ(ə)n/ incubação: **1** de- senvolvimento de uma infecção antes do apare- cimento dos sintomas. **2** manutenção de um am- biente especial para o desenvolvimento de bebês doentes ou prematuros, por exemplo, uma incu- badora. **3** cultura de células ou microorganismos sob condições ambientais controladas.

incubation period /ˌɪŋkjʊ'beɪʃ(ə)n ˌpɪəriəd/ período de incubação: tempo durante o qual um vírus ou bactéria se desenvolve no organismo após contaminação ou infecção, antes do apare- cimento dos sintomas. ☑ **stadium invasioni**.

incubator /'ɪŋkjʊbeɪtə/ incubadora: **1** recinto em laboratório para a cultura de microorganis- mos. **2** aparelho destinado a abrigar bebês pre- maturos, em um ambiente fechado, oxigenado e aquecido.

incus /'ɪŋkəs/ bigorna: um dos três ossículos do ouvido médio, cuja forma se assemelha a uma bigorna. ☑ **anvil**. Veja ilustração em **Ear**, no Apêndice.

independent /ˌɪndɪ'pendənt/ independente: que não é controlado por ninguém ou por algo mais.

independent nursing function /ˌɪndɪpen dənt 'nɜːsɪŋ ˌfʌŋkʃən/ função independente de enfermagem: qualquer parte do trabalho de uma enfermeira pelo qual esta assume total respon- sabilidade.

Inderal /'ɪndəræl/ Inderal: o nome comercial do propranolol.

index finger /'ɪndeks ˌfɪŋgə/ dedo indicador: o segundo dedo da mão (considerando-se o pole- gar o primeiro).

indican /'ɪndɪkæn/ índican; indicã: sal de po- tássio.

indication /ˌɪndɪ'keɪʃ(ə)n/ indicação: uma situa- ção ou sinal que mostra a causa particular de uma doença e que aponta um tratamento específico. *Sulpha drugs have been replaced by antibiotics in many indications.* / As drogas à base de sulfa foram substituídas por antibióticos em muitas indicações. Veja também **contraindication**.

indicator /'ɪndɪkeɪtə/ indicador: **1** substância que fornece uma indicação, por exemplo, uma substância excretada pelos líquidos do organis- mo e que identifica o grupo sanguíneo de uma pessoa. **2** alguma coisa que serve como adver- tência ou orientação.

indigenous /ɪn'dɪdʒɪnəs/ nativo; inato; inerente: **1** natural ou inato. **2** nativo ou representativo de um país ou região.

indigestion /ˌɪndɪ'dʒestʃən/ indisgestão: distúr- bio do processo normal de digestão, que provoca dor e desconforto estomacais. *He is taking ta- blets to relieve his indigestion or He is taking indigestion tablets.* / Ele está tomando compri- midos para aliviar a indigestão *ou* Ele está to- mando comprimidos para indigestão. Veja tam- bém **dyspepsia**.

indigo carmine /ˌɪndɪgəʊ 'kɑːmaɪn/ índigo carmim: corante azul que, injetado no organis- mo, mede a função renal.

indirect contact /ˌɪndaɪrekt 'kɒntækt/ contato indireto: o fato de contrair uma doença pela ina- lação de microorganismos patogênicos ou por contato com um vetor.

indisposed /ˌɪndɪ'spəʊzd/ indisposto: levemente doente. *My mother is indisposed and cannot see any visitors.* / Minha mãe está indisposta e não pode receber visitas.

indisposition /ˌɪndɪspə'zɪʃ(ə)n/ indisposição: uma doença leve.

individualise /ˌɪndɪ'vɪdʒʊəˌlaɪz/ individualizar: adaptar o tratamento médico de acordo com as necessidades de uma determinada pessoa ou si- tuação. *individualised care* / tratamento indivi- dualizado. Usa-se também **individualize**.

individualised nursing care /ˌɪndɪˌvɪdjuə laɪzd 'nɜːsɪŋ keə/ cuidados individualizados de enfermagem: tratamento direcionado às necessi- dades específicas da pessoa paciente. *The home's staff are specially trained to provide individu- alised nursing care.* / O *staff* de atendimento domiciliar é especialmente treinado para prestar cuidados individualizados de enfermagem.

Indocid /'ɪndəsɪd/ Indocid: o nome comercial da indometacina.

indolent /'ɪndələnt/ indolente; preguiçoso; inati- vo: **1** que provoca pequena dor. **2** relacionado a uma úlcera que cresce devagar e não cicatriza.

indomethacin /ˌɪndəʊ'meθəsɪn/ indometacina: droga eficaz no alívio da dor, febre e inflamação, principalmente quando causada por artrite.

indrawing /ɪn'drɔːɪŋ/ aspiração: o ato de esten- der-se (puxar) para dentro.

indrawn /ɪn'drɔːn/ aspirado: estendido para den- tro.

induce /ɪn'djuːs/ induzir: fazer alguma coisa acontecer. ◊ **to induce labour:** induzir o tra- balho de parto: ajudar uma mulher a entrar em trabalho de parto.

induced abortion /ɪnˌdjuːst ə'bɔːʃ(ə)n/ abor- to induzido: aborto provocado deliberadamente por drogas ou cirurgia.

induction /ɪn'dʌkʃən/ indução; introdução; ini- ciação: **1** o processo de induzir o nascimento de um bebê. **2** o processo de estimular a produção e a atividade de uma enzima. **3** o processo pelo qual uma parte do embrião inpulsiona o de- senvolvimento de outra parte. **4** informações e suporte oferecidos por uma empresa aos novos funcionários.

induction of labour /ɪnˌdʌkʃən əv ˈleɪbə/ parto induzido: o trabalho de parto desencadeado por meios artificiais.

induration /ˌɪndjuəˈreɪʃ(ə)n/ induração: endurecimento dos tecidos ou de uma artéria, causado por alteração patológica.

induratum /ˌɪndjuəˈreɪtəm/ indurado. Veja **erythema**.

industrial disease /ɪnˈdʌstrɪəl dɪˌziːz/ doença industrial: doença causada por determinados tipos de trabalho ou por condições sob as quais se trabalha, por exemplo, poeira ou produtos químicos utilizados em certas fábricas.

indwelling catheter /ɪnˌdwelɪŋ ˈkæθɪtə/ sonda de demora; cateter de demora: sonda que é deixada, durante algum tempo, no local em que foi introduzida.

inebriation /ɪˌniːbrɪˈeɪʃ(ə)n/ inebriação: estado de embriaguez, principalmente quando esta é habitual.

inert /ɪˈnɜːt/ inerte; inativo: **1** (pessoa) que não se move. **2** (produto químico etc.) que não é ativo ou não produz reação química.

inertia /ɪˈnɜːʃə/ inércia: falta de atividade do corpo ou da mente.

in extremis /ɪn ɪksˈtriːmɪs/ in extremis: no momento da morte.

infant /ˈɪnfənt/ lactente: criança com menos de dois anos de idade.

infanticide /ɪnˈfæntɪsaɪd/ **1** infanticídio: o ato de assassinar uma criança, principalmente um recém-nascido. **2** infanticida: pessoa que mata uma criança, principalmente recém-nascida.

infantile /ˈɪnfəntaɪl/ infantil: **1** relacionado ao lactente. **2** relativo a uma doença que ocorre em lactentes.

infantile convulsions /ˌɪnfəntaɪl kənˈvʌlʃənz/ (plural) convulsões infantis: convulsões breves ou crises epilépticas menores em lactentes. Também chamadas de **infantile spasms**.

infantile paralysis /ˌɪnfəntaɪl pəˈræləsɪs/ paralisia infantil: nome usado antigamente para se referir à poliomielite. ⇨ **poliomyelitis**.

infantile spasms /ˌɪnfəntaɪl ˈspæzəmz/ espasmos do lactente. ⇨ **infantile convulsions**.

infantilism /ɪnˈfæntɪlɪz(ə)m/ infantilismo: condição na qual algumas características da infância perduram até a vida adulta.

infant mortality rate /ˌɪnfənt mɔːˈtælɪti reɪt/ taxa de mortalidade infantil: número de mortes de lactentes a cada 1.000 nascimentos.

infant respiratory distress syndrome /ˌɪnfənt rɪˌspɪrət(ə)ri dɪˈstres ˌsɪndrəʊm/ síndrome da angústia respiratória do recém-nascido: condição que ocorre em bebês recém-nascidos, cujos pulmões não funcionam corretamente. Abreviatura: **IRDS**.

infarct /ˈɪnfɑːkt/ infarto: área de tecido necrosado por insuficiência de suprimento sanguíneo decorrente do bloqueio de uma artéria.

infarction /ɪnˈfɑːkʃ(ə)n/ infartação; infarto: condição na qual os tecidos tornam-se necrosados pela insuficiência de suprimento sanguíneo arterial.

> ...*cerebral infarction accounts for about 80% of first-ever strokes.* / "...o infarto cerebral é responsável por cerca de 80% dos infartos que ocorrem pela primeira vez." (*British Journal of Hospital Medicine*)

infect /ɪnˈfekt/ infectar: contaminar alguém ou alguma coisa com microorganismos causadores de doenças ou toxinas. *The disease infected her liver.* / A doença infectou-lhe o fígado (infectou o fígado dela). *The whole arm soon became infected.* / O braço inteiro logo tornou-se infectado.

infected wound /ɪnˌfektɪd ˈwuːnd/ ferida infectada: ferida em que houve invasão de microorganismos.

infection /ɪnˈfekʃən/ infecção: **1** acesso ou introdução de bactérias no organismo, onde então se multiplicam. *As a carrier he was spreading infection to other people in the office.* / Como hospedeiro, ele propagava a infecção para outras pessoas do escritório. **2** doença causada pela entrada de bactérias no organismo. *She is susceptible to minor infections.* / Ela é susceptível a pequenas infecções.

infectious /ɪnˈfekʃəs/ infeccioso: relativo à doença causada por microorganismos e que pode ser transmitida para outras pessoas por meios diretos. *This strain of flu is highly infectious.* / Esta cepa de resfriado é altamente infecciosa. *Her measles is at the infectious stage.* / O sarampo dela está no estágio infeccioso.

infectious disease /ɪnˌfekʃəs dɪˈziːz/ doença infecciosa: doença causada por microorganismos, tais como bactérias, vírus ou fungos. Veja também **communicable disease**; **contagious disease**.

infectious hepatitis /ɪnˌfekʃəs ˌhepəˈtaɪtɪs/ hepatite infecciosa: hepatite A, transmitida pelo seu portador por meio de alimento ou bebida. ☑ **infective hepatitis**.

infectious mononucleosis /ɪnˌfekʃəs ˌmɒnəʊˌnjuːkliˈəʊsɪs/ mononucleose infecciosa: doença infecciosa caracterizada pelo aumento do número de glóbulos brancos no sangue. ☑ **glandular fever**; **kissing disease**.

infectious parotitis /ɪnˌfekʃəs ˌpærəˈtaɪtɪs/ parotidite infecciosa. ⇨ **mumps**.

infectious virus hepatitis /ɪnˌfekʃəs ˈvaɪrəs ˌhepətaɪtɪs/ hepatite virótica infecciosa: hepatite transmitida pelo seu portador por meio de alimento ou bebida.

infective /ɪnˈfektɪv/ infectante; infeccioso: relativo à doença causada por um microorganismo, que pode ser transmitido por um indivíduo, mas não necessariamente por contato direto.

infective enteritis /ɪnˌfektɪv ˌentəˈraɪtɪs/ enterite infecciosa: enterite causada por bactérias.

infective hepatitis /ɪnˌfektɪv ˌhepəˈtaɪtɪs/ hepatite infecciosa. ⇨ **infectious hepatitis**.

infectivity /ˌɪnfekˈtɪvɪti/ infecciosidade: o estado do que é infeccioso. *The patient's infectivity can last about a week.* / A infecciosidade do paciente pode durar cerca de uma semana.

inferior /ɪnˈfɪəriə/ inferior: relacionado à parte inferior do corpo. Oposto de **superior**.

inferior aspect /ɪnˌfɪəriər ˈæspekt/ aspecto inferior: a superfície do corpo vista de uma direção inferior.

inferiority /ɪnˌfɪəriˈɒrɪti/ inferioridade: o fato de ser inferior em valor ou qualidade; abaixo do padrão. Oposto de **superiority**.

inferiority complex /ɪnˌfɪəriˈɒrɪti ˌkɒmpleks/ complexo de inferioridade: distúrbio psicológico caracterizado por um sentimento de inferioridade, no qual a pessoa sente necessidade de ser notada e, ao mesmo tempo, medo de ser humilhada. O comportamento resultante pode ser agressividade ou afastamento do mundo externo.

inferior mesenteric artery /ɪnˌfɪəriə mesenˌterɪk ˈɑːtəri/ artéria mesentérica inferior: uma das artérias que transportam sangue para o cólon descendente e o reto.

inferior vena cava /ɪnˌfɪəriə ˌviːnə ˈkɑːvə/ veia cava inferior: a principal veia do organismo, que conduz o sangue da parte inferior do corpo para o coração. Veja ilustração em **Heart** e **Kidney**, no Apêndice.

infertile /ɪnˈfɜːtaɪl/ infértil; estéril: que não é fértil; incapaz de se reproduzir.

infertility /ˌɪnfəˈtɪlɪti/ infertilidade; esterilidade: o fato de não ser fértil; incapacidade de se reproduzir.

infest /ɪnˈfest/ (parasitas) infestar: estar presente em grande quantidade. *The child's hair was infested with lice.* / O cabelo da criança estava infestado de piolhos.

infestation /ˌɪnfeˈsteɪʃ(ə)n/ infestação: o fato de ter grande quantidade de parasitas, ou uma invasão de parasitas no organismo. *The condition is caused by infestation of the hair with lice.* / O estado é causado por uma infestação de piolhos no cabelo.

infiltrate /ˈɪnfɪltreɪt/ (líquido ou resíduos) **1** infiltrar: passar de uma parte do organismo para outra através de uma parede ou membrana, depositando-se ali. **2** infiltrado: substância que se depositou, por infiltração, em parte do organismo.

...the chest roentgenogram often discloses interstitial pulmonary infiltrates, but may occasionally be normal. / "...o roentgenograma do tórax freqüentemente revela infiltrados pulmonares intersticiais, mas ocasionalmente pode ser normal." (*Southern Medical Journal*)

infiltration /ˌɪnfɪlˈtreɪʃ(ə)n/ infiltração: **1** passagem de um líquido de uma parte para outra do organismo. **2** transporte e acumulação de resíduos em um tecido ou células.

*...the lacrimal and salivary glands become infiltrated with lymphocytes and plasma cells. The infiltration reduces lacrimal and saliva-*ry secretions which in turn leads to dry eyes and dry mouth. / "...as glândulas lacrimais e salivares tornam-se infiltradas com linfócitos e células plasmáticas. A infiltração reduz as secreções lacrimais e salivares, as quais, por sua vez, causam secura nos olhos e na boca." (*American Journal of Nursing*)

infirm /ɪnˈfɜːm/ inválido; enfermo: fraco, como por idade avançada.

infirmary /ɪnˈfɜːməri/ enfermaria: **1** clínica em uma escola ou outra instituição, para onde são encaminhadas pessoas doentes. **2** nome antigo dado a um hospital. Nota: a palavra **Infirmary** também pode ser usada em nomes de alguns hospitais: the Glasgow Royal Infirmary.

infirmity /ɪnˈfɜːmɪti/ (formal) enfermidade: fraqueza e falta de energia, decorrentes de doença ou idade avançada.

inflame /ɪnˈfleɪm/ inflamar: fazer com que um órgão ou tecido reaja a uma infecção, irritação ou pancada, tornando-se inflamado, vermelho e tumefato.

inflamed /ɪnˈfleɪmd/ inflamado: machucado, vermelho e tumefato. *The skin has become inflamed around the sore.* / A pele tornou-se inflamada ao redor do machucado.

inflammation /ˌɪnfləˈmeɪʃ(ə)n/ inflamação: o fato de tornar-se inflamado, vermelho e tumefato, como reação a uma infecção, irritação ou pancada. *She has an inflammation of the bladder* or *a bladder inflammation.* / Ela tem uma inflamação na bexiga. *The body's reaction to infection took the form of an inflammation of the eyelid.* / A reação do organismo à infecção manifestou-se por meio de uma inflamação na pálpebra.

inflammatory /ɪnˈflæmət(ə)ri/ inflamatório: que causa inflamação em um órgão ou tecido.

inflammatory bowel disease /ɪnˌflæmət(ə)ri ˈbaʊəl dɪˌziːz/ doença inflamatória intestinal: qualquer doença em que o intestino torna-se inflamado, por exemplo, doença de Crohn, colite ou ileíte.

inflammatory response /ɪnˌflæmət(ə)ri rɪˈspɒns/ resposta inflamatória: qualquer condição em que um órgão ou tecido reage a um estímulo externo tornando-se inflamado. ☑ **inflammatory reaction**. *She showed an inflammatory response to the ointment.* / Ela teve uma resposta inflamatória à pomada.

inflammatory reaction /ɪnˌflæmət(ə)ri riˈækʃən/ reação inflamatória. ⇨ **inflammatory response**.

inflate /ɪnˈfleɪt/ inflar: distender alguma coisa com ar, ou ser distendido com ar. *The abdomen is inflated with air before a coelioscopy.* / O abdome é distendido com ar antes de uma celioscopia. *In valvuloplasty, a balloon is introduced into the valve and inflated.* / Na valvuloplastia, um balão é introduzido em uma válvula e distendido com ar.

influenza /ˌɪnfluˈenzə/ influenza; resfriado; gripe: doença infecciosa do trato respiratório superior caracterizada por febre e dor muscular, que é transmitida por um vírus e pode ocorrer em epidemias. ☑ **flu** (acepção 1). Observação: o vírus da gripe é transmitido por gotículas de umidade presentes no ar; desse modo, a doença pode se espalhar pela tosse ou espirro. A gripe pode não apresentar nenhuma gravidade, mas cepas virulentas ocorrem de tempos em tempos, tais como a gripe espanhola ou a gripe de Hong Kong, e podem causar tamanho enfraquecimento que o indivíduo se torna susceptível à pneumonia ou outras doenças infecciosas mais graves.

informal patient /ɪnˌfɔːm(ə)l 'peɪʃ(ə)nt/ paciente informal: paciente que foi hospitalizado sem encaminhamento médico.

information /ˌɪnfə'meɪʃ(ə)n/ informação: fatos sobre alguma coisa. *Have you any information about the treatment of sunburn?* / Você tem alguma informação sobre o tratamento para queimadura solar?

The police won't give us any information about how the accident happened. / A polícia não nos dará nenhuma informação de como o acidente ocorreu. *You haven't given me enough information about when your symptoms started.* / Você não me forneceu informações suficientes sobre quando os seus sintomas começaram. *That's a very useful piece* or *bit of information.* / Esta é uma informação muito útil. Plural: **some information; a piece of information**.

informed /ɪn'fɔːmd/ informado; esclarecido: que tem as últimas informações.

informed consent /ɪnˌfɔːmd kən'sent/ formulário de consentimento; consentimento esclarecido: aprovação de um paciente, ou de seu representante legal, para a realização de tratamento clínico ou cirúrgico, após ter discutido com o médico os possíveis benefícios e riscos do tratamento.

infra- /'ɪnfrə/ infra-: abaixo; em posição inferior.

infracostal /ˌɪnfrə'kɒst(ə)l/ infracostal: que está em posição inferior à(s) costela(s).

infraorbital nerve /ˌɪnfrɔːɔːbɪt(ə)l 'nɜːv/ nervo infra-orbitário: continuação do nervo maxilar, localizado na parte inferior do globo ocular.

infraorbital vein /ˌɪnfrɔːɔːbɪt(ə)l 'veɪn/ veia infra-orbitária: veia que irriga a face através do canal infra-orbitário do plexo pterigóide.

infrared /ˌɪnfrə'red/ 1 infravermelho: relacionado à radiação infravermelha. 2 infravermelha: radiação eletromagnética invisível entre a luz e as ondas de rádio.

infrared radiation /ˌɪnfrəred ˌreɪdi'eɪʃ(ə)n/ radiação infravermelha. ⇨ **infrared rays**.

infrared rays /ˌɪnfrəred 'reɪz/ (plural) raios infravermelhos: longos raios luminosos, inclusive os raios infravermelhos invisíveis do espectro, que são aplicados sobre os tecidos do corpo no tratamento de traumatismos e inflamações. Também chamados de **infrared radiation**. Veja também **light therapy**.

infundibulum /ˌɪnfʌn'dɪbjʊləm/ infundíbulo: qualquer estrutura anatômica em forma de funil, especialmente o pedúnculo que liga a glândula pituitária ao hipotálamo (pedúnculo infundibular).

infuse /ɪn'fjuːz/ infundir: injetar por gotejamento uma solução (sal, sacarose ou glicose) na veia, cavidade do organismo ou trato intestinal, a fim de ministrar tratamento ou alimento a uma pessoa.

infusion /ɪn'fjuːʒ(ə)n/ infusão: 1 bebida obtida pela adição de uma substância seca, por exemplo, erva ou remédio em pó, em água fervente. 2 introdução de um líquido (que não seja sangue), por gotejamento, dentro de uma veia.

ingesta /ɪn'dʒestə/ (plural) ingesta: alimentos sólidos ou líquidos, que são administrados por via oral.

ingestion /ɪn'dʒestʃən/ ingestão: 1 o ato de tomar remédios e alimentos sólidos ou líquidos por via oral. 2 o processo pelo qual um corpo estranho, por exemplo, um bacilo, é circundado por uma célula.

ingredient /ɪn'griːdiənt/ ingrediente: substância que é usada em uma composição.

ingrowing toenail /ˌɪngrəʊɪŋ 'təʊneɪl/ unha encravada: unha cujas bordas cresceram, produzindo um doloroso granuloma. A unha encravada corta o tecido adjacente, provocando inflamação e, algumas vezes, sepse e ulceração. ☑ **ingrowing nail; ingrown toenail** (unha encravada).

inguinal /'ɪŋgwɪn(ə)l/ inguinal: relativo à virilha.

inguinal canal /ˌɪŋgwɪn(ə)l kə'næl/ canal inguinal: uma passagem na parede abdominal inferior, que transporta o cordão espermático no homem e o ligamento redondo uterino na mulher.

inguinale /ˌɪŋgwɪ'neɪli/ inguinal. Veja **granuloma inguinale**.

inguinal hernia /ˌɪŋgwɪn(ə)l 'hɜːniə/ hérnia inguinal: hérnia que atravessa a parede muscular do abdome e desce para os músculos da virilha.

inguinal ligament /ˌɪŋgwɪn(ə)l 'lɪgəmənt/ ligamento inguinal: faixa fibrosa que se estende da espinha ilíaca ao púbis. ☑ **Poupart's ligament**.

inguinal region /ˌɪŋgwɪn(ə)l 'riːdʒən/ região inguinal: região ilíaca: região situada na junção da face anterior da parede abdominal com a coxa. Veja também **groin**.

INH abreviatura de **isoniazid**.

inhalant /ɪn'heɪlənt/ inalante: um medicamento administrado por inalação.

inhalation /ˌɪnhə'leɪʃ(ə)n/ inalação: 1 o ato de inalar. Oposto de **exhalation**. 2 a ação de inalar um medicamento como parte de um tratamento.

inhale /ɪn'heɪl/ inalar: 1 aspirar ou absorver para dentro dos pulmões. *She inhaled some toxic gas fumes and was rushed to hospital.* / Ela inalou gases tóxicos que foi levada às pressas para o hospital. 2 aspirar soluções medicamentosas como parte de um tratamento. Oposto de **exhale**.

inhaler /ɪnˈheɪlə/ inalador: aparelho para administrar medicamentos por inalação.

inherent /ɪnˈhɪərənt/ inerente: que é parte essencial do caráter ou característica permanente de um organismo.

inherit /ɪnˈherɪt/ herdar: adquirir as características genéticas de um dos pais. *She inherited her father's red hair.* / Ela herdou os cabelos ruivos do pai. *Haemophilia is a condition which is inherited through the mother's genes.* / A hemofilia é uma condição herdada por meio dos genes da mãe.

inheritance /ɪnˈherɪt(ə)ns/ herança; hereditariedade: **1** o processo pelo qual características genéticas passam dos pais para os filhos. *the inheritance of chronic inflammatory bowel disease* / a hereditariedade da doença inflamatória intestinal crônica. **2** todas as qualidades e características que são transmitidas pelos pais. *an unfortunate part of our genetic inheritance* / uma parte lamentável de nossa herança genética.

inherited /ɪnˈherɪtɪd/ herdado: transmitido pelos genes de um dos pais. *an inherited disorder of the lungs* / um distúrbio pulmonar herdado.

inhibit /ɪnˈhɪbɪt/ inibir: prevenir o acontecimento de alguma coisa, ou deter um processo funcional. *Aspirin inhibits the clotting of blood.* / A aspirina inibe a coagulação sanguínea. ◊ **to have an inhibiting effect on something**: ter um efeito inibidor sobre alguma coisa: bloquear alguma coisa, ou deter um processo funcional.

inhibition /ˌɪnhɪˈbɪʃ(ə)n/ inibição: **1** interrupção ou anulação de um acontecimento, principalmente a interrupção do funcionamemto correto de um músculo ou órgão. **2** (psicologia) supressão de um pensamento que é associado ao sentimento de culpa. **3** (psicologia) bloqueio de um ato espontâneo por influência da mente.

inhibitor /ɪnˈhɪbɪtə/ inibidor: diz-se de uma substância que causa inibição.

inhibitory nerve /ɪnˈhɪbɪtəri ˌnɜːv/ nervo inibidor: nervo cujos impulsos diminuem uma atividade funcional. *The vagus nerve is an inhibitory nerve which slows down the action of the heart.* / O nervo vago é um nervo inibidor, que diminui a ação cardíaca.

inion /ˈɪniən/ ínio: protuberância externa do osso occipital, abaixo do pescoço.

inject /ɪnˈdʒekt/ injetar: introduzir sob pressão, por meio de agulha, um líquido em cavidade corporal ou tecido subcutâneo ou muscular. *He was injected with morphine.* / Foi-lhe (a ele) injetada morfina. *She injected herself with a drug.* / Ela se auto-injetou um medicamento.

injected /ɪnˈdʒektɪd/ injetado: **1** relativo a líquido introduzido no organismo. **2** relativo ao vaso sanguíneo que é distendido com sangue.

injection /ɪnˈdʒekʃən/ injeção: **1** introdução de um líquido no organismo. *He had a penicillin injection.* / Ele recebeu uma injeção de penicilina. **2** líquido introduzido no organismo. ☑ **shot**.

injure /ˈɪndʒə/ ferir; lesar: causar danos a alguém ou a uma parte do corpo. *Six people were injured in the accident.* / Seis pessoas ficaram feridas no acidente.

injured /ˈɪndʒəd/ **1** traumatizado; ferido: relativo a uma pessoa que se feriu. **2** (plural) **the injured**: os feridos: pessoas com danos ou ferimentos resultantes de um traumatismo. *All the injured were taken to the nearest hospital.* / Todos os feridos foram levados para o hospital mais próximo.

injury /ˈɪndʒəri/ lesão: o dano ou o ferimento resultante de um traumatismo. *His injuries required hospital treatment.* / Os ferimentos dele necessitaram de tratamento hospitalar. *He received severe facial injuries in the accident.* / Ele teve lesões faciais graves no acidente.

injury scoring system /ˌɪndʒəri ˈskɔːrɪŋ ˌsɪstəm/ sistema de avaliação de lesões: qualquer método de avaliação da gravidade de um ferimento. *a standard lung injury scoring system* / um sistema padronizado de avaliação de lesão pulmonar. Abreviatura: **ISS**.

inlay /ˈɪnleɪ/ (odontologia) obturação; incrustação: um tipo de restauração dentária.

inlet /ˈɪnlet/ entrada: passagem ou abertura que conduz a uma cavidade.

INN abreviatura de **international nonproprietary name**.

innards /ˈɪnədz/ (plural) entranhas: os órgãos internos do corpo, principalmente os intestinos.

innate /ɪˈneɪt/ inato: diz-se de uma disposição que surge ao nascer.

inner /ˈɪnə/ interno: relativo à parte interna.

inner ear /ˌɪnər ˈɪə/ ouvido interno: parte interna do ouvido, constituída pelo labirinto, que contém os canais semicirculares, o vestíbulo e a cóclea.

inner pleura /ˌɪnə ˈpluərə/ pleura pulmonar. ⇨ **visceral pleura**.

innervate /ˈɪnɜːveɪt/ inervar: determinar o funcionamento de um músculo, órgão ou outra parte do corpo por meio do suprimento de fibras nervosas.

innervation /ˌɪnɜːˈveɪʃ(ə)n/ inervação: distribuição de fibras nervosas, tanto motoras quanto sensoriais, para um órgão.

innocent /ˈɪnəs(ə)nt/ inocente: relativo a um crescimento benigno, sem malignidade aparente.

innominate /ɪˈnɒmɪnət/ inominado: que não possui um nome.

innominate artery /ɪˌnɒmɪnət ˈɑːtəri/ artéria inominada; tronco braquiocefálico: artéria que se origina no arco da aorta, ramificando-se na carótida comum direita e subclávia direita.

innominate bone /ɪˌnɒmɪnət ˈbəʊn/ osso inominado. ⇨ **hip bone**.

innominate vein /ɪˌnɒmɪnət ˈveɪn/ veia inominada. ⇨ **brachiocephalic vein**.

inoculant /ɪˈnɒkjʊlənt/ inóculo. ⇨ **inoculum**.

inoculate /ɪˈnɒkjʊleɪt/ inocular; vacinar: introduzir no organismo vacina contendo o agente de uma doença, para que ele crie anticorpos próprios, imunizando, assim, a pessoa. *The baby was inoculated against diphtheria.* / O bebê foi vacinado contra difteria. Nota: inocula-se **com** ou **contra** a doença.

inoculation /ɪˌnɒkjʊ'leɪʃ(ə)n/ inoculação: o ato de inocular uma pessoa. *Has the baby had a diphtheria inoculation?* / O bebê recebeu inoculação contra difteria?

inoculum /ɪ'nɒkjʊləm/ inóculo: substância usada em inoculação, por exemplo, uma vacina. ☑ **inoculant.** Plural: **inocula.**

inoperable /ɪn'ɒpər(ə)b(ə)l/ inoperável: que não pode ser submetido a uma operação. *The surgeon decided that the cancer was inoperable.* / O cirurgião decidiu que o câncer era inoperável.

inorganic /ˌɪnɔː'gænɪk/ inorgânico: relativo a uma substância que não é de origem animal ou vegetal.

inorganic acid /ˌɪnɔːgænɪk 'æsɪd/ ácido inorgânico: ácido derivado de minerais, usado em soluções para o alívio da indigestão.

inotropic /ˌɪnəʊ'trɒpɪk/ inotrópico: que influencia a contratilidade dos músculos, principalmente os do coração.

inpatient /'ɪnˌpeɪʃ(ə)nt/ paciente hospitalizado: paciente que permanece no hospital durante uma noite ou alguns dias para tratamento ou observação. Compare com **outpatient.**

inquest /'ɪŋkwest/ inquérito: investigação feita por médico-legista para determinar a causa de uma morte súbita ou violenta. Observação: um inquérito deve ser conduzido quando ocorrem mortes súbitas ou violentas, quando há indícios de assassinato, em casos de mortes de prisioneiros ou que envolvam policiais.

insane /ɪn'seɪn/ (antiquado, informal) insano: mentalmente desequilibrado.

insanitary /ɪn'sænɪt(ə)ri/ insalubre: não higiênico. *Cholera spread rapidly because of the insanitary conditions in the town.* / A cólera espalhou-se rapidamente por causa das condições insalubres da cidade.

insect /'ɪnsekt/ inseto: pequeno animal dotado de seis pernas e com o corpo segmentado em três partes.

insect bite /'ɪnsekt baɪt/ picada de inseto: picada causada por um inseto que fura a pele e suga o sangue, e, assim fazendo, nela introduz substâncias irritantes. Observação: a maioria das picadas de insetos causa apenas irritação. Outras podem ser mais graves, uma vez que há insetos hospedeiros de organismos causadores de tifo, doença do sono, filaríase e muitas outras doenças.

insecticide /ɪn'sektɪsaɪd/ inseticida: substância que mata os insetos.

insemination /ɪnˌsemɪ'neɪʃ(ə)n/ inseminação: introdução de esperma dentro da vagina.

insensible /ɪn'sensɪb(ə)l/ insensível: **1** que não tem sensibilidade ou consciência. **2** inconsciente, ou que não responde a um estímulo. **3** muito leve para ser percebido pelos sentidos.

insert /ɪn'sɜːt/ inserir: introduzir alguma coisa dentro de outra. *The catheter is inserted into the passage.* / O cateter é inserido dentro do canal.

insertion /ɪn'sɜːʃ(ə)n/ inserção: **1** ponto de fixação de um músculo a um osso. **2** lugar em que um órgão é fixado ao seu suporte. **3** alteração na estrutura de um cromossomo pelo acréscimo de um cromossomo complementar.

insides /ɪn'saɪdz/ (plural, informal) entranhas: os órgãos internos do corpo, principalmente o estômago e os intestinos. *He says he has a pain in his insides.* / Ele diz que sente uma dor nas entranhas. *You ought to see the doctor if you think there is something wrong with your insides.* / Quando se acha que há algo errado com as próprias entranhas, deve-se consultar um médico.

insidious /ɪn'sɪdiəs/ insidioso: que causa danos sem mostrar sintomas aparentes.

insidious disease /ɪnˌsɪdiəs dɪ'ziːz/ doença insidiosa: doença que causa danos antes de ser detectada.

insight /'ɪnsaɪt/ percepção; discernimento: capacidade de compreensão do paciente a respeito de uma doença ou de determinados problemas ou características.

insipidus /ɪn'sɪpɪdəs/ insípido. Veja **diabetes insipidus.**

in situ /ˌɪn 'sɪtjuː/ no lugar normal: (órgão ou estrutura) que está no seu lugar natural.

insoluble /ɪn'sɒljʊb(ə)l/ insolúvel: incapaz de se dissolver em um líquido.

insoluble fibre /ɪnˌsɒljʊb(ə)l 'faɪbə/ fibra insolúvel: fibras contidas em pães e cereais, que não são digeridas, mas que incham dentro do intestino.

insomnia /ɪn'sɒmniə/ insônia: incapacidade de dormir. *She experiences insomnia.* / Ela tem insônia. *What does the doctor give you for your insomnia?* / O que o médico lhe receita para a insônia? ☑ **sleeplessness.**

insomniac /ɪn'sɒmniæk/ insone: pessoa que tem insônia.

inspiration /ˌɪnspɪ'reɪʃ(ə)n/ inspiração: o ato de levar ar para os pulmões. Oposto de **expiration.** Observação: a inspiração acontece quando os músculos do diafragma se contraem, expandindo os pulmões.

inspiratory /ɪn'spaɪrət(ə)ri/ inspiratório: relativo à inspiração.

inspire /ɪn'spaɪə/ inspirar: inalar ar ou gás para dentro dos pulmões.

inspissated /ɪn'spɪseɪtɪd/ inspissado: líquido que se tornou espesso pela remoção de água.

inspissation /ˌɪnspɪ'seɪʃ(ə)n/ inspissação: absorção de água de uma solução, a fim de torná-la mais espessa.

instep /'ɪnstep/ peito do pé: a parte arqueada do dorso do pé.

instil /ɪn'stɪl/ instilar: verter um líquido dentro de uma parte, gota por gota. *Instil four drops in each nostril twice a day.* / Instile quatro gotas em cada narina duas vezes ao dia. Usa-se também **instill**.

instillation /ˌɪnstɪˈleɪʃ(ə)n/ instilação: **1** o ato de verter um líquido, gota por gota. **2** um líquido administrado gota por gota.

instinct /ˈɪnstɪŋkt/ instinto: tendência ou disposição do organismo para agir de determinada forma, que já nasce com a pessoa e não precisa de aprendizado. *The body has a natural instinct to protect itself from danger.* / O corpo tem um instinto natural de se proteger contra o perigo.

instinctive /ɪnˈstɪŋktɪv/ instintivo: automático ou inconsciente, não planejado. *an instinctive reaction* / uma reação instintiva.

institution /ˌɪnstɪˈtjuːʃ(ə)n/ instituição: local de assistência às pessoas, por exemplo, hospital ou clínica, principalmente hospitais psiquiátricos ou orfanatos.

institutionalisation /ˌɪnstɪˌtjuːʃ(ə)nəlaɪˈzeɪʃ(ə)n/ institucionalização: condição na qual a pessoa se adaptou tão bem à vida em uma instituição que se torna impossível para ela viver fora dali. Usa-se também **institutionalization**. ☑ **institutional neurosis**.

institutionalise /ˌɪnstɪˈtjuːʃ(ə)nəlaɪz/ institucionalizar: colocar alguém em uma instituição. Usa-se também **institutionalize**.

institutional neurosis /ˌɪnstɪˈtjuːʃ(ə)nəl njuːˈrəʊsɪs/ neurose institucional. ⇨ **institutionalisation**.

instructions /ɪnˈstrʌkʃənz/ (plural) instruções: informações orais ou escritas de como usar ou fazer alguma coisa. *She gave the taxi driver instructions on how to get to the hospital.* / Ela deu instruções ao motorista do táxi sobre como chegar ao hospital. *The instructions are written on the medicine bottle.* / As instruções de uso são escritas no frasco do medicamento. *We can't use this machine because we have lost the book of instructions.* / Não podemos usar esta máquina porque perdemos o manual de instrução.

instrument /ˈɪnstrʊmənt/ instrumento: qualquer equipamento ou ferramenta. *The doctor had a box of surgical instruments.* / O médico possuía uma caixa de instrumentos cirúrgicos.

instrumental /ˌɪnstrʊˈment(ə)l/ instrumental. ◊ **instrumental in:** contribuir decisivamente para (que algo aconteça): que ajuda algo a acontecer. *She was instrumental in developing the new technique.* / Ela contribuiu decisivamente para o desenvolvimento da nova técnica.

instrumental delivery /ˌɪnstrʊment(ə)l dɪˈlɪv(ə)ri/ parto instrumental: parto em que o feto é extraído do útero materno por meio de fórceps.

insufficiency /ˌɪnsəˈfɪʃ(ə)nsi/ insuficiência: **1** o fato de um órgão ser inadequado ou insuficiente para cumprir suas funções normais. *The patient is suffering from a renal insufficiency.* / O paciente está sofrendo de insuficiência renal. **2** a incompetência de um órgão.

insufflate /ˈɪnsəfleɪt/ insuflar: soprar um gás, vapor ou pó para dentro dos pulmões ou de uma cavidade corporal, como parte de um tratamento médico.

insufflation /ˌɪnsəˈfleɪʃ(ə)n/ insuflação: o ato de soprar um gás, vapor ou pó dentro dos pulmões ou de uma cavidade corporal, como parte de um tratamento médico.

insula /ˈɪnsjʊlə/ ínsula: região do córtex cerebral mergulhada nas convoluções dos sulcos cerebrais.

insulin /ˈɪnsjʊlɪn/ insulina: hormônio produzido no pâncreas pelas ilhotas de Langerhans. Observação: a insulina controla a forma como o organismo converte açúcar em energia e regulariza o nível de açúcar no sangue. A falta de insulina causada pelo diabetes melito aumenta a taxa de glicose no sangue. Injeções de insulina são usadas regularmente para tratar o diabetes melito, mas é preciso cautela para não exceder a dose, pois a superdosagem provoca hiper-insulinismo e hipoglicemia.

insulinase /ˈɪnsjʊlɪneɪz/ insulinase: enzima envolvida na degradação da insulina.

insulin dependence /ˌɪnsjʊlɪn dɪˈpendəns/ dependência de insulina: o fato de ser dependente de injeções de insulina.

insulin-dependent diabetes /ˌɪnsjʊlɪn dɪˌpendənt daɪəˈbiːtiːz/ diabetes dependente de insulina. ⇨ **Type I diabetes mellitus**.

insulinoma /ˌɪnsjʊlɪˈnəʊmə/ insulinoma: tumor localizado nas ilhotas de Langerhans. ☑ **insuloma**.

insulin-resistant /ˌɪnsjʊlɪn rɪˈzɪst(ə)nt/ insulino-resistente: condição caracterizada pela diminuição da capacidade dos músculos e outros tecidos de absorver insulina, como no diabetes Tipo II.

insulin shock /ˈɪnsjʊlɪn ʃɒk/ choque insulínico: queda drástica de açúcar no sangue, causada por excesso de insulina, acompanhada por suor, tontura, tremor e, eventualmente, coma.

insuloma /ˌɪnsjʊˈləʊmə/ insuloma. ⇨ **insulinoma**.

insult /ˈɪnsʌlt/ insulto: **1** lesão ou traumatismo. **2** alguma coisa que causa lesão ou traumatismo.

intact /ɪnˈtækt/ intato: (organismo) completo (com todas as partes) e ileso.

intake /ˈɪnteɪk/ ingestão; aporte: **1** quantidade de substâncias tomadas e utilizadas pelo organismo. *a high intake of alcohol* / um grande aporte de álcool. *She was advised to reduce her intake of sugar.* / Ela foi aconselhada a reduzir a ingestão de açúcar. **2** o processo de tomar uma substância.

Intal /ˈɪntæl/ Intal: o nome comercial de uma preparação de cromalin sódico.

integrated service /ˌɪntɪɡreɪtɪd ˈsɜːvɪs/ serviços integrados: um amplo serviço de assistência médica, prestado pela ação conjunta das agências sociais e de saúde.

integrative medicine /ˌɪntɪɡreɪtɪv ˈmed(ə)s(ə)n/ medicina integrada: a combinação das terapias mais utilizadas e de terapias complementares, ou alternativas, para as quais existem dados cientificamente comprovados de eficácia e segurança.

integument /ɪnˈtegjʊmənt/ tegumento: uma cobertura, por exemplo, a pele.

intellect /ˈɪntɪlekt/ intelecto: a faculdade de pensamento, raciocínio e compreensão.

intelligence /ɪnˈtelɪdʒəns/ inteligência: a capacidade de aprender e compreender rapidamente.

intelligence quotient /ɪnˈtelɪdʒəns ˌkwəʊʃ(ə)nt/ quociente de inteligência (QI): o índice da inteligência de um indivíduo, fornecido pelo teste de Binet, dividindo-se a idade mental pela idade cronológica e multiplicando-se o resultado por 100. Abreviatura: **IQ**.

intense /ɪnˈtens/ intenso; profundo: relativo a uma dor muito forte. *She is suffering from intense post herpetic neuralgia.* / Ela está sofrendo de intensa neuralgia pós-herpética.

intensity /ɪnˈtensɪti/ intensidade: a potência de alguma coisa, por exemplo, uma dor.

intensive care /ɪnˌtensɪv ˈkeə/ terapia intensiva: **1** a atenção e o tratamento médico contínuos de pacientes seriamente doentes em uma unidade hospitalar especial. *The patient was put in intensive care.* / O paciente foi levado para a unidade de terapia intensiva. Veja também **residential care**. **2** ⇨ **intensive care unit**.

intensive care unit /ɪnˌtensɪv ˈkeə ˌjuːnɪt/ unidade de terapia intensiva (UTI): unidade hospitalar com equipamentos especiais para o tratamento de pacientes gravemente enfermos, que necessitam de atenção e cuidados médicos contínuos. Abreviatura: **ICU**. ☑ **intensive care**.

intensive therapy unit /ɪnˌtensɪv ˈθerəpi ˌjuː nɪt/ unidade de terapia intensiva. Abreviatura: **ITU**.

intention /ɪnˈtenʃən/ intenção: um plano de fazer alguma coisa.

intention tremor /ɪnˈtenʃən ˌtremə/ tremor de intenção: tremor das mãos, observado em pessoas com certas doenças cerebrais, quando se faz um movimento voluntário para se tentar tocar alguma coisa.

inter- /ɪntə/ inter-: entre; no espaço de.

interaction /ˌɪntərˈækʃən/ interação: efeito de um medicamento quando associado a outro(s) ou a uma determinada substância.

interatrial septum /ˌɪntərˈeɪtriəl ˌseptəm/ septo intra-atrial: membrana que separa os átrios direito e esquerdo do coração.

intercalated /ɪnˈtɜːkəleɪtɪd/ interposto; intercalado: inserido entre outros tecidos.

intercalated disc /ɪnˌtɜːkəleɪtɪd ˈdɪsk/ disco intercalado: feixe de linhas transversas adjacente ao músculo cardíaco.

intercellular /ˌɪntəˈseljʊlə/ intercelular: entre as células dos tecidos.

intercostal /ˌɪntəˈkɒst(ə)l/ intercostal: **1** entre as costelas. **2** ⇨ **intercostal muscle**.

intercostal muscle /ˌɪntəˌkɒst(ə)l ˈmʌs(ə)l/ músculo intercostal: um dos músculos localizados entre as costelas. ☑ **intercostal**. Observação: os músculos intercostais expandem e contraem o tórax, alterando, desse modo, a pressão na caixa torácica e tornando possível os movimentos respiratórios. Há três camadas de músculos intercostais: músculos intercostais externos, músculos intercostais internos e músculos intercostais íntimos.

intercourse /ˈɪntəkɔːs/ relação sexual. ⇨ **sexual intercourse**.

intercurrent disease /ˌɪntəkʌrənt dɪˈziːz/ doença intercorrente: uma doença ou infecção que sobrevém durante a evolução de outra doença. ☑ **intercurrent infection**.

intercurrent infection /ˌɪntəkʌrənt ɪnˌfekʃ(ə)n/ infecção intercorrente. ⇨ **intercurrent disease**.

interdigital /ˌɪntəˈdɪdʒɪt(ə)l/ interdigital: relativo ao espaço entre os dedos das mãos ou dos pés.

interdisciplinary /ˌɪntəˌdɪsɪˈplɪnəri/ interdisciplinar: que combina duas ou mais áreas diferentes de estudos médicos ou científicos.

interferon /ˌɪntəˈfɪərɒn/ interferon: uma proteína produzida pelas células, geralmente em resposta a um vírus, inibindo a sua propagação. Observação: embora já seja possível sintetizar o interferon fora do organismo, a sua produção em larga escala é extremamente dispendiosa, e ele não tem provado ser tão bem-sucedido no combate aos vírus conforme se esperava, embora seja usado na esclerose múltipla com algum sucesso.

interior /ɪnˈtɪəriə/ interior: **1** a parte interna. **2** interno.

interleukin /ˌɪntəˈluːkɪn/ interleucina: uma proteína produzida no organismo pelo sistema imune.

interleukin-1 /ˌɪntəluːkɪn ˈwʌn/ interleucina-1: uma proteína que induz a febre. Abreviatura: **IL-1**.

interleukin-2 /ˌɪntəluːkɪn ˈtuː/ interleucina-2: uma proteína que estimula a produção de células T, usada no tratamento de câncer. Abreviatura: **IL-2**.

interlobar /ˌɪntəˈləʊbə/ interlobar: situado entre lobos.

interlobar artery /ˌɪntələʊbər ˈɑːtəri/ artéria interlobar: artéria que corre entre os lobos renais.

interlobular /ˌɪntəˈlɒbjʊlə/ interlobular: situado entre lóbulos.

interlobular artery /ɪntəˈlɒbjʊlə ˌɑːtəri/ artéria interlobular: uma das artérias que se distribuem pelos glomérulos renais.

intermediate care /ˌɪntəmiːdiət ˈkeə/ cuidados intermediários: cuidados após cirurgia ou doença, disponíveis em unidades especiais anexas a um hospital, ou ministrados na casa do paciente por uma equipe multidisciplinar especial.

intermedius /ˌɪntəˈmiːdiəs/ intermédio. Veja **vastus intermedius**.

intermenstrual /ˌɪntəˈmenstruəl/ intermenstrual: entre os períodos mentruais.

intermittent /ˌɪntəˈmɪt(ə)nt/ intermitente: que ocorre em intervalos.

intermittent claudication /ˌɪntəmɪt(ə)nt ˌklɔ:dɪˈkeɪʃ(ə)n/ claudicação intermitente: condição produzida por estreitamento das artérias, caracterizada por intensa dor nas pernas e claudicação após curtas caminhadas. Nota: os sintomas aumentam com a marcha, cessam após um breve repouso, e tornam a aparecer quando se reinicia a marcha.

intermittent fever /ˌɪntəmɪt(ə)nt ˈfi:və/ febre intermitente: febre caracterizada por acessos espaçados e períodos de apirexia total, como na malária.

intermittent positive airway ventilation /ˌɪntəmɪt(ə)nt pɒzɪtɪv ˈeəweɪventɪˌleɪʃ(ə)n/ respiração de pressão positiva intermitente. Abreviatura: **IPAV**. Veja também **positive pressure ventilation**.

intermittent positive pressure ventilation /ˌɪntəmɪt(ə)nt pɒzɪtɪv ˈpreʃə ventɪˌleɪʃ(ə)n/ respiração de pressão positiva intermitente. Abreviatura: **IPPV**. Veja também **positive pressure ventilation**.

intermittent self-catheterisation /ˌɪntəmɪt(ə)nt self ˌkæθɪtəraɪˈzeɪʃ(ə)n/ autocateterismo intermitente: procedimento no qual a pessoa, de tempos em tempos, insere um cateter na própria uretra, o qual vai até a bexiga, a fim de esvaziá-la de urina. Abreviatura: **ISC**.

intern /ˈɪntɜ:n/ interno: (EUA) médico diplomado que trabalha em um hospital antes de ser licenciado para praticar a medicina. ⇨ **house officer**. Compare com **resident**.

interna /ɪnˈtɜ:nə/ interna. Veja **otitis interna**.

internal /ɪnˈtɜ:n(ə)l/ interno: situado dentro do corpo. Oposto de **external**. ◊ **the drug is for internal use only**: a droga destina-se apenas a uso interno (não deve ser usada fora dele).

internal auditory meatus /ɪnˌtɜ:n(ə)l ɔ:dɪt(ə)ri miˈeɪtəs/ meato auditivo externo: o canal que dá passagem ao nervo auditivo através do osso temporal.

internal bleeding /ɪnˌtɜ:n(ə)l ˈbli:dɪŋ/ sangramento interno: perda de sangue na parte interna do corpo, por exemplo, por causa de uma ferida intestinal.

internal capsule /ɪnˌtɜ:n(ə)l ˈkæpsju:l/ cápsula interna: feixe de fibras que ligam o córtex cerebral a outras partes do cérebro.

internal cardiac massage /ɪnˌtɜ:n(ə)l ˌkɑ:diæk ˈmæsɑ:ʒ/ massagem cardíaca interna: método de ressuscitação cardíaca pela pressão aplicada no próprio coração.

internal carotid /ɪnˌtɜ:n(ə)l kæˈrɒtɪd/ carótida interna: artéria cervical, situada atrás da carótida externa, que dá origem à artéria oftálmica e se divide nas artérias cerebrais média e anterior.

internal derangement of the knee /ɪnˌtɜ:n(ə)l dɪˈreɪnʒmənt əv ðə ˈni:/ distúrbio interno do joelho; transtorno interno do joelho: condição caracterizada por mal funcionamento do joelho devido ao rompimento do menisco. Abreviatura: **IDK**.

internal ear /ɪnˌtɜ:n(ə)l ˈɪə/ ouvido interno: parte interna do ouvido, constituída pelo labirinto, que contém os canais semicirculares, o vestíbulo e a cóclea.

internal haemorrhage /ɪnˌtɜ:n(ə)l ˈhem(ə)rɪdʒ/ hemorragia interna: hemorragia que ocorre dentro do corpo.

internal haemorrhoids /ɪnˌtɜ:n(ə)l ˈhemərɔɪdz/ (plural) hemorróidas internas: veias varicosas situadas dentro do ânus.

internal iliac artery /ɪnˌtɜ:n(ə)l ˈɪliæk ˌɑ:təri/ artéria ilíaca interna: artéria que se origina da aorta, no abdome, e se distribui para a região pélvica.

internal injury /ɪnˌtɜ:n(ə)l ˈɪndʒəri/ lesão interna: lesão causada a um dos órgão internos.

internal jugular /ɪnˌtɜ:n(ə)l ˈdʒʌɡjʊlə/ veia jugular interna: a maior veia jugular; une-se à veia subclávia, formando a veia braquiocefálica.

internally /ɪnˈtɜ:n(ə)li/ internamente: dentro do corpo. *He was bleeding internally.* / Ele estava sangrando internamente.

internal medicine /ɪnˌtɜ:n(ə)l ˈmed(ə)s(ə)n/ medicina interna: (EUA) tratamento de doenças dos órgãos internos por médicos especialistas.

internal nares /ɪnˌtɜ:n(ə)l ˈneəri:z/ (plural) narinas internas: as duas aberturas em forma de funil que ligam a cavidade nasal à faringe. Também chamadas de **posterior nares**.

internal oblique /ɪnˌtɜ:n(ə)l əˈbli:k/ músculo oblíquo interno do abdome: a camada média de fibras musculares que cobrem o abdome, localizada abaixo do músculo oblíquo externo do abdome.

internal organ /ɪnˌtɜ:n(ə)l ˈɔ:ɡən/ órgão interno: qualquer órgão situado dentro do corpo.

internal respiration /ɪnˌtɜ:n(ə)l ˌrespɪˈreɪʃ(ə)n/ respiração interna: respiração que diz respeito ao intercâmbio de sangue para os tecidos e de dióxido de carbono dos tecidos para o sangue.

International Committee of the Red Cross /ɪntəˌnæʃ(ə)n(ə)l kəˌmɪti əv ðə ˌred ˈkrɒs/ Comissão Internacional da Cruz Vermelha: organização internacional que presta, principalmente, assistência médica emergencial, mas também conforta vítimas de terremotos, enchentes e outras catástrofes, ou prisioneiros de guerra. Abreviatura: **ICRC**.

International Confederation of Midwives /ɪntəˌnæʃ(ə)n(ə)l kənfedərˈeɪʃən əv mˈɪdwaɪves/ Confederação Internacional de Parteiras. Abreviatura: **ICM**.

International Council of Nurses /ˌɪntənæʃ(ə)n(ə)l ˈkaunsəl əv ˈnɜ:sɪz/ Conselho Internacional de Enfermeiras: organização fundada em 1899, que representa hoje enfermeiras em mais de cento e vinte países. Seu objetivo é unir os enfermeiros, melhorar os serviços de enfermagem no mundo inteiro, e influenciar as políticas (ou programas) de saúde. Abreviatura: **ICN**.

international nonproprietary name /ˌɪntə næʃ(ə)nəl ˌnɒnprəprəraɪət(ə)ri 'neɪm/ nomes não registrados internacionais: cada um dos oito mil nomes selecionados pela Organização Mundial de Saúde de acordo com os princípios legais para a rotulagem de produtos farmacêuticos destinados à maioria dos países do mundo, incluindo todos os países da União Européia. Abreviatura: **INN**.

international unit /ˌɪntənæʃ(ə)nəl 'juːnɪt/ unidade internacional: padrão internacional usado em farmácia para medir uma substância, por exemplo, droga ou hormônio. Abreviatura: **IU**.

interneurone /ˌɪntə'njuːrəʊn/ interneurônio: neurônio cujos processos são limitados e que fazem sinapse entre dois outros neurônios sensoriais ou motores.

internist /'ɪntɜːnɪst/ internista: médico especilizado em medicina interna, em oposição a médico cirurgião.

internodal /ˌɪntə'nəʊd(ə)l/ internodal: entre dois nodos.

internuncial neurone /ˌɪntənʌnʃ(ə)l 'njuːrəʊn/ neurônio internuncial; neurônio intercalado: neurônio que une duas outras células nervosas.

internus /ɪn'tɜːnəs/ músculo reto interno do olho: músculo medial reto localizado na órbita.

interoceptor /ˌɪntərəʊ'septə/ interoceptor: célula nervosa que reage às excitações oriundas de dentro do corpo.

interosseous /ˌɪntər'ɒsiəs/ interósseo: situado entre ossos.

interparietal /ˌɪntəpə'raɪət(ə)l/ interparietal: **1** entre as paredes de uma parte, principalmente entre os ossos parietais. **2** ⇨ **interparietal bone**.

interparietal bone /ˌɪntəpə'raɪət(ə)l ˌbəʊn/ osso interparietal: osso triangular situado na nuca, raramente presente em humanos. ☑ **interparietal**.

interpeduncular cistern /ˌɪntəpə'dʌŋkjʊlər ˌsɪstən/ cisterna interpeduncular; cisterna basal: dilatação do espaço subaracnóide entre os dois hemisférios cerebrais, abaixo do mesencéfalo e do hipotálamo.

interphalangeal joint /ˌɪntəfə'lændʒiəl dʒɔɪnt/ articulação interfalangiana: articulação entre as falanges. ☑ **IP joint**.

interphase /'ɪntəfeɪz/ interfase: o período de tempo entre duas divisões celulares sucessivas.

interpubic joint /ˌɪntəpjuːbɪk 'dʒɔɪnt/ articulação interpúbica: articulação fibrocartilaginosa entre as duas partes do osso púbico. ☑ **pubic symphysis**.

interruptus /ˌɪntə'rʌptəs/ interrompido. Veja **coitus interruptus**.

intersex /'ɪntəseks/ intersexuado; intersexual: um organismo que possui tanto características masculinas como femininas.

intersexuality /ˌɪntəsekʃu'ælɪti/ intersexualidade: condição em que o indivíduo tem, ao

nascer, tanto características masculinas como femininas, como na síndrome de Klinefelter e na síndrome de Turner.

interstice /ɪn'tɜːstɪs/ interstício: pequeno espaço entre partes do corpo ou tecido.

interstitial /ˌɪntə'stɪʃ(ə)l/ intersticial: relativo aos tecidos situados entre partes, principalmente entre os tecidos ativos de um órgão.

interstitial cells /ˌɪntə'stɪʃ(ə)l sel/ células intersticiais. ⇨ **Leydig cells**.

interstitial cells stimulating hormone /ˌɪntə ˌstɪʃ(ə)l sel 'stɪmjʊleɪtɪŋ ˌhɔːməʊn/ hormônio estimulador das células intersticiais. Abreviatura: **ICSH**. ⇨ **luteinising hormone**.

interstitial cystitis /ˌɪntəstɪʃ(ə)l sɪ'staɪtɪs/ cistite intersticial: condição não-bacteriana persistente, caracterizada por dor na bexiga e vontade freqüente de urinar. É quase sempre associada com úlcera de Hunner.

intertrigo /ˌɪntə'traɪgəʊ/ intertrigo: uma irritação da pele causada pelo roçar de duas superfícies, como na axila ou nas nádegas.

intertubercular plane /ˌɪntətjuˌbɜː'kjʊlə 'pl eɪn/ plano intertubercular. ⇨ **transtubercular plane**.

intervention /ˌɪntə'venʃən/ intervenção: um tratamento médico.

interventional radiology /ˌɪntəvenʃən(ə)l ˌreɪdi'ɒlədʒi/ radiologia intervencionista: área da medicina que realiza uma série de procedimentos, tais como raios X, ultra-som e tomografia computadorizada, para guiar pequenos instrumentos dentro do corpo, a fim de proceder a biópsias, drenagem de líquidos ou dilatação de vasos estreitos.

interventricular /ˌɪntəven'trɪkjʊlə/ interventricular: entre os ventrículos do coração ou do cérebro.

interventricular foramen /ˌɪntəvenˌtrɪkjʊlə fə'reɪmən/ forame interventricular: uma abertura cerebral entre o ventrículo lateral e o terceiro ventrículo, que dá passagem ao líquido cérebro-espinhal.

interventricular septum /ˌɪntəvenˌtrɪkjʊlə 'septəm/ septo interventricular: membrana entre os ventrículos cardíacos direito e esquerdo.

intervertebral /ˌɪntə'vɜːtɪbr(ə)l/ intervertebral: situado entre vértebras.

intervertebral disc /ˌɪntəˌvɜːtɪbrəl 'dɪsk/ disco intervertebral: uma cartilagem que separa duas vértebras adjacentes. Veja ilustração em **Cartilaginous Joint**, no Apêndice. ☑ **vertebral disc**.

intervertebral foramen /ˌɪntəˌvɜːtɪbrəl fə'reɪ mən/ forame intervertebral: espaço entre duas vértebras.

intestinal /ɪn'testɪn(ə)l/ intestinal: relativo ao intestino.

intestinal anastomosis /ɪnˌtestɪn(ə)l əˌnæstə' məʊsɪs/ anastomose intestinal: cirurgia para estabelecer uma ligação entre duas porções intestinais, após remoção de uma parte.

intestinal flora /ɪnˌtestɪn(ə)l ˈflɔːrə/ (plural) flora intestinal: bactérias benéficas presentes no intestino.

intestinal glands /ɪnˈtestɪn(ə)l glændz/ (plural) glândulas intestinais: glândulas tubulares na mucosa dos intestinos grosso e delgado, principalmente aquelas situadas entre as vilosidades do intestino delgado. Também chamadas de **Lieberkühn's glands; crypts of Lieberkühn**.

intestinal infection /ɪnˈtestɪn(ə)l ɪnˌfekʃ(ə)n/ infecção intestinal: infecção nos intestinos.

intestinal juice /ɪnˈtestɪn(ə)l dʒuːs/ suco intestinal: líquido alcalino secretado pelas glândulas do intestino delgado, que ajuda a digestão.

intestinal obstruction /ɪnˌtestɪn(ə)l əbˈstrʌkʃən/ obstrução intestinal: um bloqueio do intestino.

intestinal villi /ɪnˌtestɪn(ə)l ˈvɪlaɪ/ (plural) vilosidades intestinais: projeções nas paredes do intestino, que ajudam a digestão dos alimentos.

intestinal wall /ɪnˌtestɪn(ə)l ˈwɔːl/ parede intestinal: camadas de tecido que formam o intestino.

intestine /ɪnˈtestɪn/ intestino: parte do sistema digestório entre o estômago e o ânus, que absorve e faz a digestão dos alimentos. ⇨ **gut** (acepção 1). Veja também **large intestine; small intestine**. Nota: para conhecer outros termos relacionados ao intestino, veja os que começam com **entero-**.

intima /ˈɪntɪmə/ íntima. ⇨ **tunica intima**.

intolerance /ɪnˈtɒlərəns/ intolerância: o fato de não ser capaz de suportar alguma coisa, como dor, ou de tomar um medicamento sem ter uma reação adversa. *He developed an intolerance to penicillin.* / Ele desenvolveu intolerância à penicilina.

intoxicant /ɪnˈtɒksɪkənt/ intoxicante: substância que induz um estado de intoxicação ou envenenamento, por exemplo, bebida alcoólica.

intoxicate /ɪnˈtɒksɪkeɪt/ intoxicar: tornar uma pessoa incapaz de controlar suas ações, por causa da influência de álcool no sistema nervoso. *He drank six glasses of whisky and became completely intoxicated.* / Ele tomou seis copos de uísque e ficou completamente intoxicado.

intoxication /ɪnˌtɒksɪˈkeɪʃ(ə)n/ intoxicação: condição resultante da absorção e difusão de uma substância como álcool pelo organismo. *She was driving in a state of intoxication.* / Ela estava dirigindo em um estado de intoxicação.

intra- /ˈɪntrə/ intra-: dentro; no interior.

intra-abdominal /ˌɪntrə æbˈdɒmɪn(ə)l/ intra-abdominal: dentro do abdome.

intra-articular /ˌɪntrə ɑːˈtɪkjʊlə/ intra-articular: dentro de uma articulação.

intracellular /ˌɪntrəˈseljʊlə/ intracelular: dentro de uma célula.

intracerebral haematoma /ˌɪntrəˌserəbrəl ˌhiːməˈtəʊmə/ hematoma intracerebral: cóagulo de sangue dentro de um hemisfério cerebral.

intracranial /ˌɪntrəˈkreɪnɪəl/ intracraniano: dentro do crânio.

intracranial pressure /ˌɪntrəkreɪnɪəl ˈpreʃə/ pressão intracraniana: pressão do líquido subaracnóide, que preenche o espaço entre o crânio e o cérebro. Abreviatura: **ICP**.

intractable /ɪnˈtræktəb(ə)l/ intratável; refratário (a tratamento): incapaz de ser controlado. *an operation to relieve intractable pain* / cirurgia para aliviar uma dor intratável.

intracutaneous /ˌɪntrəkjuːˈteɪnɪəs/ intracutâneo: dentro das camadas dos tecidos cutâneos.

intracutaneous injection /ˌɪntrəkjuːˌteɪnɪəs ɪnˈdʒekʃən/ injeção intracutânea: injeção que é aplicada entre as camadas cutâneas, como em testes para detecção de alergia.

intradermal /ˌɪntrəˈdɜːm(ə)l/ intradérmico: dentro, ou introduzido entre as camadas da pele. ☑ **intradermic**.

intradermal test /ˌɪntrəˈdɜːm(ə)l test/ teste intradérmico: teste que consiste em injetar uma substância na camada da pele, por exemplo, teste de Mantoux ou teste para detecção de alergia.

intradermic /ˌɪntrəˈdɜːmɪk/ intradérmico. ⇨ **intradermal**.

intradural /ˌɪntrəˈdjʊərəl/ intradural: dentro da dura-máter.

intramedullary /ˌɪntrəmeˈdʌləri/ intramedular: dentro da medula óssea ou medula espinhal.

intramural /ˌɪntrəˈmjʊərəl/ intramural; intraparietal: dentro da parede de um órgão.

intramuscular /ˌɪntrəˈmʌskjʊlə/ intramuscular: dentro de um músculo. Abreviatura: **i.m., IM**.

intramuscular injection /ˌɪntrəˌmʌskjʊlə ɪnˈdʒekʃən/ injeção intramuscular: injeção que é aplicada dentro de um músculo, por exemplo, para liberação lenta do medicamento.

intranasal /ˌɪntrəˈneɪz(ə)l/ intranasal: dentro, ou no nariz.

intraocular /ˌɪntrəˈɒkjʊlə/ intra-ocular: dentro do olho.

intraocular lens /ˌɪntrəˌɒkjʊlə ˈlenz/ lente intra-ocular: lente artificial implantada dentro do olho. Abreviatura: **IOL**.

intraocular pressure /ˌɪntrəˌɒkjʊlə ˈpreʃə/ pressão intra-ocular: pressão dentro do globo ocular. Nota: quando a pressão é muito alta, provoca glaucoma.

intraoperative ultrasound /ˌɪntrəɒp(ə)rətɪv ˈʌltrəsaʊnd/ ultra-som intra-operativo: imagem de alta resolução usada em cirurgia. Abreviatura: **IOUS**.

intraorbital /ˌɪntrəˈɔːbɪt(ə)l/ intra-orbitário; intra-orbital: dentro da órbita.

intraosseous /ˌɪntrəˈɒsɪəs/ intra-ósseo: dentro de um osso.

intrathecal /ˌɪntrəˈθiːk(ə)l/ intratecal: dentro de uma bainha, principalmente dentro do espaço intradural ou subaracnóide.

intratracheal /ˌɪntrətrəˈkiəl/ intratraqueal: dentro da traquéia. ☑ **endotracheal**.

intratubercular plane /ˌɪntrətjuːbɜːkjʊlə ˈpleɪn/ plano intratubercular: plano no ângulo direito ao plano sagital, passando pelos tubérculos da crista ilíaca.

intrauterine /ˌɪntrəˈjuːtəraɪn/ intra-uterino: dentro do útero.

intrauterine contraceptive device /ˌɪntrəjuːtəraɪn ˌkɒntrəˈseptɪv dɪˌvaɪs/ dispositivo intra-uterino (DIU): dispositivo de plástico em espiral, que é colocado dentro do útero para evitar a gravidez. Abreviatura: **IUCD**. ☑ **intrauterine device**.

intrauterine death /ˌɪntrəjuːtəraɪn ˈdeθ/ morte intra-uterina. Abreviatura: **IUD**.

intrauterine device /ˌɪntrəjuːtəraɪn dɪˌvaɪs/ dispositivo intra-uterino; DIU. Abreviatura: **IUD**. ⇨ **intrauterine contraceptive device**.

intrauterine system /ˌɪntrəjuːtəraɪn ˌsɪstəm/ sistema intra-uterino. Abreviatura: **IUS**.

intravascular /ˌɪntrəˈvæskjʊlə/ intravascular: dentro dos vasos sanguíneos.

intravenous /ˌɪntrəˈviːnəs/ intravenoso: dentro de uma veia. Abreviatura: **IV**.

intravenous drip /ˌɪntrəviːnəs ˈdrɪp/ instilação venosa gota-a-gota: tubo fino que é inserido em uma veia e cujo líquido é instilado bem devagar, em casos de reidratação ou para administrar alimentos líquidos ou medicações.

intravenous feeding /ˌɪntrəviːnəs ˈfiːdɪŋ/ alimentação intravenosa: administração de alimentos líquidos por meio de tubo inserido em uma veia.

intravenous injection /ˌɪntrəviːnəs ɪnˈdʒekʃən/ injeção intravenosa: injeção que é aplicada dentro de uma veia, por exemplo, para liberação rápida do medicamento.

intravenously /ˌɪntrəˈviːnəsli/ por via intravenosa: dentro de uma veia. *a fluid given intravenously* / um líquido administrado por via intravenosa.

intravenous pyelogram /ˌɪntrəviːnəs ˈpaɪəlˌəgræm/ pielograma intravenoso: série de raios X dos rins por meio de pielografia. Abreviatura: **IVP**. ☑ **intravenous urogram**.

intravenous pyelography /ˌɪntrəviːnəs ˌpaɪəˈlɒgrəfi/ pielografia intravenosa: exame de raios X do trato urinário, feito após injeção com material de contraste (líquido opaco), por via intravenosa. ☑ **intravenous urography**.

intravenous urogram /ˌɪntrəviːnəs ˈjʊərəgræm/ urograma intravenoso. ⇨ **intravenous pyelogram**.

intravenous urography /ˌɪntrəviːnəs juˈrɒgrəfi/ urografia intravenosa. ⇨ **intravenous pyelography**. Abreviatura: **IVU**.

intraventricular /ˌɪntrəvenˈtrɪkjʊlə/ intraventricular: dentro, ou colocado dentro de um ventrículo cardíaco ou cerebral.

intra vitam /ˌɪntrə ˈvaɪtəm/ *intra vitam:* expressão latina que significa "durante a vida".

intrinsic /ɪnˈtrɪnsɪk/ intrínseco: que constitui a essência de um organismo, ou que está situado inteiramente dentro de uma parte ou órgão.

intrinsic factor /ɪnˌtrɪnsɪk ˈfæktə/ fator intrínseco: uma proteína secretada pelas glândulas gástricas, que contra-ataca o fator extrínseco e que, quando deficiente, causa anemia perniciosa.

intrinsic ligament /ɪnˌtrɪnsɪk ˈlɪgəmənt/ ligamento intrínseco: ligamento que faz parte da cápsula que circunda uma articulação.

intrinsic muscle /ɪnˌtrɪnsɪk ˈmʌs(ə)l/ músculo intrínseco: músculo que se encontra completamente dentro de uma parte ou segmento, principalmente de um membro que é estimulado por ele.

intro- /ɪntrəʊ/ intro-: dentro de; para dentro.

introduce /ˌɪntrəˈdjuːs/ introduzir; apresentar (pessoas): **1** colocar uma coisa dentro de outra. *He used a syringe to introduce a medicinal substance into the body.* / Ele usou uma seringa para introduzir uma substância medicinal no organismo. *The nurse introduced the catheter into the vein.* / A enfermeira introduziu o cateter na veia. **2** apresentar duas pessoas que nunca se encontraram antes. *Can I introduce my new assistant?* / Posso lhe apresentar meu novo assistente? **3** começar um novo processo. *The hospital has introduced a new screening process for cervical cancer.* / O hospital introduziu um novo processo de triagem para câncer cervical.

introduction /ˌɪntrəˈdʌkʃən/ introdução: **1** o ato de colocar alguma coisa dentro de outra. *the introduction of semen into the woman's uterus* / a introdução de sêmen no útero da mulher. *the introduction of an endotracheal tube into the patient's mouth* / a introdução de um tubo endotraqueal na boca do paciente. **2** o ato de começar um novo processo.

introitus /ɪnˈtrəʊɪtəs/ intróito: a entrada de um órgão oco ou canal.

introjection /ˌɪntrəʊˈdʒekʃən/ introjeção: assimilação inconsciente de atitudes ou valores de outra pessoa a que se quer impressionar.

introspection /ˌɪntrəˈspekʃən/ introspecção: uma autocontemplação detalhada e, algumas vezes, obsessiva dos processos mentais, como sentimentos, pensamentos e razões.

introversion /ˌɪntrəˈvɜːʃ(ə)n/ introversão: condição na qual a pessoa preocupa-se excessivamente consigo e com sua vida interior. Compare com **extroversion**.

introvert /ˈɪntrəvɜːt/ introvertido: pessoa que pensa unicamente em si mesma e em sua vida interior. Compare com **extrovert**.

introverted /ˈɪntrəʊˌvɜːtɪd/ introvertido: relativo à pessoa que pensa unicamente em si mesma.

intubate /ˈɪntjuːbeɪt/ intubar: inserir um tubo em qualquer órgão ou parte do corpo. ☑ **catheterise**.

intubation /ˌɪntjuːˈbeɪʃ(ə)n/ intubação: inserção de um tubo na laringe, através da glote, para permitir a passagem de ar. ☑ **catheterisation**.

intumescence /ˌɪntjuːˈmes(ə)ns/ intumescência: o aumento de volume de um órgão.

intussusception /ˌɪntəsəˈsepʃən/ intossuscepção: pregueamento de uma parte do intestino dentro de outra, causando obstrução e estrangulamento da parte invaginada. ☑ **invagination** (acepção 1).

inunction /ɪnˈʌŋkʃən/ inunção: **1** o ato de friccionar uma pomada na pele, a fim de que seus componentes medicinais sejam absorvidos. **2** uma pomada que é friccionada na pele.

in utero /ˌɪn ˈjuːtərəʊ/ in utero: no útero; não-nascido ainda.

invade /ɪnˈveɪd/ invadir; alastrar(-se): entrar e espalhar-se gradualmente pelo corpo, por exemplo, a invasão de um microorganismo causador de doença.

invagination /ɪnˌvædʒɪˈneɪʃ(ə)n/ invaginação: **1** ⇨ **intussusception**. **2** tratamento cirúrgico de uma hérnia, que consiste em fazer uma bainha de tecido para cobrir a abertura.

invalid /ˈɪnvəlɪd/ (antiquado) inválido: **1** pessoa que ficou permanentemente incapacitada por uma doença. **2** fraco e incapacitado.

invalidity /ˌɪnvəˈlɪdɪti/ invalidez: a condição de ser inválido.

invasion /ɪnˈveɪʒ(ə)n/ invasão: **1** a entrada de bactérias dentro do organismo. **2** o início de uma doença.

invasive /ɪnˈveɪsɪv/ invasivo: **1** relativo ao câncer que tende a se espalhar pelo corpo todo. **2** relativo a procedimento ou tratamento que envolve incisão da pele e introdução de um instrumento dentro do corpo. Veja também **non-invasive**.

inverse care law /ˌɪnvɜːs ˈkeə lɔː/ lei da interversão de cuidados: a concepção de que as pessoas que necessitam de cuidados e serviços médicos são as menos capazes de obtê-los ou de ter acesso a eles.

inversion /ɪnˈvɜːʃ(ə)n/ inversão: o fato de estar virado para dentro. *inversion of the foot* / inversão do pé. Veja ilustração em **Termos Anatômicos**, no Apêndice. ◊ **inversion of the uterus**: inversão do útero: condição na qual o fundo do útero é forçado através do colo, com exposição da parte interna para fora, geralmente após o parto.

invertase /ɪnˈvɜːteɪz/ invertase: enzima da mucosa intestinal que atua na hidrólise da sacarose.

investigation /ɪnˌvestɪˈgeɪʃ(ə)n/ investigação: um inquérito para descobrir a causa de um acontecimento. *The Health Authority ordered an investigation into how the drugs were stolen.* / O Departamento de Saúde ordenou uma investigação para apurar como as drogas foram roubadas.

investigative surgery /ɪnˌvestɪgətɪv ˈsɜːdʒəri/ cirurgia investigativa: cirurgia para investigar a causa de uma doença.

in vitro /ɪn ˈviːtrəʊ/ in vitro: expressão latina que significa "em um vidro", isto é, observável em tubo de ensaio ou recipiente similar, usado em laboratório. ◊ **in vitro activity** ou **in vitro experiment**: atividade *in vitro* ou experimento *in vitro*: experimento que é feito em laboratório.

in vitro fertilisation /ɪn ˌviːtrəʊ ˌfɜːtəlaɪˈzeɪʃ(ə)n/ fertilização in vitro: fertilização de um óvulo em laboratório. Veja também **test-tube baby**. Abreviatura: **IVF**.

in vivo /ɪn ˌviːvəʊ/ in vivo: expressão latina que significa "no corpo vivo", isto é, relativo a um experimento que acontece dentro de um organismo vivo.

in vivo experiment /ɪn ˌviːvəʊ ɪkˈsperɪmənt/ experimento *in vivo*: experimento que acontece dentro de um organismo vivo, por exemplo, de um animal.

involucrum /ˌɪnvəˈluːkrəm/ invólucro: bainha de um novo osso, que se forma sobre um fragmento ósseo destacado ou morto.

involuntary /ɪnˈvɒlənt(ə)ri/ involuntário: feito automaticamente, sem nenhum pensamento consciente ou tomada de decisão. *Patients are advised not to eat or drink, to reduce the risk of involuntary vomiting while on the operating table.* / Os pacientes foram advertidos a não comer nem beber, para reduzir o risco de vômitos involuntários enquanto estivessem na mesa de cirurgia.

involuntary action /ɪnˌvɒlənt(ə)ri ˈækʃən/ ação involuntária: ação realizada sem um pensamento consciente ou tomada de decisão.

involuntary muscle /ɪnˌvɒlənt(ə)ri ˈmʌs(ə)l/ músculos involuntários: músculos supridos pelo sistema nervoso autônomo, que não estão, portanto, sob o controle da vontade, por exemplo, os músculos que ativam um órgão vital, como o coração.

involution /ˌɪnvəˈluːʃ(ə)n/ involução: **1** retorno de um órgão às suas dimensões normais, por exemplo, o útero após o parto. **2** regressão geral do organismo após a meia-idade.

involutional /ˌɪnvəˈluːʃ(ə)n(ə)l/ involucional: relativo à involução.

involutional melancholia /ɪnvəˌluːʃ(ə)n(ə)l melənˈkəʊliə/ melancolia involucional: depressão que ocorre principalmente em mulheres, após a meia-idade, provavelmente causada por alteração das secreções endócrinas.

iodine /ˈaɪədiːn/ iodo: elemento químico essencial ao organismo, principalmente para o funcionamento da glândula tireóide. Nota: a falta de iodo pode provocar bócio. Símbolo químico: **I**.

IOL abreviatura de **intraocular lens**.

ion /ˈaɪən/ íon: átomo com uma carga de eletricidade. Nota: os íons com carga positiva são chamados de cátions, e os de carga negativa, ânions. Observação: acredita-se que os organismos vivos, incluindo os seres humanos, reagem à presença de partículas ionizadas na atmosfera. Ventos quentes e secos contêm uma quantidade maior de íons positivos do que o normal e causam dores de cabeça e outras doenças. Se íons negativos forem introduzidos em um sistema de ar-condicionado, a incidência de dores de cabeça e náusea entre as pessoas que trabalham no recinto pode ser reduzida.

ionise /'aɪənaɪz/ ionizar: introduzir carga de eletricidade em um átomo. Usa-se também **ionize**.

ioniser /'aɪənaɪzə/ ionizador: máquina que aumenta a quantidade de íons negativos na atmosfera de um ambiente fechado, neutralizando assim os íons positivos. Usa-se também **ionizer**.

ionotherapy /aɪˌɒnə'θerəpi/ ionoterapia: tratamento que consiste na introdução de íons de um medicamento no organismo, por meio de corrente elétrica.

iontophoresis /aɪˌɒntəʊfə'riːsɪs/ ionoforese: o movimento de íons através de material biológico quando recebe uma corrente elétrica.

IOUS abreviatura de **intraoperative ultrasound**.

IPAV abreviatura de **intermittent positive airway ventilation**.

ipecacuanha /ˌɪpɪkækju'ænə/ ipecacuanha: droga extraída da raiz de um arbusto do Brasil e de outras partes da América do Sul, com propriedades expectorantes e eméticas. Nota: no inglês americano usa-se **ipecac**.

IP joint /aɪ 'pi: dʒɔɪnt/ articulação interfalangiana. ⇨ **interphalangeal joint**.

IPPV abreviatura de **intermittent positive pressure ventilation**.

ipratropium /ˌaɪprə'trəʊpiəm/ ipratrópio: um agente usado como relaxante muscular das vias aéreas no tratamento de asma, bronquite e enfisema. ☑ **ipratropium bromide**.

ipratropium bromide /ˌaɪprə'trəʊpiəm 'brəʊmaɪd/ brometo de ipratrópio. ⇨ **ipratropium**.

ipsilateral /ˌɪpsɪ'lætərəl/ ipsilateral: localizado ou que afeta o mesmo lado do corpo. ☑ **homolateral**. Oposto de **contralateral**.

IQ abreviatura de **intelligence quotient**.

IRDS abreviatura de **infant respiratory distress syndrome**.

irid- /ɪrɪd/ irid(o)-: relativo à íris.

iridectomy /ˌɪrɪ'dektəmi/ iridectomia: remoção cirúrgica parcial da íris.

iridencleisis /ˌɪrɪden'klaɪsɪs/ iridenclise: cirurgia para tratamento do glaucoma, na qual parte da íris atua como um dreno do humor aquoso por meio de um orifício na conjuntiva.

iridocyclitis /ˌɪrɪdəʊsɪ'klaɪtɪs/ iridociclite: inflamação da íris e do corpo ciliar.

iridodialysis /ˌɪrɪdəʊdaɪ'æləsɪs/ iridodiálise: separação da íris de sua raiz, geralmente causada por traumatismo.

iridoplegia /ˌɪrɪdəʊ'pliːdʒə/ iridoplegia: paralisia da íris.

iridoptosis /ˌɪrɪdəʊ'təʊsɪs/ iridoptose: prolapso da íris por meio de um ferimento na córnea.

iridotomy /ˌɪrɪ'dɒtəmi/ iridotomia: incisão cirúrgica na íris.

iris /'aɪrɪs/ íris: membrana circular e colorida do olho, que circunda a pupila. Veja ilustração em **Eye**, no Apêndice. Observação: a íris age como a abertura do obturador de uma máquina fotográfica, abrindo-se e fechando-se para permitir a passagem de maior ou menor quantidade de luz para o olho, através da pupila.

iritis /aɪ'raɪtɪs/ irite: inflamação da íris.

iron /'aɪən/ ferro: **1** elemento químico essencial ao organismo, presente em alimentos como fígado e ovos. **2** um metal comum de coloração cinzenta. Símbolo químico: **Fe**. Observação: o ferro é um componente essencial do pigmento vermelho dos eritrócitos. A falta de ferro na hemoglobina resulta em anemia por deficiência de ferro. O armazenamento de quantidades excessivas de ferro no organismo resulta em hemocromatose.

iron-deficiency anaemia /ˌaɪən dɪ'fɪʃ(ə)nsi ə ˌniːmiə/ anemia por deficiência de ferro; anemia hipoférrica: anemia causada pela falta de ferro nos glóbulos vermelhos.

iron lung /ˌaɪən 'lʌŋ/ pulmão de aço. ⇨ **Drinker respirator**.

irradiation /ɪˌreɪdɪ'eɪʃ(ə)n/ irradiação: **1** o processo de dispersão a partir de um centro, como fazem, por exemplo, os impulsos nervosos. **2** radiação aplicada a tratamentos médicos; é também empregada para eliminar bactérias presentes em alimentos.

irreducible hernia /ˌɪrɪˌdjuːsəb(ə)l 'hɜːniə/ hérnia irredutível: hérnia em que o órgão não pode voltar à posição normal.

irregular /ɪ'regjʊlə/ irregular: não regular ou normal. *The patient's breathing was irregular.* / A respiração do paciente estava irregular. *The nurse noted that the patient had developed an irregular pulse.* / A enfermeira notou que o paciente tinha um pulso irregular. *He has irregular bowel movements.* / Ele tem evacuação irregular.

irrigate /'ɪrɪgeɪt/ lavar; irrigar: lavar uma cavidade do organismo.

irrigation /ˌɪrɪ'geɪʃ(ə)n/ irrigação: a lavagem de uma cavidade do organismo.

irritability /ˌɪrɪtə'bɪlɪti/ irritabilidade: o estado de ser irritável.

irritable /'ɪrɪtəb(ə)l/ irritável: **1** que se inflama e causa dor facilmente. **2** aborrecido e impaciente.

irritable bowel syndrome /ˌɪrɪtəb(ə)l 'baʊəl ˌsɪndrəʊm/ síndrome do intestino irritável. ⇨ **mucous colitis**. Abreviatura: **IBS**.

irritable colon /ˌɪrɪtəb(ə)l 'kəʊlɒn/ cólon irritável. Veja **mucous colitis**.

irritable hip /ˌɪrɪtəb(ə)l 'hɪp/ quadril irritável: condição caracterizada por dor no quadril devido à tumefação da sinóvia. O tratamento consiste em repouso no leito, tração e administração de drogas antiinflamatórias.

irritant /'ɪrɪt(ə)nt/ irritante: substância que pode causar irritação.

irritant dermatitis /ˌɪrɪt(ə)nt ˌdɜːməˈtaɪtɪs/ dermatite irritante. ⇨ **contact dermatitis**.

irritate /ˈɪrɪteɪt/ irritar: causar uma reação dolorosa em alguma parte do corpo, geralmente acompanhada de inflamação. *Some types of wool can irritate the skin.* / Alguns tipos de lã podem irritar a pele.

irritation /ˌɪrɪˈteɪʃ(ə)n/ irritação: uma sensação de extrema sensibilidade. *an irritation caused by the ointment* / uma irritação causada pela pomada.

ISC abreviatura de **intermittent self-catheterisation**.

isch- /ɪsk/ isqu-: muito pouco.

ischaemia /ɪˈskiːmiə/ isquemia: suprimento insuficiente de sangue para uma parte do corpo.

ischaemic /ɪˈskiːmɪk/ isquêmico: com deficiência de sangue.

> *...the term stroke does not refer to a single pathological entity. Stroke may be haemorrhagic or ischaemic: the latter is usually caused by thrombosis or embolism.* / "...o termo acidente vascular cerebral (AVC) não se refere a um distúrbio patológico único. O AVC pode ser hemorrágico ou isquêmico: o último normalmente é causado por trombose ou embolismo."
> (*British Journal of Hospital Medicine*)

ischaemic heart disease /ɪˌskiːmɪk ˈhɑːt dɪˌzi:z/ doença cardíaca isquêmica: doença cardíaca relacionada ao comprometimento do suprimento sanguíneo, como na trombose coronariana. Abreviatura: **IHD**.

ischi- /ɪski/ ⇨ **ischio**.

ischial /ˈɪskiəl/ isquiático: relativo ao ísquio ou articulação do quadril.

ischial tuberosity /ˌɪskiəl ˌtjuːbəˈrɒsɪti/ tuberosidade isquiática; tuberosidade do ísquio: uma projeção óssea que forma o anel do ísquio.

ischio- /ɪskiəʊ/ isqui(o)-: relativo ao ísquio. Nota: antes de vogais usa-se **ischi-**.

ischiocavernosus muscle /ˌɪskiəʊkævəˈnəʊsəs ˌmʌs(ə)l/ músculo isquiocavernoso: músculo que mantém a ereção do pênis e clitóris.

ischiorectal /ˌɪskiəʊˈrekt(ə)l/ isquiorretal: relativo tanto ao ísquio quanto ao reto.

ischiorectal abscess /ˌɪskiəʊˌrekt(ə)l ˈæbses/ abscesso isquiorretal: abscesso que se forma nas células adiposas entre o ânus e o ísquio.

ischiorectal fossa /ˌɪskiəʊˌrekt(ə)l ˈfɒsə/ fossa isquiorretal: espaço entre o esfíncter anal externo e o músculo elevador do ânus.

ischium /ˈɪskiəm/ ísquio: a parte inferior do osso do quadril, na pelve. Veja ilustração em **Pelvis**, no Apêndice. Plural: **ischia**.

Ishihara colour charts /ˌɪʃɪhɑːrə ˈkʌlə ˌtʃɑːts/ (plural) gráficos de cores de Ishihara: série de placas pseudo-isocromáticas utilizadas para identificar a deficiência de visão para cores, nas quais números ou letras são impressos em pontinhos de cores primárias, circundados por pontinhos de outras cores. As pessoas com visão normal para as cores podem vê-los, mas as pessoas com deficiência de visão para as cores não consegue fazê-lo.

Ishihara test /ˌɪʃɪˈhɑːrə test/ teste de Ishihara: teste usado nos gráficos de cores de Ishihara.

islands of Langerhans /ˌaɪləndz əv ˈlæŋəhæns/ ilhotas de Langerhans. ⇨ **islets of Langerhans**.

islet cells /ˈaɪləts selz/ células das ilhotas. ⇨ **islets of Langerhans**.

islets of Langerhans /ˌaɪləts əv ˈlæŋəhæns/ ilhotas de Langerhans: células pancreáticas que secretam os hormônios glucagon, insulina e gastrina. Também chamadas de **islands of Langerhans; islet cells**. (Descritas em 1869 por Paul Langerhans [1847–1888], professor de anatomia patológica em Freiburg, Alemanha.)

iso- /aɪsəʊ/ is(o)-: forma combinante que significa igual.

isoantibody /ˌaɪsəʊˈæntɪbɒdi/ isoanticorpo: anticorpo produzido no organismo como uma reação aos antígenos oriundos de um indivíduo da mesma espécie. Plural: **isoantibodies**.

isograft /ˈaɪsəʊɡrɑːft/ isoenxerto: enxerto que utiliza tecido de um gêmeo idêntico. ☑ **syngraft**.

isoimmunisation /ˌaɪsəʊˌɪmjunaɪˈzeɪʃ(ə)n/ isoimunização: imunização de um indivíduo com antígenos de outro indivíduo da mesma espécie. Usa-se também **isoimmunization**.

isolate /ˈaɪsəleɪt/ isolar; separar: **1** manter uma pessoa separada de outras por causa de doença infecciosa perigosa. **2** identificar um único vírus, bactéria ou outro patógeno entre muitos. *Scientists have been able to isolate the virus which causes Legionnaires' disease.* / Os cientistas conseguiram isolar o vírus causador da doença dos legionários. *Candida is easily isolated from the mouths of healthy adults.* / A *Candida* é facilmente identificada na boca de adultos saudáveis.

isolation /ˌaɪsəˈleɪʃ(ə)n/ isolamento: separação de um indivíduo de outros, principalmente por causa de doença infeciosa.

isolation ward /ˌaɪsəˈleɪʃ(ə)n wɔːd/ pavilhão de isolamento: enfermaria especial, onde pessoas com doenças infecciosas perigosas são mantidas isoladas das outras.

isolator /ˈaɪsəleɪtə/ isolador: **1** bolsa plástica grande e transparente em que o paciente é colocado e assistido por enfermeiras, durante procedimento cirúrgico, para prevenir contaminação. **2** aposento ou equipamento que mantém pessoas ou substâncias separadas de outras que podem contaminá-las. *an isolator stretcher* / uma maca isoladora. *an isolator cabinet* / uma sala privada isoladora.

isoleucine /aɪsəʊˈluːsiːn/ isoleucina: um aminoácido essencial.

isometric /ˌaɪsəʊˈmetrɪk/ isométrico: **1** que possui medidas iguais. *an isometric view of the system* / uma visão isométrica do sistema. **2** relacionado à contração muscular acompanhada de tensão, mas com pouca alteração no comprimento das fibras musculares. **3** relativo aos exercícios nos quais os músculos são tensionados, mas não ocorre contração.

isometrics /ˌaɪsəʊˈmetrɪks/ (plural) isométricos: exercícios para fortalecimento muscular, nos quais os músculos são contraídos, mas não há alteração no comprimento das fibras musculares.

isoniazid /ˌaɪsəˈnaɪəzɪd/ isoniazida: composto incolor cristalino, usado no tratamento da tuberculose. Abreviatura: **INH**.

isoprenaline /ˌaɪsəʊˈprenəliːn/ isoprenalina: droga usada no tratamento da asma, por dilatar os brônquios pulmonares. ☑ **isoproterenol**.

isoproterenol /ˌaɪsəʊˈproteriːnɒl/ isoproterenol. O mesmo que **isoprenaline**.

isosorbide dinitrate /ˌaɪsəʊˌsɔːbaɪd daɪˈnaɪtreɪt/ dinitrato de isossorbida: agente que provoca dilatação ou relaxamento dos vasos sanguíneos, usado no tratamento da angina do peito.

isotonic /ˌaɪsəʊˈtɒnɪk/ isotônico: relativo a uma solução, por exemplo, o gotejamento de solução salina, com a mesma pressão osmótica do soro sanguíneo e que pode, portanto, ser introduzido diretamente no corpo. Compare com **hypertonic; hypotonic**.

isotonicity /ˌaɪsəʊtɒˈnɪsɪti/ isotonicidade: a pressão osmótica igual de duas ou mais soluções.

isotonic solution /ˌaɪsəʊtɒnɪk səˈluːʃ(ə)n/ solução isotônica: uma solução com a mesma pressão osmótica do soro sanguíneo, ou outro líquido usado como termo de comparação.

isotope /ˈaɪsətəʊp/ isótopo: elemento químico com as mesmas propriedades químicas de outros elementos, mas com diferente massa atômica.

isotretinoin /ˌaɪsəʊtreˈtɪnɔɪn/ isotretinoína: droga utilizada no tratamento da acne intensa e de várias outras doenças da pele.

ispaghula /ˌɪspəˈɡuːlə/ espérgula: fibra dietética natural usada no tratamento da constipação, diverticulite e síndrome do intestino irritável. ☑ **ispaghula husk**.

ispaghula husk /ˌɪspəˈɡuːlə hʌsk/ espérgula. ⇨ **ispaghula**.

ISS abreviatura de **injury scoring system**.

isthmus /ˈɪsməs/ istmo: **1** uma passagem estreita, ou uma cavidade. **2** uma faixa estreita de tecido que une duas partes maiores de tecido similar, por exemplo, a porção central da glândula tireóide, que junta os dois lobos. Plural: **isthmi** ou **isthmuses**.

itch /ɪtʃ/ **1** coceira; prurido: a) uma irritação na pele, que provoca coceira. b) (informal) **the itch** (escabiose): ⇨ **scabies**. **2** coçar: produzir uma sensação irritante, que provoca coceira.

itching /ˈɪtʃɪŋ/ prurido. ⇨ **pruritus**.

itchy /ˈɪtʃi/ pruriente; pruriginoso: que provoca coceira. *The main symptom of the disease is an itchy red rash.* / O sintoma principal da doença é uma erupção vermelha e pruriginosa.

-itis /aɪtɪs/ -ite: forma combinante relativa à inflamação.

ITU abreviatura de **intensive therapy unit**.

IU abreviatura de **international unit**.

IUCD abreviatura de **intrauterine contraceptive device**.

IUD abreviatura de **1 intrauterine death**: morte intra-uterina. **2 intrauterine device**.

IUS abreviatura de **intrauterine system**: sistema intra-uterino.

IV /ˌaɪ ˈviː/ abreviatura de **intravenous**.

IVF abreviatura de **in vitro fertilisation**.

IVP abreviatura de **intravenous pyelogram**.

IVU abreviatura de **intravenous urography**.

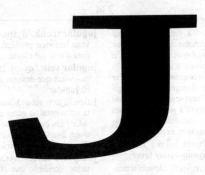

J /dʒeɪ/ abreviatura de **joule**.

jab /dʒæb/ (informal) injeção: uma injeção ou inoculação. *a tetanus jab* / uma injeção contra tétano.

Jacksonian epilepsy /dʒækˌsəʊniən ˈepɪlepsi/ epilepsia jacksoniana: forma de epilepsia caracterizada por tremores de uma parte periférica de um membro, antes de tornar-se generalizada. (Descrita em 1863 por John Hughlings Jackson [1835–1911], neurologista britânico.)

Jacquemier's sign /ˈdʒækəmɪəz ˌsaɪn/ sinal de Jacquemier: sinal observado na gravidez inicial, em que a mucosa vaginal torna-se ligeiramente azul devido ao aumento de sangue nas artérias. (Descrito por Jean Marie Jacquemier [1806–1879], obstetra francês.)

jactitation /ˌdʒæktɪˈteɪʃ(ə)n/ jactação: o ato de jogar o corpo de um lado para o outro, em grande inquietação, principalmente por causa de doença mental.

jag /dʒæg/ (informal) injeção: nome dado, na Escócia, a uma injeção ou inoculação.

jargon /ˈdʒɑːgən/ jargão: **1** linguagem usada por pessoas de uma área específica do conhecimento, que geralmente é entendida apenas por elas. *medical jargon* / jargão médico. **2** fala caracterizada por uma torrente de palavras incoerentes, observada em pessoas com afasia ou distúrbio mental grave.

jaundice /ˈdʒɔːndɪs/ icterícia: síndrome caracterizada pela deposição de pigmento biliar na pele e nas escleras, devido ao aumento de sua concentração no sangue. A doença dá ao paciente uma aparência amarela. ☒ **icterus**. Observação: a icterícia pode ter várias causas, geralmente relacionadas ao fígado: as mais comuns são oclusão dos dutos biliares por cálculos biliares, doença hepática e doença de Weil.

jaw /dʒɔː/ mandíbula: os ossos da face, que formam o arcabouço da boca, e onde são implantados os dentes. *He fell down and broke his jaw.* / Ele caiu e quebrou a mandíbula. *The punch on his mouth broke his jaw.* / O soco que ele levou na boca quebrou-lhe a mandíbula. Observação: a mandíbula tem duas partes: a parte superior (o maxilar), com partes fixas ao crânio, e a parte inferior (a mandíbula inferior ou submaxila), liga-

da ao crânio por um eixo de dobradiça, podendo-se, assim, articular-se para cima e para baixo.

jawbone /ˈdʒɔːbəʊn/ osso da mandíbula: um dos ossos que formam a mandíbula, principalmente a mandíbula inferior ou submaxila.

jejun- /dʒɪdʒuːn/ ⇨ **jejuno-**.

jejunal /dʒɪˈdʒuːn(ə)l/ jejunal: relativo ao jejuno.

jejunal ulcer /dʒɪˌdʒuːn(ə)l ˈʌlsə/ úlcera jejunal: úlcera do jejuno.

jejunectomy /ˌdʒɪdʒuːˈnektəmi/ jejunectomia: cirurgia para remover uma porção do jejuno ou todo ele. Plural: **jejunectomies**.

jejuno- /dʒiːdʒuːnəʊ/ jeju(n)-: relativo ao jejuno. Nota: antes de vogais usa-se **jejun-**.

jejunoileostomy /dʒɪˌdʒuːnəʊˌɪliˈɒstəmi/ jejunoileostomia: cirurgia para o estabelecimento de uma abertura entre o jejuno e o íleo. Plural: **jejunoileostomies**.

jejunostomy /ˌdʒɪdʒuːˈnɒstəmi/ jejunostomia: cirurgia para o estabelecimento de uma comunicação com o jejuno através da parede abdominal. Plural: **jejunostomies**.

jejunotomy /ˌdʒɪdʒuːˈnɒtəmi/ jejunotomia: incisão cirúrgica do jejuno. Plural: **jejunotomies**.

jejunum /dʒɪˈdʒuːnəm/ jejuno: porção do intestino delgado entre o duodeno e o íleo, medindo cerca de dois metros. Veja ilustração em **Digestive System**, no Apêndice.

jerk /dʒɜːk/ **1** abalo: movimento brusco de uma parte do corpo, sinal de que o arco reflexo local está intato. **2** ter contrações espasmódicas; sacudir: causar movimentos súbitos, ou fazer alguma coisa causar movimentos súbitos. *In some forms of epilepsy the limbs jerk.* / Em algumas formas de epilepsia, os membros têm contrações espasmódicas.

jet lag /ˈdʒet læg/ *jet lag*: um desequilíbrio do sono e da alimentação, causado por longas viagens aéreas e pela diferença de fuso horário. *We had jet lag when we flew from Austrália.* / Nós tivemos um *jet lag* quando viemos de avião da Austrália.

jet-lagged /ˈdʒet lægd/ com *jet lag*: que tem *jet lag*. *jet-lagged travellers* / viajantes com *jet lag*. *We were jet-lagged for a week.* / Nós ficamos com *jet lag* durante uma semana.

joint /dʒɔɪnt/ articulação: a junção entre dois ou mais ossos, principalmente uma junção que permite o movimento dos ossos. *The elbow is a joint in the arm.* / O cotovelo é uma articulação do braço. *Arthritis is accompanied by stiffness in the joints.* / A artrite é acompanhada por rigidez nas articulações. ⇨ **metacarpophalangeal joint.** Veja também **Charcot's joint.** Nota: para conhecer outros termos relacionados à articulação, veja os que começam com **arthr-, arthro-.**

joint-breaker fever /'dʒɔɪnt ˌbreɪkə ˌfiːvə/ febre quebra-ossos. ⇨ **o'nyong-nyong fever.**

joint capsule /'dʒɔɪnt ˌkæpsjuːl/ cápsula articular: tecido branco fibroso que envolve uma articulação, fixando-a ao osso. Veja ilustração em **Synovial Joint,** no Apêndice.

joint investment plan /ˌdʒɔɪnt ɪn'vestmənt plæn/ plano articulado de investimento: ação conjunta dos serviços sociais e de saúde destinada a áreas de cuidados específicos.

joint mouse /'dʒɔɪnt maʊs/ (plural) articulação solta: pedaços de cartilagem que ficam soltos na articulação do joelho, travando a articulação.

joule /dʒuːl/ joule: a unidade SI de medida de trabalho ou energia. 4.184 joules representam uma caloria. Símbolo: **J.** Abreviatura

jugular /'dʒʌgjʊlə/ jugular: **1** referente à garganta ou pescoço. **2** ⇨ **jugular vein.** Observação: há três veias jugulares de cada lado: a **internal jugular,** maior, que se dirige para a veia braquiocefálica; a **external jugular,** que é menor e deságua na veia subclávia; e a **anterior jugular,** a menor delas.

jugular nerve /'dʒʌgjʊlə nɜːv/ nervo jugular: um dos nervos do pescoço.

jugular trunk /'dʒʌgjʊlə trʌŋk/ tronco jugular: vaso linfático profundo do pescoço, que drena para a veia subclávia.

jugular vein /'dʒʌgjʊlə veɪn/ veia jugular: uma das veias que descem de cada lado do pescoço. ☑ **jugular.**

juice /dʒuːs/ suco: **1** líquido extraído de uma fruta ou vegetal. *a glass of orange juice* or *tomato juice* / um copo de suco de laranja *ou* suco de tomate. **2** um fluido natural do corpo. Veja também **digestive juice; gastric juice.**

jumper's knee /ˌdʒʌmpəz 'niː/ joelho de saltador: condição que afeta atletas e dançarinos, caracterizada por dor e inflamação na articulação do joelho.

junction /'dʒʌŋkʃən/ junção: um lugar de união.

junior doctor /ˌdʒuːniə 'dɒktə/ médico residente: um médico que está completando seu treinamento hospitalar.

junk food /'dʒʌŋk fuːd/ *junk food:* alimentos com alto teor de gordura e baixo valor nutritivo, por exemplo, lanches como salgadinhos, que são consumidos entre as refeições ou no lugar delas.

juvenile /'dʒuːvənaɪl/ juvenil: relativo a, ou que afeta crianças ou adolescentes.

juxta- /dʒʌkstə/ just(a)-: contíguo; adjacente; junto.

juxta-articular /ˌdʒʌkstə ɑː'tɪkjʊlə/ justarticular: situado próximo a uma articulação.

juxtaposition /ˌdʒʌkstəpə'zɪʃ(ə)n/ justaposição: a colocação de duas ou mais coisas lado a lado, tornando, assim, mais patentes suas similaridades ou diferenças.

k símbolo do kilo-.

Kahn test /'kɑːn test/ teste de Kahn: teste de soro sanguíneo para diagnóstico de sífilis. (Descrito em 1922 por Reuben Leon Kahn, serologista nascido na Lituânia, que trabalhou nos Estados Unidos.)

kala-azar /ˌkɑːlə əˈzɑː/ calazar: forma freqüentemente fatal de leishmaniose, causada por infecção intestinal e dos órgãos internos por um parasita, *Leishmania*, transmitido pelas moscas. Os sintomas incluem febre, anemia, definhamento e aumento de volume do baço e fígado.

kalium /'keɪliəm/ potássio. ⇨ **potassium**.

kaolin /'keɪəlɪn/ caolim: pó branco e macio semelhante a argila, usado em produtos medicinais, principalmente para o tratamento da diarréia.

Kaposi's sarcoma /kəˌpəʊziz sɑːˈkəʊmə/ sarcoma de Kaposi: câncer caracterizado por nódulos hemorrágicos na pele, principalmente nas extremidades. (Descrito em 1872 por Moritz Kohn Karposi [1837–1902], professor de dermatologia em Viena, Áustria.) Observação: uma doença relativamente rara antigamente, encontrada principalmente em países tropicais, o sarcoma de Kaposi é hoje mais comum e constitui uma das doenças associadas à AIDS.

Kartagener's syndrome /ˌkɑːtəˈdʒiːnəz ˌsɪndrəʊm/ síndrome de Kartagener: condição hereditária caracterizada pela inversão dos órgãos do tórax e abdome, isto é, o coração e o estômago ficam localizados no lado direito do corpo.

karyo- /ˈkæriəʊ/ cari(o)-: relativo ao núcleo de uma célula.

karyotype /ˈkæriəʊtaɪp/ cariótipo: o cromossomo característico de uma célula, geralmente apresentado em diagrama ou conjunto de letras e números.

Kawasaki disease /ˌkɑːwəˈsɑːki dɪˌziːz/ doença de Kawasaki: infecção causada por um retrovírus, que ocorre freqüentemente em crianças pequenas, caracterizada por febre alta, eritema, conjuntivite, descamação da pele e gânglios linfáticos aumentados.

Kayser-Fleischer ring /ˌkaɪzə ˈflaɪʃə ˌrɪŋ/ anel de Kayser-Fleischer: anel de coloração castanha que circunda a córnea, associado à degeneração hepatolenticular. (Descrito por Kayser em 1902, e por Fleischer em 1903. Bernard Kayser [1869–1954], oftalmologista alemão; Bruno Richard Fleischer [1848–1904], médico alemão.)

kcal abreviatura de **kilocalorie**: quilocaloria.

Kegel exercises /'keɪg(ə)l ˌeksəsaɪzɪz/ (plural) exercícios de Kegel: exercícios que fortalecem os músculos perineais, ajudando a prevenir a incontinência de esforço (por tosse, espirro ou levantamento de objetos).

Keller's operation /'keləz ɒpəˌreɪʃ(ə)n/ operação de Keller: cirurgia do dedo grande do pé para remoção de joanete ou correção de uma articulação anciolosada. (Descrita em 1904 por William Lordan Keller [1874–1959], cirurgião norte-americano.)

keloid /'kiːlɔɪd/ quelóide: nódulo cutâneo causado por aumento excessivo de tecido cicatricial. ☑ **cheloid**.

kerat- /kerət/ ⇨ **kerato-**.

keratalgia /ˌkerəˈtældʒiə/ ceratalgia: dor na córnea.

keratectasia /ˌkerətekˈteɪziə/ ceratectasia: protusão da córnea.

keratectomy /ˌkerəˈtektəmi/ ceratectomia: cirurgia para remover uma porção da córnea ou toda ela. Plural: **keratectomies**.

keratic /kəˈrætɪk/ cerático: **1** relativo a um tecido córneo ou à ceratina. **2** relativo a córnea.

keratin /'kerətɪn/ ceratina: proteína encontrada em tecidos córneos, tais como unhas, pêlos ou epiderme.

keratinisation /ˌkerətɪnaɪˈzeɪʃ(ə)n/ ceratinização: o desenvolvimento de características córneas nos tecidos. Usa-se também **keratinization**. ☑ **cornification**.

keratinise /'kerətɪnaɪz, kəˈrætɪnaɪz/ ceratinizar: converter alguma coisa em ceratina ou tecido córneo. Usa-se também **keratinize**.

keratinocyte /ˌkerəˈtɪnəʊsaɪt/ ceratinócito: célula que produz ceratina.

keratitis /ˌkerəˈtaɪtɪs/ ceratite: inflamação da córnea

kerato- /kerətəʊ/ cerat-: relacionado a corno, tecido córneo ou córnea. Nota: antes de vogais usa-se **kerat-**.

keratoacanthoma /ˌkerətəʊˌækən'θəʊmə/ ceratoacantoma: tipo de tumor epitelial benigno que desaparece depois de alguns meses. Plural: **keratoacanthomas** ou **keratoacanthomata**.

keratoconjunctivitis /ˌkerətəʊkənˌdʒʌŋktɪ'v aɪtɪs/ ceratoconjuntivite: inflamação da córnea com presença de conjuntivite.

keratoconus /ˌkerətəʊ'kəʊnəs/ ceratocone: uma protusão em forma de cone na córnea.

keratoglobus /ˌkerətəʊ'gləʊbəs/ ceratoglobo: uma distensão do globo ocular.

keratoma /ˌkerə'təʊmə/ ceratoma: calo decorrente de hipertrofia da região córnea epidérmica. Plural: **keratomas** ou **keratomata**.

keratomalacia /ˌkerətəʊmə'leɪʃə/ ceratomalacia: **1** amolecimento da córnea, freqüentemente causado por falta de vitamina A. **2** amolecimento da camada córnea da epiderme.

keratome /'kerətəʊm/ ceratótomo: bisturi usado em cirurgias da córnea.

keratometer /ˌkerə'tɒmɪtə/ ceratômetro: instrumento para medir a curvatura da córnea.

keratometry /ˌkerə'tɒmɪtri/ ceratometria: o processo de medição da curvatura da córnea.

keratopathy /ˌkerə'tɒpəθi/ ceratopatia: qualquer distúrbio não-inflamatório da córnea. Plural: **keratopathies**.

keratoplasty /'kerətəplæsti/ ceratoplastia: cirurgia plástica de enxerto de córnea. Plural: **keratoplasties**.

keratoprosthesis /ˌkerətəʊprɒs'θiːsɪs/ ceratoprótese: **1** cirurgia para substituição da parte central da córnea opacificada por plástico transparente. **2** um pedaço de plástico transparente inserido na córnea. Plural: **keratoprostheses**.

keratoscope /'kerətəskəʊp/ ceratoscópio: instrumento usado para medir a curvatura da córnea e determinar qualquer anormalidade. ☑ **Placido's disc**.

keratosis /ˌkerə'təʊsɪs/ ceratose: qualquer lesão na pele. Plural: **keratoses**.

keratotomy /ˌkerə'tɒtəmi/ ceratotomia: uma incisão cirúrgica na córnea, que constitui a primeira etapa em muitas operações intra-oculares. Plural: **keratotomies**.

kerion /'kɪərɪɒn/ quérion: nódulo mole e doloroso, geralmente no couro cabeludo, causado por tinha.

kernicterus /kə'nɪktərəs/ icterícia nuclear: pigmentação amarela dos gânglios basais e outras células nervosas da medula espinhal, que ocorre em crianças com icterícia.

Kernig's sign /'kɜːnɪgz saɪn/ sinal de Kernig: sintoma de meningite; o paciente não consegue estender o joelho quando deitado com a coxa flexionada sobre o abdome. (Descrito em 1882 por Vladimir Mikhailovich Kernig [1840–1917], neurologista russo.)

ketamine /'ketəmiːn/ cetamina: um pó branco cristalino que constitui um anestésico geral, usado na medicina humana e veterinária.

ketoacidosis /ˌkiːtəʊˌæsɪ'dəʊsɪs/ ceratoacidose: acidose causada pelo acúmulo de cetona nos tecidos, que ocorre no diabetes.

ketoconazole /ˌkiːtəʊ'kɒnəzəʊl/ cetoconazol: droga antifúngica de amplo espectro, usada no tratamento da criptococose e afta.

ketogenesis /ˌkiːtəʊ'dʒenəsɪs/ cetogênese: produção de corpos cetônicos.

ketogenic /ˌkiːtəʊ'dʒenɪk/ cetogênico: que forma corpos cetônicos.

ketogenic diet /ˌkiːtəʊdʒenɪk 'daɪət/ dieta cetogênica: dieta com alto teor de gordura, levando à cetose.

ketonaemia /ˌkiːtəʊ'niːmiə/ cetonemia: enfermidade causada pela presença de corpos cetônicos no sangue.

ketone /'kiːtəʊn/ cetona: composto orgânico produzido quando o organismo é incapaz de converter glicose em fonte de energia utilizando, em vez disso, substâncias gordurosas, como no diabetes não tratado, levando à cetose.

ketone bodies /'kiːtəʊn ˌbɒdiz/ (plural) corpos cetônicos: compostos cetônicos formados por ácidos graxos.

ketone group /'kiːtəʊn gruːp/ grupo cetona: grupo químico característico das cetonas, com dois átomos de carbono ligando-se a um átomo de oxigênio e aos átomos de carbono de dois outros grupos orgânicos.

ketonuria /ˌkiːtəʊ'njʊəriə/ cetonúria: presença de corpos cetônicos na urina.

ketoprofen /ˌkiːtəʊ'prəʊfən/ cetoprofeno: agente antiinflamatório usado no tratamento da artrite reumatóide e osteoartrite.

ketosis /ki:'təʊsɪs/ cetose: condição caracterizada por acúmulo de corpos cetônicos, tais como acetona e ácido acético, nos tecidos, que constitui uma complicação tardia do diabetes melito Tipo I.

ketosteroid /ˌkiːtəʊ'stɪərɔɪd/ cetosteróide: esteróide, como a cortisona, que contém um grupo cetona.

keyhole surgery /'kiːhəʊl ˌsɜːdʒəri/ (informal) laparoscopia: cirurgia realizada com o auxílio de instrumentos cirúrgicos diminutos, que são introduzidos no corpo por meio de um endoscópio. ☑ **laparoscopic surgery**.

kg abreviatura de **kilogram**.

kidney /'kɪdni/ rim: um dos dois órgãos situados na parte inferior da região lombar, a cada lado da coluna vertebral, posteriores ao abdome, cuja função é regular as concentrações dos principais constituintes do sangue, excretando os resíduos tóxicos do corpo sob a forma de urina. Veja ilustração em **Kidney**, no Apêndice. Observação: o rim é formado de um córtex externo e uma medula interna. Os néfrons que se dirigem do córtex para a medula filtram o sangue e formam a urina. A urina é excretada pelos ureteres na bexiga. Dor aguda e súbita no abdome, em direção à parte inferior do corpo, pode indicar a passagem de um cálculo renal pelo ureter.

kidney dialysis /'kɪdni daɪ͵æləsɪs/ diálise renal: processo de remoção dos resíduos tóxicos do sangue por meio de um hemodialisador (máquina que substitui o rim). ☑ **haemodialysis**.

kidney donor /'kɪdni ͵dəʊnə/ doador renal: pessoa que doa um dos rins para transplante.

kidney failure /'kɪdni ͵feɪljə/ insuficiência renal: incapacidade dos rins de funcionar normalmente.

kidney machine /'kɪdni mə͵ʃiːn/ hemodialisador: aparelho que faz a depuração extra-renal do sangue, livrando-o dos resíduos tóxicos, em casos de insuficiência renal.

kidney stone /'kɪdni stəʊn/ cálculos renais: concreções de cálcio, semelhantes a pequenas pedras, que se formam no rim.

kidney transplant /'kɪdni ͵trænsplɑːnt/ transplante renal: cirurgia para substituir um rim doente ou com lesão pelo de outra pessoa.

kill /kɪl/ matar; destruir: causar a morte de alguém ou de alguma coisa. *She was killed in a car crash.* / Ela foi morta em um desastre de carro. *Heart attacks kill more people every year.* / Os ataques cardíacos matam mais pessoas a cada ano. *Antibodies are created to kill bacteria.* / Os anticorpos são criados para destruir as bactérias.

killer /'kɪlə/ assassino; exterminador: pessoa ou doença que mata. *In the winter, bronchitis is the killer of hundreds of senior citizens.* / No inverno, a bronquite é a doença assassina de centenas de pessoas mais velhas. *Virulent typhoid fever can be a killer disease.* / A febre tifóide virulenta pode ser uma doença exterminadora. Veja também **painkiller**.

killer cell /'kɪlə sel/ célula matadora; célula assassina: tipo de célula com imunocompetência particular, que detecta e destrói células com antígenos específicos, por exemplo, células infectadas com vírus ou células cancerígenas. ☑ **killer T cell**.

killer T cell /'kɪlə 'tiː sel/ célula T matadora; célula T assassina. O mesmo que **killer cell**.

Killian's operation /'kɪliənz ɒpə͵reɪʃ(ə)n/ operação de Killian: cirurgia para desobstruir os seios frontais por curetagem, e que é feita por meio de uma incisão no supercílio. (Descoberta por Gustav Killian [1860–1921], laringologista alemão.)

kilo- /kɪləʊ/ kilo-: 1.000 gramas (10³). Símbolo: **k**.

kilogram /'kɪləgræm/ quilograma: unidade de medida de peso do SI, correspondente a 1.000 gramas. *She weighs 62 kilos (62 kg).* / Ela pesa 62 quilos (62 kg). Símbolo: **kg**. Abreviatura

kilojoule /'kɪləʊdʒuːl/ quilojoule: unidade de medida de energia ou calor do SI, correspondente a 1.000 joules. Símbolo: **kJ**. Abreviatura

kilopascal /'kɪləʊpæskəl/ quilopascal: unidade de medida de pressão do SI, correspondente a 1.000 pascals. Símbolo: **kPa**. Abreviatura

Kimmelstiel-Wilson disease /͵kɪməlstiːl 'wɪlsən dɪ͵ziːz/ doença de Kimmelstiel-Wilson:

uma forma de nefrosclerose que ocorre em pessoas diabéticas. ☑ **Kimmelstiel-Wilson syndrome**. (Descrita em 1936 por Paul Kimmelstiel [1900–1970], patologista norte-americano; e Clifford Wilson [1906–1998], professor de medicina na London University, Reino Unido.)

Kimmelstiel-Wilson syndrome /͵kɪməlstiːl 'wɪlsən ͵sɪndrəʊm/ síndrome de Kimmelstiel-Wilson). ⇨ **Kimmelstiel-Wilson disease**.

kin /kɪn/ parentes; família: parentes ou membros mais próximos da família.

kin- /kɪn/ ⇨ **kine-**.

kinaesthesia /͵kɪniːs'θiːziə/ cinestesia: a percepção dos movimentos e posição das partes do corpo. Nota: no inglês americano usa-se **kinesthesia**. Observação: a cinestesia é o resultado das informações que os músculos e ligamentos passam para o cérebro e que permite que este reconheça os movimentos, o tato e o peso.

kinanaesthesia /͵kɪnæniːs'θiːziə/ acinestesia: o fato de não ser capaz de sentir os movimentos e posição das partes do corpo. Nota: no inglês americano usa-se **kinanesthesia**.

kinase /'kaɪneɪz/ cinase: enzima pertencente a uma grande família de substâncias afins, que catalisa a transferência de um grupo fosfato de alta energia para formar ATP (*adenosinetriphosphate* = trifosfato de adenosina), e que regula funções como a divisão celular e a comunicação entre as células.

kine- /kɪni/ cine-: movimento. Nota: antes de vogais usa-se **kin-**.

kinematics /͵kɪnɪ'mætɪks/ cinemática: a ciência do movimento, principalmente dos movimentos do corpo.

kineplasty /'kɪnɪplæsti/ cineplastia: amputação plástica, na qual o coto do membro amputado é configurado de maneira tal que possa ser usado para fins motores. Plural: **kineplasties**.

kinesi- /kaɪniːsi/ movimento. Nota: usa-se antes de vogais.

kinesiology /͵kaɪniːsi'ɒlədʒi/ cinesiologia: o estudo dos movimentos do corpo humano, principalmente quanto ao seu uso em tratamentos médicos.

kinesis /kɪniːsɪs/ cinese: o movimento ou a ativação de uma célula em resposta a um estímulo. Compare com **taxis**.

-kinesis /kɪniːsɪs/ -cinese: **1** atividade ou movimento. **2** alteração no movimento de uma célula, embora em nenhuma direção particular, por exemplo, a mudança na sua velocidade.

kinesitherapy /͵kaɪniːsi'θerəpi/ cinesioterapia: terapia que envolve o movimento das partes do corpo.

kinesthesia /͵kɪniːs'θiːziə/ cinestesia. ⇨ **kinaesthesia**.

kinanesthesia /͵kɪnæniːs'θiːziə/ acinestesia. ⇨ **kinanaesthesia**.

kinetic /kɪ'netɪk, kaɪ'netɪk/ cinético: relativo a movimento.

K

King's Fund /'kɪŋz fʌnd/ King's Fund: a principal instituição independente de caridade que presta serviços na área da saúde, em Londres.

King's model /'kɪŋz ˌmɒd(ə)l/ modelo de King: um modelo de como deve ser a relação enfermeira-paciente, baseado em dez princípios: interação, percepção, comunicação, transação, função, esforço, crescimento e desenvolvimento, tempo, a própria pessoa e espaço. Por meio de uma troca de informações, enfermeiras e pacientes trabalham juntos para ajudar pessoas e grupos a conseguirem recuperar e manter a saúde.

kinin /'kaɪnɪn/ cinina: um polipeptídeo constritor dos músculos lisos e vasodilator.

Kirschner wire /ˌkɜ:ʃ(ə)nə 'waɪə/ arame de Kirschner: um fio de aço inserido em um osso e apertado para obtenção de tração em fraturas. Usa-se também Kirschner's wire. (Descrito em 1909 por Martin Kirschner [1879–1942], professor de cirurgia em Heidelberg, Alemanha.)

kissing disease /'kɪsɪŋ dɪˌzi:z/ (informal) doença do beijo. ⇨ infectious mononucleosis; glandular fever.

kiss of life /ˌkɪs əv 'laɪf/ beijo da vida. ⇨ cardiopulmonary resuscitation.

kJ abreviatura de kilojoule.

Klebsiella /ˌklebsi'elə/ Klebsiella: bactéria Gram-negativa; uma de suas formas, a Klebsiella pneumoniae, pode causar pneumonia.

Klebs-Loeffler bacillus /ˌklebz 'leflə bəˌsɪləs/ bacilo de Klebs-Loeffler: a bactéria causadora da difteria, Corynebacterium diphtheriae. (Descoberta por Theodor Albrecht Klebs [1834–1913], bacteriologista em Zurique, Suíça, e em Chicago, EUA; e Friedrich August Loeffler [1852–1915], bacteriologista em Berlim, Alemanha.)

Kleihauer-Betke test /'klaɪhauə betk test/ teste de Kleihauer-Betke. O mesmo que Kleihauer test.

Kleihauer test /'klaɪhauə test/ teste de Kleihauer: teste para avaliar se houve alguma perda de sangue do feto para a mãe através da placenta. Normalmente, é feito imediatamente após o parto. ☑ Kleihauer-Betke test.

klepto- /kleptəu/ clepto-: roubo ou furto.

kleptomania /ˌkleptəu'meɪniə/ cleptomania: distúrbio mental caracterizado pelo desejo compulsivo de roubar coisas, mesmo aquelas de pouco valor.

kleptomaniac /ˌkleptəu'meɪniæk/ cleptomaníaco: o indivíduo que tem um desejo compulsivo de roubar.

Klinefelter's syndrome /'klaɪnfeltəz ˌsɪndrə um/ síndrome de Klinefelter: anomalia genética masculina, caracterizada pela presença de um cromossomo feminino extra e constituição XXY dos cromossomos sexuais, o que torna o homem estéril e lhe dá características femininas parciais. (Descrita em 1942 por Harry Fitch Klinefelter Jr. [nascido em 1912], professor associado de medicina na John Hopkins Medical School, Baltimore, EUA.)

Klumpke's paralysis /ˌklu:mpkəz pə'ræləsɪs/ paralisia de Klumpke: forma de paralisia causada por traumatismo durante o parto, que afeta o antebraço e a mão. ☑ Déjerine-Klumpke's syndrome. (Descrita em 1885 por Augusta Klumpke [Madame Déjerine-Klumpke, 1859–1937], neurologista francesa, uma das primeiras mulheres habilitadas para o exercício da medicina em Paris, em 1888.)

knee /ni:/ joelho: articulação situada na porção medial da perna, que une o fêmur e a tíbia. Nota: para conhecer outros termos relacionados ao joelho, veja os que começam com genu.

kneecap /'ni:kæp/ patela. ⇨ patella.

knee jerk /'ni: dʒɜ:k/ reflexo patelar. ⇨ patellar reflex.

knee joint /ni: dʒɔɪnt/ articulação do joelho: articulação que une o fêmur e a tíbia, recoberta pela patela.

knit /nɪt/ (ossos quebrados) consolidar(-se): unir novamente. Broken bones take longer to knit in elderly people than in children. / Ossos quebrados demoram mais a consolidar-se em pessoas idosas do que em crianças.

knock-knee /nɒk 'ni:/ joelho valgo: condição na qual os joelhos se tocam e os tornozelos se mantêm separados quando a pessoa está de pé, ereta. ☑ genu valgum. Veja também valgus.

knock-kneed /nɒk 'ni:d/ com joelho valgo: relativo à pessoa cujos joelhos se tocam e os pés se mantêm ligeiramente afastados quando ela está de pé, ereta.

knock out /ˌnɒk 'aut/ nocautear: bater com tanta força em uma pessoa a ponto de deixá-la inconsciente. He was knocked out by a blow on the head. / Ele foi nocauteado por uma pancada na cabeça.

knuckle /'nʌk(ə)l/ articulação; junta: a articulação de cada dedo da mão ao flexionar o punho.

Kocher manoeuvre /'kɒkə məˌnu:və/ manobra de Kocher: método de realinhamento de um ombro deslocado, no qual o braço é levantado e é feita uma súbita mudança entre a rotação interna e externa da cabeça da articulação.

Koch's bacillus /ˌkəuks bə'sɪləs/ bacilo de Koch: a bactéria causadora da tuberculose, Mycobacterium tuberculosis. (Descrita em 1882 por Robert Koch [1843–1910], professor de higiene em Berlim, Alemanha, posteriormente diretor do Institute for Infectious Diseases. Robert Koch foi agraciado com o Prêmio Nobel de Medicina em 1905).

Koch-Weeks bacillus /ˌkəuk 'wi:ks bə'sɪləs/ bacilo de Koch-Weeks: o bacilo causador da conjuntivite.

Köhler's disease /'kɜ:ləz dɪˌsi:z/ doença de Köhler: degeneração do osso navicular em crianças. ☑ scaphoiditis. (Descrita em 1908 e 1926 por Alban Köhler [1874–1947], radiologista alemão.)

koilonychia /ˌkɔɪləu'nɪkiə/ coiloníquia; quiloníquia: malformação das unhas, que são quebradiças e côncavas na superfície externa, causada por anemia hipoférrica.

Koplik's spots /'kɒplɪks spɒts/ (plural) manchas de Koplik: pequenas manchas brancas com leve toque azulado, circundadas por uma auréola vermelha, encontrada na mucosa oral; ocorre precocemente no sarampo, antes da sua erupção cutânea. (Descritas em 1896 por Henry Koplik [1858–1927], pediatra norte-americano.)

Korotkoff's method /'kɒrətkɒfs ˌmeθəd/ método de Korotkoff: método de medir a pressão ao inflar o punho ou a parte superior do braço a uma pressão arterial bem acima da pressão arterial sistólica e ir diminuindo gradativamente.

Korsakoff's syndrome /'kɔːsəkɒfs ˌsɪndrəʊm/ síndrome de Korsakoff: condição, geralmente devida a alcoolismo crônico ou distúrbios causados por deficiência de vitamina B, caracterizada por confusão, comprometimento da memória e criação de fatos imaginários. (Descrita em 1887 por Sergei Sergeyevich Korsakoff [1854–1900], psiquiatra russo.)

kraurosis penis /krɔːˌrəʊsɪs 'piːnɪs/ craurose peniana: condição caracterizada por ressecamento e enrugamento do prepúcio.

kraurosis vulvae /krɔːˌrəʊsɪs 'vʌlvə/ craurose vulvar: condição caracterizada por atrofia e enrugamento da vulva devido à falta de estrogênio, encontrada principalmente em mulheres idosas.

Krause corpuscles /'krauzə ˌkɔːpʌs(ə)lz/ (plural) corpúsculos de Krause: pequenas terminações nervosas encapsuladas na mucosa da boca, nariz, olhos e genitais. (Descritos em 1860 por Wilhelm Johann Friedrich Krause [1833–1910], anatomista alemão.)

Krebs cycle /'krebz ˌsaɪk(ə)l/ ciclo de Krebs. ⇨ **citric acid cycle**. (Descrito em 1937 por Sir Hans Adolf Krebs (1900–1981], bioquímico alemão que imigrou para a Inglaterra em 1934.

Krebs foi co-ganhador do Prêmio Nobel de Medicina com F.A. Lipmann, em 1953.)

Krukenberg tumour /'kruːkənbɜːg ˌtjuːmə/ tumor de Krukenberg: tumor maligno no ovário, secundário a um tumor no estômago. (Descrito por Friedrich Krukenberg [1871–1946], ginecologista alemão.)

Kuntscher nail /'kʌntʃə neɪl/ prego de Küntscher: prego metálico usado em cirurgias para fixação de fraturas de ossos longos, principalmente do fêmur, através da medula óssea. Usa-se também **Küntscher nail**. (Descrita em 1940 por Gerhard Küntscher [1900–1972], cirurgião alemão.)

Kupffer's cells /'kʊpfəz selz/ (plural) células de Kupffer: grandes células estreladas do fígado, que decompõem a hemoglobina em bile. Usa-se também **Kupffer cells**. (Descritas em 1876 por Karl Wilhelm von Kupffer [1829–1902], anatomista alemão.)

Kveim test /'kvaɪm test/ teste de Kveim: teste usado para confirmar a presença de sarcoidose. (Descrito por Morten Ansgar Kveim, médico sueco nascido em 1892).

kwashiorkor /ˌkwɒʃiˈɔːkɔː/ kwashiorkor; pelegra infantil: um tipo de desnutrição em crianças pequenas, encontrada principalmente em regiões tropicais, caracterizada por anemia, definhamento e inchaço do fígado.

kypho- /kaɪfəʊ/ cif(i/o)-: corcova; corcunda; giba.

kyphoscoliosis /ˌkaɪfəʊˌskɒliˈəʊsɪs/ cifoescoliose: curvatura da coluna vertebral tanto para trás como para o lado.

kyphosis /kaɪˈfəʊsɪs/ cifose: deformidade da coluna vertebral, com convexidade posterior. Plural: **kyphoses**.

kyphotic /kaɪˈfɒtɪk/ cifótico: relativo à cifose.

l, L símbolo de **litre**.

lab /læb/ (informal) laboratório. ⇨ **laboratory**. *The samples have been returned by the lab.* / As amostras foram devolvidas pelo laboratório. *We'll send the specimens away for a lab test.* / Vamos enviar os espécimens para um exame de laboratório.

lab- /leɪb/ ⇨ **labio-**.

label /'leɪb(ə)l/ **1** rótulo; etiqueta: pedaço de papel ou cartão colocado em um objeto ou pessoa para sua identificação. **2** rotular: pôr rótulo ou etiqueta em um objeto. *The bottle is labelled 'poison'.* / A garrafa foi etiquetada com a palavra "veneno".

labial /'leɪbiəl/ labial: relativo aos lábios.

labia majora /ˌleɪbiə mə'dʒɔːrə/ (plural) grandes lábios: duas grandes dobras situadas no lado externo da vulva. Veja ilustração em **Urogenital System (female)**, no Apêndice.

labia minora /ˌleɪbiə mɪ'nɔːrə/ (plural) lábios menores: duas pequenas dobras situadas no lado externo da vulva. Veja ilustração em **Urogenital System (female)**, no Apêndice. Também chamados de **nymphae**.

labile /'leɪbaɪl/ lábil: relativo a uma droga instável e que pode ter suas propriedades alteradas sob a ação do frio ou calor.

lability of mood /ləˌbɪlɪti əv 'muːd/ instabilidade de humor; labilidade de humor: instabilidade emocional; tendência a mudanças súbitas de humor.

labio- /leɪbiəu/ lab(i)-: relativo aos lábios. Nota: antes de vogais usa-se **lab-**.

labioplasty /'leɪbiəuˌplæsti/ labioplastia: cirurgia plástica para reconstrução de lábios deformados. Plural: **labioplasties**.

labium /'leɪbiəm/ lábio: **1** uma das quatro dobras que circundam os órgãos genitais femininos. **2** uma estrutura semelhante a um lábio. Plural: **labia**. ☑ **lip** (acepção 3).

labor /'leɪbə/ trabalho de parto. ⇨ **labour**.

laboratory /lə'bɒrət(ə)ri/ laboratório: local especialmente equipado para que os cientistas realizem trabalhos como pesquisas, testes de substâncias químicas ou cultura de tecidos. *The samples of water from the hospital have been* sent to the laboratory for testing. / As amostras de água do hospital foram enviadas para o laboratório, a fim de serem testadas. *The new drug has passed its laboratory test.* / A nova droga foi aprovada em testes de laboratório. ☑ **lab**. Plural: **laboratories**.

laboratory officer /lə'bɒrət(ə)ri ˌɒfɪsə/ diretor de laboratório: pessoa qualificada, responsável por um laboratório.

laboratory technician /ləˌbɒrət(ə)ri tek'nɪʃ(ə)n/ técnico de laboratório: pessoa que executa trabalhos de laboratório e cuida dos equipamentos.

laboratory techniques /lə'bɒrət(ə)ri tekˌniːkz/ (plural) técnicas de laboratório: métodos ou habilidades necessárias para realizar experimentos em laboratório.

laboratory test /lə'bɒrət(ə)ri test/ teste de laboratório: teste que é feito em laboratório.

labour /'leɪbə/ trabalho de parto: o parto, principalmente as contrações uterinas que acontecem durante o parto. ◊ **in labour:** em trabalho de parto: que está sentindo as alterações físicas, como as contrações uterinas que precedem o nascimento do bebê. *She was in labour for 14 hours.* / Ela ficou em trabalho de parto durante catorze horas. ◊ **to go into labour:** entrar em trabalho de parto: começar a sentir as contrações uterinas que precedem o nascimento do bebê. *She went into labour at 6 o'clock.* / Ela entrou em trabalho de parto às seis horas. Nota: no inglês americano usa-se **labor**. Observação: o trabalho de parto começa geralmente nove meses, ou 266 dias, após a concepção. O colo do útero se dilata e os músculos se contraem, causando a ruptura do âmnio. Os músculos uterinos continuam a se contrair regularmente, empurrando o bebê para a vagina.

laboured breathing /ˌleɪbəd 'briːðɪŋ/ respiração difícil: respiração forçada, devida a várias causas, por exemplo, asma.

labour pains /'leɪbə peɪnz/ (plural) dores de parto: dores sentidas a intervalos regulares pela mulher, à medida que os músculos do útero se contraem durante o trabalho de parto.

labrum /'leɪbrəm/ labro: um anel de cartilagem fixado à margem de uma articulação. Plural: **labra**.

labyrinth /'læbərɪnθ/ labirinto: conjunto de condutos que se intercomunicam, principalmente os condutos na parte interna do ouvido. Observação: o labirinto do ouvido interno divide-se em três partes: os três canais semicirculares, o vestíbulo e a cóclea. O labirinto ósseo é preenchido com um líquido (perilinfa), e o labirinto membranoso é constituído por uma série de dutos e canais dentro do labirinto ósseo. O labirinto membranoso contém um líquido (endolinfa). À medida que a endolinfa se desloca no labirinto membranoso, ela estimula o nervo vestibular, que comunica ao cérebro a sensação de movimento da cabeça. Se uma pessoa faz vários movimentos giratórios e então pára, a endolinfa continua a se deslocar, criando a sensação de vertigem.

labyrinthectomy /ˌlæbərɪn'θektəmi/ labirintectomia: cirurgia para remoção do labirinto do ouvido interno. Plural: **labyrinthectomies**.

labyrinthitis /ˌlæbərɪn'θaɪtɪs/ labirintite. ➪ **otitis interna**.

lacerated /'læsəreɪtɪd/ lacerado; estraçalhado: rasgado ou com a borda lacerada.

lacerated wound /ˌlæsəreɪtɪd 'wu:nd/ ferida lacerada: ferida cuja pele está lacerada, causada por superfície áspera ou arame farpado.

laceration /ˌlæsə'reɪʃ(ə)n/ laceração: **1** ferida cortada acidentalmente, ou com as bordas estraçalhadas, mas que não resulta de punhalada ou instrumento pontiagudo. **2** o ato de lacerar tecidos.

lachrymal /'lækrɪm(ə)l/ lacrimal. ➪ **lacrimal**; **lacrymal**.

lacrimal /'lækrɪm(ə)l/ lacrimal: referente à lágrima, aos dutos lacrimais ou às glândulas lacrimais. Usa-se também **lachrymal**; **lacrymal**. Veja também **nasolacrimal**.

lacrimal apparatus /ˌlækrɪm(ə)l ˌæpə'reɪtəs/ sistema lacrimal: a distribuição das glândulas e dutos que produzem e drenam as lágrimas. ☑ **lacrimal system**.

lacrimal bone /'lækrɪm(ə)l bəʊn/ osso lacrimal: um dos dois pequenos ossos que se juntam a outros ossos para formar as órbitas.

lacrimal canaliculus /ˌlækrɪm(ə)l kænə'lɪkjuləs/ canalículo lacrimal: pequeno canal que drena as lágrimas para o saco lacrimal.

lacrimal caruncle /ˌlækrɪm(ə)l kə'rʌŋk(ə)l/ carúncula lacrimal: pequeno ponto vermelho no canto interno de cada olho.

lacrimal duct /'lækrɪm(ə)l dʌkt/ canal lacrimal: pequeno canal que começa nas glândulas lacrimais. ☑ **tear duct**.

lacrimal gland /'lækrɪm(ə)l glænd/ glândula lacrimal: cada uma de um par de glândulas situadas abaixo da pálpebra superior, envolvida na secreção das lágrimas. ☑ **tear gland**.

lacrimal puncta /ˌlækrɪm(ə)l 'pʌŋktə/ (plural) abertura lacrimal; ponto lacrimal: pequenas aberturas do canalículo lacrimal no canto de cada olho, através das quais as lágrimas são drenadas para o nariz.

lacrimal sac /ˌlækrɪm(ə)l 'sæk/ saco lacrimal: a porção superior do duto nasolacrimal, que faz a ligação deste com o canalículo lacrimal.

lacrimal system /'lækrɪm(ə)l ˌsɪstəm/ sistema lacrimal. ➪ **lacrimal apparatus**.

lacrimation /ˌlækrɪ'meɪʃ(ə)n/ lacrimejamento: a produção de lágrimas.

lacrimator /'lækrɪmeɪtə/ lacrimejante: uma substância que irrita os olhos e faz as lágrimas fluírem.

lacrymal /'lækrɪml/ lacrimal. ➪ **lachrymal**, **lacrimal**.

lact- /lækt/ ➪ **lacto-**.

lactase /'lækteɪz/ lactase: enzima secretada pela mucosa do intestino delgado, que transforma a lactose em glicose e galactose.

lactate /læk'teɪt/ produzir leite: causar a produção de leite no organismo.

lactation /læk'teɪʃ(ə)n/ lactação: **1** a produção de leite no organismo. **2** o período durante o qual a mãe amamenta o bebê. Observação: a lactação é estimulada pela produção do hormônio prolactina pela glândula pituitária. Ela começa cerca de três dias após o parto; antes deste período, as mamas secretam o colostro.

lacteal /'læktiəl/ **1** lácteo: relativo a leite. **2** vaso lácteo: vaso linfático situado em uma vilosidade, que auxilia o processo digestório no intestino delgado pela absorção de substâncias gordurosas.

lactic /'læktɪk/ láctico: relativo a leite.

lactic acid /ˌlæktɪk 'æsɪd/ ácido láctico: açúcar formado nas células e tecidos, e também no leite coalhado, queijo e iogurte. Observação: o ácido láctico é produzido à medida que o organismo usa o açúcar durante os exercícios. Quantidades excessivas de ácido láctico no corpo produzem cãibras musculares.

lactiferous /læk'tɪfərəs/ lactífero: que produz, secreta ou conduz leite.

lactiferous duct /læk,tɪfərəs 'dʌkt/ duto lactífero: um duto, situado na mama, que transporta leite.

lactiferous sinus /læk,tɪfərəs 'saɪnəs/ seio lactífero: dilatação do duto lactífero na base no mamilo.

lacto- lacto-: relativo a leite. Nota: antes de vogais usa-se **lact-**.

Lactobacillus /ˌlæktəʊbə'sɪləs/ Lactobacillus: gênero de bactérias Gram-negativas que produzem ácido láctico a partir da glicose. Podem ser encontradas no trato digestivo e vagina.

lactogenic hormone /ˌlæktəʊˌdʒenɪk 'hɔːməʊn/ hormônio lactogênico. ➪ **prolactin**.

lactose /'læktəʊs/ lactose: um tipo de açúcar encontrado no leite. ☑ **milk sugar**.

lactose intolerance /'læktəʊs ɪnˌtɒlərəns/ intolerância à lactose: condição na qual a pessoa é incapaz de digerir lactose, por causa da ausência de lactase no intestino ou alergia ao leite, e que causa diarréia.

lactosuria /ˌlæktəʊˈsjʊəriə/ lactsúria: excreção de lactose na urina.

lactovegetarian /ˌlæktəʊvedʒɪˈteəriən/ lactovegetariano: pessoa que não consome carne, mas come vegetais, frutas, produtos derivados do leite e ovos, e, algumas vezes, peixe. *He has been a lactovegetarian for twenty years.* / Ele é lactovegetariano há vinte anos. Compare com **vegan** e **vegetarian**.

lactulose /ˈlæktjʊləʊs/ lactulose: dissacarídeo sintético, que é usado como laxante.

lacuna /læˈkjuːnə/ lacuna: pequena cavidade ou depressão. Plural: **lacunae**.

lacunar /læˈkjuːnə/ lacunar: relativo às pequenas cavidades ou depressões situadas nos tecidos, ossos e cartilagens, principalmente aquelas que não são normais.

Laënnec's cirrhosis /ˌleɪəneks səˈrəʊsɪs/ cirrose de Laennec: a forma mais comum de cirrose alcoólica do fígado. (Descrita em 1819 por René Théophile Hyacinthe Laënnec [1781–1826], professor de medicina no Collège de France, e inventor do estetoscópio.)

laevocardia /ˌliːvəʊˈkɑːdiə/ levocardia: condição na qual o coração se encontra na sua posição normal, com o ápice voltado para o lado esquerdo. Compare com **dextrocardia**.

-lalia /leɪliə/ -lalia: distúrbio da fala.

lambda /ˈlæmdə/ lambda: **1** a décima primeira letra do alfabeto grego. **2** ponto na fontanela posterior onde as suturas sagital e lambdóide se encontram.

lambdoid /ˈlæmdɔɪd/ lambdóide: que tem a forma da letra grega lambda maiúscula, como um V ou y invertido.

lambdoid suture /ˈlæmˌdɔɪd ˈsuːtʃə/ sutura lambdóide: linha de união dos ossos parietal e occipital, na parte posterior do crânio. Usa-se também **lambdoidal suture**.

lamblia /ˈlæmbliə/ *Giardia lamblia.* ⇨ **Giardia**.

lambliasis /læmˈblaɪəsɪs/ lamblíase. ⇨ **giardiasis**.

lame /leɪm/ manco: que apresenta uma incapacidade de locomoção normal, por causa de dor, rigidez ou lesão na perna ou pé. Nota: o termo é considerado ofensivo.

lamella /ləˈmelə/ lamela: **1** folha ou camada delgada de tecido. **2** pequeno disco contendo um medicamento e que é aplicado sob a pálpebra. Plural: **lamellae**.

lameness /ˈleɪmnəs/ manqueira; claudicação; coxeadura: incapacidade de se locomover normalmente por causa de dor, rigidez ou lesão na perna ou pé.

lamina /ˈlæmɪnə/ lâmina: **1** uma fina camada. **2** uma parte lateral do arco posterior vertebral. Plural: **laminae**.

lamina propria /ˌlæmɪnə ˈprəʊpriə/ lâmina própria: tecido conjuntivo das membranas mucosas, por exemplo, vasos sanguíneos e tecidos linfáticos.

laminectomy /ˌlæmɪˈnektəmi/ laminectomia: incisão cirúrgica de uma lâmina vertebral, a fim de se atingir a medula espinhal. ☑ **rachiotomy**. Plural: **laminectomies**.

lamotrigine /ləˈmɒtrɪdʒiːn/ lamotrigina: droga que ajuda a controlar a epilepsia menor ("pequeno mal").

lance /lɑːns/ lancetar: fazer uma incisão em um furúnculo ou abscesso para remover o pus nele contido.

lancet /ˈlɑːnsɪt/ lanceta: **1** bisturi com duas bordas afiadas, usado antigamente em cirurgias. **2** bisturi usado para obter uma pequena amostra de sangue, por exemplo, para medir as taxas de glicose.

lancinate /ˈlɑːnsɪneɪt/ lancinar; estraçalhar: lacerar ou cortar alguma coisa.

lancinating /ˈlɑːnsɪneɪtɪŋ/ lancinante: relativo à dor aguda e dilacerante.

Landry's paralysis /ˌlændrɪz pəˈræləsɪs/ paralisia de Landry. ⇨ **Guillain-Barré syndrome**. (Descrita por Jean-Baptiste Octave Landry [1826–1865], médico francês.)

Landsteiner's classification /ˌlændstaɪnəz ˈklæsɪfɪˈkeɪʃ(ə)n/ classificação de Landsteiner. ⇨ **ABO system**.

Langerhans' cells /ˈlæŋəhæns selz/ (plural) células de Langerhans: células situadas na epiderme.

Langer's lines /ˈlæŋəz laɪnz/ (plural) linhas de Langer: distribuição dos feixes de tecido conjuntivo que causam os sulcos na pele. Os cortes feitos ao longo desses feixes rompem menos fibras e cicatrizam mais facilmente do que as outras incisões. Também chamadas de **cleavage lines**.

Lange test /ˈlæŋə test/ teste de Lange: método de detecção de globulina no líquido cérebro-espinhal. (Descrito em 1912 por Carl Friedrich August Lange [médico alemão nascido em 1883]).

lanolin /ˈlænəlɪn/ lanolina: substância gordurosa obtida da lã do carneiro, que absorve água e é friccionada na pele seca sob a forma de pomada, ou em preparações cosméticas.

lanugo /ləˈnjuːgəʊ/ lanugo: **1** pêlo embrionário ou fetal fino e macio. **2** pêlo macio no corpo de um indivíduo adulto, exceto na palma das mãos, sola dos pés e locais de incidência de cabelos longos.

laparo- /læpərəʊ/ lapar(o)-: relativo ao abdome inferior.

laparoscope /ˈlæpərəskəʊp/ laparoscópio: instrumento cirúrgico que é inserido em uma abertura na parede abdominal para permitir o exame da parte interna da cavidade abdominal. ☑ **peritoneoscope**.

laparoscopic /ˌlæpərəˈskɒpɪk/ laparoscópico: que utiliza laparoscópio.

laparoscopic surgery /ˌlæpərəˌskɒpɪk ˈsɜː dʒəri/ laparoscopia. ⇨ **keyhole surgery**.

laparoscopy /ˌlæpəˈrɒskəpi/ laparoscopia: procedimento que utiliza um laparoscópio para examinar a parte interna da cavidade abdominal. ☑ **peritoneoscopy**. Plural: **laparoscopies**.

laparotomy /ˌlæpəˈrɒtəmi/ laparotomia: incisão cirúrgica da cavidade abdominal. Plural: **laparotomies**.

large intestine /lɑːdʒ ɪnˈtestɪn/ intestino grosso: porção do sistema digestório que vai do ceco ao reto.

Lariam /ˈlæriəm/ Lariam: o nome comercial do cloridrato de mefloquina.

larva /ˈlɑːvə/ larva: estágio no desenvolvimento de um inseto ou tênia, após a incubação dos ovos, mas antes da fase adulta do animal. Plural: **larvae**.

laryng- /ləˈrɪndʒ/ ⇨ **laryngo-**.

laryngeal /ləˈrɪndʒiəl/ laríngeo: relativo à laringe.

laryngeal inlet /ləˌrɪndʒiəl ˈɪnlət/ entrada laríngea: a entrada da laringofaringe, que se estende ao longo das cordas vocais até a traquéia.

laryngeal prominence /ləˌrɪndʒiəl ˈprɒmɪnəns/ proeminência laríngea. ⇨ **Adam's apple**.

laryngeal reflex /ləˌrɪndʒiəl ˈriːfleks/ reflexo laríngeo: o reflexo que provoca a tosse.

laryngectomy /ˌlærɪnˈdʒektəmi/ laringectomia: extirpação cirúrgica da laringe, feita geralmente no tratamento do câncer de garganta. Plural: **laryngectomies**.

laryngismus /ˌlærɪnˈdʒɪzməs/ laringismo: espasmo dos músculos da garganta, com respiração difícil e ruidosa, que ocorre em inflamações da laringe, como em crianças acometidas de crupe. ☑ **laryngismus stridulus; pseudocroup**. Veja também **stridor**.

laryngismus stridulus /ˌlærɪnˈdʒɪzməs ˈstrɪdjʊləs/ laringismo estriduloso. ⇨ **laryngismus**.

laryngitis /ˌlærɪnˈdʒaɪtɪs/ laringite: inflamação da laringe.

laryngo- /ləˈrɪŋɡəʊ/ laring(o): laringe; garganta; goela. Nota: antes de vogais usa-se **laryng-**.

laryngofissure /ləˌrɪŋɡəʊˈfɪʃə/ laringofissura: cirurgia para estabelecimento de uma abertura na laringe através da cartilagem tireóide.

laryngologist /ˌlærɪnˈɡɒlədʒɪst/ laringologista: médico especialista em doenças da laringe, garganta e cordas vocais.

laryngology /ˌlærɪnˈɡɒlədʒi/ laringologia: o estudo das doenças da laringe, garganta e cordas vocais.

laryngomalacia /ləˌrɪŋɡəʊməˈleɪʃə/ laringomalacia: condição caracterizada por respiração difícil, em virtude de amolecimento da cargilagem laríngea, e que ocorre principalmente em crianças com menos de dois anos de idade.

laryngopharyngeal /ləˌrɪŋɡəʊfəˈrɪndʒiæl/ laringofaríngeo: relativo tanto à laringe quanto à faringe.

laryngopharynx /ləˌrɪŋɡəʊˈfærɪŋks/ laringofaringe: a porção da faringe localizada sob o osso hióide.

laryngoscope /ləˈrɪŋɡəskəʊp/ laringoscópio: instrumento equipado com um sistema de iluminação, usado no exame da laringe.

laryngoscopy /ˌlærɪŋˈɡɒskəpi/ laringoscopia: exame da laringe com um laringoscópio. Plural: **laryngoscopies**.

laryngospasm /ləˈrɪŋɡəspæzm/ laringoespasmo: espasmo muscular que fecha subitamente a laringe.

laryngostenosis /ləˌrɪŋɡəʊstəˈnəʊsɪs/ laringoestenose: estreitamento da luz da laringe.

laryngostomy /ˌlærɪŋˈɡɒstəmi/ laringostomia: cirurgia para estabelecimento de uma abertura permanente para dentro da laringe. Plural: **laryngostomies**.

laryngotomy /ˌlærɪŋˈɡɒtəmi/ laringotomia: cirurgia para estabelecimento de uma abertura na laringe através da membrana, principalmente em casos de emergência, com oclusão da garganta. Plural: **laryngotomies**.

laryngotracheal /ləˌrɪŋɡəʊˈtreɪkiəl/ laringotraqueal: relativo tanto à laringe quanto à traquéia. *laryngotracheal stenosis* / estenose laringotraqueal.

laryngotracheobronchitis /ləˌrɪŋɡəʊˌtreɪkiəʊbrɒŋˈkaɪtɪs/ laringotraqueobronquite: infecção aguda causada por inflamação da laringe, traquéia e brônquios, como no crupe.

larynx /ˈlærɪŋks/ laringe: órgão situado na porção média e anterior do pescoço, responsável pela produção da voz. ☑ **voice box**. Plural: **larynges** ou **larynxes**. Observação: a laringe é um conduto oco formado por cartilagens, que abriga as cordas vocais e está situada na parte posterior do pomo de Adão. É fechada pela epiglote durante a deglutição ou quando se tosse.

laser /ˈleɪzə/ laser: instrumento emissor de um intenso feixe de radiação luminosa, que pode ser usado em incisões de tecidos ou para juntá-los, como em cirurgias de descolamento da retina.

laser laparoscopy /ˌleɪzə læpəˈrɒskəpi/ laparoscopia a laser: cirurgia realizada pela introdução de feixe de raios laser no abdome por meio de um laparoscópio.

laser probe /ˈleɪzə prəʊb/ sonda a laser: sonda de metal, através da qual passa um feixe de raios laser, introduzida no organismo para desobstruir uma artéria.

laser surgery /ˈleɪzə ˌsɜːdʒəri/ cirurgia a laser: cirurgia que usa raios laser, por exemplo, para extirpação de tumores, correção da miopia ou para fechar vasos sanguíneos.

Lasix /ˈleɪzɪks/ Lasix: o nome comercial da furosemida.

Lassa fever /ˈlæsə ˌfiːvə/ febre de Lassa: doença viral altamente contagiosa e freqüentemente fatal, encontrada na África Central e Ocidental, que causa febre alta, dores e úlceras na boca. Nota: foi relatada pela primeira vez na cidade de Lassa, no nordeste da Nigéria, daí o seu nome.

Lassar's paste /ˈlæsəz ˌpeɪst/ pasta de Lassar; pasta de óxido de zinco: pomada à base de óxido de zinco, usada no tratamento do eczema. (Descrita por Oskar Lassar [1849–1907], dermatologista alemão.)

lassitude /'læsɪtjuːd/ lassidão: estado caracterizado por fraqueza e exaustão, algumas vezes acompanhado de depressão.

lata /'leɪtə/ lata. Veja **fascia lata**.

latent /'leɪt(ə)nt/ latente; potencial; oculto: relativo a uma doença discernível, embora não apresente nenhum sintoma. *The children were tested for latent viral infection.* / As crianças foram testadas para detectar uma infecção viral potencial.

lateral /'læt(ə)rəl/ lateral: **1** longe da linha mediana do corpo. **2** relativo a um lado do corpo.

lateral aspect /ˌlæt(ə)rəl 'æspekt/ aspecto lateral: perspectiva lateral do corpo. ☑ **lateral view**. Veja ilustração em **Termos Anatômicos**, no Apêndice.

lateral epicondyle /ˌlæt(ə)rəl ˌepɪ'kɒndaɪl/ epicôndilo lateral: projeção na parte lateral da extremidade distal do úmero, na articulação do cotovelo. ☑ **lateral epicondyle of the humerus**.

lateral epicondyle of the humerus /ˌlæt(ə)rəl ˌepɪ'kɒndaɪl əv ðə 'hjuːmərəs/ epicôndilo lateral do úmero. ⇨ **lateral epicondyle**.

lateral epicondylitis /ˌlæt(ə)rəl ˌepɪkɒndɪ'laɪtɪs/ epicondilite lateral. ⇨ **tennis elbow**.

lateral fissure /ˌlæt(ə)rəl 'fɪʃə/ fissura lateral: sulco que se estende no sentido lateral de cada hemisfério cerebral.

laterally /'lætrəli/ lateralmente: em direção ao lado do corpo, ou ao lado do corpo. Veja ilustração em **Termos Anatômicos**, no Apêndice.

lateral malleolus /ˌlæt(ə)rəl mə'liːələs/ maléolo lateral: a extremidade inferior da fíbula, que forma a projeção lateral do tornozelo.

lateral view /ˌlæt(ə)rəl 'vjuː/ vista lateral. ⇨ **lateral aspect**.

lateroversion /ˌlæt(ə)rəʊ'vɜːʒ(ə)n/ lateroversão: desvio de um órgão para um lado.

latissimus dorsi /lə͵tɪsɪməs 'dɔːsi/ músculo grande dorsal: grande músculo triangular que cobre a região lombar e a parte inferior do tórax.

laudanum /'lɔːd(ə)nəm/ láudano: tintura de ópio em álcool, muito usada antigamente como sedativo.

laughing gas /'lɑːfɪŋ gæs/ (informal) gás hilariante. ⇨ **nitrous oxide**.

lavage /'lævɪdʒ, læ'vɑːʒ/ lavagem: o ato de lavar ou irrigar um órgão, por exemplo, o estômago.

laxative /'læksətɪv/ laxativo; laxante: **1** que causa motilidade intestinal. **2** droga que ajuda a eliminação de matérias fecais, pela estimulação da motilidade intestinal, ou lactulose que altera a retenção de líquidos no intestino. ☑ **purgative**. Observação: os laxantes são comumente usados sem prescrição médica no tratamento da constipação intestinal, embora devam ser utilizados apenas como uma solução a curto prazo. Alterações na dieta alimentar e exercícios constituem meios melhores de tratar a maior parte das constipações.

lazy eye /ˌleɪzi 'aɪ/ (informal) olho preguiçoso: diz-se do olho em que há diminuição da acuidade, sem doença orgânica aparente. Veja também **amblyopia**.

LD abreviatura de **lethal dose**.

LDL abreviatura de **low-density lipoprotein**.

L-dopa /el 'dəʊpə/ levodopa. ⇨ **levodopa**.

LE abreviatura de **lupus erythematosus**.

lead /led/ chumbo: elemento metálico muito pesado e macio, que contém sais venenosos. Símbolo: **Pb**.

lead-free /ˌled 'friː/ sem chumbo: que não contém chumbo em sua composição. *lead-free pain* / tinta sem chumbo. *lead-free petrol* / petróleo sem chumbo.

lead line /'led laɪn/ linha de chumbo: uma linha azul observada nas gengivas, em casos de envenenamento.

lead poisoning /led 'pɔɪz(ə)nɪŋ/ saturnismo; intoxicação por chumbo: envenenamento causado por sais de chumbo. ☑ **plumbism; saturnism**. Observação: os sais de chumbo são usados topicamente para tratar contusões ou eczema, mas, quando ingeridos, provocam intoxicação. O envenenamento por chumbo pode também ser provocado por tintas (os brinquedos infantis devem ser pintados com tintas sem chumbo) ou vapores de chumbo emitidos pelo escapamento dos automóveis que não usam petróleo sem chumbo.

learning /'lɜːnɪŋ/ aprendizado: o ato de adquirir conhecimento de algo, ou de como fazer determinada coisa.

learning difficulty /'lɜːnɪŋ dɪfk(ə)lti/ dificuldade de aprendizagem. O mesmo que **learning disability**.

learning disability /'lɜːnɪŋ dɪsə͵bɪlɪti/ incapacidade de aprendizagem: condição resultante da dificuldade em adquirir habilidades ou assimilar informações no mesmo ritmo de outras pessoas de idade semelhante. *children with learning disabilities* / crianças com dificuldades de aprendizagem. ☑ **learning difficulty**.

LE cells /ˌel 'iː selz/ (plural) células LE: leucócitos que ocorrem no lúpus eritematoso.

lecithin /'lesɪθɪn/ lecitina: substância química que é um constituinte das células das plantas e animais, e que está envolvida no transporte e absorção de gorduras.

leech /liːtʃ/ sanguessuga: verme parasita que vive na água. Por se tratar de um animal hematófago, a sanguessuga é ocasionalmente usada em certos procedimentos médicos. Observação: antigamente, era comum o uso de sanguessugas para efetuar sangrias. Hoje, elas são utilizadas em casos especiais, nos quais é preciso ter certeza de que não ocorrerá aumento de sangue em determinada parte do corpo, por exemplo, em um dedo decepado que foi reimplantado.

left-handed /ˌleft 'hændɪd/ canhoto: que usa preferencialmente a mão esquerda, em vez da direita, na maioria das tarefas diárias.

left-handedness /ˌleft 'hændɪdnəs/ canhotismo; sinistrismo: o fato de ser canhoto.

leg /leg/ perna: membro inferior, em pessoas e animais, utilizado para se permanecer de pé e caminhar. Observação: a perna é constituída pela coxa, com o osso da coxa ou fêmur; o joelho, com a patela; e a parte inferior, com dois ossos – tíbia e fíbula.

legal abortion /ˌliːg(ə)l əˈbɔːʃ(ə)n/ aborto legal: aborto que é feito por meio legais.

Legg-Calvé disease /ˌleg ˈkælveɪ dɪˌziːz/ doença de Legg-Calvé: necrose epifisária do fêmur, que ocorre em meninos, impedindo o crescimento normal do osso e resultando em coxeadura permamente. ☑ **Legg-Calvé-Perthes disease**. (Descrita em 1910, separadamente, por seus três descobridores: Arthur Thornton Legg [1874–1939], cirurgião ortopedista norte-americano; Jacques Calvé [1875–1954], cirurgião ortopedista francês; e Georg Clemens Perthes [1869–1927], cirurgião alemão.)

Legg-Calvé-Perthes disease /ˌleg ˈkælveɪ ˈpɜːtiːz dɪˌziːz/ doença de Legg-Calvé-Perthes. ⇨ **Legg-Calvé disease**.

Legionnaires' disease /liːdʒəˈneəz dɪˈziːz/ doença dos legionários: doença infecciosa aguda semelhante à pneumonia. Observação: acredita-se que a doença seja transmitida por partículas de umidade na atmosfera, e, desse modo, as bactérias são encontradas em sistemas de ar-condicionado centrais. Pode ser fatal em idosos ou pessoas doentes, tornando-se muito perigosa quando presente em hospitais.

leio- /leɪəʊ/ leio-: liso, polido.

leiomyoma /ˌlaɪəʊmaɪˈəʊmə/ leiomioma: tumor de músculo liso, principalmente do músculo liso que reveste o útero. Plural: **leiomyomas** ou **leiomyomata**.

leiomyosarcoma /ˌlaɪəʊˌmaɪəʊsaːˈkəʊmə/ leiomiossarcoma: sarcoma no qual são encontrados grandes feixes de músculo liso. Plural: **leiomyosarcomas** ou **leiomyosarcomata**.

Leishmania /liːʃˈmeɪniə/ Leishmania: protozoário flagelado que é transmitido aos humanos por picadas do mosquito-pólvora e resulta em um grupo de doenças conhecidas como leishmaniose.

leishmaniasis /ˌliːʃməˈnaɪəsɪs/ leishmaniose: doença causada pelos protozoários flagelados do gênero *Leishmania*; uma das espécies causa úlceras desfiguradoras, enquanto outra ataca o fígado e a medula óssea.

Lembert's suture /ˈlɑːmbeəz ˌsuːtʃə/ sutura de Lembert: sutura para cirurgia intestinal, feita através das túnicas serosa e muscular. (Descrita em 1826 por Antoine Lembert [1802–1851], cirurgião francês.)

lens /lenz/ cristalino; lente: **1** parte do olho situada entre a íris e o vítreo, responsável pela refração da luz. Veja ilustração em **Eye**, no Apêndice. **2** peça de vidro ou plástico transparente configurada de modo a aumentar a acuidade visual, usada em óculos ou microscópio. **3** ⇨ **contact lens**. Observação: o cristalino do olho é um órgão elástico, e pode mudar seu formato sob a influência do músculo ciliar, para permitir que o olho focalize os objetos a diferentes distâncias.

lens implant /ˈlenz ˌɪmplɑːnt/ implante intra-ocular: a implantação de uma lente plástica no olho para substituir o cristalino, em casos de remoção de catarata.

lenticular /lenˈtɪkjʊlə/ lenticular: relativo ou semelhante a uma lente.

lentigo /lenˈtaɪgəʊ/ lentigem: ⇨ **freckle** (acepção 1). Plural: **lentigines**.

leontiasis /ˌliːɒnˈtaɪəsɪs/ leontíase: doença rara caracterizada por hipertrofia dos ossos do crânio, e que pode conferir à face um aspecto leonino. Ocorre na doença de Paget não tratada.

lepidosis /ˌlepɪˈdəʊsɪs/ lepidose: erupção cutânea acompanhada de descamação.

leproma /leˈprəʊmə/ leproma: lesão cutânea causada por lepra. Plural: **lepromas** ou **lepromata**.

leprosy /ˈleprəsi/ lepra; hanseníase: doença infecciosa crônica que acomete a pele e os nervos periféricos, causada pelo *Mycobacterium leprae* e caracterizada pela destruição dos tecidos e deformações graves, quando não tratada. ☑ **Hansen's disease**. Observação: a lepra ataca os nervos cutâneos e é marcada, no final, por anestesia e paralisia dos membros, com necrose e mutilação (queda dos dedos das mãos e pés).

leptin /ˈleptɪn/ leptina: hormônio produzido pelas células lipídicas, que age sobre o hipotálamo, regulando o apetite e o metabolismo.

lepto- /leptəʊ/ lepto-: fino; estreito.

leptocyte /ˈleptəsaɪt/ leptócito: hemácia delgada observada na anemia.

leptomeninges /ˌleptəʊmeˈnɪndʒiːz/ (plural) leptomeninges: as duas membranas que envolvem o cérebro e a medula espinhal: a pia-máter e a aracnóide.

leptomeningitis /ˌleptəʊmenɪnˈdʒaɪtɪs/ leptomeningite: inflamação das leptomeninges.

Leptospira /ˌleptəʊˈspaɪrə/ Leptospira: gênero de bactérias excretadas continuamente pela urina de ratos e muitos animais domésticos. Pode infectar as pessoas, causando leptospirose ou doença de Weil.

leptospirosis /ˌleptəʊspaɪˈrəʊsɪs/ leptospirose: doença infecciosa causada por um gênero de bactéria espiroqueta, a *Leptospira*, transmitida pela urina de rato e caracterizada por icterícia e lesão renal. ☑ **Weil's disease**.

leresis /ləˈriːsɪs/ léria: fala sem coordenação, constituindo um sintoma de demência.

lesbian /ˈlezbiən/ lésbica: **1** mulher que sente atração sexual por pessoa do mesmo sexo. **2** relativo à lésbica.

lesbianism /ˈlezbiənɪz(ə)m/ lesbianismo: atração de uma mulher por pessoa do mesmo sexo. ☑ **sapphism**. Compare com **homosexuality**.

Lesch-Nyhan disease /ˌleʃ ˈnaɪhən dɪˌziːz/ doença de Lesch-Nyhan: doença genética rara que ocorre em meninos, causada por deficiência enzimática de hipoxantina fosforribosiltransferase (HPRT). Os sintomas incluem paralisia cerebral espástica e retardamento mental, e a expectativa de vida é de 20 a 25 anos. ☑ **Lesch-Nyhan syndrome**.

Lesch-Nyhan syndrome /ˌleʃ ˈnaɪhən ˌsɪndrə ʊm/ síndrome de Lesch-Nyhan. ⇨ **Lesch-Nyhan disease**.

lesion /ˈliːʒ(ə)n/ lesão: ferida, lesão ou machucado causados ao corpo. Nota: o termo é usado para se referir a qualquer dano ao corpo, desde uma fratura óssea até um corte na pele.

lesser /ˈlesə/ menor: inferior; menos.

lesser circulation /ˌlesə ˌsɜːkjʊˈleɪʃ(ə)n/ pequena circulação. ⇨ **pulmonary circulation**.

lesser trochanter /ˌlesə trəˈkæntə/ trocânter menor: projeção situada na linha de junção da diáfase com o fêmur, onde recebe a inserção do músculo psoas maior.

lesser vestibular gland /ˌlesə veˈstɪbjʊlə glænd/ glândulas vestibulares menores: pequenas glândulas situadas na membrana mucosa vestibular, entre os orifícios da vagina e uretra.

lethal /ˈliːθ(ə)l/ letal: relativo ou que causa a morte. *These fumes are lethal if inhaled.* / Esses vapores são letais, se forem inalados.

lethal dose /ˈliːθl dəʊs/ dose letal: quantidade de uma droga ou outra substância capaz de matar uma pessoa. *She took a lethal dose of aspirin.* / Ela tomou uma dose letal de aspirina. Abreviatura: **LD**.

lethal gene /ˈliːθ(ə)l ˈdʒiːn/ gene letal: um gene, normalmente recessivo, que provoca a morte prematura do organismo, por exemplo, o gene que controla a anemia de células falciformes. ☑ **lethal mutation**.

lethal mutation /ˌliːθ(ə)l mjuːˈteɪʃ(ə)n/ mutação letal. ⇨ **lethal gene**.

lethargic /lɪˈθɑːdʒɪk/ letárgico: caracterizado por letargia.

lethargic encephalitis /ləˌθɑːdʒɪk enˌkefəˈlaɪtɪs/ encefalite letárgica: tipo de encefalite epidêmica observada em várias partes do mundo nos anos 1920. ☑ **encephalitis lethargica; sleepy sickness**.

lethargy /ˈleθədʒi/ letargia: estado caracterizado por alterações mentais como falta de atenção, sonolência e apatia.

Letterer-Siwe disease /ˌletərə ˈsiːweɪ dɪˌziːz/ doença de Letterer-Siwe: doença normalmente fatal, mais comum em crianças pequenas, causada pela superprodução de um tipo de célula imune.

leucine /ˈluːsiːn/ leucina: um aminoácido essencial.

leuco- /ˈluːkəʊ/ leuc(o)-: branco. Usa-se também **leuko-**.

leucocyte /ˈluːkəsaɪt/ leucócito. Usa-se também **leukocyte**. ⇨ **white blood cell**. Observação: em condições normais, o sangue contém bem menos leucócitos do que eritrócitos (glóbulos vermelhos), mas o número aumenta rapidamente quando uma infecção se instala no organismo. Os leucócitos podem ser granulares (com grânulos no citoplasma) ou não granulares. Os principais tipos de leucócito são: linfócitos e monócitos, não granulares, e neutrófilos, eosinófilos e basófilos, granulares (granulócitos). Os leucócitos granulares são produzidos pela medula óssea, e sua principal função é eliminar partículas estranhas do sangue e lutar contra as infecções, por meio da produção de anticorpos.

leucocytolysis /ˌluːkəʊsaɪˈtɒləsɪs/ leucocitólise: destruição de leucócitos. Usa-se também **leukocytolysis**.

leucocytosis /ˌluːkəʊsaɪˈtəʊsɪs/ leucocitose: aumento no número de leucócitos acima do limite superior da normalidade, por exemplo, em uma infecção. Usa-se também **leukocytosis**.

leucodeplete /ˌluːkəʊdɪˈpliːt/ leucodepletar: remover leucócitos do sangue. Usa-se também **leukodeplete**.

leucoderma /ˌluːkəʊˈdɜːmə/ leucoderma. ⇨ **vitiligo**. Usa-se também **leukoderma**.

leucolysin /ˌluːkəʊˈlaɪsɪn/ leucolisina: proteína que destrói os leucócitos. Usa-se também **leukolysin**.

leucoma /luːˈkəʊmə/ leucoma: uma mancha branca na córnea. Usa-se também **leukoma**. Plural: **leucomas** ou **leucomata**.

leuconychia /ˌluːkəʊˈnɪkiə/ leuconíquia: manchas brancas localizadas sob as unhas. ☑ **leukonychia**.

leucopenia /ˌluːkəˈpiːniə/ leucopenia: redução no número de leucócitos, normalmente por causa de doença. Usa-se também **leukopenia**.

leucoplakia /ˌluːkəʊˈplækiə/ leucoplaquia: manchas brancas situadas na língua ou na mucosa oral. Usa-se também **leukoplakia**.

leucopoiesis /ˌluːkəʊpɔɪˈiːsɪs/ leucopoiese: produção de leucócitos. Usa-se também **leukopoiesis**.

leucorrhoea /ˌluːkəˈriːə/ leucorréia: corrimento viscoso esbranquiçado pela vagina. Usa-se também **leukorrhoea**. ☑ **whites**. Nota: no inglês americano usa-se **leukorrhea**.

leukaemia /luːˈkiːmiə/ leucemia: uma entre diversas doenças malignas com proliferação anormal de leucócitos na corrente sanguínea. Nota: no inglês americano usa-se **leukemia**. Observação: além do aumento no número de leucócitos, os sintomas incluem inchaço do baço e das glândulas linfáticas. Há várias formas de leucemia: a de maior incidência é a leucemia linfoblástica aguda, que constitui a forma mais comum de câncer infantil, e que pode ser tratada com radioterapia.

leuko- /luːkəʊ/ ⇨ **leuco-**.

levator /ləˈveɪtə/ elevador: **1** instumento cirúrgico para elevar partes de um osso fraturado. **2** músculo que eleva um membro ou parte do corpo.

level of care /ˌlev(ə)l əv ˈkeə/ planos de saúde especializados: assistência médica especializada, oferecida por alguns planos de saúde. *Our* *care homes offer six different levels of care to allow the greatest independence possible.* / Nosso serviço de *home care* oferece seis planos diferentes, a fim de proporcionar aos pacientes a maior independência possível.

levodopa /ˌli:vəˈdəʊpə/ levodopa: agente natural que estimula a produção de dopamina pelo cérebro, usado no tratamento da doença de Parkinson. ☑ **L-dopa**.

levonorgestrel /ˌli:vəʊnɔːˈdʒestrəl/ levonorgestrel: hormônio sexual feminino sintético, usado como anticoncepcional de uso oral.

Lewy body /ˈluːwi ˌbɒdi/ corpúsculo de Lewy: um depósito protéico incomum nos neurônios cerebrais.

Lewy body dementia /ˌluːwi ˌbɒdi dɪˈmenʃə/ demência dos corpúsculos de Lewy: doença caracterizada pela presença de corpúsculos de Lewy no cérebro, os quais afetam os processos mentais. É similar à doença de Alzheimer, mas as pessoas com essa demência são mais propensas a ter alucinações e ilusões.

Leydig cells /ˈlaɪdɪg selz/ (plural) células de Leydig: células produtoras de testosterona, situadas entre os túbulos seminíferos dos testículos. Também chamadas de **interstitial cells**. (Descritas em 1850 por Franz von Leydig [1821–1908], professor de histologia em Würzburg, Tübingen e, mais tarde, em Bonn, Alemanha.)

Leydig tumour /ˈlaɪdɪg ˌtjuːmə/ tumor de Leydig: tumor dos testículos, produzido pelas células de Leydig. Freqüentemente secreta testosterona, dando a rapazes jovens uma maturidade precoce.

l.g.v. /ˌel dʒiː ˈviː/ abreviatura de **lymphogranuloma venereum**.

LH abreviatura de **luteinising hormone**.

libido /lɪˈbiːdəʊ/ libido: **1** desejo sexual. **2** (psicologia) força que impulsiona a energia psíquica.

Librium /ˈlɪbriəm/ Librium: o nome comercial do cloridrato de clorodiazepóxido.

licence /ˈlaɪs(ə)ns/ licença; autorização: documento oficial que permite a alguém a prática de algo, por exemplo, a um médico exercer a medicina, a um farmacêutico preparar e vender medicamentos, ou, nos Estados Unidos, a uma enfermeira exercer a sua profissão. *He was practising as a doctor without a licence.* / Ele estava exercendo a medicina sem ter licença para isso. / *She is sitting her registered nurse licence examination.* / Ela está se preparando para o exame de licenciatura como enfermeira registrada. Nota: no inglês americano usa-se **license**.

licensed practical nurse (EUA) /ˈlaɪs(ə)nsd præktɪk(ə)l nɜːs/ enfermeira prática licenciada. Abreviatura: **LPN**.

licensure /ˈlaɪsənʃə/ (EUA) licença: autorização concedida a uma enfermeira para a prática de sua profissão.

licentiate /laɪˈsenʃiət/ licenciado: pessoa a quem foi concedida permissão para exercer a sua profissão como doutor (principalmente médico).

licentiate of the Royal College of Physicians /laɪˈsenʃiət əv ðə ˌrɔɪəl ˌkɒlɪdʒ əv fɪsiʃ(ə)ns/ licenciado pelo Real Colégio de Médicos. Abreviatura: **LRCP**.

lichen /ˈlaɪken/ líquen: doença cutânea caracterizada por pequenas lesões e espessamento da pele. Assemelha-se aos líquens presentes nas rochas.

lichenification /laɪˌkenɪfɪˈkeɪʃ(ə)n/ liquenificação: espessamento da pele no local de uma lesão.

lichenoid /ˈlaɪkənɔɪd/ liquenóide: semelhante ao líquen.

lichen planus /ˌlaɪken ˈpleɪnəs/ líquen plano: erupção cutânea com pápulas pruriginosas violáceas nos braços e coxas. Veja **planus**.

lid /lɪd/ tampa; cobertura: a tampa de um recipiente. *a medicine bottle with a child-proof lid* / um frasco de remédio com tampa à prova de crianças.

lidocaine /ˈlaɪdəkeɪn/ (EUA) lidocaína: droga usada como anestésico local. ☑ **lignocaine**.

lie /laɪ/ **1** situação; posição. ⇨ **lie of fetus**. **2** deitar(se); jazer; permanecer: estar em posição longitudinal. *The accident victim was lying on the pavement.* / A vítima do acidente estava deitada na calçada. *Make sure the patient lies still and does not move.* / Certifique-se de que o paciente permanece quieto e sem se mover.

Lieberkühn's glands /ˈliːbəkuːnz glændz/ (plural) glândulas de Lieberkühn. ⇨ **crypts of Lieberkühn**; **intestinal glands**.

lien- /laɪən/ lien(i/o)-: relativo ao baço.

lienal /ˈlaɪən(ə)l/ esplênico; lienal: relativo ou que afeta o baço. *the lienal artery* / a artéria esplênica.

lienculus /ləˈeŋkjuləs/ liênculos: pequena massa acessória de tecido esplênico que, algumas vezes, é encontrada no organismo. Plural: **lienculi**.

lienorenal /ˌlaɪənəʊˈriːn(ə)l/ lienorrenal: relativo ou que afeta tanto o baço quanto os rins.

lienteric diarrhoea /ˈlaɪənterɪk daɪəˈriːə/ diarréia lientérica. ⇨ **lientery**.

lientery /ˈlaɪəntri/ lienteria: forma de diarréia caracterizada pela presença de alimentos não digeridos nas fezes. ☑ **lienteric diarrhoea**.

lie of fetus /ˌlaɪ əv ˈfiːtəs/ posição do feto: a posição do eixo longitudinal do feto no útero. *Cause of rupture: abnormal lie of fetus.* / Causa da ruptura: posição anormal do feto. ☑ **lie** (acepção 1).

life /laɪf/ vida: a condição que torna possível a existência de pessoas, animais e vegetais. *The surgeons saved the patient's life.* / Os cirurgiões salvaram a vida do paciente. *Her life is in danger because the drugs are not available.* / A vida dela está em perigo porque não há medicamentos disponíveis. *The victim showed no sign of life.* / A vítima não mostrou nenhum sinal de vida.

life event /ˈlaɪf ɪˌvent/ acontecimento vital: um acontecimento significativo que altera o *status* de uma pessoa com respeito à tributação de impostos, seguro ou benefícios empregatícios, por exemplo, o nascimento de uma criança ou o início de uma doença incapacitante.

life expectancy /'laɪf ɪkˌspektənsi/ probabilidade de vida: o número de anos que uma pessoa de uma determinada idade provavelmente ainda pode viver.

life-saving equipment /ˌlaɪf ˌseɪvɪŋ ɪ'kwɪpmənt/ equipamento salva-vidas: equipamentos disponíveis à mão para casos de emergência, por exemplo, botes, macas ou estojos de primeiros-socorros.

life-support system /laɪf sə'pɔːt ˌsɪstəm/ suporte à vida: aparelho ou dispositivo que assume uma ou mais funções vitais, como a respiração, e que ajuda a manter viva uma pessoa doente ou ferida.

life-threatening disease /laɪf 'θret(ə)nɪŋ/ doença ameaçadora à vida: diz-se da doença que pode matar.

lift /lɪft/ **1** levantamento; soerguimento: modo particular de carregar uma pessoa ferida ou inconsciente. *a four-handed lift* / um levantamento a quatro mãos. *a shoulder lift* / um levantamento pelos ombros. **2** lifting: operação plástica facial para rejuvenescimento. *a face lift* / um *lift* facial.

ligament /'lɪɡəmənt/ ligamento: faixa de tecido fibroso que une dois ou mais ossos ou articulações.

ligate /'laɪɡeɪt/ ligar; atar: atar alguma coisa como uma ligadura, por exemplo, amarrar um vaso sanguíneo para estancar um sangramento ou ligar as trompas de Falópio (atual tubas uterinas) em cirurgia de esterilização.

ligation /laɪ'ɡeɪʃ(ə)n/ ligação: cirurgia para amarrar um vaso sanguíneo.

ligature /'lɪɡətʃə/ **1** ligadura: substância, como linha cirúrgica, usada para amarrar vasos ou um lúmen, por exemplo, para atar um vaso sanguíneo, a fim de estancar um sangramento. **2** ⇨ **ligate**.

light /laɪt/ **1** claro; iluminado: brilhante, permitindo assim a visão. *At six o'clock in the morning it was just getting light.* / Às seis horas da manhã, começava praticamente a ficar claro. **2** branco (tez); louro: relativo ao cabelo ou pele muito claros. *She has a very light complexion.* / Ela tem uma cútis muito branca. *He has light-coloured hair.* / Ele tem cabelos loiros. **3** leve: alguma coisa que pesa pouco mais em comparação com outra. **4** luz; claridade: a energia que torna as coisas brilhantes e ajuda as pessoas a enxergá-las. *There's not enough light in here to take a photo.* / Não há claridade suficiente aqui para se tirar uma foto.

light adaptation /'laɪt ædæpˌteɪʃ(ə)n/ adaptação à luz: adaptação do olho à visão em iluminação muito brilhante ou pouco clara, ou adaptação à luz após um período na escuridão. Veja também **photopic vision**.

lightening /'laɪtənɪŋ/ abrandamento: distensão abdominal diminuída, observada no final da gravidez, quando a cabeça fetal desce para a cavidade pélvica.

lightning pains /'laɪtnɪŋ peɪnz/ (plural) dores fulgurantes: dores agudas nas pernas, observada em pessoas com tabes dorsal.

light reflex /'laɪt ˌriːfleks/ reflexo luminoso. ⇨ **pupillary reaction**.

light therapy /'laɪt ˌθerəpi/ fototerapia: tratamento de uma doença pela exposição aos raios luminosos, por exemplo, à luz solar ou aos raios infravermelhos. ☑ **light treatment**.

light treatment /'laɪt ˌtriːtmənt/ tratamento com luz. ⇨ **light therapy**.

light wave /'laɪt weɪv/ ondas luminosas: ondas eletromagnéticas visíveis, que viajam em várias direções e estimulam a retina.

lignocaine /'lɪɡnəkeɪn/ ligocaína. ⇨ **lidocaine**.

limb /lɪm/ membro; extremidade: uma das pernas ou braços.

limbic system /'lɪmbɪk ˌsɪstəm/ sistema límbico: sistema relacionado aos nervos cerebrais, incluindo o hipocampo, as amígdalas e o hipotálamo, e que é associado às emoções, tais como medo e raiva.

limb lead /'lɪm liːd/ derivação de membro: eletrodos fixados a um membro (braço ou perna) para permitir a realização de um eletrocardiograma.

limb lengthening /'lɪm ˌleŋθənɪŋ/ alongamento de membro: procedimento de alongamento de um braço ou perna. O osso é dividido em dois, ocorrendo a formação de novo osso na lacuna entre suas extremidades.

limbless /'lɪmləs/ desprovido de membro: que não tem um ou mais membros.

limbus /'lɪmbəs/ limbo: uma borda, margem ou franja, principalmente a junção da córnea com a esclera. Plural: **limbi**.

liminal /'lɪmɪn(ə)l/ liminal: relativo a um estímulo suficiente apenas para excitar um nervo ou músculo.

limp /lɪmp/ **1** claudicação; manqueira: incapacidade de se locomover normalmente, em decorrência de dor, rigidez ou malformação da perna ou pé. *She walks with a limp.* / Ela sofre de claudicação. **2** mancar; claudicar: caminhar com dificuldade por causa de dor, rigidez ou malformação da perna ou pé. *He was still limping three weeks after the accident.* / Decorridas três semanas do acidente, ele ainda mancava.

linctus /'lɪŋktəs/ linctura: uma preparação médica (xarope ou pastilha doce) para a tosse.

line /laɪn/ linha. Veja **catheter**.

linea /'lɪniə/ linha: uma linha estreita. Plural: **lineae**.

linea alba /ˌlɪniə 'ælbə/ linha branca; linha alva: linha tendinosa que corre verticalmente dos ossos do tórax ao púbis, à qual os músculos abdominais são ligados. Plural: **lineae albae**.

linea nigra /ˌlɪniə 'naɪɡrə/ linha negra: linha tendinosa pigmentada que corre do umbigo ao púbis e aparece nos últimos meses da gravidez. Plural: **lineae nigrae**.

linear /'lɪnɪə/ linear: **1** cuja forma, longa e estreita, se assemelha a uma linha. **2** capaz de ser representado por uma linha reta.

lingual /'lɪŋgwəl/ lingual: relativo à língua.

lingual artery /ˌlɪŋgwəl 'ɑ:təri/ artéria lingual: artéria que corre ao longo da língua.

lingual tonsil /ˌlɪŋgwəl 'tɒns(ə)l/ tonsila lingual: massa de tecido linfóide sobre a porção posterior do dorso da língua.

lingual vein /ˌlɪŋgwəl 'veɪn/ veia lingual: veia que recebe sangue da língua.

lingula /'lɪŋgjʊlə/ língula: pequena estrutura alongada de osso ou outro tecido. *the lingula of the left lung* / a língula do pulmão esquerdo. Plural: **lingulae**.

lingular /'lɪŋgjʊlə/ lingular: relativo a uma língula.

liniment /'lɪnɪmənt/ linimento: líquido oleoso que é esfregado na pele para aliviar dor ou rigidez de uma torção ou hematoma, pela sua ação vasodilatadora ou contra-irritante. ☑ **embrocation**.

lining /'laɪnɪŋ/ revestimento: substância ou tecido que cobre um órgão. *the thick lining of the aorta* / o revestimento espesso da aorta.

link /lɪŋk/ unir; ligar; associar: **1** pôr as coisas em contato; juntar. *The ankle bone links the bones of the lower leg to the calcaneus.* / O osso do tornozelo liga os ossos da perna ao calcâneo. **2** ser relacionado a, ou estar associado a alguma coisa. *Health is linked to diet.* / A saúde está associada à dieta.

linkage /'lɪŋkɪdʒ/ (genética) ligação: a associação de genes situados sobre o mesmo cromossomo, podendo os caracteres serem transmitidos por hereditariedade.

linoleic acid /ˌlɪnəʊli:ɪk 'æsɪd/ ácido linoléico: um dos ácidos graxos essenciais, encontrado em grãos e sementes.

linolenic acid /lɪnəʊˌlenɪk 'æsɪd/ ácido linolênico: um dos ácidos graxos essenciais, encontrado na linhaça e outros óleos naturais.

lint /lɪnt/ compressa de linho: fibra de algodão trançada, usada em curativos cirúrgicos.

liothyronine /ˌlaɪəʊ'θaɪrəʊni:n/ liotironina: hormônio produzido pela glândula tireóide que, sintetizado, pode ser usado em tratamentos mais potentes e de ação mais rápida do hipotiroidismo.

lip /lɪp/ lábio: **1** cada uma das dobras carnudas e dotadas de músculos que circulam a boca. *Her lips were dry and cracked.* / Os lábios dela estavam secos e rachados. **2** qualquer dobra que circunda uma abertura. **3** ⇨ **labium**.

lipaemia /lɪ'pi:miə/ lipemia: quantidade excessiva de gordura no sangue. Nota: no inglês americano usa-se **lipemia**.

lipase /'lɪpeɪz/ lipase: enzima que desdobra as gorduras no intestino. ☑ **lipolytic enzyme**.

lipid /'lɪpɪd/ lipídeo: composto orgânico insolúvel em água, por exemplo, óleo ou cera. Observação: os lipídeos não são solúveis em água. Eles flutuam no sangue e podem aderir às paredes das artérias, causando aterosclerose.

lipid-lowering drug /'lɪpɪd ˌləʊərɪŋ ˌdrʌg/ droga redutora de lipídeos: droga que diminui os níveis dos triglicerídeos e do LDL-colesterol (*low-density lipoprotein cholesterol*) e eleva o HDL-colesterol (*high-density lipoprotein cholesterol*). As drogas redutoras de lipídeos são usadas no tratamento ou prevenção da cardiopatia coronariana.

lipid metabolism /ˌlɪpɪd mə'tæbəlɪz(ə)m/ metabolismo lipídico: série de alterações químicas pelas quais os lipídeos são desdobrados em ácidos graxos.

lipidosis /ˌlɪpɪ'dəʊsɪs/ lipidose: distúrbio do metabolismo lipídico caracterizado pelo acúmulo de gordura nos tecidos subcutâneos.

lipochondrodystrophy /ˌlɪpəʊˌkɒndrəʊ'dɪstrəfi/ lipocondrodistrofia: doença congênita que afeta o metabolismo lipídico, provocando o acúmulo de células de gordura nos ossos e principais órgãos do corpo e causando retardamento mental e deformidades físicas.

lipodystrophy /ˌlɪpəʊ'dɪstrəfi/ lipodistrofia: um distúrbio do metabolismo lipídico.

lipogenesis /ˌlɪpəʊ'dʒenəsɪs/ lipogênese: formação ou depósitos de gordura.

lipoid /'lɪpɔɪd/ lipóide: **1** nome usado antigamente para designar um lipídeo. **2** semelhante à gordura.

lipoidosis /ˌlɪpɔɪ'dəʊsɪs/ lipoidose: grupo de doenças caracterizadas por hiperplasia reticuloendotelial e depósitos anormais de lipídeos nas células.

lipolysis /lɪ'pɒlɪsɪs/ lipólise: o processo de desdobramento das gorduras pela **lipase**.

lipolytic enzyme /ˌlɪpəlɪtɪk 'enzaɪm/ enzima lipolítica. ⇨ **lipase**.

lipoma /lɪ'pəʊmə/ lipoma: tumor adiposo benigno. Plural: **lipomas** ou **lipomata**.

lipomatosis /ˌlɪpəʊmə'təʊsɪs/ lipomatose: acúmulo excessivo de gordura localizada no organismo, semelhante a um tumor.

lipoprotein /ˌlɪpəʊ'prəʊti:n/ lipoproteína: proteína que se combina com lipídeos e os transporta na corrente sanguínea e sistema linfático. Nota: as lipoproteínas são classificadas de acordo com a porcentagem de proteínas que carregam.

liposarcoma /ˌlɪpəʊsɑ:'kəʊmə/ lipossarcoma: neoplasia maligna rara encontrada em células de gordura. Plural: **liposarcomas** ou **liposarcomata**.

liposuction /'lɪpəʊˌsʌkʃ(ə)n/ lipoaspiração: remoção cirúrgica de gordura localizada, feita por razões estéticas.

lipotrophic /ˌlɪpəʊ'trɒfɪk/ lipotrófico: relativo a uma substância que aumenta a quantidade de gordura nos tecidos.

L

Lippes loop /ˌlɪpəz 'luːp/ alça de Lippes: um tipo de dispositivo intra-uterino.

lipping /'lɪpɪŋ/ labiação: crescimento ósseo excessivo, como na osteoartrite.

lip salve /'lɪp sælv/ pomada para os lábios: pomada espessa, normalmente em forma de bastão, usada para prevenir a rachadura dos lábios, por exemplo, batom de manteiga de cacau.

lipuria /lɪ'pjuəriə/ lipúria: presença de gordura ou substância oleosa na urina.

liquid diet /ˌlɪkwɪd 'daɪət/ dieta líquida: dieta que consiste em ingerir apenas líquidos. *The clear liquid diet is a temporary diet used in preparation for surgery.* / A dieta líquida clara é uma dieta temporária empregada quando se prepara o paciente para cirurgia.

liquid paraffin /ˌlɪkwɪd 'pærəfɪn/ parafina líquida: um óleo usado como laxante.

liquor /'lɪkə/ (farmácia) líquido: solução, normalmente aquosa, de uma substância pura.

lisp /lɪsp/ **1** balbucio; sigmatismo; parasigmatismo: fala caracterizada pela pronúncia errada das letras sibilantes *s* e *z*. **2** balbuciar: falar como um balbucio.

Listeria /lɪ'stɪəriə/ Listeria: gênero de bactérias encontradas em animais domésticos e em produtos lácteos não pasteurizados, que causa infecção do útero (resultando em aborto) ou meningite.

listeriosis /lɪˌstɪəri'əʊsɪs/ listeriose: doença infecciosa de animais, podendo ser transmitida ao homem, causada pela bactéria *Listeria monocytogeses.*

listless /'lɪstləs/ apático; indiferente: fraco e cansado.

listlessness /'lɪstləsnəs/ apatia; indiferença: o fato de estar geralmente fraco e cansado.

liter /'liːtə/ litro. ⇨ **litre**.

lith- /lɪθ/ ⇨ **litho-**.

lithaemia /lɪ'θiːmiə/ litemia: quantidade excessiva de ácido úrico no sangue. ☑ **uricacidaemia**. Nota: no inglês americano usa-se **lithemia**.

lithagogue /'lɪθəɡɒɡ/ litagogo: droga que ajuda a expulsão de cálculos, principalmente biliares.

lithiasis /lɪ'θaɪəsɪs/ litíase: formação de cálculos em um órgão.

lithium /'lɪθiəm/ lítio: elemento metálico branco acinzentado que forma compostos, usado no tratamento médico do distúrbio bipolar.

litho- /lɪ'θɒ/ lito-: relativo a um cálculo. Nota: antes de vogais usa-se **lith-**.

litholapaxy /lɪ'θɒləpæksi/ litolapaxia: a remoção de fragmentos de cálculos da bexiga, após o seu esmagamento com um litótrito. ☑ **lithotrity**.

lithonephrotomy /ˌlɪθəʊnə'frɒtəmi/ litonefrotomia: cirurgia para remoção de cálculos renais. Plural: **lithonephrotomies**.

lithotomy /lɪ'θɒtəmi/ litotomia: cirurgia para remoção de cálculos da bexiga. Plural: **lithotomies**.

lithotomy position /lɪ'θɒtəmi pəˌzɪʃ(ə)n/ posição de litotomia: em alguns exames médicos, posição do paciente em decúbito dorsal, com os joelhos flexionados e as coxas contra o abdome.

lithotripsy /'lɪθətrɪpsi/ litotripsia: processo de esmagamento de cálculos do sistema urinário ou da vesícula biliar, fazendo os fragmentos sairem pela uretra.

lithotrite /'lɪθətraɪt/ litótrito: instrumento cirúrgico destinado a esmagar um cálculo na bexiga.

lithotrity /lɪ'θɒtrɪti/ litotrícia. ⇨ **litholapaxy**.

lithuresis /ˌlɪθjʊ'riːsɪs/ liturese: a eliminação de pequenos cálculos na urina.

lithuria /lɪ'θjuəriə/ litúria: quantidades excessivas de ácido úrico na urina.

litmus /'lɪtməs/ tornassol; litmo: uma substância que se torna vermelha quando combinada a um ácido, e azul na presença de um álcali.

litmus paper /'lɪtməs ˌpeɪpə/ papel de litmo: pedaço de papel absorvente impregnado com litmo, usado em testes de acidez e alcalinidade.

litre /'liːtə/ litro: unidade de volume do sistema métrico correspondente a 1,76 quarto. Abreviatura: **l**, **L**. Em gráficos, normalmente usa-se **l** ou **L**: 2,5 l, mas pode ser escrito por extenso para evitar confusão com o numeral 1. Nota: no inglês americano usa-se **liter**.

little finger /ˌlɪt(ə)l 'fɪŋɡə/ mindinho: o menor dedo da mão.

Little's area /'lɪt(ə)lz ˌeəriə/ área de Little: uma área no septo nasal rica em vasos sanguíneos.

Little's disease /'lɪt(ə)lz dɪˌziːz/ doença de Little. ⇨ **spastic diplegia**. (Descrita em 1843 por William John Little [1810–1894], médico do London Hospital, Reino Unido.)

little toe /ˌlɪt(ə)l 'təʊ/ dedo mínimo do pé: o menor dedo do pé. *Her little toe was crushed by the door.* / O dedinho dela foi esmagado pela porta.

live /laɪv/ **1** vivo: a) que não está morto; vivo. *graft using live tissue* / enxerto com tecido vivo. Veja também **birth**. b) que carrega eletricidade. *He was killed when he touched a live wire.* / Ele foi morto quando tocou um fio desencapado. **2** viver: estar vivo. *She is very ill, and the doctor doesn't think she will live much longer.* / Ela está muito doente, e o médico pensa que não viverá muito tempo.

live birth /ˌlaɪv 'bɜːθ/ nativivo; nascido vivo: o nascimento de um bebê vivo. *The number of live births has remained steady.* / O número de nativivos tem permanecido estável.

livedo /lɪ'viːdəʊ/ livedo: manchas descoloridas na pele.

liver /'lɪvə/ fígado: grande glândula situada na parte superior do abdome. Veja ilustração em **Digestive System**, no Apêndice. Nota: para conhecer outros termos referentes ao fígado, veja os que começam com **hepat-**, **hepato-**. Observação: o fígado está situado na parte superior do abdome, no lado direito do corpo, próximo ao estômago. É a maior glândula do organismo, e pesa quase dois quilos. Recebe o sangue que transporta nutrientes por meio da veia porta do fígado; esses nutrientes são removidos e o sangue retorna ao coração pela veia hepática. O fígado é o maior órgão desintoxicante do corpo; ele destrói os organismos nocivos no sangue, produz agentes de coagulação, secreta bile, armazena glicogênio e está envolvido no metabolismo de proteínas, carboidratos e gorduras. As doenças que afetam o fígado incluem hepatite e cirrose; o sintoma de doença hepática é, freqüentemente, icterícia.

liver fluke /'lɪvə fluːk/ trematódeo do fígado: um verme trematódeo que pode infestar o fígado.

liver spot /'lɪvə spɒt/ mancha hepática: pequenas manchas de cor castanha, no dorso das mãos, que ocorrem na pele freqüentemente exposta ao sol. Nota: essas manchas não estão relacionadas a nenhuma doença hepática.

liver transplant /'lɪvə ˌtrænsplɑːnt/ transplante de fígado: cirurgia para substituir um fígado doente pelo de um doador (falecido).

livid /'lɪvɪd/ lívido: relativo à pele que apresenta uma coloração azul devido a hematoma ou asfixia.

living will /ˌlɪvɪŋ 'wɪl/ living will: 1 testamento que estipula até quando deve ser preservada a sobrevivência da pessoa. 2 testamento em que uma pessoa estipula seus desejos de finalização da vida.

LMC abreviatura de **local medical committee**.

loa loa /ˌləʊə 'ləʊə/ loíase: doença ocular causada por um verme africano, o *Loa loa*, encontrado no tecido conjuntivo subcutâneo.

Loa loa /ˌləʊə 'ləʊə/ *Loa loa:* verme nativo da África ocidental, que penetra na pele, atravessando-a livremente, e que é visto principalmente em torno da órbita. É o agente causador da loíase.

lobar /'ləʊbə/ lobar: relativo a um lobo.

lobar bronchi /ˌləʊbə 'brɒŋkiː/ (plural) brônquios lobares: passagens aéreas que suprem um lobo pulmonar. Também chamados de **secondary bronchi**.

lobar pneumonia /ˌləʊbə njuː'məʊniə/ pneumonia lobar: pneumonia que acomete um ou mais lobos do pulmão.

lobe /ləʊb/ lobo: 1 parte arredondada de um órgão, por exemplo, cérebro, pulmão ou fígado. Veja ilustração em **Lungs**, no Apêndice. 2 porção carnuda e macia na parte inferior da orelha. 3 uma cúspide na coroa de um dente.

lobectomy /ləʊ'bektəmi/ lobectomia: cirurgia para remoção um dos lobos de um órgão, por exemplo, o pulmão. *The plural is lobectomies.* / O plural é lobectomias.

lobotomy /ləʊ'bɒtəmi/ lobotomia: cirurgia usada antigamente no tratamento de doenças mentais, que consistia na incisão das fibras nervosas de um lobo cerebral. Plural: **lobotomies**.

lobular /'lɒbjʊlə/ lobular: relativo a um lóbulo. *lobular carcinom* / carcinoma lobular.

lobule /'lɒbjuːl/ lóbulo: um lobo pequeno no pulmão, formando um ácino.

local /'ləʊk(ə)l/ local: 1 referente a um lugar determinado. 2 confinado a uma parte. 3 ⇨ **local anaesthetic**.

local anaesthesia /ˌləʊk(ə)l ænəs'θiːziə/ anestesia local: perda da sensibilidade em apenas uma parte do corpo.

local anaesthetic /ˌləʊk(ə)l ænəs'θetɪk/ anestésico local: agente anestésico, por exemplo, a ligocaína, administrado para eliminar a sensibilidade de apenas uma parte do corpo. *The surgeon removed the growth under local anaesthetic.* / O cirurgião retirou o tumor com anestesia local. ☑ **local**.

localise /'ləʊkəlaɪz/ localizar; estabelecer: 1 determinar o lugar de uma lesão ou processo. 2 restringir a propagação de uma lesão ou processo a uma área definida. 3 transferir o poder de uma autoridade central para organizações locais. Usa-se também **localize**.

localised /'ləʊkəlaɪzd/ localizado: relativo à infecção restrita a uma parte do corpo. Usa-se também **localized**. Oposto de **generalised**.

Local Medical Committee /ˌləʊk(ə)l 'medɪk(ə)l kə,mɪti/ Comitê Médico Regional: comitê responsável pela monitorização distrital dos interesses das pessoas responsáveis pelos principais cuidados na área da saúde, tais como clínicos gerais, dentistas e farmacêuticos. Abreviatura: **LMC**.

local supervising authority /ˌləʊk(ə)l 'suːpəvaɪzɪŋ ɔːˌθɒrɪti/ autoridade supervisora regional: uma organização que controla o trabalho de parteiras dentro de sua área. Abreviatura: **LSA**.

lochia /'lɒkiə/ lóquios: corrimento vaginal que ocorre após parto ou aborto.

lochial /'ləʊkiəl/ loquial: relativo a lóquios.

lochiometra /'lɒkiəmiːtrə/ loquiometria: condição caracterizada pela distensão do útero, em virtude da presença de lóquios após o parto.

lock /lɒk/ encarcerar; prender: fixar alguma coisa em determinada posição.

locked-in syndrome /ˌlɒkt 'ɪn ˌsɪndrəʊm/ pseudocoma: forma de paralisia na qual apenas os olhos e as pálpebras se movem, embora a pessoa esteja totalmente alerta e consciente. Resulta de lesão grave ao tronco cerebral.

locked knee /lɒkt 'niː/ joelho travado: condição resultante da laceração da cartilagem semilunar do joelho, cujos sintomas são dor aguda e incapacidade de estender a perna.

locking joint /ˌlɒkɪŋ 'dʒɔɪnt/ articulação travada: articulação que pode permanecer estendida em uma posição, por exemplo, joelho ou tornozelo.

lockjaw /'lɒkjɔː/ (antiquado; informal) trismo. ⇨ **tetanus**.

locomotion /ˌləʊkə'məʊʃ(ə)n/ locomoção: a capacidade de se mover de um lugar a outro.

locomotor /ˌləʊkə'məʊtə/ locomotor: relativo à locomoção.

locomotor ataxia /ˌləʊkəˌməʊtər əˈtæksiə/ ataxia locomotora. ⇨ **tabes dorsalis**.

loculated /ˈlɒkjʊleɪtɪd/ loculado: (órgão; tumor) que contém várias câmaras ou cavidades. *a loculated renal abscess* / um abscesso renal loculado.

locule /ˈlɒkjuːl/ lóculo. ⇨ **loculus**.

loculus /ˈlɒkjʊləs/ lóculo: pequena cavidade em um órgão. ☑ **locule**. Plural: **loculi**.

locum /ˈləʊkəm/ locotenente; lugar-tenente: profissional da área da saúde, por exemplo, médico ou farmacêutico, que assume temporariamente o lugar de outro. ☑ **locum tenens**.

locum tenens /ˈləʊkəm ˈtenənz/ locotenente. ⇨ **locum**. Plural: **locum tenentes**.

locus /ˈləʊkəs/ lócus: **1** um local ou área de doença ou infecção. **2** a posição de um gene em um cromossomo. Plural: **loci**.

lodge /lɒdʒ/ alojar; hospedar: permanecer ou grudar-se em algum lugar, ou grudar algo em algum lugar. *The piece of bone lodged in her throat.* / O fragmento de osso alojou-se na garganta dela. *The larvae of the tapeworm lodge in the walls of the intestine.* / As larvas da solitária alojam-se nas paredes do intestino.

lofepramine /lɒˈfeprəmiːn/ lofepramina: uma droga antidepressiva.

log roll /ˈlɒg rəʊl/ *log roll*: método que consiste em manter o paciente reto na cama e, puxando o lençol sob ele, virá-lo para o outro lado.

logrolling /ˈlɒgrəʊlɪŋ/ *logrolling*: o ato de virar uma pessoa que está deitada usando o método *log roll*, isto é, como se rolam toras de madeira (*log* = tora; *rolling* = ato de rolar).

-logy /lədʒi/ -logia: **1** ciência ou estudo. *psychology* / psicologia. *embryology* / embriologia. **2** fala; linguagem.

loiasis /ləʊˈaɪəsɪs/ loíase: doença ocular causada por um verme da África ocidental, o *Loa loa*, que penetra na pele, sendo encontrado principalmente em torno da órbita.

loin /lɔɪn/ lombo: a parte inferior do dorso, acima das nádegas.

Lomotil /ləʊˈməʊtɪl/ Lomotil: o nome comercial do difenoxilato.

long-acting /ˌlɒŋ ˈæktɪŋ/ de longa duração: diz-se de droga ou tratamento cujo efeito tem longa duração.

long bone /ˈlɒŋ bəʊn/ osso longo: qualquer osso alongado dos membros, que encerra a medula, e cuja terminação forma uma articulação com outro osso.

longitudinal /ˌlɒŋgɪˈtjuːdɪn(ə)l/ longitudinal: **1** posicionado ao longo de alguma coisa. **2** na direção do eixo longitudinal do corpo.

longitudinal arch /ˌlɒŋgɪtjuːdɪn(ə)l ˈɑːtʃ/ arco longitudinal. ⇨ **plantar arch**.

longitudinal fissure /ˌlɒŋgɪtjuːdɪn(ə)l ˈfɪʃə/ fissura longitudinal: fenda profunda que separa os dois hemisférios cerebrais.

longitudinal lie /ˌlɒŋgɪtjuːdɪn(ə)l ˈlaɪ/ posição longitudinal: a posição normal do feto, paralelo ao eixo longitudinal da mãe.

longitudinal study /ˌlɒŋgɪtjuːdɪn(ə)l ˈstʌdi/ estudo longitudinal: estudo em que um grupo de indivíduos é observado durante um longo período de tempo, e que diz respeito à evolução de alguns aspectos de sua vida, por exemplo, saúde e educação.

longsighted /ˌlɒŋˈsaɪtɪd/ hipermetrope: capaz de enxergar claramentre objetos à longa distância e impossibilidade de ver aqueles que estão próximos.

longsightedness /ˌlɒŋˈsaɪtɪdnəs/ hipermetropia: a condição de ser hipermetrope. ⇨ **hypermetropia**. Oposto de **myopia**.

long-stay /ˈlɒŋ steɪ/ estadia de longo prazo: relativo a um longo tempo de permanência hospitalar. *patients in long-stay units* / pacientes em unidades de estadia de longo prazo.

long stay patient /ˌlɒŋ steɪ ˈpeɪʃ(ə)nt/ paciente de longo prazo: paciente que ficará hospitalizado por um longo tempo.

long stay ward /ˌlɒŋ ˈsteɪ ˌwɔːd/ enfermaria de estadia de longo prazo: enfermaria para pacientes que ficarão hospitalizados por um longo tempo.

loo /luː/ (informal) banheiro: instalações sanitárias, ou um aposento contendo instalações sanitárias. ◊ **to go to the loo**: urinar ou defecar.

look after /ˌlʊk ˈɑːftə/ cuidar de; atender: cuidar de uma pessoa, atendendo as suas necessidades. *The nurses looked after him very well* or *He was very well looked after in hospital.* / As enfermeiras cuidaram dele muito bem *ou* Ele foi muito bem atendido no hospital. *She is off work looking after her children who have mumps.* / Ela está ausente do trabalho, cuidando de suas crianças, que têm cachumba.

loop /luːp/ alça: **1** curva ou volta em uma estrutura, principalmente as marcas de uma impressão digital. **2** aparelho constituído de um arame circular, que é inserido no útero para evitar a concepção.

loop of Henle /ˌluːp əv ˈhenli/ alça de Henle: uma parte do néfron, em forma de U, localizada na medula renal. ☑ **Henle's loop**.

loperamide /ləʊˈperəmaɪd/ loperamida: droga antiperistáltica usada no tratamento da diarréia aguda. ☑ **loperamide hydrochloride**.

loperamide hydrochloride /ləʊˈperəmaɪd ˌhaɪdrəʊˈklɔːraɪd/ monocloridrato de loperamida). ⇨ **loperamide**.

loratidine /lɒrˈætɪdiːn/ loratidina: um agente anti-histamínico.

lorazepam /lɔːˈræzɪpæm/ lorazepam: um tranqüilizante leve, usado freqüentemente antes de cirurgias, para diminuir a ansiedade dos pacientes.

lordosis /lɔːˈdəʊsɪs/ lordose: angulação muito acentuada da parte inferior da coluna vertebral. Veja também **kyphosis**.

lordotic /lɔ:'dɒtɪk/ lordótico: relativo à lordose.

lotion /'ləʊʃ(ə)n/ loção: preparação medicinal líquida usada para esfregar na pele. *a mild antiseptic lotion* / uma loção anti-séptica leve.

louse /laʊs/ piolho: pequeno inseto hematófago do gênero *Pediculus*, parasita do homem e animais. Plural: **lice**. ☑ **Pediculus**. Observação: há vários tipos de piolho: os mais comuns são o piolho de corpo, o piolho-chato e o piolho de cabeça. Algumas doenças podem ser transmitidas pelos piolhos.

low /ləʊ/ baixo: **1** relativamente pequeno em altura. **2** próximo à base ou parte inferior de alguma coisa.

low blood pressure /ˌləʊ 'blʌd ˌpreʃə/ hipotensão. ⇨ **hypotension**.

low-calorie diet /ˌləʊ ˌkæləri 'daɪət/ dieta hipocalórica: dieta que contém poucas calorias, usada em regimes de emagrecimento.

low-density lipoprotein /ˌləʊ ˌdensɪti 'lɪpəʊ prəʊtiːn/ lipoproteína de alta densidade: lipoproteína com altas taxas de colesterol, que forma depósitos de gordura nos músculos e artérias. Abreviatura: **LDL**.

lower /'ləʊə/ mais baixo: em posição inferior a outra coisa.

lower jaw /ˌləʊə 'dʒɔ:/ maxilar inferior. ⇨ **mandible**.

lower limb /ˌləʊə 'lɪm/ membro inferior: uma perna.

lower motor neurones /ˌləʊə ˌməʊtə ˌnjʊərə ʊnz/ (plural) neurônios motores inferiores: neurônios motores finais que, partindo da medula espinhal, inervam os músculos.

low-fat diet /ˌləʊ ˌfæt 'daɪət/ dieta hipolipídica: dieta que contém quantidade mínima de gordura animal, que pode ajudar a reduzir o risco de doença cardíaca e melhorar alguns distúrbios da pele.

low-risk patient /ˌləʊ rɪsk 'peɪʃ(ə)nt/ paciente de baixo risco: pessoa cujo risco de contrair ou desenvolver uma doença específica é baixo.

low-salt diet /ˌləʊ ˌsɔːlt 'daɪət/ dieta hipossódica: dieta que contém quantidades mínimas de sal, empregada para ajudar a reduzir a hipertensão.

lozenge /'lɒzɪndʒ/ pastilha: pequeno disco açucarado contendo um medicamento. *She was sucking a cough lozenge.* / Ela estava chupando uma pastilha para a tosse.

LPN (EUA) abreviatura de **licensed practical nurse**.

LRCP abreviatura de **licentiate of the Royal College of Physicians**.

LSA abreviatura de **local supervising authority**.

LSD /ˌel es 'diː/ abreviatura de **lysergic acid diethylamide**.

lubb-dupp /ˌlʌb'dʌb/ *lubb-dupp*: sílabas usadas, em inglês, para representar a primeira e a segunda bulhas cardíacas, à auscultação com estetoscópio.

lubricant /'luːbrɪkənt/ lubrificante: um líquido que lubrifica.

lubricate /'luːbrɪkeɪt/ lubrificar: cobrir uma superfície com líquido, a fim de reduzir o atrito entre partes móveis.

lubricating jelly /'luːbrɪkeɪt ˌdʒeli/ geléia lubrificante: geléia usada para tornar uma superfície escorregadia.

lucid /'luːsɪd/ lúcido: cujas faculdades mentais estão em perfeito estado. *In spite of the pain, he was still lucid.* / A despeito da dor, ele ainda estava lúcido.

lucid interval /ˌluːsɪd 'ɪntəv(ə)l/ intervalo lúcido: um período de remissão dos sintomas ou um distúrbio mental ou de retorno à consciência após a perda da mesma.

Ludwig's angina /ˌluːdvɪgz æn'dʒaɪnə/ angina de Ludwig: celulite presente em alguns espaços da boca e da garganta, provocando tumefação e podendo levar à obstrução das vias aéreas. (Descrita em 1836 por Wilhelm Friedrich von Ludwig [1790–1865], professor de cirurgia e obstetrícia em Tübingen, Alemanha, e médico da corte do rei Frederico II.)

lues /'luːiːz/ lues: nome antigo da sífilis ou "a praga".

lumbago /lʌm'beɪgəʊ/ (informal) lumbago: dor na parte inferior das costas. *She has been suffering from lumbago for years.* / Ela sofre de lumbago há anos. *He has had an attack of lumbago.* / Ele teve uma crise de lumbago.

lumbar /'lʌmbə/ lombar: relativo à parte inferior das costas.

lumbar artery /'lʌmbə ˌɑːtəri/ artéria lombar: uma das quatro artérias que irrigam os músculos das costas.

lumbar cistern /ˌlʌmbə 'sɪstən/ cisterna lombar: espaço subaracnóide da medula espinhal, localizado na porção final da dura-máter, e que constitui um reservatório de líquido cérebro-espinhal.

lumbar enlargement /ˌlʌmbə ɪn'lɑːdʒmənt/ aumento lombar: intumescência situada na região lombar da medula espinhal, onde se unem as terminações nervosas dos membros inferiores.

lumbar plexus /ˌlʌmbə 'pleksəs/ plexo lombar: plexo nervoso formado por vários nervos femorais e abdominais, localizado na parte superior do músculo psoas.

lumbar puncture /ˌlʌmbə 'pʌŋktʃə/ punção lombar: retirada de líquido cérebro-espinhal para fins diagnósticos e terapêuticos, por meio de punção no espaço subaracnóideo da região lombar. ☑ **spinal puncture**. Nota: no inglês americano usa-se **spinal tap**.

lumbar region /'lʌmbə ˌriːdʒən/ região lombar: as duas regiões do dorso laterais à região umbilical.

lumbar vertebra /ˌlʌmbə 'vɜːtɪbrə/ (plural) vértebras lombares: as cinco vértebras situadas na região lombar do dorso, entre as vértebras torácicas e o sacro.

lumbo- /ˈlʌmbəʊ/ lomb(o)-: relativo à região lombar.

lumbosacral /ˌlʌmbəʊˈseɪkrəl/ sacrolombar; lombossacro: relativo tanto às vertebras lombares quanto ao sacro.

lumbosacral joint /ˌlʌmbəʊˈseɪkrəl dʒɔɪnt/ articulação lombossacra: articulação entre a quinta vértebra lombar e o sacro.

lumen /ˈluːmɪn/ lúmen; luz: **1** unidade do SI de fluxo luminoso emitido por segundo. **2** espaço no interior de um órgão tubular ou instrumento, como um endoscópio.

lump /lʌmp/ protuberância; nódulo: massa de tecido fibroso na superfície da pele, ou sob ela. *He has a lump where he hit his head on the low door.* / Ele tem uma protuberância no lugar em que bateu a cabeça no batente da porta. *She noticed a lump in her right breast and went to see the doctor.* / Ela percebeu um nódulo na mama direita e procurou o médico.

lumpectomy /lʌmˈpektəmi/ lumpectomia: cirurgia para remoção de tecido fibroso, por exemplo, um câncer de mama, com conservação dos tecidos adjacentes. Plural: **lumpectomies**.

lunate /ˈluːneɪt/ semilunar: um dos oito ossos carpais. ☑ **lunate bone**. Veja ilustração em **Hand**, no Apêndice.

lunate bone /ˈluːneɪt bəʊn/ osso semilunar. ⇨ **lunate**.

Lund and Browder chart /ˌlʌnd ən ˈbraʊ də tʃɑːt/ gráfico de Lund e Browder: gráfico utilizado para se calcular a superfície de uma queimadura.

lung /lʌŋ/ pulmão: qualquer um do par de órgãos responsáveis pela respiração, nos quais se realiza a aeração do sangue. Nota: para conhecer outros termos referentes ao pulmão, veja os que começam com **bronch-, broncho-, pneum-, pneumo-, pneumon-, pneumono-** e **pulmo-**. Observação: os dois pulmões estão situados entre as cavidades laterais do tórax, protegidos pela caixa torácica; entre eles, encontra-se o coração. O pulmão direito tem três lobos; o pulmão esquerdo, dois. O ar chega aos pulmões pela traquéia e brônquios. Passa pelos alvéolos, onde é efetuada a troca do oxigênio por dióxido de carbono (troca gasosa). O câncer pulmonar pode ser causado pelo tabagismo, e é mais comum em pessoas que fumam muito.

lung cancer /ˈlʌŋ ˌkænsə/ câncer pulmonar: câncer que ocorre no pulmão.

lunula /ˈluːnjʊlə/ lúnula: a área branca e arqueada na base da unha. Plural: **lunulae**.

lupus /ˈluːpəs/ lúpus: afecção persistente da pele, da qual há vários tipos não-relacionados.

lupus erythematosus /ˌluːpəs ˌerɪθiːməˈtəʊs əs/ lúpus eritematoso: doença inflamatória que ataca os tecidos conjuntivos; a forma mais grave, sistêmica, afeta o coração, as articulações e os vasos sanguíneos. Abreviatura: **LE**.

lupus vulgaris /ˌluːpəs vʌlˈgeərɪs/ lúpus vulgar: uma forma de tuberculose cutânea acom-

panhada de manchas vermelhas e infectadas na face.

lutein /ˈluːtiɪn/ luteína: um pigmento amarelo do corpo lúteo.

luteinising hormone /ˈluːtiɪnaɪzɪŋ ˌhɔːməʊn/ hormônio luteinizante: hormônio produzido pela glândula pituitária, que estimula a formação do corpo lúteo em mulheres e de testosterona, nos homens. Usa-se também **luteinizing hormone**. Abreviatura: **LH**. ☑ **interstitial cell stimulating hormone**.

luteo- /ˈluːtiəʊ/ luteo-: **1** amarelo. **2** o corpo lúteo.

luxation /lʌkˈseɪʃ(ə)n/ luxação. ⇨ **dislocation**.

Lyme disease /ˈlaɪm dɪˌziːz/ doença de Lyme: doença inflamatória causada por *Borrelia burgdorferi*, transmitida por picadas de carrapatos de cervos. A doença é caracterizada por erupção cutânea, manifestações neurológicas, rigidez da nuca e, em casos extremos, morte. Foi registrada pela primeira vez em Lyme, Connecticut, EUA.

lymph /lɪmf/ linfa: líquido incolor encontrado nos vasos linfáticos, contendo um número variável de leucócitos. É colhido em todos os tecidos corporais e transporta resíduos nocivos para a circulação sanguínea venosa. ☑ **lymph fluid**. Observação: a linfa flui dos tecidos, através dos capilares, para os vasos linfáticos. É constituída de água, proteína e células sanguíneas brancas (linfócitos). Resíduos nocivos, como os causadores de infecção, são filtrados e destruídos quando fluem pelos linfonodos, que adicionam linfócitos à linfa, antes que ela continue seu trajeto. Flui para as veias braquiocefálicas (inominadas) e é, finalmente, adicionada à circulação sanguínea venosa. A linfa não é bombeada pelo corpo, a exemplo do sangue, mas move-se pela pressão muscular nos vasos linfáticos e pela pressão negativa das grandes veias para dentro dos vasos vazios. A linfa constitui uma parte essencial da defesa do organismo contra infecções.

lymph- /lɪmf/ ⇨ **lympho-**.

lymphaden- /lɪmfædən/ linfaden(o)-: relativo aos linfonodos.

lymphadenectomy /ˌlɪmfædəˈnektəmi/ linfadenectomia: remoção cirúrgica de um linfonodo. Plural: **lymphadenectomies**.

lymphadenitis /ˌlɪmfædəˈnaɪtɪs/ linfadenite: inflamação dos linfonodos.

lymphadenoma /ˌlɪmfædəˈnəʊmə/ linfadenoma. ⇨ **lymphoma**.

lymphadenopathy /ˌlɪmfædəˈnɒpəθi/ linfadenopatia: qualquer doença dos linfonodos. Plural: **lymphadenopathies**.

lymphangi- /lɪmfændʒi/ linfangi-: relativo aos vasos linfáticos.

lymphangiectasis /ˌlɪmfændʒiˈektəsɪs/ linfangiectasia: dilatação dos vasos linfáticos menores, como resultado de oclusões nos grandes vasos.

lymphangiography /ˌlɪmfændʒiˈɒɡrəfi/ linfangiografia: a obtenção radiográfica de imagens dos vasos linfáticos, após injeção com um meio de contraste (substância opaca). Plural: **lymphangiographies**.

lymphangioma /ˌlɪmfændʒiˈəʊmə/ linfangioma: tumor benigno formado nos tecidos linfáticos. Plural: **lymphangiomas** ou **lymphangiomata**.

lymphangioplasty /lɪmfˈændʒiəplæsti/ linfangioplastia: cirurgia para substituição de vasos linfáticos. Plural: **lymphangioplasties**.

lymphangiosarcoma /lɪmfˌændʒiəʊsɑːˈkəʊmə/ linfangiossarcoma: neoplasia maligna das células endoteliais que revestem os vasos linfáticos. Plural: **lymphangiosarcomas** ou **lymphangiosarcomata**.

lymphangitis /ˌlɪmfænˈdʒaɪtɪs/ linfangite: inflamação dos vasos linfáticos.

lymphatic /lɪmˈfætɪk/ linfático: relativo à linfa.

lymphatic capillary /lɪmˌfætɪk kəˈpɪləri/ (plural) capilares linfáticos: um dos capilares que deixam os tecidos e se juntam aos vasos linfáticos.

lymphatic duct /lɪmˈfætɪk dʌkt/ duto linfático: o principal duto que transporta a linfa.

lymphatic node /lɪmˈfætɪk nəʊd/ linfonodo. ⇨ **lymph gland**.

lymphatic nodule /lɪmˌfætɪk ˈnɒdjuːl/ nódulo linfático: pequenos linfonodos encontrados em massas de tecido.

lymphatic system /lɪmˈfætɪk ˌsɪstəm/ sistema linfático: série de vasos que transportam linfa dos tecidos, através dos linfonodos, para a corrente sanguínea.

lymphatic vessel /lɪmˈfætɪk ˌves(ə)l/ vaso linfático: vaso que transporta linfa dos tecidos para as veias.

lymph duct /ˈlɪmf dʌkt/ duto linfático: qualquer canal que transporta linfa.

lymphedema /ˌlɪmfəʊˈdiːmə/ linfedema. ⇨ **lymphoedema**.

lymph fluid /ˈlɪmf ˌfluːɪd/ linfa. ⇨ **lymph**.

lymph gland /ˈlɪmf glænd/ glândula linfática: corpúsculos localizados em várias partes do sistema linfático, principalmente sob as axilas e na virilha, através dos quais passa a linfa e onde são produzidos os linfócitos. ☑ **lymph node**; **lymphatic node**.

lymph node /ˈlɪmf nəʊd/ nódulo linfático. ⇨ **lymph gland**.

lympho- /lɪmfəʊ/ linf(o)-: forma combinante que significa linfa. Nota: antes de vogais usa-se **lymph-**.

lymphoblast /ˈlɪmfəʊblæst/ linfoblasto: célula anormal que aparece na leucemia linfoblástica aguda, como resultado de alterações que acontecem em linfócitos em contato com um antígeno.

lymphoblastic /ˌlɪmfəʊˈblæstɪk/ linfoblástico: relativo aos linfoblastos, ou que forma linfócitos.

lymphoblastic leukaemia /ˌlɪmfəʊblæstɪk luːˈkiːmiə/ leucemia linfoblástica. Veja **acute lymphocytic leukaemia**.

lymphocele /ˈlɪmfəsiːl/ linfocele: cisto contendo linfa de dutos ou linfonodos lesados ou doentes.

lymphocyte /ˈlɪmfəsaɪt/ linfócito: tipo de leucócito maduro, ou célula sanguínea branca, formado pelos linfonodos, envolvido na produção de anticorpos.

lymphocytopenia /ˌlɪmfəʊˌsaɪtəʊˈpiːniə/ linfocitopenia. ⇨ **lymphopenia**.

lymphocytosis /ˌlɪmfəʊsaɪˈtəʊsɪs/ linfocitose: aumento no número de linfócitos no sangue.

lymphoedema /ˌlɪmfəʊˈdiːmə/ linfedema: inchaço causado pela obstrução de vasos linfáticos ou aumento anormal de linfa na região afetada. Nota: no inglês americano usa-se **lymphedema**.

lymphogranuloma inguinale /ˌlɪmfəʊgrænj uˌləʊmə ˌɪŋgwɪˈneɪli/ linfogranuloma inguinal. ⇨ **lymphogranuloma venereum**.

lymphogranuloma venereum /ˌlɪmfəʊˌgræn juˌləʊmə vəˈnɪərəm/ linfogranuloma venéreo: infecção bacteriana sexualmente transmissível, caracterizada por tumefação dos linfonodos perirretais, na mulher, e úlcera genital, nos homens. ☑ **lymphogranuloma inguinale**. Abreviatura: **l.g.v.**

lymphography /lɪmˈfɒgrəfi/ linfografia: a obtenção radiográfica de imagens do sistema linfático após injeção de um meio de contraste (substância opaca).

lymphoid /ˈlɪmfɔɪd/ linfóide: relacionado à linfa, tecido linfático, ou sistema linfático.

lymphoid tissue /ˈlɪmfɔɪd ˌtɪʃuː/ tecido linfóide: tecido presente nos linfonodos, amígdalas e baço, constituído por uma rede de fibras reticulares e células ocupadas por linfócitos.

lymphokine /ˈlɪmfəʊkaɪn/ linfocina: proteína produzida pelos linfócitos, que exerce um efeito sobre outras células do sistema imune. Veja também **cytokine**.

lymphoma /lɪmˈfəʊmə/ linfoma: neoplasia maligna dos tecidos linfóides. ☑ **lymphadenoma**. Plural: **lymphomas** ou **lymphomata**.

lymphopenia /ˌlɪmfəʊˈpiːniə/ linfopenia: uma redução no número de linfócitos no sangue. ☑ **lymphocytopenia**.

lymphopoiesis /ˌlɪmfəʊpɔɪˈiːsɪs/ linfopoiese: a produção de linfócitos ou tecido linfóide.

lymphorrhagia /ˌlɪmfəˈreɪdʒə/ linforragia: vazamento persistente de linfa de vasos linfáticos rompidos ou cortados. ☑ **lymphorrhoea**.

lymphorrhoea /ˌlɪmfəˈriə/ linforréia. ⇨ **lymphorrhagia**.

lymphosarcoma /ˌlɪmfəʊsɑːˈkəʊmə/ linfossarcoma: neoplasia maligna que se desenvolve nos linfócitos e suas células de origem nos linfonodos. Plural: **lymphosarcomas** ou **lymphosarcomata**.

lymphotropic /ˌlɪmfəˈtrɒpɪk/ linfotrópico: que possui afinidade com o sistema linfático.

lymphuria /lɪmˈfjʊəriə/ linfúria: presença de linfa na urina.

L

lymph vessel /'lɪmf ˌves(ə)l/ vaso linfático: um dos vasos que transportam linfa dos tecidos para as veias.

lyophilisation /laɪˌɒfɪlaɪ'zeɪʃ(ə)n/ liofilização: a preservação de tecidos, plasma ou soro dessecando-os por congelamento a vácuo. Usa-se também **lyophilization**.

lyophilise /laɪ'ɒfɪlaɪz/ liofilizar: preservar tecido, plasma ou soro dessecando-os por congelamento a vácuo. Usa-se também **lyophilize**.

lysergic acid diethylamide /laɪˌsɜːdʒɪk ˌæsɪd daɪ'eθɪləmaɪd/ dietilamida do ácido lisérgico: droga potente que produz alucinações e pode causar psicoses. Abreviatura: **LSD**.

lysin /'laɪsɪn/ lisina: **1** uma proteína, presente no sangue, que destrói células e tecidos. **2** uma toxina que produz lise celular.

lysine /'laɪsiːn/ lisina: um aminoácido essencial.

lysis /'laɪsɪs/ lise: **1** dissolução de uma célula pelas lisinas, com destruição da membrana celular. **2** abrandamento gradativo de febre ou dos sintomas de uma doença após um período de tempo. Oposto de **crisis**.

-lysis /lɪsɪs/ -lise: forma combinante relativa aos processos que envolvem dissolução ou destruição. *haemolysis* / hemólise.

lysol /'laɪsɒl/ lisol: um desinfetante forte, feito com ácido cresílico e sabão.

lysosome /'laɪsəsəʊm/ lisossoma: partícula ligada ao protoplasma celular, contendo enzimas variadas e agentes bactericidas.

lysozyme /'laɪsəzaɪm/ lisozima: enzima que destrói certas bactérias, e que é encontrada na clara de ovo e nas lágrimas.

m símbolo de **1 metre**. **2 milli-**.

M símbolo de **mega-**.

MAAG abreviatura de **medical audit advisory group**.

macerate /'mæsəreɪt/ macerar: amolecer alguma coisa por infusão, isto é, embebendo-a em líquido durante algum tempo.

maceration /ˌmæsə'reɪʃ(ə)n/ maceração: o processo de amolecimento de uma substância sólida pela ação de um líquido.

Mackenrodt's ligaments /'mækənrəʊdz ˌlɪgəmənts/ (plural) ligamentos de Mackenrodt. ⇨ **cardinal ligaments**.

Macmillan nurse /mək'mɪlən nɜːs/ enfermeira Macmillan: enfermeira especializada nos cuidados de pacientes com câncer, que trabalha para a organização Macmillan Cancer Relief.

macro- /mækrəʊ/ macr(o)-: grande. Oposto de **micro-**.

macrobiotic /ˌmækrəʊbaɪ'ɒtɪk/ macrobiótico: relativo ao regime alimentar cuja comida não contém aditivos nem conservantes. Observação: as dietas macrobióticas geralmente são vegetarianas e exigem um preparo especial. Consistem de feijões, farinha não-refinada, frutas e vegetais. Elas talvez não tenham proteínas suficientes ou oligoelementos, principalmente para atender às necessidades infantis.

macrocephaly /ˌmækrəʊ'kefli/ macrocefalia: condição caracterizada pelo tamanho exageradamente grande da cabeça.

macrocheilia /ˌmækrəʊ'kaɪlɪə/ macroquilia: condição em que os lábios são muito aumentados.

macrocyte /'mækrəʊsaɪt/ macrócito: um eritrócito exageradamente grande, observado em pessoas com anemia perniciosa.

macrocythaemia /ˌmækrəʊsaɪ'θiːmɪə/ macrocitemia. ⇨ **macrocytosis**.

macrocytic /ˌmækrəʊ'sɪtɪk/ macrocítico: relativo a macrócitos.

macrocytic anaemia /ˌmækrəʊsɪtɪk ə'niːmɪə/ anemia macrocítica: anemia caracterizada pela presença de quantidade exageradamente grande de macrócitos no sangue.

macrocytosis /ˌmækrəʊsaɪ'təʊsɪs/ macrocito-

se: presença de grande número de macrócitos no sangue. ☑ **macrocythaemia**.

macrodactyly /ˌmækrəʊ'dæktɪlɪ/ macrodactilia: crescimento excessivo de um ou de vários dedos.

macrogenitosoma /ˌmækrəʊˌdʒenɪtə'səʊmə/ macrogenitosemia: precocidade do crescimento físico, com desenvolvimento anormal dos órgãos genitais.

macroglobulin /ˌmækrəʊ'glɒbjʊlɪn/ macroglobulina: globulina plasmática de peso molecular muito elevado, que atua como um anticorpo.

macroglossia /ˌmækrəʊ'glɒsɪə/ macroglossia: aumento excessivo da língua.

macrognathia /ˌmækrəʊ'neɪθɪə/ macrognatia: diz-se do aumento exagerado do maxilar inferior.

macrolide drug /'mækrəlaɪd drʌg/ droga macrolídea: agente usado no tratamento de infecções bacterianas, freqüentemente em substituição à penicilina, em pessoas alérgicas a esta droga. Nota: as drogas macrolídeas têm nomes que terminam em **-omycin**: **erythromycin**.

macromastia /ˌmækrəʊ'mæstɪə/ macromastia: desenvolvimento excessivo das mamas.

macromelia /ˌmækrəʊ'miːlɪə/ macromelia: condição caracterizada pelo desenvolvimento excessivo de um ou mais membros.

macronutrient /'mækrəʊˌnjuːtrɪənt/ macronutriente: substância da qual o organismo necessita grandes quantidades para o seu crescimento e desenvolvimento normais, por exemplo, nitrogênio, carbono ou potássio. Compare com **micronutrient**.

macrophage /'mækrəʊfeɪdʒ/ macrófago: qualquer célula grande com atividade antiinflamatória, encontrada no tecido conjuntivo, em ferimentos, linfonodos e outras partes do corpo.

macropsia /mæ'krɒpsɪə/ macropsia: fenômeno no qual a pessoa acredita serem os objetos maiores do que realmente são, causado por um desenvolvimento anormal da retina.

macroscopic /ˌmækrəʊ'skɒpɪk/ macroscópico: cujo tamanho é visível a olho nu.

macrossomia /ˌmækrəʊ'səʊmɪə/ macrossomia: crescimento excessivo do corpo.

M

macrostomia /ˌmækrəʊ'stəʊmiə/ macrostomia: tamanho exageradamente grande da boca,
uniteral ou bilateral, devido à anomalia na fusão
dos ossos maxilares superior e inferior.

macula /'mækjʊlə/ mácula; mancha: **1** ⇨ **macule**. **2** pequena área pigmentada, por exemplo, a
mácula lútea. **3** área de células pilosas dentro do
utrículo ou sáculo, no ouvido. Plural: **maculae**.

macula lutea /ˌmækjʊlə 'luːtiə/ mácula da retina; mácula lútea: mancha amarela na retina,
circundando a fóvea central, local de melhor absorção dos raios luminosos. ☑ **yellow spot**.

macular /'mækjʊlə/ macular: relativo à mácula.

macular degeneration /ˌmækjʊlə dɪˌdʒenə
'reɪʃ(ə)n/ degeneração macular: distúrbio ocular
degenerativo que ocorre em pessoas idosas, com
extravasamento de líquido na retina, destruindo
as células cônicas e os bastonetes e reduzindo a
visão central.

macular oedema /ˌmækjʊlə ɪ'diːmə/ edema
macular: distúrbio visual caracterizado por acúmulo de líquido na fóvea.

macule /'mækjuːl/ mácula: pequena mancha
não-elevada e pigmentada na pele. ☑ **macula**.
Compare com **papule**.

maculopapular /mækjʊləʊ'pæpjʊlə/ maculopapular: constituído tanto de máculas quanto de
pápulas. **maculopapular rash**: erupção maculopapular.

mad cow disease /məˌd 'kaʊ dɪ'ziːz/ (informal) doença da vaca louca. ⇨ **bovine spongiform encephalopathy**.

Madura foot /məˌdjʊərə 'fʊt/ pé de Madura. ⇨
maduromycosis.

maduromycetoma /məˌdjʊərəʊˌmaɪsə'təʊmə/
maduromicetoma. ⇨ **maduromycosis**.

maduromycosis /məˌdjʊərəʊmaɪ'kəʊsɪs/madu-
romicose: infecção tropical causada por fungos,
que geralmente ataca os pés, destruindo os tecidos e infeccionando os ossos. ☑ **maduromycetoma; Madura foot; mycetoma**.

Magendie's foramen /məˌdʒendɪz fə'reɪmən/
forame de Magendie: uma abertura no quarto
ventrículo cerebral, que permite o fluxo do líquido cérebro-espinhal. (Descrita em 1828 por
François Magendie [1783–1855], médico e fisiologista francês.)

magna /'mægnə/ magna. Veja **cisterna magna**.

magnesium /mæg'niːziəm/ magnésio: elemento químico encontrado nos vegetais verdes e que
é muito importante, principalmente para o bom
funcionamento dos músculos. Símbolo químico:
Mg.

magnesium sulphate /mægˌniːziəm 'sʌlfeɪt/
sulfato de magnésio: sal de magnésio usado
como laxante. ☑ **Epsom salts**.

magnesium trisilicate /mægˌniːziəm traɪ'sɪlɪ
kət/ trissilicato de magnésio: um composto do
magnésio, usado no tratamento de úlceras pépticas.

magnetic /mæg'netɪk/ magnético: capaz de
atrair objetos, como um magneto ou ímã.

magnetic field /mægˌnetɪk 'fiːld/ campo magnético: área em torno de um objeto, que se encontra sob a influência da força magnética exercida pelo objeto.

magnetic resonance imaging /mægˌnetɪk 're
zənəns ˌɪmɪdʒɪŋ/ imagem de ressonância magnética: técnica de varredura para diagnóstico
médico, na qual o corpo do paciente é exposto a
um campo magnético, usando sinais eletromagnéticos emitidos pelo corpo. Abreviatura: **MRI**.
O exame de Ressonância Magnética é um método de diagnóstico por imagem que não utiliza radiação e permite retratar imagens de alta definição dos órgãos de seu corpo. O equipamento que
realiza o exame trabalha com campo magnético.

magnum /'mægnəm/ magno. Veja **foramen
magnum**.

maim /meɪm/ mutilar: incapacitar alguém por
meio de lesão.

main bronchi /meɪn 'brɒŋki:/ (plural) brônquios principais: os dois principais condutos
aéreos que se ramificam da traquéia para a parte
exterior do pulmão. Também chamados de **primary bronchi**.

major /'meɪdʒə/ maior; grave; principal: **1** importante ou grave. **2** mais importante ou grave
do que outras coisas do mesmo tipo. *The operation was a major one*. / Foi uma cirurgia grave.
Oposto de **minor**.

major surgery /ˌmeɪdʒə 'sɜːdʒəri/ grande cirurgia: operações cirúrgicas que envolvem importantes órgãos do corpo. Compare com **minor
surgery**.

mal /mæl/ mal: distúrbio ou doença.

mal- /mæl/ mal-: ruim ou incomum.

malabsorption /ˌmæləb'sɔːpʃən/ má-absorção:
situação na qual os intestinos são incapazes de
absorver os líquidos e nutrientes de maneira
correta.

malabsorption syndrome /ˌmæləb'sɔːpʃən
ˌsɪndrəʊm/ síndrome da má-absorção: estado
caracterizado por sintomas, tais como destruni-
ção, edema e dermatite, que resultam de estator-
réia e absorção ineficaz de vitaminas, proteínas,
carboidratos e água.

malacia /mə'leɪʃə/ malacia: amolecimento patológico de um órgão ou tecido.

maladjusted /ˌmælə'dʒʌstɪd/ desajustado: relativo à pessoa com dificuldade de enfrentar os
problemas do dia-a-dia, sejam eles familiares ou
sociais.

maladjustment /ˌmælə'dʒʌstmənt/ desajuste:
incapacidade de enfrentar os problemas familiares ou sociais.

malaise /mə'leɪz/ mal-estar: uma sensação de
desconforto.

malaligned /ˌmælə'laɪnd/ mal-alinhado: que
não está na posição correta em relação às outras
partes do corpo.

malalignment /ˌmælə'laɪnmənt/ mal-alinhamento: condição na qual alguma coisa está mal
alinhada, principalmente um dente que não está
na posição correta no arco dentário.

malar /'meɪlə/ malar: relativo aos ossos da bochecha.

malar bone /'meɪlə bəʊn/ osso malar. ⇨ **cheekbone; zygomatic bone.**

malaria /mə'leəriə/ malária: a mais grave das doenças tropicais transmissíveis, causada pelo parasita *Plasmodium*, que penetra no organismo após a picada de fêmeas de mosquitos de diversas variedades de *Anopheles*. Observação: a malária é uma doença recorrente. Causa dor de cabeça, calafrios, vômitos, suores abundantes e, algumas vezes, alucinações provocadas por toxinas do parasita *Plasmodium* no sangue.

malarial /mə'leəriəl/ malárico: relativo à malária.

malarial parasite /mə,leəriəl 'pærəsaɪt/ parasita malárico: parasita que penetra na corrente sanguínea humana pela picada de fêmeas de mosquitos de diversas variedades de *Anopheles*.

malarial therapy /mə'leəriə ,θerəpi/ terapia malárica: tratamento no qual a pessoa é inoculada com um tipo de malária, pois acredita-se que a conseqüente ocorrência de febre alta pode estimular o sistema imune a lutar contra doenças graves, tais como sífilis e HIV.

male menopause /meɪl 'menəpɔ:z/ (informal) andropausa: período no qual homens de meia-idade sentem-se inseguros e ansiosos sobre o fato de que seu poder físico está declinando.

male or female /,meɪl ,ɔ ,fiːmeɪl/ homem ou mulher. Abreviatura: **MOF.**

male sex hormone /,meɪl 'seks ,hɔːməʊn/ hormônio sexual masculino. ⇨ **testosterone.**

male sex organs /,meɪl 'seks ,ɔːgənz/ (plural) órgãos genitais masculinos: os testículos, epidídimos, ductos deferentes, vesículas seminais, ductos ejaculatórios e pênis.

malformation /,mælfɔː'meɪʃ(ə)n/ má-formação: alteração anormal na forma, estrutura ou desenvolvimento de um órgão ou região do corpo.

malformed /mæl'fɔːmd/ malformado: que apresenta uma anomalia na sua forma, estrutura ou desenvolvimento.

malfunction /mæl'fʌŋkʃən/ **1** disfunção; mau funcionamento: situação em que um órgão específico não trabalha da maneira habitual. *Her loss of consciousness was due to a malfunction of the kidneys* or *to a kidney malfunction.* / A perda de consciência que ela teve foi devida a uma disfunção renal. **2** funcionar mal: não funcionar corretamente. *During the operation his heart began to malfunction.* / Durante a cirurgia, o coração dele começou a funcionar mal.

malignancy /mə'lɪgnənsi/ malignidade: **1** o estado de ser maligno. *The tests confirmed the malignancy of the growth.* / Os testes confirmaram a malignidade do tumor. **2** um tumor canceroso. Plural: **malignancies.**

malignant /mə'lɪgnənt/ maligno: que pode causar a morte ou graves incapacidades, se não for tratado corretamente.

malignant hypertension /mə,lɪgnənt ,haɪpə'tenʃən/ hipertensão maligna: uma forma grave de hipertensão.

malignant melanoma /mə,lɪgnənt ,melə'nəʊmə/ melanoma maligno: tumor escuro que se desenvolve na pele, causado por exposição ao sol muito forte.

malignant pustule /mə,lɪgnənt 'pʌstjuːl/ pústula maligna: vesículas purulentas que resultam da infecção dos tecidos cutâneos com antraz.

malignant tumour /mə,lɪgnənt 'tjuːmə/ tumor maligno: tumor canceroso, que pode se disseminar para outras partes do corpo, mesmo se extirpado cirurgicamente, e que pode apresentar reincidência. Oposto de **benign tumour.**

malingerer /mə'lɪŋgərə/ simulador: pessoa que finge estar doente.

malingering /mə'lɪŋgərɪŋ/ simulação: o ato de fingir uma doença ou incapacidade.

malleolar /mə'liːələ/ maleolar: relativo a um maléolo.

malleolus /mə'liːələs/ maléolo: uma das duas tuberosidades ósseas de cada lado do tornozelo. Plural: **malleoli.**

mallet finger /,mælɪt 'fɪŋgə/ dedo em martelo: dedo com uma flexão permanente, por causa de ruptura do tendão na articulação interfalangiana distal.

malleus /'mæliəs/ martelo: o maior dos três ossículos do ouvido interno, cuja forma se assemelha a um martelo. ☑ **hammer.** Veja ilustração em **Ear,** no Apêndice.

Mallory bodies /'mæləri ,bɒdiz/ (plural) corpúsculos de Mallory: grandes acúmulos de massa no citoplasma de células hepáticas lesadas, freqüentemente associados a doenças devidas ao alcoolismo.

Mallory's stain /'mæləriz steɪn/ corante de Mallory: coloração tricrômica usada em histologia para identificação de tecidos conjuntivos (fibrilas de colágeno, citoplasma e núcleos).

Mallory-Weiss syndrome /'mæləri 'vaɪs ,sɪndrəʊm/ síndrome de Mallory-Weiss: condição caracterizada pela laceração da mucosa da extremidade inferior do esôfago; é causada, por exemplo, por esforço físico devido a vômitos. ☑ **Mallory-Weiss tear.** (Descrita em 1929 por G. Kenneth Mallory [nascido em 1900], professor de patologia da Boston University, EUA; e Konrad Weiss [1898–1942], médico norte-americano.)

Mallory-Weiss tear /,mæləri 'vaɪs tɪə/ laceração de Mallory-Weiss. ⇨ **Mallory-Weiss syndrome.**

malnourished /mæl'nʌrɪʃt/ desnutrido: que não tem o suficiente para se alimentar ou cuja dieta é pobre, ocasionando várias doenças.

malnutrition /,mælnjuːˈtrɪʃ(ə)n/ desnutrição: **1** falta de alimentos, ou de uma dieta rica, ocasionando várias doenças. **2** o estado de não ter o suficiente para comer.

malocclusion /,mælə'kluːʒ(ə)n/ má oclusão: condição caracterizada pelo desvio no contato dos dentes das arcadas superior e inferior.

M

malodorous /mæl'əʊdərəs/ fétido; malcheiroso: que tem cheiro forte e desagradável.

Malpighian body /mæl'pɪgiən ˌbɒdi/ corpúsculos de Malpighi. Também chamados de **Malpighian corpuscle**. ⇨ **renal corpuscle**. (Descritos em 1666 por Marcello Malpighi [1628–1694], anatomista e fisiologista em Roma e Bolonha, Itália.)

Malpighian corpuscle /mæl'pɪgiən 'kɔːpʌs(ə)l/ corpúsculos de Malpighi. ⇨ **Malpighian body**.

Malpighian glomerulus /mæl,pɪgiən glɒ'me ruləs/ glomérulos de Malpighi. ⇨ **Bowman's capsule**.

Malpighian layer /mæl'pɪgiən ˌleɪə/ camada de Malpighi: a camada mais profunda da epiderme.

malposition /ˌmælpə'zɪʃ(ə)n/ má posição: posição anormal ou defeituosa de algo, como o feto no útero ou um osso fraturado.

malpractice /mæl'præktɪs/ má prática; imperícia: **1** comportamento ilegal, antiético, negligente ou imoral de qualquer pessoa, principalmente um profissional da saúde. *The surgeon was found guilty of malpractice.* / O cirurgião foi considerado culpado de imperícia. **2** tratamento equivocado de um paciente, pelo qual o profissional da saúde pode ser declarado culpado por um tribunal.

malpresentation /ˌmælprez(ə)n'teɪʃ(ə)n/ má apresentação: posição anormal do feto no útero, no momento do parto.

Malta fever /'mɔːltə ˌfiːvə/ febre de Malta. ⇨ **brucellosis**.

maltase /'mɔːlteɪz/ maltase: enzima presente no intestino delgado, que converte maltose em glicose.

maltose /'mɔːltəʊs/ maltose: açúcar formado na hidrólise do amido ou glicogênio.

malunion /mæl'juːnjən/ má união: união defeituosa ou incompleta das partes de um osso fraturado. Veja também **union**.

mamilla /mə'mɪlə/ mamilo. ⇨ **mammilla**.

mamillary /'mæmɪlri/ mamilar. ⇨ **mammillary**.

mamm- ⇨ **mammo-**.

mamma /'mæmə/ mama. ⇨ **breast**. Plural: **mammae**.

mammary /'mæməri/ mamário: relativo à mama.

mammary gland /'mæməri glænd/ glândulas mamárias: glândulas de secreção láctea nas mulheres.

mammilla /mə'mɪlə/ mamilo: pequena elevação no centro da mama, que contém os ductos lactíferos. Usa-se também **mamilla**. ☑ **nipple**.

mammillary /'mæmɪl(ə)ri/ mamilar: relativo a um mamilo. Usa-se também **mamillary**.

mammillary body /ˌmæmɪl(ə)ri 'bɒdi/ corpo mamilar: uma das duas pequenas saliências na base do hipotálamo.

mammo- mam(i)-: relativo à mama. Nota: antes de vogais usa-se **mamm-**.

mammogram /'mæməgræm/ mamograma: imagem das mamas obtida por meio de uma técnica especial de raios X.

mammography /mæ'mɒgrəfi/ mamografia: exame das mamas por meio de uma técnica especial de raios X.

> ...*mammography is the most effective technique available for the detection of occult (non-palpable) breast cancer. It has been estimated that mammography can detect a carcinoma two years before it becomes palpable.* / "...a mamografia é a técnica disponível mais eficaz para a detecção de câncer de mama oculto (não palpável). Estima-se que a mamografia possa detectar um carcinoma dois anos antes que ele se torne palpável." (*Southern Medical Journal*)

mammoplasty /'mæməplæsti/ mamoplastia: cirurgia plástica das mamas, a fim de alterar sua forma ou tamanho.

mammothermography /ˌmæməʊθɜː'mɒgrə fi/ mamotermografia: termografia de uma mama.

manage /'mænɪdʒ/ administrar; controlar; conseguir: **1** estar no comando ou controle de alguma coisa. *She manages the ward very efficiently.* / Ela administra a enfermaria de forma muito eficiente. *Bleeding can usually be managed, but sometimes an operation may be necessary.* / Sangramentos normalmente podem ser controlados, mas algumas vezes torna-se necessária uma cirurgia. **2** ser capaz de fazer algo, ou de ser bem-sucedido ao fazê-lo. *Did you manage to phone the doctor?* / Você conseguiu telefonar para o médico? *Can she manage to feed herself?* / Ela consegue se alimentar sozinha?

management /'mænɪdʒmənt/ administração; direção; controle: **1** a administração ou direção de uma organização, tal como um hospital, clínica ou departamento (público) de saúde. **2** o controle de diferentes tratamentos médicos de um paciente.

manager /'mænɪdʒə/ gerente; diretor; administrador: pessoa responsável por um departamento (público) de saúde ou grupo de hospitais.

Manchester operation /'mæntʃɪstər ɒpəˌre ɪʃ(ə)n/ operação de Manchester: cirurgia para corrigir o prolapso do útero, com extirpação da porção vaginal do colo.

mandible /'mændɪb(ə)l/ mandíbula: o osso da parte inferior da mandíbula. ☑ **lower jaw**. Observação: a mandíbula é formada por dois ossos: o maxilar, com partes fixadas ao crânio; e a mandíbula inferior, ligada ao crânio por um eixo de dobradiça, o que lhe permite articular-se para cima e para baixo.

mandibular /mæn'dɪbjʊlə/ mandibular; submaxilar: relativo à mandíbula inferior.

mandibular fossae /mænˌdɪbjʊlə 'fɒsi/ (plural) fossas mandibulares: depressão no osso temporal na qual se encaixa o côndilo da mandíbula inferior.

mandibular nerve /ˌmænˈdɪbjʊlə nɜːv/ nervo mandibular: fibras sensoriais que nutrem os dentes da mandíbula inferior, a têmpora, o assoalho da boca e a parte posterior da língua.

mane /ˈmeɪni/ (prescrições médicas) durante o dia. Oposto de **nocte**.

> ...he was diagnosed as having diabetes mellitus at age 14, and was successfully controlled on insulin 15 units mane and 10 units nocte. / "...ele recebeu o diagnóstico de diabetes melito aos catorze anos de idade, e a doença foi controlada com sucesso, com quinze aplicações de insulina ao dia e dez aplicações à noite." (*British Journal of Hospital Medicine*)

manganese /ˈmæŋɡəniːz/ manganês: elemento metálico traçador. Símbolo químico: **Mn**.

mania /ˈmeɪniə/ mania: um estado do distúrbio bipolar caracterizado por excitação, grandiosidade quanto às próprias capacidades e aumento da atividade motora.

-mania /meɪniə/ -mania: obsessão por alguma coisa.

maniac /ˈmeɪniæk/ maníaco: indivíduo cujo comportamento é incontrolável ou obsessivo. Nota: o termo é considerado ofensivo.

manic /ˈmænɪk/ maníaco: relativo à mania.

manic depression /ˌmænɪk dɪˈpreʃ(ə)n/ depressão maníaca. ⇨ **bipolar disorder**.

manic-depressive /ˌmænɪk dɪˈpresɪv/ maníaco-depressivo: **1** relativo ao distúrbio bipolar. **2** indivíduo que apresenta distúrbio bipolar.

manic-depressive illness /ˌmænɪk dɪˈpresɪv ˌɪlnəs/ psicose maníaco-depressiva. ☑ **manic-depressive psychosis**. ⇨ **bipolar disorder**.

manic-depressive psychosis /ˌmænɪk dɪˈpresɪv saɪˈkəʊsɪs/ psicose maníaco-depressiva. ⇨ **manic-depressive illness**.

manifestation /ˌmænɪfeˈsteɪʃ(ə)n/ manifestação: sinal, indicação ou sintoma de uma doença.

> ...the reason for this susceptibility is a profound abnormality of the immune system in children with sickle cell disease. The major manifestations of pneumococcal infection in SCD are septicaemia, meningitis and pneumonia. / "...a razão para essa susceptibilidade é uma profunda anomalia do sistema imunológico de crianças com doença da célula falciforme. As principais manifestações na doença da célula falciforme (SCD = *sickle cell disease*) são septicemia, meningite e pneumonia." (*Lancet*)

manikin /ˈmænɪkɪn/ manequim: um modelo do corpo, geralmente com partes móveis, usado em aulas de anatomia.

manipulate /məˈnɪpjʊˌleɪt/ manipular: friccionar ou tratar uma parte do corpo com as mãos, por exemplo, uma articulação, um deslocamento de disco intervertebral ou uma hérnia.

manipulation /məˌnɪpjuˈleɪʃ(ə)n/ manipulação: forma de tratamento que consiste na fricção

ou no tratamento hábil com as mãos, por exemplo, um distúrbio articular.

manner /ˈmænə/ modo; maneira: modo de fazer alguma coisa, ou de se comportar. *He was behaving in a strange manner.* / Ele estava se comportando de maneira estranha. Veja também **bedside manner**.

mannitol /ˈmænɪtɒl/ manitol: droga utilizada por via intravenosa como diurético e no tratamento de edema cerebral.

manometer /məˈnɒmɪtə/ manômetro: instrumento utilizado para medir a pressão de líquidos ou a diferença de pressão entre dois fluidos.

manometry /məˈnɒmɪtri/ manometria: a medida da pressão de um órgão contendo gases ou líquidos, por exemplo, o esôfago ou partes do cérebro.

Mantoux test /mæntuː test/ teste de Mantoux: teste para detecção de tuberculose, por meio de injeção intracutânea de tuberculina. Veja também **Heaf test**. (Descrito em 1908 por Charles Mantoux [1877–1947], médico francês.)

manual /ˈmænjuəl/ manual: feito com as mãos.

manual examination /ˌmænjuəl ɪɡˌzæmɪˈneɪʃ(ə)n/ exame manual: exame que é feito usando-se as mãos.

manubrium /məˈnuːbriəm/ manúbrio: parte de um osso que se assemelha a um cabo, por exemplo, o martelo, no ouvido interno.

manubrium sterni /məˌnuːbriəm ˈstɜːnaɪ/ manúbrio esternal: a parte superior do esterno.

MAO abreviatura de **monoamine oxidase**.

MAOI abreviatura de **monoamine oxidase inhibitor**.

MAO inhibitor /ˌem eɪ ˈəʊ ɪnˌhɪbɪtə/ inibidor da MAO. ⇨ **monoamine oxidase inhibitor**.

maple syrup urine disease /ˌmeɪp(ə)l ˌsɪrəp ˈjʊərɪn dɪˌziːz/ doença da urina em xarope de bordo: doença hereditária causada pela falta de uma enzima específica, envolvida no catabolismo dos aminoácidos. A urina possui um odor semelhante ao do xarope de bordo. Pode ser fatal, se não for tratada.

marasmus /məˈræzməs/ marasmo: doença que provoca definhamento e afeta crianças pequenas desnutridas ou com dificuldade na absorção de nutrientes. ☑ **failure to thrive**.

marble bone disease /ˌmɑːb(ə)l ˈbəʊn dɪˌziːz/ doença do osso marmóreo. ⇨ **osteopetrosis**.

Marburg disease /ˈmɑːbɜːg dɪˌziːz/ doença de Marburg: doença infecciosa grave, causada pelo vírus Marburg, caracterizada por febre alta, hemorragia e, freqüentemente, morte. ☑ **Marburg virus disease; green monkey disease**. Observação: a doença é transmitida ao homem pelos macacos-verdes e, uma vez que estes são usados em experiências de laboratório, a doença afeta principalmente pessoas envolvidas com esse trabalho.

Marburg virus disease /ˈmɑːbɜːg ˌvaɪrəs dɪˌziːz/ doença do vírus de Marburg. ⇨ **Marburg disease**.

M

march fracture /mɑːtʃ 'fræktʃə/ fratura de marcha: fratura de um dos ossos metatarsianos, causada por exercícios excessivos, aos quais o corpo não está acostumado.

Marfan's syndrome /'mɑːfɑːnz ‚sɪndrəum/ síndrome de Marfan; doença de Marfan: síndrome hereditária caracterizada pelo comprimento excessivo dos dedos das mãos e pés, distúrbios cardiovasculares (principalmente aneurisma da aorta), e subluxação do cristalino. Usa-se também **Marfan syndrome**. (Descrita em 1896 por Bernard Jean Antonin Marfan [1858–1942], pediatra francês.)

marijuana /‚mæri'wɑːnə/ marijuana. ⇨ **cannabis**.

mark /mɑːk/ **1** marca; sinal: mancha ou pequena área de cor diferente na superfície cutânea. *There's a red mark where you hit your head.* / Há um sinal vermelho onde você bateu a cabeça. *The rash has left marks on the chest and back.* / A erupção cutânea deixou marcas no tórax e nas costas. **2** marcar; assinalar: fazer marca em alguma coisa. ◊ **the door is marked 'Supervisor'**: a porta está assinalada com a palavra "Supervisor" (a palavra "Supervisor" está escrita na porta).

marked /mɑːkt/ marcado; pronunciado: óbvio ou perceptível. *There has been a marked improvement in his condition.* / Houve uma melhora pronunciada nas condições dele.

marker /'mɑːkə/ marcador: **1** alguma coisa que identifica ou que é usada para identificar algo. **2** uma substância injetada no organismo para permitir a visualização de estruturas internas, como em exames de raios X.

marrow /'mærəu/ medula: tecido mole que preenche os ossos esponjosos. Em animais jovens, a medula vermelha está envolvida na formação de células sanguíneas, enquanto nos adultos torna-se progressivamente gordurosa, sendo conhecida como medula amarela. ☑ **bone marrow**.

marsupialisation /mɑː‚suːpiəlaɪ'zeɪʃ(ə)n/ marsupialização: procedimento cirúrgico que consiste na exposição de um cisto que não pode ser removido, ressecando-se a sua parede interior e suturando-se os bordos, estabelecendo assim uma bolsa. Usa-se também **marsupialization**.

masculinisation /‚mæskjulɪnaɪ'zeɪʃ(ə)n/ masculinização: o desenvolvimento de características masculinas, tais como pêlos faciais e voz grossa, em mulheres. É causada por deficiência hormonal ou tratamento com hormônios masculinos. Usa-se também **masculinization**.

mask /mɑːsk/ máscara: **1** dispositivo de metal ou borracha adaptado à boca e ao nariz, destinado à administração de anestesia. **2** bandagem de gaze adaptada à boca e ao nariz, para evitar infecção por gotículas de saliva. **3** peça que cobre o rosto desfigurado em um acidente.

masked /mɑːskt/ mascarado; oculto; escondido: termo usado para descrever doenças que, embora instaladas no organismo, não são perceptíveis.

Maslow's hierarchy of human needs /‚mæz ləuz ‚haɪrɑːki əv ‚hjuːmən 'niːdz/ hierarquia de Maslow: sistema que explica o comportamento humano pela classificação das necessidades humanas em ordem de prioridade, das necessidades básicas, tais como comer, às mais complexas, tais como auto-realização e amor-próprio.

masochism /'mæsəkɪz(ə)m/ masoquismo: perversão dos sentidos, na qual a pessoa só sente prazer sexual mediante sevícias ou insultos. Compare com **sadism**.

masochist /'mæsəkɪst/ masoquista: pessoa que sofre de masoquismo.

masochistic /‚mæsə'kɪstɪk/ masoquista: relativo ao masoquismo.

mass /mæs/ massa: **1** uma grande quantidade, por exemplo, um grande número de pessoas. *The patient's back was covered with a mass of red spots.* / As costas do paciente estavam cobertas com uma massa de manchas vermelhas. **2** um corpo sem forma definida. **3** (farmacologia) preparação contendo um agente medicinal para ser transformado em pílulas. **4** a parte sólida principal de um osso.

massage /'mæsɑːʒ/ **1** massagem: método de tratamento que envolve a manipulação do corpo com as mãos por meio de fricções, compressões e pancadas leves. **2** massagear: friccionar, aplicar pequenos golpes, ou pressionar os músculos com as mãos.

masseter /mæ'siːtə/ masseter: músculo que vai da arcada zigomática à mandíbula inferior, e que permite a mastigação. ☑ **masseter muscle**.

masseter muscle /mæ'siːtə ‚mʌs(ə)l/ músculo masseter. ⇨ **masseter**.

massive /'mæsɪv/ maciço; enorme; gravíssimo: muito grande. *He was given a massive injection of penicillin.* / Ele recebeu uma injeção enorme de penicilina. *She had a massive heart attack.* / Ela teve um ataque cardíaco gravíssimo.

mass radiography /‚mæs ‚reɪdi'ɒgrəfi/ radiografia em massa: exame de grandes grupos da população por meio de raios X, para detecção de tuberculose.

mass screening /‚mæs 'skriːnɪŋ/ triagem em massa: triagem disponível para grandes grupos da população, para detecção de qualquer doença.

mast- /mæst/ ⇨ **masto-**.

mastalgia /mæ'stældʒə/ mastalgia: dor na mama.

mastatrophy /mæ'stætrəfi/ mastatrofia: atrofia das mamas.

mast cell /'mæst sel/ mastócito: grande célula do tecido conjuntivo, que secreta heparina e reage aos agentes alergênicos.

mastectomy /mæ'stektəmi/ mastectomia: remoção cirúrgica de uma mama.

masticate /'mæstɪkeɪt/ mastigar: mastigar os alimentos.

mastication /‚mæstɪ'keɪʃ(ə)n/ mastigação: o ato de mastigar os alimentos.

mastitis /mæ'staɪtɪs/ mastite: inflamação da mama.

masto- /'mæstə/ referente à mama, seio. Nota: antes de vogais usa-se **mast-**

mastoid /'mæstɔɪd/ mastóide; mastoídeo: **1** cuja forma se assemelha a um mamilo. **2** referente à saliência cônica do osso temporal, na qual se insere o músculo esternoclidomastóideo. **3** ⇨ **mastoid process.**

mastoid air cell /ˌmæstɔɪd 'eə sel/ célula aérea mastóide: célula aérea presente no processo mastóide do osso temporal. ☑ **mastoid cell.**

mastoid cell /ˌmæstɔɪd sel/ célula mastóide. ⇨ **mastoid air cell.**

mastoid antrum /ˌmæstɔɪd 'æntrəm/ antro mastóideo: cavidade, no osso temporal, que se comunica com as células aéreas do processo mastóide e o ouvido médio.

mastoid bone /'mæstɔɪd bəʊn/ osso mastóide. ⇨ **mastoid process.**

mastoidectomy /ˌmæstɔɪ'dektəmi/ mastoidectomia: cirurgia que consiste na remoção de parte do processo mastóide, e que é realizada no tratamento da mastoidite.

mastoiditis /ˌmæstɔɪ'daɪtɪs/ mastoidite: inflamação do processo mastóide e das células aéreas. Os sintomas são febre e dor de ouvido. Observação: o processo mastóide pode se inflamar por causa de infecção do ouvido médio através do antro mastóideo. A mastoidite pode causar surdez e afetar as meninges, se não for tratada.

mastoidotomy /ˌmæstɔɪ'dɒtəmi/ mastoidotomia: incisão cirúrgica do processo mastóide para tratamento de uma infecção.

mastoid process /ˌmæstɔɪd 'prəʊses/ processo mastóide: a parte do osso temporal que apresenta uma projeção em forma de mamilo. ☑ **mastoid;** **mastoid bone.**

masturbate /'mæstəbeɪt/ masturbar: estimular os próprios órgãos genitais para, desse modo, alcançar um orgasmo.

masturbation /ˌmæstə'beɪʃ(ə)n/ masturbação: estimulação dos próprios órgãos genitais, a fim de alcançar um orgasmo. ☑ **onanism.**

match /mætʃ/ combinar (com); corresponder; equiparar(-se): **1** examinar duas coisas para ver se são semelhantes ou encaixam-se. *They are trying to match the donor to the recipient.* / Estão tentando fazer com que o doador combine com o receptor. **2** ajustar duas coisas de uma determinada maneira. *The two samples don't match.* / As duas amostras não combinam entre si.

...bone marrow from donors has to be carefully matched with the recipient or graft-versus-host disease will ensue. / "...é preciso uma análise cuidadosa para que a medula óssea do doador corresponda à do receptor, ou o resultado será a doença de enxerto versus hospedeiro." (*Hospital Update*)

mater /'meɪtə/ máter. Veja **dura mater; pia.**

material /mə'tɪəriəl/ material: **1** matéria ou substância que compõe algo. **2** tecido. *The wound should be covered with gauze or other light material.* / A ferida deve ser coberta com gaze

ou outro tecido leve. **3** instrumentos e materiais necessários para a realização de uma cirurgia.

materia medica /məˌtɪəriə 'medɪkə/ matéria médica: estudo das drogas ou dosagens empregadas em tratamentos terapêuticos. Nota: o termo vem do latim, e significa "substância médica".

maternal /mə'tɜːn(ə)l/ materno; maternal: relativo a mãe.

maternal death /məˌtɜːn(ə)l 'deθ/ morte materna: morte de uma mulher durante a gravidez, parto ou até doze meses após o parto.

maternal deprivation /məˌtɜːn(ə)l ˌdeprɪ'veɪʃ(ə)n/ privação materna: condição psicológica resultante da perda da mãe ou da falta de cuidados apropriados.

maternal dystocia /məˌtɜːn(ə)l dɪs'təʊsiə/ distocia materna: parto difícil devido a uma condição que é inerente à mãe.

maternal instincts /məˌtɜːn(ə)l 'ɪnstɪŋkts/ (plural) instintos maternos: na mulher, sentimentos instintivos de cuidar do filho e de protegê-lo.

maternity /mə'tɜːnɪti/ maternidade: o parto; o fato de se tornar mãe. Compare com **paternity** (acepção 1).

maternity case /mə'tɜːnɪti keɪs/ parturiente: uma mulher que está pronta para dar à luz uma criança.

maternity clinic /mə'tɜːnɪti ˌklɪnɪk/ clínica antenatal. ⇨ **antenatal clinic.**

maternity hospital /mə'tɜːnɪti ˌhɒspɪt(ə)l/ maternidade: um hospital, enfermaria ou unidade apenas para parturientes. ☑ **maternity ward;** **maternity unit.**

maternity unit /mə'tɜːnɪti ju:nɪt/ maternidade. ⇨ **maternity hospital.**

maternity ward /mə'tɜːnɪti wɔːd/ maternidade. ⇨ **maternity hospital.**

matrix /'meɪtrɪks/ matriz: massa amorfa de células que formam a base do tecido conjuntivo. ☑ **ground substance.**

matron /'meɪtrən/ enfermeira-chefe: título dado antigamente a uma mulher responsável pelas enfermeiras em um hospital. Veja também **modern matron.**

matter /'mætə/ matéria: uma substância.

mattress /'mætrəs/ colchão: coxim muito grande, recheado de substância macia e colocado sobre o estrado da cama, para o repouso do corpo.

mattress suture /'mætrəs ˌsuːtʃə/ sutura de colchoeiro: sutura dupla que forma uma alça em cada lado da incisão.

maturation /ˌmætʃʊ'reɪʃ(ə)n/ maturação: o processo de se tornar maduro ou de alcançar o completo desenvolvimento.

mature /mə'tʃʊə/ maduro; maturo: totalmente desenvolvido.

mature follicle /məˌtʃʊə 'fɒlɪk(ə)l/ folículo maduro: um folículo de De Graaf pronto para a ovulação.

M

maturing /məˈtʃʊərɪŋ/ em amadurecimento: que está se tornando maduro.

maturing egg /məˌtʃʊərɪŋ ˈeg/ ovo em amadurecimento: um óvulo contido por um folículo de De Graaf. ☑ **maturing ovum**.

maturing ovum /məˌtʃʊərɪŋ ˈəʊvəm/ ovo em amadurecimento. ⇨ **maturing egg**.

maturity /məˈtʃʊərɪti/ maturidade: **1** o estado de pleno desenvolvimento. **2** (psicologia) o estado de ser um adulto responsável.

maxilla /mækˈsɪlə/ maxilar; maxilar superior: o osso do maxilar superior. ☑ **maxilla bone** (maxilar superior). Plural: **maxillae**. Nota: é mais correto referir-se à mandíbula superior como **maxilar**; na verdade, ela é formada por dois ossos fundidos.

maxillary /mækˈsɪləri/ maxilar: relativo à maxila ou ao maxilar superior.

maxillary air sinus /mækˌsɪləri eə ˈsaɪnəs/ seio maxilar aéreo. ⇨ **maxillary antrum**.

maxillary antrum /mækˌsɪləri ˈæntrəm/ antro maxilar: uma das duas cavidades aéreas no maxilar superior, que se comunica com o meato médio do nariz. ☑ **maxillary air sinus** e **antrum of Highmore** (antro de Highmore).

maxillo-facial /mækˌsɪləʊˈfeɪʃ(ə)l/ maxilofacial: relativo ao osso maxilar superior e à face. *maxillo-facial surgery* / cirurgia maxilofacial.

MB abreviatura de **bachelor of medicine**.

McBurney's point /məkˌbɜːniz ˈpɔɪnt/ ponto de McBurney: ponto que indica a posição normal do apêndice no lado direito do abdome, entre o osso do quadril e o umbigo, onde a compressão causa dor aguda na apendicite. (Descrito em 1899 por Charles McBurney [1845–1913], cirurgião norte-americano.)

McNaghten's Rules /məkˌnɔːtənz ˈruːlz/ Regras de McNaghten. ⇨ **McNaghten's Rules on Insanity at Law**.

McNaghten's Rules on Insanity at Law /məkˌnɔːtənz ˌruːlz ɒn ɪnˌsænɪti ət ˈlɔː/ (plural) Regras de McNaghten: conjunto de princípios sobre responsabilidade criminal que explicam como as pessoas podem se defender legalmente de um assassinato alegando insanidade, o que, portanto, as exime da responsabilidade por seus atos. Em 1957, foi adaptada para incluir a idéia de que a pessoa, mesmo tendo conhecimento de que aquilo que fazia era errado, agiu sob a influência de sua condição mental. Também chamadas de **McNaghten's Rules**.

MCP joint /ˌem siː ˈpiː ˌdʒɔɪnt/ articulação metacarpofalangiana (MCP joint = *metacarpophalangeal joint*). ⇨ **metacarpophalangeal joint**.

MCU, MCUG abreviatura de **micturating cysto(-urethro)gram**.

MD abreviatura de **doctor of medicine**: doutor em medicina.

ME abreviatura de **myalgic encephalomyelitis**.

meal /miːl/ refeição: o alimento ingerido em um tempo específico.

measles /ˈmiːz(ə)lz/ sarampo: doença infecciosa infantil, marcada por erupções maculopapulares de cor vermelha no corpo. *She's in bed with measles.* / Ela está de cama com sarampo. *He's got measles.* / Ele contraiu sarampo. *They caught measles from their friend at school.* / Eles contraíram sarampo dos amigos na escola. *Have you had the measles?* / Você já teve sarampo? ☑ **morbilli; rubeola**. Nota: o verbo pode ser usado no singular ou plural. Observação: o sarampo pode ser uma doença grave, uma vez que enfraquece o organismo e o deixa susceptível a outras doenças, principalmente bronquite e infecções do ouvido. Pode ser prevenido pela imunização. Em adultos, pode se tornar muito perigoso.

measure /ˈmeʒə/ **1** medida: uma unidade de tamanho, quantidade ou grau. *A metre is a measure of length.* / O metro é uma medida de comprimento. **2** medir: a) determinar o tamanho de algo. *A thermometer measures temperature.* / O termômetro mede a temperatura. b) ser de um determinado tamanho. *The room measures 3 metres by 2 metres.* / O cômodo mede três metros por dois metros.

measurement /ˈmeʒəmənt/ medida; medição: **1** tamanho, comprimento etc. de algo que foi medido. **2** determinação do tamanho, quantidade ou grau de alguma coisa.

meat /miːt/ carne: a carne de um animal, usada como alimento. Nota: usa-se no plural: *some meat* (carne), *a piece* or *a slice of meat* (uma peça *ou* uma fatia de carne); *he refuses to eat meat* (ele se recusa a comer carne).

meat- /miːt/ meat(o)-: relativo a um meato, passagem ou canal.

meatus /miˈeɪtəs/ meato: o orifício de um conduto do organismo, por exemplo, a uretra ou a cavidade nasal. Plural: **meatuses** ou **meatus**.

mechanism /ˈmekənɪz(ə)m/ mecanismo: **1** alteração física ou química pela qual uma função é executada. **2** um sistema que executa ou controla uma função específica do organismo. *The inner ear is the body's mechanism for the sense of balance.* / O ouvido interno é o mecanismo do organismo responsável pelo sentido do equilíbrio.

mechanism of labour /ˌmekənɪz(ə)m əv ˈleɪbə/ mecanismo do trabalho de parto: todos os fatores envolvidos na expulsão do feto durante o trabalho de parto.

mechanotherapy /ˌmekənəʊˈθerəpi/ mecanoterapia: tratamento de doenças por meios mecânicos, tais como massagens e aparelhos.

Meckel's diverticulum /ˌmekəlz ˌdaɪvəˈtɪkjuləm/ divertículo de Meckel: formação congênita de um divertículo no íleo. (Descrito em 1809 por Johann Friedrich Meckel II [1781–1833], cirurgião e anatomista alemão.)

meconism /ˈmekəʊnɪz(ə)m/ meconismo: intoxicação causada por ópio ou morfina.

meconium /mɪˈkəʊniəm/ mecônio: as primeiras fezes, de coloração verde-escura, de um recém-nascido.

med. abreviatura de **1 medical**: médico; medicinal. **2 medicine**: remédio; droga.

media /'mi:diə/ média. ⇨ **tunica media**.

medial /'mi:diəl/ medial: mais próximo do plano mediano do corpo ou do centro de um órgão. Compare com **lateral**.

medial arcuate ligament /ˌmi:diəl 'ɑ:kjuɪt ˌlɪ gəmənt/ ligamento arqueado medial: arco fibroso ao qual o diafragma está ligado.

medial epicondyle /ˌmi:diəl ˌepɪ'kɒndaɪl/ epicôndilo medial: projeção situada medialmente ao côndilo do úmero.

medialis /mi:dɪ'eɪlɪs/ medial. Veja **vastus intermedius**.

medially /'mi:diəli/ medialmente: em direção ao plano sagital do corpo. Veja ilustração em **Termos Anatômicos**, no Apêndice.

medial malleolus /ˌmi:diəl mə'li:ələs/ maléolo medial: osso na extremidade inferior da tíbia, que forma a projeção lateral do tornozelo.

medial rectus /ˌmi:diəl 'rektəs/ músculo reto medial: músculo da parte medial da esclera do olho.

median /'mi:diən/ mediano: em direção à linha central do corpo, ou localizado na linha média.

median nerve /'mi:diən nɜ:v/ nervo mediano: um dos principais nervos do antebraço e mão.

median plane /'mi:diən pleɪn/ plano mediano. ⇨ **sagittal plane**. Veja ilustração em **Termos Anatômicos**, no Apêndice.

mediastinal /mi:diə'staɪn(ə)l/ mediastínico: relativo ao mediastino. *the mediastinal surface of pleura* or *of the lungs* / a superfície mediastínica da pleura *ou* dos pulmões.

mediastinitis /ˌmi:diəstɪ'naɪtɪs/ mediastinite: inflamação do mediastino.

mediastinoscopy /ˌmi:diəstɪ'nɒskəpi/ mediastinoscopia: incisão que permite a inserção de um endoscópio no mediastino, a fim de que seus órgãos possam ser examinados.

mediastinum /mi:diə'staɪnəm/ mediastino: parte do tórax situada entre os pulmões. Contém o coração, o esôfago, e os nervos frênico e vago.

medic /'medɪk/ (informal) médico: um médico ou um estudante de medicina.

medical /'medɪk(ə)l/ médico; estudante de medicina; exame médico: **1** referente ao estudo das doenças. *a medical student* / um estudante de medicina. **2** referente ao tratamento de doença que não envolve cirurgia. *Medical help was provided by the Red Cross.* / A ajuda médica foi providenciada pela Cruz Vermelha. **3** referente ao tratamento feito por médico, em oposição ao tratamento cirúrgico, em hospital ou em consultório médico. **4** exame oficial feito por médico. *He wanted to join the army, but failed his medical.* / Ele desejava alistar-se no exército, mas foi reprovado no exame médico. *You will have to have a medical if you take out an insurance policy.* / É preciso submeter-se a um exame médico, quando se faz uma apólice de seguro. Abreviatura: **med**.

medical administration /ˌmedɪk(ə)l ədˌmɪ nɪ'streɪʃ(ə)n/ administração médica: a administração de hospitais e outros serviços de saúde. *She started her career in medical administration.* / Ela começou a carreira na administração médica.

medical aid /'medɪk(ə)l eɪd/ ajuda médica; socorro médico: assistência à pessoa doente ou ferida, prestada por um médico. Veja também **first aid**.

medical alert bracelet /ˌmedɪk(ə)l ə'lɜ:t ˌbre ɪslət/ bracelete de alerta: uma faixa ou corrente usada no pulso, fornecendo informações das necessidades médicas, alergias ou condição do usuário.

medical assistance /ˌmedɪk(ə)l ə'sɪst(ə)ns/ assistência médica: assistência prestada por enfermeira, membro da equipe de uma ambulância, ou funcionário de uma associação, como a Cruz Vermelha, à pessoa doente ou ferida.

medical assistant /'medɪk(ə)l əˌsɪst(ə)nt/ assistente clínico: em consultórios e clínicas médicas, pessoa encarregada de tarefas administrativas e clínicas de rotina.

medical audit /ˌmedɪk(ə)l 'ɔ:dɪt/ auditoria médica: análise crítica sistemática da qualidade dos serviços médicos prestados a uma pessoa, por meio do exame dos procedimentos usados no diagnóstico e tratamento, o uso de recursos, os resultados e a qualidade de vida do indivíduo.

medical audit advisory group /ˌmedɪk(ə)l ˌɔ:dɪt əd'vaɪz(ə)ri gru:p/ grupo de consultoria médica: um grupo de profissionais responsável pela assessoria médica sobre cuidados primários. Abreviatura: **MAAG**.

medical centre /'medɪk(ə)l ˌsentə/ centro médico: local em que médicos de várias especialidades exercem a medicina.

medical certificate /'medɪk(ə)l səˌtɪfɪkət/ atestado médico: documento oficial assinado por médico, autorizando uma pessoa a se ausentar do trabalho ou a não fazer determinados tipos de trabalho.

medical committee /'medɪk(ə)l kəˌmɪti/ comitê médico: em um hospital, comitê de médicos que prestam assessoria em assuntos relacionados à medicina.

medical diathermy /ˌmedɪk(ə)l ˌdaɪə'θɜ:mi/ diatermia clínica: o uso do calor produzido pela eletricidade no tratamento muscular e de distúrbios da articulação, como reumatismo.

medical doctor /'medɪk(ə)l ˌdɒktə/ doutor: pessoa que, de posse do diploma necessário, exerce a medicina; normalmente, não se trata de cirurgião.

medical ethics /ˌmedɪk(ə)l 'eθɪks/ (plural) ética médica: princípios morais e profissionais que regem o trabalho de médicos e enfermeiras e, em particular, o tipo de relacionamento e cuidados que devem ter com seus pacientes.

medical examination /ˌmedɪk(ə)l ɪgˌzæmɪ 'neɪʃ(ə)n/ exame médico: exame de uma pessoa por médico.

medical history /ˌmedɪk(ə)l ˈhɪst(ə)ri/ histórico médico: os detalhes da condição médica e tratamento de uma pessoa durante um período de tempo.

medical intervention /ˌmedɪk(ə)l ˌɪntəˈvenʃən/ intervenção médica: tratamento de uma doença pela administração de medicamentos.

medicalisation /ˌmedɪkəlaɪˈzeɪʃ(ə)n/ medicalização: o ato de olhar para algo como um assunto ou problema médico. Usa-se também **medicalization**.

medical jurisprudence /ˌmedɪk(ə)l dʒʊərɪs ˈpruːd(ə)ns/ medicina legal: a aplicação da lei na prática da medicina, bem como o relacionamento dos médicos uns com os outros, seus pacientes e a sociedade. Veja também **forensic medicine**.

medical laboratory scientific officer /ˌme dɪk(ə)l ləˈbɒrət(ə)ri ˌsaɪənˈtɪfɪk ˌɒfɪsər / médico oficial de laboratório científico. Abreviatura: **MLSO**.

medical officer /ˌmedɪk(ə)l ˌɒfɪsər/ oficial médico. Abreviatura: **MO**.

Medical Officer of Health /ˌmedɪk(ə)l ˌɒfɪ sər əv ˈhelθ/ Oficial Médico da Saúde: antigamente, um funcionário do governo local encarregado dos serviços médicos de uma área. Abreviatura: **MOH**.

medical practitioner /ˌmedɪk(ə)l prækˈtɪʃ(ə) nə/ clínico: pessoa qualificada para o exercício da medicina, por exemplo, um médico ou cirurgião.

medical profession /ˈmedɪk(ə)l prəˌfeʃ(ə)n/ profissão médica: o exercício da medicina, representado por todos os médicos.

medical records /ˈmedɪk(ə)l ˌrekɔːdz/ (plural) registros médicos: informações sobre o histórico médico de cada pessoa.

Medical Register /ˌmedɪk(ə)l ˈredʒɪstə/ Registros Médicos: uma lista de médicos aprovados pelo Conselho Geral de Medicina. *The committee ordered his name to be struck off the Medical Register.* / O comitê ordenou que o nome dele fosse tirado dos Registros Médicos.

Medical Research Council /ˌmedɪk(ə)l rɪˈs ɜːtʃ ˌkaʊnsəl/ Conselho de Pesquisas Médicas: um órgão governamental responsável pela organização e pagamento de pesquisas médicas. Abreviatura: **MRC**.

medical school /ˈmedɪk(ə)l skuːl/ faculdade de medicina: parte de uma universidade responsável pelo ensino da medicina. *He is at medical school.* / Ele está na faculdade de medicina.

medical secretary /ˌmedɪk(ə)l ˈsekrɪt(ə)ri/ secretário médico: pessoa habilitada e especializada em documentação médica, e que presta trabalhos em hospitais ou consultório médico.

medical social worker /ˌmedɪk(ə)l ˈsəʊ ʃ(ə)l ˌwɜːkə/ assistente social para assuntos médicos: profissional que presta auxílio a pessoas com problemas familiares ou relacionados ao trabalho, que podem influenciar os resultados do tratamento médico.

medical ward /ˈmedɪk(ə)l wɔːd/ enfermaria médica: enfermaria para pessoas que não necessitam de cirurgia.

Medicare /ˈmedɪkeə/ Medicare: sistema de seguro de saúde nos Estados Unidos.

medicated /ˈmedɪkeɪtɪd/ medicinal: que contém uma substância medicinal. *medicated cough sweet* / pastilha medicinal doce para a tosse.

medicated shampoo /ˌmedɪkeɪtɪd ʃæmˈpuː/ xampu medicinal: xampu que contém substância química, usado na prevenção da caspa.

medication /ˌmedɪˈkeɪʃ(ə)n/ medicação: **1** o tratamento de doenças pela administração de medicamentos. Veja também **premedication**. **2** medicamento usado para tratar uma doença específica. *What sort of medication has she been taking?* / Que tipo de medicação ela está tomando? *80% of elderly patients admitted to geriatric units are on medication.* / Oitenta por cento dos pacientes idosos admitidos em unidades geriátricas estão tomando alguma medicação.

medicinal /məˈdɪs(ə)n(ə)l/ medicinal: que tem propriedades curativas ou efeitos benéficos sobre a saúde. *He has a drink of whisky before he goes to bed for medicinal purposes.* / Ele toma uma dose de uísque antes de ir para a cama por razões medicinais.

medicinal bath /məˌdɪs(ə)n(ə)l ˈbɑːθ/ banho medicamentoso; banho medicinal: tratamento de imersão em água quente contendo substâncias medicinais, em lama quente, ou em outras substâncias.

medicinal drug /məˌdɪs(ə)n(ə)l ˈdrʌg/ droga medicinal: medicamento usado para tratamento de uma doença, em oposição a drogas que causam alucinações ou dependência física e psíquica.

medicinal leech /məˌdɪs(ə)n(ə)l ˈliːtʃ/ sanguessuga medicinal: sanguessuga criada especialmente para uso em medicina.

medicinally /məˈdɪs(ə)n(ə)li/ medicatriz: usado como medicamento. *The herb can be used medicinally.* / A erva pode ser usada por suas propriedades medicatrizes.

medicine /ˈmed(ə)s(ə)n/ medicamento; medicina: **1** substância ou composição usada no tratamento de doenças, principalmente um medicamento líquido. *Take some cough medicine if your cough is bad.* / Tome um xarope medicinal, se sua tosse está forte. *You should take the medicine three times a day.* / Você deve tomar o medicamento três vezes ao dia. **2** o estudo, a cura e a prevenção das doenças. *She is studying medicine because she wants to be a doctor.* / Ela deseja ser médica, por isso está estudando medicina. **3** o estudo e o tratamento das doenças que não envolvem cirurgia. Abreviatura: **med**.

medicine bottle /ˈmed(ə)s(ə)n ˌbɒt(ə)l/ frasco medicinal: frasco especial contendo uma medicação.

medicine cabinet /ˈmed(ə)s(ə)n ˌkæbɪnət/ armário de remédios: armário contendo medicamentos, bandagens, termômetros e outros equipamentos médicos; geralmente, fica trancada, mas é facilmente acessível em casos de emergência. ☑ **medicine chest**.

medicine chest /'med(ə)s(ə)n 'tʃest/ armário de remédios. ⇨ **medicine cabinet**.

medico /medɪkəʊ/ (informal) médico: um doutor em medicina. *The medico said I was perfectly fit.* / O médico disse que eu estava perfeitamente em forma.

medico- /medɪkəʊ/ medic(o)-: relativo à medicina ou aos médicos.

medicochirurgical /ˌmedɪkəʊkaɪˈrɜːdʒɪk(ə)l/ médico-cirúrgico: relativo tanto à medicina quanto à cirurgia.

medicolegal /ˌmedɪkəʊˈliːg(ə)l/ médico-legal: relativo tanto à medicina quanto à lei.

medicosocial /ˌmedɪkəʊ ˈsəʊʃ(ə)l/ médico-social: que envolve tanto fatores médicos quanto sociais.

medium /'miːdiəm/ **1** médio: que está dentro da média, no meio ou metade de alguma coisa. **2** meio: uma substância através da qual uma ação é realizada.

medroxyprogesterone /məˌdrɒksɪprəʊˈdʒes tərəʊn/ medroxiprogesterona: hormônio sintético usado no tratamento de distúrbios menstruais, em terapias de reposição hormonal (de estrogênio) e como agente anticoncepcional.

medulla /me'dʌlə/ medula: **1** a parte mole situada no interior de um órgão, em oposição à camada externa. Veja ilustração em **Kidney**, no Apêndice. **2** a medula óssea. **3** qualquer estrutura semelhante à medula óssea.

medulla oblongata /meˌdʌlə ˌɒblɒŋˈgeɪtə/ medula oblonga: uma subdivisão do tronco cerebral, contínua à medula espinhal, que se estende do forame magno ao cérebro.

medullary /me'dʌləri/ medular: **1** semelhante à medula. **2** relativo a uma medula.

medullary cavity /meˌdʌləri ˈkævɪti/ cavidade medular: espaço na diáfise de um osso longo, contendo medula. Veja ilustração em **Bone Structure**, no Apêndice.

medullary cord /meˈdʌləri kɔːd/ cordões medulares: cordões de tecido denso situados na medula embrionária, dos quais se forma o ovário, na mulher.

medullated nerve /'medəleɪtɪd nɜːv/ nervo medulado; nervo mielinizado: nervo envolto por uma bainha de mielina.

medulloblastoma /meˌdʌləʊblæˈstəʊmə/ meduloblastoma: tumor que se desenvolve na medula oblonga e no quarto ventrículo cerebral, em crianças.

mefenamic acid /ˌmefənæmɪk ˈæsɪd/ ácido mefenâmico: droga com propriedades antiinflamatórias e analgésicas, usada no tratamento da artrite reumatóide e de distúrbios menstruais.

mefloquine /'mefləkwiːn/ mefloquina: composto sintético usado na prevenção e tratamento da malária. ☑ **mefloquine hydrochloride**.

mefloquine hydrochloride 'mefləkwiːn ˌhaɪdrəʊˈklɔːraɪd/ cloridrato de mefloquina. ⇨ **mefloquine**.

mega- /megə/ mega-: **1** grande. Oposto de **micro-**. **2** um milhão, ou 10^6. Símbolo: **M**.

megacolon /ˌmegəˈkəʊlən/ megacólon: condição caracterizada por grande dilatação de uma parte do intestino grosso, por estreitamento do intestino delgado, acompanhada de constipação muito forte.

megajoule /'megədʒuːl/ megajoule: unidade de energia no SI, equivalente a um milhão de joules. Abreviatura: **Mj**.

megakaryocyte /ˌmegəˈkæriəsaɪt/ megacariócito: grandes células que são encontradas na medula óssea e que dão origem às plaquetas sanguíneas.

megalo- /megaləʊ/ megal(o)-: grande. Oposto de **micro-**.

megaloblast /'megələʊblæst/ megaloblasto: célula sanguínea de grande tamanho, encontrada na medula óssea, em alguns tipos de anemia causados por falta de Vitamina B_{12}.

megaloblastic /ˌmegələʊˈblæstɪk/ megaloblástico: relativo a megaloblasto.

megaloblastic anaemia /ˌmegələʊˌblæstɪk əˈniːmiə/ anemia megaloblástica: anemia causada por deficiência de Vitamin B_{12}.

megalocephaly /ˌmegələʊˈkefəli/ megalocefalia: condição em que a cabeça é anormalmente grande.

megalocyte /'megələʊsaɪt/ megalócito: hemácia anormalmente grande, encontrado na anemia perniciosa.

megalomania /ˌmegələʊˈmeɪniə/ megalomania: distúrbio mental no qual a pessoa tem delírios de grandeza, acreditando-se muito poderosa e importante.

megalomaniac /ˌmegələʊˈmeɪniæk/ megalomaníaco: **1** indivíduo que sofre de megalomania. **2** caracterizado por megalomania.

-megaly /megəli/ -megalia: aumento.

megaureter /ˌmegəjuˈriːtə/ megaureter: uma condição em que parte do ureter está muito aumentada, acima do local de um bloqueio.

meibomian cyst /maɪˌbəʊmiən ˈsɪst/ cisto meibomiano: pequeno tumor da glândula sebácea, situado na pálpebra. ☑ **chalazion**.

meibomian gland /maɪˈbəʊmiən ˌglænd/ glândulas meibomianas; glândulas de Meibom: glândulas sebáceas na borda da pálpebra, que secretam um líquido lubrificante. Também chamadas de **tarsal gland**.

meibomianitis /maɪˌbəʊmiəˈnaɪtɪs/ meibomianite: inflamação das glândulas de Meibom.

Meigs' syndrome /'megz ˌsɪndrəʊm/ síndrome de Meigs: condição caracterizada pelo acúmulo de líquido no tórax e cavidades abdominais. É associada com tumores da pelve.

meiosis /maɪˈəʊsɪs/ meiose: processo de divisão celular que resulta em dois pares de células ha-

M

plóides, isto é, células com apenas um conjunto de cromossomos. ☑ **reduction division**. Compare com **mitosis**. Nota: no inglês americano usa-se **miosis**.

Meissner's corpuscle /ˌmaɪsnəz ˈkɔːpʌs(ə)l/ corpúsculo de Meissner: célula receptora encontrada nas papilas da derme, principalmente dos dedos e artelhos, de sensibilidade táctil.

Meissner's plexus /ˌmaɪsnəz ˈpleksəs/ plexo de Meissner: rede de fibras nervosas situadas na parede do canal alimentar. (Descrito em 1853 por Georg Meissner [1829–1905], anatomista e fisiologista alemão.)

melaena /məˈliːnə/ melena: fezes escuras, com o aspecto do alcatrão, cuja cor é devida a sangramento intestinal. Usa-se também **melena**.

melan- /melən/ ⇨ **melano-**.

melancholia /ˌmelənˈkəʊliə/ melancolia: **1** psicose grave, caracterizada por depressão, que geralmente ocorre entre os quarenta e cinco e sessenta e cinco anos de idade. **2** síndrome clínica com tendência a idéias suicidas, ilusões e agitação motora.

melanin /ˈmelənɪn/ melanina: pigmento escuro que dá cor à pele e aos pêlos, encontrada também na coróide do olho e em alguns tumores.

melanism /ˈmelənɪz(ə)m/ melanismo: **1** pigmentação escura inusitada dos tecidos. **2** pigmentação generalizada dos tecidos do corpo com melanina, em uma modalidade de carcinoma. ☑ **melanosis**.

melano- /melənəʊ/ negro ou escuro. Nota: antes de vogais usa-se **melan-**.

melanocyte /ˈmelənəʊsaɪt/ melanócito: qualquer célula produtora de pigmento.

melanocyte-stimulating hormone /ˌmelən əʊsaɪt ˈstɪmjʊleɪtɪŋ hɔːməʊn/ hormônio estimulante de melanócitos: hormônio produzido pela glândula pituitária, que causa escurecimento da pele. Abreviatura: **MSH**.

melanoderma /ˌmelənəʊˈdɜːmə/ melanoderma: **1** escurecimento da pele, pela presença de grandes quantidades de melanina. **2** descoloração das estrias da pele.

melanoma /ˌmeləˈnəʊmə/ melanoma: um tumor de pigmentação escura. Observação: ABCD é a chave para uma pessoa saber se existe o risco de ela desenvolver um melanoma: A = assimetria, isto é, os dois lados não são exatamente iguais, e o pequeno tumor não tem uma forma perfeita; B = borda, as bordas tornam-se irregulares; C = cor, pode haver uma alteração na cor, e o pequeno tumor começa a escurecer; D = diâmetro, qualquer alteração no diâmetro deve ser considerada como um fator importante. Entre outros fatores, a dor raramente é um fator importante, mas a ocorrência de comichão e coceira deve ser levada em consideração.

melanophore /ˈmelənəʊfɔː/ melanóforo: uma célula que contém melanina.

melanoplakia /ˈmelənəʊpleɪkiə/ melanoplaquia: placas pigmentadas nas mucosas bucais.

melanosis /ˌmeləˈnəʊsɪs/ melanose. ⇨ **melanism**.

melanuria /ˌmeləˈnjʊəriə/ melanúria: **1** presença de pigmentos escuros na urina. **2** condição caracterizada pelo escurecimento da urina após a permanência em certa posição, por exemplo, em casos de melanoma maligno.

melasma /məˈlæzmə/ melasma: máculas castanhas, amarelas ou pretas na pele.

melatonin /ˌmeləˈtəʊnɪn/ melatonina: hormônio produzido pela glândula pineal na presença de escuridão, que faz os animais hibernarem durante os meses do inverno. É-lhe atribuído o controle dos ritmos do organismo.

melena /məˈliːnə/ melena. ⇨ **melaena**.

mellitus /ˈmelɪtəs/ melito. Veja **diabetes mellitus**.

member of the pharmaceutical society /ˈmembə əv ði: ˌfɑːməˈsjuːtɪk(ə)l səˌsaɪəti/ membro da sociedade farmacêutica. Abreviatura: **MPS**.

Member of the Royal College of General Practitioners /ˈmembə əv ði: ˌrɔɪəl ˌkɒlɪdʒ əv ˈdʒen(ə)rəl præk'tɪʃ(ə)nəz/ Membro do Real Colégio de Clínicos Gerais. Abreviatura: **MRCGP**.

Member of the Royal College of Physicians /ˈmembə əv ði: ˌrɔɪəl ˌkɒlɪdʒ əv fɪsɪʃ(ə)ns/ Membro do Real Colégio de Médicos. Abreviatura: **MRCP**.

Member of the Royal College of Surgeons /ˈmembə əv ði: ˌrɔɪəl ˌkɒlɪdʒ əv ˈsɜːdʒəns/ Membro do Real Colégio de Cirurgiões. Abreviatura: **MRCS**.

membrane /ˈmembreɪn/ membrana: fina camada de tecido que reveste ou cobre um órgão.

membrane bone /ˈmembreɪn bəʊn/ osso membranáceo: diz-se do osso que se desenvolve dentro de uma membrana de tecido, não de cartilagem.

membranous /ˈmembrənəs/ membranoso: relativo a membranas, ou semelhante a uma membrana.

membranous labyrinth /ˌmembrənəs ˈlæbə rɪnθ/ labirinto membranoso: uma série de ductos e canais membranosos dentro do labirinto ósseo.

memory /ˈmem(ə)ri/ memória: a capacidade de lembrar-se dos fatos. *He has a very good memory for dates.* / Ele tem uma memória muito boa para datas. *He said the whole list from memory.* / Ele recitou a lista toda de memória.

menarche /məˈnɑːki/ menarca: o início da função menstrual.

mend /mend/ reparar; remendar: consertar alguma coisa. *The surgeons are trying to mend the damaged heart valves.* / Os cirurgiões estão tentando reparar as válvulas cardíacas danificadas.

Mendel's laws /ˈmendəlz lɔːz/ leis de Mendel: as leis da hereditariedade, que são a base da ciência da genética. (Descritas em 1865 por Gregor Johann Mendel [1822–1884], monge agostiniano austríaco, naturalista de Brno, cujo trabalho foi redescoberto por De Vries em 1900.)

Mendelson's syndrome /ˈmendəlsənz ˌsɪndrə ʊm/ síndrome de Mendelson: distúrbio, algumas vezes fatal, caracterizado por aspiração pulmonar de suco gástrico, após regurgitação, que ocorre principalmente em pacientes obstétricos. (Descrita em 1946 por Curtis L. Mendelson [obstetra e ginecologista norte-americano nascido em 1913].)

Ménière's disease /meniˈeəz dɪˌziːz/ doença de Ménière: doença do ouvido médio, caracterizada por tontura, zumbidos e, às vezes, vômitos, e que leva progressivamente à surdez. As causas podem incluir infecções ou alergias, que aumentam o conteúdo de líquidos do labirinto, no ouvido médio. ☑ **Ménière's syndrome**. (Descrita em 1861 por Prosper Ménière [1799–1862] e seu filho, Emile Antoine Ménière [1839–1905], médicos franceses.)

Ménière's syndrome /meniˈeəz ˌsɪndrəum/ síndrome de Ménière. ⇨ **Ménière's disease**.

mening- /menɪndʒ/ ⇨ **meningo-**.

meningeal /meˈnɪndʒiəl/ meníngeo: relativo às meninges.

meningeal haemorrhage /meˌnɪndʒiəl ˈhem(ə)rɪdʒ/ hemorragia meníngea: hemorragia de uma artéria meníngea.

meningeal sarcoma /meˌnɪndʒiəl sɑːˈkəumə/ sarcoma meníngeo: neoplasia maligna das meninges. Observação: as meninges dividem-se em três camadas: a camada externa resistente (duramáter), que protege o cérebro e a medula espinhal; a camada média (aracnóide) e a delicada camada interna (pia-máter), que contém os vasos sanguíneos. O líquido cérebro-espinhal flui no espaço (espaço subaracnóide) entre a aracnóide e a pia-máter.

meningioma /ˌmenɪndʒiˈəumə/ meningioma: tumor benigno das meninges.

meningism /meˈnɪndʒɪz(ə)m/ meningismo: a existência de sintomas sugestivos de meningite, como irritação das meninges, mas sem que haja alteração patológica no líquido cérebro-espinhal.

meningitis /ˌmenɪnˈdʒaɪtɪs/ meningite: inflamação das meninges, que causa cefaléias violentas, febre, rigidez na nuca, e, algumas vezes, fenômenos psíquicos, como o delírio. Observação: a meningite é uma doença grave que pode provocar dano cerebral e até morte. Pode ser causada por uma bactéria (meningite bacteriana) ou por um vírus (meningite viral). A forma bacteriana pode ser tratada com antibióticos. As formas mais comuns de meningite bacteriana são: meningite pelo Hib (*Haemophilus influenzae* tipo B) e meningite meningocócica.

meningo- /mənɪŋgəu/ relativo à meninge. Nota: antes de vogais usa-se **mening-**.

meningocele /məˈnɪŋgəusiːl/ meningocele: condição caracterizada pela protusão das meninges através de um defeito na coluna vertebral ou no crânio.

meningococcal /məˌnɪŋgəuˈkɒk(ə)l/ meningocócico: relativo a meningococos.

meningococcal disease /məˌnɪŋgəuˈkɒk(ə)l dɪˌziːz/ doença meningocócica: doença causada por um meningococo.

meningococcal meningitis /məˌnɪŋgəuˌkɒk(ə)l ˌmenɪnˈdʒaɪtɪs/ meningite meningocócica: a forma epidêmica mais comum de meningite, causada pela *Neisseria meningitidis*, caracterizada por cefaléia, convulsões, vômitos, fotofobia, rigidez na nuca, erupção de manchas cutâneas e febre. ☑ **cerebrospinal fever; cerebrospinal meningitis; spotted fever**.

meningococcus /məˌnɪŋgəuˈkɒkəs/ meningococo: a bactéria *Neisseria meningitidis*, causadora de meningite meningocócica. Plural: **meningococci**.

meningoencephalitis /məˌnɪŋgəuenˌkefəˈlaɪtɪs/ meningoencefalite: inflamação do cérebro e de suas meninges.

meningoencephalocele /məˌnɪŋgəuenˈkefəl əusiːl/ meningoencefalocele: condição caracterizada pela protusão das meninges e do cérebro através de uma abertura no crânio.

meningomyelocele /məˌnɪŋgəuˈmaɪələusiːl/ meningomielocele: protusão das meninges e da medula através de uma abertura na coluna vertebral. ☑ **myelomeningocele; myelocele**.

meningovascular /məˌnɪŋgəuˈvæskjulə/ meningovascular: relativo aos vasos sanguíneos nas meninges.

meninx /ˈmenɪŋks/ meninge. Plural: **meninges**.

meniscectomy /ˌmenɪˈsektəmi/ meniscectomia: remoção cirúrgica de um menisco, geralmente da articulação do joelho.

meniscus /məˈnɪskəs/ menisco: as formações fibrocartilaginosas em forma de crescente, constituídas pelos meniscos lateral e medial, entre o fêmur e a tíbia, e que estão situadas na articulação do joelho. ☑ **semilunar cartilage**. Plural: **menisci**.

meno- /menəu/ men(o)-: relativo à menstruação.

menopausal /ˌmenəˈpɔːz(ə)l/ menopáusico: relativo à menopausa.

menopause /ˈmenəpɔːz/ menopausa: período, geralmente dos quarenta e cinco aos cinqüenta e cinco anos de idade, em que a mulher deixa de menstruar e não pode mais ter filhos. ☑ **climacteric** (acepção 1); **change of life**.

menorrhagia /ˌmenəˈreɪdʒiə/ menorragia: sangramento abundante durante a menstruação. ☑ **flooding**.

menorrhoea /ˌmenəˈriːə/ menorréia: sangramento normal durante a menstruação.

menses /ˈmensiːz/ (plural) menstruação. ⇨ **menstruation**.

menstrual /ˈmenstruəl/ menstrual: relativo à menstruação.

menstrual cramp /ˌmenstruəl ˈkræmp/ cólica menstrual: cãibra nos músculos do útero, que ocorre durante a menstruação.

menstrual cycle /ˈmenstruəl ˌsaɪk(ə)l/ ciclo menstrual: período, normalmente de vinte e oito

M

dias, em que o óvulo amadurece, o útero torna-se inchado e ocorrem sangramentos, caso não haja fecundação.

menstrual flow /'menstruəl fləu/ fluxo menstrual: a descarga de sangue do útero durante a menstruação.

menstruate /'menstrueit/ menstruar: perder sangue do útero durante a menstruação.

menstruation /ˌmenstru'eiʃ(ə)n/ menstruação: sangramento de origem uterina que ocorre na mulher, todos os meses, com descamamento endometrial, e que acontece na ausência de fertilização do óvulo. ☑ **menses**.

menstruum /'menstru:əm/ mênstruo: solvente que extrai os princípios ativos de uma droga não-refinada.

mental /'ment(ə)l/ mental: **1** relativo à mente. **2** relativo ao queixo (mento).

mental aberration /ˌment(ə)l ˌæbə'reiʃ(ə)n/ (freqüentemente jocoso) aberração mental: leve esquecimento ou confusão. *I thought the meeting was at 11 – I must have had a mental aberration.* / Pensei que a reunião fosse às onze horas – devo ter tido uma aberração mental.

mental age /ˌment(ə)l 'eidʒ/ idade mental: um escore atingido em um teste de inteligência, que mostra o desenvolvimento intelectual de uma pessoa, normalmente em termos comparativos de idade cronológica.◊ **he's nine, but he has a mental age of five:** ele tem nove anos, mas a idade mental de cinco (embora ele tenha nove anos de idade, seu nível de desenvolvimento intelectual é o mesmo de uma criança de cinco anos).

mental block /ˌment(ə)l 'blɒk/ bloqueio do pensamento; bloqueio mental: incapacidade temporária de lembrar-se de algo, causada pelos efeitos do estresse nervoso nos processos mentais.

mental deficiency /ˌment(ə)l di'fiʃ(ə)nsi/ deficiência mental: termo antigo utilizado para descrever a incapacidade de aprendizado. Nota: o termo é considerado ofensivo.

mentaldevelopment/ˌment(ə)l di'veləpmənt/ desenvolvimento mental: o desenvolvimento da mente. *Her mental development is higher than usual for her age.* / O desenvolvimento mental dela é mais alto do que o normal para sua idade.

mental disorder /ˌment(ə)l dis'ɔ:də/ distúrbio mental: alteração temporária ou permanente do estado mental de uma pessoa, associada a transtornos que causam um enfraquecimento de suas atividades pessoais, sociais e profissionais.

mental faculties /ˌment(ə)l 'fækəlti:z/ (plural) faculdades mentais: capacidades como, por exemplo, o pensamento e a tomada de decisões. *There has been no impairment of the mental faculties.* / Não houve nenhum prejuízo das faculdades mentais.

mental handicap /ˌment(ə)l 'hændikæp/ incapacidade mental: termo antigo usado para descrever a incapacidade de aprendizado. Nota: o termo é considerado ofensivo.

mental health /'ment(ə)l helθ/ saúde mental: a condição da mente de uma pessoa.

Mental Health Acts /ˌment(ə)l 'helθ ækts/ (plural) Leis de Saúde Mental: leis, feitas por um parlamento, que impõem regras para os cuidados de pessoas com doença mental.

Mental Health Review Tribunal /ˌment(ə)l helθ ri'vju: trai,bju:n(ə)l/ Tribunal de Revisão de Saúde Mental: comitê encarregado de decidir se pessoas que foram detidas em conformidade com as Leis de Saúde Mental devem ser libertadas. Consiste em membros da classe médica, advogados e pessoas leigas e conta, ainda, com assistentes sociais. Abreviatura: **MHRT**.

mental hospital /'ment(ə)l ˌhɒspit(ə)l/ hospital psiquiátrico: um hospital para doentes mentais. Nota: o termo é considerado ofensivo.

mental illness /ˌment(ə)l 'ilnəs/ doença mental: qualquer doença que afeta a mente.

mental impairment /ˌment(ə)l im'peəmənt/ enfraquecimento mental: condição temporária ou permanente do estado mental de uma pessoa, com redução da eficiência pessoal, social e profissional.

mentalis muscle /men'teilis ˌmʌs(ə)l/ músculo mentoniano; músculo do mento: músculo que se origina na fossa incisiva da mandíbula e se insere na pele do queixo.

mentally /'ment(ə)li/ mentalmente: na mente. *Mentally, she is very advanced for her age.* / Mentalmente, ela é muito avançada para sua idade.

mentally handicapped /ˌment(ə)li 'hændikæpt/ mentalmente incapacitado: termo antigo usado para descrever uma pessoa com incapacidade de aprendizado. Nota: o termo é considerado ofensivo.

mentally ill /ˌment(ə)li 'il/ mentalmente doente: que sofre de doença mental.

mental nerve /'ment(ə)l nɜ:v/ nervo mentoniano: nervo que se origina no canal mandibular e se distribui para o queixo (mento).

mental patient /'ment(ə)l ˌpeiʃ(ə)nt/ paciente mental; paciente psiquiátrico: termo antigo usado para se referir ao paciente com doença mental. Nota: o termo é considerado ofensivo.

mental retardation /ˌment(ə)l ˌri:tɑ:'deiʃ(ə)n/ retardamento mental; retardo mental: termo antigo com que se designava a incapacidade de aprendizado, condição resultante da dificuldade em adquirir habilidades ou assimilar informações no mesmo ritmo de pessoas de idade semelhante. Nota: o termo é considerado ofensivo.

mental subnormality /ˌment(ə)l ˌsʌbnɔ:'mæliti/ subnormalidade mental: termo antigo usado para se referir à capacidade mental abaixo da normalidade. Nota: o termo é considerado ofensivo.

menthol /'menθɒl/ mentol: álcool aromático de odor pronunciado, obtido do óleo da hortelã, usado em inalações nasais e nebulizações e também no tratamento da neuralgia.

mentholated /'menθəleɪtɪd/ mentolado: impregnado com mentol.

mento- /mentəu/ ment(o)-: relativo ao queixo (mento).

mentor /'mentɔ:/ **1** mentor: pessoa que serve de conselheiro e guia a alguém mais jovem e com menos experiência. **2** mentorear: atuar como mentor de uma pessoa.

mentum /'mentəm/ mento: o queixo.

meralgia /mə'rældʒə/ meralgia: dor na coxa, causada pelo aprisionamento de um nervo. ☑ **meralgia paraesthetica**.

meralgia paraesthetica /mə'rældʒə ˌpæres'θetɪkə/ meralgia parestética. ⇨ **meralgia**.

mercurialism /mə'kjuəriəlɪz(ə)m/ mercurialismo: envenenamento por mercúrio.

mercurochrome /mə'kjuərəukrəum/ mercuriocromo: uma solução anti-séptica de coloração vermelha.

mercury /'mɜ:kjuri/ mercúrio: elemento metálico e líquido, tóxico, usado em termômetros. Símbolo químico: **Hg**.

mercury poisoning /'mɜ:kjuri ˌpɔɪz(ə)nɪŋ/ envenenamento por mercúrio: envenenamento causado pela ingestão de mercúrio e seus sais ou pela inalação de vapores de sais de mercúrio.

mercy killing /'mɜ:si ˌkɪlɪŋ/ eutanásia. ⇨ **euthanasia**.

meridian /mə'rɪdiən/ meridiano: na acupuntura e medicina chinesa, uma das linhas imaginárias do corpo ao longo da qual, acredita-se, flui a energia corporal.

Merkel's cells /'mɜ:kelz selz/ (plural) células de Merkel: células epiteliais na camada mais profunda da derme, que forma os receptores do tato. Também chamadas de **Merkel's discs**. (Descritas por Friedrich Siegmund Merkel [1845–1919], anatomista alemão.)

Merkel's discs /'mɜ:kelz dɪsks/ discos de Merkel. ⇨ **Merkel's cells**.

merocrine /'merəukraɪn/ merócrino. ⇨ **eccrine**.

mes- /mes/ ⇨ **meso-**.

mesaortitis /ˌmeseɪɔ:'taɪtɪs/ mesaortite: inflamação do revestimento médio da aorta.

mesarteritis /ˌmesˌɑ:tə'raɪtɪs/ mesarterite: inflamação do revestimento médio de uma artéria.

mesencephalon /mesen'kefəlɒn/ mesencéfalo. ⇨ **midbrain**.

mesenteric /ˌmesen'terɪk/ mesentérico: relativo ao mesentério.

mesenterica /mesen'terɪkə/ mesentérica. Veja **tabes mesenterica**.

mesenteric artery /ˌmesenterɪk 'ɑ:təri/ artéria mesentérica: uma das duas artérias, a artéria mesentérica superior e a artéria mesentérica inferior, que suprem o intestino delgado ou o cólon transverso e o reto.

mesenteric ganglion /ˌmesenterɪk 'gæŋgliən/ gânglio mesentérico: um plexo de gânglios simpáticos que tem origem na artéria mesentérica superior.

mesenteric vein /ˌmesenterɪk 'veɪn/ veia mesentérica: veia do sistema portal que ascende do intestino à veia porta do fígado.

mesentery /'mesent(ə)ri/ mesentério: camada dupla de peritônio que fixa o intestino delgado e outros órgãos abdominais à parede abdominal.

mesial /'mi:siəl/ mesial: **1** em odontologia, indica proximidade da linha central da arcada dentária, ou ocorrendo próximo desse plano. **2** relativo a ou localizado no centro de alguma coisa.

meso- /mesəu/ meio; centro. Nota: antes de vogais usa-se **mes-**.

mesoappendix /ˌmesəuə'pendɪks/ mesoapêndice: dobra do peritônio que une o apêndice ao íleo.

mesocolon /ˌmesəu'kəulən/ mesocólon: dobra peritoneal que fixa o cólon à parede abdominal.

mesoderm /'mesəudɜ:m/ mesoderma: a camada média das três camadas germinativas do embrião, que dá origem aos músculos, ossos, sangue, rins, cartilagens, ductos urinários e sistemas cardiovascular e linfático.

mesodermal /ˌmesəu'dɜ:m(ə)l/ mesodérmico: relativo ao mesoderma.

mesometrium /ˌmesəu'mi:triəm/ mesométrio: uma larga camada muscular do útero.

mesonephros /ˌmesəu'nefrɒs/ mesonefro: tecido renal presente nos embriões humanos.

mesosalpinx /ˌmesəu'sælpɪŋks/ mesossalpinge: a parte superior do ligamento largo que reveste as tubas de Falópio (atual tubas uterinas).

mesotendon /ˌmesəu'tendən/ mesotendão: membranas sinoviais que, em certos locais, passam de um tendão a uma bainha tendinosa.

mesothelioma /ˌmesəuti:li'əumə/ mesotelioma: tumor derivado de uma membrana serosa. Pode ser benigno ou maligno.

mesothelium /ˌmesəu'θi:liəm/ mesotélio: camada de células que revestem uma membrana serosa. Compare com **epithelium**; **endothelium**.

mesovarium /ˌmesəu'veəriəm/ mesovário: dobra peritoneal que envolve os ovários.

messenger RNA /ˌmes(ə)ndʒə ˌɑ:r en 'eɪ/ ARN mensageiro: ácido ribonucléico (RNA) que transmite aos ribossomos a informação do código genético extraída da cadeia do DNA, e pela qual serão escolhidos os aminoácidos que constituirão a molécula de proteína. Abreviatura: **mRNA**.

mestranol /'mi:strənɒl/ mestranol: estrogênio sintético, usado em pílulas anticoncepcionais de uso oral.

meta- /metə/ meta-: mudança (de lugar ou de posição).

meta analysis /'metə əˌnæləsɪs/ meta-análise: procedimento estatístico que reagrupa o resultado de vários estudos, a fim de deles tirar conclusões mais gerais, dando-lhes mais importância.

metabolic /ˌmetə'bɒlɪk/ metabólico: relativo ao metabolismo.

metabolic acidosis /ˌmetəbɒlɪk ˌæsɪˈdəʊsɪs/ acidose metabólica: acidose causada por um funcionamento deficiente dos mecanismos reguladores do organismo.

metabolic alkalosis /ˌmetəbɒlɪk ælkəˈləʊsɪs/ alcalose metabólica: alcalose causada por distúrbio do equilíbrio acidobásico do plasma no organismo.

metabolise /məˈtæbəlaɪz/ metabolizar: alterar a natureza de alguma coisa por metabolismo. *The liver metabolises proteins and carbohydrates.* / O fígado metaboliza proteínas e carboidratos. Usa-se também **metabolize**.

metabolism /məˈtæbəlɪz(ə)m/ metabolismo: os processos químicos que acontecem continuamente no organismo humano e que são essenciais à vida, principalmente os processos que convertem alimento em energia. Observação: o metabolismo abrange todas as alterações que acontecem no organismo: a formação de tecidos (anabolismo); a degradação das macromoléculas nutritivas (catabolismo); a conversão de nutrientes em tecidos; a eliminação de resíduos tóxicos; e a ação dos hormônios.

metabolite /məˈtæbəlaɪt/ metábolito: substância produzida pelo metabolismo, ou uma substância formada no curso do metabolismo de um alimento.

metacarpal /ˌmetəˈkɑːp(ə)l/ metacarpiano. ⇨ **metacarpal bone**.

metacarpal bone /ˌmetəˈkɑːp(ə)l bəʊn/ osso do metacarpo: um dos cinco ossos do metacarpo. ☑ **metacarpal**.

metacarpophalangeal /ˌmetəˌkɑːpəʊfəˈlæn dʒɪəl/ metacarpofalangiano: relativo à parte da mão entre o punho e os dedos.

metacarpophalangeal joint /ˌmetəˌkɑːpəʊfə ˈlændʒɪəl ˌdʒɔɪnt/ articulação metacarpofalangiana: articulaçâo entre um osso do metacarpo e um dedo. ☑ **joint**; **MCP joint**; **MP joint**.

> *...replacement of the MCP joint is usually undertaken to relieve pain, deformity and immobility due to rheumatoid arthritis.* / "...a substituição da articulação metacarpofalangiana é geralmente feita para aliviar a dor, a deformidade e a imobilidade causadas pela artrite reumatóide." (*Nursing Times*)

metacarpus /ˌmetəˈkɑːpəs/ metacarpo: os cinco ossos da mão, situados entre os dedos e o punho. Veja ilustração em **Hand**, no Apêndice.

metal /ˈmet(ə)l/ metal: elemento ou composto químico com capacidade de conduzir calor e eletricidade. Alguns metais são essenciais à vida.

metallic /meˈtælɪk/ metálico: relativo ou semelhante a um metal.

metallic element /meˌtælɪk ˈelɪmənt/ elemento metálico: elemento químico que é um metal.

metamorphopsia /ˌmetəmɔːˈfɒpsɪə/ metamorfopsia: condição caracterizada pela distorção das imagens visuais, geralmente causada por inflamação da coróide.

metaphase /ˈmetəfeɪz/ metáfase: um dos estágios da mitose ou meiose.

metaphysis /meˈtæfəsɪs/ metáfise: a extremidade do corpo de um osso longo, contendo uma zona de desenvolvimento ósseo, entre a epífise e a diáfise.

metaplasia /metəˈpleɪzɪə/ metaplasia: transformação de um tecido em outro tecido, com características distintas.

metastasis /meˈtæstəsɪs/ metástase: a disseminação de uma doença maligna de uma parte à outra do organismo, através da corrente sanguínea e do sistema linfático. ☑ **secondary growth**. Plural: **metastases**.

> *...he suddenly developed problems with his balance and a solitary brain metastasis was diagnosed.* / "...subitamente, ele desenvolveu problemas de equilíbrio, e foi diagnosticada uma metástase cerebral solitária." (*British Journal of Nursing*)

metastasise /meˈtæstəsaɪz/ metastatizar: espalhar-se ou invadir por metástase. Usa-se também **metastasize**.

metastatic /metəˈstætɪk/ metastático: relativo a ou produzido por metástase. *Metastatic growths developed in the liver.* / Tumores metastáticos desenvolveram-se no fígado.

metatarsal /ˌmetəˈtɑːs(ə)l/ metatarsiano: **1** um dos cinco ossos do metatarso. **2** relativo ao metatarso.

metatarsal arch /ˌmetəˈtɑːs(ə)l ɑːtʃ/ arco metatársico: parte arqueada da sola do pé, formada pelos ossos metatarsianos. ☑ **transverse arch**.

metatarsalgia /ˌmetətɑːˈsældʒə/ metatarsalgia: dor nas cabeças dos ossos metatarsianos.

metatarsophalangeal joint /metəˌtɑːsəʊfə ˈlændʒɪəl ˌdʒɔɪnt/ articulação metatarsofalangiana: articulação entre um osso metatarsiano e um dedo do pé.

metatarsus /ˌmetəˈtɑːsəs/ metatarso: os cinco ossos longos do pé, entre os dedos e o tarso. Veja ilustração em **Foot**, no Apêndice. Plural: **metatarsi**.

metatarsus adductus /ˌmetətəˈsɔːs əˈdʌktəs/ metatarso aduto: em recém-nascidos ou lactentes, deformidade em que a parte anterior do pé desvia-se para dentro, no sentido do calcanhar.

meteorism /ˈmiːtɪərɪz(ə)m/ meteorismo. ⇨ **tympanites**.

meter /ˈmiːtə/ metro. ⇨ **metre**.

-meter /miːtə, mɪtə/ -metria: o que mede; instrumento de medição.

metformin /metˈfɔːmɪn/ metformina: droga hipoglicemiante, usada no tratamento do diabetes não-insulino-dependente, o qual não responde à dieta.

methadone /ˈmeθədəʊn/ metadona: narcótico sintético, usado para aliviar a dor e como substituto da heroína em tratamentos de dependência de drogas.

methaemoglobin /metˌhiːməʊˈgləʊbɪn/ metemoglobina: um composto formado por oxidação da hemoglobina, de coloração castanho-escura, que se desenvolve no curso de uma doença, após tratamento com algumas medicações e que, não podendo funcionar como um transportador de oxigênio, provoca cianose.

methaemoglobinaemia /ˌmetˌhiːməʊˌɡləʊbɪ'niːmiə/ metemoglobinemia: a presença de metemoglobina no sangue.

methane /'miːθeɪn, 'meθeɪn/ metano: gás incolor, inodoro e inflamável.

methanol /'meθənɒl/ metanol: líquido incolor, tóxico, usado como solvente e combustível. Transforma-se facilmente em gás. ☑ **methyl alcohol**.

methicillin /ˌmeθɪ'sɪlɪn/ meticilina: antibiótico sintético, usado no tratamento de infecções resistentes à penicilina.

methicillin-resistant Staphylococcus aureus /meˌθɪˌsɪlɪn rɪˌzɪstənt stæfɪləˌkɒkəs'ɔːriəs/ Staphylococcus aureus resistente à meticilina: uma bactéria resistente a quase todos os antibióticos, que pode causar infecção com risco de morte em pacientes que estão se recuperando de uma cirurgia. Abreviatura: **MRSA**.

methionine /me'θaɪəniːn/ metionina: um aminoácido essencial.

method /'meθəd/ método: maneira de se fazer alguma coisa.

methotrexate /ˌmeθə'trekseɪt/ metotrexato: droga que ajuda a evitar a reprodução celular, usada no tratamento de câncer.

methyl alcohol /ˌmiːθaɪl 'ælkəhɒl/ álcool metílico. ⇨ **methanol**.

methylated spirits /ˌmeθəleɪtɪd 'spɪrɪts/ (plural) espírito metilado: álcool quase puro, com adição de álcool de madeira e corante.

methylene blue /ˌmeθɪliːn 'bluː/ azul de metileno: corante azul, usado antigamente como anti-séptico urinário leve; hoje, é usado no tratamento da metemoglobinemia induzida por medicamento.

methylenedioxymethamphetamine /ˌmeθɪ ledaɪ'ɒks'imeθæm'fetəmiːn/ metilenodioximetanfetamina. ⇨ **ecstasy**.

methylphenidate /ˌmiːθaɪl'fenɪdeɪt/ metilfenidato: droga estimulante do sistema nervoso central, usada no tratamento da narcolepsia e da doença de déficit de atenção e hiperatividade.

methylprednisolone /ˌmiːθaɪlpred'nɪsələʊn/ metilprednisolona: droga corticosteróide antiinflamatória, usada no tratamento de artrite, alergias e asma.

metoclopramide /ˌmetəʊ'kləʊprəmaɪd/ metoclopramida: agente usado como antiemético, antiasmático e no tratamento da indigestão.

metoprolol /mɪ'tɒprəlɒl/ metoprolol: agente que controla a atividade cardíaca, usado no tratamento da angina e hipertensão.

metr- /metr/ ⇨ **metro-**.

metra /'metrə/ metra: o útero.

metralgia /me'trældʒə/ metralgia: dores no útero.

metre /'miːtə/ metro: unidade de medida de comprimento do Sistema Internacional. The room is four metres by three. / O cômodo tem quatro metros por três metros. Símbolo: **m**. Nota: no inglês americano usa-se **meter**.

metritis /me'traɪtɪs/ metrite. ⇨ **myometritis**.

metro- /metrəʊ/ metr(o)-: relativo ao útero. Nota: antes de vogais usa-se **metr-**.

metrocolpocele /ˌmetrə'kɒlpəʊsiːl/ metrocolpocele: condição caracterizada por hérnia do útero e da vagina.

metronidazole /ˌmetrə'nɪdəzəʊl/ metronidazol: um agente antibiótico, de coloração amarela, usado principalmente no tratamento de infecções vaginais.

metropathia haemorrhagica /ˌmetrəpæθiə ˌhemə'reɪdʒɪkə/ metropatia hemorrágica: sangramento uterino anormal, com hiperplasia do endométrio.

metroptosis /ˌmetrə'təʊsɪs/ metroptose: condição caracterizada por movimento descendente do útero. ⇨ **prolapse of the uterus**.

metrorrhagia /ˌmiːtrəʊ'reɪdʒiə/ metrorragia: sangramento vaginal irregular entre os períodos mentruais.

metrostaxis /ˌmiːtrəʊ'stæksɪs/ metrostaxia: hemorragia leve, porém contínua, da mucosa uterina.

-metry /mətri/ -metria: forma combinante relativa a medidas ou aos instrumentos usados para mensuração.

mg abreviatura de **milligram**.

MHRT abreviatura de **Mental Health Review Tribunal**.

MI abreviatura de **1 mitral incompetence**. **2 myocardial infarction**.

micelle /mɪ'sel/ micela: molécula de dimensões muito pequenas, formada pela digestão de gorduras no intestino delgado.

Michel's clips /mɪˌʃelz 'klɪps/ (plural) clipe de Michel; clipe de ferida: dispositivo metálico usado para aproximar os bordos de uma ferida, em incisões cirúrgicas. (Descrito por Gaston Michel [1874–1937], professor de cirurgia clínica em Nancy, França.)

miconazole /maɪ'kɒnəzəʊl/ miconazol: agente antifúngico usado na pele e unhas.

micro- /maɪkrəʊ/ micr(o)-: **1** muito pequeno; curto. Oposto de **macro-, mega-, megalo-**. **2** um milionésimo (10^{-6}).

microaneurysm /ˌmaɪkrəʊ'ænjərɪz(ə)m/ microaneurisma: aneurisma diminuto dos capilares retinianos.

microangiopathy /ˌmaɪkrəʊˌændʒi'ɒpəθi/ microangiopatia: qualquer doença dos capilares.

microbe /'maɪkrəʊb/ micróbio: microorganismo que pode provocar doenças, podendo ser visto apenas ao microscópio, por exemplo, uma bactéria.

microbial /maɪ'krəʊbiəl/ microbiano: relativo a micróbios.

M

microbial disease /maɪˌkrəʊbiəl dɪˈziːz/ doença microbiana: doença causada por um micróbio.

microbiological /ˌmaɪkrəʊˌbaɪəˈlɒdʒɪk(ə)l/ microbiológico: relativo à microbiologia.

microbiologist /ˌmaɪkrəʊbaɪˈɒlədʒɪst/ microbiologista: cientista que se especializa no estudo de microorganismos.

microbiology /ˌmaɪkrəʊbaɪˈɒlədʒi/ microbiologia: o estudo científico dos microorganismos.

microcephalic /ˌmaɪkrəʊkeˈfælɪk/ microcefálico: que tem microcefalia.

microcephaly /ˌmaɪkrəʊˈkefəli/ microcefalia: condição caracterizada pela pequenez anormal da cabeça, algumas vezes associada com rubéola da mãe durante a gravidez.

microcheilia /ˌmaɪkrəʊˈkaɪliə/ microquilia: pequenez anormal dos lábios.

Micrococcus /ˌmaɪkrəʊˈkɒkəs/ Micrococcus: gênero de bactérias que ocorrem em massas irregulares, e das quais há algumas espécies causadoras de artrite, endocardite e meningite.

microcyte /ˈmaɪkrəʊsaɪt/ micrócito: um eritrócito muito pequeno.

microcythaemia /maɪkrəʊsaɪˈθiːmiə/ microcitemia. ⇨ microcytosis.

microcytic /ˌmaɪkrəˈsɪtɪk/ microcítico: relativo a um micrócito.

microcytosis /ˌmaɪkrəʊsaɪˈtəʊsɪs/ microcitose: presença excessiva de micrócitos no sangue. ☑ microcythaemia.

microdactylia /ˌmaɪkrəʊdækˈtɪliə/ microdactilia: condição na qual os dedos ou artelhos são anormalmente pequenos ou curtos. Usa-se também microdactyly.

microdiscectomy /ˌmaɪkrəʊdɪskˈektəmi/ microdiscectomia: cirurgia para remoção de um disco vertebral, ou parte dele, que está pressionando um nervo.

microdontia /ˌmaɪkrəʊˈdɒntiə/ microdontia. ⇨ microdontism.

microdontism /ˌmaɪkrəʊˈdɒntɪz(ə)m/ microdontismo: dimensões anormalmente pequenas dos dentes. ☑ microdontia.

microglia /maɪˈkrɒɡliə/ micróglia: tecido do sistema nervoso central composto de minúsculas células fagocitárias.

microglossia /ˌmaɪkrəʊˈɡlɒsiə/ microglossia: condição caracterizada pela pequenez da língua.

micrognathia /ˌmaɪkrəʊˈneɪθiə/ micrognatia: desenvolvimento incompleto dos maxilares, principalmente do maxilar inferior.

microgram /ˈmaɪkrəɡræm/ micrograma: unidade de medida de massa equivalente a um milionésimo do grama.

micromastia /ˌmaɪkrəʊˈmæstiə/ micromastia: tamanho anormalmente pequeno das mamas.

micromelia /ˌmaɪkrəʊˈmiːliə/ micromelia: pequenez dos braços ou pernas.

micrometer /maɪˈkrɒmɪtə/ micrômetro: dispositivo usado para medir objetos muito pequenos, por exemplo, a largura ou espessura de pedaços muito finos de tecido. ⇨ micrometre.

micrometre /ˈmaɪkrəʊˌmiːtə/ micrômetro: unidade de medida de comprimento (= um milionésimo de um metro). ☑ micron. Símbolo: μm. Nota: em gráficos, normalmente usa-se μm. No inglês americano usa-se micrometer.

micromole /ˈmaɪkrəʊˌməʊl/ micromol: unidade de medida de uma substância, equivalente a um milionésimo de um mol. Símbolo: μ.

micron /ˈmaɪkrɒn/ mícron. ⇨ micrometre.

micronutrient /ˈmaɪkrəʊˌnjuːtriənt/ micronutriente: substância de que o organismo necessita quantidades muito pequenas para seu crescimento e desenvolvimento normais, por exemplo, vitaminas ou minerais. Compare com macronutrient.

microorganism /ˌmaɪkrəʊˈɔːɡənɪz(ə)m/ microorganismo: um organismo de tamanho microscópico, que pode causar doenças. Vírus, bactérias e protozoários são microorganismos.

microphthalmia /ˌmaɪkrɒfˈθælmiə/ microftalmia: anomalia congênita caracterizada por pequenez dos olhos.

micropsia /maɪˈkrɒpsiə/ micropsia: um distúrbio da visão, no qual os objetos parecem menores do que eles realmente são, causado por desenvolvimento anormal da retina.

microscope /ˈmaɪkrəskəʊp/ microscópio: instrumento científico dotado de lentes que aumentam o tamanho de uma substância diminuta ou de um objeto. The tissue was examined under the microscope. / O tecido foi examinado ao microscópio. Under the microscope it was possible to see the cancer cells. / Ao microscópio, foi possível ver as células cancerosas. Observação: em um microscópio comum ou óptico, a imagem é aumentada pelas lentes. Em um microscópio eletrônico, as lentes são eletroímãs, e usa-se um feixe de elétrons, em vez de luz, o que permite, assim, aumentos e resolução muito maiores.

microscopic /ˌmaɪkrəˈskɒpɪk/ microscópico: tão pequeno que só pode ser visto ao microscópio.

microscopy /maɪˈkrɒskəpi/ microscopia: as técnicas que permitem o uso dos microscópios.

microsecond /ˈmaɪkrəʊˌsekənd/ microssegundo: unidade de tempo (= um milionésimo de segundo). Símbolo: μs. Nota: em gráficos, normalmente usa-se μs.

Microsporum /ˈmaɪkrəʊspɔːrəm/ Microsporum: gênero de fungos que causam várias doenças da pele, podendo atingir o couro cabeludo e, algumas vezes, as unhas.

microsurgery /ˈmaɪkrəʊˌsɜːdʒəri/ microcirurgia: intervenção cirúrgica que utiliza instrumentos especiais e microscópio operatório. A microcirurgia permite a cirurgia em órgãos de pequenas dimensões, tais como olhos e ouvidos. É usada, ainda, para ligar nervos danificados e vasos sanguíneos.

microvillus /ˌmaɪkrəʊˈvɪləs/ microvilosidades: processos cilíndricos diminutos, encontrados na superfície de muitas células, principalmente as células do epitélio intestinal. Plural: **microvilli**.

microwave therapy /'maɪkrəuweɪv ˌθerəpi/ terapia por microondas: tratamento com irradiações de alta freqüência.

micturate /'mɪktjʊreɪt/ urinar. ⇨ **urinate**.

micturating cystogram /ˌmɪktjʊreɪtɪŋ 'sɪstəʊ græm/ cistoureterograma: radiografia da bexiga e da uretra cheias com um meio de contraste. ☑ **micturating cysto-urethrogram**. Abreviaturas: **MCU; MCUG**.

micturating cysto-urethrogram /ˌmɪktjʊre ɪtɪŋ ˌsɪstəʊ juri:θrəʊgræm/ cistoureterograma. ⇨ **micturating cystogram**.

micturition /ˌmɪktjʊ'rɪʃ(ə)n/ micção. ⇨ **urination**.

mid- /mɪd/ midi-: meio; médio.

midazolam /mɪ'dæzəlæm/ midazolam: droga com propriedades ansiolíticas e sedativas, usada antes de cirurgia e outros procedimentos médicos.

midbrain /'mɪdbreɪn/ cérebro médio: a porção estreita do tronco cerebral, situada acima da ponte, entre o cérebro e o metencéfalo. ☑ **mesencephalon**.

midcarpal /mɪd'kɑ:p(ə)l/ mesocárpico: entre duas séries de ossos cárpicos.

middle /'mɪd(ə)l/ centro; meio: **1** o centro ou o ponto central de alguma coisa. **2** (informal) a cintura ou a área estomacal.

middle-aged /ˌmɪd(ə)l 'eɪdʒd/ de meia-idade: que não é nem jovem nem velho; que está na fase média da vida. *a disease which affects middle-aged women* / uma doença que afeta mulheres de meia-idade.

middle colic /ˌmɪd(ə)l 'kɒlɪk/ artéria cólica média: artéria que se origina na artéria mesentérica superior.

middle ear /ˌmɪd(ə)l 'ɪə/ ouvido médio: a parte do ouvido entre o tímpano e o ouvido interno. ⇨ **tympanic cavity**. Observação: o ouvido médio contém três ossículos que recebem as vibrações do tímpano e as transmite para a cóclea. O ouvido médio conecta-se com a garganta pela trompa de Eustáquio (atual tuba auditiva).

middle ear infection /ˌmɪd(ə)l 'ɪər ɪnˌfekʃən/ otite média. ⇨ **otitis media**.

middle finger /ˌmɪd(ə)l 'fɪŋgə/ dedo médio: o maior dos cinco dedos.

midgut /'mɪdgʌt/ intestino médio: a parte média do tubo digestivo embrionário, que dá origem ao intestino delgado.

mid-life crisis /ˌmɪd laɪf 'kraɪsɪs/ crise da meia-idade: período, no começo dos anos médios da vida, em que algumas pessoas passam por crises de ansiedade, insegurança e insatisfação pessoal.

midline /'mɪdlaɪn/ linha mediana: linha imaginária que divide o tronco verticalmente; começa na cabeça, passa pelo umbigo e vai até o ponto entre os pés.

...patients admitted with acute abdominal pains were referred for study. Abdominal puncture was carried out in the midline immediately above or below the umbilicus. / "...os pacientes admitidos com dores abdominais agudas foram encaminhados para estudo. Foi feita punção abdominal na linha mediana contígua (acima ou abaixo) ao umbigo." (*Lancet*)

midriff /'mɪdrɪf/ diafragma: o diafragma.

midstream specimen /'mɪdstri:m ˌspesɪmɪn/ espécime do jato médio de urina: amostra de urina coletada em frasco estéril durante o jato médio do fluxo urinário, porque a primeira parte do fluxo pode estar contaminada por bactérias presentes na pele. ☑ **midstream specimen of urine**.

midstream specimen of urine /'mɪdstri:m ˌspesɪmɪn əv 'jʊərɪn/ espécime do jato médio de urina. Abreviatura: **MSU**. ⇨ **midstream specimen**.

midtarsal /mɪd'tɑ:s(ə)l/ mesotársico: situado entre os ossos do tarso.

midwife /'mɪdwaɪf/ parteira: enfermeira que possui prova de certificação em obstetrícia e que ajuda uma mulher no trabalho de parto, freqüentemente em casa. Observação: para se tornar uma Parteira Registrada (RM = *Registered Midwife*), uma Enfermeira Geral Registrada precisa fazer um curso posterior de dezoito meses, ou pode optar por um curso completo de três anos.

midwifery /mɪd'wɪfəri/ obstetrícia: **1** a profissão de parteira. **2** o estudo dos aspectos práticos da obstetrícia.

midwifery course /mɪd'wɪfəri kɔ:s/ curso de obstetrícia: curso de treinamento, no qual as enfermeiras aprendem técnicas de obstetrícia que irão capacitá-las ao trabalho de parteiras.

migraine /'mi:greɪn, 'maɪgreɪn/ hemicrânia: enxaqueca muito forte, latejante, que pode ser acompanhada por náusea, vômitos, distúrbios visuais e vertigens, cuja causa é desconhecida. As crises podem ser precedidas por uma "aura" e marcadas por fotofobia, escatomas brilhantes ou visão embaçada. A dor é geralmente intensa e unilateral. ☑ **migraine headache**.

migraine headache /'mi:greɪn ˌhedeɪk/ cefaléia hemicrânica. ⇨ **migraine**.

migrainous /'maɪgreɪnəs/ enxaquecóide: relativo à pessoa que está sujeita a crises de hemicrânia (enxaqueca).

mild /maɪld/ brando; ameno; moderado: que não é grave; benigno. *a mild throat infection* / uma infecção moderada de garganta.

mildly /'maɪldli/ um tanto; algo; brandamente: leve; que não é forte. *a mildly infectious disease* / uma doença infeciosa branda. *a mildly antiseptic solution* / uma solução anti-séptica suave.

miliaria /ˌmɪli'eərɪə/ miliária: erupção de pequenas vesículas vermelhas e pruriginosas no tórax, sob as axilas e entre as coxas, comum em países de clima quente, causada por oclusão das glândulas sudoríparas. ☑ **prickly heat; heat rash**.

miliary /'mɪliəri/ miliar: de pequeno tamanho, como a semente do milho.

miliary tuberculosis /ˌmɪliəri tjuːˌbɜːkjuˈləʊsɪs/ tuberculose miliar: forma de tuberculose que se manifesta como pequenos nódulos em vários tecidos e órgãos do corpo, incluindo as meninges cerebrais e a medula espinhal.

milium /'mɪliəm/ milho: **1** pequeno cisto de coloração branca a amarela, em adultos. **2** diminuto cisto sebáceo sob a pele, em crianças. **3** (geral) cisto na pele. Plural: **milia**.

milk /mɪlk/ leite: **1** líquido branco secretado pelas glândulas mamárias e com o qual as fêmeas dos mamíferos alimentam seus filhotes. O leite de vaca e os laticínios são itens muito importantes na maioria das dietas, principalmente infantis. *The patient can only drink warm milk.* / O paciente pode beber apenas leite quente. Plural: *some milk, a bottle of milk* ou *a glass of milk.* **2** o leite secretado pelas glândulas mamárias de uma mulher. *The milk will start to flow a few days after childbirth.* / O leite começará a fluir alguns dias após o parto.

milk dentition /mɪlk denˈtɪʃ(ə)n/ dentição de leite. ⇨ **deciduous dentition**.

milk leg /'mɪlk leg/ perna de leite; perna branca: condição que afeta mulheres após o parto, caracterizada por intumescimento edematoso da perna, em decorrência de trombose das veias que drenam a região. ☑ **white leg; phlegmasia alba dolens**.

milk rash /'mɪlk ræʃ/ exantema leitoso: uma erupção cutânea temporária, observada em recém-nascidos.

milk sugar /mɪlk 'ʃʊgə/ lactose. ⇨ **lactose**.

milk tooth /'mɪlk tuːθ/ dente-de-leite. ⇨ **primary tooth**.

milky /'mɪlki/ lácteo: referente a um líquido que é branco como o leite.

Miller-Abbott tube /ˌmɪlər 'æbət tjuːb/ tubo de Miller-Abbott: tubo com uma extremidade em balão, usado para desobstrução intestinal. O balão é inflado depois que a extremidade do tubo alcança a obstrução.

milli- /mɪlɪ/ mili-: um milésimo (10⁻³). Símbolo: **m**.

milligram /'mɪlɪgræm/ miligrama: unidade de medida de massa equivalente à milésima parte do grama. Símbolo: **mg**.

millilitre /'mɪlɪˌliːtə/ mililitro: unidade de medida de capacidade equivalente a um milésimo do litro. Abreviatura: **ml**. Nota: no inglês americano usa-se **milliliter**.

millimetre /'mɪlɪmiːtə/ milímetro: unidade de medida de comprimento equivalente à milésima parte do metro. Abrevitura: **mm**. Nota: no inglês americano usa-se **millimeter**.

millimole /'mɪlɪməʊl/ milimol: unidade de medida equivalente a um centésimo de uma molécula-grama. Abreviatura: **mmol**.

millisievert /'mɪlisiːvət/ milisievert: unidade de medida de radiação. ◊ **millisievert/year (mSv/**

year) milisievert/ano (mSv/ano): o número de milisieverts por ano. Abreviatura: **mSv**.

> ...*radiation limits for workers should be cut from 50 to 5 millisieverts, and those for members of the public from 5 to 0.25.* / "...os limites de radiação para trabalhadores deve ser reduzido de 50 para 5 milisieverts, e os limites para membros da saúde pública de 5 para 0,25." (*Guardian*)

Milroy's disease /'mɪlrɔɪz dɪˌziːz/ doença de Milroy: condição congênita caracterizada por linfedema nas pernas. (Descrita em 1892 por William Forsyth Milroy [1855–1942], professor de medicina clínica em Nebraska, EUA.)

Milwaukee brace /mɪlˌwɔːki 'breɪs/ órtese de Milwaukee: um suporte para pessoas com curvatura anormal da coluna vertebral, consistindo de um cinturão pélvico de couro ou metal com duas barras posteriores e uma anterior, e um esticador que é conectado com um molde de pescoço.

mimesis /mɪˈmiːsɪs/ mimese: simulação de sintomas de uma doença.

Minamata disease /ˌmɪnəˈmɑːtə dɪˌziːz/ doença de Minamata: forma de envenenamento por mercúrio, devido à ingestão de peixes contaminados, encontrada pela primeira vez no Japão.

mind /maɪnd/ mente; espírito: a parte do cérebro que controla a memória, a consciência e o raciocínio. ◊ **he's got something on his mind**: ele tem algo em mente (ele está preocupado com alguma coisa). ◊ **let's try to take her mind off her exams**: vamos tentar afastar a mente dela dos exames (vamos tentar fazer com que ela pare de se preocupar com os exames).

miner /'maɪnə/ mineiro; minerador: indivíduo que trabalha em mina de carvão.

mineral /'mɪn(ə)rəl/ mineral: uma substância inorgânica. Observação: os minerais mais importantes de que o organismo necessita são: cálcio (encontrado no leite, queijo e vegetais verdes), que promove o crescimento dos ossos e estimula a coagulação sanguínea; ferro (encontrado no pão e no fígado), que auxilia na produção de hemácias; fósforo (encontrado no pão e em peixes), que promove o crescimento dos ossos e o metabolismo lipídico; iodo (encontrado em peixes), que é essencial para o funcionamento da glândula tireóide.

mineral water /'mɪn(ə)rəl ˌwɔːtə/ água mineral: água potável contendo sais minerais extraídos do solo. A água mineral é engarrafada e comercializada.

minim /'mɪnɪm/ mínimo: medida de volume usada em farmácia. Corresponde a 1/60 de uma dracma líquida.

minimal /'mɪnɪm(ə)l/ mínimo: muito pequeno.

minimally invasive surgery /ˌmɪnɪm(ə)l ɪn ˌveɪsɪv 'sɜːdʒəri/ cirurgia minimamente invasiva: cirurgia que envolve o mínimo distúrbio possível do corpo. Freqüentemente usa raios *laser* e outros dispositivos de alta tecnologia.

mini mental state examination /ˌmɪni 'ment(ə)l ˌsteɪt ɪgzæmɪˌneɪʃ(ə)n/ miniteste de capacidade mental: teste feito principalmente por psiquiatras para determinar a capacidade mental de uma pessoa, usado no diagnóstico de demência.

minimum /'mɪnɪməm/ mínimo: **1** o menor possível. **2** a menor quantidade possível. Plural: **minimums** ou **minima**.

minimum lethal dose /ˌmɪnɪməm ˌliːθ(ə)l 'dəʊs/ dose letal mínima: a menor quantidade de uma substância que é necessária para causar a morte de uma pessoa ou de alguma coisa. Abreviatura: **MLD**.

ministroke /'mɪnɪstrəʊk/ ataque isquêmico transitório. ⇨ **transient ischaemic attack**.

minitracheostomy /ˌmɪnitreɪkɪ'ɒstəmi/ minitraqueostomia: uma traqueostomia transitória.

minor /'maɪnə/ menor: **1** não muito grave ou ameaçador à vida. **2** qualquer coisa menos importante ou grave do que outras do mesmo tipo. Oposto de **major**.

> ...practice nurses play a major role in the care of patients with chronic disease and they undertake many preventive procedures. They also deal with a substantial amount of minor trauma. / "...as enfermeiras práticas desempenham um papel importante nos cuidados de pacientes com doença crônica e adotam muitos procedimentos preventivos. Também tratam de um número considerável de traumas menores." (Nursing Times)

minor illness /ˌmaɪnə 'ɪlnəs/ doença menor: doença que não é grave.

minor injuries unit /ˌmaɪnə 'ɪndʒəriz juːn ɪt/ pronto-socorro de pequenos traumatismos: departamento hospitalar que trata a maioria dos casos de acidentes e emergências médicas. Abreviatura: **MIU**.

minor surgery /ˌmaɪnə 'sɜːdʒəri/ pequena cirurgia: operação cirúrgica que não envolve importantes órgãos do corpo e que pode ser feita mesmo fora de hospital. Compare com **major surgery**.

mio- /maɪəʊ/ mi(o)-: menos; menor.

miosis /maɪ'əʊsɪs/ miose: **1** a contração da pupila sob luz ofuscante. Usa-se também **myosis**. **2** ⇨ **meiosis**.

miotic /maɪ'ɒtɪk/ miótico: **1** agente que causa contração da pupila. **2** o que causa contração da pupila.

mis- /mɪs/ mis-: errado; incorreto; impróprio.

miscarriage /'mɪskærɪdʒ/ aborto: expulsão do feto do útero antes do final da gravidez, principalmente durante os sete primeiros meses de gestação. She had two miscarriages before having her first child. / Ela teve dois abortos antes de dar à luz seu primeiro filho. ☑ **spontaneous abortion**.

miscarry /mɪs'kæri/ abortar: sofrer um aborto. The accident made her miscarry. / O acidente fez com que ela abortasse. She miscarried after catching the infection. / Ela abortou após contrair a infecção.

misconduct /mɪs'kɒndʌkt/ conduta imprópria: conduta de um profissional, por exemplo, um médico, que é considerada errada ou imprópria.

misdiagnose /ˌmɪs'daɪəgˌnəʊz/ fazer diagnóstico errôneo: fazer um diagnóstico incorreto ou equivocado.

misdiagnosis /ˌmɪsdaɪəg'nəʊsɪs/ diagnóstico errôneo: diagnóstico incorreto ou equivocado.

mismatch /'mɪsmætʃ/ combinar mal; tornar incompatível: combinar tecidos de maneira errônea.

> ...finding donors of correct histocompatible type is difficult but necessary because results using mismatched bone marrow are disappointing. / "...é difícil, mas necessário, encontrar doadores com histocompatibilidade correta, porque o uso de medula óssea incompatível provoca resultados desapontadores." (Hospital Update)

miso- /mɪsɒ/ mis(o)-: forma combinante que significa ódio (em relação a alguém ou alguma coisa).

missed case /ˌmɪst 'keɪs/ paciente não-diagnosticado: pessoa com infecção ou doença que não é identificada pelo médico.

mist. /mɪst/ abreviatura de **mistura**: mistura. Veja **re**; **mist**.

misuse /mɪs'juːs/ **1** uso incorreto: uso errado ou equivocado. He was arrested for misuse of drugs. / Ele foi preso pelo uso incorreto de drogas. **2** usar incorretamente: usar alguma coisa, como uma droga, de maneira errada.

Misuse of Drugs Act 1971 /mɪsˌjuːs əv 'drʌgz ækt/ Lei de 1971 sobre o Uso Impróprio de Drogas: uma lei que abrange todos os aspectos do fornecimento e posse de drogas perigosas, como morfina, esteróides anabolizantes, LSD e maconha. Em 2002, várias drogas benzodiazepínicas novas foram acrescentadas à lista.

mite /maɪt/ ácaro: parasita diminuto que causa dermatite ou lesões teciduais.

mitochondrial /ˌmaɪtə'kɒndrɪəl/ mitocondrial: relativo a mitocôndrias.

mitochondrion /ˌmaɪtə'kɒndrɪən/ mitocôndria: pequena formação que se assemelha a um bastão, presente no citoplasma celular, fonte principal de energia da célula. Plural: **mitochondria**.

mitomycin C /ˌmaɪtəʊmaɪsɪn 'siː/ mitomicina C: antibiótico que ajuda a prevenir o crescimento das células cancerosas, usado principalmente no tratamento quimioterápico de cânceres da bexiga e do reto.

mitosis /maɪ'təʊsɪs/ mitose: processo de divisão celular em que a célula-mãe divide-se em duas células-filhas idênticas. Compare com **meiosis**.

mitral /'maɪtrəl/ mitral: relativo à válvula mitral.

mitral incompetence /ˌmaɪtrəl ɪn'kɒmpɪt(ə)ns/ incompetência mitral. Abreviatura: **MI**. Nota: atualmente, usa-se **mitral regurgitation**.

mitral regurgitation /ˌmaɪtrəl rɪˌgɜːdʒɪ'teɪʃ(ə)n/ regurgitação mitral: situação caracterizada pelo fechamento incompleto da válvula mitral, causando um refluxo de sangue para o átrio.

M

mitral stenosis /ˌmaɪtrəl stəˈnəʊsɪs/ estenose mitral: condição caracterizada pelo estreitamento do orifício da válvula mitral, causado por fusão das cúspides. Nota: a condição resulta quase sempre de endocardite reumática. Abreviatura: **MS**.

mitral valve /ˈmaɪtrəl vælv/ válvula mitral: válvula do coração que permite o fluxo de sangue do átrio esquerdo para o ventrículo esquerdo, mas não na direção oposta. ☑ **bicuspid valve**.

mitral valvotomy /ˌmaɪtrəl vælˈvɒtəmi/ valvotomia mitral: cirurgia para separar as cúspides de uma válvula mitral estenosada, aliviando a obstrução.

mittelschmerz /ˈmɪt(ə)lˌʃmeəts/ dor intermenstrual: dor abdominal que ocorre durante a ovulação.

MIU abreviatura de **minor injuries unit**.

mix /mɪks/ misturar; associar: juntar ou reunir componentes. *The pharmacist mixed the chemicals in a bottle.* / O farmacêutico misturou as substâncias químicas num frasco.

mixture /ˈmɪkstʃə/ mistura: a combinação de várias substâncias químicas. *The doctor gave me an unpleasant mixture to drink.* / O médico deu-me uma mistura de sabor desagradável para beber. *Take one spoonful of the mixture every three hours.* / Tome uma colherada da mistura a cada três horas.

ml abreviatura de **millilitre**.

MLD abreviatura de **minimum lethal dose**.

MLSO abreviatura de **medical laboratory scientific officer**.

mm abreviatura de **millimetre**.

mmol abreviatura de **millimole**.

MMR /ˌem em ˈɑː/ sarampo-caxumba-rubéola (MMR = *measles, mumps, rubella*): vacina contendo os vírus atenuados do sarampo, da caxumba e da rubéola, usada na imunização de crianças pequenas. ☑ **MMR vaccine**.

MMR vaccine /ˌem em ˈɑː ˈvæksiːn/ vacina anti-sarampo, anticaxumba e anti-rubéola. ⇨ **MMR**.

Mn símbolo do **manganese**.

MND abreviatura de **motor neurone disease**.

MO abreviatura de **medical officer**.

mobile /ˈməʊbaɪl/ móvel; em movimento: capaz de se mexer, de mudar de lugar ou posição. *It is important for elderly patients to remain mobile.* / É importante que os pacientes idosos se mantenham em movimento.

mobilisation /ˌməʊbɪlaɪˈzeɪʃ(ə)n/ mobilização: o ato de tornar alguma coisa móvel. Usa-se também **mobilization**.

mobility /məʊˈbɪlɪti/ (pacientes) mobilidade: a capacidade de se mexer, de executar movimentos.

mobility allowance /məʊˈbɪlɪti əˌlaʊəns/ ajuda de custo; abono: um subsídio governamental que ajuda pessoas deficientes a pagar o transporte.

modality /məʊˈdælɪti/ modalidade: método usado no tratamento de uma doença, por exemplo, cirurgia ou quimioterapia.

moderate /ˈmɒd(ə)rət/ moderado: nem alto nem baixo.

moderately /ˈmɒd(ə)rətli/ moderadamente: que não se situa nem em um extremo nem no outro. *The patient had a moderately comfortable night.* / O paciente teve uma noite moderadamente confortável.

modern matron /ˌmɒd(ə)n ˈmeɪtrən/ supervisora: enfermeira cuja função consiste em ajudar a enfermeira-chefe a ministrar aos pacientes os cuidados básicos, incluindo a limpeza da enfermaria e o controle de infecções, obedecendo a um alto padrão de qualidade.

modiolus /məʊˈdiːələs/ modíolo: o pilar central da cóclea.

MODS abreviatura de **multiple organ dysfunction syndrome**.

MOF abreviatura de **1 male or female**. **2 multiorgan failure**.

Mogadon /ˈmɒɡədɒn/ Mogadon: o nome comercial do nitrazepam.

MOH abreviatura de **Medical Officer of Health**.

moist /mɔɪst/ úmido: ligeiramente molhado. *The compress should be kept moist.* / A compressa deve ser mantida úmida.

moisten /ˈmɔɪs(ə)n/ umedecer(-se): molhar algo ligeiramente; tornar(-se) úmido.

moist gangrene /ˌmɔɪst ˈɡæŋɡriːn/ gangrena úmida: condição caracterizada pela tumefação e necrose de tecidos; a parte atingida torna-se úmida e amolecida, soltando um líquido fétido.

moisture /ˈmɔɪstʃə/ umidade: água ou outro líquido.

moisture content /ˈmɔɪstʃə ˌkɒntent/ volume de líquido: a quantidade de água ou outro líquido que uma substância contém.

mol /məʊl/ mol: símbolo do **mole**, acepção 2.

molar /ˈməʊlə/ molar: **1** relativo aos grandes dentes posteriores da arcada dentária. **2** referente ao mol, uma medida de massa molecular. **3** grande dente situado na parte posterior da arcada dentária, usado para moer os alimentos. Na dentição de leite, há oito dentes molares; na dentição permanente, doze. Veja ilustração em **Teeth**, no Apêndice.

molarity /məʊˈlærɪti/ molaridade: o poder de uma substância, representado pelo número de moles por litro de solução (mol/l).

molasses /məˈlæsɪz/ melado: calda doce, grossa e escura, feita do açúcar, antes de ele ser refinado.

mole /məʊl/ **1** mola: mancha escura e elevada na pele. *She has a large mole on her chin.* / Ela tem uma grande mancha no queixo. Veja também **melanoma**. **2** mol: no SI, a unidade da quantidade de uma substância. Símbolo: **mol**.

molecular /məˈlekjʊlə/ molecular: relativo a uma molécula.

molecular biology /məˌlekjʊlə baɪˈɒlədʒi/ biologia molecular: o estudo das estruturas moleculares dos organismos vivos.

molecular weight /məˌlekjʊlə ˈweɪt/ peso molecular: o peso de uma molécula de uma substância.

molecule /ˈmɒlɪkjuːl/ molécula: a menor quantidade possível de uma matéria que pode existir independentemente.

molluscum /məˈlʌskəm/ molusco: um tumor cutâneo mole e arredondado.

molluscum contagiosum /məˌlʌskəm kənˌteɪdʒiˈəʊsəm/ molusco contagioso: infecção cutânea causada por um vírus e caracterizada por pequenas lesões epiteliais papulares.

molluscum fibrosum /məˌlʌskəm ˌfaɪˈbrəʊsəm/ molusco fibroso. ⇨ **neurofibromatosis**.

molluscum sebaceum /məˌlʌskəm sɪˈbeɪʃəm/ molusco sebáceo: tumor cutâneo benigno que desaparece depois de pouco tempo.

molybdenum /mɒˈlɪbdənəm/ molibdênio: um elemento metálico traçador. Símbolo químico: **Mo**.

monaural /mɒnˈɔːrəl/ monoaural: relativo ao uso de apenas um ouvido.

Mönckeberg's arteriosclerosis /ˌmʌnkəbəgz ˌɑːtiːriəʊskleˈrəʊsɪs/ aterosclerose de Mönckeberg: condição observada em pessoas idosas, caracterizada por deposição de cálcio na camada medial das artérias, principalmente das pernas, causando claudicação. (Descrita em 1903 por Johann Georg Mönckeberg [1877–1925], médico e patologista alemão.)

mongolism /ˈmɒŋɡəlɪz(ə)m/ mongolismo: nome antigo da síndrome de Down. Nota: o termo é considerado ofensivo.

Monilia /məʊˈnɪliə/ Monilia. ⇨ **Candida**.

moniliasis /mɒnɪˈlaɪəsɪs/ moniliáse. ⇨ **candidiasis**.

monitor /ˈmɒnɪtə/ **1** monitor: a tela de um computador. **2** monitorar; monitorizar: a) conferir alguma coisa. b) verificar como um paciente está evoluindo.

monitoring /ˈmɒnɪt(ə)rɪŋ/ monitoração; monitorização: o exame e o registro regulares da temperatura, peso, pressão arterial e outros indicadores essenciais sobre o estado de saúde de uma pessoa.

mono- /mɒnəʊ/ mon(o)-: único; só; isolado.

monoamine oxidase /ˌmɒnəʊˌæmiːn ˈɒksɪdeɪz/ monoamina oxidase: uma enzima que decompõe as catecolaminas à sua forma inativa. Abreviatura: **MAO**. Veja também **tyramine**.

monoamine oxidase inhibitor /ˌmɒnəʊˌæmiːn ˈɒksɪdeɪz ɪnˈhɪbɪtə/ inibidor da monoamina oxidase: droga que inibe a monoamina oxidase, utilizada no tratamento da depressão, por exemplo, a fenelzina. Seu uso é limitado, por causa do potencial de interações medicamentosas e dietéticas, além da necessidade de supressão lenta. Pode, ainda, causar hipertensão. Abreviatura: **MAOI**. ☑ **MAO inhibitor**.

monoblast /ˈmɒnəʊblæst/ monoblasto: célula imatura que dá origem a um monócito.

monochromatism /ˌmɒnəʊˈkrəʊmætɪʒ(ə)m/ monocromatismo: cegueira para cores, na qual todas as cores parecem ser pretas, cinzentas ou brancas. Compare com **dichromatism; trichromatism**.

monoclonal /ˌmɒnəʊˈkləʊn(ə)l/ monoclonal: relativo a células, ou seus produtos, que são formadas ou derivadas de um só clone.

monoclonal antibody /ˌmɒnəʊˈkləʊn(ə)l ˈæntɪbɒdi/ anticorpo monoclonal: anticorpo facilmente produzido em laboratório por um único clone celular. Pode ser útil no tratamento de câncer.

monocular /mɒˈnɒkjʊlə/ monocular: relativo a um olho, ou que afeta apenas um olho. Compare com **binocular**.

monocular vision /məˌnɒkjʊlə ˈvɪʒ(ə)n/ visão monocular: a visão com apenas um olho, de modo que o senso de distância é afetado. Compare com **binocular vision**.

monocyte /ˈmɒnəʊsaɪt/ monócito: célula sanguínea branca, cujo núcleo assemelha-se a um rim. Os monócitos atuam como macrófagos, destruindo as células bacterianas.

monocytosis /ˌmɒnəʊsaɪˈtəʊsɪs/ monocitose: condição caracterizada por aumento anormal no número de monócitos no sangue. Os sintomas incluem faringite, inchaço dos nódulos linfáticos e febre. Provavelmente, é causado pelo vírus Epstein-Barr. ☑ **glandular fever; mononucleosis**.

monodactylism /ˌmɒnəʊˈdæktɪlɪz(ə)m/ monodactilismo: condição congênita caracterizada pela presença de um único dedo na mão ou no pé.

monomania /ˌmɒnəʊˈmeɪniə/ monomania: distúrbio mental no qual a pessoa tem obsessão por uma única idéia ou assunto.

mononeuritis /ˌmɒnəʊnjuˈraɪtɪs/ mononeurite: neurite que afeta um único nervo.

mononuclear /ˌmɒnəʊˈnjuːkliə/ mononuclear: relativo a uma célula, como um monócito, que possui apenas um núcleo.

mononucleosis /ˌmɒnəʊˌnjuːkliˈəʊsɪs/ mononucleose. ⇨ **monocytosis**.

monoplegia /ˌmɒnəʊˈpliːdʒə/ monoplegia: paralisia de uma parte do corpo apenas, por exemplo, um músculo ou membro.

monorchism /ˈmɒnɔːkɪz(ə)m/ monorquismo: condição caracterizada pela presença de apenas um testículo no saco escrotal.

monosaccharide /ˌmɒnəʊˈsækraɪd/ monossacarídeo: um açúcar simples que não pode ser decomposto por hidrólise, por exemplo, glicose ou frutose.

monosodium glutamate /ˌmɒnəʊˌsəʊdiəm ˈɡluːtəmeɪt/ glutamato monossódico: um sal de sódio do ácido glutâmico, muito usado no tempero de alimentos, aos quais incrementa o sabor. Veja também **Chinese restaurant syndrome**.

M

monosomy /'mɒnəʊsəʊmi/ monossomia: ausência de um cromossomo de um par homológo.

monosynaptic /ˌmɒnəʊsɪ'næptɪk/ monossináptico: relativo às conexões neurais que possuem apenas uma sinapse.

monovalent /ˌmɒnəʊ'veɪlənt/ monovalente: que tem somente uma valência. ☑ **univalent**.

monoxide /mə'nɒksaɪd/ monóxido. Veja **carbon**.

monozygotic twins /ˌmɒnəʊzaɪˌɡɒtɪk 'twɪnz/ (plural) gêmeos monozigóticos. ⇨ **identical twins**.

mons /mɒnz/ monte: uma eminência ou ligeira elevação carnosa, principalmente a saliência do coxim de tecido gorduroso sobre a sínfise púbica. Plural: **montes**.

mons pubis /ˌmɒnz 'pju:bɪs/ monte pubiano; monte de Vênus: um coxim de tecido gorduroso que cobre o púbis. ☑ **mons veneris**.

monster /'mɒnstə/ monstro: termo antigo com que se designava um feto ou recém-nascido com malformações graves, normalmente incapaz de viver. Nota: o termo é considerado ofensivo.

mons veneris /ˌmɒnz və'nɪərɪs/ monte de Vênus; monte pubiano. ⇨ **mons pubis**.

Montezuma's revenge /ˌmɒntɪzuːməz rɪ'vendʒ/ (informal) vingança de Montezuma: diarréia que afeta pessoas que viajam para países estrangeiros, e que é freqüentemente causada pela ingestão de frutas não lavadas ou água potável não fervida.

Montgomery's glands /mənt'ɡʌməriz glændz/ (plural) glândulas de Montgomery; glândulas areolares: glândulas sebáceas que circundam os mamilos, e que se tornam mais pronunciadas durante a gravidez. (Descritas por William Fetherstone Montgomery [1797–1859], ginecologista de Dublin.)

mood /mu:d/ disposição; humor; estado de espírito: o estado mental da pessoa em um determinado momento. *a mood of excitement* / um estado de animação. ◊ **in a bad mood**: de mau humor (sentindo raiva ou irritação). ◊ **in a good mood**: de bom humor (sentindo-se feliz).

moon face /'mu:n feɪs/ face de lua cheia: face redonda e avermelhada, observada na síndrome de Cushing ou quando ocorre excesso de hormônios esteróides no organismo.

Mooren's ulcer /'mɔʊrənz ˌʌlsə/ úlcera de Mooren: uma inflamação crônica da córnea, observada em pessoas idosas. (Descrita por Albert Mooren (1828–1899), oftalmologista em Düsseldorf, Alemanha.)

morbid /'mɔːbɪd/ mórbido; doentio: **1** que apresenta sintomas de doença. *The X-ray showed a morbid condition of the kidneys.* / O raio X mostrou uma condição doentia dos rins. **2** relativo a doença. **3** relativo a uma faculdade mental doentia.

morbid anatomy /ˌmɔːbɪd ə'nætəmi/ anatomia patológica. ⇨ **pathology**.

morbidity /mɔː'bɪdɪti/ morbidade: a condição de doença, ou um estado mórbido.

…apart from death, coronary heart disease causes considerable morbidity in the form of heart attack, angina and a number of related diseases. / …"além de morte, a cardiopatia coronariana é responsável por uma taxa considerável de morbidade, causada por ataque cardíaco, angina e várias doenças relacionadas." (*Health Education Journal*)

morbidity rate /mɔː'bɪdɪti reɪt/ taxa de morbidade: o número de casos de uma doença, durante determinado período, calculado por 100.000 de população.

morbilli /mɔː'bɪli/ sarampo. ⇨ **measles**.

morbilliform /mɔː'bɪlifɔːm/ morbiliforme: referente à erupção cutânea que é semelhante ao sarampo.

morbus /'mɔːbəs/ doença: uma doença.

moribund /'mɒrɪbʌnd/ moribundo: que ou o que está morrendo.

morning /'mɔːnɪŋ/ manhã: a primeira parte do dia, antes do meio-dia.

morning-after feeling /ˌmɔːnɪŋ 'ɑːftə ˌfiːlɪŋ/ (informal) ressaca (de bebedeira). Veja **hangover**.

morning-after pill /ˌmɔːnɪŋ 'ɑːftə pɪl/ pílula do dia seguinte: uma pílula anticoncepcional ingerida após a relação sexual. ☑ **next-day pill**. Veja também **pill**.

morning sickness /'mɔːnɪŋ ˌsɪknəs/ doença matinal: náusea e vômitos observados em mulheres no começo da gravidez, quando se levantam da cama, pela manhã.

Moro reflex /'mɔːrəʊ ˌriːfleks/ reflexo de Moro: reflexo do recém-nascido quando assustado por um ruído forte. Nota: o bebê é estendido sobre uma mesa que é atingida por um solavanco, a fim de se observar se há contração dos músculos dos braços. (Descrito por Ernst Moro [1874–1951], pediatra em Heidelberg, Alemanha.)

morphea /mɔː'fiə/ morféia: forma de esclerodermia, uma doença na qual a pele apresenta placas endurecidas de tecido conjuntivo. Usa-se também **morphoea**.

morphia /'mɔːfiə/ morfina. ⇨ **morphine**.

morphine /'mɔːfiːn/ morfina: substância analgésica derivada do ópio, que é usada no tratamento de dores muito fortes, e cujo uso prolongado pode causar dependência. ☑ **morphia**.

morpho- /mɔːfəʊ/ morf(o)-: relativo à forma ou estrutura.

morphoea /mɔː'fiə/ morféia. ⇨ **morphea**.

morphology /mɔː'fɒlədʒi/ morfologia: o estudo das formas e estrutura dos organismos vivos.

-morphous /mɔːfəs/ -morfo: relativo a uma forma ou estrutura particular.

mortality rate /mɔː'tælɪti reɪt/ taxa de mortalidade: o número de mortes por ano, calculado por 100.000 de população.

mortification /ˌmɔːtɪfɪ'keɪʃ(ə)n/ mortificação. ⇨ **necrosis**.

mortis /'mɔːtɪs/ morte. Veja **rigor mortis**.

mortuary /'mɔːtjuəri/ necrotério: cômodo de um hospital onde os cadáveres são guardados até que sejam liberados para o sepultamento por um agente funerário.

morula /'mɒrʊlə/ mórula: estágio inicial do desenvolvimento embrionário, formado pela massa de blastômeros resultante da segmentação do óvulo fertilizado.

mosquito /mɒ'skiːtəʊ/ mosquito: um inseto hematófago; algumas espécies podem transmitir vírus ou parasitas, introduzindo-os na corrente sanguínea. Observação: nos países setentrionais, a picada de um mosquito deixa simplesmente uma pequena marca que provoca coceira; nos países tropicais, ela pode transmitir dengue, filaríase, malária e febre amarela, sendo uma importante causa de morbidade e mortalidade. Os mosquitos se reproduzem na água e espalham-se rapidamente em lagos ou canais formados por represas e outros projetos de irrigação, bem como em recipientes para armazenagem de água para uso doméstico.

mother /'mʌðə/ mãe: mulher que deu à luz um filho (mãe biológica) ou que o cria (mãe adotiva).

mother-fixation /'mʌðə fɪkˌseɪʃ(ə)n/ fixação materna: em psicanálise, condição caracterizada pela paralisação do desenvolvimento de uma pessoa, na qual ela permanece dependente da mãe, como uma criança.

motile /'məʊtaɪl/ móvel; dotado de motilidade: relativo à célula ou a microorganismo capaz de se mover espontaneamente. *Sperm cells are extremely motile.* / As células espermáticas são dotadas de extrema mobilidade.

motility /məʊ'tɪlɪti/ motilidade: **1** (células ou micróbios) a capacidade de se mover. **2** (intestino) a peristalse.

motion /'məʊʃ(ə)n/ movimento; sinal: **1** movimento. **2** ⇨ **bowel movement**.

motionless /'məʊʃ(ə)n(ə)ləs/ parado; imóvel: sem movimento. *Catatonic patients can sit motionless for hours.* / Pacientes catatônicos podem ficar sentados durante horas, imóveis.

motion sickness /ˌməʊʃ(ə)n 'sɪknəs/ (informal) cinesia; doença do movimento: mal-estar e náuseas provocados por viagens. É causada pelo movimento de líquido dentro do labirinto, no ouvido médio, e é observada principalmente em veículos fechados, tais como avião, carro ou veículo anfíbio. ☑ **travel sickness**. Observação: o movimento de líquido dentro do labirinto, no ouvido médio, causa cinesia, que é observada principalmente em veículos fechados, tais como avião, carro ou veículo anfíbio.

motor /'məʊtə/ motor: relativo ao movimento, ou que produz movimento.

motor area /'məʊtər ˌeəriə/ área motora: parte do córtex cerebral que controla os músculos responsáveis pelos movimentos voluntários, enviando impulsos dos neurônios motores. ☑ **motor cortex**.

motor cortex /'məʊtər 'kɔːteks/ córtex motor. ⇨ **motor area**.

motor disorder /'məʊtə dɪsˌɔːdə/ distúrbio motor: deficiência dos nervos ou neurônios, que causa contração muscular e dificuldade de movimentos.

motor end plate /ˌməʊtər 'end pleɪt/ placa motora: o ramo terminal de um neurônio motor, que se apõe a uma fibra muscular.

motor nerve /'məʊtə nɜːv/ nervo motor: nervo que envia impulsos do cérebro e da medula espinhal para os músculos, e que é responsável pelos movimentos. ☑ **efferent nerve**.

motor neurone /ˌməʊtə 'njʊərəʊn/ neurônio motor: neurônio das vias motoras que envia impulsos do cérebro para um músculo ou glândula.

motor neurone disease /ˌməʊtə 'njʊərəʊn dɪ ˌziːz/ doença do neurônio motor: doença das células nervosas que controlam o movimento dos músculos. Abreviatura: **MND**. Observação: há três tipos de doença do neurônio motor: atrofia muscular progressiva (PMA), que afeta o movimento das mãos; esclerose lateral; e paralisia bulbar, que afeta a boca e a garganta.

motor pathway /ˌməʊtə 'pɑːθweɪ/ vias motoras: série de neurônios motores que enviam impulsos do córtex cerebral para um músculo.

mottled /'mɒt(ə)ld/ mosqueado; moteado: uma área da pele com máculas de várias cores.

mountain fever /'maʊntɪn ˌfiːvə/ febre das montanhas. ⇨ **brucellosis**.

mountain sickness /'maʊntɪn ˌsɪknəs/ doença das montanhas; doença de altitude elevada. ⇨ **altitude sickness**.

mouth /maʊθ/ boca: abertura situada na parte inicial do canal alimentar, limitada anteriormente pelos lábios e comunicando-se atrás com a faringe. *She was sleeping with her mouth open.* / Ela estava dormindo com a boca aberta. Nota: para conhecer outros termos referentes à boca, veja **oral** e os que começam com **stomat-** e **stomato-**.

mouthful /'maʊθfʊl/ bocado: a quantidade de alimento que cabe na boca.

mouth-to-mouth /ˌmaʊθ tə 'maʊθ/ (informal) respiração boca-a-boca. ☑ **mouth-to-mouth resuscitation; mouth-to-mouth ventilation**. ⇨ **cardiopulmonary resuscitation**.

mouth-to-mouth resuscitation /ˌmaʊθ tə 'maʊθ rɪˌsʌsɪ'teɪʃ(ə)n/ ressuscitação boca-a-boca. ⇨ **mouth-to-mouth**.

mouth-to-mouth ventilation /ˌmaʊθ tə 'maʊθ ventɪˌleɪʃ(ə)n/ respiração boca-a-boca. ⇨ **mouth-to-mouth**.

mouth ulcer /'maʊθ ˌʌlsə/ afta: pequena úlcera branca que aparece em grupos na boca e na língua. ☑ **aphthous ulcer** E **canker sore**

mouthwash /'maʊθwɒʃ/ enxaguatório bucal: solução anti-séptica usada na higiene e no tratamento de infecções bucais.

M

move /muːv/ mover-(se); movimentar-(se): mudar-se de um lugar para o outro, ou alterar o lugar ou a posição de alguma coisa. *Try to move your arm.* / Tente mover o braço. *He found he was unable to move.* / Ele descobriu que era incapaz de se mover.

movement /'muːvmənt/ movimento: **1** o ato de alterar a posição, ou o fato de não estar imóvel. **2** ⇨ **bowel movement**.

moxybustion /ˌmɒksɪ'bʌstʃ(ə)n/ moxibustão: tratamento usado no Extremo Oriente, que consiste na combustão de uma pequena bola de ervas secas, como a moxa, sobre a pele.

MP joint /ˌem 'piː ˌdʒɔɪnt/ articulação metacarpofalangiana. ⇨ **metacarpophalangeal joint**.

MPS abreviatura de **member of the pharmaceutical society**.

MRC abreviatura de **Medical Research Council**.

MRCGP abreviatura de **Member of the Royal College of General Practitioners**.

MRCP abreviatura de **Member of the Royal College of Physicians**.

MRCS abreviatura de **Member of the Royal College of Surgeons**.

MRI abreviatura de **magnetic resonance imaging**.

> ...*during an MRI scan, the patient lies within a strong magnetic field as selected sections of his body are stimulated with radio frequency waves. Resulting energy changes are measured and used by the MRI computer to generate images.* / "...durante um exame de imagem de ressonância magnética, o paciente permanece deitado e exposto a um forte campo magnético, enquanto partes específicas do corpo são estimuladas por ondas de radiofreqüência. As alterações de energia resultantes são medidas e usadas por um computador ligado ao *scanner* para obtenção de imagens." (*Nursing 87*)

mRNA abreviatura de **messenger RNA**.

MRSA abreviatura de **methicillin-resistant Staphylococcus aureus**.

MS abreviatura de **1 mitral stenosis**. **2 multiple sclerosis**.

MSH abreviatura de **melanocyte-stimulating hormone**.

MSU abreviatura de **midstream specimen of urine**.

mSv abreviatura de **millisievert**.

mucin /'mjuːsɪn/ mucina: glicoconjugado que contém proteínas e que constitui a principal substância das células mucosas.

muco- /mjuːkəʊ/ muc(i/o)-: relativo ao muco.

mucocele /'mjuːkəʊsiːl/ mucocele: cavidade contendo um acúmulo de muco.

mucociliary transport /ˌmjuːkəʊˌsɪliəri 'træns pɔːt/ transporte mucociliar: o processo pelo qual os cílios, estruturas microscópicas situadas na parte interna do nariz, movem películas mucosas em direção ao esôfago, purificando o nariz de poeira e bactérias.

mucocoele /'mjuːkəʊsiːl/ mucocele: **1** condição caracterizada pela dilatação de um órgão ou cavidade, devido à presença excessiva de muco. **2** a tumefação produzida por essa condição.

mucocutaneous /ˌmjuːkəʊkjuː'teɪniəs/ mucocutâneo: relativo tanto à membrana mucosa quanto à pele.

mucocutaneous leishmaniasis /ˌmjuːkəʊkj uːˌteɪniəs ˌliːʃməˈnaɪəsɪs/ leishmaniose mucocutânea: doença que afeta a pele e a membrana mucosa.

mucoid /'mjuːkɔɪd/ mucóide: semelhante ao muco.

mucolytic /ˌmjuːkəʊ'lɪtɪk/ mucolítico: substância capaz de dissolver muco.

mucomembranous colitis /ˌmjuːkəʊˌmem brənəs kə'laɪtɪs/ colite mucomembranosa. ⇨ **mucous colitis**.

mucoprotein /ˌmjuːkəʊ'prəʊtiːn/ mucoproteína: variedade de proteína encontrada no plasma sanguíneo.

mucopurulent /ˌmjuːkəʊ'pjʊərʊlənt/ mucopurulento: que consiste em uma mistura de muco e pus.

mucopus /ˌmjuːkəʊ'pʌs/ mucopus: uma mistura de muco e pus.

mucormycosis /ˌmjuːkɔːmaɪ'kəʊsɪs/ mucormicose: doença do ouvido e garganta causada pelo fungo *Mucor*.

mucosa /mjuː'kəʊzə/ mucosa. ⇨ **mucous membrane**. Plural: **mucosae**.

mucosal /mjuː'kəʊz(ə)l/ mucoso: relativo a uma membrana mucosa.

mucous /'mjuːkəs/ mucoso: relativo a muco, coberto por muco.

mucous cell /'mjuːkəs sel/ célula mucosa: célula que contém mucinogênio, que secreta mucina ou muco.

mucous colic /ˌmjuːkəs 'kɒlɪk/ cólica mucosa: inflamação da mucosa do cólon, caracterizada por espasmos musculares dolorosos. ☑ **mucomembranous colitis**.

mucous colitis /ˌmjuːkəs kə'laɪtɪs/ colite mucosa; mucocolite: inflamação da mucosa do cólon, caracterizada por espasmos musculares dolorosos, acompanhados de ataques de constipação ou diarréia, ou os dois alternadamente. ☑ **irritable bowel syndrome; spastic colon**.

mucous membrane /ˌmjuːkəs 'membreɪn/ membrana mucosa: camada mucosa que reveste várias estruturas tubulares do corpo, por exemplo, nariz, boca, estômago e garganta, e secreta muco. ☑ **mucosa**.

mucous plug /'mjuːkəs plʌg/ tampão mucoso: massa de muco que bloqueia o canal cervical durante a gravidez.

mucoviscidosis /mjuːkəʊvɪsɪ'dəʊsɪs/ mucoviscidose. ⇨ **cystic fibrosis**.

mucus /'mjuːkəs/ muco: substância líquida viscosa secretada pelas membranas mucosas, às quais oferece proteção. Nota: para conhecer outros termos referentes a muco, veja os que começam com **blenno-**.

muddled /'mʌd(ə)ld/ confuso: diz-se de pessoa cujos pensamentos são confusos e desordenados.

Müllerian duct /mʌˌlɪərɪən 'dʌkt/ ductos de Müller. ⇨ **paramesonephric duct**. (Descritos em 1825 por Johannes Peter Müller [1801–1858], professor de anatomia em Bonn, posteriormente professor de anatomia e fisiologia em Berlim, Alemanha.)

multi- /mʌlti/ multi-: muitos; abundantes.

multicentric /ˌmʌlti'sentrɪk/ multicêntrico: que acontece em vários centros.

multicentric testing /ˌmʌltisentrɪk 'testɪŋ/ teste multicêntrico. ⇨ **multicentric trial**.

multicentric trial /ˌmʌltisentrɪk 'traɪəl/ experiência multicêntrica: experiências que são conduzidas em vários centros ao mesmo tempo. ☑ **multicentric testing**.

multidisciplinary /ˌmʌlti'dɪsɪplɪnəri/ multidisciplinar: que usa ou envolve várias matérias especializadas ou habilidades. *a multidisciplinary team* / um time multidisciplinar.

multifactorial /ˌmʌltifæk'tɔːrɪəl/ multifatorial: **1** que envolve fatores ou elementos diversificados. **2** relativo à herança que depende de mais de um gene. *Height and weight are examples of characteristics determined by multifactorial inheritance.* / Altura e peso são exemplos de características determinadas por herança multifatorial.

multifocal lens /ˌmʌltiˌfəʊk(ə)l 'lenz/ lentes multifocais: lentes de óculos com duas distâncias focais, uma superior e a outra, inferior, de modo a permitir a visão clara dos objetos a distâncias diferentes. Compare com **bifocal glasses**.

multiforme /'mʌltifɔːm/ multiforme. Veja **erythema multiforme**.

multigravida /ˌmʌlti'grævɪdə/ multigrávida: uma mulher grávida que já teve duas ou mais gestações anteriores.

multi-infarct dementia /ˌmʌlti 'ɪnfɑːkt dɪˌmenʃə/ demência de múltiplos infartos: demência causada por vários infartos, e cuja deterioração não é progressiva, como na doença de Alzheimer, mas aumenta à medida que os infartos acontecem.

multilocular /ˌmʌlti'lɒkjʊlə/ multilocular: relativo a uma parte do corpo que tem muitos compartimentos ou lóculos.

multinucleated /ˌmʌlti'njuːklieɪtɪd/ multinucleado; plurinuclear: relativo a uma célula com vários núcleos, como um megacariócito.

multi-organ failure /ˌmʌlti 'ɔːgən ˌfeɪljə/ falência de múltiplos órgãos; falência múltipla de órgãos: condição extremamente grave na qual vários órgãos do corpo param de funcionar ao mesmo tempo. A pessoa pode sobreviver, dependendo do número de órgãos atingidos e da duração de cada falência. Abreviatura: **MOF**.

multipara /mʌl'tɪpərə/ multípara: mulher que já deu à luz dois ou mais fetos viáveis.

multiple /'mʌltɪp(ə)l/ múltiplo: que ocorre várias vezes ou em vários locais.

multiple birth /ˌmʌltɪp(ə)l 'bɜːθ/ nascimento múltiplo: parto no qual nasce mais de uma criança da mesma gestação.

multiple fracture /ˌmʌltɪp(ə)l 'fræktʃə/ fratura múltipla: condição na qual um osso se quebra em vários locais.

multiple myeloma /ˌmʌltɪp(ə)l ˌmaɪə'ləʊmə/ mieloma múltiplo: tumor maligno da medula óssea, que afeta com mais freqüência os ossos planos.

multiple organ dysfunction syndrome /ˌmʌltɪp(ə)l ˌɔːgən dɪs'fʌŋkʃ(ə)n ˌsɪndrəʊm/ síndrome de disfunção de múltiplos órgãos: um estado de anormalidades e distúrbios contínuos nos sistemas orgânicos, em vez de uma falência real, por exemplo, após trauma ou sepse. É, freqüentemente, fatal. Abreviatura: **MODS**.

multiple pregnancy /ˌmʌltɪp(ə)l 'pregnənsi/ gravidez múltipla: gravidez em que a mãe dará à luz mais de um bebê.

multiple sclerosis /ˌmʌltɪp(ə)l sklə'rəʊsɪs/ esclerose múltipla: doença dos centros nervosos, que evolui lentamente, e que é caracterizada pela desmielinização das fibras do sistema nervoso central, causando entorpecimento dos membros, fraqueza progressiva e paralisia. Abreviatura: **MS**. ☑ **disseminated sclerosis**. Veja também **arteriosclerosis; atherosclerosis; amyotrophic lateral sclerosis; Gehrig's disease**.

multipolar neurone /mʌltiˌpəʊlə 'njʊərəʊn/ neurônio multipolar: um neurônio que tem muitos processos. Veja ilustração em **Neuron**, no Apêndice. Compare com **bipolar neurone; unipolar neurone**.

multiresistant /ˌmʌltirɪ'zɪstənt/ multirresistente: resistente a vários tipos de antibiótico.

multivitamin /'mʌltiˌvɪtəmɪn/ multivitamínico: **1** uma preparação contendo várias vitaminas e, algumas vezes, minerais, usada como suplemento dietético. **2** relativo à preparação que contém várias vitaminas e, algumas vezes, minerais. *multivitamin pills* / pílulas multivitamínicas. *multivitamin supplement* / suplemento multivitamínico.

mumps /mʌmps/ caxumba: doença infectocontagiosa infantil, caracterizada por febre e inchaço das glândulas salivares, causada por um paramixovírus. *He caught mumps from the children next door.* / Ele pegou caxumba das crianças vizinhas. ☑ **infectious parotitis**. Nota: o verbo pode ficar no singular ou plural. Observação: a caxumba é uma doença relativamente branda em crianças. Em homens adultos, pode apresentar complicações graves e causar inflamação dos testículos (orquite da parótida).

Münchausen's syndrome /'mʌntʃaʊz(ə)nz ˌsɪndrəʊm/ síndrome de Münchausen: distúrbio mental no qual uma pessoa tenta obter atenção médica pela simulação de sintomas de uma doença inexistente. Muitas pessoas acabam sendo submetidas a procedimentos muito dolorosos, dos quais não necessitam. (Foi descrita por Richard Asher em 1951 e recebeu este nome por causa do Barão von Münchausen, nobre alemão, viajante e inveterado contador de histórias inverídicas que viveu no século XVI.)

Münchausen's syndrome by proxy /ˌmʌnt ʃaʊz(ə)nz ˌsɪndrəʊm baɪ ˈprɒksi/ síndrome de Münchausen por substituto: distúrbio mental no qual uma pessoa tenta obter atenção médica para outras pessoas, como seus filhos ou um parente mais idoso. É considerada uma forma de abuso infantil, uma vez que o pai inventa transtornos médicos em uma criança, causando-lhe danos, apenas para chamar atenção sobre si mesmo.

mural thrombus /ˌmjʊərəl ˈθrɒmbəs/ trombo mural: trombo que se forma na parede de uma veia ou artéria.

murder /ˈmɜːdə/ **1** assassinato: o crime de matar alguém intencionalmente. **2** assassinar: matar alguém intencionalmente.

murmur /ˈmɜːmə/ sopro: um som, como um sussurro, normalmente no coração, perceptível por meio de um estetoscópio.

Murphy's sign /ˈmɜːfiz saɪn/ sinal de Murphy: sinal de inflamação da vesícula biliar, no qual o paciente, ao ter o abdome pressionado durante a inspiração, sente fortes dores. (Descrito em 1912 por John Benjamin Murphy [1857–1916], cirurgião norte-americano.)

muscae volitantes /ˌmʌskaɪ ˌvɒlɪˈtænteɪz/ (plural) mosca volante: presença de pontos móveis no humor vítreo, remanescentes do sistema celular ou vascular embrionário, comum na velhice; quando se tratar de um evento súbito, pode ser sintoma de hemorragia da retina. ☑ **floaters**.

muscarine /ˈmʌskəriːn/ muscarina: uma toxina presente nos fungos.

muscarinic /ˌmʌskəˈrɪnɪk/ muscarínico: relativo a um neurônio ou receptor que é estimulado pela acetilcolina e muscarina.

muscle /ˈmʌs(ə)l/ músculo: **1** órgão carnudo constituído de células contráteis, envolvido nos movimentos do corpo. *If you do a lot of exercises you develop strong muscles.* / Quando a pessoa faz muitos exercícios, ela desenvolve músculos fortes. *The muscles in his legs were still weak after he had spent two months in bed.* / Os músculos da perna ainda estavam fracos, depois que ele passou dois meses na cama. *She had muscle cramp after going into the cold water.* / Ela teve cãibras musculares após ter entrado na água fria. Veja ilustração em **Eye**, no Apêndice. **2** ⇨ **muscle tissue**. Observação: há dois tipos de músculo: músculos voluntários (estriados), que são ligados aos ossos e movimentam algumas partes do corpo, quando recebem este comando do cérebro; e músculos involuntários (lisos), que movimentam automaticamente órgãos essenciais, tais como os intestinos e a bexiga. O

músculo cardíaco também atua de maneira automática.

muscle coat /ˈmʌs(ə)l kəʊt/ túnica muscular: uma das duas membranas musculares que revestem o intestino.

muscle fatigue /ˈmʌs(ə)l fəˌtiːg/ fadiga muscular: cansaço dos músculos após exercícios vigorosos. ☑ **muscular fatigue**.

muscle fibre /ˈmʌs(ə)l ˌfaɪbə/ fibra muscular: qualquer célula que forma os músculos. Nota: há dois tipos de fibras que formam os músculos estriados e os músculos lisos.

muscle relaxant /ˈmʌs(ə)l rɪˌlæksənt/ relaxante muscular: uma droga que reduz as contrações musculares, por exemplo, baclofeno.

muscle spasm /ˈmʌs(ə)l ˌspæz(ə)m/ espasmo muscular: contração súbita de um músculo.

muscle spindle /ˈmʌs(ə)l ˌspɪnd(ə)l/ fuso muscular: um dos receptores sensoriais dispostos em paralelo com as fibras musculares estriadas.

muscle tissue /ˈmʌs(ə)l ˌtɪʃuː/ tecido muscular: tipo especial de tecido, que forma os músculos e apresenta movimentos de contração e expansão. ☑ **muscle**; **muscular tissue**.

muscle wasting /ˈmʌs(ə)l ˌweɪstɪŋ/ definhamento muscular: condição caracterizada pela perda e enfraquecimento da massa muscular.

muscular /ˈmʌskjʊlə/ muscular: relativo a músculo.

muscular branch /ˈmʌskjʊlə brɑːntʃ/ ramo muscular: ramificação de um nervo para um músculo, levando impulsos eferentes que produzem contração.

muscular defence /ˌmʌskjʊlə dɪˈfens/ defesa muscular: rigidez muscular associada com inflamação, tal como peritonite.

muscular disorder /ˈmʌskjʊlə dɪsˌɔːdə/ distúrbio muscular: distúrbio que afeta os músculos, por exemplo, cãibra ou distensão.

muscular dystrophy /ˌmʌskjʊlə ˈdɪstrəfi/ distrofia muscular: tipo de doença muscular na qual alguns músculos enfraquecem e são substituídos por tecido adiposo. Veja também **Duchenne muscular dystrophy**.

muscular fatigue /ˌmʌskjʊlə fəˈtiːg/ fadiga muscular. ⇨ **muscle fatigue**.

muscularis /ˌmʌskjuˈleərɪs/ muscular: o revestimento muscular de um órgão interno.

muscular relaxant /ˌmʌskjʊlə rɪˈlæksənt/ relaxante muscular: uma droga que induz o relaxamento dos músculos.

muscular rheumatism /ˌmʌskjʊlə ˈruːməˌtɪz (ə)m/ reumatismo muscular: doença que provoca dores nas costas ou no pescoço, geralmente causada por fibrosite ou inflamação muscular.

muscular system /ˈmʌskjʊlə ˌsɪstəm/ sistema muscular: os músculos do corpo (geralmente apenas os músculos estriados).

muscular tissue /ˌmʌskjʊlə ˈtɪʃuː/ tecido muscular. ⇨ **muscle tissue**.

musculo- /mʌskjʊləʊ/ múscul(o)-: relativo ou que afeta os músculos.

musculocutaneous /ˌmʌskjʊləʊkju:'teɪniəs/ musculocutâneo: relativo ao músculo e à pele.

musculocutaneous nerve /ˌmʌskjʊləʊkju: ˌteɪniəs 'nɜ:v/ nervo musculocutâneo: nervo do plexo braquial que supre os músculos do braço.

musculoskeletal /ˌmʌskjʊləʊ'skelɪt(ə)l/ musculoesquelético: relativo aos músculos e aos ossos.

musculotendinous /ˌmʌskjʊləʊ'tendɪnəs/ músculotendinoso: relativo tanto ao tecido muscular quanto ao tecido tendinoso.

mutant /'mju:t(ə)nt/ mutante: **1** diz-se de alguma coisa na qual ocorreu mutação. **2** um organismo que carrega um gene mutante.

mutant gene /ˌmju:t(ə)nt 'dʒi:n/ gene mutante: gene que sofreu mutação.

mutate /mju:'teɪt/ mudar; alterar(se): sofrer alteração genética. *Bacteria can mutate suddenly, and become increasingly able to infect.* / As bactérias podem se alterar repentinamente, tornando-se cada vez mais capazes de causar infecções.

mutation /mju:'teɪʃ(ə)n/ mutação: alteração de um segmento da molécula de DNA, que modifica a estrutura da célula. Observação: em algumas famílias, uma mutação do gene para proteína precursora amilóide (APP) causa início precoce da doença de Alzheimer, quando ocorre formação de depósitos anormais de β-amilóide, causando demência.

mute /mju:t/ mudo: **1** que não quer falar, ou que é incapaz de falar. **2** sentido ou expresso sem necessidade da fala. **3** pessoa que não quer falar, ou que é incapaz de falar. Nota: o termo é considerado ofensivo.

mutism /'mju:tɪz(ə)m/ mutismo: incapacidade de falar. ☑ **dumbness**.

my- /maɪ/ ⇨ **myo-**.

myalgia /maɪ'ældʒə/ mialgia: uma dor no músculo.

myalgic encephalomyelitis /maɪˌældʒɪk en ˌkefələʊmaɪə'laɪtɪs/ encefalomielite miálgica: doença crônica que afeta o sistema nervoso, caracterizada por cansaço, depressão, dor e fraqueza musculares. Abreviatura: **ME**. ☑ **chronic fatigue syndrome; postviral fatigue syndrome**.

myasthenia /ˌmaɪəs'θi:niə/ miastenia: fraqueza muscular geral, causada por má condução das placas motoras. ☑ **myasthenia gravis**.

myasthenia gravis /ˌmaɪəs'θi:niə ˌgrævɪs/ miastenia grave. ⇨ **myasthenia**.

myc- /maɪk, maɪs/ ⇨ **myco-**.

mycelium /maɪ'si:liəm/ micélio: a massa de hifas que compõem a parte principal dos fungos.

mycetoma /ˌmaɪsɪ'təʊmə/ micetoma. ⇨ **maduromycosis**.

myco- /maɪkəʊ/ mico-: relativo a fungo, cogumelo. Nota: antes de vogais usa-se **myc-**.

Mycobacterium /ˌmaɪkəʊbæk'tɪəriəm/ *Mycobacterium*: um gênero de bactérias Gram-positivas, aeróbias, entre as quais estão as bactérias causadoras de lepra e tuberculose.

mycology /maɪ'kɒlədʒi/ micologia: o estudo dos fungos.

Mycoplasma /'maɪkəʊˌplæzmə/ Mycoplasma: tipo de microorganismo, semelhante a uma bactéria, que causa doenças como pneumonia e uretrite.

mycosis /maɪ'kəʊsɪs/ micose: qualquer doença cutânea causada por um fungo, por exemplo, o pé-de-atleta.

mycosis fungoides /maɪˌkəʊsɪs fʌŋ'gɔɪdiz/ micose fungóide: uma forma de câncer da pele, caracterizada por nódulos que causam irritação.

mydriasis /maɪ'draɪəsɪs/ midríase: dilatação da pupila.

mydriatic /ˌmɪdri'ætɪk/ midriático: droga que ajuda a dilatar a pupila.

myectomy /maɪ'ektəmi/ miectomia: remoção cirúrgica de parte de um músculo ou de todo ele. ☑ **myomectomy**.

myel- /maɪəl/ ⇨ **myelo-**.

myelin /'maɪəlɪn/ mielina: substância da membrana celular das células de Schwann, que se enrola como um envoltório protetor ao redor das fibras nervosas, formando uma bainha.

myelinated /'maɪəlɪneɪtɪd/ mielinado: relativo à fibra nervosa coberta com uma bainha de mielina.

myelination /ˌmaɪəlɪ'neɪʃ(ə)n/ mielinização: o desenvolvimento de uma bainha de mielina ao redor das fibras nervosas.

myelin sheath /'maɪəlɪn ʃi:θ/ bainha de mielina: envoltório de mielina que circunda algumas células nervosas e favorece a velocidade de condução dos impulsos nervosos. Veja ilustração em **Neuron**, no Apêndice.

myelitis /ˌmaɪə'laɪtɪs/ mielite: **1** inflamação da medula espinhal. **2** inflamação da medula óssea.

myelo- /maɪələʊ/ miel(o)-: **1** relativo à medula óssea. **2** relativo à medula espinhal. Nota: antes de vogais usa-se **myel-**

myeloblast /'maɪələblæst/ mieloblato: célula precursora de um granulócito.

myelocele /'maɪələsi:l/ mielocele. ⇨ **meningomyelocele**.

myelocyte /'maɪələsaɪt/ mielócito: célula da medula óssea que dá origem a um granulócito.

myelofibrosis /ˌmaɪələfəˈbrəʊsɪs/ mielofibrose: fibrose da medula óssea, associada à anemia.

myelogram /'maɪələgræm/ mielograma: estudo radiográfico da medula espinhal, feito por mielografia.

myelography /ˌmaɪə'lɒgrəfi/ mielografia: exame radiográfico da medula espinhal e do espaço subaracnóide após injeção com uma substância de contraste (substância opaca aos raios X).

myeloid /'maɪələɪd/ mielóide: **1** relativo à medula óssea, ou produzido pela medula óssea. **2** relativo à medula espinhal.

myeloid leukaemia /ˌmaɪələɪd lu:'ki:miə/ leucemia mielóide: uma forma aguda de leucemia, em adultos.

myeloid tissue /ˈmaɪəlɔɪd ˌtɪʃuː/ tecido mielóide: medula óssea vermelha.

myeloma /ˌmaɪəˈləumə/ mieloma: tumor maligno da medula óssea, na extremidade dos ossos longos ou no maxilar.

myelomalacia /ˌmaɪələuməˈleɪʃə/ mielomácia: amolecimento dos tecidos da medula espinhal.

myelomatosis /ˌmaɪələuməˈtəusɪs/ mielomatose: doença caracterizada por tumores malignos múltiplos na medula óssea.

myelomeningocele/ˌmaɪələuməˈnɪŋgəusiːl/mielomeningocele. ⇨ **meningomyelocele**.

myelopathy /ˌmaɪəˈlɒpəθi/ mielopatia: qualquer doença da medula espinhal ou da medula óssea.

myelosuppression /ˌmaɪələusəˈpreʃ(ə)n/ mielossupressão: condição caracterizada pela supressão da atividade da medula óssea, com produção insuficiente de células sanguíneas. Ocorre com freqüência após tratamento quimioterápico.

myenteron /maɪˈentərɒn/ miênteron: a camada muscular do intestino delgado, envolvida na peristalse.

myiasis /ˈmaɪəsɪs/ miíase: infestação dos tecidos por larvas de insetos dípteros.

mylohyoid /ˌmaɪləˈhaɪɔɪd/ miloióide: relativo aos dentes molares do maxilar inferior e ao osso hióide.

mylohyoid line /ˌmaɪləˈhaɪɔɪd ˌlaɪn/ linha miloiódea: crista situada ao longo do maxilar inferior, que corre da base da sínfise até a parte posterior do dente molar.

myo- /maɪəu/ mi(o)-: relativo a músculo. Nota: antes de vogais usa-se **my-**.

myoblast /ˈmaɪəblæst/ mioblasto: célula embrionária que dá origem a um músculo.

myoblastic /ˌmaɪəuˈblæstɪk/ mioblástico: relativo a um mioblasto.

myocardial /ˌmaɪəuˈkɑːdiəl/ miocárdico: relativo ao miocárdio.

myocardial infarction /ˌmaɪəuˌkɑːdiəl ɪnˈfɑːkʃən/ infarto do miocárdio: necrose de parte do músculo cardíaco após trombose coronariana. ☑ **cardiac infarction**. Abreviatura: **MI**.

myocarditis /ˌmaɪəukɑːˈdaɪtɪs/ miocardite: inflamação do músculo cardíaco ou miocárdio.

myocardium /ˌmaɪəuˈkɑːdiəm/ miocárdio: a camada média do coração, constituída pelo músculo cardíaco. Veja ilustração em **Heart**, no Apêndice.

myocele /ˈmaɪəsiːl/ miocele: condição caracterizada pela protrusão de substância muscular por um orifício em sua bainha.

myoclonic /ˌmaɪəuˈklɒnɪk/ mioclônico: relativo à mioclonia.

myoclonic epilepsy /ˌmaɪəuklɒnɪk ˈepɪlepsi/ epilepsia mioclônica: forma de epilepsia acompanhada por convulsões musculares freqüentes.

myoclonus /maɪˈɒklənəs/ mioclonia: espasmo muscular súbito e involuntário dos músculos de um membro.

myocyte /ˈmaɪəusaɪt/ miócito: uma célula muscular.

myodynia /ˌmaɪəuˈdɪniə/ miodinia: dor muscular.

myofibril /ˌmaɪəuˈfaɪbrɪl/ miofibrila: um filamento delgado presente no músculo estriado.

myofibrosis /ˌmaɪəufaɪˈbrəusɪs/ miofibrose: condição caracterizada pela substituição de tecido muscular por tecido fibroso.

myogenic /ˌmaɪəuˈdʒenɪk/ miogênico: relativo ao movimento que é feito por um músculo involuntário.

myoglobin /ˌmaɪəuˈgləubɪn/ mioglobina: hemoglobina muscular que transporta oxigênio do sangue para o músculo.

myoglobinuria /ˌmaɪəuˌgləubɪˈnjuəriə/ mioglobinúria: presença de mioglobina na urina.

myogram /ˈmaɪəugræm/ miograma: o registro do funcionamento de um músculo, feito por um miógrafo.

myograph /ˈmaɪəugrɑːf/ miógrafo: instrumento que registra o grau e a intensidade das contrações musculares por meio de traçados.

myography /maɪˈɒgrəfi/ miografia: o registro do grau e intensidade das contrações musculares, feito por miógrafo.

myokymia /ˌmaɪəuˈkɪmiə/ mioquimia: contração espontânea de um determinado músculo.

myology /maɪˈɒlədʒi/ miologia: o estudo dos músculos, suas estruturas e doenças.

myoma /maɪˈəumə/ mioma: tumor benigno constituído por fibras musculares lisas.

myomectomy /ˌmaɪəuˈmektəmi/ miomectomia: **1** remoção cirúrgica de um tumor benigno de um músculo, principalmente de um tumor fibróide do útero. **2** ⇨ **myectomy**.

myometritis /ˌmaɪəuməˈtraɪtɪs/ miometrite: inflamação do miométrio. ☑ **metritis**.

myometrium /ˌmaɪəuˈmiːtriəm/ miométrio: a parede muscular que envolve o útero.

myoneural /ˌmaɪəuˈnjuərəl/ mioneural: relativo a, ou que envolve tanto os músculos quanto os nervos.

myoneural junction /ˌmaɪəunjuər(ə)l ˈdʒʌŋkʃ(ə)n/ junção mioneural. ⇨ **neuromuscular junction**.

myopathy /maɪˈɒpəθi/ miopatia: doença de tecido muscular, principalmente aquela caracterizada pelo enfraquecimento de um músculo.

myopia /maɪˈəupiə/ miopia: condição em que a pessoa enxerga claramente os objetos próximos, mas é incapaz de ver aqueles que estão longe. ☑ **hypometropia**; **nearsightedness**; **shortsightedness**. Oposto de **longsightedness**.

myopic /maɪˈɒpɪk/ míope: que sofre de miopia, isto é, que é capaz de ver claramente os objetos próximos, mas não os mais distantes. ☑ **shortsighted**; **nearsighted**.

myoplasm /ˈmaɪəuplæz(ə)m/ mioplasma. ⇨ **sarcoplasm**.

myoplasty /ˈmaɪəuplæsti/ mioplastia: cirurgia plástica para reparação de tecido muscular.

myosarcoma /ˌmaɪəʊsɑːˈkəʊmə/ miossarcoma: **1** tumor maligno que contém músculo não-estriado. **2** tumor formado por mioma e sarcoma.

myosis /maɪˈəʊsɪs/ miose. ⇨ **miosis**, acepção 1.

myositis /ˌmaɪəʊˈsaɪtɪs/ miosite: inflamação e degeneração de um músculo.

myotatic /ˌmaɪəʊˈtætɪk/ miotático: relativo ao estiramento de um músculo.

myotatic reflex /ˌmaɪəʊtætɪk ˈriːfleks/ reflexo miotático: ação reflexa em que o músculo se contrai após ter sido estirado.

myotic /maɪˈɒtɪk/ miótico: relativo à droga que causa contração da pupila.

myotomy /maɪˈɒtəmi/ miotomia: cirurgia para dissecção de um músculo.

myotonia /ˌmaɪəʊˈtəʊniə/ miotonia: dificuldade de relaxamento muscular após exercícios.

myotonic /ˌmaɪəʊˈtɒnɪk/ miotônico: relativo à miotonia.

myotonic dystrophy /ˌmaɪəʊtɒnɪk ˈdɪstrəfi/ distrofia miotônica: doença hereditária, de progressão lenta, caracterizada por rigidez muscular, levando à atrofia dos músculos da face e pescoço. ☑ **dystrophia myotonica**.

myotonus /maɪˈɒtənəs/ miotônus: espasmo tônico de um músculo.

myringa /mɪˈrɪŋgə/ miringe. ⇨ **eardrum**.

myringitis /ˌmɪrɪnˈdʒaɪtɪs/ miringite: inflamação do tímpano.

myringoplasty /mɪˈrɪŋgəʊplæsti/ miringoplastia: cirurgia para reparo de uma membrana timpânica perfurada. ☑ **tympanoplasty**.

myringotome /mɪˈrɪŋgəʊtəʊm/ miringotoma: um bisturi usado em miringotomia.

myringotomy /ˌmɪrɪŋˈgɒtəmi/ miringotomia: cirurgia para criação de uma abertura no tímpano, a fim de permitir o escape de líquido. ☑ **tympanotomy**.

myx- /mɪks/ relativo a muco. ⇨ **myxo-**.

myxo- /mɪksəʊ/ mix-. Ver **myx-**.

myxoedema /ˌmɪksəˈdiːmə/ mixedema: hipotiroidismo causado por produção insuficiente de hormônio tireóide, normalmente presente em mulheres de meia-idade e caracterizado por excesso de peso, lentidão dos movimentos e pele áspera. Pode ser tratado com tiroxina. Nota: no inglês americano usa-se **myxedema**.

myxoedematous /ˌmɪksəˈdemətəs/ mixiedematoso: relativo a mixedema.

myxoid cyst /ˌmɪksɔɪd ˈsɪst/ cisto mixóide: cisto que se desenvolve na base da unha da mão ou do pé.

myxoma /mɪkˈsəʊmə/ mixoma: tumor benigno de células do tecido mucoso, encontrado geralmente no tecido subcutâneo dos membros e pescoço.

myxosarcoma /ˌmɪksəʊsɑːˈkəʊmə/ mixossarcoma: tumor maligno envolvendo o tecido mucoso.

myxovirus /ˌmɪksəʊˈvaɪrəs/ mixovírus: qualquer vírus com afinidade pelos receptores de mucoproteína nos eritrócitos. Os mixovírus incluem, entre outros, o vírus da influenza.

M

n símbolo de **nano-**.

nabothian cyst /nəˌbəʊθɪən ˈsɪst/ cisto de Naboth: cisto que se forma no colo do útero quando os ductos das glândulas cervicais são obstruídos. ☑ **nabothian follicle; nabothian gland**.

nabothian follicle /nəˌbəʊθɪən ˈfɒlɪk(ə)l/ folículo de Naboth. ⇨ **nabothian cyst**.

nabothian gland /nəˌbəʊθɪən glænd/ glândula de Naboth. ⇨ **nabothian cyst**.

Naegele rule /ˈneɪɡələ ruːl/ regra de Naegele: método usado para calcular a data do parto, no qual são acrescentados nove meses e sete dias ao primeiro dia do último período menstrual. Se a mulher não tem um ciclo menstrual de vinte e oito dias, é feito um ajuste, por exemplo, se ela tem um ciclo menstrual de vinte e seis dias, devem ser subtraídos dois dias da data estimada pela regra de Naegele.

naevus /ˈniːvəs/ nevo. Plural: **naevi**. ⇨ **birthmark**. Nota: no inglês americano usa-se **nevus**.

Naga sore /ˈnɑːɡə sɔː/ úlcera de Naga. ⇨ **tropical ulcer**.

nagging pain /ˌnæɡɪŋ ˈpeɪn/ dor importuna: uma dor latejante e contínua, porém sem intensidade.

NAI abreviatura de **non-accidental injury**.

nail /neɪl/ unha: placa córnea, feita de ceratina, que cobre a superfície dorsal da extremidade dos dedos das mãos e dos pés. ☑ **unguis**. Nota: para conhecer outros termos referentes à unha, veja os que começam com **onych-; onycho-**.

nail avulsion /ˈneɪl əˌvʌlʃən/ extração de unha: o ato de arrancar uma unha encravada do pé.

nail bed /ˈneɪl bed/ leito ungueal; matriz ungueal: porção situada logo abaixo da unha, sobre a qual ela repousa.

nail biting /ˈneɪl ˌbaɪtɪŋ/ onicofagia: o vício de roer as unhas, geralmente um sintoma de estresse.

nail matrix /neɪl ˈmeɪtrɪks/ matriz ungueal: a estrutura interna da unha, que é a parte coberta pelo corpo da unha.

naloxone /nəˈlɒksəʊn/ naloxona: droga semelhante à morfina, utilizada para diagnosticar o vício em entorpecentes. É também usada para anular os efeitos da intoxicação por narcóticos.

named nurse /ˌneɪmd ˈnɜːs/ enfermeira guardiã: enfermeira, parteira ou prestadora de serviços de saúde a domicílio, que é responsável por manter contato com determinados doentes, a fim de assegurar que eles recebam a devida assistência médica e todas as informações necessárias ao seu tratamento.

nandrolone /ˈnændrələʊn/ nandrolona: anabólico esteróide que ajuda na formação dos músculos. Seu uso foi proibido pela Federação Internacional de Atletas Amadores (International Amateur Athletics Federation).

nano- /ˈnænəʊ/ nano-: prefixo que significa um bilionésimo (10^{-9}). Símbolo: **n**.

nanometre /ˈnænəʊmiːtə/ nanômetro: unidade de medida linear equivalente a um bilionésimo de um metro. Símbolo: **nm**.

nanomole /ˈnænəʊməʊl/ nanomol: unidade de medida de uma substância equivalente à bilionésima parte de um mol. Símbolo: **nmol**.

nanosecond /ˈnænəʊˌsekənd/ nanossegundo: unidade de medida de tempo equivalente à bilionésima parte de um segundo. Símbolo: **ns**.

nape /neɪp/ nuca: a região posterior do pescoço. ☑ **nucha**.

napkin /ˈnæpkɪn/ guardanapo: tecido macio, usado para secar ou absorver uma substância.

nappy /ˈnæpi/ fralda: tecido de algodão macio, geralmente dobrado em triângulo, para envolver a parte inferior do tronco de um bebê, e para recolher a urina e as fezes, devendo ser mantido seco e limpo. Nota: no inglês americano usa-se **diaper**.

nappy rash /ˈnæpi ræʃ/ erupção de fraldas; dermatite de fraldas: lesões vermelhas nas nádegas e virilhas de um bebê, causadas pelo longo contato com a amônia contida na fralda molhada com urina. Nota: no inglês americano usa-se **diaper rash**.

naproxen /næˈprɒksen/ naproxeno: agente antiinflamatório e analgésico, usado no tratamento da artrite.

narcissism /ˈnɑːsɪsɪz(ə)m/ narcisismo: termo usado em psiquiatria para designar um distúrbio da personalidade, caracterizado pela opinião muito lisonjeira e segura sobre a própria imagem e capacidades, além de uma grande necessidade de admiração. Algumas vezes, a pessoa tem a si própria como objeto sexual.

narco- /nɑːkəʊ/ narc(o)-: relativo a sono, entorpecimento, torpor.

narcoanalysis /nɑːkəʊəˈnæləsɪs/ narcoanálise: método de análise da mente, no qual o indivíduo é induzido a um estado de torpor antes de uma sessão psicanalítica que pode ser emocionalmente perturbadora.

narcolepsy /ˈnɑːkəlepsi/ narcolepsia: condição caracterizada pela tendência súbita e incontrolável ao sono, que ocorre a intervalos irregulares.

narcoleptic /ˌnɑːkəˈleptɪk/ narcoléptico: **1** que causa narcolepsia. **2** que tem narcolepsia. **3** substância que provoca narcolepsia. **4** indivíduo que apresenta narcolepsia.

narcosis /nɑːˈkəʊsɪs/ narcose: estado de inconsciência induzido por um medicamento.

narcotic /nɑːˈkɒtɪk/ narcótico: **1** droga analgésica que induz ao sono ou à inconsciência. *The doctor put her to sleep with a powerful narcotic.* / O médico fez com que ela dormisse administrando-lhe um poderoso narcótico. **2** que causa sono ou inconsciência. *the narcotic side-effects of an antihistamine* / os efeitos colaterais narcóticos de um agente anti-histamínico. Observação: embora os narcóticos sejam usados em medicina como agentes analgésicos, eles são altamente viciadores. Os principais narcóticos são os barbitúricos, cocaína e ópio; e as drogas derivadas do ópio, como a morfina, a codeína e a heroína. Os narcóticos que induzem ao vício são muito usados no alívio da dor em pacientes terminais.

nares /ˈneəriːz/ (plural) narinas: as narinas. Singular: **naris**. ⇨ **nostril**.

narrow /ˈnærəʊ/ **1** estreito: que não é largo. *The blood vessel is a narrow channel which takes blood to the tissues.* / O vaso sanguíneo é um canal estreito que leva sangue para os tecidos. *The surgeon inserted a narrow tube into the vein.* / O cirurgião inseriu um tubo estreito na veia. **2** estreitar: tornar alguma coisa estreita, ou tornar-se estreito. *The bronchial tubes are narrowed causing asthma.* / Os tubos brônquicos estão estreitados, provocando asma.

nasal /ˈneɪz(ə)l/ nasal: relativo ao nariz.

nasal apertures /ˌneɪz(ə)l ˈæpətʃəs/ (plural) aberturas nasais: as duas pequenas aberturas, em forma de funil, que comunicam a cavidade nasal com a faringe. Veja também **choana**.

nasal bone /ˈneɪz(ə)l bəʊn/ osso nasal: um de dois pequenos ossos retangulares alongados que formam a ponte do nariz.

nasal cartilage /ˈneɪz(ə)l ˌkɑːtəlɪdʒ/ cartilagem nasal: uma de um par de cartilagens do nariz. A parte superior fixa-se ao osso nasal, e a parte frontal, à maxila. A parte inferior é muito delgada e circunda cada narina, completando o septo nasal.

nasal cavity /ˌneɪz(ə)l ˈkævɪti/ cavidade nasal: a cavidade situada de cada lado do septo nasal, na parte posterior do nariz, entre as placas cribiformes, acima, e o palato duro, abaixo. Comunica-se com a nasofaringe.

nasal conchae /ˌneɪz(ə)l ˈkɒŋkiː/ (plural) conchas nasais: as três placas ósseas delgadas, chamadas concha nasal superior, concha nasal média e concha nasal inferior, que se projetam das paredes da cavidade nasal. Também chamadas de **turbinate bone**.

nasal congestion /ˌneɪz(ə)l kənˈdʒestʃ(ə)n/ congestão nasal: oclusão do nariz, em virtude de inflamação provocada por resfriado ou outra infecção.

nasal drops /ˈneɪz(ə)l drɒps/ (plural) gotas nasais: gotas de uma solução, contendo medicamento, que são instiladas no nariz.

nasal septum /ˌneɪz(ə)l ˈseptəm/ septo nasal: placa cartilaginosa delgada que separa as duas cavidades nasais.

nasal spray /ˈneɪz(ə)l spreɪ/ spray nasal: um jato de líquido nebulizado, contendo substância medicinal, que é instilado no nariz.

nascent /ˈnæs(ə)nt, ˈneɪs(ə)nt/ nascente: **1** que começa a existir, a se desenvolver. **2** referente a uma substância, principalmente hidrogênio, antes de uma combinação química. Neste estágio, a substância encontra-se freqüentemente em uma forma altamente ativa.

Naseptin /næˈseptɪn/ Naseptin: o nome comercial de um preparado contendo clorexidina e neomicina, usado no tratamento de infecção nasal por organismos, tais como os estafilococos.

nasion /ˈneɪziən/ násio: ponto craniano situado entre as suturas intranasal e nasofrontal.

naso- /neɪzəʊ/ nas(o)-: relativo ao nariz.

nasogastric /ˌneɪzəʊˈgæstrɪk/ nasogástrico: relativo ao nariz e ao estômago.

nasogastrically /ˌneɪzəʊˈgæstrɪkli/ por via nasal: referente ao método de alimentação no qual um tubo, introduzido no nariz, leva o alimento líquido até o estômago.

> ...all patients requiring nutrition are fed enterally, whether nasogastrically or directly into the small intestine. / "...todos os pacientes que necessitam de nutrição são alimentados entericamente, seja por via nasal seja diretamente no intestino delgado." (*British Journal of Nursing*)

nasogastric tube /ˌneɪzəʊˌgæstrɪk ˈtjuːb/ tubo nasogástrico: um tubo que é introduzido no nariz e que vai até o estômago.

nasolacrimal /ˌneɪzəʊˈlækrɪm(ə)l/ nasolacrimal: relativo à cavidade nasal e às glândulas lacrimais.

nasolacrimal duct /ˌneɪzəʊˌlækrɪm(ə)l ˈdʌkt/ ducto nasolacrimal: um ducto que escoa as lágrimas do saco lacrimal para o nariz.

nasopharyngeal /ˌneɪzəʊˌfærɪnˈdʒiːəl/ nasofaríngeo: relativo à nasofaringe.

N

nasopharyngitis /ˌneɪzəʊˌfærɪn'dʒaɪtɪs/ nasofaringite: inflamação da mucosa da parte nasal da faringe.

nasopharynx /ˌneɪzəʊ'færɪŋks/ nasofaringe; rinofaringe: a parte superior da faringe, acima do palato mole, e que se articula com os ossos nasais.

nasosinusitis /ˌneɪzəʊˌsaɪnə'saɪtɪs/ nasossinusite: condição caracterizada pela inflamação das cavidades nasais e dos seios frontais.

nasty /'nɑːstɪ/ muito desagradável; ruim; horrível: que é muito desagradável. *This medicine has a nasty taste.* / Este remédio tem um gosto horrível. *This new drug has some nasty side-effects.* / Esta nova droga tem alguns efeitos colaterais muito desagradáveis.

nates /'neɪtiːz/ nádegas. ⇨ **buttock**.

National Boards /ˌnæʃ(ə)nəl 'bɔːrdz/ (plural) Conselhos Nacionais: os Conselhos Nacionais de Enfermagem, Obstetrícia, e Medicina Familiar, que eram antigamente responsáveis pela educação de profissionais dessas áreas na Inglaterra, País de Gales, Escócia e Irlanda do Norte.

National Council for Vocational Qualifications /ˌnæʃ(ə)nəl ˌkaʊns(ə)l fə vəʊˌkeɪʃ(ə)nəl ˌkwɒlɪfɪ'keɪʃ(ə)nz/ Conselho Nacional de Qualificação Profissional: órgão governamental, no Reino Unido, responsável pelo estabelecimento de padrões de qualificação para determinados trabalhos. Abreviatura: **NCVQ**.

National Health Service /ˌnæʃ(ə)nəl 'helθ ˌsɜːvɪs/ Serviço Nacional de Saúde: plano governamental, no Reino Unido, que fornece serviços médicos gratuitos, ou a um preço reduzido, em domicílio, para toda a população. O serviço é pago com a arrecadação de impostos. Abreviatura: **NHS**. ◊ **on the NHS:** pelo Serviço Nacional de Saúde (pago pelo Serviço Nacional de Saúde). *He had his operation on the NHS.* / Ele fez a operação pelo Serviço Nacional de Saúde. *She went to see a specialist on the NHS.* / Ela consultou um especialista pelo Serviço Nacional de Saúde. Compare com **privately**.

...figures reveal that 5% more employees in the professional and technical category were working in the NHS compared with three years before. / "...os números revelam que cinco por cento a mais dos empregados nas categorias profissional e técnica estavam trabalhando sob o regime do Serviço Nacional de Saúde, em comparação com dados dos três anos anteriores." (*Nursing Times*)

National Institute for Clinical Excellence /ˌnæʃ(ə)n(ə)l ˌɪnstɪtjuːt fə ˌklɪnɪk(ə)l 'eksələns/ Instituto Nacional de Excelência Clínica: uma organização, no Reino Unido, que faz recomendações sobre tratamentos médicos com base em evidências clínicas e custo-benefício. Abreviatura: **NICE**.

National Insurance /ˌnæʃ(ə)nəl ɪn'ʃʊərəns/ Seguro Nacional: um pagamento semanal que é descontado do salário de uma pessoa, com uma parte adicional paga pelo empregador, que dá direito à assistência estatal e tratamento médico, no Reino Unido.

natriuretic /ˌneɪtrijʊ'retɪk/ natriurético: substância que promove a excreção urinária de sódio.

natural /'nætʃ(ə)rəl/ natural: **1** usual ou esperado, em determinadas condições. *It's natural for people to be anxious before an operation.* / É natural que as pessoas fiquem ansiosas antes de uma cirurgia. **2** referente a alguma coisa que é feita pela natureza, não pelo homem. *natural products* / produtos naturais. **3** relaxado; descontraído; cujo comportamento é espontâneo, sem artifícios. *His behaviour seemed quite natural.* / O comportamento dele pareceu bastante natural.

natural childbirth /ˌnætʃ(ə)rəl 'tʃaɪldbɜːθ/ parto natural: parto no qual a mãe não recebe medicamentos anestésicos, mas é encorajada a ter o filho após ter se preparado por meio de relaxamento, exercícios respiratórios e de uma nova visão psicológica sobre o nascimento.

natural immunity /ˌnætʃ(ə)rəl ɪ'mjuːnɪtɪ/ imunidade natural: resistência manifestada por um bebê a certas doenças; é natural, congênita, inerente.

natural killer cell /ˌnætʃ(ə)rəl 'kɪlə sel/ células exterminadoras naturais: leucócitos que podem reconhecer e exterminar células tumorais e infectadas com microorganismos, sem exposição prévia a elas.

natural mother /ˌnætʃ(ə)rəl 'mʌðə/ mãe natural. ☑ **natural parent**. ⇨ **birth mother; birth parent**.

natural parent /ˌnætʃ(ə)rəl ˌpeərənt/ mãe natural. ⇨ **natural mother**.

nature /'neɪtʃə/ natureza: **1** a qualidade inerente de alguma coisa. **2** tipo ou espécie. **3** a índole genética que afeta a personalidade, o comportamento ou o risco de doenças. Veja também **nurture**. **4** plantas e animais.

nature nurture debate /ˌneɪtʃə 'nɜːtʃə dɪˌbeɪt/ criação x natureza genética: argumentos sobre a razão do comportamento dos seres humanos, isto é, se eles se comportam de uma determinada maneira por causa de sua natureza genética e instintos ou porque são educados e expostos a certas influências quando crianças.

naturopathy /ˌneɪtʃə'rɒpəθɪ/ naturopatia: método de tratamento das doenças e distúrbios orgânicos que não utiliza procedimentos médicos ou cirúrgicos, mas as forças da natureza, tais como luz, calor, massagem, alimentação natural e ervas medicinais.

nausea /'nɔːzɪə/ náusea: vontade de vomitar. *She suffered from nausea in the morning.* / Ela teve náuseas pela manhã. *He felt slight nausea after getting onto the boat.* / Ele sentiu uma ligeira náusea após entrar no barco. Observação: a náusea pode ser causada por hábitos alimentares, tais como ingestão de comida muito temperada ou bebidas alcoólicas em excesso. Pode também ser provocada por sensações, tais como cheiros desagradáveis ou cinesia (doença do movimen-

to). Outras causas incluem distúrbios estomacais, por exemplo, gastrite, úlceras ou infecções
hepáticas. A náusea é comumente observada em
mulheres no começo da gravidez, e é chamada
de doença matinal.

nauseated /ˈnɔːzieɪtɪd/ nauseado: com vontade
de vomitar. *The casualty may feel nauseated.* /
A vítima do acidente talvez sinta-se nauseada.
Nota: no inglês americano usa-se **nauseous**.

nauseous /ˈnɔːziəs/ nauseoso: que provoca náusea. ⇨ **nauseated**.

navel /ˈneɪv(ə)l/ umbigo: cicatriz com uma depressão, situada no centro da parede abdominal,
que permanece após a excisão do cordão umbilical. ☑ **umbilicus; omphalus**. Nota: para conhecer outros termos referentes ao umbigo, veja os
que começam com **omphal-; omphalo-**.

navicular /nəˈvɪkjʊlə/ navicular: **1** relativo ao
osso navicular. **2** ⇨ **navicular bone**.

navicular bone /nəˈvɪkjʊlə bəʊn/ osso navicular: um dos ossos do tarso, no pé. ☑ **navicular**.
Veja ilustração em **Foot**, no Apêndice.

NCVQ abreviatura de **National Council for Vocational Qualifications**.

NDU abreviatura de **nursing development unit**.

nearsighted /nɪəˈsaɪtɪd/ míope. ⇨ **myopic**.

nearsightedness /ˌnɪəˈsaɪtɪdnəs/ miopia. ⇨
myopia.

nebula /ˈnebjʊlə/ névoa; nébula: **1** mancha levemente opaca na córnea. **2** *spray* contendo uma
solução medicinal, aplicado no nariz ou garganta
com um nebulizador.

nebuliser /ˈnebjʊlaɪzə/ nebulizador. Usa-se
também **nebulizer**. ⇨ **atomiser**.

Necator /neˈkeɪtə/ Necator: um gênero de nematódeos que infestam o intestino delgado.

necatoriasis /neˌkeɪtəˈraɪəsɪs/ necatoríase: infestação do intestino delgado com *Necator*.

neck /nek/ pescoço; colo: **1** parte situada entre
a cabeça e o corpo. *He is suffering from pains
in the neck.* / Ele está sofrendo de dores no
pescoço. *The front of the neck is swollen with
goiter.* / A parte frontal do pescoço está inchada
por causa de um bócio. *The jugular veins run
down the side of the neck.* / As veias jugulares
descem pelo lado do pescoço. **2** parte estreita de
um osso ou órgão. ◊ **neck of the femur, femoral
neck:** colo do fêmur, colo femoral (a parte estreita entre a cabeça e a diáfise do fêmur). ◊ **neck
of a tooth:** colo dentário (parte em que o dente
torna-se ligeiramente mais estreito, entre a coroa
e a raiz). Observação: o pescoço é formado por
sete vértebras cervicais, e se mantém na posição
vertical pela ação de músculos potentes. O pescoço abriga muitos órgãos, incluindo o esôfago,
a laringe e as artérias e veias que ligam o cérebro
à corrente sanguínea. A parte frontal do pescoço
é comumente chamada de garganta.

neck collar /ˈnek ˌkɒlə/ colar cervical: colar
alto, de material rijo, para dar apoio à cabeça em
casos de ferimentos cervicais, ou um distúrbio,
por exemplo, espondilose cervical.

neck of the femur /ˈnek əv ðə ˈfiːmə/ pescoço
do fêmur. ⇨ **femoral neck**.

necro- /nekrəʊ/ necr(o)-: relativo à morte.

necrobiosis /ˌnekrəʊbaɪˈəʊsɪs/ necrobiose: **1**
morte das células circundadas por tecido vivo. **2**
morte lenta de uma parte ou tecido.

necrology /neˈkrɒlədʒi/ necrologia: o estudo
científico da mortalidade estatística.

necrophilia /ˌnekrəʊˈfɪliə/ necrofilia: **1** desejo
mórbido de estar na presença de cadáveres. **2**
atração sexual por cadáveres. ☑ **necrophilism**.

necrophilism /ˌnekrəʊˈfɪlɪz(ə)m/ vampirismo.
⇨ **necrophilia**.

necropsy /ˈnekrɒpsi/ necropsia. ⇨ **post mortem**.

necrosed /ˈnekrəʊsd/ necrosado: referente a tecido ou osso que sofreu necrose.

necrosis /neˈkrəʊsɪs/ necrose: morte patológica
de uma parte do corpo, por exemplo, osso, tecido ou órgão, resultante de doença ou ferimento.
Gangrene is a form of necrosis. / A gangrena é
uma forma de necrose. ☑ **mortification**.

necrospermia /ˌnekrəʊˈspɜːmiə/ necrospermia:
condição caracterizada pela existência de espermatozóides mortos no sêmen.

necrotic /neˈkrɒtɪk/ necrótico: referente a, ou
afetado por necrose. *necrotic tissue* / tecido necrótico.

necrotising enterocolitis /ˌnekrətaɪzɪŋ ˌentə
rəʊkəˈlaɪtɪs/ enterocolite necrotizante: distúrbio caracterizado por placas de tecido morto no
íleo e no cólon, resultante de infecção bacteriana
grave. Ocorre em bebês, principalmente os prematuros.

necrotising fasciitis /ˌnekrətaɪzɪŋ ˌfæʃiˈaɪtɪs/
fasciíte necrotizante: infecção bacteriana grave
que causa rápida deterioração das células teciduais. Nota: algumas vezes, a doença é chamada
pela sua versão "celulite estreptocócica".

necrotomy /neˈkrɒtəmi/ necrotomia: a dissecção de um cadáver. Plural: **necrotomies**.

needle /ˈniːd(ə)l/ agulha: **1** instrumento fino de
metal, pontiagudo em uma extremidade e com
um buraco na outra, usado para suturas em incisões cirúrgicas. **2** a extremidade oca e pontia-
guda de uma seringa hipodérmica, ou a própria
seringa.

needle myopathy /ˌniːd(ə)l maɪˈɒpəθi/ miopatia por punção: destruição de tecido muscular,
observada após aplicação de injeção intramuscular com uma agulha de grandes proporções.

needlestick /ˈniːd(ə)lstɪk/ alfinetada: picada
acidental da própria pele com agulha, por exemplo, quando uma enfermeira pega uma seringa
usada.

needlestick injury /ˈniːd(ə)lstɪk ˌɪndʒəri/ lesão por picada de agulha: dano real ou potencial
resultante de uma picada com agulha usada anteriormente para tirar sangue ou aplicar injeção. A
principal preocupação é o risco de infecção pelo
HIV ou de hepatite B.

N

needling /'niːdlɪŋ/ punção: a incisão de uma catarata com agulha.

needs assessment /'niːdz ə͵sesmənt/ avaliação de necessidades: investigação sobre o que um determinado grupo de pessoas precisa em termos de assistência social e de saúde, de forma que os serviços possam corresponder às suas necessidades.

needs deprivation /'niːdz deprɪ͵veɪʃ(ə)n/ privação: estado no qual a pessoa não tem a oportunidade ou a capacidade de satisfazer suas necessidades básicas.

negative /'negətɪv/ negativo: **1** que indica negação. ◊ **the answer is in the negative**: a resposta é negativa (a resposta é "não"). **2** indicativo de que alguma coisa submetida a teste não foi encontrada. *The test results were negative.* / Os resultados dos testes foram negativos. Oposto de **positive**.

negative feedback /͵negətɪv 'fiːdbæk/ *feedback* negativo: situação na qual o resultado de um processo inibe o sinal que o causou.

negativism /'negətɪvɪz(ə)m/ negativismo: atitude de uma pessoa que se opõe a conselhos ou ordens. Observação: há dois tipos de negativismo: ativo, quando a pessoa age de maneira oposta às ordens médicas; e passivo, quando a pessoa não faz o que lhe pedem.

negligence /'neglɪdʒəns/ negligência: o ato que resulta em ferimentos ou danos a uma pessoa, ou em lesão de patrimônio, por causa de descuido ou omissão dos cuidados necessários.

Negri body /'neɪgri ͵bɒdi/ corpúsculos de Negri: corpúsculos arredondados ou ovais, encontrados no citoplasma de células nervosas de pessoas e animais infectados com o vírus da raiva. (Descritos em 1903 por Adelchi Negri [1876–1912], professor de bacteriologia em Pavia, Itália.)

Neil Robertson stretcher /͵niːl 'rɒbətsən ͵stretʃə/ maca de Neil Robertson: maca na qual o paciente pode ser amarrado e transportado na posição vertical.

Neisseria /naɪ'sɪəriə/ Neisseria: gênero de bactérias que inclui os gonococos, causadores de gonorréia, e os meningococos, que provocam meningite.

nematode /'nemətəʊd/ nematódeo: qualquer parasita cilíndrico pertencente à classe Nematoda, por exemplo, as lombrigas.

neo- /niːəʊ/ ne(o)-: forma combinante que significa novo.

neoadjuvant chemotherapy /͵niːəʊ͵ædʒʊvənt ͵kiːməʊ'θerəpi/ quimioterapia neoadjuvante: o uso de quimioterapia em pessoas com câncer localizado, em vez de cirurgia imediata ou radioterapia, na esperança de reduzir a necessidade posterior desses procedimentos.

neocerebellum /͵niːəʊserə'beləm/ neocerebelo: a porção média do cerebelo. Plural: **neocerebellums** ou **neocerebella**.

neomycin /͵niːəʊ'maɪsɪn/ neomicina: droga antibacteriana de uso tópico.

neonatal /͵niːəʊ'neɪt(ə)l/ neonatal: relativo às primeiras semanas após o parto.

> *...one of the most common routes of neonatal poisoning is percutaneous absorption following topical administration.* / "...uma das vias mais comuns de intoxicação neonatal é a absorção percutânea após uma aplicação tópica." (*Southern Medical Journal*)

neonatal death rate /͵niːəʊneɪt(ə)l 'deθ ͵reɪt/ taxa de mortalidade neonatal: número que indica a proporção de bebês que morrem logo após o parto, em que o numerador para os nascidos vivos é 1.000.

neonatal maceration /͵niːəʊneɪt(ə)l ͵mæsə'r eɪʃ(ə)n/ maceração neonatal: amolecimento ou desintegração dos tecidos de um feto mantido no útero e no fluido amniótico após sua morte.

neonatal screening /͵niːəʊ͵neɪt(ə)l 'skriːnɪŋ/ triagem neonatal: série de testes realizados com bebês logo após o nascimento, a fim de que quaisquer doenças curáveis detectadas possam ser tratadas imediatamente. Nota: testes para determinados tipos de doença, tais como hipotiroidismo e fenilcetonúria, são obrigatórios por lei.

neonate /'niːəʊneɪt/ recém-nascido; neonato: bebê que tem menos de quatro semanas de idade.

neonatologist /͵niːənə'tɒlədʒɪst/ neonatologista: médico especialista que cuida de crianças recém-nascidas, prematuras ou com doenças congênitas.

neonatology /͵niːəʊnə'tɒlədʒi/ neonatologia: ramo da medicina que se ocupa com o diagnóstico e tratamento de crianças recém-nascidas.

neonatorum /͵niːəʊneɪ'tɔːrəm/ neonatal. Veja **asphyxia neonatorum**.

neoplasia /͵niːəʊ'pleɪziə/ neoplasia: a formação de um tumor ou neoplasma.

neoplasm /'niːəʊplæz(ə)m/ neoplasma: qualquer crescimento anormal de tecido.

> *...testicular cancer comprises only 1% of all malignant neoplasms in the male, but it is one of the most frequently occurring types of tumours in late adolescence.* / "...o câncer dos testículos constitui apenas um por cento de todos os neoplasmas malignos no homem, mas é um dos tipos mais freqüentes de tumores que ocorrem no final da adolescência." (*Journal of American College Health*)

neoplastic /͵niːəʊ'plæstɪk/ neoplástico: pertinente aos neoplasmas, à neoplastia ou à neoplasia.

neoplasty /niːəʊ'plæsti/ neoplastia: cirurgia para restauração ou substituição de tecido danificado.

neostigmine /͵niːəʊ'stɪgmiːn/ neostigmina: composto sintético, branco e cristalino, usado no tratamento da miastenia grave e das atonias pós-operatórias, anulando o efeito dos relaxantes musculares.

ne per oris nada por via oral; nada pela boca; em jejum oral: termo usado para se referir aos pacientes que devem ficar sem se alimentar. *The patient should be kept ne per oris (NPO) for five hours before the operation.* / O paciente deve ser mantido em jejum oral durante cinco horas antes da cirurgia. Abreviatura: **NPO**.

nephr- /nefr/ nefr(o)-: relativo ao rim.

nephralgia /neˈfrældʒə/ nefralgia: dor nos rins.

nephralgic /neˈfrældʒɪk/ nefrálgico: relativo à dor renal.

nephrectomy /neˈfrektɒmi/ nefrectomia: cirurgia para remoção total de um rim. Plural: **nephrectomies**.

nephric /ˈnefrɪk/ renal; néfrico: relativo aos rins. ☑ **nephritic**.

nephritic /neˈfrɪtɪk/ nefrítico. ➭ **nephric**.

nephritis /neˈfraɪtɪs/ nefrite: inflamação dos rins. Observação: a nefrite aguda pode ser causada por infecção estreptocócica. Os sintomas podem incluir cefaléia, tornozelos inchados e febre.

nephroblastoma /ˌnefrəʊblæˈstəʊmə/ nefroblastoma: tumor renal maligno que ocorre em crianças, geralmente com idade inferior a dez anos, causando dilatação do abdome. O tratamento consiste na remoção do rim afetado. ☑ **Wilms' tumour**. Plural: **nephroblastomas** ou **nephrobrastomata**.

nephrocalcinosis /ˌnefrəʊˌkælsɪˈnəʊsɪs/ nefrocalcinose: condição caracterizada pela deposição de cálcio nos rins.

nephrocapsulectomy /ˌnefrəʊˌkæpsjuˈlektəmi/ nefrocapsulectomia: cirurgia para remoção da cápsula renal. Plural: **nephrocapsulectomies**.

nephrogram /ˈnefrəgræm/ nefrograma: exame radiográfico do rim.

nephrolith /ˈnefrəlɪθ/ nefrólito: um cálculo renal.

nephrolithiasis /ˌnefrəʊlɪˈθaɪəsɪs/ nefrolitíase: condição caracterizada pela existência de cálculos renais.

nephrolithotomy /ˌnefrəʊlɪˈθɒtəmi/ nefrolitotomia: cirurgia para remoção de cálculos renais. Plural: **nephrolithotomies**.

nephrologist /neˈfrɒlədʒɪst/ nefrologista: médico especializado no estudo e tratamento das doenças renais.

nephrology /neˈfrɒlədʒi/ nefrologia: o estudo da fisiologia dos rins e das doenças renais.

nephroma /neˈfrəʊmə/ nefroma: um tumor situado no rim, ou que se origina de tecidos renais. Plural: **nephromas** ou **nephromata**.

nephron /ˈnefrɒn/ néfron: uma estrutura renal diminuta através da qual os líquidos são filtrados. Observação: um néfron é formado por uma série de túbulos, a alça de Henle, a cápsula de Bowman e um glomérulo. O sangue penetra no néfron pela artéria renal, e os resíduos tóxicos são filtrados pela cápsula de Bowman. Algumas substâncias retornam à corrente sanguínea para reabsorção nos túbulos. A urina é coletada nos ductos que se dirigem dos túbulos para os ureteres.

nephropathy /neˈfrɒpəθi/ nefropatia: doença ou distúrbio dos rins. Plural: **nephropathies**.

nephropexy /ˈnefrəʊpeksi/ nefropexia: cirurgia para fixação de um rim móvel. Plural: **nephropexies**.

nephroptosis /ˌnefrɒpˈtəʊsɪs/ nefroptose: condição caracterizada por mobilidade do rim. ☑ **floating kidney**.

nephrosclerosis /ˌnefrəʊskləˈrəʊsɪs/ nefrosclerose: doença renal causada por problemas vasculares.

nephroscope /ˈnefrəskəʊp/ nefroscópio: tipo de endoscópio usado no exame dos rins.

nephrosis /neˈfrəʊsɪs/ nefrose: alteração dos túbulos renais, com degeneração das células.

nephrostomy /neˈfrɒstəmi/ nefrostomia: cirurgia para criação de uma abertura permanente entre a parte exterior do corpo e a pelve renal. Plural: **nephrostomies**.

nephrotic /neˈfrɒtɪk/ nefrótico: relativo a, ou causado por nefrose.

nephrotic syndrome /neˌfrɒtɪk ˈsɪndrəʊm/ síndrome nefrótica: síndrome caracterizada por graus variáveis de edema, albuminúria e hipertensão, resultantes de nefrose.

nephrotomy /neˈfrɒtəmi/ nefrotomia: incisão cirúrgica de um rim. Plural: **nephrotomies**.

nephrotoxic /ˌnefrəʊˈtɒksɪk/ nefrotóxico: que é tóxico ou causa lesão às células renais.

nephroureterectomy /ˌnefrəʊˌjuərɪtəˈrektəmi/ nefroureterectomia: cirurgia para remoção do rim com seu ureter. ☑ **ureteronephrectomy**. Plural: **nephroureterectomies**.

nerve /nɜːv/ nervo: **1** feixe de fibras que podem transmitir impulsos eletroquímicos e que fazem parte de uma rede que liga o cérebro e a medula espinhal aos órgãos do corpo. **2** tecido sensitivo na raiz de um dente. Nota: para conhecer outros termos referentes a nervo, veja os que começam com **neur-**; **neuro-**. Observação: os nervos são as fibras ao longo das quais os impulsos são transportados. Os nervos motores ou eferentes levam mensagens entre o sistema nervoso central e os músculos, estimulando os movimentos musculares. Os nervos sensitivos ou aferentes transmitem impulsos, tais como visão ou dor, dos órgãos dos sentidos para o cérebro.

nerve block /ˈnɜːv blɒk/ bloqueio do nervo: interrupção da função de um nervo pela injeção local de substância anestésica.

nerve cell /nɜːv sel/ célula nervosa. ➭ **neuron**.

nerve centre /ˈnɜːv ˌsentə/ centro nervoso: um ajuntamento de nervos no sistema nervoso central.

nerve ending /nɜːv ˈendɪŋ/ terminação nervosa. ➭ **sensory receptor**.

nerve entrapment syndrome /ˌnɜːv ɪnˈtræpmənt ˌsɪndrəʊm/ síndrome de aprisionamento do nervo: neuropatia na qual um nervo sofre traumatismo por compressão, principalmente

N

os nervos de passagens estreitas, por exemplo, o punho. Nota: a síndrome mais comum de aprisionamento do nervo é a síndrome do túnel do carpo.

nerve fibre /'nɜ:v ˌfaɪbə/ fibra nervosa: uma estrutura delgada que conduz os impulsos de uma célula nervosa, por exemplo, um axônio.

nerve gas /'nɜ:v gæs/ gás nervoso: um gás que ataca o sistema nervoso.

nerve impulse /nɜ:v 'ɪmpʌls/ impulso nervoso: impulso eletroquímico que é transmitido pelas células nervosas.

nerve regeneration /ˌnɜ:v rɪgenə'reɪʃ(ə)n/ regeneração nervosa: crescimento de novo tecido nervoso após traumatismo.

nerve root /'nɜ:v ru:t/ raiz nervosa: feixe de fibras nervosas que começam na medula espinhal. Nota: as raízes dorsais constituem a entrada para um nervo sensorial, e as raízes ventrais são a saída de um nervo motor.

nerve tissue /'nɜ:v ˌtɪʃu:/ tecido nervoso: tecido constituído de nervos, com capacidade para transmitir impulsos nervosos.

nervosa /nə'vəʊsə/ nervosa. Veja **anorexia nervosa**.

nervous /'nɜ:vəs/ nervoso: **1** relacionado aos nervos. **2** que se preocupa com muita facilidade. *Don't be nervous – the operation is a very simple one.* / Não fique nervoso – a cirurgia é muito simples.

nervous breakdown /ˌnɜ:vəs 'breɪkdaʊn/ (informal) esgotamento nervoso; colapso nervoso: qualquer doença mental, geralmente de início súbito.

nervous complaint /ˌnɜ:vəs kəm'pleɪnt/ (informal) distúrbio nervoso: qualquer distúrbio mental que causa alterações nas atividades diárias. ☑ **nervous disorder**.

nervous disorder /ˌnɜ:vəs dɪsˌɔ:də/ doença nervosa. ⇨ **nervous complaint**.

nervousness /'nɜ:vəsnəs/ nervosismo: o estado de uma pessoa nervosa.

nervous system /'nɜ:vəs ˌsɪstəm/ sistema nervoso: os tecidos nervosos do corpo, incluindo os nervos periféricos, a medula espinhal, os gânglios e os centros nervosos.

nervy /'nɜ:vi/ (informal) nervoso: preocupado; agitado.

nether parts /'neðə pɑ:ts/ (plural, informal) partes baixas: a região inferior do corpo, principalmente as nádegas e os genitais. Também chamadas de **nether regions**.

nether regions /'neðə ˌri:dʒ(ə)ns/ regiões baixas. O mesmo que **nether parts**.

nettle rash /'net(ə)l ræʃ/ urticária. ⇨ **urticaria**.

network /'netwɜ:k/ rede: um sistema de interligação de linhas e espaços, como uma rede. *a network of fine blood vessels* / uma rede de vasos sanguíneos delicados.

Neuman's model /'nɔɪmənz ˌmɒd(ə)l/ modelo

de Neuman: uma teoria moderna sobre o papel da enfermagem, na qual o objetivo primário é a prevenção. Nota: o foco da prevenção é evitar situações estressantes para os pacientes, as quais podem causar um efeito nocivo no organismo.

neur- /njʊər/ ⇨ **neuro-**.

neural /'njʊərəl/ neural: relativo a um nervo ou ao sistema nervoso.

neural arch /ˌnjʊərəl 'ɑ:tʃ/ arco neural: o arco ósseo de uma vértebra, o qual circunda a medula espinhal.

neural crest /'njʊərəl krest/ crista neural: uma faixa de células do sulco neural embrionário, que dão origem às células ganglionares sensoriais e autônomas.

neuralgia /nju'rældʒə/ neuralgia: dor espasmódica ao longo de um nervo.

neural groove /'njʊərəl gru:v/ sulco neural: o sulco formado na superfície dorsal do embrião pela fusão das margens laterais da placa dorsal, no processo que dá origem ao tubo neural.

neural plate /'njʊərəl pleɪt/ placa neural: o espessamento da placa ectodérmica embrionária que, posteriormente, forma o tubo neural.

neural tube /'njʊərəl tju:b/ tubo neural: o tubo epitelial revestido de células ectodérmicas do embrião inicial, que dá origem ao cérebro e à medula espinhal.

neural tube defect /ˌnjʊərəl 'tju:b dɪˌfekt/ defeito do tubo neural: anomalia congênita caracterizada por falha de fechamento do tubo neural, durante o desenvolvimento fetal, resultando em condições como encefalocele e espinha bífida.

neurapraxia /ˌnjʊərə'præksiə/ neurapraxia: contusão de um nervo, que leva à paralisia momentânea de suas funções.

neurasthenia /ˌnjʊərəs'θi:niə/ neurastenia: tipo de neurose caracterizada por hipotonia muscular, irritação e sensação de extrema fadiga.

neurasthenic /ˌnjʊərəs'θenɪk/ neurastênico: indivíduo que sofre de neurastenia.

neurectasis /nju'rektəsɪs/ neurectase: cirurgia para esticamento de um nervo periférico. Plural: **neurectases**.

neurectomy /nju'rektəmi/ neurectomia: cirurgia para excisão de um nervo ou de parte dele. Plural: **neurectomies**.

neurilemma /ˌnjʊərɪ'lemə/ neurolema: membrana, formada pelas células de Schwann, que envolve a bainha de mielina de certas fibras nervosas. ☑ **neurolemma**. Veja ilustração em **Neuron**, no Apêndice.

neurilemmoma /ˌnjʊərile'məʊmə/ neurilemoma: tumor benigno dos nervos periféricos, que se origina de um neurolema. Plural: **neurilemmomas** ou **neurolemmomata**. ☑ **neurinoma**. Plural: **neurinomas** ou **neurinomata**.

neurinoma /njʊəri'nəʊmə/ neurinoma. ⇨ **neurilemmoma**.

neuritis /nju'raɪtɪs/ neurite: inflamação de um nervo, associada com uma dor contínua.

neuro- /ˈnjʊərəʊ/ neur(o)-: relativo a nervo ou ao sistema nervoso. Nota: antes de vogais usa-se **neur-**.

neuroanatomy /ˌnjʊərəʊəˈnætəmi/ neuroanatomia: o estudo científico da estrutura do sistema nervoso.

neuroblast /ˈnjʊərəʊblæst/ neuroblasto: célula da medula espinhal embrionária, que dá origem a uma célula nervosa.

neuroblastoma /ˌnjʊərəʊblæˈstəʊmə/ neuroblastoma: tumor maligno formado a partir da crista neural, encontrado principalmente em crianças até os dez anos de idade. Plural: **neuroblastomas** ou **neuroblastomata**.

neurocranium /ˌnjʊərəʊˈkreɪniəm/ neurocrânio: o esqueleto embrionário, que encerra e protege o cérebro. Plural: **neurocraniums** ou **neurocrania**.

neurodegenerative /ˌnjʊərəʊdɪˈdʒenərətɪv/ neurodegenerativo: referente a distúrbios que causam degeneração nervosa, tais como doença de Alzheimer ou doença de Parkinson.

neurodermatitis /ˌnjʊərəʊdɜːməˈtaɪtɪs/ neurodermatite: dermatose eczematosa, considerada um distúrbio de origem psíquica.

neurodermatosis /ˌnjʊərəʊdɜːməˈtəʊsɪs/ neurodermatose: lesão cutânea que é intensificada por instabilidade nervosa.

neuroendocrine system /ˌnjʊərəʊˈendəkrɪn ˌsɪstəm/ sistema neuroendócrino: sistema em que há uma interação do sistema nervoso central com o endócrino, a fim de controlar a função dos órgãos e tecidos.

neuroepithelial /ˌnjʊərəʊepɪˈθiːliəl/ neuroepitelial: relativo ao neuroepitélio.

neuroepithelioma /ˌnjʊərəʊepiθiːliˈəʊmə/ neuroepitelioma: tumor maligno encontrado na retina. Plural: **neuroepitheliomas** ou **neuroepitheliomata**.

neuroepithelium /ˌnjʊərəʊepɪˈθiːliəm/ neuroepitélio: camada de células epiteliais que formam o revestimento da membrana mucosa do nariz ou do labirinto, no ouvido médio.

neurofibril /ˌnjʊərəʊˈfaɪbrɪl/ neurofibrila: estrutura filamentosa encontrada no citoplasma de um neurônio. ☑ **neurofibrilla**.

neurofibrilla /ˌnjʊərəʊˈfɪbrɪlə/ neurofibrila. ⇨ **neurofibril**. Veja ilustração em **Neuron**, no Apêndice. Plural: **neurofibrillae**.

neurofibroma /ˌnjʊərəʊfaɪˈbrəʊmə/ neurofibroma: tumor benigno de um nervo, originário de um neurolema. Plural: **neurofibromas** ou **neurofibromata**.

neurofibromatosis /ˌnjʊərəʊˌfaɪbrəʊməˈtəʊsɪs/ neurofibromatose: condição hereditária caracterizada pela presença de neurofibromas espinhais e dos nervos periféricos, e por manchas marrom-claras na pele. Abreviatura: **NF**. ☑ **molluscum fibrosum; von Recklinghausen's disease** (acepção 1).

neurogenesis /ˌnjʊərəʊˈdʒenəsɪs/ neurogênese: formação e desenvolvimento de tecido nervoso.

neurogenic /ˌnjʊərəʊˈdʒenɪk/ neurogênico: **1** que tem origem no sistema nervoso. **2** relativo à neurogênese.

neurogenic bladder /ˌnjʊərəʊdʒenɪk ˈblædə/ bexiga neurogênica: disfunção da bexiga urinária, causada por lesão nos nervos que suprem o órgão.

neurogenic shock /ˌnjʊərəʊˌdʒenɪk ˈʃɒk/ choque neurogênico: estado de choque provocado por más notícias ou surpresa desagradável.

neuroglandular junction /ˌnjʊərəʊˌglændj ʊlə ˈdʒʌŋkʃən/ junção neuroglandular: o lugar de união de um nervo com a glândula controlada por ele.

neuroglia /njʊˈrɒɡliə/ neuróglia. ⇨ **glia**.

neurohormone /ˌnjʊərəʊˈhɔːməʊn/ neuro-hormônio: hormônio produzido e secretado por algumas células nervosas.

neurohypophysis /ˌnjʊərəʊhaɪˈpɒfəsɪs/ neuro-hipófise: o lobo posterior da glândula pituitária, que secreta oxitocina e vasopressina. Plural: **neurohypophyses**.

neurolemma /ˌnjʊərəʊˈlemə/ neurolema. ⇨ **neurilemma**.

neuroleptic /ˌnjʊərəʊˈleptɪk/ neuroléptico: agente antipsicótico e tranquilizante, por exemplo, o cloridrato de clorpromazina.

neurological /ˌnjʊərəˈlɒdʒɪk(ə)l/ neurológico: relativo à neurologia.

neurological assessment /ˌnjʊərəlɒdʒɪk(ə)l əˈsesmənt/ avaliação neurológica: avaliação do estado de saúde de uma pessoa com distúrbio do sistema nervoso, por meio de entrevistas, exame físico, testes diagnósticos específicos e, algumas vezes, ajuda de um familiar ou amigo íntimo.

neurologist /njʊˈrɒlədʒɪst/ neurologista: médico especialista no diagnóstico e tratamento das doenças do sistema nervoso.

neurology /njʊˈrɒlədʒi/ neurologia: o estudo científico do sistema nervoso e suas doenças.

neuroma /njʊˈrəʊmə/ neuroma: tumor benigno formado de células e fibras nervosas. Plural: **neuromas** ou **neuromata**.

neuromuscular /ˌnjʊərəʊˈmʌskjʊlə/ neuromuscular: relativo tanto aos nervos quanto aos músculos.

neuromuscular junction /ˌnjʊərəʊmʌskjʊlə ˈdʒʌŋkʃən/ junção neuromuscular: ponto de união de um nervo motor com uma fibra muscular. ☑ **myoneural junction**.

neuromyelitis optica /ˌnjʊərəʊmaɪəlaɪtɪs ˈɒptɪkə/ neuromielite óptica: condição, semelhante à esclerose múltipla, caracterizada por mielite aguda e afecção do nervo óptico. ☑ **Devic's disease**.

neuron /ˈnjʊərən/ neurônio: célula do sistema nervoso que transmite impulsos nervosos. Usa-se também **neurone**. ☑ **nerve cell**.

neuropathic bladder /njʊərəʊpæθɪk ˈblædə/ bexiga neuropática: condição caracterizada por disfunção da bexiga urinária, em decorrência de um distúrbio de inervação, por exemplo, lesão da medula espinhal.

neuropathology /ˌnjʊərəʊpəˈθɒlədʒi/ neuropatologia: o estudo das doenças do sistema nervoso.

neuropathy /njʊəˈrɒpəθi/ neuropatia: qualquer doença caracterizada por comprometimento dos tecidos do sistema nervoso. Plural: **neuropathies**.

neurophysiology /ˌnjʊərəʊfɪziˈɒlədʒi/ neurofisiologia: o estudo da fisiologia dos nervos.

neuroplasty /ˈnjʊərəʊplæsti/ neuroplastia: cirurgia para reparação de um nervo danificado.

neuropsychiatric /ˌnjʊərəʊsaɪkiˈætrɪk/ neuropsiquiátrico: relativo à neuropsiquiatria.

neuropsychiatrist /ˌnjʊərəʊsaɪˈkaɪətrɪst/ neuropsiquiatra: médico especialista no estudo e tratamento dos distúrbios mentais e nervosos.

neuropsychiatry /ˌnjʊərəʊsaɪˈkaɪətri/ neuropsiquiatria: o estudo dos distúrbios mentais e nervosos.

neurorrhaphy /njʊˈrɔːrəfi/ neurorrafia: cirurgia para unir, por sutura, um nervo que foi dividido. Plural: **neurorraphies**.

neurosarcoma /ˌnjʊərəʊsɑːˈkəʊmə/ neurossarcoma: um neuroma maligno. Plural: **neurosarcomas** ou **neurosarcomata**.

neurosecretion /ˌnjʊərəʊsɪˈkriːʃ(ə)n/ neurossecreção: **1** uma secreção liberada por certas células nervosas. **2** o processo de secreção de uma substância ativa pelas células nervosas.

neurosis /njʊˈrəʊsɪs/ neurose: distúrbio da personalidade no qual o indivíduo desenvolve sentimentos obsessivos e negativos em relação a alguém ou alguma coisa, por exemplo, medo de espaços vazios ou inveja de um irmão. Veja também **psychoneurosis**. Plural: **neuroses**.

neurosurgeon /ˈnjʊərəʊˌsɜːdʒən/ neurocirurgião: cirurgião especialista em neurocirurgia.

neurosurgery /ˈnjʊərəʊˌsɜːdʒəri/ neurocirurgia: cirurgia do sistema nervoso, incluindo o cérebro e a medula espinhal.

neurosyphilis /ˌnjʊərəʊˈsɪfəlɪs/ neurossífilis: sífilis que se manifesta no sistema nervoso.

neurotic /njʊˈrɒtɪk/ neurótico: **1** relativo a, ou que tem neurose. **2** (informal) pessoa preocupada ou obsessiva com respeito a alguma coisa.

neurotically /njʊˈrɒtɪkli/ de modo neurótico: de forma neurótica. *She is neurotically obsessed with keeping herself clean.* / Ela tem uma obsessão neurótica em manter-se limpa.

neurotmesis /ˌnjʊərɒtˈmiːsɪs/ neurotmese: a divisão completa de um nervo. Plural: **neurotmeses**.

neurotomy /njʊˈrɒtəmi/ neurotomia: cirurgia para secção de um nervo. Plural: **neurotomies**.

neurotoxic /ˌnjʊərəʊˈtɒksɪk/ neurotóxico: tóxico ou prejudicial às células nervosas.

neurotransmitter /ˌnjʊərəʊtrænsˈmɪtə/ neurotransmissor: substância química que transmite impulsos nervosos de um neurônio para outro.

Observação: os principais neurotransmissores são as catecolaminas (adrenalina, noradrenalina, 5-hidroxitriptamina) e a acetilcolina. Outros neurotransmissores, tais como o ácido γ-aminobutírico, a glutamina e a substância P são menos comuns.

neurotripsy /ˈnjʊərəʊtrɪpsi/ neurotripsia: contusão ou esmagamento cirúrgico de um nervo.

neurotrophic /ˌnjʊərəʊˈtrəʊfɪk/ neurotrófico: relativo à nutrição e à manutenção dos tecidos sob influência do sistema nervoso.

neurotropic /ˌnjʊərəʊˈtrɒpɪk/ neurotrópico: relativo a uma bactéria que tem afinidade pelo sistema nervoso ou que exerce um efeito sobre o sistema nervoso.

neuter /ˈnjuːtə/ neutro: que não é do gênero masculino nem feminino.

neutral /ˈnjuːtrəl/ neutro: em química, diz-se de substância que não é nem ácida nem alcalina. *A pH factor of 7 is neutral.* / Um pH fator 7 é neutro.

neutralise /ˈnjuːtrəlaɪz/ neutralizar: **1** contra-atacar o efeito de alguma coisa. *Alkali poisoning can be neutralised by applying acid solution.* / O envenenamento por álcalis pode ser neutralizado pela aplicação de uma solução ácida. **2** formar um sal a partir de um ácido. Usa-se também **neutralize**.

neutropenia /ˌnjuːtrəˈpiːniə/ neutropenia: condição caracterizada por diminuição mais ou menos considerável da quantidade de neutrófilos no sangue.

neutrophil /ˈnjuːtrəfɪl/ neutrófilo: tipo de leucócito de núcleo irregular, capaz de atacar e destruir bactérias. ☑ **polymorph**.

nevus /ˈniːvəs/ nevo. ⇨ **naevus**.

newborn /ˈnjuːbɔːn/ neonato; recém-nascido: **1** que acabou de nascer; que nasceu recentemente. Veja também **neonatal**. **2** um bebê que nasceu recentemente. Veja também **neonate**.

newton /ˈnjuːt(ə)n/ newton: unidade de força do SI de medidas. Símbolo: **N**. Observação: um newton é a força necessária para imprimir velocidade de um metro por segundo a um quilograma.

new variant CJD /njuː ˌveəriənt ˌsiːdʒeɪ ˈdiː/ nova variante da doença de Creutzfeldt-Jakob (CJD). Veja **variant CJD**.

next-day pill /ˌnekst deɪ ˈpɪl/ pílula do dia seguinte. ⇨ **morning-after pill**.

next of kin /ˌnekst əv ˈkɪn/ parentes mais próximos: a pessoa (ou pessoas) que tem um grau de parentesco muito próximo com alguém. *The hospital has notified the next of kin of the Death of the accident victim.* / O hospital notificou os parentes mais próximos sobre a morte da vítima do acidente.

nexus /ˈneksəs/ nexo: **1** uma ligação ou junção. Plural: **nexus** ou **nexuses**. **2** a interconexão entre dois órgãos ou tecidos.

NF abreviatura de **neurofibromatosis**.

NHS abreviatura de **National Health Service**.

NHS Direct /ˌen eɪtʃ es dɪˈrekt/ Serviço Tele-fônico do SNS (Serviço Nacional de Saúde): no Reino Unido, um serviço de atendimento telefô-nico à população, no qual enfermeiras fornecem informações sobre saúde e serviços médicos.

niacin /ˈnaɪəsɪn/ niacina: vitamina do complexo B encontrada no leite, carne, fígado, rim, fer-mento, vagens, ervilhas e pão, cuja falta pode causar distúrbios mentais e pelagra. ☑ **nicotinic acid**.

nicardipine /nɪˈkɑːdɪpiːn/ nicardipina: agente vasodilatador dos músculos cardíacos e bloquea-dor dos canais de cálcio, usado principalmente no tratamento da angina.

NICE /naɪs/ abreviatura de **National Institute for Clinical Excellence**.

nick /nɪk/ **1** pequeno corte; entalhe: um pequeno corte. *She had a nick in her ear lobe which bled.* / Ela teve um pequeno corte, com sangramento, no lóbulo da orelha. **2** cortar (de leve): fazer um pequeno corte em alguma coisa. *He nicked his chin while shaving.* / Ele cortou o queixo de leve enquanto se barbeava.

niclosamide /nɪˈkləʊsəmaɪd/ niclosamida: agente usado na eliminação de vermes intesti-nais.

nicotine /ˈnɪkətiːn/ nicotina: a principal substân-cia alcalóide obtida do tabaco.

nicotine addiction /ˈnɪkətiːn əˌdɪkʃən/ taba-gismo: uma dependência da nicotina, pelo hábi-to do tabaco (fumo).

nicotine patch /ˈnɪkətiːn pætʃ/ adesivo nicotí-nico: pedaço de tecido que contém nicotina e é aplicado na pele, a fim de que esta substância seja liberada lentamente na corrente sanguínea. Constitui um método de ajuda para a desabitua-ção do tabagismo.

nicotine poisoning /ˈnɪkətiːn ˌpɔɪz(ə)nɪŋ/ en-venenamento por nicotina: envenenamento do sistema nervoso autônomo por grandes quanti-dades de nicotina. ☑ **nicotinism**.

nicotine receptor /ˈnɪkotiːn rɪˌseptə/ receptor nicotínico: receptor colinérgico encontrado na junção neuromuscular do músculo esquelético e nos gânglios autônomos, que é estimulado pela nicotina e por agentes similares à nicotina. ☑ **nicotine receptor**.

nicotine replacement /ˈnɪkətiːn rɪˌpleɪsmənt/ reposição nicotínica: o uso de emplastros de ni-cotina ou outros produtos similares, na tentativa de ajudar uma pessoa a desabituar-se do taba-gismo.

nicotinic acid /ˌnɪkətɪnɪk ˈæsɪd/ ácido nicotíni-co. ⇨ **niacin**.

nicotinic receptor /ˌnɪkəˌtɪnɪk rɪˈseptə/ recep-tor nicotínico. ⇨ **nicotine receptor**.

nicotinism /ˈnɪkəti:nɪz(ə)m/ nicotinismo. ⇨ **ni-cotine poisoning**.

nictation /nɪkˈteɪʃ(ə)n/ nictação: o ato de piscar. ☑ **nictitation**.

nidation /naɪˈdeɪʃ(ə)n/ nidação: **1** o processo de formação das camadas endometriais no útero

entre os períodos menstruais. **2** o estágio em-brionário correspondente à implantação do ovo fecundado no endométrio. ☑ **implantation**.

nidus /ˈnaɪdəs/ ninho: o local de alojamento e desenvolvimento de bactérias, que se torna um centro de infecção. Plural: **niduses** ou **nidi**.

Niemann-Pick disease /ˌniːmən ˈpɪk dɪˌziːz/ doença de Niemann-Pick: doença hereditária rara que afeta o metabolismo das gorduras. Os sintomas em lactentes incluem dificuldade de amamentação, aumento do abdome dentro de três a seis meses, e perda progressiva das capaci-dades motoras, com hipotonia muscular.

nifedipine /nɪˈfedɪpiːn/ nifedipina: agente que bloqueia a absorção de cálcio pelos músculos cardíacos. É um vasodilatador coronário, usa-do no tratamento da hipertensão e da angina de peito.

night blindness /ˈnaɪt ˌblaɪndnəs/ cegueira no-turna. ⇨ **nyctalopia**.

night duty /ˈnaɪt ˌdjuːti/ trabalho noturno; plan-tão: o trabalho que é feito durante a noite. *Nurse Smith is on night duty this week.* / A enfermeira Smith está de plantão nesta semana.

Nightingale ward /ˈnaɪtɪŋgeɪl wɔːd/ enfermaria Nightingale: um tipo antiquado de enfermaria extensa, com uma fileira de camas ao longo de cada parede e um posto central para a enfermeira encarregada de ali trabalhar.

nightmare /ˈnaɪtmeə/ pesadelo: um sonho afli-tivo e aterrorizante. *The child had a nightmare and woke up screaming.* / A criança teve um pe-sadelo e acordou gritando.

night nurse /ˈnaɪt nɜːs/ enfermeira de plantão: enfermeira encarregada de trabalhar à noite.

night sweat /ˈnaɪt swet/ sudorese noturna; suo-res noturnos: sudorese noturna profusa que ocor-re em algumas doenças.

night terror /ˈnaɪt ˈterə/ terrores noturnos: dis-túrbio do sono que ocorre em crianças, no qual elas acordam gritando e de que não se lembram posteriormente.

nigra /ˈnaɪgrə/ negra. Veja **linea nigra**.

nihilism /ˈnaɪhɪlɪz(ə)m/ niilismo: em psiquia-tria, a rejeição de todas as convenções e crenças sociais tradicionais, principalmente da moral e religião.

nihilistic /ˌnaɪhɪˈlɪstɪk/ niilístico: relativo a, ou que mostra uma tendência ao niilismo.

ninety-nine /ˌnaɪnti ˈnaɪn/ noventa e nove: um número que o médico pede à pessoa para dizer, a fim de que possa examinar-lhe a garganta. *The doctor told him to open his mouth wide and say ninety-nine.* / O médico pediu a ele para abrir bem a boca e dizer noventa e nove.

nipple /ˈnɪp(ə)l/ mamilo: **1** ⇨ **mammilla**. **2** (EUA) teta de mamadeira, feita de borracha.

Nissl body /ˈnɪs(ə)l ˌbɒdi/ corpúsculos de Nissl. ⇨ **Nissl granule**.

Nissl granule /ˈnɪs(ə)l ˌgrænjuːl/ grânulos de Nissl: um dos grânulos ásperos que circundam o núcleo do citoplasma das células nervosas.

Também chamados de **Nissl body**. Veja ilustração em **Neuron**, no Apêndice. (Descritos em 1894 por Franz Nissl [1860–1919], psiquiatra alemão.)

nit /nɪt/ lêndea: o ovo ou a larva de um piolho.

nitrate /ˈnaɪtreɪt/ nitrato: **1** um sal ou um éster do ácido nítrico. **2** um agente, tal como o trinitrato de gliceril, com ação vasodilatadora, usado no tratamento imediato da angina e da insuficiência cardíaca. Nota: os pacientes podem desenvolver tolerância a esse tipo de drogas.

-nitrate /naɪtreɪt/ -nitrato: forma combinante usada nos nomes de drogas derivadas do nitrato.

nitrazepam /naɪˈtræzɪpæm/ nitrazepam: agente tranqüilizante que induz ao sono.

nitrofurantoin /ˌnaɪtrəʊfjuˈræntəʊin/ nitrofurantoína: agente antibacteriano, usado no tratamento de infecções urinárias.

nitrogen /ˈnaɪtrədʒən/ nitrogênio: elemento químico gasoso, principal componente da atmosfera e um constituinte das proteínas. Símbolo químico: **N**. Observação: o organismo absorve nitrogênio por meio da digestão dos alimentos ricos em proteínas; o excesso de nitrogênio é excretado pela urina. Quando a entrada e a excreção de nitrogênio são iguais, o organismo apresenta um equilíbrio de nitrogênio ou de proteínas.

nitrogen narcosis /ˌnaɪtrədʒ(ə)n nɑːˈkəʊsɪs/ narcose por nitrogênio: inconsciência devida ao acúmulo de nitrogênio nos tecidos, causada pela alteração da pressão de nitrogênio, como a que ocorre em mergulhadores.

nitroglycerin /ˌnaɪtrəʊˈɡlɪsərɪn/ nitroglicerina: agente com propriedades vasodilatadoras, usado na insuficiência cardíaca e coronariana.

nitrous oxide /ˌnaɪtrəs ˈɒksaɪd/ óxido nitroso: gás incolor, de cheiro adocicado, usado em combinação com outros gases como anestésico em odontologia e cirurgia. ☑ **laughing gas**.

nm abreviatura de **nanometre**.

NMC abreviatura de **Nursing and Midwifery Council**.

nmol abreviatura de **nanomole**.

NMR abreviatura de **nuclear magnetic resonance**.

Nocardia /nəʊˈkɑːdiə/ Nocardia: gênero de bactérias encontrado no solo; algumas espécies podem causar nocardíase e madauromicose.

nocardiasis /ˌnəʊkɑːˈdaɪˈəsɪs/ nocardíase. ⇨ **nocardiosis**.

nocardiosis /nəʊˌkɑːdiˈəʊsɪs/ nocardíase; nocardiose: infecção pulmonar que pode se espalhar para outros tecidos, causada por *Nocardia*. ☑ **nocardiasis**.

noci- /nəʊsi/ noci-: forma combinante relacionada à dor, lesão ou ferimento.

nociassociation /ˌnəʊsiəˌsəʊsiˈeɪʃ(ə)n/ nociassociação: liberação inconsciente de energia nervosa, por exemplo, em um choque.

nociceptive /ˌnəʊsiˈseptɪv/ nociceptivo: relativo aos nervos que transmitem os estímulos dolorosos para o cérebro.

nociceptor /ˈnəʊsiˌseptə/ nociceptor: nervo sensitivo que transmite os estímulos dolorosos para o cérebro.

noct- /nɒkt/ noct-: relativo à noite; noturno.

noctambulation /ˌnɒktæmbjuleɪʃ(ə)n/ noctambulismo. ⇨ **somnambulism**.

nocte /ˈnɒkti/ à noite: que deve ser administrado à noite. Oposto de **mane**. Nota: o termo é usado em prescrições médicas.

nocturia /nɒkˈtjʊəriə/ nictúria; noctúria: excreção urinária excessiva durante a noite.

nocturnal /nɒkˈtɜːn(ə)l/ noturno: relativo a, ou que acontece à noite.

nocturnal emission /nɒkˌtɜːn(ə)l ɪˈmɪʃ(ə)n/ emissão noturna: uma descarga reflexa de sêmen durante o sono. ☑ **wet dream**.

nocturnal enuresis /nɒkˌtɜːn(ə)l enjʊˈriːsɪs/ enurese noturna: o ato de urinar na cama à noite, durante o sono. ☑ **bedwetting**.

nodal /ˈnəʊd(ə)l/ nodal: relativo a nódulos.

nodal tachycardia /ˌnəʊd(ə)l tæki'kɑːdiə/ taquicardia nodal: uma crise repentina de batimentos cardíacos acelerados. ☑ **paroxysmal tachycardia**.

node /nəʊd/ nódulo: **1** pequena massa de tecido. **2** grupo de células nervosas.

node of Ranvier /ˌnəʊd əv ˈrænviə/ nódulos de Ranvier: um de uma série de intervalos que ocorrem nas fibras nervosas mielinizadas. Veja ilustração em **Neuron**, no Apêndice.

nod off /ˈnɒd əˈf/ (informal) cochilar: cair no sono.

nodosa /nəʊˈdəʊsə/ nodosa. Veja **polyarteritis nodosa; periarteritis nodosa**.

nodosum /nəʊˈdəʊsəm/ nodoso. Veja **erythema nodosum**.

nodular /ˈnɒdjʊlə/ nodular: formado de nódulos.

nodule /ˈnɒdjuːl/ nódulo: **1** um pequeno nodo ou grupo de células. Veja também **Bohn's nodules**. **2** a parte posterior do verme inferior do cerebelo.

noma /ˈnəʊmə/ noma. ⇨ **cancrum oris**.

nomen proprium /nəʊmən ˈprəʊpriəm/ nome próprio. Abreviatura: **n.p.**

non- /nɒn/ não-: indica negação.

non-A, non-B hepatitis /ˌnɒn æ ˌnɒn biː ˌhep əˈtaɪtɪs/ hepatite não A, hepatite não B. Hoje, é chamada de **hepatitis C**.

non-absorbable suture /ˌnɒn əbˌzɔːbəb(ə)l ˈsuːtʃə/ sutura não absorvível: sutura feita com material que não pode ser absorvido pelo organismo e que, por fim, precisa ser removida.

non-accidental injury /ˌnɒn æksɪˌdent(ə)l ˈɪndʒəri/ lesão não-acidental: lesão que não foi causada acidentalmente. Abreviatura: **NAI**.

non-allergenic /ˌnɒn æləˈdʒenɪk/ não-alergênico: que não agrava a alergia.

non-cancerous /ˌnɒn ˈkænsərəs/ não-canceríogeno: que não é maligno.

non-clinical /ˌnɒn ˈklɪnɪk(ə)l/ não-clínico: relativo aos diversos cuidados que não estão diretamente relacionados ao tratamento médico do paciente. *non-clinical services such as administration and catering* / serviços não-clínicos, tais como administração e refeições coletivas. *non-clinical guidelines including confidentiality protocols* / diretrizes não-clínicas, incluindo protocolos confidenciais.

non-compliance /ˌnɒn kəmˈplaɪəns/ não-aderência: a falta de consistência e exatidão de um paciente em tomar os medicamentos prescritos, isto é, a omissão dos horários ou a não-obediência às doses estabelecidas, ou simplesmente o fato de não tomá-los.

non compos mentis /ˌnɒn ˌkɒmpəs ˈmentɪs/ não com a mente sã: expressão que vem do latim e que diz respeito à pessoa mentalmente incapaz de cuidar de seus próprios assuntos.

non-contagious /ˌnɒn kənˈteɪdʒəs/ não-contagioso: que não é transmissível por contato.

non-drowsy /ˌnɒn ˈdraʊzi/ que não causa sonolência: relativo ao medicamento que não provoca sono.

non-emergency surgery /ˌnɒn ɪˌmɜːdʒənsi ˈsɜːdʒəri/ cirurgia não emergencial: cirurgia que não exige uma ação imediata, porque a condição do paciente não é ameaçadora à vida, por exemplo, uma substituição articular. ☑ **non-urgent surgery**.

non-granular leucocyte /ˌnɒn ˌɡrænjʊlə ˈluːkəʊsaɪt/ leucócito não-granular: leucócito que não contém grânulos, por exemplo, um linfócito ou um monócito.

non-Hodgkins lymphoma /nɒn ˌhɒdʒkɪnz lɪmˈfəʊmə/ linfoma não-Hodgkins: câncer dos linfonodos, que difere da doença de Hodgkins pela ausência de um tipo específico de célula.

non-insulin-dependent diabetes /nɒn ˌɪn sjʊlɪn dɪˌpendənt ˌdaɪəˈbiːtiːz/ diabetes não-dependente de insulina. ⇨ **Type II diabetes mellitus**.

non-invasive /ˌnɒn ɪnˈveɪzɪv/ não-invasivo: relativo ao tratamento que não envolve a incisão da pele para introdução de dispositivo ou instrumento no organismo.

non-maleficence /ˌnɒn məˈlefɪs(ə)ns/ não-maleficência; não-nocividade: o conceito de que os profissionais de saúde têm o dever de proteger o paciente de qualquer dano. Nota: sob esse princípio, as obrigações desses profissionais incluem a manutenção dos conhecimentos e habilidades atuais, e o reconhecimento das próprias limitações, sabendo quando passar o caso para um especialista ou outro profissional.

non-malignant /ˌnɒn məˈlɪɡnənt/ não-maligno: não canceroso, ou não ameaçador à vida. *a non-malignant growth* / um tumor não-maligno.

non-medical /ˌnɒn ˈmedɪk(ə)l/ não-médico: **1** não relacionado à medicina. *non-medical genetics* / genética não-médica. **2** que não está de acordo com a prática médica, ou que não é receitado por médico. *non-medical use of stimulant drugs* / uso de drogas estimulantes não-médicas. **3** não usado no jargão médico. *"Nervous breakdown" is a non-medical term for a type of sudden mental illness.* / "Colapso nervoso" é um termo não-médico para um tipo de doença mental de início súbito.

non-nucleated /ˌnɒn ˈnjuːklɪeɪtɪd/ não-nucleado: relativo a uma célula que não contém núcleo.

non-official drug /ˌnɒn əˌfɪʃ(ə)l ˈdrʌɡ/ droga não-oficial: droga que não está listada na Farmacopéia Nacional.

non-palpable /nɒn ˈpælpəb(ə)l/ não-palpável: que não pode ser sentido pelo tato.

non-paralytic poliomyelitis /nɒn ˌpærəlɪtɪk ˌpəʊliəʊˌmaɪəˈlaɪtɪs/ poliomielite não-paralítica: forma de poliomielite semelhante à poliomielite abortiva, mas que também afeta, em certa medida, os músculos.

non-secretor /ˌnɒn sɪˈkriːtə/ não-secretor: pessoa cuja saliva e outras secreções, como o sêmen, não contêm os antígenos do grupo sanguíneo ABO.

non-smoker /nɒn ˈsməʊkə/ não-fumante: pessoa que não fuma.

non-specific /ˌnɒn spəˈsɪfɪk/ não-específico: não provocado por qualquer causa simples identificável. Oposto de **specific** (acepção 1).

non-specific urethritis /ˌnɒn spəˌsɪfɪk jʊə rɪˈθraɪtɪs/ (antiquado) uretrite não-específica: qualquer doença inflamatória da uretra, sexualmente transmissível, que não é causada por gonorréia. Abreviatura: **NSU**.

non-sterile /ˌnɒn ˈsteraɪl/ não-estéril: não-estéril ou esterilizado.

non-steroidal /ˌnɒn steˈrɔɪd(ə)l/ não-esteroidal: que não contém esteróides. Oposto de **steroidal**.

non-steroidal anti-inflammatory drug /ˌnɒ nsteˌrɔɪd(ə)l ˌænti ɪnˈflæmət(ə)ri drʌɡ/ droga antiinflamatória não-esteróide: droga que alivia a dor associada à inflamação, incluindo as doenças reumáticas, a analgesia pós-operatória e a dismenorréia, por meio da inibição da liberação de prostaglandinas. Abreviatura: **NSAID**. Nota: as drogas não-esteróides têm nomes que terminam em **fen**: **ibuprofen**. Observação: podem ocorrer efeitos gastrointestinais graves em indivíduos que utilizam essas drogas, principalmente idosos. A asma pode piorar com o seu uso.

non-union /nɒn ˈjuːnjən/ não-união: condição na qual duas partes de um osso fraturado não se consolidam. Oposto de **union**.

non-urgent surgery /ˌnɒn ˌɜːdʒənt ˈsɜːdʒəri/ cirurgia não-urgente. ⇨ **non-emergency surgery**.

noradrenaline /ˌnɔːrəˈdrenəlɪn/ noradrenalina: hormônio secretado pela medula das glândulas supra-renais, que age como vasoconstritor e é usado para manter a pressão sanguínea em casos de choque, hemorragia ou hipotensão. Nota: no inglês americano usa-se **norepinephrine**.

norma /ˈnɔːmə/ norma: o crânio visto de um determinado ângulo. Plural: **normae**.

normal /ˈnɔːm(ə)l/ normal: usual, comum, ou de acordo com um padrão. *After he took the tablets, his blood pressure went back to normal.* / Depois que ele tomou os comprimidos, a pressão arterial voltou ao normal. *Her temperature is two degrees above normal.* / A temperatura dela está dois graus abaixo do normal. *He had an above-normal pulse rate.* / Ele estava com uma freqüência de pulso acima do normal. *Is it normal for a person with myopia to suffer from headaches?* / É normal uma pessoa com miopia sofrer de cefaléia?

normally /ˈnɔːm(ə)li/ normalmente: de uma maneira comum, na maioria das ocasiões ou na maior parte das circunstâncias. *The patients are normally worried before the operation.* / Os pacientes normalmente ficam preocupados antes de uma cirurgia. *He was breathing normally.* / Ele estava respirando normalmente.

normo- /nɔːməʊ/ normo-: normal, usual ou esperado.

normoblast /ˈnɔːməʊblæst/ normoblasto: célula precursora de um eritrócito, geralmente encontrada apenas na medula óssea, mas que ocorre no sangue, em alguns tipos de leucemia e anemia.

normocyte /ˈnɔːməʊsaɪt/ normócito: um eritrócito normal.

normocytic /ˌnɔːməʊˈsaɪtɪk/ normocítico: relativo a um normócito.

normocytosis /ˌnɔːməʊsaɪˈtəʊsɪs/ normocitose: o estado normal do sangue em relação a seus eritrócitos.

normotension /ˌnɔːməʊˈtenʃən/ normotensão: pressão arterial que está dentro dos padrões normais.

normotensive /ˌnɔːməʊˈtensɪv/ normotenso: relativo ao indivíduo cuja pressão arterial está dentro dos padrões normais.

Norton score /ˈnɔːt(ə)n skɔː/ escore de Norton: uma escala para se determinar a probabilidade de desenvolvimento de úlcera de decúbito, usada na maioria das vezes na avaliação de pacientes idosos.

nortriptyline /nɔːˈtrɪptəliːn/ nortriptilina: agente analgésico, antidepressivo e tranqüilizante.

nose /nəʊz/ nariz: órgão envolvido na respiração e no sentido do olfato. ◊ **her nose is running**: o nariz dela está escorrendo (um líquido mucoso está pingando do nariz dela). ◊ **he blew his nose**: ela assoou o nariz (ela tirou o muco do nariz com um lenço). ◊ **to speak through your nose**: falar pelo nariz (falar como se o nariz estivesse obstruído, pronunciando "b" em vez de "m" e "d" em vez de "n"). Observação: o nariz é constituído de cartilagem e, na parte superior, de pequenos ossos que formam a ponte. Ele conduz a duas passagens, as narinas, que, por sua vez, levam às duas cavidades nasais, separadas pelo septo. As vias nasais conectam-se com os seios, com os ouvidos, através das trompas de Eustáquio (atual tubas auditivas), e com a faringe. Os receptores que detectam os odores estão localizados na parte superior da via nasal.

nosebleed /ˈnəʊzbliːd/ (informal) hemorragia nasal: uma hemorragia pelo nariz, normalmente causada por pancada, espirro, por assoar fortemente o nariz, ou por hipertensão. *She had a headache, followed by a violent nosebleed.* / Ela teve cefaléia, seguida por intensa hemorragia nasal. ☑ **epistaxis**.

noso- /nɒsəʊ/ noso-: forma combinante relativa à doença.

nosocomial /ˌnɒsəʊˈkəʊmiəl/ nosocomial: relativo a hospitais.

nosocomial infection /ˌnɒsəʊˌkəʊmiəl ɪnˈfekʃən/ infecção nosocomial: infecção que é transmitida a uma pessoa sob tratamento hospitalar.

nosology /nɒˈsɒlədʒi/ nosologia: a ciência de classificação das doenças.

nostril /ˈnɒstrɪl/ narinas: as duas passagens nasais pelas quais o ar é inspirado. *His right nostril is blocked.* / A narina direita dele está obstruída. Também chamadas de **nares**.

notch /nɒtʃ/ chanfradura; incisura: depressão em uma superfície, geralmente um osso; algumas vezes, ocorre também em um órgão. Veja também **cardiac notch**; **occipital notch**.

notice /ˈnəʊtɪs/ **1** aviso; anúncio; comunicação: a) informação escrita, geralmente colocada em um local onde todos possam vê-la. b) um aviso. *They had to leave with ten minutes' notice.* / Eles tiveram de partir dez minutos após o aviso. c) atenção. **to take notice (of something** or **someone)**: reparar ou notar (alguém ou alguma coisa): dar atenção; dar conhecimento de algo (a alguém ou alguma coisa). *We need to take notice of this feedback.* / Nós precisamos ter conhecimento deste *feedback*. **2** notar; observar: reparar em algo ou estar ciente de alguma coisa. *Nobody noticed that she was sweating.* / Ninguém notou que ela estava suando. *Did you notice the development of any new symptoms?* / Você notou o desenvolvimento de algum sintoma novo?

noticeable /ˈnəʊtɪsəb(ə)l/ observável; perceptível: capaz de ser notado. *The disease has no easily noticeable symptoms.* / A doença não tem sintomas facilmente perceptíveis.

noticeboard /ˈnəʊtɪsbɔːd/ quadro de avisos: pedaço plano de madeira, ou quadro colocado em uma parede, no qual são fixados avisos.

notifiable   **disease**   /ˌnəʊtɪfaɪəb(ə)l dɪˈziːz/ doença notificável: doença infecciosa grave que, no Reino Unido, deve ser notificada às autoridades sanitárias, a fim de que possam ser tomadas medidas para controlar a sua disseminação. Observação: as seguintes doenças são de notificação obrigatória às autoridades sanitárias: cólera, difteria, disenteria, encefalite, intoxicação alimentar, icterícia, malária, sarampo, meningite, oftalmia neonatal, paratifóide, peste, poliomielite, febre recorrente, febre escarlatina, varíola, tuberculose, tifóide, tifo, coqueluche e febre amarela.

notify /'nəʊtɪfaɪ/ notificar: comunicar algo oficialmente a uma pessoa ou autoridade. *The local doctor notified the Health Service of the case of cholera.* / O médico local notificou os casos de cólera ao Departamento de Saúde.

nourish /'nʌrɪʃ/ alimentar; nutrir: dar alimentos ou nutrientes a uma pessoa.

nourishment /'nʌrɪʃmənt/ alimento; nutrição: **1** o ato de fornecer nutrientes a uma pessoa. **2** os alimentos e seus nutrientes, por exemplo, proteínas, gorduras ou vitaminas.

noxious /'nɒkʃəs/ pernicioso; nocivo; prejudicial: algo que caso dano. *a noxious gas* / um gás nocivo.

n.p. nome próprio: o nome de um medicamento, escrito na rótulo de seu recipiente. Abreviatura de **nomen proprium**.

NPO abreviatura de **ne per oris**.

NSAID abreviatura de **non-steroidal anti-inflammatory drug**.

NSU abreviatura de **non-specific urethritis**.

nucha /'nju:kə/ nuca. ⇨ **nape**. Plural: **nuchae**.

nuchal /'nju:k(ə)l/ nucal: relativo à parte posterior do pescoço.

nucle- /nju:kli/ ⇨ **nucleo-**.

nuclear /'nju:kliə/ nuclear: referente ao núcleo, por exemplo, de uma célula ou átomo.

nuclear magnetic resonance /ˌnju:kliə m æg,netɪk 'rezənəns/ ressonância magnética nuclear: técnica de varredura para diagnóstico médico de anormalidades nos tecidos moles e líquidos do organismo, que utiliza campos magnéticos e ondas de rádio. Abreviatura: **NMR**. Veja também **magnetic resonance imaging**.

nuclear medicine /ˌnju:kliə 'med(ə)s(ə)n/ medicina nuclear: o uso de substâncias radioativas para detecção e tratamento de doenças.

nuclease /'nju:klieɪz/ nuclease: enzima que catalisa a hidrólise dos ácidos nucléicos.

nucleic acid /nju:ˌkli:ɪk 'æsɪd/ ácido nucléico: ácido orgânico encontrado em todas as células, que consiste de cadeias de nucleotídeos complexos que transmitem informações genéticas, por exemplo, o ácido desoxirribonucléico (DNA) e o ácido ribonucléico (RNA).

nucleo- /nju:kliəʊ/ nucle(i/o)-: relativo ao núcleo de uma célula ou átomo. Nota: antes de vogais usa-se **nucle-**.

nucleolus /nju:ˈkli:ələs/ nucléolo: estrutura presente no núcleo de uma célula, contendo ácido ribonucléico (RNA). Plural: **nucleoli**.

nucleoprotein /ˌnju:kliəʊˈprəʊti:n/ nucleoproteína: substância composta de proteína e ácido nucléico, por exemplo, um cromossomo ou ribossomo.

nucleus /'nju:kliəs/ núcleo: **1** a parte central de alguma coisa, ao redor da qual outras partes se agrupam ou são formadas. **2** a parte central de uma célula, que contém ácido desoxirribonucléi-

co (DNA) e ácido ribonucléico (RNA), e controla a função e as características celulares. Veja ilustração em **Neuron**, no Apêndice. **3** um grupo de células nervosas no cérebro ou na medula espinhal. Plural: **nuclei**.

nucleus pulposus /ˌnju:kliəs pʊlˈpəʊsəs/ núcleo pulposo: a porção central cartilaginosa de um disco intervertebral, que desaparece na velhice. Plural: **nuclei pulposi**.

nullipara /nʌˈlɪpərə/ nulípara: mulher que nunca deu à luz um filho. Plural: **nulliparas** ou **nulliparae**.

numb /nʌm/ dormente; entorpecido: **1** relativo a uma parte do corpo cuja percepção aos estímulos é ausente. **2** incapaz de sentir emoção.

numbness /'nʌmnəs/ entorpecimento: uma perda de sensibilidade aos estímulos.

nurse /nɜ:s/ **1** enfermeira: profissional que cuida de pessoas doentes em hospitais ou ajuda os médicos em cirurgias. Algumas enfermeiras são treinadas no diagnóstico e tratamento de respostas humanas a problemas sanitários. *She works as a nurse in the local hospital.* / Ela trabalha como enfermeira no hospital local. *He's training to be a nurse.* / Ele está estudando para ser enfermeiro. Veja também **nurse practitioner**. **2** tomar conta de pessoa doente; cuidar de pessoa doente: a) tomar conta de uma pessoa doente, ou trabalhar como enfermeira. *When he was ill his mother nursed him until he was better.* / Quando ele estava doente, a mãe cuidou dele até que melhorasse. b) comportar-se de modo a não agravar uma condição. *nursing a sprained ankle* / tratar um tornozelo torcido.

nurse executive director /nɜ:s ɪgˈzekjʊtɪv/ enfermeira executiva chefe: no Reino Unido, enfermeira sênior que integra o conselho do Serviço Nacional de Saúde, e tem responsabilidades tanto corporativas quanto profissionais na organização de serviços de enfermagem e, algumas vezes, outros aspectos, tais como qualidade ou recursos humanos.

nurse manager /ˌnɜ:s ˈmænɪdʒə/ enfermeira gerente: enfermeira que tem deveres administrativos em um hospital ou serviço de saúde.

nurse practitioner /ˌnɜ:s prækˈtɪʃ(ə)nə/ enfermeira clínica: enfermeira com grau, competência e habilidades avançados de experiência clínica, que freqüentemente trabalha de maneira independente, podendo avaliar, diagnosticar e prescrever assistência de enfermagem, principalmente nos cuidados primários ao paciente.

nurse station /'nɜ:s ˌsteɪʃ(ə)n/ posto de enfermagem: área central em um enfermaria, ou próxima a ela, na qual uma enfermeira trabalha, mantendo registros e controlando as atividades da enfermaria. Usa-se também **nurses' station**.

nurse tutor /ˌnɜ:s ˈtju:tə/ enfermeira professora: enfermeira experiente que dá aulas a estudantes de enfermagem.

nursing /'nɜ:sɪŋ/ **1** enfermagem: a) o trabalho ou a profissão de enfermeira. *He has chosen nursing as his career.* / Ele escolheu a carreira de enfermagem. b) os cuidados prestados por uma enfermeira a pessoas doentes. **2** tomar conta de pessoa doente; cuidar de pessoa doente: prestar serviços como enfermeira.

> *...few would now dispute the need for clear, concise nursing plans to guide nursing practice, provide educational tools and give an accurate legal record.* / "...poucos podem questionar hoje a necessidade de planos claros e concisos para orientar a prática da enfermagem, proporcionar ferramentas educacionais e fornecer uma documentação legal precisa." (*Nursing Times*)
> *...all relevant sections of the nurses' care plan and nursing process had been left blank.* / "...todas as seções relevantes dos planos de cuidados de enfermeiras e registros de processos de enfermagem foram deixados em branco." (*Nursing Times*)

Nursing and Midwifery Council /ˌnɜːsɪŋ ən ˌmɪdˈwɪfəri ˌkaunsəl/ Conselho de Enfermagem e Obstetrícia: no Reino Unido, uma organização que estabelece padrões para a educação, prática e conduta de enfermeiras (incluindo enfermeiras visitadoras) e parteiras. Abreviatura: **NMC**.

nursing audit /ˈnɜːsɪŋ ˌɔːdɪt/ auditoria de enfermagem: um exame formal detalhado e comprobatório dos registros envolvendo o trabalho de enfermagem, ou um exame das atividades de enfermagem, de modo que possa ser emitido um julgamento sobre a qualidade dos serviços prestados. Nota: as provas documentadas são comparadas com padrões e critérios estabelecidos.

nursing development unit /ˌnɜːsɪŋ dɪˈveləpmənt ˈjuːnɪt/ unidade-modelo de enfermagem: uma enfermaria ou unidade chefiada por enfermeira, cuja intenção é demonstrar, por meio de exemplos, cuidados inovadores e de alta qualidade em enfermagem, que se reflitam na prática, tirar lições dessa experiência, e proporcionar oportunidades de aprendizado para outras enfermeiras. Abreviatura: **NDU**.

nursing home /ˈnɜːsɪŋ həʊm/ enfermaria doméstica: uma casa que abriga convalescentes ou idosos, sob a supervisão de uma enfermeira qualificada.

nursing intervention /ˌnɜːsɪŋ ɪntəˈvenʃən/ tratamento de enfermagem: tratamento de uma doença por enfermeira, sem necessidade de cirurgia.

nursing model /ˈnɜːsɪŋ ˌmɒd(ə)l/ modelo de enfermagem: um conjunto de princípios estabelecidos sobre enfermagem, que dá aos profissionais dessa área uma oportunidade de formular um plano de assistência e de avaliá-lo, além de mencionar as falhas dele decorrentes.

nursing mother /ˈnɜːsɪŋ ˈmʌðə/ lactante: mãe que amamenta seu bebê no seio.

Nursing Officer /ˈnɜːsɪŋ ˌɒfɪsə/ Oficial de Enfermagem: no Reino Unido, enfermeira empregada pelo Departamento de Saúde para prestar assistência à Enfermeira Chefe Oficial no for-

necimento de diretrizes sanitárias aos ministros governamentais e pessoas encarregadas das políticas de saúde.

nursing practice /ˈnɜːsɪŋ ˌpræktɪs/ enfermagem: o tratamento executado por enfermeiras.

nursing process /ˌnɜːsɪŋ ˈprəʊses/ métodos de enfermagem: método padrão de terapia e documentação do tratamento realizado por enfermeiras.

nursing sister /ˌnɜːsɪŋ ˈsɪstə/ enfermeira-chefe: uma enfermeira-chefe hospitalar que tem deveres administrativos.

nursing standard /ˈnɜːsɪŋ ˌstændəd/ padrões de enfermagem: padrões segundo os quais os cuidados de enfermagem pode ser avaliados ou comparados.

nurture /ˈnɜːtʃə/ **1** criação: os cuidados, a atenção, o apoio e o sustento proporcionados a uma criança em desenvolvimento. **2** criar: a educação e os cuidados proporcionados a uma criança.

nutans /ˈnjuːt(ə)ns/ nutante. Veja **spasmus nutans**.

nutation /njuːˈteɪʃ(ə)n/ nutação: o ato de anuir involuntariamente com a cabeça.

nutrient /ˈnjuːtriənt/ nutriente: substância contida nos alimentos e que é necessária para fornecer energia ou ajudar no desenvolvimento do organismo, por exemplo, proteínas, gorduras ou vitaminas.

nutrition /njuːˈtrɪʃ(ə)n/ nutrição: **1** o estudo dos alimentos, suas propriedades, e a absorção de seus nutrientes pelo organismo. **2** nutrição ou alimento.

nutritional /njuːˈtrɪʃ(ə)n(ə)l/ nutricional: relativo à nutrição.

nutritional anaemia /njuːˌtrɪʃ(ə)n(ə)l əˈniːmiə/ anemia nutricional: anemia causada por um desequilíbrio na dieta alimentar.

nutritional disorder /njuːˈtrɪʃ(ə)n(ə)l dɪsˌɔːdə/ distúrbio nutricional: distúrbio relacionado ao alimentos e aos nutrientes, por exemplo, a obesidade.

nutritionist /njuːˈtrɪʃ(ə)nɪst/ nutricionista: indivíduo especialista no estudo da nutrição, que fornece orientações relacionadas à dieta alimentar. Veja também **dietitian**.

nyct- /nɪkt/ nict(i/o)-: relacionado à noite ou à escuridão.

nyctalopia /ˌnɪktəˈləupiə/ nictalopia: condição caracterizada pela incapacidade de enxergar na iluminação reduzida. ☑ **night blindness**.

nyctophobia /ˌnɪktəˈfəʊbiə/ nictofobia: medo mórbido da noite ou da escuridão.

nymphae /ˈnɪmfiː/ (plural) ninfa. ⇨ **labia minora**.

nympho- /nɪmfəʊ/ ninf(o)-: **1** relativo à sexualidade feminina. **2** relativo à ninfa (lábios menores).

nymphomania /ˌnɪmfəˈmeɪniə/ ninfomania: desejo sexual excessivo e insaciável, na mulher.

Nota: a ninfomania é o equivalente à satiríase *(satyriasis)*, no homem.

nymphomaniac /ˌnɪmfəˈmeɪnɪæk/ ninfomaníaca: mulher que tem um desejo sexual excessivo e insaciável. Nota: o termo é considerado ofensivo.

nystagmus /nɪˈstægməs/ nistagmo: movimentos oscilatórios rápidos e involuntários dos olhos, podendo ser verticais, horizontais ou de circundação. Observação: entre os vários tipos de nistagmo, podemos citar o horizontal; o vertical; o de rotação torcional (nistagmo em gangorra); e o rotatório. O nistagmo pode ser congênito, mas é também um sintoma de esclerose múltipla ou doença de Ménière.

nystatin /naɪˈstætɪn/ nistatina: substância com potente atividade antibiótica, usada no tratamento de infecções por fungos, principalmente afta ou sapinho.

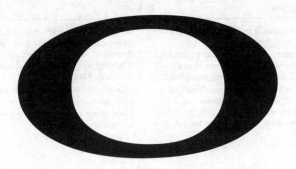

oat cell carcinoma /ˈəʊt sel kɑːsɪˌnəʊmə/ carcinoma de células em grão de aveia: um tipo de câncer broncogênico, composto de pequenas células redondas.

OB abreviatura de **obstetrics**.

obese /əʊˈbiːs/ obeso: indivíduo que está tão acima do peso que corre o risco de contrair várias doenças graves, inclusive diabetes e doença cardíaca.

obesity /əʊˈbiːsɪti/ obesidade: condição de estar muito acima do peso. Observação: a obesidade é causada pelo excesso de gordura acumulado sob a pele e ao redor dos órgãos. Algumas vezes, ela é provocada por distúrbios glandulares, mas geralmente deve-se à ingestão excessiva de comida ou bebidas. A tendência à obesidade pode ser hereditária.

obey /əˈbeɪ/ obedecer: fazer o que uma pessoa, autoridade ou regra ordena. *You ought to obey the doctor's instructions and go to bed.* / Você deve obedecer às ordens médicas e ir para a cama.

objective /əbˈdʒektɪv/ **1** objetivo: uma finalidade ou meta. **2** relativo aos objetos; imparcial; positivo: a) que existe independentemente do pensamento individual. b) não influenciado por interesses ou preconceito pessoais. c) referente aos sintomas descobertos pela medicina, contrariamente aos sinais percebidos pelo doente. Compare com **subjective**.

obligate /ˈɒblɪɡeɪt/ obrigatório: relativo ao organismo que existe e se desenvolve apenas de uma maneira, por exemplo, um vírus capaz de sobreviver apenas no interior das células.

oblique /əˈbliːk/ oblíquo: **1** desviado da linha reta; inclinado. **2** ☑ **oblique muscle**.

> ...*there are four recti muscles and two oblique muscles in each eye, which coordinate the movement of the eyes and enable them to work as a pair.* / "...há quatro músculos retos e dois oblíquos em cada olho, que coordenam o movimento dos olhos e permitem que eles trabalhem como um par." (*Nursing Times*)

oblique fissure /əˌbliːk ˈfɪʃə/ fissura oblíqua: sulco profundo entre os lobos superior e inferior do pulmão. Veja ilustração em **Lungs**, no Apêndice.

oblique fracture /əˌbliːk ˈfræktʃə/ fratura oblíqua: fratura em que o osso se quebra obliquamente.

oblique muscle /əˌbliːk ˈmʌs(ə)l/ músculo oblíquo: **1** cada um do par de músculos situados na parede abdominal. **2** cada um dos dois músculos que controlam os movimentos oculares. ⇨ **oblique**.

obliterate /əˈblɪtəreɪt/ obliterar; fazer desaparecer: **1** destruir alguma coisa totalmente. **2** obstruir completamente uma cavidade.

obliteration /əˌblɪtəˈreɪʃ(ə)n/ obliteração: **1** a supressão total de algo. **2** a obstrução completa de alguma coisa, por exemplo, uma cavidade.

oblongata /ˌɒblɒŋˈɡeɪtə/ oblonga. Veja **medulla oblongata**.

observable /əbˈzɜːvəb(ə)l/ perceptível; visível: que pode ser visto ou medido.

observation /ˌɒbzəˈveɪʃ(ə)n/ observação: o processo de observar e examinar uma pessoa ou coisa durante um período de tempo. *She was admitted to hospital for observation.* / Ela foi internada no hospital para observação.

observation register /ˌɒbzəˈveɪʃ(ə)n ˌredʒɪstə/ registro de neonatos: um registro de bebês que tiveram problemas no parto, ou logo depois dele, e que, portanto, precisam de acompanhamento particular de um médico, enfermeira ou assistente social.

observe /əbˈzɜːv/ observar; ver; notar: **1** ver alguma coisa. *The nurses observed signs of improvement in the patient's condition.* / As enfermeiras notaram sinais de melhora na condição do paciente. *The girl's mother observed symptoms of anorexia.* / A mãe da menina notou sintomas de anorexia. **2** observar uma pessoa ou coisa cuidadosamente, a fim de descobrir algo. *Observe the way in which the patient is lying.* / Observe a maneira como o paciente está deitado. **3** levar algo em consideração. *You're expected to observe the rules of conduct.* / É preciso observar as regras de conduta.

obsessed /əbˈsest/ obcecado: possuído por obsessão. *He is obsessed with the idea that someone is trying to kill him.* / Ele está obcecado com a idéia de que alguém está tentando matá-lo.

obsession /əbˈseʃ(ə)n/ obsessão: distúrbio mental no qual o indivíduo tem uma idéia fixa ou emoção de que não consegue se livrar, apesar de reconhecer o seu caráter absurdo. *She has an obsession about cats.* / Ela tem uma obsessão com gatos.

obsessional /əbˈseʃ(ə)n(ə)l/ obsessivo: relativo a, ou que tem obsessão. *He is suffering from an obsessional disorder.* / Ele está sofrendo de uma doença obsessiva.

obsessive /əbˈsesɪv/ obsessivo: que tem ou mostra obsessão. *He has an obsessive desire to steal little objects.* / Ele tem um desejo obsessivo de roubar pequenos objetos.

obsessive action /əbˌsesɪv ˈækʃən/ ação obsessiva: uma ação, tal como o ato de se lavar, que é repetida muitas vezes, e indica um distúrbio mental.

obsessive-compulsive disorder /əbˌsesɪv kəmˈpʌlsɪv dɪsˌɔːdə/ distúrbio obsessivo-compulsivo: distúrbio mental caracterizado pela necessidade de realizar atos repetitivos ou ritualísticos, tais como conferir as coisas ou se lavar, que pode ser tratado com psicoterapia e drogas antidepressivas. ☑ **compulsive-obsessive disorder**. Abreviatura: **OCD**.

obstetric /əbˈstetrɪk/ obstétrico: relativo à obstetrícia. Usa-se também **obstetrical**.

obstetrical forceps /əbˌstetrɪk(ə)l ˈfɔːseps/ (plural) fórceps obstétrico: tipo de fórceps largo para agarrar a cabeça do bebê durante o parto.

obstetrician /ˌɒbstəˈtrɪʃ(ə)n/ obstetra: médico especialista em obstetrícia.

obstetric patient /əbˈstetrɪk ˌpeɪʃ(ə)nt/ paciente obstétrica: mulher que está sendo tratada por um obstetra.

obstetrics /əbˈstetrɪks/ obstetrícia: ramo da medicina e cirurgia concernente à gravidez, ao parto e ao período que se segue a ele. Abreviatura: **OB**.

obstipation /ˌɒbstɪˈpeɪʃ(ə)n/ constipação: um grande retardo na emissão de fezes, freqüentemente causado por obstrução intestinal.

obstruct /əbˈstrʌkt/ obstruir; entupir; bloquear: obstruir alguma coisa. *The artery was obstructed by a blood clot.* / A artéria estava obstruída por um cóagulo sanguíneo.

obstruction /əbˈstrʌkʃən/ obstrução: **1** alguma coisa que bloqueia uma passagem ou vaso sanguíneo. **2** o bloqueio de uma passagem ou vaso sanguíneo.

obstructive /əbˈstrʌktɪv/ obstrutivo: causado por uma obstrução.

obstructive jaundice /əbˌstrʌktɪv ˈdʒɔːndɪs/ icterícia obstrutiva: icterícia causada por obstrução dos ductos biliares. ☑ **posthepatic jaundice**. Veja também **acholuric jaundice; icterus gravis neonatorum**.

obstructive lung disease /əbˌstrʌktɪv ˈlʌŋ dɪˌziːz/ doença obstrutiva das vias aéreas: bronquite e enfisema.

obstructive sleep apnoea /əbˌstrʌktɪv ˈsliːp ˌæpnɪə/ apnéia de sono obstrutiva; apnéia do sono: ausência ou dificuldade de respiração, durante o sono, resultante de obstrução das vias aéreas associada ao ato de roncar pesadamente. Abreviatura: **OSA**.

obtain /əbˈteɪn/ conseguir; obter: conseguir alguma coisa. *Some amino acids are obtained from food.* / Alguns aminoácidos são obtidos dos alimentos. *Where did he obtain the drugs?* / Onde ele conseguiu as drogas?

obtrusive /əbˈtruːsɪv/ intrometido; importuno: **1** que impõe sua presença às outras pessoas. **2** relativo à cicatriz que é muito evidente.

obturation /ˌɒbtjʊˈreɪʃ(ə)n/ obturação; obturação: o ato de fechar uma passagem do corpo, ou o estado de uma passagem do corpo que está fechada, por exemplo, por fezes endurecidas.

obturator /ˈɒbtjʊreɪtə/ obturador: **1** um de um par de músculos da pelve que controlam os movimentos do quadril e da coxa. **2** estrutura para ocluir uma abertura, por exemplo, uma prótese dentária que fecha uma abertura no palato (fenda palatina). **3** bulbo metálico que se encaixa em um broncoscópio ou sigmoidoscópio.

obturator foramen /ˌɒbtjʊreɪtə fəˈreɪmən/ forame obturador: uma abertura no osso ilíaco, próxima ao acetábulo. Veja ilustração em **Pelvis**, no Apêndice. Plural: **obturator foramina**.

obtusion /əbˈtjuːʒ(ə)n/ obtusão: condição caracterizada pela diminuição da percepção e da sensibilidade.

OC abreviatura de **oral contraceptive**.

occipital /ɒkˈsɪpɪt(ə)l/ occipital: **1** relativo à parte posterior da cabeça. Oposto de **frontal**. **2** ⇨ **occipital bone**.

occipital bone /ɒkˈsɪpɪt(ə)l bəʊn/ osso occipital: osso situado na parte posterior da cabeça. ☑ **occipital**.

occipital condyle /ɒkˌsɪpɪt(ə)l ˈkɒndaɪl/ côndilo occipital: faceta oval do osso occipital, que se articula com o atlas.

occipital lobe /ɒkˈsɪpɪt(ə)l ləʊb/ lobo occipital: lobo situado na parte posterior de cada hemisfério cerebral.

occipital notch /ɒkˈsɪpɪt(ə)l nɒtʃ/ incisura occipital: uma indentação na extremidade inferior do hemisfério cerebral.

occipito-anterior /ɒkˌsɪpɪtəʊ ænˈtɪərɪə/ occípito-anterior: referente à posição do feto durante o parto, no qual o occipício está voltado para a frente da pelve materna.

occipito-posterior /ɒkˌsɪpɪtəʊ pɒˈstɪərɪə/ occípitoposterior: referente à posição do feto durante o parto, no qual o occipício está voltado para o dorso, em relação à pelve materna.

occiput /ˈɒksɪpʌt/ occipúcio; occipício: a parte posterior da cabeça ou crânio. Plural: **occiputs** ou **occipita**.

occluded /əˈkluːdɪd/ ocluído: fechado ou bloqueado.

occlusion /əˈkluːʒ(ə)n/ oclusão: **1** alguma coisa que obstrui uma passagem ou fecha uma abertura. **2** posição e contato dos dentes superiores e inferiores durante o fechamento da mandíbula. Nota: quando há um fechamento defeituoso dos dentes maxilares e mandibulares, ocorre o fenômeno chamado má oclusão.

occlusive /ə'kluːsɪv/ oclusivo: relativo a uma oclusão ou bloqueio.

occlusive stroke /əˌkluːsɪv 'strəʊk/ acidente vascular cerebral oclusivo: acidente vascular cerebral causado por um coágulo sanguíneo.

occlusive therapy /əˌkluːsɪv 'θerəpi/ terapia oclusiva: tratamento do estrabismo no qual o olho bom é coberto, a fim de estimular a correção do olho estrábico

occult /ə'kʌlt/ oculto; não-manifesto: **1** que não é fácil de ser visto a olho nu. Oposto de **overt**. **2** referente ao sintoma ou sinal que está escondido.

occult blood /əˌkʌlt 'blʌd/ sangue oculto: quantidades muito pequenas de sangue nas fezes, que podem ser detectadas apenas por meio de testes.

occupancy rate /'ɒkjʊpənsi reɪt/ taxa de ocupação: número de leitos ocupados em um hospital, de acordo com o número total de vagas.

occupation /ˌɒkjʊ'peɪʃ(ə)n/ ocupação; profissão: **1** um trabalho ou emprego. *What is his occupation?* / Qual é a profissão dele? *People in sedentary occupations are liable to digestive disorders.* / Pessoas com profissões sedentárias estão sujeitas a distúrbios digestivos. **2** o estado ou fato de ocupar alguma coisa, ou de ser ocupado por algo.

occupational /ˌɒkjʊ'peɪʃ(ə)nəl/ ocupacional: relativo a trabalho.

occupational asthma /ˌɒkjʊpeɪʃ(ə)n(ə)l 'æsmə/ asma ocupacional: asma causada por agentes alergênicos presentes no local de trabalho.

occupational dermatitis /ˌɒkjʊpeɪʃ(ə)n(ə)l ˌdɜːmə'taɪtɪs/ dermatite ocupacional: dermatite de contato provocada por certos agentes encontrados no ambiente de trabalho.

occupational disease /ɒkjʊ'peɪʃ(ə)nəl dɪˌziːz/ doença profissional: doença resultante do tipo ou das condições de trabalho, por exemplo, poeira ou produtos químicos, em uma fábrica.

occupational hazard /ˌɒkjʊpeɪʃ(ə)n(ə)l 'hæzəd/ risco ocupacional: uma situação perigosa ou de risco, relacionada ao ambiente de trabalho.

occupational health nurse /ˌɒkjʊpeɪʃ(ə)n(ə)l 'helθ nɜːs/ enfermeira de saúde ocupacional: enfermeira encarregada da recuperação e manutenção da saúde dos empregados de uma empresa. Abreviatura: **OH nurse**.

occupational medicine /ˌɒkjʊpeɪʃ(ə)n(ə)l 'med(ə)sɪn/ medicina ocupacional: ramo da medicina relacionado aos acidentes de trabalho e às doenças ocupacionais.

occupational therapist /ˌɒkjʊpeɪʃ(ə)n(ə)l 'θerəpɪst/ terapeuta ocupacional: profissional da saúde especialista em terapia ocupacional. Abreviatura: **OT**.

occupational therapy /ˌɒkjʊpeɪʃ(ə)n(ə)l 'θerəpi/ terapia ocupacional: forma de tratamento que consiste na realização de trabalhos leves ou *hobbies*, principalmente por deficientes físicos ou pessoas com distúrbios mentais, a fim de estimular a sua independência durante o período de recuperação de uma cirurgia ou doença.

occur /ə'kɜː/ ocorrer; suceder: **1** acontecer. *one of the most frequently occurring types of tumour* / um dos tipos de tumor que ocorrem com mais freqüência. *Thrombosis occurred in the artery.* / Ocorreu uma trombose arterial. *a form of glaucoma which occurs in infants.* / uma forma de glaucoma que ocorre em lactentes. **2** vir à mente (de alguém); ocorrer (a): vir à mente de uma pessoa. *It occurred to her that she might be pregnant.* / Ocorreu-lhe que poderia estar grávida.

occurrence /ə'kʌrəns/ ocorrência: o acontecimento de algum fato. *Neuralgia is a common occurrence after shingles.* / Neuralgia é uma ocorrência comum após herpes zoster.

OCD abreviatura de **obsessive-compulsive disorder**.

ochronosis /ˌɒkrəʊ'nəʊsɪs/ ocronose: condição patológica caracterizada pela deposição de pigmentos escuros nas cartilagens, tendões e tecidos conjuntivos, e por urina que escurece ao repousar. Acredita-se que a afecção seja resultante de um distúrbio metabólico.

ocular /'ɒkjʊlə/ ocular: relativo a olho. *Opticians are trained to detect all kinds of ocular imbalance.* / Os oculistas são treinados para detectar todos os tipos de desequilíbrio ocular.

ocular dominance /ˌɒkjʊlə 'dɒmɪnəns/ dominância ocular: condição caracterizada pelo uso preferencial de um olho sobre o outro.

ocular prosthesis /ˌɒkjʊlə prɒs'θiːsɪs/ prótese ocular: um olho artificial.

oculi /'ɒkjʊlaɪ/ ocular. Veja **sclera; albuginea oculi; orbicularis oculi**.

oculist /'ɒkjʊlɪst/ oftalmologista: médico ou cirurgião especialista no tratamento das doenças oculares.

oculo- /ɒkjʊləʊ/ ocul(o)-: relativo a olho.

oculogyric /ˌɒkjʊləʊ'dʒaɪrɪk/ oculogírico: que causa os movimentos do globo ocular.

oculomotor /ˌɒkjʊləʊ'məʊtə/ oculomotor: referente a, ou que faz os movimentos do globo ocular.

oculomotor nerve /ˌɒkjʊləʊ'məʊtə nɜːv/ nervo oculomotor: o terceiro nervo craniano, que controla os globos oculares e as pálpebras.

oculonasal /ˌɒkjʊləʊ'neɪz(ə)l/ oculonasal: relativo tanto ao olho quanto ao nariz.

oculoplethysmography /ˌɒkjʊləʊˌpleθɪz'mɒgrəfi/ oculopletismografia: medição da pressão ocular.

OD abreviatura de **overdose**.

o.d. /ˌəʊ 'diː/ abreviatura de **omni die**.

ODA abreviatura de **operating department assistant**.

odont- /ɒdɒnt/ ⇨ **odonto-**.

odontalgia /ˌɒdɒn'tældʒə/ odontalgia. ⇨ **toothache**.

odontitis /ˌɒdɒn'taɪtɪs/ odontite: inflamação da polpa de um dente.

odonto- /ɒdɒntəʊ/ odont(o)-: relativo a dente. Nota: antes de vogais usa-se **odont-**.

odontoid /ɒ'dɒntɔɪd/ odontóide: similar a um dente, principalmente na forma.

odontoid process /ɒˌdɒntɔɪd 'prəʊses/ processo odontóide: projeção de parte de uma vértebra, semelhante a um dente.

odontology /ˌɒdɒn'tɒlədʒi/ odontologia: o estudo dos dentes e de suas estruturas e doenças.

odontoma /ˌɒdɒn'təʊmə/ odontoma: **1** massa de consistência óssea que tem a mesma estrutura de um dente. **2** um tumor sólido ou cístico de origem odontogênica. ☑ **odontome**. Plural: **odontomas** ou **odontomata**.

odourless /'əʊdələs/ inodoro: que não tem cheiro.

odyn- /ɒdɪn/ ⇨ **odyno-**.

-odynia /ədɪniə/ -odinia: forma combinante que significa dor.

odyno- /ɒdɪnəʊ/ odin(o)-: referente à dor. Nota: antes de vogais usa-se **odyn-**.

odynophagia /ɒˌdɪnə'feɪdʒə/ odinofagia: condição caracterizada por deglutição dolorosa.

oedema /ɪ'diːmə/ edema: inchação que ocorre em várias partes do corpo, resultante do acúmulo de líquido nas cavidades serosas, células e tecidos. *Her main problem is oedema of the feet.* / O principal problema dela é edema dos pés. ☑ **dropsy; hydrops**. Veja também **tumescence**. Nota: no inglês americano usa-se **edema**.

oedematous /ɪ'demətəs/ edematoso: relativo a edema. Nota: no inglês americano usa-se **edematous**.

Oedipus complex /'iːdɪpəs ˌkɒmpleks/ complexo de Édipo: segundo a teoria psicanalítica freudiana, o interesse sexual de criança do sexo masculino pela mãe, que se faz acompanhar de sentimentos agressivos contra o pai, que é considerado um obstáculo.

oesophag- /iːsɒfədʒ/ ⇨ **oesophago-**.

oesophageal /iːˌsɒfə'dʒiːəl/ esofágico: relativo a esôfago. Nota: no inglês americano usa-se **esophageal**.

oesophageal hiatus /iːˌsɒfəˌdʒiːəl haɪ'eɪtəs/ hiato esofágico: abertura no diafragma, que dá passagem ao esôfago.

oesophageal varices /iːˌsɒfəˌdʒiːəl 'værɪsiːz/ (plural) varizes esofágicas: varizes venosas situadas no esôfago.

oesophagectomy /iːˌsɒfə'dʒektəmi/ esofagectomia: cirurgia para remoção de uma parte do esôfago. Plural: **oesophagectomies**.

oesophagitis /iːˌsɒfə'dʒaɪtɪs/ esofagite: inflamação do esôfago, provocada por regurgitação do conteúdo gástrico ácido ou por infecção.

oesophago- /iːsɒfəgəʊ/ esofag(o)-: relativo a esôfago. Nota: antes de vogais usa-se **oesophag-**, como no inglês americano.

oesophagocele /iː'sɒfəgəʊsiːl/ esofagocele: protusão da mucosa do esôfago através de uma ruptura na parede muscular.

oesophagogastroduodenoscopy /iːˌsɒfəgəʊˌgæstrəʊˌdjuːəʊdə'nɒskəpi/ esofagogastroduodenoscopia: procedimento cirúrgico no qual se utiliza um endoscópio para proceder ao exame do esôfago, estômago e duodeno. Abreviatura: **OGD**. Plural: **oesophagogastroduodenoscopies**.

oesophagojejunostomy /iːˌsɒfəgəʊdʒɪˌdʒuːˈnɒstəmi/ esofagojejunostomia: cirurgia para estabelecimento de uma abertura entre o esôfago e o jejuno após retirada do estômago. Plural: **oesophagojejunostomies**.

oesophagoscope /iː'sɒfəgəʊskəʊp/ esofagoscópio: instrumento com uma luz acoplada em sua extremidade para examinar o esôfago.

oesophagoscopy /iːˌsɒfə'gɒskəpi/ esofagoscopia: exame do esôfago com o auxílio de um esofagoscópio. Plural: **oesophagoscopies**.

oesophagostomy /iːˌsɒfə'gɒstəmi/ esofagostomia: cirurgia para estabelecimento de uma abertura no esôfago, geralmente após uma operação de faringe, a fim de permitir a alimentação do paciente. Plural: **oesophagostomies**.

oesophagotomy /iːˌsɒfə'gɒtəmi/ esofagotomia: incisão cirúrgica do esôfago, a fim de que possa ser removida a causa de um bloqueio. Plural: **oesophagotomies**.

oesophagus /iː'sɒfəgəs/ esôfago: porção do tubo digestivo que liga a faringe ao estômago, permitindo a passagem dos alimentos. Plural: **oesophagi**. ☑ **gullet**. Nota: no inglês americano, usa-se **esophagus**.

oestradiol /ˌiːstrə'daɪɒl/ estradiol: hormônio estrogênico secretado pelos folículos ovarianos, que estimula o desenvolvimento de características sexuais secundárias femininas, na puberdade. Nota: o estradiol produzido sinteticamente é usado em tratamentos hormonais. Nota: no inglês americano usa-se **estradiol**.

oestriol /'iːstrɪɒl/ estriol: hormônio placentário com propriedades estrogênicas, detectável na urina de mulheres grávidas. Nota: no inglês americano usa-se **estriol**.

oestrogen /'iːstrədʒən/ estrogênio: qualquer hormônio esteróide que estimula o desenvolvimento de características sexuais secundárias femininas, na puberdade. ☑ **female sex hormone**. Nota: no inglês americano usa-se **estrogen**. Observação: estrogênios sintéticos estão presentes na maior parte dos contraceptivos de uso oral, e são também usados no tratamento de distúrbios menstruais e menopáusicos.

oestrogenic hormone /ˌiːstrədʒenɪk 'hɔːməʊn/ hormônio estrogênico: estrogênio sintético usado no tratamento de distúrbios resultantes da menopausa. Nota: no inglês americano usa-se **estrogenic hormone**.

oestrone /'i:strəʊn/ estrona: tipo de estrogênio produzido nos ovários. Nota: no inglês americano usa-se **estrone**.

official /ə'fɪʃ(ə)l/ oficial: 1 reconhecido, emanado ou permitido por uma autoridade. *We need to undertake a review of the official procedures.* / Precisamos fazer uma revisão dos procedimentos oficiais. 2 que constitui uma autoridade.

official drug /ə,fɪʃ(ə)l 'drʌg/ droga oficial: qualquer droga reconhecida pela farmacopéia nacional.

oficially /ə'fɪʃ(ə)li/ oficialmente: de maneira oficial; aprovado por autoridade. *officially listed as a dangerous drug* / catalogada oficialmente como uma droga nociva.

OGD abreviatura de **oesophagogastroduodenoscopy**.

OH nurse /əʊ 'eɪtʃ nɜːs/ abreviatura de **occupational health nurse**.

-oid /ɔɪd/ -oide: semelhante ou relacionado a.

oil /ɔɪl/ óleo: substância untuosa líquida que não se mistura à água. Nota: há três tipos de óleo: vegetais ou animais, voláteis e minerais.

oily /'ɔɪli/ oleoso: que contém, ou que se assemelha ao óleo. ☑ **oleaginous**.

ointment /'ɔɪntmənt/ ungüento; pomada: preparação semi-sólida suave, contendo uma substância medicinal que, friccionada na pele, oferece proteção e alívio da dor.

old age /əʊld 'eɪdʒ/ velhice: período da vida de um indivíduo, normalmente após os sessenta e cinco anos de idade.

oleaginous /,əʊli'æʒɪnəs/ oleaginoso. ⇨ **oily**.

olecranon /əʊ'lekrənɒn/ olécrano: projeção curva proeminente da ulna, ou extremidade do cotovelo, que, quando atingida acidentalmente, produz uma sensação dolorosa de formigamento. ☑ **olecranon process**; **funny bone**.

olecranon process /əʊ'lekrənɒn prəʊ'ses/ processo do olécrano. ⇨ **olecranon**.

oleic /əʊ'liːɪk/ oléico: relativo a óleo.

oleic acid /əʊ,liːɪk 'æsɪd/ ácido oléico: ácido graxo presente na maioria dos óleos.

oleo- /əʊliəʊ/ ole(i)-: relativo ao óleo.

oleum /'əʊliəm/ (farmácia) óleo: termo usado em farmácia para designar uma substância oleosa.

olfaction /ɒl'fækʃən/ olfação: 1 a capacidade de detectar e distinguir odores. 2 a maneira pela qual os órgãos dos sentidos detectam os odores.

olfactory /ɒl'fækt(ə)ri/ olfatório: relativo ao sentido do olfato.

olfactory area /ɒl,fækt(ə)ri 'eəriə/ área olfatória: região localizada na base do cérebro, que registra os odores.

olfactory bulb /ɒl'fækt(ə)ri bʌlb/ bulbo olfatório: a extremidade anterior do trato olfatório, onde os processos das células sensitivas do nariz são conectados às fibras do nervo olfatório.

olfactory cortex /ɒl,fækt(ə)ri 'kɔːteks/ córtex olfatório: a porção do córtex cerebral que recebe as informações do sistema olfatório.

olfactory nerve /ɒl'fækt(ə)ri nɜːv/ nervo olfatório: o primeiro nervo craniano, que controla o sentido do olfato.

olfactory tract /ɒl'fækt(ə)ri trækt/ trato olfatório: o trato nervoso que leva o nervo olfatório do nariz até o cérebro.

olig- /ɒlɪg/ ⇨ **oligo-**.

oligaemia /,ɒlɪ'giːmiə/ oligemia: condição caracterizada pela deficiência de sangue no organismo. Nota: no inglês americano usa-se **oligemia**.

oligo- /ɒlɪgəʊ/ olig(o)-: pouco; em pequeno número. Nota: antes de vogais usa-se **olig-**.

oligodactylism /,ɒlɪgəʊ'dæktɪlɪz(ə)m/ oligodactilismo: anomalia genética caracterizada por um número menor de dedos das mãos ou dos pés.

oligodipsia /,ɒlɪgəʊ'dɪpsiə/ oligodipsia: condição caracterizada pela ausência quase completa da sensação de sede.

oligodontia /,ɒlɪgəʊ'dɒnʃə/ oligodontia: estado caracterizado pela ausência da maioria dos dentes.

oligohydramnios /,ɒlɪgəʊhaɪ'dræmniəs/ oligoidrâmnio: condição caracterizada pela deficiência do líquido amniótico que envolve o feto.

oligomenorrhoea /,ɒlɪgəʊmenə'riːə/ oligomenorréia: condição caracterizada por fluxo menstrual pouco freqüente. Nota: no inglês americano usa-se **oligomenorrhea**.

oligo-ovulation /,ɒlɪgəʊ ,ɒvjuː'leɪʃ(ə)n/ oligoovulação: ovulação que não ocorre com a freqüência habitual.

oligospermia /ɒlɪgəʊ'spɜːmiə/ oligospermia: quantidade muito pequena de espermatozóides no sêmen.

oliguria /,ɒlɪ'gjʊəriə/ oligúria: condição caracterizada pela escassez de urina.

olive /'ɒlɪv/ oliva; azeitona: 1 o fruto de uma árvore, que fornece um óleo usado como alimento. 2 elevação arredondada, formada por uma substância cinzenta, ao lado de cada pirâmide da medula oblonga.

-ology /ɒlədʒi/ -logia: área de estudo; ciência.

-olol /əlɒl/ -olol: forma combinante usada nos nomes de agentes β-bloqueadores. *atenolol* / atenolol. *propranolol hydrochloride* / cloridrato de propranolol.

o.m. abreviatura de **omni mane**.

-oma /əʊmə/ -oma: forma combinante relativa a tumor.

Ombudsman /'ɒmbʊdzmən/ Ombudsman. Veja **Health Service Commissioner**.

oment- /əʊment/ oment(o)-: relativo ao omento.

omenta /əʊmentə/ omentos. Singular: **omentum**.

omental /əʊ'ment(ə)l/ omental: relacionado ao omento.

omentectomy /,əʊmen'tektəmi/ omentectomia: cirurgia para extirpação de parte do omento. Plural: **omentectomies**.

omentopexy /əʊˈmentəpeksi/ omentopexia: cirurgia para fixação do omento à parede abdominal. Plural: **omentopexies**.

omentum /əʊˈmentəm/ omento: dobra peritoneal que se estende do estômago aos intestinos. ☑ **epiploon; caul**. Plural: **omenta**. Nota: para conhecer outros termos referentes ao omento, veja os que começam com **epiplo-**. Observação: o omento é dividido em duas partes: o **omento maior**, que vai da curvatura maior do estômago aos intestinos; e o **omento menor**, que vai do fígado à curvatura do estômago e à borda superior do duodeno.

omeprazole /əʊˈmeprəzəʊl/ omeprazol: agente usado como inibidor da secreção gástrica, no tratamento da úlcera estomacal e do refluxo esofágico.

omni die todos os dias. Abreviatura: **o.d.** Usada em prescrições médicas.

omni mane todas as manhãs. Abreviatura: **o.m.** Usada em prescrições médicas.

omni nocte todas as noites. Abreviatura: **o.n.** Usada em prescrições médicas.

omphal- /ɒmfəl/ ⇨ **omphalo-**.

omphalitis /ˌɒmfəˈlaɪtɪs/ onfalite: inflamação do umbigo.

omphalo- /ɒmfələʊ/ onfal(o)-: relacionado ao umbigo. Nota: antes de vogais usa-se **omphal-**.

omphalocele /ˈɒmfələsiːl/ onfalocele: hérnia congênita em que parte do intestino se projeta através da parede abdominal no umbigo.

omphalus /ˈɒmfələs/ ônfalo; umbigo. ⇨ **navel; umbilicus**. Plural: **omphali**.

-omycin /əʊmaɪsɪn/ -omicina: agente da classe dos macrolídeos. *erythromycin* / eritromicina.

o.n. abreviatura de **omni nocte**.

onanism /ˈəʊnənɪz(ə)m/ onanismo. ⇨ **masturbation**.

Onchocerca /ˌɒŋkəʊˈsɜːkə/ *Onchocerca*: gênero de parasitas nematódeos, comuns em regiões tropicais.

onchocerciasis /ˌɒŋkəʊsɜːˈkaɪəsɪs/ oncocercíase: infestação humana por *Onchocerca*, na qual as larvas podem se instalar no olho, causando cegueira de rio.

onco- /ɒŋkəʊ/ onc(o)-: relativo a tumor.

oncogene /ˈɒŋkədʒiːn/ oncogene: um gene capaz de intervir no controle da proliferação celular, convertendo células normais em células cancerosas.

> ...all cancers may be reduced to fundamental mechanisms based on cancer risk genes or oncogenes within ourselves. An oncogene is a gene that encodes a protein that contributes to the malignant phenotype of the cell. / "...todos os cânceres podem ser reduzidos a mecanismos fundamentais, tendo como base os oncogenes, ou genes capazes de aumentar o risco de câncer. Um oncogene é um gene que codifica uma proteína que contribui para o fenótipo maligno da célula." (*British Medical Journal*)

oncogenesis /ˌɒŋkəˈdʒenəsɪs/ oncogênese: a origem e o desenvolvimento de um tumor.

oncogenic /ˌɒŋkəˈdʒenɪk/ oncogênico: que provoca o desenvolvimento de tumores. *an oncogenic virus* / um vírus oncogênico.

oncologist /ɒŋˈkɒlədʒɪst/ oncologista: médico especialista em oncologia, principalmente câncer.

oncology /ɒŋˈkɒlədʒi/ oncologia: o estudo científico de novos tumores, principalmente cancerosos.

oncolysis /ɒŋˈkɒləsɪs/ oncólise: destruição de um tumor ou de células tumorais.

oncometer /ɒŋˈkɒmɪtə/ oncômetro: **1** instrumento para medir a pressão oncótica de uma tumefação no braço ou perna. **2** instrumento para medir o tamanho e a forma dos rins e de outros órgãos do corpo.

oncotic /ɒŋˈkɒtɪk/ oncótico: relativo a um tumor.

ondansetron /ɒnˈdænsɪtrɒn/ ondansetron: droga que ajuda a prevenir a produção de serotonina, usada no controle da náusea e vômitos resultantes de radioterapia e medicamentos usados no tratamento do câncer.

onset /ˈɒnset/ início: o início de alguma coisa (geralmente desagradável). *The onset of the illness is marked by sudden high temperature.* / O início da doença é marcado por temperatura alta repentina.

ontogeny /ɒnˈtɒdʒəni/ ontogenia: a origem e o desenvolvimento do indivíduo.

onych- /ɒnɪk/ ⇨ **onycho-**.

onychauxis /ˌɒnɪˈkɔːksɪs/ onicauxe: crescimento excessivo das unhas das mãos ou dos artelhos.

onychia /ɒˈnɪkɪə/ oniquia; oniquite: irregularidade da unha, resultante de inflamação da matriz ungueal.

onycho- /ɒnɪkəʊ/ onic(o)-: relativo à unha. Nota: antes de vogais usa-se **onych-**.

onychogryphosis /ˌɒnɪkəʊɡrɪˈfəʊsɪs/ onicogrifose: hipertrofia da unha, que pode ser recurvada ou em forma de garra.

onycholysis /ˌɒnɪˈkɒləsɪs/ onicólise: separação da unha do seu leito ungueal, sem ocorrência de queda.

onychomadesis /ˌɒnɪkəʊməˈdiːsɪs/ onicomadese: queda da unha.

onychomycosis /ˌɒnɪkəʊmaɪˈkəʊsɪs/ onicomicose: infecção produzida na unha por fungos.

onychosis /ˌɒnɪˈkəʊsɪs/ onicose: qualquer doença das unhas. Plural: **onychoses**.

o'nyong-nyong fever /ˌəʊ ˈnjɒŋ ˌnjɒŋ ˌfiːvə/ febre o'nyong-nyong: doença infecciosa semelhante à dengue, prevalente na África Oriental, causada por vírus e transmitida por um mosquito. Os sintomas incluem febre alta, inflamação dos linfonodos e terríveis dores articulares. ☑ **joint-breaker fever**.

oo- /əʊə/ oo-: ovo ou embrião.

oocyesis /ˌəʊəsaɪˈiːsɪs/ oociese: gravidez que se desenvolve no ovário. Plural: **oocyeses**.

oocyte /ˈəʊəsaɪt/ oócito: célula originária de um oogônio, que sofre meiose e dá origem a um óvulo.

oocyte donation /ˌəʊəsaɪt dəʊˈneɪʃ(ə)n/ fertilização *in vitro*: a transferência de oócitos de uma mulher para outra, que é incapaz de produzi-los e deseja engravidar. Os oócitos são retirados por meio de laparoscopia e fertilizados *in vitro*.

oogenesis /ˌəʊəˈdʒenəsɪs/ oogênese: a produção e o desenvolvimento de um óvulo. Observação: na oogênese, o oogônio produz um oócito que, por meio de vários estágios, origina o óvulo maduro. Também são produzidos corpos polares, ou pequenas células abortivas.

oogenetic /ˌəʊədʒəˈnetɪk/ oogenético: relativo a oogênese.

oogonium /ˌəʊəˈgəʊnɪəm/ oogônio: um oócito no início do desenvolvimento de um óvulo. Plural: **oogonia**.

oophor- /əʊəfəʊr/ ⇨ **oophoro-**.

oophoralgia /ˌəʊəfəˈrældʒə/ ooforalgia: dor nos ovários.

oophore /ˈəʊəfɔː/ oóforo. ⇨ **ovary**.

oophorectomy /ˌəʊəfəˈrektəmi/ ooforectomia: ablação cirúrgica de um ovário. ☑ **ovariectomy**. Plural: **oophorectomies**.

oophoritis /ˌəʊəfəˈraɪtɪs/ ooforite: inflamação de um ovário, que pode ser resultante de caxumba. ☑ **ovaritis**.

oophoro- /əʊɒfərəʊ/ oofor(o)-: relativo ao ovário. Nota: antes de vogais usa-se **oophor-**.

oophorocystectomy /əʊˌɒfərəʊsɪˈstektəmi/ ooforocistectomia: ablação cirúrgica de um cisto ovariano. Plural: **oophorocystectomies**.

oophorocystosis /əʊˌɒfərəʊsɪˈstəʊsɪs/ ooforocistose: desenvolvimento de um cisto ovariano.

oophoroma /ˌəʊəfəˈrəʊmə/ ooforoma: pequeno tumor do ovário. Ocorre geralmente em mulheres de meia-idade. Plural: **oophoromas** ou **oophoromata**.

oophoron /əʊˈɒfərɒn/ (técnico) oóforo. ⇨ **ovary**. Plural: **oophora**.

oophoropexy /əʊˈɒfərəpeksi/ ooforopexia: cirurgia para fixação de um ovário. Plural: **oophoropexies**.

oophorosalpingectomy /əʊˌɒfərəˌsælpɪnˈdʒektəmi/ ooforosalpingectomia: ablação cirúrgica de um ovário e das tubas de Falópio (atual tubas uterinas). Plural: **oophorosalpingectomies**.

ooze /uːz/ (pus, sangue ou outro líquido) **1** escorrer; gotejar: fluir vagarosamente. **2** exsudação; fluxo suave: exsudação de uma substância, por exemplo, pus ou sangue.

op /ɒp/ (informal) operação: uma cirurgia.

OP abreviatura de **outpatient**.

opacification /əʊpæsɪfɪˈkeɪʃ(ə)n/ opacificação: o fato de se tornar opaco, como o cristalino, em casos de catarata.

opacity /əʊˈpæsɪti/ opacidade: **1** o fato de não permitir a passagem da luz. **2** uma área do olho que se tornou opaca. Plural: **opacities**.

opaque /əʊˈpeɪk/ opaco: que não permite a passagem da luz. Oposto de **transparent**.

open /ˈəʊpən/ aberto: não fechado.

open-angle glaucoma /ˌəʊpən ˌæŋg(ə)l glɔːˈkəʊmə/ glaucoma de ângulo aberto: doença do olho, caracterizada por elevação da pressão ocular, decorrente de escoamento diminuído do humor aquoso, por bloqueio do canal. ☑ **chronic glaucoma**.

open fracture /ˌəʊpən ˈfræktʃə/ fratura exposta. ⇨ **compound fracture**.

open-heart surgery /ˌəʊpən ˈhɑːt ˌsɜːdʒəri/ cirurgia cardíaca aberta: cirurgia para reparar parte do coração ou uma das artérias coronárias, realizada no coração exposto, cujo sangue é redirecionado e circulado por meio de uma máquina.

opening /ˈəʊp(ə)nɪŋ/ entrada; orifício: ato de abrir-se, permitindo a entrada.

open visiting /ˌəʊpən ˈvɪzɪtɪŋ/ visita franqueada: um acordo hospitalar que permite aos visitantes o acesso irrestrito às enfermarias.

operable /ˈɒp(ə)rəb(ə)l/ operável: relativo a uma condição em que pode ser realizado um procedimento cirúrgico. *The cancer is still operable.* / O câncer ainda é operável.

operant conditioning /ˈɒpərənt kənˌdɪʃ(ə)nɪŋ/ condicionamento operante: forma de aprendizado que acontece quando um comportamento espontâneo é reforçado por uma recompensa, ou desencorajado por uma punição.

operate /ˈɒpəreɪt/ operar: **1** funcionar ou trabalhar, ou fazer alguma coisa funcionar ou trabalhar. **2** método de tratamento que consiste em extirpar, por meio de cirurgia, um órgão (ou parte dele) cujo funcionamento é deficiente. *The patient was operated on yesterday.* / O paciente foi operado ontem. *The surgeons decided to operate as the only way of saving the baby's life.* / Os cirurgiões decidiram operar, uma vez que esta era a única maneira de salvar a vida do bebê.

operating department /ˈɒpəreɪtɪŋ dɪˌpɑːtmənt/ departamento cirúrgico: departamento hospitalar especializado em operações cirúrgicas.

operating department assistant /ˈɒpəreɪtɪŋ dɪˌpɑːtmənt əˈsɪstənt/ assistente de departamento cirúrgico: pessoa que trabalha em um departamento cirúrgico. Abreviatura: **ODA**.

operating microscope /ˈɒpəreɪtɪŋ ˌmaɪkrəskəʊp/ microscópio operatório: microscópio especial, com duas lentes e um foco luminoso, usado em microcirurgias muito delicadas.

operating room /ˈɒpəreɪtɪŋ ruːm/ sala de operação; sala de cirurgia. ⇨ **operating theatre**. Abreviatura: **OR**.

operating table /ˈɒpəreɪtɪŋ ˌteɪb(ə)l/ mesa de

operação: mesa especial na qual o paciente se deita, para ser submetido a uma cirurgia.

operating theatre /ˈɒpəreɪtɪŋ ˌθɪətə/ sala de operação; sala de cirurgia: cômodo hospitalar especialmente equipado e destinado à execução de cirurgias. Nota: no inglês americano usa-se **operating room**.

operation /ˌɒpəˈreɪʃ(ə)n/ operação: **1** a forma pela qual alguma coisa opera. **2** um procedimento realizado por cirurgião para reparar ou extirpar uma parte doente do organismo. *She's had an operation on her foot.* / Ela fez uma operação no pé. *The operation to remove the cataract was successful.* / A operação para extração da catarata foi bem-sucedida. *A team of surgeons performed the operation.* / Uma equipe de cirurgiões fez a operação. *Heart operations are always difficult.* / Operações cardíacas são sempre difíceis. **3** a maneira como um medicamento atua no organismo.

operative /ˈɒp(ə)rətɪv/ operatório: que acontece durante uma operação cirúrgica. Veja também **peroperative; postoperative; preoperative**.

operator /ˈɒpəreɪtə/ operador: **1** pessoa que opera uma máquina ou equipamento mecânico. **2** cirurgião que opera pessoas.

operculum /əˈpɜːkjʊləm/ opérculo: **1** a parte do hemisfério cerebral que recobre a ínsula. **2** um tampão de muco que pode obstruir o canal cervical durante a gravidez. Plural: **opercula** ou **operculums**.

ophth- /ɒfθ, ɒpθ/ oftalm(o)-: relativo ao olho.

ophthalm- /ɒfθælm, ɒpθælm/ ⇨ **ophthalmo-**.

ophthalmectomy /ˌɒfθælˈmektəmi/ oftalmectomia: remoção cirúrgica do olho. Plural: **ophthalmectomies**.

ophthalmia /ɒfˈθælmiə/ oftalmia: inflamação do olho.

ophthalmia neonatorum /ɒfˌθælmiə niːəʊ neɪˈtɔːrəm/ oftalmia neonatal: conjuntivite do recém-nascido, que geralmente começa vinte e um dias após o parto e é atribuída a uma infecção no canal do parto.

ophthalmic /ɒfˈθælmɪk/ oftálmico: relativo ao olho.

ophthalmic nerve /ɒfˈθælmɪk nɜːv/ nervo oftálmico: ramo do nervo trigêmio que supre o globo ocular, a pálpebra superior, a fronte e um lado do couro cabeludo.

ophthalmic optician /ɒfˌθælmɪk ɒpˈtɪʃ(ə)n/ oculista. ☑ **ophthalmic practitioner**. ⇨ **optician**.

ophthalmic practitioner /ɒfˌθælmɪk prækˈt ɪʃ(ə)nə/ oculista. ⇨ **optician; ophthalmic optician**.

ophthalmic surgeon /ɒfˌθælmɪk ˈsɜːdʒən/ cirurgião oftalmologista: médico especialista em cirurgiões de doenças oculares.

ophthalmitis /ˌɒfθælˈmaɪtɪs/ oftalmite: inflamação do olho.

ophthalmo- /ɒfθælməʊ, ɒpθælməʊ/ oftalm(o)-:

relativo ao olho ou ao globo ocular. Nota: antes de vogais usa-se **ophthalm-**.

ophthalmological /ɒfˌθælməˈlɒdʒɪk(ə)l/ oftalmológico: relativo à oftalmologia.

ophthalmologist /ˌɒfθælˈmɒlədʒɪst/ oftalmologista: médico especialista no estudo do olho e suas doenças. ☑ **eye specialist**.

ophthalmology /ˌɒfθælˈmɒlədʒi/ oftalmologia: o estudo do olho e de suas doenças.

ophthalmoplegia /ˌɒfθælməˈpliːdʒə/ oftalmoplegia: paralisia dos músculos do olho.

ophthalmoscope /ɒfˈθælməskəʊp/ oftalmoscópio: instrumento dotado de lente e iluminação para examinar o fundo do olho.

ophthalmoscopy /ˌɒfθælˈmɒskəpi/ oftalmoscopia: exame do fundo do olho por meio de um oftalmoscópio. Plural: **ophthalmoscopies**.

ophthalmotomy /ˌɒfθælˈmɒtəmi/ oftalmotomia: incisão cirúrgica do globo ocular. Plural: **ophthalmotomies**.

ophthalmotonometer /ˌɒfθælmətəˈnɒmɪtə/ oftalmotonômetro: instrumento para medir a pressão do globo ocular.

-opia /əʊpiə/ -opia: uma condição do olho.

opiate /ˈəʊpiət/ opiáceo: agente sedativo derivado do ópio.

opinion /əˈpɪnjən/ opinião: o parecer ou o julgamento de uma pessoa a respeito de algo. *What's the surgeon's opinion of the case?* / Qual é a opinião do cirurgião sobre o caso? *The doctor asked the consultant for his opinion as to the best method of treatment.* / O médico perguntou ao especialista qual era a opinião dele sobre o melhor método de tratamento.

opioid /ˈəʊpiɔɪd/ opióide: narcótico sintético com ação semelhante à dos opiáceos, mas que não é derivado do ópio. *Codeine is an opioid analgesic.* / A codeína é um analgésico opióide.

opistho- /ɒpɪsθəʊ/ epist(o)-: espinhaço.

opisthotonos /ˌɒpɪsˈθɒtənəs/ opistótono: contratura generalizada dos músculos, em que o corpo dobra-se para trás. É observada em pessoas acometidas de tétano.

opium /ˈəʊpiəm/ ópio: substância extraída da papoula, usada na preparação de codeína e heroína.

opponens /əˈpəʊnənz/ oponente: um de vários músculos que controlam os movimentos dos dedos das mãos, principalmente o que permite que o polegar e o dedinho se juntem.

opportunist /ˌɒpəˈtjuːnɪst/ oportunista: relativo ao parasita ou microorganismo capaz de causar doença apenas se o hospedeiro estiver com sua resistência diminuída por outra doença ou drogas. Usa-se também **opportunistic**.

opposition /ˌɒpəˈzɪʃ(ə)n/ oposição: **1** hostilidade em relação a algo. **2** diz-se do movimento dos músculos da mão no qual a ponta do polegar toca a ponta de outro dedo para segurar alguma coisa.

opsonic index /ɒpˌsɒnɪk ˈɪndeks/ índice opsônico: uma medida da atividade opsônica na presença de soro de um indivíduo com doença infecciosa.

opsonin /ˈɒpsənɪn/ opsonina: substância, geralmente um anticorpo, presente no sangue, que se liga às bactérias e ajuda a destruí-las.

optic /ˈɒptɪk/ óptico: relativo ao olho ou à visão. ☑ **optical** (acepção 1).

optical /ˈɒptɪk(ə)l/ óptico: **1** ⇨ **optic**. **2** relativo à luz visível do espectro.

optical fibre /ˌɒptɪk(ə)l ˈfaɪbə/ fibra óptica: fibra artificial que transporta luz ou imagens.

optical illusion /ˌɒptɪk(ə)l ɪˈluːʒ(ə)n/ ilusão óptica: impressão sensorial falsa de alguma coisa, que é interpretada de maneira errada.

optic chiasma /ˌɒptɪk kaɪˈæzmə/ quiasma óptico: estrutura na qual alguns dos nervos ópticos estão parcialmente cruzados no hipotálamo.

optic disc /ˈɒptɪk dɪsk/ disco óptico: porção da retina da qual as fibras convergem para formar o nervo óptico. ☑ **optic papilla**.

optic fundus /ˌɒptɪk ˈfʌndəs/ fundo do olho: porção posterior do globo ocular, oposta ao cristalino.

optician /ɒpˈtɪʃ(ə)n/ oculista: profissional capacitado a fabricar instrumentos ópticos, podendo realizar exame dos olhos e prescrever o uso de lentes ou outros dispositivos ópticos. ☑ **ophthalmic optician**. Nota: no inglês americano usa-se este termo para designar o fabricante e vendedor de óculos, que, no entanto, não pode proceder a exames de vista. Observação: no Reino Unido, os oculistas devem ser registrados no Conselho Geral de Óptica (General Optical Council), antes de poderem exercer a profissão.

optic nerve /ˈɒptɪk nɜːv/ nervo óptico: o segundo nervo craniano, que se origina na retina e transmite os estímulos da visão para o cérebro. Veja ilustração em **Eye**, no Apêndice.

optic neuritis /ˌɒptɪk njuˈraɪtɪs/ neurite óptica. ⇨ **retrobulbar neuritis**.

optic papilla /ˌɒptɪk pəˈpɪlə/ papila do nervo óptico. ⇨ **optic disc**.

optic radiation /ˌɒptɪk ˌreɪdiˈeɪʃ(ə)n/ radiação óptica: um trato nervoso que leva os impulsos ópticos do trato óptico ao córtex visual.

optics /ˈɒptɪks/ óptica: ciência que trata das propriedades da luz e dos fenômenos da visão.

optic tract /ˌɒptɪk ˈtrækt/ trato óptico: sistema de fibras nervosas, no quiasma ótico, que transmitem os impulsos do nervo óptico para a radiação óptica.

opto- /ɒptəʊ/ opto-: relativo à visão.

optometer /ɒpˈtɒmɪtə/ optômetro. ⇨ **refractometer**.

optometrist /ɒpˈtɒmətrɪst/ optometrista: (EUA) profissional capacitado a fazer exame dos olhos e a prescrever lentes e outros dispositivos ópticos.

optometry /ɒpˈtɒmətri/ optometria: profissão relacionada ao exame dos olhos e à prescrição de lentes para melhoria da visão.

-oquine /əkwɪn/ -oquina: droga antimalárica. *chloroquine* / cloroquina.

OR abreviatura de **operating room**.

oral /ˈɔːrəl/ oral: **1** relativo à boca. **2** relativo ao medicamento que é administrado pela boca. *an oral contraceptive* / um contraceptivo oral. Compare com **enteral; parenteral**.

oral cavity /ˌɔːrəl ˈkævɪti/ cavidade oral: a boca.

oral contraceptive /ˌɔːrəl ˌkɒntrəˈseptɪv/ anticoncepcional oral: pílula anticoncepcional para ser deglutida. ☑ **birth control pill** Abreviatura: **OC**.

oral hygiene /ˌɔːrəl ˈhaɪdʒiːn/ higiene oral: a limpeza da boca por meio da escovação com dentifrício e gargarejos com anti-séptico bucal.

orally /ˈɔːrəli/ oralmente; por via bucal: por deglutição. *not to be taken orally* / não deve ser tomado por via bucal.

oral medication /ˌɔːrəl ˌmedɪˈkeɪʃ(ə)n/ medicamento oral: medicamento para ser deglutido.

oral rehydration solution /ˌɔːrəl ˌriːhaɪˈdreɪʃ(ə)n səˌluːʃ(ə)n/ solução salina (soro fisiológico): líquido administrado a uma pessoa com desidratação, para restaurar o conteúdo de água, minerais e nutrientes.

oral rehydration therapy /ˌɔːrəl ˌriːhaɪˈdreɪʃ(ə)n ˌθerəpi/ reidratação com solução salina (soro fisiológico): administração de uma solução de glicose e eletrólitos no tratamento da diarréia aguda, principalmente em crianças, o que reduz muito o número de mortes por desidratação. Abreviatura: **ORT**.

oral thermometer /ˌɔːrəl θəˈmɒmɪtə/ termômetro oral: termômetro que é colocado embaixo da língua para medir a temperatura.

orbicularis /ɔːˌbɪkjuˈleərɪs/ músculo orbicular: um músculo circular da face.

orbicularis oculi /ɔːˌbɪkjuˌleərɪs ˈɒkjulaɪ/ músculo orbicular do olho: músculo responsável pela abertura e fechamento dos olhos.

orbicularis oris /ɔːˌbɪkjuˌleərɪs ˈɔːrɪs/ músculo orbicular da boca: músculo que fecha os lábios.

orbit /ˈɔːbɪt/ órbita: cavidade óssea da face, na parte anterior do crânio, onde estão situados o globo ocular e as glândulas lacrimais. ☑ **eye socket**.

orbital /ˈɔːbɪt(ə)l/ orbitário: relativo à órbita.

orchi- /ɔːki/ orqui(o)-: relativo aos testículos.

orchidalgia /ˌɔːkɪˈdældʒə/ orquidalgia: neuralgia no testículo.

orchidectomy /ˌɔːkɪˈdektəmi/ orquidectomia: cirurgia para ablação de um testículo. Plural: **orchidectomies**.

orchidopexy /ˈɔːkɪdəʊˌpeksi/ orquidopexia: cirurgia para fixação de um testículo não descido nas bolsas escrotais. ☑ **orchiopexy**. Plural: **orchidopexies**.

orchidotomy /ˌɔːkɪˈdɒtəmi/ orquidotomia: incisão cirúrgica de um testículo. Plural: **orchidotomies**.

orchiepididymitis /ˌɔːkiˌepɪdɪdɪˈmaɪtɪs/ orquiepididimite: condição caracterizada pela inflamação do testículo e do epidídimo.

orchiopexy /ˈɔːkiəʊˌpeksi/ orquiopexia: ⇨ **orchidopexy**. Plural: **orchiopexies**.

orchis /ˈɔːkɪs/ testículo: um testículo.

orchitis /ɔːˈkaɪtɪs/ orquite: doença dos testículos, caracterizada por inflamação, dor e sensação de peso.

orderly /ˈɔːdəli/ atendente de enfermagem: funcionário hospitalar que ajuda uma enfermeira no tratamento dos pacientes. Plural: **orderlies**.

Orem's model /ˈɔːrəmz ˌmɒd(ə)l/ modelo de Orem: um modelo moderno de enfermagem, cuja ênfase está na capacidade pessoal de se cuidar, buscando a melhoria da saúde, bem-estar e qualidade de vida.

organ /ˈɔːgən/ órgão: elemento distinto do organismo, que tem uma função particular, por exemplo, o fígado, um olho ou os ovários.

organic /ɔːˈgænɪk/ orgânico: **1** relativo aos órgãos do corpo. **2** que se origina de um animal, planta ou outro organismo. **3** referente ao alimento que é cultivado de maneira natural, sem adição de fertilizantes ou pesticidas.

organically /ɔːˈgænɪkli/ de forma orgânica: de maneira natural, ou aparentemente natural.

organic disease /ɔːˌgænɪk dɪˈziːz/ doença orgânica: distúrbio ou doença associada a alterações anatômicas ou fisiopatológicas em algum órgão do corpo. ☑ **organic disorder**.

organic disorder /ɔːˌgænɪk dɪsˌɔːdə/ distúrbio orgânico: ⇨ **organic disease**.

organisation /ˌɔːgənaɪˈzeɪʃ(ə)n/ organização: **1** grupo de pessoas que se reúnem com um propósito particular. **2** o planejamento ou arranjo de alguma coisa. *the organisation of the rota* / a organização da escala de serviços. **3** a maneira pela qual as partes integrantes de alguma coisa são arranjadas. Usa-se também **organization**.

organism /ˈɔːgənɪz(ə)m/ organismo: qualquer planta, animal, bactéria, fungo ou outro forma individual de vida.

organo- /ɔːgənəʊ, ɔːgænəʊ/ organ(i/o)-: relativo a órgão.

organ of Corti /ˌɔːgən əv ˈkɔːti/ órgão de Corti: pequeno órgão situado sobre a membrana basilar, na cóclea, que capta os sons, convertendo-os em impulsos que são enviados ao cérebro pelo nervo auditivo. ☑ **spiral organ**. (Descrito em 1851 pelo marquês Alfonso Corti [1822–1888], anatomista e histologista italiano).

organotherapy /ˌɔːgənəʊˈθerəpi/ organoterapia: o tratamento de uma doença com o extrato de órgãos de animais, por exemplo, extrato de fígado para tratar anemia.

organ transplant /ˈɔːgən ˌtrænsplɑːnt/ transplante de órgão: cirurgia para transferência de um órgão de uma pessoa para outra.

orgasm /ˈɔːgæz(ə)m/ orgasmo: o clímax, ou momento de maior excitação do ato sexual.

oriental sore /ˌɔːrient(ə)l ˈsɔː/ úlcera oriental. ⇨ **Baghdad boil**. Veja também **leishmaniasis**.

orifice /ˈɒrɪfɪs/ orifício: qualquer abertura do corpo, por exemplo, a boca ou o ânus.

origin /ˈɒrɪdʒɪn/ origem: **1** a fonte ou o começo de qualquer coisa. **2** a extremidade fixa de um músculo ou o ponto de partida de um nervo ou vaso sanguíneo.

original /əˈrɪdʒən(ə)l/ original: que ainda não sofreu nenhuma mudança. *The surgeon was able to move the organ back to its original position.* / O cirurgião conseguiu recolocar o órgão na sua posição original.

originate /əˈrɪdʒɪneɪt/ originar; ter origem em: começar em algum lugar, ou dar origem a alguma coisa. *drugs which originated in the tropics* / drogas que tiveram origem nos trópicos. *The treatment originated in China.* / O tratamento originou-se na China.

oris /ˈɔːrɪs/ oral. Veja **cancrum oris**; **orbicularis oris**.

ornithine /ˈɔːnɪθaɪn/ ornitina: um aminoácido produzido pelo fígado.

ornithosis /ˌɔːnɪˈθəʊsɪs/ ornitose: uma doença das aves, que pode ser transmitida aos humanos como uma forma de pneumonia.

oro- /ɔːrəʊ/ oro-: relativo à boca.

orogenital /ˌɔːrəʊˈdʒenɪt(ə)l/ orogenital: relativo tanto à boca quanto aos genitais.

oropharynx /ˌɔːrəʊˈfærɪŋks/ orofaringe: porção da faringe posterior à boca, abaixo do palato mole. Plural: **oropharynxes** ou **oropharynges**.

ORT abreviatura de **oral rehydration therapy**.

ortho- /ɔːθəʊ/ ort(o)-: direito; correto; direto.

orthodiagraph /ˌɔːθəʊˈdaɪəgrɑːf/ ortodiagrafia: procedimento para determinação das dimensões exatas de um órgão por imagem radioscópica, na qual usa-se apenas um raio luminoso muito estreito.

orthodontia /ˌɔːθəʊˈdɒnʃə/ ortodontia: ⇨ **orthodontics**.

orthodontic /ˌɔːθəʊˈdɒntɪk/ ortodôntico: destinado a corrigir falhas de formação ou alinhamento dos dentes. *He had to undergo a course of orthodontic treatment.* / Ele precisou fazer um tratamento ortodôntico de várias sessões.

orthodontics /ˌɔːθəʊˈdɒntɪks/ ortodontia: ramo da odontologia que tem por objeto corrigir o alinhamento anormal dos dentes. Nota: no inglês americano usa-se **orthodontia**.

orthodontist /ˌɔːθəʊˈdɒntɪst/ ortodontista: dentista especialista em ortodontia.

orthopaedic /ˌɔːθəˈpiːdɪk/ ortopédico: **1** relativo ao tratamento que tem por objeto corrigir as deformidades dos ossos ou das articulações. **2** relativo a, ou usado em ortopedia. Nota: no inglês americano usa-se **orthopedic**.

orthopaedic collar /ˌɔːθəˌpiːdɪk ˈkɒlə/ colar ortopédico; colar cervical: faixa ortopédica resistente usada para suportar o peso da cabeça em pessoas com lesões cervicais ou algum distúrbio, por exemplo, espondilose cervical.

orthopaedic hospital /ˌɔːθəpiːdɪk ˈhɒspɪt(ə)l/ hospital ortopédico: hospital especializado em cirurgias para correção de deformidades dos ossos ou articulações.

orthopaedics /ˌɔːθəˈpiːdɪks/ ortopedia: especialidade médica que se ocupa da correção das irregularidades, doenças e lesões do aparelho locomotor. Nota: no inglês americano usa-se **orthopedics**.

orthopaedic surgeon /ˌɔːθəpiːdɪk ˈsɜːdʒən/ cirurgião ortopedista: cirurgião especialista em ortopedia.

orthopaedist /ˌɔːθəˈpiːdɪst/ ortopedista: médico especialista em ortopedia. Nota: no inglês americano usa-se **orthopedist**.

orthopnoea /ˌɔːθəpˈniːə/ ortopnéia: condição caracterizada por grande dificuldade de respiração em posição deitada. Veja também **dyspnoea**. Nota: no inglês americano usa-se **orthopnea**.

orthopnoeic /ˌɔːθəpˈniːɪk/ ortopnéico: relativo à ortopnéia. Nota: no inglês americano usa-se **orthopneic**.

orthopsychiatry /ˌɔːθəsaɪˈkaɪətri/ ortopsiquiatria: a ciência e o tratamento dos distúrbios do comportamento e da personalidade.

orthoptics /ɔːˈθɒptɪks/ ortóptica: o estudo dos métodos usados no tratamento dos vários tipos de estrabismo.

orthoptist /ɔːˈθɒptɪst/ ortoptista: médico especialista em ortóptica, que trabalha em hospital de doenças oculares, e que trata do estrabismo e de outros distúrbios relacionados à visão binocular.

orthoptoscope /ɔːˈθɒptəskəup/ ortoptoscópio. ⇨ **amblyoscope**.

orthosis /ɔːˈθəusɪs/ órtese: aparelho destinado a dar suporte ao corpo ou corrigir uma malformação, por exemplo, um colar cervical ou uma órtese de perna. Plural: **orthoses**.

orthostatic /ˌɔːθəˈstætɪk/ ortostático: relacionado com a postura ereta do corpo.

orthostatic hypotension /ˌɔːθəstætɪk haɪpəʊˈtenʃən/ hipotensão ortostática: condição comum, caracterizada por uma queda na pressão arterial, associada à tontura ao levantar-se repentinamente.

orthotics /ɔːˈθɒtɪks/ (plural) ortótica: o ramo da engenharia médica relacionado ao *design*, fabricação e ajuste de aparelhos, tais como órteses, no tratamento de distúrbios ortopédicos.

orthotist /ˈɔːθətɪst/ ortotista: pessoa especializada na aplicação de aparelhos ortopédicos.

Ortolani manoeuvre /ˌɔːtəˈlɑːniz məˌnuːvə/ manobra de Ortolani. ⇨ **Ortolani's sign**.

Ortolani's sign /ˌɔːtəˈlɑːniz saɪn/ sinal de Ortolani: deslocação congênita do quadril, caracterizada por um estalido quando a articulação é luxada por adução, em bebês de seis meses a um ano de idade, e que pode ser detectado por meio de um teste específico. ☑ **Ortolani manoeuvre**;

Ortolani's test. (Descrito em 1937 por Marius Ortolani, cirurgião ortopedista italiano.)

Ortolani's test /ˌɔːtəˈlɑːniz ˌtest/ teste de Ortolani. ⇨ **Ortolani's sign**.

os /ɒs/ (técnico) osso; boca: 1 um osso. Plural: **ossa**. 2 a boca. Plural: **ora**.

OSA abreviatura de **obstructive sleep apnoea**.

oscillation /ˌɒsɪˈleɪʃ(ə)n/ oscilação: 1 um movimento para a frente e para trás a uma velocidade regular. 2 um movimento simples entre dois pontos.

oscilloscope /ɒˈsɪləskəup/ osciloscópio: instrumento que produz um registro visual das variações elétricas em uma tela, por meio de um tubo de raios catódicos. É usado para testar equipamentos eletrônicos e para medir os impulsos elétricos cardíacos ou cerebrais.

osculum /ˈɒskjʊləm/ ósculo: pequena abertura ou poro. Plural: **oscula**.

-osis /əʊsɪs/ -ose: referente à doença.

Osler's nodes /ˈɒsləz nəʊdz/ (plural) nódulos de Osler: pequenas tumefações dolorosas nas extremidades dos dedos das mãos e dos pés, em pessoas com endocardite bacteriana subaguda. (Descritos em 1885 por Sir William Osler [1849–1919], professor de medicina em Montreal, Filadélfia, Baltimore e, mais tarde, Oxford.)

osm- /ɒzm/ **osm(i/o)-**: 1 odor. 2 osmose.

osmoreceptor /ˌɒzməʊrɪˈseptə/ osmorreceptor: célula situada no hipotálamo, que responde a mudanças da pressão osmótica no sangue, alterando a secreção de hormônio antidiurético (ADH) e regulando o volume de água no organismo.

osmosis /ɒzˈməʊsɪs/ osmose: o fluxo de um solvente através de uma membrana semipermeável que separa dois solventes de concentrações diferentes.

osmotic pressure /ɒzˌmɒtɪk ˈpreʃə/ pressão osmótica: a pressão necessária para interromper o fluxo de um solvente através de uma membrana semipermeável.

osseous /ˈɒsɪəs/ ósseo: referente a, ou semelhante a um osso.

osseous labyrinth /ˌɒsɪəs ˈlæbərɪnθ/ labirinto ósseo. ⇨ **bony labyrinth**.

ossicle /ˈɒsɪk(ə)l/ ossículo: um osso pequeno. Observação: os ossículos auditivos captam as ondas sonoras da membrana timpânica e as transmitem através da janela oval para a cóclea, no ouvido interno. Os três ossículos auditivos são articulados; o estribo está ligado à membrana da janela oval; o martelo, ao tímpano; e a bigorna está situada entre os outros dois.

ossification /ˌɒsɪfɪˈkeɪʃ(ə)n/ ossificação: a formação de um osso. ☑ **osteogenesis**.

ossium /ˈɒsɪəm/ óssea. Veja **fragilitas ossium**.

ost- /ɒst/ ⇨ **osteo-**.

ostectomy /ɒˈstektəmi/ ostectomia: excisão cirúrgica de um osso ou de parte de um osso. Plural: **ostectomies**.

osteitis /ˌɒstiˈaɪtɪs/ osteíte: inflamação de um osso devida à lesão ou infecção.

osteitis deformans /ˌɒstiˌaɪtɪs diːˈfɔːmənz/ osteíte deformante: doença esquelética caracterizada pelo amolecimento gradual dos ossos da coluna vertebral, pernas e crânio, e encurvamento dos ossos longos. ☑ **Paget's disease**.

osteitis fibrosis cystica /ˌɒstiaɪtɪs faɪˌbrəʊsɪs ˈsɪstɪkə/ osteíte fibrosa cística: fraqueza óssea generalizada, devida a hiperparatireoidismo primário. Pode estar associada à formação de cistos e substituição do tecido ósseo por tecido fibroso. ☑ **von Recklinghausen's disease**. Nota: a forma localizada é chamada de **osteitis fibrosis localista** (osteíte fibrosa localizada).

osteo- /ɒstiəʊ/ ost(e/o): relativo a osso. Nota: antes de vogais usa-se **ost-**.

osteoarthritis /ˌɒstiɑːˈθraɪtɪs/ osteoartrite: doença degenerativa, comum em pessoas idosas e de meia-idade, caracterizada por inflamação das articulações, que se tornam dolorosas e rígidas. ☑ **degenerative joint disease; osteoarthrosis**.

osteoarthropathy /ˌɒstiɑːˈθrɒpəθi/ osteoartropatia: doença caracterizada por lesão simultânea da articulação e dos ossos adjacentes, principalmente dos tornozelos, joelhos ou punhos. Pode ser secundária a doenças pulmonares, como carcinoma dos brônquios.

osteoarthrosis /ˌɒstiɑːˈθrəʊsɪs/ osteoartrose. ⇨ **osteoarthritis**.

osteoarthrotomy /ˌɒstiɑːˈθrɒtəmi/ osteoartrotomia: operação cirúrgica para extirpação da extremidade articular de um osso. Plural: **osteoarthrotomies**.

osteoblast /ˈɒstiəʊblæst/ osteoblasto: célula embrionária que dá origem ao osso.

osteochondritis /ˌɒstiəʊkənˈdraɪtɪs/ osteocondrite: distrofia da epífise.

osteochondritis dissecans /ˌɒstiəʊkɒnˌdraɪtɪs ˈdɪsəkænz/ osteocondrite dissecante: separação de porções da cartilagem articular e do osso subjacente, acompanhada de dores, rigidez e atrofia muscular.

osteochondroma /ˌɒstiəʊkənˈdrəʊmə/ osteocondroma: tumor contendo tanto células ósseas quanto cartilaginosas. Plural: **osteochondromas** ou **osteochondromata**.

osteochondrosis /ˌɒstiəʊkɒnˈdrəʊsɪs/ osteocondrose: distúrbio do desenvolvimento ósseo e cartilaginoso em crianças, provocando dores e claudicação, caracterizado por necrose seguida de reossificação.

osteoclasia /ˌɒstiəʊˈkleɪziə/ osteoclasia: 1 reabsorção óssea em que o osso é atacado por osteoclastos. 2 operação cirúrgica para correção de deformidades ósseas, que consiste em fraturar um osso por meio de aparelho especial. Usa-se também **osteoclasis**.

osteoclast /ˈɒstiəʊklæst/ osteoclasto: 1 célula que causa destruição de um osso. 2 instrumento cirúrgico para proceder à fratura de um osso.

osteoclastoma /ˌɒstiəʊklæˈstəʊmə/ osteoclastoma: normalmente, um tumor benigno que ocorre nas extremidades dos ossos longos. Plural: **osteoclastomas** ou **osteoclastomata**.

osteocyte /ˈɒstiəʊsaɪt/ osteócito: uma célula do tecido ósseo.

osteodystrophia /ˌɒstiəʊdɪˈstrəʊfiə/ osteodistrofia: doença caracterizada pelo desenvolvimento defeituoso do osso, principalmente quando resulta de distúrbio do metabolismo. Usa-se também **osteodystrophy**.

osteogenesis /ˌɒstiəʊˈdʒenəsɪs/ osteogênese. ⇨ **ossification**.

osteogenesis imperfecta /ˌɒstiəʊˌdʒenəsɪs ɪmpəˈfektə/ osteogênese imperfeita: fragilidade óssea hereditária, caracterizada por fraturas que ocorrem com freqüência. ☑ **brittle bone disease** (acepção 1).

osteogenic /ˌɒstiəʊˈdʒenɪk/ osteogênico: feito de, ou originário no tecido ósseo.

osteology /ˌɒstiˈɒlədʒi/ osteologia: o estudo dos ossos e sua estrutura.

osteolysis /ˌɒstiˈɒləsɪs/ osteólise: 1 destruição de tecido ósseo por osteoclastos. 2 perda de cálcio dos ossos.

osteolytic /ˌɒstiəʊˈlɪtɪk/ osteolítico: relativo à osteólise.

osteoma /ˌɒstiˈəʊmə/ osteoma: tumor ósseo benigno. Plural: **osteomas** ou **osteomata**.

osteomalacia /ˌɒstiəʊməˈleɪʃə/ osteomalacia: tipo de raquitismo em adultos, que é caracterizado pelo amolecimento dos ossos, devido à falta de cálcio e vitamina D, ou de pouca exposição à luz solar.

osteomyelitis /ˌɒstiəʊmaɪəˈlaɪtɪs/ osteomielite: inflamação do interior de um osso, principalmente da medula óssea.

osteon /ˈɒstiɒn/ ósteon. ⇨ **Haversian system**.

osteopath /ˈɒstiəʊˌpæθ/ osteopata: médico especialista em osteopatia.

osteopathy /ˌɒstiˈɒpəθi/ osteopatia: 1 o tratamento dos distúrbios orgânicos por meio de métodos de manipulação do corpo, por exemplo, massagens. 2 qualquer doença óssea. Plural: **osteopathies**.

osteopetrosis /ˌɒstiəʊpəˈtrəʊsɪs/ osteopetrose: doença caracterizada por aumento da densidade óssea. ☑ **marble bone disease**.

osteophony /ˌɒstiˈɒfəni/ osteofonia: a condução dos sons por um osso, como ocorre no ouvido. ☑ **bone conduction**.

osteophyte /ˈɒstiəʊfaɪt/ osteófito: uma excrescência, como uma vegetação, do osso.

osteoplastic necrotomy /ˌɒstiəʊplæstɪk neˈkrɒtəmi/ necrotomia osteoplástica: operação cirúrgica para remoção da parte necrosada de um osso.

osteoplasty /ˈɒstiəʊplæsti/ osteoplastia: cirurgia plástica dos ossos.

osteoporosis /ˌɒstiəʊpɔːˈrəʊsɪs/ osteoporose: condição caracterizada pela redução, porosidade e fragilidade da massa óssea, devido a baixos níveis de estrogênio, deficiência de cálcio e falta de exercícios físicos. ☑ **brittle bone disease** (acepção 2). Observação: a osteoporose afeta principalmente mulheres na pós-menopausa, aumentando o risco de fraturas. A terapia de reposição hormonal é o método mais eficaz de prevenir a osteoporose, embora existam outros riscos para a saúde, com o seu uso prolongado.

osteosarcoma /ˌɒːstiəʊsɑːˈkəʊmə/ osteossarcoma: tumor maligno das células ósseas. Plural: **osteosarcomas** ou **osteosarcomata**.

osteosclerosis /ˌɒstiəʊskləˈrəʊsɪs/ osteoclerose: condição caracterizada por endurecimento do osso, como resultado de inflamação persistente.

osteotome /ˈɒstiəʊtəʊm/ osteotoma: um tipo de cinzel usado por cirurgiões para corte dos ossos.

osteotomy /ˌɒstiˈɒtəmi/ osteotomia: incisão cirúrgica de um osso, principalmente para aliviar uma dor articular. Plural: **osteotomies**.

ostium /ˈɒstiəm/ óstio: uma pequena abertura na entrada de um órgão. Plural: **ostia**.

ostomy /ˈɒstəmi/ (informal) ostomia: uma colostomia ou ileostomia. Plural: **ostomies**.

-ostomy /ɒstəmi/ -ostomia: uma incisão cirúrgica.

OT abreviatura de **occupational therapist**.

ot- /əʊt/ ⇨ **oto-**.

otalgia /əʊˈtældʒə/ otalgia. ⇨ **earache**.

OTC abreviatura de **over the counter**.

OTC drug /ˌəʊ tiː ˈsiː drʌg/ medicamento de balcão. ⇨ **over-the-counter drug**.

otic /ˈəʊtɪk/ ótico: relativo à orelha.

otic ganglion /ˌəʊtɪk ˈgæŋgliən/ gânglio ótico: gânglio situado na fossa infratemporal, medial ao nervo mandibular.

otitis /əʊˈtaɪtɪs/ otite: inflamação do ouvido.

otitis externa /əʊˌtaɪtɪs ɪkˈstɜːnə/ otite externa: inflamação do meato auditivo externo. ☑ **external otitis**.

otitis interna /əʊˌtaɪtɪs ɪnˈtɜːnə/ otite interna: inflamação do ouvido interno. ☑ **labyrinthitis**.

otitis media /əʊˌtaɪtɪs ˈmiːdiə/ otite média: infecção do ouvido médio, geralmente acompanhada de cefaléia e febre. ☑ **middle ear infection; tympanitis**.

oto- /əʊtəʊ/ ot(i/o)-: orelha; ouvido. Nota: antes de vogais usa-se **ot-**.

otolaryngologist /ˌəʊtəʊlærɪŋˈgɒlədʒɪst/ otolaringologista: médico especialista no tratamento das doenças do ouvido e garganta.

otolaryngology /ˌəʊtəʊlærɪŋˈgɒlədʒi/ otolaringologia: o estudo das doenças do ouvido e garganta.

otolith /ˈəʊtəlɪθ/ otólito: pequena massa calcárea, presa às células ciliadas, na terminação dos nervos saculares e utriculares do ouvido interno.

otolith organ /ˌəʊtəlɪθ ˈɔːgən/ órgão otólito: um dos dois pares de nervos sensitivos do ouvido interno, o sáculo e o utrículo, que levam ao cérebro informações sobre a posição da cabeça.

otologist /əʊˈtɒlədʒɪst/ otologista: médico especialista em doenças do ouvido.

otology /əʊˈtɒlədʒi/ otologia: o estudo científico do ouvido e de suas doenças.

-otomy /ɒtəmi/ -otomia: incisão cirúrgica em um órgão ou parte do corpo.

otomycosis /ˌəʊtəmaɪˈkəʊsɪs/ otomicose: infecção do meato auditivo externo causada por um fungo.

otoplasty /ˈəʊtəplæsti/ otoplastia: cirurgia plástica para reparar uma lesão ou deformidade na orelha.

otorhinolaryngologist /ˌəʊtəʊˌraɪnəʊˌlærɪŋˈgɒlədʒɪst/ otorrinolaringologista: médico especialista em doenças do ouvido, nariz e garganta. ☑ **ENT doctor**.

otorhinolaryngology /ˌəʊtəʊˌraɪnəʊˌlærɪŋˈgɒlədʒi/ otorrinolaringologia: o estudo do ouvido, nariz e garganta. ☑ **ENT**.

otorrhagia /ˌəʊtəˈreɪdʒə/ otorragia: secreção de pus pelo ouvido. Nota: no inglês americano usa-se **otorrhoea**.

otosclerosis /ˌəʊtəʊskləˈrəʊsɪs/ otosclerose: condição caracterizada por formação de substância esponjosa nos ossículos do ouvido médio, que vai bloqueando a janela oval. A afecção provoca surdez progressiva.

otoscope /ˈəʊtəskəʊp/ otoscópio. ⇨ **auriscope**.

otospongiosis /ˌəʊtəˌspʌndʒiˈəʊsɪs/ osteopongiose: formação de osso esponjoso no labirinto ósseo do ouvido, que ocorre na otosclerose.

Otosporin /ˈəʊtəspɒrɪn/ Otosporin: o nome comercial de gotas nasais contendo hidrocortisona, neomicina e polimixina.

ototoxic /ˌəʊtəˈtɒksɪk/ ototóxico: que causa dano aos órgãos ou nervos envolvidos na audição ou no equilíbrio.

outbreak /ˈaʊtbreɪk/ surto; epidemia: série de casos de uma doença que começam repentinamente. *There was an outbreak of typhoid fever* or *a typhoid outbreak.* / Houve um surto epidêmico de febre tifóide.

outcome /ˈaʊtkʌm/ resultado; desenlace: **1** o resultado ou conseqüência de uma ação. **2** a medida do resultado de uma intervenção ou tratamento, por exemplo, taxa de mortalidade, de acordo com diferentes meios manuais ou cirúrgicos. *medical outcomes* / resultados médicos.

outer /ˈaʊtə/ externo; exterior: o lado exterior; a parte externa.

outer ear /ˌaʊtər ˈɪə/ ouvido externo: a parte externa do ouvido, que compreende o meato acústico externo e a aurícula. ☑ **external ear**.

outer pleura /ˌaʊtə ˈplʊərə/ pleura externa. ⇨ **parietal pleura**.

outlet /ˈaʊtlet/ saída: orifício ou canal de uma passagem.

out-of-body experience /ˌaʊt əv ˈbɒdi ɪkˌspɪəriəns/ experiência extracorpórea: ocasião em que a pessoa sente como se tivesse deixado o próprio corpo e, freqüentemente, viaja ao longo de um túnel com uma luz brilhante. Nota: pode acontecer após uma anestesia, talvez por falta de oxigênio no cérebro, ou em casos de coma profundo e situações de quase morte.

outpatient /'aʊtpeɪʃ(ə)nt/ paciente externo; paciente não hospitalizado: paciente que recebe tratamento médico em hospital, mas não permanece durante a noite. *She goes for treatment as an outpatient.* / Ela recebe tratamento hospitalar como paciente externa. Abreviatura: **OP**. Compare com **inpatient**.

outpatient department /'aʊtpeɪʃ(ə)nt dɪˌpɑːt mənt/ ambulatório: departamento hospitalar que lida com pacientes não hospitalizados ou externos. Usa-se também **outpatients' department**. ☑ **outpatients' clinic**.

outpatients' clinic /'aʊtpeɪʃ(ə)nt ˌklɪnɪk/ clínica. ⇨ **outpatient department**.

outreach /'aʊtriːtʃ/ ultrapassar; estender-se além de; exceder-(se): prestar serviços médicos ao público em geral, fora de hospital ou clínica.

oval window /'əʊv(ə)l ˌwɪndəʊ/ janela oval: uma abertura entre os ouvidos médio e interno. ☑ **fenestra ovalis; fenestra vestibuli**. Veja ilustração em **Ear**, no Apêndice.

ovar- /əʊvər/ ⇨ **ovari-**.

ovaralgia /ˌəʊvəˈrældʒə/ ovaralgia: dor no ovário. ☑ **ovaralgia**.

ovari- /əʊvəri/ ovari-: os ovários. Nota: antes de vogais usa-se **ovar-**.

ovarialgia /ˌəʊveəriˈældʒə/ ovarialgia. ⇨ **ovaralgia**.

ovarian /əʊˈveəriən/ ovariano: relativo ao ovário.

ovarian cancer /əʊˌveəriən ˈkænsə/ câncer de ovário: tumor maligno do ovário, que ocorre principalmente após a menopausa.

ovarian cycle /əʊˌveəriən ˈsaɪk(ə)l/ ciclo ovariano: as alterações fisiológicas que ocorrem no ovário de uma mulher, durante sua vida reprodutiva.

ovarian cyst /əʊˌveəriən ˈsɪst/ cisto ovariano: cisto que se desenvolve no ovário.

ovarian follicle /əʊˌveəriən ˈfɒlɪk(ə)l/ folículo ovariano: célula situada no ovário, contendo um óvulo. ☑ **Graafian follicle**.

ovariectomy /ˌəʊvəriˈektəmi/ ovariectomia. ⇨ **oophorectomy**. Plural: **ovariectomies**.

ovariocele /əʊˈveəriəʊsiːl/ ovariocele: uma hérnia de ovário.

ovariotomy /ˌəʊvəriˈɒtəmi/ ovariotomia: excisão cirúrgica de um ovário ou de tumor no ovário. Plural: **ovariotomies**.

ovaritis /ˌəʊvəˈraɪtɪs/ ovarite. ⇨ **oophoritis**.

ovary /'əʊv(ə)ri/ ovário: um dos dois órgãos reprodutores femininos que produzem ovos, ou células germinativas, e secretam o hormônio estrogênio. ☑ **oophore; oophoron**. Veja ilustração em **Urogenital System (female)**, no Apêndice. Plural: **ovaries**. Nota: para conhecer outros termos referentes ao ovário, veja os que começam com **oophor-; oophoro-**.

over- /əʊvə/ hiper-; super-: demasiado.

overbite /'əʊvəbaɪt/ sobremordida: formação usual dos dentes, na qual os dentes incisivos superiores estendem-se sobre os dentes inferiores, quando os maxilares estão em oclusão cêntrica.

overcome /ˌəʊvəˈkʌm/ derrotar; vencer; dominar: **1** lutar contra alguma coisa e vencê-la. **2** fazer com que uma pessoa perca a consciência. *Two people were overcome by smoke in the fire.* / No incêndio, duas pessoas foram dominadas pela fumaça.

overcompensate /ˌəʊvəˈkɒmpənseɪt/ hipercompensar; supercompensar: compensar de maneira exagerada os efeitos de uma condição ou qualidade.

overcompensation /ˌəʊvəkɒmpənˈseɪʃ(ə)n/ hipercompensação; supercompensação: tentativa de modificação do comportamento, em que se tenta eliminar os efeitos nocivos de um erro ou falta de caráter, na qual se faz um esforço exagerado que, assim, acaba causando outro problema.

over the counter /əʊvə ˌkaʊntə/ no balcão. Medicamento vendido livremente nas farmácias, sem necessidade de receita médica. Abreviatura: **OTC**.

overdo /ˌəʊvəˈduː/ (informal) exagerar; extrapolar; esforçar-se demais. ◊ **to overdo it** ou **to overdo things**: exagerar nas coisas: trabalhar demais ou fazer exercícios em demasia. *She overdid it, working until 9 o'clock every evening.* / Ela exagerou, trabalhando até as nove horas, todas as noites. *He has been overdoing things and has to rest.* / Ele tem se exercitado demais e precisa descansar.

overdose /'əʊvədəʊs/ overdose; superdosagem: dose excessiva de uma droga (maior do que a dose usual ou recomendada). Abreviatura: **OD**.

overeating /ˌəʊvərˈiːtɪŋ/ superalimentação: alimentação em excesso.

overexertion /ˌəʊvərɪɡˈzɜːʃ(ə)n/ sobresforço: o esforço físico exagerado.

overflow incontinence /ˌəʊvəfləʊ ɪnˈkɒntɪ nəns/ incontinência urinária: emissão involuntária de urina, porque a bexiga está muito cheia.

overgrow /ˌəʊvəˈɡrəʊ/ (tecido) crescer demasiado: crescer sobre outro tecido.

overgrowth /'əʊvəɡrəʊθ/ hipertrofia: crescimento de um tecido sobre outro.

overjet /'əʊvədʒet/ superposição; sobreposição: o espaço que separa os dentes incisivos superiores dos dentes inferiores, quando os maxilares estão em oclusão cêntrica.

overlap /ˌəʊvəˈlæp/ (bandagens etc.) sobrepor; superpor: estender e cobrir parcialmente alguma coisa.

overprescribe /əʊvəprɪˈskraɪb/ prescrever em demasia: emitir muitas prescrições para alguma doença ou condição. *Some doctors seriously overprescribe tranquillisers.* / Alguns médicos prescrevem tranqüilizantes perigosa e demasiadamente.

overproduction /ˌəʊvəprəˈdʌkʃən/ superprodução: a produção exagerada de alguma coisa. *The condition is caused by overproduction of thyroxine by the thyroid gland.* / A condição é causada por superprodução de tiroxina pela glândula tireóide.

oversew /ˈəʊvəsəʊ/ sobre-suturar; sobrecoser: costurar um pedaço de tecido sobre uma perfuração.

overt /əʊˈvɜːt/ clínico; manifesto: que é fácil de ser visto a olho nu. Oposto de **occult**.

over-the-counter drug /ˌəʊvə ðə ˈkaʊntə drʌg/ medicamento de balcão: medicamento vendido livremente nas farmácias, sem necessidade de receita médica. ☑ **OTC drug**.

overweight /ˌəʊvəˈweɪt/ com excesso de peso: com mais tecido adiposo e mais pesado do que é aconselhável pela medicina. *He is several kilos overweight for his age and height.* / De acordo com a idade e a altura, ele está muitos quilos acima do peso.

overwork /ˌəʊvəˈwɜːk/ **1** sobrecarga: trabalho em excesso. *He collapsed from overwork.* / Ele teve um colapso nervoso de tanto trabalhar. **2** trabalhar em excesso: trabalhar demais, ou fazer algo trabalhar demais. *He has been overworking his heart.* / Ele tem feito o coração trabalhar em excesso.

overwrought /ˌəʊvəˈrɔːt/ esgotado; fatigado: muito tenso e nervoso.

ovi- /əʊvi/ ovi-: ovo

oviduct /ˈəʊvidʌkt/ oviduto. ⇨ **Fallopian tube**.

ovulate /ˈɒvjʊleɪt/ ovular: liberar um ovo maduro na tuba de Falópio (atual tuba uterina).

ovulation /ˌɒvjʊˈleɪʃ(ə)n/ ovulação: a liberação de um ovo maduro do folículo ovariano na tuba de Falópio (atual tuba uterina).

ovum /ˈəʊvəm/ ovo: célula sexual feminina que, quando fertilizada por um espermatozóide, dá início ao desenvolvimento de um embrião. Plural: **ova**. Nota: para conhecer outros termos referentes a ovos ou embrião, veja os que começam com **oo-**.

-oxacin /ɒksəsɪn/ -oxacina: droga da classe das quinolonas. *ciprofloxacin* / ciprofloxacina.

oxidase /ˈɒksɪdeɪz/ oxidase: enzima que estimula a oxidação por meio da remoção do hidrogênio. Veja também **monoamine oxidase**.

oxidation /ˌɒksɪˈdeɪʃ(ə)n/ oxidação: a formação de óxidos pela combinação de oxigênio ou pela remoção de hidrogênio. Observação: os compostos de carbono formam óxidos, quando são metabolizados com oxigênio no organismo, produzindo dióxido de carbono.

oxide /ˈɒksaɪd/ óxido: composto formado com oxigênio e outro elemento.

oximeter /ɒkˈsɪmɪtə/ oxímetro: instrumento que mede o volume de oxigênio, principalmente do sangue.

oxybutynin /ˌɒksiˈbjuːtənɪn/ oxibutina: agente usado no tratamento de distúrbios da bexiga, reduzindo a necessidade de micção. Usa-se também **oxybutinin**.

oxycephalic /ˌɒksikəˈfælɪk/ oxicefálico: relativo à oxicefalia. ☑ **acrocephalic**.

oxycephaly /ˌɒksɪˈkefəli/ oxicefalia: condição caracterizada por crânio em forma de pico, associada com exoftalmia e visão prejudicada. ☑ **acrocephalia**; **turricephaly**.

oxygen /ˈɒksɪdʒən/ oxigênio: elemento químico gasoso, incolor, presente na atmosfera e essencial à vida humana. Símbolo químico: **O**. Observação: o oxigênio é absorvido pela corrente sanguínea através dos pulmões, e transportado para os tecidos pelas artérias. É essencial à manutenção da saúde, sendo administrado por inalação a pacientes com distúrbios respiratórios.

oxygenate /ˈɒksɪdʒəneɪt/ oxigenar: adicionar oxigênio ao sangue.

oxygenated blood /ˌɒksɪdʒəneɪtɪd ˈblʌd/ sangue arterial; sangue oxigenado: sangue que recebeu oxigênio nos pulmões e é transportado aos tecidos pelas artérias. ☑ **arterial blood**. Compare com **deoxygenated blood**. Nota: o sangue arterial tem um vermelho mais vivo do que o sangue venoso desoxigenado.

oxygenation /ˌɒksɪdʒəˈneɪʃ(ə)n/ oxigenação: o fato de ser combinado ou suprido com oxigênio. *Blood is carried along the pulmonary artery to the lungs for oxygenation.* / O sangue é transportado aos pulmões pela artéria pulmonar, a fim de sofrer oxigenação.

oxygenator /ˈɒksɪdʒəˌneɪtə/ oxigenador: máquina que oxigena mecanicamente o sangue venoso fora do organismo. É usado em cirurgias para manter a circulação de pacientes com distúrbios cardíacos ou pulmonares.

oxygen cylinder /ˈɒksɪdʒən ˌsɪlɪndə/ tubo de oxigênio: pesado tubo de metal contendo oxigênio, conectado a uma máscara que cobre o rosto do paciente.

oxygen mask /ˈɒksɪdʒən mɑːsk/ máscara de oxigênio: máscara ligada a um oxigenador, que é colocada sobre a face de pacientes com distúrbios respiratórios.

oxygen tent /ˈɒksɪdʒən tent/ tenda de oxigênio: uma tenda colocada sobre o leito do paciente, dentro da qual é mantido um fluxo contínuo de oxigênio.

oxygen therapy /ˈɒksɪdʒən θerəpi/ oxigenoterapia: qualquer tratamento que envolve a administração de oxigênio, por exemplo, em uma tenda de oxigênio ou no tratamento emergencial da insuficiência cardíaca.

oxyhaemoglobin /ˌɒksiˌhiːməˈgləʊbɪn/ oxiemoglobina: uma substância composta de hemoglobina e oxigênio. É a forma da hemoglobina presente no sangue arterial que é transportado dos pulmões para os tecidos. Veja também **haemoglobin**. Nota: no inglês americano usa-se **oxyhemoglobin**.

oxyntic /ɒkˈsɪntɪk/ oxíntico: relativo às glândulas e células estomacais produtoras de ácido.

oxyntic cell /ɒkˈsɪntɪk sel/ célula oxíntica: célula na glândula gástrica que secreta ácido clorídrico. ☑ **parietal cell**.

oxytetracycline /ˌɒksiˌtetrəˈsaɪkliːn/ oxitetraciclina: agente antibiótico eficaz contra uma ampla variedade de organismos.

oxytocic /ˌɒksiˈtəʊsɪk/ **1** oxitócico: medicamento que ajuda ou acelera o trabalho de parto. **2** produzir oxitação: começar ou acelerar o trabalho de parto, por meio de contrações dos músculos uterinos.

oxytocin /ˌɒksiˈtəʊsɪn/ oxitocina: hormônio secretado pela glândula pituitária posterior, que controla as contrações uterinas e estimula a produção de leite. Observação: usa-se uma injeção com extrato de oxitocina para iniciar as contrações uterinas e ajudar no terceiro estágio do parto.

oxyuriasis /ˌɒksɪjuˈraɪəsɪs/ oxiuríase. ⇨ **enterobiasis**.

Oxyuris /ˌɒksɪˈjʊərɪs/ Oxyuris. ⇨ **Enterobius**.

ozaena /əʊˈziːnə/ ozena: **1** doença do nariz na qual a passagem nasal é bloqueada por um muco de cheiro desagradável. **2** qualquer emissão desagradável do nariz. Nota: no inglês americano usa-se **ozena**.

ozone /ˈəʊzəʊn/ ozônio: gás presente na atmosfera em pequenas quantidades. Em altas concentrações, é tóxico. Observação: a quantidade máxima de ozônio considerada segura para a respiração dos seres humanos é de oitenta partes por bilhão. Mesmo em concentrações mais baixas, irrita a garganta, causa tosse e provoca cefaléia e crises de asma similares à febre do feno. A camada de ozônio na estratosfera age como uma proteção contra os efeitos nocivos dos raios solares, e a destruição ou redução desta camada aumenta a radiação solar e os seus efeitos nocivos, por exemplo, o câncer de pele.

ozone sickness /ˈəʊzəʊn ˌsɪknəs/ doença do ozônio: condição que acomete pessoas que viajam em aviões a jato, devida aos níveis das camadas de ozônio na aeronave.

O

P Veja **substance P**.

Pa abreviatura de **pascal**.

pacemaker /'peɪsmeɪkə/ marcapasso: **1** um nódulo, no coração, que funciona como marcapasso natural, regulando os batimentos cardíacos. ☑ **sinoatrial node; SA node**. **2** Veja **cardiac pacemaker; epicardial pacemaker**. Observação: geralmente, um eletrodo é preso ao epicárdio e ligado ao aparelho, que pode ser implantado em uma região específica do tórax.

pachy- /pæki/ paqui-: espesso; grosso.

pachydactyly /ˌpæki'dæktɪli/ paquidactilia: condição caracterizada pelo aumento dos dedos das mãos e dos pés.

pachydermia /ˌpæki'dɜːmiə/ paquidermia: espessamento anormal da pele. Usa-se também **pachyderma**.

pachymeningitis /ˌpækiˌmenɪn'dʒaɪtɪs/ paquimeningite: inflamação da dura-máter.

pachymeninx /ˌpæki'miːnɪŋks/ paquimeninge. ⇨ **dura mater**.

pachyonychia /ˌpækiə'nɪkiə/ paquioníquia: espessamento anormal das unhas.

pachysomia /ˌpæki'səʊmiə/ paquissomia: condição caracterizada pelo espessamento dos tecidos moles do organismo.

pacifier /'pæsɪfaɪə/ chupeta: (EUA) chupeta para bebê.

pacing /'peɪsɪŋ/ implantação de marcapasso artificial: operação cirúrgica para implantação de um marcapasso.

Pacinian corpuscle /pəˌsɪniən 'kɔːpʌs(ə)l/ corpúsculos de Pacini: terminações nervosas na epiderme, sensíveis ao tato e às vibrações.

pack /pæk/ **1** compressa; tampão; caixa: a) tampão de gaze ou algodão, usado para preencher um orifício, por exemplo, o nariz ou a vagina. b) pedaço de tecido umedecido e fortemente comprimido, usado sobre uma ferida no corpo. c) tratamento que consiste em enrolar um cobertor ou colcha no corpo. d) caixa ou estojo contendo mercadorias à venda. *a pack of sticking plaster* / uma caixa de curativos. *The cough tablets are sold in packs of fifty.* / As pastilhas para tosse são vendidas em caixas com cinqüenta unidades.

2 encher; embalar; empacotar: a) preencher um orifício com tampão. *The ear was packed with cotton wool to absorb the discharge.* / O ouvido foi enchido com algodão para absorver o corrimento. b) colocar objetos em caixa ou recipiente semelhante. *The transplant organ arrived at the hospital packed in ice.* / O órgão para o transplante chegou ao hospital embalado em gelo.

packed cell volume /ˌpækt 'sel ˌvɒljuːm/ volume globular; volum hematócrito: o volume de glóbulos vermelhos no sangue em relação ao volume sanguíneo total. ☑ **haematocrit** (acepção 1).

packing /'pækɪŋ/ compressa: pedaço de tecido colocado sobre uma ferida ou cavidade do corpo para a absorção de líquido.

pack up /ˌpæk 'ʌp/ (informal) deixar de funcionar: parar de trabalhar. *His heart simply packed up under the strain.* / O coração dele simplesmente deixou de funcionar por causa da sobrecarga.

PACT abreviatura de **prescribing analyses and cost**.

pad /pæd/ coxim; compressa: **1** pedaço de material macio e absorvente, aplicado sobre uma parte do corpo para protegê-la. *She wrapped a pad of soft cotton wool round the sore.* / Ela envolveu a ferida com uma compressa de algodão. **2** espessamento de uma parte da epiderme.

paed- /piːd/ ⇨ **paedo-**.

paediatric /ˌpiːdi'ætrɪk/ pediátrico: relativo ao tratamento das doenças infantis. *A new paediatric hospital has been opened.* / Foi aberto um novo hospital pediátrico. *Parents can visit children in the paediatric wards at any time.* / Os pais podem visitar seus filhos na enfermaria pediátrica a qualquer hora.

> *Paediatric day surgery minimizes the length of hospital stay and therefore is less traumatic for both child and parents.* / "A cirurgia pediátrica sem necessidade de pernoite minimiza a estadia hospitalar e, portanto, é menos traumática tanto para a criança quanto para os pais. (*British Journal of Nursing*)

paediatrician /ˌpiːdiə'trɪʃ(ə)n/ pediatra: médico especialista no tratamento das doenças infantis.

paediatrics /ˌpiːdiˈætrɪks/ pediatria: o estudo das crianças, seu desenvolvimento e suas doenças. Compare com **geriatrics**. Nota: no inglês americano usa-se **pediatrics**.

paedo- /piːdəʊ/ ped(o)-: relativo à criança. Nota: antes de vogais usa-se **paed-** ou, no inglês americano, **ped-**.

paedodontia /piːdəˈdɒnʃə/ pedodontia. ⇨ **pedodontia**.

Paget's disease /ˈpædʒəts dɪˌziːz/ doença de Paget: **1** ⇨ **osteitis deformans**. **2** forma de câncer da mama que começa como uma erupção cutânea pruriginosa ao redor do mamilo. (Descrita em 1877 por Sir James Paget [1814–1899], cirurgião britânico.)

pain /peɪn/ dor: sensação de grande desconforto, causada por doença ou ferimento. *The doctor gave him an injection to relieve the pain.* / O médico deu a ele uma injeção para aliviar a dor. *She is suffering from back pain.* / Ela está sofrendo de dores nas costas. Nota: a palavra **pain** é usada no plural para indicar uma dor recidivante: *She has pains in her left leg.* / Ela sente dores na perna esquerda. ◊ **to be in great pain:** estar com dor: sentir dores muitos fortes, difíceis de suportar. Observação: a dor é conduzida pelos nervos sensitivos ao sistema nervoso central. Do seu ponto de origem, é transportada ao longo da medula espinhal e de uma série de neurônios, que usam a substância P como um neurotransmissor, para o córtex sensorial. A dor é a maneira pela qual a pessoa sabe que parte do corpo tem uma lesão ou doença, embora nem sempre a sensação dolorosa corresponda à parte afetada. Veja **synalgia**.

pain clinic /ˈpeɪn ˌklɪnɪk/ clínica médica: centro médico que cuida de pessoas com doenças crônicas graves, cujo *staff* inclui profissionais de várias áreas da medicina.

painful /ˈpeɪnf(ə)l/ doloroso; dolorido: que causa dor. *She has a painful skin disease.* / Ela tem uma doença cutânea dolorosa. *His foot is so painful he can hardly walk.* / O pé dele está tão dolorido que ele mal consegue andar. *Your eye looks very red – is it very painful?* / Seus olhos estão muito vermelhos – é muito dolorido?

painkiller /ˈpeɪnˌkɪlə/ analgésico: medicamento que diminui a dor.

painless /ˈpeɪnləs/ indolor: que não causa dor. *a painless method of removing warts* / um método indolor de remover verrugas.

pain pathway /ˈpeɪn ˌpɑːθweɪ/ trajeto da dor: um conjunto de neurônios e fibras nervosas interligados que transportam impulsos dolorosos do seu ponto de origem ao córtex sensorial.

pain receptor /ˈpeɪn rɪˌseptə/ receptor à dor: terminação nervosa que é sensível à dor.

pain relief /ˈpeɪn rɪˌliːf/ alívio da dor: o ato de diminuir a dor com o uso de analgésicos.

paint /peɪnt/ **1** tintura; pincelagem: anti-séptico com pigmentos corantes, que possui propriedades analgésicas ou adstringentes e é aplicado na

pele. **2** tingir; pincelar: cobrir uma ferida com anti-séptico, analgésico ou loção adstringente. *She painted the rash with calamine.* / Ela pincelou a erupção cutânea com calamina.

painter's colic /ˌpeɪntəz ˈkɒlɪk/ cólica do pintor: forma de intoxicação por chumbo, que ocorria principalmente antigamente, causada pelo contato com tintas.

pain threshold /ˈpeɪn ˌθreʃhəʊld/ limiar da dor: ponto em que a pessoa acha impossível suportar a dor sem chorar.

palatal /ˈpælət(ə)l/ palatino; palatal: relativo ao palato.

palate /ˈpælət/ palato: o teto da boca e o assoalho da cavidade nasal, formados pelos palato duro e palato mole. ☑ **roof**.

palate bone /ˈpælət bəʊn/ osso do palato: um dos dois ossos que formam o palato duro, as órbitas e a cavidade atrás do nariz. ☑ **palatine bone**.

palatine /ˈpælətaɪn/ palatino: relativo ao palato.

palatine arch /ˈpælətaɪn ɑːtʃ/ arco palatino: prega de tecido entre o palato mole e a faringe.

palatine bone /ˈpælətaɪn bəʊn/ osso palatino. ⇨ **palate bone**.

palatine tonsil /ˌpælətaɪn ˈtɒns(ə)l/ tonsila palatina. ⇨ **tonsil**.

palato- /pælətəʊ/ palat(i/o)-: relativo ao palato.

palatoglossal arch /ˌpælətəʊˌglɒs(ə)l ˈɑːtʃ/ arco palatoglosso: prega entre o palato mole e a língua, na porção anterior da tonsila.

palatopharyngeal arch /ˌpælətəʊfærɪnˌdʒɪəl ˈɑːtʃ/ arco palatofaríngeo: prega entre o palato mole e a faringe, na porção posterior da tonsila.

palatoplasty /ˈpælətəʊplæsti/ palatoplastia: cirurgia plástica do teto da boca, por exemplo, para reparar uma fenda palatina.

palatoplegia /ˌpælətəˈpliːdʒə/ palatoplegia: paralisia do palato mole.

palatorrhaphy /ˌpæləˈtɔːrəfi/ palatorrafia: operação cirúrgica para fechar e suturar uma fenda palatina. ☑ **staphylorrhaphy**; **uraniscorrhaphy**.

pale /peɪl/ pálido; branco: branco ou com uma ligeira cor. *After her illness she looked pale and tired.* / Ela parecia pálida e cansada, após a doença. ◊ **to turn pale:** empalidecer: ficar com o rosto pálido, por redução do fluxo sanguíneo.

paleness /ˈpeɪlnəs/ palidez: o fato de ser (ou estar) pálido.

pali- /pælɪ/ pali(n)-; palim-. ⇨ **palin-**.

palilalia /ˌpælɪˈleɪliə/ palilalia: distúrbio da fala, caracterizado pela repetição das palavras.

palin- /pælɪn/ pali(n)-; palim: com repetição; de novo. ⇨ **pali-**.

palindromic /ˌpælɪnˈdrəʊmɪk/ palindrômico: recorrente; recidivante. *a palindromic disease* / uma doença palindrômica.

palliative /ˈpæliətɪv/ paliativo: **1** tratamento ou medicamento que alivia os sintomas, mas não cura a doença que os provoca. Por exemplo, um analgésico pode reduzir a dor de dente, mas não cura a cárie que causa a dor. **2** que alivia.

> ...*coronary artery bypass grafting is a palliative procedure aimed at the relief of persistent angina pectoris.* / "...o *bypass* de artéria coronária é um procedimento paliativo destinado a aliviar a angina de peito persistente. (*British Journal of Hospital Medicine*)

palliative care /ˈpæliətɪv ˈkeə/ cuidados paliativos: tratamento que ajuda a reduzir os sintomas de uma doença, principalmente quando esta é terminal ou crônica, mas não proporciona a cura. ☑ **palliative treatment**.

palliative treatment /ˈpæliətɪv ˌtriːtmənt/ tratamento paliativo. ⇨ **palliative care**. Observação: os cuidados paliativos podem envolver a administração de antibióticos, transfusões, agentes analgésicos, quimioterapia em doses baixas, e apoio psicológico e social, a fim de ajudar a pessoa e sua família a conviver com a doença. O tratamento geralmente é oferecido por asilos ou abrigos de doentes.

pallidotomy /ˌpælɪˈdɒtəmi/ palidotomia: cirurgia cerebral que pode reduzir alguns sintomas da doença de Parkinson, tais como tremor, bradicinesia e postura curvada.

pallium /ˈpæliəm/ pálio: a camada de matéria cinzenta na superfície do córtex cerebral.

pallor /ˈpælə/ palidez: a condição de ser pálido.

palm /pɑːm/ palma: a superfície interna da mão, que se estende das extremidades dos dedos ao punho.

palmar /ˈpælmə/ palmar: relativo à palma da mão.

palmar arch /ˈpælmər ɑːtʃ/ arco palmar: um dos dois arcos da palma, formado pela fusão de duas artérias.

palmar fascia /ˌpælmə ˈfeɪʃə/ fáscia palmar: os tendões da palma da mão.

palmar interosseus /ˌpælmər ˌɪntərˈɒsiəs/ músculo palmar interósseo: músculo profundo entre os ossos da mão.

palmar region /ˈpælmə ˌriːdʒ(ə)n/ região palmar: a região palmar, recoberta de pele.

palpable /ˈpælpəb(ə)l/ palpável: **1** capaz de ser sentido pelo toque das mãos. **2** capaz de ser examinado com o toque das mãos.

> ...*mammography is the most effective technique available for the detection of occult (non-palpable) breast cancer. It has been estimated that mammography can detect a carcinoma two years before it becomes palpable.* / "...a mamografia é a técnica disponível mais eficaz para a detecção de câncer de mama oculto (não-palpável). Estima-se que a mamografia possa detectar um carcinoma dois anos antes que ele se torne palpável." (*Southern Medical Journal*)

palpate /pælˈpeɪt/ palpar: examinar uma parte do corpo pelo toque das mãos.

palpation /pælˈpeɪʃ(ə)n/ palpação: o exame de uma parte do corpo pelo toque das mãos.

palpebra /ˈpælpɪbrə/ pálpebra. ⇨ **eyelid**. Plural: **palpebrae**.

palpebral /ˈpælpɪbrəl/ palpebral: relativo às pálpebras.

palpitate /ˈpælpɪteɪt/ palpitar: bater de maneira irregular ou muito rápida.

palpitation /pælpɪˈteɪʃ(ə)n/ palpitação: consciência dos batimentos cardíacos muito rápidos ou irregulares, possivelmente causados por estresse ou doença.

pan- /pæn/ pan-: todos; totalidade. ⇨ **pant-**; **panto-**.

panacea /ˌpænəˈsiːə/ panacéia: substância medicinal a que se atribui a cura de todos os males.

Panadol /ˈpænədɒl/ Panadol: o nome comercial do paracetamol.

panarthritis /ˌpænɑːˈθraɪtɪs/ pan-artrite: inflamação que compreende todos os tecidos de uma articulação ou todas as articulações do corpo.

pancarditis /ˌpænkɑːˈdaɪtɪs/ pancardite: inflamação que envolve todos os tecidos do coração, por exemplo, o músculo cardíaco, o endocárdio e o pericárdio.

pancreas /ˈpæŋkriəs/ pâncreas: glândula situada na parte posterior do corpo, entre os rins. Veja ilustração em **Digestive System**, no Apêndice. Observação: o pâncreas tem duas funções: a primeira é secretar o suco pancreático, que é lançado no duodeno e faz a digestão das proteínas e carboidratos; a segunda função é produzir o hormônio insulina, que regula a maneira como o organismo utiliza o açúcar. Este hormônio é secretado na corrente sanguínea pelas ilhotas de Langerhans, localizadas no pâncreas.

pancreatectomy /ˌpæŋkriəˈtektəmi/ pancreatectomia: excisão total ou parcial do pâncreas. ☑ **Whipple's operation**.

pancreatic /ˌpæŋkriˈætɪk/ pancreático: relativo ao pâncreas.

pancreatic duct /ˌpæŋkriˈætɪk dʌkt/ ducto pancreático: canal que comunica o pâncreas com o duodeno.

pancreatic juice /ˌpæŋkriˈætɪk dʒuːs/ suco pancreático: suco digestivo, formado pelas enzimas produzidas pelo pâncreas, que digere as gorduras e os carboidratos. ☑ **pancreatic secretion**.

pancreatic secretion /ˌpæŋkriˈætɪk sɪˈkriːʃ(ə)n/ secreção pancreática. ⇨ **pancreatic juice**.

pancreatin /ˈpæŋkriətɪn/ pancreatina: substância originária das enzimas secretadas pelo pâncreas, usada no tratamento de pacientes com deficiência de enzimas pancreáticas.

pancreatitis /ˌpæŋkriəˈtaɪtɪs/ pancreatite: inflamação do pâncreas.

pancreatomy /ˌpæŋkriˈætəmi/ pancreatomia: cirurgia de abertura do ducto pancreático. ☑ **pancreatotomy**.

pancreatotomy /ˌpæŋkriəˈtɒtəmi/ pancreatotomia. ⇨ **pancreatomy**.

pancytopenia /ˌpænsaɪtəˈpiːniə/ pancitopenia:

condição caracterizada pela insuficiência de eritrócitos, hemácias e plaquetas sanguíneas.

pandemic /pæn'demɪk/ **1** pandemia: doença epidêmica que se alastra pelo mundo inteiro. Compare com **endemic; epidemic**. **2** pandêmico: disseminado, generalizado.

pang /pæŋ/ dor intensa e súbita: uma dor repentina e aguda, principalmente intestinal. *After not eating for a day, she suffered pangs of hunger.* / Após ficar sem comer durante um dia, ela teve dores agudas provocadas pela fome.

panhysterectomy /ˌpænhɪstə'rektmi/ pan-histerectomia: remoção cirúrgica total do útero e do colo.

panic /'pænɪk/ **1** pânico: sensação de medo intenso, que não pode ser detido, e que algumas vezes resulta em um comportamento irracional. *He was in a panic as he sat in the consultant's waiting room.* / Ele estava em pânico, quando se sentou na sala de espera do consultório médico. **2** entrar em pânico: tornar-se subitamente amedrontado. *She panicked when the surgeon told her she might need to have an operation.* / Ela entrou em pânico quando o cirurgião lhe disse que talvez ela precisasse fazer uma operação.

panic attack /'pænɪk ə,tæk/ ataque de pânico; crise de pânico: início súbito de grande apreensão e terror.

panic disorder /'pænɪk dɪs,ɔːdə/ distúrbio do pânico: condição caracterizada por crises recorrentes de pânico.

panniculitis /pə,nɪkjʊ'laɪtɪs/ paniculite: inflamação do panículo adiposo, com leve celulite nas coxas e mamas.

panniculus /pə'nɪkjʊləs/ panículo: uma camada de tecido membranoso.

panniculus adiposus /pə'nɪkjʊləs ædɪpəʊsəs/ panículo adiposo: camada de gordura subcutânea.

pannus /'pænəs/ pano: uma afecção da córnea, contendo minúsculos vasos sanguíneos.

panophthalmia /ˌpænɒf'θælmɪə/ pan-oftalmia: inflamação de todas as partes do olho. ☑ **panophthalmitis**.

panophthalmitis /ˌpænɒfθæl'maɪtɪs/ pan-oftalmite. ⇨ **panophthalmia**.

panosteitis /ˌpænɒsti'aɪtɪs/ pan-osteíte: inflamação generalizada de um osso. Usa-se também **panostitis**.

panotitis /ˌpænəʊ'taɪtɪs/ pan-otite: inflamação de todas as estruturas do ouvido, principalmente o ouvido médio.

panproctocolectomy /ˌpænprɒktəkə'lektəmi/ pan-proctocolectomia: remoção cirúrgica total do cólon e do reto.

pant /pænt/ ofegar: respirar com dificuldade por causa de excesso de exercícios; tentar respirar. *He was panting when he reached the top of the stairs.* / Ele estava ofegante quando alcançou o topo das escadas.

pant- /pænt/ pant-. ⇨ **pan-**.

panto- /pæntəʊ/ panto-. ⇨ **pan-**.

pantothenic acid /ˌpæntə,θenɪk 'æsɪd/ ácido

pantotênico: uma vitamina do complexo B, encontrada no fígado, fermento e ovos.

pantotropic /ˌpæntə'trɒpɪk/ pantotrópico: relativo ao vírus que ataca vários tecidos ou partes do corpo. ☑ pantropic (pantrópico).

Papanicolaou test /ˌpæpənɪkə'leɪu: test/ teste de esfregaço de Papanicolaou; teste de Papanicolaou: método de coloração de amostras obtidas de secreções orgânicas, para detecção e diagnóstico de condições malignas, por exemplo, as células raspadas da mucosa cervical para detecção de câncer. ☑ **Pap test; smear test**. (Descrito em 1933 por George Nicholas Papanicolaou [1883–1962], anatomista e médico grego que trabalhou nos Estados Unidos.)

papaveretum /pə,pævə'riːtəm/ papaveretum: preparação obtida do ópio, usada como analgésico.

papilla /pə'pɪlə/ papila: saliência pequena e mole que se fixa sobre uma superfície. *The upper surface of the tongue is covered with papillae.* / A superfície superior da língua é coberta com papilas. Plural: **papillae**.

papillary /pə'pɪləri/ papilar: relativo à papila.

papillitis /ˌpæpɪ'laɪtɪs/ papilite: inflamação do disco óptico (papila óptica).

papilloedema /ˌpæpɪləʊ'diːmə/ papiledema: edema causado por acúmulo de líquido no disco óptico (papila óptica).

papilloma /ˌpæpɪ'ləʊmə/ papiloma: tumor benigno da pele e das mucosas. Plural: **papillomas** ou **papillomata**.

papillomatosis /ˌpæpɪləʊmə'təʊsɪs/ papilomatose: **1** afecção caracterizada por papilomas. **2** o desenvolvimento de papilomas.

papillotomy /ˌpæpɪ'lɒtəmi/ papilotomia: incisão da ampola hepatopancreática, a fim de permitir a drenagem de bile e a eliminação de cálculos.

papovavirus /pə'pəʊvəvaɪrəs/ papovavírus: família de vírus causadores de papilomas ou pequenos tumores, alguns deles malignos. Compreende também os vírus das verrugas, que são benignas.

Pap smear /'pæp smɪə/ teste de esfregaço de Pap. ⇨ **Pap test**.

Pap test /'pæp test/ teste de Pap. ☑ **Pap smear**. ⇨ **Papanicolaou test**.

papular /'pæpjʊlə/ papular: relativo à pápula.

papule /'pæpjuːl/ pápula: lesão da pele, caracterizada por uma elevação sólida, de coloração rosa ou vermelha, observada, por exemplo, nas erupções cutâneas. Nota: uma mancha achatada é chamada de **macula**.

papulo- /pæpjʊləʊ/ papulo-: relativo a uma pápula.

papulopustular /ˌpæpjʊləʊ'pʌstjʊlə/ papulopustular: relativo à erupção cutânea caracterizada tanto por pápulas quanto por pústulas.

papulosquamous /ˌpæpjʊləʊ'skweɪməs/ papuloescamoso: relativo à erupção cutânea caracterizada tanto por pápulas quanto por escamação.

para- /ˈpærə/ para-: **1** semelhante a, ou perto. **2** variável, ou além de (apartado).

parabiosis /ˌpærəbaɪˈəʊsɪs/ parabiose: condição caracterizada pela união de dois organismos, por exemplo, os gêmeos unidos.

paracentesis /ˌpærəsenˈtiːsɪs/ paracentese: procedimento para retirada de líquido de um cavidade corporal, por meio de uma agulha oca, e que é destinado tanto a propósitos diagnósticos quanto terapêuticos. ☑ **tapping**.

paracetamol /ˌpærəˈsiːtəmɒl/ paracetamol: agente usado como analgésico, na dor leve a moderada, e como antipirético. Nota: no inglês americano usa-se **acetaminophen**.

paracolpitis /ˌpærəkɒlˈpaɪtɪs/ paracolpite. ➪ **pericolpitis**.

paracusis /ˌpærəˈkjuːsɪs/ paracusia: distúrbio da audição. Usa-se também **paracousia**.

paradoxical breathing /ˌpærədɒksɪk(ə)l ˈbriːðɪŋ/ respiração paradoxal: condição na qual o pulmão é desinflado durante a inspiração, e inflado durante a expiração. Costuma afetar pessoas que tiveram as costelas fraturadas. ☑ **paradoxical respiration**.

paradoxical respiration /ˌpærədɒksɪk(ə)l ˌrespəˈreɪʃ(ə)n/ respiração paradoxal. ➪ **paradoxical breathing**.

paradoxical sleep /ˌpærədɒksɪk(ə)l ˈsliːp/ sono paradoxal. ➪ **REM sleep**.

paradoxus /ˌpærəˈdɒksəs/ paradoxal. Veja **pulsus paradoxus**.

paraesthesia /ˌpæriːsˈθiːziə/ parestesia: uma sensação inexplicável de formigamento. Plural: **paraesthesiae**. Veja também **pins and needles**. Nota: no inglês americano usa-se **paresthesia**.

...the sensory symptoms are paraesthesiae which may spread up the arm over the course of about 20 minutes. / "...os sintomas sensoriais são parestesia, que pode se espalhar para a parte superior do braço em cerca de vinte minutos." (*British Journal of Hospital Medicine*)

paraffin /ˈpærəfɪn/ parafina: substância lubrificante originária do petróleo, que constitui a base de algumas pomadas, sendo também usada em aquecimento e iluminação.

paraffin gauze /ˈpærəfɪn ɡɔːz/ gaze parafinada: gaze coberta com uma camada sólida de parafina, usada como curativo.

parageusia /ˌpærəˈɡjuːsiə/ parageusia: **1** uma anomalia no sentido do paladar. **2** um gosto desagradável na boca.

paragonimiasis /ˌpærəɡɒnəˈmaɪəsɪs/ paragonimíase: doença tropical, caracterizada pela infestação dos pulmões com nematódeos do gênero *Paragonimus*, caracterizada por bronquite e tosse com expectoração de sangue. ☑ **endemic haemoptysis**.

paragraphia /ˌpærəˈɡræfiə/ paragrafia: distúrbio da linguagem escrita, no qual as palavras ou letras não expressam a intenção verdadeira, resultante de uma doença ou do acidente vascular cerebral.

para-influenza virus /ˌpærə ˌɪnfluˈenzə ˌvaɪrəs/ vírus parainfluenza: um vírus que causa infecção do trato respiratório superior. Sua estrutura é idêntica à do paramixovírus e do vírus do sarampo.

paralyse /ˈpærəlaɪz/ paralisar: tornar uma parte do corpo incapaz de executar movimentos voluntários, por meio de enfraquecimento ou lesão dos músculos e nervos, que, assim, não podem funcionar corretamente, ou pelo uso de uma droga. *His arm was paralysed after the stroke.* / O braço dele ficou paralisado depois do acidente vascular cerebral. *She is paralysed from the waist down.* / Ela está paralisada da cintura para baixo. Nota: no inglês americano usa-se **paralyze**.

paralysis /pəˈræləsɪs/ paralisia: condição caracterizada pela falta de mobilidade de uma parte do corpo, devida à lesão dos nervos motores ou enfraquecimento muscular. *The condition causes paralysis of the lower limbs.* / A condição causa paralisia dos membros inferiores. *He suffered temporary paralysis of the right arm.* / Ele teve paralisia temporária no braço direito. Observação: a paralisia pode ter muitas causas, porém as mais comuns são lesões ou doenças cerebrais ou da coluna vertebral.

paralysis agitans /pəˌræləsɪs ˈædʒɪtəns/ paralisia agitante. ➪ **Parkinsonism**.

paralytic /ˌpærəˈlɪtɪk/ paralítico: **1** relativo à paralisia. **2** relativo à pessoa que tem paralisia.

paralytica /pærəˈlɪtɪkə/ paralítica. Veja **dementia paralytica**.

paralytic ileus /ˌpærəlɪtɪk ˈɪliəs/ íleo paralítico: obstrução do íleo, causada por paralisia dos músculos intestinais. ☑ **adynamic ileus**.

paralytic poliomyelitis /ˌpærəlɪtɪk ˌpəʊliəʊˌmaɪəˈlaɪtɪs/ poliomielite paralítica: poliomielite que afeta os músculos.

paramedian /ˌpærəˈmiːdiən/ paramediano: situado próximo à linha mediana do corpo.

paramedian plane /ˌpærəˈmiːdiən pleɪn/ plano paramediano. ➪ **parasagittal plane**. Veja ilustrações em **Termos Anatômicos**, no Apêndice.

paramedic /ˌpærəˈmedɪk/ paramédico: pessoa que recebeu treinamento especial e cujo trabalho envolve a restauração e o funcionamento normal da saúde. Nota: o termo *paramedic* é usado para se referir a todos os tipos de serviços e *staff*, desde terapeutas e higienistas a motoristas de ambulância e radiógrafos, mas não inclui médicos, enfermeiras e parteiras.

paramedical /ˌpærəˈmedɪk(ə)l/ paramédico: relativo aos serviços ligados àqueles prestados por enfermeiras, médicos e cirurgiões.

paramesonephric duct /ˌpærəmesəˈne frɪk ˌdʌkt/ ducto paramesonéfrico: um dos dois ductos embrionários que se desenvolvem no útero e tubas de Falópio (atual tubas uterinas). ☑ **Müllerian duct**.

parameter /pəˈræmɪtə/ parâmetro: um padrão

de medida de alguma coisa, por exemplo, a pressão arterial, que pode ser um elemento importante no tratamento de uma doença ou condição.

parametritis /ˌpærəmɪ'traɪtɪs/ parametrite: inflamação do parâmetrio.

parametrium /ˌpærə'mi:triəm/ paramétrio: o tecido conjuntivo que reveste o útero.

paramnesia /ˌpæræm'ni:ziə/ paramnésia: distúrbio da memória em que a pessoa lembra-se de fatos que nunca aconteceram.

paramyxovirus /ˌpærəmɪksəʊ'vaɪrəs/ paramixovírus: grupo de vírus causadores de caxumba, sarampo e outras doenças infecciosas.

paranasal /ˌpærə'neɪz(ə)l/ paranasal: que fica ao lado do nariz.

paranasal air sinus /ˌpærəneɪz(ə)l ˈeə 'saɪnəs/ sinos paranasais aéreos. ⇨ **paranasal sinus**.

paranasal sinus /ˌpærəneɪz(ə)l 'saɪnəs/ seios paranasais: cavidades pares recobertas de uma mucosa pegajosa, situadas nos ossos cranianos que se comunicam com a cavidade nasal. Nota: são eles os seios frontais, maxilares, etmoidais e esfenoidais. Também chamados de **paranasal air sinus**.

paranoia /ˌpærə'nɔɪə/ paranóia: comportamento caracterizado por julgamentos falsos e delírios de perseguição ou de grandeza.

paranoiac /ˌpærə'nɔɪæk/ paranóico: pessoa afetada por paranóia.

paranoid /'pærənɔɪd/ paranóide: caracterizado por uma ilusão fixa e incoerente.

paranoid disorder /ˌpærənɔɪd dɪsˈɔːdə/ distúrbio paranóide: distúrbio mental caracterizado pela evolução de um delírio sistematizado de perseguição, suspeita e desconfiança, mesmo quando os fatos provam o contrário. Nota: o termo preferido para se referir a esse distúrbio mental é **delusional disorder** (distúrbio delirante).

paranoid schizophrenia /ˌpærənɔɪd ˌskɪts əʊ'fri:niə/ esquizofrenia paranóide: forma de esquizofrenia caracterizada pelo delírio de perseguição.

paraparesis /ˌpærəpə'ri:sɪs/ paraparese: paralisia pouco acentuada dos membros inferiores.

paraphasia /ˌpærə'feɪziə/ parafasia; parafrasia: distúrbio da fala, em que a pessoa torna-se incapaz de falar corretamente, confundindo palavras e frases.

paraphimosis /ˌpærəfaɪ'məʊsɪs/ parafimose: condição caracterizada pela constrição da glande peniana, e que pode ser corrigida por circuncisão.

paraphrenia /ˌpærə'fri:niə/ parafrenia: termo antigo para designar um distúrbio mental envolvendo, por um lado, um delírio sistematizado e, por outro, a conservação da lucidez, sem deterioração da personalidade.

paraplegia /ˌpærə'pli:dʒə/ paraplegia: paralisia que afeta a parte inferior do corpo e as pernas, normalmente causada por lesão da medula espinhal.

paraplegic /ˌpærə'pli:dʒɪk/ paraplégico: **1** pessoa que sofre de paraplegia. **2** paralisado na parte inferior do corpo e das pernas.

paraprofessional /ˌpærəprə'feʃ(ə)n(ə)l/ paraprofissional: pessoa especialmente treinada, que auxilia um profissional em seu trabalho.

parapsoriasis /ˌpærəsə'raɪəsɪs/ parapsoríase: grupo de doenças cutâneas acompanhadas por descamação da pele, semelhante à psoríase.

parapsychology /ˌpærəsaɪ'kɒlədʒi/ parapsicologia: o estudo dos fenômenos da mente que parecem não ser explicados pelos princípios psicológicos ou científicos conhecidos, por exemplo, a percepção extra-sensorial e a telepatia.

Paraquat /'pærəkwɒt/ Paraquat: o nome comercial do **dimethyl dupyridilium**, usado como herbicida.

parasagittal /ˌpærə'sædʒɪt(ə)l/ parassagital: situado próximo da linha mediana do corpo.

parasagittal plane /ˌpærə'sædʒɪt(ə)l pleɪn/ plano parassagital: plano próximo da linha mediana do corpo, paralelo ao plano sagital e nos ângulos direitos do plano coronário. ☑ **paramedian plane**. Veja ilustração em **Termos Anatômicos**, no Apêndice.

parasitaemia /ˌpærəsɪ'ti:miə/ parasitemia: a presença de parasitas na corrente sanguínea.

parasite /'pærəsaɪt/ parasita: planta ou animal que vive dentro de outro organismo, do qual tira nutrientes para seu sustento. Observação: os parasitas mais comuns que afetam o homem são o piolho da pele e vários tipos de vermes intestinais. Muitas doenças, tais como a malária e a disenteria amebiana, são causadas pela infestação com parasitas.

parasitic /ˌpærə'sɪtɪk/ parasítico: relativo a parasita.

parasitic cyst /ˌpærəsɪtɪk 'sɪst/ cisto parasítico: cisto causado pelo desenvolvimento de larvas de um parasita no organismo.

parasiticide /ˌpærə'saɪtɪsaɪd/ parasiticida: **1** substância que destrói parasitas. **2** destruidor de parasitas.

parasitology /ˌpærəsaɪ'tɒlədʒi/ parasitologia: o estudo científico dos parasitas.

parasuicide /ˌpærə'su:ɪsaɪd/ parassuicídio: um ato no qual a pessoa tenta se matar, sem desejar realmente fazê-lo, mas como uma forma de chamar a atenção para sua condição psicológica.

parasympathetic /ˌpærəsɪmpə'θetɪk/ parassimpático: relativo ao sistema nervoso parassimpático.

parasympathetic nervous system /ˌpærəsɪ mpə'θetɪk 'nɜːvəs ˌsɪstəm/ sistema nervoso parassimpático: uma das duas divisões do sistema nervoso autônomo. Suas mensagens alcançam os olhos, o sistema gastrointestinal e outros órgãos do corpo através dos nervos cranianos e sacrais. Também chamado **parasympathetic system**. Veja também **sympathetic nervous system**. Observação: o sistema nervoso parassimpático age ao contrário do sistema nervoso simpático, diminuindo a ação cardíaca, reduzindo a pressão arterial e aumentando a velocidade da digestão.

parasympathetic system /ˌpærəsɪmpəˌθetɪk ˌsɪstəm/ sistema parassimpático. ⇨ **parasympathetic nervous system**.

parasympatholytic /ˌpærəsɪmˌpæθəˈlɪtɪk/ parassimpatolítico: **1** agente que reduz os efeitos do sistema nervoso parassimpático pelo relaxamento dos músculo lisos, redução da produção de suor e saliva, e dilatação da pupila, por exemplo, a atropina. **2** relativo a uma droga parassimpatolítica.

parasympathomimetic /ˌpærəsɪmˌpæθəʊmɪˈmetɪk/ parassimpatomimético: **1** agente que estimula o sistema nervoso parassimpático pelo aumento da tensão dos músculos lisos, dilatação dos vasos sanguíneos, diminuição do ritmo cardíaco, aumento da produção de suor e saliva, e constrição da pupila. **2** que produz efeitos semelhantes aos de uma droga parassimpatomimética.

parathormone /ˌpærəˈθɔːməʊn/ paratormônio: hormônio secretado pelas glândulas paratireóides, que regula a quantidade de cálcio no plasma sanguíneo. ☑ **parathyroid hormone**.

parathyroid /ˌpærəˈθaɪrɔɪd/ paratireóide: **1** ⇨ **parathyroid gland**. **2** relativo à glândula paratireóide. **3** situado perto da glândula tireóide.

parathyroidectomy /ˌpærəˌθaɪrɔɪˈdektəmi/ paratireoidectomia: remoção cirúrgica da glândula tireóide.

parathyroid gland /ˌpærəˈθaɪrɔɪd glænd/ glândula paratireóide: uma das quatro pequenas glândulas situadas na região da glândula tireóide. A glândula paratireóide secreta um hormônio que controla a deposição de cálcio e fósforo nos ossos. ☑ **parathyroid**.

parathyroid hormone /ˌpærəˈθaɪrɔɪd ˌhɔːməʊn/ hormônio paratireóide. ⇨ **parathormone**.

paratyphoid /ˌpærəˈtaɪfɔɪd/ paratifóide: doença infecciosa cujos sintomas são semelhantes aos da febre tifóide. É causada por bactérias transmitidas pelo homem ou pelos animais. ☑ **paratyphoid fever**. Observação: há três tipos de febre paratifóide, conhecidos pelas letras A, B e C. São causados por três tipos de bactéria: *Salmonella paratyphi* A, B, e C. A vacina TAB (vacina contra tifóide-paratifóide A e B) imuniza contra a febre paratifóide A e B, mas não contra a C.

paratyphoid fever /ˌpærəˈtaɪfɔɪd ˌfiːvə/ febre paratifóide. ⇨ **paratyphoid**.

paravertebral /ˌpærəˈvɜːtɪbrəl/ paravertebral: relativo ou situado perto das vértebras, ao lado da coluna vertebral.

paravertebral injection /ˌpærəˌvɜːtɪbrəl ɪnˈdʒekʃən/ injeção paravertebral: injeção de anestésico local nas costas, perto das vértebras.

parenchyma /pəˈreŋkɪmə/ parênquima: tecidos que contêm as células diferenciadoras de um órgão.

parenchymal /pəˈreŋkɪməl/ parenquimatoso: relativo a parênquima.

parent /ˈpeərənt/ pai ou mãe: **1** pai ou mãe biológico ou adotivo. **2** exercer o papel de pais.

> *...in most paediatric wards today open visiting is the norm, with parent care much in evidence. Parents who are resident in the hospital also need time spent with them.* / "...na maioria das enfermarias pediátricas hoje, as visitas franqueadas são uma norma, enfatizando-se os cuidados dos pais. Aqueles pais que são residentes no hospital também precisam de um tempo com as crianças. (*Nursing Times*)

parent cell /ˈpeərənt sel/ célula-mãe: uma célula original, que se divide por mitose, dando origem às células-filhas.

parenteral /pæˈrentərəl/ parenteral: referente ao medicamento que não é administrado pela boca, mas na forma de injeções ou supositórios. Compare com **enteral; oral**.

parenteral feeding /pæˌrentərəl ˌfiːdɪŋ/ alimentação parenteral. ⇨ **parenteral nutrition**.

parenteral nutrition /pæˌrentərəl njuːˈtrɪʃ(ə)n/ nutrição parenteral: o processo de fornecer alimentação por outros meios que não o trato digestivo, principalmente pela administração de glicose a um paciente em estado grave. ☑ **parenteral feeding**.

parenthood /ˈpeərənthʊd/ paternidade ou maternidade: o estado de ser pai ou mãe.

parenting /ˈpeərəntɪŋ/ paternidade ou maternidade: as atividades envolvidas na criação e educação de crianças. ◊ **parenting skills**: habilidades paternais ou maternais: as habilidades e a experiência que alguém deve ter para ser um bom pai ou uma boa mãe.

paresis /pəˈriːsɪs/ paresia: uma paralisia parcial.

paresthesia /ˌpæriːsˈθiːziə/ parestesia. ⇨ **paraesthesia**.

paries /ˈpeəriːz/ parede: **1** a parte superficial da estrutura de um órgão. **2** a parede de uma cavidade. Plural: **parietes**.

parietal /pəˈraɪət(ə)l/ parietal: relativo à parede de uma cavidade ou de qualquer órgão.

parietal bone /pəˈraɪət(ə)l bəʊn/ osso parietal: um do par de ossos que formam as partes laterais do crânio. ☑ **parietal**.

parietal cell /pəˈraɪət(ə)l sel/ célula parietal. ⇨ **oxyntic cell**.

parietal lobe /pəˈraɪət(ə)l ləʊb/ lobo parietal: o lobo mediano do hemisfério cerebral, que é associado com a fala e outros processos mentais, e que também contém o giro pós-central.

parietal pericardium /pəˌraɪət(ə)l ˌperiˈkɑːdiəm/ pericárdio parietal: a camada externa do pericárdio seroso, que não mantém contato direto com o músculo cardíaco, e que é ligada ao pericárdio fibroso.

parietal peritoneum /pəˌraɪət(ə)l ˌperitəˈniːəm/ peritônio parietal: a camada do peritônio que reveste a cavidade abdominal.

parietal pleura /pəˌraɪət(ə)l ˈplʊərə/ pleura

parietal: membrana ligada ao diafragma, que cobre a cavidade torácica. ☑ **outer pleura**. Veja ilustração em **Lungs**, no Apêndice.

-parin /pərɪn/ -parina: forma combinante usada em nome de agentes anticoagulantes. *heparin* / heparina.

Paris /ˈpærɪs/ gesso de Paris. Veja **plaster of Paris**.

parity /ˈpærɪti/ paridade: **1** igualdade de *status* ou posição, principalmente em termos de recebimento salarial ou hierarquia. **2** número de filhos que uma mulher teve.

parkinsonian /ˌpɑːkɪnˈsəʊniən/ parkinsoniano: relativo à doença de Parkinson. *parkinsonian tremor* / tremor parkinsoniano.

parkinsonism /ˈpɑːkɪnsənɪz(ə)m/ parkinsonismo: distúrbio nervoso progressivo, que pode ser ocasionado pelos efeitos adversos de alguns medicamentos, por lesões cerebrais recidivantes ou por tumores cerebrais. Os principais sintomas são tremor das mãos, postura rígida e um andar acelerado. ☑ **paralysis agitans**.

Parkinson's disease /ˈpɑːkɪnsənz dɪˌziːz/ doença de Parkinson: distúrbio progressivo de origem nervosa, cuja causa não se conhece; trata-se de um tipo de parkinsonismo, e os sintomas principais são tremor das mãos, andar acelerado e dificuldade da fala. (Descrito em 1817 por James Parkinson [1755–1824], médico inglês.) Observação: a doença de Parkinson afeta os gânglios basais cerebrais, que controlam os movimentos, por causa da destruição dos neurônios dopaminérgicos. Pode-se obter melhora, em alguns casos, com a administração de levodopa, um precursor do neurotransmissor dopamina ausente, ou por medicamentos que inibem a decomposição da dopamina.

paronychia /ˌpærəˈnɪkiə/ paroníquia: inflamação ungueal purulenta, causada por infecção da pele que contorna a unha. Veja também **whitlow**.

parosmia /pəˈrɒzmiə/ parosmia: distúrbio do sentido do olfato.

parotid /pəˈrɒtɪd/ parótida: perto do ouvido. ☑ **parotid gland**.

parotid gland /pəˈrɒtɪd glænd/ glândula parótida: uma das glândulas produtoras de saliva, situada no pescoço, atrás do ramo da mandíbula e próxima à orelha. ☑ **parotid**.

parotitis /ˌpærəˈtaɪtɪs/ parotite: inflamação das glândulas parótidas. Observação: a caxumba é a forma mais comum de parotite; nesta doença, as glândulas parótidas tornam-se inflamadas e as faces, inchadas.

parous /ˈpeərəs/ parida: diz-se da mulher que teve um ou mais filhos.

paroxetine /pəˈrɒksɪtiːn/ paroxetina: droga antidepressiva que prolonga os efeitos da serotonina no cérebro.

paroxysm /ˈpærəksɪz(ə)m/ paroxismo: **1** um movimento súbito dos músculos. *She suffered paroxysms of coughing during the night.* / Ela

teve paraxismos de tosse durante a noite. **2** a reaparição repentina dos sintomas de uma doença. **3** uma crise súbita de tosse ou espirro.

paroxysmal /ˌpærəkˈsɪzm(ə)l/ paroxístico: relativo a paroxismo, ou semelhante a um paroxismo.

paroxysmal dyspnoea /pærəkˌsɪzm(ə)l dɪspˈniːə/ dispnéia paroxística: crise noturna de falta de ar, geralmente causada por insuficiência cardíaca congestiva.

paroxysmal tachycardia /pærəkˌsɪzm(ə)l tækiˈkɑːdiə/ taquicardia paroxística. ⇨ **nodal tachycardia**.

parrot disease /ˈpærət dɪˌziːz/ doença do papagaio. ⇨ **psittacosis**.

pars /pɑːz/ parte: palavra derivada do latim, que significa parte, porção.

part /pɑːt/ parte: porção, uma das partes que formam um órgão ou o corpo.

partial /ˈpɑːʃ(ə)l/ parcial: que não é completo, que afeta apenas uma parte de um todo. *He only made a partial recovery.* / Ele teve apenas uma melhora parcial.

partial amnesia /ˌpɑːʃ(ə)l æmˈniːziə/ amnésia parcial: incapacidade de recordar fatos específicos, como o nome das pessoas.

partial deafness /ˌpɑːʃ(ə)l ˈdefnəs/ surdez parcial: capacidade de ouvir alguns sons, mas não todos.

partial denture /ˌpɑːʃ(ə)l ˈdentʃə/ dentadura parcial: conjunto de dentes artificiais que substituem apenas alguns dentes da boca.

partial gastrectomy /ˌpɑːʃ(ə)l gæˈstrektəmi/ gastrectomia parcial: procedimento cirúrgico para retirar parte do estômago.

partially /ˈpɑːʃ(ə)li/ parcialmente: não completamente. *He is partially paralysed in his right side.* / Ele está parcialmente paralisado do lado direito. ◊ **partially deaf**: parcialmente surdo: capaz de ouvir alguns sons, mas não todos. ◊ **partially sighted**: parcialmente cego: que tem apenas uma visão parcial. *Large print books are available for people who are partially sighted.* / Existem livros com caracteres aumentados para pessoas parcialmente cegas.

partially sighted register /ˌpɑːʃ(ə)li ˈsaɪtɪd ˌredʒɪstə/ registro de pessoas parcialmente cegas: uma lista contendo o nome de pessoas que têm apenas uma visão parcial, e que podem necessitar de cuidados especiais.

partial mastectomy /ˌpɑːʃ(ə)l mæˈstektəmi/ mastectomia parcial: operação cirúrgica para retirar parte da mama.

partial pancreatectomy /ˌpɑːʃ(ə)l ˌpæŋkriəˈtektəmi/ pancreatectomia parcial: procedimento cirúrgico para retirar parte do pâncreas.

partial thickness burn /ˌpɑːʃ(ə)l ˈθɪknəs bɜːn/ queimadura de espessura parcial; queimadura superficial; queimadura de segundo grau: queimadura que não atinge profundamente os tecidos, permitindo nova formação de pele. ☑ **superficial thickness burn**.

partial vision /ˌpɑː.ʃ(ə)l ˈvɪʒ(ə)n/ visão parcial: capacidade de enxergar apenas parte do campo total de visão, ou incapacidade de ver qualquer coisa nitidamente.

particle /ˈpɑːtɪk(ə)l/ partícula: uma porção diminuta de matéria.

particulate /pɑːˈtɪkjʊlət/ particulado: 1 referente a, ou composto de partículas. 2 feito de partículas separadas.

particulate matter /pɑːˈtɪkjʊlət ˌmætə/ matéria particulada: partículas de tamanho menor do que o tamanho padrão, geralmente de carbono, que são usadas para medir a poluição atmosférica. Essas partículas podem afetar a asma. Abreviatura: **PM**.

partly /ˈpɑːtli/ parcialmente: não completamente. *She is partly paralysed.* / Ela está parcialmente paralisada.

parturient /pɑːˈtjʊəriənt/ parturiente: 1 relativo ao parto. 2 mulher que está em trabalho de parto.

parturifacient /pɑːtjʊəriˈfeɪʃənt/ parturifaciente: 1 que induz o trabalho de parto, ou que torna o parto mais fácil. 2 medicamento que induz o trabalho de parto, ou que torna o parto mais fácil.

parturition /ˌpɑːtjuˈrɪʃ(ə)n/ parto. ⇨ **childbirth**.

parulis /pəˈruːlɪs/ parúlia. ⇨ **gumboil**.

Paschen bodies /ˈpæʃken ˌbɒdiz/ (plural) corpúsculos de Paschen: partículas de vírus que ocorrem em células escamosas da pele, na varíola. (Descritos por Enrique Paschen [1860–1936], patologista alemão.)

pass /pɑːs/ urinar; defecar: eliminar urina, fezes ou outro produto do organismo. *Have you passed anything this morning?* / Você urinou ou defecou esta manhã? *He passed a small stone in his urine.* / Ele urinou uma pequena pedra. ◊ **to pass blood**: eliminar sangue: eliminar fezes ou urina contendo sangue. ◊ **to pass water** (informal): urinar.

passage /ˈpæsɪdʒ/ passagem: 1 canal longo e estreito situado dentro do organismo. 2 o processo de movimentar-se de um lugar para o outro. 3 evacuação intestinal. 4 introdução de um instrumento em uma cavidade do corpo. ◊ **air passage**: conduto aéreo: tubo que leva o ar aos pulmões.

pass away /ˌpɑːs əˈweɪ/ (informal) falecer: termo usado no lugar de *die* (morrer). *Mother passed away during the night.* / Mamãe faleceu durante a noite.

passive /ˈpæsɪv/ passivo: que recebe uma ação, em vez de iniciá-la.

passive immunity /ˌpæsɪv ɪˈmjuːnɪti/ imunidade passiva: imunidade que é adquirida pelo bebê no útero materno, ou por qualquer pessoa por meio da injeção de uma antitoxina.

passive movement /ˌpæsɪv ˈmuːvmənt/ movimento passivo: movimento de um membro ou outra parte do corpo feito por médico ou terapeuta, não pela própria pessoa.

passive smoking /ˌpæsɪv ˈsməʊkɪŋ/ fumante passivo: pessoa que não fuma, mas que inala a fumaça de cigarro emitida por outras pessoas.

pass on /ˌpɑːs ˈɒn/ 1 passar; transmitir: transmitir uma doença a alguém. *Haemophilia is passed on by a woman to her sons.* / A hemofilia é passada da mãe para os filhos. *The disease was quickly passed on by carriers to the rest of the population.* / A doença foi rapidamente transmitida pelos portadores ao resto da população. 2 falecer: termo usado no lugar de *die* (morrer). *My father passed on two years ago.* / Meu pai faleceu há dois anos.

pass out /ˌpɑːs ˈaʊt/ (informal) desmaiar: perder os sentidos; desmaiar. *When we told her that her father was ill, she passed out.* / Quando nós lhe dissemos que o pai dela estava doente, ela desmaiou.

past /pɑːst/ passado: relativo ao tempo que passou.

paste /peɪst/ pasta: pomada medicinal semi-sólida, que é espalhada ou esfregada na pele.

Pasteurella /ˌpæstəˈrelə/ *Pasteurella*: gênero de bactérias parasíticas, algumas causadoras de pestes.

pasteurisation /ˌpɑːstʃəraɪˈzeɪʃ(ə)n/ pasteurização: processo de aquecimento de alimentos para destruição de suas bactérias. Usa-se também **pasteurization**. (Descrita por Louis Pasteur [1822–1895], químico e bacteriologista francês.) Observação: a pasteurização é feita mediante o aquecimento do alimento, durante um curto período de tempo, em temperatura mais baixa do que a utilizada na esterilização. Os dois métodos usados são: aquecimento a 72°C, durante quinze segundos (método da alta temperatura por curto período de tempo); ou aquecimento a 65°C, durante trinta minutos, seguidos por rápido resfriamento. A pasteurização destrói as bactérias da tuberculose que podem estar presentes, por exemplo, no leite.

pasteurise /ˈpɑːstʃəraɪz/ pasteurizar: destruir as bactérias presentes nos alimentos pela ação do calor. Usa-se também **pasteurize**. *The government is telling people to drink only pasteurised milk.* / O governo está pedindo à população que beba apenas leite pasteurizado.

past history /ˌpɑːst ˈhɪst(ə)ri/ histórico médico: registro de doenças anteriores. *He has no past history of renal disease.* / Ele não tem nenhum histórico médico de doença renal.

pastille /ˈpæst(ə)l/ pastilha: 1 goma adoçada, contendo medicamento, que alivia a dor de garganta. 2 pequeno disco de papel, coberto com platinocianida de bário, que muda de cor quando exposto à ação dos raios X.

pat /pæt/ dar pancadinha; bater de leve: bater em algo ou alguém levemente com a palma das mãos ou algum utensílio plano. *She patted the baby on the back to make it burp.* / Ela bateu de leve nas costas do bebê para fazê-lo arrotar.

patch /pætʃ/ placa; retalho; emplastro: pedaço de tecido adesivo, impregnado com uma substância medicinal, que é aplicado na pele para permitir que a substância seja absorvida gradualmente pelo organismo, por exemplo, um adesivo para terapia de reposição hormonal (HRT). Observação: os emplastros podem ser adquiridos mediante prescrição médica e são usados em vários tratamentos, principalmente na terapia de reposição hormonal. São também utilizados para tratar o tabagismo; nesse caso, podem ser adquiridos sem receita médica.

patch test /'pætʃ test/ teste cutâneo: teste de detecção de alergias ou tuberculose, que consiste na aplicação de pedaços de gaze contendo substância alergênica ou tuberculina, esperando-se algum tempo para confirmar se há alguma reação positiva.

patella /pə'telə/ patela: pequeno osso situado na parte anterior do joelho. ☑ **kneecap**.

patellar /pə'telə/ patelar: referente à patela.

patellar reflex /pə,telə 'ri:fleks/ reflexo patelar: puxão feito pelo joelho como uma ação reflexa, quando as pernas são cruzadas e o tendão patelar recebe uma pancada forte. ☑ **knee jerk**.

patellar tendon /pə,telə 'tendən/ tendão patelar: tendão que se estende da patela até a tuberosidade da tíbia.

patellectomy /,pætə'lektəmi/ patelectomia: operação cirúrgica para remoção da patela.

patency /'peɪtənsi/ patência: condição de estar bem aberto. *A salpingostomy was performed to restore the patency of the Fallopian tube.* / Foi realizada uma salpingostomia para restaurar a patência das tubas de Falópio (atual *tubas uterinas*).

patent /'peɪtənt, 'pætənt/ patente; óbvio: aberto, exposto. *The presence of a pulse shows that the main blood vessels from the heart to the site of the pulse are patent.* / A presença de um pulso mostra que os principais vãos sanguíneos que partem do coração para o local do pulso estão patentes.

patent ductus arteriosus /,peɪtənt ,dʌktəs ɑː,tɪəri'əusəs/ ducto arterial patente: condição congênita caracterizada pela abertura permanente do ducto arterial, permitindo que o sangue entre na circulação sem passar pelos pulmões.

patent medicine /,peɪtənt 'med(ə)sɪn/ medicamento patenteado: preparação medicinal elaborada e comercializada sob um nome comercial, sendo protegida, por lei, de cópia ou venda por outros fabricantes, durante um certo período de tempo após sua invenção. Veja também **proprietary medicine**.

paternity /pə'tɜːnɪti/ paternidade: **1** o fato de ser, ou de se tornar pai. *paternity leave* / licença-paternidade. Compare com **maternity**. **2** a identidade de pai.

paternity test /pə'tɜːnɪti test/ teste de paternidade: teste, como o de detecção do grupo sanguíneo, que torna possível identificar o pai de uma criança. Observação: o teste de DNA ou impressão digital pode ser necessário, a fim de confirmar a paternidade, quando o teste de gru-

po sanguíneo acusou positividade, sem que o homem seja verdadeiramente o pai da criança.

path- /pæθ/ ⇨ **patho-**.

patho- /'pæθəu/ relativo a doença. Nota: antes de vogais usa-se **path-**.

pathogen /'pæθədʒən/ patógeno: microorganismo causador de uma doença.

pathogenesis /,pæθə'dʒenəsɪs/ patogênese: a origem, formação e o desenvolvimento de uma condição mórbida ou doentia.

pathogenetic /,pæθədʒə'netɪk/ patogênico: relativo à patogênese.

pathogenic /pæθə'dʒenɪk/ patogênico: que causa uma doença.

pathogenicity /,pæθədʒə'nɪsɪti/ patogenicidade: a condição de ser patogênico, ou a capacidade de produzir uma doença.

pathognomonic /,pæθəgnəu'mɒnɪk/ patognomônico: sintoma específico de uma doença, que não se encontra senão nela, e que permite estabelecer um diagnóstico.

pathological /,pæθə'lɒdʒɪk(ə)l/ patológico: **1** relativo a uma doença, ou causado por doença. **2** indicativo de uma doença. Usa-se também **pathologic**.

pathological depression /,pæθə,lɒdʒɪk(ə)l dɪ'preʃ(ə)n/ depressão patológica: uma depressão incomum e muito grave, que possivelmente leva ao suicídio.

pathological dislocation /,pæθəlɒdʒɪk(ə)l ,dɪslə'keɪʃ(ə)n/ luxação patológica: luxação que resulta de infecção, sinovite ou outra doença.

pathological fracture /,pæθə,lɒdʒɪk(ə)l 'fræktʃə/ fratura patológica: fratura resultante do enfraquecimento de um osso.

pathologist /pə'θɒlədʒɪst/ patologista: **1** médico especialista no estudo das doenças e das alterações estruturais e funcionais causadas por elas no organismo. O médico patologista examina órgãos e tecidos retirados por biópsia, e interpreta os resultados desses exames. **2** médico que examina órgãos e tecidos de cadáveres para estabelecer a causa da morte.

pathology /pə'θɒlədʒi/ patologia: parte da medicina dedicada ao estudo das doenças e das alterações estruturais e funcionais que são causadas por elas no organismo. ☑ **morbid anatomy**.

pathology report /pə'θɒlədʒi rɪ,pɔːt/ relatório patológico: relatório de testes feitos para estabelecer a causa de uma doença.

pathophysiology /,pæθəufɪzi'ɒlədʒi/ patofisiologia: estudo dos estados orgânicos patológicos ou anormais.

pathway /'pɑːθweɪ/ via; caminho; curso: o conjunto de neurônios que conduzem os impulsos nervosos.

-pathy /pəθi/ -patia: **1** doença; mal. **2** tratamento de uma doença.

patient /'peɪʃ(ə)nt/ paciente: **1** capaz de esperar muito tempo sem se aborrecer. *You will have to be patient if you are waiting for treatment – the* *doctor is late with his appointments.* / Você terá de ser paciente se for se consultar – o médico está atrasado com os compromissos dele. **2** pessoa hospitalizada ou que está sob tratamento médico. *The patients are all asleep in their beds.* / Todos os pacientes estão dormindo em suas camas. *The doctor is taking the patient's temperature.* / O médico está verificando a temperatura do paciente.

patient allocation /ˌpeɪʃ(ə)nt ælə'keɪʃ(ə)n/ alocação de pacientes: sistema em que se encaminha cada paciente para uma determinada enfermeira, a fim de que este possa receber todos os cuidados necessários.

patient identifier /ˌpeɪʃ(ə)nt aɪ'dentɪfaɪə/ código de identificação de paciente: um código de letras e números anexado aos registros médicos do paciente, pelo qual todas as informações sobre ele podem ser monitoradas, por exemplo, a causa da morte.

patulous /'pætjʊləs/ dilatado, patente: bem aberto, patente.

Paul–Bunnell reaction /ˌpɔːl 'bʌn(ə)l rɪˌækʃ ən/ reação de Paul–Bunnell: teste de sangue para verificar a presença de febre glandular, no qual o sangue da pessoa é testado contra uma solução contendo bacilos da febre glandular. (Descrita em 1932 por John Rodman Paul [médico norte-americano nascido em 1893]; e Walls Willard Bunnell [1902–1966], médico norte-americano.)

Paul's tube /'pɔːlz tjuːb/ tubo de Paul: um tubo de vidro para remoção do conteúdo intestinal através de uma abertura feita entre o intestino e a parede abominal. (Descrito em 1891 por Frank Thomas Paul [1851–1941], cirurgião britânico.)

pavement epithelium /'peɪvmənt epɪˌθiːliəm/ epitélio pavimentoso. ⇨ **squamous epithelium**.

Pavlov's method /'pævlɒvz ˌmeθəd/ método de Pavlov: conjunto de procedimentos para o estudo ou indução de reflexos condicionados.

PBI test /ˌpiː biː 'aɪ test/ abreviatura de **protein-bound iodine test**.

p.c. /ˌpiː 'siː/ abreviatura de **post cibum**.

PCC abreviatura de **Professional Conduct Committee**.

PCG abreviatura de **primary care group**.

PCOD abreviatura de **polycystic ovary disease**.

PCOS abreviatura de **polycystic ovary syndrome**.

PCP abreviatura de **pneumocystis carinii pneumonia**.

PCR abreviatura de **polymerase chain reaction**.

PCT abreviatura de **primary care trust**.

p.d.[1] ao dia; por dia (usada em receitas médicas). ☑ **p.d.**[2]

p.d.[2] abreviatura de **per diem**: por dia. ⇨ **p.d.**[1]

PE abreviatura de **pulmonary embolism**.

peak /piːk/ pico; limite superior: o ponto mais alto.

peak expiratory flow rate /ˌpiːk ɪkˌspaɪə rət(ə)ri 'fləʊ ˌreɪt/ taxa de fluxo expiratório máximo: a taxa máxima que se pode alcançar durante expiração forçada, estando os pulmões totalmente inflados e sem limite de tempo estabelecido. Abreviatura: **PEFR**.

peak period /'piːk ˌpɪəriəd/ período de pico: período do dia, dias do mês, ou meses do ano, durante o qual um evento, por exemplo, febre, cansaço, doença infecciosa ou resfriado, alcança seu ponto máximo, ou ocorre mais freqüentemente em uma população.

peaky /'piːki/ (informal) pálido; macilento: magro, pálido, e com aparência doentia.

pearl /pɜːl/ cistos epiteliais. Veja **Bohn's nodules**.

Pearson bed /'pɪəs(ə)n bed/ leito de Pearson: tipo de leito com uma armação de Balkan (armação retangular fixa acima da cama), usado principalmente em pacientes com aparelhos.

peau d'orange /ˌpəʊ dɒ'rɑːnʒ/ pele de laranja: pele espessa, cheia de covinhas causadas por linfedema, que ocorre em tumor de mama ou na elefantíase. Nota: o termo é derivado da expressão francesa *orange peel* (pele de laranja).

pecten /'pektən/ pécten: **1** a porção mediana do canal anal. **2** uma eminência aguda do púbis.

pectineal /pek'tɪniəl/ pectíneo; pectiniforme: **1** relativo ao pécten do púbis. **2** relativo a uma estrutura cujas bordas assemelham-se a um pente.

pectoral /'pekt(ə)rəl/ peitoral: **1** substância medicamentosa eficaz contra doenças respiratórias. **2** ⇨ **pectoral muscle**. **3** relativo ao tórax.

pectoral girdle /ˌpekt(ə)rəl 'ɡɜːd(ə)l/ cintura peitoral: a estrutura óssea dos ombros, incluindo a escápula e a clavícula, à qual os ossos superiores do braço se fixam e apoiam. ☑ **shoulder girdle**.

pectoralis /ˌpektə'reɪlɪs/ peitoral: o músculo peitoral.

pectoralis major /pektəˌreɪlɪs 'meɪdʒə/ músculo peitoral maior: um músculo peitoral grande, que flexiona e faz o movimento de rotação do braço.

pectoralis minor /pektəˌreɪlɪs 'maɪnə/ músculo peitoral menor: um músculo peitoral pequeno, que traciona o braço para baixo.

pectoral muscle /'pekt(ə)rəl ˌmʌs(ə)l/ músculo peitoral: um dos dois músculos do peito, que controla os movimentos do ombro e braço. ☑ **chest muscle pectoral**.

pectoris /'pektərɪs/ de peito. Veja **angina pectoris**.

pectus /'pektəs/ peito: a caixa torácica.

pectus carinatum /pektəs ˌkærɪ'nɑːtəm/ peito carinado: condição caracterizada pela proeminência anormal do esterno, semelhante a uma quilha. ☑ **pigeon breast**.

pectus excavatum /ˌpektəs ˌekskə'veɪtəm/ peito escavado; peito recurvado: condição congênita, caracterizada por uma depressão na parte central do tórax, devida a um deslocamento retrógrado do esterno. ☑ **funnel chest**.

ped- /pi:d/ ped-. ⇨ **paedo-**.

pedi- /pedi/ pedi-. ⇨ **paed-**.

pediatrics /ˌpiːdiˈætrɪks/ pediatria. ⇨ **paediatrics**.

pedicle /ˈpedɪk(ə)l/ pedículo: **1** pedículo pelo qual uma tira longa e estreita de pele recebe suprimento sanguíneo. **2** pedaço de tecido, como um caule, pelo qual um tumor é fixado a um tecido sadio. **3** porção estreitada do arco vertebral, que se estende até a lâmina.

pediculicide /pɪˈdɪkjʊlɪsaɪd/ pediculicida: substância química usada para matar piolhos.

pediculosis /pɪˌdɪkjʊˈləʊsɪs/ pediculose: doença cutânea causada pela infestação com piolhos.

Pediculus /pɪˈdɪkjʊləs/ Pediculus. ⇨ **louse**. Plural: **Pediculi**.

Pediculus capitis /pɪˌdɪkjʊləs kəˈpaɪtɪs/ piolho de cabeça. ⇨ **head louse**.

Pediculus corporis /pɪˌdɪkjʊləs kɔːˈpɔːrɪs/ piolho corporal: piolho encontrado no corpo ou nas roupas.

Pediculus pubis /pɪˌdɪkjʊləs ˈpjuːbɪs/ piolho pubiano: piolho encontrado na região púbica. ⇨ **pubic louse**.

pedo- /pi:d/ ped(o)-. ⇨ **paedo-**.

pedodontia /ˌpiːdəˈdɒnʃə/ pedodontia: o ramo da odontologia voltado para o tratamento da boca e dos dentes de crianças. ☑ **paedodontia**.

pedodontist /ˌpiːdəˈdɒntɪst/ pedodontista: dentista especialista no tratamento dos dentes de crianças.

peduncle /pɪˈdʌŋkəl/ pedúnculo: um tronco ou caule.

pedunculate /pɪˈdʌŋkjuleɪt/ pedunculado: dotado de um tronco ou caule. Oposto de **sessile**.

pee /pi:/ (informal) urinar. ⇨ **urinate**.

peel /pi:l/ pelar; descascar: **1** tirar a pele de fruta ou vegetal. **2** (pele) descamar; desprender camadas de pele morta. *After getting sunburnt, his skin began to peel.* / Depois que ele teve queimadura solar, a pele começou a descamar.

PEEP abreviatura de **positive end-expiratory pressure**.

peer review /ˈpɪə rɪ vjuː/ revisão pelo par; revisão pelo grupo profissional: avaliação de um trabalho por pessoa ou grupo de pessoas do mesmo grupo profissional, especializadas no assunto.

PEFR abreviatura de **peak expiratory flow rate**.

Pel-Ebstein fever /ˌpel ˈebstaɪn ˌfiːvə/ febre de Pel–Ebstein: febre recidivante, associada com doença de Hodgkin. (Descrita em 1885 por Pieter Klaases Pel [1852–1919], professor de medicina em Amsterdã, Holanda; e Wilhelm Ebstein [1836–1912], professor de medicina em Göttingen, Alemanha.)

pellagra /pəˈlægrə/ pelagra: doença causada por deficiência de ácido nicotínico, riboflavina e piridoxina do complexo vitamínico B, caracterizada por eritema, anorexia, náusea e diarréia. Observação: em alguns casos de pelagra, podem ocorrer distúrbios psíquicos, tais como depressão, além de dores de cabeça e entorpecimento das extremidades. O tratamento consiste em melhoria na dieta alimentar do paciente.

Pellegrini–Stieda's disease /peləˌgriːni ˈstiːdəz dɪˌziːz/ doença de Pellegrini–Stieda: doença caracterizada pela calcificação do ligamento lateral do joelho, causada por traumatismo. (Descrita em 1905 por Augusto Pellegrini [1877–1958], cirurgião em Florença, Itália; e Alfred Stieda [1869–1945], professor de cirurgia em Königsberg, Alemanha.)

pellet /ˈpelɪt/ pelota: **1** pequena pílula ovóide ou em forma de bastão, contendo hormônio esteróide, geralmente estrogênio ou testosterona, implantada sob a pele para liberação lenta de sua substância. **2** sedimento sólido que permanece na base de um recipiente após centrifugação.

pellicle /ˈpelɪk(ə)l/ película: uma fina camada de tecido cutâneo.

pellucida /pɪˈluːsɪdə/ pelúcido. Veja **zona pellucida**.

pelvic /ˈpelvɪk/ pélvico: relativo à pelve.

pelvic brim /ˌpelvɪk ˈbrɪm/ borda pélvica: uma orla ou entrada pélvica, que separa a pelve verdadeira da pelve falsa.

pelvic cavity /ˌpelvɪk ˈkævɪti/ cavidade pélvica: espaço limitado acima pela cavidade abdominal, e abaixo, pelos ossos da pelve.

pelvic colon /ˌpelvɪk ˈkəʊlɒn/ cólon pélvico. ⇨ **sigmoid colon**.

pelvic diaphragm /ˌpelvɪk ˈdaɪəfræm/ diafragma pélvico: membrana muscular situada entre a cavidade pélvica e o peritônio.

pelvic floor /ˌpelvɪk ˈflɔː/ assoalho da pelve: camada de tecido muscular situada imediatamente abaixo da cintura pélvica.

pelvic fracture /ˌpelvɪk ˈfræktʃə/ fratura pélvica: fratura da pelve.

pelvic girdle /ˌpelvɪk ˈɡɜːd(ə)l/ cintura pélvica: o anel formado pelos dois ossos do quadril que se articulam com os ossos da coxa. ☑ **hip girdle**.

pelvic inflammatory disease /ˌpelvɪk ɪnˈflæmət(ə)ri dɪˌziːz/ doença inflamatória pélvica: inflamação dos órgãos reprodutores femininos, na cavidade pélvica, que pode causar infertilidade.

pelvic outlet /ˌpelvɪk ˈaʊtlet/ estreito inferior da pelve: uma abertura na base da pelve.

pelvic version /ˌpelvɪk ˈvɜːʃ(ə)n/ apresentação pélvica: manipulação do feto no útero feita pelas nádegas.

pelvimeter /pelˈvɪmɪtə/ pelvímetro: instrumento para medir o diâmetro e a capacidade da pelve.

pelvimetry /pelˈvɪmɪtri/ pelvimetria: mensuração do diâmetro da pelve, principalmente para avaliar se o anel interno é largo o suficiente para permitir a passagem do feto no parto.

pelvis /ˈpelvɪs/ pelve: **1** anel ósseo maciço em forma de bacia, situado na extremidade inferior do tronco, formado de cada lado e em frente pelos ossos do quadril e posteriormente pelo sacro e cóccix. **2** espaço interno da cintura pélvica. Plural: **pelvises** ou **pelves**. Observação: os ossos do quadril dividem-se em três partes: o íleo, o ísquio e o púbis, e são ligados na frente pela sínfise púbica. A cintura pélvica apresenta-se de forma diferente no homem e na mulher, sendo que, na mulher, o espaço interno é mais largo. A parte superior da pelve, que não forma um anel completo, é chamada de "pelve falsa"; a parte inferior é denominada "pelve verdadeira".

pelvis of the kidney /ˌpelvɪs əv ðə ˈkɪdni/ pelve renal. ⇨ **renal pelvis**. Veja ilustração em **Kidney**, no Apêndice. Nota: para conhecer outros termos referentes à pelve renal, veja os que começam com **pyel-**; **pyelo-**.

pemphigoid /ˈpemfɪɡɔɪd/ penfigóide: **1** doença cutânea similar ao pênfigo. **2** relativo à doença cutânea semelhante ao pênfigo.

pemphigus /ˈpemfɪɡəs/ pênfigo: doença cutânea rara, caracterizada pela formação de grandes vesículas e bolhas nas regiões intercelulares da epiderme.

pendulous /ˈpendjuləs/ pendular: relativo a um objeto ou parte do corpo que pende ou balança livremente.

penetrate /ˈpenɪtreɪt/ penetrar; entrar profundamente; perfurar: passar para dentro das cavidades ou tecidos do corpo. *The end of the broken bone has penetrated the liver.* / A extremidade do osso fraturado perfurou o fígado. *The ulcer burst, penetrating the wall of the duodenum.* / A úlcera estourou, perfurando a parede do duodeno.

penetration /ˌpenɪˈtreɪʃ(ə)n/ penetração: o ato de penetrar. *the penetration of the vagina by the penis* / a penetração da vagina pelo pênis. *penetration of an ovum by a spermatozoon* / penetração de um ovo por um espermatozóide.

-penia /piːniə/ -penia: indica deficiência ou falta de alguma coisa.

penicillamine /ˌpenɪˈsɪləmiːn/ penicilamina: agente quelante de certos metais tóxicos presentes no organismo.

penicillin /ˌpenɪˈsɪlɪn/ penicilina: antibiótico natural elaborado por um fungo, o *Penicillium notatum*. Nota: as penicilinas têm nomes que terminam em -**cillin**: **amoxicillin**. Observação: a penicilina possui uma atividade antibacteriana muito grande, mas algumas pessoas são alérgicas a ela, e esta informação deve ser anotada nos registros médicos do paciente.

penicillinase /ˌpenɪˈsɪlɪneɪz/ penicilinase: enzima produzida por algumas bactérias, que hidrolisam a penicilina, usada no tratamento de reações adversas à penicilina.

penicillin resistance /ˌpenɪsɪlɪn rɪˈzɪstəns/ resistência à penicilina: capacidade das bactérias de resistir à penicilina.

Penicillium /ˌpenɪˈsɪliəm/ Penicillium: fungo do qual a penicilina é derivada.

penile /ˈpiːnaɪl/ peniano: relativo ao pênis.

penile urethra /ˌpiːnaɪl juˈriːθrə/ uretra peniana: porção da uretra masculina que se encontra dentro do corpo esponjoso, pela qual se dá a excreção de sêmen e urina.

penis /ˈpiːnɪs/ pênis: órgão genital masculino da copulação e de excreção da urina. Veja ilustração em **Urogenital System (male)**, no Apêndice. Veja também **kraurosis penis**. Observação: o pênis contém os corpos cavernos e esponjosos e a uretra. Quando o pênis é estimulado, seus tecidos se enchem de sangue, ocorrendo uma ereção.

pentamidine /penˈtæmɪdiːn/ pentamidina: agente antibiótico usado no tratamento da doença do sono africana e da pneumonia, em pacientes com AIDS.

pentazocine /penˈtæzəsiːn/ pentazocina: droga sintética poderosa, usada como analgésico.

pentose /ˈpentəʊz/ pentose: açúcar contendo cinco átomos de carbono.

pentosuria /ˌpentəˈsjʊəriə/ pentosúria: condição caracterizada pela presença de pentose na urina.

Pentothal /ˈpentəθæl/ Pentothal: o nome comercial do tiopental sódico.

Peplau's model /ˈpeplaʊz ˌmɒd(ə)l/ modelo de Peplau: modelo de enfermagem que descreve o indivíduo como um conjunto de componentes fisiológicos, psicológicos e sociais. A enfermeira e o paciente trabalham juntos para definir os problemas do paciente e para que entendam as reações um do outro, e a enfermeira exerce diferentes papéis em cada fase desse relacionamento, tais como professora, conselheira, líder, profissional especializada, até que o paciente não necessite mais dos seus cuidados.

pep pill /ˈpep pɪl/ pílula revigorante. Veja **amfetamine**.

pepsin /ˈpepsɪn/ pepsina: enzima contida no suco gástrico, que hidrolisa as proteínas dos alimentos, convertendo-as em peptonas.

pepsinogen /pepˈsɪnədʒən/ pepsinogênio: secreção das células da mucosa gástrica, que constitui a forma inativa da pepsina.

peptic /ˈpeptɪk/ péptico: relativo à digestão ou ao sistema digestório.

peptic ulcer /ˌpeptɪk ˈʌlsə/ úlcera péptica: úlcera benigna localizada no duodeno ou estômago.

peptidase /ˈpeptɪdeɪz/ peptidase: enzima que transforma proteínas intestinais em aminoácidos.

peptide /ˈpeptaɪd/ peptídeo: composto formado de dois ou mais aminoácidos.

peptone /ˈpeptəʊn/ peptona: substância produzida pela ação das pepsinas nas proteínas alimentares.

peptonuria /ˌpeptəˈnjʊəriə/ peptonúria: condição caracterizada pela presença de peptonas na urina.

per /pɜː, pə/ por: **1** cada um de (um número de partes). *ten per thousand* / dez por mil. **2** através de; ao longo dele. *per rectum* / pelo reto.

per cent /pə 'sent/ por cento: um em cada cem. *Fifty per cent (50%) of the tests were positive.* / Cinqüenta por cento (50%) dos testes foram positivos. *Seventy-five per cent (75%) of hospital cases remain in hospital for less than four days.* / Setenta e cinco por cento (75%) dos pacientes hospitalizados permanecem no hospital menos de quatro dias. ◊ **there has been a five per cent increase in applications:** houve um aumento de cinco por cento nos requerimentos (o número de requerimentos aumentou cinco em cada cem). ◊ **new cases have decreased twenty per cent this year:** o número de novos pacientes diminuiu em vinte por cento este ano (o número de novos pacientes caiu cinco em cada cem).

percentage /pə'sentɪdʒ/ porcentagem: taxa proporcional calculada sobre um valor ou quantidade de cem unidades. *What is the percentage of long-stay patients in the hospital?* / Qual é a porcentagem hospitalar de pacientes de longo prazo?

perception /pə'sepʃən/ percepção: o registro mental de tomada de consciência de um objeto, como resultado de um estímulo vindo do mundo exterior.

perceptive deafness /pe¦septɪv 'defnəs/ surdez perceptiva. ⇨ **sensorineural deafness**.

percussion /pə'kʌʃ(ə)n/ percussão: método de exploração clínica, geralmente do coração ou pulmões, que consiste em provocar alguns sons por meio de pancadinhas sobre a região, a fim de diagnosticar o estado das partes adjacentes.

percutaneous /ˌpɜ:kju:'teɪnɪəs/ percutâneo: que se faz através da pele.

percutaneous absorption /ˌpɜ:kju:¦teɪnɪəs əb'zɔ:pʃən/ absorção percutânea: o processo de absorção de uma substância através da pele.

percutaneous angioplasty /ˌpɜ:kju:¦teɪnɪəs 'ændʒɪəplæsti/ angioplastia percutânea: reconstrução de uma artéria estreitada pela introdução de um cateter com a extremidade em balão, inflando-se então o balão. ☑ **balloon angioplasty**.

percutaneous epididymal sperm aspiration /ˌpɜ:kju:teɪnɪəs ¦epɪdɪdɪm(ə)l 'spɜ:m ˌæ spɪreɪʃ(ə)n/ aspiração percutânea de esperma epididimário: a remoção por sucção de esperma epididimário, geralmente como parte do tratamento da infertilidade. Abreviatura: **PESA**.

per diem /ˌpɜ: 'di:em/ (prescrições médicas) por dia: uma vez ao dia. Abreviatura: **p.d.**²

perennial /pə'renɪəl/ perene: que dura um longo tempo; que se prolonga por muitos anos. *She has perennial bronchial asthma.* / Ela tem bronquite asmática perene.

perforate /'pɜ:fəreɪt/ perfurar: fazer um orifício em alguma coisa. *The ulcer perforated the duodenum.* / A úlcera perfurou o duodeno.

perforated eardrum /ˌpɜ:fəreɪtɪd 'ɪədrʌm/ tímpano perfurado: tímpano contendo um furo ou orifício.

perforated ulcer /ˌpɜ:fəreɪtɪd 'ʌlsə/ úlcera

perfurante: úlcera que faz um orifício na parede intestinal.

perforation /ˌpɜ:fə'reɪʃ(ə)n/ perfuração: orifício feito através da espessura de um tecido ou membrana, tais como o intestino e o tímpano.

perform /pə'fɔ:m/ realizar; executar: **1** fazer uma operação cirúrgica. *A team of three surgeons performed the heart transplant operation.* / Uma equipe de três cirurgiões realizou o transplante cardíaco. **2** trabalhar; funcionar: *The new heart has performed very well.* / O novo coração está funcionando muito bem. *The kidneys are not performing as well as they should.* / Os rins não estão funcionando tão bem quanto deveriam.

performance /pə'fɔ:məns/ desempenho: a maneira como algo funciona. *The doctors are not satisfied with the performance of the transplanted heart.* / Os médicos não estão satisfeitos com o desempenho do coração transplantado.

performance indicators /pə'fɔ:məns ˌɪndɪkeɪt əz/ (plural) indicadores de desempenho: dados estatísticos, levantados pelas autoridades sanitárias e enviados ao governo, necessários para a análise de quão efetivamente as organizações de saúde estão alcançando seus objetivos. Abreviatura: **PIs**.

perfuse /pə'fju:z/ perfundir: introduzir um líquido em órgão ou tecido, principalmente forçando-o a fluir através dos vasos sanguíneos.

perfusion /pə'fju:ʒ(ə)n/ perfusão: o processo de fazer fluir um líquido através dos vasos sanguíneos, órgão ou tecido, por exemplo, o fluxo de sangue para dentro dos tecidos pulmonares.

perfusion scan /pə'fju:ʒ(ə)n skæn/ cintilografia de perfusão: procedimento no qual substâncias radioativas ou radiopacas são introduzidas no organismo, para que o suprimento sanguíneo de um órgão possa ser investigado.

peri- /peri/ peri-: perto, ao redor dele, ou incluído.

periadenitis /ˌperɪədɪ'naɪtɪs/ periadenite: inflamação de tecido em torno de uma glândula.

perianal /ˌperi'eɪn(ə)l/ perianal: situado em torno do ânus.

perianal haematoma /ˌperieɪn(ə)l ˌhi:mə'təʊ mə/ hematoma perianal: um hematoma pequeno e muito doloroso na parte externa do ânus, causado pelos movimentos excessivos de uma evacuação difícil.

periarteritis /ˌperiɑ:tə'raɪtɪs/ periarterite: inflamação das camadas externas de uma artéria e dos tecidos ao seu redor.

periarteritis nodosa /ˌperiɑ:tə¦raɪtɪs nəʊ'd əʊsə/ periarterite nodosa. ⇨ **polyarteritis nodosa**.

periarthritis /ˌperiɑ:'θraɪtɪs/ periartrite: inflamação de tecido em torno de uma articulação.

pericard- /perikɑ:d/ pericard-: referente ao pericárdio.

pericardectomy /ˌperikɑ:'dektəmi/ pericardiectomia: remoção cirúrgica do pericárdio. ☑ **pericardiectomy**.

pericardial /ˌperiˈkɑːdiəl/ pericárdico: referente ao pericárdio.

pericardial effusion /ˌperikɑːdiəl ɪˈfjuːʒ(ə)n/ derrame pericárdico: acúmulo de líquido no saco pericárdico.

pericardial friction /ˌperikɑːdiəl ˈfrɪkʃ(ə)n/ fricção pericárdica: atrito de uma parte do pericárdio contra a outra, observado na pericardite.

pericardial sac /ˌperikɑːdiəl ˈsæk/ saco pericárdico: parte interna do pericárdio, que forma uma estrutura semelhante a um saco, e contém líquido para prevenir o atrito entre as duas partes do pericárdio.

pericardiectomy /perikɑːdiˈektəmi/ pericardiectomia. ⇨ **pericardectomy**.

pericardiocentesis /ˌperiˌkɑːdiəʊsenˈtiːsɪs/ pericardiocentese: punção cirúrgica do pericárdio para drenagem de líquido.

pericardiorrhaphy /ˌperikɑːdiˈɔːrəfi/ pericardiorrafia: procedimento cirúrgico para suturar uma ferida no pericárdio.

pericardiostomy /ˌperikɑːdiˈɒstəmi/ pericardiostomia: incisão do pericárdio, através da parede torácica, para aspiração de líquido.

pericardiotomy /ˌperikɑːdiˈɒtəmi/ pericardiotomia. ⇨ **pericardotomy**.

pericarditis /ˌperikɑːˈdaɪtɪs/ pericardite: inflamação do pericárdio. ◊ **acute pericarditis:** pericardite aguda: um súbito ataque de febre e dores no tórax, causado pelo atrito das duas partes do pericárdio.

pericardium /ˌperiˈkɑːdiəm/ pericárdio: membrana que circunda e dá suporte ao coração.

pericardotomy /ˌperikɑːˈdɒtəmi/ pericardotomia: incisão cirúrgica efetuada no pericárdio. ☑ **pericardiotomy**.

perichondritis /ˌperikɒnˈdraɪtɪs/ pericondrite: inflamação de uma cartilagem, principalmente do ouvido externo.

perichondrium /ˌperiˈkɒndriəm/ pericôndrio: o tecido conjuntivo fibroso que reveste uma cartilagem.

pericolpitis /ˌperikɒlˈpaɪtɪs/ pericolpite: inflamação do tecido conjuntivo em torno da vagina. ☑ **paracolpitis**.

pericranium /ˌperiˈkreɪniəm/ pericrânio: o tecido conjuntivo que envolve a superfície do crânio.

pericystitis /ˌperisɪˈstaɪtɪs/ pericistite: inflamação das estruturas em torno da bexiga, geralmente causada por infecção do útero.

perifolliculitis /ˌperiˌfɒlɪkjuˈlaɪtɪs/ perifoliculite: inflamação da pele em torno dos folículos pilosos.

perihepatitis /ˌperihepəˈtaɪtɪs/ periepatite: inflamação da mucosa peritoneal do fígado.

perilymph /ˈperilɪmf/ perilinfa: líquido contido entre os labirintos ósseo e membranoso do ouvido interno.

perimenopause /ˌperiˈmenəpɔːz/ perimenopausa: os poucos dias que antecedem a menopausa, nos quais os níveis de estrogênio começam a cair.

perimeter /pəˈrɪmɪtə/ perímetro: **1** instrumento para medir o campo de visão. **2** linha que determina a extensão do campo visual periférico sobre uma área curva.

perimetritis /ˌperiməˈtraɪtɪs/ perimetrite: inflamação do perimétrio.

perimetrium /ˌperiˈmiːtriəm/ perimétrio: a membrana que reveste o útero.

perimetry /pəˈrɪmɪtri/ perimetria: medida da extensão do campo visual.

perimysium /ˌperiˈmaɪsiəm/ permísio: bainha que envolve um feixe de fibras musculares.

perinatal /ˌperiˈneɪt(ə)l/ perinatal: referente ao período pouco antes do parto.

perinatal mortality rate /ˌperineɪt(ə)l mɔːˈtælɪti reɪt/ taxa de mortalidade pós-natal; taxa de mortalidade perinatal: a razão do número de bebês natimortos ou que morreram durante o período imediatamente após o parto, para o número de mil bebês nascidos.

perinatal period /ˌperiˈneɪt(ə)l ˌpɪəriəd/ período perinatal: período de tempo antes e após o parto, que vai desde a vigésima oitava semana após a concepção até a primeira semana depois do parto.

perinatologist /ˌperinəˈtɒlədʒɪst/ perinatologista: obstetra especialista em perinatologia.

perinatology /ˌperinəˈtɒlədʒi/ perinatologia: ramo da medicina que estuda e trata as condições fisiológicas e patológicas que afetam a mãe e/ou o recém-nascido pouco antes do parto e logo depois dele.

perineal /ˌperiˈniːəl/ perineal: relativo ao períneo.

perineal body /ˌperiniːəl ˈbɒdi/ corpo perineal: massa de músculos e fibras situada entre o ânus e a vagina ou entre o ânus e a próstata.

perineal muscle /ˌperiniːəl ˈmʌs(ə)l/ músculo perineal: um dos músculos que revestem o períneo.

perineoplasty /ˌperiˈniːəplæsti/ perineoplastia: procedimento cirúrgico para corrigir o períneo por meio de enxerto de tecido.

perineorrhaphy /ˌperiniˈɔːrəfi/ perineorrafia: operação cirúrgica para suturar um períneo lacerado durante o parto.

perinephric /ˌperiˈnefrɪk/ perinéfrico; perirrenal: situado em volta do rim.

perinephritis /ˌperinɪˈfraɪtɪs/ perinefrite: inflamação do tecido adiposo e conjuntivo que reveste o rim, resultante de infecção renal.

perinephrium /ˌperiˈnefriəm/ perinéfrio: a gordura e o tecido conjuntivo que revestem o rim.

perineum /ˌperiˈniːəm/ períneo: conjunto de pele e tecido situado entre a abertura da uretra e o ânus.

perineurium /ˌperiˈnjʊəriəm/ perineuro: tecido conjuntivo que circunda um feixe de fibras nervosas.

periocular /ˌperiˈɒkjʊlə/ periocular: em torno do globo ocular.

period /ˈpɪəriəd/ período: **1** uma medida de tempo. *The patient regained consciousness after a short period of time.* / O paciente recobrou a consciência após um curto período de tempo. *She is allowed out of bed for two periods each day.* / Ela tem permissão para sair da cama durante dois períodos por dia. **2** menstruação ou regras: sangramento de origem uterina que ocorre na mulher, todos os meses, com descamamento endometrial, e que acontece na ausência de fertilização do óvulo. *She always has heavy periods.* / Ela sempre tem regras com sangramento abundante. *Some women experience abdominal pain during their periods.* / Algumas mulheres sentem dor abdominal durante a menstruação. *She has bleeding between periods.* / Ela tem sangramento entre as regras.

periodic /ˌpɪəriˈɒdɪk/ periódico: que ocorre de tempos em tempos. *He has periodic attacks of migraine.* / Ele tem crises periódicas de hemicrânia. *She has to go to the clinic for periodic checkups.* / Ela precisa ir à clínica para *checkups* periódicos.

periodic fever /ˌpɪəriɒdɪk ˈfiːvə/ febre periódica: uma condição hereditária, caracterizada por crises febris recorrentes com esplenomegalia, comum nos países mediterrâneos.

periodicity /ˌpɪəriəˈdɪsɪti/ periodicidade: a ocorrência de ataques recorrentes de uma doença.

periodic paralysis /ˌpɪəriɒdɪk pəˈræləsɪs/ paralisia periódica: crises recorrentes de paralisia, caracterizadas por hipotassemia.

periodontal /ˌperiəʊˈdɒnt(ə)l/ periodontal: relativo à área em torno de um dente. Usa-se também **periodontic**. •

periodontal ligament /ˌperiəʊˌdɒnt(ə)l ˌlɪɡəmənt/ ligamento peridentário. ⇨ **periodontal membrane**.

periodontal membrane /ˌperiəʊˌdɒnt(ə)l ˈmembreɪn/ membrana peridentária: tecido conjuntivo que envolve a raiz do dente e se fixa no osso. ☑ **periodontal ligament; periodontium**.

periodontics /ˌperiəʊˈdɒntɪks/ periodontia: o ramo da odontologia que estuda as doenças da membrana peridentária. ☑ **periodontia**.

periodontist /ˌperiəʊˈdɒntɪst/ periodontista: dentista especialista no tratamento das doenças gengivais.

periodontitis /ˌperiəʊdɒnˈtaɪtɪs/ periodontite: infecção da membrana periodontária, que leva à piorréia e que, quando não é tratada, resulta na queda dos dentes.

periodontium /ˌperiəʊˈdɒnʃiəm/ periodonto: **1** as gengivas, o osso e a membrana periodontária que revestem um dente. **2** ⇨ **periodontal membrane**.

perionychia /ˌperiəʊˈnɪkiə/ perioníquia: inflamação dolorosa em volta da unha. ☑ **perionyxis**.

perionychium /ˌperiəʊˈnɪkiəm/ perioníquio: a pele por detrás e ao lado das unhas.

perionyxis /ˌperiəʊˈnɪksɪs/ perionixe. ⇨ **perionychia**.

perioperative /ˌperiˈɒp(ə)rətɪv/ perioperatório: antes e após uma operação cirúrgica.

> *During the perioperative period little attention is given to thermoregulation.* / "Durante o período perioperatório, pouca atenção é dada à termorregulação." (*British Journal of Nursing*)

periorbital /ˌperiˈɔːbɪt(ə)l/ periorbitário: em volta do globo ocular.

periosteal /ˌperiˈɒstiəl/ perióstico: relativo a, ou unido ao periósteo.

periosteotome /periˈɒstiəʊtəʊm/ periostótomo: instrumento cirúrgico para incisão do periósteo.

periosteum /ˌperiˈɒstiəm/ periósteo: densa camada de tecido conjuntivo que circunda os ossos. Veja ilustração em **Bone Structure**, no Apêndice.

periosteum elevator /ˌperiˌɒstiəm ˈeləveɪtə/ elevador do periósteo: instrumento cirúrgico para elevar e remover o periósteo de um osso.

periostitis /ˌperiəˈstaɪtɪs/ periostite: inflamação do periósteo.

periotic /ˌperiˈɒtɪk/ periótico: situado na região do ouvido, principalmente os ossos em torno do ouvido interno.

peripheral /pəˈrɪf(ə)rəl/ periférico: situado na periferia, ou fora da porção central de um órgão.

peripheral nerves /pəˈrɪf(ə)rəl nɜːvz/ (plural) nervos periféricos: nervos motores e sensitivos que estão fora do sistema nervoso central (cérebro e medula espinhal). São os nervos cranianos, que conectam a face e a cabeça ao cérebro, os nervos que conectam o nariz e os olhos ao cérebro, e os nervos que conectam a medula espinhal ao restante do corpo.

peripheral nervous system /pəˌrɪf(ə)rəl ˈnɜːvəs ˌsɪstəm/ sistema nervoso periférico: todos os nervos, em diferentes partes do corpo, desde suas raízes até suas partes periféricas. Abreviatura: **PNS**.

peripheral resistance /pəˌrɪf(ə)rəl rɪˈzɪstəns/ resistência periférica: a capacidade dos vasos sanguíneos periféricos de diminuir o fluxo de sangue no seu interior.

peripheral vascular disease /pəˌrɪf(ə)rəl ˈvæskjʊlə dɪˌziːz/ doença vascular periférica: doença que afeta os vasos sanguíneos que suprem os braços e as pernas.

peripheral vasodilator /pəˌrɪf(ə)rəl ˌveɪzəʊdaɪˈleɪtə/ vasodilatador periférico: composto químico que dilata os vasos sanguíneos dos braços e das pernas e, desse modo, melhora a má circulação.

periphery /pəˈrɪf(ə)ri/ periferia: **1** as regiões do corpo afastadas do centro, onde os nervos terminam, tais como os órgãos dos sentidos ou os músculos. **2** a superfície ou a parte externa.

periphlebitis /ˌperɪfləˈbaɪtɪs/ periflebite: **1** inflamação da camada externa de uma veia. **2** inflamação do tecido conjuntivo que envolve uma veia.

periproctitis /ˌperɪprɒkˈtaɪtɪs/ periproctite: inflamação dos tecidos em torno do reto.

perisalpingitis /ˌperɪsælpɪmˈdʒaɪtɪs/ perissalpingite: inflamação do peritôneo e outras estruturas que envolvem a tuba de Falópio (atual *tuba uterina)*.

perisplenitis /ˌperɪspləˈnaɪtɪs/ perisplenite: inflamação do peritôneo e de outras estruturas que circundam o baço.

peristalsis /ˌperɪˈstælsɪs/ peristaltismo: os movimentos, como ondas, produzidos pela contração e relaxamento alternados dos músculos de um órgão, por exemplo, intestino ou esôfago, que impulsionam seu conteúdo. Compare com **antiperistalsis**.

peristaltic /ˌperɪˈstæltɪk/ peristáltico: que ocorre em ondas, como no peristaltismo.

peritendinitis /ˌperitendiˈnaɪtɪs/ peritendinite. ⇨ **tenosynovitis**.

peritomy /pəˈrɪtəmi/ peritomia: **1** cirurgia ocular que consiste na incisão da conjuntiva em torno da circunferência corneana. **2** circuncisão.

peritoneal /ˌperɪtəˈniːəl/ peritoneal: relativo a, ou pertencente ao peritôneo.

peritoneal cavity /ˌperɪtəˌniːəl ˈkævɪti/ cavidade peritoneal: espaço compreendido entre as camadas de peritônio, contendo os órgãos maiores do abdome.

peritoneal dialysis /ˌperɪtəˌniːəl daɪˈæləsɪs/ diálise peritoneal: método oposto à hemodiálise, que consiste na remoção de substâncias solúveis do organismo pela introdução intermitente de líquido no peritôneo, que, então, passa a agir como um filtro.

peritoneoscope /ˌperɪˈtəʊniəskəʊp/ peritoneoscópio. ⇨ **laparoscope**.

peritoneoscopy /ˌperɪtəʊniˈɒskəpi/ peritoneoscopia. ⇨ **laparoscopy**.

peritoneum /ˌperɪtəˈniːəm/ peritôneo: a membrana serosa que reveste a cavidade abdominal e cobre os órgãos nela contidos.

peritonitis /ˌperɪtəˈnaɪtɪs/ peritonite: inflamação do peritôneo, resultante de infecção bacteriana. Observação: a peritonite é uma condição grave e pode ter várias causas. Um dos seus efeitos é interromper os movimentos da peristalse intestinal impossibilitando, desse modo, a digestão dos alimentos.

peritonsillar /ˌperiˈtɒnsɪlə/ peritonsilar: ao redor da tonsila ou amígdala.

peritonsillar abscess /ˌperiˌtɒnsɪlə ˈæbses/ abscesso peritonsilar. ⇨ **quinsy**.

peritrichous /pəˈrɪtrɪkəs/ peritríquio: relacionado à célula cuja superfície é coberta de flagelos. O termo é usado com referência a bactérias.

perityphlitis /ˌperɪtɪˈflaɪtɪs/ peritiflite: inflamação do peritôneo que circunda o ceco.

periumbilical /ˌperiʌmˈbɪlɪk(ə)l/ periumbilical: ao redor do umbigo.

periureteritis /ˌperijʊərɪtəˈraɪtɪs/ periureterite: inflamação do tecido em volta de um ureter, geralmente causada por infecção do próprio ureter.

periurethral /ˌperijʊəˈriːθrəl/ periuretral: em torno da uretra.

PERLA abreviatura de **Pupils Equal and Reactive to Light and Accommodation**.

perle /pɜːl/ uma cápsula com medicamento.

perleche /pɜːˈleʃ/ perleche: **1** inflamação com pequenas fissuras nos cantos da boca, causada por infecção, dieta pobre em nutrientes, ou produção excessiva de saliva. **2** candidíase.

permanent /ˈpɜːmənənt/ permanente: diz-se de algo que é definitivo ou duradouro. *The accident left him with a permanent disability.* / O acidente deixou-o com uma incapacidade permanente.

permanently /ˈpɜːmənəntli/ permanentemente: sempre, para sempre. *He was permanently disabled by the accident.* / Ele ficou permanentemente incapacitado pelo acidente.

permanent teeth /ˈpɜːmənənt tiːθ/ dentes permanentes: dentes da pessoa adulta, que substituem os dentes-de-leite durante a infância. Observação: os dentes permanentes consistem em oito incisivos, quatro caninos, oito pré-molares e doze molares; os últimos quatro molares (em cada lado do maxilar superior e inferior) são chamados dentes do siso.

permeability /ˌpɜːmiəˈbɪlɪti/ (membrana) permeabilidade: a capacidade de deixar passar algumas substâncias.

permeable membrane /ˌpɜːmiəb(ə)l ˈmembreɪn/ membrana permeável: membrana que permite a passagem de algumas substâncias.

pernicious /pəˈnɪʃəs/ pernicioso: nocivo ou perigoso, ou anormalmente grave e capaz de levar à morte.

pernicious anaemia /pəˌnɪʃəs əˈniːmiə/ anemia perniciosa: doença na qual uma incapacidade de absorver vitamina B$_{12}$ impede a produção de glóbulos vermelhos e causa danos à medula espinhal. ☑ **Addison's anaemia**.

perniosis /ˌpɜːniˈəʊsɪs/ perniose; eritema pérnio: qualquer condição, causada por frio extremo, que afeta o suprimento sanguíneo cutâneo, tornando a pele vermelha e pruriginosa.

pero- /perəʊ/ pero-: malformado ou prejudicado.

peromelia /ˌperəʊˈmiːliə/ peromelia: condição congênita caracterizada pelo desenvolvimento anormal dos membros.

peroneal /ˌperəʊˈniːəl/ peroneal: referente ao lado externo da perna.

peroneal muscle /ˌperəʊˈniːəl ˌmʌs(ə)l/ músculo peroneiro: um dos três músculos, o peroneiro curto, o peroneiro longo e o peroneiro terceiro, no lado externo da perna, que ajudam na flexão dorsal da perna. ☑ **peroneus**.

peroneus /ˌperəʊˈniːəs/ músculo peroneiro. ⇨ **peroneal muscle**.

peroperative /pəˈrɒp(ə)rətɪv/ peroperatório: que ocorre durante uma operação cirúrgica.

peroral /pəˈrɔːrəl/ peroral: pela boca.

per rectum /pər ˈrektəm/ pelo reto (exames médicos). Abreviatura: **p.r.**

per os /pər ˈɒs/ pela boca; por via oral: referente à droga ou outra substância que deve ser tomada pela boca.

persecute /ˈpɜːsɪkjuːt/ perseguir: causar sofrimento a alguém durante todo o tempo. *In paranoia, the patient feels he is being persecuted.* / Na paranóia, o paciente sente que está sendo perseguido.

persecution /ˌpɜːsɪˈkjuːʃ(ə)n/ perseguição: o ato de ser perseguido, de sofrer por causa de perseguição.

perseveration /ˌpɜːsevəˈreɪʃ(ə)n/ perseveração: a persistência de reações depois de cessado o estímulo que as causou. O termo refere-se também à repetição de palavras ou gestos.

persist /pəˈsɪst/ persistir: durar algum tempo. *The weakness in the right arm persisted for two weeks.* / A fraqueza no braço direito persistiu durante duas semanas.

persistent /pəˈsɪstənt/ persistente: que dura algum tempo. *treatment aimed at the relief of persistent angina* / tratamento destinado a aliviar a angina persistente. *She had a persistent cough.* / Ela teve uma tosse persistente.

persistent vegetative state /pəˌsɪstənt ˈvedʒɪtətɪv steɪt/ estado vegetativo persistente: condição caracterizada por mutismo, incapacidade de emitir sinais e ausência de qualquer resposta, causada por lesão cerebral, e na qual a pessoa jamais recobrará a consciência. Abreviatura: **PVS**.

person /ˈpɜːs(ə)n/ pessoa: um ser humano, seja homem ou mulher.

personal /ˈpɜːs(ə)n(ə)l/ pessoal: relativo a, ou pertencente a uma pessoa. *Only certain senior members of staff can consult the personal records of the patients.* / Apenas alguns membros sênior do *staff* podem consultar os registros pessoais dos pacientes.

personal care /ˈpɜːs(ə)nəl keə/ cuidados pessoais: o ato de lavar, vestir ou conduzir ao banheiro uma pessoa que não consegue realizar sozinha essas atividades.

personal hygiene /ˌpɜːs(ə)n(ə)l ˈhaɪdʒiːn/ higiene pessoal: padrões de cuidados pessoais quanto à limpeza do corpo em geral, isto é, cabelo, pele, dentes e hálito, mãos e unhas.

personality /ˌpɜːsəˈnælɪti/ personalidade: as características típicas de uma determinada pessoa e a maneira como ela pensa e se comporta, que a tornam diferente das outras pessoas.

> *Alzheimer's disease is a progressive disorder which sees a gradual decline in intellectual functioning and deterioration of personality and physical coordination and activity.* / "A doença de Alzheimer é um distúrbio progressivo, em que se observa um declínio gradual na função intelectual e na deterioração da personalidade e da atividade e coordenação físicas." (*Nursing Times*)

personality disorder /ˌpɜːsəˈnælɪti dɪsˌɔːdə/ distúrbios de personalidade: distúrbios mentais que afetam o comportamento de uma pessoa, principalmente no relacionamento social.

personnel /ˌpɜːsəˈnel/ conjunto de funcionários de uma empresa; pessoal: membros do *staff* de uma empresa. *All hospital personnel must be immunised against hepatitis.* / Todo o pessoal hospitalar deve ser vacinado contra a hepatite. *Only senior personnel can inspect the patients' medical records.* / Apenas o pessoal sênior pode examinar os registros médicos dos pacientes. Nota: a palavra **personnel** é usada no singular.

perspiration /ˌpɜːspəˈreɪʃ(ə)n/ perspiração: suor, ou a secreção do suor. *Perspiration broke out on her forehead.* / A perspiração dela começou na testa. ⇨ **sweat** (acepção 1). Observação: a perspiração é formada nas glândulas sudoríparas, sob a epiderme, e esfria o corpo, visto que a umidade se evapora da pele. O suor contém sal, e em países quentes pode ser necessário tomar pílulas contendo sal para repor o sal perdido na perspiração.

perspire /pəˈspaɪə/ perspirar: produzir umidade por meio das glândulas sudoríparas.

Perthes' disease /ˈpɜːtiːz dɪˌziːz/ doença de Perthes: doença deformante juvenil, caracterizada por ossificação da extremidade superior do fêmur e, conseqüente, subdesenvolvimento do osso, resultando, algumas vezes, em claudicação permanente. ☑ **Perthes' hip**.

Perthes' hip /ˈpɜːtiːz ˈhɪp/ quadril de Perthes; osteocondrite primária do quadril. ⇨ **Perthes' disease**.

pertussis /pəˈtʌsɪs/ coqueluche. ⇨ **whooping cough**.

perversion /pəˈvɜːʃ(ə)n/ perversão: forma de comportamento que é considerada anormal, perigosa ou revoltante. *He is suffering from a form of sexual perversion.* / Ele está sofrendo de uma forma de perversão sexual.

pes /pes/ pé.

PESA abreviatura de **percutaneous epididymal sperm aspiration**.

pes cavus /pes ˈkeɪvəs/ pé cavo. ⇨ **claw foot**.

pes planus /pes ˈpleɪnəs/ pé plano. ⇨ **flat foot**.

pessary /ˈpesəri/ pessário: **1** supositório vaginal contendo um medicamento. ☑ **vaginal suppository**. **2** aparelho colocado na vagina, que atua como anticoncepcional, impedindo a entrada dos espermatozóides. **3** aparelho semelhante a um anel, que é inserido na vagina, para dar suporte ao útero deslocado (prolapso do útero).

pest /pest/ peste; praga: qualquer animal doente que ataca as plantas e outros animais, transmitindo a doença e causando dano ou morte. *a spray to remove insect pests* / um *spray* para destruir pragas de insetos.

pesticide /ˈpestɪsaɪd/ pesticida: substância venenosa que destrói qualquer tipo de praga.

P

PET abreviatura de **positron-emission tomography**.

petechia /pe'ti:kiə/ petéquia: pequenas manchas de um vermelho violáceo, que não desaparecem sob pressão, causadas por hemorragia subcutânea. Plural: **petechiae**.

pethidine /'peθɪdiːn/ petidina: medicamento narcótico sintético, usado como analgésico e sedativo.

petit mal /ˌpeti 'mæl/ pequeno mal: forma menos grave de epilepsia, em que as crises de ausência duram durante apenas alguns segundos, e a pessoa parece apenas profundamente perdida em pensamentos. Compare com **grand mal**.

Petri dish /'pi:tri dɪʃ/ placa de Petri: pequena placa de vidro ou plástico, com uma cobertura adaptada, para cultura de microorganismos.

petrissage /ˌpetrɪ'sɑ:ʒ/ malaxação: técnica usada em massagens, que consiste no amassamento e compressão dos músculos.

petrosal /pə'trəus(ə)l/ petrosa: relativo à petrosa, ou porção petrosa do osso temporal.

petrositis /ˌpetrəu'saɪtɪs/ petrosite: inflamação da porção petrosa do osso temporal.

petrous /'petrəs/ petroso: **1** que se assemelha a uma pedra. **2** petrosa.

petrous bone /'petrəs bəun/ osso petroso: a parte do osso temporal que forma a base do crânio e os ouvidos interno e médio.

PET scan /'pet skæn/ tomografia com emissão de posítrons (PET): método de imageamento tomográfico de tecidos locais, geralmente do cérebro, que registra as funções metabólicas.

-pexy /peksi/ -pexia: relativo à fixação ou ajuste de um órgão por meio de cirurgia.

Peyer's patches /ˌpaɪəz 'pætʃɪz/ (plural) placas de Peyer: folículos linfóides agregados sobre a membrana mucosa do intestino delgado. (Descritos em 1677 por Johann Conrad Peyer [1653–1712], anatomista suíço.)

Peyronie's disease /'perəni:z dɪˌzi:z/ doença de Peyronie: condição associada com a contratura de Dupuytren, caracterizada pela formação de uma massa fibrosa no pênis, que se torna dolorido durante a ereção. (Descrita em 1743 por François de la Peyronie [1678–1747], cirurgião de Luís XV em Paris, França.)

PGEA abreviatura de **postgraduate education allowance**.

pH /ˌpi: 'eɪtʃ/ pH: a concentração de íons de hidrogênio em uma solução, que determina sua acidez. Observação: o fator pH é representado por um número: o pH 7 é neutro; o pH 9 e acima dele indicam que a solução é alcalina; e o pH 6 e abaixo dele mostram que a solução é ácida.

phaco- /fækəu/ fac(o)-: (oftalmologia) relativo ao cristalino. ⇨ **phako-**.

phacoemulsification /ˌfækəuɪˌmʌlsɪfɪ'keɪʃ(ə)n/ facoemulsificação: técnica de ultra-som para remoção de catarata, que consiste na fragmentação, irrigação e aspiração do cristalino, que é, então, substituído por uma lente artificial.

phaeochromocytoma /ˌfi:əuˌkrəuməusaɪ't əumə/ feocromocitoma: tumor, normalmente benigno, das glândulas supra-renais, que afeta a secreção de hormônios, como a adrenalina, e resulta em hipertensão e hiperglicemia.

phag- /fæg/ ⇨ **phago-**.

phage /feɪdʒ/ fago. ⇨ **bacteriophage**.

-phage /feɪdʒ/ -fagia: forma combinante que indica relação com devorar ou comer.

phagedaena /ˌfædʒə'di:nə/ fagedena: úlcera que se espalha rapidamente.

-phagia /feɪdʒə/ -fagia: indica relação com devorar ou comer.

phago- /fægəu/ fag(o): relativo ao ato de comer. Nota: antes de vogais usa-se **phag-**.

phagocyte /'fægəuˌsaɪt/ fagócito: célula, principalmente um leucócito, que possui a propriedade de englobar e destruir células alteradas e bactérias.

phagocytic /ˌfægə'sɪtɪk/ fagocítico: **1** relativo a fagócitos. *Monocytes become phagocytic during infection.* / Os monócitos tornam-se fagocíticos no curso de uma infecção. **2** capaz de destruir células.

phagocytosis /ˌfægəusaɪ'təusɪs/ fagocitose: destruição de células bacterianas e corpos estranhos por fagócitos.

phakic /'fækɪk/ faco: relativo ao olho cujo cristalino é natural.

phako- /fækəu/ fac(o)-. ⇨ **phaco-**.

phalangeal /fə'lændʒiəl/ falangiano: relacionado às falanges.

phalangitis /ˌfælən'dʒaɪtɪs/ falangite: inflamação dos dedos ou artelhos por infecção tecidual.

phalanx /'fælæŋks/ falange: osso de um dedo ou artelho. Veja ilustração em **Hand** e **Foot**, no Apêndice. Observação: os dedos das mãos e dos pés têm três falanges cada um, exceto o polegar e o dedo grande, que possuem duas falanges.

phalloplasty /'fæləuplæsti/ faloplastia: procedimento cirúrgico para reparar um pênis com lesão ou deformidade.

phantom /'fæntəm/ manequim; fantasma: **1** um modelo do corpo ou de parte dele, usado em aulas de anatomia ou em cirurgias. **2** uma visão que não é causada por um estímulo, mas é ilusória, irreal.

phantom limb /ˌfæntəm 'lɪm/ membro fantasma: condição caracterizada por pseudo-sensibilidade, que consiste na sensação de que um membro amputado ainda está presente.

phantom pregnancy /ˌfæntəm 'pregnənsi/ gravidez fantasma. ⇨ **pseudocyesis**.

phantom tumour /ˌfæntəm 'tju:mə/ tumor fantasma: condição caracterizada por acúmulo de líquido entre os lobos pulmonares, assemelhando-se a um tumor.

Pharm. abreviatura de **1 pharmacopoeia**: farmacopéia. **2 pharmacy**: farmácia. **3 pharmaceutical**: farmacêutico.

pharmaceutical /ˌfɑːmə'sjuːtɪk(ə)l/ farmacêutico: relativo à farmácia ou a medicamentos. Abreviatura: **Pharm**.

pharmaceutical products /ˌfɑːməˌsjuːtɪk(ə)l 'prɒdʌkts/ (plural) produtos farmacêuticos: medicamentos, pílulas ou cremes comercializados em farmácias ou drogarias.

pharmaceuticals /ˌfɑːmə'sjuːtɪk(ə)lz/ (plural) fármacos: diz-se das drogas prescritas para fins medicinais.

Pharmaceutical Society /ˌfɑːmə'sjuːtɪk(ə)l səˌsaɪəti/ Sociedade Farmacêutica: associação profissional de farmacêuticos.

pharmaceutics /ˌfɑːmə'sjuːtɪks/ **1** farmacêutica: a ciência da preparação e fornecimento de drogas sob prescrição médica. **2** (plural) fármacos: drogas prescritas para fins medicinais.

pharmacist /'fɑːməsɪst/ farmacêutico: pessoa com conhecimentos especiais, que é habilitada a preparar produtos medicinais, de acordo com instruções contidas na prescrição médica. Observação: no Reino Unido, um farmacêutico habilitado deve obter seu registro na Sociedade Farmacêutica Real da Grã-Bretanha antes de poder exercer a profissão.

pharmaco- /fɑːməkəʊ/ farmac(o)-: relativo a medicamentos.

pharmacodynamic /ˌfɑːməkəʊdaɪ'næmɪk/ farmacodinâmico: referente à ação exercida pelos medicamentos sobre o organismo.

pharmacodynamics /ˌfɑːməkəʊdaɪ'næmɪks/ (plural) farmacodinâmica: o estudo das drogas e seus mecanismos de ação sobre os organismo vivos, principalmente as alterações ocorridas quando se aumenta a posologia habitual. Compare com **pharmacokinetics**. Nota: o verbo é usado no singular.

pharmacogenomics /ˌfɑːməkəʊdʒi'nɒmɪks/ (plural) farmacogenética: o estudo da relação entre os fatores genéticos e as respostas aos tratamentos medicamentosos. Nota: o verbo é usado no singular.

pharmacokinetic /ˌfɑːməkəʊkaɪ'netɪk/ farmacocinética: relativo à atividade e distribuição das drogas no organismo após um período de tempo.

pharmacokinetics /ˌfɑːməkəʊkaɪ'netɪks/ (plural) farmacocinética: **1** o estudo de como o organismo reage às drogas depois de um período de tempo. Compare com **pharmacodynamics**. Nota: o verbo é usado no singular. **2** a maneira como uma droga interage no organismo.

pharmacological /ˌfɑːməkə'lɒdʒɪk(ə)l/ farmacológico: relativo à farmacologia.

pharmacologist /ˌfɑːmə'kɒlədʒɪst/ farmacologista: cientista especialista no estudo das drogas.

pharmacology /ˌfɑːmə'kɒlədʒi/ farmacologia: o estudo das drogas ou substâncias medicinais, sua origem, propriedades e características.

pharmacopoeia /ˌfɑːmə'kəˈpiːə/ farmacopéia: um livro contendo a lista oficial dos medicamentos, seus métodos de fabricação, posologia e instruções de uso. Abreviatura: **Pharm**. Observação: a Farmacopéia Inglesa (BP = *British Pharmacopeia*) contém a lista oficial de drogas usadas no Reino Unido. As drogas nela listadas têm as letras BP apostas ao nome. Nos Estados Unidos, a lista oficial de drogas é a Farmacopéia dos Estados Unidos da América (USP).

pharmacotherapy /ˌfɑːməkəʊ'θerəpi/ farmacoterapia: uso de drogas no tratamento das doenças, principalmente aquelas de origem psiquiátrica.

pharmacy /'fɑːməsi/ farmácia: **1** o estudo da fabricação e fornecimento de drogas. *He has a qualification in pharmacy*. / Ele é habilitado em farmácia. **2** estabelecimento comercial ou departamento hospitalar onde se preparam medicamentos. Abreviatura: **Pharm**.

Pharmacy Act /'fɑːməsi ækt/ Lei sobre Farmácia: no Reino Unido, uma das várias leis parlamentares que regulam a fabricação, prescrição e comercialização de medicamentos, por exemplo, Pharmacy and Poisons Act 1933 (Lei de 1933 sobre Farmácia e Produtos Tóxicos), Misuse of Drugs Act 1971 (Lei de 1971 sobre o Uso Impróprio de Drogas) e o Poisons Act 1972 (Lei de 1972 sobre Produtos Tóxicos).

pharyng- /færɪndʒ/ ⇨ **pharyngo-**.

pharyngeal /ˌfærɪn'dʒiːəl/ faríngeo: relativo à faringe.

pharyngeal pouch /ˌfærɪndʒiːəl 'paʊtʃ/ bolsa faríngea: uma de um par de bolsas do endoderma faríngeo embrionário. ☑ **visceral pouch**.

pharyngeal tonsils /ˌfærɪndʒiːəl 'tɒns(ə)lz/ (plural) tonsila faríngea; amígdala faríngea. ⇨ **adenoids**.

pharyngectomy /ˌfærɪn'dʒektəmi/ faringectomia: remoção cirúrgica de parte da faringe, principalmente em casos de câncer.

pharyngismus /ˌfærɪn'dʒɪzməs/ faringismo: espasmo dos músculos da faringe. Usa-se também **pharyngism**.

pharyngitis /ˌfærɪn'dʒaɪtɪs/ faringite: inflamação da faringe.

pharyngo- /fərɪŋgəʊ/ faring(o)-: relativo à faringe. Nota: antes de vogais usa-se **pharyng-**.

pharyngocele /fə'rɪŋgəʊsiːl/ faringocele: **1** um cisto da faringe. **2** uma hérnia de parte da faringe.

pharyngolaryngeal /fəˌrɪŋgəʊlə'rɪndʒiəl/ faringolaríngeo: relativo tanto à faringe quanto à laringe.

pharyngology /ˌfærɪn'gɒlədʒi/ faringologia: ramo da medicina que trata do diagnóstico e tratamento das doenças da garganta.

pharyngoscope /fə'rɪŋgəʊskəʊp/ faringoscópio: instrumento com uma luz acoplada, usado para examinar a faringe.

pharyngotympanic tube /fəˌrɪŋgəʊtɪmˌpænɪk 'tjuːb/ tubo faringotimpânico: um dos dois tubos que ligam a parte posterior da garganta ao ouvido médio. ☑ **Eustachian tube**.

P

pharynx /'færɪŋks/ faringe: entroncamento musculomembranoso situado acima do esôfago e da laringe, comunicando-se adiante com a boca. Plural: **pharynges** ou **pharynxes**. Observação: a cavidade nasal (ou nasofaringe) conduz à porção posterior da boca (ou orofaringe) e, então, à própria faringe que, por sua vez, dá origem ao esôfago quando alcança a sexta vértebral cervical. A faringe é o canal que permite tanto a passagem de ar quanto de alimento; a traquéia começa na faringe, antes de ela dar origem ao esôfago. A porção superior da faringe (ou nasofaringe) conecta-se com o ouvido médio pelas trompas de Eustáquio (atual tubas auditivas). Quando a pressão de ar no ouvido médio não é igual à pressão externa, por exemplo, na decolagem e aterrissagem de um avião, o tubo torna-se bloqueado, e a pressão pode ser reduzida pela deglutição.

phase /feɪz/ estágio; fase: um estágio ou período de desenvolvimento. *If the cancer is diagnosed in its early phase, the chances of complete cure are much greater.* / Se o câncer for diagnosticado em um estágio inicial, as probabilidades de cura são muito maiores.

PHCT abreviatura de **primary health care team**.

phenazopyridine /fə,næzəʊ'pɪrɪdi:n/ fenazopiridina: agente analgésico que é usado no tratamento de doenças do trato urinário, por exemplo, cistite.

phenobarbitone /,fi:nəʊ'bɑ:bɪtəʊn/ fenobarbitona: um barbitúrico usado como sedativo, hipnótico e anticonvulsivante.

phenol /'fi:nɒl/ fenol: desinfetante e anti-séptico potente destinado apenas ao uso tópico. ☑ **carbolic acid**.

phenomenon /fə'nɒmɪnən/ fenômeno: **1** situação ou fato observável. **2** alguém ou algo considerado extraordinário e maravilhoso.

phenotype /'fi:nəʊtaɪp/ fenótipo: as características particulares de um organismo. Compare com **genotype**.

...all cancers may be reduced to fundamental mechanisms based on cancer risk genes or oncogenes within ourselves. An oncogene is a gene that encodes a protein that contributes to the malignant phenotype of the cell. / "...todos os cânceres podem ser reduzidos a mecanismos fundamentais, tendo como base os oncogenes, ou genes capazes de aumentar o risco de câncer. Um oncogene é um gene que codifica uma proteína que contribui para o fenótipo maligno da célula." (*British Medical Journal*)

phenylalanine /,fi:naɪl'æləni:n/ fenilalanina: um aminoácido essencial.

phenylketonuria /,fi:naɪl,ki:təʊ'njʊəriə/ fenilcetonúria: doença congênita caracterizada por um distúrbio no metabolismo da fenilalanina, que, por sua vez, provoca a concentração de metabólitos tóxicos no sistema nervoso, causando lesão cerebral e conseqüente retardamento mental. Abreviatura: **PKU**. Observação: uma criança

só apresenta fenilcetonúria quando herda o gene tanto do pai quanto da mãe. A condição pode ser tratada por meio de dieta com restrição de fenilalanina, mas o diagnóstico precoce é essencial para se evitar o dano cerebral.

phenytoin /'fenɪtɔɪn/ fenitoína: droga anticonvulsivante, usada no tratamento da epilepsia.

pH factor /,pi: 'eɪtʃ ,fæktə/ fator pH: fator que indica a acidez ou a alcalinidade de uma solução.

phial /'faɪəl/ taça: pequena garrafa para medicamentos. ☑ **vial**.

-philia /'fɪliə/ -filia: atração ou afinidade por alguma coisa.

philtrum /'fɪltrəm/ filtro: **1** sulco no meio do lábio superior. **2** droga, geralmente uma poção ou beberagem que, segundo a crença, estimula o apetite sexual.

phimosis /faɪ'məʊsɪs/ fimose: condição caracterizada pelo estreitamento do prepúcio, que necessita ser corrigida por meio de circuncisão.

phleb- /fleb/ ⇨ **phlebo-**.

phlebectomy /flɪ'bektəmi/ flebectomia: procedimento cirúrgico para remoção de uma veia ou de parte de uma veia.

phlebitis /flɪ'baɪtɪs/ flebite: inflamação de uma veia.

phlebo- /flebəʊ/ fleb(o)-: relativo a uma veia. Nota: antes de vogais usa-se **phleb-**.

phlebogram /'flebəgræm/ flebograma: raio X de uma veia ou do sistema venoso. ☑ **venogram**.

phlebography /flɪ'bɒgrəfi/ flebografia: radiografia de uma veia após injeção do meio de contraste (substância radiopaca). ☑ **venography**.

phlebolith /'flebəlɪθ/ flebólito: cálculo em uma veia, resultante de um antigo trombo que se calcificou.

phlebothrombosis /,flebəʊθrɒm'bəʊsɪs/ flebotrombose: cóagulo sanguíneo em uma veia profunda na perna ou pelve, que pode se desprender facilmente e formar um êmbolo pulmonar. ⇨ **deep-vein thrombosis**.

phlebotomise /flɪ'bɒtəmaɪz/ flebotomizar: tirar sangue de uma veia, para análise, por meio de incisão. Usa-se também **phlebotomize**.

phlebotomy /flɪ'bɒtəmi/ flebotomia: incisão de uma veia ou artéria para tirar sangue, por exemplo, de um doador. ☑ **blood-letting**

phlegm /flem/ flegma; escarro. ⇨ **sputum**. *She was coughing up phlegm into her handkerchief.* / Ela expectorou escarro no lenço.

phlegmasia alba dolens /fleg,meɪziə ,ælbə 'dəʊlənz/ fleucoflegmasia dolorosa. ⇨ **milk leg**; **white leg**.

PHLS abreviatura de **public health laboratory service**.

phlyctena /flɪk'ti:nə/ flictena: **1** pequena vesícula causada por queimadura. **2** pequena vesícula na conjuntiva. Usa-se também **phhlycten**.

phlyctenule /flɪk'tenju:l/ flictênula: **1** pequeno nódulo vermelho na córnea ou conjuntiva. **2** qualquer bolha pequena.

phobia /'fəubiə/ fobia: um medo incomum, intenso e irracional. *She has a phobia about* or *of dogs.* / Ela tem fobia acerca de cães *ou* de cães. *Fear of snakes is one of the commonest phobias* / O medo de cobras é uma das fobias mais comuns.

-phobia /fəubiə/ -fobia: medo neurótico de alguma coisa. *agoraphobia* / agorafobia. *claustrophobia* / claustrofobia.

phobic /'fəubɪk/ fóbico: relativo à fobia.

-phobic /fəubɪk/ -fóbico: relativo à pessoa que tem fobia de alguma coisa.

phobic anxiety /ˌfəubɪk æŋ'zaɪəti/ ansiedade fóbica: uma preocupação causada por fobia.

phocomelia /ˌfəukə'mi:liə/ focomelia: **1** condição congênita caracterizada pela ausência ou atrofia da parte superior dos membros, estando as mãos ou os pés diretamente inseridos no tronco. **2** condição congênita em que as pernas se desenvolvem normalmente, mas os braços são ausentes ou atrofiados. ☑ **phocomely**.

phocomely /fəu'kaməli/ focomelia. ⇨ **phocomelia**.

phon- /fəun/ ⇨ **phono-**.

phonation /fəu'neɪʃ(ə)n/ fonação: a emissão de sons vocais, principalmente a fala.

phoniatrics /ˌfəuni'ætrɪks/ foniatria: o estudo da fala e de seus distúrbios.

phono- /fəunəu/ fon(o)-: relativo ao som ou à voz. Nota: antes de vogais usa-se **phon-**.

phonocardiogram /ˌfəunəu'ka:diəgræm/ fonocardiograma: registro gráfico dos ruídos cardíacos.

phonocardiograph /ˌfəunəu'ka:diəgræf/ fonocardiógrafo: instrumento que amplifica e registra os sons cardíacos.

phonocardiography /ˌfəunəuˌka:di'ɒgrəfi/ fonocardiografia: registro dos ruídos cardíacos por meio de um fonocardiógrafo.

phonology /fə'nɒlədʒi/ fonologia: o estudo dos sons vocais usados em uma linguagem particular ou na fala humana, em geral.

phonosurgery /'fəunəuˌsɜ:dʒəri/ fonocirurgia: cirurgia para melhorar a qualidade da voz.

phosphataemia /ˌfɒsfə'ti:miə/ fosfatemia: concentração elevada de fosfatos na corrente sanguínea.

phosphatase /'fɒsfəteɪz/ fosfatase: grupo de enzimas que desempenham um papel importante na contração muscular e na calcificação dos ossos.

phosphate /'fɒsfeɪt/ fosfato: um sal do ácido fosfórico.

phosphaturia /ˌfɒsfə'tjuəriə/ fosfatúria: concentração elevada de fosfatos na urina. Observação: na fosfatúria, a urina torna-se turva, o que pode indicar a presença de cálculos na bexiga ou nos rins.

phospholipid /ˌfɒsfəu'lɪpɪd/ fosfolipídeo: um lipídeo que contém fósforo, constituindo o principal componente do tecido membranoso.

phosphonecrosis /ˌfɒsfəune'krəusɪs/ fosfonecrose: condição necrótica que afeta os rins, o fígado e os ossos, devido a intoxicação por inalação de fumos de fósforo, normalmente observada em trabalhadores expostos a este elemento químico.

phosphorescent /ˌfɒsfə'res(ə)nt/ fosforescente: que brilha sem emitir calor.

phosphoric acid /ˌfɒsˌfɒrɪk 'æsɪd/ ácido fosfórico: um ácido que é muito solúvel em água e dá origem aos fosfatos ácidos, neutros e alcalinos.

phosphorus /'fɒsf(ə)rəs/ fósforo: elemento químico tóxico que, em pequenas quantidades, entra na composição dos ossos e tecido nervoso. Causa queimadura em contato com a pele, e, se ingerido, pode ser venenoso. Símbolo químico: **P**.

phosphorylase /fɒs'fɒrɪleɪz/ fosforilase: uma enzima que auxilia o metabolismo dos carboidratos.

phossy jaw /ˌfɒsi 'dʒɔ:/ necrose da mandíbula; necrose de fósforo: fosfonecrose causada pela inalação de vapores de fósforo, que resulta na desintegração dos ossos da mandíbula inferior. Antigamente, a doença era comum em trabalhadores de fábricas de fósforo.

phot- /fɒt, fəut/ ⇨ **photo-**.

photalgia /fəu'tældʒə/ fotalgia: **1** dor ocular produzida por luz muito brilhante. **2** fotofobia em um grau extremo.

photo- /fəutəu/ fot(o)-: relativo à luz. Nota: antes de vogais usa-se **phot-**.

photoablation /ˌfəutəuə'bleɪʃ(ə)n/ fotoablação: destruição de tecidos pela emissão de raios *laser*.

photocoagulation /ˌfəutəukəuˌægju'leɪʃ(ə)n/ fotocoagulação: processo que utiliza um feixe intenso de luz na coagulação de tecidos, usado no tratamento do descolamento da retina.

photodermatosis /ˌfəutəuˌdɜ:mə'təusɪs/ fotodermatose: lesão cutânea após exposição à luz muito brilhante.

photogenic /ˌfəutə'dʒenɪk/ fotogênico: **1** produzido pela ação da luz. **2** que produz luz.

photograph /'fəutəgrɑ:f/ fotografia: **1** reprodução de imagens sobre um filme fotossensível, pela ação química da luz. **2** fotografar: tirar fotografia de algo com uma câmera fotográfica.

photography /fə'tɒgrəfi/ fotografia: o ato de tirar fotos com uma câmera fotográfica. *The development of X-ray photography has meant that internal disorders can be more easily diagnosed.* / O desenvolvimento da fotografia por raios X significa que doenças internas podem ser mais facilmente diagnosticadas.

photophobia /ˌfəutəu'fəubiə/ fotofobia: **1** condição caracterizada por hipersensibilidade à luz, podendo ocorrer conjuntivite. Nota: a condição pode ser associada com sarampo e algumas ou-

P

tras doenças infecciosas. 2 medo mórbido da luz.

photophobic /ˌfəʊtəʊˈfəʊbɪk/ fotofóbico: que tem um temor anormal da luz.

photophthalmia /ˌfəʊtɒfˈθælmɪə/ fotoftalmia: inflamação ocular causada pela luz muito brilhante, como na cegueira da neve.

photopic vision /fəʊˌtɒpɪk ˈvɪʒ(ə)n/ visão fotópica; fotopia: visão que é adaptada à luz muito brilhante, como a luz do dia, que utiliza os cones da retina, em vez dos bastonetes, que são usados na visão estocópica. Veja também **light adaptation**.

photopsia /fəʊˈtɒpsɪə/ fotopsia: condição em que o olho vê *flashes* de luz.

photoreceptor neurone /ˌfəʊtəʊrɪˌseptə ˈnjuərəʊn/ neurônio fotorreceptor: receptor sensível à luz e cor, como os cones ou bastonetes retinianos.

photoretinitis /fəʊtəʊretiˈnaɪtɪs/ fosforretinite: queimadura da retina pela exposição direta à luz solar. ☑ **sun blindness**.

photosensitive /ˌfəʊtəʊˈsensɪtɪv/ fotossensível: sensível à luz, ou estimulado pela luz.

photosensitivity /fəʊtəʊsensəˈtɪvəti/ fotossensibilidade: o fato de ser muito sensível à luz.

phototherapy /fəʊtəʊˈθerəpi/ fototerapia: método de tratamento da icterícia e da deficiência de vitamina D, pela exposição aos raios ultravioleta.

phototoxic /ˌfəʊtəʊˈtɒksɪk/ fototóxico: caracterizado pela hiper-sensibilidade da pele à luz ultravioleta, por exemplo, em queimaduras solares.

phototoxicity /ˌfəʊtəʊtɒkˈsɪsɪti/ fototoxicidade: um tipo de fotossensibilidade que causa lesão da retina pela exposição excessiva aos raios ultravioleta ou à radiação. *Children's retinas are more likely to experience damage as a result of phototoxicity from excess ultraviolet light than those of adults.* / A retina das crianças têm mais probabilidade do que a dos adultos de apresentar lesões resultantes de fototoxicidade pela exposição excessiva aos raios ultravioleta. Veja também **retinopathy**.

photuria /fəʊˈtjuərɪə/ fotúria: excreção de urina com uma aparência fosforescente.

phren- /fren/ ⇨ **phreno-**.

phrenemphraxis /ˌfrenemˈfræksɪs/ frenempraxia: procedimento cirúrgico para esmagamento de parte do nervo frênico, a fim de paralisar o diafragma.

-phrenia /friːnɪə/ -frenia: um distúrbio mental.

phrenic /ˈfrenɪk/ frênico: 1 relativo ao diafragma. 2 relativo à mente ou ao intelecto.

phrenic avulsion /ˌfrenɪk əˈvʌlʃ(ə)n/ avulsão do nervo frênico: remoção cirúrgica de uma parte do nervo frênico, a fim de paralisar o diafragma.

phrenicectomy /ˌfrenɪˈsektəmi/ frenicectomia: secção do nervo frênico ou de parte dele.

phreniclasia /ˌfrenɪˈkleɪzɪə/ freniclasia: operação cirúrgica para esmagamento do nervo frênico.

phrenic nerve /ˈfrenɪk nɜːv/ nervo frênico: par de nervos que controlam os músculos do diafragma.

phrenicotomy /ˌfrenɪˈkɒtəmi/ frenicotomia: secção do nervo frênico.

phreno- /frenəʊ/ fren(o)-: 1 relativo ao cérebro. 2 relativo ao nervo frênico. Nota: antes de vogais usa-se **phren-**.

pH test /ˌpiː ˈeɪtʃ test/ teste de pH: teste para medir a acidez ou alcalinidade de uma solução.

phthiriasis /θɪˈraɪəsɪs/ pitiríase: infestação com o piolho das virilhas ou pubiano.

Phthirius pubis /ˌθaɪərɪəs ˈpjuːbɪs/ *Phthirius pubis:* um piolho que infesta a região pubiana. ☑ **pubic louse; crab**.

phthisis /ˈθaɪsɪs/ tísica: um termo antigo com que se descrevia a tuberculose.

phycomycosis /ˌfaɪkəʊmaɪˈkəʊsɪs/ ficomicose: infecção aguda dos pulmões, sistema nervoso central e outros órgão por um tipo de fungo.

physi- /fɪzi/ ⇨ **physio-**.

physical /ˈfɪzɪk(ə)l/ físico: 1 relativo ao corpo, em oposição à mente. 2 exame físico. *He has to pass a physical before being accepted by the police force.* / Ele tem de passar no exame físico antes de ser aceito pela força policial.

physical dependence /ˌfɪzɪk(ə)l dɪˈpendəns/ dependência física: estado caracterizado pela compulsão de consumir uma droga, por exemplo, a heroína, e pelos efeitos físicos quando se abandona o seu uso. ☑ **physical drug dependence**.

physical drug dependence /ˌfɪzɪk(ə)l ˈdrʌg dɪˈpendəns/ dependência fisiológica. ⇨ **physical dependence**.

physical education /ˌfɪzɪk(ə)l ˌedjuˈkeɪʃ(ə)n/ educação física: o ensino de esportes e exercícios físicos nas escolas.

physical examination /ˌfɪzɪk(ə)l ɪgˌzæmɪˈneɪʃ(ə)n/ exame físico: exame das condições físicas de uma pessoa, a fim de verificar se ela goza de perfeita saúde.

physical genetic trait /ˌfɪzɪk(ə)l dʒəˈnetɪk treɪt/ traço físico genético: característica física genética de uma pessoa, por exemplo, cabelos ruivos ou pé grande.

physically /ˈfɪzɪkli/ fisicamente: referente ao corpo. *Physically he is very weak, but his mind is still alert.* / Fisicamente ele se encontra muito fraco, mas a mente ainda está alerta.

physically challenged /ˌfɪzɪkli ˈtʃælɪndʒd/ deficiente físico: descreve a pessoa que, por causa de sua condição física ou mental, não consegue exercer algumas ou todas as tarefas básicas do dia-a-dia.

physical medicine /ˌfɪzɪk(ə)l ˈmed(ə)sɪn/ medicina física: ramo da medicina que lida com as incapacidades e os comprometimentos físicos, e com o tratamento de doenças, principalmente por métodos físicos e mecânicos.

physical sign /ˌfɪzɪk(ə)l ˈsaɪn/ sinal físico: sinal que pode ser sentido ou ouvido por meio de percussão e palpação.

physical therapy /ˌfɪzɪk(ə)l ˈθerəpi/ terapia física: tratamento de doenças pela utilização de fontes de calor, massagens, exercícios e outros meios físicos.

physician /fɪˈzɪʃ(ə)n/ médico: médico especialista, embora não seja normalmente um cirurgião. No inglês americano, o termo é usado para se referir a qualquer médico habilitado.

physio /ˈfɪziəʊ/ (informal) fisio: **1** uma sessão de tratamento fisioterápico. **2** um(a) fisioterapeuta.

physio- /fɪziəʊ/ **1** relativo à fisiologia. **2** físico. Nota: antes de vogais usa-se **physi-**.

physiological /ˌfɪziəˈlɒdʒɪk(ə)l/ fisiológico: concernente à fisiologia e às funções normais do corpo.

physiological saline /ˌfɪziəlɒdʒɪk(ə)l ˈseɪlaɪn/ solução salina fisiológica: qualquer solução aquosa isotônica de sais para manter as células e os tecidos vivos. ☑ **physiological solution**.

physiological solution /ˌfɪziəlɒdʒɪk(ə)l səˌluː(ʃ)(ə)n/ soro fisiológico. ⇨ **physiological saline**.

physiological tremor /ˌfɪziəˌlɒdʒɪk(ə)l ˈtremə/ tremor fisiológico: um rápido tremor dos membros, perceptível quando a pessoa tenta se manter imóvel.

physiologist /ˌfɪziˈɒlədʒɪst/ fisiologista: um especialista no estudo das funções dos organismos vivos.

physiology /ˌfɪziˈɒlədʒi/ fisiologia: o estudo das funções normais do corpo.

physiotherapist /ˌfɪziəʊˈθerəpɪst/ fisioterapeuta: especialista em fisioterapia.

physiotherapy /ˌfɪziəʊˈθerəpi/ fisioterapia: o tratamento de uma doença ou condição por meio de exercícios, massagens, emissão de calor, raios infravermelhos ou outros meios externos, por exemplo, para restaurar uma função ou a força de um membro, após doença ou lesão.

physiotherapy clinic /ˌfɪziəʊˈθerəpi ˌklɪnɪk/ clínica de fisioterapia: clínica onde as pessoas se submetem a tratamentos fisioterápicos.

physique /fɪˈziːk/ físico: a forma e as dimensões do corpo.

physo- /faɪsəʊ/ fisi(o)-: **1** que tende a inchar. **2** relativo a gás ou gases.

physostigmine /ˌfaɪsəʊˈstɪgmiːn/ fisostigmina: extrato das folhas secas da videira, que produz a vagem de Calabar, uma semente venenosa que, no entanto, pode ser usada no tratamento do glaucoma e para neutralizar os efeitos de drogas anticolinérgicas no sistema nervoso central.

phyt- /faɪt/ relativo à planta, ou que descende da planta. ⇨ **phyto-**.

phyto- /faɪtəʊ/ Nota: antes de vogais usa-se **phyt-**.

phytooestrogen /ˌfaɪtəʊˈiːstrədʒən/ fitoestrogênio: substância derivada de cereais, legumes e sementes, que tem um efeito semelhante ao estrogênio sobre o organismo, usada cada vez mais como alternativa à terapia de reposição hormonal.

phyto-photo dermatitis /ˌfaɪtəʊ ˌfəʊtəʊ ˌdɜː məˈtaɪtɪs/ fitofotodermatite; dermatite fitofototóxica: dermatite aguda induzida pelo contato com certas plantas, seguido de exposição à luz solar.

PI abreviatura de **pressure index**.

pia /ˈpaɪə/ pia-máter: uma delicada membrana, sendo a mais interna das três meninges que revestem o cérebro. ☑ **pia mater**. Veja também **arachnoid** e **dura mater**.

pia mater /ˈpaɪə ˈmeɪtə/ pia-máter. ⇨ **pia**.

pian /piːˈɑːn/ bouba; piã. ⇨ **yaws**.

pica /ˈpaɪkə/ pica: perversão do apetite, que consiste no desejo de comer substâncias não comestíveis, por exemplo, madeira ou papel, comum em mulheres grávidas e crianças pequenas.

pick /pɪk/ arrancar: tirar pequenos pedaços de alguma coisa com os dedos ou com um instrumento. *She picked the pieces of glass out of the wound with tweezers.* / Ela arrancou os pedaços de vidro do ferimento com uma pinça pequena.

Pick's disease /ˈpɪks dɪˌziːz/ doença de Pick: **1** forma rara de demência pré-senil, caracterizada por um distúrbio do metabolismo lipídico, que causa deterioração das capacidades mentais, anemia, perda de peso e hepatoesplenomegalia. **2** ⇨ **chronic pericarditis**.

pick up /ˌpɪk ˈʌp/ (informal) **1** pegar; adquirir: contrair uma doença. *She must have picked up the disease when she was travelling in Africa.* / Ela deve ter pego a doença quando estava viajando pela África. **2** melhorar: tornar-se mais forte ou melhor. *He was ill for months, but he's picking up now.* / Ele esteve doente durante vários meses, mas agora está melhorando.

pico- /piːkəʊ/ pico-: um trilionésimo (10^{-12}). Símbolo: **p**.

picomole /ˈpiːkəʊməʊl/ picomol: unidade de medida de uma substância correspondente a um trilionésimo de mol. Símbolo: **pmol**.

picornavirus /piːˈkɔːnəˌvaɪrəs/ picornavírus: uma família de vírus contendo ácido ribonucléico (RNA), que engloba, por exemplo, os enterovírus e os rinovírus.

PID /ˌpiː aɪ ˈdiː/ abreviatura de **prolapsed intervertebral disc**.

PIDS abreviatura de **primary immune deficiency syndrome**.

Pierre Robin syndrome /ˌpjeə rɒˈbæn ˌsɪndrəʊm/ síndrome de Pierre Robin: doença caracterizada por encurtamento anormal da mandíbula (braquignatia) e fenda palatina ao nascimento, dificultando a respiração e a deglutição em crianças pequenas.

pigeon breast /ˈpɪdʒɪn brest/ peito de pombo. ☑ **pigeon chest**. ⇨ **pectus carinatum**.

pigeon chest /ˈpɪdʒɪn ˈtʃest/ peito de pombo. ⇨ **pigeon breast; pectus carinatum**.

pigeon toes /'pɪdʒən təʊz/ (plural) pés de pombo: posição dos pés em que os dedos ficam voltados para dentro, quando a pessoa está ereta.

pigment /'pɪgmənt/ pigmento: **1** qualquer substância corante, como a do sangue, pele ou cabelo. **2** (farmácia) preparação medicinal semelhante a uma tinta. Observação: o organismo contém várias substâncias que controlam a cor: a melanina dá a cor escura à pele e aos cabelos; a bilirrubina dá coloração amarela à bile e urina; a hemoglobina do sangue dá à pele um tom cor-de-rosa; o caroteno dá à pele um tom vermelho-amarelado, se a pessoa consome grandes quantidades de tomate ou cenoura. Algumas células pigmentadas podem transportar oxigênio e são chamadas de "pigmentos respiratórios".

pigmentation /,pɪgmen'teɪʃ(ə)n/ pigmentação: a coloração da pele ou dos tecidos, principalmente aquela produzida por depósitos de pigmento.

pigmented /pɪg'mentɪd/ pigmentado: **1** colorido. **2** que apresenta uma cor anormal.

pigmented epithelium /,pɪgməntɪd ,epɪ'θi:liəm/ epitélio pigmentado: tecido pigmentado na parte posterior da retina. ☑ **pigmented layer**.

pigmented layer /,pɪgməntɪd 'leɪə/ camada pigmentada. ⇨ **pigmented epithelium**.

PIH abreviatura de **pregnancy-induced hypertension**.

Pilates /pɪ'lɑ:tiz/ Pilates: uma abordagem holística de exercícios e terapia postural que desenvolve e dá flexibilidade aos músculos abdominais profundos, corrigindo a postura e protegendo as costas.

piles /paɪlz/ (plural) hemorróidas. ⇨ **haemorrhoids**.

pili /'paɪlaɪ/ pêlo eretor. ⇨ **arrector pili**.

pill /pɪl/ pílula: pequeno disco de consistência muito dura, contendo medicamento, usado por via oral. *He has to take the pills twice a day.* / Ele precisa tomar as pílulas duas vezes ao dia. ◊ **the pill:** a pílula: anticoncepcional de uso oral. Veja também **morning-after pill**. ◊ **on the pill:** em uso de pílula: que toma pílulas anticoncepcionais regularmente.

pillar /'pɪlə/ pilar: uma estrutura comprida e fina, semelhante a uma coluna.

pillow /'pɪləʊ/ travesseiro: uma almofada de material macio, que se coloca no leito e é destinada a descansar a cabeça enquanto se dorme ou repousa. *The nurse gave her an extra pillow to keep her head raised.* / A enfermeira deu-lhe um travesseiro extra, para que ela mantivesse a cabeça levantada.

pill-rolling /'pɪl ,rəʊlɪŋ/ rolamento de pílula: um movimento nervoso dos dedos, no qual a pessoa parece estar rolando um objeto muito pequeno, associado à doença de Parkinson.

pilo- /paɪləʊ/ pil(i/o)-: relacionado com o cabelo.

pilocarpine /,paɪləʊ'kɑ:pi:n/ pilocarpina: composto orgânico de origem vegetal que é usado como colírio no tratamento do glaucoma.

pilomotor /,paɪləʊ'məʊtə/ pilomotor: relativo a alguma coisa que causa a ereção dos pêlos.

pilomotor nerve /,paɪləʊ'məʊtə nɜ:v/ nervo pilomotor: nervo que supre os músculos eretores dos pêlos, ligado aos folículos pilosos.

pilomotor reflex /,paɪləʊ'məʊtə ,ri:fleks/ reflexo pilomotor: ereção dos pêlos, que é uma reação das papilas da pele ao frio ou ao medo.

pilonidal /,paɪlə'naɪd(ə)l/ pilonidal: relativo ao cisto ou cavidade contendo um tufo de pêlos.

pilonidal cyst /,paɪlə,naɪd(ə)l 'sɪst/ cisto pilonidal: cisto que encerra um tufo de pêlos, normalmente encontrado na porção terminal da coluna vertebral, perto das nádegas.

pilonidal sinus /,paɪlə,naɪd(ə)l 'saɪnəs/ cisto pilonidal: pequena cavidade ou fístula contendo um tufo de pêlos na base da coluna vertebral.

pilosebaceous /,paɪləʊsə'beɪʃəs/ pilossebáceo: referente aos folículos pilosos e às glândulas sebáceas.

pilosis /paɪ'ləʊsɪs/ pilose: condição caracterizada por uma quantidade anormal de pêlos, ou pela presença de pêlos em um lugar incomum. ☑ **pilosism**.

pilosism /'paɪləz(ə)m/ hirsutismo. ⇨ **pilosis**.

pilot study /'paɪlət ,stʌdi/ estudo piloto: pequena versão de um projeto que é realizada primeiro, a fim de determinar qual é o desempenho do projeto e resolver quaisquer problemas, antes de prosseguir com a versão completa ou definitiva.

pilus /'paɪləs/ pêlo: **1** um cabelo. Plural: **pili**. **2** apêndice semelhante a um pêlo, que ocorre em certas bactérias.

pimple /'pɪmpəl/ espinha: pequena tumefação na pele, contendo pus. *He had pimples on his neck.* / Ele teve pústulas no pescoço.

pimply /'pɪmpli/ espinhento: coberto com espinhas.

pin /pɪn/ **1** alfinete; pino: a) uma peça pequena e fina de metal para juntar partes de alguma coisa. *The nurse fastened the bandage with a pin.* / A enfermeira fechou bem a atadura com um alfinete. b) uma haste fina e longa de metal para fixar ossos fraturados. *He has had a pin inserted in his hip.* / Ele teve um pino inserido no quadril. **2** prender (com alfinete, pino, grampo etc.): juntar ou fixar alguma coisa com grampo ou alfinete. *She pinned the bandages carefully to stop them slipping.* / Ela prendeu cuidadosamente as bandagens com alfinete para evitar que escorregassem. *The bone had fractured in several places and needed pinning.* / O osso fraturou em vários lugares e teve de ser fixado com pino.

pinch /pɪntʃ/ **1** pinçamento; beliscão; pitada: a) o ato de apertar um objeto com o polegar e o primeiro dedo da mão. b) uma quantidade de alguma coisa que pode ser segurada entre o polegar e o primeiro dedo. *She put a pinch of salt into the water.* / Ela colocou uma pitada de sal na água. **2** beliscar; pinçar: a) apertar algo entre o polegar e o primeiro dedo. b) apertar alguma coisa. *She developed a sore on her ankle where her shoe* *pinched.* / Ela desenvolveu uma úlcera no tornozelo, onde o sapato pegou (beliscou).

pineal /'pɪnɪəl/ pineal: relativo ou secretado pela glândula pineal.

pineal body /'pɪnɪəl ˌbɒdi/ corpo pineal: pequena glândula em forma de pinha, situada abaixo do corpo caloso, no cérebro, que produz malatonina e à qual é atribuída uma associação com o ritmo circadiano. Veja ilustração em **Brain**, no Apêndice. ☑ **pineal gland**.

pineal gland /'pɪnɪəl glænd/ glândula pineal. ⇨ **pineal body**.

pinguecula /pɪŋ'gwekjʊlə/ pinguécula: condição caracterizada por pequenas saliências amareladas na conjuntiva, próximas às bordas da córnea, geralmente no lado nasal. Costuma ocorrer em idosos. Usa-se também **pinguicula**.

pink disease /'pɪŋk dɪˌziːz/ doença rósea. ⇨ **acrodynia**.

pinna /'pɪnə/ pina: o pavilhão da orelha, que fica fora da cabeça, ligado ao tímpano por uma passagem. Veja ilustração em **Ear**, no Apêndice.

pinnaplasty /'pɪnəplæsti/ pinaplastia: cirurgia plástica da orelha.

pinocytosis /ˌpiːnəʊsaɪ'təʊsɪs/ pinocitose: processo pelo qual uma célula envolve e absorve gotículas de líquido.

pins and needles /ˌpɪnz ən 'niːd(ə)lz/ (informal) alfinetadas e agulhadas: uma sensação desagradável de formigamento, que geralmente ocorre após uma restrição temporária de sangue aos membros superiores e inferiores. Veja também **paraesthesia**.

pint /paɪnt/ pinta: uma unidade de medida de capacidade para líquidos (= cerca de 0,56 do litro). *He lost two pints of blood during the operation.* / Ele perdeu duas pintas de sangue durante a cirurgia. Abreviatura: **pt**.

pinta /'pɪntə/ pinta: doença cutânea das regiões tropicais da América, caracterizada por erupção de pápulas e depois placas de cor variável nas mãos e pés, causada pelo espiroqueta *Treponema*.

pinworm /'pɪnwɜːm/ oxiúro. ⇨ **Enterobius**; **threadworm**.

PIP abreviatura de **proximal interphalangeal joint**.

pipette /pɪ'pet/ pipeta: tubo graduado de vidro, usado para transportar ou medir amostras de líquidos, em laboratórios.

piriform fossae /ˌpɪrɪfɔːm 'fɒsiː/ (plural) fossas piriformes: duas fossas, em forma de pêra, de cada lado da abertura da laringe.

Piriton /'pɪrɪtɒn/ Piriton: o nome comercial da clorfeniramina.

piroxicam /pɪ'rɒksɪkæm/ piroxicam: agente antiinflamatório não-esteróide, usado no tratamento da artrite reumatóide e da osteoartrite.

PIs abreviatura de **performance indicators**.

pisiform /'pɪsifɔːm/ pisiforme: um dos oito pequenos ossos carpais do punho. Veja ilustração em **Hand**, no Apêndice. ☑ **pisiform bone**.

pisiform bone /'pɪsifɔːm 'bəʊn/ osso pisidorme. ⇨ **pisiform**.

pit /pɪt/ fossa; depressão: depressão em uma superfície. ◊ **the pit of the stomach:** a fossa do estômago: o epigástrio, a parte superior do abdome, entre a caixa torácica e o umbigo. Veja também **armpit**.

pithiatism /pɪ'θaɪətɪz(ə)m/ pitiatismo: um estado patológico que pode ser suprimido por meio de sugestão, por exemplo, quando o médico garante ao paciente que ele, de fato, goza de boa saúde.

pitted /'pɪtɪd/ escavado; esburacado: coberto com pequenas depressões ou fossas. *His skin was pitted by acne.* / A pele dele estava esburacada pela acne.

pitting /'pɪtɪŋ/ depressões: a formação de pequenas depressões na pele.

pituitary /pɪ'tjuːɪt(ə)ri/ pituitário: **1** relativo a, ou secretado pela glândula pituitária. **2** causado por um distúrbio da glândula pituitária. **3** ⇨ **pituitary gland**.

pituitary body /pɪ'tjuːɪt(ə)ri ˌbɒdi/ corpo pituitário. ⇨ **pituitary gland**.

pituitary fossa /pɪˌtjuːɪt(ə)ri 'fɒsə/ fossa pituitária. ⇨ **sella turcica**.

pituitary gland /pɪ'tjuːɪt(ə)ri ˌglænd/ glândula pituitária: a principal glândula endócrina do organismo; secreta hormônios que estimulam outras glândulas. ☑ **pituitary**; **pituitary body**; **hypophysis cerebri**. Veja ilustração em **Brain**, no Apêndice. Observação: a glândula pituitária tem o tamanho aproximado de uma ervilha e fica pendurada na base do cérebro, dentro do osso esfenóide, sendo ligada ao hipotálamo por um pedículo. O lobo frontal da glândula (a adenohipófise) secreta a maioria dos hormônios, tais como o hormônio estimulante da tireóide (TSH) e o hormônio adrenocorticotrópico (ACTH), que estimulam as glândulas supra-renais e as glândulas tireóides, ou que estimulam a produção dos hormônios sexuais, da melanina e do leite. O lobo posterior da glândula pituitária (a neuro-hipófise) secreta o hormônio antidiurético (ADH) e a oxitocina.

pituitrin /pɪ'tjuːɪtrɪn/ pituitrina: um hormônio secretado pela glândula pituitária.

pityriasis /ˌpɪtɪ'raɪəsɪs/ pitiríase: qualquer doença cutânea com formação de finas escamas.

pityriasis alba /pɪtɪˌraɪəsɪs 'ælbə/ pitiríase alba: doença da pele, observada mais comumente em crianças pequenas, caracterizada pela presença de manchas brancas na face, que costumam se curar naturalmente.

pityriasis capitis /pɪtɪˌraɪəsɪs kə'paɪtɪs/ pitiríase da cabeça; caspa. ⇨ **dandruff**.

pityriasis rosea /pɪtɪˌraɪəsɪs 'rəʊziə/ pitiríase rósea: dermatose leve que afeta principalmente pacientes jovens. Não tem uma causa conhecida e ocorre principalmente no período inicial do ano.

P

pityriasis rubra /ˌpɪtɪˌraɪəsɪs 'ruːbrə/ pitiríase rubra: dermatite esfoliativa grave, algumas vezes fatal, caracterizada por coloração rubra da pele e pequenas pápulas córneas escamosas.

pivot /'pɪvət/ **1** pivô; eixo: uma haste usada para ligar uma coroa artificial à raiz de um dente. **2** girar em torno de: ter um ponto como base. *The atlas bone pivots on the second vértebra.* / O atlas gira em torno da segunda vértebra.

pivot joint /'pɪvət dʒɔɪnt/ articulação de pivô. ⇨ **trochoid joint**.

PKD abreviatura de **polycystic kidney disease**.

PKU abreviatura de **phenylketonuria**.

placebo /plə'siːbəʊ/ placebo: uma pílula que contém apenas princípios inertes, sem nenhuma substância medicamentosa. Observação: os placebos podem ser administrados a pacientes com doenças imaginárias. Eles também podem ajudar no tratamento de distúrbios reais, pelo seu efeito sugestivo, estimulando o desejo do paciente de se curar. Os placebos são também administrados ao grupo de controle em experiências clínicas controladas para o estudo de novas drogas (estudos controlados com placebo).

placebo effect /plə'siːbəʊ ɪˌfekt/ efeito de placebo: efeito aparentemente benéfico de um tratamento simulado, em que o paciente acredita na eficácia do tratamento.

placenta /plə'sentə/ placenta: órgão uterino que se desenvolve durante a gravidez e faz o intercâmbio metabólico entre o feto e a mãe. Observação: o sistema vascular do feto não está diretamente vinculado ao da mãe. A placenta permite que haja uma troca de oxigênio e nutrientes da mãe para o feto, ao qual ela é ligada pelo cordão umbilical. Ela pára de funcionar por ocasião do parto, quando o bebê respira pela primeira vez.

placental /plə'sent(ə)l/ placentário: relativo à placenta.

placental barrier /plə,sent(ə)l 'bæriə/ barreira placentária: uma barreira que evita a mistura dos sangues fetal e materno, mas permite a passagem de água, oxigênio e hormônios da mãe para o feto.

placental insufficiency /plə,sent(ə)l ,ɪnsə'fɪʃ(ə)nsi/ insuficiência placentária: condição caracterizada pela incapacidade da placenta de fornecer ao feto o oxigênio e os nutrientes necessários.

placenta praevia /plə,sentə 'priːviə/ placenta prévia: condição caracterizada pela implantação da placenta na parte inferior do útero, estendendo-se até o orifício interno do cérvix. Ela pode romper-se durante o parto, provocando lesão cerebral do bebê. Veja **praevia**.

placentography /ˌplæsən'tɒɡrəfi/ placentografia: exame radiográfico da placenta após injeção com um meio de contraste (substância radiopaca).

Placido's disc /plə'saɪdəʊz dɪsk/ disco de Placido. ⇨ **keratoscope**. (Descrito por A. Placido, oftalmologista português.)

plagiocephaly /ˌpleɪdʒiə'kefəli/ plagiocefalia: condição caracterizada por malformação do crânio, que apresenta um aspecto dissimétrico, devido a um fechamento irregular das suturas cranianas.

plague /pleɪɡ/ peste: doença infecciosa que ocorre epidemicamente e provoca uma mortalidade excessiva. Observação: na Idade Média, a peste bubônica recebeu o epíteto de Morte Negra; seus sintomas incluem febre, delírio, prostração, calafrios e edema dos nodos linfáticos.

plan /plæn/ **1** plano: conjunto de medidas para a execução de alguma coisa. **2** planejar: organizar um plano para a execução de alguma coisa. ◊ **they are planning to have a family:** eles estão planejando constituir uma família: eles esperam ter filhos e, portanto, não estão tomando medidas contraceptivas.

> *...one issue has arisen – the amount of time and effort which nurses need to put into the writing of detailed care plans. Few would now dispute the need for clear, concise nursing plans to guide nursing practice, provide educational tools and give an accurate legal record.* / "...uma questão tem sido levantada – o tempo e os esforços de que as enfermeiras necessitam para descrever minuciosamente os planos de tratamento. Poucas pessoas questionariam hoje a necessidade de planos claros e concisos para orientar a prática da enfermagem, proporcionar ferramentas educacionais e fornecer uma documentação legal precisa."
> (*Nursing Times*)

plane /pleɪn/ plano: uma superfície achatada, principalmente um corpo observado de um ângulo específico.

planned parenthood /ˌplænd 'peərənthʊd/ planejamento familiar: planejamento feito por um casal com respeito ao número desejado de filhos, no qual são tomadas as devidas medidas contraceptivas.

planning /'plænɪŋ/ planejamento: a elaboração de um plano para a execução de alguma coisa.

planta /'plæntə/ planta: a superfície inferior do pé, ou a sola do pé.

plantar /'plænt/ plantar: relativo à sola do pé.

plantar arch /ˌplæntər 'ɑːtʃ/ arco plantar: a parte curva da sola do pé, ao longo do seu comprimento. ☑ **longitudinal arch**.

plantar flexion /ˌplæntə 'flekʃən/ flexão plantar: a flexão dos artelhos para dentro, ou para a superfície plantar.

plantar reflex /ˌplæntə 'riːfleks/ reflexo plantar: flexão plantar dos artelhos, devido à estimulação plantar tátil usada no teste de Babinski. ☑ **plantar response**.

plantar region /'plæntə ˌriːdʒən/ região plantar: a sola do pé.

plantar response /ˌplæntə rɪ'spɒns/ resposta plantar. ⇨ **plantar reflex**.

plantar surface /'plæntə ˌsɜːfɪs/ superfície plantar: a parte externa da sola do pé.

plantar wart /'plæntə wɔːt/ verruga plantar: verruga situada na sola do pé.

planus /'pleɪnəs/ plano. Veja **lichen planus**; **flat foot**.

plaque /plæk, plɑːk/ placa: **1** uma superfície achatada. **2** uma película constituída de saliva, muco, bactérias e resíduos de alimentos, que se forma na superfície dos dentes e pode danificar às gengivas.

-plasia /pleɪziə/ -plasia: desenvolver-se; crescer.

plasm- /plæz(ə)m/ ⇨ **plasmo-**.

plasma /'plæzmə/ plasma: **1** um líquido aquoso de coloração amarelada, que constitui o principal componente do sangue. **2** a linfa sem seus corpúsculos. **3** citoplasma. Observação: quando não há coagulação do sangue, ele se divide em corpúsculos sanguíneos e plasma, que é formado de água e proteínas, inclusive de um agente coagulante, o plasminogênio. Quando ocorre a coagulação, os corpúsculos se separam do soro, um líquido aquoso semelhante ao plasma, mas destituído de fibrinogênio. O plasma seco pode ser armazenado por um longo tempo; é usado em transfusões, após ter sido misturado com água.

plasma cell /'plæzmə sel/ célula plasmática: célula diferenciada derivada dos linfócitos B, que produz anticorpos.

plasmacytoma /ˌplæzməsaɪ'təʊmə/ plasmacitoma: tumor maligno das células plasmáticas, geralmente encontrado nos linfonodos ou na medula óssea.

plasmapheresis /ˌplæzməfə'riːsɪs/ plasmaferese: separação do plasma e dos glóbulos vermelhos do sangue colhido; após infusão em soro fisiológico, estes elementos são injetados na veia do paciente.

plasma protein /'plæzmə ˌprəʊtiːn/ proteína plasmática: uma proteína presente no plasma, por exemplo, albumina, gamaglobulina ou fibrinogênio.

plasmin /'plæzmɪn/ plasmina. ⇨ **fibrinolysin**.

plasminogen /plæz'mɪnədʒən/ plasminogênio: substância existente no sangue em estado inativo que, quando ativada, transforma-se em plasmina.

plasmo- /plæzməʊ/ plasm-: relativo ao plasma sanguíneo. Nota: antes de vogais usa-se **plasm-**.

Plasmodium /plæz'məʊdiəm/ *Plasmodium:* tipo de parasita que infesta os glóbulos vermelhos e é o agente causador da malária.

plasmolysis /plæz'mɒlɪsɪs/ plasmólise: a retração do protoplasma de uma célula devido à perda de água por osmose.

plaster /'plɑːstə/ gesso: um pó branco que, misturado à água, forma uma pasta e endurece, sendo usado para dar apoio a um membro fraturado. *After his accident he had his leg in plaster for two months.* / Após o acidente, ele ficou com a perna engessada durante dois meses.

plaster cast /'plɑːstə kɑːst/ molde de gesso: suporte feito com bandagens mergulhadas em gesso flexível (misturado com água), modeladas em volta do membro fraturado, e que endurecem à medida que secam, imobilizando o membro enquanto os ossos se refazem.

plaster of Paris /ˌplɑːstər əv 'pærɪs/ gesso: pó branco e fino usado na confecção de aparelhos e talas.

plastic /'plæstɪk/ plástico: **1** material sintético derivado do petróleo, usado na confecção de um grande número de objetos, inclusive aqueles destinados à substituição de órgãos. **2** capaz de alterar a cor ou de se moldar.

plastic lymph /'plæstɪk lɪmf/ linfa plásica: líquido amarelado produzido por uma ferida cutânea inflamada, geralmente coagulável, que ajuda no processo de cicatrização.

plastic surgeon /ˌplæstɪk 'sɜːdʒən/ cirurgião plástico: médico especialista em cirurgia plástica.

plastic surgery /ˌplæstɪk 'sɜːdʒəri/ (informal) cirurgia plástica: cirurgia reparadora de partes do corpo com lesão ou malformação. Veja também **reconstructive surgery**. Observação: a cirurgia plástica é especialmente importante no tratamento de vítimas de acidentes ou queimaduras. É também usada para corrigir distúrbios congênitos, por exemplo, uma fenda palatina. Quando o objetivo é simplesmente melhorar a aparência do paciente, costuma ser chamada de "cirurgia cosmética".

plastin /'plæstɪn/ plastina. ⇨ **fibrinolysin**.

-plasty /plæsti/ -plastia: relativo à cirurgia plástica.

plate /pleɪt/ placa: **1** uma estrutura plana e fina de metal ao osso. *The surgeon inserted a plate in her skull.* / O cirurgião inseriu-lhe uma placa no crânio (no crânio da paciente). **2** uma barra de metal adaptada a um osso fraturado para manter as extremidades unidas.

platelet /'pleɪtlət/ plaqueta: pequena célula sanguínea que libera tromboplastina e se multiplica rapidamente após um ferimento, desempenhando um papel importante na coagulação sanguínea. ☑ **thrombocyte**.

platelet count /'pleɪt(ə)lət kaʊnt/ contagem de plaquetas: teste para determinação do número de plaquetas em uma quantidade específica de sangue.

platy- /plæti/ plat(i)-: achatado; plano.

platysma /plə'tɪzmə/ platisma: músculo achatado que vai da clavícula à mandíbula inferior.

pledget /'pledʒɪt/ chumaço: pequena peça de gaze ou algodão usada para proteger uma parte do corpo ou aplicar um medicamento em um orifício, por exemplo, o canal auditivo.

-plegia /pliːdʒə/ -plegia: forma combinante que significa paralisia.

pleio- /plaɪəʊ/ pleio-. ⇨ **pleo-**.

pleo- /pliːəʊ/ pleo-: forma combinante que significa numeroso, demasiado. ⇨ **pleio-**.

pleocytosis /ˌpliːəʊsaɪ'təʊsɪs/ pleocitose: condição caracterizada por um número anormal de leucócitos no líquido cérebro-espinhal.

P

pleoptics /pli:'ɒptɪks/ pleóptica: o conjunto de procedimentos para o tratamento da ambliopia.

plessor /'plesə/ plessor: pequeno martelo com cabeça de borracha, usado pelos médicos para bater nos tendões, a fim de avaliar os seus reflexos, ou para percussão do tórax. ☑ **plexor**.

plethora /'pleθərə/ pletora: quantidade excessiva de sangue em uma parte do corpo.

plethoric /ple'θɒrɪk/ pletórico: relativo à aparência causada por dilatação dos vasos sanguíneos superficiais, por exemplo, uma cútis avermelhada.

plethysmography /ˌpleθɪz'mɒgrəfi/ pletismografia: registro das alterações no volume dos órgãos, usada principalmente para medir o fluxo sanguíneo nos membros.

pleur- /plʊər/ ⇨ **pleuro-**.

pleura /'plʊərə/ pleura: uma das duas membranas serosas que circundam o pulmão e a cavidade torácica. Plural: **pleuras** ou **pleurae**.

pleuracentesis /ˌplʊərəsen'ti:sɪs/ pleuracentese. ⇨ **pleurocentesis**.

pleural /'plʊərəl/ pleural: relativo à pleura.

pleural cavity /ˌplʊərəl 'kævɪti/ cavidade pleural: o espaço entre as pleuras interna e externa do tórax. Veja ilustração em **Lungs**, no Apêndice.

pleural effusion /ˌplʊərəl ɪ'fju:ʒ(ə)n/ derrame pleural: um acúmulo de líquido no saco pleural.

pleural fluid /ˌplʊərəl 'flu:ɪd/ líquido pleural: líquido que se forma entre as camadas da pleura, na pleurisia.

pleural membrane /ˌplʊərəl 'membreɪn/ membrana pleural. ⇨ **pleura**.

pleural mesothelioma /ˌplʊərəl ˌmesəʊθeli 'əʊmə/ mesotelioma pleural: tumor da pleura, causado pela inalação da poeira de asbestos.

pleurectomy /plʊə'rektəmi/ pleurectomia: remoção cirúrgica de parte da pleura espessada ou enrijecida por empiema crônico.

pleurisy /'plʊərisi/ pleurisia: inflamação da pleura, geralmente causada por pneumonia. ☑ **pleuritis**. Observação: os sintomas da pleurisia incluem tosse, febre e dores agudas durante a respiração, causadas pelo atrito das duas camadas da pleura.

pleuritis /plʊə'raɪtɪs/ pleurite. ⇨ **pleurisy**.

pleuro- /plʊərəʊ/ pleur(i/o)-: relativo à pleura. Nota: antes de vogais usa-se **pleur-**.

pleurocele /'plʊərəʊsi:l/ pleurocele: **1** condição caracterizada pela protusão de uma parte do pulmão ou pleura. **2** presença de líquido na cavidade pleural.

pleurocentesis /ˌplʊərəʊsen'ti:sɪs/ pleurocentese: procedimento que consiste em uma abertura na pleura para drenagem de líquido por meio de uma agulha oca. ☑ **pleuracentesis**.

pleurodesis /ˌplʊərəʊ'di:sɪs/ pleurodese: tratamento usado no colapso do pulmão, pela criação de uma aderência fibrosa entre as pleuras parietal e visceral.

pleurodynia /ˌplʊərəʊ'dɪniə/ pleurodinia: dor

nos músculos intercostais, devido a reumatismo muscular.

pleuron /'plʊərɒn/ pleurônio: uma membrana que reveste o pulmão.

pleuropneumonia /ˌplʊərəʊnjʊ'məʊniə/ pleuropneumonia: pneumonia lobar aguda, o tipo clássico de pneumonia.

plexor /'pleksə/ plexor. ⇨ **plessor**.

plexus /'pleksəs/ plexo: uma rede constituída por nervos e vasos sanguíneos ou linfáticos.

pliable /'plaɪəb(ə)l/ flexível: capaz de ser dobrado com facilidade.

plica /'plaɪkə/ prega: uma dobra.

plicate /'plaɪkeɪt/ pregueado: dobrado.

plication /plaɪ'keɪʃ(ə)n/ plicatura; plicação: **1** procedimento cirúrgico para reduzir o tamanho de um músculo ou órgão oco, fazendo-se dobras ou pregas em suas paredes. **2** a ação de dobrar. **3** uma prega.

ploidy /'plɔɪdi/ ploidia: o número do conjunto de cromossomos de um célula.

plombage /plɒm'bɑ:ʒ/ chumbagem: **1** o uso de material anti-séptico nas cavidades ósseas. **2** o uso de material inerte no pulmão ou nas cavidades pleurais.

PLSS abreviatura de **portable life-support system**.

plumbing /'plʌmɪŋ/ (informal; humorístico) encanamento: qualquer sistema de tubos ou vasos do organismo, principalmente o sistema urinário.

plumbism /'plʌmbɪz(ə)m/ plumbismo. ⇨ **lead poisoning**.

Plummer–Vinson syndrome /ˌplʌmə 'vɪns ən ˌsɪndrəʊm/ síndrome de Plummer-Vinson: tipo de anemia causada por deficiência de ferro, caracterizada por inflamação da língua e da boca e pela impossibilidade de deglutição. (Descrita em 1912 por Henry Stanley Plummer [1874–1937], médico norte-americano; e Porter Paisley Vinson (1890–1959), médico na Mayo Clinic, Minnesota, EUA). Foi também descrita em 1919 por Patterson e Brown Kelly, cujos nomes são freqüentemente associados à doença.

plunger /'plʌndʒə/ êmbolo: cilindro deslizante no interior de uma seringa hipodérmica, que, no seu movimento de vaivém, aspira ou elimina líquidos.

pluri- /plʊəri/ pluri-: mais; mais de uma coisa.

PM abreviatura de: **1 particulate matter**. **2 post mortem**.

PMA abreviatura de **progressive muscular atrophy**.

pmol Símbolo de **picomole**.

PMR abreviatura de **polymyalgia rheumatica**.

PMS /ˌpi: em 'es/ abreviatura de **premenstrual syndrome**.

PMT abreviatura de **premenstrual tension**:.

-pnea /pni:ə/ -pnea. ⇨ **-pnoea**.

pneo- /ni:əʊ/ pneo-: respiração.

pneum- /nju:m/ ⇨ **pneumo-**.

pneumat- /nju:mət/ ⇨ **pneumato-**.

pneumato- /nju:mətəu/ pneumat-: relacionado ao ar, aos gases ou à respiração. Nota: antes de vogais usa-se **pneumat-**.

pneumatocele /nju:ˈmætəusi:l/ pneumatocele: 1 um saco ou tumor contendo gases. 2 uma hérnia do pulmão.

pneumatonometer /ˌnju:mətəˈnɒmɪtə/ pneumatonômetro: instrumento que mede a pressão ocular, usado em testes de detecção do glaucoma. Com ele, sopra-se uma lufada de ar na córnea.

pneumatosis /ˌnju:məˈtəusɪs/ pneumatose: a ocorrência de gás em um lugar do corpo que, normalmente, não o deve conter.

pneumaturia /ˌnju:məˈtjuəriə/ pneumatúria: a presença de ar ou gás durante a micção.

pneumo- /nju:məu/ pneum(o); pneumon(o)-: relativo ao ar, aos gases ou à respiração. Nota: antes de vogais usa-se **pneum-**.

pneumocephalus /ˌnju:məuˈkefələs/ pneumocefalia: a presença de ar ou gás no cérebro.

pneumococcal /ˌnju:məuˈkɒk(ə)l/ pneumocócico: relativo a pneumococos.

pneumococcus /ˌnju:məuˈkɒkəs/ pneumococo: bactéria que causa infecções do trato respiratório, por exemplo, pneumonia. Plural: **pneumococci**.

pneumoconiosis /ˌnju:məukəuniˈəusɪs/ pneumoconiose: doença pulmonar caracterizada pela formação de tecido fibroso, causada pela inalação de partículas de ferro ou poeira durante um longo período de tempo.

Pneumocystis carinii pneumonia /ˌnju:məu sɪstɪs kəˌri:nii nju:ˈməuniə/ pneumonia por *Pneumocystis carinii:* forma de pneumonia encontrada em pacientes imunocomprometidos pela AIDS ou debilitados por tratamento com radioterapia. Abreviatura: **PCP**.

pneumocyte /nju:məusaɪt/ pneumócito: células epiteliais encontradas nas paredes alveolares.

pneumoencephalography /ˌnju:məuenˌkefəˈlɒɡrəfi/ pneumoencefalografia. ⇨ **encephalogram**.

pneumogastric /ˌnju:məuˈɡæstrɪk/ pneumogástrico: relativo aos pulmões e ao estômago.

pneumogastric nerve /ˌnju:məuˈɡæstrɪk ˈvei ɡəs nɜ:v/ nervo pneumogástrico. ⇨ **vagus**.

pneumograph /ˈnju:məɡrɑ:f/ pneumógrafo: instrumento que registra a expansão do tórax durante os movimentos respiratórios.

pneumohaemothorax /ˌnju:məuˌhi:məuˈθɔ:ræks/ pneumoemotórax: acúmulo de sangue ou ar na cavidade pleural. ☑ **haemopneumothorax**.

pneumomycosis /ˌnju:məumaɪˈkəusɪs/ pneumomicose: infeção pulmonar causada por fungos.

pneumon- /nju:mən/ ⇨ **pneumono-**.

pneumonectomy /ˌnju:məˈnektəmi/ pneumonectomia: remoção cirúrgica de um pulmão ou de parte dele. ☑ **pulmonectomy**.

pneumonia /nju:ˈməuniə/ pneumonia: inflamação dos pulmões, na qual os alvéolos pulmonares enchem-se de líquido. *He developed pneumonia and had to be hospitalised.* / Ele contraiu pneumonia e precisou ser hospitalizado. *She died of pneumonia.* / Ela morreu de pneumonia. Observação: os sintomas de pneumonia são calafrios, dores no peito, febre alta e tosse com expectoração de escarro.

pneumonic /nju:ˈmɒnɪk/ pneumônico: 1 relativo aos pulmões. 2 relativo à pneumonia.

pneumonic plague /nju:ˌmɒnɪk ˈpleɪɡ/ peste pneumônica: tipo de peste bubônica que afeta principalmente os pulmões.

pneumonitis /ˌnju:məuˈnaɪtɪs/ pneumonite: inflamação dos pulmões.

pneumono- /nju:mənəu/ pneumon(o)-: relativo aos pulmões. Nota: antes de vogais usa-se **pneumon-**.

pneumoperitoneum /ˌnju:məuperitəˈni:əm/ pneumoperitôneo: presença de ar na cavidade peritoneal.

pneumoradiography /ˌnju:məuˌreɪdiˈɒɡrəfi/ pneumorradiografia: radiografia de uma parte do corpo após injeção de ar ou gás para aumentar a nitidez do órgão.

pneumothorax /ˌnju:məuˈθɔ:ræks/ pneumotórax: condição caracterizada pela presença de ar ou gás na cavidade torácica. ☑ **collapsed lung**.

-pnoea /pni:ə/ -pnéia: forma combinante referente à respiração. ⇨ **-pnea**.

PNS abreviatura de **peripheral nervous system**.

pock /pɒk/ pústula: lesão cutânea, especialmente de varíola ou catapora.

pocket /ˈpɒkɪt/ bolsa: uma cavidade no organismo. ◊ **pocket of infection:** bolsa infecciosa: o lugar de uma infecção.

pockmark /ˈpɒkmɑ:k/ bexiga: cicatriz deixada por uma pústula, por exemplo, na varíola.

pockmarked /ˈpɒkmɑ:kt/ bexigoso; bexiguento: relativo à face coberta por cicatrizes de varíola.

pod- /pɒd/ pod-: relativo ao pé.

podagra /pɒˈdæɡrə/ podagra. ⇨ **gout**.

podalic /pəuˈdælɪk/ podálico: relativo aos pés.

podalic version /pəuˌdælɪk ˈvɜ:ʃ(ə)n/ versão podálica: procedimento manual para virar o feto no útero pelos pés.

podarthritis /ˌpəudɑ:ˈθraɪtɪs/ podoartrite: inflamação de uma ou mais articulações do pé.

podiatrist /pəuˈdaɪətrɪst/ podólogo; podiatra: pessoa especializada nos cuidados dos pés e suas doenças.

podiatry /pəuˈdaɪətri/ podologia; podiatria: o estudo das doenças menores dos pés, seu diagnóstico e tratamento.

-poiesis /pɔɪˈi:sɪs/ -poese, -poiese: criação de alguma coisa.

P

poikilo- /ˈpɔɪkɪləʊ/ -pecil(o): irregular ou variado.

poikilocyte /ˈpɔɪkɪləʊsaɪt/ pecilócito: hemácia que apresenta tamanho ou forma irregular.

poikilocytosis /ˌpɔɪkɪləʊsaɪˈtəʊsɪs/ pecilocitose: condição caracterizada pela presença de pecilócitos no sangue.

point /pɔɪnt/ ponto; ponta: 1 uma extremidade afiada. *Surgical needles have to have very sharp points.* / As agulhas cirúrgicas precisam ter pontas muito afiladas. 2 o ponto usado para mostrar a divisão entre número inteiros ou partes dos números (por exemplo, **3.256**: três ponto dois cinco seis; **a temperatura dele estava em 38.7**: trinta e oito ponto sete). 3 marca numa série de números. *the freezing point of water* / o ponto de congelamento da água.

pointed /ˈpɔɪntɪd/ pontudo: que tem a ponto afilada.

poison /ˈpɔɪz(ə)n/ 1 veneno: substância que pode causar dano ou morte dos tecidos orgânicos quando ingerida. 2 envenenar; intoxicar: causar dano ou morte de alguém por meio de veneno. Observação: os venenos mais comuns, dos quais mesmo uma quantidade pequena pode matar, são o arsênico, a cianida e a estriquinina. Muitos alimentos e drogas comuns podem ser tóxicos, se ingeridos em grandes quantidades. Materiais comuns de uso doméstico, tais como água sanitária, colas e inseticidas, também podem causar envenamento. Alguns tipos de intoxicação, por exemplo, por *Salmonella*, podem ser transmitidos a outras pessoas por falta de condições higiênicas adequadas.

poisoning /ˈpɔɪz(ə)nɪŋ/ envenenamento; intoxicação: condição caracterizada por doença ou morte causada por substância venenosa.

poison ivy /ˌpɔɪz(ə)n ˈaɪvi/ sumagre venenoso; toxidendro; toxicodendro: planta americana cujas folhas podem causar uma erupção cutânea dolorosa. Observação: este termo é mais usado nos Estados Unidos. ☑ **poison oak**.

poison oak /ˌpɔɪz(ə)n ˈəʊk/ carvalho venenoso. ⇨ **poison ivy**.

poisonous /ˈpɔɪz(ə)nəs/ venenoso; tóxico: relativo à substância que contém veneno ou que pode matar ou causar dano.

poisonous gas /ˌpɔɪz(ə)nəs ˈɡæs/ gás venenoso: um gás que pode matar ou causar doenças.

Poisons Act /ˈpɔɪz(ə)nz ækt/ Lei sobre Produtos Tóxicos: no Reino Unido, uma das várias leis parlamentares que regulam a fabricação, prescrição e comercialização de medicamentos, por exemplo, Pharmacy and Poisons Act 1933 (Lei de 1933 sobre Farmácia e Produtos Tóxicos), Misuse of Drugs Act 1971 (Lei de 1971 sobre o Uso Impróprio de Drogas), ou Poisons Act 1972 (Lei de 1972 sobre Produtos Tóxicos).

polar /ˈpəʊlə/ polar: dotado de pólos.

polar body /ˌpəʊlə ˈbɒdi/ corpo polar: pequena célula originária de um oócito que, na ausência da fertilização, torna-se abortiva.

pole /pəʊl/ pólo: 1 a extremidade de um eixo. 2 a extremidade de um órgão arredondado, por exemplo, a extremidade de um lobo do hemisfério cerebral.

pole and canvas stretcher /ˌpəʊl ən ˈkænvəs ˌstretʃə/ maca de lona: maca simples com um lençol de lona e barras tubulares que sustentam a maca.

poli- /ˈpɒli/ ⇨ **polio-**.

polio /ˈpəʊliəʊ/ (informal) pólio. ⇨ **poliomyelitis**.

polio- /ˈpəʊliəʊ/ poli(o)-: a substância cinzenta presente no sistema nervoso. Nota: antes de vogais usa-se **poli-**.

polioencephalitis /pəʊliəʊenkefəˈlaɪtɪs/ polioencefalite: tipo de encefalite viral caracterizada por inflamação da substância cinzenta do cérebro, causada pelo mesmo vírus da poliomielite.

polioencephalomyelitis /ˌpəʊliəʊenˌkefələʊˌmaɪəˈlaɪtɪs/ polioencefalomielite: polioencefalite que também afeta a medula espinhal.

poliomyelitis /ˌpəʊliəʊˌmaɪəˈlaɪtɪs/ poliomielite: infecção dos cornos anteriores da medula espinhal, causada por um vírus que ataca os neurônios motores e pode levar à paralisia. ☑ **polio**; **infantile paralysis**. Observação: os sintomas da poliomielite são paralisia dos membros, febre e rigidez na nuca. A forma bulbar pode começar com dificuldade de deglutição. A poliomielite pode ser prevenida pela imunização, na qual se usam duas vacinas: a vacina Sabin é constituída pelo vírus vivo da pólio e é administrada, por via oral, sob a forma de uma pílula açucarada; a vacina Salk é administrada por meio de injeção contendo o vírus inativo.

poliovirus /ˈpəʊliəʊˌvaɪrəs/ poliovírus: vírus causador da poliomielite.

Politzer bag /ˈpɒlɪtsə bæɡ/ bolsa de Politzer: bolsa de borracha usada para forçar o ar no ouvido médio, a fim de desobstruir a trompa de Eustáquio (atual tuba auditiva). (Descrita em 1863 por Adam Politzer [1835–1920], professor de otologia em Viena, Áustria.)

pollen /ˈpɒlən/ pólen: um pó constituído de gametas masculinos, produzidos pelos estames das flores, que são transportados pelo vento na primavera e verão, e que causam a febre do feno.

pollen count /ˈpɒlən kaʊnt/ contagem de pólen: representação gráfica da quantidade de pólen em uma amostra de ar.

pollex /ˈpɒleks/ (técnico) polegar: o dedo polegar. Plural: **pollices**.

pollinosis /ˌpɒlɪˈnəʊsɪs/ polinose. ⇨ **hayfever**.

pollutant /pəˈluːt(ə)nt/ poluente: substância que causa poluição.

pollute /pəˈluːt/ poluir: sujar o ar, um rio ou o mar, principalmente com detritos industriais.

pollution /pəˈluːʃ(ə)n/ poluição: a ação de tornar algo sujo, ou as substâncias que tornam, por exemplo, a água ou o ar impuro.

poly- /ˈpɒli/ poli-: 1 muitos, numerosos ou em grande quantidade. 2 que afeta muitos órgãos.

polyarteritis /ˌpɒliɑːtəˈraɪtɪs/ poliarterite: condição caracterizada pela inflamação simultânea de muitas artérias.

polyarteritis nodosa /ˌpɒliɑːtəˌraɪtɪs nəˈdəʊsə/ poliarterite nodosa: doença do colágeno, caracterizada por inflamação de vários segmentos do sistema arterial, levando à asma, hipertensão e insuficiência cardíaca. ☑ **periarteritis nodosa**.

polyarthritis /ˌpɒliɑːˈθraɪtɪs/ poliartrite: inflamação de várias articulações simultaneamente, como na artrite reumatóide.

polycystic /ˌpɒliˈsɪstɪk/ policístico: referente ao órgão contendo mais de um cisto, ou à doença causada pela formação de cistos.

polycystic kidney disease /ˌpɒlisɪstɪk ˈkɪdni dɪˌziːz/ doença do rim policístico: condição caracterizada pela presença de cistos múltiplos nos dois rins. Esses cistos crescem e se multiplicam com o passar do tempo. ☑ **polycystic disease of the kidneys**. Abreviatura: **PKD**. Observação: o rim comprometido finalmente pára de funcionar em mais de sessenta por cento dos casos, e as únicas formas de tratamento são a diálise e o transplante.

polycystic disease of the kidneys /ˌpɒlisɪstɪk dɪˌziːz əv ðə ˈkɪdniz/ doença policística dos rins. ⇨ **polycystic kidney disease**.

polycystic ovary disease /ˌpɒlisɪstɪk ˈəʊvəri dɪˌziːz/ doença do ovário policístico. ⇨ **polycystic ovary syndrome**. Abreviatura: **PCOD**.

polycystic ovary syndrome /ˌpɒlisɪstɪk ˈəʊvəri ˌsɪndrəʊm/ síndrome do ovário policístico: distúrbio hormonal caracterizado pelo aumento dos ovários e formação de vários cistos, pequenos e indolores, hirsutismo e acne, podendo ocorrer infertilidade. Abreviatura: **PCOS**. ☑ **polycystic ovary disease; Stein-Leventhal syndrome**.

polycystitis /ˌpɒlisɪˈstaɪtɪs/ policistite: doença congênita caracterizada pelo desenvolvimento simultâneo de vários cistos renais.

polycythaemia /ˌpɒlisaɪˈθiːmiə/ policitemia: condição caracterizada pelo aumento no número de hemácias no sangue. Nota: no inglês americano usa-se **polycythemia**.

polycythaemia vera /ˌpɒlisaɪθiːmiə ˈvɪərə/ policitemia vera. ⇨ **erythraemia; Vaquez-Osler disease**.

polydactyl /ˌpɒliˈdæktɪl/ polidactia: presença de mais de cinco dedos nas mãos ou nos pés.

polydactylism /ˌpɒliˈdæktɪlɪz(ə)m/ polidactilismo. ⇨ **hyperdactylism**.

polydipsia /ˌpɒliˈdɪpsiə/ polidipsia: condição, freqüentemente causada por diabetes insípido, caracterizada por sede excessiva.

polygraph /ˈpɒligrɑːf/ polígrafo: instrumento que faz o registro simultâneo de várias pulsações diferentes do corpo.

polymenorrhoea /ˌpɒlimenəˈriːə/ polimenorréia: condição em que os ciclos menstruais ocorrem com mais freqüência do que o normal. Nota: no inglês americano usa-se **polymenorrhea**.

polymerase chain reaction /ˌpɒliˈməreɪz ˌtʃeɪn riˈækʃ(ə)n/ reação em cadeia de polimarase: técnica utilizada para amplificação de material genético *in vitro*, a fim de detectar possíveis doenças genéticas, por exemplo, o material de uma célula embrionária. Abreviatura: **PCR**.

polymorph /ˈpɒlimɔːf/ polimorfo. ⇨ **neutrophil**.

polymyalgia rheumatica /ˌpɒlimaɪˌældʒə ruːˈmætɪkə/ polimialgia reumática: síndrome de indivíduos idosos, caracterizada por dor e rigidez dos músculos do ombro e quadril, que se tornam fracos e sensíveis. Abreviatura: **PMR**.

polymyositis /ˌpɒlimaɪəʊˈsaɪtɪs/ polimiosite: condição caracterizada pela inflamação simultânea de vários músculos, principalmente os do tronco, com fraqueza dos membros. Seu tratamento consiste no uso de drogas esteróides ou imunossupressoras, e também em exercícios.

polyneuritis /ˌpɒlinjuˈraɪtɪs/ polineurite: inflamação simultânea de vários nervos periféricos.

polyneuropathy /ˌpɒlinjuˈrɒpəθi/ polineuropatia: qualquer doença que afeta vários nervos periféricos simultaneamente. Plural: **polyneuropathies**.

polyopia /ˌpɒliˈəʊpiə/ poliopia: percepção de várias imagens de um mesmo objeto. ☑ **polyopsia; polyopy**. Compare com **diplopia**.

polyopsia /ˌpɒliˈɒpsiə/ poliopsia. ⇨ **polyopia**.

polyopy /ˌpɒliˈəʊpi/ poliopia. ⇨ **polyopia**.

polyp /ˈpɒlɪp/ pólipo: tumor que se desenvolve a partir de um pedículo nas membranas mucosas, e que é encontrado no nariz, na boca ou garganta. Os pólipos podem ser cauterizados. ☑ **polypus**.

polypectomy /ˌpɒliˈpektəmi/ polipectomia: procedimento cirúrgico para retirar um pólipo. Plural: **polypectomies**.

polypeptide /ˌpɒliˈpeptaɪd/ polipeptídeo: peptídeo formado pela união de vários aminoácidos.

polyphagia /ˌpɒliˈfeɪdʒə/ polifagia: **1** condição caracterizada pela ingestão excessiva de alimentos. **2** desejo compulsivo por qualquer tipo de alimento.

polypharmacy /ˌpɒliˈfɑːməsi/ polifarmácia: o hábito de prescrever um grande número de medicamentos.

polyploid /ˈpɒliplɔɪd/ poliplóide: diz-se da célula que tem mais de dois conjuntos completos de cada cromossomo, que não é viável em seres humanos.

polypoid /ˈpɒlipɔɪd/ polipóide: semelhante a um pólipo.

polyposis /ˌpɒliˈpəʊsɪs/ polipose: condição caracterizada pela presença de muitos pólipos na membrana mucosa do cólon. Veja também **familial adenomatous polyposis**.

polypus /ˈpɒlɪpəs/ pólipo. ⇨ **polyp**. Plural: **polypi**.

polyradiculitis /ˌpɒliræˌdɪkjuˈlaɪtɪs/ polirradiculite: doença do sistema nervoso que afeta as raízes dos nervos.

polysaccharide /ˌpɒliˈsækəraɪd/ polissacarídeo: tipo de carboidrato constituído pela união em cadeia de um grande número de monossacarídeos, que incluem o amido e a celulose, são insolúveis na água e não formam cristais.

polyserositis /ˌpɒlɪsɪərəʊˈsaɪtɪs/ polisserosite: inflamação das membranas que circundam o abdome, tórax e articulações, com exsudação de líquido seroso.

polysomnograph /ˌpɒliˈsɒmnəɡrɑːf/ polissonógrafo: aparelho para monitoramento das atividades do corpo durante o sono, que possibilita a identificação dos distúrbios do sono.

polyspermia /ˌpɒliˈspɜːmiə/ polispermia: **1** secreção seminal excessiva. **2** fertilização de um óvulo por vários espermatozóides. Usam-se também as formas **polyspermism**; **polyspermy**.

polyunsaturated fat /ˌpɒlɪʌnsætʃəreɪtɪd ˈfæt/ gordura poliinsaturada: ácido graxo capaz de absorver mais hidrogênio do que a maioria dos outros, típico de vegetais e óleos de peixe.

polyuria /ˌpɒliˈjʊəriə/ poliúria: condição caracterizada por micção abundante, causada freqüentemente por diabetes insípido.

polyvalent /ˌpɒliˈveɪlənt/ polivalente: que possui mais de uma valência.

POM abreviatura de **prescription-only medicine**.

pompholyx /ˈpɒmfɒlɪks/ ponfólige: **1** tipo de eczema com desenvolvimento de vesículas pruriginosas nas mãos e nos pés. **2** doença cutânea caraterizada por tumefações bulbosas.

pons /pɒnz/ ponte: uma formação de tecido, em forma de ponte, que une partes de um órgão. Veja ilustração em **Brain**, no Apêndice. Plural: **pontes**.

pons Varolii /ˌpɒnz vəˈrəʊliaɪ/ ponte de Varolius: porção do tronco cerebral, formada por fibras, entre a medula oblonga e o mesencéfalo. Veja ilustração em **Brain**, no Apêndice. Plural: **pontes Varolii**. (Descrita por Constanzo Varolius [1543–1575], médico e anatomista italiano. Varolius foi também o médico do papa Gregório XIII.)

pontine /ˈpɒntaɪn/ pontino: relativo à ponte.

pontine cistern /ˌpɒntaɪn ˈsɪstən/ cisterna pontina: espaço subaracóide da medula espinhal, em frente da ponte, através do qual corre a artéria basilar.

poor /pɔː/ fraco; mau: não muito bom. *He's in poor health.* / Ele está com a saúde fraca. *She's always had poor circulation.* / Ela sempre teve má circulação.

poorly /ˈpɔːli/ (informal) fraco; mau; abatido: não muito bem. *Her mother has been quite poorly recently.* / A mãe dela tem estado abatida ultimamente. *He felt poorly and stayed in bed.* / Ele se sentiu fraco e permaneceu na cama.

POP /pɒp/ abreviatura de **progesterone only pill**.

popeyes /ˈpɒpaɪz/ (plural) de olhos esbugalhados. Nota: o termo é usado no inglês americano.

popliteal /ˌpɒplɪˈtiːəl/ poplíteo: relativo à parte posterior do joelho.

popliteal artery /ˌpɒplɪtiːəl ˈɑːtəri/ artéria poplítea: artéria que dá continuação à artéria femoral, na parte posterior do joelho, e se bifurca nas artérias tibiais.

popliteal fossa /ˌpɒplɪtiːəl ˈfɒsə/ fossa poplítea: espaço em forma de losango, situado na parte posterior do joelho, entre o jarrete e o músculo da panturrilha. ☑ **popliteal space**.

popliteal muscle /ˌpɒplɪˈtiːəl ˌmʌs(ə)l/ músculo poplíteo. ⇨ **popliteus**.

popliteal space /ˌpɒplɪtiːəl ˈspeɪs/ espaço poplíteo. ⇨ **popliteal fossa**.

popliteus /pɒˈplɪtiəs/ poplíteo: músculo situado na parte posterior do joelho. ☑ **popliteal muscle**.

population /ˌpɒpjʊˈleɪʃ(ə)n/ população: **1** número de habitantes de um país ou cidade. *Population statistics show that the birth rate is slowing down.* / As estatísticas populacionais mostram que o índice de natalidade está diminuindo. *The government has decided to screen the whole population of the area.* / O governo decidiu fazer uma triagem de toda a população da área. **2** o número de pacientes de um hospital. *The hospital population in the area has fallen below 10,000.* / A população hospitalar na área diminuiu para menos de dez mil.

pore /pɔː/ poro: **1** abertura diminuta situada na pele, através da qual o suor é eliminado. **2** pequena comunicação entre algumas cavidades.

porencephaly /ˌpɔːrenˈkefəli/ porencefalia: condição caracterizada por malformações císticas no córtex cerebral, resultante de uma anomalia do desenvolvimento. Usam-se também as formas **porencephalia**; **porencephalus**.

porous /ˈpɔːrəs/ poroso: **1** que contém poros. *Porous bone surrounds the Eustachian tubes.* / Ossos porosos circundam as trompas de Eustáquio (atual tuba auditiva). **2** relativo ao tecido que permite a passagem de um líquido.

porphyria /pɔːˈfɪriə/ porfiria: doença hereditária que afeta o metabolismo das porfirinas. Observação: a porfiria provoca dores abdominais, confusão mental, fotossensibilidade cutânea e presença de porfirina na urina, que adquire uma coloração vermelho-púrpura e escurece quando exposta ao ar.

porphyrin /ˈpɔːfərɪn/ porfirina: elemento pertencente a uma família de pigmentos biológicos contendo metal, sendo a mais comum a protoporfirina IX.

porphyrinuria /ˌpɔːfɪrɪˈnjʊəriə/ porfirinúria: excreção de profirinas na urina, sintoma de porfiria ou de intoxicação por metal.

porta /ˈpɔːtə/ porta: uma abertura que permite a passagem dos vasos sanguíneos para o interior de um órgão. Plural: **portae**.

portable /ˈpɔːtəb(ə)l/ portátil: refere-se a alguma coisa que pode ser carregada. *He keeps a portable first aid kit in his car.* / Ele mantém um kit portátil de primeiros socorros no carro.

The ambulance team carried a portable blood testing unit. / A equipe da ambulância carregou uma unidade portátil para testes sanguíneos.

portable life-support system /'pɔːtəb(ə)l 'laɪf səˌpɔːt ˌsɪstəm/ equipamentos portáteis de primeiros socorros. Abreviatura: **PLSS**.

Portacath /'pɔːtəkæθ/ Portacath: tipo de sonda que é inserida sob a pele, a fim de facilitar os tratamentos quimioterápicos, as transfusões de sangue e os testes sanguíneos. O aparelho tem uma agulha especial e um fluxo constante de soro fisiológico.

portacaval /ˌpɔːtə'keɪv(ə)l/ porta-cava. ⇨ **portocaval**.

porta hepatis /ˌpɔːtə 'hepətɪs/ porta hepática: fissura transversa no fígado, que dá passagem à artéria hepática, ao ducto hepático e à veia porta. Plural: **portae hepatitis**.

portal /'pɔːt(ə)l/ portal: relativo à porta, principalmente ao sistema portal ou à veia porta.

portal hypertension /ˌpɔːt(ə)l ˌhaɪpə'tenʃən/ hipertensão portal: hipertensão da veia porta, causada por cirrose hepática ou por coágulo venoso, que provoca hemorragia interna.

portal pyaemia /ˌpɔːt(ə)l paɪ'iːmiə/ piemia portal: infecção da veia porta do fígado, acompanhada de abscessos.

portal system /'pɔːt(ə)l ˌsɪstəm/ sistema portal: grupo de veias cujo sangue passa através de dois conjuntos de capilares antes de voltar à circulação sistêmica, não se dirigindo ao coração.

portal vein /'pɔːt(ə)l veɪn/ veia porta: veia que coleta o sangue do estômago, pâncreas, vesícula biliar, intestinos e baço, levando-o para o fígado. Nota: para conhecer outros termos referentes à veia porta, veja os que começam com **pyl-**; **pyle-**.

porter /'pɔːtə/ maqueiro: trabalhador hospitalar que faz serviços gerais, tais como transportar pacientes em maca para a sala de operação ou carregar equipamentos pesados.

portocaval /ˌpɔːtəʊ'keɪv(ə)l/ portocava: que liga a veia porta à veia cava inferior. ☑ **portacaval**.

portocaval anastomosis /pɔːtəʊˌkeɪv(ə)l ən æstə'məʊsɪs/ anastomose portocava: operação cirúrgica para unir a veia porta à veia cava inferior e desviar o sangue para trás do fígado.

portocaval shunt /ˌpɔːtəʊˌkeɪv(ə)l 'ʃʌnt/ desvio portocava: anastomose cirúrgica entre a veia porta e a veia cava inferior, a fim de aliviar a hipertensão portal.

porto-systemic encephalopathy /ˌpɔːtəʊ sɪs ˌtiːmɪk ˌenkefə'lɒpəθi/ encefalopatia portossistêmica: condição que ocorre geralmente após hipertensão portal, caracterizada por perturbações mentais, e que pode levar ao coma.

port wine stain /pɔːt 'waɪn steɪn/ mancha de vinho do Porto: uma marca de nascença de coloração púrpura.

position /pə'zɪʃ(ə)n/ **1** posição: a) o lugar em que alguma coisa se encontra. *The exact position of the tumour is located by an X-ray.* / A

posição exata do tumor é localizada por um raio X. b) a maneira como o corpo de uma pessoa se encontra. *in a sitting position* / em posição sentada. *The accident victim had been placed in the recovery position.* / A vítima do acidente foi colocada na posição de recuperação. **2** posicionar: colocar alguém ou alguma coisa em uma determinada posição. *The fetus is correctly positioned in the uterus.* / O feto está corretamente posicionado no útero.

positive /'pɒzɪtɪv/ positivo: **1** indicando que a resposta é "sim". **2** indicando a presença de alguma coisa que foi testada. *Her cervical smear was positive.* / O esfregaço cervical dela deu positivo. Oposto de **negative**.

positive end-expiratory pressure /ˌpɒzɪtɪv ˌend ɪkˌspɪrət(ə)ri 'preʃə/ pressão término-expiratória positiva; pressão expiratória final positiva: técnica de ventilação mecânica utilizada para forçar a pessoa a respirar através de uma máscara, quando há líquido nos pulmões. Abreviatura: **PEEP**.

positive feedback /ˌpɒzɪtɪv 'fiːdbæk/ *feedback* positivo: o retorno do resultado de uma ação para a própria ação que o causou.

positively /'pɒzɪtɪvli/ positivamente: de maneira positiva. *She reacted positively to the test.* / Ela reagiu positivamente ao teste.

positive pressure respirator /ˌpɒzɪtɪv 'preʃə ˌrespɪreɪtə/ respirador com pressão positiva: máquina que administra respiração artificial, forçando o ar a entrar nos pulmões através de um tubo colocado na boca do paciente.

positive pressure ventilation /ˌpɒzɪtɪv 'preʃ ə ventɪˌleɪʃ(ə)n/ ventilação com pressão positiva: o ato de forçar o ar a entrar nos pulmões, a fim de incentivar a expansão pulmonar. Abreviatura: **PPV**.

positron-emission tomography /ˌpɒzɪtrɒn ɪ'mɪʃ(ə)n təˌmɒɡrəfi/ tomografia com emissão de pósitrons: método de imageamento tomográfico dos tecidos cerebrais, tórax e abdome, a fim de detectar qualquer anormalidade das funções metabólicas, após administração de substância radioativa ao paciente. Abreviatura: **PET**.

posology /pə'sɒlədʒi/ posologia: o estudo da dosagem dos medicamentos.

posseting /'pɒsɪtɪŋ/ (bebês) vômitos: o ato de vomitar pequenas quantidades de leite coalhado após ter sido alimentado.

Possum /'pɒsəm/ Possum: máquina destinada a ajudar pessoas com paralisia grave a operar aparelhos, por exemplo, o telefone, por meio da respiração correta dentro da máquina. Nota: o nome é derivado de *Patient-Operated Selector Mechanism*.

post- /'pəʊst/ pos-; pós-: depois; após; mais tarde.

postcentral gyrus /pəʊstˌsentr(ə)l 'dʒaɪrəs/ giro pós-central: a área sensitiva do córtex cerebral, que recebe os impulsos das células receptoras e registra as sensações, tais como dor, calor e tato.

post-cibal /pəʊst ˈsaɪb(ə)l/ após as refeições: após ter se alimentado.

post cibum /pəʊst ˈsɪbʊn/ após as refeições. Nota: usada em receitas médicas. Abreviatura: **p.c.**

post-coital /pəʊst ˈkɔɪt(ə)l/ pós-coito: após a relação sexual.

postconcussional syndrome /ˌpəʊstkənˈkʌʃ(ə)n(ə)l ˌsɪndrəʊm/ síndrome pós-concussão: conjunto de sintomas que algumas vezes acontecem após lesão cerebral, caracterizado por perda de consciência, cefaléia, diminuição da concentração e da memória, depressão e irritabilidade.

post-epileptic /ˌpəʊst epɪˈleptɪk/ pós-epiléptico: que sobrevém a uma crise epiléptica.

posterior /pɒˈstɪərɪə/ posterior: **1** na parte de trás. Oposto de **anterior**. ◊ **posterior to:** atrás de (na parte de trás). *The cerebellum is posterior to the medulla oblongata.* / O cerebelo é posterior à medula oblonga. **2** (informal) ⇨ **buttock**.

posterior approach /pɒˈstɪərɪə əˌprəʊtʃ/ abordagem posterior: operação cirúrgica realizada pela parte de trás do corpo.

posterior aspect /pɒˈstɪərɪər ˌæspekt/ aspecto posterior: visão da parte posterior do corpo, ou a parte de trás do corpo. Veja ilustração em **Termos Anatômicos**, no Apêndice.

posterior chamber /pɒˌstɪərɪə ˈtʃeɪmbə/ câmera posterior do olho: espaço contendo o humor aquoso, situado na parte posterior da íris. Compare com **anterior chamber**.

posterior fontanelle /pɒˌstɪərɪə fɒntəˈnel/ fontanela posterior: cartilagem na parte posterior do crânio, onde os ossos parietais encontram o occipital. Veja também **bregma**.

posterior lobe /pɒˌstɪərɪə ləʊb/ lobo posterior. ⇨ **caudate lobe**.

posteriorly /pɒˈstɪərɪəli/ posteriormente; na parte posterior: em, ou de uma posição posterior. *An artery leads to a posteriorly placed organ.* / Uma artéria conduz a um órgão posicionado na parte posterior. *Rectal biopsy specimens are best taken posteriorly.* / As amostras para biópsia retal são melhores quando obtidas pela parte posterior do corpo.

posterior nares /pɒˌstɪərɪə ˈneəriːz/ (plural) narinas posteriores. ⇨ **internal nares**.

posterior synechia /pɒˌstɪərɪə sɪˈnekɪə/ sinéquia posterior: condição caracterizada pela aderência da íris ao cristalino.

postero- /pɒstərəʊ/ póstero-: atrás; seguinte.

posteroanterior /ˌpɒstərəʊænˈtɪərɪə/ póstero-anterior: posicionado de trás para frente.

post-exposure prophylaxis /ˌpəʊst ɪkˈspəʊʒə ə ˌprɒfəˈlæksɪs/ profilaxia pós-exposição: tratamento administrado à pessoa que foi exposta a um agente perigoso, no esforço de prevenir ou reduzir a lesão ou uma infecção.

postganglionic /ˌpəʊstgæŋliˈɒnɪk/ pós-ganglionar: situado atrás de um gânglio.

postganglionic fibre /ˌpəʊstgæŋliˌɒnɪk ˈfaɪbə/ fibra pós-ganglionar: os axônios de uma célula nervosa situados posterior ou distalmente a um gânglio. Observação: as fibras pós-ganglionares ramificam-se para o nariz, palato, faringe e glândulas lacrimais.

postganglionic neurone /ˌpəʊstgæŋgliˌɒnɪk ˈnjʊərəʊn/ neurônio pós-ganglionar: neurônio que começa em um gânglio e termina em uma glândula ou músculo liso.

postgastrectomy syndrome /ˌpəʊst gæˈstrektəmi ˌsɪndrəʊm/ síndrome pós-gastrectomia: grupo de sintomas que ocorrem pela passagem rápida de alimento para o intestino delgado, causando tontura, náuseas, sudorese e fraqueza. ☑ **dumping syndrome**.

postgraduate education allowance /ˈpəʊst ˈgrædjʊət edjuˈkeɪʃ(ə)n əˈlaʊəns/ subsídio para pós-graduação educacional: um subsídio que é dado aos clínicos gerais para que possam aprimorar e atualizar seus conhecimentos médicos. Abreviatura: **PGEA**.

posthepatic /ˌpəʊsthɪˈpætɪk/ pós-hepático: que fica atrás do fígado, ou que vem do fígado.

posthepatic bilirubin /ˌpəʊsthɪˌpætɪk ˌbɪliˈruː bɪn/ bilirrubina pós-hepática: bilirrubina que entra no plasma após ter sido tratada pelo fígado.

posthepatic jaundice /ˌpəʊsthɪˌpætɪk ˈdʒɔːnd ɪs/ icterícia pós-hepática. ⇨ **obstructive jaundice**.

post herpetic neuralgia /ˌpəʊst həˌpetɪk njʊ ˈrældʒə/ neuralgia pós-herpética: dores que se seguem a uma crise de herpes zoster.

posthitis /pɒsˈθaɪtɪs/ postite: inflamação do prepúcio.

posthumous /ˈpɒstjʊməs/ póstumo: que ocorre após a morte. ◊ **posthumous birth:** nascimento póstumo: **1** o nascimento de um bebê após a morte do pai. **2** o nascimento de um bebê por operação cesariana após a morte da mãe.

post-irradiation /ˌpəʊst ɪˌreɪdiˈeɪʃ(ə)n/ pós-radiação: relativo à dor ou distúrbio causado pela emissão de raios X.

post-irradiation enteritis /ˌpəʊst ɪˌreɪdieɪ ʃ(ə)n ˌentəˈraɪtɪs/ enterite pós-radiação: enterite causada por exposição aos raios X.

postmature /ˌpəʊstməˈtʃʊə/ pós-maduro: diz-se do bebê que nasce após o período normal de gestação, isto é, quarenta e duas semanas.

postmaturity /ˌpəʊstməˈtʃʊərɪti/ pós-maturidade: gestação que dura mais do que o seu período normal, isto é, quarenta e duas semanas.

postmenopausal /ˌpəʊstmenəʊˈpɔːz(ə)l/ pós-menopáusico: que acontece, ou que existe após a menopausa. *She experienced some postmenopausal bleeding.* / Ela teve sangramentos pós-menopáusicos.

post mortem /pəʊst ˈmɔːtəm/ exame pós-morte; autópsia: diz-se do exame feito por patologista em um cadáver, a fim de determinar a causa da morte. *The post mortem showed that he had been poisoned.* / A autópsia revelou que ele foi envenenado. Abreviatura: **PM**. ☑ **post mortem examination; autopsy**.

post mortem examination /pəʊst 'mɔːtəm ɪɡˌzæmɪ'neɪʃ(ə)n/ exame pós-morte. ⇨ **post mortem**.

postnasal /pəʊst'neɪz(ə)l/ pós-nasal: situado, ou que acontece atrás do nariz.

postnasal drip /pəʊstˌneɪz(ə)l 'drɪp/ gotejamento pós-nasal: condição caracterizada pelo gotejamento de muco da região pós-nasal para dentro da garganta.

postnatal /ˌpəʊst'neɪt(ə)l/ pós-natal: relativo ao período após o parto.

postnatal care /pəʊstˌneɪt(ə)l 'keə/ cuidados pós-natais: assistência à mulher após o nascimento do bebê.

postnatal depression /pəʊstˌneɪt(ə)l dɪ'preʃ(ə)n/ depressão pós-natal; depressão pós-parto: depressão que algumas vezes afeta a mulher após o parto. ☑ **baby blues**.

postnecrotic cirrhosis /ˌpəʊstnekrɒtɪk sɪ'rəʊsɪs/ cirrose pós-necrótica: cirrose hepática causada por hepatite viral.

post-op /pəʊst 'ɒp/ (informal) pós-operatório: **1** ⇨ **postoperative**. **2** ⇨ **postoperatively**.

postoperative /ˌpəʊst'ɒp(ə)rətɪv/ pós-operatório: relativo ao período após uma operação. *The patient has suffered postoperative nausea and vomiting.* / O paciente teve náuseas e vômitos pós-operatórios. *Occlusion may appear as postoperative angina pectoris.* / Pode ocorre oclusão por angina do peito pós-operatória. ☑ **post-op**.

> *...the nurse will help ensure that the parent is physically fit to cope with the postoperative child.* / "…a enfermeira ajudará a assegurar que o pai (ou a mãe) é fisicamente capaz de lidar com a criança no pós-operatório". (*British Journal of Nursing*)

postoperatively /pəʊst'ɒp(ə)rətɪvli/ pós-operatório: após uma operação. ☑ **post-op**.

postoperative pain /pəʊstˌɒp(ə)rətɪv 'peɪn/ dor pós-operatória: dor após uma operação.

postorbital /ˌpəʊst'ɔːbɪt(ə)l/ pós-orbital: situado atrás do globo ocular.

postpartum /pəʊst'pɑːtəm/ pós-parto: relativo ao período após o parto.

postpartum fever /pəʊstˌpɑːtəm 'fiːvə/ febre puerperal. ⇨ **puerperal infection**.

postpartum haemorrhage /pəʊstˌpɑːtəm 'hem(ə)rɪdʒ/ hemorragia pós-parto: sangramento intenso que ocorre logo após o parto. Abreviatura: **PPH**.

post prandium após as refeições. Abreviatura: **p.p.**

post-primary tuberculosis /pəʊst ˌpraɪməri tjuːˌbɜːkjuː'ləʊsɪs/ tuberculose pós-primária: reincidência de tuberculose em pessoa que teve um ataque precedente da doença.

post-registration education and practice /ˌpəʊst redʒɪˌstreɪʃ(ə)n edjuˌkeɪʃ(ə)n ənd 'præktɪs/ educação e prática pós-registro: no Reino Unido, requisito para que todas as en-

fermeiras e parteiras participem de atividades educacionais e mantenham-se atualizadas com as práticas contemporâneas de enfermagem e obstetrícia, e também para que os empregadores atendam às necessidades de aprendizado de seu *staff*. Foi iniciada pelo UKCC em 1993. Abreviatura: **PREP**.

postsynaptic /ˌpəʊstsɪ'næptɪk/ pós-sináptico: situado atrás de uma sinapse.

postsynaptic axon /ˌpəʊstsɪnæptɪk 'æksɒn/ axônio pós-sináptico: axônio nervoso em cada lado de uma sinapse.

post-traumatic /ˌpəʊst trɔː'mætɪk/ pós-traumático: que surge após um trauma, por exemplo, acidente, incêndio ou estupro.

post-traumatic amnesia /ˌpəʊst trɔːˌmætɪk æm'niːziə/ amnésia pós-traumática: amnésia que se segue a um trauma.

post-traumatic stress disorder /ˌpəʊst trɔːˌmætɪk 'stres dɪsˌɔːdə/ distúrbio do estresse pós-traumático: sintomas psicológicos originários de um grande trauma emocional, por exemplo, guerra ou desastre natural. A pessoa sente dor no peito, tontura, distúrbios do sono, *flashbacks*, ansiedade, cansaço e depressão. Abreviatura: **PTSD**.

postural /'pɒstʃərəl/ postural: relativo à postura. *a study of postural disorder* / um estudo dos distúrbios posturais.

postural drainage /ˌpɒstʃərəl 'dreɪnɪdʒ/ drenagem postural: drenagem para remoção de líquido pulmonar, no abscesso pulmonar e na broncoectasia, que consiste em manter a pessoa deitada com a cabeça abaixada para trás, a fim de que possa tossir mais facilmente.

postural hypotension /ˌpɒstʃərəl haɪpəʊ'tenʃən/ hipotensão postural: queda da pressão arterial, que ocorre ao se ficar de pé subitamente, acompanhada de tontura.

posture /'pɒstʃə/ postura: a postura do corpo, ou a atitude que um pessoa geralmente mantém quando está de pé. *Bad posture can cause pain in the back.* / Má postura pode causar dor nas costas. *She has to do exercises to correct her bad posture.* / Ela precisa fazer exercícios para corrigir a má postura.

postviral /pəʊst'vaɪrəl/ pós-viral: que ocorre após uma infecção viral.

postviral fatigue syndrome /pəʊstˌvaɪrəl fə'tiːg ˌsɪndrəʊm/ síndrome da fadiga pós-viral. ⇨ **myalgic encephalomyelitis**.

potassium /pə'tæsiəm/ potássio: um elemento metálico cujos sais são empregados em medicina. Símbolo químico: **K**. ☑ **kalium**.

potassium permanganate /pəˌtæsiəm pəˈm ængə nət/ permanganato de potássio: sal tóxico, de coloração púrpura, usado em solução como anti-séptico.

potentiate /pə'tenʃieɪt/ potencializar: aumentar o efeito de uma droga ou tratamento, principalmente pelo uso concomitante de outra droga ou agente.

Pott's disease /ˈpɒts dɪˌziːz/ doença de Pott: doença caracterizada por tuberculose da coluna vertebral, levando à paralisia. ☑ **Pott's caries** (tuberculose óssea de Pott). (Descrita em 1779 por Sir Percivall Pott [1714–1788], cirurgião londrino.)

Pott's fracture /ˈpɒts ˌfræktʃə/ fratura de Pott: fratura da extremidade inferior da fíbula, acompanhada por deslocamento do tornozelo e do pé para fora. (Descrita em 1765 por Sir Percivall Pott [1714–1788], cirurgião londrino.)

pouch /paʊtʃ/ bolsa: uma pequena bolsa ou saco preso a um órgão.

poultice /ˈpəʊltɪs/ cataplasma: uma compressa feita com água quente e farinha de linhaça, ou outras substâncias, que é aplicada quente a uma área infectada para puxar o pus, aliviar a dor, ou estimular a circulação. ☑ **fomentation**.

pound /paʊnd/ libra: unidade de peso equivalente a 450 gramas. *The baby weighed only four pounds at birth.* O bebê pesou apenas 4 libras (1 quilo e 800 gramas) ao nascer. Abreviatura: **lb**. Nota: em ilustrações, usa-se a forma **lb**: *The baby weighs 6lb.* / O bebê pesa 6 libras (2 quilos e 700 gramas).

Poupart's ligament /ˈpuːpɑːts ˌlɪgəmənt/ ligamento de Poupart. ⇨ **inguinal ligament**. (Descrito em 1705 por François Poupart [1616–1708], cirurgião e anatomista francês.)

powder /ˈpaʊdə/ pó: medicamento que consiste em uma massa seca reduzida a partículas finíssimas de uma droga. *He took a powder to help his indigestion* or *He took an indigestion powder.* / Ele tomou um pó para ajudar a indigestão *ou* Ele tomou um pó para a indigestão.

powdered /ˈpaʊdəd/ em pó: que foi triturado, formando um pó bem fino. *The medicine is available in tablets or in powdered form.* / O medicamento está disponível em comprimidos ou sob a forma de pó.

pox /pɒks/ pox: **1** qualquer doença caracterizada por vesículas ou pústulas. **2** (antiquado) ⇨ **syphilis**.

poxvirus /ˈpɒksˌvaɪrəs/ poxvírus: um de um grupo de vírus causadores de vacínia, varíola e doenças afins.

> *Molluscum contagiosum is a harmless skin infection caused by a poxvirus that affects mainly children and young adults.* / "O molusco contagioso é uma infecção cutânea inofensiva, causada por um poxvírus, que afeta principalmente crianças e adultos jovens." (*British Medical Journal*)

p.p. abreviatura de **post prandium**. Compare com **a.p.**

PPD abreviatura de **purified protein derivative**.

PPH abreviatura de **postpartum haemorrhage**.

PPV abreviatura de **positive pressure ventilation**.

PQRST complex / ˈkɒmpleks/ complexo PQRST: no eletrocardiograma, um conjunto de ondas classificadas de P a T, representando a contração ventricular. Veja também **QRS complex; Q-T interval; ST segment**.

p.r. abreviatura de **per rectum**.

practice /ˈpræktɪs/ prática; exercício de uma profissão; clínica: **1** o exercício da medicina, ou o local de trabalho de, por exemplo, um médico, dentista ou um grupo de médicos ou dentistas que trabalham juntos. *After qualifying she joined her father's practice.* / Após obter o registro médico, ela ingressou na clínica do pai. ◊ **in practice**: na prática: que faz o trabalho de um médico ou dentista. *He has been in practice for six years.* / Ele exerce a profissão médica há seis anos. **2** a execução de alguma coisa, em oposição à teoria. *theory and practice* / teoria e prática. **3** uma maneira habitual de fazer alguma coisa. *Such practices are now regarded as unsafe.* / Tais práticas são hoje consideradas arriscadas. ⇨ **practise**.

practice nurse /ˈpræktɪs nɜːs/ enfermeira prática licenciada: enfermeira empregada por um clínico geral ou por estrutura empresarial (truste) para ministrar tratamento, promover as boas práticas de saúde, fazer triagens e prestar outros serviços aos pacientes.

> *...practice nurses play a major role in the care of patients with chronic disease and they undertake many preventive procedures.* / "...as enfermeiras práticas licenciadas exercem um papel importante no cuidado de pacientes com doenças crônicas, tomando muitas medidas preventivas." (*Nursing Times*)

practise /ˈpræktɪs/ praticar; exercer (profissão): **1** trabalhar como médico. *He practises in North London.* / Ele trabalha como médico na zona norte de Londres. *She practises homeopathy.* / Ela exerce a homeopatia. **2** trabalhar em um ramo particular da medicina. Nota: no inglês americano usa-se **practice**.

practitioner /prækˈtɪʃ(ə)nə/ médico; clínico; profissional: pessoa qualificada que trabalha na profissão médica. ◊ **nurse practitioner**: enfermeira prática: (EUA) **1** enfermeira empregada por uma clínica ou consultório médico para aconselhar os pacientes. **2** uma enfermeira que tem experiência prática mas não é licenciada.

praecox /ˈpriːkɒks/ precoce. Veja **dementia praecox; ejaculatio praecox**.

praevia /ˈpriːviə/ prévia. Veja **placenta praevia**.

pravastatin /ˌprævəˈstætɪn/ pravastatina: agente redutor do colesterol.

prazosin /ˈpræzəsɪn/ prazosina: agente com propriedades vasodilatadoras, usado no tratamento da hipertensão.

pre- /priː/ pré-: antes; diante de.

preadmission information /ˌpriːədˈmɪʃ(ə)n ɪnfəˌmeɪʃ(ə)n/ informações pré-internação: informações que uma pessoa recebe antes de ser hospitalizada.

pre-anaesthetic round /ˌpriːænəsˈθetɪk raʊnd/ exame pré-anestésico; inspeção pré-anestésica:

exame dos pacientes por cirurgião antes que eles recebam anestesia.

precancer /pri:'kænsə/ pré-câncer: crescimento ou célula que não é maligna, mas que apresenta probabilidade de desenvolvimento de câncer.

precancerous /pri:'kænsərəs/ pré-canceroso: referente a um crescimento não-maligno, mas com probabilidade de desenvolvimento de câncer.

precaution /prɪ'kɔ:ʃ(ə)n/ precaução: ação destinada a prevenir um acontecimento. *She took the tablets as a precaution against seasickness.* / Ela tomou os comprimidos como precaução contra o enjôo (causado pelo balanço do mar).

precede /prɪ'si:d/ preceder: acontecer antes ou mais cedo (do que alguma coisa). *The attack was preceded by a sudden rise in body temperature.* / O ataque foi precedido por um aumento repentino da temperatura corporal.

precentral gyrus /pri:ˌsentr(ə)l 'dʒaɪrəs/ giro pré-central: uma área motora do córtex cerebral.

preceptor /prɪ'septə/ preceptor; mentor; instrutor: especialista que orienta o treinamento prático de um estudante.

preceptorship /prɪ'septəʃip/ preceptorado: período de tempo durante o qual uma enfermeira, parteira ou profissional de saúde recentemente treinados podem adquirir prática trabalhando com um especialista, que fornece diretrizes e aconselhamento.

precipitate /prɪ'sɪpɪtət/ **1** precipitado: produto resultante de uma reação química ou precipitação. **2** precipitar: a) fazer uma substância se separar de um composto químico e sedimentar-se no fundo de um líquido durante uma reação química. *Casein is precipitated when milk comes into contact with an acid.* / A caseína se precipita quando o leite entra em contato com um ácido. b) fazer alguma coisa começar subitamente.

...it has been established that myocardial infarction and sudden coronary death are precipitated in the majority of patients by thrombus formation in the coronary arteries. / "...tem sido estabelecido que o infarto do miocárdio e a morte coronariana súbita são precipitados, na maioria dos pacientes, pela formação de trombo nas artérias coronárias." (*British Journal of Hospital Medicine*)

precipitate labour /prɪˌsɪpɪtət 'leɪbə/ trabalho de parto precipitado: trabalho de parto em que a expulsão do feto é muito rápida, durando duas horas ou menos. Pode ser perigoso, tanto para a mãe quanto para o bebê.

precipitation /prɪˌsɪpɪ'teɪʃ(ə)n/ precipitação: a ação de formar um precipitado.

precipitin /prɪ'sɪpɪtɪn/ precipitina: um anticorpo que combina com um antígeno, formando um precipitado, usado em muitos testes diagnósticos.

precise /prɪ'saɪs/ preciso: exato ou correto. *The instrument can give precise measurements of changes in heartbeat.* / O instrumento pode for-

necer medidas precisas das alterações nos batimentos cardíacos.

preclinical /pri:'klɪnɪk(ə)l/ pré-clínico: **1** que acontece antes do diagnóstico. *the preclinical stage of an infection* / o estágio pré-clínico de uma infecção. **2** referente à primeira parte do curso de medicina, antes que seja permitido aos estudantes examinar os pacientes verdadeiros.

precocious /prɪ'kəʊʃəs/ precoce: física ou mentalmente mais desenvolvido do que o normal para uma determinada idade.

precocious puberty /prɪˌkəʊʃəs 'pju:bəti/ puberdade precoce: desenvolvimento de sinais da puberdade (maturação sexual) em meninas, antes dos sete anos de idade, e em meninos, antes dos nove anos. Se a condição não for tratada, os meninos não atingem mais de 1,60 m e as meninas raramente chegam a 1,5 m.

precocity /prɪ'kɒsɪti/ precocidade: o estado ou o fato de ser precoce.

precordial /pri:'kɔ:dɪəl/ precordial: relativo ao precórdio.

precordium /pri:'kɔ:dɪəm/ precórdio: a parte do tórax que cobre o coração. Plural: **precordia**.

precursor /prɪ'kɜ:sə/ precursor: substância ou célula que origina outra substância ou célula, por exemplo, a dopa, o precursor da dopamina, que é convertida em dopamina pela enzima dopa decarboxilase.

predict /prɪ'dɪkt/ prever; predizer: afirmar algo que acontecerá no futuro. *Doctors are predicting a rise in cases of whooping cough.* / Os médicos estão prevendo um aumento nos casos de coqueluche.

prediction /prɪ'dɪkʃən/ predição: o ato de afirmar algo que acontecerá no futuro. *the Health Ministry's prediction of a rise in cases of hepatitis B* / a predição do Ministério da Saúde sobre um aumento nos casos de hepatite B.

predictive /prɪ'dɪktɪv/ preditivo: relativo à predição. *The predictive value of the test is high.* / O valor preditivo do teste é alto.

predigest /ˌpri:daɪ'dʒest/ pré-digerir: submeter alimentos a um início artificial de digestão por meio de elementos químicos ou enzimas, de modo a ajudar pessoas com problemas digestivos.

predigested food /ˌpri:daɪdʒestɪd 'fu:d/ alimento pré-digerido: alimento que foi submetido à pré-digestão.

predigestion /ˌpri:daɪ'dʒestʃ(ə)n/ pré-digestão: o início artificial do processo digestório, antes que o alimento seja consumido.

predisposed to /ˌpri:dɪ'spəʊzd tʊ/ predisposto a: que tem tendência ou susceptibilidade a uma doença ou condição. *All the members of the family are predisposed to vascular diseases.* / Todos os membros da família são predispostos a doenças vasculares.

predisposing factor /ˌpri:dɪspəʊzɪŋ 'fæktə/ fator predisponente: fator que aumentará o risco de doença.

P

predisposition /ˌpriːdɪspəˈzɪʃ(ə)n/ predisposição: uma tendência ou susceptibilidade. *She has a predisposition to obesity.* / Ela tem predisposição à obesidade.

prednisolone /predˈnɪsələʊn/ prednisolona: hormônio esteróide sintético, semelhante à cortisona, usado principalmente no controle de doenças inflamatórias, por exemplo, a artrite reumatóide.

prednisone /predˈnɪsəʊn/ prednisona: hormônio esteróide sintético, produzido a partir da cortisona, usado no tratamento de alergias e artrite reumatóide.

predominant /prɪˈdɒmɪnənt/ predominante: mais poderoso; que prevalece.

pre-eclampsia /ˌpriː ɪˈklæmpsiə/ pré-eclâmpsia: condição verificada por volta da vigésima semana de gestação, que pode levar à eclâmpsia. Os sintomas são hipertensão, edema e proteinúria. ☑ **pregnancy-induced hypertension**.

preemie /ˈpriːmi/ (informal) bebê prematuro. No inglês americano, o termo é usado para indicar um bebê que nasce prematuramente.

prefrontal /priːˈfrʌnt(ə)l/ pré-frontal: situado, ou que afeta a porção anterior do lobo frontal cerebral.

prefrontal leucotomy /priːˌfrʌnt(ə)l luːiˈkɒtəmi/ leucotomia pré-frontal: incisão da substância branca do lobo pré-frontal, usada antigamente como tratamento da esquizofrenia.

prefrontal lobe /priːˈfrʌnt(ə)l ləʊb/ lobo pré-frontal: área em frente a cada hemisfério cerebral, na porção anterior do lobo frontal, responsável pela memória e pelo aprendizado.

preganglionic /ˌpriːgæŋɡlɪˈɒnɪk/ pré-ganglionar: situado perto, ou precedendo um gânglio.

preganglionic fibre /ˌpriːgæŋɡlɪɒnɪk ˈfaɪbə/ fibra pré-ganglionar: os axônios dos neurônios ganglionares.

preganglionic neurone /ˌpriːgæŋɡlɪˌɒnɪk ˈnjʊərəʊn/ neurônio pré-ganglionar: neurônio que se junta a um gânglio.

pregnancy /ˈpregnənsi/ gravidez: **1** ⇨ **gestation period**. **2** a condição de estar grávida. ☑ **cyesis**.

pregnancy-associated hypertension /ˌpreg nənsi əˌsəʊsieɪtɪd ˌhaɪpəˈtenʃən/ hipertensão associada à gravidez: hipertensão que acontece durante a gravidez e é associada a ela.

pregnancy-induced hypertension /ˌpregnə nsi ɪnˈdjuːsd ˌhaɪpəˈtenʃən/ hipertensão induzida por gravidez. ⇨ **pre-eclampsia**. Abreviatura: **PIH**.

pregnancy test /ˈpregnənsi test/ teste de gravidez: teste para confirmar se uma mulher está grávida ou não.

pregnant /ˈpregnənt/ grávida: diz-se da mulher que carrega um filho no útero. *She is six months pregnant.* / Ela está grávida de seis meses.

prehepatic /priːhɪˈpætɪk/ pré-hepático: situado anteriormente ao fígado, ou que acontece antes de chegar ao fígado.

prehepatic bilirubin /priːhɪˌpætɪk bɪliˈruːbɪn/ bilirrubina pré-hepática: bilirrubina presente no plasma, antes de passar para o fígado.

prehepatic jaundice /ˌpriːhɪˌpætɪk ˈdʒɔːndɪs/ icterícia pré-hepática. ⇨ **haemolytic jaundice**.

prem /prem/ (informal) prematuro. **1** ⇨ **premature. 2** um bebê prematuro.

premature /ˈpremətʃə/ prematuro; precoce; extemporâneo: que ocorre antes do tempo previsto ou desejável. *The baby was five weeks premature.* / O bebê nasceu prematuro de cinco semanas. ☑ **prem**. Observação: os bebês podem sobreviver mesmo quando nascem prematuros de várias semanas. Até mesmo bebês que pesam menos de um quilo quando nascem podem sobreviver na incubadora, tendo um desenvolvimento saudável.

premature baby /ˌpremətʃə ˈbeɪbi/ bebê prematuro: bebê que nasce com menos de trinta e sete semanas a partir da concepção, ou que pesa menos de 2,5 quilos, mas que é capaz de ter vida independente.

premature beat /ˌpremətʃə ˈbiːt/ batimento prematuro. ⇨ **ectopic heartbeat**.

premature birth /ˌpremətʃə ˈbɜːθ/ parto prematuro: parto de um bebê com menos de trinta e sete semanas a partir da concepção.

premature ejaculation /ˌpremətʃə ɪˌdʒækjuˈleɪʃ(ə)n/ ejaculação precoce: ejaculação muito rápida do homem, durante a relação sexual.

premature labour /ˌpremətʃə ˈleɪbə/ trabalho de parto prematuro: condição em que o início do trabalho de parto acontece antes de trinta e sete semanas a partir da concepção. *After the accident she went into premature labour.* / Após o acidente, ela entrou em trabalho de parto prematuro.

prematurely /ˈpremətʃʊəli/ prematuramente; com prematuridade: antes do tempo previsto ou desejável. *The baby was born two weeks prematurely.* / O bebê nasceu com prematuridade de duas semanas. *A large number of people die prematurely from ischaemic heart disease.* / Um grande número de pessoas morre prematuramente de doença cardíaca isquêmica.

prematurity /ˌpreməˈtʃʊərɪti/ prematuridade: situação na qual algo acontece antes do tempo previsto ou desejável.

premed /ˈpriːmed/ (informal) em pré-medicação: o estágio em que se está sendo pré-medicado. *The patient is in premed.* / O paciente está em pré-medicação.

premedical /priːˈmedɪk(ə)l/ pré-médico: relativo aos estudos que se deve completar, antes de ingressar na escola de medicina.

premedicant drug /priːˌmedɪˈkənt ˈdrʌg/ droga para pré-medicação. ⇨ **premedication**.

premedication /ˌpriːmedɪˈkeɪʃ(ə)n/ pré-medicação: medicação que é administrada antes de uma cirurgia, a fim de bloquear o sistema nervoso parassimpático e prevenir a ocorrência de vômitos durante a operação, por exemplo, um sedativo. ☑ **premedicant drug**.

premenopausal /ˌpriːˈmenəˈpɔːz(ə)l/ pré-menopáusico: relativo ao estágio na vida de uma mulher imediatamente antes do início da menopausa.

premenstrual /priːˈmenstruəl/ pré-menstrual: que acontece antes da menstruação.

premenstrual syndrome /priːˌmenstruəl ˈsɪn drəʊm/ síndrome pré-menstrual: estresse nervoso que costuma marcar as duas semanas antes do início do período menstrual. ☑ **premenstrual tension**. Abreviatura: **PMS**.

premenstrualtension/priːˌmenstruəl ˈtenʃən/ tensão pré-menstrual. Abreviatura: **PMT**. ⇨ **premenstrual syndrome**.

premolar /priːˈməʊlə/ pré-molar: dente bicúspide, situado entre os caninos e o primeiro molar propriamente dito. Veja ilustração em **Teeth**, no Apêndice.

prenatal/priːˈneɪt(ə)l/ pré-natal: durante o período compreendido entre a concepção e o parto.

prenataldiagnosis/priːˌneɪt(ə)l ˌdaɪəgˈnəʊsɪs / diagnóstico pré-natal. ⇨ **antenatal diagnosis**.

pre-op /priː ˈɒp/ (informal) pré-op. ⇨ **preoperative**.

preoperative /priːˈɒp(ə)rətɪv/ pré-operatório: o período que antecede uma cirurgia. ☑ **pre-op**.

preoperatively /priːˈɒp(ə)rətɪvli/ durante o pré-operatório: durante o período que antecede uma cirurgia.

preoperative medication /priːˌɒp(ə)rətɪv ˌmedɪˈkeɪʃən/ droga pré-operatória; droga para pré-medicação: droga que é administrada antes de uma operação cirúrgica, por exemplo, um sedativo.

preovulatory /priːˈɒvjələt(ə)ri/ pré-ovulatório: compreendido entre o sexto e o décimo terceiro dias do ciclo menstrual, entre a menstruação e a ovulação.

prep /prep/ (informal) **1** preparação: ⇨ **preparation**. *The prep is finished, so the patient can be taken to the operating theatre.* / A preparação terminou, portanto, o paciente pode ser levado para a sala de operação. **2** preparar. ⇨ **prepare**. *Has the patient been prepped?* / O paciente foi preparado?

PREP abreviatura de **post-registration education and practice**.

preparation /ˌprepəˈreɪʃ(ə)n/ preparação: **1** o ato de deixar alguém pronto (preparado) para uma cirurgia. ☑ **prep**. **2** um preparado, por exemplo, comprimido ou líquido, contendo um medicamento. *He was given a preparation containing an antihistamine.* / Ele recebeu uma preparação contendo um anti-histamínico.

prepare /prɪˈpeə/ preparar: **1** deixar algo ou alguém pronto (preparado). *Six rooms in the hospital were prepared for the accident victims.* / Seis quartos do hospital foram preparados para as vítimas do acidente. *The nurses were preparing him for the operation.* / As enfermeiras o estavam preparando para a cirurgia. **2** fazer algu-

ma coisa. *He prepared a soothing linctus.* / Ele preparou um lincto tranquilizante. ☑ **prep**.

prepatellar bursitis /ˌpriːpəˌtelə bɜːˈsaɪtɪs/ bursite pré-patelar: condição que é provocada quando se bate o joelho em superfícies duras, caracterizada pela inflamação da bolsa anterior à paleta, com acúmulo de líquido no seu interior. ☑ **housemaid's knee**.

prepubertal /priːˈpjuːbət(ə)l/ pré-púbere: antes da puberdade.

prepuberty /priːˈpjuːbəti/ pré-puberdade; pré-pubescência: o período antes da puberdade.

prepubescent /ˌpriːpjuːˈbesənt/ pré-pubescente: que se encontra no estágio imediatamente antes do início da puberdade.

prepuce /ˈpriːpjuːs/ prepúcio. ⇨ **foreskin**.

presby- /prezbi/ ⇨ **presbyo-**.

presbyacusis /ˌprezbiˈkuːsɪs/ presbiacusia: condição caracterizada pela perda gradual da audição, na idade avançada, devida à degenerescência do ouvido interno.

presbyo- /prezbiəʊ/ presbi-: relativo à velhice. Nota: antes de vogais usa-se **presby-**.

presbyopia /ˌprezbiˈəʊpiə/ presbiopia: condição caracterizada pela perda gradual da visão, na velhice, devido ao endurecimento do cristalino.

prescribe /prɪˈskraɪb/ prescrever; receitar: instruir uma pessoa quanto à dose específica de um medicamento ou tratamento. *The doctor prescribed a course of antibiotics.* / O médico prescreveu uma série de antibióticos.

prescribed disease /prɪˌskraɪbd dɪˈziːz/ doença ocupacional: doença causada por um determinado tipo de trabalho, que consta de uma lista oficial revisada anualmente, dando à pessoa doente o direito de pleitear alguns benefícios. Entre essas doenças, podemos citar a surdez, a pneumoconiose e as lesões por esforços repetitivos (RSI).

prescribed illness /prɪˌskraɪbd ˈɪlnəs/ doença ocupacional: doença contraída no local de trabalho devido à exposição a produtos químicos, por exemplo, envenenamento por mercúrio, ou a atividades perigosas, por exemplo, doença da descompressão (doença do caixão).

prescribing analyses and cost /prɪˌskraɪbɪŋ əˌnælɪsiːz ənd ˈkɒst/ (plural) análise da relação custo/benefício: dados sobre a relação custo/benefício de medicamentos prescritos nos cuidados primários. Abreviatura: **PACT**.

prescription /prɪˈskrɪpʃən/ prescrição; receita: autorização médica contendo uma fórmula para preparação e venda de um determinado medicamento por farmacêutico habilitado.

prescription drug /prɪˈskrɪpʃən drʌg/ medicamento controlado: droga que só pode ser vendida mediante uma prescrição médica legalmente válida.

prescription-only medicine /prɪˈskrɪpʃən-ɒn lɪ ˈmed(ə)s(ə)n/ medicamento vendido somente com receita médica. Abreviatura: **POM**.

presence /'prez(ə)ns/ presença: o ato ou o fato de estar presente. *Tests showed the presence of sugar in the urine.* / Os testes mostraram a presença de açúcar na urina.

presenile /pri:'si:naɪl/ pré-senil: **1** que mostra sinais prematuros de senilidade. **2** referente a uma condição que afeta pessoas de meia-idade, mas com características de senilidade.

presenile dementia /pri:ˌsi:naɪl dɪ'menʃə/ (antiquado) demência pré-senil: deterioração mental que afeta adultos entre os quarenta e os sessenta anos de idade. Observação: os pacientes costumam receber o diagnóstico de demência pré-senil quando mostram sintomas de demência e têm menos de sessenta e cinco anos de idade, e de demência senil após os sessenta e cinco anos. No entanto, estes termos já não são muito usados, e em vez deles, para propósitos diagnósticos, são utilizadas expressões como doença de Alzheimer, infarto múltiplo ou infarto vascular.

presenility /ˌpri:sə'nɪlɪti/ pré-senilidade: o envelhecimento prematuro do corpo ou do cérebro, com a presença de sintomas que geralmente são associados a pessoas de idade muito avançada.

present /'prez(ə)nt/ **1** apresentar: (paciente) mostrar sintomas particulares de uma doença ou condição. *The patient presented with severe chest pains.* / O paciente apresentou intensas dores torácicas. **2** (sintoma) presente: que está presente, ou que ocorre em um determinado lugar. *The doctors' first task is to relieve the presenting symptoms.* / A primeira tarefa dos médicos é aliviar os sintomas presentes. *The condition may also present in a baby.* / A condição também pode estar presente em um bebê. *All the symptoms of the disease are present.* / Todos os sintomas da doença estão presentes. **3** (bebê) apresentação: a parte do feto que aparece em primeiro lugar no canal vaginal. Nota: na acepção **2**, a pronúncia é /prɪ'zent/.

> ...*chlamydia in the male commonly presents a urethritis characterized by dysuria.* / "...no homem, a clamídia geralmente apresenta uretrite caracterizada por disúria.(*Journal of American College Health*)
>
> *26 patients were selected from the outpatient department on grounds of disabling breathlessness present for at least five years.* / "vinte e seis pacientes foram selecionados do ambulatório, com base em problemas respiratórios incapacitantes durante, pelo menos, cinco anos. (*Lancet*)
>
> ...*sickle cell chest syndrome is a common complication of sickle cell disease, presenting with chest pain, fever and leucocytosis.* / "...a síndrome da célula falciforme torácica é uma complicação comum da doença da célula falciforme, sendo acompanhada por dor torácica, febre e leucocitose." (*British Medical Journal*)
>
> ...*a 24 year-old woman presents with an influenza-like illness of five days' duration.* / "...uma mulher de vinte e quatro anos apre-

senta-se com uma doença, semelhante à gripe, com cinco dias de duração." (*British Journal of Hospital Medicine*)

> ...*the presenting symptoms of Crohn's disease may be extremely variable.* / "...os sintomas presentes de doença de Crohn podem ser extremamente variáveis." (*New Zealand Medical Journal*)

presentation /ˌprez(ə)n'teɪʃ(ə)n/ apresentação: a maneira como o bebê irá nascer, de acordo com a parte que aparece em primeiro lugar no canal do parto

presenting part /prɪ'zentɪŋ pɑ:t/ parte de apresentação: a parte do feto que está mais próxima do canal do parto.

preservation /ˌprezə'veɪʃ(ə)n/ preservação: a manutenção, em condições propícias, de amostras de tecidos ou órgão doados.

preserve /prɪ'zɜ:v/ preservar: impedir alguma coisa de se estragar ou deteriorar.

press /pres/ apertar; comprimir; pressionar: empurrar ou apertar alguma coisa. *The tumour is pressing against a nerve.* / O tumor está comprimindo um nervo.

pressor /'presə/ pressor: **1** relativo ao nervo que estimula uma parte do corpo. **2** que aumenta a pressão arterial, por exemplo, uma substância pressora.

pressure /'preʃə/ pressão: **1** a ação de apertar ou comprimir alguma coisa. **2** a força exercida por um corpo a sua volta. **3** estresse físico ou mental causado por agentes externos.

pressure area /'preʃər ˌeəriə/ área de pressão: área do corpo sujeita à pressão excessiva, pela proximidade do osso com a pele; desse modo, quando esta é pressionada, há um conseqüente desvio de sangue.

pressure bandage /'preʃə ˌbændɪdʒ/ bandagem de pressão: tipo de bandagem para aplicar pressão contra uma área do corpo.

pressure index /'preʃər ˌɪndeks/ índice de pressão: método para avaliar a extensão de uma obstrução arterial na perna por meio da medição da pressão arterial dos braços e pernas, dividindo-se então a pressão sistólica da perna pela do braço. Abreviatura: **PI**.

pressure point /'preʃə pɔɪnt/ ponto de pressão: local do corpo em que há o cruzamento de uma artéria com um osso permitindo, desse modo, o uso de pressão digital para controlar uma hemorragia.

pressure sore /'preʃə sɔ:/ úlcera de decúbito. ⇨ **bedsore**.

presynaptic /ˌpri:sɪ'næptɪk/ pré-sináptico: situado antes de uma sinapse.

presynaptic axon /ˌprisɪnæptɪk 'nɜ:v/ axônio pré-sináptico: nervo que se dirige para um lado de uma sinapse.

presystole /pri:'sɪstəli/ pré-sístole: período que antecede a sístole no ciclo dos batimentos cardíacos.

preterm birth /ˌpriːˈtɜːm bɜːθ/ parto antes do termo; parto pré-termo: nascimento de um bebê antes de trinta e sete semanas completas de permanência no útero, apresentando risco mais elevado de problemas graves de saúde. Nota: cerca de doze por cento dos partos no Reino Unido acontecem antes do termo.

prevalence /ˈprevələns/ prevalência: o número de casos de uma doença em uma população de um determinado lugar, num período de tempo específico. *the prevalence of malaria in some tropical countries* / a prevalência de malária em alguns países tropicais. *the prevalence of cases of malnutrition in large towns* / a prevalência de casos de má-nutrição nas grandes cidades. *a high prevalence of renal disease* / uma alta prevalência de doença renal.

prevalent /ˈprevələnt/ prevalente: que predomina; que é muito poderoso. *The disease is prevalent in some African countries.* / A doença é prevalente em alguns países africanos. *The condition is more prevalent in the cold winter months.* / A condição é prevalente nos meses frios do inverno.

prevent /prɪˈvent/ prevenir: impedir que algo aconteça, ou impedir alguém de fazer alguma coisa. *The treatment is given to prevent the patient's condition from getting worse.* / O tratamento é administrado para prevenir a piora da condição do paciente. *Doctors are trying to prevent the spread of the outbreak of Legionnaires' disease.* / Os médicos estão tentando prevenir a propagação do surto da doença dos legionários.

preventative /prɪˈventətɪv/ preventivo. ⇨ **preventive**.

prevention /prɪˈvenʃən/ prevenção: a ação de impedir um acontecimento.

preventive /prɪˈventɪv/ preventivo: relativo à ação que visa impedir um acontecimento, principalmente evitar a propagação de uma doença ou infecção. *preventive treatment* / tratamento preventivo. *preventive action* / ação preventiva. ☑ **preventative**.

preventive measure /prɪˌventɪv ˈmeʒə/ medida preventiva: ação que visa impedir a ocorrência ou propagação de uma doença. Observação: as medidas preventivas incluem imunização, vacinação, esterilização, quarentena e melhoria dos padrões sanitários e de moradia. A educação sanitária também desempenha um papel importante na prevenção das doenças.

preventive medicine /prɪˌventɪv ˈmed(ə)s(ə)n/ medicina preventiva: conjunto de ações que visam impedir a ocorrência de uma doença, por exemplo, a educação direcionada para os assuntos relacionados à saúde, imunização e triagem de doenças já conhecidas.

prevertebral /priːˈvɜːtɪbr(ə)l/ pré-vertebral: situado na parte anterior da coluna vertebral ou de uma vértebra.

Priadel /ˈpraɪədel/ Priadel: o nome comercial do lítio.

priapism /ˈpraɪəpɪz(ə)m/ priapismo: ereção persistente e dolorosa do pênis, não relacionada ao desejo sexual, mas devida a cóagulo sanguíneo nos tecidos penianos, traumatismo da medula espinhal ou cálculos na bexiga urinária.

prick /prɪk/ picar; espetar: fazer um pequeno orifício em algo com um objeto de ponta perfurante. *The nurse pricked the patient's finger to take a blood sample.* / A enfermeira picou o dedo do paciente para tirar uma amostra de sangue.

prickle cell /ˈprɪk(ə)l sel/ célula espinhosa: célula com muitos processos radiados conectados a células semelhantes, encontrada na camada interior da epiderme.

prickly heat /ˈprɪkli hiːt/ brotoeja. ⇨ **miliaria**.

-pril /prɪl/ -pril: forma combinante usada para descrever os inibidores da ECA (enzima conversora da angiotensina). *captopril* / captopril.

prilocaine /ˈpraɪləkeɪn/ prilocaína: anestésico local, utilizado na odontologia.

primaquine /ˈpraɪməkwiːn/ primaquina: droga sintética usada no tratamento da malária.

primary /ˈpraɪməri/ primário: **1** que acontece primeiro, levando a outro acontecimento. **2** mais importante. **3** relativo a uma condição que pode ter sintomas secundários. Compare com **secondary**.

primary amenorrhoea /ˌpraɪməri ˌeɪme nəˈriːə/ amenorréia primária: condição em que nunca houve ocorrência de menstruação.

primary biliary cirrhosis /ˌpraɪməri ˌbɪliəri sɪˈrəʊsɪs/ cirrose biliar primária: cirrose hepática causada por doença auto-imune.

primary bronchi /ˌpraɪməri ˈbrɒŋkiː/ (plural) brônquios primários. ⇨ **main bronchi**.

primary care /ˌpraɪməri ˈkeə/ cuidados primários: no Reino Unido, serviços clínicos oferecidos diretamente à população por clínicos gerais, dentistas, oculistas e outros profissionais da saúde, que também podem encaminhar o paciente a um médico especialista para tratamento. ☑ **healthcare; primary health care; primary medical care**. Compare com **secondary care; tertiary care**.

> ...*primary care is largely concerned with clinical management of individual patients, while community medicine tends to view the whole population as its patient.* / "...os cuidados primários estão voltados principalmente para o controle clínico de pacientes individuais, enquanto a medicina comunitária tende a ver a população inteira como paciente. (*Journal of the Royal College of General Practitioners*)

primary care group /ˌpraɪməri ˈkeə gruːp/ grupo de cuidados primários: uma organização responsável pela supervisão dos cuidados clínicos primários e pelo comissionamento de cuidados secundários em um bairro. Os membros principais são clínicos gerais, enfermeiras da comunidade, assistentes sociais e membros leigos. Abreviatura: **PCG**.

primary care team /ˌpraɪməri ˈkeə tiːm/ equipe de cuidados primários. ⇨ **primary health care team**.

P

primary care trust /ˌpraɪməri ˈkeə trʌst/ truste de cuidados clínicos primários: no Reino Unido, o nível máximo dos cuidados clínicos primários, com responsabilidades extras, tais como a contratação do *staff* de atendimento à comunidade. Abreviatura: **PCT**.

primary cartilaginous joint /ˌpraɪməri ˌkɑːtəˈlædʒɪnəs dʒɔɪnt/ articulação cartilaginosa primária: uma articulação temporária, na qual a cartilagem interveniente é convertida em osso. Veja também **cartilaginous joint**.

primary complex /ˌpraɪməri ˈkɒmpleks/ complexo primário: o primeiro nodo linfático que é infectado na tuberculose.

primary dysmenorrhoea /ˌpraɪməri ˌdɪsmenəˈriːə/ dismenorréia primária: menstruação dolorosa que ocorre perto da época da primeira menstruação. ☑ **essential dysmenorrhoea**.

primary haemorrhage /ˌpraɪməri ˈhem(ə)rɪdʒ/ hemorragia primária: hemorragia que ocorre imediatamente após um traumatismo.

primary health care /ˌpraɪməri ˈhelθ keə/ cuidados clínicos primários. ⇨ **primary care**.

> *...among primary health care services, 1.5% of all GP consultations are due to coronary heart disease.* / "...entre os serviços de cuidados clínicos primários, 1,5% das consultas aos clínicos gerais (GP – *general practitioner*) deve-se a cardiopatia coronariana." (*Health Services Journal*)

primary health care team /ˌpraɪməri ˈhelθ keə ˌtiːm/ equipe de cuidados clínicos primários: grupo composto por médicos, os quais têm o primeiro contato com o doente, sendo também responsáveis pela prestação de vários cuidados clínicos primários. Abreviatura: **PHCT**. ☑ **primary care team**.

primary immune deficiency syndrome /ˌpraɪməri ɪˈmjuːn dɪˌfɪʃ(ə)nsi ˌsɪndrəʊm/ síndrome da imunodeficiência primária. Abreviatura: **PIDS**.

primary medical care /ˌpraɪməri ˈmedɪk(ə)l keə/ cuidados clínicos primários. ⇨ **primary care**.

primary nurse /ˌpraɪməri ˈnɜːs/ enfermeira de cuidados primários: enfermeira responsável pelo planejamento dos cuidados de enfermagem à comunidade por meio do contato com o doente e sua família. Na ausência de uma enfermeira de cuidados primários, enfermeiras associadas providenciam o atendimento com base em um plano preestabelecido.

primary nursing /ˌpraɪməri ˈnɜːsɪŋ/ enfermagem primária: um modelo de enfermagem que envolve o atendimento completo, contínuo, coordenado e individualizado do paciente por uma enfermeira de cuidados primários, que tem autonomia, responsabilidade e autoridade em relação aos trabalhos prestados.

primary peritonitis /ˌpraɪməri ˌperɪtəˈnaɪtɪs/ peritonite primária: peritonite causada por infecção direta do sangue ou linfa.

primary tooth /ˈpraɪməri tuːθ/ dente primário: qualquer um dos vinte primeiros dentes de uma criança entre os seis meses e os dois anos e meio de idade, que são substituídos por dentes permanentes por volta dos seis anos. ☑ **milk tooth**; **deciduous tooth**.

primary tubercle /ˌpraɪməri ˈtjuːbək(ə)l/ tubérculo primário: a primeira mancha pulmonar, que dá início à tuberculose.

primary tuberculosis /ˌpraɪməri tjuːˌbɜːkjʊˈləʊsɪs/ tuberculose primária: a primeira infecção pelo vírus causador da tuberculose.

primary tumour /ˌpraɪməri ˈtjuːmə/ tumor primário: o local de origem de um tumor maligno, do qual ele se espalha para outras partes do corpo.

prime /praɪm/ **1** principal; de primeira qualidade: a) o mais importante ou o mais alto de uma classe. b) da mais alta qualidade. c) o melhor estado ou período de alguma coisa, principalmente o período mais ativo e agradável da vida adulta. **2** aprontar; preparar: aprontar algo para uso, ou tornar-se pronto para uso.

prime mover /praɪm ˈmuːvə/ motor principal: **1** ⇨ **agonist** (acepção 1). **2** alguém ou alguma coisa que exerce a maior influência no início de um processo ou atividade.

primigravida /ˌpraɪmɪˈɡrævɪdə/ primigrávida: uma mulher que está grávida pela primeira vez. ☑ **primigravid patient**; **unigravida**. Plural: **primigravidas** ou **primigravidae**.

primigravid patient /ˌpraɪmɪˈɡrævɪdə ˈpeɪʃ(ə)nt/ paciente primigrávida. ⇨ **primigravida**.

primipara /praɪˈmɪpərə/ primípara: mulher cuja gravidez resultou no nascimento de um bebê. ☑ **unipara**. Plural: **primiparas** ou **primiparae**.

primordial /praɪˈmɔːdiəl/ primordial: relativo ao primeiro estágio de desenvolvimento de uma estrutura.

primordial follicle /praɪˌmɔːdiəl ˈfɒlɪk(ə)l/ folículo primordial: o primeiro estágio no desenvolvimento de um folículo ovariano.

principle /ˈprɪnsɪp(ə)l/ princípio: **1** uma regra ou teoria. **2** um padrão de comportamento ético.

P-R interval /ˌpiː ˈɑːr ˌɪntəv(ə)l/ intervalo P-R: no eletrocardiograma, o tempo entre o início da atividade atrial e o da atividade ventricular.

prion /ˈpriːɒn/ príon: uma partícula de proteína que não possui ácido nucléico, não desencadeia uma resposta imune, e resiste ao calor e frio extremos. Os príons são considerados os agentes responsáveis por um distúrbio degenerativo transmissível do sistema nervoso central de caprinos e ovinos, pela encefalopatia espongiforme bovina (BSE) e pela doença de Creutzfeldt-Jakob.

priority despatch /praɪˈɒrɪti dɪˌspætʃ/ serviço telefônico de emergências médicas: um serviço telefônico de atendimento a casos que necessitam de atendimento médico urgente, a fim de assegurar o envio rápido de ambulância ao local especificado.

priority matrix /praɪˈɒrɪti ˌmeɪtrɪks/ matriz prioritária: uma maneira de assegurar que cada comunidade tenha um número razoável de serviços médicos de acordo com suas necessidades.

private /ˈpraɪvət/ privado: não subvencionado pelo governo nem pago pelo Serviço Nacional de Saúde. *He runs a private clinic for alcoholics.* / Ele dirige uma clínica privada para alcoólatras.

private hospital /ˌpraɪvət ˈhɒspɪt(ə)l/ hospital particular: hospital que admite apenas pacientes que pagam pelos seus serviços.

privately /ˈpraɪvətli/ de forma privada; por conta própria: feito por médico ou empresa particular, não pelo Serviço Nacional de Saúde. *She decided to have the operation done privately.* / Ela decidiu fazer a cirurgia por conta própria.

private parts /ˈpraɪvət pɑːts/ (plural, informal) partes pudendas: os órgãos genitais. Também chamadas de **privates**.

private patient /ˌpraɪvət ˈpeɪʃ(ə)nt/ paciente particular: paciente que não é tratado pelo Serviço Nacional de Saúde, pagando pelo tratamento médico.

private practice /ˌpraɪvət ˈpræktɪs/ assistência médica particular: os serviços prestados por médico, cirurgião ou dentista, que são pagos pelos pacientes ou por plano de saúde, não pelo Serviço Nacional de Saúde.

privates /ˈpraɪvəts/ (plural, informal) órgão genitais; partes pudendas. ⇨ **private parts**.

p.r.n. abreviatura de **pro re nata**.

pro- /prəʊ/ pro-: antes; diante de.

probang /ˈprəʊbæŋ/ sonda: instrumento cirúrgico que consiste num bastonete delgado, com uma esponja na ponta, usado antigamente em testes para detecção de estreitamento do esôfago e para retirar corpos estranhos do estômago.

probe /prəʊb/ **1** sonda: a) instrumento utilizado para explorar o interior de uma cavidade ou ferida. b) instrumento inserido em um meio para obter informações. **2** sondar: investigar a parte interna de alguma coisa. *The surgeon probed the wound with a scalpel.* / O cirurgião sondou a ferida com um escalpelo.

problem /ˈprɒbləm/ problema: **1** alguma coisa para a qual é difícil encontrar uma resposta. *Scientists are trying to find a solution to the problem of drug-related disease.* / Os cientistas estão tentando encontrar uma solução para o problema das doenças relacionadas ao medicamento. **2** um distúrbio de saúde. *heart problems* / problemas cardíacos. **3** um vício ou dependência de alguma coisa. *has a drug problem* / tem um problema com as drogas.

problem child /ˈprɒbləm tʃaɪld/ criança-problema: uma criança que é difícil de controlar.

problem drinking /ˌprɒbləm ˈdrɪŋkɪŋ/ problemas com a bebida: alcoolismo ou consumo exagerado de bebidas alcoólicas, que tem um efeito prejudicial no comportamento da pessoa ou no seu trabalho.

problem-oriented record /ˌprɒbləm ˌɔːrienˈtɪd ˈrekɔːd/ arquivo geral do paciente: arquivo contendo os dados clínicos e os problemas do paciente, focalizado na resolução desses problemas, a fim de que o paciente tenha um atendimento pleno e satisfatório.

problem-solving approach /ˈprɒbləm ˌsɒlvɪŋ əˌprəʊtʃ/ abordagem para solução de problemas: o fornecimento de serviços de enfermagem com base na avaliação, identificação de problemas (diagnóstico da enfermagem), e plano de implementação (intervenção da enfermagem).

procedure /prəˈsiːdʒə/ procedimento; método: **1** uma maneira padrão de fazer alguma coisa. **2** um tipo de tratamento. *The hospital has developed some new procedures for treating Parkinson's disease.* / O hospital desenvolveu alguns novos procedimentos para tratar a doença de Parkinson. **3** um tratamento administrado em um tempo determinado. *We are hoping to increase the number of procedures carried out per day.* / Esperamos aumentar o número de procedimentos realizados por dia.

> *...disposable items now available for medical and nursing procedures range from cheap syringes to expensive cardiac pacemakers.* / "...os itens disponíveis atualmente para procedimentos médicos e de enfermagem vão desde seringas de baixo custo a dispendiosos marcapassos cardíacos." (*Nursing Times*)
>
> *...the electromyograms and CT scans were done as outpatient procedures.* / "...os eletromiogramas e as tomografias computadorizadas (CT) foram procedimentos feitos em pacientes não hospitalizados." (*Southern Medical Journal*)

process /prəʊˈses/ **1** processo: a) uma ação técnica ou científica. *A new process for testing serum samples has been developed in the research laboratory.* / Um novo processo para testar as amostras de soro foi desenvolvido pelo laboratório de pesquisa. b) uma parte protuberante do corpo. **2** processar: a) lidar com uma pessoa ou coisa de acordo com um procedimento padrão. b) examinar ou testar amostras. *The blood samples are being processed by the laboratory.* / As amostras de sangue estão sendo processadas pelo laboratório.

> *...the nursing process serves to divide overall patient care into that part performed by nurses and that performed by the other professions.* / "...o processo de enfermagem é empregado para dividir os cuidados aos pacientes entre os que são prestados por enfermeiras e aqueles que são realizados por outros profissionais. (*Nursing Times*)

prochlorperazine /ˌprəʊklɔːˈperəziːn/ proclorperazina: agente usado como antiémetico, tranqüilizante, e para a reduzir os sintomas da doença de Ménière e a hemicrânia.

procidentia /ˌprəʊsɪˈdenʃə/ procidência: a queda ou prolapso de um órgão.

proct- /prɒkt/ ⇨ **procto-**.

proctalgia /prɒk'tældʒə/ proctalgia: dor no reto inferior, ou no ânus, causada por neuralgia.

proctalgia fugax /prɒk,tældʒə 'fju:gæks/ proctalgia fugaz: condição caracterizada por dores súbitas e intensas no reto durante a noite, geralmente aliviada pela ingestão de alimento ou bebida.

proctatresia /ˌprɒktə'tri:ziə/ proctatresia: condição caracterizada pela ausência de uma abertura no ânus. ☑ **imperforate anus**.

proctectasia /prɒktek'teɪziə/ proctectasia: condição caracterizada por dilatação do reto ou do ânus, em virtude de constipação contínua.

proctectomy /prɒk'tektəmi/ proctectomia: remoção cirúrgica do reto. Plural: **proctectomies**.

proctitis /prɒk'taɪtɪs/ proctite: inflamação do reto.

procto- /prɒktəʊ/ procto-: relativo ao ânus ou reto. Nota: antes de vogais usa-se **proct-**.

proctocele /'prɒktəsi:l/ proctocele. ⇨ **rectocele**.

proctoclysis /prɒk'tɒkləsɪs/ proctoclise: instilação lenta e contínua de um líquido isotônico pelo reto.

proctocolectomy /ˌprɒktəʊkɒ'lektəmi/ proctocolectomia: remoção cirúrgica do reto e do cólon. Plural: **proctocolectomies**.

proctocolitis /ˌprɒktəkə'laɪtɪs/ proctocolite: inflamação do reto e de parte do cólon.

proctodynia /ˌprɒktə'dɪniə/ proctodinia: sensação de dor no ânus.

proctogram /'prɒktəgræm/ proctograma: radiografia do reto após injeção do meio de contraste.

proctologist /prɒk'tɒlədʒɪst/ proctologista: médico especialista em proctologia.

proctology /prɒk'tɒlədʒi/ proctologia: o estudo científico relacionado com as doenças do reto e do ânus.

proctorrhaphy /prɒk'tɔ:rəfi/ proctorrafia: reparo de laceração do reto ou ânus por meio de sutura. Plural: **proctorrhaphies**.

proctoscope /'prɒktəskəʊp/ proctoscópio: instrumento cirúrgico tubular, dotado de iluminação em sua extremidade, usado para examinar o reto.

proctoscopy /prɒk'tɒskəpi/ proctoscopia: exame do reto por meio de um proctoscópio. Plural: **proctoscopies**.

proctosigmoiditis /ˌprɒktəʊˌsɪgmɔɪ'daɪtɪs/ proctossigmoidite: inflamação do reto e do cólon sigmóide.

proctotomy /prɒk'tɒtəmi/ proctotomia: **1** procedimento cirúrgico para corrigir uma estenose no reto ou ânus. **2** abertura de um ânus imperfurado. Plural: **proctotomies**.

prodromal /prəʊ'drəʊml/ prodrômico: que ocorre entre o aparecimento dos primeiros sintomas de uma doença e o estado mórbido principal, por exemplo, febre ou erupção cutânea.

prodromal rash /prəʊˌdrəʊm(ə)l 'ræʃ/ exantema prodrômico: erupção cutânea que surge como sintoma de uma doença maior, no caso, a erupção cutânea principal.

prodrome /'prəʊdrəʊm/ pródromo: sintoma precoce do início de uma doença. Usa-se também **prodroma**.

...in classic migraine a prodrome is followed by an aura, then a headache, and finally a recovery phase. The prodrome may not be recognised. / "...na hemicrânia clássica, o pródromo é acompanhado por uma aura, então por cefaléia, e finalmente uma fase de recuperação." (*British Journal of Hospital Medicine*)

produce /prə'dju:s/ produzir: fazer ou causar alguma coisa. *The drug produces a sensation of dizziness.* / A droga produz uma sensação de tontura. *Doctors are worried by the side-effects produced by the new painkiller.* / Os médicos estão preocupados com os eventos adversos produzidos pelos novos analgésicos.

product /'prɒdʌkt/ produto: **1** algo que é produzido. **2** resultado ou efeito de um processo.

productive cough /prəˌdʌktɪv 'kɒf/ tosse produtiva: tosse com catarro.

proenzyme /prəʊ'enzaɪm/ pró-enzima: a forma precursora, madura, de uma enzima, antes que esta se torne ativa. ☑ **zymogen**.

profession /prə'feʃ(ə)n/ profissão: **1** tipo de trabalho para o qual é necessário um treinamento especial. **2** todas as pessoas que fazem um tipo de trabalho especializado, para o qual foram treinadas. *They are both doctors by profession.* / Os dois são médicos por profissão.

professional /prə'feʃ(ə)n(ə)l/ profissional: relativo a uma profissão.

professional body /prəˌfeʃ(ə)n(ə)l 'bɒdi/ associação de classe: uma organização que presta serviços aos membros de uma profissão.

Professional Conduct Committee /prəˌfeʃ(ə)n(ə)l 'kɒndʌkt kəˌmɪti/ Comitê de Conduta Profissional: comitê do Conselho Geral de Medicina, que julga os casos de conduta profissional imprópria. Abreviatura: **PCC**.

professional misconduct /prəˌfeʃ(ə)n(ə)l mɪs'kɒndʌkt/ conduta profissional imprópria: atos são considerados impróprios ou errados pela associação que regula a profissão, por exemplo, a ação de um médico que é considerada errada pelo Comitê de Conduta Profissional do Conselho Geral de Medicina.

profile /'prəʊfaɪl/ **1** perfil; esboço; resumo: a) uma descrição concisa das características de uma pessoa ou coisa. b) um conjunto de dados, normalmente em forma de gráfico ou tabela, que indica até que ponto alguma coisa tem as mesmas características de um grupo testado ou considerado padrão. c) a maneira como as pessoas percebem alguém ou alguma coisa. **2** traçar um perfil de: fazer uma descrição concisa de alguém ou alguma coisa.

profound /prə'faʊnd/ profundo: muito grande

ou grave. *a profound impairment of the immune system* / uma profunda deterioração do sistema imune.

profunda /prəˈfʌndə/ profundas: relativo aos vasos sanguíneos localizados bem fundo nos tecidos.

profundaplasty /prəˈfʌndəplæsti/ profunda-plastia: cirurgia para reconstrução da artéria femoral profunda, a fim de aliviar uma oclusão produzida por aterosclerose. Plural: **profunda-plasties**.

profuse /prəˈfjuːs/ profuso; abundante: que existe em quantidades muito grandes. *fever accompanied by profuse sweating* / febre acompanhada por sudorese profusa. *pains with profuse internal bleeding* / dores com sangramento interno abundante.

progeny /ˈprɒdʒəni/ progênie: a prole; o(s) filho(s) de uma pessoa. Nota: o verbo pode ser usado no singular ou plural.

progeria /prəʊˈdʒɪəriə/ progeria: condição caracterizada por senilidade prematura. ☑ **Hutchinson-Gilford syndrome**.

progestational /prəʊˌdʒesˈteɪʃ(ə)nəl/ progestacional: referente ao estágio do ciclo menstrual após a ovulação, quando há produção de progesterona.

progesterone /prəʊˈdʒestərəʊn/ progesterona: hormônio liberado na segunda parte do ciclo menstrual pelo corpo lúteo, estimulando o desenvolvimento da placenta quando o óvulo é fertilizado. Nota: a progesterona é também produzida pela própria placenta.

progesterone only pill /prəʊˈdʒestərəʊn ɒnlɪ pɪl/ pílula de progesterona. Abreviatura: **POP**.

progestogen /prəˈdʒestədʒən/ progestogênio: qualquer substância capaz de produzir os mesmos efeitos da progesterona. Observação: uma vez que as progesteronas naturais evitam a ovulação durante a gravidez, as progesteronas sintéticas são usadas na fabricação de pílulas anticoncepcionais.

prognathic jaw /prɒɡˌnæθɪk ˈdʒɔː/ maxilar prognático: um maxilar que se projeta para a frente mais do que o outro.

prognathism /ˈprɒɡnəθɪz(ə)m/ prognatismo: condição caracterizada pela protusão anormal de um maxilar para a frente, geralmente o inferior, ou pela protusão dos dois maxilares.

prognosis /prɒɡˈnəʊsɪs/ prognose; prognóstico: predição do curso de uma doença ou distúrbio. *This cancer has a prognosis of about two years.* / Este câncer tem um prognóstico de cerca de dois anos. *The prognosis is not good.* / O prognóstico não é bom. Plural: **prognoses**.

prognostic /prɒɡˈnɒstɪk/ prognóstico: relativo à prognose.

prognostic test /prɒɡˌnɒstɪk ˈtest/ teste prognóstico: teste que prediz o curso de uma doença ou a sobrevida após cirurgia.

programme /ˈprəʊɡræm/ programa; série; ro-

teiro: série de tratamentos médicos com meios e tempo planejados. *The doctor prescribed a programme of injections.* / O médico prescreveu uma série de injeções. *She took a programme of steroid treatment.* / Ela fez uma série de tratamentos com esteróides. Nota: no inglês americano usa-se **program**.

progress noun /ˈprəʊɡres/ **1** progresso: a) desenvolvimento ou melhoria. *Progress has been made in cutting waiting times.* / Foi feito um progresso na diminuição do tempo de espera. b) a maneira como uma pessoa se restabelece de uma doença. *The doctors seem pleased that she has made such good progress since her operation.* / Os médicos parecem satisfeitos que ela tenha feito um progresso tão bom desde a cirurgia. **2** progredir: a) desenvolver e melhorar, ou continuar em bom estado. *The patient is progressing well.* / O paciente está progredindo bem. b) passar para um estágio mais avançado. *As the disease progressed, he spent more and more time sleeping.* / À medida que a doença progredia, ele passava mais e mais tempo dormindo. Nota: na acepção **2**, a pronúncia é /prəʊˈɡres/.

progression /prəʊˈɡreʃ(ə)n/ progressão: desenvolvimento. *The progression of the disease was swift.* / A progressão da doença foi muito rápida.

progressive /prəˈɡresɪv/ progressivo: que se desenvolve continuamente. *Alzheimer's disease is a progressive disorder which sees a gradual decline in intellectual functioning.* / A doença de Alzheimer é um distúrbio progressivo, em que se observa um declínio gradual na função intelectual.

progressive deafness /prəˌɡresɪv ˈdefnəs/ surdez progressiva: condição, mais comum à medida que se envelhece, na qual a pessoa torna-se cada dia mais surda.

progressively /prəʊˈɡresɪvli/ progressivamente: de maneira gradativa. *He became progressively more disabled.* / Ele tornou-se progressivamente mais incapacitado.

progressive muscular atrophy /prəˌɡresɪv ˌmʌskjʊlə ˈætrəfi/ atrofia muscular progressiva: distrofia muscular, acompanhada de enfraquecimento progressivo dos músculos, principalmente as cinturas pélvica e escapular. Abreviatura: **PMA**.

proguanil /prəʊˈɡwænɪl/ proguanila: agente utilizado na prevenção e tratamento da malária.

proinsulin /prəʊˈɪnsʊlɪn/ pró-insulina: uma substância produzida pelo pâncreas, precursora da insulina.

project /prəˈdʒekt/ projetar-se: sair ou estender-se para a frente.

projection /prəˈdʒekʃən/ projeção: **1** uma parte do corpo que se estende para a frente ou se salienta. ☑ **prominence** (proeminência). Compare com **promontory**. **2** (psicologia) uma atitude mental, como um mecanismo de defesa, em que uma pessoa culpa outra pelas próprias faltas.

projection tract /prəˈdʒekʃ(ə)n trækt/ projeção do trato cerebral: fibras que ligam o córtex cerebral às porções inferiores do cérebro e da medula espinhal.

prolactin /prəʊˈlæktɪn/ prolactina: hormônio secretado pela glândula pituitária, que estimula a produção de leite. ☑ **lactogenic hormone**.

prolapse /ˈprəʊlæps/ **1** prolapso: condição caracterizada pela queda ou deslocamento de um órgão para baixo. **2** descer; sofrer prolapso: sair da posição normal, deslocando-se para baixo.

prolapsed intervertebral disc /prəʊˌlæpsd ɪntəˌvɜːtəbrəl ˈdɪsk/ prolapso de disco intervertebral: condição caracterizada pelo deslocamento de um disco intervertebral, ou pela passagem da substância mole central do disco através de uma cartilagem, pressionando um nervo. Abreviatura: **PID**. ☑ **slipped disc**.

prolapse of the rectum /ˌprəʊlæps əv ðə ˈrektəm/ prolapso do reto: condição caracterizada pela protusão da membrana mucosa do reto através do ânus.

prolapsed uterus /ˌprəʊˌlæpsd ˈjuːtərəs/ prolapso do útero. ⇨ **prolapse of the uterus**.

prolapse of the uterus /ˌprəʊlæps əv ðə ˈjuːtərəs/ prolapso do útero; queda do útero: movimento do útero para baixo, devido a enfraquecimento das estruturas do assoalho pélvico, resultante de velhice ou de lesões causadas por um parto difícil. ☑ **prolapse of the womb; metroptosis; prolapsed uterus; uterine procidentia, uterine prolapse**.

prolapseofthewomb/ˌprəʊlæps əv ðə ˈwuːm/ prolapso do útero. ⇨ **prolapse of the uterus**.

proliferate /prəˈlɪfəreɪt/ proliferar: produzir muitas células ou estruturas semelhantes e, desse modo, crescer.

proliferation /prəˌlɪfəˈreɪʃ(ə)n/ proliferação: o processo de proliferar.

proliferative /prəˈlɪfərətɪv/ proliferativo: que se multiplica.

proliferative phase /prəˈlɪfərətɪv feɪz/ fase proliferativa: período em que uma doença se propaga rapidamente.

proline /ˈprəʊlɪn/ prolina: um aminoácido encontrado nas proteínas, principalmente o colágeno.

prolong /prəˈlɒŋ/ prolongar: fazer com que algo dure mais tempo. *The treatment prolonged her life by three years.* / O tratamento prolongou a vida dela durante três anos.

prolonged /prəˈlɒŋd/ prolongado: muito longo. *She had to undergo a prolonged course of radiation treatment.* / Ela teve de fazer sessões de tratamento radioativo prolongadas.

promethazine /prəʊˈmeθəziːn/ prometazina: agente anti-histamínico usado no tratamento de alergias e náuseas provocadas por cinesia.

prominence /ˈprɒmɪnəns/ proeminência: parte do corpo que se projeta para a frente ou se salienta. ☑ **projection**. Compare com **promontory**.

prominent /ˈprɒmɪnənt/ proeminente: que se projeta, muito visível. *She had a prominent scar on her neck which she wanted to have removed.* /

Ela possuía uma cicatriz proeminente no pescoço, a qual desejava remover.

promontory /ˈprɒmənt(ə)ri/ promontório: projeção de parte de um órgão, principalmente do ouvido médio e do osso sacro. Compare com **projection; prominence**.

promote /prəˈməʊt/ promover: **1** ajudar alguma coisa a acontecer. *The drug is used to promote blood clotting.* / A droga é usada para promover a coagulação do sangue. **2** elevar a um cargo de nível mais elevado, ou a uma posição superior.

pronate /ˈprəʊneɪt/ pronar: **1** deitar-se com a face voltada para baixo. **2** virar o antebraço, de modo que a palma da mão fique voltada para baixo.

pronation /prəʊˈneɪʃ(ə)n/ pronação: o ato de virar o antebraço, de modo que a palma da mão fique voltada para baixo. Oposto de **supination**. Veja ilustração em **Termos Anatômicos**, no Apêndice.

pronator /prəʊˈneɪtə/ pronador: músculo que faz o movimento de pronação da mão.

prone /prəʊn/ prono: **1** a posição do corpo deitado com a face para baixo. Oposto de **supine**. **2** relativo ao braço quando a palma da mão está voltada para baixo.

pronounced /prəˈnaʊnst/ pronunciado: óbvio ou bastante acentuado. *She has a pronounced limp.* / Ela tem uma claudicação pronunciada.

propagate /ˈprɒpəɡeɪt/ propagar; disseminar: multiplicar ou causar a multiplicação de alguma coisa.

propagation /ˌprɒpəˈɡeɪʃ(ə)n/ propagação: o ato de fazer alguma coisa se espalhar ou multiplicar.

properdin /ˈprəʊpədɪn/ properdina: proteína existente no plasma sanguíneo, com atividade bactericida, podendo destruir bactérias Gramnegativas e neutralizar vírus, quando age em conjunto com o magnésio.

prophase /ˈprəʊfeɪz/ pró-fase: o primeiro estágio da mitose, quando os cromossomos tornam-se visíveis (como longos fios duplos).

prophylactic /ˌprɒfəˈlæktɪk/ profilático: **1** substância que ajuda a prevenir o desenvolvimento de uma doença. **2** preventivo.

prophylaxis /ˌprɒfəˈlæksɪs/ profilaxia: **1** a prevenção de doenças. **2** um tratamento preventivo. Plural: **prophylaxes**.

proportion /prəˈpɔːʃ(ə)n/ proporção: quantidade de alguma coisa em relação ao todo. *A high proportion of cancers can be treated by surgery.* / Uma alta proporção de cânceres pode ser tratada com cirurgia. *The proportion of outpatients to inpatients is increasing.* / A proporção de pacientes não hospitalizados em relação aos pacientes hospitalizados está aumentando.

> ...the target cells for adult myeloid leukaemia are located in the bone marrow, and there is now evidence that a substantial proportion of childhood leukaemias also arise in the bone marrow. / "...as células-alvo para leucemia

mielóide adulta estão situadas na medula óssea, e atualmente há evidência de que uma proporção substancial de leucemias na infância também tem início na medula óssea." (*British Medical Journal*)

propranolol /prəʊˈpænəlɒl/ propranolol: medicamento que diminui a freqüência e o débito cardíacos, reduz a pressão arterial e é eficaz no tratamento da angina do peito, arritmias e enxaqueca.

proprietary /prəˈpraɪət(ə)ri/ propriedade; medicamento patenteado: que pertence a uma empresa comercial.

proprietary drug /prəˌpraɪət(ə)ri drʌg/ droga patenteada. ⇨ **proprietary medicine**.

proprietary medicine /prəˌpraɪət(ə)ri ˈmed(ə)s(ə)n/ medicamento patenteado: medicamento comercializado com a sua marca registrada ou nome comercial. ☑ **proprietary drug**. Veja também **patent medicine**.

proprietary name /prəˌpraɪət(ə)ri ˈneɪm/ nome patenteado: o nome comercial ou a marca registrada de um medicamento. Compare com **generic**.

proprioception /ˌprəʊpriəˈsepʃən/ propriocepção: percepção que é mediada pelos nervos, que enviam ao cérebro informações concernentes aos movimentos do corpo.

proprioceptive /ˌprəʊpriəˈseptɪv/ proprioceptivo: relativo aos impulsos sensoriais a partir das articulações, músculos e tendões, que enviam ao cérebro informações sobre os movimentos do corpo.

proprioceptor /ˌprəʊpriəˈseptə/ proprioceptor: terminais nervosos sensitivos aos estímulos dos músculos e tendões, que fornecem informações sobre os movimentos do corpo.

proptosis /prɒpˈtəʊsɪs/ proptose: deslocamento do globo ocular para diante.

prop up /ˌprɒp ˈʌp/ apoiar; escorar: apoiar uma pessoa, por exemplo, com travesseiros.

pro re nata segundo a necessidade. Nota: usada em receitas médicas. Abreviatura: **p.r.n.**

prospective /prəˈspektɪv/ prospectivo: **1** que é voltado para o futuro. Veja também **retrospective**. **2** que faz o acompanhamento de pacientes selecionados em estudo ou experiência clínica.

prostaglandin /ˌprɒstəˈglændɪn/ prostaglandina: qualquer uma de uma classe de substâncias derivadas de ácidos graxos insaturados, encontrada em todos os mamíferos. É associada à sensação de dor, estimula a contração dos músculos lisos e age sobre a inflamação, a temperatura corporal, o sistema nervoso, a pressão arterial e, em particular, o útero durante a menstruação.

prostate /ˈprɒsteɪt/ próstata. ⇨ **prostate gland**. Nota: não confunda com **prostrate** (prostado, abatido). ◊ **prostate trouble** (informal): problemas de próstata: inflamação ou aumento da glândula prostática.

prostate cancer /ˈprɒsteɪt ˌkænsə/ câncer de próstata: tumor maligno da glândula prostática, encontrado principalmente em homens acima dos cinqüenta e cinco anos de idade.

prostatectomy /ˌprɒstəˈtektəmi/ prostatectomia: cirurgia para remoção total ou parcial da glândula prostática. Plural: **prostatectomies**.

prostate gland /ˈprɒsteɪt glænd/ glândula prostática: glândula masculina em forma de amêndoa, que circunda a uretra, abaixo da bexiga urinária, e secreta um líquido leitoso por ocasião da emissão de sêmen. ☑ **prostate**. Veja ilustração em **Urogenital System (male)**, no Apêndice. Observação: à medida que o homem envelhece, a glândula prostática tende a aumentar de tamanho e a apertar a uretra, tornando difícil a micção.

prostatic /prɒˈstætɪk/ prostático: relativo ou pertencente à glândula prostática.

prostatic hypertrophy /prɒˌstætɪk haɪˈpɜːtrəfi/ hipertrofia prostática: um aumento da glândula prostática.

prostatic massage /prɒˌstætɪk ˈmæsɑːʒ/ massagem da próstata: remoção de secreções prostáticas através do reto.

prostatic specific antigen test /prɒˌstætɪk spəˈsɪfɪk ˈæntɪdʒən test/ teste de antígeno prostático específico: teste sanguíneo para câncer de próstata, que detecta uma proteína produzida pelas células prostáticas. Abreviatura: **PSA test**.

prostatic urethra /prɒˌstætɪk juˈriːθrə/ uretra prostática: a parte da uretra que atravessa a glândula prostática.

prostatic utricle /prɒˌstætɪk ˈjuːtrɪk(ə)l/ utrículo prostático: um divertículo na glândula prostática, que se abre no colículo seminal.

prostatism /ˈprɒsteɪtɪz(ə)m/ prostatismo: um distúrbio da glândula prostática, principalmente a hipertrofia da próstata, que bloqueia ou inibe o fluxo urinário.

prostatitis /ˌprɒstəˈtaɪtɪs/ prostatite: inflamação da glândula prostática.

prostatocystitis /ˌprɒstætəʊsɪˈstaɪtɪs/ prostatocistite: inflamação da uretra prostática e da bexiga.

prostatorrhoea /ˌprɒstətəˈriːə/ prostatorréia: corrimento anormal de um líquido mucoso da glândula prostática. Nota: no inglês americano usa-se **prostatorrhea**.

prosthesis /prɒsˈθiːsɪs/ prótese: aparelho que é usado em substituição a uma parte faltosa, por exemplo, uma perna mecânica ou um olho artificial. Plural: **prostheses**.

The average life span of a joint prosthesis is 10–15 years. / "O período médio de duração de uma prótese articular é de dez a quinze anos." (*British Journal of Nursing*)

prosthetic /prɒsˈθetɪk/ protético: que substitui uma parte do corpo que foi removida ou amputada. *He was fitted with a prosthetic hand.* / Ele recebeu uma mão protética.

prosthetic dentistry /prɒs,θetɪk 'dentɪstri/ protética dentária: ramo da odontologia que lida com a substituição de porções coronárias de dentes, ou dentes faltosos, e adaptação de dentaduras, pontes e coroas. ☑ **prosthodontics**.

prosthetics /prɒs'θetɪks/ protética; prostética: o estudo e a arte da fabricação de próteses.

prosthetist /'prɒsθətɪst/ protético: pessoa habilitada na fabricação e adaptação de próteses.

prosthodontics /,prɒsθə'dɒntɪks/ prostodontia. ⇨ **prosthetic dentistry**. Nota: o verbo é usado no singular.

prostrate /'prɒstreɪt/ prostrado; abatido: caído; extenuado. Nota: não confunda com **prostate** (próstata).

prostration /prɒ'streɪʃ(ə)n/ prostração: extremo cansaço do corpo ou da mente.

protamine /'prəʊtəmiːn/ protamina: proteína básica encontrada em certos peixes, que entra na composição de um tipo de insulina e é usada para diminuir a taxa de absorção de heparina.

protanopia /,prəʊtə'nəʊpiə/ protanopia. ⇨ **Daltonism**.

protease /'prəʊtieɪz/ protease: enzima digestiva que catalisa a hidrólise de proteínas presentes nos alimentos pela clivagem da cadeia peptídica. ☑ **proteolytic enzyme**.

protect /prə'tekt/ proteger: manter uma pessoa ou coisa livre do mal ou de qualquer dano. *The population must be protected against the spread of the virus.* / A população precisa ser protegida contra a propagação do vírus.

protection /prə'tekʃən/ proteção: **1** o ato de manter uma pessoa ou coisa livre do mal ou de qualquer dano. **2** algo que protege. *Children are vaccinated as a protection against disease.* / As crianças são vacinadas como uma proteção contra doença.

Protection of Children Act 1999 /prə,tekʃən əv 'tʃɪldrən ækt/ Lei de 1999 de Proteção às Crianças: no Reino Unido, uma Lei do Parlamento que protege as crianças por meio da restrição da contratação de certas enfermeiras, professores ou outros trabalhadores que, por má conduta, estão proibidos de trabalhar com crianças.

protective /prə'tektɪv/ protetor: que oferece proteção.

protective isolation /prə,tektɪv aɪsə'leɪʃ(ə)n/ isolamento protetor; quarentena: conjunto de procedimentos usados para proteger pessoas que têm resistência prejudicada a doenças infecciosas, por exemplo, doentes com leucemia e linfoma, AIDS, e pacientes que receberam transplante de órgão. ☑ **reverse isolation**.

protein /'prəʊtiːn/ proteína: composto nitrogenado, formado por aminoácidos, que está presente no organismo e é parte essencial da matéria celular. Observação: as proteínas são necessárias para o crescimento e o bom estado dos tecidos orgânicos. Elas são formadas principalmente de carbono, nitrogênio e oxigênio em várias combinações com aminoácidos. Alimentos como favas, carne, ovos, peixe e leite são ricos em proteínas.

protein balance /'prəʊtiːn ,bæləns/ equilíbrio de proteínas: situação que ocorre quando o consumo de nitrogênio presente na proteína é igual à taxa de excreção na urina.

protein-bound iodine /,prəʊtiːn baʊnd 'aɪədiːn/ iodo protéico: composto de tiroxina e iodo.

protein-bound iodine test /,prəʊtiːn baʊnd 'aɪədiːn test/ teste de iodo protéico: teste para medir se a glândula tireóide está produzindo quantidades adequadas de tiroxina. Abreviatura: **PBI test**.

protein deficiency /'prəʊtiːn dɪ,fɪʃ(ə)nsi/ deficiência de proteínas: falta de proteínas na dieta.

proteinuria /,prəʊtɪ'njʊəriə/ proteinúria: condição caracterizada pela presença anormal de proteínas na urina.

proteolysis /,prəʊti'ɒləsɪs/ proteólise: hidrólise de proteínas alimentares em aminoácidos, que é estimulada por enzimas proteolíticas.

proteolytic /,prəʊtiəʊ'lɪtɪk/ proteolítico: referente à proteólise.

proteolytic enzyme /,prəʊtiəʊlɪtɪk 'enzaɪm/ enzima proteolítica. ⇨ **protease**.

proteose /'prəʊtiəʊs/ proteose: um derivado protéico solúvel em água, formado durante o processo hidrolítico, por exemplo, a digestão.

Proteus /'prəʊtiəs/ *Proteus:* gênero de bactérias encontradas normalmente nos intestinos.

prothrombin /prəʊ'θrɒmbɪn/ protrombina: proteína presente no sangue, que ajuda na coagulação sanguínea e que, para ser eficaz, precisa de vitamina K. ☑ **Factor II**.

prothrombin time /prəʊ'θrɒmbɪn taɪm/ tempo de protrombina. ⇨ **Quick test**.

proto- /prəʊtəʊ/ proto-: primeiro; o que está à frente.

protocol /'prəʊtəkɒl/ protocolo: conjunto de instruções para o controle clínico de uma determinada condição, incluindo testes, cirurgia e tratamento medicamentoso.

proton pump /'prəʊtɒn pʌmp/ bomba de próton: um sistema enzimático ligado à mucosa gástrica, que secreta ácido gástrico. *The drug acts on the proton pump mechanism.* / A droga age no mecanismo da bomba de próton.

proton-pump inhibitor /'prəʊtɒn pʌmp ɪn,hɪbɪtə/ inibidor da bomba de próton: droga que suprime o estágio final da secreção de suco gástrico pela bomba de próton na mucosa gástrica.

protopathic /,prəʊtəʊ'pæθɪk/ protopático: **1** relativo aos nervos com sensibilidade apenas a estímulos fortes. **2** relativo ao primeiro sintoma ou lesão. **3** relativo ao primeiro sinal de uma função parcialmente restaurada em um nervo lesionado. Compare com **epicritic**.

protoplasm /'prəʊtəʊ,plæz(ə)m/ protoplasma: substância de consistência gelatinosa, que constitui a maior parte das células.

protoplasmic /ˌprəʊtəʊˈplæzmɪk/ protoplasmático: relativo ao protoplasma.

protoporphyrin IX /ˌprəʊtəʊˌpɔːfərɪn ˈnaɪn/ protoprofirina IX: a forma mais comum de porfirina, encontrada na hemoglobina e na clorofila.

protozoan /ˌprəʊtəˈzəʊən/ protozoário: referente a protozoários.

protozoon /prəʊtəˈzəʊˈʊn/ protozoário: organismo unicelular minúsculo. Plural: **protozoa** ou **protozoons**. Observação: os protozoários que levam existência parasítica podem causar várias doenças, entre elas, amebíase, malária e outras doenças tropicais.

protract /prəʊˈtrækt/ protelar; demorar; alongar: **1** fazer com que alguma coisa dure muito tempo. **2** estender ou alongar uma parte do corpo.

protractor /prəˈtræktə/ protator: um músculo cuja função é estender uma parte do corpo.

protrude /prəˈtruːd/ estender-se; salientar-se; projetar-se: impelir para a frente. *She wears a brace to correct her protruding teeth.* / Ela usa um aparelho para corrigir os dentes salientes. *Protruding eyes are associated with some forms of goitre.* / Olhos salientes são associados a algumas formas de bócio.

protuberance /prəˈtjuːb(ə)rəns/ protuberância: uma parte abaulada do corpo, que é impelida para a frente.

proud flesh /ˌpraʊd ˈfleʃ/ carne esponjosa: novos vasos sanguíneos e tecido fibroso que se formam sobre uma ferida, incisão ou lesão durante o processo de cicatrização.

provide /prəˈvaɪd/ fornecer; proporcionar; prover: fornecer alguma coisa. *A balanced diet should provide the necessary proteins required by the body.* / Uma dieta balanceada deveria fornecer as proteínas de que o organismo necessita. *The hospital provides an ambulance service to the whole area.* / O hospital fornece um serviço de ambulância para toda a área.

provider /prəˈvaɪdə/ provedor; fornecedor: um hospital que provê cuidados secundários que são pagos por outra entidade, por exemplo, grupo de cuidados primários ou assistência social. Veja também **purchaser**.

provision /prəˈvɪʒ(ə)n/ provisão: **1** o ato de fornecer alguma coisa. *the provision of aftercare facilities for patients recently discharged from hospital* / a provisão de cuidados com os convalescentes que acabaram de deixar o hospital. **2** algo que é fornecido.

provisional /prəˈvɪʒ(ə)n(ə)l/ provisional; provisório: algo que é temporário e que pode ser mudado. *The hospital has given me a provisional date for the operation.* / O hospital forneceu-me uma data provisória para a cirurgia. *The paramedical team attached sticks to the broken leg to act as provisional splints.* / A equipe paramédica adaptou varetas à perna fraturada para funcionar como uma tala provisória.

provisionally /prəˈvɪʒ(ə)nəli/ provisoriamente: de uma maneira temporária. *She has provisio-*

nally accepted the offer of a bed in the hospital. / Ela aceitou provisoriamente a oferta de um leito hospitalar.

provitamin /prəʊˈvɪtəmɪn/ provitamina: um composto químico que é convertido em vitamina durante os processos bioquímicos normais, por exemplo, o aminoácido triptofano, que é convertido em niaciana, e o betacaroteno, que é convertido em vitamina A.

provoke /prəˈvəʊk/ provocar; incitar: **1** irritar alguém. **2** fazer com que algo aconteça. *The medication provoked a sudden rise in body temperature.* / O medicamento provocou um súbito aumento na temperatura corporal. *The fit was provoked by the shock of the accident.* / A crise foi provocada pelo choque do acidente. **3** motivar um sentimento. *His lack of visitors provoked the nurses' sympathy.* / A falta de visitantes dele (do paciente) provocou a compaixão das enfermeiras.

proximal /ˈprɒksɪm(ə)l/ proximal: perto da linha mediana, a parte central do corpo.

proximal convoluted tubule /ˌprɒksɪm(ə)l ˌkɒnvəluːtɪd ˈtjuːbjuːl/ túbulo convoluto (contorcido) proximal; túbulo convoluto (contorcido) distal: a parte do sistema de filtração renal situada entre a alça de Henle e os glomérulos.

proximal interphalangeal joint /ˌprɒksɪm(ə)l ɪntəfəˈlændʒɪəl dʒɔɪnt/ articulação interfalangiana proximal: a articulação entre as falanges proximais e médias dos dedos ou artelhos. Abreviatura: **PIP**.

proximally /ˈprɒksɪmli/ imediato; mais próximo: o mais próximo do centro ou de um local de junção. Oposto de **distally**. Veja ilustração em **Termos Anatômicos**, no Apêndice.

Prozac /ˈprəʊzæk/ Prozac: o nome comercial da fluoxetina.

prurigo /pruəˈraɪgəʊ/ prurido: uma erupção de pápulas que provocam intensa coceira.

pruritus /pruəˈraɪtəs/ prurido: irritação da pele, que produz uma sensação irritante e provoca coceira. ☑ **itching**.

pruritus ani /pruəˌraɪtɪs ˈeɪnaɪ/ prurido anal: coceira no orifício anal.

pruritus vulvae /pruəˌraɪtɪs ˈvʌlviː/ prurido vulvar: coceira na vulva.

prussic acid /ˌprʌsɪk ˈæsɪd/ ácido prússico. ⇨ **cyanide**.

PSA test /ˌpiː es ˈeɪ test/ abreviatura de **prostatic specific antigen test**.

pseud- /sjuːd/ ⇨ **pseudo-**.

pseudarthrosis /sjuːdɑːˈθrəʊsɪs/ pseudoartrose: uma articulação falsa, que é formada no local de uma fratura cujos ossos não se consolidaram. Plural: **pseudarthroses**.

pseudo- /sjuːdəʊ/ pseud(o)-: falso; enganador; semelhante a algo, mas não exatamente o mesmo. Nota: antes de vogais usa-se **pseud-**.

pseudoangina /ˌsjuːdəʊænˈdʒaɪnə/ pseudo-angina: dor no peito, causada por preocupações, mas não indicativa de doença cardíaca.

pseudocoxalgia /ˌsjuːdəʊkɒkˈsældʒə/ pseudo-coxalgia: degeneração epifisária do fêmur, que ocorre em meninos, impedindo o crescimento normal do osso e podendo resultar em claudicação permanente. ☑ **Legg-Calvé-disease** (doença de Legg-Calvé).

pseudocrisis /ˈsjuːdəʊˌkraɪsɪs/ pseudocrise: queda súbita na temperatura corporal, acompanhada de febre não verdadeira.

pseudocroup /ˌsjuːdəʊˈkruːp/ psedocrupe: **1** ⇨ **laryngismus**. **2** um tipo de asma, caracterizado por espasmos nos músculos da laringe.

pseudocyesis /ˌsjuːdəʊsaɪˈiːsɪs/ pseudociese: condição caracterizada por sintomas físicos de gravidez, sem que esta esteja presente. ☑ **phantom pregnancy; pseudopregnancy**.

pseudocyst /ˈsjuːdəʊsɪst/ pseudocisto: cavidade contendo líquido, que se assemelha a um cisto, mas não é circundada por membrana epitelial. Resulta de amolecimento dos tecidos ou necrose.

pseudodementia /ˌsjuːdəʊdɪˈmenʃə/ pseudodemência: condição caracterizada por extrema apatia e por um estado semelhante à insanidade, embora não estejam presentes os sintomas de demência verdadeira. ☑ **Ganser state**.

pseudogynaecomastia /ˌsjuːdəʊˌgaɪnɪkəʊˈmæstiə/ pseudoginecomastia: condição caracterizada, no homem, por aumento das mamas, resultante da formação de tecido adiposo. Nota: no inglês americano usa-se **pseudogynecomastia**.

pseudohermaphroditism /ˌsjuːdəʊhɜːˈmæfrəˌdaɪtɪz(ə)m/ pseudo-hermafroditismo: condição em que o indivíduo apresenta as gônadas características do sexo (ovários ou testículos), mas a genitália externa é ambígua.

pseudohypertrophic muscular dystrophy /ˌsjuːdəʊhaɪpəˌtrɒfɪk ˌmʌskjʊlə ˈdɪstrəfi/ distrofia muscular pseudo-hipertrófica: doença hereditária que tem início na infância, entre os dois e os seis anos de idade, afetando os músculos, que se tornam tumefatos e enfraquecidos. Normalmente afeta os homens, que poucas vezes sobrevivem até a idade adulta. ☑ **Duchenne muscular dystrophy**.

pseudohypertrophy /ˌsjuːdəʊhaɪˈpɜːtrəfi/ pseudo-hipertrofia: formação exagerada de tecido adiposo ou fibroso em um órgão ou parte do corpo, aumentando o tamanho do órgão ou da parte afetada.

pseudomonad /ˌsjuːdəʊˈməʊnəd/ pseudomônada: bactéria em forma de bastonete reto ou curvo, pertencente ao gênero *Pseudomonas*, que vive no solo ou em materiais orgânicos em decomposição, podendo provocar doenças nas plantas e, algumas vezes, no homem.

pseudomyxoma /ˌsjuːdəʊmɪkˈsəʊmə/ pseudomixoma: tumor rico em muco. Plural: **pseudomyxomas** ou **pseudomyxomata**.

pseudo-obstruction /ˌsjuːdəʊ əbˈstrʌkʃən/ pseudo-obstrução: condição caracterizada por sintomas como cólicas estomacais, náuseas e distensão abdominal, que simulam uma obstrução intestinal.

pseudoplegia /ˌsjuːdəʊˈpliːdʒə/ pseudoplegia: **1** perda da força muscular, porém sem paralisia verdadeira. **2** paralisia causada por histeria. ☑ **pseudoparalysis** (pseudoparalisia).

pseudopolyposis /ˌsjuːdəʊpɒliˈpəʊsɪs/ pseudopolipose: condição caracterizada pela presença de um grande número de pólipos no intestino, normalmente resultante de infecção anterior.

pseudopregnancy /ˌsjuːdəʊˈpregnənsi/ pseudogravidez. ☑ **pseudocyesis**.

psilosis /saɪˈləʊsɪs/ psilose: doença do intestino delgado, que impede a correta absorção dos alimentos. ☑ **sprue**. Observação: a doença é encontrada com freqüência nos trópicos, e é acompanhada por diarréia e perda de peso.

psittacosis /ˌsɪtəˈkəʊsɪs/ psitacose: doença dos papagaios, que pode ser transmitida ao homem. É semelhante à febre tifóide, porém há ocorrência de pneumonia atípica. Os sintomas incluem febre, diarréia e distensão abdominal. ☑ **parrot disease**.

psoas /ˈsəʊəs/ psoas: um dos dois pares dos músculos da virilha, o psoas maior e o psoas menor, que ajudam o movimento da articulação do quadril.

psoas major /ˌsəʊæs ˈmeɪdʒə/ psoas maior: músculo na virilha que flexiona o quadril.

psoas minor /ˌsəʊæs ˈmaɪnə/ psoas menor: músculo pequeno, semelhante ao psoas maior, ausente em aproximadamente quarenta por cento dos indivíduos.

psoriasis /səˈraɪəsɪs/ psoríase: dermatose comum, com formação de pápulas avermelhadas e placas escamosas esbranquiçadas.

psoriatic /sɔːriˈætɪk/ psoriásico: relativo à psoríase.

psoriatic arthritis /sɔːriætɪk ɑːˈθraɪtɪs/ artrite psoriásica: forma de psoríase que ocorre junto com artrite.

psych- /saɪk/ ⇨ **psycho-**.

psychasthenia /ˌsaɪkæsˈθiːniə/ psicastenia: **1** qualquer psiconeurose que não seja classificada como histeria. **2** psiconeurose caracterizada por medos e fobias.

psyche /ˈsaɪki/ psique: a mente.

psychedelic /ˌsaɪkəˈdelɪk/ psicodélico: referente a drogas, tais como o LSD, cujos efeitos são relacionados à expansão da consciência.

psychiatric /ˌsaɪkiˈætrɪk/ psiquiátrico: relativo à psiquiatria. *He is undergoing psychiatric treatment.* / Ele está sob tratamento psiquiátrico.

psychiatric hospital /ˌsaɪkiˈætrɪk ˌhɒspɪt(ə)l/ hospital psiquiátrico: hospital especializado no tratamento de pacientes com distúrbios mentais.

psychiatrist /saɪˈkaɪətrɪst/ psiquiatra: médico especialista no diagnóstico e tratamento de distúrbios mentais e do comportamento.

psychiatry /saɪˈkaɪətri/ psiquiatria: ramo da medicina que se ocupa com o diagnóstico e tratamento dos distúbios mentais e do comportamento.

psychic /'saɪkɪk/ psíquico; mental: **1** referente à pessoa que supostamente é dotada do poder de adivinhação dos pensamentos, ou de prever o futuro. **2** relativo à, ou originário na mente humana. Usa-se também **psychical**.

psycho- /saɪkəʊ/ psic(o)-: relativo à mente. Nota: antes de vogais usa-se **psych-**.

psychoanalysis /ˌsaɪkəʊə'næləsɪs/ psicanálise: método de psicoterapia em que o psicanalista e o paciente trocam idéias e, juntos, analisam a condição do paciente e as lembranças que podem ter contribuído para os distúrbios psíquicos.

psychoanalyst /ˌsaɪkəʊ'æn(ə)lɪst/ psicanalista: pessoa especialista em psicanálise. ☑ **analyst**.

psychodrama /'saɪkəʊˌdrɑːmə/ psicodrama: tipo de psicoterapia em grupo que consiste em peças dramáticas das quais participam médico e pacientes, sendo que estes interpretam papéis relacionados aos próprios conflitos emocionais.

psychodynamics /ˌsaɪkəʊdaɪ'næmɪks/ psicodinâmica: o estudo das forças que afetam o comportamento humano, principalmente no nível subconsciente.

psychogenic /ˌsaɪkə'dʒenɪk/ psicogênico: relativo à doença originária de fatores mentais, em vez de fatores orgânicos. ☑ **psychogenetic** (psicogenético) e **psychogenous** (psicogênico).

psychogeriatrics /ˌsaɪkəʊdʒeri'ætrɪks/ psicogeriatria: o estudo dos distúrbios mentais do idoso.

psychological /ˌsaɪkə'lɒdʒɪk(ə)l/ psicológico: relativo à psicologia, ou causado pela mente.

psychological dependence /ˌsaɪkəˌlɒdʒɪk(ə)l dɪ'pendəns/ dependência psicológica; dependência emocional: estado caracterizado pela compulsão de consumir uma droga, por exemplo, maconha ou álcool, mas em que o indivíduo não sofre os efeitos físicos causados pela abstinência. ☑ **psychological drug dependence**.

psychological drug dependence /ˌsaɪkəˌlɒ dʒɪk(ə)l drʌg dɪ'pendəns/ dependência psicológica de drogas psicoativas. ⇨ **psychological dependence**.

psychologically /ˌsaɪkə'lɒdʒɪkli/ psicologicamente: que é causado por um estado mental ou emocional. *He is psychologically addicted to tobacco.* / Ele é psicologicamente viciado em fumo.

psychologist /saɪ'kɒlədʒɪst/ psicologista; psicólogo: pessoa especialista no estudo da mente e dos processos mentais.

psychology /saɪ'kɒlədʒi/ psicologia: a ciência que estuda a mente e os processos mentais.

psychometrics /ˌsaɪkə'metrɪks/ psicometria: análise das capacidades intelectuais e da personalidade, cujos resultados são mostrados em uma escala numerada.

psychomotor /ˌsaɪkə'məʊtə/ psicomotor: relativo aos efeitos motores causados pela atividade cerebral.

psychomotor disturbance /ˌsaɪkəməʊtə dɪ'stɜːbəns/ distúrbio psicomotor: movimentos musculares causados por um distúrbio mental, por exemplo, crispação.

psychomotorepilepsy /ˌsaɪkəməʊtə 'epɪlepsi/ epilepsia psicomotora: epilepsia em que os ataques são caracterizados por turvação da consciência e acompanhados por convulsões complexas, embora parciais.

psychomotor retardation /ˌsaɪkəməʊtə ˌriː tɑː'deɪʃ(ə)n/ retardamento psicomotor; retardo psicomotor: retardamento da atividade motora e da fala, causado por depressão.

psychoneuroimmunology /ˌsaɪkəʊˌnjʊərəʊˌ ɪmjuː'nɒlədʒi/ psiconeuroimunologia: ramo da medicina que lida com a maneira como as emoções afetam o sistema imune.

psychoneurosis /ˌsaɪkəʊnjʊ'rəʊsɪs/ psiconeurose: um de um grupo de distúrbios mentais em que o indivíduo tem um comportamento errado diante das condições estressantes do dia-a-dia. Veja também **neurosis**. Plural: **psychoneuroses**.

psychopath /'saɪkəpæθ/ psicopata: indivíduo com distúrbios da personalidade caracterizados por comportamento anti-social e freqüentemente violento. ☑ **sociopath**.

psychopathic /ˌsaɪkə'pæθɪk/ psicopático: relativo à psicopatia ou aos psicopatas.

psychopathological /ˌsaɪkəʊpæθə'lɒdʒɪk(ə)l/ psicopatológico: relativo à psicopatologia.

psychopathology /ˌsaɪkəpə'θɒlədʒi/ psicopatologia: ramo da medicina relacionado à patologia dos distúrbios e doenças mentais.

psychopathy /saɪ'kɒpəθi/ psicopatia: qualquer doença que afeta a mente. Plural: **psychopathies**.

psychopharmacology /ˌsaɪkəʊˌfɑːmə'kɒlədʒi/ psicofarmacologia: o estudo do uso e efeitos dos medicamentos nos distúrbios mentais e do comportamento.

psychophysiological /ˌsaɪkəʊˌfɪziə'lɒdʒɪk(ə)l/ psicofisiológico: relativo à psicofisiologia.

psychophysiology /ˌsaɪkəʊˌfɪzi'ɒlədʒi/ psicofisiologia: a fisiologia do cérebro e suas atividades mentais.

psychosexual /ˌsaɪkəʊ'sekʃʊəl/ psicossexual: relativo aos aspectos mentais e emocionais da sexualidade e do desenvolvimento sexual.

psychosexual development /ˌsaɪkəʊˌsekʃʊəl dɪ'veləpmənt/ desenvolvimento psicossexual: o desenvolvimento das fases psíquicas da sexualidade, com base na maturação sexual, e o papel desempenhado pelo sexo na vida do indivíduo.

psychosis /saɪ'kəʊsɪs/ psicose: qualquer distúrbio mental grave, no qual a pessoa tem uma visão distorcida da realidade. Plural: **psychoses**.

psychosocial /ˌsaɪkəʊ'səʊʃ(ə)l/ psicossocial: relativo à interação de fatores psicológicos e sociais.

> *...recent efforts to redefine nursing have moved away from the traditional medically dominated approach towards psychosocial care and forming relationships with patients.* / "...esforços

P

recentes para redefinir o papel da enfermagem afastaram-se da abordagem em que predominavam os métodos terapêuticos tradicionais e voltaram-se para os cuidados psicossociais e para o estabelecimento de relações com os pacientes." (*British Journal of Nursing*)

psychosomatic /ˌsaɪkəʊsəˈmætɪk/ psicossomático: relativo tanto ao corpo quanto à mente. Compare com **somatic**. Observação: muitos distúrbios físicos, incluindo úlceras duodenais e hipertensão, podem ser causados por problemas mentais como preocupações e estresse, e são então denominados psicossomáticos, a fim de distingui-los das mesmas condições cujas causas são físicas ou hereditárias.

psychosurgery /ˌsaɪkəʊˈsɜːdʒəri/ psicocirurgia: cirurgia cerebral usada como tratamento para distúrbios psicológicos.

psychosurgical /ˌsaɪkəʊˈsɜːdʒɪk(ə)l/ psicocirúrgico: relativo à psicocirurgia.

psychotherapeutic /ˌsaɪkəʊθerəˈpjuːtɪk/ psicoterapêutico: relativo à psicoterapia.

psychotherapist /ˌsaɪkəʊˈθerəpɪst/ psicoterapeuta: pessoa habilitada a exercer a psicoterapia. Veja também **therapist**.

psychotherapy /ˌsaɪkəʊˈθerəpi/ psicoterapia: tratamento de distúrbios mentais pelos métodos psicológicos, em que o paciente é encorajado a falar de seus problemas. Veja também **therapy**.

psychotic /saɪˈkɒtɪk/ psicótico: **1** relativo à psicose. **2** caracterizado por distúrbios mentais.

psychotropic /ˌsaɪkəˈtrɒpɪk/ psicotrópico: referente ao medicamento, por exemplo, um estimulante ou sedativo, que afeta a mente.

pt abreviatura de **pint**.

pterion /ˈtɪəriɒn/ ptério: ponto lateral do crânio, na junção dos ossos frontal, temporal, parietal e esfenóide.

pteroylglutamic acid /ˌterəʊaɪlgluːˌtæmɪk ˈæsɪd/ ácido pteroilglutâmico. ⇨ **folic acid**.

pterygium /təˈrɪdʒiəm/ pterígio: condição degenerativa na qual uma placa triangular de tecido conjuntivo cobre parte da córnea, com o ápice voltado para a pupila.

pterygo- /ˈterɪɡəʊ/ pterig(o)-: o processo pterigóide.

pterygoid plate /ˌterɪɡɔɪd ˈpleɪt/ placa pterigóide: uma das duas placas ósseas situadas no processo pterigóide.

pterygoid plexus /ˌterɪɡɔɪd ˈpleksəs/ plexo pterigóide: uma rede de veias e seios que terminam na parte posterior da bochecha.

pterygoid process /ˈterɪɡɔɪd ˌprəʊses/ processo pterigóide: uma das duas protuberâncias do osso esfenóide.

pterygomandibular /ˌterɪɡəʊmænˈdɪbjʊlə/ pterigomandibular: relativo tanto ao processo pterigóide quanto à mandíbula.

pterygopalatinefossa /ˌterɪɡəʊpælətaɪn ˈfɒsə/ fossa pterigopalatina: o espaço entre o processo pterigóide e o maxilar superior.

pterygopalatine ganglion /ˌterɪɡəʊpælətaɪn ˈɡæŋɡliən/ gânglio pterigopalatino: gânglio situado na fossa pterigopalatina, associado ao nervo maxilar. ☑ **sphenopalatine ganglion**.

ptomaine /ˈtəʊmeɪn/ ptomaína: substâncias nitrogenadas produzidas por alimentos em decomposição, que dão à comida um cheiro característico. Nota: o termo **ptomaine poisoning** era usado antigamente para descrever qualquer forma de intoxicação alimentar.

ptosis /ˈtəʊsɪs/ ptose: **1** o prolapso de um órgão. **2** queda da pálpebra superior, que provoca o fechamento parcial do olho.

-ptosis /təʊsɪs/ -ptose: prolapso.

PTSD abreviatura de **post-traumatic stress disorder**.

ptyal- /taɪəl/ ⇨ **ptyalo-**.

ptyalin /ˈtaɪəlɪn/ ptialina: enzima salivar que ajuda a limpeza bucal e converte amido em glicose.

ptyalism /ˈtaɪəlɪz(ə)m/ ptialismo: produção excessiva de saliva.

ptyalith /ˈtaɪəlɪθ/ ptiálito. ⇨ **sialolith**.

ptyalo- /taɪələʊ/ ptial(i/o)-: relativo à saliva. Nota: antes de vogais usa-se **ptyal-**.

ptyalography /ˌtaɪəˈlɒɡrəfi/ ptialografia. ⇨ **sialography**.

pubertal /ˈpjuːbət(ə)l/ puberal: relativo à puberdade. Usa-se também **puberal**.

puberty /ˈpjuːbəti/ puberdade: **1** as alterações físicas e psicológicas que acontecem no final da infância e começo da adolescência, quando tem início a maturidade sexual e as glândulas sexuais se tornam ativas. **2** a época em que essas alterações acontecem. Observação: a puberdade começa por volta dos dez anos de idade nas meninas, e ligeiramente mais tarde nos meninos.

pubes /ˈpjuːbiːz/ púbis: parte do corpo logo abaixo da virilha, onde se encontram os ossos púbicos.

pubescent /pjuːˈbesənt/ pubescente: que está alcançando, ou alcançou, a puberdade.

pubic /ˈpjuːbɪk/ púbico: relativo à área próxima aos genitais.

pubic bone /ˌpjuːbɪk ˈbəʊn/ osso púbico: o osso situado na parte anterior da pelve. ☑ **pubis**. Veja ilustração em **Urogenital System (male)**, no Apêndice.

pubic hair /ˌpjuːbɪk ˈheə/ pêlo pubiano; pêlo púbico: pêlos grossos que cobrem a região genital.

pubic louse /ˌpjuːbɪk ˈlaʊs/ piolho pubiano. ⇨ **crab, crab louse; Phthirius pubis**. ☑ **Pediculus pubis**.

pubic symphysis /ˌpjuːbɪk ˈsɪmfəsɪs/ sínfise púbica. ⇨ **interpubic joint**. ☑ **symphysis pubis**. Observação: na mulher grávida, a sínfise pubiana se alonga, a fim de permitir a expansão da cintura pélvica, de modo que haja espaço para a passagem do feto.

pubiotomy /ˌpjuːbiˈɒtəmi/ pubiotomia: operação cirúrgica para secção do osso pubiano durante o trabalho de parto, a fim de tornar a pelve suficientemente larga para a passagem segura do bebê. Plural: **pubiotomies**.

pubis /'pju:bɪs/ púbis. ⇨ **pubic bone**. Veja ilustração em **Pelvis**, no Apêndice. Plural: **pubes**.

public health /ˌpʌblɪk 'helθ/ saúde pública: o campo da medicina voltado para o estudo da saúde e das doenças na comunidade como um todo.

public health laboratory service /ˌpʌblɪk ˌhelθ ləˈbɒrət(ə)ri ˌsɜːvɪs/ serviço de saúde pública: no Reino Unido, um antigo serviço do Serviço Nacional de Saúde destinado a detectar, diagnosticar e monitorizar casos suspeitos de doença infecciosa por meio de uma rede de laboratórios espalhada por todo o país. Abreviatura: **PHLS**.

public health medicine /ˌpʌblɪk ˌhelθ 'med(ə)s(ə)n/ medicina de saúde pública: ramo da medicina voltado para a saúde da população e suas doenças como um todo, cujas responsabilidades incluem a identificação e o monitoramento das necessidades concernentes à saúde, o desenvolvimento de políticas que promovam a saúde e a avaliação dos serviços prestados nesta área.

public health nurse /ˌpʌblɪk ˌhelθ 'nɜːs/ enfermeira de saúde pública: enfermeira cujo serviço, à semelhança da enfermeira escolar, da enfermeira visitadora ou de outra enfermeira da comunidade, é proteger a saúde das pessoas e ajudar nos programas de prevenção de doenças.

public health physician /ˌpʌblɪk ˌhelθ fɪˈzɪʃ(ə)n/ médico de saúde pública: médico especialista na medicina de saúde pública.

pudendal /pju:ˈdend(ə)l/ pudendo: relativo à genitália externa feminina.

pudendal block /pju:ˌdend(ə)l 'blɒk/ bloco pudendo: anestesia da região pudenda durante o parto.

pudendum /pju:ˈdendəm/ pudendo: a genitália externa feminina. Plural: **pudenda**.

puerpera /pju:ˈɜːp(ə)rə/ puerperal: mulher que acabou de dar à luz uma criança, ou que está em trabalho de parto, e cujo útero ainda se encontra dilatado. Plural: **puerperae**.

puerperal /pju:ˈɜːp(ə)rəl/ puerperal: **1** relativo ao puerpério. **2** relativo ao parto. **3** que ocorre após o parto. ☑ **puerperous**.

puerperal fever /pju:ˌɜːp(ə)rəl 'fiːvə/ febre puerperal. ⇨ **puerperal infection**.

puerperal infection /pju:ˌɜːp(ə)rəl ɪnˈfekʃən/ infecção puerperal: infecção do útero e do trato genital após o nascimento do bebê, sendo mais comum em mulheres submetidas à operação cesariana. Provoca febre alta e, ocasionalmente, sepse, que pode ser fatal, e era mais comum antigamente. ☑ **puerperal fever; postpartum fever**.

puerperalism /pju:ˈɜːp(ə)rəlɪz(ə)m/ puerperalismo: doença do bebê ou da mãe, resultante do parto ou associada com ele.

puerperal psychosis /pju:ˌɜːp(ə)rəl saɪˈkəʊsɪs/ psicose puerperal: distúrbio mental que pode ocorrer em algumas mulheres nas duas primeiras semanas após o parto.

puerperal sepsis /pju:ˌɜːp(ə)rəl 'sepsɪs/ sepse puerperal: envenenamento do sangue após o parto, causado por infecção no local da placenta.

puerperium /ˌpju:əˈpɪəriəm/ puerpério: período de aproximadamente seis semanas que se segue ao parto, durante o qual o útero retorna ao seu estado normal.

puerperous /pju:ˈɜːprəs/ puerperal. ⇨ **puerperal**.

puke /pju:k/ (informal) vômito. ⇨ **vomit**.

Pulex /'pju:leks/ Pulex: um gênero de pulgas que infestam o homem.

pull /pʊl/ estirar; distender: fazer um músculo esticar-se na direção errada. *He pulled a muscle in his back.* / Ele distendeu um músculo das costas. ◊ **to pull the plug** (informal): desligar a tomada: desligar o aparelho que assume uma função vital e que ajuda a manter uma pessoa viva. ◊ **to pull yourself together:** recompor-se; readquirir o controle: tornar-se mais calmo.

pulley /'pʊli/ polia: um disco girante por onde passa uma correia ou arame, usado em tração, a fim de levantar pesos.

pull through /ˌpʊl 'θru:/ (informar) salvar-se; curar-se: recuperar-se de uma doença grave. *The doctor says she is strong and should pull through.* / O médico diz que ela está forte e deve se salvar.

pulmo- /'pʌlməʊ/ ⇨ **pulmon-**.

pulmon- /'pʌlmən/ relativo aos pulmões. Usa-se também **pulmo-**.

pulmonale /ˌpʌlməˈneɪli/ pulmonar. Veja **cor pulmonale**.

pulmonary /'pʌlmən(ə)ri/ pulmonar: relativo aos pulmões.

pulmonary artery /ˌpʌlmən(ə)ri 'ɑːtəri/ artéria pulmonar: uma das duas artérias que transportam o sangue do coração para os pulmões, a fim de que seja oxigenado. Veja ilustração em **Heart**, no Apêndice.

pulmonary circulation /ˌpʌlmən(ə)ri ˌsɜːkjʊ'leɪʃ(ə)n/ circulação pulmonar: a passagem do sangue do coração para os pulmões, onde será oxigenado, e o retorno ao coração pelas veias pulmonares. ☑ **lesser circulation**.

pulmonary embolism /ˌpʌlmən(ə)ri 'embəlɪz(ə)m/ embolismo pulmonar: bloqueio da artéria pulmonar por um coágulo sanguíneo. Abreviatura: **PE**.

pulmonary hypertension /ˌpʌlmən(ə)ri ˌhaɪpə'tenʃən/ hipertensão pulmonar: hipertensão dos vasos sanguíneos que levam sangue para os pulmões.

pulmonary incompetence /ˌpʌlmən(ə)ri 'ɪnkɒmpɪt(ə)ns/ incompetência pulmonar. ⇨ **pulmonary insufficiency**.

pulmonary insufficiency /ˌpʌlmən(ə)ri ˌɪn sə'fɪʃ(ə)nsi/ insuficiência pulmonar: condição caracterizada pela dilatação da principal artéria do pulmão e fechamento incompleto da válvula pulmonar, que resulta em regurgitação. ☑ **pulmonary incompetence**.

pulmonary oedema /ˌpʌlmən(ə)ri ɪ'diːmə/ edema pulmonar: condição caracterizada por acúmulo de líquido nos pulmões, como ocorre na insuficiência cardíaca esquerda.

pulmonary stenosis /ˌpʌlmən(ə)ri ste'nəʊsɪs/ estenose pulmonar: condição em que a abertura entre a artéria pulmonar e o ventrículo direito torna-se estreitada.

pulmonary tuberculosis /ˌpʌlmən(ə)ri tju ːˌbɜːkjʊ'ləʊsɪs/ tuberculose pulmonar: infecção dos pulmões, acompanhada de perda de peso, tosse com expectoração de sangue, e febre.

pulmonary valve /'pʌlmən(ə)ri vælv/ válvula pulmonar: válvula situada na abertura da artéria pulmonar.

pulmonary vein /'pʌlmən(ə)ri veɪn/ veia pulmonar: uma das quatro veias que transportam sangue oxigenado dos pulmões de volta para o átrio esquerdo do coração. Veja ilustração em **Heart**, no Apêndice. Nota: as veias pulmonares são as únicas veias que transportam sangue oxigenado.

pulmonectomy /ˌpʌlmə'nektəmi/ pulmonectomia. ⇨ **pneumonectomy**. Plural: **pulmonectomies**.

pulmonology /ˌpʌlmən'ɒlədʒi/ pulmonologia: o ramo da medicina que se ocupa da estrutura, da fisiologia e das doenças dos pulmões.

pulp /pʌlp/ polpa: tecido macio, principalmente aquele revestido por odontoblastos, que preenche a cavidade dentária.

pulp cavity /'pʌlp ˌkævɪti/ cavidade pulpar: a parte central do dente, que consiste em um tecido macio, a polpa.

pulpy /'pʌlpi/ pulpar: constituído de pulpa. *the pulpy tissue inside a tooth* / o tecido pulpar no interior de um dente.

pulsate /pʌl'seɪt/ pulsar: expandir-se e contrair-se, com um batimento rítmico.

pulsation /pʌl'seɪʃ(ə)n/ pulsação: a ação de bater ritmicamente, por exemplo, o pulso perceptível sob a pele em algumas partes do corpo.

pulse /pʌls/ pulso: a expansão e a contração regulares de uma artéria, provocadas pelo bombeamento de sangue do coração para o resto do corpo, perceptível pela pressão dos dedos, principalmente em uma artéria superficial, como no punho ou pescoço. *Her pulse is very irregular.* / O pulso dela está muito irregular. ◊ **to take** *or* **feel a person's pulse:** tomar *ou* sentir o pulso de uma pessoa: medir o pulso de uma pessoa pressionando os dedos sobre uma artéria superficial. *Has the patient's pulse been taken?* / O pulso do paciente foi tomado? ☑ **pulsus**. Observação: o pulso padrão em um adulto é de setenta e dois batimentos por minuto, mas é mais alto

em crianças. O pulso geralmente é tomado pela pressão dos dedos sobre o punho do paciente, no cruzamento da artéria radial com a depressão logo abaixo do polegar.

pulseless /'pʌlsləs/ sem pulso: refere-se à pessoa na qual não se consegue sentir o pulso, por causa dos batimentos cardíacos muito fracos.

pulse oximetry /ˌpʌls ɒk'sɪmətri/ oximetria pulsativa: método de medição do conteúdo de oxigênio no sangue arterial.

pulse point /'pʌls pɔɪnt/ ponto pulsativo: local do corpo em que o pulso pode ser tomado.

pulse pressure /'pʌls ˌpreʃə/ pulso diferencial: a diferença entre a pressão diastólica e a pressão sistólica. Veja também **Corrigan's pulse**.

pulse rate /'pʌls reɪt/ freqüência de pulso: o número de batimentos do pulso por minuto.

pulsus /'pʌlsəs/ pulso. ⇨ **pulse**.

pulsus alternans /ˌpʌlsəs 'ɔːltənænz/ pulso alternante: pulso com batimentos alternantes, fortes e fracos.

pulsus bigeminus /ˌpʌlsəs baɪ'geminəs/ pulso bigeminado: pulso em que os batimentos ocorrem em grupo de dois, com um batimento ectópico extra. ☑ **bigeminy**.

pulsus paradoxus /ˌpʌlsəs pærə'dɒksəs/ pulso paradoxal: condição caracterizada por queda exagerada nos batimentos do pulso durante a inspiração.

pulvis /'pʌlvɪs/ pó: termo de origem latina que significa pó.

pump /pʌmp/ **1** bomba: aparelho destinado a forçar líquido ou gás de ou para alguma coisa. **2** bombear: forçar líquido ou gás ao longo de um tubo. *The heart pumps blood round the body.* / O coração bombeia sangue para o corpo inteiro. *The nurses tried to pump the poison out of the stomach.* / As enfermeiras tentaram bombear o veneno do estômago.

pumping chamber /'pʌmpɪŋ ˌtʃeɪmbə/ câmara de bombeamento: uma das seções do coração onde o sangue é bombeado.

punch drunk syndrome /pʌntʃ 'drʌŋk ˌsɪn drəʊm/ síndrome da demência pugilística; síndrome da demência traumática; encefalite traumática: condição observada em certos indivíduos, geralmente boxeadores, causada por concussões cerebrais repetidas e caracterizada por deterioração das capacidades mentais, tremores das mãos e distúrbios da fala.

puncta lacrimalia /ˌpʌŋktə lækrɪ'meɪliə/ (plural) aberturas lacrimais: aberturas circulares diminutas, situadas nos cantos dos olhos, pelas quais as lágrimas são drenadas para o nariz.

punctate /'pʌŋkteɪt/ pontilhado: relativo ao tecido ou superfície coberta por minúsculas manchas, buracos ou pontas.

punctum /'pʌŋktəm/ ponto: um ponto ou mancha diminuta. Plural: **puncta**.

puncture /'pʌŋktʃə/ **1** punção: a) um orifício pequeno e bem-feito com um instrumento afiado. b) o ato de fazer um pequeno orifício em um órgão ou tumor para retirar líquido ou amostra de seu conteúdo. **2** puncionar: fazer um pequeno orifício em tecidos do corpo com um instrumento afiado.

puncture wound /'pʌŋktʃə wuːnd/ ferida puntiforme: ferida com um orifício profundo, feita por instrumento pontiagudo.

pupil /'pjuːp(ə)l/ pupila: o orifício central da íris, através do qual a luz penetra no olho. Veja ilustração em **Eye**, no Apêndice.

pupillary /'pjuːpɪləri/ pupilar: relativo à pupila.

pupillary reaction /ˌpjuːpɪləri riˈækʃən/ reflexo pupilar: um reflexo luminoso da pupila, que se contrai quando exposta à luz muito brilhante. ☑ **light reflex**.

Pupils Equal and Reactive to Light and Accommodation /'pjuːp(ə)ls 'iːkwel ən riˈæktɪv tʊ laɪt ən əˌkɒməˈdeɪʃ(ə)n/ Pupilas Iguais e Reativas à Luz e à Acomodação. Abreviatura: **PERLA**.

purchaser /'pɜːtʃɪsə/ comprador; adquirente: organização, geralmente um grupo de cuidados primários (PCG), que faz o comissionamento de cuidados clínicos e controla o orçamento para pagamento dos serviços. Veja também **provider**.

pure /pjʊə/ puro: **1** que não é misturado com outras substâncias. **2** imaculado.

pure alcohol /ˌpjʊə 'ælkəhɒl/ álcool puro: álcool contendo cinco por cento de água.

purgation /pɜːˈgeɪʃ(ə)n/ purgação: uso de um medicamento para ajudar a evacuação intestinal.

purgative /'pɜːgətɪv/ purgativo: medicamento que ajuda a evacuação intestinal. ⇨ **laxative**.

purge /pɜːdʒ/ purgar; limpar: induzir a evacuação intestinal.

purified protein derivative /ˌpjʊərɪfaɪd 'prəʊtiːn dɪˌrɪvətɪv/ proteína purificada derivada: uma forma pura de tuberculina, usada em testes de tuberculina. Abreviatura: **PPD**.

purify /'pjʊərɪfaɪ/ purificar: tornar algo puro.

purine /'pjʊəriːn/ purina: **1** substância nitrogenada derivada do ácido úrico, que entra na composição de várias substâncias biologicamente importantes. **2** um derivado da purina, principalmente as bases purínicas adenina e guanina, que são encontradas no ácido ribonucléico (RNA) e no ácido desoxirribonucléico (DNA).

Purkinje cells /pəˈkɪndʒi selz/ (plural) células de Purkinje: neurônios do córtex cerebelar. (Descritas em 1837 por Johannes Evangelista Purkinje [1787–1869], professor de fisiologia em Breslau, hoje na Polônia, e mais tarde em Praga, República Checa.)

Purkinje fibres /pəˈkɪndʒi ˌfaɪbəz/ (plural) fibras de Purkinje: fibras entrelaçadas que formam o feixe atrioventricular e passam do nodo atrioventricular para o septo. (Descritas em 1839 por Johannes Evangelista Purkinje [1787–1869], professor de fisiologia em Breslau, hoje na Polônia, e mais tarde em Praga, República Checa.)

Purkinje shift /pəˈkɪndʒi ʃɪft/ desvio de Purkinje: alteração da sensibilidade do olho à cor; sob iluminação muito fraca, incapaz de estimular as células cônicas da retina, o olho passa a usar os bastonetes.

purpura /'pɜːpjʊrə/ púrpura: pigmentação púrpura na pele, semelhante a uma equimose, causada por distúrbios sanguíneos e não por trauma.

pursestring operation /ˌpɜːsstrɪŋ ˌɒpəˈreɪʃ(ə)n/ operação com sutura em cordão de bolsa. ⇨ **Shirodkar's operation**.

pursestring stitch /'pɜːsstrɪŋ stɪtʃ/ sutura em cordão de bolsa. ⇨ **Shirodkar suture**.

purulent /'pjʊərʊlənt/ purulento: que contém ou produz pus.

pus /pʌs/ pus: líquido amarelado e espesso, composto de soro sanguíneo, detritos de células mortas, leucócitos e bactérias de tecidos vizinhos. O organismo forma o pus em reação a um processo infeccioso. Nota: para conhecer outros termos referentes a pus, veja os que começam com **py-** ou **pyo-**.

pustular /'pʌstjʊlə/ pustulento: **1** coberto com, ou composto de pústulas. **2** relativo a pústulas.

pustulate /'pʌstjʊleɪt/ **1** pustulento: coberto de pústulas. **2** cobrir(-se) de pústulas: tornar-se coberto de pústulas, ou causar o aparecimento de pústulas na pele.

pustule /'pʌstjuːl/ pústula: pequena borbulha na pele, contendo um líquido purulento.

putrefaction /ˌpjuːtrɪˈfækʃən/ putrefação: decomposição de substâncias orgânicas por bactérias, que exala um cheiro desagradável.

putrefy /'pjuːtrɪfaɪ/ putrefazer; putrificar: apodrecer ou decompor-se.

put up /ˌpʊt 'ʌp/ levantar; erguer: planejar o arranjo de alguma coisa, tal como um *drip* (gotejamento).

p.v. abreviatura de **per vaginam**: pela vagina.

PVS abreviatura de **persistent vegetative state**.

PWA /ˌpiː dʌbljuː 'eɪ/ pessoa com AIDS (**person with AIDS**): uma pessoa que sofre de AIDS.

py- /paɪ/ ⇨ **pyo-**.

pyaemia /paɪˈiːmiə/ piemia: invasão do sangue por bactérias, que então se multiplicam e formam numerosos abscessos em várias partes do corpo, causando septicemia geral. Nota: no inglês americano usa-se **pyemia**.

pyarthrosis /ˌpaɪɑːˈθrəʊsɪs/ piartrose: condição caracterizada pela infecção de uma articulação por organismos piogênicos, com formação de pus. ☑ **acute suppurative arthritis**.

pyel- /paɪəl/ ⇨ **pyelo-**.

pyelitis /ˌpaɪəˈlaɪtɪs/ pielite: inflamação da pelve renal.

pyelo- /paɪələʊ/ piel(o)-: relativo à pelve renal. Nota: antes de vogais usa-se **pyel-**.

pyelocystitis /ˌpaɪələʊsɪˈstaɪtɪs/ pielocistite: inflamação da pelve renal e da bexiga.

pyelogram /'paɪələɡræm/ pielograma: radiografia do rim e do trato urinário.

P

pyelography /ˌpaɪə'lɒgrəfi/ pielografia: radiografia do rim após injeção com um líquido opaco aos raios X.

pyelolithotomy /ˌpaɪələulɪ'θɒtəmi/ pielolitotomia: cirurgia para remoço de um cálculo na pelve renal. Plural: **pyelolithotomies**.

pyelonephritis /ˌpaɪələuni'fraɪtɪs/ pielonefrite: inflamação do rim e da pelve renal.

pyeloplasty /'paɪələplæsti/ pieloplastia: qualquer cirurgia plástica na pelve renal para corrigir uma obstrução pilórica. Plural: **pyeloplasties**.

pyelotomy /ˌpaɪə'lɒtəmi/ pielotomia: incisão praticada na pelve renal. Plural: **pyelotomies**.

pyemia /paɪ'iːmiə/ piemia. ⇨ **pyaemia**.

pykno- /pɪknəu/ pcino-: espesso; denso.

pyknolepsy /'pɪknə,lepsi/ pcinoepilepsia: termo antigo de um tipo de epilepsia caracterizado por freqüentes ataques de ausência (epilepsia menor, ou pequeno mal), em crianças.

pyl- /paɪl/ relativo à veia porta. ⇨ **pyle-**.

pyle- /'paɪli/ Nota: antes de vogais usa-se **pyl-**.

pylephlebitis /ˌpaɪliflə'baɪtɪs/ pileflebite: trombose da veia porta.

pylethrombosis /ˌpaɪliθrɒm'bəusɪs/ piletrombose: condição caracterizada pela presença de coágulos sanguíneos na veia porta ou em qualquer de seus ramos.

pylor- /paɪ'lɔːr/ ⇨ **pyloro-**.

pylorectomy /ˌpaɪlə'rektəmi/ pilorectomia: remoção cirúrgica do piloro e do antro pilórico. Plural: **pylorectomies**.

pyloric /paɪ'lɒrɪk/ pilórico: relativo ao piloro.

pyloric antrum /paɪˌlɒrɪk 'æntrəm/ antro pilórico: espaço na extremidade pilórica do estômago, à frente do esfíncter pilórico.

pyloric orifice /paɪˌlɒrɪk 'ɒrɪfɪs/ orifício pilórico: abertura entre o estômago e o duodeno.

pyloric sphincter /paɪˌlɒrɪk 'sfɪŋktə/ esfíncter pilórico: músculo que envolve e contrai o piloro, separando-o do duodeno.

pyloric stenosis /paɪˌlɒrɪk ste'nəusɪs/ estenose pilórica: uma obstrução do piloro, que impede a passagem dos alimentos do estômago para o duodeno.

pyloro- /paɪ'lɔːrəu/ pilor(o)-: piloro. Nota: antes de vogais usa-se **pylor-**.

pyloroplasty /paɪ'lɔːrəplæsti/ piloroplastia: cirurgia plástica para ampliação do piloro, algumas vezes combinada com tratamento para úlcera péptica. Plural: **pyloroplasties**.

pylorospasm /paɪ'lɔːrəspæz(ə)m/ pilorospasmo: um espasmo muscular que obstrui o piloro, impedindo a passagem dos alimentos para o duodeno.

pylorotomy /ˌpaɪlə'rɒtəmi/ pilorotomia: incisão cirúrgica da camada muscular do piloro, a fim de aliviar uma estenose pilórica. ☑ **Ramstedt's operation**.

pylorus /paɪ'lɔːrəs/ piloro: orifício na parte inferior do estômago, que faz a comunicação com o duodeno. Plural: **pylori**.

pyo- /paɪəu/ relativo a pus. Nota: antes de vogais usa-se **py-**.

pyocele /'paɪəsiːl/ piocele: dilatação de um tubo ou cavidade, devida a acúmulo de pus.

pyocolpos /ˌpaɪə'kɒlpəs/ piocolpo: acúmulo de pus dentro da vagina.

pyoderma /ˌpaɪə'dɜːmə/ pioderma: qualquer erupção purulenta na pele.

pyoderma gangrenosum /ˌpaɪədɜːmə ˌgæŋg rɪ'nəusəm/ pioderma gangrenoso: doença que provoca debilitação grave, caracterizada por úlceras cutâneas, principalmente nas pernas. Geralmente, é tratada com drogas esteróides.

pyogenesis /ˌpaɪə'dʒenɪsɪs/ piogênese: produção ou formação de pus.

pyogenic /ˌpaɪə'dʒenɪk/ piogênico: que produz ou forma pus.

pyometra /ˌpaɪə'miːtrə/ piometra: acúmulo de pus no útero.

pyomyositis /ˌpaɪəumaɪə'saɪtɪs/ piomiosite: inflamação profunda de um músculo, causada por estafilococos ou estreptococos.

pyonephrosis /ˌpaɪəuni'frəusɪs/ pionefrose: dilatação do rim, resultante do acúmulo de pus.

pyopericarditis /ˌpaɪəuperikɑː'daɪtɪs/ piopericardite: inflamação purulenta do pericárdio, devido à infecção com estafilococos, estreptococos ou pneumococos.

pyopneumothorax /ˌpaɪəuˌnjuːməu'θɔːræks/ piopneumotórax: acúmulo de pus, ar ou gás na cavidade pleural.

pyorrhoea /ˌpaɪə'riə/ piorréia: uma descarga purulenta. Nota: no inglês americano usa-se **pyorrhea**.

pyorrhoea alveolaris /ˌpaɪəriə ˌælviəu'lɑːrɪs/ piorréia alveolar: inflamação supurativa dos tecidos que envolvem os dentes.

pyosalpinx /ˌpaɪə'sælpɪŋks/ piossalpinge: inflamação supurativa das tubas de Falópio (atual *tubas uterinas*).

pyothorax /ˌpaɪə'θɔːræks/ piotórax. ⇨ **empyema**.

pyr- /paɪr/ (antes de vogais). ⇨ **pyro-**.

pyramid /'pɪrəmɪd/ pirâmide: parte ou estrutura do corpo em forma de cone, principalmente a projeção cônica da medula oblonga ou da medula renal. Veja ilustração em **Kidney**, no Apêndice.

pyramidal /pɪ'ræmɪd(ə)l/ piramidal: relativo à pirâmide.

pyramidal cell /pɪ'ræmɪd(ə)l sel/ célula piramidal: célula em forma de cone no córtex cerebral.

pyramidal tract /pɪ'ræmɪd(ə)l trækt/ trato piramidal. ⇨ **pyramidal system**.

pyramidal system /pɪ'ræmɪd(ə)l 'sɪstəm/ sistema piramidal: feixe de fibras nervosas na área piramidal da medula oblonga, no cérebro. É considerado vital para o controle dos movimentos e a fala. ☑ **pyramidal tract**.

pyretic /paɪ'retɪk/ pirético: **1** relativo à febre. **2** um agente que causa febre.

pyrexia /paɪˈreksɪə/ pirexia. ⇨ **fever**.

pyrexic /paɪˈreksɪk/ febril: que apresenta febre.

pyridostigmine /ˌpɪrɪdəʊˈstɪgmiːn/ piridostigmina: um agente que impede ou atrasa a ação da enzima colinesterase, usado no tratamento da miastenia grave.

pyridoxine /ˌpɪrɪˈdɒksɪn/ piridoxina. ⇨ **Vitamin B₆**.

pyrimidine /pɪˈrɪmɪdiːn/ pirimidina: **1** composto nitrogenado de cheiro forte, com uma cadeia fechada de seis anéis, que constitui a forma fundamental de várias substâncias biologicamente importantes. **2** um derivado da pirimidina, principalmente os ácidos nucléicos citosina, tiamina e uracil, encontrados no ácido ribonucléico (RNA) e no ácido desoxirribonucléico (DNA).

pyro- /paɪrəʊ/ piro-: relativo à queimadura ou febre. Nota: antes de vogais usa-se **pyr-**.

pyrogen /ˈpaɪrədʒen/ pirogênio: uma substância que causa febre.

pyrogenic /ˌpaɪrəˈdʒenɪk/ pirogênico: que causa febre.

pyromania /ˌpaɪrəˈmeɪnɪə/ piromania: um desejo incontrolável de produzir incêndios.

pyrophobia /ˌpaɪrəʊˈfəʊbɪə/ pirofobia: um medo anormal de fogo.

pyruvic acid /paɪˌruːvɪk ˈæsɪd/ ácido pirúvico: produto final do metabolismo de glicogênio nos músculos, quando é decomposto para produção de energia.

pyuria /paɪˈjʊərɪə/ piúria: presença de pus na urina.

q.d.s. abreviatura de **quater in die sumendus**.

Q fever /'kju: ˌfiːvə/ febre Q: doença infecciosa rickettisial aguda de ovinos e bovinos, causada por *Coxiella burnett* e transmitida ao homem. Observação: a febre Q afeta trabalhadores de plantações e indústrias de carne. Os sintomas são febre, tosse e cefaléia.

q.i.d. abreviatura de **quater in die**.

q.l. abreviatura de **quantum**.

q.m. abreviatura de **quaque mane**.

q.n. abreviatura de **quaque nocte**.

QRS complex /ˌkju: ɑːr 'es ˌkɒmpleks/ complexo QRS: no eletrocardiograma, a principal deflexão, classificada pelas letras Q, R e S, representando a contração ventricular. Veja também **PQRST complex**.

q.s. abreviatura de *quantum sufficiat*: quanto for necessário (usada em receitas médicas).

Q-T interval /ˌkju: 'tiː ˌɪntəv(ə)l/ intervalo Q-T: no eletrocardiograma, o comprimento ou intervalo do complexo QRS. ☑ **Q-S2 interval** (intervalo Q-S2). Veja também **PQRST complex**.

quad /kwɒd/ (informal) quadrigêmeo. ⇨ **quadruplet**.

quadrant /'kwɒdrənt/ quadrante: um dos quatro planos do corpo, sendo este dividido pelo plano sagital e pelo plano intertubercular. *tenderness in the right lower quadrant* / sensibilidade no quadrante inferior direito.

quadrantanopia /ˌkwɒdræntə'nəʊpiə/ quadrantanopia: perda de visão em um quarto do campo visual.

quadrate lobe /'kwɒdreɪt ləʊb/ lobo quadrado: lobo situado na superfície inferior do fígado.

quadratus /kwɒ'dreɪtəs/ quadrado: qualquer músculo com quatro lados.

quadratus femoris /kwɒˌdreɪtəs 'femərɪs/ músculo quadrado da coxa: músculo situado na parte superior do fêmur, que faz o movimento de rotação da coxa.

quadri- /kwɒdri/ quadri-: quatro.

quadriceps /'kwɒdrɪseps/ músculo quadríceps: grande músculo extensor na parte anterior da coxa. ☑ **quadriceps femoris**. Observação: o músculo quadríceps femoral subdivide-se em

quatro partes: o músculo reto da coxa, o músculo vasto lateral, o músculo vasto medial e o músculo vasto intermédio. São os receptores sensoriais no músculo quadríceps que provocam as contrações espasmódicas do joelho, quando há lesão no tendão patelar.

quadriceps femoris /'kwɒdrɪseps 'femərɪs/ músculo quadríceps femoral. ⇨ **quadriceps**.

quadriplegia /ˌkwɒdrɪ'pliːdʒə/ quadriplegia; tetraplegia: paralisia dos quatro membros, isto é, dos dois braços e das duas pernas. ☑ **tetraplegia**.

quadriplegic /ˌkwɒdrɪ'pliːdʒɪk/ quadriplégico; tetraplégico: que tem paralisia nos dois braços e nas duas pernas.

quadruple /'kwɒdrʊp(ə)l/ quádruplo: **1** que acontece quatro vezes. **2** que tem quatro partes.

quadruplet /'kwɒdrʊplət/ quadrigêmeo: um de quatro bebês nascidos no mesmo parto. ☑ **quad**.

quadruple vaccine /ˌkwɒdrʊp(ə)l 'væksiːn/ vacina quádrupla: vacina que confere imunidade contra quatro doenças: difteria, coqueluche, poliomielite e tétano.

quadrupod /'kwɒdrʊpɒd/ bengala quádrupla: uma bengala que termina em quatro pequenas pernas.

qualification /ˌkwɒlɪfɪ'keɪʃ(ə)n/ qualificação; certificado; diploma: **1** qualidade que torna uma pessoa apta a exercer determinada tarefa. **2** um reconhecimento oficial dos padrões cumpridos para se atingir uma meta, por exemplo, um diploma universitário. *She has a qualification in pharmacy.* / Ela tem um diploma em farmácia. *Are his qualifications recognised in Great Britain?* / Os certificados dele são reconhecidos na Grã-Bretanha?

qualify /'kwɒlɪfaɪ/ qualificar(-se); formar-se: **1** tornar uma pessoa apta a exercer determinada tarefa. **2** passar em um curso e ser considerado apto a exercer a profissão. *He qualified as a doctor two years ago.* / Ele formou-se em medicina há dois anos.

qualitative /'kwɒlɪtətɪv/ qualitativo: relativo ao estudo no qual são coletados dados descritivos. Compare com **quantitative**.

quality /'kwɒlɪti/ qualidade: característica de uma pessoa ou coisa. **2** padrão geral ou grau de alguma coisa. **3** o padrão mais alto ou melhor.

quality assurance /'kwɒlɪti ə‚ʃʊərəns/ garantia de qualidade: um conjunto de critérios destinados a garantir que os funcionários de uma organização mantenham um padrão de qualidade nos produtos comercializados ou nos serviços prestados.

quality circle /'kwɒlɪti ‚sɜːk(ə)l/ círculo de qualidade: em uma organização, grupo de empregados de diferentes níveis que se reúnem regularmente para discutir maneiras de melhorar a qualidade de seus produtos ou serviços.

Quality Patient Care Scale /'kwɒlɪti 'peɪ ʃ(ə)nt keə skeɪl/ Escala de Qualidade dos Cuidados ao Paciente: um método que orienta as enfermeiras na avaliação de sua atividade com relação a custos, tempo, uso de habilidades e carga horária. Abreviatura: **Qualpacs**.

Qualpacs /'kwɒlpæks/ abreviatura de **Quality Patient Care Scale**.

quantitative /'kwɒntɪtətɪv/ quantitativo: relativo ao estudo no qual são coletados dados numéricos. Compare com **qualitative**.

quantitative digital radiography /‚kwɒntɪtə tɪv ‚dɪdʒɪt(ə)l reɪdɪ'ɒɡrəfi/ radiografia digital: técnica radiográfica digital destinada a avaliar a presença de uma doença óssea no organismo, por exemplo, a osteoporose. Este procedimento avalia as taxas de cálcio, geralmente na coluna vertebral e quadril.

quantum libet quanto desejar. Nota: usa-se em receitas médicas. Abreviatura: **q.l.**

quaque mane a cada manhã; todas as manhãs. Nota: usa-se em receitas médicas. Abreviatura: **q.m.**

quaque nocte todas as noites. Nota: usa-se em receitas médicas. Abreviatura: **q.n.**

quarantine /'kwɒrənti:n/ **1** quarentena: a) o isolamento de navios, veículos, pessoas e animais provenientes de lugares em que esteja ocorrendo um surto de doença contagiosa grave, a fim de que esta seja detectada e tratada. b) o período de tal isolamento, para evitar a disseminação de doença. *six months' quarantine* / quarentena de seis meses. **2** pôr de quarentena; isolar: pôr uma pessoa ou animal de quarentena. Observação: pessoas suspeitas de infecção grave podem ser mantidas em quarentena por um período que varia de acordo com o tempo de incubação da doença. São isolados principalmente indivíduos com cólera, febre amarela e tifo.

quartan /'kwɔːt(ə)n/ quartã: referente a uma febre que recorre a cada quatro dias, por exemplo, em alguns tipos de malária.

quartan fever /'kwɔːt(ə)n ‚fi:və/ febre quartã: forma de malária causada pelo *Plasmodium malariae*, na qual a febre recorre a cada quatro dias. Veja também **tertian fever**.

quater in die quatro vezes ao dia. Nota: usa-se em receitas médicas. Abreviatura: **q.i.d.**

quater in die sumendus para ser tomado quatro vezes ao dia. Nota: usa-se em receitas médicas. Abreviatura: **q.d.s.**

queasiness /'kwi:zɪnəs/ náusea; enjôo: a sensação de estar quase vomitando.

queasy /'kwi:zi/ nauseado: que tem a sensação de estar quase vomitando.

Queckenstedt test /'kwekənsted test/ teste de Queckenstedt: teste feito durante uma punção lombar, no qual as veias do pescoço são comprimidas para verificar se o líquido cérebro-espinhal está fluindo corretamente. (Descrito em 1916 por Hans Heinrich George Queckenstedt [1876–1918], médico alemão.)

quickening /'kwɪknɪŋ/ os primeiros movimentos do feto, quando são percebidos pela mãe, que geralmente ocorrem por volta do quarto mês de gravidez.

Quick test /'kwɪk test/ teste de Quick: teste para identificar os fatores de coagulação em uma amostra de sangue. ☑ **prothrombin time**. Usa-se também **Quick's test**. (Descrito em 1932 por Armand James Quick [1894–1978], professor de bioquímica na Marquette University, EUA.)

quiescent /kwi'es(ə)nt/ quiescente: referente à doença cujos sintomas foram reduzidos, seja pelo tratamento seja pelo curso normal da doença.

quin /kwɪn/ (informal) quíntuplo. ⇨ **quintuplet**. Nota: no inglês americano usa-se **quint**.

quinine /kwɪ'ni:n/ quinina: alcalóide extraído da casca da cinchona, uma árvore da América do Sul. Observação: a quinina foi usada antigamente para tratar os sintomas febris da malária, mas hoje não é muito utilizada, por causa de seus efeitos colaterais. Pequenas quantidades de quinina têm um efeito tônico e são usadas em água tônica.

quinine poisoning /kwɪ'ni:n ‚pɔɪz(ə)nɪŋ/ envenenamento por quinina: doença causada por grande ingestão de quinina, que produz vertigens, zumbido nos ouvidos e surdez temporária. ☑ **quininism; quinism**.

quininism /'kwɪni:nɪz(ə)m/ quininismo. ⇨ **quinine poisoning**.

quinism /'kwɪnɪz(ə)m / quinismo. ⇨ **quinine poisoning**.

quinolone /kwɪnə'ləʊn/ quinolona: medicamento usado no tratamento de infecções bacterianas dos tratos respiratório e urinário, e do sistema gastrointestinal, causadas por bactérias Gram-positivas e Gram-negativas. Nota: as quinolonas têm nomes que terminam em **-oxacin**: **ciprofloxacin**. Observação: as contra-indicações incluem o uso durante a gravidez, doença renal e o uso em crianças.

quinsy /'kwɪnzi/ esquinescência: inflamação aguda da garganta, com formação de abscesso em volta da amígdala. ☑ **peritonsillar abscess**.

quint /kwɪnt/ quíntuplo. ⇨ **quin**.

quintan /'kwɪntən/ quintã: referente a uma febre que recorre a cada cinco dias.

Q

quintuplet /'kwɪntjʊplət/ quíntuplo: um de cinco bebês nascidos no mesmo parto. ☑ **quin**.

quotidian /kwəʊ'tɪdɪən/ cotidiano; quotidiano: que recorre todo dia; diário.

quotidian fever /kwəʊˌtɪdɪən 'fiːvə/ febre cotidiana: forma violenta de malária, na qual a febre acontece diariamente ou mesmo em pequenos intervalos.

quotient /'kwəʊʃ(ə)nt/ cociente: o resultado de um número dividido por outro.

Q wave /'kjuː weɪv/ onda Q: no eletrocardiograma, deflexão negativa (para baixo) no início do complexo QRS.

R símbolo do **roentgen**.

R/ abreviatura de **recipe**.

rabbit fever /ˈræbɪt ˌfiːvə/ febre do coelho. ⇨ **tularaemia**.

rabid /ˈræbɪd/ rábico; hidrófobo: relativo a, ou acometido pela raiva. *She was bitten by a rabid dog.* / Ela foi mordida por um cão hidrófobo.

rabid encephalitis /ˌræbɪd enˌkefəˈlaɪtɪs/ encefalite rábica: forma fatal de encefalite, resultante da mordida de qualquer animal hidrófobo.

rabies /ˈreɪbiːz/ raiva: doença infecciosa, freqüentemente fatal, transmitida ao homem pela mordida de animais infectados. *The hospital ordered a batch of rabies vaccine.* / O hospital encomendou um lote de vacina contra a raiva. ☑ **hydrophobia**. Observação: a raiva afeta o sistema nervoso central, e os sintomas incluem dificuldade de respirar ou deglutir e um medo muito grande de água (hidrofobia), a ponto de a pessoa ter convulsões à simples visão de água.

racemose /ˈræsɪməʊs/ racemoso: relativo a glândulas que se assemelham a um cacho de uvas.

rachi- /reɪki/ ⇨ **rachio-**.

rachianaesthesia /ˌreɪkiænəsˈθiːziə/ raquianestesia. ⇨ **spinal anaesthesia**. Nota: no inglês americano usa-se **rachianesthesia**.

rachio- /reɪkiəʊ/ relativo à espinha dorsal. Nota: antes de vogais usa-se **rachi-**.

rachiotomy /ˌreɪkiˈɒtəmi/ raquiotomia. ⇨ **laminectomy**. Plural: **rachiotomies**.

rachis /ˈreɪkɪs/ raque. ⇨ **backbone**. Plural: **rachises** ou **rachides**.

rachischisis /reɪˈkɪskɪsɪs/ raquisquise. ⇨ **spina bifida**.

rachitic /rəˈkɪtɪk/ raquítico: relativo ao raquitismo.

rachitis /rəˈkaɪtɪs/ raquitismo. ⇨ **rickets**.

rad /ræd/ rad: unidade de medida de dose absorvida durante uma radiação. Veja também **becquerel**; **gray**. Nota: o termo **gray** corresponde hoje a 100 rads.

radial /ˈreɪdiəl/ radial: **1** relativo a uma estrutura que se divide ou ramifica. **2** relativo ao rádio, osso do antebraço.

radial artery /ˈreɪdiəl ɑːtəri/ artéria radial: artéria que se origina na artéria braquial e desce próxima ao rádio, indo do cotovelo à palma da mão.

radial nerve /ˈreɪdiəl nɜːv/ nervo radial: o principal nervo motor do braço, que desce no dorso do braço e no lado externo do antebraço.

radial pulse /ˈreɪdiəl pʌls/ pulso radial: o principal pulso do corpo, que deve ser tomado pela pressão dos dedos sobre o punho, no cruzamento da artéria radial com a depressão logo abaixo do polegar.

radial recurrent /ˌreɪdiəl rɪˈkʌrənt/ artéria recorrente radial: artéria do braço que forma uma alça ao lado da artéria braquial.

radial reflex /ˌreɪdiəl ˈriːfleks/ reflexo radial: movimento brusco do antebraço, após percussão de um de seus músculos, o braquiorradial, na extremidade inferior do rádio.

radiate /ˈreɪdieɪt/ irradiar; propagar-se: **1** espalhar-se em todas as direções, a partir de um ponto central. *The pain radiates from the site of the infection.* / A dor propaga-se a partir do local da infecção. **2** emitir raios. *Heat radiates from the body.* / O calor se irradia do corpo.

radiation /ˌreɪdiˈeɪʃ(ə)n/ radiação: emissão de ondas de energia por algumas substâncias, principalmente aquelas denominadas radioativas. Observação: a exposição prolongada a vários tipos de radiação pode ser prejudicial. A radiação nuclear é a mais evidente, mas a exposição aos raios X, seja pelo paciente ou pelo radiologista, pode causar doença da radiação. Os primeiros sintomas da doença são diarréia e vômitos, mas a exposição à radiação pode também ser seguida por queimaduras da pele e perda de cabelo. Exposição intensa à radiação pode matar rapidamente, e qualquer pessoa exposta à radiação tem mais probabilidade de desenvolver certos tipos de câncer do que os outros membros da população.

radiation burn /ˌreɪdiˈeɪʃ(ə)n bɜːn/ queimadura por irradiação: queimadura da pele causada por exposição a qualquer tipo de energia radioativa.

radiation enteritis /ˌreɪdiˈeɪʃ(ə)n entəˈraɪtɪs/ enterite da radiação: enterite causada pela exposição aos raios X.

R

radiation sickness /ˌreɪdɪˈeɪʃ(ə)n ˌsɪknəs/ doença da radiação: doença provocada pela radioterapia.

radiation treatment /ˌreɪdɪˈeɪʃ(ə)n ˌtriːtmənt/ radioterapia. ⇨ **radiotherapy**.

radical /ˈrædɪk(ə)l/ radical: 1 tratamento cujo objetivo é extirpar a raiz ou fonte de um processo mórbido em vez de tratar os seus sintomas. 2 referente à cirurgia que extirpa um órgão inteiro, junto com o seu sistema linfático e outros tecidos.

radical mastectomy /ˌrædɪk(ə)l mæˈstektəmi/ mastectomia radical: cirurgia de remoção da mama e dos nodos linfáticos e músculos associados a ela.

radical mastoidectomy /ˌrædɪk(ə)l mæstɔɪˈdektəmi/ mastoidectomia radical: cirurgia que consiste na remoção de todo o processo mastóide.

radical treatment /ˌrædɪk(ə)l ˈtriːtmənt/ tratamento radical: tratamento cujo objetivo é a erradicação de uma doença.

radicle /ˈrædɪk(ə)l/ radícula: 1 pequena raiz de uma veia. 2 pequena fibra que forma a raiz de um nervo.

radicular /rəˈdɪkjʊlə/ radicular: relativo a uma radícula.

radiculitis /rəˌdɪkjuˈlaɪtɪs/ radiculite: inflamação da radícula de um nervo craniano ou espinhal.

radio- /reɪdɪəʊ/ radio-: 1 referente à radiação. 2 referente a substâncias radioativas. 3 referente ao rádio, osso do antebraço.

radioactive /ˌreɪdɪəʊˈæktɪv/ radioativo: que contém um núcleo que se desintegra espontaneamente e libera energia na forma de radiação, a qual pode atingir coisas ou pessoas. Observação: as substâncias naturais radioativas mais comuns são o rádio e o urânio. Outras substâncias podem ser radioativadas, para fins terapêuticos, pela transformação de seu núcleo, que se torna instável e, assim, emite isótopos radioativos. O iodo radioativo é usado no tratamento de condições como a tirotoxicose. Os isótopos radioativos de várias substâncias químicas são utilizados para investigar o funcionamento ou doença dos órgãos internos.

radioactive isotope /ˌreɪdɪəʊæktɪv ˈaɪsətəʊp/ isótopo radioativo: um isótopo que emite radiação, usado em radioterapia e cintilografia.

radioactivity /ˌreɪdɪəʊækˈtɪvɪti/ radioatividade: energia na forma de radiação, que é emitida por substância radioativa.

radiobiologist /ˌreɪdɪəʊbaɪˈɒlədʒɪst/ radiobiologista: médico especialista em radiobiologia.

radiobiology /ˌreɪdɪəʊbaɪˈɒlədʒi/ radiobiologia: o estudo científico da radiação e seus efeitos sobre os organismos vivos.

radiocarpal joint /reɪdɪəʊˈkɑːp(ə)l dʒɔɪnt/ articulação radiocárpica: articulação do rádio com o esfenóide, um dos ossos do carpo. ☑ **wrist joint**.

radiodermatitis /ˌreɪdɪəʊˌdɜːməˈtaɪtɪs/ radiodermatite: inflamação cutânea causada por exposição à radiação.

radiodiagnosis /ˌreɪdɪəʊdaɪəgˈnəʊsɪs/ radiodiagnóstico: diagnóstico por meio de raios X.

radiograph /ˈreɪdɪəɡrɑːf/ 1 radiografia: imagem produzida em filme ou outra superfície sensibilizada pela passagem de raios X ou gama através de qualquer parte do corpo. 2 radiografar: fazer uma radiografia de algo, principalmente de uma parte do corpo.

radiographer /ˌreɪdɪˈɒɡrəfə/ radiologista: 1 pessoa especialmente treinada para operar aparelhos de raios X. ☑ **diagnostic radiographer**. 2 pessoa especialmente treinada para fazer uso de raios X ou isótopos radioativos em tratamentos médicos. ☑ **therapeutic radiographer**.

radiography /ˌreɪdɪˈɒɡrəfi/ radiografia: o exame dos órgãos internos do corpo por meio da emissão de raios X.

radioimmunoassay /ˌreɪdɪəʊˌɪmjʊnəʊˈæseɪ/ radioimunoensaio: o uso de traçadores radioativos para investigar a presença de anticorpos em amostras de sangue, a fim de medir a concentração dos próprios anticorpos ou a quantidade de determinadas substâncias, tais como hormônios, no sangue.

radioisotope /ˌreɪdɪəʊˈaɪsətəʊp/ radioisótopo: isótopo de um elemento químico radioativo. Observação: os radioisótopos são usados em tratamentos médicos que necessitam de energia radiante. Isótopos radioativos de vários elementos químicos são usados para investigar o funcionamento ou doença dos órgãos: por exemplo, o iodo radioativo é utilizado para checar a atividade da tireóide.

radiologist /ˌreɪdɪˈɒlədʒɪst/ radiologista: médico especialista em radiologia.

radiology /ˌreɪdɪˈɒlədʒi/ radiologia: o uso de radiação, por exemplo, raios X ou traçadores radioativos, para o diagnóstico ou tratamento de algumas doenças, como o câncer.

radiomimetic /ˌreɪdɪəʊmɪˈmetɪk/ radiomimético: relativo à droga ou elemento químico que exerce efeitos semelhantes aos da radiação, por exemplo, o grupo de elementos químicos da mostarda nitrogenada, usado em quimioterapia.

radionuclide /ˌreɪdɪəʊˈnjuːklaɪd/ radionuclídeo: elemento que emite radiação.

radionuclide scan /ˌreɪdɪəʊˈnjuːklaɪd ˌskæn/ cintilografia: uma varredura, principalmente do cérebro, que permite acompanhar um radionuclídeo que foi introduzido no organismo e se concentra em determinadas partes do corpo.

radio-opaque /ˌreɪdɪəʊ əʊˈpeɪk/ radiopaco: diz-se da substância absorvente e impenetrável à energia radiante, como a dos raios X, por exemplo. ☑ **radiopaque**. Observação: as substâncias radiopacas aparecem em branco ou claras no raio X, e são usadas para facilitar a obtenção de radiografias nítidas de certos órgãos.

radio-opaque dye /ˌreɪdɪəʊ əʊˌpeɪk ˈdaɪ/ corante radiopaco: líquido que é injetado em órgãos moles, por exemplo, o rim, de maneira que mostre claramente, no filme exposto, as áreas coradas.

radiopaque /ˌreɪdiəʊˈpeɪk/ radiopaco. ⇨ **radio-opaque**.

radiopharmaceutical /ˌreɪdiəʊˌfɑːməˈsuːtɪk(ə)l/ radiofármaco: um radioisótopo usado com propósitos farmacêuticos ou diagnósticos.

radio pill /ˈreɪdiəʊ pɪl/ radiopílula: pílula dotada de um minúsculo radiotransmissor. Observação: após a deglutição da pílula, são transmitidas informações por impulsos de rádio, por exemplo, do sistema digestório.

radioscopy /ˌreɪdiˈɒskəpi/ radioscopia: exame de imagens de raios X formadas numa tela fluorescente.

radiosensitive /ˌreɪdiəʊˈsensɪtɪv/ radiossensível: relativo à célula cancerosa que é sensível à energia radiante e pode ser tratada por meio de radioterapia.

radiosensitivity /ˌreɪdiəʊsensəˈtɪvɪti/ radiossensibilidade: sensibilidade de uma célula à energia radiante.

radiotherapist /ˌreɪdiəʊˈθerəpɪst/ radioterapeuta: médico especialista em radioterapia.

radiotherapy /ˌreɪdiəʊˈθerəpi/ radioterapia: o tratamento de doenças pela exposição da parte afetada à energia radiante, por exemplo, raios X ou gama. ☑ **radiation treatment**. Observação: muitos tipos de câncer podem ser tratados por meio de radiação.

radium /ˈreɪdiəm/ rádio: elemento metálico radioativo. Símbolo químico: **Ra**.

radius /ˈreɪdiəs/ rádio: o menor e mais externo dos dois ossos do antebraço, situado entre o cotovelo e o punho. O outro osso do antebraço é a **ulna**. Veja ilustração em **Hand**, no Apêndice. Plural: **radii**.

radix /ˈreɪdɪks/ raiz. ⇨ **root**. Plural: **radices** ou **radixes**.

radon /ˈreɪdɒn/ radônio: gás radioativo, resultante da desintregração do rádio, usado em cápsulas denominadas "sementes de radônio", no tratamento de certos tipos de cânceres internos. Símbolo químico: **Rn**. Observação: o radônio ocorre naturalmente em alguns tipos de solo, materiais de construção em recintos fechados, e mesmo em águas subterrâneas. Ele pode penetrar nas residências e causar doença da radiação.

raise /reɪz/ erguer; alçar: **1** levantar alguma coisa. *Lie with your legs raised above the level of your head*. / Deite-se e mantenha as pernas erguidas acima do nível da cabeça. **2** aumentar alguma coisa. *Anaemia causes a raised level of white blood cells in the body*. / A anemia causa um aumento na taxa de leucócitos no organismo.

rale /rɑːl/ estertor. ⇨ **crepitation**.

rally /ˈræli/ **1** restabelecer-se: recobrar as forças após um período de doença. **2** restabelecimento: uma súbita recuperação das forças após um período de doença.

Ramstedt's operation /ˈrɑːmstets ɒpəˌreɪʃ(ə)n/ operação de Ramstedt. ⇨ **pylorotomy**. (Descrita em 1912 por Wilhelm Conrad Ramstedt [1867–1963], cirurgião alemão.)

ramus /ˈreɪməs/ ramo: **1** uma divisão de um nervo, artéria ou veia. **2** um processo que se projeta superiormente na parte posterior de cada mandíbula. Pural: **rami**.

R & D abreviatura de **research and development**.

randomised /ˈrændəmaɪzd/ randômico; randomizado: diz respeito a uma distribuição por acaso, sem levar em contar um plano preestabelecido, com padrões e ordem predeterminados. Usa-se também **randomized**.

randomised controlled trial /ˈrændəmaɪzd kənˌtrəʊld ˈtraɪəl/ experiência randômica controlada. Abreviatura: **RCT**.

range /reɪndʒ/ alcance; série; variação: **1** uma série de coisas que, embora diferentes, possuem alguma similaridade. *The drug offers protection against a wide range of diseases*. / A droga oferece proteção contra uma grande variação de doenças. *Doctors have a range of drugs which can be used to treat arthritis*. / Os médicos contam com uma série de drogas que podem ser usadas no tratamento da artrite. **2** a diferença entre os valores mais baixos e os mais altos em uma série de dados.

ranitidine /ræˈnɪtɪdiːn/ ranitidina: agente usado no tratamento do refluxo esofageano, da úlcera péptica e da gastrite.

ranula /ˈrænjulə/ rânula: pequeno tumor encistado sob a língua, ou no assoalho da boca, resultante de obstrução do ducto salivar.

Ranvier /ˈrɑːnviˌeɪ/ Ranvier. Veja **node of Ranvier**.

rape /reɪp/ **1** estupro: relação sexual por meio da força ou intimidação, considerado crime. **2** estuprar: ter relações sexuais com alguém por meio da força ou intimidação.

raphe /ˈreɪfi/ rafe: uma linha de união de várias fibras, semelhante a uma sutura, como a face dorsal da língua.

rapid /ˈræpɪd/ rápido: ligeiro; veloz.

rapid-acting /ˌræpɪd ˈæktɪŋ/ de ação rápida: relativo à droga ou tratamento cujo efeito é muito rápido.

rapid eye movement /ˌræpɪd aɪ ˈmuːvmənt/ movimentos rápidos dos olhos. Abreviatura: **REM**. Veja também **REM sleep**.

rapid eye movement sleep /ˌræpɪd aɪ ˈmuːvmənt sliːp/ sono de movimentos rápidos dos olhos. ⇨ **REM sleep**.

rapport /ræˈpɔː/ relação: afinidade emocional ou relação amigável entre pessoas. *a psychiatrist who quickly establishes a rapport with his patients* / um psiquiatra que estabelece rapidamente uma afinidade com os pacientes.

rare /reə/ raro: relativo a alguma coisa, por exemplo, uma doença, da qual há pouquíssimos casos. *He is suffering from a rare blood disorder*. / Ele está sofrendo de uma rara doença sanguínea.

rarefaction /ˌreərɪ'fækʃən/ rarefação: condição caracterizada pela porosidade dos tecidos ósseos, que se tornam menos densos devido à falta de cálcio.

rarefy /'reərɪfaɪ/ rarefazer: **1** (osso) tornar-se menos denso. **2** tornar alguma coisa menos densa.

rash /ræʃ/ erupção cutânea; exantema: massa constituída de pequenas manchas que permanecem na pele durante um período de tempo, e então desaparecem. ◊ **to break out in a rash:** começar ou desenvolver uma erupção cutânea: ter uma erupção cutânea de início repentino. *She had a high temperature and then broke out in a rash.* / Ela teve febre alta e então desenvolveu uma erupção cutânea. Observação: muitas doenças comuns, tais como varicela e sarampo, apresentam como sintoma principal uma erupção cutânea característica. Erupções cutâneas podem provocar muita irritação. Costuma-se usar loção de calamina para aliviar a coceira da pele.

raspatory /'ræspət(ə)ri/ raspador: instrumento cirúrgico semelhante a uma lima, usado para raspar superfícies ósseas.

ratbite disease /'rætbaɪt dɪˌziːz/ doença da mordida do rato. ⇨ **ratbite fever**.

ratbite fever /'rætbaɪt ˌfiːvə/ febre da mordida do rato: febre associada a duas doenças bacterianas, das quais uma é causada por *Spirillum minor* e a outra por *Streptobacillus moniliformis*. É transmitida ao homem pela mordida de ratos. ☑ **ratbite disease**.

rate /reɪt/ taxa; índice; freqüência: **1** a quantidade ou proporção de uma coisa comparada com outra. **2** o número de vezes que alguma coisa acontece durante um período de tempo. *The heart was beating at a rate of only 59 per minute.* / O coração estava batendo com uma freqüência de apenas cinqüenta e nove batimentos por minuto.

ratio /'reɪʃiəʊ/ razão; cociente: o número que mostra a proporção ou o resultado de um número dividido por outro. *An IQ is the ratio of the person's mental age to his or her chronological age.* / Um QI é o cociente da idade mental do indivíduo em relação a sua idade cronológica.

rattle /'ræt(ə)l/ estertor: um som rouco emitido pela garganta, causado por bloqueio respiratório, e que acontece principalmente no momento da morte.

Rauwolfia /rɔː'wʊlfiə/ Rauwolfia: agente tranqüilizante extraído da raiz de uma planta, a *Rauwolfia serpentine*, usado algumas vezes no tratamento da hipertensão.

raw /rɔː/ cru; em carne viva: **1** não cozido. **2** sensível. *The scab came off leaving the raw wound exposed to the air.* / A crosta desprendeu-se, deixando exposta a ferida em carne viva. **3** relativo à pele arranhada ou parcialmente removida.

ray /reɪ/ raio: um feixe de luz, radiação, ou calor.

Raynaud's disease /'reɪnəʊz dɪˌziːz/ doença de Raynaud: condição caracterizada pelo espasmo das artérias digitais, acompanhada por dor, branqueamento e dormência dos dedos e artelhos. ☑ **Raynaud's phenomenon**; dead fin-

gers; **dead man's fingers**; **vasospasm**. (Descrita em 1862 por Maurice Raynaud [1834–1881], médico francês.)

Raynaud's phenomenon /'reɪnəʊz fə'nɒmɪnən/ fenômeno de Raynaud. ⇨ **Raynaud's disease**.

RBC abreviatura de **red blood cell**.

RCGP abreviatura de **Royal College of General Practitioners**.

RCN abreviatura de **Royal College of Nursing**.

RCOG abreviatura de **Royal College of Obstetricians and Gynaecologists**.

RCP abreviatura de **Royal College of Physicians**.

RCPsych /ˌɑː siː 'saɪk/ abreviatura de **Royal College of Psychiatrists**.

RCS abreviatura de **Royal College of Surgeons**.

RCT abreviatura de **randomised controlled trial**.

reabsorb /ˌriːəb'zɔːb/ reabsorver: absorver ou apreender novamente. *Glucose is reabsorbed by the tubules in the kidney.* / A glicose é reabsorvida pelos túbulos renais.

reabsorption /ˌriːəb'zɔːpʃ(ə)n/ reabsorção: o processo de ser reabsorvido. *Some substances are filtered into the tubules of the kidney, then pass into the bloodstream by tubular reabsorption.* / Algumas substâncias são filtradas pelos túbulos renais, então passam para a corrente sanguínea para reabsorção tubular.

reach /riːtʃ/ **1** alcance; extensão: a) a distância que uma pessoa consegue esticar o(s) braço(s) para segurar ou tocar alguma coisa. *Medicines should be kept out of the reach of children.* / Os medicamentos devem ser mantidos fora do alcance das crianças. b) a distância que uma pessoa consegue percorrer facilmente. *The hospital is in easy reach of the railway station.* / O hospital é de fácil alcance a partir da estação ferroviária. **2** alcançar: chegar a algum ponto ou lugar. *The infection has reached the lungs.* / A infecção alcançou os pulmões.

react /ri'ækt/ reagir. ◊ **to react to something**: reagir a alguma coisa: agir por causa de alguma coisa, ou agir em resposta a alguma coisa. *The tissues reacted to the cortisone injection.* / Os tecidos reagiram à injeção de cortisona. *The patient reacted badly to the penicillin.* / O paciente reagiu mal à penicilina. *She reacted positively to the Widal test.* / Ela reagiu positivamente ao teste de Widal. ◊ (substância química) **to react with something**: reagir com alguma coisa: alterar-se por causa da presença de outra substância.

reaction /ri'ækʃən/ reação: **1** ação resultante de um fato precedente. *A rash appeared as a reaction to the penicillin injection.* / Houve uma erupção cutânea como reação à injeção de penicilina. **2** efeito produzido por um estímulo. *The patient experienced an allergic reaction to oranges.* / O paciente teve uma reação alérgica aos corantes laranja. **3** uma resposta específica de qualquer pessoa a um teste.

reactionary /ri'ækʃən(ə)ri/ reacionário; reacional; reativo. ⇨ **reactive**.

reactionary haemorrhage /ri,ækʃən(ə)ri 'hem(ə)rɪdʒ/ hemorragia reacional: hemorragia que sobrevém a uma cirurgia.

reactivate /ri'æktɪveɪt/ reativar: tornar alguma coisa novamente ativa. *His general physical weakness has reactivated the dormant virus.* / A fraqueza física geral dele reativou o vírus inativo.

reactive /ri'æktɪv/ reativo: que acontece como reação a alguma coisa. ☑ **reactionary**.

reactive arthritis /ri,æktɪv ɑː'θraɪtɪs/ artrite reacional: artrite que sobrevém a uma infecção.

reactive hyperaemia /ri,æktɪv ,haɪpər'iːmiə/ hiperemia reativa: o restabelecimento de sangue após remoção de um bloqueio.

reading /'riːdɪŋ/ leitura; interpretação: uma interpretação de dados numéricos, principalmente os graus de um escala. *The sphygmomanometer gave a diastolic reading of 70.* / O esfigmomanômetro forneceu uma leitura da pressão diastólica de 70.

reagent /ri'eɪdʒənt/ reagente: substância química que reage com outra, principalmente aquela que é usada para detectar a presença da segunda substância.

reagin /'rɪədʒɪn/ reagina: um anticorpo que reage contra um alérgeno.

real-time imaging /,rɪəl taɪm 'ɪmɪdʒɪŋ/ imagem em tempo real: o uso da ultra-sonografia para produzir uma série de imagens de um processo ou alteração de um objeto quase que instantaneamente.

reappear /,riːə'pɪə/ reaparecer: aparecer novamente.

rear /rɪə/ (informal) nádegas. ⇨ **buttock**. Também chamadas de **rear end**.

rear end /rɪə 'end/ nádegas. ⇨ **rear**.

reason /'riːz(ə)n/ razão; raciocínio: **1** alguma coisa que explica por que algo acontece. *What was the reason for the sudden drop in the patient's pulse rate?* / Qual foi a razão para a queda repentina na freqüência de pulso do paciente? **2** o fato de ser mentalmente instável. *Her reason was beginning to fail.* / O raciocínio dela estava começando a falhar.

reassurance /,riːə'ʃʊərəns/ reafirmação: o ato de reafirmar.

reassure /,riːə'ʃʊə/ reafirmar: tranqüilizar uma pessoa preocupada e dar-lhe novas esperanças. *The doctor reassured her that the drug had no unpleasant side-effects.* / O médico reafirmou a ela que a droga não tinha efeitos colaterais desagradáveis. *He reassured the old lady that she should be able to walk again in a few weeks.* / Ele reafirmou à velha senhora que ela seria capaz de caminhar novamente em poucas semanas.

Reaven's syndrome /'riːvənz ,sɪndrəum/ síndrome de Reaven: síndrome clínica caracterizada por diabetes do Tipo 2, obesidade abdominal, hipertensão e dislipidemia. A resistência à insulina pode ser o principal fator. (Descrita em 1988 por Gerald Reaven, médico norte-americano.)

rebore /'riːbɔː/ (informal) retificação. ⇨ **endarterectomy**.

rebuild /riː'bɪld/ reconstruir: tornar novamente saudável uma estrutura ou parte do corpo lesionada. *After the accident, she had several operations to rebuild her pelvis.* / Após o acidente, ela sofreu várias operações para reconstruir a pelve.

recalcitrant /rɪ'kælsɪtrənt/ recalcitrante; obstinado: que não responde ao tratamento. *a recalcitrant condition* / uma condição recalcitrante.

recall /rɪ'kɔːl/ **1** recordação; lembrança: o ato de lembrar-se de eventos passados. **2** recordar; lembrar-se: recordar-se de eventos passados.

recanalisation /riːˌkænəlaɪ'zeɪʃ(ə)n/ recanalização: cirurgia para restauração da luz de um vaso sanguíneo ocluído ou para religar um tubo ou ducto. Usa-se também **recanalization**.

receive /rɪ'siːv/ receber; acolher: receber alguma coisa, principalmente um órgão para transplante. *She received six pints of blood in a transfusion.* / Ela recebeu seis pintas (±3,5 l) de sangue em uma transfusão. *He received a new kidney from his brother.* / Ele recebeu um novo rim do irmão.

receptaculum /riːsep'tækjuləm/ receptáculo: parte de um tubo que se expande, formando um saco, a fim de receber alguma coisa.

receptor /rɪ'septə/ receptor: células ou terminações nervosas sensoriais que respondem a alterações, tais como frio ou calor, do meio ambiente circundante ou do corpo, e que reagem a essas alterações enviando impulsos ao sistema nervoso central. ☑ **receptor cell**.

receptor cell /rɪ'septə sel/ célula receptora. ⇨ **receptor**.

recess /rɪ'ses/ recesso: um espaço oco, vazio, dentro de um órgão.

recessive /rɪ'sesɪv/ (alelo) recessivo: que não se manifesta, recuando na presença de outros alelos e sendo suprimido pelo alelo dominante correspondente. Compare com **dominant**. Observação: uma vez que cada característica física é determinada por dois genes, se um é dominante e o outro, recessivo, o traço dominante será o do gene dominante. Traços determinados por genes recessivos manifestar-se-ão se ambos os genes forem recessivos.

recipe /rɪ'sɪpi/ prescrição, receita médica. abreviatura: **R/**.

recipient /rɪ'sɪpiənt/ receptor: pessoa que recebe algo, como órgão ou sangue, de um doador.

> *...bone marrow from donors has to be carefully matched with the recipient or graft-versus-host disease will ensue.* / "...é preciso uma análise cuidadosa para que a medula óssea do doador corresponda à do receptor, ou o resultado será a doença de enxerto versus hospedeiro." (*Hospital Update*)

Recklinghausen /'reklɪŋ,hauzən/ Recklinghausen. Veja **von Recklinghausen's disease**.

recognise /'rekəgnaɪz/ reconhecer: **1** formar uma imagem de pessoas ou coisas que se revê. *She did not recognise her mother.* / Ela não reconheceu a mãe. **2** aprovar alguma coisa oficialmente. *The diploma is recognised by the Department of Health.* / O diploma é reconhecido pelo Departamento de Saúde. Usa-se também **recognize**.

recombinant DNA /rɪˌkɒmbɪnənt di: en 'eɪ/ DNA recombinante: DNA que resulta de duas ou mais inserções diferentes em sua cadeia, as quais se replicam, formando uma molécula simples ou fragmento. Esta tecnologia é usada para produzir moléculas e organismos com novas propriedades.

recommend /ˌrekə'mend/ recomendar: sugerir algo (como sendo bom) a alguém. *The doctor recommended that she should stay in bed.* / O médico recomendou que ela ficasse na cama. *I would recommend following a diet to try to lose some weight.* / Eu recomendaria uma dieta para tentar emagrecer um pouco.

reconstruct /ˌriːkən'strʌkt/ reconstruir: reparar ou reconstruir qualquer parte do corpo com lesão ou malformação.

reconstruction /ˌriːkən'strʌkʃən/ reconstrução: o processo de reparar ou reconstruir qualquer parte do corpo com lesão ou malformação.

reconstructive surgery /ˌriːkənstrʌktɪv 'sɜːdʒəri/ cirurgia reconstrutiva: cirurgia que reconstrói qualquer parte do corpo com lesão ou malformação. Veja também **plastic surgery**.

record /'rekɔːd/ **1** registro: dados escritos sobre alguém ou alguma coisa. **2** registrar: anotar informações sobre alguém ou alguma coisa. *The chart records the variations in the patient's blood pressure.* / O gráfico registra as variações na pressão arterial do paciente. *You must take the patient's temperature every hour and record it in this book.* / É preciso tomar a temperatura do paciente a cada quatro horas e registrá-la em um livro. Na acepção 2, a pronúncia é /rɪ'kɔːd/. Observação: os pacientes, hoje, estão legalmente autorizados a ter acesso a seus registros médicos.

recover /rɪ'kʌvə/ recuperar-se; restabelecer-se: recobrar a saúde após doença, cirurgia ou acidente. *She recovered from her concussion in a few days.* / Ela recuperou-se da concussão em poucos dias. *It will take him weeks to recover from the accident.* / Será preciso algumas semanas para ele se recuperar do acidente. **2** ter de volta algo que se perdeu. *Will he ever recover the use of his legs?* / Algum dia ele irá recuperar o uso das pernas? *She recovered her eyesight even though the doctors had thought she would be permanently blind.* / Ela recuperou a visão, embora os médicos pensassem que ela fosse ficar permanentemente cega.

recovery /rɪ'kʌv(ə)ri/ recuperação; restabelecimento: o processo de recuperar a saúde após doença ou acidente. ◊ **he is well on the way to recovery:** ele está se recuperando bem (ele está melhorando). ◊ **she made only a partial reco-**

very: ela teve apenas uma recuperação parcial (ela está melhor, mas não completamente curada). ◊ **she has made a complete** *or* **splendid recovery:** ela teve uma recuperação completa *ou* esplêndida (ela está totalmente curada).

recovery position /rɪ'kʌvəri pəˌzɪʃ(ə)n/ posição de recuperação: posição na qual o paciente se deita com a face voltada para uma posição inferior e para um lado, com um joelho e um braço dobrados para a frente. Observação: essa posição é chamada de posição de recuperação porque é recomendada para vítimas de acidente ou pessoas que adoecem repentinamente, enquanto elas esperam a chegada de uma ambulância. A posição evita que a pessoa engula ou se asfixie com sangue ou vômito.

recovery room /rɪ'kʌv(ə)ri ruːm/ sala de recuperação: uma sala hospitalar onde os pacientes recebem os primeiros cuidados pós-operatórios e se recuperam dos efeitos da anestesia. Abreviatura: **RR**.

recreational drug /ˌrekri'eɪʃ(ə)n(ə)l drʌg/ medicamento recreativo: droga usada para proporcionar prazer e diversão pessoais, e não para fins médicos.

recrudescence /ˌriːkruː'des(ə)ns/ recrudescência: o reaparecimento dos sintomas de uma doença após um período de melhora.

recrudescent /ˌriːkruː'des(ə)nt/ recrudescente: relativo ao sintoma que reaparece após um período de remissão da doença.

recruit /rɪ'kruːt/ recrutar; contratar: arregimentar pessoas para um *staff* ou grupo. *We are trying to recruit more nursing staff.* / Estamos tentando contratar mais pessoas para o *staff* de enfermagem.

> ...patients presenting with symptoms of urinary tract infection were recruited in a general practice surgery. / "...pacientes com sintomas de infecção do trato urinário foram recrutados para um programa de cirurgia geral." (*Journal of the Royal College of General Practitioners*)

rect- /rekt/ ⇨ **recto-**.

rectal /'rekt(ə)l/ retal: relativo ao reto.

rectal fissure /ˌrekt(ə)l 'fɪʃə/ fissura retal: fissura na parede do canal anal.

rectally /'rekt(ə)li/ pelo reto: através do reto. *The temperature was taken rectally.* / A temperatura foi tomada pelo reto.

rectal prolapse /ˌrekt(ə)l 'prəʊlæps/ prolapso do reto: condição caracterizada pela queda e protusão de parte do reto através do ânus.

rectal temperature /ˌrekt(ə)l 'temprɪtʃə/ temperatura retal: temperatura que é tomada no reto por meio de um termômetro retal.

rectal thermometer /ˌrekt(ə)l θə'mɒmɪtə/ termômetro retal: termômetro que é introduzido no reto para medir a temperatura corporal.

rectal triangle /ˌrekt(ə)l 'traɪæŋg(ə)l/ triângulo retal. ⇨ **anal triangle**.

recto- /ˈrektəʊ/ rect(o)-; ret(o)-: relativo ao reto. Nota: antes de vogais usa-se **rect-**.

rectocele /ˈrektəʊsiːl/ retocele: condição caracterizada por prolapso do útero, com protusão do reto para dentro da vagina. ☑ **proctocele**.

rectopexy /ˈrektəʊpeksi/ retopexia: fixação cirúrgica do reto que sofreu um prolapso.

rectoscope /ˈrektəskəʊp/ retoscópio: instrumento para examinar o reto.

rectosigmoid /ˌrektəʊˈsɪgmɔɪd/ retossigmóide: parte do intestino grosso em que o cólon sigmóide se junta ao reto.

rectosigmoidectomy /ˌrektəʊˌsɪgmɔɪˈdektəmi/ retossigmoidectomia: remoção cirúrgica do cólon sigmóide e do reto.

rectovaginal /ˌrektəʊvəˈdʒaɪn(ə)l/ retovaginal: relativo tanto ao reto quanto à vagina.

rectovaginal examination /ˌrektəʊvəˌdʒaɪn(ə)l ɪgˌzæmɪˈneɪʃ(ə)n/ exame retovaginal: exame do reto e vagina.

rectovesical /ˌrektəʊˈvesɪk(ə)l/ retovesical: relativo tanto ao reto quanto à bexiga.

rectum /ˈrektəm/ reto: a parte terminal do intestino grosso, que se estende do cólon sigmóide ao ânus. Plural: **recta**. Veja ilustração em **Digestive System** e **Urogenital System (male)**, no Apêndice. Nota: para conhecer outros termos referentes ao reto, veja os que começam com **proct-**; **procto-**.

rectus /ˈrektəs/ reto: um músculo reto. Plural: **recti**.

> ...there are four recti muscles and two oblique muscles in each eye, which coordinate the movement of the eyes and enable them to work as a pair. / "...há quatro músculos retos e dois oblíquos em cada olho, que coordenam o movimento dos olhos, capacitando-os a trabalhar como um par." (*Nursing Times*)

rectus abdominis /ˌrektəs æbˈdɒmɪnɪs/ músculo reto do abdome: longo músculo reto situado na parte anterior do abdome.

rectus femoris /ˌrektəs ˈfemərɪs/ músculo reto da coxa: músculo flexor situado na parte anterior da coxa, uma das quatro partes do quadríceps femoral. Veja também **medial**.

recumbent /rɪˈkʌmbənt/ em decúbito; reclinado: deitado.

recuperate /rɪˈkuːpəreɪt/ recuperar(-se): recobrar a saúde, após doença ou acidente. *He is recuperating after an attack of flu.* / Ele está se recuperando de uma influenza. *She is going to stay with her mother while she recuperates.* / Ela vai ficar com a mãe, enquanto esta se recupera.

recuperation /rɪˌkuːpəˈreɪʃ(ə)n/ recuperação: o processo de reconquistar a saúde. *His recuperation will take several months.* / A recuperação dele levará vários meses.

recur /rɪˈkɜː/ voltar a ocorrer; reaparecer: repetir-se. *The headaches recurred frequently, but usually after the patient had eaten chocolate.* / As cefaléias voltaram a ocorrer freqüentemente, mas geralmente após o paciente comer chocolate.

recurrence /rɪˈkʌrəns/ recorrência: o ato de voltar a ocorrer. *He had a recurrence of a fever which he had caught in the tropics.* / Ele teve recorrência de uma febre que contraiu nos trópicos.

recurrent /rɪˈkʌrənt/ recorrente: **1** que ocorre do mesmo modo várias vezes. **2** relativo a uma veia, artéria ou nervo que forma uma alça, retornando sobre si mesmo.

recurrent abortion /rɪˌkʌrənt əˈbɔːʃ(ə)n/ aborto recorrente; aborto habitual: condição caracterizada por abortos espontâneos em três ou mais gestações consecutivas.

recurrent fever /rɪˌkʌrənt ˈfiːvə/ febre recorrente: febre, como a malária, que volta a intervalos regulares.

red /red/ vermelho: **1** de uma coloração semelhante ao sangue. *Blood in an artery is bright red, but venous blood is darker.* / O sangue arterial é vermelho brilhante, mas o sangue venoso é mais escuro. **2** (área da pele) com fluxo sanguíneo aumentado, por causa de calor ou infecção. **3** cor semelhante ao sangue.

red blood cell /red blʌd sel/ glóbulos vermelhos; hemácias; eritrócitos: células sanguíneas que contêm hemoglobina e transportam oxigênio para os tecidos, retirando deles dióxido de carbono. Abreviatura: **RBC**. Também chamados de **erythrocyte**; **red corpuscle**.

red corpuscle /ˌred ˈkɔːpʌs(ə)l/ corpúsculo vermelho. ⇨ **red blood cell**.

Red Crescent /ˌred ˈkrez(ə)nt/ Crescente Vermelho: em países islâmicos, uma organização internacional dedicada aos cuidados médicos de pessoas doentes e feridas em guerras ou desastres naturais. Nota: em todos os outros lugares, é conhecida como Cruz Vermelha.

Red Cross /ˌred ˈkrɒs/ Cruz Vermelha: organização internacional dedicada aos cuidados médicos de pessoas doentes e feridas em guerras ou desastres naturais. Nota: nos países islâmicos, é conhecida como Lua Crescente.

red-green colourblindness /ˌred griːn ˈkʌlə blaɪndnəs/ deuteranopia. ⇨ **deuteranopia**.

Redivac drain /ˈrediːvæk dreɪn/ (marca registrada) dreno Redivac: um dispositivo, sob a forma de tubo, que drena o líquido de uma ferida para uma garrafa, usado principalmente após cirurgias de abdome. ☑ **Redivac drainage tube**.

Redivac drainage tube /ˈrediːvæk ˌdreɪnɪdʒ tjuːb/ tubo Redivac para dreno. ⇨ **Redivac drain**.

red marrow /ˌred ˈmærəʊ/ medula óssea vermelha: tipo de medula óssea com formação de glóbulos vermelhos (hemácias; eritrócitos) e glóbulos brancos (leucócitos).

redness /ˈrednəs/ vermelhidão; rubor: **1** uma área da pele com fluxo sanguíneo aumentado, por causa de calor ou infecção. *The redness showed where the skin had reacted to the injection.* / A vermelhidão mostrou onde a pele reagiu à injeção. **2** uma cor vermelha.

R

reduce /rɪ'dju:s/ reduzir: **1** tornar alguma coisa menor ou mais baixa. *They used ice packs to try to reduce the patient's temperature.* / Usaram bolsas de gelo para tentar reduzir a febre do paciente. **2** colocar alguma coisa, como um osso deslocado ou fraturado, um órgão fora do lugar, ou parte de uma hérnia de volta a sua posição habitual, a fim de que possa cicatrizar-se ou curar-se.

...blood pressure control reduces the incidence of first stroke and aspirin appears to reduce the risk of stroke after transient ischaemic attacks by some 15%. / "...o controle da pressão arterial reduz a incidência do primeiro derrame cerebral, e a aspirina parece diminuir o risco de derrame cerebral após ataques isquêmicos transitórios em até quinze por cento." (*British Journal of Hospital Medicine*)

reducible /rɪ'dju:sɪb(ə)l/ redutível: capaz de ser reduzido.

reducible hernia /rɪ,dju:sɪb(ə)l 'hɜ:nɪə/ hérnia redutível: hérnia em que o órgão pode ser devolvido ao seu local original sem necessidade de cirurgia.

reduction /rɪ'dʌkʃən/ redução: **1** a diminuição de alguma coisa, ou o processo de se tornar menor. *They noted a reduction in body temperature.* / Notaram uma redução na temperatura corporal. **2** a ação de devolver uma hérnia, uma articulação deslocada ou um osso fraturado a sua localização normal.

reduction division /rɪ'dʌkʃən dɪ,vɪʒ(ə)n/ divisão reducional. ⇨ **meiosis**.

re-emerge /,ri: ɪ'mɜ:dʒ/ reemergir; ressurgir: tornar a aparecer.

re-emergence /,ri: ɪ'mɜ:dʒəns/ reemergência: o ato de ressurgir.

refer /rɪ'fɜ:/ referir(-se); encaminhar; consultar: **1** mencionar ou relatar alguma coisa. *The doctor referred to the patient's history of sinus problems.* / O médico consultou o histórico do paciente sobre problemas das cavidades aéreas. **2** sugerir (a alguém) uma consulta (a alguma coisa). *For method of use, please refer to the manufacturer's instructions.* / Para administração, por favor, consulte as instruções do fabricante. *The user is referred to the page giving the results of the tests.* / O usuário deve consultar a página com os resultados dos testes. **3** encaminhar informações sobre um paciente para outro médico. *They referred her case to a gynaecologist.* / Encaminharam o caso dela a um ginecologista. **4** enviar um paciente para outro médico, geralmente um especialista, para aconselhamento ou tratamento. *She was referred to a cardiologist.* / Ela foi encaminhada a um cardiologista. ◊ **the GP referred the patient to a consultant**: o clínico geral encaminhou o paciente a um consultor: o médico forneceu informações sobre o caso do paciente a um consultor, a fim de que este pudesse examiná-las.

27 adult patients admitted to hospital with acute abdominal pains were referred for study

because their attending clinicians were uncertain whether to advise an urgent laparotomy. / "...vinte e sete pacientes adultos hospitalizados com dores abdominais agudas foram encaminhados para estudo, porque seus médicos estavam incertos se deveriam aconselhar uma laparotomia urgente." (*Lancet*)

...many patients from outside districts were referred to London hospitals by their GPs. / "...muitos pacientes de distritos fora de Londres foram encaminhados a hospitais londrinos por seus clínicos gerais." (*Nursing Times*)

referral /rɪ'fɜ:rəl/ encaminhamento: o ato de enviar alguém a um especialista. *She asked for a referral to a gynaecologist.* / Ela solicitou encaminhamento a um ginecologista.

...he subsequently developed colicky abdominal pain and tenderness which caused his referral. / "...ele desenvolveu subseqüentemente cólicas abdominais e sensibilidade, o que deu ensejo ao seu encaminhamento (a um especialista)." (*British Journal of Hospital Medicine*)

referred pain /rɪ,fɜ:d 'peɪn/ dor referida. ⇨ **synalgia**.

reflection /rɪ'flekʃən/ reflexo; reflexão: **1** a imagem de alguém ou de alguma coisa refletida em um espelho ou em águas calmas. **2** o processo de refletir alguma coisa, principalmente luz, som ou calor. **3** uma consideração cuidadosa. **4** uma situação na qual uma estrutura anatômica se dobra de volta sobre si mesma.

reflective practice /rɪ,flektɪv 'præktɪs/ prática reflexiva: o processo de melhorar as habilidades profissionais pela monitorização dos próprios atos, enquanto eles estão sendo realizados, e então, mais tarde, a sua avaliação oral ou escrita, com a ajuda de outros profissionais.

reflex /'ri:fleks/ reflexo: uma reação fisiológica involuntária, por exemplo, um reflexo patelar ou um espirro, em resposta a um estímulo específico. ◊ **light reflex** (reflexo luminoso), **pupillary reaction** (reação pupilar): reação que consiste na alteração do diâmetro da pupila, causada pela luz. ☑ **reflex action**.

reflex action /'ri:fleks 'ækʃən/ ação reflexa. ⇨ **reflex**.

reflex arc /'ri:fleks ,ɑ:k/ arco reflexo: o sistema básico de um ato reflexo, em que o receptor é ligado a um neurônio motor que, por sua vez, é ligado a um músculo efetor.

reflexologist /,ri:flək'splədʒɪst/ reflexologista: um especialista em reflexologia.

reflexology /,ri:flek'splədʒi/ reflexologia: tratamento para aliviar a tensão por meio de massagem da sola dos pés, estimulando, desse modo, os nervos e o suprimento sanguíneo.

reflux /'ri:flʌks/ refluxo: situação caracterizada pelo fluxo retrógrado de um líquido. *The valves in the veins prevent blood reflux.* / As válvulas das veias evitam o refluxo sanguíneo. Veja também **vesicoureteric reflux**.

reflux oesophagitis /ˌriːflʌks iːˌsɒfəˈdʒaɪtɪs/ esofagite de refluxo: inflamação do esôfago, causada pela regurgitação de suco gástrico.

refract /rɪˈfrækt/ refratar: alterar a direção dos raios luminosos, quando eles passam de um meio, como o ar, para outro, como a água. *The refracting media in the eye are the cornea, the aqueous humour, the vitreous humour and the lens.* / Os veículos refrativos do olho são a córnea, o humor aquoso, o humor vítreo e o cristalino.

refraction /rɪˈfrækʃən/ refração: **1** alteração na direção dos raios luminosos, quando eles penetram em um meio, por exemplo, o olho. **2** medida de um ângulo no qual os raios luminosos fazem uma curvatura, por exemplo, um teste de visão (para verificar a necessidade, ou não, de óculos).

refractive /rɪˈfræktɪv/ refrativo: relativo à refração.

refractometer /ˌriːfrækˈtɒmɪtə/ refratômetro: instrumento que mede a refração ocular. ☑ **optometer**.

refractory /rɪˈfrækt(ə)ri/ refratário: difícil ou impossível de tratar, ou que não responde ao tratamento.

refractory period/rɪˌfrækt(ə)ri ˈpɪəriəd/período refratário: um período curto, após a contração dos ventrículos cardíacos, quando eles não são capazes de responder a um novo estímulo.

refrigerate /rɪˈfrɪdʒəreɪt/ refrigerar: tornar alguma coisa fria. *The serum should be kept refrigerated.* / O soro deve ser mantido sob refrigeração.

refrigeration /rɪˌfrɪdʒəˈreɪʃ(ə)n/ refrigeração: **1** o processo de resfriar alguma coisa. **2** o processo de resfriar uma parte do corpo, para produzir um efeito anestésico.

refrigerator /rɪˈfrɪdʒəreɪtə/ refrigerador: aparelho que esfria e conserva alimentos e outros itens.

regain /rɪˈɡeɪn/ recuperar; recobrar: ter de volta alguma coisa que estava perdida. *He has regained the use of his left arm.* / Ele recuperou o uso do braço esquerdo. *She went into a coma and never regained consciousness.* / Ela entrou em coma e nunca recobrou a consciência.

regenerate /rɪˈdʒenəreɪt/ regenerar; reabilitar: crescer novamente, ou fazer algo crescer de novo.

regeneration /rɪˌdʒenəˈreɪʃ(ə)n/ regeneração; recuperação: o processo pelo qual tecidos que foram destruídos crescem de novo.

regenerative medicine /rɪˌdʒenərətɪv ˈmed(ə)s(ə)n/ medicina regenerativa: ramo da medicina que lida com o reparo ou substituição de tecidos e órgãos, por meio de materiais e métodos avançados, por exemplo, a clonagem.

regimen /ˈredʒɪmən/ regime: um esquema fixo de tratamento, por exemplo, um esquema medicamentoso ou uma dieta especial.

region /ˈriːdʒən/ região: uma área ou parte do corpo limitada por outras estruturas ou órgãos. *She experienced itching in the anal region.* / Ela teve prurido na região anal. *The rash started in the region of the upper thigh.* / O exantema começou na região superior da coxa. *The plantar region is very sensitive.* / A região plantar é muito sensível.

regional /ˈriːdʒ(ə)nəl/ regional: situado em uma região particular, ou referente a uma determinada região.

regional enteritis /ˌriːdʒ(ə)nəl ˌentəˈraɪtɪs/ enterite regional. ⇨ **Crohn's disease**.

Regional Health Authority /ˌriːdʒ(ə)nəl ˈhelθ ɔːˌθɒrɪti/ Autoridade Regional de Saúde: unidade administrativa do Serviço Nacional de Saúde, que é responsável pelo planejamento dos serviços de saúde em uma região. Abreviatura: **RHA**.

regional ileitis /ˌriːdʒ(ə)nəl ˌɪliˈaɪtɪs/ ileíte regional. Compare com **ulcerative colitis**. ⇨ **Crohn's disease**.

register /ˈredʒɪstə/ **1** registro: uma lista oficial. **2** registrar; alistar: inscrever o nome em uma lista oficial, principalmente a lista oficial de pacientes de um clínico geral ou dentista, ou uma lista de pessoas com uma doença específica. *He is a registered heroin addict.* / Ele é registrado como viciado em heroína. *They went to register the birth with the Registrar of Births, Marriages and Deaths.* / Eles foram registrar o nascimento do bebê com o escrivão do Cartório de Registros. ◊ **to register with someone**: registrar-se com alguém: inscrever o nome em uma lista oficial, principalmente a lista oficial de pacientes de um clínico geral ou dentista. *Before registering with the GP, she asked if she could visit him.* / Antes de fazer seu registro com o clínico geral, ela perguntou se poderia se consultar com ele. *All practising doctors are registered with the General Medical Council.* / Todos os médicos que praticam a profissão são registrados no Conselho Geral de Medicina.

Registered General Nurse /ˈredʒɪstəd ˈdʒen(ə)rəl ˈnɜːs/ Enfermeira Geral Registrada. ⇨ **Registered Nurse**. Abreviatura: **RGN**.

Registered Mental Nurse /ˈredʒɪstəd ˌment(ə)l ˈnɜːs/ Enfermeira de Saúde Mental Registrada. Abreviatura: **RMN**.

registered midwife /ˌredʒɪstəd ˈmɪdwaɪf/ parteira registrada: parteira registrada e licenciada para a prática da profissão. Abreviatura: **RM**.

Registered Nurse /ˈredʒɪstəd ˈnɜːs/ enfermeira registrada: enfermeira registrada no UKCC. Abreviatura: **RN**. ☑ **Registered General Nurse**; **Registered Theatre Nurse**.

Registered Nurse for the Mentally Handicapped /ˈredʒɪstəd ˈnɜːs fɔː ðɪ ˈment(ə)li hˈændikæpt/ Enfermeira Registrada de Pessoas Mentalmente Incapacitadas. Abreviatura: **RNMH**.

Registered Sick Children's Nurse /ˈredʒɪstəd ˈtʃɪldrənz ˈnɜːs/ Enfermeira Registrada de Crianças Doentes. Abreviatura: **RSCN**.

Registered Theatre Nurse /ˌredʒɪstəd ˈnɜːs/ Enfermeira Cirúrgica Registrada. ⇨ **Registered Nurse**. Abreviatura: **RTN**.

registrar /ˌredʒɪˈstrɑː/ médico estagiário; escrivão: **1** médico ou cirurgião registrado e licenciado, que faz estágio de especialização em um hospital. **2** pessoa que registra oficialmente algum fato.

Registrar of Births, Marriages and Deaths /ˌredʒɪstrɑː əv ˌbɜːθs ˌmærɪdʒɪz ən ˈdeθs/ Escrivão de Cartório de Registros: um oficial encarregado dos registros de nascimentos, casamentos e óbitos em uma determinada área.

registration /ˌredʒɪˈstreɪʃ(ə)n/ registro: o ato de se registrar. *A doctor cannot practise without registration by the General Medical Council*. / Um médico não pode praticar a medicina sem o registro do Conselho Geral de Medicina.

regress /rɪˈgres/ regressar: retornar a um estágio ou condição anterior.

regression /rɪˈgreʃ(ə)n/ regressão: **1** um estágio caracterizado pelo abrandamento dos sintomas de uma doença e pelo início da recuperação. **2** (psiquiatria) o processo de retornar a uma fase anterior do desenvolvimento mental ou afetivo.

regular /ˈregjʊlə/ regular: **1** que se repete por períodos iguais. *He was advised to make regular visits to the dentist*. / Ele foi aconselhado a fazer consultas regulares ao dentista. *She had her regular six-monthly checkup*. / Ela fez o *checkup* regular semestral. **2** que acontece no mesmo horário todos os dias.

regularly /ˈregjʊləli/ regularmente: que se repete por períodos iguais. *The tablets must be taken regularly every evening*. / Os comprimidos devem ser tomados regularmente todas as manhãs. *You should go to the dentist regularly*. / Deve-se ir ao dentista regularmente.

regulate /ˈregjʊˌleɪt/ regular: fazer alguma coisa funcionar de maneira regular. *The heartbeat is regulated by the sinoatrial node*. / Os batimentos cardíacos são regulados pelo nodo sinoatrial.

regulation /ˌregjʊˈleɪʃ(ə)n/ regulação: o ato de regular. *the regulation of the body's temperature* / a regulação da temperatura corporal.

regurgitate /rɪˈgɜːdʒɪteɪt/ regurgitar: retornar à boca alimentos parcialmente digeridos no estômago.

regurgitation /rɪˌgɜːdʒɪˈteɪʃ(ə)n/ regurgitação: condição caracterizada pelo fluxo retrógrado de alguma coisa, principalmente o retorno dos alimentos parcialmente digeridos para a boca.

rehabilitate /ˌriːəˈbɪlɪteɪt/ reabilitar: tornar alguém apto para realizar um trabalho ou voltar as suas atividades normais, após doença ou trauma.

rehabilitation /ˌriːəbɪlɪˈteɪʃ(ə)n/ reabilitação: o processo de tornar alguém apto para realizar um trabalho ou voltar as suas atividades normais, após lesão ou doença.

rehydrate /ˌriːhaɪˈdreɪt/ reidratar: introduzir água em um organismo desidratado.

rehydration /ˌriːhaɪˈdreɪʃ(ə)n/ reidratação: o ato de introduzir água ou líquidos em um corpo que o perdeu, por exemplo, por desidratação.

reinfect /ˌriːɪnˈfekt/ reinfectar: infectar alguém ou alguma coisa novamente.

reinfection /ˌriːɪnˈfekʃ(ə)n/ reinfecção: nova infecção em um órgão ou área anteriormente infectada, principalmente com o mesmo microorganismo.

Reiter's disease /ˈraɪtəz dɪˌziːz/ doença de Reiter. ⇨ **Reiter's syndrome**.

Reiter's syndrome /ˈraɪtəz ˌsɪndrəʊm/ síndrome de Reiter: doença que pode ser sexualmente transmissível e afeta principalmente os homens. Consiste na associação de artrite, uretrite e conjuntivite. ☑ **Reiter's disease**. (Descrita em 1916 por Hans Conrad Reiter [1881–1969], bacteriologista e higienista alemão.)

reject /rɪˈdʒekt/ rejeitar; repelir: **1** recusar-se a aceitar algo. **2** ser incapaz de tolerar tecido ou órgão transplantado de outro corpo, por causa de incompatibilidade imunológica. *The new heart was rejected by the body*. / O novo coração foi rejeitado pelo organismo. *They gave the patient drugs to prevent the transplant being rejected*. / Administraram medicamentos ao paciente, a fim de evitar a rejeição do transplante. **3** ser incapaz de manter o alimento no estômago, eliminando-o pelo vômito.

rejection /rɪˈdʒekʃən/ rejeição: o ato de rejeitar um tecido ou órgão transplantado. *The patient was given drugs to reduce the possibility of tissue rejection*. / Foram administradas drogas ao paciente, a fim de reduzir a probabilidade de rejeição do tecido.

relapse /ˈriːlæps, rɪˈlæps/ **1** recaída; recidiva: situação caracterizada pelo reaparecimento de uma doença após um período de recuperação da saúde e das forças. **2** ter recaída: retornar a um estado de saúde anterior e pior, contraindo novamente a mesma doença. *She relapsed into a coma*. / Ela teve uma recaída e entrou em coma.

relapsing fever /rɪˈlæpsɪŋ ˌfiːvə/ febre recorrente: doença causada por uma bactéria, em que os ataques febris reaparecem em intervalos de duração semelhante.

relapsing pancreatitis /rɪˌlæpsɪŋ ˌpæŋkrɪəˈtaɪtɪs/ pancreatite recidivante: uma forma de pancreatite em que os sintomas reaparecem, mas de forma menos dolorosa.

relate /rɪˈleɪt/ relacionar: estabelecer relação de uma coisa com outra. *The disease is related to the weakness of the heart muscles*. / A doença está relacionada a uma fraqueza dos músculos cardíacos.

-related /rɪleɪtɪd/ relacionado a: que tem relação com alguma coisa. *drug-related diseases* / doenças relacionadas a drogas.

relationship /rɪˈleɪʃ(ə)nʃɪp/ relacionamento: maneira pela qual alguém ou alguma coisa é relacionada à outra. *The incidence of the disease has a close relationship to the environment*. / A incidência da doença tem um estreito relacionamento com o meio ambiente. *He became withdrawn and broke off all relationships with his family.* / Ele tornou-se retraído e rompeu todos os relacionamentos com a família.

relative density /ˌrelətɪv ˈdensɪti/ densidade relativa: taxa da densidade de uma substância em relação à densidade de uma substância padrão, à mesma temperatura e pressão. Para líquidos e sólidos, a substância padrão normalmente é a água, e para gases, o ar. ☑ **specific gravity**.

relative risk /ˌrelətɪv ˈrɪsk/ risco relativo: medida da probabilidade de desenvolvimento de uma doença em pessoas expostas a um risco específico, em relação às pessoas não expostas ao mesmo risco. Por exemplo, o risco relativo de infarto do miocárdio em mulheres que fazem uso de contraceptivos orais é 1,6 em relação àquelas que não tomam o medicamento. Abreviatura: **RR**.

relax /rɪˈlæks/ relaxar: tornar-se menos tenso, ou fazer alguém ou algo tornar-se menos tenso. *He was given a drug to relax the muscles.* / Ele recebeu um medicamento para relaxar os músculos. *The muscle should be fully relaxed.* / O músculo precisa estar totalmente relaxado.

relaxant /rɪˈlæksənt/ relaxante: **1** substância que reduz a tensão. **2** que alivia a tensão.

relaxation /ˌriːlækˈseɪʃ(ə)n/ relaxamento: **1** o processo de reduzir a tensão muscular. **2** a redução do estresse.

relaxation therapy /ˌriːlækˈseɪʃ(ə)n ˌθerəpi/ terapia de relaxamento: tratamento em que as pessoas são estimuladas a relaxar os músculos para reduzir o estresse.

relaxative /rɪˈlæksətɪv/ relaxante: (EUA) um agente que reduz o estresse.

relaxin /rɪˈlæksɪn/ relaxina: hormônio secretado pela placenta, que produz relaxamento do colo do útero e distensão completa da sínfise pubiana nos estágios finais da gravidez, antes do parto.

release /rɪˈliːs/ **1** liberação; soltura: o processo de permitir que algo saia ou se desprenda. *the slow release of the drug into the bloodstream* / a liberação lenta da droga na corrente sanguínea. **2** liberar; soltar: permitir que algo saia ou se desprenda. *Hormones are released into the body by glands.* / Os hormônios são liberados no organismo pelas glândulas.

releasing factor /rɪˈliːsɪŋ ˌfæktə/ fator de liberação: substância produzida no hipotálamo, que estimula a liberação dos hormônios.

releasing hormone /rɪˈliːsɪŋ ˌhɔːməʊn/ hormônio liberador: um hormônio secretado pelo hipotálamo, que estimula a secreção de um determinado hormônio pela glândula pituitária. ☑ **hypothalamic hormone**.

relief /rɪˈliːf/ alívio: o processo de tornar algo melhor ou menos doloroso. *The drug provides rapid relief for patients with bronchial spasms.* / A droga proporciona alívio rápido para pacientes com espasmos brônquicos.

...complete relief of angina is experienced by 85% of patients subjected to coronary artery bypass surgery. / "...o alívio completo da angina é sentido por oitenta e cinco por cento dos pacientes submetidos a *bypass* de artéria coronária." (*British Journal of Hospital Medicine*)

relieve /rɪˈliːv/ aliviar: tornar algo melhor ou menos doloroso. *Nasal congestion can be relieved by antihistamines.* / A congestão nasal pode ser aliviada por agentes anti-histamínicos. *The patient was given an injection of morphine to relieve the pain.* / O paciente recebeu uma injeção de morfina para aliviar a dor. *The condition is relieved by applying cold compresses.* / A condição é aliviada pela aplicação de compressas frias.

...replacement of the metacarpophalangeal joint is mainly undertaken to relieve pain, deformity and immobility due to rheumatoid arthritis. / "...a substituição da articulação metacarpofalangiana é geralmente feita para aliviar a dor, a deformidade e a imobilidade causadas pela artrite reumatóide." (*Nursing Times*)

rem /rem/ rem: unidade de medida de radiação, equivalente ao efeito que um roentgen de raios X ou gama produziriam no ser humano. É usada na proteção contra os efeitos biológicos da radiação e em aparelhos de monitorização.

REM /rem/ abreviatura de **rapid eye movement**.

remedial /rɪˈmiːdiəl/ curativo; sanador: que age como remédio; que cura.

remedy /ˈremədi/ remédio; medicamento: um agente curativo; uma droga que cura. *Honey and glycerine is an old remedy for sore throats.* / Mel e glicerina são um velho remédio para dores de garganta.

remember /rɪˈmembə/ recordar; lembrar(-se): trazer de volta à memória algo já visto ou ouvido anteriormente. *He remembers nothing* or *he can't remember anything about the accident.* / Ele não se lembra de nada *ou* ele não consegue se lembrar de nada sobre o acidente.

remission /rɪˈmɪʃ(ə)n/ remissão: período de abrandamento de uma doença ou febre.

re. mist. /ˌriː ˈmɪst/ abreviatura de **repetatur mistura**.

remittent /rɪˈmɪtənt/ remitente: que abranda e então se intensifica novamente, em intervalos.

remittent fever /rɪˌmɪtənt ˈfiːvə/ febre remitente: febre que apresenta remissões durante um período do dia, como a febre tifóide.

removal /rɪˈmuːv(ə)l/ remoção; retirada: o ato de remover ou tirar alguma coisa. *An appendicectomy is the surgical removal of an appendix.* / Uma apendicectomia é a remoção cirúrgica de um apêndice.

remove /rɪˈmuːv/ remover: retirar alguma coisa. *He will have an operation to remove an ingrowing toenail.* / Ele fará uma operação para remover uma unha encravada.

REM sleep /ˈrem sliːp/ sono de movimentos rápidos dos olhos: um estágio do sono que aconte-

R

ce várias vezes todas as noites e é caracterizado por sono, movimentos oculares rápidos e aumento da freqüência de pulso e da atividade cerebral. ☑ **paradoxical sleep; rapid eye movement sleep**. Observação: durante o sono REM, a pessoa sonha, respira levemente e apresenta aumento na pressão arterial e na taxa dos batimentos cardíacos. Os olhos podem ficar semi-abertos, e pode haver alguns movimentos faciais.

ren- /riːn/ ⇨ **reno-**.

renal /ˈriːn(ə)l/ renal: relativo aos rins.

renal artery /ˌriːn(ə)l ˈɑːtəri/ artéria renal: uma das duas artérias que transportam sangue da aorta abdominal para os rins.

renal calculus /ˌriːn(ə)l ˈkælkjʊləs/ cálculo renal: pequena concreção mineral, chamada pedra, no rim.

renal capsule /ˌriːn(ə)l ˈkæpsjuːl/ cápsula renal. ⇨ **fibrous capsule**.

renal clearance /ˈriːn(ə)l ˌklɪərəns/ depuração renal: medida da taxa de filtração das impurezas do sangue pelo rim.

renal colic /ˌriːn(ə)l ˈkɒlɪk/ cólica renal: dor súbita causada por cálculo nos rins ou na uretra.

renal corpuscle /ˌriːn(ə)l ˈkɔːpʌs(ə)l/ corpúsculo renal: parte de um néfron no córtex renal. ☑ **Malpighian body**.

renal cortex /ˌriːn(ə)l ˈkɔːteks/ córtex renal: a camada externa dos rins, por baixo da cápsula. Veja ilustração em **Kidney**, no Apêndice.

renal dialysis /ˌriːn(ə)l daɪˈæləsɪs/ diálise renal: método artificial de manutenção do equilíbrio químico do sangue, quando os rins não funcionam adequadamente, ou o uso desse método. ☑ **dialysis**.

renal hypertension /ˌriːn(ə)l ˌhaɪpəˈtenʃən/ hipertensão renal: hipertensão associada a doença renal.

renal medulla /ˌriːn(ə)l meˈdʌlə/ medula renal: a porção interna do rim, que não contém glomérulos. Veja ilustração em **Kidney**, no Apêndice.

renal pelvis /ˌriːn(ə)l ˈpelvɪs/ pelve renal: a parte superior e mais larga do ureter, na qual a urina é coletada antes de passar do ureter para a bexiga. ☑ **pelvis of the kidney**. Veja ilustração em **Kidney**, no Apêndice.

renal rickets /ˌriːn(ə)l ˈrɪkɪts/ raquitismo renal: forma de raquitismo causada por doença renal.

renal sinus /ˌriːn(ə)l ˈsaɪnəs/ seio renal: cavidade renal que contém a pelve, os cálices e os vasos.

renal transplant /ˌriːn(ə)l ˈtrænsplɑːnt/ transplante renal: um transplante de rim.

renal tubule /ˌriːn(ə)l ˈtjuːbjuːl/ túbulo renal: um túbulo diminuto que é parte de um néfron. ☑ **uriniferous tubule**.

renew /rɪˈnjuː/ renovar. ◊ **to renew a prescription**: renovar uma prescrição: obter uma nova prescrição da mesma droga que está sendo usada.

reni- /riːni/ ren(i/o)-: relativo aos rins.

renin /ˈriːnɪn/ renina: uma enzima secretada pelo rim para prevenir a perda de sódio, e que também atua sobre a pressão arterial.

rennin /ˈrenɪn/ renina: uma enzima que coagula o leite.

reno- /riːnəʊ/ relativo aos rins. Nota: antes de vogais usa-se **ren-**.

renogram /ˈriːnəʊɡræm/ renograma: **1** uma imagem radiográfica do rim. **2** um registro visual da função renal, que mostra a velocidade com que uma substância radioativa introduzida na corrente sanguínea é removida pelos rins.

renography /riːˈnɒɡrəfi/ renografia: radiografia do rim após injeção de substância radioativa.

renovascular /ˌriːnəʊˈvæskjʊlə/ renovascular: relativo aos vasos sanguíneos dos rins.

renovascular system /ˌriːnəʊˈvæskjʊlə ˌsɪstəm/ sistema renovascular: os vasos sanguíneos associados com o rim.

reorganisation /riːˌɔːɡənaɪˈzeɪʃ(ə)n/ reorganização: **1** uma alteração na maneira como alguma coisa é organizada ou feita. **2** o processo de mudança na maneira como alguma coisa é organizada ou feita. **3** ocasião em que um negócio ou organização recebe uma estrutura completamente nova. Usa-se também **reorganization**.

reovirus /ˈriːəʊˌvaɪrəs/ reovírus: um vírus que afeta tanto o intestino quanto o sistema respiratório, mas não causa doença grave. Compare com **echovirus**.

rep /rep/ abreviatura de **repetatur**.

repair /rɪˈpeə/ reparar; restaurar: consertar algo que estava danificado. *Surgeons operated to repair a hernia.* / Os cirurgiões fizeram uma operação para reparar uma hérnia.

repeat /rɪˈpiːt/ repetir: dizer ou fazer alguma coisa novamente. *The course of treatment was repeated after two months.* / O esquema de tratamento foi repetido após dois meses.

repeat prescription /rɪˌpiːt prɪˈskrɪpʃən/ prescrição repetida: prescrição que é exatamente a mesma da prescrição precedente; freqüentemente, é fornecida sem necessidade de exame médico e, algumas vezes, pode ser solicitada por telefone.

repel /rɪˈpel/ repelir: fazer alguma coisa ir embora. *If you spread this cream on your skin it will repel insects.* / Se você espalhar este creme na pele, ele repelirá os insetos.

repetatur repetir. Nota: usa-se em receitas médicas. Abreviatura: **rep**.

repetatur mistura repita a mesma mistura. Nota: usa-se em receitas médicas. Abreviatura: **re. mist.**.

repetitive strain injury /rɪˌpetɪtɪv ˈstreɪn ˌɪndʒəri/ lesão por esforços repetitivos: dor, geralmente nos membros superiores, causada por tarefas que envolvem movimentos repetitivos ou sempre as mesmas posturas, por exemplo, o uso do computador ou a execução de um instrumento musical. ☑ **repetitive stress injury; work-related upper limb disorder**. Abreviatura: **RSI**.

repetitive stress injury /rɪˌpetɪtɪv ˈstres ˌɪndʒ əri/ lesão por estresse cumulativo. Abreviatura: **RSI**. ⇨ **repetitive strain injury**.

replace /rɪˈpleɪs/ recolocar; substituir: **1** colocar de volta. *an operation to replace a prolapsed uterus* / uma operação para recolocar um prolapso do útero. **2** colocar uma coisa no lugar de outra. *The surgeons replaced the diseased hip with a metal one.* / Os cirurgiões substituíram o quadril doente por um de metal.

replacement /rɪˈpleɪsmənt/ reposição: uma cirurgia para substituir parte do corpo por uma prótese.

replacement transfusion/rɪˌpleɪsmənt ˌtræns ˈfjuːʒ(ə)n/ transfusão de substituição: uma transfusão de troca, usada no tratamento da leucemia ou da eritroblastose, em que a maior parte do sangue doente vai sendo retirada e substituída por igual quantidade de sangue sadio de um doador.

replant /riːˈplɑːnt/ reimplantar; repor: repor um órgão ou parte do corpo no seu lugar, por exemplo, um membro ou um dente solto.

replantation /ˌriːplɑːnˈteɪʃ(ə)n/ reimplante: técnica cirúrgica que repõe um órgão ou partes do corpo que foram acidentalmente cortadas ou laceradas.

replicate /ˈreplɪkeɪt/ (célula) replicar: produzir uma cópia idêntica de si mesma.

replication /ˌreplɪˈkeɪʃ(ə)n/ replicação: o processo na divisão celular em que o DNA produz cópias idênticas de si mesmo.

repolarisation /riːˌpəʊləraɪˈzeɪʃ(ə)n/ repolarização: a restauração da carga elétrica positiva de um nervo ou membrana celular muscular após despolarização, produzida no momento de um impulso nervoso ou contração muscular. Usa-se também **repolarization**.

report /rɪˈpɔːt/ **1** relatório; parecer: nota oficial comunicando a tomada de uma ação, tratamento terapêutico, ou resultados de um teste. *The patient's report card has to be filled in by the nurse.* / O relatório do paciente deve ser preenchido pela enfermeira. *The inspector's report on the hospital kitchen is good.* / O relatório do inspetor sobre a cozinha hospitalar é bom. **2** relatar; fazer um registro escrito de: fazer um relatório oficial sobre alguma coisa. *The patient reported her doctor for misconduct.* / A paciente fez um registro sobre a conduta imprópria de seu médico. *Occupational diseases or serious accidents at work must be reported to the local officials.* / Doenças ocupacionais ou acidentes graves no trabalho devem ser reportados às autoridades locais.

reportable diseases /rɪˌpɔːtəb(ə)l dɪˈziːzɪz/ (plural) doenças notificáveis: doenças como asbestose, hepatite ou antraz, que podem ser causadas por condições de trabalho, infectando outros empregados, e que devem ser notificadas à saúde pública.

repositor /rɪˈpɒzɪtə/ repositor: instrumento cirúrgico usado na reposição de um órgão que se deslocou.

repress /rɪˈpres/ reprimir: ignorar ou esquecer sentimentos ou pensamentos desagradáveis ou dolorosos.

repression /rɪˈpreʃ(ə)n/ (psiquiatria) repressão: o ato de ignorar ou esquecer sentimentos ou pensamentos desagradáveis ou dolorosos.

reproduce /ˌriːprəˈdjuːs/ reproduzir: **1** procriar; multiplicar-se. **2** (microorganismos) produzir novas células. **3** fazer um teste, novamente e de maneira idêntica.

reproduction /ˌriːprəˈdʌkʃən/ reprodução: o processo de procriar, por exemplo, produzindo descendentes que perpetuarão a espécie.

reproductive /ˌriːprəˈdʌktɪv/ reprodutivo: relativo à reprodução.

reproductive organs /ˌriːprəˈdʌktɪv ˌɔːɡənz/ (plural) órgãos reprodutores: partes do corpo, no homem e na mulher, que estão envolvidos com a concepção e o desenvolvimento do feto.

reproductive system /ˌriːprəˈdʌktɪv ˌsɪstəm/ sistema reprodutor: o complexo de órgãos e ductos do corpo, no homem e na mulher, que produzem espermatozóides ou ovos. Observação: no homem, os testículos produzem os espermatozóides, que passam através dos vasos eferentes e deferentes, onde recebem líquido das vesículas seminais, deixando o organismo por meio da uretra e do pênis, na ejaculação. Na mulher, um ovo, produzido por um dos ovários, desloca-se pelas tubas de Falópio (atual *tubas uterinas*), onde é fertilizado pelo espermatozóide. O ovo fertilizado se dirige para o útero, onde dá origem ao embrião.

reproductive tract /ˌriːprəˈdʌktɪv trækt/ trato reprodutor: conjunto de tubos e ductos, no homem e na mulher, que transportam espermatozóides ou ovos de uma parte do corpo à outra.

require /rɪˈkwaɪə/ requerer; exigir; precisar: precisar de algo. *His condition may require surgery.* / O estado dele pode precisar de cirurgia. *Is it a condition which requires immediate treatment?* / É um estado que requer tratamento imediato? ◊ **required effect:** efeito desejado: efeito que se espera de um medicamento. *If the drug does not produce the required effect, the dose should be increased.* / Se o medicamento não produzir o efeito desejado, a dose deve ser aumentada.

requirement /rɪˈkwaɪəmənt/ requisito; exigência: alguma coisa que é necessária. *One of the requirements of the position is a qualification in pharmacy.* / Um dos requisitos para a posição é o diploma em farmácia.

RES abreviatura de **reticuloendothelial system**.

research /rɪˈsɜːtʃ/ **1** pesquisa: estudo científico que investiga algum fato novo. *He is the director of a medical research unit.* / Ele é o diretor de uma unidade de pesquisa médica. *She is doing research into finding a cure for leprosy.* / Ela está fazendo pesquisas para descobrir a cura para a lepra. *Research workers* or *Research teams are trying to find a vaccine against AIDS.*

R

/ Pesquisadores *ou* Equipes de Pesquisa estão tentando descobrir uma vacina contra a AIDS. **2** pesquisar: conduzir estudos científicos. *He is researching the origins of cancer.* / Ele está pesquisando as origens do câncer.

research and development /rɪˌsɜːtʃ ən dɪˈvel əpmənt/ pesquisa e desenvolvimento: processo pelo qual as indústrias farmacêuticas descobrem novos medicamentos e testam sua segurança e eficácia. Abreviatura: **R & D**.

resect /rɪˈsekt/ ressecar; fazer a ressecção de: remover qualquer estrutura ou órgão do corpo por meio de cirurgia.

resection /rɪˈsekʃən/ ressecção: remoção cirúrgica de qualquer estrutura ou órgão do corpo.

resection of the prostate /rɪˌsekʃən əv ðə ˈp rɒsteɪt/ ressecção da próstata. ⇨ **transurethral prostatectomy**.

resectoscope /rɪˈsektəskəup/ ressectoscópio: instrumento cirúrgico usado na ressecção transuretral.

reservoir /ˈrezəvwɑː/ reservatório: **1** cavidade de um órgão ou grupo de tecidos para armazenamento de líquidos. **2** organismo que abriga parasitas sem causar lesões a si mesmo, mas que os transmite a outras espécies, infectando-as. **3** parte de equipamento ou máquina que armazena líquidos para uso posterior.

reset /riːˈset/ reajustar; recolocar: fraturar um osso em mau estado e reajustá-lo corretamente. *His arm had to be reset.* / O braço dele teve de ser recolocado no lugar.

residency /ˈrezɪd(ə)nsi/ residência: (EUA) período em que um médico recebe treinamento hospitalar especializado.

resident /ˈrezɪd(ə)nt/ residente: **1** habitante de algum lugar. *All the residents of the old people's home were tested for food poisoning.* / Todos os residentes do asilo foram avaliados em relação à intoxicação alimentar. **2** (EUA) médico recém-formado que trabalha e, algumas vezes, vive no hospital. Compare com **intern**. **3** que habita um lugar.

resident doctor /ˌrezɪd(ə)nt ˈdɒktə/ médico residente: médico que trabalha e vive, por exemplo, em um lar para idosos ou asilo.

residential /ˌrezɪˈdenʃəl/ residencial: **1** que vive no hospital. **2** que vive em um lar para idosos ou asilo.

residential care /ˌrezɪˈdenʃəl keə/ cuidados residenciais: o cuidado de pacientes internos apenas, tanto em hospitais quanto em lares para idosos ou asilos.

residual /rɪˈzɪdjuəl/ residual: restante, que resta ou é deixado para trás.

residual air /rɪˌzɪdjuəl ˈeə/ ar residual: ar que permanece nos pulmões após um esforço expiratório máximo. ☑ **residual volume**.

residual volume /rɪˌzɪdjuəl ˌvɒljuːm/ volume residual. ⇨ **residual air**.

residual urine /rɪˌzɪdjuəl ˈjuərɪn/ urina residual: urina que permanece na bexiga após a micção.

resin /ˈrezɪn/ resina: seiva ou líquido pegajoso que é extraído de alguns tipos de árvore.

resist /rɪˈzɪst/ resistir: ter imunidade suficiente para evitar ataque ou morte por uma doença. *A healthy body can resist some infections.* / Um organismo saudável pode resistir a algumas infecções.

resistance /rɪˈzɪstəns/ resistência: **1** a capacidade de uma pessoa de manter sua imunidade a uma doença. **2** a capacidade de certas bactérias ou vírus de permanecerem imunes a um medicamento. *The bacteria have developed a resistance to certain antibiotics.* / As bactérias desenvolveram resistência a certos antibióticos. **3** oposição a uma força.

resistant /rɪˈzɪst(ə)nt/ resistente: capaz de não ser afetado um agente antagonista. *The bacteria are resistant to some antibiotics.* / As bactérias são resistentes a alguns antibióticos.

resistant strain /rɪˌzɪst(ə)nt ˈstreɪn/ cepa resistente: uma raça de bactérias que resistem aos efeitos dos antibióticos.

resolution /ˌrezəˈluːʃ(ə)n/ resolução: **1** quantidade de detalhes que podem ser percebidos em um microscópio ou monitor de computador. **2** estágio no desenvolvimento de uma doença em que há uma regressão do processo inflamatório.

resolve /rɪˈzɒlv/ (inflamação) resolver; retornar ao estado normal: começar a desaparecer.

> ...*valve fluttering disappears as the pneumothorax resolves. Always confirm resolution with a physical examination and X-ray.* / "...o *flutter* da válvula desaparece quando o pneumotórax se resolve. Confirme sempre o seu retorno ao estado normal com um exame físico e uma radiografia." (*American Journal of Nursing*)

resolvent /rɪˈzɒlvənt/ resolvente: capaz de reduzir uma inflamação ou tumefação.

resonance /ˈrez(ə)nəns/ ressonância: som produzido por uma parte oca do corpo após percussão. Veja também **magnetic**.

resorption /rɪˈsɔːpʃən/ reabsorção: o processo de absorção de uma substância pelo organismo, após o seu desaparecimento.

respiration /ˌrespəˈreɪʃ(ə)n/ respiração: o ato de inspirar, levando o ar para os pulmões e soltando-o pela boca ou nariz. ☑ **breathing**. Observação: a respiração inclui dois estágios: inspiração (inalação) e expiração (exalação). O ar é levado ao sistema respiratório pela boca e nariz, e chega aos pulmões através da faringe, laringe e traquéia. Nos pulmões, os brônquios levam o ar para os alvéolos (sacos de ar), onde o oxigênio é conduzido à corrente sanguínea, efetuando-se aí a troca por dióxido de carbono, que é então expirado.

respiration rate /ˌrespəˈreɪʃ(ə)n reɪt/ taxa respiratória: número de vezes que uma pessoa respira por minuto.

respirator /'respəreɪtə/ respirador: **1** ⇨ **ventilator**. ◊ **the patient was put on a respirator:** o paciente foi colocado em um respirador: o paciente foi ligado a um aparelho que assegura uma respiração artificial. **2** máscara usada para prevenir a inalação de fumaça ou gases nocivos.

respiratory /rɪ'spɪrət(ə)ri/ respiratório: relativo à respiração.

respiratory allergy /rɪ,spɪrət(ə)ri 'ælədʒi/ alergia respiratória: alergia causada pela inalação de determinadas substâncias. Veja também **alveolitis; food allergy**.

respiratory bronchiole /rɪ,spɪrət(ə)ri 'brɒŋkiəʊl/ bronquíolos respiratórios: os ramos que unem os bronquíolos terminais aos alvéolos pulmonares.

respiratory centre /rɪ,spɪrət(ə)ri 'sentə/ centro respiratório: um centro nervoso, no cérebro, que coordena a respiração.

respiratory distress syndrome /rɪ,spɪrət(ə)ri dɪ'stres ,sɪndrəʊm/ síndrome da angústia respiratória: condição presente em recém-nascidos, principalmente prematuros, na qual os pulmões não se expandem corretamente, por causa da quantidade reduzida do surfactante. ☑ **hyaline membrane disease**.

respiratory failure /rɪ,spɪrət(ə)ri 'feɪljə/ insuficiência respiratória: uma deficiência dos pulmões na oxigenação correta do sangue.

respiratory illness /rɪ,spɪrət(ə)ri 'ɪlnəs/ doença respiratória: doença que afeta a respiração.

respiratory pigment /rɪ,spɪrət(ə)ri 'pɪgmənt/ pigmentos respiratórios: substâncias pigmentadas do sangue, que transportam oxigênio dos pulmões para os tecidos.

respiratory quotient /rɪ,spɪrət(ə)ri 'kwəʊʃ(ə)nt/ quociente respiratório: proporção de dióxido de carbono desprendido pelos alvéolos pulmonares para o volume de oxigênio que eles absorvem. Abreviatura: **RQ**.

respiratory syncytial virus /rɪ,spɪrət(ə)ri sɪn'sɪtiəl ,vaɪrəs/ vírus sincicial respiratório: um vírus que provoca infecções de nariz e garganta em adultos, mas é capaz de causar bronquiolite grave em crianças. Abreviatura: **RSV**.

respiratory system /rɪ'spɪrət(ə)ri 'sɪstəm/ sistema respiratório: todos os órgãos e passagens de ar desde o nariz até os pulmões, onde se efetua a troca de oxigênio por dióxido de carbono. ☑ **respiratory tract**.

respiratory tract /rɪ'spɪrət(ə)ri 'trækt/ trato respiratório. ⇨ **respiratory system**.

respite care /'respaɪt keə/ cuidados temporários: assistência temporária a pessoas com incapacidades físicas ou mentais, condições graves ou doença terminal, para que os familiares tenham um descanso da rotina diária.

respond /rɪ'spɒnd/ responder: **1** reagir a alguma coisa. *The cancer is not responding to drugs.* / O câncer não está respondendo aos medicamentos. **2** começar a melhorar, em virtude de tratamento médico. *She is responding to treatment.* / Ela está respondendo ao tratamento.

...many severely confused patients, particularly those in advanced stages of Alzheimer's disease, do not respond to verbal communication. "...muitos pacientes em estado de confusão mental muito séria, particularmente aqueles em estágios avançados da doença de Alzheimer, não respondem à comunicação verbal." (*Nursing Times*)

response /rɪ'spɒns/ resposta: reação de um órgão, tecido ou indivíduo a um estímulo externo. ◊ **immune response:** resposta imune: **1** reação de um organismo a um antígeno. **2** rejeição do organismo a um órgão transplantado.

...anaemia may be due to insufficient erythrocyte production, in which case the reticulocyte count will be low, or to haemolysis or haemorrhage, in which cases there should be a reticulocyte response. / "...a anemia pode ser devida à produção insuficiente de eritrócitos, caso em que a contagem de reticulócitos será baixa, ou pode ser causada por hemólise ou hemorragia, casos em que deve haver uma resposta reticulocítica." (*Southern Medical Journal*)

responsibility /rɪ,spɒnsɪ'bɪlɪti/ responsabilidade: **1** dever atribuído a uma pessoa ou organização quanto aos cuidados de alguém ou alguma coisa. *Checking the drip is your responsibility.* / Checar o *drip* é sua responsabilidade. **2** a culpa por um acontecimento ruim. *She has taken full responsibility for the mix-up.* / Ela assumiu total responsabilidade pela confusão. **3** a obrigação de prestar contas a alguém do porquê de um acontecimento. *Whose responsibility is it to talk to the family?* / De quem é a responsabilidade de falar com a família?

responsible /rɪ'spɒnsɪb(ə)l/ responsável: alguma coisa que foi causadora (de algo). *the allergen which is responsible for the patient's reaction* / o alérgeno que é responsável pela reação do paciente. *This is one of several factors which can be responsible for high blood pressure.* / Este é um dos vários fatores que podem ser responsáveis pela hipertensão.

responsive /rɪ'spɒnsɪv/ responsivo: que reage positivamente ao tratamento médico.

responsiveness /rɪ'spɒnsɪvnəs/ responsividade: a capacidade de responder a outras pessoas ou sensações.

rest /rest/ **1** descanso: período de tempo que se passa relaxando ou dormindo. *What you need is a good night's rest.* / O que você precisa é de uma boa noite de descanso. **2** descansar: a) passar o tempo relaxando ou dormindo. b) deixar uma parte do corpo em repouso por um período de tempo. *Rest your arm for a week.* / Descanse o braço durante uma semana.

restenosis /,riːstə'nəʊsɪs/ restenose: recorrência de uma estenose, por exemplo, de uma artéria coronária que foi dilatada por angioplastia por balão. Plural: **restenoses**.

restless /'restləs/ agitado; inquieto; insone: incapaz de relaxar ou de fixar quieto. *restless sleep* /

sono agitado. *She had a restless night.* / Ela teve uma noite insone.

restless leg syndrome /ˌrestləs ˈleg ˌsɪndrəʊ m/ síndrome das pernas inquietas: sensação de enorme desconforto nas pernas, que ocorre logo após a pessoa se deitar, podendo levar à insônia e fadiga.

restore /rɪˈstɔː/ restaurar; restituir: trazer alguma coisa de volta. *She needs vitamins to restore her strength.* / Ela precisa de vitaminas para restaurar as forças. *The physiotherapy should restore the strength of the muscles.* / A fisioterapia deverá restaurar a força muscular. *A salpingostomy was performed to restore the patency of the Fallopian tube.* / Foi realizada uma salpingostomia para restaurar a patência das tubas de Falópio (atual *tubas uterinas*).

restrict /rɪˈstrɪkt/ restringir; limitar: **1** reduzir alguma coisa ou torná-la menos intensa. *The blood supply is restricted by the tight bandage.* / O suprimento de sangue é restringido pela bandagem apertada. **2** estabelecer limites para alguma coisa. *The doctor suggested she should restrict her intake of alcohol.* / O médico sugeriu que ela restringisse o consumo de álcool.

restrictive /rɪˈstrɪktɪv/ restritivo: que restringe, que reduz alguma coisa.

result /rɪˈzʌlt/ resultado: os números que dão a soma final de um cálculo ou teste. *What was the result of the test?* / Qual foi o resultado do teste? *The doctor told the patient the result of the pregnancy test.* / O médico informou à paciente o resultado do teste de gravidez. *The result of the operation will not be known for some weeks.* / O resultado da operação não será conhecido durante algumas semanas.

resuscitate /rɪˈsʌsɪteɪt/ ressuscitar: fazer voltar à vida uma pessoa com morte aparente, forçando-a a respirar novamente e reiniciando a circulação sanguínea.

resuscitation /rɪˌsʌsɪˈteɪʃ(ə)n/ ressuscitação: o ato de fazer voltar à vida uma pessoa com morte aparente, forçando-a a respirar novamente e reiniciando as funções cardíacas. Observação: os métodos mais comuns de ressuscitação são a respiração artificial e a massagem cardíaca.

retain /rɪˈteɪn/ conservar; reter: prender ou reter alguma coisa. *He was incontinent and unable to retain urine in his bladder.* / Ele sofria de incontinência e era incapaz de reter a urina na bexiga. Veja também **retention**.

retard /rɪˈtɑːd/ retardar; atrasar: tornar alguma coisa mais lenta, por exemplo, o efeito de um medicamento. *The drug will retard the onset of the fever.* / O medicamento retardará o início da febre. *The injections retard the effect of the anaesthetic.* / As injeções retardam o efeito do anestésico.

retardation /ˌriːtɑːˈdeɪʃ(ə)n/ retardamento; retardo: o processo de tornar alguma coisa mais lenta.

retch /retʃ/ ânsia de vômito: fazer um esforço involuntário para vomitar.

retching /ˈretʃɪŋ/ vômito seco: o esforço involuntário para vomitar, sem consegui-lo.

rete /ˈriːtiː/ rede: uma rede de veias, artérias ou fibras nervosas. Veja também **reticular**. Plural: **retia**.

retention /rɪˈtenʃən/ retenção: o ato de manter no corpo alguma coisa que deve ser eliminada, normalmente um líquido, como a urina que é retida na bexiga.

retention cyst /rɪˈtenʃən sɪst/ cisto de retenção: cisto resultante da obstrução de um ducto ou glândula.

retention of urine /rɪˌtenʃən əv ˈjʊərɪn/ retenção urinária: condição caracterizada pela dificuldade ou impossibilidade de urinar, por causa de obstrução da uretra ou aumento da glândula prostática.

rete testis /ˌriːtiː ˈtestɪs/ rede testicular: uma rede de canais nos testículos que levam o esperma para o epidídimo. Veja também **reticular**.

reticular /rɪˈtɪkjʊlə/ reticular: relativo a, ou em forma de rede.

reticular fibres /rɪˌtɪkjʊlə ˈfaɪbəs/ (plural) fibras reticulares: fibras do tecido conjuntivo que dão suporte, por exemplo, a órgãos ou vasos sanguíneos. Também chamadas de **reticular tissue**.

reticular tissue /rɪˌtɪkjʊlə ˈtɪʃuː/ tecido reticular. ⇨ **reticular fibres**.

reticulin /rɪˈtɪkjʊliːn/ reticulina: uma proteína que é um dos componentes mais importantes das fibras reticulares.

reticulocyte /rɪˈtɪkjʊləʊsaɪt/ reticulócito: eritrócito ainda em fase de desenvolvimento.

reticulocytosis /rɪˌtɪkjʊləʊsaɪˈtəʊsɪs/ reticulocitose: condição caracterizada pelo aumento anormal do número de reticulócitos no sangue.

reticuloendothelial cell /rɪˌtɪkjʊləʊˌendəʊˈθiːliəl sel/ célula reticuloendotelial: célula fagocitária do sistema reticuloendotelial.

reticuloendothelial system /rɪˌtɪkjʊləʊˌend əʊˈθiːliəl ˌsɪstəm/ sistema reticuloendotelial: conjunto de células fagocitárias do organismo, encontradas principalmente na medula óssea, nodos linfáticos, fígado e baço, que atacam e destroem bactérias, produzindo anticorpos. Abreviatura: **RES**.

reticuloendotheliosis /rɪˌtɪkjʊləʊˌendəʊθi ːliˈəʊsɪs/ reticuloendoteliose: condição caracterizada pela proliferação das células do sistema reticuloendotelial, causando tumores na medula óssea ou destruição dos ossos.

reticulosis /rɪˌtɪkjʊˈləʊsɪs/ reticulose: uma de várias condições em que as células do sistema reticuloendotelial proliferam-se, normalmente originando tumores malignos.

reticulum /rɪˈtɪkjʊləm/ retículo: uma rede formada por uma série de pequenas fibras ou tubos.

retin- /retɪn/ ⇨ **retino-**.

retina /ˈretɪnə/ retina: a túnica interna do olho, que é sensível aos raios luminosos. Veja também **detached retina**. Veja ilustração em **Eye**, no Apêndice. Plural: **retinae**. Observação: a luz penetra no olho através da pupila e atinge a retina. As células da retina sensíveis à luz (cones e bastonetes) convertem a luz em impulsos nervosos. O nervo óptico envia esses impulsos para o cérebro, que os interpreta como imagens. A junção do nervo óptico com a retina não possui células sensíveis à luz, e é conhecida como mancha cega.

retinaculum /ˌretɪˈnækjʊləm/ retináculo: faixa de tecido que retém uma estrutura no lugar, a exemplo do punho e tornozelo, sobre os tendões flexores.

retinal /ˈretɪn(ə)l/ retiniano: relativo à retina.

retinal artery /ˈretɪn(ə)l ˌɑːtəri/ artéria da retina: a única artéria da retina, que acompanha o nervo óptico.

retinal detachment /ˌretɪn(ə)l dɪˈtætʃmənt/ descolamento da retina. ⇨ **detached retina**.

retinitis /ˌretɪˈnaɪtɪs/ retinite: inflamação da retina.

retinitis pigmentosa /ˌretɪˌnaɪtɪs ˌpɪgmenˈtə ʊsə/ retinite pigmentosa: condição hereditária na qual a inflamação da retina pode resultar em cegueira.

retino- /retɪnəʊ/ retin(o)-: relativo à retina. Nota: antes de vogais usa-se **retin-**.

retinoblastoma /ˌretɪnəʊblæˈstəʊmə/ retinoblastoma: tumor raro e maligno da retina, que afeta principalmente crianças até os dois anos de idade.

retinol /ˈretɪnɒl/ retinol. ⇨ **Vitamin A**.

retinopathy /ˌretɪˈnɒpəθi/ retinopatia: qualquer doença da retina. Veja também **phototoxicity**.

retinoscope /ˈretɪnəskəʊp/ retinoscópio: instrumento dotado de várias lentes, usado para medir a refração do olho.

retinoscopy /ˌretɪˈnɒskəpi/ retinoscopia: método para avaliar erros de refração do olho, no qual é utilizado um retinoscópio.

retire /rɪˈtaɪə/ aposentar-se: parar de trabalhar ao atingir uma determinada idade. *Most men retire at 65, but women only go on working until they are 60.* / A maioria dos homens se aposenta aos 65 anos de idade, mas as mulheres trabalham somente até os 60 anos. *Although she has retired, she still does voluntary work at the clinic.* / Embora ela tenha se aposentado, ainda presta trabalho voluntário na clínica médica.

retirement /rɪˈtaɪəmənt/ aposentadoria: **1** o ato de se aposentar. *The retirement age for men is 65.* / A idade de aposentadoria para homens é 65 anos. **2** o fato de ser aposentado.

retraction /rɪˈtrækʃən/ retração: um movimento posterior ou um encolhimento. *There is retraction of the overlying skin.* / Há uma retração da pele sobreposta.

retraction ring /rɪˈtrækʃən rɪŋ/ anel de retração: uma crista em volta do útero, separando as partes superior e inferior, que, no trabalho de

parto, evita os movimentos do feto em direção ao canal cervical, obstruindo a sua expulsão. ☑ **Bandl's ring**.

retractor /rɪˈtræktə/ retrator: instrumento usado para afastar as bordas de uma ferida em operações cirúrgicas.

retro- /retrəʊ/ retro-: atrás, para trás.

retrobulbar /ˌretrəʊˈbʌlbə/ retrobulbar: posterior ao bulbo do olho.

retrobulbar neuritis /ˌretrəʊˌbʌlbə njuːˈraɪtɪs/ neurite retrobulbar: inflamação do nervo óptico, que faz os objetos parecerem turvos e embaçados. ☑ **optic neuritis**.

retroflexion /ˌretrəʊˈflekʃ(ə)n/ retroflexão: o fato de curvar-se para trás. ◊ **retroflexion of the uterus:** retroflexão do útero: condição em que o útero se curva para trás, afastando-se de sua posição normal.

retrograde /ˈretrəʊgreɪd/ retrógrado: que se move para trás ou se deteriora.

retrograde pyelography /ˌretrəʊgreɪd ˌpaɪ əˈlɒgrəfi/ pielografia retrógrada: exame radiológico do rim, no qual o líquido de contraste é injetado diretamente no órgão, com o auxílio de uma sonda.

retrogression /ˌretrəʊˈgreʃ(ə)n/ retrogressão: o retorno a um estado anterior.

retrolental fibroplasia /ˌretrəʊˌlent(ə)l ˌfaɪbr əʊˈpleɪziə/ fibroplasia retrolenticular: condição caracterizada pela formação de tecido fibroso na parte posterior do cristalino do olho, resultando em cegueira. Observação: a fibroplasia retrolenticular pode ocorrer em bebês prematuros se eles receberem grandes quantidades de oxigênio imediatamente após o nascimento.

retro-ocular /ˌretrəʊ ˈɒkjʊlə/ retrocular: posterior ao bulbo do olho.

retroperitoneal /ˌretrəʊˌperɪtəˈniːəl/ retroperitoneal: posterior ao peritôneo.

retroperitoneal space /ˌretrəʊˌperɪtəʊniːəl ˈspeɪs/ espaço retroperitoneal: o espaço entre o peritôneo parietal posterior e a parede abdominal posterior, contendo os rins, as glândulas supra-renais, o duodeno, os ureteres e o pâncreas.

retropharyngeal /ˌretrəʊˌfærɪnˈdʒiːəl/ retrofaríngeo: na parte posterior da faringe.

retropubic /ˌretrəʊˈpjuːbɪk/ retropúbico: na parte posterior do osso púbis.

retropubic prostatectomy /ˌretrəʊpjuːbɪk ˌprɒstəˈtektəmi/ prostatectomia retropúbica: remoção da glândula prostática através de uma incisão suprapúbica.

retrospection /ˌretrəʊˈspekʃən/ retrospecto: o ato de recordar-se de eventos passados.

retrospective /ˌretrəʊˈspektɪv/ retrospectivo: relativo ao passado; que pesquisa o que aconteceu anteriormente a um grupo selecionado de pessoas. Veja também **prospective**.

retroversion /ˌretrəʊˈvɜːʃ(ə)n/ retroversão: o fato de inclinar-se para trás. ◊ **retroversion of the uterus**. ⇨ **retroverted uterus**.

retroversion of the uterus /ˌretrəʊˈvɜːʃ(ə)n əv ðə ˈjuːtərəs/ retroversão do útero. ⇨ **retroverted uterus**.

retroverted uterus /ˌretrəʊvɜːtɪd ˈjuːtərəs/ retroversão do útero: condição em que o útero se vira para trás, afastando-se de sua posição normal. ☑ **retroversion; retroversion of the uterus**. Nota: no inglês americano usa-se **tipped womb**.

retrovirus /ˈretrəʊvaɪrəs/ retrovírus: um vírus cujo material genético contém ácido ribonucléico, (ARN ou RNA), a partir do qual o DNA é sintetizado. Nota: o vírus da AIDS e muitos vírus carcinogênicos são retrovírus.

revascularisation /riːˌvæskjʊləraɪˈzeɪʃ(ə)n/ revasvularização: **1** o ato de restabelecer o suprimento sanguíneo de um órgão ou tecido, principalmente em cirurgias com enxerto de vaso sanguíneo. **2** a condição de ter o suprimento sanguíneo restabelecido. Usa-se também **revascularization**.

reveal /rɪˈviːl/ revelar: mostrar alguma coisa. *Digital palpation revealed a growth in the breast.* / A palpação digital revelou um crescimento na mama.

reversal /rɪˈvɜːs(ə)l/ reversão; inversão: o retorno a um estado anterior. *reversal of sterilisation* / reversão da esterilização.

reverse isolation /rɪˌvɜːs ˌaɪsəˈleɪʃ(ə)n/ isolamento reverso. ⇨ **protective isolation**.

revision /rɪˈvɪʒ(ə)n/ revisão: exame realizado após um procedimento cirúrgico. *a revision of a radical mastoidectomy* / revisão de uma mastoidectomia radical.

revive /rɪˈvaɪv/ ressuscitar; reanimar; despertar: fazer voltar à vida ou à consciência. *They tried to revive him with artificial respiration.* / Tentaram ressuscitá-lo por meio de respiração artificial. *She collapsed on the floor and had to be revived by the nurse.* / Ela desmaiou no chão, e teve de ser despertada pela enfermeira.

Reye's syndrome /ˈraɪz ˌsɪndrəʊm/ síndrome de Reye: forma de doença cerebral que ocorre na infância e pode ser causada por seqüelas de uma infecção viral. A doença tem uma ligação suspeita com o uso de aspirina.

RGN abreviatura de **Registered General Nurse**.

Rh abreviatura de **rhesus**.

RHA abreviatura de **Regional Health Authority**.

rhabdomyosarcoma /ˌræbdəʊˌmaɪəʊsɑːˈkəʊmə/ rabdomiossarcoma: tumor maligno dos músculos estriados. Ocorre principalmente em crianças.

rhabdovirus /ˈræbdəʊvaɪrəs/ rabdovírus: qualquer vírus da família *Rhabdoviridae*, que contém ácido ribonucléico (ARN ou RNA), um dos quais é o causador da raiva ou hidrofobia.

rhachio- /reɪkɪəʊ/ raqui(o)-: relativo à espinha dorsal.

rhagades /ˈrægədiːz/ (plural) rágades: fissuras que ocorrem ao redor do nariz, boca e ânus, observadas na sífilis. Veja também **fissure**.

Rh disease /ɑːr ˈeɪtʃ dɪˌziːz/ doença por Rh; doença por rhesus. ⇨ **rhesus factor disease**.

rheo- /riːəʊ/ reo-: **1** relativo ao fluxo de líquidos. **2** relativo ao fluxo de uma corrente elétrica.

rheometer /riˈɒmɪtə/ reômetro: aparelho para medir o fluxo de líquidos espessos, como o sangue.

rhesus /ˈriːsəs/ rhesus. Abreviatura: **Rh**.

rhesus baby /ˈriːsəs ˌbeɪbi/ bebê rhesus: um recém-nascido com eritroblastose fetal.

rhesus factor /ˈriːsəs ˌfæktə/ fator rhesus: antígeno presente nos eritrócitos, que constitui um elemento do grupo sanguíneo. ☑ **Rh factor** (fator Rh). Observação: o fator rhesus é importante no grupo sanguíneo, porque embora as pessoas, na sua maioria, sejam Rh-positivas, um paciente Rh-negativo não deve receber transfusão de sangue de uma pessoa Rh-positiva, uma vez que isso causará a formação de anticorpos permanentes. Se a mãe Rh-negativa tiver um filho de pai Rh-positivo, a criança herdará o sangue Rh-positivo, que então pode passar para a circulação da mãe no parto e causar a formação de anticorpos. Isso pode ser evitado por meio de injeção de imunoglobulina anti-D imediatamente antes do parto do primeiro filho Rh-positivo e qualquer filho Rh-positivo que venha a nascer depois dele. Se a mãe Rh-negativa tiver formado anticorpos no passado, esses anticorpos afetarão o sangue do feto, podendo causar eritroblastose fetal.

rhesus factor disease /ˈriːsəs ˌfæktə dɪˌziːz/ doença pelo fator rhesus: doença que ocorre quando o sangue do feto tem um fator rhesus diferente daquele da mãe. ☑ **Rh disease**.

rheumatic /ruːˈmætɪk/ reumático: relativo ao reumatismo.

rheumatic fever /ruːˌmætɪk ˈfiːvə/ febre reumática: doença do colágeno, que afeta crianças e adolescentes, causada por estreptococos hemolíticos e caracterizada por inflamação das articulação e também das válvulas e membrana do coração. ☑ **acute rheumatism**. Observação: a febre reumática freqüentemente sucede outra infecção causada por estreptococos, tal como amigdalite ou tonsilite. Os sintomas incluem febre alta, dor nas articulações, que se tornam vermelhas, formação de nódulos nas extremidades ósseas, e dificuldade de respirar. Embora a recuperação possa ser completa, a febre reumática pode voltar a ocorrer, causando lesão permanente do coração.

rheumatism /ˈruːmətɪz(ə)m/ (informal) reumatismo: dor e rigidez nos músculos e articulações. *She has rheumatism in her hips.* / Ela tem reumatismo nos quadris. *He complained of rheumatism in the knees.* / Ele se queixou de reumatismo nos joelhos.

rheumatoid /ˈruːmətɔɪd/ reumatóide: relativo ao reumatismo.

rheumatoid arthritis /ˌruːmətɔɪd ɑːˈθraɪtɪs/ artrite reumatóide: doença do colágeno, dolorosa e incapacitante, caracterizada por inflamação das articulações, principalmente das mãos, pés e quadris, que se tornam inchadas e inflamadas. Veja também **osteoarthritis**.

> *...rheumatoid arthritis is a chronic inflammatory disease which can affect many systems of the body, but mainly the joints. 70% of sufferers develop the condition in the metacarpophalangeal joints.* / "a artrite reumatóide é uma doença inflamatória crônica que pode afetar muitos sistemas orgânicos, principalmente as articulações. Setenta por cento das pessoas acometidas desenvolvem essa condição nas articulações metacarpofalangianas."
> (*Nursing Times*)

rheumatoid erosion /ˌruːmətɔɪd ɪˈrəʊʒ(ə)n/ erosão reumatóide: corrosão dos ossos e cartilagem das articulações, causada pela artrite reumatóide.

rheumatoid factor /ˈruːmətɔɪd ˌfæktə/ fator reumatóide: anticorpo encontrado no soro sanguíneo de muitas pessoas com artrite reumatóide.

rheumatologist /ˌruːməˈtɒlədʒɪst/ reumatologista: médico especialista em reumatologia.

rheumatology /ˌruːməˈtɒlədʒi/ reumatologia: ramo da medicina que trata das doenças reumáticas dos músculos e articulações.

Rh factor /ˌɑːr ˈeɪtʃ ˌfæktə/ fator Rh. ⇨ **rhesus factor**.

rhin- /raɪn/ ⇨ **rhino-**.

rhinal /ˈraɪn(ə)l/ rinal; nasal: relativo ao nariz.

rhinencephalon /ˌraɪnenˈkefəlɒn/ rinencéfalo: área do cérebro anterior relacionada ao sentido do olfato.

rhinitis /raɪˈnaɪtɪs/ rinite: inflamação da mucosa nasal, acompanhada de coriza, causada, por exemplo, por uma infecção viral ou reação alérgica a poeira ou pólen das flores.

rhino- /raɪnəʊ/ rin(i/o)-: relativo ao nariz. Nota: antes de vogais usa-se **rhin-**.

rhinology /raɪˈnɒlədʒi/ rinologia: ramo da medicina que estuda o nariz, as cavidades nasais e suas doenças.

rhinomycosis /ˌraɪnəʊmaɪˈkəʊsɪs/ rinomicose: infecção das cavidades nasais por um fungo.

rhinopharyngitis /ˌraɪnəʊfærɪnˈdʒaɪtɪs/ rinofaringite: inflamação das mucosas nasais e faringianas.

rhinophyma /ˌraɪnəʊˈfaɪmə/ rinofima: condição caracterizada por hipertrofia e aumento da vascularização do nariz, que está sempre vermelho. É uma manifestação da rosácea.

rhinoplasty /ˈraɪnəʊplæsti/ rinoplastia: cirurgia plástica para corrigir a aparência do nariz.

rhinorrhoea /ˌraɪnəʊˈrɪə/ rinorréia: escoamento de uma secreção aquosa pelo nariz.

rhinoscope /ˈraɪnəskəʊp/ rinoscópio: instrumento usado para examinar a cavidade nasal.

rhinoscopy /raɪˈnɒskəpi/ rinoscopia: exame da cavidade nasal.

rhinosinusitis /ˌraɪnəʊˌsaɪnəˈsaɪtɪs/ rinossinusite: inflamação da mucosa nasal e dos seios paranasais, resultante de infecção viral ou rinite alérgica. Normalmente, é tratada com agentes antibióticos, anti-histamínicos ou esteróides.

rhinosporidiosis /ˌraɪnəʊˌspɒrɪdiˈəʊsɪs/ rinosporidiose: infecção do nariz, olhos, laringe e órgãos genitais pelo fungo *Rhinosporidium seeberi*.

rhinovirus /ˈraɪnəʊˌvaɪrəs/ rinovírus: grupo de vírus contendo ácido ribonucléico (ARN ou RNA), que provocam infecção do nariz, e incluem o vírus causador do resfriado comum.

rhiz- /raɪz/ ⇨ **rhizo-**.

rhizo- /ˈraɪzəʊ/ relativo à raiz. Nota: antes de vogais usa-se **rhiz-**.

rhizotomy /raɪˈzɒtəmi/ rizotomia: incisão das raízes de um nervo, a fim de aliviar dores intensas.

Rh-negative /ˌɑː eɪtʃ ˈnegətɪv/ Rh-negativo: cujo grupo sanguíneo não contém o fator rhesus.

rhodopsin /rəʊˈdɒpsɪn/ rodopsina: pigmento vermelho dos bastonetes da retina, sensível à ação da luz, que torna possível a visão crepuscular. ☑ **visual purple**.

rhombencephalon /ˌrɒmbenˈkefəlɒn/ rombencéfalo: o cérebro posterior, que contém o cerebelo, a medula oblonga e a ponte.

rhomboid /ˈrɒmbɔɪd/ rombóide: um dos dois músculos do dorso superior, que elevam a escápula.

rhonchus /ˈrɒŋkəs/ ronco: som anormal do tórax, percebido pela auscultação, resultante de oclusão parcial dos brônquios. Plural: **rhonchi**.

Rh-positive /ˌɑː eɪtʃ ˈpɒzɪtɪv/ Rh-positivo: cujo grupo sanguíneo contém o fator rhesus.

rhythm /ˈrɪð(ə)m/ ritmo: um movimento ou batimento regular.

rhythmic /ˈrɪðmɪk/ rítmico: regular, com um ritmo repetido.

rhythm method /ˈrɪð(ə)m ˌmeθəd/ método do ritmo: método de controle da natalidade em que as relações sexuais devem acontecer somente durante os períodos considerados seguros, quando a probabilidade de ocorrência de gravidez é muito remota, isto é, no começo e no final do ciclo menstrual. Veja também **safe period**. Observação: este método não é tão seguro nem tão confiável quanto os outros métodos anticoncepcionais, porque o período em que a ovulação ocorre não pode ser calculado com precisão se a mulher não tem ciclos menstruais regulares.

rib /rɪb/ costela: um dos vinte e quatro ossos curvos que protegem o tórax. Nota: para conhecer outros termos referentes à costela, veja os que começam com **cost-; costo-**.

ribavirin /ˈraɪbəˌvaɪrɪn/ ribavirina: agente nucleosídeo sintético que ajuda a inibir a síntese de DNA e ácido ribonucléico (ARN ou RNA), usado no tratamento de doenças virais.

rib cage /ˈrɪb keɪdʒ/ caixa torácica: as costelas e o espaço entre cada uma delas. Observação: a caixa torácica é formada por doze pares de os-

R

sos curvos. Os sete pares superiores, as costelas verdadeiras, são ligados anteriormente ao osso do peito pela cartilagem costal. Os outros cinco pares de costelas, as falsas costelas, não são ligados ao osso do peito, embora o oitavo, o nono e o décimo pares sejam ligados à costela imediatamente acima deles. Os dois pares inferiores, que não se conectam diretamente ao osso do peito, são chamados de costelas flutuantes.

riboflavine /ˌraɪbəʊˈfleɪvɪn/ riboflavina. ⇨ **Vitamin B₂**. Nota: no inglês americano usa-se **riboflavin**.

ribonuclease /ˌraɪbəʊˈnjuːklieɪz/ ribonuclease: uma enzima que intervém na hidrólise do ácido ribonucléico (ARN ou RNA).

ribonucleic acid /ˌraɪbəʊnjuːˌkliːɪk ˈæsɪd/ ácido ribonucléico (ARN): um dos ácidos nucléicos encontrados no núcleo de todas as células, que copia informações do código genético do DNA e as decifra, transformando-as em enzimas específicas e proteínas. Abreviatura: **RNA**. Veja também **DNA**.

ribose /ˈraɪbəʊs/ ribose: um tipo de açúcar presente no ácido ribonucléico.

ribosomal /ˌraɪbəˈsəʊm(ə)l/ ribossômico: relativo a um ribossomo.

ribosome /ˈraɪbəsəʊm/ ribossomo: diminuta partícula que se encontra em todas as células, constituída de ácido ribonucléico e proteína, onde ocorre a síntese de proteínas.

ricewater stools /ˈraɪswɔːtə stuːlz/ (plural) fezes em água de arroz: fezes constituídas de um líquido aquoso, característica da cólera.

rich /rɪtʃ/ rico: **1** que é bem suprido. **2** relativo ao alimento muito calórico.

> ...the sublingual region has a rich blood supply derived from the carotid artery. / "...a região sublingual tem um rico suprimento sanguíneo, proveniente da artéria carótida". (*Nursing Times*)

ricin /ˈraɪsɪn/ ricina: albumina altamente tóxica, encontrada nas sementes da mamoneira, das quais se extrai o óleo de rícino.

rick /rɪk/ **1** entorse; torcedura: lesão leve de uma articulação, causada por torção ou distensão. **2** torcer; dar mau jeito em: torcer ou distender levemente uma articulação.

rickets /ˈrɪkɪts/ raquitismo: doença da infância, caracterizada por uma deficiência no desenvolvimento e mineralização dos ossos, devido à falta de vitamina D. ☑ **rachitis**. Observação: o tratamento inicial do raquitismo em crianças consiste em uma dieta rica em vitaminas, associada à exposição ao sol, que contribui para a formação de vitamina D.

Rickettsia /rɪˈketsɪə/ Rickettsia: gênero de microorganismos que causam várias doenças, incluindo febre Q e tifo.

rickettsial /rɪˈketsɪəl/ riquetsiano: relativo a *Rickettsia*.

rickettsial pox /rɪˈketsɪəl pɒks/ riquetsial pox: doença encontrada na América do Norte, causada por *Rickettsia akari*, transmitida ao homem

por um ácaro do camundongo. Caracteriza-se por erupções papulovesiculares disseminadas.

rid /rɪd/ livrar-se; libertar-se. ◊ **to get rid of something:** livrar-se de algo: fazer com que alguma coisa vá embora ou desapareça. *He can't get rid of his cold – he's had it for weeks.* / Ele não consegue se livrar do resfriado – está assim há várias semanas. ◊ **to be rid of something:** estar livre de algo: desembaraçar-se de alguma coisa desagradável. *I'm very glad to be rid of my flu.* / Estou muito contente por ter me livrado da gripe.

ridge /rɪdʒ/ crista: uma elevação alongada e estreita na superfície de um osso ou órgão.

rifampicin /rɪfˈæmpɪsɪn/ rifampicina: agente antibiótico inibidor da síntese de ARN das bactérias, usado no tratamento da tuberculose, lepra e outras infecções bacterianas.

right /raɪt/ direito; prerrogativa: o fato de ser legalmente habilitado a fazer ou ter alguma coisa. *You always have the right to ask for a second opinion.* / Sempre se tem o direito de pedir uma segunda opinião.

right colic /ˌraɪt ˈkɒlɪk/ artéria cólica direita: artéria que se origina na artéria mesentérica superior.

right-handed /ˌraɪt ˈhændɪd/ destro: que usa a mão direita com mais freqüência do que a esquerda. *He's right-handed.* / Ele é destro. *Most people are right-handed.* / A maioria das pessoas é destra.

right-left shunt /ˌraɪt left ˈʃʌnt/ derivação da direita para a esquerda: malformação cardíaca, permitindo o fluxo de sangue da artéria pulmonar para a aorta.

right lymphatic duct /ˌraɪt lɪmˌfætɪk ˈdʌkt/ ducto linfático direito: um dos principais vasos linfáticos terminais, que drenam o lado direito da cabeça e do pescoço e se esvaziam na junção das veias subclávia direita e jugular interna. É o menor de dois principais ductos de descarga do sistema linfático para o sistema venoso, sendo o maior o ducto torácico.

rigid /ˈrɪdʒɪd/ rígido: rijo, firme.

rigidity /rɪˈdʒɪdɪti/ rigidez; inflexibilidade: o fato de ser rígido, encurvado ou incapaz de se mexer. Veja também **spasticity**.

rigor /ˈrɪgə/ calafrio: tremores, freqüentemente acompanhados de febre.

rigor mortis /ˌrɪgə ˈmɔːtɪs/ rigor da morte: condição caracterizada pelo enrijecimento das fibras musculares de um corpo morto. Observação: o rigor da morte tem início cerca de oito horas após a morte, e começa a desaparecer muitas horas mais tarde. Este tempo varia, dependendo da temperatura do ambiente em que o corpo se encontra.

rima /ˈraɪmə/ rima: uma fenda ou fissura estreita.

rima glottidis /ˌriːmə ˈglɒtɪdɪs/ rima glótica: um espaço entre as cordas vocais.

ring /rɪŋ/ anel: um círculo de tecido, ou tecido ou músculo cuja forma se assemelha a um círculo.

ring block /'rɪŋ blɒk/ anestesia local em anel: injeção anestésica, destinada às cirurgias nos dedos, em que o produto anestésico é aplicado nos nervos colaterais.

Ringer's solution /'rɪŋəz səˌluːʃ(ə)n/ solução de Ringer: solução de sais inorgânicos, usada tanto em queimaduras e ferimentos quanto na conservação de células, tecidos ou órgãos fora do corpo.

ring finger /'rɪŋ ˌfɪŋɡə/ dedo anular: o terceiro dedo, entre o mindinho e o dedo médio.

ringing in the ear /ˌrɪŋɪŋ ɪn ði 'ɪə/ tinido. Veja **tinnitus**.

ringworm /'rɪŋwɜːm/ tinha: infecção cutânea causada por fungos e caracterizada por lesões de configuração anular. É muito contagiosa e de difícil erradicação. ☑ **tinea**.

Rinne's test /'rɪniz test/ teste de Rinne: teste de audição em que um diapasão é vibrado próximo ao ouvido, para avaliar o aparelho condutor do som, e então em contato com o processo mastóide, para avaliar a condução óssea. É então possível determinar o tipo de distúrbio existente, se o diapasão vibratório é ouvido por um período mais longo em contato com o ouvido ou com o processo mastóide. (Descrita em 1855 por Friedrich Heinrich Rinne [1819-1868], otologista em Göttingen, Alemanha.)

rinse out /ˌrɪns 'aʊt/ enxaguar; bochechar: lavar levemente o interior de alguma coisa para limpá-la, por exemplo, de resíduos de sabão ou outra substância. *She rinsed out the measuring jar.* / Ele enxaguou a jarra de medidas. *Rinse your mouth out with mouthwash.* / Faça bochechos com o enxaguatório bucal.

ripple bed /'rɪp(ə)l bed/ colchão de ar: tipo de cama com um colchão inflável hermético, que é usado para massagear o corpo e prevenir úlceras de decúbito.

rise /raɪz/ elevar-se; subir: aumentar. *His temperature rose sharply.* / A temperatura dele elevou-se rapidamente.

risk /rɪsk/ **1** risco; perigo: a probabilidade de acontecer alguma coisa nociva. *There is a risk of a cholera epidemic.* / Há um risco de epidemia de cólera. *There is no risk of the disease spreading to other members of the family.* / Não existe perigo de a doença se espalhar para os outros membros da família. ◊ **at risk:** correndo perigo: que corre o risco de ser prejudicado. *Businessmen are particularly at risk of having a heart attack.* / Os homens de negócios são particularmente expostos ao risco de ter um ataque cardíaco. ◊ **children at risk:** crianças correndo perigo: crianças que têm mais probabilidade de ser prejudicadas ou contrair uma doença. **2** arriscar; correr o risco: fazer alguma coisa que pode causar danos ou ter maus resultados. *If the patient is not moved to an isolation ward, all the patients and staff in the hospital risk catching the disease.* / Se o paciente não for removido para um pavilhão de isolamento, todos os pacientes e o *staff* hospitalar correm o risco de contrair a doença.

...adenomatous polyps are a risk factor for carcinoma of the stomach. / "...pólipos adenomatosos são um fator de risco para o carcinoma do estômago." (*Nursing Times*)

...three quarters of patients aged 35–64 on GPs' lists have at least one major risk factor: high cholesterol, high blood pressure or addiction to tobacco. / "...nos registros dos clínicos gerais, três quartos dos pacientes de 35 a 64 anos de idade têm pelos menos um fator de risco importante: colesterol elevado, hipertensão ou tabagismo." (*Health Services Journal*)

risk factor /'rɪsk ˌfæktə/ fator de risco: uma característica que aumenta a probabilidade de um indivíduo contrair alguma doença específica. *Smoking is a risk factor for lung cancer.* / O tabagismo é um fator de risco para o câncer do pulmão. *Obesity is a risk factor for diabetes.* / A obesidade é um fator de risco para o diabetes.

risus sardonicus /ˌraɪsəs sɑː'dɒnɪkəs/ riso sardônico: sorriso caracterizado por um espasmo facial, que constitui um sintoma de tétano.

rite of passage /ˌraɪt əv 'pæsɪdʒ/ rituais de passagem: cerimônias ou ritos que indicam a passagem de uma etapa para outra, por exemplo, da infância para a puberdade, ou da vida de solteiro para a vida de casado.

river blindness /'rɪvə ˌblaɪndnəs/ cegueira de rio: cegueira causada por larvas que se instalam no olho, em casos de oncocercíase.

RM abreviatura de **Registered Midwife**.

RMN abreviatura de **Registered Mental Nurse**.

RN abreviatura de **Registered Nurse**.

RNA abreviatura de **ribonucleic acid**.

RNMH abreviatura de **Registered Nurse for the Mentally Handicapped**.

Rocky Mountain spotted fever /ˌrɒki ˌmaʊntɪn ˌspɒtɪd 'fiːvə/ febre maculosa das Montanhas Rochosas: doença infecciosa causada por *Rickettsia rickettsii* e transmitida ao homem por carrapatos. Constitui um tipo grave de tifo.

rod /rɒd/ bastonete: **1** um bastão com as extremidades arredondadas. *Some bacteria are shaped like rods* or *are rod-shaped.* / Algumas bactérias têm a forma de bastonetes. **2** um dos dois tipos de células retinianas sensíveis à ação da luz. Os bastonetes são sensíveis à luz crepuscular, mas não às cores. Veja também **cone**. Observação: as células em bastonete do olho são sensíveis à luz crepuscular. Elas contêm rodopsina ou púrpura visual, que produz os impulsos nervosos que os bastonetes transmitem ao nervo óptico.

rodent ulcer /ˌrəʊd(ə)nt 'ʌlsə/ úlcera corrosiva: um tipo de tumor maligno da face. ☑ **basal cell carcinoma** Observação: as úlceras corrosivas são diferentes de alguns outros tipos de câncer porque elas não se disseminam para outras partes do corpo e não têm metástases, mas permanecem na face, geralmente próximas à boca ou olhos. As úlceras corrosivas são raras antes da meia-idade.

R

roentgen /'rɒntgən/ roentgen: unidade de radiação que mede a exposição de uma pessoa ou coisa à ação de raios X ou gama. Símbolo: **R**. (Descrito por Wilhelm Konrad von Röntgen [1845-1923], físico em Estrasburgo, Geissen, Würzburg e Munique, e posteriormente diretor do laboratório de física em Würzburg, onde descobriu os raios X, em 1895. Wilhelm Konrad von Röntgen foi agraciado com o Prêmio Nobel de Física em 1901).

roentgenogram /'rɒntgenəgræm/ roentgenograma: uma imagem radiográfica.

roentgenology /ˌrɒntgəˈnɒlədʒi/ roentgenologia: o estudo dos raios X e seu uso na medicina.

roentgen ray /'rɒntgən reɪ/ raio roentgen: raios X ou gama que penetram nos tecidos e reproduzem imagens em um filme sensibilizado.

role /rəʊl/ papel: **1** a função usual ou esperada de alguém ou alguma coisa em um processo particular ou evento. *the role of haemoglobin in blood clotting* / o papel da hemoglobina na coagulação sanguínea. **2** a característica ou o padrão de comportamento esperado de um membro particular de um grupo social. *the eldest child's role in the family* / o papel do filho mais velho na família.

role playing /'rəʊl ˌpleɪɪŋ/ dramatização: o ato de interpretar o papel de outra pessoa em uma determinada situação; desse modo, pode-se imaginar como a pessoa sente e pensa. A dramatização é um método psicoterápico para tratar distúrbios emocionais, e é também utilizada por empresas, em exercícios de treinamento, e normalmente envolve várias pessoas.

rolled bandage /ˌrəʊld ˈbændɪdʒ/ bandagem cilíndrica: bandagem constituída de uma longa faixa de tecido de largura variável, que é enrolada em um cilindro, a fim de tornar mais fácil sua aplicação. ☑ **roller bandage**.

roller bandage /ˌrəʊlə ˈbændɪdʒ/ bandagem em rolo. ⇨ **rolled bandage**.

Romberg's sign /'rɒmbɜːgz saɪn/ sinal de Romberg: desequilíbrio ou queda do corpo quando se fica em pé, mantendo os pés juntos e os olhos fechados, resultante da perda do sentido da posição das articulações. (Descrito em 1846 por Moritz Heinrich Romberg [1795–1873], médico alemão e pioneiro em neurologista.) Observação: se o paciente não consegue se manter de pé, ereto e com os olhos fechados, é sinal de que os nervos dos membros inferiores, que transmitem ao cérebro o sentido da posição das articulações, têm alguma lesão.

rongeur /rɒŋˈgɜː/ rugina: intrumento cirúrgico em forma de uma pinça forte, usado para cortar ossos.

roof /ruːf/ teto: a parte superior de uma cavidade. ◊ **roof of the mouth**. ⇨ **palate**.

root /ruːt/ raiz: **1** a porção inicial de qualquer parte ou estrutura do corpo. *root of hair* or *hair root* / raiz do cabelo. *root of nerve* or *nerve root* / raiz do nervo. **2** a parte de um dente que está implantada no alvéolo. ☑ **radix**.

root canal /'ruːt kəˌnæl/ canal radicular (do dente): canal na raiz de um dente através do qual passam os nervos e vasos sanguíneos.

rooting reflex /'ruːtɪŋ ˌriːfleks/ reflexo fundamental: um instinto no qual o toque da bochecha ou da boca faz o recém-nascido virar a cabeça em direção ao estímulo. É importante para a amamentação no peito.

Roper, Logan and Tierney model /ˌrəʊpə ˌləʊgən ən ˈtɪəni ˌmɒd(ə)l/ modelo de Roper, Logan e Tierney: um importante modelo de enfermagem desenvolvido no Reino Unido em 1980. Vários fatores, como a realização das tarefas diárias, a expectativa de vida e as condições de saúde são utilizados para avaliar a independência relativa de um indivíduo, que a enfermeira ajudará a melhorar.

Rorschach test /'rɔːʃɑːk test/ teste de Rorschach: um teste de psicodiagnóstico, que utiliza uma série de figuras manchadas de tinta, e no qual o indivíduo é levado a fazer associações com cada figura, revelando sua personalidade por meio dessa interpretação. (Descrito em 1921 por Hermann Rorschach [1884–1922], psiquiatra nascido na Alemanha, que trabalhou em Berna, Suíça.)

rosacea /rəʊˈzeɪʃə/ rosácea: uma lesão cutânea comum, que ocorre a partir da meia-idade, envolvendo a face, especialmente o nariz, que se torna congestionado por dilatação dos vasos sanguíneos. A causa da doença não é conhecida. ☑ **acne rosacea**. Nota: a despeito de seu nome alternativo, rosácea não é um tipo de acne.

rosea /'rəʊziə/ rósea. Veja **pityriasis**.

roseola infantum /rəʊˌziːələ ɪnˈfæntəm/ roséola infantil; roséola do lactente: infecção de início súbito da primeira e segunda infâncias, caracterizada por febre, edema das glândulas linfáticas e erupção cutânea. É causada pelo herpesvírus 6. ☑ **exanthem subitum**.

rostral /'rɒstr(ə)l/ rostral: semelhante ao bico de uma ave.

rostrum /'rɒstrəm/ rostro: parte saliente de um osso ou estrutura em forma de bico. Plural: **rostra**.

rot /rɒt/ apodrecer: decair, tornar-se putrefato. *The flesh was rotting round the wound as gangrene set in.* / A carne ao redor da ferida começou a apodrecer, à medida que a gangrena se manifestava. *The fingers can rot away in leprosy.* / Os dedos podem apodrecer na lepra.

rotate /rəʊˈteɪt/ girar; rodar: mover-se em círculos, ou fazer alguma coisa mover-se em círculos.

rotation /rəʊˈteɪʃ(ə)n/ rotação: o ato de mover-se em círculos. Veja ilustração em **Termos Anatômicos**, no Apêndice. ◊ **lateral and medial rotation:** rotação lateral e medial: mover parte do corpo para o lado, em direção à linha mediana.

rotator /rəʊˈteɪtə/ rotador: músculo que faz um membro se mover de forma circular.

rotavirus /'rəʊtəvaɪrəs/ rotavírus: qualquer um de um grupo de vírus associados com gastroenterite, em crianças.

...rotavirus is now widely accepted as an important cause of childhood diarrhoea in many different parts of the world. / "...o rotavírus é hoje amplamente aceito como uma causa importante de diarréia infantil em muitas partes do mundo." (*East African Medical Journal*)

Rothera's test /'rɒðərəz test/ teste de Rothera: teste para detectar a presença de acetona na urina, um sintoma de cetose, que constitui uma complicação do diabetes melito. (Descrito por Arthur Cecil Hamel Rothera [1880–1915], bioquímico em Melbourne, Austrália.)

Roth spot /'rəʊt spɒt/ manchas de Roth: manchas claras que, algumas vezes, ocorrem na retina de pacientes com leucemia, podendo estar presentes em algumas outras doenças. (Descritas por Moritz Roth [1839–1915], médico e patologista suíço.)

rotunda /rəʊ'tʌndə/ redonda. Veja **fenestra**.

rough /rʌf/ áspero; irregular: que não é liso. *rough skin* / pele áspera.

roughage /'rʌfɪdʒ/ fibras. ⇨ **dietary fibre**. Observação: as fibras são encontradas em cereais, nozes, frutas e vegetais. Acredita-se que sejam necessárias para ajudar a digestão e evitar a constipação e a obesidade.

rouleau /ru:'ləʊ/ rouleau: um rolo de eritrócitos que se dispõem como uma pilha de moedas. Plural: **rouleaux**.

round /raʊnd/ **1** redondo; arredondado: que tem a forma circular. **2** ronda: uma visita regular. ◊ **to do the rounds of the wards:** fazer a ronda das enfermarias: visitar várias enfermarias em um hospital e conversar com as enfermeiras, para checar o progresso ou o estado dos pacientes. ◊ **a health visitor's rounds:** rondas de uma enfermeira visitadora: série de visitas feitas por uma enfermeira visitadora.

round ligament /raʊnd 'lɪɡəmənt/ ligamento redondo: faixa fibromuscular que se estende do útero ao grande lábio.

round window /raʊnd 'wɪndəʊ/ janela redonda: abertura arredondada entre o ouvido médio e a cóclea, fechada por uma membrana. ☑ **fenestra rotunda**. Veja ilustração em **Ear**, no Apêndice.

roundworm /'raʊndwɜːm/ nematódeo: um dos vários tipos comuns de vermes parasitas que têm o corpo arredondado, conhecidos como ancilóstomos. Compare com **flatworm**.

Rovsing's sign /'rɒvsɪŋz saɪn/ sinal de Rovsing: dor na fossa ilíaca direita quando a fossa ilíaca esquerda é pressionada, que constitui um sintoma de apendicite aguda. (Descrito em 1907 por Nils Thorkild Rovsing [1862–1927], professor de cirurgia em Copenhague, Dinamarca.)

Royal College of General Practitioners /ˌrɔɪəl ˌkɒlɪdʒ əv 'dʒen(ə)rəl præk'tɪʃ(ə)nəz/ Real Colégio de Clínicos Gerais: associação profissional que representa os médicos de família. Abreviatura: **RCGP**.

Royal College of Nursing /ˌrɔɪəl ˌkɒlɪdʒ əv 'nɜːsɪŋ/ Real Colégio de Enfermagem: associação profissional que representa os enfermeiros. Abreviatura: **RCN**.

Royal College of Obstetricians and Gynaecologists /ˌrɔɪəl ˌkɒlɪdʒ əv ˌɒbstə'trɪʃ(ə)ns ən ˌɡaɪnɪ'kɒlədʒɪsts/ Real Colégio de Obstetras e Ginecologistas. Abreviatura: **RCOG**.

Royal College of Physicians /ˌrɔɪəl ˌkɒlɪdʒ əv fɪsɪʃ(ə)ns/ Real Colégio de Médicos. Abreviatura: **RCP**.

Royal College of Psychiatrists /ˌrɔɪəl ˌkɒlɪdʒ əv saɪ'kaɪətrɪsts/ Real Colégio de Psiquiatras. Abreviatura: **RCPsych**.

Royal College of Surgeons /ˌrɔɪəl ˌkɒlɪdʒ ə v 'sɜːdʒəns/ Real Colégio de Cirurgiões. Abreviatura: **RCS**.

Roy's model /'rɔɪz ˌmɒd(ə)l/ modelo de Roy: modelo de enfermagem desenvolvido nos Estados Unidos, na década de 1970. Descreve a saúde de uma pessoa como sendo um estado de adaptação positiva bem-sucedida a todos os estímulos provenientes do meio ambiente, os quais poderiam interferir com a satisfação de suas necessidades básicas. A doença resulta da incapacidade de se adaptar a tais estímulos, de modo que as enfermeiras deveriam ajudar os pacientes a superar este fato.

RQ abreviatura de **respiratory quotient**.

RR abreviatura de: **1 recovery room. 2 relative risk**.

-rrhage /rɪdʒ/ ⇨ **-rrhagia**.

-rrhagia /'reɪdʒə/ relativo a um fluxo ou descarga anormal de sangue. Usa-se também **rrhage**.

-rrhaphy /rəfi/ rafia-: relativo à cirurgia para suturar um órgão ou estrutura.

-rrhexis /reksɪs/ -rexia: relativo a uma divisão ou ruptura.

-rrhoea /rɪə/ -réia: relativo a um fluxo ou descarga anormal de um líquido do corpo.

RSCN abreviatura de **Registered Sick Children's Nurse**.

RSI abreviatura de **repetitive strain injury; repetitive stress injury**.

RSV abreviatura de **respiratory syncytial virus**.

RTN abreviatura de **Registered Theatre Nurse**.

rub /rʌb/ **1** fricção; linimento: uma loção para esfregar na pele. *The ointment is used as a rub.* / A pomada é usada como um linimento. **2** esfregar; friccionar: esfregar alguma coisa, principalmente as mãos, sobre uma superfície, em um movimento de vaivém. *She rubbed her leg after she knocked it against the table.* / Ela esfregou a perna, após batê-la na mesa. *He rubbed his hands to make the circulation return.* / Ele friccionou as mãos para fazer voltar a circulação. ◊ **to rub into:** fazer penetrar nos poros, esfregando: fazer uma pomada penetrar na pele por meio de fricção. *Rub the liniment gently into the skin.* / Esfregue o linimento suavemente na pele.

R

rubber /'rʌbə/ **1** borracha: substância elástica e comprimível, resultante da coagulação de um líquido branco e viscoso denominado látex, originário de uma árvore tropical. **2** (informal) camisa-de-vênus: um preservativo.

rubber sheet /ˌrʌbə 'ʃiːt/ lençol impermeável: um lençol à prova d'água, usado em leitos hospitalares ou na cama de uma criança propensa a enurese, a fim de proteger o colchão.

rubbing alcohol /'rʌbɪŋ ˌælkəhɒl/ álcool de uso hospitalar. ⇨ **surgical spirit**.

rubefacient /ˌruːbɪ'feɪʃ(ə)nt/ rubefaciente: **1** uma substância que esquenta e avermelha a pele. **2** que causa vermelhidão na pele.

rubella /ruː'belə/ rubéola: infecção viral comum em crianças, caracterizada por febre moderada, edema dos linfonodos e erupção cutânea. ☑ **German measles**. Observação: a rubéola pode causar morte ou malformação do feto, se a mãe contrai a doença na gravidez. Um componente da vacina anti-sarampo, anticaxumba e anti-rubéola (MMR = *measles, mumps, rubella*) confere imunização contra a rubéola.

rubeola /ruː'biːələ/ rúbeola. ⇨ **measles**.

Rubin's test /'ruːbɪnz test/ teste de Rubin: teste para avaliar se há obstrução nas trompas de Falópio (atual *tubas uterinas*). (Descrito por Isador Clinton Rubin, ginecologista norte-americano nascido em 1883.)

rubor /'ruːbə/ rubor: vermelhidão da pele ou tecidos.

rudimentary /ˌruːdɪ'ment(ə)ri/ rudimentar: pouco desenvolvido: que não evoluiu ou desenvolveu totalmente. *The child was born with rudimentary arms*. / A criança nasceu com braços pouco desenvolvidos.

Ruffini corpuscles /ruː'fiːni ˌkɔː'pʌs(ə)lz/ (plural) corpúsculos de Ruffini: terminações nervosas sensoriais na derme, às quais é atribuída uma sensibilidade ao calor. Também chamados de **Ruffini nerve endings**.

Ruffini nerve endings /ruː'fiːni ˌnɜːv ˌendɪŋz/ terminações sensoriais de Ruffini. ⇨ **Ruffini corpuscles**.

ruga /'ruːgə/ ruga: uma prega ou crista, principalmente na mucosa que reveste o estômago. Plural: **rugae**.

rule out /ˌruːl 'aʊt/ excluir; descartar: afastar a hipótese de alguém ter uma determinada doença. *We can rule out shingles*. / Podemos descartar o herpes zoster.

rumbling /'rʌmblɪŋ/ ronco: borborigmo, um ruído no abdome, causado pelo movimento dos gases intestinais.

rumination /ˌruːmɪ'neɪʃ(ə)n/ ruminação: **1** condição caracterizada pelo pensamento irracional, constante e incontrolável do mesmo assunto. **2** em animais ruminantes, processo em que o alimento, ingerido rapidamente, é regurgitado, remastigado e novamente deglutido.

run /rʌn/ (nariz) **1** escorrer; pingar: (nariz) escorrer líquido secretado pela membrana mucosa das vias nasais. *His nose is running*. / O nariz dele está escorrendo. *If your nose is running, blow it on a* **Spirillum** *handkerchief*. / Use um lenço para assoar o nariz, se ele estiver escorrendo. **2** (nariz) com coriza: escorrendo. *One of the symptoms of a cold is a running nose*. / Um dos sintomas do resfriado é a coriza.

run-down /ˌrʌn 'daʊn/ cansado; enfraquecido: exausto e doente.

running /'rʌnɪŋ/ (olhos) lacrimejantes: dos quais desce um fluxo de líquido. *running eyes* / olhos lacrimejantes.

running sore /ˌrʌnɪŋ 'sɔː/ ferida supurada: ferida com descarga de pus.

runny nose /ˌrʌni 'nəʊz/ nariz com coriza; nariz escorrendo: nariz gotejando líquido da membrana mucosa.

runs /rʌnz/ (informal) diarréia. ◊ **the runs**. ⇨ **diarrhoea**. *I've got the runs again*. / Estou novamente com diarréia. Nota: o verbo pode ser usado no singular ou plural.

rupture /'rʌptʃə/ **1** ruptura; rompimento: a) dilaceração ou quebradura de um órgão, tal como o apêndice. b) ⇨ **hernia**. **2** quebrar ou dilacerar alguma coisa.

ruptured spleen /ˌrʌptʃəd 'spliːn/ baço dilacerado: baço que foi dilacerado por objeto perfurante ou pancada.

Russell traction /'rʌs(ə)l ˌtrækʃ(ə)n/ tração de Russell: tipo de tração que consiste em uma polia acima da cabeça e uma tipóia embaixo do joelho, a fim de endireitar um fêmur fraturado. (Descrita em 1924 por R. Hamilton Russell [1860–1933], cirurgião australiano.)

Ryle's tube /'raɪlz ˌtjuːb/ tubo de Ryle: tubo fino de borracha, que é introduzido no estômago através do nariz ou da boca, a fim de esvaziar o conteúdo estomacal ou aplicar uma refeição de bário. (Descrito em 1921 por John Alfred Ryle [1882–1950], médico em Londres, Cambridge e Oxford, Reino Unido.)

Sabin vaccine /'seɪbɪn ˌvæksiːn/ vacina Sabin: vacina contra a poliomielite, administrada por via oral. É composta por cepas vivas e atenuadas de poliovírus. Compare com **Salk vaccine**. Nota: esta é a vacina usada no Reino Unido. (Desenvolvida em 1955 por Albert Bruce Sabin [1906–1993], bacteriologista nova-iorquino nascido na Rússia.)

sac /sæk/ saco: qualquer parte do corpo cuja forma se assemelha a um saco ou bolsa.

saccades /sæ'keɪdz/ (plural) movimentos sacádicos: movimentos rápidos de rotação dos olhos, quando estes mudam o ponto de fixação do objeto, como ocorre durante a leitura.

sacchar- /sækə/ ⇨ **saccharo-**.

saccharide /'sækəraɪd/ sacarídeo: uma forma de carboidrato.

saccharin /'sækərɪn/ sacarina: substância branca e cristalina, usada em substituição ao açúcar; embora seja quase quinhentas vezes mais doce do que a sacarose, não contém carboidratos.

saccharine /'sækəraɪn/ sacarino: relativo ao açúcar, ou que contém açúcar.

saccharo- /sækərəʊ/ relativo ao açúcar. Nota: antes de vogais usa-se **sacchar-**.

saccule /'sækjuːl/ sáculo: o menor dos dois sacos do labirinto membranoso, no ouvido interno, cujo mecanismo fornece informações sobre a posição da cabeça no espaço. Usa-se também **sacculus**.

sacral /'seɪkrəl/ sacral: relativo ao sacro.

sacral foramen /ˌseɪkrəl fə'reɪmən/ forame sacro: uma abertura no osso sacro, que dá passagem aos nervos sacros. Veja ilustração em **Pelvis**, no Apêndice. Plural: **sacral foramina**.

sacralisation /ˌsækrəlaɪ'zeɪʃ(ə)n/ sacralização: fusão da quinta vértebra lombar com o osso sacro. Usa-se também **sacralization**.

sacral nerve /'sækrəl ˌnɜːv/ nervo sacro: um dos nervos que se originam da medula espinhal e se encaminham para o sacro; governa o movimento das pernas, braços e área genital.

sacral plexus /ˌseɪkrəl 'pleksəs/ plexo sacro: grupo de nervos na superfície interna da pelve, próximos ao sacro, que suprem as nádegas, a parte posterior da coxa, a perna e o pé.

sacral vertebrae /ˌseɪkrəl 'vɜːtɪbriː/ (plural) vértebras sacrais: as cinco vértebras na parte inferior da coluna vertebral, que se fundem para formar o sacro.

sacro- /seɪkrəʊ/ sacro-; sacr-: relativo ao sacro.

sacrococcygeal /ˌseɪkrəʊkɒk'siːdʒiəl/ sacrococcígeo: relativo ao sacro e ao cóccix.

sacroiliac /ˌseɪkrəʊ'ɪliæk/ sacroilíaco: relativo ao sacro e ao íleo.

sacroiliac joint /ˌseɪkrəʊ'ɪliæk dʒɔɪnt/ articulação sacroilíaca: a articulação do sacro com o íleo.

sacroiliitis /ˌseɪkrəʊili'aɪtɪs/ sacroileíte: inflamação da articulação sacroilíaca.

sacrotuberous ligament /ˌseɪkrəʊˌtjuːbərəs 'lɪgəmənt/ ligamento sacrotuberoso: um grande ligamento entre a espinha ilíaca, o sacro, o cóccix e a tuberosidade isquiática.

sacro-uterine ligament /ˌseɪkrəʊ ˌjuːtəraɪn 'lɪgəmənt/ ligamento uterossacro: ligamento que vai do colo do útero ao sacro, passando posteriormente de cada lado do reto.

sacrum /'seɪkrəm/ sacro: osso triangular achatado, formado pela fusão das cinco vértebras sacrais, situado entre as vértebras lombares e o cóccix. Articula-se com o cóccix e também com os ossos do quadril. Veja ilustração em **Pelvis**, no Apêndice. Plural: **sacra**.

SAD abreviatura de **seasonal affective disorder**.

saddle joint /'sæd(ə)l dʒɔɪnt/ articulação em sela: articulação sinovial em que um dos elementos é côncavo e o outro, convexo, como a articulação do dedo polegar com o punho.

saddle-nose /'sæd(ə)l nəʊz/ nariz arrebitado: uma diminuição da parte inferior do nariz, que parece entrar na parte superior da crista nasal, ocasionando uma deformação; geralmente, é devido a uma lesão, mas, algumas vezes, é um sintoma da sífilis terciária.

sadism /'seɪdɪz(ə)m/ sadismo: perversão dos sentidos, na qual a pessoa só sente prazer sexual inflingindo maus tratos à outra. Compare com **masochism**.

sadist /'seɪdɪst/ sádico: pessoa cujo desejo sexual está ligado ao sadismo.

sadistic /sə'dɪstɪk/ sádico: relativo ao sadismo. Compare com **masochism**.

SADS abreviatura de **seasonal affective disorder syndrome**.

safe /seɪf/ seguro; ileso; incólume: **1** que não causa dano; que não oferece perigo. *Is it safe to use this drug on someone who is diabetic?* / É seguro usar este medicamento em uma pessoa diabética? **2** que está em lugar protegido ou situação livre de perigo. *Keep the drugs in a safe place.* / Mantenha os medicamentos em lugar seguro. *He's safe in hospital being looked after by the doctors and nurses.* / Ele está seguro no hospital, onde recebe os cuidados de médicos e enfermeiras.

> ...*a good collateral blood supply makes occlusion of a single branch of the coeliac axis safe.* / "...um bom suprimento colateral de sangue faz com que a oclusão de um simples ramo do eixo celíaco não ofereça perigo." (*British Medical Journal*)

safe dose /seɪf 'dəʊs/ dose segura: quantidade de um medicamento que pode ser administrada sem oferecer risco à saúde.

safely /'seɪfli/ em segurança; a salvo: sem perigo; sem causar dano. *You can safely take six tablets a day without any risk of side-effects.* / Você pode tomar seis comprimidos por dia em segurança, sem nenhum risco de efeitos colaterais.

safe period /'seɪf ˌpɪəriəd/ período seguro: período do ciclo menstrual em que a probabilidade de ocorrência de gravidez é muito remota, e pode-se ter relações sexuais, constituindo um método de controle da natalidade. Veja também **rhythm method**.

safe sex /seɪf 'seks/ sexo seguro: o uso de medidas, tais como camisa-de-vênus ou atividade sexual com apenas um parceiro, para reduzir a probabilidade de se contrair uma doença sexualmente transmissível.

safety /'seɪfti/ segurança: o fato de estar seguro. ◊ **to take safety precautions:** tomar medidas de precaução: tomar medidas que garantam a segurança de uma pessoa ou coisa.

safety belt /'seɪfti belt/ cinto de segurança. Veja **seat belt syndrome**.

safety pin /'seɪfti pɪn/ alfinete de segurança: alfinete constituído por uma ponta em forma de gancho, que se abre e fecha, usado para prender fraldas ou ataduras.

sagittal /'sædʒɪt(ə)l/ sagital: voltado da frente para trás, dividindo o corpo nas porções direita e esquerda.

sagittal plane /ˌsædʒɪt(ə)l 'pleɪn/ plano sagital: plano vertical que passa paralelo à linha mediana do corpo, dividindo-o nas porções direita e esquerda. ☑ **median plane**. Veja ilustração em **Termos Anatômicos**, no Apêndice.

sagittal section /ˌsædʒɪt(ə)l 'sekʃən/ secção sagital: qualquer linha ou corte em direção ântero-posterior do corpo, ao longo do seu comprimento.

sagittal suture /ˌsædʒɪt(ə)l 'suːtʃə/ sutura sagital: uma linha de união na parte superior do crânio, entre os dois ossos parietais.

StHA abreviatura de **Strategic Health Authority**.

St John Ambulance Association and Brigade /sənt ˌdʒɒn 'æmbjʊləns əˌsəʊsieɪʃ(ə)n ən brɪ'ɡeɪd/ Associação e Brigada Ambulante St John: organização voluntária que oferece treinamento de primeiros socorros e cujos membros ministram primeiros socorros em eventos públicos, tais como jogos de futebol e passeatas.

St Louis encephalitis /seɪnt ˌluːɪs enˌkefə'laɪtɪs/ encefalite de St Louis: forma de encefalite cuja evolução é, às vezes, mortal, transmitida por mosquitos do gênero *Culex pipiens*. O nome da doença se deve à cidade de St Louis, Missouri, EUA, onde foi diagnosticada pela primeira vez.

St Vitus's dance /sənt 'vaɪtəsɪz dɑːns/ dança de São Vito: termo obsoleto para **Sydenham's chorea**.

salbutamol /sæl'bjuːtəmɒl/ salbutamol: droga relaxante e broncodilatadora, usada no tratamento da asma, enfisema e bronquite crônica.

salicylate /sə'lɪsɪleɪt/ salicilato: uma de várias substâncias analgésicas derivadas do ácido salicílico, por exemplo, a aspirina.

salicylic acid /ˌsælɪˌsɪlɪk 'æsɪd/ ácido salicílico: substância obtida da casca do salgueiro branco, com atividades bacteriostática e fungicida. É usada também em pomadas para tratar calos, verrugas e outros distúrbios da pele.

salicylism /'sælɪsɪlɪz(ə)m/ salicilismo: intoxicação causada por grandes quantidades de ácido salicílico. Os sintomas incluem cefaléia, ruídos nos ouvidos (tinido), desmaio e vômitos.

saline /'seɪlaɪn/ salino: **1** relativo a, ou que contém sal. *The patient was given a saline transfusion.* / O paciente recebeu uma transfusão de solução salina. **2** ⇨ **saline solution**.

saline drip /ˌseɪlaɪn 'drɪp/ drip com solução salina: um *drip* contendo solução salina.

saline solution /ˌseɪlaɪn səˌluːʃ(ə)n/ solução salina: solução feita com água destilada e cloreto de sódio, que é introduzida no organismo, por via intravenosa, através de um *drip*. ☑ **saline**.

saliva /sə'laɪvə/ saliva: líquido claro e viscoso, secretado pelas glândulas salivares, que inicia o processo digestório. Nota: para conhecer outros termos referentes à saliva, veja os que começam com **ptyal-, ptyalo-** ou **sial-, sialo-**. Observação: a saliva consiste na mistura de uma grande porção de água e uma pequena quantidade de muco, e é secretada pelas glândulas salivares. A saliva mantém a boca e a garganta úmidas, permitindo que os alimentos sejam deglutidos com facilidade. Ela também contém a enzima ptialina, que inicia o processo digestório, convertendo o amido em açúcar, enquanto os alimentos ainda estão na boca. Por causa dessa associação com os alimentos, as glândulas salivares produzem saliva automaticamente à visão, cheiro e até mesmo menção à comida.

salivary /sə'laɪv(ə)ri/ salivar: relativo à saliva.

salivary calculus /sə,laɪv(ə)ri 'kælkjʊləs/ cálculo salivar: concreção que se forma em uma glândula salivar.

salivary gland /sə'laɪv(ə)ri glænd/ glândula salivar: glândula que secreta saliva, situada por baixo da língua (glândula sublingual), sob a mandíbula inferior (glândula submandibular), e no pescoço, abaixo da arca zigomática (glândula parótida).

salivate /'sælɪveɪt/ salivar: produzir saliva.

salivation /,sælɪ'veɪʃ(ə)n/ salivação: a produção de saliva.

Salk vaccine /'sɔːk ,væksiːn/ vacina Salk: vacina injetável contra a poliomielite, contendo poliovírus inativados. Compare com **Sabin vaccine**. (Desenvolvida em 1954 por Jonas Edward Salk [1914–1995], virologista de Pittsburgh, EUA.)

salmeterol /sæl'metərɒl/ salmeterol: droga relaxante e dilatadora das vias aéreas, usada no tratamento da asma grave.

Salmonella /,sælmə'nelə/ Salmonella: gênero de bactérias patogênicas que vivem nos intestinos e, geralmente, são transmitidas pela ingestão de comida contaminada, responsável por muitos casos de gastroenterite e febre tifóide e paratifóide. Plural: **Salmonellae**.

Salmonella poisoning /,sælmə'nelə ,pɔɪz(ə)nɪŋ/ intoxicação por Salmonella: intoxicação causada por bactérias do gênero *Salmonella*, que se desenvolvem nos intestinos. *Five people were taken to hospital with Salmonella poisoning.* / Cinco pessoas foram levadas para o hospital com intoxicação por *Salmonella*.

salmonellosis /,sælmənə'ləʊsɪs/ salmonelose: intoxicação alimentar causada por *Salmonella*.

salping- /sælpɪndʒ/ ⇨ **salpingo-**.

salpingectomy /,sælpɪn'dʒektəmi/ salpingectomia: cirurgia para remoção das trompas de Falópio (atual tubas uterinas), usada como método contraceptivo.

salpingitis /,sælpɪn'dʒaɪtɪs/ salpingite: uma inflamação, geralmente da trompa de Falópio (atual *tuba uterina*).

salpingo- /sælpɪŋgəʊ/ 1 relativo às trompas de Falópio (atual *tubas uterinas*). 2 relativo ao meato auditivo. Nota: antes de vogais usa-se **salping-**

salpingography /,sælpɪŋ'gɒgrəfi/ salpingografia: exame radiográfico das trompas de Falópio (atual *tubas uterinas*).

salpingolysis /,sælpɪŋ'gɒlɪsɪs/ salpingólise: procedimento cirúrgico para desobstrução das trompas de Falópio (atual *tubas uterinas*), por meio de secção das aderências adjacentes aos ovários.

salpingo-oophorectomy /sæl,pɪŋgəʊ ,əʊfə'rektəmi/ salpingooforectomia: cirurgia para remoção do ovário e de sua trompa de Falópio (atual *tuba uterina*).

salpingo-oophoritis /sæl,pɪŋgəʊ ,əʊfə'raɪtɪs/ salpingooforite: inflamação do ovário e de sua trompa de Falópio (atual *tuba uterina*). ☑ **salpingo-oothecitis**.

salpingo-oophorocele /sæl,pɪŋgəʊ əʊ'ɒfərə ʊsiːl/ salpingooforocele: hérnia do ovário e de sua trompa de Falópio (atual *tuba uterina*). ☑ **salpingo-oothecocele**.

salpingo-oothecitis /sæl,pɪŋgəʊ əʊə'θiːkəʊsiːl/ salpingootecite.

salpingo-oothecocele /sæl,pɪŋgəʊ əʊə'θiːkə ʊsiːl/ salpingootecocele. ⇨ **salpingo-oophorocele**.

salpingostomy /,sælpɪŋ'gɒstəmi/ salpingostomia: cirurgia para criação de uma abertura artificial na trompa de Falópio (atual *tuba uterina*), em casos de obstrução.

salpinx /'sælpɪŋks/ salpinge. ⇨ **Fallopian tube**. Plural: **salpinges**.

salt /sɔːlt/ sal: **1** substância formada por pequenos cristais brancos, principalmente de cloreto de sódio, usada para temperar e preservar os alimentos. **2** composto cristalino, normalmente contendo um metal, derivado da interação de um ácido com um álcali. Observação: o sal constitui uma parte importante da dieta alimentar, uma vez que repõe o sal perdido na excreção do suor e ajuda a controlar o equilíbrio de água no organismo. Ele também estimula a ação dos músculos e nervos. As dietas, em sua maioria, contêm mais sal do que uma pessoa, na verdade, necessita, e embora o sal não tenha provado ser nocivo à saúde, geralmente é aconselhável diminuir o seu consumo. O sal constitui um dos quatro sabores, sendo os outros o doce, o azedo e o amargo.

salt depletion /'sɔːlt dɪ,pliːʃ(ə)n/ depleção de sal: perda excessiva de sal do corpo, pelo suor, urina ou vômitos, provocando cãibras e desidratação.

salt-free diet /,sɔːlt friː 'daɪət/ dieta sem sal: dieta em que não é permitido o uso de sal.

salve /sælv/ pomada: ungüento ou pomada.

sample /'sɑːmpəl/ amostra: pequena quantidade de alguma coisa fornecida, por exemplo, para testes. *Blood samples were taken from all the staff in the hospital.* / Foram colhidas amostras de sangue de todo o *staff* hospitalar. *The doctor asked her to provide a urine sample.* / O médico pediu a ela para providenciar uma amostra de urina.

sanatorium /,sænə'tɔːriəm/ sanatório: instituição, semelhante a um hospital, destinada ao tratamento de determinados tipos de doença, por exemplo, tuberculose, ou onde são oferecidos tratamentos especiais, como banhos quentes (em água de 36,5° a 40°) ou massagem. Plural: **sanatoria** ou **sanatoriums**.

sandflea /'sændfliː/ bicho-de-pé: um inseto tropical, ☑ pulga-da-areia, que penetra nos dedos dos pés e cava debaixo da pele, causando intensa irritação.

S

sandfly fever /'sændflaɪ ˌfiːvə/ febre por flebótomo; febre por papatasii: infecção viral semelhante à influenza, que é transmitida pela picada de um pequeno díptero, *Phlebotomus papatasii,* sendo comum no Oriente Médio.

sandwich therapy /'sænwɪdʃ ˌθerəpi/ terapia do sanduíche: sistema no qual um tipo de tratamento é usado entre exposições a outro tratamento, por exemplo, a quimioterapia administrada antes e após tratamento com radiação, ou a radiação antes e depois de cirurgia.

sangui- /sæŋgwɪ/ sangu(i/e)-: relativo ao sangue.

sanguineous /sæŋ'gwɪniəs/ sanguíneo: relativo ao sangue, ou que contém sangue.

sanies /'seɪniːz/ sânie: descarga fétida e purulenta de uma ferida ou úlcera.

sanitary /'sænɪt(ə)ri/ sanitário: **1** limpo; asseado. **2** relativo à higiene ou à saúde.

sanitary towel /'sænɪt(ə)ri ˌtaʊəl/ absorvente higiênico: pequena peça de algodão, absorvente e descartável, usada para recolher o sangue durante o fluxo menstrual.

sanitation /ˌsænɪ'teɪʃ(ə)n/ saneamento: a prática da higiene, principalmente da higiene pública. *Poor sanitation in crowded conditions can result in the spread of disease.* / O saneamento insatisfatório, em locais com aglomeração de pessoas, pode resultar na disseminação de doenças.

SA node /ˌes 'eɪ nəʊd/ nódulo sinoatrial. Usa-se também **S-A node.** ⇨ **pacemaker; sinoatrial node.**

saphena /sə'fiːnə/ safena. ⇨ **saphenous vein.** Plural: **saphenae.**

saphenous /sə'fiːnəs/ safeno: relativo a uma veia safena.

saphenous nerve /sə'fiːnəs nɜːv/ nervo safeno: ramo do nervo femoral que se junta aos nervos sensoriais e supre a pele da perna e do pé.

saphenous opening /səˌfiːnəs 'əʊp(ə)nɪŋ/ abertura safena: abertura na fáscia da coxa, através da qual passa a veia safena.

saphenous vein /sə'fiːnəs veɪn/ veia safena: uma das duas veias que levam sangue do pé para a perna. ☑ **saphena.** Observação: a veia safena grande (interna), a veia mais longa do corpo, origina-se no pé e ascende pela perna, indo se juntar à veia femoral. A veia safena pequena (posterior) sobe pelo dorso da perna até o joelho, indo se juntar à veia poplítea.

sapphism /'sæfɪz(ə)m/ safismo. ⇨ **lesbianism.**

sapraemia /sæ'priːmiə/ sapremia: intoxicação do sangue por saprófitos.

saprophyte /'sæprəfaɪt/ saprófito; saprófita: um microorganismo que vive em matéria orgânica morta ou em decomposição.

saprophytic /ˌsæprəʊ'fɪtɪk/ saprofítico: relativo ao organismo que vive em matéria orgânica morta ou em decomposição.

sarc- /'saːk/ ⇨ **sarco-.**

sarco- /saːkəʊ/ **1** relativo à carne. **2** relativo a um músculo. Nota: antes de vogais usa-se **sarc-.**

sarcoid /'saːkɔɪd/ sarcóide: **1** tumor semelhante a um sarcoma. **2** semelhante a um sarcoma.

sarcoidosis /ˌsaːkɔɪ'dəʊsɪs/ sarcoidose: doença caracterizada por inchaço dos linfonodos e pequenos nódulos ou granulomas. ☑ **Boeck's disease; Boeck's sarcoid.** Nota: o teste de Kveim detecta a existência de sarcoidose.

sarcolemma /ˌsaːkəʊ'lemə/ sarcolema: membrana que envolve uma fibra muscular.

sarcoma /saː'kəʊmə/ sarcoma: câncer que se origina de tecido conjuntivo, por exemplo, osso, músculo ou cartilagem.

sarcomatosis /saːˌkəʊmə'təʊsɪs/ sarcomatose: condição caracterizada pelo surgimento de vários sarcomas em diferentes partes do corpo, os quais são disseminados pela corrente sanguínea.

sarcomatous /saː'kɒmətəs/ sarcomatoso: relativo a um sarcoma.

sarcomere /'saːkəmɪə/ sarcômero: o filamento de uma miofibrila.

sarcoplasm /'saːkəplæz(ə)m/ sarcoplasma: citoplasma semilíquido da membrana muscular. ☑ **myoplasm.**

sarcoplasmic /saːkəʊ'plæzmɪk/ sarcoplasmático: relativo ao sarcoplasma.

sarcoplasmic reticulum /ˌsaːkəʊplæzmɪk rɪ'tɪkjʊləm/ retículo sarcoplasmático: uma rede de túbulos no citoplasma das fibras musculares estriadas.

sarcoptes /saː'kɒptiːz/ sarcopte: um tipo de ácaro que causa escabiose.

sardonicus /saː'dɒnɪkəs/ sardônico. Veja **risus sardonicus.**

SARS /saːz/ abreviatura de **severe acute respiratory syndrome.**

sartorius /saː'tɔːriəs/ músculo sartório: o músculo mais longo do corpo, que se origina na espinha ilíaca anterior e segue pela coxa, até a extremidade proximal da tíbia.

saturated fat /ˌsætʃəreɪtɪd 'fæt/ gordura saturada: gordura que tem a maior quantidade possível de hidrogênio. Observação: as gorduras de origem animal, tais como manteiga e carne gorda, são ácidos graxos saturados. Acredita-se que o aumento na quantidade de gorduras insaturada e poliinsaturada, principalmente óleos e gorduras vegetais, e óleo de peixe, e a redução das gorduras saturadas da alimentação, ajudam a reduzir os níveis de colesterol no sangue, e, desse modo, diminuem o risco de aterosclerose.

saturnism /'sætənɪz(ə)m/ saturnismo. ⇨ **lead poisoning.**

satyriasis /ˌsætə'raɪəsɪs/ satiríase: desejo sexual obsessivo, no homem. Nota: a condição similar na mulher é denominada **ninfomania.**

saucerisation /ˌsɔːsəraɪ'zeɪʃ(ə)n/ saucerização: **1** cirurgia em que o tecido é escavado para formar uma depressão rasa, como um pires (*saucer*), geralmente para facilitar a drenagem de área infectada, como um osso. **2** uma depressão rasa, semelhante a um pires, na superfície superior de uma vértebra, após fratura de compressão. Usa-se também **saucerization.**

save /seɪv/ salvar: **1** impedir a morte de alguém, ou impedir alguém de ser ferido. *The doctors saved the little boy from dying of cancer.* / Os médicos salvaram o menino de morrer de câncer. ◊ **the surgeons saved her life:** os cirurgiões salvaram-lhe a vida: os cirurgiões impediram que a paciente morresse. **2** impedir um acontecimento. *The surgeons were unable to save the sight of their patient.* / Os cirurgiões não conseguiram salvar a vista do seu paciente.

saw /sɔ:/ **1** serra; serrote: ferramenta com uma lâmina fina de metal, com a borda serrilhada, presa a um cabo, usada para cortar madeira ou outro material. **2** serrar: cortar alguma coisa com serrote.

Sayre's jacket /'seɪəz ˌdʒækɪt/ colete de Sayre: molde de gesso para sustentar a coluna vertebral, em casos de deformidade por tuberculose ou doença da espinha dorsal. (Descrita por Lewis Albert Sayre [1820–1901], cirurgião norte-americano.)

s.c. abreviatura de **subcutaneous**.

scab /skæb/ crosta: casca formada pela coagulação de sangue sobre uma ferida, que serve como proteção.

scabicide /'skeɪbəsaɪd/ escabicida: que, ou o que destrói ácaros.

scabies /'skeɪbi:z/ escabiose; sarna: infecção cutânea produzida por um ácaro e caracterizada por intenso prurido. ☑ **itch** (acepção 1).

scala /'skɑ:lə/ escada; rampa: um canal espiral na cóclea. Observação: a cóclea é formada por três canais espirais: a rampa vestibular, que é cheia de perilinfa e se conecta à janela oval; a rampa média, que é cheia de endolinfa e transmite vibrações da rampa vestibular, através da membrana basilar, para a rampa do tímpano, que, por sua vez, transmite as vibrações sonoras para a janela redonda.

scald /skɔ:ld/ **1** escaldadura; queimadura: lesão na pele, causada por vapor ou por líquido fervente. ☑ **wet burn**. **2** escaldar; queimar (com líquido fervente): ferir a pele com vapor ou com líquido fervente.

scalding /'skɔ:ldɪŋ/ escaldante: **1** relativo a um líquido fervente. **2** relativo à micção que provoca uma sensação de queimação.

scale /skeɪl/ **1** escama; escala; balança; tártaro dentário: a) camada muito fina de alguma coisa, por exemplo, pele morta. b) ⇨ **tartar**. c) um sistema de mensuração ou avaliação com base em uma série de notas ou níveis com intervalos regulares. *a pay scale* / uma escala de remuneração. d) ⇨ **scales**. **2** escamar; esfoliar; tirar o tártaro (de dente): remover depósitos de cálcio dos dentes.

scalenus /skeɪ'li:nəs/ escaleno: um de um grupo de músculos situados na região ântero-lateral do pescoço, que flexiona o pescoço para a frente e para os lados, e também ajuda a expandir os pulmões durante a inspiração profunda. Usa-se também **scalene**.

scalenus syndrome /skeɪ'li:nəs ˌsɪndrəʊm/

síndrome do escaleno: crises dolorosas no braço, causadas por compressão da artéria subclávia e das vértebras pelo músculo escaleno anterior e pelo plexo braquial, respectivamente. ☑ **thoracic outlet syndrome**.

scale off /ˌskeɪl 'ɒf/ escamar: perder as escamas; descamar.

scaler /'skeɪlə/ escarificador: instrumento cirúrgico para retirar o tártaro dos dentes.

scales /skeɪlz/ balança: instrumento destinado a pesar (pessoas, objetos etc.). *The nurses weighed the baby on the scales.* / As enfermeiras pesaram o bebê na balança. ☑ **scale**.

scalp /skælp/ escalpo; couro cabeludo: camada espessa de pele e músculos, coberta de cabelo, que recobre o crânio.

scalpel /'skælpəl/ bisturi: faca pequena e com lâmina muito afiada usada em cirurgias.

scaly /'skeɪli/ escamoso: coberto de escamas. *The pustules harden and become scaly.* / As pústulas endurecem e tornam-se escamosas.

scan /skæn/ **1** varredura: a) exame de uma parte do corpo por computador previamente programado para guiar um feixe de raios X e interpretar as imagens obtidas. b) imagem de uma parte do corpo projetada na tela de um computador previamente programado para guiar um feixe de raios X. **2** mapear; fazer mapeamento: examinar uma parte do corpo por meio de computador previamente programado para guiar um feixe de raios X e exibir em sua tela a imagem obtida.

scanner /'skænə/ **1** scanner; escâner: máquina que realiza varredura de uma parte do corpo. **2** leitor; escrutador: a) pessoa que examina *slides* obtidos de um teste. b) pessoa que opera um escâner.

scanning /'skænɪŋ/ varredura: **1** o ato de examinar alguma coisa, como uma pequena área, visualmente. **2** o ato de examinar órgãos internos do corpo com um equipamento eletrônico.

scanning speech /'skænɪŋ spi:tʃ/ fala escandida: distúrbio da fala, no qual cada sílaba é separada por uma pausa e tem a mesma ênfase.

scaphocephalic /ˌskæfəʊsə'fælɪk/ escafocefálico: que tem o crânio longo e estreito.

scaphocephaly /ˌskæfəʊ'kefəli, ˌskæfəʊ'sefəli/ escafocefalia: condição caracterizada por um crânio anormalmente longo e estreito.

scaphoid /'skæfɔɪd/ escafóide: um dos ossos do carpo, no punho. ☑ **scaphoid bone**. Veja ilustração em **Hand**, no Apêndice.

scaphoid bone /'skæfɔɪd bəʊn/ osso escafóide. ⇨ **scaphoid**.

scaphoiditis /ˌskæfəʊ'daɪtɪs/ escafoidite. ⇨ **Köhler's disease**.

scapula /'skæpjʊlə/ escápula: um dos dois grandes ossos chatos triangulares localizados na parte posterior das costas. ☑ **shoulder blade**. Plural: **scapulae**.

scapular /'skæpjʊlə/ escapular: relativo à escápula ou omoplata.

scapulo- /skæpjʊləʊ/ escápul(o)-: relativo à escápula.

S

scapulohumeral /ˌskæpjʊləʊ'hjuːmərəl/ escapuloumeral: relativo à escápula e ao úmero.

scapulohumeral arthritis /ˌskæpjʊləʊ'hjuːmərəl ɑː'θraɪtɪs ɑː'θraɪtɪs/ artrite escapulo-umeral. ⇨ **chronic periarthritis**.

scar /skɑː/ **1** cicatriz: sinal deixado na pele após a cura de uma ferida ou incisão cirúrgica. *He still has the scar of his appendicectomy.* / Ele ainda tem a cicatriz da apendicectomia. ☑ **cicatrix**. **2** marcar (com cicatriz); deixar cicatriz: deixar marca ou sinal na pele. *The burns have scarred him for life.* / As queimaduras deixaram nele cicatrizes para a vida toda. *Plastic surgeons have tried to repair the scarred arm.* / Os cirurgiões plásticos tentaram reparar o braço marcado com cicatrizes. *Patients were given special clothes to reduce hypertrophic scarring.* / Os pacientes receberam roupas especiais para reduzir (o desconforto das) cicatrizes hipertróficas.

scarification /skærɪfɪ'keɪʃ(ə)n/ escarificação: arranhões superficiais na pele produzidos, por exemplo, na vacinação contra varíola.

scarificator /'skærɪfəkeɪtə/ escarificador: instrumento usado para escarificação.

scarlatina /ˌskɑːlə'tiːnə/ escarlatina: doença infecciosa caracterizada por febre, dor de garganta e uma erupção cutânea com máculas de coloração vermelho-brilhante. É provocada por estreptococos hemolíticos e, algumas vezes, pode causar complicações graves, se houver envolvimento dos rins, com infecção renal. ☑ **scarlet fever**.

scarlet fever /ˌskɑːlət 'fiːvə/ febre escarlatina. ⇨ **scarlatina**.

Scarpa's triangle /ˌskɑːpɑːz 'traɪæŋɡəl/ triângulo de Scarpa. ⇨ **femoral triangle**. (Descrito por Antonio Scarpa [1747–1832], anatomista e cirurgião italiano.)

scar tissue /'skɑː ˌtɪʃuː/ tecido cicatricial: o tecido fibroso que forma uma cicatriz.

scat- /skæt/ ⇨ **scato-**.

scato- /'skætəʊ/ relativo a fezes. Nota: antes de vogais usa-se **scat-**.

scatole /'skætəʊl/ escatol: uma substância presente nas fezes, formada no intestino, que possui um odor forte característico. Usa-se também **skatole**.

SCC abreviatura de **squamous cell carcinoma**.

SCD abreviatura de **sickle-cell disease**.

scent /sent/ odor; fragrância; perfume: **1** um odor agradável. *The scent of flowers makes me sneeze.* / O odor das flores me faz espirrar. **2** uma substância cosmética de cheiro agradável. **3** odor exalado por uma substância, que estimula o sentido do olfato.

scented /'sentɪd/ perfumado: que tem odor agradável, porém forte. *He is allergic to scented soap.* / Ele é alérgico a sabonete perfumado.

schema /'skiːmə/ esquema. ⇨ **body image**.

Scheuermann's disease /'ʃɔɪəmənz dɪˌziːz/ doença de Scheuermann: inflamação dos ossos e cartilagens da coluna vertebral, que geralmen-

te afeta os adolescentes. (Descrita em 1920 por Holger Werfel Scheuermann [1877–1960], radiologista e cirurgião ortopédico dinamarquês.)

Schick test /'ʃɪk test/ teste de Schick: teste para verificação da imunidade de uma pessoa à difteria. (Descrito em 1908 por Bela Schick [1877–1967], pediatra em Viena, Áustria e Nova York, EUA.) Observação: no teste de Schick, injeta-se no antebraço uma pequena quantidade da toxina da difteria; uma reação inflamatória no local da injeção significa que o indivíduo não é imune à doença (reação positiva).

Schilling test /'ʃɪlɪŋ test/ teste de Schilling: teste para verificação da absorção gastrointestinal de Vitamina B_{12}, cujos resultados são usados no diagnóstico de anemia perniciosa. (Descrito por Robert Frederick Schilling, médico norte-americano nascido em 1919.)

-schisis /skaɪsɪs/ -esquiso: fissura; divisão.

schisto- /ʃɪstəʊ/ esquist(o)-: separar; fender; dividir.

Schistosoma /ˌʃɪstə'səʊmə/ esquistossomo. Usa-se também **schistosome**. ⇨ **bilharzia** (acepção 1).

schistosomiasis /ˌʃɪstəsəʊ'maɪəsɪs/ esquistossomíase; esquistossomose. ⇨ **bilharziasis**.

schiz- /skɪts/ ⇨ **schizo-**.

schizo- /skɪtsəʊ/ fender; dividir. Nota: antes de vogais usa-se **schiz-**.

schizoid /'skɪtsɔɪd/ esquizóide: **1** relativo à esquizofrenia. **2** pessoa que sofre de uma forma mais leve de esquizofrenia.

schizoid personality /ˌskɪtsɔɪd ˌpɜːsə'næliti/ personalidade esquizóide: distúrbio caracterizado pelo retraimento do indivíduo em relação às outras pessoas, tendência a se fechar em si mesmo e comportamento estranho. ☑ **split personality**.

schizophrenia /ˌskɪtsəʊ'friːniə/ esquizofrenia: distúrbio mental caracterizado pelo retraimento do indivíduo em relação às outras pessoas, delírios e ilusões, e tendência à ruptura com a realidade. ☑ **dementia praecox**.

schizophrenic /ˌskɪtsəʊ'frenɪk/ esquizofrênico: **1** indivíduo que sofre de esquizofrenia. **2** que tem esquizofrenia.

schizotypal personality disorder /ˌskɪtsəʊ taɪpəl ˌpɜːsə'næliti dɪsˌɔːdə/ doença esquizofreniforme: uma doença mental semelhante à esquizofrenia.

Schlatter's disease /'ʃlætəz dɪˌziːz/ doença de Schlatter: inflamação dos ossos e cartilagens da epífise tibial. (Descrita em 1903 por Carl Schlatter [1864–1934], professor de cirurgia em Zurique, Suíça.)

Schlemm's canal /'ʃlemz kəˌnæl/ canal de Schlemm: canal que circunda a esclera do olho, drenando o humor aquoso. (Descrito em 1830 por Friedrich Schlemm [1795–1858], professor de anatomia em Berlim, Alemanha.)

Schönlein–Henoch purpura /ˌʃɜːnlaɪn 'henɒk ˌpɜːpjʊrə/ púrpura de Schönlein–Henoch:

doença vascular que ocorre caracteristicamente em crianças, com erupção de lesões púrpuras nas nádegas e pernas, associadas a inchaço e dores nas articulações, e a distúrbios gastrointestinais. ☑ **Schönlein's purpura**.

Schönlein's purpura /ˈʃɜːnlaɪn ˌpɜːpjʊrə/ púrpura de Schönlein. ⇨ **Schönlein–Henoch purpura**.

school /skuːl/ escola: **1** estabelecimento de ensino para crianças. **2** faculdade de uma universidade.

school health service /skuːl ˈhelθ ˌsɜːvɪs/ serviço de saúde escolar: serviço especializado que integra o departamento (público) de saúde local, destinado a zelar pela saúde dos estudantes na escola.

school nurse /skuːl ˈnɜːs/ enfermeira escolar: enfermeira registrada, empregada em um sistema de ensino, para ajudar a proteger a saúde dos estudantes e promover práticas de saúde e segurança.

Schwann cells /ˈʃvɒn selz/ (plural) células de Schwann: células que compõem uma bainha de mielina ao redor de cada fibra nervosa. Veja ilustração em **Neuron**, no Apêndice. (Descritas em 1839 por Friedrich Theodor Schwann [1810–1882], anatomista alemão.)

schwannoma /ʃvɒˈnəʊmə/ schwanoma: um neurofibroma, tumor benigno dos nervos periféricos.

Schwartze's operation /ˈʃvɑːtsɪz ˌɒpəreɪʃ(ə)n/ operação de Schwartze: a operação cirúrgica original para drenar líquido e remover tecido infectado do processo mastóide. (Descrita por Hermann Schwartze [1837–1910], otologista alemão.)

sciatic /saɪˈætɪk/ ciático: **1** relativo ao quadril. **2** relativo ao nervo ciático.

sciatica /saɪˈætɪkə/ ciática: dor ao longo do nervo ciático, que geralmente se irradia para o dorso da coxa e da perna. Observação: a ciática pode ser causada por uma hérnia de disco vertebral que pressiona um nervo espinhal, ou pode simplesmente ser causada por lesão muscular nas costas.

sciatic nerve /saɪˈætɪk nɜːv/ nervo ciático: um dos dois principais nervos que se originam no plexo sacro, descem pela coxa, de cada lado, e se dividem nos nervos que suprem as pernas e os pés. São os maiores nervos do corpo.

SCID abreviatura de **severe combined immunodeficiency**.

science /ˈsaɪəns/ ciência: estudo que se baseia na observação sistemática e no registro dos fatos, principalmente aqueles organizados em um sistema.

scientific /ˌsaɪənˈtɪfɪk/ científico: relativo à ciência. *He carried out scientific experiments.* / Ele realizou experiências científicas.

scientist /ˈsaɪəntɪst/ cientista: pessoa que é versada em estudos científicos.

scintigram /ˈsɪntɪɡræm/ cintilograma; cintigrama: técnica que permite acompanhar e registrar a radiação emitida por isótopos radioativos introduzidos no organismo.

scintillascope /sɪnˈtɪləskəʊp/ cintilascópio: instrumento usado em cintilograma.

scintillator /ˈsɪntɪleɪtə/ cintilador: substância que emite luz quando tocada por raios X ou gama.

scintiscan /ˈsɪntɪskæn/ cintilograma; cintigrama: a técnica que permite acompanhar e registrar a radiação de uma parte do corpo para outra.

scirrhous /ˈsɪrəs/ cirroso: duro. *a scirrhous tumour* / um tumor cirroso.

scirrhus /ˈsɪrəs/ cirro: um tumor maligno endurecido, principalmente na mama.

scissor leg /ˈsɪzə leg/ pernas em tesoura: condição caracterizada pelo cruzamento das pernas ao andar, geralmente resultante da espasticidade dos músculos adutores da perna.

scissor legs /ˈsɪzə legz/ (plural) pernas em tesoura: pernas malformadas, com cruzamento permanente de uma sobre a outra.

scissors /ˈsɪzəz/ (plural) tesoura: instrumento cortante constituído por duas lâminas de aço que se movem em torno de um eixo.

scissura /ˈsɪʃʊrə/ cissura: **1** uma fenda ou fissura em alguma coisa. **2** uma divisão de alguma coisa.

scler- /sklɪə/ ⇨ **sclero-**.

sclera /ˈsklɪərə/ esclera; esclerótica: membrana branca fibrosa que reveste o globo ocular. Veja ilustração em **Eye**, no Apêndice. ☑ **sclerotic** (acepção 2); **sclerotic coat**; **albuginea oculi**. Observação: a parte frontal da esclerótica é ocupada pela córnea transparente, através da qual a luz penetra no olho. A conjuntiva, que reveste a superfície posterior das pálpebras e a parte anterior do globo ocular, é conectada à esclerótica.

scleral /ˈsklɪərəl/ escleral: relativo à esclera.

scleral lens /ˈsklɪərəl lenz/ lente de contato escleral: lente de contato que cobre a maior parte da superfície anterior do globo ocular.

scleritis /skləˈraɪtɪs/ esclerite: inflamação da esclera.

sclero- /sklɪərəʊ/ escler(o)-: **1** duro; espesso. **2** relativo à esclera. Nota: antes de vogais usa-se **scler-**.

scleroderma /ˌsklɪərəˈdɜːmə/ escleroderma: doença do colágeno, caracterizada por espessamento do tecido conjuntivo e endurecimento e espessamento da pele.

scleroma /skləˈrəʊmə/ escleroma: uma área circunscrita e endurecida na pele ou mucosa.

scleromalacia /ˌsklɪərəʊməˈleɪʃiə/ escleromalacia: condição caracterizada pelo adelgaçamento da esclera. ☑ **scleromalacia perforans**.

scleromalacia perforans /ˌsklɪərəʊməˌleɪʃiə pəˈfɔːrəns/ escleromalacia. ⇨ **scleromalacia**.

sclerosant agent /skləˈrəʊs(ə)nt ˌeɪdʒənt/ agente esclerosante: diz-se de irritante químico injetado em um tecido, a fim de produzir o endu-

S

recimento de sua estrutura interna. ☑ **sclerosing agent**.

sclerosing /sklə'rəʊsɪŋ/ esclerosante: que sofre esclerose, ou que causa o endurecimento dos tecidos.

sclerosing agent /sklə'rəʊsɪŋ ˌeɪdʒ(ə)nt/ agente esclerosante. ☑ **sclerosing solution**. ⇨ **sclerosant agent**.

sclerosing solution /sklə'rəʊsɪŋ sə'lu:ʃ(ə)n/ solução esclerosante. ⇨ **sclerosing agent**.

sclerosis /sklə'rəʊsɪs/ esclerose: condição caracterizada pelo endurecimento dos tecidos.

sclerotherapy /ˌsklɪərəʊ'θerəpi/ escleroterapia: tratamento das varizes mediante injeção de um agente esclerosante na veia, o qual estimula a coagulação sanguínea.

sclerotic /sklə'rɒtɪk/ **1** esclerótico: relativo à esclerose, ou que tem esclerose. **2** esclerótica. ⇨ **sclera**.

sclerotic coat /sklə,rɒtɪk 'kəʊt/ túnica esclerótica. ⇨ **sclera**.

sclerotome /'sklɪərətəʊm/ esclerótomo: um tipo de bisturi usado em esclerotomia.

sclerotomy /sklə'rɒtəmi/ esclerotomia: incisão cirúrgica da esclera.

scolex /'skəʊleks/ escólice; escólex: a cabeça de uma tênia, cujos ganchos se fixam à parede do intestino. Plural: **scolices** or **scolexes**.

scoliosis /ˌskəʊli'əʊsɪs/ escoliose: condição caracterizada pela curvatura lateral da coluna vertebral.

scoliotic /ˌskəʊli'ɒtɪk/ escoliótico: relativo à coluna vertebral com desvio lateral.

scoop stretcher /'sku:p ˌstretʃə/ maca de tração: tipo de maca formada por duas partes articuladas que deslizam e travam simultaneamente sob o corpo de uma pessoa.

-scope /skəʊp/ -scópio: relativo ao instrumento para exame visual.

scopolamine /skə'pɒləmi:n/ escopolamina: líquido viscoso e incolor que constitui um alcalóide venenoso, encontrado em algumas plantas da família das solanáceas, como a erva-moura. É usado principalmente na prevenção da cinesia e como analgésico e sedativo.

scorbutic /skɔ:'bju:tɪk/ escorbútico: relativo ao escorbuto.

scorbutus /skɔ:'bju:təs/ escorbuto. ⇨ **scurvy**.

scoto- /skəʊtə/ scot(o)-: relativo à escuridão; escuro.

scotoma /skɒ'təʊmə/ escotoma: uma pequena área do campo de visão, na qual a percepção da luz é ausente.

scotometer /skəʊ'tɒmɪtə/ escotômetro: instrumento para medir a área do campo de visão em que a percepção de luz é ausente.

scotopia /skəʊ'təʊpiə/ escotopia: o poder do olho de se adaptar às condições de luz pouco intensa ou à escuridão.

scotopic /skəʊ'tɒpɪk/ escotópico: relativo à escotopia.

scotopic vision /skəʊˌtɒpɪk 'vɪʒ(ə)n/ visão escotópica: adaptação do olho ao escuro e à penumbra, na qual os bastonetes da retina tornam-se mais ativos do que os cones, que são utilizados na visão fotópica. Veja também **dark adaptation**.

scrape /skreɪp/ raspar: remover a superfície de alguma coisa, passando sobre ela uma faca afiada.

scratch /skrætʃ/ **1** escoriação; arranhão: ferimento leve na pele, feito por objeto aguçado. *She had scratches on her legs and arms.* / Ela teve escoriações nas pernas e braços. *Wash the dirt out of that scratch in case it gets infected.* / Lave a sujeira do arranhão, caso ele infeccione. **2** arranhar: ferir a pele com um objeto aguçado. *The cat scratched the girl's face.* / O gato arranhou o rosto da menina. *Be careful not to scratch yourself on the wire.* / Tenha cuidado para não se arranhar no arame.

scratch test /'skrætʃ test/ teste de arranhadura: teste para detecção de alergia, no qual o antígeno é aplicado sobre um arranhão superficial na pele.

scream /skri:m/ **1** grito: um som alto e agudo. **2** gritar: produzir um som alto e agudo.

screen /skri:n/ **1** anteparo; biombo: a) um biombo, geralmente de cor clara, que pode ser removido do lugar e é colocado ao redor do leito para proteger o doente. b) ⇨ **screening**. **2** examinar; fazer triagem; avaliar: examinar um grande número de pessoas para verificar se contraíram uma determinada doença. *The population of the village was screened for meningitis.* / A população da aldeia foi examinada para detecção de meningite.

> *...in the UK the main screen is carried out by health visitors at 6–10 months. With adequately staffed and trained community services, this method of screening can be extremely effective.* / "...no Reino Unido, a triagem principal é feita, de seis a dez meses, por enfermeiras visitadoras. Com uma equipe adequadamente preparada de enfermagem direcionada à comunidade, este método de triagem pode ser extremamente eficiente. (*Lancet*)

screening /'skri:nɪŋ/ triagem: o processo pelo qual um grande número de pessoas é examinado, para verificar a possível ocorrência de uma doença específica. Veja também **genetic screening**.

> *GPs are increasingly requesting blood screening for patients concerned about HIV.* / "Os clínicos gerais têm solicitado, cada vez mais, triagens de sangue de pacientes com sintomas de HIV. (*Journal of the Royal College of General Practitioners*)

screening test /'skri:nɪŋ test/ teste de triagem; teste de rastreamento: triagem de uma doença específica em indivíduos assintomáticos, a fim de identificar aqueles que contraíram a doença em questão ou apresentam os seus primeiros sintomas.

scrip /skrɪp/ (informal) prescrição: uma prescrição médica.

scrofula /'skrɒfjʊlə/ escrófula: forma de tuberculose que se localiza nos linfonodos do pescoço (linfadenite tuberculosa cervical), antigamente causada pela ingestão de leite não pasteurizado, mas rara hoje em dia.

scrofuloderma /ˌskrɒfjʊləʊ'dɜːmə/ escrofuloderma: variedade de tuberculose da pele, com formação de úlceras; é secundária a um foco tuberculoso de glândula linfática ou estrutura subjacente.

scrotal /'skrəʊt(ə)l/ escrotal: relativo ao escroto.

scrototomy /skrəʊ'tɒtəmi/ escrototomia: cirurgia para exame ou retirada parcial ou completa do escroto. Plural: **scrototomies**.

scrotum /'skrəʊtəm/ escroto: saco cutâneo situado na parte posterior do pênis, contendo os testículos, os epidídimos e parte do cordão espermático. Veja ilustração em **Urogenital System (male)**, no Apêndice. Plural: **scrotums** ou **scrota**.

scrub nurse /'skrʌb ˌnɜːs/ enfermeira instrumentadora: enfermeira que ajuda o cirurgião na sala de operações, passando os instrumentos cirúrgicos, e prepara o paciente, limpando bem o local da cirurgia.

scrub typhus /'skrʌb ˌtaɪfəs/ tifo rural. ⇨ **tsutsugamushi disease**.

scrub up /ˌskrʌb 'ʌp/ (cirurgião ou enfermeira cirúrgica) limpar as mãos: limpar bem os braços e mãos, escovando-os antes de proceder a uma cirurgia.

scrumpox /'skrʌmpɒks/ herpes do esportista: variedade de herpes simples, encontrada principalmente em esportistas, transmitida facilmente em virtude de pequenos cortes na pele, combinados aos efeitos abrasivos da barba por fazer.

scurf /skɜːf/ caspa. ⇨ **dandruff**.

scurvy /'skɜːvi/ escorbuto: doença causada pela falta de vitamina C ou ácido ascórbico, que são encontrados em frutas e vegetais. ☑ **scorbutus**. Observação: o escorbuto causa fraqueza geral e anemia, com sangramento das gengivas, pele e mucosas. Em casos mais graves, caem os dentes. O tratamento consiste na ingestão de comprimidos de vitamina C e mudanças na dieta, que deve incluir mais frutas e vegetais.

scybalum /'sɪbələm/ cíbalo: massa dura de matéria fecal que se acumula no intestino.

seasick /'siːsɪk/ nauseado (por viajar em barco ou navio); mareado: sentindo mal-estar por causa do movimento de barco ou navio. *As soon as the ferry started to move she felt seasick.* / Assim que a balsa começou a se movimentar, ela sentiu mareada.

seasickness /'siːsɪknəs/ enjôo marítimo: estado doentio, caracterizado por náuseas, vômitos e, algumas vezes, cefaléia, causado por movimento de barco ou navio. *Take some seasickness tablets if you are going on a long journey.* / Tome algum

comprimido contra enjôo, se você vai fazer uma longa viagem.

seasonal affective disorder /ˌsiːz(ə)n(ə)l ə'fektɪv dɪsˌɔːdə/ doença estacional do humor: condição caracterizada por depressão e ansiedade durante o inverno, quando há menos horas de luz do dia. Sua causa exata é desconhecida, mas acredita-se que a falta de luz natural provoca uma reação entre vários hormônios e neurotransmissores no cérebro. Abreviatura: **SAD**. ☑ **seasonal affective disorder syndrome**.

seasonal affective disorder syndrome /ˌsiːz(ə)n(ə)l ə'fektɪv dɪsˌɔːdə ˌsɪndrəʊm/ síndrome estacional do humor. ⇨ **seasonal affective disorder**. Abreviatura: **SADS**.

seat belt syndrome /'siːt belt ˌsɪndrəʊm/ síndrome do cinto de segurança: lesões situadas entre o pescoço e abdome, provocadas por acidente de carro, quando não se está usando corretamente o cinto de segurança.

sebaceous /sə'beɪʃəs/ sebáceo: **1** relativo a sebo. **2** que produz uma substância oleosa.

sebaceous cyst /səˌbeɪʃəs 'sɪst/ cisto sebáceo: cisto que se forma quando uma glândula sebácea é obstruída. ☑ **epidermoid cyst**. Veja também **steatoma**.

sebaceous gland /səˌbeɪʃəs 'glænd/ glândulas sebáceas: glândulas na derme, que se abrem nos folículos pilosos, secretando sebo.

seborrhoea /ˌsebə'riːə/ seborréia: secreção excessiva de sebo pelas glândulas sebáceas, comum na puberdade, e algumas vezes associada com dermatite seborréica. Nota: no inglês americano usa-se **seborrhea**.

seborrhoeic /ˌsebə'riːɪk/ seborréico: **1** causado por seborréia. **2** que produz uma secreção oleosa. Nota: no inglês americano usa-se **seborrheic**.

seborrhoeic dermatitis /ˌsebəriːɪk ˌdɜːmə'taɪtɪs/ dermatite seborréica: tipo de eczema caracterizado por uma erupção escamosa. ☑ **seborrhoeic eczema**.

seborrhoeic eczema /ˌsebəriːɪk 'eksɪmə/ eczema seborréico. ⇨ **seborrhoeic dermatitis**.

seborrhoeic rash /ˌsebəriːɪk 'ræʃ/ dermatite seborréica. Veja **seborrhoeic dermatitis**.

sebum /'siːbəm/ sebo: substância oleosa secretada pelas glândulas sebáceas, cuja função é proteger a pele contra bactérias e o corpo contra a evaporação rápida de água.

second /'sekənd/ segundo: **1** unidade de tempo que corresponde a 1/60 do minuto. **2** que vem após o primeiro em ordem de tempo, importância ou lugar.

secondary /'sekənd(ə)ri/ secundário: **1** que ocorre após o primeiro estágio. **2** menos importante. **3** relativo a uma condição decorrente de outra. **4** tumor maligno derivado de outra neoplasia. Compare com **primary**. Plural: **secondaries**.

secondary amenorrhoea /ˌsekənd(ə)ri eɪm enə'riːə/ amenorréia secundária: cessação da menstruação por mais de três meses, tendo a mulher apresentado ciclos menstruais normais até então.

secondary biliary cirrhosis /ˌsekənd(ə)ri ˌbɪliəri səˈrəʊsɪs/ cirrose biliar secundária: cirrose hepática causada por obstrução dos ductos biliares.

secondary bronchi /ˌsekənd(ə)ri ˈbrɒŋkiː/ (plural) brônquios secundários. ⇨ **lobar bronchi**.

secondary care /ˌsekənd(ə)ri ˈkeə/ cuidados secundários: serviços clínicos hospitalares oferecidos por equipe profissional, e não por clínico geral ou outros profissionais de cuidados clínicos primários. Compare com **primary care**; **tertiary care**. Também chamados de **secondary health care**.

secondary cartilaginous joint /ˌsekənd(ə)ri kɑːtəˈlædʒɪnəs ˌdʒɔɪnt/ articulação cartilaginosa secundária: articulação em que as superfícies de dois ossos se unem por meio de uma cartilagem, de modo que não podem se mover, por exemplo, a sínfise púbica. Veja também **cartilaginous joint**.

secondary dysmenorrhoea /ˌsekənd(ə)ri dɪs ˌmenəˈriːə/ dismenorréia secundária: dismenorréia que começa algum tempo após a primeira menstruação.

secondary growth /ˌsekənd(ə)ri ˈɡrəʊθ/ neoplasia. ⇨ **metastasis**.

secondary haemorrhage /ˌsekənd(ə)ri ˈhem (ə)rɪdʒ/ hemorragia secundária: hemorragia que ocorre algum tempo após uma lesão ou cirurgia, normalmente resultante de infecção.

secondary health care /ˌsekənd(ə)ri ˈhelθ keə/ cuidados clínicos secundários. ⇨ **secondary care**.

secondary infection /ˌsekənd(ə)ri ɪnˈfekʃən/ infecção secundária: infecção que ocorre em pessoa enfraquecida por outra infecção.

secondary medical care /ˌsekənd(ə)ri ˈmedɪ k(ə)l keə/ cuidados médicos secundários: tratamento especializado fornecido por um hospital.

secondary peritonitis /ˌsekənd(ə)ri ˌperɪtəˈn aɪtɪs/ peritonite secundária: peritonite causada por infecção de um tecido adjacente, por exemplo, pela ruptura de um apêndice.

secondary prevention /ˌsekənd(ə)ri prɪˈven ʃən/ prevenção secundária: o uso de métodos, tais como triagens, a fim de evitar, pela detecção precoce, a ocorrência de doenças graves.

secondary sexual characteristic /ˌsekənd(ə) ri ˌsekʃuəl kærɪktəˈrɪstɪk/ caracteres sexuais secundários: caracteres sexuais que se desenvolvem após a puberdade, por exemplo, os pêlos púbicos e os seios.

second-degree burn /ˌsekənd dɪˌɡriː ˈbɜːn/ queimadura de segundo grau: queimadura em que a pele se torna muito vermelha e coberta por vesículas.

second-degree haemorrhoids /ˌsekənd dɪˌɡriː ˈhemərɔɪdz/ (plural) hemorróidas de segundo grau: hemorróidas que se estendem para o ânus, mas retornam automaticamente ao reto.

second intention /ˌsekənd ɪnˈtenʃ(ə)n/ segunda intenção: cicatrização de ferida ou úlcera, que acontece vagarosamente e deixa uma cicatriz proeminente.

second-level nurse /ˌsekənd ˌlev(ə)l ˈnɜːs/ enfermeira de segundo grau: enfermeira graduada que ministra cuidados de enfermagem sob a supervisão de uma enfermeira de primeiro grau. ☑ **second-level registered nurse**. Compare com **first-level nurse**; **State Enrolled Nurse**.

second-level registered nurse /ˌsekənd ˌlev (ə)l ˌredʒɪstəd ˈnɜːs/ enfermeira registrada de segundo grau. ⇨ **second-level nurse**.

second molar /ˌsekənd ˈməʊlə/ segundo molar: qualquer um dos dentes molares na parte posterior do maxilar, anteriores aos dentes do siso, que nascem por volta dos doze anos de idade.

second opinion /ˌsekənd əˈpɪnjən/ segunda opinião: diagnóstico ou opinião de um segundo médico a respeito de um tratamento; freqüentemente, trata-se de médico especialista de um hospital.

secrete /sɪˈkriːt/ (glândula) secretar: produzir uma substância, por exemplo, hormônio, óleo ou enzima.

secretin /sɪˈkriːtɪn/ secretina: hormônio secretado pelo duodeno, que estimula a produção de suco pancreático.

secretion /sɪˈkriːʃ(ə)n/ secreção: **1** o processo de produção de uma substância por uma glândula. *The pituitary gland stimulates the secretion of hormones by the adrenal gland.* / A glândula pituitária estimula a secreção de hormônios pela glândula supra-renal. **2** substância produzida por uma glândula. *Sex hormones are bodily secretions.* / Os hormônios sexuais são secreções corporais.

secretor /sɪˈkriːtə/ secretor: pessoa cujos líquidos orgânicos, com sêmen ou saliva, contêm antígenos do grupo sanguíneo ABO.

secretory /sɪˈkriːtəri/ secretório; secretor: relativo a, ou acompanhado por secreção.

secretory otitis media /sɪˌkriːtəri əʊˌtaɪtɪs ˈm iːdiə/ otite média secretória. ⇨ **glue ear**.

section /ˈsekʃən/ secção: **1** parte ou segmento de um órgão ou estrutura. *the middle section of the aorta* / a seção média da aorta. **2** o ato de cortar um tecido. **3** corte ou divisão de um tecido. **4** fatia fina de tecido para exame ao microscópio. **5** parte de um documento, por exemplo, um Ato do Parlamento. *She was admitted under section 5 of the Mental Health Acts.* / Ela foi internada segundo o quinto parágrafo das Leis de Saúde Mental.

Section 47 /ˌsekʃən fɔːti ˈsev(ə)n/ Lei 47: no Reino Unido, lei segundo a qual uma autoridade local pode solicitar que um juiz autorize a remoção de indivíduo exposto a graves riscos de saúde em seu lar, por causa de doença grave ou crônica, uma vez que esse indivíduo seja incapaz de cuidar de si mesmo ou não esteja recebendo a atenção e os cuidados necessários.

security blanket /sɪˈkjʊərəti ˌblæŋkɪt/ cobertor de segurança: cobertor, brinquedo ou outro objeto que a criança tem em casa e carrega aonde vai, porque ele lhe dá segurança.

sedate /sɪˈdeɪt/ sedar: acalmar pela administração de medicamento com ação específica sobre o sistema nervoso, diminuindo a dor ou o estresse e, em doses mais elevadas, induzindo o sono. *Elderly or confused patients may need to be sedated to prevent them wandering.* / Pacientes idosos ou mentalmente confusos podem precisar de sedação, para evitar que fiquem andando sem rumo.

sedation /sɪˈdeɪʃ(ə)n/ sedação: o ato de acalmar, administrando um sedativo. ◊ **under sedation:** sob sedação: diz-se de pessoa a quem foi administrado um sedativo. *He was still under sedation, and could not be seen by the police.* / Ele ainda estava sob sedação, e não podia ser interrogado pela polícia.

sedative /ˈsedətɪv/ sedativo: **1** (antiquado) agente ansiolítico ou hipnótico, como os benzodiazepínicos, que atuam sobre o sistema nervoso, induzindo o sono ou diminuindo o estresse. *She was prescribed sedatives by the doctor.* / O médico prescreveu-lhe (a ela) sedativos. **2** que age induzindo o sono ou diminuindo o estresse.

sedentary /ˈsed(ə)nt(ə)ri/ sedentário: diz-se de indivíduo que passa muito tempo sentado e inativo.

> *...changes in lifestyle factors have been related to the decline in mortality from ischaemic heart disease. In many studies a sedentary lifestyle has been reported as a risk factor for ischaemic heart disease.* / "...tem-se afirmado que as mudanças no estilo de vida estão relacionadas à diminuição na mortalidade por doença cardíaca isquêmica. Em muitos estudos, o estilo de vida sedentário foi considerado um fator de risco para doença cardíaca isquêmica." (*Journal of the American Medical Association*)|

sedentary occupation /ˌsed(ə)nt(ə)ri ˌɒkjʊˈpeɪʃ(ə)n/ emprego sedentário: emprego em que o indivíduo passa a maior parte do tempo sentado.

sediment /ˈsedɪmənt/ sedimento: partículas sólidas, geralmente insolúveis, que se depositam no fundo de um líquido.

sedimentation /ˌsedɪmenˈteɪʃ(ə)n/ sedimentação: a formação de partículas sólidas no fundo de um líquido.

sedimentation rate /ˌsedɪmenˈteɪʃ(ə)n reɪt/ velocidade de sedimentação: a velocidade com que as partículas sólidas se depositam em uma solução, especialmente sob a ação de uma centrífuga.

segment /ˈsegmənt/ segmento: parte de um órgão ou outra estrutura anatômica de alguma forma delimitada do restante.

segmental /segˈment(ə)l/ segmentar: formado por segmentos.

segmental ablation /segˌment(ə)l æˈbleɪʃ(ə)n/ ablação segmentar: procedimento cirúrgico para remover parte da unha, por exemplo, no tratamento de unha encravada.

segmental bronchi /segˌment(ə)l ˈbrɒŋki/ (plural) brônquios segmentares: vias aéreas que suprem um segmento pulmonar. Também chamados de **tertiary bronchi**.

segmentation /ˌsegmənˈteɪʃ(ə)n/ segmentação: o movimento de diferentes segmentos da parede intestinal para misturar o suco digestivo ao alimento, ajudando a impulsioná-lo pela ação da peristalse.

segmented /ˈsegməntɪd/ segmentado: que é dividido em segmentos.

segregation /ˌsegrɪˈgeɪʃ(ə)n/ segregação: **1** o afastamento de pessoa, grupo ou coisa de outros, a fim de mantê-los isolados. **2** em genética, a separação dos cromossomos homólogos durante a meiose, quando os membros de cada par de genes vão, eventualmente, para gametas distintos.

seizure /ˈsiːʒə/ convulsão; ataque: convulsão, ataque ou contração súbita dos músculos, principalmente em ataque cardíaco, derrame cerebral ou crise epiléptica.

select /sɪˈlekt/ selecionar: escolher uma pessoa, coisa ou grupo entre vários outros. *She was selected to go on a midwifery course.* / Ela foi selecionada para fazer um curso de obstetrícia.

selection /sɪˈlekʃən/ seleção: o ato de escolher uma pessoa, coisa ou grupo entre vários outros. *the selection of a suitable donor for a bone marrow transplant* / a seleção de um doador compatível para o transplante de medula óssea. *The candidates for the post have to go through a selection process.* / Os candidatos ao cargo devem passar por um processo de seleção.

selective /sɪˈlektɪv/ seletivo: que seleciona pessoa, coisa ou grupo entre vários outros.

selective oestrogen receptor modulator /sɪˌlektɪv ˈiːstrədʒ(ə)n rɪˌseptə ˌmɒdjʊleɪtə/ modulador seletivo do receptor estrogênico: droga que atua em receptores estrogênicos específicos, a fim de prevenir a perda óssea sem afetar os outros receptores, por exemplo, o cloreto de raloxifeno. Usa-se também **selective estrogen receptor modulator**. Abreviatura: **SERM**.

selective serotonin re-uptake inhibitor /sɪˌlektɪv serəˌtəʊnɪn riːˈʌpteɪk ɪnˌhɪbɪtə/ inibidor seletivo da recaptação de serotonina: droga que causa uma acumulação seletiva de serotonina no sistema nervoso central; é usada no tratamento da depressão, por exemplo, a fluoxetina. Abreviatura: **SSRI**. Observação: não se deve iniciar o uso da droga imediatamente após interrupção de tratamento com inibidor da monoamina oxidase (MAOI), e sua supressão deve ser vagarosa.

selenium /səˈliːniəm/ selênio: elemento radiotraçador não-metálico. Símbolo químico: **Se**.

self- /self/ auto-: mesmo; próprio.

self-abuse /ˌself əˈbjuːs/ auto-abuso; auto-ofensa. ⇨ **self-harm**.

S

self-actualisation /self ˌæktjuəlaɪˈzeɪʃ(ə)n/ auto-atualização: o desenvolvimento bem-sucedido e o uso dos talentos e capacidades pessoais. Usa-se também **self-actualization**.

self-admitted /ˌself ədˈmɪtɪd/ auto-admissão: relativo ao paciente que se auto-admite em um hospital, sem ter sido encaminhado por médico.

self-care /self ˈkeə/ autocuidado: o ato de cuidar de si mesmo de maneira correta e, desse modo, permanecer saudável.

self-catheterisation /self ˌkæθɪtəraɪˈzeɪʃ(ə)n/ autocateterismo: procedimento no qual a pessoa insere um cateter na própria uretra, o qual vai até a bexiga, a fim de esvaziá-la de urina. Usa-se também **self-catheterization**.

self-defence /ˌself dɪˈfens/ autodefesa: o ato de se defender do ataque de outra pessoa.

self-examination /ˌself ɪɡˌzæmɪˈneɪʃ(ə)n/ auto-exame: exame regular do próprio corpo para detectar qualquer anormalidade ou sintoma de doença.

self-governing hospital /self ˌɡʌvənɪŋ ˈhɒspɪt(ə)l/ hospital autônomo: no Reino Unido, hospital cujos serviços são pagos pelas Autoridades Sanitárias Distritais e por médicos de família. ☑ **hospital trust**.

self-harm /ˌself ˈhɑːm/ auto-ofensa: ato deliberado pelo qual a pessoa fere o próprio corpo, em virtude de traumas pessoais. Cortar-se e queimar-se são duas das formas mais comuns de auto-abuso. ☑ **self-abuse**; **self-injury**; **self-mutilation**; **self-wounding**.

self-image /self ˈɪmɪdʒ/ auto-imagem: opinião que a pessoa tem a respeito de si mesma, ou seja, se acredita ser respeitável, atraente ou inteligente.

self-injury /ˌself ˈɪndʒəri/ autoferimento. ☑ **self-mutilation**. ⇨ **self-harm**.

self-mutilation /ˌself ˌmjuːtɪˈleɪʃ(ə)n/ automutilação. ⇨ **self-injury**.

self-retaining catheter /self rɪˌteɪnɪŋ ˈkæθɪtə/ sonda de auto-retenção; cateter de auto-retenção: sonda que permanece na uretra ou na bexiga até sua deliberada remoção.

self-wounding /self wuːndɪŋ/ autoferimento. ⇨ **self-harm**.

sella turcica /ˌselə ˈtɜːsɪkə/ sela túrcica: proeminência na superfície superior do osso esfenóide, contendo as glândulas pituitárias. ☑ **pituitary fossa**.

semeiology /ˌsiːmaɪˈɒlədʒi/ semiologia. ⇨ **symptomatology**.

semen /ˈsiːmən/ sêmen: líquido espesso, branco-amarelado, contendo espermatozóides, produzido pelos testículos e vesículas seminais e ejaculado pelo pênis.

semi- /semi/ semi-: metade; meio.

semicircular /ˌsemiˈsɜːkjulə/ semicircular: cuja forma se assemelha à metade de um círculo.

semicircular canal /ˌsemisɜːkjulə kəˈnæl/ canal semicircular: um dos três canais semicirculares no ouvido interno, que são parcialmente preenchidos com líquido e ajudam a manter o equilíbrio. Veja ilustração em **Ear**, no Apêndice. Observação: os três canais semicirculares do ouvido interno estão situados em diferentes planos. Quando a pessoa movimenta a cabeça, por exemplo, quando se abaixa, o líquido nos canais se move, e este movimento é comunicado ao cérebro por meio do segmento vestibular do nervo auditivo.

semicircular duct /ˌsemisɜːkjulə ˈdʌkt/ ducto semicircular: um ducto nos canais semicirculares do ouvido.

semicomatose /ˌsemiˈkəumətəus/ semicomatoso: em um estado de inconsciência ou sono, do qual é possível ser despertado.

semi-conscious /ˌsemi ˈkɒnʃəs/ semiconsciente: parcialmente consciente dos acontecimentos. *She was semi-conscious for most of the operation.* / Ela esteve semiconsciente durante a maior parte da cirurgia.

semi-liquid /ˌsemi ˈlɪkwɪd/ semilíquido: parcialmente líquido e parcialmente sólido.

semilunar /ˌsemiˈluːnə/ semilunar: cuja forma se assemelha a uma meia lua.

semilunar cartilage /ˌsemiˌluːnə ˈkɑːtəlɪdʒ/ cartilagem semilunar. ⇨ **meniscus**.

semilunar valve /ˌsemiˌluːnə ˈvælv/ válvula semilunar: uma das duas válvulas cardíacas, a válvula pulmonar e a válvula aórtica, através das quais o sangue sai dos ventrículos.

seminal /ˈsemɪn(ə)l/ seminal: relativo ao sêmen.

seminal fluid /ˈsemɪn(ə)l ˌfluːɪd/ líquido seminal: a parte líquida do sêmen, formada no epidídimo e vesículas seminais.

seminal vesicle /ˌsemɪn(ə)l ˈvesɪk(ə)l/ vesícula seminal: uma das duas glândulas que secretam a parte líquida do sêmen, constituindo um divertículo do ducto deferente.

seminiferous tubule /ˌsemiˌnɪfərəs ˈtjuːbjuːl/ túbulo seminífero: túbulo situado nos testículos, que transporta o sêmen.

seminoma /ˌsemiˈnəumə/ seminoma: tumor testicular maligno. Plural: **seminomas** ou **seminomata**.

semipermeable /ˌsemiˈpɜːmiəb(ə)l/ semipermeável: que permite a passagem de um solvente, como água, mas não da substância dissolvida, ou soluto.

semipermeable membrane /ˌsemiˌpɜːmiəb(ə)l ˈmembreɪn/ membrana semipermeável: membrana permeável a um solvente, mas que impede a passagem do soluto.

semiprone /semiˈprəun/ semipronado: relativo à posição na qual a pessoa, deitada com a face voltada para baixo e para o lado, mantém um joelho e um braço voltados para a frente.

semi-solid /ˌsemi ˈsɒlɪd/ semi-sólido: parcialmente sólido e parcialmente líquido.

SEN abreviatura de **State Enrolled Nurse**.

senescence /sɪˈnesəns/ senescência: o processo do envelhecimento.

senescent /sɪ'nesənt/ senescente: que está envelhecendo.

Sengstaken tube /'seŋzteɪkən tjuːb/ tubo de Sengstaken: tubo com um balão na extremidade, que é inserido no esôfago através da boca, para tratamento de hemorrogia de varizes esofágicas. (Descrito por Robert William Sengstaken, cirurgião norte-americano nascido em 1923.)

senile /'siːnaɪl/ senil: **1** relativo à velhice, ou às condições associadas a ela. **2** relativo à pessoa cujas faculdades mentais começam a se deteriorar, por causa da idade.

senile cataract /ˌsiːnaɪl 'kætərækt/ catarata senil: catarata que ocorre no idoso.

senile dementia /ˌsiːnaɪl dɪ'menʃə/ (antiquado) demência senil: deterioração mental que afeta o idoso.

senile plaque /'siːnaɪl plæk/ placa senil: um depósito esférico de β-amilóide em algumas áreas cerebrais, observado em pessoas com doença de Alzheimer.

senilis /sə'naɪlɪs/ senil. Veja **arcus senilis**.

senility /sə'nɪləti/ senilidade: deterioração da atividade mental associada à idade avançada.

senior /'siːniə/ sênior: **1** pessoa que é mais velha relativamente à outra. **2** que mantém posição mais importante do que outras pessoas, geralmente por ter ingressado há muito na profissão. *He is the senior anaesthetist in the hospital.* / Ele é o anestesista sênior do hospital. *Senior members of staff are allowed to consult the staff records.* / Os membros seniores do *staff* têm permissão para consultar os registros hospitalares.

senna /'senə/ sene; sena: laxativo feito de frutas secas e folhas de uma árvore tropical do gênero *Senna*.

sensation /sen'seɪʃ(ə)n/ sensação: impressão ou sentimento que é percebido por um nervo sensorial e enviado ao cérebro.

sense /sens/ **1** senso; sentido: a) uma das cinco faculdades pelas quais o indivíduo percebe qualquer estímulo do mundo exterior: visão, audição, olfato, paladar e tato. *When she had a cold, she lost her sense of smell.* / Ela perdeu o sentido do olfato, quando teve um resfriado. b) a capacidade de discernir ou julgar alguma coisa. **2** sentir; perceber: tomar conhecimento de qualquer estímulo por outros meios que não seja a visão. *Teeth can sense changes in temperature.* / Os dentes podem sentir as mudanças de temperatura.

sense of balance /ˌsens əv 'bæləns/ sentido do equilíbrio; sentido estático: sentido que mantém o indivíduo na postura fisiológica normal (vertical), governado pelo mecanismo de equilíbrio do líquido no ouvido interno.

sense organ /sens 'ɔːgən/ órgão do sentido: um órgão no qual há vários nervos sensitivos que podem detectar os estímulos ambientais, tais como odor, calor ou dor, e que transmitem informações sobre esses estímulos ao sistema nervoso central, por exemplo, o nariz ou a pele.

sensibility /ˌsensɪ'bɪləti/ sensibilidade: a capacidade de detectar e interpretar sensações.

sensible /'sensɪb(ə)l/ sensível: **1** que demonstra sensatez ou bom julgamento. **2** capaz de ser percebido pelos sentidos.

sensible perspiration /ˌsensəb(ə)l ˌpɜːspə'reɪʃ(ə)n/ perspiração sensível: suor excretado em grande quantidade pelas glândulas sudoríparas, que se torna visível como gotículas na pele.

sensitisation /ˌsensɪtaɪ'zeɪʃ(ə)n/ sensibilização: **1** o processo de tornar uma pessoa sensível a alguma coisa. **2** uma reação inesperada a medicamento ou alérgeno, causada pela presença de anticorpos criados quando a pessoa foi exposta anteriormente ao medicamento ou ao alérgeno. Usa-se também **sensitization**.

sensitise /'sensɪtaɪz/ sensibilizar: tornar alguém sensível a medicamento ou alérgeno. Usa-se também **sensitize**.

sensitised person /ˌsensɪtaɪzd 'pɜːs(ə)n/ pessoa sensível: pessoa que é alérgica a um medicamento específico. Usa-se também **sensitized person**.

sensitising agent /'sensɪtaɪzɪŋ ˌeɪdʒənt/ agente sensibilizante: substância que, agindo como um antígeno, estimula o organismo a formar anticorpos. Usa-se também **sensitizing agent**.

sensitive /'sensɪtɪv/ sensível; sensitivo: **1** capaz de detectar e responder a um estímulo externo. **2** que tem uma reação inesperada a medicamento ou alérgeno, causada pela presença de anticorpos criados quando a pessoa foi exposta anteriormente ao medicamento ou ao alérgeno.

sensitivity /ˌsensɪ'tɪvɪti/ sensibilidade: **1** o fato de ser capaz de detectar e responder a um estímulo externo. **2** em um teste, a proporção de indivíduos com resposta positiva a uma doença específica. Uma alta proporção de resultados verdadeiramente positivos pode indicar uma baixa proporção de pessoas incorretamente classificadas como negativas. Compare com **specificity**.

sensorineural deafness /ˌsensəriˌnjuərəl 'defnəs/ surdez sensorineural: surdez causada por disfunção nos nervos auditivos ou centros cerebrais receptores dos impulsos nervosos. ☑ **sensorineural hearing loss; perceptive deafness**.

sensorineural hearing loss /ˌsensəriˌnjuərəl 'hɪərɪŋ lɒs/ surdez sensorineural. ⇨ **sensorineural deafness**.

sensory /'sensəri/ sensorial: relativo à detecção das sensações pelas células nervosas.

sensory cortex /ˌsensəri 'kɔːteks/ (antiquado) córtex sensorial: área do córtex cerebral receptora dos impulsos dos nervos sensitivos em geral.

sensory deprivation /ˌsensəri ˌdeprɪ'veɪʃ(ə)n/ privação sensorial: condição caracterizada por ausência de percepção aos estímulos externos, levando a um estado de confusão mental.

sensory nerve /'sensəri nɜːv/ nervo sensorial; nervo sensitivo: nervo que registra as sensações, tais como calor, paladar ou dor, e envia impulsos da periferia ao cérebro e medula espinhal. ☑ **afferent nerve**.

S

sensory neurone /ˌsensəri ˈnjʊərəʊn/ neurônio sensitivo: qualquer célula nervosa que transmite impulsos sensoriais do receptor para o sistema nervoso central.

sensory receptor /ˌsensəri rɪˈseptə/ receptor sensorial: célula sensível às mudanças do meio ambiente, por exemplo, frio ou pressão, que reage a essas mudanças enviando impulsos ao sistema nervoso. ☑ **nerve ending**.

separate /ˈsepəreɪt/ **1** separar: apartar ou desunir duas ou mais pessoas ou coisas. *The surgeons believe it may be possible to separate the conjoined twins.* / Os cirurgiões acreditam que possa ser possível separar os gêmeos unidos. *The retina has become separated from the back of the eye.* / A retina separou-se da parte posterior do olho. **2** separado: a) que não toca em outra coisa; isolado. b) distinto, à parte.

separation /ˌsepəˈreɪʃ(ə)n/ separação: o ato de separar ou desunir duas ou mais pessoas ou coisas, ou o estado de ser separado.

separation anxiety /ˌsepəˈreɪʃ(ə)n æŋˌzaɪəti/ ansiedade da separação: apreensão ou temor, principalmente infantil, relacionado ao afastamento ou perda da mãe ou de um acompanhante.

sepsis /ˈsepsɪs/ sépsis; sepse: a presença de bactérias formadoras de pus, ou suas toxinas, na corrente sanguínea ou tecidos, podendo causar septicemia.

sept- /sept/ ⇨ **septi-**.

septal /ˈsept(ə)l/ septal: relativo a um septo.

septal defect /ˌsept(ə)l ˈdiːfekt/ defeito septal: condição congênita caracterizada por defeito no septo entre as câmaras direita e esquerda do coração, permitindo a passagem de grande quantidade de sangue para os pulmões e levando, em casos graves, à hipertensão pulmonar e, algumas vezes, à insuficiência cardíaca. ☑ **hole in the heart**.

septate /ˈsepteɪt/ septado: dividido por um septo.

septi- /septɪ/ sepsi(o)-; septic(o)-: relativo à sepse. Nota: antes de vogais usa-se **sept-**.

septic /ˈseptɪk/ séptico: referente a, ou produzido por sépsis.

septicaemia /ˌseptɪˈsiːmiə/ septicemia: condição caracterizada pela propagação de bactérias ou suas toxinas na corrente sanguínea. Veja também **blood poisoning**. Nota: no inglês americano usa-se **septicemia**.

septicaemic /ˌseptɪˈsiːmɪk/ septicêmico: causado ou associado com septicemia. Nota: no inglês americano usa-se **septicemic**.

septicaemic plague /ˌseptɪsiːmɪk ˈpleɪɡ/ peste septicêmica: uma forma, geralmente fatal, de peste bubônica, acompanhada de bacteremia profunda.

septic shock /ˌseptɪk ˈʃɒk/ choque séptico: choque causado por toxinas bacterianas na corrente sanguínea, resultante de infecção. Há uma queda dramática na pressão arterial, impedindo o suprimento de sangue para os órgãos. A síndrome do choque tóxico é um tipo de choque séptico.

septo- /septəʊ/ septo-: relativo a um septo ou divisória.

septoplasty /ˈseptəʊplæsti/ septoplastia: cirurgia para corrigir a cartilagem de um septo. Plural: **septoplasties**.

Septrin /ˈseptrɪn/ Septrin: o nome comercial do cotrimoxazol.

septum /ˈseptəm/ septo: parede delgada que divide um órgão, por exemplo, uma porção membranosa entre as câmaras do coração ou entre as duas narinas. Veja ilustração em **Heart**, no Apêndice. Plural: **septa**.

septum defect /ˈseptəm ˌdiːfekt/ defeito septal: condição caracterizada por uma abertura no septo entre as câmaras do coração.

sequela /sɪˈkwiːlə/ seqüela: complicações decorrentes de doença ou distúrbio anterior. *a case of osteomyelitis as a sequela of multiple fractures of the mandible* / um caso de osteomielite como seqüela de múltiplas fraturas da mandíbula. *biochemical and hormonal sequelae of the eating disorders* / seqüelas bioquímicas e hormonais de distúrbios da alimentação. *Kaposi's sarcoma can be a sequela of AIDS.* / O sarcoma de Kaposi pode ser uma seqüela da AIDS. Plural: **sequelae**.

sequence /ˈsiːkwəns/ **1** seqüência: série de coisas, números etc., que se sucedem. **2** seqüenciar: a) colocar na ordem ou seqüência. b) mostrar de que maneira os aminoácidos se conectam em cadeias para formar proteínas.

sequestration /ˌsiːkweˈstreɪʃ(ə)n/ seqüestro; seqüestração: **1** o ato de manter uma pessoa em lugar isolado, privando-a de sua liberdade. **2** a perda de sangue para espaços corporais, reduzindo o seu volume circulante. A seqüestração pode ocorrer naturalmente ou pode ser provocada pela aplicação de um torniquete. *pulmonary sequestration* / seqüestração pulmonar. *A dry hacking cough can cause sequestration of the peritoneum in the upper abdomen.* / Uma tosse pleurítica pode causar seqüestração do peritôneo, no abdome superior. **3** a formação de um seqüestro.

sequestrectomy /ˌsiːkwɪˈstrektəmi/ seqüestrectomia: cirurgia para remoção de um seqüestro. Plural: **sequestrectomies**.

sequestrum /sɪˈkwestrəm/ seqüestro: parte de um osso afetado por necrose, que se separou do restante do osso sadio. Plural: **sequestra**.

ser- /sɪər/ ⇨ **sero-**.

serine /ˈserɪn/ serina: um aminoácido produzido na hidrólise da proteína.

serious /ˈsɪəriəs/ grave; sério; importante: **1** que tem consequências muito graves ou perigosas. *He's had a serious illness.* / Ele teve uma doença grave. *There was a serious accident on the motorway.* / Houve um acidente grave na rodovia. *There is a serious shortage of plasma.* / Há uma séria escassez de plasma. **2** cuidadoso e não superficial ou jocoso. *a serious discussion on* *the appropriateness of the treatment* / uma discussão séria sobre a adequação do tratamento. *serious about becoming a GP* / sério (propósito) de se tornar clínico geral.

seriously /ˈsɪərɪəsli/ seriamente; gravemente: de forma séria ou grave. *She is seriously ill.* / Ela está seriamente doente.

SERM abreviatura de **selective (o)estrogen receptor modulator**.

sero- /sɪərəʊ/ ser(o)-: **1** relativo ao soro sanguíneo. **2** relativo à membrana serosa. Nota: antes de vogais usa-se **ser-**.

seroconvert /ˌsɪərəʊkənˈvɜːt/ fazer soroconversão: produzir anticorpos específicos em resposta à presença de um antígeno, como uma bactéria ou um vírus.

serological /ˌsɪərəˈlɒdʒɪk(ə)l/ sorológico: relativo à sorologia.

serological diagnosis /ˌsɪərəʊlɒdʒɪk(ə)l ˌdaɪəgˈnəʊsɪs/ diagnóstico sorológico: diagnóstico resultante de uma análise de soro.

serological type /ˌsɪərəlɒdʒɪk(ə)l ˈtaɪp/ sorotipo. ⇨ **serotype** (acepção 1).

serology /sɪəˈrɒlədʒi/ serologia: o estudo científico do soro e de seus anticorpos.

seronegative /ˌsɪərəʊˈnegətɪv/ soronegativo: diz-se do indivíduo cuja reação a um teste sorológico é negativa.

seropositive /ˌsɪərəʊˈpɒzɪtɪv/ soropositivo: diz-se do indivíduo cuja reação a um teste sorológico é soropositivo.

seropus /ˈsɪərəʊˌpʌs/ seropus; soropus: uma mistura de soro e pus.

serosa /sɪˈrəʊsə/ serosa. ⇨ **serous membrane**. Plural: **serosas** ou **serosae**.

serositis /ˌsɪərəʊˈsaɪtɪs/ serosite: inflamação de uma membrana serosa.

serotherapy /ˌsɪərəʊˈθerəpi/ seroterapia; soroterapia: tratamento de uma doença pela utilização de soro de pessoa imune ou animais imunizados.

serotonin /ˌsɪərəˈtəʊnɪn/ serotonina: um elemento composto neurotransmissor e vasoconstritor, presente principalmente nas plaquetas sanguíneas. A serotonina tem um papel importante no sono e no humor.

serotype /ˈsɪərəʊtaɪp/ **1** sorotipo: a) uma categoria na qual se classificam microorganismos ou bactérias de acordo com suas reações a anticorpos específicos. b) uma série de antígenos comuns existentes nos microorganismos ou bactérias. ☑ **serological type**. **2** sorotipar: agrupar microorganismos ou bactérias de acordo com seus antígenos.

serous /ˈsɪərəs/ seroso: relativo a, que produz soro, ou semelhante ao soro.

serous membrane /ˌsɪərəs ˈmembreɪn/ membrana serosa: membrana que, além de revestir uma cavidade interna, cobre os órgãos nela contidos, por exemplo, o peritôneo, que reveste a cavidade abdominal; ou a pleura, que reveste a cavidade torácica. ☑ **serosa**.

serous pericardium /ˌsɪərəs ˌperiˈkɑːdɪəm/ pericárdio seroso: a parte interna do pericárdio, que forma uma estrutura semelhante a um saco duplo, contendo líquido para prevenir o atrito das duas partes do pericárdio.

serpens /ˈsɜːpenz/ serpiginoso. Veja **erythema serpens**.

serpiginous /səˈpɪdʒɪnəs/ serpiginoso: **1** relativo à úlcera ou erupção que parece se arrastar pela pele. **2** relativo à ferida ou úlcera com a borda ondulada.

serrated /səˈreɪtɪd/ serrilhado; denteado: com a borda em ziguezague ou semelhante a uma serra.

serration /səˈreɪʃ(ə)n/ serrilha: uma das pontas de uma borda serrilhada ou em ziguezague.

Sertoli cells /səˈtəʊli selz/ (plural) células de Sertoli: células nos túbulos seminíferos, que fornecem suporte e proteção às células sexuais. (Descritas em 1865 por Enrico Sertoli [1842–1910], histologista italiano, professor de fisiologia experimental em Milão, Itália.)

sertraline /ˈsɜːtrəliːn/ sertralina: agente antidepressivo que estende sua ação ao neurotransmissor serotonina; é também usado no tratamento do distúrbio obsessivo-compulsivo e do distúrbio do estresse pós-traumático.

serum /ˈsɪərəm/ soro: **1** líquido que se separa do sangue coagulado e é semelhante ao plasma, exceto por não conter agentes coagulantes. ☑ **blood serum**. **2** soro sanguíneo extraído de animal que desenvolveu anticorpos bacterianos, usado em pacientes humanos para conferir imunidade temporária a uma doença. ☑ **antiserum**. **3** qualquer líquido corporal claro e aquoso, principalmente o líquido proveniente de uma membrana serosa. Plural: **serums** ou **sera**. Observação: o soro sanguíneo é plasma sem os agentes coagulantes. Ele contém sal e pequenas quantidades de albumina, globulina, aminoácidos, gorduras e açúcares; seu principal componente é a água.

serum albumin /ˌsɪərəm ˈælbjʊmɪn/ albumina sérica: a principal proteína presente no plasma sanguíneo.

serum bilirubin /ˌsɪərəm bɪliˈruːbɪn/ bilirrubina sérica: bilirrubina, no soro, que constitui um produto da conversão da hemoglobina quando os glóbulos vermelhos são destruídos.

serum globulin /ˌsɪərəm ˈglɒbjʊlɪn/ globulina sérica: a principal proteína presente no soro sanguíneo, que é também um anticorpo.

serum glutamic-oxalacetic transaminase /ˌsɪərəm gluːˌtæmɪk ˌɒksæləsiːtɪk trænsˈæ mɪneɪz/ transaminase glutâmico-oxaloacética sérica: uma enzima encontrada no fígado; quando ocorre uma lesão deste órgão, a enzima nele contida é liberada, com elevação de sua taxa no sangue de indivíduos que sofreram um ataque cardíaco. Abreviatura: **SGOT**. Nota: em português usa-se também a abreviatura **TGO**.

serum glutamic-pyruvic transaminase /ˌsɪərəm gluːˌtæmɪk paɪˌruːvɪk trænsˈæmɪneɪz/

S

transaminase glutamicopirúvica sérica: uma enzima encontrada nas células parenquimatosas hepáticas; quando ocorre inflamação do fígado, a enzima nele contida é liberada, com elevação de sua taxa no sangue de pacientes com hepatite infecciosa. Abreviatura: **SGPT**. Nota: em português usa-se também a abreviatura **TGP**.

serum hepatitis /ˌsɪərəm ˌhepəˈtaɪtɪs/ hepatite sérica: forma grave de hepatite, transmitida por transfusão com sangue infectado, instrumentos cirúrgicos não esterilizados, agulhas contaminadas ou relação sexual. ☑ **hepatitis B**; **viral hepatitis**.

serum sickness /ˈsɪərəm ˌsɪknəs/ doença do soro: reação alérgica que ocorre algumas vezes após tratamento sorológico, utilizado antigamente como um reforço de imunidade passiva.

serum therapy /ˈsɪərəm θerəpi/ soroterapia: a administração de soro de um animal, freqüentemente o cavalo, que foi imunizado pela injeção ou infecção com o antígeno, usada antigamente como um reforço de imunidade passiva.

serve /sɜːv/ servir; atender: **1** oferecer comida ou alimento a uma pessoa. *Lunch is served in the ward at 12:30*. / O almoço é servido na enfermaria às 12h30. **2** ser útil a uma pessoa ou grupo. *The clinic serves the local community well*. / A clínica atende bem a comunidade local. **3** ter um determinado efeito ou resultado. *The letter serves to remind you of your outpatients' appointment*. / A carta serve para lembrá-lo de suas consultas com os pacientes externos.

service /ˈsɜːvɪs/ serviço: **1** algo que se faz para uma pessoa ou grupo. **2** o trabalho executado por um grupo de pessoas.

sesamoid /ˈsesəmɔɪd/ sesamóide: qualquer osso nodular pequeno em um tendão, situando-se o maior deles na patela. ☑ **sesamoid bone**.

sesamoid bone /ˈsesəmɔɪd bəʊn/ osso sesamóide. ⇨ **sesamoid**.

sessile /ˈsesaɪl/ séssil: relativo a algo, principalmente um tumor, sem pedículo ou caule. Oposto de **pedunculate**.

session /ˈseʃ(ə)n/ sessão: uma consulta com o terapeuta ou outro profissional da saúde. *She has two sessions a week of physiotherapy*. / Ela tem duas sessões de fisioterapia por semana. *The evening session had to be cancelled because the therapist was ill*. / A sessão do final da tarde precisou ser cancelada porque o terapista estava doente.

set /set/ soldar; consolidar; encanar: **1** colocar novamente no lugar as partes fraturadas de um osso, mantendo-o fixo até que se solde. *The doctor set the man's broken arm*. / O médico encanou o braço fraturado do homem. **2** (osso fraturado) soldar, formando um osso sólido novamente. *His arm has set very quickly*. / O braço dele consolidou-se com muita rapidez. *Her broken wrist is setting very well*. / O punho fraturado dela está se consolidando muito bem. Veja também **reset**.

settle /ˈset(ə)l/ acomodar-se; estabelecer-se; instalar-se: **1** começar a se sentir confortável e

à vontade, ou fazer uma pessoa se sentir confortável ou à vontade. **2** (sedimento) depositar-se no fundo de um líquido. **3** (parasita) instalar-se, permanecer em uma parte do corpo. *The fluke settles in the liver*. / O trematódeo instala-se no fígado.

sever /ˈsevə/ cortar; decepar: cortar ou desunir alguma coisa. *His hand was severed at the wrist*. / A mão dele foi decepada no punho. *Surgeons tried to sew the severed finger back onto the patient's hand*. / Os cirurgiões tentaram costurar o dedo decepado de volta na mão do paciente.

severe /sɪˈvɪə/ sério; forte; grave: muito ruim ou perigoso. *The patient experienced severe bleeding*. / O paciente teve um forte sangramento. *A severe outbreak of whooping cough occurred during the winter*. / Ocorreu um surto grave de coqueluche durante o inverno.

severe acute respiratory disorder /sɪˌvɪə əˌkjuːt rɪˈspɪrət(ə)ri dɪsˌɔːdə/ síndrome respiratória aguda grave. ⇨ **severe acute respiratory syndrome**.

severe acute respiratory syndrome /sɪˌvɪə əˌkjuːt rɪˈspɪrət(ə)ri ˌsɪndrəʊm/ síndrome respiratória aguda grave: infecção grave, algumas vezes fatal, que afeta o sistema respiratório, vista pela primeira vez na China. Casos suspeitos de SARS devem ser isolados, tomando-se todas as precauções necessárias para se evitar a propagação da doença. Abreviatura: **SARS**. ☑ **severe acute respiratory disorder**.

severe combined immunodeficiency /sɪˌvɪə kəmbaɪnd ˌɪmjʊnəʊdɪˈfɪʃ(ə)nsi/ imunodeficiência associada grave. Abreviatura: **SCID**.

severely /sɪˈvɪəli/ muito sério; gravemente; intensamente: muito ruim ou perigoso. *Her breathing was severely affected*. / A respiração dela foi gravemente afetada.

> ...*many severely confused patients, particularly those in advanced stages of Alzheimer's disease, do not respond to verbal communication*. "...muitos pacientes em estado de confusão mental muito séria, particularmente aqueles em estágios avançados da doença de Alzheimer, não respondem à comunicação verbal." (*Nursing Times*)

severity /sɪˈverɪti/ severidade; gravidade: o grau de periculosidade de alguma coisa. *Treatment depends on the severity of the attack*. / O tratamento depende da gravidade do ataque.

sex /seks/ sexo: **1** um dos dois grupos, masculino ou feminino, em que animais e plantas podem ser divididos. *The sex of a baby can be identified before birth*. / O sexo de um bebê pode ser identificado antes do nascimento. **2** ⇨ **sexual intercourse**.

sex act /ˈseks ækt/ ato sexual: o ato de manter uma relação sexual.

sexarche /ˈseksɑːki/ início da sexualidade: a idade em que um indivíduo tem sua primeira relação sexual.

sex change /ˈseks tʃeɪndʒ/ alteração de sexo: procedimento cirúrgico, associado com tratamento hormonal, para alterar as características físicas sexuais de uma pessoa, de femininas para masculinas e vice-versa.

sex chromosome /'seks ˌkrəʊməsəʊm/ cromossomo sexual: um cromossomo que determina o sexo de uma pessoa. Veja também **X chromosome**. Observação: de vinte e três pares de cromossomos em cada célula humana, dois são cromossomos sexuais, conhecidos como X e Y. As mulheres têm um par de cromossomos X e os homens, um par que consiste em um cromossomo X e um Y. O sexo de uma criança é determinado pelo espermatozóide do pai. Enquanto o ovo da mãe contém apenas cromossomos X, o espermatozóide do pai pode conter tanto um cromossomo X quanto um Y. Se o ovo é fertilizado por um espermatozóide contendo o cromossomo X, o embrião terá o par XX e, assim, será do sexo feminino. Cromossomos desordenados afetam o desenvolvimento sexual: uma pessoa com um par de cromossomos XO (isto é, um cromossomo X sozinho) sofre da síndrome de Turner; uma pessoa com um cromossomo X extra (formando o conjunto XXY) sofre da síndrome de Klinefelter. A hemofilia é um distúrbio associado ao cromossomo X.

sex determination /'seks dɪtɜːmɪˌneɪʃ(ə)n/ determinação sexual: a maneira pela qual o sexo de um organismo individual é fixado pelo número de cromossomos que compõem sua estrutura celular.

sex hormone /seks 'hɔːməʊn/ hormônio sexual: os hormônios sexuais, estrogênio ou androgênio, que promovem o desenvolvimento de características sexuais secundárias.

sex-linkage /'seks ˌlɪŋkɪdʒ/ ligação sexual; vinculação sexual: a existência de características que são transmitidas pelos cromossomos X.

sex-linked /'seks ˌlɪŋkt/ ligado ao sexo: **1** relativo aos genes presentes nos cromossomos X. **2** relativo a características, por exemplo, cegueira para as cores, que são transmitidas pelos cromossomos X.

sexology /sek'sɒlədʒi/ sexologia: o estudo do sexo e do comportamento sexual.

sex organ /'seks ˌɔːgən/ órgão sexual: um órgão que é associado com a relação sexual e a reprodução, por exemplo, os testículos e o pênis no homem, e os ovários, as tubas de Falópio (atual *tubas uterinas*), a vagina e a vulva na mulher.

sex selection /'seks sɪˌlekʃ(ə)n/ seleção sexual: a determinação do sexo de uma criança antes da concepção, pela separação dos espermatozóides contendo os cromossomos Y daqueles contendo os cromossomos X.

sextuplet /'sekstjʊplət/ sêxtuplo: um de seis bebês nascidos no mesmo parto.

sexual /'sekʃʊəl/ sexual: relativo ao sexo.

sexual act /'sekʃʊəl ækt/ ato sexual: o ato de manter uma relação sexual.

sexual attraction /ˌsekʃʊəl ə'trækʃ(ə)n/ atração sexual: o desejo de manter relação sexual com alguém.

sexual deviation /ˌsekʃʊəl diːvi'eɪʃ(ə)n/ desvio sexual; perversão sexual: qualquer desvio comportamental que não é aceito pela sociedade em que se vive. Na sociedade ocidental, podemos citar como exemplos de desvio sexual o sadismo e o voyerismo.

sexual intercourse /ˌsekʃʊəl 'ɪntəkɔːs/ relação sexual: contato físico entre duas pessoas, que envolve a estimulação dos genitais, principalmente a penetração da vagina pelo pênis. O sêmen ejaculado pelo homem contém espermatozóides que podem fertilizar um ovo feminino nos ovários. ☑ **sex; coiton; coitus; copulation; intercourse**.

sexually transmitted disease /ˌsekʃʊəli trænsˌmɪtɪd dɪ'ziːz/ doença sexualmente transmissível: doença ou infecção transmitida de uma pessoa infectada para outra durante a relação sexual. Abreviatura: **STD**. ☑ **sexually transmitted infection**. Observação: entre as doenças sexualmente transmissíveis, as mais comuns são uretrite, herpes genital, hepatite B e gonorréia; a AIDS também é uma doença sexualmente transmissível. A disseminação das doenças sexualmente transmissíveis pode ser restringida pelo uso de preservativos. Outras formas de contracepção não oferecem proteção contra a disseminação da doença.

sexually transmitted infection /ˌsekʃʊəli trænsˌmɪtɪd ɪnˌfekʃən/ infecção sexualmente transmissível. Abreviatura: **STI**. ⇨ **sexually transmitted disease**.

sexual reproduction /ˌsekʃʊəl ˌriːprə'dʌkʃən/ reprodução sexuada: reprodução que se dá pela união dos gametas masculino e feminino.

SFD abreviatura de **small for dates**.

SGOT abreviatura de **serum glutamic-oxalacetic transaminase**.

SGPT abreviatura de **serum glutamic-pyruvic transaminase**.

shaft /ʃɑːft/ diáfise; corpo: **1** a porção central de um osso longo, entre as epífises. **2** a porção principal do pênis ereto. ⇨ **diaphysis**.

shake /ʃeɪk/ tremer; sacudir; agitar: tremer, ou fazer alguma coisa tremer, com movimentos curtos e rápidos.

shaken baby syndrome /ˌʃeɪkən 'beɪbi ˌsɪndrəʊm/ síndrome do bebê agredido: uma série de lesões cerebrais em crianças muito pequenas, que são sacudidas violentamente. Pode resultar em dano cerebral e causar distúrbios da fala e do aprendizado, paralisia, convulsões e perda auditiva, além de colocar em risco a vida do bebê. ☑ **shaken infant syndrome**.

shaken infant syndrome /ˌʃeɪkən ˌɪnfənt ˌsɪndrəʊm/ síndrome do recém-nascido agredido. ⇨ **shaken baby syndrome**.

shaky /'ʃeɪki/ trêmulo; vacilante: que se sente fraco e instável.

share /ʃeə/ **1** dividir: a) usar ou fazer alguma coisa junto com outras pessoas. b) repartir as partes de um todo entre diferentes pessoas ou grupos. **2**

S

divisão: uma porção de um todo repartida entre pessoas ou grupos.

shared care /ˌʃeəd ˈkeə/ assistência conjunta: assistência pré-natal oferecida conjuntamente, em um hospital, por obstetra e clínico geral, ou nos lares, por parteira de comunidade.

sharp /ʃɑːp/ agudo; cortante; afiado: **1** capaz de cortar com facilidade. *A surgeon's knife has to be kept sharp.* / O bisturi de um cirurgião precisa ser mantido afiado. **2** que fere ou dói de maneira súbita e intensa. *She felt a sharp pain in her shoulder.* / Ela sentiu uma dor aguda no ombro.

sharply /ˈʃɑːpli/ bruscamente; claramente; acentuadamente: que acontece de maneira súbita e intensa. *His condition deteriorated sharply during the night.* / A condição dele decaiu acentuadamente durante a noite.

sharps /ʃɑːps/ (plural, informal) sharps: objetos com pontas, por exemplo, seringas.

shave /ʃeɪv/ **1** depilação: remoção de pêlos, rente à pele, com navalha. **2** depilar; fazer a barba: fazer a remoção de pêlos ou cabelo com navalha.

sheath /ʃiːθ/ bainha; preservativo: **1** bainha de tecido que envolve um músculo ou um feixe de fibras nervosas. **2** ⇨ **condom**.

shed /ʃed/ derramar; verter (sangue); expulsar: perder sangue ou tecido. *The lining of the uterus is shed at each menstrual period.* / O revestimento do útero verte sangue a cada período menstrual. *He was given a transfusion because he had shed a lot of blood.* / Ele recebeu uma transfusão, porque derramou muito sangue.

sheet /ʃiːt/ lençol: peça grande de tecido com que se envolve o colchão da cama. *The sheets must be changed each day.* / Os lençóis precisam ser trocados todos os dias. *The soiled sheets were sent to the hospital laundry.* / Os lençóis sujos são enviados para a lavanderia do hospital. Veja também **draw-sheet**.

shelf operation /ˈʃelf ˌɒpəreɪʃ(ə)n/ operação em prateleira: cirurgia para tratamento de deslocamento congênito do quadril em crianças, na qual o tecido ósseo é enxertado no acetábulo.

sheltered accommodation /ˌʃeltəd əˌkɒməˈdeɪʃ(ə)n/ asilo; abrigo para idosos: quartos ou pequenos apartamentos para pessoas idosas, com um médico supervisor residente ou enfermeira. ☑ **sheltered housing**.

sheltered housing /ˌʃeltəd ˈhauzɪŋ/ abrigo para idosos. ⇨ **sheltered accommodation**.

shiatsu /ʃiˈætsuː/ shiatsu: forma de massagem terapêutica que envolve a compressão de pontos específicos do corpo (pontos de acupuntura) com as mãos, a fim de estimular e redistribuir a energia.

shift /ʃɪft/ turno; desvio; mudança: **1** em uma empresa, revezamento de um grupo de trabalho por outro, no qual todos têm a mesma carga horária. *She is working on the night shift.* / Ela está trabalhando no turno da noite. *The day shift comes on duty at 6.30 in the morning.* / O turno diurno começa às 6h30 da manhã. **2** um período de tempo trabalhado por um grupo de empregados. **3** um movimento ou alteração.

Shigella /ʃɪˈgelə/ *Shigella:* gênero de bactérias causadoras da disenteria.

shigellosis /ˌʃɪgeˈləusɪs/ *shigelose:* disenteria bacilar causada pela infestação do trato digestivo com bactérias do gênero *Shigella.*

shin /ʃɪn/ canela: a parte anterior da perna.

shinbone /ˈʃɪnbəun/ tíbia. ⇨ **tibia**.

shiner /ˈʃaɪnə/ (informal) olho preto; olho roxo. ⇨ **black eye**.

shingles /ˈʃɪŋgəlz/ herpes-zoster. ⇨ **herpes zoster**.

shin splints /ˈʃɪn splɪnts/ (plural) dores na canela: dores extremamente agudas na parte anterior da perna, observadas em atletas. Veja também **splint**.

Shirodkar's operation /ʃɪˈrɒdkɑːz ɒpəˌreɪʃ(ə)n/ operação de Shirodkar: cirurgia para estreitamento do colo do útero em mulher que sofreu abortos habituais, a fim de prevenir um novo aborto; a sutura é removida antes de se iniciarem os trabalhos de parto. ☑ **pursestring operation**. (Descrita por N. V. Shirodkar [1900–1971], obstetra indiano.)

Shirodkar suture /ʃɪˈrɒdkɑː ˌsuːtʃə/ sutura de Shirodkar: tipo de sutura feita com um fio que circunda e aperta o colo do útero durante a gravidez, a fim de prevenir a ocorrência de aborto. ☑ **pursestring stitch**.

shiver /ˈʃɪvə/ estremecer; tremer: **1** tremer por causa de frio ou febre. **2** tremor; calafrio: tremor causado por contração ou abalos musculares involuntários.

shivering /ˈʃɪvərɪŋ/ tremor; calafrio: tremores de frio ou febre, causados por contração ou abalos musculares involuntários.

shivery /ˈʃɪvəri/ trêmulo; com calafrios: tremendo de frio, medo ou alguma condição médica.

shock /ʃɒk/ **1** choque; concussão: estado de fraqueza causado por doença ou lesão, que pode resultar de uma redução brusca da pressão arterial. *The patient went into shock.* / O paciente entrou em choque. *Several of the passengers were treated for shock.* / Vários passageiros receberam tratamento de choque. ◊ **traumatic shock:** choque traumático: estado de choque causado por lesão, que leva à perda de sangue. **2** abalar; chocar: causar surpresa desagradável a uma pessoa, deixando-a em estado de choque. *She was still shocked several hours after the accident.* / Ela ainda estava abalada, várias horas após o acidente.

shock lung /ʃɒk ˈlʌŋ/ pulmão de choque: condição grave que ocorre no decurso de um choque, caracterizada por insuficiência respiratória aguda.

shock syndrome /ˈʃɒk ˌsɪndrəum/ síndrome do choque: conjunto de sintomas, tais como palidez facial, hipotermia, pressão baixa, pulso rápido e irregular, que indicam um estado de choque. Veja também **anaphylactic shock**.

shock therapy /'ʃɒk ˌθerəpi/ terapia por choque: método de tratamento de distúrbios mentais no qual são provocadas convulsões por meio de choques elétricos no paciente anestesiado. ☑ **shock treatment**.

shock treatment /'ʃɒk 'tri:tmənt/ tratamento de choque. ⇨ **shock therapy**.

shoot /ʃuːt/ (dor) atravessar rapidamente; doer súbita ou agudamente: ter a sensação de que uma dor súbita e aguda penetra no corpo todo. *The pain shot down his arm.* / A dor atravessou-lhe rapidamente o braço (o braço dele).

shooting /'ʃuːtɪŋ/ (dor) penetrante, aguda: uma dor súbita e intensa.

short /ʃɔːt/ pequeno: **1** desprovido de alguma coisa. **2** não muito alto ou grande.

short-acting /ˌʃɔːt 'æktɪŋ/ de ação rápida: eficaz apenas por um curto período de tempo.

shortness of breath /ˌʃɔːtnəs əv 'breθ/ dispnéia; falta de ar: incapacidade de respirar normalmente, dificultando o suprimento do oxigênio necessário ao organismo.

short of breath /ˌʃɔːt əv 'breθ/ com falta de ar; dispnéico: que tem dificuldade de respirar normalmente, dificultando o susprimento do oxigênio necessário ao organismo. *After running up the stairs he was short of breath.* / Depois que subiu as escadas correndo, ele ficou com falta de ar.

shortsighted /ˌʃɔːt'saɪtɪd/ míope. ⇨ **myopic**.

shortsightedness /ˌʃɔːt'saɪtɪdnəs/ miopia. ⇨ **myopia**.

shot /ʃɒt/ (informal) injeção. ⇨ **injection**. *The doctor gave her a tetanus shot.* / O médico administrou-lhe (a ela) uma injeção contra tétano. *He needed a shot of morphine to relieve the pain.* / Ele precisou de uma injeção de morfina para aliviar a dor.

shoulder /'ʃəʊldə/ ombro: junção do braço e tronco. *He dislocated his shoulder.* / Ele deslocou o ombro. *She was complaining of pains in her shoulder* or *of shoulder pains.* / Ela estava se queixando de dores no ombro.

shoulder blade /'ʃəʊldə bleɪd/ escápula; omoplata. ⇨ **scapula**.

shoulder girdle /'ʃəʊldə ˌɡɜːd(ə)l/ cintura escapular. ⇨ **pectoral girdle**.

shoulder joint /'ʃəʊldə dʒɔɪnt/ articulação do ombro: articulação em bola e soquete, que permite o movimento de rotação do braço em qualquer direção.

shoulder lift /'ʃəʊldə lɪft/ levantamento pelos ombros: maneira de transportar um pessoa pesada, na qual a parte superior do seu corpo repousa no ombro de dois carregadores.

shoulder presentation /'ʃəʊldə ˌprez(ə)nˌteɪʃ(ə)n/ apresentação de ombro: a posição do feto no útero, de modo que a parte apresentada primeiramente no parto é o ombro.

show /ʃəʊ/ mostra: **1** o primeiro aparecimento de sangue, que indica trabalho de parto iminente. **2** mostrar: a) exibir alguma coisa, ou permitir que algo se torne visível. b) fornecer prova ou evidência convincente de alguma coisa.

shrivel /'ʃrɪv(ə)l/ enrugar; murchar: tornar-se seco e enrugado. Usam-se também **shrivelling**; **shrivelled**; no inglês americano usam-se **shriveling**; **shriveled**.

shuffling gait /ˌʃʌf(ə)lɪŋ 'ɡeɪt/ marcha dos pés arrastados. ⇨ **shuffling walk**.

shuffling walk /ˌʃʌf(ə)lɪŋ 'wɔːk/ marcha dos pés arrastados: maneira de andar na qual os pés não são levantados do solo, como na doença de Parkinson. ☑ **shuffling gait**.

shunt /ʃʌnt/ **1** derivação; desvio: a) derivação de um líquido para um sistema não usual. b) anastomose ou passagem entre dois vasos sanguíneos diferentes. **2** (sangue) desviar; derivar: passar por um canal não usual. *As much as 5% of venous blood can be shunted unoxygenated back to the arteries.* / Até cinco por cento do sangue venoso pode ser desviado, sem oxigenação, de volta para as artérias.

shunting /'ʃʌntɪŋ/ derivação; desvio: condição na qual parte do sangue não oxigenado nos pulmões deixa de efetuar a troca completa de gases.

SI abreviatura de **Système International**.

sial- /saɪəl/ ⇨ **sialo-**.

sialadenitis /ˌsaɪəlˌædɪ'naɪtɪs/ sialadenite: inflamação de uma glândula salivar. ☑ **sialoadenitis**; **sialitis**.

sialagogue /saɪ'æləɡɒɡ/ sialagogo: substância que aumenta o fluxo de saliva. ☑ **sialogogue**.

sialitis /saɪ'ælɪtɪs/ sialite. ⇨ **sialadenitis**.

sialo- /saɪəlaʊ/ sial(o)-: **1** relativo à saliva. **2** relativo à glândula salivar. Nota: antes de vogais usa-se **sial-**.

sialoadenitis /ˌsaɪələʊˌædɪ'naɪtɪs/ sialoadenite. ⇨ **sialadenitis**.

sialogogue /saɪ'æləɡɒɡ/ sialagogo. ⇨ **sialagogue**.

sialography /ˌsaɪə'lɒɡrəfi/ sialografia: radiografia das glândulas salivares. ☑ **ptyalography**.

sialolith /saɪ'æləʊlɪθ/ sialólito: um cálculo nas glândulas salivares. ☑ **ptyalith**.

sialorrhoea /ˌsaɪələʊ'riːə/ sialorréia: secreção exagerada de saliva. Nota: no inglês americano usa-se **sialorrhea**.

Siamese twins /ˌsaɪəmiːz 'twɪnz/ (plural) gêmeos siameses. ⇨ **conjoined twins**.

sib /sɪb/ (informal) parente (especialmente irmão ou irmã). ⇨ **sibling**.

sibilant /'sɪbɪlənt/ sibilante: relativo ao som que se assemelha a um assobio ou silvo.

sibling /'sɪblɪŋ/ parente de sangue: um irmão ou irmã. ☑ **sib**.

Sichuan flu /ˌsɪtʃwɑːn 'fluː/ (informal) gripe de Sichuan: tipo virulento de gripe, que apresenta os mesmos sintomas da gripe comum (por exemplo, dor de garganta, febre e dor muscular), porém mais pronunciados. Nota: o vírus foi detectado pela primeira vez em 1987 em Sichuan, província no sudoeste da China.

S

sick /sɪk/ doente; enfermo: **1** que sofre de alguma doença. *He was sick for two weeks.* / Ele esteve doente durante duas semanas. ◊ **to report or call in sick:** telefonar avisando que não vai trabalhar por motivo de doença. **2** enjoado; nauseado: prestes a vomitar. *The patient got up this morning and felt sick.* / O paciente levantou-se esta manhã e sentiu-se nauseado. ◊ **to be sick:** vomitar. *The child was sick all over the floor.* / A criança vomitou no chão todo. ◊ **to make someone sick:** a) nausear; deixar (alguém) revoltado. b) induzir o vômito. *He was given something to make him sick.* / Administraram-lhe alguma coisa para fazê-lo vomitar.

sickbay /'sɪkbeɪ/ enfermaria: **1** aposento, em fábrica ou empresa, para atendimento médico de seus funcionários. **2** alojamento em navio para atendimento médico de seus ocupantes.

sickbed /'sɪkbed/ leito de doente: leito onde repousa uma pessoa doente. *She sat for hours beside her daughter's sickbed.* / Ela sentou-se durante horas ao lado do leito da filha doente.

sick building syndrome /ˌsɪk 'bɪldɪŋ ˌsɪndrəʊm/ (informal) síndrome do ar-condicionado: condição na qual as pessoas que trabalham em prédios de escritórios costumam se sentir doentes, ou ter cefaléia, em virtude de ar-condicionado viciado, que traz para o ambiente de trabalho bactérias ou substâncias alergênicas.

sicken for /'sɪkən fɔː/ (informal) adoecer: sentir os primeiros sintomas de uma doença. *She's looking pale – she must be sickening for something.* / Ela parece pálida – deve estar adoecendo por algum movito.

sickle cell /'sɪkl sel/ célula falciforme: eritrócitos em forma de foice ou lua crescente, resultantes de uma anomalia na hemoglobina. ☑ **drepanocyte.**

sickle-cell anaemia /'sɪk(ə)l sel əˌniːmiə/ anemia por células falciformes: condição hereditária caracterizada pelo desenvolvimento de células falciformes que obstruem a circulação, causando anemia e dores nas articulações e abdome. ☑ **drepanocytosis; sickle cell disease.**

> ...*children with sickle-cell anaemia are susceptible to severe bacterial infection. Even children with the milder forms of sickle-cell disease have an increased frequency of pneumococcal infection.* / "...crianças com anemia por células falciformes são suscetíveis à infecção bacteriana grave. Mesmo crianças com formas mais brandas de doença da célula falciforme apresentam freqüência mais elevada de infecção pneumocócica." (*Lancet*) Observação: a anemia por células falciformes é uma condição hereditária, encontrada principalmente na África e nas Índias Ocidentais.

sickle-cell chest syndrome /ˌsɪk(ə)l sel 'tʃest ˌsɪndrəʊm/ síndrome torácica por células falciformes: complicação comum da doença da célula falciforme, acompanhada por dores no peito, febre e leucocitose.

sickle-cell disease /'sɪk(ə)l sel dɪˌziːz/ doença da célula falciforme. Abreviatura: **SCD.** ⇨ **sickle-cell anaemia.**

sickle-cell trait /'sɪk(ə)l sel ˌtreɪt/ traço falciforme: condição hereditária caracterizada pela presença de hemácias falciformes no sangue, porém em número insuficiente para ocasionar anemia.

sicklist /'sɪklɪst/ lista de doentes: uma relação de pessoas doentes, por exemplo, crianças de uma escola ou empregados de uma fábrica. *We have five members of staff on the sicklist.* / Temos cinco membros da equipe na lista de doentes.

sickly /'sɪkli/ (criança) doente; sem saúde; débil: sujeita a doenças freqüentes. *He was a sickly child, but now is a strong and healthy man.* / Ele foi uma criança doente, mas hoje é um homem forte e saudável.

sickness /'sɪknəs/ doença; enfermidade: **1** estado caracterizado por uma doença. *There is a lot of sickness in the winter months.* / Há muitas doenças nos meses de inverno. *Many children are staying away from school because of sickness.* / Há muitas crianças ausentes da escola por motivo de doença. Veja também **seasickness; motion sickness. 2** ânsia de vômito.

sickroom /'sɪkruːm/ enfermaria; quarto de doentes: quarto em que ficam pessoas doentes. *Visitors are not allowed into the sickroom.* / Não é permitida a presença de visitantes na enfermaria.

side /saɪd/ lado: **1** a parte lateral do corpo, entre o quadril e o ombro. *She was lying on her side.* / Ela estava deitada de lado. **2** parte de um objeto em relação à frente; parte de trás; topo ou base. *The nurse wheeled the trolley to the side of the bed.* / A enfermeira empurrou a maca até o lado da cama.

side-effect /'saɪd ɪˌfekt/ efeito colateral: o resultado de um medicamento ou tratamento, que é diferente daquele que se pretende atingir. *One of the side-effects of chemotherapy is that the patient's hair falls out.* / Um dos efeitos colaterais da quimioterapia é a queda de cabelo (do paciente).

> ...*the treatment is not without possible side-effects, some of which can be particularly serious. The side-effects may include middle ear discomfort, claustrophobia, increased risk of epilepsy.* / "...o tratamento implica possíveis efeitos colaterais, e alguns deles podem ser particularmente graves. Os efeitos colaterais podem incluir desconforto no ouvido médio, claustrofobia, risco aumentado de epilepsia." (*New Zealand Medical Journal*)

side rail /'saɪd ˌreɪl/ grade de proteção: grades adaptadas às partes laterais de um leito, para proteger e evitar a queda do paciente.

sidero- /saɪdərəʊ/ sidero-: relativo ao ferro.

sideropenia /ˌsaɪdərəʊ'piːniə/ sideropenia: deficiência de ferro no sangue, geralmente resultante da sua falta na dieta.

siderophilin /saɪdə'rɒfəlɪn/ siderofilina. ⇨ **transferrin**.

siderosis /ˌsaɪdə'rəʊsɪs/ siderose: **1** condição caracterizada por depósitos de ferro nos tecidos. **2** inflamação dos pulmões, causada por inalação de pó de ferro.

SIDS abreviatura de **sudden infant death syndrome**.

sight /saɪt/ visão: um dos cinco sentidos, que representa a capacidade de enxergar. *His sight is beginning to fail.* / A visão dele está começando a falhar. ◊ **to lose your sight:** perder a visão (tornar-se cego).

sighted /'saɪtɪd/ capaz de ver: capaz de enxergar, em oposição a cego.

sigmoid /'sɪgmɔɪd/ sigmóide: **1** referente à forma que se assemelha à letra S. **2** relativo ao cólon sigmóide. **3** ⇨ **sigmoid colon**.

sigmoid colon /ˌsɪgmɔɪd 'kəʊlɒn/ cólon sigmóide: a quarta porção do cólon, contínua com o reto. Veja ilustração em **Digestive System**, no Apêndice. ☑ **pelvic colon; sigmoid; sigmoid flexure**.

sigmoidectomy /ˌsɪgmɔɪ'dektəmi/ sigmoidectomia: cirurgia para remoção do cólon sigmóide. Plural: **sigmoidectomies**.

sigmoid flexure /ˌsɪgmɔɪd 'flekʃə/ flexura sigmóide. ⇨ **sigmoid colon**.

sigmoidoscope /sɪg'mɔɪdəskəʊp/ sigmoidoscópio: instrumento cirúrgico dotado de iluminação, que, introduzido por via retal, permite o exame do cólon sigmóide.

sigmoidoscopy /ˌsɪgmɔɪ'dɒskəpi/ sigmoidoscopia: procedimento em que o reto e o cólon sigmóide são examinados por meio de um sigmoidoscópio.

sigmoidostomy /ˌsɪgmɔɪ'dɒstəmi/ sigmoidostomia: incisão cirúrgica para trazer parte do cólon sigmóide por uma abertura artificial feita no abdome. Plural: **sigmoidostomies**.

sign /saɪn/ **1** sinal: manifestação de uma doença, por exemplo, movimento, marca, cor ou alteração, que podem ser reconhecidos pelo médico, ajudando-o a estabelecer um diagnóstico. Nota: quando um sinal é sentido e descrito pelo paciente, é denominado sintoma. **2** assinar: colocar o nome em um documento, por exemplo, formulário ou cheque, ou no final de uma carta. *The doctor signed the death certificate.* / O médico assinou o atestado de óbito.

significant /sɪg'nɪfɪkənt/ significativo; relevante: importante ou digno de nota. *No significant inflammatory responses were observed.* / Não foram observadas reações inflamatórias significativas.

significantly /sɪg'nɪfɪkəntli/ significativamente; de forma significativa: de forma importante e digna de nota. *He was not significantly better on the following day.* / Ele não apresentou melhora significativa no dia seguinte.

sign language /'saɪn ˌlæŋgwɪdʒ/ linguagem dos sinais: comunicação não-verbal, por meio de sinais preestabelecidos com os dedos e as mãos, usados por ou para pessoas com problemas de fala ou audição.

sildenafil citrate /ˌsɪldənəfɪl 'saɪtreɪt/ citrato de sildenafil: um inibidor seletivo da enzima fosfodiesterase, usado no tratamento da impotência masculina.

silent /'saɪlənt/ silencioso; assintomático: **1** que não faz barulho; mudo. **2** (doença ou processos mórbidos) sem sinais ou sintomas detectáveis. *Genital herpes may be silent in women.* / O herpes genital, nas mulheres, pode ser assintomático. *Graft occlusion is often silent with 80% of patients.* / A oclusão de um enxerto é freqüentemente assintomática em 80% dos pacientes.

silica /'sɪlɪkə/ sílica: composto do silício, que ocorre na natureza sob a forma de quartzo e areia. ☑ **silicon dioxide**.

silicon /'sɪlɪkən/ silício: elemento químico nãometálico. Símbolo químico: **Si**.

silicon dioxide /ˌsɪlɪkən daɪ'ɒksaɪd/ dióxido de silício. ⇨ **silica**.

silicosis /ˌsɪlɪ'kəʊsɪs/ silicose: doença pulmonar causada pela inalação de pó do sílica em minas ou trabalhos de cantaria. Observação: a silicose é uma doença grave, que causa comprometimento da função pulmonar e pode levar ao enfisema e à bronquite.

silver /'sɪlvə/ prata: elemento metálico branco e maleável. Símbolo químico: **Ag**.

silver nitrate /ˌsɪlvə 'naɪtreɪt/ nitrato de prata: sal de prata usado em cremes e soluções, por exemplo, para desinfetar queimaduras ou eliminar verrugas.

Silvester method /sɪl'vestə ˌmeθəd/ método de Silvester: método de respiração artificial em que, com a vítima deitada de costas, o socorrista alternadamente puxa-lhe os braços acima da cabeça e os traz para baixo, pressionando-os contra o tórax. Veja também **Holger-Nielsen method**.

Simmonds' disease /'sɪməndz dɪˌziː:z/ doença de Simmonds: síndrome caracterizada por insuficiência hipofisária, ocorrendo depois de hemorragia pós-parto, resultando em emagrecimento extremo, ossos quebradiços e senilidade prematura. (Descrita em 1914 por Morris Simmonds [1855–1925], médico e patologista alemão.)

simple /'sɪmpəl/ simples: **1** comum. **2** não muito complicado.

simple epithelium /ˌsɪmpəl ˌepɪ'θiːliəm/ epitélio simples: epitélio formado por uma única camada de células.

simple fracture /ˌsɪmpəl 'fræktʃə/ fratura simples: fratura em que a pele não sofre lesão e as extremidades ósseas permanecem juntas, sem se comunicar com o exterior. ☑ **closed fracture**.

simple tachycardia /ˌsɪmpəl tæki'kɑːdiə/ taquicardia simples. ⇨ **sinus tachycardia**.

simplex /'sɪmpleks/ simples. Veja **herpes simplex**.

Sims' position /'sɪmz pə'zɪʃ(ə)n/ posição de Sims: posição em que a paciente permanece dei-

S

tada sobre um dos lados do corpo, com o braço esquerdo paralelo ao longo das costas, e a coxa e o joelho direitos fletidos. É usada para facilitar o exame anal ou vaginal.

simvastatin /sɪmˈvæstɪn/ sinvastatina: agente antilipidêmico, usado no tratamento do colesterol elevado.

sinciput /ˈsɪnsɪpʌt/ sincipúcio: a parte anterior do crânio, incluindo a fronte e sua parte superior.

sinew /ˈsɪnjuː/ tendão. ⇨ **tendon**.

singer's nodule /ˌsɪŋəz ˈnɒdjuːl/ nódulos do cantor: pequenos pólipos brancos na laringe, causados pelo uso exagerado da voz.

single parent family /ˌsɪŋg(ə)l ˌpeərənt ˈfæm (ə)li/ família não-nuclear: família formada por um ou mais filhos e apenas um dos genitores, em decorrência, por exemplo, de morte, divórcio ou separação.

single photon emission computed tomography /ˌsɪŋg(ə)l ˌfəʊtɒn ɪˌmɪʃ(ə)n kəmˌpjuːtɪd təˈmɒgrəfi/ tomografia computadorizada com emissão de fóton único: método de imageamento tomográfico para verificação do fluxo sanguíneo cerebral em condições como, por exemplo, doença de Alzheimer.

singultus /sɪŋˈgʌltəs/ singulto. ⇨ **hiccup**.

sinistral /ˈsɪnɪstrəl/ sinistro: relativo a, ou localizado do lado esquerdo, principalmente em se tratando do corpo humano.

sino- /saɪnəʊ/ sino-: relativo a um seio ou cavidade. ⇨ **sinu-**.

sinoatrial /ˌsaɪnəʊˈeɪtrɪəl/ sinoatrial: relativo ao seio venoso e ao átrio direito do coração. ☑ **sinuatrial**.

sinoatrial node /ˌsaɪnəʊˈeɪtrɪəl nəʊd/ nódulo sinoatrial: aglomerado de fibras musculares cardíacas situadas na junção da veia cava superior com o átrio direito, que regulam os batimentos cardíacos. ☑ **pacemaker; SA node; sinus node**.

sinogram /ˈsaɪnəʊgræm/ sinograma: radiografia de um sínus.

sinography /saɪˈnɒgrəfi/ sinografia: exame dos sínus por meio de radiografia.

sinu- /saɪnə/ sino-. ⇨ **sino-**.

sinuatrial /ˌsaɪnəʊˈeɪtrɪəl/ sinoatrial. ⇨ **sinoatrial**.

sinus /ˈsaɪnəs/ seio; sínus: 1 buraco escavado em alguns ossos, incluindo as cavidades situadas atrás do osso malar, fronte e nariz. *The doctor diagnosed a sinus infection*. / O médico diagnosticou uma infecção sinusal. 2 fístula ou canal com formação e emissão de pus. 3 porção dilatada de um vaso sanguíneo.

sinusitis /ˌsaɪnəˈsaɪtɪs/ sinusite: inflamação da membrana mucosa de qualquer seio, principalmente os seios maxilares.

sinus nerve /ˈsaɪnəs nɜːv/ nervo sinusal: um ramo do nervo glossofaríngeo.

sinus node /ˈsaɪnəs nəʊd/ nódulo sinusal. ⇨ **sinoatrial node**.

sinusoid /ˈsaɪnəsɔɪd/ sinusóide: pequeno vaso sanguíneo situado no fígado, glândulas suprarenais e outros órgãos.

sinus tachycardia /ˌsaɪnəs tækiˈkɑːdiə/ taquicardia sinusal: taquicardia originária do nódulo sinusal, podendo ser causada por esforço. ☑ **simple tachycardia**.

sinus venosus /ˌsaɪnəs vəˈnəʊsɪs/ seio venoso: cavidade no coração embrionário; parte dela formará o seio coronário; a outra parte é fixada no átrio direito.

si opus sit se for necessário (usada em receitas médicas). Abreviatura: **s.o.s.**

siphonage /ˈsaɪfənɪdʒ/ sifonagem: esvaziamento de líquido de uma cavidade, como o estômago, por meio de um sifão.

Sippy diet /ˈsɪpi ˌdaɪət/ dieta de Sippy: uma dieta para tratamento da úlcera péptica, muito usada antigamente, e que consistia em um mistura de leite e biscoitos. (Descrita por Bertram Welton Sippy [1866–1924], médico em Chicago, EUA.)

sister /ˈsɪstə/ irmã; enfermeira: 1 aquela que, em relação à outra, tem o mesmo pai e a mesma mãe. *He has three sisters*. / Ele tem três irmãs. *Her sister works in a children's clinic*. / A irmã dela trabalha em uma clínica infantil. 2 enfermeira sênior. ◊ **sister in charge:** enfermeira encarregada de uma enfermaria: enfermeira sênior responsável por uma enfermaria hospitalar.

sit /sɪt/ sentar(-se): 1 colocar ou apoiar as nádegas em um assento. 2 fazer alguém tomar assento.

site /saɪt/ 1 sítio; local; lugar: a) a posição em que alguma coisa se encontra. *The X-ray showed the site of the infection*. / O raio X mostrou o local da infecção. b) o lugar de um acontecimento. c) o local em que deve ser feita uma incisão cirúrgica. 2 situar; localizar: colocar alguma coisa em um lugar específico, ou estar em um lugar específico. *The infection is sited in the right lung*. / A infecção está localizada no pulmão direito.

> ...*arterial thrombi have a characteristic structure: platelets adhere at sites of endothelial damage and attract other platelets to form a dense aggregate*. / "...os trombos arteriais têm uma estrutura característica: as plaquetas aderem aos locais de dano endotelial e atraem outras plaquetas para formar um denso agregado." (*British Journal of Hospital Medicine*)
>
> ...*the sublingual site is probably the most acceptable and convenient for taking temperature*. / "...o sítio sublingual é provavelmente o mais aceito e conveniente para se medir a temperatura." (*Nursing Times*)
>
> ...*with the anaesthetist's permission, the scrub nurse and surgeon began the process of cleaning up the skin round the operation site*. / "... com a permissão do anestesista, a enfermeira instrumentadora e o cirurgião começaram o processo de limpeza da pele em volta do local da operação." (*NATNews*)

situated /ˈsɪtʃueɪtɪd/ situado: que está em um

lugar específico. *The tumour is situated in the bowel.* / O tumor está situado no intestino. *The atlas bone is situated above the axis.* / O osso atlas está situado acima do eixo.

sit up /ˌsɪt 'ʌp/ aprumar-se; endireitar-se; sentar-se (após estar deitado): **1** sentar-se com as costas eretas. *The patient is sitting up in bed.* / O paciente está sentado na cama. **2** mudar da posição deitada para a posição sentada.

situs /'saɪtəs/ sítio: a posição de um órgão ou parte do corpo, principalmente a posição normal. Plural: **situs**.

situs inversus /ˌsaɪtəs ɪn'vɜːsəs/ sítio inverso: condição congênita caracterizada pela transposição das vísceras, por exemplo, o desenvolvimento do coração do lado direito e não do lado esquerdo. ☑ **situs inversus viscerum**.

situs inversus viscerum /ˌsaɪtəs ɪn'vɜːsəs 'vɪsərəm/ inversão visceral. ⇨ **situs inversus**.

sitz bath /'sɪts bɑːθ/ banho de assento: banho de imersão dos quadris e nádegas, em que o paciente se mantém sempre sentado.

SI units /ˌes 'aɪ ˌjuːnɪts/ (plural) unidades do Sistema Internacional: unidades usadas no Sistema Internacional de Unidades para mensuração de propriedades físicas, tais como peso, velocidade e luz.

Sjögren's syndrome /'ʃɜːgrenz ˌsɪndrəʊm/ síndrome de Sjögren: doença auto-imune crônica, na qual as glândulas salivares e lacrimais se tornam infiltradas com linfócitos e células plasmáticas, resultando em secura da mucosa bucal e ceratoconjuntivite.

skatole /'skætəʊl/ escatol. ⇨ **scatole**.

skeletal /'skelɪt(ə)l/ esquelético: relativo ao esqueleto.

skeletal muscle /'skelɪt(ə)l ˌmʌs(ə)l/ músculo esquelético: músculo fixado aos ossos, que torna possível o movimento dos membros.

skeleton /'skelɪt(ə)n/ esqueleto: toda a estrutura óssea do corpo.

Skene's glands /'skiːnz glændz/ glândulas de Skene: pequenas glândulas mucosas encontradas na uretra feminina. (Descritas em 1880 por Alexander Johnston Chalmers Skene [1838–1900], ginecologista escocês que viveu em Nova York.)

skia- /skaɪə/ esquia-: referente a sombras.

skiagram /'skaɪəgræm/ esquiagrama: termo antigo com que se designava uma radiografia.

skier's thumb /ˌskiːəz 'θʌm/ polegar do esquiador: lesão do polegar, causada por queda diretamente sobre a mão estendida, resultando em laceração ou distensão dos ligamentos da principal articulação do polegar.

skill /skɪl/ habilidade; capacitação: habilidade para executar trabalhos difíceis, que é adquirida por meio de treinamento. *You need special skills to become a doctor.* / É preciso ter habilidades especiais para se tornar um médico.

skilled /skɪld/ especializado; competente; qualificado: que adquiriu habilidades específicas por

meio de treinamento. *He's a skilled plastic surgeon.* / Ele é um cirurgião plástico competente.

skill mix /'skɪl mɪks/ leque de habilidades: série de diferentes habilidades que se exige para determinados cargos ou funções.

skin /skɪn/ pele: membrana que cobre e protege o corpo todo. *His skin turned brown in the sun.* / A pele dele ficou bronzeada pelo sol. *Skin problems in adolescents may be caused by diet.* / Os problemas de pele em adolescentes podem ser causados pela dieta. Nota: para conhecer outros termos referentes à pele, veja os que começam com **cut-; derm-; derma-; dermato-; dermo-**. Observação: a pele é o maior órgão do corpo humano. É formada de duas camadas: a epiderme ou camada externa, que inclui a camada superior de partículas de pele morta e está continuamente descamando. Abaixo da epiderme, fica a derme, a principal camada de tecido vivo. Cabelos e unhas são produzidos pela pele, e seus poros secretam o suor das glândulas salivares localizadas abaixo da derme. As terminações nervosas da pele são sensíveis ao toque, ao calor e ao frio. A pele constitui a maior fonte de vitamina D, que é produzida pela exposição ao sol.

skin graft /'skɪn grɑːft/ enxerto de pele: camada de pele transplantada de uma parte do corpo para outra, que teve a pele destruída. *After the operation she had to have a skin graft.* / Depois da operação, ela precisou fazer um enxerto de pele.

skinny /'skɪni/ (informal) magricela: muito magro.

skin test /'skɪn test/ teste cutâneo: teste para alergia, no qual um antígeno é aplicado na pele, para se verificar uma possível reação.

skull /skʌl/ crânio: os oito ossos que são fundidos ou ligados, formando a cabeça, junto com os catorze ossos que formam a face. ☑ **cranium**. ◊ **skull fracture**: fratura de crânio: condição caracterizada por fratura de um dos ossos do crânio.

slash /slæʃ/ **1** corte; talho: um corte grande feito com faca. *He had bruises on his face and slashes on his hands.* / Ele teve hematomas no rosto e cortes nas mãos. *The slash on her leg needs three stitches.* / O talho na perna dela precisa de três pontos. **2** cortar; talhar; rasgar: a) cortar algo com faca ou objeto de ponta afiada. ◊ **to slash your wrists**: cortar os pulsos: tentar se matar, cortando os vasos sanguíneos do pulso. b) (informal) reduzir drasticamente custos ou despesas.

SLE abreviatura de **systemic lupus erythematosus**.

sleep /sliːp/ **1** sono: estado ou período de repouso, geralmente à noite, quando se fecha os olhos e não se tem consciência dos acontecimentos. *You need to get a good night's sleep if you have a lot of work to do tomorrow.* / É preciso uma boa noite de sono, quando se tem muito serviço para fazer no dia seguinte. *He had a short sleep in the middle of the afternoon.* / Ele teve um sono curto no meio da tarde. ◊ **to get to sleep** or **go to**

sleep: adormecer (começar a dormir). **2** dormir: estar em um estado de sono. Observação: o sono é o período em que o corpo descansa e reconstrói tecidos, principalmente proteína. A maioria dos adultos precisa de oito horas de sono todas as noites. As crianças precisam de mais (dez a doze horas), porém as pessoas mais velhas necessitam de menos, possivelmente apenas quatro a seis horas. O sono tem um padrão regular de estágios: durante o primeiro estágio, a pessoa ainda está consciente do ambiente que a cerca, e acordará se ouvir qualquer barulho; mais tarde, vem um sono muito profundo (sono de ondas lentas), em que os olhos estão fortemente fechados, o pulso é regular e a pessoa respira profundamente. Durante este estágio, a glândula pituitária produz o hormônio do crescimento, a somatotrofina. É difícil acordar alguém de um sono profundo. Este estágio é seguido pelo sono de movimentos rápidos dos olhos (sono REM), caracterizado por olhos semi-abertos e movimentos oculares rápidos, movimentos faciais, aumento da pressão arterial e sonhos. Depois deste estágio, a pessoa volta ao primeiro sono.

sleep apnoea /'sli:p æp,ni:ə/ apnéia do sono: condição caracterizada por roncos ruidosos, com paradas prolongadas da respiração, levando à hipoxia cerebral e subseqüente sonolência diurna.

sleeping pill /'sli:pɪŋ pɪl/ comprimido para dormir; pílula para dormir: pílula contendo medicamento, geralmente um barbitúrico, que induz o sono. *She died of an overdose of sleeping pills.* / Ela morreu de uma dose excessiva de pílulas para dormir.

sleeping sickness /'sli:pɪŋ ,sɪknəs/ doença do sono: doença encontrada na África, disseminada pela mosca tsé-tsé, em que o sangue é infestado por tripanossomos. ☑ **African trypanosomiasis**. Observação: os sintomas da doença são cefaléia, letargia e longos períodos de sono. A doença do sono é fatal, se não for tratada.

sleeping tablet /'sli:pɪŋ tæblət/ comprimido para dormir; pílula para dormir: pílula contendo medicamento, geralmente um barbitúrico, que induz o sono.

sleeplessness /'sli:pləsnəs/ insônia. ⇨ **insomnia**.

sleep off /,sli:p 'ɒf/ curar-se de (por meio do sono); livrar-se: recuperar-se de doença leve ou ressaca (de bebedeira) por meio do sono.

sleep terror disorder /,sli:p 'terə dɪs,ɔ:də/ distúrbio de sono de terror: condição caracterizada por episódios freqüentes de pavor noturno; a pessoa acorda aterrorizada e confusa, mas não se lembra de nada na manhã seguinte.

sleepwalker /'sli:pwɔ:kə/ sonâmbulo. ⇨ **somnambulist**.

sleepwalking /'sli:pwɔ:kɪŋ/ sonambulismo. ⇨ **somnambulism**.

sleepy /'sli:pi/ sonolento: meio adormecido.

sleepy sickness /'sli:pi ,sɪknəs/ doença do sono. ⇨ **lethargic encephalitis**.

slice /slaɪs/ fatia; corte: pedaço de tecido, cortado fino, geralmente para exame. *He examined the slice of brain tissue under the microscope.* / Ele examinou a fatia de tecido cerebral ao microscópio.

slide /slaɪd/ **1** lâmina (de microscópio): lâmina de vidro sobre a qual é colocada uma amostra de tecido, a fim de ser examinada ao microscópio. **2** deslocar-se suavemente; deslizar. *The plunger slides up and down the syringe.* / O êmbolo desliza para cima e para baixo na seringa.

sliding traction /,slaɪdɪŋ 'trækʃ(ə)n/ tração deslizante: tração para fratura de fêmur, na qual são utilizados pesos para puxar a perna.

slight /slaɪt/ leve; superficial; sem importância: não muito grave. *He has a slight fever.* / Ele tem uma febre leve. *She had a slight accident.* / Ela sofreu um acidente sem importância.

slim /slɪm/ **1** delgado; esguio: elegante; esbelto. *She has become slim again after being pregnant.* / Ela ficou esbelta novamente após a gravidez. **2** emagrecer: tentar perder peso ou se tornar mais esguio. *She is trying to slim before she goes on holiday.* / Ela está tentando emagrecer, antes de viajar no feriado.

slimming /'slɪmɪŋ/ emagrecimento: o uso de uma dieta ou alimentação especial com baixas calorias, destinada a evitar o ganho de peso.

sling /slɪŋ/ tipóia: peça triangular de tecido que, amarrada no pescoço, dá apoio ao braço ferido ou fraturado, evitando que ele se movimente. *She had her left arm in a sling.* / Ela usava uma tipóia no braço esquerdo.

slipped disc /,slɪpt 'dɪsk/ hérnia de disco intervertebral. ⇨ **displaced intervertebral disc; prolapsed intervertebral disc**.

slit lamp /'slɪt læmp/ lâmpada de fenda: lâmpada que emite um feixe estreito de luz, e é acoplada a um microscópio especial, usada em exames do olho.

slough /slaʊ/ **1** escara; esfacelo: tecido necrosado, principalmente pele morta, que se desprende do tecido sadio. **2** desprender-se: livrar-se de pele morta, que se desprende.

slow-release vitamin tablet /sləʊ rɪ,li:s 'vɪt əmɪn ,tæblət/ comprimido vitamínico de liberação prolongada: comprimido vitamínico que se dissolve vagarosamente no organismo e cujo efeito é mais constante e prolongado.

slow-wave sleep /,sləʊ ,weɪv 'sli:p/ sono de ondas lentas: período do sono em que a pessoa dorme profundamente e os olhos não se movem. Observação: durante o sono de ondas lentas, a glândula pituitária secreta o hormônio somatotrofina.

small /smɔ:l/ **1** pequeno: que não é grande. *His chest was covered with small red spots.* / O tórax dele estava coberto de pequenas manchas vermelhas. *She has a small cyst in the colon.* / Ela tem um pequeno cisto no cólon. **2** jovem; moço; pequeno (menino). *He had chickenpox when he was small.* / Ele teve varicela quando era pequeno.

small children /ˌsmɔːl ˈtʃɪldrən/ criança pequena: criança entre um e dez anos de idade.

small for dates /ˌsmɔːl fə ˈdeɪts/ subdesenvolvido: relativo ao feto que é pequeno em comparação com o tamanho padrão para o número de semanas de gravidez. Abreviatura: **SFD**.

small intestine /ˌsmɔːl ɪnˈtestɪn/ intestino delgado: parte do intestino que vai do estômago ao ceco, consistindo do duodeno, jejuno e íleo.

small of the back /ˌsmɔːl əv ðə ˈbæk/ flancos: a parte média das costas, situada entre e abaixo das omoplatas.

smallpox /ˈsmɔːlpɒks/ varíola: doença contagiosa muito grave, geralmente fatal, causada por poxvírus. É acompanhada de intensa erupção cutânea e deixa pequenas cicatrizes na pele. ☑ **variola**. Observação: há mais de duzentos anos, os primeiros experimentos com vacina contra varíola e a vacinação provaram sua eficácia na erradicação da doença.

small stomach /ˌsmɔːl ˈstʌmək/ estômago reduzido: estômago cujo tamanho é reduzido por meio de cirurgia, diminuindo a capacidade de o indivíduo consumir grandes quantidades de alimento.

smear /smɪə/ esfregaço: amostra de tecido, por exemplo, sangue ou muco, que é espalhada sobre uma lâmina de vidro para exame ao microscópio.

smear test /ˈsmɪə test/ teste de esfregaço. ⇨ **Papanicolaou test**.

smegma /ˈsmegmə/ esmegma: secreção oleosa fétida que se acumula sobre o prepúcio do pênis.

smell /smel/ **1** olfato; cheiro: um dos cinco sentidos, que é percebido pelo nariz. **2** cheirar: a) perceber o cheiro de alguma coisa pelo nariz. *I can smell smoke.* / Eu posso cheirar a fumaça. *He can't smell anything because he's got a cold.* / Ele não consegue cheirar nada, porque pegou um resfriado. b) produzir ou exalar cheiro. *The room smells of disinfectant.* / O quarto cheira a desinfetante. Observação: os sentidos do olfato e paladar estão intimamente relacionados, e, juntos, dão o verdadeiro sabor dos alimentos. Os cheiros são percebidos pelos receptores na cavidade nasal, que transmitem impulsos para o cérebro. Quando o alimento é ingerido, sentimos o seu cheiro, ao mesmo tempo em que ele é percebido pelos corpúsculos gustatórios, e a maior parte do que nós chamamos de sabor é, na verdade, cheiro, o que explica por que a comida perde seu sabor quando a pessoa está resfriada ou com obstrução nasal.

smelling salts /ˈsmelɪŋ ˌsɔːlts/ sais aromáticos; sal volátil: cristais de um composto da amônia, de odor pronunciado, que são usados para reanimar, por exemplo, pessoas desmaiadas.

Smith-Petersen nail /ˌsmɪθ ˈpiːtəs(ə)n neɪl/ pregos de Smith-Petersen: prego de metal usado para corrigir fratura do colo femoral. (Descritos em 1931 por Marius Nygaard Smith-Petersen [1886–1953], cirurgião ortopédico de Boston, nascido na Noruega.)

Smith's fracture /ˈsmɪθs ˌfræktʃə/ fratura de Smith: fratura da extremidade inferior do rádio, próxima ao punho.

smog /smɒg/ smog: mistura de fumaça (*smoke*) e nevoeiro (*fog*): poluição atmosférica causada pela mistura de nevoeiro, fumaça e gases emitidos pelo escapamento de automóveis.

smoke /sməʊk/ **1** fumo; fumaça: produto gasoso de coloração branca, cinzenta ou preta, formado por pequenas partículas desprendidas de um corpo em combustão. **2** fumar: aspirar e expirar o fumo de cigarro, charuto ou cachimbo. *Doctors are trying to persuade people to stop smoking.* / Os médicos estão tentando persuadir as pessoas a pararem de fumar. Observação: está comprovada a associação entre o tabagismo, principalmente o hábito de fumar cigarros, e o câncer de pulmão. A fumaça da queima do tabaco contém nicotina e outras substâncias que grudam nos pulmões, e podem, a longo prazo, provocar câncer e doença cardíaca. O governo brasileiro manda imprimir um aviso sobre os males do fumo à saúde nos maços de cigarro.

smoke inhalation /ˈsməʊk ɪnhəˌleɪʃ(ə)n/ inalação de fumaça: a inalação de qualquer tipo de fumaça, como a de um incêndio.

smoker /ˈsməʊkə/ fumante: pessoa que tem o hábito de fumar cigarros.

smoker's cough /ˌsməʊkəz ˈkɒf/ tosse de fumante: tosse asmática seca, freqüentemente observada em pessoas que fumam muito.

smoking /ˈsməʊkɪŋ/ tabagismo: o ato de fumar cigarro, charuto ou cachimbo. *Smoking can injure your health.* / O tabagismo pode prejudicar a saúde.

> ...three quarters of patients aged 35–64 on GPs' lists have at least one major risk factor: high cholesterol, high blood pressure or addiction to tobacco. Of the three risk factors, smoking causes a quarter of heart disease deaths. / "...nos registros médicos dos clínicos gerais, três quartos dos pacientes de 35 a 64 anos de idade têm pelo menos um fator de risco importante: colesterol elevado, hipertensão ou tabagismo. O tabagismo, um desses três fatores, causa um quarto das mortes por doença cardíaca." (*Health Services Journal*)

smooth /smuːð/ **1** liso; suave: plano, macio. **2** alisar: tornar algo liso ou macio. *She smoothed down the sheets on the bed.* / Ela alisou os lençóis da cama.

smooth muscle /smuːð ˈmʌs(ə)l/ músculo liso: tipo de fibras musculares encontradas nos músculos involuntários. ☑ **unstriated muscle**.

SMR abreviatura de **submucous resection**.

snare /sneə/ alça: instrumento cirúrgico contendo uma alça de fio metálico, usado para remover tumores, sem necessidade de incisão.

sneeze /sniːz/ **1** espirro: ação reflexa em que se expele ar subitamente pelo nariz e pela boca, por causa de irritação nas vias nasais. *She gave a loud sneeze.* / Ela soltou um espirro alto. **2** espirrar: expelir ar subitamente pelo nariz e pela boca, por causa de irritação das vias nasais. *The smell of flowers makes her sneeze.* / O cheiro de flores a faz espirrar. *He was coughing and sneezing and decided to stay in bed.* / Ele estava tossindo e espirrando, e decidiu ficar na cama. Observação: o espirro expele gotículas de líquido que podem ser infecciosas e, desse modo, capazes de transmitir doenças.

sneezing fit /'sni:zɪŋ fɪt/ ataque de espirro: ataque súbito de espirros repetidos.

Snellen chart /'snelən tʃɑ:t/ carta de Snellen: folha de papel com caracteres impressos, comumente usada pelos oftalmologistas em testes de acuidade visual. (Descrita em 1862 por Hermann Snellen [1834–1908], oftalmologista holandês.) Observação: a carta de Snellen tem várias fileiras de letras, cujos tamanhos vão gradualmente diminuindo; quanto mais fileiras a pessoa consegue ler, melhor é sua acuidade visual.

Snellen type /'snelən taɪp/ optótipo de Snellen: letras de vários tamanhos que são usadas na carta de Snellen.

sniff /snɪf/ **1** inalação; fungada: o ato, geralmente intencional, de inspirar o ar ou cheirar alguma coisa. *They gave her a sniff of smelling salts to revive her.* / Administraram-lhe uma inalação de sais aromáticos para reanimá-la. **2** inalar; cheirar; fungar: inspirar o ar ou cheirar alguma coisa. *He was sniffing because he had a cold.* / Ele estava fungando por causa de um resfriado. *She sniffed and said that she could smell smoke.* / Ela inalou e disse que era capaz de perceber o cheiro de cigarro.

sniffle /'snɪf(ə)l/ fungar: ficar fungando por causa de choro ou resfriado.

sniffles /'snɪf(ə)lz/ (plural; informal) resfriado: em crianças, um resfriado leve, ou uma alergia que provoca coriza. *Don't go out into the cold when you have the sniffles.* / Não saia no frio, quando estiver resfriado.

snore /snɔ:/ **1** ronco: respiração ruidosa produzida pelo nariz e pela garganta durante o sono. **2** roncar: respirar ruidosamente pelo nariz e garganta durante o sono. Observação: o ronco é produzido pela vibração da úvula e do palato mole, e ocorre durante o sono, quando a pessoa respira tanto pelo nariz quanto pela boca.

snoring /'snɔ:rɪŋ/ ronco: respiração ruidosa durante o sono.

snot /snɒt/ (informal) ranho: muco nasal.

snow blindness /'snəʊ ˌblaɪndnəs/ cegueira da neve: obscurecimento temporário da visão, causado pela ofuscação dos raios luminosos incidindo sobre a neve.

snuffles /'snʌf(ə)lz/ (plural; informal) coriza: condição do lactente, caracterizada por obstrução nasal por muco e respiração ruidosa. Embora seja um sintoma de resfriado comum, algumas vezes pode indicar sífilis congênita.

soak /səʊk/ encharcar; embeber: introduzir alguma coisa em líquido, de modo que se deixe penetrar por ele. *Use a compress made of cloth*

soaked in warm water. / Use uma compressa de pano, embebida em água morna.

social /'səʊʃ(ə)l/ social: relativo à sociedade ou grupos de pessoas.

social disease /ˌsəʊʃ(ə)l dɪ'zi:z/ doença social: doença sexualmente transmissível; doença venérea. Observação: este termo é mais usado nos Estados Unidos.

socialisation /ˌsəʊʃ(ə)laɪ'zeɪʃ(ə)n/ socialização: quando se é criança, processo de adaptação à sociedade e as suas normas de comportamento. Usa-se também **socialization**.

social medicine /ˌsəʊʃ(ə)l 'med(ə)s(ə)n/ medicina social: medicina voltada para o tratamento de doenças em determinados grupos sociais em vez do indivíduo isolado.

social services /ˌsəʊʃ(ə)l 'sɜ:vɪsɪz/ (plural) serviços sociais: facilidades especiais que o governo ou as autoridades locais proporcionam às pessoas da comunidade carentes de ajuda, por exemplo, idosos, crianças órfãs ou desempregados.

social worker /'səʊʃ(ə)l ˌwɜ:kə/ assistente social: empregado do governo, que trabalha para proporcionar facilidades especiais às pessoas carentes, ajudando-as a melhorar o padrão de vida.

society /sə'saɪəti/ sociedade: **1** comunidade de pessoas que vivem em determinado país e compartilham suas instituições e costumes. **2** organização de pessoas que compartilham um mesmo interesse.

sociopath /'səʊsiəpæθ/ sociopata. ⇨ **psychopath**.

socket /'sɒkɪt/ soquete: parte oca de um osso, na qual outro osso ou órgão se encaixa. *The tip of the femur fits into a socket in the pelvis.* / A extremidade superior do fêmur se encaixa em um soquete na pelve.

soda /'səʊdə/ soda. Veja **sodium bicarbonate**; **bicarbonate of soda**.

sodium /'səʊdiəm/ sódio: elemento químico que entra na constituição de muitos compostos, sendo o ingrediente básico do sal. Símbolo químico: **Na**. Observação: o sódio é um mineral essencial e está presente no líquido extracelular do organismo. O suor e as lágrimas contêm uma alta proporção de cloreto de sódio.

sodium balance /'səʊdiəm ˌbæləns/ equilíbrio de sódio: o equilíbrio mantido no organismo entre a quantidade de sal que se perde no suor e urina e a ingestão de sal dos alimentos. O equilíbrio é regulado pela aldosterona.

sodium bicarbonate /ˌsəʊdiəm baɪ'kɑ:bənət/ bicarbonato de sódio: sal de sódio empregado em culinária, e também para aliviar a indigestão e a acidez estomacal. ☑ **bicarbonate of soda**.

sodium chloride /ˌsəʊdiəm 'klɔ:raɪd/ cloreto de sódio: sal comum. ⇨ **common salt**.

sodium fusidate /ˌsəʊdiəm 'fju:sɪdeɪt/ fusidato de sódio: antibiótico usado principalmente no tratamento de infecções por estafilococos resistentes à penicilina.

sodium pump /ˈsəudiəm pʌmp/ bomba de sódio: mecanismo biológico no qual o sódio é imediatamente expelido de qualquer célula em que penetra, transportando outras substâncias, por exemplo, potássio.

sodium valproate /ˌsəudiəm vælˈprəueɪt/ valproato de sódio: agente anticonvulsivante, usado principalmente no tratamento de hemicrânias, convulsões e epilepsia.

sodokosis /ˌsəudəuˈkəusɪs/ sokosho: variedade de febre da mordida de rato, sem ocorrência de tumefação dos glânglios linfáticos mandibulares. ☑ **sodoku**.

sodoku /ˌsəudəuku/ sodoku. ⇨ **sodokosis**.

sodomy /ˈsɒdəmi/ sodomia: relação sexual anal entre homens.

soft /sɒft/ macio: que não é duro ou resistente à pressão.

soft chancre /sɒft ˈʃæŋkə/ cancro mole. ⇨ **soft sore**.

soften /ˈsɒf(ə)n/ amaciar: tornar alguma coisa macia, ou tornar-se macio.

soft palate /sɒft ˈpælət/ palato mole: parte posterior do palato, que conduz à úvula. Veja também **cleft palate**.

soft sore /sɒft ˈsɔː/ úlcera mole. ⇨ **chancroid**; **soft chancre**.

soft tissue /sɒft ˈtɪʃuː/ tecidos moles: a pele, os músculos, os ligamentos e os tendões.

soil /sɔɪl/ **1** terra; solo: a terra onde crescem as plantas. **2** sujar: tornar alguma coisa suja. *He soiled his sheets.* / Ele sujou os lençóis. *Soiled bedclothes are sent to the hospital laundry.* / As roupas sujas de cama são enviadas para a lavanderia hospitalar.

solar plexus /ˌsəulə ˈpleksəs/ plexo solar: rede de nervos situada atrás do abdome, entre as glândulas supra-renais.

solar retinopathy /ˌsəulə retɪˈnɒpəθi/ retinopatia solar: dano irreversível causado à parte mais sensível da retina, a mácula, por exposição excessiva aos raios do sol, como no eclipse solar, sem a devida proteção.

sole /səul/ sola: a parte situada debaixo do pé. *The soles of the feet are very sensitive.* / As solas dos pés são muito sensíveis.

soleus /ˈsəuliəs/ solear: um músculo plano que desce pela barriga da perna. Plural: **solei**.

solid /ˈsɒlɪd/ sólido: **1** que não é macio ou cede à pressão. **2** duro; não líquido. *Water turns solid when it freezes.* / A água se torna sólida quando congela.

solid food /ˈsɒlɪd fuːd/ alimento sólido: alimento que é mastigado e engolido. *She is allowed some solid food* or *She is allowed to eat solids.* / Ela tem permissão para comer alguns alimentos sólidos. Observação: os alimentos sólidos são introduzidos gradualmente na dieta de bebês e pacientes que se submeteram à cirurgia intestinal.

solidify /səˈlɪdɪfaɪ/ solidificar: tornar-se sólido, ou fazer alguma coisa se tornar sólida. *Carbon dioxide solidifies at low temperatures.* / O dióxido de carbono solidifica-se a baixas temperaturas.

solids /səˈlɪds/ sólidos: alimentos sólidos.

soluble /ˈsɒljub(ə)l/ solúvel: capaz de se dissolver. *a tablet of soluble aspirin* / um comprimido de aspirina solúvel.

soluble fibre /ˌsɒljub(ə)l ˈfaɪbə/ fibras solúveis: fibras presentes em vegetais, frutas, legumes e mingau de aveia, que são parcialmente digeridas no intestino e reduzem a absorção de gordura e açúcar no organismo, ajudando, desse modo, a baixar as taxas de colesterol.

solute /ˈsɒljuːt/ soluto: substância sólida que é dissolvida em solvente para formar uma solução.

solution /səˈluːʃ(ə)n/ solução: mistura de uma substância sólida dissolvida em um líquido.

solvent /ˈsɒlv(ə)nt/ solvente: líquido no qual uma substância sólida pode ser dissolvida.

solvent abuse /ˈsɒlvənt əˌbjuːs/ abuso de solvente: tipo de abuso de droga, no qual o indivíduo inala os gases tóxicos emitidos por alguns tipos de substâncias químicas voláteis. ☑ **solvent inhalation**; **glue-sniffing**.

...deaths among teenagers caused by solvent abuse have reached record levels. / "...as mortes entre adolescentes, causadas por abuso de solventes, alcançaram níveis jamais vistos." (*Health Visitor*)

solvent inhalation /ˈsɒlvənt ɪnhəˈleɪʃ(ə)n/ inalação de solventes. ⇨ **solvent abuse**.

soma /ˈsəumə/ soma: o corpo, em oposição à mente. Plural: **somata** ou **somas**.

somat- /ˈsəumət/ ⇨ **somato-**.

somata /ˈsəumətə/ (plural) corpos. Singular: **soma**.

somatic /səuˈmætɪk/ somático: relativo ao corpo, seja em relação à mente, seja em oposição aos intestinos e aos órgãos internos. Compare com **psychosomatic**.

somatic nerve /səuˈmætɪk nɜːv/ nervo somático: qualquer um dos nervos sensoriais ou motores que controlam os músculos esqueléticos.

somatic nervous system /səuˌmætɪk ˈnɜːvəs ˌsɪstəm/ sistema nervoso somático: a parte do sistema nervoso que faz funcionar os órgãos dos sentidos e os músculos das paredes do corpo e membros, e realiza alguma atividade nos músculos voluntários.

somato- /ˈsəumətəu/ somat(o)-: **1** relativo ao corpo. **2** somático. Nota: antes de vogais usa-se **somat-**.

somatology /ˌsəuməˈtɒlədʒi/ somatologia: o estudo tanto da fisiologia quanto da anatomia do corpo.

somatostatin /ˌsəumətəuˈstætɪn/ somatostatina: um hormônio produzido no hipotálamo, que ajuda a inibir a liberação do hormônio do crescimento.

S

somatotrophic hormone /ˌsəʊmətəˌtrɒfɪk ˈhɔːməʊn/ hormônio somatotrópico: hormônio do crescimento, secretado pela glândula pituitária, que estimula o crescimento dos ossos longos. ☑ **somatotrophin**. Nota: no inglês americano usa-se **somatotropin**.

somatotrophin /ˌsəʊmətəˈtrəʊfɪn/ somatotropina. ⇨ **somatotrophic hormone**.

somatropin /ˌsəʊmətrɒpɪn/ somatropina. ⇨ **growth hormone**.

-some /səʊm/ -ssomo: forma combinante relativa a células diminutas.

somnambulism /sɒmˈnæmbjʊlɪz(ə)m/ sonambulismo: estado produzido durante o sono, que acontece principalmente com crianças, no qual a pessoa se levanta da cama, caminha e realiza algumas atividades. ☑ **noctambulation**; **sleepwalking**.

somnambulist /sɒmˈnæmbjʊlɪst/ sonâmbulo: indivíduo que se levanta e caminha durante o sono. ☑ **sleepwalker**.

somnambulistic /sɒmnˌæmbjuˈlɪstɪk/ sonambulístico: relativo ao sonambulismo.

somnolent /ˈsɒmnələnt/ sonolento: com sono.

somnolism /ˈsɒmnəlɪz(ə)m/ sonolismo: um transe que é induzido por hipnotismo.

Somogyi effect /ˈʃɒmɒdʒi ɪˌfekt/ efeito Somogyi: no diabetes melito, oscilação de uma taxa extremamente baixa de glicose no sangue para uma taxa extremamente alta, geralmente ocorrida após hipoglicemia noturna não reconhecida. É causado pela liberação de hormônios do estresse para neutralizar as baixas taxas de glicose. ☑ **Somogyi phenomenon**.

Somogyi phenomenon /ˈʃɒmɒdʒi fəˈnɒmɪnən/ fenômeno de Somogyi. ⇨ **Somogyi effect**.

-somy /səʊmi/ -ssomia: relativo à presença de cromossomos.

son /sʌn/ filho: criança do sexo masculino em relação aos pais. *They have two sons and one daughter.* / Eles têm dois filhos e uma filha.

Sonne dysentery /ˈsɒnə ˌdɪsəntri/ disenteria de Sonne: forma comum de disenteria leve, causada pela *Shigella sonnei*. (Descrita em 1915 por Carl Olaf Sonne [1882–1948], médico e bacteriologista dinamarquês.)

sonogram /ˈsəʊnəgræm/ sonograma: imagem obtida por meio de ultra-sonografia.

sonography /səˈnɒgrəfi/ sonografia. ⇨ **ultra-sonography**.

sonoplacentography /ˌsəʊnəplæsənˈtɒgrəfi/ sonoplacentografia: a localização da placenta, na mulher grávida, por meio de ultra-sonografia.

sonotopography /ˌsəʊnətəˈpɒgrəfi/ sonotopografia: o uso da ultra-sonografia na obtenção de um sonograma.

soothe /suːð/ acalmar; aliviar (dor); suavizar: aliviar dor ou irritação, ou diminuir a tensão. *The calamine lotion will soothe the rash.* / A loção de calamina aliviará a erupção cutânea.

soothing /ˈsuːðɪŋ/ calmante; tranqüilizante; suavizante: que alivia a dor ou irritação, ou diminui a tensão. *They played soothing music in the dentist's waiting room.* / Tocaram música tranqüilizante na sala de espera do consultório dentário.

sopor /ˈsəʊpə/ torpor: um estado de sono profundo ou inconsciência.

soporific /ˌsɒpəˈrɪfɪk/ soporífico; sonífero: que, ou o que induz o sono.

sorbitol /ˈsɔːbɪtɒl/ sorbitol: um álcool glicosado, branco e cristalino, usado como adoçante, umectante, e como excipiente de comprimidos, por exemplo, de vitamina C.

sordes /ˈsɔːdiːz/ (plural) sordes: uma crosta castanho-escura nos lábios, dentes e gengiva, causada por febre prolongada.

sore /sɔː/ **1** lesão; úlcera; ferida: pequena lesão cutânea, geralmente com emissão de pus. **2** machucado: a) irregular e inflamado. *a sore patch on the skin* / um ferimento cutâneo inflamado. b) dolorido. *My ankle still feels very sore.* / Meu tornozelo ainda está muito dolorido.

sore throat /sɔː ˈθrəʊt/ (informal) dor de garganta: condição caracterizada por inflamação da membrana mucosa da garganta, algumas vezes pelo uso abusivo da voz, mas geralmente causada por infecção.

s.o.s. abreviatura de **si opus sit**.

sotalol /ˈsɒtəlɒl/ sotalol: agente bloqueador β-adrenérgico, usado no tratamento de arritmias cardíacas e hipertensão.

souffle /ˈsuːf(ə)l/ sopro: um som suave, produzido pelo aparelho respiratório ou circulatório, percebido pela auscultação.

sound /saʊnd/ **1** som; ruído; bulha; sonda: a) qualquer som ou ruído perceptível ao ouvido. *The doctor listened to the sounds of the patient's lungs.* / O médico ouviu os ruídos pulmonares do paciente. *His breathing made a whistling sound.* / A respiração dele tinha um som sibilante. b) sonda, um instrumento alongado, cilíndrico, usado para examinar ou dilatar uma cavidade do corpo. **2** (corpo; mente): forte; sadio; saudável. *He has a sound constitution.* / Ele tem uma constituição forte. *Her heart is sound, but her lungs are congested.* / O coração dela está saudável, mas os pulmões encontram-se congestionados. **3** soar; dar a impressão de; parecer: a) fazer um ruído específico. *Her lungs sounded as if she had pneumonia.* / Os pulmões davam a impressão de que ela estava com pneumonia. b) examinar o interior de uma cavidade com sonda.

sour /ˈsaʊə/ azedo; ácido: que não é amargo, salgado ou doce. Nota: é um dos sabores básicos.

source /sɔːs/ fonte; origem: **1** substância que dá origem ou produz algo. *Sugar is a source of energy.* / O açúcar é uma fonte de energia. *Vegetables are important sources of vitamins.* / Os vegetais são fontes importantes de vitaminas. **2** local de onde alguma coisa procede; procedência. *The source of the allergy has been identified.*

/ A origem da alergia foi identificada. *The medical team has isolated the source of the infection.* / A equipe médica isolou a fonte da infecção.

space /speɪs/ espaço: área demarcada do corpo, ou área vazia entre estruturas ou órgãos. *An abscess formed in the space between the bone and the cartilage.* / Formou-se um abscesso no espaço entre o osso e a cartilagem.

spansule /'spænsjuːl/ droga de liberação prolongada: cápsula contendo um medicamento, especialmente formulada para liberar seu conteúdo vagarosamente no estômago.

spare /speə/ **1** extra; de reserva; sobressalente; vago: extra ou usado apenas em casos de emergência. *We have no spare beds in the hospital at the moment.* / No momento, não temos leitos hospitalares vagos. *The doctor carries a spare set of instruments in her car.* / A médica carrega no carro um estojo de instrumentos (cirúrgicos) de reserva. **2** ter de sobra; dispor: poder dispor de alguma coisa. *Can you spare the time to see the next patient?* / Você tem tempo de sobra para examinar o próximo paciente? *We have only one bed to spare at the moment.* / Nós podemos dispor de apenas um leito, no momento.

spare part surgery /ˌspeə ˈpɑːt ˌsɜːdʒəri/ cirurgia protética: cirurgia na qual partes do corpo, tais como ossos ou articulações, são substituídas por próteses.

sparganosis /ˌspɑːgəˈnəʊsɪs/ esparganose: condição caracterizada pela invasão do tecido subcutâneo por larvas de *Sparganum*. É comum no leste da Ásia.

spasm /'spæz(ə)m/ espasmo: contração involuntária súbita, geralmente dolorosa, de um músculo, como uma cãibra. *The muscles in his leg went into spasm.* / Os músculos da perna dele sofreram um espasmo. *She had painful spasms in her stomach.* / Ela teve espasmos estomacais dolorosos.

spasmo- /spæzməʊ/ espasm(o)-: relativo a um espasmo ou convulsão.

spasmodic /spæzˈmɒdɪk/ espasmódico: **1** que ocorre em espasmos. **2** que ocorre em intervalos.

spasmolytic /ˌspæzməˈlɪtɪk/ espasmolítico; anti-espasmódico: medicamento que alivia os espasmos musculares.

spasmus nutans /ˌspæzməs ˈnjuːtɒnz/ espasmo nutante: condição caracterizada por flexão da cabeça sobre o tórax, acompanhada de espasmos dos músculos do pescoço e movimentos oculares breves.

spastic /'spæstɪk/ **1** espástico: que tem espasmos ou contrações musculares súbitas. **2** paralítico: pessoa que sofre de paralisia cerebral caracterizada por intensos espasmos musculares. Nota: na segunda acepção, o termo é hoje considerado ofensivo.

spastic colon /ˌspæstɪk ˈkəʊlɒn/ cólon espástico. ⇨ **mucous colitis**.

spastic diplegia /ˌspæstɪk daɪˈpliːdʒə/ diplegia

espástica: forma congênita de paralisia cerebral que afeta principalmente as pernas. ☑ **Little's disease**.

spastic gait /ˌspæstɪk ˈgeɪt/ marcha espástica: maneira de caminhar caracterizada pela rigidez das pernas e pés, que não se levantam do solo.

spasticity /spæˈstɪsti/ espasticidade: condição caracterizada pela resistência de um membro à flexão passiva. Veja também **rigidity**.

spastic paralysis /ˌspæstɪk pəˈræləsɪs/ paralisia espástica. ⇨ **cerebral palsy**.

spastic paraplegia /ˌspæstɪk ˌpærəˈpliːdʒə/ paraplegia espástica: paraplegia de um lado do corpo após acidente vascular cerebral.

spatula /'spætjʊlə/ espátula: **1** instrumento achatado, dotado de um cabo, usado para misturar pomadas e espalhar emplastros. **2** instrumento plano de madeira, usado para abaixar a língua em exames de boca e garganta.

speak /spiːk/ falar: articular sons; comunicar-se por meio de palavras. *He is learning to speak again after a laryngectomy.* / Ele está reaprendendo a falar, após uma laringectomia.

speak up /ˌspiːk ˈʌp/ falar alto; falar claramente: falar mais alto. *Speak up, please – I can't hear you!* / Fale mais alto, por favor – eu não consigo ouvi-lo.

special /'speʃ(ə)l/ especial: incomum, ou com um propósito específico. *He has been given a special diet to cure his allergy.* / Ele precisou fazer uma dieta especial para curar a alergia. *She wore special shoes to correct a problem in her ankles.* / Ela usou sapatos especiais para corrigir um problema nos tornozelos.

special care baby unit /ˌspeʃ(ə)l keə ˈbeɪbi juːnɪt/ unidade de cuidados especiais ao lactente: recinto hospitalar com condições especiais de temperatura e umidade, que cuida de bebês prematuros ou com doenças graves.

special health authority /ˌspeʃ(ə)l ˈhelθ ɔːˌθɒrɪti/ departamento especial de saúde: departamento nacional de saúde com funções próprias, ou que cobre várias regiões. Um exemplo é o UK Transplant (Serviço de Transplante do Reino Unido), que administra o Banco Nacional de Dados sobre Transplante e cujos serviços, durante 24 horas ininterruptas, incluem a localização e a compatibilidade de doadores de órgãos.)

special hospital /ˌspeʃ(ə)l ˈhɒspɪt(ə)l/ hospital psiquiátrico: hospital para indivíduos cujas condições mentais colocam em risco a própria vida ou a vida de outras pessoas.

specialisation /ˌspeʃəlaɪˈzeɪʃ(ə)n/ especialização: **1** o ato de especializar-se em um ramo específico da medicina. **2** ramo particular da medicina, no qual um médico se especializa. Usa-se também **specialization**.

specialise /'speʃəlaɪz/ especializar-se: **1** concentrar-se em atividade ou assunto específico. **2** tornar-se um especialista em assunto ou área específica do conhecimento. Usa-se também **specialize**.

specialised /'speʃəlaɪzd/ especializado: **1** destinado a, ou projetado com um propósito específico. **2** concentrado em assunto ou atividade particular. *specialised skills* / capacitações especializadas. Usa-se também **specialized**.

specialise in /'speʃəlaɪz ɪn/ especializar-se em: estudar ou tratar uma doença específica, ou um determinado tipo de paciente. *He specialises in children with breathing problems.* / Ele se especializou em crianças com problemas respiratórios. *She decided to specialise in haematology.* / Ela decidiu especializar-se em hematologia. Usa-se também **specialize in**.

specialism /'speʃəlɪz(ə)m/ especialidade. ⇨ **speciality**.

specialist /'speʃəlɪst/ especialista: médico que se especializou em determinado ramo da medicina. *He is a heart specialist.* / Ele é um especialista cardíaco. *She was referred to an ENT specialist.* / Ela foi encaminhada a um especialista em otorrinolaringologia.

specialist registrar /ˌspeʃ(ə)lɪst 'redʒɪˌstrɑː/ médico estagiário especialista: médico registrado e licenciado, que faz estágio de especialização em hospital.

speciality /ˌspeʃiˈæləti/ especialidade: atividade particular ou tipo de trabalho no qual alguém é especialmente treinado ou muito interessado. ☑ **specialism**. Nota: no inglês americano usa-se **specialty**.

special school /'speʃ(ə)l skuːl/ escola para deficientes: escola para crianças deficientes ou incapacitadas.

specialty /'speʃ(ə)lti/ especialidade. ⇨ **speciality**.

species /'spiːʃiːz/ espécie: grupo de organismos vivos com as mesmas características, que se intercruzam e produzem dependentes férteis. Plural: **species**.

specific /spəˈsɪfɪk/ específico: **1** relativo à doença causada por um único tipo de microorganismo. Oposto de **non-specific**. **2** medicamento usado para tratar uma doença específica.

specific gravity /spəˌsɪfɪk 'grævəti/ gravidade específica. ⇨ **relative density**.

specificity /ˌspesɪˈfɪsəti/ especificidade: em um teste, a proporção de indivíduos com resposta negativa a uma doença específica. Uma alta proporção de resultados verdadeiramente negativos pode indicar uma baixa proporção de pessoas incorretamente classificadas como positivas. Compare com **sensitivity**.

specific urethritis /spəˌsɪfɪk jʊərɪˈθraɪtɪs/ uretrite específica: inflamação da uretra, causada por gonorréia.

specimen /'spesɪmɪn/ amostra; espécime: **1** amostra de materiais diversos para a realização de teste. *He was asked to bring a urine specimen.* / Ele foi solicitado a trazer uma amostra de urina. **2** um item de um grupo, ou uma parte de algo. *We keep specimens of diseased organs for students to examine.* / Nós mantemos espécimens de órgãos doentes para os estudantes examinarem.

spectacles /'spektək(ə)lz/ (plural) óculos: par de lentes adaptadas a uma armação, que são usadas para corrigir problemas de visão. Observação: os óculos podem corrigir problemas de foco do olho, tais como miopia, hipermetropia e astigmatismo. Quando a pessoa precisa de um tipo diferente de lente para ler, o oftalmologista pode prescrever dois pares de óculos, um para uso normal e outro para leitura; senão, os óculos podem ter as lentes divididas (bifocais ou multifocais).

spectrography /spek'trɒgrəfi/ espectrografia: o registro de um espectro em filme fotográfico.

spectroscope /'spektrəskəʊp/ espectroscópio: instrumento usado para analisar um espectro.

spectrum /'spektrəm/ espectro: **1** faixa de cores, do vermelho ao violeta, na qual a luz branca pode ser decomposta quando atravessa alguma coisa, por exemplo, um prisma. Nota: substâncias diferentes em uma solução têm espectros diferentes. **2** variedade de bactérias que um antibiótico ou elemento químico é capaz de destruir. Plural: **spectra** ou **spectrums**.

specular /'spekjʊlə/ especular: que é realizado usando-se um espéculo.

speculum /'spekjʊləm/ espéculo: instrumento cirúrgico que é usado para aumentar a abertura de uma passagem do corpo, por exemplo, as narinas ou a vagina, facilitando o exame do seu interior. Plural: **specula** ou **speculums**.

speech /spiːtʃ/ fala; discurso: **1** capacidade de emitir sons inteligíveis por meio das cordas vocais. **2** discurso proferido para uma audiência.

speech block /'spiːtʃ blɒk/ bloqueio da fala: uma incapacidade temporária de falar, causada pelo efeito do estresse nervoso nos processos mentais.

speech impediment /'spiːtʃ ɪmˌpedɪmənt/ obstrução da fala: incapacidade de falar de maneira fácil ou normal, devido à malformação física da boca ou a outros distúrbios.

speech therapist /'spiːtʃ ˌθerəpɪst/ fonoaudiólogo: pessoa qualificada que trata dos distúrbios da fala.

speech therapy /'spiːtʃ ˌθerəpi/ fonoaudiologia: especialidade médica que lida com os distúrbios da fonação e seu tratamento, por exemplo, gagueira, ou distúrbio resultante de acidente vascular cerebral ou malformação física.

spell /spel/ acesso (de doença): um período curto (de doença). *She has been having dizzy spells.* / Ela tem tido acessos de vertigem. *He had two spells in hospital during the winter.* / Ele teve dois acessos no hospital durante o inverno.

sperm /spɜːm/ esperma. ⇨ **spermatozoon**. Plural: **sperm**.

spermat- /spɜːmət/ ⇨ **spermato-**.

spermatic /spɜːˈmætɪk/ espermático: relativo ao esperma.

spermatic artery /spɜːˌmætɪk 'ɑːtəri/ artéria

espermática: artéria que conduz aos testículos. ☑ **testicular artery**.

spermatic cord /spɜːˌmætɪk ˈkɔːd/ cordão espermático: cordão que vai do abdome aos testículos. Compreende os ductos deferentes, os nervos, e os vasos sanguíneos e linfáticos dos testículos.

spermatid /ˈspɜːmətɪd/ espermátide: célula sexual masculina imatura, que dá origem a um espermatozóide.

spermato- /spɜːmətəʊ/ espermat(o)-: **1** relativo ao esperma. **2** relativo ao sistema reprodutor masculino. Nota: antes de vogais usa-se **spermat-**.

spermatocele /ˈspɜːmətəsiːl/ espermatocele: cisto que se forma no escroto, e contém espermatozóides.

spermatocyte /ˈspɜːmətəsaɪt/ espermatócito: estágio primário no desenvolvimento de um espermatozóide.

spermatogenesis /ˌspɜːmətəˈdʒenəsɪs/ espermatogênese: a formação e o desenvolvimento de espermatozóides nos testículos.

spermatogonium /ˌspɜːmətəˈɡəʊniəm/ espermatogônio: célula que dá origem a um espermatócito. Plural: **spermatogonia**.

spermatorrhoea /ˌspɜːmətəˈrɪə/ espermatorréia: emissão freqüente e abundante de sêmen, que ocorre na ausência de orgasmo. Nota: no inglês americano usa-se **spermatorrhea**.

spermatozoon /ˌspɜːmətəˈzəʊɒn/ espermatozóide: célula sexual masculina madura, que é ejaculada pelo pênis e pode fertilizar o ovo. ☑ **sperm**. Plural: **spermatozoa**. Observação: o espermatozóide humano é muito pequeno e constitui-se de cabeça, pescoço e uma longa cauda. Um espermatozóide pode se locomover, movendo sua cauda de um lado para outro. Os espermatozóides são formados nos testículos e ejaculados pelo pênis. Cada ejaculação contém milhões de espermatozóides. Uma vez que um espermatozóide tenha alcançado o útero feminino, ele permanece viável por cerca de três dias.

spermaturia /ˌspɜːməˈtjʊəriə/ espermatúria: a presença de esperma na urina.

sperm bank /ˈspɜːm bæŋk/ banco de esperma; banco de sêmen: local em que se armazena esperma para inseminação artificial.

sperm count /ˈspɜːm kaʊnt/ contagem de espermatozóides: cálculo do número de espermatozóides contido em uma certa quantidade de sêmen.

sperm donor /ˈspɜːm ˌdəʊnə/ doador de esperma: homem que doa esperma, mediante uma remuneração, para permitir que uma mulher sem filhos possa engravidar.

sperm duct /ˈspɜːm dʌkt/ ducto espermático. ⇨ **ductus deferens; vas deferens**.

spermi- /spɜːmi/ esperm(i/o)-: relativo aos espermatozóides e ao sêmen. ⇨ **spermio-**.

spermicidal /ˌspɜːmɪˈsaɪd(ə)l/ espermicida: que destrói os espermatozóides.

spermicidal jelly /ˌspɜːmɪˌsaɪd(ə)l ˈdʒeli/ geléia espermicida; geléia contraceptiva: geléia ou creme que, introduzido na vagina ou em um diafragma, evita a concepção.

spermicide /ˈspɜːmɪsaɪd/ espermicida: substância que destrói espermatozóides.

spermio- /spɜːmiəʊ/ esperm(i/o)-. ⇨ **spermi-**.

spermiogenesis /ˌspɜːmiəʊˈdʒenəsɪs/ espermiogênese: a fase final da espermatogênese, durante a qual um espermátide transforma-se em espermatozóide.

spheno- /sfiːnəʊ/ esfen(o)-: relativo ao osso esfenóide.

sphenoid /ˈsfiːnɔɪd/ esfenóide: **1** relativo ao osso esfenóide. **2** cuja forma se assemelha a uma cunha. **3** ⇨ **sphenoid bone**.

sphenoid bone /ˈsfiːnɔɪd bəʊn/ osso esfenóide: osso em forma de cunha, situado na base do crânio, formando o lado do globo ocular. ☑ **sphenoid**.

sphenoid sinus /ˈsfiːnɔɪd ˈsaɪnəs/ seios esfenoidais: uma de duas cavidades situadas no crânio, que se comunicam com a cavidade nasal.

sphenopalatine ganglion /ˌsfiːnəʊˌpælətaɪn ˈɡænɡliɒn/ glânglio esfenopalatino. ⇨ **pterygopalatine ganglion**.

spherocyte /ˈsfɪərəʊsaɪt/ esferócito: glóbulo vermelho de forma esférica.

spherocytosis /ˌsfɪərəʊsaɪˈtəʊsɪs/ esferocitose: condição caracterizada pela presença de esferócitos no sangue, o que leva à anemia, ao aumento do baço e à formação de cálculos biliares, a exemplo do que ocorre na icterícia acolúrica.

sphincter /ˈsfɪŋktə/ esfíncter: músculo anular que fecha um orifício, especialmente o ânus, e cuja contração diminui o orifício ou sua luz. ☑ **sphincter muscle**.

sphincterectomy /ˌsfɪŋktəˈrektəmi/ esfincterectomia: **1** cirurgia para remoção de um músculo esfincteriano. **2** cirurgia para remoção de parte da borda da íris. Plural: **sphincterectomies**.

sphincter muscle /ˈsfɪŋktə ˌmʌs(ə)l/ músculo do esfíncter; músculo esfincteriano. ⇨ **sphincter**.

sphincteroplasty /ˈsfɪŋktərəˌplæsti/ esfincteroplastia: cirurgia plástica para corrigir um músculo esfincteriano muito apertado. Plural: **sphincteroplasties**.

sphincterotomy /ˌsfɪŋktəˈrɒtəmi/ esfincterotomia: incisão cirúrgica de um esfíncter. Plural: **sphincterotomies**.

sphincter pupillae muscle /ˌsfɪŋktə ˈpjuːpɪlaɪ ˌmʌs(ə)l/ músculo esfíncter da pupila: músculo anular que circunda a íris e contrai a pupila.

sphyg /sfɪɡ/ (informal) esfigmomanômetro. ⇨ **sphygmomanometer**.

sphygmic /ˈsfɪɡmɪk/ esfígmico: relativo ao pulso de uma artéria.

sphygmo- /sfɪɡməʊ/ esfigm(o)-: relativo ao pulso.

S

sphygmocardiograph /ˌsfɪgməʊˈkɑːdɪəʊɡrɑ
:f/ esfigmocardiógrafo: instrumento que registra
tanto os batimentos cardíacos quanto a freqüência de pulso.

sphygmograph /ˈsfɪgməgrɑːf/ esfigmógrafo:
instrumento que registra a freqüência do pulso
arterial.

sphygmomanometer /ˌsfɪgməʊməˈnɒmɪtə/
esfigmomanômetro: instrumento que mede a
pressão arterial. ☑ **sphyg**. Observação: o esfigmomanômetro consiste em um bulbo de insuflação, um manguito de borracha insuflável, que
é enrolado no braço do paciente, e um aferidor
com uma coluna de mercúrio, ao qual o manguito é conectado. A pressão arterial é determinada
pela auscultação do pulso arterial (com estetoscópio posicionado sobre uma artéria, enquanto a
pressão do manguito é reduzida vagarosamente)
e pela leitura do aferidor.

spica /ˈspaɪkə/ espiga: um tipo de atadura, aplicada na raiz de um membro, em que as faixas de tecido cruzam-se umas com as outras, à semelhança de um número 8. Plural: **spicae** ou **spicas**.

spicule /ˈspɪkjuːl/ espícula: pequena lasca de
osso, semelhante a uma agulha.

spigot /ˈspɪgət/ espiche; torneira: ponta de tubo
ou canalização que se encaixa em outra.

spina /ˈspaɪnə/ espinha: **1** um pedaço diminuto e
afiado de osso. **2** a coluna vertebral.

spina bifida /ˌspaɪnə ˈbɪfɪdə/ espinha bífida:
condição grave, caracterizada pela protusão de
parte da medula espinhal na coluna vertebral.
☑ **rachischisis**. Observação: a espinha bífida
apresenta-se de duas formas: uma forma leve,
a espinha bífida oculta, em que apenas o osso
é afetado, e não há sinais visíveis da condição;
e uma forma grave, a espinha bífida cística, em
que parte das meninges ou da medula espinhal
projeta-se por uma abertura no invólucro ósseo
da coluna vertebral, podendo resultar em paralisia das pernas; freqüentemente, há redução da
capacidade mental, quando a condição é associada à hidrocefalia.

spinal /ˈspaɪn(ə)l/ espinhal: relativo à espinha.
She suffered spinal injuries in the crash. / No
desastre de carro, ela sofreu lesões na espinha.

spinal accessory nerve /ˌspaɪn(ə)l əkˈsesə
ri nɜːv/ nervo espinal acessório: o décimo primeiro nervo craniano, que supre os músculos do
pescoço e ombros.

spinal anaesthesia /ˌspaɪn(ə)l ˌænəsˈθiːzɪə/
anestesia espinhal: anestesia local em que a
substância anestésica é injetada no líquido cérebro-espinhal. ☑ **rachianaesthesia**.

spinal anaesthetic /ˌspaɪn(ə)l ˌænəsˈθetɪk/
anestésico espinhal: substância anestésica injetada na espinha, que produz perda de sensibilidade em grande parte do corpo.

spinal block /ˌspaɪn(ə)l ˈblɒk/ bloqueio espinhal: analgesia produzida pela injeção de substância anestésica na medula espinhal.

spinal canal /ˌspaɪn(ə)l kəˈnæl/ canal espinhal;
canal vertebral: canal que se origina na parte
superior e posterior das vértebras, contendo a
medula espinhal. ☑ **vertebral canal**.

spinal column /ˈspaɪn(ə)l ˌkɒləm/ coluna vertebral; espinhal dorsal. ⇨ **spine**.

spinal cord /ˈspaɪn(ə)l kɔːd/ cordão espinhal;
medula espinhal: a porção alongada do sistema nervoso central, que vai da medula oblonga
ao filamento terminal do canal espinhal. Nota:
para conhecer outros termos referentes à medula espinhal, veja os que começam com **myel-** e
myelo-.

spinal curvature /ˌspaɪn(ə)l ˈkɜːvətʃə/ curvatura vertebral: angulação ou curvatura acentuada
da coluna vertebral.

spinal fusion /ˌspaɪn(ə)l ˈfjuːʒ(ə)n/ fusão espinhal: cirurgia para realizar a ancilose óssea entre
duas vértebras, dando mais rigidez à coluna vertebral. ☑ **spondylosyndesis**.

spinal ganglion /ˌspaɪn(ə)l ˈgæŋglɪən/ gânglio
espinhal: gânglios em forma de cone, contendo
os principais axônios que formam a raiz posterior de cada gânglio espinhal.

spinal meningitis /ˌspaɪn(ə)l ˌmenɪnˈdʒaɪtɪs/
meningite espinhal: inflamação das membranas
que envolvem a medula espinhal, que afeta principalmente lactentes.

spinal nerve /ˈspaɪn(ə)l nɜːv/ nervo espinhal:
um dos trinta e um pares de nervos que saem
da medula espinhal e governam principalmente
o tronco e os membros.

spinal puncture /ˌspaɪn(ə)l ˈpʌŋktʃə/ punção
espinhal. ⇨ **lumbar puncture**.

spinal shock /ˈspaɪn(ə)l ˈʃɒk/ choque medular:
insensibilidade na parte inferior do corpo, abaixo do nível de uma lesão na coluna vertebral.

spinal tap /spaɪn(ə)l tæp/ punção espinhal. ⇨
lumbar puncture.

spindle /ˈspɪnd(ə)l/ fuso: **1** uma estrutura alongada e fina. **2** uma estrutura fusiforme formada
no núcleo celular durante a meiose, ligando os
cromossomos nos seus centrômeros.

spine /spaɪn/ espinha; coluna vertebral: **1** série de
ossos, as vértebras, unidas umas às outras, pro-
porcionando apoio e formando uma coluna óssea
flexível, que se estende do crânio ao cóccix. *She
injured her spine in the crash.* / No desastre de
carro, ela feriu a espinha. ☑ **backbone**; **spinal
column**; **vertebral column**. **2** qualquer parte
protuberante de um osso. Observação: a coluna
vertebral é constituída de 24 vértebras anulares,
separadas por discos de cartilagem, e contém o
sacro e o cóccix. O canal oco da coluna vertebral
(o canal espinhal) contém a medula espinhal.
Veja também observação em **vertebra**.

Spinhaler /spɪnˈheɪlə/ Spinhaler: o nome comercial de um aparelho de inalação, no qual é colocada uma dose preestabelecida de medicamento,
para pessoas com problemas respiratórios.

spinnbarkeit /ˈspɪnbɑːkaɪt/ spinnbarkeit: um
fio de muco formado pelo colo do útero, que é

usado para determinar o período ovulatório. Isso acontece quando o muco, espalhado sobre uma lâmina de vidro, atinge o seu comprimento máximo.

spino- /spaɪnəʊ/ espin(i/o)-: **1** relativo à espinha. **2** relativo à medula espinhal.

spinocerebellar tract /ˌspaɪnəʊserəˌbelə ˈtræ kt/ trato espinocerebelar: feixe de fibras nervosas que se originam na medula espinhal e transmitem impulsos para o cerebelo.

spinous process /ˌspaɪnəs ˈprəʊses/ processo espinhoso: projeção, em qualquer vértebra ou osso, que se assemelha a um espinho.

spiral /ˈspaɪrəl/ espiral: linha que sobe em um círculo contínuo, ou qualquer coisa que se assemelha a uma espiral.

spiral bandage /ˌspaɪrəl ˈbændɪdʒ/ bandagem em espiral: bandagem que circula um membro obliquamente, cada volta sobrepondo-se à anterior.

spiral ganglion /ˌspaɪrəl ˈɡæŋɡliən/ gânglio espiral: um gânglio situado no oitavo nervo craniano, que supre o órgão de Corti.

spiral organ /ˌspaɪrəl ˈɔːɡən/ órgão espiral. ⇨ **organ of Corti.**

Spirillum /spɪˈrɪləm/ *Spirillum:* uma das bactérias que causam a febre da mordida de rato.

spiro- /spaɪrəʊ/ espir(o)-: **1** relativo a uma espiral. **2** relativo à respiração.

spirochaetaemia /ˌspaɪrəʊkiːˈtiːmiə/ espiroquetemia: presença de espiroquetas na corrente sanguínea. Nota: no inglês americano usa-se **spirochetemia.**

spirochaete /ˈspaɪrəʊkiːt/ espiroqueta: bactéria de forma espiralada, por exemplo, a bactéria causadora da sífilis. Nota: no inglês americano usa-se **spirochete.**

spirogram /ˈspaɪrəʊɡræm/ espirograma: traçado dos movimentos respiratórios, feito por um espirógrafo.

spirograph /ˈspaɪrəʊɡrɑːf/ espirógrafo: aparelho que registra, por meio de gráfico, a profundidade e a velocidade dos movimentos respiratórios.

spirography /spaɪˈrɒɡrəfi/ espirografia: o registro gráfico dos movimentos respiratórios, feito por espirógrafo.

spirometer /spaɪˈrɒmɪtə/ espirômetro: instrumento que mede o volume de ar inspirado e exalado dos pulmões.

spirometry /spaɪˈrɒmətri/ espirometria: medida da capacidade vital dos pulmões, realizada por espirômetro.

spironolactone /ˌspaɪrənəˈlæktəʊn/ espironolactona: agente esteróide que ajuda a aumentar a excreção urinária, usado no tratamento de edema e hipertensão.

spit /spɪt/ **1** cuspe: emissão de saliva pela boca. **2** cuspir: emitir saliva pela boca. *Rinse your mouth out and spit into the cup provided.* / Enxágue a boca e cuspa no escarrador. *He spat out the medicine.* / Ele cuspiu o medicamento.

Spitz-Holter valve /ˌspɪts ˈhɒltə vælv/ válvula de Spitz-Holter: válvula de uma só direção, implantada cirurgicamente na caixa craniana, para drenar excesso de líquido do crânio, na hidrocefalia.

splanchnic /ˈsplæŋknɪk/ esplâncnico: relativo a vísceras; visceral.

splanchnic nerve /ˈsplæŋknɪk nɜːv/ nervo esplâncnico: qualquer nervo simpático que supre os órgãos do abdome.

splanchnology /splæŋkˈnɒlədʒi/ esplancnologia: o ramo da medicina relacionado aos órgãos da cavidade abdominal.

spleen /spliːn/ baço: órgão situado na parte superior da cavidade abdominal, entre o estômago e o diafragma, que forma sangue no início da vida, armazena hemácias e também age como filtro do sangue. Veja ilustração em **Digestive System,** no Apêndice. Observação: o baço, que é a maior glândula endócrina (sem ducto) do corpo, parece desintegrar os eritrócitos inativos e combater as infecções, mas suas funções não são totalmente compreendidas. Uma pessoa adulta pode viver com saúde, mesmo após extirpação do baço.

splen- /splen/ ⇨ **spleno-.**

splenectomy /spleˈnektəmi/ esplenectomia: cirurgia para remoção do baço. Plural: **splenectomies.**

splenic /ˈsplenɪk/ esplênico: relativo ao baço.

splenic anaemia /ˌsplenɪk əˈniːmiə/ anemia esplênica: anemia causada por cirrose hepática, caracterizada por hipertensão portal, esplenomegalia e episódios de hemorragia. ☑ **Banti's syndrome.**

splenic flexure /ˌsplenɪk ˈflekʃə/ flexura esplênica: uma dobra na junção do cólon transverso com o cólon descendente.

splenitis /spləˈnaɪtɪs/ esplenite: inflamação do baço.

splenius /ˈspliːniəs/ esplênio: músculo em cada lado do pescoço, que se origina na base do crânio, supre a região da nuca, e roda e estende a cabeça e o pescoço. Plural: **splenii.**

spleno- /spliːnəʊ/ esplen(i/o)-: relacionado ao baço. Nota: antes de vogais usa-se **splen-.**

splenomegaly /ˌspliːnəʊˈmeɡəli/ esplenomegalia: condição caracterizada por aumento do baço, associada a várias doenças, incluindo malária e alguns tipos de câncer.

splenorenal /ˌspliːnəʊˈriːn(ə)l/ esplenorrenal: relativo tanto ao baço quanto aos rins.

splenorenal anastomosis /ˌspliːnəʊˌriːn(ə)l əˌnæstəˈməʊsɪs/ anastomose esplenorrenal: procedimento cirúrgico para união da veia esplênica com a veia renal, usado no tratamento da hipertensão portal.

splenovenography /ˌspliːnəʊvəˈnɒɡrəfi/ esplenovenografia: radiografia do baço e de suas veias.

splint /splɪnt/ tala; aparelho: suporte rígido usado em um membro para imobilizar osso fraturado. *He had to keep his arm in a splint for several*

S

weeks. / Ele precisou manter o braço no aparelho (de gesso) durante várias semanas. Veja também **shin splints**.

splinter /'splɪntə/ lasca; farpa: pequena lasca de madeira ou fragmento metálico que se introduz debaixo da pele, podendo provocar irritação local, seguida de infecção.

splinter haemorrhage /'splɪntə ˌhem(ə)rɪdʒ/ hemorragia em lasca: pequena hemorragia linear subungueal ou ocular.

split /splɪt/ dividir; rachar; fender: dividir alguma coisa, ou tornar-se dividido.

split personality /splɪt ˌpɜːsəˈnælətɪ/ personalidade dividida; múltipla personalidade. ⇨ **schizoid personality**.

split-skin graft /ˌsplɪt ˌskɪn ˈgrɑːft/ enxerto de espessura parcial: tipo de enxerto cutâneo que consiste na implantação de porções da derme e da epiderme sobre uma área, por exemplo, uma ferida. ☑ **Thiersch graft**.

spondyl /'spɒndɪl/ espôndilo. ⇨ **vertebra**.

spondyl- /spɒndɪl/ ⇨ **spondylo-**.

spondylitis /ˌspɒndɪˈlaɪtɪs/ espondilite: inflamação das vértebras.

spondylo- /spɒndɪləʊ/ espondil(o)-: relativo a vértebras. Nota: antes de vogais usa-se **spondyl-**.

spondylolisthesis /ˌspɒndɪləʊˈlɪsθəsɪs/ espondilolistese: condição caracterizada pelo deslizamento anterior de uma vértebra da coluna vertebral sobre a vértebra abaixo dela.

spondylosis /ˌspɒndɪˈləʊsɪs/ espondilose: rigidez da coluna vertebral e alterações degenerativas nos discos intervertebrais, com ocorrência de osteoartrite. É uma condição comum em pessoas idosas.

spondylosyndesis /ˌspɒndɪləʊsɪnˈdiːsɪs/ espondilossíndese. ⇨ **spinal fusion**.

sponge /spʌndʒ/ compressa: peça de material leve e absorvente, natural ou sintética, usada para lavar e limpar.

sponge bath /'spʌnʒ bɑːθ/ banho de leito: o ato de lavar alguém no leito, usando uma esponja ou pano umedecido com água. *The nurse gave the elderly lady a sponge bath.* / A enfermeira deu um banho de leito na senhora idosa.

spongiform encephalopathy /ˌspʌnʒɪfɔːm enˌkefəˈlɒpəθi/ encefalopatia espongiforme: doença cerebral que ocorre em homens e animais, caracterizada pela vacuolização das células cerebrais, que adquirem um aspecto esponjoso.

spongioblastoma /ˌspʌnʒɪəʊblæˈstəʊmə/ espongioblastoma. ⇨ **glioblastoma**. Plural: **spongioblastomas** ou **spongioblastomata**.

spongiosum /ˌspʌnʒɪˈəʊsəm/ esponjoso. Veja **corpus spongiosum**.

spongy /'spʌndʒi/ esponjoso: de textura macia e porosa.

spongy bone /'spʌndʒi bəʊn/ osso esponjoso: estrutura óssea ligeiramente esponjosa que se forma no interior do osso e também nas extremi-

dades dos ossos longos. Veja ilustração em **Bone Structure**, no Apêndice.

spontaneous /spɒnˈteɪnɪəs/ espontâneo: que acontece sem nenhuma causa aparente.

spontaneous abortion /spɒnˌteɪnɪəs əˈbɔːʃ(ə)n/ aborto espontâneo. ⇨ **miscarriage**.

spontaneous delivery /spɒnˌteɪnɪəs dɪˈlɪv(ə)ri/ parto espontâneo: parto que acontece naturalmente, com a expulsão espontânea do feto, sem nenhuma ajuda médica ou cirúrgica.

spontaneous pneumothorax /spɒnˌteɪnɪəs njuːməʊˈθɔːræks/ pneumotórax espontâneo: condição caracterizada pela formação de uma válvula na superfície pulmonar, permitindo a entrada de ar na cavidade pleural.

spontaneous version /spɒnˌteɪnɪəs ˈvɜːʃ(ə)n/ versão espontânea: movimento de rotação do feto no útero, causado pelas contrações uterinas durante o parto.

spoon /spuːn/ colher: instrumento dotado de um cabo em cuja extremidade há uma pequena concha, utilizado para levar medicamentos líquidos à boca. *a 5 ml spoon* / uma colher de 5 ml.

spoonful /'spuːnfʊl/ colherada: quantidade ou porção que uma colher pode conter. *Take two 5 ml spoonfuls of the medicine twice a day.* / Tome duas colheradas de 5 ml do medicamento duas vezes ao dia.

sporadic /spəˈrædɪk/ esporádico: (doença) que ocorre isoladamente; não epidêmica nem endêmica.

spore /spɔː/ esporo: elemento reprodutor de determinadas espécies de bactérias e fungos, que pode sobreviver em condições extremamente frias ou quentes por um longo período de tempo.

sporicidal /ˌspɔːrɪˈsaɪd(ə)l/ esporicida: que é mortal para os esporos.

sporicide /'spɔːrɪsaɪd/ esporicida: substância que mata os esporos.

sporotrichosis /ˌspɔːrəʊtraɪˈkəʊsɪs/ esporotricose: infecção fúngica dos tecidos cutâneos, com formação de abscessos.

Sporozoa /ˌspɔːrəˈzəʊə/ esporozoários: tipo de protozoário que leva existência parasítica, incluindo o *Plasmodium*, causador da malária.

sport /spɔːt/ esporte: **1** a prática de jogos esportivos competitivos. **2** um jogo esportivo competitivo.

sports injury /'spɔːts ˌɪndʒəri/ lesão por esporte: lesão causada pela prática de esportes, por exemplo, torcedura do tornozelo ou cotovelo de tenista.

sports medicine /'spɔːts ˌmed(ə)sɪn/ medicina desportiva: o ramo da medicina que se ocupa com o estudo e o tratamento das lesões provocadas pela prática esportiva.

spot /spɒt/ mácula; mancha: pequena marca arredondada ou espinha. *The disease is marked by red spots on the chest.* / A doença é caracterizada por manchas vermelhas no tórax. ◊ **to break out in spots** ou **to come out in spots**: (erupção cutânea) irromper aqui e ali; estourar: ter uma erupção cutânea repentina.

spotted fever /ˌspɒtɪd ˈfiːvə/ febre maculosa. ⇨ **meningococcal meningitis**.

spotty /ˈspɒti/ (rosto) cheio de espinhas: coberto com espinhas.

sprain /spreɪn/ **1** entorse: condição caracterizada por distensão ou rompimento dos ligamentos de uma articulação por movimento súbito. **2** causar entorse; torcer: romper os ligamentos de uma articulação por movimento súbito. *She sprained her wrist when she fell.* / Ela torceu o pulso quando caiu.

spray /spreɪ/ **1** spray; borrifo; pulverização; vaporização: a) um jato de finas gotas de líquido pulverizado. *An aerosol sends out a liquid in a fine spray.* / Um aerossol emite um borrifo de gotículas. b) um líquido especial, sob a forma de *spray*, para aplicar em infecções. *throat spray* / *spray* para garganta. *nasal spray* / *spray* nasal. **2** borrifar; pulverizar; vaporizar: a) lançar um jato de líquido pulverizado. *They sprayed disinfectant everywhere.* / Borrifaram desinfetante em toda parte. b) borrifar uma área com líquido. *They sprayed the room with disinfectant.* / Borrifaram o quarto com desinfetante.

spread /spred/ espalhar(-se); propagar(-se); disseminar: difundir-se por uma grande área, ou causar a difusão de alguma coisa. *The infection spread right through the adult population.* / A infecção espalhou-se diretamente pela população adulta. *Sneezing in a crowded bus can spread infection.* / Espirros dentro de um ônibus lotado podem propagar infecções.

> *...spreading infection may give rise to cellulitis of the abdominal wall and abscess formation.* / "...a disseminação da infecção pode originar celulite da parede abdominal e formação de abscesso." (*Nursing Times*)

Sprengel's deformity /ˈspreŋgəlz dɪˌfɔːmɪti/ deformidade de Sprengel: malformação congênita do ombro, na qual uma escápula é menor e mais elevada do que a outra. ☑ **Sprengel's shoulder**. (Descrita em 1891 por Otto Gerhard Karl Spengel [1852–1915], cirurgião alemão.)

Sprengel's shoulder /ˈspreŋgəlz ˈʃəʊldə/ doença de Sprengel. ⇨ **Sprengel's deformity**.

sprue /spruː/ espru. ⇨ **psilosis**.

spud /spʌd/ bisturi: pequena faca triangular usada para remover grãos de poeira ou outros corpos estranhos do olho.

spur /spɜː/ esporão: uma saliência óssea aguda.

sputum /ˈspjuːtəm/ escarro; esputo: muco resultante de inflamação do nariz, garganta ou pulmões, que é expelido quando se tosse. *She was coughing up bloodstained sputum.* / Ela expectorou um escarro sanguinolento. ☑ **phlegm**.

squama /ˈskweɪmə/ escama: estrutura delgada de tecido endurecido, por exemplo, lasca de osso ou escama de pele. Plural: **squamae**.

squamo- /skweɪməʊ/ escam-: **1** relativo à parte escamosa do osso temporal. **2** esfoliado; escamoso.

squamous /ˈskweɪməs/ escamoso; esfoliado: delgado e duro como escama.

squamous bone /ˈskweɪməs bəʊn/ osso escamoso: porção achatada do osso temporal, que forma a parte lateral do crânio.

squamous cell carcinoma /ˌskweɪməs sel kɑːsɪˈnəʊmə/ carcinoma de células escamosas: tipo comum de neoplasia maligna, que geralmente se desenvolve na camada externa da pele, nos lábios ou dentro da boca ou esôfago. Abreviatura: **SCC**.

squamous epithelium /ˌskweɪməs epɪˈθiːli əm/ epitélio escamoso: epitélio contendo células escamosas achatadas, que forma o revestimento do pericárdio, peritônio e pleura. ☑ **pavement epithelium**.

squint /skwɪnt/ **1** estrabismo. ⇨ **strabismus**; **tropia**. **2** ser estrábico; sofrer de estrabismo: apresentar desvio de um ou dos dois olhos para baixo. *Babies often appear to squint, but it is corrected as they grow older.* / Os bebês frequentemente parecem sofrer de estrabismo, mas isso é corrigido à medida que eles ficam mais velhos.

SRN abreviatura de **State Registered Nurse**.

SSRI abreviatura de **selective serotonin re-uptake inhibitor**.

stab /stæb/ **1** perfuração; punhalada: uma súbita explosão de dor. *She had a stab of pain above her right eye.* / Ela sentiu uma punhalada de dor acima do olho direito. **2** apunhalar; perfurar: cortar, trespassar com a ponta de uma faca. *He was stabbed in the chest.* / Ele foi apunhalado no tórax.

stabbing pain /ˈstæbɪŋ peɪn/ dor lancinante: dor caracterizada por uma série de curtas punhaladas. *He had stabbing pains in his chest.* / Ele teve dores lancinantes no tórax.

stabilise /ˈsteɪbəlaɪz/ estabilizar; compensar: tornar uma condição estável. *We have succeeded in stabilising his blood sugar level.* / Ele conseguiu, com sucesso, estabilizar a taxa de açúcar no sangue. Usa-se também **stabilize**.

stable /ˈsteɪb(ə)l/ estável; estacionário: sem mudança. *Her condition is stable.* / A condição dela é estável.

stable angina /ˌsteɪb(ə)l ænˈdʒaɪnə/ angina estável: angina em que a frequência das crises é previsível e as circunstâncias precipitadoras permanecem estáveis ao longo dos episódios.

stab wound /ˈstæb wuːnd/ ferida puntiforme: ferida profunda produzida por objeto cortante, por exemplo, faca ou punhal.

staccato speech /stəˌkɑːtəʊ ˈspiːtʃ/ fala em estacato: maneira incomum de falar, sendo cada palavra separada por pausas curtas.

Stacke's operation /ˈstækiz ɒpəˌreɪʃ(ə)n/ operação de Stacke: cirurgia para remoção das paredes posterior e superior do meato auditivo. (Descrita por Ludwig Stacke [1859–1918], otologista alemão.)

stadium /'steɪdiəm/ estádio: período ou determinada fase de uma doença. Plural: **stadia**.

stadium invasioni /ˌsteɪdiəm ɪnˌveɪʃi'əʊni/ estádio de incubação; fase de incubação. ⇨ **incubation period**.

staff /stɑːf/ *staff;* corpo de funcionários; equipe: pessoas que trabalham em uma organização, por exemplo, hospital, clínica ou consultório médico. *We have 25 full-time medical staff.* / Temos 25 pessoas, trabalhando em período integral, na equipe médica. *The clinic has a staff of 100.* / A clínica possui um corpo de funcionários de 100 pessoas.

staff midwife /ˌstɑːf 'mɪdwaɪf/ parteira contratada: parteira que faz parte permanente de uma equipe hospitalar.

staff nurse /'stɑːf nɜːs/ enfermeira contratada: enfermeira que faz parte permanente de uma equipe hospitalar.

stage /steɪdʒ/ estágio; fase: etapa, no desenvolvimento de uma doença, na qual é preciso tomar decisões sobre quais medidas específicas ou tratamentos serão adotados. *The disease has reached a critical stage.* / A doença atingiu uma fase crítica. *This is a symptom of the second stage of syphilis.* / Este é um sintoma do estágio secundário da sífilis.

> ...*memory changes are associated with early stages of the disease; in later stages, the patient is frequently incontinent, immobile and unable to communicate.* / "...as alterações de memória são associadas aos primeiros estágios da doença; nos últimos estágios, o paciente freqüentemente sofre de incontinência, imobilidade e incapacidade de se comunicar."
> (*Nursing Times*)

stagger /'stægə/ cambalear; vacilar: caminhar de maneira vacilante.

staging /'steɪdʒɪŋ/ estadiamento: o processo de determinação dos estágios de uma doença por meio de testes, a fim de descobrir a sua extensão e o melhor tratamento.

stagnant loop syndrome /ˌstægnənt 'luːp ˌsɪndrəʊm/ síndrome de alça estagnada: condição que ocorre em casos de diverticulite ou doença de Crohn, caracterizada por esteatorréia, dor abdominal e anemia megaloblástica.

stain /steɪn/ **1** corante: substância usada para colorir tecidos destinados a estudos microscópicos. **2** corar; colorir: submeter tecidos a tratamento com um corante, a fim de aumentar o seu contraste, antes de usá-los em estudos microscópicos. Observação: alguns corantes são projetados para ter afinidade apenas com certos elementos químicos, celulares ou bactericidas de um espécime, conforme o interesse do microbiologista: desse modo, a concentração ou captação de um corante, bem como da imagem geral, podem constituir um método diagnóstico.

staining /'steɪnɪŋ/ coloração: o processo de colorir tecidos, amostras de bactérias e outros materiais, a fim de tornar possível o seu exame e identificação ao microscópio.

stalk /stɔːk/ pedículo; pedúnculo: estrutura anatômica, semelhante ao caule de uma planta, que conecta um tumor ao tecido principal.

Stamey procedure /'steɪmi prəˌsiːdʒə/ procedimento de Stamey: procedimento cirúrgico para curar a incontinência de esforço, em mulheres. Consiste em uma pequena incisão abdominal, bem como vaginal, costurando-se o colo da bexiga na parede abdominal.

stammer /'stæmə/ **1** gagueira; tartamudez: um distúrbio da fala, caracterizado por pausas involuntárias e repetição de sílabas ou palavras. *He has a bad stammer.* / Ele tem uma gagueira pronunciada. **2** gaguejar; tartamudear: falar gaguejando.

stammerer /'stæmərə/ gago: pessoa que gagueja.

stammering /'stæmərɪŋ/ gagueira; tartamudez: distúrbio marcado pela dificuldade da fala, que consiste na repetição de sílabas e paradas involuntárias no começo das palavras. ☑ **dysphemia**; **stuttering**.

stamp out /ˌstæmp 'aʊt/ reprimir; acabar com; livrar-se de: acabar completamente com alguma coisa. *International organisations have succeeded in stamping out smallpox.* / As organizações internacionais obtiveram sucesso em acabar com a varíola. *The government is trying to stamp out waste in the hospital service.* / O governo está tentando acabar com o desperdício nos serviços hospitares.

stand /stænd/ colocar(-se) de pé; levantar-se: **1** estar na posição ereta, apoiando o peso do corpo nos pés, ou colocar alguém nessa posição. **2** levantar-se, após ter estado sentado.

standard /'stændəd/ **1** padronizado: usual, recomendado ou estabelecido. *It is standard practice to take the patient's temperature twice a day.* / É prática padronizada tomar a temperatura do paciente duas vezes ao dia. **2** padrão: a) alguma coisa que foi estabelecida como modelo, ao qual as coisas semelhantes precisam obedecer. b) nível de qualidade alcançado por alguém ou alguma coisa. *The standard of care in hospitals has increased over the last years.* / O padrão dos cuidados hospitalares tem crescido nos últimos anos. *The report criticised the standards of hygiene in the clinic.* / O relatório censurou os padrões de higiene da clínica.

standardise /'stændədaɪz/ estandardizar; padronizar: estabelecer um padrão para coisas do mesmo tipo. Usa-se também **standardize**.

Standard Precautions /ˌstændəd prɪ'kɔːʃ(ə) nz/ (plural) Normas de Precaução: o mais recente conjunto de diretrizes para a assistência à saúde de trabalhadores que lidam com sangue, líquidos corporais, secreções e excreções (exceto suor), pele não intacta ou membranas mucosas. Essas diretrizes foram elaboradas visando reduzir o risco de transmissão de microorganismos. As Normas de Precaução são implementadas automaticamente para cada trabalhador, uma vez que, supostamente, todos os pacientes são transmissores de infecções.

stand up /ˌstænd 'ʌp/ ficar de pé; levantar-se: **1** ficar de pé, após ter estado sentado. *He tried to stand up, but did not have the strength.* / Ele tentou se levantar, mas não teve forças. **2** manter-se ereto. *She still stands up straight at the age of ninety-two.* / Ela ainda fica de pé, sem se curvar, aos noventa e dois anos de idade.

stapedectomy /ˌsteɪpɪ'dektəmi/ estapedectomia: remoção cirúrgica do estribo. Plural: **stapedectomies**.

stapedial mobilisation /stəˌpi:diəl ˌməʊbɪlaɪ'zeɪʃ(ə)n/ mobilização estapedial; mobilização do estribo: cirurgia para aliviar a surdez, separando-se o estribo e a janela oval. ☑ **stapediolysis**. Plural: **stapediolyses**.

stapediolysis /stəˌpi:dɪɒləsɪs/ estapediólise. ⇨ **stapedial mobilisation**.

stapes /'steɪpi:z/ estribo: um dos três ossículos do ouvido médio, cuja forma se assemelha a um estribo. ☑ **stirrup; stirrup bone**. Veja ilustração em **Ear**, no Apêndice. Observação: o estribo está inserido na janela oval e se articula com a bigorna, que, por sua vez, se articula com o martelo.

staph /stæf/ abreviatura de **Staphylococcus**.

staphylectomy /ˌstæfɪ'lektəmi/ estafilectomia: remoção cirúrgica da úvula. Plural: **staphylectomies**.

staphylococcal /ˌstæfɪlə'kɒk(ə)l/ estafilocócico: relativo aos organismos do gênero *Staphylococci*.

staphylococcal poisoning /ˌstæfɪləʊˌkɒkəl 'pɔɪz(ə)nɪŋ/ intoxicação alimentar por estafilococos: intoxicação por comida contaminada com estafilococos.

Staphylococcus /ˌstæfɪlə'kɒkəs/ estafilococos: bactérias que pertencem ao gênero *Staphylococcus*. Crescem como um cacho de uvas, e costumam causar furúnculos e intoxicação alimentar. Abreviatura: **staph**. Plural: **Staphylococci**.

staphyloma /ˌstæfɪ'ləʊmə/ estafiloma: uma lesão protuberante na córnea ou na esclera. Plural: **staphylomas** ou **staphylomata**.

staphylorrhaphy /ˌstæfɪ'lɔ:rəfi/ estafilorrafia. ⇨ **palatorrhaphy**. Plural: **staphylorrhaphies**.

staple /'steɪp(ə)l/ **1** grampo: pequena peça de metal curvado, usada para unir tecidos. **2** grampear: unir tecidos com grampos.

stapler /'steɪplə/ grampeador: dispositivo usado em cirurgia para unir tecidos com grampos, em vez de sutura.

starch /stɑ:tʃ/ amido: forma de carboidratos encontrada nos alimentos, principalmente pão, arroz e batatas. O amido é convertido em glicose pelo processo digestivo.

starchy /'stɑ:tʃi/ com amido: relativo ao alimento que contém muito amido. *He eats too much starchy food.* / Ele come alimentos com amido em demasia.

Starling's Law /'stɑ:lɪŋz lɔ:/ lei de Starling: uma lei que exprime a relação entre a contração ventricular e o alongamento das fibras miocárdicas no fim da diástole.

startle reflex /'stɑ:t(ə)l ˌri:fleks/ reflexo do estremecimento: reflexo do recém-nascido, que consiste na contração dos músculos dos membros e do pescoço, quando é assustado por um ruído forte ou deixado cair repentinamente no ar.

starvation /stɑ:'veɪʃ(ə)n/ inanição: o fato de ser continuamente privado de alimento.

starvation diet /stɑ:ˌveɪʃ(ə)n 'daɪət/ dieta de esgotamento ou inanição: dieta pouco nutritiva e incapaz de manter uma pessoa saudável.

starve /stɑ:v/ passar fome; morrer de fome; definhar: ser privado de, ou ter muito pouco alimento. *The parents let the baby starve to death.* / Os pais deixaram o bebê morrer de fome.

stasis /'steɪsɪs/ estase: estagnação ou diminuição no fluxo de um líquido, tal como o sangue nas veias, ou o alimento no intestino.

> A decreased blood flow in the extremities has been associated with venous stasis which may precipitate vascular complications. / "Um fluxo sanguíneo diminuído nas extremidades tem sido associado à estase venosa, que pode precipitar complicações vasculares." (*British Journal of Nursing*)

-stasis /steɪsɪs/ -stase: relativo à estagnação do fluxo de um líquido.

stat. /stæt/ abeviatura de **statim**.

state /steɪt/ condição; estado: condição de uma pessoa ou coisa. *His state of health is getting worse.* / As condições de saúde dele estão piorando. *The disease is in an advanced state.* / A doença está em um estado avançado.

State Enrolled Nurse /ˌsteɪt ɪnˌrəʊld 'nɜ:s/ Enfermeira Registrada. Abreviatura: **SEN**. Hoje em dia, é denominada **second-level nurse**.

state of mind /ˌsteɪt əv 'maɪnd/ estado de espírito: o estado emocional geral de uma pessoa. *He's in a very miserable state of mind.* / Ele está em um estado de espírito deprimente.

State Registered Nurse /ˌsteɪt ˌredʒɪstəd 'nɜ:s/ Enfermeira Registrada de Primeiro Grau. Abreviatura: **SRN**. Hoje em dia, é denominada **first-level nurse**.

statim /'stætɪn/ imediatamente (usada em receitas médicas). Abeviatura: **stat**.

statin /'stætɪn/ estatina: agente antilipidêmico que inibe uma enzima na síntese do colesterol, usado no tratamento de pessoas sob risco ou com cardiopatia coronariana.

-statin /stætɪn/ -statina: forma combinante usada nos nomes genéricos de drogas antilipidêmicas. *pravastatin* / pravastatina.

statistics /stə'tɪstɪks/ (plural) estatística: dados numéricos oficiais que demonstram um fato. *Population statistics show that the birth rate is slowing down.* / As estatísticas populacionais mostram que o índice de natalidade está diminuindo.

status /'steɪtəs/ condição; estado; status: um estado ou condição.

S

...the main indications being inadequate fluid and volume status and need for evaluation of patients with a history of severe heart disease. / "...sendo as principais indicações o estado insuficiente de líquido e volume e a necessidade de avaliação dos pacientes com histórico de cardiopatia coronariana grave." (Southern Medical Journal)
...the standard pulmonary artery catheters have four lumens from which to obtain information about the patient's haemodynamic status. / "...as sondas arteriais pulmonares padrão têm quatro lumens por meio dos quais é possível obter informações sobre as condições hemodinâmicas do paciente." (RN Magazine)

status asthmaticus /ˌsteɪtəs æsˈmætɪkəs/ estado asmático: crise de asma brônquica prolongada, causando exaustão e colapso.

status epilepticus /ˌsteɪtəs epɪˈleptɪkəs/ estado epiléptico: convulsões epilépticas repetidas e prolongadas, sem retorno à consciência.

status lymphaticus /ˌsteɪtəs lɪmˈfætɪkəs/ estado linfático: condição caracterizada pelo aumento das glândulas do sistema linfático.

statutory bodies /ˌstætjʊt(ə)ri ˈbɒdiz/ (plural) Conselhos Parlamentares: organizações criadas por leis parlamentares para desempenhar funções específicas, por exemplo, o Conselho de Enfermagem e Obstetrícia, criado para regulamentar as profissões de enfermagem e obstetrícia.

stay /steɪ/ **1** permanência: tempo passado em algum lugar. *The patient is only in hospital for a short stay. /* O paciente está no hospital apenas para uma permanência breve. **2** permanecer: ficar algum tempo em um lugar. *She stayed in hospital for two weeks. /* Ela permaneceu no hospital durante duas semanas. *He's ill with flu and has to stay in bed. /* Ele está doente, com gripe, e precisa permanecer na cama.

STD abreviatura de **sexually transmitted disease**.

steam inhalation /ˌstiːm ɪnhəˈleɪʃ(ə)n/ inalação: tratamento para doença respiratória em que se inspira um vapor contendo substâncias medicinais.

steapsin /stiˈæpsɪn/ esteapsina: uma enzima pancreática que decompõe a gordura.

stearic acid /stiˌærɪk ˈæsɪd/ ácido esteárico: um dos ácidos graxos.

steat- /ˈstiːət/ ⇨ **steato-**.

steato- /ˈstiːətəʊ/ forma combinante relativa à gordura. Nota: antes de vogais usa-se **steat-**.

steatoma /ˌstiːəˈtəʊmə/ esteatoma: cisto contido em uma glândula sebácea obstruída. Veja também **sebaceous cyst**. Plural: **steatomata**.

steatopygia /ˌstiːətəˈpɪdʒiə/ esteatopigia: grande acúmulo de gordura nas nádegas.

steatorrhoea /ˌstiːətəˈrɪə/ esteatorréia: condição caracterizada pela eliminação de gordura nas fezes.

Stein-Leventhal syndrome /ˌstaɪn ˈlevəntɑːl ˌsɪndrəʊm/ síndrome de Stein-Leventhal. ⇨ **polycystic ovary syndrome**. (Descrita em 1935 por Irving F. Stein, ginecologista americano nascido em 1887, e Michael Leo Leventhal [1901-1971], ginecologista e obstetra americano.)

Steinmann's pin /ˌstaɪnmænz ˈpɪn/ pino de Steinmann: pino para perfurar um osso fraturado para tração. (Descrito em 1907 por Fritz Steinmann [1872-1932], cirurgião suíço.)

stellate /ˈsteleɪt/ estrelado: cuja forma se assemelha a uma estrela.

stellate fracture /ˌsteleɪt ˈfræktʃə/ fratura estrelada: fratura da patela, de forma semelhante a uma estrela.

stellate ganglion /ˌsteleɪt ˈɡæŋɡliən/ gânglio estrelado: grupo de nervos cervicais cuja forma se assemelha a uma estrela.

Stellwag's sign /ˈstelvɑːgz saɪn/ sinal de Stellwag: um sintoma de bócio exoftálmico, caracterizado pelo pestanejar infreqüente, em virtude de protusão do globo ocular. (Descrito por Carl Stellwag von Carion [1823–1904], oftalmologista em Viena, Áustria.)

stem /stem/ tronco: pequena peça de tecido que dá suporte a um órgão ou tumor.

steno- /stenəʊ/ esten(o)-: estreitamento ou constrição.

stenose /steˈnəʊs/ estenosar: provocar o estreitamento de um orifício ou de um conduto do corpo.

stenosed valve /steˌnəʊst ˈvælv/ válvula estenosada: válvula que se tornou estreita ou se constringiu.

stenosing condition /steˌnəʊsɪŋ kənˈdɪʃ(ə)n/ condição estenosante: condição que causa o estreitamento de um orifício ou de um conduto do corpo.

stenosis /steˈnəʊsɪs/ estenose: condição caracterizada pelo estreitamento de um orifício ou conduto do corpo.

stenostomia /ˌstenəʊˈstəʊmiə/ estenostomia: o estreitamento de uma cavidade. Usa-se também **stenostomy**.

Stensen's duct /ˌstensənz ˈdʌkt/ ducto de Stensen: ducto que se origina nas glândulas parótidas e transporta saliva. (Descrito em 1661 por Niels Stensen [1638-1686], padre, teólogo, médico, anatomista e fisiologista dinamarquês.)

stent /stent/ sonda: um suporte de material sintético, freqüentemente inserido em tubo ou vaso, para sustentação ou desimpedimento durante uma anastomose.

step /step/ passo: movimento dos pés e pernas ao caminhar. *He took two steps forward. /* Ele deu dois passos para a frente. *The baby is taking her first steps. /* O bebê está dando os primeiros passos.

step up /ˌstep ˈʌp/ (informal) aumentar; intensificar: aumentar alguma coisa. *The doctor has stepped up the dosage. /* O médico aumentou a dosagem.

sterco- /stɜːkəʊ/ esterc-: relativo a fezes.

stercobilin /ˌstɜːkə'baɪlɪn/ estercobilina: a presença de pigmento marrom nas fezes.

stercobilinogen /ˌstɜːkəbaɪ'lɪnədʒen/ estercobilinogênio: substância resultante da decomposição da bilirrubina que, excretada nas fezes, é convertida em estercobilina.

stercolith /'stɜːkəlɪθ/ estercólito: massa endurecida de fezes no intestino.

stercoraceous /ˌstɜːkə'reɪʃəs/ estercoráceo: **1** relacionado a, ou que contém fezes. **2** semelhante a fezes.

stereognosis /ˌsterɒg'nəʊsɪs/ estereognose: a capacidade de reconhecer, por meio do tato, a forma de um objeto de três dimensões.

stereoscopic vision /ˌsteriəskɒpɪk 'vɪʒ(ə)n/ visão estereoscópica: a capacidade de avaliar a distância e a profundidade de um objeto pela visão binocular.

stereotactic /ˌsteriəʊ'tæktɪk/ estereotático: relativo às técnicas cirúrgicas que permitem operar tumores previamente localizados por coordenadas tridimensionais de computador ou escâner. Exemplos: biópsias, cirurgias e radioterapia.

stereotaxic surgery /ˌsteriəʊ'tæksɪk 'sɜːdʒəri/ cirurgia estereotática. ⇨ **stereotaxy**.

stereotaxy /ˌsteriəʊ'tæksi/ estereotaxia: técnica cirúrgica que permite operar uma região profunda do cérebro, previamente localizada por coordenadas tridimensionais. ☑ **stereotaxic surgery**.

stereotypy /'steriəʊtaɪpi/ estereotipia: a repetição contínua das mesmas palavras, gestos ou tiques.

Sterets /'sterəts/ Sterets: marca registrada de uma mecha de algodão para assepsia da pele, antes da aplicação de injeções.

sterile /'steraɪl/ estéril: **1** livre da presença de microorganismos nocivos. *a sterile environment* / um ambiente estéril. **2** incapaz de gerar filhos. Oposto de **fertile**.

sterile dressing /ˌsteraɪl 'dresɪŋ/ curativo antiséptico: curativo esterilizado de gaze impregnada com um produto anti-séptico, pronto para uso.

sterilisation /ˌsterɪlaɪ'zeɪʃ(ə)n/ esterilização: **1** a destruição de microorganismos existentes em uma área ou na superfície de instrumentos cirúrgicos, a fim de evitar infecções. **2** procedimento cujo objetivo é tornar uma pessoa estéril, incapacitando-a de procriar. Usa-se também **sterilization**. Observação: a esterilização feminina pode ser feita pela remoção dos ovários ou pela incisão e ligação das trompas de Falópio (atual *tubas uterinas*). A esterilização masculina é feita mediante secção dos vasos deferentes (vasectomia).

sterilise /'sterɪlaɪz/ esterilizar: **1** tornar alguma coisa completamente livre de microorganismos que podem causar infecção. **2** produzir esterilidade em uma pessoa, tornando-a incapaz de procriar. Usa-se também **sterilize**.

steriliser /'sterəlaɪzə/ esterilizador: aparelho para esterilização de instrumentos cirúrgicos por meio de vapor ou água fervente. Usa-se também **sterilizer**.

sterilising /'sterɪlaɪzɪŋ/ esterilizador: capaz de destruir microorganismos. *Wipe the surface with sterilising fluid.* / Limpe a superfície com líquido esterilizador.

sterility /stə'rɪlɪti/ esterilidade: **1** o estado de assepsia ou ausência de microorganismos. **2** a incapacidade de procriar. Oposto de **fertility**.

Steri-Strips /'steri strɪps/ Steri-Strips: marca registrada de tiras finas de papel, que são colocadas sobre uma incisão na pele. Elas ajudam as bordas a se unirem e a formar uma cicatriz.

sternal /'stɜːn(ə)l/ esternal: relativo ao esterno, ou osso do peito.

sternal angle /ˌstɜːn(ə)l 'æŋg(ə)l/ ângulo esternal: a crista formada na junção do corpo do esterno com o manúbrio.

sternal puncture /ˌstɜːn(ə)l 'pʌŋktʃə/ punção esternal: cirurgia para retirada de amostra para análise da medula óssea do manúbrio esternal.

sterno- /stɜːnəʊ/ estern(i/o)-: relativo ao esterno, ou osso do peito.

sternoclavicular /ˌstɜːnəʊklə'vɪkjʊlə/ esternoclavicular: relativo ao esterno e à clavícula.

sternoclavicular angle /ˌstɜːnəʊklə,vɪkjʊlə 'æŋgəl/ ângulo esternoclavicular: o ângulo entre o esterno e a clavícula.

sternocleidomastoid muscle /ˌstɜːnəʊˌklaɪd əʊ'mæstɔɪd ˌmʌs(ə)l/ músculo esternocleidomastóideo: músculo do pescoço, que se origina no manúbrio esternal, inserindo-se no processo mastóide.

sternocostal /ˌstɜːnəʊ'kɒst(ə)l/ esternocostal: relativo ao esterno e às costelas.

sternocostal joint /ˌstɜːnəʊ'kɒst(ə)l dʒɔɪnt/ articulação esternocostal: articulação entre as cartilagens do esterno e as sete primeiras costelas.

sternohyoid /ˌstɜːnəʊ'haɪɔɪd/ esternoióideo: **1** relativo ao esterno e ao osso hióide. **2** ⇨ **sternohyoid muscle**.

sternohyoid muscle /ˌstɜːnəʊ'haɪɔɪd ˌmʌs(ə)l/ músculo esternoióideo: músculo do pescoço, que se origina no manúbrio esternal, inserindo-se no osso hióide. ☑ **sternohyoid**.

sternomastoid /ˌstɜːnəʊ'mæstɔɪd/ esternomastóideo: relativo ao esterno e ao processo mastóide.

sternomastoid tumour /ˌstɜːnəʊˌmæstɔɪd 'tjuːmə/ tumor esternomastóideo: tumor benigno, em recém-nascidos, situado no músculo esternomaistóideo.

sternotomy /stɜː'nɒtəmi/ esternotomia: incisão cirúrgica do esterno, possibilitando, desse modo, a realização de uma operação cardíaca.

sternum /'stɜːnəm/ esterno; osso do peito. ⇨ **breastbone**. Observação: o esterno começa no pescoço e vai até a parte inferior do diafragma.

S

É formado por três partes: o manúbrio (a porção superior), o corpo e o processo xifóide. As sete primeiras costelas estão ligadas ao esterno.

sternutatory /stɜ:'nju:tətəri/ esternutatório: uma substância que provoca espirros.

steroid /'stɪərɔɪd/ esteróide: qualquer um de vários compostos químicos, incluindo os hormônios sexuais, que contêm um sistema característico de anel, e que afetam o corpo e suas funções. Observação: a palavra esteróide é usada geralmente para se referir aos corticosteróides. Os esteróides sintéticos são usados na terapia de reposição hormonal, no tratamento da artrite, asma e alguns distúrbios sanguíneos. Alguns atletas também utilizam os esteróides para melhorar o desempenho e a força física, mas estas drogas são proibidas por organizações esportivas e podem ter efeitos colaterais muito graves.

steroidal /'stɪərɔɪdəl/ esteroidal: que contém esteróides. Oposto de **non-steroidal**.

sterol /'stɪərɒl/ esterol: substância insolúvel que contém átomos de carbono e um grupo hidroxil alcoólico, por exemplo, o colesterol.

stertor /'stɜ:tə/ estertor; ronco: respiração ruidosa produzida durante um estado de inconsciência.

stertorous /'stɜ:t(ə)rəs/ estertoroso: caracterizado por estertor ou ronco forte.

steth- /steθ/ ⇨ **stetho-**.

stetho- /'steθə/ relativo ao peito ou esterno. Nota: antes de vogais usa-se **steth-**.

stethograph /'steθəgrɑːf/ estetógrafo: instrumento que registra os movimentos respiratórios do tórax.

stethography /ste'θɒgrəfi/ estetografia: o uso do estetógrafo para registrar os movimentos respiratórios do tórax.

stethometer /ste'θɒmɪtə/ estetômetro: instrumento destinado a medir a expansão do tórax durante o processo respiratório.

stethoscope /'steθəskəʊp/ estetoscópio: instrumento cirúrgico constituído de duas peças que se adaptam aos ouvidos, conectadas a um tubo e um disco de metal, usado pelos médicos para ouvir os sons na parte do corpo onde é aplicado, por exemplo, os sons pulmonares ou cardíacos.

Stevens–Johnson syndrome /ˌsti:vənz 'dʒɒn sən ˌsɪndrəʊm/ síndrome de Stevens–Johnson: uma forma grave de eritema multiforme, que afeta a face e os genitais, causada por reação alérgica a alguns medicamentos. (Descrita em 1922 por Albert Mason Stevens [1884–1945] e Frank Chambliss Johnson [1894–1934], médicos de Nova York, EUA.)

sthenia /'sθi:niə/ estenia: condição de grande força ou vitalidade.

STI abreviatura de **sexually transmitted infection**.

stick /stɪk/ colar(-se); grudar(-se): juntar ou fixar coisas, por exemplo, com cola ou grude. *In bad cases of conjunctivitis the eyelids can stick together.* / Em casos graves de conjuntivite, as pálpebras podem ficar grudadas.

sticking plaster /'stɪkɪŋ ˌplɑːstə/ emplastro: emplastro que adere à pele, usado para cobrir uma ferida pequena, mantendo as suas bordas unidas, ou emplastro contendo substância medicamentosa.

sticky /'stɪki/ pegajoso; grudento: capaz de aderir facilmente a alguma coisa, como cola.

sticky eye /'stɪki aɪ/ olhos grudentos: condição encontrada em bebês, cujos olhos permanecem fechados por causa de conjuntivite.

stiff /stɪf/ rígido; duro; tenso: incapaz de se mover ou dobrar-se com facilidade. *My knee is stiff after playing football.* / Meu joelho está tenso, depois do jogo de futebol.

stiffly /'stɪfli/ rigidamente: de modo rígido. *He is walking stiffly because of the pain in his hip.* / Ele está caminhando rigidamente, por causa de dor no quadril.

stiff neck /stɪf 'nek/ pescoço duro; torcicolo: condição caracterizada por rigidez dolorosa do pescoço, causada, geralmente, por contratura muscular ou exposição a vento frio.

stiffness /'stɪfnəs/ rigidez: o fato de estar rígido. *arthritis accompanied by stiffness in the joints* / artrite acompanhada de rigidez nas articulações.

stigma /'stɪgmə/ estigma: sintoma evidente de uma doença específica. Plural: **stigmas** ou **stigmata**.

stilet /staɪ'let/ estilete: **1** sonda delgada usada em cirurgias. **2** haste metálica inserida em um cateter para enrijecê-lo.

stillbirth /'stɪlbɜ:θ/ natimorto: o nascimento de um feto morto, tendo decorrido mais de 28 semanas da concepção.

stillborn /'stɪlbɔ:n/ natimorto: relativo ao bebê morto ao nascimento. *Her first child was stillborn.* / O primeiro filho dela foi um bebê natimorto.

Still's disease /'stɪlz dɪˌzi:z/ doença de Still: artrite que ocorre em crianças, semelhante à artrite reumatóide em adultos. (Descrita em 1896 por Sir George Frederic Still [1868–1941], pediatra britânico e médico do rei.)

stimulant /'stɪmjʊlənt/ estimulante: que, ou o que estimula o funcionamento do corpo. *Caffeine is a stimulant.* / A cafeína é um estimulante. Observação: os estimulantes naturais incluem alguns hormônios e agentes digitálicos, que estimulam o coração. Bebidas como chá e café também contêm estimulantes.

stimulate /'stɪmjʊleɪt/ estimular: provocar uma reação ou resposta de pessoa ou órgão. *The therapy should stimulate the patient into attempting to walk unaided.* / A terapia deve estimular o paciente a tentar caminhar sem ajuda. *The drug stimulates the heart.* / A droga estimula o coração.

stimulation /ˌstɪmjʊ'leɪʃ(ə)n/ estimulação: o ato de estimular alguma coisa.

stimulus /'stɪmjʊləs/ estímulo: alguma coisa que provoca uma reação de pessoa ou parte do corpo. Plural: **stimuli**.

sting /stɪŋ/ **1** (inseto) picada; ferroada: picada que leva substâncias tóxicas para a corrente sanguínea. **2** (inseto) aplicar o ferrão; picar: fazer um orifício na pele e levar substância tóxica para a corrente sanguínea. *He was stung by a wasp.* / Ele foi picado por uma vespa. Observação: as picadas de alguns insetos, como a mosca tsé-tsé, podem transmitir infecções bacterianas ao homem. Picadas de outros insetos, como as abelhas, passam substâncias tóxicas para a corrente sanguínea, causando irritação na pele. Algumas pessoas são extremamente alérgicas à picada de insetos.

stinging /'stɪŋɪŋ/ picante; queimante: relativo à sensação aguda e desagradável de uma ferroada ou queimação. *a sudden stinging sensation in the back of her leg* / uma súbita sensação picante na parte posterior da perna dela.

stirrup /'stɪrəp/ estribo. ⇨ **stapes**.

stirrup bone /'stɪrəp bəʊn/ estribo (osso do ouvido). ⇨ **stapes**.

stitch /stɪtʃ/ **1** ponto cirúrgico; ponto de sutura. ⇨ **suture**, acepção 1. *He had three stitches in his head.* / Ele tinha três pontos (de sutura) na cabeça. *The doctor told her to come back in ten days' time to have the stitches taken out.* / O médico disse a ela para voltar dentro de dez dias para retirar os pontos cirúrgicos. **2** dor aguda: dor causada por cãibra na parte lateral do corpo, após corrida. *He had to stop running because he developed a stitch.* / Ele precisou interromper a corrida, porque sentiu uma dor aguda. **3** suturar. ⇨ **suture**, acepção 2. *They tried to stitch back the finger which had been cut off in an accident.* / Tentaram suturar de volta o dedo que foi decepado em um acidente.

stitch abscess /'stɪtʃ ˌæbses/ abscesso do ponto: abscesso formado no local de uma sutura ou ponto cirúrgico.

stock culture /ˌstɒk 'kʌltʃə/ cultura de estoque: cultura básica de bactérias, a fim de conservá-las em condição viável para subcultura.

stocking /'stɒkɪŋ/ meia: peça do vestuário usada para cobrir as pernas.

Stokes–Adams syndrome /ˌstəʊks 'ædəmz ˌsɪndrəʊm/ síndrome de Stokes–Adams: síncope causada por bloqueio cardíaco resultante de assístole ou fibrilação. (Descrita por William Stokes [1804-1878], médico irlandês; e Robert Adams [1791-1875], cirurgião irlandês.)

stoma /'stəʊmə/ estoma: **1** qualquer abertura de uma cavidade do corpo. **2** boca. **3** (informal) colostomia. Plural: **stomata**.

stomach /'stʌmək/ estômago: **1** parte do corpo cuja forma se assemelha a um saco, que recebe os alimentos e continua o processo de digestão alimentar. *She complained of pains in the stomach or of stomach pains.* / Ela se queixou de dores no estômago *ou* de dores estomacais. *He has had stomach trouble for some time.* / Ele teve distúrbios estomacais durante algum tempo. Veja ilustração em **Digestive System**, no Apêndice. **2** (informal) o abdome. *He had been kicked in the stomach.* / Ele levou pontapés no abdome. Nota: para conhecer outros termos referentes ao estômago, veja os que começam com **gastr-**; **gastro-**. Observação: o estômago está situado na parte superior do abdome, do lado esquerdo do corpo, entre o esôfago e o duodeno. Os alimentos são parcialmente decompostos pelo ácido clorídrico e outros sucos gástricos secretados pelas paredes estomacais, e são misturados e comprimidos pela ação dos músculos do estômago, antes de passarem para o duodeno. O estômago continua o processo digestório iniciado na boca, mas poucas substâncias, exceto álcool e mel, são realmente absorvidas pela corrente sanguínea estomacal.

stomach ache /'stʌmək eɪk/ dor no estômago; gastralgia: dor no abdome ou estômago, causada por excesso alimentar ou infecção.

stomach cramp /'stʌmək kræmp/ cólica estomacal: espasmo agudo dos músculos estomacais.

stomach hernia /'stʌmək 'hɜːniə/ hérnia estomacal. ⇨ **gastrocele**.

stomach pump /'stʌmək pʌmp/ bomba estomacal: instrumento para remover, por sucção, o conteúdo estomacal, por exemplo, uma substância tóxica absorvida.

stomach tube /'stʌmək tjuːb/ tubo gástrico: tubo introduzido no estômago para proceder à lavagem estomacal ou retirar amostra de seu conteúdo para análise.

stomach upset /'stʌmək ˌʌpset/ indisposição estomacal: uma leve infecção estomacal. *She is in bed with a stomach upset.* / Ela está de cama com indisposição estomacal. ☑ **upset stomach**.

stomach washout /ˌstʌmək 'wɒʃaʊt/ lavagem estomacal. ⇨ **gastric lavage**.

stomal /'stəʊm(ə)l/ estomal: relativo a um estoma.

stomal ulcer /ˌstəʊm(ə)l 'ʌlsə/ úlcera estomacal; úlcera duodenal: uma úlcera na região do jejuno.

stomat- /stəʊmət/ ⇨ **stomato-**.

stomatitis /ˌstəʊmə'taɪtɪs/ estomatite: inflamação no interior da boca.

stomato- /stəʊmətə/ estom(at)-: relativo à boca. Nota: antes de vogais usa-se **stomat-**.

stomatology /ˌstəʊmə'tɒlədʒi/ estomatologia: o ramo da medicina que estuda as doenças da boca.

-stomy /stəmi/ -stomia: relativo a uma abertura cirúrgica.

stone /stəʊn/ pedra; cálculo: **1** (informal) ⇨ **calculus**. Nota: para conhecer outros termos referentes à pedra, veja os que começam com **lith-**, **litho-**, ou que terminam com **-lith**. **2** pedra, uma unidade inglesa de peso equivalente a 14 libras ou 6,35 quilogramas. *He tried to lose weight and lost three stone.* / Ele fez regime para emagrecer e perdeu três pedras (dezenove quilos). *She weighs eight stone ten (i.e. 8 stone 10 pounds).* / Ela pesa oito pedras e dez libras (cinquenta e cinco quilos).

S

stone-deaf /ˌstəʊn ˈdef/ totalmente surdo: incapaz de ouvir qualquer som.

stool /stuːl/ **1** evacuação; fezes: a) o ato de eliminar os resíduos alimentares contidos nos intestinos. b) massa endurecida de resíduos alimentares que é eliminada pelos intestinos. *an abnormal stool* / uma evacuação anormal. *loose stools* / fezes soltas. *a stool test* / um exame de fezes. Nota: freqüentemente, a palavra é usada no plural. **2** evacuar: eliminar matérias fecais endurecidas contidas nos intestinos.

stoop /stuːp/ **1** posição de inclinação do corpo: posição na qual a parte superior das costas, principalmente, é vergada para a frente e para baixo. *He walks with a stoop.* / Ele anda curvado. **2** andar curvado: andar com o corpo curvado para a frente e para baixo. *He is seventy-five and stoops.* / Ele tem 75 anos e anda curvado.

stop needle /ˈstɒp ˌniːd(ə)l/ *stop needle*: agulha dotada de uma esfera na extremidade, de modo que só pode ser introduzida a uma distância específica do corpo.

stoppage /ˈstɒpɪdʒ/ paralisação; bloqueio: o ato de interromper o funcionamento de um órgão.

storage disease /ˈstɔːrɪdʒ dɪˌziːz/ doença de armazenamento: doença caracterizada pelo acúmulo de uma substância específica nos tecidos.

stove-in chest /ˌstəʊv ɪn ˈtʃest/ tórax deprimido: lesão resultante de um acidente, em que há fratura e afundamento de várias costelas.

strabismal /strəˈbɪzm(ə)l/ estrábico: cujos olhos focalizam pontos diferentes.

strabismus /strəˈbɪzməs/ estrabismo: condição caracterizada pela divergência dos dois eixos visuais em relação ao ponto fixado. ☑ **squint**; **heterotropia**.

strabotomy /strəˈbɒtəmi/ estrabotomia: incisão cirúrgica dos músculos oculares, a fim de corrigir estrabismo.

straight /streɪt/ reto; direito; retilíneo: sem irregularidades, tais como inclinações, curvas ou ângulos.

straighten /ˈstreɪt(ə)n/ endireitar; corrigir: tornar reto, ou tornar-se reto. *Her arthritis is so bad that she cannot straighten her knees.* / A artrite dela é tão grave que ela não consegue endireitar os joelhos.

strain /streɪn/ **1** esforço violento; cepa; estresse: a) condição caracterizada por estiramento ou laceração de um músculo por causa de movimento forte ou súbito. b) grupo de microorganismos de uma cepa que diferem do original. *a new strain of influenza virus* / uma nova cepa de vírus da influenza. c) estresse e tensão nervosa. *Her work is causing her a lot of strain.* / O trabalho dela está lhe causando muito estresse. *He is suffering from nervous strain and needs to relax.* / Ele está sofrendo de estresse nervoso e precisa relaxar. **2** distender; estirar; fatigar: distender um músculo. *He strained his back lifting the table.* / Ele distendeu as costas levantando a mesa. *She had to leave the game with a strained calf muscle.* /

Ela precisou abandonar o jogo com um músculo da panturrilha distendido. *The effort of running upstairs strained his heart.* / O esforço de correr pelas escadas acima fatigou o coração dele.

strand /strænd/ filamento: uma linha ou fio.

strangle /ˈstræŋɡəl/ sufocar; estrangular: matar uma pessoa comprimindo-lhe a garganta e, desse modo, impedindo-a de respirar.

strangulated /ˈstræŋɡjʊleɪtɪd/ estrangulado: constringido por causa de uma hérnia, impedindo a circulação sanguínea.

strangulated hernia /ˌstræŋɡjʊleɪtɪd ˈhɜːniə/ hérnia estrangulada: condição caracterizada por constrição de parte do intestino por uma hérnia, com interrupção do suprimento de sangue.

strangulation /ˌstræŋɡjʊˈleɪʃ(ə)n/ estrangulamento: constrição em um canal ou passagem do organismo.

strangury /ˈstræŋɡjʊri/ estrangúria: condição em que, embora a pessoa sinta vontade de urinar, a micção é muito difícil e dolorosa, por causa de distúrbios da bexiga ou cálculo uretral.

strap /stræp/ amarrar. ◊ **to strap (up):** a) unir firmemente (com esparadrapo): fixar ou enrolar tiras de esparadrapo em um membro, prendendo-as firmemente. *The nurses strapped up his stomach wound.* / As enfermeiras uniram firmemente a incisão cirúrgica estomacal dele (com esparadrapo). b) amarrar; prender com correia. *The patient was strapped to the stretcher.* / O paciente foi amarrado à maca.

strapping /ˈstræpɪŋ/ imobilização com esparadrapo: a utilização de faixas largas e resistentes de esparadrapo para imobilizar uma área mais ou menos extensa do corpo.

Strategic Health Authority /strəˌtiːdʒɪk ˈhelθ ɔːˌθɒrɪti/ Departamento Estratégico de Saúde Pública: no Reino Unido, uma organização, de responsabilidade governamental, que avalia as necessidades de assistência à saúde da população local e assegura que esses serviços sejam comissionados e providenciados, a fim de satisfazer essas necessidades. Abreviatura: **StHA**.

stratified /ˈstrætɪfaɪd/ estratificado: constituído de várias camadas.

stratified epithelium /ˌstrætɪfaɪd epɪˈθiːliəm/ epitélio estratificado: epitélio formado de várias camadas celulares.

stratum /ˈstrɑːtəm/ estrato: uma camada de tecido que forma a epiderme. Plural: **strata**. Observação: as principais camadas da epiderme são: o estrato germinativo ou estrato basal: esta camada produz as células que formam as outras camadas; o estrato granuloso, camada com células granulares situada sob o estrato lúcido, que é uma camada de células mortas ou em processo degenerativo, e o estrato córneo, camada externa de células ceratinizadas, que progressivamente começam a se desprender.

strawberry mark /ˈstrɔːb(ə)ri mɑːk/ marca de morango: sinal de nascimento que se assemelha a um morango na cor e forma, e freqüentemente desaparece na primeira infância.

streak /stri:k/ estria: linha longa, extremamente fina e de coloração diferente da pele.

strength /streŋθ/ força; poder: o fato de ser forte. *After her illness she had no strength in her limbs.* / Após a doença, ela não teve mais força nos membros.

strengthen /'streŋθ(ə)n/ fortalecer: tornar alguma coisa forte ou resistente.

strenuous /'strenjuəs/ exaustivo; vigoroso: relativo a exercícios que envolvem o uso da força. *Avoid doing any strenuous exercise for some time while the wound heals.* / Evite fazer qualquer exercício vigoroso durante algum tempo, enquanto a ferida cicatriza.

strep throat /ˌstrep ˈθrəʊt/ (informal) infecção de garganta (por estreptococos): infecção de garganta causada por estreptococos.

strepto- /streptə/ estrept(o)-: relativo aos organismos que crescem em cadeia.

streptobacillus /ˌstreptəbəˈsɪləs/ estreptobacilo: bactérias que apresentam tendência à formação de cadeias.

streptococcal /ˌstreptəˈkɒk(ə)l/ estreptocócico: causado por qualquer estreptococo.

streptococcus /ˌstreptəˈkɒkəs/ estreptococo: gênero de bactérias que crescem em longas cadeias, causando vários tipos de febre, por exemplo, febre escarlatina, tonsilite e febre reumática. Plural: **streptococci**.

streptodornase /ˌstreptəˈdɔːneɪs/ estreptodornase: enzima extraída de certos estreptococos, que pode decompor as nucleoproteínas do pus e liquidificá-las.

streptokinase /ˌstreptəˈkaɪneɪz/ estreptocinase: enzima obtida de certos estreptococos, capaz de dissolver coágulos sanguíneos, sendo, por isso, usada no tratamento de infarto do miocárdio.

streptolysin /strepˈtɒləsɪn/ estreptolisina: toxina produzida, na febre reumática, por certos estreptococos que destroem eritrócitos.

Streptomyces /ˌstreptəˈmaɪsiːz/ *Streptomyces*: gênero de báctérias usadas na produção de antibióticos.

streptomycin /ˌstreptəˈmaɪsɪn/ estreptomicina: agente com atividade antibacteriana, usado principalmente no tratamento da tuberculose.

stress /stres/ estresse; tensão; sobrecarga: **1** pressão física aplicada sobre um objeto ou parte do corpo. **2** fator ou combinação de fatores que tornam uma pessoa cansada e ansiosa. **3** condição na qual influências externas, tais como sobrecarga de trabalho ou estado emocional, por exemplo, ansiedade, provocam reações biológicas e podem afetar o equilíbrio hormonal.

stress disorder /'stres dɪsˌɔːdə/ distúrbio de fadiga: um distúrbio provocado por estresse.

stress fracture /'stres ˌfræktʃə/ fratura de fadiga: fratura óssea causada pelo uso de força excessiva, como em alguns tipos de esporte. ☑ **fatigue fracture**.

stress incontinence /'stres ɪnˌkɒntɪnəns/ incontinência de tensão: condição feminina na qual os músculos do assoalho pélvico são incapazes de reter a urina, quando há aumento da pressão intra-abdominal em consequência de tosse, riso ou esforço.

stress reaction /'stres riˌækʃən/ reação de estresse: resposta a um estímulo externo, que perturba o equilíbrio fisiológico normal do corpo.

stress-related illness /ˌstres rɪˌleɪtɪd 'ɪlnəs/ doença relacionada ao estresse: doença que é devida, em parte ou completamente, ao estresse.

stretch /stretʃ/ esticar(-se); alongar(-se): estender alguma coisa, ou tornar alguma coisa mais extensa.

stretcher /'stretʃə/ maca: uma cama com lençol de lona, dobrável e dotada de alças, para transportar pessoas doentes ou feridas. *She was carried out of the restaurant on a stretcher.* / Ela foi levada do restaurante de maca. *Some of the accident victims could walk to the ambulances, but there were several stretcher cases.* / Algumas vítimas do acidente puderam caminhar até as ambulâncias, mas houve vários pacientes que precisaram de maca.

stretcher bearer /'stretʃə ˌbeərə/ maqueiro: pessoa que ajuda a carregar macas.

stretcher case /'stretʃə keɪs/ paciente impossibilitado de andar: pessoa que está tão doente que precisa ser carregada de maca.

stretcher party /'stretʃə ˌpɑːti/ equipe de maqueiros: grupo de pessoas que carregam e tomam conta do doente transportado em maca.

stretch mark /'stretʃ mɑːk/ estrias gravídicas: sulcos na pele, geralmente no abdome, durante ou após a gravidez. Veja também **striae gravidarum**.

stretch reflex /'stretʃ ˌriːfleks/ reflexo de estiramento: reação reflexa de um músculo, que se contrai após sofrer distensão.

stria /'straɪə/ estria: uma linha clara e muito fina na pele, principalmente do abdome distendido em pessoas obesas. Plural: **striae**. Veja também **stretch mark**.

striae gravidarum /ˌstraɪiː ˌgrævɪˈdeərəm/ (plural) estrias gravídicas: linhas semelhantes a cicatrizes, que ocorrem no abdome, durante ou após a gravidez.

striated /straɪˈeɪtɪd/ estriado: marcado por linhas claras.

striated muscle /straɪˈeɪtɪd ˌmʌs(ə)l/ músculo estriado: músculo esquelético em que ocorrem estrias, e cujos movimentos são controlados pelo sistema nervoso central. ☑ **striped muscle**.

strict /strɪkt/ rigoroso; severo: rígido, que não pode ser mudado. *She has to follow a strict diet.* / Ela precisa seguir uma dieta rigorosa. *The doctor was strict with the patients who wanted to drink alcohol in the hospital.* / O médico teve uma atitude rigorosa com os pacientes que queriam tomar álcool no hospital.

stricture /'strɪktʃə/ estreitamento; estenose: o estreitamento de uma canal ou passagem do corpo.

S

stricturoplasty /'strɪktʃərəʊˌplæsti/ estrituroplastia: cirurgia para aumento do calibre de um
segmento obstruído do intestino.

stridor /'straɪdɔ:/ estridor: respiração ruidosa
e aguda, resultante de obstrução da laringe. ☑
stridulus. Veja também **laryngismus**.

stridulus /'straɪdjʊləs/ laringismo estrídulo. ⇨
stridor.

strike-through /'straɪk θru:/ extravasamento
de sangue: sangue absorvido diretamente por
um curativo, sendo, desse modo, visível externamente.

> *If strike-through occurs, the wound dressing
> should be repadded, not removed.* / "Se hou-
> ver extravasamento de sangue, o curativo deve
> ser refeito, e não removido." (*British Jour-
> nal of Nursing*)

string sign /'strɪŋ saɪn/ sinal do cordão: linha
estreita, semelhante a um cordão, que aparece
no íleo, indicativa de ileíte regional ou doença
de Crohn.

strip /strɪp/ **1** faixa; tira: pedaço estreito e longo
de material ou tecido. *The nurse bandaged the
wound with strips of gauze.* / A enfermeira envolveu o ferimento com faixas de gaze. *He grafted a strip of skin over the burn.* / Ele enxertou
uma tira de pele sobre a queimadura. **2** despir-se:
tirar a roupa. *The patients had to strip for the
medical examination.* / Os pacientes tiveram de
se despir para o exame médico. ◊ **to strip to the
waist**: desnudar-se até a cintura (tirar as roupas
da parte superior do corpo).

striped muscle /'straɪpt ˌmʌs(ə)l/ músculo estriado. ⇨ **striated muscle**.

stripper /'strɪpə/ fleboextrator: instrumento dotado de um cabo de aço flexível, com uma ponta
ovalada cortante na extremidade, usado para excisão de veias varicosas.

stripping /'strɪpɪŋ/ fleboextração: operação cirúrgica para excisão de veias varicosas.

stroke /strəʊk/ **1** derrame; acidente vascular cerebral. ⇨ **cerebrovascular accident**. *He had a
stroke and died.* / Ele teve um acidente vascular
cerebral e faleceu. *She was paralysed after a
stroke.* / Ela ficou paralisada após um acidente
vascular cerebral. **2** afagar; acariciar: passar a
mão suavemente sobre alguém ou alguma coisa.

> *...stroke is the third most frequent cause of
> death in developed countries after ischaemic
> heart disease and cancer.* / ..."o acidente vas-
> cular cerebral é a terceira causa mais freqüente
> de óbitos em países desenvolvidos, depois de
> doença cardíaca isquêmica e câncer." (*Bri-
> tish Journal of Hospital Medicine*)
> *...raised blood pressure may account for as
> many as 70% of all strokes. The risk of stroke
> rises with both systolic and diastolic blood
> pressure.* / "...a pressão arterial elevada pode
> ser responsável por até 70% dos acidentes vas-
> culares cerebrais. O risco de acidente vascular
> cerebral surge tanto na pressão arterial sistóli-
> ca quanto diastólica." (*British Journal of Hos-*

pital Medicine) Observação: há dois tipos de
acidente vascular cerebral: hemorragia cerebral (acidente vascular cerebral hemorrágico),
quando uma artéria se rompe e há extravasamento de sangue no cérebro, e trombose cerebral (acidente vascular cerebral oclusivo),
quando um cóagulo sanguíneo bloqueia uma
artéria.

stroke patient /'strəʊk ˌpeɪʃ(ə)nt/ paciente
com AVC: pessoa que teve um acidente vascular
cerebral.

stroke volume /'strəʊk ˌvɒlju:m/ volume sistólico: o volume de sangue bombeado pelo ventrículo em cada batimento cardíaco.

stroma /'strəʊmə/ estroma: tecido de suporte
de um órgão, distinto do parênquima, ou tecido
funcional.

Strongyloides /ˌstrɒndʒɪˈlɔɪdi:z/ *Strongyloides:*
gênero de parasitas que infestam os intestinos.

strongyloidiasis /ˌstrɒndʒɪlɔɪˈdaɪəsɪs/ estrongiloidíase: infecção por parasitas do gênero
Strongyloides, que penetram na pele e atacam os
pulmões e os intestinos.

strontium /'strɒntɪəm/ estrôncio: um elemento
metálico. Símbolo químico: **Sr**.

strontium-90 /ˌstrɒntɪəm ˈnaɪnti/ estrôncio 90:
um isótopo do estrôncio; uma vez que é um produto da poeira radioativa das explosões nuclea-
res, pode entrar na cadeia alimentar, incorpo-
rando-se principalmente aos tecidos ósseos, em
seres humanos ou animais.

structure /'strʌktʃə/ estrutura: a maneira como
um órgão ou músculo é constituído.

struma /'stru:mə/ estruma: bócio.

strychnine /'strɪkni:n/ estricnina: alcalóide altamente tóxico, obtido das sementes da *Strychnos
nux-vomica* (noz-vômica), usado antigamente,
em pequenas doses, como estimulante do sistema nervoso central.

Stryker frame /'straɪkə freɪm/ estrutura de
Stryker: um equipamento especial que permite
mover e amparar pacientes com lesões na coluna
vertebral.

ST segment /ˌes 'ti: ˌsegmənt/ segmento ST:
parte do eletrocardiograma, entre um conjunto
de ondas classificadas de S a T, imediatamente
antes da última fase do ciclo cardíaco. Usa-se
também **S-T segment**. Veja também **PQRST
complex**.

student /'stju:d(ə)nt/ estudante: pessoa que freqüenta um curso do ensino fundamental, médio,
universitário etc. *All the medical students have
to spend some time in the hospital.* / Todos os
estudantes de medicina precisam passar algum
tempo no hospital.

student nurse /'stju:d(ə)nt nɜ:s/ estudante de
enfermagem: pessoa que freqüenta um curso
para se tornar enfermeira.

study /'stʌdi/ **1** estudo: o uso da inteligência na
investigação de algo que se quer aprender. *She's
making a study of diseases of small children.* /
Ela está fazendo um estudo sobre as doenças de

crianças pequenas. *They have finished their study of the effects of the drug on pregnant women.* / Eles terminaram o estudo sobre os efeitos da droga em mulheres grávidas. **2** estudar: usar a inteligência para aprender algo (até então desconhecido ou do qual se tem pouco conhecimento). *He's studying pharmacy.* / Ele está estudando farmácia. *Doctors are studying the results of the screening programme.* / Os médicos estão estudando os resultados do programa de triagem.

stuffy /'stʌfi/ (informal) entupido: relativo ao nariz que está obstruído por inflamação da membrana mucosa e muco. Usa-se também **stuffed up**.

stump /stʌmp/ toco: a ponta ou extremidade de um membro, que permanece após amputação.

stun /stʌn/ bater com força; aturdir: nocautear alguém com uma pancada na cabeça.

stunt /stʌnt/ inibir; tolher: impedir o crescimento de alguém ou alguma coisa. *The children's development was stunted by disease.* / O desenvolvimento das crianças foi inibido pela doença.

stupe /stju:p/ compressa quente: compressa embebida em água quente e impregnada com medicamento.

stupor /'stju:pə/ estupor; torpor: um estado de letargia ou semiconsciência. *After the party several people were found lying on the floor in a stupor.* / Após a festa, várias pessoas foram encontradas deitadas no chão, em um estado de torpor.

Sturge-Weber syndrome /ˌstɜːdʒ 'webə ˌsɪndrəum/ síndrome de Sturge-Weber: nervo de coloração vermelho-escura, situado na região superior do olho, acompanhado por um distúrbio vascular cerebral semelhante, o qual, provavelmente, provoca crises epilépticas.

stutter /'stʌtə/ **1** gagueira; tartamudez: distúrbio da fala que consiste na repetição da sílaba inicial de uma palavra. *He is taking therapy to try to cure his stutter.* / Ele está fazendo terapia para tentar curar a gagueira. **2** gaguejar; tartamudear: falar várias vezes a sílaba inicial de uma palavra.

stuttering /'stʌtərɪŋ/ gagueira. ⇨ **stammering**.

stye /staɪ/ terçol; hordéolo. ⇨ **hordeolum**.

stylet /'staɪlət/ estilete: **1** peça metálica muito fina, que é inserida em um cateter, de modo a mantê-lo desobstruído quando não está sendo usado. **2** qualquer instrumento delgado, como uma sonda.

stylo- /staɪləu/ estil(o)-: relativo ao processo estilóide.

styloglossus /ˌstaɪləu'glɒsəs/ estiloglosso: músculo que se origina no processo estilóide e se insere na superfície lateral e inferior da língua.

styloid /'staɪlɔɪd/ estilóide: pontudo; puntiforme.

styloid process /'staɪlɔɪd ˌprəuses/ processo estilóide: pequena peça óssea que se projeta a partir da base do osso temporal.

stylus /'staɪləs/ estilo: instrumento fino e longo, usado para aplicar substância anti-séptica ou pomadas na pele.

styptic /'stɪptɪk/ **1** hemostíptico: agente hemostático que interrompe sangramentos. **2** estíptico: que possui efeito hemostático.

styptic pencil /ˌstɪptɪk 'pens(ə)l/ lápis hemostíptico; lápis hemostático: um lápis feito de pedra-ume, usado para estancar o sangramento de pequenos cortes.

sub- /sʌb/ sub-: sob, debaixo de.

subabdominal /ˌsʌbəb'dɒmɪn(ə)l/ subabdominal: situado debaixo do abdome.

subacute /ˌsʌbə'kju:t/ subagudo: relativo à condição que não é aguda, mas pode se tornar crônica.

subacute bacterial endocarditis /ˌsʌbəkju:t bækˌtɪəriəl ˌendəukɑː'daɪtɪs/ endocardite bacteriana subaguda: infecção bacteriana da membrana que reveste as estruturas internas do coração. ☑ **subacute infective endocarditis**.

subacute combined degeneration of the spinal cord /ˌsʌbəkju:t kəmˌbaɪnd dɪˌdʒen əreɪʃ(ə)n əv ðə 'spaɪn(ə)l kɔːd/ degeneração subaguda associada da medula espinhal: condição caracterizada por deficiência de vitamina B₁₂, com lesão dos nervos sensoriais e motores da medula espinhal, causando dificuldade de locomoção.

subacute infective endocarditis /ˌsʌbəkju:t ɪn'fektɪv ˌendəukɑː'daɪtɪs/ endocardite infecciosa subaguda. ⇨ **subacute bacterial endocarditis**.

subacute sclerosing panencephalitis /sʌb əˌkju:t sklɪˌrəusɪŋ ˌpænenkefə'laɪtɪs/ panencefalite esclerosante subaguda: doença cerebral inflamatória rara, que afeta principalmente crianças. É associada à infecção recidivante pelo vírus do sarampo, sendo geralmente fatal.

subarachnoid /ˌsʌbə'ræknɔɪd/ subaracnóide: sob a membrana aracnóide.

subarachnoid haemorrhage /ˌsʌbəˌræknɔɪd 'hem(ə)rɪdʒ/ hemorragia subaracnóide: hemorragia para dentro do espaço subaracnóide, disseminando-se pelo líquido cefalorraquidiano.

subarachnoid space /ˌsʌbəˌræknɔɪd 'speɪs/ espaço subaracnóide: espaço cerebral situado entre a membrana aracnóide e a pia-máter, contendo o líquido cefalorraquidiano.

subaxillary /ˌsʌbæk'sɪləri/ subaxilar: sob a axila.

subcartilaginous /ˌsʌbkɑː'lædʒɪnəs/ subcartilaginoso: **1** sob uma cartilagem ou parte do corpo composta de cartilagem. **2** constituído parcialmente de cartilagem.

subclavian /sʌb'kleɪviən/ subclávio: sob a clavícula.

subclavian artery /sʌbˌkleɪviən 'ɑːtəri/ artéria subclávia: uma das duas artérias que se originam do arco da aorta, à esquerda, e do tronco braquiocefálico, à direita, ramificando-se nas artérias braquiais e distribuindo-se pelos membros superiores.

S

subclavian vein /sʌbˌkleɪvɪən 'veɪn/ veia subclávia: umas das veias que dão continuidade às veias axilares e seguem para formar a veia braquiocefálica.

subclinical /sʌb'klɪnɪk(ə)l/ subclínico: relativo à presença de uma doença cujos sintomas ainda não são perceptíveis.

subconscious /sʌb'kɒnʃəs/ subsconciente: **1** conjunto de processos mentais dos quais o indivíduo não tem consciência a maior parte do tempo, mas que afetam os seus atos. **2** relativo a uma idéia presente na mente, mas da qual não se tem percepção consciente.

subcortex /sʌb'kɔːteks/ subcórtex: qualquer parte do cérebro localizada sob o córtex cerebral.

subcortical /sʌb'kɔːtɪk(ə)l/ subcortical: sob o córtex cerebral.

subcostal /sʌb'kɒst(ə)l/ subcostal: sob as costelas.

subcostal plane /sʌbˌkɒst(ə)l 'pleɪn/ plano subcostal: linha horizontal imaginária que passa pela frente do abdome e sob as costelas.

subcranial /sʌb'kreɪnɪəl/ subcraniano: sob a abóbada craniana.

subculture /'sʌbkʌltʃə/ subcultura: cultura de bactérias que é constituída a partir de uma cultura de estoque.

subculturing /sʌb'kʌltʃərɪŋ/ subcultura: o ato de constituir uma cultura de bactérias a partir de uma cultura de estoque.

subcutaneous /ˌsʌbkjuː'teɪnɪəs/ subcutâneo: sob a pele. Abreviatura: **s.c.**

subcutaneous injection /ˌsʌbkjuːˌteɪnɪəs ɪn'dʒekʃən/ injeção subcutânea. ⇨ **hypodermic injection**.

subcutaneous oedema /ˌsʌbkjuːˌteɪnɪəs ɪ'diːmə/ edema subcutâneo: coleção de líquido sob a pele, principalmente nos tornozelos.

subcutaneous tissue /ˌsʌbkjuːˌteɪnɪəs 'tɪʃuː/ tecido subcutâneo: tecido adiposo sob a pele.

subdural /sʌb'djʊərəl/ subdural: entre as membranas dura-máter e aracnóide.

subdural haematoma /sʌbˌdjʊərəl hiːmə'təʊmə/ hematoma subdural: extravasamento de sangue entre as membranas dura-máter e aracnóide, que é provocado por pancada na cabeça e causa laceração do cérebro.

subglottis /sʌb'glɒtɪs/ subglote: a parte mais baixa da cavidade laríngea, abaixo das cordas vocais.

subinvolution /ˌsʌbɪnvə'luːʃ(ə)n/ subinvolução: condição caracterizada pela dificuldade de uma parte do corpo voltar ao seu tamanho e forma originais, após dilatação ou distensão, a exemplo da subinvolução do útero após o parto.

subject /'sʌbdʒɪkt/ sujeito; indivíduo; assunto; matéria: **1** pessoa com uma doença específica, que é objeto de estudo ou tratamento. *The hospital has developed a new treatment for arthritic subjects.* / O hospital desenvolveu um novo tratamento para indivíduos com artrite. **2** alguma

coisa que está sendo estudada ou escrita. *The subject of the article is 'Rh-negative babies'.* / O assunto do artigo é "bebês Rh-negativos".

subjective /səb'dʒektɪv/ subjetivo: que representa os pontos de vista ou sentimentos de uma pessoa interessada e não-imparcial. *The psychiatrist gave a subjective opinion on the patient's problem.* / O psiquiatra deu uma opinião subjetiva sobre o problema do paciente. Compare com **objective**.

subject to /'sʌbdʒekt tʊ/ sujeito a: diz-se de pessoa que está exposta a contrair doenças ou apresentar certos distúrbios. *The patient is subject to fits.* / O paciente é sujeito a convulsões. *After returning from the tropics she was subject to attacks of malaria.* / Após voltar dos trópicos, ela esteve sujeita a crises de malária.

sublimate /'sʌblɪmeɪt/ **1** sublimação: a passagem de uma substância do estado sólido diretamente para vapor. **2** sublimar: converter emoções violentas em ações socialmente mais aceitáveis.

sublimation /ˌsʌblɪ'meɪʃ(ə)n/ sublimação: (psicanálise) processo pelo qual emoções violentas que, de outra forma, seriam expressas por um comportamento anti-social, são convertidas em ações socialmente mais aceitáveis.

subliminal /sʌb'lɪmɪn(ə)l/ subliminal: demasiado leve para ser percebido pelos sentidos.

sublingual /sʌb'lɪŋgwəl/ sublingual: sob a língua.

> *...the sublingual region has a rich blood supply derived from the carotid artery and indicates changes in central body temperature more rapidly than the rectum.* / "...a região sublingual tem um rico suprimento sanguíneo, proveniente da artéria carótida, e mostra as alterações na temperatura corporal central mais rapidamente do que o reto." (*Nursing Times*)

sublingual gland /sʌb'lɪŋgwəl glænd/ glândula sublingual: glândula salivar situada sob a língua.

subluxation /ˌsʌblʌk'seɪʃ(ə)n/ subluxação: condição caracterizada por deslocamento, ou luxação, parcial de uma articulação.

submandibular /ˌsʌbmæn'dɪbjʊlə/ submandibular: sob a mandíbula.

submental /sʌb'ment(ə)l/ submental: abaixo do queixo.

submucosa /ˌsʌbmjuː'kəʊsə/ submucosa: tecido sob uma membrana mucosa.

submucous /sʌb'mjuːkəs/ submucoso: sob uma membrana mucosa.

submucous resection /sʌbˌmjuːkəs rɪ'sekʃən/ ressecção submucosa: remoção de uma cartilagem curvada do septo nasal. Abreviatura: **SMR**.

subnormal /sʌb'nɔːm(ə)l/ subnormal: cuja mente não se desenvolveu completamente. Nota: o termo é considerado ofensivo.

subnormality /ˌsʌbnɔː'mælɪti/ subnormalidade: condição caracterizada pelo desenvolvimento incompleto da mente. Nota: o termo é considerado ofensivo.

suboccipital /ˌsʌbɒkˈsɪpɪt(ə)l/ suboccipital: sob a parte posterior da cabeça.

suborbital /sʌbˈɔːbɪt(ə)l/ suborbital: sob o globo ocular.

subperiosteal /ˌsʌbperiˈɒstiəl/ subperiosteal: imediatamente abaixo do tecido conjuntivo em volta dos ossos.

subphrenic /sʌbˈfrenɪk/ subfrênico: sob o diafragma.

subphrenic abscess /sʌbˌfrenɪk ˈæbses/ abscesso subfrênico: abscesso que se forma entre o diafragma e o fígado.

subside /səbˈsaɪd/ ceder; abrandar: desaparecer, ou tornar-se menos grave ou violento. *After being given the antibiotics, her fever subsided.* / Depois que lhe administraram os antibióticos, a febre dela abrandou.

substance /ˈsʌbstəns/ substância: um produto químico, por exemplo, uma droga. *toxic substances released into the bloodstream* / substâncias tóxicas liberadas na corrente sanguínea. *He became addicted to certain substances.* / Ele ficou viciado em certas substâncias.

substance abuse /ˈsʌbstəns əˌbjuːs/ abuso de substâncias: mau uso ou uso excessivo de drogas, álcool ou outras substâncias, por prazer ou satisfação do vício, que freqüentemente causa problemas emocionais, sociais e de saúde para o usuário. ☑ **substance misuse**.

substance misuse /ˈsʌbstəns mɪsˈjuːs/ abuso de substâncias; uso impróprio de substâncias. ⇨ **substance abuse**.

substance P /ˌsʌbstəns ˈpiː/ substância P: um neurotransmissor que está envolvido nos mecanismos da dor.

substitution /ˌsʌbstɪˈtjuːʃ(ə)n/ substituição: o ato de substituir uma coisa por outra.

substitution therapy /ˌsʌbstɪˈtjuːʃ(ə)n ˌθerəpi/ terapia de substituição: tratamento em que um medicamento que estava sendo usado é substituído por outro.

substrate /ˈsʌbstreɪt/ substrato: substância que age sob a influência de uma enzima.

> ...*insulin is a protein hormone and the body's major anabolic hormone, regulating the metabolism of all body fuels and substrates.* / "...a insulina é um hormônio de proteína e o mais importante hormônio anabólico do organismo, regulando o metabolismo de todos os combustíveis e substratos do corpo." (*Nursing 87*)

subsultus /sʌbˈsʌltəs/ subsulto: um espasmo dos músculos e tendões, causado por febre.

subtertian fever /sʌbˌtɜːʃ(ə)n ˈfiːvə/ febre subterçã: forma de malária em que, na maior parte do tempo, há ocorrência de febre.

subthreshold /ˈsʌbθreʃhəʊld/ sublimiar: relativo ao estímulo que não é suficientemente forte para produzir um efeito.

subtotal /sʌbˈtəʊt(ə)l/ subtotal: relativo à remoção cirúrgica da maior parte de um órgão.

subtotal gastrectomy /ˌsʌbtəʊt(ə)l gæˈstrek təmi/ gastrectomia subtotal: remoção cirúrgica de quase todo o estômago, exceto a parte superior, que fica em contato com o diafragma.

subtotal hysterectomy /ˌsʌbtəʊt(ə)l ˌhɪstəˈre ktəmi/ histerectomia subtotal: remoção cirúrgica do útero, com a manutenção do colo.

subtotal pancreatectomy /ˌsʌbtəʊt(ə)l ˌpæŋ kriəˈtektəmi/ pancreatectomia subtotal: remoção cirúrgica da maior parte do pâncreas.

subtotal thyroidectomy /ˌsʌbtəʊt(ə)l ˌθaɪrɔɪˈ dektəmi/ tiroidectomia subtotal: remoção cirúrgica da maior parte da glândula tireóide.

subungual /sʌbˈʌŋgwəl/ subungueal: sob a unha.

succeed /səkˈsiːd/ ter êxito; ser bem-sucedido: obter sucesso naquilo que se propõe a fazer. *Scientists have succeeded in identifying the new influenza virus.* / Os cientistas tiveram êxito na identificação do novo vírus da influenza. *They succeeded in stopping the flow of blood.* / Eles foram bem-sucedidos ao interromper o fluxo do sangue.

success /səkˈses/ sucesso: **1** o fato de tentar fazer bem alguma coisa que outros já tentaram. *They tried to isolate the virus but without success.* / Tentaram isolar o vírus, mas sem sucesso. **2** o bom resultado de um empreendimento. *The operation was a complete success.* / A operação foi um completo sucesso.

successful /səkˈsesf(ə)l/ vitorioso; bem-sucedido: que obtém bons resultados. *The operation was completely successful.* / A operação foi muito bem-sucedida.

succession /səkˈseʃ(ə)n/ sucessão: uma seqüência de fatos ou acontecimentos. *She had a succession of miscarriages.* / Ela teve uma sucessão de abortos.

successive /səkˈsesɪv/ sucessivo: que vem após outro fato ou acontecimento. *She had a miscarriage with each successive pregnancy.* / Ela teve um aborto em cada gravidez sucessiva.

succus /ˈsʌkəs/ suco: líquido ou suco secretado por um órgão.

succus entericus /ˌsʌkəs enˈterɪkəs/ suco intestinal: líquido secretado pelas glândulas intestinais, para auxiliar na digestão dos alimentos.

succussion /səˈkʌʃ(ə)n/ sucussão: o ruído de uma pancada na água, produzido quando há grande quantidade de líquido em uma cavidade do corpo, por exemplo, o estômago.

suck /sʌk/ sugar; sorver; absorver: sugar líquido ou inalar ar pelo boca ou por um tubo.

sucrase /ˈsuːkreɪz/ sacarase: enzima presente na mucosa intestinal, que converte a sacarose em glicose e frutose.

sucrose /ˈsuːkrəʊs/ sacarose: um açúcar, formado de glicose e frutose, encontrado nas plantas, principalmente na cana-de-açúcar, na beterraba e no xarope de bordo.

suction /ˈsʌkʃən/ sucção: força criada pelo ato de sugar. *The dentist hooked a suction tube into the* *patient's mouth.* / O dentista prendeu um tubo de sucção na boca do paciente.

sudamen /suˈdeɪmən/ sudame: pequena vesícula que aparece em virtude de suor excessivo. Plural: **sudamina**.

sudden /ˈsʌd(ə)n/ repentino; súbito: que acontece de repente.

sudden death /ˌsʌd(ə)n ˈdeθ/ morte súbita: morte sem nenhuma causa preexistente conhecida; morte não precedida por doença.

sudden infant death syndrome /ˌsʌd(ə)n ˌɪn fənt ˈdeθ ˌsɪndrəʊm/ síndrome da morte súbita do lactente: morte súbita de bebê com menos de um ano de idade no berço, sem causa preexistente conhecida. Abreviatura: **SIDS**. ☑ **cot death**.

Sudeck's atrophy /ˈsuːdeks ˌætrəfi/ atrofia de Sudeck: osteoporose nos ossos társicos ou cárpicos. (Descrita em 1900 por Paul Hermann Martin Sudeck [1866–1938], cirurgião alemão.)

sudor /ˈsuːdɔː/ suor: transpiração.

sudoriferous /ˌsuːdəˈrɪfərəs/ sudorífero: que produz suor.

sudorific /ˌsuːdəˈrɪfɪk/ sudorífico: droga que provoca suor.

suffer /ˈsʌfə/ sofrer: **1** padecer de uma doença por um longo período de tempo. *I suffer from headaches.* / Sofro de cefaléias. **2** sentir dor. *I didn't suffer much.* / Não sofri muito. **3** receber ferimentos ou lesões. *He suffered multiple injuries in the accident.* / Ele sofreu muitos traumatismos no acidente.

sufferer /ˈsʌfərə/ sofredor: pessoa que padece de uma doença específica. *a drug to help asthma sufferers* or *sufferers from asthma* / uma droga para ajudar os (indivíduos) sofredores de asma.

suffering /ˈsʌf(ə)rɪŋ/ sofrimento: o padecimento de dores durante um longo período de tempo.

suffocate /ˈsʌfəkeɪt/ sufocar: cortar o suprimento de ar, pelo nariz ou boca; asfixiar.

suffocation /ˌsʌfəˈkeɪʃ(ə)n/ sufocação: o ato de cortar o suprimento de ar ou asfixiar.

suffuse /səˈfjuːz/ cobrir; espalhar-se por: cobrir ou derramar-se sobre alguma coisa.

suffusion /səˈfjuːʒ(ə)n/ sufusão: um rubor que cobre a superfície da pele.

sugar /ˈʃʊgə/ açúcar: qualquer um de vários carboidratos doces. Nota: para conhecer outros termos referentes ao açúcar, veja os que começam com **glyc-**; **glyco-**. Observação: há várias formas naturais de açúcar: a sacarose (nas plantas), a lactose (no leite), a frutose (nas frutas), a glicose e a dextrose (nas frutas e nos tecidos corporais). O açúcar comestível, de uso doméstico, é uma forma de sacarose purificada. Todos os açúcares são fontes úteis de energia, embora quantidades excessivas de açúcar possam provocar aumento de peso e cáries dentárias. O diabetes melito é uma doença na qual o organismo é incapaz de absorver açúcar dos alimentos.

sugar intolerance /ˈʃʊgər ɪnˌtɒlərəns/ intolerância à glicose: diarréia causada por açúcar não absorvido pelo organismo.

suggest /səˈdʒest/ sugerir: mencionar uma idéia. *The doctor suggested that she should stop smoking.* / O médico sugeriu que ela parasse de fumar.

suggested daily intake /səˌdʒestɪd ˌdeɪli ˈɪn teɪk/ ingestão diária recomendada: quantidade de uma substância que é recomendada, por dia, para uma pessoa.

suggestibility /səˌdʒestɪˈbɪlɪti/ sugestionabilidade: condição caracterizada pela fixação de uma idéia na mente de uma pessoa, por palavras, atitudes ou instruções de alguém, sem que haja argumentação ou questionamento. A condição geralmente é aumentada sob hipnotismo.

suggestible /səˈdʒestɪb(ə)l/ sugestionável: pessoa que é facilmente influenciada por outras.

suggestion /səˈdʒestʃən/ sugestão: **1** uma idéia que é proposta ou sugerida. *The doctor didn't agree with the suggestion that the disease had been caught in the hospital.* / O médico não concordou com a sugestão de que a doença fora contraída no hospital. **2** (psiquiatria) o processo de influenciar as idéias de uma pessoa, fazendo-a mudar de comportamento ou julgamento, por exemplo, aceitando o fato de que está realmente curada de uma doença.

suicidal /ˌsuːɪˈsaɪd(ə)l/ suicida: relativo à pessoa que deseja pôr fim à própria vida. *He has suicidal tendencies.* / Ele tem tendências suicidas.

suicide /ˈsuːɪsaɪd/ suicídio: o ato de pôr fim à própria vida. ◊ **to commit suicide:** cometer suicídio: pôr fim à própria vida. *After his wife died he committed suicide.* / Após a morte da esposa, ele cometeu suicídio.

sulcus /ˈsʌlkəs/ sulco: uma dobra ou fissura, principalmente entre as convoluções ou os giros cerebrais. ◊ **lateral sulcus and central sulcus:** sulcos laterais e sulcos centrais: os dois sulcos que dividem o hemisfério cerebral em lobos.

sulf- /ˈsʌlf/ ⇨ **sulph-**.

sulfa compound /ˈsʌlfə ˈkɒmpaʊnd/ composto de sulfa. ⇨ **sulfa drug**.

sulfa drug /ˈsʌlfə drʌg/ drogas sulfa. ⇨ **sulfonamide**. ☑ **sulfa compound**.

sulfasalazine /ˌsʌlfəˈsæləziːn/ sulfassalazina: droga pertencente ao grupos das sulfonamidas, de ação antibacteriana. É usada no tratamento da colite ulcerativa, na doença de Crohn, e também na artrite reumatóide grave.

sulfate /ˈsʌlfeɪt/ sulfato. ⇨ **sulphate**.

sulfonamide /sʌlˈfɒnəmaɪd/ sulfonamidas: um grupo de drogas que exercem ação bacteriostática, por exemplo, a trimetoprima, usadas em infecções bacterianas, principalmente intestinais e urinárias, porém hoje consideradas menos eficazes devido ao aumento da resistência bacteriana. Também chamadas de **sulfa drug**.

sulfonylurea /ˌsʌlfənaɪljuˈriːə/ sulfoniluréia: qualquer uma de uma classe de drogas antiglicêmicas, usadas no tratamento do diabetes.

sulfur /'sʌlfə/ enxofre. ⇨ **sulphur**.

sulph- /'sʌlf/ Nota: no inglês americano usa-se **sulf-**.

sulphate /'sʌlfeɪt/ sulfato: um sal do ácido sulfúrico. ☑ **sulfate**.

sulphur /'sʌlfə/ enxofre: elemento químico não-metálico, amarelo, contido em alguns aminoácidos; é usado em cremes para o tratamento de algumas doenças cutâneas. Símbolo químico: **S**. ☑ **sulfur**.

sulphuric acid /sʌl,fjʊərɪk 'æsɪd/ ácido sulfúrico: líquido oleoso, pesado, incolor e corrosivo, que tem várias aplicações.

sumatriptan /,su:mə'trɪptæn/ sumatriptano: droga vasoconstritora, usada no tratamento da hemicrânia aguda.

sun /sʌn/ sol: estrela de quinta grandeza, em torno da qual a Terra gravita, e que nos transmite luz e calor.

sunbathing /'sʌnbeɪðɪŋ/ banho de sol: a prática de se expor à luz solar, para absorver a energia dos seus raios.

sun blindness /'sʌn ,blaɪndnəs/ cegueira solar. ⇨ **photoretinitis**.

sunburn /'sʌnbɜ:n/ eritema solar; queimadura do sol: dano causado à pele por exposição excessiva à luz solar.

sunburnt /'sʌnbɜ:nt/ eritema solar; queimadura do sol: relativo à pele que se torna vermelha ou escura, quase marrom, por exposição à luz solar.

sunlight /'sʌnlaɪt/ luz solar: a luz do sol. *He is allergic to strong sunlight.* / Ele é alérgico à luz solar intensa. Observação: a luz solar é uma fonte importante de vitamina D para o nosso organismo, mas a exposição excessiva ao sol, além de escurecer a pele, deixando-a quase marrom, pode causar queimaduras tão intensas que a pele morre, formando-se um acúmulo de pus sob a sua superfície. A exposição constante à luz solar pode provocar câncer de pele.

sunscreen /'sʌnskri:n/ creme de bronzear: creme que é espalhado na pele, a fim de bloquear os raios nocivos do sol e reduzir o risco de queimaduras.

sunstroke /'sʌnstrəʊk/ insolação: condição grave causada por exposição excessiva à luz solar ou calor intenso, caracterizada por tontura e aumento da temperatura corporal, com ausência de perspiração.

super- /su:pə/ super-: **1** acima de. **2** demais; extremamente.

superciliary /su:pə'sɪliəri/ superciliar: relativo às sobrancelhas.

superego /,su:pər'i:gəʊ/ (psicologia) superego: o aspecto da personalidade que representa a consciência pessoal, relacionada à noção do certo e errado.

superfecundation /,su:pəfi:kən'deɪʃ(ə)n/ superfecundação: condição na qual dois ou mais óvulos são fertilizados por pais diferentes, em cópulas sucessivas e no mesmo período ovulatório.

superfetation /,su:pəfi:'teɪʃ(ə)n/ superfetação: condição caracterizada pela fertilização de um óvulo em mulher já grávida.

superficial /,su:pə'fɪʃ(ə)l/ superficial: relativo a, situado perto, ou na superfície. ◊ **superficial burn:** queimadura superficial: queimadura que atinge apenas a superfície da pele. Oposto de **deep**.

superficial fascia /,su:pəfɪʃ(ə)l 'feɪʃə/ (plural) fáscia superficial: camadas de tecido conjuntivo sob a pele, contendo gordura.

superficial thickness burn /,su:pəfɪʃ(ə)l 'θɪknəs bɜ:n/ queimadura superficial; queimadura de segundo grau. ⇨ **partial thickness burn**.

superficial vein /,su:pəfɪʃ(ə)l 'veɪn/ veia superficial: veia situada próxima à superfície da pele.

superinfection /'su:pərɪn,fekʃən/ superinfecção: um nova infecção, da mesma natureza da primeira, e que dificulta o tratamento desta, porque apresenta resistência à droga em uso.

superior /sʊ'pɪəriə/ (parte do corpo) superior: situada em posição mais elevada que outra. Oposto de **inferior**.

superior aspect /sʊ,pɪəriə 'æspekt/ aspecto superior: o corpo visto de uma direção superior.

superior ganglion /sʊ,pɪəriə 'gæŋɡliən/ gânglio superior: pequena coleção de células no forame jugular.

superiority /sʊ,pɪəri'ɒrɪti/ superioridade: o fato de estar em posição mais elevada em relação à pessoa ou coisa. Oposto de **inferiority**.

superiority complex /sʊ,pɪəri'ɒrɪti ,kɒmpleks/ complexo de superioridade: condição na qual a pessoa se sente melhor ou mais importante do que as outras, às quais dá pouca atenção.

superior mesenteric artery /sʊ,pɪəriə me s(e)n,terɪk 'ɑ:təri/ artéria mesentérica superior: uma das artérias que suprem o intestino delgado.

superior vena cava /sʊ,pɪəriə ,vi:nə 'keɪvə/ veia cava superior: um tronco da grande veia que se esvazia no coração, conduzindo o sangue que retorna da cabeça, membros superiores e tórax. Veja ilustração em **Heart**, no Apêndice.

supernumerary /,su:pə'nju:mərəri/ supranumerário: extra; em maior quantidade do que o número normal.

> ...*allocation of supernumerary students to clinical areas is for their educational needs and not for service requirements.* / "...a alocação de estudantes supranumerários para áreas clínicas destina-se às suas necessidades educacionais e não à necessidade de serviços." (*Nursing Times*)

superovulation /,su:pər,ɒvjʊ'leɪʃ(ə)n/ superovulação: freqüência aumentada de ovulação, ou produção de grande quantidade de óvulos de uma só vez. É causada freqüentemente pela administração de hormônios gonadotrópicos à mulher com problemas de infertilidade, a fim de estimular a ovulação.

S

supervise /ˈsuːpəvaɪz/ supervisionar: administrar ou organizar alguma coisa. *The administration of drugs has to be supervised by a qualified person.* / A administração de medicamentos deve ser supervisionada por pessoa qualificada. *She has been appointed to supervise the transfer of patients to the new ward.* / Ela foi indicada para supervisionar a remoção de pacientes para a nova enfermaria.

supervision /ˌsuːpəˈvɪʒ(ə)n/ supervisão: administração ou organização. *Elderly patients need constant supervision.* / Pacientes idosos necessitam de supervisão constante. *The sheltered housing is under the supervision of a full-time nurse.* / O asilo está sob a supervisão de uma enfermeira em tempo integral.

supervisor /ˈsuːpəvaɪzə/ supervisor: pessoa que supervisiona ou administra. *the supervisor of hospital catering services* / o supervisor dos serviços de fornecimento de refeições hospitalares.

supinate /ˈsuːpɪneɪt/ supinar: virar o antebraço, de modo que a palma da mão fique voltada para cima.

supination /ˌsuːpɪˈneɪʃ(ə)n/ supinação: o ato de virar o antebraço, de modo que a palma da mão fique voltada para cima. Oposto de **pronation**. Veja ilustração em **Termos Anatômicos**, no Apêndice.

supinator /ˈsuːpɪneɪtə/ supinador: o músculo que coloca o antebraço em supinação, de modo que a palma da mão fique voltada para cima.

supine /ˈsuːpaɪn/ supino: **1** a posição do corpo deitado com a face para cima. Oposto de **prone**. **2** relativo ao braço em que a palma da mão está voltada para cima.

> *...the patient was to remain in the supine position, therefore a pad was placed under the Achilles tendon to raise the legs.* / "...o paciente deveria permanecer na posição supina; por esse motivo, uma almofada foi colocada sob o tendão de Aquiles para levantar-lhe as pernas." (*NATNews*)

supplement /ˈsʌplɪmənt/ **1** suplemento: a) quaisquer nutrientes extras destinados a ajudar uma condição específica, quando não se obtém da alimentação todos os nutrientes necessários. *vitamin and folic acid supplements* / suplementos vitamínicos e de ácido fólico. b) comprimidos ou produtos considerados eficazes na promoção da saúde, que podem ser adquiridos sem receita médica. Os suplementos não são testados como os medicamentos de prescrição. *dietary or food supplements* / suplementos dietéticos ou alimentares. **2** suplementar; completar: acrescentar ou aumentar o que é usado normalmente. *She supplemented her diet with folic acid when she was planning a pregnancy.* / Ela suplementou a dieta com ácido fólico, quando estava planejando engravidar.

supply /səˈplaɪ/ **1** suprimento; fornecimento; provisão: alguma coisa que é fornecida. *The arteries provide a continuous supply of oxygenated blood to the tissues.* / As artérias fornecem aos tecidos um suprimento contínuo de sangue oxigenado. *The hospital service needs a constant supply of blood for transfusion.* / O serviço hospitalar necessita de uma provisão constante de sangue para transfusão. *The government sent medical supplies to the disaster area.* / O governo enviou suprimentos médicos para a área do desastre. **2** suprir; fornecer; prover: fornecer ou dar a uma pessoa aquilo de que ela necessita. *A balanced diet will supply the body with all the vitamins and trace elements it needs.* / Uma dieta balanceada fornecerá ao corpo todas as vitaminas e oligoelementos de que ele necessita. *The brachial artery supplies the arm and hand.* / A artéria braquial supre o braço e a mão.

support /səˈpɔːt/ **1** apoio; sustentação; suporte: a) que ajuda alguma coisa a se manter no lugar. *The bandage provides some support for the knee.* / A bandagem dá sustentação ao joelho. *He was so weak that he had to hold onto a chair for support.* / Ele estava tão fraco que tinha de segurar na cadeira para se sustentar. b) cabo ou corrimão de metal no qual se pode segurar e apoiar. *There are supports at the side of the bed.* / Há grades de sustentação ao lado da cama. *The bath is provided with metal supports.* / O banheiro é equipado com suportes de metal. **2** agüentar; sustentar; suster: a) segurar ou suster alguma coisa. *He wore a truss to support a hernia.* / Ele usava uma funda para suster a hérnia. b) manter alguma coisa no lugar.

support hose /səˈpɔːt həʊz/ (plural) meias elásticas; meias de compressão: meias que apertam firmemente as pernas, usadas para melhorar o fluxo sanguíneo.

supportive /səˈpɔːtɪv/ que ajuda, apóia: que ajuda e conforta uma pessoa em dificuldades. *Her family was very supportive when she was in hospital.* / A família deu-lhe muito apoio quando ela estava hospitalizada. *The local health authority has been very supportive of the hospital management.* / O departamento (público) local de saúde tem dado muito apoio à administração do hospital.

support stocking /səˈpɔːt ˌstɒkɪŋ/ meias elásticas; meias de compressão: meias usadas para prevenir hipotensão e edema periférico.

support worker /səˈpɔːt ˌwɜːkə/ assessor técnico: pessoa que faz parte de uma equipe de profissionais (registrados) da saúde, prestando assistência, por exemplo, um auxiliar ou assistente de enfermagem, ou em áreas especializadas, tais como saúde mental, distúrbios da fala ou fisioterapia.

suppository /səˈpɒzɪt(ə)ri/ supositório: massa de consistência sólida e formato cônico ou oval, contendo material lubrificante, como glicerina, e medicamentos que são dissolvidos no organismo. É inserido no reto ou na vagina, para tratar distúrbios como vaginite.

suppress /səˈpres/ suprimir; conter; impedir: refrear completamente a ação de alguma coisa, por exemplo, eliminar um sintoma ou conter a liberação de um hormônio. *a course of treatment* *which suppresses the painful irritation* / um ciclo de tratamento que suprime a irritação dolorosa. *The drug suppresses the body's natural instinct to reject the transplanted tissue.* / A droga contém o instinto natural do corpo de rejeitar o tecido transplantado. *The release of adrenaline from the adrenal cortex is suppressed.* /A liberação de adrenalina a partir do córtex supra-renal é suprimida.

suppression /sə'preʃ(ə)n/ supressão: o ato de suprimir alguma coisa. *the suppression of allergic responses* / a supressão de reações alérgicas. *the suppression of a hormone* / a supressão de um hormônio.

suppressor T-cell /sə‚presə 'ti: sel/ linfócitos T supressores: linfócitos T que impedem a formação de anticorpos pelos linfócitos B e por outros linfócitos T.

suppurate /'sʌpjureɪt/ supurar: formar e emitir pus.

suppurating /'sʌpjureɪtɪŋ/ supurativo: purulento; que contém ou emite pus.

suppuration /‚sʌpjʊ'reɪʃ(ə)n/ supuração: formação e descarga de pus.

supra- /su:prə/ supra-: acima de; sobre; por cima.

supraglottis /‚su:prə'ɡlɒtɪs/ supraglote: a parte da laringe situada acima das cordas vocais, incluindo a epiglote.

supraoptic nucleus /‚su:prəɒptɪk 'nju:kliəs/ núcleo supra-óptico: núcleo supra-óptico do hipotálamo, cujas fibras nervosas se ramificam para a glândula pituitária posterior.

supraorbital /‚su:prə'ɔ:bɪt(ə)l/ supra-orbitário: acima da órbita.

supraorbital ridge /‚su:prəɔ:bɪt(ə)l 'rɪdʒ/ crista supra-orbitária: borda superior óssea da órbita, coberta pela sobrancelha.

suprapubic /‚su:prə'pju:bɪk/ suprapúbico: acima do osso púbico ou da região púbica.

suprarenal /‚su:prə'ri:n(ə)l/ supra-renal: **1** acima dos rins. **2** ⇨ **suprarenal gland**.

suprarenal area /‚su:prəri:n(ə)l 'eəriə/ área supra-renal: área do corpo situada acima dos rins.

suprarenal cortical hormone /‚su:prəri:n(ə)l ‚kɔ:tɪk(ə)l 'hɔ:məʊn/ hormônio adrenocortical: hormônio secretado pelo córtex das glândulas supra-renais, por exemplo, cortisona.

suprarenal gland /‚su:prə'ri:n(ə)l ɡlænd/ glândula supra-renal: uma das duas glândulas endócrinas situadas na parte superior dos rins, que secretam adrenalina e outros hormônios. ☑ **suprarenal**.

suprarenal medulla /‚su:prəri:n(ə)l me'dʌlə/ medula supra-renal. ⇨ **adrenal medulla**.

suprasternal /‚su:prə'stɜ:n(ə)l/ supra-esternal: acima do esterno.

supraventricular tachycardia /‚sʌbven‚trɪkjʊlə ‚tæki'kɑ:diə/ taquicardia supraventricular: taquicardia que se origina nas câmaras superiores do coração.

surface /'sɜ:fɪs/ superfície: a camada superior de alguma coisa. *The surfaces of the two membranes may rub together.* / As superfícies das duas membranas podem friccionar uma na outra.

surfactant /sɜ:'fæktənt/ surfactante: substância presente nos alvéolos, que mantém as superfícies dos pulmões úmidas e evitam o colapso pulmonar.

surgeon /'sɜ:dʒən/ cirurgião: médico especialista em cirurgia. Nota: embora os cirurgiões sejam médicos, no Reino Unido eles são tradicionalmente tratados por "Sr." e não "Dr."; assim, "Dr. Smith" pode ser um clínico geral, mas "Mr. Smith" é um cirurgião.

surgeon general /‚sɜ:dʒən 'dʒen(ə)rəl/ cirurgião-general: oficial médico do governo, responsável por todos os aspectos da saúde pública, nos Estados Unidos.

surgery /'sɜ:dʒəri/ cirurgia; consultório: **1** o tratamento de doenças ou distúrbios por meio de procedimentos cirúrgicos que requerem incisão, remoção ou manipulação de tecidos, órgãos ou estruturas do corpo. *The patient will need plastic surgery to remove the scars he received in the accident.* / O paciente necessitará de cirurgia plástica para eliminar as cicatrizes deixadas pelo acidente. *The surgical ward is for patients waiting for surgery.* / A enfermaria cirúrgica é destinada a pacientes à espera de cirurgia. *Two of our patients had to have surgery.* / Dois de nossos pacientes precisam ser submetidos à cirurgia. *She will have to undergo surgery.* / Ela precisará fazer cirurgia. **2** sala ou consultório médico ou dentário destinado ao exame e tratamento de pacientes. *There are ten patients waiting in the surgery.* / Há dez pacientes esperando no consultório. *Surgery hours are from 8.30 in the morning to 6.00 at night.* / O horário de atendimento do consultório é das 8h30 às 18 horas.

surgical /'sɜ:dʒɪk(ə)l/ cirúrgico: **1** relativo à cirurgia. *All surgical instruments must be sterilized.* / Todos os instrumentos cirúrgicos devem ser esterilizados. **2** relativo à doença que pode ser tratada com cirurgia. *We manage to carry out six surgical operations in an hour.* / Tentamos realizar seis operações cirúrgicas em uma hora.

surgical belt /‚sɜ:dʒɪk(ə)l 'belt/ faixa cirúrgica: cobertura usada para dar suporte a uma parte das costas, tórax ou abdome.

surgical boot /‚sɜ:dʒɪk(ə)l 'bu:t/ bota cirúrgica: bota especialmente fabricada para apoiar ou corrigir o pé de pessoa que nele apresenta algum tipo de deformidade.

surgical care /'sɜ:dʒɪk(ə)l keə/ cuidados cirúrgicos: os cuidados aos pacientes que foram submetidos a algum tipo de cirurgia.

surgical diathermy /‚sɜ:dʒɪk(ə)l daɪə'θɜ:mi/ diatermia cirúrgica: procedimento que utiliza bisturi elétrico ou eletrocautério de alta freqüência para coagulação de tecidos.

surgical emphysema /‚sɜ:dʒɪk(ə)l ‚emfɪ'si:mə/ enfisema cirúrgico: enfisema causado por bolhas de ar nos tecidos subcutâneos, porém não nos pulmões.

S

surgical fixation /ˌsɜːdʒɪk(ə)l fɪk'seɪʃ(ə)n/ fi-xação cirúrgica: método usado para imobilizar alguma coisa, como um osso, seja externamente, pelo uso de aparelho ou tala, seja internamente, pela utilização de placa metálica ou parafusos.

surgical gloves /'sɜːdʒɪk(ə)l glʌvz/ (plural) lu-vas cirúrgicas: luvas finas de borracha usadas em procedimentos cirúrgicos.

surgical hose /'sɜːdʒɪk(ə)l həʊz/ meia elástica: meia que aperta firmemente uma articulação en-fraquecida do joelho ou ajuda a diminuir veias varicosas. ☑ **elastic hose; surgical stocking**.

surgical intervention /ˌsɜːdʒɪk(ə)l ˌɪntə'ven ʃən/ intervenção cirúrgica: tratamento de doença ou outra condição por meio de cirurgia.

surgically /'sɜːdʒɪkli/ cirurgicamente: que utili-za cirurgia. *The growth can be treated surgically.* / O tumor pode ser tratado cirurgicamente.

surgical neck /ˌsɜːdʒɪk(ə)l 'nek/ colo cirúrgi-co: região estreita na parte superior do úmero, onde o osso se torna comprimido e pode fraturar facilmente.

surgical needle /ˌsɜːdʒɪk(ə)l 'niːd(ə)l/ agulha cirúrgica: agulha para sutura de incisões cirúr-gicas.

surgical procedure /ˌsɜːdʒɪk(ə)l prə'siːdʒə/ procedimento cirúrgico: uma operação cirúrgica ou cirurgia.

surgical shoe /ˌsɜːdʒɪk(ə)l 'ʃuː/ sapato ortopé-dico: sapato especialmente fabricado para pes-soa com algum tipo de deformidade no pé, para melhor apoiá-lo ou corrigi-lo.

surgical spirit /ˌsɜːdʒɪk(ə)l 'spɪrɪt/ álcool de uso hospitalar: álcool etílico com aditivo que lhe dá um sabor desagradável, usado como desinfe-tante ou para limpeza da pele. Nota: no inglês americano usa-se **rubbing alcohol**.

surgical stocking /ˌsɜːdʒɪk(ə)l 'stɒkɪŋ/ meia elástica. ⇨ **surgical hose**.

surgical ward /'sɜːdʒɪk(ə)l wɔːd/ enfermaria cirúrgica: enfermaria para pacientes que foram submetidos à cirurgia.

surgical wound /'sɜːdʒɪk(ə)l wuːnd/ ferida cirúrgica: incisão feita durante uma operação cirúrgica.

surrogate /'sʌrəgət/ substituto: que, ou o que toma o lugar de alguém ou de alguma coisa. ◊ **surrogate mother**: mãe/barriga de aluguel: **1** mulher que tem um filho por inseminação artifi-cial para outra mulher, que não consegue engra-vidar, com a intenção de entregar-lhe a criança após o parto. **2** mulher que toma o lugar da mãe natural.

surround /sə'raʊnd/ circundar; rodear: circun-dar completamente alguma coisa. *The wound is several millimetres deep and the surrounding flesh is inflamed.* / O ferimento tem vários mi-límetros de profundidade, e a pele circundante está inflamada.

survival /sə'vaɪv(ə)l/ sobrevivência: o ato de continuar a existência. *The survival rate of new-born babies has begun to fall.* / A taxa de sobre-vivência dos recém-nascidos começou a cair.

survive /sə'vaɪv/ sobreviver: continuar a viver. *He survived two attacks of pneumonia.* / Ele so-breviveu a dois ataques de pneumonia. *The baby only survived for two hours.* / O bebê sobreviveu apenas duas horas.

survivor /sə'vaɪvə/ sobrevivente: aquele que sobrevive.

susceptibility /səˌseptɪ'bɪlɪti/ susceptibilidade: falta de resistência a uma doença.

> ...low birthweight has been associated with in-creased susceptibility to infection. / "...o peso baixo ao nascimento está associado à suscep-tibilidade a infecções, que cresceu. (*East Afri-can Medical Journal*)
>
> ...even children with the milder forms of sick-le-cell disease have an increased frequency of pneumococcal infection. The reason for this susceptibility is a profound abnormality of the immune system. / "...mesmo crianças com formas mais brandas de doença da célula fal-ciforme apresentam freqüência mais elevada de infecção pneumocócica. A razão para essa susceptibilidade é uma profunda anomalia do sistema imunológico." (*Lancet*)

susceptible /sə'septɪb(ə)l/ suscetível: que tem probabilidade de contrair uma doença. *She is susceptible to colds* or *to throat infections.* / Ela é suscetível a resfriados *ou* a infecções de gar-ganta.

suspect /'sʌspekt/ **1** suspeito; duvidoso: pessoa que o médico acredita ter uma doença. *They are screening all typhoid suspects.* / Estão fazendo uma triagem de todos os suspeitos de tifóide. **2** suspeitar: desconfiar que alguém possa ter uma doença. *He is a suspected diphtheria carrier.* / Suspeita-se que ele seja portador de difteria. *Se-veral cases of suspected meningitis have been reported.* / Foram relatados vários casos de sus-peita de meningite.

> ...those affected are being nursed in five iso-lation wards and about forty suspected suffe-rers are being barrier nursed in other wards. / "...aqueles afetados (pela doença) estão sendo atendidos em cinco pavilhões de isolamento e cerca de 40 pacientes suspeitos estão sendo cuidados, em isolamento, em outras enferma-rias. (*Nursing Times*)

suspension /sə'spenʃən/ suspensão: a dispersão de partículas sólidas em um líquido.

suspensory /sə'spensəri/ suspensor: que susten-ta ou suspende.

suspensory bandage /səˌspensəri 'bændɪdʒ/ bandagem suspensora: suporte de tecido para dar apoio a uma parte pendente do corpo.

suspensory ligament /səˌspensəri 'lɪgəmənt/ ligamento suspensor: ligamento que mantém uma parte do corpo na posição. Veja ilustração em **Eye**, no Apêndice.

sustain /sə'steɪn/ manter; prolongar: **1** manter ou sustentar alguma coisa. *These bones can sustain quite heavy weights.* / Estes ossos podem susten-tar pesos bem grandes. *He is not eating enough* *to sustain life.* / Ele não está se alimentando o suficiente para se manter vivo. **2** sofrer uma lesão. *He sustained a severe head injury.* / Ele sofreu uma lesão grave na cabeça.

sustentacular /ˌsʌstən'tækjʊlə/ sustentacular: relativo a um sustentáculo.

sustentaculum /ˌsʌstən'tækjʊləm/ sustentáculo: estrutura do corpo que dá suporte ou sustentação à outra.

suture /'suːtʃə/ **1** sutura: a) articulação fixa onde dois ossos se fundem, principalmente os ossos do crânio. b) procedimento para unir as bordas de uma incisão ou ferida com linha, de modo a estimular a cicatrização. ☑ **stitch** (acepção 1). c) linha usada para unir as bordas de uma ferida, a fim de estimular a sua cicatrização. **2** suturar: unir as bordas de um ferida ou incisão com linha, a fim de estimular a cicatrização. ☑ **stitch** (acepção 3). Observação: as feridas geralmente são suturadas com linha ou categute, que é removido após uma semana mais ou menos. As suturas podem ser absorvíveis, feitas com uma linha que, por fim, é absorvida pelo organismo, ou não-absorvíveis, caso em que precisam ser removidas depois de certo tempo.

suxamethonium /ˌsʌksəmɪ'θəʊniəm/ suxametônio: droga semelhante, em sua estrutura, à acetilcolina, usada como relaxante muscular em procedimentos cirúrgicos.

swab /swɒb/ chumaço de algodão; pincel: **1** mecha de algodão, geralmente fixada à extremidade de um bastão para, por exemplo, limpar uma ferida, aplicar pomada ou coletar amostra de tecido. **2** amostra de tecido obtida com um pincel. *a cervical swab* / amostra de material cervical (obtida com pincel).

swallow /'swɒləʊ/ engolir: deglutir: passar alimentos sólidos e líquidos, e algumas vezes ar, pela boca e tubo digestivo, até o estômago. *Patients suffering from nosebleeds should try not to swallow the blood.* / Os pacientes que sofrem de sangramento nasal devem tentar não engolir o sangue.

swallowing /'swɒləʊɪŋ/ deglutição. ⇨ **deglutition**.

Swan-Ganz catheter /ˌswɒn 'gæntz ˌkæθɪtə/ cateter de Swan-Ganz: um cateter especial que é dirigido pelo fluxo através da câmera direita do coração até a artéria pulmonar, quando o balão na extremidade do cateter é inflado para medir a pressão arterial.

sweat /swet/ **1** suor: líquido salgado produzido pelas glândulas sudoríparas para esfriar o corpo, visto que os líquido orgânicos são evaporados pela pele. *Sweat was running off the end of his nose.* / O suor escorria-lhe pela ponta do nariz. *Her hands were covered with sweat.* / As mãos dela estavam cobertas de suor. ☑ **perspiration**. **2** suar: produzir suor através das glândulas sudoríparas, situadas sob a epiderme. *After working in the fields she was sweating.* / Após trabalhar nos campos, ela estava suando.

sweat duct /'swet dʌkt/ ducto sudoríparo: tubo delgado da glândula sudorípara, que desemboca na superfície da pele.

sweat gland /'swet glænd/ glândula sudorípara: glândula que produz suor, situada abaixo da derme e ligada à superfície da pele pelo ducto sudoríparo.

sweat pore /'swet pɔː/ poro sudorífero: orifício na pele através do qual o suor é secretado.

sweet /swiːt/ doce: um dos sabores básicos, que não é amargo, azedo ou salgado. *Sugar is sweet, lemons are sour.* / O açúcar é doce, os limões são azedos.

swell /swel/ inchar; intumescer; dilatar: aumentar de tamanho, ou fazer algo aumentar de tamanho. *The disease affects the lymph glands, making them swell.* / A doença afeta as glândulas linfáticas, tornando-as dilatadas. *The doctor noticed that the patient had swollen glands in his neck.* / O médico percebeu que o paciente tinha glândulas intumescidas no pescoço. *She finds her swollen ankles painful.* / Ela percebe que os tornozelos inchados estão doloridos.

swelling /'swelɪŋ/ inchaço; tumefação; edema: condição caracterizada por acúmulo de líquido nos tecidos, tornando-os dilatados. *They applied a cold compress to try to reduce the swelling.* / Aplicaram uma compressa fria para tentar reduzir o inchaço.

swimmer's cramp /ˌswɪməz 'kræmp/ cãibra de nadador: espasmo nas artérias e músculos, causado por água fria, ou por natação logo após uma refeição.

sycosis /saɪ'kəʊsɪs/ sicose: infecção bacteriana dos folículos pilosos.

sycosis barbae /saɪˌkəʊsɪs 'bɑːbi/ tinha da barba: infecção dos folículos pilosos, principalmente da barba. ☑ **barber's itch**; **barber's rash**.

Sydenham's chorea /ˌsɪdnəmz kɒ'riːə/ coréia de Sydenham: coréia temporária que afeta crianças, freqüentemente associada com endocardite e reumatismo. (Descrita em 1686 por Thomas Sydenham [1624-1689], médico inglês.)

Sylvius /'sɪlviəs/ Sílvio. Veja **aqueduct of Sylvius**; **cerebral aqueduct**.

symbiosis /ˌsɪmbaɪ'əʊsɪs/ simbiose: condição caracterizada pela existência simultânea de dois organismos que sobrevivem ajudando-se mutuamente.

symblepharon /sɪm'blefərɒn/ simbléfaro: condição caracterizada por aderência entre as pálpebras e o globo ocular.

symbol /'sɪmbəl/ símbolo: sinal ou letra que carrega um significado.

Syme's amputation /ˌsaɪmz æmpjʊ'teɪʃ(ə)n/ amputação de Syme: operação cirúrgica de amputação do pé, acima do tornozelo. (Descrita em 1842 por James Syme [1799-1870], professor e cirurgião de Edimburgo; foi um dos primeiros médicos a adotar a anti-sepsia [Joseph Lister era seu genro], e também um dos primeiros usuários da anestesia.)

symmetry /ˈsɪmətri/ simetria: a regularidade da estrutura e distribuição das partes do corpo, cada lado sendo estruturalmente semelhante ao outro.

sympathectomy /ˌsɪmpəˈθektəmi/ simpatectomia: incisão cirúrgica de uma porção do nervo simpático, usada no tratamento da hipertensão.

sympathetic /ˌsɪmpəˈθetɪk/ simpático: **1** que sente ou compartilha sentimentos, pena ou compaixão. **2** relativo a, ou pertencente ao sistema nervoso simpático.

sympathetic nervous system /ˌsɪmpəθetɪk ˈnɜːvəs ˌsɪstəm/ sistema nervoso simpático: parte do sistema nervoso autônomo cujas fibras se originam de células das regiões torácicas e lombares da medula espinhal, prosseguindo para vários órgãos importantes, tais como coração, pulmões e glândulas sudoríparas. O sistema nervoso simpático prepara o corpo para situações de emergência e atividade muscular vigorosa. ☑ **sympathetic system**. Veja também **parasympathetic nervous system**.

sympathetic system /ˌsɪmpəθetɪk ˌsɪstəm/ sistema simpático. ⇨ **sympathetic nervous system**.

sympatholytic /ˌsɪmpəθəʊˈlɪtɪk/ simpatolítico: droga que inibe a atividade do sistema nervoso simpático.

sympathomimetic /ˌsɪmpəθəʊmɪˈmetɪk/ simpatomimético: relativo à droga, como o cloridrato de dopamina, que estimula a atividade do sistema nervoso central; é usada no choque cardíaco, após infarto do miocárdio, e em cirurgia cardíaca.

sympathy /ˈsɪmpəθi/ solidariedade; compreensão: **1** a expressão dos sentimentos de compaixão ou pesar pela dor ou sofrimento de alguém. **2** a relação de contágio mental entre pessoas, em que uma provoca na outra uma condição semelhante à sua, por exemplo, o bocejo que é induzido quando se observa uma outra pessoa bocejando. **3** a influência produzida em qualquer órgão do corpo por distúrbio ou doença em outro órgão.

symphysiectomy /ˌsɪmfɪziˈektəmi/ sinfisiectomia: procedimento cirúrgico para remover parte da sínfise púbica, a fim de facilitar o trabalho de parto.

symphysiotomy /ˌsɪmfɪziˈɒtəmi/ sinfisiotomia: incisão cirúrgica da sínfise púbica para expansão da cintura pélvica, de modo a permitir a passagem do feto.

symphysis /ˈsɪmfəsɪs/ sínfise: articulação cartilaginosa em que os ossos estão unidos por meio de fibrocartilagem. ☑ **secondary cartilaginous joint**.

symphysis menti /ˌsɪmfəsɪs ˈmenti/ sínfise mentoniana: a junção fibrocartilaginosa das duas metades da mandíbula, que formam o queixo.

symphysis pubis /ˌsɪmfəsɪs ˈpjuːbɪs/ sínfise púbica. ⇨ **pubic symphysis**.

symptom /ˈsɪmptəm/ sintoma: qualquer altera-

ção ou fenômeno mórbido, que indica a presença de doença ou distúrbio, percebido pelo paciente. *The symptoms of hay fever are a running nose and eyes.* / Os sintomas da febre do feno são nariz com coriza e olhos lacrimejantes. *A doctor must study the symptoms before making his diagnosis.* / Um médico precisa estudar os sintomas, antes de fazer o diagnóstico. *The patient presented all the symptoms of rheumatic fever.* / O paciente apresentava todos os sintomas de febre reumática. Nota: quando o sintoma é percebido apenas pelo médico, é denominado **sinal**.

symptomatic /ˌsɪmptəˈmætɪk/ sintomático: que constitui o(s) sintoma(s) de uma doença. *The rash is symptomatic of measles.* / A erupção cutânea é (uma alteração) sintomática de sarampo.

symptomatology /ˌsɪmptəməˈtɒlədʒi/ simptomatologia: o ramo da medicina que estuda os sintomas das doenças. ☑ **semeiology**.

syn- /sɪn/ sin-: junto; reunido; fundido.

synalgia /sɪˈnældʒə/ sinalgia: dor percebida em uma parte do corpo que não é aquela que a causou; por exemplo, dor na virilha, que pode ser sintoma de cálculo renal, ou dor no ombro direito, que pode indicar infecção na vesícula biliar. ☑ **referred pain**.

synapse /ˈsaɪnæps/ **1** sinapse: (sistema nervoso) indica o local de conexão dos axônios neuronais com os dendritos de outros neurônios. **2** fazer sinapse: ligar um axônio neuronal aos dendritos de outro neurônio.

synaptic /sɪnˈæptɪk/ sináptico: relativo a uma sinapse.

synaptic connection /sɪnˌæptɪk kəˈnekʃ(ə)n/ conexão sináptica: conexão entre os dendritos de um neurônio com outro neurônio.

synarthrosis /ˌsɪnɑːˈθrəʊsɪs/ sinartrose: uma articulação que se faz por uma união óssea, como a fusão dos ossos do crânio.

synchondrosis /ˌsɪnkɒnˈdrəʊsɪs/ sincondrose: uma articulação, como aquela verificada em crianças, em que os ossos são unidos por fibrocartilagem que, mais tarde, será convertida em osso. ☑ **primary cartilaginous joint**.

synchysis /ˈsɪŋkɪsɪs/ sínquise: condição caracterizada pelo amolecimento do corpo vítreo do olho.

syncope /ˈsɪŋkəpi/ síncope: condição na qual há perda de consciência durante um curto período de tempo, por causa de redução do fluxo sanguíneo para o cérebro. ☑ **fainting fit**.

syncytium /sɪnˈsɪtiəm/ sincício: massa contínua de protoplasma formada pela união de células originalmente separadas.

syndactyl /sɪnˈdæktɪl/ sindáctico: que possui dois ou mais dedos ou artelhos fundidos, ao nascer.

syndactyly /sɪnˈdæktɪli/ sindactilia: condição caracterizada pela fusão de dois dedos ou artelhos, envolvendo os tecidos. ☑ **syndactylism** (sindactilismo).

syndesm- /sɪn'desm/ ⇨ **syndesmo-**.

syndesmo- /sɪn'desməʊ/ relativo aos ligamentos. Nota: antes de vogais usa-se **syndesm-**.

syndesmology /ˌsɪndes'mɒlədʒi/ sindesmologia: o ramo da medicina que estuda as articulações.

syndesmosis /ˌsɪndes'məʊsɪs/ sindesmose: articulação em que os ossos são fortemente unidos por ligamentos.

syndrome /'sɪndrəʊm/ síndrome: o conjunto de sintomas e sinais que ocorrem simultaneamente, indicando a presença de uma doença específica. Veja também **complex**.

synechia /sɪ'nekiə/ sinéquia: condição caracterizada pela aderência da íris à córnea ou ao cristalino.

syneresis /sɪ'nɪərəsɪs/ sinerese: a liberação de líquido, como em um coágulo sanguíneo, quando ele endurece.

synergism /'sɪnədʒɪz(ə)m/ sinergismo: situação em que a associação de duas ou mais estruturas ou agentes proporciona um resultado melhor do que o de cada um isoladamente. ☑ **synergy**.

synergist /'sɪnədʒɪst/ sinergista: músculo ou agente que atua simultaneamente com outro, aumentando a eficácia global.

synergy /'sɪnədʒi/ sinergia. ⇨ **synergism**.

syngeneic /ˌsɪndʒə'niːɪk/ singênico: relativo a indivíduos ou tecidos com constituição genética idêntica ou muito semelhante, principalmente aquela que permite transplantes de tecido sem provocar uma resposta imunológica.

syngraft /'sɪngrɑːft/ sinenxerto. ⇨ **isograft**.

synoptophore /sɪ'nɒptəfɔː/ sinoptóforo: instrumento utilizado no tratamento do estrabismo.

synostosed /'sɪnɒˌstəʊzd/ (osso) sinostosado: fundido com um novo tecido ósseo.

synostosis /ˌsɪnɒ'stəʊsɪs/ sinostose: a fusão de dois ossos pela formação de novo tecido ósseo.

synovectomy /ˌsɪnəʊ'vektəmi/ sinovectomia: excisão cirúrgica da membrana sinovial de uma articulação.

synovia /saɪ'nəʊviə/ sinóvia. ⇨ **synovial fluid**.

synovial /saɪ'nəʊviəl/ sinovial: relativo à sinovia.

synovial cavity /saɪˌnəʊviəl 'kævɪti/ cavidade sinovial: espaço contido em uma articulação sinovial. Veja ilustração em **Synovial Joint**, no Apêndice.

synovial fluid /saɪˌnəʊviəl 'fluːɪd/ líquido sinovial: líquido secretado pela membrana sinovial, a fim de servir como lubrificante em uma articulação. ☑ **synovia**. Veja ilustração em **Synovial Joint**, no Apêndice.

synovial joint /saɪˌnəʊviəl 'dʒɔɪnt/ articulação sinovial: articulação em que dois ossos são separados por um espaço preenchido com líquido sinovial, que nutre e lubrifica as superfícies ósseas. ☑ **diarthrosis**.

synovial membrane /saɪˌnəʊviəl 'membreɪn/ membrana sinovial: membrana interna da cápsula articular de uma articulação sinovial; é constituída de tecido conjuntivo e secreta o líquido que lubrifica a articulação. ☑ **synovium**. Veja ilustração em **Synovial Joint**, no Apêndice.

synovioma /ˌsɪnəʊvi'əʊmə/ sinovioma: tumor que tem origem na membrana sinovial.

synovitis /ˌsaɪnə'vaɪtɪs/ sinovite: inflamação de uma membrana sinovial.

synovium /sɪ'nəʊviəm/ sinóvia. ⇨ **synovial membrane**.

> *70% of rheumatoid arthritis sufferers develop the condition in the metacarpophalangeal joints. The synovium produces an excess of synovial fluid which is abnormal and becomes thickened.* / "...70% das pessoas com artrite reumatóide desenvolvem a condição nas articulações metacarpofalangianas. A sinóvia produz um excesso de líquido sinovial, que é anormal e espesso. (*Nursing Times*)

synthesis /'sɪnθəsɪs/ síntese: **1** o processo que consiste em combinar idéias ou elementos diferentes num todo coerente. **2** um todo coerente resultante da fusão de diferentes idéias ou elementos. **3** (química) a formação de compostos por meio de reações envolvendo compostos mais simples ou elementos. **4** (psiquiatria) a fusão de vários elementos da personalidade. Plural: **syntheses**.

synthesise /'sɪnθəsaɪz/ sintetizar: formar um composto químico por meio da fusão de seus componentes separados. *Essential amino acids cannot be synthesised.* / Os aminoácidos essenciais não podem ser sintetizados. *The body cannot synthesise essential fatty acids and has to absorb them from food.* / O organismo não consegue sintetizar ácidos graxos essenciais e precisa absorvê-los dos alimentos. Usa-se também **synthesize**.

synthetic /sɪn'θetɪk/ sintético: produzido pelo homem; feito por métodos artificiais.

synthetically /sɪn'θetɪkli/ sinteticamente: feito por métodos artificiais. *Synthetically produced hormones are used in hormone therapy.* / Os hormônios produzidos sinteticamente são usados em terapia hormonal.

syphilide /'sɪfɪlaɪd/ sifílide: lesões cutâneas e mucosas, que são manifestações da sífilis secundária.

syphilis /'sɪfəlɪs/ sífilis: doença sexualmente transmissível, causada pelo espiroqueta *Treponema pallidum*. ☑ **pox**. Observação: a sífilis é uma doença sexualmente transmissível grave, mas pode ser curada com injeções de penicilina, se o tratamento começar cedo. A sífilis tem três estágios: no primeiro estágio, ou estágio primário, surge uma ferida endurecida (cancro) nos genitais e, algumas vezes, na boca; no segundo estágio, ou estágio secundário, cerca de dois ou três meses mais tarde, aparece uma erupção cutânea, com feridas ao redor da boca e nos genitais. É neste estágio que a doença se torna particularmente infecciosa. Depois desse estágio, os sintomas desaparecem por um longo período de tempo, algumas vezes durante muitos anos. A doença reaparece no terceiro estágio, ou estágio terciário, de muitas formas diferentes: cegueira, distúrbios cerebrais, ruptura da aorta ou paralisia geral, conduzindo a doenças mentais e morte. Os testes para sífilis são: o teste de Wassermann e o teste de Kahn, este último menos seguro.

syring- /sɪrɪndʒ/ ⇨ **syringo-**.

syringe /sɪ'rɪndʒ/ **1** seringa: instrumento médico constituído de um tubo com um êmbolo deslizante em seu interior, que permite a injeção ou a aspiração de líquidos por meio de uma agulha. **2** seringar; injetar com seringa: lavar os ouvidos com seringa.

syringo- /sɪrɪŋgəu/ siring(o)-: relativo a qualquer tubo, principalmente o canal central da medula espinhal. Nota: antes de vogais usa-se **syring-**.

syringobulbia /sɪˌrɪŋgəu'bʌlbiə/ siringobulbia: siringomielia no tronco cerebral.

syringocystadenoma /sɪˌrɪŋgəusɪstədɪ'nəumə/ siringocistadenoma: tumor benigno das glândulas sudoríparas. ☑ **syringoma**.

syringoma /ˌsɪrɪŋ'gəumə/ siringoma. ⇨ **syringocystadenoma**.

syringomyelia /sɪˌrɪŋgəumaɪ'i:liə/ siringomielia: doença caracterizada pela formação de cavidades na porção cervical da medula espinhal; causa atrofia muscular, acompanhada de analgesia e termoanestesia dos braços e das mãos.

syringomyelitis /sɪˌrɪŋgəumaɪə'laɪtɪs/ siringomielite: inflamação da medula espinhal, resultando em formação de cavidades no seus segmentos centrais.

syringomyelocele /sɪˌrɪŋgəu'maɪələusi:l/ siringomielocele: forma grave de espinha bífida, caracterizada pela protusão da medula espinhal através de um defeito na coluna vertebral.

syrinx /'sɪrɪŋks/ siringe. ⇨ **Eustachian tube**.

systaltic /sɪs'tæltɪk/ sistáltico: descreve um órgão que se contrai e relaxa alternadamente, por exemplo, o coração.

system /'sɪstəm/ sistema: **1** o corpo como um todo. *Amputation of a limb gives a serious shock to the system.* / A amputação de um membro ocasiona um grave choque ao sistema. **2** a in-

terconexão de várias partes do corpo, de modo a trabalharem juntas. *the lymphatic system* / o sistema linfático.

systematic desensitisation /ˌsɪstəmætɪk di:ˌs ensɪtaɪ'zeɪʃ(ə)n/ dessensibilização sistemática: uma forma de terapia comportamental para eliminar fobias e distúrbios da ansiedade, na qual o paciente é gradativamente exposto a cenas imaginárias que provocam esses distúrbios, até que se sinta capaz de relaxar com qualquer cena que produza fobia ou ansiedade.

Système International /sɪˌstem ˌænteənæsjə nɑːl/ Sistema Internacional (de unidades de medida). Abreviatura: **SI**.

Système International d'Unités /sɪˌstem ˌæ nteənæsjɔnɑːl 'du:nɪteɪ/ Sistema Internacional de Unidades: o Sistema Internacional de unidades de medida. Veja também **SI**.

systemic /sɪ'sti:mɪk/ sistêmico: relativo a, ou que afeta o corpo todo. *Septicaemia is a systemic infection.* / Septicemia é uma infecção sistêmica.

systemic circulation /sɪˌsti:mɪk ˌsɜ:kju'leɪ ʃ(ə)n/ circulação sistêmica: circulação do sangue pelo corpo todo, exceto os pulmões, começando pela aorta e retornando pela veia cava.

systemic lupus erythematosus /sɪˌsti:mɪk ˌlu:pəs ˌerɪθi:mə'təusəs/ lupus eritematoso sistêmico: afecção caracterizada por uma erupção disseminada de placas eritematosas violáceas; é classificada entre as doenças do colágeno e as doenças auto-imunes. Abreviatura: **SLE**.

systole /'sɪstəli/ sístole: fase dos batimentos cardíacos em que o coração se contrai e o sangue é expulso pela aorta e artéria pulmonar. Oposto de **diastole**. ◊ **the heart is in systole**: o coração está em sístole: o coração está se contraindo e bombeando sangue.

systolic /sɪ'stɒlɪk/ sistólico: relativo à sístole.

systolic murmur /sɪˌstɒlɪk 'mɜ:mə/ sopro sistólico: som audível produzido durante a sístole, geralmente indicativo de condição anormal de uma válvula cardíaca.

systolic pressure /sɪˌstɒlɪk 'preʃə/ pressão sistólica: indica a maior pressão sanguínea arterial, e é alcançada durante a sístole. A pressão sistólica é sempre mais alta do que a dias

T símbolo do **tera-**.

TAB abreviatura de **typhoid-paratyphoid A and B**.

tabes /'teɪbiːz/ tabes: condição caracterizada por emaciação e atrofia progressivas do corpo.

tabes dorsalis /ˌteɪbiːz dɔːˈseɪlɪs/ tabes dorsal: doença do sistema nervoso, causada por sífilis terciária, caracterizada por perda do sentido do tato, incontinência urinária, paralisia dos membros inferiores e dores lancinantes. ☑ **locomotor ataxia**.

tabes mesenterica /ˌteɪbiːz ˌmesenˈterɪkə/ tabes mesentérica: tuberculose dos gânglios abdominais.

tabetic /təˈbetɪk/ tabético; tábico: que está definhando ou sofre de tabes dorsal.

tablet /'tæblət/ tablete; comprimido: **1** massa sólida, achatada e geralmente arredondada, contendo medicamento, que é usada por via oral. *a bottle of aspirin tablets* / um frasco de comprimidos de aspirina. *Take two tablets three times a day.* / Tome dois comprimidos três vezes ao dia. **2** (informal) qualquer comprimido, pílula ou cápsula administrados por via oral.

taboparesis /ˌteɪbəupəˈriːsɪs/ taboparesia: o estágio final da sífilis, caracterizado por ataxia locomotora, paralisia geral e deterioração das faculdades mentais.

TAB vaccine /ˌti: ei: 'bi: ˌvæksiːn/ vacina TAB: vacina que confere imunidade contra as febres tifóide e paratifóide A e B.

tachy- /'tæki/ taqui-: rapidez; velocidade.

tachyarrhythmia /ˌtækiəˈrɪðmiə/ taquiarritimia: distúrbio do ritmo dos batimentos cardíacos.

tachycardia /ˌtækiˈkɑːdiə/ taquicardia: distúrbio caracterizado pela aceleração do ritmo dos batimentos cardíacos.

tachyphasia /ˌtækiˈfeɪziə/ taquifasia. ⇨ **tachyphrasia**.

tachyphrasia /ˌtækiˈfreɪziə/ taquifrasia: maneira particularmente rápida de falar, a exemplo do que ocorre com pessoas que apresentam distúrbios mentais. ☑ **tachyphasia**.

tachyphyl(l)axis /ˌtækifɪˈlæksɪs/ taquifilaxia: redução do efeito de um medicamento ou neurotransmissor após administração de várias doses.

tachypnoea /ˌtækɪpˈniːə/ taquipnéia: respiração muito rápida.

tacrolimus /ˌtækrəˈliːməs/ tacrólimo: droga imunossupressora potente, usada para diminuir o risco de rejeição de órgão transplantado.

tactile /'tæktaɪl/ tátil: capaz de ser sentido pelo tato.

tactile anaesthesia /ˌtæktaɪl ˌænəsˈθiːziə/ anestesia tátil: perda do sentido do tato.

taenia /'tiːniə/ tênia: **1** estrutura anatômica longa, semelhante a uma tira. **2** verme chato e comprido do gênero *Taenia*. Observação: as várias espécies de *Taenia* que afetam o homem são introduzidas no organismo pela ingestão de carne insuficientemente cozida. Os sintomas mais óbvios da infecção por tênias são um grande aumento de apetite, concomitantemente a um emagrecimento progressivo. As infestações mais comuns acontecem com *Taenia solium,* encontrada no porco, em que as larvas se desenvolvem no organismo e podem formar cistos hidáticos; e com *Taenia saginata,* a forma adulta, que atinge de quatro a oito metros no intestino humano.

taeniacide /'tiːniəsaɪd/ teniacida: agente que elimina tênias.

taenia coli /ˌtiːniə ˈkəulaɪ/ tênia intestinal: faixa externa de fibras musculares ao longo do intestino grosso.

taeniafuge /'tiːniəfjuːdʒ/ tenífugo: agente que provoca a expulsão de tênias do organismo.

taeniasis /tiːˈnaɪəsɪs/ teníase: infecção intestinal por tênias.

Tagamet /'tægəmet/ Tagamet: o nome comercial de um preparado da cimetidina.

tai chi /taɪ ˈtʃiː/ tai chi: técnica chinesa antiga, que consiste numa série de exercícios destinados a promover a saúde, a autodefesa e o desenvolvimento espiritual. Usa-se também **t'ai chi**. ☑ **tai chi chuan**.

tai chi chuan /taɪ ˈtʃiː tʃwɑːn/ tai chi chuan. ⇨ **tai chi**.

take /teɪk/ tomar; tirar; pegar; ser aceito: **1** engolir um medicamento. *She has to take her tablets three times a day.* / Ela precisa tomar os comprimidos três vezes ao dia. *The medicine should be taken in a glass of water.* / O medicamento deve ser tomado com um copo de água. **2** praticar determinada ação. *The dentist took an X-ray of his teeth.* / O dentista tirou uma radiografia dos dentes do paciente. *The patient has been allowed to take a bath.* / O paciente foi autorizado a tomar banho. **3** (enxerto) ser aceito pelo organismo. *The skin graft hasn't taken.* / O enxerto de pele não foi aceito (foi rejeitado pelo organismo). *The kidney transplant took easily.* / O transplante de rim foi facilmente aceito (pelo organismo).

take after /'teɪk ˌɑːftə/ puxar a (alguém); sair a: parecer-se com um dos pais. *He takes after his father.* / Ele se parece com o pai.

take care of /ˌteɪk 'keə əv/ cuidar de: tomar conta de alguém. *The nurses will take care of the accident victims.* / As enfermeiras cuidarão das vítimas do acidente.

take off /ˌteɪk 'ɒf/ tirar; despir: tirar alguma coisa, principalmente as roupas. *The doctor asked him to take his shirt off* or *to take off his shirt.* / O médico pediu a ele (paciente) que despisse a camisa.

talc /tælk/ talco; esteatita: pó branco muito fino, usado para polvilhar na pele irritada.

talcum powder /'tælkəm ˌpaʊdə/ talco em pó: talco perfumado.

talipes /'tælɪpiːz/ talipe; pé torto: condição caracterizada por um defeito congênito no talo, que dificulta a marcha normal. ☑ **cleft foot**; **club foot**. Observação: a forma mais comum de talipe (talipe eqüinovaro) acontece quando a pessoa caminha na ponta dos pés, porque o pé está permanentemente em flexão plantar. Em outras formas, o pé é virado para dentro (talipe varo), para fora (talipe valgo) ou é dorsifletido (talipe calcâneo), de modo que a pessoa não consegue andar apoiada na sola do pé. Veja também **valgus; varus**.

tall /tɔːl/ alto: alto, geralmente mais do que outras pessoas. *He's the tallest in the family – he's taller than all his brothers.* / Ele é o mais alto na família – é mais alto do que todos os irmãos. *How tall is he?* / Qual é a altura dele? *He's 5 foot 7 inches (5'7'') tall* or *1.25 metres tall.* / Ele mede 5 pés e 7 polegadas *ou* 1,25 m.

talo- /teɪləʊ/ tal(o)-: referente ao osso do tornozelo.

talus /'teɪləs/ talo; astrágalo: o osso superior do tarso, que se articula com a tíbia e a fíbula, acima, e o calcâneo, abaixo. ☑ **anklebone**. Veja ilustração em **Foot**, no Apêndice. Plural: **tali**.

tamoxifen /tə'mɒksɪfen/ tamoxifeno: droga antiestrogênica, usada principalmente no tratamento de câncer de mama e alguns tipos de infertilidade.

tampon /'tæmpɒn/ tampão: **1** chumaço de algodão absorvente usado para embeber o sangue durante cirurgias. **2** absorvente higiênico, de forma cilíndrica e material macio, usado na vagina para absorver o fluxo menstrual.

tamponade /ˌtæmpə'neɪd/ tamponamento: **1**

o uso de tampão em procedimento cirúrgico. **2** compressão anormal de uma parte do corpo.

tan /tæn/ (pele) bronzear(-se): tornar-se escura ou marrom, por exposição aos raios solares. *He tans easily.* / Ele se bronzeia facilmente. *She is using a tanning lotion.* / Ela está usando uma loção bronzeadora.

tannin /'tænɪn/ tanino: substância encontrada na casca de algumas árvores, no chá e em alguns outros líquidos. O tanino é usado como corante marrom. ☑ **tannic acid** (ácido tânico).

tantalum /'tæntələm/ tântalo: metal raro, usado para reparar ossos danificados. Símbolo químico: **Ta**.

tantalum mesh /'tæntələm meʃ/ placas de tântalo: placas ou discos fabricados com tântalo, para substituição de defeitos cranianos.

tantrum /'tæntrəm/ fúria: uma demonstração súbita de raiva, geralmente em crianças, em que elas atiram objetos ou se deitam no chão e gritam.

tap /tæp/ **1** punção: a) procedimento cirúrgico para retirar líquido de uma cavidade corporal com trocarte ou agulha oca. Veja também **spinal tap**. b) mangueira munida de uma válvula fechada e um cabo, usada para retirar líquido ou gás de um recipiente. **2** puncionar; golpear levemente: a) retirar ou drenar líquido de uma cavidade do corpo. Veja também **spinal puncture; lumbar puncture**. b) golpear alguém ou alguma coisa levemente. *The doctor tapped his chest with his finger.* O médico golpeou levemente o tórax (do paciente) com o dedo.

tape /teɪp/ fita: uma tira longa e fina de tecido ou material sintético.

tapeworm /'teɪpwɜːm/ tênia; solitária: verme parasita, caracterizado por cabeça pequena e corpo longo, como uma fita. As tênias entram no intestino quando se ingere peixe ou carne insuficientemente cozida. Os vermes se fixam à parede intestinal por meio de estruturas de sucção e produzem ovos que se transformam em larvas.

tapotement /tə'pəʊtmənt/ tapotagem: tipo de massagem que consiste em golpear com a parte lateral da mão ou com o punho fechado.

tapping /'tæpɪŋ/ paracentese. ⇨ **paracentesis**.

target /'tɑːgɪt/ alvo: área ou órgão ao qual alguma coisa é direcionada. ◊ **target cell** (célula órgão), **target organ** (órgão alvo). **1** célula ou órgão que é afetado por medicamento, hormônio ou doença. **2** eritrócito de grande dimensão que apresenta uma mancha vermelha central, quando submetido à coloração.

> ...*the target cells for adult myeloid leukaemia are located in the bone marrow.* / "...as células-alvo para leucemia mielóide adulta estão localizadas na medula óssea." (*British Medical Journal*)

tarry stool /ˌtɑːri 'stuːl/ fezes alcatroadas: evacuação de fezes escuras e viscosas.

tars- /tɑːs/ ⇨ **tarso-**.

tarsal /'tɑːs(ə)l/ társico; tarso: **1** relativo ao tarso. **2** ⇨ **tarsal bone**.

tarsal bone /'tɑːs(ə)l bəʊn/ osso társico; osso do tarso: um dos sete pequenos ossos do tornozelo, incluindo o talo e o calcâneo. ☑ **tarsal**.

tarsalgia /tɑːˈsældʒə/ tarsalgia: dor no tornozelo.

tarsal gland /'tɑːs(ə)l glænd/ glândula társica; glândula palpebral. ⇨ **meibomian gland**.

tarsectomy /tɑːˈsektəmi/ tarsectomia: **1** excisão cirúrgica de um dos ossos társicos do tornozelo. **2** cirurgia para remoção da cartilagem társica palpebral.

tarsitis /tɑːˈsaɪtɪs/ tarsite: inflamação da borda da pálpebra.

tarso- /tɑːsəʊ/ tarso-: **1** relativo ao tornozelo. **2** relativo à borda da sobrancelha. Nota: antes de vogais usa-se **tars-**.

tarsorrhaphy /tɑːˈsɒrəfi/ tarsorrafia: procedimento cirúrgico para unir as margens palpebrais e proteger a córnea após cirurgia ocular.

tarsotomy /tɑːˈsɒtəmi/ tarsotomia: incisão cirúrgica da cartilagem társica palpebral.

tarsus /'tɑːsəs/ tarso: **1** um dos sete pequenos ossos do tornozelo. Veja ilustração, em **Foot**, no Apêndice. **2** tecido conjuntivo que dá suporte à pálpebra. Plural: **tarsi**. Observação: os sete ossos do tarso são: calcâneo, cubóide, cuneiforme (em número de três), navicular e talo.

tartar /'tɑːtə/ tártaro: depósito endurecido de cálcio que se forma nos dentes; precisa ser removido por escamação. ☑ **scale** (acepção 1).

tartrazine /'tɑːtrəziːn/ tartrazina: corante amarelo (E102), que é adicionado à comida para lhe dar uma coloração atraente. Embora seja largamente usada, a tartrazina provoca reações de hiper-sensibilidade e é proibida em muitos países.

task allocation /'tɑːsk æləˌkeɪʃ(ə)n/ distribuição de tarefas: sistema no qual os cuidados de um grupo de pacientes são distribuídos entre várias enfermeiras com habilidades específicas.

taste /teɪst/ **1** paladar; gosto; sabor: um dos cinco sentidos, em que o alimento ou substância colocados na boca são percebidos pela língua. *She doesn't like the taste of onions.* / Ela não gosta do paladar de cebola. *He has a cold, so food seems to have lost all taste* or *seems to have no taste.* / Ele está resfriado, assim, parece ter perdido o sentido do paladar *ou* parece não ter paladar. **2** sentir o sabor ou gosto de; saborear: a) perceber o sabor de alguma coisa pela língua. *I have a cold so I can't taste anything.* / Estou resfriada, desse modo, não consigo sentir o gosto de nada. *You can taste the salt in this butter.* / É possível sentir o sabor de sal nesta manteiga. b) ter sabor. *The tablets taste of peppermint.* / Os comprimidos têm sabor de hortelã-pimenta.

taste bud /'teɪst bʌd/ botão gustativo; corpúsculo gustatório: receptores sensoriais diminutos, situados nas papilas circunvaladas ou nas papilas fungiformes da língua, e na parte posterior da boca. Observação: os corpúsculos gustatórios percebem a diferença entre os sabores salgado, azedo, amargo ou doce. Os corpúsculos na ponta

da língua identificam os sabores salgado e doce; os botões gustativos situados dos dois lados da língua, o gosto azedo; e os corpúsculos na parte posterior da boca, o sabor amargo. A maior parte do que nós identificamos como sabor é, na verdade, cheiro, o que explica por que a comida perde seu sabor quando a pessoa está resfriada ou com as narinas obstruídas. Os impulsos dos corpúsculos gustatórios são recebidos pelo córtex gustativo, no lobo temporal do hemisfério cerebral.

taurine /'tɔːriːn/ taurina: um aminoácido que forma sais biliares.

taxis /'tæksɪs/ taxia: procedimento de reposição de uma hérnia ou osso deslocado por meio de pressão manual.

-taxis /tæksɪs/ -taxis: manipulação.

taxonomy /tækˈsɒnəmi/ taxonomia: **1** a prática ou os princípios de classificação geral das coisas. *Any diagnostic task can be aided by a taxonomy of symptoms and a taxonomy of causes together with connections between them.* / Qualquer procedimento diagnóstico pode ser ajudado por uma taxonomia dos sintomas e por uma taxonomia das causas, junto com as conexões existentes entre elas. **2** a ciência de classificação das plantas, animais e microorganismos em categorias cada vez mais amplas, com base em suas características comuns. Tradicionalmente, os organismos são agrupados por suas semelhanças físicas, mas recentemente outros critérios têm sido utilizados, por exemplo, semelhanças genéticas.

Tay–Sachs disease /ˌteɪ ˈsæks dɪˌziːz/ doença de Tay–Sachs: doença hereditária do metabolismo, caracterizada por paralisia progressiva das pernas, cegueira e deterioração mental. (Descrita em 1881 por Warren Tay [1843–1927], oftalmologista britânico; e Bernard Sachs [1858–1944], neurologista norte-americano.) ☑ **amaurotic familial idiocy**.

TB abreviatura de **tuberculosis**. *He is suffering from TB.* / Ele está sofrendo de tuberculose. *She has been admitted to a TB sanatorium.* / Ela foi internada em um sanatório de tuberculose.

T bandage /'tiː ˌbændɪdʒ/ bandagem em T: bandagem cuja forma se assemelha à letra T, aplicada sobre um curativo, como no períneo.

TBI abreviatura de **total body irradiation**.

T-cell /'tiː sel/ linfócito T. ⇨ **T-lymphocyte**.

TCP /ˌtiː siː ˈpiː/ TCP: o nome comercial de vários anti-sépticos líquidos suaves.

t.d.s., TDS abreviatura de **ter in diem sumendus**.

tea /tiː/ chá: **1** as folhas secas de várias plantas, usadas no preparo de uma bebida quente e, geralmente, calmante. **2** bebida quente feita pela infusão de folhas secas em água fervente.

teach /tiːtʃ/ ensinar: **1** ministrar lições sobre determinado assunto. *Professor Smith teaches neurosurgery.* / O professor Smith ensina neurocirurgia. **2** transmitir a alguém ensinamentos sobre como fazer algo. *She was taught first aid by her* *mother.* / Ela recebeu da mãe os ensinamentos de primeiros socorros.

teaching hospital /'tiːtʃɪŋ ˌhɒspɪt(ə)l/ hospital escola: hospital anexo a uma escola de medicina, onde os estudantes freqüentam aulas e trabalham, como parte do treinamento médico.

team /tiːm/ equipe: grupo de pessoas que trabalham juntas. *The heart-lung transplant was carried out by a team of surgeons.* / O transplante de coração-pulmão foi feito por uma equipe cirúrgica.

team nursing /'tiːm ˌnɜːsɪŋ/ equipe de enfermagem: sistema no qual os cuidados de um grupo de pacientes são designados para uma equipe de quatro ou cinco profissionais da saúde, supervisionados por enfermeira habilitada, que distribui entre eles as várias tarefas. A equipe se reúne no início e no final de cada turno, a fim de trocar informações.

tear /tɪə/ **1** lágrima; laceração: a) gota de líquido salgado que se forma na glândula lacrimal. A lágrima limpa e mantém a umidade do globo ocular, e é produzida em grande quantidade durante o choro. *Tears ran down her face.* / As lágrimas desciam-lhe pela face. Nota: para conhecer outros termos referentes à lágrima, veja **lacrimal** e palavras que começam com **dacryo-**. ◊ **she burst into tears:** de repente, ela começou a chorar. b) furo ou rompimento em tecido, por causa de alongamento excessivo. *An episiotomy was needed to avoid a tear in the perineal tissue.* / Foi necessária uma episiotomia para evitar a laceração do tecido perineal. **2** lacerar; romper; dilacerar: fazer furo ou rompimento em tecido por distensão ou alongamento excessivo. *He tore a ligament in his ankle.* / Ele rompeu um ligamento do tornozelo. *They carried out an operation to repair a torn ligament.* / Fizeram uma cirurgia para reparar um ligamento dilacerado.

tear duct /'tɪə dʌkt/ ducto lacrimal; canal lacrimal. ⇨ **lacrimal duct.**

tear gland /'tɪə glænd/ glândula lacrimal. ⇨ **lacrimal gland.**

teat /tiːt/ teta; mamilo: teta de borracha na extremidade de uma mamadeira (para bebês).

technician /tek'nɪʃ(ə)n/ técnico: pessoa qualificada que presta serviço prático em laboratório ou instituição científica. *He is a laboratory technician in a laboratory attached to a teaching hospital.* / Ele é técnico de um laboratório anexo a um hospital-escola.

technique /tek'niːk/ técnica: maneira de realizar um trabalho médico ou científico. *a new technique for treating osteoarthritis* / uma nova técnica para o tratamento da osteoartrite. *She is trying out a new laboratory technique.* / Ela está testando uma nova técnica laboratorial.

...few parts of the body are inaccessible to modern catheter techniques, which are all performed under local anaesthesia. / "...poucas partes do corpo são inacessíveis às modernas técnicas de cateterização, que são realizadas sob anestesia local." (*British Medical Journal*)

...the technique used to treat aortic stenosis is similar to that for any cardiac catheterization. / "...a técnica utilizada para tratar a estenose da aorta é semelhante à de qualquer cateterismo cardíaco." (*Journal of the American Medical Association*)

...cardiac resuscitation techniques used by over half the nurses in a recent study were described as "completely ineffective". / ..."técnicas de ressuscitação cardíaca usadas por mais de metade das enfermeiras, em recente estudo, foram descritas como 'completamente ineficazes'." (*Nursing Times*)

tectorial membrane /tekˌtɔːrɪəl 'membreɪn/ membrana tectorial: membrana situada no ouvido interno, que contém células ciliadas, transmissoras de impulsos para o nervo auditivo.

tectospinal tract /ˌtektəʊˌspaɪn(ə)l 'trækt/ trato tectospinal: trato que conduz impulsos nervosos do mesencéfalo para a medula espinhal.

TED abreviatura de **thrombo-embolic deterrent stocking**.

teething /'tiːðɪŋ/ dentição: período em que começa a erupção dos dentes do bebê, causando desconforto e irritação. *He is awake at night because he is teething.* / Ele fica acordado à noite, por causa do início da dentição. *She has teething trouble and won't eat.* / Ela está com problemas de dentição e não vai comer.

Teflon /'teflɒn/ Teflon (marca registrada): polímero sintético que, injetado nas articulações da laringe, ajuda a melhorar a rouquidão.

tegmen /'tegmən/ tégmen: a cobertura de um órgão. Plural: **tegmina.**

tegument /'tegjʊmənt/ tegumento: tecido de revestimento, principalmente a camada protetora externa de um organismo.

tel- /tel/ ⇨ **tele-.**

tela /'tiːlə/ tela: tecido ou membrana delicada, com estrutura fina e complexa, cujos padrões se assemelham a uma teia.

telangiectasia /teˌlændʒiek'teɪsɪə/ telangiectasia: condição caracterizada pela dilatação permanente de pequenos vasos sanguíneos pré-existentes, principalmente na face e nas coxas, acompanhados de manchas vermelho-escuras.

telangiectasis /teˌlændʒi'ektəsɪs/ telangiectasia: manchas vermelho-escuras na pele, formadas pela dilatação de pequenos vasos sanguíneos, como capilares, vênulas e arteríolas. Usa-se também **telangiectasia**.

telangioma /teˌlændʒi'əʊmə/ telangioma: tumor ou dilatação dos capilares sanguíneos.

tele- /teli/ tele-: longe; ao longe. Nota: antes de vogais usa-se **tel-**.

teleceptor /'telɪseptə/ teleceptor: órgãos, tais como olhos, nariz e ouvidos, que podem receber estímulos sensoriais distantes. ☑ **telereceptor.**

telemedicine /'telimed(ə)sɪn/ telemedicina: assessoria no diagnóstico e tratamento de doenças por médicos que não se encontram no local, usando meios como televisão de circuito fechado ou programas interativos de computador.

telencephalon /ˌtelenˈkefəlɒn/ telencéfalo. ⇨ **cerebrum**.

telepathy /təˈlepəθi/ telepatia: a transferência aparente de pensamentos entre duas pessoas, que não se efetua por meio dos sentidos normais, como comunicação verbal, escrita, ou outros sinais ou símbolos.

teleradiography /ˌtelɪreɪdiˈɒgrəfi/ telerradiografia: tipo de radiografia em que a fonte de radiação fica distante do corpo do paciente.

teleradiology /ˌtelireɪdiˈɒlədʒi/ telerradiologia: processo de transmissão eletrônica de varredura e outras imagens do corpo, de modo que possam ser vistas pelos cirurgiões ou outros profissionais da saúde em diferentes locais, ao mesmo tempo.

teleradiotherapy /ˌtelɪreɪdiəʊˈθerəpi/ telerradioterapia: tipo de radioterapia em que o paciente permanece a certa distância da fonte de radiação.

telereceptor /ˈtelɪrɪˈseptə/ telerreceptor. ⇨ **telereceptor**.

telo- /teləʊ/ telo-: terminação; conclusão.

telophase /ˈteləʊfeɪz/ telófase: o estágio final da mitose, que começa após a anáfase.

temazepam /təˈmæzɪpæm/ temazepam: agente hipnótico usado, a curto prazo, no tratamento da insônia.

temperature /ˈtemprɪtʃə/ temperatura; febre: **1** a medida, em graus, do calor corporal ou da temperatura do ambiente. *The doctor asked the nurse what the patient's temperature was.* / O médico perguntou à enfermeira qual era a temperatura do paciente. *His temperature was slightly above normal.* / A temperatura dele estava levemente acima do normal. *The thermometer showed a temperature of 99°F.* / O termômetro acusou uma temperatura de 99°F (37,5°C). ◊ **to take a patient's temperature:** tomar a temperatura do paciente: colocar um termômetro no corpo do paciente para verificar a temperatura. *They took his temperature every four hours.* / Tomaram a temperatura dele a cada quatro horas. *When her temperature was taken this morning, it was normal.* / Quando a temperatura dela foi tomada esta manhã, estava normal. **2** indica doença, quando o calor do corpo está acima do normal. *He's in bed with a temperature.* / Ele está de cama com febre. *Her mother says she's got a temperature, and can't come to work.* / A mãe dela afirma que ela (a filha) está com febre, e não pode ir trabalhar. Observação: a temperatura média do corpo é de aproximadamente 37°C ou 98°F. Essa temperatura pode variar durante o dia, e pode se elevar com uma bebida ou um banho quente. Se a temperatura do ambiente é alta, o corpo precisa suar, para reduzir o calor da atmosfera. Se a temperatura do ambiente é baixa, o corpo treme, porque os movimentos musculares rápidos geram calor. A febre faz a temperatura corporal subir drasticamente até 40°C (103°F) ou mais. A hipotermia ocorre quando a temperatura cai abaixo de 35°C (95°F).

temperature chart /ˈtemprɪtʃə tʃɑːt/ tabela de oscilação da temperatura corporal: uma tabela que indica as oscilações na temperatura corporal por um período de tempo.

temperature graph /ˈtemprɪtʃə grɑːf/ gráfico de oscilação da temperatura corporal: um gráfico que indica o aumento e a diminuição da temperatura corporal por um período de tempo.

temper tantrum /ˈtempə ˌtæntrəm/ crise de raiva. Veja **tantrum**.

temple /ˈtempəl/ têmpora: a região da fossa temporal, situada de cada lado cabeça, entre a parte superior da orelha e o olho.

temporal /ˈtemp(ə)rəl/ temporal: relativo à têmpora.

temporal arteritis /ˌtemp(ə)rəl ɑːtəˈraɪtɪs/ arterite temporal: cefaléia intensa, causada por inflamação das artérias temporais, que ocorre normalmente em pessoas idosas.

temporal bone /ˈtempərəl bəʊn/ osso temporal: um dos ossos que formam os lados e a base do crânio. Veja ilustração em **Ear**, no Apêndice. Observação: o osso temporal é dividido em duas partes: a parte petrosa forma a base do crânio, o ouvido interno e o ouvido médio, enquanto a parte escamosa forma a parte lateral do crânio. As partes posterior e inferior do osso temporal são constituídas pelo processo mastóide, enquanto a parte entre o ouvido e a bochecha é constituída pelo arco zigomático.

temporal fossa /ˌtemp(ə)rəl ˈfɒsə/ fossa temporal: depressão do osso temporal, ao lado da cabeça e acima do arco zigomático.

temporalis /ˌtempəˈreɪlɪs/ temporal: músculo achatado que se origina na fossa temporal e se insere no processo coronóide da mandíbula, fechando os maxilares. ☑ **temporalis muscle**.

temporal lobe /ˈtemp(ə)rəl ləʊb/ lobo temporal: o lobo situado acima do ouvido, em cada hemisfério cerebral.

temporal lobe epilepsy /ˌtemp(ə)rəl ləʊb ˈepɪlepsi/ epilepsia do lobo temporal: epilepsia devida a um distúrbio do lobo temporal. Causa amnésia com relação aos acontecimentos, alucinações e automatismos.

temporalis muscle /ˌtempəˈreɪlɪs ˈmʌs(ə)l/ músculo temporal. ⇨ **temporalis**.

temporary /ˈtemp(ə)rəri/ temporário: não permanente. *The dentist gave him a temporary filling.* / O dentista colocou-lhe uma obturação temporária. *The accident team put a temporary bandage on the wound.* / A equipe de socorro colocou uma bandagem temporária no ferimento.

temporo- /tempərəʊ/ temporo-: **1** relativo à têmpora. **2** relativo ao lobo temporal.

temporomandibular /ˌtempərəʊmænˈdɪbjʊlə/ temporomandibular: relativo ao osso temporal e à mandíbula.

temporomandibular joint /ˌtempərəʊmæn ˈdɪbjʊlə ˌdʒɔɪnt/ articulação temporomandibular: articulação entre a mandíbula e o osso temporal, no crânio.

temporomandibular syndrome /ˌtempərə ʊmænˈdɪbjʊlə ˌsɪndrəʊm/ síndrome temporo-mandibular: condição dolorosa, caracterizada por traumatismo da articulação temporomandi-bular e dos músculos usados na mastigação, ge-ralmente associada com má-oclusão dos dentes e, algumas vezes, acompanhada de estalidos.

tenacious /tɪˈneɪʃəs/ tenaz: que se prende ou gruda, principalmente a uma superfície.

tenaculum /təˈnækjʊləm/ tenáculo: instrumen-to cirúrgico semelhante a um gancho, usado para segurar pequenos pedaços de tecido.

tend /tend/ tender; inclinar-se a; cuidar de. **1** ◊ **to tend to do something**: tender a fazer algo: ser inclinado a fazer alguma coisa como um pro-cesso normal. *The prostate tends to enlarge as a man grows older.* / A próstata tende a aumentar, à medida que o homem envelhece. **2** tomar conta ou cuidar de alguém.

tendency /ˈtendənsi/ tendência: o fato de ser propenso a ter alguma coisa ou a contrair uma doença. ◊ **to have a tendency to something**: ter tendência a alguma coisa. *There is a tendency to obesity in her family.* / Há uma tendência à obe-sidade na família dela. *The children of the area show a tendency to vitamin-deficiency diseases.* / As crianças da região mostram uma tendência a doenças por deficiência de vitaminas.

> *...premature babies have been shown to have a higher tendency to develop a squint during childhood.* / "...bebês prematuros têm mostra-do tendência mais alta de desenvolver estra-bismo durante a infância." (*Nursing Times*)

tender /ˈtendə/ sensível; dolorido: relativo à pele ou parte do corpo que dói ao toque. *The bruise is still tender.* / A contusão ainda está sensível. *Her shoulders are still tender where she got sunburnt.* Os ombros dela ainda estão sensí-veis por causa da queimadura solar. *A tender spot on the abdomen indicates that an organ is inflamed.* / Uma mancha dolorida no abdome indica inflamação de um órgão.

tenderness /ˈtendənəs/ sensibilidade: sensação de dor ou sensibilidade ao toque. *Tenderness when pressure is applied is a sign of inflamma-tion.* / Sensibilidade à palpação é um sinal de inflamação.

tendinitis /ˌtendɪˈnaɪtɪs/ tendinite: inflamação de um tendão, principalmente após a prática de esporte, freqüentemente associada à tenossino-vite. ☑ **tendonitis**.

tendinous /ˈtendɪnəs/ tendinoso: relativo a um tendão.

tendo calcaneus /ˌtendəʊ kælˈkeɪniəs/ tendão do calcâneo: o tendão de Aquiles, na parte pos-terior do tornozelo, que liga os músculos da pan-turrilha ao calcanhar, e age estirando o calcanhar quando estes músculos estão tensos.

tendon /ˈtendən/ tendão: faixa de tecido conjun-tivo que liga um músculo a um osso. ☑ **sinew**. Nota: para conhecer outros termos referentes a tendão, veja os que começam com **teno-**.

tendonitis /ˌtendəˈnaɪtɪs/ tendinite. ⇨ **tendi-nitis**.

tendon sheath /ˈtendən ʃiːθ/ bainha tendinosa: estrutura membranosa tubular que reveste e pro-tege um tendão.

tendovaginitis /ˌtendəʊvædʒɪˈnaɪtɪs/ tendo-vaginite: inflamação de uma bainha tendinosa, principalmente do polegar.

tenens /ˈtenənz/ tenente. Veja **locum**.

tenesmus /təˈnezməs/ tenesmo: condição carac-terizada por espasmo doloroso no ânus ou sen-sação de queimação na bexiga, pela vontade e impossibilidade de defecar ou urinar.

tennis elbow /ˌtenɪs ˈelbəʊ/ cotovelo do tenis-ta: inflamação crônica dos tendões dos múscu-los extensores do antebraço que são ligados ao côndilo umeral lateral. ☑ **epicondylitis**; **lateral epicondylitis**.

teno- /tenəʊ/ ten(o)-: relativo a um tendão.

tenonitis /ˌtenəʊˈnaɪtɪs/ tenonite: inflamação de um tendão.

Tenon's capsule /ˈtiːnɒns ˌkæpsjuːl/ cápsula de Tenon: tecido que reveste a órbita do olho. (Descrita por Jacques René Tenon [1724–1816], cirurgião francês.)

tenoplasty /ˈtenəplæsti/ tenoplastia: cirurgia plástica ou reparadora de um tendão dilacerado.

tenorrhaphy /teˈnɒrəfi/ tenorrafia: incisão ci-rúrgica para sutura de um tendão dilacerado.

tenosynovitis /ˌtenəʊˌsaɪnəˈvaɪtɪs/ tenossino-vite: inflamação dolorosa de um tendão e sua bainha. ☑ **peritendinitis**.

tenotomy /təˈnɒtəmi/ tenotomia: incisão cirúr-gica de um tendão.

tenovaginitis /ˌtenəʊˌvædʒɪˈnaɪtɪs/ tenovagini-te: inflamação de uma bainha tendinosa, princi-palmente do polegar.

TENS /tens/ abreviatura de **transcutaneous electrical nerve stimulation**.

tense /tens/ rígido; tenso: **1** (músculo) contraído. **2** nervoso e preocupado. *The patient was very tense while she waited for the report from the laboratory.* / A paciente estava muito tensa, en-quanto esperava o relatório do laboratório.

tension /ˈtenʃən/ tensão: **1** o ato de se estender ou o estado de ser estendido. **2** tensão emocional ou estresse.

tension headache /ˈtenʃən ˌhedeɪk/ cefaléia tensional: cefaléia em diversas partes da cabeça, associada com estresse e tensão nervosa.

tension pneumothorax /ˈtenʃən njuːməʊˌθɔːr æks/ pneumotórax de tensão: condição caracte-rizada pela ruptura da pleura, formando um ori-fício semelhante a uma válvula, através da qual o ar penetra na cavidade pleural e é aí aprisiona-do, por exemplo, durante um acesso de tosse.

tensor /ˈtensə/ tensor: qualquer músculo cuja função é tornar uma articulação tensa e firme.

tent /tent/ tenda: cobertura de tecido que recobre o leito de um paciente, a fim de que ele possa receber oxigênio ou medicação por inalação.

tentorium cerebelli /tenˌtɔːriəm ˌserəˈbeli/ tentório do cerebelo: prega resistente da dura-máter, que separa o cerebelo dos hemisférios cerebrais.

tera- /ˈterə/ tera-: forma combinante usada no Sistema Internacional de unidades de medida, equivalente a 10^{12}. Símbolo: **T**.

terat- /ˈterət/ ⇨ terato-.

terato- /ˈterətəu/ relativo a algo monstruoso ou de constituição incomum. Nota: antes de vogais usa-se **terat-**.

teratocarcinoma /ˌterətəukɑːsɪˈnəumə/ tera-tocarcinoma: teratoma maligno, geralmente nos testículos.

teratogen /təˈrætədʒen/ teratogênico: que causa anormalidades no desenvolvimento embrionário ou fetal, por exemplo, o vírus do sarampo ale-mão.

teratogenesis /ˌterətəˈdʒenəsɪs/ teratogênese: malformação no desenvolvimento embrionário ou fetal.

teratogenic /ˌterətəˈdʒenɪk/ teratogênico: **1** que tem tendência a causar anormalidades no desen-volvimento embrionário ou fetal. **2** relativo ao desenvolvimento embrionário ou fetal que não está de acordo com a normalidade.

teratology /ˌterəˈtɒlədʒi/ teratologia: o estudo das anomalias embrionárias ou fetais.

teratoma /ˌterəˈtəumə/ teratoma: tumor, princi-palmente do ovário ou testículo, que é composto de tecidos que geralmente não se encontram no tecido ou órgão do qual se origina.

terbutaline /tɜːˈbjuːtəliːn/ terbutalina: relaxan-te muscular, usado no tratamento de distúrbios respiratórios e para controlar os trabalhos pre-maturos de parto.

teres /ˈtɪəriːz/ redondo: um dos dois músculos do ombro, que vão da omoplata à parte superior do úmero. O maior dos dois, o músculo redondo maior, roda o braço no sentido medial; o menor deles, o músculo redondo menor, roda o braço no sentido lateral.

terfenadine /tɜːˈfenədiːn/ terfenadina: agente anti-histamínico usado no tratamento da febre do feno e urticária.

ter in die três vezes ao dia. Nota: usa-se em re-ceitas médicas. Abreviatura: **t.i.d., TID**.

ter in diem sumendus três vezes ao dia. Nota: usa-se em receitas médicas. Abreviatura: **t.d.s., TDS**.

term /tɜːm/ termo; período; prazo: **1** período li-mitado de tempo, principalmente aquele entre a concepção e o parto, ou período definido por um evento. ◊ **she was coming near to term:** ela estava no final do período de gravidez. **2** período letivo (trimestre/semestre) de uma faculdade ou colégio. *The anatomy exams are at the begin-ning of the third term.* / Os exames de anatomia são no começo do terceiro período. **3** nome ou palavra com que se designa alguma coisa.

terminal /ˈtɜːmɪn(ə)l/ terminal: **1** relativo ao úl-timo estágio de uma doença fatal. *The disease is in its terminal stages.* / A doença está nos seus estágios terminais. **2** relativo ao fim de alguma coisa, ou algo que está no fim. *He is suffering from terminal cancer.* / Ele está sofrendo de cân-cer terminal. **3** uma terminação, como a porção terminal de um nervo ou a parte final de um ele-trodo.

terminal branch /ˈtɜːmɪn(ə)l brɑːntʃ/ arbori-zação terminal: a porção terminal de um neu-rônio, que se liga às células musculares. Veja ilustração em **Neuron**, no Apêndice.

terminale /ˌtɜːmɪˈneɪli/ terminal. Veja **filum terminale**.

terminal illness /ˌtɜːmɪn(ə)l ˈɪlnəs/ doença ter-minal: doença da qual a pessoa morrerá dentro de pouco tempo.

terminally ill /ˌtɜːmɪnəli ˈɪl/ doente terminal: pessoa que está muito doente e prestes a morrer. *She was admitted to a hospice for terminally ill patients* or *for the terminally ill.* / Ela foi interna-da em um abrigo para doentes em fase terminal.

termination /ˌtɜːmɪˈneɪʃ(ə)n/ término; fim: o ato de terminar ou pôr fim a alguma coisa. ◊ **ter-mination (of pregnancy):** aborto (provocado).

-terol /terɒl/ -terol: forma combinante usada em nomes de agentes broncodilatadores.

tertian /ˈtɜːʃ(ə)n/ terçã: **1** relativo à febre em que os sintomas aparecem dia sim, dia não. **2** febre terçã.

tertian fever /ˈtɜːʃ(ə)n ˌfiːvə/ febre terçã: tipo de malária em que a febre recorre dia sim, dia não. Veja também **quartan fever**.

tertiary /ˈtɜːʃəri/ terciário: que vem após o pri-mário e o secundário; terceiro.

tertiary bronchi /ˌtɜːʃəri ˈbrɒŋkiː/ (plural) brônquios terciários. Veja **syphilis**. ⇨ **segmen-tal bronchi**.

tertiary care /ˌtɜːʃəri ˈkeə/ cuidados terciários: tratamento altamente especializado, oferecido por centro de saúde que geralmente dispõe de tecnologia muito avançada. ☑ **tertiary health care**. Compare com **primary care; secondary care**.

tertiary health care /ˌtɜːʃəri ˈhelθ ˈkeə/ cuida-dos terciários de saúde. ⇨ **tertiary care**.

test /test/ **1** exame; teste; prova: exame de amos-tras de tecido, líquidos ou secreções do corpo, a fim de determinar o funcionamento ou o es-tado de um órgão ou estrutura. *He had an eye test this morning.* / Ele fez exame de vista esta manhã. *Laboratory tests showed that she was a meningitis carrier.* / Os testes laboratoriais mos-traram que ela era portadora de meningite. *Tests are being carried out on swabs taken from the operating theatre.* / Os testes estão sendo reali-zados por meio de amostras de tecido obtidas em sala de cirurgia. ◊ **the urine test was positive:** o teste de urina foi positivo: o exame da amos-tra de urina mostrou a presença de infecção ou de substância que ajuda o diagnóstico de uma doença. **2** testar: examinar amostras de tecido, líquidos ou secreções do corpo, a fim de determinar o funcionamento ou o estado de um órgão ou estrutura. *They sent the urine sample away for testing.* Enviaram a amostra de urina para teste. *I must have my eyes tested.* / Preciso fazer exame de vista.

testicle /'testɪk(ə)l/ testículo. ⇨ **testis**.

testicular /te'stɪkjulə/ testicular: relativo aos testículos. *Testicular cancer comprises only 1% of all malignant neoplasms in the male.* / O câncer testicular constitui apenas 1% dos neoplasmas malignos no homem.

testicular artery /te,stɪkjulə 'ɑːtəri/ artéria testicular. ⇨ **spermatic artery**.

testicular hormone /te,stɪkjulə 'hɔːməun/ hormônio testicular: testosterona.

testis /'testɪs/ testículo: uma das duas glândulas sexuais masculinas, situadas no escroto. Veja ilustração em **Urogenital System (male)**, no Apêndice. ☑ **testicle**. Plural: **testes**. Nota: para conhecer outros termos referentes a testículos, veja os que começam com **orchi-**. Observação: os testículos produzem tanto os espermatozóides quanto o hormônio sexual testosterona. Os espermatozóides, formados nos testículos, passam para o epidídimo, onde são armazenados. Do epidídimo, locomovem-se ao longo do canal deferente pela glândula prostática, que secreta o líquido seminal, e, por fim, são ejaculados pelo pênis.

test meal /'test miːl/ refeição de prova: refeição leve para estimular a produção de sucos gástricos, antes da retirada de amostra do seu conteúdo para análise; este procedimento não é muito utilizado hoje em dia.

testosterone /te'stɒstərəun/ testosterona: hormônio sexual masculino, secretado pelas células de Leydig, nos testículos. A testosterona é responsável pelas mudanças físicas no homem, por exemplo, desenvolvimento de pêlos corporais e voz grossa, à medida que o homem se torna adulto. ☑ **male sex hormone**.

test tube /'test tjuːb/ tubo de ensaio: pequeno tubo de vidro, arredondado e fechado em uma das extremidades, usado em exames de urina e outros procedimentos químicos.

test-tube baby /'test tjuːb ,beɪbi/ bebê de proveta: bebê concebido por meio de fertilização *in vitro*, na qual os óvulos são retirados dos ovários, fertilizados por espermatozóides em laboratório e reinseridos no útero, para continuar o desenvolvimento normal.

tetanic /te'tænɪk/ tetânico: relativo ao tétano.

tetano- /tetənəu/ tetan(i/o)-: **1** relativo ao tétano. **2** relativo à tetania.

tetanus /'tet(ə)nəs/ tétano: **1** contração muscular intermitente, sob os estímulos repetidos de um nervo motor. **2** infecção causada pela toxina do *Clostridium tetani*, que afeta a medula espinhal e provoca espasmos dolorosos, começando geralmente nos músculos mastigadores. ☑ **lockjaw**. Observação: pessoas que são sujeitas a infecção

tetânica, como trabalhadores rurais, devem ser imunizados contra a doença, sendo necessárias doses de reforço de tempos em tempos.

tetany /'tetəni/ tetania: síndrome caracterizada por contraturas musculares das mãos e dos pés, causadas por diminuição do cálcio sanguíneo ou deficiência de dióxido de carbono.

tetra- /tetrə/ tetra-: forma combinante que significa quatro.

tetracycline /,tetrə'saɪkliːn/ tetraciclina: agente antibiótico usado em ampla variedade de doenças bacterianas, como aquelas provocadas por bactérias do gênero *Chlamydia*. A tetraciclina, no entanto, se for administrada a crianças, pode se depositar nos dentes e ossos, causando manchas amarelas permanentes nos dentes. Observação: por causa de seus efeitos colaterais, a tetraciclina não deve ser administrada a crianças. Atualmente, existem muitas bactérias resistentes à tetraciclina.

tetradactyly /,tetrə'dæktɪli/ tetradactilia: condição congênita caracterizada pela presença de apenas quatro dedos em uma das mãos ou pés.

tetralogy of Fallot /te,trælədʒi əv 'fæləu/ tetralogia de Fallot: distúrbio cardíaco caracterizado por cianose em crianças. ☑ **Fallot's tetralogy**. Veja também **Blalock's operation**; **Waterston's operation**. Observação: o quadro é constituído de quatro condições concomitantes: estenose da artéria pulmonar, hipertrofia ventricular direita, aorta dextraposicionada e comunicação interventricular.

tetraplegia /,tetrə'pliːdʒə/ tetraplegia. ⇨ **quadriplegia**.

textbook /'tekstbuk/ livro didático: livro usado por estudantes. *a haematology textbook* or *a textbook on haematology* / um livro didático de hematologia *ou* um livro didático sobre hematologia.

textbook case /'tekstbuk keɪs/ *textbook case:* paciente cujos sintomas são exatamente iguais aos descritos em livro didático, que constitui um exemplo muito típico.

thalam- /θæləm/ ⇨ **thalamo-**.

thalamencephalon /,θæləmen'kefəlɒn/ talamoencéfalo: grupo de estruturas cerebrais ligadas ao tronco cerebral, formado pelo epitálamo, o hipotálamo e o tálamo.

thalamic syndrome /θə'læmɪk ,sɪndrəum/ síndrome talâmica: condição caracterizada por sensibilidade extrema à dor, causada por infarto do tálamo.

thalamo- /θæləməu/ talam(i/o)-: relativo ao tálamo. Nota: antes de vogais usa-se **thalam-**.

thalamocortical tract /,θæləməu,kɔːtɪk(ə)l 'trækt/ trato talamocortical: trato contendo um feixe de fibras nervosas que vão do tálamo ao córtex sensorial.

thalamotomy /,θælə'mɒtəmi/ talamotomia: incisão cirúrgica do tálamo, usada no alívio de certas dores.

thalamus /'θæləməs/ tálamo: uma das duas grandes massas de substância cinzenta situadas na parte posterior do diencéfalo. O tálamo transmite os impulsos dos neurônios sensoriais para o córtex cerebral. Veja ilustração em **Brain**, no Apêndice. Plural: **thalami**.

thalassaemia /ˌθæˈlæˈsiːmiə/ talassemia: distúrbio hereditário caracterizado por várias formas de anomalia, resultantes da distribuição anormal das diferentes cadeias polipeptídicas da hemoglobina, levando à anemia grave. É encontrada principalmente nos países mediterrâneos, Oriente Médio e Ásia Ocidental. ☑ **Cooley's anaemia**.

thalidomide /θəˈlɪdəmaɪd/ talidomida: droga sintética administrada a mulheres grávidas com doença matinal (náusea e vômitos); nos anos 1960, causou o nascimento de bebês com malformações graves, por exemplo, membros atrofiados. Hoje, é usada no tratamento da lepra.

thallium scan /ˈθælɪəm skæn/ cintilografia com tálio: método de avaliação, por varredura, do suprimento sanguíneo ao músculo cardíaco, a fim de verificar o trajeto do elemento radioativo tálio, quando injetado na corrente sanguínea, e em que local das paredes cardíacas ele se deposita.

thanatology /ˌθænəˈtɒlədʒi/ tanatologia: o estudo dos aspectos médicos, psicológicos e sociológicos da morte, e como ela afeta as pessoas.

thaw /θɔː/ degelar; derreter: fazer algo que está congelado voltar à temperatura normal.

theatre /ˈθɪətə/ sala de operação; sala de cirurgia. Veja **operating theatre**.

> *While waiting to go to theatre, parents should be encouraged to participate in play with their children.* / "...enquanto esperam o momento de ir para a sala de operação, os pais deveriam ser estimulados a participar de brincadeiras com os filhos." (*British Journal of Nursing*)

theatre gown /ˈθɪətə gaʊn/ avental de cirurgia: **1** avental solto, usado por paciente submetido à cirurgia. **2** avental longo, de cor verde, usado sobre a roupa por cirurgião ou enfermeira na sala de operação.

theatre nurse /ˈθɪətə nɜːs/ enfermeira cirúrgica: enfermeira especialmente treinada para auxiliar o cirurgião durante uma operação.

theca /ˈθiːkə/ teca: (anatomia) tecido em forma de bainha.

thelarche /ˈθelɑːki/ telarca: o início do desenvolvimento das mamas na mulher.

thenar /ˈθiːnɑː/ tenar: **1** relativo à palma da mão. **2** a palma da mão. Compare com **hypothenar eminence**.

thenar eminence /ˌθiːnə ˈemɪnəns/ saliência hipotenar: saliência carnosa formada na base interna do polegar.

theophylline /θiˈɒfɪliːn/ teofilina: alcalóide extraído de folhas de chá, ou produzido sinteticamente, que atua como relaxante do músculo liso, broncodilatador, e estimulante do músculo cardíaco e do sistema nervoso central. É utilizado no tratamento de distúrbios respiratórios.

theory /ˈθɪəri/ teoria: argumento ou explicação de fatos científicos.

therapeutic /ˌθerəˈpjuːtɪk/ terapêutico: cuja administração se destina a curar distúrbios ou doenças.

therapeutic abortion /ˌθerəpjuːtɪk əˈbɔːʃ(ə)n/ aborto terapêutico: aborto induzido para salvar a saúde ou a vida da mulher grávida.

therapeutic index /ˌθerəpjuːtɪk ˈɪndeks/ índice terapêutico: comparação quantitativa da dose máxima tolerada em relação à dose mínima capaz de efetuar a cura. É utilizado para avaliar a segurança de um medicamento.

therapeutic radiographer /ˌθerəpjuːtɪk ˌreɪdiˈɒgrəfə/ radiologista terapêutico. ⇨ **radiographer** (acepção 2).

therapeutics /ˌθerəˈpjuːtɪks/ terapêutica: o ramo da medicina que se ocupa com o tratamento das doenças e seus efeitos sobre os pacientes.

therapist /ˈθerəpɪst/ terapeuta: pessoa capacitada a exercer a psicoterapia. *an occupational therapist* / um terapeuta ocupacional. Veja também **psychotherapist**.

therapy /ˈθerəpi/ terapia: o tratamento de um distúrbio ou doença. Veja também **psychotherapy**.

therm /θɜːm/ unidade de calor equivalente a 100.000 unidades térmicas britânicas ou 1.055 x 10^8 joules.

thermal /ˈθɜːm(ə)l/ termal: relativo ao calor.

thermal anaesthesia /ˌθɜːm(ə)l ˌænəsˈθiːziə/ anestesia térmica: perda da sensibilidade ao calor.

thermo- /θɜːməʊ/ term(o)-: referente ao calor ou à temperatura.

thermoanaesthesia /ˌθɜːməʊˌænəsˈθiːziə/ termoanestesia: incapacidade de distinguir entre o frio e o calor.

thermocautery /ˌθɜːməʊˈkɔːtəri/ termocautério: instrumento cirúrgico para cauterização de tecidos por meio do calor.

thermocoagulation /ˌθɜːməʊkəʊˌægjuˈleɪʃ(ə)n/ termocoagulação: procedimento cirúrgico para extirpação de tecido e coagulação sanguínea por meio do calor.

thermogram /ˈθɜːməgræm/ termograma: radiografia de parte do corpo por raios infravermelhos.

thermograph /ˈθɜːməʊgrɑːf/ termógrafo: instrumento usado para registrar variações de energia corporal, usado no diagnóstico de doenças.

thermography /θɜːˈmɒgrəfi/ termografia: técnica para medir a temperatura de uma parte do corpo por meio de raios infravermelhos, usada principalmente no diagnóstico de câncer da mama. A termografia registra a temperatura irradiada pela superfície do corpo e as variações no sangue periférico.

thermolysis /θɜːˈmɒləsɪs/ termólise: perda do calor corporal, por exemplo, pelo suor.

T

thermometer /θə'mɒmɪtə/ termômetro: instrumento que mede a temperatura.

thermophilic /ˌθɜːməʊ'fɪlɪk/ termofílico: relativo ao organismo que se desenvolve e vive em temperaturas muito elevadas.

thermoreceptor /ˌθɜːməʊrɪ'septə/ termorreceptor: terminação nervosa que é sensível ao calor.

thermotaxis /ˌθɜːməʊ'tæksɪs/ termotaxia: regulação automática da temperatura corporal.

thermotherapy /ˌθɜːməʊ'θerəpi/ tratamento térmico; termoterapia: tratamento de doenças, tais como artrite e má circulação, pelo uso terapêutico do calor, por exemplo, água quente ou raios infravermelhos. ☑ **heat therapy**.

thiamine /'θaɪəmiːn/ tiamina. ⇨ **thiamine**; **Vitamin B₁**. Usa-se também **thiamin**.

thicken /'θɪkən/ engrossar; tornar(-se) espesso: **1** tornar-se mais grosso ou espesso, ou provocar o aumento de órgão ou estrutura. *The walls of the arteries thicken under deposits of fat.* / As paredes das artérias tornam-se espessas sob os depósitos de gordura. **2** (líquido) tornar-se mais denso e viscoso, fluindo com mais dificuldade. *The liquid thickens as it cools.* / O líquido engrossa, quando esfria.

Thiersch graft /'tɪəʃ grɑːft/ enxerto de Thiersch. Usa-se também **Thiersch's graft**. ⇨ **split-skin graft**.

thigh /θaɪ/ coxa: a parte superior da perna, situada entre a virilha e o joelho.

thighbone /'θaɪbəʊn/ fêmur. ⇨ **femur**. Nota: para conhecer outros termos referentes ao fêmur, veja **femur**, **femoral**.

thin /θɪn/ magro; fino; aquoso: **1** que não é gordo. *His arms are very thin.* / Os braços dele são muitos finos. *She's getting too thin – she should eat more.* / Ela está ficando muito magra – deveria comer mais. *He became quite thin after his illness.* / Ele ficou bem magro após a doença. **2** que não é grosso. *They cut a thin slice of tissue for examination under the microscope.* / Cortaram uma fatia fina de tecido para exame ao microscópio. **3** referente ao sangue aquoso.

thiopental sodium /ˌθaɪəʊpent(ə)l 'səʊdiəm/ tiopental sódico: droga da classe dos barbitúricos, administrada em anestesia geral intravenosa de ação ultracurta. ☑ **thiopentone**.

thiopentone /ˌθaɪəʊ'pentəʊn/ tiopentona. ☑ **thiopentone sodium**. ⇨ **thiopental sodium**. Fórmula química: $C_{11}H_{17}N_2O2SNa$.

thiopentone sodium /ˌθaɪəʊ'pentəʊn 'səʊdiəm/ tiopentona sódica. ⇨ **thiopentone**.

thioridazine /ˌθaɪəʊ'rɪdəziːn/ tioridazina: composto sintético tranquilizante e antipsicótico.

third-degree burn /ˌθɜːd dɪˌgriː 'bɜːn/ queimadura de terceiro grau: queimadura em que os tecidos subcutâneos são gravemente danificados.

third-degree haemorrhoids /θɜːd dɪ'griː he mərɔɪdz/ (plural) hemorróidas de terceiro grau: hemorróidas que se exteriorizam fora do esfíncter anal.

third molar /θɜːd 'məʊlə/ terceiro molar: um dos quatro dentes molares na parte posterior da mandíbula; surge somente por volta dos 20 anos de idade, e, algumas vezes, nunca aparece. ☑ **wisdom tooth**.

thirst /θɜːst/ sede: desejo de ingerir líquidos. *He had a fever and a violent thirst.* / Ele teve febre e uma sede intensa.

thirsty /'θɜːsti/ sedento; com sede: que tem desejo de ingerir líquidos. *If the patient is thirsty, give her a glass of water.* / Se a paciente estiver com sede, dê-lhe um copo de água.

Thomas's splint /'tɒməsɪz splɪnt/ aparelho de Thomas: aparelho de metal para imobilização de perna fraturada. Ele se estende de um anel acolchoado no quadril, fixado a duas hastes rígidas, até abaixo do pé. (Descrito em 1875 por Hugh Owen Thomas [1834–1891], cirurgião britânico.) Usa-se também **Thomas splint**.

thorac- /θɔːrəs/ ⇨ **thoraco-**.

thoracectomy /ˌθɔːrə'sektəmi/ toracectomia: operação cirúrgica para remoção de parte de uma costela.

thoracentesis /ˌθɔːrəsen'tiːsɪs/ toracentese. ⇨ **thoracocentesis**.

thoraces /'θɔːrəsiːz/ tórax. Singular: **thorax**.

thoracic /θɔː'ræsɪk/ torácico: relativo ao peito ou tórax.

thoracic aorta /θɔːˌræsɪk eɪ'ɔːtə/ aorta torácica: parte da aorta que cruza o tórax.

thoracic cavity /θɔːˌræsɪk 'kævɪti/ cavidade torácica: o espaço compreendido entre as paredes torácicas, contendo o diafragma, o coração e os pulmões.

thoracic duct /θɔː'ræsɪk dʌkt/ ducto torácico: o maior canal linfático do organismo. Começa no abdome, entra no tórax e ascende até o pescoço.

thoracic inlet /θɔːˌræsɪk 'ɪnlət/ abertura torácica; estreito torácico: pequena abertura na parte superior do tórax.

thoracic outlet /θɔːˌræsɪk 'aʊtlet/ saída do tórax; saída torácica: grande abertura na parte inferior do tórax.

thoracic outlet syndrome /θɔːˌræsɪk 'aʊtlet ˌsɪndrəʊm/ síndrome da saída do tórax; síndrome da saída torácica. ⇨ **scalenus syndrome**.

thoracic vertebrae /θɔːˌræsɪk 'vɜːtɪbriː/ (plural) vértebras torácicas: as doze vértebras da coluna vertebral, situadas atrás do tórax e ligadas às costelas.

thoraco- /θɔːrəkəʊ/ torac(o)-: relativo ao tórax. Nota: antes de vogais usa-se **thorac-**.

thoracocentesis /ˌθɔːrəkəʊsen'tiːsɪs/ toracocentese: punção da parede torácica com uma agulha oca, para retirada de líquido da pleura. ☑ **thoracentesis**.

thoracolumbar /ˌθɔːrəkəʊ'lʌmbə/ toracolombar: relativo às áreas torácicas e lombar da coluna vertebral.

thoracoplasty /'θɔːrəkəʊplæsti/ toracoplastia: incisão cirúrgica de uma ou várias costelas, como um método de colapsoterapia dos pulmões. Antigamente, era usada no tratamento da tuberculose pulmonar.

thoracoscope /'θɔːrəkəskəʊp/ toracoscópio: instrumento cirúrgico, consistindo em um tubo dotado de sistema luminoso na extremidade, usado para exame da cavidade torácica.

thoracoscopy /ˌθɔːrə'kɒskəpi/ toracoscopia: exame da cavidade torácica com um toracoscópio.

thoracotomy /ˌθɔːrə'kɒtəmi/ toracotomia: incisão cirúrgica da parede torácica.

thorax /'θɔːræks/ tórax: parte superior do tronco, acima do abdome, contendo o diafragma, o coração e os pulmões, circundada pela caixa torácica. ☑ **chest**. Plural: **thoraces**.

thread /θred/ **1** fio: estrutura longa e fina de algodão; fio ou linha para sutura etc. *The surgeon used strong thread to make the suture.* / O cirurgião usou um fio forte para fazer a sutura. **2** enfiar (fio, linha) na agulha: colocar fio de algodão, para sutura etc., através do buraco de uma agulha.

thread vein /'θred veɪn/ veia filiforme: muito fina, visível sob a pele.

threadworm /'θredwɜːm/ nematódeo. ⇨ **Enterobius**. Nota: no inglês americano usa-se **pinworm**.

thready /'θredi/ filiforme: relativo ao pulso muito fraco, que quase não pode ser sentido.

thready pulse /ˌθredi 'pʌls/ pulso filiforme: pulso muito fraco, difícil de perceber.

threatened abortion /ˌθret(ə)nd ə'bɔːʃ(ə)n/ ameaça de aborto: sangramento no início da gravidez, indicando possibilidade de aborto espontâneo.

threonine /'θriːəniːn/ treonina: um aminoácido natural, essencial para a dieta humana.

threshold /'θreʃhəʊld/ limiar: **1** o ponto em que um estímulo é percebido pelo corpo, ou um medicamento começa a fazer efeito. *She has a low hearing threshold.* / Ela tem um baixo limiar de audição. **2** ponto no qual uma sensação é forte o bastante para ser percebida pelos nervos sensitivos.

> *...if intracranial pressure rises above the treatment threshold, it is imperative first to validate the reading and then to eliminate any factors exacerbating the rise in pressure.* / "...se a pressão intracranina subir acima do limiar de tratamento, é imperativo primeiro validar a leitura e então eliminar quaisquer fatores exacerbantes do aumento na pressão." (*British Journal of Hospital Medicine*)

thrill /θrɪl/ frêmito: uma vibração perceptível à palpação do corpo.

thrive /θraɪv/ crescer; medrar: desenvolver-se e prosperar.

-thrix /θrɪks/ -trix: relativo a cabelo.

throat /θrəʊt/ garganta: **1** a parte superior do tubo que vai da boca ao estômago. **2** a parte anterior do pescoço. ◊ **to clear the throat**: pigarrear: ter uma tosse leve. Observação: a garganta transporta tanto o alimento para o estômago quanto o ar do nariz e da boca para os pulmões. Ela se divide no esôfago, que leva o alimento para o estômago; e na traquéia, que leva o ar para os pulmões.

throb /θrɒb/ **1** (coração) pulsar: bater mais forte e rápido do que o normal, principalmente por esforço ou medo. **2** (parte dolorida do corpo) latejar: sentir dores intermitentes. *Once the local anaesthetic wore off his thumb began to throb.* / Assim que a ação do anestésico local diminuiu, o polegar dele começou a latejar.

throbbing /'θrɒbɪŋ/ latejante; pulsante: relativo à dor intermitente, que vai e volta, a exemplo dos batimentos cardíacos. *She has a throbbing pain in her finger.* / Ela estava com uma dor latejante no dedo. *He has a throbbing headache.* / Ele estava com uma cefaléia latejante.

throbbing pain /ˌθrɒbɪŋ 'peɪn/ dor pulsante; dor latejante: dor que ocorre em ataques repetidos.

thrombectomy /θrɒm'bektəmi/ trombectomia: excisão cirúrgica de um cóagulo sanguíneo ou trombo.

thrombin /'θrɒmbɪn/ trombina: substância que converte fibrinogênio em fibrina e, desse modo, coagula o sangue.

thrombo- /θrɒmbəʊ/ tromb(o)-: **1** relativo a um cóagulo sanguíneo ou trombo. **2** relativo à trombose.

thromboangiitis /ˌθrɒmbəʊˌændʒi'aɪtɪs/ tromboangeíte: condição caracterizada pela inflamação dos vasos sanguíneos, acompanhada de trombose.

thromboangiitis obliterans /ˌθrɒmbəʊænd ʒiˌaɪtɪs əb'lɪtərənz/ tromboangeíte obliterante: síndrome caracterizada pela inflamação das paredes que circundam as artérias e veias, principalmente das pernas, associada à oclusão dos vasos sanguíneos, comumente levando à gangrena. ☑ **Buerger's disease**.

thromboarteritis /ˌθrɒmbəʊˌɑːtə'raɪtɪs/ tromboarterite: inflamação de uma artéria, associada à trombose.

thrombocyte /'θrɒmbəʊsaɪt/ trombócito. ⇨ **platelet**.

thrombocythaemia /ˌθrɒmbəʊsaɪ'θiːmiə/ trombocitemia: doença caracterizada pelo aumento excessivo de plaquetas no sangue circulante.

thrombocytopenia /ˌθrɒmbəʊˌsaɪtəʊ'piːniə/ trombocitopenia: uma diminuição drástica de plaquetas sanguíneas.

thrombocytopenic /ˌθrɒmbəʊˌsaɪtəʊ'penɪk/ trombocitopênico: relativo à trombocitopenia.

thrombocytosis /ˌθrɒmbəʊsaɪ'təʊsɪs/ trombocitose: aumento no número de plaquetas no sangue circulante.

thrombo-embolic deterrent stocking /ˌθrɒmbəʊ emˌbɒlɪk dɪˈterənt ˌstɒkɪŋ/ meia de compressão: meia elástica usada para prevenir a formação de trombos após cirurgia. Abreviatura: **TED**.

thromboembolism /ˌθrɒmbəʊˈembəlɪz(ə)m/ tromboembolismo: condição caracterizada por formação de cóagulos sanguíneos no interior das veias, podendo se desprender e ocluir outros vasos, geralmente menores.

thromboendarterectomy /ˌθrɒmbəʊˌendɑːˈrektəmi/ tromboendarterectomia: incisão cirúrgica de uma artéria para remoção de cóagulo sanguíneo oclusivo.

thromboendarteritis /ˌθrɒmbəʊˌendɑːtəˈraɪtɪs/ tromboendarterite: inflamação da túnica interna de uma artéria, acompanhada de trombose.

thrombokinase /ˌθrɒmbəʊˈkaɪneɪz/ trombocinase: uma enzima que faz a conversão da protrombina em trombina, iniciando, desse modo, o processo de coagulação sanguínea. ☑ **thromboplastin**.

thrombolysis /θrɒmˈbɒləsɪs/ trombólise. ⇨ **fibrinolysis**.

thrombolytic /θrɒmbəʊˈlɪtɪk/ trombolítico. ⇨ **fibrinolytic**.

thrombophlebitis /ˌθrɒmbəʊflɪˈbaɪtɪs/ tromboflebite: inflamação de veia com formação de cóagulo sanguíneo ou trombo.

thromboplastic /ˌθrɒmbəʊˈplæstɪk/ tromboplástico: que causa a formação de coágulos sanguíneos.

thromboplastin /ˌθrɒmbəʊˈplæstɪn/ tromboplastina. ⇨ **thrombokinase**.

thrombopoiesis /ˌθrɒmbəʊpɔɪˈiːsɪs/ trombopoiese: o processo de formação das plaquetas sanguíneas.

thrombose /θrɒmˈbəʊz/ ocasionar trombose; sofrer trombose: causar trombose em um vaso sanguíneo, ou ser afetado por trombose.

thrombosis /θrɒmˈbəʊsɪs/ trombose: formação de sangue coagulado, ou trombo oclusivo, em artéria ou veia.

thrombus /ˈθrɒmbəs/ trombo. ⇨ **blood clot**.

throw up /ˌθrəʊ ˈʌp/ (informal) vomitar. ⇨ **vomit** (acepção 1).

thrush /θrʌʃ/ afta; sapinho: infecção oral ou vaginal, provocada pela bactéria *Candida albicans*.

thumb /θʌm/ polegar: o dedo mais grosso da mão, e também o mais curto; possui apenas duas falanges e é oponível aos outros quatro dedos.

thumb-sucking /ˈθʌm ˌsʌkɪŋ/ hábito de chupar o polegar: a ação de chupar o polegar. *Thumb-sucking tends to push the teeth forward.* / O hábito de chupar o polegar tende a pressionar os dentes para a frente.

thym- /θaɪm/ tim(o)-: relativo ao timo, uma glândula do corpo.

thymectomy /θaɪˈmektəmi/ timectomia: procedimento cirúrgico para remoção da glândula timo.

-thymia /θaɪmiə/ -timia: relativo a um estado de espírito.

thymic /ˈθaɪmɪk/ tímico: relativo à glândula timo.

thymine /ˈθaɪmiːn/ timina: um dos quatro elementos químicos constituintes do DNA.

thymitis /θaɪˈmaɪtɪs/ timite: inflamação da glândula timo.

thymocyte /ˈθaɪməʊsaɪt/ timócito: linfócito que se desenvolve na glândula timo.

thymol /ˈθaɪmɒl/ timol: composto incolor, produzido sinteticamente ou extraído do óleo de timo, usado como anti-séptico.

thymoma /θaɪˈməʊmə/ timona: um tumor na glândula timo.

thymus /ˈθaɪməs/ timo: glândula endócrina, situada na região súpero-anterior do tórax, atrás do esterno. ☑ **thymus gland**. Observação: o timo está envolvido na produção de linfócitos e é responsável pelo desenvolvimento normal do sistema imunológico em crianças. Atinge seu volume máximo por volta da puberdade e, a partir daí, sofre um declínio lento e torna-se menos ativo. As células ou linfócitos produzidos pelo timo são conhecidos como linfócitos T.

thymus gland /ˈθaɪməs glænd/ glândula timo. ⇨ **thymus**.

thyro- /θaɪrəʊ/ tiro-: relativo à glândula tireóide.

thyrocalcitonin /ˌθaɪrəʊkælsiˈtəʊnɪn/ tirocalcitonina. ⇨ **calcitonin**.

thyrocele /ˈθaɪrəʊsiːl/ tirocele: inflamação da glândula tireóide.

thyroglobulin /ˌθaɪrəʊˈglɒbjʊlɪn/ tiroglobulina: proteína armazenada na glândula tireóide, que é hidrolizada em tiroxina.

thyroglossal /ˌθaɪrəʊˈglɒs(ə)l/ tiroglossal: relativo à glândula tireóide e à língua.

thyroglossal cyst /ˌθaɪrəʊglɒs(ə)l ˈsɪst/ cisto tireoglosso: cisto situado na parte anterior do pescoço.

thyroid /ˈθaɪrɔɪd/ tireóide: **1** glândula endócrina situada na porção inferior do pescoço; é ativada pela glândula pituitária e secreta um hormônio regulador do metabolismo. **2** relativo à glândula tireóide. ☑ **thyroid gland**. Observação: a glândula tireóide necessita de um suprimento de iodo para produzir tiroxina. A disfunção da glândula tireóide pode acarretar hipertireoidismo (produção excessiva de tiroxina), levando à formação de bócio; ou hipotireoidismo (produção muito baixa de tiroxina). Pode-se tratar o hipertireoidismo com carbimazol.

thyroid cartilage /ˌθaɪrɔɪd ˈkɑːtəlɪdʒ/ cartilagem tireóide: a maior cartilagem da laringe; parte dela forma a saliência laríngea denominada pomo de Adão. Veja ilustração em **Lungs**, no Apêndice.

thyroid depressant /ˈθaɪrɔɪd dɪˌpres(ə)nt/ depressor tireóideo: droga que reduz a atividade funcional da glândula tireóide.

thyroid dysfunction /ˈθaɪrɔɪd dɪsˌfʌŋkʃ(ə)n/ disfunção tireóidea: um comprometimento na função da glândula tireóide.

thyroidectomy /ˌθaɪrɔɪˈdektəmi/ tiroidectomia: procedimento cirúrgico para remoção total ou parcial da glândula tireóide.

thyroid extract /ˈθaɪrɔɪd ˌekstrækt/ extrato tireoidiano: substância obtida da glândula tireóide de animais domésticos, usada no tratamento do hipotireoidismo.

thyroid gland /ˈθaɪrɔɪd glænd/ glândula tireóide. ⇨ **thyroid**.

thyroid hormone /ˈθaɪrɔɪd ˌhɔːməʊn/ hormônio tireóideo: hormônio produzido pela glândula tireóide.

thyroiditis /ˌθaɪrɔɪˈdaɪtɪs/ tireoidite: inflamação da glândula tireóide.

thyroid-stimulating hormone /ˈθaɪrɔɪd ˌstɪmjʊleɪtɪŋ ˌhɔːməʊn/ hormônio estimulante da tireóide: hormônio produzido pela glândula pituitária, que estimula o crescimento e a função da glândula tireóide. Abreviatura: **TSH**. ☑ **thyrotrophin**.

thyroparathyroidectomy /ˌθaɪrəʊˌpærəˌθaɪrɔɪˈdektəmi/ tireoparatireoidectomia: cirurgia para remoção das glândulas tireóide e paratireóide.

thyroplasty /ˈθaɪrəʊplæsti/ tireoplastia: incisão cirúrgica nas cartilagens laríngeas, a fim de melhorar a qualidade da voz.

thyrotomy /θaɪˈrɒtəmi/ tireotomia: incisão cirúrgica na cartilagem ou na glândula tireóide.

thyrotoxic /ˌθaɪrəʊˈtɒksɪk/ tireotóxico: relativo ao hipertireoidismo muito acentuado.

thyrotoxic crisis /ˌθaɪrəʊˌtɒksɪk ˈkraɪsɪs/ crise tireotóxica: exacerbação súbita e perigosa do hipertireoidismo ou tireotoxicose.

thyrotoxic goitre /ˌθaɪrəʊˌtɒksɪk ˈgɔɪtə/ bócio tireotóxico: uma dilatação da glândula tireóide, resultante de hipertireoidismo.

thyrotoxicosis /ˌθaɪrəʊtɒksɪˈkəʊsɪs/ tireotoxicose. ⇨ **hyperthyroidism**.

thyrotrophin /ˌθaɪrəʊˈtrəʊfɪn/ tireotropina; tireotrofina. ⇨ **thyroid-stimulating hormone**. Nota: no inglês americano usa-se **thyrotropin**.

thyrotrophin-releasing hormone /ˌθaɪrəʊˌtrəʊfɪn rɪˈliːsɪŋ ˌhɔːməʊn/ hormônio liberador da tireotropina: hormônio produzido pelo hipotálamo, que estimula a glândula pituitária a liberar tireotropina, a qual, por sua vez, estimula a glândula tireóide. Abreviatura: **TRH**.

thyroxine /θaɪˈrɒksiːn/ tireoxina: hormônio produzido pela glândula tireóide, cuja função é promover o metabolismo celular.

TIA abreviatura de **transient ischaemic attack**.

...blood pressure control reduces the incidence of first stroke and aspirin appears to reduce the risk of stroke after TIAs by some 15%. / "...o controle da pressão arterial reduz a incidência do primeiro acidente vascular cerebral, e a aspirina parece reduzir o risco de acidente vascular cerebral após ataques isquêmicos transitórios em até 15%." (*British Journal of Hospital Medicine*)

tibia /ˈtɪbiə/ tíbia: o maior dos dois ossos da perna, situado entre o joelho e o tornozelo. ☑ **shinbone**. Compare com **fíbula**.

tibial /ˈtɪbiəl/ tibial: relativo à tíbia.

tibial artery /ˈtɪbiəl ˌɑːtəri/ artéria tibial: uma das duas artérias que nutrem a parte anterior e posterior da perna.

tibialis /ˌtɪbiˈeɪlɪs/ tibial: um dos dois músculos que se originam na tíbia e descem até o pé.

tibial torsion /ˌtɪbiəl ˈtɔːʃ(ə)n/ torção tibial: torção leve e persistente da tíbia, causada por posição fetal comprimida no útero. Provoca a inversão do pé durante até um ano depois que a criança começa a andar, mas pode ser corrigida à medida que a perna cresce.

tibio- /tɪbiəʊ/ tibi(o)-: relativo à tíbia.

tibiofibular /ˌtɪbiəʊˈfɪbjʊlə/ tibiofibular: relativo tanto à tíbia quanto à fíbula.

tic /tɪk/ (informal) tique: um espasmo muscular involuntário, geralmente dos músculos faciais.

tic douloureux /tɪk duːləˈruː/ tique doloroso. ⇨ **trigeminal neuralgia**.

tick /tɪk/ ácaro; carrapato: diminuto parasita sugador de sangue.

tick fever /ˈtɪk ˌfiːvə/ febre do carrapato do Colorado; febre maculosa das Montanhas Rochosas: doença infecciosa transmitida pela picada de um carrapato.

t.i.d. /ˈtiː ˈaɪ ˈdiː/, **TID** abreviatura de **ter in die**.

tidal air /ˈtaɪd(ə)l ˌeə/ ar corrente: o volume de ar inspirado e expirado durante a respiração. ☑ **tidal volume**.

tidal volume /ˈtaɪd(ə)l ˈvɒljuːm/ volume respiratório. ⇨ **tidal air**.

-tidine /tɪdiːn/ -tidina: forma combinante usada em nomes de agentes anti-histamínicos.

tie /taɪ/ atar; amarrar; unir(-se) ligar(-se): amarrar com laço ou nó. *The surgeon quickly tied up the stitches.* / O cirurgião rapidamente atou as suturas. *The nurse had tied the bandage too tight.* / A enfermeria amarrou a bandagem muito apertada.

timolol /ˈtɪmələl/ timolol: agente β-bloqueador, usado no tratamento do glaucoma, hemicrânia e hipertensão.

tinct. abreviatura de **tincture**.

tincture /ˈtɪŋktʃə/ tintura: a dissolução de substância medicamentosa em álcool. Abreviatura: **tinct.**

tincture of iodine /ˌtɪŋktʃər əv ˈaɪədiːn/ tintura de iodo: solução alcoólica de iodo, usada como anti-séptico.

tinea /ˈtɪniə/ tinha. ⇨ **ringworm**.

tinea barbae /ˌtɪniə ˈbɑːbiː/ tinha da barba: infecção fúngica folicular da barba.

tinea capitis /ˌtɪniə kəˈpaɪtɪs/ tinha da cabeça: infecção fúngica do couro cabeludo.

tinea cruris /ˌtɪniə ˈkruːrɪs/ tinha crural; tinha inguinal: infecção fúngica na região inguinal, observada principalmente em regiões de clima quente. ☑ **dhobie itch**.

tinea pedis /ˌtɪniə ˈpedɪs/ tinha do pé; dermatomicose do pé. ⇨ **athlete's foot**.

tingle /ˈtɪŋgəl/ formigar; arder; picar: ter a sensação de formigamento ou picadas em alguma parte do corpo.

tingling /ˈtɪŋglɪŋ/ **1** formigamento: sensação anormal e desagradável, como se formigas passassem pela pele ou por uma parte do corpo. *an unpleasant tingling down her arm* / um formigamento desagradável descendo-lhe pelo braço (pelo braço dela). **2** formigante: que formiga ou coça. *a tingling sensation* / uma sensação formigante.

tinnitus /ˈtɪnɪtəs/ tinido: condição caracterizada por ruídos (como os de campainha) nos ouvidos. Observação: o tinido pode soar como repiques, zumbidos ou estrondos. Em alguns casos, é provocado por cera que obstrui o canal auditivo, mas pode também ser associado à doença de Ménière, a infecções no ouvido médio e a doenças dos nervos auditivos.

tipped womb /ˌtɪpt ˈwuːm/ útero inclinado. ⇨ **retroverted uterus**.

tired /ˈtaɪəd/ fatigado; cansado: que se fatigou, e precisa de descanso.

tiredness /ˈtaɪədnəs/ fadiga; cansaço: condição de estar cansado.

tired out /ˌtaɪəd ˈaʊt/ exausto; cansadíssimo: extremamente cansado, precisando de descanso. *She is tired out after the physiotherapy.* / Ela está exausta após a fisioterapia.

tissue /ˈtɪʃuː/ tecido: grupo de células que exercem uma função específica. Nota: para conhecer outros termos referentes a tecido, veja os que começam com **hist-**; **histo-**. Observação: a maior parte do corpo é formada de tecido mole, com exceção dos ossos e cartilagens. Os principais tipos de tecido do corpo são: conjuntivo, epitelial, muscular e nervoso.

tissue culture /ˈtɪʃuː ˌkʌltʃə/ cultura histológica: tecido retirado do organismo e mantido em um meio laboratorial estéril e nutritivo.

tissue plasminogen activator /ˌtɪʃuː plæzˈmɪnədʒən ˌæktɪveɪtə/ ativador de plasminogênio tecidual: um agente que produz a dissolução dos coágulos sanguíneos. Abreviatura: **TPA**.

tissue type /ˈtɪʃuː taɪp/ tipo tecidual: as características imunológicas de um tecido, determinantes do seu sucesso ou fracasso, quando transplantado em outro organismo.

tissue typing /ˈtɪʃuː ˌtaɪpɪŋ/ tipagem tecidual: determinação dos elementos contidos nos tecidos de um indivíduo, usada para identificar doadores e receptores que sejam compatíveis para transplante.

titanium /taɪˈteɪniəm/ titânio: elemento metálico leve e não corrosivo. Símbolo químico: **Ti**.

titration /taɪˈtreɪʃ(ə)n/ titulação: análise da potência de uma solução.

titre /ˈtiːtə/ título: análise do volume de anticorpos no soro.

T-lymphocyte /ˈtiː ˌlɪmfəsaɪt/ linfócito T: linfócito produzido pela glândula timo. ☑ **T-cell**.

TNM classification /ˌtiː en ˈem klæsɪfɪˌkeɪʃ(ə)n/ estadiamento TNM: padrão internacionalmente aceito de determinação e classificação dos períodos de evolução de uma doença, por exemplo, o câncer. T (*tumor*) indica a profundidade do tumor, N (*node*) refere-se ao envolvimento de linfonodo e M (*metastasis*) indica a presença ou ausência de metástases. Números adscritos denotam o tamanho e grau de comprometimento do tumor.

toco- /təʊkəʊ/ toco-: relativo ao parto.

tocography /tɒˈkɒɡrəfi/ tocografia: o registro das contrações uterinas durante o parto.

tocopherol /tɒˈkɒfərɒl/ tocoferol: um de um grupo de compostos encontrados em óleos vegetais e vegetais de folhas verdes. Possui ação antioxidante e constitui, atualmente, um termo genérico para a vitamina E.

toddler's diarrhoea /ˌtɒdləz daɪəˈriːə/ diarréia do lactente; diarréia infantil: condição caracterizada por fezes soltas recorrentes, freqüentemente contendo alimento semidigerido. Geralmente ocorre em crianças entre um e três anos de idade.

Todd's palsy /ˈtɒdz ˈpɔːlzi/ paralisia de Todd. ⇨ **Todd's paralysis**.

Todd's paralysis /ˈtɒdz pəˈrælɪsɪs/ paralisia de Todd: paralisia temporária que ocorre em parte do corpo envolvida em convulsão ou ataque de epilepsia. ☑ **Todd's palsy**.

toe /təʊ/ dedo do pé; artelho: uma das cinco extensões finais do pé, separadas uma da outra por cartilagem. Cada artelho é constituído de três ossos ou falanges, exceto o dedão, que possui duas falanges.

toenail /ˈtəʊneɪl/ unha do dedo do pé: placa córnea que cobre a superfície dorsal de um artelho.

toileting /ˈtɔɪlətɪŋ/ ajuda de toalete: o ato de ajudar pessoa com incontinência, ou que está impossibilitada de deixar o leito, a exercer suas funções intestinal ou vesical.

toilet training /ˈtɔɪlət ˌtreɪnɪŋ/ treino de toalete: o processo de ensinar uma criança pequena a exercer apropriadamente as suas funções intestinal ou vesical, de modo que não seja mais necessário o uso de fraldas.

tolbutamide /tɒlˈbjuːtəmaɪd/ tolbutamida: agente hipoglicemiante usado no tratamento do diabetes do Tipo II. A tolbutamida estimula o pâncreas a produzir insulina.

tolerance /ˈtɒlərəns/ tolerância: a capacidade de o organismo responder menos a uma substância ou estímulo. *He has been taking the drug for so long that he has developed a tolerance to it.* / Ele toma a droga há tanto tempo, que desenvolveu tolerância a ela.

> *26 patients were selected from the outpatient department on grounds of disabling breathlessness, severely limiting exercise tolerance and the performance of activities of normal daily living.* / "...26 pacientes foram selecionados no departamento de pacientes externos com base em falta de ar incapacitante, tolerância extremamente limitada aos exercícios e desempenho das atividades normais do dia-a-dia." (*Lancet*)

tolerate /ˈtɒləreɪt/ tolerar: **1** não ser afetado pelos efeitos desagradáveis ou nocivos de alguma coisa. **2** não responder a um medicamento, pelo fato de ter desenvolvido resistência a ele.

-tome /təʊm/ -tomo: **1** um instrumento de corte. **2** um segmento. *a dermatome* / um dermatómo.

tomo- /təʊməʊ/ tom(o)-: relativo a um corte ou secção.

tomogram /ˈtəʊməgræm/ tomograma: imagem de parte do corpo obtida por tomografia.

tomography /təˈmɒgrəfi/ tomografia: técnica de varredura corporal, feita por radiografia seccional ou ultra-sonografia.

tomotocia /ˌtəʊməˈtəʊsiə/ tomotocia. ⇨ **caesarean**.

-tomy /təmi/ -tomia: relativo à operação cirúrgica.

tone /təʊn/ tono: o estado de tensão normal de um músculo sadio, quando não está totalmente relaxado. ☑ **tonicity; tonus**.

tongue /tʌŋ/ língua: órgão muscular ovalar, situado na cavidade bucal. A língua é o órgão do paladar, e ajuda na deglutição e fonação. A superfície superior da língua é coberta por papilas, algumas contendo corpúsculos gustatórios. *The doctor told him to stick out his tongue and say 'Ah'.* / O médico pediu a ele para estender a língua e dizer "Ah". ☑ **glossa**. Nota: para conhecer outros termos referentes à língua, veja **lingual** e palavras que começam com **gloss-; glosso-**.

tongue depressor /ˈtʌŋ dɪˌpresə/ abaixador de língua: instrumento achatado, geralmente de madeira, usado por médico para abaixar a língua do paciente, enquanto lhe examina a garganta.

tongue-tie /ˈtʌŋ taɪ/ anciloglossia: condição caracterizada por língua presa, com movimentação restrita, porque seu frênulo é demasiada mente curto.

tonic /ˈtɒnɪk/ tônico: **1** relativo a um músculo contraído. **2** substância que melhora o estado geral de saúde ou dá mais energia. *He is taking a course of iron tonic tablets.* / Ele está tomando uma série de comprimidos tônicos contendo ferro. *She asked the doctor to prescribe a tonic for her anaemia.* / Ela pediu ao médico para prescrever-lhe um tônico para anemia.

tonicity /təʊˈnɪsɪti/ tonicidade: relativo a tono ou tônus. ⇨ **tone**.

tono- /təʊnəʊ/ ton(o)-: relativo à pressão.

tonography /təʊˈnɒgrəfi/ tonografia: avaliação da pressão do globo ocular.

tonometer /təʊˈnɒmɪtə/ tonômetro: instrumento para medir a pressão no interior de um órgão, principalmente do olho.

tonometry /təʊˈnɒmətri/ tonometria: avaliação da pressão no interior de um órgão, principalmente do olho.

tonsil /ˈtɒns(ə)l/ tonsila; amígdala: massa de tecido, na parte posterior da garganta, contendo folículos linfóides. As amígdalas protegem o organismo dos germes que entram pela boca. ☑ **palatine tonsil**. Observação: as amígdalas são maiores e mais propensas a infecções em crianças do que em adultos. Quando infeccionadas, as amígdalas incham e podem interferir com a respiração.

tonsillar /ˈtɒnsɪlə/ tonsilar: relativo à tonsila ou amígdala.

tonsillectomy /ˌtɒnsɪˈlektəmi/ tonsilectomia: remoção cirúrgica das tonsilas.

tonsillitis /ˌtɒnsɪˈlaɪtɪs/ tonsilite: inflamação das tonsilas.

tonsillotome /tɒnˈsɪlətəʊm/ tonsilótomo: instrumento cirúrgico usado na remoção das tonsilas.

tonsillotomy /ˌtɒnsɪˈlɒtəmi/ tonsilotomia: incisão cirúrgica das tonsilas.

tonus /ˈtəʊnəs/ tônus. ⇨ **tone**.

tooth /tuːθ/ dente: um de um conjunto de estruturas pequenas e duras, assemelhando-se ao osso, usadas na mastigação dos alimentos. Plural: **teeth**. Nota: para conhecer outros termos referentes a dentes, veja os que começam com **dent-**. Observação: os dentes são constituídos de um núcleo gelatinoso, a polpa, coberto por uma camada sólida de dentina. A parte superior do dente, a coroa, que pode ser vista acima da gengiva, é revestida por um esmalte brilhante muito duro. A parte inferior do dente, a raiz, é coberta com cemento, uma substância também sólida, mas ligeiramente áspera, e é inclusa no alvéolo e fixada à membrana periodontal. Os dentes-de-leite aparecem depois dos dois primeiros anos de idade, e consistem em incisivos, caninos e molares. Os dentes permanentes, que substituem os dentes-de-leite, são formados de oito incisivos, quatro caninos, oito pré-molares e doze molares. Os últimos quatro molares (os terceiros molares ou dentes da sabedoria) surgem somente por volta dos 20 anos de idade e, algumas vezes, nunca aparecem. Os dentes permanentes surgem por volta de cinco a seis anos. A ordem da erupção dos dentes permanentes é: primeiros molares, incisivos, pré-molares, caninos, segundos molares e terceiros molares (dentes da sabedoria).

toothache /ˈtuːθeɪk/ dor de dente; odontalgia: uma dor no(s) dente(s). ☑ **odontalgia**.

topagnosis /ˌtɒpəˈgnəʊsɪs/ topagnose: condição, causada por um distúrbio cerebral, na qual o indivíduo é incapaz de localizar sensações táteis.

tophus /ˈtəʊfəs/ tofo: depósito de concreções de urato de sódio em torno das articulações ou no dorso das mãos e pés, principalmente em pessoa que sofre de gota. Plural: **tophi**.

T

topical /'tɒpɪk(ə)l/ tópico: relativo ao medicamento que se aplica em uma área externa específica do corpo. *suitable for topical application /* destinado a uso tópico.

> *...one of the most common routes of neonatal poisoning is percutaneous absorption following topical administration. /* "...uma das vias mais comuns de intoxicação neonatal é a absorção percutânea após uma aplicação tópica." (*Southern Medical Journal*)

topical drug /'tɒpɪk(ə)l drʌg/ medicamento tópico: medicamento destinado apenas à aplicação em uma área externa específica do corpo.

topically /'tɒpɪkli/ de uso tópico; localmente: aplicado somente em uma área externa específica do corpo. *The cream is applied topically. /* O creme é aplicado localmente.

topo- /tɒpə/ top(o)-: indica lugar ou região.

topographical /ˌtɒpəˈgræfɪk(ə)l/ topográfico: relativo à topografia.

topography /təˈpɒgrəfi/ topografia: (anatomia) a descrição de uma parte específica do corpo.

tormina /'tɔ:mɪnə/ dor abdominal aguda. ⇨ **colic** (acepção 1).

torpid /'tɔ:pɪd/ tórpido: relativo a uma parte do corpo que perdeu a capacidade de movimento e a sensibilidade.

torpor /'tɔ:pə/ torpor: condição caracterizada por entorpecimento e ausência de reação aos estímulos normais.

torsion /'tɔ:ʃ(ə)n/ torção: **1** o movimento de rotação de uma parte, ou o estado de alguma coisa torcida. **2** o estresse colocado em um objeto que foi torcido.

torso /'tɔ:səʊ/ torso: a parte principal do corpo, excluindo-se os membros (superiores e inferiores) e a cabeça. ☑ **trunk**.

torticollis /ˌtɔ:tɪˈkɒlɪs/ torcicolo: condição caracterizada por torção do pescoço e inclinação da cabeça para um lado, em virtude de contração do músculo esternocleidomastóideo. ☑ **wry neck**.

total /'təʊt(ə)l/ total: **1** completo. *He has total paralysis of the lower part of the body. /* Ele tem paralisia total nos membros inferiores. **2** que diz respeito ao corpo inteiro.

total body irradiation /ˌtəʊt(ə)l ˌbɒdi ɪˌreɪdiˈeɪʃ(ə)n/ irradiação corporal total: tratamento terapêutico pela exposição do corpo inteiro à radiação. Abreviatura: **TBI**.

total deafness /ˌtəʊt(ə)l ˈdefnəs/ surdez total: perda total da capacidade de audição. Veja também **hearing loss**.

total hip arthroplasty /ˌtəʊt(ə)l ˈhɪp ˌɑ:θrəʊˈplæsti/ artroplastia total do quadril: substituição da cabeça femoral e do acetábulo por prótese, a fim de formar uma articulação. ☑ **total hip replacement**.

total hip replacement /ˌtəʊt(ə)l ˈhɪp rɪˈpleɪsmənt/ substituição articular total do quadril. ⇨ **total hip arthroplasty**.

total hysterectomy /ˌtəʊt(ə)l ˌhɪstəˈrektəmi/ histerectomia total; histerectomia completa: a excisão total do útero.

total pancreatectomy /ˌtəʊt(ə)l ˌpæŋkriəˈtektəmi/ pancreatectomia total: a remoção cirúrgica total do pâncreas e de parte do duodeno. ☑ **Whipple's operation**.

total recall /ˌtəʊt(ə)l rɪˈkɔ:l/ lembrança total: o fato de ser capaz de se lembrar de algo em detalhes.

touch /tʌtʃ/ tato; toque: um dos cinco sentidos, pelo qual se percebe um toque na pele, principalmente dos dedos e lábios. Observação: o toque é sentido por receptores sensoriais, que enviam impulsos ao cérebro. Os receptores sensoriais do tato são capazes de identificar, nos objetos, o frio e o quente, o duro e o macio, o molhado e o seco, o áspero e o liso.

tough /tʌf/ duro; forte; resistente: incapaz de se quebrar ou romper com facilidade. *The meninges are covered by a layer of tough tissue, the dura mater. /* As meninges são revestidas por uma camada de tecido resistente, a dura-máter.

Tourette's syndrome /tuːˈrets ˌsɪndrəʊm/ síndrome de Tourette: condição caracterizada por descoordenação motora, tiques, coprolalia (linguagem blasfematória) e distúrbios respiratórios. Usa-se também **Tourette syndrome**. ☑ **Gilles de la Tourette syndrome**.

tourniquet /'tɔ:nɪkeɪ/ torniquete: instrumento para compressão temporária de uma artéria, a fim de reduzir, desse modo, o fluxo de sangue e estancar um sangramento.

tox- /tɒks/ ⇨ **toxo-**.

toxaemia /tɒkˈsi:miə/ toxemia: condição caracterizada pela presença de substâncias nocivas no sangue. Veja também **blood poisoning**. Nota: no inglês americano usa-se **toxemia**.

toxaemia of pregnancy /tɒkˌsi:miə əv ˈpregnənsi/ toxemia gravídica: condição caracterizada por distúrbios metabólicos no final da gravidez, tais como hipertensão, proteinúria e edema.

toxic /'tɒksɪk/ tóxico: venenoso.

toxic goitre /ˌtɒksɪk ˈgɔɪtə/ bócio tóxico: tipo de bócio resultante de hipertireoidismo, caracterizado por tremor dos membros e protusão dos globos oculares.

toxicity /tɒkˈsɪsɪti/ toxicidade: **1** o grau de toxicidade ou periculosidade de uma substância. **2** a quantidade de componente venenoso ou prejudicial de uma substância.

toxico- /tɒksɪkəʊ/ toxic(o)-: relativo a veneno.

toxicogenic /ˌtɒksɪkəʊˈdʒenɪk/ toxicogênico. ⇨ **toxigenic**.

toxicologist /ˌtɒksɪˈkɒlədʒɪst/ toxicologista: pessoa perita, como um cientista, no estudo dos venenos.

toxicology /ˌtɒksɪˈkɒlədʒi/ toxicologia: o estudo científico dos venenos e de sua ação no corpo humano.

toxicosis /ˌtɒksɪˈkəʊsɪs/ toxicose: intoxicação ou envenenamento.

toxic shock syndrome /ˌtɒksɪk ˈʃɒk ˌsɪndrəʊm/ síndrome do choque tóxico: condição grave, caracterizada por infecção da pele e tecidos moles por estafilococos. Os sintomas incluem vômitos, febre alta, desmaios, exantema com descamação, dores musculares e confusão mental. Abreviatura: **TSS**.

toxigenic /ˌtɒksɪˈdʒenɪk/ toxigênico: causado ou produzido por uma toxina. ☑ **toxicogenic**.

toxin /ˈtɒksɪn/ toxina: substância venenosa produzida nas células ou tecidos por certos microorganismos, a qual, se injetada em animal, estimula a produção de antitoxinas.

toxo- /tɒksəʊ/ tox(o)-: relativo a veneno. Nota: antes de vogais usa-se **tox-**.

toxocariasis /ˌtɒksəkəˈraɪəsɪs/ toxicocaríase: infestação intestinal por nematódeos do gênero *Taxocara*, que são transmitidos por cão ou gato. ☑ **visceral larva migrans**.

toxoid /ˈtɒksɔɪd/ toxóide: uma toxina que foi tratada e perdeu sua toxicidade, mas mantém a capacidade de estimular a formação de anticorpos. Os toxóides são usados como vacinas que conferem imunidade contra doenças específicas.

toxoid-antitoxin /ˌtɒksɔɪd ˌæntɪˈtɒksɪn/ antitoxina toxóide: vacina que consiste na associação de um toxóide com uma antitoxina.

toxoplasmosis /ˌtɒksəʊplæzˈməʊsɪs/ toxoplasmose: doença provocada pelo parasita *Toxoplasma*, que atinge várias espécies animais e também o homem; causa encefalite ou hidrocefalia, podendo resultar em morte.

TPA abreviatura de **tissue plasminogen activator**.

trabecula /trəˈbekjʊlə/ trabécula: faixa de tecido fibroso que atravessa um órgão ou tecido ósseo, dividindo-o em partes e atuando como suporte. Plural: **trabeculae**.

trabeculectomy /trəˌbekjʊˈlektəmi/ trabeculectomia: cirurgia destinada ao tratamento do glaucoma, que consiste na excisão de parte da rede trabecular para o estabelecimento de uma ligação com o canal de Schlemm, a fim de facilitar o escoamento do humor aquoso.

trace /treɪs/ **1** traço; rastro; vestígio: uma quantidade extremamente pequena de alguma coisa. *There are traces of the drug in the blood sample.* / Há vestígios da droga na amostra de sangue. *The doctor found traces of alcohol in the patient's urine.* / O médico encontrou vestígios de álcool na urina do paciente. **2** traçar; seguir o rastro: encontrar alguém ou alguma coisa que se está procurando.

trace element /ˈtreɪs ˌelmənt/ oligoelementos; elementos vestigiais; radiotraçadores: substância essencial para o corpo humano, porém em quantidades extremamente pequenas. Observação: os radiotraçadores, ou traçadores radioativos, são: cobalto, crômio, cobre, magnésio, manganês, molibdênio, selênio e zinco.

tracer /ˈtreɪsə/ traçador: um composto com nuclídeos radioativos que, fixado em substân-

cia injetada no organismo, permite ao médico acompanhar o seu trajeto e explorar uma doença específica.

trache- /treɪki/ ⇨ **tracheo-**.

trachea /trəˈkiːə/ traquéia: o conduto aéreo mais importante do organismo, situado entre a laringe e os pulmões, onde se bifurca nos dois brônquios principais. Mede cerca de 10 centímetros, e é formada por anéis cartilaginosos e tecido conjuntivo. Veja ilustração em **Lungs**, no Apêndice. ☑ **windpipe**.

tracheal /trəˈkiːəl/ traqueal: relativo à traquéia.

tracheal tugging /trəˌkiːə ˈtʌgɪŋ/ repuxamento da traquéia: sensação de tração da traquéia, durante a respiração, sintomática de aneurisma do arco aórtico.

tracheitis /ˌtreɪkiˈaɪtɪs/ traqueíte: inflamação da traquéia.

trachelorrhaphy /ˌtreɪkiˈlɒrəfi/ traquelorrafia: sutura cirúrgica de uma laceração no colo do útero.

tracheo- /treɪkiəʊ/ traque(o)-: relativo à traquéia. Nota: antes de vogais usa-se **trache-**.

tracheobronchial /ˌtreɪkiəʊˈbrɒŋkiəl/ traqueobrônquico: relativo tanto à traquéia quanto aos brônquios.

tracheobronchitis /ˌtreɪkiəʊbrɒŋˈkaɪtɪs/ traqueobronquite: inflamação tanto da traquéia quanto dos brônquios.

tracheo-oesophogeal /ˌtreɪkiəʊ iːˌsɒfəˈdʒiːəl/ traqueoesofágico: relativo tanto à traquéia quanto ao esôfago.

tracheostomy /ˌtrækiˈɒstəmi/ traqueostomia: procedimento cirúrgico que consiste em uma abertura para a traquéia, permitindo, assim, a entrada de ar nos pulmões, em casos de obstrução traqueal, como ocorre na pneumonia, poliomielite ou difteria. ☑ **tracheotomy** (traqueotomia). Observação: após a cirurgia, uma cânula é inserida no orifício, para mantê-lo aberto. Essa cânula pode ser permanente, se for usada em cirurgia de desvio (*bypass*) de um obstáculo, ou pode ser removida, se houver melhora da condição.

trachoma /trəˈkəʊmə/ tracoma: doença contagiosa, endêmica nos países de clima quente, devida a uma bactéria, *Chlamydia trachomatis*. É caracterizada por inflamação da conjuntiva bulbar e pode se complicar com lesões da córnea, causando cegueira. ☑ **Egyptian ophthalmia**.

tract /trækt/ trato: **1** série de órgãos ou ductos que servem a uma mesma função. **2** conjunto ou feixe de fibras nervosas que ligam duas áreas do sistema nervoso e transmitem impulsos uni- ou bidirecionais.

GI fistulae are frequently associated with infection because the effluent contains bowel organisms which initially contaminate the fistula tract. / "As fístulas do trato gastrointestinal (*GI = gastrointestinal*) são freqüentemente associadas a infecção, porque o efluente contém organismos intestinais que inicialmente contaminam o trato fistular." (*Nursing Times*)

traction /ˈtrækʃən/ tração: procedimento que consiste no uso da força de tração para puxar um membro fraturado ou deformado. *The patient was in traction for two weeks.* / O paciente fez tração durante duas semanas. Observação: um sistema de pesos e roldanas é colocado sobre a cama do paciente e fixado, por meio de uma corda ou estrutura semelhante, ao membro lesado, puxando-o com força e contrapondo-se à tendência de contração muscular, a fim de fazer o membro voltar à posição normal. A tração pode ser usada em casos de hérnia de disco intervertebral e outros deslocamentos. Há formas de tração que consistem na inserção de fios metálicos em partes do corpo que necessitam de fixação ou reparo.

tractotomy /trækˈtɒtəmi/ tratotomia: incisão cirúrgica de um feixe de fibras nervosas do sistema nervoso central, usada no alívio de dores incontroláveis.

tragus /ˈtreɪɡəs/ trago: uma projeção cartilaginosa no ouvido interno, sobre a entrada do canal auditivo.

training / ˈtreɪnɪŋ/ treinamento: o processo de educar por meio de instrução e prática.

trait /treɪt/ traço: **1** uma característica, como a que distingue uma pessoa de outra. **2** uma característica determinada pela genética; um caráter hereditário.

trance /trɑːns/ transe: condição caracterizada por um estado semelhante ao sono, com redução da atividade e da percepção periférica. *a hypnotic trance* / um transe hipnótico.

tranexamic acid /ˌtrænekˈsæmɪk ˈæsɪd/ ácido trenexâmico: agente usado no tratamento da hemofilia, para controlar hemorragia grave.

tranquilliser /ˈtræŋkwɪlaɪzə/ (informal) tranqüilizante: agente antipsicótico, ansiolítico ou hipnótico, usado para acalmar e diminuir a ansiedade. *She's taking tranquillisers to calm her nerves.* / Ela está tomando tranqüilizantes para acalmar os nervos. *He's been on tranquillisers ever since he started his new job.* / Ele tem tomado tranqüilizantes desde que começou a trabalhar neste emprego. Usa-se também **tranquillizer.** ⇨ **tranquillising drug.**

tranquillising drug /ˈtræŋkwɪlaɪzɪŋ drʌg/ medicamento tranqüilizante; droga tranqüilizante. ⇨ **tranquilliser.**

trans- /træns/ trans-: que se processa por meio de; para lá de.

transaminase /trænˈsæmɪneɪz/ transaminase: enzima sob cuja influência se efetua a transaminação dos aminoácidos.

transamination /trænsˌæmɪˈneɪʃ(ə)n/ transaminação: o processo pelo qual os aminoácidos são metabolizados no fígado.

transcendental meditation /ˌtrænsenˌden t(ə)l ˌmedɪˈteɪʃ(ə)n/ meditação transcendental: meditação que consiste na repetição de mantras, num estado de quietude e calma.

transcription /trænˈskrɪpʃən/ transcrição: **1** o ato de copiar algo escrito, ou de transcrever uma palestra, discurso etc. **2** o primeiro estágio da transmissão da informação genética nos organismos vivos, no qual o código genético do DNA é transferido para as moléculas de RNA mensageiro, que dão início, então, à síntese de proteínas.

transcutaneous electrical nerve stimulation /ˌtrænskjuːˌteɪniəs ɪˌlektrɪk(ə)l ˈnɜːv stɪmjʊˌleɪʃ(ə)n/ estimulação nervosa elétrica transcutânea: método para alívio da dor, que consiste na aplicação de eletrodos na pele, os quais enviam correntes elétricas aos nervos sensoriais e à medula espinhal, suprimindo a transmissão de sinais dolorosos. *a TENS unit or machine* / uma unidade ou máquina TENS. Abreviatura: **TENS.**

transdermal /trænzˈdɜːm(ə)l/ transdérmico: relativo ao medicamento que é liberado através da pele.

transdermal patch /trænzˌdɜːm(ə)l ˈpætʃ/ adesivo transdérmico: adesivo contendo medicamento que, aplicado na pele, libera seu conteúdo no organismo após um período de tempo.

transdiaphragmatic approach /trænzˌda ɪəfrægˌmætɪk əˈprəʊtʃ/ abordagem transdiafragmática: cirurgia que envolve a incisão do diafragma.

transection /trænˈsekʃ(ə)n/ transecção: **1** o ato de fazer uma secção transversal em alguma parte do corpo. **2** amostra de tecido obtida pela secção transversal de uma parte do corpo.

transfer /trænsˈfɜː/ transferir: passar de um lugar para outro, ou fazer alguém ou alguma coisa passar de um lugar para outro. *The patient was transferred to a special burns unit.* / O paciente foi transferido para o setor de queimados. Veja **burns unit.**

transference /ˈtrænsf(ə)rəns/ (psiquiatria) transferência: condição na qual o paciente transfere para seu psicanalista os fortes sentimentos de hostilidade ou afeição que traz, desde a infância, em relação a outra pessoa, geralmente um de seus genitores.

transferrin /trænsˈferɪn/ transferrina: substância presente na corrente sanguínea, que fixa o ferro e o transporta aos órgãos do corpo. ☑ **siderophilin.**

transfer RNA /ˌtrænsfɜː ˌɑːr en ˈeɪ/ RNA de transferência: moléculas de RNA que carregam um aminoácido específico para cadeias de proteína produzidas nos ribossomos.

transfix /trænsˈfɪks/ transfixar; atravessar: perfurar uma parte do corpo de lado a lado, cortando-a completamente, por exemplo, na amputação de um membro.

transfusion /trænsˈfjuːʒ(ə)n/ transfusão: **1** procedimento de transferência de sangue de um doador para um receptor. **2** injeção de solução salina fisiológica.

transient /ˈtrænziənt/ transitório: passageiro; de curta duração.

transient ischaemic attack /ˌtrænziənt ɪˈsk iːmɪk əˌtæk/ ataque isquêmico transitório: um distúrbio vascular cerebral breve, causado por interrupção de suprimento sanguíneo ao cérebro. Abreviatura: **TIA**. ☑ **ministroke**.

transillumination /ˌtrænsɪˌluːmɪˈneɪʃ(ə)n/ transiluminação: exame que consiste na passagem de luz através de um órgão do corpo.

transitional /trænˈzɪʃ(ə)nəl/ transicional: que está em processo de transição ou desenvolvimento.

transitional epithelium /trænˌzɪʃ(ə)nəl epɪ ˈθiːliəm/ epitélio de transição: tipo de epitélio encontrado no rim, ureter e bexiga.

translation /trænsˈleɪʃ(ə)n/ tradução: **1** o ato de passar um texto, escrito em um idioma, para o equivalente em outro idioma. **2** o processo pelo qual informações do RNA mensageiro controlam a seqüência de aminoácidos agrupados por um ribossomo durante a síntese de proteína.

translocation /ˌtrænsləʊˈkeɪʃ(ə)n/ translocação: a transferência de um segmento de cromossomo, ou de um cromossomo inteiro, para um cromossomo não homólogo, ocasionando aberrações genéticas.

translucent /trænsˈluːs(ə)nt/ translúcido: corpo que permite a passagem da luz, mas impede a visão do objeto que se encontra por trás.

translumbar /trænsˈlʌmbə/ translombar: que atravessa a região lombar.

transmigration /ˌtrænzmaɪˈɡreɪʃ(ə)n/ transmigração: a passagem das células através de uma membrana.

transmission-based precautions /trænsˌmɪ ʃ(ə)n beɪst prɪˈkɔːʃ(ə)nz/ (plural) precauções quanto à transmissão de doenças: o mais recente conjunto de diretrizes para os profissionais da saúde que lidam com doenças altamente infecciosas, para ser usado como complemento às Normas de Precaução. As diretrizes dividem-se em três categorias: Precauções por Infecção pelo Ar, Precauções por Infecção por Gotículas, e Precauções por Infecção por Contato; algumas vezes, as três categorias são usadas conjuntamente, no caso de uma doença que pode ser transmitida de várias maneiras. Veja **Standard Precautions**.

transmit /trænzˈmɪt/ transmitir: passar alguma coisa, por exemplo, mensagem ou doença. *Impulses are transmitted along the neural pathways.* / Os impulsos são transmitidos ao longo das vias neurais. *The disease is transmitted by lice.* / A doença é transmitida por piolhos.

transparent /trænsˈpærənt/ transparente: que permite a passagem da luz e deixa ver o que está por trás. *The cornea is a transparent tissue on the front of the eye.* / A córnea é um tecido transparente na parte anterior do olho. Oposto de **opaque**.

transplacental /ˌtrænspləˈsent(ə)l/ transplacentário: que atravessa a placenta.

transplant /ˈtrænsplɑːnt/ **1** transplante: a) procedimento que envolve a remoção de órgãos, tais como coração ou rim, ou de tecido, tal como pele, de um doador para enxerto em um receptor. *She had a heart-lung transplant.* / Ela fez um transplante cardíaco-pulmonar. b) o órgão ou tecido que foi enxertado. *The kidney transplant was rejected.* / O transplante de rim foi rejeitado. **2** transplantar: enxertar órgão ou tecido de um doador em um receptor.

transplantation /ˌtrænsplɑːnˈteɪʃ(ə)n/ transplante: o ato de transplantar órgãos ou tecidos.

> ...*bone marrow transplantation has the added complication of graft-versus-host disease.* / "...o transplante de medula óssea apresenta a complicação adicional da doença de enxerto versus hospedeiro." (*Hospital Update*)

transport /trænsˈpɔːt/ transportar: levar alguém ou algo para um lugar diferente. *Arterial blood transports oxygen to the tissues.* / O sangue arterial transporta oxigênio para os tecidos.

transposition /ˌtrænspəˈzɪʃ(ə)n/ transposição: uma malformação congênita em que a aorta e a artéria pulmonar originam-se no lado oposto de sua posição normal.

transpyloric plane /ˌtrænspaɪˌlɒrɪk ˈpleɪn/ plano transpilórico: plano horizontal que passa a meio caminho entre a incisura supra-esternal e a sínfise púbica. Veja ilustração em **Termos Anatômicos**, no Apêndice.

transrectal /trænsˈrekt(ə)l/ transretal: que atravessa o reto.

transsexual /trænzˈsekʃuəl/ transexual: **1** que sente grande desconforto com o seu sexo. **2** pessoa, principalmente homem, que sente grande desconforto com o seu sexo.

transsexualism /trænzˈsekʃuəlɪz(ə)m/ transexualismo: condição em que a pessoa, principalmente homem, sente grande desconforto com o seu sexo.

transtubercular plane /ˌtrænstjuˌbɜːkjʊlə ˈpleɪn/ plano transtubercular; plano intertubercular: linha imaginária que passa horizontalmente pelo abdome inferior, através dos tubérculos ilíacos. ☑ **intertubercular plane**. Veja ilustração em **Termos Anatômicos**, no Apêndice.

transudate /ˈtrænsjuːdeɪt/ transudato: líquido que emerge pelos poros de uma membrana. Contém menos proteína ou materiais sólidos que o exsudato.

transudation /ˌtrænsjuːˈdeɪʃ(ə)n/ transudação: o processo de passagem de um líquido das células corporais através dos poros de uma membrana.

transuretero-ureterostomy /trænsˌjʊərɪtəʊ jʊərɪtəˈrɒstəmi/ transureterouretostomia: procedimento cirúrgico que consiste na anastomose da extremidade de um ureter obstruído ao ureter contralateral.

transurethral /ˌtrænsjuːˈriːθrəl/ transuretral: que atravessa a uretra.

transurethral prostatectomy /ˌtrænsjuˌri:θrəl prɒstə'tektəmi/ prostatectomia transuretral: cirurgia da glândula prostática, por remoção endoscópica através da uretra. Abreviatura: TUR. ☑ **transurethral resection; resection of the prostate.**

transurethral resection /ˌtrænsjuˌri:θrəl rɪ'sekʃən/ ressecção transuretral. ⇨ **transurethral prostatectomy.**

transvaginal /ˌtrænsvə'dʒaɪn(ə)l/ transvaginal: que atravessa a vagina.

transverse /trænz'vɜ:s/ transverso; transversal: localizado através do eixo longitudinal de um órgão.

transverse arch /ˌtrænz'vɜ:s ɑ:tʃ/ arco transversal do pé. ⇨ **metatarsal arch.**

transverse colon /ˌtrænzvɜ:s 'kəulɒn/ cólon transverso: a segunda porção do cólon, que se estende mais ou menos transversalmente por baixo do abdome. Veja ilustração em **Digestive System**, no Apêndice.

transverse fracture /ˌtrænzvɜ:s 'fræktʃə/ fratura transversa: fratura em que o osso é quebrado transversalmente.

transverse lie /ˌtrænzvɜ:s 'laɪ/ posição transversa: posição em que o eixo longitudinal do feto cruza-se transversalmente com o da mãe.

transverse plane /ˌtrænzvɜ:s 'pleɪn/ plano transverso: plano em ângulo reto com os planos coronário e sagital do corpo. ☑ **horizontal plane.** Veja ilustração em **Termos Anatômicos**, no Apêndice.

transverse presentation /ˌtrænzvɜ:s ˌprez(ə)n'teɪʃ(ə)n/ apresentação transversal: posição em que o feto se encontra deitado transversalmente no útero, indicando a apresentação da cabeça no estreito superior da pelve materna por ocasião do parto; geralmente requer manipulação urgente ou operação cesariana, a fim de evitar complicações.

transverse process /ˌtrænzvɜ:s 'prəuses/ processo transverso: protusão de um pequeno nódulo de cada lado do arco de uma vértebra.

transvesical prostatectomy /trænsˌvesɪk(ə)l prɒstə'tektəmi/ prostatectomia transvesical: remoção da glândula prostática por meio de incisão na bexiga urinária.

transvestism /trænz'vestɪz(ə)m/ travestismo: adoção de hábitos de se vestir e comportar como pessoa do sexo oposto.

transvestite /trænz'vestaɪt/ travesti: indivíduo que se veste e comporta como pessoa do sexo oposto.

trapezium /trə'pi:ziəm/ trapézio: um dos oito ossos cárpicos do punho, abaixo do polegar. Veja ilustração em **Hand**, no Apêndice. Plural: **trapeziums** ou **trapezia.**

trapezius /trə'pi:ziəs/ trapézio: músculo triangular situado na linha superior da nuca, que roda a escápula e traciona a cabeça para trás.

trapezoid /'træpɪzɔɪd/ trapezóide: um dos oito ossos cárpicos do punho, abaixo do polegar. Veja ilustração em **Hand**, no Apêndice. ☑ **trapezoid bone.**

trapezoid bone /'træpɪzɔɪd bəun/ osso trapezóide. ⇨ **trapezoid.**

trauma /'trɔ:mə/ trauma: **1** lesão ou traumatismo. **2** experiência muito assustadora ou aflitiva, que acarreta profundo choque emocional.

trauma centre /'trɔ:mə ˌsentə/ pronto-socorro: hospital ou departamento hospitalar que trata de pessoas com traumatismos graves, com risco de morte.

traumatic /trɔ:'mætɪk/ traumático: **1** causado por trauma ou lesão. **2** extremamente assustador, aflitivo ou revoltante.

traumatic fever /trɔ:ˌmætɪk 'fi:və/ febre traumática: febre resultante de traumatismo.

traumatic pneumothorax /trɔ:ˌmætɪk nju:məu'θɔ:ræks/ pneumotórax traumático: pneumotórax resultante de traumatismo na superfície pulmonar ou na parede torácica, com acumulação de ar no espaço pleural.

traumatology /ˌtrɔ:mə'tɒlədʒi/ traumatologia: o ramo da cirurgia que trata de pacientes com traumatismo.

traveller's diarrhoea /ˌtræv(ə)ləz daɪə'ri:ə/ (informal) diarréia do viajante: diarréia que ocorre geralmente em pessoas que viajam para países estrangeiros, devida ao contato com um tipo diferente de *E. coli*.

travel sickness /'træv(ə)l ˌsɪknəs/ doença do movimento; cinesia. ⇨ **motion sickness.**

trazodone /'træzədəun/ trazodona: agente antidepressivo com forte efeito sedativo, usado no tratamento de distúrbios depressivos acompanhados de insônia.

Treacher Collins syndrome /ˌtri:tʃə 'kɒlɪnz ˌsɪndrəum/ síndrome de Treacher Collins: distúrbio hereditário caracterizado por disostose mandibulofacial, com má formação do ouvido externo.

treat /tri:t/ tratar: usar métodos medicinais para curar doença ou ajudar pessoa doente ou traumatizada a se recuperar. *She has been treated with a new antibiotic.* / Ela tem sido tratada com um novo antibiótico. *She's being treated by a specialist for heart disease.* / Ela está sendo tratada por um especialista em doenças cardíacas.

treatment /'tri:tmənt/ tratamento: **1** ações que visam ajudar pessoa doente ou traumatizada a se recuperar, ou curar uma doença. *He is receiving treatment for a slipped disc.* / Ele está recebendo tratamento para uma hérnia de disco intervertebral. **2** maneira particular de tratar pessoa doente ou traumatizada, ou de tentar curar uma doença. *cortisone treatment* / tratamento com cortisona. *This is a new treatment for heart disease.* / Este é um novo tratamento para doenças cardíacas.

trematode /'tremətəud/ trematódeo: um verme plano, parasítico nos animais e no homem.

tremble /'trembəl/ estremecer: tremer levemente.

trembling /'tremblɪŋ/ tremor: movimento leve e involuntário de um membro ou músculo. *Trembling of the hands is a symptom of Parkinson's disease.* / O tremor das mãos é um sintoma da doença de Parkinson.

tremens /'tri:menz/ tremens. Veja **delirium tremens**.

tremor /'tremə/ tremor: estremecimento leve e involuntário de um membro ou músculo.

trench fever /'trenʃ ˌfi:və/ febre das trincheiras: febre causada pela bactéria *Rickettsia;* é semelhante ao tifo, mas recorre a cada cinco dias.

trench foot /ˌtrentʃ 'fʊt/ pé-de-trincheira: condição, causada por exposição ao frio e à umidade, na qual a pele do pé torna-se vermelha, adquire bolhas de água e, em casos graves, escurece e evolui para gangrena. ☑ **immersion foot**. Nota: o pé-de-trincheira era comum entre soldados que buscavam abrigo nas trincheiras, durante a Primeira Guerra Mundial.

trench mouth /ˌtrentʃ 'maʊθ/ boca-de-trincheira: gengivite ulcerativa necrotizante aguda. Veja também **gingivitis**.

Trendelenburg's operation /tren'delənbɜːgz ɒpəˌreɪʃ(ə)n/ operação de Trendelenburg: operação para ligadura da veia safena na virilha, antes de excisão de veias varicosas. (Descrita por Friedrich Trendelenburg [1844–1924], cirurgião alemão.)

Trendelenburg's position /tren'delənbɜːgz pəˌzɪʃ(ə)n/ posição de Trendelenburg: posição na qual o paciente, deitado em uma cama inclinada, mantém a cabeça mais baixa do que os pés e os joelhos flexionados. É utilizada em operações na pelve e no choque. Usa-se também **Trendelenburg position**.

Trendelenburg's sign /tren'delənbɜːgz saɪn/ sinal de Trendelenburg: sinal de luxação congênita do quadril, no qual a pelve é mais baixa no lado oposto ao da luxação.

trephination /ˌtrɪfɪ'neɪʃ(ə)n/ trepanação: remoção de um fragmento circular do crânio com um trépano, a fim de proceder a uma cirurgia cerebral.

trephine /trɪ'fi:n/ trépano: instrumento cirúrgico para remoção de um disco ósseo do crânio ou de outro tecido.

Treponema /ˌtrepə'ni:mə/ *Treponema:* gênero de bactérias causadoras de doenças, tais como a sífilis ou a framboesia (bouba).

treponematosis /ˌtrepəni:mə'təʊsɪs/ treponematose: infecção pela bactéria *Treponema pertenue.* Veja também **yaws**.

TRH abreviatura de **thyrotrophin-releasing hormone**.

triad /'traɪæd/ tríade: três órgãos ou sintomas que possuem algo em comum, reunidos em um grupo.

triage /'tri:ɑːʒ/ triagem: sistema que consiste no rastreamento de pacientes por médico ou enfermeira, a fim de determinar sua prioridade para tratamento.

trial /'traɪəl/ **1** teste; ensaio; experiência: o processo de análise de alguma coisa, como droga ou tratamento, para testar sua eficácia, principalmente antes de permitir o seu uso geral. *clinical trials* / experiências clínicas. *a six-month trial period* / um período de teste de seis meses. *We're supplying it on a trial basis.* / Estamos suprimindo (a deficiência) com base em uma experiência clínica. **2** testar: analisar algo como parte de um teste ou experiência.

triamcinolone /ˌtraɪæm'sɪnələʊn/ triancinolona: agente corticosteróide sintético usado no tratamento de inflamações cutâneas, bucais e das articulações.

triangle /'traɪæŋgəl/ triângulo: **1** uma área com três lados. **2** em anatomia, uma parte do corpo com três lados.

triangular /traɪ'æŋgjʊlə/ triangular: que possui três lados.

triangular bandage /traɪˌæŋgjʊlə 'bændɪdʒ/ bandagem triangular: tecido cortado de forma triangular, que é usado como tipóia.

triceps /'traɪseps/ tríceps: músculo formado de três cabeças, reunidas em um tendão.

triceps brachii /ˌtraɪseps 'breɪki:i/ músculo tríceps do braço: músculo situado na parte lateral e posterior do úmero, que estende o antebraço.

trich- /trɪk/ ⇨ **tricho-**.

trichiasis /trɪ'kaɪəsɪs/ triquíase: condição dolorosa, caracterizada por inversão da pálpebra e irritação ocular provocada pelos cílios.

trichiniasis /ˌtrɪkɪ'naɪəsɪs/ triquiníase. ⇨ **trichinosis**.

trichinosis /ˌtrɪkɪ'nəʊsɪs/ triquinose: doença resultante de infestação intestinal por larvas de ancilóstomos ou nematódeos, que circulam pela corrente sanguínea e invadem o tecido muscular. ☑ **trichiniasis**. Observação: a doença é provocada pela ingestão de carne crua ou insuficientemente cozida, principalmente de porco.

tricho- /trɪkəʊ/ tric(o)-: **1** relativo a pêlo ou estrutura semelhante. **2** semelhante a pêlo ou estrutura afim. Nota: antes de vogais usa-se **trich-**.

Trichocephalus /ˌtrɪkə'sefələs/ *Trichocephalus.* ⇨ **Trichuris**.

trichology /trɪ'kɒlədʒi/ tricologia: o estudo da anatomia e doenças do pêlo.

Trichomonas /ˌtrɪkə'məʊnəs/ *Trichomonas:* gênero de protozoários flagelados, de corpo longo, que infestam o intestino.

Trichomonas vaginalis /trɪkəˌməʊnəs vædʒɪ 'neɪlɪs/ *Trichomonas vaginalis:* espécie encontrada na vagina, onde causa corrimento e irritação. ☑ **vaginalis**.

trichomoniasis /ˌtrɪkəʊmə'naɪəsɪs/ trocomoníase: infecção intestinal ou vaginal por protozoários do gênero *Trichomonas*.

trichomycosis /ˌtrɪkəʊmaɪ'kəʊsɪs/ tricomicose: doença dos pêlos, causada por bactérias do gênero *Corynebacterium*.

T

Trichophyton /traɪˈkɒfɪtɒn/ *Trichophyton:* gênero de fungos que afetam os pêlos, a pele e as unhas.

trichophytosis /ˌtrɪkəʊfaɪˈtəʊsɪs/ tricofitose: infecção causada por fungos do gênero *Trichophyton*.

trichosis /traɪˈkəʊsɪs/ tricose: qualquer doença ou condição anormal dos pêlos.

trichotillomania /ˌtrɪkəʊtɪləʊˈmeɪnɪə/ tricotilomania: condição caracterizada pela compulsão de arrancar os próprios cabelos.

trichromatism /traɪˈkrəʊmətɪz(ə)m/ tricromatismo: visão capaz de perceber as três cores primárias. Compare com **dichromatism**; **monochromatism**.

trichrome stain /ˈtraɪkrəʊm ˌsteɪn/ coloração tricrômica: coloração contendo três corantes diferentes, usada em histologia.

trichuriasis /ˌtrɪkjuˈraɪəsɪs/ tricuríase: infecção intestinal causada por nematódeos do gênero Trichuris.

Trichuris /trɪˈkjʊərɪs/ *Trichuris:* verme parasita que possui uma parte anterior alongada e uma porção posterior espessa. ☑ **Trichocephalus**; **whipworm**.

tricuspid /traɪˈkʌspɪd/ tricúspide: **1** que, ou o que tem três pontas ou cúspides, por exemplo, um dente ou uma folha. **2** relativo ao dente que possui três cúspides ou a uma valva tricúspide.

tricuspid valve /traɪˈkʌspɪd vælv/ valva tricúspide: valva cardíaca com três cúspides, localizada entre o átrio direito e o ventrículo direito. Veja ilustração em **Heart**, no Apêndice.

tricyclic antidepressant /traɪˌsaɪklɪk ˌæntidɪˈpres(ə)nt/ antidepressivo tricíclico: droga usada no tratamento da depressão e dos distúrbios do pânico, por exemplo, a amitriptilina ou a nortrifilina. ☑ **tricyclic antidepressant drug**. Observação: podem ocorrer efeitos colaterais antimuscarínicos ou cardíacos concomitantemente ao uso da droga, mas a sua supressão brusca deve ser evitada.

tricyclic antidepressant drug /traɪˌsaɪklɪk ˌæntidɪˈpres(ə)nt drʌg/ antidepressivo tricíclico. ⇨ **tricyclic antidepressant**.

tridactyly /traɪˈdæktɪli/ tridactilismo: condição caracterizada pela presença de apenas três dedos na mão ou no pé.

trifocal glasses /traɪˌfəʊk(ə)l ˈglɑːsɪz/ óculos trifocais; óculos multifocais. ⇨ **trifocal lenses**. Veja também **bifocal**.

trifocal lenses /traɪˌfəʊk(ə)l ˈlenzɪz/ (plural) lentes trifocais: lentes que possuem três focos diferentes, permitindo uma visão nítida a qualquer distância. Também chamadas de **trifocal glasses**; **trifocals**. Veja também **bifocal**.

trifocals /traɪˌfəʊk(ə)lz/ óculos trifocais; óculos multifocais. ⇨ **trifocal lenses**. Veja também **bifocal**.

trigeminal /traɪˈdʒemɪn(ə)l/ trigeminal: composto de três partes; triplo.

trigeminal ganglion /traɪˌdʒemɪn(ə)l ˈgæŋglɪən/ gânglio trigêmeo: gânglio sensorial contendo células originárias da raiz do quinto nervo craniano. ☑ **Gasserian ganglion**.

trigeminal nerve /traɪˈdʒemɪn(ə)l nɜːv/ nervo trigêmeo: o quinto nervo craniano, que dá origem aos nervos oftálmico, maxilar e mandibular. Controla os nervos sensoriais da face (fronte e queixo) e os músculos da mandíbula.

trigeminal neuralgia /traɪˌdʒemɪn(ə)l njʊˈraldʒə/ neuralgia do trigêmeo: distúrbio do nervo trigêmeo, caracterizado por surtos paroxísticos de dor facial. ☑ **tic douloureux**.

trigeminy /traɪˈdʒemɪni/ trigeminismo: arritmia cardíaca em que um batimento regular, sinusal, é seguido por duas extra-sístoles.

trigger /ˈtrɪgə/ deflagrar; provocar; causar: desencadear um acontecimento ou doença. *It is not known what triggers the development of shingles.* / Não se sabe o que provoca o desenvolvimento de herpes zoster.

trigger finger /ˈtrɪgə ˌfɪŋgə/ dedo em gatilho: condição caracterizada pela interrupção do movimento do dedo, em flexão ou extensão, decorrente, provavelmente, de nódulo no tendão flexor.

triglyceride /traɪˈglɪsəraɪd/ triglicerídeo: substância, como a gordura, que contém três moléculas de ácido graxo.

trigone /ˈtraɪgəʊn/ trígono: estrutura anatômica triangular, situada na parede interna da bexiga urinária, entre os dois orifícios ureterais e o uretral.

trigonitis /ˌtrɪgəˈnaɪtɪs/ trigonite: inflamação da mucosa do trígono, na parte inferior da bexiga urinária.

trigonocephalic /ˌtraɪgɒnəkəˈfælɪk/ trigonocefálico: relativo ao crânio que apresenta sinais de trogonocefalia.

trigonocephaly /ˌtraɪgɒnəˈkefəli/ trigonocefalia: condição na qual o crânio apresenta uma configuração triangular, com duas proeminências laterais.

triiodothyronine /traɪˌaɪədəʊˈθaɪrəniːn/ triiodotironina: hormônio sintetizado da tiroxina secretada pela glândula tireóide.

trimeprazine /traɪˈmeprəziːn/ trimeprazina: agente anti-histamínico usado para alívio do prurido do eczema e outras dermatoses, incluindo erupções cutâneas causadas por alergia à hera venenosa.

trimester /traɪˈmestə/ trimestre: **1** um espaço ou período de três meses. **2** um dos três períodos da gravidez, cada um com duração de três meses.

trimethoprim /traɪˈmiːθəprɪm/ trimetoprim: droga antibacteriana produzida sinteticamente. É usada no tratamento da malária.

triphosphate /traɪˈfɒsfeɪt/ trifosfato. Veja **adenosine triphosphate**.

triple marker test /ˌtrɪp(ə)l ˈmɑːkə test/ teste de coloração tripla: teste sanguíneo capaz de determinar síndrome de Down no feto, por meio da análise dos níveis relativos de substâncias produzidas pela placenta materna e do próprio feto.

triplet /ˈtrɪplət/ trigêmeo: um de três bebês nascidos no mesmo parto.

triple vaccine /ˌtrɪp(ə)l ˈvæksiːn/ vacina tríplice: vacina que confere imunidade contra três doenças: difteria, tétano e coqueluche.

triploid /ˈtrɪplɔɪd/ triplóide: relativo a uma constituição anormal da célula, que possui três grupos de cromossomos.

triquetral /traɪˈkwetr(ə)l/ tríquetro. ⇨ **triquetrum**.

triquetral bone /traɪˈkwetr(ə)l bəʊn/ osso piramidal. ⇨ **triquetrum**.

triquetrum /traɪˈkwetrəm/ tríquetro: um dos oito ossos cárpicos do punho. ☑ **triquetral; triquetral bone**. Veja ilustração em **Hand**, no Apêndice.

trismus /ˈtrɪzməs/ trismo: dificuldade na abertura da boca, relacionada a espasmo dos músculos da mandíbula. É um sintoma de tétano.

trisomic /traɪˈsəʊmɪk/ trisômico: relativo à síndrome de Down.

trisomy /ˈtraɪsəʊmi/ trisomia: condição caracterizada pela presença de um cromossomo suplementar no par de cromossomos 21.

trisomy 21 /ˌtraɪsəʊmi ˌtwenti ˈwʌn/ trisomia 21. ⇨ **Down's syndrome**.

tritanopia /ˌtraɪtəˈnəʊpiə/ tritanopia: forma rara de cegueira para as cores, na qual o indivíduo não consegue distinguir a cor azul. Compare com **Daltonism; deuteranopia**.

trocar /ˈtrəʊkɑː/ trocarte: instrumento cirúrgico de ponta afiada, equipado com uma cânula, usado para perfurar e retirar líquido de uma cavidade.

trochanter /trəˈkæntə/ trocânter: duas protuberâncias ósseas, situadas na extremidade superior do fêmur, nas quais vários músculos são inseridos. Observação: a protuberância na extremidade externa do fêmur é o troncânter maior; a proeminência interna é o trocânter menor.

trochlea /ˈtrɒkliə/ tróclea: qualquer parte do corpo em forma de polia, principalmente a parte mediana da extremidade inferior do úmero, que se articula com a ulna, ou o osso curvo frontal através do qual passa o músculo oblíquo do olho. Plural: **trochleae**.

trochlear /ˈtrɒkliə/ troclear: relativo a uma estrutura que funciona como roldana.

trochlear nerve /ˈtrɒkliə nɜːv/ nervo troclear: o quarto nervo craniano, que inerva os músculos do olho.

trochoid joint /ˈtrəʊkɔɪd dʒɔɪnt/ articulação trocóidea: articulação em que o cilindro de um osso gira em torno de um eixo, a exemplo do pescoço, em que o atlas se articula com o eixo. ☑ **pivot joint**.

trolley /ˈtrɒli/ padiola (com rodinhas) de hospital; maca: maca com rodinhas para o transporte de pacientes. *The patient was placed on a trolley to be taken to the operating theatre.* / O paciente

foi colocado na maca, a fim de ser levado para a sala de operação.

troph- /trɒf/ ⇨ **tropho-**.

trophic /ˈtrɒfɪk/ trófico: relativo à alimentação ou nutrição.

trophic ulcer /ˌtrɒfɪk ˈʌlsə/ úlcera trófica: úlcera sem sangramento, por exemplo, uma úlcera de decúbito.

tropho- /ˈtrɒfəʊ/ trof(o)-: relativo à alimentação ou nutrição. Nota: antes de vogais usa-se **troph-**.

trophoblast /ˈtrɒfəʊblæst/ trofloblasto: tecido que reveste o blastócito.

-trophy /trəfi/ -trofia: **1** nutrição. **2** relativo ao desenvolvimento de um órgão.

tropia /ˈtrəʊpiə/ tropia. ⇨ **squint**.

-tropic /trɒpɪk/ -trópico: **1** indica uma volta em direção a. **2** algo que causa mudança ou transformação.

tropical /ˈtrɒpɪk(ə)l/ tropical: originário ou localizado em áreas situadas entre os trópicos, de clima quente e úmido.

tropical disease /ˌtrɒpɪk(ə)l dɪˈziːz/ doença tropical: doença encontrada em países de clima tropical, por exemplo, malária, dengue ou febre de Lassa.

tropical medicine /ˌtrɒpɪk(ə)l ˈmed(ə)sɪn/ medicina tropical: o ramo da medicina que trata das doenças originadas em área de clima tropical.

tropical ulcer /ˌtrɒpɪk(ə)l ˈʌlsə/ úlcera tropical: grande área infectada que se forma em volta de um ferimento, encontrada principalmente em países de clima tropical. ☑ **Naga sore**.

trots /trɒts/ (informal) diarréia. ◊ **the trots**: diarréia.

trouble /ˈtrʌb(ə)l/ (informal) problema (de saúde): um distúrbio ou condição. *stomach trouble* / um problema de estômago. *treatment for back trouble* / tratamento para problemas nas costas.

Trousseau's sign /ˈtruːsəʊz saɪn/ sinal de Trousseau: ocorrência de contrações espasmódicas nos músculos do braço, quando este é comprimido, por exemplo, por um torniquete. Indica uma diminuição acentuada no cálcio sanguíneo e é um sinal latente de tetania. (Descrito por Armand Trousseau [1801–1867], médico francês.)

true rib /ˌtruː ˈrɪb/ costelas verdadeiras: os sete pares de costelas superiores, que se conectam diretamente com o esterno. Compare com **false rib**.

true vocal cords /ˌtruː ˈvəʊk(ə)l ˌkɔːdz/ (plural) verdadeiras cordas vocais: dobra membranosa que reveste o músculo vocal da laringe. As cordas vocais são uma estrutura envolvida na produção da voz.

truncus /ˈtrʌŋkəs/ tronco: o vaso sanguíneo principal no feto, que se desenvolve na aorta e artéria pulmonar.

trunk /trʌŋk/ tronco. ⇨ **torso**.

truss /trʌs/ funda: dispositivo que circunda a cintura, usado para conter uma hérnia.

trypanocide /'trɪpənəʊsaɪd/ tripanocida: agente que destrói tripanossomos.

Trypanosoma /ˌtrɪpənəʊ'səʊmə/ *Trypanosoma*: organismo microscópico que vive como parasita no sangue humano. É transmitido pela picada de insetos, como a mosca tsé-tsé, e causa doença do sono e outras moléstias graves. Usa-se também **trypanosome**.

trypanosomiasis /ˌtrɪpənəʊsəʊ'maɪəsɪs/ tripanossomíase: doença, disseminada pela picada de insetos, em que o sangue é infestado por tripanossomos. Os sintomas são cefaléia, letargia e longos períodos de sono. Observação: tanto a doença do sono, na África, quanto a doença de Chagas, na América do Sul, são causadas por tripanossomos.

trypsin /'trɪpsɪn/ tripsina: uma enzima formada no duodeno pela clivagem do tripsinogênio; absorve proteína, no curso da digestão intestinal.

trypsinogen /trɪp'sɪnədʒən/ tripsinogênio: proenzima inativa secretada pelo pâncreas; no duodeno, é convertida em tripsina.

tryptophan /'trɪptəfæn/ triptofano: um aminoácido essencial, componente das proteínas.

tsetse fly /'tsetsi flaɪ, 'setsi flaɪ/ mosca tsé-tsé: inseto hematófago da África equatorial; é vetor de tripanossomos que infestam a corrente sanguínea, causando a doença do sono.

TSH abreviatura de **thyroid-stimulating hormone**.

TSS abreviatura de **toxic shock syndrome**.

tsutsugamushi disease /ˌtsu:tsəgə'mu:ʃi dɪˌzi:z/ doença de tsutsugamushi: forma de tifo causada por *Rickettsia tsutsugamushi*. É transmitida ao homem pela picada de ácaros e ocorre principalmente na Ásia e sul e oeste do Pacífico. ☑ **scrub typhus**.

tubal /'tju:b(ə)l/ tubário: relativo a um tubo.

tubal ligation /ˌtju:b(ə)l laɪ'geɪʃ(ə)n/ ligadura tubária; laqueadura: procedimento cirúrgico, para evitar a concepção, que consiste na ligadura das tubas de Falópio (atual *tubas uterinas*).

tubal occlusion /ˌtju:b(ə)l ə'klu:ʒ(ə)n/ oclusão tubária: condição caracterizada por obstrução das tubas de Falópio (atual *tubas uterinas*), resultante de doença ou cirurgia.

tubal pregnancy /ˌtju:b(ə)l 'pregnənsi/ gravidez tubária: a forma mais comum de gravidez ectópica, em que o feto se desenvolve fora do útero, geralmente na tuba de Falópio (atual *tuba uterina*).

tube /tju:b/ tubo; tuba: **1** uma estrutura anatômica oca e alongada. **2** tubo flexível para injetar líquido ou transportar gás. **3** tubo macio de material plástico ou metalizado, fechado em uma das extremidades, contendo pasta ou gel.

tube feeding /'tju:b ˌfi:dɪŋ/ tubo para alimentação: tubo inserido ao longo do esôfago até o estômago, para administrar alimentação líquida.

tuber /'tju:bə/ tuberosidade; túber: uma área saliente ou inflamada.

tuber cinereum /ˌtju:bə ˌsɪnə'riəm/ túber cinéreo; túber cinzento: uma proeminência de substância cinzenta na base do hipotálamo, estendendo-se até o pedículo da glândula pituitária.

tubercle /'tju:bək(ə)l/ tubérculo: **1** pequena projeção óssea rugosa, por exemplo, em uma costela. **2** pequenas lesões granulomatosas, causadas por infecção, com destruição de tecido e formação de pus, características de tuberculose.

tubercular /tjʊ'bɜ:kjʊlə/ tubercular; tuberculoso: **1** relativo a, ou que provoca tuberculose. **2** relativo a nódulos muito pequenos, nem sempre resultantes de tuberculose. **3** relativo à pessoa com tuberculose.

tuberculid /tjʊ'bɜ:kjʊlɪd/ tuberculide: lesão cutânea resultante de tuberculose. Usa-se também **tuberculide**.

tuberculin /tjʊ'bɜ:kjʊlɪn/ tuberculina: substância extraída da cultura do *Mycobacterium tuberculosis*, usada para testes diagnósticos de tuberculose.

tuberculin test /tjʊ'bɜ:kjʊlɪn test/ teste da tuberculina: teste cutâneo para diagnóstico de tuberculose, que consiste na aplicação de tuberculina por métodos diversos, para provocar uma reação local.

tuberculosis /tjʊˌbɜ:kjʊ'ləʊsɪs/ tuberculose: doença contagiosa causada por uma bactéria, o *Mycobacterium tuberculosis*, que pode afetar qualquer órgão ou tecido, e cujas lesões assumem o aspecto de um tubérculo. Abreviatura: **TB**. Observação: a tuberculose pode adquirir várias formas: a mais comum é a infecção dos pulmões (tuberculose pulmonar), mas a doença também pode afetar os ossos (doença de Pott), a pele (lúpus), ou os linfonodos (escrófula). A tuberculose é contraída pela inalação do bacilo ou pela ingestão de alimento contaminado, principalmente leite não-pasteurizado. Pode ser transmitida de uma pessoa para outra, e o portador nem sempre apresenta sintomas da doença. A cura da tuberculose é feita por meio de tratamento com antibióticos, e a doença pode ser prevenida pela imunização com a vacina BCG. Os testes diagnósticos de tuberculose são: o teste de Mantoux, o teste de Heaf e o teste do emplastro. A tuberculose também pode ser detectada por radiografia.

tuberculous /tjʊ'bɜ:kjʊləs/ tuberculoso: relativo à tuberculose.

tuberose /'tju:bərəʊz/ tuberoso: que apresenta nódulos ou tuberosidades.

tuberose sclerosis /ˌtju:bərəʊs sklə'rəʊsɪs/ esclerose tuberosa. ⇨ **epiloia**.

tuberosity /ˌtju:bə'rɒsɪti/ tuberosidade: grande tubérculo em uma superfície óssea.

tuberous /'tju:bərəs/ tuberoso: que possui tuberosidades ou nódulos.

tubo- /tju:bəʊ/ tub(i/o)-: relativo à tuba de Falópio (atual *tuba uterina*) ou aos meatos auditivos interno ou externo.

tuboabdominal /ˌtjuːbəʊæbˈdɒmɪn(ə)l/ tuboabdominal: relativo a uma tuba de Falópio (atual *tuba uterina*) e ao abdome.

tubocurarine /ˌtjuːbəʊˈkjʊərəriːn/ tubocurarina: tóxico alcalóide que é um constituinte ativo do curare, usado como relaxante muscular.

tubo-ovarian /ˌtjuːbəʊ əʊˈveərɪən/ tubovariano: relativo a uma tuba de Falópio (atual *tuba uterina*) e ao ovário.

tubotympanal /ˌtjuːbəʊˈtɪmpən(ə)l/ tubotimpânico: relativo à trompa de Eustáquio (atual *tuba auditiva*) e ao tímpano.

tubular /ˈtjuːbjʊlə/ tubular: **1** cuja forma se assemelha a um tubo. **2** relativo a um túbulo.

tubular bandage /ˌtjuːbjʊlə ˈbændɪdʒ/ bandagem tubular: bandagem feita com faixa de tecido elástico semelhante a um túbulo.

tubular reabsorption /ˌtjuːbjʊlə riːəbˈsɔːpʃən/ reabsorção tubular: o processo de reabsorção pelos rins de algumas substâncias já secretadas nos túbulos renais, e seu retorno à corrente sanguínea.

tubular secretion /ˌtjuːbjʊlə sɪˈkriːʃ(ə)n/ secreção tubular: secreção, na urina, de algumas substâncias oriundas dos túbulos renais.

tubule /ˈtjuːbjuːl/ túbulo: um tubo diminuto no organismo. Veja também **renal tubule**.

tuft /tʌft/ tufo: **1** cacho de cabelos. **2** grupo de vasos sanguíneos renais. Veja **glomerular tuft**.

tugging /ˈtʌɡɪŋ/ repuxamento. Veja **tracheal tugging**.

tularaemia /ˌtuːləˈriːmɪə/ tularemia: doença dos coelhos, causada pelas bactérias *Pasteurella* ou *Brucella tularensis,* que pode ser transmitida ao homem, no qual provoca cefaléia, febre e inflamação dos linfonodos. ☑ **rabbit fever**. Nota: no inglês americano usa-se **tularemia**.

tulle gras /ˈtjuːl ɡrɑː/ tule gorduroso: curativo constituído de uma rede de malhas abertas (gaze) impregnada com parafina líquida, a fim de evitar aderência ao ferimento.

tumefaction /ˌtjuːmɪˈfækʃən/ tumefação: inchaço ou intumescimento dos tecidos corporais, geralmente causado por acúmulo de sangue ou água.

tumescence /tjuːˈmes(ə)ns/ tumescência: inchação dos tecidos, pelo acúmulo de líquido. Veja também **oedema**.

tumescent /tjuːˈmesənt/ tumescente: inchado ou mostrando sinais de tumefação, geralmente pelo acúmulo de sangue ou água nas cavidades serosas, células e tecidos.

tumid /ˈtjuːmɪd/ túrgido: inchado; tumefato.

tummy /ˈtʌmi/ (informal) barriga: estômago ou abdome.

tummy ache /ˈtʌmi eɪk/ (informal) dor de barriga: dor no estômago ou abdome.

tumor /ˈtjuːmə/ tumor. ⇨ **tumour**.

tumoral /ˈtjuːmərəl/ tumoral: relativo a um tumor. ☑ **tumorous**.

tumorous /ˈtjuːmərəs/ tumoroso. ⇨ **tumoral**.

tumour /ˈtjuːmə/ tumor: tumefação anormal ou crescimento de novas células. *The X-ray showed a tumour in the breast.* / O raio X mostrou um tumor na mama. *a brain tumour* / um tumor cerebral. Nota: para conhecer outros termos referentes a tumor, veja os que começam **onco-**. No inglês americano usa-se **tumor**.

tunable dye laser /ˌtjuːnəb(ə)l daɪ ˈleɪzə/ laser de corante com meio ativo alterado: um tipo de laser que coagula vasos sanguíneos muito finos, usado para branquear manchas de vinho do Porto (marcas de nascença de cor púrpura).

tunica /ˈtjuːnɪkə/ túnica: membrana que reveste um órgão.

tunica adventitia /ˌtjuːnɪkə ˌædvenˈtɪʃə/ túnica adventícia: camada externa da parede de uma artéria ou veia. ☑ **adventitia**.

tunica albuginea testis /ˌtjuːnɪkə ælbjuːdʒɪnɪə ˈtestɪs/ tunica albugínea dos testículos: membrana branca fibrosa que reveste os testículos.

tunica intima /ˌtjuːnɪkə ˈɪntɪmə/ túnica íntima: a camada interna da parede de artéria ou veia. ☑ **intima**.

tunica media /ˌtjuːnɪkə ˈmiːdɪə/ túnica média: a camada média da parede de artéria ou veia. ☑ **media**.

tunica vaginalis /ˌtjuːnɪkə vædʒɪˈneɪlɪs/ túnica vaginal do testículo: membrana que reveste os testículos e o epidídimo. ☑ **vaginalis** (acepção 2).

tuning fork /ˈtjuːnɪŋ fɔːk/ diapasão: instrumento cuja forma se assemelha a uma forquilha de metal que, quando vibrado, emite uma nota perfeita. É usado em testes de audição, como o teste de Rinne.

tunnel vision /ˌtʌn(ə)l ˈvɪʒ(ə)n/ visão em túnel: visão restrita à área diretamente à frente dos olhos, como se a pessoa estivesse olhando por um tubo.

TUR abreviatura de **transurethral prostatectomy**.

turbinal bone /ˈtɜːbɪn(ə)l bəʊn/ osso turbinado. ⇨ **nasal conchae; turbinate bone**.

turbinate /ˈtɜːbɪnət/ turbinado: **1** que tem a forma de uma espiral ou de um cone invertido. **2** relativo aos três ossos situados nas paredes das cavidades nasais dos mamíferos. **3** ⇨ **nasal conchae; turbinate bone**.

turbinate bone /ˈtɜːbɪnət bəʊn/ osso turbinado. ☑ **turbinal bone; turbinate**. ⇨ Veja **nasal conchae**.

turbinectomy /ˌtɜːbɪˈnektəmi/ turbinectomia: remoção cirúrgica de um osso turbinado.

turbulent flow /ˌtɜːbjʊlənt ˈfləʊ/ fluxo turbulento: fluxo irregular ou turbulento em vaso sanguíneo, geralmente resultante de uma obstrução parcial.

turcica /ˈtɜːsɪkə/ túrcica. Veja **sella turcica**.

turgescence /tɜːˈdʒes(ə)ns/ turgescência: inchaço dos tecidos, provocada por acúmulo de líquido.

turgid /'tɜ:dʒɪd/ túrgido: inchado pela presença de sangue.

turgor /'tɜ:gə/ turgor: condição de estar túrgido ou inchado.

turn /tɜ:n/ 1 (informal) transformação; mudança: uma leve doença ou tontura. 2 virar; ficar; tornar-se: a) mover a cabeça ou o corpo em outra direção. b) ficar ou se tornar diferente. *The solution is turned blue by the reagent.* / A solução torna-se azul pela ação do reagente.

Turner's syndrome /'tɜ:nəz ˌsɪndrəʊm/ síndrome de Turner: anomalia cromossômica congênita, na mulher, caracterizada pela presença de apenas um cromossomo X, na qual ocorrem desenvolvimento sexual infantil, amenorréia, e ovários indiferenciados, representados por uma faixa fibrosa. (Descrita em 1938 por Henry Hubert Turner, endocrinologista norte-americano nascido em 1892, professor de medicina clínica na Oklahoma University, EUA.)

turricephaly /ˌtʌrɪ'sefəli/ turricefalia. ⇨ **oxycephaly**.

tussis /'tʌsɪs/ tosse: um acesso de tosse.

tutor /'tju:tə/ tutor: professor encarregado do ensino a um pequeno grupo de estudantes.

tweezers /'twi:zəz/ (plural) pinça: instrumento de forma semelhante a uma tesoura, porém sem corte, com tenazes para apreender pequenos objetos.

twenty-four hour flu /ˌtwenti ˌfɔː auə 'flu:/ resfriado leve: qualquer doença menor, semelhante ao resfriado, que dura um curto período.

twenty-twenty vision /ˌtwenti ˌtwenti 'vɪ ʒ(ə)n/ visão total: visão perfeita.

twice /twaɪs/ duas vezes. ◊ **twice daily**: duas vezes ao dia.

twilight myopia /ˌtwaɪlaɪt maɪ'əʊpɪə/ miopia crepuscular: condição em que os olhos têm dificuldade de enxergar na penumbra ou crepúsculo.

twilight sleep /'twaɪlaɪt ˌsli:p/ sono crepuscular: método de indução do sono, mediante injeção de morfina e escopalimina, em que o paciente se mantém semiconsciente, mas não registra a dor.

twilight state /'twaɪlaɪt steɪt/ estado crespuscular: condição caracterizada por perturbação da consciência, na qual pessoas, por exemplo, epilépticas ou alcoólatras, realizam ações automáticas, das quais não se lembram mais tarde. Observação: sono crepuscular é induzido no parto, mediante a aplicação de agentes anestésicos pelo orifício retal.

twin /twɪn/ gêmeo: um de dois bebês nascidos no mesmo parto. Observação: o nascimento de gêmeos acontece uma vez em trinta e oito nascimentos. Freqüentemente, ocorre na mesma família, onde a tendência a ter filhos gêmeos é transmitida às mulheres.

twinge /twɪndʒ/ pontada: dor aguda e repentina. *He sometimes has a twinge in his right shoul-*

der. / Ele algumas vezes sente uma pontada no ombro direito.

twist /twɪst/ torcer: causar torção em alguma parte do corpo, por movimentos bruscos, tais como virar-se ou inclinar-se de maneira incorreta. *He twisted his ankle.* / Ele torceu o tornozelo.

twitch /twɪtʃ/ 1 abalo; contração: movimento muscular momentâneo da face ou da mão. 2 contrair; sacudir: contrair um músculo momentaneamente.

twitching /'twɪtʃɪŋ/ contração: a ocorrência de movimento(s) muscular(es) momentâneo(s) da face ou da mão.

tylosis /taɪ'ləʊsɪs/ tilose: formação de um calo.

tympan- /tɪmpən/ ⇨ **tympano-**.

tympanectomy /ˌtɪmpə'nektəmi/ timpanectomia: remoção cirúrgica da membrana timpânica.

tympanic /tɪm'pænɪk/ timpânico: relativo ao tímpano.

tympanic bone /tɪm'pænɪk bəʊn/ osso timpânico: uma estrutura óssea curva, no feto, que forma o meato acústico externo no adulto.

tympanic cavity /tɪmˌpænɪk 'kævɪti/ cavidade timpânica: a porção da orelha entre o tímpano e o ouvido interno, contendo os três ossículos auditivos. ☑ **middle ear**; **tympanum**.

tympanic membrane /tɪmˌpænɪk 'membreɪn/ membrana timpânica: uma membrana delgada que separa a cavidade timpânica do meato auditivo externo; limita o ouvido médio e o externo, e conduz os sons vibratórios para os ossículos do ouvido médio. ☑ **eardrum**; **myringa**; **tympanum**. Veja ilustração em **Ear**, no Apêndice.

tympanites /ˌtɪmpə'naɪti:z/ timpanismo: distensão do abdome, provocada pela presença de gases na cavidade peritoneal ou no intestino. ☑ **meteorism**.

tympanitis /ˌtɪmpə'naɪtɪs/ timpanite. ⇨ **otitis media**.

tympano- /tɪmpənəʊ/ timpan(o)-: relativo ao tímpano. Nota: antes de vogais usa-se **tympan-**.

tympanoplasty /'tɪmpənəʊplæsti/ timpanoplastia. ⇨ **myringoplasty**.

tympanosclerosis /ˌtɪmpənəʊsklə'rəʊsɪs/ timpanoesclerose: dano irreversível da membrana timpânica e do ouvido médio; começa com a substituição dos tecidos ou fibrina por colágeno e hialina, ocorrendo então calcificação que leva à surdez.

tympanotomy /ˌtɪmpə'nɒtəmi/ timpanotomia. ⇨ **myringotomy**.

tympanum /'tɪmpənəm/ tímpano: 1 ⇨ **tympanic membrane**. 2 ⇨ **tympanic cavity**.

type A behaviour /ˌtaɪp 'eɪ bɪˌheɪvjə/ comportamento do tipo A: padrão de comportamento que pode constituir um fator de risco aumentado para cardiopatia coronariana, caracterizado por agressividade, supercompetitividade e ritmo de vida extremamente estressante. Compare com **type B behaviour**.

type B behaviour /ˌtaɪp ˈbi: bɪˌheɪvjə/ comportamento do tipo B: padrão de vida que não parece constituir um fator de risco para cardiopatia coronariana, caracterizado por competitividade baixa ou normal, tolerância e ritmo de vida mais relaxado. Compare com **type A behaviour**.

Type I diabetes mellitus /taɪp ˌwʌn daɪəˌbi: ti:z məˈlaɪtəs/ diabetes melito do Tipo I: diabetes melito no qual as células β-pancreáticas produzem pouca ou nenhuma insulina, e o indivíduo depende totalmente de injeções de insulina para sobreviver. Sua probabilidade de ocorrência é mais elevada antes dos trinta anos de idade. Os sintomas geralmente são graves e ocorrem repentinamente. ☑ **insulin-dependent diabetes**.

Type II diabetes mellitus /taɪp ˌtu: daɪəˌbi: ti:z məˈlaɪtəs/ diabetes melito do Tipo II: diabetes melito no qual as células perdem alguma ou a maior parte da sua capacidade de usar insulina. Sua probabilidade de ocorrência é mais elevada após os quarenta anos de idade, por causa de obesidade e sedentarismo. Pode ser controlado, em alguns casos, com dieta e exercícios, mas nos casos mais graves requer o emprego de medicamentos de uso oral, que reduzem as taxas de glicose no sangue, ou de injeções de insulina, de modo que mesmo células com baixa recaptação podem obter insulina. ☑ **non-insulin-dependent diabetes**.

typhlitis /tɪˈflaɪtɪs/ tiflite: inflamação do ceco (intestino grosso).

typho- /taɪfəʊ/ tif(o): **1** relativo à febre tifóide. **2** relativo ao tifo.

typhoid /ˈtaɪfɔɪd/ tifóide: infecção intestinal causada por *Salmonella typhi* contida nos alimentos e na água. ☑ **typhoid fever**. Observação: a febre tifóide provoca aumento da temperatura corporal e diarréia, podendo ser acompanhada de fezes sanguinolentas. Pode ser fatal, se não for

tratada. Indivíduos que tiveram a doença podem se tornar portadores. O teste Widal pode detectar a presença de febre tifóide no sangue.

typhoid fever /ˈtaɪfɔɪd ˌfi:və/ febre tifóide. ⇨ **typhoid**.

typhoid-paratyphoid A and B /ˈtaɪfɔɪd ˌpæ rəˈtaɪfɔɪd ˌeɪ ən ˈbi:/ tifóide-paratifóide A e B. *He was given a TAB injection.* / Ele recebeu uma injeção TAB. *TAB injections give only temporary immunity against paratyphoid.* / Injeções TAB conferem imunidade apenas temporária contra a febre paratifóide. Abreviatura: **TAB**. Veja também **TAB vaccine**.

typhus /ˈtaɪfəs/ tifo: um dos vários tipos de febre causados pela bactéria *Rickettsia*, transmitida por pulgas e piolhos. Além de febre intensa, a doença é acompanhada de cefaléia, estupor e erupção generalizada de máculas escuras. O teste de Weil-Felix, ☑ **Weil-Felix reaction**, pode detectar a presença de tifo no sangue do paciente.

typical /ˈtɪpɪk(ə)l/ típico: que apresenta os sintomas comuns de uma doença. *His gait was typical of a patient suffering from Parkinson's disease.* / O seu modo de andar era típico de paciente com doença de Parkinson.

typically /ˈtɪpɪkli/ tipicamente: de modo típico.

tyramine /ˈtaɪrəmi:n/ tiramina: uma enzima encontrada no queijo maduro, vagens, peixe enlatado, vinho tinto e no esporão do centeio (ergot). A presença de grandes quantidades de tiramina no cérebro pode causar hipertensão. Veja também **monoamine oxidase**.

tyrosine /ˈtaɪrəsi:n/ tirosina: um aminoácido constituinte das proteínas; é um precursor das catecolaminas: dopamina, noradrenalina e adrenalina.

tyrosinosis /ˌtaɪrəʊsɪˈnəʊsɪs/ tirosinose: um distúrbio do metabolismo da tirosina.

T

UKCC abreviatura de **United Kingdom Central Council for Nursing, Midwifery and Health Visiting**.

ulcer /ˈʌlsə/ úlcera: lesão com perda de tecido na superfície da pele ou mucosa, geralmente acompanhada de inflamação e dificuldade de cicatrização. *stomach ulcer* / úlcera estomacal.

ulcerated /ˈʌlsəreɪtɪd/ ulcerado: coberto com úlceras.

ulcerating /ˈʌlsereɪtɪŋ/ ulcerogênico: que forma, ou tende a formar ulceração.

ulceration /ˌʌlsəˈreɪʃ(ə)n/ ulceração: o desenvolvimento de uma úlcera.

ulcerative /ˈʌls(ə)rətɪv/ ulcerativo: relativo à úlcera, ou caracterizado por úlceras.

ulcerative colitis /ˌʌls(ə)rətɪv kəˈlaɪtɪs/ colite ulcerativa: ulceração do cólon e do reto, provocando dores abdominais agudas; freqüentemente, sua causa é psicossomática. Compare com **regional ileitis**.

ulceromembranous gingivitis /ˌʌlsərəʊˌm embrənəs ˌdʒɪndʒɪˈvaɪtɪs/ gengivite ulceromembranosa: inflamação progressiva e dolorosa das gengivas, podendo comprometer outras partes da mucosa oral.

ulcerous /ˈʌlsərəs/ ulceroso: 1 relativo à úlcera. 2 semelhante à úlcera.

ulitis /juˈlaɪtɪs/ ulite; gengivite: inflamação das gengivas.

ulna /ˈʌlnə/ ulna: o maior e mais interno dos dois ossos do antebraço, situado entre o cotovelo e o punho. Veja ilustração em **Hand**, no Apêndice. ☑ **cubitus**. Compare com **radius**.

ulnar /ˈʌlnə/ ulnar: relativo à ulna.

> ...the whole joint becomes disorganised, causing ulnar deviation of the fingers resulting in the typical deformity of the rheumatoid arthritic hand. / "a articulação inteira se torna desordenada, causando deflexão ulnar dos dedos, resultando na deformidade típica da mão de artrite reumatóide." (*Nursing Times*)

ulnar artery /ˈʌlnər ˌɑːtəri/ artéria ulnar: artéria que se origina na artéria braquial, no cotovelo; desce pelo antebraço, indo se juntar à artéria radial, na palma da mão.

ulnar nerve /ˈʌlnə nɜːv/ nervo ulnar: nervo que

se origina no pescoço e desce até o cotovelo; nutre os músculos do antebraço e o dorso da parte medial da mão. Observação: o nervo ulnar passa próximo à superfície cutânea do cotovelo, local em que pode ser atingido com facilidade, resultando em uma condição chamada "osso esquisito" (*funny bone*).

ulnar pulse /ˈʌlnə pʌls/ pulso ulnar: um pulso secundário no punho, tomado perto da margem interna do antebraço.

ultra- /ˈʌltrə/ ultra-: 1 mais longe; além. 2 extremamente.

ultrafiltration /ˌʌltrəfɪlˈtreɪʃ(ə)n/ ultrafiltração: filtração do sangue que permite a separação de partículas diminutas, por exemplo, a filtração do sangue pelo rim.

ultramicroscopic /ˌʌltrəˌmaɪkrəˈskɒpɪk/ ultra-microscópio: relativo a algo cujas dimensões diminutas escapam ao microscópio comum.

ultrasonic /ˌʌltrəˈsɒnɪk/ ultra-sônico: relativo ao ultra-som.

ultrasonic probe /ˌʌltrəsɒnɪk ˈprəʊb/ sonda ultra-sônica: instrumento delgado e flexível, usado para detectar órgãos ou tecidos no interior do organismo pelo uso do ultra-som. ☑ **ultrasound probe**.

ultrasonics /ˌʌltrəˈsɒnɪks/ ultra-sonografia: o estudo do ultra-som e seu uso nos tratamentos médicos.

ultrasonic waves /ˌʌltrəsɒnɪk ˈweɪvz/ (plural) ondas ultra-sônicas. ⇨ **ultrasound**.

ultrasonogram /ˌʌltrəˈsɒnəgræm/ ultra-sonograma: imagem obtida por meio de ultra-som, para uso terapêutico e diagnóstico.

ultrasonograph /ˌʌltrəˈsɒnəgrɑːf/ ultra-sonógrafo: instrumento que registra imagens de órgãos internos por meio de ultra-sonografia.

ultrasonography /ˌʌltrəsəˈnɒgrəfi/ ultra-sonografia: procedimento que permite a visualização de estruturas profundas do organismo pelo registro de ecos de ondas ultra-sônicas direcionadas aos tecidos. ☑ **echography**; **sonography**.

ultrasonotomography /ˌʌltrəˌsɒnətəˈmɒgrəfi/ ultra-sonotomografia: procedimento para obtenção de imagens de estruturas internas, na qual ondas ultra-sônicas são direcionadas a órgãos situados em diferentes profundidades do corpo.

ultrasound /'ʌltrəsaʊnd/ ultra-som: ondas sonoras de altíssima freqüência, que podem ser direcionadas a órgão internos, ou ao feto no útero, registrando imagens para uso terapêutico ou diagnóstico. Nota: a palavra é usada tanto no singular quanto no plural. ☑ **ultrasonic waves**. Observação: as ondas sonoras de altíssima freqüência podem ser usadas para detecção de órgãos internos ou de tumores, à semelhança da radiografia, pelo registro visual dos ecos recebidos dos tecidos irradiados. O ultra-som é usado rotineiramente para monitorizar o desenvolvimento de um feto no útero, e para tratar certas condições, como lesões internas; pode também destruir bactérias e cálculos.

ultrasound marker /'ʌltrəsaʊnd ˌmɑːkə/ marcador ultra-sônico: um marcador que registra característica física anormal, perceptível pelo ultra-som do feto, indicativa da existência de distúrbio genético ou do desenvolvimento.

ultrasound probe /'ʌltrəsaʊnd prəʊb/ sonda ultra-sônica. ⇨ **ultrasonic probe**.

ultrasound scan /'ʌltrəsaʊnd skæn/ ultra-sonografia: exame das partes internas do corpo, principalmente do feto no útero, pelo uso da tecnologia ultra-sônica.

ultrasound scanning /'ʌltrəsaʊnd ˌskænɪŋ/ ultra-sonografia: método de obtenção de informações sobre órgãos e estruturas internas por meio da exibição visual de ecos emitidos por ondas sonoras de altíssima freqüência. ☑ **ultrasound screening**.

ultrasound screening /'ʌltrəsaʊnd ˌskriːnɪŋ/ triagem ultra-sônica. ⇨ **ultrasound scanning**.

ultrasound treatment /'ʌltrəsaʊnd ˌtriːtmənt/ tratamento com ultra-som: tratamento de inflamação de tecidos moles com o uso de ondas ultra-sônicas.

ultraviolet /ˌʌltrəˈvaɪələt/ ultravioleta: relativo aos raios eletromagnéticos invisíveis, além da extremidade violeta do espectro. A radiação ultravioleta possui várias propriedades, por exemplo, induz o bronzeamento da pele, estimula a pele a produzir vitamina D e é utilizado como germicida. Abreviatura: **UV**.

ultraviolet lamp /ˌʌltrəˈvaɪələt ˈlæmp/ lâmpada ultravioleta: lâmpada que emite raios ultravioleta.

ultraviolet radiation /ˌʌltrəˈvaɪələt reɪdiˈeɪʃ(ə)n/ radiação ultravioleta: relativo aos raios invisíveis da luz ultravioleta. ☑ **ultraviolet rays**. Abreviatura: **UVR**.

ultraviolet rays /ˌʌltrəˈvaɪələt ˌreɪs/ raios ultravioleta. ⇨ **ultraviolet radiation**.

umbilical /ʌmˈbɪlɪk(ə)l/ umbilical: relativo ao umbigo.

umbilical circulation /ʌmˌbɪlɪk(ə)l ˌsɜːkjuˈleɪʃ(ə)n/ circulação umbilical: circulação do feto, realizada através do vasos umbilicais.

umbilical cord /ʌmˈbɪlɪk(ə)l kɔːd/ cordão umbilical: um cordão flexível que comporta as duas artérias e uma veia umbilical, e liga o feto à placenta. Observação: as artérias transportam sangue e nutrientes da placenta para o feto, e as veias levam de volta à placenta substâncias de que o feto não necessita. Quando o bebê nasce, procede-se à excisão e amarração do cordão umbilical, que cai após alguns dias e deixa uma cicatriz (o umbigo) em seu lugar.

umbilical hernia /ʌmˌbɪlɪk(ə)l ˈhɜːniə/ hérnia umbilical: hérnia de uma parte do intestino no umbigo, que ocorre geralmente em crianças pequenas. ☑ **exomphalos**.

umbilical region /ʌmˈbɪlɪk(ə)l ˌriːdʒ(ə)n/ região umbilical: a parte central do abdome, abaixo do epigástrio.

umbilicated /ʌmˈbɪlɪkeɪtɪd/ umbilicado: com uma pequena depressão no centro, semelhante ao umbigo.

umbilicus /ʌmˈbɪlɪkəs/ umbigo. ⇨ **navel**; **omphalus**.

umbo /'ʌmbəʊ/ bossa: pequena protuberância no centro da superfície externa do tímpano.

un- /ʌn/ un-: forma combinante que indica negação, privação, remoção.

unaided /ʌnˈeɪdɪd/ desamparado; sem ajuda ou auxílio: sem nenhuma ajuda. *Two days after the operation, he was able to walk unaided.* / Dois dias após a operação, ele pôde caminhar sem ajuda.

unblock /ʌnˈblɒk/ desbloquear; desobstruir: remover algo que está bloqueando ou obstruindo. *an operation to unblock an artery* / uma cirurgia para desbloquear uma artéria.

unciform bone /'ʌnsɪfɔːm bəʊn/ osso unciforme. ⇨ **hamate bone**.

uncinate /'ʌnsɪnət/ uncinado; unciforme: cuja forma se assemelha a um gancho.

uncinate epilepsy /ˌʌnsɪnət ˈepɪlepsi/ epilepsia uncinada: epilepsia caracterizada por sonolência e alucinações do olfato e paladar, resultante de lesão do lobo temporal.

unconditioned response /ˌʌnkənˌdɪʃ(ə)nd rɪˈspɒns/ resposta não-condicionada: resposta automática, por instinto, a um estímulo.

unconscious /ʌnˈkɒnʃəs/ inconsciente: **1** não-consciente dos fatos ou acontecimentos. *She was unconscious for two days after the accident.* / Ela esteve inconsciente durante dois dias após o acidente. **2** ◊ (psicologia) **the unconscious**: o inconsciente: a parte da mente que guarda os sentimentos, memórias ou desejos que não são acessíveis à percepção consciente. Veja também **subconscious**.

unconsciousness /ʌnˈkɒnʃəsnəs/ inconsciência: o estado de ausência ou comprometimento da consciência, resultante, por exemplo, da falta de oxigênio no cérebro ou de outros fatores externos, como uma pancada na cabeça.

uncontrollable /ˌʌnkənˈtrəʊləb(ə)l/ incontrolável: incapaz de ser controlado. *the uncontrollable spread of the disease through the population* / a propagação incontrolável da doença entre a população.

U

uncoordinated /ˌʌnkəʊˈɔːdɪneɪtɪd/ descoordenado: que não possui coordenação; desajustado. *His finger movements are completely uncoordinated.* / Os movimentos dos dedos dele são completamente descoordenados.

uncus /ˈʌŋkəs/ uncus: uma projeção, em forma de gancho, no hemisfério cerebral.

undecenoic acid /ˌʌnˌdesɪnəʊɪk ˈæsɪd/ ácido undecenóico: substância extraída da vagem da mamoneira (óleo de rícino ou de mamona), usada no tratamento de infecções fúngicas, por exemplo, afta ou sapinho. ☑ **undecylenic acid**.

undecylenic acid /ˌʌnˌdɪsɪlenɪk ˈæsɪd/ ácido undecilênico. ⇨ **undecenoic acid**.

under- /ʌndə/ sub-: menos do que o normal; muito pouco ou pequeno.

undergo /ˌʌndəˈɡəʊ/ passar por; ser submetido a; sofrer: ser submetido a algo, por exemplo, operação ou procedimento cirúrgico. *He underwent an appendicectomy.* / Ele foi submetido a uma apendicectomia. *There are six patients undergoing physiotherapy.* / Há seis pacientes sendo submetidos à fisioterapia.

underhydration /ˌʌndəhaɪˈdreɪʃ(ə)n/ subdesidratação: a condição de ter uma quantidade muita pequena de água no organismo.

undernourished /ˌʌndəˈnʌrɪʃt/ subnutrido: que não tem alimento suficiente para seu sustento.

underproduction /ˌʌndəprəˈdʌkʃ(ə)n/ subprodução: o ato de produzir menos do que o normal.

undertake /ˌʌndəˈteɪk/ realizar; empreender: realizar um procedimento, por exemplo, uma operação cirúrgica. *Replacement of the joint is mainly undertaken to relieve pain.* / A substituição de articulação é realizada principalmente para aliviar a dor.

underweight /ˌʌndəˈweɪt/ com peso deficiente; abaixo do peso: que pesa menos do é que aconselhável, do ponto de vista médico. *He is several pounds underweight for his age.* / Ele está várias libras abaixo do peso, com relação à idade.

undescended testis /ʌndɪˌsendɪd ˈtestɪs/ testículo não-descido; testículo retido: condição na qual o testículo não desceu para as bolsas escrotais.

undiagnosed /ˌʌnˌdaɪəɡˈnəʊzd/ não-diagnosticado: algo não identificado, por exemplo, distúrbio ou doença específica.

undigested /ˌʌndaɪˈdʒestɪd/ indigesto: relativo à comida que não se digeriu no organismo.

undine /ˈʌndiːn/ undina: recipiente de vidro contendo uma solução para irrigação dos olhos.

undress /ʌnˈdres/ despir: tirar as roupas.

undulant fever /ˈʌndjʊlənt ˌfiːvə/ febre ondulante. ⇨ **brucellosis**.

unfit /ʌnˈfɪt/ fora de forma (física); inapto: não saudável fisicamente.

ungual /ˈʌŋɡwəl/ ungueal: relativo às unhas dos dedos ou artelhos.

unguent /ˈʌŋɡwənt/ ungüento: substância medicinal, semi-sólida e suave, usada para aliviar irritações cutâneas.

unguentum /ʌŋˈɡwentəm/ (farmácia) pomada; ungüento: uma pomada.

unguis /ˈʌŋɡwɪs/ unha. ⇨ **nail**.

unhealthy /ʌnˈhelθi/ doente; pouco saudável: **1** que não está em boas condições físicas. **2** diz-se de algo prejudicial à saúde. *The children have a very unhealthy diet.* / As crianças têm uma dieta pouco saudável.

unhygienic /ˌʌnhaɪˈdʒiːnɪk/ não-higiênico; anti-higiênico: sem condições de higiene; nocivo à saúde. *The conditions in the hospital laundry have been criticised as unhygienic.* / As condições da lavanderia hospitalar foram julgadas anti-higiênicas.

uni- /juːni/ uni-: forma combinante que significa um.

unicellular /ˌjuːniˈseljʊlə/ unicelular: relativo ao organismo formado de uma célula.

uniform /ˈjuːnɪfɔːm/ uniforme: **1** peça do vestuário, distintiva e padronizada, usada pelos membros de uma categoria profissional, por exemplo, enfermeiras de um hospital. **2** que tem a mesma forma ou padrão. *Healthy red blood cells are of a uniform shape and size.* / Eritrócitos sadios têm forma e tamanho uniformes.

unigravida /ˌjuːniˈɡrævɪdə/ unigrávida. ⇨ **primigravida**.

unilateral /ˌjuːnɪˈlæt(ə)rəl/ unilateral: que afeta apenas um lado do corpo.

unilateral oophorectomy /ˌjuːnɪˌlæt(ə)rəl ˌəʊəfəˈrektəmi/ ooforectomia unilateral: remoção cirúrgica de apenas um ovário.

union /ˈjuːnjən/ união: a junção ou consolidação de duas partes de um osso fraturado. Oposto de **non-union**. Veja também **malunion**.

uniovular /ˌjuːniˈɒvjʊlə/ uniovular: relativo a, ou originário de, um óvulo único.

uniovular twins /ˌjuːniˌɒvjʊlə ˈtwɪnz/ (plural) gêmeos uniovulares. ⇨ **identical twins**.

unipara /juːˈnɪpərə/ unípara. ⇨ **primipara**.

unipolar /ˌjuːniˈpəʊlə/ unipolar: relativo ao neurônio com um processo único. Veja ilustração em **Neuron**, no Apêndice.

unipolar lead /ˌjuːniˈpəʊlə ˈliːd/ condutor unipolar: condutor elétrico com um eletrodo único.

unipolar neurone /juːniˌpəʊlə ˈnjʊərəʊn/ neurônio unipolar: neurônio que possui um processo único. Compare com **multipolar neurone**; **bipolar neurone**. Veja ilustração em **Neuron**, no Apêndice.

unit /ˈjuːnɪt/ unidade; aparelho; peça: **1** uma parte de um todo. **2** uma seção hospitalar com funções específicas. *a burns unit* / setor de queimados. **3** um padrão de medida ou grandeza. *A gram is an SI unit of weight.* Um grama é uma unidade de peso do Sistema Internacional de pesos. **4** quantidade de um medicamento, enzima, hormônio ou sangue, tomada como padrão de medição. *three units of blood* / três unidades de sangue.

a unit of insulin / uma unidade de insulina. **5** máquina ou aparelho. *a waste-disposal unit* / um triturador de lixo. Veja **burns unit**; **transfer**.

> *...the blood loss caused his haemoglobin to drop dangerously low, necessitating two units of RBCs and one unit of fresh frozen plasma.* / "...a perda de sangue causou uma queda drástica e perigosa no conteúdo de hemoglobina, sendo necessárias duas unidades de eritrócitos (*RBCs = red blood cells*) e uma unidade de plasma fresco congelado." (*RN Magazine*)

United Kingdom Central Council for Nursing, Midwifery, and Health Visiting /juː'naɪtɪd ˌkɪŋdəm ˌsentrəl ˌkaʊnsəl fə ˌnɜːsɪŋ mɪdˌwɪfəri ənd 'helθ ˌvɪzɪtɪŋ/ Conselho Central do Reino Unido sobre Enfermagem, Obstetrícia e Visitas Médicas: organização responsável pela regulamentação do trabalho de enfermeiros, enfermeiras visitadoras, parteiras e profissionais da saúde, no Reino Unido, de 1979 até abril de 2002. O Conselho Central do Reino Unido sobre Enfermagem, Obstetrícia e Visitas Médicas e os quatro Conselhos Nacionais foram substituídos pelo Conselho de Enfermagem e Obstetrícia. Abreviatura: **UKCC**. Veja **health visitors**; **post-registration education and practice**; **National Boards**.

United States Pharmacopeia /juː'naɪtɪd ˌsteɪt ˌfɑːməkə'piːə/ Farmacopéia dos Estados Unidos. Abreviatura: **USP**. Veja também **pharmacopoeia**.

univalent /ˌjuːni'veɪlənt/ equivalente. ⇨ **monovalent**.

universal donor /ˌjuːnɪvɜːs(ə)l 'dəʊnə/ doador universal: indivíduo cujo tipo sanguíneo pertence ao grupo O, e que pode doá-lo a qualquer pessoa.

Universal Precautions /ˌjuːnɪvɜːs(ə)l prɪ'kɔːʃ(ə)nz/ Normas Universais de Precaução. Abreviatura: **UP**. Veja também **Standard Precautions**.

universal recipient /ˌjuːnɪvɜːs(ə)l rɪ'sɪpiənt/ receptor universal: indivíduo cujo tipo sanguíneo pertence ao grupo AB, e que pode receber sangue de pessoa de qualquer grupo sanguíneo.

unmedicated dressing /ʌnˌmedɪkeɪtɪd 'dresɪŋ/ curativo simples: curativo sem substância medicinal ou anti-séptica, usado apenas para proteger contra infecção ou trauma.

unprofessional conduct /ʌnprəˌfeʃ(ə)l 'kɒndʌkt/ conduta não-profissional: conduta imprópria: conduta de um profissional, por exemplo, médico ou enfermeira, considerada errada ou imprópria pelo órgão que regulamenta a profissão.

> *...refusing to care for someone with HIV-related disease may well result in disciplinary procedure for unprofessional conduct.* / "a recusa em tratar alguma pessoa com doença relacionada ao HIV pode resultar em procedimento disciplinar por conduta profissional imprópria." (*Nursing Times*)

unqualified /ʌn'kwɒlɪfaɪd/ inepto; não-qualificado: relativo à pessoa sem qualificação ou licença para praticar uma profissão.

unsaturated fat /ʌnˌsætʃəreɪtɪd 'fæt/ gordura insaturada: gordura que não possui grande quantidade de hidrogênio, e, desse modo, pode ser decomposta com mais facilidade.

unstable /ʌn'steɪb(ə)l/ instável; inconstante: capaz de mudar ou se alterar. *an unstable mental condition* / uma condição mental instável.

unstable angina /ʌnˌsteɪb(ə)l æn'dʒaɪnə/ angina instável: angina cuja gravidade ou freqüência aumenta subitamente.

unsteady /ʌn'stedi/ vacilante; trêmulo; inseguro: propenso à queda. *She is still very unsteady on her legs.* / Ela ainda está com as pernas muito vacilantes.

unstriated muscle /ˌʌnstraɪˌeɪtɪd 'mʌs(ə)l/ músculo não-estriado. ⇨ **smooth muscle**.

unviable /ʌn'vaɪəb(ə)l/ inviável: relativo ao feto que não tem condições de sobreviver.

unwanted pregnancy /ʌnˌwɒntɪd 'pregnənsi/ gravidez indesejável: gravidez que não foi planejada e não é bem aceita pela mulher.

unwell /ʌn'wel/ enfermo; indisposto: doente. *She felt unwell and had to go home.* / Ela se sentiu indisposta e precisou ir para casa.

UP abreviatura de **Universal Precautions**.

upper /'ʌpə/ superior: de cima; mais alto.

upper arm /ˌʌpə 'ɑːm/ parte superior do braço: a parte do braço que se estende do ombro até o cotovelo.

upper limb /ˌʌpə 'lɪm/ membro superior: o braço. *There was damage to the upper limbs only.* / Houve dano apenas dos membros superiores.

upper motor neurone /ˌʌpə 'məʊtə ˌnjʊərəʊn/ neurônio motor superior: neurônio que conduz estímulos para o córtex cerebral.

upper respiratory infection /ˌʌpə rɪ'spɪrət(ə)ri ɪnˌfekʃən/ infecção do trato respiratório superior: infecção da parte superior do sistema respiratório.

UPPP abreviatura de **uvulopalatopharyngoplasty**.

upset /'ʌpset/ **1** indisposição; mal-estar: uma doença leve. **2** indisposto: levemente doente. Nota: na acepção 2, a pronúncia é /ʌp'set/.

upset stomach /'ʌpset ˌstʌmək/ indisposição estomacal. ⇨ **stomach upset**.

upside down /ˌʌpsaɪd 'daʊn/ de cabeça para baixo: com a parte superior voltada para baixo.

upside-down stomach /ˌʌpsaɪd daʊn 'stʌmək/ estômago de cabeça para baixo. ⇨ **diaphragmatic hernia**.

uracil /'jʊərəsɪl/ uracil: uma base com anel pirimidínico, presente no ácido desoxirribonucléico (RNA).

uraemia /jʊ'riːmiə/ uremia: distúrbio causado por insuficiência renal grave, caracterizado pela presença de uréia no sangue. Os sintomas incluem náuseas, convulsões e, em alguns ca-

U

sos, coma. Nota: no inglês americano usa-se **uremia**.

uraemic /juˈriːmɪk/ urêmico: relativo à uremia, ou que sofre de uremia. Nota: no inglês americano usa-se **uremic**.

uran- /juərən/ uran(i/o)-: relativo ao palato.

uraniscorrhaphy /ˌjuərənɪˈskɒrəfi/ uraniscorrafia. ⇨ **palatorrhaphy**.

urataemia /ˌjuərəˈtiːmiə/ uratemia: condição caracterizada pela presença de urato de sódio no sangue, por exemplo, na gota.

urate /ˈjuəreɪt/ urato: um sal do ácido úrico encontrado na urina.

uraturia /ˌjuərəˈtjuəriə/ uratúria: a presença de uma quantidade excessiva de uratos na urina, por exemplo, na gota.

urea /juˈriːə/ uréia: substância formada pelo metabolismo dos aminoácidos, no fígado, e excretada na urina.

urease /ˈjuəreɪz/ urease: enzima que converte a uréia em amônia e dióxido de carbono.

urecchysis /juˈrekɪsɪs/ urequise: condição caracterizada pela extravasamento de urina para os tecidos conjuntivos.

uremia /juˈriːmiə/ uremia. ⇨ **uraemia**.

uremic /juˈriːmɪk/ urêmico. ⇨ **uraemic**.

uresis /juˈriːsɪs/ urese: o ato de eliminar urina.

ureter /juˈriːtə, ˈjuərɪtə/ ureter: um dos dois tubos que conduzem a urina dos rins para a bexiga. Veja ilustração em **Kidney**, no Apêndice. ☑ **urinary duct**.

ureter- /juriːtə/ ⇨ **uretero-**.

ureteral /juˈriːtərəl/ ureteral: relativo aos ureteres. ☑ **ureteric**.

ureterectomy /ˌjuərɪtəˈrektəmi/ ureterectomia: remoção cirúrgica de um ureter.

ureteric /ˌjuərɪˈterɪk/ uretérico. ⇨ **ureteral**.

ureteric calculus /juərɪterɪk ˈkælkjuləs/ cálculo uretral: cálculo situado no ureter.

ureteric catheter /ˌjuərɪterɪk ˈkæθɪtə/ sonda uretral: sonda para introdução na bexiga, através do ureter, para injeção de meio opaco, em exames de raios X.

ureteritis /ˌjuərɪtəˈraɪtɪs/ ureterite: inflamação de um ureter.

uretero- /juriːtərəu/ ureter(o)-: relativo ao ureter. Nota: antes de vogais usa-se **ureter-**.

ureterocele /juˈriːtərəusiːl/ ureterocele: inflamação do segmento terminal do ureter, causada por estreitamento do meato ureteral.

ureterocolostomy /juˌriːtərəukɒˈlɒstəmi/ ureterocolostomia: procedimento cirúrgico para implantação do ureter no cólon sigmóide. ☑ **ureterosigmoidostomy**.

ureteroenterostomy /juˌriːtərəuˌentəˈrɒstəmi/ ureteroenterostomia: procedimento cirúrgico para estabelecer de uma ligação entre o ureter e o intestino.

ureterolith /juˈriːtərəuliθ/ uretólito: um cálculo alojado no ureter.

ureterolithotomy /juˌriːtərəulɪˈθɒtəmi/ ureterolitotomia: remoção cirúrgica de um cálculo do ureter.

ureterolysis /ˌjuərɪtəˈrɒləsɪs/ ureterólise: procedimento cirúrgico para liberar um ureter de aderências ou tecido fibroso.

ureteroneocystostomy /juˌriːtərəuˌniːəusaɪˈstɒstəmi/ ureteroneocistostomia: implantação cirúrgica do ureter em um local diferente na bexiga.

ureteronephrectomy /juˌriːtərəunɪˈfrektəmi/ ureteronefrectomia. ⇨ **nephroureterectomy**.

ureteroplasty /juˈriːtərəuplæsti/ ureteroplastia: cirurgia plástica de um ureter.

ureteropyelonephritis /juˌriːtərəuˌpaɪələunɪˈfraɪtɪs/ ureteropielonefrite: inflamação da pelve renal e seu ureter.

ureteroscope /juˈriːtərəuskəup/ ureteroscópio: endoscópio para inspeção visual do ureter e rins, normalmente para localização e remoção de cálculos.

ureteroscopy /ˌjuərɪtəˈrɒskəpi/ ureteroscopia: exame do ureter por meio de um ureteroscópio.

ureterosigmoidostomy /juˌriːtərəusɪgmɔɪˈdɒstəmi/ ureterossigmoidostomia. ⇨ **ureterocolostomy**.

ureterostomy /ˌjuərɪtəˈrɒstəmi/ ureterostomia: procedimento cirúrgico para estabelecimento de uma abertura externa para o ureter, através da parede abdominal.

ureterotomy /ˌjuərɪtəˈrɒtəmi/ ureterotomia: incisão cirúrgica do ureter, principalmente para remoção de cálculo.

ureterovaginal /juˌriːtərəuvəˈdʒaɪn(ə)l/ ureterovaginal: relativo ao ureter e vagina.

urethr- /juəriːθr/ ⇨ **urethro-**.

urethra /juˈriːθrə/ uretra: canal que sai da bexiga e conduz a urina para a parte externa do corpo. ☑ **front passage** (acepção 1); **vagina** (acepção 2). Veja ilustração em **Urogenital System**, no Apêndice. Observação: no homem, a uretra tem dois propósitos, que são: a eliminação de urina e a descarga de sêmen. A uretra masculina mede cerca de 20 centímetros de comprimento; na mulher, a uretra é cerca de 3 centímetros menor, e essa pequena diferença é uma das razões para a predominância de infecções e inflamação da bexiga (cistite), no sexo feminino. A uretra possui músculos esfincterianos nas duas extremidades, os quais ajudam a controlar o fluxo de urina.

urethral /juˈriːθr(ə)l/ uretral: relativo à uretra.

urethral catheter /juˌriːθr(ə)l ˈkæθɪtə/ sonda uretral: sonda inserida na uretra para esvaziamento da bexiga antes de cirurgia abdominal. ☑ **urinary catheter**.

urethral stricture /juˈriːθrəl ˈstrɪktʃə/ estreitamento uretral: condição caracterizada por estenose ou bloqueio da uretra por um tumor. ☑ **urethrostenosis**.

urethritis /ˌjuərəˈθraɪtɪs/ uretrite: inflamação da uretra.

urethro- /juri:θrəʊ/ uretr(o)-: relativo à uretra. Nota: antes de vogais usa-se **urethr-**.

urethrocele /ju'ri:θrəsi:l/ uretrocele: **1** dilatação formada em uma parede da uretra. **2** prolapso da uretra feminina.

urethrogram /ju'ri:θrəgræm/ uretrograma: radiografia da uretra.

urethrography /juərɪ'θrɒgrəfi/ uretrografia: radiografia da uretra.

urethroplasty /ju'ri:θrəplæsti/ uretroplastia: cirurgia plástica da uretra.

urethrorrhaphy /juərɪ'θrɒrəfi/ uretrorrafia: procedimento cirúrgico para sutura da uretra.

urethrorrhoea /ju,ri:θrə'ri:ə/ uretrorréia: corrimento anormal pela uretra, geralmente associado à uretrite.

urethroscope /ju'ri:θrəskəʊp/ uretroscópio: instrumento cirúrgico para examinar o interior da uretra masculina.

urethroscopy /,juərɪ'θrɒskəpi/ uretroscopia: exame do interior da uretra masculina por meio de um uretroscópio.

urethrostenosis /ju,ri:θrəʊstə'nəʊsɪs/ uretrostenose. ⇨ **urethral stricture**.

urethrostomy /,juərɪ'θrɒstəmi/ uretrostomia: cirurgia para abertura da uretra, criando um canal artificial entre o escroto e o ânus.

urethrotomy /juərɪ'θrɒtəmi/ uretrotomia: incisão cirúrgica de uma estenose ou obstrução da uretra. ☑ **Wheelhouse's operation**.

uretic /ju'ri:tɪk/ urético: relativo à emissão de urina.

urge /ɜ:dʒ/ anseio; ímpeto: necessidade muito grande ou irresistível (de fazer alguma coisa).

urge incontinence /'ɜ:dʒ ɪn,kɒntɪnəns/ incontinência de urgência: condição caracterizada por emissão incontrolável de urina durante um desejo muito forte de urinar.

urgent /'ɜ:dʒənt/ urgente: que precisa ser feito logo, sem demora. *She had an urgent operation for strangulated hernia.* / Ela fez uma operação urgente de hérnia estrangulada.

urgently /'ɜ:dʒəntli/ urgentemente: imediatamente. *The relief team urgently requires more medical supplies.* / A equipe de ajuda humanitária necessita urgentemente de mais suprimentos médicos.

-uria /juəriə/ -uria; -úria: **1** indica uma condição da urina. **2** indica doença caracterizada por uma condição na urina.

uric acid /,juərɪk 'æsɪd/ ácido úrico: composto químico resultante do metabolismo do ácido nucléico e das purinas. Acumula-se, em forma de cristais, em torno das articulações, causando uma doença conhecida como gota.

uricacidaemia /,juərɪksɪdæmiə/ acidemia úrica. ⇨ **lithaemia**.

uricosuric /,juərɪkə'sjuərɪk/ uricosúrico: droga que aumenta a excreção urinária de ácido úrico.

uridrosis /juərɪ'drəʊsɪs/ uridrose: condição caracterizada pela excreção excessiva de uréia no suor.

urin- /juərɪn/ ⇨ **urino-**.

urinalysis /,juərɪ'næləsɪs/ urinálise: análise de urina, a fim de detectar doenças, por exemplo, o diabetes melito.

urinary /'juərɪn(ə)ri/ urinário: relativo à urina.

urinary bladder /,juərɪn(ə)ri 'blædə/ bexiga urinária: bolsa musculomembranosa que recebe a urina dos rins, por meio dos ureteres, antes de ser eliminada do organismo pela uretra. Veja ilustração em **Kidney; Urogenital System (male)**, no Apêndice.

urinary catheter /,juərɪn(ə)ri 'kæθɪtə/ sonda urinária. ⇨ **urethral catheter**.

urinary duct /'juərɪn(ə)ri dʌkt/ ducto urinário. ⇨ **ureter**.

urinary incontinence /,juərɪn(ə)ri ɪn'kɒntɪnəns/ incontinência urinária: emissão involuntária de urina.

urinary obstruction /,juərɪn(ə)ri əb'strʌkʃən/ obstrução urinária: obstrução da uretra, que impede o fluxo urinário.

urinary retention /,juərɪn(ə)ri rɪ'tenʃən/ retenção de urina: condição caracterizada pelo acúmulo de urina na bexiga, geralmente resultante de obstrução uretral ou aumento da glândula prostática. ☑ **urine retention**.

urinary system /,juərɪn(ə)ri 'sɪstəm/ sistema urinário: sistema constituído pelos rins, bexiga, ureteres e uretra. Seus órgãos e ductos separam os resíduos do sangue, excretando-os na forma de urina. ☑ **waterworks**.

urinary tract /'juərɪn(ə)ri trækt/ trato urinário: o conjunto de vias e órgãos envolvidos na excreção urinária, incluindo os rins, os ureteres, a bexiga e a uretra.

urinary tract infection /'juərɪn(ə)ri trækt ɪn,fekʃən/ infecção do trato urinário: infecção bacteriana de qualquer parte do sistema urinário. Geralmente, os sintomas incluem a necessidade freqüente de urinar e dor durante a micção. Abreviatura: **UTI**.

urinate /'juərɪneɪt/ urinar: eliminar urina. ☑ **micturate, pee, wee**.

urination /,juərɪ'neɪʃ(ə)n/ micção: o ato de eliminar urina. ☑ **micturition**.

urine /'juərɪn/ urina: líquido amarelo, contendo água e resíduos, principalmente sal e uréia; a urina é excretada pelos rins, a seguir passa pelos ureteres e é armazenada na bexiga. A eliminação da urina se dá através da uretra.

urine retention /'juərɪn rɪ,tenʃ(ə)n/ retenção de urina. ⇨ **urinary retention**.

uriniferous /juərɪ'nɪfərəs/ urinífero: que transporta urina.

uriniferous tubule /,juərɪ,nɪf(ə)rəs 'tju:bju:l/ túbulo urinífero. ⇨ **renal tubule**.

urino- /juərɪnəʊ/ urino-: relativo à urina. Nota: antes de vogais usa-se **urin-**.

urinogenital /juərɪnəʊ'dʒenɪt(ə)l/ urinogenital. ⇨ **urogenital**.

U

urinometer /ˌjʊərɪˈnɒmɪtə/ urinômetro: instrumento para avaliar a densidade específica da urina.

urobilin /ˌjʊərəʊˈbaɪlɪn/ urobilina: pigmento amarelo, formado pela oxidação do urobilinogênio, quando este é exposto ao ar.

urobilinogen /ˌjʊərəʊbaɪˈlɪnədʒən/ urobilinogênio: um pigmento incolor que é formado nos intestinos quando a bilirrubina é convertida em estercobilinogênio.

urocele /ˈjʊərəsiːl/ urocele: uma distensão formada pelo extravasamento de urina no escroto.

urochesia /ˌjʊərəˈkiːziə/ uroquesia: eliminação de urina pelo ânus, resultante de lesão no sistema urinário. Nota: no inglês americano usa-se **urochezia**.

urochrome /ˈjʊərəkrəʊm/ urocromo: pigmento que dá à urina sua coloração amarela.

urodynamics /ˌjʊərəʊdaɪˈnæmɪks/ (plural) urodinâmica: o estudo das alterações ocorridas durante a função da bexiga, esfíncter uretral e músculos do assoalho da pelve.

urogenital /ˌjʊərəʊˈdʒenɪt(ə)l/ urogenital; geniturinário: relativo aos sistemas urinário e genital. ☑ **urinogenital**.

urogenital diaphragm /ˌjʊərəˌdʒenɪt(ə)l ˌdaɪəˈfræm/ diafragma urogenital: camada de tecido fibroso abaixo da glândula prostática, que encerra os músculos esfincterianos da uretra.

urogenital system /ˌjʊərəʊˈdʒenɪt(ə)l ˌsɪstəm/ sistema urogenital: o trato urinário e o sistema reprodutivo em conjunto.

urogram /ˈjʊərəgræm/ urograma: radiografia parcial ou total do trato urinário.

urography /jʊˈrɒgrəfi/ urografia: radiografia de parte do sistema urinário, após injeção de substância opaca aos raios X.

urokinase /ˌjʊərəʊˈkaɪneɪz/ uroquinase; urocinase: enzima extraída da urina; é empregada para dissolver coágulos sanguíneos.

urolith /ˈjʊərəlɪθ/ urólito: um cálculo no sistema urinário.

urological /ˌjʊərəˈlɒdʒɪk(ə)l/ urológico: relativo à urologia.

urologist /jʊˈrɒlədʒɪst/ urologista: médico especialista em urologia.

urology /jʊˈrɒlədʒi/ urologia: ramo da medicina relacionado ao estudo, diagnóstico e tratamento das doenças do sistema urinário.

urostomy /jʊˈrɒstəmi/ urostomia: a criação cirúrgica de uma uretra artificial.

urticaria /ˌɜːtɪˈkeəriə/ urticária: reação alérgica a vários antígenos, principalmente intolerância alimentar ou contato com certas plantas, como urtiga, constituída de uma erupção cutânea pruriginosa. ☑ **hives; nettle rash**.

USP abreviatura de **United States Pharmacopeia**.

usual /ˈjuːʒʊəl/ usual: comum; habitual; costumeiro.

uter- /juːtə/ ⇨ **utero-**.

uterine /ˈjuːtəraɪn/ uterino: relativo ao útero.

uterine cavity /ˌjuːtəraɪn ˈkævɪti/ cavidade uterina: o espaço compreendido dentro do útero.

uterine fibroid /ˌjuːtəraɪn ˈfaɪbrɔɪd/ fibroma uterino. ☑ **uterine fibroma**. ⇨ **fibroid tumour**.

uterine fibroma /ˌjuːtəraɪn faɪˈbrəʊmə/ fibroma uterino. ⇨ **uterine fibroid**.

uterine procidentia /ˌjuːtəraɪn prəʊsɪˈdenʃə/ procidência do útero: condição caracterizada por prolapso do útero na vagina, geralmente após o parto. ☑ **uterine prolapse**. ⇨ **prolapse of the uterus**. Observação: a procidência do útero apresenta três graus, quanto a sua gravidade: no primeiro, o colo do útero fica dentro da vagina; no segundo, o colo permanece próximo do intróito vaginal; e no terceiro, o colo salienta-se do orifício vaginal.

uterine prolapse /ˌjuːtəraɪn ˌprəʊlæps/ prolapso uterino. ⇨ **uterine procidentia; prolapse of the uterus**.

uterine retroflexion /ˌjuːtəraɪn ˌretrəʊˈflekʃ(ə)n/ retroflexão do útero: condição em que ocorre uma curvatura do útero para trás.

uterine retroversion /ˌjuːtəraɪn retrəʊˈvɜːʃ(ə)n/ retroversão do útero: condição caracterizada por um giro do útero para trás.

uterine subinvolution /ˌjuːtəraɪn ˌsʌbɪnvəˈluːʃ(ə)n/ subinvolução do útero: aumento do útero após o parto, provocado por uma involução incompleta.

uterine tube /ˈjuːtəraɪn tjuːb/ tuba uterina. ⇨ **Fallopian tube**.

utero- /juːtərəʊ/ uter(i/o)-: relativo ao útero. Nota: antes de vogais usa-se **uter-**.

uterocele /ˈjuːtərəsiːl/ uterocele: uma hérnia do útero. ☑ **hysterocele**.

uterogestation /ˌjuːtərədʒeˈsteɪʃ(ə)n/ uterogestação: uma gravidez cujo desenvolvimento fetal se dá dentro do útero (gravidez não extrauterina).

uterography /ˌjuːtəˈrɒgrəfi/ uterografia: radiografia do útero.

utero-ovarian /ˌjuːtərəʊ əʊˈveəriən/ uteroovariano: relativo ao útero e aos ovários.

uterosalpingography /ˌjuːtərəʊsælpɪŋˈgɒgrəfi/ uterossalpingografia. ⇨ **hysterosalpingography**.

uterovesical /ˌjuːtərəʊˈvesɪk(ə)l/ uterovesical: relativo ao útero e à bexiga.

uterus /ˈjuːt(ə)rəs/ útero: órgão muscular e oco, situado na cavidade pélvica feminina, na parte posterior da bexiga e em frente ao reto, no qual o feto se desenvolve até ser expulso no parto. Plural: **uteri**. ☑ **womb**. Veja ilustração em **Urogenital System (female)**, no Apêndice. Nota: para conhecer outros termos referentes ao útero, veja os que começam **hyster-; hystero-; metr-; metro-**. Observação: a parte superior do útero comunica-se com as trompas de Falópio (atual *tubas uterinas*), que se unem aos ovários; a parte inferior do útero (colo do útero) se abre na vagina. Quando um óvulo é fertilizado, implanta-se na parede do útero e dá início ao desenvolvimento do embrião e do feto. Na ausência de fertilização do óvulo (e de gravidez), ocorre um sangramento da membrana que reveste o útero (endométrio). Por ocasião do parto, fortes contrações da parede do útero (miométrio) ajudam a expulsar o bebê pela vagina.

uterus didelphys /ˌjuːt(ə)rəs daɪˈdelfɪs/ útero didélfico. ⇨ **double uterus**.

UTI abreviatura de **urinary tract infection**.

utricle /ˈjuːtrɪk(ə)l/ utrículo: o maior de dois sacos do labirinto membranoso, situado no vestíbulo. O utrículo transmite ao cérebro informações sobre a posição ereta da cabeça. Usa-se também **utriculus**.

UV abreviatura de **ultraviolet**.

UV-absorbing lens /juː ˌviː əbˌzɔːbɪŋ ˈlenz/ lentes UV: lentes destinadas a absorver os raios ultravioleta, a fim de proteger os olhos dos efeitos nocivos do sol.

uvea /ˈjuːviə/ úvea: camada vascular do olho, abaixo da esclera, compreendendo a íris, o corpo ciliar e a coróide. ☑ **uveal tract**.

uveal /ˈjuːviəl/ uveal: relativo à úvea.

uveal tract /ˈjuːviəl trækt/ trato uveal. ⇨ **uvea**.

uveitis /ˌjuːviˈaɪtɪs/ uveíte: inflamação do trato uveal.

uveoparotid fever /ˌjuːviəˈpærətɪd ˌfiːvə/ febre uveoparotídea: inflamação do trato uveal e hipertrofia das glândulas parótidas. ☑ **uveoparotid syndrome**.

uveoparotid syndrome /ˌjuːviəˈpærətɪd ˌsɪnd rəum/ síndrome uveoparotídea. ⇨ **uveoparotid fever**.

UVR abreviatura de **ultraviolet radiation**.

uvula /ˈjuːvjʊlə/ úvula: um apêndice carnoso pendente, situado na margem posterior do palato mole.

uvular /ˈjuːvjʊlə/ uvular: relativo à úvula.

uvulectomy /ˌjuːvjʊˈlektəmi/ uvulectomia: remoção cirúrgica da úvula.

uvulitis /ˌjuːvjʊˈlaɪtɪs/ uvulite: inflamação da úvula.

uvulopalatopharyngoplasty /ˌjuːvjʊləʊˌpæ lətəʊfəˈrɪŋɡəʊplæsti/ uvulopalatofaringoplastia: remoção cirúrgica de tecido palatal e uvular, usado em alguns casos de ronco. Abreviatura: **UPPP**.

U

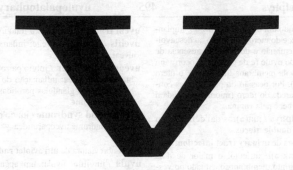

vaccinate /'væksɪneɪt/ vacinar: administrar a alguém uma vacina, a fim de que o organismo crie os próprios anticorpos, conferindo, desse modo, imunidade contra uma doença.

vaccination /ˌvæksɪ'neɪʃ(ə)n/ vacinação: a ação de administrar vacina. Observação: originalmente, os termos **vaccination** e **vaccinate** eram aplicados apenas para a imunização contra varíola, mas atualmente são usados para se referir à imunização contra qualquer doença. As vacinas mais utilizadas são destinadas à imunização contra cólera, difteria, raiva, varíola, tuberculose e tifóide.

vaccine /'væksi:n/ vacina: preparação antigênica que, introduzida no organismo, confere imunidade contra uma doença. A vacina pode conter uma forma inerte de cepas virulentas ou germes vivos de cepas atenuadas.

vaccinotherapy /ˌvæksɪnəʊ'θerəpi/ vacinoterapia: a utilização de vacinas no tratamento ou na prevenção de doenças.

vacuole /'vækjuəʊl/ vacúolo: pequena cavidade em uma membrana celular.

vacuum /'vækjuəm/ vácuo: um espaço completamente vazio de qualquer matéria, inclusive ar.

vacuum extraction /'vækjuəm ɪkˌstrækʃən/ vácuo-extração: método em que se usa um instrumento auxiliar de extração, fixado à cabeça do feto no parto.

vacuum extractor /'vækjuəm ɪkˌstræktə/ vácuo-extrator: instrumento cirúrgico constituído de um gorro plástico de extração, usado em vácuo-extração do feto.

vacuum suction /'vækjuəm ˌsʌkʃən/ vácuo-sucção: método usado para induzir um aborto, após dilatação do colo do útero. ☑ **aspiration** (acepção 2).

vagal /'veɪg(ə)l/ vagal: relativo ao nervo vago.

vagal tone /ˌveɪg(ə)l 'təʊn/ tom vagal: diminuição dos batimentos do nódulo sinoatrial, induzida pelo nervo vago.

vagin- /'vədʒaɪn/ vagin-: relativo à vagina.

vagina /və'dʒaɪnə/ vagina: órgão do trato reprodutor feminino, que se estende do colo do útero à vulva, com grande poder de dilatação, o que permite a passagem do feto durante o parto. ☑

front passage (acepção 2). Veja ilustração em **Urogenital System (female)**, no Apêndice. Nota: para conhecer outros termos referentes ao útero, veja os que começam com colp-; colpo-.

vaginal /və'dʒaɪn(ə)l/ vaginal: relativo à vagina.

vaginal birth after Caesarean section /və'dʒaɪn(ə)l bɜ:θ 'ɑːftə sɪ'zeəriən 'sekʃən/ parto vaginal após operação cesariana. Abreviatura: **VBAC**.

vaginal bleeding /və'dʒaɪn(ə)l 'bli:dɪŋ/ sangramento vaginal: sangramento através da vagina.

vaginal delivery /və'dʒaɪn(ə)l dɪ'lɪv(ə)ri/ parto vaginal: parto que ocorre pela vagina, sem intervenção cirúrgica.

vaginal diaphragm /və'dʒaɪn(ə)l 'daɪəfræm/ diafragma vaginal: dispositivo contraceptivo circular, de borracha, adaptado ao colo do útero antes da relação sexual. ☑ **diaphragm**.

vaginal discharge /və'dʒaɪn(ə)l 'dɪstʃɑːdʒ/ corrimento vaginal: emissão de líquido pela vagina.

vaginal douche /və'dʒaɪn(ə)l 'du:ʃ/ ducha vaginal: 1 jato de água sobre a vagina, com finalidade higiênica. 2 tipo de chuveiro com um jato forte de água, usado na vagina, com finalidade higiênica.

vaginal examination /və'dʒaɪn(ə)l ɪgˌzæmɪ'neɪʃ(ə)n/ exame vaginal: exame da vagina para detecção de sinais de doença ou tumor.

vaginalis /ˌvædʒɪ'neɪlɪs/ vaginal: 1 ⇨ **Trichomonas vaginalis**. 2 ⇨ **tunica vaginalis**.

vaginal orifice /və'dʒaɪn(ə)l 'ɒrɪfɪs/ orifício vaginal: orifício que comunica a vulva com o útero.

vaginal proctocele /və'dʒaɪn(ə)l 'prɒktəsiːl/ hérnia vaginal: condição associada com prolapso do útero, com protusão herniária do reto na vagina.

vaginal suppository /və'dʒaɪn(ə)l sə'pɒzɪt(ə)ri/ supositório vaginal. ⇨ **pessary**, acepção 1.

vaginectomy /ˌvædʒɪ'nektəmi/ vaginectomia: remoção cirúrgica total ou parcial da vagina.

vaginismus /ˌvædʒɪ'nɪzməs/ vaginismo: contração dolorosa da vagina, que impede o ato sexual.

vaginitis /ˌvædʒɪˈnaɪtɪs/ vaginite: inflamação da vagina, causada principalmente por *Trichomonas vaginalis* ou *Candida albicans*. ☑ **colpitis**.

vaginography /ˌvædʒɪˈnɒgrəfi/ vaginografia: radiografia da vagina.

vaginoplasty /vəˈdʒaɪnəplæsti/ vaginoplastia: cirurgia plástica da vagina, consistindo no enxerto de tecido.

vaginoscope /ˈvædʒɪnəʊskəʊp/ vaginoscópio. ⇨ **colposcope**.

vago- /veɪgɒ/ vago-: relativo ao nervo vago.

vagotomy /veɪˈgɒtəmi/ vagotomia: incisão cirúrgica do nervo vago, que nutre a cavidade abdominal, usada no tratamento da úlcera péptica.

vagus /ˈveɪgəs/ vago: décimo nervo craniano, que transporta neurônios motores e sensoriais, nutre coração, pulmões, estômago e vários outros órgãos, e controla a deglutição. ☑ **vagus nerve; pneumogastric nerve**.

vagus nerve /ˈveɪgəs nɜːv/ nervo vago. ⇨ **vagus**.

valgus /ˈvælgəs/ valgo: curvado para fora. ☑ **valgum; valga** (valgo). Veja também **hallux valgus; genu valgum; knock-knee**. Compare com **varus**.

validity /vəˈlɪdɪti/ validade: (estudo) o fato de ser baseado em pesquisas e métodos seguros, que realmente determinam o que se propõem a fazer.

valine /ˈveɪliːn/ valina: um aminoácido essencial, constituinte das proteínas.

Valium /ˈvæliəm/ Valium: o nome comercial do diazepam.

vallate papillae /ˌvæleɪt pəˈpiliː/ (plural) papilas circunvaladas: grandes papilas que formam uma fileira, no dorso da língua, paralela ao sulco terminal, contendo corpúsculos gustatórios.

vallecula /vəˈlekjʊlə/ valécula: fenda ou depressão natural em um órgão, a exemplo da fenda entre os hemisférios cerebrais. Plural: **valleculae**.

Valsalva's manoeuvre /vælˈsælvəz məˌnuːvə/ manobra de Valsalva: processo de expiração forçada, com o nariz e a boca fechados, usado para inflar e testar o funcionamento das tubas de Eustáquio (atual *tubas auditivas*) ou para ajustar a pressão no ouvido médio (em pessoas que descem até altitudes muito grandes).

value /ˈvælju/ valor: **1** medida de eficiência ou importância que se atribui a alguma coisa. *food with low nutritional value* / alimento com baixo valor nutricional. **2** quantidade ou número desconhecido, expresso como símbolo. **3** (plural) **values**: valores: os princípios e julgamentos morais de uma pessoa. *respect for different cultural values* / respeito aos valores culturais diferentes.

valve /vælv/ valva: prega membranosa de um conduto, que se abre e fecha, a fim de evitar o refluxo de líquido, por exemplo, no coração e nos vasos sanguíneos ou linfáticos.

valvotomy /vælˈvɒtəmi/ valvotomia: incisão cirúrgica para aumentar a abertura de uma valva. ☑ **valvulotomy**.

valvula /ˈvælvjʊlə/ válvula: uma pequena valva. Plural: **valvulae**.

valvular /ˈvælvjʊlə/ valvular: relativo a uma valva.

valvular disease of the heart /ˈvælvjʊlə dɪ ˌziːz əv ði: ˈhɑːt/ doença valvular cardíaca: inflamação da membrana que reveste as valvas do coração. Abreviatura: **VDH**.

valvulitis /ˌvælvjuˈlaɪtɪs/ valvulite: inflamação de uma valva do coração.

valvuloplasty /ˈvælvjʊləʊplæsti/ valvuloplastia: cirurgia reparadora das valvas do coração, sem incisão cardíaca.

> ...*in percutaneous balloon valvuloplasty a catheter introduced through the femoral vein is placed across the aortic valve and into the left ventricle; the catheter is removed and a valve-dilating catheter bearing a 15mm balloon is placed across the valve.* / "na valvuloplastia percutânea com balão, um cateter, introduzido na veia femoral, é direcionado até a valva aórtica e o ventrículo esquerdo; este cateter é retirado, e um cateter de dilatação valvular, acoplado a um balão de 15 milímetros, é introduzido na valva." (*Journal of the American Medical Association*)

valvulotomy /ˌvælvjuˈlɒtəmi/ valvulotomia. ⇨ **valvotomy**.

vancomycin /ˌvæŋkəʊˈmaɪsɪn/ vancomicina: agente antibiótico eficaz contra algumas bactérias resistentes a outros antibióticos. Atualmente, existem cepas de bactérias que desenvolveram resistência à vancomicina.

van den Bergh test /ˌvæn den ˈbɜːg ˌtest/ teste de van den Bergh: teste para dosagem dos pigmentos biliares no soro sanguíneo, que permite confirmar, por exemplo, se um caso de icterícia resulta de obstrução hepática ou hemólise dos glóbulos vermelhos. (Descrito por A. A. Hijmans van den Bergh [1869–1943], médico holandês.)

vapor /ˈveɪpə/ vapor. ⇨ **vapour**.

vaporise /ˈveɪpəraɪz/ vaporizar: transformar líquido em vapor. Usa-se também **vaporize**.

vaporiser /ˈveɪpəraɪzə/ vaporizador: aparelho para conversão de um líquido contendo substância medicinal em um aerossol, destinado à inalação para melhorar a função respiratória. Usa-se também **vaporizer**.

vapour /ˈveɪpə/ vapor: **1** uma substância na forma gasosa. **2** névoa produzida pela mistura de um líquido e uma substância medicinal. Nota: no inglês americano usa-se **vapor**.

Vaquez–Osler disease /væˌkeɪz ˈɒslə dɪˌziːz/ doença de Vaquez–Osler. ⇨ **erythraemia; polycythaemia vera**. (Descrita por Henri Vaquez [1860–1936], médico francês; e Sir William Osler [1849–1919], professor de medicina em Montreal, Filadélfia, Baltimore e, depois, Oxford.)

variant CJD /ˌveəriənt ˌsiːdʒeɪ ˈdiː/ variante da doença de Creutzfeldt-Jakob (**Creutzfeldt-Jakob disease**): forma de doença de Creutzfeldt-

Jakob que foi observada pela primeira vez nos anos 1980, afetando principalmente pacientes jovens. Abreviatura: **vCJD**.

variation /ˌveəriˈeɪʃ(ə)n/ variação: desvio; alteração de um estado ou nível para outro. *There is a noticeable variation in his pulse rate.* / Há uma variação perceptível na freqüência de pulso dele. *The chart shows the variations in the patient's temperature over a twenty-four hour period.* / O gráfico mostra as variações na temperatura do paciente no decorrer de um período de vinte e quatro horas.

varicectomy /ˌværiˈsektəmi/ varicectomia: remoção cirúrgica total ou parcial de uma veia.

varicella /ˌværiˈselə/ varicela. ⇨ **chickenpox**.

varicella-zoster virus /ˌværiselə ˈzɒstə ˌvaɪrəs/ vírus varicela-zoster: vírus causador de varicela e herpes zoster.

varicocele /ˈværɪkəʊsiːl/ varicocele: distensão de uma veia do cordão espermático. A condição pode ser corrigida com cirurgia.

varicose /ˈværɪkəʊs/ varicoso: **1** relativo a, ou afetado por, varizes. **2** destinado ao tratamento de varizes. **3** relativo à, ou que produz distensão.

varicose eczema /ˌværɪkəʊs ˈeksɪmə/ eczema varicoso: tipo de eczema nas pernas, causado por má circulação. ☑ **hypostatic eczema**.

varicose ulcer /ˌværɪkəʊs ˈʌlsə/ úlcera varicosa: úlcera nas pernas, resultante de má circulação e veias varicosas.

varicose vein /ˌværɪkəʊs ˈveɪn/ veia varicosa: veias, geralmente nas pernas, que se tornam permanentemente dilatadas e tortuosas.

varicosity /ˌværɪˈkɒsɪti/ (veias) varicosidade: condição de dilatação e tortuosidade das veias.

varicotomy /ˌværɪˈkɒtəmi/ varicotomia: incisão cirúrgica de uma veia varicosa.

varifocals /ˈveəriˌfəʊk(ə)lz/ (plural) lentes multifocais: lentes de óculos com distâncias focais diferentes, de modo a permitir a visão nítida dos objetos a diversas distâncias.

variola /vəˈraɪələ/ varíola. ⇨ **smallpox**.

varioloid /ˈveəriəlɔɪd/ variolóide: forma branda de varíola, que afeta pessoas que já tiveram a doença ou foram vacinadas contra ela.

varix /ˈveərɪks/ variz: uma veia dilatada, principalmente nas pernas. Plural: **varices**.

Varolii /vəˈrəʊliː/ Varolii. Veja **pons Varolii**.

varus /ˈveərəs/ varo: curvado para dentro. ☑ **varum**; **vara** (varo). Veja também **coxa vara**; **genu varum**; **bow legs**. Compare com **valgus**.

vary /ˈveəri/ variar: **1** mudar; diversificar. *The dosage varies according to the age of the patient.* / A dosagem varia de acordo com a idade do paciente. **2** experimentar coisas novas ou diferentes. *The patient was recommended to vary her diet.* / A paciente foi aconselhada a variar a dieta.

vas /væs/ vaso: um ducto ou canal que conduz líquido. Plural: **vasa**.

vas- /væs/ ⇨ **vaso-**.

vasa efferentia /ˌveɪsə efəˈrentiə/ (plural) vasos eferentes: grupos de pequenos tubos que levam esperma dos testículos para o epidídimo.

vasa vasorum /ˌveɪsə veɪˈsɔːrəm/ (plural) vasos dos vasos: pequenas artérias nas camadas dos vasos sanguíneos maiores.

vascular /ˈvæskjʊlə/ vascular: relativo aos vasos sanguíneos.

vascular dementia /ˌvæskjʊlə dɪˈmenʃə/ demência vascular: forma de degeneração mental resultante de doença vascular cerebral.

vascularisation /ˌvæskjʊləraɪˈzeɪʃ(ə)n/ vascularização: formação de novos vasos sanguíneos. Usa-se também **vascularization**.

vascular lesion /ˌvæskjʊlə ˈliːʒ(ə)n/ lesão vascular: lesão de um vaso sanguíneo.

vascular system /ˈvæskjʊlə ˌsɪstəm/ sistema vascular: série de vasos, tais como veias, artérias e capilares, envolvidos na circulação do sangue.

vasculitis /ˌvæskjʊˈlaɪtɪs/ vasculite: inflamação de um vaso sanguíneo.

vas deferens /ˌvæs ˈdefərenz/ vaso deferente. ⇨ **ductus deferens**. Também chamado **sperm duct**. Plural: **vasa deferentia**. Veja ilustração em **Urogenital System (male)**, no Apêndice.

vasectomy /vəˈsektəmi/ vasectomia: cirurgia para secção de um segmento do ducto deferente, com finalidade de esterilização. Veja também **bilateral vasectomy**.

vas efferens /ˌvæs ˈefərenz/ vaso eferente: um de vários pequenos tubos que transportam os espermatozóides dos testículos para o epidídimo. Plural: **vasa efferentia**.

vaso- /ˈveɪzəʊ/ vas(o)-: **1** relativo a um vaso sanguíneo. **2** relativo ao vaso deferente. Nota: antes de vogais usa-se **vas-**.

vasoactive /ˌveɪzəʊˈæktɪv/ vasoativo: que influencia os vasos sanguíneos, principalmente pela constrição das artérias.

vasoconstriction /ˌveɪzəʊkənˈstrɪkʃən/ vasoconstricção: um estreitamento dos vasos sanguíneos.

vasoconstrictor /ˌveɪzəʊkənˈstrɪktə/ vasoconstrictor: substância química, por exemplo, o cloridrato de efedrina, que causa estreitamento dos vasos sanguíneos, de modo que ocorre um aumento da pressão arterial.

vasodilatation /ˌveɪzəʊˌdaɪləˈteɪʃ(ə)n/ vasodilatação: dilatação de um vaso sanguíneo, principalmente das artérias, que provoca aumento de fluxo sanguíneo para uma parte do corpo ou redução da pressão arterial. Usa-se também **vasodilation**.

vasodilator /ˌveɪzəʊdaɪˈleɪtə/ vasodilatador: substância química, por exemplo, o cloridrato de hidralazina, que aumenta o calibre dos vasos sanguíneos, de modo que o sangue flui mais facilmente e a pressão arterial diminui.

Volatile anaesthetic agents are potent vasodilators and facilitate blood flow to the skin. /

"Os agentes anestésicos voláteis são vasodilatadores potentes e facilitam o fluxo sanguíneo para a pele." (*British Journal of Nursing*)

vaso-epididymostomy /ˌveɪzəʊ ˌepɪdɪdɪˈmɒstəmi/ vasoepididimostomia: procedimento cirúrgico para reverter uma vasectomia, que consiste em uma anastomose entre o canal deferente e o epidídimo, para desviar de uma obstrução na porção distal do epidídimo.

vasoinhibitor /ˌveɪzəʊɪnˈhɪbɪtə/ vasoinibidor: substância química que reduz ou inibe a atividade dos nervos controladores da dilatação ou do estreitamento dos vasos sanguíneos.

vasoligation /ˌveɪzəlaɪˈɡeɪʃ(ə)n/ vasoligadura: operação cirúrgica para ligadura do ducto deferente, a fim de prevenir infecção do epidídimo a partir do sistema urinário.

vasomotion /veɪzəˈməʊʃ(ə)n/ vasomotricidade: a alteração do calibre dos vasos sanguíneos e, assim, do fluxo sanguíneo. Veja também **vasoconstriction; vasodilatation**.

vasomotor /ˌveɪzəʊˈməʊtə/ vasomotor: que se refere à dilatação ou constrição dos vasos sanguíneos.

vasomotor centre /ˌveɪzəˈməʊtə sentə/ centro vasomotor: centros na ponte inferior e na medula oblonga, que aumentam ou diminuem a freqüência cardíaca, regulam o calibre dos vasos sanguíneos e, conseqüentemente, a pressão arterial.

vasomotor nerve /ˌveɪzəʊˈməʊtə nɜːv/ nervo vasomotor: nervo que afeta o calibre de um vaso sanguíneo.

vasopressin /ˌveɪzəʊˈpresɪn/ vasopressina. ⇨ **antidiuretic hormone**.

vasopressor /ˌveɪzəʊˈpresə/ vasopressor: agente que causa vasoconstricção e eleva a pressão arterial.

vasospasm /ˈveɪzəʊspæzm/ vasoespasmo; angiespasmo. ⇨ **Raynaud's disease**.

vasovagal /ˌveɪzəʊˈveɪɡ(ə)l/ vasovagal: relativo ao nervo vago e seus efeitos sobre a circulação sanguínea e os batimentos cardíacos.

vasovagal attack /ˌveɪzəʊˈveɪɡ(ə)l əˌtæk/ ataque vasovagal: síncope caracterizada por pulso lento e queda repentina da pressão arterial, resultante de estímulo súbito do nervo vago.

vasovasostomy /ˌveɪzəʊvəˈsɒstəmi/ vasovasostomia: operação cirúrgica para reverter uma vasectomia.

vasovesiculitis /ˌveɪzəʊvesɪkjuˈlaɪtɪs/ vasovesiculite: inflamação das vesículas seminais e dos ductos deferentes.

vastus intermedius /ˌvæstəs ˌɪntəˈmiːdiəs/ músculo vasto intermédio: músculo que forma três das quatro partes do quadríceps femoral, o músculo da coxa. ☑ **medialis; vastus medialis; vastus lateralis**. A quarta parte é o músculo reto da coxa.

vastus lateralis /ˌvæstəs ˌlætəˈreɪlɪs/ músculo vasto lateral. ⇨ **vastus intermedius**.

vastus medialis /ˌvæstəs miːdɪˈeɪlɪs/ músculo vasto medial. ⇨ **vastus intermedius**.

vault /vɔːlt/ abóbada. ◊ **vault of the skull**: abóbada craniana: parte do crânio que inclui o osso frontal, os ossos temporais e o osso occipital.

VBAC abreviatura de **vaginal birth after Caesarean section**.

vCJD abreviatura de **variant CJD**.

VD abreviatura de **venereal disease**.

VD clinic /ˌvi: ˈdi: ˌklɪnɪk/ clínica de doenças venéreas: clínica especializada no diagnóstico e tratamento de doenças venéreas.

VDH abreviatura de **valvular disease of the heart**.

vectis /ˈvektɪs/ alavanca: instrumento cirúrgico curvo, usado no parto.

vector /ˈvektə/ vetor: inseto ou animal que carrega um agente infeccioso e o transmite ao homem. *The tsetse fly is a vector of sleeping sickness.* / A mosca tsé-tsé é um vetor da doença do sono.

vegan /ˈviːɡən/ vegano: **1** vegetariano extremo, que restringe a ingestão de carne, laticínios, ovos e peixe, alimentando-se apenas de vegetais e frutas. **2** que envolve uma dieta constituída apenas de vegetais e frutas.

vegetarian /ˌvedʒɪˈteəriən/ vegetariano: **1** pessoa que exclui carne da dieta, mas se alimenta principalmente de vegetais, frutas e, algumas vezes, laticínios, ovos e peixe. **2** que envolve uma dieta com restrição de carne.

vegetation /ˌvedʒɪˈteɪʃ(ə)n/ vegetação: crescimento ou excrescência em uma membrana, por exemplo, nas cúspides das valvas cardíacas.

vegetative /ˈvedʒɪtətɪv/ vegetativo: **1** relativo ao crescimento ou excrescência em tecidos ou órgãos. **2** relativo a um estado de comprometimento da consciência, resultante de dano cerebral, caracterizado por ausência ou incapacidade total de atos voluntários.

vehicle /ˈviːɪk(ə)l/ veículo: substância sem ação terapêutica, que é adicionada a um medicamento para conferir-lhe volume.

vein /veɪn/ veia: vaso sanguíneo que recebe sangue não-oxigenado (contendo dióxido de carbono) dos tecidos e o conduz ao coração. Nota: para conhecer outros termos referentes à veia, veja os que começam com **phleb-; phlebo-** ou **vene-; veno-**.

vena cava /ˌviːnə ˈkeɪvə/ veia cava: uma das duas grandes veias que recebem sangue não-oxigenado das outras veias e o conduzem ao átrio cardíaco direito. Veja ilustração em **Heart**, no Apêndice. Plural: **venae cavae**. Observação: a veia cava superior conduz o sangue que retorna da cabeça e da parte superior do corpo, enquanto a veia cava inferior recebe o sangue do abdome e dos membros inferiores.

vene- /venɪ/ vene-: relativo a veias.

venene /vəˈniːn/ contraveneno: uma mistura de vários venenos, usada para neutralizar a ação de um determinado veneno.

venepuncture /ˈvenɪpʌŋktʃə/ venopuntura; venopunção: o ato de puncionar uma veia para injetar medicamento ou para colher amostra de sangue. ☑ **venipuncture**.

venereal /vəˈnɪərɪəl/ venéreo: **1** relativo ao ato e ao desejo sexuais. **2** relativo aos genitais. **3** relativo à infecção ou doença transmitida por meio de relações sexuais. *venereal warts* / verrugas venéreas.

venereal disease /vəˈnɪərɪəl dɪˌziːz/ doença venérea: doença transmitida durante o ato sexual. Abreviatura: **VD**. Nota: a doença, hoje, é chamada de doença sexualmente transmissível (*STD*). **sexually transmitted disease**

venereal wart /vəˌnɪərɪəl ˈwɔːt/ verruga venérea: verruga nos genitais ou na área urogenital.

venereologist /vəˌnɪəriˈɒlədʒɪst/ venereologista: médico especializado no estudo das doenças venéreas.

venereology /vənɪəriˈɒlədʒi/ venereologia: o ramo da medicina que se ocupa com o estudo das doenças venéreas.

venereum /vəˈnɪərɪəm/ venéreo. Veja **lymphogranuloma venereum**.

veneris /ˈvenərɪs/ venéreo. Veja **mons**.

venesection /ˌvenɪˈsekʃən/ venossecção: a secção de uma veia, a fim de retirar sangue de um doador.

venipuncture /ˈvenɪpʌŋktʃə/ venopuntura; venopunção. ⇨ **venepuncture**.

veno- /viːnəʊ/ ven(i/o)-: relativo a veias.

venoclysis /vəˈnɒkləsɪs/ venóclise: injeção de solução salina ou outra substância, gota a gota, em uma veia.

venogram /ˈviːnəgræm/ venograma. ⇨ **phlebogram**.

venography /vɪˈnɒgrəfi/ venografia. ⇨ **phlebography**.

venom /ˈvenəm/ veneno: líquido ou secreção venenosa de alguns animais, como cobras ou insetos. Observação: dependendo da origem da picada, o veneno pode produzir diversos efeitos, desde uma marca irritada e dolorida, após a ferroada de uma abelha, até a morte, provocada por picada de escorpião. O contraveneno neutraliza os efeitos de um veneno, mas só é eficaz se o animal que provocou a picada for corretamente identificado.

venomous /ˈvenɪməs/ venenoso: relativo ao animal cuja secreção contém veneno. *The cobra is a venomous snake.* / A naja é uma cobra venenosa. *He was bitten by a venomous spider.* / Ele foi picado por uma aranha venenosa.

venosus /vɪˈnəʊsəs/ venoso. Veja **ductus venosus**.

venous /ˈviːnəs/ venoso: relativo a veias.

...venous air embolism is a potentially fatal complication of percutaneous venous catheterization. / "...o embolismo venoso aéreo é uma complicação potencialmente fatal do cateterismo venoso percutâneo." (*Southern Medical Journal*)

...a pad was placed under the Achilles tendon to raise the legs, thus aiding venous return and preventing deep vein thrombosis. / "...uma almofada foi colocada sob o tendão de Aquiles para levantar as pernas, ajudando, dessa maneira, o retorno venoso e prevenindo a trombose de veia profunda." (*NATNews*)

venous bleeding /ˌviːnəs ˈbliːdɪŋ/ sangramento venoso: sangramento de uma veia.

venous blood /ˈviːnəs blʌd/ sangue venoso. ⇨ **deoxygenated blood**. Compare com **arterial blood**.

venous haemorrhage /ˌviːnəs ˈhem(ə)rɪdʒ/ hemorragia venosa: extravasamento de sangue de uma veia.

venous system /ˈviːnəs ˌsɪstəm/ sistema venoso: sistema de veias que conduzem sangue dos tecidos para o coração.

venous thrombosis /ˌviːnəs θrɒmˈbəʊsɪs/ trombose venosa: a obstrução de uma veia por um trombo.

venous ulcer /ˌviːnəs ˈʌlsə/ úlcera venosa: úlcera localizada na perna, resultante de veias varicosas ou trombo.

ventilation /ˌventɪˈleɪʃ(ə)n/ ventilação: o processo de inspiração e expiração, caracterizado pela troca de oxigênio e gás carbônico entre o ar ambiente e as células do organismo. Veja também **dead space**.

ventilator /ˈventɪleɪtə/ ventilador; respirador: máquina que assegura respiração artificial a pessoa com ventilação espontânea prejudicada. *The newborn baby was put on a ventilator.* O recém-nascido foi colocado em um respirador. ☑ **respirator** (acepção 1).

ventilatory failure /ˈventɪleɪtri ˌfeɪljə/ insuficiência respiratória: condição em que os pulmões não conseguem oxigenar corretamente o sangue.

Ventimask /ˈventimɑːsk/ Ventimask: o nome comercial de uma máscara de oxigênio.

Ventolin /ˈventəlɪn/ Ventolin: o nome comercial do salbutamol.

ventouse /ˈventuːs/ ventosa: aparelho a vácuo, em forma de gorro que, fixado à cabeça do feto, ajuda e acelera um trabalho de parto difícil ou demorado.

ventral /ˈventr(ə)l/ ventral: **1** relativo ao abdome. **2** relativo à parte frontal do corpo. Oposto de **dorsal**.

ventricle /ˈventrɪk(ə)l/ ventrículo: cavidade de um órgão, principalmente do coração ou cérebro. Veja ilustração em **Heart**, no Apêndice. Observação: há dois ventrículos cardíacos: o ventrículo esquerdo, que conduz sangue oxigenado da veia pulmonar, através do átrio esquerdo, e o bombeia na aorta, que o circula pelo corpo; o ventrículo direito conduz sangue das veias, através do átrio direito, e o bombeia na artéria pulmonar, que o leva aos pulmões, onde é oxigenado. Há quatro ventrículos cerebrais, cada um deles contendo líquido cefalorraquidiano. Os dois ventrículos laterais nos hemisférios cerebrais contêm os processos coróides, que produzem o líquido cefalorraquidiano. O terceiro ventrículo situa-se na linha mediana entre os dois tálamos. O quarto ventrículo faz parte do canal central do metencéfalo.

ventricul- /ˈventrɪkjʊl/ ventricul(o)-: relativo a um ventrículo cerebral ou cardíaco.

ventricular /venˈtrɪkjʊlə/ ventricular: relativo a ventrículo.

ventricular fibrillation /venˌtrɪkjʊlə ˌfaɪbrɪˈleɪʃ(ə)n/ fibrilação ventricular: condição cardíaca grave, caracterizada por tremulação dos músculos ventriculares, acarretando uma paralisação das cavidades cardíacas, que se tornam incapazes de contrações sincronizadas. ◊ **in VF:** em fibrilação ventricular. Abreviatura: **VF.**

ventricular folds /venˈtrɪkjʊlə fəʊldz/ (plural) pregas ventriculares. ⇨ **vocal cords.**

ventricular septal defect /venˌtrɪkjʊlə ˈsept(ə)l dɪˌfekt/ defeito septal ventricular: condição caracterizada por um defeito no septo intraventricular, ocasionando o fluxo sanguíneo entre os ventrículos cardíacos. Abreviatura: **VSD.** Compare com **atrial septal defect.**

ventriculitis /ˌventrɪkjʊˈlaɪtɪs/ ventriculite: inflamação dos ventrículos cerebrais.

ventriculoatriostomy /venˌtrɪkjʊləʊˌeɪtriˈɒstəmi/ ventriculoatriostomia: operação cirúrgica para aliviar a pressão causada pelo excesso de líquido cefalorraquidiano nos ventrículos cerebrais.

ventriculogram /venˈtrɪkjʊləgræm/ ventriculograma: imagem radiográfica dos ventrículos cerebrais.

ventriculography /ˌventrɪkjʊˈlɒgrəfi/ ventriculografia: **1** visualização radiográfica dos ventrículos cerebrais após remoção do líquido cérebro-espinhal e sua substituição por ar. **2** exploração radiográfica dos ventrículos cardíacos após injeção de um meio de contraste.

ventriculo-peritoneal shunt /venˌtrɪkjʊləʊ ˌperɪtəˌniːəl ˈʃʌnt/ desvio ventriculoperitoneal: procedimento que consiste no uso de um tubo plástico para drenagem de líquido cefalorraquidiano dos ventrículos cerebrais, usado em casos de hidrocefalia.

ventriculoscopy /venˌtrɪkjʊˈlɒskəpi/ ventriculoscopia: procedimento para inspeção de um ventrículo cerebral por meio de endoscópio.

ventriculostomy /venˌtrɪkjʊˈlɒstəmi/ ventriculostomia: operação cirúrgica para estabelecer uma comunicação entre os ventrículos cerebrais com as cisternas do cérebro, para obtenção de amostra de líquido ou retirada do excesso de líquido cefalorraquidiano, a fim de aliviar a pressão intracerebral.

ventro- /ˈventrəʊ/ ventro-: **1** ventral. **2** relativo ao abdome.

ventrofixation /ˌventrəʊfɪkˈseɪʃ(ə)n/ ventrofixação: procedimento cirúrgico usado na retroversão do útero, que consiste na sua fixação à parede abdominal.

ventrosuspension /ˌventrəʊsəˈspenʃən/ ventrossuspensão: cirurgia usada na retroversão do útero, para sua fixação à parede abdominal.

Venturi mask /venˈtjʊəri mɑːsk/ máscara Venturi: tipo de máscara descartável para inalação controlada de uma mistura de oxigênio e ar.

Venturi nebuliser /venˈtjʊəri ˌnebjʊlaɪzə/ nebulizador Venturi: tipo de nebulizador usado em terapias com aerossol.

venule /ˈvenjuːl/ vênula: pequena veia ou vaso que sai de um tecido para uma veia maior.

verapamil /vəˈræpəmɪl/ verapamil: composto sintético, bloqueador dos canais de cálcio. É usado no tratamento da angina de peito, hipertensão e arritmia.

verbigeration /ˌvɜːbɪdʒəˈreɪʃ(ə)n/ verbigeração: condição observada em alguns casos de esquizofrenia, caracterizada pela repetição de palavras e frases sem sentido.

vermicide /ˈvɜːmɪsaɪd/ vermicida: agente que mata vermes parasitas intestinais.

vermiform /ˈvɜːmɪfɔːm/ vermiforme: cuja forma se assemelha a um verme.

vermiform appendix /ˌvɜːmɪfɔːm əˈpendɪks/ apêndice vermiforme. ⇨ **appendix,** acepção **1.**

vermifuge /ˈvɜːmɪfjuːdʒ/ vermífugo: agente que elimina vermes parasitas do intestino.

vermillion border /vəˌmɪliən ˈbɔːdə/ borda vermelhona: a margem vermelha dos lábios superior e inferior.

vermis /ˈvɜːmɪs/ verme: porção central do cerebelo, que se estende sobre a parte superior do quarto ventrículo.

vermix /ˈvɜːmɪks/ vérmix: o apêndice vermiforme.

vernix caseosa /ˌvɜːnɪks keɪsiˈəʊsə/ verniz caseoso: substância gordurosa que recobre a pele do feto.

verruca /vəˈruːkə/ verruga: pequena proliferação epidérmica, inofensiva e com uma superfície córnea, que ocorre na planta do pé. É causada pelo papilomavírus humano. Veja também **wart.** Plural: **verrucas** ou **verrucae.**

version /ˈvɜːʃ(ə)n/ versão: mudança de posição do feto no útero, por manipulação, para facilitar sua expulsão durante o parto.

vertebra /ˈvɜːtɪbrə/ vértebra: um dos 33 ossos circulares que se fundem e formam a espinha dorsal. Veja ilustração em **Cartilaginous Joint,** no Apêndice. Plural: **vertebrae.** ☑ **spondyl.** Observação: a vértebra superior (o atlas) dá suporte ao crânio; as sete primeiras vértebras são as cervicais; seguem-se as sete vértebras torácicas, ou dorsais, situadas na parte posterior do tórax; e as cinco vértebras lombares, na parte inferior das costas. O sacro e o cóccix são formados pelas cinco vértebras sacrais soldadas em um só osso e quatro coccígeas, igualmente fundidas.

vertebral /ˈvɜːtɪbrəl/ vertebral: relativo à vértebra.

vertebral artery /ˌvɜːtɪbrəl ˈɑːtəri/ artéria vertebral: uma de duas artérias que vão da região cervical ao cérebro.

vertebral canal /ˌvɜːtɪbrəl kəˈnæl/ canal vertebral; canal espinhal. ⇨ **spinal canal**.

vertebral column /ˈvɜːtɪbrəl ˈkɒləm/ coluna vertebral: a coluna flexível formada por uma série de ossos e discos interligados, que vai da base do crânio até a pelve. ☑ **backbone; spinal column; spine**. Veja ilustração em **Pelvis**, no Apêndice.

vertebral disc /ˌvɜːtɪbrəl ˈdɪsk/ disco vertebral. ⇨ **intervertebral disc**.

vertebral foramen /ˌvɜːtɪbrəl fəˈreɪmən/ forame vertebral: abertura em uma vértebra que, fundida às outras, forma o canal vertebral, que dá passagem à medula espinhal.

vertebral ganglion /ˌvɜːtɪbrəl ˈɡæŋɡliən/ gânglio vertebral: gânglio anterior à artéria vertebral.

vertebro-basilar insufficiency /ˌvɜːtɪbrəʊ ˌbæzɪlə ˌɪnsəˈfɪʃənsi/ insuficiência vertebrobasilar: isquemia transitória no tronco cerebral, resultante de obstrução da artéria vertebral ou basilar.

vertex /ˈvɜːteks/ vértice: o topo ou parte superior da abóbada craniana.

vertex delivery /ˈvɜːteks dɪˌlɪv(ə)ri/ parto de vértice: o parto normal, em que a cabeça do feto aparece primeiro no canal vaginal.

vertigo /ˈvɜːtɪɡəʊ/ vertigem: **1** sensação de tontura, causada por um distúrbio do equilíbrio. **2** medo de altura, resultante de tontura. *She won't sit near the window – she suffers from vertigo.* / Ela não vai se sentar perto da janela, pois sofre de vertigem.

very low density lipoprotein /ˌveri ləʊ ˌdens əti ˌlɪpəʊˈprəʊtiːn/ proteína de densidade muito baixa: uma gordura produzida no fígado após absorção do alimento, precursora da proteína de baixa densidade. Abreviatura: **VLDL**.

vesical /ˈvesɪk(ə)l/ vesical: relativo a uma vesícula, principalmente a bexiga.

vesicant /ˈvesɪkənt/ vesicante: agente que provoca o aparecimento de vesículas. ☑ **epispastic**.

vesicle /ˈvesɪk(ə)l/ vesícula: **1** uma elevação circunscrita na epiderme, contendo um líquido seroso; é causada, por exemplo, por eczema. **2** pequeno saco contendo líquido.

vesico- /vesɪkəʊ/ vesic-: relativo à bexiga urinária.

vesicofixation /ˌvesɪkəʊfɪkˈseɪʃ(ə)n/ vesicofixação. ⇨ **cystopexy**.

vesicostomy /ˌvesɪˈkɒstəmi/ vesicostomia. ☑ **vesicotomy**. ⇨ **cystostomy**.

vesicotomy /ˌvesɪˈkɒtəmi/ vesicotomia. ⇨ **vesicostomy**.

vesicoureteric reflux /ˌvesɪkəʊjʊərɪˌterɪk ˈriː flʌks/ refluxo vesicoureterético; fluxo vesicoureteral: o fluxo retrógrado da urina da bexiga para dentro dos ureteres, durante a micção, podendo causar infecção renal. ☑ **vesicouretic reflux**.

vesicouretic /ˌvesɪkəʊjuˈretɪk/ vesicouretérico; vesicoureteral: relativo tanto à bexiga urinária quanto aos ureteres.

vesicouretic reflux /ˌvesɪkəʊjuˌretɪk ˈriːflʌks/ refluxo vesicouretérico. ⇨ **vesicoureteric reflux**.

vesicovaginal /ˌvesɪkəʊvəˈdʒaɪn(ə)l/ vesicovaginal: relativo tanto à bexiga urinária quanto à vagina.

vesicovaginal fistula /ˌvesɪkəʊvəˌdʒaɪn(ə)l ˈfɪstjʊlə/ fístula vesicovaginal: uma passagem anormal entre a bexiga urinária e a vagina.

vesicular /vəˈsɪkjʊlə/ vesicular: relativo a uma vesícula.

vesicular breathing /vəˌsɪkjʊlə ˈbriːðɪŋ/ (plural) murmúrios vesiculares: o som produzido durante a respiração normal. Também chamados de **vesicular breath sound**.

vesicular breath sound /vəˌsɪkjʊlə ˈbriːð saʊnd/ murmúrio vesicular respiratório. ⇨ **vesicular breathing**.

vesiculation /vəˌsɪkjʊˈleɪʃ(ə)n/ vesiculação: a formação de vesículas.

vesiculectomy /ˌvesɪkjʊˈlektəmi/ vesiculotomia: procedimento cirúrgico para remoção da vesícula seminal.

vesiculitis /vəˌsɪkjʊˈlaɪtɪs/ vesiculite: inflamação das vesículas seminais.

vesiculography /vəˌsɪkjʊˈlɒɡrəfi/ vesiculografia: obtenção de imagens da vesícula seminal por meio de radiografia.

vesiculopapular /vəˌsɪkjʊləʊˈpæpjʊlə/ vesiculopapular: relativo a um distúrbio cutâneo com formação de vesículas e pápulas.

vesiculopustular /vəˌsɪkjʊləʊˈpʌstjʊlə/ vesiculopustular: relativo a um distúrbio cutâneo com formação de vesículas e pústulas.

vessel /ˈves(ə)l/ vaso: **1** um canal que transporta líquidos, principalmente um vaso sanguíneo. **2** um recipiente para guardar líquidos.

vestibular /veˈstɪbjʊlə/ vestibular: relativo a um vestíbulo, principalmente o vestíbulo do ouvido interno.

vestibular folds /veˈstɪbjʊlə fəʊldz/ (plural) pregas vestibulares: pregas situadas na laringe, acima das cordas vocais, que não têm envolvimento na produção da voz. Também chamadas de **false vocal cords**.

vestibular glands /veˈstɪbjʊlə ɡlændz/ (plural) glândulas vestibulares: glândulas vulvovaginais que secretam uma substância lubrificante.

vestibular nerve /veˈstɪbjʊlə nɜːv/ nervo vestibular: a porção do nervo auditivo que transmite ao cérebro informações sobre o equilíbrio.

vestibule /ˈvestɪbjuːl/ vestíbulo: um orifício na entrada de um órgão, principalmente o primeiro orifício do ouvido interno; o orifício da laringe, acima das cordas vocais; ou uma narina. Veja ilustração em **Ear**, no Apêndice.

vestibuli /veˈstɪbjʊlaɪ/ vestíbulo. Veja **fenestra vestibuli; oval window**.

vestibulocochlear nerve /vestɪbjʊləʊ'kɒklɪə ˌnɜːv/ nervo vestibulococlear. ⇨ **acoustic nerve; auditory nerve**.

vestigial /ves'tɪdʒɪəl/ vestigial: cuja existência se resume a uma forma rudimentar ou vestígio. *The coccyx is a vestigial tail.* / O cóccix é uma cauda vestigial.

VF abreviatura de **ventricular fibrillation**.

viability /ˌvaɪə'bɪlɪti/ viabilidade: o fato de ser viável. *The viability of the fetus before the 22nd week is doubtful.* / A viabilidade do feto antes da 22ª semana é incerta.

viable /'vaɪəb(ə)l/ viável; capaz de viver: relativo ao feto que está apto a viver fora do útero materno. *A fetus is viable by about the 28th week of pregnancy.* / Um feto é viável por volta da 28ª semana de gravidez.

Viagra /vaɪ'ægrə/ Viagra: o nome comercial do citrato de sildenafil.

vial /'vaɪəl/ frasco. ⇨ **phial**.

Vibramycin /ˌvaɪbrə'maɪsɪn/ Vibramycin: o nome comercial da doxiciclina.

vibrate /vaɪ'breɪt/ vibrar: mover-se de forma rápida e contínua.

vibration /vaɪ'breɪʃ(ə)n/ tremor; vibração: um movimento rápido e contínuo. *Speech is formed by the vibrations of the vocal cords.* / A fala é produzida pela vibração das cordas vocais.

vibration white finger /vaɪˌbreɪʃ(ə)n 'waɪt ˌfɪŋgə/ dedos brancos: condição que afeta a circulação sanguínea digital, observada em operadores de motosserras e britadeiras.

vibrator /vaɪ'breɪtə/ vibrador: aparelho que produz vibrações. Constitui um dos métodos de massagem.

Vibrio /'vɪbriəʊ/ *Vibrio*: gênero de bactérias Gram-negativas, encontradas na água, causadoras da cólera.

vibrissae /vaɪ'brɪsiː/ (plural) vibrissas: pêlos que crescem no interior da narina, ou na região vestibular do ouvido.

vicarious /vɪ'keərɪəs/ vicariante: relativo ao órgão ou agente que atua como substituto, suprindo a deficiência de outro órgão ou agente.

vicarious menstruation /vɪˌkeərɪəs ˌmens tru'eɪʃ(ə)n/ menstruação vicariante: sangramento que ocorre por meio de uma fonte que não a área genital, no mesmo período em que deveria acontecer a menstruação normal.

victim /'vɪktɪm/ vítima: pessoa ferida em acidente, ou que contraiu uma doença. *The victims of the rail crash were taken to the local hospital.* / As vítimas do acidente ferroviário foram levadas para o hospital local. ◊ **to fall victim to something:** ser atingido por: tornar-se vítima ou sentir os efeitos nocivos de alguma coisa. *Half the people eating at the restaurant fell victim to Salmonella poisoning.* / Metade das pessoas que comeram no restaurante foram atingidas por intoxicação por *Salmonella*.

vigour /'vɪgə/ vigor: uma combinação dos atributos positivos de um organismo, expressos em rápido crescimento, grande tamanho, alta fertilidade e vida longa. Nota: no inglês americano usa-se **vigor**.

villous /'vɪləs/ viloso: semelhante a uma vilosidade, ou que apresenta vilosidades.

villus /'vɪləs/ vilosidade: pequenas saliências filiformes na superfície de uma membrana mucosa. Plural: **villi**.

vinblastine /vɪn'blæstiːn/ vinblastina: droga alcalóide usada no tratamento do câncer.

vincristine /vɪn'krɪstiːn/ vincristina: droga alcalóide, altamente tóxica, de ação semelhante à da vinblastina, também usada no tratamento do câncer. Sua ação consiste em impedir a divisão celular.

vinculum /'vɪŋkjʊləm/ vínculo: uma faixa conectando um tecido a outro. Plural: **vincula**.

violent /'vaɪələnt/ violento: intenso; muito forte ou grave. *He had a violent headache.* / Ele teve uma cefaléia violenta. *Her reaction to the injection was violent.* / A reação dela à injeção foi violenta.

violently /'vaɪələntli/ violentamente: de forma violenta. *He reacted violently to the antihistamine.* / Ele reagiu violentamente ao anti-histamínico.

violet /'vaɪələt/ violeta: cor púrpura azulada, vista na extremidade do espectro.

viraemia /vaɪ'riːmɪə/ viremia: a presença de vírus na corrente sanguínea. Nota: no inglês americano usa-se **viremia**.

viral /'vaɪrəl/ viral: causado por vírus, ou relativo a um vírus.

viral hepatitis /'vaɪrəl ˌhepə'taɪtɪs/ hepatite viral. ⇨ **serum hepatitis**.

viral infection /'vaɪrəl ɪnˌfekʃən/ infecção por vírus; infecção viral: infecção causada por vírus.

viral pneumonia /ˌvaɪrəl njuː'məʊnɪə/ pneumonia viral: inflamação dos pulmões, causada por um vírus. ☑ **virus pneumonia**.

viremia /vaɪ'riːmɪə/ viremia. ⇨ **viraemia**.

virgin /'vɜːdʒɪn/ virgem: mulher que não teve relações sexuais.

virginity /və'dʒɪnɪti/ virgindade: o estado da mulher que não teve relações sexuais.

virile /'vɪraɪl/ viril: próprio do homem; que possui características acentuadas masculinas.

virilisation /ˌvɪrɪlaɪ'zeɪʃ(ə)n/ virilização: o desenvolvimento de características masculinas na mulher, causado por desequilíbrio hormonal ou terapia. Usa-se também **virilization**.

virilism /'vɪrɪlɪz(ə)m/ virilismo: o desenvolvimento de características masculinas na mulher, tais como crescimento de pêlos corporais ou tom de voz mais grave.

virology /vaɪ'rɒlədʒi/ virologia: o estudo dos vírus e das doenças que eles provocam.

V

virulence /'vɪrʊləns/ virulência: **1** a capacidade de um microorganismo provocar doenças. **2** a gravidade de uma doença.

virulent /'vɪrʊlənt/ virulento: **1** relativo à capacidade de um microorganismo provocar doenças. *an unusually virulent strain* / uma cepa extraordinariamente virulenta. **2** relativo à doença que se desenvolve rapidamente e provoca efeitos graves.

virus /'vaɪrəs/ vírus: parasita cuja partícula individual é constituída de ácido nucléico e um invólucro de proteína, capaz de se multiplicar apenas em células vivas hospedeiras. Os vírus provocam várias doenças, incluindo o resfriado comum, a AIDS, o herpes zoster e a poliomielite. Nota: os antibióticos não exercem nenhum efeito sobre os vírus, mas há vacinas eficazes contra algumas doenças virais.

virus pneumonia /'vaɪrəs nju:'məʊnɪə/ pneumonia viral. ⇨ **viral pneumonia**.

viscera /'vɪsərə/ (plural) vísceras: os órgãos internos, por exemplo, coração, pulmões, estômago e intestinos.

visceral /'vɪsərəl/ visceral: relativo aos órgãos internos, ou vísceras.

visceral larva migrans /ˌvɪsərəl 'lɑːvə 'maɪgrænz/ larva migrante visceral. ⇨ **toxocariasis**.

visceral muscle /'vɪsərəl ˌmʌs(ə)l/ músculo visceral: fibras de músculo liso na parede intestinal, que provocam as contrações intestinais.

visceral pericardium /ˌvɪsərəl ˌperi'kɑːdɪəm/ pericárdio visceral: camada interna do pericárdio seroso, aderida à parede do coração.

visceral peritoneum /ˌvɪsərəl ˌperɪtəʊ'nɪːəm/ peritônio visceral: a parte do peritônio que reveste os órgãos da cavidade abdominal.

visceral pleura /ˌvɪsərəl 'plʊərə/ pleura visceral: membrana que penetra na fissura entre os lobos pulmonares. ☑ **inner pleura**. Veja ilustração em **Lungs**, no Apêndice.

visceral pouch /'vɪsərəl paʊtʃ/ bolsa visceral. ⇨ **pharyngeal pouch**.

viscero- /'vɪsərəʊ/ viscer(o)-: relativo a vísceras.

visceromotor /ˌvɪsərə'məʊtə/ visceromotor: que controla ou transmite impulsos motores para as vísceras.

visceroptosis /ˌvɪsərə'təʊsɪs/ visceroptose: movimento de descida de um órgão interno, ou víscera.

visceroreceptor /ˌvɪsərəʊrɪ'septə/ viscerorreceptor: receptor sensitivo que recebe as excitações vindas do órgãos internos, tais como estômago, coração e pulmões.

viscid /'vɪsɪd/ víscido: relativo a um líquido viscoso e que apresenta resistência ao fluxo.

viscosity /vɪ'skɒsɪti/ viscosidade: o estado de um líquido que apresenta resistência ao fluxo.

viscous /'vɪskəs/ viscoso: relativo ao líquido espesso e aglutinante, resistente ao fluxo.

viscus /'vɪskəs/ víscera. Veja **viscera**.

visible /'vɪzɪb(ə)l/ visível: que é perceptível à vista. *There were no visible symptoms of the disease.* / Não havia sintomas visíveis da doença.

vision /'vɪʒ(ə)n/ visão: a capacidade de enxergar. *After the age of 50, many people's vision begins to fail.* / Após os 50 anos de idade, a visão de muitas pessoas começa a falhar.

vision centre /'vɪʒ(ə)n ˌsentə/ centro da visão: o ponto cerebral de junção dos nervos relacionados ao olho.

visit /'vɪzɪt/ **1** visita; estada; consulta médica: a) uma permanência curta com alguém, principalmente aquela destinada a confortar um paciente. *The patient is too weak to have any visits.* / O paciente está demasiadamente fraco para receber qualquer visita. *He is allowed visits of ten minutes only.* / Ele tem permissão de receber visitas de apenas dez minutos. b) uma permanência curta com um profissional. *They had a visit from the district nurse.* / Receberam uma visita da enfermeira distrital. *She paid a visit to the chiropodist.* / Ela pagou uma consulta ao quiroprático. *On the patient's last visit to the physiotherapy unit, nurses noticed a great improvement in her walking.* / Na última estada da paciente no setor de fisioterapia, as enfermeiras notaram uma grande melhora na deambulação. **2** visitar: ficar durante um tempo curto com alguém. *I am going to visit my brother in hospital.* / Vou visitar meu irmão no hospital. *She was visited by the health visitor.* / Ela foi visitada por um profissional da saúde.

visiting times /'vɪzɪtɪŋ taɪmz/ (plural) horário de visitas: horários do dia em que é permitida a visita hospitalar de amigos ou parentes do paciente.

visitor /'vɪzɪtə/ visitante: aquele que visita. *Visitors are allowed into the hospital on Sunday afternoons.* / Permite-se a presença de visitantes no hospital aos domingos, à tarde. *How many visitors did you have this week?* / Quantos visitantes você teve, esta semana?

visual /'vɪʒʊəl/ visual: relativo à visão.

visual acuity /ˌvɪʒʊəl ə'kjuːɪti/ acuidade visual: a capacidade de ver claramente os objetos.

visual area /ˌvɪʒʊəl 'eərɪə/ área visual: a região do córtex cerebral relacionada com a visão.

visual axis /ˌvɪʒʊəl 'æksɪs/ eixo visual: linha reta imaginária que se estende do objeto focalizado pelo olho até a fóvea.

visual cortex /ˌvɪʒʊəl 'kɔːteks/ córtex visual: a região do córtex cerebral que recebe as informações visuais.

visual field /'vɪʒʊəl fiːld/ campo visual: a área visível para o olho sem movimento. ☑ **field of vision**.

visualisation /ˌvɪʒʊəlaɪ'zeɪʃ(ə)n/ visualização: **1** técnica para obtenção da imagem visual de um órgão interno, ou outra parte do corpo, utilizando raios X ou outros meios, por exemplo, ressonância magnética. **2** capacidade que se tem de criar uma imagem mental extremamente positiva de algo, à maneira como gostaria de resolver um problema, a fim de lidar mais facilmente com ele. Usa-se também **visualization**.

visually impaired /ˌvɪʒʊəli ɪmˈpeəd/ cego: pessoa cuja capacidade de enxergar é comprometida por uma condição ocular.

visually impaired person /ˌvɪʒʊəli ɪmˌpeəd ˈpɜːs(ə)n/ pessoa cega: pessoa incapaz de enxergar.

visual purple /ˌvɪʒʊəl ˈpɜːp(ə)l/ púrpura visual. ⇨ **rhodopsin**.

vitae /ˈvaɪtiː/ da vida. Veja **arbor vitae**.

vital /ˈvaɪt(ə)l/ vital: necessário ou essencial à vida. *If circulation is stopped, vital nerve cells begin to die in a few minutes.* / Se a circulação pára, as células nervosas vitais começam a morrer em poucos minutos. *Oxygen is vital to the human system.* / O oxigênio é vital para o sistema humano.

vital capacity /ˌvaɪt(ə)l kəˈpæsɪti/ capacidade vital: o maior volume de ar que o indivíduo consegue exalar após uma inspiração.

vital centre /ˌvaɪt(ə)l ˈsentə/ centro vital: grupo de células nervosas, no cérebro, que governam uma função específica do corpo, tais como os cinco sentidos.

vital organs /ˌvaɪt(ə)l ˈɔːɡənz/ (plural) órgãos vitais: os órgãos mais importantes do corpo, sem os quais o ser humano é incapaz de viver, por exemplo, o coração, os pulmões e o cérebro.

vital signs /ˌvaɪt(ə)l ˈsaɪnz/ (plural) sinais vitais: a manifestação constante do pulso, respiração e temperatura.

vital statistics /ˌvaɪt(ə)l stəˈtɪstɪks/ (plural) estatística vital: conjunto de dados coletados por órgãos oficiais por meio dos registros da população de um local, mortes fetais, incidência de doenças específicas, e mortes.

vitamin /ˈvɪtəmɪn/ vitamina: substância essencial à boa saúde, sintetizada no organismo, mas que é também encontrada na maioria dos alimentos.

Vitamin A /ˌvɪtəmɪn ˈeɪ/ vitamina A: vitamina solúvel em gordura; pode ser formada no organismo a partir de precursores, mas é encontrada principalmente em alimentos, tais como fígado, vegetais, ovos e óleo de fígado de bacalhau, que é essencial para a boa visão. ☑ **retinol**. Observação: a falta de vitamina A afeta o crescimento e a resistência do organismo a doenças, e pode causar cegueira noturna e xeroftalmia. O caroteno (substância amarela presente na cenoura) é um precursor da vitamina A, e justifica a afirmação de que comer cenouras ajuda a pessoa a enxergar no escuro.

Vitamin B₁ /ˌvɪtəmɪn biː ˈwʌn/ vitamina B₁: vitamina encontrada no fermento, fígado, cereais e carne de porco. ☑ **aneurine; thiamine**.

Vitamin B₂ /ˌvɪtəmɪn biː ˈtuː/ vitamina B₂: vitamina encontrada nos ovos, fígado, vegetais verdes, leite e fermento. ☑ **riboflavine**.

Vitamin B₆ /ˌvɪtəmɪn biː ˈsɪks/ vitamina B₆: vitamina presente na carne, cereais e melaço. ☑ **pyridoxine**.

Vitamin B₁₂ /ˌvɪtəmɪn biː ˈtwelv/ vitamina B₁₂: vitamina encontrada no fígado e rim, mas que não está presente nos vegetais. ☑ **cyanocobalamin**.

Vitamin B complex /ˌvɪtəmɪn biː ˈkɒmpleks/ completo vitamínico B: grupo de vitaminas, tais como ácido fólico, riboflavina e tiamina.

Vitamin C /ˈvɪtəmɪn siː/ vitamina C: vitamina solúvel em água, presente nas frutas frescas, principalmente laranja e limão, vegetais crus e fígado. ☑ **ascorbic acid**.

Vitamin D /ˌvɪtəmɪn ˈdiː/ vitamina D: vitamina solúvel em gordura, encontrada na manteiga, ovos e peixe. É também produzida pela exposição da pele ao sol. Ajuda na formação dos ossos, e sua falta provoca raquitismo em crianças.

vitamin deficiency /ˈvɪtəmɪn dɪˌfɪʃ(ə)nsi/ carência de vitamina; deficiência de vitamina: falta de vitaminas necessárias ao bom funcionamento do organismo. *He is suffering from Vitamin A deficiency.* / Ele está sofrendo de carência de vitamina A. *Vitamin C deficiency causes scurvy.* / A deficiência de vitamina C causa escorbuto.

Vitamin E /ˌvɪtəmɪn ˈiː/ vitamina E: vitamina presente nos vegetais, ovos, pão integral e óleos vegetais.

Vitamin K /ˌvɪtəmɪn ˈkeɪ/ vitamina K: vitamina encontrada em vegetais verdes, tais como espinafre e repolho, que ajuda a coagulação sanguínea e é necessária para ativar a produção de protrombina.

vitelline sac /vɪˈtelaɪn sæk/ saco vitelino: a membrana que circunda o corpo do embrião, onde se originam as células. ☑ **yolk sac**.

vitellus /vɪˈteləs/ vitelo; gema: a gema de um ovo.

vitiligo /ˌvɪtiˈlaɪɡəʊ/ vitiligo: condição caracterizada pela formação de placas brancas na pele. ☑ **leucoderma**.

vitrectomy /vɪˈtrektəmi/ vitrectomia: procedimento cirúrgico para remoção parcial ou total do humor vítreo.

vitreous /ˈvɪtriəs/ vítreo: **1** que tem as características do vidro. **2** relativo ao humor vítreo.

vitreous body /ˈvɪtriəs ˌbɒdi/ corpo vítreo. ⇨ **vitreous humour**.

vitreous detachment /ˌvɪtriəs dɪˈtætʃmənt/ descolamento do vítreo: separação do humor vítreo da retina, freqüentemente resultante do processo de envelhecimento, quando o humor vítreo se torna mais fino, mas também ocorrendo em condições como o diabetes.

vitreous humour /ˌvɪtriəs ˈhjuːmə/ humor vítreo: a substância aquosa contida no corpo vítreo. ☑ **vitreous body**. Veja ilustração em **Eye**, no Apêndice.

vitritis /vɪˈtraɪtɪs/ vitreíte. ⇨ **hyalitis**.

vitro /ˈviːtriəʊ/ vitro. Veja **in vitro**.

Vitus /ˈvaɪtəs/ Vitus. Veja **St Vitus's dance**.

viviparous /vɪˈvɪpərəs/ vivíparo: relativo aos animais que dão à luz filhotes, como os seres humanos, em oposição aos pássaros e répteis, que põem ovos.

vivisection /ˌvɪvɪˈsekʃən/ vivissecção: uma forma de experimentação que consiste na operação de animais vivos.

VLDL abreviatura de **very low density lipoprotein**.

vocal /ˈvəʊk(ə)l/ vocal: relativo à voz.

vocal cords /ˈvəʊk(ə)l kɔːdz/ (plural) cordais vocais: pregas pares e fibrosas da membrana mucosa na laringe, que revestem o músculo vocal e expandem a cavidade laríngea, cuja vibração produz os sons. Também chamadas de **ventricular folds; vocal folds**.

vocal folds /ˈvəʊk(ə)l fəʊldz/ (plural) cordas vocais. ⇨ **vocal cords**.

vocal folds abducted /ˌvəʊk(ə)l fəʊldz əbˈdʌktɪd/ pregas vocais abduzidas; cordas vocais abduzidas: condição usual das cordas vocais durante a respiração silenciosa.

vocal folds adducted /ˌvəʊk(ə)l fəʊldz əˈdʌktɪd/ pregas vocais aduzidas; cordas vocais aduzidas: condição das cordas vocais durante a fala.

vocal fremitus /ˌvəʊk(ə)l ˈfremɪtəs/ frêmito vocal: vibração da parede torácica, produzida pela fala ou por tosse.

vocal ligament /ˈvəʊk(ə)l ˌlɪɡəmənt/ ligamento vocal: faixa de tecido elástico que se estende da cartilagem tireóide ao processo vocal da cartilagem aritenóide.

vocal resonance /ˌvəʊk(ə)l ˈrezənəns/ ressonância vocal: som da fala normal, auscultado pelo médico por meio da parede torácica.

voice /vɔɪs/ voz: o som produzido pelas cordas vocais, expresso na fala ou no canto. ◊ **to lose one's voice:** perder a voz: não ser capaz de falar por causa de infecção na garganta. ◊ **his voice has broken:** a voz dele mudou de tom: a voz dele se tornou mais profunda e adulta, com o início da puberdade.

voice box /ˈvɔɪs bɒks/ laringe: o conduto oco, situado na parte posterior da garganta, que abriga as cordas vocais, estrutura responsável pela produção da voz. ☑ **larynx.**

volar /ˈvəʊlə/ volar: relativo à palma da mão ou à planta do pé.

volatile /ˈvɒlətaɪl/ volátil: relativo a um líquido que se evapora em temperatura ambiente.

volatile oils /ˌvɒlətaɪl ˈɔɪlz/ (plural) óleo volátil: óleo derivado de plantas aromáticas, usado em produtos cosméticos e anti-sépticos.

volitantes /vɒlɪˈtæntiːz/ volante. Veja **muscae volitantes.**

volition /vəˈlɪʃ(ə)n/ volição: a capacidade de usar o poder.

Volkmann's canal /ˈfɒlkmɑːnz kəˌnæl/ canais de Volkmann: canais que correm no sentido transversal de um osso compacto, conduzindo sangue dos sistemas haversianos. (Descritos por Richard von Volkmann [1830–1889], cirurgião alemão.)

Volkmann's contracture /ˈfɒlkmɑːnz kən ˌtræktʃə/ contratura de Volkmann: afecção que consiste em fibrose e encurtamento de alguns músculos do antebraço, principalmente os flexores longos dos dedos, por insuficiência de sangue.

volsella /vɒlˈselə/ vulsela: uma espécie de fórceps cirúrgico com ganchos na extremidade das duas lâminas. ☑ **vulsella.**

volume /ˈvɒljuːm/ volume: medida da quantidade de uma substância.

voluntary /ˈvɒlənt(ə)ri/ voluntário: que age espontaneamente, ou segundo a própria vontade.

voluntary admission /ˌvɒlənt(ə)ri ədˈmɪ ʃ(ə)n/ internação voluntária: a internação de um indivíduo em hospital psiquiátrico com o seu consentimento.

voluntary movement /ˌvɒlənt(ə)ri ˈmuːv mənt/ movimento voluntário: movimento que está sob o controle da própria pessoa, que usa os músculos voluntários, por exemplo, caminhar ou falar.

voluntary muscle /ˈvɒlənt(ə)ri ˌmʌs(ə)l/ músculo voluntário: músculo que está sob o controle da vontade. Comumente, é composto por fibras estriadas. Observação: os músculos voluntários trabalham em pares; enquanto um se contrai e distende, o outro relaxa, permitindo o movimento do osso.

volunteer /ˌvɒlənˈtɪə/ **1** voluntário: pessoa que se oferece para prestar um trabalho sem receber remuneração. *The hospital relies on volunteers to help with sports for disabled children.* / O hospital conta com voluntários, a fim de ajudar nos esportes para crianças incapacitadas. *They are asking for volunteers to test the new cold cure.* / Estão procurando voluntários para testar o novo remédio para o resfriado. **2** oferecer-se (como voluntário); alistar-se voluntariamente: oferecer-se para trabalhar como voluntário sem receber remuneração. *The research team volunteered to test the new drug on themselves.* / A equipe de pesquisa ofereceu-se voluntariamente para testar em si mesma a nova droga.

volvulus /ˈvɒlvjʊləs/ volvo; vólvulo: condição caracterizada por torção e bloqueio de uma alça intestinal, impedindo, desse modo, o suprimento sanguíneo.

vomer /ˈvəʊmə/ vômer: osso fino e vertical do septo nasal.

vomica /ˈvɒmɪkə/ vômica: **1** cavidade pulmonar contendo pus. **2** vômito com expectoração de pus.

vomit /ˈvɒmɪt/ **1** vômito: alimento parcialmente digerido no estômago, que é expelido pela boca. *His bed was covered with vomit.* / A cama dele estava coberta de vômito. *She died after choking on her own vomit.* / Ela morreu, depois de se asfixiar com o próprio vômito. ☑ **puke; throw up; vomitus. 2** vomitar: expelir alimento parcialmente digerido no estômago pela boca. *He had a fever, and then started to vomit.* / Ele teve febre, e então começou a vomitar. *She vomited her breakfast.* / Ela vomitou o café da manhã.

vomiting /'vɒmɪtɪŋ/ vômito: o ato de expelir alimento parcialmente digerido pela boca. ☑ **emesis**.

vomitus /'vɒmɪtəs/ vômito. ⇨ **vomit** (acepção 1).

von Hippel-Lindau syndrome /vɒn ˌhɪp(ə)l 'lɪndaʊ ˌsɪndrəʊm/ síndrome de von Hippel-Lindau: uma síndrome caracterizada por angioma da retina, associado com angioma do cerebelo, às vezes com envolvimento da medula espinhal, e com cistos renais.

von Recklinghausen's disease /ˌvɒn 'reklɪŋhaʊz(ə)nz dɪˌziːz/ doença de von Recklinghausen: **1** ⇨ **neurofibromatosis**. **2** ⇨ **osteitis fibrosis cystica**. (Descrita em 1882 por Friedrich Daniel von Recklinghausen [1833–1910], professor de patologia em Estrasburgo, França.)

von Willebrand's disease /ˌvɒn 'vɪlɪbrændz dɪˌziːz/ doença de von Willebrand: uma pseudo-hemofilia hereditária, ocorrendo nos dois sexos, caracterizada pela tendência de sangramento de mucosas, sem motivo aparente. É causada por deficiência no fator de coagulação sanguínea, chamado fator de von Willebrand. (Descrita em 1926 por E. A. von Willebrand [1870–1949], médico finlandês.)

von Willebrand's factor /ˌvɒn 'vɪlɪbrændz ˌfæktə/ fator de von Willebrand: substância protéica presente no sangue, envolvida na agregação das plaquetas.

voyeurism /'vwaɪɜːrɪz(ə)m/ voyeurismo: condição caracterizada pela obtenção do prazer sexual por meio da contemplação de atos eróticos ou sexuais entre outras pessoas.

VSD abreviatura de **ventricular septal defect**.

vu /vuː/ visto. Veja **déjà vu**.

vulgaris /vʌl'geərɪs/ vulgar. Veja **acne vulgaris**; **lupus vulgaris**.

vulnerable /'vʌln(ə)rəb(ə)l/ vulnerável: propenso a contrair doenças por causa de um estado de debilitação ou enfraquecimento. *Premature babies are especially vulnerable to infection.* / Bebês prematuros são especialmente vulneráveis à infecção.

vulsella /vʌl'selə/ vulsela. Usa-se também **vulsellum**. ⇨ **volsella**.

vulv- /vʌlv/ vulv(i/o)-: relativo à vulva.

vulva /'vʌlvə/ vulva: os órgãos sexuais externos femininos, situados na abertura que leva à vagina. Veja também **kraurosis vulvae**. Nota: para conhecer outros termos referentes à vulva, veja os que começam com episi-. Observação: a vulva é formada de duas pregas (os lábios), circundando o clitóris e a entrada da vagina.

vulvectomy /vʌl'vektəmi/ vulvectomia: remoção cirúrgica da vulva.

vulvitis /vʌl'vaɪtɪs/ vulvite: inflamação da vulva, acompanhada de intenso prurido.

vulvovaginitis /ˌvʌlvəʊvædʒɪ'naɪtɪs/ vulvovaginite: inflamação da vulva e vagina.

wad /wɒd/ chumaço (de algodão); compressa: coxim de tecido usado sobre ferimentos. *The nurse put a wad of absorbent cotton over the sore.* / A enfermeira colocou uma compressa de algodão absorvente sobre o ferimento.

wadding /ˈwɒdɪŋ/ chumaço: algodão cardado, usado para fazer compressas cirúrgicas. *Put a layer of cotton wadding over the eye.* / Coloque uma compressa de algodão sobre o olho.

waist /weɪst/ cintura: a parte do corpo situada entre o tórax e a pelve.

wait /weɪt/ esperar: ficar à espera de alguém ou de um acontecimento. *He has been waiting for his operation for six months.* / Ele está esperando pela cirurgia há seis meses. *There are ten patients waiting to see Dr. Smith.* / Há dez pacientes esperando para se consultar com o Dr. Smith.

waiting list /ˈweɪtɪŋ lɪst/ lista de espera: lista de pessoas que esperam internação hospitalar, principalmente para o tratamento de distúrbios que não requerem urgência. *The length of waiting lists for non-emergency surgery varies enormously from one region to another.* / O tempo na lista de espera para cirurgias não-urgentes varia enormemente de uma região para outra. *It is hoped that hospital waiting lists will get shorter.* / Tem-se a esperança de que as listas de espera nos hospitais se tornem menores.

waiting room /ˈweɪtɪŋ ruːm/ sala de espera: sala de consultório médico ou dentário destinada a pacientes que esperam sua vez de ser atendidos. *Please sit in the waiting room – the doctor will see you in ten minutes.* / Por favor, sente-se na sala de espera – o médico irá vê-lo(a) em dez minutos.

waiting time /ˈweɪtɪŋ taɪm/ tempo de espera: o período de tempo compreendido entre o momento em que o nome de uma pessoa é colocado na lista de espera e a internação hospitalar.

wake /weɪk/ acordar; despertar: **1** interromper o sono de alguém. *The nurse woke the patient.* / A enfermeira acordou o paciente. *The patient was woken by the nurse.* / O paciente foi acordado pela enfermeira. **2** parar de dormir. *The patient had to be woken to have his injection.* / O paciente precisou ser despertado para tomar a injeção.

wakeful /ˈweɪkf(ə)l/ acordado; desperto: totalmente acordado; sem sono.

wakefulness /ˈweɪkfʊlnəs/ vigília: a condição de estar totalmente acordado.

wake up /ˌweɪk ˈʌp/ acordar; despertar: parar de dormir, ou fazer alguém parar de dormir. *The old man woke up in the middle of the night and started calling for the nurse.* / O homem idoso acordou no meio da noite e começou a chamar a enfermeira.

Waldeyer's ring /ˌvɑːldaɪəz ˈrɪŋ/ anel de Waldeyer: o anel de tecido linfóide formado pelas amígdalas e adenóides. (Descrito em 1884 por Heinrich Wilhelm Gottfried Waldeyer-Hartz [1836–1921], anatomista alemão.)

walk /wɔːk/ andar; caminhar: locomover-se com os pés. *The baby is learning to walk.* / O bebê está aprendendo a andar. *He walked when he was only eleven months old.* / Ele andou com apenas onze meses de idade. *She can walk a few steps with a Zimmer frame.* / Ela consegue andar uns poucos passos com o aparelho de Zimmer.

walking distance /ˈwɔːkɪŋ ˌdɪstəns/ capacidade de locomoção: distância que alguém consegue caminhar sem sentir dores musculares, indicativa da eficácia de suprimento sanguíneo aos membros inferiores.

walking frame /ˈwɔːkɪŋ freɪm/ andador (aparelho de locomoção): estrutura de metal que ajuda pessoas com dificuldade de locomoção. Veja também **Zimmer frame**.

wall /wɔːl/ parede: a parte lateral de um órgão, ou uma passagem no corpo. *An ulcer formed in the wall of the duodenum.* / Formou-se uma úlcera na parede do duodeno. *The doctor made an incision in the abdominal wall.* / O médico fez uma incisão na parede abdominal. *They removed a fibroma from the wall of the uterus or from the uterine wall.* / Removeram um fibroma da parede do útero ou da parede uterina.

wall eye /ˈwɔːl aɪ/ leucoma da córnea: olho sem cor, ou tão estrábico que apenas a esclera branca é visível. Usa-se também **walleye**.

Wangensteen tube /ˈwæŋgənstiːn tjuːb/ tubo de Wangensteen: tipo de sifão que é utilizado como sonda para sucção do conteúdo estomacal.

(Descrito em 1832 por Owen Harding Wangensteen [1898–1980], cirurgião norte-americano.)

ward /wɔːd/ enfermaria: aposento, ou conjunto de aposentos, em um hospital, com leitos para acomodação dos pacientes. *He is in Ward 8B.* / Ele está na Enfermaria 8B. *The children's ward is at the end of the corridor.* / A enfermaria das crianças fica no fim do corredor.

ward manager /'wɔːd ˌmænɪdʒə/ supervisora de enfermaria: enfermeira responsável por enfermaria.

ward nurse /'wɔːd nɜːs/ enfermeira de enfermaria: enfermeira que trabalha em enfermaria de hospital.

ward sister /'wɔːd ˌsɪstə/ enfermeira sênior de enfermaria: enfermeira sênior responsável por enfermaria.

warfarin /'wɔːf(ə)rɪn/ warfarina: composto cristalino incolor, usado como agente anticoagulante.

warm /wɔːm/ quente; morno; aquecido: refere-se a algo agradavelmente quente. *The patients need to be kept warm in cold weather.* / Os pacientes precisam ser mantidos aquecidos no frio.

warn /wɔːn/ avisar; alertar: prevenir ou chamar a atenção de alguém (sobre algo perigoso). *The children were warned about the dangers of solvent abuse.* / As crianças foram alertadas sobre os perigos do abuso de solventes. *The doctors warned her that her husband would not live more than a few weeks.* / Os médicos avisaram a ela que seu esposo não viveria mais do que umas poucas semanas.

warning /'wɔːnɪŋ/ aviso; advertência: qualquer comunicação, falada ou escrita, prestada a alguém (sobre algo perigoso). *There's a warning on the bottle of medicine, saying that it should be kept away from children.* / Há uma advertência no frasco de medicamento, afirmando que ele deve ser mantido longe das crianças. *Each packet of cigarettes has a government health warning printed on it.* / Cada maço de cigarros contém uma advertência governamental sobre os perigos à saúde. *The health department has given out warnings about the danger of hypothermia.* / O departamento de saúde distribuiu avisos sobre o perigo da hipotermia.

wart /wɔːt/ verruga: pequena proliferação epidérmica, normalmente nas mãos, pés e rosto, causada por um vírus. É chamada de **verruca**, quando ocorre na sola do pé.

washbasin /'wɒʃbeɪs(ə)n/ pia; bacia para lavar as mãos: bacia, no banheiro ou na cozinha, onde se pode lavar as mãos.

washout /'wɒʃaʊt/ washout: uma limpeza completa com líquido, principalmente água.

Wassermann reaction /'wɒsəmænrɪˌækʃ(ə)n/ reação de Wassermann: teste de soro sanguíneo para diagnóstico de sífilis. ☑ **Wassermann test** (teste de Wassermann). Abreviatura: **WR**. (Descrita em 1906 por August Paul von Wassermann [1866–1925], bacteriologista alemão.)

waste /weɪst/ **1** resíduos; excreção: qualquer material ou substância inútil. *The veins take blood containing waste carbon dioxide back into the lungs.* / As veias conduzem sangue contendo resíduos de dióxido de carbono de volta aos pulmões. *Waste matter is excreted in the faeces or urine.* / Resíduos são excretados nas fezes ou urina. **2** esbanjar; desperdiçar: gastar alguma coisa com exagero; usar sem saber aproveitar. *The hospital kitchens try not to waste a lot of food.* / As cozinhas hospitalares tentam não desperdiçar muita comida.

waste away /ˌweɪst ə'weɪ/ debilitar-se; definhar: emagrecer muito; enfraquecer. *When he caught the disease he simply wasted away.* / Quando contraiu a doença, ele simplesmente definhou.

waste product /ˌweɪst 'prɒdʌkt/ resíduos; secreções: substâncias de que o organismo não necessita, sendo excretadas na urina ou nas fezes.

wasting /'weɪstɪŋ/ emaciação: diz-se da condição caracterizada por grande emagrecimento ou perda de massa muscular em um membro, provocando debilidade e enfraquecimento.

wasting disease /'weɪstɪŋ dɪˌziːz/ doença debilitante: doença que causa grande emagrecimento ou redução no tamanho de um órgão.

water /'wɔːtə/ **1** água; (informal) urina: a) líquido essencial à vida, que forma uma grande parte do corpo. *Can I have a glass of water please?* / Poderia me servir um copo de água, por favor? *They suffered dehydration from lack of water.* / Eles tiveram desidratação por falta de água. ◊ b) **water on the knee**: água no joelho: coleção de líquido sob a patela, causada por pancada no joelho. c) usado informalmente para designar a urina. *He passed a lot of water during the night.* / Ele urinou muito durante a noite. *She noticed blood streaks in her water.* / Ela notou traços de sangue na urina. *The nurse asked him to give a sample of his water.* / A enfermeira pediu a ele que providenciasse uma amostra de urina. ◊ (plural) **waters**: líquido amniótico: o líquido que envolve o feto. ☑ **amniotic fluid**. **2** (olhos) lacrimejar: encher-se de lágrimas. Nota: para conhecer outros termos referentes à água, veja os que começam **hydr-; hydro-**. Observação: uma vez que o corpo é formado por cerca de 50% de água, o adulto em média, precisa tomar dois litros e meio de água (ou líquidos) por dia. A água ingerida é posteriormente eliminada pelo organismo na forma de urina ou suor.

water balance /'wɔːtə ˌbæləns/ balanço hídrico: estado em que a água eliminada pelo corpo, por exemplo, urina ou suor, é suprida por água absorvida dos alimentos ou bebidas.

water bed /'wɔːtə bed/ colchão de água: colchão constituído por um grande saco de borracha, cheio de água, usado para prevenir úlceras de decúbito.

waterbrash /'wɔːtəbræʃ/ pirose: condição causada por dispepsia, caracterizada por sensação de queimação no estomago e salivação com gosto azedo.

water-hammer pulse /ˈwɔːtə ˌhæmə pʌls/ pulso em martelo d'água. ⇨ **Corrigan's pulse**.

Waterhouse–Friderichsen syndrome /ˌwɔ :təhaus ˈfriːdərɪksən ˌsɪndrəum/ síndrome de Waterhouse–Friderichsen: condição caracterizada por septicemia meningocócica fulminante, com hemorragia para as glândulas supra-renais. (Descrita em 1911 por Rupert Waterhouse [1873–1958], médico em Bath, Reino Unido; e em 1918 por Carl Friderichsen, médico dinamarquês nascido em 1886.)

watering eye /ˌwɔːtərɪŋ ˈaɪ/ lacrimejamento: condição na qual os olhos ficam inundados de lágrimas por causa de alguma irritação.

waterproof /ˈwɔːtəpruːf/ impermeável; à prova d'água: que não permite a passagem de água. *Put a waterproof sheet on the baby's bed.* / Coloque um lençol impermeável na cama do bebê.

water sac /ˈwɔːtə sæk/ saco amniótico. Veja **amnion**.

Waterston's operation /ˈwɔːtəstənz ˌɒpəreɪʃ (ə)n/ operação de Waterston: cirurgia para tratamento da tetralogia de Fallot, na qual é realizada anastomose entre a artéria pulmonar direita e a aorta ascendente. (Descrita por David James Waterston [1910–1985], pediatra e cirurgião em Londres, Reino Unido.)

waterworks /ˈwɔːtəwɜːks/ (plural, informal) sistema urinário. ⇨ **urinary system**.

watery /ˈwɔːt(ə)ri/ aquoso: líquido; semelhante à água. *He passed some watery stools.* / Ele evacuou fezes aquosas.

Watson-Crick helix /ˌwɒts(ə)n ˈkrɪk ˌhiːlɪks/ hélice de Watson-Crick: uma formulação molecular do ácido desoxirribonucléico, na qual duas faixas de DNA são mantidas em conjunto por uniões de hidrogênio, formando uma estrutura espiralada, como uma hélice.

Watson knife /ˌwɒtsən ˈnaɪf/ bisturi de Watson: tipo de bisturi muito afiado, usado em transplantes de pele.

wax /wæks/ cera: substância amarela, de origem animal, como a cera produzida pelas abelhas; vegetal; ou mineral, como a cera derivada do petróleo.

WBC abreviatura de **white blood cell**.

weak /wiːk/ fraco; doentio: que não é (ou está) forte; debilitado. *After his illness he was very weak.* / Após a doença, ele ficou muito fraco. *She is too weak to dress herself.* / Ela está demasiadamente fraca para se vestir. *He is allowed to drink weak tea or coffee.* / Ele está autorizado a tomar chá ou café fraco.

weaken /ˈwiːkən/ enfraquecer; debilitar: tornar algo ou alguém fraco, ou tornar-se fraco. *He was weakened by the disease and could not resist further infection.* / Ele estava enfraquecido pela doença e não poderia resistir a uma infecção adicional. *The swelling is caused by a weakening of the wall of the artery.* / A tumefação é causada por enfraquecimento da parede arterial.

weakness /ˈwiːknəs/ fraqueza; debilidade; fragilidade: a falta de força ou vigor. *The doctor noticed the weakness of the patient's pulse.* / O médico notou a debilidade do pulso do paciente.

weak pulse /ˌwiːk ˈpʌls/ pulso fraco: pulso sem força, de difícil palpação.

weal /wiːl/ vergão: um vinco ou pequena área inchada na pele, resultante de pancada forte ou picada de inseto. ☑ **wheal**.

wean /wiːn/ desmamar; desamamentar: fazer o bebê se desacostumar do leite materno e ingerir outros alimentos, líquidos ou sólidos. *The baby was breastfed for two months and then was gradually weaned onto the bottle.* / O bebê foi amamentado no peito durante dois meses e, então, foi gradualmente desamamentado, passando para a mamadeira.

wear /weə/ gastar-se; desgastar: deteriorar-se pelo uso. *The cartilage of the knee was worn from too much exercise.* / A cartilagem do joelho estava desgastada por excesso de exercícios.

wear and tear /ˌweər ən ˈteə/ deterioração pelo uso; desgaste: a conseqüência do uso sobre um órgão. *A heart has to stand a lot of wear and tear.* / O coração tem de suportar muito desgaste. *The wear and tear of a strenuous job has begun to affect his heart.* / O desgaste do trabalho exaustivo começou a afetar o coração dele.

wear off /ˌweər ˈɒf/ passar; desaparecer: diminuir gradualmente. *The effect of the painkiller will wear off after a few hours.* / O efeito do analgésico desaparecerá após algumas horas. *He started to open his eyes, as the anaesthetic wore off.* / Ele começou a abrir os olhos, à medida que a anestesia passava.

webbing /ˈwebɪŋ/ webbing: condição congênita, caracterizada por uma faixa de tecido extra unindo duas estruturas do corpo.

Weber–Christian disease /ˌveɪbə ˈkrɪstʃən dɪˌziːz/ doença de Weber–Christian: forma de paniculite, caracterizada por hipertrofia do fígado e baço. (Descrita por Frederick Parkes Weber [1863–1962], médico britânico; e Henry Asbury Christian [1876–1951], médico norte-americano.)

Weber's test /ˈveɪbəz test/ teste de Weber: teste para audição em que um diapasão é vibrado e colocado em contato com vários pontos da linha média da cabeça, a fim de determinar em que orelha o som é ouvido mais nitidamente. (Descrito por Friedrich Eugen Weber-Liel [1832–1891], otologista alemão.)

web space /ˈweb speɪs/ membrana interdigital: o tecido macio entre as bases dos dedos e artelhos.

Wechsler scales /ˈvekslə skeɪlz/ (plural) escalas de inteligência de Wechsler: conjunto de escalas padronizadas para medir o QI de uma pessoa. Há três versões, desenvolvidas para diferentes faixas etárias.

wee /wiː/ (informal) urinar. ⇨ **urinate**.

weep /wiːp/ chorar; exsudar: **1** chorar. **2** (ferida) destilar líquido; dessorar.

Wegener's granulomatosis /ˌvegənəz ˌgræ njulǝumǝ'tǝusɪs/ granulomatose de Wegener: doença do tecido conjuntivo, caracterizada por granulomas e ulcerações das vias áreas superiores, obstrução nasal, e glomerulonefrite. Geralmente, é fatal.

weigh /weɪ/ pesar: **1** calcular o peso de alguém ou de alguma coisa. *The nurse weighed the baby on the scales.* / A enfermeira pesou o bebê na balança. **2** ter um determinado peso. *She weighed seven pounds (3.5 kilos) at birth.* / Ela pesava sete libras (3,5 quilos), quando nasceu. *A woman weighs less than a man of similar height.* / Uma mulher pesa menos do que um homem da mesma altura. *The doctor asked him how much he weighed.* / O médico perguntou quanto ele pesava. *I weigh 120 pounds* or *I weigh 54 kilos.* Eu peso 120 libras *ou* Eu peso 54 quilos.

weight /weɪt/ peso: **1** a medida da massa do corpo. *What's the patient's weight?* / Qual é o peso do paciente? ◊ *her weight is only 105 pounds*: o peso dela é apenas 105 libras (47 quilos). ◊ **to lose weight:** emagrecer (perder peso). *She's trying to lose weight before she goes on holiday.* / Ela está tentando emagrecer, antes de sair de férias. ◊ **to put on weight:** engordar (ganhar peso). *He's put on a lot of weight in the last few months.* / Ele engordou muito, nos últimos meses. / ◊ **to gain in weight:** engordar (tornar-se mais gordo ou pesado). **2** alguma coisa pesada. *Don't lift heavy weights, you may hurt your back.* / Não levante pesos muito grandes, pois podem prejudicar as costas.

weight gain /'weɪt ˌgeɪn/ ganho de peso: o fato de se tornar mais gordo ou pesado.

weight loss /'weɪt ˌlɒs/ emagrecimento: perda de peso: o fato de perder peso ou se tornar mais magro. *Weight loss can be a symptom of certain types of cancer.* / O emagrecimento pode ser um sintoma de certos tipos de câncer.

Weil–Felix reaction /ˌvaɪl 'feɪlɪks rɪˌækʃən/ reação de Weil–Felix: teste para o diagnóstico de tifo, que consiste na análise do soro com relação à presença de anticorpos contra *Proteus vulgaris.* ☑ **Weil–Felix test** (teste de Weil–Felix). (Descrita em 1916 por Edmund Weil [1880–1922], médico e bacteriologista austríaco; e Arthur Felix [1887–1956], bacteriologista britânico.)

Weil's disease /'vaɪlz dˌ'ziːz/ doença de Weil. ⇨ **leptospirosis.** (Descrita em 1886 por Adolf Weil [1848–1916], médico na Estônia, tendo também exercido a medicina em Wiesbaden, Alemanha.)

welder's flash /ˌweldəz 'flæʃ/ traumatismo do soldador: condição caracterizada por traumatismo grave do olho, resultante de faíscas emitidas por maçarico.

welfare /'welfeə/ bem-estar; assistência social: **1** estado de saúde perfeita e boas condições de vida. *They look after the welfare of the old people in the town.* / Na cidade, cuidam do bem-estar dos idosos. **2** auxílio do governo a pessoas pobres, doentes ou desempregadas. *He exists on welfare payments.* / Ele subsiste com os pagamentos da assistência social.

well /wel/ bom; de boa saúde; bem. *He's not a well man.* / Ele não é um homem de boa saúde. *You're looking very well after your holiday.* / Você parece muito bem, após as férias. *He's quite well again after his flu.* / Ele está completamente bom, após o resfriado. *She's not very well, and has had to stay in bed.* / Ela não está muito bem, e precisa ficar de cama.

well-baby clinic /ˌwel 'beɪbi ˌklɪnɪk/ clínica infantil: clínica médica na qual os pais trocam informações com médicos ou enfermeiras, esclarecendo dúvidas sobre a saúde e o crescimento de seus filhos. Pode-se monitorar o desenvolvimento das crianças, tomando-se o seu peso e altura.

wellbeing /'wel ˌbiːɪŋ/ bem-estar: estado de saúde plena e boas condições de vida. *She is responsible for the wellbeing of the patients under her care.* / Ela é responsável pelo bem-estar dos pacientes sob seus cuidados.

well-man clinic /ˌwel 'mæn ˌklɪnɪk/ clínica masculina: clínica médica destinada apenas ao atendimento masculino, onde também podem ser feitos *check-ups.*

well-woman clinic /ˌwel 'wʊmən ˌklɪnɪk/ clínica feminina: clínica especializada em medicina preventiva para mulheres, onde são feitos exames de câncer de mama e teste de Papanicolaou. As mulheres também recebem aconselhamento e esclarecimentos sobre gravidez, contracepção e menopausa. Veja também **well-woman clinic.**

wen /wen/ cisto sebáceo; lobinho: cisto que se forma em uma glândula sebácea.

Werdnig-Hoffmann disease /ˌvɜːdnɪg 'hɒfmən dɪˌziːz/ doença de Werdnig-Hoffmann: doença caracterizada por atrofia muscular da medula espinhal, com comprometimento dos músculos dos ombros e dos membros superiores e inferiores. Nas formas mais graves, os bebês nascem flácidos e com distúrbios respiratórios e de alimentação e, raramente, vivem mais de dois ou três anos.

Werner's syndrome /'wɜːnəz ˌsɪndrəʊm/ síndrome de Werner: distúrbio genético, caracterizado por envelhecimento prematuro, espessamento e induração da pele, hipogonadismo e catarata.

Wernicke–Korsakoff syndrome /ˌvɜːnɪkə 'kɔːsəkɒf ˌsɪndrəʊm/ síndrome de Wernicke–Korsakoff: tipo de encefalopatia, comumente provocada pelo uso abusivo de álcool e associada com graves deficiências nutricionais.

Wernicke's encephalopathy /ˌvɜːnɪkəz en ˌkefə'lɒpəθi/ encefalopatia de Wernicke: condição provocada por deficiência de vitamina B, freqüentemente encontrada em alcoólatras, caracterizada por distúrbios da motilidade ocular, delírios, descoordenação dos movimentos durante a marcha, e propensão a vômitos constantes. (Descrita em 1875 por Karl Wernicke [1848–1905], neurologista e psiquiatra de Breslau.)

W

Wertheim's operation /'vɜ:thaɪmz ɒpəˌreɪʃ(ə)n/ operação de Wertheim: operação cirúrgica para remoção do útero, linfonodos adjacentes, ovários, trompas de Falópio (atual *tubas uterinas*), e a maior parte da vagina, usada no tratamento de câncer do útero. (Descrita em 1900 por Ernst Wertheim [1864–1920], ginecologista austríaco.)

West Nile fever /ˌwest 'naɪl ˌfi:və/ febre do Nilo Ocidental: doença viral disseminada pelos mosquitos *Culex*, caracterizada por febre, dores, linfadenopatia e, algumas vezes, inflamação cerebral.

wet /wet/ **1** molhado; ensopado: coberto de água ou líquido. *He got wet waiting for the bus in the rain and caught a cold.* / Ele ficou ensopado, esperando o ônibus na chuva, e pegou um resfriado. *The baby has nappy rash from wearing a wet nappy.* / O bebê está com assaduras por usar fraldas molhadas. **2** molhar(-se): deixar a cama molhada por enurese noturna. *He is eight years old and he still wets his bed every night.* / Ele tem oito anos de idade e ainda urina na cama todas as noites. Veja também **bedwetting**.

wet beriberi /ˌwet ˌberi'beri/ beribéri úmido: beribéri acompanhado de edema.

wet burn /wet 'bɜ:n/ queimadura por líquido. ⇨ **scald** (acepção 1).

wet dream /wet dri:m/ enurese noturna. ⇨ **nocturnal emission**.

wet dressing /ˌwet 'dresɪŋ/ compressa úmida. Veja **compress**.

Wharton's duct /ˌwɔ:t(ə)nz 'dʌkt/ ducto de Wharton: ducto da glândula salivar submandibular, que desemboca na papila sublingual. Descrito por Thomas Wharton [1614–1673], médico e anatomista inglês do St Thomas's Hospital, Londres, Reino Unido.)

Wharton's jelly /ˌwɔ:t(ə)nz 'dʒeli/ geléia de Wharton: tecido conjuntivo, semelhante à geléia, presente no cordão umbilical.

wheal /wi:l/ vergão. ⇨ **weal**.

Wheelhouse's operation /'wi:lhaʊsɪz ˌɒpəreɪʃ(ə)n/ operação de Wheelhouse. ⇨ **urethrotomy**. (Descrita por Claudius Galen Wheelhouse [1826–1909], cirurgião britânico.)

wheeze /wi:z/ **1** chiado: som sibilante dos brônquios durante a respiração. *The doctor listened to his wheezes.* / O médico ouviu os chiados (do paciente). **2** chiar; sibilar: fazer um som sibilante ao respirar. *When she has an attack of asthma, she wheezes and has difficulty in breathing.* / Quando ela tem crise de asma, chia e tem dificuldade de respirar.

wheezing /'wi:zɪŋ/ chiado: som sibilante dos brônquios durante a respiração. O chiado ocorre freqüentemente em pessoas com asma e é também associado com bronquite e doença cardíaca.

wheezy /'wi:zi/ sibilante: diz-se da respiração que tem o som semelhante a um assovio. *She was quite wheezy when she stopped running.* / Ela estava com a respiração sibilante, quando parou de correr.

whiplash injury /'wɪplæʃ ˌɪndʒəri/ lesão em chicotada: lesão das vértebras do pescoço, com hiperflexão e hiperextensão; ocorre freqüentemente em acidentes de carro envolvendo pancadas na parte traseira do veículo.

whiplash shake syndrome /ˌwɪplæʃ 'ʃeɪk ˌsɪndrəʊm/ síndrome da sacudidela em chicotada: em bebês, um conjunto de lesões cerebrais causadas quando a criança é sacudida violentamente. Pode provocar distúrbios do aprendizado e da fala, paralisia, convulsões, cegueira e surdez, e freqüentemente causa risco de morte.

Whipple's disease /'wɪp(ə)lz dɪˌzi:z/ doença de Whipple: doença caracterizada por dificuldade na absorção dos alimentos, fezes gordurosas, inflamação das articulações e dilatação dos linfonodos. (Descrita em 1907 por George Hoyt Whipple [1878–1976], patologista norte-americano que recebeu o Prêmio Nobel de Patologia e Medicina em 1934.)

Whipple's operation /'wɪp(ə)lz ɒpəˌreɪʃ(ə)n/ operação de Whipple. ⇨ **pancreatectomy; total pancreatectomy**.

whipworm /'wɪpwɜ:m/ *Trichuris trichiura*. ⇨ **Trichuris**.

white /waɪt/ branco: **1** de cor semelhante à neve ou ao leite. *White patches developed on his skin.* / Manchas brancas desenvolveram-se na pele dele. *Her hair has turned quite white.* / O cabelo dela ficou totalmente branco. **2** a esclerótica, ou o branco do olho. *The whites of his eyes turned yellow when he developed jaundice.* / Ele ficou com a esclerótica amarela, quando teve icterícia.

white blood cell /ˌwaɪt 'blʌd ˌsel/ célula sanguínea branca; leucócito: célula sanguínea branca que contém um núcleo, mas não contém hemoglobina. É formada na medula óssea, e sua função é produzir anticorpos. Abreviatura: **WBC**. ☑ **leucocyte; white corpuscle**.

white commissure /ˌwaɪt 'kɒmɪsjʊə/ comissura branca: estrutura formada por substância branca na medula espinhal, próxima do canal central.

white corpuscle /ˌwaɪt 'kɔ:pʌs(ə)l/ corpúsculo branco. ⇨ **white blood cell**.

white finger /waɪt 'fɪŋɡə/ dedos brancos: condição caracterizada por espasmo das artérias digitais, resultando em branqueamento e dormência dos dedos. O polegar geralmente não é afetado. Casos muito graves podem resultar na perda do dedo. A condição comumente ocorre na doença de Raynaud.

whitehead /'waɪthed/ milio: pequena tumefação branca, formada por obstrução da glândula sebácea.

white leg /waɪt 'leɡ/ perna de leite; perna branca. ⇨ **milk leg; phlegmasia alba dolens**.

white matter /'waɪt ˌmætə/ substância branca: tecido nervoso branco do cérebro, composto de um número maior de fibras nervosas mielinizadas do que de matéria cinzenta.

white noise instrument /ˌwaɪt ˈnɔɪz ˌɪnstrʊmənt/ aparelho auditivo: pequeno aparelho eletrônico, usado na orelha, que combina sons de diferentes freqüências. É utilizado para disfarçar barulho no ouvido, resultante de tinido.

whites /waɪts/ (plural, informal) leucorréia. ⇨ **leucorrhoea**.

whitlow /ˈwɪtləʊ/ panarício; paroníquia: infecção do segmento terminal de um dedo. ☑ **felon**.

WHO abreviatura de **World Health Organization**.

whoop /wuːp, huːp/ guincho; estridor: barulho característico da inspiração convulsa da coqueluche.

whooping cough /ˈhuːpɪŋ kɒf/ coqueluche: doença infecciosa, causada pela *Bordetella pertussis*, que afeta os tubos brônquicos. Ocorre comumente em crianças e, algumas vezes, é muito grave. ☑ **pertussis**. Observação: a coqueluche provoca tosse intensa, acompanhada de um som característico, como um estridor, quando se tenta respirar após um ataque, e pode levar à pneumonia. A doença pode ser tratada com antibióticos, e a vacinação é administrada a lactentes.

Widal reaction /viːˈdɑːl rɪˌækʃən/ reação de Widal: teste para o diagnóstico de febre tifóide. Coloca-se uma amostra de sangue em solução contendo bacilos tifóides, ou acrescenta-se soro antitifóide à amostra de bacilos contidos nas fezes do indivíduo. Se os bacilos se aglutinarem, isto, formarem grupos, o teste é positivo para febre tifóide. ☑ **Widal test**. (Descrita em 1896 por Georges Fernand Isidore Widal [1862–1929], professor e médico francês.)

Widal test /viːˈdɑːl test/ teste de Widal. ⇨ **Widal reaction**.

Willis /ˈwɪlɪs/ Willis. Veja **circle of Willis**.

willpower /ˈwɪlˌpaʊə/ força de vontade: o fato de ter uma vontade firme. *The patient showed the willpower to start walking again unaided*. / O paciente mostrou força de vontade ao começar a andar novamente, sem ajuda.

Wilms' tumour /ˈvɪlmz ˌtjuːmə/ tumor de Wilms. ⇨ **nephroblastoma**. (Descrito em 1899 por Max Wilms [1867–1918], professor de cirurgia em Leipzig, Basiléia e Heidelberg.)

Wilson's disease /ˈwɪlsənz dɪˌziːz/ doença de Wilson: doença congênita, caracterizada por quantidade aumentada de cobre no fígado e cérebro, levando à cirrose. ☑ **hepatolenticular degeneration**. (Descrita em 1912 por Samuel Alexander Kinnier Wilson [1878–1937], neurologista britânico.)

wind /wɪnd/ gases; flatulência: **1** gás formado no sistema digestivo, expelido pelo ânus. *The baby is suffering from wind*. / O bebê está sofrendo de gases. ☑ **flatus**. **2** sensação desconfortável, causada pelo acúmulo de gases no sistema digestivo superior. *He has pains in the stomach caused by wind*. / Ele sente dores estomacais causadas por gases. Também chamados de **flatulence**. ◊ **to break wind**: soltar gases: soltar gases estomacais por qualquer orifício, como a boca ou o ânus.

windburn /ˈwɪndbɜːn/ dermatite pelo vento: vermelhidão e inflamação da pele, causadas pela exposição a vento forte.

window /ˈwɪndəʊ/ janela: pequena abertura no ouvido.

windpipe /ˈwɪndpaɪp/ traquéia. ⇨ **trachea**.

wiring /ˈwaɪərɪŋ/ fiação; amarração; fixação: **1** uma rede de fios metálicos. **2** processo ou estrutura neurológica ou fisiológica que controla uma função do corpo. **3** o ato de unir as extremidades de um osso fraturado usando fios metálicos.

wisdom tooth /ˈwɪzdəm tuːθ/ dente do siso: um dos quatro dentes situados na parte posterior da mandíbula; surge somente por volta dos vinte anos de idade, e, algumas vezes, nunca aparece. ☑ **third molar**.

witch hazel /ˈwɪtʃ ˌheɪz(ə)l/ loção de hamamélis: loção feita da casca de uma árvore, usada em sangramentos, inflamações de tecido fibroso e ferimentos. ☑ **hamamelis**.

withdrawal /wɪðˈdrɔːəl/ supressão; abstinência; afastamento: **1** o retraimento do contato social, que leva o indivíduo a se isolar. **2** o período de abstinência de uma droga à qual se estava habituado e cujos sintomas costumam ser muito desagradáveis.

> ...she was in the early stages of physical withdrawal from heroin and showed classic symptoms: sweating, fever, sleeplessness and anxiety. / "...ela estava nos primeiros estágios da abstinência física da heroína e apresentava os sintomas clássicos: suor, febre, insônia e ansiedade." (*Nursing Times*)

withdrawal symptom /wɪðˈdrɔːəl ˌsɪmptəm/ sintoma de abstinência: condição física desagradável, acompanhada, por exemplo, de vômitos, cefaléia e febre, que ocorre pela cessação repentina do consumo de uma droga à qual se estava habituado.

Wolff-Parkinson-White syndrome /wʊlf ˌpɑːkɪns(ə)n ˈwaɪt ˌsɪndrəʊm/ síndrome de Wolff-Parkinson-White: condição caracterizada por crises de taquicardia paroxística. Pode ser fatal.

womb /wuːm/ útero; ventre. ⇨ **uterus**. Nota: para conhecer outros termos referentes ao útero, veja os que começam **hyster-**; **hystero-**; **metr-**; **metro-**; **uter-**; **utero-**.

women's hospital /ˈwɪmɪnz ˌhɒspɪt(ə)l/ ala hospitalar feminina. ⇨ **women's ward**.

women's ward /ˈwɪmɪnz wɔːd/ enfermaria feminina: enfermaria ou ala hospitalar para mulheres. ☑ **women's hospital**. Veja também **well-woman clinic**.

Wood's lamp /ˈwʊdz læmp/ lâmpada de Wood: lâmpada ultravioleta usada para detectar, por fluorescência, pêlos infectados por alguns fungos. (Descrita por Robert Williams Wood [1868–1955], físico norte-americano.)

woolsorter's disease /ˈwʊlsɔːtəz dɪˌziːz/ doença dos trapeiros: forma de antraz que afeta os pulmões.

W

word blindness /'wɜːd ˌblaɪndnəs/ incapacidade de compreender a linguagem escrita. ⇨ **alexia**.

work-related upper limb disorder /ˌwɜːk rɪˌleɪtɪd ˌʌpə 'lɪm dɪsˌɔːdə/ lesão por esforços repetitivos. Abreviatura: **WRULD**. ⇨ **repetitive strain injury**.

World Health Organization /ˌwɜːld 'helθ ɔːgənaɪˌzeɪʃ(ə)n/ Organização Mundial de Saúde: organização integrante das Nações Unidas, cujo objetivo é promover a saúde mundial. Abreviatura: **WHO**.

worm /wɜːm/ verme: animal alongado invertebrado, que pode infestar o corpo humano, principalmente os intestinos.

wound /wuːnd/ **1** ferimento; ferida: lesão a tecido externo, que permite o escape de sangue. *He had a knife wound in his leg.* / Ele teve um ferimento com faca, na perna. *The doctors sutured the wound in his chest.* / Os médicos suturaram a ferida do tórax dele. ◊ **gunshot wound:** ferida por arma de fogo: ferimento causado por bala de arma de fogo. **2** ferir: causar ferimento que resulta em orifício em tecido do corpo. *She was wounded three times in the head.* / Ela foi ferida três vezes na cabeça.

wound dehiscence /wuːnd diːˈhɪs(ə)ns/ deiscência de ferida: rotura de uma incisão cirúrgica.

wound healing /'wuːnd ˌhiːlɪŋ/ cicatrização: a substituição de tecido morto por novo tecido.

WR abreviatura de **Wassermann reaction**.

wrench /rentʃ/ torcer: lesar uma parte do corpo por torcedura súbita e forçosa.

wrinkle /'rɪŋkəl/ dobra; ruga: uma dobra na pele.

wrinkled /'rɪŋkəld/ enrugado: coberto com rugas.

wrist /rɪst/ punho: uma articulação entre a mão e o antebraço. *He sprained his wrist and can't play tennis tomorrow.* / Ele torceu o punho e não pode jogar tênis amanhã. Veja ilustração em **Hand**, no Apêndice. Nota: para conhecer outros termos referentes ao punho, veja os que começam **carp-**; **carpo-**. Observação: o punho é formado de oito ossos pequenos na mão, que se articulam com os ossos do antebraço. A articulação permite o movimento de rotação e flexão da mão, e está sujeita a torcer ou fraturar com facilidade.

wrist drop /'rɪst drɒp/ punho caído: paralisia dos músculos do punho, causada por lesão radial no braço, e caracterizada pela mão pendente.

wrist joint /'rɪst dʒɔɪnt/ articulação do punho. ⇨ **radiocarpal joint**.

writer's cramp /ˌraɪtəz 'kræmp/ cãibra de escritor: espasmo doloroso dos músculos do antebraço e da mão, resultante do uso excessivo da mão ao escrever.

writhe /raɪð/ torcer(-se); agitar(-se). ◊ **to writhe in pain:** contorcer-se de dor: torcer-se e agitar-se por dor muito intensa.

WRULD abreviatura de **work-related upper limb disorder**.

wry neck /'raɪ nek/ pescoço torcido. Usa-se também **wryneck**. ⇨ **torticollis**.

Wuchereria /ˌvʊkəˈrɪərɪə/ Wuchereria: tipo de nematódeos filariais que infestam o sistema linfático, causando elefantíase.

xanth- /zænθ/ ⇨ **xantho-**.

xanthaemia /zænˈθiːmiə/ xantemia. ⇨ **carote-naemia**. Nota: no inglês americano usa-se **xanthemia**.

xanthelasma /ˌzænθəˈlæzmə/ xantelasma: pequeno tumor das pálpebras, composto de gordura.

xanthine /ˈzænθiːn/ xantina: **1** produto intermediário na hidrólise dos ácidos nucléicos a ácido úrico, encontrado no sangue, tecidos corporais e urina. **2** um composto da xantina, por exemplo, a cafeína ou a teofilina.

xantho- /zænθəʊ/ amarelo. Nota: antes de vogais usa-se **xanth-**.

xanthochromia /ˌzænθəˈkrəʊmiə/ xantocromia: coloração amarela da pele, observada na icterícia.

xanthoma /zænˈθəʊmə/ xantoma: pequeno tumor amarelo na pele, freqüentemente nas pálpebras e mãos, rico em depósitos lipídicos. É observado principalmente em indivíduos com taxas elevadas de colesterol sanguíneo. Plural: **xanthomata**.

xanthomatosis /ˌzænθəməˈtəʊsɪs/ xantomatose: condição caracterizada pela disseminação de pequenos tumores amarelos, ricos em depósitos lipídicos, na pele ou em alguns órgãos internos. É causada por excesso de gordura no organismo.

xanthopsia /zænˈθɒpsiə/ xantopsia: distúrbio ocular no qual os objetos parecem coloridos de amarelo.

xanthosis /zænˈθəʊsɪs/ xantose: coloração amarela da pele, que pode resultar da ingestão demasiada de alimentos ricos em caroteno.

X chromosome /ˈeks ˌkrəʊməsəʊm/ cromossomo X: o cromossomo que determina o sexo de uma pessoa. Compare com **Y chromosome**. Veja também **sex chromosome**.

xeno- /zenəʊ/ xen(o): diferente; insólito; estranho.

xenograft /ˈzenəɡrɑːft/ xenoenxerto: enxerto de tecido transplantado entre indivíduos de espécies diferentes. ☑ **heterograft**. Oposto de **homograft**; **allograft**.

xenotransplantation /ˌzenəʊtrænsplɑːnˈteɪʃ(ə)n/ xenoenxerto: o processo de transplantar tecidos ou órgãos entre espécies diferentes, por exemplo, animal e homem.

xero- /zɪərəʊ/ xero-: seco; não úmido.

xeroderma /ˌzɪərəˈdɜːmə/ xeroderma: afecção cutânea caracterizada por pele ressecada e uma descamação semelhante a escamas de peixe.

xerophthalmia /ˌzɪərɒfˈθælmiə/ xeroftalmia: condição ocular marcada por secura excessiva da córnea e conjuntiva, por deficiência de vitamina A.

xeroradiography /ˌzɪərəʊˌreɪdiˈɒɡrəfi/ xerorradiografia: técnica para produção de imagem radiológica baseada no uso de placas recobertas com selênio. É utilizada em mamografia.

xerosis /zɪˈrəʊsɪs/ extrema secura da pele ou das membranas mucosas. ☑ **alacrima; dry-eye syndrome**.

xerostomia /ˌzɪərəˈstəʊmiə/ xerostomia: secura da boca, causada por insuficiência salivar.

xiphi- /zɪfɪ/ xif(o)-: relativo ao processo xifóide.

xiphisternal plane /ˌzɪfɪˌstɜːn(ə)l ˈpleɪn/ plano esternoxifóideo: linha horizontal imaginária que cruza o tronco ao nível da articulação do processo xifóide.

xiphisternum /ˌzɪfɪˈstɜːnəm/ xifoesterno. ⇨ **xiphoid process**.

xiphoid cartilage /ˈzɪfɔɪd ˈkɑːtəlɪdʒ/ cartilagem xifóidea. ⇨ **xiphoid process**.

xiphoid process /ˈzɪfɔɪd ˌprəʊses/ processo xifóide: cartilagem situada na extremidade inferior do esterno, no indivíduo jovem, substituída por tecido ósseo, na meia-idade. ☑ **xiphoid cartilage; ensiform cartilage; xiphisternum**.

X-linked /ˈeks ˌlɪŋkt/ ligado ao X: relativo aos genes situados no cromossomo X.

X-linked disease /ˈeks ˌlɪŋkt dɪˌziːz/ doença ligada ao X: doença hereditária causada por uma mutação do cromossomo X, que só atinge os homens; é manifestada, por exemplo, como uma forma de hemofilia.

X-ray /ˈeks ˌreɪ/ **1** raios X: a) radiação eletromagnética cujo comprimento de onda é muito curto e invisível, mas pode atravessar os tecidos moles e registrar imagens em filme previamente sensibilizado. São utilizados tanto no diagnóstico (radiografia) quanto no tratamento de doenças (radioterapia). *The X-ray examination showed the presence of a tumour in the colon.* / O exame de raios X mostrou a presença de um tumor no cólon. b) uma imagem obtida por raios X. *The dentist took some X-rays of the patient's teeth.* / O dentista tirou alguns raios X dos dentes do paciente. *He pinned the X-rays to the light screen.* / Ele prendeu o raio X à tela luminosa. c) um exame por meio de raios X. *All the staff had to have chest X-rays.* / Toda a equipe precisou se submeter a exame de raios X. **2** radiografar: fazer raio X de um paciente. *There are six patients waiting to be X-rayed.* / Há seis pacientes esperando para serem radiografados. Usa-se também **x-ray** (com **x** minúsculo). Observação: uma vez que os raios X atravessam os tecidos moles, algumas vezes, é necessário opacificar os órgãos internos, para que se tornem visíveis no filme sensibilizado. Em casos de raios X do estômago, administra-se uma solução de bário antes do exame (radiografia de contraste); em outros casos, como em raios X do rim, substâncias radioativas são injetadas na corrente sanguínea ou no próprio órgão. Os raios X são usados para diagnóstico (radiografia) e tratamento (radioterapia) de doenças, uma vez que agem rapidamente, fragmentando células cancerosas, por exemplo. A exposição excessiva aos raios X, seja pelo paciente seja pelo radiologista, pode provocar doença da radiação.

X-ray imaging /ˈeks reɪ ˌɪmɪdʒɪŋ/ imagem por raios X: método que consiste em projetar em uma tela imagens de órgãos ou estruturas internas.

X-ray photograph /ˌeks reɪ ˈfəʊtəɡrɑːf/ radiografia: imagem obtida por radiação eletromagnética, que penetra os tecidos e afeta uma chapa radiográfica. *He was examining the X-ray photographs of the patient's chest.* / Ele estava examinando as radiografias do tórax do paciente.

X-ray screening /ˈeks reɪ ˌskriːnɪŋ/ análise por raios X: obtenção de informações sobre os órgãos e estruturas internas pelo uso de raios X. É feita por radiologista.

Xylocaine /ˈzaɪləkeɪn/ Xylocaine: o nome comercial de preparação de lidocaína.

xylometazoline /ˌzaɪləʊməˌtæzəliːn/ xilometazolina. ⇨ **xylometazoline hydrochloride**.

xylometazoline hydrochloride /ˌzaɪləʊməˌtæzəliːn ˌhaɪdrəˈklɔːraɪd/ cloridrato de xilometazolina: agente vasoconstritor, usado no tratamento de gripes e sinusite. ☑ **xylometazoline**.

xylose /ˈzaɪləʊz/ xilose: uma aldopentose obtida pela hidrólise de carboidratos.

XYY syndrome /ˌeks waɪ ˈwaɪ ˌsɪndrəʊm/ síndrome XYY: condição extremamente rara, em homens, caracterizada pela presença de um cromossomo Y supranumerário. É associada com crescimento rápido, estatura elevada (cerca de 7 centímetros acima da média), e acne na adolescência.

yawn /jɔːn/ **1** bocejo: ação reflexa, caracterizada pela abertura involuntária da boca, acompanhada por uma profunda inspiração; em geral exprime sono, cansaço ou tédio. *His yawns made everyone feel sleepy.* / Os bocejos dele provocaram sono em todas as pessoas. **2** bocejar: abrir involuntariamente a boca e inspirar profundamente.

yawning /ˈjɔːnɪŋ/ bocejo: o ato de abrir a boca, de forma inconsciente, e inspirar profundamente; costuma exprimir cansaço ou tédio.

yaws /jɔːz/ bouba; framboésia: doença tropical, infecciosa, causada pelo espiroqueta *Treponema pertenue*. Os sintomas incluem febre, úlceras granulomatosas semelhantes à framboesa, e manifestações tardias com lesões destrutivas dos ossos. ☑ **framboesia; pian.** Veja também **treponematosis.**

Y chromosome /ˈwaɪ ˌkrəʊməsəʊm/ cromossomo Y: cromossomo responsável pela determinação sexual, menor do que o cromossomo X, presente no homem. Compare com **X chromosom.** Veja também **sex chromosome.**

yeast /jiːst/ fermento; levedura: fungo utilizado na fermentação do álcool e na fabricação de pães. Constitui uma boa fonte de vitamina B.

yellow /ˈjeləʊ/ amarelo: **1** cuja cor se assemelha ao sol ou ao ouro. *His skin turned yellow when he had hepatitis.* / A pele dele tornou-se amarela, quando ele teve hepatite. *The whites of the eyes become yellow as a symptom of jaundice.* / A esclerótica tornou-se amarela, como um sintoma de icterícia. **2** cor semelhante ao sol ou ao ouro.

yellow atrophy /ˌjeləʊ ˈætrəfi/ atrofia amarela: nome antigo para uma lesão hepática muito grave.

yellow elastic fibrocartilage /ˌjeləʊ ɪˌlæs tɪk ˌfaɪbrəʊˈkɑːtɪlɪdʒ/ fibrocartilagem amarela: cartilagem flexível, formada por fibras elásticas amarelas, por exemplo, no ouvido e epiglote.

yellow fever /ˈjeləʊ ˌfiːvə/ febre amarela: doença infecciosa, de ocorrência principalmente na África e América do Sul, provocada por um arbovírus cujo hospedeiro é o mosquito *Aedes aegypti*. Nas formas graves, causa comprometimento hepático, acompanhada de hemorragias e icterícia. Não se conhece a cura para a doença, que pode ser fatal, porém pode-se preveni-la pela vacinação.

yellow fibre /ˌjeləʊ ˈfaɪbə/ fibra amarela. ⇨ **elastic fibre.**

yellow marrow /ˌjeləʊ ˈmærəʊ/ medula óssea amarela. Veja **marrow.**

yellow spot /ˈjeləʊ spɒt/ mancha amarela. ⇨ **macula lutea.**

Yersinia pestis /jɜːˌsɪniə ˈpestɪs/ *Yersinia pestis:* bactéria causadora da peste.

yin and yang /ˌjɪn ənd ˈjæŋ/ yin-yang: na filosofia chinesa, o conceito de dois princípios opostos e complementares, presentes em todas as manifestações da natureza. Algumas vezes, são também relacionados com a feminilidade e a masculinidade.

yoga /ˈjəʊɡə/ ioga: **1** disciplina hindu que promove a unidade espiritual com um Ser Supremo por meio de um conjunto de práticas ritualísticas e psicofísicas. **2** qualquer um de dezenas de métodos e sistemas derivados ou baseados na ioga hindu. Vários métodos incluem exercícios de respiração e relaxamento e posturas que, acredita-se, ajudam a promover a saúde e o bem-estar.

yolk sac /ˈjəʊk sæk/ saco vitelino. ⇨ **vitelline sac.**

yuppie flu /ˈjʌpi ˈfluː/ (informal) síndrome da fadiga pós-viral. Veja **myalgic encephalomyelitis.**

Zadik's operation /'zeɪdɪks ɒpəˌreɪʃ(ə)n/ operação de Zadik: procedimento cirúrgico para remoção parcial de uma unha do pé encravada.

Zantac /'zæntæk/ Zantac: o nome comercial da ranitidina.

zidovudine /zɪ'dəʊvjʊdiːn/ zidovudina: azidotimidina, ou AZT, agente inibidor da replicação viral, usado no tratamento da AIDS.

Zimmer frame /'zɪmə freɪm/ aparelho de Zimmer: marca registrada de um aparelho de metal, usado por pessoas com dificuldade de locomoção. *She managed to walk some steps with a Zimmer frame.* / Ela tentou andar alguns passos com o aparelho de Zimmer. Veja também **walking frame**.

zinc /zɪŋk/ zinco: elemento metálico radiotraçador, de coloração branco-azulada. Símbolo químico: **Zn**.

zinc ointment /zɪŋk 'ɔɪntmənt/ pomada de zinco: uma pomada suave, à base de óxido de zinco e óleo.

zinc oxide /zɪŋk 'ɒksaɪd/ óxido de zinco: composto de zinco e oxigênio, que forma um pó branco, usado topicamente em loções e cremes protetores e adstringentes. Fórmula química: ZnO.

Zollinger–Ellison syndrome /ˌzɒlɪndʒər 'elɪs(ə)n ˌsɪndrəʊm/ síndrome de Zollinger–Ellison: condição caracterizada por tumores de células das ilhotas pancreáticas e úlceras pépticas. (Descrita em 1955 por Robert Milton Zollinger, professor de cirurgia na Ohio State University, EUA, nascido em 1903; e Edwin H. Ellison (1918–1970), professor-adjunto de cirurgia na Ohio State University, EUA.)

zona /'zəʊnə/ zona: **1** ⇨ **herpes zoster**. **2** uma zona ou área.

zona pellucida /ˌzəʊnə pɪ'luːsɪdə/ zona pelúcida: camada que envolve um oócito.

zone /zəʊn/ zona: uma área ou região do corpo.

zonula /'zɒnjʊlə/ zônula: uma pequena zona do corpo. Usa-se também **zonule**.

zonule of Zinn /ˌzɒnjuːl əv 'zɪn/ zônula de Zinn: ligamento suspensor do cristalino.

zonulolysis /ˌzɒnjʊ'lɒləsɪs/ zonulólise: dissolução da zônula de Zinn (zona ciliar) por meio de enzimas, durante cirurgia de catarata.

zoo- /'zəʊ/ zo(o)-: relativo aos animais.

zoonosis /ˌzəʊə'nəʊsɪs/ zoonose: doença transmissível dos animais ao homem. Plural: **zoonoses**.

zoster /'zɒstə/ zoster. Veja **herpes zoster**.

Z-plasty /'zi ˌplæsti/ Z-plastia: técnica de cirurgia plástica que consiste em uma incisão profunda, em forma de Z, para o relaxamento de uma cicatriz contraída ou para estabelecer a posição que se deseja dar à cicatriz final.

zygoma /zaɪ'gəʊmə/ zigoma. ⇨ **zygomatic arch**. Plural: **zygomata**.

zygomatic /ˌzaɪgə'mætɪk/ zigomático: relativo ao arco zigomático.

zygomatic arch /ˌzaɪgəmætɪk 'ɑːtʃ/ arco zigomático: a crista óssea formada de lado a lado do osso temporal, entre o ouvido e o globo ocular. ☑ **zygoma**.

zygomatic bone /ˌzaɪgəmætɪk 'bəʊn/ osso zigomático: osso quadrilátero que forma a proeminência das bochechas e a parte inferior do globo ocular. ☑ **cheekbone; malar bone**.

zygomatic process /ˌzaɪgəmætɪk 'prəʊses/ processo zigomático: uma das duas projeções ósseas que formam o arco zigomático.

zygomycosis /ˌzaɪgəmaɪ'kəʊsɪs/ zigomicose: doença infecciosa, causada por fungos, que ataca os vasos sanguíneos do pulmão.

zygote /'zaɪgəʊt/ zigoto: o óvulo fertilizado, que constitui o primeiro estágio do desenvolvimento embrionário.

zym- /zaɪm/ **1** enzimas. **2** fermentação.

zymogen /'zaɪmədʒen/ zimogênio. ⇨ **proenzyme**.

zymosis /zaɪ'məʊsɪs/ zimose. ⇨ **fermentation**.

zymotic /zaɪ'mɒtɪk/ zimótico: relativo à zimose.

ILUSTRAÇÕES

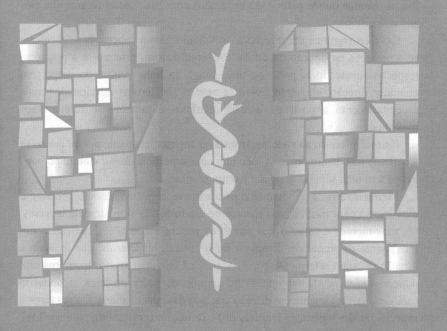

A descrição do corpo é sempre baseada na posição vertical, ereta, com a palma das mãos voltada para a frente. Há apenas um plano central vertical, chamado plano *mediano* ou *sagital* (*sagittal* or *median plane*), que passa longitudinalmente pelo meio do corpo, da frente para trás. Os planos paralelos a este, de cada lado, são os planos *parassagital* ou *paramediano* (*parasagittal* or *paramedian planes*). Planos verticais dos ângulos direitos para os ângulos medianos são chamados planos *coronários* (*coronal planes*). O termo *horizontal* ou *transversal* (*transverse* or *horizontal planes*) fala por si só. Dois planos horizontais específicos são: (a) o *transpilórico* (*transpyloric plane*), que passa a meio caminho entre a incisura supra-esternal e a sínfise púbica; e (b) o plano *transtubercular* ou *intertubercular* (*transtubercular plane*), que passa horizontalmente pelo abdome inferior, através dos tubérculos das cristas ilíacas. Muitos outros planos são nomeados com base nas estruturas que eles atravessam.

Cefálico significa em direção a ou voltado para a cabeça; *caudal* refere-se a posições na direção da cauda. *Proximal* e *distal* referem-se a posições, respectivamente, mais perto ou mais longe da linha central do corpo, em qualquer direção, enquanto *lateral* e *medial* são termos relacionados mais especificamente a posições laterais relativas, e também se referem aos movimentos.

Ventral refere-se ao abdome, frontal ou anterior, enquanto *dorsal* refere-se à parte de trás de um órgão. A mão tem uma superfície *dorsal* e outra *palmar*, e o pé tem uma superfície *dorsal* e outra *plantar*.

Flexão da coxa é o movimento para a frente, enquanto *flexão da perna* é o movimento para trás; os movimentos de *extensão* são similarmente inversos. Os movimentos e rotação dos membros podem ser *mediais,* indicando um movimento da frente em direção à linha central, ou *laterais*, que indicam a direção oposta. Os termos específicos para os movimentos dos membros são: *adução* (*adduction*), movimento no sentido da linha mediana; e *abdução* (*abduction*), movimento em direção afastada da linha mediana. Outros termos específicos são *supinação* (*supination*) e *pronação* (*pronation*), para a mão; e *inversão* (*inversion*) e *eversão* (*eversion*), para o pé.

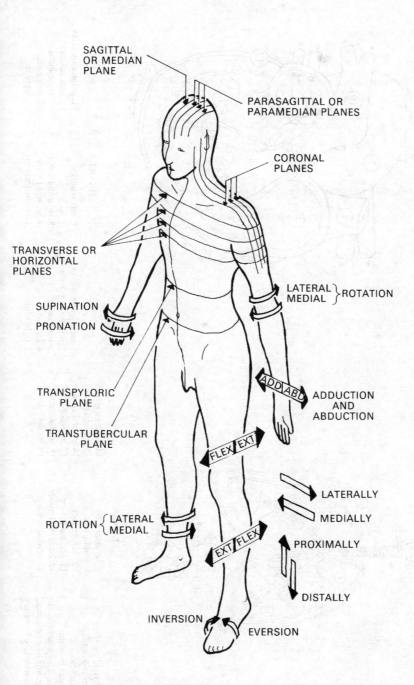

SAGITTAL OR MEDIAN PLANE

PARASAGITTAL OR PARAMEDIAN PLANES

CORONAL PLANES

TRANSVERSE OR HORIZONTAL PLANES

LATERAL | MEDIAL } ROTATION

SUPINATION

PRONATION

TRANSPYLORIC PLANE

TRANSTUBERCULAR PLANE

ADD | ABD

ADDUCTION AND ABDUCTION

FLEX | EXT

LATERALLY

MEDIALLY

PROXIMALLY

ROTATION { LATERAL MEDIAL

EXT | FLEX

DISTALLY

INVERSION

EVERSION

522

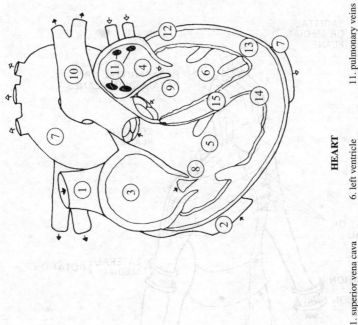

HEART

1. superior vena cava
2. inferior vena cava
3. right atrium
4. left atrium
5. right ventricle
6. left ventricle
7. aorta
8. tricuspid valve
9. bicuspid valve
10. pulmonary artery
11. pulmonary veins
12. epicardium
13. myocardium
14. endocardium
15. septum

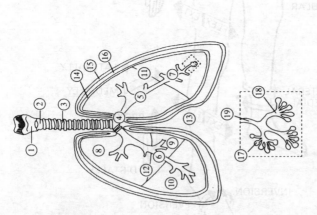

LUNGS

1. thyroid cartilage
2. cricoid cartilage
3. trachea
4. main bronchus
5. superior lobe bronchus
6. middle lobe bronchus
7. inferior lobe bronchus
8. superior lobe
9. middle lobe
10. inferior lobe
11. oblique fissure
12. horizontal fissure
13. cardiac notch
14. visceral pleura
15. parietal pleura
16. pleural cavity
17. alveolus
18. alveolar duct
19. bronchiole

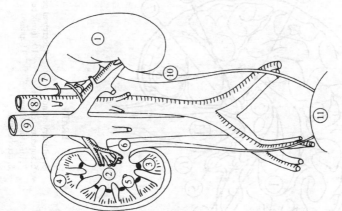

KIDNEY

1. kidney
2. calyx
3. pyramid
4. renal cortex

5. renal medula
6. renal pelvis
7. adrenal gland
8. abdominal aorta

9. inferior vena cava
10. ureter
11. urinary bladder

DIGESTIVE SYSTEM

1. liver
2. pancreas
3. spleen
4. gall bladder
5. stomach
6. duodenum

7. jejunum
8. ileum
9. ascending colon
10. transverse colon
11. descending colon

12. sigmoid colon
13. caecum
14. appendix
15. rectum
16. anus

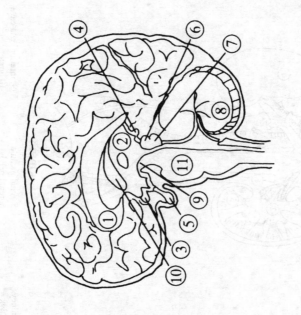

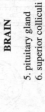

BRAIN

1. corpus callosum
2. thalamus
3. hypothalamus
4. pineal body

5. pituitary gland
6. superior colliculi
7. inferior colliculi
8. cerebellum

9. cerebral peduncle
10. fornix cerebri
11. pons

NEURON

(a) multipolar
1. nucleus
2. Nissl granules
3. neurofibrilla
4. dendrite

(b) bipolar
5. axon
6. myelin sheath
7. Schwann cell nucleus

(c) unipolar
8. node of Ranvier
9. neurilemma
10. terminal branch

525

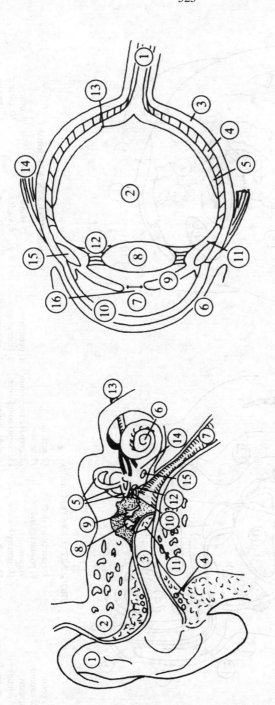

EAR

1. pinna
2. temporal bone
3. external auditory meatus
4. ceruminous glands
5. semicircular canals
6. cochlea
7. Eustachian tube
8. malleus
9. incus
10. stapes
11. tympanic membrane (eardrum)
12. round window
13. auditory nerve
14. vestibule
15. oval window

EYE

1. optic nerve
2. vitreous humour
3. sclera
4. choroid
5. retina
6. conjunctiva
7. aqueous humour
8. lens
9. iris
10. cornea
11. ciliary body
12. suspensory ligament
13. fovea
14. muscle
15. ciliary muscle
16. pupil

526

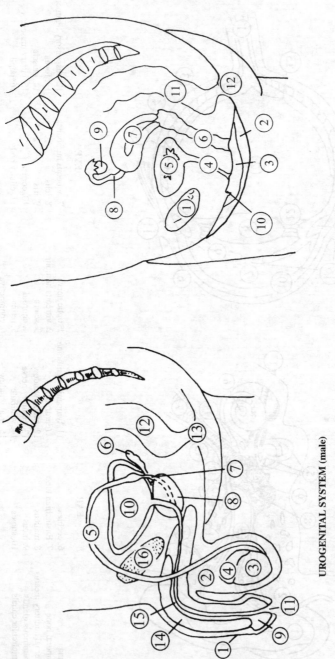

UROGENITAL SYSTEM (male)

1. penis
2. scrotum
3. testis
4. epididymis
5. ductus deferens
6. seminal vesicle
7. ejaculatory duct
8. prostate gland
9. glans
10. urinary bladder
11. urethra
12. rectum
13. anus
14. corpus cavernosum
15. corpus songiosum
16. pubic bone

UROGENITAL SYSTEM (female)

1. pubic bone
2. labia majora
3. labia minora
4. urethra
5. urinary bladder
6. vagina
7. uterus
8. Fallopian tube
9. ovary
10. clitoris
11. rectum
12. anus

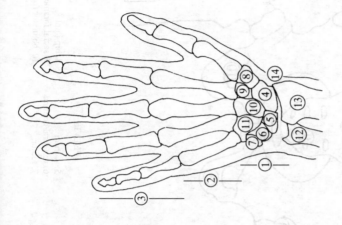

FOOT

1. tarsus
2. metatarsus
3. phalanges

4. cuneiforms
5. navicular
6. cuboid

7. calcaneus
8. talus

HAND

1. carpus
2. metacarpus
3. phalanges
4. scaphoid
5. lunate

6. triquetrum
7. pisiform
8. trapezium
9. trapezoid
10. capitate

11. hamate
12. ulna
13. radius
14. wrist

528

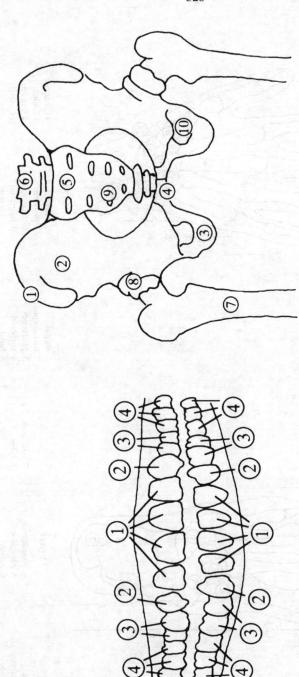

PELVIS

1. iliac crest
2. ilium
3. ischium
4. pubis

5. sacrum
6. vertebral column
7. femur

8. hip joint
9. sacral foramen
10. obturator foramen

TEETH

1. incisors
2. canines

3. premolars
4. molars

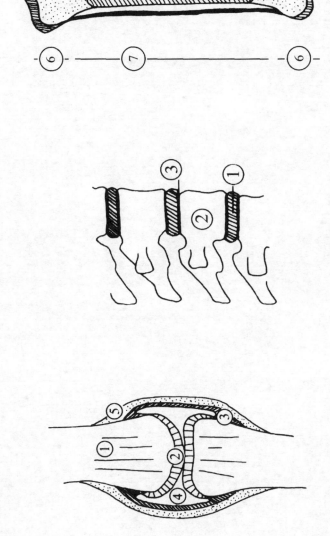

SYNOVIAL JOINT

1. bone
2. articular cartilage
3. synovial membrane
4. synovial cavity and fluid
5. joint capsule (ligament)

CARTILAGINOUS JOINT

1. intervertebral disc
2. vertebra
3. hyaline cartilage

BONE STRUCTURE

1. periosteum
2. compact bone
3. cancellous (spongy) bone (red marrow)
4. medullary cavity (yellow marrow)
5. articular cartilage
6. epiphysis
7. diaphysis

GLOSSÁRIO
PORTUGUÊS – INGLÊS

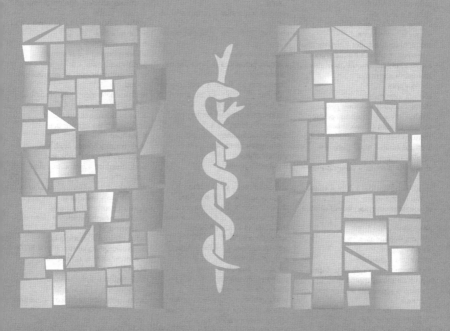

a (grande) distância → *distally*
a cada manhã → *quaque mane*
à noite → *nocte*
à prova d'água → *waterproof*
à prova de crianças → *child-proof*
a salvo → *safely*
AA → *AA*
AB → *AB*
abaixador de língua → *tongue depressor*
abaixo do peso (com) → *underweight*
abalar → *shock*
abalo → *concussion; jerk; twitch*
abalo do tornozelo → *ankle jerk*
abandonar → *give up*
abatido → *drawn; run-down; prostrate*
abaulado → *bulging*
abdome → *abdomen*
abdome agudo → *acute abdomen*
abdominal → *abdominal*
abdominopélvico → *abdominopelvic*
abdominoperineal → *abdominoperineal*
abdominoposterior → *abdominoposterior*
abdominoscopia → *abdominoscopy*
abdominotorácico → *abdominothoracic*
abdução → *abduction*
abducente → *abducent*
abdutor → *abductor*
abduzir → *abduce; abduct*
aberração → *aberration*
aberração cromossômica → *chromosomal aberration; chromosome aberration*
aberração mental → *mental aberration*
aberrante → *aberrant*
aberto → *open*
abertura → *aperture*
abertura lacrimal → *lacrimal puncta*
abertura safena → *saphenous opening*
abertura torácica → *thoracic inlet*
aberturas lacrimais → *puncta lacrimalia*
aberturas nasais → *nasal apertures*
ablação → *ablation*
ablação da placenta → *abruptio placentae*
ablação endrometrial a laser → *endometrial laser ablation*
ablação segmentar → *segmental ablation*
abóbada → *vault*
aboclusão → *abocclusion*
abono → *mobility allowance*
aboral → *aboral*
abordagem → *approach*
abordagem para solução de problemas → *problem-solving approach*
abordagem posterior → *posterior approach*
abordagem transdiafragmática → *transdiaphragmatic approach*
abortar → *abort; miscarry*
aborteiro → *abortionist*
abortifaciente → *abortifacient*
abortivo → *abortive*
aborto → *abortion; abortus*
aborto completo → *complete abortion*
aborto criminoso → *criminal abortion*
aborto espontâneo → *spontaneous abortion*
aborto habitual → *habitual abortion; recurrent abortion*

aborto ilegal → *illegal abortion*
aborto incompleto → *incomplete abortion*
aborto induzido → *induced abortion*
aborto legal → *legal abortion*
aborto recorrente → *recurrent abortion*
aborto terapêutico → *therapeutic abortion*
abrandamento → *light adaptation; lightening*
abrandar → *subside*
abrasador → *burning*
abrasão → *abrasion*
abrasão corneana → *corneal abrasion*
ab-reação → *abreaction*
ab-reagir → *abreact*
abridor de boca; engasgar → *gag*
abrigo para idosos → *sheltered accommodation; sheltered housing*
abscesso → *abscess*
abscesso apical → *apical abscess*
abscesso crônico → *chronic abscess*
abscesso de Brodie → *Brodie's abscess*
abscesso dentário → *gumboil*
abscesso do ponto → *stitch abscess*
abscesso isquiorretal → *ischiorectal abscess*
abscesso peritonsilar → *peritonsillar abscess*
abscesso subfrênico → *subphrenic abscess*
absorção → *absorption*
absorção percutânea → *percutaneous absorption*
Absortância por Raios X com Emprego de Energia Dupla → *Dual Energy X-Ray Absorptimetry*
absorvente higiênico → *sanitary towel*
absorver → *absorb; suck*
abstêmio → *abstainer*
abstinência → *abstinence*
abulia → *abulia*
abundante → *profuse*
abuso → *abuse*
abuso de álcool → *alcohol abuse*
abuso de solvente → *solvent abuse*
abuso de substâncias → *substance abuse*
abuso de substâncias → *substance misuse*
abuso infantil → *child abuse*
acalasia → *achalasia*
acalasia cardíaca → *cardiac achalasia*
acalmar → *soothe*
acamado → *bedridden*
acantose → *acanthosis*
ação contrária → *counteraction*
ação cumulativa → *cumulative action*
ação involuntária → *involuntary action*
ação obsessiva → *obsessive action*
ação rápida(de) → *rapid-acting; short-acting*
ação reflexa → *reflex action*
ação tampão → *buffer action*
acapnia → *acapnia*
acaríase → *acariasis*
acariciar → *stroke*
acaricida → *acaricide*
ácaro → *mite; tick*
ácaro de poeira doméstica → *house dust mite*

ácaro doméstico → *house mite*
acarofobia → *acarophobia*
acatalasia → *acatalasia*
acatisia → *akathisia*
acebutolol → *acebutolol*
acéfalo → *acephalus; anencephalous*
acentuadamente → *sharply*
acesso (de doença) → *spell*
acessório → *accessory*
acetábulo → *acetabullum*
acetabuloplastia → *acetabuloplasty*
acetaminofeno → *acetaminophen*
acetazolamida → *acetazolamide*
acetilcoenzima A → *acetylcoenzyme A*
acetilcolina → *acethylcholine*
acetona → *acetone*
acetonemia → *acetonaemia*
acetonúria → *acetonuria*
achaque → *ailment*
achar → *feel*
aciclovir → *aciclovir*
acidemia → *acidaemia*
acidemia úrica → *uricacidaemia*
acidente → *accident; casualty*
acidente vascular cerebral → *cerebral vascular accident; cerebrovascular accident; stroke*
acidente vascular cerebral oclusivo → *occlusive stroke*
acidez → *acidity*
acidez estomacal → *acid stomach*
ácido → *acid; sour*
ácido acetilsalicílico → *acetylsalicylic acid*
ácido aminobutírico → *aminobutyric acid*
ácido aracdônico → *arachidonic acid*
ácido ascórbico → *ascorbic acid*
ácido aspártico → *aspartic acid*
ácido biliar → *bile acid*
ácido bórico → *boracic acid; boric acid*
ácido carbólico → *carbolic acid*
ácido cianídrico → *hydrocyanic acid*
ácido cítrico → *citric acid*
ácido clorídrico → *hydrochloric acid*
ácido cólico → *cholic acid*
ácido crômico → *chromic acid*
ácido desoxirribonucléico → *deoxyribonucleic acid*
ácido esteárico → *stearic acid*
ácido etilenodiaminotetracético → *EDTA; ethylene diamine tetra-acetate*
ácido fólico → *folic acid*
ácido fosfórico → *phosphoric acid*
ácido fusídico → *fusidic acid*
ácido gama-aminobutírico → *gamma aminobutyric acid*
ácido glicólico → *glycocholic acid*
ácido glicurônico → *glucuronic acid*
ácido glutâmico → *glutamic acid*
ácido graxo → *fatty acid*
ácido graxo essencial → *essential fatty acid*
ácido hialurônico → *hyaluronic acid*
ácido inorgânico → *inorganic acid*
ácido láctico → *lactic acid*
ácido linoléico → *linoleic acid*
ácido linolênico → *linolenic acid*
ácido mefenâmico → *mefenamic acid*

ácido nicotínico → *nicotinic acid*
ácido nucléico → *nucleic acid*
ácido oléico → *oleic acid*
ácido pantotênico → *pantothenic acid*
ácido pirúvico → *pyruvic acid*
ácido prússico → *prussic acid*
ácido pteroilglutâmico → *pteroylglutamic acid*
ácido ribonucléico (ARN) → *ribonucleic acid*
ácido salicílico → *salicylic acid*
ácido sulfúrico → *sulphuric acid*
ácido trenexâmico → *tranexamic acid*
ácido undecenóico → *undecenoic acid*
ácido undecilênico → *undecylenic acid*
ácido úrico → *uric acid*
acidose → *acidosis*
acidose metabólica → *metabolic acidosis*
acidótico → *acidotic*
acidúria → *aciduria*
acinesia → *akinesia*
acinestesia → *kinanaesthesia; kinanesthesia*
acinético → *akinetic*
ácino → *acinus*
acistia → *acystia*
acloridria → *achlorhydria*
acne → *acne*
acne rosácea → *acne rosacea*
acne vulgar → *acne vulgaris*
acolher → *receive*
acolia → *acholia*
acolúria → *acholuria*
acomodação → *accomodation*
acomodar-se → *settle*
acompanhamento → *follow-up*
acompanhar → *follow*
acondroplasia → *achondroplasia*
aconselhamento → *counselling*
aconselhamento genético → *genetic counselling*
acontecer → *fall; occur*
acontecimento vital → *life event*
acoplamento → *coupling*
acordado → *awake; wakeful*
acordar → *wake; wake up*
acreção → *accretion*
acrivastina → *acrivastine*
acroasfixia → *dead man's fingers*
acrocefalia → *acrocephalia*
acrocefálico → *acrocephalic*
acrocianose → *acrocyanosis*
acrodinia → *acrodynia*
acrofobia → *acrophobia*
acromatopsia → *achromatopsia*
acromegalia → *acromegaly*
acromial → *acromial*
acrômio → *acromion*
acromioclavicular → *acromioclavicular*
acronixe → *acronyx*
acroparestesia → *acroparaesthesia*
acrosclerose → *acrosclerosis*
actinomicina → *actinomycin*
actinomicose → *actinomycosis*
açúcar → *sugar*
açúcar de frutas → *fructose*
açúcar do sangue → *blood sugar*
acuidade → *acuity*

acuidade auditiva → *auditory acuity*
acuidade visual → *visual acuity*
acupressão → *acupressure*
acupuntura → *acupuncture*
acupunturista → *acupuncturist*
acústico → *acoustic*
adaptação → *adaptation*
adaptação à escuridão → *dark adaptation*
adaptar → *adapt; fit*
adenectomia → *adenectomy*
adenina → *adenine*
adenite → *adenitis*
adenocarcinoma → *adenocarcinoma*
adeno-hipófise → *adenohypophysis*
adenoidal → *adenoidal*
adenóide → *adenoid*
adenoidectomia → *adenoidectomy*
adenóides → *adenoids*
adenoidismo → *adenoidism*
adenolinfoma → *adenolymphoma*
adenoma → *adenoma*
adenoma sebáceo → *adenoma sebaceum*
adenomioma → *adenomyoma*
adenopatia → *adenopathy*
adenosclerose → *adenosclerosis*
adenose → *adenosis*
adenosina → *adenosine*
adenovírus → *adenovirus*
aderência → *compliance*
adesão → *adhesion*
adesivo nicotínico → *nicotine patch*
adesivo transdérmico → *transdermal patch*
adipose → *adipose; adiposis*
adipose dolorosa → *adiposis dolorosa*
adiposo → *adiposus*
adiposúria → *adiposuria*
adito → *aditus*
adjuvante → *adjuvant*
administração → *management*
Administração de Alimentos e Drogas → *Food and Drug Administration*
administração médica → *medical administration*
administrador → *manager*
administrar → *administer; manage*
admissão → *admission*
admissão compulsiva → *compulsory admission*
admitido → *enrolled*
admitir → *admit*
adoção → *adoptive*
adoecer → *come down with; fall ill; sicken for*
adolescência → *adolescence*
adolescente → *adolescent*
adormecer → *drop off; fall asleep*
adormecido → *asleep*
adotar → *adopt*
adquirente → *purchaser*
adquirido → *acquired*
adquirir → *pick up*
adrenal → *adrenal*
adrenalectomia → *adrenalectomy*
adrenalectomia bilateral → *bilateral adrenalectomy*
adrenalina → *adrenaline*
adrenérgico → *adrenergic*

adrenoceptor → *adrenoceptor*
adrenocortical → *adrenocortical*
adrenoleucodistrofia → *adrenoleukodystrophy*
adrenolítico → *adrenolytic*
adrenorreceptor → *adrenoreceptor*
adsorção → *adsorption*
adsorvente → *adsorbent*
adstringente → *astringent*
adução → *adduction*
aducente → *adducent*
adulteração → *adulteration*
adulto → *adult*
adutor → *adductor*
aduzido → *adducted*
aduzir → *adduct*
adventícia → *adventitia*
adventício → *adventitious*
adverso → *adverse*
advertência → *warning*
advocacia → *advocacy*
aeração → *aeration*
aeróbico → *aerobic*
aeróbio → *aeroba*
aeroembolismo → *aeroembolism*
aerofagia → *aerophagia*
aerógeno → *aerogenous*
aerossol → *aerosol*
afacia → *aphakia*
afácico → *aphakic*
afagar → *stroke*
afagia → *aphagia*
afasia → *aphasia*
afasia de Broca → *Broca's aphasia*
afebril → *afebrile*
aferente → *afferent*
aférese → *apheresis*
afetar estado mental → *affect*
afetivo → *affective*
afinidade → *affinity*
afirmar → *certify*
aflatoxina → *aflatoxin*
afogamento → *drowning*
afogamento seco → *dry drowning*
afogar → *drown*
afonia → *aphonia*
afrodisíaco → *aphrodisiac*
afta → *aphtha; mouth ulcer; thrush*
agalactia → *agalactia*
agamaglobulinemia → *agammaglobulinaemia*
ágar → *agar*
agência → *agency*
Agência de Proteção à Saúde → *Health Protection Agency*
agênese → *agenesis*
agente → *agent*
agente alergênico → *allergenic agent*
agente alérgico → *allergic agent*
agente esclerosante → *sclerosant agent; sclerosing agent*
agente etiológico → *aetiological agent*
agente quelante → *chelating agent*
agente quimioterapêutico → *chemotherapeutic agent*
agente sensibilizante → *sensitising agent*
agir sobre → *act on*
agitação → *agitation*

agitado → *agitated; restless*

agitante → *agitans*

agitar → *shake*

agitar(-se) → *writhe*

aglossia → *aglossia*

aglutinação → *agglutination*

aglutinar → *agglutinate*

aglutinina → *agglutinin*

aglutinogênio → *agglutinogen*

agnosia → *agnosia*

agonia → *agony*

agonista → *agonist*

agorafobia → *agoraphobia*

agorafóbico → *agoraphobic*

agrafia → *agraphia*

agravar → *aggravate*

agressão → *aggression*

agressivo → *aggresive*

agrunulocitose → *agranulocytosis*

agrupamento → *cluster*

agrupamento sanguíneo → *blood grouping*

agrupar → *group*

água → *water; aqua*

água destilada → *distilled water*

água mineral → *mineral water*

aguda (dor)→ *shooting*

agudo → *acute; sharp*

agüentar → *support*

agulha → *needle*

agulha cirúrgica → *surgical needle*

agulha de Gordh → *Gordh needle*

agulha diatérmica → *diathermy needle*

agulha hipodérmica → *hypodermic needle*

ailurofobia → *ailurophobia*

ajuda → *aid*

ajuda de custo → *mobility allowance*

ajuda de toalete → *toileting*

ajuda médica → *medical aid*

ajudante → *helper*

ajuste → *adjustment*

ala hospitalar feminina → *women's hospital*

alácrima → *alacrima*

alactasia → *alactasia*

alalia → *alalia*

alanina → *alanine*

alanina aminotransferase → *alanine aminotransferase*

alantóide → *allantois*

alantoína → *allatoin*

alarme falso → *false pains*

alastrar(-se) → *invade*

alavanca → *vectis*

albicante → *albicans*

albinismo → *albinism*

albino → *albino*

albugínea ocular → *albuginea oculi*

albugínea → *albuginea*

albumina sérica → *serum albumin*

albuminômetro → *albuminometer*

albuminômetro de Esbach → *Esbach's albuminometer*

albuminúria → *albuminuria*

albumose → *albumose*

alça → *loop; snare*

alça de Henle → *Henle's loop; loop of Henle*

alça de Lippes → *Lippes loop*

alça diatérmica → *diathermy snare*

alcalemia → *alkalaemia*

álcali → *alkali*

alcalinidade → *alkalinity*

alcalino → *alkaline*

alcalóide → *alkaloid*

alcalose → *alkalosis*

alcalose metabólica → *metabolic alkalosis*

alcançar → *reach; range*

alcance → *reach; range*

alcaptonúria → *alkaptonuria*

alçar → *raise*

álcool → *alcohol*

álcool anidro → *anhydrous alcohol*

álcool de uso hospitalar → *rubbing alcohol; surgical spirit*

álcool desnaturado → *denatured alcohol*

álcool etílico → *ethyl alcohol*

álcool metílico → *methyl alcohol*

álcool puro → *absolute alcohol; pure alcohol*

alcoólico → *alcoholic; alcoholicum*

Alcoólicos Anônimos → *alcoholics Anonymous*

alcoolismo → *alcoholism*

alcoolúria → *alcoholuria*

aldosterona → *aldosterone*

aldosteronismo → *aldosteronism*

aleijar → *disable*

alelo → *allele*

alergênico → *allergenic*

alérgeno → *allergen*

alérgeno alimentar → *food allergen*

alergia → *allergy*

alergia à droga → *drug allergy*

alergia alimentar → *food allergy*

alergia respiratória → *respiratory allergy*

alérgico → *allergic*

alergista → *allergist*

alerta → *alert*

alertar → *warn*

aleucêmico → *aleukaemic*

alexia → *alexia*

alfa → *alpha*

α-bloqueador → *alpha blocker*

alfacalcidol → *alfacalcidol*

alfafetoproteína → *alpha-fetoprotein*

α-ritmo → *alpha rhythm*

alfinetada → *needlestick*

alfinetadas e agulhadas → *pins and needles*

alfinete → *pin*

alfinete de segurança → *safety pin*

algesímetro → *algesimeter*

álgido → *algid*

algo → *mildly*

algodão absorvente → *absorbent cotton*

algodão hidrófilo → *cotton wool*

algofobia → *algophobia*

alienação → *alienation*

alilestrenol → *allylestrenol*

alimentação → *feeding; alimentation*

alimentação artificial → *bottle feeding*

alimentação compulsiva → *compulsive eating*

alimentação enteral → *enteral feeding*

alimentação forçada → *force-feed*

alimentação intravenosa → *intravenous feeding*

alimentação parenteral → *parenteral feeding*

alimentação por gotejamento → *drip feed*

alimentado artificialmente → *bottle-fed*

alimentar → *alimentary; feed; nourish*

alimento → *nourishment*

alimento de alta energia → *high-energy food*

alimento pré-digerido → *predigested food*

alimento saudável → *health food*

alimento sólido → *solid food*

alinhamento → *alignment*

alíquota → *aliquot*

alistar-se voluntariamente → *volunteer*

aliviar (dor) → *soothe*

aliviar → *alleviate; relieve; ease*

alívio → *relief*

alívio da dor → *pain relief*

alocação de pacientes → *patient allocation*

alodinia → *allodynia*

aloenxerto → *allograft*

alogênico → *allogeneic*

alojar → *lodge*

alongamento de membro → *limb lengthening*

alongar → *extend; protrude; protract*

alongar(-se) → *stretch*

alopatia → *allopathy*

alopecia → *alopecia*

alopecia cicatricial → *alopecia areata*

alopurinol → *allopurinol*

alprostradil → *alprostadil*

alteração de sexo → *sex change*

alterar(se) → *mutate*

alto → *tall*

alto risco (de) → *high-risk*

alucinação → *hallucination*

alucinatório → *hallucinatory*

alucinogênico → *hallucinogenic*

alucinógeno → *hallucinogen*

alumínio → *aluminium*

alva → *alba*

alveolar → *alveolar*

alveolite → *alveolitis*

alveolite alérgica extrínseca → *extrinsic allergic alveolitis*

alvéolo → *alveolus*

alvéolo seco → *dry socket*

alvo → *target*

amaciar → *soften*

amálgama → *amalgam*

amamentação no peito → *breast feeding; breast-fed*

amarelo → *yellow*

amarração → *wiring*

amarrar → *strap; tie*

amaurose → *amaurosis*

amaurose fugaz → *amaurosis fugax*

ambidestro → *ambidextrous*

ambiental → *environmental*

ambliopia → *amblyopia*

ambliópico → *amblyopic*

amblioscópio → *amblyoscope*

ambulância → *ambulance*

ambulante → *ambulant*

ambulatorial → *ambulatory*
ambulatório → *outpatient department*
ameaça de aborto → *threatened abortion*
ameaçar → *endanger*
ameba → *ameba; amoeba*
amebiano → *amoebic*
amebíase → *amoebiasis*
amebicida → *amoebicide*
amelia → *amelia*
ameloblastoma → *ameloblastoma*
ameno → *bland; mild; slight*
amenorréia → *amenorrhoea*
amenorréia primária → *primary amenorrhoea*
amenorréia secundária → *secondary amenorrhoea*
ametropia → *ametropia*
amicacina → *amikacin*
amido (com) → *starchy*
amido → *starch*
amígdala → *amygdala; tonsil*
amígdala faríngea → *pharyngeal tonsils*
amilase → *amylase*
amilóide → *amyloid*
amiloidose → *amyloidosis*
amilopsina → *amylopsin*
amilorida → *amiloride*
amilose → *amylose*
aminioscopia → *amnioscopy*
aminiótico → *amniotic*
aminoácido → *amino acid*
aminoácido essencial → *essential amino acid*
aminofilina → *aminophylline*
aminoglicosídeo → *aminoglycoside*
amiodarona → *amiodarone*
amiotonia → *amyotonia*
amiotonia congênita → *amyotonia congenita*
amiotrofia → *amyotrophia; amyotrophy*
amitose → *amitosis*
amitriptilina → *amitriptyline*
amnésia → *amnesia*
amnésia anterógrada → *antegrade amnesia; anterograde amnesia*
amnésia geral → *general amnesia*
amnésia parcial → *partial amnesia*
amnésia pós-traumática → *post-traumatic amnesia*
âmnio → *amnio; amnion*
amniocentese → *amniocentesis*
amniografia → *amniography*
amnioscópio → *amnioscope*
amniotomia → *amniotomy*
amônia → *ammonia*
amônio → *ammonium*
amorfo → *amorphous*
amortecer → *deaden*
amostra → *sample; specimen*
amostra de sangue → *blood sample*
amostra de vilo (vilosidade) coriônico → *chorionic villus sampling*
amostra representativa → *cross-section*
amoxicilina → *amoxicillin*
amoxil → *amoxil*
ampicilina → *ampicillin*
ampola → *ampoule; ampulla*
amputação → *amputation*

amputação de Syme → *Syme's amputation*
amputado → *amputee*
amputar → *amputate*
anabólico → *anabolic*
anabolismo → *anabolism*
anacrotismo → *anacrotism*
anaeróbico → *anaerobic*
anaeróbio → *anerobe*
anáfase → *anaphase*
anafilático → *anaphylactic*
anafilaxia → *anaphylaxis*
anal → *anal; anally*
analéptico → *analeptic*
analgesia → *analgesia*
analgesia caudal → *caudal analgesia*
analgesia com gás e ar → *gas and air analgesia*
analgésico → *analgesic; painkiller*
analisador → *analyser*
analisar → *analyse*
análise → *analysis*
análise da relação custo/benefício → *prescribing analyses and cost*
Análise de Atividade Hospitalar → *Hospital Activity Analysis*
análise imunoabsorvente ligada a enzima → *enzyme-linked immunosorbent assay*
análise por raios X → *X-ray screening*
analista → *analyst*
anamnese → *anamnesis*
anamnéstico → *anamnestic*
anaplasia → *anaplasia*
anaplástico → *anaplastic*
anartria → *anarthria*
anasarca → *anasarca*
anastomosar → *anastomose*
anastomose → *anastomosis*
anastomose esplenorrenal → *splenorenal anastomosis*
anastomose intestinal → *intestinal anastomosis*
anastomose portocava → *portocaval anastomosis*
anatomia → *anatomy*
anatomia humana → *human anatomy*
anatomia macroscópica → *gross anatomy*
anatomia patológica → *morbid anatomy*
anatômico → *anatomical*
anciloblétaro → *ankyloblepharon*
anciloglossia → *tongue-tie*
ancilosar → *ankylose*
ancilose → *ankylosis*
ancilostomíase → *ankylostomiasis; hookworm disease*
ancilóstomo → *ancylostoma; Ankylostoma*
ancilóstomo duodenal → *hookworm*
ancilostomose → *ancylostomiasis*
ancôneo → *anconeus*
andador (aparelho de locomoção) → *walking frame*
andar → *walk; get around*
andar curvado → *stoop*
andar de gatinhas → *bottom shuffling*
androgênico → *androgenic*
androgênio → *androgen*
andrógino → *ambisexual; androgynous*

andrologia → *andrology*
andropausa → *male menopause*
androsterona → *androsterone*
anedonia → *anhedonia*
anel → *ring*
anel de Bandl → *Bandl's ring*
anel de Kayser-Fleischer → *Kayser-Fleischer ring*
anel de retração → *retraction ring*
anel de Waldeyer → *Waldeyer's ring*
anemia → *anaemia*
anemia aplástica → *aplastic anaemia*
anemia de Addison → *addison's anemia*
anemia de Cooley → *Cooley's anaemia*
anemia esplênica → *splenic anaemia*
anemia hemolítica → *haemolytic anaemia*
anemia hemolítica do recém-nascido → *fetalis*
anemia hipocrômica → *hypochromic anaemia*
anemia hipoférrica → *iron-deficiency anaemia*
anemia macrocítica → *macrocytic anaemia*
anemia megaloblástica → *megaloblastic anaemia*
anemia nutricional → *nutritional anaemia*
anemia perniciosa → *pernicious anaemia*
anemia por células falciformes → *sickle-cell anaemia*
anemia por deficiência de ferro → *iron-deficiency anaemia*
anêmico → *anaemic*
anencefalia → *anencephaly*
anergia → *anergy*
anestesia → *anaesthesia*
anestesia caudal → *caudal anaesthetic*
anestesia dissociada → *dissociated anaesthesia*
anestesia epidural → *epidural anaesthesia*
anestesia espinhal → *spinal anaesthesia*
anestesia geral → *general anaesthesia*
anestesia local → *local anaesthesia*
anestesia local em anel → *ring block*
anestesia tátil → *tactile anaesthesia*
anestesia térmica → *thermal anaesthesia*
anestesiar → *anaesthetise*
anestesiar por congelamento → *freeze*
anestésico → *anaesthetic*
anestésico espinhal → *spinal anaesthetic*
anestésico geral → *general anaesthetic*
anestésico local → *local anaesthetic*
anestesiologista → *anaesthesiologist*
anestesista → *anaesthetist*
aneurina → *aneurine*
aneurisma → *aneurysm*
aneurisma cirsóide → *cirsoid aneurysm*
aneurisma congênito → *congenital aneurysm*
aneurisma da aorta → *aortic aneurysm*
aneurisma dissecante → *dissecting aneurysm*
anexos → *adnexa*
anfetamina → *amfetamine; amphetamine*
anfiartrose → *amphiarthrosis*

anfotericina → *amphotericin*
angiectase → *angiectasis*
angiespasmo → *vasospasm*
angiite → *angiitis*
angina → *angina*
angina de Ludwig → *Ludwig's angina*
angina de peito → *angina pectoris*
angina estável → *stable angina*
angina instável → *unstable angina*
anginoso → *anginal*
angiocardiografia → *angiocardiography*
angiocardiograma → *angiocardiogram*
angiodisplasia → *angiodysplasia*
angiogênese → *angiogenesis*
angiografia → *angiography*
angiograma → *angiogram*
angiologia → *angiology*
angioma → *angioma*
angiopatia → *angiopathy*
angioplastia → *angioplasty*
angioplastia com balão → *balloon angioplasty*
angioplastia percutânea → *percutaneous angioplasty*
angioscópio → *angioscope*
angiospasmo → *angiospasm*
angiossarcoma → *angiosarcoma*
angiotensina → *angiotensin*
anglioplastia coronariana → *coronary angioplasty*
ângulo esternal → *sternal angle*
ângulo esternoclavicular → *sternoclavicular angle*
anidrase carbônica → *carbonic anhydrase*
anidremia → *anhydraemia*
anidro → *anhydrous*
anidrose → *anhidrosis; anidrosis*
anidrótico → *anhidrotic*
anilho → *grommet*
aniridia → *aniridia*
anisocitose → *anisocytosis*
anisomelia → *anisomelia*
anisometropia → *anisometropia*
anlodipina → *amlodipine*
anococcígeo → *anococcygeal*
anódino → *anodyne*
anófele → *anopheles*
anomalia → *anomaly*
anomalia congênita → *congenital anomaly*
anômalo → *anomalous*
anomia → *anomie*
anoníquia → *anonychia*
anoplastia → *anoplasty*
anorético → *anorectic*
anorexia → *anorexia*
anorexia nervosa → *anorexia nervosa*
anoréxico → *anorexic*
anormal → *abnormal*
anormalidade → *abnormality*
anorquismo → *anorchism*
anorretal → *anorectal*
anosmia → *anosmia*
anovulação → *anovulation*
anovulante → *anovulant*
anovular → *anovular*
anoxemia → *anoxaemia*
anoxia → *anoxia*

anóxico → *anoxic*
anseio → *urge*
anserina → *anserina*
ânsia de vômito → *retch*
ansiedade → *anxiety*
ansiedade da separação → *separation anxiety*
ansiedade fóbica → *phobic anxiety*
ansiolítico → *anxiolytic*
ansioso → *anxious*
antagonismo → *antagonism*
antagonista → *antagonist*
antagonista do cálcio → *calcium antagonist*
antagonista dos receptores H2 → *H2-receptor antagonist*
antagonista α-adrenoceptor → *alpha-adrenoceptor antagonist*
antebraço → *forearm*
anteflexão → *anteflexion*
antenatal → *antenatal*
anteparto → *antepartum; screen*
antes da morte → *antemortem*
antes das refeições → *ante prandium*
anteversão → *anterversion*
antiácido → *antacid*
antialergênico → *antiallergenic*
antiarrítimico → *antiarrhythmic*
antiasmático → *antiasthmatic*
antibactericida → *antibacterial*
antibiograma → *antibiogram*
antibiótico → *antibiotic*
antibiótico de amplo espectro → *broad-spectrum antibiotic*
anticoagulante → *anticoagulant*
anticolinérgico → *anticholinergic*
anticolinesterase → *anticholinesterase*
anticoncepção → *contraception*
anticoncepcional → *contraceptive*
anticoncepcional oral → *oral contraceptive*
anticonvulsivante → *anticonvulsant*
anticorpo → *antibody*
anticorpo anti-HIV → *anti-HIV antibody*
anticorpo monoclonal → *monoclonal antibody*
anticorpo próprio → *autoantibody*
anticorpo Rh → *anti-Rh body*
anti-D → *anti-D*
antidepressivo → *antidepressant*
antidepressivo tricíclico → *tricyclic antidepressant; tricyclic antidepressant drug*
antidiabético → *antidiabetic*
antidiarréico → *antidiarrhoeal*
antidiurético → *antidiuretic*
antídoto → *antidote*
antiembólico → *antiembolic*
antiemético → *antiemetic*
antienxaqueca → *antimigraine*
antiespasmódico → *antispasmodic; spasmolytic*
antifibrinolítico → *antifibrinolytic*
antifúngico → *antifungal*
antigênico → *antigenic*
antígeno → *antigen*
antígeno australiano → *australia antigen*

antígeno do leucócito humano → *human leucocyte antigen*
anti-helmíntico → *antihelminthic; antihelmintic*
anti-higiênico → *unhygienic*
anti-hipertensivo → *antihypertensive*
anti-histamínico → *antihistamine*
antiinflamatório → *anti-inflammatory*
anti-lewisite inglesa → *British anti-lewisite*
antimalárico → *antimalarial*
antimetabólico → *antimetabolite*
antimicótico → *antimycotic*
antimicrobiano → *antimicrobial*
antimitótico → *antimitotic*
antimuscarínico → *antimuscarinic*
antinauseante → *antinauseant*
antioxidante → *antioxidant*
antiperistaltismo → *antiperistalsis*
antiperspirante → *antiperspirant*
antipirético → *antipyretic; febrifuge*
antipruriginoso → *antipruritic*
antipsicótico → *antipsychotic*
anti-sepsia → *antisepsis*
anti-séptico → *antiseptic*
anti-social → *antisocial*
anti-soro → *antiserum*
antitoxina → *antitoxin*
antitoxina toxóide → *toxoid-antitoxin*
antítrago → *antitragus*
antitrombina → *antithrombin*
antitussígeno → *antitussive*
antitussivo → *cough suppressant*
antiviral → *antiviral*
antracose → *anthracosis*
antraz → *anthrax*
antrectomia → *antrectomy*
antro → *antrum*
antro mastóideo → *mastoid antrum*
antro maxilar → *maxillary antrum*
antro pilórico → *pyloric antrum*
antropometria → *anthropometry*
antroscopia → *antroscopy*
antrostomia → *antrostomy*
anular → *annular*
ânulo → *annulus*
anúncio → *notice*
anúria → *anuria*
ânus → *anus*
ânus imperfurado → *imperforate anus*
aorta → *aorta*
aorta abdominal → *abdominal aorta*
aorta ascendente → *ascending aorta*
aorta descendente → *descending aorta*
aorta torácica → *thoracic aorta*
aórtico → *aortic*
aortite → *aortitis*
aortografia → *aortography*
apagamento → *effacement*
apalpar → *feel*
aparecer → *come out in*
aparelho → *apparatus; splint; unit*
aparelho ativo → *dynamic splint*
aparelho auditivo → *hearing aid; white noise instrument*
aparelho de Denis Brown → *Denis Browne splint*

aparelho de Fairbanks → *Fairbanks' splint*

aparelho de Golgi → *Golgi apparatus*

aparelho de Thomas → *Thomas's splint*

aparelho de Zimmer → *Zimmer frame*

aparelho digestivo → *digestive system*

aparelho dinâmico → *dynamic splint*

aparelho gessado pelvipodálico → *frog plaster*

aparelho sanitário → *commode*

apatia → *listlessness; apathy*

apático → *apathetic; listless*

apêndice → *appendage; appendix*

apêndice resmungão → *grumbling appendix*

apêndice vermiforme → *vermiform appendix*

apendicectomia → *appendectomy; appendicectomy*

apendicite → *appendicitis*

apendicite crônica → *chronic appendicitis*

apendicular → *appendiceal; appendicular*

apercepção → *apperception*

aperfeiçoar → *improve; get better*

aperiente → *aperient*

aperistalse → *aperistalsis*

apertar → *constrict; press*

apetite → *appetite*

apical → *apical*

ápice → *apex*

ápice do coração → *apex beat*

apicectomia → *apicectomy*

apirexal → *apyrexial*

apirexia → *apyrexia*

aplasia → *aplasia*

aplástico → *aplastic*

aplicação → *application*

aplicador → *applicator*

aplicar o ferrão → *sting*

apnéia → *apnea; apnoea*

apnéia de sono obstrutiva → *obstructive sleep apnoea*

apnéia do sono → *obstructive sleep apnoea; sleep apnoea*

apnéico → *apnoeic*

apneuse → *apneusis*

apocrinite → *apocrinitis*

apócrino → *apocrine*

apodrecer → *rot*

apofisário → *apophyseal*

apófise → *apophysis*

apofisite → *apophysitis*

apoiar → *prop up*

apoio → *support; supportive*

apolipoproteína E → *apolipoprotein E*

apomorfina → *apomorphine*

aponeurose → *aponeurosis*

apoplexia → *apoplexy*

apoptose → *apoptosis*

após as refeições → *post cibum; post-cibal; post prandium*

aposentadoria → *retirement*

aposentar-se → *retire*

aposição → *apposition*

apraxia → *apraxia*

apreensão → *apprehension*

aprendizado → *learning*

aprendizado experimental → *experiential learning*

apresentação → *presentation; present*

apresentação cefálica → *cephalic presentation*

apresentação de face → *face delivery; face presentation*

apresentação de nádegas → *breech presentation; breech delivery*

apresentação de ombro → *shoulder presentation*

apresentação pélvica → *pelvic version*

apresentação transversal → *transverse presentation*

apresentar (pessoas) → *introduce*

aprontar → *prime*

aprovar → *approve*

aprumar-se → *sit up*

aptidão → *fitness*

apto → *fit*

aquecido → *warm*

aqueducto de Sylvius → *aqueduct of Sylvius*

aqueduto → *aqueduct*

aqueduto cerebral → *cerebral aqueduct*

aquilorrafia → *achillorrhaphy*

aquilotomia → *achillotomy*

aquoso → *aqueous; watery*

ar → *air*

ar corrente → *tidal air*

ar puro → *fresh air*

ar residual → *residual air*

aracnidismo → *arachnidism*

aracnodactilia → *arachnodactyly*

aracnóide → *arachnoid*

aracnóide mater → *arachnoid mater*

aracnoidite → *arachnoiditis*

arame de Kirschner → *Kirschner wire*

arborização → *arborisation*

arborização terminal → *terminal branch*

arbovírus → *arbovirus*

arcabouço → *frame*

arcabouço conceitual → *conceptual framework*

arco → *arc; arch; arcus*

arco da aorta → *aortic arch*

arco do olho → *arc eye*

arco longitudinal → *longitudinal arch*

arco metatársico → *metatarsal arch*

arco neural → *neural arch*

arco palatino → *palatine arch*

arco palatofaríngeo → *palatopharyngeal arch*

arco palatoglosso → *palatoglossal arch*

arco palmar → *palmar arch*

arco plantar → *plantar arch*

arco plantar profundo → *deep plantar arch*

arco reflexo → *reflex arc*

arco senil → *arcus senilis*

arco transversal do pé → *transverse arch*

arco zigomático → *zygomatic arch*

arcos diminuídos → *fallen arches*

arder; picar → *tingle*

área de associação → *association area*

área de atividade → *field*

área de Little → *Little's area*

área de pressão → *pressure area*

área motora → *motor area*

área olfatória → *olfactory area*

área supra-renal → *suprarenal area*

área visual → *visual area*

aréola → *areola*

arfar → *gasp*

arginina → *arginine*

aritenóide → *arytenoid*

aritenoidectomia → *arytenoidectomy*

armação → *cradle; frame*

armário de remédios → *medicine cabinet; medicine chest*

ARN mensageiro → *messenger RNA*

aromaterapia → *aromatherapy*

aromaterapista → *aromatherapist*

arqueado → *arcuate*

arquivo geral do paciente → *problem-oriented record*

arrancar → *pick*

arriboflavinose → *ariboflavinosis*

arriscar → *risk; danger*

arritmia → *arrhythmia*

arrítmico → *arrhythmic*

arrotar → *burp; belch*

arroto → *burp; belch*

arsênico → *arsenic*

artefato → *artefact*

artelho → *toe*

arterectomia → *arthrectomy*

artéria → *artery*

artéria arqueada → *arcuate artery*

artéria axilar → *axillary artery*

artéria basilar → *basilar artery*

artéria braquial → *brachial artery*

artéria braquiocefálica → *brachiocephalic artery*

artéria carótida → *carotid artery*

artéria carótida comum → *common carotid artery*

artéria celíaca → *coeliac artery*

artéria cerebral → *cerebral artery*

artéria circunflexa → *circumflex artery*

artéria cística → *cystic artery*

artéria cólica direita → *right colic*

artéria cólica média → *middle colic*

artéria comunicante → *communicating artery*

artéria coronária → *coronary artery*

artéria da retina → *retinal artery*

artéria espermática → *spermatic artery*

artéria facial → *facial artery*

artéria femoral → *femoral artery*

artéria gástrica → *gastric artery*

artéria gastroduodenal → *gastroduodenal artery*

artéria gastroepiplóica → *gastroepiploic artery*

artéria glútea → *gluteal artery*

artéria hepática → *hepatic artery*

artéria ileocólica → *ileocolic artery*

artéria ilíaca comum → *common iliac artery*

artéria ilíaca externa → *external iliac artery*

artéria ilíaca interna → *internal iliac artery*

artéria inominada → *innominate artery*

artéria interlobar → *interlobar artery*

artéria interlobular → *interlobular artery*
artéria lingual → *lingual artery*
artéria lombar → *lumbar artery*
artéria mesentérica → *mesenteric artery*
artéria mesentérica inferior → *inferior mesenteric artery*
artéria mesentérica superior → *superior mesenteric artery*
artéria poplítea → *popliteal artery*
artéria pulmonar → *pulmonary artery*
artéria radial → *radial artery*
artéria recorrente radial → *radial recurrent*
artéria renal → *renal artery*
artéria subclávia → *subclavian artery*
artéria terminal → *end artery*
artéria testicular → *testicular artery*
artéria tibial → *tibial artery*
artéria ulnar → *ulnar artery*
artéria vertebral → *vertebral artery*
arterial → *arterial*
arteriectomia → *arteriectomy*
arteriografia → *arteriography*
arteriograma → *arteriogram*
arteríola → *arteriole*
arteriopatia → *arteriopathy*
arterioplastia → *arterioplasty*
arteriorrafia → *arteriorrhaphy*
arterioso → *arteriosus*
arteriotomia → *arteriotomy*
arteriovenoso → *arteriovenous*
arterite → *arteritis*
arterite de células gigantes → *giant-cell arteritis*
arterite temporal → *temporal arteritis*
articulação → *articulation; joint; knuckle*
articulação carpometacarpal → *carpometacarpal joint; CM joint*
articulação cartilaginosa → *cartilaginous joint*
articulação cartilaginosa primária → *primary cartilaginous joint*
articulação cartilaginosa secundária → *secondary cartilaginous joint*
articulação costovertebral → *costovertebral joint*
articulação coxo-femoral → *hip joint*
articulação de bola e soquete → *ball and socket joint*
articulação de Charcot → *Charcot's joint*
articulação de Clutton → *Clutton's joint*
articulação de pivô → *pivot joint*
articulação do joelho → *knee joint*
articulação do ombro → *shoulder joint*
articulação do punho → *wrist joint*
articulação do tornozelo → *ankle joint*
articulação dobradiça → *hinge joint*
articulação em sela → *saddle joint*
articulação esternocostal → *sternocostal joint*
articulação fibrosa → *fibrous joint*
articulação glenoumeral → *glenohumeral joint*
articulação inflamada → *beat joint*
articulação interfalangiana (interphalangeal) → *IP joint; interphalangeal joint*
articulação interfalangiana distal → *distal interphalangeal joint*

articulação interfalangiana proximal → *proximal interphalangeal joint*
articulação interpúbica → *interpubic joint*
articulação lombossacra → *lumbosacral joint*
articulação metacarpofalangiana → *metacarpophalangeal joint; MP joint*
articulação metatarsofalangiana → *metatarsophalangeal joint*
articulação radiocárpica → *radiocarpal joint*
articulação sacroilíaca → *sacroiliac joint*
articulação sinovial → *synovial joint*
articulação solta → *joint mouse*
articulação temporomandibular → *temporomandibular joint*
articulação travada → *locking joint*
articulação trocóidea → *trochoid joint*
articulação umeroulnar → *humeroulnar joint*
articular → *articular; articulate*
artificial → *artificial*
artografia → *arthrography*
artograma → *arthrogram*
artogripose → *arthrogryposis*
artralgia → *arthralgia*
artrite → *arthritis*
artrite escapulo-umeral → *scapulohumeral arthritis*
artrite psoriásica → *psoriatic arthritis*
artrite reacional → *reactive arthritis*
artrite reumatóide → *rheumatoid arthritis*
artrite supurativa aguda → *acute suppurative arthritis*
artrítico → *arthritic*
artroclasia → *arthroclasia*
artrodese → *arthrodesis*
artrodinia → *arthrodynia*
artropatia → *arthropathy*
artroplastia → *arthroplasty*
artroplastia do quadril → *hip replacement*
artroplastia total do quadril → *total hip arthroplasty*
artroscopia → *arthroscopy*
artroscópio → *arthroscope*
artrose → *arthrosis*
artrotomia → *arthrotomy*
árvore brônquica → *bronchial tree*
árvore da vida → *arbor vitae*
asbestose → *asbestosis*
ascaríase → *ascariasis*
Ascaris lumbricoides → *Ascaris lumbricoides*
ascendente → *ascending*
ascite → *ascites*
asfixia → *asphyxia; asphyxiation; choking*
asfixia neonatal → *asphyxia neonatorum*
asfixiar → *asphyxiate; choke*
asilo → *sheltered accommodation*
asilo ou abrigo de doentes → *hospice*
asma → *asthma*
asma brônquica → *bronchial asthma*
asma cardíaca → *cardiac asthma*
asma induzida por exercício → *exercise-induced asthma*
asma ocupacional → *occupational asthma*
asmático → *asthmatic; asthmaticus*
asparagina → *asparagine*

aspartame → *aspartame*
aspartato aminotransferase → *aspartate aminotransferase*
aspecto → *aspect*
aspecto anterior → *anterior aspect*
aspecto inferior → *inferior aspect*
aspecto lateral → *lateral aspect*
aspecto posterior → *posterior aspect*
aspecto superior → *superior aspect*
aspergilose → *aspergillosis*
aspermia → *aspermia*
áspero → *rough*
aspiração → *aspiration; indrawing*
aspiração percutânea de esperma epididimário → *percutaneous epididymal sperm aspiration*
aspirado → *indrawn*
aspirador → *aspirator*
aspirar → *aspirate; draw*
aspirina → *aspirin*
assassinar → *murder*
assassinato → *murder*
assassino → *killer*
asseado → *clean*
assentar → *fit*
assepsia → *asepsis*
asséptico → *aseptic*
assessor técnico → *support worker*
assexual → *asexual*
assimetria → *asymmetry*
assimétrico → *asymmetric*
assimilação → *assimilation*
assimilar → *assimilate*
assinalar → *mark*
assinclitismo → *asynclitism*
assinergia → *asynergia*
assintomático → *asymptomatic; silent*
assistênca médica após trauma agudo → *advanced trauma life support*
assistência → *assistance*
assistência à infância → *child care*
assistência a menores → *child care*
assistência à saúde no bairro → *health action zone*
assistência comunitária → *community care*
assistência conjunta → *shared care*
assistência hospitalar → *hospital care*
assistência médica → *medical assistance*
assistência médica particular → *private practice*
assistente → *assistant*
assistente cirúrgico → *dresser*
assistente clínico → *medical assistant*
assistente de cuidados sanitários → *healthcare assistant*
assistente de departamento cirúrgico → *operating department assistant*
assistente social → *social worker*
assistente social para assuntos médicos → *medical social worker*
assístole → *asystole*
assoalho da pelve → *pelvic floor*
Associação Britânica de Odontologia → *British Dental Association*
associação de classe → *professional body*
Associação e Brigada Ambulante St. John → *St John Ambulance Association and Brigade*

Associação Médica Britânica → *British Medical Association*

associar → *associate*

associar → *link; mix*

assunto → *subject*

astenia → *asthenia*

astênico → *asthenic*

astenopia → *asthenopia*

astigmático → *astigmatic*

astigmatismo → *astigmatism*

astrágalo → *astragalus*

astrócito → *astrocyte*

astrocitoma → *astrocytoma*

atadura → *bandage*

atadura de gaze → *gauze dressing*

atadura em forma de gorro → *capeline bandage*

ataque → *attack*

ataque cardíaco → *heart attack*

ataque de espirro → *sneezing fit*

ataque de interrupção respiratória → *breath-holding attack*

ataque de pânico → *panic attack*

ataque de tosse → *coughing fit*

ataque isquêmico transitório → *ministroke; transient ischaemic attack*

ataque por queda → *drop attack*

ataque vasovagal → *vasovagal attack*

atar → *ligate; tie*

atarático → *ataractic*

ataraxia → *ataraxia*

ataráxico → *ataraxic*

ataxia → *ataxia*

ataxia cerebelar → *cerebellar ataxia*

ataxia de Friedreich → *Friedreich's ataxia*

ataxia locomotora → *locomotor ataxia*

atáxico → *ataxic*

atelectase → *atelectasis*

atendente de enfermagem → *hospital orderly; orderly*

atenolol → *atenolol*

atenuação → *attenuation*

atenuar → *deaden*

aterogênese → *atherogenesis*

aterogênico → *atherogenic*

ateroma → *atheroma*

ateromatoso → *atheromatous*

aterosclerose → *atherosclerosis; hardening of the arteries*

aterosclerose de Mönckeberg → *Mönckeberg's arteriosclerosis*

aterosclerótico → *atherosclerotic*

atestado de óbito → *death certificate*

atestado médico → *medical certificate*

atetose → *athetosis*

aticotomia → *atticotomy*

atípico → *atypical*

atitude → *attitude*

ativador de plasminogênio tecidual → *tissue plasminogen activator*

atividade → *activity*

atividades do dia-a-dia → *activities of daily living*

ativo → *active*

atlas → *atlas*

ato sexual → *sex act; sexual act*

atomizador → *atomiser*

atonia → *atony*

atônico → *atonic*

atopênio → *atopen*

atopia → *atopy*

atópico → *atopic*

atordoado → *dazed*

atração sexual → *sexual attraction*

atracúrio → *atracurium*

atrasar → *retard*

atraso desenvolvimental → *developmental delay*

atravessar → *transfix*

atravessar rapidamente (dor) → *shoot*

atresia → *atresia*

atrético → *atretic*

atrial → *atrial*

átrio → *atrium*

atrioventricular → *atrioventricular*

atrito → *attrition*

atrito → *chafing; friction*

atrofia → *atrophy*

atrofia amarela → *yellow atrophy*

atrofia amarela aguda → *acute yellow atrophy*

atrofia de Sudeck → *Sudeck's atrophy*

atrofia muscular progressiva → *progressive muscular atrophy*

atrofiar → *atrophy*

atropina → *atropine*

aturdir → *deafen; stun*

audição → *hearing*

audição prejudicada (com) → *hard of hearing*

audiograma → *audiogram*

audiologia → *audiology*

audiologista → *audiologist*

audiometria → *audiometry*

audiômetro → *audiometer*

auditivo → *auditory*

auditoria → *audit*

auditoria clínica → *clinical audit*

auditoria de enfermagem → *nursing audit*

auditoria médica → *medical audit*

aumentar → *step up*

aumento de mama → *breast augmentation*

aumento lombar → *lumbar enlargement*

aura → *aura*

aural → *aural*

aurícula → *auricle*

auricular → *auriculae; auricular*

auriscópio → *auriscope*

auscultação → *auscultation*

auscultatório → *auscultatory*

autismo → *autism*

autístico → *autistic*

auto-abuso → *self-abuse*

auto-admissão → *self-admitted*

auto-atualização → *self-actualisation*

autocateterismo → *self-catheterisation*

autocateterismo intermitente → *intermittent self-catheterisation*

autoclavável → *autoclavable*

autoclave esterilizar → *autoclave*

autocuidado → *self-care*

autodefesa → *self-defence*

auto-enxerto → *autograft*

auto-exame → *self-examination*

autoferimento → *self-injury; self-wounding*

autógeno → *autogenous*

auto-imagem → *self-image*

auto-imune → *autoimmune*

auto-imunidade → *autoimmunity*

auto-imunização → *autoimmunisation*

auto-infecção → *autoinfection*

auto-intoxicação → *autointoxication*

autólise → *autolysis*

autólogo → *autologous*

automático → *automatic*

automatismo → *automatism*

automutilação → *self-mutilation*

autonomia → *autonomy*

autonômo → *autonomic*

auto-ofensa → *self-abuse; self-harm*

autoplastia → *autoplasty*

autópsia → *autopsy*

autópsia → *post mortem examination; post mortem*

Autoridade Regional de Saúde → *Regional Health Authority*

autoridade supervisora regional → *local supervising authority*

autossômico → *autosomal*

autossomo → *autosome*

autotransfusão → *autotransfusion*

auxiliar → *ancillary staff; auxiliary*

auxílio auditivo → *hearing aid*

avaliação → *appraisal; evaluation*

avaliação de necessidades → *needs assessment*

avaliação neurológica → *neurological assessment*

avaliar → *evaluate; screen*

avascular → *avascular*

avental de cirurgia → *gown*

avental de cirurgia → *theatre gown*

aviamento feito por médico → *dispensing practice*

aviar → *dispense*

avisar → *warn*

aviso → *warning; notice*

avitaminose → *avitaminosis*

avulsão → *avulsion*

avulsão do nervo frênico → *phrenic avulsion*

axial → *axial*

axila → *armpit; axilla*

axilar → *axillary*

axodendrite → *axodendrite*

axolema → *axolemma*

axônio → *axon*

axônio pós-sináptico → *postsynaptic axon*

axônio pré-sináptico → *presynaptic axon*

azatioprina → *azathioprine*

azedo → *sour*

azeitona → *olive*

azia → *heartburn*

azidotimidina → *azidothymidine*

ázigo → *azygous*

azospermia → *azoospermia*

azotemia → *azotaemia*

azoturia → *azoturia*

AZT → *AZT*

azul de Bonney → *Bonney's blue*

azul de metileno → *methylene blue*

babesiose → *babesiosis*

bacharel em cirurgia → *bachelor of surgery*

bacheral em medicina → *bachelor of medicine*

bacia → *basin*

bacia para lavar as mãos → *washbasin*

bacilar → *bacillary*

bacilemia → *bacillaemia*

bacilo → *bacillus*

bacilo de Calmette-Guérin → *bacille Calmette-Guérin*

bacilo de Döderlein → *Döderlein's bacillus*

bacilo de Ducrey → *Ducrey's bacillus*

bacilo de Flexner → *Flexner's bacillus*

bacilo de Friedländer → *Friedländer's bacillus*

bacilo de Hansen → *Hansen's bacillus*

bacilo de Klebs-Loeffler → *Klebs-Loeffler bacillus*

bacilo de Koch → *Koch's bacillus*

bacilo de Koch-Weeks → *Koch-Weeks bacillus*

bacilúria → *bacilluria*

baclofeno → *baclofen*

baço → *spleen*

baço dilacerado → *ruptured spleen*

bacteremia → *bacteraemia*

bactéria → *bacteria; bacterium*

bactéria coliforme → *coliform bacterium*

bactéria Gram-positiva → *Gram-positive bacterium*

bacteriano → *bacterial*

bactericida → *bactericidal; bactericide*

bacteriófago → *bacteriophage*

bacteriólise → *bacteriolysis*

bacteriolisina → *bacteriolysin*

bacteriolítico → *bacteriolytic*

bacteriologia → *bacteriology*

bacteriológico → *bacteriological*

bacteriologista → *bacteriologist*

bacteriostase → *bacteriostasis*

bacteriostático → *bacteriostatic*

bacteriúria → *bacteriuria*

Bactrim → *Bactrim*

bainha → *sheath*

bainha de axônio → *axon covering*

bainha de mielina → *myelin sheath*

bainha tendinosa → *tendon sheath*

baixar → *go down*

baixo → *low*

balança → *scale; scales*

balanço hídrico → *water balance*

balanite → *balanitis*

bálano → *balanus*

balanopostite → *balanoposthitis*

balantidíase → *balantidiasis*

balão → *balloon*

balbucio → *lisp*

balneoterapia → *balneotherapy*

baloteamento → *ballottement*

bálsamo → *balsam*

bálsamo do frade → *friar's balsam*

banco → *bank*

banco de córnea → *corneal bank*

banco de dados → *data bank; database*

banco de esperma → *sperm bank*

banco de olhos → *eye bank*

banco de sangue → *blood bank*

banco de sêmen → *sperm bank*

bandagem → *bandage*

bandagem cilíndrica → *rolled bandage*

bandagem de pressão → *pressure bandage*

bandagem elástica → *elastic bandage*

bandagem em espiral → *spiral bandage*

bandagem em rolo → *roller bandage*

bandagem em T → *T bandage*

bandagem suspensora → *suspensory bandage*

bandagem triangular → *triangular bandage*

bandagem tubular → *tubular bandage*

banheira para parturiente → *birthing pool*

banheiro → *loo*

banho de assento → *sitz bath*

banho de leito → *bed bath; blanket bath; sponge bath*

banho de sol → *sunbathing*

banho medicamentoso → *medicinal bath*

banho medicinal → *medicinal bath*

baqueteamento → *clubbing*

barbital → *barbital*

barbitona → *barbitone*

barbitúrico → *barbiturate*

barbotagem → *barbotage*

bariatria → *bariatrics*

bário → *barium*

barorreceptor → *baroreceptor*

barotite → *barotitis*

barotrauma → *barotrauma*

barreira hematoencefálica → *blood-brain barrier*

barreira placentária → *placental barrier*

barriga → *tummy*

barriga trapaceira → *gippy tummy*

bartolinite → *bartholinitis*

basal → *basal; basale; basalis*

base → *base*

baseado em evidências → *evidence-based*

basear → *base*

básico → *basic*

basilar → *basilar*

basílico → *basilic*

basofilia → *basophilia*

basófilo → *basophil*

bastonete → *rod*

bater (de leve) com esponja → *dab*

bater com força → *stun*

bater de leve → *pat*

batimento cardíaco → *heartbeat*

batimento cardíaco ectópico → *ectopic heartbeat*

batimento prematuro → *premature beat*

BCG → *BCG*

bêbado → *drunk*

bebê → *baby*

bebê azul → *blue baby*

bebê de proveta → *test-tube baby*

bebê prematuro → *preemie; premature baby*

bebê rhesus → *rhesus baby*

beclometasona → *beclomethasone*

beijo da vida → *kiss of life*

bejel → *bejel*

bela indiferença → *belle indifférence*

beladona → *belladonna; deadly nightshade*

beliscão → *pinch*

beliscar → *pinch*

bem (de saúde) → *fine*

bem → *well*

bem-estar → *wellbeing; welfare*

bem-sucedido → *successful*

bengala → *crutch*

bengala quádrupla → *quadrupod*

benigno → *benign*

benzilpenicilina → *benzylpenicillin*

benzoato de benzila → *benzyl benzoate*

benzocaína → *benzocaine*

benzodiazepina → *benzodiazepine*

benzoína → *benzoin*

bequerel → *becquerel*

berço → *cradle*

beribéri → *beriberi*

beribéri seco → *dry beriberi*

beribéri úmido → *wet beriberi*

beriliose → *berylliosis*

beta → *beta*

β-amilóide → *beta amyloid*

β-bloqueador → *beta blocker*

Betadine → *Betadine*

betametasona → *betamethasone*

betanecol → *bethanechol*

betaxolol → *betaxolol*

bexiga → *bladder; pockmark*

bexiga distendida → *distended bladder*

bexiga ileal → *ileal bladder*

bexiga neurogênica → *neurogenic bladder*

bexiga neuropática → *neuropathic bladder*

bexiga urinária → *urinary bladder*

bexigoso → *pockmarked*

bexiguento → *pockmarked*

bicarbonato de sódio → *bicarbonate of soda; sodium bicarbonate*

bíceps → *biceps*

bicho-de-pé → *sandflea*

bicicleta ergométrica → *exercise cycle*

bicipital → *bicipital*

bicôncavo → *biconcave*

biconvexo → *biconvex*

bicórneo → *bicornuate*

bicúspide → *bicuspid*

bífida → *bifida*

bífido → *bifid*

bifocal → *bifocal*

bifurcação → *bifurcation; divarication*

bifurcado → *bifurcate*

bifurcar → *bifurcate*

bigeminia → *bigeminy*

bigeminismo → *bigeminy*

bigorna → *anvil; incus*

bilateral → *bilateral*

bile → *bile; gall*

bilharzia → *bilharzia*

bilharzíase → *bilharziasis*

bilharziose → *bilharziasis*

biliar → *biliary*

biliosidade → *biliousness*

bilioso → *bilious*

bilirrubina → *bilirubin*

bilirrubina pós-hepática → *posthepatic bilirubin*

bilirrubina pré-hepática → *prehepatic bilirubin*

bilirrubina sérica → *serum bilirubin*

bilirubinemia → *bilirubinaemia*

biliúria → *biliuria*

biliverdina → *biliverdin*

bilobado → *bilobate*

bimanual → *bimanual*

binário → *binary*

binauricular → *binaural*

binocular → *binocular*

binovular → *binovular*

bioativo → *bioactive*

biocida → *biocide*

biocirurgia → *biosurgery*

biocompatibilidade → *biocompatibility*

biodegradável → *biodegradable*

biodisponibilidade → *bioavailability*

bioengenharia → *bioengineering*

bioensaio → *bioassay*

bioestatística → *biostatistics*

bioética → *bioethics*

biofarmacêutico → *biopharmaceutical*

biofeedback → *biofeedback*

biogênese → *biogenesis*

bioinstrumentação → *bioinstrumentation*

biologia → *biology*

biologia molecular → *molecular biology*

biológico → *biological*

biólogo → *biologist*

biomaterial → *biomaterial*

biombo → *screen*

biomedicina → *biomedicine*

biometria → *biometry*

biomonitorização → *biomonitoring*

biônica → *bionics*

biópsia → *biopsy*

biópsia em cone → *cone biopsy*

bioquímica → *biochemistry*

bioquímico → *biochemical*

biorritmo → *biorhythm*

biossensor → *biosensor*

biotecnologia → *biotechnology*

bioterapia → *biotherapy*

biotina → *biotin*

biparietal → *biparietal*

bíparo → *biparous*

bipenado → *bipennate*

bipolar → *bipolar*

bisacodil → *bisacodyl*

bismuto → *bismuth*

bissexual → *bisexual*

bissexualidade → *bisexuality*

bissinose → *byssinosis*

bisturi → *bistoury; scalpel; spud*

bisturi de Beer → *Beer's knife*

bisturi de Graefe → *Graefe's knife*

bisturi de Watson → *Watson knife*

bisturi diatérmico → *diathermy knife*

bivalve → *bivalve*

blastocele → *blastocoele*

blastocisto → *blastocyst*

blastomicose → *blastomycosis*

Blastomyces → *Blastomyces*

blástula → *blastula*

blefarite → *blepharitis*

blefaroconjuntivite → *blepharoconjunctivitis*

blefarospasmo → *blepharospasm*

blefarotose → *blepharotosis*

blenorragia → *blennorrhagia*

blenorréia → *blennorrhoea*

bleomicina → *bleomycin*

bloco pudendo → *pudendal block*

bloqueador → *blocker; blocking*

bloqueador do cálcio → *calcium blocker*

bloqueador do canal de cálcio → *calcium channel blocker*

bloquear → *close; obstruct*

bloqueio → *block; blockage; stoppage*

bloqueio arterial → *arterial block*

bloqueio cardíaco → *heart block*

bloqueio caudal → *caudal block*

bloqueio da fala → *speech block*

bloqueio de ramo → *bundle branch block*

bloqueio do nervo → *nerve block*

bloqueio do pensamento → *mental block*

bloqueio epidural → *epidural block*

bloqueio espinhal → *spinal block*

bloqueio mental → *mental block*

boa forma física → *fitness*

boca → *mouth*

boca-de-trincheira → *trench mouth*

bocado → *mouthful*

bocas → *ora*

bocejar → *yawn; yawning*

bocejo → *yawn; yawning*

bochecha → *cheek*

bochechar → *rinse out*

bócio → *goitre*

bócio exoftálmico → *exophthalmic goitre*

bócio tireotóxico → *thyrotoxic goitre*

bócio tóxico → *toxic goitre*

bociogênico → *goitrogen*

bola → *ball*

bolha → *bulla*

bolha de febre → *fever blister; fever sore*

bolha na pele → *blister*

bolo → *bolus*

bolsa → *pocket; pouch; bursa*

bolsa branquial → *branchial pouch*

bolsa de águas → *bag of waters; forewaters*

bolsa de colostomia → *colostomy bag*

bolsa de Douglas → *Douglas bag*

bolsa de enema → *enema bag*

bolsa de gelo → *ice bag*

bolsa de ileostomia → *ileostomy bag*

bolsa de Politzer → *Politzer bag*

bolsa faríngea → *pharyngeal pouch*

bolsa ileal → *ileal pouch*

bolsa visceral → *visceral pouch*

bom → *fine; well*

bomba → *pump*

bomba da mama → *breast pump*

bomba de próton → *proton pump*

bomba de sódio → *sodium pump*

bomba estomacal → *stomach pump*

bomba pneumática → *footpump*

bombear → *pump*

bórax → *borax*

borborigmo → *borborygmus*

borda pélvica → *pelvic brim*

borda vermelhona → *vermillion border*

Bordetella → *Bordetella*

borracha → *rubber*

borrifar → *spray*

borrifo → *spray*

bossa → *umbo*

bota cirúrgica → *surgical boot*

botão gustativo → *taste bud*

botulismo → *botulism*

bouba → *yaws; pian*

bracelete → *bracelet*

bracelete de alerta → *medical alert bracelet*

bracelete de identidade → *identity bracelet*

bracelete de identificação de alergia → *allergy bracelet*

braço → *arm; brachium*

bradicardia → *bradycardia*

bradicinesia → *bradykinesia*

bradipnéia → *bradypnoea*

bradiquinina → *bradykinin*

Braille → *Braille*

branca → *alba*

branco (tez) → *light; clear*

branco → *pale; peaky; white*

brandamente → *mildly*

brando → *mild*

branquial → *branchial*

brânquias → *branchia*

braquial → *brachial*

braquicefalia → *brachycephaly*

braquiterapia → *brachytherapy*

bregma → *bregma*

broca → *drill*

brometo → *bromide*

brometo de ipratrópio → *ipratropium bromide*

bromidose → *bromhidrosis*

bromismo → *bromism*

bromo → *bromine*

bromocriptina → *bromocriptine*

broncoconstritor → *bronchoconstrictor*

broncodilatador → *bronchodilator*

broncofonia → *bronchophony*

broncografia → *bronchography*

broncograma → *bronchogram*

broncomicose → *bronchomycosis*

broncopleural → *bronchopleural*

broncopneumonia → *bronchopneumonia*

broncopulmonar → *bronchopulmonary*

broncorréia → *bronchorrhoea*

broncoscopia → *bronchoscopy*

broncoscópio → *bronchoscope*

broncospasmo → *bronchospasm*

broncospirometria → *bronchospirometry*

broncospirômetro → *bronchospirometer*

broncostenose → *bronchostenosis*

broncotraqueal → *bronchotracheal*

brônquico → *bronchial*

bronquiectasia → *bronchiectasis*

brônquio → *bronchus*

bronquiolar → *bronchiolar*

bronquiolite → *bronchiolitis*

bronquíolo → *bronchiole*

bronquíolos respiratórios → *respiratory bronchiole*

brônquios lobares → *lobar bronchi*

brônquios primários → *primary bronchi*

brônquios principais → *main bronchi*
brônquios secundários → *secondary bronchi*
brônquios segmentares → *segmental bronchi*
brônquios terciários → *tertiary bronchi*
bronquite → *bronchitis*
bronquite asmática → *asthmatic bronchitis*
bronquítico → *bronchitic*
bronzear(-se) → *tan*
brotoeja → *prickly heat*
Brucella → *Brucella*
brucelose → *brucellosis*
Brufen → *Brufen*
bruscamente → *sharply*
bruxismo → *bruxism*
bubão → *bubo*
bucal → *buccal*
bucinador → *buccinator*
budesonida → *budesonide*
buftalmo → *buphthalmos*
bulbar → *bulbar*
bulbo → *bulb*
bulbo olfatório → *olfactory bulb*
bulha → *sound*
bulhas cardíacas → *heart sounds*
bulimia → *bulimia*
bulimia nervosa → *bulimia nervosa*
bulímico → *bulimic*
bumetanida → *bumetanide*
bupivacaína → *bupivacaine*
buprenorfina → *buprenorphine*
buraco no coração → *hole in the heart*
bursa → *bursa*
bursa adventícia → *adventitious bursa*
bursite → *bursitis*
bursite pré-patelar → *prepatellar bursitis*
Buscopan → *Buscopan*
butobarbitona → *butobarbitone*
bypass coronariano → *coronary artery bypass graft; heart bypass; heart bypass operation*
bypass de artéria coronária → *coronary artery bypass*
cabeça → *capita; capitis; caput; head*
cabeça do fêmur → *femoral head*
cabeça femoral → *femoral head*
cabeça para baixo (de) → *upside down*
cadáver → *cadaver; corpse*
cadavérico → *cadaveric*
cadeira higiênica → *commode*
cadeira para parturiente → *birthing chair*
cafeína → *caffeine*
cãibra → *cramp*
cãibra de escritor → *writer's cramp*
cãibra de nadador → *swimmer's cramp*
cãibra por calor → *heat cramp*
cair → *go down*
caixa torácica → *rib cage*
calafrio → *chill; rigor*
calamina → *calamine*
calasia → *chalasia*
calazar → *kala-azar*
calázio → *chalazion*
calcâneo → *calcaneal; calcaneus; calcaneum*
calcanhar → *heel*

calcanhar preto → *black heel*
calcemia → *calcaemia*
calciferol → *calciferol*
calcificação → *calcification*
calcificado → *calcified*
calcinose → *calcinosis*
cálcio → *calcium*
calcitonina → *calcitonin*
cálculo → *calculus; cast; stone*
cálculo biliar → *gallstone*
cálculo renal → *renal calculus*
cálculo salivar → *salivary calculus*
cálculo uretérico impactado → *impacted ureteric calculus*
cálculo uretral → *ureteric calculus*
cálculos renais → *kidney stone*
calculose → *calculosis*
calibrador → *calibrator*
calibrar → *calibrate*
calibre → *caliber; calibre*
cálice → *calyx*
caliectasia → *caliectasis*
calistênica → *callisthenics*
calistênico → *callisthenic*
calmante → *soothing*
calmo → *calm*
calo → *callus; corn*
calomelano → *calomel*
calônio → *chalone*
calor → *calor*
caloria → *calorie*
calórico → *caloric*
calosidade → *callosity*
caloso → *callosum*
calota craniana → *calvarium*
calvária → *calvaria*
calvície → *baldness*
calvo → *bald*
cama para repouso → *couch*
camada de Malpighi → *Malpighian layer*
camada epitelial → *epithelial layer*
camada germinativa → *germ layer*
camada pigmentada → *pigmented layer*
câmara → *chamber*
câmara anterior → *anterior chamber*
câmara cardíaca → *collection chamber*
câmara gama → *gamma camera*
cambalear → *stagger*
câmera de bombeamento → *pumping chamber*
câmera posterior do olho → *posterior chamber*
caminhar → *walk; get around*
caminho → *pathway*
camisa-de-vênus → *rubber*
Campanha contra o Câncer de Mama → *Breast Cancer Campaign*
campo → *field*
campo magnético → *magnetic field*
campo visual → *field of vision; visual field*
Campylobacter → *Campylobacter*
canabis → *cannabis*
canais auditivos → *auditory canals*
canais de Volkmann → *Volkmann's canal*
canais haversianos → *Haversian canal*
canal → *canal*

canal alimentar → *alimentary canal; food canal*
canal alveolar → *alveolar duct*
canal anal → *anal canal; anal passage*
canal arterial → *ductus arteriosus*
canal auditivo → *ear canal*
canal auditivo externo → *external auditory canal*
canal biliar → *bile canal*
canal central → *central canal*
canal cervical → *cervical canal*
canal cervicouterino → *cervicouterine canal*
canal colédoco → *common bile duct*
canal de Eustáquio → *Eustachian canal*
canal de Schlemm → *Schlemm's canal*
canal deferente → *ductus deferens*
canal do parto → *birth canal*
canal ejaculatório → *ejaculatory duct*
canal espinhal → *spinal canal; vertebral canal*
canal femoral → *femoral canal*
canal inguinal → *inguinal canal*
canal lacrimal → *lacrimal duct; tear duct*
canal radicular (do dente) → *root canal*
canal semicircular → *semicircular canal*
canal vertebral → *spinal canal; vertebral canal*
canaliculite → *canaliculitis*
canalículo → *canaliculus; ductule*
canalículo lacrimal → *lacrimal canaliculus*
canaliculotomia → *canaliculotomy*
câncer → *cancer*
câncer cervical → *cervical cancer*
câncer de mama → *breast cancer*
câncer de ovário → *ovarian cancer*
câncer de próstata → *prostate cancer*
câncer pulmonar → *lung cancer*
cancerofobia → *cancerophobia*
canceroso → *cancerous*
cancro → *canker sore; chancre*
cancro mole → *soft chancre*
cancro oral → *cancrum oris*
cancróide → *chancroid*
Candida → Candida
Candida albicans → *Candida albicans*
candidato → *candidate*
candidíase → *candidiasis*
candidose → *candidosis*
canela → *shin*
cânfora → *camphor*
cânhamo → *cannabis*
canhotismo → *left-handedness*
canhoto → *left-handed*
canície → *canities*
canino → *canine*
cansadíssimo → *tiredness tired out*
cansado → *drawn; run-down; tired*
cantal → *canthal*
canto → *canthus*
cantólise → *cantholysis*
cantoplastia → *canthoplasty*
cânula → *cannula; canula*
cânula de Bellocq → *Bellocq's cannula*
canular → *cannulate; canula*
canulizar → *cannulate; canulate*
caolim → *kaolin*

capa → *coat*
capacidade → *fitness*
capacidade de locomoção → *walking distance*
capacidade vital → *vital capacity*
capacitação → *skill*
capaz de ver → *sighted*
capaz de viver → *viable*
capelão hospitalar → *hospital chaplain*
capilar → *capillary*
capilares linfáticos → *lymphatic capillary*
capitato → *capitate*
capitular → *capitular*
capítulo → *capitellum; capitulum*
capítulo do úmero → *capitulum of humerus*
cápsula → *cachet; capsule*
cápsula articular → *joint capsule*
cápsula de Bowman → *Bowman's capsule*
cápsula de Glisson → *Glisson's capsule*
cápsula de Tenon → *Tenon's capsule*
cápsula fibrosa → *fibrous capsule*
cápsula glomerular → *glomerular capsule*
cápsula interna → *internal capsule*
cápsula renal → *renal capsule*
capsular → *capsular*
capsulectomia → *capsulectomy*
capsulite → *capsulitis*
capsulotomia → *capsulotomy*
captopril → *captopril*
capuz → *cap*
caquexia → *cachexia*
caracteres sexuais secundários → *secondary sexual characteristic*
característica → *characteristic*
característico → *characteristic*
caracterizar → *characterise*
carbamazepina → *carbamazepine*
carbenoxolona → *carbenoxolone*
carbidopa → *carbidopa*
carbimazol → *carbimazole*
carboidrato → *carbohydrate*
carbono → *carbon*
carboxiemoglobina → *carboxyhaemoglobin*
carboxiemoglobinemia → *carboxyhaemoglobinaemia*
carbúnculo → *carbuncle*
carcinogênese → *carcinogenesis*
carcinógeno → *carcinogen; carcinogenic*
carcinóide → *carcinoid*
carcinoma → *carcinoma*
carcinoma basocelular → *basal cell carcinoma*
carcinoma de células basais → *basal cell carcinoma*
carcinoma de células em grão de aveia → *oat cell carcinoma*
carcinoma de células escamosas → *squamous cell carcinoma*
carcinoma *in situ* → *carcinoma in situ*
carcinoma intra-epitelial → *carcinoma in situ*
carcinomatose → *carcinomatosis*
carcinomatoso → *carcinomatous*
carcinossarcoma → *carcinosarcoma*

cárdia → *cardia*
cardíaco → *cardiac*
cardinal → *cardinal*
cardiófono → *cardiophone*
cardiogênico → *cardiogenic*
cardiografia → *cardiography*
cardiógrafo → *cardiograph; cardiographer*
cardiograma → *cardiogram*
cardiologia → *cardiology*
cardiologista → *cardiologist*
cardiomegalia → *cardiomegaly*
cardiomiopatia → *cardiomyopathy*
cardiomiopatia alcoólica → *alcoholic cardiomyopathy*
cardiomioplastia → *cardiomyoplasty*
cardiomiotomia → *cardiomyotomy*
cardioneurose → *cardiac neurosis*
cardiopatia → *cardiopathy; heart disease*
cardiopatia coronariana → *coronary heart disease*
cardioplegia → *cardioplegia*
cardiopulmonar → *cardiopulmonary*
cardiorrespiratório → *cardiorespiratory*
cardioscópio → *cardioscope*
cardiospasmo → *cardiospasm*
cardiotocografia → *cardiotocography*
cardiotomia → *cardiotomy*
cardiotorácico → *cardiothoracic*
cardiotóxico → *cardiotoxic*
cardiovascular → *cardiovascular*
cardioversão → *cardioversion*
cardite → *carditis*
carência de vitamina → *vitamin deficiency*
carfologia → *carphology*
cárie → *caries; dental decay*
cárie dentária → *dental caries*
carina → *carina*
cariogênico → *cariogenic*
cariótipo → *karyotype*
carminativo → *carminative*
carne → *flesh; meat*
carne esponjosa → *proud flesh*
carnoso → *fleshy*
carotenemia → *carotenaemia*
caroteno → *carotene*
carótida → *carotid*
carótida interna → *internal carotid*
carpal → *carpal*
carpo → *carpus*
carrapato → *tick*
carta de Snellen → *Snellen chart*
cartão de doador → *donor card*
cartilagem → *cartilage*
cartilagem alar → *alar cartilage*
cartilagem aritenóide → *arytenoid cartilage*
cartilagem articular → *articular cartilage*
cartilagem costal → *costal cartilage*
cartilagem cricóide → *cricoid cartilage*
cartilagem elástica → *elastic cartilage*
cartilagem ensiforme → *ensiform cartilage*
cartilagem epifisária → *epiphyseal cartilage*
cartilagem hialina → *hyaline cartilage*
cartilagem nasal → *nasal cartilage*

cartilagem semilunar → *semilunar cartilage*
cartilagem tireóide → *thyroid cartilage*
cartilagem xifóidea → *xiphoid cartilage*
cartilaginoso → *cartilaginous*
cartografia → *charting*
carúncula → *caruncle*
carúncula lacrimal → *lacrimal caruncle*
carvalho venenoso → *poison oak*
carvão → *charcoal*
casa de repouso → *convalescent home*
casca → *coat*
cáscara → *cascara*
cáscara sagrada → *cascara sagrada*
caseificação → *caseation*
caseína → *casein*
caseinogênio → *caseinogen*
caso → *case*
caso diurno → *day case*
caspa → *dandruff; pityriasis capitis; scurf*
castração → *castration*
catabólico → *catabolic*
catabolismo → *catabolism*
catagute cromado → *chromicised catgut*
catalase → *catalase*
catalepsia → *catalepsy*
catalisador → *catalyst*
catalisar → *catalyse*
catálise → *catalysis*
catalítico → *catalytic*
cataplasma → *poultice*
catapora → *chickenpox*
catarata → *cataract*
catarata congênita → *congenital cataract*
catarata diabética → *diabetic cataract*
catarata senil → *senile cataract*
cataratopiese → *couching*
catarral → *catarrhal*
catarro → *catarrh*
catarse → *catharsis*
catártico → *cathartic*
catatonia → *catatonia*
catatônico → *catatonic*
catecolaminas → *catecholamines*
categoria → *category*
categute → *catgut*
catemenia → *catamenia*
cataplexia → *cataplexy*
cateter → *catheter*
cateter cardíaco → *cardiac catheter*
cateter de auto-retenção → *self-retaining catheter*
cateter de Broviac → *Broviac catheter*
cateter de demora → *indwelling catheter*
cateter de Hickman → *Hickman catheter*
cateter de Swan-Ganz → *Swan-Ganz catheter*
cateterismo → *catheterisation*
cateterização cardíaca → *cardiac catheterisation*
cateterizar → *catheterise*
cauda eqüina → *cauda equina*
caudado → *caudate*
caudal → *caudal*
causalgia → *causalgia*
causar → *trigger*
causar entorse → *sprain; rick*

cáustico → *caustic*
cautério → *cautery*
cautério frio → *cold cautery*
cauterização → *cauterisation*
cauterizar → *cauterise*
cava → *cava*
cavernoso → *cavernosum*
cavidade → *cavity*
cavidade abdominal → *abdominal cavity*
cavidade amniótica → *amniotic cavity*
cavidade bucal → *buccal cavity*
cavidade cerebral → *cerebral cavity*
cavidade corporal → *body cavity*
cavidade cotilóide → *cotyloid cavity*
cavidade craniana → *cranial cavity*
cavidade glenóide → *glenoid cavity*
cavidade medular → *medullary cavity*
cavidade nasal → *nasal cavity*
cavidade oral → *oral cavity*
cavidade pélvica → *pelvic cavity*
cavidade peritoneal → *peritoneal cavity*
cavidade pleural → *pleural cavity*
cavidade pulpar → *pulp cavity*
cavidade sinovial → *synovial cavity*
cavidade timpânica → *tympanic cavity*
cavidade torácica → *est cavity; thoracic cavity*
cavidade uterina → *uterine cavity*
cavitação → *cavitation*
cavo → *cavus*
caxumba → *mumps*
cecal → *caecal*
ceco → *blind gut; caecum; cecum*
cecossigmoidostomia → *caecosigmoidostomy*
cecostomia → *caecostomy*
ceder → *subside*
cedo → *early*
cefaclor → *cefaclor*
cefaléia → *headache*
cefaléia em cacho → *cluster headache*
cefaléia hemicrânia → *migraine headache*
cefaléia hipertensiva → *hypertensive headache*
cefaléia histamínica → *histamine headache; histaminic headache*
cefaléia tensional → *tension headache*
cefalexina → *cephalexin*
cefalgia → *cephalalgia*
cefálico → *cephalic*
cefalocele → *cephalocele*
cefaloematoma → *cephalhaematoma*
cefalograma → *cephalogram*
cefalometria → *cephalometry*
cefalopélvico → *cephalopelvic*
cefalosporina → *cephalosporin*
cefotaxima → *cefotaxime*
cefradina → *cephradine*
cegar → *blind; visually impaired*
cego → *blind; visually impaired*
cegueira → *blindness*
cegueira da neve → *snow blindness*
cegueira de rio → *river blindness*
cegueira diurna → *day blindness*
cegueira noturna → *night blindness*
cegueira para as cores → *colour blindness*

cegueira solar → *sun blindness*
celíaco → *celiac; coeliac*
celioscopia → *coelioscopy*
celoma → *coelom*
Celsius → *Celsius*
célula → *cell*
célula aérea mastóide → *mastoid air cell*
célula alfa → *alpha cell*
célula assassina → *killer cell*
célula basal → *basal cell*
célula beta → *beta cell; B cell*
célula caliciforme → *goblet cell*
célula colunar → *columnar cell*
célula cubóide → *cuboidal cell*
célula de Golgi → *Golgi cell*
célula ependimária → *ependymal cell*
célula espinhosa → *prickle cell*
célula falciforme → *sickle cell*
célula germinativa → *germ cell*
célula gigante → *giant cell*
célula glial → *glial cell*
célula hepática → *hepatic cell*
célula imatura → *immature cell*
célula intersticial → *interstitial cell*
célula mastóide → *mastoid cell*
célula matadora → *killer cell*
célula mucosa → *mucous cell*
célula nervosa → *nerve cell*
célula oxíntica → *oxyntic cell*
célula parietal → *parietal cell*
célula piramidal → *pyramidal cell*
célula plasmática → *plasma cell*
célula receptora → *receptor cell*
célula reticuloendotelial → *reticuloendothelial cell*
célula sanguínea → *blood cell*
célula sanguínea branca → *white blood cell*
célula T ajudante → *helper T-cell*
célula T assassina → *killer T cell*
célula-filha → *daughter cell*
célula-mãe → *parent cell*
célula-ovo → *egg cell*
celular → *cellular*
células ciliadas → *hair cell*
células das ilhotas → *islet cells*
células de Kupffer → *Kupffer's cells*
células de Langerhans → *Langerhans' cells*
células de Leydig → *Leydig cells*
células de Merkel → *Merkel's cells*
células de Purkinje → *Purkinje cells*
células de Schwann → *Schwann cells*
células de Sertoli → *Sertoli cells*
células exterminadoras naturais → *natural killer cell*
células LE → *LE cells*
celulite → *cellulite; cellulitis*
celulose → *cellulose*
censo → *census*
centígrado → *centigrade*
centilitro → *centilitre*
centímetro → *centimetre*
centímetro cúbico → *cubic centimeter*
central → *central*
centrífuga → *centrifuge*
centrifugação → *centrifugation; centrifuging*

centrífugo → *centrifugal*
centríolo → *centriole*
centrípeto → *centripetal*
centro → *center; centre; centrum; middle*
centro da visão → *vision centre*
centro de Broca → *Broca's area*
centro de diagnóstico e tratamento → *diagnostic and treatment centre*
centro diurno → *day centre*
centro médico → *medical centre*
centro nervoso → *nerve centre*
centro respiratório → *respiratory centre*
centro vasomotor → *vasomotor centre*
centro vital → *vital centre*
centrômero → *centromere*
centrossomo → *centrosome*
cepa → *strain*
cepa bacteriana → *bacterial strain*
cepa resistente → *resistant strain*
cera → *wax*
ceratalgia → *keratalgia*
ceratectasia → *keratectasia*
ceratectomia → *keratectomy*
cerático → *keratic*
ceratina → *keratin*
ceratinização → *keratinisation*
ceratinizar → *keratinise*
ceratinócito → *keratinocyte*
ceratite → *keratitis*
ceratoacantoma → *keratoacanthoma*
ceratoacidose → *ketoacidosis*
ceratocone → *keratoconus*
ceratoconjuntivite → *keratoconjunctivitis*
ceratoglobo → *keratoglobus*
ceratoma → *keratoma*
ceratomalacia → *keratomalacia*
ceratometria → *keratometry*
ceratômetro → *keratometer*
ceratopatia → *keratopathy*
ceratoplastia → *keratoplasty*
ceratoprótese → *keratoprosthesis*
ceratoscópio → *keratoscope*
ceratose → *keratosis*
ceratotomia → *keratotomy*
ceratótomo → *keratome*
cerclagem → *cerclage*
cérea → *cerea*
cerebelar → *cerebellar*
cerebelo → *cerebellum*
cerebração → *cerebration*
cerebral → *cerebral*
cérebro → *brain; cerebrum*
cérebro anterior → *forebrain*
cérebro médio → *midbrain*
cérebro-espinhal → *cerebrospinal*
cerebrovascular → *cerebrovascular*
certificado → *certificate; qualification*
certificar → *certify*
cerume → *earwax; cerumen*
cervical → *cervical*
cervicectomia → *cervicectomy*
cervicite → *cervicitis*
cervicografia → *cervicography*
cérvix → *cervix*
cesárea → *caesarean*
cesariana → *caesarean*
césio → *caesium; cesium*
césio-137 → *caesium-137*

cestódeo → *cestode*
cetamina → *ketamine*
cetoconazol → *ketoconazole*
cetogênese → *ketogenesis*
cetogênico → *ketogenic*
cetomemia → *ketonaemia*
cetona → *ketone*
cetonúria → *ketonuria*
cetoprofeno → *ketoprofen*
cetose → *ketosis*
cetosteróide → *ketosteroid*
cetrimida → *cetrimide*
chá → *tea*
chanfradura → *notch*
chato → *crab*
check-up → *check-up*
cheio de espinhas (rosto) → *spotty*
cheirar → *smell*
cheiro → *smell*
chiado → *wheeze; wheezing*
chiar → *wheeze; wheezing*
Chlamydia → *Chlamydia*
chocar → *shock*
choque → *shock*
choque anafilático → *anaphylactic shock*
choque elétrico → *electric shock*
choque insulínico → *insulin shock*
choque medular → *spinal shock*
choque neurogênico → *neurogenic shock*
choque séptico → *septic shock*
chorar → *weep*
chumaço (de algodão) → *wad; swab*
chumaço → *pledget; wadding*
chumbagem → *plombage*
chumbo → *lead*
chupeta → *pacifier*
cianeto → *cyanide*
cianocobalamina → *cyanocobalamin*
cianosado → *cyanosed*
cianose → *blue disease; cyanosis*
cianótico → *cyanotic*
ciática → *sciatica*
ciático → *sciatic*
cíbalo → *scybalum*
cicatriz → *cicatrix; scar*
cicatrização → *healing; wound healing*
cicatrizar → *cicatrise; heal*
ciclandelato → *cyclandelate*
cíclico → *cyclic; cyclical*
ciclite → *cyclitis*
ciclizina → *cyclizine*
ciclo → *cycle*
ciclo cardíaco → *cardiac cycle*
ciclo de auditoria → *audit cycle*
ciclo de Krebs → *Krebs cycle*
ciclo do ácido cítrico → *citric acid cycle*
ciclo menstrual → *menstrual cycle*
ciclo ovariano → *ovarian cycle*
ciclodiálise → *cyclodialysis*
ciclofosfamida → *cyclophosphamide*
ciclopentolato → *cyclopentolate*
cicloplegia → *cycloplegia*
ciclopropano → *cyclopropane*
ciclotimia → *cyclothymia*
ciclotomia → *cyclotomy*
ciência → *science*
ciente → *aware*

científico → *scientific*
cientista → *scientist*
cientista comportamental → *behavioural scientist*
ciese → *cyesis*
cifoescoliose → *kyphoscoliosis*
cifose → *kyphosis*
cifótico → *kyphotic*
ciliar → *ciliary*
cilindro → *cylinder*
cilindro granular → *granular cast*
cilindros sanguíneos → *blood casts*
cílio → *eyelash; cilium*
cimento → *cement; cementum*
cimetidina → *cimetidine*
címex → *cimex*
cinarazina → *cinnarizine*
cinase → *kinase*
cinemática → *cinematics; kinematics*
cineplastia → *cineplasty; kineplasty*
cinerradiografia → *cineradiography*
cinese → *kinesis*
cinesia → *motion sickness; travel sickness*
cinesiologia → *cinesiology; kinesiology*
cinesioterapia → *kinesitherapy*
cinestesia → *kinaesthesia; kinesthesia*
cinético → *kinetic*
cingulectomia → *cingulectomy*
cíngulo → *cingulum*
cinina → *kinin*
cintigrama → *scintigram; scintiscan*
cintilador → *scintillator*
cintilascópio → *scintillascope*
cintilografia → *radionuclide scan*
cintilografia com tálio → *thallium scan*
cintilografia de perfusão → *perfusion scan*
cintilografia óssea → *bone scan*
cintilograma → *scintigram; scintiscan*
cinto de segurança → *safety belt*
cintura → *girdle; waist*
cintura escapular → *shoulder girdle*
cintura peitoral → *pectoral girdle*
cintura pélvica → *hip girdle; pelvic girdle*
ciocirurgia → *cryosurgery*
ciprofloxacino → *ciprofloxacin*
circadiano → *circadian*
circulação → *circulation*
circulação colateral → *collateral circulation*
circulação coronariana → *coronary circulation*
circulação pulmonar → *pulmonary circulation*
circulação sistêmica → *systemic circulation*
circulação umbilical → *umbilical circulation*
circulatório → *circulatory*
círculo de qualidade → *quality circle*
círculo de Willis → *circle of Willis*
circum-oral → *circumoral*
circuncidar → *circumcise*
circuncisão → *circumcision*
circundar → *surround*
circundução → *circumduction*
circunflexo → *circumflex*

circunscrita → *areata*
circunvolução → *gyrus*
cirro → *scirrhus*
cirrose → *cirrhosis*
cirrose alcoólica → *alcoholic cirrhosis*
cirrose atrófica → *atrophic cirrhosis*
cirrose biliar primária → *primary biliary cirrhosis*
cirrose biliar secundária → *secondary biliary cirrhosis*
cirrose cardíaca → *cardiac cirrhosis*
cirrose de Laennec → *Laënnec's cirrhosis*
cirrose pós-necrótica → *postnecrotic cirrhosis*
cirroso → *scirrhous*
cirrótico → *cirrhotic*
cirsóide → *cirsoid*
cirurgia → *surgery*
cirurgia a laser → *laser surgery*
cirurgia asséptica → *aseptic surgery*
cirurgia aural → *aural surgery*
cirurgia cardíaca → *cardiac surgery; heart surgery*
cirurgia cardíaca aberta → *open-heart surgery*
cirurgia de botoeira → *buttonhole surgery*
cirurgia de casos diurnos → *day case surgery*
cirurgia dentária → *dental surgery*
cirurgia diurna → *day surgery*
cirurgia estereotática → *stereotaxic surgery*
cirurgia estética → *cosmetic surgery*
cirurgia exploratória → *exploratory surgery*
cirurgia funcional endoscópica dos seios frontais → *functional endoscopic sinus surgery*
cirurgia investigativa → *investigative surgery*
cirurgia minimamente invasiva → *minimally invasive surgery*
cirurgia não emergencial → *non-emergency surgery*
cirurgia não-urgente → *non-urgent surgery*
cirurgia plástica → *plastic surgery*
cirurgia protética → *spare part surgery*
cirurgia reconstrutiva → *reconstructive surgery*
cirurgia transexual → *gender reassignment surgery*
cirurgião → *surgeon*
cirurgião cardíaco → *heart surgeon*
cirurgião dentista → *dental surgeon*
cirurgião ocular → *eye surgeon*
cirurgião oftalmologista → *ophthalmic surgeon*
cirurgião ortopedista → *orthopaedic surgeon*
cirurgião plástico → *plastic surgeon*
cirurgião-general → *surgeon general*
cirurgicamente → *surgically*
cirúrgico → *surgical*
cisplatina → *cisplatin*
cissura → *scissura*
cistadenoma → *cystadenoma*
cistalgia → *cystalgia*

cistectomia → *cystectomy*
cisterna → *cistern; cisterna*
cisterna basal → *interpeduncular cistern*
cisterna cerebelomedular → *cisterna magna*
cisterna interpeduncular → *interpeduncular cistern*
cisterna lombar → *lumbar cistern*
cisterna magna → *cisterna magna*
cisterna pontina → *pontine cistern*
cisticerco → *cysticercus*
cisticercose → *cysticercosis*
cístico → *cystic*
cistina → *cystine*
cistinose → *cystinosis*
cistinúria → *cystinuria*
cistite → *cystitis*
cistite intersticial → *interstitial cystitis*
cisto → *cyst*
cisto branquial → *branchial cyst*
cisto chocolate → *chocolate cyst*
cisto de Baker → *Baker's cyst*
cisto de Naboth → *nabothian cyst*
cisto de retenção → *retention cyst*
cisto dentário → *dental cyst*
cisto dermóide → *dermoid cyst*
cisto epidermóide → *epidermoid cyst*
cisto hidático → *hydatid cyst*
cisto meibomiano → *meibomian cyst*
cisto mixóide → *myxoid cyst*
cisto ovariano → *ovarian cyst*
cisto parasítico → *parasitic cyst*
cisto pilonidal → *pilonidal cyst; pilonidal sinus*
cisto sebáceo → *sebaceous cyst; wen*
cisto tireoglosso → *thyroglossal cyst*
cistocele → *cystocele*
cistografia → *cystography*
cistograma → *cystogram*
cistolitíase → *cystolithiasis*
cistometria → *cystometry*
cistômetro → *cystometer*
cistopexia → *cystopexy*
cistos epiteliais → *pearl*
cistos epiteliais de Bohn → *Bohn's epithelial pearls*
cistoscopia → *cystoscopy*
cistoscópio → *cystoscope*
cistostomia → *cystostomy*
cistoureterograma → *micturating cystogram; micturating cysto-urethrogram*
cistouretrografia → *cystourethrography*
cistouretroscópio → *cystourethroscope*
citocina → *cytokine*
citocinética → *cytokinesis*
citodiagnóstico → *cytodiagnosis*
citogenética → *cytogenetics*
citólise → *cytolysis*
citologia → *cytology*
citomegalovírus → *cytomegalovirus*
citômetro → *cytometer*
citopenia → *cytopenia*
citoplasma → *cytoplasm*
citoplasmático → *cytoplasmic*
citoplásmico → *cytoplasmic*
citoplastia → *cystoplasty*
citoquímica → *cytochemistry*
citosina → *cytosine*

citossomo → *cytosome*
citotóxico → *cytotoxic*
citotoxina → *cytotoxin*
citrato de sildenafil → *sildenafil citrate*
citrulina → *citrulline*
citrulinemia → *citrullinaemia*
clamidial → *chlamydial*
clampe → *clamp*
clampear → *clamp*
claramente → *sharply*
claridade → *light; clear*
claro → *light; clear*
clássico → *classic*
classificação → *classification*
classificação de Landsteiner → *Landsteiner's classification*
classificar → *classify*
claudicação → *claudication; lameness; limp*
claudicação intermitente → *intermittent claudication*
claustrofobia → *claustrophobia*
claustrofóbico → *claustrophobic*
clavícula → *clavicle; collarbone*
clavicular → *clavicular*
clavo → *clavus*
cleptomania → *kleptomania*
cleptomaníaco → *kleptomaniac*
cliente → *client*
climatério → *climacteric*
clímax → *climax*
clindamicina → *clindamycin*
clínica → *clinic; outpatients' clinic; practice*
clínica antenatal → *antenatal clinic; maternity clinic*
clínica de doenças venéreas → *VD clinic*
clínica de fisioterapia → *physiotherapy clinic*
clínica de planejamento familiar → *family planning clinic*
clínica feminina → *well-woman clinic*
clínica geral → *general practice*
clínica infantil → *baby clinic; well-baby clinic*
clínica masculina → *well-man clinic*
clínica médica → *pain clinic*
clínica médica infantil → *child health clinic*
clinicamente → *clinically*
clínico → *clinical; clinician; medical practitioner; overt*
clínico geral → *family doctor; general practitioner*
clinodactilia → *clinodactyly*
clipe → *clip*
clipe de ferida → *Michel's clips*
clipe de Michel → *Michel's clips*
clitóris → *clitoris*
clivagem → *cleavage*
cloaca → *cloaca*
cloasma → *chloasma*
clomipramina → *clomipramine*
clonagem → *cloning*
clonar → *clone*
clone → *clone*
clonezepam → *clonazepam*
clônico → *clonic*

clonidina → *clonidine*
clonorquíase → *clonorchiasis*
clônus → *clonus*
clorambucil → *chlorambucil*
cloranfenicol → *chloramphenicol*
clordiazepóxido → *chlordiazepoxide*
cloreto → *chloride*
cloreto de sódio → *sodium chloride*
clorexidina → *chlorhexidine*
clorfeniramina → *chlorpheniramine*
cloridrato de clorpromazina → *chlorpromazine hydrochloride*
cloridrato de diltiazem → *diltiazem hydrochloride*
cloridrato de mefloquina → *mefloquine hydrochloride*
cloridrato de xilometazolina → *xylometazoline hydrochloride*
clorinação → *chlorination*
clorinador → *chlorinator*
clormetiazol → *chlormethiazole*
cloro → *chlorine*
clorofórmio → *chloroform*
cloroma → *chloroma*
cloroquina → *chloroquine*
clorose → *chlorosis*
clorotiazida → *chlorothiazide*
cloroxilenol → *chloroxylenol*
clorpropamida → *chlorpropamide*
clortalidona → *chlorthalidone*
Clostridium → *Clostridium*
clotrimazol → *clotrimazole*
coagulação → *clotting; coagulation*
coagulação intravascular disseminada → *disseminated intravascular coagulation*
coagulante → *coagulant*
coagular → *coagulate*
coagulase → *coagulase*
coágulo coagular → *clot; coagulum*
coágulo sanguíneo → *blood clot; blood clotting*
coalescência → *coalescence*
coalescer → *coalesce*
coana → *choana*
coarctação → *coarctation*
cobalto → *cobalt*
cobalto 60 → *cobalt 60*
cobertor de segurança → *security blanket*
cobertura → *coating; lid*
cobre → *copper*
cobrir → *coat; suffuse*
cobrir-se de sardas → *freckle*
cocaína → *cocaine*
coçar → *itch*
coccidinia → *coccydynia*
coccidioidomicose → *coccidioidomycosis*
coccigodinia → *coccygodynia*
cóccix → *coccyges; coccyx*
coceira → *itch*
coceira de barbeiro → *barber's ithc*
cochilar → *doze; nod off*
cociente → *quotient; ratio*
cóclea → *cochlea*
coclear → *cochlear*
coco → *coccus*
cocos → *cocci*
codeína → *codeine*

codificar → *code*

código → *code*

código de conduta → *code of conduct*

código de identificação de paciente → *patient identifier*

código genético → *genetic code*

coerção → *compulsion*

cognição → *cognition*

cognitivo → *cognitive*

coifa → *caul*

coiloníquia → *koilonychia*

coinfecção → *coinfection*

coital → *coital*

coito → *coitus; coition; copulation*

coito interrompido → *coitus interruptus*

colágeno → *collagen*

colagenoso → *collagenous*

colagogo → *cholagogue; choleretic*

colangiografia → *cholangiography*

colangiolite → *cholangiolitis*

colangiopancreatografia → *cholangiopancreatography*

colangiopancreatografia endoscópica retrógrada → *endoscopic retrograde cholangiopancreatography*

colangiossarcoma → *cholangiocarcinoma*

colangite → *cholangitis*

colapso → *collapse; contraction; twitching*

colapso do pulmão → *collapsed lung*

colapso nervoso → *nervous breakdown*

colar cervical → *cervical collar; halo splint; neck collar; orthopaedic collar*

colar ortopédico → *orthopaedic collar*

colar(-se) → *stick*

colateral → *collateral*

colchão → *mattress*

colchão de água → *water bed*

colchão de ar → *air bed; ripple bed*

colecalciferol → *cholecalciferol*

colecistectomia → *cholecystectomy*

colecistite → *cholecystitis*

colecistocinina → *cholecystokinin*

colecistoduodenostomia → *cholecystoduodenostomy*

colecistografia → *cholecystography*

colecistograma → *cholecystogram*

colecistotomia → *cholecystotomy*

colectomia → *colectomy*

coledocolitíase → *choledocholithiasis*

coledocolitotomia → *choledocholithotomy*

coledocostomia → *choledochostomy*

coledocotomia → *choledochotomy*

colelitíase → *cholelithiasis*

colelitotomia → *cholelithotomy*

colemia → *cholaemia*

cólera → *cholera*

colerese → *choleresis*

colestase → *cholestasis*

colesteatoma → *cholesteatoma*

colesterolemia → *cholesterolaemia*

colesterose → *cholesterosis*

colesterol → *cholesterol*

colete → *corset*

colete de Sayre → *Sayre's jacket*

colher → *harvest; spoon*

colherada → *spoonful*

cólica → *colic*

cólica apendicular → *appendiceal colic*

cólica biliar → *biliary colic*

cólica do pintor → *painter's colic*

cólica estomacal → *stomach cramp*

cólica menstrual → *menstrual cramp*

cólica mucosa → *mucous colic*

cólica renal → *renal colic*

cólicas intestinais (com) → *griping*

colículo → *colliculus*

colina → *choline*

colinérgico → *cholinergic*

colinesterase → *cholinesterase*

colírio → *collyrium; eye drops*

colistina → *colistin*

colite → *colitis; colonitis*

colite mucomembranosa → *mucomembranous colitis*

colite mucosa → *mucous colitis*

colite ulcerativa → *ulcerative colitis*

colo → *cervix; neck*

colo cirúrgico → *surgical neck*

coloboma → *coloboma*

colocar(-se) de pé → *stand*

colódio → *collodion*

colóide → *colloid*

cólon → *colon*

cólon ascendente → *ascending colon*

cólon descendente → *descending colon*

cólon espástico → *spastic colon*

cólon irritável → *irritable colon*

cólon pélvico → *pelvic colon*

cólon sigmóide → *sigmoid colon*

cólon transverso → *transverse colon*

colônia → *colony*

colônico → *colonic*

colonoscopia → *colonoscopy*

colonoscópio → *colonoscope*

coloração → *staining*

coloração de Gram → *Gram's stain*

coloração imunológica → *immunological staining*

coloração tricrômica → *trichrome stain*

colorante → *colouring*

colorir → *stain*

colorretal → *colorectal*

colostomia → *colostomy*

colostro → *colostrum; foremilk*

colpite → *colpitis*

colpocele → *colpocele*

colpocistite → *colpocystitis*

colpocistopexia → *colpocystopexy*

colpo-histerectomia → *colpohysterectomy*

colpopexia → *colpopexy*

colpoplastia → *colpoplasty*

colpoptose → *colpoptosis*

colporrafia → *colporrhaphy*

colposcopia → *colposcopy*

colposcópio → *colposcope*

colpossuspensão → *colposuspension*

colpotomia → *colpotomy*

coluna → *column*

coluna vertebral → *spinal column; spine*

coluna vertebral → *vertebral column*

colunar → *columnar*

colúria → *choluria*

com agitação → *agitans*

com calafrios → *shivery; shaky*

com hipotermia → *hypothermic*

com sede → *thirsty*

coma → *coma*

coma diabético → *diabetic coma*

coma hipoglicêmico → *hypoglycaemic coma*

comadre → *bedpan*

comatoso → *comatose*

combinar (com) → *match*

combinar mal → *mismatch*

comedão aberto → *blackhead*

comedo → *comedo*

comensal → *commensal*

comestível → *edible*

Comissão Internacional da Cruz Vermelha → *International Committee of the Red Cross*

Comissão para a Melhoria da Saúde → *Commission for Health Improvement*

Comissão para Auditoria e Melhoria dos Planos de Saúde → *Commission for Healthcare Audit and Improvement*

Comissário do Serviço de Saúde → *Health Service Commissioner*

comissura → *commissure*

comissura branca → *white commissure*

comissura cinzenta → *grey commissure*

Comitê de Conduta Profissional → *Professional Conduct Committee*

comitê de ética → *ethical committee*

Comitê de Segurança de Medicamentos → *Committee on Safety of Medicines*

comitê médico → *medical committee*

Comitê Médico Regional → *Local Medical Committee*

companheiro(a) de brincadeira imaginário(a) → *imaginary playmate*

compasso de calibre → *caliper; calliper*

compatibilidade → *compatibility*

compatível → *compatible*

compensação → *compensation*

compensar → *compensate; stabilise*

competência → *competence*

compleição → *complexion*

complementar → *complementary*

complemento complementar → *complement*

completar → *supplement*

complexo → *complex*

complexo de Édipo → *Oedipus complex*

complexo de Electra → *Electra complex*

complexo de Golgi → *Golgi apparatus*

complexo de inferioridade → *inferiority complex*

complexo de superioridade → *superiority complex*

complexo PQRST → *PQRST complex*

complexo primário → *primary complex*

complexo QRS → *QRS complex*

complexo relacionado à Aids → *AIDS-related complex*

complexo vitamínico B → *Vitamin B complex*

complicação → *complication*

componente ativo → *active ingredient*

comportamental → *behavioural*

comportamento → *behaviour*

548

comportamento do tipo A → *type A behaviour*
comportamento do tipo B → *type B behaviour*
composição química → *chemical composition*
composto → *compound*
composto de sulfa → *sulfa compound*
comprador → *purchaser*
compreensão → *sympathy*
compressa → *packing; pack; pad; sponge*
compressa comprimir → *compress*
compressa de linho → *lint*
compressa fria → *cold compress; cold pack*
compressa gelada → *ice pack*
compressa quente → *hotpack; stupe*
compressa úmida → *wet dressing*
compressão → *compression*
compressão cardíaca → *cardiac compression*
comprimento focal → *focal length*
comprimido → *cachet; capsule; caplet; tablet*
comprimido para dormir → *sleeping pill; sleeping tablet*
comprimido vitamínico de liberação prolongada → *slow-release vitamin tablet*
comprimir → *press*
compulsão → *compulsion*
compulsivo → *compulsive*
comum → *common*
comunicação → *notice*
comunidade → *community*
comunidade atendida por hospital → *catchment area*
côncavo → *concave*
conceber → *conceive*
conceito → *concept*
concentrado concentrar → *concentrate*
concepção → *conception*
concepção assistida → *assisted conception*
concepto → *conceptus*
concha → *concha*
concha alimentar → *feeding cup*
concha auricular → *concha auriculae*
conchas nasais → *nasal conchae*
concordância → *concordance*
concreção → *concretion*
concussão → *concussion; shock*
concussivo → *concussive*
condensado → *condensed*
condição → *condition; state; status*
condição estenosante → *stenosing condition*
condicionamento operante → *operant conditioning*
côndilo → *condyle*
côndilo occipital → *occipital condyle*
condiloma → *condyloma*
condom → *condom; contraceptive sheath; French letter*
condrite → *chondritis*
condroblasto → *chondroblast*
condrocalcinose → *chondrocalcinosis*
condrócito → *chondrocyte*
condrodisplasia → *chondrodysplasia*

condrodistrofia → *chondrodystrophy*
condroma → *chondroma*
condromalacia → *chondromalacia*
condrossarcoma → *chondrosarcoma*
condução → *conduction*
condução aérea → *air conduction*
condução óssea → *bone conduction*
conduta imprópria → *misconduct*
conduta imprópria → *unprofessional conduct*
conduta não-profissional → *unprofessional conduct*
conduta profissional imprópria → *professional misconduct*
condutivo → *conductive*
conduto ileal → *ileal conduit*
condutor → *conductor; conductive*
condutor unipolar → *unipolar lead*
cone → *cone; conus*
conexão sináptica → *synaptic connection*
confabulação → *confabulation*
Confederação Internacional de Parteiras → *International Confederation of Midwives*
confidencialidade → *confidentiality*
confinado → *confined*
confinamento → *confinement; commitment*
confinar → *commit*
conforme a necessidade → *pro re nata*
confortador → *comforter*
confortar → *comfort*
confusão → *confusion*
confuso → *confused; muddled*
congelado → *frostbitten*
congelar → *congeal*
congênita → *congenita*
congênito → *congenital; congenitally*
congestão → *congestion; engorgement*
congestão nasal → *nasal congestion*
congestão sanguínea → *bloodshot*
congestionado → *congested; engorged*
congestivo → *congestive*
conização → *conisation*
conjugado → *conjugate*
conjuntiva → *conjunctiva*
conjuntival → *conjunctival*
conjuntivite → *conjunctivitis*
conjunto de funcionários de uma empresa → *personnel*
consangüinidade → *blood relationship; consanguinity*
consciência → *awareness*
consciente → *aware; conscious*
conscientemente → *consciously*
conseguir → *obtain*
conselheiro → *counsellor*
Conselho Central do Reino Unido sobre Enfermagem, Obstetrícia e Visitas Médicas → *United Kingdom Central Council for Nursing, Midwifery, and Health Visiting*
Conselho de Enfermagem e Obstetrícia → *Nursing and Midwifery Council*
Conselho de Pesquisas Médicas → *Medical Research Council*
Conselho de Saúde Comunitária → *Community Health Council*

Conselho Geral de Medicina → *General Medical Council*
Conselho Geral de Odontologia → *General Dental Council*
Conselho Geral de Oftalmologia → *General Optical Council*
Conselho Internacional de Enfermeiras → *International Council of Nurses*
Conselho Nacional de Qualificação Profissional → *National Council for Vocational Qualifications*
Conselhos Nacionais → *National Boards*
Conselhos Parlamentares → *statutory bodies*
consentimento → *consent*
consentimento esclarecido → *informed consent*
conservador → *conservative*
conservar → *retain*
consolador → *comforter*
consolar → *comfort*
consolidação → *consolidation*
consolidar → *set*
consolidar(-se) → *knit*
constipação → *constipation; obstipation*
constipado → *constipated; costive*
constitucional → *constitutional*
constitucionalmente → *constitutionally*
constituição → *constitution*
constituição física → *build; built*
constituinte → *constituent*
constrição → *constriction*
constringir → *constrict*
constritivo → *constrictive*
constritor → *constrictor*
consulta → *consultation; appointment*
consulta médica → *visit*
consultante → *consultant*
consultar → *consult; refer*
consultor → *consultant*
consultoria → *consultancy*
consultório → *surgery*
consumo → *consumption*
contador de Geiger → *Geiger counter*
contagem completa de sangue → *blood picture*
contagem de espermatozóides → *sperm count*
contagem de plaquetas → *platelet count*
contagem de pólen → *pollen count*
contagem diferencial de leucócitos → *differential white cell count*
contagem sanguínea → *blood count*
contagem sanguínea diferencial → *differential blood count*
contágio → *contagion*
contagioso → *contagious; catching*
conta-gotas → *dropper*
contaminação → *contamination*
contaminante → *contaminant*
contaminar → *contaminate*
contato contatar → *contact*
contato direto → *direct contact*
contato indireto → *indirect contact*
conter → *suppress*
continência → *continence*
continente → *continent*
continuar → *get on with*

contrabalançar → *compensate*
contração → *contraction; twitching*
contração em ampulheta → *hourglass contraction*
contracepção → *contraception*
contraceptivo → *contraceptive*
contrações de Braxton-Hicks → *Braxton-Hicks contractions*
contracorante contracorar → *counterstain*
contra-extensão → *counterextension*
contragolpe → *contrecoup*
contra-indicação → *contraindication*
contrair (doença) → *contract*
contrair → *constrict; contract; develop*
contra-irritação → *counterirritation*
contra-irritante → *counterirritant*
contralateral → *contralateral*
contrapor-se → *counteract*
contratar → *recruit*
contratilidade → *contractibility*
contrato → *contract*
contrato dominó → *domino booking*
contra-tração → *counterextension*
contratura → *contracture*
contratura de Dupuytren → *Dupuytren's contracture*
contratura de Volkmann → *Volkmann's contracture*
contraveneno → *antivenin; venene*
controlar → *control*
controle → *containment; management*
controle de natalidade → *birth control*
contruir → *build up*
contusão → *contusion; bruising; bruise*
convalescença → *convalescence*
convalescente → *convalescent*
convalescer → *convalesce*
conversão → *conversion*
convexo → *convex*
convulação → *convolution*
convulato → *convoluted*
convulsão → *convulsion; seizure*
convulsão febril → *febrile convulsion*
convulsionar → *convulse*
convulsivo → *convulsive*
convulsões infantis → *infantile convulsions*
cooperativa (*co-op* → *cooperative*) de clínicos gerais → *GP co-op*
coordenação → *coordination*
coordenar → *coordinate*
coorte → *cohort*
copinho para lavar os olhos → *eyebath*
coprolito → *coprolith*
coproporfirina → *coproporphyrin*
cópula → *copulation*
copular → *copulate*
coqueluche → *pertussis; whooping cough*
coquetel atômico → *atomic cocktail*
cor → *color; cor*
coração → *heart*
coração esquerdo hipoplástico → *hypoplastic left heart*
coração fetal → *fetal heart*
coração-pulmão artificial → *heart-lung machine*
coracoacromial → *coraco-acromial*
coracobraquial → *coracobrachialis*

corado → *flushed*
corante → *stain*
corante de Mallory → *Mallory's stain*
corante radiopaco → *radio-opaque dye*
corar → *stain*
corcunda → *hunchback*
corda → *chorda*
corda venéra → *chordee*
cordão → *chorda; cord; funis*
cordão espermático → *spermatic cord*
cordão espinhal → *spinal cord*
cordão sanitário → *cordon sanitaire*
cordão umbilical → *umbilical cord*
cordas tendinosas → *chordae tendineae*
cordas vocais → *vocal cords; vocal folds*
cordas vocais abduzidas → *vocal folds abducted*
cordas vocais falsas → *false vocal cords*
cordectomia → *cordectomy*
cordite → *chorditis*
cordões medulares → *medullary cord*
cordotomia → *chordotomy; cordotomy*
corectopia → *corectopia*
coréia → *chorea*
coréia de Huntington → *Huntington's chorea*
coréia de Sydenham → *Sydenham's chorea*
coréia hereditária → *Huntington's chorea*
cório → *corium*
córion → *chorion*
coriônico → *chorionic*
coriza → *coryza; head cold; snuffles*
córnea → *cornea*
corneano → *corneal*
córneo → *horny*
corníficação → *cornification*
corno → *cornu; horn*
coroa → *crown; corona*
coroa craniana → *corona capitis*
coroamento → *crowning*
coroar → *crown; corona*
coróide → *choroid*
coroidite → *choroiditis*
coroidociclite → *choroidocyclitis*
coronal → *coronal*
coronária → *coronary*
coronariano → *coronary*
coronário → *coronary*
coronavírus → *coronavirus*
corpo → *body*
corpo adrenal → *adrenal body*
corpo albicante → *corpus albicans*
corpo amigdalóide → *amygdaloid body*
corpo auxiliar de funcionários → *ancillary staff*
corpo caloso → *corpus callosum*
corpo carotídeo → *carotid body*
corpo cavernoso → *corpus cavernosum*
corpo celular → *cell body*
corpo ciliar → *ciliary body*
corpo de Barr → *Barr body*
corpo de funcionários → *staff*
corpo esponjoso → *corpus spongiosum*
corpo estranho → *foreign body*
corpo estriado → *corpus striatum*
corpo hemorrágico → *corpus haemorrhagicum*

corpo lúteo → *corpus luteum*
corpo mamilar → *mammillary body*
corpo perineal → *perineal body*
corpo pineal → *pineal body*
corpo pituitário → *pituitary body*
corpo polar → *polar body*
corpo vítreo → *vitreous body*
corporal → *bodily*
corpos cetônicos → *ketone bodies*
corpos de inclusão → *inclusion bodies*
corpúsculo → *corpuscle*
corpúsculo branco → *white corpuscle*
corpúsculo de Lewy → *Lewy body*
corpúsculo de Meissner → *Meissner's corpuscle*
corpúsculo gustatório → *taste bud*
corpúsculo renal → *renal corpuscle*
corpúsculo sanguíneo → *blood corpuscle*
corpúsculo vermelho → *red corpuscle*
corpúsculos de Krause → *Krause corpuscles*
corpúsculos de Mallory → *Mallory bodies*
corpúsculos de Malpighi → *Malpighian body; Malpighian corpuscle*
corpúsculos de Negri → *negri body*
corpúsculos de Nissl → *Nissl body*
corpúsculos de Pacini → *Pacinian corpuscle*
corpúsculos de Paschen → *Paschen bodies*
corpúsculos de Ruffini → *Ruffini corpuscles*
corrente sanguínea → *bloodstream*
correr o risco → *risk; danger*
corresponder → *match*
corretivo → *corrective*
corrigir → *straighten*
corrimento → *gleet*
corrimento vaginal → *vaginal discharge*
corrosivo → *corrosive*
cortar (de leve) → *nick*
cortar → *sever; cut; slash*
corte → *cut; slash; slice*
córtex → *cortex*
córtex adrenal → *adrenal cortex*
córtex cerebelar → *cerebellar cortex*
córtex cerebral → *cerebral cortex*
córtex motor → *motor cortex*
córtex olfatório → *olfactory cortex*
córtex renal → *renal cortex*
córtex sensorial → *sensory cortex*
córtex visual → *visual cortex*
cortical → *cortical*
córtices → *cortices*
corticospinal → *corticospinal*
corticosteróide → *corticosteroid*
corticosterona → *corticosterone*
corticotropina → *corticotrophin*
cortina → *drape*
cortisol → *cortisol*
cortisona → *cortisone*
Corynebacterium → *Corynebacterium*
costal → *costal*
costas → *back*
costela → *rib*
costela cervical → *cervical rib*
costela flutuante → *floating rib*
costelas verdadeiras → *true rib*

costodiafragmático → *costodiaphragmatic*

cotidiano → *quotidian*

cotilédone → *cotyledon*

cotonete → *cotton bud*

cotovelo → *elbow*

cotovelo do tenista → *golfer's elbow; tennis elbow*

cotrimoxazol → *co-trimoxazole*

couro cabeludo → *scalp*

coxa → *coxa; thigh*

coxa vara → *coxa vara*

coxalgia → *coxalgia*

coxeadura → *lameness*

coxim → *pad*

craniano → *cranial*

crânio → *cranium; skull*

crânio cerebral → *calvarium*

cranioestenose → *craniostenosis*

craniofaringioma → *craniopharyngioma*

craniometria → *craniometry*

craniotabes → *craniotabes*

craniotomia → *craniotomy*

craurose peniana → *kraurosis penis*

craurose vulvar → *kraurosis vulvae*

cravo → *blackhead*

creatina → *creatine*

creatinina → *creatinine*

creatinúria → *creatinuria*

creatorréia → *creatorrhoea*

creche → *day nursery*

creme → *cream*

creme de bronzear → *sunscreen*

creme obstativo → *barrier cream*

crepitação → *crepitation; crepitus*

crescer → *thrive*

crescer demasiado → *overgrow*

crescer rapidamente (como um fungo) → *fungate*

crescimento → *growth*

cretinismo → *cretinism*

criação → *nurture*

criação x natureza genética → *nature nurture debate*

criança → *child*

criança pequena → *small children*

criança-problema → *problem child*

criar → *nurture; bring up*

cribiforme → *cribriform*

cricóide → *cricoid*

criestesia → *cryaesthesia*

criobanco → *cryobank*

criocautério → *cold cautery*

crioprecipitado → *cryoprecipitate*

criossonda → *cryoprobe*

crioterapia → *cryotherapy*

cripta → *crypt*

criptas de Lieberkühn → *crypts of Lieberkühn*

criptococo → *cryptococci; cryptococcus*

criptococose → *cryptococcosis*

criptomenorréia → *cryptomenorrhoea*

criptorquidia → *cryptorchidism*

criptorquismo → *cryptorchism*

criptosporídio → *cryptosporidia; cryptosporidium*

criptosporidiose → *cryptosporidiosis*

crise → *attack; crisis*

crise da meia-idade → *mid-life crisis*

crise de Dietl → *Dietl's crisis*

crise de pânico → *panic attack*

crise de raiva → *temper tantrum*

crise epiléptica → *epileptic fit*

crise tireotóxica → *thyrotoxic crisis*

crisoterapia → *chrysotherapy*

crista → *crest; crista; ridge*

crista de galo → *crista galli*

crista do íleo → *crest of ilium*

crista ilíaca → *iliac crest*

crista neural → *neural crest*

crista supra-orbitária → *supraorbital ridge*

cristal → *crystal*

cristal violeta → *crystal violet*

cristalino → *crystalline; lens*

cristalino cataratoso → *cataractous lens*

critério → *criterion*

crítico → *critical*

cromátide → *chromatid*

cromatina → *chromatin*

cromatóforo → *chromatophore*

cromatografia → *chromatography*

cromatografia gasosa → *gas chromatography*

cromo → *chromium*

cromolina sódica → *cromolyn sodium*

cromossômico → *chromosomal*

cromossomo → *chromosome*

cromossomo sexual → *sex chromosome*

cromossomo X → *X chromosome*

cromossomo Y → *Y chromosome*

crônico → *chronic*

crosta → *crust; scab*

crosta láctea → *cradle cap*

crotamiton → *crotamiton*

cru → *raw*

cruciforme → *cruciate*

crupe → *croup*

crural → *crural*

Cruz Vermelha → *Red Cross*

cubital → *cubital*

cúbito → *cubitus; ulna*

cubóide → *cuboid*

cuidados ambulatoriais → *ambulatory care*

cuidados cirúrgicos → *surgical care*

cuidados clínicos primários → *primary health care; primary medical care*

cuidados clínicos secundários → *secondary health care*

cuidados com o bebê → *baby care*

cuidados dentários → *dental care*

cuidados diurnos → *day care; day patient care*

cuidados domiciliares → *domiciliary care*

cuidados eletivos → *elective care*

cuidados hospitalares → *hospital care*

cuidados individualizados de enfermagem → *individualised nursing care*

cuidados intermediários → *intermediate care*

cuidados médicos secundários → *secondary medical care*

cuidados paliativos → *palliative care*

cuidados pessoais → *personal care*

cuidados pós-natais → *postnatal care*

cuidados primários → *primary care*

cuidados residenciais → *residential care*

cuidados sanitários → *healthcare*

cuidados secundários → *secondary care*

cuidados temporários → *respite care*

cuidados terciários → *tertiary care*

cuidados terciários de saúde → *tertiary health care*

cuidar de → *look after; take care of; tend*

cuidar de pessoa doente → *nurse*

culdoscopia → *culdoscopy*

culdoscópio → *culdoscope*

culminar → *climax*

cultura → *culture*

cultura de estoque → *stock culture*

cultura de sangue → *blood culture*

cultura histológica → *tissue culture*

cumulativo → *cumulative*

cuneiforme → *cuneiform*

cúpula → *cupola*

cura → *healing; cure*

cura pela fé → *faith healing*

cura por primeira intenção → *first intention; healing by first intention*

cura por segunda intenção → *healing by second intention*

curar → *cure*

curare → *curare*

curar-se → *pull through*

curar-se de (por meio do sono) → *sleep off*

curativo → *curative; dressing. remedial*

curativo aderente → *adhesive dressing*

curativo anti-séptico → *sterile dressing*

curativo hidrocolóide → *hydrocolloid strip*

curativo simples → *unmedicated dressing*

curável → *curable*

cureta → *curette*

curetagem → *curettage; curettement*

curetar → *curette*

curie → *curie*

curso → *course; pathway*

curso de obstetrícia → *midwifery course*

curso de tratamento → *course of treatment*

curvado → *bent*

curvatura → *curvature*

curvatura da espinha → *curvature of the spine*

curvatura gástrica maior → *greater curvature*

curvatura vertebral → *spinal curvature*

cushingóide → *cushingoid*

cuspe → *spit*

cúspide → *cusp; cuspid*

cuspir → *spit*

cutâneo → *cutaneous*

cutícula → *cuticle*

cútis → *complexion; cutis*

cútis anserina → *cutis anserina*

da vida → *vitae*

dacrioadenite → *dacryoadenitis*

dacriocistite → *dacryocystitis*

dacriocistografia → *dacryocystography*

dacriocistorrinostomia → *dacryocystorhinostomy*

dacriólito → *dacryolith*

dacrioma → *dacryoma*

dactilite → *dactylitis*

dáctilo → *dactyl*

dactilologia → *dactylology*

dactilomegalia → *dactylomegaly*

dados → *data*

dados de Cochrane → *Cochrane database*

daltonismo → *daltonism*

dança de São Vito → *St Vitus's dance*

dano → *impairment; damage; harm*

danoso → *harmful*

dar a impressão de → *sound*

dar alta a → *discharge*

dar pancadinha → *pat*

dar pancadinhas → *dab*

dardejar (o olhar) → *glare*

data provável do parto → *expected date of delivery*

de boa saúde → *well*

de forma significativa → *significantly*

de mente sã → *compos mentis; healthy*

de primeira qualidade → *prime*

de reserva → *spare*

deambulação → *ambulation*

deambulação frouxa → *flail*

debilidade → *debility; weakness*

debilitado → *failing; frail*

debilitar → *debilitate; weaken*

debilitar-se → *waste away*

débito cardíaco → *cardiac output*

debridamento → *debridement*

decapitação → *decapitation*

decepar → *sever*

decibel → *decibel*

decídua → *decidua*

decidual → *decidual*

decíduo → *deciduous*

deciduoma → *deciduoma*

decilitro → *decilitre*

decímetro → *decimetre*

decompor-se → *decompose*

decomposição → *decomposition*

Decreto para Proteção de Dados → *Data Protection Act*

decrudescência → *decrudescence*

decúbito → *decubitus*

decussação → *decussation*

dedão do pé → *big toe*

dedeira → *fingerstall*

dedo → *finger*

dedo anular → *ring finger; Ringer's solution*

dedo do pé → *toe*

dedo em gatilho → *trigger finger*

dedo em martelo → *hammer toe; mallet finger*

dedo indicador → *forefinger; index finger*

dedo médio → *middle finger*

dedo mínimo do pé → *little toe*

dedos brancos → *vibration; vibration white finger; white finger*

dedos mortos → *dead fingers*

defecação → *bowel movement; defecation*

defecar → *defecate*

defeito → *defect*

defeito cardíaco congênito → *congenital heart defect*

defeito congênito → *birth defect; congenital defect*

defeito do tubo neural → *neural tube defect*

defeito septal → *septal defect; septum defect*

defeito septal atrial → *atrial septal defect*

defeito septal ventricular → *ventricular septal defect*

defeituoso deficiente → *defective*

deferente → *deferens; deferent*

defervescência → *defervescence*

defesa → *defence; defense*

defesa muscular → *muscular defence*

deficiência → *deficiency; handicap*

deficiência de cálcio → *calcium deficiency*

deficiência de proteínas → *protein deficiency*

deficiência de vitamina → *vitamin deficiency*

deficiência mental → *mental deficiency*

deficiente → *deficient; handicapped*

deficiente físico → *physically challenged*

déficit → *deficit*

definhamento muscular → *muscle wasting*

definhar → *atrophy; waste away*

deflagrar → *trigger*

defloração → *defloration*

defloramento → *defloration*

deflorescência → *deflorescence*

deformação → *deformation*

deformado → *deformed*

deformante → *deformans*

deformar → *distort*

deformidade → *deformity*

deformidade de Sprengel → *Sprengel's deformity*

degelar → *thaw*

degeneração → *degeneration*

degeneração adiposa → *adipose degeneration*

degeneração calcária → *calcareous degeneration*

degeneração fibrinóide → *fibroid degeneration*

degeneração fibrinosa → *fibroid degeneration*

degeneração gordurosa → *fatty degeneration*

degeneração hepatolenticular → *hepatolenticular degeneration*

degeneração macular → *macular degeneration*

degeneração subaguda associada da medula espinhal → *subacute combined degeneration of the spinal cord*

degenerar → *degenerate*

deglutição → *deglutition; swallowing*

deglutir → *swallow*

deiscência → *dehiscence*

deiscência de ferida → *wound dehiscence*

deiscente → *dehisced*

deitar(-se) → *lie*

deixar cicatriz → *scar*

deixar de funcionar → *pack up*

dèja vu → *déjà vu*

delegação de poderes → *empowerment*

deletério → *deleterious*

delgado → *slim*

delicado → *delicate; fine*

delirante → *delirious*

delírio → *delirium; delusion*

delírio de abstinência de álcool → *delirium alcoholicum*

delirium tremens → *delirium tremens*

delta → *delta*

deltóide → *deltoid*

demais → *excessively*

demência → *dementia*

demência da Aids → *Aids dementia*

demência de Alzheimer → *dementia of the Alzheimer's type*

demência de múltiplos infartos → *multi-infarct dementia*

demência dos corpúsculos de Lewy → *Lewy body dementia*

demência paralítica → *dementia paralytica*

demência precoce → *dementia praecox*

demência pré-senil → *presenile dementia*

demência senil → *senile dementia*

demência vascular → *vascular dementia*

demente → *dementing*

demografia → *demography*

demorar → *protract*

demulcente → *demulcent*

dendrítico → *dendritic*

dendrito → *dendrite; dendron*

dengue → *dengue*

densidade relativa → *relative density*

dentadura → *denture*

dentadura parcial → *partial denture*

dentadura postiça → *false teeth*

dental → *dental*

dente → *dens; tooth*

dente canino → *canine tooth*

dente canino superior → *eyetooth*

dente da sabedoria → *wisdom tooth*

dente de Hutchinson → *Hutchinson's tooth*

dente-de-leite → *milk tooth*

dente decíduo → *deciduous tooth*

dente impactado → *impacted tooth*

dente incisivo → *incisor tooth*

dente primário → *primary tooth*

denteado → *serrated*

dentes permanentes → *permanent teeth*

dentição → *dentition; teething*

dentição adulta → *adult dentition*

dentição de leite → *milk dentition*

dentição decídua → *deciduous dentition*

dentina → *dentine*

dentista → *dentist*

dentóide → *dentoid*

deontologia → *deontology*

departamento (público) de saúde → *health authority*

departamento cirúrgico → *operating department*

Departamento de Fertilização Humana e Embriologia → *Human Fertilization and Embryology Authority*

departamento de otorrinolaringologia (Ouvido, Nariz e Garganta) → *ENT department*

Departamento de Saúde → *Department of Health*

Departamento de Saúde Educacional → *Health Education Authority*

departamento especial de saúde → *special health authority*

Departamento Estratégico de Saúde Pública → *Strategic Health Authority*

dependência → *dependence*

dependência alcoólica → *alcohol addiction*

dependência de barbitúricos → *barbiturate dependence*

dependência de droga → *drug dependence*

dependência de insulina → *insulin dependence*

dependência emocional → *psychological dependence*

dependência física → *physical dependence*

dependência fisiológica → *physical drug dependence*

dependência psicológica → *psychological dependence*

dependência psicológica de drogas psicoativas → *psychological drug dependence*

dependente → *dependant; dependent*

dependente da família → *dependent relative*

depilação → *depilation; epilation; shave*

depilatório → *depilatory*

depleção → *depletion*

depleção de sal → *salt depletion*

depositar → *deposit*

depósito → *deposit*

depressão → *depression*

depressão endógena → *endogenous depression*

depressão gástrica → *gastric pit*

depressão maníaca → *manic depression*

depressão patológica → *pathological depression*

depressão pós-natal → *postnatal depression*

depressão pós-parto → *postnatal depression*

depressivo → *depressive*

depressões → *pitting*

depressor → *depressant; depressive; depressor*

depressor tireóideo → *thyroid depressant*

deprimido → *depressed*

depuração de creatinina → *creatinine clearance*

depuração renal → *renal clearance*

deradenite → *deradenitis*

derivação → *shunt; shunting*

derivação da direita para a esquerda → *right-left shunt*

derivação de membro → *limb lead*

derivar → *shunt; shunting*

derivativo → *derivative*

dermamiosite → *dermatomyositis*

dermatite → *dermatitis*

dermatite artificial → *dermatitis artefacta*

dermatite de Baker → *Baker's dermatitis*

dermatite de barbeiro → *barber's rash*

dermatite de contato → *contact dermatitis*

dermatite de fraldas → *nappy rash; diaper rash*

dermatite eczematosa → *eczematous dermatitis*

dermatite esfoliativa → *exfoliative dermatitis*

dermatite fitofototóxica → *phyto-photo dermatitis*

dermatite herpetiforme → *dermatitis herpetiformis*

dermatite irritante → *irritant dermatitis*

dermatite ocupacional → *occupational dermatitis*

dermatite pelo vento → *windburn*

dermatite seborréica → *seborrhoeic dermatitis; seborrhoeic rash*

dermatocalasia → *dermatochalasis*

dermatófito → *dermatophyte*

dermatofitose → *dermatophytosis*

dermatografia → *dermatographia*

dermatóide → *dermoid*

dermatologia → *dermatology*

dermatológico → *dermatological*

dermatologista → *dermatologist*

dermatoma → *dermatome*

dermatomicose → *dermatomycosis*

dermatomicose do pé → *tinea pedis*

dermatoplastia → *dermatoplasty*

dermatose → *dermatosis*

derme → *dermis*

dérmico → *dermal*

dermografia → *dermographia*

dermóide → *dermoid*

derramar → *shed*

derrame → *stroke*

derrame de primeiro grau → *first-ever stroke*

derrame hemorrágico → *haemorrhagic stroke*

derrame pericárdico → *pericardial effusion*

derrame pleural → *pleural effusion*

derreter → *thaw*

derrotar → *overcome*

desafiar → *challenge*

desajustado → *maladjusted*

desajuste → *maladjustment*

desamamentar → *wean*

desaminação → *deamination*

desaminar → *deaminate*

desaminizar → *deaminate*

desamparado → *unaided*

desaparecer → *clear up*

desaparecer gradualmente → *fade away*

desarticulação → *disarticulation*

desassossegado → *fretful*

desbloquear → *unblock*

desbotar(-se) → *discolour*

descalcificação → *decalcification*

descamação → *desquamation; dander*

descamar → *desquamate; flake off*

descansar → *rest*

descanso → *rest*

descanulização → *decannulation*

descapsulação → *decapsulation*

descarga → *discharge*

descartar → *rule out*

descartável → *disposable*

descascar → *peel*

descer → *prolapse*

descoberto → *bare*

descolamento da retina → *detached retina; retinal detachment*

descolamento do vítreo → *vitreous detachment*

descoloração → *discoloration*

descompensação → *decompensation; decompression*

descompressão cardíaca → *cardiac decompression*

descompressão cerebral → *cerebral decompression*

desconforto → *discomfort*

descongestionante → *decongestant*

descongestionar → *decongest*

descontaminação → *decontamination*

descoordenado → *uncoordinated*

descortização → *decortication*

desdentado → *edentulous*

desempenho → *performance*

desenvolver-se → *develop*

desenvolvimental → *developmental*

desenvolvimento → *build-up; development*

desenvolvimento mental → *mental development*

desenvolvimento psicossexual → *psychosexual development*

desequilíbrio → *imbalance*

desfibrilação → *defibrillation*

desfibrilador → *defibrillator*

desfibrinação → *defibrination*

desfigurar → *disfigure*

desgastar → *wear*

desgaste → *wear and tear; deterioration*

desidratação → *dehydration*

desidratar → *dehydrate*

desidrogenase → *dehydrogenase*

desigualdade de assistência social → *health inequality*

desinfecção → *disinfection*

desinfestação → *disinfestation*

desinfestar → *disinfest*

desinfetante → *disinfectant*

desinfetar → *disinfect*

desistir → *give up*

deslizamento → *effleurage*

deslizar → *slide; lamina*

deslocamento → *displacement*

deslocamento de ar → *blast*

deslocar → *displace; dislocate*

deslocar-se suavemente → *slide; lamina*

desmaiar → *black out; faint; pass out*

desmaio → *blackout*

desmamar → *wean*

desmembramento → *dismemberment*

desmembrar → *dismember*

desmielinização → *demyelinating; demyelination*

desnervação → *denervation*

desnutrição → *malnutrition*

desnutrido → *malnourished*

desobstrução aérea → *airway clearing*

desobstruir → *unblock*

desodorante → *deodorant*

desodorizar → *deodorant*

desogestrel → *desogestrel*

desorientação → *disorientation*

desorientado → *disorientated*

desoxigenar → *deoxygenate*

desperdiçar → *waste; waste product*

despersonalização → *depersonalisation*

despertar → *wake; wake up*

desperto → *wakeful*

despir → *take off; undress*

despir-se → *strip*

desprender → *detach; separate*

desproporção → *disproportion*

desproporção cefalopélvica → *cephalo-pelvic disproportion*

desprovido de membro → *limbless*

desrealização → *derealisation*

dessecamento a frio → *freeze drying*

dessecar a frio → *freeze dry*

dessensibilização → *desensitisation*

dessensibilização sistemática → *systematic desensitisation*

dessensibilizar → *desensitise*

destilação → *distillation*

destilar → *distil*

destro → *right-handed*

destruir → *break down; kill*

desvairado → *delirious*

desvairar → *hallucinate*

desviar → *shunt; shunting*

desvio (sangue) → *shunt; shunting*

desvio → *bypass; deviance; deviation; shift*

desvio cardiopulmonar → *cardiopulmonary bypass*

desvio coronariano → *coronary artery bypass graft; heart bypass*

desvio de Purkinje → *Purkinje shift*

desvio do septo → *deviated septum*

desvio do septo nasal → *deviated nasal septum*

desvio portocava → *portocaval shunt*

desvio sexual → *sexual deviation*

desvio ventriculoperitoneal → *ventriculo-peritoneal shunt*

detecção → *detection*

detectar → *detect*

detergente → *detergent*

deterioração → *impairment; damage; harm*

deterioração pelo uso → *wear and tear; deterioration*

deteriorar → *deteriorate*

determinação sexual → *sex determination*

determinar → *determine*

detoxicação → *detox; detoxication*

detrição → *detrition*

detrito → *detritus*

detumescência → *detumescence*

deuteranopia → *deuteranopia; red–green colourblindness*

dever → *duty*

dexametasona → *dexamethasone*

dextrocardia → *dextrocardia*

dextromoramida → *dextromoramide*

dextrose → *dextrose*

diabetes → *diabetes*

diabetes bronzeado → *bronze diabetes*

diabetes de início em adulto → *adult-onset diabetes*

diabetes gestacional → *gestational diabetes*

diabetes insípido → *diabetes insipidus*

diabetes insulino-dependente → *insulin-dependent diabetes*

diabetes melito → *diabetes mellitus*

diabetes melito do Tipo I → *Type I diabetes mellitus*

diabetes melito do Tipo II → *Type II diabetes mellitus*

diabetes melito não-insulino-dependente → *non-insulin-dependent diabetes*

diabético → *diabetic*

diabetogênico → *diabetogenic*

diabetologista → *diabetologist*

diáclase → *diaclasia*

diadococinesia → *diadochokinesis*

diafisário → *diaphyseal*

diáfise → *diaphysis; shaft*

diafisite → *diaphysitis*

diaforese → *diaphoresis*

diaforético → *diaphoretic*

diafragma → *diaphragm; female condom; midriff*

diafragma pélvico → *pelvic diaphragm*

diafragma urogenital → *urogenital diaphragm*

diafragma vaginal → *vaginal diaphragm*

diafragmático → *diaphragmatic*

diagnosticar → *diagnose*

diagnóstico → *diagnosis; diagnostic*

diagnóstico antenatal → *antenatal diagnosis*

diagnóstico diferencial → *differential diagnosis*

diagnóstico errôneo (fazer) → *misdiagnose; misdiagnosis*

diagnóstico por imagem → *diagnostic imaging*

diagnóstico pré-natal → *prenatal diagnosis*

diagnóstico sorológico → *serological diagnosis*

dialisado → *dialysate*

dialisador → *dialyser*

dialisar → *dialyse*

diálise → *dialysis*

diálise peritoneal → *peritoneal dialysis*

diálise peritoneal ambulatorial contínua → *continuous ambulatory peritoneal dialysis*

diálise renal → *kidney dialysis; renal dialysis*

diâmetro conjugado → *conjugate diameter*

diapasão → *tuning fork*

diapedese → *diapedesis*

diariamente → *daily*

diarréia → *diarrhoea; runs; trots*

diarréia do lactente → *toddler's diarrhoea*

diarréia do viajante → *traveller's diarrhoea*

diarréia e vômitos → *diarrhoea and vomiting*

diarréia infantil → *toddler's diarrhoea*

diarréia lientérica → *lienteric diarrhoea*

diarréico → *diarrhoeal*

diartrose → *diarthrosis*

diastase → *diastase*

diástase → *diastasis*

diastema → *diastema*

diástole → *diastole*

diastólico → *diastolic*

diatermia → *diathermy*

diatermia cirúrgica → *surgical diathermy*

diatermia clínica → *medical diathermy*

diátese → *diathesis*

diazepam → *diazepam*

diazóxido → *diazoxide*

dicéfalo → *dicephalus*

diclofenaco sódico → *diclofenac sodium*

diclorodifeniltricloroetano → *dichlorodiphenyltrichloroethane*

diclorofenamida → *dichlorphenamide*

dicromatismo → *dichromatism*

dicrotismo → *dicrotism*

didélfico → *didelphys*

diencéfalo → *diencephalon*

dieta → *dieting; diet*

dieta cetogênica → *ketogenic diet*

dieta de eliminação → *elimination diet*

dieta de esgotamento ou inanição → *starvation diet*

dieta de Sippy → *Sippy diet*

dieta diabética → *diabetic diet*

dieta equilibrada → *balanced diet*

dieta hipercalórica → *high-calorie diet*

dieta hiperprotéica → *high-protein diet*

dieta hipocalórica → *low-calorie diet*

dieta hipolipídica → *low-fat diet*

dieta hipossódica → *low-salt diet*

dieta leve → *bland diet*

dieta líquida → *liquid diet*

dieta rica em fibras → *high-fibre diet*

dieta sem glúten → *gluten-free diet*

dieta sem sal → *salt-free diet*

dietética → *dietetics*

dietético → *dietary; dietetic*

dietilamida do ácido lisérgico → *lysergic acid diethylamide*

dietista → *dietitian*

difenoxilato → *diphenoxylate*

diferenciação → *differentiation*

diferencial → *differential*

dificuldade de aprendizagem → *learning difficulty*

difosfato de adenosina → *adenosine diphosphate*

difteria → *diphtheria*

difteria, coqueluche (pertússis), tétano → *diphtheria, whooping cough, tetanus*

difteróide → *diphtheroid*

difusão → *diffusion*

digerir → *digest*

digestão → *digestion*

digestível → *digestible*

digestivo → *digestive*

digestório → *digestive*

digital → *digital*

digitalina → *digitalin*

digitalizar → *digitalise*

dígito → *digit*

digitoxina → *digitoxin*

digoxina → *digoxin*

dilacerar → *tear*

dilatação → *dilatation*

dilatação e curetagem → *dilatation and curettage*

dilatado → *patulous*

dilatador → *dilator*

dilatar → *dilate; swell*

diluente → *diluent*

diluição → *dilution*

diluído → *dilute*

diluir → *dilute*

dimenidrinato → *dimenhydrinate*

dimetildupiridílio → *dimethyl dupyridilium*

dimetria → *dimetria*

diminuição → *impairment; damage; harm*

diminuição da audição → *impaired hearing*

diminuição da visão → *impaired vision*

dinamômetro → *dynamometer*

dinitrato de isossorbida → *isosorbide dinitrate*

dioptria → *dioptre*

dióxido → *dioxide*

dióxido de carbono → *carbon dioxide*

dióxido de silício → *silicon dioxide*

dioxina → *dioxin*

diplacusia → *diplacusis*

diplegia → *diplegia*

diplegia espástica → *spastic diplegia*

diplégico → *diplegic*

diplococo → *diplococcus*

díploe → *diploe*

diplóide → *diploid*

diploma → *qualification*

diplopia → *diplopia*

dipsomania → *dipsomania*

direção → *management*

direito → *right; straight*

diretor → *director; manager*

diretor de laboratório → *laboratory officer*

Diretor Médico Oficial → *Chief Medical Officer*

disaestesia → *dysaesthesia*

disartria → *dysarthria*

disartrose → *dysarthrosis*

disbarismo → *dysbarism*

disbasia → *dysbasia*

discariose → *dyskariosis*

discinesia → *dyskinesia*

disco → *disc*

disco de Placido → *Placido's disc*

disco herniado → *herniated disc*

disco intercalado → *intercalated disc*

disco intervertebral → *intervertebral disc*

disco intervertebral deslocado → *displaced intervertebral disc*

disco óptico → *optic disc*

disco vertebral → *vertebral disc*

discondroplasia → *dyschondroplasia*

discoria → *dyscoria*

discos de Merkel → *Merkel's discs*

discrasia → *dyscrasia*

discrasia sanguínea → *blood dyscrasia*

discromatopsia → *dyschromatopsia*

discurso → *speech*

disdiadococinesia → *dysdiadochokinesia; dysdiadochokinesis*

disenteria → *dysentery*

disenteria amebiana → *amoebic dysentery*

disenteria bacilar → *bacillary dysentery*

disenteria de Sonne → *Sonne dysentery*

disentérico → *dysenteric*

disfagia → *dysphagia*

disfasia → *dysphasia*

disfemia → *dysphemia*

disfonia → *dysphonia*

disfunção → *dysfunction; malfunction*

disfunção erétil → *erectile dysfunction*

disfunção tireóidea → *thyroid dysfunction*

disfuncional → *dysfunctional*

disgênese → *dysgenesis*

disgerminoma → *dysgerminoma*

disgrafia → *dysgraphia*

dislalia → *dyslalia*

dislexia → *dyslexia*

disléxico → *dyslexic*

dislipidemia → *dyslipidaemia*

dislogia → *dyslogia*

dismaturidade → *dysmaturity*

dismenorréia → *dysmenorrhoea; heavy period*

dismenorréia essencial → *essential dysmenorrhoea*

dismenorréia primária → *primary dysmenorrhoea*

dismenorréia secundária → *secondary dysmenorrhoea*

disostose → *dysostosis*

disostose clidocraniana → *cleidocranial dysostosis*

dispareunia → *dyspareunia*

dispensário → *dispensary*

dispepsia → *dyspepsia*

dispéptico → *dyspeptic*

displasia → *dysplasia*

dispnéia → *dyspnoea; shortness of breath*

dispnéia paroxística → *paroxysmal dyspnoea*

dispnéico → *dyspnoeic; short of breath*

dispor → *spare*

disposição → *disposition; mood*

dispositivo → *appliance*

dispositivo auditivo de âncora óssea → *bone-anchored hearing aid*

dispositivo intra-uterino (DIU) → *intra-uterine contraceptive device; intra-uterine device*

dispositivo para varredura cerebral → *brain scanner*

dispraxia → *dyspraxia*

disquezia → *dyschezia*

disritmia → *dysrhythmia*

dissecação → *dissection*

dissecante → *dissecans*

dissecar → *dissect*

dissecção → *cutdown*

disseminação → *dissemination*

disseminado → *disseminated*

disseminar → *diffuse; propagate; spread*

dissinergia → *dyssynergia*

dissociação → *dissociation*

dissocial → *dyssocial*

dissociar → *dissociate*

dissolver → *dissolve*

dissulfiram → *disulfiram*

distal → *distal*

distância focal → *focal distance*

distaxia → *dystaxia*

distender → *pull; strain*

distendido → *distended*

distensão → *distension*

distensão abdominal → *abdominal distension*

distinto → *discrete*

distiquíase → *distichiasis*

distocia → *dystocia*

distocia fetal → *fetal dystocia*

distocia materna → *maternal dystocia*

distonia → *dystonia*

distorção → *distortion*

distorcer → *distort*

distração → *distraction*

distribuição de tarefas → *task allocation*

distrofia → *dystrophia; dystrophy*

distrofia adiposogenital → *adiposogenitalis*

distrofia adiposogenital → *dystrophia adiposogenitalis*

distrofia miotônica → *dystrophia myotonica*

distrofia miotônica → *myotonic dystrophy*

distrofia muscular → *muscular dystrophy*

distrofia muscular de Duchenne → *Duchenne muscular dystrophy; Duchenne's muscular dystrophy*

distrofia muscular pseudo-hipertrófica → *pseudohypertrophic muscular dystrophy*

distúrbio → *disorder*

distúrbio alimentar → *eating disorder*

distúrbio bipolar → *bipolar disorder*

distúrbio de ansiedade generalizada → *generalised anxiety disorder*

distúrbio de fadiga → *stress disorder*

distúrbio de identidade sexual → *gender identity disorder*

distúrbio de personalidade → *personality disorder*

distúrbio de sono de terror → *sleep terror disorder*

distúrbio degenerativo → *degenerative disorder*

distúrbio dissociativo → *dissociative disorder*

distúrbio do estresse pós-traumático → *post-traumatic stress disorder*

distúrbio do pânico → *panic disorder*

distúrbio emocional → *emotional disorder*

distúrbio familiar → *familial disorder*

distúrbio hemorrágico → *haemorrhagic disorder*

distúrbio interno do joelho → *internal derangement of the knee*

distúrbio mental → *mental disorder*

distúrbio motor → *motor disorder*

distúrbio muscular → *muscular disorder*
distúrbio nervoso → *nervous complaint*
distúrbio nutricional → *nutritional disorder*
distúrbio obsessivo-compulsivo → *obsessive-compulsive disorder*
distúrbio orgânico → *organic disorder*
distúrbio paranóide → *paranoid disorder*
distúrbio psicomotor → *psychomotor disturbance*
disúria → *dysuria*
ditranol → *dithranol*
diurese → *diuresis*
diurético → *diuretic*
diurno → *diurnal*
divaricação → *divarication*
divergência → *divergence*
diverticulite → *diverticulitis*
divertículo → *diverticulum*
divertículo de Meckel → *Meckel's diverticulum*
diverticulose → *diverticulosis*
dividido → *cleft*
dividir → *share; split*
divisão → *share; split; division*
divisão celular → *cell division*
divisão reducional → *reduction division*
divulsor → *divulsor*
dizigótico → *dizygotic*
DNA recombinante → *recombinant DNA*
doador → *donor*
doador de esperma → *sperm donor*
doador de sangue → *blood donor*
doador renal → *kidney donor*
doador universal → *universal donor*
doar → *donate*
dobra → *wrinkle*
dobra de leito hospitalar → *hospital corner*
dobra epicântica → *epicanthic fold*
dobrar → *flex*
dobutamina → *dobutamine*
doce → *sweet*
doença → *disease; illness; morbus; sickness*
doença aérea → *altitude sickness*
doença afetiva → *affective disorder*
doença ameaçadora à vida → *life-threatening disease*
doença amilóide → *amyloid disease*
doença arterial aterosclerótica → *arteriosclerosis*
doença auto-imune → *autoimmune disease*
doença azul → *blueness*
doença cardíaca → *heart disease*
doença cardíaca congênita → *congenital heart disease*
doença cardíaca isquêmica → *ischaemic heart disease*
doença cardiovascular → *cardiovascular disease*
doença celíaca → *coeliac disease*
doença celíaca adulta → *adult coeliac disease*
doença cognitiva → *cognitive disorder*
doença comunicável → *communicable disease*
doença contagiosa → *contagious disease*

doença da arranhadura do gato → *cat-scratch disease*
doença da célula falciforme → *sickle-cell disease*
doença da deficiência → *deficiency disease*
doença da descompressão → *compressed air sickness; decompression sickness*
doença da mão-pé-e-boca → *hand, foot and mouth disease*
doença da membrana hialina → *hyaline membrane disease*
doença da mordida do rato → *ratbite disease*
doença da radiação → *radiation sickness*
doença da urina em xarope de bordo → *maple syrup urine disease*
doença da vaca louca → *mad cow disease*
doença das montanhas → *mountain sickness*
doença de Addison → *Addison's disease*
doença de altitude elevada → *mountain sickness; high-altitude sickness*
doença de Alzheimer → *Alzheimer's disease*
doença de ansiedade → *anxiety disorder*
doença de armazenamento → *storage disease*
doença de Banti → *Banti's disease*
doença de Barlow → *Barlow's disease*
doença de Basedow → *Basedow's disease*
doença de Batten → *Batten's disease*
doença de Bazin → *Bazin's disease*
doença de Boeck → *Boeck's disease*
doença de Bornholm → *Bornholm disease*
doença de Bowen → *Bowen's disease*
doença de Bright → *Bright's disease*
doença de Buerger → *Buerger's disease*
doença de Chagas → *Chagas' disease*
doença de Christmas → *Christmas disease*
doença de Creutzfeldt-Jakob → *Creutzfeldt-Jakob disease*
doença de Crohn → *Crohn's disease*
doença de Cushing → *Cushing's disease*
doença de déficit de atenção → *attention deficit disorder*
doença de déficit de atenção e hiperatividade → *attention deficit hyperactivity disorder*
doença de Dercum → *Dercum's disease*
doença de Devic → *Devic's disease*
doença de Freiberg *Freiberg's disease*
doença de Gaucher → *Gaucher's disease*
doença de Gehrig → *Gehrig's disease*
doença de Graves → *Graves' disease*
doença de Hand-Schüller- Christian → *Hand-Schüller Christian disease*
doença de Hansen → *Hansen's disease*
doença de Hartnup → *Hartnup disease*
doença de Hashimoto → *Hashimoto's disease*
doença de Hirschsprung → *Hirschsprung's disease*
doença de Hodgkin → *Hodgkin's disease*
doença de Kawasaki → *Kawasaki disease*
doença de Kimmelstiel-Wilson → *Kimmelstiel-Wilson disease*
doença de Köhler → *Köhler's disease*

doença de Legg-Calvé → *Legg-Calvé disease*
doença de Legg-Calvé-Perthes → *Legg-Calvé-Perthes disease*
doença de Lesch-Nyhan → *Lesch-Nyhan disease*
doença de Letterer-Siwe → *Letterer-Siwe disease*
doença de Little → *Little's disease*
doença de Lyme → *Lyme disease*
doença de Marburg → *Marburg disease*
doença de Marfan → *Marfan's syndrome*
doença de Ménière → *Ménière's disease*
doença de Milroy → *Milroy's disease*
doença de Minamata → *Minamata disease*
doença de Niemann-Pick → *Niemann-Pick disease*
doença de Paget → *Paget's disease*
doença de Parkinson → *Parkinson's disease*
doença de Pellegrini–Stieda → *Pellegrini-Stieda's disease*
doença de Perthes → *Perthes' disease*
doença de Peyronie → *Peyronie's disease*
doença de Pick → *Pick's disease*
doença de Pott → *Pott's disease*
doença de Raynaud → *Raynaud's disease*
doença de Reiter → *Reiter's disease*
doença de Scheuermann → *Scheuermann's disease*
doença de Schlatter → *Schlatter's disease*
doença de Simmonds → *Simmonds' disease*
doença de Sprengel → *Sprengel's shoulder*
doença de Still → *Still's disease*
doença de Tay-Sachs → *Tay-Sachs disease*
doença de tsutsugamushi → *tsutsugamushi disease*
doença de Vaquez-Osler → *Vaquez-Osler disease*
doença de von Recklinghausen → *von Recklinghausen's disease*
doença de von Willebrand → *von Willebrand's disease*
doença de Weber-Christian → *Weber-Christian disease*
doença de Weil → *Weil's disease*
doença de Werdnig-Hoffmann → *Werdnig-Hoffmann disease*
doença de Whipple → *Whipple's disease*
doença de Wilson → *Wilson's disease*
doença debilitante → *debilitating disease; wasting disease*
doença degenerativa → *degenerative disease*
doença diverticular → *diverticular disease*
doença do beijo → *kissing disease*
doença do caixão → *caisson disease*
doença do colágeno → *collagen disease*
doença do fungo → *fungus disease*
doença do macaco-verde → *green monkey disease*
doença do movimento → *motion sickness; travel sickness*
doença do neurônio motor → *motor neurone disease*
doença do osso marmóreo → *marble bone disease*

doença do ovário policístico → *polycystic ovary disease*

doença do ozônio → *ozone sickness*

doença do papagaio → *parrot disease*

doença do refluxo gastresofágico → *gastro-oesophageal reflux disease*

doença do rim policístico → *polycystic kidney disease*

doença do sono → *sleeping sickness; sleepy sickness*

doença do soro → *serum sickness*

doença do vírus de Marburg → *Marburg virus disease*

doença dos legionários → *Legionnaires' disease*

doença dos trapeiros → *woolsorter's disease*

doença esquizofreniforme → *schizotypal personality disorder*

doença estacional do humor → *seasonal affective disorder*

doença febril → *febrile disease*

doença fibrocística → *fibrocystic disease*

doença fibrocística do pâncreas → *fibrocystic disease of the pancreas*

doença genética → *genetic disorder*

doença granulomatosa crônica → *chronic granulomatous disease*

doença hemolítica do recém-nascido → *haemolytic disease of the newborn*

doença hemorrágica do recém-nascido → *haemorrhagic disease of the newborn*

doença hidática → *hydatid disease*

doença incapacitante → *disabling disease*

doença industrial → *industrial disease*

doença infantil → *childhood illness*

doença infecciosa → *contagion; infectious disease*

doença inflamatória intestinal → *inflammatory bowel disease*

doença inflamatória pélvica → *pelvic inflammatory disease*

doença insidiosa → *insidious disease*

doença intercorrente → *intercurrent disease*

doença ligada ao X → *X-linked disease*

doença matinal → *morning sickness*

doença meningocócica → *meningococcal disease*

doença menor → *minor illness*

doença mental → *mental illness*

doença microbiana → *microbial disease*

doença nervosa → *nervous disorder*

doença notificável → *notifiable disease*

doença obsessivo-compulsiva → *compulsive-obsessive disorder*

doença obstrutiva das vias aéreas → *obstructive lung disease*

doença ocupacional → *prescribed disease; prescribed illness*

doença orgânica → *organic disease*

doença óssea degenerativa → *degenerative joint disease*

doença pancreática benigna → *benign pancreatic disease*

doença pelo fator *rhesus* → *rhesus factor disease*

doença policística dos rins → *polycystic disease of the kidneys*

doença por Rh → *Rh disease*

doença por *rhesus* → *Rh disease*

doença profissional → *occupational disease*

doença pulmonar obstrutiva crônica → *chronic obstructive pulmonary disease*

doença relacionada ao estresse → *stress-related illness*

doença renal terminal → *end stage renal disease*

doença respiratória → *respiratory illness*

doença rósea → *pink disease*

doença sexualmente transmissível → *sexually transmitted disease*

doença social → *social disease*

doença terminal → *terminal illness*

doença tropical → *tropical disease*

doença valvular cardíaca → *valvular disease of the heart*

doença vascular cerebral → *cerebrovascular disease*

doença vascular periférica → *peripheral vascular disease*

doença venérea → *clap; venereal disease*

doenças do espectro autista → *autistic spectrum disorders*

doenças notificáveis → *reportable diseases*

doente → *diseased; disordered; ill; sick; unhealthy; sickly*

doente terminal → *terminally ill*

doentio → *morbid*

doer → *ache; dolor; hurt; pain*

doer súbita ou agudamente → *shoot*

dolicocefalia → *dolichocephaly*

dolicocefálico → *dolichocephalic*

dolorido → *aching; achy*

dolorimetria → *dolorimetry*

dolorosa → *dolorosa*

doloroso → *douloureux; painful*

domiciliar → *domiciliary*

dominância → *dominance*

dominância cerebral → *cerebral dominance*

dominância ocular → *ocular dominance*

dominante → *dominant*

dominar → *overcome*

dopa → *dopa*

dopamina → *dopamine*

dopaminérgico → *dopaminergic*

dor → *ache; dolor; pain*

dor abdominal → *abdominal pain*

dor abdominal aguda → *tormina*

dor aguda → *stitch*

dor de barriga → *tummy ache*

dor de dente → *toothache*

dor de estômago → *bellyache*

dor de garganta → *sore throat*

dor de ouvido → *earache*

dor do parto → *bearing-down pain*

dor importuna → *nagging pain*

dor intensa e súbita → *pang*

dor intermenstrual → *mittelschmerz*

dor lancinante → *stabbing pain*

dor latejante → *throbbing pain*

dor nas costas → *back pain; backache*

dor no estômago → *stomach ache*

dor pós-operatória → *postoperative pain*

dor pulsante → *throbbing pain*

dor referida → *referred pain*

dor torácica → *chest pain*

dores de fome → *hunger pains*

dores de gás → *gas pain*

dores do crescimento → *growing pains*

dores do parto → *labour pains*

dores fulgurantes → *lightning pains*

dores na canela → *shin splints*

dores pós-parto → *afterpains*

dormente → *dormant*

dormente → *numb*

dormir → *sleep*

dorsal → *dorsal*

dorsiflexão → *dorsiflexion*

dorso → *dorsum*

dorsos → *dorsa*

dorsoventral → *dorsoventral*

dosagem → *dosage*

dose → *dose*

dose de reforço → *booster injection*

dose eficaz → *effective dose*

dose letal → *lethal dose*

dose letal mínima → *minimum lethal dose*

dose segura → *safe dose*

dosimetria → *dosimetry*

dosímetro → *dosimeter*

dotado de motilidade → *motile; mobile*

doutor → *doctor; medical doctor*

doutor em cirurgia dentária → *doctor of dental surgery*

doutor em medicina dentária → *doctor of dental medicine*

doxepina → *doxepin*

doxiciclina → *doxycycline*

dracma → *drachm*

dracontíase → *dracontiasis*

dracunculose → *dracontiasis*

Dracunculus → *Dracunculus*

drágea → *dragee*

dramatização → *role playing*

drenagem → *drainage*

drenagem postural → *postural drainage*

drenagem venosa pulmonar anômala → *anomalous pulmonary venous drainage*

drenar → *drain*

dreno → *drain*

dreno Redivac → *Redivac drain*

drepanócito → *drepanocyte*

drepanocitose → *drepanocytosis*

drip com solução salina → *saline drip*

droga → *drug*

droga anticancerígena → *anti-cancer drug*

droga antiepiléptica → *antiepileptic drug*

droga antiinflamatória não-esteróide → *non-steroidal anti-inflammatory drug*

droga antituberculose → *antituberculous drug*

droga antiviral → *antiviral drug*

droga citotóxica → *cytotoxic drug*

droga controlada → *controlled drug*

droga de liberação prolongada → *spansule*

droga macrolídea → *macrolide drug*

droga medicinal → *medicinal drug*

droga não-oficial → *non-official drug*

droga nociva → *dangerous drug*

droga oficial → *official drug*

droga para pré-medicação → *premedicant drug*

droga para pré-medicação → *preoperative medication*

droga patenteada → *proprietary drug*

droga pré-operatória → *preoperative medication*

droga projetada → *designer drug*

droga que vicia → *habit-forming drug*

droga redutora de lipídeos *lipid-lowering drug*

droga tranqüilizante → *tranquillising drug*

drogas sulfa → *sulfa drug*

droperidol → *droperidol*

duas vezes → *twice*

ducha → *douche*

ducha vaginal → *vaginal douche*

Duchenne → *Duchenne*

ducto → *duct; ductus*

ducto arterial → *ductus arteriosus*

ducto arterial patente → *patent ductus arteriosus*

ducto biliar → *bile duct*

ducto cístico → *cystic duct*

ducto coclear → *cochlear duct*

ducto de Stensen → *Stensen's duct*

ducto de Wharton → *Wharton's duct*

ducto deferente → *ductus deferens*

ducto eferente → *efferent duct*

ducto ejaculatório → *ejaculatory duct*

ducto endolinfático → *endolymphatic duct*

ducto espermático → *sperm duct*

ducto hepático → *hepatic duct*

ducto hepático comum → *common hepatic duct*

ducto lacrimal → *tear duct*

ducto linfático direito → *right lymphatic duct*

ducto nasolacrimal → *nasolacrimal duct*

ducto pancreático → *pancreatic duct*

ducto paramesonéfrico → *paramesonephric duct*

ducto semicircular → *semicircular duct*

ducto sudoríparo → *sweat duct*

ducto torácico → *thoracic duct*

ducto urinário → *urinary duct*

ducto venoso → *ductus venosus*

ductos de Müller → *Müllerian duct*

dúctulo → *ductule*

duodenal → *duodenal*

duodeno → *duodenum*

duodenoscópio → *duodenoscope*

duodenostomia → *duodenostomy*

dupla articulação (com) → *double-jointed*

dural → *dural*

dura-máter → *dura; dura mater*

durante o dia → *mane*

durante o pré-operatório → *preoperatively*

duro → *tough*

duto lactífero → *lactiferous duct*

duto linfático → *lymph duct; lymphatic duct*

duvidoso → *borderline; suspect*

eburnação → *eburnation*

ecbólico → *ecbolic*

ecciese → *eccyesis*

ecdise → *ecdysis*

eclábio → *eclabium*

eclâmpsia → *eclampsia*

ecmnésia → *ecmnesia*

ecocardiografia → *echocardiography*

ecocardiograma → *echocardiogram*

ecocinesia → *echokinesis*

ecografia → *echography*

ecolalia → *echolalia*

econdroma → *ecchondroma*

ecopraxia → *echopraxia*

ecovírus → *echovirus*

écrino → *eccrine*

ectasia → *ectasia*

ectima → *ecthyma*

ectoderma → *ectoderm*

ectoderma embrionário → *embryonic ectoderm*

ectodérmico → *ectodermal*

ectoparasita → *ectoparasite*

ectopia → *ectopia*

ectópico → *ectopic*

ectrodactilia → *ectrodactyly*

ectrogenia → *ectrogeny*

ectromelia → *ectromelia*

ectropia → *ectropion*

eczema → *eczema*

eczema atópico → *atopic eczema*

eczema endógeno → *endogenous eczema*

eczema hipostático → *hypostatic eczema*

eczema seborréico → *seborrhoeic eczema*

eczema varicoso → *varicose eczema*

eczematoso → *eczematous*

edema → *edema; oedema*

edema angioneurótico → *angioneurotic oedema*

edema macular → *macular oedema*

edema pulmonar → *pulmonary oedema*

edema subcutâneo → *subcutaneous oedema*

edematoso → *oedematous; edematous*

educação continuada → *continuing education*

educação e prática pós-registro → *post-registration education and practice*

educação física → *physical education*

educação sanitária → *health education*

educar → *bring up*

efedrina → *ephedrine*

efeito colateral → *side-effect*

efeito de placebo → *placebo effect*

efeito Somogyi → *Somogyi effect*

eferente → *efferens; efferent*

efetor → *effector*

eficácia clínica → *clinical effectiveness*

eficaz → *effective*

efidrose → *ephidrosis*

efusão → *effusion*

ego → *ego*

egofonia → *aegophony*

eixo → *axis; pivot*

eixo celíaco → *coeliac axis*

eixo visual → *visual axis*

ejaculação → *ejaculation*

ejaculação precoce → *ejaculatio praecox; premature ejaculation*

ejacular → *ejaculate*

ejeção → *ejection*

ejeculatório → *ejaculatory*

elação → *elation*

elasticidade → *elasticity*

elástico → *elastic*

elastina → *elastin*

elefantíase → *elephantiasis*

elemento → *element*

elemento essencial → *essential element*

elemento metálico → *metallic element*

elementos vestigiais → *trace element*

eletivo → *elective*

eletrocardiofonografia → *electrocardiophonography*

eletrocardiografia → *electrocardiography*

eletrocardiógrafo → *electrocardiograph*

eletrocardiograma → *electrocardiogram*

eletrocautério → *electrocautery*

eletrochoque → *electroconvulsive therapy*

eletrocirurgia → *electrosurgery*

eletrocoagulação → *electrocoagulation*

eletroconvulsão → *electroconvulsive therapy*

eletroconvulsoterapia → *electric shock treatment*

eletroculografia → *electrooculography*

eletroculograma → *electrooculogram*

eletrodessecação → *electrodesiccation*

eletrodo → *electrode*

eletroencefalografia → *echoencephalography; electroencephalography*

eletroencefalógrafo → *electroencephalograph*

eletroencefalograma → *electroencephalogram*

eletroforese → *electrophoresis*

eletrólise → *electrolysis*

eletrolítico → *electrolytic*

eletrólito → *electrolyte*

eletromiografia → *electromyography*

eletromiograma → *electromyogram*

eletronistagmografia → *electronystagmography*

eletroplexia → *electroplexy*

eletroquímico → *electrochemical*

eletrorretinografia → *electroretinography*

eletrorretinograma → *electroretinogram*

eletroterapia → *electrotherapy*

elevação → *elevation*

elevador → *elevator; levator*

elevador do periósteo → *periosteum elevator*

elevar → *elevate; rise*

eliminação → *elimination*

eliminar → *eliminate*

eliptocitose → *elliptocytosis*

elixir → *elixir*

em amadurecimento → *maturing*

em boa forma → *fit*

em boas condições físicas → *fit*

em carne viva → *raw*

em decúbito → *recumbent*

em estado de choque → *concussed*

em jejum oral → *NPO; ne per oris*

em pó → *powdered*

em pré-medicação → *premed*

em segurança → *safely*

emaciação → *emaciation; wasting*
emaciado → *emaciated*
emaculação → *emaculation*
emagrecer → *slim*
emagrecimento → *slimming; weight loss*
emasculação → *emasculation*
embalar (criança) → *cradle*
embalsamar → *embalm*
embeber → *soak*
embolectomia → *embolectomy*
embolia gasosa → *air embolism*
embolismo → *embolism*
embolismo pulmonar → *pulmonary embolism*
embolização → *embolisation*
êmbolo → *embolus; plunger*
embrião → *embryo*
embriologia → *embryology*
embriológico → *embryological*
embrionário → *embryonic*
embrocação → *embrocation*
emenagogo → *emmenagogue*
emergência → *emergency*
êmese → *emesis*
emético → *emetic*
emetropia → *emmetropia*
eminência → *eminence*
eminência hipotenar → *hypothenar eminence*
eminência ileopectínea → *iliopectineal eminence*
eminência ileopúbica → *iliopubic eminence*
emissão → *emission*
emissão noturna → *nocturnal emission*
emitir (líquido) → *express*
emoção → *emotion*
emoliente → *emollient*
empatia → *empathy*
empiema → *empyema*
emplastro → *sticking plaster*
empreender → *undertake; perform*
emprego sedentário → *sedentary occupation*
emprenhar → *impregnate*
emulsão → *emulsion*
enalapril → *enalapril*
enantema → *enanthema*
enartrose → *enarthrosis*
encaixe → *engagement*
encaminhamento → *referral*
encaminhar → *refer*
encanamento → *plumbing*
encanar → *set*
encapsulado → *encapsulated*
encarar → *face*
encarcerado → *incarcerated*
encarcerar → *lock*
encefalina → *encefalin; encephalin; enkephalin*
encefalite → *encephalitis*
encefalite de St. Louis → *St Louis encephalitis*
encefalite letárgica → *encephalitis lethargica; lethargic encephalitis*
encefalite rábica → *rabid encephalitis*
encefalite traumática → *punch drunk syndrome*

encéfalo → *encephalon*
encefalocele → *encephalocele*
encefalografia → *encephalography*
encefalograma → *encephalogram*
encefalóide → *encephaloid*
encefaloma → *encephaloma*
encefalomalacia → *encephalomalacia*
encefalomielite → *encephalomyelitis*
encefalomielite aguda disseminada → *acute disseminated encephalomyelitis*
encefalomielite miálgica → *myalgic encephalomyelitis*
encefalomielopatia → *encephalomyelopathy*
encefalopatia → *encephalopathy*
encefalopatia de Wernicke → *Wernicke's encephalopathy*
encefalopatia espongiforme → *spongiform encephalopathy*
encefalopatia espongiforme bovina → *bovine spongiform encephalopathy*
encefalopatia portossistêmica → *portosystemic encephalopathy*
encharcar → *soak*
encher → *fill*
encistado → *encysted*
encondroma → *enchondroma*
encondromatose → *enchondromatosis*
encoprese → *encopresis*
endarterectomia → *endarterectomy*
endarterite → *endarteritis*
endarterite obliterante → *endarteritis obliterans*
endaural → *endaural*
endêmico → *endemic*
endemiologia → *endemiology*
endireitar → *straighten*
endireitar-se → *sit up*
endobraquial → *endobronchial*
endocardíaco → *endocardial*
endocárdio → *endocardium*
endocardite → *endocarditis*
endocardite bacteriana subaguda → *subacute bacterial endocarditis*
endocardite infecciosa subaguda → *subacute infective endocarditis*
endocervicite → *endocervicitis*
endocérvix → *endocervix*
endocondral → *endochondral*
endócrino → *endocrine*
endocrinologia → *endocrinology*
endocrinologista → *endocrinologist*
endoderma → *endoderm*
endodérmico → *endodermal*
endodontia → *endodontia*
endoesqueleto → *endoskeleton*
endoftalmite → *endophthalmitis*
endogamia → *inbreeding*
endogênico → *endogenous*
endógeno → *endogenous*
endolinfa → *endolymph*
endolisina → *endolysin*
endometrial → *endometrial*
endométrico → *endometrial*
endométrio → *endometrium*
endometriose → *endometriosis*
endometrite → *endometritis*
endomiocardite → *endomyocarditis*

endomísio → *endomysium*
endoneuro → *endoneurium*
endoparasita → *endoparasite*
endorfina → *endorphin*
endoscopia → *endoscopy*
endoscópio → *endoscope*
endósteo → *endosteum*
endotelial → *endothelial*
endotélio → *endothelium*
endotelioma → *endothelioma*
endotoxina → *endotoxin*
endotraqueal → *endotracheal*
enema → *enema*
enema de bário → *barium enema*
energia → *energy*
energia calórica → *caloric energy*
enervação → *enervation*
enfaixador → *binder*
enfaixar → *bandage*
enfermagem → *nursing practice; nursing*
enfermagem obstativa → *barrier nursing*
enfermagem primária → *primary nursing*
enfermaria → *infirmary; sickbay; ward; sickroom*
enfermaria cirúrgica → *surgical ward*
enfermaria de estadia de longo prazo → *long stay ward*
enfermaria de pronto-socorro → *accident ward*
enfermaria doméstica → *nursing home*
enfermaria feminina → *women's ward*
enfermaria médica → *medical ward*
enfermeira → *nurse*
enfermeira acompanhante → *escort nurse*
enfermeira associada → *associate nurse*
Enfermeira Chefe Oficial → *Chief Nursing Officer*
enfermeira cirúrgica → *theatre nurse*
Enfermeira Cirúrgica Registrada → *Registered Theatre Nurse*
enfermeira clínica → *nurse practitioner*
enfermeira clínica especialista → *clinical nurse specialist*
enfermeira clínica gerente → *clinical nurse manager*
enfermeira contratada → *staff nurse*
enfermeira da saúde mental comunitária → *community mental health nurse; community psychiatric nurse*
enfermeira de comunidade → *community nurse*
enfermeira de cuidados primários → *primary nurse*
enfermeira de enfermaria → *ward nurse*
enfermeira de plantão → *duty nurse; night nurse*
enfermeira de primeiro grau → *first-level nurse*
Enfermeira de Saúde Mental Registrada → *Registered Mental Nurse*
enfermeira de saúde ocupacional → *occupational health nurse*
enfermeira de saúde pública → *public health nurse*
enfermeira de segundo grau → *second-level nurse*
enfermeira distrital → *district nurse*
enfermeira encarregada → *charge nurse*

enfermeira escolar → *school nurse*

enfermeira executiva chefe → *nurse executive director*

Enfermeira Geral Registrada → *Registered General Nurse*

enfermeira gerente → *nurse manager*

enfermeira guardiã → *named nurse*

enfermeira instrumentadora → *scrub nurse*

enfermeira Macmillan → *Macmillan nurse*

enfermeira prática licenciada → *licensed practical nurse; practice nurse*

enfermeira professora → *nurse tutor*

Enfermeira Registrada → *Enrolled Nurse; Registered Nurse; State Enrolled Nurse*

Enfermeira Registrada de Crianças Doentes → *Registered Sick Children's Nurse*

Enfermeira Registrada de Pessoas Mentalmente Incapacitadas → *Registered Nurse for the Mentally Handicapped*

enfermeira registrada de primeiro grau → *state registered nurse; first-level Registered Nurse*

enfermeira registrada de segundo grau → *second-level registered nurse*

enfermeira responsável → *charge nurse*

enfermeira sênior de enfermaria → *ward sister*

enfermeira visitadora → *health visitor*

enfermeira-chefe → *matron; nursing sister*

enfermeira-obstetriz comunitária → *community midwife*

enfermidade → *illness; infirmity; sickness*

enfermo → *unwell*

enfiar (fio, linha) na agulha → *thread*

enfisema → *emphysema*

enfisema cirúrgico → *surgical emphysema*

enfraquecer → *debilitate; fade away; weaken*

enfraquecido → *drawn; failing; run-down*

enfraquecimento mental → *mental impairment*

engenharia biomédica → *biomedical engineering*

engenharia genética → *genetic engineering*

engolir → *swallow*

engrossar → *thicken*

enjoado → *airsick*

enjôo marítimo → *seasickness*

enoftalmia → *enophthalmos*

enorme → *massive*

enostose → *enostosis*

enregelado → *frostbitten*

enrugado → *wrinkled*

enrugar → *shrivel*

ensaio → *assay; trial*

ensiforme → *ensiform*

ensinar → *teach*

ensopado → *wet*

ensurdecer → *deafen*

entalhe → *nick*

enteral → *enteral*

enteralgia → *enteralgia*

enterectomia → *enterectomy*

entérico → *enteral; enteric*

enterite → *enteritis*

enterite da radiação → *radiation enteritis*

enterite infecciosa → *infective enteritis*

enterite pós-radiação → *post-irradiation enteritis*

enterite regional → *regional enteritis*

enterobíase → *enterobiasis*

enterocele → *enterocele; enterocoele*

enterocentese → *enterocentesis*

enterococo → *enterococcus*

enterocolite → *enterocolitis*

enterocolite necrotizante → *necrotising enterocolitis*

enteroespasmo → *enterospasm*

enterogastrona → *enterogastrone*

enterógeno → *enterogenous*

enterólito → *enterolith*

ênteron → *enteron*

enteropatia → *enteropathy*

enteropatia induzida por glúten → *gluten-induced enteropathy*

enteropatia por glúten → *gluten enteropathy*

enteropeptidase → *enteropeptidase*

enteroptose → *enteroptosis*

enterorrafia → *enterorrhaphy*

enteroscópio → *enteroscope*

enterostomia → *enterostomy*

enterotomia → *enterotomy*

enterotoxina → *enterotoxin*

enterovírus → *enterovirus*

enterozoário → *enterozoon*

entoderma → *entoderm*

entodérmico → *entodermal*

entópico → *entopic*

entorpecido → *dead; numb*

entorpecimento → *numbness*

entorse → *sprain; rick*

entrada → *inlet; opening*

entrada laríngea → *laryngeal inlet*

entranhas → *innards; insides*

entrar em pânico → *panic*

entrar profundamente → *penetrate*

entregar → *hand*

entrópio → *entropion*

entupido → *stuffy*

entupir → *obstruct*

enucleação → *enucleation*

enuclear → *enucleate*

enurese → *bedwetting; enuresis*

enurese funcional → *functional enuresis*

enurese noturna → *nocturnal enuresis; wet dream*

enurético → *enuretic*

envelhecer → *age; getting on*

envelhecimento → *ageing; aging*

envenamento por álcool → *alcohol poisoning*

envenenamento → *envenomation; poisoning*

envenenamento alimentar → *food poisoning*

envenenamento do sangue → *blood poisoning*

envenenamento por barbitúrico → *barbiturate poisoning*

envenenamento por gás → *gas poisoning*

envenenamento por mercúrio → *mercury poisoning*

envenenamento por monóxido de carbono → *carbon monoxide poisoning*

envenenamento por nicotina → *nicotine poisoning*

envenenamento por quinina → *quinine poisoning*

envoltório frio → *cold pack*

envolver → *coat*

enxaguar → *rinse out*

enxaguatório bucal → *mouthwash*

enxaquecóide → *migrainous*

enxertar → *graft*

enxerto → *graft*

enxerto de espessura parcial → *split-skin graft*

enxerto de pele → *skin graft*

enxerto de Thiersch → *Thiersch graft*

enxerto ósseo → *bone graft*

enxerto-versus-hospedeiro (operação) → *graft versus host disease*

enxofre → *sulfur; sulphur*

enzima → *enzyme*

enzima conversora dos inibidores da angiotensina → *angiotensin-converting enzyme inhibitor*

enzima digestiva → *digestive enzyme*

enzima lipolítica → *lipolytic enzyme*

enzima proteolítica → *proteolytic enzyme*

enzimático → *enzymatic*

eonismo → *eonism*

eosina → *eosin*

eosinofilia → *eosinophilia*

eosinófilo → *eosinophil*

eosinopenia → *eosinopenia*

epartéria → *eparterial*

epêndima → *ependyma*

ependimário → *ependymal*

ependimoma → *ependymoma*

epibléfaro → *epiblepharon*

epicanto → *epicanthus*

epicárdico → *epicardial*

epicárdio → *epicardium*

epicondilite → *epicondylitis*

epicondilite lateral → *lateral epicondylitis*

epicôndilo → *epicondyle*

epicôndilo lateral → *lateral epicondyle*

epicôndilo lateral do úmero → *lateral epicondyle of the humerus*

epicôndilo medial → *medial epicondyle*

epicrânio → *epicranium; epicranius*

epicrítico → *epicritic*

epidêmico → *epidemic*

epidemiologia → *epidemiology*

epidemiológico → *epidemiological*

epidemiologista → *epidemiologist*

epiderme → *epidermis*

epidérmico → *epidermal*

epidermofitose → *epidermophytosis*

epidermólise → *epidermolysis*

epidermólise bulhosa → *epidermolysis bullosa*

epididimário → *epididymal*

epididimectomia → *epididymectomy*
epididimite → *epididymitis*
epidídimo → *epididymis*
epididimorquite → *epididymo-orchitis*
epidural → *epidural*
epifenômeno → *epiphenomenon*
epifisário → *epiphyseal*
epífise → *epiphysis*
epífise cerebral → *epiphysis cerebri*
epifisite → *epiphysitis*
epífora → *epiphora*
epigástrico → *epigastric*
epigástrio → *epigastrium*
epigastrocele → *epigastrocele*
epiglote → *epiglottis*
epiglotite → *epiglottitis*
epilepsia → *epilepsy*
epilepsia do lobo temporal → *temporal lobe epilepsy*
epilepsia focal → *focal epilepsy*
epilepsia idiopática → *idiopathic epilepsy*
epilepsia jacksoniana → *Jacksonian epilepsy*
epilepsia mioclônica → *myoclonic epilepsy*
epilepsia psicomotora → *psychomotor epilepsy*
epilepsia uncinada → *uncinate epilepsy*
epiléptico → *epileptic*
epileptiforme → *epileptiform*
epileptogênico → *epileptogenic*
epilóia → *epiloia*
epimenorragia → *epimenorrhagia*
epimenorréia → *epimenorrhoea*
epimísio → *epimysium*
epinefrina → *epinephrine*
epinério → *epineurium*
epipástico → *epispastic*
epiplocele → *epiplocele*
epiplóico → *epiploic*
epíplo → *epiploon*
epíploon → *epiploon*
episclera → *episclera*
episclerite → *episcleritis*
episiorrafia → *episiorrhaphy*
episiotomia → *episiotomy*
episódico → *episodic*
episódio → *episode*
epispadia → *epispadias*
epistaxe → *epistaxis*
epitálamo → *epithalamus*
epitelial → *epithelial*
epitélio → *epithelium*
epitélio ciliar → *ciliated epithelium*
epitélio de transição → *transitional epithelium*
epitélio escamoso → *squamous epithelium*
epitélio estratificado → *stratified epithelium*
epitélio germinativo → *germinal epithelium*
epitélio pavimentoso → *pavement epithelium*
epitélio pigmentado → *pigmented epithelium*
epitélio simples → *simple epithelium*
epitelioma → *epithelioma*

epitelização → *epithelialisation*
epituberculose → *epituberculosis*
epônimo → *eponym*
epúlide → *epulis*
equilíbrio → *balance; equilibrium*
equilíbrio ácido-básico → *acid-base balance*
equilíbrio de proteínas → *protein balance*
equilíbrio de sódio → *sodium balance*
equilíbrio hídrico → *fluid balance*
equilíbrio mental → *balance of mind*
equimose → *ecchymosis*
equinococose → *echinococciasis; echinococcosis*
eqüinovaro → *equinovarus*
equipamento → *equipment*
equipamento salva-vidas → *life-saving equipment*
equipamentos portáteis de primeiros socorros → *portable life-support system*
equipar → *fit*
equiparar(-se) → *match*
equipe → *staff; team*
equipe de cuidados clínicos primários → *primary health care team*
equipe de cuidados primários → *primary care team*
equipe de enfermagem → *team nursing*
equipe de maqueiros → *stretcher party*
equivalente → *univalent*
ereção → *erection*
erepsina → *erepsin*
erétil → *erectile*
eretismo → *erethism*
ereto → *erect*
eretor → *erector; ear*
ergógrafo → *ergograph*
ergonomia → *ergonomics*
ergot → *ergot*
ergotamina → *ergotamine*
ergotismo → *ergotism*
erguer → *elevate; get up; put up; raise; rise*
erisipela → *erysipelas*
erisipelóide → *erysipeloid*
eritema → *erythema*
eritema *ab igne* → *erythema ab igne*
eritema indurado → *erythema induratum*
eritema multiforme → *erythema multiforme*
eritema nodoso → *erythema nodosum*
eritema pérnio → *erythema pernio; perniosis*
eritema serpiginoso → *erythema serpens*
eritema solar → *sunburn; sunburnt*
eritematoso → *erythematosus; erythematous*
eritrasma → *erythrasma*
eritroblasto → *erythroblast*
eritroblastose → *erythroblastosis*
eritroblastose fetal → *erythroblastosis fetalis*
eritrocianose → *erythrocyanosis*
eritrócito → *erythrocyte*
eritrócitos → *red blood cell*
eritrocitose → *erythrocytosis*
eritrodermatite → *erythroderma*
eritrodermia → *erythroderma; erythroedema*

eritrogênese → *erythrogenesis*
eritromelalgia → *erythromelalgia*
eritromicina → *erythromycin*
eritropenia → *erythropenia*
eritroplasia → *erythroplasia*
eritropoiese → *erythropoiesis*
eritropoietina → *erythropoietin*
eritropsia → *erythropsia*
erógeno → *erogenous*
erosão → *erosion*
erosão cervical → *cervical erosion*
erosão reumatóide → *rheumatoid erosion*
erótico → *erotic*
erradicação → *eradication*
erradicar → *eradicate*
eructação → *belching; eructation*
erupção → *eruption*
erupção arrastada → *creeping eruption*
erupção cutânea → *blotch; rash*
erupção de fraldas → *nappy rash; diaper rash*
erva → *herb*
esbanjar → *waste; waste product*
esboço → *profile*
esburacado → *pitted*
escabicida → *scabicide*
escabiose → *scabies*
escada → *scala*
escafocefalia → *scaphocephaly*
escafocefálico → *scaphocephalic*
escafóide → *scaphoid*
escafoidite → *scaphoiditis*
escala → *scale*
escala de Glasgow do coma → *Glasgow coma scale*
Escala de Qualidade dos Cuidados ao Paciente → *Quality Patient Care Scale*
escala de serviços → *duty rota*
escala Fahrenheit → *Fahrenheit scale*
escalas de inteligência de Wechsler → *Wechsler scales*
escaldadura → *scald*
escaldante → *scalding*
escaleno → *scalenus*
escalpo → *scalp*
escama → *scale; squama*
escamar → *scale*
escamar → *scale off*
escamoso → *scaly; squamous*
escâner → *scanner*
escâner para tomografia axial computadorizada → *CAT scanner; CT scanner*
escápula → *scapula; shoulder blade*
escapular → *scapular*
escapuloumeral → *scapulohumeral*
escara → *eschar; slough*
escarificação → *scarification*
escarificador → *scaler; scarificator*
escarlatina → *scarlatina*
escarótico → *escharotic*
escarro → *phlegm; sputum*
escatol → *scatole; skatole*
escavado → *pitted*
esclarecido → *informed*
esclera → *sclera*
escleral → *scleral*
esclerite → *scleritis*
escleroderma → *scleroderma*

561

escleroma → *scleroma*
escleromalacia → *scleromalacia; scleromalacia perforans*
esclerosante → *sclerosing*
esclerose → *sclerosis*
esclerose disseminada → *disseminated sclerosis*
esclerose lateral amiotrófica → *amyotrophic lateral sclerosis*
esclerose múltipla → *multiple sclerosis*
esclerose tuberosa → *tuberose sclerosis*
escleroterapia → *sclerotherapy*
esclerótica → *sclera*
esclerótico esclerótica → *sclerotic*
esclerotomia → *sclerotomy*
esclerótomo → *sclerotome*
escola → *school*
escola para deficientes → *special school*
escólex → *scolex*
escólice → *scolex*
escoliose → *scoliosis*
escoliótico → *scoliotic*
escondido → *masked*
escopolamina → *scopolamine*
escorar → *prop up*
escorbútico → *scorbutic*
escorbuto → *scorbutus; scurvy*
escore de Apgar → *Apgar score*
escore de Norton → *Norton score*
escoriação → *excoriation; scratch; graze*
escorrer → *ooze; run*
escotoma → *scotoma*
escotômetro → *scotometer*
escotopia → *scotopia*
escotópico → *scotopic*
escovadura → *grattage*
escrituração → *clerking*
escrivão → *registrar*
Escrivão de Cartório de Registros → *Registrar of Births, Marriages and Deaths*
escrófula → *scrofula*
escrofuloderma → *scrofuloderma*
escrotal → *scrotal*
escroto → *scrotum*
escrototomia → *scrototomy*
escrutador → *scanner*
escurecimento → *darkening*
escutar → *hear*
esfenóide → *sphenoid*
esferócito → *spherocyte*
esferocitose → *spherocytosis*
esferocitose hereditária → *hereditary spherocytosis*
esfígmico → *sphygmic*
esfigmocardiógrafo → *sphygmocardiograph*
esfigmógrafo → *sphygmograph*
esfigmomanômetro → *sphyg; sphygmomanometer*
esfíncter → *sphincter*
esfíncter anal → *anal sphincter*
esfíncter pilórico → *pyloric sphincter*
esfincterectomia → *sphincterectomy*
esfincteroplastia → *sphincteroplasty*
esfincterotomia → *sphincterotomy*
esfolar → *chafe*
esfoliação → *exfoliation*
esfoliar → *scale*

esfoliativo → *exfoliative*
esforçar-se demais → *overdo*
esforço → *exertion*
esforço do parto → *bearing down*
esforço violento → *strain*
esfregaço → *smear*
esfregaço bucal → *buccal smear*
esfregaço cervical → *cervical smear*
esfregaço citológico → *cytological smear*
esfregar → *rub*
esgotado → *overwrought*
esgotamento → *burnout*
esgotamento nervoso → *breakdown; nervous breakdown*
esguio → *slim*
esmagador → *écraseur*
esmalte dos dentes → *enamel*
esmegma → *smegma*
esofagectomia → *oesophagectomy*
esofágico → *oesophageal; esophageal*
esofagite → *oesophagitis*
esofagite de refluxo → *reflux oesophagitis*
esôfago → *esophagus; oesophagus*
esofagocele → *oesophagocele*
esofagogastroduodenoscopia → *oesophagogastroduodenoscopy*
esofagojejunostomia → *oesophagojejunostomy*
esofagoscopia → *oesophagoscopy*
esofagoscópio → *oesophagoscope*
esofagostomia → *oesophagostomy*
esofagotomia → *oesophagotomy*
esotropia → *esotropia*
espaço → *space*
espaço epidural → *epidural space*
espaço morto → *dead space*
espaço poplíteo → *popliteal space*
espaço retroperitoneal → *retroperitoneal space*
espaço subaracnóide → *subarachnoid space*
espalhar(-se) → *spread; diffuse*
espalhar-se por → *suffuse*
esparganose → *sparganosis*
espasmo → *spasm*
espasmo carpopedal → *carpopedal spasm*
espasmo muscular → *muscle spasm*
espasmo nutante → *spasmus nutans*
espasmódico → *spasmodic*
espasmolítico → *spasmolytic*
espasmos clônicos → *clonic spasms*
espasmos do lactente → *infantile spasms*
espasticidade → *spasticity*
espástico paralítico → *spastic*
espátula → *spatula*
especial → *special*
especialidade → *specialism; speciality; specialty*
especialista → *specialist*
especialização → *specialisation*
especializado → *specialised; skilled*
especializar-se → *specialise*
especializar-se em → *specialise in*
espécie → *species*
especificidade → *specificity*
específico → *specific*

espécime do jato médio de urina → *midstream specimen; midstream specimen of urine*
espectro → *spectrum*
espectrografia → *spectrography*
espectroscópio → *spectroscope*
especular → *specular*
espéculo → *speculum*
esperar → *wait*
espérgula → *ispaghula; ispaghula husk*
esperma → *sperm*
espermático → *spermatic*
espermátide → *spermatid*
espermatocele → *spermatocele*
espermatócito → *spermatocyte*
espermatogênese → *spermatogenesis*
espermatogônio → *spermatogonium*
espermatorréia → *spermatorrhoea*
espermatozóide → *spermatozoon*
espermatúria → *spermaturia*
espermicida → *spermicidal; spermicide*
espermiogênese → *spermiogenesis*
espetar → *prick*
espiche → *spigot*
espícula → *spicule*
espiga → *spica*
espinha → *pimple; spina; spine*
espinha bífida → *spina bifida*
espinha ilíaca → *iliac spine*
espinha ilíaca ântero-superior → *anterior superior iliac spine*
espinhaço → *backbone*
espinhal → *spinal*
espinhal dorsal → *spinal column*
espinhento → *pimply*
espira → *coil*
espiral → *spiral*
espírito → *mind*
espírito metilado → *methylated spirits*
espirografia → *spirography*
espirógrafo → *spirograph*
espirograma → *spirogram*
espirometria → *spirometry*
espirômetro → *spirometer*
espironolactona → *spironolactone*
espiroqueta → *spirochaete*
espiroquetemia → *spirochaetaemia*
espirrar → *sneeze*
espirro → *sneeze*
esplâncnico → *splanchnic*
esplancnologia → *splanchnology*
esplenectomia → *splenectomy*
esplênico → *lienal; splenic*
esplênio → *splenius*
esplenite → *splenitis*
esplenomegalia → *splenomegaly*
esplenorrenal → *splenorenal*
esplenovenografia → *splenovenography*
espodilossíndese → *spondylosyndesis*
espondilite → *spondylitis*
espondilite ancilosante → *ankylosing spondylistis*
espôndilo → *spondyl*
espondilolistese → *spondylolisthesis*
espondilose → *spondylosis*
espondilose cervical → *cervical spondylosis*
espongioblastoma → *spongioblastoma*

esponja contraceptiva → *contraceptive sponge*

esponjoso → *spongiosum; spongy*

espontâneo → *spontaneous*

esporádico → *sporadic*

esporão → *spur*

esporicida → *sporicidal; sporicide*

esporo → *spore*

esporo-do-centeio → *ergot*

esporotricose → *sporotrichosis*

esporozoários → *Sporozoa*

esporte → *sport*

espremer → *express*

espru → *sprue*

espuma de fibrina → *fibrin foam*

espúndia → *espundia*

esputo → *sputum*

esquecido → *forgetful*

esquecimento → *forgetfulness*

esquelético → *skeletal*

esqueleto → *framework; skeleton*

esqueleto apendicular → *appendicular skeleton*

esqueleto axial → *axial skeleton*

esquema → *schema*

esquiagrama → *skiagram*

esquinescência → *quinsy*

esquistossomíase → *schistosomiasis*

esquistossomo → *Schistosoma*

esquistossomose → *schistosomiasis*

esquizofrenia → *schizophrenia*

esquizofrenia catatônica → *catatonic schizophrenia*

esquizofrenia hebefrênica → *hebephrenic schizophrenia*

esquizofrenia paranóide → *paranoid schizophrenia*

esquizofrênico → *schizophrenic*

esquizóide personalidade esquizóide → *schizoid*

essência → *essence*

essencial → *essential*

estabelecer → *localise*

estabelecer-se → *settle*

estabilizar → *stabilise*

estação de primeiros socorros → *first-aid station*

estacionário → *stable*

estada → *visit*

estadia de longo prazo → *long-stay*

estadiamento → *staging*

estadiamento TNM → *TNM classification*

estádio → *stadium*

estádio de incubação → *stadium invasioni*

estado asmático → *status asthmaticus*

estado crepuscular → *twilight state*

estado de espírito → *state of mind*

estado epiléptico → *status epilepticus*

estado linfático → *status lymphaticus*

estado mental → *affection*

estado vegetativo persistente → *persistent vegetative state*

estafilectomia → *staphylectomy*

estafilocócico → *staphylococcal*

estafilococos → *Staphylococcus*

estafiloma → *staphyloma*

estafilorrafia → *staphylorrhaphy*

estágio → *phase; stage*

estandadizar → *standardise*

estapedectomia → *stapedectomy*

estapediólise → *stapediolysis*

estar grávida de → *gestate*

estase → *stasis*

estatina → *statin*

estatística vital → *vital statistics*

estatísticas → *statistics*

Estatuto de Saúde e Segurança no Trabalho → *Health and Safety at Work Act*

estável → *stable*

esteapsina → *steapsin*

esteatita → *talc*

esteatoma → *steatoma*

esteatopigia → *steatopygia*

esteatorréia → *steatorrhoea*

estender → *extend; protrude*

estender-se além de → *outreach*

estenia → *sthenia*

estenosar → *stenose*

estenose → *stenosis; stricture*

estenose da aorta → *aortic stenosis*

estenose mitral → *mitral stenosis*

estenose pilórica → *pyloric stenosis*

estenose pulmonar → *pulmonary stenosis*

estenostomia → *stenostomia*

estercobilina → *stercobilin*

estercobilinogênio → *stercobilinogen*

estercólito → *stercolith*

estercoráceo → *stercoraceous*

estereognose → *stereognosis*

estereotático → *stereotactic*

estereotaxia → *stereotaxy*

estereotipia → *stereotypy*

estéril → *infertile; sterile*

esterilidade → *infertility*

esterilidade → *sterility*

esterilização → *sterilisation*

esterilizador → *steriliser; sterilising*

esterilizar → *sterilise*

esternal → *sternal*

esterno → *sternum*

esternoclavicular → *sternoclavicular*

esternocostal → *sternocostal*

esternoióideo músculo esternoióideo → *sternohyoid*

esternomastóideo → *sternomastoid*

esternotomia → *sternotomy*

esternutatório → *sternutatory*

esteroidal → *steroidal*

esteróide → *steroid*

esteróide anabólico → *anabolic steroid*

esterol → *sterol*

estertor → *rale; rattle; stertor*

estertoroso → *stertorous*

estetografia → *stethography*

estetógrafo → *stethograph*

estetômetro → *stethometer*

estetoscópio → *stethoscope*

estetoscópio eletrônico → *electronic stethoscope*

esticar → *extend; protrude*

esticar(-se) → *stretch*

estigma → *stigma*

estilete → *stilet; stylet*

estilo → *stylus*

estiloglosso → *styloglossus*

estilóide → *styloid*

estimativa demográfica → *demographic forecast*

estimulação → *stimulation*

estimulação nervosa elétrica transcutânea → *transcutaneous electrical nerve stimulation*

estimulante → *stimulant*

estimular → *stimulate*

estímulo → *stimulus*

estiramento nas costas → *back strain*

estirar → *pull; strain*

estojo de primeiros socorros → *first-aid kit*

estoma → *stoma*

estômago → *belly; stomach*

estômago de cabeça para baixo → *upside-down stomach*

estômago em ampulheta → *hourglass stomach*

estômago reduzido → *small stomach*

estomal → *stomal*

estomatite → *stomatitis*

estomatite aftosa → *aphthous stomatitis*

estomatite angular → *angular stomatitis*

estomatologia → *stomatology*

estourar → *erupt*

estrábico → *cross-eyed*

estrabismo → *cross eye; squint; strabismus*

estrabismo acomodativo → *accomodative squint*

estrabismo convergente → *convergent strabismus; convergent squint*

estrabismo divergente → *divergent strabismus*

estrabotomia → *strabotomy*

estraçalhado → *lacerated*

estraçalhar → *lancinate*

estradiol → *oestradiol; estradiol*

estrangeiro → *foreign*

estrangulado → *strangulated*

estrangulamento → *strangulation*

estrangúria → *strangury*

estranho → *foreign*

estratificado → *stratified*

estrato → *stratum*

estreitamento → *stricture*

estreitamento uretral → *urethral stricture*

estreitar → *narrow*

estreito → *narrow*

estreito inferior da pelve → *pelvic outlet*

estreito torácico → *thoracic inlet*

estrelado → *stellate*

estremecer → *tremble; shiver*

estreptobacilo → *streptobacillus*

estreptocinase → *streptokinase*

estreptocócico → *streptococcal*

estreptococo → *streptococcus*

estreptodornase → *streptodornase*

estreptolisina → *streptolysin*

estreptomicina → *streptomycin*

estresse → *strain; stress*

estria → *streak; stria*

estriado → *striated*

estrias gravídicas → *stretch mark; striae gravidarum*

estribo → *stirrup bone; stapes; stirrup*

estricnina → strychnine
estridor → stridor; whoop
estriol → oestriol; estriol
estrituroplastia → stricturoplasty
estrogênio → estrogen; oestrogen
estroma → stroma
estrona → oestrone; estrone
estrôncio → strontium
estrôncio 90 → strontium-90
estrongiloidíase → strongyloidiasis
estruma → struma
estrutura → structure
estrutura de Balkan → Balkan frame
estrutura de Bradford → Bradford's frame
estrutura de Braun → Braun's frame
estrutura de Stryker → Stryker frame
estudante → student
estudante de enfermagem → student nurse
estudante de medicina → medical
estudar → study
estudo → study
estudo cego → blind study
estudo de controle de casos → case control study
estudo de coorte → cohort study
estudo do caso → case history
estudo duplo-cego → double blind study
estudo longitudinal → longitudinal study
estudo piloto → pilot study
estupor → stupor
estupro → rape
etambutol → ethambutol
etanol → ethanol
eteno → ethene
éter → ether
ética médica → medical ethics
ético → ethical
etileno → ethylene
etilestrenol → ethylestrenol
etiniloestradiol → ethinyloestradiol
etiologia → aetiology; etiology
etiqueta → label
etmóide → ethmoid
etmoidectomia → ethmoidectomy
etmoidite → ethmoiditis
étnico → ethnic
etritremia → erythraemia
eubactérias → eubacteria
eucalipto → eucalyptus
eucaliptol → eucalyptol
euforia → euphoria
eugenia → eugenics
eunuco → eunuch
eupepsia → eupepsia
euplástico → euplastic
eutanásia → euthanasia; mercy killing
eutiróide → euthyroid
eutiroidismo → euthyroidism; euthyroid state
eutócia → eutocia
evacuação → evacuation; stool
evacuação dos produtos da concepção → evacuation of retained products of conception
evacuador → evacuator
evacuante → evacuant
evacuar → evacuate

eventração → eventration
eversão → eversion
eversor → evertor
evisceração → evisceration
evolução → evolution
evoluir → develop
evulsão → evulsion
exacerbação → exacerbation
exacerbar → exacerbate
exagerar → overdo
exalação → exhalation
exalar → exhale
exame → examination; exam; test
exame de vista → eye test
exame físico → physical examination
exame manual → manual examination
exame médico → medical; medical examination
exame pós-morte → post mortem examination; post mortem
exame pré-anestésico → pre-anaesthetic round
exame retovaginal → rectovaginal examination
exame torácico → chest examination
exame vaginal → vaginal examination
examinar → examine; screen
exantema → exanthem
exantema individualizado → discrete rash
exantema leitoso → milk rash
exantema por calor → heat rash
exantema prodrômico → prodromal rash
exantema súbito → exanthem subitum
exantematoso → exanthematous
exaurir → exhaust
exaustão → exhaustion
exaustão de calor → heat exhaustion
exaustivo → strenuous
exausto → tiredness tired out
excavado → excavatum
excavador → excavator
exceção → exception
exceder-(se) → outreach
excessivamente → excessively
excessivo → excessive
excesso → excess
excesso de peso (com) → overweight
excipiente → excipient
excisão → excision
excisão abdominoperineal → abdominoperineal excision
excisar → excise
excitação → arousal; excitation
excitado → excited
excitamento → excitement
excitar → excite
excitatório → excitatory
excluir → rule out
excreção → excretion
excreção → waste; waste product
excremento → excrement; faecal matter
excrescência → excrescence
excretar → excrete
exenteração → exenteration
exercer (profissão) → practise
exercício de uma profissão → practice
exercício exercitar-se → exercise

exercícios de Frenkel → Frenkel's exercises
exercícios de Kegel → Kegel exercises
exibicionismo → exhibitionism
exigência → requirement
exigir → require
exócrino → exocrine
exoesqueleto → exoskeleton
exoftalmia → exophthalmos
exógeno → exogenous
exonfalia → exomphalos
exostose → exostosis
exótico → exotic
exotoxina → exotoxin
exotropia → exotropia; divergent squint
expectoração → expectoration
expectorante → expectorant
expectorar → cough up; expectorate
expelir → discharge; expel; eject
experiência → experiment; trial
experiência adversa → adverse ocurrence
experiência clínica → clinical trial
experiência controlada → controlled trial
experiência controlada randomizada duplo-cega → double-blind randomised controlled trial
experiência extracorpórea → out-of-body experience
experiência multicêntrica → multicentric trial
experiência randômica controlada → randomised controlled trial
experimento → experiment
experimento in vivo → in vivo experiment
expiração → expiration
expirar → expire
expiratório → expiratory
explantação → explantation
explantar → explant
explante → explant
exploração → exploration
explorar → explore
exploratório → exploratory
expor(-se) → expose
exposição → exposure
expressão → expression
expressão adenoidal → adenoidal expression
expressão congelada → frozen watchfulness
expulsar → shed
exsanguinação → exsanguination
exsanguinar → exsanguinate
exsanguíneotransfusão → exchange transfusion
exsudação → exudation; ooze; run
exsudar → weep
exsudato → exudate
exsuflação → exsufflation
êxtase → ecstasy
extemporâneo → premature; prem
extensão → extension; reach; range
extensor → extensor
exterior → exterior
exteriorização → exteriorisation
exterminador → killer
externamente → externally
externo → external; outer

exteroceptor → *exteroceptor*
extinção → *extinction*
extirpação → *extirpation*
extirpar → *eradicate; extirpate*
extra → *spare*
extração → *extraction*
extração de catarata → *cataract extraction*
extração de unha → *nail avulsion*
extracapsular → *extracapsular*
extracelular → *extracellular*
extradural → *extradural*
extra-embrionário → *extraembryonic*
extrair → *extract*
extrair violentamente → *avulse*
extrapiramidal → *extrapyramidal*
extrapleural → *extrapleural*
extrapolar → *overdo*
extra-sensorial → *extrasensory*
extra-sístole → *extrasystole*
extrato → *extract*
extrato tireoidiano → *thyroid extract*
extra-uterino → *extrauterine*
extravasamento de sangue → *strike-through*
extravasão → *extravasation*
extremamente agudo e sensível → *exquisitely tender*
extremidade → *extremity; limb*
extroversão → *extraversion; extroversion*
extrovertido → *extravert; extrovert; extroverted*
extubação → *extubation*
face → *face*
face de lua cheia → *moon face*
faceta → *facet*
faceta articular → *articular facet*
facial → *facial*
fácies → *facies*
facilidades → *facilities*
facilitação → *facilitation*
faco → *phakic*
facoemulsificação → *phacoemulsification*
faculdade → *faculty*
faculdade de medicina → *medical school*
faculdades mentais → *mental faculties*
fadiga → *fatigue*
fadiga muscular → *muscle fatigue; muscular fatigue*
fadiga ocular → *eyestrain*
fagedena → *phagedaena*
fago → *phage*
fagocítico → *phagocytic*
fagócito → *phagocyte*
fagocitose → *phagocytosis*
Fahrenheit → *Fahrenheit*
faixa → *strip*
faixa adesiva → *adhesive strapping*
faixa cirúrgica → *surgical belt*
faixa etária → *age group*
fala → *speech*
fala em estacato → *staccato speech*
fala engraçada → *funny turn*
fala escandida → *scanning speech*
falange → *phalanx*
falanges distais → *distal phalanges*
falangiano → *phalangeal*
falangite → *phalangitis*

falar → *speak*
falar alto → *speak up*
falar claramente → *speak up*
falciforme → *falciform*
falecer → *pass away; pass on*
falência de múltiplos órgãos → *multi-organ failure*
falência múltipla de órgãos → *multi-organ failure*
faloplastia → *phalloplasty*
falsa gravidez → *false pregnancy*
falsas costelas → *false rib*
falso → *false*
falta de ar (com) → *short of breath*
falta de ar → *air hunger; breathlessness*
família → *family; kin*
família não-nuclear → *single parent family*
familial → *familial*
famotidina → *famotidine*
fantasia → *fantasy*
fantasiar → *fantasise*
farcinose → *farcy*
farelo → *bran*
farináceo → *farinaceous*
faringe → *pharynx*
faringectomia → *pharyngectomy*
faríngeo → *pharyngeal*
faringismo → *pharyngismus*
faringite → *pharyngitis*
faringocele → *pharyngocele*
faringolaríngeo → *pharyngolaryngeal*
faringologia → *pharyngology*
faringoscópio → *pharyngoscope*
farmacêutica → *pharmaceutics*
farmacêutico → *pharmaceutical; pharmacist; dispenser*
farmácia → *pharmacy; chemist*
farmacocinética → *pharmacokinetic; pharmacokinetics*
farmacodinâmica → *pharmacodynamics*
farmacodinâmico → *pharmacodynamic*
farmacogenética → *pharmacogenomics*
farmacologia → *pharmacology*
farmacológico → *pharmacological*
farmacologista → *pharmacologist*
farmacopéia → *pharmacopoeia*
Farmacopéia dos Estados Unidos → *United States Pharmacopeia*
Farmacopéia Inglesa → *British Pharmacopoeia*
fármacos → *pharmaceutics; pharmaceuticals*
farmacoterapia → *pharmacotherapy*
farpa → *splinter*
fáscia → *fascia*
fáscia lata → *fascia lata*
fáscia palmar → *palmar fascia*
fáscia superficial → *superficial fascia*
fasciculação → *fasciculation*
fascículo → *fasciculus*
fascite → *fasciitis*
fascite necrotizante → *necrotising fasciitis*
fascioliase → *fascioliasis*
fase → *phase; stage*
fase de incubação → *stadium invasioni*
fase proliferativa → *proliferative phase*
fastígio → *fastigium*

fatal → *fatal*
fatalidade → *fatality*
fatalmente → *fatally*
fatia → *slice*
fatigado → *overwrought; tired*
fatigar → *fatigue; strain*
fato (novo) → *development*
fator → *factor*
fator anti-hemofílico → *antihaemophilic factor*
fator confusional → *confounding factor*
fator de Christmas → *Christmas factor*
fator de coagulação → *coagulation factor*
fator de crescimento → *growth factor*
fator de Hageman → *Hageman factor*
fator de liberação → *releasing factor*
fator de risco → *risk factor*
fator de von Willebrand → *von Willebrand's factor*
fator extrínseco → *extrinsic factor*
Fator II → *Factor II*
fator intrínseco → *intrinsic factor*
Fator IX → *Factor IX*
fator pH → *pH factor*
fator predisponente → *predisposing factor*
fator reumatóide → *rheumatoid factor*
fator Rh → *Rh factor*
fator rhesus → *rhesus factor*
Fator VIII → *Factor VIII*
Fator XI → *Factor XI*
Fator XII → *Factor XII*
fatores de coagulação → *clotting factors*
fauce → *fauces*
favismo → *favism*
favos → *favus*
fazer a ressecção de → *resect*
fazer acordo → *contract*
fazer desaparecer → *obliterate*
fazer mapeamento → *scan*
fazer sinapse → *synapse*
fazer talho em → *gash*
fazer triagem → *screen*
fazer um registro escrito de → *report*
febre → *fever*
febre amarela → *yellow fever*
febre ambulatorial → *ambulatory fever*
febre canicular → *canicola fever*
febre cérebro-espinhal → *cerebrospinal fever*
febre cotidiana → *quotidian fever*
febre da arranhadura do gato → *cat-scratch fever*
febre da mordida do rato → *ratbite fever*
febre das montanhas → *mountain fever*
febre das trincheiras → *trench fever*
febre de Lassa → *Lassa fever*
febre de Malta → *Malta fever*
febre de Pel-Ebstein → *Pel-Ebstein fever*
febre do carrapato do Colorado; febre maculosa das Montanhas Rochosas → *tick fever*
febre do coelho → *rabbit fever*
febre do feno → *hayfever*
febre do Nilo Ocidental → *West Nile fever*
febre entérica → *enteric fever*
febre escarlatina → *scarlet fever*

febre glandular → *glandular fever*

febre héctica → *hectic fever*

febre hemoglobinúrica → *blackwater fever*

febre hemorrágica → *haemorrhagic fever*

febre intermitente → *intermittent fever*

febre maculosa → *spotted fever*

febre maculosa das Montanhas Rochosas → *Rocky Mountain spotted fever*

febre o'nyong-nyong → *o'nyong-nyong fever*

febre ondulante → *undulant fever*

febre paratifóide → *paratyphoid fever*

febre periódica → *periodic fever*

febre por flebótomo; febre por papatasii → *sandfly fever*

febre puerperal → *postpartum fever; puerperal fever*

febre Q → *Q fever*

febre quartã → *quartan fever*

febre quebra-ossos → *breakbone fever; joint-breaker fever*

febre recorrente → *recurrent fever; relapsing fever*

febre remitente → *remittent fever*

febre reumática → *rheumatic fever*

febre subterçã → *subtertian fever*

febre terçã → *tertian fever*

febre tifóide → *typhoid fever*

febre traumática → *traumatic fever*

febre uveoparotídea → *uveoparotid fever*

febrícula → *febricula*

febrífugo → *febrifuge*

febril → *febrile; feverish; pyrexic*

fecal → *faecal*

fecalito → *faecalith*

fechar → *close*

fecundação → *fecundation; impregnation*

fecundar → *impregnate*

fedor → *fetor*

feedback → *feedback*

feedback negativo → *negative feedback*

feedback positivo → *positive feedback*

feixe → *bundle; cluster*

feixe atrioventricular → *atrioventricular bundle; AV bundle*

feixe de His → *bundle of His*

feminização → *feminisation*

femoral → *femoral*

fêmur → *femur; thighbone*

fenazopiridina → *phenazopyridine*

fenda labial → *cleft lip*

fenda palatina → *cleft palate*

fenda rachado → *cleft*

fendido → *chapped; cleft*

fenestração → *fenestration*

fenilalanina → *phenylalanine*

fenilcetonúria → *phenylketonuria*

fenobarbitona → *phenobarbitone*

fenol → *phenol*

fenômeno → *phenomenon*

fenômeno de Raynaud → *Raynaud's phenomenon*

fenômeno de Somogyi → *Somogyi phenomenon*

fenoprofeno → *fenoprofen*

fenótipo → *phenotype*

fentanil → *fentanyl*

fentoína → *phenytoin*

feocromocitoma → *phaeochromocytoma*

ferida → *wound*

ferida cirúrgica → *surgical wound*

ferida contusa → *contused wound*

ferida incisa → *incised wound*

ferida infectada → *infected wound*

ferida lacerada → *lacerated wound*

ferida puntiforme → *puncture wound; stab wound*

ferida supurada → *running sore*

ferido → *injured*

ferimento → *wound*

ferimento inciso → *incised wound*

ferimento superficial → *flesh wound*

ferir → *injure*

fermento → *yeast*

férrico → *ferric*

ferritina → *ferritin*

ferro → *iron*

ferroada (inseto) → *sting*

ferroso → *ferrous*

fértil → *fertile*

fertilidade → *fertility*

fertilização → *fertilisation*

fertilização *in vitro* → *in vitro fertilisation; oocyte donation*

fertilizar → *fertilise*

festinação → *festination*

fetal → *fetal; foetal*

fetichismo → *fetishism*

fetichista → *fetishist*

fétido → *malodorous*

feto → *fetus; foetus*

fetoproteína → *fetoprotein*

fetor → *foetor*

fetoscopia → *fetoscopy; foetoscopy; fetoscope; foetoscope*

fezes → *faeces*

fezes alcatroadas → *tarry stool*

fezes em água de arroz → *ricewater stools*

fezes impactadas → *impacted faeces*

fiação → *wiring*

fibra → *fiber; fibre*

fibra amarela → *yellow fibre*

fibra condutora → *conduction fibre*

fibra dietética → *dietary fibre*

fibra elástica → *elastic fibre*

fibra insolúvel → *insoluble fibre*

fibra muscular → *muscle fibre*

fibra nervosa → *nerve fibre*

fibra óptica → *optical fibre*

fibra pós-ganglionar → *postganglionic fibre*

fibra pré-ganglionar → *preganglionic fibre*

fibras de Purkinje → *Purkinje fibres*

fibras reticulares → *reticular fibres*

fibras solúveis → *soluble fibre*

fibrila → *fibril*

fibrilação → *fibrillation*

fibrilação atrial → *atrial fibrillation*

fibrilação ventricular → *ventricular fibrillation*

fibrilar → *fibrillate*

fibriloso → *fibrillating*

fibrina → *fibrin*

fibrinogênio → *fibrinogen*

fibrinóide → *fibroid*

fibrinólise → *fibrinolysis*

fibrinolisina → *fibrinolysin*

fibrinolítico → *fibrinolytic*

fibroadenoma → *fibroadenoma*

fibroblato → *fibroblast*

fibrocartilagem → *fibrocartilage*

fibrocartilagem amarela → *yellow elastic fibrocartilage*

fibrocístico → *fibrocystic*

fibrocisto → *fibrocyst*

fibrócito → *fibrocyte*

fibrocondrite → *fibrochondritis*

fibroelastose → *fibroelastosis*

fibroma → *fibroma*

fibroma uterino → *uterine fibroid; uterine fibroma*

fibromioma → *fibromyoma*

fibromuscular → *fibromuscular*

fibroplasia → *fibroplasia*

fibroplasia retrolenticular → *retrolental fibroplasia*

fibroscópio → *fibrescope*

fibrose → *fibrosis*

fibrose cística → *cystic fibrosis*

fibrosite → *fibrositis*

fibroso → *fibrous*

fibrossarcoma → *fibrosarcoma*

fíbula → *fibula*

fibular → *fibular*

ficar bom (de saúde) → *get well*

ficar em jejum → *fast*

ficar em pé → *stand up*

ficomicose → *phycomycosis*

fígado → *liver*

fígado tacheado → *hobnail liver*

figuras de fortificação → *fortification figures*

filamento → *filament; filum; strand*

filamento terminal → *filum terminale*

filamentoso → *filamentous*

filaríase → *filariasis*

filha → *daughter*

filho → *son*

filhos adotivos → *foster children*

filiforme → *filiform; thready*

filipunção → *filipuncture*

filme → *film*

filtração → *filtration*

filtrado → *filtrate*

filtro → *philtrum; filter*

fim → *termination*

fímbria → *fimbria*

fimose → *phimosis*

fino → *fine; thin*

fio → *thread*

fio dental → *dental floss; floss*

fisicamente → *physically*

físico → *physical; physique*

fisio → *physio*

fisiologia → *physiology*

fisiológico → *physiological*

fisiologista → *physiologist*

fisioterapeuta → *physiotherapist*

fisioterapia → *physiotherapy*

fisostigmina → *physostigmine*

fissão → *fission*

fissão binária → *binary fission*
fissil → *fissile*
fissura → *cleft; fissure*
fissura anal → *anal fissure*
fissura horizontal → *horizontal fissure*
fissura lateral → *lateral fissure*
fissura longitudinal → *longitudinal fissure*
fissura oblíqua → *oblique fissure*
fissura retal → *rectal fissure*
fístula → *fistula*
fístula anal → *anal fistula; fistula in ano*
fístula biliar → *biliary fistula*
fístula vesicovaginal → *vesicovaginal fistula*
fita → *tape*
fitoestrogênio → *phytooestrogen*
fitofotodermatite → *phyto-photo dermatitis*
fixação → *fixation; wiring*
fixação cirúrgica → *surgical fixation*
fixação materna → *mother-fixation*
fixador → *fixative; fixator*
flacidez → *flab; flaccidity*
flácido → *flabby; flaccid*
flagelado → *flagellate*
flagelo → *flagellum*
flancos → *small of the back*
flatulência → *flatulence; flatus; wind*
flatulento → *flatulent*
flebectomia → *phlebectomy*
flebite → *phlebitis*
fleboextração → *stripping*
fleboextrator → *stripper*
flebografia → *phlebography*
flebograma → *phlebogram*
flebólito → *phlebolith*
flebotomia → *phlebotomy*
flebotomizar → *phlebotomise*
flebotrombose → *phlebothrombosis*
flecainida → *flecainide*
flegma → *phlegm*
flegmonoso → *chesty*
fleucoflegmasia dolorosa → *phlegmasia alba dolens*
flexão → *flexion*
flexão hepática → *hepatic flexure*
flexão plantar → *plantar flexion*
flexibilidade cérea → *flexibilitas cerea*
flexionar → *flex*
flexível → *pliable*
flexor → *flexor*
flexura → *flexure*
flexura esplênica → *splenic flexure*
flexura sigmóide → *sigmoid flexure*
flictena → *bleb; phlyctena*
flictênula → *phlyctenule*
flocilação → *floccillation*
floco → *flake*
flora → *flora*
flora intestinal → *intestinal flora*
florido → *florid*
flucloxacilina → *flucloxacillin*
fluconazol → *fluconazole*
flunitrazepam → *flunitrazepam*
flúor → *fluorine*
fluorar → *fluoridate*
fluorescência → *fluorescence*

fluorescente → *fluorescent*
fluoreto → *fluoride*
fluoroscopia → *fluoroscopy*
fluoroscópio → *fluoroscope*
fluorose → *fluorosis*
fluoxetina → *fluoxetine*
flúter → *flutter*
flutuação → *fluctuation*
fluxo → *flow; flux*
fluxo menstrual → *menstrual flow*
fluxo suave → *ooze; run*
fluxo turbulento → *turbulent flow*
fluxo vesicoureteral → *vesicoureteric reflux; vesicouretic reflux*
fluxômetro → *flowmeter*
fobia → *phobia*
fobia de câncer → *cancer phobia; cancerophobia*
fóbico → *phobic*
focal → *focal*
focalizar → *focus*
focar → *focus*
foco → *focus*
foco de Ghon → *Ghon's focus*
focomelia → *phocomelia; phocomely*
foice → *falx*
foice do cérebro → *falx cerebri*
folacina → *folacin*
folicular → *follicular*
foliculina → *folliculin*
foliculite → *folliculitis*
folículo → *follicle*
folículo atrético → *atretic follicle*
folículo de De Graaf → *Graafian follicle.*
folículo de Naboth → *nabothian follicle*
folículo maduro → *mature follicle*
folículo ovariano → *ovarian follicle*
folículo piloso → *hair follicle*
folículo primordial princípio → *primordial follicle*
follow-up → *follow-up*
fome → *hunger*
fomentação → *fomentation*
fomitos → *fomites*
fonação → *phonation*
foniatria → *phoniatrics*
fonoaudiologia → *speech therapy*
fonoaudiólogo → *speech therapist*
fonocardiografia → *phonocardiography*
fonocardiógrafo → *phonocardiograph*
fonocardiograma → *phonocardiogram*
fonocirurgia → *phonosurgery*
fonologia → *phonology*
fontanela → *fontanelle*
fontanela anterior → *anterior fontanelle*
fontanela posterior → *posterior fontanelle*
fonte → *source*
fora de forma (física) → *unfit*
forame de Magendie → *Magendie's foramen*
forame interventricular → *interventricular foramen*
forame intervertebral → *intervertebral foramen*
forame magno → *foramen magnum*
forame obturador → *obturator foramen*
forame oval → *foramen ovale*

forame sacro → *sacral foramen*
forame vertebral → *vertebral foramen*
forame; forâmen → *foramen*
força → *strength*
força de vontade → *willpower*
fórceps → *forceps*
fórceps obstétrico → *obstetrical forceps*
forense → *forensic*
forma → *form*
forma orgânica (de) → *organically*
forma privada → *privately*
formação → *formation; build-up*
formação hipocampal → *hippocampal formation*
formaldeído → *formaldehyde*
formalina → *formalin*
formar(-se) → *form; qualify*
formigamento → *tingling; formication*
formigante → *tingling; formication*
formigar → *tingle*
formol → *formalin*
fórmula → *formula*
formulário → *formulary*
formulário de consentimento → *informed consent*
formulário de inscrição → *form*
formulário de ocorrência de acidente → *accident form*
Formulário Nacional Inglês → *British National Formulary*
fornecedor → *provider*
fornecer → *provide; supply*
fornecer informações → *feed back*
fornecimento → *supply*
fórnix → *fornix*
fórnix do cérebro → *fornix cerebri*
fortalecer → *strengthen*
forte → *severe; tough*
foscarnet → *foscarnet*
fosfatase → *phosphatase*
fosfatemia → *phosphataemia*
fosfato → *phosphate*
fosfato de cálcio → *calcium phosphate*
fosfato de creatina → *creatine phosphate*
fosfatúria → *phosphaturia*
fosfocreatina → *creatine phosphate*
fosfolipídeo → *phospholipid*
fosfonecrose → *phosphonecrosis*
fosforescente → *phosphorescent*
fosforilase → *phosphorylase*
fósforo → *phosphorus*
fosforretinite → *photoretinitis*
fossa → *fossa; pit*
fossa cubital → *cubital fossa*
fossa glenóide → *glenoid fossa*
fossa ilíaca → *iliac fossa*
fossa isquiorretal → *ischiorectal fossa*
fossa pituitária → *pituitary fossa*
fossa poplítea → *popliteal fossa*
fossa pterigopalatina → *pterygopalatine fossa*
fossa temporal → *temporal fossa*
fossas mandibulares → *mandibular fossae*
fossas piriformes → *piriform fossae*
fotalgia → *photalgia*
fotoablação → *photoablation*
fotocoagulação → *photocoagulation*

fotodermatose → *photodermatosis*
fotofobia → *photophobia*
fotofóbico → *photophobic*
fotoftalmia → *photophthalmia*
fotogênico → *photogenic*
fotografia fotografar → *photograph; photography*
fotopia → *photopic vision*
fotopsia → *photopsia*
fotossensibilidade → *photosensitivity*
fotossensível → *photosensitive*
fototerapia → *light therapy; phototherapy*
fototoxicidade → *phototoxicity*
fototóxico → *phototoxic*
fotúria → *photuria*
fóvea → *fovea*
fóvea central da retina → *fovea centralis*
fraco → *brittle; feeble; weak; poor; poorly*
frágil → *delicate; fragile; frail*
fragilidade → *fragilitas; weakness*
fragilidade óssea → *fragilitas ossium*
fragrância → *scent*
fralda → *nappy; diaper*
fraldão → *incontinence pad*
framboésia → *framboesia; yaws; pian*
framicetina → *framycetin*
fraqueza → *weakness*
frasco → *vial*
frasco medicinal → *medicine bottle*
fratura → *fracture*
fratura capilar → *hairline fracture*
fratura com afundamento → *depressed fracture*
fratura cominutiva → *comminuted fracture*
fratura complicada → *complicated fracture*
fratura composta → *compound fracture*
fratura de avulsão → *avulsion fracture*
fratura de Bennett → *Bennett's fracture*
fratura de colisão → *bumper fracture*
fratura de Colles → *Colles' fracture*
fratura de fadiga → *fatigue fracture; stress fracture*
fratura de marcha → *march fracture*
fratura de Pott → *Pott's fracture*
fratura de Smith → *Smith's fracture*
fratura do quadril → *hip fracture*
fratura em galho verde → *greenstick fracture*
fratura estrelada → *stellate fracture*
fratura exposta → *open fracture*
fratura extracapsular → *extracapsular fracture*
fratura fechada → *closed fracture*
fratura impactada → *impacted fracture*
fratura incompleta → *incomplete fracture*
fratura laminar → *flake fracture*
fratura múltipla → *multiple fracture*
fratura oblíqua → *oblique fracture*
fratura patológica → *pathological fracture*
fratura pélvica → *pelvic fracture*
fratura por esmagamento → *crush fracture*
fratura simples → *simple fracture*
fratura transversa → *transverse fracture*

fraturado → *fractured*
fraturar → *fracture*
freio → *frenum*
frêmito → *fremitus; thrill*
frêmito de atrito → *friction fremitus*
frêmito vocal → *vocal fremitus*
frenectomia → *frenectomy*
frenempraxia → *phrenemphraxis*
frenicectomia → *phrenicectomy*
freniclasia → *phreniclasia*
frênico → *phrenic*
frenicotomia → *phrenicotomy*
frenotomia → *frenotomy*
frênulo → *frenulum*
freqüência → *frequency; rate*
freqüência cardíaca → *heart rate*
freqüência de pulso → *pulse rate*
freudiano → *freudian*
friável → *friable*
fricção → *friction; rub*
fricção com álcool → *alcohol rub*
fricção pericárdica → *pericardial friction*
friccionar → *chafe; rub*
frigidez → *frigidity*
frio → *cold*
frontal → *frontal*
fronte → *brow; forehead*
fructosúria → *fructosuria*
frusemida → *frusemide*
frutose → *fructose*
fuga → *fugue*
fugaz → *fugax*
fulgor → *glare*
fulguração → *fulguration*
fulminante → *fulminant*
fumaça → *fumes; smoke*
fumante → *smoker*
fumante passivo → *passive smoking*
fumar → *smoke*
fumigação → *fumigation*
fumigar → *fumigate*
fumo → *smoke*
função → *function*
função independente de enfermagem → *independent nursing function*
funcional → *functional*
funcionar → *function*
funda → *truss*
fundação hospital → *foundation hospital*
fundir → *fuse*
fundo → *fundus*
fundo de saco de Douglas → *Douglas' pouch*
fundo do olho → *optic fundus*
fungar → *sniffle*
fungicida → *fungicide*
fúngico → *fungal*
fungo → *fungus*
fungóide → *fungoid*
funiculite → *funiculitis*
funículo → *funiculus*
furadeira → *drill*
furar → *drill*
fúrcula → *fourchette*
fúrfuráceo → *furfuraceous*
fúria → *tantrum*
furor → *furor*
furosemida → *furosemide*

furúnculo → *boil; furuncle*
furúnculo de Bagdá → *Baghdad boil*
furúnculo de Délhi → *Delhi boil*
furunculose → *furunculosis*
fusão → *fusion*
fusão espinhal → *spinal fusion*
fusidato de sódio → *sodium fusidate*
fusiforme → *fusiform*
fuso → *spindle*
fuso muscular → *muscle spindle*
fuxímetro para ultra-som de Doppler → *Doppler ultrasound flowmeter*
gago → *stammerer*
gagueira → *stuttering; stammer; stutter; stammering*
galactagogo → *galactagogue*
galactocele → *galactocele*
galactorréia → *galactorrhoea*
galactose → *galactose*
galactosemia → *galactosaemia*
gálea → *galea*
gálio → *gallium*
galipote → *gallipot*
galvanismo → *galvanism*
galvanocautério → *galvanocautery*
gama → *gamma*
gamaglobulina → *gamma globulin*
gameta → *gamete*
gametocida → *gametocide*
gametócito → *gametocyte*
gametogênese → *gametogenesis*
gancho → *hook*
gancho aminiótico → *amnihook*
gânglio → *ganglion*
gânglio celíaco → *coeliac ganglion*
gânglio cervical → *cervical ganglion*
gânglio ciliar → *ciliary ganglion*
gânglio de Gasser → *Gasserian ganglion*
gânglio espinhal → *spinal ganglion*
gânglio espiral → *spiral ganglion*
gânglio estrelado → *stellate ganglion*
gânglio linfático → *lymphatic nodule; lymph node*
gânglio mesentérico → *mesenteric ganglion*
gânglio ótico → *otic ganglion*
gânglio pterigopalatino → *pterygopalatine ganglion*
gânglio superior → *superior ganglion*
gânglio trigêmeo → *trigeminal ganglion*
gânglio vertebral → *vertebral ganglion*
ganglionectomia → *ganglionectomy*
gangliônico → *ganglionic*
gânglios basais → *basal ganglia*
gangrena → *gangrene*
gangrena gasosa → *gas gangrene*
gangrena hospitalar → *hospital gangrene*
gangrena seca → *dry gangrene*
gangrena úmida → *moist gangrene*
gangrenado → *gangrenous*
gangrenoso → *gangrenous*
ganhar → *gain*
ganho → *gain*
ganho de peso → *weight gain*
garantia de qualidade → *quality assurance*
garantias de controle → *controls assurance*
garganta → *gullet; throat*
gargarejo gargarejar → *gargle*

gargulismo → *gargoylism*

gás → *gas*

gás hilariante → *laughing gas*

gás nervoso → *nerve gas*

gás venenoso → *poisonous gas*

gases → *wind*

gases tóxicos → *fumes*

gastar-se → *wear*

gastralgia → *gastralgia; stomach ache*

gastrectomia → *gastrectomy*

gastrectomia parcial → *partial gastrectomy*

gastrectomia subtotal → *subtotal gastrectomy*

gástrico → *gastric*

gastrina → *gastrin*

gastrinoma → *gastrinoma*

gastrite → *gastritis*

gastrite atrófica → *atrophic gastritis*

gastrocele → *gastrocele*

gastrocnêmio → *gastrocnemius*

gastrocólico → *gastrocolic*

gastroduedenostomia → *gastroduodenostomy*

gastroduodenal → *gastroduodenal*

gastroduodenoscopia → *gastroduodenoscopy*

gastroenterite → *gastroenteritis*

gastroenterologia → *gastroenterology*

gastroenterologista → *gastroenterologist*

gastroenterostomia → *gastroenterostomy*

gastroepiplóico → *gastroepiploic*

gastrointestinal → *gastrointestinal*

gastrojejunostomia → *gastrojejunostomy*

gastrólito → *gastrolith*

gastrologia → *gastrology*

gastropexia → *gastropexy*

gastroplastia → *gastroplasty*

gastroptose → *gastroptosis*

gastroquise → *gastroschisis*

gastrorréia → *gastrorrhoea*

gastroscopia → *gastroscopy*

gastroscópio → *gastroscope*

gastrostomia → *gastrostomy*

gastrotomia → *gastrotomy*

gástrula → *gastrula*

gavagem → *gavage*

gaze → *gauze*

gaze parafinada → *paraffin gauze*

gel → *gel*

geladura → *frostbite; chilblain*

gelatina → *gelatin*

gelatinoso → *gelatinous*

geléia contraceptiva → *spermicidal jelly*

geléia de Wharton → *wharton's jelly*

geléia espermicida → *spermicidal jelly*

geléia lubrificante → *lubricating jelly*

gelo seco → *carbon dioxide snow; dry ice*

gêmeo → *gemellus; twin*

gêmeos dizigóticos → *dizygotic twins*

gêmeos fraternos → *fraternal twins*

gêmeos idênticos → *identical twins*

gêmeos monozigóticos → *monozygotic twins*

gêmeos siameses → *Siamese twins*

gêmeos unidos → *conjoined twins*

gêmeos uniovulares → *uniovular twins*

gene → *gene*

gene letal → *lethal gene*

gene mutante → *mutant gene*

generalizado → *generalised*

generalizar-se → *generalise*

genérico → *generic*

gênero → *gender; genus*

genética → *genetics*

geneticista → *geneticist*

genético → *genetic*

gengiva → *gingiva; gum*

gengival → *gingival*

gengivectomia → *gingivectomy*

gengivite → *gingivitis; ulitis*

gengivite ulceromembranosa → *ulceromembranous gingivitis*

genicular → *genicular; genual*

genital → *genital*

genitália → *genitalia*

genitália ambígua → *ambigous genitalia*

geniturinário → *genitourinary; urogenital*

genoma → *genome*

genótipo → *genotype*

gentamicina → *gentamicin*

gerente → *manager*

gerente dos serviços de saúde → *health service manager*

geriatra → *geriatrician; geriatrics*

geriátrico → *geriatric*

germe → *germ*

germinal → *germinal*

gerontologia → *gerontology*

gerontologista → *gerontologist*

gesso → *gypsum; plaster; plaster of Paris*

gesso de Batchelor → *Batchelor plaster*

gesso de Paris → *Paris*

gestação → *gestation*

gestante → *expectant mother*

gestar → *gestate*

gestodene → *gestodene*

Giardia lamblia → *lamblia*

giardíase → *giardiasis*

giba → *gibbus*

gibosidade → *gibbosity*

gigantismo → *gigantism*

ginecologia → *gynaecology; gyne*

ginecológico → *gynaecological*

ginecologista → *gynaecologist*

ginecomastia → *gynaecomastia*

gínglimo → *ginglymus; hinge joint*

ginseng → *ginseng*

gipsita → *gypsum*

girar → *rotate*

girar em torno de → *pivot*

giro → *gyrus*

giro pós-central → *postcentral gyrus*

giro pré-central → *precentral gyrus*

glabela → *glabella*

gladíolo → *gladiolus*

glande → *glans*

glande do pênis → *glans penis*

glândula → *gland*

glândula adrenal → *adrenal gland*

glândula apócrina → *apocrine gland*

glândula bulbouretral → *bulbourethral gland*

glândula ceruminosa → *ceruminous gland*

glândula com ducto → *duct gland*

glândula de Naboth → *nabothian gland*

glândula endócrina → *endocrine gland*

glândula exócrina → *exocrine gland*

glândula lacrimal → *lacrimal gland; tear gland*

glândula linfática → *lymph gland*

glândula palpebral → *tarsal gland*

glândula paratiróide → *parathyroid gland*

glândula parótida → *parotid gland*

glândula pineal → *pineal gland*

glândula pituitária → *pituitary gland*

glândula prostática → *prostate gland*

glândula salivar → *salivary gland*

glândula sem ducto → *ductless gland*

glândula sublingual → *sublingual gland*

glândula sudorípara → *sweat gland*

glândula supra-renal → *suprarenal gland*

glândula társica → *tarsal gland*

glândula timo → *thymus gland*

glândula tireóide → *thyroid gland*

glandular → *glandular*

glândulas areolares → *Montgomery's glands*

glândulas de Bartholin → *Bartholin's glands*

glândulas de Brunner → *Brunner's glands*

glândulas de Cowper → *Cowper's glands*

glândulas de Lieberkühn → *Lieberkühn's glands*

glândulas de Meibom → *meibomian gland*

glândulas de Montgomery → *Montgomery's glands*

glândulas de Skene → *Skene's glands*

glândulas intestinais → *intestinal glands*

glândulas mamárias → *mammary gland*

glândulas meibomianas → *meibomian gland*

glândulas sebáceas → *sebaceous gland*

glândulas vestibulares → *vestibular glands*

glândulas vestibulares maiores → *greater vestibular gland*

glândulas vestibulares menores → *lesser vestibular gland*

glânglio esfenopalatino → *sphenopalatine ganglion*

glaucoma → *glaucoma*

glaucoma agudo → *acute glaucoma*

glaucoma crônico → *chronic glaucoma*

glaucoma de ângulo aberto → *open-angle glaucoma*

glaucoma de ângulo fechado → *angle-closure glaucoma*

glenóide → *glenoid*

glenoumeral → *glenohumeral*

glia → *glia*

glibenclamida → *glibenclamide*

glicemia → *glycaemia*

glicerina → *glycerin*

glicerol → *glycerol*

glicina → *glycine*

gliclazida → *gliclazide*

glicocorticóide → *glucocorticoid*

glicogênese → *glycogenesis*

glicogênio → *glycogen*

glicogenólise → *glycogenolysis*
glicólise → *glycolysis*
gliconeogênese → *gluconeogenesis*
glicose → *glucose*
glicosídeo → *glycoside*
glicosídeo cardíaco → *cardiac glycoside*
glicosúria → *glucosuria; glycosuria*
glioblastoma → *glioblastoma*
glioma → *glioma*
gliomioma → *gliomyoma*
glipizida → *glipizide*
globina → *globin*
globo → *globus*
globo histérico → *globus hystericus*
globo ocular → *eye socket; eyeball*
globulina → *globulin*
globulina sérica → *serum globulin*
globulinúria → *globulinuria*
glóbulo → *globule*
glóbulos vermelhos → *red blood cell*
glomangioma → *glomangioma*
glomerular → *glomerular*
glomerulite → *glomerulitis*
glomérulo → *glomerulus*
glomerulonefrite → *glomerulonephritis*
glomérulos → *glomeruli*
glomérulos de Malpighi → *Malpighian glomerulus*
glossal → *glossal*
glossectomia → *glossectomy*
glossite → *glossitis*
glossodinia → *glossodynia*
glossofaríngeo → *glossopharyngeal*
glossoplegia → *glossoplegia*
glossotomia → *glossotomy*
glote → *glottis*
glucagon → *glucagon*
glucagonoma → *glucagonoma*
glutamato monossódico → *monosodium glutamate*
glutamina → *glutamine*
glutaminase → *glutaminase*
glúten → *gluten*
glúteo → *gluteal; gluteus*
gnático → *gnathic*
gnatoplastia → *gnathoplasty*
goiva → *gouge*
goma → *gumma*
gônada → *gonad*
gonadotrofina → *gonadotrophin*
gonadotrofina coriônica → *chorionic gonadotrophin*
gonadotropina coriônica humana → *human chorionic gonadotrophin*
gonagra → *gonagra*
gonfose → *gomphosis*
gônion → *gonion*
goniopunção → *goniopuncture*
gonioscópio → *gonioscope*
goniotomia → *goniotomy*
gonócito → *gonocyte*
gonocócico → *gonococcal*
gonococo → *gonococcus*
gonorréia → *gonorrhoea*
gonorréico → *gonorrhoeal*
gordo → *fat*
gordura → *fat*
gordura castanha → *brown fat*

gordura corporal → *body fat*
gordura insaturada → *unsaturated fat*
gordura poliinsaturada → *polyunsaturated fat*
gordura saturada → *saturated fat*
gorduroso → *fatty*
gorjal → *gorget*
gorondu → *goundou*
gorro → *cap*
gosto → *taste*
gota → *gout; gutta; drop*
gotas nasais → *nasal drops*
gotejamento → *drip*
gotejamento pós-nasal → *postnasal drip*
gotejar → *ooze; run*
gotícula → *droplet*
governação clínica → *clinical governance*
grade de proteção → *side rail*
graduado → *graduated*
gráfico → *chart; graph; grapher*
gráfico centil → *centile chart*
gráfico de crescimento de Gesell → *Gesell's developmental chart*
gráfico de Lund and Browder → *Lund and Browder chart*
gráfico de oscilação da temperatura corporal → *temperature graph*
gráfico percentil → *centile chart*
gráficos de cores de Ishihara → *Ishihara colour charts*
grama → *gram*
grampeador → *stapler*
grampear → *staple*
grampo → *clamp; staple*
grande cirurgia → *major surgery*
grande mal → *grand mal*
grande multiparidade → *grand multiparity*
grandes lábios → *labia majora*
granulação → *granulation*
granular → *granular*
grânulo → *granule*
granulócito → *granulocyte*
granulócito basófilo → *basophilic granulocyte*
granulocitopenia → *granulocytopenia*
granuloma → *granuloma*
granuloma inguinal → *granuloma inguinale*
granulomatose → *granulomatosis*
granulomatose de Wegener → *Wegener's granulomatosis*
granulopoiese → *granulopoiesis*
grânulos de Nissl → *Nissl granule*
grão bactéria Gram-negativa → *grain*
grau histológico → *histological grade*
grave → *major; serious; severe*
gravemente → *acutely; seriously; severely*
grávida → *gravid; pregnant*
grávida multípara → *gravides multiparae*
gravidade → *gravity; severity*
gravidade específica → *specific gravity*
gravidez → *pregnancy*
gravidez a termo → *full term*
gravidez ectópica → *ectopic pregnancy*

gravidez extra-uterina → *extrauterine pregnancy*
gravidez fantasma → *phantom pregnancy*
gravidez indesejável → *unwanted pregnancy*
gravidez múltipla → *multiple pregnancy*
gravidez tubária → *tubal pregnancy*
gravíssimo → *massive*
gray → *gray*
gripe → *flu; influenza*
gripe asiática → *Asian flu*
gripe de Sichuan → *Sichuan flu*
gripe gástrica → *gastric flu*
gritar → *scream*
grito → *scream*
grudar(-se) → *stick*
grudento → *sticky*
grupo → *cluster; group*
grupo cetona → *ketone group*
grupo controle → *control group*
grupo de consultoria médica → *medical audit advisory group*
grupo de cuidados primários → *primary care group*
grupo de discussão → *focus group*
grupo de encontro → *encounter group*
grupo sanguíneo → *blood group*
guanina → *guanine*
guardanapo → *napkin*
gubernáculo → *gubernaculum*
guilhotina → *guillotine*
guincho → *whoop; hoist*
guindaste → *hoist*
gundu → *goundou*
gustação → *gustation*
gustatório → *gustatory*
habilidade → *skill*
hábito → *habitus; habit*
hábito de chupar o polegar → *thumbsucking*
hábitos alimentares → *eating habits*
habituação → *habituation*
habitual → *habitual*
Haemophilus → *Haemophilus*
Haemophilus influenzae → *Haemophilus influenzae*
Haemophilus influenzae tipo B → *Haemophilus influenzae type B*
halitose → *halitosis*
haloperidol → *haloperidol*
halotano → *halothane*
halus → *great toe; halluces; hallux*
halus valgo → *hallux valgus*
hamamélis → *hamamelis*
hamartoma → *hamartoma*
hamato → *hamate*
hanseníase → *leprosy*
haplóide → *haploid*
hapteno → *hapten*
haustro → *haustrum*
haxixe → *hashish*
hebefrenia → *hebephrenia*
hebetude → *hebetude*
héctico → *hectic*
helcoplastia → *helcoplasty*
hélice → *helix*
hélice de Watson-Crick → *Watson-Crick helix*

Helicobacter pylori → *Helicobacter pylori*

hélio → *helium*

helioterapia → *heliotherapy*

helmintíase → *helminthiasis*

helminto → *helminth*

heloma → *heloma*

hemácias → *red blood cell*

hemangioma → *haemangioma*

hemangioma cavernoso → *cavernous haemangioma*

hemartrose → *haemarthrosis*

hematêmese → *haematemesis*

hemático → *haematic*

hematimetria completa → *complete blood count*

hematina → *haematin*

hematínico → *haematinic*

hematocele → *haematocoele*

hematocisto → *haematocyst*

hematocolpos → *haematocolpos*

hematócrito → *haematocrit*

hematogênico → *haematogenous*

hematologia → *haematology*

hematológico → *haematological*

hematologista → *haematologist*

hematoma → *haematoma*

hematoma epidural → *extradural haemorrhage*

hematoma extradural → *extradural haematoma*

hematoma intracerebral → *intracerebral haematoma*

hematoma perianal → *perianal haematoma*

hematoma subdural → *subdural haematoma*

hematométria → *haematometra*

hematomielia → *haematomyelia*

hematopoiese → *haematopoiesis*

hematoporfirina → *haematoporphyrin*

hematospermia → *haematospermia*

hematossalpinge → *haematosalpinx*

hematozoário → *haematozoon*

hematúria → *haematuria*

heme → *haem*

hemeralopia → *hemeralopia*

hemianopia → *hemianopia*

hemianopia homônima → *homonymous hemianopia*

hemiartroplastia → *hemiarthroplasty*

hemiatrofia → *hemiatrophy*

hemibalismo → *hemiballismus*

hemicolectomia → *hemicolectomy*

hemicrânia → *hemicrania; migraine*

hemimelia → *hemimelia*

hemina → *haemin*

hemiparese → *hemiparesis*

hemiplegia → *hemiplegia*

hemiplégico → *hemiplegic*

hemisfério → *hemisphere*

hemisfério cerebral → *cerebral hemisphere*

hemoaglutinação → *haemagglutination*

hemocitoblasto → *haemocytoblast*

hemocitômetro → *haemocytometer*

hemoconcentração → *haemoconcentration*

hemocromatose → *haemochromatosis*

hemodialisador → *kidney machine*

hemodialisar → *haemodialyse*

hemodiálise → *haemodialysis*

hemodiluição → *haemodilution*

hemofilia → *haemophilia*

hemofilia A → *haemophilia A*

hemofilia B → *haemophilia B*

hemofílico → *haemophiliac; haemophilic*

hemoftalmia → *haemophthalmia*

hemoglobina → *haemoglobin*

hemoglobinemia → *haemoglobinaemia*

hemoglobinopatia → *haemoglobinopathy*

hemoglobinúria → *haemoglobinuria*

hemograma → *haemogram*

hemograma completo → *complete blood count*

hemólise → *haemolysis*

hemólise, elevadas enzimas hepáticas (*liver*), baixas (*low*) plaquetas → *haemolysis-elevated liver enzymes–low platelet count syndrome; HELLP syndrome*

hemolisina → *haemolysin*

hemolítico → *haemolytic*

hemopericárdio → *haemopericardium*

hemoperitônio → *haemoperitoneum*

hemopneumotórax → *haemopneumothorax*

hemopoiese → *haemopoiesis*

hemopoiético → *haemopoietic*

hemoptise → *haemoptysis*

hemoptise endêmica → *endemic haemoptysis*

hemorragia → *haemorrhage*

hemorragia anteparto → *antepartum haemorrhage*

hemorragia arterial → *arterial haemorrhage*

hemorragia cerebral → *brain haemorrhage; cerebral haemorrhage*

hemorragia em lasca → *splinter haemorrhage*

hemorragia extradural → *extradural haemorrhage*

hemorragia interna → *internal haemorrhage*

hemorragia meníngea → *meningeal haemorrhage*

hemorragia nasal → *nosebleed*

hemorragia pós-parto → *postpartum haemorrhage*

hemorragia primária → *primary haemorrhage*

hemorragia reacional → *reactionary haemorrhage*

hemorragia secundária → *secondary haemorrhage*

hemorragia subaracnóide → *subarachnoid haemorrhage*

hemorragia uterina essencial → *essential uterine haemorrhage*

hemorragia venosa → *venous haemorrhage*

hemorrágico → *bleeder; haemorrhagic*

hemorroidal → *haemorrhoidal*

hemorroidário → *haemorrhoidal*

hemorróidas → *haemorrhoids; piles*

hemorróidas de primeiro grau → *first-degree haemorrhoids*

hemorróidas de segundo grau → *second-degree haemorrhoids*

hemorróidas de terceiro grau → *third-degree haemorrhoids*

hemorróidas externas → *external haemorrhoids*

hemorróidas internas → *internal haemorrhoids*

hemorroidectomia → *haemorrhoidectomy*

hemosiderose → *haemosiderosis*

hemossalpinge → *haemosalpinx*

hemostase → *haemostasis*

hemostático → *haemostatic*

hemostato → *haemostat*

hemostíptico estíptico → *styptic*

hemotórax → *haemothorax*

hep → *hep*

heparina → *heparin*

hepatalgia → *hepatalgia*

hepatectomia → *hepatectomy*

hepática → *hepatis*

hepático → *hepatic*

hepaticostomia → *hepaticostomy*

hepatite → *hepatitis*

hepatite A → *hepatitis A*

hepatite alcoólica → *alcoholic hepatitis*

hepatite B → *hepatitis B*

hepatite C → *hepatitis C*

hepatite delta → *delta hepatitis; hepatitis delta*

hepatite infecciosa → *infectious hepatitis; infective hepatitis*

hepatite não A, hepatite não B → *non-A, non-B hepatitis*

hepatite sérica → *serum hepatitis*

hepatite viral → *viral hepatitis*

hepatite virótica infecciosa → *infectious virus hepatitis*

hepatoblastoma → *hepatoblastoma*

hepatocele → *hepatocele*

hepatocelular → *hepatocellular*

hepatocirrose → *hepatocirrhosis*

hepatócito → *hepatocyte*

hepatoesplenomegalia → *hepatosplenomegaly*

hepatogênico → *hepatogenous*

hepatoma → *hepatoma*

hepatomegalia → *hepatomegaly*

hepatotóxico → *hepatotoxic*

herança → *inheritance*

herbáceo → *herbal*

herbalista → *herbalist*

herdado → *inherited*

herdar → *inherit*

hereditariedade → *heredity; inheritance*

hereditário → *hereditary*

hermafrodismo → *hermaphroditism*

hermafrodita → *hermaphrodite*

hermafroditismo → *hermaphroditism*

hérnia → *hernia*

hérnia de disco intervertebral → *slipped disc*

hérnia de hiato → *hiatus hernia*

hérnia diafragmática → *diaphragmatic hernia*

hérnia estomacal → *stomach hernia*

hérnia estrangulada → *strangulated hernia*
hérnia femoral → *femoral hernia*
hérnia incisional → *incisional hernia*
hérnia inguinal → *inguinal hernia*
hérnia irredutível → *irreducible hernia*
hérnia redutível → *reducible hernia*
hérnia umbilical → *umbilical hernia*
hérnia vaginal → *vaginal proctocele*
herniação → *herniation*
herniado → *herniated*
herniário → *hernial*
hernioplastia → *hernioplasty*
herniorrafia → *herniorrhaphy*
herniotomia → *herniotomy*
heroína → *heroin*
herpangina → *herpangina*
herpes → *herpes*
herpes do esportista → *scrumpox*
herpes genital → *genital herpes*
herpes simples → *cold sore; herpes simplex*
herpes zoster → *shingles; herpes zoster*
herpes-vírus → *herpesvirus*
herpético → *herpetic*
herpetiforme → *herpetiformis*
heterocromia → *heterochromia*
heteroenxerto → *heterograft*
heteroforia → *heterophoria*
heterogamético → *heterogametic*
heterogêneo → *heterogeneous*
heterogênico → *heterogenous*
heterólogo → *heterologous*
heteroplastia → *heteroplasty*
heteropsia → *heteropsia*
heterossexual → *heterosexual*
heterossexualidade → *heterosexuality*
heterotopia → *heterotopia*
heterotropia → *heterotropia*
heterozigótico → *heterozygous*
hialina → *hyalin*
hialino → *hyaline*
hialite → *hyalitis*
hialuronidase → *hyaluronidase*
hiato → *hiatus*
hiato da aorta → *aortic hiatus*
hiato esofágico → *oesophageal hiatus*
híbrido → *hybrid*
hidático → *hydatid*
hidatidose → *hydatidosis*
hidradenite → *hidradenitis*
hidragogo → *hydragogue*
hidralazina → *hydralazine*
hidrâmnio → *hydramnios*
hidrartrose → *hydrarthrosis*
hidratante → *hydrate*
hidratar → *hydrate*
hidremia → *hydraemia*
hidroa → *hydroa*
hidrocalicose → *hydrocalycosis*
hidrocefalia → *hydrocephalus*
hidrocele → *hydrocele*
hidrocolpo → *hydrocolpos*
hidrocortisona → *hydrocortisone*
hidrofobia → *hydrophobia*
hidrófobo → *rabid*
hidrogênio → *hydrogen*
hidrólise → *hydrolysis*

hidroma → *hydroma*
hidrômetro → *hydrometer*
hidromielia → *hydromyelia*
hidronefrose → *hydronephrosis*
hidropatia → *hydropathy*
hidropericárdio → *hydropericardium*
hidropericardite → *hydropericarditis*
hidroperitôneo → *hydroperitoneum*
hidropneumoperitôneo → *hydropneumoperitoneum*
hidropneumotórax → *hydropneumothorax*
hidropsia → *dropsy; hydrops*
hidrorréia → *hydrorrhoea*
hidrose → *hidrosis*
hidrossalpinge → *hydrosalpinx*
hidroterapia → *hydrotherapy*
hidrótico → *hidrotic*
hidrotórax → *hydrothorax*
hidrotubação → *hydrotubation*
hidroureter → *hydroureter*
hidróxido → *hydroxide*
hidróxido de alumínio → *aluminium hydroxide*
hidroxiprolina → *hydroxyproline*
hierarquia de Maslow → *Maslow's hierarchy of human needs*
hifema → *hyphaema*
higiene → *hygiene*
higiene dental → *dental hygiene*
higiene oral → *oral hygiene*
higiene pessoal → *personal hygiene*
higiênico → *hygienic*
higienista → *hygienist*
higroma → *hygroma*
hilar → *hilar*
hilo → *hilum*
hímen → *hymen*
hímen imperfurado → *imperforate hymen*
himenectomia → *hymenectomy*
himenotomia → *hymenotomy*
hioglosso → *hyoglossus*
hióide → *hyoid*
hioscina → *hyoscine*
hipalgesia → *hypalgesia*
hipemia → *hypaemia*
hiperacidez → *hyperacidity*
hiperacusia → *hyperacousia; hyperacusis*
hiperadrenalismo → *hyperadrenalism*
hiperalgesia → *hyperalgesia*
hiperalimentação → *hyperalimentation*
hiperandrogenismo → *hyperandrogenism*
hiperatividade → *hyperactivity*
hiperativo → *hyperactive*
hiperbárico → *hyperbaric*
hipercalcemia → *hypercalcaemia*
hipercalcinúria → *hypercalcinuria*
hipercalemia → *hyperkalaemia*
hipercapnia → *hypercapnia*
hipercatabolismo → *hypercatabolism*
hiperceratose → *hyperkeratosis*
hipercinesia → *hyperkinesia*
hipercinesia essential → *essential hyperkinesia*
hipercloremia → *hyperchloraemia*
hipercloridria → *hyperchlorhydria*
hipercompensação → *overcompensation*
hipercompensar → *overcompensate*

hiperdactilia → *hyperdactylism*
hiperêmese → *hyperemesis*
hiperêmese da gravidez → *hyperemesis gravidarum*
hiperemia → *hyperaemia*
hiperemia reativa → *reactive hyperaemia*
hiperesplenismo → *hypersplenism*
hiperestesia → *hyperaesthesia*
hiperextensão → *hyperextension*
hiperfagia → *hyperphagia*
hiperflexão → *hyperflexion*
hiperfunção → *hyperfunction*
hipergalactia → *hypergalactia*
hipergalactose → *hypergalactosis*
hiperglicemia → *hyperglycaemia*
hiperidrose → *hyperhidrosis*
hiperinsulinismo → *hyperinsulinism*
hiperlipidemia → *hyperlipidaemia*
hipermenorréia → *hypermenorrhoea*
hipermetrope → *longsighted*
hipermetropia → *hypermetropia; longsightedness*
hipernatremia → *hypernatraemia*
hipernefroma → *hypernephroma*
hiperopia → *hyperopia*
hiperostose → *hyperostosis*
hiperparatireoidismo → *hyperparathyroidism*
hiperpiese → *hyperpiesia; hyperpiesis*
hiperpirexia → *hyperpyrexia*
hiperpituitarismo → *hyperpituitarism*
hiperplasia → *hyperplasia*
hiperpnéia → *hyperpnoea*
hiperpotassemia → *hyperkalaemia*
hipersecreção → *hypersecretion*
hipersensibilidade → *hypersensitivity*
hipersensível → *hypersensitive*
hipertelorismo → *hypertelorism*
hipertensão → *hypertension*
hipertensão arterial → *high blood pressure*
hipertensão associada à gravidez → *pregnancy-associated hypertension*
hipertensão essencial → *essential hypertension*
hipertensão idiopática → *idiopathic hypertension*
hipertensão induzida por gravidez → *pregnancy-induced hypertension*
hipertensão maligna → *malignant hypertension*
hipertensão portal → *portal hypertension*
hipertensão pulmonar → *pulmonary hypertension*
hipertensão renal → *renal hypertension*
hipertensivo → *hypertensive*
hipertermia → *hyperpyrexia; hyperthermia*
hipertireoidismo → *hyperthyroidism*
hipertireoidismo congênito → *congenital hyperthyroidism*
hipertonia → *hypertonia*
hipertônico → *hypertonic*
hipertricose → *hypertrichosis*
hipertrofia → *hypertrophy; overgrowth*
hipertrofia prostática → *prostatic hypertrophy*

hipertrofia prostática benigna → *benign prostatic hypertrophy*

hipertrófico → *hypertrophic*

hipertropia → *hypertropia*

hiperventilação → *hyperventilation*

hipervitaminose → *hypervitaminosis*

hipervolemia → *hypervolaemia*

hipnose → *hypnosis*

hipnoterapia → *hypnotherapy*

hipnoterapista → *hypnotherapist*

hipnótico → *hypnotic*

hipnotismo → *hypnotism*

hipnotista → *hypnotist*

hipnotizador → *hypnotist*

hipnotizar → *hypnotise*

hipo → *hippus; hypo*

hipoacidez → *hypoacidity*

hipoalergênico → *hypoallergenic*

hipocalcemia → *hypocalcaemia*

hipocalemia → *hypokalaemia*

hipocampo → *hippocampus*

hipocapnia → *hypocapnia*

hipocloremia → *hypochloraemia*

hipocloridria → *hypochlorhydria*

hipocondria → *hypochondria*

hipocondríaco → *hypochondriac*

hipocôndrio → *hypochondrium*

hipocrômico → *hypochromic*

hipodérmico → *hypodermic*

hipoestasia → *hypoaesthesia*

hipofaringe → *hypopharynx*

hipofibrinemia → *hypofibrinogenaemia*

hipofibrinogenemia → *hypofibrinogenaemia*

hipofisário → *hypophyseal*

hipófise cerebral → *hypophysis cerebri*

hipofisectomia → *hypophysectomy*

hipogamaglobulinemia → *hypogammaglobulinaemia*

hipogástrio → *hypogastrium*

hipoglicemia → *hypoglycaemia*

hipoglicêmico → *hypoglycaemic*

hipoglosso → *hypoglossal*

hipoidrose → *hypohidrosis*

hipoinsulinismo → *hypoinsulinism*

hipomania → *hypomania*

hipomenorréia → *hypomenorrhoea*

hipometropia → *hypometropia*

hiponatremia → *hyponatraemia*

hipoparatireoidismo → *hypoparathyroidism*

hipopiese → *hypopiesis*

hipópion → *hypopyon*

hipopituitarismo → *hypopituitarism*

hipoplasia → *hypoplasia*

hipopnéia → *hypopnoea*

hipoproteinemia → *hypoproteinaemia*

hipoprotrombinemia → *hypoprothrombinaemia*

hipospadia → *hypospadias*

hipossensibilidade → *hyposensitivity*

hipossensibilizar → *hyposensitise*

hipossensível → *hyposensitive*

hipóstase → *hypostasis*

hipostático → *hypostatic*

hipostenia → *hyposthenia*

hipotalâmico → *hypothalamic*

hipotálamo → *hypothalamus; hypothalmus*

hipotenar → *hypothenar*

hipotensão → *hypotension; low blood pressure*

hipotensão ortostática → *orthostatic hypotension*

hipotensão postural → *postural hypotension*

hipotensivo → *hypotensive*

hipotermia → *hypothermia*

hipotérmico → *hypothermal; hypothermic*

hipótese → *hypothesis*

hipotireoidismo → *hypothyroidism*

hipotonia → *hypotonia*

hipotônico → *hypotonic*

hipotricose → *hypotrichosis*

hipotropia → *hypotropia*

hipoventilação → *hypoventilation*

hipovitaminose → *hypovitaminosis*

hipoxantina fosforribosiltransferase → *hypoxanthine phosphoribosyl transferase*

hipoxantina-guanina fosforribosiltransferase → *hypoxanthine guanine phosphoribosyl transferase*

hipoxemia → *hypoxaemia*

hipoxia → *hypoxia*

Hippel-Lindau → *Hippel-Lindau*

hirsutismo → *hirsutism; pilosism*

hirsuto → *hirsute*

hirudina → *hirudin*

histamina → *histamine*

histamínico → *histaminic*

histeralgia → *hysteralgia*

histerectomia → *hysterectomy*

histerectomia completa → *total hysterectomy*

histerectomia subtotal → *subtotal hysterectomy*

histerectomia total → *total hysterectomy*

histeria → *hysteria*

histericamente → *hysterically*

histérico → *hysterical; hystericus*

histerismo → *hysterics*

histerocele → *hysterocele*

histerooferectomia → *hystero-oöphorectomy*

histeroptose → *hysteroptosis*

histeroscopia → *hysteroscopy*

histeroscópio → *hysteroscope*

histerossalpingografia → *hysterosalpingography*

histerossalpingostomia → *hysterosalpingostomy*

histerotomia → *hysterotomy*

histerotraquelorrafia → *hysterotrachelorrhaphy*

histidina → *histidine*

histiócito → *histiocyte*

histiocitoma → *histiocytoma*

histiocitose → *histiocytosis*

histiocitose X → *histiocytosis X*

histocompatibilidade → *histocompatibility*

histocompatível → *histocompatible*

histogênese → *histogenesis*

histograma → *histogram*

históide → *histoid*

histólise → *histolysis*

histolítica → *histolytica*

histologia → *histology*

histológico → *histological*

histoplasmose → *histoplasmosis*

histoquímica → *histochemistry*

histórico → *history*

histórico médico → *medical history; past history*

histotóxico → *histotoxic*

HIV-negativo → *HIV-negative*

HIV-positivo → *HIV-positive*

holismo → *holism*

holístico → *holistic*

holócrino → *holocrine*

homem ou mulher → *male or female*

homeopata → *homeopathist*

homeopatia → *homeopathy*

homeopático → *homeopathic*

homeostase → *homeostasis*

homoenxerto → *homograft*

homogeneizar → *homogenise*

homolateral → *homolateral*

homólogo → *homologous*

homônimo → *homonymous*

homoplastia → *homoplasty*

homossexual → *gay; homosexual*

homossexualidade → *homosexuality*

homozigótico → *homozygous*

hora em hora (de) → *hourly*

horário de visitas → *visiting times*

hordéolo → *hordeolum; stye*

horizontal → *horizontal*

hormonal → *hormonal*

hormônio → *hormone*

hormônio adrenocortical → *suprarenal cortical hormone*

hormônio adrenocorticotrófico → *adrenocorticotrophic hormone*

hormônio antidiurético → *antidiuretic hormone*

hormônio do crescimento → *growth hormone*

hormônio do crescimento humano → *human growth hormone*

hormônio estimulador das células intersticiais → *interstitial cell stimulating hormone*

hormônio estimulante da tireóide → *thyroid-stimulating hormone*

hormônio estimulante de melanócitos → *melanocyte-stimulating hormone*

hormônio estrogênico → *oestrogenic hormone; estrogenic hormone*

hormônio foliculoestimulante → *follicle-stimulating hormone*

hormônio gonadotrófico → *gonadotrophic hormone*

hormônio hipotalâmico → *hypothalamic hormone*

hormônio lactogênico → *lactogenic hormone*

hormônio liberador → *releasing hormone*

hormônio liberador da tireotropina → *thyrotrophin-releasing hormone*

hormônio luteinizante → *luteinising hormone*

hormônio paratiróide → *parathyroid hormone*

hormônio sexual → *sex hormone*

hormônio sexual feminino → *female sex hormone*

hormônio sexual masculino → *male sex hormone*

hormônio somatotrópico → *somatotrophic hormone*

hormônio testicular → *testicular hormone*

hormônio tireóideo → *thyroid hormone*

hormonoterapia → *hormone therapy*

horrível → *nasty*

hospedar → *lodge*

hospedeiro → *host*

hospital → *hospital*

hospital autônomo → *self-governing hospital*

hospital comunitário → *community hospital*

hospital diurno → *day hospital*

hospital do governo → *hospital trust*

hospital em pavilhões → *cottage hospital*

hospital escola → *teaching hospital*

hospital geral → *general hospital*

hospital geral distrital → *district general hospital*

hospital infantil → *children's hospital*

hospital ortopédico → *orthopaedic hospital*

hospital para pacientes em estado grave → *acute hospital*

hospital particular → *private hospital*

hospital psiquiátrico → *mental hospital; psychiatric hospital; special hospital*

hospital público → *hospital trust*

hospitalização → *hospitalisation*

hospitalizar → *hospitalise*

humano → *human*

humor → *humour*

humor aquoso → *aqueous humor*

humor vítreo → *vitreous humour*

humoral → *humoral*

iatrogênese → *iatrogenesis*

iatrogênico → *iatrogenic*

ibuprofeno → *ibuprofen*

ictamol → *ichthamol*

icterícia → *icterus; jaundice*

icterícia acolúrica → *acholuric jaundice*

icterícia grave do recém-nascido → *icterus gravis neonatorum*

icterícia hemolítica → *haemolytic jaundice*

icterícia hepatocelular → *hepatocellular jaundice*

icterícia nuclear → *kernicterus*

icterícia obstrutiva → *obstructive jaundice*

icterícia pós-hepática → *posthepatic jaundice*

icterícia pré-hepática → *prehepatic jaundice*

ictérico → *icteric*

ictiose → *ichthyosis*

icto → *ictus*

idade → *age*

idade gestacional → *gestational age*

idade mental → *mental age*

ideação → *ideation*

identificação → *identification*

idiocia familiar amaurótica → *amaurotic familial idiocy*

idiopatia → *idiopathy*

idiopático → *idiopathic*

idiossincrasia → *idiosyncrasy*

idiota-prodígio → *idiot savant*

idiota-sábio → *idiot savant*

idioventricular → *idioventricular*

idoso → *elderly*

ileal → *ileal*

ileectomia → *ileectomy*

ileíte → *ileitis*

ileíte regional → *regional ileitis*

íleo → *ileum; ileus*

íleo adinâmico → *adynamic ileus*

íleo paralítico → *paralytic ileus*

ileocecal → *ileocaecal*

ileocecocistoplastia → *ileocaecocystoplasty*

ileococcígeo → *iliococcygeal*

ileocólico → *ileocolic*

ileocolite → *ileocolitis*

ileocolostomia → *ileocolostomy*

ileolombar → *iliolumbar*

ileoprotostomia → *ileoproctostomy*

ileopsoas → *iliopsoas*

ileopúbico → *iliopubic*

ileorretal → *ileorectal*

ileossigmoidostomia → *ileosigmoidostomy*

ileostomia → *ileostomy*

ileso → *safe*

ilhotas de Langerhans → *islets of Langerhans; islands of Langerhans*

ilíaco → *ileac; iliac; iliacus*

ílio → *ilium*

iliopectíneo → *iliopectineal*

iluminado → *light; clear*

ilusão → *illusion*

ilusão óptica → *optical illusion*

ilusório → *imaginary*

imaculado → *clean*

imagem → *image; imaging*

imagem corporal → *body image; body schema*

imagem de ressonância magnética → *magnetic resonance imaging*

imagem dúplice → *duplex imaging*

imagem em tempo real → *real-time imaging*

imagem negativa → *after-image*

imagem por raios X → *X-ray imaging*

imaginação → *imagery; imagination*

imaginação eidética → *eidetic imagery*

imaginar → *imagine*

imaginário → *imaginary*

imaturidade → *immaturity*

imaturidade emocional → *emotional immaturity*

imaturo → *immature*

imediatamente → *statim*

imediato → *proximally*

imipramina → *imipramine*

imiscível → *immiscible*

imobilização → *immobilisation*

imobilização com esparadrapo → *strapping*

imobilizar → *immobilise*

imóvel → *immobile; immovable; motionless*

impactação → *impaction*

impactação dental → *dental impaction*

impactação fecal; comproestase → *faecal impaction*

impactado → *impacted*

impalpável → *impalpable*

imparcial → *objective*

impedimento → *impediment*

impedir → *suppress*

imperfurado → *imperforate*

imperícia → *malpractice*

impermeável → *impermeable; waterproof*

impetigo → *impetigo*

ímpeto → *urge*

implantação → *implantation*

implantação de marcapasso artificial → *pacing*

implante coclear → *cochlear implant*

implante de mama → *breast implant*

implante intra-ocular → *lens implant*

importante → *serious*

importuno → *obtrusive*

impotência → *impotence*

impotente → *impotent*

impregnação → *impregnation*

impregnar → *impregnate*

impressão → *impression*

impressão cardíaca → *cardiac impression*

impressão digital → *fingerprint*

impressões digitais do DNA → *DNA fingerprint; DNA fingerprinting*

impressões digitais genéticas → *genetic fingerprint; genetic fingerprinting*

impulso → *impulse*

impulso nervoso → *nerve impulse*

impureza *impurity*

impuro → *impure*

imune → *immune*

imunidade → *immunity*

imunidade adquirida → *acquired immunity*

imunidade ativa → *active immunity*

imunidade de grupo → *herd immunity*

imunidade de rebanho → *herd immunity*

imunidade natural → *natural immunity*

imunidade passiva → *passive immunity*

imunização → *immunisation*

imunização contra difteria, coqueluche e tétano → *DPT immunisation*

imunizar → *immunise*

imunocompetência → *immunocompetence*

imunocomprometido → *immunocompromised*

imunodeficiência → *immune deficiency; immunodeficiency*

imunodeficiência associada grave → *severe combined immunodeficiency*

imunodeficiente → *immunodeficient*

imunoeletroforese → *immunoelectrophoresis*

imunoensaio → *immunoassay*

imunogenicidade → *immunogenicity*
imunogênico → *immunogenic*
imunoglobulina → *immunoglobulin*
imunoglobulina anti-D → *anti-D immunoglobulin*
imunologia → *immunology*
imunológico → *immunological*
imunologista → *immunologist*
imunossoro → *antiserum*
imunossupressão → *immunosuppression*
imunossupressor → *immunosuppressant; immunosuppressive*
imunoterapia → *immunotherapy*
imunoterapia adotiva → *adoptive immunotherapy*
imunotransfusão → *immunotransfusion*
in articulo mortis → *in articulo mortis*
in extremis → *in extremis*
in utero → *in utero*
in vitro → *in vitro*
in vivo → *in vivo*
inacessível → *inaccessible*
inalação → *inhalation; steam inhalation; sniff*
inalação de cola → *glue-sniffing*
inalação de fumaça → *smoke inhalation*
inalação de solventes → *solvent inhalation*
inalador → *inhaler*
inalante → *inhalant*
inalar → *inhale*
inanição → *inanition; starvation*
inapto → *unfit*
inarticulado → *inarticulate*
inatividade → *inactivity*
inativo → *inactive; indolent*
inato → *inborn; indigenous; innate*
incapacidade → *disability; disablement*
incapacidade de aprendizagem → *learning disability*
incapacidade de compreender a linguagem escrita → *word blindness*
incapacidade mental → *mental handicap*
incapacitado → *disabled; incapacitated*
incapacitar → *disable*
incesto → *incest*
inchaço → *bump; swelling*
inchaço purulento → *gathering*
inchado → *bloated*
inchar → *swell*
incidência → *incidence*
incipiente → *incipient*
incisão → *incision*
incisar → *incise*
incisional → *incisional*
incisivo → *incisor*
incisura → *notch*
incisura cardíaca → *cardiac notch*
incisura occipital → *occipital notch*
incitar → *provoke*
inclinar-se a → *tend*
inclusão → *inclusion*
inclusive → *inclusive*
incoerente → *incoherent*
incólume → *safe*
incomodar → *disturb*
incompatibilidade → *incompatibility*
incompatível → *incompatible*

incompetência → *incompetence*
incompetência aórtica → *aortic incompetence*
incompetência cervical → *cervical incompetence; incompetent cervix*
incompetência mitral → *mitral incompetence*
incompetência pulmonar → *pulmonary incompetence*
inconsciência → *unconsciousness*
inconsciente → *unconscious*
inconstante → *unstable*
incontinência → *incontinence*
incontinência de tensão → *stress incontinence*
incontinência de urgência → *urge incontinence*
incontinência fecal → *faecal incontinence*
incontinência urinária → *overflow incontinence; urinary incontinence*
incontinente → *incontinent*
incontrolável → *uncontrollable*
incoordenação → *incoordination*
incubação → *incubation*
incubadora → *incubator*
independente → *independent*
indicã → *indican*
indicação → *indication*
indicador → *indicator*
indicadores de desempenho → *performance indicators*
índican → *indican*
índice → *rate*
índice cardíaco → *cardiac index*
índice cefálico → *cephalic index*
índice de cor → *colour index*
índice de massa corporal → *body mass index*
índice de mortalidade → *death rate*
índice de natalidade → *birth rate*
índice de pressão → *pressure index*
índice estimativo de mortalidade → *crude death rate*
índice opsônico → *opsonic index*
índice respiratório → *breathing rate*
índice terapêutico → *therapeutic index*
indiferença → *listlessness; apathy*
indigesto → *undigested*
índigo carmim → *indigo carmine*
indisgestão → *indigestion*
indispensável → *essential*
indisposição → *indisposition; upset*
indisposição estomacal → *stomach upset*
indisposição estomacal → *upset stomach*
indisposto → *indisposed; unwell*
individualizar → *individualise*
indivíduo → *subject*
indolente → *indolent*
indolor → *painless*
indometacina → *indomethacin*
indução → *induction*
indução anestésica → *anaesthetic induction*
induração → *induration*
indurado → *induratum*
induzir → *induce*
inebriação → *inebriation*
inepto → *unqualified*

inércia → *inertia*
inerente → *indigenous; inherent*
inerte → *inactive*
inerte; inativo → *inert*
inervação → *innervation*
inervar → *innervate*
infanticídio infanticida → *infanticide*
infantil → *infantile*
infantilismo → *infantilism*
infartação → *infarction*
infarto → *infarct; infarction*
infarto cardíaco → *cardiac infarction*
infarto cerebral → *cerebral infarction*
infarto do miocárdio → *myocardial infarction*
infecção → *infection*
infecção contraída em hospital → *hospital-acquired infection*
infecção cruzada → *cross-infection*
infecção de garganta → *strep throat*
infecção do trato respiratório superior → *upper respiratory infection*
infecção do trato urinário → *urinary tract infection*
infecção hospitalar → *hospital infection*
infecção intercorrente → *intercurrent infection*
infecção intestinal → *intestinal infection*
infecção nosocomial → *nosocomial infection*
infecção por perdigoto → *droplet infection*
infecção por vírus → *viral infection*
infecção puerperal → *puerperal infection*
infecção secundária → *secondary infection*
infecção sexualmente transmissível → *sexually transmitted infection*
infecção transportada pelo ar → *airborne infection*
infecção viral → *viral infection*
infeccionar → *fester*
infecciosidade → *infectivity*
infeccioso → *infectious; infective*
infectante → *infective*
infectar → *infect*
inferior → *inferior*
inferioridade → *inferiority*
infértil → *infertile*
infertilidade → *infertility*
infestação → *infestation*
infestar → *infest*
infiltração → *infiltration*
infiltrar; infiltrado → *infiltrate*
inflamação → *inflammation*
inflamado → *inflamed*
inflamar → *inflame*
inflamatório → *inflammatory*
inflar → *inflate*
influenza → *influenza*
informação → *information*
informações pré-internação → *preadmission information*
informado → *informed*
infracostal → *infracostal*
infravermelho infravermelha → *infrared*
infundíbulo → *infundibulum*
infundir → *infuse*

infusão → *infusion*

ingesta → *ingesta*

ingestão → *ingestion; intake*

ingestão diária recomendada → *suggested daily intake*

ingrediente → *ingredient*

inguinal → *inguinal; inguinale*

ingurgitado → *engorged*

ingurgitamento → *engorgement*

inibição → *inhibition*

inibidor → *inhibitor*

inibidor da bomba de próton → *proton-pump inhibitor*

inibidor da ECA → *ACE inhibitor*

inibidor da MAO → *MAO inhibitor*

inibidor da monoamina oxidase → *monoamine oxidase inhibitor*

inibidor seletivo da recaptação de serotonina → *selective serotonin re-uptake inhibitor*

inibir → *inhibit; stunt*

iniciação → *induction*

inicial → *early*

início → *onset*

início da sexualidade → *sexarche*

ínio → *inion*

injeção → *injection; jab; jag; shot*

injeção de tiomalato de sódio e ouro → *gold injection*

injeção hipodérmica → *hypodermic injection*

injeção intracutânea → *intracutaneous injection*

injeção intramuscular → *intramuscular injection*

injeção intravenosa → *intravenous injection*

injeção paravertebral → *paravertebral injection*

injeção subcutânea → *subcutaneous injection*

injetado → *injected*

injetar → *inject*

injetar com seringa → *syringe*

inocente → *innocent*

inoculação → *inoculation*

inocular; vacinar → *inoculate*

inóculo → *inoculant; inoculum*

inócuo → *harmless*

inodoro → *odourless*

inofensivo → *harmless*

inominado → *innominate*

inoperável → *inoperable*

inorgânico → *inorganic*

inotrópico → *inotropic*

inquérito → *inquest*

insalubre → *insanitary*

insanidade dupla → *folie à deux*

insano → *insane*

inscrito → *enrolled*

inseguro → *unsteady*

inseminação → *insemination*

inseminação artificial → *artificial insemination*

inseminação artificial doadora → *artificial insemination by donor; donor insemination*

inseminação artificial pelo marido → *artificial insemination by husband*

insensível → *insensible*

inserção → *insertion*

inserir → *insert*

inseticida → *insecticide*

inseto → *insect*

insidioso → *insidious*

insinuação → *engagement*

insípido → *insipidus*

insolação → *heatstroke; sunstroke*

insolúvel → *insoluble*

insone → *insomniac*

insônia → *insomnia; sleeplessness*

inspeção pré-anestésica → *pre-anaesthetic round*

inspetor Caldicott → *guardian Caldicott*

inspiração → *inspiration*

inspirar → *inspire*

inspiratório → *inspiratory*

inspissação → *inspissation*

inspissado → *inspissated*

instabilidade de humor → *lability of mood*

instalar-se → *settle*

instável → *unstable*

instilação → *instillation*

instilação venosa gota-a-gota → *intravenous drip*

instilar → *instil*

instintivo → *instinctive*

instinto → *instinct*

instintos maternos → *maternal instincts*

institucionalização → *institutionalisation*

institucionalizar → *institutionalise*

instituição → *institution*

Instituto Nacional de Excelência Clínica → *National Institute for Clinical Excellence*

instruções → *directions; instructions*

instrumental → *instrumental*

instrumento → *instrument*

instrutor → *preceptor*

insuficiência → *insufficiency*

insuficiência cardíaca → *cardiac failure; heart failure*

insuficiência cardíaca congestiva → *congestive heart failure*

insuficiência placentária → *placental insufficiency*

insuficiência pulmonar → *pulmonary insufficiency*

insuficiência renal → *kidney failure*

insuficiência respiratória → *respiratory failure; ventilatory failure*

insuficiência vertebrobasilar → *vertebrobasilar insufficiency*

insuflação → *insufflation*

insuflar → *insufflate*

ínsula → *insula*

insulina → *insulin*

insulinase → *insulinase*

insulinoma → *insulinoma*

insulino-resistente → *insulin-resistant*

insuloma → *insuloma*

insulto → *insult*

insuportável → *excruciating*

intato → *intact*

intelecto → *intellect*

inteligência → *intelligence*

intenção → *intention*

intensamente → *severely*

intensidade → *intensity*

intensificar → *step up*

intenso → *intense*

interação → *interaction*

intercalado → *intercalated*

intercelular → *intercellular*

intercostal → *intercostal*

interdigital → *interdigital*

interdisciplinar → *interdisciplinary*

interfase → *interphase*

interferon → *interferon*

interior → *interior*

interleucina → *interleukin*

interleucina-1 → *interleukin-1*

interleucina-2 → *interleukin-2*

interlobar → *interlobar*

interlobular → *interlobular*

intermédio → *intermedius*

intermenstrual → *intermenstrual*

intermitente → *intermittent*

interna → *interna*

internação voluntária → *voluntary admission*

internamente → *internally*

internar → *commit*

interneurônio → *interneurone*

internista → *internist*

interno → *inner; intern; internal*

internodal → *internodal*

interoceptor → *interoceptor*

interósseo → *interosseous*

interparietal → *interparietal*

interposto → *intercalated*

interpretação → *reading*

interromper → *disturb*

interrompido → *interruptus*

intersexuado → *intersex*

intersexual → *intersex*

intersexualidade → *intersexuality*

intersticial → *interstitial*

interstício → *interstice*

intertrigo → *intertrigo*

intervalo lúcido → *lucid interval*

intervalo P-R → *P-R interval*

intervalo Q-T → *Q-T interval*

intervenção → *intervention*

intervenção cirúrgica → *surgical intervention*

intervenção médica → *medical intervention*

interventricular → *interventricular*

intervertebral → *intervertebral*

intestinal → *intestinal*

intestino → *gut; intestine*

intestino anterior → *foregut*

intestino delgado → *small intestine*

intestino grosso → *large intestine*

intestino médio → *midgut*

intestino posterior → *hindgut*

intestinos → *bowel; bowels*

íntima → *intima*

intolerância → *intolerance*

intolerância à glicose → *sugar intolerance*

intolerância à lactose → *lactose intolerance*

intolerância alimentar → *food intolerance*

intossuscepção → *intussusception*

intoxicação → *intoxication*

intoxicação alimentar → *food poisoning*

intoxicação alimentar por estafilococos → *staphylococcal poisoning*

intoxicação por chumbo → *lead poisoning; saturnism*

intoxicação por fungo → *fungus poisoning*

intoxicação por Salmonella → *Salmonella poisoning*

intoxicante → *intoxicant*

intoxicar → *intoxicate*

intra vitam → *intra vitam*

intra-abdominal → *intra-abdominal*

intra-articular → *intra-articular*

intracelular → *intracellular*

intracraniano → *intracranial*

intracutâneo → *intracutaneous*

intradérmico → *intradermal; intradermic*

intradural → *intradural*

intramedular → *intramedullary*

intramural → *intramural*

intramuscular → *intramuscular*

intranasal → *intranasal*

intra-ocular → *intraocular*

intra-orbital → *intraorbital*

intra-orbitário → *intraorbital*

intra-ósseo → *intraosseous*

intraparietal → *intramural*

intratável → *intractable*

intratecal → *intrathecal*

intratraqueal → *intratracheal*

intra-uterino → *intrauterine*

intravascular → *intravascular*

intravenoso → *intravenous*

intraventricular → *intraventricular*

intrínseco → *intrinsic*

introdução → *induction; introduction*

introduzir → *introduce*

intróito → *introitus*

introjeção → *introjection*

intrometido → *obtrusive*

introspecção → *introspection*

introversão → *introversion*

introvertido → *introvert; introverted*

intubação → *intubation*

intubar → *intubate*

intumescência → *intumescence*

intumescer → *swell*

intumescido → *bloated*

inunção → *inunction*

inundação → *flooding*

invadir → *invade*

invaginação → *invagination*

invalidez → *invalidity*

inválido → *invalid; infirm*

invasão → *invasion*

invasivo → *invasive*

inventário de depressão de Beck → *Beck inventory of depression*

inversão → *inversion; reversal*

inversão visceral → *situs inversus viscerum*

invertase → *invertase*

investigação → *investigation*

inviável → *unviable*

involução → *involution*

involucional → *involutional*

invólucro → *involucrum*

involuntário → *involuntary*

iodo → *iodine*

iodo protéico → *protein-bound iodine*

ioga → *yoga*

íon → *ion*

ionizador → *ioniser*

ionizar → *ionise*

ionoforese → *iontophoresis*

ionoterapia → *ionotherapy*

ipecacuanha → *ipecacuanha*

ipratrópio → *ipratropium*

ipsilateral → *ipsilateral*

ir embora → *clear up*

iridectomia → *iridectomy*

iridenclise → *iridencleisis*

iridociclite → *iridocyclitis*

iridodiálise → *iridodialysis*

iridoplegia → *iridoplegia*

iridoptose → *iridoptosis*

iridotomia → *iridotomy*

íris → *iris*

irite → *iritis*

irmã; enfermeira → *sister*

irradiação → *irradiation*

irradiação corporal total → *total body irradiation*

irradiar → *radiate*

irreal → *imaginary*

irregular → *irregular; rough*

irrigação → *irrigation*

irrigação colônica → *colonic irrigation*

irritabilidade → *irritability*

irritação → *chafing; irritation*

irritante → *irritant*

irritar → *chafe; irritate*

irritável → *irritable*

isoanticorpo → *isoantibody*

isoenxerto → *isograft*

isoimunização → *isoimmunisation*

isolador → *isolator*

isolamento → *body substance isolation; isolation*

isolamento protetor → *protective isolation*

isolamento reverso → *reverse isolation*

isolar → *isolate; quarantine*

isoleucina → *isoleucine*

isométrico → *isometric*

isométricos → *isometrics*

isoniazida → *isoniazid*

isoprenalina → *isoprenaline*

isoproterenol → *isoproterenol*

isotonicidade → *isotonicity*

isotônico → *isotonic*

isótopo → *isotope*

isótopo radioativo → *radioactive isotope*

isotretinoína → *isotretinoin*

isquemia → *ischaemia*

isquemia cerebral → *cerebral ischaemia*

isquêmico → *ischaemic*

isquiático → *ischial*

ísquio → *ischium*

isquiorretal → *ischiorectal*

ísquios → *ischia*

istmo → *isthmus*

já estava morto → *dead on arrival*

jactação → *jactitation*

janela → *fenestra; window*

janela da cóclea → *fenestra cochleae*

janela do vestíbulo → *fenestra vestibuli*

janela oval → *fenestra ovalis; oval window*

janela redonda → *fenestra rotunda; round window*

jargão → *jargon*

jazer → *lie*

jejuar → *fast*

jejum → *fast*

jejunal → *jejunal*

jejunectomia → *jejunectomy*

jejuno → *jejunum*

jejunoileostomia → *jejunoileostomy*

jejunostomia → *jejunostomy*

jejunotomia → *jejunotomy*

jet lag → *jet lag*

jet lag (com) → *jet-lagged*

joanete → *bunion*

joelheira → *compression stocking*

joelho → *genu; knee*

joelho da dona-de-casa → *housemaid's knee*

joelho de saltador → *jumper's knee*

joelho travado → *locked knee*

joelho valgo (com) → *knock-kneed*

joelho valgo → *genu valgum; knock-knee*

joelho varo → *genu varum*

joule → *joule*

jugular → *jugular*

jugular anterior → *anterior jugular*

junção → *junction*

junção mioneural → *myoneural junction*

junção neuroglandular → *neuroglandular junction*

junção neuromuscular → *neuromuscular junction*

junk food → *junk food*

Juramento de Hipócrates → *Hippocratic oath*

justaposição → *juxtaposition*

justarticular → *juxta-articular*

juvenil → *juvenile*

kwashiorkor → *kwashiorkor*

lá embaixo → *down below; down there; downstairs*

labiação → *lipping*

labial → *labial*

lábil → *labile*

labilidade de humor → *lability of mood*

lábio → *labium; lip*

lábio leporino → *harelip*

labioplastia → *labioplasty*

lábios → *labia*

lábios menores → *labia minora*

labirintectomia → *labyrinthectomy*

labirintite → *labyrinthitis*

labirinto → *labyrinth*

labirinto membranoso → *membranous labyrinth*

labirinto ósseo → *bony labyrinth; osseous labyrinth*

laboratório → *lab; laboratory*

labro → *labrum*

laceração → *laceration; tear*

laceração de Mallory-Weiss → *Mallory-Weiss tear*

lacerado → *lacerated*

lacerar → *tear*

lacrimal → *lachrymal; lacrimal; lacrymal*

lacrimejamento → *lacrimation; watering eye*

lacrimejante → *lacrimator*

lacrimejantes → *running*

lacrimejar (olhos) → *water; aqua*

lactação → *lactation*

lactante → *nursing mother*

lactase → *lactase*

lactente → *infant*

lácteo → *milky*

lácteo vaso lácteo → *lacteal*

láctico → *lactic*

lactífero → *lactiferous*

lactose → *lactose; milk sugar*

lactovegetariano → *lactovegetarian*

lactsúria → *lactosuria*

lactulose → *lactulose*

lacuna → *lacuna*

lacunar → *lacunar*

lado → *side*

lágrima → *tear*

lambda → *lambda*

lambdóide → *lambdoid*

lamblíase → *lambliasis*

lamela → *lamella*

lâmina (de microscópio) → *slide; lamina*

lâmina → *flake*

lâmina própria → *lamina propria*

laminectomia → *laminectomy*

lamotrigina → *lamotrigine*

lâmpada de fenda → *slit lamp*

lâmpada de Wood → *Wood's lamp*

lâmpada ultravioleta → *ultraviolet lamp*

lanceta → *lancet*

lancetar → *lance*

lancinante → *lancinating*

lancinar → *lancinate*

lanolina → *lanolin*

lanugo → *lanugo*

laparoscopia → *laparoscopic surgery; laparoscopy; keyhole surgery*

laparoscopia a laser → *laser laparoscopy*

laparoscópico → *laparoscopic; laparoscope*

laparotomia → *laparotomy*

lápis hemostático → *styptic pencil*

lápis hemostíptico → *styptic pencil*

laqueadura → *tubal ligation*

laringe → *larynx; voice box*

laringectomia → *laryngectomy*

laríngeo → *laryngeal*

laringes → *larynges*

laringismo → *laryngismus*

laringismo estrídulo → *stridulus*

laringismo estriduloso → *laryngismus stridulus*

laringite → *laryngitis*

laringoespasmo → *laryngospasm*

laringoestenose → *laryngostenosis*

laringofaringe → *laryngopharynx*

laringofaríngeo → *laryngopharyngeal*

laringofissura → *laryngofissure*

laringologia → *laryngology*

laringologista → *laryngologist*

laringomalacia → *laryngomalacia*

laringoscopia → *laryngoscopy*

laringoscópio → *laryngoscope*

laringostomia → *laryngostomy*

laringotomia → *laryngotomy*

laringotraqueal → *laryngotracheal*

laringotraqueobronquite → *laryngotracheobronchitis*

larva → *larva*

larva migrante visceral → *visceral larva migrans*

lasca → *splinter*

laser → *laser*

laser de argônio → *argon laser*

laser de corante com meio ativo alterado → *tunable dye laser*

lassidão → *lassitude*

lata → *lata*

latejante → *throbbing*

latejar (parte dolorida do corpo) → *throb*

latente → *latent*

lateral → *lateral*

lateralmente → *laterally*

lateroversão → *lateroversion*

láudano → *laudanum*

lavagem → *lavage*

lavagem estomacal → *stomach washout*

lavagem gástrica → *gastric lavage*

lavar → *bathe; irrigate*

laxante → *laxative*

laxativo → *laxative*

L-dopa → levodopa.

lecitina → *lecithin*

Lei 47 → *Section 47*

lei da intervenção de cuidados → *inverse care law*

Lei de 1970 para Pessoas Fisicamente Incapacitadas e com Doenças Crônicas → *Chronic Sick and Disabled Persons Act 1970*

Lei de 1971 sobre o Uso Impróprio de Drogas → *Misuse of Drugs Act 1971*

Lei de 1999 de Proteção às Crianças → *Protection of Children Act 1999*

lei de Hellin → *Hellin's law*

lei de Starling → *Starling's Law*

Lei sobre Farmácia → *Pharmacy Act*

Lei sobre Produtos Tóxicos → *Poisons Act*

leiomioma → *leiomyoma*

leiomiossarcoma → *leiomyosarcoma*

leis de Mendel → *Mendel's laws*

Leis de Saúde Mental → *Mental Health Acts*

leishmaniose → *leishmaniasis*

leishmaniose cutânea → *cutaneous leishmaniasis*

leishmaniose mucocutânea → *mucocutaneous leishmaniasis*

leite → *milk*

leite de peito → *breast milk*

leito de doente → *sickbed*

leito de emergência para pacientes em estado grave → *acute bed*

leito de Pearson → *Pearson bed*

leito para parturiente → *delivery bed*

leito ungueal → *nail bed*

leitor → *scanner*

leitura → *reading*

lembrança → *recall*

lembrança total → *total recall*

lembrar-se → *recall; remember*

lençol → *sheet*

lençol impermeável → *rubber sheet*

lêndea → *nit*

lente → *lens*

lente de contato escleral → *scleral lens*

lente intra-ocular → *intraocular lens*

lentes de contato → *contact lens*

lentes multifocais → *multifocal lens; varifocals*

lentes trifocais → *trifocal lenses*

lentes UV → *UV-absorbing lens*

lenticular → *lenticular*

lentigem → *lentigo*

leontíase → *leontiasis*

lepidose → *lepidosis*

lepra → *leprosy*

leproma → *leproma*

leptina → *leptin*

leptócito → *leptocyte*

leptomeninges → *leptomeninges*

leptomeningite → *leptomeningitis*

leptospirose → *leptospirosis*

leque de habilidades → *skill mix*

léria → *leresis*

lesão → *injury; lesion; sore*

lesão acidental → *accidental injury; casualty*

lesão cerebral (com) → *brain-damaged*

lesão cerebral → *brain damage*

lesão de parto → *birth injury*

lesão em chicotada → *whiplash injury*

lesão interna → *internal injury*

lesão não-acidental → *non-accidental injury*

lesão óssea → *bone damage*

lesão por esforços repetitivos → *repetitive strain injury; work-related upper limb disorder*

lesão por esporte → *sports injury*

lesão por estresse cumulativo → *repetitive stress injury*

lesão por onda de choque de explosão → *blast injury*

lesão por picada de agulha → *needlestick injury*

lesão vascular → *vascular lesion*

lesar → *injure*

lesbianismo → *lesbianism*

lésbica → *lesbian*

letal → *lethal*

letargia → *lethargy*

letárgico → *lethargic*

leucemia → *leukaemia*

leucemia aguda linfocítica → *acute lymphocytic leukaemia*

leucemia aguda não linfocítica → *acute nonlymphocytic leukaemia*

leucemia de células pilosas → *hairy cell leukaemia*

leucemia linfoblástica → *lymphoblastic leukaemia*

leucemia mielóide → *myeloid leukaemia*

leucina → *leucine*

leucócito → *leucocyte; white blood cell*

leucócito basófilo → *basophilic leucocyte*

leucócito granular → *granular leucocyte*

leucócito não-granular → *non-granular leucocyte*

leucocitólise → *leucocytolysis*

leucocitose → *leucocytosis*

leucodepletar → *leucodeplete*

leucoderma → *leucoderma*

leucolisina → *leucolysin*

leucoma → *leucoma*

leucoma da córnea → *wall eye*

leuconíquia → *leuconychia*

leucopenia → *leucopenia*

leucoplaquia → *leucoplakia*

leucopoiese → *leucopoiesis*

leucorréia → *leucorrhoea; whites*

leucotomia pré-frontal → *prefrontal leucotomy*

levantamento → *lift*

levantamento pelos ombros → *shoulder lift*

levantar → *elevate; get up; put up; rise*

levantar-se → *stand; stand up*

levar ao ombro (primeiros-socorros) → *fireman's lift*

leve → *bland; clear; light; slight*

levedura → *yeast*

levocardia → *laevocardia*

levodopa → *L-dopa; levodopa*

levonorgestrel → *levonorgestrel*

liberação → *release*

liberar → *discharge; release*

libertação do túnel cárpico → *carpal tunnel release*

libertar-se → *rid*

libido → *libido*

libra → *pound*

licença → *licensure; licence*

licenciado → *licentiate*

licenciado pelo Real Colégio de Médicos → *licentiate of the Royal College of Physicians*

lidocaína → *lidocaine*

lienal → *lienal*

liênculos → *lienculus*

lienorrenal → *lienorenal*

lienteria → *lientery*

ligação → *ligation; linkage*

ligação sexual → *sex-linkage*

ligado → *fixated*

ligado ao sexo → *sex-linked*

ligado ao X → *X-linked*

ligadura → *ligature*

ligadura tubária → *tubal ligation*

ligamento → *ligament*

ligamento arqueado medial → *medial arcuate ligament*

ligamento cruciforme → *cruciate ligament*

ligamento de Poupart → *Poupart's ligament*

ligamento extrínseco → *extrinsic ligament*

ligamento falciforme → *falciform ligament*

ligamento hepatocólico → *hepatocolic ligament*

ligamento inguinal → *inguinal ligament*

ligamento intrínseco → *intrinsic ligament*

ligamento largo do útero → *broad ligament*

ligamento peridentário → *periodontal ligament*

ligamento redondo → *round ligament*

ligamento sacrotuberoso → *sacrotuberous ligament*

ligamento suspensor → *suspensory ligament*

ligamento uterossacro → *sacro-uterine ligament*

ligamento vocal → *vocal ligament*

ligamentos arqueados → *arcuate ligaments*

ligamentos cardinais → *cardinal ligaments*

ligamentos coronários → *coronary ligament*

ligamentos de Mackenrodt → *Mackenrodt's ligaments*

ligar → *ligate; link*

ligar(-se) → *tie*

ligocaína → *lignocaine*

limbo → *limbus*

limbos → *limbi*

limiar → *threshold*

limiar da dor → *pain threshold*

liminal → *liminal*

limitar → *restrict*

limite superior → *peak*

limites audíveis → *audible limits*

limítrofe → *borderline*

limpar → *purge*

limpar as mãos → *scrub up*

limpeza → *cleanliness*

limpo → *clean*

linctura → *linctus*

linctura antitussiva → *cough linctus*

linear → *linear*

linfa → *lymph; lymph fluid*

linfa plásica → *plastic lymph*

linfadenectomia → *lymphadenectomy*

linfadenite → *lymphadenitis*

linfadenoma → *lymphadenoma*

linfadenopatia → *lymphadenopathy*

linfangiectasia → *lymphangiectasis*

linfangiografia → *lymphangiography*

linfangioma → *lymphangioma*

linfangioplastia → *lymphangioplasty*

linfangiossarcoma → *lymphangiosarcoma*

linfangite → *lymphangitis*

linfático → *lymphatic*

linfedema → *lymphoedema; lymphedema*

linfoblástico → *lymphoblastic*

linfoblasto → *lymphoblast*

linfocele → *lymphocele*

linfocina → *lymphokine*

linfócito → *lymphocyte*

linfócito T → *T-cell; T-lymphocyte*

linfocitopenia → *lymphocytopenia*

linfócitos T supressores → *suppressor T-cell*

linfocitose → *lymphocytosis*

linfografia → *lymphography*

linfogranuloma inguinal → *lymphogranuloma inguinale*

linfogranuloma venéreo → *lymphogranuloma venereum*

linfóide → *lymphoid*

linfoma → *lymphoma*

linfoma de Burkitt → *Burkitt's lymphoma*

linfoma não-Hodgkins → *non-Hodgkins lymphoma*

linfonodo → *lymphatic node*

linfopenia → *lymphopenia*

linfopoiese → *lymphopoiesis*

linforragia → *lymphorrhagia*

linforréia → *lymphorrhoea*

linfossarcoma → *lymphosarcoma*

linfotrópico → *lymphotropic*

linfúria → *lymphuria*

língua → *glossa; tongue*

língua saburrosa → *coated tongue; furred tongue*

linguagem corporal → *body language*

linguagem dos sinais → *sign language*

lingual → *lingual*

língula → *lingula*

lingular → *lingular*

linha → *line; linea*

linha alva → *linea alba*

linha branca → *linea alba*

linha central → *central line*

linha de chumbo → *lead line*

linha de Hickman → *Hickman line*

linha epifisária → *epiphyseal line*

linha mediana *midline*

linha miloiódea → *mylohyoid line*

linha negra → *linea nigra*

linhas de clivagem → *cleavage lines*

linhas de Langer → *Langer's lines*

linimento → *liniment; rub*

liofilizar → *lyophilisation; lyophilise*

liotironina → *liothyronine*

lipase → *lipase*

lipemia → *lipaemia*

lipídeo → *lipid*

lipidose → *lipidosis*

lipoaspiração → *liposuction*

lipocondrodistrofia → *lipochondrodystrophy*

lipodistrofia → *lipodystrophy*

lipogênese → *lipogenesis*

lipóide → *lipoid*

lipoidose → *lipoidosis*

lipólise → *lipolysis*

lipoma → *lipoma*

lipomatose → *lipomatosis*

lipoproteína → *lipoprotein*

lipoproteína de alta densidade → *high-density lipoprotein*

lipoproteína de baixa densidade → *low-density lipoprotein*

lipossarcoma → *liposarcoma*

lipotrófico → *lipotrophic*

lipúria → *lipuria*

líquen → *lichen*

líquen plano → *lichen planus*

liquenificação → *lichenification*

liquenóide → *lichenoid*

líquido → *liquor; fluid*

líquido amniótico → *amniotic fluid*
líquido cérebro-espinhal → *cerebrospinal fluid*
líquido corporal → *body fluid*
líquido extracelular → *extracellular fluid*
líquido pleural → *pleural fluid*
líquido seminal → *seminal fluid*
líquido sinovial → *synovial fluid*
lise → *lysis*
lisina → *lysin; lysine*
liso → *smooth*
lisol → *lysol*
lisossoma → *lysosome*
lisozima → *lysozyme*
lista crítica → *critical list*
lista de doentes → *sicklist*
lista de espera → *waiting list*
lista dietética → *diet sheet*
listeriose → *listeriosis*
litagogo → *lithagogue*
litemia → *lithaemia*
litíase → *lithiasis*
lítio → *lithium*
litmo → *litmus*
litmo azul → *blue litmus*
litolapaxia → *litholapaxy*
litonefrotomia → *lithonephrotomy*
litotomia → *lithotomy*
litotripsia → *lithotripsy*
litótrito → *lithotrite*
litro → *liter; litre*
litroticia → *lithotrity*
liturese → *lithuresis*
litúria → *lithuria*
livedo → *livedo*
lívido → *livid*
livrar-se → *rid; sleep off*
livre de cuidados → *comfortable*
livro didático → *textbook*
lobar → *lobar*
lobectomia → *lobectomy*
lobo → *lobe*
lobo caudado → *caudate lobe*
lobo frontal → *frontal lobe*
lobo occipital → *occipital lobe*
lobo parietal → *parietal lobe*
lobo posterior → *posterior lobe*
lobo pré-frontal → *prefrontal lobe*
lobo quadrado → *quadrate lobe*
lobo temporal → *temporal lobe*
lobotomia → *lobotomy*
lobotomia frontal → *frontal lobotomy*
lobular → *lobular*
lóbulo → *lobule*
local → *local; site; situs*
local de sangramento → *bleeding point*
local do implante → *implant site*
localizado → *localised*
localizar → *localise; site; situs*
localmente (de) → *topically*
loção → *lotion*
loção de calamina → *calamine lotion*
loção de hamamélis → *witch hazel*
locomoção → *locomotion*
locomotor → *locomotor*
loco-tenente → *locum tenens; locum*
loculado → *loculated*
lóculo → *locule; loculus*

lócus → *locus*
lofepramina → *lofepramine*
log roll → *log roll*
logrolling → *logrolling*
loíase → *loa loa; loiasis*
lombar → *lumbar*
lombo → *loin*
lombossacro → *lumbosacral*
Lomotil → *Lomotil*
longa duração (de) → *long-acting*
longitudinal → *longitudinal*
loperamida → *loperamide*
loquial → *lochial*
loquiometria → *lochiometra*
lóquios → *lochia*
loratidina → *loratidine*
lorazepam → *lorazepam*
lordose → *lordosis*
lordótico → *lordotic*
louro → *light; clear*
Lua Crescente → *Red Crescent*
lubb-dupp → *lubb-dupp*
lubrificante → *lubricant*
lubrificar → *lubricate*
lúcido → *lucid*
lues → *lues*
lugar → *site; situs*
lumbago → *lumbago*
lúmen → *lumen*
lumpectomia → *lumpectomy*
lúnula → *lunula*
lúpus → *lupus*
lúpus eritematoso → *lupus erythematosus*
lúpus eritematoso disseminado → *disseminated lupus erythematosus*
lupus eritematoso sistêmico → *systemic lupus erythematosus*
lúpus vulgar → *lupus vulgaris*
luteína → *lutein*
luvas cirúrgicas → *surgical gloves*
luxação → *dislocation; luxation*
luxação congênita do quadril → *congenital dislocation of the hip*
luxação patológica → *pathological dislocation*
luz → *clear; light; lumen*
luz solar → *sunlight*
luzir → *glare*
má apresentação → *malpresentation*
má oclusão → *malocclusion*
má posição → *malposition*
má prática → *malpractice*
má união → *malunion*
má-absorção → *malabsorption*
maca → *stretcher; trolley*
maca de Furley → *Furley stretcher*
maca de lona → *pole and canvas stretcher*
maca de Neil Robertson → *Neil Robertson stretcher*
maca de tração → *scoop stretcher*
maceração → *maceration*
maceração neonatal → *neonatal maceration*
macerar → *macerate*
machucado → *bruised; hurt*
machucar → *hurt*
maciço → *massive*
macio → *soft*

maconha → *cannabis*
macrobiótico → *macrobiotic*
macrocefalia → *macrocephaly*
macrocitemia → *macrocythaemia*
macrocítico → *macrocytic*
macrócito → *macrocyte*
macrocitose → *macrocytosis*
macrodactilia → *macrodactyly*
macrófago → *macrophage*
macrogenitosemia → *macrogenitosoma*
macroglobulina → *macroglobulin*
macroglossia → *macroglossia*
macrognatia → *macrognathia*
macromastia → *macromastia*
macromelia → *macromelia*
macronutriente → *macronutrient*
macropsia → *macropsia*
macroquilia → *macrocheilia*
macroscópico → *macroscopic*
macrossomia → *macrosomia*
macrostomia → *macrostomia*
mácula → *macule; macula; spot*
mácula da retina → *macula lutea*
mácula lútea → *macula lutea*
macular → *macular*
maculopapular → *maculopapular*
maduro → *mature*
maduromicetoma → *maduromycetoma*
maduromicose → *maduromycosis*
mãe → *mother*
mãe biológica → *birth mother*
mãe natural → *birth mother; natural mother; natural parent*
má-formação → *malformation*
magna → *magna*
magnésio → *magnesium*
magnético → *magnetic*
magno → *magnum*
mágoa → *hurt*
magoar → *hurt*
magricela → *skinny*
magro → *thin*
maior → *major*
mais baixo → *lower*
mais próximo → *proximally*
mal → *mal*
mal de saúde → *ill health*
mal dos mergulhadores → *bends*
malacia → *malacia*
mal-alinhado → *malaligned*
mal-alinhamento → *malalignment*
malar → *malar*
malária → *malaria*
malárico → *malarial*
malaxação → *petrissage*
malcheiroso → *malodorous*
maleato de clorfeniramina → *chlorpheniramine maleate*
maleato de ergometrina → *ergometrine maleate*
maleolar → *malleolar*
maléolo → *malleolus*
maléolo lateral → *lateral malleolus*
maléolo medial → *medial malleolus*
mal-estar → *malaise*
malformação arteriovenosa → *arteriovenous malformation*

malformação congênita → *congenital malformation*

malformação de Arnold-Chiari → *Arnold-Chiari malformation*

malformado → *malformed*

malignidade → *malignancy*

maligno → *malignant*

maltase → *maltase*

maltose → *maltose*

mama → *mamma*

mamário → *mammary*

mamilar → *mamillary; mammillary*

mamilo → *mamilla; mammilla; nipple; teat*

mamografia → *mammography*

mamograma → *mammogram*

mamoplastia → *mammoplasty*

mamotermografia → *mammothermography*

mancha amarela → *yellow spot*

mancha cega → *blind spot*

mancha de vinho do Porto → *port wine stain*

mancha hepática → *liver spot*

mancha precursora → *herald patch*

manchar(-se) → *discolour*

manchas café com leite → *café au lait spots*

manchas de Bitot → *Bitot's spots*

manchas de Koplik → *Koplik's spots*

manchas de Roth → *Roth spot*

manchas por calor → *heat spots*

manco → *lame*

mandíbula → *jaw; mandible*

mandibular → *mandibular*

maneira → *manner*

manequim → *manikin; phantom*

manganês → *manganese*

mangueira → *hose; tube*

mangueira elástica → *elastic hose*

manguito → *cuff*

manhã → *morning*

mania → *mania*

mania de Bell → *Bell's mania*

maníaco → *maniac; manic*

maníaco-depressivo → *manic-depressive*

manifestação → *manifestation*

manipulação → *manipulation*

manipulação genética → *genetic manipulation*

manipular → *manipulate*

manitol → *mannitol*

manobra de Credé → *Credé's method*

manobra de Heimlich → *Heimlich manoeuvre*

manobra de Kocher → *Kocher manoeuvre*

manobra de Ortolani → *Ortolani manoeuvre*

manobra de Valsalva → *Valsalva's manoeuvre*

manometria → *manometry*

manômetro → *manometer*

manqueira → *lameness*

manter → *sustain*

manual → *manual*

manúbrio → *manubrium*

manúbrio esternal → *manubrium sterni*

mão → *hand*

mão em garra → *claw hand*

mapeamento cromossômico → *chromosome mapping*

maqueiro → *porter; stretcher bearer*

marasmo → *marasmus*

marca → *mark*

marca de morango → *strawberry mark*

marca de nascença → *birthmark*

marcado → *marked*

marcador → *marker*

marcador ultra-sônico → *ultrasound marker*

marcapasso → *pacemaker*

marcapasso cardíaco → *cardiac pacemaker*

marcapasso ectópico → *ectopic pacemaker*

marcapasso endocardíaco → *endocardial pacemaker*

marcapasso epicárdico → *epicardial pacemaker*

marcar (com cicatriz) → *scar*

marcar → *mark*

marcha → *gait*

marcha atáxica → *ataxic gait*

marcha cambaleante → *cerebellar gait*

marcha cerebelar → *cerebellar gait*

marcha dos pés arrastados → *shuffling walk; shuffling gait*

marcha espástica → *spastic gait*

mareado → *seasick*

marijuana → *marijuana*

marsupialização → *marsupialisation*

martelo → *hammer; malleus*

máscara → *mask*

máscara de oxigênio → *oxygen mask*

máscara para inalação → *face mask*

máscara Venturi → *Venturi mask*

mascarado → *masked*

masculinização → *masculinisation*

masoquismo → *masochism*

masoquista → *masochist; masochistic*

massa → *mass*

massagear → *massage*

massagem → *massage*

massagem cardíaca → *heart massage*

massagem cardíaca externa → *external cardiac massage*

massagem cardíaca interna → *internal cardiac massage*

massagem da próstata → *prostatic massage*

masseter → *masseter*

mastalgia → *mastalgia*

mastatrofia → *mastatrophy*

mastectomia → *mastectomy*

mastectomia parcial → *partial mastectomy*

mastectomia radical → *radical mastectomy; radical mastoidectomy*

mastigação → *mastication*

mastigar → *masticate*

mastite → *mastitis*

mastócito → *mast cell*

mastóide → *mastoid*

mastoidectomia → *mastoidectomy*

mastoidectomia cortical → *cortical mastoidectomy*

mastoídeo → *mastoid*

mastoidite → *mastoiditis*

mastoidotomia → *mastoidotomy*

masturbação → *masturbation*

masturbar → *masturbate*

matar → *kill*

máter → *mater*

matéria → *matter; subject*

matéria médica → *materia medica*

matéria particulada → *particulate matter*

material → *material*

material implantado → *implant material*

maternal → *maternal*

maternidade → *maternity; maternity hospital; maternity unit; maternity ward*

materno → *maternal*

matricária → *feverfew*

matriz → *matrix*

matriz prioritária → *priority matrix*

matriz ungueal → *nail bed; nail matrix*

maturação → *maturation*

maturidade → *maturity*

mau hálito → *bad breath*

maxilar → *maxillary; maxilla*

maxilar inferior → *lower jaw*

maxilar prognático → *prognathic jaw*

maxilar superior → *maxilla*

meato → *meatus*

meato acústico externo → *external auditory meatus*

meato auditivo externo → *internal auditory meatus*

mecanismo → *mechanism*

mecanismo de defesa → *defence mechanism*

mecanismo de enfrentamento → *coping mechanism*

mecanismo do trabalho de parto → *mechanism of labour*

mecanoterapia → *mechanotherapy*

mecônio → *meconium*

meconismo → *meconism*

média → *average; media*

medial → *medial; medialis*

medialmente → *medially*

mediano → *median*

mediastínico → *mediastinal*

mediastinite → *mediastinitis*

mediastino → *mediastinum*

mediastinoscopia → *mediastinoscopy*

medicação → *medication*

medicalização → *medicalisation*

medicamento → *medicine; remedy*

medicamento controlado → *prescription drug*

medicamento de balcão → *OTC drug; over-the-counter drug*

medicamento oral → *oral medication*

medicamento ovulante → *fertility drug*

medicamento patenteado → *patent medicine; proprietary; proprietary medicine*

medicamento recreativo → *recreational drug*

medicamento tópico → *topical drug*

581

medicamento tranqüilizante → *tranquillising drug*
medicamento vendido somente com receita médica → *prescription-only medicine*
medição → *measurement; measure*
medicar (ferimentos) → *dress*
medicatriz → *medicinally*
medicina → *medicine*
medicina aiurvédica → *ayurvedic medicine*
medicina alternativa → *alternative medicine; fringe medicine*
medicina baseada em evidências → *evidence-based medicine*
medicina chinesa → *chinese medicine*
medicina clínica → *clinical medicine*
medicina complementar → *complementary medicine*
medicina complementar e alternativa → *complementary and alternative medicine*
medicina comunitária → *community medicine*
medicina de saúde pública → *public health medicine*
medicina de urgência → *emergency medicine*
medicina defensiva → *defensive medicine*
medicina desportiva → *sports medicine*
medicina física → *physical medicine*
medicina herbácea → *herbal medicine; herbalism*
medicina integrada → *integrative medicine*
medicina interna → *internal medicine*
medicina legal → *forensic medicine; medical jurisprudence*
medicina nuclear → *nuclear medicine*
medicina ocupacional → *occupational medicine*
medicina preventiva → *preventive medicine*
medicina regenerativa → *regenerative medicine*
medicina social → *social medicine*
medicina tropical → *tropical medicine*
medicinal → *medicated; medicinal*
médico → *medic; medical; medico; physician; practitioner*
médico atendente → *attending physician*
médico da casa → *houseman*
médico de família → *family doctor; general practitioner*
médico de saúde pública → *public health physician*
médico estagiário → *registrar*
médico estagiário especialista → *specialist registrar*
médico hospitalar → *hospital doctor*
médico oficial de laboratório científico → *medical laboratory scientific officer*
médico otorrinolaringologista (Ouvido, Nariz e Garganta) → *ENT doctor*
médico residente → *house officer; junior doctor; resident doctor*
médico-cirúrgico → *medicochirurgical*
médico-legal → *medicolegal*

médico-legista → *coroner*
médico-social → *medicosocial*
medida → *measurement; measure*
medida de capacidade funcional → *functional independence measure*
medida preventiva → *preventive measure*
médio → *medium*
meditação transcendental → *transcendental meditation*
medo → *fear*
medrar → *thrive*
medroxiprogesterona → *medroxyprogesterone*
medula → *marrow; medulla*
medula adrenal → *adrenal medulla*
medula espinhal → *spinal cord*
medula oblonga → *medulla oblongata*
medula óssea → *bone marrow*
medula óssea amarela → *yellow marrow*
medula óssea vermelha → *red marrow*
medula renal → *renal medulla*
medula supra-renal → *suprarenal medulla*
medular → *medullary*
meduloblastoma → *medulloblastoma*
mefloquina → *mefloquine*
megacariócito → *megakaryocyte*
megacólon → *megacolon*
megajoule → *megajoule*
megaloblástico → *megaloblastic*
megaloblasto → *megaloblast*
megalocefalia → *megalocephaly*
megalócito → *megalocyte*
megalomania → *megalomania*
megalomaníaco → *megalomaniac*
megaureter → *megaureter*
meia → *stocking*
meia de compressão → *thrombo-embolic deterrent stocking*
meia elástica → *surgical hose; surgical stocking*
meia-idade (de) → *middle-aged*
meias de compressão → *support hose; support stocking*
meias elásticas → *support hose; support stocking*
meia-vida → *half-life*
meibomianite → *meibomianitis*
meio → *medium; middle*
meio ambiente → *environment*
meio de contraste → *contrast medium*
meio de cultura → *culture medium*
meio-lençol → *draw-sheet*
meiose → *meiosis*
melado → *molasses*
melancolia → *melancholia*
melancolia involucional → *involutional melancholia*
melancolia pós-parto → *baby blues*
melanina → *melanin*
melanismo → *melanism*
melanócito → *melanocyte*
melanoderma → *melanoderma*
melanóforo → *melanophore*
melanoma → *melanoma*
melanoma maligno → *malignant melanoma*
melanoplaquia → *melanoplakia*

melanose → *melanosis*
melanúria → *melanuria*
melasma → *melasma*
melatonina → *melatonin*
melena → *melaena; melena*
melhora → *amelloration; improvement*
melhorar → *improve; get better*
melito → *mellitus*
membrana → *membrane*
membrana basilar → *basilar membrane*
membrana celular → *cell membrane*
membrana cerebral → *brain covering*
membrana de base → *basement membrane*
membrana de Descemet → *Descemet's membrane*
membrana embrionária → *embryonic membrane*
membrana hialóide → *hyaloid membrane*
membrana interdigital → *web space*
membrana mucosa → *mucous membrane*
membrana peridentária → *periodontal membrane*
membrana permeável → *permeable membrane*
membrana pleural → *pleural membrane*
membrana semipermeável → *semipermeable membrane*
membrana serosa → *serous membrane*
membrana sinovial → *synovial membrane*
membrana tectorial → *tectorial membrane*
membrana timpânica → *tympanic membrane*
membranas extra-embrionárias → *extraembryonic membranes*
membranoso → *membranous*
membro → *limb*
membro da sociedade farmacêutica → *member of the pharmaceutical society*
Membro do Real Colégio de Cirurgiões → *Member of the Royal College of Surgeons*
Membro do Real Colégio de Clínicos Gerais → *Member of the Royal College of General Practitioners*
Membro do Real Colégio de Médicos → *Member of the Royal College of Physicians*
membro fantasma → *phantom limb*
membro inferior → *lower limb*
membro superior → *upper limb*
memória → *memory*
menarca → *menarche*
meninge → *meninx*
meníngeo → *meningeal*
meningioma → *meningioma*
meningismo → *meningism*
meningite → *meningitis*
meningite cérebro-espinhal → *cerebrospinal meningitis*
meningite criptocócica → *cryptococcal meningitis*
meningite espinhal → *spinal meningitis*
meningite meningocócica → *meningococcal meningitis*
meningocele → *meningocele*

582

meningocócico → *meningococcal*
meningococo → *meningococcus*
meningoencefalite → *meningoencephalitis*
meningoencefalocele → *meningoencephalocele*
meningomiocele → *meningomyelocele*
meningovascular → *meningovascular*
meniscectomia → *meniscectomy*
menisco → *meniscus*
menopausa → *menopause*
menopáusico → *menopausal*
menor → *lesser; minor*
menorragia → *menorrhagia*
menorréia → *menorrhoea*
menstruação → *menses; menstruation*
menstruação vicariante → *vicarious menstruation*
menstrual → *menstrual*
menstruar → *menstruate*
mênstruo → *menstruum*
mental → *mental; psychic*
mentalmente → *mentally*
mentalmente doente → *mentally ill*
mentalmente incapacitado → *mentally handicapped*
mente → *mind*
mento → *mentum*
mentol → *menthol*
mentolado → *mentholated*
mentor → *mentor; preceptor*
mentorear → *mentor*
meralgia → *meralgia*
meralgia parestética → *meralgia paraesthetica*
mercurialismo → *mercurialism*
mercúrio → *mercury*
mercuriocromo → *mercurochrome*
meridiano → *meridian*
merócrino → *merocrine*
mesa de operação → *operating table*
mesaortite → *mesaortitis*
mesarterite → *mesarteritis*
mesencéfalo → *mesencephalon*
mesentérica → *mesenterica*
mesentérico → *mesenteric*
mesentério → *mesentery*
mesial → *mesial*
mesinha para cama → *bedtable*
mesoapêndice → *mesoappendix*
mesocárpico → *midcarpal*
mesocólon → *mesocolon*
mesoderma → *mesoderm*
mesoderma embrionário → *embryonic mesoderm*
mesodérmico → *mesodermal*
mesométrio → *mesometrium*
mesonefro → *mesonephros*
mesossalpinge → *mesosalpinx*
mesotársico → *midtarsal*
mesotélio → *mesothelium*
mesotelioma → *mesothelioma*
mesotelioma pleural → *pleural mesothelioma*
mesotendão → *mesotendon*
mesovário → *mesovarium*
mestranol → *mestranol*
meta-análise → *meta analysis*

metabólico → *metabolic*
metabolismo → *metabolism*
metabolismo basal → *basal metabolism*
metabolismo lipídico → *lipid metabolism*
metábolito → *metabolite*
metabolizar → *metabolise*
metacarpiano → *metacarpal*
metacarpo → *metacarpus*
metacarpofalangiano → *metacarpophalangeal*
metadona → *methadone*
metáfase → *metaphase*
metáfise → *metaphysis*
metal → *metal*
metálico → *metallic*
metamorfopsia → *metamorphopsia*
metano → *methane*
metanol → *methanol*
metaplasia → *metaplasia*
metástase → *metastasis*
metastático → *metastatic*
metastatizar → *metastasise*
metatarsalgia → *metatarsalgia*
metatarsiano → *metatarsal*
metatarso aduto → *metatarsus adductus*
metemoglobina → *methaemoglobin*
metemoglobinemia → *methaemoglobinaemia*
metencéfalo → *hindbrain*
meteorismo → *meteorism*
metformina → *metformin*
meticilina → *methicillin*
metilenodioximetanfetamina → *methylenedioxymethamphetamine*
metilfenidato → *methylphenidate*
metilprednisolona → *methylprednisolone*
metionina → *methionine*
metoclopramida → *metoclopramide*
método → *method; procedure*
método de Billings → *Billings method*
método de Holger-Nielsen → *Holger-Nielsen method*
método de Korotkoff → *Korotkoff's method*
método de Pavlov → *Pavlov's method*
método de Silvester → *Silvester method*
método do ritmo → *rhythm method*
método preventivo → *barrier method*
métodos de enfermagem → *nursing process*
metoprolol → *metoprolol*
metotrexato → *methotrexate*
metra → *metra*
metralgia → *metralgia*
metrite → *metritis*
metro → *meter; metre*
metrocolpocele → *metrocolpocele*
metronidazol → *metronidazole*
metropatia hemorrágica → *metropathia haemorrhagica*
metroptose → *metroptosis*
metrorragia → *metrorrhagia*
metrostaxia → *metrostaxis*
mialgia → *myalgia*
mialgia térmica → *heat cramp*
miastenia → *myasthenia*
miastenia grave → *myasthenia gravis*
micção → *micturition; urination*

micela → *micelle*
micélio → *mycelium*
micetoma → *mycetoma*
micologia → *mycology*
miconazol → *miconazole*
micose → *mycosis*
micose fungóide → *mycosis fungoides*
microaneurisma → *microaneurysm*
microangiopatia → *microangiopathy*
microbiano → *microbial*
micróbio → *microbe*
microbiologia → *microbiology*
microbiológico → *microbiological*
microbiologista → *microbiologist*
microcefalia → *microcephaly*
microcefálico → *microcephalic*
microcirurgia → *microsurgery*
microcitemia → *microcythaemia*
microcítico → *microcytic*
micrócito → *microcyte*
microcitose → *microcytosis*
microdactilia → *microdactylia*
microdiscectomia → *microdiscectomy*
microdontia → *microdontia*
microdontismo → *microdontism*
microftalmia → *microphthalmia*
micróglia → *microglia*
microglossia → *microglossia*
micrognatia → *micrognathia*
micrograma → *microgram*
micromastia → *micromastia*
micromelia → *micromelia*
micrômetro → *micrometer; micrometre*
micromol → *micromole*
mícron → *micron*
micronutriente → *micronutrient*
microorganismo → *microorganism*
micropsia → *micropsia*
microquilia → *microcheilia*
microscopia → *microscopy*
microscópico → *microscopic*
microscópio → *microscope*
microscópio operatório → *operating microscope*
microssegundo → *microsecond*
microvilosidades → *microvillus*
midazolam → *midazolam*
midríase → *mydriasis*
midriático → *mydriatic*
miectomia → *myectomy*
mielina → *myelin*
mielinado → *myelinated*
mielinização → *myelination*
mielite → *myelitis*
mieloblato → *myeloblast*
mielocele → *myelocele*
mielócito → *myelocyte*
mielofibrose → *myelofibrosis*
mielografia → *myelography*
mielograma → *myelogram*
mielóide → *myeloid*
mieloma → *myeloma*
mieloma múltiplo → *multiple myeloma*
mielomácia → *myelomalacia*
mielomatose → *myelomatosis*
mielomeningocele → *myelomeningocele*
mielopatia → *myelopathy*
mielossupressão → *myelosuppression*

miênteron → *myenteron*
mííase → *myiasis*
milho → *milium*
miliar → *miliary*
miliária → *miliaria*
miligrama → *milligram*
mililitro → *millilitre*
milímetro → *millimetre*
milimol → *millimole*
milio → *whitehead*
milisievert → *millisievert*
miloióide → *mylohyoid*
mimese → *mimesis*
mindinho → *little finger*
mineiro → *miner*
minerador → *miner*
mineral → *mineral*
mínimo → *minim; minimal; minimum*
miniteste de capacidade mental → *mini mental state examination*
minitraqueostomia → *minitracheostomy*
mioblástico → *myoblastic*
mioblasto → *myoblast*
miocárdico → *myocardial*
miocárdio → *myocardium*
miocardite → *myocarditis*
miocele → *myocele*
miócito → *myocyte*
mioclonia → *myoclonus*
mioclônico → *myoclonic*
miodinia → *myodynia*
miofibrila → *myofibril*
miofibrose → *myofibrosis*
miogênico → *myogenic*
mioglobina → *myoglobin*
mioglobinúria → *myoglobinuria*
miografia → *myography*
miógrafo → *myograph*
miograma → *myogram*
miologia → *myology*
mioma → *myoma*
miomectomia → *myomectomy*
miométrio → *myometrium*
miometrite → *myometritis*
mioneural → *myoneural*
miopatia → *myopathy*
miopatia focal → *focal myopathy*
miopatia por punção → *needle myopathy*
míope → *myopic; nearsighted; short-sighted*
miopia → *myopia; nearsightedness; shortsightedness*
miopia crepuscular → *twilight myopia*
mioplasma → *myoplasm*
mioplastia → *myoplasty*
mioquimia → *myokymia*
miose → *miosis; myosis*
miosite → *myositis*
miossarcoma → *myosarcoma*
miotático → *myotatic*
miótico → *miotic; myotic*
miotomia → *myotomy*
miotonia → *myotonia*
miotônico → *myotonic*
miotônus → *myotonus*
miringe → *myringa*
miringite → *myringitis*
miringoplastia → *myringoplasty*

miringotoma → *myringotome*
miringotomia → *myringotomy*
mistura → *mixture*
mistura eletrolítica → *electrolyte mixture*
misturar → *mix*
mitocôndria → *mitochondrion*
mitocondrial → *mitochondrial*
mitomicina C → *mitomycin C*
mitose → *mitosis*
mitral → *mitral*
mixedema → *myxoedema*
mixiedematoso → *myxoedematous*
mixoma → *myxoma*
mixossarcoma → *myxosarcoma*
mixovírus → *myxovirus*
mobilidade → *mobility*
mobilização → *mobilisation*
mobilização do estribo → *stapedial mobilisation*
mobilização estapedial → *stapedial mobilisation*
moço → *small*
modalidade → *modality*
modelo de Casey → *Casey's model*
modelo de enfermagem → *nursing model*
modelo de Henderson → *Henderson's model*
modelo de King → *King's model*
modelo de Neuman → *Neuman's model*
modelo de Orem → *Orem's model*
modelo de Peplau → *Peplau's model*
modelo de Roper, Logan e Tierney → *Roper, Logan and Tierney model*
modelo de Roy → *Roy's model*
moderadamente → *moderately*
moderado → *continent; mild; moderate*
modificação genética → *genetic modification*
modíolo → *modiolus*
modo → *manner*
modo de tratar o paciente → *bedside manner*
modo enteral (de) → *enterally*
modo neurótico (de) → *neurotically*
modulador seletivo do receptor estrogênico → *selective oestrogen receptor modulator*
mol → *mol; mole*
mola → *mole*
mola carnosa → *carneous mole*
molar → *molar*
molaridade → *molarity*
molde de gesso → *plaster cast*
mole hidatiforme → *hydatid mole*
molécula → *molecule*
molecular → *molecular*
molhado → *wet*
molhar(-se) → *wet*
molibdênio → *molybdenum*
molusco → *molluscum*
molusco contagioso → *molluscum contagiosum*
molusco fibroso → *molluscum fibrosum*
molusco sebáceo → *molluscum sebaceum*
mongolismo → *mongolism*
moníliase → *moniliasis*
monitor → *monitor*
monitor cardíaco → *cardiac monitor*

monitor fetal → *fetal monitor*
monitoração → *monitoring*
monitorar → *monitor*
monitorização → *monitoring*
monitorizar → *monitor*
monoamina oxidase → *monoamine oxidase*
monoaural → *monaural*
monoblato → *monoblast*
monócito → *monocyte*
monocitose → *monocytosis*
monoclonal → *monoclonal*
monocloridrato de loperamida → *loperamide hydrochloride*
monocromatismo → *monochromatism*
monocular → *monocular*
monodactilismo → *monodactylism*
monomania → *monomania*
mononeurite → *mononeuritis*
mononuclear → *mononuclear*
mononucleose → *mononucleosis*
mononucleose infecciosa → *infectious mononucleosis*
monoplegia → *monoplegia*
monorquismo → *monorchism*
monossacarídeo → *monosaccharide*
monossináptico → *monosynaptic*
monossomia → *monosomy*
monovalente → *monovalent*
monóxido → *monoxide*
monóxido de carbono → *carbon monoxide*
monstro → *monster*
monte → *mons*
monte de Vênus → *mons veneris; mons pubis*
monte pubiano → *mons veneris; mons pubis*
morbidade → *morbidity*
mórbido → *morbid*
morbiliforme → *morbilliform*
morder → *bite*
mordida → *bite*
morféia → *morphea; morphoea*
morfina → *morphia; morphine*
morfologia → *morphology*
moribundo → *moribund*
mormo → *glanders*
morno → *warm*
morrer → *die*
mortalmente → *fatally*
morte → *death; mortis*
morte cerebral → *brain death*
morte intra-uterina → *intrauterine death*
morte materna → *maternal death*
morte no berço → *cot death; crib death*
morte súbita → *sudden death*
mortificação → *mortification*
morto → *dead*
mórula → *morula*
mosca tsé-tsé → *tsetse fly*
mosca volante → *floaters; muscae volitantes*
mosqueado → *mottled*
mosquito → *mosquito*
mostra → *show*
mostrar → *show*
moteado → *mottled*
motilidade → *motility*

motor → *motor*
motor principal → *prime mover*
móvel → *motile; mobile*
mover(-se) → *move*
movimentar(-se) → *move*
movimento → *motion; movement*
movimento ativo → *active movement*
movimento passivo → *passive movement*
movimento voluntário → *voluntary movement*
movimentos rápidos dos olhos → *rapid eye movement*
movimentos sacádicos → *saccades*
moxibustão → *moxybustion*
mucina → *mucin*
muco → *mucus*
mucocele → *mucocele; mucocoele*
mucocolite → *mucous colitis*
mucocutâneo → *mucocutaneous*
mucóide → *mucoid*
mucolítico → *mucolytic*
mucoproteína → *mucoprotein*
mucopurulento → *mucopurulent*
mucopus → *mucopus*
mucormicose → *mucormycosis*
mucosa → *mucosa*
mucoso → *mucosal; mucous*
mucoviscidose → *mucoviscidosis*
mudança → *shift; turn*
mudança de vida → *change of life*
mudar → *mutate*
mudo → *dumb; mute*
muito desagradável → *nasty*
muito sério → *severely*
muleta canadense → *elbow crutch*
muleta humana → *human crutch*
multicêntrico → *multicentric*
multidisciplinar → *multidisciplinary*
multifatorial → *multifactorial*
multiforme → *multiforme*
multigrávida → *multigravida*
multilocular → *multilocular*
multinucleado → *multinucleated*
multípara → *multipara*
múltipla personalidade → *split personality*
múltiplo → *multiple*
multirresistente → *multiresistant*
multivitamínico → *multivitamin*
murchar → *shrivel*
murmúrio vesicular respiratório → *vesicular breath sound*
murmúrios vesiculares → *vesicular breathing*
muscarina → *muscarine*
muscarínico → *muscarinic*
muscular → *muscular; muscularis*
músculo → *muscle*
músculo braquial → *brachialis muscle*
músculo bulboesponjoso → *bulbospongiosus muscle*
músculo cardíaco → *cardiac muscle*
músculo ciliar → *ciliary muscle*:
músculo corrugador → *corrugator muscle*
músculo deltóide → *deltoid muscle*
músculo detrusor → *detrusor muscle*
músculo dilatador das pupilas → *dilator pupillae muscle*
músculo do esfíncter → *sphincter muscle*

musculo do mento → *mentalis muscle*
músculo eretor da espinha → *erector spinae*
músculo esfíncter da pupila → *sphincter pupillae muscle*
músculo esfincteriano → *sphincter muscle*
músculo esquelético → *skeletal muscle*
músculo esternocleidomastóideo → *sternocleidomastoid muscle*
músculo estriado → *striated muscle; striped muscle*
músculo extensor → *extensor muscle*
músculo extrínseco → *extrinsic muscle*
músculo flexor → *flexor muscle*
músculo gêmeo inferior → *gemellus inferior muscle*
músculo gêmeo superior → *gemellus superior muscle*
músculo glúteo → *gluteal muscle*
músculo grácil → *gracilis*
músculo grande dorsal → *latissimus dorsi*
músculo intercostal → *intercostal muscle*
músculo intrínseco → *intrinsic muscle*
músculo isquiocavernoso → *ischiocavernosus muscle*
músculo liso → *smooth muscle*
músculo masseter → *masseter muscle*
músculo mentoniano → *mentalis muscle*
músculo não-estriado → *unstriated muscle*
músculo oblíquo → *oblique muscle*
músculo oblíquo externo do abdome → *external oblique*
músculo oblíquo interno do abdome → *internal oblique*
músculo orbicular → *orbicularis*
músculo orbicular da boca → *orbicularis oris*
músculo orbicular do olho → *orbicularis oculi*
músculo palmar interósseo → *palmar interosseus*
músculo peitoral → *pectoral muscle*
músculo peitoral maior → *pectoralis major*
músculo peitoral menor → *pectoralis minor*
músculo perineal → *perineal muscle*
músculo peroneiro → *peroneal muscle; peroneus*
músculo poplíteo → *popliteal muscle*
músculo quadrado da coxa → *quadratus femoris*
músculo quadríceps → *quadriceps*
músculo quadríceps femoral → *quadriceps femoris*
músculo reto da coxa → *femoris; rectus femoris*
músculo reto do abdome → *rectus abdominis*
músculo reto interno do olho → *internus*
músculo reto medial → *medial rectus*
músculo sartório → *sartorius*
músculo temporal → *temporalis muscle*
músculo torácico → *chest muscle*
músculo tríceps do braço → *triceps brachii*

músculo vasto intermédio → *vastus intermedius*
músculo vasto lateral → *vastus lateralis*
músculo vasto medial → *vastus medialis*
músculo visceral → *visceral muscle*
músculo voluntário → *voluntary muscle*
musculocutâneo → *musculocutaneous*
musculoesquelético → *musculoskeletal*
músculos involuntários → *involuntary muscle*
músculos posteriores da coxa → *hamstring muscles*
músculos traseiros → *back muscles*
musculotendinoso → *musculotendinous*
mutação → *mutation*
mutação letal → *lethal mutation*
mutante → *mutant*
mutilar → *disfigure; maim*
mutismo → *dumbness; mutism*
Mycobacterium → *Mycobacterium*
Mycoplasma → *Mycoplasma*
na parte posterior → *posteriorly*
nada pela boca → *ne per oris*
nada por via oral → *ne per oris*
nádega → *behind; buttock*
nádegas → *backside; breech; nates; rear; rear end*
naloxona → *naloxone*
nandrolona → *nandrolone*
nanismo → *dwarfism*
nanômetro → *nanometre*
nanomol → *nanomole*
nanossegundo → *nanosecond*
não causa sonolência (que) → *non-drowsy*
não com a mente sã → *non compos mentis*
não-aderência → *non-compliance*
não-alergênico → *non-allergenic*
não-cancerígeno → *non-cancerous*
não-clínico → *non-clinical*
não-contagioso → *non-contagious*
não-diagnosticado → *undiagnosed*
não-específico → *non-specific*
não-estéril → *non-sterile*
não-esteróide → *non-steroidal*
não-fumante → *non-smoker*
não-higiênico → *unhygienic*
não-invasivo → *non-invasive*
não-maleficência → *non-maleficence*
não-maligno → *non-malignant*
não-manifesto → *occult*
não-médico → *non-medical*
não-nocividade → *non-maleficence*
não-nucleado → *non-nucleated*
não-palpável → *non-palpable*
não-qualificado → *unqualified*
não-secretor → *non-secretor*
não-união → *non-union*
naproxeno → *naproxen*
narcisismo → *narcissism*
narcoanálise → *narcoanalysis*
narcolepsia → *narcolepsy*
narcoléptico → *narcoleptic*
narcose → *narcosis*
narcose basal → *basal narcosis*
narcose por nitrogênio → *nitrogen narcosis*

585

narcótico → *narcotic*
narinas → *nares; nostril*
narinas anteriores → *anterior nares*
narinas externas → *external nares*
narinas internas → *internal nares*
narinas posteriores → *posterior nares*
nariz → *nose*
nariz arrebitado → *saddle-nose*
nariz com coriza → *runny nose*
nariz escorrendo → *runny nose*
nasal → *nasal; rhinal*
nascente → *nascent*
nascer → *born*
nascido vivo → *live birth*
nascimento → *birth; birthing*
nascimento múltiplo → *multiple birth*
násio → *nasion*
nasofaringe → *nasopharynx*
nasofaríngeo → *nasopharyngeal*
nasofaringite → *nasopharyngitis*
nasogástrico → *nasogastric*
nasolacrimal → *nasolacrimal*
nasossinusite → *nasosinusitis*
natimorto → *stillbirth; stillborn*
nativivo → *live birth*
nativo → *indigenous*
natriurético → *natriuretic*
natural → *natural*
natureza → *nature*
natureza humana → *human nature*
naturopatia → *naturopathy*
náusea → *nausea; queasiness*
náusea aérea → *airsickness*
náusea das alturas → *high-altitude sickness*
nauseado (por viajar em barco ou navio) → *seasick*
nauseado → *nauseated; queasy*
nauseoso → *nauseous*
navicular → *navicular*
nébula → *nebula*
nebulizador → *nebuliser*
nebulizador Venturi → *Venturi nebuliser*
necatoríase → *necatoriasis*
necessidade calórica → *caloric requirement*
necrobiose → *necrobiosis*
necrofilia → *necrophilia*
necrologia → *necrology*
necropsia → *necropsy*
necrosado → *necrosed*
necrose → *necrosis*
necrose avascular → *avascular necrosis*
necrose da mandíbula → *phossy jaw*
necrose de fósforo → *phossy jaw*
necrospermia → *necrospermia*
necrotério → *mortuary*
necrótico → *necrotic*
necrotomia → *necrotomy*
necrotomia osteoplástica → *osteoplastic necrotomy*
nefralgia → *nephralgia*
nefrálgico → *nephralgic*
nefrectomia → *nephrectomy*
néfrico → *renal; nephric*
nefrite → *nephritis*
nefrítico → *nephritic*
nefroblastoma → *nephroblastoma*

nefrocalcinose → *nephrocalcinosis*
nefrocapsulectomia → *nephrocapsulectomy*
nefrograma → *nephrogram*
nefrolitíase → *nephrolithiasis*
nefrólito → *nephrolith*
nefrolitotomia → *nephrolithotomy*
nefrologia → *nephrology*
nefrologista → *nephrologist*
nefroma → *nephroma*
néfron → *nephron*
nefropatia → *nephropathy*
nefropexia → *nephropexy*
nefroptose → *nephroptosis*
nefrosclerose → *nephrosclerosis*
nefroscópio → *nephroscope*
nefrose → *nephrosis*
nefrostomia → *nephrostomy*
nefrótico → *nephrotic*
nefrotomia → *nephrotomy*
nefrotóxico → *nephrotoxic*
nefroureterectomia → *nephroureterectomy*
negação → *denial*
negativismo → *negativism*
negativo → *negative*
negativo para anticorpos → *antibody-negative*
negligência → *negligence*
negra → *nigra*
nematódeo → *nematode; roundworm*
nematódeos → *threadworm*
neocerebelo → *neocerebellum*
neomicina → *neomycin*
neonatal → *neonatal; neonatorum*
neonato → *neonate; newborn*
neonatologia → *neonatology*
neonatologista → *neonatologist*
neoplasia → *neoplasia*
neoplasia intra-epitelial cervical → *cervical intraepithelial neoplasia*
neoplasma → *neoplasm; secondary growth*
neoplasma anaplástico → *anaplastic neoplasm*
neoplasma benigno → *benign growth*
neoplastia → *neoplasty*
neoplástico → *neoplastic*
neostigmina → *neostigmine*
nervo → *nerve*
nervo abducente → *abducens nerve; abducent nerve*
nervo acessório → *accessory nerve*
nervo acústico → *acoustic nerve*
nervo aferente → *afferent nerve*
nervo auditivo → *auditory nerve*
nervo cervical → *cervical nerve*
nervo ciático → *sciatic nerve*
nervo circunflexo → *circumflex nerve*
nervo coclear → *cochlear nerve*
nervo craniano → *cranial nerve*
nervo eferente → *efferent nerve*
nervo espinhal → *spinal nerve*
nervo espinhal acessório → *spinal accessory nerve*
nervo esplâncnico → *splanchnic nerve*
nervo facial → *facial nerve*
nervo femoral → *femoral nerve*

nervo frênico → *phrenic nerve*
nervo glossofaríngeo → *glossopharyngeal nerve*
nervo hipoglosso → *hypoglossal nerve*
nervo infra-orbitário → *infraorbital nerve*
nervo inibidor → *inhibitory nerve*
nervo jugular → *jugular nerve*
nervo mandibular → *mandibular nerve*
nervo mediano → *median nerve*
nervo medulado → *medullated nerve*
nervo mentoniano → *mental nerve*
nervo mielinizado → *medullated nerve*
nervo motor → *motor nerve*
nervo musculocutâneo → *musculocutaneous nerve*
nervo oculomotor → *oculomotor nerve*
nervo oftálmico → *ophthalmic nerve*
nervo olfatório → *olfactory nerve*
nervo pilomotor → *pilomotor nerve*
nervo pneumogástrico → *pneumogastric nerve*
nervo radial → *radial nerve*
nervo sacro → *sacral nerve*
nervo safeno → *saphenous nerve*
nervo sensitivo → *sensory nerve*
nervo sensorial → *sensory nerve*
nervo sinusal → *sinus nerve*
nervo somático → *somatic nerve*
nervo trigêmeo → *trigeminal nerve*
nervo troclear → *trochlear nerve*
nervo ulnar → *ulnar nerve*
nervo vago → *vagus nerve*
nervo vasomotor → *vasomotor nerve*
nervo vestibular → *vestibular nerve*
nervo vestibulococlear → *vestibulocochlear nerve*
nervos periféricos → *peripheral nerves*
nervosa → *nervosa*
nervosismo → *nervousness*
nervoso → *nervous; nervy*
neural → *neural*
neuralgia → *neuralgia*
neuralgia do trigêmeo → *trigeminal neuralgia*
neuralgia pós-herpética → *post herpetic neuralgia*
neurapraxia → *neurapraxia*
neurastenia → *neurasthenia*
neurastênico → *neurasthenic*
neurectase → *neurectasis*
neurectomia → *neurectomy*
neurilemoma → *neurilemmoma*
neurinoma → *neurinoma*
neurite → *neuritis*
neurite óptica → *optic neuritis*
neurite retrobulbar → *retrobulbar neuritis*
neuroanatomia → *neuroanatomy*
neuroblasto → *neuroblast*
neuroblastoma → *neuroblastoma*
neurocirurgia → *neurosurgery*
neurocirurgião → *neurosurgeon*
neurocrânio → *neurocranium*
neurodegenerativo → *neurodegenerative*
neurodermatite → *neurodermatitis*
neurodermatose → *neurodermatosis*
neuroepitelial → *neuroepithelial*
neuroepitélio → *neuroepithelium*
neuroepitelioma → *neuroepithelioma*

neurofibrila → *neurofibril; neurofibrilla*

neurofibroma → *neurofibroma*

neurofibroma acústico → *acoustic neuro-fibroma*

neurofibromatose → *neurofibromatosis*

neurofisiologia → *neurophysiology*

neurogênese → *neurogenesis*

neurogênico → *neurogenic*

neuróglia → *neuroglia*

neuro-hipófise → *neurohypophysis*

neuro-hormônio → *neurohormone*

neurolema → *neurilemma; neurolemma*

neuroléptico → *neuroleptic*

neurologia → *neurology*

neurológico → *neurological*

neurologista → *neurologist*

neuroma → *neuroma*

neuromielite óptica → *neuromyelitis op-tica*

neuromuscular → *neuromuscular*

neurônio → *neuron*

neurônio bipolar → *bipolar neurone*

neurônio de associação → *association neuron*

neurônio fotorreceptor → *photoreceptor neurone*

neurônio intercalado → *internuncial neu-rone*

neurônio internuncial → *internuncial neurone*

neurônio motor → *motor neurone*

neurônio motor superior → *upper motor neurone*

neurônio multipolar → *multipolar neu-rone*

neurônio pós-ganglionar → *postganglio-nic neurone*

neurônio pré-ganglionar → *preganglionic neurone*

neurônio sensitivo → *sensory neurone*

neurônio unipolar → *unipolar neurone*

neurônios motores inferiores → *lower mo-tor neurones*

neuropatia → *neuropathy*

neuropatologia → *neuropathology*

neuroplastia → *neuroplasty*

neuropsiquiatra → *neuropsychiatrist; neu-ropsychiatry*

neuropsiquiátrico → *neuropsychiatric*

neurorrafia → *neurorrhaphy*

neurose → *neurosis*

neurose cardíaca → *cardiac neurosis*

neurose de ansiedade → *anxiety neurosis*

neurose institucional → *institutional neu-rosis*

neurossarcoma → *neurosarcoma*

neurossecreção → *neurosecretion*

neurossífilis → *neurosyphilis*

neurótico → *neurotic*

neurotmese → *neurotmesis*

neurotomia → *neurotomy*

neurotóxico → *neurotoxic*

neurotransmissor → *neurotransmitter*

neurotripsia → *neurotripsy*

neurotrófico → *neurotrophic*

neurotrópico → *neurotropic*

neutralizar → *counteract; neutralise*

neutro → *neuter; neutral*

neutrófilo → *neutrophil*

neutropenia → *neutropenia*

neve carbônica → *carbon dioxide snow*

nevo → *naevus; nevus*

névoa → *nebula*

newton → *newton*

nexo → *nexus*

niacina → *niacin*

nicardipina → *nicardipine*

niclosamida → *niclosamide*

nicotina → *nicotine*

nicotinismo → *nicotinism*

nictação → *nictation*

nictalopia → *nyctalopia*

nictofobia → *nyctophobia*

nictúria → *nocturia*

nidação → *nidation*

nifedipina → *nifedipine*

Nightingale → *Nightingale ward*

niilismo → *nihilism*

niilístico → *nihilistic*

ninfa → *nymphae*

ninfomania → *nymphomania*

ninfomaníaca → *nymphomaniac*

ninho → *nidus*

nistagmo → *nystagmus*

nistatina → *nystatin*

nitrato → *nitrate*

nitrato de amila → *amyl nitrate*

nitrato de prata → *silver nitrate*

nitrazepam → *nitrazepam*

nitrofurantoína → *nitrofurantoin*

nitrogênio → *nitrogen*

nitroglicerina → *nitroglycerin*

nível de carboxiemoglobina do espinha-ço → *background carboxyhaemoglobin level*

nível de glicose no sangue → *blood-glu-cose level*

nivelar → *flatline*

no balcão → *over the counter*

no começo → *early*

no lugar normal → *in situ*

no princípio → *early*

nocardíase → *nocardiasis; nocardiosis*

nocardiose → *nocardiosis*

nocautear → *knock out*

nociassociação → *nociassociation*

nociceptivo → *nociceptive*

nociceptor → *nociceptor*

nocivo → *dangerous*

noctambulismo → *noctambulation*

noctúria → *nocturia*

nodal → *nodal*

nodo atrioventricular → *atrioventricular node*

nodo cervical → *cervical node*

nodosa → *nodosa*

nodoso → *nodosum*

nodular → *nodular*

nódulo → *node; nodule*

nódulo atrioventricular → *AV node*

nódulo de Heberden → *Heberden's node*

nódulo linfático → *lymphatic nodule; lymph node*

nódulo sinoatrial → *SA node; sinoatrial node*

nódulo sinusal → *sinus node*

nódulos axilares → *axillary nodes*

nódulos de Aschoff → *Aschoff nodules*

nódulos de Bohn → *Bohn's nodules*

nódulos de Osler → *Osler's nodes*

nódulos de Ranvier → *node of Ranvier*

nódulos do cantor → *singer's nodule*

noma → *noma*

nome patenteado → *proprietary name*

nome próprio → *n.p.; nomen proprium*

nomes não registrados internacionais → *international nonproprietary name*

noradrenalina → *noradrenaline*

norma → *norma*

normal → *normal*

normalmente → *normally*

Normas de Precaução → *Standard Pre-cautions*

Normas Universais de Precaução → *Uni-versal Precautions*

normoblasto → *normoblast*

normocítico → *normocytic*

normócito → *normocyte*

normocitose → *normocytosis*

normotensão → *normotension*

normotenso → *normotensive*

nortriptilina → *nortriptyline*

nosocomial → *nosocomial*

nosologia → *nosology*

notar → *notice; observe*

notificar → *notify*

noturno → *nocturnal*

nova variante da doença de Creutzfeldt-Jakob → *new variant CJD*

noventa-e-nove → *ninety-nine*

nu → *bare*

nuca → *nape; nucha*

nucal → *nuchal*

nuclear → *nuclear*

nuclease → *nuclease*

núcleo → *nucleus*

núcleo pulposo → *nucleus pulposus*

núcleo supra-óptico → *supraoptic nu-cleus*

nucléolo → *nucleolus*

nucleoproteína → *nucleoprotein*

núcleos basais → *basal nuclei*

nulípara → *nullipara*

nutação → *nutation*

nutante → *nutans*

nutrição → *nourishment; nutrition*

nutrição enteral → *enteral nutrition*

nutrição parenteral → *parenteral nutri-tion*

nutricional → *nutritional*

nutricionista → *nutritionist*

nutriente → *nutrient*

obcecado → *obsessed*

obedecer → *obey*

obesidade → *obesity*

obeso → *obese*

objetivo relativo aos objetos → *objective*

oblíquo → *oblique*

obliteração → *obliterate*

obliterar → *obliterate*

oblonga → *oblongata*

obrigação → *duty*

obrigatório → *obligate*

obscurecido → *cloudy*

observação → *observation*

observar → *notice; observe*

observável → *noticeable*

obsessão → *obsession*

obsessivo → *obsessional; obsessive*

obstáculo → *impediment*

obstetra → *obstetrician*

obstetrícia → *midwifery; obstetrics*

obstétrico → *obstetric*

obstinado → *recalcitrant*

obstrução → *blockage; block; obstruction*

obstrução aérea → *airway obstruction*

obstrução coronária → *coronary obstruction*

obstrução da fala → *speech impediment*

obstrução intestinal → *intestinal obstruction*

obstrução urinária → *urinary obstruction*

obstruir → *obstruct*

obstrutivo → *obstructive*

obter → *obtain*

obturação → *filling; inlay; obturation*

obturador → *obturator*

obtusão → *obtusion*

óbvio → *patent*

ocasionar trombose → *thrombose*

occipício → *occiput*

occipital → *occipital*

occípito-anterior → *occipito-anterior*

occípitoposterior → *occipito-posterior*

occipúcio → *occiput*

ocluído → *occluded*

oclusão → *occlusion*

oclusão coronária → *coronary occlusion*

oclusão tubária → *tubal occlusion*

oclusivo → *occlusive*

ocorrência → *occurrence*

ocorrer → *fall; occur*

ocronose → *ochronosis*

ocular → *ocular; oculi*

oculista → *dispensing optician; ophthalmic optician; ophthalmic practitioner; optician*

oculogírico → *oculogyric*

oculomotor → *oculomotor*

oculonasal → *oculonasal*

oculopletismografia → *oculoplethysmography*

óculos → *spectacles*

óculos bifocais → *bifocal glasses*

óculos multifocais → *trifocal glasses; trifocals*

óculos trifocais → *trifocal glasses; trifocals*

oculto → *latent; masked; occult*

ocupação → *occupation*

ocupação de leitos → *bed occupancy*

ocupacional → *occupational*

odinofagia → *odynophagia*

odontalgia → *odontalgia; toothache*

odontite → *odontitis*

odontóide → *odontoid*

odontologia → *dentistry; odontology*

odontoma → *odontoma*

odor → *scent*

odor corporal → *body odour*

ofegante → *breathless*

ofegar → *gasp; pant*

oferecer-se (como voluntário) → *volunteer*

oficial → *official*

Oficial da Saúde Ambiental → *Environmental Health Officer*

Oficial de Enfermagem → *Nursing Officer*

oficial médico → *medical officer*

Oficial Médico da Saúde → *Medical Officer of Health*

oficialmente → *oficially*

oftalmectomia → *ophthalmectomy*

oftalmia → *ophthalmia*

oftalmia egípcia → *Egyptian ophthalmia*

oftalmia neonatal → *ophthalmia neonatorum*

oftálmico → *ophthalmic*

oftalmite → *ophthalmitis*

oftalmologia → *ophthalmology*

oftalmológico → *ophthalmological*

oftalmologista → *eye specialist; oculist; ophthalmologist*

oftalmoplegia → *ophthalmoplegia*

oftalmoscopia → *ophthalmoscopy*

oftalmoscópio → *ophthalmoscope*

oftalmotomia → *ophthalmotomy*

oftalmotonômetro → *ophthalmotonometer*

ofuscação → *glare*

oleaginoso → *oleaginous*

olécrano → *olecranon*

oléico → *oleic*

óleo → *oil; oleum*

óleo canforado → *camphor oil; camphorated oil*

óleo de eucalipto → *eucalyptus oil*

óleo de fígado de bacalhau → *cod liver oil*

óleo de rícino → *castor oil*

óleo essencial → *essential oil*

óleo fixo → *fixed oil*

óleo volátil → *volatile oils*

oleoso → *oily*

olfação → *olfaction*

olfato → *smell*

olfatório → *olfactory*

olhar → *face*

olhar fixo → *glare*

olho → *eye*

olho de vidro → *glass eye*

olho preguiçoso → *lazy eye*

olho preto → *black eye; shiner*

olhos esbugalhados (de) → *popeyes*

olhos grudentos → *sticky eye*

oligemia → *oligaemia*

oligodactilismo → *oligodactylism*

oligodipsia → *oligodipsia*

oligodontia → *oligodontia*

oligoelementos → *trace element*

oligoidrâmnio → *oligohydramnios*

oligomenorréia → *oligomenorrhoea*

oligoovulação → *oligo-ovulation*

oligospermia → *oligospermia*

oligúria → *oliguria*

oliva → *olive*

ombro → *shoulder*

ombro congelado → *frozen shoulder*

Ombudsman → *Ombudsman*

Ombudsman do Serviço de Saúde → *Health Ombudsman*

omental → *omental*

omentectomia → *omentectomy*

omento → *omentum*

omentopexia → *omentopexy*

omeprazol → *omeprazole*

omoplata → *scapula; shoulder blade*

onanismo → *onanism*

Onchocerca → *Onchocerca*

oncocercíase → *onchocerciasis*

oncogene → *oncogene*

oncogênese → *oncogenesis*

oncogênico → *oncogenic*

oncólise → *oncolysis*

oncologia → *oncology*

oncologista → *oncologist*

oncômetro → *oncometer*

oncótico → *oncotic*

onda cerebral → *brain wave*

onda delta → *delta wave*

onda dicrótica → *dicrotic wave*

onda Q → *Q wave*

ondansetron → *ondansetron*

ondas luminosas → *light wave*

ondas ultra-sônicas → *ultrasonic waves*

onfalite → *omphalitis*

ônfalo → *omphalus*

onfalocele → *omphalocele*

onicauxe → *onychauxis*

onicofagia → *nail biting*

onicogrifose → *onychogryphosis*

onicólise → *onycholysis*

onicomadese → *onychomadesis*

onicomicose → *onychomycosis*

onicose → *onychosis*

oniquia → *onychia*

oniquite → *onychia*

ontogenia → *ontogeny*

oociese → *oocyesis*

oócito → *oocyte*

ooforalgia → *oophoralgia*

ooforectomia → *oophorectomy*

ooforectomia unilateral → *unilateral oophorectomy*

ooforite → *oophoritis*

oóforo → *oophore; oophoron*

ooforocistectomia → *oophorocystectomy*

ooforocistose → *oophorocystosis*

ooforoma → *oophoroma*

ooforopexia → *oophoropexy*

ooforosalpingectomia → *oophorosalpingectomy*

oogênese → *oogenesis*

oogenético → *oogenetic*

oogônio → *oogonium*

opacidade → *opacity*

opacificação → *opacification*

opaco → *opaque*

operação → *op; operation*

operação cesariana → *caesarean section*

operação com sutura em cordão de bolsa → *pursestring operation*

operação de Albee → *Albee's operation*

operação de Bankart → *Bankart's operation*

operação de Blalock → *Blalock's operation; Blalock-Taussig operation*

operação de Caldwell-Luc → *Caldwell-Luc operation*
operação de Commando → *commando operation*
operação de Donald-Fothergill → *Donald-Fothergill operation*
operação de Fothergill → *Fothergill's operation*
operação de Gallie → *Gallie's operation*
operação de Gilliam → *Gilliam's operation*
operação de Girdlestone → *Girdlestone's operation*
operação de Harris → *Harris's operation*
operação de Heller → *Heller's operation*
operação de Keller → *Keller's operation*
operação de Killian → *Killian's operation*
operação de Manchester → *Manchester operation*
operação de Ramstedt → *Ramstedt's operation*
operação de Schwartze → *Schwartze's operation*
operação de Shirodkar → *Shirodkar's operation*
operação de Stacke → *Stacke's operation*
operação de Trendelenburg → *Trendelenburg's operation*
operação de Waterston → *Waterston's operation*
operação de Wertheim → *Wertheim's operation*
operação de Wheelhouse → *Wheelhouse's operation*
operação de Whipple → *Whipple's operation*
operação de Zadik → *Zadik's operation*
operação em prateleira → *shelf operation*
operações de Billroth → *Billroth's operations*
operador → *operator*
operador de raios X para diagnóstico → *diagnostic radiographer*
operar → *operate*
operatório → *operative*
operável → *operable*
opérculo → *operculum*
opiáceo → *opiate*
opinião → *opinion*
ópio → *opium*
opióide → *opioid*
opistótono → *opisthotonos*
oponente → *opponens*
oportunista → *opportunist*
oposição → *opposition*
opsonina → *opsonin*
óptica → *optics*
óptica de fibra → *fibre optics*
óptico → *optic; optical*
optometria → *optometry*
optometrista → *optometrist*
optômetro → *optometer*
optótipo de Snellen → *Snellen type*
oral → *oral; oris*
oralmente → *orally*
órbita → *orbit*
orbitário → *orbital*
orelha biônica → *bionic ear*

orelha de boxeador → *cauliflower ear*
orelha em couve-flor → *cauliflower ear*
orelha externa → *external ear; outer ear*
orelha interna → *inner ear; internal ear*
orelha média → *middle ear*
orgânico → *organic*
organismo → *organism*
organismo causal → *causal organism*
organização → *organisation*
Organização de Manutenção da Saúde → *Health Maintenance Organization*
Organização de Saúde e Segurança → *Health and Safety Executive*
Organização Mundial de Saúde → *World Health Organization*
organoterapia → *organotherapy*
órgão → *organ*
órgão acessório → *accessory organ*
órgão de Corti → *organ of Corti*
órgão do sentido → *sense organ*
órgão espiral → *spiral organ*
órgão interno → *internal organ*
órgão otólito → *otolith organ*
órgão sexual → *sex organ*
órgão terminal → *end organ*
órgãos genitais → *genital organs*
órgãos genitais masculinos → *male sex organs*
órgãos reprodutores → *reproductive organs*
órgãos vitais → *vital organs*
orgasmo → *orgasm*
orientador → *counsellor*
orifício → *orifice*
orifício cardíaco → *cardiac orifice*
orifício ileocecal → *ileocaecal orifice*
orifício pilórico → *pyloric orifice*
orifício vaginal → *vaginal orifice*
origem → *origin; source*
original → *original*
originar → *originate*
ornitina → *ornithine*
ornitose → *ornithosis*
orofaringe → *oropharynx*
orogenital → *orogenital*
orquidectomia → *orchidectomy*
orquidopexia → *orchidopexy*
orquidotomia → *orchidotomy*
orquiepididimite → *orchiepididymitis*
orquiopexia → *orchiopexy*
orquite → *orchitis*
órtese → *orthosis*
órtese de Milwaukee → *Milwaukee brace*
ortodiagrafia → *orthodiagraph*
ortodontia → *orthodontia; orthodontics*
ortodôntico → *orthodontic*
ortodontista → *orthodontist*
ortopedia → *orthopaedics*
ortopédico → *orthopaedic*
ortopedista → *orthopaedist*
ortopnéia → *orthopnoea*
ortopnéico → *orthopnoeic*
ortopsiquiatria → *orthopsychiatry*
ortóptica → *orthoptics*
ortoptista → *orthoptist*
ortoptoscópio → *orthoptoscope*
ortostático → *orthostatic*
ortótica → *orthotics*

ortotista → *orthotist*
oscilação → *oscillation*
osciloscópio → *oscilloscope*
ósculo → *osculum*
osmorreceptor → *osmoreceptor*
osmose → *osmosis*
óssea → *ossium*
ósseo → *osseous; bony*
ossículo → *ossicle*
ossículos auditivos → *auditory ossicles; ear ossicle*
ossificação → *ossification*
osso → *bone; os*
osso alveolar → *alveolar bone*
osso articulador → *articulating bone*
osso calcâneo → *heel bone*
osso capitato → *capitate bone*
osso compacto → *compact bone*
osso craniano → *cranial bone*
osso cubóide → *cuboid bone*
osso cuneiforme → *cuneiform bone*
osso da face → *cheekbone*
osso da mandíbula → *jawbone*
osso do metacarpo → *metacarpal bone*
osso do palato → *palate bone*
osso do peito → *breastbone; sternum*
osso do tarso → *tarsal bone*
osso escafóide → *scaphoid bone*
osso escamoso → *squamous bone*
osso esfenóide → *sphenoid bone*
osso esponjoso → *cancellous bone; spongy bone*
osso esquisito → *funny bone*
osso etmóide → *ethmoid bone*
osso facial → *facial bone*
osso frontal → *frontal bone*
osso hamato → *hamate bone*
osso hióide → *hyoid bone*
osso ilíaco → *hip bone*
osso inominado → *innominate bone*
osso interparietal → *interparietal bone*
osso lacrimal → *lacrimal bone*
osso longo → *long bone*
osso malar → *cheekbone; malar bone*
osso mastóide → *mastoid bone*
osso maxilar inferior → *jaw; mandible*
osso membranáceo → *membrane bone*
osso nasal → *nasal bone*
osso navicular → *navicular bone*
osso occipital → *occipital bone*
osso palatino → *palatine bone*
osso parietal → *parietal bone*
osso petroso → *petrous bone*
osso piramidal → *triquetral bone*
osso pisidorme → *pisiform bone*
osso púbico → *pubic bone*
osso semilunar → *lunate bone*
osso sesamóide → *sesamoid bone*
osso társico → *tarsal bone*
osso temporal → *temporal bone*
osso timpânico → *tympanic bone*
osso trapezóide → *trapezoid bone*
osso turbinado → *turbinal bone; turbinate bone*
osso unciforme → *unciform bone*
osso zigomático → *zygomatic bone*
ossos → *ossa*
ossos carpais → *carpal bones*

ossos do antebraço → *forearm bones*

ossos do braço → *arm bones*

ostectomia → *ostectomy*

osteíte → *osteitis*

osteíte deformante → *osteitis deformans*

osteíte fibrosa → *fibrosa*

osteíte fibrosa cística → *osteitis fibrosis cystica*

osteoartose → *osteoarthrosis*

osteoartrite → *osteoarthritis*

osteoartropatia → *osteoarthropathy*

osteoartrotomia → *osteoarthrotomy*

osteoblasto → *osteoblast*

osteócito → *osteocyte*

osteoclasia → *osteoclasia*

osteoclasto → *osteoclast*

osteoclastoma → *osteoclastoma*

osteoclerose → *osteosclerosis*

osteocondrite → *osteochondritis*

osteocondrite dissecante → *osteochondritis dissecans*

osteocondrite primária do quadril → *Perthes' hip*

osteocondroma → *osteochondroma*

osteocondrose → *osteochondrosis*

osteodistrofia → *osteodystrophia*

osteófito → *osteophyte*

osteofonia → *osteophony*

osteogênese → *osteogenesis*

osteogênese imperfeita → *imperfecta; osteogenesis imperfecta*

osteogênico → *osteogenic*

osteólise → *osteolysis*

osteolítico → *osteolytic*

osteologia → *osteology*

osteoma → *osteoma*

osteomalacia → *osteomalacia*

osteomielite → *osteomyelitis*

ósteon → *osteon*

osteopata → *osteopath*

osteopatia → *osteopathy*

osteopetrose → *osteopetrosis*

osteoplastia → *osteoplasty*

osteopongiose → *otospongiosis*

osteoporose → *brittle bone disease; osteoporosis*

osteossarcoma → *osteosarcoma*

osteotoma → *osteotome*

osteotomia → *osteotomy*

óstio → *ostium*

ostomia → *ostomy*

otalgia → *otalgia*

ótico → *otic*

otite → *otitis*

otite externa → *externa; external otitis; otitis externa*

otite interna → *otitis interna*

otite média → *middle ear infection; otitis media*

otite média secretória → *secretory otitis media*

otolaringologia → *otolaryngology*

otolaringologista → *otolaryngologist*

otólito → *otolith*

otologia → *otology*

otologista → *otologist*

otomicose → *otomycosis*

otoplastia → *otoplasty*

otorragia → *otorrhagia*

otorrinolaringologia (Ouvido, Nariz & Garganta) → *Ear, Nose & Throat; otorhinolaryngology*

otorrinolaringologista → *otorhinolaryngologist*

otosclerose → *otosclerosis*

otoscópio → *otoscope*

ototóxico → *ototoxic*

ouro → *gold*

ouvido com cola → *glue ear*

ouvido externo → *external ear; outer ear*

ouvido interno → *inner ear; internal ear*

ouvido médio → *middle ear*

ouvir → *hear*

ovaralgia → *ovaralgia; ovarialgia*

ovariano → *ovarian*

ovariectomia → *ovariectomy*

ovário → *ovary*

ovariocele → *ovariocele*

ovariotomia → *ovariotomy*

ovarite → *ovaritis*

overdose → *overdose*

oviduto → *oviduct*

ovo → *egg; ovum*

ovo em amadurecimento → *maturing egg; maturing ovum*

ovulação → *ovulation*

ovular → *ovulate*

oxibutina → *oxybutynin*

oxicefalia → *oxycephaly*

oxicefálico → *oxycephalic*

oxidação → *oxidation*

oxidase → *oxidase*

óxido → *oxide*

óxido de zinco → *zinc oxide*

óxido nitroso → *nitrous oxide*

oxiemoglobina → *oxyhaemoglobin*

oxigenação → *oxygenation*

oxigenador → *oxygenator*

oxigenar → *oxygenate*

oxigênio → *oxygen*

oxigenoterapia → *oxygen therapy*

oximetria pulsativa → *pulse oximetry*

oxímetro → *oximeter*

oxíntico → *oxyntic*

oxitetraciclina → *oxytetracycline*

oxitócico produzir oxitação → *oxytocic*

oxitocina → *oxytocin*

oxiuríase → *oxyuriasis*

oxiúro → *pinworm*

ozena → *ozaena*

ozônio → *ozone*

paciente → *patient*

paciente cardíaco → *cardiac patient*

paciente com AVC → *stroke patient*

paciente conhecedor da sua doença → *expert patient*

paciente de alto risco → *high-risk patient*

paciente de baixo risco → *low-risk patient*

paciente de longo prazo → *long stay patient*

paciente diurno → *day patient*

paciente em diálise → *haemodialysed patient*

paciente externo → *outpatient*

paciente hospitalizado → *inpatient*

paciente impossibilitado de andar → *stretcher case*

paciente informal → *informal patient*

paciente mental → *mental patient*

paciente não hospitalizado → *outpatient*

paciente não-diagnosticado → *missed case*

paciente obstétrica → *obstetric patient*

paciente particular → *private patient*

paciente primigrávida → *primigravid patient*

paciente psiquiátrico → *mental patient*

padiola (com rodinhas) de hospital → *trolley*

padrões de enfermagem → *nursing standard*

padronizado padrão → *standard*

padronizar → *standardise*

pai → *father*

pai biológico → *birth parent*

pai natural → *birth parent*

pai ou mãe → *parent*

pais adotivos → *foster parent*

pais biológicos → *biological parent*

paladar → *taste*

palatino → *palatine*

palato → *palatal palate*

palato duro → *hard palate*

palato fendido → *cleft palate*

palato mole → *soft palate*

palatoplastia → *palatoplasty*

palatoplegia → *palatoplegia*

palatorrafia → *palatorrhaphy*

paliativo → *palliative*

palidez → *paleness; pallor*

pálido → *pale; peaky*

palidotomia → *pallidotomy*

palilalia → *palilalia*

palindrômico → *palindromic*

pálio → *pallium*

palma → *palm*

palmar → *palmar*

palpação → *palpation*

palpação das mamas → *breast palpation*

palpação digital → *digital palpation*

palpar → *palpable*

palpável → *palpable*

pálpebra → *blepharon; eyelid; palpebra*

palpebral → *palpebral*

palpitação → *palpitation*

palpitar → *palpitate*

panacéia → *panacea*

panarício → *whitlow; felon*

pan-artrite → *panarthritis*

pancada → *concussion*

pancardite → *pancarditis*

pancitopenia → *pancytopenia*

pâncreas → *pancreas*

pancreatectomia → *pancreatectomy*

pancreatectomia parcial → *partial pancreatectomy*

pancreatectomia subtotal → *subtotal pancreatectomy*

pancreatectomia total → *total pancreatectomy*

pancreático → *pancreatic*

pancreatina → *pancreatin*

pancreatite → *pancreatitis*

pancreatite aguda → *acute pancreatitis*
pancreatite crônica → *chronic pancreatitis*
pancreatite recidivante → *relapsing pancreatitis*
pancreatomia → *pancreatomy*
pancreatotomia → *pancreatotomy*
pandemia → *pandemic*
pandêmico → *pandemic*
panencefalite esclerosante subaguda → *subacute sclerosing panencephalitis*
pan-histerectomia → *panhysterectomy*
pânico → *panic*
paniculite → *panniculitis*
panículo → *panniculus*
panículo adiposo → *panniculus adiposus*
pano → *pannus*
pan-oftalmia → *panophthalmia*
pan-oftalmite → *panophthalmitis*
pan-osteíte → *panosteitis*
pan-otite → *panotitis*
pan-proctocolectomia → *panproctocolectomy*
pantotrópico → *pantotropic*
panturrilha → *calf*
papaveretum → *papaveretum*
papel → *role*
papel de litmo → *litmus paper*
papila → *papilla*
papila do nervo óptico → *optic papilla*
papila do pêlo → *hair papilla*
papila pilosa → *hair papilla*
papilar → *papillary*
papilas circunvaladas → *circumvallate papillae; vallate papillae*
papilas duodenais → *duodenal papillae*
papilas filiformes → *filiform papillae*
papilas fungiformes → *fungiform papillae*
papiledema → *papilloedema*
papilite → *papillitis*
papiloma → *papilloma*
papilomatose papilotomia → *papillomatosis*
papilomavírus humano → *human papillomavirus*
papovavírus → *papovavirus*
pápula → *papule*
papular → *papular*
papuloescamoso → *papulosquamous*
papulopustular → *papulopustular*
paquidactilia → *pachydactyly*
paquidermia → *pachydermia*
paquimeninge → *pachymeninx*
paquimeningite → *pachymeningitis*
paquioníquia → *pachyonychia*
paquissomia → *pachysomia*
para ser tomado quatro vezes ao dia → *quater in die sumendus*
parabiose → *parabiosis*
paracentese → *paracentesis; tapping*
paracetamol → *paracetamol*
paracolpite → *paracolpitis*
paracusia → *paracusis*
parada → *arrest*
parada cardíaca → *cardiac arrest; heart stoppage*
parado → *motionless*

paradoxal → *paradoxus*
parafasia → *paraphasia*
parafimose → *paraphimosis*
parafina → *paraffin*
parafina líquida → *liquid paraffin*
parafrasia → *paraphasia*
parafrenia → *paraphrenia*
parageusia → *parageusia*
paragonimiase → *paragonimiasis*
paragrafia → *paragraphia*
paralisação → *stoppage*
paralisar → *paralyse*
paralisia → *paralysis*
paralisia agitante → *paralysis agitans*
paralisia bulbar → *bulbar paralysis; bulbar palsy*
paralisia cerebral → *cerebral palsy*
paralisia de Bell → *Bell's palsy*
paralisia de Erb → *Erb's palsy; Erb's paralysis*
paralisia de Klumpke → *Klumpke's paralysis*
paralisia de Landry → *Landry's paralysis*
paralisia de Todd → *Todd's paralysis; Todd's palsy*
paralisia espástica → *spastic paralysis*
paralisia facial → *facial paralysis*
paralisia infantil → *infantile paralysis*
paralisia periódica → *periodic paralysis*
paralítica → *paralytica*
paralítico → *paralytic*
paramediano → *paramedian*
paramédico → *paramedic; paramedical*
parametrio → *parametrium*
parametrite → *parametritis*
parâmetro → *parameter*
paramixovírus → *paramyxovirus*
paramnésia → *paramnesia*
paranasal → *paranasal*
paranóia → *paranoia*
paranóico → *paranoiac*
paranóide → *paranoid*
paraplegia → *paraplegia*
paraplegia espástica → *spastic paraplegia*
paraplégico → *paraplegic*
paraprofissional → *paraprofessional*
parapsicologia → *parapsychology*
parapsoríase → *parapsoriasis*
parasigmatismo balbuciar → *lisp*
parasita → *parasite*
parasita malárico → *malarial parasite*
parasitemia → *parasitaemia*
parasiticida → *parasiticide*
parasítico → *parasitic*
parasitologia → *parasitology*
parassagital → *parasagittal*
parassimpático → *parasympathetic*
parassimpatolítico → *parasympatholytic*
parassimpatomimético → *parasympathomimetic*
parassuicídio → *parasuicide*
paratifóide → *paratyphoid*
paratiróide → *parathyroid*
paratiroidectomia → *parathyroidectomy*
paratormônio → *parathormone*
paravertebral → *paravertebral*
parcial → *partial*

parcialmente → *partially; partly*
parecer → *report; sound*
parede → *paries; wall*
parede abdominal → *abdominal wall*
parede alveolar → *alveolar wall*
parede intestinal → *intestinal wall*
parênquima → *parenchyma*
parenquimatoso → *parenchymal*
parente (especialmente irmão ou irmã) → *sib*
parente de primeiro grau → *first-degree relative*
parente de sangue → *sibling*
parenteral → *parenteral*
parentes → *kin*
parentes mais próximos → *next of kin*
paresia → *paresis*
parestesia → *paraesthesia; paresthesia*
parida → *parous*
paridade → *parity*
parietal → *parietal*
parkinsoniano → *parkinsonian*
parkinsonismo → *parkinsonism*
paroníquia → *paronychia; whitlow; felon*
parosmia → *parosmia*
parótido → *parotid*
parotite → *parotitis*
parotite infeciosa → *infectious parotitis*
paroxetina → *paroxetine*
paroxismo → *paroxysm*
paroxístico → *paroxysmal*
parte → *pars; part*
parte de apresentação → *presenting part*
parte inferior → *bottom*
parte superior do braço → *upper arm*
parteira → *midwife*
parteira contratada → *staff midwife*
parteira domiciliar → *domiciliary midwife*
parteira registrada → *registered midwife*
partes baixas → *nether parts*
partes pudendas → *private parts; privates*
partícula → *particle*
particulado → *particulate*
parto → *accouchement; birth; birthing; childbearing; childbirth; delivery; parturition*
parto a fórceps → *forceps delivery*
parto antes do termo → *preterm birth*
parto de nádegas → *breech birth*
parto de vértice → *vertex delivery*
parto espontâneo → *spontaneous delivery*
parto induzido → *induction of labour*
parto instrumental → *instrumental delivery*
parto natural → *natural childbirth*
parto prematuro → *premature birth*
parto pré-termo → *preterm birth*
parto vaginal → *vaginal delivery*
parto vaginal após operação cesariana → *vaginal birth after Caesarean section*
parturiente → *maternity case; parturient*
parturifaciente → *parturifacient*
parúlia → *parulis*
passado → *past*
passagem → *passage*
passagem de ar → *air passage*
passar → *pass on*

passar informações → *feed back*
passar para → *hand*
passar por → *undergo; wear off*
passivo → *passive*
passo → *step*
pasta → *paste*
pasta de Lassar → *Lassar's paste*
pasta de óxido de zinco → *Lassar's paste*
pasteurização → *pasteurisation*
pasteurizar → *pasteurise*
pastilha → *lozenge; pastille*
patela → *kneecap; patella*
patelar → *patellar*
patelectomia → *patellectomy*
patência → *patency*
patente → *patent; patulous*
paternidade → *paternity*
paternidade ou maternidade → *parent-hood; parenting*
patofisiologia → *pathophysiology*
patogênese → *pathogenesis*
patogenicidade → *pathogenicity*
patogênico → *pathogenetic; pathogenic*
patógeno → *pathogen*
patognomônico → *pathognomonic*
patologia → *pathology*
patologia clínica → *clinical pathology*
patológico → *pathological*
patologista → *pathologist*
pavilhão de isolamento → *isolation ward*
pcinoepilepsia → *pyknolepsy*
pé → *foot*
pé cavo → *pes cavus*
pé chato → *flat foot*
pé de imersão → *immersion foot*
pé de Madura → *Madura foot*
pé em clava → *cleft foot*
pé em garra → *claw foot*
pé plano → *pes planus*
pé torto → *cleft foot; club foot; talipes*
peça → *unit*
pecilócito → *poikilocyte*
pecilocitose → *poikilocytosis*
pécten → *pecten*
pectíneo → *pectineal*
pectiniforme → *pectineal*
pé-de-atleta → *athlete's foot*
pé-de-trincheira → *trench foot*
pediatra → *paediatrician; paediatrics; pediatrics*
pediátrico → *paediatric*
pediculicida → *pediculicide*
pedículo → *pedicle; stalk*
pedículo hipofisário → *hypophyseal stalk*
pediculose → *pediculosis*
pedodontia → *paedodontia; pedodontia*
pedodontista → *pedodontist*
pedra → *cast; calculus; stone*
pedunculado → *pedunculate*
pedúnculo → *crura; crus; peduncle*
pedúnculo cerebelar → *cerebellar pe-duncle*
pedúnculo cerebral → *cerebral peduncle; crus cerebri*
pedúnculos do diafragma → *crura of the diaphragm*
pegajoso → *sticky*
pegar → *pick up; take*

peito (de) → *pectoris*
peito → *breast; pectus*
peito carinado → *pectus carinatum*
peito de pombo → *pigeon breast; pigeon chest*
peito do pé → *instep*
peito escavado → *pectus excavatum*
peito recurvado → *pectus excavatum*
peitoral → *pectoral; pectoralis*
pela boca → *per os*
pelagra → *pellagra*
pelar → *peel*
pele → *skin*
pele anserina → *goose bumps*
pele anserina → *goose pimples; goose flesh*
pele de ganso → *goose pimples; goose flesh*
pele de laranja → *peau d'orange*
pelegra infantil → *kwashiorkor*
película → *pellicle*
pêlo → *pilus*
pêlo eretor → *arrector pili; pili*
pêlo pubiano → *pubic hair*
pêlo púbico → *pubic hair*
pelo reto (exames médicos) → *per rectum*
pelo reto → *rectally*
pelota → *pellet*
pelúcido → *pellucida*
pelve → *pelvis*
pelve renal → *pelvis of the kidney; renal pelvis*
pélvico → *pelvic*
pelvimetria → *pelvimetry*
pelvímetro → *pelvimeter*
pendular → *pendulous*
penetração → *penetration*
penetrante (dor) → *shooting*
penetrar → *penetrate*
pênfigo → *pemphigus*
penfigóide → *pemphigoid*
peniano → *penile*
penicilamina → *penicillamine*
penicilina → *penicillin*
penicilinase → *penicillinase*
pênis → *penes; penis*
pentamidina → *pentamidine*
pentazocina → *pentazocine*
pentose → *pentose*
pentosúria → *pentosuria*
Pentothal → *Pentothal*
pepsina → *pepsin*
pepsinogênio → *pepsinogen*
péptico → *peptic*
peptidase → *peptidase*
peptídeo → *peptide*
peptona → *peptone*
peptonúria → *peptonuria*
pequena circulação → *lesser circulation*
pequena cirurgia → *minor surgery*
pequeno (menino) → *small*
pequeno → *short*
pequeno corte → *nick*
pequeno jovem → *small*
pequeno mal → *petit mal*
perceber → *sense*
percepção → *perception; consciousness; insight*

perceptível → *noticeable; observable*
percevejo → *bedbug*
percevejo da cama → *cimex*
percussão → *percussion*
percutâneo → *percutaneous*
perda → *bereavement*
perda auditiva de condução → *conductive hearing loss*
perda de audição → *hearing loss*
perda de peso → *weight loss*
perda de sangue → *blood loss*
perene → *perennial*
perfil → *profile*
perfil biofísico → *biophysical profile*
perfumado → *scented*
perfume → *scent*
perfundir → *perfuse*
perfuração → *perforation; stab*
perfurar → *penetrate; perforate*
perfusão → *perfusion*
perfusão hipotérmica → *hypothermic perfusion*
periadenite → *periadenitis*
perianal → *perianal*
periarterite → *periarteritis*
periarterite nodosa → *periarteritis no-dosa*
periartrite → *periarthritis*
periartrite crônica → *chronic periarthritis*
pericárdico → *pericardial*
pericardiectomia → *pericardectomy; peri-cardiectomy*
pericárdio → *pericardium*
pericárdio fibroso → *fibrous pericardium*
pericárdio parietal → *parietal pericar-dium*
pericárdio seroso → *serous pericardium*
pericárdio visceral → *visceral pericar-dium*
pericardiocentese → *pericardiocentesis*
pericardiorrafia → *pericardiorrhaphy*
pericardiostomia → *pericardiostomy*
pericardiotomia → *pericardiotomy*
pericardite → *pericarditis*
pericardite constritiva → *constrictive pericarditis*
pericardite crônica → *chronic pericarditis*
pericardotomia → *pericardotomy*
pericistite → *pericystitis*
pericolpite → *pericolpitis*
pericôndrio → *perichondrium*
pericondrite → *perichondritis*
pericrânio → *pericranium*
periepatite → *perihepatitis*
periferia → *periphery*
periférico → *peripheral*
periflebite → *periphlebitis*
perifoliculite → *perifolliculitis*
perigo → *danger; dangerous; risk*
perilinfa → *perilymph*
perimenopausa → *perimenopause*
perimetria → *perimetry*
perimétrio → *perimetrium*
perimetrite → *perimetritis*
perímetro → *perimeter*
perinatal → *perinatal*
perinatologia → *perinatology*
perinatologista → *perinatologist*

perineal → *perineal*
perinéfrico → *perinephric*
perinéfrio → *perinephrium*
perinefrite → *perinephritis*
períneo → *perineum*
perineoplastia → *perineoplasty*
perineorrafia → *perineorrhaphy*
perineuro → *perineurium*
periocular → *periocular*
periodicidade → *periodicity*
periódico → *periodic*
período → *term*
período de gestação → *gestation period*
período de incubação → *incubation period*
período de pico → *peak period*
período menstruação ou regras → *period*
período perinatal → *perinatal period*
período refratário → *refractory period*
período seguro → *safe period*
periodontal → *periodontal*
periodontia → *periodontics*
periodontista → *periodontist*
periodontite → *periodontitis*
periodonto → *periodontium*
perioníquia → *perionychia*
perioníquio → *perionychium*
perionixe → *perionyxis*
perioperatório → *perioperative*
perioral → *circumoral*
periorbitário → *periorbital*
periósteo → *periosteum*
perióstico → *periosteal*
periostite → *periostitis*
periostótomo → *periosteotome*
periótico → *periotic*
periproctite → *periproctitis*
perirrenal → *perinephric*
perisplenite → *perisplenitis*
perissalpingite → *perisalpingitis*
peristáltico → *peristaltic*
peristaltismo → *peristalsis*
peritendinite → *peritendinitis*
peritiflite → *perityphlitis*
perito → *coroner*
peritomia → *peritomy*
peritoneal → *peritoneal*
peritôneo → *peritoneum*
peritoneoscopia → *peritoneoscopy*
peritoneoscópio → *peritoneoscope*
peritônio parietal → *parietal peritoneum*
peritônio visceral → *visceral peritoneum*
peritonite → *peritonitis*
peritonite primária → *primary peritonitis*
peritonite secundária → *secondary peritonitis*
peritonsilar → *peritonsillar*
peritríquio → *peritrichous*
periumbilical → *periumbilical*
periureterite → *periureteritis*
periuretral → *periurethral*
perleche → *perleche*
permanecer → *lie; stay*
permanência → *stay*
permanente → *permanent*
permanentemente → *permanently*
permanganato de potássio → *potassium permanganate*

permeabilidade → *permeability*
permísio → *perimysium*
perna → *crura; crus; leg*
perna de Barbados → *Barbados leg*
perna de leite → *milk leg; white leg*
pernas arqueadas (de) → *bow-legged*
pernas arqueadas → *bow legs*
pernas em tesoura → *scissor leg; scissor legs*
perneira → *compression stocking*
pernicioso → *pernicious; noxious*
perniose → *perniosis*
peromelia → *peromelia*
peroneal → *peroneal*
perônio → *fibula*
peroperatório → *peroperative*
peroral → *peroral*
peróxido de hidrogênio → *hydrogen peroxide*
perseguição → *persecution*
perseguir → *persecute*
perseveração → *perseveration*
persistente → *persistent; gnawing*
persistir → *persist*
personalidade → *personality*
personalidade dividida → *split personality*
personalidade histérica → *hysterical personality*
perspiração → *perspiration*
perspiração sensível → *sensible perspiration*
perspirar → *perspire*
perturbado → *disturbed*
perturbar → *disturb*
perversão → *perversion*
perversão sexual → *sexual deviation*
pés → *pedes*
pés de pombo → *pigeon toes*
pesadelo → *nightmare*
pesar → *weigh*
pescoço → *neck*
pescoço do fêmur → *neck of the femur*
pescoço duro → *stiff neck*
pescoço femoral → *femoral neck*
pescoço torcido → *wry neck*
peso → *weight*
peso de nascimento → *birth weigth*
peso deficiente → *underweight*
peso molecular → *molecular weight*
pesquisa → *research*
pesquisa e desenvolvimento → *research and development*
pesquisar → *explore; research*
pessário → *pessary*
pessoa → *person*
pessoa cega → *visually impaired person*
pessoa com Aids → *PWA*
pessoa que cuida de doentes → *caregiver*
pessoa sensível → *sensitised person*
pessoal → *personal; personnel*
pestana → *eyelash; cilium*
peste → *plague; pest*
peste bubônica → *bubonic plague*
peste pneumônica → *pneumonic plague*
peste septicêmica → *septicaemic plague*
pesticida → *pesticide*
petéquia → *petechia*
petidina → *pethidine*

petrosa → *petrosal*
petrosite → *petrositis*
petroso → *petrous*
pH → *pH*
pia → *washbasin*
pia-máter → *pia; pia mater*
piartrose → *pyarthrosis*
pica → *pica*
picada (inseto) → *sting*
picada de inseto → *insect bite*
picante → *stinging*
picar → *sting; prick; tingle*
pico → *peak*
picomol → *picomole*
picornavírus → *picornavirus*
pielite → *pyelitis*
pielocistite → *pyelocystitis*
pielografia → *pyelography*
pielografia intravenosa → *intravenous pyelography*
pielografia retrógrada → *retrograde pyelography*
pielograma → *pyelogram*
pielograma intravenoso → *intravenous pyelogram*
pielolitotomia → *pyelolithotomy*
pielonefrite → *pyelonephritis*
pieloplastia → *pyeloplasty*
pielotomia → *pyelotomy*
piemia → *pyaemia; pyemia*
piemia portal → *portal pyaemia*
pigmentação → *pigmentation*
pigmentado → *pigmented*
pigmento → *pigment*
pigmento biliar → *bile pigment*
pigmento derivado da hemoglobina → *blood pigment*
pigmentos respiratórios → *respiratory pigment*
pilar → *pillar*
Pilates → *Pilates*
pileflebite → *pylephlebitis*
piletrombose → *pylethrombosis*
pilocarpina → *pilocarpine*
pilomotor → *pilomotor*
pilonidal → *pilonidal*
pilorectomia → *pylorectomy*
pilórico → *pyloric*
piloro → *pylorus*
piloroplastia → *pyloroplasty*
piloros → *pylori*
pilorospasmo → *pylorospasm*
pilorotomia → *pylorotomy*
pilose → *pilosis*
pilossebáceo → *pilosebaceous*
pílula → *pill*
pílula anticoncepcional → *birth control pill*
pílula de progesterona → *progesterone only pill*
pílula do aborto → *abortion pill*
pílula do dia seguinte → *morning-after pill; next-day pill*
pílula para dormir → *sleeping pill; sleeping tablet*
pílula revigorante → *pep pill*
pina → *pinna*
pinaplastia → *pinnaplasty*

pinça → clamp; forceps
pinçamento → pinch
pinçar → pinch
pinças → tweezers
pineal → pineal
pinguécula → pinguecula
pino → pin
pino de Steinmann → Steinmann's pin
pinocitose → pinocytosis
pinta → freckle; pint; pinta
pintalgar-se → freckle
piocele → pyocele
piocolpo → pyocolpos
pioderma → pyoderma
pioderma gangrenoso → pyoderma gangrenosum
piogênese → pyogenesis
piogênico → pyogenic
piolho → louse
piolho corporal → Pediculus corporis
piolho das virilhas → crab louse
piolho de cabeça → head louse; Pediculus capitis
piolho pubiano → Pediculus pubis; pubic louse
piometra → pyometra
piomiosite → pyomyositis
pionefrose → pyonephrosis
piopericardite → pyopericarditis
piopneumotórax → pyopneumothorax
piorar → degenerate; deteriorate
piorréia → pyorrhoea
piorréia alveolar → pyorrhoea alveolaris
piossalpinge → pyosalpinx
piotórax → pyothorax
pipeta → pipette
piramidal → pyramidal
pirâmide → pyramid
pirético → pyretic
pirexia → pyrexia
piridostigmina → pyridostigmine
piridoxina → pyridoxine
pirimidina → pyrimidine
pirofobia → pyrophobia
pirogênico → pyrogenic
pirogênio → pyrogen
piromania → pyromania
pirose → heartburn; waterbrash
piroxicam → piroxicam
piscar → blink
pisiforme → pisiform
pitada → pinch
pitiatismo → pithiatism
pitiríase → phthiriasis; pityriasis
pitiríase alba → pityriasis alba
pitiríase da cabeça → pityriasis capitis
pitiríase rósea → pityriasis rosea
pitiríase rubra → pityriasis rubra
pituitário → pituitary
pituitrina → pituitrin
piúria → pyuria
pivô → pivot
placa → plaque; plate; patch
placa aterosclerótica → atherosclerotic plaque
placa bacteriana → bacterial plaque
placa cribiforme → cribriform plate
placa de Alzheimer → Alzheimer plaque

placa de Petri → Petri dish
placa dentária → dental plaque
placa motora → end plate; motor end plate
placa neural → neural plate
placa pterigóide → pterygoid plate
placa senil → senile plaque
placa-mestra → herald patch
placas de Peyer → Peyer's patches
placas de tântalo → tantalum mesh
placebo → placebo
placenta → placenta
placenta em raquete → battledore placenta
placenta prévia → placenta praevia
placentário → placental
placentografia → placentography
plagiocefalia → plagiocephaly
planejamento → planning
planejamento de alta hospitalar → discharge planning
planejamento do parto → birth plan
planejamento dos serviços de saúde → health service planning
planejamento familiar → family planning; planned parenthood
plano → plane; plan; planus
plano articulado de investimento → joint investment plan
plano coronal → coronal plane
plano de tratamento → care plan
plano esternoxifóideo → xiphisternal plane
plano horizontal → horizontal plane
plano intertubercular → intertubercular plane; intratubercular plane; transtubercular plane
plano mediano → median plane
plano paramediano → paramedian plane
plano parassagital → parasagittal plane
plano sagital → sagittal plane
plano subcostal → subcostal plane
plano transpilórico → transpyloric plane
plano transtubercular → transtubercular plane
plano transverso → transverse plane
planos de saúde especializados → level of care
planta → planta
plantão → night duty
plantar → plantar
plaqueta → platelet
plaqueta de sangue → blood platelet
plasma → plasma
plasma fresco congelado → fresh frozen plasma
plasma sanguíneo → blood plasma
plasmacitoma → plasmacytoma
plasmaferese → plasmapheresis
plasmina → plasmin
plasminogênio → plasminogen
plasmólise → plasmolysis
plástico → plastic
plastina → plastin
platisma → platysma
pleocitose → pleocytosis
pleóptica → pleoptics
plessor → plessor

pletismografia → plethysmography
pletora → plethora
pletórico → plethoric
pleura → pleura
pleura costal → costal pleura
pleura diafragmática → diaphragmatic pleura
pleura externa → outer pleura
pleura parietal → parietal pleura
pleura pulmonar → inner pleura
pleura visceral → visceral pleura
pleuracentese → pleuracentesis
pleural → pleural
pleurectomia → pleurectomy
pleurisia → pleurisy
pleurisia diafragmática → diaphragmatic pleurisy
pleurite → pleuritis
pleurocele → pleurocele
pleurocentese → pleurocentesis
pleurodese → pleurodesis
pleurodinia → pleurodynia
pleurodinia epidêmica → epidemic pleurodynia
pleurônio → pleuron
pleuropneumonia → pleuropneumonia
pleurorréia → hydrothorax
plexo → plexus
plexo braquial → brachial plexus
plexo celíaco → coeliac plexus
plexo cervical → cervical plexus
plexo coróide → choroid plexus
plexo de Auerbach → Auerbach's plexus
plexo de Meissner → Meissner's plexus
plexo lombar → lumbar plexus
plexo pterigóide → pterygoid plexus
plexo sacro → sacral plexus
plexo solar → solar plexus
plexor → plexor
plicação → plication
plicatura → plication
ploidia → ploidy
plumbismo → plumbism
plurinuclear → multinucleated
pneumatocele → pneumatocele
pneumatonômetro → pneumatonometer
pneumatose → pneumatosis
pneumatúria → pneumaturia
pneumocefalia → pneumocephalus
pneumócito → pneumocyte
pneumocócico → pneumococcal
pneumococo → pneumococcus
pneumoconiose → pneumoconiosis
pneumoemotórax → pneumohaemothorax
pneumoencefalografia→pneumoencephalography.
pneumogástrico → pneumogastric
pneumógrafo → pneumograph
pneumomicose → pneumomycosis
pneumonectomia → pneumonectomy
pneumonia → pneumonia
pneumonia bacteriana → bacterial pneumonia
pneumonia bilateral → bilateral pneumonia
pneumonia brônquica → bronchial pneumonia

pneumonia dupla → *double pneumonia*

pneumonia hipostática → *hypostatic pneumonia*

pneumonia lobar → *lobar pneumonia*

pneumonia por aspiração → *aspiration pneumonia*

pneumonia por *Pneumocystis carinii* → *Pneumocystis carinii pneumonia*

pneumonia viral → *viral pneumonia*; *virus pneumonia*

pneumônico → *pneumonic*

pneumonite → *pneumonitis*

pneumoperitôneo → *pneumoperitoneum*

pneumorradiografia → *pneumoradiography*

pneumotórax → *pneumothorax*

pneumotórax artificial → *artificial pneumothorax*

pneumotórax de tensão → *tension pneumothorax*

pneumotórax espontâneo → *spontaneous pneumothorax*

pneumotórax traumático → *traumatic pneumothorax*

pó → *powder; pulvis*

podagra → *podagra*

podálico → *podalic*

poder → *strength*

podiatra → *podiatrist*

podiatria → *podiatry*

podoartrite → *podarthritis*

podologia → *podiatry*

podólogo → *podiatrist*

polar → *polar*

polegar → *pollex; thumb*

polegar do esquiador → *skier's thumb*

pólen → *pollen*

polia → *pulley*

poliarterite → *polyarteritis*

poliarterite nodosa → *polyarteritis nodosa*

poliartrite → *polyarthritis*

policístico → *polycystic*

policitemia → *polycystitis polycythaemia*

policitemia vera → *polycythaemia vera*

polidactia → *polydactyl*

polidactilismo → *polydactylism*

polidipsia → *polydipsia*

polifagia → *polyphagia*

polifarmácia → *polypharmacy*

polígrafo → *polygraph*

polimenorréia → *polymenorrhoea*

polimialgia reumática → *polymyalgia rheumatica*

polimiosite → *polymyositis*

polimorfo → *polymorph*

polineurite → *polyneuritis*

polineuropatia → *polyneuropathy*

polinose → *pollinosis*

pólio → *polio*

polioencefalite → *polioencephalitis*

polioencefalomielite → *polioencephalomyelitis*

poliomielite → *poliomyelitis*

poliomielite abortiva → *abortive poliomyelitis*

poliomielite bulbar → *bulbar poliomyelitis*

poliomielite não-paralítica → *non-paralytic poliomyelitis*

poliomielite paralítica → *paralytic poliomyelitis*

poliopia → *polyopia; polyopy*

poliopsia → *polyopsia*

poliovírus → *poliovirus*

polipectomia → *polypectomy*

polipeptídeo → *polypeptide*

poliplóide → *polyploid*

pólipo → *polyp; polypus*

polipóide → *polypoid*

polipose → *polyposis*

polipose adenomatosa familiar → *familial adenomatous polyposis*

polirradiculite → *polyradiculitis*

polispermia → *polyspermia*

polissacarídeo → *polysaccharide*

polisserosite → *polyserositis*

polissonógrafo → *polysomnograph*

poliúria → *polyuria*

polivalente → *polyvalent*

pólo → *pole*

polpa → *pulp*

polpa dentária → *dental pulp*

poluente → *pollutant*

poluição → *pollution*

poluir → *pollute*

pomada → *salve; unguentum*

pomada de zinco → *zinc ointment*

pomada ocular → *eye ointment*

pomada oftálmica → *eye ointment*

pomada oftálmica dourada → *golden eye ointment*

pomada para os lábios → *lip salve*

pomo-de-adão → *Adam's apple*

ponfólige → *pompholyx*

pontada → *twinge*

ponte → *bridge; pons*

ponte de Varolius → *pons Varolii*

pontilhado → *punctate*

pontinhos pretos → *black spots*

pontino → *pontine*

ponto → *punctum; point*

ponto cirúrgico → *stitch*

ponto de McBurney → *maxillo-facial point*

ponto de pressão → *pressure point*

ponto de pressão braquial → *brachial pressure point*

ponto de sangramento → *bleeding site*

ponto de sutura → *stitch*

ponto lacrimal → *lacrimal puncta*

ponto pulsativo → *pulse point*

pontudo → *pointed*

pópilo aural → *aural polyp*

poplíteo → *popliteal; popliteus*

população → *population*

por → *per*

por cento → *per cent*

por conta própria (de) → *privately*

pôr de quarentena → *quarantine*

por dia → *per diem*

pôr em risco → *endanger*

por via bucal → *orally*

por via oral → *per os*

porcentagem → *percentage*

porencefalia → *porencephaly*

porfiria → *porphyria*

porfirina → *porphyrin*

porfirinúria → *porphyrinuria*

poro sudorífero → *sweat pore*

poroso → *porous*

porta → *porta*

porta hepática → *porta hepatis*

porta-cava → *portacaval*

portador → *carrier*

portal → *portal*

portátil → *portable*

portocava → *portocaval*

pós-coito → *post-coital*

pós-efeito → *after-effect*

pós-epiléptico → *post-epileptic*

pós-ganglionar → *postganglionic*

pós-hepático → *posthepatic*

posição → *lie; position*

posição anatômica → *anatomical position*

posição de inclinação do corpo → *stoop*

posição de litotomia → *lithotomy position*

posição de recuperação → *recovery position*

posição de Sims → *Sims' position*

posição de Trendelenburg → *Trendelenburg's position*

posição do feto → *lie of fetus*

posição fetal → *fetal position*

posição genocubital → *genucubital position*

posição genopeitoral → *genupectoral position*

posição longitudinal → *longitudinal lie*

posição transversa → *transverse lie*

posicionar → *position*

positivo → *objective; positive*

positivo para anticorpos → *antibody-positive*

pós-maduro → *postmature*

pós-maturidade → *postmaturity*

pós-menopáusico → *postmenopausal*

pós-nasal → *postnasal*

pós-natal → *postnatal*

posologia → *posology*

pós-operatório → *post-op; postoperative; postoperatively*

pós-orbital → *postorbital*

pós-parto → *postpartum*

pós-radiação → *post-irradiation*

pós-sináptico → *postsynaptic*

posterior → *posterior*

posteriormente → *posteriorly*

póstero-anterior → *posteroanterior*

postite → *posthitis*

posto de enfermagem → *nurse station*

posto de primeiros socorros → *first-aid post*

posto de saúde → *health centre*

pós-tratamento → *aftercare*

pós-traumático → *post-traumatic*

póstumo → *posthumous*

postura → *posture*

postural → *postural*

pós-viral → *postviral*

potássio → *kalium; potassium*

potencial → *latent*

potencial de ação → *action potential*

potencializar → *potentiate*

595

pouco desenvolvido → *rudimentary*
pox → *pox*
poxvírus → *poxvirus*
prata → *silver*
prática → *practice*
prática de grupo → *group practice*
prática reflexiva → *reflective practice*
praticar → *practise*
praticar a eutanásia → *euthanise*
prato → *dish*
prato dental → *dental plate*
pravastatina → *pravastatin*
prazo → *term*
prazosina → *prazosin*
pré-câncer → *precancer*
pré-canceroso → *precancerous*
precaução → *precaution*
precauções quanto à transmissão de doenças → *transmission-based precautions*
preceder → *precede*
preceptor → *preceptor*
preceptorado → *preceptorship*
precipitação → *precipitation*
precipitado → *precipitate*
precipitar → *precipitate*
precipitina → *precipitin*
precisar → *require*
preciso → *precise*
pré-clínico → *preclinical*
precoce → *early; praecox; precocious; premature; prem*
precocidade → *precocity*
precordial → *precordial*
precórdio → *precordium*
precursor → *precursor*
predição → *prediction*
pré-digerir → *predigest*
pré-digestão → *predigestion*
predisposição → *predisposition*
predisposto a → *predisposed to*
preditivo → *predictive*
predizer → *predict*
prednisolona → *prednisolone*
prednisona → *prednisone*
predominante → *predominant*
pré-eclâmpsia → *pre-eclampsia*
pré-eclâmpsia de início precoce → *early onset pre-eclampsia*
preencher → *fill*
pré-frontal → *prefrontal*
prega → *flexure; fold; plica*
prega circular → *circular fold*
pregas ventriculares → *ventricular folds*
pregas vestibulares → *vestibular folds*
pregas vocais abduzidas → *vocal folds abducted*
pré-glanglionar → *preganglionic*
prego de Küntscher → *Kuntscher nail*
pregos de Smith-Petersen → *Smith-Petersen nail*
pregueado → *plicate*
preguiçoso → *indolent*
pré-hepático → *prehepatic*
prejudicar; afetar → *impair*
prejudicial → *harmful*
prematuridade → *prematurity*
prematuro → *premature; prem*

pré-medicação → *premedication*
pré-médico → *premedical*
pré-menopáusico → *premenopausal*
pré-menstrual → *premenstrual*
pré-molar → *premolar*
pré-natal → *prenatal*
prender (com alfinete, pino, grampo etc.) → *pin*
prender → *lock*
pré-op → *pre-op*
pré-operatório → *preoperative*
pré-ovulatório → *preovulatory*
preparação → *prep; preparation*
preparado antitussivo → *cough mixture*
preparar → *prep; preparation; prepare; prime*
pré-puberdade → *prepuberty*
pré-púbere → *prepubertal*
pré-pubescência → *prepuberty*
pré-pubescente → *prepubescent*
prepúcio → *foreskin; prepuce*
prerrogativa → *right*
presbiacusia → *presbyacusis*
presbiopia → *presbyopia*
prescrever → *prescribe*
prescrever em demasia → *overprescribe*
prescrição → *prescription; recipe; scrip*
prescrição repetida → *repeat prescription*
presença → *presence*
pré-senil → *presenile*
pré-senilidade → *presenility*
preservação → *preservation*
preservar → *preserve*
preservativo → *sheath*
pré-sináptico → *presynaptic*
pré-sístole → *presystole*
preso → *confined*
pressão → *pressure*
pressão arterial → *blood pressure*
pressão atmosférica → *atmospheric pressure*
pressão diastólica → *diastolic pressure*
pressão expiratória final positiva → *positive end-expiratory pressure*
pressão intracraniana → *intracranial pressure*
pressão intra-ocular → *intraocular pressure*
pressão osmótica → *osmotic pressure*
pressão positiva contínua das vias aéreas → *continuous positive airways pressure*
pressão positiva expiratória final → *end-expiratory*
pressão sistólica → *systolic pressure*
pressão término-expiratória positiva → *positive end-expiratory pressure*
pressão venosa central → *central venous pressure*
pressionar → *press*
pressor → *pressor*
prevalência → *prevalence*
prevalente → *prevalent*
prevenção → *prevention*
prevenção de acidentes → *accident prevention*
prevenção secundária → *secondary prevention*

prevenir → *prevent*
preventivo → *preventative; preventive*
prever → *predict*
pré-vertebra → *prevertebral*
prévia → *praevia*
priapismo → *priapism*
prilocaína → *prilocaine*
primaquina → *primaquine*
primário → *primary*
primeiros socorros → *first aid*
primeiro-socorrista → *first-aider*
primigrávida → *primigravida*
primípara → *primipara*
primordial → *primordial*
principal → *major; prime*
princípio ativo → *active principle*
princípio do tudo-ou-nada → *all or none law*
princípios dietéticos → *dietetic principles*
príon → *prion*
privação → *deprivation; needs; deprivation*
privação materna → *maternal deprivation*
privação sensorial → *sensory deprivation*
privado → *private*
probabilidade de vida → *life expectancy*
problema (de saúde) → *trouble; problem*
problemas com a bebida → *problem drinking*
procedimento → *procedure*
procedimento cirúrgico → *surgical procedure*
procedimento de commando → *commando procedure*
procedimento de Stamey → *Stamey procedure*
processar → *process*
processo → *process*
processo articulador → *articular process*
processo articular → *articulating process*
processo condilóide → *condyloid process*
processo coracóide → *coracoid process*
processo coronóide → *coronoid process*
processo de envelhecimento → *ageing process*
processo diagnóstico → *diagnostic process*
processo do olécrano → *olecranon process*
processo espinhoso → *spinous process*
processo estilóide → *styloid process*
processo mastóide → *mastoid process*
processo odontóide → *odontoid process*
processo pterigóide → *pterygoid process*
processo transverso → *transverse process*
processo xifóide → *xiphoid process*
processo zigomático → *zygomatic process*
processos ciliares → *ciliary processes*
procidência → *procidentia*
procidência do útero → *uterine procidentia*
proclorperazina → *prochlorperazine*
proctalgia → *proctalgia*
proctalgia fugaz → *proctalgia fugax*
proctatresia → *proctatresia*
proctectasia → *proctectasia*

proctectomia → *proctectomy*
proctite → *proctitis*
proctocele → *proctocele*
proctoclise → *proctoclysis*
proctocolectomia → *proctocolectomy*
proctocolite → *proctocolitis*
proctodinia → *proctodynia*
proctograma → *proctogram*
proctologia → *proctology*
proctologista → *proctologist*
proctorrafia → *proctorrhaphy*
proctoscopia → *proctoscopy*
proctoscópio → *proctoscope*
proctossigmoidite → *proctosigmoiditis*
proctotomia → *proctotomy*
procurador *ad litem* → *guardian ad litem*
prodrômico → *prodromal*
pródromo → *prodrome*
produto → *product*
produto derivado → *breakdown product*
produto sanguíneo → *blood product*
produtos farmacêuticos → *pharmaceutical products*
produzir → *produce*
produzir leite → *lactate*
proeminência → *prominence*
proeminência laríngea → *laryngeal prominence*
proeminente → *prominent*
pró-enzima → *proenzyme*
pró-fase → *prophase*
professional de saúde → *healthcare professional*
profilático → *prophylactic*
profilaxia → *prophylactic*
profilaxia pós-exposição → *post-exposure prophylaxis*
profissão → *occupation; profession*
profissão médica → *medical profession*
profissional → *professional*
profissional ligado ao paramédico de saúde → *allied health profissional*
profundamente → *deeply*
profundaplastia → *profundaplasty*
profundas → *profunda*
profundo → *deep; profound; intense*
profuso → *profuse*
progênie → *progeny*
progeria → *progeria*
progestacional → *progestational*
progesterona → *progesterone*
progestogênio → *progestogen*
prognatismo → *prognathism*
prognose → *prognosis*
prognóstico → *prognosis; prognostic*
programa → *programme*
progredir → *progress*
progressão → *progression*
progressivamente → *progressively*
progressivo → *progressive*
progresso → *progress*
proguanila → *proguanil*
proibir → *ban*
pró-insulina → *proinsulin*
projeção → *projection*
projeção do trato cerebral → *projection tract*
projetar-se → *project*

prolactina → *prolactin*
prolapso → *prolapse*
prolapso de disco intervertebral → *prolapsed intervertebral disc*
prolapso do reto → *prolapse of the rectum; rectal prolapse*
prolapso do útero → *prolapse of the womb; prolapsed uterus; prolapse of the uterus*
prolapso uterino → *uterine prolapse*
proliferação → *proliferation*
proliferar → *proliferate*
proliferativo → *proliferative*
prolina → *proline*
prolongado → *prolonged*
prolongar → *prolong; sustain*
prometazina → *promethazine*
promoção da saúde → *health promotion*
promontório → *promontory*
promover → *promote*
pronação → *pronation*
pronador → *pronator*
pronar → *pronate*
prono → *prone*
pronto-socorro → *A & E; A & E department; accident and emergency department; casualty ward; emergency room; emergency ward; trauma centre*
pronto-socorro de pequenos traumatismos → *minor injuries unit*
pronto-socorro diurno → *day recovery ward*
pronunciado → *marked*
pronunciado → *pronounced*
propagação → *propagation*
propagar → *propagate*
propagar(-se) → *diffuse; radiate; spread*
properdina → *properdin*
proporção → *proportion*
proporcionar → *provide*
propranolol → *propranolol*
propriedade → *proprietary*
propriocepção → *proprioception*
proprioceptivo → *proprioceptive*
proprioceptor → *proprioceptor*
proptose → *proptosis*
prospectivo → *prospective*
prosseguir com (algo) → *get on with*
prostaglandina → *prostaglandin*
prostar-se → *collapse*
próstata → *prostate*
prostatectomia → *prostatectomy*
prostatectomia retropúbica → *retropubic prostatectomy*
prostatectomia transuretral → *transurethral prostatectomy*
prostatectomia transvesical → *transvesical prostatectomy*
prostático → *prostatic*
prostatismo → *prostatism*
prostatite → *prostatitis*
prostatocistite → *prostatocystitis*
prostatorréia → *prostatorrhoea*
prostética → *prosthetics*
prostodontia → *prosthodontics*
prostração → *prostration*
prostrado → *prostrate*
protamina → *protamine*

protanopia → *protanopia*
protator → *protractor*
protease → *protease*
proteção → *protection*
proteção à criança → *child protection*
proteger → *protect*
proteína → *protein*
proteína de Bence Jones →*Bence Jones protein*
proteína de densidade muito baixa → *very low density lipoprotein*
proteína plasmática → *plasma protein*
proteína precursora amilóide → *amyloid precursor protein*
proteína purificada derivada → *purified protein derivative*
proteinúria → *proteinuria*
protelar → *protract*
proteólise → *proteolysis*
proteolítico → *proteolytic*
proteose → *proteose*
prótese → *prosthesis*
prótese de Charnley → *Charnley clamps*
prótese dentária → *dental prosthesis*
prótese ocular → *ocular prosthesis*
protética → *prosthetics*
protética dentária → *prosthetic dentistry*
protético → *prosthetic; prosthetist*
protetor → *protective*
protocolo → *protocol*
protocolo de consentimento → *consent form*
protopático → *protopathic*
protoplasma → *protoplasm*
protoplasmático → *protoplasmic*
protoprofirina IX → *protoporphyrin IX*
protozoário → *protozoan; protozoon; protozoa*
protrombina → *prothrombin*
protuberância → *protuberance; lump*
protuberante → *bulging*
prova → *test*
prova cruzada → *crossmatch*
prova do dedo-nariz → *finger-nose test*
provedor → *provider*
prover → *fit; provide; supply*
provisão → *provision; supply*
provisão de serviços médicos → *healthcare delivery*
provisional → *provisional*
provisoriamente → *provisionally*
provisório → *provisional*
provitamina → *provitamin*
provocar → *provoke; trigger*
provocar desafio → *challenge*
proximal → *proximal*
prurido → *itch; itching; prurigo; pruritus*
prurido anal → *pruritus ani*
prurido do padeiro → *baker's itch*
prurido dos merceeiros → *grocer's itch*
prurido vulvar → *pruritus vulvae*
pruriente → *itchy*
pruriginoso → *itchy*
prurigo de Besnier → *Besnier's prurigo*
psedocrupe → *pseudocroup*
pseudo-angina → *pseudoangina*
pseudoartrose → *pseudarthrosis*
pseudociese → *pseudocyesis*

597

pseudocisto → *pseudocyst*
pseudocoma → *locked-in syndrome*
pseudocoxalgia → *pseudocoxalgia*
pseudocrise → *pseudocrisis*
pseudodemência → *pseudodementia*
pseudoginecomastia → *pseudogynaecomastia*
pseudogravidez → *false pregnancy; pseudopregnancy*
pseudo-hermafroditismo → *pseudohermaphroditism*
pseudo-hipertrofia → *pseudohypertrophy*
pseudomixoma → *pseudomyxoma*
pseudomônada → *pseudomonad*
pseudo-obstrução → *pseudo-obstruction*
pseudoplegia → *pseudoplegia*
pseudopolipose → *pseudopolyposis*
psicanálise → *psychoanalysis*
psicanalista → *psychoanalyst*
psicastenia → *psychasthenia*
psicocirurgia → *psychosurgery*
psicocirúrgico → *psychosurgical*
psicodélico → *psychedelic*
psicodinâmica → *psychodynamics*
psicodrama → *psychodrama*
psicofarmacologia → *psychopharmacology*
psicofisiologia → *psychophysiology*
psicofisiológico → *psychophysiological*
psicogênico → *psychogenic*
psicogeriatria → *psychogeriatrics*
psicologia → *psychology*
psicologicamente → *psychologically*
psicológico → *psychological*
psicologista → *psychologist*
psicólogo → *psychologist*
psicólogo clínico → *clinical psychologist*
psicólogo comportamental → *behaviourist*
psicometria → *psychometrics*
psicomotor → *psychomotor*
psiconeuroimunologia → *psychoneuroimmunology*
psiconeurose → *psychoneurosis*
psicopata → *psychopath*
psicopatia → *psychopathy*
psicopático → *psychopathic*
psicopatologia → *psychopathology*
psicopatológico → *psychopathological*
psicose → *psychosis*
psicose a dois → *folie à deux*
psicose maníaco-depressiva → *manic-depressive illness; manic-depressive psychosis*
psicose puerperal → *puerperal psychosis*
psicossocial → *psychosocial*
psicossomático → *psychosomatic*
psicoterapeuta → *psychotherapist*
psicoterapêutico → *psychotherapeutic*
psicoterapia → *psychotherapy*
psicótico → *psychotic*
psicotrópico → *psychotropic*
psilose → *psilosis*
psique → *psyche*
psiquiatra → *psychiatrist*
psiquiatria → *psychiatry*
psiquiátrico → *psychiatric*
psíquico → *psychic*
psitacose → *psittacosis*

psoas → *psoas*
psoas maior → *psoas major*
psoas menor → *psoas minor*
psoríase → *psoriasis*
psoriásico → *psoriatic*
pterígio → *pterygium*
pterigomandibular → *pterygomandibular*
ptério → *pterion*
ptialina → *ptyalin*
ptialismo → *ptyalism*
ptiálito → *ptyalith*
ptialografia → *ptyalography*
ptomaína → *ptomaine*
ptose → *ptosis*
puberal → *pubertal*
puberdade → *puberty*
puberdade precoce → *precocious puberty*
pubescente → *pubescent*
púbico → *pubic*
pubiotomia → *pubiotomy*
púbis → *pubes; pubes; pubis*
pudendo → *pudendal; pudendum*
puerperal → *puerpera; puerperal; puerperous*
puerperalismo → *puerperalism*
puerpério → *puerperium*
pulga → *flea*
pulmão → *lung*
pulmão artificial → *artificial lung*
pulmão de aço → *iron lung*
pulmão de choque → *shock lung*
pulmão do fazendeiro → *farmer's lung*
pulmonar → *pulmonale; pulmonary*
pulmonectomia → *pulmonectomy*
pulmonologia → *pulmonology*
pulpar → *pulpy*
pulsação → *pulsation*
pulsante → *throbbing*
pulsar (coração) → *throb*
pulsar → *pulsate*
pulseira de identidade → *identity label*
pulso → *pulse; pulsus*
pulso alternante → *pulsus alternans*
pulso bigeminado → *pulsus bigeminus*
pulso carotídeo → *carotid pulse*
pulso de Corrigan → *Corrigan's pulse*
pulso dicrótico → *dicrotic pulse*
pulso diferencial → *pulse pressure*
pulso em martelo d'água → *water-hammer pulse*
pulso femoral → *femoral pulse*
pulso filiforme → *thready pulse*
pulso fraco → *weak pulse*
pulso inguinal → *femoral pulse*
pulso paradoxal → *pulsus paradoxus*
pulso radial → *radial pulse*
pulso ulnar → *ulnar pulse*
pulverização → *spray*
pulverizar → *spray*
punção → *needling; puncture; tap*
punção antral → *antral puncture*
punção espinhal → *spinal puncture; spinal tap*
punção esternal → *sternal puncture*
punção lombar → *lumbar puncture*
punho → *fist; wrist*
punho caído → *drop wrist; wrist drop*
pupila → *pupil*

pupila de Argyll Robertson → *Argyll Robertson pupil*
pupilar → *pupillary*
Pupilas Iguais e Reativas à Luz e à Acomodação → *Pupils Equal and Reactive to Light and Accommodation*
purgação → *catharsis; purgation*
purgar → *purge*
purgativo → *purgative*
purificar → *purify*
purina → *purine*
puro → *pure*
púrpura → *purpura*
púrpura alérgica → *allergic purpura*
púrpura de Henoch → *Henoch's purpura*
púrpura de Henoch-Schönlein → *Henoch-Schönlein purpura*
púrpura de Schönlein → *Schönlein's purpura*
púrpura de Schönlein-Henoch → *Schönlein-Henoch purpura*
púrpura visual → *visual purple*
purulento → *purulent*
pus → *pus*
pústula → *pock; pustule*
pústula maligna → *malignant pustule*
pustulento → *pustular; pustulate*
putrefação → *putrefaction; decay*
putrefazer → *putrefy*
putrificar → *putrefy*
puxar a (alguém) → *take after*
quadrado → *quadratus*
quadrantanopia → *quadrantanopia*
quadrante → *quadrant*
quadrigêmeo → *quad; quadruplet*
quadril → *hip*
quadril de Perthes → *Perthes' hip*
quadril irritável → *irritable hip*
quadriplegia → *quadriplegia*
quadriplégico → *quadriplegic*
quadro de avisos → *noticeboard*
quadrúplo → *quadruple*
qualidade → *quality*
qualificação → *qualification*
qualificar(-se) → *qualify*
qualitativo → *qualitative*
quantitativo → *quantitative*
quanto desejar → *quantum libet*
quarentena → *protective isolation; quarantine*
quartã → *quartan*
quatro vezes ao dia → *quater in die*
que derramou sangue → *bled*
quebradura → *break*
quebrar → *crack*
queda do pé → *drop foot*
queda do útero → *prolapse of the uterus*
queilite → *cheilitis*
queimadura → *burn*
queimadura de espessura parcial → *partial; thickness burn; superficial thickness burn*
queimadura de primeiro grau → *first-degree burn*
queimadura de segundo grau → *partial; second-degree burn*
queimadura de terceiro grau → *full thickness burn; third-degree burn*

queimadura do sol → *sunburn; sunburnt*

queimadura epitelial profunda → *deep dermal burn*

queimadura escaldar → *scald*

queimadura por clarão → *flash burn*

queimadura por frio → *cold burn*

queimadura por irradiação → *radiation burn*

queimadura por líquido → *wet burn*

queimadura seca → *dry burn*

queimadura superficial → *superficial thickness burn*

queimante → *stinging*

queimar (com líquido fervente) → *scald*

queimar → *burn*

queixa → *complaint*

queixo → *chin*

quelar → *chelate*

quelóide → *cheloid; keloid*

quemose → *chemosis*

quente → *hot; warm*

quérion → *kerion*

questionamento → *challenge*

quiasma → *chiasm*

quiasma óptico → *optic chiasma*

quiescente → *quiescent*

quilo → *chyle*

quilograma → *kilogram*

quilojoule → *kilojoule*

quilomícron → *chylomicron*

quiloníquia → *koilonychia*

quilopascal → *kilopascal*

quilose → *cheilosis*

quilosquise → *cheiloschisis*

quilúria → *chyluria*

química → *chemistry*

químico → *chemical*

quimio → *chemo*

quimiorreceptor → *chemoreceptor*

quimiotaxia → *chemotaxis*

quimioterapia → *chemotherapy*

quimioterapia neoadjuvante → *neoadjuvant chemotherapy*

quimo → *chyme*

quimotripsina → *chymotrypsin*

quinina → *quinine*

quininismo → *quininism*

quinismo → *quinism*

quinolona → *quinolone*

quintã → *quintan*

quíntuplo → *quin; quint; quintuplet*

quiropodia → *chiropody*

quiropodista → *chiropodist*

quiroponfólix → *cheiropompholyx*

quiroprática → *chiropractic; chiropracty*

quiroprático → *chiropractor*

quociente de inteligência (QI) → *intelligence quotient*

quociente respiratório → *respiratory quotient*

quotidiano → *quotidian*

rabdomiossarcoma → *rhabdomyosarcoma*

rabdovírus → *rhabdovirus*

rábico → *rabid*

rabugento → *fretful*

racemoso → *racemose*

rachado → *chapped*

rachadura → *crack*

rachar → *crack*

rad → *rad*

radiação → *radiation*

radiação infravermelha → *infrared radiation*

radiação óptica → *optic radiation*

radiação ultravioleta → *ultraviolet radiation*

radial → *radial*

radical → *radical*

radícula → *radicle*

radicular → *radicular*

radiculite → *radiculitis*

rádio → *radium; radius*

radioatividade → *radioactivity*

radioativo → *radioactive*

radiobiologia → *radiobiology*

radiobiologista → *radiobiologist*

radiodermatite → *radiodermatitis*

radiodiagnóstico → *radiodiagnosis*

radiofármaco → *radiopharmaceutical*

radiografar → *X-ray*

radiografia → *radiography; X-ray photograph; radiograph*

radiografia digital → *quantitative digital radiography*

radiografia em massa → *mass radiography*

radioimunoensaio → *radioimmunoassay*

radioisótopo → *radioisotope*

radiologia → *radiology*

radiologia intervencionista → *interventional radiology*

radiologista → *radiographer; radiologist*

radiologista terapêutico → *therapeutic radiographer*

radiomimético → *radiomimetic*

radionuclídeo → *radionuclide*

radiopaco → *radio-opaque; radiopaque*

radiopílula → *radio pill*

radioscopia → *radioscopy*

radiossensibilidade → *radiosensitivity*

radiossensível → *radiosensitive*

radioterapeuta → *radiotherapist*

radioterapia → *radiation treatment; radiotherapy*

radiotraçadores → *trace element*

radônio → *radon*

rafe → *raphe*

rágades → *rhagades*

raio → *ray*

raio roentgen → *roentgen ray*

raios gama → *gamma ray*

raios infravermelhos → *infrared rays*

raios ultravioleta → *ultraviolet rays*

raios X → *X-ray*

raiva → *rabies*

raiz → *radix; root*

raiz do pênis → *crus of penis*

raiz nervosa → *nerve root*

ramo → *branch; crura; crus; ramus*

ramo muscular → *muscular branch*

rampa → *scala*

randômico → *randomised*

randomizado → *randomised*

ranho → *snot*

ranitidina → *ranitidine*

rânula → *ranula*

rápido → *rapid*

raque → *rachis*

raques → *rachides*

raquianestesia → *rachianaesthesia*

raquiotomia → *rachiotomy*

raquisquise → *rachischisis*

raquítico → *rachitic*

raquitismo → *rachitis; rickets*

raquitismo renal → *renal rickets*

rarefação → *rarefaction*

rarefazer → *rarefy*

raro → *rare*

raspador → *raspatory*

raspagem → *grattage*

raspar → *scrape*

rastreamento de contatos → *contact tracing*

rastreamento genético → *gene tracking*

razão → *ratio*

reabilitação → *rehabilitation*

reabilitar → *regenerate; rehabilitate*

reabsorção → *reabsorption; resorption*

reabsorção tubular → *tubular reabsorption*

reabsorver → *reabsorb*

reação → *reaction*

reação adversa → *adverse reaction*

reação alérgica → *allergic reaction*

reação catalítica → *catalytic reaction*

reação cruzada → *crossmatching*

reação de estresse → *stress reaction*

reação de luta ou fuga → *fight or flight reaction*

reação de Paul-Bunnell → *Paul-Bunnell reaction*

reação de Wassermann → *Wassermann reaction*

reação de Weil-Felix → *Weil-Felix reaction*

reação de Widal → *Widal reaction*

reação em cadeia de polimarase → *polymerase chain reaction*

reação imune → *immune reaction*

reação inflamatória → *inflammatory reaction*

reacional → *reactionary*

reacionário → *reactionary*

reafirmação → *reassurance*

reafirmar → *reassure*

reagente → *reagent*

reagina → *reagin*

reagir → *react*

reajustar → *reset*

Real Colégio de Cirurgiões → *Royal College of Surgeons*

Real Colégio de Clínicos Gerais → *Royal College of General Practitioners*

Real Colégio de Enfermagem → *Royal College of Nursing*

Real Colégio de Médicos → *Royal College of Physicians*

Real Colégio de Obstetras e Ginecologistas → *Royal College of Obstetricians and Gynaecologists*

Real Colégio de Psiquiatras → *Royal College of Psychiatrists*

realizar → *undertake; perform*

reaparecer → *reappear; recur*

reativar → *reactivate*

reativo → *reactionary; reactive*

recaída → *relapse*

recalcitrante → *recalcitrant*

recanalização → *recanalisation*

receber → *receive*

receita médica → *prescription; recipe; scrip*

receitar → *prescribe*

recém-nascido → *neonate; newborn*

receptáculo → *receptaculum*

receptor → *receptor; recipient*

receptor à dor → *pain receptor*

receptor adrenérgico → *adrenergic receptor*

receptor histamínico → *histamine receptor*

receptor nicotínico → *nicotine receptor; nicotinic receptor*

receptor sensorial → *sensory receptor*

receptor universal → *universal recipient*

receptor β-adrenérgico → *beta-adrenergic receptor*

recessivo → *recessive*

recesso → *recess*

rechaço → *ballottement*

recidiva → *relapse*

reclinado → *recumbent*

recolocar → *replace; reset*

recomendar → *recommend*

reconhecer → *recognise*

reconstrução → *reconstruction*

reconstrução da mama → *breast reconstruction*

reconstruir → *rebuild; reconstruct*

recordação → *recall*

recordar→ *remember*

recorrência → *recurrence*

recorrente → *recurrent*

recrudescência → *recrudescence*

recrudescente → *recrudescent*

recrutar → *recruit*

recuperação → *recovery; recuperation; regeneration*

recuperar(-se) → *come round; get over; rally; recuperate; recover; regain*

rede → *network; rete*

rede testicular → *rete testis*

redonda → *rotunda*

redondo → *teres; round*

redução → *reduction*

redução da mama → *breast reduction*

redutível → *reducible*

reduzir → *reduce*

reemergência → *re-emergence*

reemergir → *re-emerge*

refeição → *meal*

refeição de prova → *test meal*

referente a cólicas → *colicky*

referir(-se) → *refer*

reflexo → *reflex; reflection*

reflexo cardíaco → *cardiac reflex*

reflexo condicionado → *conditioned reflex*

reflexo corneano → *corneal reflex*

reflexo de Babinski → *Babinski reflex*

reflexo de estiramento → *stretch reflex*

reflexo de Moro → *Moro reflex*

reflexo do estremecimento → *startle reflex*

reflexo fundamental → *rooting reflex*

reflexo gastrocólico → *gastrocolic reflex*

reflexo gastroilíaco → *gastroileac reflex*

reflexo laríngeo → *laryngeal reflex*

reflexo luminoso → *light reflex*

reflexo miotático → *myotatic reflex*

reflexo patelar → *knee jerk; patellar reflex*

reflexo pilomotor → *pilomotor reflex*

reflexo plantar → *plantar reflex*

reflexo pupilar → *pupillary reaction*

reflexo radial → *radial reflex*

reflexologia → *reflexology*

reflexologista → *reflexologist*

reflexos de Hering-Breuer → *Hering-Breuer reflexes*

refluxo → *reflux*

refluxo ácido → *acid reflux*

refluxo gastresofágico → *gastro-oesophageal reflux*

refluxo vesicouretérico → *vesicoureteric reflux; vesicouretic reflux*

reforço → *booster*

refração → *refraction*

refratar → *refract*

refratário (a tratamento) → *intractable*

refratário → *refractory*

refrativo → *refractive*

refratômetro → *refractometer*

refreamento → *containment*

refrigeração → *refrigeration*

refrigerador → *refrigerator*

refrigerar → *refrigerate*

regeneração → *regeneration*

regeneração nervosa → *nerve regeneration*

regenerar → *regenerate*

região → *region*

região hipocondríaca → *hypochondriac region*

região ilíaca → *iliac region; inguinal region*

região inguinal → *inguinal region*

região lombar → *lumbar region*

região palmar → *palmar region*

região plantar → *plantar region*

região umbilical → *umbilical region*

regime → *regimen*

regiões baixas → *nether regions*

regional → *regional*

registro → *registration; record; register*

registro de neonatos → *observation register*

registro de pessoas parcialmente cegas → *partially sighted register*

registros médicos → *medical records; Medical Register*

regra de Naegele → *Naegele rule*

Regras de McNaghten → *McNaghten's Rules on Insanity at Law; McNaghten's Rules*

regressão → *regression*

regressar → *regress*

regulação → *regulation*

regular → *regular; regulate*

regularmente → *regularly*

regurgitação → *regurgitation*

regurgitação aórtica → *aortic regurgitation*

regurgitação mitral → *mitral regurgitation*

regurgitar → *regurgitate*

reidratação → *rehydration*

reidratação com solução salina (soro fisiológico) → *oral rehydration therapy*

reidratar → *rehydrate*

reimplantar → *replant*

reimplante → *replantation*

reinfecção → *reinfection*

reinfectar → *reinfect*

rejeição → *rejection*

rejeitar → *reject*

relação → *rapport*

relação sexual → *intercourse; sexual intercourse*

relacionado a → *-related*

relacionado à droga → *drug-related*

relacionamento → *relationship*

relacionar → *relate*

relatar → *report*

relatório → *report*

relatório patológico → *pathology report*

relaxamento → *relaxation*

relaxante → *relaxant; relaxative*

relaxante muscular → *muscle relaxant; muscular relaxant*

relaxar → *relax*

relaxina → *relaxin*

relevante → *sign; significant*

relógio biológico → *biological clock*

rem → *rem*

remédio → *remedy*

remédio herbáceo → *herbal remedy*

remendar → *mend; repair*

remissão → *remission*

remitente → *remittent*

remoção → *removal*

remover → *remove*

renal → *renal; nephric*

renina → *renin; rennin*

renografia → *renography*

renograma → *renogram*

renovar → *renew*

renovascular → *renovascular*

reômetro → *rheometer*

reorganização → *reorganisation*

reorientação sexual → *gender reorientation*

reovírus → *reovirus*

reparar → *mend; repair*

repelir → *reject; repel*

repentino → *sudden*

repetir → *repeat; repetatur*

repita a mesma mistura → *repetatur mistura*

replicação → *replication*

replicar → *replicate*

repolarização → *repolarisation*

repor → *replant*

reposição → *replacement*

reposição nicotínica → *nicotine replacement*

repositor → *repositor*

repouso no leito → *bed rest*

representação → imaging
representar → act out
repressão → repression
reprimir → repress; stamp out
reprodução → reproduction
reprodução assexual → asexual reproduction
reprodução sexuada → sexual reproduction
reprodutivo → reproductive
reproduzir → reproduce; breed
repuxamento → tugging
repuxamento da traquéia → tracheal tugging
requerer → require
requerimento → application
requisito → requirement
reservatório → reservoir
resfriado → cold; influenza; sniffles
resfriado comum → common cold
resfriado leve → twenty-four hour flu
residência → residency
residencial → residential
residente → resident
residual → residual
resíduos → waste; waste product
resina → resin
resina do cânhamo → cannabis resin
resistência → resistance
resistência à penicilina → penicillin resistance
resistência cruzada → cross-resistance
resistência periférica → peripheral resistance
resistente → resistant; tough
resistente ao álcool → alcohol-fast
resistir → resist
resolução → resolution
resolvente → resolvent
resolver → resolve
respiração → breath; breathing; respiration
respiração aeróbica → aerobic respiration
respiração artificial → artificial respiration
respiração assistida → assisted respiration
respiração boca-a-boca → mouth-to-mouth; mouth-to-mouth ventilation
respiração controlada → controlled respiration
respiração de Cheyne-Stokes → Cheyne–Stokes respiration; Cheyne–Stokes breathing
respiração de pressão positiva intermitente → intermittent positive airway ventilation; intermittent positive pressure ventilation
respiração difícil → laboured breathing
respiração entrecortada → gasp
respiração externa → external respiration
respiração interna → internal respiration
respiração paradoxal → paradoxical breathing; paradoxical respiration
respirador → respirator; ventilator
respirador com pressão positiva → positively positive pressure respirator
respirador de couraça → cuirass respirator

respirador de Drinker → Drinker respirator
respirar → breathe
respirar rápida e profundamente → hyperventilate
respiratório → respiratory
responder → respond
responsabilidade → responsibility
responsável → responsible
responsividade → responsiveness ·
responsivo → responsive
resposta → response
resposta condicionada → conditioned response
resposta imune → immune response
resposta inflamatória → inflammatory response
resposta não-condicionada → unconditioned response
resposta plantar → plantar response
ressaca (de bebedeira) → hangover; morning-after feeling
ressecar → resect
ressecção → resection
ressecção da próstata → resection of the prostate
ressecção submucosa → submucous resection
ressecção transuretral → transurethral resection
ressectoscópio → resectoscope
ressonância → resonance
ressonância magnética nuclear → nuclear magnetic resonance
ressonância vocal → vocal resonance
ressurgir → re-emerge
ressuscitação → resuscitation
ressuscitação boca-a-boca → mouth-to-mouth resuscitation
ressuscitação cardiopulmonar → cardiopulmonary resuscitation
ressuscitar → resuscitate; revive
restabelecer-se → come round; rally
restaurar → restore
restenose → restenosis
restituir → restore
restringir → restrict
restritivo → restrictive
resultado → result; outcome; effect
resumo → profile
retal → rectal
retalho → flap
retardamento → retardation
retardamento mental → mental retardation
retardamento psicomotor → psychomotor retardation
retardar → retard
retardo → retardation
retardo de desenvolvimento → failure to thrive
retardo mental → mental retardation
retardo psicomotor → psychomotor retardation
retenção → retention
retenção de urina → urinary retention; urine retention
retenção urinária → retention of urine

reter → retain
reticular → reticular
reticulina → reticulin
retículo → reticulum
retículo endoplasmático → endoplasmic reticulum
retículo sarcoplasmático → sarcoplasmic reticulum
reticulócito → reticulocyte
reticulocitose → reticulocytosis
reticuloendoteliose → reticuloendotheliosis
reticulose → reticulosis
retificação → rebore
retilíneo → straight
retina → retina
retináculo → retinaculum
retiniano → retinal
retinite → retinitis
retinite pigmentosa → retinitis pigmentosa
retinoblastoma → retinoblastoma
retinol → retinol
retinopatia → retinopathy
retinopatia diabética → diabetic retinopathy
retinopatia hipertensiva → hypertensive retinopathy
retinopatia solar → solar retinopathy
retinoscopia → retinoscopy
retinoscópio → retinoscope
retirada → removal
reto → rectum; rectus; straight
retocele → rectocele
retopexia → rectopexy
retornar ao estado normal → resolve
retoscópio → rectoscope
retossigmóide → rectosigmoid
retossigmoidectomia → rectosigmoidectomy
retovaginal → rectovaginal
retovesical → rectovesical
retração → retraction
retrator → retractor
retroalimentação → feedback
retrobulbar → retrobulbar
retrocular → retro-ocular
retrofaríngeo → retropharyngeal
retroflexão → retroflexion
retroflexão do útero → uterine retroflexion
retrógrado → retrograde
retrogressão → retrogression
retroperitoneal → retroperitoneal
retropúbico → retropubic
retrospectiva → flashback
retrospectivo → retrospective
retrospecto → retrospection
retroversão → retroversion
retroversão do útero → retroverted uterus; uterine retroversion; retroversion of the uterus
retrovírus → retrovirus
reumático → rheumatic
reumatismo → rheumatism
reumatismo agudo → acute rheumatism
reumatismo muscular → muscular rheumatism

reumatóide → *rheumatoid*
reumatologia → *rheumatology*
reumatologista → *rheumatologist*
revasvularização → *revascularisation*
revelar → *reveal*
reversão → *reversal*
revestimento → *lining*
revestimento entérico (com) → *enteric-coated*
revisão → *revision*
revisão pelo grupo profissional → *peer review*
revisão pelo par → *peer review*
Revista Médica Inglesa → *British Medical Journal*
Rh-negativo → *Rh-negative*
Rh-positivo → *Rh-positive*
ribavirina → *ribavirin*
riboflavina → *riboflavine*
ribonuclease → *ribonuclease*
ribose → *ribose*
ribossômico → *ribosomal*
ribossomo → *ribosome*
ricina → *ricin*
rico → *rich*
rifampicina → *rifampicin*
rigidamente → *stiffly*
rigidez → *stiffness; rigidity*
rigidez muscular → *charleyhorse*
rígido → *rigid; stiff; tense*
rigor da morte → *rigor mortis*
rigoroso → *strict*
rim → *kidney*
rim em ferradura → *horseshoe kidney*
rim móvel → *floating kidney*
rim volante → *floating kidney*
rima → *rima*
rima glótica → *rima glottidis*
rinal → *rhinal*
rinencéfalo → *rhinencephalon*
rinite → *rhinitis*
rinite aguda → *acute rhinitis*
rinite alérgica → *allergic rhinitis*
rinite catarral crônica → *chronic catarrhal rhinitis*
rinite hipertrófica → *hypertrophic rhinitis*
rinofaringe → *nasopharynx*
rinofaringite → *rhinopharyngitis*
rinofima → *rhinophyma*
rinologia → *rhinology*
rinomicose → *rhinomycosis*
rinoplastia → *rhinoplasty*
rinorréia → *rhinorrhoea*
rinoscopia → *rhinoscopy*
rinoscópio → *rhinoscope*
rinosporidiose → *rhinosporidiosis*
rinossinusite → *rhinosinusitis*
rinovírus → *rhinovirus*
riquetisiano → *rickettsial*
riquetsial pox → *rickettsial pox*
risco → *risk; danger*
risco anestésico → *anaesthetic risk*
risco atribuível → *attributable risk*
risco biológico → *biohazard*
risco ocupacional → *occupational hazard*
risco relativo → *relative risk*
riso sardônico → *risus sardonicus*
ritidectomia → *face lift*

ritidoplastia → *face-lifting operation*
rítmico → *rhythmic*
ritmo → *rhythm*
ritmo beta → *beta rhythm*
ritmo circadiano → *circadian rhythm*
ritmo de galope → *gallop rhythm*
ritmo idioventricular → *idioventricular rhythm*
rituais de passagem → *rite of passage*
rizotomia → *rhizotomy*
RNA de transferência → *transfer RNA*
rodar → *rotate*
rodear → *surround*
rodopsina → *rhodopsin*
roentgen → *roentgen*
roentgenograma → *roentgenogram*
roentgenologia → *roentgenology*
rolamento de pílula → *pill-rolling*
rombencéfalo → *rhombencephalon*
rombóide → *rhomboid*
romper → *bulge; tear*
rompimento → *rupture*
ronco → *rhonchus; rumbling; snoring; snore*
rosácea → *rosacea*
rósea → *rosea*
roséola do lactente → *roseola infantum*
roséola infantil → *roseola infantum*
rosto → *face*
rostral → *rostral*
rostro → *rostrum*
rotação → *rotation*
rotador → *rotator*
rotavírus → *rotavirus*
roteiro → *programme*
rótula → *kneecap; patella*
rotular → *label*
rótulo → *label*
rouco → *hoarse; husky*
rouleau → *rouleau*
rouquidão → *hoarseness*
rubefaciente → *rubefacient*
rubéola → *German measles; rubella; rubeola*
rubor → *flare; rubor; flush; blush; redness*
rubor quente → *hot flush*
rudimentar → *rudimentary*
ruga → *ruga; wrinkle*
rugina → *rongeur*
ruído → *bruit; sound*
ruído de atrito → *friction murmur*
ruim → *nasty*
ruminação → *rumination*
ruptura → *rupture*
ruptura artificial das membranas → *artificial rupture of membranes*
sabedor → *aware*
sabor → *taste*
saborear → *taste*
sacarase → *sucrase*
sacarídeo → *saccharide*
sacarina → *saccharin*
sacarino → *saccharine*
sacarose → *sucrose*
saco → *sac*
saco aéreo → *air sac*

saco aminiótico → *amniotic sac; water sac*
saco herniário → *hernial sac*
saco lacrimal → *lacrimal sac*
saco pericárdico → *pericardial sac*
saco vitelino → *vitelline sac; yolk sac*
sacral → *sacral*
sacralização → *sacralisation*
sacro → *sacrum*
sacrococcígeo → *sacrococcygeal*
sacroileíte → *sacroiliitis*
sacroilíaco → *sacroiliac*
sacrolombar → *lumbosacral*
sacudir → *convulse; shake*
sáculo → *saccule*
sádico → *sadist; sadistic*
sadio → *compos mentis; healthy; sound*
sadismo → *sadism*
safena → *saphena*
safeno → *saphenous*
safismo → *sapphism*
sagital → *sagittal*
saída → *outlet*
saída do tórax → *thoracic outlet*
saída torácica → *thoracic outlet*
sair → *come out in; erupt*
sair a → *take after*
sair de → *bulge*
sais aromáticos → *smelling salts*
sais biliares → *bile salts*
sais de bismuto → *bismuth salts*
sais de Epsom → *Epsom salts*
sal → *salt*
sal básico → *basic salt*
sal comum → *common salt*
sal volátil → *smelling salts*
sala de cirurgia → *operating room; operating theatre; theatre*
sala de consulta → *consulting room*
sala de espera → *waiting room*
sala de operação → *operating room; operating theatre; theatre*
sala de parto → *birthing room; delivery room*
sala de recuperação → *recovery room*
salbutamol → *salbutamol*
salicilato → *salicylate*
salicilismo → *salicylism*
saliência hipotenar → *thenar eminence*
saliência membranosa → *cusp*
saliente → *bulging*
salino → *saline*
saliva → *saliva*
salivação → *salivation; dribbling*
salivar → *salivary; salivate; dribble*
salmeterol → *salmeterol*
salmonelose → *salmonellosis*
salpinge → *salpinx*
salpingectomia → *salpingectomy*
salpingite → *salpingitis*
salpingografia → *salpingography*
salpingólise → *salpingolysis*
salpingooforectomia → *salpingo-oophorectomy*
salpingooforite → *salpingo-oophoritis*
salpingooforocele → *salpingo-oophorocele*
salpingootecite → *salpingo-oothecitis*

salpingootecocele → salpingo-oothecocele

salpingostomia → salpingostomy

salvar → save

salvar-se → pull through

sanatório → sanatorium

saneamento → sanitation

sangrado → bled

sangramento → bleeding; haemorrhage

sangramento anovular → anovular bleeding

sangramento arterial → arterial bleeding

sangramento capilar → capillary bleeding

sangramento interno → internal bleeding

sangramento uterino disfuncional → dysfunctional uterine bleeding

sangramento vaginal → vaginal bleeding

sangramento venoso → venous bleeding

sangrar → bleed; haemorrhage

sangria → blood-letting

sangue → blood

sangue arterial → arterial blood; oxygenated blood

sangue desoxigenado → deoxygenated blood

sangue incompatível → incompatible blood

sangue oculto → occult blood

sangue venoso → venous blood

sanguessuga → leech

sanguessuga medicinal → medicinal leech

sanguificação → blood formation

sanguíneo → sanguineous

sanguinolento → bloodstained

sânie → sanies

sanitário → sanitary

sanitarista → hygienist

sapato ortopédico → surgical shoe

sapinho → thrush

sapremia → sapraemia

saprófita → saprophyte

saprofítico → saprophytic

saprófito → saprophyte

sarampo → measles; morbilli

sarampo-caxumba-rubéola → MMR

sarar → heal

sarcóide → sarcoid

sarcoidose → sarcoidosis; Boeck's sarcoid

sarcolema → sarcolemma

sarcoma → sarcoma

sarcoma de Ewing → Ewing's sarcoma

sarcoma de Kaposi → Kaposi's sarcoma

sarcoma meníngeo → meningeal sarcoma

sarcomatose → sarcomatosis

sarcomatoso → sarcomatous

sarcômero → sarcomere

sarcoplasma → sarcoplasm

sarcoplasmático → sarcoplasmic

sarcopte → sarcoptes

sarda → freckle

sardento → freckled

sardônico → sardonicus

sarna → scabies

satiríase → satyriasis

saturnismo → lead poisoning; saturnism

saucerização → saucerisation

saudável → sound

saúde → health

saúde comunitária → community health

saúde mental → mental health

saúde pública → public health

scanner → scanner

schwanoma → schwannoma

se for necessário → si opus sit

sebáceo → sebaceous

sebo → sebum

seborréia → seborrhoea

seborréico → seborrhoeic

secar → dry

secar(-se) completamente → dry out

secção → section

secção de uma veia → venesection

secção sagital → sagittal section

seco → dry

secreção → secretion

secreção pancreática → pancreatic secretion

secreção tubular → tubular secretion

secretar → secrete

secretário médico → medical secretary

secretina → secretin

secretor → secretor

secretor → secretory

secretório → secretory

secundário → collateral; secondary

secundinas → afterbirth

secura → dryness

sedação → sedation

sedar → sedate

sedativo → sedative

sede → thirst

sedentário → sedentary

sedento → thirsty

sedimentação → sedimentation

sedimento → sediment

segmentação → segmentation

segmentado → segmented

segmentar → segmental

segmento → segment

segmento ST → ST segment

segregação → segregation

seguir → follow

segunda intenção → second intention

segunda opinião → second opinion

segundo → second

segundo a necessidade → pro re nata

segundo molar → second molar

segurança → safety

seguro → safe

seguro de saúde → health insurance

Seguro Nacional → National Insurance

seio → mamma; sinus

seio carotídeo → carotid sinus

seio cavernoso → cavernous sinus

seio coronário → coronary sinus

seio lactífero → lactiferous sinus

seio maxilar aéreo → maxillary air sinus

seio renal → renal sinus

seio venoso → sinus venosus

seios aórticos → aortic sinuses

seios esfenoidais → sphenoid sinus

seios etmoidais → ethmoidal sinuses

seios frontais → frontal sinus

seios paranasais → paranasal sinus

sela túrcica → sella turcica

seleção → selection

seleção sexual → sex selection

selecionar → select

selênio → selenium

seletivo → selective

sem ajuda ou auxílio → unaided

sem chumbo → lead-free

sem ducto → ductless

sem função → afunctional

sem importância → slight; bland

sem pulso → pulseless

sem sensibilidade → dead

sêmen → semen

semicircular → semicircular

semicomatoso → semicomatose

semiconsciente → semi-conscious

semilíquido → semi-liquid

semilunar → lunate; semilunar

seminal → seminal

seminoma → seminoma

semiologia → semeiology

semipermeável → semipermeable

semipronado → semiprone

semi-sólido → semi-solid

sena → senna

sene → senna

senescência → senescence

senescente → senescent

senil → senile; senilis

senilidade → senility

sênior → senior

sensação → feeling; sensation

sensibilidade → sensibility; sensitivity; tenderness

sensibilização → sensitisation

sensibilizar → sensitise

sensível → sensible; tender; sensitive

senso → sense

sensorial → sensory

sentar(-se) → sit

sentar-se (após estar deitado) → sit up

sentido → sense

sentido do equilíbrio → sense of balance

sentido estático → sense of balance

sentimento → affection; feeling

sentir → sense

sentir o sabor ou gosto de → taste

sentir(-se) → feel

separação → separation

separado → discrete

separar → detach; isolate; separate

sepse → sepsis

sepse puerperal → puerperal sepsis

sépsis → sepsis

septado → septate

septal → septal

septicemia → septicaemia

septicêmico → septicaemic

séptico → septic

septo → septum

septo interventricular → interventricular septum

septo intra-atrial → interatrial septum

septo nasal → nasal septum

septoplastia → septoplasty

seqüela → sequela

seqüência → sequence

seqüenciar → *sequence*
seqüestrectomia → *sequestrectomy*
seqüestro → *sequestrum; sequestration*
sequidão → *dryness*
ser aceito → *take*
ser bem-sucedido → *succeed*
ser estrábico → *squint*
ser evidente → *glare*
ser humano → *human being*
ser reprovado em:*fail*
ser submetido a → *undergo; wear off*
seriamente → *seriously*
série → *course; programme*
serina → *serine*
seringa → *syringe*
seringa de Higginson → *Higginson's sy-ringe*
seringa hipodérmica → *hypodermic sy-ringe*
seringar → *syringe*
sério → *serious; severe*
serologia → *serology*
seropus → *seropus*
serosa → *serosa*
serosite → *serositis*
seroso → *serous*
seroterapia → *serotherapy*
serotonina → *serotonin*
serpiginoso → *serpens; serpiginous*
serra → *saw*
serrar → *saw*
serrilha → *serration*
serrilhado → *serrated*
serrote → *saw*
sertralina → *sertraline*
servente → *ancillary staff*
serviço → *service*
serviço de informação sanitária → *health information service*
serviço de saúde → *healthcare; health service*
serviço de saúde escolar → *school health service*
serviço de saúde pública → *public health laboratory service*
Serviço Nacional de Saúde → *National Health Service*
serviço telefônico de emergências médicas → *priority despatch*
Serviço Telefônico do SNS (Serviço Nacional de Saúde) → *NHS Direct*
serviços comunitários → *community services*
serviços domiciliares → *domiciliary services*
serviços integrados → *integrated service*
serviços médicos de emergência → *emergency medical services*
serviços médicos emergenciais por helicóptero → *helicopter-based emergency medical services; HEMS*
serviços sociais → *social services*
sesamóide → *sesamoid*
sessão → *session*
séssil → *sessile*
setor de queimados → *burns unit*
severidade → *severity*
severo → *strict*

sexo → *sex*
sexo seguro → *safe sex*
sexologia → *sexology*
sêxtuplo → *sextuplet*
sexual → *sexual*
sharps → *sharps*
shiatsu → *shiatsu*
shigelose → *shigellosis*
sialadenite → *sialadenitis*
sialagogo → *sialagogue*
sialite → *sialitis*
sialoadenite → *sialoadenitis*
sialografia → *sialography*
sialólito → *sialolith*
sialorréia → *sialorrhoea*
sibilante → *sibilant; wheezy*
sibilar → *wheeze; wheezing*
sicose → *sycosis*
siderofilina → *siderophilin*
sideropenia → *sideropenia*
siderose → *siderosis*
sifilide → *syphilide*
sífilis → *syphilis*
sífilis congênita → *congenital syphilis*
sífilis endêmica → *endemic syphilis*
sifonagem → *siphonage*
sigmatismo → *lisp*
sigmóide → *sigmoid*
sigmoidectomia → *sigmoidectomy*
sigmoidoscopia → *sigmoidoscopy*
sigmoidoscópio → *sigmoidoscope*
sigmoidostomia → *sigmoidostomy*
significativamente → *significantly*
significativo → *sign; significant*
silencioso → *silent*
sílica → *silica*
silício → *silicon*
silicose → *silicosis*
simbiose → *symbiosis*
simbléfaro → *symblepharon*
símbolo químico → *chemical symbol*
símbolo → *symbol*
simetria → *symmetry*
simpatectomia → *sympathectomy*
simpático → *sympathetic*
simpatolítico → *sympatholytic*
simpatomimético → *sympathomimetic*
simples → *simple; simplex*
simptomatologia → *symptomatology*
simulação → *malingering*
simulador → *malingerer*
sinais vitais → *vital signs*
sinal → *mark; motion; movement*
sinal de Broadbent → *Broadbent's sign*
sinal de Chvostek → *Chvostek's sign*
sinal de Hegar → *Hegar's sign*
sinal de Homans → *Homans' sign*
sinal de Jacquemier → *Jacquemier's sign*
sinal de Kernig → *Kernig's sign*
sinal de Murphy → *Murphy's sign*
sinal de Ortolani → *Ortolani's sign*
sinal de Romberg → *Romberg's sign*
sinal de Rovsing → *Rovsing's sign*
sinal de Stellwag → *Stellwag's sign*
sinal de Trendelenburg → *Trendelenburg's sign*
sinal de Trousseau → *Trousseau's sign*
sinal do cordão → *string sign*

sinal físico → *physical sign*
sinalgia → *synalgia*
sinapse → *synapse*
sináptico → *synaptic*
sinartrose → *synarthrosis*
sincício → *syncytium*
sincipúcio → *sinciput*
sincondrose → *synchondrosis*
síncope → *syncope; fainting fit*
sindáctico → *syndactyl*
sindesmologia → *syndesmology*
sindesmose → *syndesmosis*
síndrome → *syndrome*
síndrome adrenogenital → *adrenogenital syndrome*
síndrome alcoólica fetal → *fetal alcohol syndrome*
síndrome carcinóide → *carcinoid syndrome*
síndrome cerebelar → *cerebellar syndrome*
síndrome da alça cega → *blind loop syndrome*
síndrome da angústia respiratória → *respiratory distress syndrome*
síndrome da angústia respiratória aguda → *acute respiratory distress syndrome; adult respiratory distress syndrome*
síndrome da angústia respiratória do recém-nascido → *infant respiratory distress syndrome*
síndrome da cardiotomia → *cardiotomy syndrome*
síndrome da classe econômica → *economy class syndrome*
síndrome da compressão → *compression syndrome*
síndrome da criança espancada → *battered baby syndrome; battered child syndrome*
síndrome da demência pugilística → *punch drunk syndrome*
síndrome da demência traumática → *punch drunk syndrome*
síndrome da faceta → *facet syndrome*
síndrome da fadiga crônica → *chronic fatigue syndrome*
síndrome da fadiga pós-viral → *postviral fatigue syndrome; yuppie flu*
síndrome da Guerra do Golfo → *Gulf War syndrome*
síndrome da imunodeficiência adquirida → *acquired immunodeficiency syndrome*
síndrome da imunodeficiência primária → *primary immune deficiency syndrome*
síndrome da má-absorção → *malabsorption syndrome*
síndrome da morte súbita do lactente → *sudden infant death syndrome*
síndrome da sacudidela em chicotada → *whiplash shake syndrome*
síndrome da saída do tórax → *thoracic outlet syndrome*
síndrome da saída torácica → *thoracic outlet syndrome*
síndrome das pernas inquietas → *restless leg syndrome*

604

síndrome de alça estagnada → *stagnant loop syndrome*

síndrome de Alport → *Alport's syndrome*

síndrome de Apert → *Apert's syndrome*

síndrome de aprisionamento do nervo → *nerve entrapment syndrome*

síndrome de Asperger → *Asperger's syndrome*

síndrome de Banti → *Banti's syndrome*

síndrome de Barré-Guillan → *Barré-Guillain syndrome*

síndrome de Behçet → *Behçet's syndrome*

síndrome de Brown-Séquard → *Brown-Séquard syndrome*

síndrome de Budd-Chiari → *Budd-Chiari syndrome*

síndrome de Conn → *Conn's syndrome*

síndrome de Crigler-Najjar → *Crigler-Najjar syndrome*

síndrome de Cushing → *Cushing's syndrome*

síndrome de da Costa → *da Costa's syndrome*

síndrome de Dandy-Walker → *Dandy-Walker syndrome*

síndrome de déficit de atenção → *attention deficit syndrome*

síndrome de Déjerine-Klumpke → *Déjerine-Klumpke's syndrome*

síndrome de disfunção de múltiplos órgãos → *multiple organ dysfunction syndrome*

síndrome de Down → *Down's syndrome*

síndrome de Edward → *Edwards' syndrome*

síndrome de Eisenmenger → *Eisenmenger syndrome*

síndrome de esforço → *effort syndrome*

síndrome de esmagamento → *crush syndrome*

síndrome de esvaziamento rápido → *dumping syndrome*

síndrome de Fanconi → *Fanconi syndrome*

síndrome de Felty → *Felty's syndrome*

síndrome de Fröhlich → *Fröhlich's syndrome*

síndrome de Ganser → *Ganser state*

síndrome de Gerstmann → *Gerstmann's syndrome*

síndrome de Gilbert → *Gilbert's syndrome*

síndrome de Gilles de la Tourette → *Gilles de la Tourette syndrome*

síndrome de Goodpasture → *Goodpasture's syndrome*

síndrome de Guillain-Barré → *Guillain-Barré syndrome*

síndrome de Horner → *Horner's syndrome*

síndrome de Horton → *Horton's syndrome*

síndrome de Hunter → *Hunter's syndrome*

síndrome de Hurler → *Hurler's syndrome*

síndrome de Hutchinson-Gilford → *Hutchinson-Gilford syndrome*

síndrome de Kartagener → *Kartagener's syndrome*

síndrome de Kimmelstiel-Wilson → *Kimmelstiel-Wilson syndrome*

síndrome de Klinefelter → *Klinefelter's syndrome*

síndrome de Korsakoff → *Korsakoff's syndrome*

síndrome de Lesch-Nyhan → *Lesch-Nyhan syndrome*

síndrome de Mallory-Weiss → *Mallory-Weiss syndrome*

síndrome de Marfan → *Marfan's syndrome*

síndrome de Meigs → *Meigs' syndrome*

síndrome de Mendelson → *Mendelson's syndrome*

síndrome de Ménière → *Ménière's syndrome*

síndrome de Münchhausen → *Münchausen's syndrome*

síndrome de Münchhausen por substituto → *Münchausen's syndrome by proxy*

síndrome de Pierre Robin → *Pierre Robin syndrome*

síndrome de Plummer-Vinson → *Plummer-Vinson syndrome*

síndrome de Reaven → *Reaven's syndrome*

síndrome de Reiter → *Reiter's syndrome*

síndrome de Reye → *Reye's syndrome*

síndrome de Sjögren → *Sjögren's syndrome*

síndrome de Stein-Leventhal → *Stein-Leventhal syndrome*

síndrome de Stevens-Johnson → *Stevens-Johnson syndrome*

síndrome de Stokes-Adams → *Stokes-Adams syndrome*

síndrome de Sturge-Weber → *Sturge-Weber syndrome*

síndrome de Tourette → *Tourette's syndrome*

síndrome de Treacher Collins → *Treacher Collins syndrome*

síndrome de Turner → *Turner's syndrome*

síndrome de von Hippel-Lindau → *von Hippel-Lindau syndrome*

síndrome de Waterhouse-Friderichsen → *Waterhouse-Friderichsen syndrome*

síndrome de Werner → *Werner's syndrome*

síndrome de Wernicke-Korsakoff → *Wernicke-Korsakoff syndrome*

síndrome de Wolff-Parkinson-White → *Wolff-Parkinson-White syndrome*

síndrome de Zollinger-Ellison → *Zollinger-Ellison syndrome*

síndrome do ar-condicionado → *sick building syndrome*

síndrome do bebê agredido → *shaken baby syndrome*

síndrome do choque → *shock syndrome*

síndrome do choque tóxico → *toxic shock syndrome*

síndrome do cinto de segurança → *seat-belt syndrome*

síndrome do escaleno → *scalenus syndrome*

síndrome do intestino irritável → *irritable bowel syndrome*

síndrome do lactente flácido → *floppy baby syndrome*

síndrome do miado do gato → *cri-du-chat syndrome*

síndrome do olho seco → *dry-eye syndrome*

síndrome do ovário policístico → *polycystic ovary syndrome*

síndrome do recém-nascido agredido → *shaken infant syndrome*

síndrome do restaurante chinês → *chinese restaurant syndrome*

síndrome do trauma do aborto → *abortion trauma syndrome*

síndrome do túnel do carpo → *carpal tunnel syndrome*

síndrome do X frágil → *fragile-X syndrome*

síndrome estacional do humor → *seasonal affective disorder syndrome*

síndrome hemoliticourêmica → *haemolytic uraemic syndrome*

síndrome hipercinética → *hyperkinetic syndrome*

síndrome nefrótica → *nephrotic syndrome*

síndrome pós-concussão → *postconcussional syndrome*

síndrome pós-gastrectomia → *postgastrectomy syndrome*

síndrome pré-menstrual → *premenstrual syndrome*

síndrome respiratória aguda grave → *SARS; severe acute respiratory disorder; severe acute respiratory syndrome*

síndrome talâmica → *thalamic syndrome*

síndrome temporomandibular → *temporomandibular syndrome*

síndrome torácica por células falciformes → *sickle-cell chest syndrome*

síndrome uveoparotídea → *uveoparotid syndrome*

síndrome XYY → *XYY syndrome*

sinenxerto → *syngraft*

sinéquia → *synechia*

sinéquia anterior → *anterior synechia*

sinéquia posterior → *posterior synechia*

sinerese → *syneresis*

sinergia → *synergy*

sinergismo → *synergism*

sinergista → *synergist*

sínfise → *symphysis*

sínfise mentoniana → *symphysis menti*

sínfise púbica → *pubic symphysis; symphysis pubis*

sinfisiectomia → *symphysiectomy*

sinfisiotomia → *symphysiotomy*

singênico → *syngeneic*

singulto → *singultus*

sinistrismo → *left-handedness*

sinistro → *sinistral*

sinoatrial → *sinoatrial*

sinografia → *sinography*

sinograma → *sinogram*
sinoptóforo → *synoptophore*
sinos paranasais aéreos → *paranasal air sinus*
sinostosado (osso) → *synostosed*
sinostose → *synostosis*
sinovectomia → *synovectomy*
sinóvia → *synovia; synovium*
sinovial → *synovial*
sinovioma → *synovioma*
sinovite → *synovitis*
sínquise → *synchysis*
síntese → *synthesis*
sinteticamente → *synthetically*
sintético → *synthetic*
sintetizar → *synthesise*
sintoma → *symptom*
sintoma de abstinência → *withdrawal symptom*
sintomático → *symptomatic*
sínus → *sinus*
sinusite → *sinusitis*
sinusóide → *sinusoid*
sinvastatina → *simvastatin*
siringe → *syrinx*
siringobulbia → *syringobulbia*
siringocistadenoma → *syringocystadenoma*
siringoma → *syringoma*
siringomielia → *syringomyelia*
siringomielite → *syringomyelitis*
siringomielocele → *syringomyelocele*
sistáltico → *systaltic*
sistema → *system*
sistema ABO → *ABO system*
sistema alimentar → *alimentary system*
sistema cardiopulmonar → *cardiopulmonary system*
sistema cardiovascular → *cardiovascular system*
sistema circulatório → *circulatory system*
sistema condutor → *conducting system*
sistema condutor do coração → *cardiac conducting system*
sistema de avaliação de lesões → *injury scoring system*
sistema de cuidados sanitários → *health-care system*
sistema de escore de Glasgow → *Glasgow scoring system*
sistema dietético → *dietary*
sistema digestório → *digestive system*
sistema endócrino → *endocrine system*
sistema extrapiramidal → *extrapyramidal system; extrapyramidal tracts*
sistema geniturinário → *genitourinary system*
sistema haversiano → *Haversian system*
sistema HLA → *HLA system*
sistema imune → *immune system*
Sistema Internacional (de unidades de medida) → *Système International*
Sistema Internacional de Unidades → *Système International d'Unités*
sistema intra-uterino → *intrauterine system*
sistema lacrimal → *lacrimal apparatus; lacrimal system*

sistema límbico → *limbic system*
sistema linfático → *lymphatic system*
sistema muscular → *muscular system*
sistema nervoso → *nervous system*
sistema nervoso autônomo → *autonomic nervous system*
sistema nervoso central → *central nervous system*
sistema nervoso parassimpático → *parasympathetic nervous system*
sistema nervoso periférico → *peripheral nervous system*
sistema nervoso simpático → *sympathetic nervous system*
sistema nervoso somático → *somatic nervous system*
sistema neuroendócrino → *neuroendocrine system*
sistema parassimpático → *parasympathetic system*
sistema piramidal → *pyramidal system*
sistema portal → *portal system*
sistema portal hepático → *hepatic portal system*
sistema renovascular → *renovascular system*
sistema reprodutor → *reproductive system*
sistema respiratório → *respiratory system*
sistema reticuloendotelial → *reticuloendothelial system*
sistema simpático → *sympathetic system*
sistema urinário → *urinary system; waterworks*
sistema urogenital → *urogenital system*
sistema vascular → *vascular system*
sistema venoso → *venous system*
sistêmico → *systemic*
sístole → *systole*
sistólico → *systolic*
sítio → *site; situs*
sítio inverso → *situs inversus*
situação → *lie*
situado → *situated*
situar → *site; situs*
smog → *smog*
soar → *sound*
sob concussão → *concussed*
sob risco → *at-risk*
sobrancelha → *eyebrow*
sobrecarga → *stress*
sobrecarga trabalhar em excesso → *overwork*
sobrecoser → *oversew*
sobremordida → *overbite*
sobrepor → *overlap*
sobreposição → *overjet*
sobresforço → *overexertion*
sobressalente → *spare*
sobre-suturar → *oversew*
sobrevivência → *survival*
sobrevivente → *survivor*
sobreviver → *survive*
social → *social*
socialização → *socialisation*
sociedade → *firm; society*
Sociedade Farmacêutica → *Pharmaceutical Society*

sociopata → *sociopath*
socorro médico → *medical aid*
soda → *soda*
sódio → *sodium*
sodoku → *sodoku*
sodomia → *sodomy*
soerguimento → *lift*
sofredor → *sufferer*
sofrer → *suffer; undergo; wear off*
sofrer de estrabismo → *squint*
sofrer prolapso → *prolapse*
sofrer trombose → *thrombose*
sofrer um colapso → *collapse*
sofrimento → *suffering; distress*
sofrimento fetal → *fetal distress*
sokosho → *sodokosis*
sol → *sun*
sola → *sole*
soldar → *set*
solear → *soleus*
solidariedade → *sympathy*
solidificar → *solidify*
sólido → *solid*
solo → *soil*
soltar → *release*
soltura → *release*
solução → *solution*
solução de bário → *barium meal; barium solution*
solução de Benedict → *Benedict's solution*
solução de Fehling → *Fehling's solution*
solução de Hartmann → *Hartmann's solution*
solução esclerosante → *sclerosing solution*
solução isotônica → *isotonic solution*
solução para cólicas intestinais → *gripe water*
solução salina (soro fisiológico) → *oral rehydration solution; physiological saline; saline solution*
soluçar → *hiccup*
soluço → *hiccough; hiccup*
soluto → *solute*
solúvel → *soluble*
solúvel em gordura → *fat-soluble*
solvente → *solvent*
som → *sound*
soma → *soma*
somático → *somatic*
somatologia → *somatology*
somatostatina → *somatostatin*
somatotropina → *somatotrophin*
somatropina → *somatropin*
sonambulismo → *sleepwalking; somnambulism*
sonambulístico → *somnambulistic*
sonâmbulo → *sleepwalker; somnambulist*
sonda → *catheter; probang; probe; stent*
sonda a laser → *laser probe*
sonda com extremidade em balão → *balloon catheter*
sonda de auto-retenção → *self-retaining catheter*
sonda de Bellocq → *Bellocq's sound*
sonda de demora → *indwelling catheter*
sonda forte → *sound*

sonda ultra-sônica → *ultrasonic probe; ultrasound probe*

sonda uretral → *ureteric catheter; urethral catheter*

sonda urinária → *urinary catheter*

sonífero → *soporific*

sono → *sleep*

sono crepuscular → *twilight sleep*

sono de movimentos rápidos dos olhos → *rapid eye movement sleep; REM sleep*

sono de ondas lentas → *slow-wave sleep*

sono paradoxal → *paradoxical sleep*

sonografia → *sonography*

sonografia histerossalpíngea de contraste → *hysterosalpingo-contrast sonography*

sonograma → *sonogram*

sonolência → *drowsiness*

sonolento → *dozy; drowsy; sleepy; somnolent*

sonolismo → *somnolism*

sonoplacentografia → *sonoplacentography*

sonotopografia → *sonotopography*

sons respiratórios → *breath sounds*

sons respiratórios brônquicos → *bronchial breath sounds*

sons respiratórios cavernosos → *cavernous breathing sounds*

soporífico → *soporific*

sopro → *murmur; souffle*

sopro cardíaco → *cardiac murmur; heart murmur*

sopro de atrito → *friction murmur*

sopro sistólico → *systolic murmur*

soquete → *socket*

sorbitol → *sorbitol*

sordes → *sordes*

soro → *serum*

soro antilinfocitário → *antilymphocytic serum*

soro antitetânico → *antitetanus serum*

soro antitóxico → *antitoxic serum*

soro fisiológico → *physiological solution*

soro sanguíneo → *blood serum*

soroconversão (fazer) → *seroconvert*

sorológico → *serological*

soronegativo → *seronegative*

soropositivo → *seropositive*

soropus → *seropus*

soroterapia → *serotherapy; serum therapy*

sorotipo → *serological type; serotype*

sorver → *suck*

sotalol → *sotalol*

spinnbarkeit → *spinnbarkeit*

spray → *spray*

spray nasal → *nasal spray*

staff → *staff*

Staphylococcus aureus resistente à meticilina → *methicillin-resistant Staphylococcus aureus*

suave alisar → *smooth*

suavizante → *soothing*

suavizar → *soothe*

subabdominal → *subabdominal*

subagudo → *subacute*

subaracnóide → *subarachnoid*

subaxilar → *subaxillary*

subcartilaginoso → *subcartilaginous*

subclávio → *subclavian*

subclínico → *subclinical*

subcórtex → *subcortex*

subcortical → *subcortical*

subcostal → *subcostal*

subcraniano → *subcranial*

subcultura → *subculture; subculturing*

subcutâneo → *subcutaneous*

subdesenvolvido → *small for dates*

subdesidratação → *underhydration*

subdural → *subdural*

subfrênico → *subphrenic*

subglote → *subglottis*

subinvolução → *subinvolution*

subinvolução do útero → *uterine subinvolution*

súbito → *sudden*

subjetivo → *subjective*

sublimação → *sublimation; sublimate*

sublimiar → *subthreshold*

subliminal → *subliminal*

sublingual → *sublingual*

subluxação → *subluxation*

submandibular → *submandibular*

submaxilar → *mandibular*

submental → *submental*

submucosa → *submucosa*

submucoso → *submucous*

subnormal → *subnormal*

subnormalidade → *subnormality*

subnormalidade mental → *mental subnormality*

subnutrido → *undernourished*

suboccipital → *suboccipital*

suborbital → *suborbital*

subperiostal → *subperiosteal*

subprodução → *underproduction*

subsconciente → *subconscious*

subsídio para pós-gradução educacional → *postgraduate education allowance*

substância → *substance*

substância branca → *white matter*

substância cinzenta → *grey matter*

substância colorante → *colouring matter*

substância controlada → *controlled substance*

substância fundamental → *ground substance*

substância P → *substance P*

substituição → *substitution*

substituição articular total do quadril → *total hip replacement*

substituir → *replace*

substituto → *surrogate*

substrato → *substrate*

subsulto → *subsultus*

subtotal → *subtotal*

subungueal → *subtotal thyroidectomy subungual*

sucção → *suction*

sucessão → *succession*

sucessivo → *successive*

sucesso → *success*

suco → *succus; juice*

suco gástrico → *gastric acid; gastric juice*

suco intestinal → *intestinal juice; succus entericus*

suco pancreático → *pancreatic juice*

sucos digestivos → *digestive juice*

sucumbir → *break down*

sucussão → *succussion*

sudame → *sudamen*

sudorese noturna → *night sweat*

sudorífero → *sudoriferous*

sudorífico → *sudorific*

sufocação → *suffocation*

sufocar → *suffocate; strangle*

sufusão → *suffusion*

sugar → *suck*

sugerir → *suggest*

sugestão → *suggestion*

sugestionabilidade → *suggestibility*

sugestionável → *suggestible*

suicida → *suicidal*

suicídio → *suicide*

suicídio assistido → *assisted suicide*

suicídio médico-assistido → *doctor-assisted suicide*

sujar → *soil*

sujeito → *subject*

sujeito a → *subject to*

sulco → *sulcus*

sulco atrioventricular → *atrioventricular groove*

sulco central → *central sulcus*

sulco neural → *neural groove*

sulcos de Harrison → *Harrison's sulcus; Harrison's groove*

sulfassalazina → *sulfasalazine*

sulfato → *sulfate; sulphate*

sulfato de bário → *barium sulphate*

sulfato de ferro → *ferrous sulphate*

sulfato de magnésio → *magnesium sulphate*

sulfonamidas → *sulfonamide*

sulfoniluréia → *sulfonylurea*

sumagre venenoso → *poison ivy*

sumatriptano → *sumatriptan*

suor → *sudor; sweat*

suores noturnos → *night sweat*

superalimentação → *overeating*

superciliar → *superciliary*

supercompensação → *overcompensation*

supercompensar → *overcompensate*

superdosagem → *overdose*

superego (psicologia) → *superego*

superfecundação → *superfecundation*

superfetação → *superfetation*

superficial → *slight; bland; superficial*

superfície → *surface*

superfície plantar → *plantar surface*

superinfecção → *superinfection*

superior → *superior; upper*

superioridade → *superiority*

superovulação → *superovulation*

superpor → *overlap*

superposição → *overjet*

superprodução → *overproduction*

supervisão → *supervision*

supervisionar → *supervise*

supervisor → *supervisor*

supervisora → *modern matron*

supervisora de enfermaria → *ward manager*

supinação → *supination*

supinador → *supinator*

supinar → *supinate*

supino → *supine*

suplementar → *supplement*

suplemento → *supplement*

suplemento de cálcio → *calcium supplement*

supor → *imagine*

suporte → *brace; support*

suporte à vida → *life-support system*

suporte para radiografias interproximais → *bite wing*

supositório vaginal → *vaginal suppository*

supositório → *suppository*

supra-esternal → *suprasternal*

supraglote → *supraglottis*

supranumerário → *supernumerary*

supra-orbitário → *supraorbital*

suprapúbico → *suprapubic*

supra-renal → *suprarenal*

supressão → *suppression; withdrawal*

suprimento → *supply*

suprimir → *suppress*

suprir → *supply*

supuração → *suppuration*

supurar → *suppurate*

supurativo → *suppurating*

surdez → *deafness*

surdez condutiva → *conductive deafness*

surdez de condução → *conductive deafness*

surdez parcial → *partial deafness*

surdez perceptiva → *perceptive deafness*

surdez progressiva → *progressive deafness*

surdez sensorineural → *sensorineural deafness; sensorineural hearing loss*

surdez total → *total deafness*

surdo → *deaf; hearing-impaired*

surdo-mudo → *deaf and dumb*

surfactante → *surfactant*

surto → *bout; outbreak*

susceptibilidade → *susceptibility*

suscetível → *susceptible*

suspeitar → *suspect*

suspeito → *suspect*

suspensão → *suspension*

suspensor → *suspensory*

sustentação → *support*

sustentacular → *sustentacular*

sustentáculo → *sustentaculum*

sustentar → *support*

suster → *support*

sutura → *suture*

sutura absorvível → *absorbable suture*

sutura coronal → *coronal suture*

sutura de colchoeiro → *mattress suture*

sutura de Lembert → *Lembert's suture*

sutura de Shirodkar → *Shirodkar suture*

sutura em cordão de bolsa → *pursestring stitch*

sutura lambdóide → *lambdoid suture*

sutura não absorvível → *non-absorbable suture*

sutura sagital → *sagittal suture*

suturar → *stitch; suture*

suxametônio → *suxamethonium*

tabagismo → *nicotine addiction; smoking*

tabela de oscilação da temperatura corporal → *temperature chart*

tabes → *tabes*

tabes dorsal → *tabes dorsalis*

tabes mesentérica → *tabes mesenterica*

tabético → *tabetic*

tábico → *tabetic*

tablete → *tablet; caplet*

taboparesia → *taboparesis*

taça → *phial*

tacrólimo → *tacrolimus*

tai chi → *tai chi*

tai chi chuan → *tai chi chuan*

tala → *splint*

tala em canaleta → *gutter splint*

tálamo → *thalamus*

talamoencéfalo → *thalamencephalon*

talamotomia → *thalamotomy*

talassemia → *thalassaemia*

talco → *talc*

talco em pó → *talcum powder*

talho → *gash*

talidomida → *thalidomide*

talipe → *talipes*

talo → *anklebone; talus*

talos → *tali*

tamoxifeno → *tamoxifen*

tampa → *lid*

tampão → *buffer; tampon*

tampão mucoso → *mucous plug*

tamponado → *buffered*

tamponamento → *tamponade*

tamponamento cardíaco → *cardiac tamponade; heart tamponade*

tamponar → *buffer*

tanatologia → *thanatology*

tanino → *tannin*

tântalo → *tantalum*

tapotagem → *tapotement*

taquiarritmia → *tachyarrhythmia*

taquicardia → *tachycardia*

taquicardia nodal → *nodal tachycardia*

taquicardia paroxística → *paroxysmal tachycardia*

taquicardia simples → *simple tachycardia*

taquicardia sinusal → *sinus tachycardia*

taquicardia supraventricular → *supraventricular tachycardia*

taquifasia → *tachyphasia*

taquifilaxia → *tachyphyl(l)axis*

taquifrasia → *tachyphrasia*

taquipnéia → *tachypnoea*

tarsalgia → *tarsalgia*

tarsectomia → *tarsectomy*

társico → *tarsal*

tarsite → *tarsitis*

tarso → *tarsal; tarsus*

tarsorrafia → *tarsorrhaphy*

tarsotomia → *tarsotomy*

tartarato de diidrocodeína → *dihydrocodeine tartrate*

tártaro → *tartar*

tártaro dentário → *scale*

tartrazina → *tartrazine*

tátil → *tactile*

tato → *touch*

taurina → *taurine*

taxa → *rate*

taxa de açúcar do sangue → *blood sugar level*

taxa de alta hospitalar → *discharge rate*

taxa de fertilidade → *fertility rate*

taxa de filtração glomerular → *glomerular filtration rate*

taxa de fluxo expiratório máximo → *peak expiratory flow rate*

taxa de hemossedimentação → *erythrocyte sedimentation rate*

taxa de incidência → *incidence rate*

taxa de morbidade → *morbidity rate*

taxa de mortalidade → *mortality rate*

taxa de mortalidade infantil → *infant mortality rate*

taxa de mortalidade neonatal → *neonatal death rate*

taxa de mortalidade perinatal → *perinatal mortality rate*

taxa de mortalidade pós-natal → *perinatal mortality rate*

taxa de ocupação → *occupancy rate*

taxa de ocupação de leitos → *bed occupancy rate*

taxa metabólica basal → *basal metabolic rate*

taxa respiratória → *respiration rate*

taxia → *taxis*

taxonomia → *taxonomy*

teca → *theca*

tecido → *tissue*

tecido adenoidal → *adenoidal tissue*

tecido adiposo → *adipose tissue*

tecido adiposo bucal → *buccal fat*

tecido areolar → *areolar tissue*

tecido celular → *cellular tissue*

tecido cicatricial → *scar tissue*

tecido conjuntivo → *connective tissue*

tecido contrátil → *contractile tissue*

tecido de Gamgee → *Gamgee tissue*

tecido elástico → *elastic tissue*

tecido epitelial → *epithelial tissue*

tecido erétil → *erectile tissue*

tecido fibroso → *fibrous tissue*

tecido glial → *glial tissue*

tecido granular → *granulation tissue*

tecido linfóide → *lymphoid tissue*

tecido mielóide → *myeloid tissue*

tecido muscular → *muscle tissue; muscular tissue*

tecido nervoso → *nerve tissue*

tecido reticular → *reticular tissue*

tecido subcutâneo → *subcutaneous tissue*

tecidos moles → *soft tissue*

técnica → *technique*

técnica asséptica → *aseptic technique*

técnica de Alexander → *Alexander technique*

técnicas de laboratório → *laboratory techniques*

técnico → *technician*

técnico de laboratório → *laboratory technician*

técnico em medicina de urgência → *emergency medical technician*

Teflon → *Teflon*
tégmen → *tegmen*
tegumento → *integument; tegument*
tela → *tela*
telangiectasia → *telangiectasia*
telangiectasis → *telangiectasis*
telangioma → *telangioma*
telarca → *thelarche*
teleceptor → *teleceptor*
telemedicina → *telemedicine*
telencéfalo → *telencephalon*
telepatia → *telepathy*
telerradiografia → *teleradiography*
telerradiologia → *teleradiology*
telerradioterapia → *teleradiotherapy*
telerreceptor → *telereceptor*
telófase → *telophase*
temazepam → *temazepam*
temor → *fear*
temperatura → *temperature*
temperatura ambiente → *environmental temperature*
temperatura axilar → *axillary temperature*
temperatura Celsius → *Celsius temperature*
temperatura central → *central temperature*
temperatura corporal → *body temperature*
temperatura retal → *rectal temperature*
tempo de coagulação → *clotting time; coagulation time*
tempo de espera → *waiting time*
tempo de protrombina → *prothrombin time*
têmpora → *temple*
temporal → *temporal; temporalis*
temporário → *temporary*
temporomandibular → *temporomandibular*
tenáculo → *tenaculum*
tenar → *thenar*
tenaz → *tenacious*
tenda → *tent*
tenda de oxigênio → *oxygen tent*
tendão → *sinew; tendon*
tendão calcâneo → *calcaneal tendon; Achilles tendon*
tendão de Aquiles → *Achilles tendon; calcaneal tendon*
tendão do calcâneo → *tendo calcaneus*
tendão patelar → *patellar tendon*
tendência → *tendency*
tender → *tend*
tendinite → *tendinitis; tendonitis*
tendinoso → *tendinous*
tendões do jarrete → *hamstring*
tendovaginite → *tendovaginitis*
tenente → *tenens*
tenesmo → *tenesmus*
tênia → *taenia; tapeworm*
tênia intestinal → *taenia coli*
teniacida → *taeniacide*
teníase → *taeniasis*
tenifugo → *taeniafuge*
tenonite → *tenonitis*
tenoplastia → *tenoplasty*

tenorrafia → *tenorrhaphy*
tenossinovite → *tenosynovitis*
tenotomia → *tenotomy*
tenovaginite → *tenovaginitis*
tensão → *stress; tension*
tensão pré-menstrual → *premenstrual tension*
tensor → *tensor*
tentativa de suicídio → *attempted suicide*
tentório do cerebelo → *tentorium cerebelli*
teofilina → *theophylline*
teoria → *theory*
teoria comportamental → *behaviourism*
ter convulsões → *fit*
ter de sobra → *spare*
ter êxito → *succeed*
ter origem em → *originate*
ter recaída → *relapse*
terapeuta → *grief counsellor; therapist*
terapeuta ocupacional → *occupational therapist*
terapêutica → *therapeutics*
terapêutico → *therapeutic*
terapia → *therapy*
terapia adjuvante → *adjuvant therapy*
terapia cognitiva → *cognitive therapy*
terapia comportamental → *behaviour therapy*
terapia de associação → *combined therapy*
terapia de aversão → *aversion therapy*
terapia de consenso → *consensus management*
terapia de grupo → *group therapy*
terapia de relaxamento → *relaxation therapy*
terapia de reposição de genes → *gene replacement therapy*
terapia de reposição hormonal → *hormone replacement therapy*
terapia de substituição → *substitution therapy*
terapia do sanduíche → *sandwich therapy*
terapia familiar → *family therapy*
terapia física → *physical therapy*
terapia genética → *gene therapy*
terapia intensiva → *intensive care*
terapia malárica → *malarial therapy*
terapia oclusiva → *occlusive therapy*
terapia ocupacional → *occupational therapy*
terapia por choque → *shock therapy*
terapia por microondas → *microwave therapy*
terapia por modalidades combinadas → *combined therapy*
terapia térmica → *heat therapy*
teratocarcinoma → *teratocarcinoma*
teratogênese → *teratogenesis*
teratogênico → *teratogen; teratogenic*
teratologia → *teratology*
teratoma → *teratoma*
terbutalina → *terbutaline*
terçã → *tertian*
terceiro molar → *third molar*
terciário → *tertiary*
terçol → *stye*

terfenadina → *terfenadine*
termal → *thermal*
terminação nervosa → *nerve ending*
terminações sensoriais de Ruffini → *Ruffini nerve endings*
terminal → *terminal; terminale*
término → *expiration; termination*
termo → *term*
termoanestesia → *thermoanaesthesia*
termocautério → *thermocautery*
termocoagulação → *thermocoagulation*
termofílico → *thermophilic*
termografia → *thermography*
termógrafo → *thermograph*
termograma → *thermogram*
termólise → *thermolysis*
termômetro → *thermometer*
termômetro clínico → *clinical thermometer*
termômetro oral → *oral thermometer*
termômetro retal → *rectal thermometer*
termorreceptor → *thermoreceptor*
termotaxia → *thermotaxis*
termoterapia → *thermotherapy*
terra → *soil*
terrores noturnos → *night terror*
tesoura → *scissors*
testa → *brow; forehead*
testar → *test; trial*
teste → *test; trial*
teste cutâneo → *patch test; skin test*
teste da fixação de complemento → *complement fixation test*
teste da taxa metabólica basal → *BMR test*
teste da tuberculina → *tuberculin test*
teste de antígeno prostático específico → *PSA test de prostatic antigen test; prostatic specific antigen test*
teste de arranhadura → *scratch test*
teste de Babinski → *Babinski test*
teste de Barlow → *Barlow's sign*
teste de Benedict → *Benedict's test*
teste de Binet → *Binet's test*
teste de coagulação sanguínea → *bleeding time*
teste de cobrir → *cover test*
teste de coloração tripla → *triple marker test*
teste de Coombs → *Coombs' test*
teste de esfregaço → *smear test*
teste de esfregaço de Pap → *Pap smear*
teste de esfregaço de Papanicolaou → *Papanicolaou test*
teste de Fehling → *Fehling's test*
teste de Frei → *Frei test*
teste de Friedman → *Friedman's test*
teste de gravidez → *pregnancy test*
teste de Guthrie → *Guthrie test*
teste de Heaf → *Heaf test*
teste de Heller → *Heller's test*
teste de Huhner → *Huhner's test*
teste de iodo ligado à proteína → *PBI test*
teste de iodo protéico → *protein-bound iodine test*
teste de Ishihara → *Ishihara test*
teste de Kahn → *Kahn test*
teste de Kleihauer → *Kleihauer test*

teste de Kleihauer-Betke → *Kleihauer-Betke test*

teste de Kveim → *Kveim test*

teste de laboratório → *laboratory test*

teste de Lange → *Lange test*

teste de Mantoux → *Mantoux test*

teste de Ortolani → *Ortolani's test*

teste de Pap → *Pap test*

teste de Papanicolaou → *Papanicolaou test*

teste de paternidade → *paternity test*

teste de pH → *pH test*

teste de Queckenstedt → *Queckenstedt test*

teste de Quick → *Quick test*

teste de rastreamento → *screening test*

teste de Rinne → *Rinne's test*

teste de Rorschach → *blot test; Rorschach test*

teste de Rothera → *Rothera's test*

teste de Rubin → *Rubin's test*

teste de Schick → *Schick test*

teste de Schilling → *Schilling test*

teste de tolerância à glicose → *glucose tolerance test*

teste de triagem → *screening test*

teste de van den Bergh → *van den Bergh test*

teste de Weber → *Weber's test*

teste de Widal → *Widal test*

teste dedo-nariz → *finger-nose test*

teste diagnóstico → *diagnostic test*

teste histamínico → *histamine test*

teste intradérmico → *intradermal test*

teste multicêntrico → *multicentric testing*

teste prognóstico → *prognostic test*

teste sanguíneo → *blood test*

testicular → *testicular*

testículo → *orchis; testicle; testis*

testículo não-descido → *undescended testis*

testículo retido → *undescended testis*

testosterona → *testosterone*

teta → *teat*

tetania → *tetany*

tetânico → *tetanic*

tétano → *tetanus*

teto → *roof*

tetraciclina → *tetracycline*

tetradactilia → *tetradactyly*

tetralogia de Fallot → *Fallot's tetralogy; tetralogy of Fallot*

tetraplegia → *quadriplegia; tetraplegia*

tetraplégico → *quadriplegic*

tez → *complexion*

tiamina → *thiamine*

tíbia → *shinbone; tibia*

tibial → *tibial; tibialis*

tibiofibular → *tibiofibular*

tiflite → *typhlitis*

tifo → *typhus*

tifo endêmico → *endemic typhus*

tifo epidêmico → *epidemic typhus*

tifo rural → *scrub typhus*

tifóide → *typhoid*

tigela → *bowl*

tilose → *tylosis*

timectomia → *thymectomy*

tímico → *thymic*

timina → *thymine*

timite → *thymitis*

timo → *thymus*

timócito → *thymocyte*

timol → *thymol*

timolol → *timolol*

timona → *thymoma*

timpanectomia → *tympanectomy*

timpânico → *tympanic*

timpanismo → *tympanites*

timpanite → *tympanitis*

tímpano → *eardrum; tympanum*

tímpano perfurado → *perforated eardrum*

timpanoesclerose → *tympanosclerosis*

timpanoplastia → *tympanoplasty*

timpanotomia → *tympanotomy*

tínea favosa → *favus*

tinha → *ringworm; tinea*

tinha crural → *tinea cruris*

tinha da barba → *sycosis barbae; tinea barbae*

tinha da cabeça → *tinea capitis*

tinha do pé → *tinea pedis*

tinha inguinal → *dhobie itch; tinea cruris*

tinido → *ringing in the ear; tinnitus; tincture; paint*

tintura de iodo → *tincture of iodine*

tiopental sódico → *thiopental sodium*

tiopentona → *thiopentone*

tiopentona sódica → *thiopentone sodium*

tioridazina → *thioridazine*

tipagem sanguínea → *blood typing*

tipagem tecidual → *tissue typing*

tipicamente → *typically*

típico → *typical*

tipo sanguíneo → *blood type*

tipo tecidual → *tissue type*

tipóia → *arm sling; elevation sling; sling*

tipos de Griffith → *Griffith's types*

tique → *tic*

tique doloroso → *tic douloureux*

tira → *strip*

tiramina → *tyramine*

tirar → *take; take off*

tirar o tártaro (de dente) → *scale*

tireóide → *thyroid*

tireoidite → *thyroiditis*

tireoparatireoidectomia → *thyroparathyroidectomy*

tireoplastia → *thyroplasty*

tireotomia → *thyrotomy*

tireotóxico → *thyrotoxic*

tireotoxicose → *thyrotoxicosis*

tireotrofina → *thyrotrophin*

tireotropina → *thyrotrophin*

tireoxina → *thyroxine*

tirocalcitonina → *thyrocalcitonin*

tirocele → *thyrocele*

tiroglobulina → *thyroglobulin*

tiroglossal → *thyroglossal*

tiroidectomia → *thyroidectomy*

tirosina → *tyrosine*

tirosinose → *tyrosinosis*

tísica → *phthisis*

titânio → *titanium*

titulação → *titration*

título → *titre*

toco → *stump*

tocoferol → *tocopherol*

tocografia → *tocography*

todas as manhãs → *omni mne; quaque mane*

todas as noites → *omni nocte; quaque nocte*

todos os dias → *omni die*

tofo → *tophus*

tolbutamida → *tolbutamide*

tolerância → *tolerance*

tolerância à droga → *drug tolerance*

tolerância imunológica → *immunological tolerance*

tolerar → *tolerate*

tom vagal → *vagal tone*

tomador de conta de doentes → *carer*

tomar → *take*

tomar conta de pessoa doente → *nurse*

tomografia → *tomography*

tomografia axial computadorizada → *CAT scan; computerised axial tomography.*

tomografia com emissão de pósitrons (PET → *positron emission tomography*) → *PET scan; positron-emission tomography*

tomografia computadorizada → *computed tomography; CT scan*

tomografia computadorizada com emissão de fóton único → *single photon emission computed tomography*

tomograma → *tomogram*

tomotocia → *tomotocia*

tonicidade → *tonicity*

tônico → *tonic*

tono → *tone*

tonografia → *tonography*

tonometria → *tonometry*

tonometria de aplanação → *applanation tonometry*

tonômetro → *tonometer*

tonsila → *tonsil*

tonsila faríngea → *pharyngeal tonsils*

tonsila lingual → *lingual tonsil*

tonsila palatina → *palatine tonsil*

tonsilar → *tonsillar*

tonsilectomia → *tonsillectomy*

tonsilite → *tonsillitis*

tonsilotomia → *tonsillotomy*

tonsilótomo → *tonsillotome*

tonto → *giddy; dizzy*

tontura → *giddiness; dizziness*

tônus → *tonus*

topagnose → *topagnosis*

tópico → *topical*

topografia → *topography*

topográfico → *topographical*

toque → *touch*

toracectomia → *thoracectomy*

toracentese → *thoracentesis*

torácico → *thoracic*

toracocentese → *thoracocentesis*

toracolombar → *thoracolumbar*

toracoplastia → *thoracoplasty*

toracoscopia → *thoracoscopy*

toracoscópio → *thoracoscope*

toracotomia → *thoracotomy*

tórax → *chest; thoraces; thorax*

tórax deprimido → *stove-in chest*
tórax em barril → *barrel chest*
tórax em funil → *funnel chest*
tórax frouxo → *flail chest*
torção → *torsion*
torção tibial → *tibial torsion*
torcer → *rick; sprain; twist; wrench*
torcer(-se) → *writhe*
torcicolo → *crick; stiff neck; torticollis*
tornar incompatível → *mismatch*
tornar(-se) espesso → *thicken*
tornar-se → *fall; occur; turn*
tornassol → *litmus*
torneira → *spigot*
torniquete → *tourniquet*
torniquete de Esmarch → *Esmarch's bandage*
tornozelo → *ankle*
tórpido → *torpid*
torpor → *sopor; stupor; torpor*
torso → *torso*
tosilato de bretílio → *bretylium tosylate*
tosse → *tussis; cough*
tosse de fumante → *smoker's cough*
tosse pleurítica → *hacking cough*
tosse produtiva → *productive cough*
total → *total*
totalmente surdo → *stone-deaf*
touca de berço → *cradle cap*
toxemia → *toxaemia*
toxemia gravídica → *toxaemia of pregnancy*
toxicidade → *toxicity*
toxicidade aguda → *acute toxicity*
toxicidade crônica → *chronic toxicity*
tóxico → *toxic*
toxicocaríase → *toxocariasis*
toxicodendro → *poison ivy*
toxicogênico → *toxicogenic*
toxicologia → *toxicology*
toxicologista → *toxicologist*
toxicose → *toxicosis*
toxidendro → *poison ivy*
toxigênico → *toxigenic*
toxina → *toxin*
toxina botulínica → *botulinun toxin*
toxóide → *toxoid*
toxoplasmose → *toxoplasmosis*
toxoplasmose congênita → *congenital toxoplasmosis*
trabalhador auxiliar → *ancillary worker*
trabalho de parto → *labor; labour*
trabalho de parto precipitado → *precipitate labour*
trabalho de parto prematuro → *premature labour*
trabalho noturno → *night duty*
trabécula → *trabecula*
trabeculectomia → *trabeculectomy*
traçador → *tracer*
tração → *traction*
tração de Russell → *Russell traction*
tração deslizante → *sliding traction*
traçar um perfil de → *profile*
traço → *trait; trace*
traço falciforme → *sickle-cell trait*
traço físico genético → *physical genetic trait*

tracoma → *trachoma*
tradução → *translation*
trago → *tragus*
trajeto da dor → *pain pathway*
tranqüilizante → *soothing; tranquilliser*
tranqüilo → *comfortable*
transaminação → *transamination*
transaminase → *transaminase*
transaminase glutâmico-oxaloacética → *glutamic oxaloacetic transaminase*
transaminase glutâmico-oxaloacética sérica → *serum glutamic-oxalacetic transaminase*
transaminase glutâmico-pirúvica → *glutamic pyruvic transaminase*
transaminase glutâmico-pirúvica sérica → *serum glutamic-pyruvic transaminase*
transcrição → *transcription*
transdérmico → *transdermal*
transdutor de Doppler → *Doppler transducer*
transe → *trance*
transecção → *transection*
transexual → *transsexual*
transexualismo → *transsexualism*
transferência (psiquiatria) → *transference*
transferência intrafalopiana de gameta → *gamete intrafallopian transfer*
transferir → *transfer*
transferrina → *transferrin*
transfixar → *transfix*
transformação → *turn*
transfusão → *transfusion*
transfusão autóloga → *autologous transfusion*
transfusão de sangue → *blood transfusion*
transfusão de substituição → *replacement transfusion*
transicional → *transitional*
transiluminação → *transillumination*
transitório → *transient*
translocação → *translocation*
translombar → *translumbar*
translúcido → *translucent*
transmigração → *transmigration*
transmitir → *pass on; transmit*
transparente → *transparent*
transplacentário → *transplacental*
transplante → *transplantation; transplant*
transplante cardíaco → *heart transplant*
transplante coração-pulmão → *heart-lung transplant*
transplante de córnea → *corneal graft; corneal transplant*
transplante de fígado → *liver transplant*
transplante de medula óssea → *bone marrow transplant*
transplante de órgão → *organ transplant*
transplante renal → *kidney transplant; renal transplant*
transportador → *carrier*
transportar → *transport; carry*
transporte mucociliar → *mucociliary transport*
transposição → *transposition*
transretal → *transrectal*
transtornado → *disturbed*
transtorno da atividade cardíaca → *disordered action of the heart*

transtorno interno do joelho → *internal derangement of the knee*
transudação → *transudation*
transudato → *transudate*
transuretero-ureterostomia → *transuretero-ureterostomy*
transuretral → *transurethral*
transvaginal → *transvaginal*
transversal → *transverse*
transverso → *transverse*
trapézio → *trapezium; trapezius*
trapezóide → *trapezoid*
traqueal → *tracheal*
traquéia → *trachea; windpipe*
traqueíte → *tracheitis*
traquelorrafia → *trachelorrhaphy*
traqueobrônquico → *tracheobronchial*
traqueobronquite → *tracheobronchitis*
traqueoesofágico → *tracheo-oesophageal*
traqueostomia → *tracheostomy*
tratamento → *treatment*
tratamento clínico → *clinical care*
tratamento com cera quente → *hot wax treatment*
tratamento com luz → *light treatment*
tratamento com ultra-som → *ultrasound treatment*
tratamento de choque → *shock treatment*
tratamento de enfermagem → *nursing intervention*
tratamento de pacientes em estado grave → *acute care*
tratamento empírico → *empirical treatment*
tratamento holístico → *holistic care*
tratamento paliativo → *palliative treatment*
tratamento radical → *radical treatment*
tratamento térmico → *heat treatment; thermotherapy*
tratar → *treat*
trato → *tract*
trato cérebro-espinhal → *cerebrospinal tract*
trato de associação → *association tract*
trato descendente → *descending tract*
trato digestivo → *digestive tract*
trato espinocerebelar → *spinocerebellar tract*
trato ileotibial → *iliotibial tract*
trato olfatório → *olfactory tract*
trato óptico → *optic tract*
trato piramidal → *pyramidal tract*
trato reprodutor → *reproductive tract*
trato respiratório → *respiratory tract*
trato talamocortical → *thalamocortical tract*
trato tectospinal → *tectospinal tract*
trato urinário → *urinary tract*
trato uveal → *uveal tract*
tratotomia → *tractotomy*
trauma → *trauma*
trauma acústico → *acoustic trauma*
trauma de parto → *birth trauma*
traumático → *traumatic*
traumatismo do soldador → *welder's flash*
traumatizado → *injured*

traumatologia → *traumatology*
trave de Balkan → *Balkan beam*
travesseiro → *pillow*
travesti → *cross-dresser; transvestite*
travestismo → *cross-dressing; transvestism*
trazodona → *trazodone*
treinamento → *training*
treino de toalete → *toilet training*
trematódeo → *fluke; trematode*
trematódeo do fígado → *liver fluke*
tremer → *shake*
tremor → *trembling; tremor; shivering*
tremor de intenção → *intention tremor*
tremor essencial → *essential tremor*
tremor fisiológico → *physiological tremor*
tremor grosseiro → *coarse tremor*
trêmulo → *shivery; shaky; unsteady*
treonina → *threonine*
trepanação → *trephination*
trépano → *burr; trephine*
treponematose → *treponematosis*
três vezes ao dia → *ter in die; ter in diem sumendus*
tríade → *triad*
tríade de Charcot → *Charcot's triad*
triagem → *screening; triage*
triagem de anticorpos antiendomisiais IgA → *IgA antiendomysial antibody*
triagem em massa → *mass screening*
triagem genética → *genetic screening*
triagem neonatal → *neonatal screening*
triagem ultra-sônica → *ultrasound screening*
triancinolona → *triamcinolone*
triangular → *triangular*
triângulo → *triangle*
triângulo anal → *anal triangle*
triângulo de Scarpa → *Scarpa's triangle*
triângulo femoral → *femoral triangle*
triângulo retal → *rectal triangle*
Tribunal de Revisão de Saúde Mental → *Mental Health Review Tribunal*
tríceps → *triceps*
Trichuris → *Trichuris*
tricofitose → *trichophytosis*
tricologia → *trichology*
tricomicose → *trichomycosis*
tricose → *trichosis*
tricotilomania → *trichotillomania*
tricromatismo → *trichromatism*
tricuríase → *trichuriasis*
tricúspide → *tricuspid*
tridactilismo → *tridactyly*
trifosfato → *triphosphate*
trifosfato de adenosina → *adenosine triphosphate*
trigêmeo → *triplet*
trigeminal → *trigeminal*
trigeminismo → *trigeminy*
triglicerídeo → *triglyceride*
trigonite → *trigonitis*
trígono → *trigone*
trigonocefalia → *trigonocephaly*
trigonocefálico → *trigonocephalic*
triiodotironina → *triiodothyronine*
trimeprazina → *trimeprazine*
trimestre → *trimester*

trimetoprim → *trimethoprim*
tripanocida → *trypanocide*
tripanossomíase → *trypanosomiasis*
tripanossomíase africana → *African trypanosomiasis*
triplóide → *triploid*
tripsina → *trypsin*
tripsinogênio → *trypsinogen*
triptofano → *tryptophan*
tríquetro → *triquetrum; triquetral*
triquíase → *trichiasis*
triquiníase → *trichiniasis*
triquinose → *trichinosis*
trismo → *lockjaw; trismus*
trisomia → *trisomy*
trisomia 21 → *trisomy 21*
trisômico → *trisomic*
trissilicato de magnésio → *magnesium trisilicate*
tritanopia → *tritanopia*
troca gasosa → *gas exchange*
trocânter → *trochanter*
trocânter menor → *lesser trochanter*
trocarte → *trocar*
tróclea → *trochlea*
troclear → *trochlear*
trocomoníase → *trichomoniasis*
trófico → *trophic*
trofoblasto → *trophoblast*
trombectomia → *thrombectomy*
trombina → *thrombin*
trombo → *thrombus*
trombo mural → *mural thrombus*
tromboangeíte → *thromboangiitis*
tromboangeíte obliterante → *thromboangiitis obliterans*
tromboarterite → *thromboarteritis*
trombocinase → *thrombokinase*
trombocitemia → *thrombocythaemia*
trombócito → *thrombocyte*
trombocitopenia → *thrombocytopenia*
trombocitopênico → *thrombocytopenic*
trombocitose → *thrombocytosis*
tromboembolismo → *thromboembolism*
tromboendarterectomia → *thromboendarterectomy*
tromboendarterite → *thromboendarteritis*
tromboflebite → *thrombophlebitis*
trombólise → *thrombolysis*
trombolítico → *thrombolytic*
tromboplástico → *thromboplastic*
tromboplastina → *thromboplastin*
trombopoiese → *thrombopoiesis*
trombose → *thrombosis*
trombose cerebral → *cerebral thrombosis*
trombose coronária → *coronary thrombosis*
trombose da artéria carótida → *carotid artery thrombosis*
trombose de veia profunda → *deep-vein thrombosis*
trombose venosa → *venous thrombosis*
trompa de Eustáquio → *Eustachian tube*
trompa de Falópio → *uterine tube*
tronco → *stem; truncus; trunk*
tronco braquiocefálico → *innominate artery*
tronco bronquiomediastínico → *bronchomediastinal trunk*

tronco celíaco → *coeliac trunk*
tronco cerebral → *brain stem*
tronco costocervical → *costocervical trunk*
tronco jugular → *jugular trunk*
tropia → *tropia*
tropical → *tropical*
truste comunitário → *community trust*
truste de cuidados clínicos primários → *primary care trust*
tuba auditiva → *Eustachian tube*
tuba de Falópio → *Fallopian tube*
tuba uterina → *Fallopian tube; uterine tube*
tubário → *tubal*
túber cinéreo → *tuber cinereum*
túber cinzento → *tuber cinereum*
tubercular → *tubercular*
tuberculide → *tuberculid*
tuberculina → *tuberculin*
tubérculo → *tubercle*
tubérculo primário → *primary tubercle*
tuberculose → *tuberculosis*
tuberculose miliar → *miliary tuberculosis*
tuberculose pós-primária → *post-primary tuberculosis*
tuberculose primária → *primary tuberculosis*
tuberculose pulmonar → *pulmonary tuberculosis*
tuberculoso → *tubercular; tuberculous*
tuberosidade → *tuberosity; tuber*
tuberosidade deltóide → *deltoid tuberosity*
tuberosidade do ísquio → *ischial tuberosity*
tuberosidade isquiática → *ischial tuberosity*
tuberoso → *tuberose; tuberous*
tubo → *hose; tube*
tubo convulato → *convoluted tubule*
tubo de ensaio → *test tube*
tubo de Miller-Abbott → *Miller-Abbott tube*
tubo de oxigênio → *oxygen cylinder*
tubo de Paul → *Paul's tube*
tubo de Ryle → *Ryle's tube*
tubo de Sengstaken → *Sengstaken tube*
tubo de Wangensteen → *Wangensteen tube*
tubo digestivo → *digestive tube*
tubo endotraqueal → *endotracheal tube*
tubo faringotimpânico → *pharyngotympanic tube*
tubo gástrico → *stomach tube*
tubo nasogástrico → *nasogastric tube*
tubo neural → *neural tube*
tubo para alimentação → *tube feeding*
tubo Redivac para dreno → *Redivac drainage tube*
tuboabdominal → *tuboabdominal*
tubocurarina → *tubocurarine*
tubotimpânico → *tubotympanal*
tubovariano → *tubo-ovarian*
tubular → *tubular*
túbulo → *tubule*
túbulo convoluto (contorcido) distal → *proximal convoluted tubule*

túbulo convoluto (contorcido) proximal → *proximal convoluted tubule*
túbulo convoluto distal → *distal convoluted tubule*
túbulo renal → *renal tubule*
túbulo seminífero → *seminiferous tubule*
túbulo urinífero → *uriniferous tubule*
tufo → *tuft*
tufo glomerular → *glomerular tuft*
tularemia → *tularaemia*
tule gorduroso → *tulle gras*
tumefação → *tumefaction*
tumescência → *tumescence*
tumescente → *tumescent*
tumor → *growth; tumour*
tumor benigno → *benign tumour*
tumor carcinóide → *carcinoid tumour*
tumor cerebral → *brain tumour*
tumor de Burkitt → *Burkitt's tumour*
tumor de Ewing → *Ewing's tumour*
tumor de Grawitz → *Grawitz tumour*
tumor de Krukenberg → *Krukenberg tumour*
tumor de Leydig → *Leydig tumour*
tumor de Wilms → *Wilms' tumour*
tumor esternomastóideo → *sternomastoid tumour*
tumor fantasma → *phantom tumour*
tumor fibrinóide → *fibroid tumour*
tumor folicular → *follicular tumour*
tumor maligno → *malignant tumour*
tumor primário → *primary tumour*
tumoral → *tumoral*
tumoroso → *tumorous*
túnica → *tunica*
túnica adventícia → *tunica adventitia*
tunica albugínea dos testículos → *tunica albuginea testis*
túnica esclerótica → *sclerotic coat*
túnica íntima → *tunica intima*
túnica média → *tunica media*
túnica muscular → *muscle coat*
túnica vaginal do testículo → *tunica vaginalis*
turbinado → *turbinate*
turbinectomia → *turbinectomy*
túrcica → *turcica*
turgescência → *turgescence*
túrgido → *tumid; turgid*
turgor → *turgor*
turno → *shift*
turricefalia → *turricephaly*
turvação → *cloud*
turvo → *cloudy*
tutor → *tutor*
úlcera → *ulcer*
úlcera aftosa → *aphthous ulcer*
úlcera corrosiva → *rodent ulcer*
úlcera de Bagdá → *Baghdad sore*
úlcera de Curling → *Curling's ulcer*
úlcera de decúbito → *decubitus ulcer; pressure sore*
úlcera de Mooren → *Mooren's ulcer*
úlcera de Naga → *Naga sore*
úlcera dendrítica → *dendritic ulcer*
úlcera do leito → *bedsore*
úlcera duodenal → *duodenal ulcer; stomal ulcer*

úlcera estomacal → *stomal ulcer*
úlcera gástrica → *gastric ulcer*
úlcera jejunal → *jejunal ulcer*
úlcera mole → *soft sore*
úlcera oriental → *oriental sore*
úlcera péptica → *peptic ulcer*
úlcera perfurante → *perforated ulcer*
úlcera trófica → *trophic ulcer*
úlcera tropical → *tropical ulcer*
úlcera varicosa → *varicose ulcer*
úlcera venosa → *venous ulcer*
ulceração → *ulceration*
ulcerado → *ulcerated*
ulcerar → *fester*
ulcerativo → *ulcerative*
ulcerogênico → *ulcerating*
ulceroso → *ulcerous*
ulite → *ulitis*
ulna → *ulna*
ulnar → *ulnar*
ultrafiltraçọ → *ultrafiltration*
ultramicroscópio → *ultramicroscopic*
ultrapassar → *outreach*
ultra-som → *ultrasound*
ultra-som de Doppler → *Doppler ultrasound*
ultra-som intra-operativo → *intraoperative ultrasound*
ultra-sônico → *ultrasonic*
ultra-sonografia → *ultrasonics; ultrasonography; ultrasound scan; ultrasound scanning*
ultra-sonógrafo → *ultrasonograph*
ultra-sonograma → *ultrasonogram*
ultra-sonotomografia → *ultrasonotomography*
ultravioleta → *ultraviolet*
um tanto → *mildly*
umbigo → *belly button; navel; omphalus; umbilicus*
umbilicado → *umbilicated*
umbilical → *umbilical*
umectante → *humectant*
umedecer(-se) → *moisten*
úmero → *humerus*
umidade → *moisture*
úmido → *damp; humid; moist*
unciforme → *uncinate*
uncinado → *uncinate*
uncus → *uncus*
undina → *undine*
ungueal → *ungual*
ungüento (farmácia) → *salve; unguentum*
ungüento → *unguent; ointment*
unha → *nail; unguis*
unha do dedo da mão → *fingernail*
unha do dedo do pé → *toenail*
unha encravada → *ingrowing toenail*
unheiro → *hangnail; whitlow; felon*
união → *union*
unicelular → *unicellular*
unidade → *unit*
unidade de cuidados especiais ao lactente → *special care baby unit*
unidade de terapia intensiva (UTI) → *intensive care unit; intensive therapy unit*

unidade de tratamento coronariano → *coronary care unit*
unidade internacional → *international unit*
unidade-modelo de enfermagem → *nursing development unit*
unidades do Sistema Internacional → *SI units*
uniforme → *uniform*
unigrávida → *unigravida*
unilateral → *unilateral*
uniovular → *uniovular*
unípara → *unipara*
unipolar → *unipolar*
unir → *close; link*
unir(-se) → *tie*
uracil → *uracil*
uraniscorrafia → *uraniscorrhaphy*
uratemia → *urataemia*
urato → *urate*
uratúria → *uraturia*
urease → *urease*
uréia → *urea*
uréia sanguínea → *blood urea*
uremia → *uraemia; uremia*
urêmico → *uraemic; uremic*
urequise → *urecchysis*
urese → *uresis*
ureter → *ureter*
ureteral → *ureteral*
ureterectomia → *ureterectomy*
uretérico → *ureteric*
ureterite → *ureteritis*
ureterocele → *ureterocele*
ureterocolostomia → *ureterocolostomy*
ureteroenterostomia → *ureteroenterostomy*
ureterólise → *ureterolysis*
ureterolitotomia → *ureterolithotomy*
ureteronefrectomia → *ureteronephrectomy*
ureteroneocistostomia → *ureteroneocystostomy*
ureteropielonefrite → *ureteropyelonephritis*
ureteroplastia → *ureteroplasty*
ureteroscopia → *ureteroscopy*
ureteroscópio → *ureteroscope*
ureterossigmoidostomia → *ureterosigmoidostomy*
ureterostomia → *ureterostomy*
ureterotomia → *ureterotomy*
ureterovaginal → *ureterovaginal*
urético → *uretic*
uretólito → *ureterolith*
uretra → *urethra*
uretra peniana → *penile urethra*
uretra prostática → *prostatic urethra*
uretral → *urethral*
uretrite → *urethritis*
uretrite específica → *specific urethritis*
uretrite não-específica → *non-specific urethritis*
uretrocele → *urethrocele*
uretrografia → *urethrography*
uretrograma → *urethrogram*
uretroplastia → *urethroplasty*
uretrorrafia → *urethrorrhaphy*

uretrorréia → *urethrorrhoea*
uretroscopia → *urethroscopy*
uretroscópio → *urethroscope*
uretrostenose → *urethrostenosis*
uretrostomia → *urethrostomy*
uretrotomia → *urethrotomy*
urgente → *urgent*
urgentemente → *urgently*
uricosúrico → *uricosuric*
uridrose → *uridrosis*
urina (informal) → *water; aqua*
urina → *urine*
urina residual → *residual urine*
urinálise → *urinalysis*
urinar → *micturate; urinate; wee; pass*
urinário → *urinary*
urinífero → *uriniferous*
urinogenital → *urinogenital*
urinômetro → *urinometer*
urobilina → *urobilin*
urobilinogênio → *urobilinogen*
urocele → *urocele*
urocinase → *urokinase*
urocromo → *urochrome*
urodinâmica → *urodynamics*
urogenital → *urogenital*
urografia → *urography*
urografia intravenosa → *intravenous urography*
urograma → *urogram*
urograma intravenoso → *intravenous urogram*
urólito → *urolith*
urologia → *urology*
urológico → *urological*
urologista → *urologist*
uroquesia → *urochesia*
uroquinase → *urokinase*
urostomia → *urostomy*
urticária → *hives; nettle rash; urticaria*
urticária gigante → *giant hives*
usar incorretamente → *misuse*
uso abusivo de anfetamina → *amphetamine abuse*
uso abusivo de barbitúricos → *barbiturate abuse*
uso abusivo de drogas (que faz) → *drug abuser*
uso abusivo de drogas → *drug abuse*
uso de cama em hospital → *bed blocking*
uso impróprio de substâncias → *substance misuse*
uso incorreto → *misuse*
uso tópico → *topically*
usual → *usual*
usuário de cama em hospital → *bed blocker*
uterino → *uterine*
útero → *uterus; womb*
útero didélfico → *uterus didelphys*
útero duplo → *double uterus*
útero inclinado → *tipped womb*
uterocele → *uterocele*
uterogestação → *uterogestation*
uterografia → *uterography*
uteroovariano → *utero-ovarian*
úteros → *uteri*

uterossalpingografia → *uterosalpingography*
uterovesical → *uterovesical*
utrículo → *utricle*
utrículo prostático → *prostatic utricle*
úvea → *uvea*
uveal → *uveal*
uveíte → *uveitis*
úvula → *uvula*
uvular → *uvular*
uvulectomia → *uvulectomy*
uvulite → *uvulitis*
uvulopalatofaringoplastia → *uvulopalatopharyngoplasty*
vacilante → *unsteady*
vacilar → *stagger*
vacina → *vaccine*
vacina antidiftérica, antipertussis e antitetânica → *DPT vaccine*
vacina anti-sarampo, anticaxumba e anti-rubéola → *MMR vaccine*
vacina BCG → *BCG vaccine*
vacina candidata → *candidate vaccine*
vacina Hib → *Hib vaccine*
vacina quádrupla → *quadruple vaccine*
vacina Sabin → *Sabin vaccine*
vacina Salk → *Salk vaccine*
vacina TAB → *TAB vaccine*
vacina tríplice → *triple vaccine*
vacinação → *vaccination*
vacinar → *vaccinate*
vacínia → *cowpox*
vacinoterapia → *vaccinotherapy*
vácuo → *vacuum*
vácuo-extração → *vacuum extraction*
vácuo-extrator → *vacuum extractor*
vacúolo → *vacuole*
vácuo-sucção → *vacuum suction*
vagal → *vagal*
vagina → *vagina*
vaginal → *vaginal; vaginalis*
vaginectomia → *vaginectomy*
vaginismo → *vaginismus*
vaginite → *vaginitis*
vaginite atrófica → *atrophic vaginitis*
vaginografia → *vaginography*
vaginoplastia → *vaginoplasty*
vaginoscópio → *vaginoscope*
vago → *dull; spare; vagus*
vagotomia → *vagotomy*
valécula → *vallecula*
valgo → *valgus*
validade → *validity*
valina → *valine*
valor → *value*
valproato de sódio → *sodium valproate*
valva → *valve*
valva tricúspide → *tricuspid valve*
valvotomia → *valvotomy*
valvotomia mitral → *mitral valvotomy*
válvula → *valvula*
válvula aórtica → *aortic valve*
válvula bicúspide → *bicuspid valve*
válvula de bola em gaiola → *ball and cage valve*
válvula de Spitz-Holter → *Spitz-Holter valve*
válvula estenosada → *stenosed valve*

válvula ileocecal → *ileocaecal valve*
válvula mitral → *mitral valve*
válvula pulmonar → *pulmonary valve*
válvula semilunar → *semilunar valve*
valvular → *valvular*
valvulite → *valvulitis*
valvuloplastia → *valvuloplasty*
valvulotomia → *valvulotomy*
vampirismo → *necrophilism*
vancomicina → *vancomycin*
vapor → *vapour; vapor*
vaporização → *spray*
vaporizador → *vaporiser*
vaporizar → *spray; vaporise*
variação → *variation*
variante da doença de Creutzfeldt-Jakob → *(Creutzfeldt-Jakob disease) variant CJD*
variar → *vary*
varicectomia → *varicectomy*
varicela → *varicella*
varicocele → *varicocele*
varicosidade (veias) → *varicosity*
varicoso → *varicose*
varicotomia → *varicotomy*
varíola → *smallpox; variola*
variolóide → *varioloid*
variz → *varix*
variz arterial → *cirsoid aneurysm*
varizes esofágicas → *oesophageal varices*
varo → *vara; varus*
varredura → *scanning*
varredura cerebral → *brain scan*
varredura corporal → *body scan*
varredura mapear → *scan*
vascular → *vascular*
vascularização → *vascularisation*
vasculite → *vasculitis*
vasectomia → *vasectomy*
vasectomia bilateral → *bilateral vasectomy*
vaso → *vas; vessel*
vaso aferente → *afferent vessel*
vaso deferente → *vas deferens*
vaso eferente → *efferent vessel; vas efferens*
vaso linfático → *lymph vessel; lymphatic vessel*
vaso sanguíneo → *blood vessel*
vasoativo → *vasoactive*
vasoconstricção → *vasoconstriction*
vasoconstrictor → *vasoconstrictor*
vasodilatação → *vasodilatation*
vasodilatador → *vasodilator*
vasodilatador periférico → *peripheral vasodilator*
vasoepididimostomia → *vaso-epididymostomy*
vasoespasmo → *vasospasm*
vasoinibidor → *vasoinhibitor*
vasoligadura → *vasoligation*
vasomotor → *vasomotor*
vasomotricidade → *vasomotion*
vasopressina → *vasopressin*
vasopressor → *vasopressor*
vasos dos vasos → *vasa vasorum*
vasos eferentes → *vasa efferentia*

vasovagal → *vasovagal*
vasovasostomia → *vasovasostomy*
vasovesiculite → *vasovesiculitis*
vegano → *vegan*
vegetação → *vegetation*
vegetação adenóide → *adenoid vegetation*
vegetariano → *vegetarian*
vegetativo → *vegetative*
veia → *vein*
veia angular → *angular vein*
veia auricular → *auricular vein*
veia ázigo → *azygous vein*
veia basílica → *basilic vein*
veia braquial → *branchial vein*
veia braquiocefálica → *brachiocephalic vein*
veia cardíaca → *cardiac vein*
veia cava → *vena cava*
veia cava inferior → *inferior vena cava*
veia cava superior → *superior vena cava*
veia central → *central vein*
veia cervical profunda → *deep cervical vein*
veia cística → *cystic vein*
veia coronária → *coronary vein*
veia digital → *digital vein*
veia emissária → *emissary vein*
veia facial → *facial vein*
veia facial profunda → *deep facial vein*
veia femoral → *femoral vein*
veia filiforme → *thread vein*
veia gástrica → *gastric vein*
veia glútea → *gluteal vein*
veia hepática → *hepatic vein*
veia ilíaca comum → *common iliac vein*
veia infra-orbitária → *infraorbital vein*
veia inominada → *innominate vein*
veia jugular → *jugular vein*
veia jugular externa → *external jugular*
veia jugular interna → *internal jugular*
veia lingual → *lingual vein*
veia magna do cérebro → *great cerebral vein*
veia mesentérica → *mesenteric vein*
veia porta → *portal vein*
veia profunda → *deep vein*
veia pulmonar → *pulmonary vein*
veia safena → *saphenous vein*
veia subclávia → *subclavian vein*
veia superficial → *superficial vein*
veia varicosa → *varicose vein*
veículo → *vehicle*
vela → *bougie*
velhice → *old age*
velocidade de sedimentação → *sedimentation rate*
vencer → *overcome*
veneno → *venom; poison*
venenoso → *venomous; poisonous*
venéreo → *venereal; venereum; veneris*
venereologia → *venereology*
venereologista → *venereologist*
venóclise → *venoclysis*
venografia → *venography*
venograma → *venogram*
venopunção → *venepuncture; venipuncture*

venopuntura → *venepuncture; venipuncture*
venoso → *venosus; venous*
venossecção → *venesection*
ventilação → *ventilation*
ventilação artificial → *artificial ventilation*
ventilação com pressão positiva → *positive pressure ventilation*
ventilador → *ventilator*
ventosa → *ventouse*
ventral → *ventral*
ventricular → *ventricular*
ventriculite → *ventriculitis*
ventrículo → *ventricle*
ventriculoatriostomia → *ventriculoatriostomy*
ventriculografia → *ventriculography*
ventriculograma → *ventriculogram*
ventriculoscopia → *ventriculoscopy*
ventriculostomia → *ventriculostomy*
ventrofixação → *ventrofixation*
ventrossuspensão → *ventrosuspension*
vênula → *venule*
ver → *observe*
verapamil → *verapamil*
verbigeração → *verbigeration*
verdadeiras cordas vocais → *true vocal cords*
vergão → *weal; wheal*
verme → *vermis; worm*
verme da Guiné → *guinea worm*
verme plano → *flatworm*
vermelhidão → *redness*
vermelho → *flushed; red*
vermicida → *vermicide*
vermiforme → *vermiform*
vermífugo → *vermifuge*
vérmix → *vermix*
verniz caseoso → *vernix caseosa*
verruga → *verruca; wart*
verruga comum → *common wart*
verruga genital → *genital wart*
verruga plantar → *plantar wart*
verruga venérea → *venereal wart*
versão → *version*
versão cefálica → *cephalic version*
versão espontânea → *spontaneous version*
versão podálica → *podalic version*
vértebra → *vertebra*
vértebrais dorsais → *dorsal vertebrae*
vertebral → *vertebral*
vértebras cervicais → *cervical vertebrae*
vértebras coccígeas → *coccygeal vertebrae*
vértebras lombares → *lumbar vertebra*
vértebras sacrais → *sacral vertebrae*
vértebras torácicas → *thoracic vertebrae*
verter (sangue) → *shed*
vértice → *vertex*
vertigem → *giddiness; dizziness*; → *vertigo; fainting spell*
vertiginoso → *giddy; dizzy*
vesical → *vesical*
vesicante → *vesicant*
vesicar → *blister*
vesicofixação → *vesicofixation*

vesicostomia → *vesicostomy*
vesicotomia → *vesicotomy*
vesicoureteral → *vesicoureteric*
vesicouretérico → *vesicoureteric*
vesicovaginal → *vesicovaginal*
vesícula → *blister; vesicle*
vesícula biliar → *gall bladder*
vesícula sanguinolenta → *blood blister*
vesícula seminal → *seminal vesicle*
vesiculação → *vesiculation*
vesicular → *vesicular*
vesiculite → *vesiculitis*
vesiculografia → *vesiculography*
vesiculopapular → *vesiculopapular*
vesiculopustular → *vesiculopustular*
vesiculotomia → *vesiculectomy*
vestibular → *vestibular*
vestíbulo → *vestibule; vestibuli*
vestigial → *vestigial*
vestir → *dress*
vestir-se → *get dressed*
vetor → *vector*
véu → *caul*
via → *pathway*
via aérea → *airway*
via de tratamento → *care pathway*
via final comum → *final common pathway*
via intravenosa (por) → *intravenously*
via nasal (por) → *nasogastrically*
viabilidade → *viability*
vias frontais → *front passage*
vias motoras → *motor pathway*
viável → *viable*
vibrador → *vibrator*
vibrar → *vibrate*
vibrissas → *vibrissae*
vicariante → *vicarious*
vicia (que) → *habit-forming*
viciado → *addicted*
viciado em drogas → *drug addict*
viciador → *addictive*
vício em drogas → *drug addiction*
vida → *life*
viés → *bias*
vigília → *wakefulness*
vigor → *vigour*
vigoroso → *strenuous*
vilosidade → *villus*
vilosidades aracnóides → *arachnoid villi*
vilosidades coriônicas → *chorionic villi*
vilosidades intestinais → *intestinal villi*
viloso → *villous*
vinblastina → *vinblastine*
vincristina → *vincristine*
vinculação sexual → *sex-linkage*
vínculo → *vinculum; bonding*
vingança de Montezuma → *Montezuma's revenge*
violentamente → *violently*
violento → *violent*
violeta → *violet*
violeta de genciana → *gentian violet*
vir à mente (de alguém) → *fall; occur*
viral → *viral*
virar → *turn*
viremia → *viraemia; viremia*

virgem → *virgin*
virgindade → *virginity*
viril → *virile*
virilha → *crotch; groin*
virilismo → *virilism*
virilização → *virilisation*
virola reforçar com virola → *ferrule*
virologia → *virology*
virose → *bug*
virulência → *virulence*
virulento → *virulent*
vírus → *virus*
vírus da hepatite A → *hepatitis A virus*
vírus da hepatite B → *hepatitis B virus*
vírus da hepatite C → *hepatitis C virus*
vírus da imunodeficiência → *immunodeficiency virus*
vírus da imunodeficiência humana → *human immunodeficiency virus*
vírus de Epstein-Barr → *Epstein-Barr
virus*
vírus de nascença → *blood-borne virus*
vírus delta → *delta virus*
vírus EB → *EB virus*
vírus Ebola → *Ebola virus*
vírus parainfluenza → *para-influenza
virus*
vírus sincicial respiratório → *respiratory
syncytial virus*
vírus varicela-zoster → *varicella-zoster
virus*
visão → *eyesight; sight; vision*
visão binocular → *binocular vision*
visão dupla → *double vision*
visão em túnel → *tunnel vision*
visão escotópica → *scotopic vision*
visão estereoscópica → *stereoscopic vision*
visão fotópica → *photopic vision*
visão monocular → *monocular vision*
visão parcial → *partial vision*
visão total → *twenty-twenty vision*
visão turva → *blurred vision*
víscera → *viscus*
visceral → *visceral*
vísceras → *viscera*
vísceras abdominais → *abdominal viscera*
visceromotor → *visceromotor*
visceroptose → *visceroptosis*
viscerorreceptor → *viscereroceptor*
víscido → *viscid*
viscosidade → *viscosity*
viscoso → *viscous*
visita → *visit*
visita domiciliar → *domiciliary visit*

visita franqueada → *open visiting*
visitante → *visitor*
visitar → *visit*
visível → *observable*
visível → *visible*
vista cansada → *eyestrain*
vista lateral → *lateral view*
visto → *vu*
visual → *visual*
visualização → *visualisation*
vital → *vital*
vitamina → *vitamin*
vitamina A → *Vitamin A*
vitamina B₁ → *Vitamin B₁*
vitamina B₁₂ → *Vitamin B₁₂*
vitamina B₂ → *Vitamin B₂*
vitamina B₆ → *Vitamin B₆*
vitamina C → *Vitamin C*
vitamina D → *Vitamin D*
vitamina E → *Vitamin E*
vitamina K → *Vitamin K*
vitelo → *vitellus*
vitiligo → *vitiligo*
vítima → *victim*
vítima de acidente → *casualty*
vitorioso → *successful*
vitrectomia → *vitrectomy*
vitreíte → *vitritis*
vítreo → *vitreous*
vivíparo → *viviparous*
vivissecção → *vivisection*
vivo → *alive; live*
vocal → *vocal*
volante → *volitantes*
volar → *volar*
volátil → *volatile*
volição → *volition*
voltar a ocorrer → *recur*
volume → *volume*
volume de líquido → *moisture content*
volume expiratório forçado → *forced expiratory volume*
volume globular → *packed cell volume*
volume hematócrito → *packed cell volume*
volume residual → *residual volume*
volume respiratório → *tidal volume*
volume sanguíneo → *blood volume*
volume sistólico → *stroke volume*
voluntário → *voluntary; volunteer*
volvo → *volvulus*
vólvulo → *volvulus*
vômer → *vomer*
vômica → *vomica*
vomitar → *throw up*
vômito → *puke; vomiting; vomitus; vomit*

vômito em borra de café → *coffee ground
vomit*
vômito seco → *retching*
vômitos → *posseting*
vômitos cíclicos → *cyclical vomiting*
voyeurismo → *voyeurism*
voz → *voice*
vulgar → *vulgaris*
vulnerável → *vulnerable*
vulsela → *volsella; vulsella*
vulva → *vulva*
vulvectomia → *vulvectomy*
vulvite → *vulvitis*
vulvovaginite → *vulvovaginitis*
warfarina → *warfarin*
washout → *washout*
webbing → *webbing*
xampu medicinal → *medicated shampoo*
xantelasma → *xanthelasma*
xantemia → *xanthaemia*
xantina → *xanthine*
xantocromia → *xanthochromia*
xantoma → *xanthoma*
xantomatose → *xanthomatosis*
xantopsia → *xanthopsia*
xantose → *xanthosis*
xarope antitussivo → *cough medicine*
xenoenxerto → *xenograft; xenotransplantation*
xeroderma → *xeroderma*
xeroftalmia → *xerophthalmia*
xerorradiografia → *xeroradiography*
xerostomia → *xerostomia*
xifoesterno → *xiphisternum*
xilometazolina → *xylometazoline*
xilose → *xylose*
Xylocaine → *Xylocaine*
yin-yang → *yin and yang*
zidovudina → *zidovudine*
zigoma → *zygoma*
zigomático → *zygomatic*
zigomicose → *zygomycosis*
zigoto → *zygote*
zimogênio → *zymogen*
zimose → *zymosis*
zimótico → *zymotic*
zinco → *zinc*
zona → *zona; zone*
zona erógena → *erogenous zone*
zona pelúcida → *zona pellucida*
zônula → *zonula*
zônula de Zinn → *zonule of Zinn*
zonulólise → *zonulolysis*
zoonose → *zoonosis*
zoster → *zoster*
Z-plastia → *Z-plasty*

Cromosete
Gráfica e editora Ltda.

Impressão e acabamento
Rua Uhland, 307 - Vila Ema
03283-000 - São Paulo - SP
Tel/Fax: (011) 6104-1176
Email: adm@cromosete.com.br